2008 年度教育部哲学社会科学研究重大课题攻关项目

"西方中国形象的变迁及其历史和思想根源研究"资助成果

"十二五"期间（2011-2015 年）国家重点图书出版规划项目

第三卷　发展的世纪

[美] 唐纳德·F.拉赫　埃德温·J.范·克雷　著

第 一 册(下)

贸易 传教 文献

许玉军　译

欧洲形成中的亚洲

ASIA IN THE MAKING OF EUROPE

[美] 唐纳德·F.拉赫　埃德温·J.范·克雷　著

周宁　总校译

人民出版社

献给阿尔玛·拉赫和伊莱恩·范·克雷

目　录

（下）

第四章　意大利语文献

　　17世纪的曙光刚刚降临，西班牙在意大利的政治和军事根基都不稳定。西班牙虽然在北欧遭受了极大的挫败，但是到17世纪40年代之前在意大利并未受到公开的反击。即使到了这个时代，西班牙仍然能够抑制那不勒斯的反叛，确保自己的主导地位。该世纪中叶，西班牙国王在伊比利亚和北欧遭受的损失，迫使意大利的西班牙统治者们加强控制权。同样道理，教廷逐渐失去了在北欧的地位和威望，从而加紧了在意大利的行动力，抑制异教和物欲主义势力的增长。同时，大约有十几个意大利人在亚洲耶稣会中的地位越来越显赫。[1]事实上，葡萄牙对其他国家的耶稣会士和教廷破坏保教权的行为一直耿耿于怀。一方面，伊比利亚总体上将意大利人排除在直接贸易之外；另一方面，他们却无法阻止对方涉足他们试图独霸的传教事业。

　　17世纪前十年，多数进入意大利的亚洲资料都以耶稣会士书简集的形式出版。日本耶稣会的主要报告人伏若望（Luis Fróis）长久以来写给耶稣会总会长的报告，被加斯帕罗·斯皮泰利（Gasparo Spitilli，1561—1640年）和弗朗西斯科·莫卡蒂（Francesco Mercati，1541—1603年）从葡萄牙语译成意大利语，前者是耶稣会档案保管员，也是总会长的秘书，后者是罗马耶稣会士。这些译

367

著通常首先在罗马出版，然后才在其他城市特别是米兰、博洛尼亚（Bologna）、帕多瓦（Padua）等地发行。例如，伏若望关于丰臣秀吉和"26名基督徒殉难"事件的报道，很快就从意大利语译成拉丁语和德语，在欧洲更为广泛地发行传播。[2] 早在1581年罗马开启的官方编纂和发行"年度书简"（Annual Letters）的惯例，断断续续地持续到1619年。[3]

　　其他出版物包括来自官方发行的书简集摘录或者从多个书信中抽取内容合并出版。[4] 这些分散的非官方出版物是在威尼斯或者其他商业中心发行的，显然是为了谋取经济利益。印刷行甚至还发行了和荷兰海外事业相关的材料。[5] 特别是威尼斯人，他们相当关注香料贸易的进展情况。卡斯托·杜兰特（Castor Durante）所著的《新腊叶集》（*Herbario novo*）分别于1602年、1617年、1636年和1667年在威尼斯发行了不同的版本，[6] 而加西亚·达·奥尔塔（Garcia da Orta）关于印度药材的作品于1605年和1616年发行了两个版本。塞西诺·马丁内洛（Cechino Martinello）所写的关于马六甲的豆蔻属和菖蒲属植物的观察报告以单本小册子的形式于1604年在威尼斯出版。[7]

第一节　17世纪中叶前的耶稣会士书简

　　17世纪前半叶，耶稣会士提供了大量有关东方的信息，印刷出版后进入意大利读者的视野。耶稣会1595年后重组了东方行政管理机构，限制了范礼安在中国和日本的权限。1596年，葡萄牙学者型耶稣会士尼古拉斯·皮门塔（Nicolas Pimenta，1546—1613年）被派遣到果阿，以巡阅使的身份管辖东印度群岛、果阿辖属省份、马拉巴尔地区，以及这些地方在印度东部的附属区。同时，意大利人巴范济（Francesco Pasio，1551—1612年）实际上已经掌控了日本传教会，且不间断地写信向欧洲报告日本的情况。范礼安1606年和利玛窦1610年相继逝世后，巴范济被任命为中国和日本的巡阅使。1612年，他在澳门逝世。在亚洲传教会中担任重要教职的意大利人发往罗马和耶稣会总会长的报告在欧洲广为流传。

368

巴范济首次发表的关于"东印度群岛"传教所的报道,于 1601 年在美因茨(Mainz)用拉丁语发行,罗马发行了卡洛·萨塞蒂(Carlo Sassetti)翻译的意大利语译本。皮门塔 1599 年 12 月写于果阿的《书信》(*Lettera*)内容包括来自印度东部、勃固和马六甲耶稣会传教所主管呈给他的报告。在罗马发行的那个版本次年在米兰和威尼斯重印,拉丁语原版很快被译成法语(安特卫普,1601 年)。[8] 皮门塔撰写于 1600 年的第二份报告于 1602 年在罗马以意大利语出版。[9] 其内容包括有关传教所的其他报道以及皮门塔在北印度地区的游记。这封书信报告详细地评述了印度的环境,同时也涵盖了一些马鲁古群岛和中国事件的信息。皮门塔同时也报道了耶稣会士从柬埔寨的撤离,这有利于方济各会和多明我会在此立足和发展。[10] 1602 年,第二篇报告的重印版在威尼斯发行;同时,它也被翻译成拉丁语(1602 年)、德语(1602 年)、葡萄牙语(1602 年)和法语(1603 年)。奥古斯丁会修士弗朗西斯科·佩雷拉(Francisco Pereira,1585—1621 年)所著的关于印度的报道 1606 年在罗马出版,后来出现了法语译本(巴黎,1606 年;安特卫普,1607 年)。[11] 从这些传教报告中,意大利可以及时地跟踪天主教在印度和东南亚获得的成功和遭遇的挫折,至少可以间接地了解传教士所工作的区域和环境。

意大利耶稣会士——范礼安、利玛窦、龙华民和巴范济——在中国和日本传教事业中特别活跃,地位也很重要。巴范济从 1597 年到 1612 年去世期间实际撰写的内容都和日本的基督教事业相关,他从 1601 年起就任日本教区副主教,到 1611 年担任这里的巡阅使一职。他写于 1598 年讲述丰臣秀吉死亡的书信报告被加斯帕罗·斯皮泰利从葡萄牙语翻译成意大利语,并于 1601 年在罗马出版。[12] 这部书简集很快就在威尼斯和布雷西亚(Brescia)出版了,篇幅有所删减。巴范济 1601 年写自长崎的年度书简,详细地描述了日本基督徒在丰臣秀吉逝世后的内乱中所遭遇的艰难处境,笔调十分阴郁。[13] 在罗马发行的这个版本于 1604 年又分别在威尼斯和米兰出版。[14] 由于巴范济 1600 年的年度报告在发往欧洲的路上遗失,瓦伦丁·卡瓦略(1559—1631 年)又撰写了该报告的"补编",并于 1603 年在罗马出版,同年,巴范济 1601 年的年度报告也在这里出版。[15] 这些出版作品与巡阅使范礼安写于 1599 年的书信结伴出版,后者也是

369

关于日本的政治局势变化。[16]从这些报告中，读者可以明确地知道发生在日本的情况，先前繁荣昌盛的传教事业经历了 1598 年至 1601 年的危机之后，处境艰难。

日本的 1603 年年度书简由两封书信构成，分别由葡萄牙耶稣会士马泰奥·德·库罗斯（Mateo de Couros，1568—1633 年）和加布里埃尔·德·马托斯（Gabriel de Matos，1572—1633 年）撰写。马托斯的书信报告 1605 年首先在罗马出版，讲述了日本在德川家康的指挥下重返和平，传教事业再度复苏。[17]三年后，库罗斯的年度报告出现在一部由 3 封书信组成的集子里，巴范济将其转交给耶稣会总会长。[18]其他的书信报告由日本教区主教的秘书，即葡萄牙人若昂·罗德里格斯·吉朗（João Rodrigues Girão）撰写，叙述的是从 1604 年到 1606 年日本各传教所的客观情况。同时，日本耶稣会主教路易斯·德·谢奎拉（Luis de Cerqueira，1552—1614 年）1604 年给罗马发了一封报告，讲述的是 6 名日本籍基督徒在庄严的传教所遭遇迫害的事件，三年后这封报告在罗马出版。[19]1608 年，威尼斯出版了一本合集，内容选自各个已经公开发行了的书信报告。[20]

17 世纪 20 年代首先在罗马出版了关于日本的 1606 年年度报告，这个年度报告显然是由传教会的代理人兼"译员"的陆若汉（1561？—1633 年）撰写。[21]同时，耶稣会主教从日本发回一封记述报告，事关 9 名基督徒在肥后（Higo）殉道。[22]直到 1615 年该作品才在意大利出版，有关日本的内容稍有增加，这一年支仓传教会成立（1615 年 10 月，持续到 1616 年 1 月）。然后，耶稣会出版了罗德里格斯·吉朗撰写的 1609—1610 年年度报告，其中涉及荷兰严重威胁到从澳门到长崎的海上航线。[23]和使团直接相关的作品是 1615 年发行的斯皮翁·阿玛蒂（Scippione Amati）著的《日本幕府统治的历史》（*Historia del regno di Voxu del Giappone*）。这本包括 31 个章节内容的小册子详细地介绍了奥州市的大小及其统治家族，讲述了方济各会修士路易斯·索特洛的成绩，描绘了使团从日本到罗马的行程，再现了谈判代表带来的文件以及在接待宴会上所做的演讲。[24]这次阵容庞大的访问之后，日本对基督徒的迫害成为当时的主旋律；1615 年后，罗马出版的书信报告主要阐述的是对基督徒的考验和迫害。

370

　　日本使节在罗马接受宴请之际，金尼阁（1577—1628 年）也在这里参加耶稣会从 1615 年 11 月 5 日到 1616 年 1 月 26 日举行的大会。[25] 金尼阁曾在中国工作过近两年，1614 年返回欧洲后发起了一场号召为中国传教事业献身的运动。他和其他耶稣会士在罗马痛斥方济各会资助的日本传教会，因为这会游离人们关注耶稣会推行的宣传活动的视线。1610 年，龙华民（1559—1654 年）继利玛窦之后担任中国教区副主管，他派遣金尼阁返回欧洲争取中国教区从日本教省独立出来，招人马、募资金，从欧洲搜集一些书籍和珍贵礼品。金尼阁带回欧洲的行李袋中包括 1610—1611 年的中国《年度书简》（*Annuae*）、简编的 1609—1612 年的日本《年度书简》，以及利玛窦的评论。

　　17 世纪前十年里，利玛窦在北京的宫城里成立了耶稣传教会。然而，那个时候在欧洲出版的多数有关中国的传教报告和书简集都不是出自他的笔端。1597 年，西西里岛耶稣会士龙华民刚一到达中国就被派往韶州。次年，他发往欧洲一封书信，该信于 1601 年在曼图亚（Mantua）出版。[26] 在这封长达 32 页的书信中，龙华民讲述了他在广东北部那块于他绝对陌生土地上的传教经历，以及与佛教徒的争吵和辩论。澳门耶稣会神学院院长瓦伦丁·卡瓦略将 1601 年的年度报告发往欧洲，这封报告 1603 年在罗马出版。内容关涉学院事务以及耶稣会在中国内陆的活动。[27] 有关神学院和中国住所的详细报告由葡萄牙籍神父迭戈·安东尼斯（Diogo Antunes，1552—1611 年）在澳门撰写，供印度教省主教参考。[28]

　　庞迪我（Diego de Pantoja）发自北京的著名的 1602 年年度书简，讲述了耶稣会士到达北京的故事，该报告 1607 年在罗马出版。[29] 三年后，利玛窦关于中国的 1606—1607 年年度书简面世。在这个报告里，利玛窦描绘了中国传教所和日本传教所的环境状况以及鄂本笃的离世。其中还包括葡萄牙耶稣会士费奇规（1571—1649 年）写自北京的一封信，他 1604 年携带普兰汀印刷出版的多种语言圣经来到中国朝廷。[30] 1614 年金尼阁到达欧洲后，便着手把来自中国的 1610—1611 年的年度书简汇编成一大卷合集出版。[31] 这些书信报告是利玛窦逝世后在龙华民的指导下撰写的，其强调的重点包括：将北京作为传教士在中国工作的中心，必须尊重中国人熟悉的与外国人的相处方式，比较了中国的稳定和平与日本的喧嚣动乱，以及希望中国成为耶稣会的一个独立教省并且派遣更多的传教士前来收获灵魂。[32]

17 世纪的早期，有关马鲁古群岛和菲律宾群岛的意大利语资料零星可见，较少印刷发行。[33]只有在佩德罗·奇里诺（Pedro Chirino）1604 年访问罗马并在此出版了他的西班牙语报告之后，菲律宾才引起大家的注意。[34]次年，胡安·德·里贝拉（Juan de Ribera）撰写的关于菲律宾的 1602—1603 年年度书简的意大利语版本在罗马面世。这个报告全面概述了传教所的情况，强调了菲律宾作为在中国、日本和马鲁古群岛传教的跳板的重要性。[35]1608 年的年度书简于 1611 年在罗马出版。其作者教区长格雷戈里奥·洛佩斯（Gregorio López）评述了传教前哨的环境条件，特别指出了基督徒在米沙鄢群岛和棉兰老岛与穆斯林的冲突。[36]

1615 年，耶稣会士在果阿和科钦教省临近地区的活动报告在罗马出现，这同时引起人们关注南亚和马鲁古群岛传教会。[37]其中包括由热罗姆·沙勿略 1611 年写自拉合尔的 3 封信，内容关涉莫卧儿帝国。他评论道，苏丹王萨利姆（Salim，也叫贾汗吉尔）非常亲近传教士，在波斯的使徒历史上他比别人更喜欢基督徒送给他的礼物。即使是面对其他政府成员敌视基督徒但却示好穆斯林的不利情况，使徒们仍希望能够皈依这位苏丹王。沙勿略讲述了萨利姆决定派遣使节前往阿格拉和果阿，以及耶稣会士在其中所起的作用。他极尽渲染了萨利姆家庭成员受洗和皈依仪式的盛况。这个合集也包含了 1612 年的传教报告，内容有马杜赖的传教情况，以及罗伯特·德·诺比利的语言研习、和婆罗门的争论、主动融入印度的思想和风俗习惯等活动。[38]在这同一封信里，也评价了耶稣会士在圣多默基督徒中的活动。涉及马鲁古群岛的部分，强调了荷兰人和英国人在海岛东南亚严重扰乱了传教士的生活。

在 1615 年日本使节还没有到达罗马之前，日本的耶稣会士就写信痛斥大规模恢复对基督徒的迫害、对传教所设施的破坏、一些传教士逃离到澳门、交趾支那和菲律宾避难等情况。 1617 年，罗马分别出版了 1613 年和 1614 年的日本传教报告。塞巴斯蒂昂·维埃拉（Sebastião Vieira，1574—1634 年）写自长崎的 1613 年年度书简，详细地评论了日本殉道者的英雄气概，推举他们为欧洲人的

先驱榜样。加布里埃尔·德·马托斯所著的 1614 年年度报告更长，详细地罗列了
各个传教所蒙受的损失，结尾处号召人们为日本祈祷。[39] 1617 年发表的这两部
作品似乎是已经出版了的专门针对日本事件的最后一部书简集。此后，关于日本
的多数官方耶稣会士出版物仅限于年度书简精选，或者是单独成册的关于基督徒
殉难的启示性报告。

373

　　关于日本的 1615—1616 年年度报告是由达尔马提亚人（Dalmatian）耶稣
会士乔万尼·弗雷曼斯（Giovanni Vremans，1583—1620 年）在澳门撰写的，于
1621 年首次在那不勒斯以合集的形式出版。[40] 这封报告很长，详细报道了日本
的政治和军事摩擦、基督教的宏观情况和耶稣会的具体状况，以及全国范围内
各个传教所的基督徒殉道事件等。[41] 紧随其后的是葡萄牙耶稣会士加斯帕尔·路
易斯（Gaspar Luís，1586—1648 年）1619 年写自果阿的一封年度报告，关注的
重点是印度西海岸的瘟疫、台风和地震造成的损失。[42] 这个那不勒斯出版合集
中的其他书信，讲述了向莫卧儿帝王的布道、交趾支那教会的建制，以及满族
人进军北京等。总而言之，这是 1615 年至 1619 年间关于东方各种事件信息量
极为丰富的一部合集。[43]

　　1624 年，耶稣会士将 1619 年至 1621 年的传教报告分成两册在罗马出版，
内容分别选自日本和中国的传教报告。在日本卷里，当然包括大家所预测的关
于迫害基督徒及其殉道的内容。[44] 第四封传教报告来自虾夷（Yezo）地区的松
前岛（Matsumae），作者是西西里岛耶稣会士吉罗拉莫·德·安杰利斯（Girolamo
de Angelis，1567—1623 年）。1618 年，德·安杰利斯和其他耶稣会士来到虾夷，
看护来这里逃避迫害的日本籍信徒。德·安杰利斯在他的传教报告中还附带了
一幅虾夷岛的小地图。[45]

　　中国卷包括 1619 年、1620 年和 1621 年三年的年度书简。[46] 第一封信是
由阳马诺（Manuel Dias，1559—1639 年）写自澳门，报告了明朝在辽东地区受
到的袭击、汉族人已经意识到其中蕴藏的灾难，以及北方的耶稣会士避开满族
人的进攻等。[47] 第二封信是由波希米亚耶稣会士祁维材（Wenceslaus Pantaleon
Kirwitzer，1588—1626 年）写自澳门，讲述了金尼阁 1620 年返回东方以及他
新招募到澳门的传教士、满族人的进一步进攻，以及汉族人和朝鲜人因此遭受

374 的重大损失。[48]第三封信由金尼阁写自南京北部地区，描述了1620年万历皇帝的驾崩、军事挫败和北方前沿遭受损失之后的继发危机，以及耶稣会计划到朝鲜传教等。[49]

1627年，有3部重要的耶稣会出版物在罗马面世。专门针对亚洲西半部传教会的合集包含几封相关的传教报告。[50]1620年，果阿教省大主教那不勒斯人杰罗尼莫·马约里卡（Gironimo Maiorica，1589—1656年）报道了下面各地耶稣会神学院的情况：果阿、朱尔、塔纳（Tana）、勃生、达曼、第乌、阿格拉、撒尔塞特岛。次年，他又写了一封类似但更为精炼的报告，其中他关注了用印度西部的卡纳拉语印刷出版的马可·吉奥基奥（Marco Giorgeo）教义。1621年，马六甲本土人吉亚辛多·佩雷拉（Giacinto Perreira，1598—1627年）在科钦报道了马拉巴尔、孟加拉、锡兰和马六甲的环境。若昂·达·席尔瓦（João da Silva，1597—1624年）在其去世的前一年即1623年在果阿写到该城市恼人的气候。安多德（Antonio de Andrade）简单地提到了他1624年首次到西藏传教的经历，这些内容也被收编在合集中。塞巴斯蒂昂·巴雷托（Sebastião Barreto，1567—1625年）的1624年年度报告概括了和阿格拉相关的事件，包括安多德经由克什米尔进入西藏的故事。[51]安多德返回阿格拉之后写了一部更加全面的关于进入西藏传教的报道，后来这个报告被从葡萄牙语译成意大利语并在罗马出版，时间也是1627年。[52]

1621年和1622年关于中国和日本的年度书简也被收在一个合集里于1627年在罗马出版。[53]前两封信分别由耶稣会士彼得·保罗·纳瓦罗（Pietro Paolo Navarro）和杰罗尼莫·马约里卡写自日本和澳门，详细地讲述了日本基督教群体遭遇的可怕的殉道事件；对其他事情或者只字不提，或者简略提及。澳门的传教报告也是一个摘要性的概述，资料或者来自难民，或者来自囚徒，或者来自潜逃者。[54]1621年关于中国的报告由金尼阁在杭州执笔撰写，主要内容是满族人在中国北方的推进：辽东陷落、北京的恐慌、全国各地抗议年轻的明朝皇帝。[55]其后是一封曾德昭在江西首府南昌写的传教报告，内容相似。1623年，

375 他还在这里报告了约300万人死于战争，恐慌感蔓延整个国家。[56]

安多德1626年在西藏的探险活动是《年度书简》（Lettere annue）这部

1628 年在罗马出版的著作中的主导话题。[57] 安多德把第二次探险经历描述的稍微简略，只是描绘了西藏的地貌和政治分裂状态。他谈到了喇嘛教（Lamaistic religion）以及学习藏语的必要性。他断言道，契丹不是一个帝国，而是一座大城市，一个省的首府，非常靠近中国。[58] 这本书里两封信当中的第二封是祁维材在澳门撰写的关于中国 1624 年的传教报告。信中除了报告耶稣会士取得的进展外，还涉及明朝年轻统治者的懦弱，因为这位年轻人无意从满族人手里收复辽东，明朝统治这里三百多年的历史中没有诞生一个文人学者。[59]

　　若昂·罗德里格斯·吉朗流放澳门期间，于 1625 年撰写了关于日本的 1624 年年度书简。1628 年，这个报告单独成册在罗马出版，内容 150 页。他评述了日本耶稣会士 1624 年及其之前多年所经受的考验和苦难。[60] 这部作品很快就在那不勒斯、米兰、博洛尼亚再版，并被译成拉丁语（美因茨和迪林根[Dillingen]）、法语、佛兰芒语和德语。在美因茨出版的拉丁语版本的标题为《1624 年的日本》（*Historia Japonensis anni MDCXXIV*）。

　　来自中国的通讯简报和来自埃塞俄比亚的报告一道于 1629 年在罗马出版，宣称在印度支那"发现"了东京（越南）。[61] 1626 年早期，来自托斯卡纳的耶稣会士朱里安诺·巴尔迪诺蒂（Giuliano Baldinotti，1591—1631 年）在一位日本信徒的陪伴下从澳门来到东京（越南），商讨如何将这里纳入传教规划中。红河三角洲的城市很早之前就被葡萄牙人"发现"了；巴尔迪诺蒂来到这里登上葡萄牙的一艘商船。然而，对整个欧洲而言，巴尔迪诺蒂从澳门发出的侦察报告（1626 年 11 月 12 日）因其对东京实地勘察的价值而被印刷出版。[62] 该合集中来自中国的另一封书信出自小阳马诺（1574—1659 年）之手；这封来自上海嘉定的信件描述了 1625 年中国中部的情况。[63]

376

　　随着中国和日本的传教环境越来越混乱和危险，耶稣会和其他传教团体开始关注东南亚。[64] 1631 年，为教皇乌尔班八世（1623—1644 年在位）服务的安特卫普人大卫·哈伊科斯（David Haex，约 1595 年出生）在罗马出版了一部马来语—拉丁语词典，这部词典起初是在德那地起草的。[65] 这部长达 75 页的词典旨在将传教士吸引到东南亚商业发达的马来西亚，由传信部主持出版，也是为了献给红衣主教弗朗西斯科·巴贝里尼（Francesco Cardinal Barberini）。

巴尔迪诺蒂突袭进入东京（越南）之后，耶稣会士 1631 年在罗马出版了克里斯托弗·波利（Cristoforo Borri）关于交趾支那的记述，信息丰富，内容庞杂。[66] 波利是一名来自米兰的天文学家，在交趾支那生活了四年，他掌握的当地语言足以听懂信徒的忏悔。他的作品素材源自 1617 年到 1622 年在交趾支那的亲身经历和耶稣会士的书简，作品内容分为两部分：第一部分是关于国家整体情况；第二部分是关于传教情况。作为一部出自传教士之手的记述，它的内容比较全面，包括物产、贸易、农业、动物、风俗等。其内容是奠基性的，17 世纪出了 5 个译本，18 世纪再版了 4 次，19 世纪再版了 1 次，20 世纪至少再版了两次。[67]

1632 年至 1641 年的十年间，在意大利出版的书籍都和日本基督徒的殉难相关。这段时间，日本的国门紧锁，彻底向天主教传教士及伊比利亚传教士关闭。同时，这也是一段战争不断的时间，北欧反抗西班牙，那不勒斯和葡萄牙抗议西班牙国王的声音此起彼伏，甚嚣尘上。中国的明朝统治者们黔驴技穷、日暮途穷，这里的耶稣会士和其他传教士对基督教事业的前途越来越绝望。在菲律宾、香料群岛和印度尼西亚等地，人们警觉地观察着荷兰和英国的不断推进，充满了恐惧和不安，整个西班牙帝国都流传着这样的声音：即将从亚洲舞台退出。事实上，约 1640 年左右，整个亚洲的天主教事业都遭遇了类似于日本基督徒那样的殉道困境。

1632 年，罗马出版了一部书简，详细地阐述了 1625—1627 年间日本本土和外来的基督徒所遭受的苦难。[68] 同时出版的还有迭戈·阿杜阿尔特著作的意大利语译本，他报道的 1626—1628 年基督徒受迫害的西班牙语作品 1629 年在马尼拉出版。[69] 紧随着两部出版作品之后的是克里斯多弗·费雷拉（Christovão Ferreira，1580—约 1652 年）1635 年所著的书简，讲述的是 1628—1630 年间日本基督徒遭遇的迫害。[70] 1636 年，译员陆若汉所著的 1632—1633 年在日本殉难的耶稣会士名录的意大利语译本出版。[71] 为了纪念沙勿略到达日本一百周年，那不勒斯 1641 年出版了贝纳迪诺·金纳罗（Bernadino Ginnaro，1577—1644 年）的《东方沙勿略》（*Saverio orientale*）。[72] 这部内容分为 4 部分的宏大编著选材广泛，主要来自耶稣会士书简和其他作品，关注的中心是日本及这

377

里的基督教事业。第一部分长约 300 页，描绘了日本的地理和自然史，以及本土宗教、历史和统治阶级。这一部分还附有一幅新地图（第 26 页），作者不详，这成了 17 世纪欧洲出版的日本地图的原型。[73]

其中使用过金纳罗地图的人之一是嘉尔定（Antonio Francesco Cardim，1596—1659 年），这位葡萄牙耶稣会士约 1640 年从东亚返回罗马充任日本教省的代表。1645 年，他在罗马出版了关于日本的《日本教省报告》（Relatione）①，详细地介绍了以下各地的传教情况：澳门、东京（越南）、交趾支那、海南、柬埔寨、暹罗，以及他 1623—1638 年间工作过的耶稣会日本教省的其他辖区。[74]1646 年，他在罗马用拉丁语出版了一本书，其中含有 85 位欧洲传教士或者日本当地基督徒的生平传记，他们都曾继沙勿略之后在日本传教会担任过领导。[75]第 12 页有一幅地图，与金纳罗 1641 年版的地图相似但不完全相同。[76]同时，他 1646 年还在罗马出版了一部原著为葡萄牙语的拉丁语译本，原著曾经于 1643 年在里斯本出版，描述的是 4 名葡萄牙使者 1640 年在长崎遭遇迫害的故事。[77]嘉尔定在罗马一直逗留到 1655 年；后来又返回澳门，四年后在这里辞世。

378

第二节 新曙光和旧论战

正当传教士们纠结于失去一块绝好的传教圣地之时，一些意大利城市——威尼斯、佛罗伦萨、热那亚——却试图直接参与香料贸易。17 世纪初，托斯卡纳大公费迪南多·德·美第奇（Ferdinando de' Medici，1587—1609 年在位）希望在里窝那（Livorno）建立一个国际港口，专门从事与东方的贸易。1606 年当弗朗西斯科·卡莱蒂（Francesco Carletti，约 1573—1636 年）结束环球航行返回佛罗伦萨时，这位大公就东方的见闻详细地咨询了他。[78]1623 年，一些热那亚商人与波斯人和亚美尼亚人联手上书热那亚上议院，请求授权成立东印度

---

① 标题为：*Relatione della provincia del Giappone*…——译者注

商业公司（*Compagnia di Commercio colle Indie Orientale*）。直到 1647 年才得到正面回应，这一年公司授权成立。次年出版了公司的章程：《热那亚东印度公司环球航行章程》（*Capitoli della navigatione all' Indie orientale della Compagnia di Genova*）。[79] 那些担忧水路危险的人要求派遣陆路贸易商。在佛罗伦萨工作的英国人罗伯特·达德利（Robert Dudley）出版了 6 本关于航海和绘图的书籍，献给这位托斯卡纳大公。[80] 无论如何，到了该世纪中叶，一些地方升起了希望，即意大利商人和航海家们有可能亲自参与亚洲的香料贸易。

1640 年，葡萄牙从西班牙王国独立出来并且获得了在东方据点的控制权。耶稣会士和其他修会的宗教人士像意大利的商人一样，再次将目光投向印度。葡萄牙耶稣会士弗朗西斯科·巴雷托（Francesco Barreto，1599—1663 年）在印度服务了二十年（1624—1644 年）后，以代理人身份回到罗马，他 1645 年在这里出版了一部重要的关于马拉巴尔的记述作品。[81] 作品首先简明扼要地讨论了马拉巴尔的环境，紧接着评述了向圣多默基督徒、科钦、锡兰、贾夫纳、马杜赖、马纳尔、科罗曼德尔海岸和孟买传教的情况。三年后，一个非常简短的情况调查报告出版，介绍了更为远东的如勃固、阿拉干、缅甸，以及"莫卧儿"等地的传教事业，作者为有葡萄牙血统的奥古斯丁隐士塞巴斯蒂昂·曼里克（Sebastião Manrique，1669 年离世）。[82] 曼里克曾在印度行游十三年（1628—1641 年），1649 年在罗马出版了西班牙语著的《传教路线》（*Itinerario*）。[83]

17 世纪最流行也最有影响力的游记是"朝圣者"（Pilgrim）皮特罗·德拉·瓦勒（Pietro della Valle，1586—1652 年）的《德拉·瓦勒在印度的朝圣之旅》（*Viaggi*，1650 年）。德拉·瓦勒出身于一个罗马贵族家庭，1614 年开始了他的东方朝圣之旅。结束了访问君士坦丁堡（Constantinople）和开罗（Cairo）之后，1615 年他到达耶路撒冷（Jerusalem），正赶上这里的复活节。之后，他继续通过陆路向东方前进，经由阿勒颇于 1617 年早期到达波斯。在伊斯法罕和波斯的其他地方留居了三年后，他又继续向印度前行，1623 年 2 月踏上苏拉特的土地。遍游印度西部和南部腹地后来到果阿。随后，他离开果阿再次取道陆路向家乡进发，1624 年 3 月到达罗马。在旅途中，德拉·瓦勒写信给他那不勒斯的朋友马里奥·斯基帕诺（Mario Schipano）。1650 年，这些信件编辑成册在罗马出版，

379

内容分为三部分：土耳其、波斯、印度。同时还包含了他访问过的地区和城市的地图。特别引起他兴趣的是印度的印度教、风俗习惯、各种仪式等。[84]

　　1645 年，出生在阿维尼翁的耶稣会士罗历山（1591—1660 年）来到罗马。之前，他曾经以传教士的身份在亚洲东部工作约二十年（1623—1643 年）。在此期间，他曾在澳门传教，特别参与过交趾支那（1624—1626 年）和东京（1627—1630 年）的传教会。返回欧洲之后，他出版了自己的《东京王国史》（*Relazione... di Tunchino*）。[85] 罗历山的记述第一部分提供了颇有价值的东京人种史学；第二部分讲述了耶稣会在这里的传教史。罗历山同时还出版了一部安南语—拉丁语—葡萄牙语词典（主要供他的后继者在越南工作使用）和一部拉丁语—安南语教义书（供信徒参考）。他个人后来被派到波斯，在这里度过了余生。罗历山出版的作品成为印度支那传教大厦的基石，巍然屹立在 17 世纪的后半叶。[86] 罗历山在罗马期间想方设法地向他的上级主管诉求，声称向印度支那派遣主教的必要性，以及在忠诚的土著教士的支持下建立教会的迫切性。[87]

　　17 世纪过半，传教士在东方，特别是日本的遭遇掀起了一股关于东方传教作品的出版狂潮。1638 年，曾有两名加尔默罗修士陪同印度总督来到苏门答腊的亚齐国，他们两人殉难的故事 1652 年进入大众的视野。[88] 罗马的神学家米歇尔·安杰洛·鲁阿尔迪（Michele Angelo Lualdi，1673 年离世）在 1653 年出版的作品中，系统地评述了 1498 年到 1638 前后这段时间内有关东方传教事业的起起伏伏。[89] 撰写和出版第一部意大利语历史（1653—1663 年）并在东方工作的耶稣会士是丹尼尔罗·巴笃里（Daniello Bartoli，1608—1685 年），他计划撰写一部完整的耶稣会士传教探险史，但没有完成。作品第一部分的标题是《亚洲》（*L'Asia* [罗马，1653 年]），阐述的根据是耶稣会士的书信和记载，事关耶稣会从沙勿略时代到 16 世纪 80 年代在东方的活动。[90] 作品第二部分《日本》（*Giappone*，1660 年）评析了从 1570 年到约 1640 年间的日本传教史。[91]《中国志》（*La Cina*，1663 年）比巴尔托利的先前卷本包含了更多的背景知识和世俗内容；同时也涉及从 1583 年利玛窦进入中国到 1640 年间传教过程中的一些奇思妙想。[92] 最后的瓦雷泽（Varese）版本（罗马，1667 年）和原版唯一不同的是，它包含了巴尔托利撰写的鲁道夫·阿夸维瓦（Ridolpho Acquaviva）16 世

380

纪在莫卧儿朝廷中的探险故事。[93]

381 　　17 世纪 50 年代，出生在意大利蒂罗尔（Tyrol）特伦多的卫匡国把有关中国的最新消息带回到欧洲。他搭乘一艘荷兰船只返欧，这艘船由于海峡风暴导致脱离航道，他不得不在挪威登陆。卫匡国穿越德国进入阿姆斯特丹。他在这里出版了自己的《中国新图志》（*Atlas*）① 以及用拉丁语著的关于满族人入主中原的历史。1654 年，即他到达罗马的那年，意大利语版的《鞑靼之战》（*Tartar war*）在米兰出版。[94] 同时，卫匡国作为中国教会代理人和副教省主教，在罗马出版了一本拉丁语版的小书，列出了在中国工作的耶稣会士的姓名和国籍、中国各地信徒的数量、耶稣会士在中国出版的书目等。[95] 支持明朝政府的波兰籍耶稣会士卜弥格 1652 年 12 月出现在威尼斯，陪同他的是一位中国信徒和使者。[96]

　　17 世纪 50 年代余下的时光里，有关东方的出版物没有在意大利出现。[97] 马拉巴尔教省的意大利耶稣会士贾钦托·德·马吉斯特里斯（Giacinto de Magistris，1605—1668 年）的著述介绍了马杜赖基督教的情况，该记述于 1661 年在罗马出版。[98] 他曾亲自返回罗马向教皇当面报告塞拉的圣多默基督徒的反叛。他的行囊中装有一本译自印度语的葡萄牙语和拉丁语的书籍，将其赠送给了教会历史学家巴尔托利，[99] 其有关马杜赖的报告虽然冗长但总体而言信息量并不大，有价值的部分只是关于本地区"迷信"和传说的评论。[100]

　　意大利耶稣会士乔万尼·菲利普·德·马里尼（Giovanni Filippo de Marini，1608—1682 年）曾在东京（越南）传教十四年，1660 年返回罗马后报告了日本省的情况。这个时候，耶稣会日本教省的智囊总部设在东京（越南），1663 年其记叙的内容有关印度支那和中国而不是日本，[101] 除了印度支那、中国南方、暹罗和望加锡基督教事业的相关概述之外，还描述了老挝以及乔万尼·玛丽亚·莱里亚（Giovanni Maria Leria）访问此地的故事。马里尼是第一

382 个定居在这里的耶稣会士。[102] 紧随其后的是标注为 1650 年和 1655 年的书信，分别来自明朝的一些幸存者、耶稣会士和教皇亚历山大七世。马里尼也负责将

---

① 标题为：*Novus atlas sinensis*。——译者注

卢安东（Antonio Rubino）关于耶稣会在中国传教方法的报告从葡萄牙语翻译成意大利语，这个报告引发了诸多争议，后来被收录在 1680 年的《禁书目录》（*Index*）中。[103]

印度的耶稣会士同样是问题缠身、麻烦不断：塞拉地区的圣多默基督徒叛变和马拉巴尔地区的荷兰侵扰。由于受这些事件的干扰，教皇亚历山大七世要求传信部和加尔默罗修士去拯救教会。1656 年 2 月，朱塞佩·迪·圣玛丽亚·塞巴斯蒂亚尼（Giuseppe di Santa Maria Sebastiani，1623—1689 年）与文森佐·玛丽亚·迪·圣卡塔林那·达·锡耶纳（Vincenzo Maria di Santa Caterina da Siena，1679 年离世）和其他人一道前往印度。他们全力以赴地弥合马拉巴尔地区各争吵派别之间的分歧，但都徒劳无益，只好于 1659 年 2 月返回罗马请求进一步的指示。同年 12 月 15 日，塞巴斯蒂亚尼被任命为塞拉地区的宗座代牧使者，有权选任马拉巴尔的主教。他 1660 年返回印度，在这里目睹了科钦（1661 年）和僧急里（1663 年）被荷兰占领的过程。1665 年，他重返罗马，写下了他在印度的沮丧经历。

塞巴斯蒂亚尼所著的《第一次东印度之旅》（*Prima speditione…* 罗马，1666 年）详细地讲述了他被派遣到印度的原因，到马拉巴尔沿途中的见闻，弥合各宗教团体之间的分歧的种种努力，以及返回罗马的旅途经历等。在叙述他如何修复基督徒之间的分裂时，他不时地表明马拉巴尔的风俗习惯才是冲突的根源。[104]同样是在 1666 年的罗马出现了一个菲利普·德·圣三一（Philippe de Sainte-Trinité，1603—1671 年）早期访问印度故事的意大利语译本。圣三一如今已经是加尔默罗派的领袖，拉丁语的原著早在 1649 年就面世了。[105]塞巴斯蒂亚尼的《第二次东印度之旅》（*Seconda speditione*，罗马）直到 1672 年才出版。这部作品比早期的那一部更有价值；这也反映了作者投入了更多的时间。作品的第一部分是按照意大利语字母排序，列出东方的词汇及其定义。接着，塞巴斯蒂亚尼说明了第二次来东方的原因，阐述了他在科钦和果阿的活动。[106]可信度更大的是塞巴斯蒂亚尼的同伴，即加尔默罗派代理人文森佐·玛丽亚·迪·圣卡塔林那·达·锡耶纳所著的《东印度的旅程》（1672 年）。尽管文森佐在印度的时间不长，但是他的作品非常有吸引力，特别是关于印度教和自然史、印度

383

南方的植物和动物等内容。[107]

　　本笃会会长克莱门特·托西（Clemente Tosi）1669 年在罗马出版了一本手册，供打算在印度和大陆东南亚工作的传教士参考。他的《东印度的地理和历史记述》（*Dell' India Orientale descrittione geografica et historica*）是一部巨著，共分两卷，其目的是让传教士了解背景知识和有争议的问题，从中让他们深入了解偶像崇拜、迷信活动、外邦人的迷误等错误知识。第一卷专门介绍印度，材料来自耶稣会士书简和曼里克的作品。第二卷涉及的是从印度往东一直到中国南部的大陆国家，有关阿拉干、勃固、缅甸等的讨论主要源自曼里克的观点。[108]17 世纪 60 年代，教皇亚历山大七世派遣 3 名法国主教以宗座代牧的身份来到亚洲东部，有关他们旅行记述的意大利语译本也于 1669 年在罗马出版，这极大地丰富了托西关于中国和印度支那的信息和知识。[109]1670 年，在柬埔寨的意大利耶稣会士石嘉乐（Carlo della Rocca，1613—1670 年）所著的 1664 年年度书简在曼图亚（Mantua）出版。[110]

　　在耶稣会士看来，传信部应该为削弱他们在东方传教的绝对控制权负责。在给传信部的报告中强调，耶稣会的传教事业受到其他宗教团体的冲击越来越严重，特别是在日本遭受重创之后，这一趋势更是明显。耶稣会士的敌人们认为，印度和中国所遭遇的传教困难是由于耶稣会士推行适应性策略以及只皈依上层阶级和世俗统治者导致的。1657 年，西西里耶稣会士殷铎泽（Prospero Intorcetta，1626—1696 年）跟随卫匡国首次来到中国，1671 年作为中国传教会的代表返回罗马。他向耶稣会总会长和传信部报告了中国教会的可鄙状况及其迫切需要更多的金钱和人力支持。为了进一步说明所报道的事实，他还向传信部递呈了中国教会 1581 年至 1669 年的历史。[111]他特别强调道，耶稣会士皈依了大量的信徒——远远地超过了多明我会和方济各会施洗的数量。著作的末尾还附了一封来自北京朝廷的书信的译文，信中向耶稣会士声明迫害活动将停止。

　　中国传教会面临的主要问题之一是，如何找到一条往返于欧洲和北京之间的安全通道。[112]1661 年，耶稣会士白乃心（Johann Grueber，1623—1680 年）和吴尔铎（Albert d'Orville，1662 年离世）被从北京派出，开辟从暹罗

384

经由西藏和喜马拉雅山到阿格拉的陆路通道。吴尔铎在阿格拉逝世，由海因里希·罗斯（Heinrich Roth，1620—1668年）陪伴白乃心继续前往罗马。1664年，白乃心刚一到达意大利，罗马和佛罗伦萨的人们便询问他的所闻所见。这些答案可以参见耶稣会大博士基歇尔（Athanasius Kircher）的《中国图志》（*China illustrata*）的第一版和1670年的法语译本。著名的游记学家特维诺（Melchisédech Thévenot，1620—1692年）在他的《神奇旅行记（1664—1666年）》（*Relations divers voyages curieux*）最后一部分出版了白乃心的意大利语报告及其法语译文。[113]法国医生弗朗索瓦·贝尔尼埃（François Bernier，1620—1688年）从1659年到1667年在莫卧儿朝廷供职，他从罗斯和阿格拉其他耶稣会士那里搜集了诸多资料，完成了他的历史著作，意大利语译本1675年面世。[114]1666—1671年到暹罗和印度支那传教的法国主教所著作品的意大利语译本1677年在罗马出版。[115]

17世纪余下的岁月，似乎没有意大利语原版作品面世。这种局面当然和法国耶稣会士在中国、印度支那、暹罗等传教会中势力的上升有关，也与荷兰在锡兰和马拉巴尔取代旧有的力量相关。仅有几部相关作品1677—1697年被译为意大利语。其中的一部是安布罗西奥·奥尔蒂斯（Ambrosio Ortiz，1638—1718年）翻译弗朗西斯科·加西亚（Francisco García）用西班牙语著的桑维托雷斯（Sanvitores）的传记，桑维托雷斯是最早在马里亚纳群岛传教并献身的前驱者之一。[116]奥尔蒂斯撰写的西班牙在马里亚纳群岛探险的历史的终止日期是1684年4月。[117]

传教前沿阵地遭受损失在教会中引发的紧张情绪、罗马和葡萄牙之间的敌对态势、各宗教团体就"礼仪问题"的讨论等等，都或多或少地导致了罗马停止出版作品。事实上，17世纪后半叶的历届教皇，特别是英诺森十一世（1676—1689年在位），想方设法地挽回传教控制权和各宗教团体的出版活动。柏应理关于中国传教会记述简本的意大利语版本1687年面世，当时他任（中国教会的）欧洲代理人。[118]马塞尔·勒布朗（Marcel Leblanc，1653—1693年）关于暹罗1688年革命的报告被译为意大利语。[119]1697年，洛伦佐·玛格洛蒂（Lorenzo Magalotti，1637—1712年）伯爵出版了一本关于中国的材料大纲，其中包括白

385

乃心的报告及其部分拉丁语书信。这本书的其余材料均摘自《孔夫子：中国哲学家》（*Confucius Sinarum philosohus*）。[120]

　　直到该世纪的最后几年，最有影响力的关于礼仪之争的作品的意大利语版本才问世。法国耶稣会士李明和郭弼恩在他们分别于 1696 年和 1698 年在巴黎出版的小册子中声称道，多明我会修士和耶稣会士一样，允许信徒们继续践行遵孔礼仪。福建的宗座代牧主教颜珰对耶稣会士的适应策略特别是遵孔礼仪深恶痛绝，因此，多明我会修士的回应迅速而激烈。多明我会会长安东尼奥·克洛什（Antonio Cloche）要求法国多明我会修士诺埃尔·亚历山大（Noel Alexandre）起草反驳书。亚历山大是巴黎地区著名的教授和教会史学家，他从罗马获得了所有必要的信息。1699 年，多明我会在科隆（Cologne）出版了亚历山大用法语和意大利语著的《辩解书》（*Apologia*），随后又出版了颜珰从福州发给巴黎外方传教会神学院院长的一封传教报告。[121]1699 年，郭弼恩著的康熙颁布敕令包容基督教的故事的意大利语译本在都灵（Turin）出版，这被他认为是耶稣会士传教方法获得伟大胜利的一个标志。1770 年，耶稣会对亚历山大的《辩解书》做出回应，也是使用意大利语。在匿名发表的 7 封系列书信中，亚历山大驳斥了耶稣会士；在随后发表的一本小册子中，他把中国礼仪等同于希腊和罗马的礼仪，即都是偶像崇拜和迷信。[122]通过这些出版物，礼仪之争背后的问题随同中国人的信仰和风俗习惯暴露在意大利读者面前。

　　该世纪末，意大利公众还接触到了在那不勒斯出版的乔万尼·弗朗西斯科·杰米利·卡雷里（Giovanni Francesco Gemeli Careri，1651—1725 年）所著的《环游世界》（*Giro del Mondo*）。[123]卡雷里是哈布斯堡王朝统治者在那不勒斯安排的司法官员，他在欧洲感到厌倦和疲乏，深知在欧洲的前途渺茫，于是决定去远方旅行。1693 年，他不依靠国家、教会和商业公司的资助，完全依靠自己的力量离开那不勒斯，前往近东。尽管这些国家通常状况下并不欢迎那些不相干的欧洲人，但是他作为一个能讲意大利语、西班牙语和法语的有修养的人，仍然获得了准入资格。在印度，奥朗则布在军营里接待了他；在果阿，葡萄牙总督面见了他，并写信将他引荐给澳门的上将。1695 年 8 月 4 日，他到达澳门，接下来的八个月一直留在中国。中国的欧洲传教士一直以来都在紧张地

386

等待教皇的特使前来，因此他们怀疑卡雷里就是教廷暗地里派来的代表。结果，他们像澳门的官员一样，想方设法地协助卡雷里进驻真正意义上的中国国土，克服一切困难进入北京。1695 年 11 月，骑着高头大马的卡雷里来到帝国首都，面见了意大利耶稣会士闵明我（1638—1712 年），后者将其引荐给康熙皇帝。在北京逗留两个月后，卡雷里返回澳门，1696 年 4 月 8 日前往菲律宾群岛。卡雷里在马尼拉周边地区周游了一段时间，又以宾客的身份搭乘大帆船来到墨西哥。1698 年 12 月 3 日，他返回那不勒斯，这样他就完成了个人长达五年半的世界之旅。

返回欧洲的五个月内，卡雷里热情洋溢地撰写了他的《环游世界》。前两卷是关涉土耳其和波斯的，1699 年出版；次年，关于印度、中国、菲律宾、墨西哥的几卷相继出版。他在旅行过程中记下来的日志只占著作内容的一半。另外一半来自他的回忆和先前已经出版的作品。[124] 卡雷里经常引用以前的作家；然而，他有时像同时代的人一样，经常引用却并不注明出处。首先，他描述的故事整体上仍有一些价值，尽管有些批评家怀疑他描述内容的真实性。1722 年及其之后，来自北京的耶稣会士的报告否认他曾受到中国皇帝的召见，卡雷里的声誉因此蒙羞。尽管丘吉尔和神甫普雷沃斯特（Prevost）将卡雷里的游记收编在他们的集子里，但是耶稣会士对他的指控仍然被 18 和 19 世纪的一些持怀疑态度的批评家们所接受。直到本世纪，专家们才恢复了卡雷里的声誉。[125]

387

也许是卡雷里的《环游世界》激发了佛罗伦萨出版商朱塞佩·曼尼（Giuseppe Manni）的灵感，他 1701 年印刷出版了弗朗西斯科·卡莱蒂（约 1573—1636 年）所著的《卡莱蒂环球旅行记》（*Ragionamenti*，编年史）。[126] 曼尼曾于 1697 年出版过玛格洛蒂著的关于中国的《新闻》（*Notizie*），[127] 他和玛格洛蒂的同事雅各布·卡里瑞（Jacopo Carlieri）联手将卡莱蒂所著的长达一个世纪之久的历史故事出版。卡莱蒂这位佛罗伦萨商人 1594 年离开佛罗伦萨，1606 年返回，期间环游了整个世界。刚一返回佛罗伦萨之后，他便向大公费迪南多·德·美第奇报告了国际贸易的前景。这位大公渴望将里窝那开发成为与巴西和东印度发展贸易的中心，他全神贯注地倾听卡莱蒂的口头报告，这个口头报告后来被写下来，即《卡莱蒂环球旅行记》。最初的手稿不存在了，但是从中衍生出来的各种文本在 17 世纪广为流传。1701 年的版本后来可能被佛罗伦萨的人们加以润色再版,因为 17 世纪末他们对亚洲东部颇有兴趣。卡莱蒂的作品是出自一个商人的记述,它的特定价值在于对 16 世纪贸易实践和问题的分析讨论。它也是关键时期即 1597—1598 年关于日本情况的出自非神职人员的重要文献。[128]

17 世纪大部分关于亚洲的意大利语文献都来自耶稣会士书简或者他们的其他作品中。意大利语的书简集,特别是 17 世纪之初的书简集,均译自葡萄牙语和西班牙语;该世纪的最后十年也经常译自法语。在天主教占主导地位的欧洲,意大利语比其他语言更流行,意大利语的书简集因此成为主要媒介,来自亚洲的消息可以借此从伊比利亚传入北欧或者从北欧传入伊比利亚。书简集在欧洲汇聚、编辑、翻译,其中传递的信息到出版之时已经过去两三年了。

388

印刷出版商们为获取利益随意拆分书简集,所以他们作品的消息更为陈旧。威尼斯、米兰、热那亚的印刷商们出版的抽印本,比官方和半官方出版的耶稣会士作品缺乏启迪性,但是更能激起读者的好奇心。同样道理,出版商们可以更加自由地出版非耶稣会士有时甚至是荷兰和英国的文献资料,这些资料都是关于香料贸易、争夺中转港和生产中心的控制权等。尽管出版商、商人、政治家们不时地付诸努力,但是意大利的商业城市从未在海上香料贸易中获得有利的竞争地位。

关于亚洲的意大利语出版物中,耶稣会士书简集和游记占据主导地位。整个 17 世纪,意大利血统的耶稣会士在亚洲,特别是东亚传教会中的地位相当显赫。以中国教会为例,先驱者有范礼安、利玛窦、罗明坚,后来者有巴范济、龙华民、闵明我、卫匡国、殷铎泽。直到该世纪的最后二十年,法国的补给力量才来到中国教会,加入意大利人的行列。他们为出版的意大利语作品提供了关于中央帝国的信息。波利、罗历山、马里尼和其他传教士一道,向欧洲传递关于印度支那及其教会的重要且可靠的信息。诺比利和马吉斯特里斯为欧洲读者打开了一扇了解印度南部马杜赖的窗户。

如果只从意大利的出版材料看,人们可以看到一个不同的亚洲。意大利人和伊比利亚人不同，他们基本没有报道香料群岛、菲律宾群岛和印度尼西亚群岛。关于像马六甲和科伦坡这样的商业中心的参考资料，只是很偶然地出现在耶稣会士书简集中。像卡莱蒂和卡雷里这样的世界旅行家，是仅有的两个认真评述过东方贸易的人。尽管世纪过半之时，热那亚人成立了一家贸易公司，但是似乎在此之前出版的材料并未关注海外贸易。意大利语文献资料基本上在罗马出版，主要关注的是传教历史，其他各方面都只是略有提及。然而，相对于更加全面和平衡的伊比利亚语、荷兰语、法语和英语文献而言，意大利语文献是很有价值的辅助资料。

389

注释：

[1] 意大利人在基督教传教会中的地位的概论，见 G. B. Tragella, *L'impero di Cristo. Le missioni cattoliche nel monde* (Florence, 1941), pp. 33-38。

[2] 伏若望的信写于 1595 年 10 月，意大利语译本 1598 年出版，标题为：*Raggualio delle morte di Quabacondo*。同年在罗马和米兰再版，并被翻译为拉丁语和德语。伏若望关于殉难的报告（*Relazione della gloriosa morte di 26 Christiani posti in croce per commandemento del re de Giappone*）1599 年在罗马、博洛尼亚、米兰出版，不久后出现了拉丁语版（1599 年）、德语版（1599 年）、法语版（1600 年，1604 年）。更多关于这些出版物的信息，见 Streit, IV, 498, 506-7。

[3] 见 John Correia-Afonso, *Jesuit Letters and Indian History* (Bombay, 1955), p. 38；耶稣会士书简集列表，见原著第三卷第四册 1983 页。

[4] 例如，*Copia d'una breve relazione della Christianità del Giappone et della morte di Taicosama, signore de questo regno* (Venice, 1600)。

[5] 例如，*Tre navigationi fatte degli Olandesi e Zelandesi al Settentrione ... verso il Catai e regno de' Sini...* (Venice, 1599)。

[6] 关于杜兰特（Durante），见 *Asia*, II, Bk. 3, 438-39。

[7] *Ragionamenti ... sopra l'amomo et calamo aromatico novamente, l'anno 1604, havuto di Malaca, città d'India.* 这个 15 页长的小册子也许可以在国家图书馆中找到。

[8] 见 Streit, V, 8-9。

[9] *Copia d'una del ... Pimenta Visitore della Provincia d'India Orientale al molto Reverendo P. Claudio Acquaviva ... del primo di Decembre, 1600.*

[10] 这篇报告是一个摘要性质的材料，见 Streit, V, 12-14。

[11] *Relatione autentica mandata ...* 全称以及参考文献的详录，见 Streit, V, 36-37。有关奥古斯丁传教会在印度的记述，见 M. Müllbauer, *Geschichte der katholischen Missionen in Ostindien* (Freiburg im Breisgau, 1852), pp. 339-43。也可以参阅 S. Neill, *A History of Christianity in India ... to A. D. 1707* (Cambridge, 1984), pp. 358-59。

[12] *Copia d'una breve relatione della Christianità di Giappone ....* 这部书也包含了龙华民写自中国（1598 年）和沙勿略（Gerolamo Sciavier [Xavier]）写自莫卧儿的信件。

[13] *Lettera annua ...* (Rome, 1603). 内容摘要，见 Streit, V, 367-72。

[14] 拉丁语（1604 年）和法语（1605 年）译本也很快就出版了。

[15] *Sopplimento dell' annua del MDC ...* 见 Streit, V, 364-65。

[16] *Lettere ... de' 10 d'ottobre del 1599* (Rome). 1603 年在威尼斯和米兰发行，后被译成德语（1603 年）、拉丁语（1603 年）和法语（1604 年）。

[17] 内容概要，见 Streit, V, 31-33。这部书信集还包括了 1603 年来自马鲁古群岛和中国的报告。1606 年米兰还出现了意大利译本。

[18] *Tre lettere annue del Giappone …* (Rome, 1608). 在博洛尼亚（1609 年）和米兰（1609 年）重印，被译成拉丁语（1609 年）和法语（1610 年）。见 Streit, V, 385。

[19] *Relatione della gloriosa morte patita da sei Christiani Giaponesi ….* 1607 年在费尔莫（Fermo）和博洛尼亚重印，后被译为法语（巴黎，1607 年；阿拉斯 [Arras]，1608 年）和佛兰芒语（1609 年）。

[20] *Raccolta di relationi de' regni del Giappone…*

[21] *Lettera di Giappone dell' anno M. DC. VI del P. Giovanni Rodriguez.* 1611 年，拉丁语版本在安特卫普出版，见 Streit, V, 390。

[22] 作者不详。内容梗概见 Streit, V, 391-92。1612 年，该作品被译成拉丁语和法语。

[23] 内容概要，见 Streit, V, 402-5。1615 年该作品被译成拉丁语和法语。需要注意的是，不要将罗德里格斯·吉朗（1629 年逝世）和译员陆若汉混淆了，因为他们的姓名很像。

[24] 使团的游记翻印在 *Dai Nippon Shiryo (Japanese Historical Materials)*, Pt. XII, Vol. XII (Tokyo, 1909), *passim*。1954 年，这部稀有的作品由东洋文库（Toyo by the Toyo Bunko, Oriental Library）在东京出版。1617 年，阿玛蒂（Amati）的作品的德语译本在因戈尔施塔特（Ingolstadt）出版。也可以参见 V. Vigielmo, "The Preface and First Ten Chapters of Amati's *Historia del regno di Voxu* … Translated and Annotated," *Harvard Journal of Asiatic Studies*, XX (1957), 619-43。

[25] 参见 Edmond Lamalle, "La propagande du P. Nicolas Trigault en faveur des missions de Chine, 1616," *AHSI*, IX (1940), 59-60。

[26] *Breve relatione del regno dela Cina.* 该信被译成法语，并于 1602 年在巴黎出版。也可以参见 Streit, V, 684-85。

[27] 1604 年在威尼斯和米兰重印，后来被译成法语并在列日（Liège, 1604 年）和巴黎（1605 年）出版。

[28] 首次出版于 Matos, *Lettera annua di Giappone* (Rome, 1605), pp. 121-43。正是这个集子（第 140 页）收编了利玛窦 1602 年在北京写给龙华民的一封信的摘要。

[29] 之前曾在伊比利亚出版。见原著第三卷第一册第 319-320 页。1608 年，意大利语版本被译成德语。

[30] 利玛窦的报告在米兰再次发行（1610 年），被译成德语（1611 年）和拉丁语（1611 年）。

[31] *Due lettere annue della Cina del 1610, e del 1611*(Rome, 1615). 在米兰再版（1615 年），被译为拉丁语，见奥格斯堡版本（1615 年）和安特卫普版本（1615 年），被译成波兰语（克拉科夫 [Cracow]，1616 年）。

[32] 对该内容更加全面的概述，见 Streit, V, 705-15。

[33] 出版了的为数不多的几部作品之一是弗朗西斯科·瓦埃兹（Francisco Vaez）写自菲律宾的 1610 年年度书简，附录中包含了一本来自秘鲁的书简。见 Streit, V, 243。

[34] 关于奇里诺作为菲律宾副教省在罗马的代理人的情况，见 H. de la Costa, *The Jesuits in the*

Philippines, 1581-1768 (Cambridge, Mass., 1967), pp. 200, 620。详细的参考文献，也可以参见原著第三卷第一册第 319 页。

[35] 第二版于 1605 年在威尼斯面世；同年，巴黎出现了法语译本。内容概要，见 Streit, V, 247-49。

[36] 被译为德语（1612 年）和法语（1614 年）。内容概要，见 Streit, V, 253-54。

[37] *Raguagli d'alcune missione fatte ... nell' Indie Orientali ....* 1614 年，*Relazione breve del tesoro nuovamente acquistato nelle India orientali di Portugallo* 在米兰出版，见 Ternaux-Compans, p.127。这本书中没有发现其他可以参考的资料。

[38] 1610 年对罗马贵族诺比利的指责源自他向印度风俗习惯的妥协，他在神像面前烧香，这些行为在罗马激起一股谣言，他的一些朋友或者支持者们不得不写信控诉他或者请求他重返纯正的信仰。见 V. Cronin, *A Pearl to India. The Life of Roberto de Nobili* (New York, 1950). p. 189。

[39] 详细信息，见 Streit, V, 419-29。这两封传教报告被译成法语，于 1618 年在里昂联合出版。

[40] *Lettere annue del Giappone, China, Goa et Ethiopia.* 同年在米兰再版。

[41] 进一步的详细信息，见 Streit, V, 411-17。

[42] 进一步的详细信息，见 *ibid.*, 78-79。

[43] 1623 年，米兰出版了一部类似的关于 1622 年的报道，同年在博罗尼亚再版。Streit, V, 96 只给出标题，没有提供其他信息。

[44] 参阅 *Relatione di alcune cose cavate dalle lettere scritte ne gli anni 1619, 1620, e 1621, dal Giappone* 中的前三封书信报告。1624 年在米兰和那不勒斯重版。译成法语（1625 年）和拉丁语（1625 年）。也可以参阅 *Breve relazione del martyrio d'undeci religiosi dell'ordine di S.Domenico, sequato dell' Giappone nell' anno de 1618 e 1622* (Rome, 1624)。

[45] 显然，他的同事葡萄牙耶稣会士卡瓦略（Diego Carvalho）也编著了一本虾夷的人种史学。如果真是这样，17 世纪的作者们并未使用这一材料，此后也未被发现。见 D. Schilling, "Il contributo dei missionari cattolici nei secoli XVI e XVII alla conoscenza dell' Isola di Ezo e degli Ainu," in C. Costantini el al., *Le missioni cattoliche e la cultura dell' oriente* (Rome, 1943), pp. 152-56。关于虾夷早期的地图学，见 *Asia*, II, Bk. 3, 484。

[46] *Relatione delle cose piu notabili scritti negli anni 1619, 1620, e 1621 dalla China ...* (Rome, 1624). 第二版在米兰出版，法语译本 1625 年面世。

[47] 更加详细的概论，见 Streit, V, 734-36。

[48] 更加详细的概述，见 *ibid.*, pp.738-40。

[49] 更加详细的概述，见 *ibid.*, pp.744-49。

[50] *Lettere annue d'Etiopia, Malabar, Brasil, e Goa. Dall' Anno 1620. fin al 1624.* 目录见 Streit, V, 111-12。1628 年，巴黎出现了法语译本。

[51] 这些报告的更为详细的总结，见 Streit, V, 85-86, 89-93, 97-105。

[52] 有关西藏的传教情况以及在伊比利亚出版的与此相关的作品，见原著第三卷第一册第338-339页。标题为 *Relatione del novo discoprimento del Gran Cataio ovvero Regno di Tibet*（Rome, 1627），这个意大利语版本被译成法语和德语，也是在1627年出版。现代意大利语版本，可参阅 G. M. Toscano, *La prima missione cattolica nel Tibet*（Parma, 1951）。现代葡萄牙语版本，见 F. M. E. Pereira (ed.) *O descobrimento do Tibet …*（Coimbra, 1921）。

[53] 目录见 Streit, V, 497-98。另一个版本1627年在米兰出版。

[54] 详细内容，见 Streit, V, 466-74。

[55] 详细内容，见 *ibid.*, pp. 741-44。

[56] 详细内容，见 *ibid.*, pp.752-55页。关于曾德昭，见原著第三卷第一册第349页。

[57] 目录见 Streit, V, 117。

[58] 详细概述，见 *ibid.*, pp.107-8。

[59] 详细概述，见 *ibid.*, pp.756-59。

[60] 详细概述，见 *ibid.*, pp.515-21。

[61] *Lettere dell'Etiopia dell' anno 1626 … e della Cina dell' anno 1625, … Con una breve relatione del viaggio al regno de Tunguim, nuovamente scoperto*（Rome, 1629）。在米兰重印（1629年），被译成法语（1629年）和波兰语（1629年）。

[62] 这封只有10页长的简函很快就消失不见了，一个更长的报告取而代之。佛罗伦萨的国家图书馆藏的 Lettere 被译成法语，出版在 *Bulletin de l'École Française d'Extrême-Orient*（Hanoi), III（1903), 71-78。内容分析，见 Gustav Herman Degel 的论文（Würzburg）"Die Erforschung des Festlandes von Hinterindien durch die Jesuiten am Eingang und Ausgang des 17. Jahrhunderts"（1905), pp. 17-29。

[63] 也出版在 *Sonus evangelii …*（Dillingen, 1630), pp. 44-81。

[64] 例如，明尼苏达州州立大学图书馆拥有一个独一无二的例子，Augustiniana, Provincia de India Oriental: *Lettera del padre vicareo provinciale dell' ordine di Santo Agostino dell' India Orientale*（Rome, 1629）。

[65] *Dictionarium Malaico-Latinum et Latino-Malaicum cum aliis quamplurimus quae quarta pagina edocebit. Opera et studio Davidis Haex.* 1632年重印。见图82和图87。

[66] *Relatione della nuova missione… al regno della Cocincina, …*（Rome, 1631）。被译为法语（1631年）、佛兰芒语（1632年）、英语（1633年）、德语（1633年）和拉丁语（1633年）。英语和法语版本只有第一部分内容关涉交趾支那的世俗环境。1931年的法语版本含有注解和评论，作者是博尼法斯（Bonnifacy）。英语译文也许可以参阅 A. and J. Churchill's 的 *A Collection of Voyages and Travels*（4 vols.; London, 1704; 以后引为 CV）以及 John Pinkerton 的 *A General Collection of the Best and Most Interesting Voyages and Travels in All Parts of the World*（17 vols.; London, 1808-14), IX, 772-828。1970年英语版本再次翻印，见 *Theatrum orbis terrarum*。

[67] 波利的生平和对学界及科学领域的贡献，参阅 L. Petech 的优秀论文，具体见 *Dizionario biografico degli italiani*。

[68] 内容见 Streit, V, 533。1632 年在米兰翻印，被译成佛兰芒语（安特卫普，1632 年）。

[69] 见 Streit, V, 526, 532。

[70] 见 *ibid*., p. 542。在米兰再次重版（1635 年），同年被译为拉丁语和法语。

[71] Streit, V, 544。

[72] *Saverio orientale ò vero Istorie de' Cristiani illustri dell' Oriente* ... 原计划出版两卷，第二卷一直未能出版。见 Streit, V, 554。1648 年，贾科莫·瑟丹尼（Giacomo Certani）在博罗尼亚出版了沙勿略的新传记，是百年庆典的一部分。

[73] 有关金纳罗的日本地图及其与其他地图之间的联系，见 J. F. Schütte, "Japanese Cartography at the Court of Florence; Robert Dudley's Maps of Japan, 1606-1636," *Imago Mundi*, XXIII (1960), 46-50。

[74] 见 Streit, V, 558。1645—1646 年间，在米兰翻印，后来被译成法语。

[75] *Fasciculus e Iapponicis floribus, suo adhuc madentibus sanguine*. 约 1650 年译成葡萄牙语。见 Streit, V, 560-61。1646 年，罗马出版了另一部拉丁语版的目录，似乎是 *Fasciculus* 的摘要。

[76] 见 Schütte, *loc. cit*. (n. 73), pp. 46-50。

[77] Streit, V, 556, 561-562. 他的手稿 *Batalhas de Companhia de Jesus na sua gloriosa provincia do Japão* 直到 1894 年才出版。

[78] 卡莱蒂的出版著作，见原著第三卷第一册第 388 页。

[79] L. T. Belgrano (ed.), "Opuscoli di Benedetto Scotto gentiluomo genevese, circa un progetto di navigazione pel settentrione alla Cina ed alle Indie Orientali editi nel principio del secolo XVII," *Atti della Società Ligure di Storia Patria* (Genoa), V, 297-99n.

[80] *Dell' Arcano del Mare*. 相关分析，见 Schütte, *loc. cit*. (n. 73), pp. 30-32。

[81] *Relatione delle missioni e Christianità che apartengono alla provincia di Malavar* .... 见 Streit, V, 135；同年图尔奈（Tournai）出现了法语译本。

[82] 见 Streit, V, 137。

[83] 全称见 *ibid*., p.138。1653 年在罗马重印。更为全面的论述，见原著第三卷第一册第 349-350 页。

[84] 17 世纪被译为英语（1665 年）、荷兰语（1666 年）、德语（1674 年）。1658—1663 年在罗马再版，增加了作者的传记。1700 年出现了 4 个意大利语版本。1892 年，哈克路特学会出版了现代英语版本：*The Travels of Pietro Della Valle in India*。有关他生平和作品的最新分析，见 Wilfrid Blunt, *Pietro's Pilgrimage* (London, 1953), especially. Pt. III; Peter G. Bietenholz, *Pietro della Valle (1596-1652). Studien zur Geschichte der Orientkenntnis und des Orientbildes im Abendlande* (Basel and Stuttgart, 1962), pp. 105-9, 152-53, 171-81, 197-98; and M Guglielminetti, *Viaggiatori del Seicento* (Turin, 1967), pp. 329-30。

[85] （罗马，1650 年）1651 年在米兰再版。被译成法语（1651 年）和拉丁语（1652 年）。摘要

见 Degli Anzi, *Il Genio Vagante* (Parma, 1691), II, 263-301。也可以参阅原著第三卷第一册第 408-409 页。

[86] 他的作品全称，见 Streit, V, 593, 595。也可以参照原著第三卷第一册第 408-409 页。

[87] 为了达到这一目的，他出版了 *Relatione della morte di Andrea Catechist che primo de Christiani nel regno di Cocincina è stato ucciso da gl'infedeli in odio della fede, alli 26, di Luglio, 1644* (Rome, 1652)。1653 年被译成法语。显然，到中国和日本访问的耶稣会士巡阅使卢安东（Antonio Rubino，1597—1643 年）在长崎殉道的故事也是由他在罗马出版的（1652 年）。见 Streit, V, 564。

[88] F. Agostino, *Breve racconto del viaggio di due religiosi Carmelitani scalzi al regno di Achien, nell'isola di Sumatra* (Rome, 1652)。见 Streit, V, 144。

[89] *L'India orientale suggettata al vangelo.* 这部 400 页的历史专著献给了教皇英诺森十世（Pope Innocent X）。

[90] 这被描写为 *Parte Prima Dell' historia della Compagnia di Giesu*。17 世纪在热那亚（1656 年）和罗马（1667 年）再版，之后多次再版。被译为拉丁语并于 1666—1667 年在里昂出版。

[91] 17 世纪，*Parte seconda* 没有被开分再版或者翻译成别的语种。

[92] 1670 年，*Terza parte* 被译为拉丁语并在里昂出版。关涉中国人生活的部分最近于 1975 年在米兰再版，Bice Garavelli Mortare 作了序言和注释。

[93] 巴尔托利作品的全面品鉴，见 J. J. Renaldo, *Daniello Bartoli: A Letterato of the Seicento* (Naples, 1979), chap. iii。

[94] *Breve historia delle guerre seguite in questi ultimi anni tra Tartari e Cinesi.* 1655 年第二版在米兰出版，摘要出版在 Degli Anzi, *op. cit.* (n. 85), II, 417-65。也可以参阅原著第三卷第一册第 480-481 页。

[95] 标题以及内容的梗概，见 Streit, V, 800。1655 年再版。1654 年被译成德语出版。

[96] 见 Guglielmo Berchet, "Un ambasciatore della Cina a Venezia nel 1652," *Archivio veneto*, n.s., Vol. XXIX, Pt. 1 (1885), pp. 367-80。他又再版了 5 个先前没有出版的关于卜弥格访问的文献（比较原著第三卷第一册第 194-195 页）。

[97] 耶稣会士书志学家阿里甘布（Philippe Alegambe）出版了很多献身于东方的耶稣会士书信。见 *Mortes illustres et gesta eorum de Societate Iesu ...* (Rome, 1657)。历史传奇作家布鲁索尼（Girolamo Brusoni，1614 年出生）扩充了博特罗（Botero）所著的 *Relazione* 的内容，材料来自旅行家和传教士关于东方的记述。见 *Varie osservazioni sopra le Relazioni Universali di G. Botero* (Venice, 1659)。

[98] *Relatione della Christianità di Maduré.* 1663 年出现法语译本。见 Streit, V, 156, 159。

[99] 见 D. Ferroli, *The Jesuits in Malabar* (Bangalore, 1951), II, 405。

[100] 1661 年，也就是马吉斯特里斯出版报告的那年，一本关于"卡利卡特战争"（wars at Calicut）的书籍在威尼斯出版。*Raguaglio delle guerre de Calecut of* Basapopi [?] 只在

Ternaux-Compans, p. 310 中简单提及。

[101] *Delle missioni de' Padri della Compagnia di Giesu nella Provincia del Giappone, e particolarmente di quella di Tumkinó libri cinque* (Rome, 1663). 两年后，罗马和威尼斯再版该作品，标题做了更改: *Historia et relatione del Tunchino e del Giappone*（见图 43 和图 68）。新版的内容和 *Delle missioni* 的内容完全相同。马里尼的作品被译成法语并分别于 1666 年和 1683 年出版。献给教皇亚历山大七世的 1665 年罗马版本包含有一个皇室警卫和一个东京（越南）内务官员的版画。

[102] 见 C. B. Maybon, "Notice biographique et bibliographique sur G. F. de Marini, auteur d'une relation du royaume de Lao," *Revue indochinoise*, July, 1910, pp. 15-25; August, 1910, pp. 152-82; Sept. 1910, pp. 257-71; Oct., 1910, pp. 358-65。关于莱里亚，见原著第三卷第三册第 1157-1159 页。

[103] *Metodo della dottrina che i padri … insegnano a neoffiti nelle missioni della Cina …* (Lyons, 1665).

[104] 1668 年在罗马重印。

[105] 见 Streit, V, 140, 165。这个意大利语译本分别于 1667 年、1676 年和 1683 年在威尼斯以及于 1672 年在罗马重印。见原著第三卷第一册 407 页。

[106] 分别于 1683 年在威尼斯和 1687 年在罗马重印。见图 67。

[107] *Il viaggio all' Indie Orientali …* (Rome, 1672). 1693 年在威尼斯重印。

[108] 1676 年在罗马再版，标题改为 *L'India orientali …*。托西参照曼里克的讨论，见 L. Ambruzzi, "Le missioni cattoliche e l'India," in Costantini *el al., op. cit.* (n. 45), p. 290。

[109] 法语版由陆方济（François Pallu）撰写，1668 年首次在巴黎出版。陆方济从 1667 年到 1670 年在欧洲逗留。意大利语译本准备出版之时，他很可能在罗马。见 Streit, V, 616, 618。

[110] 见 Streit, V, 620-21。

[111] *Compendiosa narratione dello stato della missione Cinese, cominciādo dall' anno 1581, fino al 1669* (Rome, 1672). 1672 年译为拉丁语。见 Streit, V, 849。

[112] 这也许可以解释马可·波罗游记新版 1672 年在 Trivigi 的再版，以及 1673 年库贝罗（Cubero）环游世界纪行的意大利语译本在那不勒斯出版。关于库贝罗，见原著第三卷第一册第 360 页。

[113] 标题为 *Viaggio del P. Giovanni Grueber, tornando per terra da China in Europa*。后来附在 *Confucius Sinarum philosophus …* (Paris, 1687) 里。再版在 Lorenzo Magalotti, *Notizie varie dell' imperio della Cina* (Florence, 1687)。比较原著第三卷第一册第 485-486 页和 528 页。

[114] *Istoria dell' ultima revoluzione delli stati del Gran Mogor* (Milan). 1670 年首次出版法语；见原著第三卷第一册第 414 页。相关讨论，见 E. Maclagan, *The Jesuits and the Great Mogul* (London, 1932), pp. 5, 110。

[115] 法语原版由 Luc Fermanel de Favery 著，1674 年在巴黎出版。见 Streit, V, 630, 634。

[116] 关于加西亚（García），见原著第三卷第一册第 357 页。

[117] *Istoria della conversione … dell' Isole Mariane …* (Naples, 1686). 摘要见 Franceso Tinelli 所著

的 *Compendio della ... Sanvitores* (Brescia, 1695)。

[118] *Breve ragguaglio delle cose più notabili spettani al grand' imperio della Cina* (Rome).

[119] *Istoria della rivoluzione del regno di Siam, accaduta l'anno 1688. E dello stato presente dell' India* (Milan). 1692 年，法语原版在里昂出版。

[120] *Notizie varie dell'imperio della China, e di qualche altro paese adiacente; con la vita di Confucio ... e un saggio della sua morale.*

[121] 颜珰 1699 年的这封报告在出版时并未注明出版时间。

[122] *Lettere d'un dottore dell' Università di Parigi, dell' Ordine dei Predicatori, intorno alle idolatrie e superstizione della Cina* (Cologne, 1700). N. Alexandre, *Conformità delle cerimonie chinesi colla idolatria greca e romana, in conferma dell' Apologia de Domenicani missionari della China ...* (Cologne, 1700). 诺埃尔·亚历山大在这场争议中的立场，见 Anton Hängü, *Der Kirchen-historiker Natalis Alexander (1639-1724)*, (Freiburg, 1955), pp. 222-24。

[123] 六卷（1699—1700 年）。1699 年至 1708 年，至少有 7 个意大利语版本面世。1719 年至 1728 年，修订和扩容后的意大利语各种版本在威尼斯出版。1719 年至 1727 年的法语译本并不可靠。1704 年译为英语，见 *CV*；也可见第三版的第四卷（1745 年）。

[124] 有关他的文本分析及其文献资源，见 Alberto Magnaghi, *Il viaggiatore Gemelli Careri (secolo XVII) e il suo Giro del Mondo* (Bergamo, 1900)。

[125] *Ibid.*, 但是更可参阅 Surindranath Sen (ed.), *The Indian Travels of Thevenot and Careri* (New Delhi: National Archives of India, 1949); Philippe de Vargas, "Le 'Giro del Mondo' de Gemelli Careri, en particulier le récit du séjour en Chine, Roman ou Vérité?" *Schweizerische Zeitschrift für Geschichte*, V (1955), 417-51。他在菲律宾的经历，见 BR, I, 51, 52, 65。他从马尼拉到阿卡普尔科的海上旅程，见 De la Costa, *op. cit.* (n. 34), pp. 229-31。

[126] *Ragionamenti di Francesco Carletti Fiorentino sopra le cose da lui vedute ne' suoi viaggi si dell' Indie Occidentali, e Orientali, come d'altri paesi ....* 现代版由西尔维斯特（Gianfranco Silvestro）编辑，1958 年在米兰出版；它是罗马安吉拉图书馆（Biblioteca Angelica）收藏手稿的复印本，这部文献更接近卡莱蒂 1701 年出版的原著。温斯托克（Herbert Weinstock）将安吉拉图书馆收藏的版本译为英语 *My Voyage around the World by Francesco Carletti, a Sixteenth Century Florentine Merchant* (New York, 1964)。

[127] 见原著第三卷第一册第 386 页。

[128] 见 M. N Trollope (trans.), "The Carletti Discourse; A Contemporary Italian Account of a Visit to Japan in 1597-98," *Transactions of the Asiatic Society of Japan*, 2d ser., IX (1932), 1-35；也可以参照 M. Cooper (ed.), *They Came to Japan, An Anthology of European Reports on Japan, 1543-1640* (London, 1965), pp. 64-65。

第五章　法语文献

　　16 世纪，法国远远地观望着他国的海外扩张以及为控制香料和东方海上航道的争夺战。由于法国以前没有直接参与过海外贸易和亚洲的传教事务，所以现在比它的邻居们更能客观全面地估算开发亚洲对于欧洲文明的意义和价值。在法国内部，一些宗教性和政治性的裂缝和破口，从 1550 年开始在纺织行业中出现。1562 年至 1598 年的内战，暴露了纺织业中的弱点和紧张。人们厌倦了国内的分裂状态，《政策》（*politiques*）和其他报刊呼吁和解、停止内战、重新架构社会组织。亨利四世（1589—1610 年在位）的主要任务是修复和重振社会，引导法兰西重新获得统一，再次在国际事务中发挥积极作用。

　　对于国王而言，恢复国内和国际的和平秩序并非易事。1594 年他刚进驻巴黎之后不久，最高法院（Parlement）就开始给他制造麻烦。在大学和胡格诺派的压力之下，巴黎最高法院 1595 年下令驱逐耶稣会士。国王需要法国教士和教廷的配合才能实现他的宗教和解计划，坚决拒斥在驱逐耶稣会士的法令上签字背书。同时，耶稣会士或者自动离开，或者被从巴黎高等法院辖区驱逐，其中有一些人逃到法国的其他地区。亨利着手大力解决耶稣会和它的敌人之间的分歧。他强迫南方的高等法院不要像通常那样效仿巴黎高等法院。公布南特敕令之后（1598 年），即有限地向胡格诺派做出妥协后，亨利 1601 年开始制定条款召回耶稣会士。1604 年，他颁布了《鲁昂法令》(*Edict of Rouen*)，重新确立耶稣会士在法国的地位，催促巴黎高等法院接受这一事实。[1] 通过这两项法令，国王为胡格诺派和耶稣会士重返法国主流社会奠定了基础，在宗教敌对的背景下实现了来之不易的和解。

法国和西班牙拉锯式的痛苦战争终于在 1598 年结束，签署了《韦尔万和约》(*Peace of Vervins*)。西班牙的菲利普二世在生命晚期时决定与亨利谈判，条件是波旁皇族(Bourbon)弃绝新教。16 世纪末，这两个国家都急需一个和平环境，他们都需要腾出精力关注国际事务以及国内的紧迫性问题。西班牙和联合省在荷兰的交战让人们越来越明白这样一个事实，西班牙在北欧处于守势，而法国逐渐取代它成为裁决纷争的主力。17 世纪的前十年，亨利四世致力于重建法国在欧洲国际事务中的领导权，并且作为一个潜在的竞争者参与东方贸易，发挥影响力。

第一节　耶稣会士书简和东印度公司前时代的游记

信奉新教的英国（1600 年）和荷兰（1602 年）成立了东印度公司之后，位于北欧的其他海洋国家也燃起了希望，即他们也可能绕过伊比利亚的垄断派出本国的直航船只到东方，直接在亚洲坐庄做生意。法国人，特别是沿海城镇的诺曼底（Normandy）和布列塔尼（Brittany）的商人，对这些变化迅速地做出反应。在来自迪耶普（Dieppe）的让·安格（Jean Ango）直航东方七十年之后，法国东北部的商人们再次活跃起来。[2] 1600 年，圣-马洛（Saint-Malo）、维特雷（Vitré）、拉瓦勒（Laval）的商人在一些心怀不满的荷兰和佛兰德商人的帮助下，组建了一个公司，直接与马鲁古群岛和日本进行贸易。1601 年派出两艘船只到东方，但均未成功返航；一艘船在出航途中沉没，另一艘船 1603 年从苏门答腊返回途中经由西班牙外海时失事。同时，迪耶普的一些商人在佛兰德和法国商人的合作支持下，1604 年获得了皇家的特批书，给予他们为期十五年向印度洋派遣船只的特权。这遭致荷兰人、布列塔尼人、苏利公爵（Duc de

Sully）的强力反对，因此迪耶普的商人在亨利国王 1610 年逝世后从未能够向东方派遣一艘船只。[3]

和这些首创性的探险实践相联系，出现了一批关于东方航海活动的法语文献。1598 年，即签署《南特法令》和《韦尔万和约》那年，联合省出版了关于荷兰航海的法语文献，这些文献很快就在法国再版。[4] 1600 年之后出现了多部出版物：巴伦特·朗厄内斯（Barent Langenes）著的《航路图鉴》（*Thresor des chartes*，1602 年），该著作曾于 1598 年用荷兰语出版；关于范·内克和韦麻郎舰队的报告《第二书》（*Le second livre*，1601 年）；范·诺尔特（Van Noort）的环球游记（1602 年）。[5] 弗朗西斯科·德·古兹曼（Francisco de Guzman，1596—1602 年间的总督）关于菲律宾群岛的论述被从西班牙语译为法语，在里昂（1599 年）和巴黎（1599 年）出版。这些年里，从比较可靠的意大利语、西班牙语和拉丁语翻译过来的回忆性作品为数不少。[6]

耶稣会士正式从巴黎流放期间（1595—1604 年），书简的数量并不多，主要出版地是鲁昂、安特卫普、卢万（Louvain）、里昂。[7] 1602 年前的出版物关注的主要问题是 1597 年发生在日本的基督徒受害和殉难的故事，其意图可能是向巴黎高等法院暗示，日本人和法国人在虐待耶稣会士方面存在共同点。龙华民关于中国的信息 1602 年在阿让（Agen）和巴黎出版。[8] 尼古拉斯·皮门塔 1600 年发自果阿的关于印度耶稣会士的报告的法语译本，于 1603 年在巴黎出版。显然，法国耶稣会士设法让公众了解耶稣会在东方的活动。但是他们设法出版巴黎官方仍然禁止的材料，仅仅包含当时在伊比利亚语和意大利语书简集中的部分信息。而且，这一时间的法国耶稣会士并没有亲自参与耶稣会在东方的传教活动。

用法语创作的文献资料直到 1604 年才出版。1601—1603 年间，维特雷人弗朗索瓦·马丁（François Martin）曾航行到苏门答腊，又乘坐"新月"号（Croissant）返回。他是第一个写东方游记的法国人。他刚一返回法国，亨利四世就请他口授在东方的体验。[9] 他很可能是随船的外科医生；日志中包含了很多关于东印度群岛的动物、植物和药材的评论，还有一篇关于坏血病的论文。马丁的作品经过修订和扩容后于 1609 年在巴黎出版，而且还附加了一部马来语小词典。[10] 补充内容也许是出自马丁的同乡维特雷市的皮埃尔·奥利维尔·马勒布（Pierre Olivier Malherbe）之手，他曾环游世界二十七年，1609 年才返回法国。国王曾多次接见这位勇敢的旅行家。马勒布向国王讲述了东印度群岛的金银矿藏，描述了几条可能适合他们的线路，并且表示愿意带队远征。第一位环球航行的法国人也曾到过中国（如果我们相信他的讲述），并且在印度受到阿克巴的亲自接见。[11] 马丁的这本书的两个版本都献给了亨利四世。

国王 1610 年被谋杀，据称，凶手是受耶稣会士影响的拉瓦伊阿克（Ravaillac），国王因此并未实现他在海外的梦想。然而，他的激情感染了王后，激发了人们从 1604 年开始的大范围出版东方资料的热情。从这些出版物中可以看出，法国人似乎非常关注荷兰的动态。佛兰德人地理学家科尼利厄斯·维特佛利特（Cornelius Wytfliet，1550 年出生）的作品首次于 1598 年用拉丁语出版，1605 年被译为法语并在杜埃（Douai）出版。1607 年和 1611 年出现了修订本。他所著的《东印度群岛和西印度群岛通史》（*Histoire universelle des Indes Orientales et Occidentales*）第二册的主要内容是东印度群岛，是维特佛利特摘自意大利地理学家乔万尼·安东尼奥·马基尼（Giovanni Antonio Magini，1555—1617 年）和其他人的作品。[12]1611 年版本的第一部分是葡萄牙 1608 年之前的航海编年史，第二部分简略地分专题讨论了葡萄牙在东方的各个属地，以及耶稣会在这些地方传教的进展情况。总之，这本畅销书是一部简单明了但又信息丰富的介绍东方的法语读本。虽然维特佛利特在著作的第一册里包含了美洲的地图，在第二册里包含了东方的地图，但是这些地图并不受读者的欢迎。

荷兰当时在东方活动的某些侧面也受到法国读者的追捧。分别于 1607 年和 1608 年出版的小册子，关注了荷兰向东印度群岛推进的决心，但是他们在西班牙人那里遭遇了一些挫折。[13]1608 年，暹罗的使团出现在拿骚（Nassau）的莫里斯伯爵（Count Maurice）①的厅堂里，同年在里昂出版的一部没有署名的文献关注了这一事件。[14] 皮埃尔·维克多·帕尔马·卡耶（Pierre Victor Palma Cayet）的畅销编年史关注的是西班牙和法国 1598 年签署和平协议之后发生的

393

---

① 莫里斯后来成为奥兰治（Orange）君主。——译者注

事件，该作品从 1605 年到 1609 年的 4 个版本让法国人及时地了解了时下的局势。[15]1610 年，林斯乔坦（Linschoten）的著作的法语版面世，可能是在法兰克福印刷出版的。[16]同年，科尼利斯·克拉埃兹逊（Cornelis Claeszoon）在阿姆斯特丹出版了关于荷兰航海的法语合集。[17]

　　1604 年耶稣会士受到宽恕之后，他们愈发勤恳地将重要的耶稣会士书简集翻译成法语。一部信息量丰富的介绍中国、日本和印度传教会情况的耶稣会士书简集被从意大利语译为法语，1604 年在巴黎出版。[18]1604 年，耶稣会士传记作家和殉教史研究者弗朗索瓦·索利埃（François Solier）将两封较长的日本来信翻译成法语，信中谈到丰臣秀吉逝世后基督徒在日本的遭遇。[19]1603 年，神父巴范济发自日本的 1600—1601 年年度传教报告的意大利语版面世，1605 年在巴黎出版，[20]与其一道出版的还有卡瓦略发自中国的 1601 年年度传教报告。[21]1605 年，来自菲律宾群岛的 1602 年和 1603 年年度传教报告同时出现在罗马和巴黎。[22]因此，这几位耶稣会士在他们返回巴黎的前两年内，东方传教前沿最新报道的法语译本出版。

　　由非耶稣会士撰写的关于印度的传教资料也开始在法国出版。奥古斯丁修会主管弗朗西斯科·佩雷拉（Francisco Pereira，1621 年逝世）给西班牙发回一封简报，介绍了奥古斯丁会修士在孟加拉、果阿、霍尔木兹的工作情况，这封简报的法语译本 1606 年出版。[23]佛兰德耶稣会士金尼阁曾致信给低地国家教省主教，结果这一书信于 1608—1609 年在法国大范围流播。这封书信于 1607 年的圣诞前夜写自果阿，用相当的篇幅评述了耶稣会士在整个东方的传教状况，特别点评了荷兰舰队威胁到马六甲和安汶岛的安全。[24]1609 年，奥古斯丁神学家让·巴蒂斯特·德·格伦（Jean Baptiste de Glen）出版了安东尼奥·德·古维亚（António de Gouvea）报告的法语译本，该报告讲述的是葡属耶稣会士成功地弥合马拉巴尔地区的圣多默基督徒和拉丁教会之间的分歧、重结联盟的故事。[25]

　　法国的耶稣会士和同时代其他地方的同仁们一样，焦急地关注着日本事件的动态。1606 年，加布里埃尔·德·马托斯写自日本的 1603 年年度传教报告的法语译本在杜埃出版。[26]日本主教派出的 6 位高级基督徒殉难的故事，1607—

394

1608 年出现了几个不同的法语版本。[27] 紧随其后的 1608—1609 年，出版了来自日本的 1603 年、1604 年、1605 年的年度传教报告，分别在杜埃和里昂发行，也是译自意大利语。[28]

耶稣会士进入中国的故事，是由庞迪我 1602 年从北京写信告知路易斯·德·古兹曼的，这封信 1607 年在法国出版。[29] 古兹曼是西班牙的传教史学家，完全有能力让庞迪我的书信报告在欧洲的所有天主教国家广为流传。他的历史著作涵盖下至 1600 年之前的耶稣会士在东方的传教史，也激发了皮埃尔·杜·雅利克（Pierre Du Jarric，1566—1617 年）编著大型耶稣会士文献，覆盖下至 1610 年之前耶稣会士在东方的全部传教史，耶稣会士雅利克是波尔多的哲学和伦理神学教授。杜·雅利克三卷本的《难忘的东印度历险》（*Histoire des choses plus memorables advenues tant ez Indes Orientales*，波尔多，1608 年，1610 年，1614 年）的材料都来自耶稣会士书信、书简集、历史故事以及费尔南·格雷罗（Fernão Guerreiro）的同时代葡萄牙语编著。[30] 事实上，格雷罗曾写信、书、备忘录等给杜·雅利克为他提供指导和建议。杜·雅利克一方面全面参考这些资料；另一方面又使用技巧性的叙事方法将这些材料重新整合，时刻提醒人们对格雷罗的记忆。和葡萄牙语的合集一样，这套编著的新旧资料可信，是一个文献宝藏，它阐述了 1610 年之前耶稣会士在东方乃至所有国家的活动，只要他们足够活跃。[31]

1610 年亨利四世被谋杀之后发生的政治变革十分有利于殖民者刚刚萌生的希望。1611 年，反对海外活动的苏利公爵，被第戎（Dijon）高级法院院长皮埃尔·让南（Pierre Jeannin，1540—1622 年）以财务总监（*surintendant des finances*）的身份取代，让南鼓励成立海外商贸公司。当拉瓦勒的弗朗索瓦·皮拉尔德（François Pyrard，1621 年逝世）1611 年返回法国时，正是让南在女王的支持下立刻出版了他的《法国人东印度旅行记》（*Discours*，1611 年）。皮拉尔德曾经登上“乌鸦”号（Corbin），这是法国 1601 年从圣 - 马洛派出的两艘船中的一艘。这艘船在马尔代夫岛屿遇难，皮拉尔德设法登岸，接下来的四年他在马累（Male）及其周边地区度过。他研习马尔代夫语言并且受到苏丹王及其助手的款待。1607 年，皮拉尔德被一个孟加拉远征队抓捕并被带回孟加拉。他又从孟加拉返回印度西海岸，在这里他被葡萄牙人暂时雇佣。在接下来的两年或者更长时间，他和葡萄牙人一道工作，还曾旅行到锡兰和马鲁古群岛。1611 年，他终于返回拉瓦勒，很快又来到巴黎。

皮拉尔德的《法国人东印度旅行记》（*Discours du voyage des françois aux Indes Orientales...*，巴黎，1611 年）首先是以单卷本发行，献给摄政女王。主要内容是个人探险报告，还附加了一篇基于个人观察的关于东方动物和植物的论文。接下来的七年里，也许是由于让南和他人的督促，皮拉尔德重写并且扩充了原版内容，1615 年他出版了两卷本的《弗朗索瓦·皮拉尔德游记》（*Voyage de François Pyrard*）。正是这个修订版发行之后，旅游文学编辑和收藏家皮埃尔·伯杰龙（Pierre Bergeron）开始和皮拉尔德合作，共同撰写他新近修订的独一无二的作品。[32]1619 年，即人们推定皮拉尔德逝世的两年前，《弗朗索瓦·皮拉尔德游记》的终极版本在巴黎面世。书中还附加了马尔代夫语词汇表，这在欧洲尚属首次。[33]关于印度以及东方部分的内容在这一版里有了扩充，材料也许来自林斯乔坦作品的法语译本（1610 年，1614 年）之一。也许是在伯杰龙的要求下，作者在正文中呼吁法国要更加积极地参与海外扩张和贸易。[34]

女王摄政期间（1610—1614 年）和三级会议（Estates-General，1614—1615 年）期间，计划从布列塔尼和诺曼底派出舰队的想法都没有获得成功。1615 年，鲁昂的两名商人联合迪耶普的商人成立了"马鲁古公司"（Compagnie des Moluques）。这次组合为他们赢得了为期十八年之久的垄断东方贸易的特许权。1616 年，翁弗勒尔（Honfleur）发出两艘船。其中的一艘在爪哇被荷兰人捕获；另一艘满载货物安全返回。1617 年，囚禁在万丹的诺曼底水手们写信给法国人，建议他们不要继续试图穿越马鲁古群岛、菲律宾群岛和日本——这些地区都被荷兰控制了。[35]

法国人不顾这些忠告，继续策划新的远征方案。[36]他们之所以这么冒进，也许是因为看到其中有一艘船成功返回翁弗勒尔以及 1617 年出版的让·莫凯（Jean Mocquet，1575 年生）的《非洲、亚洲、东西印度群岛游记》。[37]莫凯出生在维埃纳（Vienne），是亨利四世朝廷上的一位药剂师。1601 年，国王恩准他到国外搜集标本和奇珍异品，以满足杜乐丽（Tuileries）皇宫的奇珍异宝室

396

（*cabinet des singularitez*）之需。1601—1612 年间，他共出航 5 次，其中第四次
来到果阿。约 1610 年，他在果阿遇到皮拉尔德，后者为他讲述了马尔代夫。莫
凯在《非洲、亚洲、东西印度群岛游记》中描述了葡萄牙的商业贸易，全盘谴
责他们的堕落和贪婪。几年以后，在"大莫卧儿"朝廷供职的波尔多珠宝商阿
古斯丁·伊里亚尔（Agustin Hiriart），写信给他的法国朋友们，热情洋溢地描述
了印度的财富。[38]

　　1617 年，马鲁古公司进行重组，将自身的经营活动与圣 - 马洛商人联系在
一起。1619 年，新成立的财团资助翁弗勒尔派出 3 艘船只，即所谓的蒙特默伦
（Montmorency）舰队。1620 年，法国舰队到达苏门答腊；其中的两艘被荷兰捕
获，另一艘 1622 年返回到勒阿弗尔（Le Havre）。1631 年，它的舵手让·勒特
利耶（Jean Le Tellier）最终在迪耶普出版了《东印度旅行》（*Voyages fait aux
Indes orientales*）。舰长奥古斯丁·德·博利厄（Augustin de Beaulieun）也详细
地描写了苏门答腊，但是一直未能面世出版，直到特维诺将其收编在自己的《神
奇旅行记》（*Relations de divers voyages*，1663 年）中。[39]

　　海外业绩不断推高的热情也启发了法国出版商，他们通过印刷出版回忆性
的或者当代的游记和故事贡献着各自的力量。1613 年，德雷克（Drake）最早
的游记的法语译本在巴黎出版。[40]萨缪尔·德·尚普兰（Samuel de Champlain）
1612 年试图找到到达中国的西北通道，这一尝试记载在 1613 年巴黎出版的《尚
普兰游记》（*Voyages*）里。其中包含了一些耸人听闻的异国奇闻，先前曾在西
班牙和意大利出版，现在译为法语；里面谈到了一位印度人，380 岁，结过 8 次
婚，能二次生出全新的牙齿。[41]1614 年，马菲的耶稣会传教史的拉丁语版在卡
昂（Caen）出版，而鲁昂第八次出版了卢克·德·拉波特（Luc De Laporte）译
自门多萨关于中国的著作以及让·杜 - 贝克 - 克雷斯平（Jean Du-Bec-Crespin）
所著的《帖木儿史》（*Histoire du Grand Tamerlane*）。[42]诺曼底人一方面亲自
在亚洲获取自己的利益；另一方面似乎也对他人的早期业绩表现出兴趣。

　　同样是在 1614 年，巴黎出版了地理学家和文人学士皮埃尔·达维蒂（Pierre
d'Avity，1573—1635 年）的一部大型概述作品。[43]这部 1 000 多页的作品用
100 多页的篇幅（从第 29 章到第 30 章）介绍了鞑靼、中国、日本、勃固、莫卧儿、

卡利卡特、维查耶纳伽尔等国。达维蒂的叙述根据是以前的资料，但同时进行了更新，增加了新近的素材。到 1659 年止，这部颇受欢迎的地理学著作的法语版重印了 6 次，被完整地译为英语（1615 年）和德语（1628 年）。

此后，同时代的活动更加迅速地出现在法语书籍中。1615 年 11 月 2 日，日本使团进入罗马；该年晚些时候，巴黎的出版商便将罗马接待他们的故事发行出版了。[44]1616 年，一支舰队刚从东印度群岛满载而归到达阿姆斯特丹，这里便发布了一则法语报道。[45]威廉·科尼利斯逊·斯考顿（Willem Corneliszoon Schouten）通过新线路进入印度旅行的日志，1618 年在巴黎印发了附带地图的法语版本。[46]法国印刷商们一方面紧跟时事；另一方面也不忘记出版过去那些适应时代潮流的文献。1617 年，巴黎出版了一本书，讲述的是奎罗斯发现了神秘大陆，或者说地球上的第五大陆，特别强调了它未开发的财富。[47]1619 年，科林（Colin）的《药材史》（Histoire des drogues）的第二版在里昂出版，译自库希乌斯（Clusius）的《药学概论》（Epitome）①，共分 4 卷，附有丰富的插图。1619 年，克劳德·迪雷（Claude Duret）著写的关于语言的《世界各种族语言史鉴（1613 年）》（Thresor）②在伊韦尔东（Yverdon）发行第二版，其中对日语文字做了精彩描述。[48]

耶稣会被指控对亨利四世的暗杀（1610 年）负责，因此笼罩在被仇视和谴责的阴云之下，但是法国的耶稣会士仍然勤勤恳恳地忙着自己的出版事业，报道着耶稣会士在亚洲的活动。耶稣会士重要教育家米歇尔·科伊萨德（Michel Coyssard，1547—1623 年）从意大利语和拉丁语翻译了一些必要的资料，有时公开出版，有时匿名出版，有时故意拼错姓名。[49]这些年里，他大部分的译作都发表在里昂，1623 年逝世之前他一直是耶稣会在这里的副教省主教。1611—1612 年间，他在这里出版了译自图塞林努斯（Tursellinus）用拉丁语著的沙勿略传记。但是对于他们的教友当时在东方取得的业绩，法国耶稣会士却在

① 无法查证，有人称其为 Epitome of Medicine，暂译为《药学概论》。——译者注

② 全称为：Thresor de l'histoire des langues de cest univers (1613) and the languages of humanism.——译者注

1610—1614 年关注甚少，这种中断也许是由于国王被暗杀之后国内的不利环境所致。1615 年，耶稣会大会在罗马举行，与此相关的 *Advis* 法语译本出版，原版是由费尔南多·德·门多萨（Fernando de Mendoça，1575—1648 年）用葡萄牙语撰写的建议改革耶稣会的读本。[50]

399

　　1615 年，日本代表团和佛兰德耶稣会传教士金尼阁到达意大利，复兴了人们对海外传教的兴趣。杜埃是金尼阁的故乡，也是天主教的学术中心，1612 年这里出现了一部拉丁语译著，译自 1609—1610 年日本书信的意大利语版。[51]1614 年，里尔（Lille）出版了两封书信，一封来自菲律宾的格雷戈里奥·洛佩斯（Gregorio López），另一封来自中国的利玛窦。[52]金尼阁从中国带回欧洲的书信报告用拉丁语出版，出版地分别是奥格斯堡（1615 年）、安特卫普（1615 年），以及里昂（1616 年）。[53]同时，根据利玛窦的中国述评而著的《基督教远征中国史》（*De christiana expeditione*）也在奥格斯堡（1615 年）和里昂（1616 年）出版。1616 年，里昂也出现了一个法语译本，译者是 D. F. 德·里格伯格 - 金尼阁（D. F. de Riquebourg-Trigault），他是金尼阁的侄子，也是拿骚公爵的外科医生。利玛窦—金尼阁的著作在接下来的五十年里一直是关于中国的权威作品。[54]

　　日本使团在罗马受到方济各会修士接待的故事一经巴黎 1615—1616 年的出版报道，日本这个国家便再次进入法国民众的视野。[55]科伊萨德将 1613 年和 1614 年的日本书信从意大利语翻译过来，1618 年和 1619 年在里昂出版。[56]《年度书简》（*Annuae litterae*）分别在杜埃（1618 年）和里昂（1619 年）出版，总结了耶稣会士 1604—1605 年间和 1613—1614 年间在菲律宾群岛的传教活动。同时，巴黎也出现了基督徒在日本受害事件的法语译本，原著是由路易斯·皮格尼拉（Luis Pigneyra）用西班牙语撰写。[57]1618 年，里昂出版了达玛蒂用意大利语著的（日本）"奥州"（Voxu）史的法语译本，原著于 1615 年出版。[58]

　　关注了日本耶稣会士殉难事件之后，人们继而公布了基督徒在东方遭遇的其他灾难。根据曾德昭和祁维材的书信编著而成的一本书介绍了耶稣会士在中国受到的攻击，这本著作 1620 年在巴黎和波尔多出版。[59]同年，两卷本的《大惨败史》（*Histoire du massacre*）在瓦朗谢讷（Valenciennes）出版，介绍了东印度群岛和西印度群岛的传教士状况。其中的第二卷包含来自东方的 3 封书信，介绍了正在那里蔓延的扰人状况。[60] 显然，法国如同欧洲的其他国家一样，恐惧感在不断攀升，他们都担忧前途未卜的东方基督教事业。

　　除此之外，大家讨论的话题还有法国是否有能力侦察到大西洋沿岸的商人航行到东方的探险活动。荷兰东印度公司敌视法国人在印度尼西亚的探索行为，成了法国政府和联合省政府交涉的主题，这一谈判起始于三十年战争爆发（1618 年）和荷兰—西班牙恢复战争（1621 年）之时。荷兰建议法国与它结为联盟共同对付哈布斯堡王朝，但是黎塞留（Richelieu）对荷兰提出的条件不仅仅是停止攻打法国的舰队，而且应该在公海和东西印度群岛地区给予一切必要的援助和协作。这些条件及其他要求一旦达成一致，《康皮格纳条约》（*Treaty of Compiègne*）就于 1624 年签定。两年后，黎塞留被国王任命为法国航海和商贸的总指挥，进而将法国政府引入海外贸易和殖民的竞争前沿。印度洋一些个体商人的开拓活动为法国政府提供了几个不太牢固的据点，也为法国政府在印度东海岸的本地治里、万丹、苏门答腊等地开展合作留下了前景和希望。但是，黎塞留 17 世纪 20 年代忙于应对国内的问题，因而没有立刻向这些早期在东方探险的尝试进行注资。[61]

　　然而，荷兰和其他国家在东方开拓探险和贸易活动的稳步推进一直被法国人关注着。有一位名叫马克·多尔的船长（Captain Marque d'Or），普罗旺斯人（Provençal），也许曾经在 1606 年参加过荷兰和葡萄牙在马六甲海域的战争。他 1621 年将这次遭遇战的故事发表了，其中特别强调了 4 名法国人在作战中的贡献。[62] 阿姆斯特丹出现了以下几部法语译本：约里斯·范·斯皮尔伯根（Joris van Spilbergen）的《东西印度见闻录》（*Miroir oost E west-indical*）、雅各布·勒梅尔（Jacob Le Maire）的《日志》（*Iournal*），以及西班牙 1618 年派出探险队发现勒梅尔海峡（Le Maire's strait）的《1618 年发现勒梅尔海峡的报告》（*Relation*）。[63] 1628 年巴黎出版的一本书，报道了科尼利斯·马塔利夫（Cornelis Matelief）舰队的 8 艘船 1628 年 6 月返回阿姆斯特丹的故事。[64] 法国出版界对东方旅行感兴趣还表现在首次出版了如下作品的法语译本：平托的游记（1628 年）[65]、亚当·奥利瑞乌斯（Adam Olearius）通过陆路到鞑靼和波斯的游记，以及廷臣亨利·德·腓内斯（Henri de Feynes）从巴黎陆路到达中国的环球游记（1629年）。[66]

同时，主张拓展海外事业的人还提供了技术工具以便将来使用。编者和收藏家皮埃尔·伯杰龙在他的《航海论》（*Traicté de la navigation...*，巴黎，1629年）中描述了法国人在过去的海外发现中所起的作用，要求当时的法国在商业贸易和传教中担起领导角色。[6]随后的1630年，阿姆斯特丹出版了墨卡托（Mercator）的《小地图集》（*Atlas Minor*），由霍迪斯（Hondius）修订，最早倡导法国扩张的激进分子之一拉波普里尼埃尔（La Popelinière，1608年逝世）将其译为法语。[68]

17世纪20年代，法国的耶稣会士仍然遭受着弑君罪的指控，他们将这个时期的出版重点放在耶稣会士在中国取得的辉煌业绩上。1622年，I.贝勒弗勒·佩舍龙（I. Bellefleur Percheron）从西班牙语翻译出一部大型概论。他的《中国新史》（*Nouvelle histoire de la Chine...*，巴黎）包括弗朗西斯科·德·埃雷拉·马尔多纳多（Francisco de Herrera Maldonado）著的《中华帝国简史》（*Epitome historical...*，马德里，1620年）的法语译本，以及阐述耶稣会士在中国取得成功的伊比利亚书简集的摘编等。[69]另一部关于中国的作品，据泰尔诺·孔潘斯推测，作者可能是一位名叫"路易·勒格朗"（Louis Legrand）的人，其他的书志学家从未确定该作者的真实身份。[70]另一个例子完全不同，因为史料编纂者和藏书家米歇尔·博迪耶（Michel Baudier，1589—1645年）的作品《中国宫殿史》（*Histoire de la cour du roy de la Chine*）相当畅销。[71]根据博迪耶的证词，佛兰德耶稣会士金尼阁1616年在卢浮宫向路易十三汇报北京城及其朝廷的非凡和辉煌时，他就在现场。[72]显然正是在这个场合，玛丽·德·美第奇（Marie de Medici）呈给这位耶稣会士一件昂贵的挂毯，让他转送给中国皇帝。[73]虽然博迪耶对中国宫殿描述的一部分是根据金尼阁的叙述，但是大部分内容都是来自门多萨著名的历史著作。

1620年，金尼阁返回中国，他在南京书写了当年的传教报告。这封标注日期为1621年8月21日的冗长书信报告于1625年在安特卫普用拉丁语出版。[74]同年，用法语出版了来自中国耶稣会士1619—1621年的3封传教报告以及金尼阁1621年的通报。《中国历史》（*Histoire de ce qui s'est passé à la Chine*）是同名系列作品的第一部，由巴黎耶稣会神学院皮埃尔·马兰（Pierre Marin，1562—1625 年）翻译自意大利语编著，马兰是罗耀拉的传记作家，也曾翻译了很多其他书简。[75]1627 年，另一位耶稣会士雅各·德·马肖尔（Jacques de Machault）翻译并出版了一部标题类似的绪论。[76]其中包括了许多较长且信息丰富的书信报告，标注的日期为 1622 年和 1623 年，尤以金尼阁和曾德昭的报告最为突出。1629 年，巴黎出版了另一系列的法语译本。其中含有祁维材写自澳门的书信报告，篇幅较长，讲述了 1624 年中国发生的新闻轶事。[77]这些翻译为法语的书简如同原版著作，同样是 1620 年万历皇帝逝世之前或者过世不久那段时期重要的文献资源。

金尼阁是中国和欧洲之间闻名的桥梁，也是关于日本情况的信使。1623 年，慕尼黑发行了一则拉丁语版的报道，是金尼阁写给巴伐利亚（Bavaria）公爵的，介绍了 1612 年至 1620 年发生在日本的迫害基督徒事件。[78]1624 年，巴黎出版了一部马兰的法语译著。[79]同一时间，一部源自西班牙语的《精彩记述》（*Relación admirable…*，塞维尔，1624 年）的法语译本面世，原著是由一些写自马尼拉的书信报告编辑而成，讲述了 1622 年日本的殉难事件。[80]在这种气氛紧张的背景下，弗朗索瓦·索利埃出版了他两卷本的 1624 年之前的日本基督教史。[81]这并没有结束耶稣会士殉道的热情。1628 年，在波尔多出版了一部著作，回顾了最早发生在 1597 年的 3 名日本耶稣会士殉道事件。[82]巴黎出版了 P. G. 维罗（P. G. Vireau）译自罗德里格斯·吉朗（Rodrigues Girão）1625 年在澳门用意大利语撰写的关于日本迫害基督徒事件的评论。[83]

来自亚洲其他地区的消息要好得多。虽然中国和日本的环境有所恶化，但是耶稣会士在 1621 年的一个小册子里声称，他们皈依了东印度群岛的一位"最伟大的国王"以及他的 6 000 多名臣民。[84]1621—1626 年间耶稣会士最令人难忘的成就综述于 1628 年在蓬塔穆松（Pont-à-Mousson）出版。[85]一些书信讲述了耶稣会士在印度和西藏取得的成功，其中有一封书信由法国耶稣会士弗朗索瓦·戈丁（François Godin，1583—1633 年）写自西藏。1628 年出版的另一个合集中也收编了戈迪尼奥的书信，其中向读者提供了一些确定的信息，表明发现了契丹，实际上就是人们以前误以为安多德涉险进入的西藏。[86]同时还

403

公布了一则令人震惊但是确凿无疑的消息，在 1625 年前后中国发现了景教纪念碑。1628 年耶稣会士在马拉巴尔和东印度群岛的进展情况报告，从意大利语译为法语并在巴黎出版。[87] 次年，另一部译自意大利语的书简将穿越西藏的故事修正过来。[88] 通常情况下，这些信息在伊比利亚和意大利语书简集中公布两年之后，才能进入法国读者视野，他们才能做出自己的判断。

在黎塞留的率领下，法国约从 1630 年始逐渐卷入国际冲突和欧洲的各场战争。西班牙和奥地利哈布斯堡王朝在北欧取得的节节胜利，越来越引起法国的担忧，如果法国参与战争，似乎无法阻止对方的肆虐和独霸。资助荷兰、丹麦、瑞典的计划破产之后，黎塞留决定公开介入。1635 年，法国反击哈布斯堡王朝的战争同时在陆地和海上展开。法国军队起初处于守势；直到 1640 年后，他们的军队才开始逐渐摆脱西班牙及其联合帝国的军事控制。由于这些麻烦缠身，黎塞留无暇顾及海外扩张和贸易，相关计划被搁置一边。

虽然皇家政府未能亲自参与或者资助海外开发和贸易活动，但是法国沿海城镇的商人们却继续在印度洋地区积极地寻求机会。这些年里，这样的活动基本上集中在迪耶普。但是相关的具体数据多不可得，因为 1694 年迪耶普档案馆着火，有关资料付之一炬。[89] 即便如此，相关证据可从 1620 年舰队的舵手让·勒特利耶的书中查证，这部著作最终于 1631 年在迪耶普出版。[90] 他的《东印度旅行》分为三部分，其中含有一页专门标示航行到东方的对开本图表。图表的作者很可能是吉尔斯·德·雷吉蒙（Gilles de Régimont），他曾于 1630 年旅行到印度和波斯，1632 年满载而归。迪耶普派出的船只在马鲁古群岛受到荷兰的封锁，所以不得不转而与马拉巴尔、科罗曼德尔、孟加拉、波斯湾以及马达加斯加等地建立贸易联系。1633 年，雷吉蒙和他的同乡在迪耶普成立了一家公司，这家公司从此每年都向印度洋派发航船。随着法国在欧洲战争的不断升温，路易十三 1643 年签发特令，将迪耶普公司转型为国家东方公司（*Compagnie de l'Orient*）。[91]

404

显然，迪耶普航海时代没有出版任何文献。17 世纪 30 年代，法国人关注的焦点仍然是日本基督徒殉道事件，而较少关心东方的其余地区。1625 年、1626 年、1627 年的意大利语年度传教报告，于 1633 年被译为法语并在巴黎出版。[92]次年，巴黎出版了一部关于赤脚奥古斯丁会修士（Discalced Augustinians）殉难的"真实报告"（true relation）。[93]1635年，即法国卷入三十年战争起始之年，又有3本关于基督徒在日本殉难的耶稣会士书简集的法语译本出版。[94]最后，马斯特里利神奇的痊愈、圣召、使命、殉道的启示性意义故事被译为法语，1639年和1640年多次出版印刷，也许是为了纪念沙勿略逝世一百周年。[95]

除了殉教史外，17世纪30年代并未出版任何新的关于东方的法语文献。波利关于交趾支那报道的法语译本1631年在雷恩和里尔出版。[96]1632年，圣奥梅尔英语学院出版社（English College Press of Saint Omer）在巴黎出版了图塞林努斯著的沙勿略传记的英语译本。同时，皮埃尔·伯杰龙策划出版一套法语游记集，类似于哈克路特（Hakluyt）和珀切斯（Purchas）出版的系列作品。1634年，他出版了《鞑靼行记》（*Relations des voyages en Tartarie*），这是一部中世纪时代的游记集，编者对作者提到的地方进行了自由的评论。[97]在美化卢布鲁克的威廉（William of Rubruquis）、柏朗嘉宾的约翰（John of Plano-Carpini）和他人的同时，伯杰龙还出版了以前的法国旅行家的成就和业绩，号召当时的人们要效仿这些伟人。尽管当时没有人响应他的提议，但是法国人在那个喧嚣的时代仍然利用海外世界的异国趣闻供自己消遣。[98]

1643年东方公司成立之后，接下来的十年从迪耶普派出的航船的主要目的是在马达加斯加建立一个法国据点。[99]同时，其他海洋强国过去的一些活动信息和文献继续被译成法语出版。1641年，德雷克（Drake）环球游记的法语译本在巴黎出版。[100]1642年，专门从事北非伊斯兰海盗（Barbary pirate）和北非地区研究的皮埃尔·丹（Pierre Dan，1649年离世）出版了一个目录，列出了收藏在枫丹白露（Fontainebleau）皇家城堡中的"奇迹"（marvels）。[101]1643年，弗朗索瓦·格雷纳耶（François Grenaille，1616—1680年）撰写了一部哈布斯堡家族统治下的葡萄牙历史绪论，在巴黎发行出版。[102]泰尔诺·孔潘斯在编著中列出了艾萨克·考梅林（Isaac Commelin）的《荷兰联合省东印度公司的创始和发展》（*Begin ende voortgangh*）的法语译本，与考梅林的原编著同年（1646年）出版。我们在别的地方并没有发现它。[103]法国地理学家路易·库隆（Louis

405

Coulon，1605—1664年）将曾德昭著的中国历史从意大利语翻译为法语，1645年在巴黎出版。[104] 唯一一部关于东方旅行的法语原版作品由一名"法国绅士"所著，约1645年在巴黎出版。他声称曾经一路旅行到中国又返回到法国。这本游记的末尾还附了一篇水文地理学文章。[105]

与此类似，传教报告在数量上较少，在内容上经常以回忆过去为主。关于朗基多克省（Languedoc）的一名多明我会修士纪尧姆·库莱（Guillaume Courlet）以及其他传教士等在日本殉道事件的一本小册子1641年在图卢兹（Toulouse）出版。[106] 原来用葡萄牙语出版的嘉尔定的报告，很快就分别于1643年和1645年被法国耶稣会士翻译出版了。[107] 雅各·德·马肖尔1646年编写的书简包括了嘉尔定的报道和巴托雷的报告，二者的内容都是关于耶稣会马拉巴尔教省的。[108] 显然，传教士们没有什么好消息可以报道，他们只能关注传教士殉教，以此向欧洲百姓展示自己的信仰以及信徒的执著。

17世纪40年代最为著名的游记，据称是根据来自马赛（Marseilles）的文森特·勒布朗（Vincent Le Blanc，1554—约1640年）的回忆录而作的。16世纪末的二十五年里，勒布朗广游天下，走遍亚洲、非洲和美洲。在一位德高望重的学者即佩雷斯克的领主（seigneur of Peiresc）尼古拉斯-克劳德·德·法布里（Nicolas-Claude de Fabri）的努力下，勒布朗的手稿引起了旅游文学的编辑伯杰龙的注意。伯杰龙在1637年离世之前，整理了手稿第一编的全部和第二编的大部分，路易·库隆担负起余下的工作，编辑了第二编的剩余部分和第三编。[109] 《马赛人文森特·勒布朗先生一生环游世界纪实》（*Les voyages fameux*）1648年在巴黎出版，1649年和1658年再版。[110] 尽管《马赛人文森特·勒布朗先生一生环游世界纪实》的引用率极高，但是仍然有人怀疑它的真实性。即便如此，它给那个时代的法国人探索海外世界注入了活力。在那个不断追索的岁月里，一系列关于他乡作品的问世，维系着人们对欧洲之外世界的兴趣。[111]

406

第二节　巴黎外方传教会和法国东印度公司

1648 年《威斯特伐利亚和约》（*Peace of Westphalia*）签订之后，法国和西班牙的战争依然持续；法国内部因投石党运动（wars of Fronde，1648—1653 年）正经受着新的冲突和动荡。然而当 1652 年东方公司的特许经营权到期时，很快就再续了二十年。[112] 虽然西班牙继续阻挠法国舰队航向东方，但是有关亚洲的信息依旧在法国印行出版。1649 年，加尔默罗赤脚修士菲利普·德·圣三一（Philippe de Sainte-Trinité，1603—1671 年）在里昂出版了他的著作《东方纪行》（*Voyage d'orient*）的拉丁语版本（*Itinerarium orientale*），1652 年这里又发行了法语版。[113] 这套书分为 10 册，详细地描述了印度的地理特征和加尔默罗修士在东方的活动历史。投石党运动正如火如荼地进行之时，巴黎的耶稣会士 1651 年出版了一本书简，评述了所有东方耶稣会传教所 1649 年的处境。[114]1652 年，皇室地理学家尼古拉·桑松·达布维尔（Nicolas Sanson d'Abbeville）根据门多萨、珀切斯、勒布朗（Le Blanc）等的书简和作品，编著了一本附有文字说明的彩色地图册。[115]

这些年里，法国比之前更加严肃地对待印度支那了。波利关于交趾支那的报告被再次译为法语，1652 年在巴黎出版。[116] 罗历山（1591—1660 年）的著述也起到了推波助澜的作用，他关于东京（越南）耶稣会传教史评论的意大利语版 1650 年在罗马出现，很快就被亨利·阿尔比（Henry Albi）翻译为法语。[117] 罗历山呼吁大家更加积极地推进印度支那的传教事业，显然在巴黎比在罗马得到了更大的回应和反响。之所以如此，很可能是由于法国在东方再没有其他占绝对优势的传教前沿阵地了。

急切为安南地区找到一位有能力的主教的罗历山，于 1652 年被教皇英诺森十世派往巴黎。[118] 在宫廷官员、法国基督教大会、法国耶稣会的领导下，他在这里找到了开辟新传教基地的激情和资金支持。在为亚洲传教会招募人才期间，他于 1653 年在巴黎出版了几本书，阐述了他在东方的个人经历。其中最重要的一本为《罗历山神父在中国和东方其他王国的旅行和传教记》（*Divers voyages et missions*），叙述了他个人的经历，详细地描述了印度支那的环境。[119]尽管罗历山在前言中声称他只对宗教感兴趣，但是他也清楚明了地阐述了重要的东方贸易前哨、爪哇岛的荷兰人和英国人、从苏拉特到罗马的陆路通道，以及印度支那各王国的主要世俗环境。尽管他在中国南方和在印度支那逗留的时间相差无多，但是他却清楚地预见到传教会的希望在印度支那。为了论证亚洲信徒的虔诚性，他还若干次发行了几个法语版作品，举例说明他们殉教的故事。[120]跟随罗历山学习安南语的学生意大利耶稣会士梅特洛·萨卡诺（Metello Saccano，1662 年逝世），曾于 1646 年和 1647 年系统地评述了交趾支那的信仰发展史，1653 年巴黎出现了该作品的法语译本。[121]

　　投石党运动刚一结束，年轻的路易十四开始关注海外臣民们的旅行。他曾饶有兴致地关注了罗历山的活动轨迹，也曾请求弗朗索瓦·德·拉布拉耶·勒古兹（François de La Boullaye Le Gouz，约 1610—约 1669 年）详细讲述他的游历。勒古兹是昂儒（Anjou）人，1643 年离开巴黎开启了他的欧亚大旅行。1648 年他经由陆路前往印度途中，在波斯的设拉子（Shiraz）遇见了罗历山。因对方的穿着而将勒古兹误认为是波斯领主的这位耶稣会士（罗历山），于 1652 年返回巴黎；其时，勒古兹也结束了他的旅行来到这里。也许是听了罗历山的建议，国王要求勒古兹穿上波斯的服饰来讲述他的旅游探险经历。1653 年，即《罗历山神父在中国和东方其他王国的旅行和传教记》出版之前的几个月，巴黎出版了勒古兹的《旅行和观察录》（*Voyages et observations*），这部作品因其关注了罗摩神信徒的内容而闻名。[122]在勒古兹到访过的地方中，他对印度北部和波斯的着墨最多，信息最为丰富。他后来作为法国的特使被派往波斯和印度，但是在到达印度之前就在伊斯法罕逝世了。

　　罗历山在中国工作了十二年，曾经把澳门的一位中国信徒带回欧洲。他对中国的评述言简意赅，但给人的印象却十分深刻。罗历山在巴黎期间，他的耶稣会士教友将卜弥格关于明朝宫廷官员皈依基督的报告（1653 年）和卫匡国著的鞑靼征服中国的历史译为法语。[123]1656 年，奥利瑞乌斯 1633—1639 年间到莫斯科、鞑靼、波斯的游记的法语译本出现，增加了（亚欧）陆路通道方面的文献资料。就航海方面的资料，1656 年，耶稣会士乔治·福尼尔（Georges

408

Fournier，1595—1652 年）在巴黎出版了他的《新亚洲述略》（*Asiae nova descriptio*）。[124]法国耶稣会士在巴黎出版了一本书简，阐述了 1655—1659 年间他们的亚洲传教会的情况，包括对那些国家的"奇闻轶事"（curioisities）的描述。[125]在此关键时刻，1659 年签订的《比利牛斯条约》（*Treaty of the Pyrenees*）结束了法国和西班牙之间的长期战争，1661 年马萨林逝世（Mazarin），22 岁的君主得到了他应有的权力。17 世纪余下的岁月里，法国继续在欧洲以及海外世界谋求自己的霸权地位。

路易十四当政时代，出现了更多关于东方的法国文献，包括译介的和原创的。皮特罗·德拉·瓦勒（Pietro della Valle）的朝圣故事被译为法语，分别于 1661 年、1662 年、1663—1665 年、1670 年在巴黎出版发行。卫匡国关于中国史的法语版在巴黎（1662 年）和里昂（1667 年）出版。博迪耶的《中国宫殿史》分别于 1662 年、1668 年和 1669 年在巴黎重版。1663 年，威克福（Wicquefort）将托马斯·赫伯特（Thomas Herbert）的波斯和东印度群岛游记翻译为法语。1663 年，马吉斯特里斯（Magistris）关于马杜赖和南印度的报告同样出现了法语译本。

1663 年，玛尔什代锡·特维诺（Melchisédech Thévenot，约 1620—1692 年）在巴黎出版了他的《神奇旅行记》（*Relations de divers voyages curieux*），这个法语译文集的内容选自哈克路特和珀切斯编辑的概览、单独发行的各种报告，以及先前还没有出版的一些手稿。1663—1696 年间，这第一部重要的法语游记集《神奇旅行记》出现了多个扩充版，各种各样的副本足以导致文献参考意义上的混乱。从 1684 年到其离世，特维诺一直担任皇家图书馆的管理员，他具备得天独厚的条件去品鉴最新的旅游文学作品，并将其译为法语，且安排皇家出版商出版。《神奇旅行记》中收录有丰富的选自荷兰语、拉丁语、英语和伊比利亚语原著中的插图和地图。还有一些是翻译自波斯语、阿拉伯语和藏在莱顿图书馆和教廷图书馆的其他东方语种材料或者个人收藏的资料。[126]

特维诺叙述的重点是亚洲的国家、民族及自然界，因为他的明确目标是为法国人提供关于东方的航海、贸易、生活状况等方面的最新和最全面的资料。除了以前在其他地方出版的游记外，《神奇旅行记》在第一卷中还包含了一个日志摘要，内容与荷兰 1655—1657 年派往中国的使团相关；一则荷兰 1663 年失去台湾的报告；阿莱绍·达·莫塔（Aleixo da Motta）的东印度群岛航海图的一部分，译自葡萄牙语手稿。对于苏门答腊最重要的是奥古斯丁·德·博利厄船长 1620—1622 年东印度旅行的回忆录，收编在第二卷。[127] 紧随其后的是一系列的与菲律宾群岛和其他岛屿如虾夷岛相关的报告和地图，以及皇家宇宙志学者若昂·特谢拉（João Teixeira）1649 年在里斯本出版的印度洋地图。特维诺还翻译了耶稣会士卜弥格关于中国及其植物群的文献，附在第二卷末尾。[128] 第三卷第一部分是约翰·纽霍夫（Johann Nieuhof）关于荷兰 1655 年派往中国使团的报道；包含了许多引人入胜的版画和荷兰人从广东到北京的线路图。第三卷还有一些少量的关于中国邻国特别是蒙古语言的新鲜信息。后来发行版本的第二卷包括卫匡国著的《中国上古史》（*Decas secunda*），主要内容是 1666 年前的中国朝代史、满族语词汇，及一本小型的汉语语法书。[129] 特维诺的另一部相似的作品《旅行文集》（*Recueil de voyages*）1681 年在巴黎出版，1682 年和 1689 年再版，包含了巴伊科夫（Baikov）使团 1653 年取道陆路从俄罗斯到中国的报道，除此之外基本没有任何旅行方面的内容。[130]

其他刚刚面世的出版材料也激发了国王和科尔贝在东方开发和贸易的激情。**东方公司**的总指挥艾蒂安·德·弗拉古（Etienne de Flacourt，1607—1660 年）牺牲于海上，在他葬礼上宣读的挽歌 1661 年出版。[131] 由于弗拉古 1648 年至 1655 年间在通往印度途中的马达加斯加的多芬（Dauphin）城堡中重组了法国驻军，因此被认定为是法国在东方帝国的奠基人之一。罗伯特·德·博奎恩（Robert de Berquen）在他的《东印度的奇观》（*Les merveilles de Indes Orientales*，巴黎，1661 年）中大肆赞扬亚洲的宝石。[132] 罗历山招募的一位科学家即法国耶稣会士刘迪我（Jacques Le Favre，1612—1676 年）1657 年从上海发出一封信，宣称已经到达中国，评述了那里的环境，这些论述 1662 在巴黎出版。[133] 另一位法国耶稣会传教士狄若瑟（Joseph F. Tissanier，1618—1688 年）将东京（越南）在 1658—1660 年间的发展情况传到欧洲。[134] 1664 年到 1684 年间巴黎出版了一系列的旅游报道，其作者是玛尔什代锡的侄子让·德·特维诺（Jean de Thévenot，1633—1667 年）。其中包括他从 1664 年到 1667 年的一次陆

411 路旅行，此间他花费了约一年的时间游览了印度。[135]

法国古典学家和文学家弗朗索瓦·夏庞蒂埃（François Charpentier，1620—1702年）在科尔贝的指令下，草拟了一份成立**东印度公司**的建议案提交给国王，然后又创作了一则公司成立的声明。[136]政府着手出版了一本小册子，介绍了公司从事贸易的条件和环境。[137]约翰·纽霍夫重现了彼得·德·霍耶（Pieter de Goyer）和雅各布·德·凯瑟尔（Jakob de Keyser）率领的荷兰使团进驻北京朝廷的故事，其法语译本于1664年至1666年多次出现。[138]法国人通过翻译各种各样的荷兰资料不断了解荷兰和英国在东方的争夺战。[139]要想了解1665年在科尔贝的公司还没有活跃起来之前蒙彼利埃（Montpelier）销售的各种稀缺产品的情况，可以参考让·法尔荣（Jean Fargeon）的目录簿。[140]同一时期法国人关于印度科学知识的状况，可以参考里昂科学家巴尔塔萨·德·蒙孔尼斯（Bathasar de Monconys，1611—1665年）的旅游日志。[141]

同时，法国传教士不断地在东方巩固他们的基础。陆方济在建立巴黎传教会过程中的助手皮埃尔·兰伯特·德·拉莫特，1658年被任命为贝鲁特的主教、交趾支那的宗座代牧、中国东南教省的主管。法国东印度公司纲领宣布的1664年，这两位法国主教再次在暹罗的大城相遇，他们在暹罗的首都为当地的教士成立了第一个神学院。耶稣会士带着疑虑观察着法国教士的这些活动，他们1665年出版了一则简短的报道，介绍了中国传教会令人惋惜的状态[142]，在巴黎出版了马菲著的拉丁语传教史的法语译本。[143]1666年，马里尼介绍东京和老挝的意大利语著作被译为法语并出版。[144]1663年，一位来自巴黎的教士雅克·德·布尔热（Jacques de Bourges，约1630—1714年）返回罗马，报告了暹罗的传教情况；1666年，他出版了兰伯特1660—1662年取道陆路进入暹罗的

412 旅行报告。[145]1667年，耶稣会士在里昂出版了卫匡国著的中国历史和对鞑靼征服史的合集。[146]同年，陆方济关于法国宗座代牧率领下的传教会状况的《回忆录》（*Mémoire*）出版。[147]当康熙1669年执掌中国政府的大权时，法国人继续留在东方并且得到暹罗和印度支那政府的支持，这一点已经十分明了了。[148]

新成立的东印度公司1665年发起的第一次航行仅仅到达了马达加斯加。[149]这只是法国对东印度兴趣的开始，1667年出版的大量描述东方富庶的书籍证明

了这一点。[150] 关于印度和东印度群岛的荷兰语和英语材料的法语译本继续不断面世。[151]1670 年，巴黎首次出版了帕莱福（Palafox y Mendoza）撰写的鞑靼征服中国历史的法语译本，原版为西班牙语。[152]同年，荷兰 1666—1669 年在望加锡发起战争的总结性报告的法语版在阿姆斯特丹出现。[153]亨德里克·哈梅尔（Hendrik Hamel）关于其海难事故的报道以及对朝鲜描述的法语译本于 1670 年出版。[154]同年，达珀（Dapper）关于荷兰在中国活动的调查报告的法语译本在阿姆斯特丹出版。[155]

　　1668—1670 年，传教士报告的内容集中在中国和东南亚。这些年里，北京的耶稣会士逐渐重返朝廷的重要职位；暹罗和印度支那的法国主教似乎更为成功。赫利奥波利斯（Heliopolis）主教陆方济 1667—1670 年留守在法国，在此期间他编纂了一本法国主教旅历的简要报告。[156]1668 年的耶稣会士书简包含了东方的法国传教士发回巴黎的报告精选内容：例如，刘迪我 1654 年从果阿发回的报告。[157]单独成册的中国报告集里包含了 3 封刘迪我 1664 年发自中国的书信。[158]两年后的 1670 年，另外一部关于中国信息的合集出版，同样包含了印度支那的法国传教士的消息及其所面临的问题。[159]1670 年，F. S. 达尔基（F. S. Dalquié）在阿姆斯特丹出版了基歇尔（Kircher）著的《中国图志》（*China illustrata*）的法语译本，他还附加了托斯卡纳大公向白乃心提出的关于中国的问题以及一本法汉词典。[160]

　　如果说基歇尔编纂了 17 世纪有关中国最广为流传、引用率最高的书籍之一，那么弗朗索瓦·贝尔尼埃（François Bernier，1620—1688 年）却出版了一部最有创意最流行的印度报告。贝尔尼埃出生在昂热，是一位外科医生，在巴黎以"漂亮的哲学家"（le joli philosophe）著称。跟随哲学家皮埃尔·伽桑狄（Pierre Gassendi）研习哲学之后，他花了十三年的时间（1656—1668 年）遍游莫卧儿帝国各地。其中有八年他担任莫卧儿帝王奥朗则布的外科医生。1669 年贝尔尼埃返回法国时，他已经完成 4 卷本的《大莫卧儿诸邦最后的革命史》（*Histoire de la dernière revolution des états du Gran Mogul*，巴黎，1670—1671 年）并亲自见证了它的出版。[161]由于这部作品和其他哲学小册子的原因，贝尔尼埃在其晚年赢得了拉辛（Racine）和布瓦洛（Boileau）的友谊和信任。除了文

413

学和哲学作品外，他还出版了一些关于亚洲文明的各种散文。[162]

聂仲迁（Adrien Greslon，1618—1695 年）是佩里格（Perigueux）人，耶稣会传教士，从 1656 年到离世前一直留在中国，前后长达四十年。他在中国的前几年里经历坎坷，如同生活在早期满族统治者下的其他耶稣会士。聂仲迁在中国南方过着颠沛流离的生活，他把自己和耶稣会士兄弟的经历记录了下来。随着康熙 1667 年执掌大权，耶稣会士在中国的根基逐渐站稳，聂仲迁也获得了足够的闲暇撰写他 1651—1669 年在中国的履历故事。这部显然是被他人带到法国的作品，1671 年在巴黎出版。[163]聂仲迁的作品分为 3 册，第一部分的"致读者"（Avertissement）显然是出自他人之手，目的是帮助读者理解聂仲迁的讲述内容，包括汉语姓名的法语发音规则。第一册详细叙述了发生在顺治年间（1651—1661 年）的大事，特别是这位帝王与汤若望的对话、接见荷兰使团、转信佛教等。第二册书特别阐述了康熙皇帝年少时的故事，特别是鳌拜摄政王对耶稣会士的敌视，1664 年至 1665 年的艰难岁月，以及刘迪我作为法国传教士主管身份的到来等。第三册书继续讲述耶稣会士的受难，清晰地描述了随着康熙的羽翼丰满，摄政王垮台，耶稣会士也重返在北京的原有地位等故事。[164]

关于中国医药的几部出版物显然都选自卜弥格神父"中国医药"的手稿，其中的第一部 1671 年在格勒诺布尔（Grenoble）匿名出版。[165]

当时还出现了几部其他关于亚洲的书籍，包括回忆性的和新创作的。1670 年，让·德·比西埃（Jean de Bussière，1607—1678 年）在里昂出版了沙勿略的新传记。1672 年，有人将菲利普·巴尔德（Philippus Baldaeus，1632—1672 年）对南亚和锡兰的描写从荷兰语翻译成法语。[166]《历史大词典》（*Le grand dictionnaire historique*，里昂，1674 年）的编纂者路易·莫雷里（Louis Moreri，1643—1680 年），利用波斯的传教士加布里埃尔·德·希农（Gabriel de Chinon）的笔记和文章编写了黎凡特报告，追溯了波斯的宗教和风俗在印度的影响。[167]1671 年，一部关于如何饮用咖啡、茶、巧克力的著作出版；人们通常认为它的作者是雅各布·斯庞（Jacob Spon），也叫菲利普·杜福尔（Philippe Dufour，1647—1685 年）。[168]1673 年，殷铎泽译自儒家经典作品的法语版在巴黎出版。[169]三年后，让·朱维特（Jean Jovet）出版了一部关于包括亚洲在内的所有已知国家宗教的历史著作。[170] 传教士在他们的出版物中继续关注过去在亚洲东南部遭遇的殉难和取得的胜利，以及他们对未来的希望。1673 年，那慕尔（Naumur）出版了纪念理查德·德·圣安妮（Richard de St. Anne, 1585—1622 年）的传记和他的书信，圣安妮是一位有比利时血统的牺牲在日本的方济各会修士。[171] 通过一系列已经出版了的报道，在东方的法国主教让公众了解了他们在中国、印度支那、暹罗的活动。[172] 人们从这些作品中可以了解到，法国传教会逐渐占据了东方和东南亚，尽管葡萄牙人和其他民族的抗议不断。法国主教得到国王和教廷的强力支援，这一点毋庸置疑。

让-巴蒂斯特·塔韦尼耶（Jean-Baptiste Tavernier, 1605—1689 年）出身于一个巴黎的地理学家且名望很高的新教平教徒家庭，他是 17 世纪最为著名的旅行家之一，也是东方旅游线路和印度宝石矿的权威专家之一。从 1631 年到 1668 年间，他 6 次取道陆路来到土耳其、波斯、印度等地。在他最后一次旅行返回法国不久，应邀面见路易十四，并于 1669 年被授予一个贵族封号"欧本尼男爵"（Baron d'Aubonne）。正是在他靠近日内瓦的被装饰成富有东方情调的庄园里，塔韦尼耶在新教徒历史学家和戏剧家塞缪尔·夏普章（Samuel Chappuzeau）的帮助下编纂了自己的旅游笔记。1676—1677 年间，塔韦尼耶在巴黎分两卷本出版了他的《塔韦尼耶六游记》（*Les six voyages*），这是 17 世纪最受欢迎的作品之一。第一卷集中介绍了土耳其和波斯；第二卷主要讲述了印度、锡兰和东南亚。到 1712 年止，这部作品的法语版重印 6 次，英语版重印 3 次，德语版、荷兰语版、意大利语版各印 1 次。[173]

塔韦尼耶在他的第二次旅行中于 1640 年首次来到印度。在接下来的三年里，他走访了苏拉特、阿格拉、果阿、戈尔康达的钻石矿等地。带着钻石返回巴黎之后，他 1645 年年初再次来到印度，更大范围地勘察了这里的钻石矿，重访了果阿，然后从果阿乘船来到锡兰和印度尼西亚。他在巴达维亚出售了自己的钻石，因而陷入资金纠纷，这使他对荷兰人心怀恨意。然而，他还是乘坐一艘荷兰舰船返回欧洲并于 1649 年春季到达巴黎。将他的宝石再次销售完之后，塔韦尼耶 1652 年 6 月再一次向东方进发。在克服了重重困难之后，他于 1652 年 7 月终于来到印度东海岸的马苏利帕塔姆。在接下来的两年里，他在印度不断倒买倒卖钻石和其他宝石，之后于 1655 年秋季返回到巴黎。十八个月之后，他再次出发，直到 1659 年 5 月才来到苏拉特。然后，他从这里经由德干（Deccan）返回到戈尔康达矿区。1662 年，他回到巴黎，带回来的不仅仅是价值不菲的宝石，还有一个妻子——一位法国珠宝商的女儿。1663 年，他离开巴黎开启了最后一次前往印度的旅行，由于在波斯延搁太久，两年后才到达印度。这一次，奥朗则布于 1665 年在沙贾汉纳巴德（Shahjahanabad，也叫德里 [Delhi]）接见了他。他还在这里遇见了贝尔尼埃，后者陪他去了贝纳勒斯（Benares）和巴特那（Patna）。之后他又独自去了达卡（Dacca），然后穿越北印度来到苏拉特。1668 年晚期，塔韦尼耶返回巴黎，结束了他长年多次在东方的探险旅游。他的《塔韦尼耶六游记》的主要素材来自旅行途中，因而内容丰富：旅行路线、旅行环境、贸易实践、戈尔康达的各种矿石，以及荷兰和英国在东方的活动等。塔韦尼耶同时代人对其《塔韦尼耶六游记》的真实性争论不休，但是现代学者认为它对 1640—1667 年的印度史学具有重要的资料价值。[174]

　　塔韦尼耶的活动并没有因他的杰作（*magnum opus*）的出版而停止。1679 年，他在巴黎出版了一个由 5 篇论述组成的文集，这些文章都没有入选《塔韦尼耶六游记》。[175] 他在编纂出版这些材料的过程中得到了 M. 德·拉玛侬（M. de Lamoignon）的秘书 M. 德·拉沙佩勒（M. de la Chapelle）的帮助。该作品第一册关注的焦点是塔韦尼耶没有去过的日本，目的是向读者表明那里的基督徒受迫害的原因，还附有一幅日本各岛屿的地图。第二册概述了科尔贝东印度公司成立后的几年里，法国派往波斯和印度使团的谈判内容。第三册是将塔韦尼耶在旅行中对东印度群岛商业活动功能的观察评论整合而成的。第四册报道了作者通过他的哥哥丹尼尔（Daniel，1648 年离世）获取的关于东京（越南）的知识。丹尼尔曾在这里实实在在地生活和工作过，他还草拟了一幅这里的地图。大多数关于东京的内容都有瑕疵。最后一册是由一则最长的报告组成，概略性地介绍了塔韦尼耶对荷兰商人和统治者行为的评论，语调充满敌意。附在这 5 册书之后的是塔韦尼耶对伊斯兰宫殿内部的描写，这些文字曾早在 1675 年就出版过了，这次是重版。这个合集如同前部作品，同样激发了当代人的讨论和争议，一直延续到 18 世纪晚期。

417

但不是所有的同代人都怀疑塔韦尼耶作品的真实性和准确性。对很多人而言，这位年事已高的旅者和商人在当时就是一个传奇。勃兰登堡（Brandenburg）的郡主弗雷德里克·威廉（Frederick William）1684 年邀请塔韦尼耶到柏林，为他的海外贸易和殖民计划索求建议。这位郡主和塔韦尼耶及某些荷兰人一样，他们都希望德国新教徒在亚洲展开商业贸易和传教活动。塔韦尼耶尽管已是 80 多岁的高龄，但他仍然希望成为勃兰登堡派往大莫卧儿朝廷的使者。一旦勃兰登堡计划失败，塔韦尼耶在**南特敕令**废止之后（1685 年）便在斯堪的纳维亚（Scandinavia）寻找新教徒赞助商。可能是由于这些尝试和努力都没有成功，他便旅居到俄罗斯，显然是为了赢得沙皇的支持。约 1689 年，他与世长辞，被葬在莫斯科附近的新教徒公墓。[176]

塔韦尼耶在印度旅行期间遇到了很多在那里工作的珠宝商、商人、内科医生等。同时，法国内部为更加直接地参与亚洲的商业贸易活动而积极地努力着。F. 达西耶（F. Dassié）是皇家的造船工程师，也是水文地理学的研究专家，他 1677 年出版了海上专用船的建造方法的实用手册和导航表，以及适用于东方水域的路线图。[177] 同年，法国东印度公司的一位年轻雇员弗朗索瓦·莱斯特拉（François L'Estra, 1650—1697 年）出版了他 1671—1675 年的旅游日志。[178] 1671 年他刚一登陆苏拉特，就被荷兰人在德伦格巴尔附近抓捕，1673—1674 年间被囚禁在巴达维亚，1675 年返回法国。莱斯特拉的日记体游记虽然语言简练且内容不完整，但是对印度和印度尼西亚的欧洲机构进行了有趣而富有见解的评论。法国民众也很快就领略到东方权威人士和百姓的画像艺术了，因为罗梅恩·德·霍赫（Romein de Hooge，约 1650—1720 年）出版了一本版画书，这位荷兰艺术家将他最盛产的岁月留在了巴黎。[179] 同样令人兴奋的是阿诺尔德斯·蒙塔努斯（Arnoldus Montanus）1680 年出版了荷兰使团出访日本朝廷的简要报告，[180] 因为日本 1640 年实行闭关锁国政策之后，法国人基本上没有任何关于日本的消息。

同时，东南亚在法语出版物中占据着愈加凸显的地位。1681 年，阿姆斯特丹出版了杨松·司徒鲁伊（Jan Janszoon Struys, 1630—1694 年）三卷本的《司徒鲁伊航海记》（*Voyages*），他是 1649—1651 年在热那亚联合公司资助的舰队

418

里服役的荷兰人之一。[181]附在最后一卷之后的是"特谢林"号（ter Schelling）在孟加拉外海发生船难的一个报告。同一年，威廉·伊斯布拉松·邦特库（Willem Ysbrantzoon Bontekoe）在东印度群岛旅游的日志的法语版在阿姆斯特丹出版。当时，新教历史作家路易斯·杜梅（Luis Dumay，1681 年逝世）在日内瓦出版了《审慎的旅者》（Le prudent voyageur），用三卷的篇幅描述了所有已知民族国家的政治组织和机构。[182]1682 年都灵（Turin）出版了一本分册，其主题只有葡萄牙及其附属国。[183]1684 年，鲁昂的一个出版社发行了罗伯特·诺克斯（Robert Knox）在锡兰旅行游记的法语版。同样是在这个城市，雅各布·斯庞出版了关于咖啡、茶、巧克力的新文章。[184]

1659 年首次来到中国的比利时耶稣会士南怀仁（1623—1688 年）的作品，此时开始进入法语出版界了。他从北京发回的 1678 年关于传教进展状况的报告，从拉丁语译为法语并于 1681 年在巴黎出版。[185]南怀仁两次旅行到鞑靼及面见康熙皇帝的报告被编辑成册，1685 年在巴黎出版。[186]同时，欧洲的耶稣会士也在编纂和翻译沙勿略的报告，这可能与 1682 年出版的这位圣者的新传记相关。[187]

第三节　暹罗和中国

路易十四统治的第一个时代，法国对暹罗的兴趣稳步攀升。一些法国主教 1661—1662 年曾在大城建立教会作为他们在东南亚拓展事业的中心，后来他们在东南亚大陆教会活动中获得愈来愈多的领导权。在巴黎，科尔贝把大城看作法国东印度公司的一个贸易中心，这个中心和本地治里及孟加拉的一个港口一道，为法国垄断孟加拉湾的商贸活动提供了可能。暹罗的国王纳莱长久以来就十分看好法国，把它当作与荷兰对抗的潜在盟友。为实现他的计划，纳莱 1680 年派遣使团到法国。这个使团所乘坐的"东方太阳"号（Soleil d'Orient）1681 年在海上失踪了，所以直到几年之后才有一个暹罗使团真正到达法国。

来自暹罗和万丹的书信让法国人期望暹罗的使者们将于 1682 年的某个时

候到达巴黎，并为国王献上丰厚的礼品。在等待这次来访期间，地理学家克劳德·德·利斯勒（Claude de L'Isle）利用所能获得的材料编写而成《暹罗王朝史述》（*Relation historique du royaume de Siam*，巴黎，1684 年）。德·利斯勒坦诚自己不具备东方的专业知识，他在书中首先列出了引用作者的名录。这个名单列出了从 16 世纪的瓦尔塔马（Varthema）到 17 世纪 60—70 年代的法国主教之间的每一个到过或者声称到过暹罗的著者。德·利斯勒毫无顾虑地引用了平托的著作，他认为随着大量的法国人亲自到东方旅游、亲眼所见那些奇观伟绩，人们越来越相信平托叙述内容的可靠性和准确性。

　　1685—1687 年间，一系列的相关作品相继迅速出版，主要原因是路易十四 1685 年向暹罗派出一个使团。使团的首领是刚从加尔文教皈依过来的谢瓦利埃·亚历山大·德·肖蒙（Chevalier Alexander de Chaumont，约 1640 年出生）；他的副手是弗朗索瓦·提摩勒昂（François Timoleon，1644—1724 年），他是索亚只修道院院长（Abbé de Choisy），巴黎学界的社会名流之一。陪同他们的是 6 名天文学家和数学家及一批团员。1685 年 10 月 18 日，国王纳莱在大城隆重接待了这个使团。经由暹罗国王的亲信即希腊—威尼斯探险家康斯坦丁·华尔康的斡旋下，肖蒙谋求纳莱国王皈依基督教，以此作为与法国结为同盟的条件。纳莱显然对成为基督徒并没有多少兴趣；尽管他大肆地赠与大使及其随从礼品并且盛情款待他们，但是没有做出多少有价值的让步。[188] 然而，他的确向路易十四表示了友好，向法国派遣了一个使团。 1686 年 6 月，全体使节在布雷斯特靠岸登陆；在接下来的九个月或者更长的时间里，他们在法国受到了热情款待。[189]

　　肖蒙大使刚一返回法国，便根据他在暹罗的经历发布了一则报道。[190] 报道的结尾处附了一个清单，包括纳莱赠予路易十四的礼品、纳莱的家庭成员和他的谏臣等。其中很多礼品产自中国或者日本。这位索亚只修道院院长对纳莱还没有准备好信仰基督教的状态十分失望，返回法国后出版了一本关于他外出考察经历的精美书籍，叙述方式是写给一位女士的书信。根据他的计划，每天傍晚这位院长都会坐下来记录下这位女士的经历。因此，他将旅行的全程（1685 年 3 月 3 日—1686 年 6 月 16 日）写成一本日记，叙述的非常详细准确，语调轻松、

420

彬彬有礼。[191] 索亚只院长日志的价值在于对肖蒙谈判行为论述的补充和偶尔的评判。同样道理，数学家和译员耶稣会士塔夏德（1648—1712 年）在他评估法国探索活动在中国和暹罗产生的科学及政治后果时，从一个侧面考察了法国的传教会。[192] 同时，《文雅信使》（*Le mercure galant*）在 1684—1688 年出版的各期里都涉及暹罗。

　　人们重返对东方的愿望催使着法国的出版家们发行其他文献资料，当然不仅仅是与使团直接相关的。[193] 1685 年，关于一个名叫查尔斯·德隆（Charles Dellon）或者加布里埃尔·德隆（Gabriel Dellon）的法国东印度公司雇员的旅游报告出版。[194] 德隆是一位训练有素的内科医生，从 1668 年到 1673 年服役于东印度公司，在此期间他仔细地观察和研究了马拉巴尔地区的动物和植物。他离开公司之后，在葡萄牙殖民地达曼自谋职业。独立从业近六个月之后，德隆被宗教裁判所逮捕，1674 年被移送到果阿。因禁两年多后，又被转移到里斯本，1677 年被释放，条件是立刻返回法国。返回巴黎后，他在路易十四的准许下发行了揭露果阿宗教裁判所的小册子。[195] 他对热带疾病也钻研甚深，写了一篇相关论文附在 1699 年出版的《东印度游记》（*Relation d'un voyage*）之后。

　　德隆关于法国东印度公司的资料在于尔班·苏许·德·雷内弗（Urbain Souchu de Rennefort，约 1630—1689 年后）的《东印度历史回忆录》（*Mémoires pour servir à l'histoire des Indes orientales*，巴黎，1688 年）那里得到了补充和丰富。[196] 第一部分再版了雷内弗关于法国在马达加斯加开发第一个公司的报告，这个报告曾在 1669 年出版过。[197] 雷内弗不在公司服役后，便能更加批判性地观察继任者们在东方的拓展活动。第二部分评述了东方顾问弗朗索瓦·卡龙（François Caron）和在印度的其他人，悲叹于对马达加斯加的放弃。结尾处向国王提出诉求，请求重建马达加斯加作为法国在亚洲的基地。同时，第二部分还包括了摘自其他作者关于印度和锡兰的一些地域和产品的报道。

　　尼古拉·热尔韦斯（Nicolas Gervaise，约 1662—1729 年）是一位年轻的法国自立神父，后来成为图尔的尼古拉主教（Bishop Nicolas of Tours），曾于 1681 年到 1685 年间在暹罗从事传教事务。他在两位"望加锡王子"（prince of Makassar）陪同下回到法国。逃难并死于暹罗的望加锡国王达英·马阿莱（Daën

Ma-Allé）的两个遗孤，被带到法国由路易十四监护，并且在巴黎的耶稣会神学院接受教育。这两位来自皇室的青年在开始他们的教育之前便在朝廷亮相了。担任他们导师的热尔韦斯，同时也被号召利用他懂暹罗语的优势为1686—1687年到法国访问的暹罗代表团服务。次年，他在巴黎出版了欧洲第一部关于望加锡（西里伯斯大岛的一部分）的书籍。[198]热尔韦斯将这部作品献给路易十四的耶稣会忏悔神父拉雪兹（La Chaise），希望借此激发法国在西里伯斯的传教和从商热情。

1688年，热尔韦斯出版了由4部分组成的暹罗史，将其献给国王本人。[199]出于个人考虑，他的这部作品没有涵盖那些关于到暹罗旅游或者传教的内容，因为这些材料很容易在当时的其他出版物中找到。他撰写这部作品的出发点是为当时的法国外交官、贸易商、传教士出访暹罗做准备的。他懂暹罗语的优势使得他为读者提供了法国其他作家所不能提供的材料，特别是有关历史、风俗、宗教等方面的内容，矫正了塔韦尼耶和其他不太严谨的评论者的误解。他在大城的四年里，了解暹罗在东南亚的国际政治体系中的独特地位，也学会了和暹罗朝廷交往的国际礼仪。事实上，在热尔韦斯对17世纪80年代的暹罗的宏大论述中，有关政治或战争侧面的内容没有他不涉及的。[200]

17世纪80年代的欧洲，传教方法以及法国人在亚洲教会中地位的不断攀升，成为公众讨论的热点。1683年，安东尼奥·阿尔诺的合作者即詹森派信徒塞巴斯蒂安·J. 杜·卡布特（Sébastian J. du Cambut）出版了他《耶稣会士的实际道德》（*La morale pratique des Jésuites*）的第二卷，其中针对耶稣会士的出版作品及闵明我的《中华帝国的历史、政治、伦理和宗教论集》严厉地谴责了耶稣会士。[201]在接下来的争论和抨击中，耶稣会士出版了为数众多的知名作品，其主要目的是为他们在中国礼仪之争中获得合法合理地位。米歇尔·勒特利耶（Michel Le Tellier，1643—1719年）是一位著名的耶稣会士代言人，也是争论的主要参与者，他首先代表中国教会对上面的指控做出回应。勒特利耶在其职业生涯早期时候，编辑了一本昆图斯·库尔提乌斯（Quintus Curtius）著的亚历山大传记，其中还附加了一些关于印度的说明和评注，这得益于他研究了16世纪的东方评论家。[202]1687年，他出版了《中国、日本和印度的新基督徒和传

422

教士的抗辩书》（*Defense des nouveaux chrestiens et des missionaires de la Chine, du Japon, et des Indes*，巴黎），以此回应《耶稣会士的实际道德》和安东尼奥·阿尔诺的《精神》（*L' Esprit*）对耶稣会士的攻击。《抗辩书》一直是教会内部争论的核心，直到 1700 年被收录在《禁书目录》中。[203]

　　其他耶稣会士也很快就加入这场自卫战当中。中国传教会的柏应理神父夹在罗马和葡萄牙之间的争吵中，被迫从 1682 年到 1692 年滞留在欧洲，尽管不愿留在这里，但是他仍然充分地利用这段时间出版了北京耶稣会士的一些成果。1686 年，他出版了南怀仁编的从 1581 年到 1681 年这一个世纪在中国传教的耶稣会士名录的拉丁语译本。[204]次年，在柏应理的关照和协助下，巴黎出版了著名的《孔夫子：中国哲学家》（*Confucius Sinarum philosophus*）。[205]这部献给路易十四的作品包含了一个引言，介绍了孔子的经典著作和中国的注释者，也评述了传统中国的一神论。随后的内容是孔子的生平（可能是殷铎泽所著）、从《四书》翻译来的一系列材料，以及柏应理补充的中国历法和中国皇帝宗谱等。[206]为了提供一个忠孝的中国信徒形象，柏应理用拉丁语撰写了许太夫人（Candida Hsü）的故事，1688 年多莱昂（d' Orléans）神父出版了法语译本。[207]

　　1688 年出了另外 3 本关于中国的法语书。多莱昂关于两位满族征服者的历史故事是根据卫匡国和汤若望的作品而作，充满同情地评述了中国新政权。[208]1668 年，安文思（1611—1677 年）用葡萄牙语创作了一部描述中国的书；1682 年，柏应理将其带回欧洲；1688 年，克劳德·贝尔努（Claude Bernou）将其译为法语并最终出版。[209]这也许是 17 世纪后半叶最全面最富有见解的中国介绍和评论。同时，阿姆斯特丹出版了一部关于孔子伦理道德的法语作品，人们通常认为其作者为在荷兰逃难的胡格诺派牧师让·德·拉·布吕内（Jean de La Brune）。这本根据《孔夫子：中国哲学家》的引言和拉丁语译文而做的小书，随后被反复重印，1691 年有了英语译本。[210]它的风格和叙述腔调类似于耶稣会士信使，对中国贤哲思想的理性、文雅和人文性充满了景仰。

　　1685 年派往中国的法国耶稣会士经由暹罗到达他们的目的地。在暹罗期间，他们向巴黎科学研究院的同事们写信告知在途中及逗留暹罗期间所观察到的物理和数学现象。1688 年，巴黎的一位耶稣会士托马斯·古热（Thomas Gouge

[Goüye]，1650—1725 年）根据他们的观察数据出版了一本书，增加了研究成员的一些观点及他本人的注释。[211] 除了其他内容外，还有根据解剖对暹罗动物的描述，以及对台风和日食、月食的观察等。

1685 年陪伴耶稣会士数学家前往暹罗的还有耶稣会士塔夏德——华尔康和路易十四朝廷中相关的成员特别是拉雪兹神父之间的中间人。塔夏德 1686 年返回法国，帮助暹罗使团返回大城，1687 年协助向暹罗派遣两个新的全权代表和军队，增援驻扎在曼谷的法国部队。塔夏德本人 1687 年亲自返回暹罗，三个月后在其中之一的法国全权代表西蒙·德·拉·卢贝尔（Simon de La Loubère）的陪同下前往法国。他们刚离开不久的 1688 年 5 月，华尔康就遭遇变故；11 月，法国部队被从暹罗驱逐出去，暹罗和荷兰订立友好协议。在法国内部，路易十四号召人们关注并介入在暹罗遭遇的困境。

塔夏德在国王的急令之下，1689 年出版了第二次去暹罗的游记。[212] 显然，华尔康的失势并没有影响到塔夏德，他在书中仍然对暹罗的法国人抱有极大希望。[213] 事实上，他企图在 1690 年返回暹罗，但不得不在本地治里放弃计划。直接来自暹罗的报告远没有那么乐观。路易·兰奈（Louis Laneau，1637—1696 年）从 1661 年起就是暹罗的宗座代牧，他 1689 年 11 月从暹罗监狱发出的一封书信于 1690 年在巴黎出版。[214] 耶稣会的公众发言人皮埃尔·约瑟夫·多莱昂（Pierre Joseph d'Orléans）根据塔夏德的材料以及其他耶稣会士的书信报告，创作了华尔康作为暹罗首任大臣和他 1688 年走马上任的职业生涯历史。[215]

包括其首领皮埃尔·德法尔热（Pierre Desfarges）在内的法国远征军的一些将领刚一返回欧洲，便创作了他们各自版本的关于法国人在暹罗遭遇的灾难故事。1689 年，一位很可能被荷兰人俘虏过的将士博尚（Beauchamp）在米德尔堡出版了他的相关报道。[216] 次年，另一位军官德·圣旺德里耶（De St. Vandrille）在巴黎又发行了另外一个版本。[217] 1691 年，军官中另外一位心怀不满的将士沃兰·德·韦尔坎（Vollant des Verquains），在里尔发表文章抨击他的主管上司和荷兰人。[218] 1691 年，德法尔热在巴黎和阿姆斯特丹匿名发表他本人的观点；该年 11 月 26 日出版的《学者期刊》（*Journal des sçavants*）关注了他的这本书。[219] 同时，伦敦出版了一个小册子，这个小册子是根据 1688 年和

425

1689 年来自暹罗和科罗曼德尔的书信报告而合成的，其目的是"完整而真实地再现发生在东印度的伟大而辉煌的革命"。[220]

路易十四的特使西蒙·德·拉·卢贝尔（1642—1729 年）从 1687 年到 1688 年间在暹罗逗留了四个月，他出了两卷书，对欧洲了解暹罗做出了极大的贡献。他的《暹罗国》（*Du royaume de Siam*，两卷，巴黎，1691 年）是"已经出版的关于 17 世纪暹罗国民族和风俗习惯的最好著作"。[221]卢贝尔带着好奇来到暹罗，他是一位杰出的作家和数学家，研究过国际公法，也是一位职业外交家，思维活跃，眼界开阔。对于国人关心的法国计划和暹罗朝廷的政治环境，他只字未提。根据他个人的观察研究以及他去暹罗之前研习他人的作品，卢贝尔清晰地描述了暹罗的自然面貌和暹罗人的习俗、仪式、信仰和观念。作为一名数学家，他十分迷恋暹罗的天文学，在他的著作中详细地描述了天文学的计算方法。他在各种实例中，特别是在第二卷中收录了很多译自泰语和巴利语（Pali）①的文章。一些版画和地图所包含的信息和文字文本一样丰富。这本书的叙事腔调聪慧、理性、没有偏见，见解深刻。这部著作出版两年之后，卢贝尔入选法国研究院。

马塞尔·勒布朗（1653—1693 年）是 1687 年派往暹罗的 14 名耶稣会士之一。他与卢贝尔一样，在大城逗留了四个月。1688 年华尔康失势之后，他被派往法国去报道新闻。但是他在好望角被荷兰人抓捕，投到米德尔堡的监狱，一直持续到 1690 年 3 月。在这里，他寄往故乡第戎一封短信，讲述了暹罗的革命；这封信 1690 年出版。[222]被释放之后，勒布朗在第戎担任数学教职约一年，然后和柏应理去了中国。1692 年，里昂出版了他著的关于暹罗革命及东南亚整体环境的两卷本作品。[223]这部概论内容全面，信息丰富，是在参考其他作品基础之上而作的。作者对海洋航行的观察研究及评论对航海家的意义和价值是显而易见的。然而，这部作品并没有被与暹罗或东南亚相关的文献和参考作品经常引用。

---

① 巴利语，古代印度的一种语言，现成为佛教教徒的宗教语言，在泰国、缅甸和斯里兰卡仍作为书面语言使用。——译者注

耶稣会士显然不该为法国在暹罗的失利担责，但是欧洲的敌人对他们在亚洲其他地方的损失不依不饶。1689 年，耶稣会士让·克拉塞特（Jean Crasset，1618—1692 年）在巴黎出版了两卷本的日本教会史，试图再次解释基督徒在那里遭受的损失。[224] 他关于早年即从沙勿略时代到 1624 年的报道是根据索利埃的《基督教历史》（*Histoire ecclésiastique*，1627 年）；该书最有价值最原创的部分是从 1624 年到 1658 年的那段相当长的殉教史，这足以证明耶稣会士皈依信徒的坚定信心。这部为耶稣会士辩解的史书并没有让耶稣会士沉默。1691 年出现了一部匿名作品，指控耶稣会士迫害巴拉圭和菲律宾群岛的基督徒主教。[225] 次年，耶稣会出版了一部参考文献内容相当丰富的历史，阐述了下至 1674 年前的传教前沿阵地，特别是中国的耶稣会士与多明我会修士及方济各会修士之间的不同。[226] 卫匡国所著历史的法语版及耶稣会士出版家多莱昂发行的利玛窦传记，丰富了上面提到的内容。[227] 1696 年，李明（1655—1728 年）在巴黎出版了一部称颂中国文明的《中国近事报道》（*Nouveaux mémoires sur l'état present de la Chine*），这篇赞美中国文明的文章是根据作者从 1687 年到 1692 年的见闻而作，产生了极大的影响。[228] 李明返回法国之后便成为勃艮第（Burgundy）公爵夫人的忏悔神父，也是中国礼仪之争的耶稣会士的重要代言人。

其他耶稣会士同时也在参与各种更加丰富的活动。1692 年，菲利普·爱维利尔（Philippe Avril，1654—1698 年）在巴黎出版了一则报道，讲述了他和同伴们 1685—1690 年为穿越俄罗斯建立巴黎和北京之间的陆路通道所付出的种种努力。[229] 他的作品描述了鞑靼及其民族；也许正是爱维利尔对鞑靼的兴趣，激发了南怀仁相关著作的 1695 年再版，南怀仁曾经在中国皇帝陪伴下两次行游鞑靼。

这段时间里，康熙成为法国人和路易十四了解中国的活生生的例证。耶稣会士数学家白晋（1656—1730 年）1688 年到达北京。他和 1687 年就来到中国的张诚神父，很荣幸地被聘为皇帝的导师和谏臣。他们也在赢得康熙 1692 年颁发的包容基督教法令方面起了作用，至少是起了部分作用；这些年里，耶稣会士们对康熙皇帝皈依基督教充满信心。1693 年，康熙皇帝委派白晋以他的特使名义以及代表耶稣会学术团体回访法国。白晋 1697 年刚一到达法国便出版了

427

他的《康熙皇帝》(*Portrait Historique de l'Empereur de la Chine*)，作为献给路易十四的礼物，作者将当时世界上这两位顶级的君王并置在一起进行描述。[230]随后，巴黎的版画师皮埃尔·基法特(Pierre Giffart)著的一本包括 43 幅版画的宏伟画册面世，这部作品的内容是以白晋呈送给法国国王的中国画册作为依据的。特别令人印象深刻的画像是在各种仪式或者正式场合下穿着各种服饰的康熙及其政务要员。[231]白晋在法国逗留的两年里（1697—1699 年），招录了一些传教士，并且与各个领域中的公众人物和知识分子保持通信与交流。在此敏感时刻，他的行为避免了直接卷入甚嚣尘上的中国礼仪之争的漩涡当中。

巴黎和罗马的耶稣会士不再保持沉默。欧洲的礼仪争鸣不再限于找到解决术语表达的方式，也不再限于遵孔仪式的世俗或宗教特性。特别是在法国，它已成为耶稣会士——詹森派修士争吵的一部分，也是路易十四借助于巴黎外方传教会和索邦神学院控制中国教会的一部分。在罗马，传信部长期以来就谋求通过其派出的宗座代牧来监控亚洲教会，由于耶稣会士顽固抵抗这种控制，再加上受到其他宗教团体的影响，因而传信部对耶稣会士存有严重的不满和敌意。1693 年，福建省的宗座代牧颜珰控诉了耶稣会在礼仪之争中的立场，这一点早在 1656 年就得到教皇亚历山大七世的认可。[232]然而，直到李明的《中国近事报道》第一卷 1696 年的出版，才促使教皇成立了一个由红衣主教组成的专门委员会，该委员会通过七年（1697—1704 年）的努力来解决争端，平息争吵。

从 1697 年到 1700 年教皇英诺森十二世逝世止，法国的争论几乎达到了歇斯底里的程度。中国教会在巴黎的代表郭弼恩联合李明捍卫着耶稣会士的立场并为其开脱。1697 年，他出版了一本关于中国的资料集，其中收录了莱布尼茨的《中国近事》(*Novissima sinica*，1697 年）的序言。[233]根据这个摘要以及其他非天主教和非法国作者的著述，郭弼恩似乎是努力展示耶稣会士在赢得康熙接纳基督教政策上的重要性。事实上，在 1698 年出版的书中，这位耶稣会士公布了该法令的颁发过程；他还在致美因茨公爵的声明中澄清了祭祖遵孔习俗在中国人中的重要性；附在书末的还有一些与礼仪之争相关的书信和报告。[234]同一年还出现了李明《中国近事报道》的第三卷。这两个出版物的面世，直接激发了随后的争吵和辩论。

428

索邦神学院的知名多明我会神学家诺埃尔·亚历山大（Noel Alexandre，1639—1724 年），领衔攻击耶稣会士在中国礼仪上的立场。作为一位声名显赫的辩论家，亚历山大很早就加入了耶稣会士加布里埃尔·丹尼尔（Gabriel Daniel，1649—1728 年）关于盖然论（probabilism）、宽纵说（laxism）、莫林那主义（Molinism）等神学问题的争论。1699 年，他在科隆（Cologne）发表了一篇很长的声明，阐述了多明我会修士在中国的历史、政治原因导致他们的理想幻灭，以及耶稣会士的皈依活动等。[235] 为了记载并佐证这个事件，他部分或者全部翻印出版了 1631 年到 1690 年期间多明我会修士写自中国的书信报告。这部法语作品还附了一些相关的拉丁语文献。[236] 次年，亚历山大撰文攻击耶稣会士的立场，他试图揭示中国礼仪和希腊及罗马的偶像崇拜之间的相似性。[237]1700 年，他在巴黎发表了 7 篇致李明关于中国礼仪的书信，[238] 在科隆出版了一个关于尊孔的资料集，其作者是一些多明我会修士和巴黎外方传教会成员。[239]

1700 年，外方传教会的亚历山大和尼古拉·夏蒙（Nicolas Charmot）负责将反对耶稣会士的案件交给索邦神学院。[240] 在法国和罗马宗教法庭的压力之下，神学院的专家仔细核查了李明的《中国近事报道》和郭弼恩编著中的一些文章和论点。检查核对的工作还在继续之时，耶稣会士和他们的敌人便展开了一场规模宏大的小册子和辩论书大战。[241] 1700 年 10 月 18 日，经过神学院 30 轮的会议讨论，颁布了一封正式谴责书。1700 年 9 月教皇英诺森十二世逝世，公众对此的争论暂时平息下来。

耶稣会士曾在早期帮助法国商界和军界打开暹罗的大门；17 世纪 90 年代，他们继续谋求法国和中国及印度的商贸关系。很多 1688 年逃离暹罗的法国人，在印度东南海岸靠近马德拉斯的本地治里避难。在此期间，路易十四卷入到奥格斯堡联盟战争中，这使得法国从 1686 年到 1697 年间与所有殖民国家产生了冲突。在亚洲，主要威胁来自荷兰人和英国人，他们此时仍然幻想着垄断东方的贸易。1690 年，法国派出一支海军中队支援本地治里前哨。指挥官亚伯拉罕·迪凯纳 - 吉东（Abraham Duquesne-Guiton）勘察了印度南海岸，轰炸了几个地区之后，1691 年返回法国。次年，曾经和迪凯纳 - 吉东一起出海的克劳德·米歇尔·布尚·德·尚达森（Claude-Michel Pouchot de Chantassin）在巴黎出版了这次远征行动的报道。[242] 同年，迪凯纳 - 吉东在布鲁塞尔出版了自己对这次行动的描述，这篇报道 1696 年被译为英语。[243] 在随后的 1692—1693 年间和 1695—1697 年间，法国海军在东方海域的突袭都没有战胜荷兰。到 1697 年，法国在印度的前哨阵地完全被隔断并孤立起来，任由荷兰人摆布。[244]

有关法国早期对荷兰在印度南部和锡兰的挑战——1670—1675 年间雅各布·布朗凯·德拉艾率领的皇家中队的远航——的报告于 1697 年出现在读者视野。[245] 其前言声明道：所有的材料都来自德拉艾和法国东印度公司的总指挥弗朗索瓦·卡龙（François Caron），他们在日志报告上签署了姓名。然而，日志是以第一人称叙述的，又不时地以第三人称指涉卡龙和德拉艾。日志详细地描述了中队的活动、在苏拉特的谈判、访问马拉巴尔沿岸和锡兰的港口、在锡兰与荷兰人的交火、法国人侵袭和包围圣多默，以及法国人向荷兰人的投降等。也用了相当的笔墨描写了印度的种姓制度以及果阿、卡利卡特、圣多默和其他沿海城镇的宗教等。附在最后的是一封 1672 年卡龙写给科尔贝的信，描写了荷兰人和葡萄牙人在印度的地位，建议法国人在锡兰岛成立他们的总指挥部。

1697 年在欧洲签订的《里斯维克和约》（Peace of Ryswick）才最终恢复了法国在印度殖民区的地位。本地治里重新回到法国人手里，苏拉特和孟加拉的商业前哨同样也被法国再次夺回。耶稣会长久以来便敦促并致力于成立一家授权公司以开发中国贸易，他们最终于 1697—1698 年获得了成立中国公司（Compagnie de la Chine）的必要支持和授权。[246] 他们借助于巴黎自然科学研究所和定期的报道，让大众了解他们在中国取得的学术和精神方面的胜利。[247] 他们激励他人寻找其他可以到达中国的路线，这样可以规避荷兰人和英国人对亚洲海上航线的控制。极力倡导通过陆路进入中国的爱维利尔，[248] 很可能激发了彼得沙皇发起相关探索活动，这些探索行动的法语报告很快就出现了。[249] 法国在北美的探险家们继续探寻一条连接起大西洋和太平洋的水路，从而提供一条进入中国的新海路。

白晋神父到达欧洲之后，敦促法国东印度公司的董事们将他们的贸易范围延伸到中国。董事们解释说他们首先应该审核财务状况，研究和评估在那么遥远的领地从事商贸活动的风险。随后，白晋结识了乔丹·德·格鲁希（Jourdan de Groussy），格鲁希是巴黎著名的玻璃器具商人，非常渴望将自己的市场拓展到中国。他争取到 6 个朋友的援助，为他筹集资金并且获得国王准许派遣一艘商船到中国。他也幻想着法国人在南洋从事活动。耶稣会士非常支持并促进这样的活动，希望借此获得他们在中国和太平洋传教的政治和经济后盾。世纪之交，与这些活动相关的一大批书籍在巴黎出现，展望着法国进入所谓的有利可图且不断扩张的贸易领域。[250] 17 世纪 90 年代，关于东方的早期作品和从荷兰语与英语翻译成法语的关于亚洲的商业活动资料，源源不断地从各大出版社印刷出来。[251]

432

　　17 世纪法国关于东方知识的传播分为两个阶段：前两代（1600—1660 年）和余下的四十年（1660—1700 年）。路易十四当政之前的几十年里，法国试图营造一个和平的国内环境，结果却卷入了更加复杂、更加严峻的国际竞争和战争当中。亨利四世努力还国内一个和平的宗教和世俗环境，结果 1610 年被刺杀而亡；随后的玛丽·德·美第奇（Marie de Medici）执政期间，法国政治和经济动荡。1624 年后黎塞留努力重塑中央政府的权威，可是法国却愈加深陷于三十年战争（1618—1648 年），并且最终彻底投入到反哈布斯堡王朝的大规模战争（1635—1659 年）中去。虽然法国 1648 年与奥地利哈布斯堡王国达成了和平协定，但是反西班牙斗争一直持续到 1659 年。马萨林执政期间（1643—1661 年），法国内部面临更加强大的敌人。投石党运动（1648—1653 年）让年轻的路易十四认定，国王再不能容忍巴黎和各省的那些顽固不化且不听话的贵族势力了。路易十四统治期间，王室及其职能机构想方设法地谋求扩展国王的权威，希望将权力渗透到先前没有触及的方方面面。

　　17 世纪前半叶，关于亚洲的法语作品比较匮乏；路易十四时期，相关作品比较丰盈多样。路易十四统治期间，中央政府从未阻止过与海外的联系，已经与传教士和商人建立起伙伴关系。面对在亚洲建立起牢固地位的荷兰、英国和伊比利亚的敌视，法国首先在印度支那和暹罗寻找突破点，因为这些地方并不臣服于任何欧洲列强。暹罗是法国 17 世纪 80 年代的关注焦点，欧洲人比以往

433

任何时候更加感兴趣于这片地区。中国一旦成为法国传教活动的主要目标，便成为人们争论的主要话题，当然也是法国最为钦羡的东方国度。

虽然法国人主要关心那些陆地国家，但是他们所著的一些作品也让欧洲了解了那些褊狭的、相对不太出名的地区。该世纪早些时候，马尔代夫岛国的语言词汇表出现在法语出版物中，这是欧洲语言作品中的首例。热尔韦斯在欧洲首次出版了关于西里伯斯的望加锡历史。法国人将马达加斯加定位为他们的根据地，因此特别强调这个地区及其邻近岛屿在征服亚洲和与亚洲贸易的战略性地位。法国耶稣会士是首批撰写系列作品报告马里亚纳群岛传教活动的传教士。然而，17 世纪欧洲了解亚洲的最重要的贡献出自法国人对大陆国家的记述和报道。贝尔尼埃关于印度的多卷本研究著作（1670—1671 年）和卢贝尔对暹罗生活习俗的系统分析，是 17 世纪欧洲关于亚洲的两部最佳作品。

434

注释：

[1] 这个记述来自耶稣会士，见 H. Fouqueray, *Histoire de la Compagnie de Jésus en France* (5 vols.; Paris, 1910-25), II, 179-690。也可以参阅 R. Mousnier, *The Assassination of Henry IV* (New York, 1973), Appendix 6。

[2] 关于安格 1529—1530 年的远征情况，见 *Asia*, I, 177-78。

[3] 见 C. de la Roncière, *Histoire de la marine française* (Paris, 1910), IV, 261-67; and J. Barassin, "Compagnies de navigation et expeditions françaises dans l'Océan Indien au XVIIe siècle," *Studia* (Lisbon), No. 11 (1963), 375-77。

[4] Gerrit de Veer, *Vraye description de trois voyages de mer ...* (Amsterdam, 1598, 1600, 1604, 1609; Paris 1599; 1609 年译为英语）；Willem Lodewyckszoon, *Premier livre ....* (Amsterdam, 1598, 1601, 1609); 关于科尼利斯·德·豪特曼（Cornelis de Houtman）的航海记述，见 *Iournal ...* (Middelburg, 1598; Paris, 1598)。

[5] 关于这些著作的评论，见原著第三卷第一册第 439-433 页。

[6] *Advis moderne du grand royaume de Mogor ...* (Paris, 1598) 是译自佩鲁齐（Peruschi）的 *Informatione* (Rome, 1597) 的一个摘要。关于佩鲁齐，见 *Asia*, I, 452-53。阿科斯塔（Acosta）所著的 *Histoire naturelle et morale des Indes* 从西班牙语译为法语，分别于 1598 年、1600 年和 1606 年在巴黎出版。关于阿科斯塔（José de Acosta），见 *Asia*, I, 709, 806-8。门多萨的中国史的法语译文有 1600 年、1606 年和 1609 年版本，最近的一个版本译自拉丁语。科林（Anthoine Colin）的 *Histoire des drogues ...* (Lyons, 1602) 译自库希乌斯（Clusius）的 *Epitome*, 后者的内容源自 Garcia da Orta、Cristobal de Acosta 和 Nicolas Monardes 的作品。Góis 和 Teive 作品的拉丁语版（1602 年）在法国出版。马菲（Maffei）关于耶稣会士在东方的历史由佩里格（Perigueux）教士弗朗索瓦·阿尔诺·德·拉·博里译为法语，1605 年在巴黎出版。

[7] 该世纪前半叶关于耶稣会士的出版情况，见 H.-J Martin, *Livre pouvoirs et société à Paris au XVIIe siècle,1598-1701,*(2 vols.;Geneva,1969),I,138-43。

[8] 标题见 Streit, V, 9, 12, 321, 363, 685。

[9] *Description du premier voyage faict aux Indes Orientales par les François en l'an 1603 ...* (Paris, 1604). 完整的文献概述，见 Geoffrey Atkinso, *La littérature géographique française de la Renaissance. Répertoire bibliographique* (Paris, 1927), pp. 351-52。

[10] 见 Atkinson, *op.cit.* (n. 9), p. 407. 有关他和 17 世纪其他旅行家的植物观察录的分析，见 E. and C. Flaumenhaft, "Asian Medicinal Plants in Seventeenth Century French Literature," *Economic Botany*, Vol. XXXVI (1982), Pt. 2, pp. 147-62。

[11] 见 Z. Bamboat, *Les voyageurs français aux Index aux XVIIe et XVIIIe siècles* (Paris, 1933), pp. 34-39; 也可以参阅 Barassin, *loc. cit.* (n. 3), pp. 376-77。

[12] 完整的参考文献，见 Atkinson, *op. cit.* (n. 9), pp. 363-64。1609 年版本，见 *ibid.*, pp. 385-86。

[13] Iudocus van Kerkhove, *Nouvelles des choses qui se passent en diverses et loingtaines parties du monde ...* (Paris, 1607); 以及作者不详的 *Sommaire recueil des raisons plus importantes, qui doyvent mouvoir Messieurs des Estats des Provinces Unies du Pays-bas, de ne quitter point les Indes. Traduit de Flamand en François*, La Rochelle, 1608。完整的参考文献，见 Atkinson, *op. cit.* (n. 9), pp. 380, 391-92。关于西班牙征服马鲁古群岛，见原著第三卷第一册第 215-216 页。

[14] *Les ambassades, et presents du Roy de Siam envoyez à l'excellence du prince Maurice.* 有关使团的情况，见 John Anderson, *English Intercourse with Siam in the Seventeenth Century* (London, 1890), p. 38。

[15] *Chronologie septenaire de l'histoire de la paix entre les roys de France et d'Espagne ... avec le succez de plusieur navigations faicts aux Indes Orientales ...* (Paris, 1605). 随后出现了 1606 年、1607 年和 1609 年等版本。见 Atkinson, *op. cit.* (n. 9), pp. 361-62。

[16] 根据 P. A. Tiele, *Mémoire bibliographique sur les journaux des navigateurs néerlandais* (reprint of 1869 ed.; Amsterdam, 1960), pp. 94-95。

[17] 详细内容，参见 *ibid.*, pp. 5-6。

[18] 见 Streit, V, 21。

[19] 在阿拉斯（Arras）出版，见 *ibid.*, p. 377。

[20] *Ibid.*, p. 380.

[21] *Ibid.*, p. 692.

[22] *Ibid.*, pp. 247-49.

[23] *Relation authentique envoyée par les Prélats, Viceroys, Grand Chancellier, et Secrétaire d' l'Estat des Indes à S. M. Catholique* [Philip II of Spain] ... (Paris). 译自 1606 年在罗马出版的意大利语版本。除了其他时间之外，这封报告记述了 1602 年被奥古斯丁会修士皈依的穆斯林的遭遇。也许正是这个报道引导法国出版商 1608 年在巴黎、里昂、鲁昂等地发行了一封信，错误地将其归功于马加良斯（Diego de Magalhães）。*La conversion de trois grands rois infidèles de la secte de Mahomet* 事实上是一个重印版，也许是为牟利的盗版，原版是一位耶稣会士 1571 年的作品。见 Streit, 44-45。

[24] 首次于 1608 年在波尔多（Bordeaux）出版，根据 Ternaux-Compans, p. 111。1609 年，巴黎、里昂、安特卫普出现了其他版本。见 Atkinson, *op. cit.* (n. 9), pp. 409-11 以及 Streit, V, 49-50。

[25] 1606 年的葡萄牙语原版，见原著第三卷第一册第 320-321 页。格伦分两部分译自西班牙语的译本在安特卫普和布鲁塞尔出版。该作品的第二部分 *La messe des anciens Chrestiens dicts de S. Thomas* 的副本藏在芝加哥大学的雷根斯坦图书馆（Regenstein Library）。C. Th. A. I. [i.e., M. Eudes], *Tradition catholiq. ou traicté de la croyance des Chrestians d'Asie ... ez dogmes ... controversez en ce tēps* (n. p., 1609) 也许是基于或者摘自格伦的译本。

[26] 译自 1605 年的意大利语版本。内容目录见 Atkinson, *op. cit.* (n. 9), p. 371。

[27] 葡萄牙语原版 1604 年出现，但是法语版译自 1607 年的意大利语版本。法语的各个版本分别
在巴黎（1607 年）、里昂（1607 年）、阿拉斯（1608 年）面世。见 Streit, V, 383-84。

[28] 完整的参考文献信息，见 Streit, V, 387-88。

[29] 庞迪我的 *Advis* 的法语译本在里昂（1607 年、1608 年）、雷恩（1607 年）、阿拉斯（1607 年）、
鲁昂（1608 年）出版。

[30] 有关格雷罗的 *Relaçam ...* ，见原著第三卷第一册 316-318 页。

[31] 1611 年，作品的第二部分在阿拉斯和瓦朗谢讷（Valenciennes）再版。1615 年，拉丁语译本
Thesaurus 在科隆出版。1628 年，阿拉斯版本再次发行。关于杜·雅利克参考文献的分析，见 C.
H. Payne (ed. and trans.), *Akbar and the Jesuits. An Account of the Jesuit Missions to the Court of
Akbar by Father Pierre du Jarric, S. J.* (London, 1926) 的序言。

[32] 见 R. O. Lindsay, "Pierre Bergeron: A Forgotten Editor of French Travel Literature," *Terrae incognitae*,
VII (1976), 33。

[33] 关于皮拉尔德的贡献，见 M. A. H. Fizler, "Die Maldiven im 16. und 17. Jahrhundert," *Zeitschrift
für Indologie und Iranistik*, X (1935-36), 215-56。关于他的植物学论点，见 Flaumenhaft and
Flaumenhaft, *loc. cit.* (n. 10), pp. 148-49。

[34] 1619 年的这个版本的英语译本及其序言，见 Albert Gray (trans. and ed.), *The Voyage of
François Pyrard of Laval to the East Indies, the Maldives, the Moluccas, and Brazil* in "HS," o. s.,
LXXVI, LXXVII, LXXX (London, 1887, 1888, 1890)。1679 年出现了一卷本的法语版，没有
词汇表。17 世纪，缩减版的德语和法语译本：*PP, IX, 563-70*。

[35] 见 Barassin, *loc. cit.* (n. 3), pp. 377-79。

[36] 1615 年，拉·罗谢莱（La Rochelle）出现了佩德罗·德·梅迪纳（Pedro de Medina）的著名航
海手册的法语译本。

[37] *Voyages en Afrique, Asie, Indes orientales et occidentales ...* (Paris). 1645 和 1665 年在鲁昂再版。
被译为荷兰语（1656 年）、德语（1688 年）、英语（1696 年）。

[38] 见 Bamboat, *op. cit.* (n. 11), pp. 38-40。

[39] 见 Barassin, *loc. cit.* (n. 3), pp. 380-81。见原著第三卷第一册第 410-411 页。

[40] *Le voyage de l'illustre ... Chevalier François drach.*

[41] 巴黎，1613 年。标题的全称，见 Ternaux-Compans, p. 125。

[42] 1615 年，里昂出版了 Quintus Curtius Rufus 的亚历山大在亚洲的伟绩的拉丁语版。

[43] *Les estats, empires, et principautez du monde ...* (Paris, 1614).

[44] 译自 *Acta Audientiae Publicae* (Rome, 1615)。详细内容见 Streit, V, 406-7。

[45] *Récit de ce qui s'est passé entre les Portugois et les Hollandois au delà de la ligne équinoxiale,
avec la copie de la cargaison de trois navires chargés aux Indes pour venir en Hollande, et en
Zélande, en 1616.* 列在 Ternaux-Compans, p. 132。

[46] 详细内容，见原著第三卷第一册第 446-448 页，以及 Tiele, *op. cit.* (n. 16), pp. 41-47。

[47] *Copie de la requte présentée au roi d'Espagne par le capitaine Ferdinand de Quir, sur la descouverte de la cinquième partie du monde ....* 见 Ternaux-Compans, p. 133。关于奎罗斯，参考原著第三卷第一册第 308-309 页。

[48] 关于迪雷（Duret），见 *Asia*, II, Bk, 3, 522-23。

[49] 还是巴黎克莱蒙特学院（Clermont）的一位修辞学教师时，科伊萨德早在 1571 年便开始将关于东方的耶稣会士书简集翻译成法语。1592 年他离开巴黎成为里昂的副教省主教，当时克莱蒙特的耶稣会士遭受的压力很大。整个耶稣会士流放期间（1595—1604 年），科伊萨德是居住在南方的耶稣会士的主要领导人。那些年代里以及国王被暗杀之后，他隐姓埋名，或者匿名发表书简或者故意拼错姓名。有关他使用过故意拼错的姓名，以及他译作的完整参考文献，见 Ernest M. Rivière, *Supplément* (Vol. xii; 1968) to A. and A. de Backer and E. Sommervogel *Bibliothèque de la Compagnie de Jésus* (Louvain, 1960), pp. 150-82。

[50] 见 Streit, V, 74。

[51] 见 *ibid.*, pp.391-92。

[52] *Ibid.*, p. 258.

[53] *Ibid.*, p.716.

[54] 法语版在里尔（1617 年）和巴黎（1618 年）重印。见 Streit, V, 717。

[55] 见 *ibid.*, p. 410。

[56] *Ibid.*, p. 437.

[57] *Ibid.*, p. 436. 1617 年出版的皮格尼拉的原作，见原著第三卷第一册第 332 页。

[58] Streit, V, 417-18; 也可以参考原著第三卷第一册第 371 页。

[59] *Ibid.*, pp. 736-37.

[60] *Ibid.*, pp. 82-83.

[61] 见 Barassin, *loc. cit.* (n. 3), pp. 381-382。1621—1629 年，宗教战争再次席卷法国。

[62] *Furieuse et sanglante bataille donnée entre les Portugois et les Hollandois (auprès de Malacca) ...* (Paris). 列在 Ternaux-Compans, p. 141。

[63] *Relation de deux caravelles envoyées en 1618 ... sous la conduite de D. Juan de More, pour découvrir le détroit de Lemaire.*

[64] *Relation véritable de huict navires, venus des Indes orientales et occidentales....*

[65] 令人激动的可信的法语译本的译者是 Bernard Figuier。1645 年重版。

[66] *Voyage faict par terre depuis Paris iusques à la Chine ... Avec son retour par mer* (Paris, 1630). 腓内斯的旅行可能发生在 1612—1614 年。英语版本译自没有接受多少教育的一位旅行者的手稿和说明，1615 年出版。标题为：*An Exact and Curious Survey of the East Indies ...by Monsieur de Montfart* (Feynes's title was Montferron)。

[67] 对《航海论》的评述，见 Lindsay, *loc. cit.* (n. 32), p. 35。

[68] 关于拉波普里尼埃尔，见 *Asia*, II, Bk, 2, 314-16。

[69] 佩舍龙译本的全称，见 H. Cordier, *Biblioteca Sinica* (5 vols.; Paris, 1904-24), Vol. I, col. 20。关于埃雷拉·马尔多纳多的著作，参考原著第三卷第一册第 334-335 页。

[70] Ternaux-Compans, p. 126; 标题为 *Nouveaux mémoires de l'état de la Chine* (Paris, 1623)，这可能是弄错了，因为李明有一部同名作品，1696 年出版。见 Cordier, *op. cit.* (n. 69), cols. 20-21。

[71] 分别于 1626 年、1631 年、1642 年、1648 年、1699 年在巴黎重版，里昂于 1638 年和 1642 年出版。1634 年译为英语，1679 年译为德语。比较 1631 年和 1668 年版本，发现除了两个版本的献词和出版商不同外，其他完全一致。

[72] Baudier, *Histoire de la cour du roy de la Chine* (Paris, 1668), p. 13。

[73] *Ibid.*, p.16. 这件挂毯显然没有到达目的地。见 E. Lamalle, "La propaganda du P. Nicolas Trigault en faveur des missions de Chine, 1616," *AHSI*, IX (1940), 63。

[74] *Rerum memorabilium in regno sinae gestarum...*

[75] 见 Streit, V, 755。

[76] *Histoire de ce qui s'est passé en Royaume du Iapon, et de la Chine* (Paris)。

[77] 见 Streit, V, 761。

[78] 标题见 *ibid.*, pp.463-64。

[79] 见 *ibid.*, p. 475。

[80] *Ibid.*, p.476.

[81] *Histoire ecclésiastique des isles et royaumes du Iapon* (2 vols.; Paris, 1627-29).

[82] 见 Streit, V, 521。

[83] *Histoire de ce qui s'est passé au royaume du Japon l'année 1624* (Paris, 1628).

[84] *La conversion du plus grand roy des Indes orientales à present regnãt a la foy catholique, avec six milles habitans de son royaume ...* (Bordeaux and Paris, 1621). 见 Streit, V, 88。再版在 H. Ternaux-Compans, *Archives des voyages* (3 vols.; Paris, 1852), I, 173-79. 虽然标题如此，但是这个小册子似乎是关于非洲而不是东印度群岛。

[85] 见 Streit, V, 116。

[86] 见 *ibid.* 比较相关葡萄牙语著作，其中也做了类似的声明，原著第三卷第一册第 338 页。

[87] 见 *ibid.*, pp. 116-17. 这是首次谈到景教纪念碑且在欧洲出版的文献之一。

[88] 见 *ibid.*, p.118。

[89] 我们所了解的这些情况均来自邻近城镇的档案馆，然后将其整合。见 J. A. S. Desmarquets, *Mémoires chronologiques pour servir à l'histoire de Dippe, et à celle de la navigation française* (2 vols.; Paris, 1785), I, 355-70。

[90] 参阅原著第三卷第一册第 398 页。1649 年在迪耶普再版。

[91] 见 Barassin, *loc. cit.* (n. 3), p. 383. 也可以参考 H. Froidereaux (ed.), *Documents inédits relatifs à la constitution de la Compagnie des Indes Orientales de 1642* (Paris, n. d.)。

［92］见 Streit, V, 539。

［93］仅仅引自 Ternaux-Compans, p. 168。

［94］书简的标题、内容、参考文献信息等，见 Streit, V, 542-43。

［95］这本畅销书 1638 年的西班牙语原版和其他语种的译本，见原著第三卷第一册第 345-346 页。另一个法语译本 1696 年在巴黎面世。

［96］意大利语原版参考原著第三卷第一册第 377 页。

［97］见 Lindsay, *loc. cit.* (n. 32), p. 37。

［98］例如，见 Jean Puget de La Serre, *Balet des princes, indiens* ... (Brussels, 1634); R. M. Du Rocher, *L'indienne amoureus, ou l'heureux naufrage: Tragi-comedie* (Paris, 1636); and *L'histoire de la vie et de la mort du Grand Mogor* (Paris ?, 1640?), a satire in verse on the Abbé Pierre de Montmaur.

［99］见 Barassin, *loc. cit.* (n. 3), pp. 383-384。

［100］见原著第三卷第一册第 547-549 页。

［101］*Le tresor des merveilles de la maison royale de Fontainebleau* (Paris).

［102］*Le mercure Portugais...*

［103］*Histoire du commencement et des progrès de la Compagnie des Indes, des Provinces-Unies des Pays-Bas, contenant les principaux voyages* ... (Amsterdam). 只收录在 Ternaux-Compans, p. 183。

［104］1667 年在里昂再版。

［105］*Relation d'un voyage aux Indes Orientales. Par un gentilhomme françois arrive depuis trois ans. Avec une hydrographie* ...

［106］仅列在 Ternaux-Compans, p. 177。

［107］见 Streit, V, 557-59。 参考原著第三卷第一册第 378-379 页。

［108］*Ibid.*, p.136.

［109］以上评论根据 Lindsay, *loc. cit.* (n. 32), pp.36-37。

［110］被译为荷兰语（1654 年）和英语: *The World Surveyed; or the Famous Voyages* ... (London, 1660)。

［111］例如，Jean de Magnon, *Josaphat tragicomedie*（in verse）(Paris, 1647)；以及同一作者的 *Le Grand Tamerlane et Baiazet, tragedie*（in verse）(Paris, 1648)。也可以参照下面这部引人入胜的书，作者为 Salomon de Priczac，索格（Saugues）的领主，标题为 *Histoire des éléphants* (Paris, 1650)。

［112］见 Barassin, *loc. cit.* (n. 3), p. 384。

［113］目录见 Streit, V, 140。后来译为意大利语（1666 年）和德语（1671 年）。

［114］*Relation de ce qui s'est passé dans les Indes Orientales en ses trois provinces de Goa, de Malabar, du Iapon, de la Chine, et autres païs nouvellement desouverts ... Par le P. Iean Maracci Procureur de la Province de Goa, au mois d'Avril, 1649.* 内容概述，见 Streit, V, 142-43。

［115］*L'Asie en plusieurs cartes nouvelles et en plusieurs traités* (Paris). 1662 年重版。

[116] 关于意大利语原版的讨论，见第 377 页。先前的 1631 年曾经在雷恩出版了法语译本。见原著第三卷第一册第 405 页。

[117] 标题见 Streit, V, 595。1652 年，拉丁语译本在里昂面世。关于罗历山和他的意大利语著作，见原著第三卷第一册第 380-381 页。

[118] 他在法国的活动，见 H. Chappoulie, *Aux origines d'une église. Rome et les missions d'indochine au XVIIe siècle* (2 vols.; Paris, 1943), I, 107-10。

[119] 这部作品问世之前，1653 年的早期还出版了一本 *Somaire*。1666 年，*Divers voyages* 再版。现代英语译本，见 Solange Hertz, *Rhodes of Viet Nam* (Westminster, Md., 1966)。

[120] *La glorieuse mort d'André, premier catéchiste de la Cochinchine ...* (Paris, 1653) 译自 1652 年意大利语原版。也可以参阅他的 *Relation de ce qui s'est passé en l'année 1649 dans les royaumes ... du Iapon* (Paris, 1655)。1657 年，这则关于日本的报道的荷兰语版发行。

[121] 1654 年，佛兰芒语译本在安特卫普出版。

[122] 1657 年，特鲁瓦（Troyes）出版了一个扩充版，献给教廷图书馆馆长红衣主教卡普尼（Capponi）。1666 年出现了荷兰语译本。勒古兹的著作包含了罗摩耶那史诗的故事，以及根据流行的印度宗教绘画而作的欧洲插图。见 P. Mitter, *Much Maligned Monsters* (Oxford, 1977), pp. 55, 60；勒古兹引自罗摩耶那的 4 幅图解的复制品，见同上第 24 幅图。1657 年版本有 4 整页的优质插图、15 页长的印度各神的木刻画，包括毗湿奴（Vishnu）、罗摩神（Rama）、克利须那神（Krishna）、梵天（Brahma）。见 Ernst Schierlitz, "Die bildichen, Darstellungen der indischen Göttertrinität in der alten ethnographischen Literatur" (Ph. D. diss., University of Munich, 1927), pp. 37-38。

[123] 它的标题，见 Streit, V, 796-97, 799。

[124] 也可以参考佩蒂特（Pierre Petit）的诗集 *Gallorum indica navigatio auspiciis Ludovici regis* (Paris? 1660?)。

[125] 见 Streit, V, 153。

[126] 最清晰的文献分析，见 *Bibliotheca Lindesiana*, Vol. IV (1910), cols. 8830-41。包含了五卷的目录：三卷来自 Jacques Langlois 出版社，另两卷分别来自 Sebastien Mabre-Cramoisy (1666) 和 Thomas Moette (1696)。各版本目录，见国会和国家联邦图书馆。也可以参考 A. G. Camus, *Mémoire sur la collection des grands et petits voyages, et sur la collection des voyages de Melchisédec Thevenot* (Paris, 1802)。我们查阅了 Sebastien Mabre-Cramoisy 1663 年的三卷本。

[127] "Relation de l'estat present du commerce des Hollandais et des Portugais dans les Indes Orientales ; memoires du voyage aux Indes Orientales du General de Beaulieu." 博利厄的日志的缩编现代版，见 Eugene Guenin (ed.), *Agustin de Beaulieu, sa navigation aux Indes orientales, 1619-1622* (Paris, 1905)。

[128] 关于特维诺翻译自卜弥格的 *Flora sinensis* (Vienna, 1656) 的选编，见 Flaumenhaft and

Flaumenhaft, *loc. cit.* (n. 10), pp. 149, 152-53。

[129] 1659 年，约翰·布劳（Johan Blaeu）在阿姆斯特丹出版了卫匡国 *Sinicae historiae* 中的 *Decas prima*。参看原著第三卷第一册第 526-527 页；关于《中国上古史》（*Decas secunda*）也可以参考第三卷第四册第 1682-1683 页。

[130] 这个法语版译自特维诺从尼古拉·维特森（Nicolaas Witsen）那里获得的一个俄罗斯语文本。关于巴伊科夫使团的较早拉丁语文本收编在 *Relations de divers voyages curieux*, Vol. V。德语版于 1689 年出现。荷兰语译本收录在维特森的《东北鞑靼志》（*Noord en Oost Tartary*, Amsterdam, 1692），英语译本见 A. and J. Churchill (eds.), *A Collection of Voyages and Travels* (London, 1704)。详细内容，见 John F. Baddeley, *Russia, Mongolia, China* (2 vols.; London, 1919), II, 130-31。

[131] 收录在 Ternaux-Compans, p. 203。

[132] 1669 年重版。

[133] *Letter du R. P. Jacques Le Favre ... sur son arrivee a la Chine et l'estat present de ce royaume.* 见 Streit, V, 821。

[134] *Relation du voyage du P. J. Tissanier. Depuis la France jusqu'au royaume de Tungkin. Avec ce qui s'est passé ... dans cette mission, depuis les années 1658-1660* (Paris, 1663)。见 Streit, V, 607。该卷十分庞大。

[135] *Relation d'un voyage fait au Levant ....*（三部分；巴黎，1664—1684 年）。第三部分涉及东印度群岛，特别是印度。在鲁昂（1665—1684 年）和巴黎（1689 年）重版。被译为英语（1687 年）。关于印度部分的现代版，见 S. Sen (ed.), *The Indian Travels of Thevenot and Careri* (New Delhi, 1949)。

[136] *Discours d'un fidèle sujet du Roy touchant l'établissement d'une compagnie ... pour le commerce des Indes Orientales* (Paris, 1664). 1665 年重版。1664 年、1676 年和 1695 年出现了英语译本。*Relation de l'establissement ...* 1664 年在巴黎出版，1666 年重印。

[137] *Articles et conditions ...* (Paris, 1664).

[138] 海牙（1664 年）、莱顿（1665 年）、巴黎（1666 年）。

[139] 例如，*Diverse pièces servant de réponse aux discours publiés par les Hollandais sur ce qui s'est passé entre l'Angleterre et la Hollande* (1665). 其中有几篇演说和安汶岛有关。见 Ternaux-Compans, p. 210。

[140] *Catalogue des marchandises rares, curieuses, et particulieres qui se font et debitent à Montpelier ...* (Pezenas).

[141] 三卷；里昂，1665—1666 年。

[142] 见 Streit, V, 609。

[143] 该译著的评述，见 *Journal des Sçavants* (1666), pp. 108-10。

[144] 1666 年两次出版印刷。见 Streit, V, 613。也可以参照原著第三卷第一册第 382-383 页。

[145] *Relation du voyage ...* (Paris, 1666). 第二版 1668 年在巴黎出版。荷兰语的各个版本 1669 年和 1683 年在阿姆斯特丹发行；德语版 1671 年在莱比锡（Leipzig）面世。见 Streit, V, 617。

[146] 见原著第三卷第一册第 525-527 页。

[147] 见 Streit, V, 614。

[148] 路易十四每年拨款 1 000 里弗支持传教会。见 E. W. Hutchinson, *Adventurers in Siam in the Seventeenth Century* (London, 1940), p. 44。

[149] 见 Urbain Souchu de Rennefort, *Relation du premier voyage de la Compagnie des Indes Orientales en l'île de Madagascar ou Dauphin, en l'an 1665* (Paris, 1669)。也可以见他的 *Histoire des Indes orientales* (Paris, 1688)。见原著第三卷第一册第 422 页。

[150] 见 C., *Histoire des ioyaux, et des ... richesses de l'Orient* (Geneva, 1667)。也可以参照职业银匠 Pierre de Rosnel 写的关于金和宝石的畅销著作 *Le mercure indien ou le tresor des Indes ...* (Paris, 1667)。扩充修订版 1672 年发行。

[151] Briot (trans.), *Histoire de la religion des Banians ... traduit de l'anglais* (Paris, 1667); *L'Evangile, traduit en malais par Brouwer* (Amsterdam, 1668); A. Roger, *Théâtre de l'idolatrie et la vraie représentation de la vie et des moeurs des bramines* (Amsterdam, 1670).

[152] 见原著第三卷第一册第 356-357 页。英语译文出现在 1671 年、1676 年和 1679 年。

[153] 见原著第三卷第一册第 498-499 页和第三册第 1447-1448 页。

[154] *Relation du naufrage d'un vaiseau hollandais sur la coste de l'isle de Quelpaerts: avec la description du royaume de Coree* (Paris). 关于佛兰芒语原版，见原著第三卷第一册第 486-488 页。

[155] 详细内容，参阅原著第三卷第一册第 490-491 页。

[156] *Relation ... des missions ...* (Paris, 1668). 1669 年被译为意大利语，1682 年法语译本再版。参考文献详情，见 Streit, V, 616。

[157] P. Chaigon (ed.), *Lettres des pays estrangères, où il y a plusieurs choses curieuses d'édification. Envoyées des missions de ces pays-là* (Paris).

[158] P. Chaigon (ed.), *Les dernières nouvelles de la Chrestienté de la China* (Paris, 1668).

[159] *L'état présent de la Chine, et des autres roiaumes voisins* (Paris).

[160] A. Kircher, *La Chine illustrée de plusieurs monuments sacrés que profanes, et de quantité de recherches de la nature et de l'art ....* 见插图 251 和插图 305；也可以参阅插图 75—76。

[161] 1671 年和 1675 年发行英语版。1672 年出现荷兰语版，很多法语及其他语种译本相继出现。布罗克（Irving Brock）的英语译本收录在一个修订评述版：Archibad Constable (ed.), *Travels in the Mogul Empire, A. D. 1656-1668* (Delhi, 1968)。

[162] 例如，他写了一个关于印度"寂静主义"（Quietism）的回忆录（*Histoire des Savants*, 1688），一个导读儒家经典的手册。完整的参考文献，见 C. A. Walckenaer, *Vies de plusieurs personnages célèbres des temps anciens et modernes* (2 vols.; Laon, 1830), II, 74-77。

[163] *Histoire de la Chine sous la domination des Tartares ...* 藏在芝加哥大学雷根斯坦图书馆

（Regenstein Library）的副本里有中国地图，这张地图在现存的其他很多藏本里都没有。还有一个意大利语译本（米兰，1676 年）。聂仲迁这部作品的摘要收录在 Aurelio degli Anzi (pseudonym of Conte Valerio Zani), *Il genio vagante* (Parma, 1693), pp. 139-44。显然，聂仲迁的作品没有被译为其他语种。

[164] 聂仲迁的作品记录了那个多事之秋，被 R. B. Oxnam, *Ruling from Horseback* (Chicago, 1968), pp. 148-49 引用。

[165] *Les secrets de la médecine des Chinois, consistant en la parfaite connoissance du pouls, envoyez de la Chine par un François, homme de grand mérite ...* 一些书志学家认为这部作品出自 Hervieu 之手，也有意大利语译本（米兰，1676 年）。关于卜弥格作为 *Les secrets* 和其他作品作者的讨论，见 Edward Kajdański, "Michael Boym's *Medicus Sinicus*," T'oung Pao, LXXIII (1987), 162-89。卜弥格的其他出版物，见原著第三卷第一册第 526 页和第 538-539 页。

[166] 见原著第三卷第一册第 493-495 页。同时也被译为英语和德语。

[167] *Relations nouvelles du Levant, ou traités de la religion ... et des coûtumes des Perses ... et des Gaures* (Lyons, 1671).

[168] 根据 A. F. Naironi 的演说而作，其标题为 *De l'usage du caphé, du thé, et du chocalate*。约 1680 年，巴黎的佩蒂特（Pierre Petit）出版了一篇关于茶的拉丁语论文。

[169] 译自 1672 年的意大利语版，标题为 *La science des Chinois ou le livre de Cum fu-çu ...*。

[170] *Lhistoire des religions de tous les royaumes* (3 vols.; Paris, 1676).

[171] 关于他的传记，见 J. Masson, *Missionaires belges sous l'ancien régime (1500-1800)* (Brussels, 1947), I, 69-83。1673 年出版物的标题，见 Streit, V, 570-71。

[172] *Relation des missions des evesques françois aux royaumes de Siam, de la Cochinchina, de Cambodge, et du Tonkin* (Paris, 1674) 的作者是 Luc Fermanel de Favery。第二版 1684 年发行，意大利语译本 1677 年在罗马出版。陆方济创作了 *Mémoire sur l'état présent des missions et des evesques français vicaires apostoliques dans la Chine et dans les royaumes de l'Orient* (n.p., 1677)。1680 年，这个系列又出了两部续集：*Relation des missions et voyages des evesques, vicaires apostoliques, et leurs écclesiastiques ès années 1672, 1673, 1674, et 1675* (Paris) 和 *Relation des missions et des voyages des evesques ...ès années 1676 et 1677* (Paris)。

[173] 塔韦尼耶最好的传记是由 Charles Joret 1886 年在巴黎出版的；他的作品的各个版本的完整索引，见 V. Ball (ed.), *Travels in India by Jean Baptiste Tavernier* (2 vols.; London, 1889), I, xl-xlvi, 以及 Ball 译本的第二版，见 W. Crooke (2 vols.; London, 1925), I, lx-lxvi。

[174] 他的报告可以查阅 *The Travels of the Abbé Carré in India and the Near East, 1672 to 1674* 求证。这部作品只有一部分在 17 世纪出版，现代评论版由 Lady Fawcett and Sir Charles Fawcett 编译，见 "HS", 2d ser., XCV-XCVII (London, 1947-48)。

[175] *Recueil de plusieurs relations et traitez singuliers et curieux ... qui n'ont point esté mise dans ses six premiers voyages, devise en cinq parties*. 其中有塔韦尼耶的两幅精美画像及布瓦洛的

几篇韵文。1680 年，这部作品被译为英语。

[176] 见 Charles Joret, "Le voyage de Tavernier (1670-89) ...," *Revue de géographie*, XII (1889), 161-74; 267-75; 328-41. 也可以参阅 Ball (ed.), *op. cit.* (n. 173), pp. xxxiii-xxxvii。

[177] *L'architecture navale, avec le routier des Indes orientales et occidentales* (Paris)。

[178] *Relation ou journal d'un voyage fait aux Indes Orientales. Contenant l'état des affaires du païs et les établissements de plusieurs nations que s'y sont faits depuis quelques années* (Paris, 1677). 1698 年再版。

[179] *Les Indes Orientales et Occidentales, et autres lieux; representée en très belles figures* (Leyden, 1680 [?])。

[180] *Ambassades mémorables de la Compagnie des Indes Orientales des Provinces Unis vers les empereurs du Japon* (Amsterdam). 见原著第三卷第一册第 488-489 页。

[181] 这是他的首次远航，这个故事记载在 *Les voyages de Jean Struys* (2 vols.; The Hague, 1758-1759) 的第一卷。1684 年版本含有很多地图和插图。关于热那亚公司，见原著第三卷第一册第 379 页。

[182] 杜梅的作品，见 P. Marchand (ed.), *Dictionnaire historique et critique par M. Pierre Bayle...* (rev. ed., 4 vols.; 1730), II, 36-38。

[183] P. Grognard, *La couronne du Portugal, ou la parfaite connoissance de ses royaumes*。

[184] *Traitez nouveaux et curieux du café, du thé, et du chocolate*. 1688 年和 1693 年分别在鲁昂和海牙重版。早期的相关文章，见原著第三卷第一册第 415 页。

[185] 法语译本摘要收录在 *Le mercure galant*, September, 1681, pp. 194-214; April, 1682, pp. 135-38。

[186] 这本书由 D. D. 译自南怀仁的报告，标题为 *Voyages de l'empereur de la Chine dans la Tartarie ...*。南怀仁的报告，也可以参见 Pierre Joseph d'Orléans, *Histoire des deux conquerans Tartares qui ont subjugué la Chine ...* (Paris, 1688)。荷兰语译本，见 Nicolaas Witsen, *Noord en Oost Tartarye* (Amsterdam, 1692)；英语译本，见 *Philosophical Transactions*, XVI (1686-87), 35-62。

[187] 蒂勒（A. Tulle）收集并出版。新传记由 Dominique Bouhours 撰写，标题为 *La vie de Saint François Xavier* (Paris)。

[188] 法国和暹罗的谈判细节，见 Hutchinson, *op. cit.* (n. 148), pp. 92-111。

[189] 接待他们当时的记载，见 Jean Donneau de Visé, *Voyage des ambassadeurs de Siam en France* (2 vols.; Paris, 1686-87)。

[190] *Relation de l'ambassade de Mr... de Chaumont à la cour de roi de Siam* (Paris, 1686). 1686 年和 1687 年分别在阿姆斯特丹和巴黎重版。1687 年，英语译本和荷兰语译本分别在伦敦和阿姆斯特丹出版。

[191] *Journal du voyage de Siam fait en 1685 et 1686* (Paris, 1687). 1687 年和 1688 年分别在巴黎和阿姆斯特丹重版。1930 年有一个重印本（巴黎），由 Maurice Garçon 作序。

[192] *Voyage de Siam des Pères Jesuites, envoyéz par le roy aux Indes et à la Chine. Avec leurs observations astronomiques, et leurs remarques de physique, de géographie, d'hydrographie, et d'histoire* (Paris, 1686). 1687 年在阿姆斯特丹重版。荷兰语译本（乌德勒支 [Utrecht]）和英语译本（伦敦）在 1687 年、1688 年、1689 年出版。所有的这些版本都有丰富的插图。

[193] The first parr of the *The Travels of Sir John Chardin into Persia and the East Indies* 的第一部分 1686 年在伦敦出版，并没有涉及波斯之东的陆地。夏尔丹（John Chardin, 1643—1713 年）是法国珠宝商新教徒，早在 1665 年就曾来到印度，但是根据他的序言，他却故意避开印度不谈，因为他 "只懂粗俗语言……对婆罗门语言一无所知……"。直到 1711 年，他才在阿姆斯特丹发行了完整的三卷本法语版日志。

[194] *Relation d'un voyage fait aux Indes Orientales* (2 vols.; Paris). 1689 年在巴黎重版，1699 年扩充版在阿姆斯特丹重印。英语译本 1698 年出版。

[195] *Relation de l'Inquisition de Goa* (Leyden, 1687; Paris, 1688). 很快就出了英语译本和荷兰语译本，1689 年出了德语译本。现代学者们经常否认德隆对宗教裁判所的叙述，把它当作编造的伪作。然而，他的声誉在最近几年得以恢复，特别归功于 A. K. Priolkar, *The Goa Inquisition* (Bombay, 1961). chap. iv.

[196] 同样于 1688 年在莱顿和巴黎再版，标题为 *Histoire des Indes orientales*。克鲁尔（Jodocus Crull）将雷内弗的《东印度历史回忆录》的摘要翻译成英语，作为德隆《东印度游记》英语版（伦敦，1698 年）的补充内容。1702 年，在公司的赞助下法语版在巴黎再次发行。

[197] 见本章第 149 个注释。

[198] *Description historique du royaume de Macaçar* (1688)。1700 年出版的增容版很快就被译成英语：*An Historical Description of the Kingdom of Macassar in the East Indies* (London, 1701)。

[199] *Histoire naturelle et politique du royaume de Siam* … 1689 年在巴黎重版。现代英语译本见 H. S. O'Neill, *The Natural and Political History of the Kingdom of Siam, A. D. 1688* (Bangkok, 1928)。

[200] 应该结合贝兹（Claude de Bèze）神父的回忆录使用，该回忆录首次于 1947 年在东京出版。E. W. Hutchinson 将其译为英语，标题为 *1688. Revolution in Siam* (Hong kong, 1968)。

[201] 参考原著第三卷第一册第 358-360 页。

[202] *Q. Curtii Rufi de rebus gestis Alexandri … Interpretatione et notis illustravit Michael le Tellier* … (Paris, 1678), especially. pp. 330-31.

[203] 1688 年和 1690 年重版。1690 年，译为西班牙语并在马德里出版。也可以参考勒特利耶的 *Lettre à monsieur XX docteur, de Sorbonne, au sujet de la révocation faite par m. l'abbé de Brisocier de son approbation donnée en 1687 au livre intitulé Defense* … (1700)。

[204] *Catalogus patrem Societatis Jesu qui ed anno 1581 usque ad 1681 in Sina … fidem propagarunt* (Paris). 见 Louis Pfister, *Notices biographiques et bibliographiques sur les Jesuites de l'ancienne mission de Chine, 1552-1773* (Shanghai, 1932), pp. xxi-xxii.

[205] 有关其作者的群体特点和内容，见 David E. Mungello, *Curious Land: Jesuit Accommodation and the Origins of Sinology* (Stuttgart, 1985), pp. 247-99。

[206] 1686 年，柏应理将这些材料的一部分按照时间顺序单编了一本分册，叫作 *Tabula chronologica monarchiae Sinicae ... ad annum post Christum 1683* (Paris)。

[207] *Histoire d'une dame chrêtienne de la Chine* (Paris). 被译为西班牙语（马德里，1691 年）和佛兰芒语（安特卫普，1694 年）。

[208] *Op. cit.* (n. 186). 1689 年和 1690 年重版。1854 年英语译本出版，见 "HS," o.s., XVII。

[209] *Nouvelle relation de la Chine* (Paris). 见原著第三卷第一册第 362 页。1689 年和 1690 年在巴黎再版。奥格尔比（John Ogilby）将其译为英语：*A New History of China ...* (London, 1688)。见 Mungello, *op. cit.* (n. 205), pp. 91-96。

[210] *Lâ morale dê Confucius* (1688)。

[211] *Observations physiques et mathématiques à l'histoire naturelle et à la perfection de l'astronomie et de la géographie: Envoyées de Siam à l'Académie Royale des Sciences à Paris par les Pères Jésuites François qui vont à la Chine en quolité de Mathématiciens du Roy...*

[212] *Second voyage au royaume de Siam.* 在阿姆斯特丹和米德尔堡重版，也是在 1689 年。经常和塔夏德的早期作品绑在一起。

[213] 这个游记报告的简评可以参考在柏林出版的 *Acta eruditorum* (1689), pp. 479-85, 以及在巴黎出版的 *Journal des Sçavants* (1689), pp. 272-76。

[214] 15 页长的一个小册子，标题为：*Lettre de M. L'evesque de Metellopolis, Vicaire Apostolique de Siam au Supérieur et aux Directeurs du Séminaire des Missions-Etrangère étably à Paris ...*。

[215] *Histoire de M. Constance, premier ministre du roy de Siam et de la dernière revolution de cet état, dédiée à N. S. P. le Pape Alexandre VIII* (Paris, 1690). 1962 年重版。

[216] *Relation du Sr. de Beauchamp.*

[217] *Relation des révolutions arrivés dans le Royaume de Siam.*

[218] *Histoire de la révolution de Siam, arrivée en l'année 1688.*

[219] 阿姆斯特丹出版人布鲁内尔（Pierre Brunel）在 *Relation des révolutions arrivés à Siam dans l'année 1688* 的序言中揭示了作者的身份。

[220] 重版在 Thomas Osborne, *A Collection of Voyages and Travels* (2 vols; London, 1745)。据此推断，首次出版可能在 1693 年。

[221] 观点出自 Hutchinson, *op. cit.* (n. 148), p. 156. 还有 1693 年的巴黎版，1691 年、1700 年，及 1713—1714 年的阿姆斯特丹重印版。1969 年，牛津大学出版社翻印了 1693 年出版的英语译本，由怀亚特（David K. Wyatt）作序：*A New Historical Relation of the Kingdom of Siam* (Kuala Lumpur, 1969)。

[222] 见 Streit, V, 669。

[223] *Histoire de la révolution du royaume de Siam. Arrivée en l'année 1688, et de l'état présent des*

Indes (Lyons, 1692). 1697 年在巴黎重印。1695 年被译为意大利语并在米兰出版。他对柬埔寨内战的评论，见 A. Brébion, *Bibliographie des voyages dans l'Indochine française du IXe au XIXe siècle* (Paris, 1910), p. 118-19. 勒布朗的各分卷本需要进一步调查。奇怪的是，加蒂（J. C. Gatty）在 *Voiage de Siam du Père Bouvet*（1963 年在莱顿出版）的序言中并未引用。

[224] *Histoire de l'eglise du Japon*. 分别于 1691 年和 1715 年重印。被译为意大利语（1722 年）、德语（1738 年）、西班牙语（1749 年）。这个版本的插图非常丰富。

[225] *Histoire de la persécution de deux saints évêques, par les Jésuites, l'un D. Bernardim de Cardinas, l'autre D. Philippe Pardo, archévêque de Manille.*

[226] *Histoire des differens entre les missionnaires Jésuites d'une part et ceux des Ordres de St. Dominique et de St. Francois [sic] de l'autre. Touchant les cultes que les Chinois rendent à leur Maître Confucius, à leurs ancestres, et à l'Idole Chin-Hoan* (n. p., 1692). 内容概要，见 Streit, V, 919-20。

[227] 分别于 1692 年和 1693 年出版。卫匡国所著的中国历史的译者为 Abbé Lepelletier。

[228] 三卷本，巴黎，1691—1698 年。1700 年审查之后，1701 年再版。立刻被译为英语（1697 年）、荷兰语（1697 年）、德语（1699 年）。英语版本还分别出现在 1698 年、1738 年和 1739 年。我们使用的是伦敦出版的 1738 年版本，标题为：*Memoirs and Remarks ... Made in Above Ten Years Travels through the Empire of China...*。

[229] *Voyage en divers états d'Europe et d'Asie, entrepris pour découvrir un nouveau chemin à la Chine.* 1693 年，该作品在巴黎再版，伦敦也出版了英语译本。

[230] 1699 年被译为拉丁语、荷兰语和英语。

[231] *L'estat présent de la Chine en figures* (Paris，1697). 这部作品现在已经十分罕见。我们查到的副本藏在法国国家图书馆（Rés. O² N. 31）。彩色的标题页是 Louis de France——勃艮第公爵及法定继承人，这本书就是献给他的。书中的版画一半是黑白的，一半是彩色的。简要的文字"中国政府观念"显然是由白晋撰写的。

[232] 相关讨论，也许有点公开指责耶稣会立场的意味，见 A. S. Rosso, O. F.M., *Apostolic Legations to China of the Eighteenth Century* (South Pasadena, Cal., 1948), pp. 130-36。

[233] *Letter sur les progrez de la religion à la Chine.* 我们查阅了这本罕见的藏于法国国家图书馆（O²N 371）的书。内容概要见 Streit, V, 940。有些评论者跟随 H. Cordier, *op. cit.* (n. 69), cols. 835-36, 否认郭弼恩和这部作品的关联。关于莱布尼茨的著作，见 D. F. Lach, *The Preface to Leibniz' "Novissima Sinica"* (Honolulu, 1957)。

[234] *Histoire de l'edit de l'empereur de la Chine en faveur de la religion chrestienne ...* (Paris, 1698). 内容概要，见 Streit, V, 945。

[235] *Apologie des Dominicans missionnaires de la Chine ou Réponse au livre du Père Le Tellier Jesuite, intitulé, Défense des Nouveaux Chrétiens, Et à l'éclaircissement du P. Le Gobien de la même Compagnie, sur les honneurs que les Chinois rendent à Confucius et aux morts.* 1700 年重

版，1699 年意大利语译本出版。

[236] 内容概要，见 Streit, V, 951-53。

[237] *Conformité des cérémonies chinoises avec l'idolatrie Grecque et Romaine. Pour servir de confirmation à l'apologie des Dominicains missionnaires de la Chine...* (Cologne). 很快就被译为意大利语和拉丁语。内容概要和详细的文献数据，见 Streit, VII, 18-19。

[238] *Letter d'un docteur de l'ordre de S. Dominique sur les cérémonies de la Chine.* 关于这些小册子的详细信息，见 Streit, VII, 29-30。

[239] *Recueil des pièces des differens de messieurs des Missions Etragères et des religieux de l'Ordre de S. Dominique, touchant le culte qu'on rend à la Chine au philosophie Confucius (1700).*

[240] 夏蒙编著了构成该案件的材料，*Historia cultus Sinensium...*（Cologn, 1700）。相关评论，见 *History of the Works of the Learned*, II (1700), pp. 466-72。内容摘要，见 Streit, VII, 23-24。也可以参考 Rosso, *op. cit.* (n. 232), p. 135。

[241] 相对较完整的清单，见 Streit, VII, 1-44。更为重要的如下：*Paris*, Séminaire des Missions Etrangères, *Lettre...au Pape, sur les idolatries et les superstitions chinoises* (Brussels, 1700); *Réflexions générales sur la lettre qui paraît sous le nom de mes-sieurs des missions étrangères au page, touchant les cérémonies chinoises* (Paris, 1700); *Affair de la Chine* (1700)，它包括 6 个不同的小册子；L. D. Le Comte, *Lettre à monseigneur le duc de Mayne sur les cérémonies de la Chine* ([Paris],.1700); *Lettre écrite de la province de Fokien, dans la Chine, où l'on rapporte le cruel traitement que les chrétiens des Jesuites ont fait souffrir à Maigrot et au R.P. Croquet* (1700); Bourdaloue and Daniel, *Histoire apologétique de la conduite des Jésuites en Chine adresée a MM. des Missions Etrangères* (n. p., 1700).

[242] *Relation du voyage et retour des Indes orientales, par un garde de la marine, servant à bord du vaisseau de M. Duquesnes.*

[243] *Journal du voyage de Duquesne aux Indes Orientales, par un garde-marine servant sur son escadre.* 英语译本为 *New Voyage to the East Indies in 1690 and 1691...* 译者为杜肯（*Monsieur Du-quesne*）。1721 年，查理斯（Robert Challes）在海牙出版了关于这次远征的篇幅更长的报道。有关这位名叫杜肯·吉顿（Duquesne-Guiton）的诺曼海员的身份讨论以及关于他的文献，见 A.Jal, *Abraham du Quesne et la marine de son temps* (2 vols.; Paris, 1873), II, 556。

[244] 见 Jules Sottas, *Histoire de la compagnie royale des Indes Orientales, 1664-1719* (Paris, 1905), pp. 380-88。

[245] *Journal du voyage des grandes Indes...* (Orleans, 1697). 后来似乎再没有其他版本了。

[246] 有关它的历史，见 Claudius Madrolle, *Les premiers voyages français à la Chine. La Compagnie de la Chine, 1689-1719* (Paris, 1901)。

[247] 也可以参考（尽管这部作品只有 Ternaux-Compans 引用过）B. Maldonde, *Prodigieux événements de notre temps arrivés à des Portugais dans un voyage extrêmement dangereux du*

côté de la Chine (Mons, 1693)。

[248] 见原著第三卷第一册第 428 页。

[249] 加利覃（Galitzin）所取道的陆路，见 Foy de La Neuville, *Relation curieuse et nouvelle de Moscovie* (The Hague, 1698), pp. 206-31。1699 年再版。也可以参考 Adam Brand, *Relation du voyage de Mr. Evert Isbrand, envoyé de Sa Majesté Czarienne à l'Empereur de la Chine en 1692, 93, 94* (Amsterdam, 1699)。

[250] Giovanni Ghirardini, *Relation du voyage fait à la Chine sur le vaisseau l'Amphitrite en l'année 1698...* (Paris, 1700); Charles Le Gobien, *Histoire de isles Marianas nouvellement converties a la religion chrestienne ...* (Paris, 1700), 也可以参考 E.A. Voretzsch (ed.), *François Froger, Relation du premier voyage des François à la Chine, fait en 1698, 1699, et 1700 ...* (Leipzig, 1926)。

[251] 例如，尼古拉（Nicolas）和桑松（Guillaume Sanson）在 1690 年、1692 年和 1700 年出版的地图册。诺克斯（Robert Knox，1693 年）和丹皮尔（William Dampier，1693 年）的作品从英语译为法语。译自早期的荷兰作品更多，包括蒙塔努斯（Montanus，1696 年）、佩尔萨特（Pelsaert，1696 年）、布鲁恩（Bruyn，1700 年）。荷兰语文献和法语文献之间关系的著作也付梓出版了: *Liste de livres nouvellement imprimés en Hollande ...* (1693); *Catalogue nouveau de toute sorte de livres françois ... qui se trouvent à Amsterdam* (1698); A. Moetjens, *Catalogue des livres de Hollande, de France, et des autres pays ... qui se trouvent à present dans la boutique* (The Hague, 1700)。法国旅行者的早期作品也在不断翻印: 蒙孔尼斯（Monconys，1695 年）、贝尔尼埃（Bernier，1699 年）、德隆（Dellon，1699 年）、卡雷（Carré，1699 年）、热尔韦斯（Gervaise，1700 年）。

第六章 荷兰语文献

　　与西班牙的战争（1568—1648 年）在低地国家是一件激奋人心的事情。荷兰的各种文化传统似乎都从这次战争中衍生出来并得到极大发展。这场战争打破了传统的贸易模式，迫使荷兰商人直接与亚洲商人接触和联系。[1] 它引发了荷兰尝试着自治，促使莱顿大学的成立，给阿姆斯特丹和荷兰其他北部城市带来难以想象的繁荣。它吸引或者迫使南方许多著名而富有的新教徒移民这里，他们奉献的资金和智慧极大地繁荣了联合省的经济。这场战争也促使荷兰各城市的印刷出版业急速膨胀，原因有二：一是重要的印刷出版家如普兰汀（Plantin）、布劳（Blaeu）、爱思维尔（Elzevier）、科尼利斯·克拉埃兹逊（Cornelis Claeszoon）从安特卫普和卢万的北迁；二是因为荷兰相对宽松的审查制度。1570—1630 年间，有 69 位印刷出版商和书商从荷兰南部移民阿姆斯特丹，56 位移民莱顿。[2] 荷兰对欧洲了解亚洲的贡献来自荷兰人对亚洲贸易的兴趣，也因为荷兰出版印刷业的急速发展。到 17 世纪末，联合省的图书出版量很可能超过了西欧其他各出版社图书印刷量的总和。

　　荷兰早期关于亚洲最重要的描述见于 1595 年和 1596 年出版的扬·惠根·范·林斯乔坦（Jan Huyghen van Linschoten）的作品中。林斯乔坦（1563—1611 年）出生于荷兰北部的恩克赫伊曾（Enkhuizen），他对葡萄牙在亚洲的商

435

业帝国最为了解。1592 年他返回恩克赫伊曾后，利用个人获取的资料和他人提供的补充材料撰写了《林斯乔坦葡属东印度航海记》(*Itinerario*)。该书的第二部分命名为《葡属东方航海旅行记》(*Reysgheschrift*)，先行于 1595 年出版。其中包含了林斯乔坦选自伊比利亚航海图册中的详细航海指南，这些都是荷兰商人急需的知识，他们正在装配船只到亚洲进行贸易。1595 年 4 月，这个指南的手抄本引领着德·豪特曼（De Houtman）的舰队驶离阿姆斯特丹。事实上，它为此后该世纪的大部分荷兰船只提供了导航指南。船长和舵手们反复地证明了这个指南的准确性，它已经成为东印度公司舰队图书馆不可或缺的一部分。这个册子的畅销足以说明荷兰人对新知识的渴望。1596 年至 1663 年间，该册子的 7 个荷兰语版本面世；还有 3 个拉丁语版本（1599 年和 1614 年）、3 个法语版（1610 年、1619 年、1638 年）、1 个英语版（1598 年）；德语和拉丁语译本收录在德·布莱（De Bry）编著的文集里（1598 年、1599 年、1601 年）。[3]

《林斯乔坦葡属东印度航海记》固然最为重要，但它并不是 16 世纪最后十年里唯一关于亚洲的荷兰语报告。1544 年和 1563 年，瓦尔塔马（Varthema）游记的荷兰语版在安特卫普发行。[4]1595 年，林斯乔坦的出版商科尼利斯·克拉埃兹逊，出版了胡安·冈萨雷斯·德·门多萨（Juan Gonzáles de Mendoza）关于中国报告的荷兰语译本。[5]事实上，林斯乔坦关于中国的描述基本上完全来自门多萨。克拉埃兹逊同时还出版了卡文迪什（Cavendish）和德雷克（Drake）环球游记的译本，它们都选自哈克路特的编著。[6]稍早些时候，卢卡斯·杨松·瓦赫纳尔（Lucas Janszoon Waghenaer）在他的《航海宝典》(*Thresoor der zeevaert*，1592 年）即将出版之前又增加了 5 篇关于亚洲航海的文章。[7]第一篇是德雷克和卡文迪什译本的提炼；第二篇是根据对迪尔克·赫里特松·庞普（Dirck Gerritszoon Pomp）的采访而作的关于葡萄牙人在亚洲的贸易报告，庞普出生在恩克赫伊曾，1590 年在葡属亚洲殖民地勤恳工作三十五年后返回家乡；第三篇和第四篇文章选自林斯乔坦 1585 年 12 月写给他父母的书信，描写了亚洲贸易和航海路线；第五篇报告是关于印度、中国、日本相互之间的交通路线，资料来源不明。[8]《航海宝典》在 1596 年至 1608 年间又出了 5 个荷兰语版本，1601 年和 1606 年出了两个法语译本，1600 年出了一个英语译本。[9]除了第一

436

篇外的所有论文后来都被翻印在艾萨克·考梅林（Issac Commelin）的《荷兰联合省东印度公司的创始和发展》（*Begin ende voortgangh*），作为鲁洛夫·鲁洛夫斯逊（Roelof Roelofzoon）的航海记附录。[10]

第一节　到东印度群岛的早期游记：1597—1625年

许多早期的荷兰旅游报告和回忆录都初版或再版于著名的德·布莱的《普通的航海行纪》（*Petits voyages*，法兰克福，1598—1628年）和胡尔修斯（Hulsius，纽伦堡 [Nuremberg]，1598—1640年）的德语游记集，以及珀切斯的英语游记集里。[11] 从1596年到1610年，克拉埃兹逊在阿姆斯特丹出版了一系列各语种的游记和地图。很多早期的游记在该世纪晚些时候发行或再版于考梅林、朱斯特·哈特格斯（Joost Hartgers，1648—1652年①）、希利斯·约斯顿·萨厄格蒙（Gillis Joosten Saeghman，约1663—1670年②）等人编著的荷兰语合集里。[12]

1597年8月，第一手关于东南亚岛屿的资料随同科尼利斯·德·豪特曼（1599年逝世）的舰队一同到达荷兰。1597年，巴伦·朗厄内斯（Barent Langenes）在米德尔堡匿名出版了作品《航海记》（*Verhael vande reyse*）；这部作品在这一年和次年共出了6个版本，包括法语、德语、英语、拉丁语等语种的译本。该作者，也可能是很多个作者，显然是乘坐"荷兰迪亚"号（Hollandia）出航的；其中的一名作者可能是一位名叫彼得·施托克曼斯（Pieter Stockmans）的见习船员。[13] 1598年，朗格内斯发行了一个扩充版，增选内容来自其他日志。他同时也把标题改为《航海日志》（*Journal vande reyse*）。[14] 1598年，克拉埃兹逊出版了记述德·豪特曼航海的另外一个版本《东印度史》第一卷（*D'eerste boeck*），作者是威廉·罗德维克松（Willem Lodewyckszoon）。[15] 到1617年，这个游记报告包括译本在内共出了7个版本。有关德·豪特曼的旅游报告和描

437

---

① 此处时间为出版日期——译注

② 此处时间为出版日期——译注

写内容，包括单独出版和收录于某些合集在内，先后共出版了至少 24 次。[16]

根据林斯乔坦的建议，德·豪特曼的舰队从马达加斯加出发，越过印度洋，来到巽他海峡。途中经过苏门答腊，还曾在万丹进行过贸易，在爪哇岛的北岸和巴厘岛经停过几次；返程的路上，舰队沿着爪哇岛北岸航行。有关这次航行已经发表了的日志，详细地描绘了爪哇岛——这是世界上首次有语言描写巴厘岛——供欧洲读者享用。 通过环爪哇岛航行，德·豪特曼的船员们探明了爪哇岛的大小和形状。他们发现这个小岛从南到北都不像葡萄牙地图上所显现的那么辽阔，这一点在《航海记》中有过相关报道。[17] 这部作品同时也详细地描述了万丹，这里的港口、防御工事、建筑物、民族、贸易、产品价格，以及在这里做贸易的外国人。

《航海记》同时也简略地描写了巴厘岛。[18] 德·豪特曼的船员们欣喜若狂于这个岛屿的富饶和这里的人们对他们的善待。他们亲切地称巴厘岛为"新荷兰"（Ionck Hollandt）。[19]《航海日志》对巴厘岛描写的篇幅有所增加。[20] 其中含有很多海岸线的草图和一个马来语词汇表，马来语是东印度群岛的通用语言。[21] 在《航海记》和《航海日志》中都有很多插图。然而多数插图都出自版画家的主观随意想象。有些版画摘自《林斯乔坦葡属东印度航海记》，但是这些版画也是一些自由想象的结果。其中仅有两艘船只的版画（一个是万丹的，另一个是爪哇岛的）似乎是根据草图而作的。[22]

威廉·罗德维克松所著的《东印度史》第一卷中的插图质量也没有提高，当然其中的大量海岸线草图对日后的荷兰航海家助益颇大。罗德维克松的作品与德·豪特曼航海的其他记述相比，包含了更多的写实性材料。其中含有荷兰人亲眼所见的种植胡椒和椰子树的描写，同时也记述了苏门答腊西海岸的民族和风景。[23] 然而，罗德维克松对爪哇岛冗长而细致的描写并非出自亲眼所见；它的源头显然在葡萄牙语文献资料中。地点名称和术语都是葡萄牙语，其中含有一些关于葡萄牙人在马鲁古群岛的贸易活动和堡垒建筑方面的描述，而德·豪特曼的船只从未到过那里。[24] 也许这些资料都来自佩德罗·德·泰德（Pedro de Tayde），他是出生在马六甲的葡萄牙舵手，为万丹的德·豪特曼船员提供了很大的帮助。[25]

438

　　《东印度史》第一卷包含了首次用欧洲语言连续记载巴厘岛的记述。它的描写甚至比《航海记》还要详尽，对巴厘岛普通百姓骑马，而国王和大贵族坐轿子的评述非常生动；[26] 在爪哇岛，只有富人和出生高贵的人才能骑马。德·豪特曼远征队的其他成员也写了日志，但多数都没有出版。[27]

　　虽然牺牲了很多人并且还损失了一艘船，还与爪哇人和葡萄牙人发生了一些摩擦，所获利润还不足以抵扣成本，但是德·豪特曼舰队的返航仍然在荷兰创业群体中引起了不小的骚动。舰队返回之后的 1598 年，仅荷兰省和泽兰省的商人就派出不少于 25 艘船只。资助德·豪特曼的继任公司——现在称作老东印度公司（Old East India Company）——从阿姆斯特丹派出的舰队大获成功。1598 年 5 月 1 日，雅各布·范·内克（Jacob van Neck）和韦麻郎（Wybrand van Warwijck）指挥的 8 艘船离开特塞尔（Texel）。十五个月之后即 7 月 17 日，范·内克指挥着 4 艘载满胡椒的船从万丹返回。舰队的其他船只在韦麻郎和雅各布·范·海姆斯克尔克（Jacob van Heemskerck，1567—1607 年）的指挥下在爪哇岛经停了几次来到班达群岛、安汶岛和马鲁古群岛；他们在这里建立了 3 座商馆，为日后荷兰控制马鲁古群岛的香料贸易打下基础。1600 年 5 月 19 日，范·海姆斯克尔克指挥着两艘船到达阿姆斯特丹；1600 年 8 月末，韦麻郎率领着余下的两艘船也到达这里。这支舰队的利润高达 200%。[28]

　　1599 年，范·内克率领舰队一半船只出海的航海述略出版；同年，该述略被译为英语。[29] 其中写实性的材料很少，但是却报道了这支大型荷兰舰队对万丹胡椒价格的影响[30]及毛里求斯岛（Mauritius Island）的发现。[31]韦麻郎返回之后的 1600 年，关于这次远征探险的一则报告出版：《荷兰人东印度航海日志》（*Journael ofte dagh-register inhoudende een waerachtigh verhael ende historische vertellinghe vande reyse...*）。1601 年出现了一个扩充版，标题为《荷兰人东印度航海日志》第二部（*Het tweede boeck, journael oft dagh-register inhoudende een warachtich verhael...*）。这个报告被分别译为英语（伦敦，1601年）、法语（阿姆斯特丹，1601 年）、德语（阿纳姆 [Arnhem]）和拉丁语（法兰克福，1601 年），文本内容和标题变动不大。到 1620 年，这个报告共出了 10 个版本或译本。1611 年，这个报告的精简版被收编在约翰·伊萨克斯逊·庞

439

塔纳斯（Johan Izaakszoon Pontanus）的《阿姆斯特丹城史》（*Rerum et urbis amstelodamensium historia*，阿姆斯特丹）。这个精简本在增加了几篇写实性文章后，被收编在考梅林的《荷兰联合省东印度公司的创始和发展》（1645 年）中。到该世纪末，这个精简本共出版 9 次。17 世纪，范·内克和韦麻郎的游记报告共有 19 个版本或译本。[32]

关于范·内克和韦麻郎的游记报告的主要贡献在于全面描述了班达群岛、安汶岛，以及马鲁古群岛。如果考虑到保守香料群岛的秘密，那么关于德·豪特曼航海报告的很多内容便不会呈现在这里。《荷兰人东印度航海日志》第二部内容丰富，涵盖了各种各样的知识，包括地理的、水文的、航海的、商业的、政治的，同时也介绍了这里的岛民和香料。例如，关于爪哇岛图班市（Tuban）的描述，就讨论了爪哇岛和马鲁古群岛之间的贸易模式。爪哇岛的商人们用胡椒交换巴厘岛的棉布。然后，他们再用棉布在班达群岛和马鲁古群岛交换肉豆蔻、肉豆蔻干皮、丁香等。[33]《荷兰人东印度航海日志》第二部中有一篇文章描述了安汶岛，[34]另一篇描述了德那地，详细地介绍了丁香香料、德那地苏丹王和临近岛屿蒂多雷堡垒里的葡萄牙人之间的敌对状态。[35]有关丁香的描述来自《林斯乔坦葡属东印度航海记》。[36]

《荷兰人东印度航海日志》第二部中含有奥巴代亚（Abdias）[①]和穆罕默德（Muhammad）之间对话录的最早荷兰语译文。这是一个古老的故事，首先用阿拉伯语创作于公元 963 年，一位名叫阿拉（Ahd Allah，也叫奥巴代亚）的犹太人遇见穆罕默德后，问了对方一些问题，然后便皈依了基督教。问题的数量逐年增长。一些波斯语和马来语的版本里问题达到上千个。《荷兰人东印度航海日志》第二部仅收录了 37 个问题；显然是从葡萄牙语翻译过来的。[37]《荷兰人东印度航海日志》第二部的附录里有一个马来语—爪哇语—荷兰语的词汇表。[38]这个日志的各个精简版都收录了上面提到的先知对话录和词汇表。

在荷兰东印度公司 1598 年的各次探险活动中，有两支在鹿特丹组建起来的舰队向西航行，经由麦哲伦海峡航向亚洲：5 艘船组成的舰队由雅克·马于

---

① 《圣经》中一位先知的名字。——译者注

（Jacques Mahu）指挥，他去世后由西蒙·德·科德斯（Simon de Cordes）指挥；另一支由 4 艘船组成的舰队由奥利维尔·范·诺尔特（Olivier van Noort，1558—1627 年）指挥。马于率领的舰队意欲袭击西班牙在南美的根据地并且和亚洲进行贸易，结果遭遇失败。5 艘船上的 507 人中，只有一艘船载着 50 人返回荷兰。一艘船在蒂多雷被西班牙人捕获；迪尔克·赫里特松·庞普指挥的另一艘在瓦尔帕莱索（Valparaiso）被劫持；一艘船在太平洋中央的夏威夷群岛（Hawaiian Islands）附近失踪；由雅各布·杨松·奎科纳克（Jacob Janszoon Quaeckernaeck）指挥、威尔·亚当斯为首席舵手的"利佛德"号（Liefde）到达日本；塞巴德·德·威尔特（Sebald de Weert）指挥的船只从麦哲伦海峡返回荷兰。[39] 唯一出版了的关于这次航海的记述出自巴伦·杨松（Barent Janszoon）之手，他是德·威尔特船上的外科医生，他的这本日志没有包含任何亚洲内容。[40] 有关从"利佛德"号生存下来的 24 名船员和对日本的些许描述，出现在威尔·亚当斯的书信里，珀切斯 1625 年出版了这些书信报告。[41]

　　奥利维尔·范·诺尔特的这次航海和马于与德·科德斯的航海一样没有获取多少利润。他率领的 4 艘船只有 1 艘安全返回。无论是对范·诺尔特本人还是对组建舰队的公司而言，这都是一个财政上的灾难。[42] 即便如此，范·诺尔特却成为环游世界的荷兰第一人；在这个过程中，他不仅把和西班牙的战争引向南美洲西海岸，而且也引向了马尼拉湾的入海口。在这两个区域，西班牙人的船只或者被捕获、或者被击沉，贸易秩序被扰乱。范·诺尔特的成就引起了国内的注意，这次航海报告的销量很好。报告的第一个版本出自鹿特丹的扬·范·瓦斯伯格（Jan van Waesberge）之手，在范·诺尔特返航仅十八天之后便出版了。[43] 该报告简短粗糙，甚至连版刻的标题页都没有，但是有一封承诺书，表示几个星期或几个月之后将有一个完整的报告呈现给读者。[44] 1601 年晚些时候，范·瓦斯伯格和阿姆斯特丹的克拉埃兹逊发行了一个完整版。[45] 两个修订版出现在 1602 年，[46] 同时还出版了一个法语译本和一个德语译本。另一个荷兰语译本于 1618 年面世。[47]

　　《环球航海记》（*Beschryvinghe vande voyagie*）中的描述性材料相对简洁，整合起来是一个叙述故事。这本书较短；1602 年的完整版仅有 92 页。然而，正

441

是这部作品记载了荷兰语对拉德龙群岛（Ladrones，也叫马里亚纳群岛）、菲律宾群岛、婆罗洲等地的最早信息。荷兰人和早期的西班牙作者一样，对拉德龙群岛描写的非常具体：这里的人们擅长游泳、盗窃成性、不守法纪、多夫共妻；他们依靠香蕉、椰果、番薯、甘蔗勉强维持生计，后来也用这些食物交换一些废铁。这位荷兰作者也报道了很多岛民从西班牙人那里染上梅毒，伤害显而易见。[48] 荷兰人和先前的西班牙人一样，对菲律宾岛屿的数量之多印象深刻，甚至有点迷惑。为了连接起从圣贝纳迪诺海峡（San Bernardino Straits）到马尼拉之间的航线，他们捕获了当地的一些独木舟和中国式平底帆船，寻求舵手。他们还描述了土著人普遍存在的裸身和文身现象、高跷房屋，以及将贡品从偏僻的岛屿运给马尼拉西班牙人的小舟和大船等。他们从捕获的一个中国舵手那里了解到马尼拉的大小和防御工事，以及大型华人居住区等。人们认为吕宋岛比英格兰岛和苏格兰岛的总和还要大。[49] 这位荷兰作者还从一位抓获来的日本船长那里了解了日本。他在《环球航海记》中说道，日本人体格高大、骁勇善战，他们铸造了东印度群岛地区最好的刀剑。[50] 以前日本的各个"国王"相互之间常年征战，但是后来该国大部分地区归顺了一位国王。葡萄牙人和日本的贸易给他们带来丰厚的利润，这是因为日本和中国相互征战，而葡萄牙人可以给他们带来中国产品。日本人和中国人都书写同样的文字，因此，尽管他们发音不同但是彼此可以读懂对方的文书。[51]

《环球航海记》的节选版里包括了所有这些描述性材料，被收录在《荷兰联合省东印度公司的创始和发展》中。[52] 航线、风、天气、船等常规的内容并未详细记录，但是一些在1602年版本中找不到的描写却出现在这里。同时也穿插性地描写了菲律宾群岛、[53] 卡普尔（Capul）、[54] 马尼拉、[55] 婆罗洲，[56] 对日本的着墨最多[57]。关于日本的一些信息似乎源自林斯乔坦，当然也有一些关于统一战争和丰臣秀吉统治的题材不是出自林斯乔坦。考梅林的精简版分别出现于1648年、1649年、1650年、1652年、1664年和1684年，被收录在哈特格斯和萨厄格蒙的编著里。德语和英语译本被收录在德·布莱（第九卷）和胡尔修斯（第一卷）的编著里，珀切斯收录了英语精简本。[58]

从1598年到1602年联合东印度公司成立期间，荷兰人15次航海到东方，

442

其中多次航行都没有立即出版相关报道。扬·哈尔门松·布里（Jan Harmenszoon Bree）记述了荷兰东印度公司派出的第一支舰队即韦麻郎和德·威尔特率领的舰队，这个报告直到 1645 年才出版。[59] 出版了的报告立刻将荷兰读者的注意力吸引到那些新奇的异域土地上。科尼利斯·杨松·维尼普（Cornelis Janszoon Vennip）记述了约里斯·范·斯皮尔伯根（Joris van Spilbergen，1620 年逝世）1604 年的航海活动，为荷兰读者们介绍了锡兰岛和苏门答腊北端的亚齐国。[60]

1601 年 5 月 5 日，范·斯皮尔伯根在巴尔塔萨·德·毛谢尔伦（Balthasar de Moucheron）的资助下，率领 3 艘船离开泽兰省。[61] 从 5 月 30 日到 9 月 2 日，这支舰队停靠在锡兰岛的拜蒂克洛（Batticaloa），范·斯皮尔伯根凭借着自己的勇气与康提国王达成协议。1602 年 9 月 16 日到 1603 年 3 月 30 日，他们在亚齐国与苏丹王谈判，并且捕获了几艘葡萄牙船只。1599 年，在德·毛谢尔伦舰队之前，德·豪特曼带领的一支舰队在亚齐国曾经遭到袭击。船只被保留下来，但是德·豪特曼和部分荷兰人被杀害了，另一些荷兰人被投入监狱。德·豪特曼其中一艘船只的舵手约翰·大卫（John Davis）记录了这些事件，后来由塞缪尔·珀切斯（Samuel Purchas）出版。[62] 1602 年范·斯皮尔伯根到达时，被囚禁的德·豪特曼舰队的人已经释放，而其他荷兰和英国船只却在亚齐国进行着平静的贸易。[63] 1603 年 2 月，荷兰东印度公司的船只到达亚齐，范·斯皮尔伯根的舰队加入了他们的行列。范·斯皮尔伯根 1603 年夏季的大部分时间留在万丹，1604 年 3 月 24 日返回弗利辛恩（Vlissingen）。

维尼普用相当的篇幅描写锡兰岛。叙述的重点是葡萄牙人试图控制康提；僧伽罗酋长 Vimaladharmasuriya[①] 在当地的控权；葡萄牙远征队协助已故国王的年轻女儿库苏马萨那·德维（Kusumasana devi）登上国王宝座；Vimaladharmasuriya 1594 年 10 月 6 日在丹图尔（Dantur）击败佩德罗·洛佩斯·德·索萨（Pedro Lopes de Sousa）；他后来与库苏马萨那·德维的婚姻以及巩固政权等。这段历史主要是由 Vimaladharmasuriya 向范·斯皮尔伯根和维尼普讲述的。维尼普也详细地描述了范·斯皮尔伯根在锡兰岛受到的接待以及参

443

---

① 康提的国王。——译者注

与的谈判，赞美了这个岛屿的肥沃和富有："当然是人们谈到或写到的最为富饶的。"[64] 维尼普对僧伽罗人宗教信仰的描述十分偏颇，他认为范·斯皮尔伯根与当地国王的交流为皈依这位国王提供了一线希望。[65] 尽管书中详细地描述了范·斯皮尔伯根在亚齐的谈判和贸易，但是却没有留出独立的篇幅描写亚齐和苏门答腊。

1605 年，《维尼普旅行日志》（'t Historiael journael）出了两个版本，仍然是由原来的出版商出版。1617 年，另一个版本在阿姆斯特丹出版；后来被收编在《荷兰联合省东印度公司的创始和发展》、哈特格斯的编著，以及萨厄格蒙的多部编著里。附在《荷兰联合省东印度公司的创始和发展》和哈特格斯编著里的是一篇关于爪哇岛的游记，摘自庞塔纳斯的《阿姆斯特丹纪实》（Beschry van Amsterdam）。[66] 维尼普的日志摘编收录在德·布莱的拉丁语译本和德语译本里。[67] 这个册子收编了一些弗洛里斯·巴尔塔萨（Floris Balthasar）的漂亮而又具有异域风情的铜版画，显然是根据维尼普的素描而作。其中的一幅画展示的是范·斯皮尔伯根与戴着王冠的 Vimaladharmasuriya 握手的关系。[68]

1606 年，斯蒂文·范·德·哈根（Steven van der Hagen，1563—1624 年）4 页长的游记报告出版。[69] 这部游记公布了荷兰东印度公司在安汶岛和马鲁古群岛 1605 年 2 月击败葡萄牙的决定性胜利，但是并没有描述马鲁古群岛和亚洲的其他任何地区。这个荷兰语的报告首次收编在《荷兰联合省东印度公司的创始和发展》（1645 年）中，这本合集也收编了范·德·哈根首次出版的 1600 年和 1601 年到东印度旅行的游记报告。范·德·哈根第二次旅行的德语版收编在德·布莱（1605 年）和胡尔修斯（1606 年）的编著中。[70]

首次出版的科尼利斯·马塔利夫（Cornelis Matelief）的航海日志几乎没有增加欧洲对亚洲及其民族的了解。1608 年舰队返回之后出版的两个精简本，详细讲述了离开荷兰的海外航行和 1606 年荷兰包围马六甲等。[71] 马塔利夫日记的完整版出现在《荷兰联合省东印度公司的创始和发展》（1645 年）里。[72] 胡尔修斯的编著（1613 年第 10 卷）收录的马塔利夫航海报告是 1608 年出版的两个版本的合编。[73]

赫塞尔·赫里特松（Hessel Gerritszoon，1581 ？—1632 年）1612 年关于

北极北部和西北部航道的报告，除了阐述亨利·哈德孙（Henry Hudson）试图找到西北部航道外的努力之外，还有长期居住在俄罗斯的荷兰人艾萨克·马萨（Isaac Massa，1587—1635 年）的两篇文章。根据俄罗斯游客的报告，马萨描写了到叶尼塞河（Yenisey River）或更远甚至是中国边境的旅程。他简略地报道了俄罗斯人遭遇的各个游客。[74]赫里特松的编著也收录了佩德罗·费尔南德斯·德·奎罗斯写给菲利普二世书信的译文，描写了他自认为 1606 年发现的南方大陆。[75]奎罗斯的书信和马萨的文章收录在赫里特松的作品 1612 年和 1613 年的拉丁语版和 1648 年的荷兰语版。德·布莱和胡尔修斯的编著以及《荷兰联合省东印度公司的创始和发展》（1645 年）也收编了奎罗斯和马萨的作品。马萨的部分论文也出现在尼古拉斯·维特森（Nicolaas Witsen）的《东北鞑靼志》（*Noord en Oost Tartarye*，1692 年）里；这些论文的英语译文出现在《珀切斯游记大全》（*Purchas His Pilgrimes*，1625 年）中。[76]

该世纪 20 年代最畅销的作品是另外两个荷兰环球航海报告：范·斯皮尔伯根 1614 年至 1617 年的航海记，以及雅各布·勒梅尔（Jacob Le Maire，1585—1616 年）和威廉·科尼利斯逊·斯考顿（Willem Corneliszoon Schouten，1625 年逝世）1615 年至 1617 年间的航海记。范·斯皮尔伯根率领的荷兰东印度舰队 1614 年 8 月 8 日离开特塞尔，这既是一次军事探险也是一次商业尝试。1615 年 5 月 5 日舰队穿越了麦哲伦海峡之后，又沿着南美洲海岸前行，一路上劫掠西班牙据点，捕获西班牙航船，直到 10 月 10 日到达阿卡普尔科。舰队又从这里向西航行穿越太平洋。1616 年 2 月早期范·斯皮尔伯根到达菲律宾群岛时，他再次袭扰了航向马尼拉的航船有一个月的时间，然后又转向德那地。他的主要目的是拦截据说是向马鲁古群岛的荷兰哨点移动的西班牙舰队。[77]然而，西班牙舰队在其指挥官胡安·德·席尔瓦牺牲后退守到马尼拉。[78]范·斯皮尔伯根的舰队 1616 年 9 月 15 日到达雅加达，12 月启航回国，1617 年 7 月 1 日到达泽兰省。

正当范·斯皮尔伯根在雅加达装载胡椒之时，勒梅尔和斯考顿的一艘船"和睦"号（Eendracht）到达这里，刚一到达便被荷兰东印度公司驻雅加达的总督扬·彼德尔斯逊·昆（Jan Pieterzoon Coen）扣押。彼德尔斯逊·昆遵循阿姆斯

445

特丹董事们的命令行事，后者认为勒梅尔和斯考顿的独立舰队对荷兰东印度公司的垄断造成了严重威胁。[79]

公司董事们有足够的理由怀疑勒梅尔和斯考顿的动机。这是因为他们的舰队是由雅各布·勒梅尔的父亲艾萨克资助和组建的，艾萨克也许是荷兰东印度公司最强有力、最好战的对手。他曾经是阿姆斯特丹第一家东印度公司的一名成员，当 1602 年荷兰东印度公司组建时他是其中的一位主管。1602 年组建韦麻郎舰队之时，艾萨克·勒梅尔被指控有欺诈行为，经过一场激烈的争吵之后，他 1605 年离开荷兰东印度公司。从此之后，他便不遗余力地蓄意破坏公司的垄断经营。他和法国人协商帮助对方组建一家东印度公司——这个计划最终因亨利四世被谋杀而搁浅。[80]他和本质上是一位自由贸易主义者的扬·范·奥尔登巴内费尔特（Jan van Oldenbarneveldt，1547—1619 年）协商，劝他不要履行荷兰东印度公司的章程以废除其垄断地位。他成立了一家地下公司操控荷兰东印度公司的股份。勒梅尔和他的同伙们经常将荷兰东印度公司的股份低价卖出，制造恐慌，然后打算以压低的价格大量买进公司股份。在股份即将出售的一个月内，国务会认为其违法并且反对将股份售出。[81]最后，勒梅尔成立了**澳大利亚公司**（*Australische Compagnie*），获得了国务会的授权——在麦哲伦海峡南部寻找一个新海峡，可以在远征队发现的任何南太平洋地区进行贸易。然后勒梅尔的新公司装配了两艘船，这两艘船在他的儿子雅各布和威廉·科尼利斯逊·斯考顿的指挥下 1615 年 6 月 14 日离开特塞尔。

勒梅尔和斯考顿的确发现了一条通往麦哲伦海峡之南的太平洋通道。他们绕着火地岛（Tierra del Fuego）航行，称最东端的海角和斯塔腾岛（Staten Island）之间的通道为勒梅尔海峡（Straits of Le Maire）。他们把自认为是最南端的那个岛——事实上是另外一个岛屿——命名为合恩角（Cape Horn）。然而，他们并没有在此之南发现大陆；1616 年 2 月 12 日，他们以为已经到了太平洋，庆祝他们的成功通航之后，便出发寻找南方大陆。[82]为了找到有利的风向，他们向北航行到约南纬 20°之后，又转向西行。然而，他们并没有发现南方大陆。他们发现的第一批岛屿不是土阿莫土（Taumotu，群岛；荷兰人给它

446

们命名为宏登岛（Honden）①、宗德尔岛（Zonder）、格伦德岛（Grond）、望特兰岛（Waterland）、弗里根岛（Vliegen）。继续向西航行，他们发现了塔法希岛（Tafahi [Cocos]）、纽阿托普塔普岛（Verraders [Niuatoputapo]）、哥特霍布（Goede Hoop）②、霍恩群岛（Hoornsche Islands）、汤加群岛（Tonga group）。他们也登上了所罗门群岛中的几个岛屿，以及新几内亚湾北岸的几个岛屿，最终于 1616 年 9 月 17 日驶入德那地岛。他们又从德那地驶向雅加达，并在这里被抓捕。[83]

1616 年 12 月，勒梅尔和斯考顿跟随范·斯皮尔伯根的舰队启程回国，勒梅尔在途中死亡。[84]1617 年 7 月 1 日斯考顿到达祖国，随后便安排威廉·杨松·布劳（Willem Janzoon Blaeu，1571—1638 年）出版了他的游记报告。[85]雅各布·勒梅尔的名字甚至没有出现在标题里，从头到尾的叙事中勒梅尔在远征队中的作用被有意识地最小化。艾萨克·勒梅尔狂怒，但他本人无能为力，因为这艘船的航海日志和雅各布的文章连同"和睦"号一同被没收了。勒梅尔起诉要求赔偿损失，经过几年的诉讼，荷兰东印度公司被要求归还财产赔偿损失给勒梅尔。1622 年，雅各布·勒梅尔名下的航海日志最终出版。[86]此时，斯考顿的日记已经出了 12 个版本和译本。[87]勒梅尔的《澳洲航海见闻录》（*Spieghel*）诋毁斯考顿对探险队所起的作用，如同斯考顿的日记对勒梅尔贡献的贬抑。

这次航海的出版报告是基于"和睦"号的两个航海日志还是一个航海日志，学者们有不同的意见。[88]两个版本中的版画也是相似的，但不完全相同。也许它们出自同一套素描。[89]对于远征队新发现的岛屿和民族的描述——土阿莫土群岛、汤加群岛、所罗门群岛，以及新几内亚沿岸的岛屿——在两个版本里几乎一模一样。这些描写性内容是勒梅尔和斯考顿对欧洲了解亚洲所做的最主要的贡献。勒梅尔和斯考顿的游记包括各种形式在内的共有 38 个版本，如荷兰语、法语、拉丁语、德语、英语和西班牙语等。[90]

勒梅尔名义下出版的斯考顿报告，与 1619 年范·斯皮尔伯根的航海报告同时出版。[91]在返回祖国的过程中，范·斯皮尔伯根显然对勒梅尔和他的成就印

447

---

① 该地名不常见，这里采用音译，其他荷兰人发现的部分岛名采取同样的译法。——译者注

② 也叫纽阿福欧岛（Niuafo'ou），正文中不好呈现，加脚注于此。——译者注

象深刻，对勒梅尔的死亡深感痛心。[92] 范·斯皮尔伯根的《东西印度见闻录》（Spieghel）与《澳大利亚航行》（Australische Navigatien）共发行了 7 个荷兰语版，包括收录在《荷兰联合省东印度公司的创始和发展》与哈特格斯的编著中的版本。他的作品被译为拉丁语、法语、德语和英语，被收在德·布莱、胡尔修斯和珀切斯的编著里。[93]

范·斯皮尔伯根的游记报告与勒梅尔和斯考顿的游记相比，描述性内容更少。《东西印度见闻录》分别介绍了拉德龙群岛和菲律宾群岛，这些描述简略，并未增加任何新鲜内容。然而，《东西印度见闻录》的一个附录是米德尔堡的阿波罗尼乌斯·斯科特（Appolonius Schotte）的一篇"论稿"①，详细地描述了马鲁古群岛以及荷兰和西班牙在那里的防御工事。[94]《东西印度见闻录》的另一个附录简略地描述了所有在东印度群岛的城堡和商馆。[95] 这些附录并没有收录在范·斯皮尔伯根的《荷兰联合省东印度公司的创始和发展》版本中，反而附在彼得·威廉斯逊·沃霍夫（Pieter Willemszoon Verhoeff）的报告中。[96]

1621 年，一则纪实性的安汶岛宗教和风俗习惯的报告出版。[97] 其作者塞巴斯蒂安·丹卡兹（Sebastiaen Danckaerts，1593 年出生）从 1617 年起就担任牧师和传教士之职。[98] 除了他理解为恶魔崇拜（demon worship）的安汶岛宗教信仰外，他还描述了社会风俗、婚姻、贸易、手工艺、建筑物、人们的品性等。他详细地描述了葡萄牙人为向安汶岛人传播福音所付出的努力，报道了荷兰人最近的传教活动以及成功的前景。[99] 丹卡兹著作的简编版收录在《荷兰联合省东印度公司的创始和发展》中，另一个简编版附在沃霍夫的游记里。[100]

1622 年，一个匿名小册子出版，描述了荷兰入侵班达群岛，侵略行为发生在镇压叛乱和压制扰乱荷兰垄断经营丁香活动的前一年。英语译本也于 1622 年出版。[101]

---

① 阿波罗尼乌斯·斯科特（Appolonius Schotte）的 Discours，发表于 1618 年，是篇文章，收录于 Apollonius Schotte, "A Discourse," in J.A.J.de Villiers (trans.),The East and West Indian Mirror,being an Account of Joris van Speilbergen's Voyage around the World (1614-1617) and the Australian Navigations of Jacob le Maire（"HS," 2d ser.,XVIII;London,1906), pp.134-37。——译者注

1626 年，雅克·莱尔米特（Jacques L'Hermite）领航 1623 年到 1626 年环球航行的报告出版。[102]尽管莱尔米特的舰队访问过马鲁古群岛和巴达维亚（以前的雅加达），但是这个已经出版了的日志除了一幅简洁的拉德龙群岛（马里亚纳群岛）的素描画外，并无任何亚洲陆地的描写内容。[103]书的大部分篇幅叙述了舰队袭击西班牙航运和南美洲西海岸的城镇，描绘了这里的土地和人。1643 年的阿姆斯特丹版本和《荷兰联合省东印度公司的创始和发展》也是收录了奎罗斯描写未知南方大陆的书信报告。[104]

17 世纪 20 年代发生的亚洲事件经常在尼古拉斯·范·瓦森纳（Nicolaes van Wassenaer，1631 年离世）的阿姆斯特丹新闻传单中报道，通常是某个舰队从东印度群岛返回之后。[105]这些报道往往将货物清单分项逐条列出，讨论荷兰东印度公司在亚洲的活动，有时也会包含一些荷兰船只带回来的写实性报告和其他信息。例如，1622 年第 12 期报道了暹罗和柬埔寨之间的战争、鞑靼入侵中国、亚齐决意将统治范围扩大到整个苏门答腊及之外的地区。[106]科尼利斯·雷尔松（Cornelis Reijersen）远征福建沿海地区（1622—1624 年）和台湾建立热兰遮城（1624 年）等事件被详细地报道。[107]1624 年 6 月的报道描述了槟榔、暹罗的大象，以及出口一头大象给日本平户的总督等。[108]1624 年 8 月，瓦森纳报道了"莫卧儿大帝"（Great Mogol）的儿子的叛乱。[109]1625 年 5 月，瓦森纳的新闻传单中有一则关于澳大利亚的最早报告，简略地描述了扬·卡斯滕斯逊（Jan Carstenszoon）沿着新几内亚南海岸和约克角半岛（Cape York Peninsula）西海岸的探索活动。[110]卡斯滕斯逊并未发现托雷斯海峡（Torres Strait），事实上他断言新几内亚不是一座岛屿，而是与南方大陆相连。[111]

第二节　超越东印度群岛——1645年前的探索活动

正当联合省的出版商们忙于向市场倾销荷兰到东印度的航海和探险报告时，西班牙和天主教控制的荷兰地区出版界——主要是安特卫普——却在定期发行关于亚洲传教的耶稣会士书简和报告。例如，苏格兰耶稣会士卡尔格蒂的约翰·海（John Hay of Kalgetty），在该世纪的前几年里将几部耶稣会士作品翻译为拉丁语并在安特卫普出版：1603 年出版了范礼安 1599 年的书简；[112]1605 年出版了伏若望、范礼安、门多萨、卫匡国及其他人的大型书简集；[113] 同样在 1605 年出版了乔万尼·皮特罗·马菲（Giovanni Pietro Maffei）的《印度史》（*Historiarum indicarum*）的各个部分。[114]1609 年，金尼阁的 1607 年圣诞前夕书信报告的荷兰语译本在安特卫普出版。[115] 同年，路易斯·德·谢奎拉（Luis de Cerqueira）用法语著的日本烈士报告的荷兰语版在安特卫普发行。[116]1611 年，陆若汉（João Rodrigues）和利玛窦 1606 年和 1607 年中国来信和日本来信的拉丁语译本出版；[117]1615 年，1609 年和 1610 年的日本来信拉丁语译本出版。[118] 这两部书简集的首版都是意大利语。金尼阁关于中国报道之一的荷兰语译本在贺托根布希（Hertogenbosch）出版。[119]1618—1619 年的书简集含有关于菲律宾群岛及其耶稣会传教的材料。这些材料在安特卫普和杜埃出版。1622 年，图塞林努斯（Tursellinus）的沙勿略传记被译为荷兰语。[120]1622 年日本殉教事件报告的拉丁语版在布鲁塞尔出版。[121]1625 年，来自中国的耶稣会士年度书简拉丁语版在安特卫普发行。[122] 1628 年，更多关于基督徒在日本殉难的消息在卢万和马林（Malines）出现，来自佩德罗·格迈兹（Pedro Gomez，1600 年离世）和伏若望（1597 年离世）的书简被译为荷兰语。[123]1630 年，其中一位殉教者卡罗勒斯·斯皮诺拉（Carolus Spinola，1564—1622 年）神父的传记被译为拉丁语并在安特卫普出版。[124]

约 1630 年，作为"公共事务"（Res publicae）系列作品的一部分，莱顿的爱思维尔出版社出版了介绍亚洲的两部拉丁语作品：1629 年的《中国多面观》（*the Regni chinesis descriptio*）；1631 年约翰尼斯·德·莱特（Joannes de Laet，1582—1649 年？）的《众人笔下的真实印度——莫卧儿帝国面面观》（*De imperio magni mogolis*）。[125] 第一部作品是描写中国的，材料来自各种渠道，但主要选自金尼阁 1615 年著的《基督教远征中国史》（*De christiana expeditione apud sinas*）。[126] 德·莱特描写莫卧儿帝国的材料来源广泛。他在序言和正文中提到了佩德罗·特谢拉（Pedro Teixeira）、理查德·霍金斯（Richard Hawkins）、托马斯·罗伊（Thomas Roe）、爱德华·特里（Edward

450

Terry），及其他在珀切斯的编著中出现的英国评论家。他还特别参考了弗朗西斯科·佩尔萨特（Francisco Pelsaert）的《有关荷兰在印度的通商报告》（*Remonstrantie*）——1626 年向荷兰东印度公司的董事们介绍荷兰在印度的商业情况报告。[127] 佩尔萨特的《有关荷兰在印度的通商报告》也许是出自荷兰人之手的最为详细最有趣的关于莫卧儿印度的记述。他关于贸易的讨论极为客观、全面而详尽。他也描绘了城镇（特别是阿格拉）景色、气候、产品、民族、宗教、风俗，这成为德·莱特参照的依据。他还中肯地刻画了贾汗吉尔及其政府管理和印度社会的基本情况。由于《有关荷兰在印度的通商报告》从未以荷兰语出版，德·莱特的书是佩尔萨特介绍印度的最早出版材料。然而，特维诺1663 年在他的编著里出版了部分相关内容。[128]

　　佩尔萨特在《有关荷兰在印度的通商报告》中偶尔地参照了他已经创作完毕或正在创作的莫卧儿帝国史。他的名下并没有这样一部历史，但是《众人笔下的真实印度——莫卧儿帝国面面观》中的"印度历史拾零"（*Fragmentum historiae indicae*）似乎是根据德·莱特认为是彼得·范·登·布洛克（Pieter van Broecke）著的一部历史手稿而作，然而这部手稿的大部分是由佩尔萨特撰写的。[129] 范·登·布洛克（1585—1640 年）曾是荷兰东印度公司在苏拉特的首领，佩尔萨特在阿格拉担任荷兰代理商时，布洛克是他的上司。事实上，他们1627 年结伴返回荷兰。[130] 德·莱特书中的"印度历史拾零"，为欧洲的读者提供了也许是该世纪最为完整、最为详细的胡马雍（Humayun）和阿克巴当政，以及贾汗吉尔早期当政的报告。佩尔萨特显然是参阅了波斯的资料，当然他就贾汗吉尔的当权增加了很多个人评论。然而，近来的批评家们指出了作品中的很多错误，有些错误源自佩尔萨特在引用波斯原材料的不当，有些错误源自德·莱特随意处置佩尔萨特的文本。[131]

451

　　1634 年随着彼得·范·登·布洛克根据自身经历撰写的报告的出版，更多关于印度的荷兰语资料公布于世。[132] 4 次远航非洲之后，范·登·布洛克航行到东印度群岛，从 1614 年到 1630 年他一直留在这里。他的职业生涯多彩而充实。1617 年，他从坎贝湾（the Gulf of Cambay）的达曼取道陆路来到科罗曼德尔沿岸的马苏利帕塔姆。[133] 在 1618—1619 年抵御英国人和爪哇人进攻雅加达的战争中，他起了主要作用。[134] 从 1620 年到 1629 年，他生活在苏拉特，负责管理荷兰在阿拉伯、波斯和印度的所有商馆。[135]

　　范·登·布洛克的日志提供了丰富的信息，包括荷兰东印度公司在印度的机构、印度各城市及其政府主管、商品和贸易等。其中也包含马鲁古群岛和锡兰岛的类似内容，但更为简略。[136] 但他并没有大篇幅详尽地描写那里的人、他们的风俗习惯、信仰以及日常生活。然而，《荷兰联合省东印度公司的创始和发展》（1645 年）、哈特格斯（1648 年）、萨厄格蒙（1663 年）的编著中收录的范·登·布洛克的日志添加了一些内容，其中包括一则冗长的介绍位于科罗曼德尔沿岸的戈尔康达的文章，作者曾在那里生活了六年。[137] 《诸次航海简史与日志》（*Korte historiael ende journaelsche aenteyckeninghe*）显然出自范·登·布洛克之手，但是各个版本与原来的手稿相比都极大地精简了。[138] 范·登·布洛克的日志报告在该世纪共出了 7 个版本。[139]

　　自从门多萨和林斯乔坦 1595 年出版了关于中国的作品后，第一个用荷兰语纪实性介绍中国的报告收录在塞格·范·雷基特伦（Seyger van Rechteren，1600—1645 年）的日志里，1635 年出版。[140] 范·雷基特伦曾经是 1629 年至 1632 年的东印度群岛随军牧师。他几乎从未到访过中国；他甚至从未到过荷兰在台湾的驻点。他在东方逗留的那段时间似乎主要在爪哇岛和班达群岛，他在这里生活了十一个月，但仅仅访问过望加锡（西里伯斯岛）一次。[141] 然而，范·雷基特伦关于中国的描述并非出自他本人的亲自观察，而是根据作者的几个熟人或者是其他荷兰人的描写而作。《中国述略》（*Brief Account of the Great Kingdom of China*）是范·雷基特伦在叙述中插入的 3 篇文章之一；另两篇分别是《台湾小记》（*Brief Account of Taiwan*）和《论荷兰在中国和日本的商业》（*Concerning the Commerce of the Dutch in China and Japan*）。范·雷基特伦声称，所有的材料都来自在中国囚禁了五年的荷兰官员。当然，他的这个断言并不适用于对台湾的描写或者对中国和日本商业的评论。这些材料实际上选自台湾的总督彼得·奴易兹（Pieter Nuyts）1629 年写给荷兰东印度公司董事们的一封信。[142] 范·雷基特伦刻意篡改原材料，也许是为了逃避荷兰东印度公司对非法出版官方文献的严惩。

范·雷基特伦关于中国的评述可能出自一位荷兰人之手，这位荷兰人曾在雷尔松远征期间（1622—1624 年）到访过中国。当然，这些评论也不是基于门多萨、林斯乔坦或金尼阁，人们通常根据他们的阐述虚妄地描绘中国；范·雷基特伦的记述显然与这些材料大为不同。例如，范·雷基特伦并没有讨论中国的教育，也没有提及中国官员的学术成就——门多萨、林斯乔坦、金尼阁等人的主要话题。他注意到中国官员绝不能在他们出生的省份从政，金尼阁、林斯乔坦、门多萨对这种制度非常赞赏，但是范·雷基特伦痛斥其为专制。[143] 范·雷基特伦首先描写的是地理地貌，取代了通常的那些叙述陈规。他把中国分为 13 个省，而门多萨、林斯乔坦和金尼阁却将其分为 14 个省。[144] 他错误地认为漳州（Chang-chou，厦门附近）的一条河为"全中国最大、最著名，且适于航行和贸易的河流"。[145]

范·雷基特伦撰写的最后一篇评论，包括很多其他文章，都说明了他对中国的描述源自其参加了雷尔松的远征活动。例如，他对帝国政府的叙述极为粗浅，但是他却颇为详细地阐述了某总督接待外宾、外国人处理与地方和省级官员的关系时遭遇的困难等。这些描述与雷尔松的书简和日志中的相关记述极为相似。[146] 范·雷基特伦详细地描述了中国人对外国人的多疑和敌对态度，与雷尔松及其随从的评论相当类似。在《荷兰联合省东印度公司的创始和发展》所收录的范·雷基特伦的日志中，编者还在中国述略之后附加了一篇文章，详细而准确地描写了雷尔松的远征。[147]

范·雷基特伦的日志也包含了首次出版的描写台湾的荷兰语文献。[148] 在《荷兰联合省东印度公司的创始和发展》中，附在范·雷基特伦的日志《台湾小记》（*Kort verhael van Tayoung*）之后的是乔治·甘治士（George Candidius）的《台湾岛志略》（*Discours ende cort verhael van't eylant Formosa*）。这也许是 17 世纪关于台湾最著名、最详细的记录。[149]

甘治士（1595—1647 年）是第一位进入台湾的传教士。他分别从 1627 年到 1631 年和 1633 年到 1637 年在那里传教。他关于台湾记述的落款日期为 1628 年 12 月 27 日，但是收录在《荷兰联合省东印度公司的创始和发展》之前并未出版。这个记述为此后了解该岛屿及其民族奠定了基础。

453

范·雷基特伦的日志报道了荷兰人登陆澳大利亚西岸，这是欧洲首次出版相关内容。[150]1611 年后一些荷兰船只开始经由好望角沿着南方线路来到巴达维亚，一些人曾经登陆或者观测过澳大利亚。 1616 年 10 月，迪尔克·哈托格斯逊（Dirk Hartogszoon）便来到这里做过勘察。随后的几年里人们又做了几次类似的勘察。1629 年，弗朗西斯科·佩尔萨特的船"巴达维亚"号在澳大利亚海岸的**豪特曼岩礁**（Houtman Rocks）遭遇船难。佩尔萨特及随船人员划船来到巴达维亚，然后返回营救幸存者。佩尔萨特返回之后发现，一些船员威胁甚至杀死其他船员。范·雷基特伦的船只在前往巴达维亚的途中，也顺便勘察了澳大利亚沿岸。在叙述中，范·雷基特伦简略地描写了佩尔萨特的船难及其船员后来遭遇的不幸。范·雷基特伦还让读者们参阅佩尔萨特已经出版了的日志，以获取更多细节。但是佩尔萨特的日志直到 1647 年才出版，已是范·雷基特伦的日志出版十二年之后。[151]这说明范·雷基特伦曾经见过佩尔萨特的日志手稿或者在巴达维亚发行的版本，但这样的结论还没有足够的证据。[152]范·雷基特伦的作品没有描写过澳大利亚海岸。他的日志在 17 世纪共出版 3 次：第二次出版是在 1639 年，第三次是作为《荷兰联合省东印度公司的创始和发展》的部分内容出版。[153]

1637 年出版的雷耶·希斯伯斯逊（Reyer Gysbertszoon）的著述，让荷兰读者首次了解到基督徒 1622 年至 1629 年间在日本受到的迫害。[154]用一位荷兰新教徒评论家的话说，这个报告也应和了耶稣会士书简里讲述的故事。希斯伯斯逊与其他耶稣会士一样，对日本基督徒坚定不移的信仰钦佩不已。他同时也报告道，这些信徒的弃宗背义多发生在野蛮摧残的背景之下，而对他们遭受的牺牲甚至死亡却视而不见。尽管他反天主教的偏见昭然若揭，但是他对殉教者的态度却是彻头彻尾的同情：

> 决心是值得褒奖的，但是他们对上帝福音知之甚少，因此人们宁愿使用顽固而不用坚毅来形容他们；他们对圣经了解不多，除了几部圣人祈祷文外，只能读主祷文（Pater-Noster）和圣母颂（Ave-Maria）；尽管面临自我救赎的失败，并且伴随着可怕的威胁，天主教神父仍然劝

慰他们不要放弃信仰。这的确不寻常，他们当中有很多人坚持到了最后，遭受了那么多无法忍受的痛苦，尽管他们对《圣经》的了解仅仅是只言片语。[155]

　　德川家康早期统治的社会和政治的一些侧面在希斯伯斯逊的书中也有体现，特别是幕府将军和大名与城镇之间的关系，5 个家庭互相承担连带责任的制度等。希斯伯斯逊的作品作为亨德里克·哈格纳尔（Hendrick Hagenaer）游记的附录被收在 1645 年出版的《荷兰联合省东印度公司的创始和发展》里，它也被弗朗索瓦·卡龙的日本述略的各个版次收编（1645 年首次出版），[156] 但是罗杰·曼利（Roger Manley）1663 年的英语译本除外。[157]

　　第一部用荷兰语描写暹罗的作品由朱斯特·斯考顿（1653 年离世）所作，1638 年出版。[158]1628 年，斯考顿以特使的身份访问暹罗，随身携带着奥伦治亲王（Prince of Orange）弗雷德里克·亨利（Frederick Henry）送给暹罗国王帕拉塞·东（Prasat Thong）的礼物。1633 年，总督亨德里克·布劳沃（Hendrick Brouwer）派遣他到大城重建荷兰商馆，科尼利斯·施佩克斯（Cornelis Specx）曾于 1604 年再次建立商馆又于 1622 年将其废弃。斯考顿直到 1636 年才离开，期间他受到当地国王和高官的厚待，也为荷兰东印度公司在大城的贸易奠定了良好的基础。在暹罗人攻打北大年时，斯考顿给予了他们一些差强人意的海上援助，感恩不尽的国王为他安排了一个官职。他于 1636 年晚期返回暹罗，将礼物赠与国王，并与国王达成一项新的贸易协定。在这次访问期间，他撰写了一部描写暹罗的作品，以回应荷兰东印度公司总督菲利普斯·卢卡斯逊（Philips Lucaszoon）提出的一系列问题。当他次年返回荷兰时将这部作品出版。1640 年，斯考顿成为巴达维亚东印度委员会的成员。此后他一直在此供职，担任东南亚各国王的使节，直到 1644 年因犯鸡奸罪被处刑，这是他在暹罗期间染上的一种恶习。[159]

　　斯考顿描写暹罗的作品作为哈格纳尔游记的附录第二次出版于 1645—1646 年，被收录在《荷兰联合省东印度公司的创始和发展》。[160] 此后多次收录在《荷兰联合省东印度公司的创始和发展》的各个版本、卡龙介绍日本著作的大部分

455

版本、阿德里安·范·尼斯潘（Adriaen van Nispen）的游记集里。[161] 这部作品的法语版也出现在特维诺的作品集里。[162] 斯考顿的描述很简略，涉及的内容包括暹罗的地理、政治、社会、宗教、经济等各个方面，但是与 16 世纪的作者如皮雷斯（Pires）、巴尔博萨（Barbosa）、巴罗斯（Barros）、平托等相比，他的叙述不够翔实。[163] 然而，斯考顿的作品是 17 世纪内容最广泛、最受欢迎的描写暹罗的荷兰语著作。

456

　　第一部由荷兰人著的热带医学著作 1642 年在莱顿面世：雅各布·德·邦修斯（Jacob de Bondt [Bontius]）的《印度医学》（*De medicina Indorum*）。[164] 邦修斯（1592—1631 年）是一位曾在莱顿接受过教育的医师；1627 年，他与扬·彼德尔斯逊·昆跟随同一舰队来到巴达维亚，开启了他作为第二任期的总督职业生涯。邦修斯在荷兰东印度公司担任内科医生、药剂师、外科视察员等职位。1631 年，他在巴达维亚逝世。他本人或者差遣他人将未完成的手稿交给了阿姆斯特丹的内科医生威廉·皮索（Willem Piso），皮索在爱思维尔出版了这部手稿。1642 年出版的邦修斯著作仅含 4 册。1658 年，皮索发表了关于美洲自然史和医药的专著，将邦修斯的作品附在其后。[165] 皮索出版的邦修斯著作包含 6 册：多出来的两册是关于亚洲动物和植物的，是皮索本人的评论。皮索版本于 1694 年被译为荷兰语。[166]

　　邦修斯的著作深受加西亚·达·奥尔塔（Garcia da Orta）关于印度医药作品的影响。[167] 他经常参考奥尔塔的著作，著作的第四册是对奥尔塔作品的评述。邦修斯模仿奥尔塔的模式，第一册采用他本人与安德里亚斯·杜拉伊乌斯（Andraeas Duraeus）对话的形式讨论了如何在东印度保健的问题。邦修斯和奥尔塔一样，也强调了热带地区传统医药学的无用性。邦修斯著作的第二册列出了 19 种亚洲常见疾病，它们的各种名称、症状、可能的致病原因、治疗方法等。他的药方既包括西方也包括亚洲的草药和药材，但是特别强调亚洲药方的作用。第三册描述了尸体解剖，这些人都是因各种亚洲常见病而死亡的。邦修斯给出了解剖的日期，有时还提供了尸体的身份。他随后描绘了疾病及相关器官和组织。他也描写了总督扬·彼德尔斯逊·昆的逝世及其尸体外貌，但他显然没有解剖昆的尸体。[168] 邦修斯在第五册和第六册中描写了亚洲的动物和植物，还附有大量插图，有的符合实际，有的却是奇异幻想之作。[169]第二册和第六册还描写了茶与茶的种植。

457

收编在 1645 年版《荷兰联合省东印度公司的创始和发展》中的哈格纳尔的日志含有几个附录，其中最重要的一个附录是首次出版的弗朗索瓦·卡龙（约 1600—1674 年）描写日本的文章。[170]哈格纳尔的日志只发表在 1645 年和 1646 年版的《荷兰联合省东印度公司的创始和发展》，但是卡龙、斯考顿、希斯伯斯逊的记述及其他附录却一直出版到该世纪末。1648 年，这些作品才由朱斯特·哈特格斯另行成册出版，[171]1649 年和 1652 年又再版两次。哈特格斯在他 1648 年出版的游记集的各个版本中都收录了以上作品。[172]1661 年，由卡龙亲自修订的一个新的权威版本首次出版。[173]这个权威版本与以前各版本的不同之处在于，新版本略去哈格纳尔对卡龙作品的注释。卡龙和哈格纳尔都在日本供职，相互交恶。1661 年的这个版本，除了一位日本官员写给荷兰东印度公司总督的信之外，收录了哈格纳尔日志的所有附录。出版商约翰内斯·童格鲁（Johannes Tongerloo）还附加了很多插图和一幅谬误百出的日本地图。[174]童格鲁 1661 年再一次出版了这部作品，1662 年再版两次。[175]

卡龙和斯考顿的著作与科恩莱特·克拉默（Coenraet Krammer）的一部短小作品，一同被附在 1662 年和 1669 年出版的约翰·阿尔布莱希特·冯·曼德尔斯罗（Johann Albrecht von Mandelslo）的《曼德尔斯罗的西印度游记》（*Travels*）的英语译本之后；然而，各个作者身份无法辨清。罗杰·曼利将卡龙和斯考顿的作品译为英语，分别于 1663 年和 1671 年出版。除了希斯伯斯逊的作品和日本官员的书信外，曼利的译著收录了其他所有较短小的论著。1663 年和 1672 年出版的卡龙和斯考顿著作的德语译本中，却收编了所有论文。卡龙的记述的法语译本被部分地收录在特维诺的《神奇旅行记》中，伯恩哈德·瓦伦（Bernhard Varen）将其译为拉丁语——作为 1669 年在爱思维尔出版的"公共事务"系列作品的一部分。瓦伦的这个版本 1673 年在剑桥再版。卡龙著作的瑞典语译本 1667 年和 1674 年出版，意大利语译本 1693 年出版。卡龙的著作 17 世纪共出了 23 个版本或译本。[176]

近代早期，很少有欧洲人像弗朗索瓦·卡龙那样了解日本。[177]1619 年，

458

他跟随一名 19 岁的厨师乘坐荷兰东印度公司的船只来到日本。他作为一名簿记员留在平户的荷兰商馆，学习日语，不久便成为商馆的译员。当他 1641 年离开日本时，已经成为荷兰商馆的主管。从 1619 年到 1641 年的大部分时间里，卡龙都住在日本；其余时间，他就日本事务为荷兰东印度公司谏言献策或者出面谈判。这些年里，在日本的外国人处境艰难；荷兰东印度公司在此期间取得的业绩，多得益于卡龙的功劳。例如，1629 年，彼得·奴易兹总督对台湾的日本商人采用高压政策，因而被日本水军囚禁在热兰遮城，卡龙也被作为荷兰人质带回日本。[178] 在奴易兹 1630 年被作为囚犯运到日本和 1636 年的被释放等事件中，卡龙参与了其中的各次敏感谈判。在日本反基督、反外国人的那些喧嚣凶险、动荡不定的岁月里，他在离开日本之前援助荷兰商馆安全涉险，为荷兰东印度公司在长崎的出岛（Deshima）留出一片安全净土。他熟谙日本语言、文化、生活方式，这是他在这些年里获得成功的关键，特别是当他 1640 年被委任去拆除荷兰在平户的建筑并将荷兰东印度公司商馆移到出岛，更是证明了这一点。[179] 显然，日本人喜欢并信任卡龙。即使在他成为主管之前，日本人也坚持与卡龙谈判而不愿与他的上司交涉。[180] 卡龙站在自己的立场上也十分欣赏日本人。他仰慕并通晓日本文化的程度在 17 世纪的欧洲人中几乎无人企及。他还娶了一房日本妻子，平户众多欧洲人当中只有他一人住日式房舍。[181] 他甚至还有洗日式热水浴的嗜好，这在欧洲人当中更为罕见。[182]

卡龙离开日本之后，他在荷兰东印度公司管理系统中的地位继续高升。1643 年，他成为东印度委员会的一员，在锡兰岛指挥远征军攻打葡萄牙人，解除了对加勒的封锁，再次抓捕了尼甘布（Negombo），1644—1646 年间他担任台湾和台湾的总督，1646—1651 年间他任荷兰东印度公司的总管。有人指控他有欺诈行为，因而 1651 年被召回，尽管他后来被免罪并且得到补偿，但他拒绝继续为公司服务。1655 年，他最终被路易十四的财政大臣科尔贝委任组建并指挥法国东印度公司。从 1666 年到他 1673 年逝世为止，卡龙和他的副手雅各布·布朗凯·德拉艾指挥舰队协助法国人在锡兰和科罗曼德尔海岸立足，但并未成功。[183]

459

尽管卡龙对日本相当熟悉，但是他著书容量较小，令人惋惜失望。卡龙对日本的描述，如同朱斯特·斯考顿关于日本的论著，源自对菲利普斯·卢卡斯逊总督 1636 年一系列具体提问的回答。在 1661 年出版的著作中，问题是各个章节的标题。这些问题被印在《荷兰联合省东印度公司的创始和发展》和哈特格斯编著的各版本的边页。他对问题的回答简短而明快，并没有想到日后出版。事实上，这本书首次出版时并未取得作者的同意。[184] 1661 年版本的出版人约翰内斯·童格鲁显然希望卡龙做进一步的修订。然而，卡龙拒绝了这一要求。他争辩道，如果他把所掌握的所有日本知识都写出来，著作的容量势必太大而多数内容不被人所信。[185] 卡龙的记述尽管简略，但它却是 17 世纪最畅销最有影响力的日本著述，到 1727—1728 年才被恩格柏特·坎普法（Engelbert Kaempfer）的《日本历史》（History）超越。[186]

　　附在卡龙和斯考顿著作之后的篇幅较小的附录，为荷兰读者提供了关于德川日本和荷兰人在日本境况的有趣信息。荷兰东印度公司的特使恩格柏特·坎普法，描写了 1626 年 10 月 25 日天皇与幕府将军家光和前幕府将军秀忠相会的盛大场面，把他在京都亲眼所见的权贵显要和众人的行为举止叙述的淋漓尽致。[187] 长崎官员 Ebiya Shiroyemon 1642 年写给巴达维亚荷兰东印度公司总督书信的译本，揭示了荷兰人在出岛上的方位、日本人对基督教的恐惧，以及荷兰东印度公司为达到贸易目的不愿冒犯日本人等。[188] 事实上，这封书简揭示的如此清晰，卡龙在他 1661 年的权威版本中将其略去。列奥纳德·坎彭（Leonard Campen）的论著从荷兰人的角度描述了 1640 年后的贸易，将其置于历史语境，强调了如果荷兰东印度公司要充分发挥其在日本的地位，必须充分利用中国产品。[189] 最终，总督安东尼·范·迪门（Anthony van Diemen）写给荷兰东印度公司董事们书信的摘要，概述了日本贸易在公司 1642 年商业总况中的地位。[190]

460

　　哈格纳尔的日志虽然不如卡龙和斯考顿的作品那么流行，但是仍然包含了有关日本的有价值信息。[191] 哈格纳尔作为资深商人在荷兰东印度公司工作近七年，期间他曾 3 次访问日本：1634 年、1635—1636 年以及 1637 年。他的日志详述了荷兰人在日本的贸易，特别是 1635—1636 年荷兰人出使江户等事件。除了日本之外，哈格纳尔还访问了波斯、印度的马拉巴尔海岸、台湾、马鲁古群岛、柬埔寨等地。他在日志中详细地描述了 1637 年沿江上行到柬埔寨朝廷的所在地金边（Phnom Penh）、在那里受到的接待和谈判、与各位王子的会面，以及对王国的概述——这也许是荷兰对柬埔寨的最早记载。[192]

第三节　艾萨克·考梅林的《荷兰联合省东印度公司的创始和发展》

　　1645 年，哈格纳尔的日志首次出现在 17 世纪最著名的荷兰语旅游文学集之中：艾萨克·考梅林（1598—1676 年）的《荷兰联合省东印度公司的创始和发展》（阿姆斯特丹）。《创始和发展》① 收录了大量插图和地图。然而，所有插图和地图都曾在该合集收录日志的早期版本或者其他游记中出现过。考梅林在文集的序言中概述了 1631 年之前荷兰人在东印度的商业状况。文集还再版了荷兰东印度公司 1602 年的纲领和 1622 年的新纲领。本文集的两卷长方形四开本中收录了 21 部完整的游记。有些游记以前曾经出版过，但是大部分如哈格纳尔的游记却是首次面世。P. A. 提勒（P.A. Tiele）报道了 1644 年版的《创始和发展》以及 1644 年出版的另一部由 7 个游记组成的合集——《航海七记》（*Journael van seven voyagien*）。[193] C.R. 博克舍（C. R. Boxer）在近代摹本的序言中提到，1644 年出版的这两部合集都是展望性或试验性的，根本没有发现什么《航海七记》，1644 年的《创始和发展》也仅有一个副本而已。[194] 另一个版本——也许是两个版本——出现在 1646 年，这个版本于 1648 年和 1663—1670 年间分别被朱斯特·哈特格斯和希利斯·约斯顿·萨厄格蒙大肆剽窃。[195] 由勒内·奥古斯丁·康斯坦丁·德·雷内维尔（René Augustin Constantin de Renneville）编著的法语译本于 1702—1706 年在阿姆斯特丹出版，1725 年又在该地和鲁昂重版，1754 年在阿姆斯特丹再版。[196] 计划中的英语译本于 1703 年在伦敦仅仅出了 1 卷。[197]

　　考梅林的合集包括：赫里特·德·维尔（Gerrit de Veer）寻找东北通道

----

① 本节涉及该书名较多，故下文省略为《创始和发展》。——译者注

（1594—1596 年）的 3 篇荷兰语报告、德·豪特曼到爪哇的航海记、范·内克和韦麻郎的航海记、马于和德·科德斯绕道麦哲伦海峡的航海记、范·诺尔特的环球航海记、范·斯皮尔伯根到锡兰岛的航海记、范·登·布洛克的日志、范·斯皮尔伯根的环球航海记、斯考顿和勒梅尔的环球航海记、莱尔米特的环球航海记和范·雷基特伦的日志——所有游记和日志的荷兰语版以前都曾出版过。考梅林在多数日志中插入了一些纪实描述、传闻报道等内容。上面没有提到的最为有趣的一篇记述穿插在范·雷基特伦的日志中，是由一位名叫马库斯·达瓦罗（Marcus d'Avalo）的意大利人描写澳门的。[198] 达瓦罗详细地描述了葡萄牙在当地的社区、人口、机构，特别是它的商业。他介绍了每年一度的广东商品交易会和葡萄牙人在那里获得的贸易条件。他特别强调了从日本航运中获得的利润，还附了一个 1637 年葡萄牙航运到日本的货物清单，包括货物数量和货物价格。[199] 考梅林偶尔在日志和航海记中增加一些附录，用他的话说，只是为了填补空白页码。例如，他在范·诺尔特航海记之前插入了一篇评述环球航行的文章；[200] 在雷基特伦的日志之前加了一篇记述，报道了荷兰东印度公司海军 1639 年 9 月 30 日在果阿附近大败葡萄牙人。[201] 和哈格纳尔的日志一样，《创始和发展》中的很多记述报告以前从未出版，至少是从未用荷兰语出版。其中的第一篇即保卢斯·范·卡尔登（Paulus van Caerden）的日志非常简短，只有 20 页。[202] 这篇报告介绍了**新布拉班特公司**（New Brabant Company）1599 年派出 4 艘船的航行报告，指挥官分别为海军上将彼得·博特（Admiral Pieter Both，1615 年离世）和海军副将范·卡尔登（1617 年离世）。日志的大部分篇幅都献给了 1600—1601 年冬季范·卡尔登在亚齐的艰难谈判，从而释放了从 1599 年科尼利斯·德·豪特曼访问该地起就被囚禁在那里的荷兰人。[203] 这篇日志没有亚洲地区的任何纪实描写，似乎也没有再版。[204] 为了填补空白页，考梅林附了一个荷兰人与阿鲁岛（Aru Island）上的"红毛猩猩卡亚人"（Orancay，Orang Kayas）之间签订的协议，这个岛屿位于新几内亚岛的西海岸之外，该协议是由扬·卡斯滕斯逊（Jan Carstenszoon）1623 年 5 月 26 日通过磋商达成的。[205]

　　雅各布·范·内克的第二部航海记收编在德·布莱 1607 年的文集中，但在《创始和发展》再版前一直没有以荷兰语印刷发行。[206] 大部分内容出自范·内

462

克其中一艘船的讲道者或牧师鲁洛夫·鲁洛夫斯逊之手。范·内克 6 艘船组成的舰队 1600 年 6 月 28 日离开特塞尔，1601 年 3 月 30 日到达万丹。这位海军上将从这里出发到达马鲁古群岛，其中的 2 艘船 6 月 2 日到达德那地。德那地苏丹王顺便走访了教堂参加了礼拜，据报道他认为这个礼拜仪式比葡萄牙天主教的礼拜仪式更为有序。[207] 几天以后当荷兰舰队攻打蒂多雷城堡时，苏丹王亲自陪伴左右，这是一场引人注目但没有决出胜负的战斗，范·内克因此失去了他的右手。[208] 鲁洛夫斯逊同时也描写了苏丹王为荷兰人送行而摆的盛宴。[209] 1601 年 9 月 27 日，范·内克离开德那地来到澳门外围。范·内克派出的一支登陆队伍未能成功返回船上，然后他又派一艘单桅帆船近距离探察澳门城，判断船只能否驶入。葡萄牙人袭击了这艘入侵的单桅帆船，抓捕了船员，远处的荷兰舰队由于逆风不能靠近，束手无策，眼睁睁地看着发生的这一切。[210] 范·内克既然不能援助他的船员，而且船上供给短缺，不得已于 10 月 3 日前往北大年。

根据带领荷兰人首次登陆的马蒂纳斯·阿皮乌斯（Martinus Apius）后来的一则报告，20 位荷兰海员在澳门监狱中羸弱不堪，一直到 11 月该事件引起广东省总督的注意为止。[211] 总督派一位宦官前往调查，延滞很久并反复遭拒之后，葡萄牙人最终允许他提审其中的 6 位囚徒，这位宦官被告知其他囚徒已死于疾病。宦官返回广州之后，总督命令葡萄牙人将囚徒押送广州，但是他们决定亲自处置这些荷兰人。6 位囚徒被当众绞死；先前以为病逝的囚徒被溺死。只有阿皮乌斯和两位 17 岁的船上侍童活了下来，后来获准绕道印度和葡萄牙回国。鲁洛夫斯逊和范·内克当然不知道那些被捕船员的厄运，而考梅林在文集中插入了一则相关简述报告。文集中没有描写中国，但是考梅林在一另个插页中承诺将会收录马塔利夫的日志，弥补这一缺损。[212]

范·内克的舰队 11 月 7 日到达北大年并一直逗留到 1602 年 8 月 23 日。尽管舰队在那里逗留了很长时间，但是鲁洛夫斯逊很少提到北大年，只是描述了那里的贸易和他走访的几个寺庙。然而，考梅林加入了一篇长而有趣的文章，介绍了北大年、暹罗、马六甲，材料多选自马塔利夫 1607 年派往北大年的商人维克多·斯普林科尔（Victor Sprinckel）的手稿；增添的详细材料选自但泽（Danzig）的戈特哈德·阿蒂斯（Gotthard Arthus）、费尔南·门德斯·平托、林斯乔坦等人的著作。[213] 关于马鲁古群岛和澳门的 3 个早期插页并没有增添多少新内容或者详细材料。[214] 在鲁洛夫斯逊航海记之后，考梅林收录了一则述略，介绍了范·内克余下的 3 艘船的航海活动，作者是科尼利斯·克拉埃兹逊。文章报道了舰队在柬埔寨遭遇的不幸，当地的土著杀死了 23 名荷兰人，用海军副将韦麻郎作为人质换取了两门大炮。[215] 考梅林同时还附了几篇关于印度东部的贸易和航海的文章。[216] 其中前 5 篇文章似乎选自瓦赫纳尔的《航海宝典》（1592 年），只是做了微小的修改。[217] 第六篇文章是关于通往契丹的五条通道的论文，译自威廉·伯恩（William Bourne）的《一个海团，包括各种水手和旅行者的必需品……附加一篇通往契丹的五条通道的论文》（*A Regiment for the Sea, Containing Very Necessary Matters for All Sort of Seamen and Travellers ... Whereunto is Added a Hidrographicall Discourse to go unto Cattay, Five Severall Wayes*，伦敦，1580 年）的第三版。[218] 除了绕道好望角、麦哲伦海峡，以及有望成功的西北通道和东北通道外，伯恩还设想了一条越过北极的直通道——所有线路中最短——并且回答了反对该通道的技术疑虑。最后一则附录讨论了从葡萄牙到东印度群岛再返回的指南针读数变差。这是考梅林选自林斯乔坦的《葡属东方航海旅行记》。《创始和发展》出版之后，朱斯特·哈特格斯分别于 1648 年和 1650 年再版了鲁洛夫斯逊的日志，每次出版都把它和奥利维尔·范·诺尔特的日志绑在一起。鲁洛夫斯逊的日志也曾被希利斯·约斯顿·萨厄格蒙独立出版，时间很可能是 1663 年。[219]

464

同样首次出版在《创始和发展》的还有扬·萨斯（Jan Sas）关于海军上将史蒂文·范·德·哈根 1599—1601 年到东印度群岛的处女航的记述。[220] 萨斯在日志中记述了范·德·哈根在安汶岛攻打葡萄牙人并在那里建造荷兰堡垒——荷兰在东印度群岛的第一座堡垒。考梅林在萨斯的记述之后附了两则报告：一则描述了 1600—1601 年间两艘船只到亚齐的航行，故事由于指挥官和几位船员被当地人俘获而突然结束；另一则作者是雷尔·科尼利斯逊（Reyer Corneliszoon），描述了海军上将雅各布·范·海姆斯克尔克 1601—1602 年到苏门答腊的航行。所有这些记述都十分简略；没有一篇内容含量足以让读者感知其中的要义；似乎也没有一篇在别处出版过，只有范·海姆斯克尔克的游记被收录在胡尔修斯的文集中。[221]

收录在《创始和发展》中关于沃尔弗特·哈门斯逊（Wolfert Harmenszoon）舰队的记述虽没有描写亚洲大陆，然而却介绍了 1601 年哈门斯逊在万丹击败堂·安德烈娅·乌尔塔多·德·门多萨（Don Andrea Hurtado de Mendoza）的无敌舰队的故事。[222] 考梅林插入了一篇历史概述，阐明欧洲在东印度群岛的贸易量当时已达到最高点，提高了事件的戏剧性。[223] 附在哈门斯逊游记之后的是一篇述略，描述了由科尼利斯·范·维恩（Cornelis van Veen）指挥韦麻郎海军上将的两艘船只的探险活动。[224] 1603 年 6 月 6 日，范·维恩的舰艇从万丹出发到达中国。当他们 1603 年 7 月 30 日到达澳门时，他们惊奇地发现一艘满载货物却没有任何武装的大帆船航往长崎港。范·维恩没有按照命令与中国官员接触，而是捕获了这艘大帆船，没收了所有丝绸，并将帆船付之一炬。[225] 然后他带着战利品返回万丹。这两则日志此后再没有出版其他荷兰语版本。范·维恩的航海报告收录在德·布莱的文集；[226] 收录在胡尔修斯文集的哈门斯逊航海记与《创始和发展》中的相关记述并非出自同一文献。[227]

该记述中更多地着墨于荷兰东印度公司 1602 年派出的舰队。[228] 海军上将韦麻郎和海军副将塞巴德·德·威尔特率领 15 艘船访问了万丹、锡兰、亚齐、柔佛州、北大年，以及中国外围的澎湖列岛。韦麻郎的舰队与葡萄牙人的仇恨加深，在锡兰外围、马六甲海峡、马来西亚海岸等地俘获了很多船只。韦麻郎与柔佛州、亚齐、康提等地的统治者联盟共同对付葡萄牙人。他声称这是为了给几年前在澳门被杀害的范·内克的水手报仇，以此为自己的劫掠行为正名。[229] 显然，由于他释放了一些葡萄牙囚徒，海军副将德·威尔特和他的约 50 名船员 1603 年 6 月 1 日被康提的士兵屠杀。[230]

从 1604 年 8 月到 12 月间，韦麻郎反复与澎湖岛上的中国官员磋商企求获准在中国贸易的权利。[231] 正当中国官员讨论如何应对荷兰人的请求时，荷兰人与当地的中国商人如火如荼的开始了非法贸易。最后，中国军队指挥官要求韦麻郎离开澎湖列岛，但是允许荷兰人在台湾或其他中国管辖之外的岛屿上安顿下来——如果我们相信韦麻郎的报道。[232] 韦麻郎确定已经建立起与中国的稳定贸易之后便离开了。一些福建的丝绸商同时也承诺派船到北大年与荷兰人贸易。[233]韦麻郎也试图通过暹罗与中国搭起贸易的链条。他差遣科尼利斯·施佩克斯带着书信与 1604 年准备到中国进贡的暹罗使团一同出发。但是暹罗使团因故迟延，这个计划因暹罗王逝世而彻底流产。[234]

　　韦麻郎详细地描述了澎湖列岛和与中国官员的谈判过程。他在亚齐、柔佛州、北大年等地的谈判，德·威尔特在锡兰的谈判都被详细地一一描绘。一篇全景式描述亚齐的文章也被收录其中。[235]考梅林在这个记述中插入了韦麻郎在万丹建立新商馆——荷兰在东印度的第一座商馆——时的几则条例和指令。[236]还有一则关于望加锡的述略，尽管舰队的船只从未到过那里。[237]韦麻郎的航海游记再没有其他版本；哈特格斯和萨厄格蒙也没有再版过他的航海记。由扬·哈门斯逊著的德·威尔特访问锡兰的日志，经修改后被收录在德·布莱的文集中。[238]

466

　　《创始和发展》第二卷收录的第一部作品讲述的是史蒂文·范·德·哈根的第二次航海，这也是荷兰东印度公司的第二次海外航行。[239]1603 年 12 月，范·德·哈根舰队的 12 艘船只离开荷兰，访问了马拉巴尔海岸的几个港口和锡兰，还在亚齐和万丹停靠，1605 年 2 月到达安汶岛。攻占了安汶岛堡垒之后，舰队便分开了。航海日记不完整，除了占领安汶岛和蒂多雷岛上的堡垒之外，其他描述十分乏味。考梅林为充实内容，增添了很多关于果阿、科钦、勃固的描述，这些内容均选自加斯帕罗·巴尔比（Gasparo Balbi，威尼斯，1590 年）的航海日记。[240]

　　范·德·哈根航海记之后是保卢斯·范·索特（Paulus van Solt）的航海日记，记录了他乘坐范·德·哈根的一艘船"代尔夫特"号（Delft）从万丹到科罗曼德尔海岸的航程。[241]范·索特的航海日记详细地描述了科罗曼德尔海岸的贸易以及与那里的统治者和官员的谈判过程。读者从中可以感觉到荷兰在亚洲事业的不断发展和成功。范·索特的船参与了亚洲内部的航海贸易。船只从科罗曼德尔装载货物，卸载到万丹，再从万丹运货物到马鲁古群岛。似乎每个港口都有荷兰船只或荷兰代理商。他们想方设法地俘获葡萄牙船只。葡萄牙人似乎有些意志消沉，经常不战而降。荷兰人与当地统治者的关系也比几年以前融洽多了。不确定因素和节外生枝的事故少了。而且，荷兰人似乎比当初更加关心当地的航运。例如，范·索特对英国人盗抢亚洲船只的行为不安，担心他们会将罪责推到荷兰人身上。[242] 在范·索特的航海日记中还插入了两个记述文本：一个关于班达群岛，一个关于望加锡岛。[243] 但尚不清楚这是考梅林添加的还是范·索特本人增添的。考梅林通常会把他插入的内容加上引号，印刷时与其他文本一样采用哥特体活字。这两个内容没有加引号，印刷时用的是较小的罗马字体。

范·德·哈根的航海记早期曾收录在德·布莱文集的德语译本和拉丁语译本中。事实上，提勒认为考梅林该部分的记述译自德·布莱的德语版而不是荷兰语原版。即使是出自巴尔比之手的增添内容，也是来自收录在德·布莱文集第七卷阿图斯翻译自巴尔比的原著。该航海日记也出现在胡尔修斯的编著中。1648 年，这个航海记的考梅林版本被哈特格斯重版，但没有收录范·索特的航海日记。包括范·索特的航海日记在内的完整游记 1663 年被萨厄格蒙重印。[244]

科尼利斯·马塔利夫的航海日记首次出版在《创始和发展》中。[245] 胡尔修斯版本中有关马塔利夫航海的叙述是由两则 1608 年首次用荷兰语发行的简报组成。这两则简报实际上是写给荷兰东印度公司董事的书信；第一则由马塔利夫本人亲自执笔；第二则的作者是马塔利夫船上的商人小雅克·莱尔米特。[246]

1605 年 5 月 12 日，马塔利夫的 11 艘船驶离特塞尔。从 1606 年 4 月 30 日到 8 月 24 日，他与柔佛州的苏丹王联手包围了马六甲。此间，他两次击败葡萄牙人，取得了引人关注的海上胜利。1607 年 1 月 6 日，他把舰队分为两组。此后，马塔利夫访问了万丹、雅加达、安汶岛、德那地、中国沿海。他在德那地建造了一座堡垒，在中国沿海试图达成贸易协定。1608 年 9 月，他载着科尼利斯·施佩克斯和 5 名暹罗人组成的使团返回荷兰。[247]

马塔利夫在航海日记中虽然使用第三人称，但一眼即可看出出自他本人之手。[248] 文字精雕细琢，内容细致入微。其中的内容和信息似乎无穷无尽，包括接待仪式、与当地王子和官员的交涉、款待他们的盛宴和食物、对话、来往书信、条约，马塔利夫对每一事件和会晤的每一显贵的性格都加以粗浅的评述。

此外，航海日记中还插入了几篇有趣的文章：介绍了马六甲[249]、巴都（Batu）[250]、安汶岛[251]，讨论了荷兰在东印度的商业情势。[252] 所有这些内容似乎都出自马塔利夫之手，但是增添的安汶岛描述是由当地荷兰城堡的总督弗雷德里克·德·豪特曼（Frederick de Houtman）所著。贸易论说的作者毋庸置疑是马塔利夫。他指出了荷兰贸易和权力的阻力，强烈建议建立一个永久的总指挥部。他同时也强调了与中国贸易的重要性，声称从葡萄牙人手中夺取马六甲是未来荷兰在东印度霸权的关键。总之，他认为荷兰东印度公司的目标应该指向垄断贸易。[253]

作为最早努力与中国建立直接贸易关系的尝试之一，马塔利夫的航海也是值得人们关注的。1607 年 6 月到 8 月间，他与广东沿海的南澳岛以及珠江入海口的蓝涛岛的官员进行谈判。[254] 当众多葡萄牙船只从澳门来攻打他时，他才不得已离开。在和中国人交涉的过程中，马塔利夫不遗余力地向对方表示他的友好和诚意。他对当地官员和信使极其慷慨。当一位译员盗窃被当场抓获时，马塔利夫将其交给地方当局而不是直接惩罚过错人。登陆的荷兰海员如果行为不端便立刻受到惩处，而中国人会得到损失的双倍赔偿。南澳岛和蓝涛岛的官员没有权力授予贸易权，他们承诺将荷兰人的请求递交给广东总督。然而，马塔利夫确信如果不是葡萄牙人将他驱赶离开，他定然能够取得在蓝涛岛的贸易权。他认为荷兰人应该再次尝试与广东地区贸易，但是返回时要有足够的舰艇制服葡萄牙人。[255]

468

马塔利夫讲述在南澳岛和蓝涛岛的经历时，提供了大量关于中国人的第一手材料。他准确地描述了中国人在贸易上的限制以及与中国人谈判的艰难。例如，他知道葡萄牙人在澳门的桥头堡并未获得官方的许可；他确信中国皇帝对此一无所知。[256] 描写最为生动的是他走访南澳岛的宝塔和中国官员在蓝涛岛对他的接待。[257] 马塔利夫对中国人的描绘与早期荷兰观察者的描述相当接近。虽然他没有像范·雷基特伦那样对中国人充满敌意，但是他把他们描述为精明贪婪之人。例如，在描绘南澳岛上一位中国人的狡猾时，他评论道"就连马基雅维利（Machiavelli）① 也得写上足足的一章"。[258] 马塔利夫的航海记附有一篇宏观介绍中国的文章。[259] 这篇文章显然是由考梅林补入的，选自皮埃尔·达维蒂（Pierre

_____

① 尼可罗·马基亚维利（1469—1527 年），意大利政治思想家和历史学家。——译者注

d'Avity）的《全世界的国家、帝国、王国、君主领地、采邑和公国》（*Les estats, empires, et principautez du monde*）——1614 年首次出版的关于统治方式的一卷本专著。[260] 达维蒂的文章实际上是门多萨著作的浓缩。

附在马塔利夫航海记之后的是雅克·莱尔米特写给他父亲的书信。第一封书信的写作时间显然是 1606 年 1 月，地点是毛里求斯，马塔利夫的舰队与史蒂文·范·德·哈根的舰队在这里相遇，后者将这封信带回荷兰。[261] 它主要针对本次航海的早期部分。除了描写毛里求斯之外，它还概述了韦麻郎在中国沿海的经历。其中评论道，占领马六甲，在中国和坎贝确定贸易权，是荷兰东印度公司和马塔利夫舰队面临的三大任务。[262] 第二封信写于 1607 年 1 月 5 日，正好是舰队的船只分航之前。[263] 这封信比第一封长很多，详细地讲述了马六甲被包围、与葡萄牙无敌舰队的战斗、荷兰船只上的日常业务和商讨会等。马塔利夫航海记的最后几页是一系列关于航海技巧的问答，选自林斯乔坦的《葡属东方航海旅行记》。[264] 马塔利夫的航海日记仅被朱斯特·哈特格斯翻印过一次，时间为 1648 年，但是没有收录《创始和发展》中的额外补充内容。[265]

考梅林还收编了一则保卢斯·范·卡尔登关于 1606—1608 年间的航海报道。[266] 范·卡尔登的舰队与马塔利夫舰队和范·德·哈根舰队一样，既是一次军事探险也是一次商业尝试。按照他本人的解释，他试图攻占莫桑比克的葡萄牙城堡但没有成功，后来他又来到果阿、卡利卡特、科罗曼德尔海岸和马鲁古群岛，劫持了葡萄牙船只，阻止他们的贸易。1608 年 8 月 27 日在莫罗泰岛（Morotai）的一次突袭中，范·卡尔登被西班牙人抓获。1610 年 5 月被释放之后，成为马鲁古群岛的总督。一个月之后，他再次被抓捕，1615 年 10 月死于马尼拉的牢狱中。[267]《卡尔登航海记》（*Loffelijcke voyagie*）显然没有讲述他的被捕以及后续事件。

《创始和发展》还收了几篇冗长的文章，介绍范·卡尔登舰队曾经到访的几个地方：果阿[268]、卡利卡特[269]、纳尔辛格王国（Kingdom of Narsinga）、维查耶纳伽尔[270]。这些报道的前两篇选自林斯乔坦；介绍维查耶纳伽尔的报告选自达维蒂。[271]

《卡尔登航海记》再没有出现其他版本。科尼利斯·克拉埃兹逊 1651 年著的范·卡尔登航海报告与考梅林版的报告完全不同。[272]克拉埃兹逊是范·卡尔登舰队某艘船上的一名舵手，他的航海记基本上是一位舵手的日记。他描写了风、天气、水流、航线、水深、舰队动向，但是只字未提商贸活动，更没提到他访问过的地区和民族。

记载彼得·威廉斯逊·沃霍夫1607—1612年远航的航海记，也报道了范·卡尔登的被捕、释放、再次被捕等。这部航海记也是首次出现在《创始和发展》中。[273]如果有何不同的话，就是沃霍夫远征队的指令比荷兰东印度公司派出的早期舰队更有进取心。除了袭击伊比利亚航运之外，这支远征队的特殊任务是将敌人从马鲁古群岛驱逐出去。这个目标几近实现。沃霍夫舰队返回故乡时，荷兰人已经在班达群岛和安汶岛造起了堡垒，只有蒂多雷要塞落在西班牙手中。虽然沃霍夫攻打莫桑比克的战役失败了，但是他巩固了荷兰在科罗曼德尔海岸的地位，恢复了与卡利卡特的扎莫林的联盟。沃霍夫的两艘船只去了日本，幕府将军热情地接待了他们，赋予荷兰人更多的贸易特权。沃霍夫的舰队并未攻取马六甲，也没有尝试着与中国建立贸易关系，尽管按照要求他们应该完成以上两项任务。海军副将弗朗索瓦·维特尔特（François Wittert）舰队的部分船只封锁了马尼拉六个月。最后，维特尔特的中队被胡安·德·席尔瓦领导的西班牙舰队挫败。沃霍夫的舰队损失6艘船只；包括所有领导层在内的很多船员被杀。1609年5月，沃霍夫和多数船只的顾问团在一次伏击中被杀。[274]

收录在《创始和发展》中的沃霍夫航海报告由多部作品组合而成。前68页是一部航海日志，前半部分的作者是约翰·德·莫尔热（Johan de Moelre），他和海军上将在班达群岛被杀之后，舰队的财务主管雅克·勒费弗尔（Jacques Le Febvre）续写了后半部分。除了描写舰队的活动外，德·莫尔热还收编了几篇描写卡利卡特[275]、亚齐[276]和马鲁古群岛[277]的文章。接下来的5页纸的内容是雷涅尔·迪尔克逊（Reynier Dircksoon）航海记的摘录，迪尔克逊是航往日本的一艘船上的舵手。[278]这个摘要没有描述性文字。

雅各布·施佩克斯和彼得·塞格斯逊（Pieter Segerszoon）1611年从北大年到日本的航海记对日本的描写更为详细。[279]其中含有大量信息，包括在平户和幕府将军宫廷的谈判、日本城镇的描述、早期德川政治的评论。随后是一篇

470

塞缪尔·布鲁马特（Samuel Bloemaert）关于 1609 年婆罗洲的贸易和谈判的报道。[280] 布鲁马特描述了婆罗洲各地的产品和贸易，但是对那里的人和风景并无报道。他还收编了荷兰东印度公司与婆罗洲的"三发国王"（King of Sambers）之间的条约原文。[281]

471

范·斯皮尔伯根的《东西印度见闻录》早期版本收编的两篇文章，也被附在考梅林收录的沃霍夫航海记之后。它们分别是阿波罗尼乌斯·斯科特的[①]"论稿"[282] 和《城堡的数量和位置述略》（*Corte beschrijvinghe van het ghetal ende ghelegent vande forten*）。[283] 夹在两篇文章中间的是一封来自斯科特 1613 年 7 月 5 日的书信，介绍了那一年从万丹到布敦岛、索洛岛和帝汶岛的航海。[284] 他在这封信中概述了与布敦岛国王达成的协议，描述了攻占索洛岛上的葡萄牙城堡。他并没有提及这些地区的人，但是列出了索洛岛上信仰新教的村庄。信的大部分篇幅介绍了荷兰船只的动向和一些传闻——西班牙正在组建新的无敌舰队用来将荷兰人驱逐出马鲁古群岛。

接下来是一篇关于荷兰东印度公司在安汶岛及其周边岛屿上的领地的报告，由商人吉利斯·塞伊思（Gillis Seys）著于 1627 年 5 月。[285] 他对当地的风俗习惯和生活方式只字未提，但却详细地列出了每一个村庄及其人口。他还列出了荷兰的城堡、武器、官员及他们的工资待遇、物品供应；描述了学校、教堂礼拜仪式和人们的平均出勤率、垄断香料贸易的难度等。塞伊思的报告之后是首次出版于 1621 年的塞巴斯蒂安·丹卡兹介绍安汶岛宗教事务的报道。[286] 接下来，塞伊思在另一篇文章里以报道安汶岛的方式介绍了马鲁古群岛。[287] 最后，考梅林收录了一些报告、书信、官方文件、论文，记录了下至 1638 年所有发生在马鲁古群岛的事件。[288] 这些材料极大地丰富了如下内容：荷兰在香料群岛的扩张、与岛民们的谈判、与西班牙人的战争、驻扎在那里的荷兰人的日常生活等。

收录在《创始和发展》的沃霍夫航海报告在 17 世纪从未单独发行过。荷兰东印度公司的德国下士约翰·凡肯（Johann Verken）所著的收编在德·布莱《普

---

① 参考本章第一节相关注释。——译者注

通的航海行纪》和胡尔修斯文集中的沃霍夫航海报告，与荷兰东印度公司的报道完全不同。[289]

收录在《创始和发展》中最详细的关于印度的描述出自乔纳森·特维斯特（Jonathan Twist，1679 年逝世，也叫约翰·范·特维斯特 [Johan Van Twist]）之手。[290] 显然这个描写报告以前从未出版过，尽管它的标题指明是 1638 年在巴达维亚"鹅毛笔印刷厂"出版的。这也许是范·特维斯特 1638 年在阿默达巴德（Ahmadabad）、坎贝、巴罗达（Baroda）、布罗奇（Broach）等地的荷兰商馆担任主管一段时间后返回巴达维亚的一种戏谑说法。无论如何，我们并未发现 1638 年的任何版本。范·特维斯特是东印度委员会 1638—1643 年间的成员，荷兰 1641 年占领马六甲后担任这里的总督。

范·特维斯特的《印度综览》（*General Description of India*）主要详述了古吉拉特。他讲述了古吉拉特的政府，它与莫卧儿帝国的关系，以及归属于莫卧儿帝国的历史过程。他还描述了古吉拉特的地理、动物群、植物群、城市、粮食、商业、宗教、社会习俗等。范·特维斯特的报告参照了以前的诸多作者。例如，他引用了托马斯·罗伊，但是并未注明引自林斯乔坦和佩尔萨特的内容。[291] 很多其他观察资料似乎出自范·特维斯特本人之手：1630 年的旱灾、1631 年的洪灾及后续的灾荒、一名妇女殉夫的实例——说明沙·贾汗不再严格执行贾汗吉尔的禁令。[292]

古吉拉特的报告之后是一则关于德干的简述，详细地讲述了 1635 年密谋反抗比贾布尔国王计划的破产以及国王后续的统治等。[293] 最后，范·特维斯特或者是考梅林收录了一幅航海图，详细地指明了如何在东亚和东南亚航行。[294]

范·特维斯特的《印度综览》被收编在《创始和发展》后续的各个版本中。1648 年，哈特格斯出版了其中的第一部分和航海图。1647 年，亨德里克·唐克（Hendrick Donker）以《古吉拉特纪实》（*Beschrijving van Guseratte*）为标题再版了第一部分。唐克分别于 1650 年和 1651 年两次再版上述作品，标题均为《印度综览》（*Generaele beschrijving van Indien*）。[295]

第四节 新视野和新空间，1646—1671年

17 世纪中叶的荷兰报告将欧洲人的注意力吸引到老挝、澳大利亚、北海道（Hokkaido）的阿伊努土著人（Ainu）、朝鲜的幽闭王国（The Hermit Kingdom）等。约 1670 年，塔斯马尼亚岛（Tasmania）、新几内亚、新西兰、斐济（Fiji）等岛屿首次进入荷兰语文学和文字。同时，更多关于爪哇、日本和中国等内陆地区的大使报告对地理的描述有了新的深度。亚伯拉罕·罗杰（Abraham Roger）关于印度教的权威著作（1651 年）深入地考察了泰米尔国家的宗教和社会生活，早期的南印度报道者们只是简单地提及相关内容。也正是在这个时期，基歇尔（Athanasius Kircher）出版了他百科全书式的《中国图志》，这部耶稣会士材料汇编是 17 世纪余下时间内最为畅销的关于中国的欧洲文献。就荷兰而言，读者们通过阅读约翰·纽霍夫（Johann Nieuhof）1665 年和奥尔夫特·达帕（Olfert Dapper）1670 年出版的概略来了解中国。

该世纪最为流行的旅游故事是 1646 年出版的威廉·伊斯布拉松·邦特库的游记。[296] 到该世纪末这部游记共出版了至少 30 次，几乎被译为欧洲各种语言。[297] 游记中谈到的事件在 17 世纪的荷兰家喻户晓。威廉·伊斯布拉松·邦特库的历险活动体现了基督徒在逆境中的勇气和坚韧。该世纪后期，荷兰人如果筛选关于一位年轻水手因船难搁浅于荒岛而进入想象的海底之门的书籍时，威廉·伊斯布拉松·邦特库的游记通常与《新约全书》一并被提及。[298]

威廉·伊斯布拉松·邦特库的书之所以流行是因为他在东方—印度旅行过程中遭遇的接连不断的危险和灾难。这位勇敢的船长 1618 年 12 月离开阿姆斯特丹，承受海上风暴的肆虐、遭遇岛民的攻袭、船员们叛变的威胁等。船在印度洋起火被烧，他和其他幸存者乘坐一艘敞篷船艰难地来到爪哇，忍受着饥渴、风吹日晒，以及土著人的强力袭击，后来才在小巽他岛附近登上荷兰船只被载到巴达维亚。1622 年威廉·伊斯布拉松·邦特库在科尼利斯·雷尔松舰队中担任了其中一艘船的指挥官，他在中国沿海探险活动中遭遇的风险不亚于在海外远洋中的历险。他攻袭过澳门，他的船也参与了舰队突袭福建沿海的行动。威

廉·伊斯布拉松·邦特库 1625 年返回荷兰时，雷尔松是他船上的乘客，当这位
指挥官在海上离世时，威廉·伊斯布拉松·邦特库主持了他的葬礼。

　　威廉·伊斯布拉松·邦特库用简单朴实的语言娓娓道来所遭遇的一切。除了
描写澎湖列岛和福建沿海之外，这本书的大部分篇幅都留给了船长和船员的历
险故事。然而，他却详细地说明了荷兰人在中国沿海的偷袭行为，描绘了从中
国式平底帆船俘获来的中国人的相貌和行为举止。在这本广为流传的书中，中
国人的形象被刻画为：危险且不择手段的敌人、完全没有西方人的道德、擅长
最见不得人的欺诈行为。然而，中国人并不是完全不可救药。威廉·伊斯布拉
松·邦特库谈到了他在中国沿海释放了两名俘虏，条件是他们再次返回时要为
船只提供一些补给。令他惊异不已的是，这两位中国人信守承诺，次日带着食
物回来了。威廉·伊斯布拉松·邦特库评论道，"事实上，这是非常了不起的美
德，让很多基督徒蒙羞，因为他们一旦脱离险境，经常把自己的承诺忘得一干
二净"。[299]

　　1646 年出版的另一部航海记讲述了亨德里克·布劳沃 1643 年绕过哈恩进
入智利的远征。[300] 这部航海记没有提到亚洲，但是收录了一个小短篇描述
虾夷岛（北海道）的文章，作者曾经参与了马丁·赫里特松·弗里斯（Martin
Gerritszoon Vries）1643 年的远征行动。[301] 弗里斯的船绕着北海道和库页岛
（Sakhalin）南方和东方海岸航行，没有意识到这两个地方是相互分离的，也不
能判明北海道是一座岛屿。然而，他的远征队登上北海道并与阿伊努人建立了
友好的关系。收录在布劳沃航海记中的这个述略，也许是最早的由世俗作者记
录北海道和阿伊努人的第一手材料。[302] 布劳沃的著作（包括对北海道的描述）
约 1660 年出了第二版。布劳沃航海记 1649 年的德语版和特维诺版本都没有
收录北海道述略。[303] 然而，它却被收录在维特森的《东北鞑靼志》（1692 年）
中。[304]

　　范·雷基特伦 1635 年曾经简单提及荷兰人在澳大利亚西海岸登陆，而弗朗
西斯科·佩尔萨特 1647 年出版的《多难的旅行》（*Ongeluckige voyagie*）首次
单独介绍了澳大利亚。[305] 佩尔萨特的船"巴达维亚"号在横跨印度洋时脱离
了舰队，1629 年 6 月 4 日在澳大利亚海岸的豪特曼亚伯洛赫岩礁（Abrolhos）

（南纬 28°）发生了船难。[306] 佩尔萨特将船上的人放到临近岩礁岛屿之后，为了寻找水和食物他随后和部分船员探察周边的其他岛屿并且最终发现了大陆。几名土著人发现他们在靠近便逃离了，随后他们乘坐船上的小艇去了巴达维亚。三个月后当他返回失事地点，他发现货物押运人热隆尼姆斯·科尼利斯逊（Jeronymus Corneliszoon）已经控制了船只，夺取货物，挟持女性乘客——使节的女儿们——作为他的情妇和同伙，杀害那些违背他意志的人。另外 55 名乘客在另一座岛屿上避难。佩尔萨特捉拿了叛徒。抢救了"巴达维亚"号上的货物。在返回巴达维亚之前，他审判并处死了反叛者。[307]

　　佩尔萨特不是荷兰访问澳大利亚西海岸的第一人。从 1616 年荷兰舰队借用南方通道横跨印度洋起，他们便误打误撞地多次在这里探测和登陆。第一次发生在 1616 年 10 月，迪尔克·哈托格斯逊乘坐"和睦"号造访了此地。在佩尔萨特悲剧之前，还有其他很多队伍在澳大利亚西岸登陆或发生船难。在此过程中，西海岸的大部分地图被绘制出来，这一点从荷兰东印度公司制图师赫塞尔·赫里特松 1627 年编制的地图略见一二。[308] 早在 1606 年，一些人便有意地在澳大利亚北海岸勘测。显然，如果荷兰东印度公司的官员们对爪哇不够满意，他们认真地考虑过将澳大利亚作为公司总部的备选地以及贸易和殖民的新领域。1647 年之前，他们甚至刻意地不公布发现澳大利亚的消息。

　　无论如何，佩尔萨特介绍西海岸的文字没有激起欧洲人大批涌入澳大利亚的潮流。这里多岩礁、贫瘠；多数地区不宜登陆。登陆之后，他们发现一片干燥贫瘠的平原，布满了无数的巨型蚁穴。萦绕的苍蝇无休止地缠绕着他们。佩尔萨特看见为数不多的几个人通身黑色，且一丝不挂。然而，佩尔萨特对袋鼠的描写却细致入微——这也许是西方观察者的第一次。[309] 唉，只可惜任何印刷出版的作品都没有收编这一部分。佩尔萨特百般周折的冒险活动故事被证明是受欢迎的。该世纪末叶之前，共出现不下 9 个荷兰语版本。特维诺在他编写的游记集里收录了佩尔萨特这部航海记的缩译本。[310]

　　特维诺还翻译了佩尔萨特的一部早期作品的大部分：1626 年写给荷兰东印度公司董事的关于荷兰在印度商业的情况报告，当时佩尔萨特即将结束他作为公司在阿格拉的首席代理商的任期。[311]1620—1627 年间他在阿格拉履职，此

476

间他因通晓波斯语、了解莫卧儿社会和历史而闻名遐迩。佩尔萨特这个报告的荷兰语版从未出版，但是约翰尼斯·德·莱特《众人笔下的真实印度——莫卧儿帝国面面观》（莱顿，1631 年）的大部分内容是根据这个报告而作的。[312] 佩尔萨特的《多难的旅行》的前两个版本收录了耶雷米亚斯·范·弗莱特（Jeremias Van Vliet）的一个报告，讲述了荷兰东印度公司 1636 年间在暹罗遭遇的麻烦。范·弗莱特的报告没有被收编在佩尔萨特的书的后续版本和特维诺的译本中。但是有些版本却收编了佩尔萨特的随船牧师基斯伯特·塞巴斯蒂恩逊（Gysbert Sebastiaenszoon）的一封信，他在信中描写了暴动和叛乱，讲述了贸易和航海术。[313]

另一部记述雅各布·范·海姆斯克尔克 1601 年航海的作品出现在 1648 年。其作者是威廉·彼得尔斯逊·范·韦斯特 - 扎嫩（Willem Pieteszoon van West-Zanen），这个记述与收录在《创始和发展》中的雷尔·科尼利斯逊的航海记完全不同。[314] 彼得尔斯逊是范·海姆斯克尔克舰队其中一艘船上的船长。他还曾陪同德·豪特曼航海及范·内克和韦麻郎率领的第二次荷兰远航。他的范·海姆斯克尔克航海记与科尼利斯逊所著的航海记相比，内容更丰富更有趣。除了彼得尔斯逊关于舰队活动的记述，编者亨德里克·雅各布逊·苏特 - 布姆（Hendrik Jacobszoon Soete-Boom）增补了很多描写已经到访过国家的文章——选自早期特别是林斯乔坦的作品以及德·豪特曼的报告。除了关于其他国家的插页外，还涉及如下地区和内容：马尔代夫、苏门答腊、小巽他海峡、万丹、爪哇、胡椒、贾帕拉（Japara）、爪哇小船、苏吉丹（Jortan）、雅加达、丁香、肉豆蔻、棕榈树、毛里求斯等。但是，这些描述都十分简略，早期荷兰语出版物中都有记载。1648 年，彼得尔斯逊的记述报告也是出版于阿姆斯特丹和沃尔默费尔（Wormerveer）。[315]

17 世纪 30—40 年代，南方各出版社发行了更多的耶稣会士作品。1632 年，克里斯托弗·波利关于耶稣会在交趾支那传教的报告在卢万出版。[316] 1636 年，雅各布·范·米尔斯（Jacob van Meurs）在安特卫普出版了拉丁语和荷兰语版的耶稣会士在日本殉难的名录。[317] 次年，他又用以上两种语言出版了马塞罗·马斯蒂力（Marcello Mastrilli）的游记报告。[318] 1644 年，嘉尔定（António

477

Cardim）关于 4 名葡萄牙使节在长崎被处死的报告的佛兰芒语译本出版。[319]

1649 年，阿姆斯特丹内科医生和地理学者伯恩哈德·瓦伦（1622—1650 年）编撰了爱思维尔"公共事务"系列作品的日本卷。[320]其中收录的信息没有任何新意；瓦伦抽用了大量耶稣会士和荷兰语出版资料，其中主要参照了卡龙的报告和收录在《创始和发展》中哈格纳尔作品的附录。有些内容甚至是逐字逐句翻译而来。事实上，他甚至还收录了朱斯特·斯考顿描述暹罗的部分内容。[321]瓦伦这册书的第二部分重新排页，有独立的标题页，阐述了日本宗教、耶稣会在日本的成立和发展及迫害运动。[322]附在第二部分之后的一篇论文评述了亚洲其他民族的宗教，也是选自其他已经出版了的报告。[323]例如，瓦伦著的暹罗宗教源于朱斯特·斯考顿；他关于中国宗教的报告来自金尼阁。1673 年，瓦伦的这本书在剑桥出了第二版。[324]

1651 年，讨论南印度的印度教新著作——《走进玄奥的异教世界》（*De open-deure tot het verborgen heydendom*）——出版，作者是亚伯拉罕·罗杰。1631 年，罗杰以传教士身份被阿姆斯特丹的荷兰改革派（Dutch Reformed Classis）送往东印度。巴达维亚的教会委员会又把他派往科罗曼德尔海岸的普利卡特（Pulicat），他随后在这里同时用葡萄牙语和泰米尔语传教十年（1632—1642 年）。他 1642 年返回巴达维亚，1647 年最终回到荷兰。其著作出版的前两年即 1649 年，罗杰离世。[325]

《走进玄奥的异教世界》是到当时为止最为完整的欧洲介绍南印度的印度教作品——或许也是 19 世纪末叶之前最为完整的相关著作。它翔实地描述了种姓制度、社会生活、风俗习惯、婆罗门的宗教活动，并且系统地介绍了他们的宗教和哲学信仰。其中还收编了 7 世纪诗人婆利睹梨诃利（Bhartrihari）3 个百咏（*śatakas*）中的其中 2 个译本——准确地说是译写（paraphrase），这显然是罗杰的婆罗门朋友和老师提供给他的。[326]尽管其书名有些敌意，但是罗杰的评论还是客观公正的，很少从新教徒的角度评判婆罗门信仰和实践活动。

罗杰叙述的根据似乎不是以往西方语言对印度教的记述。事实上，他很可能得不到这些资料。显然，他的作品完全依靠个人观察以及他与朋友帕德玛那巴（Padmanabha）或其他婆罗门的众多对话而写成的。[327]《走进玄奥的异教世

478

界》是欧洲认知印度的新贡献，它影响了之后的 17 世纪作者。该著作 1663 年被译为德语，1670 年被同时译为法语和英语。有些学者认为这部作品出版的是拉丁语版，但是至今没有发现拉丁语版，这说明它是用荷兰语撰写的，作者去世后出版的荷兰语版是最早的版本。[328]

17 世纪 50 年代，很多关于亚洲的重要海外旅行记被译为荷兰语。例如，奥利瑞乌斯关于曼德尔斯罗经由波斯进入印度的旅行报告 1651 年出版，1658 年再版。[329] J. H. 格拉塞马克（J.H. Glazemaker）1652 年将平托的游记译为荷兰语[330]，1654 年他又翻译了文森特·勒布朗（Vincent Le Blanc）的《著名旅行》（*Famous Voyages*）。[331] 1654 年，梅特洛·萨卡诺（Metello Saccano）关于耶稣会士在交趾支那的传教报告被译为荷兰语。[332] 让·莫凯（Jean Mocquet）游记的荷兰语译本 1656 年出版，[333] 门多萨的第三个荷兰语版本 1656 年在代尔夫特面世。1655 年，门多萨的拉丁语版在安特卫普发行。[334] 1657 年，罗历山的法语报告的荷兰语译本出版，[335] 托马斯·罗伊和托马斯·赫伯特的英语报告的荷兰语译本分别于 1656 年和 1658 年出版。[336]

几部介绍亚洲的重要拉丁语作品 50 年代在荷兰出版。威廉·皮索的《印度的自然和医学》（*De indiae utriusque re naturali et medica*）1658 年出版，其中收录了邦修斯《印度医学》的扩充版。[337] 阿姆斯特丹的约翰·布劳（1598—1673 年）出版了耶稣会士卫匡国（1614—1661 年）的 3 部作品：1654 年的《鞑靼战纪》（*De bello tartarico historia*）、1655 年的《中国新图志》（*Novus atlas sinensis*）和 1659 年的《中国历史》（*Sinicae historiae*）的第一部分。《鞑靼战纪》和《中国历史》以前曾被德国人出版过。[338] 1654 年，《鞑靼战纪》的荷兰语译本同时在代尔夫特和安特卫普出版。[339] 1655 年，《中国新图志》作为布劳的《环宇大观》（*Theatrum orbis terrarium*）的第六卷出版；同年，被译为荷兰语、法语、德语。[340]

卫匡国的《中国新图志》同时也被收编在布劳 1662 年出版的宏伟巨著《大地图集》（*Atlas major*）中。[341] 布劳的《大地图集》印刷精美，有 11 卷对开本，收录 600 幅手绘彩色地图，是 17 世纪欧洲最雅致的百科全书式的地图集。其价格不菲，只有少数富有的人才能买得起这套地图。该世纪后半叶，荷兰共和国

479

和荷兰东印度公司常常把布劳的《大地图集》作为官方的礼物赠送给国家元首或者尊贵人物。[342] 12 卷本的法语版 1663 年出版，1667 年再版。9 卷本的荷兰语版 1664 年和 1665 年出版。1662—1667 年间西班牙语版出现。土耳其语的手抄本以及定制的（made-to-order）德语译本约 1685 年出现。[343] 卫匡国的《中国新图志》拉丁语版第十卷的大部分都是关于亚洲的，因此布劳的这个著名出版物留给中国很大的空间。

《中国新图志》收了 17 幅地图。第一幅地图是中华帝国全图，随后是中国及其居民的概述。然后是中国明朝 15 个省的地图，每一个省的地图之后都附一篇详细的说明。最后是一幅日本地图及其简要介绍。卫匡国的地图和说明显然是根据朱思本（Chu Ssu-pen）1311—1312 年编写，后来又被罗洪先（Lo Hung-hsien）修订的"蒙古地图"而作的。尽管卫匡国曾经遍游中国各地而且还为康熙皇帝勘察部分地区，但是他的《中国新图志》收的地图完全来自"蒙古地图"修订版。这些地图是该世纪最为精确的，加上卫匡国对各省的描述，《中国新图志》丰富了中国地理信息，这些信息在随后的两个世纪里一直为世人使用。[344]

《中国新图志》对中国的概述与金尼阁和曾德昭所著书的第一部分类似。卫匡国论述了这个帝国的疆域及其各种名称；他还描述了帝国的资源、气候、贸易、居民、运营管理、宗教、教育和习俗等。卫匡国对帝国的总体描述比金尼阁和曾德昭要简短得多，但是他在随后的各省讲述中提供了丰富而翔实的关于中国人的资料。显然，卫匡国比金尼阁和曾德昭对中国人的印象更深刻。《中国新图志》出版时正逢礼仪之争愈演愈烈；事实上，这场争论恰恰是卫匡国出现在欧洲的原因。他比以往的耶稣会士作者更清晰地区分了孔子和其他中国宗教流派的界限。卫匡国对中国的极度崇拜以及他写作时参照中国作品，多多少少美化并夸张了中国人的美德。

卫匡国的地图集极有价值，为欧洲更精确地展示了中央帝国的地理地貌。这些地图在中国地图的基础上做了一些矫正，特别是针对中国内陆地理信息做了修正。卫匡国特别强调的一个错误概念是，欧洲普遍认为中国北部边疆之外是富有的契丹国，马可·波罗在 14 世纪如是描述。尽管早期就有人认为中国和

480

契丹是同一个国家，但是以前的观念却一直延续下来。[345] 事实上，收编了《中国新图志》的《大地图集》有一篇单独描写"契丹国"的文章，其根据主要是佩德罗·特谢拉、波代诺内的鄂多立克（Odoric of Pordenone）、马可·波罗等人的作品。[346] 卫匡国再次指出，长城之外再没有富庶的城市或王国了，只有游牧的鞑靼；马可·波罗所说的伟大城市"汗八里"（Cambaluc）就是北京；契丹仅仅是撒拉森人（Saracen）对中华帝国的称谓。[347]

　　《中国新图志》两篇附录中的一篇的作者是莱顿的东方学家雅各布·戈略斯（Jacob Golius），他通过另一种方法确认了中国和契丹是同一个国家。[348] 卫匡国在荷兰时，戈略斯遇见了他；戈略斯在与对方聊天时发现，被 13 世纪波斯作家归功于契丹人的时间和日历计算方法与中国的完全相同。戈略斯在附录中收编了一些早期在欧洲发行的书写正确的汉字。《中国新图志》的另一篇附录是卫匡国的《鞑靼战纪》的翻印。

　　约翰·布劳关于亚洲卷的其余部分收录了威廉·布劳（约翰·布劳的父亲）1621 年制作的亚洲全图。其中包括东南亚和印度次大陆地图、莫卧儿帝国地图、马鲁古群岛地图、鞑靼地图。多数地图和相关说明都选自先前出版的书籍，多数已经过时。约翰·布劳继承了其父亲在荷兰东印度公司制图师的职位，有机会接触最新的亚洲地理知识。奇怪的是，他很可能是刻意地在《大地图集》亚洲卷中没有利用这些信息。[349]

　　17 世纪 50 年代出版了很多关于亚洲的荷兰语原创作品。1655 年，不知疲倦的航海家大卫·彼德尔斯逊·德·弗里斯（David Pieterszoon de Vries，1593—1665 年）的航海记出版。[350] 1618—1644 年间，德·弗里斯先后 7 次到世界各地航行，其中 3 次到了美洲。第四次航海发生在 1627—1630 年，去了东印度群岛。1627 年，内科医生雅各布·邦修斯和他一道来到巴达维亚；1630 年，彼得·范·登·布洛克和扬·彼德尔斯逊·昆的遗孀返回家乡。德·弗里斯的船在远航过程中也勘察了澳大利亚海岸。[351] 他的航海记也描述了 1628 年和 1629 年爪哇人围困巴达维亚的荷兰城堡。[352] 航海记中没有几篇质量上乘的文章，多数都是关于科罗曼德尔海岸的。[353] 17 世纪期间，德·弗里斯的航海记再没有其他版本。

481

保罗·阿洛弗斯逊·罗特曼（Paul Alofszoon Rotman）的《冒险航海纪略》在该世纪也仅仅出版了一次——1657 年。1652 年，从台湾开往巴达维亚的船由于台风在中国沿海厦门附近失事。罗特曼和其他幸存者被保卫厦门、抗击满族军队的明朝忠士囚禁了一段时间。因为不了解中国事务，他和同船水手特别留意周边环境谋求生存出路。然而，罗特曼的报告的重要性在于他纪实性地描述了满人入侵南方时的明朝营地。例如，罗特曼在厦门亲眼看见明朝皇室人员，见证葡萄牙士兵与明朝军队联合作战。[354] 他报道说，偏远村庄对满族人的到来既恐惧又自信——满族人由于缺乏战船永远不会收复厦门岛。[355]

满人入主中原给荷兰人与中华帝国的正常贸易提供了希望。他们曾经试图与中国明朝建立商贸关系的所有努力失败了，然而 1622 年至 1624 年攻打澎湖列岛和福建海岸的结果是在台湾确立了荷兰殖民地，这给中国人留下了非常糟糕的印象，因此与中国建立和平稳定的贸易关系更加不可能。1652 年（或者 1653 年）当卫匡国前往欧洲的途中停靠在巴达维亚时，他告知荷兰东印度公司的官员们，满族统治者意欲准许所有国家在广东自由贸易。荷兰人努力证明卫匡国关于广东报道的真实性，认为如果派遣使团前往北京，就有可能获得合法的贸易权。1655 年，他们派出了第一批中国朝廷的使团，前往北京。

1655 年的荷兰使团为欧洲读者提供了一部介绍中国的重要著作，选材糅合了两个主要资源：游记报告和耶稣会士传教报告。其作者是使团的秘书约翰·纽霍夫（1618—1672 年），其中既有作者亲自观察的资料，也有选自金尼阁、曾德昭和卫匡国等人作品的材料。[356] 书的第一部分是使团的旅历和经历，引言概述了中国，选自金尼阁的作品和卫匡国的《中国新图志》。引言部分收录了卫匡国描绘中国各省的节略本，使团没有亲自穿越这些省份。对纽霍夫实际到访过省份的描述被安排在恰当的位置，但是这些描述文字也是选自卫匡国的《中国新图志》。叙述过程中嵌入了很多写实性材料，多数材料是基于纽霍夫的亲自观察。

纽霍夫报告的第二部分根据金尼阁、曾德昭和卫匡国的作品综合描写了中国。但是纽霍夫的描述比上述作品的篇幅更长，内容更翔实。除了描写中国政府、宗教、教育、习俗等，纽霍夫还留出两个章节介绍中国历史。[357] 第 18 章综述了中国从神秘的伏羲（Fu Hsi）到明朝的历史。他对贤王明君的论述非常详细，但是从夏朝开始他只是简单地列出了朝代和相应的日期。然而，到了蒙古统治的 13 世纪，叙述又开始变得详细。这一章节的叙事结束于 1640 年。该章节的主要依据是卫匡国的作品；多数来自他的《中国历史》，其余部分来自《鞑靼战纪》。第 19 章详细地叙述了满族人 1644 年的入侵，接着是《鞑靼战纪》，但是这一部分还增加了一些地理描写，主要选自卫匡国的《中国新图志》。纽霍夫还留出很多章节讲述寺庙、植物、矿石及开采、动物、河流和山脉。各省的相关现象被逐一描写。这些信息主要选自卫匡国的《中国新图志》。

　　纽霍夫的报告为荷兰读者提供了迄当时已经出版的最为丰富且最翔实的中国信息。其中还包括选自最重要的耶稣会士资料，还附加了到中国内陆旅游和访问过首都的第一批荷兰人中的某一位的观察报告。纽霍夫作品的插图非常丰富。这 150 幅插图中的多数都是根据纽霍夫本人的素描而作，虽然这些画被版画家甚或是纽霍夫本人添加了很多有中国特色的装饰，但是它们仍然为欧洲读者提供了比以往更真实的中国自然景色和那里居民的视觉形象。[358] 尽管版式昂贵，但仍然被欧洲读者热情地接受了。到该世纪末，共出了 6 个荷兰语版、3 个德语版、2 个英语版、1 个拉丁语版、1 个法语版。[359]

　　1663 年出版了一部记述作品，描述了阿诺德·德·弗莱明·范·奥茨霍恩（Arnold de Vlaming van Oudshoorn）镇压安汶岛人 1651 年反抗荷兰东印度公司试图垄断丁香贸易的运动。[360] 后来没有出现其他版本或译本，这个文献已经相当稀缺。

　　虽然荷兰旅行家描写了爪哇沿海城市和省份，但是很少提到岛内的情况。里伊克洛夫·范·昆斯（Rijcklof Volckertszoon van Goens）从巴达维亚到马打兰的苏苏胡南（Susuhunan）朝廷的旅游报告填补了这一空白。[361] 范·昆斯（1619—1682 年）显然是荷兰东印度公司最有能力最勤奋的官员之一。他几乎将一生都留在了东印度。1628 年他只有 9 岁时就被父母带到巴达维亚。到 1630 年父母双双死亡，他只能由公司来监护和抚养。在 1682 年离世之前，他当过助手、商人首领、大使、东印度委员会委员、舰队指挥、锡兰总管、荷属东印度总督等。[362] 从 1648 年到 1654 年间，他 5 次是以苏苏胡南朝廷的特使身份来到马

483

484

打兰的。[363]

范·昆斯的《爪哇行记》（*Javaense reijse*）对风景的描写细致入微、文字优美。细腻的笔触透显着作者的惊异，嵌在岛屿上的河流、山川、森林之壮美无不跃然纸上。作者似乎完全被雄壮的高山、深邃的峡谷、晶莹剔透的溪流，总而言之被"难以置信的美景"所吸引和折服，而马打兰就被这些山川和溪流所环绕。他对当地人的印象远没有那么深刻，把他们描写为自负傲慢、野心勃勃、贪得无厌、狡诈善骗、多不诚实。[364]

范·昆斯著作的大部分篇幅留给了国王、朝廷、政府、盛宴、娱乐，以及国王的残酷审判。"在这里，除了死刑没有任何其他惩治措施"，他总结道。[365]正如范·昆斯所写的那样，苏苏胡南是一位独裁专制的暴君，在一个奢侈豪华的宫廷中统辖着那些谄媚的廷臣。然而，东印度群岛中只有这里对荷兰东印度公司使者最尊敬。[366]

范·昆斯还在几个地方提示读者参考他关于爪哇纪实或爪哇历史的著作。由范·昆斯著的"爪哇岛述略"现存有手稿，显然从未出版过。[367]《爪哇行记》在该世纪从未再版过。

1667年，颇有学养的德国耶稣会士基歇尔（1601—1680年）在阿姆斯特丹出版了他的《中国图志》。[368]基歇尔从耶稣会其他成员那里搜集了资料，创作了该世纪关于中国最重要的著作。他的主要目的是证实在西安发现景教石碑的真实性，为此目的，他印制了石碑上的汉语和叙利亚语碑文原稿、罗马化的汉语经文、拉丁语译文，以及他对汉语和叙利亚语经文的解释。此外，基歇尔还用了相当大的篇幅描写了中国和亚洲其他地区。例如，他留出专章介绍进入中国的各条线路以及基督教在中国的历史，并且还画出所有老陆路通道的草图，包括白乃心（Johann Grueber）和吴尔铎（Albert d'Orville）从阿格拉到北京的线路，同时还描写了西藏。他追溯了基督徒在中国的活动，从圣多默传统信仰到卜弥格关于明朝宫廷高官皈依，及康熙当政期间汤若望在清朝朝廷的经历等。描述完他所认为的偶像崇拜现象从近东到波斯、印度，最后到东亚的扩张外，基歇尔还介绍了中国、日本和印度的宗教。他全面地讨论了印度教和莫卧儿帝国，材料来自耶稣会士兄弟海因里希·罗斯（Heinrich Roth）。有几个章节阐述

485

了中国的政府、风俗、地理、动物、植物、机械工艺等，还饶有兴致地从学术角度讨论了汉语，这足以说明基歇尔在汉语方面取得的巨大进步。还有一部汉语—拉丁语词典，最后是白乃心（1623—1680年）神父对托斯卡纳公爵提出一系列问题的回答。基歇尔的著作中收录了选自白乃心1644年带回欧洲的中国和莫卧儿原著中的几幅画。[369]

尽管《中国图志》不是基于基歇尔在中国的亲身经历而作，但是它被后来的作者反复引用。其中含有的一些信息，如景教纪念碑、[370]罗斯对印度教的描写、白乃心对西藏的介绍等以前从未被印刷出版。首次用拉丁语出版的《中国图志》1668年被译为荷兰语，1670年被译为法语。这3个版本都曾被扬·范·瓦斯伯格和伊丽莎·威尔斯特拉伊特（Eliza Weyerstraet）在阿姆斯特丹出版。[371]

1668年出版的亨德里克·哈梅尔（Hendrik Hamel）航海记是最早在欧洲介绍朝鲜的报告；事实上，也是19世纪前对幽闭王国的仅有一瞥。[372]哈梅尔（1630—1692年）是荷兰东印度公司"食雀鹰"号（Sperwer）帆船上的书记官，这艘帆船在1653年8月从台湾到长崎的航途中遭遇台风，在朝鲜南部沿海的济州岛（Cheju do，荷兰人称其为Quelpaerts）发生船难。"食雀鹰"号上的64名船员中有36名在船难中幸存下来。很多朝鲜人将幸存下来的船员监禁起来，从沉船中挽救了一些损失后，带着哈梅尔和同船人员去见该岛的长官。长官在等待首都的命令期间，他们在这里被软禁了十个月。在此期间，他们还遇见了一位于1627年在朝鲜沿海被捕的老荷兰人扬·扬瑟·韦尔特弗（Jan Janse Weltevree）。他生活在汉城（Seoul），担任朝鲜军队武器专家一职。他被禁止离开这个国家。哈梅尔和"食雀鹰"号上的船员被禁止离开该国。1654年6月，他们被带到汉城，为他们提供了住房和稻米薪俸，而且被安排担任皇家侍卫。其中有两名荷兰俘虏在去往汉城的途中主动接近满清使者，请求帮助他们脱离朝鲜，他们因而被从首都放逐并被遣送到全罗道（Chŏlla Province）的平壤（Pyŏng'-yŏng），他们在这里做一些低贱的杂活儿，最终沦落到乞讨的境地。幸存下来的人在平壤生活了七年。1663年闹饥荒时，他们被转运到全罗道的其他3个村庄，此时仅有22位船员还活着。哈梅尔和另外11人被送到朝鲜南部沿海的丽水（Yosu）。1666年9月，包括哈梅尔在内的8名幸存者乘坐一艘渔

486

船逃到日本的五岛（Goto Islands），他们又从这里被遣送到长崎和出岛上的荷兰商馆。直到 1667 年 10 月他们才获准离开日本。日本人通过谈判希望释放仍然囚禁在朝鲜的荷兰人，1668 年 9 月，这些人也抵达长崎。[373]

哈梅尔的书用简单率真的笔调详述了"食雀鹰"号船员的惊险遭遇和最终的逃脱。书中也提及朝鲜的气候、地理、政府、语言、社会习俗，以及与中国和日本的关系等。和耶稣会士描写中国不一样，哈梅尔对朝鲜的认识是建立在他的亲身经历和结识朝鲜百姓基础之上的；这些知识不是对朝鲜社会和文化的笼统概述或空想概念。哈梅尔对中国和日本的知识也不足以让他对这两个国家和朝鲜做出合理的比较。关于对罪犯惩罚的描述生动具象，而对朝鲜法律结构的认识非常模糊。他详细地描绘了朝鲜的生活和官员的行为，但是对政府的行政结构没有多少把握。他对朝鲜宗教的报告也只是强调人们的宗教实践活动，对佛教和道教思想没有深入体会。尽管有这样或那样的局限，大量关于朝鲜的有趣知识经由哈梅尔的报告进入欧洲读者的视野。近代学者也认为他对那些船难者在朝鲜经历的描述和对朝鲜本身的描写是准确的。朝鲜对荷兰访者的通告也证明了哈梅尔的叙述。[374] 大象和鳄鱼的图片以及朝鲜河流的鳄鱼故事等引起了人们对哈梅尔可信度的怀疑，但这些资料显然是在萨厄格蒙的各个版本中由编者加进去的，后来又被法语和英语译者直接采用。这些资料在荷兰语的早期版本和哈梅尔航海记的手稿中并没有出现过。[375]

1668 年，两位出版商发行了 3 个版本的哈梅尔航海记。后来，它们成为萨厄格蒙版文集中的一部分。哈梅尔航海记 1670 年被译为法语，1672 年译为德语，1704 年被译为英语（收在丘吉尔合集中）。1669 年，它被收录在阿诺尔德斯·蒙塔努斯（Arnoldus Montanus，1625？—1683 年）的《荷兰东印度公司特使觐见日本天皇实录》（*Gedenkwaerdige gesantschappen*），维特森的《东北鞑靼志》（1692 年）中关于朝鲜的报告也是基于这个游记而作的。[376]

随着 1669 年蒙塔努斯《荷兰东印度公司特使觐见日本天皇实录》的出版[377]，关于日本的新认知和旧知识一并进入读者的视野。从表面上看，它是一部描写 1640 年后荷兰东印度公司派到幕府朝廷使者的记述，实际上却是一部关于日本的百科全书。在叙述使团的过程中也插入了一些其他内容：地形、日本城市、古代日本历史、葡萄牙人与日本的贸易、16世纪晚期的统一战争、耶稣会在日本的传教团、基督徒的受迫害、日本宗教和习俗等。如果日本社会或历史的某些方面让蒙塔努斯联想到西方历史上类似的事件和习俗时，他便从经典著作、圣经、西方故事中选取一些例证与日本进行比较。例如，关于日本起源故事和太阳崇拜的一个段落，激发作者撰写了若干页古代和近代关于世界起源和太阳崇拜的相关故事。[378] 书的开头便是关于地球的综述，包括地理组成、人口分布、早期的陆路和水路探索活动，最后是葡萄牙和荷兰航海概述以及他们与日本的接触和来往。[379] 书的大部分都是这些离题叙述；这些离题故事甚至又进一步跑题。

这些信息来源于各种渠道。多数来自先前已经出版了的日本纪实作品：伊比利亚历史记述、马菲（特别是耶稣会士书简）、荷兰早期评论家——林斯乔坦、卡龙、哈格纳尔、希斯伯斯逊、克拉默、甘治士、哈梅尔及其他人——的作品。然而，荷兰东印度公司每年派往江户使者的详细内容以及大部分附带性描写，显然都来自当时还没有出版的各种报告，人们从中可以一睹"闭关锁国"期间的日本。

488

尽管内容多有重复、缺乏逻辑组织、冗长繁琐，但是蒙塔努斯的书发行范围很广。除了荷兰语版本外，同年还出版了一个德语版本，1670年又出版了一个德语版，1680年出版了一个法语版本，出版商都是阿姆斯特丹的雅各布·范·米尔斯。1686年，法语本盗版出现在莱顿；1693年，海牙也出现了法语本的盗版。第二个荷兰语版本约1680年出现，发行者很可能是阿姆斯特丹的一群出版商，其中一部分人曾经是米尔斯的顽固竞争对手。[380] 1670年，约翰·奥格尔比（John Ogilby）在伦敦出版了英语译本。[381]

同样在1669年出版的一本小书，描写了1635年至1644年间荷兰在柬埔寨和老挝的活动。其编者或作者是哈勒姆（Haarlem）著名的艺术家和出版商彼得·卡斯特林（Pieter Casteleyn, 1618—1676年），《荷兰信使》（*Hollandtsche mercurius*）的第一位编者。这本书显然是根据当时驻扎在柬埔寨的青年商人海拉尔德·范·伍斯托夫（Geeraerd van Wusthof）的游记而作。[382] 这本书似乎只出版过一次，但是到当时为止欧洲读者还没有接触过其中涵纳的有趣信息。卡斯特林对柬埔寨国家和民族的报道甚少，但却详细地描绘了 1642 年柬埔寨统治者被暗杀事件以及篡权者随后的大规模杀害先王家族成员和大臣事件。他声称，1 200 多人在革命动乱中丧失生命。[383] 卡斯特林也描写了范·伍斯托夫和部分助手 1641 年沿河流上溯到老挝首都的旅程，这也许是欧洲在该地区的首次亲历报告。[384] 其中也收了一篇介绍老挝的文章，主要涉及地理、宫廷、宫廷接待、队列等。[385] 书的最后是一篇报告——1643 年 11 月 27 日，篡位者屠杀了所有荷兰东印度公司在柬埔寨的员工。[386] 范·伍斯托夫在几个月之前才刚刚离去。还有几个令人奇怪且不太相关的附录：其中一个附录描绘了印度科罗曼德尔海岸的圣多默陵墓和出现在那里的一些圣迹；[387] 另一个附录详述了班达群岛上"肉豆蔻鸟"（nutmeg bird）的习性，这种鸟只吃肉豆蔻，消化谷物，排泄果核，整个岛屿因而都种上了树木。[388] 最后一则附录讲述了在世界各地遭遇美人鱼和雄人鱼的故事。[389]

荷兰对中国描写最为全面的作品之一是 1670 年出版的阿姆斯特丹内科医生达帕（1639—1689 年）的记述，内容包括荷兰舰队司令巴尔塔萨·博特（Balthasar Bort）1663 年和 1664 年在福建沿海的探险活动，以及彼得·范·霍恩（Pieter van Hoorn）率领使团到北京（1666—1668 年）的报告。[390] 达帕本人从未到过中国。因此，他的书集合了来自博特远征队和霍恩使团成员的报告，再加上从其他文献中一点点搜集来的中国记述。达帕没有花工夫整合搜集来的材料。通常情况是，他把几位不同作者的内容一段段地并置在那里而不加任何个人评论。和纽霍夫不一样，他对中国人的态度前后不一；他更像蒙塔努斯，是一位汇编者而不是一位作者。也许是因为完全依靠其他文献的原因，他比纽霍夫更加慷慨地对文献作者表达了谢意。尽管达帕的书是材料的杂乱无章地堆砌，但实际上是该世纪后半叶荷兰读者可以获得的中国知识百科全书。

这部书是两卷绑在一起出版的，其中的第一卷主要阐述了 1661 年台湾的失陷、荷兰人通过与福建官员的谈判试图重获台湾的努力，以及霍恩使团 1666 年出访北京等。然而，其中记述的内容远不止这些。例如，在叙述博特沿福建海岸航行之前，插入了一篇冗长的台湾记述，主要选自甘治士文集。在叙述福州使团和北京使团的过程中还收录了大量描述性材料：有些出自使者的观察，有

489

些选自其他作者。例如，在叙述霍恩使团时植入了他们经过的每一个省份的纪实描写；这些省份的描写是摘自卫匡国《中国新图志》的相关内容。使团记述之后是一篇相当长的中国概论，主要摘编自金尼阁、曾德昭、卫匡国和基歇尔的作品。

第二卷的标题为《中华帝国或大清王朝纪实》（*Description of the Empire of China or Ta Ch'ing*），几乎涵纳了所有 17 世纪关于中国的重要记述。正如人们所料，耶稣会士关于中国的报告是本卷的重要文献资源，但是达帕还利用了门多萨和其他几位荷兰作家特别是纽霍夫的作品。达帕著作第二卷的版式和纽霍夫著作的第二卷类似。第一部分综述了这个国家、地理位置、人们对它的称呼。通过引用每一个探讨过相关问题的作者，达帕深入细致地讨论了中国与契丹的同一性。随后是对每一个省的描述，仍然是摘编自卫匡国的《中国新图志》。对满清的入侵描写与卫匡国《鞑靼战纪》的相关叙述几乎完全一致，被插入在直隶省（Chih-li）板块中。接下来的一大板块阐述了中国的宗教和哲学，多选自金尼阁、曾德昭和卫匡国的著作。此外还收录了一部相当可观的历史记述，其根据几乎完全是卫匡国的《中国历史》。这一卷的其余部分是篇幅较短的几个章节，依次描述了帝国的河流、湖泊、溪水、山脉、树木、鲜花、牲畜、鸟类、鱼类。大部分资料来自卫匡国的《中国新图志》对各省的描写，但是有关动物和植物的章节补充了大量选自威廉·皮索和波兰耶稣会士卜弥格的相关叙述。该卷的最后一章是关于汉语及其书写，编选自耶稣会士的权威报告。

这是一部印刷精美的书，附有大量有趣的铜版画，其中有 4 个插页显然是源自中国的佛教图像。[391] 有些版画的色彩丰富而华美。除了 1670 年的荷兰语原版外，出版商雅各布·范·米尔斯还多次发行了德语版，版次分别为 1673 年、1674 年、1675 年、1676 年。约翰·奥格尔比 1671 年在伦敦出的英语版的标题为《中国地图册》（*Atlas Chinensis*），但是被人们错认为是蒙塔努斯的杰作。或许这种误会也是可以理解的，蒙塔努斯和达帕似乎曾经联合编撰过有关这个遥远国度的大型插图本作品。这些卷本的署名错误不止这些。蒙塔努斯的《未知的新世界》（*Nieuwe en onbekende weereld*）被错认为出自达帕之手。[392]《第二、三次荷兰东印度公司使节出使大清帝国记》（*Gedenkwaerdige bedryf*）的英语版

490

和德语版都收编了其原版中的插图。[393]

荷兰在满族人的援助下试图重获在台湾的地位，这一过程被马蒂斯·克拉默（Mattys Cramer）用诗一般的语言记录下来，克拉默曾经参加了博特的远征，他的书于 1670 年出版。[394]克拉默用令人震惊的韵文赞美了博特的勇敢和智慧，吁求上帝相助打败郑成功的军队，痛斥满族人的背信弃义。除了描写火烧村庄、击沉战舰之外，似乎没有其他内容。遗憾的是后来再没有出版。

阿贝尔·塔斯曼（Abel Tasman）在澳大利亚探索的首批报告出现在达帕—蒙塔努斯关于新世界的汇编文集中——1671 年以蒙塔努斯的名义出版。[395]塔斯曼的两次航海——一次为 1642—1643 年，另一次为 1644 年——是荷兰东印度公司在澳大利亚海岸沿线持续探险的组成部分。塔斯曼第二次航海之后，（澳大利亚）西海岸线、2/3 的南海岸线，包括卡奔塔利亚湾（Gulf of Carpentaria）在内的几乎整个北海岸线，以及新几内亚南海岸线都被荷兰航海家们绘制出来了。塔斯曼发现了范·迪门陆地（Van Dieman's Land）——现在称为塔斯马尼亚岛（Tasmania）和新西兰。他还登陆了汤加群岛和斐济群岛。塔斯曼的航海活动主要依靠南方大陆与极地相连的认识观念——这一观念已经受到斯考顿和勒梅尔航海成员的严重怀疑。尽管塔斯曼 1644 年曾经沿着新几内亚和澳大利亚北海岸航行，但是他仍然认为这两部分是同一陆地。[396]也许这些探索发现的结果从未打算出版；事实上，人们似乎努力保守着这个秘密。然而，体现了塔斯曼探索结果的航海图早在 1652 年或 1653 年就出版了。[397]

收录在蒙塔努斯《未知的新世界》里的塔斯曼 1642—1643 年的航海报告，非常不同于塔斯曼本人的航海日记的残存本。[398]航海报告的作者显然是船上的内科医生亨德里克·黑尔博斯（Hendrik Haelbos），报告中没有地图也没有多少准确的地理信息，但是比航海日记原版残存本含有更多的关于当地人的描述。然而，这些描述介绍给欧洲人的是没有魅力的文明。南方大陆及其邻近岛屿的土著居民被描述为粗鲁且野蛮的部落，皮肤黝黑，喜欢裸奔或者接近裸奔，居住在芦苇和泥巴建造的圆形房舍中，没有稳定的管理机制和宗教机构。

蒙塔努斯的《未知的新世界》的英语版于 1671 年问世，出版商仍然是约翰·奥格尔比，德语版 1673 年以达帕的名义出版。1674 年，另一个版本——

显然是根据塔斯曼的航海日记原著——以迪尔克·雷姆布拉特逊·范·尼罗普（Dirck Rembrantszoon van Nierop）《环宇通鉴》（*Eenige oefeningen*）的部分内容形式出现。最后，尼古拉斯·维特森在他的《东北鞑靼志》（1692 年）中收编了一篇关于塔斯曼航海的报告，其根据仍然是该航海日记原版或者是已经遗失了的该航海日记摘编。[399]

492

第五节　世纪末的衰落

1672 年，不知疲倦的达帕出版了一卷关于莫卧儿帝国的著作。[400] 这部著作和他的早期作品类似，冗长厚重、包罗万象、逻辑不清、东拉西扯、插图丰富。与他的中国卷著作相比，这部作品更加依赖以前已经出版的作品。虽然他使用的参考文献资源不总是那么清晰明辨，但是实际引用的文献列表很长，包括古典和无数同时代的作者。达帕的《亚洲记述》涉及的主题包括地理、种姓制度、婚葬风俗，特别提到殉夫（suttee）习俗，以及马来语—荷兰语词汇表。他还详述了印度教的起源传说、毗湿奴的十种化身、克利须那（Krishna）和罗摩（Rama）史诗。他用大量笔墨详细论述了印度教和伊斯兰教的信仰和习俗，还留出一大版块记述了莫卧儿历史。著作的最后描述了帝国内的各个王国和省份。当然，几乎所有这些信息在别的地方也可以获得。就印度教而言，他大量地参照了罗杰的著作；他整章整章地抄袭罗杰却从不提他。他以同样的方法对待亨利领主（Henry Lord）的作品。达帕对毗湿奴十种化身的描述，以及克利须那和罗摩故事的叙述非常细致，与罗杰作品的相关叙述大不相同。这些内容显然是他抄袭自同一时间出版的菲利普·巴尔德（Philippus Baldaeus）的著作，很可能是在版画店中落入达帕的手中。[401] 然而，达帕对荷兰使团 1653 年觐见比贾布尔国王的记述是根据以前没有出版的荷兰东印度公司的书简和日志。[402] 除了使团的详细情况和与莫卧儿的几封往来书信外，其中的纪实性价值不高。达帕的《亚洲记述》的英语译本由约翰·奥格尔比 1673 年出版，1681 年出现德语版。[403]

　　菲利普·巴尔德（1632—1672 年）的《马拉巴尔、科罗曼德尔，以及相邻诸国和强盛的锡兰岛大事记》（*Naauwkeurige beschryvinge*）在达帕出版《亚洲记述》的那一年晚期发行，与达帕的编著相比，巴尔德的著作更有利于欧洲认识和了解印度与锡兰。[404] 巴尔德是 1656 年至 1665 年间驻扎在锡兰的传教士，曾于 1658 年参与了里伊克洛夫·范·昆斯在马拉巴尔海岸和锡兰岛的战役。[405] 他的书分为三部分：第一部分描写了印度海岸，第二部分探讨了锡兰，第三部分论述了印度宗教。每一部分都有独立的标题页，重新计页码。在第一和第二部分，他描述了城镇、贸易、乡村，以及居民，他还留出相当大的空间极为细致地描绘了葡萄牙势力在印度各地的崛起以及后来荷兰征服这些地区的过程。例如，他在第二部分利用 150 页的篇幅讲述了葡萄牙占领锡兰、葡萄牙人与康提国王的关系、从 1602 年斯皮尔伯根访问开始的荷兰与康提的谈判历史、荷兰征服葡属锡兰、荷兰东印度公司与康提国的交恶、治理锡兰存在的问题，以及改革当地教会的尝试等，其中还包括他管理下的每个教堂的图片。他讲述的历史包括来自主要相关人物的书信和报告。其中多数的依据是荷兰东印度公司的报告以及与参加了荷兰征服活动的人的对话等。有些内容显然是源自巴尔德的亲自观察和个人经历；他早在 1656 年就到了加勒，1658 年以牧师身份跟随范·昆斯到处旅行，积极地参与了荷兰的管理实践及其 1658—1665 年间试图改革教会的活动。他的作品因而成为确立荷兰在锡兰和南印度势力地位的重要出版文献。[406] 他关于葡萄牙人在锡兰和马拉巴尔海岸的历史叙述显然来自葡萄牙语文献，这些文献以前还不曾全部出版。例如，A. J. 德·琼（A. J. de Jong）声称，巴尔德参考的很多文献都来自被占领的贾夫纳帕塔姆（Jaffnapatam）耶稣会神学院。他认为，巴尔德的著作与曼努埃尔·德·法利亚·索萨的《亚洲葡萄牙人》（*Asia Portuguesa*）共享同一手稿，因为他们有些地方几乎一模一样，而且从未相互抄袭。[407] 巴尔德还收编了一篇关于围困科伦坡的文章，作者是一位幸存的葡萄牙人，也许是总舰长安东尼奥·德·索萨·科蒂尼奥（Antonio de Sousa Coutinho）。[408]

　　巴尔德在第三部分关于印度教描述的主要依据是亚伯拉罕·罗杰的著作，但是也有一些新资讯，来自他本人的观察、他在贾夫纳帕塔姆耶稣会神学院发现的文件、他与有学问的婆罗门的对话。他抄袭了耶稣会士贾科莫·范尼西欧（Giacomo Fenicio）该世纪早期在卡利卡特撰写的手稿。[409] 巴尔德对印度教的理解远没有罗杰那么深刻。他参照古典文献和圣经持续地寻找印度人与古代异教徒信仰之间的相似性，不厌其烦地揭示印度教概念中的错误。通常，他的比较和评述占用的篇幅比对印度教描述占用的篇幅更大。

第一部分的结尾处是 6 幅没有标页码的插页印刷品，包括附有罗马音译的泰米尔语字母表、主祷文和用泰米尔语字母标注的使徒信条。[410] 随后是一篇描写泰米尔语的文章、一个泰米尔语语法的说明——特别是名词的词格变化和动词的词形变化、主祷文的罗马字母直译表和泰米尔语教义。[411] 词格变化和词形变化不完整，巴尔德承诺的完整语法介绍从未面世，但是他是欧洲第一个尝试引介泰米尔语法的人。[412] 该世纪再没有出现巴尔德的《马拉巴尔、科罗曼德尔，以及相邻诸国和强盛的锡兰岛大事记》的其他荷兰语版本。1672 年，原来的出版商发行了一个德语译本。

1673 年，满族人入主中原的另一个拉丁语报告在卢万出版。[413] 其作者是曾于 1656 年至 1676 年在中国工作过的佛兰德人耶稣会士鲁日满（François Rougemont，1624—1676 年）。报告介绍了从满族入主中原到 1666 年间的征服活动、政府管理和大事件，以及这些事件对基督教传播的影响。早在卢万的拉丁语版出现之前，鲁日满的拉丁语原稿就被译为葡萄牙语并在里斯本出版。[414]

一则详细报告台湾失陷于郑成功的小册子 1675 年出版，其作者被神秘地写成 C. E. S.。[415] 这几个首字母很可能代表 "Coyett et socii"，因为小册子的明确目的是赢得人们对荷兰在台湾的最后一位总督揆一（Frederic Coyett）的支持。1662 年，热兰遮城失陷，揆一被巴达维亚的官员囚禁因而名誉扫地。小册子的某个作者或某些作者将 1661 年到 1662 年台湾的防御和失陷过程以日为单位（day-to-day）——一一的记录下来。作者也收录了大量关于满族人入侵中原及其逐渐打败大陆明朝忠士的背景资料。他们的目的是向读者表明，巴达维亚的官员失职——在多次收到警示之后仍然没有重视台湾的防御工事和卫成部队的加强。因此，这个小册子中塑造的中国人形象与多数荷兰游记报告有所不同。郑成功的军队和战术让作者们钦羡不已，这个观点与早期很多作者的

494

495

观点不同，前人构建起的观念是中国人在战争中以懦弱和胆怯著称。郑成功本人被描绘为一只狡猾的狐狸，拥有可怕而怪异的智慧。就连郑成功的欺诈行为也赢得作者们的敬仰。根据小册子作者的观点，真正的恶棍不是郑成功和他的军队，而是巴达维亚的东印度委员会成员。即便如此，小册子还是在荷兰读者面前把中国人描绘为他们在远东的敌人，一个他们在热兰遮城的同胞拒绝投降时对荷兰俘虏犯下滔天罪行的敌人。尽管 C.E.S. 所著的小册子的偏见显而易见，但是它对台湾失陷的描述与其他荷兰作者的相关话题相当一致，如以下各位作者的报告——杨松·司徒鲁伊（Jan Janszoon Struys）、阿尔布莱希特·赫波特（Albrecht Herport）和亲自参与了热兰遮城防御的沃特·斯考顿（Wouter Schouten）。[416]

　　荒岛、船难、饥饿、同类相食是弗兰茨·杨松·范·德·海登（Franz Janszoon van der Heiden）报道荷兰东印度公司帆船在孟加拉沿海遭遇海难故事的主题。[417] 根据其报道，"谢林"号（Schelling）1661 年 10 月计划航向孟加拉，在一次风暴中搁浅，船体开始破裂。部分船员逃到一个荒岛，他们在这里挣扎着谋求活命，后来造了一个粗糙的木筏漂到大陆。刚一到达陆地，他们便被带到莫卧儿军营，被迫入伍。故事还简单地介绍了军队及他们参与的战斗。范·德·海登的故事很可能是虚构的。"谢林"号上的船员都不太可信，他们的一些冒险行动太不真实；对岛屿的描述太笼统，它可能是任何一个岛屿，叙述中错误百出，不合逻辑。不管是虚构的还是真实的，范·德·海登这本受欢迎的书没有提供关于亚洲的新信息。该书 1675 年出了 2 个荷兰语版，1685 年再版，1698 年又版；18 世纪至少再版了 5 次。1681 年被译为法语，1676 年译为德语，1682 年以格拉尼乌斯（Glanius）的名义译为英语。英语版似乎是从 1681 年的法语版翻译过来的。[418]

　　60 年代早期的事件被沃特·斯考顿（1638—1704 年）娓娓道来，他曾经参与了多次航行，他著的《东印度航海日志》（Oost-Indische voyage）1676 年出版。[419] 斯考顿以随船外科医生的身份 1658 年 4 月从阿姆斯特丹出发，1665 年 10 月返回。他在东方服役期间曾访问过苏门答腊、爪哇、马鲁古群岛、安汶岛、西里伯斯、锡兰、孟加拉和阿拉干。在巴达维亚期间，恰逢从台湾热兰遮城逃难而来的幸存者，他记述了从他们那里获悉的台湾沦陷以及揆一总督的审判和放逐等故事。[420]他1660年参与了荷兰人攻打望加锡的战役。[421]1661年11月，他来到科伦坡，描述了这座城市长期被围困造成的影响。[422]1661—1662年间，他随同范·昆斯的战舰来到马拉巴尔海岸，见证了占领奎隆、僧急里和科钦的过程。在那次旅途中他遇见了巴尔德。1664年的大部分时间里他都在孟加拉度过。斯考顿是一位好奇的人。他在前往每一个港口附近的乡下和村庄的徒步旅行中，都会探察沿路的寺庙和宝塔，观察村民的生活。有时他也会遭遇麻烦。例如在特根帕塔姆（Tegenpatam），他和朋友们的嘴唇触到了井边上的饮水壶因而犯了异教徒的禁忌，从而被一群半裸的村妇追逐和驱赶。[423]

除了详细记述他个人的冒险经历外，斯考顿的书还描述了亚洲的很多地区和民族：印度沿海、爪哇、苏门答腊、阿拉干、望加锡、香料群岛、马六甲和锡兰。他关于在科摩林角（Cape Comorin）和孟加拉外海垂钓珍珠的报告最为精彩有趣。他也描绘了自己从未到访过的地区如暹罗、日本、台湾、维查耶纳伽尔等。这些材料显然是来自以前已经出版的报告，这些材料和他个人的观察评述相互缠绕编织在一起，很多情况下人们无法确认一个特定的叙述到底是从哪里开始的。斯考顿书中的插图异常生动有趣。[424]17世纪再没有出过其他荷兰语版的《东印度航海日志》，但是阿姆斯特丹的米尔斯1676年出了一个德语版本。它似乎在18世纪更为畅销，期间共出了至少5个荷兰语版本和2个法语版本。[425]

比斯考顿的书更为流行的作品是杨松·司徒鲁伊（1694年离世）的《三个典型严重疾病的报告》（*Drie aanmerkelijke en seer rampspoedige reysen*），同样于1676年出版。[426]该作品于1678年被译为德语，1681年、1682年和1684年被译为法语，1683年或1684年被译为英语。18世纪又出了3个荷兰语版本和4个法语版本。司徒鲁伊的书受欢迎无疑是由于他讲述的一系列生动的冒险行动，多数冒险显然只发生在他的想象中，从书中人们可以发现他并没有日记记载。1674年，17岁的他首次出海，在接下来的二十六年里他不停地到处旅游。在此期间，他经历过台风、海难、饥饿、被俘等。他多次被卖为奴隶，有一次旅行带着一个用诺亚方舟的木头刻成的十字架回来，据说是一位生活在亚拉腊

497

山（Mount Ararat）上的隐士给他的。[427] 所有这些使得他的书难有实际用途。读者十分困惑，不知是作者的杜撰还是该相信他是真实的叙述。在他大部分稀奇古怪的冒险行为之下，也许隐藏了一些事实吧。[428]

1676 年后，讲述亚洲的新荷兰语作品的数量直线下滑。关于亚洲的游记故事和书籍继续由各个荷兰出版社发行，读者们显然也渴望购买它们，但是多数书籍都是早期报告、外国作品、外语书籍特别是法语书籍的荷兰语译本的再版。那些年新出版的荷兰报告没有一部像世纪中期的出版物那么畅销，也许是因为其中含有的新信息太少。

1677 年出版了两本小书，此后都没有再版过。彼得·范·德·伯格（Pieter van der Burg）关于戈尔康达和勃固的报告十分罕见，现在已经难以获得。[429] 赫雷特·弗穆伦（Gerret Vermeulen）的《赫雷特·弗穆伦东印度旅行记》（gedenkwaerdige voyagie）为荷兰读者介绍了 1666—1669 年间荷兰东印度公司镇压望加锡的过程以及结束战争的条约。[430] 其中相当清晰地描述了望加锡及其与荷兰人战争的背景，也介绍了爪哇岛、巴厘岛、帝汶岛、德那地、安汶岛和班达岛，叙述简略。编者为充实报告内容，在作者提到的每一个地区都增加了相关的描述性附录，尽管有了这些努力，但是书也仅为 91 页长的四开本。弗穆伦的报告对今天的读者仍有些吸引力，因为作者是一位士兵，他的书为了解荷兰东印度公司士兵的生活提供了第一手的材料。他也讲述了士兵关于亚洲知识的一些引人发笑的趣闻。例如，他对自己被派往望加锡十分不悦，因为巴达维亚的士兵们告诉他，欧洲到望加锡的每 5 000 人中仅有 500 人能够返回。[431] 而且，有些地方更加糟糕。据报道，距离班达岛 60 英里的一个岛屿非常危险，所有到那里的白人六个月内就会死亡。[432] 他在简略的叙事中总是不忘添加这样一些评论：当地的土族妇女认为与欧洲人睡觉是极大的荣耀。[433] 他讲到，安汶岛上的人染上了天花，但是他描述的似乎是梅毒的症状。他认为流行病是被一种蝇虫传播的。[434] 安汶岛的鹦鹉为逃避抓捕将巢筑在高高的枯树上，没有人敢爬上去，因为树干上有食人红蚁。天堂鸟一旦落在地上就会死亡。[435]

1678 年，亨德里克·阿德里安·范·瑞德·托特·德拉克斯坦（Hendrik Adriaan van Rheede tot Drakestein，1637—1691 年）男爵关于马拉巴尔海岸植

498

物群的不朽著作的前几卷出版。[436] 这位男爵曾经于 1671 年以荷兰东印度公司董事的调查专员身份到过印度。他对印度的植物非常迷恋，自己出钱组成团队为马拉巴尔的树木和植物绘草图、编目录。这项工程共有 100 多位欧洲和印度的学者和工匠参与，分别来自科钦、讷加帕塔姆（Negapatam）、巴达维亚、莱顿等地。[437] 从 1678 年到 1703 年间，共出了 12 个对开本卷册。每一卷中，成百上千的乔木、灌木和植物被细致地绘制、描述，并且用拉丁语、阿拉伯语、梵语、马拉雅拉姆语（Malayalam）和泰米尔语识别和确认。1698 年，《印度马拉巴尔植物志》（*Hortus indicus malabaricus*）中的两卷被译为荷兰语。[438]

外国游记的译本在六七十年代继续快速出现。事实上，1676 年后，荷兰各出版社发行的游记译本是荷兰语原版游记报告的 3 倍。60 年代期间，很多荷兰语译本出现，如弗朗索瓦·德·拉布拉耶·勒古兹（François de La Boullaye Le Gouz）的游记、尼科洛·德·孔蒂（Nicolò de' Conti）的旅行记、马可·波罗、皮特罗·德拉·瓦勒（Pietro della Valle）的旅行记、李科罗（Vittorio Ricci）写自亚洲的书简、奥古斯丁·德·博利厄（Augustin de Beaulieu）的游记和雅克·德·布尔热（Jacques de Bourges）的记述等。[439] 博利厄和布尔热的著作是由 J. H. 格拉塞马克翻译的，他还于 1671 年翻译了约翰·雅各布·萨尔（Johann Jacob Saar）的《东印度纪略》（*Oost-Indianische Beschreibung*）。[440] 次年，西蒙·德·弗里斯（Simon de Vries）翻译了弗朗索瓦·贝尔尼埃（François Bernier）在印度的行记。[441]

499

规格大小和内容都给人留下深刻印象的是 1682 年出版的约翰·纽霍夫的《东西印度的航海游记》（*Reizen*）。[442] 纽霍夫曾于 1655 年到过北京，除此之外，他从 1640 年到 1644 年供职于巴西的西印度公司，从 1663 年到 1666 年担任荷兰东印度公司的主管，负责马拉巴尔海岸的事务。在与新总督里伊克洛夫·范·昆斯发生了分歧之后，他于 1666 年被遣送到科伦坡，在这里逗留了一年后来到巴达维亚，在这里生活了三年后，1670 年返回阿姆斯特丹。1671 年，纽霍夫第三次航往东印度；1672 年 8 月，他与一群在马达加斯加登陆的人失踪了。他的弟弟亨德里克编辑了他的笔记和文件，出版了《东西印度的航海游记》。[443] 雅各布·范·米尔斯版本的《东西印度的航海游记》是一个装订精美、插图丰富的对开本，类似荷兰使团到北京的报告。其中的版画是根据纽霍夫本人精心绘制的草图而刻的。然而，它与中国卷不同的是该世纪再没有出现其他版本和译本。[444]

《东西印度的航海游记》实际上是两个卷本的合成：第一卷只涉及巴西，第二卷单独标页，论述了他到东印度群岛的旅行。除了担任荷兰东印度公司在马拉巴尔海岸的主管外，纽霍夫还曾访问过安汶岛、郑成功入驻前的台湾、苏门答腊、科罗曼德尔海岸和锡兰等。1662 年，他还参加了范·昆斯率领的为荷兰赢得了马拉巴尔诸城市的远征队。《东西印度的航海游记》提供了以上经历以及纽霍夫与马拉巴尔地区的几个王子谈判的第一手资料，这些谈判发生在荷兰刚刚取得胜利的几年里，纽霍夫当时担任荷兰东印度公司在该地区的主管。此外，纽霍夫是一位敏锐的观察家和纯熟的写手；从《东西印度的航海游记》中的版画可以判断，他还是一位卓越的写实大师。《东西印度的航海游记》还描写了安汶岛、台湾及其失陷于郑成功、马六甲、柔佛州、北大年、苏门答腊、科罗曼德尔海岸、马拉巴尔海岸、捕鱼海岸（Fishery Coast）、爪哇，特别是巴达维亚。作品虽然写的精彩，但是荷兰和葡萄牙早期游记报告的读者们对这些材料并不陌生。例如，对台湾的描述并没有比甘治士的报告多了什么内容，纽霍夫讲述的台湾失陷于郑成功与 C.E.S. 的小册子完全一致。关于马拉巴尔的记述完全来自巴罗斯。如同弗穆伦，他也描述了"安汶岛天花"（Amboinese pox）的症状，但是他坚持认为安汶岛天花与西班牙天花不同，也不可能通过性传播。他认为，这种天花是由于安汶岛上的有害空气以及食用太多鱼和西米面包导致的。[445]另一方面，他对马拉巴尔（有些内容选自早期的报告）和巴达维亚的描述篇幅很大，信息丰富。他几乎把巴达维亚每条街和每个建筑物都绘制出来，他对爪哇的植物群和动物群的描述是 17 世纪最为详尽的。他在巴达维亚生活的三年里，除了写作几乎没做任何其他事情。书中的很多插图极其精美。

1692 年，耶雷米亚斯·范·弗莱特（Jeremias Van Vliet）的《暹罗王国概览》（*Description of the Kingdom of Siam*）荷兰语译本出版，但它不是当时最新的报告。[446] 他 1633 年到达大城，1636 年至 1641 年担任荷兰东印度公司的主管。1637 年或 1638 年，弗莱特写了这部概览，然后旅居到巴达维亚赠送给那里的领导。这部概览首次在欧洲出现时，是以亚伯拉罕·德·威克福（Abraham de Wicquefort）翻译自托马斯·赫伯特（Thomas Herbert）的记述（巴黎，1663年）的法语版附录出现的。[447]范·弗莱特主要参考了他在大城的前任朱斯特·斯考顿，据他说斯考顿的报告写的很完美，所以"继任者们几乎没什么可写的了"。[448]事实上，范·弗莱特著作的大部分都是斯考顿作品的缩写，有些段落甚至是直接摘抄原著。然而，范·弗莱特显然促进了欧洲了解暹罗。他的书相当全面地报道了帕拉塞·东统治早期的发展状况，包括暹罗国家内部和它与柬埔寨、北大年、日本、中国和亚齐的来往和关系。他还收纳了一些相关的历史背景知识。事实上，范·弗莱特关于暹罗政府的记述比斯考顿的更加完整。他对在暹罗当雇佣兵的日本人的描述也很全面。[449]范·弗莱特的这本书在17世纪只出了一个荷兰语版。与它一同出版的是两部同时代关于暹罗的法语报告的荷兰语译本：德法尔热的《论暹罗1688年革命》（*Relation des revolutions de Siam de 1688*，阿姆斯特丹，1691年）；皮埃尔·约瑟夫·多莱昂（Pierre Joseph d'Orleans）的《暹罗国首席大臣康斯坦斯传》（*Histoire de Mons. Constance, premier ministre du roi de Siam*，巴黎，1692年）。[450]

　　1692年，关于东北亚的一个有趣的资料合集作为尼古拉斯·维特森的《东北鞑靼志》的一部分在阿姆斯特丹出版。维特森（1641—1717年）作为一名仅23岁的摄政阶层（regent-class）的年轻人，刚刚毕业于莱顿大学之后，便随同荷兰使者雅各布·博雷尔（Jacob Borell）于1664—1665年来到莫斯科。早在前往俄罗斯之前他就对东方感兴趣了。他怀揣着莱顿东方学者雅各布·戈略斯提出的一系列问题，小心翼翼地在俄罗斯记下相关答案。他大量地记录下所见所闻：他与鞑靼人、萨莫耶特人（Samoyed）、卡尔梅克人（Kalmuk）、波斯人交谈，并给每种人画了一幅草图。[451]他在后来的几年里继续搜集亚洲资料，作为阿姆斯特丹的市长、荷兰最有影响力的政治领袖之一，以及荷兰东印度公司的董事，他做此事颇有优势。他曾援助了几位游客，他们把各自的游历讲给他听。[452]

　　因而，维特森的《东北鞑靼志》是一部拼凑而成的作品，其中关于亚洲的资料都不是出自作者的亲自观察。1653年，有一些人跟随费德里克·巴伊科夫（Fedor Baikov）通过陆路从莫斯科到北京访问，维特森与他们交流访谈。获得

501

巴伊科夫的日志后，他 1699 年将其翻译为德语。他参照卫匡国的著作获取了关于蒙古人、满族人、中国北方的资料，他还收编了一篇选自卫匡国的《鞑靼战纪》的关于满族人征服运动的报告。他关于朝鲜的资料来自哈梅尔；关于北海道的论述来自马丁·赫里特松·弗里斯的日志。维特森还报道了在澳大利亚的发现，这显然是选自塔斯曼没有出版的日记。然而，《东北鞑靼志》中的地图似乎出自维特森本人之手。1705 年，《东北鞑靼志》第二次出版，其中收录了巴伊科夫的日记。第三版 1785 年发行。

1693 年，首次介绍科罗曼德尔海岸的部分地区和"戈尔康达王国"的全新纪实作品出版，作者是丹尼尔·哈瓦特（Daniel Havart）——曾于 1674 年至 1686 年担任荷兰东印度公司驻当地机构的内科医生一职。[453] 哈瓦特著作的最大价值就是提供了那些年荷兰东印度公司在印度的员工及其生活的资料。他列出了每一位在科罗曼德尔海岸的任何一个荷兰商馆的主管、主管助手、特使的姓名，以及他们的妻子和孩子，并且概述了他们的经历和职业生涯。他还描述了他们的婚礼（如果他们在那里结婚）和葬礼、葬身的墓地、碑文等。

但是哈瓦特也记述了他曾访问过的地方，特别是戈尔康达，这些材料极有价值。他详细地描述了到达首都城市的各个陆路通道。哈瓦特叙述了宫廷和政府，描绘了下至 1687 年（这一年奥朗则布推翻了最后一个苏丹王）前的政治历史及其历代统治者的生活。[454] 哈瓦特评论了各种产品和贸易；他特别详细地介绍了靛蓝和硝石的生产过程。[455] 同样有趣的是哈瓦特还报道了荷兰派往戈尔康达朝廷的两个使团：1671 年的彼得·史密斯（Pieter Smith）使团和 1686 年的劳伦斯·皮特（Laurens Pitt）使团。[456] 哈瓦特的书再没有出其他版本。

1698 年或 1699 年出版的雅各布·詹森·德·罗伊（Jacob Janssen de Roy）的著作是在一位船长写给巴达维亚总督和委员会辩解书基础上的扩充。1692 年，由于占多数的中国和爪哇船员的暴动，这位船长在婆罗洲海岸失去了他的船只。[457] 他和船员们几乎难以克服饥饿、口渴、曝晒、土著居民的敌对和欺诈等，最终才获得马辰（Banjarmasin）国王的善待和保护以回报他们的军事援助。如果德·罗伊的叙述准确，他曾经竭力地为荷兰东印度公司在马辰赢得有利的贸易地位。在写给巴达维亚的多特书信中，描绘了此种贸易的前景，要求荷兰

502

赠与马辰国王船只和礼物，但是这些信从未到达或者至少是没有得到回应。[458]
后来他才获悉他已经因携带船上的钱财潜逃而被定为逃犯，其实他在暴动发生
的那天将钱带到岸上埋在沙子里。在接下来的六年里，他成为婆罗洲、亚齐和
暹罗的一名自由冒险家和贸易商，利用从船上带下来的钱购买了一艘单桅帆船
和他的第一批货物。这段时间后，他积累了一笔可观的财富，曾被暹罗国王雇
佣将暹罗水域范围内的英国海盗驱逐出去，但是拒绝了法国为他提供的在亚洲
的如同弗朗索瓦·卡龙那样的职位。[459]他最终将自己交给胡格利和孟加拉的荷
兰东印度公司商馆，被遣送到巴达维亚。[460]我们从未获悉他的命运；故事结束
于他将自己的经历上交给总督。

　　德·罗伊有足够的理由扭曲或粉饰故事真相，他的有些灾难遭遇和英雄事
迹事实上已经引起读者的怀疑。但是他对婆罗洲和亚齐的描述有真实的成分，
虽然德·罗伊在河流里发现金子、在山上发现钻石太过容易，认为当地统治者
们与荷兰人联盟的渴望有些过度。德·罗伊的书1706年再次出版，1705年被翻
译为德语。[461]

　　约世纪之交，两部关于雅布兰（Evert Ysbrandszoon Ides）1692—1695年从
莫斯科到北京的游记报告出版。第一则游记出版于1699年，作者是使团的秘书
亚当·布兰德（Adam Brand）。[462]然而，这则游记首先是用德语写成的，德语
版1698年发行。事实上，英语译本1698年出版，法语译本1699年出版。[463]
1704年，雅布兰本人关于使团的报告首次出版。[464]这则游记报告1706年译为
英语，1707年译为德语。1710年，另一个荷兰语版本问世。

　　雅布兰出生在格吕克施塔特（Glückstadt），1691年进入沙皇政府，从1692
年到1695年担任沙皇派往中国的大使。他从中国返回之后留在俄罗斯，但是他
与尼古拉斯·维特森通信并且在阿姆斯特丹出版了他的游记。1692年3月使团
离开莫斯科，1693年10月晚期到达北京。雅布兰用异乎寻常的文笔描述了他
沿路见到的土地和民族，读者从中首次遭遇了东西伯利亚和蒙古。他生动细致
地描述了长城和那里官员对他的招待，介绍了北京、他参加的盛宴和娱乐活动、
皇宫和康熙皇帝。雅布兰的游记还收录了一位名叫狄奥尼修斯·高（Dionysius
Kao）的中国基督徒介绍中国的文章。[465]和耶稣会士报告一样，这篇文章首先

503

宏观地介绍了那里的人和他们的风俗与宗教、土地、水果、邻国、最近的历史，然后论述了包括辽东在内的每一个省。该游记将极大的篇幅留给了基督教在中国的历史，书的最后用奉承的语调叙述了康熙皇帝，乐观地估计了这位皇帝和中国皈依基督教的前景。[466]耶稣会士对作者的影响是非常显著的。

1701 年，荷兰东印度公司最后一次认真探索澳大利亚的报告出版。[467]这次远征活动的主要组织者是尼古拉斯·维特森，指挥官是威廉·赫塞逊·德·弗拉明（Willem Hesselszoon de Vlamingh，1640 年出生）。远征队 1696 年离开阿姆斯特丹，访问了南大西洋的特里斯坦·达·库尼亚（Tristão da Cunha）、新阿姆斯特丹和南印度洋的圣保罗群岛（St. Paul Islands），勘察了从约南纬 34°到南纬 20°的澳大利亚西海岸；船员绘制出西海岸线，多次突袭到内陆探察商业潜力。除了绘制完美的海岸线，其他结果令人失望。德·弗拉明没有发现任何金子、宝石、香料的踪迹，也没有发现有价值的殖民地。[468]就连作者对南方大陆的叙述语调都是失望的。他谈到了鱼的丰富、不寻常的植物群、黑天鹅，甚至把其中的两只黑天鹅带回了欧洲，[469]但是更多地描述了沿海地区的不适合居住性，土地多沙，到处都是岩石。他们屡屡发现脚印、火堆、简陋的棚屋，但是只有一次看见几个裸身黑人逃离他们。[470]同时，他们在岸上的旅行经常受到茂密的灌木丛、蝇虫、扬沙、眼睛发炎等阻碍。他们最终毫无遗憾地离开了。维特森对远征的结果不满意，认为德·弗拉明如果不经常喝醉并且在海岸上旅行得更远一些，那么就会取得更好的结果。[471]游记报告没有多少吸引力，只出版过一次，和一部虚构的南方大陆记述《塞瓦兰人的历史》（*Histoire des Sevarambes*）的译本第二版绑在一起出版的。[472]

叙述内容更丰富的是 1701 年出版的《尼古拉斯·德·赫拉夫游记》（*Reisen van Nicolaus de Graaf na de...*）。[473]这位颇有耐力的随船外科医生是有记载的从事海上职业时间最长的人员之一。1639 年至 1687 年间，他 16 次出海，几乎到过地球的每一个角落。显然，他是一位能干的外科医生，在员工中颇受欢迎，善于观察且知识渊博。作为一名机智灵巧、情趣横生的人，他很合群，随时准备赶赴冒险活动。在四十八年的旅行生涯里，他见过的世面很广。1640 年，他参与了围攻马六甲战役；[474]1644 年，他出席了亚齐的皇室葬礼；[475]他到过日

504

本；1684 年，他搭乘荷兰东印度公司几艘船中的一艘到广东参与贸易。[476]他甚至以舰长的特邀嘉宾身份游览了澳门，以此犒赏他为一位高官夫人治病。[477] 1670 年和 1671 年，他沿着恒河从胡格利游历到索伊帕（Soepra）并且原路返回，在蒙吉尔（Monghyr）被莫卧儿官员囚禁了 7 个星期，乔装成摩尔人观光旅游，在索伊帕见证了一场可怕的饥荒。[478]他在万丹参加了一个皇室婚宴盛会。[479]1685 年，64 岁的德·赫拉夫遗憾地拒绝了陪同帕慈（Paets）和德·凯泽（De Keyser）使团到北京邀请，因为他的船长次日就要到孟加拉。他在书中收录了一则关于中国的简述，选自纽霍夫的著作。[480]

　　他在《尼古拉斯·德·赫拉夫游记》中收编了一部不太搭调的附录作品《东印度见闻录》（*Oost-Indise spiegel*），其中描述了东印度群岛的荷兰妇女养尊处优、奢侈浪费、傲慢无礼的生活；那里的荷兰社群不断加剧的颓废和腐败；荷兰东印度公司船上的公司官员私下进行的巨额贸易。[481]他讲述了船只因装满私人货物而导致公司货物无法合理装载，船只不能正常调动；船长们关心的主要问题是保护他们自己和伙伴们的货物，却牺牲了公司的利益；荷兰东印度公司在巴达维亚经常受贿，当私人货物卸载时他们故意朝别的方向看。他报告道，他所称的"小公司"（Little Company）1683 年的日本年度航海贸易量比荷兰东印度公司还要大。《东印度见闻录》揭示了该世纪末荷属东印度走下坡路的景象，让人联想起林斯乔坦描述葡萄牙帝国在 16 世纪末的衰败。《尼古拉斯·德·赫拉夫游记》和《东印度见闻录》1704 年再版，1719 年被译为法语。

505

　　该世纪的最后二十年，翻译自关于亚洲的外国作品的数量与新出版的荷兰语著作相比较，再次表明了荷兰东印度公司的衰落。另一方面，这同时也说明荷兰出版商和读者对亚洲的持续而强劲的兴趣。多数新出的译著都来自法语作品。例如，1682 年，J. H. 格拉塞马克翻译了让·巴蒂斯特·塔韦尼耶（Jean Baptiste Tavernier）的《塔韦尼耶六游记》（*Les six voyages de Jean Baptiste Tavernier*）。[482]在下个十年里，戈特弗里德·范·伯鲁克胡伊森（Gottfried van Broekhuysen）翻译了几部重要的法语著作，例如让·德·特维诺的《神奇旅行记》、盖伊·塔夏德的《暹罗游记》（*Voyage de Siam*）、让·夏尔丹（Jean Chardin）的日志、亚历山大·德·肖蒙（Alexandre de Chaumont）的《肖蒙爵士出使暹罗记》(*Relation de l'amsassade*)。[483]1687 年，加布里埃尔·德隆（Gabriel Dellon）的《东印度游记》(*Relation d'un voyage*)的荷兰语版出现；[484]1694 年，菲利普·爱维尔尔（Philippe Avril）的《欧亚各领地游记》的荷兰语译本出现。[485]1694 年，柏应理的《一位中国基督徒夫人传略》(*Histoire d'une dame chrétienne de la Chine*)的荷兰语译本在安特卫普出版；1697 年，让 - 巴蒂斯特·德·马尔多纳多（Jean-Baptiste de Maldonado）用拉丁语撰写的若昂·德·布里托的传记报告出版。[486]

　　17 世纪末叶前，李明关于中国的著作、白晋的康熙皇帝传记、约翰·弗莱尔（John Fryer）描述印度的作品等被译为荷兰语。[487]正如上面的名字所表明的那样，在该世纪的最后二十年里，法国而不是联合省正在变成欧洲了解东方的重要信息港（entrepôt）。

　　该世纪早期，荷兰在东印度群岛的活动报告源源不断地从阿姆斯特丹和其他荷兰北方城市的出版社印刷出来。荷兰人对他们的舰队、路线和亚洲市场从不保密；事实上，17 世纪 20 年代的新闻传单公布了他们远征队的凯旋和挫败。个人的海外航行报告不计其数，颇受欢迎。其中的多数作品多次出版，被译为很多语种，很多游记报告被收录在德·布莱、胡尔修斯、珀切斯的文集中。范·诺尔特（1598 年）、范·斯皮尔伯根（1614—1617 年）、勒梅尔和斯考顿（1615—1617 年），以及莱尔米特（1623—1626 年）的环球航行被认为是在太平洋击败西班牙的标志，许多出版物大肆庆贺。在西欧其他地区令人欢欣鼓舞的作品被翻译过来，在联合省和德国南方出版传播。

　　1630 年之前，荷兰人只能间接地了解亚洲大陆国家，主要通过在阿姆斯特丹断断续续出版的早期外国出版物、耶稣会士书信、书简集、历史等。然而，约从 1630 年起，出现了荷兰商人亲身经历的报告，内容涉及印度、东南亚、中国、日本。有些作品如朱斯特·斯考顿的暹罗纪实描述（1638 年）和卡龙的日本报告（1645 年）等，成为欧洲塑造亚洲形象的极其重要的材料。

　　考梅林的《创始和发展》(1645—1646 年)是 17 世纪出现的最为重要的荷兰语文集，其中收录了 21 部游记，以及许多来自其他出版作品和荷兰东印度公

506

司的资料和数据的插页。同时也收编了关于荷兰所有早期环球航行作品的重印本及相关评论。它概述了荷兰在东印度群岛、印度和日本的活动。它也为后来的哈特格斯和萨厄格蒙文集的抄袭和扩展奠定了基础。

考梅林文集为新出版物的倾泻而出打开了闸门。17 世纪 50 至 60 年代，荷兰在印度南方和锡兰确立了牢固的地位，大量的相关文献出版，其中包括杰出的出版物，如罗杰关于印度教的著作和范·瑞德·托特·德拉克斯坦关于马拉巴尔植物群的 12 卷对开本宏伟巨著。荷兰商人和观察家当初还未进入中国时，有文化的荷兰读者已经开始涉猎卫匡国的奠基性著作，包括满族人征服运动和中国的地理及历史，所有这些内容都是在 17 世纪 50 年代出版的。随后是更为流行的纽霍夫（1665 年）和达帕（1670 年）的著述——融合了卫匡国及其耶稣会士前辈著作中的很多信息和荷兰到北京使团的第一手观察资料——形成了插图丰富的关于中央帝国的概述。基歇尔颇有影响的《中国图志》（1667 年）也在阿姆斯特丹出版。日本实行闭关锁国政策之后的新鲜信息，可以在蒙塔努斯的《荷兰东印度公司特使觐见日本天皇实录》（1669 年）中找到。维特森的《东北鞑靼志》（1692 年）收录了类似的资料和信息，由那些经由西伯利亚陆路通道进入中国的人们提供。荷兰获取的关于北海道的阿伊努人、马打兰和爪哇内陆、朝鲜、柬埔寨和老挝、澳大利亚、大西洋西南方的褊狭世界等地的第一手资料，开拓了 17 世纪后半叶的人们的视野。有些报告和记述首次让欧洲读者了解了亚洲的一些地区，以前人们只能通过二手的报道（如果有）才能获取这些知识。

综观整个世纪，荷兰和佛兰德斯出版商及印刷商重印了关于亚洲的旧作品，迅速地将大部分重要的当代作品翻译为欧洲各语言。很多出版物的各版次中都配有丰富的地图和亚洲地区、人种和植物的版画。虽然有些描写和描绘来自人们的主观想象，但是大部分版画都是基于绘制的草图——从业余的和印象式的到专业的和科学的——不一而足。在荷兰印刷出版的黄金时期，拉丁语和各国语言的荷兰出版物在北欧广为流传。事实上，大半个 17 世纪，荷兰是欧洲了解亚洲的信息资料库。而到了世纪末，荷兰出版社印刷的法语报告译著比荷兰语原著更多。

507

508

注释：

[1] 见原著第三卷第一册第 40-42 页。

[2] 见 J. G. C. A. Briels, *Zuidnederlandse boekdrukkers en boekverkopers in de der Vereenigde Nederlanden omstreeks 1570-1630* (Nieuwkoop, 1974), p. 26, Table (c)。

[3] 对林斯乔坦作品的进一步讨论以及它的极端重要性，见 *Asia*, I, 198-204, 482-90, *et passim*。

[4] 1654 年再次出版。*Die ridd'lycke reyse* ... (Antwerp, 1544); *Seven boecken Lodowijcx der roomschen raedtsheeren vanden schipvaerden* ... (Antwerp, 1563); *De uytnemende en seer wonderlicke zee-en land-reyse...* (Utrecht, 1654)。

[5] *D'historie oft beschryvinghe van het groote rijck van China* (Hoorn). 关于门多萨的讨论，见 *Asia*, I, 742-49。

[6] Francis Prettie, *Beschryvinge van de overtreffelijcke ende wijdt-vermaerde zeevaerdt vanden edelen heer end meester Thomas Candish* ... *Hier noch by ghevoecht de voyagie van Sire Françoys Draeck en Sire Ian Hawkins* ... (Amsterdam, 1598). 更多关于哈克路特介绍卡文迪什和德雷克旅行的介绍，见 *Asia*, I, 213-15。

[7] L. J. Waghenaer, *Thresoor der zeevaert* (Leyden)。

[8] Waghenaer, *Thresoor der zeevaert, Leyden, 1592...* 附有一个序言，见 R. A. Skelton (Amsterdam, 1965), X, 195-204. 更多关于 Dirck Gerritszoon 以及 Waghenaer 出版的采访文本，见 J. W. Ijzerman, *Dirck Gerritsz. Pomp alias Dirck Gerritz. China, de eerste Nederlander die China en Japan bezocht, 1594-1604* ("Werken uitgegeven door de Linschoten Vereeniging," IX; The Hague, 1915). 出自林斯乔坦这部作品的文章此后将被引为 "WLV"。

[9] Waghenaer 的作品，见 Thomas I. Arnold, *Bibliographie de l'oeuvre de Lucas Jansz. Waghenaer* (Amsterdam, 1961)。

[10] *Begin ende voortgangh van de Vereenighde Nederlantache Geoctroyeerdr Oost-Indische Compagnie* (Amsterdam, 1946), Ib, 32-41. （第一版 1645 年发行）。其纲要，见原著第三卷第一册第 461-473 页。以后将被引用为 *BV*。

[11] 有关这些合集，见原著第三卷第一册第 515-522 页、556-568 页。

[12] 文献详细内容，见 P. A. Tiele, *Mémoire bibliographique sur les journaux des navigateurs néerlandais* ... (reprint of 1869 ed., Amsterdam, 1960), pp. 5-20。

[13] G. P. Rouffaer and J. W. Ijzerman (eds.), *De eerste schipvaart der Nederlanders naar Oost-Indië onder Cornelis de Houtman* (3 vols.; "WLV," VII, XXV, XXXII; The Hague, 1915-35, II, xxii-xxx。

[14] *Journael vande reyse der Hollandtsche schepen ghedaen* ... (Middelburg)。

[15] *D'eerste boeck, Histoire van Indien* ... (Amsterdam)。

[16] 完整的参考目录，见 Rouffaer and Ijzerman (eds.), *op. cit.* (n. 13), II, xix-lxxx, and Tiele, *op. cit.* (n.

12), pp. 116-36。

[17] Rouffaer and Ijzerman (eds.), *op. cit.* (n. 13), II, 61-62.

[18] *Ibid.*, pp.60-61.

[19] *Ibid.*, p.169.

[20] *Ibid.*, pp.169-71.

[21] *Ibid.*, pp.162-68.

[22] *Ibid.*, p. xxx. 见图 212。

[23] *Ibid.*, I, 64-69.

[24] *Ibid.*, pp. 125-28.

[25] *Ibid.*, p. 99n.

[26] *Ibid.*, 见图 218 和 219。

[27] *Ibid.*, pp.199-200. 显然，佩德罗·德·泰德的描述文字没有全部出现在罗德维克松的日志中。1916 年，F. C. Wieder 发现了一个图表和一个描述性文字文本，显然是 *D'eerste boeck* 的第 19 章（Rouffaer and Ijzerman [eds.], *op. cit.* (n. 13), II, 207-29）。其中，详尽地描述了马鲁古群岛的地理和商贸情况，甚至建议荷兰人如何通过控制万丹和马六甲海峡才能垄断与马鲁古群岛的贸易（同上，第 218 页）。显然，有影响力的阿姆斯特丹商人封锁了这个敏感的信息。

[28] 这次航行的细节，见 J. Keuning (ed.), *De tweede schipvaart der Nederlanders naar Oost Indië onder Jacob Corneliszoon van Neck en Wybrant Warwijck, 1598-1600* (5 vols.; "WLV," XLII, XLIV, XLVI, XLVIII, and L; The Hague, 1938-51), I, xvii-xxiii.

[29] *Waarachtige beschryving* 已经没有副本。它显然是由 Cornelis Claeszoon 在阿姆斯特丹出版。该年出版了英语译本：*A True Report of the Gainful, Prosperous and Speedy Voyage to Java in the East Indies, Performed by a Fleet of Eight Ships of Amsterdam; ...* (London; W. Aspley, [1599].)；这个文本收录在 Keuning (ed.), *op. cit.* (n. 28), II, 27-41。

[30] Keuning (ed.), *op. cit.* (n. 28), II, 33.

[31] *Ibid*, pp. 38-39.

[32] 参考文献信息，见 Tiele, *op. cit.* (n. 12), pp. 136-47。*Het tweede boeck* 的文本收录在 Keuning (ed.), *op. cit.* (n. 28), III, 1-175。

[33] *Ibid.*, pp.34-40.

[34] *Ibid.*, pp.55-59.

[35] *Ibid.*, pp.102-22.

[36] *Ibid.*, pp.111-15.

[37] *Ibid.*, pp.123-130.

[38] *Ibid.*, pp.158-175.

[39] 详情见 F. C. Wieder (ed.), *De reis van Mahu en de Cordes door de Straat van Magalhães naar Zuid-Amerika en Japan;* (3 vols.; "WLV," XXI, XXII, XXIV; The Hague, 1923-25）。

[40] *Wijdtloopigh verhael van tgene de vijfschepen …* (Amsterdam: Zacharias Heyns, [1600]). 文本见 Wieder (ed.), *op. cit.* (n. 39), I, 142-245；也可以参考 Saeghman (ed.), *Journal van't geene vijf schepen* (Amsterdam, [1663])。

[41] *PP*, II, 326-46. 文本再版在 Wieder (ed.), *op. cit.* (n. 39), III, 55-76。

[42] J. W. Ijzerman (ed.), *De reis om de wereld door Olivier van Noort 1598-1601* (2 vols.; "WLV," XXVII, XXVIII; The Hague, 1926), I, 92-94.

[43] *Extract oft kort verhael wt het groote journael vande wonderlijcke ende groote reyse ghedaen door de strate Magellana en andere vremde konincrijcken en landen byden E. Olivier van Noort, admirael en generael vande vier schepen toegerust tot Rotterdam Ao. 1598* (1601).

[44] Ijzerman (ed.), *op. cit.* (n. 42), II, 85-86.

[45] *Beschryvinghe vande voyagie om de geheelen werelt cloot, ghedaen door Olivier van Noort van Utrecht …*(Rotterdam and Amsterdam)

[46] 1601 年的完整版和 1602 年终极定稿版的区别，见 Ijzerman (ed.), *op. cit.* (n. 42), II, 229-36。

[47] 就完整的参考文献，见同上第 227-255 页。

[48] *Ibid.*, I, 88-90.

[49] *Ibid.*, pp. 91-109.

[50] *Ibid.*, pp. 121-27.

[51] *Ibid.*, pp. 113-15.

[52] *Beschryvinge van de schipvaerd by de Hollanders gedaen onder't beleydt ende generaelschap van Olivier van Noort door de straet of engte van Magellanes, ende voort de gantsche kloot des aertbodems om," BV*, Ib.

[53] *Ibid.*, pp.30-31.

[54] *Ibid.*, p. 34.

[55] *Ibid.*, p. 36.

[56] *Ibid.*, pp.50-51.

[57] *Ibid.*, pp. 38-44.

[58] 英文摘要见 *PP*, II, 187-206。

[59] *BV*, Ib, 1-88. 见 Tiele, *op. cit.* (n. 12), p. 167.

[60] *'t Historiael journael van tghene ghepasseert is van weghen dry schepen, de Ram, Schaep, ende't Lam …* ([Delft, 1604]).

[61] 参阅原著第三卷第一册第 44 页。

[62] "The Voyage of Captain John Davis to Easterne India, Pilot in a Dutch Ship, written by Himself," *PP*, II, 305-26.

[63] 细节参考原著第三卷第三册第 1370-1371 页。

[64] Wouter Nijhoff, S. P. L'Honoré Naber, F. W. Stapel, and F. C. Wieder (eds.), *De reis van Joris*

van Spilbergen naar Ceylon, Atjeh en Bantam, 1601-1604 ("WLV," XXXVIII; The Hague, 1933), p. 62; 对锡兰岛的完整描述，可参阅 *ibid.*,pp.54-65。关于锡兰岛事务的英语译文，参考 D. Ferguson (trans. and ed.), "The Visit of Spilbergen to Ceylon, Translated from Admiral Joris van Spilbergen's 'Relation,' " *JRAS, Ceylon Branch*, XXX (1927), 127-79, 361-409。

[65] 有关葡萄牙与康提的关系，参考 T. Abeyashinge, *Portuguese Rule in Ceylon* (Colombo, 1966), pp. 12-18。

[66] *BV*, IB, 58-62.

[67] 参考文献，见 Tiele, *op. cit.* (n. 12), pp. 154-61, and Nijhoff, *et al.* (eds.), *op. cit.* (n. 64), pp. xx-xxii。

[68] Nijhoff, *et al.* (eds.), *op. cit.* (n. 64), pp. liv-lvii. 画像的艺术性研读，可参考 G. P. Rouffaer, *Batik-Kunst in Nederlandsch Indië* (Utrecht, 1914), pp. 151-53。也可以参考图 154、156 和 157。

[69] *Kort ende warachtich verhael vande heerlicke victorie te weghe gebracht* ... (Rotterdam).

[70] 详细参考文献，见 Tiele, *op. cit.* (n. 12), pp. 170-74。参考原著第三卷第一册第 465-467 页。

[71] *Historiale ende ware beschrijvinge* ... (Rotterdam, 1608) and *Breeder verhael ende klare beschrijvinge* ... (Rotterdam, 1608). 详细参考文献，见 Tiele, *op. cit.* (n. 12), pp. 208-13。

[72] *BV*, IIa, no. 2, pp. 1-139. 参考原著第三卷第一册第 467-470 页。

[73] 参考 Tiele, *op. cit.* (n. 12), p. 213。

[74] Hessel Gerritszoon (ed.), *Beschryvinghe vander Samoyeden landt in Tartarien* ... (Amsterdam, 1612). pp. 1-22.

[75] *Ibid.*, pp. 23-31. 奎罗斯的信，参考原著第三卷第一册第 307-308 页。

[76] 详细的参考文献，见 Tiele, *op. cit.* (n. 12), pp. 179-90。在 *BV* 中，马萨（Massa）的论文紧随在赫里特·德·维尔（Gerrit de Veer）的航海记之后，奎罗斯的书信附在雅克·莱尔米特（Jacques L Hermite）的航海记之后。马萨的论文，参考 *PP*, XIII, 180-93。关于马萨的论文，参考 John F. Baddeley, *Russia, Mongolia, China.* (2 vols.; London, 1919), II, 1-15。

[77] 见 J. C. M. Warnsinck (ed.), *De reis om de wereld van Joris van Spilbergen, 1614-1617* (2 vols.; "WLV," XLVII; The Hague, 1943), I, 104-5, and J. A. J. De Villiers (trans.), *The East and West Indian Mirror* ... ("HS," 2d ser., XVIII; London, 1906), pp. 122-23。

[78] Warnsinck (ed.), *op. cit.* (n. 77), I, 129; De Villiers (trans.), *op. cit.* (n. 77), p. 150.

[79] W. A. Engelbrecht and P. J. Herwerden (eds.), *De ontdekkingsreis van Jacob le Maire en Willem Cornelisz. Schouten in de jaren 1615-1617* ... (2 vols.; "WLV," XLIX; The Hague, 1945), II, 65-67.

[80] 参考原著第三卷第一册第 93-94 页。

[81] Engelbrecht and Herwerden, *op. cit.* (n. 79), II, 1-33.

[82] *Ibid.*, I, 40, 168-69.

[83] 到当时为止，勒梅尔和斯考顿只有一艘船 "Eendracht" 号。快速帆船 "Hoorn" 号在南美洲

大西洋沿岸的"欲望波尔图"（Porto Desire）意外着火，当时他们正在擦洗船身。*ibid.*, I, 30, 163-164. 关于汤加岛的发现，参考 E. N. Ferdon, *Early Tonga as the Explorers Saw It, 1616-1810* (Tucson, 1987), p. xiii, and map。

[84] Engelbrecht and Herwerden (eds), *op. cit.* (n. 79), I, 101.

[85] *Journal ofte beschryvinghe van de wonderlicke reyse ghedaen door Willem Corneliszoon Schouten van Hoorn, in de jaren 1615, 1616, en 1617...* (Amsterdam, 1618).

[86] *Spieghel der australische navigatie door den wijt vermaerden ende cloeckmoedighen zee-heldt, Jacob le Maire, ...* (Amsterdam).

[87] Tiele, *op. cit.* (n. 12), pp. 40-47.

[88] *Ibid.*, pp. 60-61; Engelbrecht and Herwerden (eds), *op. cit.* (n. 79), II, 47-49.

[89] Engelbrecht and Herwerden (eds), *op. cit.* (n. 79), II, 53.

[90] Tiele, *op. cit.* (n. 12), pp. 40-59.

[91] Joris van Spilbergen, *Oost ende West-Indische Spiegel der 2 leste navigatien, ... Met de australische navigatien van Jacob le Maire* (Leyden).

[92] Warnsinck (ed.), *op. cit.* (n. 77), I, 139; De Villiers (trans.), *op. cit.* (n. 77), pp. 162-63.

[93] Warnsinck (ed.), *op. cit.* (n. 77), I, 171-80; Tiele, *op. cit.* (n. 12), pp. 54-63.

[94] Warnsinck (ed.), *op. cit.* (n. 77), I, 114-28; De Villiers (trans.), *op. cit.* (n. 12), pp. 133-49.

[95] "Corte beschryvinghe van het ghetal ende ghelegentheyt vande forten, ..." Warnsinck (ed.), *op. cit.* (n. 77), I, 132-9; De Villiers (trans.), *op. cit.* (n. 77), pp. 154-62.

[96] *BV*, IIa, 107-30.

[97] Sebastiaen Danckaerts, *Historische ende grondich verhael van de standt des Christendoms int quartier van Amboina ....* (The Hague, 1621); 重印版见 *BTLV*, n.s., VI (1859), 105-36。

[98] *BTLV*, n.s., VI (1859), 106.

[99] *Ibid.*, pp. 123-36.

[100] *BV*, IIa, 151-62.

[101] *Waerachtich verhael van 't gene inde eylanden van Banda, in Oost-Indien, inden jaere sestienhondert eenentwintich, ende to vooren is ghepassert* [Amsterdam]. 这个小册子作为莱尔米特航海记的附录收编在 *BV*，IIb, 75-9。英语译文的标题是：*The Hollanders Declaration of the Affairs of the East Indies, or a True Relation of that Which Passed in the Islands of Banda ...* (Amsterdam, 1622)。

[102] *Journael vande Nassausche vloot ofte beschryvingh vande voyagie om den gantschen aerdt-kloot ghedaen met elf schepen: onder 't beleydt vanden Admirael Jaques l'Hermite, ende Vice-Admirael Geen Huygen Schapenham inde jaeren 1623, 1624, 1625, en 1626 ...* (Amsterdam). 1624 年和 1625 年出版了两个根据西班牙语书信节选的小册子，描述了莱尔米特对西班牙驻秘鲁的据点的攻击。不要把这些出版物与 1626 年出版的完整版航海记相混淆。参考 Tiele, *op. cit.* (n. 12), pp.

73-74。

[103] *BV*, IIb, 55-57.

[104] 莱尔米特航海记的完整参考文献，见 Tiele, *op. cit.* (n. 12), pp. 73-81。也可以参考 Willem Voorbeijtel Cannenburg (ed.), *De reis om de wereld van de nassausche vloot 1623-1626* ("WLV," LXV; The Hague, 1964)。

[105] Nicolaes à Wassenaer, *Historisch verhael alder ghedenck-weerdichste geschiedenisse ...* (Amsterdam, 1621-1632).

[106] *Ibid.*, IV (Dec., 1622), 87.

[107] *Ibid.*, IV (Oct., 1623), 31-32; VII (June, 1624), 63-70; XI (June, 1626), 94a-96b.

[108] *Ibid.*, VII (June., 1624), 63-70.

[109] *Ibid.*, VII (August., 1624), 147.

[110] *Ibid.*, IX (May, 1625), 68a-69.

[111] *Ibid.*, 69a. 有关卡斯滕斯逊（Carstenszoon）航海的记述，参考 G. Schilder, *Australia Unveiled: The Share of Dutch Navigators in the Discovery of Australia* (Amsterdam, 1976), pp. 80-98。

[112] 见 Streit, V, 373-74。

[113] *De rebus Iaponicis, Indicis, et Peruanis ...* 见 Streit, V, 28。

[114] 标题和目录，见 Streit, V, 30-31。

[115] *Ibid.*, p. 50.

[116] *Nieuwe ende waerachtige historie van ses glorieuse martelaers die in Japonien voor't Catholyck geloove ayn in't jaer 1604...*

[117] 见 Streit, V, 390。

[118] *Ibid.*, p. 406.

[119] *Waerachtige verhael van eenige merckelycke saecken des vermaerts coninckrijcx van Syna ...* (1615).

[120] 见 Streit, V, 94。日后的荷兰语版有 Malines (1622), Antwerp (1646), and Antwerp (1657)。

[121] 见 Streit, V, 477。

[122] *Ibid.*, V, 755.

[123] *Ibid.*, V, 511, 514.

[124] *Ibid.*, V, 528.

[125] *Regni chinensis descriptio ex variis authoribus.* Joannes de Laet (comp.), *De imperio magni mogolis sive India vera commentarius e variis auctoribus congestus.*

[126] 金尼阁的书，见原著第三卷第一册第 512-513 页。

[127] W. H. Moreland and Pieter Geyl (trans. and eds.), *Jahangir's India: The Remonstrantie of Francisco Pelsaert* (Cambridge, 1925), p. xii. 关于 Pelsaert，见原著第三卷第一册第 475-477 页。

[128] 见原著第三卷第一册第 410-411 页。

[129] De Laet, *op. cit.* (n. 125), pp. 170-299。

[130] Moreland and Geyl (trans.), *op. cit.* (n. 127), p. xv.

[131] 佩尔萨特——范·登·布洛克荷兰语文本的英语译本，见 Brij Narain and Sri Ram Sharma (eds.), *A Contemporary Dutch Chronicle of Mughul India* (Calcutta, 1957), pp. 1-4。1928 年，整部 *De imperio magni mogolis* 从拉丁语译为英语：J.S. Hoyland and S. N. Banerjee (trans. and eds.), *The Empire of the Great Mogol: A Translation of de Laet's" Description of India and Fragment of Indian History"* (Bombay)。

[132] *Korte historiael ende journaelsche aenteyckeninghe … beneffens de beschrijvingh en af-beeldingh van verscheyden steden, op de custe van Indien, Persien, Arabien, en aen't Roode Meyr; …*(Haarlem).

[133] Van den Broecke, "Historische ende journaelsche aenteyckeninghe ⋯" in *BV*, IIa, 69-77.

[134] *Ibid.*, 88-89. 然而，范·登·布洛克在保卫雅加达战争中的作用不应该像该书中所暗示的那么英勇；见 J. W. Ijzerman, "Over de belegering van het fort Jacatra (22 Dec. 1618- 1 Febr. 1619)," *BTLV*, LXXIII (1917), 558-679。也可参阅 W. Ph. Coolhas (ed.), *Pieter van den Broecke in Azië* (2 vols.; "WLV," LXII LXIV; The Hague, 1962), I, 181。

[135] *BV*, IIa, 97-107.

[136] *Ibid.*, IIa, 27-28.

[137] *Ibid.*, pp. 77-86. 也许是 Pieter Gierliszoon van Ravesteyn。

[138] 手稿版见 Coolhas, *op. cit.* (n. 134) 。

[139] 参考文献，见 Tiele, *op. cit.* (n. 12), pp. 236-41。

[140] *Journael gehouden door … op zyne gedane voyagie naer Oost-Indien* (Zwolle).

[141] Tiele, *op. cit.* (n. 12), p. 252; Jacob van der Aa, *Biographisch woordenboek der Nederlanden …* (21 vols in 16 ; Haarlem, 1852), XVI, 127-28.

[142] Tiele, *op. cit.* (n. 12), p. 252; 这封信的英语译本收录在 W. Campbell, *Formosa under the Dutch* (London, 1903), pp. 51-60 和 George Phillips, *Dutch Trade in Formosa in 1629* (Shanghai, 1878), pp. 15-26。

[143] Van Rechteren, "Journael …" *BV*, IIb, 43.

[144] *Ibid.*, p. 41.

[145] *Ibid.*, p. 44.

[146] 有关雷尔松远征的更多信息，见 W. P. Groenveldt, *De Nederlanders in China*, Vol. XLVIII of *BTLV* (1898)。

[147] *BV*, IIb, 45-53.

[148] "Kort verhael van Tayouang", *ibid.*, pp. 53-55.

[149] *Ibid.*, IIb, 55-70. 甘治士的著作翻印在 François Valentijn, *Oud en nieuw Oost-Indien* (8 vols ;

Dordrecht, 1724-26), VI, 33-93。英语译本收录在 Campbell, *op. cit.* (n. 142), pp. 9-25, and in *CV*, I, 526-33。

[150] *BV*, IIb, 25.

[151] Francisco Pelsaert, *Ongeluckige voyagie, van't schip "Batavia"* ... (Amsterdam, 1647).

[152] 见 Tiele, *op. cit.* (n. 10), p. 264。

[153] 文献详情，见 *ibid.*, pp. 250-53。

[154] *De tyrannie ende wreedtheden der Jappanen* ... (Amsterdam). 英语译本见 C. R. Boxer (ed.), *A Description of the Mighty Kingdoms of Japan and Siam by François Caron and Joost Schouten* (London, 1935), pp. 73-88。

[155] Boxer (ed.), *op. cit.* (n.154), p. 80.

[156] Historie der martelaeren, die in Iapan om de Roomsche Catolycke Religie schrickelycke, ende onverdraghelycke pynen geleeden hebben, ofte gedoodt" *BV*, IIb, 176-88.

[157] 参考文献，见 Boxer (ed.), *op. cit.* (n. 154), pp. 73, 169-80 and Tiele, *op. cit.* (n. 12), pp. 253-62。

[158] *Notitie vande situatie, regeeringe, macht, religie, costuymen, trafficquen ende andere remarcquable saecken des coningkrijcks Siam* (The Hague). 1663年英语译本收录在 Boxer (ed.), *op. cit.* (n. 154), pp. 13-91。

[159] 斯考顿职业生涯的梗概，见 Boxer (ed.), *op. cit.* (n. 154), pp. 139-43。

[160] "Beschrijvinge van de regeeringe, macht, religie, costuymen, traffijcken, ende and remarquable saecken des coningkrijcks Siam," *BV*, IIb, 203-17.

[161] *Voyagien ende beschryvinge van't koninckrijck van Siam, Moscovien ofte Russ-landt, Ys-landt ende Groen-landt. Yder vertoonende in't bysonder de gelegenheyt, religie, macht, regeringe, costumen, koopmanschappen, ende andere aenmerckens-weerdige saken derslever landen* (Dordrecht).

[162] *Relations de divers voyages* ... (4 vols.; Paris, 1663-96; 此后引为 TR), I (no. 20), 27-36.

[163] 见 *Asia*, I, 519-38。

[164] *Jac. Bontii in indiis archiater de medicina indorum libri IV*. 英语译本（伦敦，1769年）收编在 *Opuscula selecta Neerlandicorum de arte medica* (Amsterdam, 1931), Vol. X。

[165] "Historiae naturalis & medicae indiae orientalis, libri sex," in Willem Piso, *De indiae utriusque re naturali et medica libri quatuordecim* (Amsterdam).

[166] *Oost-en West-Indische worande* ... (Amsterdam).

[167] 有关奥尔塔，见 *Asia*, I, 192-95。

[168] "Historiae naturalis & medicae indiae orientalis," in *op. cit.* (n. 165). pp. 38-49.

[169] *Ibid.*, p.84. 也可以参考本书第 269-277 幅图。

[170] "Beschrijvinghe van het machtigh coninckrijck Iapan, gestelt door Francoys Caron, directeur des compaignies negotie aldaer, ende met eenige aenteekeningen vermeerdert door Hendrik

Hagenaer," *BV*, IIb, 134-75.

[171] François Caron, *Beschrijvinghe van het machtigh coninckrijcke Japan vervattende den aert en eygenschappen van't landt, manieren der volckeren, als mede hare grouwelijcke wreedtheydt teghen de Roomsche Christenen gesteldt, ...* (Amsterdam).

[172] *Oost-Indische voyagien door dien begin en voortgangh, van de Vereenighde Nederlandtsche Geoctroyeerde Oost-Indische Compagnie ...* (Amsterdam, 1648). 参考文献详情，见 Tiele, *op. cit.* (n. 12), pp. 15-18。

[173] *Rechte beschryvinge van het machtigh koninghrijck van Iappan, ...* (The Hague).

[174] 见 Boxer (ed.) *op. cit.* (n. 154), pp. 6, 174。附录见原著第三卷第一册第 460-461 页。

[175] 荷兰语各个版本的参考文献，见 *ibid.*, pp. 169-75，以及 Tiele, *op. cit.* (n. 12), pp. 253-62。

[176] 各译本文献的详录，见 Boxer (ed.) *op. cit.* (n. 154), pp. 175-80。

[177] 卡龙的职业生涯概述，见同上第 xv-cxxvii 页。

[178] 奴易兹与日本人之间的纠葛，见同上第 xvi-xxv 页；O. Nachod, *Die Beziehungen der Niederlandis-chen Ostindischen Kompagnie zu Japan im siebzehnten Jahrhundert* (Leipzig,1897), pp. 188-223；及 Campbell, *op. cit.* (n. 142), pp. 38-51。

[179] 比较 Boxer (ed.) *op. cit.* (n. 154), pp.lxi-lxiv。

[180] 例如，参考 *ibid.*, pp. xviii-xxv。

[181] *Ibid.*, p. cxxiv.

[182] *Ibid.*, pp. xcvii-xcviii.

[183] 详细内容，见 *ibid.*, pp. lxvi-cxxii。关于法国东印度公司，见原著第三卷第一册第 95-105 页。

[184] Boxer (ed.) *op. cit.* (n. 154), p. cxxviii.

[185] *Ibid.*, pp. 5-6.

[186] *Ibid.*, p. cxxix.

[187] "Verhael van de groote pracht die daer geschiedt ende ghebruyckt is, op den feest gehouden inde stadt van Meaco, alwaer den Dayro, zijn keyserlijcke mayst. van Jappan quam besoecken, voor gevallen op den 20 October 1626 ...," *BV*, IIb, 189-94; 英语译本见 Boxer (ed.), *op. cit.* (n. 154), pp. 65-72。

[188] "Translaet van een Japansche brief, van Siragemondonne, Burgermeester in Nangasacqui, aen den gouverneur-generael etc. door den opperkoopmen Jan van Elzerach overgesonden dato den 28 Oct. 1642," *BV*, IIb, 195-97; Boxer (ed.) *op. cit.* (n. 154), pp. 89-91.

[189] "Kort verhael van't profyt, dienst, ende nuttigheyt dat de Oost-Indische Vereen. Nederl. Comp. in Iappan soude genieten, by zoo verre sy de Chineesen handel bequamen," *BV*, IIb, 198-202; Boxer (ed.) *op. cit.* (n. 154), pp. 59-65.

[190] "Extract uyt de missive van den Gouverneur Generael van Indien, aen Heeren Bewinthebbern, gesonden, nopende den handel van Iapan," *BV*, IIb, 196-97; Boxer (ed.) *op. cit.* (n. 154), pp. 58-59.

[191] "Verhael van de reyze gedaen inde meeste deelen van de Oost-Indien" *BV*, IIb, 1-133.

[192] *Ibid.*, pp. 106-22.

[193] Tiele, *op. cit.* (n. 12), pp. 9-11.

[194] C. R. Boxer , *Isaac vommelin's" Begin ende voortgangh,"* Introduction to the Facsimile Edition (Amsterdam, 1969), pp. 3-4.

[195] 完整的文献信息，见 *ibid.*, and Tiele, *op. cit.* (n. 12), pp.8-10。

[196] *Recueil des voyages qui ont servi à l'etablissement et aux progrez de la Compagnie des Indes Orientale formée dans les Provinces-Unies Païs-Bas* ... (5 vols.; Amsterdam, 1702-6).

[197] 见 Boxer, *op. cit.* (n. 194), pp. 5-6。

[198] "Beschryvinge van de stadt *Maccaon*, ofte Maccauw, met haer fortressen, geschut, commercien, ende zeeden der inwoonderen, ..." *BV*, IIb, 78-86.

[199] *Ibid.*, pp. 84-86.

[200] *BV*, Ib, 54-56.

[201] *Ibid.*, IIb, 90-94.

[202] "Kort verhael, ofte journael, ···," *BV*, Ib, 1-18.

[203] 详细内容，见 W. S. Unger (ed.) *De oudste reizen de Zeeuwen naar Oost-Indiï, 1598-1604* ("WLV," LI; The Hague, 1948); and John Davis, *loc. cit.* (n. 62) 。

[204] 见 Tiele, *op. cit.* (n. 12), pp. 231-32。

[205] *BV*, Ib, 19-20.

[206] "Kort ende waerachtigh verhael van de tweede schipvaerd by de Hollanders op Oost-Indien gedaen, onder den Heer Admirael Iacob van Neck, ..." *BV*, Ib, 1-51. 参考文献见 Tiele, *op. cit.* (n. 12), pp. 162-66。

[207] *BV*, Ib, 6.

[208] *Ibid.*, p.7.

[209] *Ibid.*, pp. 7-8. 参阅图 23。

[210] *Ibid.*, pp. 9-10.

[211] 阿皮乌斯的报告，见 P. A. Tiele (ed.), " Verklaring van Martinus Apius van hetgeen hem en zijne medegevangen van de vloot van Jacob van Neck in 1602 te Macao is overkomen," *Bijdragen en mededeelingen van het Historisch Genootschap gevestigd te Utrecht*, VI (1883), 228-42.

[212] *BV*, Ib, 10.

[213] *Ibid.*, pp. 16-25.

[214] *Ibid.*, pp. 5, 10.

[215] *Ibid.*, pp. 27-31.

[216] *Ibid.*, pp. 32-51.

[217] 见原著第三卷第一册第 436-437 页。

[218] *BV*, Ib, 41-49. 这篇文章的来源争论，见 Tiele, *op. cit.* (n. 12), p. 165。

[219] 详细文献，见 Tiele, *op. cit.* (n. 12), pp. 162-66。

[220] "Historisch verhael van de voyagie ...," *BV*, Ib, 1-31.

[221] 比较 Tiele, *op. cit.* (n. 12), p. 208。

[222] "Journael ofte dach-register vande voyagie, ghedaen onder het beleyt van den Admirael Wolfhart Harmanszn. near de Oost-Indien, inden jaen 1601, 1602, ende 1603 ...," *BV*, Ib, 1-25.

[223] *Ibid.*, pp. 12-15.

[224] "Kort verhaelt van de twee-jaerige voyagie ghedaen door Cornelis van Veen, in de Oost-Indien," *Ibid.*, pp. 26-27.

[225] *Ibid.*, p. 26.

[226] Tiele, *op. cit.* (n. 12), pp. 169-70.

[227] *Ibid.*, p. 204.

[228] "Historisch verhael vande reyse gedaen inde Oost-Indien, ..." *BV*, Ia, 1-88.

[229] *Ibid.*, p. 35.

[230] *Ibid.*, pp. 21-22.

[231] *Ibid.*, pp. 75-77.

[232] *Ibid.*, p. 76.

[233] *Ibid.*, p. 77.

[234] *Ibid.*, pp. 73-74, 80, 84-85.

[235] *Ibid.*, pp. 14-16.

[236] *Ibid.*, pp. 56-58.

[237] *Ibid.*, p. 35.

[238] 参考书目，见 Tiele, *op. cit.* (n. 12), pp. 167-69。

[239] "Beschryvinge van de tweede voyagie ghedaen met 12 schepen naer d'Oost-Indien onder den Heer Admirael Steven vander Hagen," *BV*, IIa, 1-91.

[240] *Ibid.*, pp. 4-7, 9-34. 关于巴尔比，见 *Asia*, I, 474-75。

[241] *BV*, IIa, 40-91.

[242] *Ibid.*, p. 40.

[243] *Ibid.*, pp. 79, 82-83.

[244] 参考文献详情，见 Tiele, *op. cit.* (n. 12), pp. 170-74。

[245] "Historische verhael vande treffelijcke reyse gedaen naer de Oost-Indien ende China, met elf schepen," *BV*, IIa, 1-191.

[246] 详情见 Tiele, *op. cit.* (n. 12), pp. 208-13。

[247] 关于暹罗使团，见原著第三卷第三册第 1172 页。

[248] Tiele, *op. cit.* (n. 12), p. 212.

[249] *BV*, IIa, 41-43.

[250] *Ibid.*, pp. 30-31.

[251] *Ibid.*, pp. 55-61.

[252] *Ibid.*, pp. 72-76.

[253] *Ibid.*, pp. 72, 75.

[254] *Ibid.*, pp. 76-91.

[255] *Ibid.*, p. 119.

[256] *Ibid.*, p. 90.

[257] *Ibid.*, pp. 78, 86.

[258] *Ibid.*, p. 88.

[259] *Ibid.*, pp. 91-118.

[260] 参考原著第三卷第一册第 398 页。

[261] *BV*, IIa 140-45; Tiele, *op. cit.* (n. 12), p. 212.

[262] *BV*, IIa 144-45.

[263] *Ibid.*, pp. 145-87.

[264] *Ibid.*, pp. 188-91.

[265] *Journael ende historische verhael ...* (Amsterdam). 参考文献见 Tiele, *op. cit.* (n. 12), pp. 208-13。

[266] "Loffelijcke voyagie op Oost-Indien, met 8 schepen uyt Tessel gevaren int jaer 1606 ...," *BV*, IIa, 1-48.

[267] Alfred Booy (ed.), *De derde reis van de V.O.C. naar Oost-Indië onder het beleid van Admiraal Paulus van Caerden, uitgezeild in 1606* (2 vols.; "WLV," LXX, LXXI; The Hague, 1968 and 1970), I, 69-82.

[268] *BV*, IIa, 15-29.

[269] *Ibid.*, pp. 30-35.

[270] *Ibid.*, pp. 35-41.

[271] 见 Tiele, *op. cit.* (n. 12), p. 36。

[272] Cornelis Claeszoon, *Journal, ofte een Oost-Indische-reysbeschrijvinghe, ghedaen door Cornelis Claesz van Purmer-endt...* (Amsterdam, 1651).

[273] "Journael ende verhael van alle het gene dat ghesien ende-voor-ghevallen is op de reyse gedaen door ...," *BV*, IIa.

[274] 对该舰队及其成就的完整描述，见 M.E. van Opstall (ed.) *De reis van de vloot van Pieter Willemsz. Verhoeff naar Azië 1607-1612.* (2 vols.; "WLV," LXXIII, LXXIV; The Hague, 1974)。

[275] *BV*, IIa, 32-33.

[276] *Ibid.*, pp. 37-38.

[277] *Ibid.*, pp. 60-61.

[278] "Aenteecheninghe uyt het *Journael* ghehouden by *Reynier Diecksz. [sic] van Nimmegen ...,*" *Ibid.*, pp. 68-72.

[279] *Ibid.*, pp. 72-98.

[280] "Discours ende ghelegentheyt van het Eylandt Borneo, ende't gene daer voor ghevallen is int laer 1609...," *ibid.*, pp. 98-107.

[281] *Ibid.*, pp. 103-4.

[282] *Ibid.*, pp. 107-16.

[283] *Ibid.*, pp. 125-30. 见原著第三卷第一册第 448 页。

[284] *BV*, IIa，116-25.

[285] *Ibid.*, pp. 130-151。

[286] *Ibid.*, pp. 151-62。详情见原著第三卷第一册第 448-449 页。

[287] *BV*, IIa, 162-87.

[288] *Ibid.*, pp. 187-214.

[289] 见原著第三卷第一册第 519 页。参考书目，见 Tiele, *op. cit.* (n. 12), pp. 174-79。

[290] "Generale beschrijvinghe van Indien. Ende in't besonder van't coninckrijck van Guseratten ..., " *BV*, IIb, 1-12.

[291] *Ibid.*, pp. 22-25 and 66.

[292] *Ibid.*, pp. 6-9, 32-33.

[293] *Ibid.*, pp. 69-83.

[294] "Aenwysinge van meest alle custen, drooghten ende reden, om door gantsche Indien te seylen," *Ibid.*, pp. 84-112.

[295] 参考文献详情，见 Tiele, *op. cit.* (n. 12), pp. 242-45。

[296] *Journael ofte gedenckwaerdige beschrijvinghe vande Oost-Indische reyse van Willem Ysbrantsz. Bontekoe van Hoorn...*(Hoorn).

[297] 参考文献，见 G.J. Hoogewerff (ed.), *Journalen van de gedenckwaerdige reyse van Willem Iysbrantsz. Bontekoe, 1618-1625* ("WLV," LIV; The Hague, 1952), pp.xlvii-l; 及 Tiele, *op.cit.* (n.12), pp. 213-26。

[298] Hoogewerff (ed.), *op.cit.* (n.297), p. xx. 也可以参见 G.D.J. Schotel, *Vaderlandsche volks-boeken en volksprookjes van den vroegste tijden tot einde der 18^e eeuw* (Haarlem, 1875), p.149。

[299] Hoogewerff (ed.), *op.cit.* (n.297), p.82.

[300] *Journael ende historis verhael van de reyse gedaen by oosten de Straet le Maire naer de custen van Chili...*(Amsterdam).

[301] "Kort beschrijvinghe van het eylandt by de Japanders Eso genaemt...," in *ibid.*, pp. 95-104.

[302] 弗里斯的远征，见 P. A. Leupe, *Voyage de M. Gerritsz. Vries vers le nord et l'est du Japon...* (Amsterdam,1858) 以及 Edward Hcawood, *A History of Geographical Discovery in the Seventeenth and Eighteenth Centuries* (Cambridge, 1912; reprinted New York, 1969), pp.86-88。耶稣会士通过报道在 16 世纪就认识到阿伊努人和北海道。见 *Asia*, I, 723-25。1618 年，一群耶稣会士从日本逃难到北海道。见原著第三卷第一册第 374 页。

[303] 参考文献，见 Tiele, *op.cit* .(n.12), pp. 226-28。

[304] 见原著第三卷第一册第 501-502 页。

[305] *Ongeluckige voyagie, van't schip "Batavia" nae Oost-Indien.Uyt-gevaren onder de E. Francois Pelsaert...*(Amsterdam). 英语译本见 Vol. XI of John Pinkerton, *A General Collection of the Best and Most Interesting Voyages and Travels in all Parts of the World* (17 vols.; London, 1808-14)。

[306] Pinkerton, *op. cit.* (n. 305), XI, 428. 1963 年，人们发现这次失事发生在 Walabi Group——最北端的三座岛屿和暗礁——它们共同构成了豪特曼亚伯洛赫岩礁。见 Schilder, *op. cit.* (n. 111), pp. 111-28。

[307] 见 H. Drake-Brockman, *Voyage to Disaster* (London, 1964), pp. 73-81。

[308] 地图参见 J. E. Heeres, *The Part Borne by the Dutch in the Discovery of Australia, 1606-1765* (London, 1809)。更为近代的陈述，见 Schilder, *op. cit.* (n. 111), chaps. vii-xiii。

[309] Heeres, *op. cit.* (n. 308), p. 30.

[310] 参考书目，见 Tiele, *op. cit.* (n. 12), pp. 262-68。

[311] "Tres-humble remonstrance que Francois Pelsaert, ..." TR, II, 10-31.

[312] Moreland and Geyl (trans.), *op. cit.* (n. 127), p. xii. 有关 De Laet 的著作的讨论，参阅第三卷第一册第 451-452 页。

[313] 参阅 Tiele, *op. cit.* (n. 12), pp. 262-69。

[314] *Derde voornaemste zee-getocht (der verbondene vrye Nederlanden) na de Oost-Indien ...* (Amsterdam), 关于 Reyer Corneliszoon 的报告，参考原著第三卷第一册第 465 页。

[315] 参考 Tiele, *op. cit.* (n. 102), pp. 205-8。

[316] 参考文献，见 Streit, V,592。关于波利，参考原著第三卷第一册第 377 页。

[317] 详情见 Streit, V, 543-44。1636 年出了首个西班牙语版本。

[318] 参考 *ibid.*, V. 124-25。

[319] 参考 *ibid.*, V, 558。

[320] *Descriptio regni Iaponiae cum quibusdam affinis materiae, ex variis auctoribus collecta ...* (Amsterdam).

[321] *Ibid.*, pp. 229-67.

[322] *Tractatus in quo agitur de Japoniorum religione....*

[323] *Ibid.*, pp. 216-320.

[324] 参考文献，见 Streit, V, 563。关于 Varen，见 H. Blink, "Bernhard Varenius, de grondlegger der

wetenschappelijke geographie," *Tijdschrift van het Nederlandsch Aardrijkskundig Genootschap gevestigd te Amsterdam*, 2d ser., pt. 3 (1887), pp.182-214。

[325] Leyden, 1651. 传记概略，见 W. Caland (ed.), *De open-deure tot het verborgen heydendom*, ("WLA," X; The Hague, 1915), pp. i-xxvi。

[326] Caland (ed.), *op. cit.* (n. 25), p. xxv. 更多细节，见原著第三卷第二册第 1055 页。

[327] *Ibid.*, pp. xxi-xxiv.

[328] *Ibid.*, pp. xxvii-xxviii. 详细的论述，见原著第三卷第二册第 1029-1030 页。

[329] Olearius, *Persiansche reyse uit Holsteyn ... met een reyse van daer te lande near Oost-Indien door Joh. Albr. van Mandelslo ...* (Amsterdam, 1651); Mandelslo, *Beschryvingh van de gedenkwaerdig zee-en landt-reyze deur Persien naar Oost Indien, ...* (Amsterdam, 1658).

[330] *De wonderlijke reizen ...* (Amsterdam).

[331] *De vermaarde reizen ...* (Amsterdam).

[332] 见 Streit, V, 599。

[333] *Reysen in Afrique, Asien, Oost-en West-Indien* (Dordrecht).

[334] *Rerum morumque in regno chinensi...*

[335] 见 Streit, V, 565-66。

[336] Thomas Roe, *Journael van de reysen ...* (Amsterdam); Thomas Herbert, *Zee-en lant-reyse na verscheyde deelen van Asia en Africa* (Amsterdam).

[337] 见原著第三卷第一册第 457 页。

[338] 参照原著第三卷第一册第 525-527 页。

[339] Streit, V, 797.

[340] *Theatrum orbis terrarum, sive atlas novus; ...* (Amsterdam, 1635-55). There are many editions of most of the volumes of the *Theatrum orbis terrarum* 的大部分卷册都有多个译本。然而，第六卷所有版本标注的出版日期是 1655 年。见 Cornelis Koeman, *Joan Blaeu and His Grand Atlas* (Amsterdam, 1970), pp. 36-39。也可以参阅 J. J. L. Duyvendak, "Early Chinese Studies in Holland," *T'oung Pao*, XXXII (1936), 305-8。

[341] *Atlas major, sive cosmographia Blauiana, qua solum, salum, coelum, accuratissime describuntur* (Amsterdam).

[342] Koeman, *op. cit.* (n. 340), pp. 41-48.

[343] 参考文献，见 *ibid.*, pp. 48-51. 1967 年，1663 年法语版的摹本被《环宇大观》收编在阿姆斯特丹出版。1981 年，卫匡国的故乡特伦托举办了一个国际会议，布劳 1655 年发行的《中国新图志》拉丁语原版出了凸版；卫匡国内容丰富的"致读者"也分别以意大利语、英语、法语和德语出版，同时还附有一篇 Giorgio Melis 的引介性散文。

[344] Koeman, *op. cit.* (n. 340), pp. 83-88.

[345] 见原著第三卷第一册第 147 页和 338 页。

[346] Blaeu, *Le grand atlas* ... (Amsterdam, 1663; facsimile edition, Amsterdam, 1967), XI, 248-50.

[347] *Ibid.*, p. 4.

[348] "Addition du royaume de Catay par Jacques Gool," *ibid.*, separate pagination, i-xvi.

[349] Koeman, *op. cit.* (n. 340), pp. 23-25, 83-84.

[350] *Korte historiael, ende journaels aenteyckeninge van verscheyden voyagiens in de vier deelen des wereldts-ronde, als Europe, Africa, Asia, ende Amerika gedaen* (Hoorn). 现代评论版见 H. T. Colenbrander is in "WLV," III (The Hague, 1911)。

[351] Colenbrander (ed.), *op. cit.* (n. 350), p. 102.

[352] *Ibid.*, pp. 116-18.

[353] *Ibid.*, pp. 118-31.

[354] Rotman, *Kort verhael van d'avonteurlicke voyagien en reysen* ... (Amsterdam 1657), p. 17.

[355] *Ibid.*, p. 29.

[356] *Het gezantschap der Neêrlandtsche Oost-Indische Compagnie aan den grooten tartarischen cham, den tegenwoordigen keizer van China* (2 vols. in 1; Amsterdam, 1665).

[357] *Ibid.*, II, pp.170-258.

[358] *Ibid.*, "Opdracht," p.4. 这些插图和纽霍夫的草图之间的关系，参考 Leonard Blussé and R. Falkenburg, *Johan Nieuhofs beelden van een chinareis*, 1655-1657 (Middelburg ,1987). 也可以参考图 257—325 中的很多例证。

[359] 荷兰语：阿姆斯特丹，1665 年、1669 年、1670 年、1680 年和 1693 年；安特卫普，1666 年。德语：阿姆斯特丹，1666 年、1669 年和 1675 年。英语：伦敦，1669 年和 1673 年。法语：莱顿，1665 年。拉丁语：阿姆斯特丹，1668 年。另一个非常不同的法语版本的主要内容收录在特维诺(Thévenot)文集。除各英语版本之外的其他版本都在荷兰发行。参考文献，见 P.A. Tiele, *Nederlandsche bibliographie van land- en volkenkunde* (Amsterdam,1884), pp. 179-80。

[360] Levinus Bor, *Amboinse oorlogen, door Amold de Vlaming van Oudshoorn als superintendent,over d'oosterse gewesten oorlogaftig ten eind gebracht* (Delft).

[361] *Javaense reijse gedaen van Batavia over Samarangh na de koninckijcke hoofdplaets Mataram,...* (Dordrecht,1666).

[362] 参考 Willem M. Ottow, *Rijckloff Volckertsz, van Coens: de carrière van een diplomaat 1619-1655* (Utrecht, 1954); *passim*。

[363] 参考 H.J. de Graaf(ed.), *De vijf gezantschapsreizen van Ryklof van Goens naar het hoff van Mataram*, 1648-1654("WLV," LIX; The Hague, 1956)。

[364] P.A. Leupe(ed.), "Reijs beschrijving van den weg uit Samarangh nae de koninncklijke hoofplaets Mataram...," *BTLV*, IV(1856), 345-47.

[365] *Ibid.*, p. 316.

[366] *Ibid.*, pp. 347-48.

[367] *Ibid.*, pp. 305, 351-67.

[368] *China monumentis qua sacris qua profanis, nec non variis naturae & artis spectaculis, aliarumque rerum memorabilium argumentis illustrata...* 事实上,《中国图志》的两个版本 1667 年在阿姆斯特丹出版, 第一个版本是由 Jan Janszoon van Waesberge 及其遗孀 Eliza Weyerstraet 出版——他们经常出版基歇尔的作品; 另一个盗印版本是由 Jacob van Mcurs 出版的。关于这些版本和这两个出版商之间的关系, 参考 Isabella H. van Eeghen, "Arnoldus Montanus's Book on Japan," *Quaerendo*, II (1972), 252。

[369] 参考图 95、265、285。Michael Sullivan, *The Meeting of Eastern and Western Art* (Green-wich, Conn., 1973), p.93. 对《中国图志》的评论, 见 David Mungello, *Curi-ous Land: Jesuit Accommodation and the Origins of Sinology* (Stuttgart, 1985), pp. 134-73。

[370] 景教碑的记述约 1628 年开始出现在欧洲的作品中。参考原著第三卷第一册第 183 页和第三卷第四册 1646-1647 页。

[371] *Tooneel van China, door veel zo geestelijke als werreltlijke, geheugteekenen...*, translated by J. H. Glazemaker; *La Chine illustrée de plusieurs monuments tant sacrés que profanes...*, translated by F. S. Dalquié.

[372] *Journael van de ongeluckige voyagie van't jacht de Sperwer...* (Amsterdam,1668).

[373] 哈梅尔 (Hamel) 及其船员的探险, 参考 Gari Ledyard, *The Dutch Come to Korea* (Seoul, 1971)。丘吉尔 (Churchill) 关于哈梅尔的日志的译本收录在 Ledyard 的著作中。

[374] 相关评论, 见 *ibid.*, pp. 121-34。

[375] 哈梅尔日志的原稿, 参考 B. Hoetink (ed.), *Verhaal van het vergaan van het jacht "De Sperwer ..."* ("WLV," XVIII; The Hague, 1920)。也参考 Hoetink 的评论, p.xxii, and Ledyard, *op. cit.* (n. 373), pp.132-33。

[376] 参考 Hoetink (ed.), *op.cit.* (n. 375), pp.xix-xxi, 139-47, and Ledyard, *op. cit.* (n. 373), pp.125-32。

[377] *Gedenkwaerdige gesantschappen der Oost-Indische maatschappy in't Vereenigde Nederland, aen de kaisaren van Japan...* (Amsterdam).

[378] *Ibid.*, pp. 252-60.

[379] *Ibid.*, pp. 1-29.

[380] 蒙塔努斯 (Montanus) 著作及其文献来源、插图和各种版本的出版历史 Van Eeghen, *loc. cit.* (n. 368), 250-72。

[381] *Atlas Japannensis, Being Remarkable Addresses by Way of Embassy from the East India Company of the United Provinces, to the Emperor of Japan....* 这个译本又被 Wada Mankichi 翻译为 *Montanusu Nihon shi* (Tokyo, [1925])。

[382] *Vremde geschiedenissen in de konninckrijcken van Cambodia en Louwen-lant, in Oost-Indien,...* (Haarlem). 再版在 H. P. N. Muller (ed.), *De Oost-Indische Compagnie in Cambodja en Laos* ("WLV," XIII; The Hague, 1917), pp.1-54。

[383] Muller (ed.), *op.cit*. (n.382), pp.20-25.

[384] *Ibid*., pp.28-52.

[385] *Ibid*., pp.42-45. 参考原著第三卷第三册第 1156-1159 页。

[386] *Ibid*., pp.52-54.

[387] *Ibid*., p. 55.

[388] *Ibid*., pp. 55-56.

[389] *Ibid*., pp. 56-57.

[390] O. Dapper, *Gedenkwaerdig bedryf*... (2 vols in one; Amsterdam). 关于博特（Bort）的远征和霍恩（Hoorn）使团的描述，参考原著第三卷第一册第 60-61 页，以及 John E. Wills, Jr., *Pepper, Guns and Parleys, The Dutch East India Company and China, 1627-1681* (Cambridge, Mass., 1974)。

[391] Dapper, *op.cit*. (n. 390), II, 106-11. 和基歇尔著作中的插图一样，这些插图似乎复制于白乃心从中国获得的图画。参考 Sullivan, *op.cit*. (n. 369), pp.93-95. 比照图 316 和图 317。

[392] 比较 Tiele, *op.cit*. (n.359), pp.171-72. 也可以参考 Van Eeghen, *loc.cit*. (n.368), 262-63。

[393] Tiele, *op.cit*. (n.359), p.73.

[394] *Borts voyagie naer de kuste van China en Formosa* (Amsterdam).

[395] *De nieuwe en onbekende weereld; of beschrijving van America en't Zuid-land* (Amsterdam), pp. 577-85.

[396] 参考 R. Posthumus-Meyjes (ed.), *De reizen van Abel Janszoon Tasman en Franchoys Jacobszoon Visscher ter nadere ontdekking van het zuidland in 1642/3 en 1644* ("WLV," XVII; The Hague, 1919)。

[397] *Ibid*., pp.261-70; and Schilder, *op.cit*. (n.111), chaps. xiv-xv.

[398] 日志摘要，见 Posthumus-Meyjes (ed.), *op.cit*. (n. 396), pp.3-141。

[399] "Een kort verhael uyt het journael van den Kommander Abel Jansen Tasman, in't ontdek-ken van't onbekende Suit-lant," in Dirck Rembrantszoon van Nierop, *Eenige oefeningen in god-lijcke, wis-konstige en natuerlijcke dingen*... (2 vols.; Amsterdam); Nicolaas Witsen, *Noord en Oost Tartaryen*...(Amsterdam,1692); 详细的参考文献，见 Posthumus –Meyjes (ed.), *op.cit*. (n. 396), pp. 270-72; and Schilder, *op.cit*. (n. 111), pp. 150-57。

[400] *Asia, of naukeurige beschrijving van het rijk des Grooten Mogols en de groot gedeelt van Indien*... (Amsterdam).

[401] A. J. de Jong (ed.), *Afgoderye der Oost-Indische heydenen door Philippus Baldaeus*... (The Hague, 1917), pp. lxxv-lxxxiii. 也可以参考原著第三卷第二册第 911-917 页。

[402] Dapper, *op. cit*. (n. 400), pp. 367-79.

[403] 参考文献，见 Tiele, *op.cit*: (n. 359), pp.71-72。

[404] *Naauwkeurige beschryvinge van Malabar en Choromandel, der zelver aangrenzende ryken, en het machtige eyland Ceylon*... (Amsterdam, 1672).

[405] 生平详细内容，参考 A. J. de Jong (ed.), *op.cit.* (n.401), pp. xxxix-lv。

[406] 也可以参考 *ibid.*, pp. lviii-lix。

[407] *Ibid.*, pp. lxvii-lxxi. 也可以参考 P. A. Pott, *Naar wijder horizon* (The Hague, 1962), pp. 56-58。关于苏查（Faria y Sousa），参考原著第三卷第一册第 354-355 页。

[408] Baldaeus, *op. cit.* (n. 404), pp. 205-32.

[409] 参考 Charpentier, *The " Livro da seita dos Indios Orientais" ... of Fenicio* (Uppsala, 1933), pp. lxxxii-lxxxv.

[410] Baldaeus, *op.cit.* (n. 404), I, between pages 190 and 191.

[411] *Ibid.*, pp. 191-98. 参考图 153。

[412] 参考 P. S. van Ronkel, "De eerste europeesche tamilspraakkunst en het eerste malabarsche glossarium," *Mededeelingen van het Nederlandsche Akademie van Wetenschappen, afdeeling letter-kunde*, n.s., V (1942), 543-98。也可以参考第三卷第二册第 994-995 页。

[413] François Rougement, *Historia Tartaro-Sinica nova*....

[414] *Relaçam do estado politico e espiritual do imperio da China, pellos annos de 1659 até o de 1666* (Lisbon, 1672). See above, p. 358.

[415] C. E. S., *'t Verwaerloosde Formosa...* (Amsterdam). See also lnez de Beauclair (ed.), *Ne-glected Formosa: A Translation of Frederic Coyett's 't Verwaerloosde Formosa* (San Francisco, 1975).

[416] 参考原著第三卷第一册第 532-533 页。

[417] *Vervarlyke schip-breuk van't Oost-Indische jacht Ter Schelling onder het landt van Bengale;...* (Amsterdam, 1675).

[418] 参考原著第三卷第一册第 586 页。

[419] *Oost-Indische voyagie, vervattende veel voorname voorvallen en ongeneeme vreemde geschie-denissen, bloedige zee- en landt-gevechten...* (Amsterdam).

[420] Schouten, *Reys-togten naar en door Oost-Indien* (3d ed.; Amsterdam, 1740), II, 162-70, 321.

[421] *Ibid.*, I, 83-92.

[422] *Ibid.*, II, 183-85.

[423] *Ibid.*, II, 182.

[424] 相关评论，参考 Pott, *op.cit.* (n. 407), p. 37. 也可以参考图 115 和图 225。

[425] Tiele, *op. cit.* (n. 359), pp. 217-18 是不完整的。

[426] *Drie aanmerkelijke en seer rampspoedige reysen...* (Amsterdam). For a partial bibliography see Tiele, *op.cit.* (n. 359), p. 233.

[427] Struys, *op.cit.* (n. 426), pp. 229-31.

[428] 对司徒鲁伊（Struys）暹罗报告的全面检视显示，他的报告源自于早期作品和他的丰富想象。当然，关于暹罗以及亚洲其他地方的材料，司徒鲁伊的著作并不可靠，其中的断言必须借助于其他独立著作的佐证。他对暹罗报告的分析，见 G. V. Smith, *The Dutch in Seventeenth-*

Century Thailand (De Kalb, Ill., 1977), pp. 128-29。

[429] *Curieuse beschrijving van de gelegentheid, zeden, godsdienst, en ommegang, van verscheyden Oost-Indische gewesten en machtige landschappen. En inzonderheid van Golconda en Pegu....* (Rotterdam, 1677).

[430] Gerret Vermeulen, *De gedenkwaerdige voyagie... naar Oost-Indien in't jaer 1668 aangevangen, en in't jaer 1674 voltrokken...* (Amsterdam, 1677), pp. 37-73. 这不是该战争的首次报告；1669 年他被派遣到望加锡。

[431] *Ibid.*, p. 60.

[432] *Ibid.*, p. 85.

[433] E.g., *ibid.*, pp.79-80.

[434] *Ibid.*, p. 83. 他也许是正确的。也可以参考第三卷第三册第 1426 页。

[435] *Ibid.*, p. 81.

[436] Hendrik Adriaan van Rheede tot Drakestein and Joannes Casearius, *Hortus indicus malabaricus...* (12 vols.; Amsterdam, 1678-1703). 进一步讨论，见原著第三卷第二册第 926-927 页。也可以参考图 117、149、150。

[437] 参考 H. Terpstra, *De Nederlanders in Voor-Indië* (Amsterdam, 1947), pp. 193-98。

[438] *Malabaarse kruidhof, vervattende het raarste slag van allerlei soort van planten die in het koningrijk van Malabaar worden gevonden...*(Amsterdam).

[439] François de la Boullaye le Gouz, *De reyse en optekeningh...*(Amsterdam, 1660); Niccolo de Conti, *Reysen naar Indien en d'oostersche landen...*(Amsterdam, 1664); *Markus Paulus Venetus reisen...*(Amsterdam, 1664); Pierto della Valle, *De volkome beschryving der voortreffelijcke reizen...*(Amsterdam, 1666); Vittorio Ricci, *Copye van eenen brief... inden welcken verhaelt wordt het ghene dat in Sina, en Japonien omghegaen is...*(Antwerp, 1667); Augustin de Beaulieu, *De ramspoedige scheepvaart der Franschen naar Oost-Indien...*(Amsterdam. 1669); Jacques de Bourges, *Naaukeurig verhael van de reis des Bisschops van Beryte uit Frankrijke te lant en te zee naar China....*(Amsterdam, 1669).

[440] Johann Jacob Saar, *Reisbeschrijving van hem naar Oost-Indien...*(Amsterdam, 1671).

[441] François Bernier, *Verhael van den laetste oproer in den staet des Grooten Mogols...*(Amsterdam, 1672). 参考原著第三卷第一册第 414 页。

[442] *Gedenkwaerdige zee- en lant-reizen door de voornaemste landschappen van West en Oostindien* (Amsterdam).

[443] 生平信息资料选自 *Reizen* 和 J. T. Bodel Nijenhuis, "Johan Nieuhof," *Bijdragen van geschiedenis en oudheidkunde*, n.s., Pt. 2 (1862), pp.32-51。

[444] 参考 Tiele, *op.cit.* (n. 359), pp. 178-79。

[445] Nieuhof, *op. cit.* (n. 442), pp. 30-31. 参考原著第三卷第三册第 1426 页。

[446] *Beschryving van het koningryk Siam...* (Leyden).

[447] 1663 年法语版的英语译本收编在 *Selected Articles from the Siam Society Journal*, VII (1959), 31-90。也可以参考 Smith, *op.cit.* (n. 428), pp. 126-27。

[448] Van Vliet, *op.cit.* (n. 446), p. 2.

[449] *Ibid.*, pp. 43-46.

[450] 参考文献，见 Tiele, *op.cit.* (n. 359), p. 255。也可以参考原著第三卷第一册第 425-426 页和第三册第 1196 页。

[451] Th. J. G. Locher and P. de Buck (eds.) *Moscovische reyse, 1664-1665 Journael en aantekeningen* (3 vols.; "WLV," LXVI, LXVII, LXVIII; The Hague, 1966-67), I, xlviii-liii.

[452] For his life see J. F. Gebhard, *Het leven van Mr. Nicolaas Cornelisz. Witsen* (1641-1717) (2 vols.; Utrecht, 1881).

[453] *Op- en ondergang van Cormandel...* (3 vols.; Amsterdam).

[454] *Ibid.*, II, 204-41.

[455] *Ibid.*, II, 19-26; III, 51-54.

[456] *Ibid.*, II. 119-64.

[457] *Voyagie gedaan door Jacob Janssen de Roy na Borneo en Atchen, in't jaar 1691 en vorvolgens:... Gedrukt volgens de copy van Batavia...* (n.p., n.d.).

[458] *Ibid.*, pp. 61-66, 68-72, 79.

[459] *Ibid.*, pp. 134-38.

[460] *Ibid.*, pp. 150-53.

[461] 参考 Tiele, *op.cit.* (n. 359), p. 208。

[462] *Seer aenmerklijcke land en water-reys onlanghs gedaen van't gesantschap syn Czaarsche majestijtuyt Muscouw na China...* (Utrecht).

[463] 参考文献，见 Tiele, *op. cit.* (n. 359), p. 47。对布兰德（Brand）著作的讨论，参考原著第三卷第一册第 543 页。

[464] *Driejaarige reize naar China, te lande gedaan door den Moscovischen afgezant. E. Ysbrants Ides... hier is bygevoegt eene beknopte beschryvinge van China, door eenen Chineeschen schryver t'zamengestelt; ...* (Amsterdam).

[465] Ides, *Three Years Travels from Moscow Overland to China...* (London, 1706), pp. 115-210.

[466] *Ibid.*, pp. 205-10.

[467] *Journael wegens een voyagie, gedaan op order der Hollandsche Oost-Indische Maatschappy in de jaaren 1696 en 1697... na het onbekende Zuid-land, en wijders na Batavia* (Amsterdam).

[468] G.G. Schilder (ed.), *De ontdekkingsreis van Willem Hesselsz, de Vlamingh in de jaren 1696-1697* (2 vols.; "WLV," LXXVIII-LXXIX; The Hague, 1976), I, 131-33.

[469] *Ibid.*, II, 209-12.

[470] *Ibid.*, p. 215.

[471] *Ibid.*, I, 131.

[472] Denis Vairasse, *Historie der Sevarambes, volkeren die een gedeelte van het derde vast-land be-woonen, gemeenlyk Zuid-land genaamd...*, translated by Gotfried Broekhuyzen (Amsterdam, 1701). 参考 Schilder (ed.), *op.cit.* (n. III), I, 98-110。

[473] *Reisen van Nicolaus de Graaf na de vier gedeeltens des werelds, als Asia, Africa, America en Europa* (Hoorn).

[474] J. C. M Warnsinck (ed.), *Reisen van Nicolaus de Graaf, gedaan naar alle gewesten des werelds beginnende 1639 tot 1687 incluis...*("WLV," XXXIII; The Hague, 1930), pp. 9-12.

[475] *Ibid.*, pp. 13-14.

[476] *Ibid.*, pp. 174-80.

[477] *Ibid.*, pp. 180-81.

[478] *Ibid.*, pp. 108-30.

[479] *Ibid.*, pp. 192-93.

[480] *Ibid.*, pp. 185-86.

[481] *Oost-Indise Spiegel, behelsende een beschrijving van de stad Batavia, en wijse van leven der hol-landse vrouwen in Oost-Indien, ...* (Hoorn, 1701).

[482] *De sez reizen...* (2 vols,; Amsterdam).

[483] Jean de Thévenot, *Gedenkwaerdige en zeer naauwkeurige reizen...* (3 vols.; Amsterdam, 1681-88); Guy Tachard, *Reis van Siam ...* (Utrecht, 1687); Jean Chardin, *Dagverhaal der reis....* (Amsterdam, 1687); Alexandre de Chaumont, *Verhaal van het gezantschap... aan het hof des konings van Siam...* (Amsterdam, 1687).

[484] *Naauwkeurig verhaal van een reyse door Indien gedaen...*(Utrecht, 1687).

[485] *Reize door verscheidene staaten van Europa, en Asia...*(Utrecht, 1694).

[486] *Historie van een groote Christene Mevrouwe van China...*(Antwerp, 1694); *Illustre certamen R. P. Joannis de Britto...*(Antwerp, 1697).

[487] Louis le Comte, *Beschryvinge van het machtige keyserryk China...*(The Hague, 1698); Joachim Bouvet,'*t Leven en bedrijf van den tegenwoordigen keizer van China...*(Utrecht, 1699); John Fryer, *Negenjaarige reyse door Oost-Indien en Persien* (The Hague, 1700).

第七章 德语和丹麦语文献

宗教改革战争之后，德国在 16 世纪后半叶经历了一个缓慢的恢复期和来之不易的和平阶段。[1] 国家内部因宗教原因四分五裂，很多政治团体守着旧有的特权和习俗不放，抵制任何可能导致新的纷争的变革。就经济而言，德国除了西部和北部边缘之外仍然保留教区制度。当近代民族经济正在法国、荷兰和英格兰形成之际，德国却处在崛起中的大西洋世界的后院，被奥斯曼帝国切断了和东欧的贸易。与德国邻居相比，丹麦将更多的精力投入到民族身份构建和殖民探险中。德国人在殖民开拓活动中没有起到任何突出作用，这一情况直到 1648 年三十年战争结束几十年之后才得以改变。德国经济虽然从未完全停滞，但只是没有什么生机的内向型发展模式。除纽伦堡、斯特拉斯堡（Strassburg）、法兰克福外，市场性城市和许多行政中心受到三十年战争的持久重创。然而到了 17 世纪后半叶，德国市场充斥着外国产品，包括荷兰和法国生产的书籍和其他奢侈品。

在这片经济内陆区，法兰克福在很大程度上是大半个中欧的商品和货币的理想经销中心。安特卫普衰落下去之后，法兰克福与阿姆斯特丹的经济和金融联系紧密起来。它的春季和秋季商品贸易会特别是书市吸引了欧洲各地的商人，法兰克福因而获得了"德国雅典"的美称。宗教改革运动期间，撒克逊"领地城市"（territorial city）莱比锡的书市中心衰落了；到 1600 年它重获活力，17 世纪除了三十年战争外，莱比锡书市堪与法兰克福的书市相媲美。[2] 尽管这些书市上展览的书都来自外国出版社，但是 16 世纪和 17 世纪，讲德语地区的印刷商们在 200 多个城镇中拥有他们自己的出版社。[3] 他们的很多产品都是印刷粗糙的译著和廉价的德语重印本，卖给那些没有多少余钱用来买书的百姓。有几个出版商如法兰克福的德·布莱发行了一系列的拉丁语作品，满足受过教育的读者和国际市场。

第一节　17世纪中叶前的耶稣会士书简和报告

世纪之初，德国南方的天主教出版社印刷了许多来自亚洲的拉丁语版和德语版的耶稣会士书简。多数耶稣会士书简都来自美因茨的约翰·阿尔宾（Johann Albin）① 及其遗孀的出版社、迪林根的约翰·梅耶（Johann Mayer）② 及其遗孀的出版社、慕尼黑的亚当·贝尔格（Adam Berg）③ 及其遗孀的出版社。[4] 赫里索斯托姆·达伯兹霍夫（Chrysostom Dabertzhofer）是奥格斯堡一家著名出版社"Al insigne Pinus"的合伙人，从 1611 年到 1614 年的独立经营的期间，他出版了至少 7 部耶稣会士书简集。[5]

1601 年，阿尔宾出版了一部拉丁语耶稣会士书简集，报道了中国、莫卧儿帝国和日本的情况。[6] 同年，出版了尼古拉斯·皮门塔关于东印度群岛基督教活动的 1598 年和 1599 年书简；[7]1602 年，1600 年的年度书简出版，内容类似。[8]1603 年，丰臣秀吉死后的日本情况报告从意大利语译为拉丁语，同样在美因茨出版。[9] 皮门塔的另一则书简 1603 年在康斯坦茨（Constance）出版。[10]1604 年，弗朗西斯科·瓦埃兹（Francisco Vaez）来自菲律宾的书简从意

---

① 截止到 1621 年。

② 截止到 1619 年。

③ 截止到 1629 年。

510 大利语翻译出来，在美因茨出版。[11] 来自中国、日本、马鲁古群岛的耶稣会士书简 1607 年在美因茨出版，[12] 有一部年度书简 1609 年在迪林根出版，[13] 但没有一部拉丁语书简集曾被译为德语。

但是很多其他耶稣会士书简被译为德语。1601 年，巴范济 1598 年的拉丁语书简的德语译本出版。[14]1603 年，范礼安和瓦伦丁·卡瓦略用意大利语著的日本书简的德语译本在美因茨出版。[15] 在慕尼黑，马克西米利安公爵（Duke Maxmilian）的图书管理员和秘书埃吉迪乌斯·阿尔伯蒂纳斯（Aegidius Albertinus）将几部耶稣会士书简翻译为德语。1607 年，他出版了路易·德·谢奎拉主教用西班牙语著的关于基督徒在日本受迫害的报告，[16] 次年出版了庞迪我写自北京的意大利语书简。[17] 阿尔伯蒂纳斯还翻译了日本耶稣会士书简集，1609 年出版。[18]

巴范济 1603—1606 年的日本书简被译为拉丁语，1610 年在美因茨出版。[19]1611 年，赫里索斯托姆·达伯兹霍夫在他的奥格斯堡出版社印刷了来自勃固、孟加拉和维查耶纳伽尔的葡萄牙语报告的译本，[20]3 位莫卧儿青年廷臣的付洗和西班牙人在马鲁古群岛获得成功消息的述略，[21] 来自日本、墨西哥和印度的耶稣会士书简集，[22] 一则基督徒在日本受难的意大利语新报告的译本，[23] 选自费尔南·格雷罗的葡萄牙语编著中的 1607 年中国来信的

511 译本。[24]1612 年，达伯兹霍夫出版了格雷戈里奥·洛佩斯的来自菲律宾的报告——第一次于 1611 年用意大利语出版。[25]1614 年，他出版了摘自格雷罗编著中的另一个书简的译本。[26]

1615 年，皮埃尔·杜·雅利克（Pierre Du Jarric）关于耶稣会士在亚洲状况的报告在科隆被译为拉丁语。[27]1615 年，霍雷肖·图塞林努斯（Horatio Tursellinus）的圣方济各·沙勿略传记的德语版在慕尼黑出版。[28]1615 年，金尼阁编著的 1609—1612 年间日本来信合集的拉丁语译本在奥格斯堡出版，[29]1610—1611 年间的中国来信也同样在此出版。[30]1615 年，更多关于基督徒在日本殉道的消息在因戈尔施塔特（Ingolstadt）被译为德语。[31] 同样是在 1615 年，安德里亚斯·斯科特（Andreas Schott）在奥格斯堡出版了若昂·罗德里格斯·吉朗用意大利语写的 1609 年和 1610 年的中国及日本来信的拉丁语译本。[32]

金尼阁最为著名的《基督教远征中国史》1615 年首次在奥格斯堡出版。[33]
这是 17 世纪上半叶关于中国著述的最有影响力的作品。中国耶稣会的代表金
尼阁翻译并扩充了传教士先驱利玛窦的游记，以争取人们对传教的支持。因此，
《基督教远征中国史》在本质上就是利玛窦的意大利语游记的译本。然而，金
尼阁不仅仅只是翻译利玛窦的日记；他还删掉或修改了很多内容，重新安排结
构，补充了来自其他中国传教士的资料，使故事更加完整，用更加正面的笔调
描绘中国和耶稣会士的传教活动。[34] 这部著作最后成为中国耶稣会从它 1583
年成立到 1610 年利玛窦逝世——金尼阁也正是在这一年到达中国——之间的
历史。其中的各个正式章节含有丰富的中国资料，详细地叙述了传教历史；序
言由 11 章组成，描述了中国的地理、民族、法律、政府、宗教、教育、商业
等诸如此类的内容。《基督教远征中国史》不同于利玛窦的原版日记，它为欧
洲读者提供了比以往更多、更有逻辑、更加精确的中国信息。

512

金尼阁的书 1615 年后又出了 4 个拉丁语版。1617 年被翻译为德语。[35]1639
年，前 11 章作为爱思维尔"公共事务"系列的部分内容在莱顿出版。该世纪的
前半叶共出了 3 个法语版及 1 个西班牙语版和 1 个意大利语译本，[36] 它的摘要
收录在《珀切斯游记大全》（*Purchas, His Pilgrimes*，1625 年）。只要提到中国，
学者们几乎无一例外地都引用这部作品，后来的作家和出版商也经常抄袭或盗
版该书。[37]

在该世纪前几十年的传教出版物中，方济各会修士斯皮翁·阿玛蒂
（Scipione Amati）关于日本奥州 1615 年的报告，于 1617 年在因戈尔施塔特被
译为德语。[38] 在早期的德语传教士出版物中，只有阿玛蒂的著作和金尼阁的《基
督教远征中国史》含有以前在欧洲没有出版的亚洲资料。

也许是因为三十年战争影响了出版商和读者对外界事务的兴趣，也许是因
为其他什么不太明显的原因，德国 1620—1650 年间出版的关于亚洲的报告比该
世纪前二十年的出版物要少得多。耶稣会士报告——包括拉丁语的和德语的在
内——继续出版，但是数量大幅下滑。其中的多数出现在 20 年代。关于罗雅谷
（Giacomo Rho）、乔万尼·盖雅迪（Giovanni Gayati）和金尼阁等 1618 年到印
度和中国旅游及当地传教活动情况报告的书信合集，被从意大利语和法语翻译

为德语，并于 1620 年在奥格斯堡出版。[39] 另一封来自金尼阁的拉丁语书信描
写了他返回中国和报道了中国和日本的教会，1620 年在科隆出版，但是没有被
译为德语。[40] 1621 年，祁维材神父在他 1618 年前往中国途中观测到彗星的
报告出版。[41] 它由巴尔塔萨·利普（Balthasar Lipp）在阿沙芬堡（Aschaffenburg）
出版，耶稣会士一年前在这里建立起一所学校。[42]

　　1621 年，来自日本和菲律宾群岛的耶稣会传教士报道的德语版在奥格斯堡
出版。这个报告是从西班牙语翻译过来的。[43] 1622 年，同一个奥格斯堡出版商
萨拉·芒（Sara Mang）出版了罗雅谷 1621 年书简的德语译本，翻译自 1620 年
的第一个意大利语版，描述了亚洲传教会的情况。[44]

　　1623 年，金尼阁关于基督徒 1612 年至 1620 年在日本受迫害的拉丁语报
告在慕尼黑出版，但仍然没有德语译本。[45] 1627 年，安多德 1624 年从阿格拉
到西藏为期七个月的往返旅游报告在奥格斯堡出了德语译本，讲述了西藏和喇
嘛教（Lamaism）。[46] 这个报告是从 1627 年的西班牙语版翻译过来的，而西
班牙语版本是 1626 年的葡萄牙语原版的译本。[47] 1627 年，金尼阁和其他作
者关于传教士在日本受难的书简集的拉丁语译本出现；1628 年，若昂·罗德里
格斯·吉朗关于日本的报道在美因茨出版。[48] 金尼阁的合集似乎没有出德语
版，但是若昂·罗德里格斯·吉朗的作品是翻译自意大利语而不是拉丁语，德
语版 1628 年在迪林根出版。[49] 最后，相当畅销的克里斯托弗·波利的交趾支
那报道的德语译本 1633 年在维也纳出版。[50] 意大利语原版两年之前在罗马出
版。所有这些记述和报告都不是欧洲认知亚洲的德语文献；它们或者用拉丁语
撰写，或者只是由德国出版社发行，或者是从其他语种的文献翻译为拉丁语或
德语。然而从 1633 年到 1658 年，耶稣会士报道的拉丁语和德语译本都没有出
现在德国土地上。

第二节　17世纪中叶前的游记文集

　　荷兰介绍亚洲的土地和百姓的报告通过德·布莱和胡尔修斯的文集进入德

语和拉丁语读者的视野，这两个文集始于 16 世纪末期。[51]西奥多·德·布莱及其家族在法兰克福出版的文集包含了两个版式稍有不同、特征鲜明的系列：《普通的航海行纪》（*Petits voyages*）和《大航海纪》（*Grands voyages*）。涉及亚洲的卷本是《普通的航海行纪》或《东印度》（*India orientalis*）的一部分；这个系列到 17 世纪前十年已经出了 8 卷。每一卷都有德语版和拉丁语版。第一卷（1597—1598 年）描述了非洲沿海地区。《林斯乔坦葡属东印度航海记》的前 44 章作为系列中的第二卷出版于 1598 年和 1599 年。[52]《东印度》的第三卷（德语版，1599 年；拉丁语版，1601 年）收录了《林斯乔坦葡属东印度航海记》的第 92 章到第 99 章、威廉·罗德维克松关于科尼利斯·德·豪特曼航海的记述、赫里特·德·维尔（Gerrit de Veer）关于荷兰人三次尝试发现东北通道的报告。[53]《林斯乔坦葡属东印度航海记》的第 45 章到第 91 章出现在《东印度》的第四卷，这一卷同时也收录了罗德维克松游记的最后几章，以及范·内克和韦麻郎率领的荷兰第二次东印度航海的述略。德语版出现在 1600 年；拉丁语版 1601 年发行。[54]1601 年，范·内克和韦麻郎远征运动（1598—1600 年）的完整记述出现在德·布莱系列出版物中的第五卷，包括德语版和拉丁语版；这是《荷兰人东印度航海日志》第二部（也在阿姆斯特丹出版，1601 年）的译本。[55]《东印度》的第七卷收录了约里斯·范·斯皮尔伯根首次到东印度特别是锡兰岛的航海游记，以及加斯帕罗·巴尔比早期到勃固的游记。德语版出现于 1605 年，拉丁语版发行于 1607 年。[56]《东印度》的第八卷（德语版，1606 年；拉丁语版，1607 年）收录了雅各布·范·内克第二次航海的两则报道、鲁洛夫·鲁洛夫斯逊的游记、科尼利斯·克拉埃兹逊的游记；关于韦麻郎和塞巴德·德·威尔特航海的两篇文章、扬·哈尔门松·布里的游记、科尼利斯·范·维恩的日记；史蒂文·范·德·哈根的航海报告。[57]尽管第八卷的内容都翻译自荷兰语原著，但是其中没有一部作品在收录于德·布莱系列出版物之前用荷兰语发行过。事实上，布里游记的最早荷兰语版——收入在《荷兰联合省东印度公司的创始和发展》中（1645 年）——很可能是从德·布莱的德语版翻译而来。[58]

　　德·布莱的《大航海纪》主要论述了在美洲的旅行，同时也收录了环球航海报告。这个系列的第九卷 1601 年出了德语版，1602 年出了拉丁语版，收录

515

了塞巴德·德·威尔特经由麦哲伦海峡的航海游记和奥利维尔·范·诺尔特的环球航海游记的译本。[59] 除了《普通的航海行纪》第八卷外，德·布莱 1610 年之前出版的所有游记都是翻译自先前已经出版的作品。然而，在第八卷出现的荷兰航海报告丰富了欧洲认知亚洲的德语文献，尽管最初都是用荷兰语撰写的。荷兰语文本直到《创始和发展》1645 年出版之时才面诸于世。[60]

总体而言，德·布莱的系列作品相当令人期待。译文——其中很多都出自但泽的戈特哈德·阿蒂斯（1570—1630 年）之手——有时会大幅度地删减原文，时常出错。但是，它们为德语和拉丁语读者提供了丰富的亚洲同时代信息。这些著作插图丰富、装订精美，毋庸置疑地助长了读者对异域世界的想象，是其他作者了解异域信息的百科全书。该类作品在法兰克福的书市出售给外国的经销商，因而扩大了荷兰航海对欧洲觉醒的影响力。

勒维纳斯·胡尔修斯（Levinus Hulsius，1606 年离世）在同一时期内和 1602 年后出版的很多作品——通常在同样的出版地——起到了类似的作用。如果有所不同的话，胡尔修斯出版的系列作品更为畅销。这些作品只有德语版，体积更小，携带更方便，或许更廉价，但是插图同样丰富。胡尔修斯出版的很多作品文本与德·布莱出版的作品文本内容相同，但是胡尔修斯及其继任者们经常增添注释和地图。[61]

胡尔修斯合集的第一卷于 1598 年在纽伦堡出版，描述了德·豪特曼率领的荷兰首次到东印度群岛的航海。它是 1597 年在米德尔堡首次出版的《航海记》（*Verhael vande reyse*）的译本，而不是德·布莱出版发行的威廉·罗德维克松的游记。[62] 胡尔修斯出版的第二部游记（纽伦堡，1602 年）是关于范·内克和韦麻郎的航海，与德·布莱的《普通的航海行纪》第五卷一样，也是翻译自《荷兰人东印度航海日志》第二部。第二版 1605 年在法兰克福发行，第三版出现于 1615 年。胡尔修斯至少是参考了荷兰语原著，因为德·布莱译著中的一些错误得到了矫正。[63] 胡尔修斯翻译了赫里特·德·维尔的荷兰人尝试寻找东北通道（1594 年，1595 年，1596 年）的记述，以此作为他的系列出版作品的第三卷。[64] 胡尔修斯的第六部航海记（纽伦堡，1603 年）收录了前 4 次环球航海——麦哲伦、德雷克、卡文迪什和范·诺尔特——报告的译本。[65] 1606 年，有两卷胡尔修斯系列作品出现。第三卷收编了一则关于杰拉德·勒罗伊（Gerard le Roy）在圣赫勒拿岛（St. Helena）附近捕获的一艘葡萄牙大帆船的报告、沃尔弗特·哈门斯逊航海和雅各布·范·海姆斯克尔克航海行纪的译本、范·内克第二次航海以及韦麻郎和德·威尔特航海的述略。[66] 哈门斯逊和海姆斯克尔克航海的荷兰语原版记述报告直到1645年《创始和发展》出版时才与读者见面。[67] 第九卷（法兰克福，1606年）是史蒂文·范·德·哈根的第二次航海（1604—1605年）日记的译本。[68] 这个译本有所不同，比收录在《普通的航海行纪》第八卷的译文质量要好一些。事实上，荷兰编者艾萨克·考梅林很可能利用了其中的一个德语译本作为他叙述的参考。[69] 胡尔修斯的第十部航海游记出版在1608年，编选自同样在1608年出版的关于科尼利斯·马塔利夫海外航行及其在马六甲附近战胜葡萄牙人的两则报告，以及来自其他文献介绍马六甲、亚齐和锡兰岛的几篇文章。马塔利夫舰队返航的一些报告被附在本卷的最后。[70]

世纪之交，耶稣会士书简集、德·布莱系列文集和胡尔修斯系列文集等不是唯一翻译成德语和拉丁语的关于亚洲的文献。1598年，《航海记》即科尼利斯·德·豪特曼1595年的航海日志的独立译本在科隆出版。[71] 约翰·德·曼德维尔（John de Mandeville）游记的译本1580年出版，1600年再版。[72] 孜孜不倦的译者希罗尼默斯·梅吉塞尔（Hieronymus Megiser）1609年出版了马可·波罗的德语译本，1610年出版了瓦尔塔马（Varthema）的德语译本。[73] 同时，马尔库斯·亨宁（Marcus Henning）于1598年或1599年为法兰克福的出版商将门多萨介绍中国的著作翻译为拉丁语。[74]

德国国内的作家将亚洲资料收录在编年史中，有关亚洲的信息因而进一步在德国土地上传播：例如，约翰内斯·梅耶（Johannes Mayer）关于行为和道德的编年史纲1598年出版，1604年再版。[75] 葡萄牙人和西班牙人的发现报告收录在1603年至1608年间出版的安德里亚斯·斯科特的4卷本拉丁语西班牙史中。[76] 更多的资料收录在戈特哈德·阿蒂斯的非洲和亚洲的记述编著中，主要选自葡萄牙语文献和耶稣会士文献。[77] 亚洲游记也收录在雅各布·柏林（Jacob Beyrlin）1606年出版的文集中。[78] 虽然所有这些在17世纪初的德语译著和编著证明了一个欣欣向荣的德语旅游文学景象，但是没有一部作品是欧洲关于亚

517

518 洲知识仓库中的德语原著。在该世纪的前十年，到亚洲旅游的德国旅游者没有出版他们自己的游记。

但是 1612 年出版的德·布莱的《东印度》——包括德语版和拉丁语版——是根据德国士兵约翰·凡肯（Johann Verken）关于彼得·威廉斯逊·沃霍夫航行到马鲁古群岛（1607—1609 年）的记述。[79] 凡肯是萨克森（Saxony）的迈森（Meissen）人，1607 年 11 月以"士兵和下士"的身份加入沃霍夫的舰队。凡肯参与并在他的日志中记述了沃霍夫攻占莫桑比克的战役（1608 年 7 月和 8 月）、在卡利卡特和科钦的谈判、在马六甲海峡的交易、到万丹和班达群岛的航程。1609 年 5 月，沃霍夫在班达群岛被杀。1611 年 7 月前，凡肯一直在班达的奈拉岛（Neira）上的拿骚城堡服军役，此后他返回弗利辛恩（Vlissingen）。凡肯的日记或日志被戈特哈德·阿蒂斯大幅度地修订甚至重写。阿蒂斯以凡肯的原版记述为基础，又混杂了从其他关于亚洲的出版物特别是林斯乔坦的作品中节选的描述。事实上，作品以第三人称叙事。凡肯的日记包含了相对较少的关于亚洲的新信息，但是他对当地显贵如卡利卡特的扎莫林贵族的服饰和随行人员的描述相当细致，显然是第一手的观察资料。[80] 同样有价值的是凡肯对荷兰人袭击莫桑比克，特别是沃霍夫在班达群岛的活动和他在那里离世的描写。凡肯的报道相对独立，比《创始和发展》中的沃霍夫游记和收编在珀切斯合集中的威廉·基林（William Keeling）和大卫·米德尔顿（David Middleton）的报告更游离于事件本身。[81] 凡肯记述报告的另一个版本是胡尔修斯文集中的第 11 卷，出版于 1612 年和 1613 年。[82] 这个版本 1623 年再版。

《东印度》第十卷是一个翻译合集，讲述了荷兰探索东北通道和西北通道的故事，原著由赫塞尔·赫里特松 1612 年首次发行。[83] 1613 年，戈特哈德·阿蒂斯的德语版和拉丁语版面世。[84] 其中有亨利·哈得孙（Henry Hudson）西北方向的游记、林斯乔坦东北方向的游记、艾萨克·马萨的西伯利亚记述、佩德519 罗·费尔南德斯·德·奎罗斯写给菲利普三世报道南方大陆的书信。没有收编几篇介绍亚洲地区的记述。它被作为胡尔修斯系列作品的第十二部游记在奥本海姆再版。[85] 另外两部作品是北方通道探索活动记述和奎罗斯的南方大陆描述：第一部合集由海伦塞阿斯·罗斯林（Helisaeus Roslin）1611 年在奥本海姆的德·布莱公司发行；第二个合集由梅吉塞尔 1613 年出版。[86]

罗伯特·科弗特（Robert Coverte）记述他从苏拉特陆路到达阿勒颇的德语译本出现在《东印度》的第十一卷，收录在该卷的还有亚美利哥·韦斯普奇（Amerigo Vespucci）的第三部和第四部游记，以及赫塞尔·赫里特松对斯匹次卑尔根（Spitzbergen）群岛的描述。德语版发行于 1618 年；拉丁语版 1619 年发行。[87] 科弗特记述作为胡尔修斯文集中的第十五部游记，独立成卷，稍早一些（1617 年）在哈瑙（Hanau）出版。[88] 介绍威廉·科尼利斯逊·斯考顿和雅各布·勒梅尔环球航行和范·斯皮尔伯根环球航行的报道 1619 年和 1620 年作为《大航海纪》的第十一卷出版。[89] 这两次环球航行报道在胡尔修斯的系列出版物中独立为两卷：作为第 16 部游记的斯考顿环球航海报道，1619 年出版；作为第十七部游记的范·斯皮尔伯根环球航海报道，1620 年出版。[90]

厄里乌德·尼古拉（Eliud Nicolai）的《葡属亚洲事务要闻》（*Newe und warhaffte Relation*）1619 年的出版，使葡属亚洲事务的详情进入读者的视野。[91] 尼古拉的著作翻译自或者摘编自未署名的西班牙语和葡萄牙语文献，讲述了葡萄牙在亚洲的发现、征战果阿和勃固及菲律宾群岛运动、荷兰人和英国人入侵东印度群岛以及他们与伊比利亚人的冲突。对近期事件的叙述比对早期事件的阐述更为详细。例如，只用了一章的篇幅描述范·斯皮尔伯根的航海活动，[92] 但是费利佩·德·布里托·尼科特的掳掠活动和葡萄牙在勃固的影响却用了好几章。[93] 击败荷兰的胜利得到赞美。它是一个散论合集而不是一部连续的记述，多数文章详细叙述了欧洲在亚洲的活动。然而，也有几篇纪实性文章，最为著名的是关于马达加斯加 [94] 和苏门答腊的段落。[95]

德·布莱游记丛书和胡尔修斯游记丛书都在 1620 年至 1650 年间出版完毕。德·布莱的《东印度》的最后一卷（拉丁语版只有一卷，德语版分为两卷）1628 年在法兰克福出版。[96] 德语版的两卷收录了大量独自成篇的小文章，描述了亚洲的土地、雅克·莱尔米特环球航行、欧洲人在亚洲的活动、西北通道和东北通道的探索等。所有材料都翻译自 17 世纪的英语和荷兰语原著。两卷德语版中的大部分文章似乎都源自 1625 年出版的塞缪尔·珀切斯的《珀切斯游记大全》（*Hakluytus Posthumus*）。《东印度》第十二卷的拉丁语版虽然描述了与德

520

语版相同的航海和地区，但是它的版式完全不同。其作者卢多维克斯·戈托弗雷杜斯（Ludovicus Gothofredus）将这一卷分为 3 册，每一册都是一个连续的叙事。第一册介绍了亚洲的土地和民族；第二册描述了 17 世纪早期的亚洲征服活动；第三册讲述了到东北、西北和南方的游记等。

1630 年，德·布莱的《大航海纪》丛书第十四卷也是最后一卷的德语版在哈瑙出版。拉丁语版的最后一卷（第十三卷）1634 年在法兰克福发行；其中收录了德语版的第十三卷和第十四卷中的材料。每一卷都收编了雅克·莱尔米特的环球航海报告（1623—1626 年）——有时认为其作者是斯特拉斯堡的阿道夫·德克尔（Adolph Decker）。德克尔版的莱尔米特航海游记曾经于 1629 年单独出版过。[97] 这个版本比《普通的航海行纪》第十二卷中的简述更长更详细，似乎主要译自荷兰语原著，伴随舰队航行的德克尔扩充了一些内容。第一个完整的荷兰语版 1626 年发行；扩充版 1643 年面世。[98] 虽然莱尔米特舰队到访过马鲁古群岛和巴达维亚，但是日志的大部分内容描述了其对西班牙的船运和对南美洲沿海城镇的袭击以及对这些地区和人的介绍。他几乎没有谈到亚洲的土地和民族。德克尔版的莱尔米特环球航海游记 1630 年作为胡尔修斯丛书的第 22 卷再版。[99]

出版于 1630 年至 1650 年间的胡尔修斯丛书中的另外两卷论述到亚洲。出版于 1648 年的第二十四卷收录了颇为畅销的威廉·伊斯布拉松·邦特库到东印度游记的译本。它与德克·阿尔伯兹逊·拉文（Dirck Albertszoon Raven）到斯匹次卑尔根群岛的游记绑在一起出版。[100] 出版于 1649 年的第二十五卷主要包括亨德里克·布劳沃到智利的游记译本，显然也收录了乔治·甘治士描述台湾的译本和马丁·格瑞斯逊·弗里斯到北海道游记的译本。这两篇记述早期都出过荷兰语版。[101]

凡肯航海到马鲁古群岛游记出版的 1612 年到三十年战争结束的 1648 年间，只出了两篇关于亚洲的第一手德语报告，每一篇都很简略，后来版本的内容得到了极大地增添和补充。其中的第一篇是约翰·阿尔布莱希特·曼德尔斯罗（Johann Albrecht Mandelslo）关于他到印度的记述，1645 年首次出版；[102] 另外一篇是约翰·西格蒙德·伍尔夫班（Johann Sigmund Wurffbain）跟随荷兰东印度公司到印度和马鲁古群岛的游记，首次出版于 1646 年。[103]

521

曼德尔斯罗是霍尔施坦因公爵（Duke of Holstein）的侍从，1635 年曾陪同公爵的使团前往莫斯科和波斯。因不堪旅途中昆虫的叮咬，1638 年在伊斯法罕离开使团转去印度。1638 年 4 月他到达苏拉特，10 月前一直留在这里，然后穿越古吉拉特来到阿格拉和拉合尔、比贾布尔、马拉巴尔，1639 年 1 月离开苏拉特前往英格兰。他就自己的旅行写了一则潦草且逻辑凌乱的游记报告。在他死于天花的 1644 年前，将手稿交予公爵的图书管理员和数学家亚当·奥利瑞乌斯——也曾经是俄罗斯和波斯使团的秘书——出版。[104]

曼德尔斯罗的游记报告 1645 年出版之际，是与奥利瑞乌斯关于霍尔施坦因公爵派到俄罗斯和波斯使团的记述绑在一起的。这两则报告都在 1647 年再版。[105]1658 年，一个内容极大扩充了的版本出现。[106]德语版分别出现于 1656 年和 1658 年；每一次出版，曼德尔斯罗的报告都与奥利瑞乌斯的俄罗斯和波斯旅行记绑定在一起。1669 年，奥利瑞乌斯将曼德尔斯罗的游记和他对尤尔根·安德森（Jürgen Andersen）和伏尔加德·艾弗森（Volquard Iversen）亚洲旅游的记述收编在一起。[107]奥利瑞乌斯最终于 1696 年出版了一部庞大的编著，包括他的俄罗斯和波斯游记、曼德尔斯罗的游记、安德森和艾弗森的游记、卫匡国的《鞑靼战纪》译本，以及郑成功攻取荷兰在台湾殖民地的记述。[108] 1651 年，1647 年版（曼德尔斯罗和奥利瑞乌斯的游记）被译为荷兰语；1658 年已经扩充后的版本的荷兰语译本也于 1658 年出版。有很多法语译本，第一个法语译本 1656 年出版，后续的法语译本分别出现在 1659 年、1666 年、1679 年和 1719 年。1662 年，约翰·大卫（John Davis）将其翻译为英语，[109]第二个英语版出现在 1669 年。

甚至连最早的版本都出自奥利瑞乌斯之手，他从其他流行的旅游文学，特别是荷兰语报告中选了大量资料，丰富和扩充了曼德尔斯罗关于果阿、苏拉特和古吉拉特的论述。在后来的版本中，奥利瑞乌斯的曼德尔斯罗旅游报告收录了几篇冗长的描述性文章，涉及爪哇岛、苏门答腊、中国、日本、葡属印度历史，以及亚洲各民族的政治、社会和宗教等。[110]法国译者亚伯拉罕·德·威克福（Abraham de Wicquefort）增添了更多写实性内容，都选自己经出版的旅游文献。他的版本内容比最大篇幅的德语版还要多 1/3。[111]由于约翰·大卫是根

522

据威克福 1659 年的版本翻译成英语的，所以奥利瑞乌斯和威克福后来补充的内容都被带到英语版本中了。区分曼德尔斯罗的第一手观察资料和奥利瑞乌斯后来的增补内容几乎不可能。因此，出版了的曼德尔斯罗游记是一座亚洲资料的宝藏；但这个游记与其说是欧洲认知亚洲的德语文献，还不如说是将亚洲近期优质信息引入德国读者视野的载体。

约翰·西格蒙德·伍尔夫班（1613—1661 年）是纽伦堡的一个显赫家族的子孙，他 15 岁时被派到阿姆斯特丹去学习商业知识并且研习荷兰语和法语。他 1631 年返回家乡，发现战争使得德国土地上的商机有限，他的家族敦促其从亚洲的荷兰东印度公司寻求财富。伍尔夫班因而返回阿姆斯特丹希望以商人助手的身份前往亚洲，但是他在阿姆斯特丹的个人关系网未能使他获得这样一个职位。相反，他以士兵的身份在荷兰东印度公司服役五年，希冀一旦到了东方便可以改善自己的命运。[112]

伍尔夫班 1632 年 4 月启航，在巴达维亚逗留了两个月，然后去了马鲁古群岛。他在这里服役于安汶岛卫戍部队，1633 年参加了远征塞兰岛（Ceram）的战役，将他五年服役期的大部分时间留在班达奈拉岛上的拿骚城堡。1634 年，他终于如愿以偿成为一名商人助手，起初只是试用，不能获得正常的工资晋级。[113] 当他的任期届满时，他决定继续留在荷兰东印度公司：一方面是因为国内的消息并不很令人鼓舞；另一方面是因为公司在苏拉特的荷兰商馆给他提供了一个"初级商人"（Onder-Koopman）的职位。[114] 伍尔夫班在苏拉特商馆工作到 1645 年。他的任务愈来愈重，多次出差到孟买、摩卡（Mocha）、坎贝和果阿等地；到 1642 年 1 月，他已经晋升为"高级商人"（Opper-Koopman）。他希望成为荷兰东印度公司在亚洲某个前哨驻点的主管。但是后来获悉总督约翰·曼斯萨克尔（Johan Maetsuycker）和东印度委员会规定只有荷兰人才能获此职位，伍尔夫班因而决定返回家乡。[115] 他随同 1645 年 12 月返乡的舰队启航，1646 年 9 月到达纽伦堡。

1646 年的《伍尔夫班旅行记》（Reisebeschreibung）是由他的父亲将其书信整合出版的，以此作为他回乡的礼物。他的父亲注入了大量道听途说的信息，错误百出，伍尔夫班因此不悦。他将能够找到的作品全都买回来加以销毁。[116]

传到今天的这个版本是由伍尔夫班的儿子在他离世很久之后的 1686 年发行的，其根据是伍尔夫班修订和增容后的日志。[117]

1686 年的版本也收录了一些显然不是来自伍尔夫班日志原稿的描述性文章。有些文章可能是他的儿子加进去的，但更可能是由伍尔夫班在修订他的日志时补充的。有些描写似乎是根据作者的亲身观察，但是大部分材料选自其他已经出版的亚洲记述。该著作描写的有些地方是伍尔夫班从未到访过的，如婆罗洲、[118] 澳大利亚沿海、[119] 印度的马拉巴尔沿海、[120] 日本、[121] 暹罗和柬埔寨、[122] 以及台湾。[123] 他同时也描写了苏门答腊、[124] 巴达维亚和爪哇岛、[125] 望加锡、[126] 布通（Buton）、[127] 安汶岛、[128] 班达群岛、[129] 莫卧儿帝国和苏拉特[130] 等他到过的地方。同样，这些信息显然也是选自其他书籍的。比他的描述更有意义的是关于他在班达岛和苏拉特的经历，或者他的其他旅历，以及他在沿途看到的事物。他的书含有丰富而详细的关于荷兰东印度公司驻某岛屿的卫戍部队的士兵生活，以及公司在印度的贸易活动。他在荷兰公司的漫长职业生涯和他不寻常地从普通士兵晋升为高级商人，使他成为荷兰在亚洲活动的独特观察家。他以其他人没有的细致描述了荷兰东印度公司的亚洲之旅——首先是从一位外国士兵，后来是高级商人，最后是船只委员会主任的角度进行观察。伍尔夫班的日志在 1686 年出版时，它的前言是一篇对各个进入印度通道的描述[131] 和一个有关荷兰在亚洲创建的海上帝国的简史。[132] 这些内容也许出自伍尔夫班本人之手。他返回出生地纽伦堡的两年后，《威斯特伐利亚和约》（1648 年）签定，生活和商业前景看起来比 20 年代以来的任何时候都要好。伍尔夫班在德国闯出了一条成功的职业道路。他擅长投资，在纽伦堡的声名越来越显赫，到 1661 年去世前他一直留在这里。

524

第三节　有限的复兴，1650—1700年

恢复和平似乎也对出版业产生了一些影响，随着书籍出版量的整体上升，一些专门论述亚洲的书名出现。例如，奥利瑞乌斯发行数量的扩增便发生在

50 年代。50 年代，德国各城市出版的几乎所有关于亚洲的新作品都使用拉丁语。有些作品以前曾经出版过，或者是早期记述作品的再编。例如，西奥多·雷（Theodore Rhay）的西藏描述，至少部分选自安多德 1628 年著的关于耶稣会士 1626 年到西藏传教的报告。[133]

525 　　首次详细介绍满人入主中原的作品是卫匡国的《鞑靼战纪》，1654 在安特卫普、科隆和维也纳出版。[134]卫匡国曾被在中国传教的耶稣会士派往罗马捍卫他们的文化适应策略，抵抗多明我会和方济各会传教士的指控。正如卫匡国所讲述的那样，他在漫长的海上航行期间通过写作克服了晕船的侵扰。[135]他看起来比较成功，1653 年 8 月刚一到达欧洲便着手出版几部重要的作品，其中第一部就是《鞑靼战纪》；这部作品成为 17 世纪欧洲人了解满族人征服运动的最佳描写。拉丁语版重版了 7 次，并被翻译成 9 种欧洲其他语言。到该世纪末，共出了 25 个版本或译本。[136]德语译本由布劳 1654 年在阿姆斯特丹出版。[137]

　　有两篇德语版的满族人征服运动的述略早些时候曾在奥格斯堡出版。1653 年，由波兰耶稣会士卜弥格著的几名明朝廷臣皈依的报告的德语译本出版。[138]其中有一篇（满族）征服运动的简史。满族人征服运动的述略也在奥格斯堡的新闻传单《新世界报》（*Zeitung auss der newen Welt*）中提及过，出版于 1654 年早期，讲述了卫匡国到达欧洲、耶稣会在中国的情况、卫匡国胡须的长度等。[139]斯特赖特（Streit）认为《新世界报》翻译自卫匡国的《中国基督徒的数量和质量》（*Brevis relation*，罗马，1654 年），但是它的作者认为《新世界报》是根据卫匡国写给因戈尔施塔特的朋友的书信写成的。[140]

　　卜弥格 1656 年返回中国之前，也发表了一篇关于中国的动物群和植物群的学术报告。它成为 17 世纪欧洲关于中国自然史最重要的、最有影响力的文献之一。[141]它影响了很多后续相关出版作品，曾被翻译为法语，构成了特维诺文集中 1696 年出版的其中一卷。

526 　　除了《中国新图志》和满族人征服运动的报告外，卫匡国 1657 年前往中国之前还出版了一部关于中国古代史的拉丁语著作。1658 年在慕尼黑出版的《中国上古史》（*Sinicae historiae decas prima*）是欧洲人首次认真书写中国历史的一次尝试。[142]它追溯了从原初时代到耶稣诞生或者汉朝时代的中国历史。卫匡国的《中国上古史》基本上就是一部朝廷历史，每一章阐述一位皇帝，从传说中的第一位圣贤皇帝伏羲（卫匡国将他的统治记为公元前 2952 年）到西汉结束。其中涵盖的信息丰富而详细，不仅包括历代皇帝和高官，也有中国人的宗教和知识分子的生活、内部斗争和外交关系等内容。它在欧洲学者中引发相当的热议，根据卫匡国的纪年法，在人们普遍认可的圣经大洪水时代即公元前 2349 年（据此，除了诺亚及其家人，地球上所有人被淹死了）之前，中国已经有 7 位皇帝统治的历史了。卫匡国意识到其中的问题但是给不出答案。但是，卫匡国返回中国之后的一个世纪或更长，欧洲的神学家和历史学家忙于解决这个问题。[143] 1659 年，《中国上古史》第一部分的第二个拉丁语版在阿姆斯特丹出现；（可能是）它的第二部分的法语译本由特维诺出版。[144]

17 世纪 60 年代，拉丁语和德语的耶稣会士出版物继续在德国出版中心涌现。1662 年，中国来信精选集的德语译本在慕尼黑出版。[145] 1665 年，德国耶稣会士海因里希·罗斯（Heinrich Roth，1620—1668 年）的一封书信的拉丁语摘编在阿沙芬堡出版。[146] 这部作品含有一个关于莫卧儿帝国的记述和几篇印度事件报道；似乎是选自未经出版的 1664 年的德语书信原稿。[147] 罗斯在阿格拉生活了十年返回欧洲之后撰写了这封信。据基歇尔称，罗斯精通波斯语、印度语和梵语。[148] 事实上，基歇尔在他的《中国图志》（阿姆斯特丹，1667 年）中关于莫卧儿帝国和印度教的描述，主要参照了罗斯的相关作品。[149] 罗斯对基歇尔著作的主要贡献是关于"毗湿奴的十种化身"的描述和一些关于印度起源的插图说明，以及对梵语的讨论——用 5 幅插图展示梵语的书写方式（参见第 112 幅图）。

527

1662 年，罗斯在另外一名德国耶稣会士白乃心的陪同下返回欧洲。白乃心曾经与吴尔铎神父取道陆路经由拉萨从北京到达阿格拉。在他返回欧洲的那些忙碌岁月里，白乃心显然试图写一篇关于西藏以及他跨越喜马拉雅山的旅行报道。但是他从未完成这一目标。他把部分稿件送给基歇尔；罗斯写了几封信给基歇尔并且寄给他一些草图，这为基歇尔在《中国图志》中描述西藏，以及白乃心和吴尔铎的旅行奠定了基础，这也许是欧洲关于西藏（首府拉萨）的最早记载。基歇尔的报告中有 11 幅版画是根据白乃心的草图制作的，其中包括达赖喇嘛（Dalai Lama）和拉萨的布达拉宫（Potala Palace），这些图后来被反复翻印，成为接下来的二百五十年中欧洲人眼中唯一的拉萨景象。[150]白乃心在西藏旅游的报道，同时也收录在特维诺 1666 年出版的文集中。[151]

1665 年，维也纳出版了一则拉丁语版的耶稣会士在中国传教情况的记述，其根据是汤若望的书信（1592—1666 年）。[152]1618 年到达中国的汤若望成为最重要、最有影响力的耶稣会成员。1630 年至 1644 年间，他是北京历法局的首要人物；1645 年到 1665 年间，他在明朝历法局的继承机构，即满清的钦天监担任监正一职。他不只和一位帝王交情深厚，得到很多荣誉和头衔，包括中国文官最高职位"进士"，用汉语发表了 25 部书，涉及神学、数学和天文学。[153]他的《历史存证》（*Historica narratio*）介绍了耶稣会在中国最辉煌的那段历史。汤若望对满族人征服运动的描述特别有趣，因为他介绍了他个人在北京的经历，见证了 1644 年李自成对这座城市的围攻、李氏军队逃离时对首都的烧杀掳掠，以及新王朝刚刚开启那几天的情况。1672 年，第二次出版时内容有所扩充，是一个拉丁语版本，将传教故事延续至 1669 年，而且增加了更多写实性内容。[154]

另一个耶稣会士书简的译本 1668 年出版。约瑟夫·赞基尼（Joseph Zanzini）的这个报告是关于交趾支那的传教会，特别是 37 名传教士 1644 年在那里的殉道事件。[155]几则荷兰语亚洲记述在 60 年代被译为德语。1663 年，纽伦堡的教授克里斯托夫·阿诺德（Christoph Arnold）翻译了其中的两则：亚伯拉罕·罗杰关于印度教的记述[156]，以及弗朗索瓦·卡龙和朱斯特·斯考顿关于日本和暹罗的记述。[157]荷兰 1663 年在马拉巴尔海岸取得胜利的报告，作为附录被收编在杨·萨默（Jan Somer）1664 年黎凡特游记的德语译本中。[158]

17 世纪 60 年代关于亚洲的德语出版物中最不寻常的一面是，大量由德国旅行者用德语撰写的第一手报告。其中多数旅行者是以士兵身份加入荷兰东印度公司的青年人。他们的大部分报告都没有丰富欧洲关于亚洲知识库的内容。他们所报告的内容通常已经在荷兰语文献中有了更好的描述。其实，他们的叙事与标准的荷兰语文献相比显得臃肿。然而，这些德国旅行者有助于将亚洲世界带进德语读者的视野，他们对荷兰在亚洲活动的更加审慎的、有时比较苛责的观点所显现出的洞察力，使得他们的报告有价值感。

约翰·雅各布·萨尔（Johann Jacob Saar，1625—约1672年）就是这样一位旅行者。1625年出生在纽伦堡的萨尔从1644年到1659年在荷兰东印度公司充当士兵十五年。这些年里他一直保持写日记的习惯，但是在回家途中遗失了。因此，他出版的游记源自在丹尼尔·伍尔夫（Daniel Wülfer）帮助下的回忆，丹尼尔·伍尔夫是位于纽伦堡的圣洛伦兹教堂（St. Lorentz church）的牧师，也是萨尔的童年玩伴。这部游记出版于1662年。[159]伍尔夫显然使用了其他已经出版的文献来帮助萨尔回忆，以此充实作者的记述。在1672年发行的第二版中，伍尔夫在文本中插入了更多的纪实描写，增添了大量的注释，把当时已经出版的很多亚洲记述当作权威来引用。[160]1671年，第一版的荷兰语译本在阿姆斯特丹面世。

529

萨尔在巴达维亚的荷兰东印度公司军队服役了三个月，在班达群岛服役了十九个月，参与了几次包括1649年到苏拉特和波斯在内的短途探险考察。然而，他大部分时间都留在锡兰岛。他的报告的有用之处在于对荷兰东印度公司士兵的日常生活的描写，其特别有价值之处在于对荷兰从葡萄牙手里夺取科伦坡和贾夫纳帕塔姆的详细描摹，这个事件发生在萨尔参加的1655—1658年间的战役。[161]萨尔描述了爪哇岛、[162]巴达维亚、[163]安汶岛、[164]班达岛，[165]最有趣的并且含有大量第一手资料的是他对锡兰岛的描写。[166]萨尔从始至终都是一名士兵。他特别感兴趣的是奇异植物和食物、蛇类、鳄鱼、大象，以及奇特的鸟类，或者武器和军事策略，而对僧伽罗人的宗教、政府管理和社会结构的兴趣要淡一些。

在锡兰岛与萨尔相遇的约翰·雅各布·梅克林（Johann Jacob Merklein）是一位有经验的观察家。梅克林出生在拜仁的一个内科医生家里，1644年12月以理发师和外科医生助手的身份登上荷兰东印度公司的船只。他的这次出海十分幸运。他乘坐的船只离开特塞尔五个月之后即1645年5月到达巴达维亚，据他报道没有一个人在途中丧失性命。[167]萨尔以前报道说他曾经乘坐的船只死亡了14人，舰队司令所在船只死亡54人，尽管他们按时定量地饮用了柠檬汁。[168]在航行到苏门答腊和班达后，梅克林1646年1月又被派遣到巴达维亚，1648年6月前他一直留在这里，此后被提升为高级理发师和外科医生，并且分管一艘船只。1663年返回欧洲前，梅克林曾经访问过印度沿海、锡兰岛、波斯的甘布龙布（Gambroon），以及日本的长崎。

1663年克里斯托夫·阿诺德将梅克林的日志收录在翻译自卡龙和斯考顿的著作中，梅克林的游记因而首次面世。[169]1672年又出了一个新的修订版，其中包括卡龙和斯考顿的译本，以及亨利德里克·哈梅尔在朝鲜探险的译本。[170]显然，梅克林的游记从未独立出版过。

梅克林相当详细地描述了爪哇岛和巴达维亚，包括荷兰人首次到达那里以来的历史掠影，以及对巴达维亚城市管理的极为有趣的评价。[171]他在日志中简要介绍了他到访过的大部分地区和几个没有访问过的地区。1672年版收录了很多评论和注解——由阿诺德撰写或者选自当代旅游文学。阿诺德引用了安德森、艾弗森、巴尔德、邦修斯、甘治士、罗杰、达帕、林斯乔坦、蒙塔努斯以及很多其他作家的作品。我们没有接触过1663年版，所以并不知道阿诺德的注释是否收录其中。

比梅克林的日志更为有趣的是他对亚洲事件的报道和他在叙述中对荷兰海外世界生活的观察。例如，他记录了荷兰征服马尼拉的失败、[172]康提国王攻袭荷兰城堡、[173]荷兰屠杀移居到台湾的3 000到4 000名华人，[174]以及派往日本的彼得鲁斯·布洛克韦乌斯（Petrus Blokovius）和安德里亚斯·弗里西斯（Andreas Frisius）使团。[175]梅克林同时也描述了对巽他海峡的恩加诺岛（Engano）居民的无情奴役，因为他们经常杀害遭遇船难的海员。荷兰人将这些土著人运送到巴达维亚，其中的大部分死于这里。[176]他讲述了东亚航运途中的高死亡率，以及对犯了鸡奸罪的水手的野蛮惩罚。[177]他在孟加拉见证了鸦片被装到荷兰船只上，[178]描述了荷兰人如何处置被迫来到巴达维亚的威尼斯船只。由于他们与威尼斯不是敌对关系，荷兰东印度公司的官员仅仅遣散了船只上的荷兰籍海员。当威尼斯船长发现他们的船不能继续航行，便将船只出售，把其他非荷兰籍船员交给荷兰东印度公司。[179]

约翰·冯·德·贝赫（Johann von der Behr，约1692年离世）比梅克林早一年乘坐荷兰东印度公司的船来到东方。他的这次远航同样非常迅速——大约四个半月。事实上，船长还因为航行周期短而获奖。船上有些人患上坏血病，但是船长和船只委员会决意不在好望角停靠。他们到达巴达维亚之前有 15 人死亡。[180] 贝赫早期应征入伍到荷兰东印度公司，一直服役到 1649 年 10 月——在巴达维亚、跟随约翰·马绥克（Johan Maetsuycker）舰队在马拉巴尔海岸、到波斯的航海、六年中几乎有四年在锡兰岛等。他的日志直到 1668 年才出版——距他返回家乡已经十八年了。[181]

贝赫关于爪哇岛和巴达维亚的记述内容几乎没有不包含在早期的作品中的。事实上，有些部分与萨尔和梅克林的描述非常相似。[182] 丹尼尔·伍尔夫在萨尔游记的 1672 年版本中不时地指控贝赫抄袭萨尔。在贝赫的著作中唯一重要的描述是关于锡兰岛的章节。[183] 这一部分的资料仍然相当眼熟。[184] 贝赫似乎已经预见到人们指控他抄袭；他在书的前言中毫无歉意地告知他的读者：

531

> 最尊敬的读者，如果你在其中发现任何你所不知晓的内容，怀着感恩的心通过我——你的仆人——来了解吧。如果你一无所获，即便如此，也不要觉得浪费了时间，而是应该这样思考，即你做了一次温习或检验，简略地重复一下你以前所知道的信息，或者是再次阅读散落在其他各书本中的资料。[185]

即使是在描述事件时，贝赫也不像梅克林或者萨尔那么认真观察。他选择记述的事件不那么重要，有时可以说是微不足道——显然是那种只能引起孤陋寡闻的士兵注意的那些事物。但是贝赫的记述中确实有一些重要的贡献；像萨尔的记述一样，他的作品也观察了荷兰东印度公司士兵的日常生活，从基层的视角描摹了荷兰的海外帝国。

在那段相当喧嚣的岁月，即 1644 年至 1650 年，贝赫服役于荷兰东印度公司。来自伯尔尼（Bern）的阿尔布莱希特·赫波特（Albrecht Herport）1659 年至 1668 年间服役于荷兰东印度公司，他的经历比贝赫的经历更加艰难和凶险。他在巴达维亚逗留了六个月后便跟着约翰·范·德·拉安（Johann van der Laan）的舰队航行到澳门和台湾。范·德·拉安返回巴达维亚之后，赫波特和其他士兵一道被安排在台湾的热兰遮城增援那里的卫戍部队。他随后参加了悲壮的保卫城堡战，抵御郑成功军队 1661 年 5 月至 1662 年 3 月的进攻，但最终还是失败了，荷兰投降后他返回巴达维亚。[186]1662 年 5 月征战爪哇岛内陆之后，[187]他被派遣到马拉巴尔海岸加入了里伊克洛夫·范·昆斯攻打葡萄牙人的远征军。他参与了包围并占领科钦（1662 年 10 月 25 日至 1663 年 1 月 9 日），[188]以及 1663 年 2 月夺取坎纳诺尔（Cannanore）的战争。[189]1663 年 3 月，他被派遣到锡兰岛的守备部队，直到 1666 年 10 月才回到巴达维亚和家乡。在此期间，他在锡兰岛参与了捕杀大象、在马纳尔附近每年一度的珍珠垂钓，以及几次到马拉巴尔海岸的远征运动。

1669 年，赫波特的日志首次在伯尔尼出版。[190]1671 年，J. H. 格拉塞马克将他的日志与萨尔及伏尔加德·艾弗森的记述报告同时翻译出来。赫波特的日志相对简略地描述了爪哇岛、[191]台湾、[192]马拉巴尔海岸，[193]以及锡兰岛。[194]对欧洲读者而言，其中几乎没有什么新内容，但是却有首次观察的新鲜感。似乎没有什么内容是根据其他已经出版的作品。然而，赫波特的记述的真正价值在于他对参与的军事活动的生动描写。例如，他对台湾失陷的描述明显不同于其他记述，然而却大体上证实了 C.E.S. 对那些事件的报道。[195]它因而成为荷属台湾失守的重要文献。同样道理，他关于范·昆斯在马拉巴尔海岸战役的报导，成为荷兰在次大陆扩张阶段的重要原始资料。赫波特对这些战役的描述翔实、生动、逼真，包括难以忍受的高温炎热、季风雨、蚊子、水蛭、老虎、饥饿、干渴、疾病、疲劳，以及傲慢的荷兰军官等。在荷兰东印度公司服役是一个艰难的差事。他对在锡兰岛围捕大象、在马纳尔垂钓珍珠的记述也很详细、精确和有趣。除了这些文学描写外，赫波特还经常素描他访问过的地方。他似乎是一位相当优秀的艺术家，至少是一位细心的绘图师。作品中有 9 幅版画是根据他的草图制作的。

另外两名德国旅行者尤尔根·安德森和伏尔加德·艾弗森的记述 1669 年同时出版，编者为亚当·奥利瑞乌斯。[196]这些记述报告难以评价。两位作者都曾服役于荷兰东印度公司，每一位都带回一本日志。但是他们出版了的旅游日志已经被奥利瑞乌斯大加修订和增补，日志的手稿甚至是旅游中的事实都已经被完全遮蔽了。显然，奥利瑞乌斯只是利用他们的日志作为大纲，然后把其他出版作品作为描述亚洲土地和民族的基础。事实上，他似乎在这个大纲的基础上增加了大量的描述以容纳更多国家的信息。

例如，安德森 1644 年 4 月 24 日从特塞尔启航，1650 年 11 月返回他在霍尔施坦因的家乡。根据奥利瑞乌斯的记述，他到达巴达维亚不久之后便跟随一个使团来到马打兰。随后，他们继续参与了一个亚洲荷兰机构的综合巡回检查：苏拉特、布罗奇（Broach）、阿默达巴德（Ahmadabad）、阿格拉、摩卡、甘布龙布、锡兰岛、马拉巴尔海岸、马六甲、台湾，以及长崎。然而，荷兰东印度公司的档案记录中在安德森应该到达那里的十八个月之前没有关于马打兰使团的报道，综合巡回检查活动也没有得到公司档案的证实。有了这样一个开头，就更难相信奥利瑞乌斯的后续记述了，如安德森从日本返回巴达维亚时在中国沿海遭遇船难，以及他经由广州、撒马尔罕（Samarkand）、伊斯法罕、霍尔木兹、巴格达、阿勒颇和耶路撒冷等地的回家之路。奥利瑞乌斯似乎刻意编造了这个旅程，目的是介绍这些地区。

533

奥利瑞乌斯笔下的艾弗森记述报告同样遭遇了编者的重手。艾弗森 1655 年 4 月从特塞尔启航，经停南非的桌湾（Table Bay），到达巴达维亚之后不久被派遣到塞兰岛的城堡。他在那里服役五年。所有这些以及他对这些年的活动的描述似乎足以令人信服。例如，当他被派遣去将肉豆蔻树的根部拔起以帮助荷兰东印度公司控制香料的供给和价格时，他的良心有些挣扎和谴责。但是他从 1661 年 12 月到 1663 年 4 月的回家途中，奥利瑞乌斯让他乘坐遭遇船难的"阿纳姆"号（Arnhem）。关于船难和随后乘坐敞篷小船航行到毛里求斯的情节，奥利瑞乌斯采用了安德里斯·斯多克兰姆（Andries Stokram）已经出版了的"阿纳姆"号航海报告。[197] 但是与斯多克兰姆记述不同的是，奥利瑞乌斯没有让艾弗森跟随挂着法国国旗的荷兰海盗船只返回荷兰，而是让他乘坐一艘英国船只回到苏拉特，他在这里再次入伍荷兰东印度公司，直到 1667 年才返回祖国。这样的改编显然可以让奥利瑞乌斯多写几个章节了。[198]

简而言之，奥利瑞乌斯关于安德森和艾弗森的航海报告似乎对欧洲了解亚洲的贡献甚少，几乎无法确认它贡献了什么。然而，与奥利瑞乌斯早期的出版物类似，这个报告有助于将亚洲记述传播给德语读者。奇怪的是，J. H. 格拉塞马克将这两个记述报告都翻译为荷兰语（阿姆斯特丹，1670 年和 1671 年）。

除了汤若望、萨尔和梅克林等人记述的扩充和修订版外，由德国旅行者撰写的第一手的游记报告继续在 70 年代出现。1675 年，海因里希·冯·波泽（Heinrich von Poser）和西里西亚贵族格罗斯·内德利茨（Gross Nedlitz）的游记由波泽的儿子出版。[199]1620 年，波泽取道陆路来到君士坦丁堡；1621 年 1 月他启程前往波斯，1621 年 6 月 14 日到达伊斯法罕。一个月后，他开始徒步前往印度，途经拉合尔，1621 年 12 月到达阿格拉。他在阿格拉受到荷兰人和英国人的款待，骑过大象，透过窗口瞥见日常装束下的莫卧儿帝王。[200]他 1622 年 1 月末返回拉合尔，但是 5 月又来到阿格拉。1622 年 7 月，波泽向南行进，缓缓穿越德干高原各国，到达马苏利帕塔姆时正好赶上当地的荷兰商馆在庆贺圣诞节。1623 年 1 月，他登上一艘荷兰船只沿着马拉巴尔海岸航行到特根帕塔姆（Tegenpatam），波泽在这里离开船只，取道陆路经由特根帕塔姆和德伦格巴尔返回到马苏利帕塔姆。他从这里出发经由戈尔康达前往苏拉特，并于 1623 年 6 月早期到达那里。1623 年 9 月和 10 月，他访问了坎贝和阿默达巴德；1623 年 11 月 15 日，他从苏拉特启航前往霍尔木兹，踏上漫长的返回西里西亚的征途。1625 年 12 月，波泽到达故乡。

在他 1661 年去世之后，波泽的儿子翻译出版了他的拉丁语日志和他的家族述略及其波泽从印度返回后的生活经历。尽管他的旅程那么引人入胜，但是出版了的波泽游记多少有些令人失望。读者只是被告知有众多的"美丽"且"怡人"的花园、"雄伟"且"牢固"的城堡、"有权"且"富有"的贵族、"纯净"且"新鲜"的水泉，但是他们却无法区分彼此。简而言之，波泽的描述简单而又浅显。他对阿格拉、[201]马苏利帕塔姆[202]和坎贝[203]等的描述也许是他的游记中最为精彩的部分。波泽最感兴趣的是政治强权人物。例如，他在德干旅行的记述中到处都是关于政治领导人、他们之间的关系以及他们在德干高原混战期间的作用等方面的描写。波泽的日志没有完整的译本，或无后续版本出现。[204]

另一部有趣的荷兰东印度公司士兵的记述出现在 1678 年，由弗雷德里克·博林（Frederick Bolling）用丹麦语撰写的，他从 1669 年到 1673 年在荷兰

东印度公司服役。[205] 博林在去东方之前是一名挪威少将的家庭教师，返回后
在哥本哈根担任语言教师。因此，他对荷兰东印度公司舰艇上的军队生活描写
不偏不倚。他评论了水手和士兵之间、各国士兵之间的冲突。[206] 语言和民族
引起的问题可以从两名波兰士兵卷入的纷争看出，他们被指控刺杀某人，但却
解释不清其中的来龙去脉，因为船上没有人会讲波兰语。[207] 博林是典型的路
德会教友，非常亲丹麦。这也许可以解释他为什么在和舵手辩论反对哥白尼时，
引用第谷·布拉赫（Tycho Brahe）支持他的观点。[208] 而且，博林的大部分描写
都相当粗糙，有些内容是编造的，有些内容是道听途说。他对爪哇岛和巴达维
亚的评论含有大量第一手观察资料，但是也有一些经常重复的故事和套话。[209]
他描写从未访问过的地区显然是为了填满那些荷兰东印度公司在亚洲商业据点
目录的空白。他访问火地岛[210] 和澳大利亚西海岸[211] 很可能是编造出来的，
目的是向人们炫耀他曾经到过世界的所有五大部分。博林也报道了一些荒谬的
事情，这显然是错误的理解或者不加鉴别地接受别人的信息导致的。例如，每
一位在巴达维亚的中国人都有至少20名妻妾，[212] 马拉巴尔海岸的居民讲马来
语，[213] 有橡皮肿（elephantiasis）的人是一个独立的种族。[214]

535

　　博林对17世纪70年代的巴达维亚及其教堂、传教士、重要官员的描写非
常细致。同样有趣的是他对与中国人在澳门附近某个岛屿进行私下非法贸易的
描述。1672年，博林以一位个体商人记账员的身份到那里，他描写自己的经历
以及他从这次航海中获取的利润。[215] 显然，他的作品在17世纪没有被翻译为
别的语种或者重版。

　　1679年，约翰·施赖尔（Johann Schreyer）的《新东印度记述》（*Neue ost-indianische Reise-Beschreibung*）首次出版，其中含有对荷兰东印度公司亚洲属
地的描写。[216] 这些内容显然选自其他已经出版的记述报告。施赖尔是一位外
科医生，1669年至1677年在荷兰东印度公司服役，他整个服兵役期间都在好
望角，从未到过亚洲。[217] 他对霍屯督人（Hottentots）的描述也许是该世纪最
重要的文献之一，是认真科学观察的结果；然而他对亚洲的评论却是二手信息。

　　翻译外国作品继续证明了亚洲旅游文学在70年代德国读者中的流行程度。
多数译本都来自荷兰语。1672年，纽伦堡的克里斯托夫·阿诺德出版了一套两

536

卷本的译著：卡龙的日本记述、朱斯特·斯考顿的暹罗记述，以及哈梅尔的朝鲜记述，此外他还增加了梅克林的新版游记。[218]1672 年，菲利普·巴尔德的《马拉巴尔、科罗曼德尔，以及相邻诸国和强盛的锡兰岛大事记》（*Naauwkeurige beschryvinge van Malabar en Choromandel*）被原来的阿姆斯特丹出版商翻译为德语。[219]1674 年，同样在阿姆斯特丹，达帕撰写的荷兰第二次出使中国的报告的出版商将其翻译为德语。[220]1678 年，阿姆斯特丹的范·米尔斯出版了杨松·司徒鲁伊的航海记译本。[221]次年，司徒鲁伊的第三部航海记简译本在苏黎世（Zurich）出版。[222]

1671 年，雅克·德·布尔热关于贝鲁特主教到暹罗和中国旅游的报告被从法语翻译过来。[223]同样在 1671 年，菲利普·德·圣三一（Philippe de Sainte-Trinité）的印度游记的德语版在法兰克福出版。[224]该世纪法兰克福又出版了两个德语版，一个在 1673 年，另一个在 1696 年。[225]1674 年，皮特罗·德拉·瓦勒的日记的德语译本印刷发行。[226]

70 年代，没有几部耶稣会士出版物出现在德国土地上，那些已经出版了的作品根本不是来自传教士的第一手报告。例如，卡尔·利伯蒂努斯（Karl Libertinus, 1638 年出生)1673 年撰写了沙勿略传记，[227]马蒂亚斯·塔纳（Mathias Tanner，1630—1692 年）1675 年撰写了耶稣会士传教和殉难世界史。[228]塔纳的作品被译为德语，1683 年由布拉格的耶稣会出版社发行。[229]

80 年代，外国著作的译本、关于亚洲的学术著作、亚洲主题或亚洲背景的小说等是与亚洲相关出版物的重要组成部分。有几个译本来自法语原著：让-巴蒂斯特·塔韦尼耶游记的德语译本 1681 年同时在纽伦堡和日内瓦出版。[230]据泰尔诺·孔潘斯称，谢瓦利埃·亚历山大·德·肖蒙出使暹罗的报告 1687 年在

537

法兰克福出版。[231]让·莫凯游记的德语译本 1688 年面世。[232]1687 年，让·夏尔丹的英语游记被翻译过来，[233]罗伯特·诺克斯重要的锡兰岛记述 1689 年出版。[234]1681 年，达帕的莫卧儿帝国记述从荷兰语翻译过来。[235]1687 年和 1688 年，纽伦堡的约翰·克里斯托夫·瓦格纳（Johann Christoph Wagner）出版了两部选自其他旅游文献资料、布局凌乱的编著：一部与印度和东南亚相关；另一部与中国和亚洲的草原相关。[236]

几个关于亚洲或者来自亚洲的第一手资料报告 80 年代在德国各城市出版，有些是耶稣会士用拉丁语著的，有些是德语原著。例如，约翰·克里斯蒂安·霍夫曼（Johann Christian Hoffman，约 1650—1682 年）从 1671 年到 1676 年在荷兰东印度公司担任牧师，分别在好望角、毛里求斯和巴达维亚供职。他的个人经历记述于 1680 年出版。[237] 这是一部相对简短的日志，他的巴达维亚描写在出版时没有在原稿基础上增加任何资料。他的毛里求斯记述更有价值，仅仅是这类题材就比较稀少。[238] 霍夫曼关于荷兰为猎取奴隶而远征马达加斯加和莫桑比克的记述相当有趣，但是因为奴隶被运到荷兰东印度公司的亚洲据点而不得不涉及亚洲。[239] 霍夫曼不经意间报道了约翰·纽霍夫在这次远征中的失踪以及推定死亡。[240] 他同时也翻译了一则生动详细的荷兰语报告，讲述了 1674 年 2 月 17 日袭击安汶岛的大地震。[241]

卜弥格离开中国之前就着手出版几部关于中国医药学的论著，包括王叔和（Wang Shu-hua）的脉搏诊法著作的拉丁语译本。这些资料落入荷兰植物学家安德里亚斯·克莱耶（Andreas Cleyer）之手，他 1682 年在法兰克福出版了这些材料。[242] 几年以后，克莱耶从卜弥格那里收集到了更多的手稿，包括有助于理解《中国临床》（*Specimen medicinae*）的前言；他 1686 年出版了这些手稿。[243]

另一部重要的耶稣会士作品 1687 年在迪林根出版——南怀仁记述了耶稣会士天文学家官员 17 世纪 60 年代晚期在北京染上疾病以及他们在康熙皇帝执政期间的康复。[244] 南怀仁的报告中还收录了柏应理神父的 1581—1681 年间在中国传教的耶稣会士名录。[245]

1687 年，由德累斯顿（Dresden）的艾利亚斯·何塞（Elias Hesse，1630 年出生）著的一部有趣报告出版。[246] 1680 年，荷兰东印度公司的矿山委员本杰明·奥利茨（Benjamin Olitz）招募了何塞和一群撒克逊矿工。奥利茨的任务是开采位于苏门答腊西海岸的巴东（Padang）之南的西尔里达（Sillida）：有些荷兰狂热分子认为这里的矿藏可与秘鲁的矿藏媲美。马来亚人早些时候就开始开采这些矿山了，关于这里富庶的谣言四起，在欧洲旅行家中广为流传。17 世纪没有几个荷兰人了解采矿技术，因此荷兰东印度公司董事将经营权委托给奥利茨和他的撒克逊朋友。何塞是远征队的秘书或簿记员。

538

　　何塞虽然不能保证总是公正客观，但却是一位敏锐的观察者，也是一位带有几分刻薄，又有几分机灵的、有幽默感的作者。很少有旅行家能将荷兰人在亚洲的生活感受如此生动地展现给读者。对奥利茨、何塞以及他们的同胞而言，这不是一次愉快的旅行。海洋对他们而言是一个陌生的世界。他们所有的人都晕船，稍让何塞宽慰的是没有荷兰水手患病。[247]海上的严酷生活、不合胃口的食物，以及对小过失的严厉惩罚等，直接导致何塞将这次旅行描述为在船长"暴虐"下的"奴隶"生活。[248]这次旅行也是一次危险的体验。如果贫穷的德国士兵或矿工在可怕的暴风雨、坏血病和痢疾、腐臭的口粮、各水域停靠点土著人的敌意，以及严苛的船上执法等环境中幸存下来，他仍然可能被水手杀害。何塞声称，德国人和波兰人、丹麦人和瑞典人、英格兰人和苏格兰人、法国人和西班牙人、波斯人和土耳其人、中国人和日本人之间的敌意，与荷兰东印度公司东方大商船上的水手和士兵之间的憎恨相比黯然失色了。[249]当他们到达何塞所称的"害虫海岸"的苏门答腊西海岸，情况也没有得到改善。正如他所描述的那样，那里的工作艰难且令人沮丧，炎热和虫子难以忍受；大部分德国人都生病了，苏门答腊人和爪哇人是不可信任的。何塞渴望回家。奥利茨的遭遇更加悲惨。几乎是刚离开阿姆斯特丹他便不间断的生病，妻子死于海上，一个儿子死在巴达维亚，奥利茨本人 1682 年 5 月在西尔里达离世。整个运作过程都以失败告终。何塞发送到巴达维亚的奥利茨报告展现了一个阴郁的前景。奥利茨没有找到任何富矿脉，提取黄金的成本远远高于企业的可能盈利。[250]1694年，荷兰东印度公司彻底关闭了这一企业。[251]1683 年，何塞与奥利茨幸存的儿子一道携带着个人财产重返他钟爱的萨克森（Saxony）。在他离开巴达维亚之前，何塞创作了两首长诗，与亚洲愉快地告别。[252]如果他预料到回国旅程有多艰辛就不会那么喜气洋洋了。

　　除了描写苏门答腊和矿山之外，何塞还谈到了爪哇岛、巴达维亚和印度的马拉巴尔海岸。有些描写借自其他作品——特别是与印度相关的资料——但是绝大部分资料即使不是新的，至少也是根据他本人的观察所得。他用文字描绘了巴达维亚熙熙攘攘的生活、夸张的游行队列、来来往往的当地王子以及他们的英勇气概，生动逼真。他描述了荷兰人战胜万丹后，1683 年在巴达维亚和万丹举行的庆典。[253]他还靠近巽他海峡的喀拉喀托（Krakatoa），观察并且描述了1680年火山喷发带来的影响。[254]1690年，何塞作品的第二个修订版出版；第三版1735年出现。1694年，西蒙·德·弗里斯将它翻译为荷兰语。[255]德·弗里斯翻译的何塞记述著作中同时也收编了另外两名到荷属亚洲帝国的德国旅行者——克里斯托夫·施威策尔（Christoph Schweitzer）和克里斯托夫·弗里克（Christoph Frick）的记述报告。

　　1688年，武尔滕伯格·施威策尔（Württemberger Schweitzer）的日志首次在图宾根（Tübingen）出版。[256]他同样被荷兰东印度公司招募为士兵，1676年1月驶离荷兰。施威策尔在爪哇岛短暂停留后被派遣到锡兰岛，他在这里度完五年兵役的剩余时间。施威策尔文化修养高，显然也很聪明。他声称到达锡兰岛之后很快就学会了僧伽罗语和葡萄牙语，[257]这也许能解释在语言上他为何能神速进步。他成为荷兰在斯塔瓦卡（Sitavaka）的小城堡的仓管员和出纳员及荷兰在科伦坡的指挥官秘书；他以临时船长的身份出使康提，率领一小群部队试图镇压马拉巴尔沿岸胡椒贸易的侵权者；最后成为荷兰东印度公司驻科伦坡商馆的职员总管。

　　施威策尔的日志与其他士兵的记述相比，展现了更多的文学技巧，为他的活动提供了更宽广的视野。他是一位敏锐的观察家，将他所看到的世界以一种娱乐、有时是诙谐的笔调传递出来。和大部分士兵的记述一样，他对自己日常生活和职责的描述比他对爪哇岛或锡兰岛的系统叙述更有价值、更有趣。从施威策尔的日志中，读者可以获取很多关于荷兰东印度公司士兵的日常生活和他们在荷兰据点创建的社区的知识。他写到了士兵的饮食、购买的价格、赚取的工资、他们的娱乐活动，以及他们所遵守的纪律和所受的惩罚。他概述了德国士兵或荷兰士兵的混杂社群、他们的僧伽罗人妻子，以及他们的混血儿孩子，非常有洞察力。他对锡兰岛的描述也比大部分士兵的记述更精彩。[258]他似乎很少借用别人的描写，主要依靠个人的观察。然而，他有时会受到蒙骗，重复一些在荷兰东印度公司军人中流传的迷信和离奇故事。他偶尔也会夸大事实。例如，他报道了英国人罗伯特·诺克斯和史蒂芬·纳托尔（Stephen Nuttall）1680年6月到达他所驻扎的斯塔瓦卡。[259]事实上，1679年10月诺克斯和纳托尔是

540

从他们被囚禁了十九年的康提逃到荷兰的另一座城堡阿勒帕（Areppa）。[260]然而，施威策尔的锡兰岛记述对该岛屿及其居民的描写相当准确，有见地。

1692年，克里斯托夫·弗里克的《东印度航海记》（*Ost-Indiannische Räysen*）首次在乌尔姆（Ulm）出版。[261]外科医生弗里克来自那座城市的一个医学家族，他以外科医生身份从1680年5月到1685年晚期供职于荷兰东印度公司。到异国旅游的冲动驱使他加入荷兰东印度公司，[262]即使出航中在福斯角（False Cape）因暴风雪遭遇船难也没有削弱他赶赴异域的兴趣。他从遭遇的海难中幸存下来，步行来到桌湾，继续乘坐另一艘荷兰东印度公司的船到达巴达维亚。[263]一旦到达那里，他参与了1682年与万丹的战争，此后他负责管理巴达维亚医院。但是弗里克仍有旅行癖，他利用自己的技术和影响力继续获得新的船上任务。1685年2月离开家乡之前，他还曾访问过爪哇岛北海岸、巴厘岛、班达岛、安汶岛、马鲁古群岛、台湾、日本、马六甲、锡兰岛、马拉巴尔海岸、苏拉特、科罗曼德尔海岸、孟加拉、勃固、阿拉干、暹罗，以及望加锡。总之，他比何塞和施威策尔看到的地方更多。[264]

弗里克是一位睿智且思维开阔的观察家。他的爪哇岛、巴达维亚、巴达维亚华人记述包含了很多其他旅游文学中通常都有的信息，但也有一些通过自己观察获取的新知识。[265]他所报道的内容基本准确；他对1682年与万丹战争的记述（占该书的大部分篇幅）就是一个很好的例证。[266]他似乎花了很大的工夫才将问题讲清楚。例如，在描述那些患有橡皮肿病的人时，他讲述了腿上的肿块组织触摸起来是柔软且富有弹性的，疾病似乎可以在患者群体中畅通无阻地传播。[267]他叙述的整体正确性很难让人否认他实事求是地观察——当他到达长崎港口时，已有3—4艘英国和法国船舶停靠在那里。[268]像多数欧洲作者一样，他非常轻视爪哇人。[269]然而，这并不妨碍他冷静并带有几分同情地叙述生活在巴达维亚附近的青胡椒山（Blue Pepper Mountain）的圣人社群。[270]

弗里克的记述似乎没有发行其他德语版本。它被收录在西蒙·德·弗里斯1694年的《三次重要的旅行》（*Drie seer aenmercklijcke reyse*）。[271]弗里克和施威策尔的作品被译为荷兰语，1700年出版的英语译本是基于荷兰语版本翻译而来的。而何塞的作品却没有享有这一荣耀。[272]

　　另一则关于荷兰东印度公司在苏门答腊采矿经营的记述 1690 年在纽伦堡出版，作者是约翰·威廉·沃格尔（Johann Wilhelm Vogel），他在奥利茨死后担任荷兰东印度公司的采矿主管。[273] 该记述报告于 1704 年和 1716 年两次重版。

　　1692 年，乔治·麦斯特尔（George Meister）的《东方印度园艺师》（*Der orientalisch-indianische Kunst- und Lust-Gärtner*）出版，这是一部插图丰富的大型著作，描绘了爪哇岛、日本和马六甲的植物群。[274] 麦斯特尔也是撒克逊人，1677 年以荷兰东印度公司的士兵身份来到爪哇岛。短暂的兵役之后，他成为植物学家安德里亚斯·克莱耶在巴达维亚的助手，1689 年返回萨克森之前麦斯特尔还跟随克莱耶去过日本和马六甲。麦斯特尔的书不仅描述了亚洲的植物，而且还包含了很多关于日本和 80 年代荷兰东印度公司的亚洲事务信息。他还在克莱耶的吩咐下带回欧洲一些树木、植物和种子的标本。一包包的样品种子被送给柏林的克里斯蒂安·门采尔（Christian Mentzel）、但泽的雅各布斯·布里尼乌斯（Jacobus Breynius）和阿姆斯特丹的彼得·范·达姆（Pieter van Dam）。和麦斯特尔同船的沃格尔在他的《日记或日志》（*Diarium oder Journal*）里讲述了回乡的旅程。[275]

　　1690 年出版了一部在俄罗斯和西伯利亚旅行的游记，作者是包岑（Bautzen）的乔治·亚当·舒略星（Georg Adam Schleusing）。[276] 除了介绍俄罗斯帝国各地之外，舒略星还描述了颇有价值的通往中国的陆路通道。[277] 他显然没有亲自到过中国，但是收编了一篇选自卫匡国著作的关于满族人征服运动的简介。[278]

　　随着亚当·布兰德（Adam Brand）的《中国形势述录》（*Beschreibung der chinesischen Besandschaft*）1698 年的出版，另一则到中国的陆路通道的记述面世。[279] 布兰德是俄国沙皇 1693—1695 年派往北京的雅布兰使团的秘书。他的记述的价值不仅在于描写了路线和沿途遭遇的各个西伯利亚种族部落，还特别生动地记录了使团在中国的经历，描绘了长城和中国的边境居民区，讲述了使团在北京受到的接待。布兰德收录了一篇简短的中国综述——似乎选自已经出版过的规范作品。[280] 他的纪实报告内容包括亲自访问过的庙宇、北京大街上的灰尘、与中国官员的谈判、他参与的官方盛宴等等，这些都是他对欧洲认识

542

亚洲的最重要的贡献。布兰德的记述在 18 世纪重版了若干次。1697 年，哲学家莱布尼茨将其翻译为拉丁语并且收录在他的《中国近事》（*Novissima sinica*）中。[281] 该记述 1698 年被译为英语，1699 年被译为法语和荷兰语。

543　　1697 年，弗兰肯伯格（Frankenberg）的丹尼尔·帕蒂（Daniel Pathey）在纽伦堡出版了他的游记。[282] 帕蒂似乎是另外一名患有旅游癖的德国人。在大陆旅行了几年后，他和 3 位同伴 1677 年 3 月到达阿姆斯特丹，等待前往伦敦的船只。他写道，荷兰共和国和法国之间的战争妨碍了他们前往英格兰，结果他们签约为荷兰东印度公司的士兵。[283] 他 1677 年 5 月 28 日从特塞尔启航，12 月 23 日到达科伦坡。除了 1679—1680 年远征波斯湾盗匪和 1683 年 1 月到巴达维亚参与攻打万丹外，帕蒂一直留在锡兰岛，直到 1686 年 1 月启程返欧。他的旅游和经历记述非常简短——只有十二开本的 113 页。但几乎没有展现锡兰的风景和人。他对访问过的城市——科伦坡、加勒、巴达维亚、万丹——的描写仅限于建筑物、街道、防御工事。他最成功的纪实描写是 1684 年 2 月的围捕大象，[284] 1684 年 5 月翻越亚当峰（Adam Peak）。[285] 书的最后一部分描写了锡兰岛、孟加拉、班达岛、三貂（St. Jago）、安汶岛、万丹和波斯。帕蒂基本没有访问过这些地区，对锡兰岛和万丹的描写主要来自前辈的著作。

　　1704 年，戴维·塔彭（David Tappen）在荷兰东印度公司服役的记述在汉诺威（Hannover）和沃尔芬布特尔（Wolfenbüttel）。[286] 塔彭从 1667 年到 1682 年供职于荷属亚洲帝国，起初是士兵，后来担任一位荷兰官员的孩子们的导师。做士兵时，他访问过巴达维亚、马六甲和苏拉特；担任导师期间，他从 1677 年到 1697 年跟随荷兰商业远征队到达福州。[287] 他显然有很多闲暇时间到处观光旅游，他在记述中含有一些有趣的描写，内容包括他所见到的中国人、福州及其周边地区以及在那儿的荷兰人的活动。

　　该世纪的最后十年，几则关于亚洲的外国记述被翻译为德语。1690 年，雅各布·斯庞和乔治·惠勒（George Wheeler）的游记从法语翻译过来并且出版。[288] 让·德·特维诺游记的德语译本 1693 年在法兰克福出版；[289] 李明神父的中国记述也从法语翻译过来，1699 年与德语读者见面。[290] 1698 年，加布里埃尔·德隆关于果阿宗教裁判所的报告被译为德语，[291] 他的印度游记 1700 年也被翻译出来。[292]

　　最后，像哲学家莱布尼茨和内科医生克里斯蒂安·门采尔等德国学者，在该世纪的最后十年发表了著作，这让更多德国大地上的读者接触到关于中国的知识。门采尔翻译了柏应理早期关于中国编年史的作品，1696 年出版。[293]其中还收编了雅布兰通过陆路到中国旅游的简述。次年，莱布尼茨的《中国近事》首次出版。更多关于中国的信息出现在 1700 年出版的与礼仪之争相关的主要作品中：耶稣会的《中国仪礼史》（*Historia cultus sinesium*）、《中国历史续编》（*Continuatio historiae sinensium*）[294]，以及对耶稣会士出版物做出回应的《中国礼仪》（*De ritibus sinesium*）等。

　　17 世纪的前二十年，德国各家出版社发行了大量与亚洲相关的作品。几乎所有作品或者是从其他语言翻译为拉丁语或德语的耶稣会士著作，或者是荷兰语游记的译本。尽管这些译著算不上德国对欧洲认识亚洲的贡献，但是它们证实了德国对亚洲信息的强烈需求。这些出版物中给人印象最深刻的是西奥多·德·布莱和勒维纳斯·胡尔修斯的大型旅游记述编著。

　　也许是因为三十年战争或者其他原因，1620 年到 1650 年间在德国土地上出版的亚洲作品要少得多；其中 17 世纪 30 年代几乎没有出版一部作品。战争之后，出版物的数量再次攀升，说明欧洲中部的读者对亚洲信息的需求仍然强劲。该世纪后半叶出版的大部分亚洲报告仍然翻译自外国作品，其中很多仍旧来自拉丁语。综观 17 世纪，德国人主要是海外世界信息的消费者而不是生产者。然而，以荷兰东印度公司员工身份到亚洲游历的一些德国人，根据他们的所见和所做创作了相当数量的记述报告，令人印象深刻。这些报告虽然不构成欧洲关于亚洲知识的主要部分，然而却证实了或者客观评价了数量庞大且详细的荷兰语报告，其价值不可小视。最后，德国出版商发行了一些写于 17 世纪的重要的耶稣会士作品：金尼阁的标志性中国记述、卫匡国的满族人征服运动的纪略和中国古代史、汤若望的著述，以及卜弥格的中国植物群研究著作等。

545

546

注释：

[1] 比较 *Asia*, II, Bk. 2, pp. 59-62, 342-43。

[2] 见 H. Widmann, "Geschichte des deutschen Buchhandels," in H. Hiller and W. Strauss (eds.), *Der deutsche Buchhandel* (Munich, 1961), pp. 29-32。

[3] 见 J. Benzing, *Die Buchdrucker des 16. und 17. Jahrhunderts im deutschen Sprachgebiet* (2d rev. ed.; Wiesbaden, 1982) 中的列表。

[4] *Ibid.*, pp. 83, 318, 335.

[5] *Ibid.*, p.21.

[6] *Recentissimas de amplissimo regno Chinae ...* 详细的书目见 Streit, V, 11。更多的耶稣会士书信和书简集，见本书后面的列表，从 1983 页起。

[7] *Nova relatio historica ...* 见 Streit, V, 373-74。

[8] *Exemplum epistolae ... de statu rei Christianae in India orientali ...* 见 Streit, V, 15。

[9] *De rebus in Japoniae regno post mortem Taicosamae Japonici monarchae gestis...* 见 Streit, V, 373-74。

[10] *De felici statu et progressu rei christianae in India orientali ....* 见 Streit, V, 17。

[11] *Litterae annuae insularum Philippinarum ....* 见 Streit, V, 247。

[12] *Litterae societatis Iesu, anno MDCII. et MDCIII., e Sinis, Molucis, Iapone datae.* 见 Streit, V, 40。

[13] 报道在 Ternaux-Compans, p. 117。

[14] *Newe historische Relation, und sehr gute fröliche und lustige Bottschaft was sich in villen gewaltigen königreichen der Orientalischen Indien wie auch inn dem mächtigen Königreich China und bey dem grossen König Mogor ...* (Dillingen, 1601). 1602 年，泰尔诺·孔潘斯（Ternaux-Compans）报道了另一个版本，但是 Streit (V, 10-11) 怀疑它的真实性。

[15] *Zwey japponische Sendtschreiben ...* 见 Streit, V, 373。

[16] *Historische Relation von sechs adelichen Christen Mann und Weibspersonnen so in Japon in Königreich Fingo ... anno 1603, theils enthaupt und theils gekreutziget worden ...* (Dillingen). 1607 年，在明斯特（Münster）再版。见 Streit, V, 384。

[17] *Historische und eigentliche Beschreibung erstlich was gestalt ... in dem grossen und gewaltigen Königreich China eingeführt gepflantzt und geprediget wird ...* (Munich, 1608). 见 Streit, V, 696-97。

[18] *Historische Relation was sich inn etlichen Jaren hero im Königreich Japan, ...* (Munich). 见 Streit, V, 47-48。泰尔诺·孔潘斯报告了 1604 年的因戈尔施塔特（Ingolstadt）版，但是 Streit (V, 48) 怀疑它的真实性。

[19] *Relation historica in Japoniae regno gestarum, anno domini 1603. 1604. 1605. et parte 1606...* 见 Streit, V, 389。第一个意大利语版本 1608 年发行。

[20] *Indianische Relation was sich in den Königreichen Pegu, Bengala, Bisznaga, und etliche andern Ländern der gegen Auffgang gelegen Indien von 1604 ...* (1611). 没有收录在 Streit 中。

[21] *Drey merkliche Relationes. Erste von der Victori Sigismundi III … uber der Moscuwiter …Andere von bekörung und Tauff dreyer Junger Herren und Vettern… Dritte. Wie die Insul und Königreich Ternate in ihr. Mag. Königs in Spanien Namen den Moren und Holländern wiederumb sighafft abgetrungen* (1611). 见 Streit, V, 62。

[22] *Drey newe Relationes. Erste ausz Japon … Andere, von Missionibus oder Reisen … in das Königreich Mexico … Dritte, von Anbleiben desz mächtigen Königs Mogor …* (1611). 见 Streit, V, 62-63。

[23] *New historischer Bericht wellicher Massen etliche Christen in Japon …* (1611). The *Relationi della gloriosa morte* 首次于 1611 年在罗马出版。见 Streit, V, 391。

[24] *Historischer Bericht was sich in dem grossen unnd nun je lenger je mehr bekandten Königreich China …* (1611). 见 Streit, V, 704。

[25] *Summarischer Bericht was sich in den Philippinischen Insulen, im Jahr Christi 1608.…* 见 Streit, V, 257。

[26] *Indianische newe Relation, Erster Theil: was sich in der Goanischen Provintz unnd in der Mission Monomatapa Mogor, auch in der Provintz Cochin, Malabaria, China, Pegu, unnd Maluco …* 见 Streit, V, 70。

[27] *Thesaurus rerum indicarum.* 1608 年，第一个法语版在波尔多（Bordeaux）印刷。见 Streit, V, 44, 73。

[28] *Vom tugentreichen Leben und grossen Wunderthaten B. Francisci Xaverii der Societet Iesu, … Sechs Bücher*, trans. Martin Hueber Chorherrn. 第一个拉丁语版出现在 1594 年。见 Streit, V, 74。

[29] *Rei Christianae apud Japonios commentarius ex litteris annuis Societatis Jesu annorum 1609. 1610. 1611. 1612 collectus…* 见 Streit, V, 406。

[30] *Litterae Societatis Jesu e regno Sinarum … annorum MDCX & XI.* 见 Streit, V, 716。第一个意大利语版 1615 年在罗马出版。见 Streit, V, 715。

[31] *Frische historische Relation von Mann und Weibspersonen so in Japon … den 17. Nov. 1608, den 11. Jan. und 14. Nov. 1609 gemartet worden …* 见 Streit, 407。

[32] *Litterae japonicae et sinicae, annorum 1609 et 1610 …* 1615 年，第一个意大利语版在罗马出版。见 Streit, V, 401-5。

[33] *De christiana expeditione apud Sinas suscepta ab Societate Jesu. Ex P. Matthaei Ricci … commentariis. Libri V … in quibus sinensis regni mores, leges, atque institute & nova illius ecclesiae diffciillima primordia… describuntur.*

[34] 利玛窦游记的原版，见 Pasquale M. d' Elia (ed.), *Storia dell' introduzione del Cristianesimo in Cina*, Vols. I-III of Fonti Ricciane (Rome, 1942-49)。没有删节的利玛窦原著在 17 世纪没有出版，尽管《基督教远征中国史》序言有一个放弃著作权的声明，但是它的著作权直到 20 世纪晚期一直被归为金尼阁。对编者在其中的作用的详细分析，见 T. N. Foss, "Nicholas Trigault,

S. J. —Amanuensis or Propagandist?" in *International Symposium on Chinese-Western Cultural Interchange* ... (Taipei, 1983), Supplement, pp. 1-94。也可以参见 J. Spence, "Reflections on Matteo Ricci," in *China and Europe, Sixteenth to Eighteenth Centuries* (International Symposium, Hong Kong, 1987)。

[35] *Historie von Einführung der Christlichen Religion in dasz grosze Königreich China ...* (Augsburg). 见 Streit, V, 720-21。

[36] 见 Streit, V, 716-17。

[37] 我们这里使用的是现代版英语译本，Louis J. Gallagher: *China in the Sixteenth Century: The Journals of Matthew Ricci* (New York, 1935)。Gallagher 的译本来自金尼阁的《基督教远征中国史》及其所有错误和校正；不是利玛窦原著的译本。

[38] *Relation und gründtlicher Bericht von desz Königreichs Voxu in japonischen Keyserthumb ...* 见 Streit, V, 417-18。

[39] *Indianische Raisz von drèyen ehrwürdigen Priestern der Societet Jesu; ...* 见 Streit, V, 83。

[40] *Epistola R. P. Nicolai Trigautii e Societate Jesu de felici sua in Indiam navigatione: itemque de statu rei Christianae apud Sinas & Iaponios.* 见 Streit, V, 83。

[41] *Observationes cometarum anni 1618 factae in India Orientale a quibusdam Soc. Jesu, mathematicis in Sinense regnum navigantibus.* 见 Streit, V, 736-37。1618 年的彗星报告，见 G. W. Kronk, *Comets, A. Descriptive Catalog* (Hillside, N. J., 1984), pp. 9-10。

[42] Benzing, *op. cit.* (n. 3), p. 11.

[43] *Kurtze Relation was inn den Königreich Iapon unnd China, in den Jahren 1618. 1619. und 1620. mit auszbreittung desz Christlichen Glaubens sich begeben ... Darbey auch etwas Berichts was in den insuln Filippinen sich begeben ...* 见 Streit, V, 456。

[44] *Copia eines Schreibens von P. Jacobo Ro... Ausz den orientalischen Indien, zu Goa, den 27. Februar 1621. datiert.... Allerlei Bericht von Japon, China, und India in kurtzem begriffen ...* 见 Streit, V, 94。

[45] Nicolas Trigault, *De christianis apud Iaponios triumphis, sive de gravissima ibidem contra Christi fidem persecutione exorta anno MDC XII usq. ad annum MDCXX. Libri quinq ...* 见 Streit, V, 463-64。

[46] *Beschreibung einer weiten ungefährliche Reisz ...* 见 Streit, V, 109-10。安多德的旅游报告及其目录，见原著第三卷第四册第 1773-1783 页。

[47] 见 Streit, V, 107, 109。

[48] *De novis christianae religionis progressibus et certaminibus in Iaponia, anno M. DC. XXII. In regno Sinarum, M. DC. XXI, et. M. DC. XXII ...* (Münster); Giovanni Roiz Giram, *Historia Iaponensis anni MDC. XXIV. continens felicem christianae fidel progressum ...* 见 Streit, V, 497 and 512-13。

[49] *Relation-Schreiben ausz Japon vom M. DC. XXIV. Jahr...* 见 Streit, V, 513。

[50] *Relation von dem newen Königreich Cocincina desz Ehrwürdigen Patris Christophori Borri...* 见

Streit, V, 592。

[51] 有关这两个合集，见 *Asia*, I, 216-17。关于德·布莱合集，见 A. C. Camus, *Mémoire sur la collection des Grands et Petits Voyages ...* (Paris, 1802)，及 T. Weigel, *Bibliographische Mittheilungen über die deutschen Ausgaben von de Bry's Sammlungen der Reisen...* (Leipzig, 1845)。关于胡尔修斯合集的详细参考文献，见 Adolph Asher, *Bibliographic Essay on the Collection of Voyages and Travels Edited and Published by Levinus Hulsius and His Successors at Nürnberg and Francfort from Anno 1598 to 1660* (Berlin, 1839)。也可以参考 P. A. Tiele, *Mémoire bibliographique sur les journeaux des navigateurs néerlandais réimprimés dans les collections de de Bry et de Hulsius, et dans les collections Hollandaises du XVIIe siècle, et sur les anciennes éditions Hollandaises des journeaux de navigateurs étrangers ...* (Amsterdam, 1867)。

[52] 第二个德语版 1613 年问世。详细参考文献，见 Camus, *op. cit.* (n. 51), pp. 189-97。

[53] 第二个德语版 1616 年问世；其他拉丁语版分别于 1619 和 1629 年出版。详细参考文献，见同上，第 197-208 页。

[54] 第二个德语版 1617 年在奥本海姆（Oppenheim）出版。参考文献，见 *ibid.*, pp. 208-13。

[55] 参考书目，见 *ibid.*, pp. 213-17。

[56] 详细的参考书目，见 *ibid.*, pp. 224-35。

[57] 详细的参考书目，见 *ibid.*, pp. 235-45；以及 Tiele, *op. cit.* (n. 51), pp. 162-74。

[58] Tiele, *op. cit.* (n. 51), p. 169. 也可以参考原著第三卷第一册第 466 页。

[59] 参考文献，见 Camus, *op. cit.* (n. 51), pp. 102-27，以及 Tiele, *op. cit.* (n. 51), pp. 21-37。

[60] 参考原著第三卷第一册第 463-466 页。

[61] 关于胡尔修斯文集的参考文献和评价，参考 Asher, *op.cit.* (n. 51)。

[62] 参考 Tiele, *op. cit.* (n. 51), pp. 122, 130 和 Asher, *op.cit.* (n. 51), pp. 17-18。

[63] 参考 Asher, *op. cit.* (n. 51), pp. 19-21, and Tiele, *op.cit.* (n.51), pp. 136-44.

[64] 胡尔修斯 1598 年首次将其出版，但是并没有参考该文集的其他部分。1602 年纽伦堡出了第二版（简写版），1612 年法兰克福出了第三版，1660 年法兰克福出了第四版。详细的参考文献，参考 Asher, *op. cit.* (n. 51), pp. 22-23 和 Tiele, *op. cit.* (n. 51), pp. 103-16。

[65] 第二版，法兰克福，1618 年；第三版，法兰克福，1626 年。详细的参考文献，见 Asher, *op. cit.* (n. 51). pp. 43-46。

[66] 后续的版本分别于 1608 年和 1640 年在法兰克福出版。详细的参考目录，见 Asher, *op. cit.* (n. 51), pp. 52-59 和 Tiele, *op. cit.* (n.51), pp. 162-70, 203-8。

[67] 参考原著第三卷第一册第 465 页。

[68] 详细内容，参考 Asher, *op. cit.* (n. 51), p. 60 和 Tiele, *op. cit.* (n. 51), pp. 170-74。

[69] 参考 Tiele, *op. cit.* (n. 51), pp. 173。

[70] 详细的参考目录，见 Asher, *op. cit.* (n. 51), pp. 61-62 和 Tiele, *op. cit.* (n. 51), pp. 208-13。

[71] *Warhaffter klarer, eigentlicher Bericht von der weiter, wunderbarer und nie bevor gethaner Reiss*

oder Schiffart, biss in Indien gegen der Sonnenauffgang gelegen... 参考文献信息，见 Tiele, *op.cit.* (n. 51), p. 122。

[72] *Reise und Wanderschaften durch das gelobte Land, Indien, und Persien...*

[73] *Reise in die Tartary und zum grossen Chan von Chatai...* (Altenburg)*; Hodeporicon Indiae Orientalis; das ist: Warhafftige Beschreibung der ansehlich lobwürdegen Reyss...* (Leipzig).

[74] *Nova et succincta, vera tamen historia de amplissimo potentissimoque, nostro quidem orbi hactenus incognito, sed perpaucis abhinc annis explorato regno China...* The *British Museum Catalogue* lists it as 1589. 泰尔诺·孔潘斯（Ternaux-Compans）列出了 1599 年和 1600 年版本。

[75] *Compendium chronologicum, ... das ist: Sumarischer Inhalt aller gedenck und glaubwirdigen Sachen ...* (Münich, 1598). 1604 年，修订过的第二版出现。参考 *Asia*, Vol. II, Bk. 2, p. 350。

[76] *Hispania illustrate seu rerum urbiumque Hispaniae, Lusitaniae, Aethiopiae et Indiae scriptores varii* (4 vols.; Frankfurt. 1603-8).

[77] *Historia Indiae Orientalis ex variis auctoribus collecta ...* (Cologne, 1608). For bibliographic details see Streit, V, 43.

[78] *Reyss-Buch; das ist ein gantz schöne Beschreibung und Wegweyser etlicher Reysen durch gantz Teutschlandt, Polen, Siebenbürgen, Dennenmarck, Engeland, Hispanien, Frankreich, Italien, Sicilien, Egyptien, Indien, Ethiopen, und Türkey* (Strassburg).

[79] 参考书目，见 Camus, *op. cit.* (n. 51), pp. 246-53, and Tiele, *op. cit.* (n. 51), pp. 174-79。

[80] Reprinted as *Johann Verken, Molukken-Reise. 1607-1612. Neu herausgegeben nach der zu Franckfurt am Main im Verlag Joh. Th. de Bry im Jahre 1612 erschienenen Original-Ausgabe* in S. P. L' Honoré Naber (ed.), *Reisebeschreibungen von deutschen Beamten und Kriegsleuten im Dienst der Niederländischen West-und Ost-Indischen Kompagnien, 1602-1797* (The Hague, 1930-), II, 42-45. Hereafter cited as NR.

[81] 参考原著第三卷第一册第 558-559 页。

[82] 详细的文献，参考 Asher, *op.cit.* (n. 51), pp. 63-64 和 Tiele, *op. cit.* (n. 51), pp. 174-79。

[83] 参考原著第三卷第一册第 445 页。

[84] 参考书目，见 Camus, *op. cit.* (n. 51), pp. 253-58 和 Tiele, *op. cit.* (n. 51), pp. 179-90。

[85] 第二版 1627 年出版。参考书目，见 Asher, *op. cit.* (n. 51), pp. 65-67 和 Tiele, *op. cit.* (n. 51), pp. 179-90。

[86] Helisaeus Röslin, *Mitternächtige Schiffarth ...* ; Hieronymus Megiser (ed.), *Septentrio novantiquus, oder die newe nort Welt ...* (Leipzig).

[87] 参考书目，见 Camus, *op. cit.* (n. 51), pp. 259-71。

[88] 1648 年在法兰克福出第二版；1612 年，科弗特日志的英语版在伦敦出版。参考书目，见 Asher, *op. cit.* (n. 51), pp. 76-78。对科弗特航海和日志的评论，见原著第三卷第一册第 552-553 页。

[89] 详细的参考书目，见 Camus, *op. cit.* (n. 51), pp. 147-54 和 Tiele, *op. cit.* (n. 51), pp. 40-73。

[90] 参考书目，见 Asher, *op. cit.* (n. 51), pp. 79-85。

[91] *Newe und warhaffte Relation, ... Alles auss gewissen castiglianischen unnd portugesischen Relationen colligiert ...* (Munich, 1619).

[92] *Ibid.*, pp. 17-38.

[93] *Ibid.*, pp. 39-86.

[94] *Ibid.*, pp. 142-45.

[95] *Ibid.*, pp. 115-21.

[96] 参考文献，见 Camus *op.cit.* (n. 51), pp. 271-78 和 Tiele, *op. cit.* (n. 51). pp. 198-202。

[97] *Diurnal der nassawischen Flotta oder Tagregister und historische ordentliche Beschreibung einer gewaltigen mächtigen Schiffarht umb die gantze Erd-Kugel rund umbher ...* (Strassburg, 1629).

[98] 参考原著第三卷第一册第449页。参考书目，见 Tiele, *op. cit.* (n. 51), pp. 73-81 和 Camus, *op. cit.* (n. 51), pp. 170-78。

[99] 参考文献信息和参考内容概述，见 Asher, *op. cit.* (n. 51), pp. 96-102。

[100] 参考文献，见 Tiele, *op. cit.* (n. 51), pp. 213-26 和 Asher, *op. cit.* (n. 51), pp. 105-8。

[101] 参考 Asher, *op. cit.* (n. 51), pp. 109-10; and Tiele, *op. cit.* (n. 51), pp. 226-28, 250-53。

[102] *Schreiben von seiner ostindischen Reise an Ad. Olearius ... mit etlichen Anmerkungen Ad. Olearii ...* (Schleswig, 1645).

[103] *Reisebeschreibung welche er ... 1632 dahin fürgenommen und 1646 vollendet hat* (Nuremberg).

[104] 参考 M. S. Commissariat, *Mandelslo's Travels in Western India (A.D. 1638-39)* (London, 1931), pp. ix-xiv。

[105] Adam Olearius, *Muskowitische offte begehrte Beschreibung der newen orientalischen Reise ...* (Schleswig, 1647).

[106] *Des hoch edelgebornen Johan Albrechts von Mandelslo morgenländische Reyse-Beschreibung ...* (Schleswig, 1658).

[107] Olearius, *Orientalische Reise- Beschreibunge ...* (Schleswig, 1669). See below, pp. 533-34, for details.

[108] Olearius, *Reise Beschreibungen bestehend in der nach Musskau und Persien ...* (Hamburg, 1696).

[109] Olearius, *The Voyages and Travels of the Ambassadors sent by Frederick Duke of Holstein to the great Duke of Muscovy, and the King of Persia ... Whereto are added the Travels of Johan Albert de Mandelslo ...* (London, 1662).

[110] Commissariat, *op. cit.* (n. 104), p. x.

[111] *Ibid.*, p. xx.

[112] Johann Sigmund Wurffbain, *Reise nach den Molukken und Vorder-Indien, 1632-1646*. R.

Posthumus Meyjes 编辑，重印在 NR, VIII, ix-x, 30-31。

[113] NR, VIII, xv, 129.

[114] *Ibid.*, pp. xv, 175; IX, ix, 1.

[115] *Ibid.*, IX, ix-xx, 72-73.

[116] J. S. Rouffaer, "Een curieus Duitsch boekje over onze oost uit 1646," *BTLV*, LXIX (1914), 127-29; and NR, VIII, viii-ix.

[117] *Joh. Sigmund Wurffbains vierzehen jährige Ost-Indianische Krieg- und Ober-Kauffmanns-Dienste ...* (Nuremberg, 1686).

[118] NR, VIII, 122-23.

[119] *Ibid.*, pp. 144-46.

[120] *Ibid.*, IX, 44-46.

[121] *Ibid.*, pp. 85-90.

[122] *Ibid.*, pp. 90-92.

[123] *Ibid.*, pp. 92-94.

[124] *Ibid.*, VIII, 50-52.

[125] *Ibid.*, pp. 51-64.

[126] *Ibid.*, p.66.

[127] *Ibid.*, pp. 67-70.

[128] *Ibid.*, pp. 71-80.

[129] *Ibid.*, pp. 92-109.

[130] *Ibid.*, IX, 11-28.

[131] *Ibid.*, VIII, 15-22.

[132] *Ibid.*, pp. 23-29.

[133] *Descriptio regni Thibet* (Paderborn, 1658). 参考书目，见 Streit, V, 152。安多德的著作和 1625 年的任务，见原著第三卷第一册第 338-339 页和第四册 1773-1783 页。

[134] *De bello tartarico historia: in quâ, quo pacto Tartari hac nostrâ aetate sinicum imperium invaserint, ac fèrè totum occuparint, narratur: eorumque mores breviter describuntur.* 也可以参考原著第三卷第一册第 480-481 页。

[135] *Ibid.*, p. 2.

[136] 大部分版本的参考书目，见 H. Cordier. *Bibliotheca sinica* (2d ed., 6 vols.; New York, 1968), I, 623-27 和 Streit, V, 797-800。

[137] *Histori von dem Tartarischen Kriege in welcher erzehlt wird wie die Tartaren zu unserer Zeit in das grosse Reich Sina eingefallen sind und dasselbe fast gantz unter sich gebracht haben ...*

[138] *Sehr wehrte und angenehme newe Zeitung von der Bekehrung zum Catholischen Glauben deszjungen Königs in China und anderer fürstlichen Personen.* 另一个德语版 1653 年在慕尼黑

出版，法语版 1653 年在列日（Liège）出版。意大利语原版 1652 年在罗马出版。文献目录，参考 Streit, V, 793-95。

[139] *Zeitung auss der newen Welt oder chinesischen Königreichen ...*

[140] *Brevis relatio de numero, & qualitate christianorum apud Sinas ...* ; another edition was published at Cologne, 1655. 参见 Streit, V, 800。

[141] Michael Boym, *Flora sinensis, id est fructuum florum & nonullorum animalium sinensium historia insignii imagium apparatu exornatae* (Vienna, 1656). For Boym's career see Robert Chabrié, *Michel Boym. Jésuite Polonais et la fin des Ming en Chine*(1646-1662) (Paris, 1933). 参考书目，见 Boleslaw Szczesniak, " The Writings of Michael Boym," *Monumenta serica*, XIV (1949-55), 481-538 和 Streit, V, 793-94。

[142] *Sinicae historiae decas prima res à gentis origine ad Christum natum in extremâ Asia, sive magno Sinarum imperio gestas complexa.*

[143] 关于《中国上古史》的争论以及它对欧洲观察古代历史的影响，可以参考 E. Van Kley, "Europe's 'Discovery' of China and the Writing of World History," *The American Historical Review*, LXXVI (1971), 358-85。

[144] 参考 Streit, V, 812-13；以及原著第三卷第四册第 1682-1683 页。

[145] *Extract Schriebens ausz dem weitberühmten gegen Aufgang gelegenem Königreich China ... 6 Febr. 1659, in Europa 1662 angelangt.* 参考书目，见 Streit, V, 821。

[146] *Relatio rerum notabilium regni Mogor in Asia ...* 完整的标题，见 Streit, V, 163。

[147] 标题和罗斯的职业生涯的概述，见 Streit, V, 160-61。也可以参考 E. MacLagan, *The Jesuits and the Great Mogul* (London, 1932), pp. 109-11。

[148] *La Chine illustrée* (Amsterdam, 1670), pp. ii, 7.

[149] *Ibid.*, pp. 104-15, 215-22.

[150] *Ibid.*, pp. 88-104. 白乃心职业生涯的详细信息和他到西藏的游历的详细文献，参考 Bruno Zimmel, "Der erste Bericht über Tibets Hauptstadt Lhasa aus dem Jahr 1661," *Biblos*, II (1953), 127-45。也可以参考 C. Wessels, *Early Jesuit Travellers in Central Asia, 1603-1721* (The Hague, 1924)。

[151] TR, Vol. IV.

[152] *Historica narratio de initio et progressu missionis Societatis Jesu apud Chinenses, praesertim in regia Pequinensi ...* 也可以参考 Streit, V, 827。

[153] 有关他的参考文献，见 Streit, V, 718-20。汤若望的生平，见 Alfons Väth, *Johann Adam Schall von Bell, S. J. Missionar in China, kaiserlicher Astronom und Ratgeber am Hofe von Peking, 1592-1666* (Cologne, 1933)。

[154] *Historica relatio de ortu et progressu fidei orthodoxae in regno chinensi per missionarios Societatis Jesu ab anno 1581. usque ad annum 1669 ...* (Ratisbon, 1672). 其中有一篇记述发生

在 17 世纪 70 年代早期的迫害事件的文章。参考 Sreit, V, 851。也可参考 1665 年的出版作品，泰尔诺·孔潘斯（Ternaux-Compans）列出了 Neichart, *Zwaanzigjahrige Wanderschaff und Reisen in alle vier Theile der Welt* (Onolzbach)。我们在其他地方没有发现与此书或者其作者相关的信息。

[155] *Relation von der Verfolgung so in dem Reich Cocincinna ...* (Munich). 见 Streit, V, 616。

[156] *Offne Thür zu dem verbergenen Heydenthum ...* (Nuremberg, 1663). 第一个荷兰语版 1651 年出版。参考原著第三卷第一册第 478-479 页。

[157] *Fr. Caron und Jod. Schouten wahrhaftige Beschreibungen zweyer mächtigen Königreiche Jappan und Siam ...* (Nuremberg). 参考原著第三卷第一册第 456-460 页。

[158] *Johann Sommers See- und Land Reysz nach der Levante, ...* (Frankfurt). 1649 年，萨默的游记首次由朱斯特·哈特格斯（Joost Hartgers）在阿姆斯特丹出版。1664 年，另一个德语译本在阿姆斯特丹出版。

[159] *Johann Jacob Saars Ost-Indianische fünfzehen-jährige Kriegs-Dienste, und wahrhaftige Beschrei-bung ...* (Nuremberg).

[160] *Johann Jacob Saars Ost-indianische fünfzehen-jährige Kriegs-Dienste, und wahrhaftige Beschrei-bung ... zum anderen Mahl heraus gegeben ...* (Nuremberg). 这个版本重印于 NR, Vol. VI。

[161] NR, VI, 128-66.

[162] *Ibid.*, pp. 24-30.

[163] *Ibid.*, pp. 31-43.

[164] *Ibid.*, pp. 45-47.

[165] *Ibid.*, pp. 48-54.

[166] *Ibid.*, pp. 65-110.

[167] 参考 Johann Jacob Merklein, *Reise nach Java, Vorder- und Hinter-Indien, China und Japan, 1644-1653*, in NR, III, 10。

[168] NR, VI, 30.

[169] *Journal, oder Beschreibung alles dess jenigen was sich auf währender unserer neunjährigen Reise im Dienst der Vereinigten Geoctroyrten Niederländischen Ost-Indischen Compagnie, besonders in densel-bigen Ländern täglich begeben und zugetragen ...* (Nuremberg). 实际上，这只是梅克林（Merklein）游记的标题页，而不是整册书。参考原著第三卷第一册第 458 页。

[170] Christoph Arnold (ed.), *Wahrhaftige Beschreibungen dreyer mächtigen Königreiche, Japan, Siam und Corea ...* (2 vols.; Nuremberg). 有关哈梅尔，参考原著第三卷第一册第 486-488 页。

[171] NR, III, 11-19.

[172] *Ibid.*, pp. 31-34.

[173] *Ibid.*, p. 29.

[174] *Ibid.*, pp. 35-36.

[175] *Ibid.*, pp. 59-61. 参考原著第三卷第四册第 1876 页和第 1882-1883 页。

[176] NR, III, 23-25.

[177] *Ibid.*, pp. 40-41.

[178] *Ibid.*, p. 47.

[179] *Ibid.*, pp. 58-59.

[180] Johann von der Behr, *Reise nach Java, Vorder-Indien, Persien und Ceylon, 1641-1650 ...* in NR, IV, 27-28.

[181] *Diarium; oder Tage-Büch, über desjenige, so sich zeit einer neunjährigen Reise zu Wasser und Lande, meistentheils in Dienst der Vereinigten Geoctroyrten Niederländischen Ost-Indischen Com-pagnie ...* (Jena).

[182] NR, IV, 28-45.

[183] *Ibid.*, pp. 54-67.

[184] 如同 Wülfer 一样，Rowland Raven-Hart 认为，该记述大肆地剽窃萨尔（Saar）；Raven-Hart (trans. and ed.), *Germans in Dutch Ceylon* (Colombo [1953]), p. 1。

[185] *Ibid.*, p. 6.

[186] Albrecht Herport, *Reise nach Java, Formosa, Vorder-Indien und Ceylon, 1659-1668 ...* in NR, Vol. V.

[187] *Ibid.*, pp. 89-94.

[188] *Ibid.*, pp. 95-108.

[189] *Ibid.*, pp. 108-11.

[190] *Eine kurtze ost-indianische Reiss-Beschreibung ...*

[191] NR, V, 27-31.

[192] *Ibid.*, pp. 38-44, 81-86.

[193] *Ibid.*, pp. 116-26.

[194] *Ibid.*, pp. 129-37.

[195] *Ibid.*, pp. 51-58. 有关 C. E. S. 小册子，参考原著第三卷第一册第 495-496 页。

[196] *Orientalische Reise-Beschreibungen ...* (Schleswig).

[197] Andries Stokram, *Korte beschryvinge van de ongeluckige weer-om-reys, van het schip Aern-hem,* ... (Amsterdam, 1663). 关于这次船难的报告有好几个版本。

[198] 上面的分析是根据 L' Honoré Naber's 的引介，参考 NR, III, viii-xii。

[199] *... Lebens und Todes Geschichte, worinnen das Tage Buch seiner Reise von Constantinople aus durch die Bulgarey, Armenien, Persien, und Indien aus Liecht gestellet ...* (Jena). 波泽（Poser）的著作没有页码。括号里的页码指的是每个章节里的次序页码。

[200] *Ibid.*, chap. ii, pp. [57-65].

[201] *Ibid.*, pp. [57-60].

[202] *Ibid.*, pp. [95-96].

[203] *Ibid.*, pp. [114-19].

[204] 有关他在德干旅行的英语译本，见 Ghita Dharampal (trans.), "Heinrich von Poser's Travelogue of the Deccan (1622)," *Quarterly Journal of the Mythic Society*, LXXIII (1982), 103-14。

[205] *Oost-Indiske Reise-Bog hvor udi befattis hans Reise til Oost-Indien saa vel og eendeel Platzers Bes-krifvelse med en Andtall hedningers Ceremonier ...* (Copenhagen).

[206] 参考 "Friderici Bollingii, Oost-Indische reisboek ... 1678, uit het Deensch vertaald door Mej. Joh. Visscher, met voorbericht en slotnoot van G. P. Rouffaer," *BTLV*, LXVIII (1913), 298。

[207] *Ibid.*, p. 303.

[208] *Ibid.*, p. 305.

[209] 关于爪哇岛，参考 *ibid.*, pp. 326-63。

[210] *Ibid.*, pp.307-8.

[211] *Ibid.*, p. 324.

[212] *Ibid.*, p. 343.

[213] *Ibid.*, p. 358. 或许他混淆了马来语和马拉雅拉姆语。

[214] *Ibid.*, p. 340.

[215] *Ibid.*, pp.368-71.

[216] *Neue ost-indianische Reise-Beschreibung, von Anno 1669 biss 1677. Handelnde von unterschiedenen africanischen und barbarischen Völckern, sonderlich derer an dem vor Gebürge Caput Bonae Spei ...* (Salfeld, 1679; 2d ed., Leipzig, 1681).

[217] Johann Schreyer, *Reise nach dem Kaplande und Beschreibung der Hottentotten, 1669-1677 ...* in NR, Vol. VII, Pt. 2, p. xii.

[218] Christoph Arnold (ed.), *Wahrhaftige Beschreibungen dreyer mächtigen Königreiche ...* (2 vols.; Nuremberg).

[219] *Wahrhaftige ausführliche Beschreibung der berühmten ost-indischen Küsten Malabar und Coro-mandel, als auch der Insel Zeylon ...* 第一个荷兰语版本也在 1672 年发行。

[220] *Gedenkwürdige Verrichtung der Niederländischen Ost-Indischen Gesellschaft in dem Käiserreich Taising oder Sina ...* 1670 年，荷兰语原版由范·米尔斯（Van Meurs）发行。参考原著第三卷第一册第 490-491 页。

[221] *Joh. Jansz. Strauszens sehr schwere wiederwertige, und denckwürdige Reysen, durch Italien, Griechenland, Lifland, Moscau, Tartarey, Meden, Persien, Türckey, Ost-Indien, Japan, und unter-schiedliche andere Länder ...* 1676 年，第一个荷兰语版本发行。参考原著第三卷第一册第 497-498 页。

[222] Struys, *Unglückliche Schiffs-leute; oder merkwirdige Reise zwenzig Holländeren ...*

[223] 在莱比锡出版。1661 年，首个法语版在巴黎发行。见 Streit, V, 612-13。

[224] 1649 年，第一个拉丁语版本在里昂发行。详细文献，参考 Streit, V, 140 and 171。

[225] 标题，参考 Streit, V, 174 and 204。

[226] *Reiss-Beschreibung in unterschiedliche Theile der Welt, nemlich in Türkey, Aegypten, Palestina, Persien, Ost-Indien, und andere weit entlegene Landschaften ...* (4 vols. in 2; Geneva). 第一个意大利语版本，罗马，1650—1653 年。

[227] *Divus Franciscus Xavierus indiarum apostolus elogiis illustratus* (Prague).

[228] *Societas Jesu usque ad sanguinis et vitae profusionem militans ...* (Prague).

[229] *Die Gesellschafft Jesu biss zur Vergiessung ihres Blutes ...*

[230] *Vierzig-jährige Reise-Beschreibung ...* and *Beschreibung der sechs Reisen ...* First French edition, 1675.

[231] *Gesandschaft nach Siam.* 第一个法语版本，1686 年。

[232] *Wunderbare jedoch gründlich- und warhaffte Geschichte und Reise Begebnisse in Africa, Asia, Ost-und West Indien ...* (Lüneburg). 第一个法语版本，1617 年。

[233] *Curieuse persian- und ost-indische Reisebeschreibung bestehend in einem ordentlichen Journal oder täglichen Verzeichnüss seiner in Persien und Ost-Indien ...* (Leipzig). 夏尔丹（Chardin）的日志是用法语写成的，但是首次面世的是 1686 年在伦敦出版的英语译本。第一部法语版本（阿姆斯特丹，1686 年）是从本伦敦版翻译而来的。

[234] *Ceylonische Reise-Beschreibung; oder historische Erzehlung von der in Ost-Indien gelegenen Insul Ceylon ...* (Leipzig). 泰尔诺·孔潘斯（Ternaux-Compans）列出了 1680 年的莱比锡版本，但这很可能是一个错误，第一个英语版本直到 1681 年才发行。

[235] *Asia; oder ausführliche Beschreibung des Reichs des Grossen Mogols, und eines grossen Theils von Indien ...* (Nuremberg). 1688—1689 年，同一个出版商发行了另一个版本。

[236] *Interiora orientis detecta, oder grundrichtige und eigentliche Beschreibung aller heut zu Tag bekandten grossen und herrlichen Reiche des Orients; ...* (Augsburg, 1687); *Das mächtige Kayser-Reich Sina und die asiatische Tartarey vor Augen gestellet* (Augsburg, 1688).

[237] *Oost-indianische Voyage; oder eigentliches Verzeichnüs worin nicht nur einige merckwürdige Vorfälle ...* (Cassel). 部分重版在 NR, VII, 55-67。

[238] *Ibid.*, pp. 42, 46-52.

[239] *Ibid.*, pp. 32-43.

[240] *Ibid.*, pp. 41-44.

[241] *Ibid.*, pp. 67-71.

[242] *Specimen medicinae sinicae, sive opuscula medica ad mentem sinensium ... editit Andreas Cleyer.*

[243] *Clavis medica ad chinarum doctrinam de pulsibus ...* published as Appendix 1 in *Miscellanea curiosa* (Nuremberg). 卜弥格对这些论文和 *Les secrets de la médecine des Chinois* (Grenoble, 1671) 的著作权，以及他的手稿传入欧洲的讨论，见 Edward Kajdanski, "Michael Boym's

Medicus sinicus," *T'oung Pao,* LXXIII (1987), 161-89。克莱耶作为纽伦堡学会的通讯员也向学会提供亚洲植物描述和草图，以供出版，参考 *Miscellanea*（也可以参考第 308-310 幅图）。

[244] *Astronomia europaea sub imperatore tartaro sinico Cám Hý appellato ex umbra in lucem revocata ...*

[245] "Catalogus Patrem Societatis Jesu qui post obitum S. Francisci Xavieri ab anno 1581. usque ad annum 1681. in imperio sinarum Jesu Christi fidem propagarunt," in *ibid.,* pp. 100-126.

[246] 修订过的第二版的标题为 *Ost-Indische Reise-Beschreibung oder Diarium, ...* (Leipzig, 1690)。

[247] Elias Hesse, *Gold-Bergwerke in Sumatra, 1680-1683 ...* in NR, X, 19.

[248] *Ibid.,* pp. 22-23.

[249] *Ibid.,* p. 52.

[250] *Ibid.,* pp. 61-72.

[251] *Ibid.,* p. ix.

[252] *Ibid.,* pp. 117-26.

[253] *Ibid.,* pp. 109-10, 128-34.

[254] *Ibid.,* p. 54.

[255] *Drie seer aenmercklijcke reysen nae en door veelerley gewesten in Oost-Indien ...* (Utrecht, 1694).

[256] *Journal- und Tage-Buch seiner sechs-jährigen Ost-Indianischen Reise ...* 有关锡兰岛的材料被译为英语，见 Raven-Hart (trans.), *op. cit.* (n. 184), pp. 37-82。

[257] See *Reise nach Java und Ceylon, 1675-1682 ...* in NR, XI, 45.

[258] *Ibid.,* pp. 46-80.

[259] *Ibid.,* p. 116.

[260] Robert Knox, *An Historical Relation of Ceylon,* ed. S. D. Saparamadu, in *Ceylon Historical Journal,* Vol. VI, Nos. 1-4 (July, 1956, to April, 1957), p. 271.

[261] *Ost-Indianische Räysen und Krieges-Dienste, ... Da den insonderheit der Bantamische Krieg auf Gross-Java von Anfang bis zu Ende wahrhafftig vorgestellt und entworffen ...*

[262] See C. E. Fayle (ed.), *Voyages to the East Indies: Christopher Fryke and Christopher Schweitzer ...* (London, [1929]), p. 1.

[263] *Ibid.,* p. ix.

[264] 关于弗里克航海的简要描述，参考 *ibid.,* pp. ix-xii。

[265] *Ibid.,* pp. 26-30.

[266] *Ibid.,* pp. 38-69.

[267] *Ibid.,* pp. 106-7.

[268] *Ibid.,* p. 98.

[269] *Ibid.,* p. 53.

[270] *Ibid.,* pp. 152-53.

[271] 参考原著第三卷第一册第 540 页。

[272] *A Relation of Two Several Voyages Made into the East-Indies, by C. F. and C. Schewitzer* [sic] ... trans. S. L. (London, 1700).

[273] *Diarium oder Journal seiner gethanen Reise aus Teutschland nach Holland und Ost-Indien.*

[274] 出版于德累斯顿（Dresden）；其他版本出现在 1710 年、1713 年、1730 年和 1731 年。

[275] 参考原著第三卷第四册第 1884-1886 页。1693 年，Christian Burckhard 所著的 *Ost-Indianische Reisebe-schreibung* (Halle and Leipzig) 也出版了。明尼苏达大学藏有一个副本和 Dellon, *Neue Reisebeschreibungen nach Ost-Indien* 绑定在一起。

[276] *Neu-entdeckies Sibyrien oder Siewerien, ... gräntzen so wohl bisz an Kara Kathaya und Chinesische Mauer ...* (Jena).

[277] *Ibid.*, pp. 61-71.

[278] *Ibid.*, p. 65.

[279] *Beschreibung der chinesischen Reise, welche vermittelst einer zaaris. Besandschaf[t] durch dero Am-bassadeur, Herrn Isbrand ...* (Hamburg).

[280] Brand, *A Journal of an Embassy from their Majesties John and Peter Alexowits, Emperors of Mus-covy ... into China ...* (London, 1698), pp. 100-106.

[281] 参考 D. Lach, *The Preface to Leibniz ' " Novissima sinica"* (Honolulu, 1957), pp. 53-54.

[282] *... ost-indische und persianische neun-jährige Kriegs-Dienste und wahrhaffige Beschreibung.* 这个稀有报告的副本藏在明尼苏达州州立大学图书馆。泰尔诺·孔潘斯（Ternaux-Compans）列出了 1687 年的纽伦堡版本，但是我们并没有发现其他参考文献，帕西（Parthey）著作的最后两页收录了他的荷兰东印度公司护照，含有荷兰语和德语两个版本，标示的日期为 1687 年 4 月 30 日。然而，这是个再版的护照；1686 年 9 月，帕西从汉堡到弗兰肯伯格（Frankenberg）回家的途中，手稿被强盗劫持了。

[283] *Ibid.*, pp. 6-7.

[284] *Ibid.*, pp. 68-74.

[285] *Ibid.*, pp. 75-78.

[286] *Fünffzehen-jährige curiöse und denkwürdige auch sehr gefährliche ost-indianische Reise-Beschreibung ...*

[287] 参考 John E. Wills, *Pepper, Guns, and Parleys ...* (Cambridge, Mass., 1974), pp. 160-79。

[288] *Italienische, dalmatische griechische und orientalische Reise-Beschreibung ...* (Nuremberg).

[289] *Dess Herrn Thevenots Reysen in Europa, Asia, und Africa, worinnen gehandelt wird von der mor-genlandischen Reise ...*

[290] *Das heutige China ...* (Frankfurt and Leipzig). 1699 年出版了两部分；第三部分 1700 年出版。

[291] *Die niemals erhörte Tyranney und Grausamkeit der portugiesischen Inquisition, oder des geistlichen Richter-Stuels, in der ost-indianischen Haupt-Statt Goa; ...* (Frankfurt).

[292] *Neue Reisebeschreibung nach Ost-Indien ...* (Dresden, 1700). 这个引述来自泰尔诺·孔潘斯。我们在其他地方并未发现其他相关文献。

[293] Christian Mentzel, *Kurtze chinesische Chronologia oder Zeit-Register aller chinesischen Käyser ...* (Berlin).

[294] 两部著作都在科隆出版。

第八章　英语文献

　　16 世纪末，英格兰突然掀起了一股旅游文学出版热，这主要归功于理查德·伊登（Richard Eden）、理查德·威尔斯（Richard Willes）和理查德·哈克路特（Richard Hakluyt）。他们一方面出版游记和外国旅游文学译本文集；另一方面向皇室和英格兰的商人呼吁英格兰在海外探索、从商和殖民活动中应有的地位。[1] 需要报道的内容很多。这些年里，吉尔伯特、弗罗比舍（Frobisher）、大卫·哈得孙寻求通往亚洲的东北通道；英国人为德雷克、霍金斯（Hawkins）、卡文迪什和罗利（Raleigh）的丰功伟绩（当然也包括击败无敌舰队的赫赫战绩）喝彩。1591 年，拉尔夫·费奇（Ralph Fitch）从印度和东南亚的旅行中返回，带回了一些关于当地贸易和政治环境的报告，为英国在亚洲商贸活动的可能性提供了中肯的建议。同样是在 90 年代，第一批英国舰队在詹姆斯·兰卡斯特（James Lancaster）和本杰明·伍德（Benjamin Wood）的率领下绕过好望角前往印度。虽然这些航海本身不成功，但是他们从葡萄牙人那里获取的战利品说明了伊比利亚的弱点。同时，由于葡萄牙人无法控制荷兰舰队，因而荷兰人不断地从亚洲贸易中渔利。英国观察家们起初称赞荷兰的成功，但是不久之后便担心荷兰人可能比葡萄牙人更能有效地将他们排挤出去。这样的活动到 1600 年皇家东印度公司成立达到巅峰。[2]

547

英格兰人的所有这些业绩以及早期水手的成就都曾被伊登和威尔斯报道过，也曾收录在哈克路特的《发现美洲及周边岛屿游记汇编》（*Divers Voyages touching the Discovery of America*，1582 年）和《1500 年来任何时候……英国通过海路或陆路的重要的航行，旅行记述和地理发现》（*Principall Navigations, Voiages and Discoveries of the English nation, made by Sea or over Land ... at any time within the compasse of these 1500 yeeres*，1589 年。以下简称《重要的航行》）的第一版中。1580 年，威廉姆·伯恩的《一个海团》（*A Regiment for the Sea*，伦敦）第三版发行。这是第一部关于航海的英语作品，它的出版第一次讨论了到契丹的航海活动；到 1631 年，这个版本共发行了 7 次。然而，英语读者关于亚洲的知识主要来自很多译著：门多萨的《中华大帝国史》（1588 年）、切萨雷·费德里奇（Cesare Fedrici）的《威尼斯商人费德里奇的东印度、印度群岛及超越印度群岛旅行记》（1588 年）、《林斯乔坦葡属东印度航海记》（1598 年），以及荷兰最初到东印度群岛的两次航海报告（1598 年和 1599 年）。[3] 显然，大部分译著都源自哈克路特的影响和敦促。[4] 与东印度公司成立相匹配的这次文学活动的主要成就是 1598 年到 1600 年第二次出版的哈克路特的《重要的航行》。[5] 哈克路特的编著和门多萨、费德里奇及林斯乔坦等人的著作的译本一道为英国读者提供了最重要、最新的亚洲信息，这些资讯都源自 16 世纪的海外旅行和发现。

《重要的航行》的第二版绝不是第一版的再次发行；它完全是一部新作。它的容量更大，叙述的范围和重点都与第一版不同。到亚洲旅行的内容占去更大的篇幅，与第一版不同的是，第二版收录了外国人以及英国人的行纪。当然，哈克路特只出版那些亲自到过海外的人建立在实际观察基础上的旅行记述。所有这些被翻译过来的资料以前都曾出版过；而只有费德里奇的游记以前曾被译为英语。尽管编著收录了很多外国游记，然而哈克路特主要关心的（如标题所暗示）仍然是英国航海记。第二版收录了伊丽莎白写给"大莫卧儿"（Great Mogul）和中国皇帝的书信、约翰·纽贝里（John Newberry）的书信、拉尔夫·费奇的书信以及他的旅游报告、托马斯·史蒂文斯（Thomas Stevens）写自果阿的书信（1579 年）、兰卡斯特 1591 年的航海记、德雷克和卡文迪什的环球航海记。[6]

548

哈克路特热切地收集各种资料，也是一位颇有能力的编者。他经常修剪那些冗长的记述引言或前言，让近现代的研究者们十分头疼。但他从不修补那些记述本身，这也许是他不仅希望海外世界的描述能够激发同胞们从事海外贸易和旅行，而且也希望《重要的旅行》可以为他们提供一个可靠的指引。

第一节　第一代，1600—1626年

哈克路特的作品显然刺激了英国人的海外探险实践。但是，尽管他为英国的出版业做出了令人印象深刻的贡献，但是英国在 17 世纪前二十年为欧洲了解亚洲所做的贡献在数量上有限，在信息上比较单薄。《重要的航行》从未再版。当然，这是一套卷宗繁多、价格昂贵的作品，但主要原因是英格兰对旅游文学需求量少，使它的发行无利可图。另外，英国出版商在该世纪前半叶早期专注于发行有争议的宗教和政治小册子，因为它们价格低廉，品质一般。[7] 与同时期的荷兰出版物相比，结果令人震惊。例如，《林斯乔坦葡属东印度航海记》在 17 世纪共出了 15 个版本或译本；记录德·豪特曼率领的荷兰首次东印度航行记共有 24 个版本和译本；描写范·内克和韦麻郎指挥的第二次航行记共出了 19 个版本和译本。[8] 关于詹姆斯·兰卡斯特 1601—1603 年指挥的英国东印度公司第一次航海的述略仅仅出版了 2 次，2 个版本在 17 世纪都没有再版。

1603 年出版物中的第一部显然出自"阿森松"号（Ascension）上的某人之手，这艘船没有跟随兰卡斯特前往万丹，而是在舰队离开苏门答腊后返回英格兰。[9] 它追溯了远航旅途、在尼科巴群岛（Nicobar Islands）登陆、在亚齐国受到的接待，以及回乡的旅程等。其中对亚齐国和兰卡斯特接受当地苏丹王款待的描述最为详细和有趣。[10] 记述中收录了一个马来语词汇表和一个"勃固语言的部分词汇表"——大部分被确认为来自孟族语言（Mon language）。[11]

另一部 1603 年出版的记述《致尊贵的总督和东印度商人驻伦敦助理的一封信》（*A Letter Written to the Right Worshipfull the Governours and Assistants of the East Indian Merchants in London*）也是由"阿森松"号上的某个人撰写的。

549

它比《1601 年 4 月 20 日派出舰队的航海纪实》（*A True and Large Discourse*）简短，基本上没有描写亚洲民族和地区。这个游记的珀切斯版（1625 年）显然是建立在 1603 年各出版作品以及其他陪同兰卡斯特航行的某些人的报告基础之上。它讲述了在万丹和亚齐的谈判和贸易，但是也略微地描述了万丹。珀切斯版本对亚齐国的描述比《1601 年 4 月 20 日派出舰队的航海纪实》详细；这两个版本都描写了在尼科巴群岛上发现的一种奇怪的树，似乎是由某种大型虫子长出的。这三个记述都详细地叙述了在苏门答腊外围捕获了一艘葡萄牙大帆船。珀切斯同时还讲述了如何通过让船上的患者服用柠檬汁极大地减少因坏血病导致的死亡率。[12] 其他船上因坏血病蔓延而导致在后续的航行中死亡率很高；显然，公司没有使用兰卡斯特有效的药方。

兰卡斯特航海取得了一定的商业成就；尽管死亡率高，4 艘船都满载胡椒返回。然而，市场上充斥着大量荷兰人运来的胡椒，价格因而被压低。因此，英国公司用胡椒代替现金支付红利，投资商之间销售胡椒的竞争把价格进一步压低。兰卡斯特同时也把一些代理商留在万丹让他们为下一支舰队购买胡椒，成立了英国在亚洲的第一个商馆，促成公司的第二次远航。[13]

1603 年 9 月 11 日，兰卡斯特返回伦敦。直到 1604 年 4 月，船只才准备就绪，募集的资金才足以支撑第二次远航。参与首次远航的 4 艘船再次受雇出航，这几艘船由亨利·米德尔顿（Henry Middleton）指挥，他在第一次航行中曾经担任副指挥。1604 年 12 月 23 日，舰队到达万丹，其中两艘船载着兰卡斯特的代理商收购的胡椒迅速返航。米德尔顿率领着另外 2 艘船来到马鲁古群岛，他在这里发现史蒂文·范·德·哈根的舰队正忙于削弱葡萄牙的据点，加固荷兰在香料群岛的控制力。尽管有荷兰人的阻挠，米德尔顿仍然在蒂多雷购买了一些丁香，在班达群岛购买了一些肉豆蔻干皮和肉豆蔻。1606 年 5 月 6 日，他率领另外 3 艘船回到唐斯（Downs）。[14]

1606 年，一则关于米德尔顿航海的匿名报告出版。[15] 报告特别详细地阐述了故事多发的 1605 年期间在香料群岛的谈判、政治、贸易和战争。米德尔顿阐述了各参与方：安汶岛和蒂多雷的葡萄牙人、蒂多雷和德那地的国王们，以及荷兰人。葡萄牙人十分友好并且允许英国人参与贸易，显然是希望米德尔顿帮助他们共同抵御荷兰人。荷兰人担心——实际上是怀疑——这样的联盟，因而对英国人怀有戒备心理；荷兰人显然无意让米德尔顿从他们计划垄断的商贸保留地窃取利益。同时，米德尔顿密切关注着范·德·哈根围攻葡萄牙在安汶岛和蒂多雷的城堡，与当地王子签署协议将英国人排挤出去。《最近一次东印度航海记》（*The Last East-Indian Voyage*）的作者评论道，马鲁古群岛人既不欢迎荷兰人，也不欢迎英国人，他在作品中还收录了来自德那地、蒂多雷和万丹的友好书信；但是他也看不到英国在香料群岛贸易的未来和前景。

更有趣的描述来自艾德蒙·斯科特（Edmund Scott）关于他在万丹定居近三年的经历记述，同样于 1606 年出版。[16] 斯科特是兰卡斯特 1603 年留在万丹的代理商之一。两位高级商人去世后，他继任英国商馆的主管。他讲述了一小群英国人如何挣扎着生存、贸易，以及保护他们的货物，直到英国舰队的到来，故事让人怜悯和同情。他们时时刻刻受到火灾和偷盗的威胁。斯科特报告道，他在万丹期间至少看见 7 次火灾，部分火灾毁损了城市的大部分。"恶棍们"光天化日之下，在有英国人把守的情况之下勘察商馆的门锁。[17] 一群中国人从周边的一个场院通过地洞试图进入商馆。[18] 英国人不得不持续严加看守，经常在午夜被惊醒，与入侵者搏斗或者扑灭大火，基本无法入睡。[19] 因为这三年间有一半的人死去——斯科特认为是万丹反常气候的牺牲品——看守和灭火的责任不得不由越来越少的人来承担。当他清醒地断言"爪哇人和中国人，从最高层到最底层的各个级别，都是恶棍，他们身上连一丁点的优雅气质都没有"，读者对他的态度至少是同情的。[20] 贸易活动中也暴露了一些问题：关税的征缴本应通过磋商确定，但是现在却有些随心所欲；必须赠送当地官员礼物；充任中间人的中国人经常欺诈，在袋子里掺土和水；荷兰人推高价格或者贿赂官员，干涉英国人的收购活动。斯科特报道说，虽然这里和其他地方的荷兰人是他们在商业上强有力的竞争者，但是与保护生命、财产和整体康乐等相关的事宜，荷兰人和英国人相互间慷慨地帮助。[21] 斯科特让他的人穿上皇家服饰，每年的 11 月 17 日举行加冕游行，以此区分英国人和荷兰人。他说，万丹的荷兰人经常醉酒吵闹，声誉败坏。[22]

斯科特在叙事过程中不可避免地涉及大量关于万丹生活的信息。读者从中

551

可以获悉年幼的国王执政期间政府的不稳定性、万丹与其他爪哇统治者之间的关系，以及一次重要起义。他们也可以了解很多关于爪哇社会和宗教习俗的信息以及华人社区在万丹的重要性。斯科特见证并且描述了皇室的队列[23]以及为期一个月的为年幼的国王举行割礼的庆祝仪式。[24]他在作品的最后收录了一篇10页长的万丹和爪哇记述——哈克路特出版相关资料以来的关于亚洲最好的英语记述。[25]1606年的这两个版本都没有再版，但是斯科特的著作的节选本1625年被收录在珀切斯的文集中。

虽然英国17世纪的前两次远航的文学成就令人失望，但显然比后来的成就高。英国东印度公司的船舶在17世纪前二十年所参与的大部分航海仅仅催生了几部手稿，这些稿件直到收录在珀切斯的文集中才得以面世。事实上，继斯科特作品之后关于亚洲的第一手作品是罗伯特·科弗特1612年的相关记述。[26]

1607年，科弗特参加了英国东印度公司的第四次航海。船队只有两艘船，资金不足，而且这两艘船也都损毁了。一艘在布列塔尼沿岸遭遇事故，只有9人逃生。科弗特的"阿森松"号1609年9月因船舱进水而在苏拉特附近沉没，大部分船员幸存下来，但是船只和货物损失了。由于他们被禁止留在苏拉特，船员四散，每个人各自寻找回家的方式，包括科弗特和亚历山大·沙比（Alexander Sharpey）指挥官在内的一些船员前往位于阿格拉的莫卧儿朝廷。沙比在途中病倒不能继续前行。科弗特和其他几位船员继续前往阿格拉，并且经由波斯和阿勒颇最终返回英格兰。沙比率领的分队最终也来到阿格拉，但是他们1611年又折返到苏拉特并从这里跟随英国派出的第六支舰队回国。"阿森松"号上的其他船员徒步穿越印度来到马苏利帕塔姆，荷兰人将他们从这里带回万丹。[27]这次船难幸存下来的其他人写的报告日后被珀切斯出版。

科弗特记述了整个旅程，从他的船1607年3月离开英格兰到1611年返乡。记述的大部分篇幅叙述了从苏拉特到阿勒颇的陆路旅程，简略而精确地描写了沿路的城镇和乡村。商人们用自己的双眼记录下每个城镇的物产及其价格，对英国纺织品能否在那里销售做出判断。他还描写了巴涅人（Banyans）①的宗

552

---

① 信仰印度教的商人种姓。——译者注

教——因崇拜母牛，信仰灵魂轮回、殉夫风俗等发展起来的宗教。[28] 大象让他兴奋不已，他讲述了几则关于它们的故事：防枪弹的毛皮、对挑衅的敏感、聪明机智、交配时的羞怯等。[29] 他也描述了帝国宫廷，帝王对宗教的包容和对基督教的尊敬给他留下的印象特别深刻。[30] 记述的篇幅特别简短，初版只有68页。后来出了两个版本，一个在1614年，另一个在1631年，两个德语版分别于1617年和1648年出现。

　　1613年，英国教士和旅游故事搜集家塞缪尔·珀切斯首次出版了他的《珀切斯游记》（*Purchas His Pilgrimage*）。然而，这不是一部第一手报告的合集，并没有包含很多关于亚洲的新材料。[31] 它更像一部世界各种宗教的自然史。即便如此，其中也包含了大量地理、文化、历史信息，说明作者对当时欧洲关于亚洲的资料相当熟悉。珀切斯在引用文献时，通常都使用已经出版的资料。《珀切斯游记》是该世纪前几十年里最畅销的第一手亚洲旅游文学。第二版出现在1614年，第三版在1617年，内容极大扩充的版本出现在1626年。该世纪前1/4时间内，其他综合性出版物同样畅销。爱德华·布里伍德（Edward Brerewood）的《世界主要地区的语言和宗教的多样性探讨》从1614年到1674年共出了5个版本和译本。[32] 罗伯特·斯塔福德（Robert Stafford）的《帝国和王国的地理和人种概览》（*A Geographicall and Anthropologicall Description of Empires and Kingdoms*）从1607年到1634年共出版了4次。1615年，皮埃尔·达维蒂著的政府自然史被译为英语。[33] 17世纪早期，很多关于亚洲的外语记述被译为英语并且出版。[34] 亨利·德·腓内斯（Henri de Feynes）的记述1615年被译为英语，早于1630年出现的法语版。

　　下一部来自亚洲的第一手报告是托马斯·科里亚特（Thomas Coryate，1577？—1617年）的书信，1616年和1618年出版。[35] 科里亚特是詹姆斯一世在伦敦的弄臣。他滑稽的外表和聪明的智慧几乎使他成为宫廷娱乐不可或缺的一部分。作为住在宫廷里的小丑，他与大臣们和伦敦的文学领袖人物来往甚密。他的这种奇怪角色也为他从威尔斯王子那里赢得了一份年金。但是他更喜欢旅游。从1608年到1611年，他徒步远游到威尼斯，返回后出版了《科里亚特旅行纪实》（*His Crudities*）——"17世纪的旅行指南"。[36] 如他向朋友讲

553

述的那样，1612 年他启程前往印度，"去那里骑大象，并且向大莫卧儿帝国宣讲"。[37] 他行进缓慢，沿途在君士坦丁堡、大马士革（Damascus）、阿勒颇、伊斯法罕等地逗留。他在印度访问了拉合尔、德里、阿格拉，最终于 1615 年 7 月到达阿杰米尔（Ajmer）的宫廷。他努力接近当地的英国人。该年晚些时候，托马斯·罗伊爵士到达阿杰米尔，让科里亚特伴随在左右，作为他庭院内的小丑。在阿杰米尔期间，科里亚特骑了大象，这使得他用波斯语向贾汗吉尔的宣讲十分成功。当时国王正在面见百姓，他在宫廷窗户下面的一条街道做的这一宣讲。帝王出于感激，向他投了一个装有银子的钱包。那些年也在莫卧儿朝廷的爱德华·特里牧师说道，科里亚特掌握的波斯语骂人的词汇足以让一位英国驻地的洗衣工泼妇无言以对。某个早晨，他还攀爬到一个清真寺塔顶，与一位祷告钟声报告人对峙，喊道"世界上没有其他的神，只有基督，而穆罕默德只是一个冒名的骗子"。[38]

科里亚特从阿杰米尔写了 4 封书信给英格兰——1616 年在伦敦出版。它们叙述了作者的旅程以及他到访过的地区。他写到莫卧儿帝王出现在公众前的场面和他的宫廷：其规模可与他的 53 岁生日相媲美、帝王一日 3 次出现在公众面前、皇家的大象、31 头大象身披纯金链子的非常景观等。[39] 他还描写了拉合尔和阿格拉，讲述了拉合尔和阿格拉之间的山区部落的风俗习惯，一个家庭的所有兄弟只娶一位妻子。[40] 对那些认识他的人而言，也许最有意义的是科里亚特骑大象的木刻画。[41]

科里亚特 1616 年 9 月离开阿杰米尔，在阿格拉逗留了两三个月，游历到恒河旁的赫尔德瓦尔（Hardwar），再次折返到阿格拉，最后因生病于 1618 年 11 月返回到苏拉特，一个月后在这里离世。[42] 他在阿格拉期间给家乡写了第五封信——1618 年出版。其中含有科里亚特的演讲辞和他关于贾汗吉尔及阿克巴性格的评论。他也谈到贾汗吉尔讨厌人们随意改宗易教，讲到这位帝王通过威逼利诱劝导一位基督徒改变信仰，结果没有成功，他因而感到喜悦。

尽管科里亚特有些滑稽，但是他显然是一位观察力敏锐和擅长讲故事的人。如果他能活着回到英格兰，很有可能创作出一部内容丰富性和意义如同《科里亚特旅行纪实》那样的印度记述，将对欧洲颇有裨益。然而，已经发行的他写自印度的书信很简短；它们展示了更多的风趣幽默而不是纪实描写，并未在已有信息基础之上真正增加任何新知识。这些书信的节选除了收录在珀切斯的游记大全外，再没有在 17 世纪发行。[43]

1622 年伦敦发行了两本小册子，一本译自荷兰语，另一个英语小册子是对它的回应，都是关于荷兰人与英国人在班达岛上的敌对状态。[44]两年后，第一批论述这两个民族在安汶岛上的纠纷——1622 年"安汶岛大屠杀"——的小册子出版。[45]荷兰东印度公司针对每一事件都发表了其行动合理合法性的小册子，并被译为英语，英国东印度公司针锋相对地驳斥荷兰的论据。争论一直持续到该世纪末。珀切斯在他编写的文集中收录了 1622 年的这个小册子以及 1624 年各小册子的浓缩版。[46]另一个荷兰语辩解书的英语版 1628 年出版[47]，它和英语驳斥书一道于 1632 年再次发行。[48]更多讲述"安汶岛大屠杀"的小册子分别于 1651 年、1653 年和 1665 年出版。[49]相关的布道文出现。[50]1673 年，约翰·德莱顿（John Dryden）写了一部相关的剧本，1691 年该剧本再版；[51]1688 年，另一名剧作家埃尔卡纳·塞特尔（Elkanah Settle）继续为大屠杀事件抨击荷兰人。[52]

毋庸置疑，17 世纪第一时代——也许是整个世纪——最有影响力的关于亚洲知识的欧洲作品是 1625 年在伦敦出版的塞缪尔·珀切斯的《珀切斯游记大全》或者《哈克路特后书》（*Hakluytus Posthumus*）。这个编著集使用起来并不方便。珀切斯不是一个很可靠的编者。有些记述被极大地压缩；有些是珀切斯本人对主要记述的提炼。另一方面，他不时地原封不动地复制原手稿。然而，在与原稿相比对时，我们发现珀切斯有时会肢解一个有趣的报告，有时能证明他的概述是正确和可靠的。很多原手稿不复存在；尽管有一些失误，但是珀切斯抢救了很大一批第一手的旅游报告，否则这些资料会遗失。对于 17 世纪早期的大部分英语游记而言，只有珀切斯这唯一的版本。[53]

《哈克路特后书》（《珀切斯游记大全》）是一部极为大型的作品：分为 4 卷，共有高度压缩的 4 262 页；1905 年的重印版共有 20 卷。它 1625 年出版时是当时最大型的英语著作。[54]标题暗示了珀切斯希望他编写的文集可以补充甚至超越哈克路特的编著。在某种程度上，他获取了《重要的航行》第二版（1600 年）

555

556

以来哈克路特一直在搜集但没有出版的资料。珀切斯收录了已经出现在《重要的航行》之中和它出版之后已经公诸于世的很多记述。例如，他收录了所有的环球航海记——麦哲伦、德雷克、霍金斯、卡文迪什、范·诺尔特、范·斯皮尔伯根、斯考顿和勒梅尔，所有东北通道和西北通道的探索尝试记述，所有到美洲的航海报告。他同时也重印了已经出现在哈克路特编著中的大部分中世纪记述。他还重版了费奇、费德里奇、兰卡斯特、斯科特和林斯乔坦的日志，科里亚特的书信，关于班达岛和安汶岛的小册子，托马斯·门（Thomas Mun）的《论从英格兰到东印度群岛的贸易》（*A Discourse of Trade from England into the East Indies*，1621 年）。所有这些文献以前都曾以英语为媒介出现过。[55] 珀切斯同时还收录了很多其他记述和报告。他根据一些重要报告撰写了荷兰早期到东印度群岛的航海活动，[56] 收编了节本、摘录、概述——主要来自瓦尔塔马、杜阿尔特·德·梅内塞斯（Duarte de Menezes）、皮拉尔德、加尔旺（Galvão）、巴尔比、皮门塔、孔蒂、达·克路士（Da Cruz）、平托；金尼阁的中国记述；很多来自中国和日本的耶稣会士书信，特别是那些来自利玛窦、龙华民和庞迪我的书信。

珀切斯和哈克路特一样，热烈鼓吹英国海外扩张。《哈克路特后书》中首先是所罗门到俄斐（Ophir）的旅行记述，接着描述了希伯来元老、希腊哲学家和十二使徒，目的是展示上帝恩准旅行和探险。然后他为东印度公司辩护，驳斥那些批评者。他在为文集搜集材料的过程中特别留心收录了一些报告，以此激发英国人支持海外探险的热情，并且憎恨他们的主要对手和竞争者荷兰人。他因而让大量很可能埋没的关于亚洲的第一手英语报告公布于世。

对于有些英国人到亚洲的旅行，珀切斯提供了 17 世纪前 1/4 时间内的唯一出版材料。例如，他收录了本杰明·伍德所著的 1595—1601 年间多灾多难的旅行——只有一名幸存者——的唯一记述，[57] 以及约翰·米尔登霍尔（John Mildenhall）关于在波斯和莫卧儿帝国旅行的唯一报告。[58] 这两部作品都没有太多的纪实描写，但是米尔登霍尔略述了莫卧儿宫廷的神秘和耶稣会士在那里所起的作用。关于苏门答腊的一些描述出现在约翰·大卫的旅行报告中，他于1598 年跟随科尼利斯·德·豪特曼的舰队出航。[59] 约翰·大卫也描写了亚齐袭

557

击荷兰船只，豪特曼因而被杀，他的船员或者被杀或者被捕。珀切斯翻印了威尔·亚当斯（1575—1620 年）的两封书信，亚当斯曾是马于和德·科德斯（De Cordes）的荷兰船队经由麦哲伦海峡前往日本的一个舵手。亚当斯的余生都留在日本，是德川家康可以信赖的顾问。[60] 他的两封信中，一封写给英国东印度公司，一封写给他的妻子，涉及的主要内容是跨太平洋航行和他在日本前几个月的生活。令人失望的是其中没有多少关于日本和日语的信息。珀切斯也报告了约翰·大卫 1604 年的第二次航行，这次旅行是跟随爱德华·米歇尔布恩（Edward Michelbourne）指挥的英国船只出航的。这则报告叙述了他在苏门答腊和万丹的经历，结尾处很突然地报道了约翰·大卫在万丹到北大年途中与日本海盗冲突而死。[61]

收录在珀切斯文集中的英国东印度公司首航和次航的报告曾在早期出版过，托马斯·克雷布恩（Thomas Claybourne）的报告除外。但是威廉·基林率领的公司第三次航行前并未出版相关的报告。珀切斯出版了基林日志的节选本。[62] 基林率领的由 3 艘船组成的舰队 1607 年 4 月在英格兰离岸，1610 年 5 月返航。他们在苏门答腊的普里阿曼（Priaman）、万丹、班达等地贸易并且引起了荷兰人的敌意。基林 1609 年到达班达岛，其时，荷兰舰队司令沃霍夫被谋杀。[63]

基林团队中的一位船长威廉·霍金斯 1608 年 8 月去了苏拉特并在那里贸易，后来葡萄牙人没收了他的船和货物。1609 年 2 月，霍金斯来到阿格拉的莫卧儿宫廷。贾汗吉尔允许他参与日常的宫廷会议，供他食宿和日常补给，甚至还帮他找了一个妻子——一位亚美尼亚基督徒的女儿。在此期间，霍金斯敦促帝王签署贸易协定，准许在苏拉特建造商馆，而朝廷里的耶稣会士和他们在苏拉特的同盟姆卡里布汗（Bocreb Chan [Muqarrib Khan]）继续蓄意陷害他。帝王曾经一度下令准许他建造商馆，但是次日就将准许令撤销了。霍金斯失去了帝王的恩宠，1611 年晚期失去了他在宫廷的住所。1612 年 1 月，他和妻子跟随米德尔顿的舰队离开印度前往苏门答腊和万丹，1613 年返航英格兰。霍金斯在回国的路上逝世。

珀切斯文集中的霍金斯日志包括了所有这些冒险故事。[64] 除此之外，它还收录了"大莫卧儿帝国的实力、财富、政府和部分风俗的述略"（*A Briefe Discourse of the Strength, Wealth, and Government, with Some Customs of the Great Mogul*），非常有趣的关于莫卧儿政府、朝廷礼仪、财富和娱乐方式等的纪实描述——此类话题的最早英语报告。[65] 例如，他把帝王的珍贵财物列了一个长长的清单，并且报道说帝王每天都巡查他的一部分财产。他描写了每年一度的隆重生日庆典，以及帝国贵族分发给穷人金银珠宝以求平衡等。他还介绍了帝王旅行时所驻扎的帐篷营；他认为帐篷营有如伦敦城那么大。他提到了为帝国服务的职衔和薪俸制度，评论道帝王总是将死去贵族的财富没收，并且按照死者的遗愿转交给他的子嗣。霍金斯在日记中还不忘描写贾汗吉尔的个性：贪婪、施虐、残酷与慷慨、包容、文雅并存。

珀切斯出版的大卫·米德尔顿（David Middleton）1606—1608 年间到马鲁古群岛的游记述略，除了他本人受到当地王子们的接待之外再没有其他描写。[66]1609 年英国第四次航行的"阿森松"号在苏拉特附近遇险，幸存者所写的 4 则记述也没有包含多少亚洲信息。托马斯·琼斯（Thomas Jones）描写了出航的航程和船难，他非常简略地叙述了甘德维（Gandeuee [Gandevi]，苏拉特之南的一座城镇）和殉夫制度。他乘坐一艘葡萄牙船只返回欧洲。[67] 威廉·尼克斯（William Nicols）乔扮成土耳其人在 3 名犹太人的陪伴下通过陆路从布尔汉布尔（Burhanpur）来到马苏利帕塔姆，他担心这几名犹太人随时会切断他的喉咙；事实上，他以前听说过对方要策划谋害他。他乘坐荷兰的一艘船只从马苏利帕塔姆航往万丹。他在述略中仅仅描写了他个人的冒险和恐惧。[68] 陪同罗伯特·科弗特通过陆路来到阿格拉、波斯和阿勒颇的约瑟夫·萨尔布兰科（Joseph Salbranche），描述了沿途中的城镇及其物产。[69] 科弗特的相关描述更为精彩，但是珀切斯没有收录。

公司 1609—1611 年间组织了第五次航海，前往爪哇岛和班达群岛，这个事件记录在大卫·米德尔顿写给公司的书信中，被《哈克路特后书》收编。[70] 它详细地描述了荷兰人在马鲁古群岛和班达群岛的贸易活动和各种事务。据米德尔顿报道，所有的班达人都憎恨荷兰人，万丹带着几分满意收到保卢斯·范·卡尔登（Paulus van Caerden）被捕和弗朗索瓦·威特尔特（François

Wittert）死亡的消息。1611—1613 年间的第六次航行报告也收录在珀切斯的文集中：作者分别为指挥官亨利·米德尔顿爵士和船长尼古拉斯·唐顿（Nicholas Downton）。[71] 两部日记都讲述了与苏拉特的姆卡里布汗长时间充满波折但终未成功的谈判，这次谈判最终以霍金斯从阿格拉搭乘米德尔顿舰队的船只返回而告终。唐顿的大部分描述比米德尔顿的描写更详细；他同时也讲述了到苏门答腊的航海和在那里的贸易。

559

　　公司的第七次远航首次来到孟加拉湾和暹罗湾（Gulf of Siam）参与贸易。这次航行得到两位荷兰人彼得·弗洛里斯（Pieter Floris）和卢卡斯·安特尼（Lucas Antheunis）的指导和部分资助，他们两人都曾多年担任荷兰东印度公司在科罗曼德尔海岸的代理商。他们对当地市场和政治的知识为这次航行成功提供了不可或缺的帮助。他们的唯一船只"环球"号（Globe）在科罗曼德尔海岸、孟加拉、暹罗、柔佛州和北大年从事贸易，在离开四年半之后于 1615 年 8 月返回英格兰，运回的货物为公司赢得了 218% 的利润。[72] 珀切斯收录了这次航行的两则日志：第一则日志出自纳撒尼尔·马丁（Nathaniel Martin）之手，非常简略，只包含航海信息。[73] 另一则是弗洛里斯的日志缩写，以及大量关于贸易和与当地官员谈判的信息，再加上对当地民族和地区的描写。[74] 例如，他记录了马苏利帕塔姆"国王"的死亡；描写了北大年女王的接待仪式、在北大年的一次火灾和骚乱；概述了暹罗的近期历史以及它与勃固、北大年和邻近王国之间的关系。与弗洛里斯日志遗存的手稿相比较，我们发现珀切斯虽然极大程度地压缩了原稿，但是他并没有扭曲或者严重削减手稿内容。[75]

　　约翰·萨利斯（John Saris）船长是公司第八次航海的指挥官，他的日志宏阔地描述了红海的各个港口、马鲁古群岛，尤其是日本；该日志只出现在珀切斯的文集中。[76] 由 3 艘船组成的萨利斯舰队 1611 年 4 月 8 日离开英格兰，在红海从事贸易和劫掠活动，1611 年 10 月 24 日停靠在万丹。1613 年 1 月 15 日，他们启航前往日本，但首先来到班达岛和马鲁古群岛。萨利斯概述了欧洲在马鲁古群岛的贸易发展史，从葡萄牙人的最早到访至 1613 年荷兰人对香料群岛控制的加固。他受到荷兰人的礼貌接待，并且访问了他们的城堡和商馆，但是荷兰人最终还是禁止当地土著人与英国人的贸易。萨利斯同时也评论了由于常年战争不断导致的马鲁古群岛大面积的破坏，马鲁古群岛人越来越憎恨荷兰人。[77]1613 年 6 月 10 日萨利斯到达日本，他在那里受到当地官员和幕府将军的热情接待。他很快就获准在当地从事贸易和建立永久商馆。威尔·亚当斯的影响力显然是有效的，但是萨利斯仍然抱怨说亚当斯似乎更像日本人而不是英国人，也似乎更喜欢荷兰人与西班牙人而不是他自己的同胞。萨利斯和亚当斯根本无法相处，他们相互憎恶很可能削弱了英国人在日本的地位。例如，亚当斯建议萨利斯在江户附近的浦贺港（Uraga）开办英国商馆。萨利斯固执地坚持馆址应该定在平户，因为荷兰人已经在那里确立了地位，英国人必然生活在他们的阴影中。[78]但是萨利斯的日志中含有很多关于日本的独到见解以及珀切斯所称的幕府将军赋予英国人贸易权利的书信。[79]他 1613 年 12 月 5 日离开日本，在万丹停下来装载胡椒，最终于 1614 年 9 月 27 日在普利茅斯入港停靠。

萨利斯以前曾经跟随亨利·米德尔顿指挥的第二次航行到达过东印度群岛；他还曾从 1605 年 10 月到 1609 年 10 月负责管理英国在万丹的商馆。珀切斯也出版了萨利斯在这些年里所写日志的节录，他把这些内容作为艾德蒙·斯科特著作的补续。[80]从萨利斯的日志中可以发现，英国人在万丹的生活似乎比斯科特时代有所改善；火灾和抢劫案少了很多。他也记录了荷兰人在万丹和雅加达的活动，为胡椒和香料与其他各种可能在日本销售的货物贸易提供建议。最后，他描写了在爪哇岛上的几个港口、望加锡、巴厘岛、帝汶岛、班达岛、马鲁古群岛、婆罗洲和暹罗等地的贸易、货币、称重单位、计量单位等。

当萨利斯 1613 年 12 月离开日本时，他将一位商人理查德·科克斯（Richard Cocks）留下来管理在平户新成立的商馆。科克斯作了 1615 年至 1622 年的日志，珀切斯出版了这部日志的摘要。[81]其中充满了英国商馆和荷兰商馆的一些日常琐事、科克斯本人的嫉妒和抱怨等。但是也有一些关于日本和日本人的详细的第一手资料：台风的影响、当地风俗、盛宴和待客仪式等。珀切斯只出版了科克斯原日志的一小部分和几封书信。[82]

一些关于莫卧儿印度的第一手评述被珀切斯摘录自威廉·芬奇（William Finch）的日志。[83]芬奇 1618 年跟随威廉·霍金斯到达印度；随后居住在苏拉特和阿格拉并在印度西北部游历。他没有将观察的范围仅限于首都和朝廷，而是评述和描写了很多亲自到访过的城镇、村庄和乡间，包括他所见到的人、物产、建筑物、植物、动物和风俗等。他对苏拉特、阿格拉和拉合尔的描写最为生动和详细。芬奇也是对莫卧儿绘画和建筑艺术作出评述的最早的英国游客之一。他在布尔汉布尔注意到一头石头大象，栩栩如生，以致于一些活大象不断袭扰它，结果折了自己的长牙。[84]他还记录了1610年5月末6月初发生在阿格拉的一场可怕火灾。他惊叹于帝王独一无二的狩猎方法：士兵们围成一个圆圈，然后不断压缩边沿，其中的任何东西都是帝王的猎物。其他游戏都是为帝王狩猎做陪衬的；那些被围起来的不幸的百姓成为奴隶。[85]芬奇对靛青的描述也是最早的相关英语文献之一。[86]他同时也重述了那些流行的故事：库斯鲁王子（Prince Khusru）反叛他父亲以及贾汗吉尔如何弄瞎儿子的眼睛以示惩罚。[87]芬奇最后简略地描写了德干战争和莫卧儿东部之外的地区：孟加拉、阿拉干、勃固、戈尔康达。他在记述的一些段落中点缀了很多印度语词汇，显得生动有趣。

收录在珀切斯文集中的公司第九次航海（1611—1615年）的文献，可以参见约翰·戴维斯·莱姆豪斯（John Davys Limehouse）的日志，他是此次航行中其中一艘船的主人。[88]戴维斯的日志内容覆盖了航行往返英格兰的全程，但是仅仅涉及航海的细枝末节。珀切斯也出版了戴维斯的东印度群岛航海图，这是根据他5次到东方航行的基础上而制定的一个详细航海指南。[89]

珀切斯也收录了关于公司1612—1614年第十次东方航行的4部日志的部分内容。他出版了托马斯·贝斯特（Thomas Best）指挥官的日志内容的约1/3[90]，以及马斯特·科普兰（Master Copeland）牧师、罗伯特·博纳（Robert Bonner）船长和商人尼古拉斯·威辛顿（Nicholas Withington）等的日志的部分内容。[91]贝斯特的舰队首先航行到苏拉特，他从这里的当局获得了贸易权并且获准在当地建造商馆。他之所以获得成功，或许是因为苏拉特官员担心如果拒绝对方，贝斯特将如同先前的米德尔顿那样劫掠航运。[92]他1612年3月28日在苏拉特成功抵御了葡萄牙人的袭击，也提升了英国人在当地的威望。贝斯特从苏拉特出发，沿海岸南下，捕获了一艘葡萄牙船只，然后来到亚齐，受到热烈欢迎。他的日志极为细致地描写了在亚齐受到的接待、盛宴和谈判，以及大象互斗。[93]

562

他从亚齐航行到万丹，然后才返回英格兰。科普兰同样详细地描写了贝斯特在亚齐受到的接待，包括苏丹王宫廷里一些有趣的细节。[94]博纳的日志只关心航海细节，而威辛顿的日志尽管被珀切斯截头去尾，但是仍然相当精彩地记述了他在莫卧儿帝国的陆路旅行。[95]例如，他在信德（Sind）多次被土匪抢劫和拘捕，对信德的记述是最早的相关英语文献，它揭示了莫卧儿在当地统治的不彻底。

珀切斯文集中的公司第十一次航海（1611—1613 年）记述出自一名大副拉尔夫·威尔逊（Ralph Wilson）之手。叙述简略，只是一些海上和船舶的详述。[96]沃尔特·佩顿（Walter Payton）对公司 1612—1614 年第十二次航海的记述更加写实，但主要关注的是波斯。然而，它详细地描述了在第乌的贸易。[97]第十二次航海是所谓的单独航海的最后一次，每一次独立航行都由一个个体的企业资助并组织，个体航行拥有清清楚楚的投资人名单，如果有利可图，他们可以分红。1613 年的某个时间，东印度公司重组为拥有共同资本的合股公司。后来的所有船队都是这项共同事业的一部分，从经济上看它们也是公司共同账目的一部分。

重组后的新公司最早的活动之一是 1614 年 2 月 28 日派出的由尼古拉斯·唐顿率领的 4 艘船组成的舰队，继贝斯特之后来到苏拉特。当唐顿 10 月 15 日到达苏拉特时，他发现英国代理商对葡萄牙人最近试图迫使莫卧儿将英国人驱逐出去感到极度不安。葡萄牙人捕获了一艘苏拉特船只，要求对方将英国人驱逐出去，否则不予退返船只或者货物和船员。出于报复，贾汗吉尔关闭了所有的耶稣会士教堂，攻袭了几个葡萄牙据点。唐顿舰队的到来稳定了英国人在当地的地位。不顾姆卡里布汗的敦促，他拒绝用自己的船舰去攻打葡萄牙人。但是当葡萄牙人来侵犯他在苏拉特港口的舰队时，唐顿让对方蒙受了巨大的损失。1615 年 3 月 3 日唐顿离开苏拉特，英国人在当地仍然拥有商馆和贸易权。唐顿本人航往万丹，而他的一艘船去了亚齐，另一艘船返回祖国。还有一艘船在雅加达沉没，唐顿在 1615 年 8 月 6 日离世。1615 年 12 月 22 日，其最后一艘船在托马斯·埃尔金顿（Thomas Elkington）的指挥下离开万丹，于 1616 年 6 月 25 日返回英格兰。但是，埃尔金顿本人却于 1616 年 1 月在好望角离世。[98]

珀切斯收录了 4 部与唐顿航海相关的报告：首先他从唐顿本人的日志中

563

节录了大量内容，将故事叙述下延到 1615 年 3 月——当时舰队在通往万丹的途中。[99] 针对航海的第二部分，他节选了埃尔金顿和商人爱德华·多兹沃思（Edward Dosworth）的日志内容。[100] 通过马丁·普林（Martin Pring）的日志，珀切斯梳理了返航经历。[101] 唐顿的日记几乎完整地叙述了与姆卡里布汗的谈判过程和在苏拉特抵御葡萄牙人的战争。埃尔金顿的日志更为简略，纪实描述更少。多兹沃思日志的主要关注点仍然是在苏拉特的谈判和决策制定的过程，而普林的述略仅仅详细地介绍了航海技艺。

更多关于亚洲民族和土地的描写可参见珀切斯对理查德·斯蒂尔（Richard Steele）和约翰·克劳舍（John Crawther）1615—1616 年间从阿杰米尔到伊斯法罕的旅游报告，但是其中大部分篇幅叙述的是波斯而不是印度。[102] 约翰·米尔沃特（John Milward）关于 1614 年到苏门答腊航行的述略描写了亚齐，但是所述内容根本没有超越早期报告。[103] 沃尔特·佩顿第二次航海的记述包含了对亚齐的描述，列出了葡萄牙在印度的堡垒。[104] 詹姆斯一世派往莫卧儿帝国的特使托马斯·罗伊爵士（1581？—1644 年）乘坐佩顿的某艘船只来到苏拉特。

珀切斯所摘录的罗伊的日志，是欧洲关于亚洲知识的重要贡献。[105] 詹姆斯一世派遣罗伊来向莫卧儿帝王索取"贸易许可令"，这将保证英国人在苏拉特的自由贸易，结束持续不断的烦扰、随意征缴的关税，以及不时发生的财产没收事件，英国人已经在当地官员手中不堪其扰。罗伊 1615 年 9 月 26 日从苏拉特启航，12 月 23 日到达阿杰米尔的宫廷。他在宫廷中生活了近三年。他随宫廷迁徙，在帝王几乎每天一次面见公众的场合，他都陪伴左右。但是他从未获得"贸易许可令"！最后，他请求帝王恩准他离开这里，并且索要一封给詹姆斯国王的回信——早在罗伊首次来到这里，詹姆斯国王便寄出了他的信。对于这些请求，贾汗吉尔都——恩准。罗伊出于愤怒写道："与那些野蛮、没有正义可言的人周旋已经超出了我的耐心。"[106]

罗伊论述的重点是他的谈判过程和他在宫廷中的日常生活。他引领读者深入观察贾汗吉尔、他的儿子们和主要大臣的特点和品性，其分析引人入胜，颇有洞见。他报道了与帝王及其他朝廷官员的对话，讲述了很多有趣的故事。在他的笔下，贾汗吉尔似乎是这样一位帝王：任性善变，有时邪恶残酷，有时宽

564　仁温和，经常醉酒，为远方客人带来的礼物而兴奋不已，有些孩子气。他经常诱骗罗伊为他从英格兰寄送一匹马来。当罗伊拒绝说马匹不能承受遥远的海路，贾汗吉尔却说如果同时寄送 6 匹，肯定有一匹马能够存活下来。[107]罗伊是英国国王的第一位代表。他觉得无法保持作为一位大使的尊严，总有一些或真实或想象中的轻慢和无礼。他常常身穿英国服饰，按照英国方式饮食。他从未下跪，但是以英国方式表达对帝王和其他显贵的尊敬。罗伊发现为他准备的旅途住宿不够妥当，所以经常住在自己的帐篷里。他发现贾汗吉尔国王的宫殿豪华却没有品位，更像是一位女士的闺房：她极力地展示自己的华丽服饰，壁橱上放着一双绣花鞋和主人公的银饰与瓷器。[108]罗伊也为读者详细地描述了帝王的日常例行公事、他的生日庆典、儿子们之间的竞争、皇后努尔·玛哈（Nur Mahal）对他的有害影响、行军或者狩猎时的皇帝营地。他报告道，在这种场合下，帝王的营地像欧洲的城市那么大。[109]

　　珀切斯没有出版罗伊日志的所有内容。实际上，他把所获取到的日志缩减到原来的 1/3。[110]当然，他也没有获得日志的完整手稿。他抱怨道，日志的最后一部分遗失不见，所以用罗伊的书信摘录填补这一空白。[111]此外，珀切斯的这个版本含有关于莫卧儿朝廷及其帝王的很多新的第一手资料和信息。这本编著在 17 世纪没有发行其他英语版本。荷兰语版 1656 年发行，[112]特维诺 1663 将其翻译为法语，收编在他的《神奇旅行记》中。[113]

　　《哈克路特后书》中继罗伊日志之后的很多短小摘录有一些纪实描述，这些内容多数已经有了英语版本。例如，罗杰·霍斯（Roger Hawes）报道说卡利卡特的扎莫林 1615 年 3 月向英国人提议帮助他对付葡萄牙人。他主动提出配合英国人夺取他的宿敌——僧急里和科钦。这个提议最终化为泡影。[114]托马斯·思柏卫（Thomas Spurway）在 1617 年 11 月 20 日的书信中说，荷兰征用了英国在班达群岛中的伦岛（Pulau Run）和艾岛（Pulau Ai）上的城堡，其中含有一则关于伦岛的简述。[115]珀切斯节选自约翰·哈奇（John Hatch）关于他 1616—1621 年到爪哇岛的旅行报告，除了与荷兰船只交战的描述外几乎没有其他任何内容。[116]

565　　马丁·普林 1616—1621 年的第二次航海将他带到印度沿岸、北大年和日本；

收录在珀切斯文集中的相关游记提供了一个与荷兰人交恶的英语版本，包括
1618 年围困雅加达。[117] 除此之外，它只包括一些海上航行和操持家务的琐事。
普林对从万丹到北大年和日本的航海描绘实际上是一幅非常详细的航海图。[118]
威廉·霍勒（William Hore）的日志同样主要关注了他 1618—1620 年从苏拉特
航往苏门答腊和万丹期间遭遇荷兰人的敌视。[119] 除了其他冒犯之外，他特别
提到荷兰人 1619 年在苏门答腊的蒂库（Tiku）捕获了 4 艘英国船只。[120] 他还
讲述了一个严峻的故事：一位被指控杀害了英国人的土著，被要求从滚烫的油
锅里取出一个小球。他完成了这一考验且没被烫伤，因而免受惩罚。作者认为
一定是魔鬼帮助了这名土著人。[121] 与荷兰人敌对的描述却是纳撒尼尔·考托普
（Nathaniel Courthop）到班达群岛航海记的主旋律。[122] 紧随其后，收录在珀切
斯文集中的一系列短篇文章完全描述与荷兰人的交恶，有些内容以前都曾发行
过。[123] 汉弗莱·费茨赫伯特（Humphrey Fitzherbert）的《班达主岛与马鲁古群
岛要述》（*Pithy Description of the Chiefe Hands of Banda and Moluccas*）主要阐
述了荷兰的城堡和荷兰人的傲慢无礼。[124]

被珀切斯收录的爱德华·特里（Edward Terry）牧师的记述中含有大量关于
莫卧儿印度的第一手评论资料。[125] 特里（1590—1660 年）是托马斯·罗伊使
团的随团牧师，他的记述完美地弥补了罗伊的日志的缺失内容。罗伊的叙述重
点是宫廷事务和他的谈判过程，而特里却描写了那里的土地和人。当然，他特
别关注宗教信仰和宗教仪式以及社会风俗，也描写了城镇、建筑物、植物、动
物、衣着、食物和物产等。他在准确无误地记录自己的所见时，也不排斥那些
道听途说的故事。例如，他报告道恒河的水比其他水轻，[126] 印度妇女比其他
女性更容易分娩，大象的睾丸长在头顶，它们的乳房长在两条前腿之间。[127]
为了表明大象的惊人机智和记忆力，他讲述了一头疯狂的大象冲过一个村庄集
市，营救曾经喂养过它的妇女的孩子。[128] 甚至连他对印度宗教的描述虽然总
体正确，但也非常肤浅。他所描述的大部分内容以前都曾在欧洲出版过；他的
评论虽有些肤浅也不总是准确，但总是令人耳目一新。

566

珀切斯只出版了特里的原稿节本。完整的著作——事实上，作者对原告进
行了修改和极大地补充——1655 年出版。[129] 它比珀切斯版本冗长啰嗦得多，

到处离题，充斥着说教，大量引用圣典、经文和诗作。它的价值很可能就是压缩精简。当然，1655 年的这个版本也包含大量在珀切斯版本中找不到的资料，奇怪的是这个版本也没有珀切斯压缩版中的奇闻轶事。例如，特里关于大象生殖器生长位置的荒谬描述，在 1655 年的版本中难觅其踪。特里的日志 1665 年再次面世，附在皮特罗·德拉·瓦勒（Pietro della Valle）的游记之后。[130] 这个版本的正文与 1655 年的版本基本相同，但是一些插页和引文以及那些明显的离题内容被删减了。特维诺将珀切斯版本译为法语，收录在他 1663 年出版的文集中。

在《哈克路特后书》中再版和翻译而来的报告中，有一封描写日本的书信，是亚瑟·哈奇（Arthur Hatch）1623 年 11 月 26 日写给珀切斯的。[131] 叙述简略，视野宏阔，而且非常准确。哈奇描述了幕府将军的朝廷和政府，评论道大部分日本贵族有很多妻妾，但是幕府将军却仅有一个妻子。他正确地描写了幕府将军削弱封建领主大名的政策。他评论了日本的法律、风俗、节日和语言。他报告道，奇怪的是日本人不会发 H、B、T 等字母的音。最后，同样收录在珀切斯文集中的另一个已经发行过的翻译作品是阿诺德·布朗（Arnold Brown）的游记摘要，他曾从 1617 年到 1623 年用五年时间游历了万丹、北大年、日本、菲律宾群岛和中国沿海。[132] 布朗报道了荷兰 1622 年攻袭澳门但没有成功的事件。

17 世纪没有单独出版描述亚洲的俄语文献，但是珀切斯收录了一些关于东西伯利亚和中华帝国边境的记述，它们都是源于俄语报告或者对到东方旅游的俄国人的采访。例如，珀切斯收编了翻译自艾萨克·马萨（Isaac Massa）的记述——首次曾于 1612 年和赫塞尔·赫里特松关于寻求东北通道的报告同时出版。[133] 马萨利用俄语报告描写了俄国人到叶尼塞河及其之外的地区旅游，介绍了生活在叶尼塞河沿岸的通古斯部落（Tungusic tribes）。类似的信息可以在首次出版于《珀切斯游记大全》中或撰写或翻译而来的报告中找到，这些作者和译者为约翰·梅里克（John Mericke）、约西亚·洛根（Josias Logan）和威廉·珀斯格洛夫（William Pursglove）。[134] 这些报告如同马萨的一样，不可否认的模糊不清和内容匮乏，但它们至少提到了通古斯人、叶尼塞河、"Pisida"

（？）①、俺答汗（Altan Khan），以及契丹边境。信息量更丰富的是珀切斯关于斐德林（Ivan Petlin）和安德烈·曼多夫（Andrei Mandoff）1618 年到中国朝廷使团的报告，这是首次出版的俄国人纪实描写中国的报告。[135] 斐德林和曼多夫使团在北京逗留了四天，然后中国认定他们不是一个合适的朝贡团，将这些俄罗斯人遣散。他们返回时携带了一封信，邀请沙皇加入中国的附属国体系，但他们抱怨道"在托波尔斯科夫（Tobolskov）没有一个人能翻译这封信"。据珀切斯分析，俄罗斯人认为这封信来自"契丹国王塔布尔"（Tambur），显然是指帖木儿（Tamerlane）——他几个世纪之前就开始统治蒙古帝国了。[136] 这就是俄国人 1618 年对中国的认识。除了粗略地勾勒了中国和长城之外，斐德林也描绘了他所谓的"蒙古高原"（Mongal Land），显然指的是介于吐鲁番（Turfan）、长城、东土耳其斯坦（Eatern Turkestan）和大海之间的区域，评论了它的分界线、物产和宗教。

《哈克路特后书》在 20 世纪之前没有再版。也许只是因为它太庞大，太昂贵；也许是因为国人没有充分领悟珀切斯的激情。事实上，除了罗伊和特里的日志之外，收编在《哈克路特后书》的所有亚洲记述在接下来的两个世纪都没有再版。但是，其中的很多记述被译为法语，收录在特维诺 1663 年的文集中。18 世纪早期，彼得·范·德·阿（Peter van der Aa）开始将它们翻译为荷兰语——一项从未完成的工程。

珀切斯负责发行另一则重要的关于印度的英语记述——威廉·梅思沃尔德（William Methwold）的戈尔康达记述。[137] 梅思沃尔德在珀切斯的要求下撰写他的记述以便收录在《哈克路特后书》，但是手稿来的太迟。珀切斯不得已将这则记述收编在《珀切斯游记大全》第四次扩容修订版的末尾，1626 年出版。17 世纪再没有其他相关的英语版本。特维诺将其翻译为法语收编在他 1663 年的文集中，彼得·范·德·阿 1707 年出了一个荷兰语版本。[138]

梅思沃尔德 1616 年来到印度，和爱德华·特里前往苏拉特乘坐同一艘船。访问过苏拉特、马拉巴尔的几个港口、苏门答腊、万丹之后，他 1618 年 5 月

---

① 该"？"号来自原著，说明作者并未查实，译者在此保留原文不变。——译者注

成为英国人在马苏利帕塔姆的重要代理商。他在那里一直服役到 1622 年 10 月，当时因为被指控走私而被召回。这次指控显然没有影响到他在公司的后续事业。他从 1633 年到 1639 年担任英国驻苏拉特商馆的馆长，1640 年成为东印度公司的董事，从 1643 年到 1653 年担任公司的副总裁。[139]

梅思沃尔德的叙述重点异常地均衡，很有洞察力，而且准确。他首先宏略地描写了科罗曼德尔海岸和葡萄牙人、荷兰人、英国人在那里的贸易活动和定居点。然后更加详细地讨论了马苏利帕塔姆及其气候、周边乡村，最后介绍了戈尔康达的首都。他在叙述中详细地论述了那里的政府、百姓、宗教、社会习俗、物产和贸易。

第二节　喧嚣的世纪中期，1630—1680年

17 世纪的第一代英国观察家对于欧洲认识亚洲所做的最重要的贡献与印度西部有关，更准确地说，与莫卧儿帝国和古吉拉特有关。另一部与印度西北部相关的作品于 1630 年出版，即亨利·洛德（Henry Lord）关于巴涅人的宗教（印度教）和拜火教（Parsis，也叫 Zoroastrianism）的记述。[140] 事实上，这一卷包含两册，每一册都有一个独立的标题页，页码分开计算。[141]

洛德在东印度公司的苏拉特商馆担任了约五年的牧师，期间他学了一些印度斯坦语和波斯语。他声称根据印度经文勾勒出巴涅人的宗教，取名"印度教论"（the Shaster）。但究竟指哪部印度教论（shastra），并不清楚。但是他所请教的巴涅人本身很可能也不十分了解吠陀经、婆罗门教和《往世书》（Purana）的基本教义。[142] 因而，他对印度宇宙学、世界三世说、4 个主要种姓的起源、其他印度人的信仰、法律和仪式的描述也是模糊不清、频现错误。洛德记述的某些部分与印度人的传统信仰和风俗相一致，另外一部分恰当地反映了苏拉特的巴涅人对宗教的理解。

洛德叙述的苏拉特拜火教徒社团及其信仰也很浅显。他声称自己从波斯古经（Zenda-Avesta）中发现了真理，但很可能是来自一位并不十分理解波

斯古经的拜火教徒的解释。[143]洛德准确地概述了拜火教的早期历史，再述了那些耳熟能详的关于琐罗亚斯德（Zoroaster）的诞生和生平故事。但是他认为"崇拜火是拜火教的核心"是错误的。和大部分西方观察者一样，他也特别强调了拜火教徒的风俗：将暴尸于塔楼里而不是将其埋葬或焚烧。但是，苏拉特的拜火教似乎退化为火崇拜者的宗教，当然他们的埋葬习俗是最明显的一个特征。[144]

尽管洛德的论述浅显且经常出错，但他仍然是西方最早挖掘印度宗教习俗和拜火教习俗的作品之一，意在更加系统地研究这些信仰。尽管他这样的一本书对欧洲理解印度思想和宗教有些粗浅，但是这一尝试让他对印度教产生了些许的认可或同情。他将这本书献给坎特伯雷大主教，谴责那些高级主教对各种宗教的错误评判。洛德的评论经常被引用或者穿插在其他记述中，但17世纪再没有发行其他英语版本。1667年出版了一个法语译本。[145]

1632年，一部简短——只有12页——的匿名莫卧儿帝国记述出版，标题为《莫卧儿帝国近事的绝对纪实》（*A True Relation*）。[146]其中有一些关于莫卧儿帝王和朝廷的奇闻轶事，粗浅地描写了帝国，所有这些内容似乎都选自罗伊和特里的报告。《莫卧儿帝国近事的绝对纪实》最后两页概括性地评论了锡兰、苏门答腊、北大年和日本——显然也是摘自其他报告。

1633年，即唐顿舰队1614年远征近二十年后，其中一名成员著的相关报告出版。[147]作者克里斯托弗·法勒维尔（Christopher Farewell）是一位商人，他在苏拉特、阿默达巴德（Ahmadabad）以及古吉拉特的几个地区的英国商馆逗留了一段时间。他在阿默达巴德与他的同事和上司发生了一些摩擦，1616年9月被遣送回家。[148]法勒维尔的书很短，只有65页，但是笔调轻松，充满睿智，比唐顿航海的其他游记描述得更精彩。他描写了苏拉特及其巴涅人——他对穆斯林不太感兴趣——和英国人在那里的生活。他也描写了穿越古吉拉特时经由的城镇和村庄。法勒维尔特别迷恋苏拉特的猴子，显然花费了很多时间观察它们从一个屋顶跳到另一个屋顶、拉带起不牢固的瓦片、向人们头顶抛东西。[149]这个报告从未再版。

更多关于印度的消息收录在1634年首次出版的托马斯·赫伯特（Thomas

Herbert）的旅游报告中。[150] 在他的亲戚彭布鲁克（Pembroke）伯爵的影响下，赫伯特（1606—1682 年）1627 年被委派陪同新任命的英国驻波斯大使达德墨·科顿（Dodmore Cotton）一同前往（波斯）。科顿的这个任务源于 1623 年波斯派遣到英格兰的罗伯特·舍勒里（Robert Sherely）使团——其中两个大使即舍勒里和纳德·阿里·伯格（Nadg Ali Beg）相互竞争，都指控对方为冒名顶替的骗子。查理一世派遣科顿前往波斯摸清事实真相，舍勒里和纳德·阿里·伯格与他一同前往。[151] 他们 1627 年 11 月 27 日到达苏拉特，在这里，纳德·阿里·伯格故意吞下过量的鸦片而导致死亡，谁是波斯大使冒名顶替者一目了然。据赫伯特说，他被埋葬在汤姆·科里亚特（Tom Coryate）墓地旁边，离苏拉特不远。[152] 赫伯特同时注意到 1628 年沙·贾汗刚刚加冕为帝王，恰逢英国舰队的到来。贾汗吉尔去年 10 月刚刚离世（有传言说他是被毒死的），经过一连串的国王宝座竞争者之间的争斗，沙·贾汗最终加冕。[153] 赫伯特同时也叙述了苏拉特和这里的居民、他们的宗教、种姓制度、社会风俗和道德风尚。[154] 有些内容是根据个人的观察，但更多的资料来源于早期出版的文献。这次访问，赫伯特只在苏拉特逗留了三个星期左右。1627 年 12 月 18 日，他与大使一同前往波斯并在这里逗留了约一年。此间，科顿和舍勒里都死于痢疾。赫伯特本人病得十分严重。他 1628 年 12 月返回苏拉特，1629 年 4 月登上回家的船。在马拉巴尔沿海经停了几次，于 1629 年 12 月 18 日到达普利茅斯。

　　赫伯特叙述的重点是波斯以及他在那里的体验。他在回家的路上经过印度的经历诱发他描述了马拉巴尔海岸、锡兰、科罗曼德尔海岸、勃固、暹罗、北大年、苏门答腊、爪哇岛和中国。[155] 除了少数几则关于马拉巴尔海岸的评论是第一手的，其他信息都来自已经出版的文献。他的描写趋向于简短，没有多少批判力。他最感兴趣的是那些怪诞的宗教意识或性行为，似乎很愿意相信别人讲给他听的那些荒诞故事。他正确地讲述了勃固的男人们在他们的生殖器上佩戴铃铛，年轻的女人将他们的贞节献给偶像；[156] 但是他声称马拉巴尔人的黑皮肤是太阳曝晒的结果，他们的僧侣通常首先与新娘共度洞房花烛之夜，这是欠缺准确性的。他写道，卡利卡特人有换妻的习俗，[157] 科罗曼德尔的年轻女人在佛塔里卖淫，那里的信徒们经常将自己抛在世界主宰（Juggernaut，印度

571

教主神之一）战车的前面而死。[158]他报道说，暹罗的前女王采取各种措施减少他所管辖土地上的鸡奸行为，[159]北大年的男人们心甘情愿地将他们的女儿和侄女借给游客。[160]在望加锡，他们"饮用"了很多烟叶，与当地人共用一个有毒的烟斗，有时其毒会害死陌生的游客。[161]据报道，苏门答腊的鳄鱼在吃完一个人时会流出血红的泪水。苏门答腊的妇女非常勇敢，但是不贞节。[162]在爪哇岛，一个被宣判有罪的人可能会用短剑来杀出一条自由之路。[163]赫伯特没有花工夫去理解他所阅读到的或者看到的内容：例如，他似乎没有区分印度神或佛或圣徒与魔鬼之间的差异。

赫伯特多次修订并且扩充他的论述内容，发行了多个版本。1638年发行的版本比第一个版本增加了约150页，收录了更多的铜版画。[164]其中收录了一部"大莫卧儿"史，描写了莫卧儿帝国各城市，概述了日本和马鲁古群岛，扩增了相当多的文字来刻画中国。所有这些都来自其他出版的文献。1639年发行了第三版。英国内战期间，赫伯特忙于其他事务。他供职于一些议会委员会，担任费尔法克斯领主（Lord Fairfax）议会军队的委员。1644年，议会安排他为国王的随从，一直到查理一世被绞死。赫伯特安排完查理一世的葬礼后，返回约克郡的家乡。1660年，查理二世将他升为从男爵。那些年里他无论从事什么事业，都没有忘记修订自己的论著。内容极大扩充后的版本分别于1665年和1677年发行。最后一版的内容是1634年版的3.5倍，这个版本与其说是个人游历的记述，还不如说是更加宏观的间接的亚洲报告。赫伯特1682年3月逝世。他的记述1658年被译为荷兰语，1663年被译为法语。[165]

1638年出版的威廉·布鲁顿（William Bruton）的《东印度消息》（*Newes from the East Indies*）带来了来自印度次大陆、孟买和科罗曼德尔海岸的信息。[166]布鲁顿以航信士官和舵手的身份来到马苏利帕塔姆，从1630年到1638年的七年时间里生活在那里和孟加拉。他报告的内容大部分是描写1633年派到孟加拉朝廷地方长官或总督的使团。除了评述了沿路的乡村和城镇，作品中含有丰富的关于地方长官宫廷、使团接待和谈判过程的纪实材料。布鲁顿报道，这位地方长官仍然睡在帐篷里，因为没有莫卧儿人愿意睡在为别人建造的宫殿里。他当时正在为自己建造一个更加宏大的宫殿。[167]布鲁顿还写道，他们首

572

次谋面，这位地方长官就亮出自己的脚让大使卡特赖特（Cartwright）亲吻。卡特赖特拒绝了两次，但最终还是默认了。布鲁顿描写了宝塔、世界主宰神像、每年一度的节日；节日期间，神像由两边各有 6 个轮子的巨型战车拖拽着穿街而过。[168] 布鲁顿的《东印度消息》在 17 世纪没有再版过。

　　英国在内战和（克伦威尔）摄政期间（1640—1660 年）没有出版几篇关于亚洲的报告。英国人的兴趣和精力——至少是那些出版书籍的兴趣和精力——显然被吸引到国内的问题中，从而很少关注远方的民族和事件。查理一世极大地削弱了东印度公司的权力；他批准敌对公司威廉·科廷（William Courteen）从事相关经营活动，破坏了英国东印度公司的租约，甚至都没有提前警示它。1640 年，国王从英国东印度公司骗取了 63 000 英镑，为发起攻打苏格兰募集资金。[169] 克伦威尔虽然希望公司向好的方向发展，但是忙于应对其他事务。与荷兰的战争（1652—1674 年）虽然使公司在国内顺风顺水，但是它在亚洲的处境却异常艰难。[170]

　　1650 年，一则关于尤罗伯在台湾取得传教成就的英语报告出版。[171] 作者描述了在尤罗伯的努力下，不少台湾的民众皈依荷兰新教，但是没有关于台湾本身及其居民的描写。这个报告首先是用拉丁语写成的，但是以前从未出版。显然，该世纪中期唯一关于亚洲的报告是 1652 年出版的阐述科廷远征运动的小册子。[172] 作者为科廷的远征运动以及与东印度公司的竞争做了辩护，其理由是老公司没有重视机会，可悲；落后于荷兰公司，绝望。接着，他详述了东印度公司给科廷的船只和商馆造成的破坏，要求补偿科廷的继承人，重组东印度公司。争吵持续了很多年，科廷的继承者们最后将申请索赔的诉求呈交给议会。1679 年和 1680 年，更多关于科廷事件的小册子出版。[173]

573　　在那些动荡多变的岁月里，少数几部关于亚洲的外国作品被译为英语。1630 年，一则翻译自耶稣会士书简的关于日本迫害基督徒事件的报告出版。[174] 1653 年，罗伯特·阿什利（Robert Ashley）出版了克里斯托弗·波利（Cristoforo Borri）1633 年的交趾支那报告的摘要。[175] 同年，《平托东游录》（*Peregrinaçam*）的英语译本出版。[176] 1654 年，约翰·克鲁克（John Crook）出版了卫匡国关于满族人入主中原的历史。[177] 这部史作 1655 年再版，附在曾德昭关于中国著作的克鲁克英语版本之后。[178]

　　王朝复辟之后，关于亚洲文学创作和出版活动的最重要的特征仍然是将外国记述翻译为英语。约翰·戴维斯（John Davies）翻译了亚当·奥利瑞乌斯撰写的曼德尔斯罗从波斯到印度的游历日记；该译本 1662 年发行，1669 年再版。罗杰·曼利爵士翻译了卡龙撰写的日本记述和朱斯特·斯考顿的暹罗记述；1663 年，这两部作品合并成一卷书籍出版。1671 年，卡龙和斯考顿作品的另一版本面世。1664 年，彼得·威克爵士（Sir Peter Wycke）翻译了哈辛托·费莱雷·德·安德拉德（Jacinot Freyre de Andrade）撰写的关于葡萄牙总督的《堂·约翰·德·卡斯特罗传记》（*The Life of Dom John de Castro*）。1665 年，皮特罗·德拉·瓦勒（Pietro della Valle）游记的英语版发行。约翰·纽霍夫关于荷兰东印度公司 1655 年出使中国的荷兰语报告被翻译过来，1669 年由约翰·奥格尔比出版，一年后再版。1670 年，奥格尔比出版了蒙塔努斯关于荷兰东印度公司出使日本的报告；1671 年，他又出版了达帕关于荷兰东印度公司第二次和第三次出使中国的报告，他错认为这两则报告出自蒙塔努斯之手。同样是在 1671 年，弗朗索瓦·贝尔尼埃关于导致奥朗则布登上王位的 1657—1659 年间发生在莫卧儿的继承权斗争的报告出版；帕莱福（Juan de Palafox y Mendoza）的满族人入主中原历史的译本面世。闵明我关于中国的记述和白乃心写自中国的报告分别于 1675 年和 1676 年出版。[179]

574

　　所有这些译作的稳步出版无疑说明了英语读者对亚洲兴趣的与日俱增。然而，英国的亚洲观察者和评论家并没有满足英语读者的好奇心。从 1660 年到 1680 年之间的整整二十年，称得上是第一手的英语文献只有两部。这两个小册子复活了人们对安汶岛大屠杀和荷兰人憎恶英国人的记忆。[180]这两个小册子都没有描写亚洲。复辟时代的二手文献也没有给人留下多少印象深刻的近期亚洲信息。例如，托马斯·鲍威尔（Thomas Powell）的手工艺术的人文进步史（1661 年）参考了一些中国文献，涉及战船、书法、印刷、养蚕、指南针的运用，但根本没有参考其他亚洲民族的手工业技术文献。[181]中国人是 G. 赫西（G. Hussey）的世界史（1670 年）中论述到的唯一亚洲民族，但是这个记述非常简短，似乎完全来自门多萨的相关文献。[182]约翰·韦布（John Webb）的汉语是

575　　所有人类最初语言的论断与当时欧洲流行的中国文献非常相似。[183]

第三节　晚期的收获，1689—1700年

　　该世纪的最后二十年，英国对欧洲认知亚洲的贡献产生了一些现实意义。首先显现出这种意义的是罗伯特·诺克斯的锡兰报告。[184]1657年1月，诺克斯（1640—1720年）驾驶着父亲的船从英格兰启航。在孟加拉、圣乔治城堡（马德拉斯）、亚齐等地从事贸易活动一年后，他们的船只在回国的途中于1659年11月19日在锡兰沿海遭遇风暴，船只严重受损。他们不得不驶进了卡西亚湾（Katthia Bay），一边在那里修理船只，一边从事贸易活动。他们到达那里约二十天后，康提的僧伽罗朝廷派了一位官员来到沿海调查。他诱骗船长即诺克斯的父亲和很多人上岸之后，他的士兵抓捕了这些英国人并且企图捕获船只。船只最终逃脱了，但是诺克斯、他的父亲，以及其他14位船员被控制在僧伽罗人手中。

　　几天之后，他们被送到山区里，分散到各个村庄。对方为他们提供了食物和住处，允许他们在各自的村落里自由活动——后来甚至准许他们跨村庄来往——总体而言，他们受到了良好的待遇。诺克斯和父亲长时间染上了疟疾。儿子最终痊愈了，但是父亲不幸死亡。尽管他们可以获得免费的食物，但是这些囚徒不得不想方设法地挣钱替换那些褴褛的衣着。很多人编织帽子出售，后来这个市场饱和了。大部分人要求村庄主管部门给他们分发没有煮好的食物，这样他们便可以出售盈余的粮食。诺克斯也向外人出借了一些稻谷种子赚取利息，而且还沿街叫卖兜售货物。他最后小有成就，购置了一块田地，建造了一座房舍。沿街兜售让他有机会在村庄到处乱跑，寻求出逃的可能。大部分人选择了在那儿结婚安家。有些人成为了农场主，有些人在国王那里谋得了一份差事。[185]

　　诺克斯认为，他们之所以被捕是因为没有向国王报告他们的到来，也没有送他礼物。[186]这种解释似乎站不住脚。很多到康提朝廷的使节，如那些1672年来自雅各布·布朗凯·德拉艾（Jacob de La Haye）舰队的人们，尽管提前

写信并且赠送礼物，但同样被囚禁起来。[187] 荷兰驻锡兰总督派出交涉释放俘虏的大使也被扣留了。[188] 拘捕欧洲人似乎成了国王辛哈二世（Raja Sinha II, 1635—1687 年在位）晚年执政时的一个嗜好。显然，那些年里大约有 500—1 000 名俘房生活在康提国的村落里。他们并未遭到任何虐待。事实上，他们是一个蒙国王特别保护的受益群体。[189] 诺克斯在他的书末尾描写了他们的特殊地位，并且推断说国王扣留欧洲人只是因为他希望对方留在朝廷，他喜欢和他们聊天，希望他们留在自己的军队成为他的随从。[190]

　　经过长期的准备，诺克斯和其中一位英国俘房于 1679 年 9 月在沿街叫卖的掩护下准备出逃。克服了各种困难之后，他们 1679 年 10 月 18 日终于来到位于阿勒帕的荷兰城堡。他们从这里被带到科伦坡并且辗转来到巴达维亚和万丹，最终搭上前往英格兰的船只。[191] 诺克斯在锡兰生活了近二十年。他显然是在巴达维亚和船上开始写这些往事的。返回英格兰后，他的表弟约翰·斯特莱普教士（Reverend John Strype）协助其整理笔记。皇家协会秘书罗伯特·胡克（Robert Hooke）采访了诺克斯，鼓励他出版自己的游历报告。胡克很可能还帮助诺克斯撰写他的经历。这本书由皇家协会的出版商理查德·奇斯韦尔（Richard Chiswell）出版，胡克为其撰写了一个序言。[192]

　　诺克斯的记述是 17 世纪创作的关于康提王国的最全面、最精确的描写。就连荷兰的作家们也没有机会像诺克斯那样近距离地观察这个王国。他在康提的村庄里生活了近二十年，在僧伽罗人群中有一定影响力，具有相当的内部观察视野。这是一部令人着迷的记述，近代版本的编者认为它也是"17 世纪最好的锡兰社会和经济史文献"。[193]

　　诺克斯的记述 1705 年再版，收编在哈里斯（Harris）的文集中。[194] 17 世纪期间，他的作品被译为荷兰语（1692 年）、法语（1693 年）、德语（1689 年）。[195] 约翰·洛克（John Locke）阅读之后，在他的《政府论》（*Two Treatises of Civil Government*）里把康提作为邪恶的专制主义例证。[196] 丹尼尔·笛福（Daniel De Foe）显然从中为他的《鲁宾逊漂流记》（*Robinson Crusoe*）汲取了很多养料。[197]

　　80 年代，几则阐述 1681 年至 1682 年间万丹内战的小册子出版。虽然这些小册子没有描述万丹或者爪哇岛，但却依次报道了如下事件：小王子（哈只，Hadji）反叛他的父亲苏丹王阿布尔法尔塔（Sultan Abulfatah）、他获取荷兰人的援助、烧毁城镇、哈只王子胜利后英国商馆的关闭等。小册子的重点是，荷兰人应该为这些麻烦负责。第一个小册子是由一个驻万丹商馆的英国人写的一封单页信，他描述了反叛运动的爆发以及苏丹王阿布尔法尔塔烧毁城市等事件。[198]1683 年，另外一封这样的书信更加详细地介绍了荷兰在其中的作用和阿布尔法尔塔的投降。[199]一则更加全面的反叛运动报告于 1683 年出现在万丹书信集中，它同样报道了英国商馆的关闭和他们与巴达维亚的荷兰总督的谈判过程。[200]荷兰东印度公司对英国官方反对荷兰人在动乱期间的行动做出回应，相关的文献与上面提到的小册子一并出版。[201]1688 年，另一则关于荷兰东印度公司活动（不仅包括万丹而且也涉及亚洲其他地方）的《辩解书》（*Justification*）出版，和一个驳斥荷兰人地位的大型书信和证词合集同时发行。[202]

伦敦的纳撒尼尔·克劳奇（Nathaniel Crouch）化名罗伯特·伯顿（Robert Burton）出版的几个畅销小册子，其中有一个含有亚洲的信息。他在《英国在圭亚那和东印度群岛的收获情况一览》（*A View of the English Acquisitions in Guiana and the East Indies*，1685 年）中介绍了每一个在印度和东南亚的英国商馆、莫卧儿帝国的政府、马拉他（Mahratta）领导人西瓦吉（Sivaji）的职业生涯，以及满族人入主中原等。其中没有新信息或第一手的报道；所有资料都来自先前出版过的作品。后续的版本包括 1686 年版、1726 年版和 1728 年版。

一封 5 页长的来自英国驻暹罗的代理商的书信，详述了一群望加锡人抗议暹罗国王的失败经历。[203]因翻译自法语的相关小册子的出版，发生在暹罗 1688 年的国家政变以及随后法国人被驱逐的消息，于 1690 年首次来到英国。该小册子含有很多书信和一部简短日志。[204]根据小册子的匿名编者，其中没有一部作品以任何语种出版过。这些小册子概述了主要事件：国王的疾患和死亡、帕·碧罗阁（Phra Phetracha，1688—1703 年在位）的篡权、死去国王的亲生儿子和收养儿子的被谋杀、亲法的国王大臣康斯坦丁·华尔康（Constantine Phaulkon）遭受虐待及处刑，以及法国人被驱逐出境等。

约翰·奥文顿（John Ovington）的《苏拉特游记》（*A Voyage to Surat*）

1696 年出版，提供了新的第一手关于苏拉特和西印度的观察资料。[205]1689 年，奥文顿（1653—1731 年）以东印度公司随船牧师的身份航往印度。他在孟买生活了约三个半月，婉拒了担任当地英国商馆牧师的邀请。然而，他接受了在苏拉特的牧师职位，在那里生活了约两年半。

　　奥文顿 5 月末到达孟买，一年当中这个季节最为糟糕。更糟糕的是，他来孟买的时候没有多少财产。东印度公司的总督乔西亚·查尔德爵士（Sir Josioh Child）更倾向于开发苏拉特而不是孟买，杰拉尔德·昂基亚（Gerald Aungier）1677 年去世之后，显然再没有人为孟买的利益代言。而且，孟买 1683 年发生了驻军叛乱事件，1686 年该岛屿受到莫卧儿舰队的攻占。[206]所有这些事件都在奥文顿的孟买记述中得到阐述。他认为这里的气候特别不利于欧洲人的健康：他们病快快的，染上害虫病，伤口不能愈合。他认为英国妇女生活在那里是不明智的；没有几个儿童能够生存下来，就算能活下来也是羸弱多病。[207]他发现那里的士气低迷，人口数量下滑，各种恶习横行，他把这一切都归谬为那里的气候。[208]然而，他也做了一些旅游观光活动。除了孟买岛和英国商馆外，他还描写了象岛（Elephanta），特别是它的石雕和洞穴以及著名的宝塔，这些内容其他很多欧洲旅行者们都曾描述过。[209]

　　奥文顿对苏拉特的印象很好，相关内容的篇幅也最大。他描写了这座城市、它的各种居民——摩尔人、巴涅人、苦行者（Fakirs）、拜火教徒，以及这里的贸易和日常生活。[210]他的叙述有趣而又详细，也许是到当时为止最为全面的苏拉特记述。可能是因为想成为一名牧师，他特别关注宗教风俗习惯。奥文顿的"大莫卧儿"及其朝廷[211]、阿拉伯海和波斯湾之间的陆地描写没有多少价值。[212]这些内容不是来自第一手的观察资料。

　　附在奥文顿记述之后的是 4 篇选自其他文献的文章：戈尔康达的王位继承危机历史、阿拉干和勃固的纪实描写、印度的硬币列表，以及一篇关于蚕的天性的论文。[213]戈尔康达的历史中有一些关于阿卜杜拉·胡森（Abdulla Hoosan，也叫 Abu'l-Hasan, 1672—1687 年在位）掌权和继承王位的有趣评论，这些事件以前都没有详细的英语记述。[214]有关阿拉干和勃固的描写非常笼统，似乎选自早期的葡萄牙语记述，很可能出自曼里克之手。[215]奥文顿的记述直到 20 世

579

纪才再次出版。1725 年，该著作被译为法语。[216]

继奥文顿的记述之后，一则更长的由约翰·弗莱尔（John Fryer，约 1650—1733 年）撰写的报告出版。[217] 这个报告是根据相当早期的经历而写的。弗莱尔是东印度公司的外科医生，1672 年 12 月离开英国，1673 年 6 月到达马苏利帕塔姆。他在那里和科罗曼德尔海岸的马德拉斯（圣乔治城堡），以及孟买和西海岸的苏拉特逗留了一段时间。他在印度的时候也曾到戈卡那（Gokarna）、卡沃（Karwar）、果阿、朱纳尔（Junnar）。从 1677 年到 1679 年他在波斯，后来又返回到印度，在这里一直逗留到 1681 年。他 1682 年 8 月返回英国，比奥文顿启航到印度早了七年。[218]

弗莱尔的书在很大程度上描写的都是他实际到访过的地方：戈尔康达（特别是马苏利帕塔姆）、马德拉斯、孟买、苏拉特、朱纳尔，以及越过高止山脉（Ghats）从孟买一路来到卡沃和果阿。他对德干和莫卧儿帝国的概述是根据口头传闻或早期的记述。弗莱尔擅长讲故事，幽默风趣。他的描写图文并茂，条理清晰。他对宗教和种姓制度不像奥文顿那么感兴趣，对此类问题的讨论很笼统粗略。他也不像奥文顿那样认同印度宗教和习俗，而是多有偏见，经常把印度人比喻为"迷信的异教徒"。例如，奥文顿对印度人尊敬生命的印象相当深刻。而弗莱尔冷嘲热讽般地评论道，异教徒如此小心谨慎地不杀昆虫和牲畜，然而却将他们的家畜累死，不给它们提供足够的食物。更糟糕的是，他曾经发现一个女孩被遗弃在坟冢旁边等待死亡。[219] 他注意到苏拉特附近到处都是巴涅人，好像一群害虫包围着他。[220] 而弗莱尔认为印度人的素食结构很可能是出于健康考虑，这里的气候容易导致肉食腐臭。[221] 他在多个场合贬斥伊斯兰教苦行僧，在弗莱尔的眼里，他们只是一群盗贼，抢劫游客，掳掠城池。

弗莱尔对自然现象的描述相对客观。他科学地描写了这里的天气、植物、动物和疾病。事实上，他描写了几次动物解剖，其中有一次是解剖一个巨型海龟，检验人们传说中的海龟有 3 个心脏是否属实。据称，这 3 个心脏分别代表鱼肉、兽肉和禽肉的三重自然属性。[222] 弗莱尔只发现了 1 个心脏。他称道，"（虽然从口感和颜色上看很像兽肉）对我而言，它既不是鱼肉，也不是兽肉，更不是好的熏青鱼（Red Herring）"。[223] 也许是他的医学和科学素养让他更为谨慎

580

敏锐，不易受骗。

　　弗莱尔的记述中也包含了该世纪70年代发生在印度的事件。德拉艾的法国舰队攻袭了锡兰岛的荷兰人并且占领了圣多默之后不久，弗莱尔来到科罗曼德尔海岸。他报道了这次冲突以及法国人被最终驱逐出去的过程。他同时也描述了德干的政治以及莫卧儿与西瓦吉之间的战争。他审慎地得出结论，莫卧儿人不能击败西瓦吉或者彻底征服戈尔康达和德干，这使得莫卧儿的将军可以从绵延日久的战争中获利。[224]弗莱尔获取政治信息的主要渠道都是间接的，但是他对西瓦吉的劫掠给苏拉特留下的伤疤及其居民对马拉他军队的恐惧的描写，给他的政治报告增添了一些实证的色彩。同样有趣的是他对果阿的描述，这里由于缺乏货物，大帆船停泊在港口任由腐烂。[225]尽管弗莱尔非常鄙视印度人，但是他在多个场合描写了夹在战争中间的可怜百姓遭受的痛苦。在他看来，西瓦吉的臣民们受到严酷的统治，苛捐杂税缠身。[226]德干高原的其他民众受到西瓦吉军队的持续劫掠，总是十分担心他们的庄稼被马拉他人收割。[227]

　　在弗莱尔最为迷人的经历中，也是导致他写出最为幽默的记述之一，是他1675年进入内陆到达波那（Poona）附近的位于朱纳尔的莫卧儿城堡，为总督的某个妻子治病。[228]等到一个吉祥的日子后，他被带到后宫为这位妇人把脉，但是在把脉之前仆人们用一位健康侍女的手测试了他的技术。后来的一次拜访中，一块帷幔掉下来，后宫尽收弗莱尔的眼底。妇女们并没有跑开，而是用手捂住自己的脸，透过指缝偷窥他。弗莱尔也十分冷静，他甚至注意到剥了一半皮的芒果以及随意散落在旁边的刺绣，说明妇女们在辛勤地工作。[229]

581

　　弗莱尔返回英国后成为皇家学会的一名成员。尽管他从未向《哲学学报》（*Philosophical Transactions*）投稿，但是他的报告被皇家学会的印刷商出版了。该报告直到20世纪才在英国再版。1700年，荷兰语译本出版。[230]

　　就严谨、科学、精确和丰富性而言，17世纪没有任何人能超越威廉·丹皮尔（William Dampier，1652—1715年）的亚洲记述。1697年，他的第一部作品《新环球航海记》（*A New Voyage Round the World*）在伦敦出版。丹皮尔的环球航海是无意中实现的。经过包括到东印度群岛在内的十年航海之后，丹皮尔1679年离开英格兰前往牙买加，目的是到苏木精湾（Bay of Campeachy）砍伐木柴。

他整年生活在牙买加，只有当准备回国的船只的船员叛乱时，他才跟他们一道返回。他与海盗一道旅行了近六年，洗劫西班牙人的城镇，捕掠船只，徒步穿越巴拿马海峡（Isthmus of Panama）。1686年，他加入了一群驾驶一艘海盗船穿越太平洋的人，继续在太平洋西岸侵害西班牙人。丹皮尔的环球航海共进行了十二年半，参与的船只有十几艘，还有一些土著居民使用的木筏和小船，分别在中美洲、棉兰老岛、苏门答腊和东京（越南）逗留了很长时间。他1691年返回英国。

丹皮尔与海盗的关系界定不清。他在书中表现出不偏不倚的态度，读者无法判断他的立场。当在书中讲述那些令人兴奋的冒险活动时——这显然也是此书畅销的原因，丹皮尔根本没有提供任何线索表明他参加劫掠、参与决策、指挥他人、或遵守命令等行为。所使用的参考文献总是与评论和观察联结在一起。显然，他具备一位专业航海家的所有知识，但是他对航船负有的责任并不清楚。他偶尔对船员的酩酊大醉、争吵和粗俗不堪等行为表现出惋惜。然而，在劝说里德船长（Captain Read）将他放到尼科巴群岛（Nicobar Islands）岸上的1688年之前，他一直与这些人生活在一起。[231] 这些海盗在所有那些年里把他奉为特权乘客是不大可能的。[232]

不论丹皮尔在海盗中扮演什么角色，《新环球航海记》的读者很快就发现他加入他们的动机不是谋取财富而是获得信息。他返回英格兰时，除了在苏门答腊得到了一个满身刺青的菲律宾奴隶外一无所获；当然还有他的日志和笔记。在暴风雨、船难和其他危险中，保护日志和笔记总是第一位的。事实证明，那些日志远比刺青奴隶对他更有价值，他不久便将那个奴隶卖掉了。他的书出版后不久，皇家学会的成员就把他找出来，将其引荐给重要的人物，甚至还为他在海关谋取了一个职位。

《新环球航海记》含有大量的航海信息。无论航行到哪里，丹皮尔都详细地记录下那里的风、水流、浅滩、海岸线特征和天气。但是他更像一位科学家而不是航海家。他更关注全球系统而不是提供具体的航海数据。他从具体的观察资料中提炼原理。例如，他认为东西之间的太平洋比通常认为的宽度大25°，因此印度洋比通常认为的要小一些。他认为这也许可以解释为什么荷兰船只经常出人意料地驶近澳大利亚海岸。[233]他也注意到，海员从东向西跨越太平洋航行，时间会减少一天。[234]他同时非常精妙地描写了几次台风和飓风，他认为这些都属于暴风的种类。[235]通过列举大量的例子，他得出结论说，深海与陡峭的海岸相伴，浅滩与低岸相连。[236]

丹皮尔描述了他踏过土地的海岸线、土壤、植物、动物、鱼类和天气。他经常画草图，他的注释可以说是最仔细、最规矩的科学数据。无疑，皇家学会的成员认为他是一位志同道合的人。他对土著人及其社群的描写中肯客观，有学术性。每碰到一个新的群体，他都会记录下他们的身高、脑袋和四肢的大小、嘴唇、牙齿、眼睛、鼻子、头发和皮肤等。他谈论饮食、房舍、工艺、社会习俗、政治体制、信仰和总体性情。他的解释异常详细，经常包含一些其他访问过该地方的人的报告中没有的内容：例如，关岛的边架艇独木舟（outrigger canoe）①建造、[237]棉兰老岛的工匠所使用的圆柱形风箱、[238]棉兰老岛的烟草和马尼拉的烟草之间的区别、[239]中国式平底帆船的防水区隔间、[240]棉兰老岛上的土著模仿中国人测量到访船只——尽管他们也不清楚为什么这么做。[241]他严谨而不易受骗，他没有亲眼见过的东西绝不会出现在自己的描述中。他经常向读者坦诚自己并不清楚某位统治者的疆土有多辽阔、某个岛屿的内陆是什么样的、或者某个民族拥有什么信仰，即使是这些地方在以前的游记中被反复提及过。他并不接受普遍流行的关于亚洲民族的故事，除非他亲自证实这是真的。例如，他怀疑食人族是否真的存在，因为他每次都能证实这样的故事是假的。把他一个人置于尼科巴群岛上的可能性并没有吓退他：

583

> 我的观点是，这个世界上没有这么野蛮的人，将一位误入他们手掌中或者生活在他们中间的一个普通人杀死；除非他们被伤害或者因被对方袭击而愤怒。即便如此，如果一个人能够克服当初的愤怒保护自己的生命，与对方和解（这是相当困难的事情，因为他们通常的反

---

① 边架艇独木舟（Outrigger canoe），是在独木舟的一侧或两侧，加装与独木舟同向的舟形浮材（float），分别成为单边架艇独木舟和双边架艇独木舟。——译者注

应是潜逃，突然袭击他们的敌人，杀他于没有任何反应中），那么这个人有可能再次获得他们的好感。特别是通过展示某种玩具或表现某种他们以前从未见过的本领。任何见过世面的欧洲人很快就能取悦对方，正如大家经常所做的那样，凿石取火。[242]

丹皮尔用他令人印象深刻的观察和叙事技巧来描述关岛、棉兰老岛、昆仑岛、澳门附近的圣约翰岛（上川岛）、澎湖列岛、澳大利亚海岸、尼科巴群岛，以及无数的其他南太平洋和东南亚岛屿。

1699 年，《新环球航海记》的"补编"作为《航海与纪实》（*Voyages and description*，伦敦）的第一部分出版。其中用相当长的篇幅描写了东京，1688年的大部分时间他都曾在这里度过；还有一些概述，包括柬埔寨、亚齐、马鲁古群岛、苏门答腊西海岸的明古连（Benkulen）。这些作品一如先前的精确和优雅。《航海与纪实》也收录了一些报告，如丹皮尔两次到苏木精湾的航海记——《论一年中的信风、微风、暴风，世界热带地区的潮与流》（*A Discourse of the Trade Winds, Breezes, Storms, Seasons of the Year, Tides and Currents of Torrid Zone throught the World*），这篇文章奠定了他作为水文学家在世界上的地位。

丹皮尔的书让他远近闻名，1699 年被要求到澳大利亚进行考察。这次远征不是很成功。丹皮尔的船年久失修。他的船员不比以前的海盗船员好多少，丹皮尔的领导能力也无法与他的学术能力和文字能力匹配。他经由好望角沿着澳大利亚的西海岸和西北海岸航行，最后前往帝汶岛，没有注意到在澳大利亚和新几内亚之间有一条航道。[243] 在帝汶岛将船只整修好后，他和船员们访问了很多南马鲁古群岛上的小岛以及新几内亚北部的岛屿，环航了新不列颠，沿着新几内亚北海岸返回，然后在帝汶岛和巴达维亚经停了几次后返回祖国。这艘疲倦的老船最终耗尽了所有的能量，在阿森松岛屿附近的浅水域下沉。[244] 所有的船员和大部分货物得到挽救，丹皮尔的远征队乘坐其他经由阿森松的船只于 1702 年 5 月返回英格兰。丹皮尔到澳大利亚的航海是不同寻常的，其原因在于这次航海完全是出于探索和发现的目的；这也是英国人首次进入荷兰独占的保留地。遗憾的是，这艘船和船员没有完全执行丹皮尔到澳大利亚东部和新几

584

内亚南海岸探察的计划。这次航海的地理学或制图学的重要成果是丹皮尔发现了新不列颠以及它与新几内亚之间的通道。

这次航海的文学成果更是给人留下深刻印象。它分为两部分，第一部分1703年出版，第二部分1709年出版。[245]这部作品的特点仍然是对各地自然现象精细准确的描述，包括澳大利亚西海岸、帝汶岛、新几内亚、新不列颠，以及其他很多岛屿。丹皮尔还贡献了很多动物和植物的素描画，以及地图和海岸线草图。就澳大利亚而言，他并没有在荷兰人的基础上增加多少内容，但是他对植物和动物的描写总体上超越了荷兰前辈。

丹皮尔的《新环球航海记》随后分别于1697年、1698年、1699年、1703年、1717年和1729年出版。他的《航海与纪实》分别于1700年、1703年和1729年再版。《新荷兰航海记》（*A Voyage to New Holland*）的第二版1709年面世，第三版于1729年发行。约翰·纳普顿（John Knapton）的1729年版通常被称作"丹皮尔四卷本著作"，也收录了威廉·芬内尔（William Funnell）关于丹皮尔1703年的航海报告。1701—1714年间，《新环球航海记》被译为德语，1704年和1715年被译为荷兰语，1723年被译为法语。[246]

丹皮尔首次环球航行的同事之一安布罗斯·考利（Ambrose Cowley）也撰写了一部关于这次环球航海的报告，被收编在威廉·哈克（William Hacke）1699年出版的航海集中。[247]该报告简略地描述了关岛、婆罗洲、巴达维亚，但是没有在早期英国旅行者的基础上增加任何内容。哈克收编的考利的报告是该文集中唯一阐述亚洲的作品。

585

80年代和90年代，尽管诺克斯、奥文顿、弗莱尔和丹皮尔做出了杰出的贡献，但是翻译为英语的外国作品无论在数量上和质量上仍然超越了第一手的英语报告。例如，1682年，杨松·司徒鲁伊的第一部航海记的译本以格拉尼乌斯（Glanius）的名义出版，这也许是译者的笔名。[248]这并不是一部非常忠实的译著，译者从其他作品中窃取了很多长篇记述，扩充了原来的内容。同年，同样出现在格拉尼乌斯名下的另一部译著是翻译自弗兰兹·杨松·范·德·海登（Franz Janszoon van der Heiden）关于他在孟加拉沿岸发生船难的记述。[249]和司徒鲁伊游记的所有译本完全不同的是1683年出版的约翰·莫里森（John

Morrison）的译本。[250]1684 年发行的这个译本的第二版，似乎复制于同一作品，只是增加了一个新的标题页、前言和正文的前两页。

很多法语作品在该世纪的最后二十年被译为英语。然而，让·夏尔丹（Jean Chardin）的《约翰·夏尔丹爵士到波斯和东印度群岛的旅游，第一卷》（*The Travels of Sir John Chardin into Persia and the East Indies, the First Volume ...*）首先出现了英语版，然后才有了法语版。[251]1686 年在阿姆斯特丹出版的法语版翻译自英语。其中似乎没有任何关于亚洲的内容。路易十四派往暹罗的使团报告的英语译本在 80 年代面世；大使亚历山大·德·肖蒙（Alexandre de Chaumont）报告的译本 1687 年出版，耶稣会士塔夏德报告的译本 1688 年出版。[252]1687 年，让·德·特维诺的游记被翻译出版。[253]1688 年，安文思的中国历史和查理斯·德隆的果阿宗教裁判所历史，被翻译自法语并且出版。[254]1691 年，殷铎泽和柏应理的《四书》（Four Books）的拉丁语译著有了英语节译本，孔子因而也为英语读者所熟悉。[255]两年后，拉·卢贝尔的暹罗记述和爱维利尔（Avril）走陆路到中国旅行的游记被从法语翻译过来。[256]

迈克尔·格迪斯（Michael Geddes）的《马拉巴尔教会历史》（*History of the Church of Malabar*）不仅仅是一部译著。[257]该作品的第一部分——历史概览——选自葡萄牙语文献，由格迪斯撰写。[258]第二部分是一个关于戴拜宗教会议的报告，翻译自堂·弗雷·阿莱绍·德·梅内塞斯（Dom Frey Aleixo de Meneses'）的历史著作。该书的最后是格迪斯对马拉巴尔教会和英格兰教会之间的相似点的评述。

1695 年从西班牙语翻译过来的一部作品是苏查（Faria y Sousa）所著的葡属亚洲历史的一部分。[259]翻译自法语的作品在该世纪的最后几年里仍然占据旅游文学的主导地位。1696 年，亚伯拉罕·迪凯纳-吉东（Abraham Duquesne-Guiton）关于法国 1690 年远征锡兰和印度的报告被翻译为英语，翻译过来的还有让·莫盖（Jean Moquet）的游记。[260]李明的中国报告共出了 3 个英语版：1697 年版、1698 年版和 1699 年版。[261]德隆到印度的游记 1698 年被翻译过来；1699 年，白晋的康熙皇帝传记的英语译本出版。[262]该世纪的最后三年，有两部德语著作的英语译本出版：亚当·布兰德关于俄罗斯人 1693—1695 年出使中国的报告，以及克里斯托夫·弗里克和克里斯托夫·施威策尔跟随荷兰东印度公司的航海记。[263]

世纪之末，大家齐心协力地为提供一份航海发展进步的报告而努力，因而发行了一些以前没有出版的游记和外语报告的英语译本。伦敦的书商奥山姆·丘吉尔（Awnsham Churchill，1728年逝世）在哲学家约翰·洛克某种程度的鼓励下，于1704年出版了4卷对开本的著作，即《航海记和游记集成》（*A Collection of Voyages and Travels*）。它将17世纪关于亚洲最优秀作品的英语译本收编在一起。第一卷是闵明我关于中国著述的英语译本——一部反对耶稣会士的小册子，在18世纪信仰新教的英格兰比欧洲其他地方更为畅销。[264] 第二卷是约翰·纽霍夫游记的英语译本及其版画的复制品。紧随其后的是，莫斯科（Muscovite）1645年出使中国使团的述略和波利关于交趾支那的重要报告。[265] 第三卷是巴尔德关于印度和锡兰作品的英语版。[266] 最后一卷是卡雷里（Careri）的环球航海记和哈梅尔的朝鲜报告。[267] 丘吉尔的4卷本合集1732年再次发行，在原来的基础上又增加了两卷。第五卷没有关于亚洲的报告；但是，第六卷首先出版了塞缪尔·巴伦的东京记述，再版了亨利·洛德1630年关于商人种姓的两个主要信仰的论著。[268]

587

与荷兰语作品相比，英语作品的数量少，派生性强，这一特点在该世纪的前半叶特别明显。早期的航海报告关注航海路线、陆路连接、与荷兰人及葡萄牙人的交恶，以及在苏拉特、万丹、香料群岛和其他东方港口的贸易环境。直到珀切斯的《哈克路特后书》（1625年）出版之后，关于印度的大量英语新信息特别是罗伊和特里的报告才得以流传。亨利·洛德1630年出版的关于印度教和苏拉特的拜火教徒信仰的作品，是第一部试图透过表层现象深入印度信仰的英语记述。收编在珀切斯游记大全中翻译自欧洲大陆的耶稣会士书简，也可以找到一些关于亚洲宗教和社会习俗的第一手参考资料。在信仰新教的英格兰，各种各样的耶稣会士作品要么就没有，要么就是译作。

欧洲大陆出版物的译本断断续续地贯穿了整个17世纪。从1640年的内战爆发到1660年的斯图亚特王朝复辟出现了一个关于亚洲作品出版的断层，期间仅仅出了少数几部译作。1660 年后，翻译出版物再次多了起来，但是到了该世纪的最后二十年突然出现了很多重要的亚洲记述原著。罗伯特·诺克斯的锡兰记述（1681 年）无疑是该世纪出版的最为全面、最为准确的关于康提僧伽罗人王国的作品。17 世纪 80 年代的几个小册子报道了这一时代初发生在万丹的内战。约翰·奥文顿牧师的《苏拉特游记》（1696 年）描述了孟买和苏拉特，以及英国人从 1689 年到 1692 年间在印度西部扮演的角色。附在奥文顿著作之后的是一篇重要的匿名记述，阐述了 17 世纪 80 年代发生在戈尔康达的危机。外科医生约翰·弗莱尔 1698 年出版了他关于印度的长篇报告，从 70 年代起他就开始研究印度了。这部作品的出彩之处在于他对内陆地区，以及印度西部、德干高原和科罗曼德尔的自然现象的描述。威廉·丹皮尔的环球航海记结束了该世纪的出版活动。他除了精确描写沿海特征外，而且还提供了重要的关岛、棉兰老岛、东京和尼科巴群岛的记述。丘吉尔的《航海记和游记集成》（1704 年）将 17 世纪的许多关于亚洲的重要外国著作和英语著作收编在一起，结集出版。

    伊比利亚作品，特别是耶稣会士出版物占据了该世纪第一阶段的主导地位。耶稣会士书简和书简集迅速地被从伊比利亚语言翻译为意大利语和拉丁语，为在天主教欧洲的散播奠定了基础。耶稣会士自身也发行了很多法语和佛兰芒语的书简集，出版商也发行了一些盗版的相关作品。格雷罗著名的关于耶稣会士 1600 年至 1609 年传教活动的葡萄牙语报告，成为杜·雅利克在 1608 年至 1614 年间出版类似法语著作的楷模。里瓦德内拉（1601 年）、奇里诺（1604 年）、圣安东尼奥（1604 年）的著作关注菲律宾和东南亚，强调在东方传播西班牙文明的重要性。世俗作家莫尔加和阿亨索拉在他们 1609 年出版的著作中，描绘了菲律宾群岛对于西班牙在西南太平洋扩张的战略地位。莫尔加建议首先打造菲律宾群岛，而阿亨索拉忙于歌颂西班牙 1606 年征服马鲁古群岛的胜利，也许是出于讨好扩张主义者的目的。伴随这些巨著及其之后的是，大量的建议国王采取行动进一步远征行动的上呈文书、第一时间出版的葡萄牙航海图、受沙勿略封圣（1622 年）启发的小册子和著作，以及讲述海外世界的畅销书。西班牙人和荷兰人都十分迷恋环球航海报告。

588

　　虽然伊比利亚是关于亚洲著作的出版中心，但是荷兰和英国也开始出版他们自己的航海记。荷兰人比英国人出版的作品更多，但是珀切斯在他的《哈克路特后书》（1625 年）收编了很多旅游作品，那是迄当时为止最大的英语文集。同时，德国出版了德·布莱和胡尔修斯的游记文集，其中收录了很多荷兰早期游记的拉丁语版本和德语版本。德国出版社也印发了很多耶稣会士书简集。1615 年，金尼阁的《基督教远征中国史》在奥格斯堡出版；这也许是该世纪前半叶关于中国最有影响力的作品。在法国，无论是民族整体还是耶稣会士在竞逐亚洲的过程中都慢了半拍。1619 年，皮拉尔德出版了一部重要的关于他在马尔代夫群岛、锡兰岛和印度游历的报告。在伊比利亚内部，领导权从 1612 年起转到葡萄牙人手中。骄傲于他们民族的功绩，葡萄牙人出版了他们上个世纪重要领导人和作家的传记，谋求将巴罗斯的《旬年史》续写下去，这是一部歌颂16 世纪在亚洲扩张的史诗。1616 年，意大利人和葡萄牙人获悉耶稣会士进入西藏。基督徒在日本受迫害的事实，引发了整个天主教欧洲从 1620 年到 1640年出版殉教史的狂潮。该世纪的第一阶段，除了收编在珀切斯文集中的罗伊和特里的英语记述外，几乎没有增加任何欧洲关于莫卧儿印度的知识。

589

　　1630 年后，荷兰人取代了伊比利亚人成为亚洲文献的主导出版商。尽管荷兰人再次与西班牙交战（1621—1648 年），这并不阻碍他们继续在东方扩张帝国势力、书写和记载相关内容。约 1630 年，荷兰商人关于莫卧儿帝国的记述开始以拉丁语和荷兰语出版；这一年，亨利·洛德出版了关于印度教和印度西北部拜火教的英语著作。随着伊比利亚人被迫撤出暹罗和日本，荷兰商人的记述成为欧洲关于这两个国家最重要的文献。其中极端重要的是斯考顿关于暹罗的报告（1638 年）和卡龙关于日本的报告（1645 年）。同时，阿杜阿尔特用西班牙语所著的多明我会在菲律宾的历史于 1640 年出版。考梅林的《荷兰联合省东印度公司的创始和发展》（1645—1646 年）是 17 世纪编纂的最为全面的荷兰语旅游文集，收编了大部分关于东印度群岛和印度的荷兰语记述以及早期的荷兰环球航海记。

　　世纪中叶，几部重要的著作在罗马出版。曼里克的西班牙语著作（1649 年）丰富了人们对北印度、阿拉干及更远东地区的已有认知。德拉·瓦勒描写印度西部的《德拉·瓦勒在印度的朝圣之旅》（1650 年）为欧洲探察南卡纳拉打开了大门，罗历山关于东京的著作（1650 年）增强了欧洲对在印度支那传播福音重要性的意识。罗杰的《走进玄奥的异教世界》（1651 年）深入地剖析了印度教，特别是关于它在印度南部泰米尔地区的传承和实践。耶稣会士卫匡国 1654 年出版的满人入主中原的记述和 1655 年出版的《中国新图志》，极大地丰富了人们对中国的已有知识。卫匡国根据本土文献创作的中国历史的第一部分于 1658 年出版，为 17 世纪 50 年代画上了一个完美的句号。60 年代早期，马吉斯特里斯出版了他的马杜赖传教报告（1661 年），马里尼发表了耶稣会士在老挝活动的概述（1663 年）。1663 年，另外一位耶稣会士科林出版了菲律宾群岛概述；1668 年，一位遭遇船难的荷兰水手哈梅尔出版了他在朝鲜的探险报告。

1664 年，巴黎外方传教会和法国东印度公司成立，法语出版物的地位越来越显著。教会和世俗作家创作出大量关于亚洲大陆国家的法语著作，其中很多作品对我们理解那些国家具有基础性意义。玛尔什代锡·特维诺从 1663 年便开始出版他的《神奇旅行记》，这部作品在该世纪被多次修订扩容再版。1671 年，聂仲迁基于他在中国的职位，在巴黎出版了他在那个发生巨变的年代（1651—1669 年）所经历的故事。1670—1671 年间，贝尔尼埃的 4 卷本游记和关于 17 世纪中叶的印度莫卧儿历史出版。1676—1677 年出版的《塔韦尼耶六游记》，极大地扩展了关于莫卧儿帝国、果阿和戈尔康达的文献。《塔韦尼耶六游记》是该世纪最为流行最有争议的游记之一。

同一时期，重要的新著作也出现在法国以外。孔贝斯的南菲律宾记述（1667 年）是该世纪最后一部由西班牙耶稣会士出版的关于该群岛历史的优秀作品。1667 年，基歇尔出版了他的《中国图志》——欧洲根据耶稣会士的传教报告创作出来的最优秀作品之一。纽霍夫（1665 年）和达帕（1670 年）都出版了大型的、插图丰富的、百科全书式的中国作品，其中融合了最精彩的耶稣会士描述和荷兰使团到访中国的新鲜评论。1669 年，蒙塔努斯创作了一部关于日本的类似著作。同样在 1669 年，卡斯特林（Castelyn）出版了一系列荷兰商人关于柬埔寨和老挝的记述。1672 年，荷兰牧师巴尔德出版了他的大型著作，涉及南印度东海岸和西海岸、锡兰岛以及荷兰人在这些地区取得的胜利。四年后，多明我会修士闵明我出版了《中华帝国的历史、政治、伦理和宗教论集》，这是一部关于中国的一系列有影响力的短文，把欧洲的礼仪之争引向宗教和政治大辩论。在英格兰，诺克斯低调地出版了他关于锡兰岛的回忆录（1681年），这也许是关于那个岛屿已经出版的最重要的著作。

　　17世纪80年代是一个重要的出版时代，法国各出版社源源不断地发行与亚洲相关的作品。为了与暹罗保持密切的联系，法国地理学家德·利斯勒（De L'Isle）为朝廷和识字的公众编写了一本暹罗简介（1684年）。1684年，让·德·特维诺1666年在印度旅游的报告在巴黎出版。紧随其后的是德隆的葡属印度记述（1685年）以及他严厉批判果阿宗教裁判所的作品（1688年）。1686—1687年间出版了3则关于法国使团出访暹罗的报告，作者分别为大使德·肖蒙、副指挥德·梭亚只教士，以及他们的耶稣会士议员和向导塔夏德。耶稣会士柏应理从1682年到1692年一直生活在欧洲，全程指挥《孔夫子：中国哲学家》（1687年）的出版，这是一部拉丁语译著，评论了一些中国经典作品。1688年，法国自立教士热尔韦斯出版了两本书。第一本也是第一部关于望加锡和西里伯斯岛的独立著作，另一本是暹罗自然和政治史，根据他在那里四年的独特生活经历而作。1691年拉·卢贝尔的两卷本作品出版，法国的暹罗研究获得了无上的荣耀。

591

　　该世纪的最后十年，法国在暹罗遭遇失败之后，欧洲的注意力迅速转向中国，这一直都是欧洲商人和传教士的终极目的和伟大梦想。法国耶稣会士评论家约瑟夫·多莱昂和郭弼恩在巴黎着手编纂中国和亚洲其他地区的资料。他们大肆赞扬和庆贺法国耶稣会士在北京取得的成绩，特别是康熙皇帝1692年颁发的宽容法案。1696年，礼仪之争的主要代言人李明出版了他的《中国近事报道》，各方面的势力对传教和中国信徒的控制展开了大讨论。耶稣会士白晋在他的《康熙皇帝》（1697年）中把康熙比喻为路易十四，敦促法国商人组织起来直接参与中国的贸易。17世纪90年代早期，耶稣会士和荷兰人都开始这方面的创作，即在彼得沙皇大帝同意的前提下能否开发一条穿越俄罗斯进入中国的陆路通道。几部关于东西伯利亚和中国边境陆地的记述因而诞生。就连哲学家莱布尼茨也对这样的想法充满期待：通过开发这条陆路通道，与中国的商业、宗教和学术联系就可实现。

　　尽管中国取代印度成为了欧洲的主要目标，但是阐述印度次大陆的荷兰语和英语作品继续出版。一位研习波斯语的荷兰内科医生哈瓦特 1693 年出版了他的杰作，叙述了科罗曼德尔和独立的戈尔康达穆斯林王国的覆灭。英国牧师奥文顿的创作与苏拉特（1696 年）和印度西部相关。此后，弗莱尔博士的回忆录讲述了西印度及其在西瓦吉统治时代与德干高原的关系。威廉·丹皮尔在他的《航海与纪实》（1699 年）中将有关棉兰老岛、东京和柬埔寨的新鲜消息带回英格兰。在法国，兴高采烈的郭弼恩出版了一部西班牙耶稣会士征服马里亚纳群岛的历史（1700 年）。最后，那不勒斯律师和世界旅行家卡雷里出版了他的多卷册著作（1700 年），让人们了解了果阿、马六甲、中国、菲律宾群岛和马里亚纳群岛的现状，以优雅的笔调丰富了欧洲关于亚洲的知识。

　　17 世纪的欧洲出版物几乎涉及了亚洲的各个地方，比 16 世纪论述的范围更广更深。世纪之末，中国很可能是欧洲读者最为熟悉的亚洲地区。除了大量的书简集、格雷罗和杜·雅利克的编著（中国占有重要地位），以及众多的短篇或派生性记述外，大约有 50 多部关于中国及其周边地区的主要独立著作在该世纪出版。然而，对亚洲其他地区的报道也没有落后多少。有 16 部关于莫卧儿帝国的独立著作，也许还有 10 部作品大篇幅地报道了莫卧儿帝国及亚洲其他地区。对于包括锡兰岛在内的印度南部各地，约有 12 部重要的独立著述，不包括另外 25 篇以上的长篇记述。而且，观察评述印度的人比观察评述中国的人的范围要广，耶稣会士是迄当时为止最主要的中国评论家。商人、内科医生、新教牧师和天主教神父都从他们自己的角度勾勒出一个多彩的印度。例如，法国内科医生贝尔尼埃在莫卧儿朝廷花费了很长一段时间，与它的帝王一同访问克什米尔和其他地区。在 60 多个颇有容量的关于东南亚大陆地区的记述中，至少有 15 部主要的独立报告专门针对这一地区。其中记述暹罗的内容要多于描写柬埔寨、老挝、越南和马来亚。20 部或者更多的菲律宾群岛记述中，约有一半的作品可以称作为独立报告。这些地区多充斥着过量的耶稣会士书简集、其他传教士的报告，以及旅行者的短评。格雷罗和杜·雅利克的耶稣会士编著中也论述了这些地区。然而，对于海岛东南亚，几乎没有几篇报告出自传教士之手，但是旅

592

行者的短篇却无处不在。至少有 60 部关于海岛东南亚的长篇记述在该世纪出版，其中有 18 至 20 篇被认为是重要的文献。

只有日本在世纪之末比世纪之初在欧洲读者中的知名度降低了。十几部书简集和殉教史以及 5 部大型但多有重复的基督教史，都报道了 16 世纪末和 17 世纪早期发生的政治事件及其对基督教传播的影响。大部分的相关作品在 17 世纪的前几十年里出版。除此之外，约有 12 部英语和荷兰语记述出版，其中有几部被认为是欧洲了解亚洲的主要文献：如卡龙、蒙塔努斯、麦斯特尔的报告，以及附在布劳沃日志之后的阿伊努人的记述。

就规格大小而言，17 世纪关于亚洲的出版物包括从小册子到含有丰富插图的对开本著作不等。耶稣会士书简集在世纪之初主导了信奉天主教的各地。直到世纪中叶，这些作品才系统地被翻译、盗印，相对廉价的版本才在信徒中流传。虽然这些作品在耶稣会学校被广泛地使用，但是它们在信仰新教的国家却受到压制，或者只发行删节版。这些书简的内容同时也被再版在大型如格雷罗或杜·雅利克的选辑，或者耶稣会历史著作如金尼阁或曾德昭的中国传教史，再或者古兹曼或索利埃的日本传教史等。耶稣会士的历史和故事在信仰新教和天主教的国家一样流传开来。

从耶稣会士书简集和历史故事中窃取的信息，常常被穿插在英语和荷兰语旅游故事中，这些旅游文学故事在第一支荷兰舰队返回后大量涌现。因此，17 世纪的读者可以从两个渠道获取亚洲信息，这两个渠道也并不是泾渭分明；通常，那些不够专业的旅游报告，经常被世俗作家或者出版商增加了一些传教士富有洞察力的评论，内容因而丰富起来。纽霍夫、达帕和蒙塔努斯等人百科全书式的巨型著作融合了耶稣会士或世俗文献，便是最精当的例证。

继 16 世纪的赖麦锡和哈克路特后书，激进的 17 世纪出版商出版了多卷本的旅游故事文集。最为重要的选辑包括德·布莱和胡尔修斯的拉丁语和德语文集、珀切斯的英语文集、考梅林的荷兰语文集和特维诺的法语文集。所有这些编写的文集都在北欧出版。虽然收编在旅游文集中的很多文章先前已经出版过了，但是每一个合集都含有一些以前没有出版的重要记述。例如，俄罗斯沙皇派往中国的斐德林使团的报告只能在珀切斯的文集中找到，同样情况的包括英

593

国早期的几部游记；荷兰早期的一些游记也只在德·布莱和胡尔修斯的版本中出现；几部重要的荷兰语记述仅仅在考梅林的《荷兰联合省东印度公司的创始和发展》中出版；博利厄的亚齐记述以及似乎是卫匡国的《中国上古史》也只出现在特维诺编撰的文集中。

除了耶稣会士书简集和历史、旅游报告、复合型百科全书式的记述外，17世纪上半叶还出版了几部重要的关于亚洲的学术著作。例如，邦修斯（1642年）向欧洲读者介绍了热带医药学；卜弥格引介了中国植物群（1656年）和中医学（1682年）；罗杰（1651年）从学术的角度分析了印度教，介绍了一些印度教经文；一个耶稣会士团队在他们的《孔夫子：中国哲学家》（1687年）中翻译了孔子四书中的3部；卫匡国向欧洲读者介绍了中国古代史；范·瑞德·托特·德拉克斯坦和一群来自印度与荷兰的学者们创作了一部研究印度南部植物的12卷本的宏伟巨著（1678—1703年）。

有几部附有精美插图的科学研究著作，不次于范·瑞德·托特·德拉克斯坦的《印度马拉巴尔植物志》。其中的插图科学精确、印刷精美。总体而言，荷兰出版物的插图质量是该世纪最好的。荷兰最早的航海日志都有丰富的插图，当然有些插图反映的是画家的想象力而不是亚洲的实景。大部分插图都被考梅林选入他的《荷兰联合省东印度公司的创始和发展》，而这部编著在考梅林增添了很多内容之后成为插图饱满的合集。也许该世纪插图最丰富的著作是纽霍夫、达帕和蒙塔努斯的作品。这些作品由阿姆斯特丹的雅各·范·米尔斯发行出版，是一个大型对开本多插图5卷本合集，涉及印度、海岛东南亚、中国和日本。其中的许多插图都出自那些旅行家本人的素描。有些插图还上了色彩。基歇尔的《中国图志》（阿姆斯特丹，1667年）——其拉丁语版本也是由范·米尔斯发行的——插图同样丰富。基歇尔和达帕的书都含有一些漂亮的佛教画，显然是复制于中国的原著。基歇尔的著作中有拉萨的布达拉宫图画，显然是由白乃心团队中的某人所作，这幅画是20世纪之前欧洲对达赖喇嘛住所的唯一形象。精确性也许稍有逊色，但却是非常生动有趣的插图，给沃特·斯考顿和哈瓦特的著作增色不少。

虽然法国和德国出版商不像荷兰人那么慷慨地收编插图，但是很多法语出

版作品和部分德国出版物的插图也不少。例如，德·布莱和胡尔修斯文集中含
有许多插图，有些与荷兰出版家使用的相同或类似，但是很多作品很可能是出
自德国画家之手。同样，特维诺的文集含有许多令人印象深刻的对开本插图，
贝尔尼埃和塔夏德的旅游报告中含有很多精美的复制图。珀切斯甚至也复制
了一些插图、一些亚洲语言的有趣例子和地图。该世纪中更有影响力的地图是
德·安杰利斯的虾夷岛地图（1624 年）、金纳罗（1641 年）和嘉尔定（1646 年）
的日本地图、德拉·瓦勒的印度地图（1650 年）。但是地图和插图一样，都是
荷兰最为著名的。例如，《荷兰联合省东印度公司的创始和发展》收录了不少于
32 幅地图，其中有 5 幅是折页地图。当然，17 世纪出版的最著名的单部亚洲地
图集是布劳的《大地图集》（1662 年），其中《中国新图志》（1655 年）是主要
组成部分。

综观 17 世纪，与亚洲相关的书籍出版中心主要包括里斯本、马德里、罗
马、阿姆斯特丹、巴黎、法兰克福、奥格斯堡、维也纳、伦敦，但也包括一些
较小的出版中心如米德尔堡、霍恩、鹿特丹、海牙、莱顿、安特卫普、布鲁塞尔、
里昂、威尼斯、科隆、莱比锡、科英布拉、塞维尔，还有一些耶稣会出版社所
在地，如迪林根和因戈尔施塔特。印数通常在 250 册至 1 000 册之间。根据通
常再版的标题推测，印数通常更接近最大值。游记——当然也包括很多其他著
作——的再版率最高。再版 5—10 次是非常普遍的，有些游记被认为是畅销书。
该世纪最受欢迎的书是勒梅尔和斯考顿的环球航海记（1617 年），这本书在 17
世纪共出版了 38 个版本或译本；威廉·伊斯布拉松·邦特库的航海日志在 1646
年首次发行后共出了 30 个版本或译本；卡龙的日本记述和朱斯特·斯考顿的暹
罗记述 1646 年后共出了 23 个版本或译本；卫匡国的满族人征战史 1654 年后
共出了 25 个版本或译本。在该世纪最后几十年出版的作品中，贝尔尼埃的游
记集（1670—1671 年）在世纪结束之前至少出了 7 个版本；塔韦尼耶的六游记
（1676—1677 年）到 1712 前共出了 12 个版本；塔夏德的游记在 1686 年至 1700
年间共出了 5 个版本或译本；李明的有争议的关于中国的著作从它 1696 年发行
到 1739 年共出版了 7 次；布兰德和雅布兰的陆路游记从 1699 年到 1710 年间
共出了 8 个版本或译本。有些昂贵的书大范围发行：纽霍夫关于中国的奢华著

595

作从 1665 年到 1700 年再版或翻译 30 次，达帕和卫匡国的地图集分别出版了 6 次。该世纪的大部分时间里，荷兰的书籍发行范围最广，这进一步证实了荷兰出版商的主导地位。然而，该世纪的最后二十五年里，法国的书目似乎更为流行。伊比利亚和英国的记述报告的发行范围最小，但是平托（他的游记从 1614 年到 1700 年用 6 种语言出版了 19 次）和安德拉德（他的作品 1626 年后共出版了 10 次）称得上是比较受欢迎的作家。

除了耶稣会士的那些颇有雄心的著作和他们的一些书简集外，大部分作品都是用本国语言出版的。译本在各国各地发行；执着于旅游文学的狂热分子很可能阅读了本国语言的大部分文献。很多拉丁语著作被翻译为各国语言，但是有些世俗的地方语言记述也被译为拉丁语，这一转换很可能赋予这些作品一些学术价值和地位。再则，作者和出版商经常剽窃早期作品来填补他们自身作品的空白，印刷商经常相互借用或者偷用彼此的地图和插图，所有这一切都有助于亚洲知识和信息的流传。例如，金尼阁的《基督教远征中国史》（1615 年）出版或翻译的次数相对较少。但是，其中的叙述和纪实描写经常被后来的作家抄袭，这极大地增加了读者群。可以想象，其影响力比那几个有限的正式发行版本要大得多。

可以进一步证明有关亚洲文学和亚洲参考文献流行和畅销程度的是当时的期刊。新的科学杂志——《哲学学报》、《学者杂志》（*Journal des Sçavants*）、《奇闻杂烩》（*Miscellanea Curiosa*）和《学术学报》（*Acta Eruditorum*）——不时地刊登涉及亚洲专题的文章或者亚洲评论著作。大幅单页广告（broadsheet）或者现代报纸的一些雏形媒介也都刊登了一些亚洲事件的短评，有些还大篇幅地描写了亚洲某些地区。例如，瓦森纳的《欧洲历史要事录》详细地记录了荷兰舰队运载货物的每一笔收入。有些时候，它也会刊登一些舰队从亚洲带回来的消息。卡斯滕斯逊发现澳大利亚和日本发生了地震、火山爆发；江户发生火灾；满族人在中国推进等，这些都是其报道的话题。总之，欧洲出版的关于亚洲的书目、这些书目以欧洲各种语言的广泛传播、通俗著作和学术著作对这些书目和亚洲信息的参考等，都使得 17 世纪的读者比之前能够更好地形成对亚洲现实的认知，对亚洲的各个维面、人口、各种语言、宗教信仰和文化有一个更加清晰的印象。

596

597

注释：

[1] 详细内容，请参考 *Asia*, I, 208-15; and J. Parker, *Books to Build an Empire* (Amsterdam, 1965), pp. 1-172。

[2] 整体背景，见 W. Foster, *England's Quest of Eastern Trade* (London, 1933); B. Penrose, *Tudor and Early Stuart Voyages* (Washington, 1962); G. D. Ramsay, *English Overseas Trade during the Centuries of Emergence* (London, 1957); and C. Tragen, *Elizabethan Venture* (London, 1953)。

[3] Juan Gonzales de Mondoza, *The History of the Great and Mighty Kingdom of China, and the Situation thereof...*, trans. R. Parke (London, 1588); Cesare Fedrici, *The Voyage and Travaile of M. C. Federici, Merchant of Venys into the Easte India and Indys and Beyond the Indys ...*, trans. T. Hickok (London, 1588); John Huyghen van Linschoten, *His Discours of Voyages into ye East and West Indies, with their Adventures and Successe ... who Set forth on the Second of Aprill, 1595, and Returned on the 14 of August, 1597*, trans. W. P. (London, 1598); *A True Report of the Gainfull, Prosperous, and Speedy Voyage to Java in the East Indies, Performed by a Fleete of Eight Ships of Amsterdam: Which set forth from Texell in Holland, the First of Maie, 1598. Stilo Novo. Whereof Foure Returned Again the 19 of July 1599, in Less than 15. Moneths, the Other Foure Went Forward from Java for the Moluccas* (London, [1599]). 关于 Eden, Willes, and Hakluyt，参考 *Asia*, I, 209-15。

[4] 见 G. B. Parks, *Richard Hakluyt and the English Voyages* (New York, 1928), and J. A. Williamson, "Richard Hakluyt," in *Richard Hakluyt and His Successors* (London, 1946), pp. 20-40。

[5] Richard Hakluyt, *The Principall Navigations, Voiages and Discoveries of the English Nation, Made by Sea and Overland* (3 vols., London)。

[6] 见 D. F. Lach, "The Far East," and M. F. Strachen, "India," in D. B. Quinn (ed.), *The Hakluyt Handbook* (2 vols., London, 1974), I, 208-22。

[7] 见 C. Clair, *A History of European Printing* (London, 1976), p. 273。

[8] 比较原著第三卷第一册第 435-441 页。

[9] *A True and Large Discourse of the Voyage of the Whole Fleete of Ships Set Forth the 20. of Aprll 1601. by the Gouvernours and Assistants of the East-Indian Merchants in London, to the East Indies ...* (London, 1603)。

[10] *Ibid*, unnumbered pages 13-23.

[11] W. Foster (ed.), *The Voyages of Sir James Lancaster to Brazil and the East Indies, 1591-1603* ("HS," 2d ser., LXXXV; London, 1940), pp. 133, 141.

[12] *Ibid.*, p. 79. 关于珀切斯的文集，见原著第三卷第一册第 556-568 页。

[13] Foster (ed.), *op. cit.* (n. 11), pp. xxx-xxxii.

[14] 详情，见 W. Foster (ed.), *The Voyage of Sir Henry Middleton to Moluccas, 1604-1606* ("HS,"

2d ser., LXXXVIII; London, 1943), pp. ix-xxx。

[15] *The Last East-Indian Voyage. Containing Much Varietie of the State of the Severall Kingdomes where they have traded; ...* (London).

[16] *An Exact Discourse of the Subtilties, Fashishions, Pollicies Religion, and Ceremonies of the East Indians, as well Chyneses as Javans ...* (London).

[17] *Ibid.*, unnumbered p. 3.

[18] *Ibid.*, unnumbered pp. 29-44.

[19] *Ibid.*, unnumbered pp. 14-15.

[20] *Ibid.*, unnumbered p. 43.

[21] *Ibid.*, unnumbered p. 57.

[22] *Ibid.*, unnumbered pp. 16-17, 65-66.

[23] *Ibid.*, unnumbered pp. 55-65.

[24] *Ibid.*, unnumbered pp. 75-84.

[25] *Ibid.*, unnumbered pp. 89-99.

[26] *A True and Almost Incredible Report of an Englishman ...* (London).

[27] 详细内容，参考 B. Penrose (ed.), *The Travels of Captain Robert Coverte* (Philadelphia, 1931), pp. 4-10。

[28] *Ibid.* pp. 47, 53, 56-59.

[29] *Ibid.* pp. 48-49, 60-62.

[30] *Ibid.* pp. 57-59, 62-65.

[31] *Purchas His Pilgrimage. Or, Relations of the World and of Religions Observed in all Ages and Places Discovered, from the Creation unto this Present* (London). 这个出版物不能与 Purchas' *Hakluytus Posthumus, or Purchas His Pilgrimes* (4 vols.; London, 1625) 相混淆。相关信息可以参考原著第三卷第一册 556-568 页。

[32] *Enquiries touching the Diversity of Languages and Religions through the Chiefe Parts of the World* (London, 1614).

[33] *The Estates, Empires, and Principalities of the World ...* trans. I dward Grimstone (London).

[34] 例如，Jacob Corneliszoon van Neck, *The Journall, or Dayly Register ...* (London, 1601); Antonio Galvão, *The Discoveries of the World from their First Origine unto the Year of Our Lord 1555...* (London, 1601); Abraham Ortelius, *Abraham Ortelius his Epitome of the Theater of the World* (London, 1603); Cornelis Matelief, *An Historical and True Discourse of a Voyage Made ... into the East Indies* (London, 1608); Henri de Feynes, *An Exact and Curious Survey of all the East Indies, Even to Canton, the Chiefe Cittie of China* (London, 1615); Pedro Fernandes de Queiros, *Terra Australis Incognita, or a New Southerne Discoverie, containing a Fifth Part of the World* (London, 1617); Willem Corneliszoon Schouten, *The Relation of a Wonderfull Voiage ... Shewing*

How South from the Straights of Magelan ... he found and Discovered a Newe Passage through the Great South Sea (London, 1619); [Pedro Morejon]. *A Briefe Relation of the Persecution Lately Made Against the Catholike Christians in the Kingdome of Iaponia* (trans, W. W., [St. Omer, 1619])。

[35] *Thomas Coriate, Traveller for the English Wits: Greetings from the Court of the Great Mogul, Resident at the Towne of Asmere in Eastern India* (London, 1616); *Mr. Thomas Coriat to his Friends in England Sendeth Greetings* (London, 1618).

[36] 引自 B. Penrose, *Urbaine Travelers, 1591-1635* (Philadelphia, 1942), p. 63。

[37] *Ibid.*, p. 97.

[38] Terry in *PP*, IX, 37.

[39] Coryate, *Traveller, op. cit.* (n. 35), pp. 20-26, 31-32.

[40] *Ibid.*, pp. 13-18.

[41] Coryate, *Traveller, op. cit.* (n. 35), p. 27.

[42] 关于科里亚特（Coryate）的生平，参考 Penrose, *op. cit.* (n. 36), pp. 58-108, and Michael Strachan, *The Life and Adventures of Thomas Coryate* (London, 1962)。

[43] *PP*, IV, 469-95.

[44] *The Hollanders Declaration of the Affairs of the East Indies, or a True Relation of that which Passed in the Islands of Banda ...* (Amsterdam, 1622); *An Answer to the Hollanders Declaration Concern-ing the Occurrents in the East India* (London, 1622).

[45] *A True Relation of the Unjust, Cruell, and Barbarous Proceedings against the English at Amboyna ...* (London, 1624); *A True Declaration of the News that came out of the East Indies with the Pinnace called the Hare ...* (London, 1624); *The Answer unto the Dutch Pamphlet made in Defense of the Unjust and Barbarous Proceedings against the English at Amboyna ...* (London, 1624).

[46] *PP*, V, 137-74, and X, 507-22.

[47] *A True Declaration of the News Concerning a Conspiracy Discovered in the Island of Amboyna and the Punishment that followed thereof* (London).

[48] *A Remonstrance of the Directors of the Netherlands East-India Company ... and the Reply of the English East India Company to the Said Remonstrance and Defence* (London, 1632).

[49] *Bloody News of the East-Indies, being a Relation and Perfect Abstract of the Barbarous Proceedings of the Dutch against the English at Amboyna* (London, 1651); *A Memento for Holland, or a True and Exact History of the Cruelties used on the English Merchants Residing in Amboyna* (London, 1653); John Quarles, *The Tyranny of the Dutch against the English* (London, 1653); *The Second Part of Amboyna ...* (London, 1665).

[50] 例如，Robert Wilkinson, *The Stripping of Joseph, or the Crueltie to a Brother* (London, 1625)。

[51] John Dryden, *Amboyna: A Tragedy As it is Acted by their Majesties Servants* (London, 1691).

[52] *Insigniae Batavia: or the Dutch Trophies Displayed; being exact relations of the Unjust, Horrid, and most Barbarous Proceedings of the Dutch against the English in the East Indies ...* (London).

[53] 相关的简要评述，参考 William Foster, "Samuel Purchas," in Edward Lynam (ed.), *Richard Hakluyt and His Successors* (London: The Hakluyt Society, 1946), and L. E. Pennington, *Hakluytus Posthumus: Samuel Purchas and the Promotion of English Overseas Expansion* ("Emporia State Research Studies," XIV, no. 3; Emporia, Kansas, 1966)。也可以参考 Pennington (ed.), *The Purchas Handbook* (forthcoming).

[54] Foster, *loc.cit.* (n.53), p. 58.

[55] 关于 Mun，可以参考原著第三卷第一册第 77 页。

[56] *PP*, V, 193-241.

[57] *Ibid.*, II, 288-97.

[58] *Ibid.*, pp. 297-305.

[59] *Ibid.*, pp. 305-26.

[60] *Ibid.*, pp. 326-47.

[61] *Ibid.*, pp. 347-66.

[62] *Ibid.*, pp. 502-49.

[63] 参照原著第三卷第一册第 470-471 页。

[64] *PP*, III, 1-51.

[65] *Ibid.*, pp. 29-51.

[66] *Ibid.*, pp. 51-61.

[67] *Ibid.*, pp. 61-72.

[68] *Ibid.*, pp. 72-73.

[69] *Ibid.*, pp. 82-89.

[70] *Ibid.*, pp. 90-115.

[71] *Ibid.*, pp. 115-303.

[72] 该航海的详细内容，见 W. H. Moreland (ed.), *Pieter Floris, his Voyage to the East Indies in the Globe, 1611-1615; the Contemporary Translation of his Journal ...* ("HS," 2d ser., LXXIV; London, 1934)。

[73] *PP*, III, 304-19.

[74] *Ibid.*, pp. 319-43.

[75] 参考 Moreland (ed.), *op.cit.* (n. 72), pp. lxv-lxviii。

[76] *PP*, III, 357-490.

[77] *Ibid.*, pp. 408-34.

[78] 详细内容，参考 Ernest M. Satow (ed.), *The Voyage of Captain John Saris to Japan, 1613* ("HS,"

2d ser., V; London, 1900), pp. li-lv.

[79] *PP*, III, 422-77, 488-89. 对该书信的讨论，也可以参考第 369 幅图。

[80] *Ibid.*, pp. 490-515. 关于斯科特（Scott）的著作，参阅原著第三卷第一册第 551-552 页。

[81] *Ibid.*, pp. 519-70.

[82] 日志原稿，参考 Edward Maunde Thompson (ed.), *Diary of Richard Cocks, Cape Merchant in the English Factory in Japan, 1615-1622* ... （"HS," 2d ser., LXVI-LXVII; London, 1883）。

[83] *PP*, IV, 1-77.

[84] *Ibid.*, p. 32.

[85] *Ibid.*

[86] *Ibid.*, pp. 45-46.

[87] *Ibid.*, pp. 50-56. 也可以参考原著第三卷第 633-634 页。

[88] *Ibid.*, pp. 77-87.

[89] *Ibid.*, pp. 88-119.

[90] *Ibid.*, pp. 119-47.

[91] *Ibid.*, pp. 147-75.

[92] William Foster (ed.), *The Voyage of Thomas Best to the East Indies, 1612-1614* （"HS," 2d ser., LXXV; London, 1934), p. xxvii.

[93] *PP*, IV, 138-42.

[94] *Ibid.*, pp. 147-54.

[95] *Ibid.*, pp. 162-75.

[96] *Ibid.*, pp. 175-80.

[97] *Ibid.*, pp. 200-209.

[98] 这次航海的主要内容，参考 William Foster (ed.), *The Voyage of Nicholas Downton to the East Indies, 1614-1615* （"HS," 2d. ser., LXXXII; London, 1939), pp. xi-xxxiv。

[99] *PP*, IV, 214-51.

[100] *Ibid.*, pp. 251-66.

[101] *Ibid.*, pp. 567-71.

[102] *Ibid.*, pp. 266-80.

[103] *Ibid.*, pp. 280-89.

[104] *Ibid.*, pp. 289-310.

[105] *Ibid.*, pp. 310-468.

[106] *Ibid.*, p. 406.

[107] *Ibid.*, p. 364.

[108] *Ibid.*, pp. 332-33.

[109] *Ibid.*, p. 385.

[110] William Foster (ed.), *The Embassy of Sir Thomas Roe to India, 1615-1619* (rev. ed.; London, 1926), p. lxxiv.

[111] *PP*, IV, 429.

[112] *Journael van de reysen ghedaen door ... Sr. Th. Roe, ambassadeur van S. Con. Maej. van Groot Brittanje, afgevaerdicht naer Oost-Indien aan den Grooten Mogul ...* (Amsterdam).

[113] 完整的参考文献，见 William Foster (ed.), *op. cit.* (n. 110), pp. lxx-lxxvii。

[114] *PP*, IV, 495-502.

[115] *Ibid.*, pp. 508-35.

[116] *Ibid.*, pp. 535-47.

[117] *Ibid.*, V, 1-63.

[118] *Ibid.*, pp. 33-63.

[119] *Ibid.*, pp. 64-86.

[120] *Ibid.*, pp. 80-81.

[121] *Ibid.*, pp. 78-79.

[122] *Ibid.*, pp. 86-126.

[123] *Ibid.*, pp. 126-93.

[124] *Ibid.*, pp. 174-81.

[125] *Ibid.*, IX, 1-55.

[126] *Ibid.*, pp. 20.

[127] *Ibid.*, p. 28-29.

[128] *Ibid.*, pp. 26-27.

[129] *A Voyage to East India. Wherein Some Things Are Taken Notice of in Our Passage Thither, but Many More in Our Abode There, Within that Rich and Spacious Empire of the Great Mogul ...* (London).

[130] *The Travels of Sig. Pietro della Valle, a Noble Roman, into East India and Arabia Deserta ... Whereunto is Added a Relation of Sir Thomas Roe's Voyage into the East Indies* (London), pp. 325-480.

[131] *PP*, X, 83-88.

[132] *Ibid.*, pp. 499-507.

[133] *Ibid.*, XIII, 180-93.

[134] *Ibid.*, pp. 193-94, 236-38, 249-55.

[135] *Ibid.*, XIV, 272-84.

[136] *Ibid.*, pp. 272-73.

[137] William Methwold, "Relations of the Kingdom of Golconda, and Other Neighboring Na-tions within the Gulf of Bengala ... " in *Purchas His Pilgrimage* (4th ed., revised; London, 1626). pp. 993-1007.

[138] 详细的参考文献，见 W. H. Moreland (ed.), *Relations of Golconda in the Early Sev-enteenth Century* ("HS," 2d. ser., LXVI; London, 1931), pp. xxv, xxvii.

[139] *Ibid.*, pp. xxviii-xxxvii.

[140] *A Display of Two Forraigne Sects in the East Indies* ... (London). "Banians" or "Banyans" 是欧洲人经常使用的词汇，用来指涉古吉拉特的印度商人或放贷者，或者泛泛地指涉西印度人。这个词源于商人（*vāniya*）。

[141] *A Discovery of the Sect of the Banyans* ... ; and *The Religion of the Persies* ...

[142] Suggestions of Ram Chandra Prasad, *Early English Travellers in India:* ... (Delhi, Patna, and Varanasi, 1965), pp. 327-28, 331.

[143] *Ibid.*, p. 344.

[144] *Ibid.*, p. 355.

[145] *Histoire de la religion de Banian, avec un traité de la religion des anciens Persans* (Paris).

[146] *A True Relation Without All Exceptions of Strange and Admirable Accidents which Lately Happened in the kingdom of the Great Magor or Mugul, Who is the Greatest Monarch in the East Indies, as also with a True Report of the Manners of the Country* ... (London).

[147] C.[hristopher] F.[arewell], *An East-India Colation, or a Discourse of Travels;* ... (London).

[148] 参考 Foster (ed.), *op. cit.* (n. 98), pp. 153-54。

[149] Farewell, *op. cit*, (n. 147), pp. 58-60.

[150] *A Relation of Some Yeares Travaile, Begunne Anno 1626* ... (London).

[151] 关于赫伯特（Herbert）的职业生涯，参考 Penrose, *op. cit.* (n. 36), pp. 174-214。

[152] Herbert, *op. cit.* (n. 150), pp. 27-29.

[153] *Ibid.*, pp. 29-35.

[154] *Ibid.*, pp. 35-43.

[155] *Ibid.*, pp. 182-206.

[156] *Ibid.*, p. 41.

[157] *Ibid.*, pp. 187-89.

[158] *Ibid.*, p. 192.

[159] *Ibid.*, p. 195.

[160] *Ibid.*, p. 198.

[161] *Ibid.*, pp. 198-99.

[162] *Ibid.*, pp. 199-200.

[163] *Ibid.*, pp. 200-201.

[164] *Some Yeares Travels into Divers Parts of Asia and Afrique* ... (London).

[165] *Zee en lant reyse na verscheyde deelen van Asia en Africa;* ... (Dordrecht); *Relation de voyage de Perse et des Indes Orientales* (Paris).

[166] *Newes from the East Indies; or a Voyage to Bengalla* ... (London).

[167] Bruton, " News from the East Indies ..." in *Hakluyt's Collection of Early Voyages, Travels, and Discoveries* ... , A New Edition, with Additions (5 vols.; London, 1807-12), V. 54.

[168] *Ibid.*, pp. 56-57.

[169] 参考 H. Rawlinson, *British Beginnings in Western India*, 1579-1657 (Oxford, 1920), pp. 100-111。

[170] *Ibid.*, p. 114.

[171] Caspar Sibelius, *Of the Conversion of Five Thousand and Nine Hundred East Indians, in the Isle Formosa, Neere China, to the Profession of the True God in Jesus Christ, by Means of M. Ro. Junius, a Minister Lately of Delph in Holland* ... (London).

[172] J. D.[arrell], *Strange News from the Indies; or East India Passages Further Discovered* ... (London).

[173] Edward Graves, *et al.*, *A Brief Narrative and Deduction of the Several Remarkable Cases of Sir William Courten, and Sir Paul Pyndar* ... , *and William Courten,* ... (London, 1679); John Brown, *A Brief Remonstrance of the Grand Grievances and Opressions Suffered by Sir William Cour-ten, and Sir Paul Pyndar, Knts. Deceased* ... (London, 1680).

1628—1634 年，1635—1638 年和 1655—1656 年间，Peter Mundy 在印度和亚洲的其他地区。1620 年到 1667 年间，他撰写并且详细地修订了卷帙浩瀚的旅行记，包括对他访问过的地方的精彩描述。这显然是一位优秀观察家的杰作，他小心翼翼地区分他所看到并且了解的事务与那些别人阐述给他的事务之间的区别。但直到 20 世纪才出版。参考 Richard Carnac Temple (ed.), *The Travels of Peter Mundy in Europe and Asia, 1608-1667* (5 vols.; "HS," 2d ser., XVII, XXXV, XLV, XLVI, LV, LXXVIII; Cambridge, 1907-36)。

[174] *The Palme of Christian Fortitude or the Glorious Combats of Christians in Iaponia. Taken out of the Letters of the Society of Iesus from thence, Anno 1624* (St. Omer, 1630).

[175] *Cochinchina, Containing Many Admirable Rarities and Singularities of that Country, Extracted out of an Italian Relation* ... (London).

[176] Fernão Mendez Pinto, *The Voyages and Adventures in Ethiopia, China, Tartary, etc* ... , trans. H. Cogan (London). Reprinted in 1663 and 1692.

[177] *Bellum Tartaricum, or the Conquest of the Great and Most Renouwned Empire of China, by the Invasion of the Tartars* ... (London).

[178] Alvaro Semmedo, *The History of that Great and Renouwned Monarchy of China* ... (London, 1655).

[179] Adam Olearius, *The Voyages and Travels of the Ambassadors Sent by Frederick Duke of Holstein, to eh Great Duke of Muscovy, and the King of Persia* ... *Whereto are added the Travels of John Albert de Mandelslo* ... , trans. John Davics (London, 1662); François Caron and Joost Schouten, *A True Description of the Mighty Kingdoms of Japan and Siam* ... , trans. Roger Manley (London, 1663), reprinted in 1671; Pietro della Valle, *The Travels* ... (London, 1665);

Nieuhof, *An Embassy from the East-India Company of the United Provinces, to the Great Tartar Cham, Empereur of China* ... , trans. John Ogilby (London, 1669); *Atlas Japannensis,* trans. John Ogilby (London, 1671); François Bernier, *The History of the Late Revolution of the Empire of the Great Mogul* ... (3 vols. in one; London, 1671); Juan Palafox y Mendoza, *History of the Conquest of China by the Tartars* ... (London, 1671); Domingo Fernandez Navarette, *An Account of the Empire of China* ... (London, 1675); Johann Grueber, *China and France, or Two Treatises. The One of the Present State of China,* ... (London, 1676).

[180] J.[ohn] D. [arrell], *A True and Compendious Narration; or (Second Part of Amboyna) of Sundry Notorious or Remarkable Injuries, Insolences, and Acts of Hostility* ... (London, 1665); *The Emblem of Ingratitude: or the Hollanders Insolencies & Cruelties Detected* ... (London, 1672).

[181] *Humane Industry; or a History of Most Manual Arts, Deducing their Original, Progress, and Improvement of Them* ... (London, 1661), pp. 29-31, 47, 67, 89, 161.

[182] G. Hussey, *Memorabilia Mundi; or Choice Memoirs of the History and Description of the World* (London).

[183] *An Historical Essay Endeavoring a Probability that the Language of the Empire of China is the Primitive Language* (London, 1669). A second edition appeared in 1678.

英国这些年对欧洲了解亚洲的知识文献直到 20 世纪才出版。从 1668 年到 1672 年，约翰·马歇尔（John Marshall）担任英国在科罗曼德尔和孟买的代理商。他显然研习过梵语，钻研古印度文物，搜集印度文化书籍，并且翻译《往世书》（*Bhagavata-Purana*）。他同时把这些活动都记录下来。现代的编者认为马歇尔的评论和译著比 1800 年之前出版的任何文献都好。不幸的是，17 世纪没人出版这些文献。参考 Sharfaat Ahmed Khan (ed.), *John Marshall in India. Notes and Observations in Bengal, 1668-1672* (London, 1927)。

[184] *An Historical Relation* ... (London, 1681).

[185] 关于他们在康提的生活，参考 *ibid.*, pp. 117-74。

[186] *Ibid.*, p. 120.

[187] *Ibid.*, pp. 183-86.

[188] *Ibid.*, pp. 180-82.

[189] 参考 S. D. Saparamadu (ed.), *An Historical Relation of Ceylon, in Ceylon Historical Journal*, VI (1956-57), pp. xii-xxi。

[190] Knox, *op. cit.* (n. 184), p. 186.

[191] *Ibid.*, pp. 156-74.

[192] 参考 Saparamadu (ed.), *op. cit.* (n. 189), xxx-xxxi。

[193] *Ibid.*, p. xxxv.

[194] John Harris, *Navigantium atque itinerantium bibliotheca* (London).

[195] 详细内容，参考 Saparamadu (ed.), *op. cit.* (n. 189), p. vii。

[196] *Ibid.*, p. xxxvi.

[197] *Ibid.*, pp. xxxix-xl.

[198] *A True Account of the Burning and Sad Condition of Bantam, in the East Indies* ... (London, 1682).

[199] *A Short Account of the Siege of Bantam: and his Surrender to the Rebels, who were Assisted by the Dutch, and their Fleet in the East Indies* (London, 1683).

[200] E. G., *The Civil Wars of Bantam:* ... (London, 1683).

[201] *An Answer to the Committee of Seventeen;* ... (London, n. d.).

[202] *An Impartial Vindication of the English East India Company, from the Unjust and Slanderous Imputations Cast upon them in a Treatise Intituled, a Justification of the Directors of the Netherlands East India Company* ... (London, 1688).

[203] Samuel White, *A Letter from Mr. Samuel White to his Brother in London ... Giving a Full Account of the Late Rebellion Made by the People of Macassar, Inhabiting in that Country, Which Ended in the Death of all the Rebells, Who Were Totally Destroyed by the King's Forces, Assisted by Some Europeans, of Several Nations, Amongst Whom Capt. Henry Udall, and Some Others of our Countrymen Most Unhappily Lost their Lives* (London, 1687). 关于怀特在东方的职业生涯，参考 M. Collis, *Siamese White* (rev. ed.; London, 1951)。

[204] *A Full and True Relation of the Great and Wonderful Revolution that Happened Lately in the Kingdom of Siam in the East Indies* ... (London, 1690).

[205] *A Voyage to Suratt in the Year, 1689* ... (London).

[206] 详细内容，参考 H. G. Rawlinson (ed.), *A Voyage to Sural* (London, 1929) 的引言。

[207] Ovington, *op. cit.* (n. 205), pp. 145-46.

[208] *Ibid.*, pp. 143-44.

[209] *Ibid.*, pp. 158-62.

[210] *Ibid.*, pp. 214-383.

[211] *Ibid.*, pp. 165-213.

[212] *Ibid.*, pp. 420-78.

[213] *Ibid.*, pp. 523-606.

[214] *Ibid.*, pp. 525-52. 参考图 180 和图 181。

[215] 参考原著第三卷第一册第 349-350 页。

[216] *Ses voyages fait à Surate, et en d'autres lieux de l' Asie et de l' Afrique* ... (Paris).

[217] John Fryer, *A New Account of East India and Persia, in Eight Letters, Being Nine Years Travels, Begun 1672. and Finished 1681* ... (London, 1698).

[218] 详细的参考文献，参考 John Fryer, *A New Account of East India and Persia,* ... ed. W. Crooke (3 vols.; "HS," 2d ser., XIX, XX, XXXIX; London, 1909-15), I, xi-xxvii。

[219] Fryer, *op. cit.* (n.217), p. 143.

[220] *Ibid.*, p. 82.

[221] *Ibid.*, p. 182.

[222] *Ibid.*, pp. 122-23.

[223] *Ibid.*, p. 123.

[224] *Ibid.*, p. 167.

[225] *Ibid.*, pp. 149-57.

[226] *Ibid.*, pp. 146-48.

[227] *Ibid.*, p. 142.

[228] *Ibid.*, pp. 123-44.

[229] *Ibid.*, pp. 130-33.

[230] *Negenjaarige reyse door Oost-Indien en Persien*, ... (The Hague).

[231] Dampier, *A New Voyage Round the World*, pp. 482-84.

[232] 详细的参考文献，参考 Joseph Shipman, *William Dampier, Seaman Scientist* (Law-rence, Kansas, 1962); John Masefield (ed.), *Dampiers' Voyages* ... (2 vols.; London, 1906), I, 1-13; C. C. Lloyd, *William Danipier* (London, 1966)。

[233] Dampier, *op. cit.* (n. 231), pp. 285-90.

[234] *Ibid.*, p. 376.

[235] *Ibid.*, pp. 321-23, 414-15, 451-53.

[236] *Ibid.*, pp. 422-25.

[237] *Ibid.*, pp. 298-99.

[238] *Ibid.*, p. 332.

[239] *Ibid.*, p. 333.

[240] *Ibid.*, pp. 412-13.

[241] *Ibid.*, p. 354.

[242] *Ibid.*, p. 484.

[243] Dampier, *A Voyage to New Holland, & c. in the Year, 1699* (London, 1703), p. 135.

[244] *Ibid.*, pp. 191-96.

[245] Dampier, *op. cit.* (n. 243), *A Continuation of a Voyage to New Holland & c. in the Year 1699* ... (London).

[246] 参考文献，参考 Albert Gray (ed.), *A New Voyage Round the World* (London, 1937), pp. v-vi。

[247] *A Collection of Original Voyages* ... (London).

[248] Glanius, *A New Voyage to the East Indies; Containing an Account of Several of those Rich Countries, and more particularly of the Kingdom of Bantam* (London).

[249] Glanius, *A Relation of an Unfortunate Voyage to the Kingdom of Bengala* ... (London, 1682).

[250] John Struys, *The Perilous and Most Unhappy Voyages of John Struys through Italy, Greece, Lifeland, Moscovia, Tartary, Media, Persia, East-India, Japan, and other Places in Europe, Africa, and Asia ...* , trans. John Morrison (London).

[251] *The Travels of Sir John Chardin into Persia and the East Indies, the First Volume ...* (London, 1686).

[252] Alexandre de Chaumont, *A Relation of the Late Embassy of Moncr. de Chaumont, Knt. to the Court of the King of Siam ...* (London, 1687); Guy Tachard, *A Relation of the Voyage to Siam Performed by Six Jesuits, Sent by the French King to the Indies and China, in the Year, 1684 ...* (London, 1688).

[253] Jean Thévenot, *The Travels of Monsieur de Thevenot into the Levant, In Three Parts ...* (London).

[254] Gabriel Magaillans, *A New History of China, Containing a Description of the Most Considerable Particulars of that Vast Empire ...* (London, 1688); [Charles] Dellon, *The History of the Inquisition, as it is Exercised at Goa ...* (London, 1688).

[255] *The Morals of Confucius, a Chinese Philosopher* (London, 1691).

[256] Simon de La Loubère, *A New Historical Relation of the Kingdom of Siam* (London, 1693); Philippe Avril, *Travels into Divers Parts of Europe and Asia undertaken by the French King's order to Discover a New Way by Land into China; ...* (London, 1693).

[257] *The History of the Church of Malabar, from the Time of its being First Discovered by the Portuguese in the Year 1501 ... Together with the Synod of Diamper ... 1599. With Some Remarks upon the Faith and Doctrine of the Christians of St. Thomas of the Indies, Agreeing with the Church of England, in Opposition to that of Rome ...* (London, 1694).

[258] 参考原著第三卷第一册第 320-321 页。

[259] Manuel de Faria y Sousa, *The Portuguese Asia, or the History of the Discovery and Conquest of India by the Portuguese ...* trans, Capt. J. Stevens (3 vols.; London, 1695).

[260] *New Voyage to the East Indies in 1690 and 1691 ... by Monsieur Duquesne* (London, 1696); John Moquet, *Travels and Voyages ...* , trans. Nathaniel Pullen (London, 1696). 关于迪凯纳 - 吉东和较早的亚伯拉罕·迪凯纳的身份混淆，参考原著第三卷第一册第五章的注释 243。

[261] Louis Le Comte, *Memoirs and Observations of China ...* (London).

[262] Charles Dellon, *A Voyage to the East Indies ...* (London, 1698); Joachim Bouvet, *The History of Cang-hy, the Present Emperor of China, ...* (London, 1699).

[263] Adam Brand, *A Journal of an Embassy from their Majesties John and Peter Alexowitz, Emperors of Muscovy etc. into China, ... Performed by Everard Isbrand, ...* (London, 1698); *A Relation of Two Voyages Made into the East Indies by C. F. and C. Schweitzer ...* (London, 1700).

[264] 参考 J. S. Cummins (ed. and trans.), *The Travels and Controversies of Friar Domingo Navarrete, 1618-1686* (2 vols.; "HS, " 2d ser., CXVIII; Cambridge, 1962), I, ci.

[265] 关于波利，参考原著第三卷第三册第 1253-1254 页和 1257-1266 页。

[266] 关于巴尔德，参考原著第三卷第一册第 493-495 页和第二册第 911-918 页和 954-996 页。

[267] 关于卡雷里，参考第三卷第一册第 386-387 页；关于哈梅尔，参考原著第三卷第一册第 486-488 页和第四册第 1785-1797 页。

[268] 巴伦的著述是为了回应塔韦尼耶关于东京（越南）的专著。参考原著第三卷第三册第 1267-1268 页。关于亨利·洛德，参考原著第三卷第一册第 569-570 页。

译名对照表

A

Aa, Peter van der	彼得·范·德·阿
Abma, Michael	迈克尔·阿巴马
Abreu Mousinho, Manuel de	曼努埃尔·德·阿布雷乌·莫施奴
Acquaviva, Claudio	克劳迪奥·阿夸维瓦
Acquaviva, Claudius	克劳迪厄斯·阿夸维瓦
Acquaviva, Ridolpho	鲁道夫·阿夸维瓦
Acuna, Pedro Bravo de	佩德罗·布拉沃·德·阿库纳
Adams, Will	威尔·亚当斯
Adolph, Decker	阿道夫·德克尔
Aduarte, Diego	迭戈·阿杜阿尔特
Affonso, Gaspar	加斯帕尔·阿方索
Agostinho da Anunciação	阿古斯丁奥·达·阿奴西阿绍
Aguiar, Diego de	迭戈·德·阿吉亚尔
Albergati, Antonio	安东尼奥·雅伯加提
Albertinus , Aegidius	埃吉迪乌斯·阿尔伯蒂纳斯
Alberto da Silva	阿尔伯特·达·席尔瓦
Albi, Henry	亨利·阿尔比
Albin, Johann	约翰·阿尔宾
Alderfer, Joseph	约瑟夫·奥尔德弗
Aldworth, Thomas	托马斯·阿尔德沃思
Alegambe, Philippe	菲利普·阿勒甘布
Aleni, Giulio	艾儒略
Alexandre, Noel	诺埃尔·亚历山大
Alfaro, Pedro de	佩德罗·德·阿尔法罗
Almeida , D.A. de	D. A. 德·阿尔梅达
Almeida, João Fernandino de, Dom	堂·若昂·费尔南迪诺·德·阿尔梅达
Alspaugh, Bill	比尔·阿尔斯波
Alzina, Francisco Ignacio	弗朗西斯科·伊格纳西奥·阿尔基纳
Amaral, Melchior Estacio do	梅塞基奥·埃斯塔西奥·杜·阿马拉尔
Amati, Scippione	斯皮翁·阿玛蒂
Anaukpetlun	阿那毕隆（缅甸国王）
Andersen, Jürgen	尤尔根·安德森
Andrada, Luis de	路易斯·德·安德拉达
Andrade, Antonio de	安多德
Andrade, Francisco de	弗朗西斯科·德·安德拉德
Andrade, Freyre de	费雷耶尔·德·安德拉德
Andrade, Jacinto Freire de	哈辛托·费莱雷·德·安德拉德
Angelis, Girolamo de	吉罗拉莫·德·安杰利斯

Ango, Jean	让·安格
Anne, Marie	玛丽·安妮
Antheunis, Lucas	卢卡斯·安特尼
Anthony of Padua, Saint	帕多瓦的圣安东尼
Antonio Brandão	安东尼奥·布兰当
António da Encarnação,	安东尼奥·达·恩卡尔纳桑
Antonio de Santo Felici, Franciscus	弗朗西斯库斯·安东尼奥·德·桑托·费利奇
Antonio Pinto da Franca	安东尼奥·平托·达·弗兰卡
Antunes, Diogo	迭戈·安东尼斯
Apius, Martinus	马蒂纳斯·阿皮乌斯
Aranda,Gabriel de	加布里埃尔·德·阿兰达
Arcamone, Inacio	伊纳西奥·阿尔卡莫内
Argensola, Bartolomé Leonardo de	巴托洛梅·列奥纳多·德·阿亨索拉
Arnauld, Antonie	安东尼·阿诺德
Arnault de la Borie François	弗朗索瓦·阿尔诺·德·拉·博里
Arnedo, Juan Antonio	庞若翰
Arnold , Christoph	克里斯托夫·阿诺德
Arthus, Gotthard	戈特哈德·阿蒂斯
Ashley , Robert	罗伯特·阿什利
Atáide, António de	安东尼奥·德·阿泰德
Ataide, D. Luis de	D.路易斯·德·阿泰德
Aungier, Gerald	杰拉尔德·昂基亚
Avril, Philippe	菲利普·爱维利尔
Ayala, Hernando	赫尔南多·阿亚拉

B

Bagot, Louis	路易·贝哥特
Bahl，Kali Charan	卡利·查兰·巴尔
Baikov, Fedor	费德里克·巴伊科夫
Balbi, Gasparo	加斯帕罗·巴尔比
Baldaeus, Philippus	菲利普·巴尔德·
Baldinotti, Giuliano	朱里安诺·巴尔迪诺蒂
Balthasar, Floris	弗洛里斯·巴尔塔萨
Banks, Barbara Chapman	巴巴拉·查普曼·班克斯
Bañuelos y Carrillo, Geronymo de	赫罗尼莫·德·巴纽埃洛斯·卡里略
Barberini, Francesco, Cardinal	红衣主教弗朗西斯科·巴贝里尼
Barberini, Maffeo	马费奥·巴贝里尼
Barbosa, Vicente	维森特·巴尔博萨
Bardat, Sahid	萨希德·巴达特
Baretto, Francisco	弗朗西斯科·巴雷托
Barlaam and Josaphat	巴拉姆和乔萨发特
Barradas, Francisco	弗朗西斯科·布拉达斯
Barreto, Francesco	弗朗西斯科·巴雷托
Barreto, Sebastião	塞巴斯蒂昂·巴雷托
Barros	巴罗斯
Bartoli, Daniello	丹尼尔罗·巴笃里

Bosson, James	詹姆斯·柏森
Botelho, Nuno Alvarez	努诺·阿尔瓦雷斯·博特略
Both, Pieter, Admiral	海军上将彼得·博特
Both, Pieter	彼得·博特
Bouchard, Gabriel	加布里埃尔·布沙尔
Bouchet, Jean	让·布歇
Bourges, Jacques de	雅克·德·布尔热
Bourne, William	威廉·伯恩
Bouvet, Joachim	白晋
Boxer, C. R.	C. R. 博克舍
Boyle, Robert	罗伯特·博伊尔
Boym, Michael	卜弥格
Brancati, Francesco	潘国光
Brand, Adam	亚当·布兰德
Brandao , Antonio	安东尼奥·白兰度
Bree, Jan Harmenszoon	扬·哈尔门松·布里
Breen, Simon van	西蒙·范·布林
Brerewood, Edward	爱德华·布里伍德
Breuille, Charles de la	查尔斯·德·拉·布勒伊
Breynius, Jacobus	雅各布斯·布里尼乌斯
Brindeau, Pierre	皮埃尔·布兰多
Brito e Nicote, Felipe de	费利佩·德·布里托·尼科特
Brito, De	德·布里托
Brito, Estaban de	埃斯塔班·德·布里托
Brito, Felipe de	费利佩·德·布里托
Brito, Felipe de	费利佩·布里托
Britto, João de	若昂·德·布里托
Broecke, Matthias van den	马蒂亚斯·范·登·布洛克
Broecke, Pieter van den	彼得·范·登·布洛克
Broekhuysen, Gottfried van	戈特弗里德·范·伯鲁克胡伊森
Brouwer, Hendrick	亨德里克·布劳沃
Brown , Arnold	阿诺德·布朗
Brune, Jean de La	让·德·拉·布吕内
Bruton, William	威廉·布鲁顿
Buglio, Lodovico	利类思
Burg , Pieter van der	彼得·范·德·伯格
Burnaby, Richard	理查德·伯纳比
Burnet, Gilbert	吉尔伯特·伯内特
Bussière, Jean de	让·德·比西埃
Buzomi, Francesco	弗朗西斯科·布索美

C

Caballero de Santa Maria , Antonio	利安当（李安堂）
Cabral, Francisco	弗朗西斯科·卡布拉尔
Cabral, João	若昂·卡布拉尔
Caerden, Paulus van	保卢斯·范·卡尔登

Chantassin, Claude-Michel Pouchot de	克劳德·米歇尔·布尚·德·尚达森
Chappuzeau, Samuel	塞缪尔·夏普章
Chardin, Jean	让·夏尔丹
Charmot, Nicolas	尼古拉·夏蒙
Charpentier, François	弗朗索瓦·夏庞蒂埃
Chaumont, Alexandre de	亚历山大·德·肖蒙
Chaumont, Chevalier Alexandre de	谢瓦利埃·亚历山大·德·肖蒙
Chen Min-sun	陈旻淳
Cheng , Andre	陈安德
Cheng Ch'eng-kung	郑成功
Chevreuil, Louis	路易·谢弗勒伊
Chiesa, Bernardino della	伊达任
Child, John, Sir	约翰·查尔德爵士
Child, Josiah, Sir	乔西亚·查尔德爵士
Chinchon, Diego de	迭戈·德·钦乔
Chinon, Gabriel de	加布里埃尔·德·希农
Chirino, Pedro	佩德罗·奇里诺
Chiswell, Richard	理查德·奇斯韦尔
Choisy, François Timoleon de	弗朗索瓦·提摩勒昂·德·梭亚只
Choisy, de	德·梭亚只
Christian of Anhalt	安哈尔特的克里斯蒂安
Chu Ssu-pen	朱思本
Chu Yu-lang	朱由榔
Churchill, Awnsham	奥山姆·丘吉尔
Cibo, Edoardo	艾德尔多·西波
Cirizia, Juan de	胡安·德·西里兹亚
Claeszoon, Cornelis	科尼利斯·克拉埃兹逊
Claude, Joe	乔·克劳德
Claver, Martin	马丁·克拉弗
Clavius, Cristoforo	克里斯托弗·克拉维乌斯
Clemens, Claudius	克劳迪厄斯·克莱门斯
Clementi, Sebastian	塞巴斯蒂安·克莱门蒂
Cleyer, Andreas	安德里亚斯·克莱耶
Cloche, Antonio	安东尼奥·克洛什
Clusius	库希乌斯
Cocchi , Angelo	安杰洛·高奇
Cocks, Richard	理查德·科克斯
Coelho, Aleixo	穆亚立
Coen, Jan Pieterszoon	扬·彼德尔斯逊·昆
Colaço, António	安东尼奥·考拉索
Colbert, Jean Baptiste	让·巴蒂斯特·科尔贝
Colin, Francisco	弗朗西斯科·科林
Collado, Diego	迭戈·科拉多
Combrés, Francisco	弗朗西斯科·孔贝斯
Commelin, Issac	艾萨克·考梅林
Conceicam, Manoel da	曼诺埃尔·达·孔塞卡姆

Conti, Nicolò de'	尼科洛·德·孔蒂
Cook	库克
Copeland, Master	马斯特·科普兰
Copeland, Patrick	帕特里克·科普兰
Copernicus	哥白尼
Corcuera, Sebastián Hurtado de	塞巴斯蒂安·乌尔塔多·德·科奎拉
Cordes, Simon de	西蒙·德·科德斯
Corneliszoon, Jeronymus	热隆尼姆斯·科尼利斯逊
Corneliszoon, Reyer	雷尔·科尼利斯逊
Correia, Diogo Valente	迭戈·瓦伦特·科雷亚
Corsi, Francisco	弗朗西斯科·科尔西
Coryate , Thomas	托马斯·科里亚特
Coryate , Tom	汤姆·科里亚特
Cotés Osorio，Juan	胡安·科茨·奥索里奥
Cotolendi , Ignace	高多林
Cotton, Dodmore	达德墨·科顿
Coulon, Louis	路易·库隆
Couplet, Philippe	柏应理
Courlet, Guillaume	纪尧姆·库莱
Couros, Mateo de	马泰奥·德·库罗斯
Courtaulin, Jean	让·库特兰
Courteen, William	威廉·科廷
Courthop, Nathaniel	纳撒尼尔·考托普
Couto, Diogo do	迭戈·杜·科托
Coventry,Kim	金·考文垂
Coverte, Robert	罗伯特·科弗特
Cowley, Ambrose	安布罗斯·考利
Coyette, Frederic	揆一
Coyssard, Michel	米歇尔·科伊萨德
Craesbeck, Paulo	保罗·克拉斯贝克
Cramer, Mattys	马蒂斯·克拉默
Cramoisy, Sebastien	塞巴斯蒂安·克拉穆瓦西
Crasset, Jean	让·克拉塞特
Crawther, John	约翰·克劳舍
Cristovão de Sá (de Lisboa)	克里斯托旺·德·萨
Croix, Jean de la	让·德·拉·克鲁瓦
Cromwell	克伦威尔
Crook , John	约翰·克鲁克
Crouch, Nathaniel	纳撒尼尔·克劳奇
Cruce, George de	乔治·德·克鲁斯
Crus, Manoel de	曼诺埃尔·德·克鲁斯
Cruz, Gaspar da	加斯帕尔·达·克路士
Cruz, Miguel da	米格尔·达·克鲁兹
Cubero, Sebastián Pedro	塞巴斯蒂安·佩德罗·库贝罗
Cunha, Diego da	迭戈·达·库尼亚
Cunha, Tristão da	特里斯坦·达·库尼亚

Cunningham, James	詹姆斯·坎宁安
Curtius, Quintus	昆图斯·库尔提乌斯

D

d'Acosta, Paulo	保罗·达科斯塔
d'Alveiro, Marie, Duchess	玛丽·达维罗公爵夫人
d'Aubonne	欧本尼
d'Avalo, Marcus	马库斯·达瓦罗
d'Avity, Pierre	皮埃尔·达维蒂
d'Estrees, Caesar	塞萨尔·德特雷
d'Or，Marque	马克·多尔
d'Orléans, Joseph	约瑟夫·多莱昂
d'Orléans, Pierre Joseph	皮埃尔·约瑟夫·多莱昂
d'Orville, Albert	吴尔铎
Da Costa, Balthasar	巴尔塔萨·达·科斯塔
Da Costa, Paulo	圣保罗·达·科斯塔
Da Costa	达·科斯塔
Dabertzhofer, Chrysostom	赫里索斯托姆·达伯兹霍夫
Dalquié, F. S.	F. S. 达尔基
Dam, Pieter van	彼得·范·达姆
Damascus, St. John	圣约翰·大马士革
Dampier, William	威廉·丹皮尔
Dan, Pierre	皮埃尔·丹
Danckaerts, Sebastiaen	塞巴斯蒂安·丹卡兹
Dancycan, Noel	诺埃尔·丹西肯
Daniel, Gabriel	加布里埃尔·丹尼尔
Dapper, Olfert	奥尔夫特·达帕
Dasmariñas,Luís Peréz	路易斯·佩雷斯·达斯马里纳斯
Dassié, F.	F. 达西耶
Date Masamune	伊达政宗
Davenant, Charles	查尔斯·达文南特
Davies, John	约翰·戴维斯
Davis, John	约翰·大卫
Day, Francis	弗朗西斯·戴
de Bry, Theodor	西奥多·德·布莱
De Keyser	德·凯泽
de Lionne	德·利昂
Decker,Adolph	阿道夫·德克尔
Deitel, Robert	罗伯特·迪特尔
della Rocca, Carlo	石嘉乐
Della Valle, Pietro	皮特罗·德拉·瓦勒
Dellon, Charles	查尔斯·德隆
Dellon, Gabriel	加布里埃尔·德隆
Desfarges, Pierre	皮埃尔·德法尔热
Desfarges, Marshall	德法尔热·马歇尔
Deydier, François	弗朗索瓦·戴迪

Dianne Vander Pol	戴安娜·范德·波尔
Dias, Manuel, the Younger	小阳玛诺
Dias, Manuel	阳马诺
Diemen, Anthony van	安东尼·范·迪门
Diemen, van	范·迪门
Diogo de Santa Anna	迭戈·德·圣安娜
Dionysius Kao	狄奥尼修斯·高
Dirckson, Reynier	雷涅尔·迪尔克逊
Dirckszoon, Antonius	安东尼乌斯·迪尔克松
Donati, Francesco	弗朗西斯科·多纳蒂
Donker, Hendrick	亨德里克·唐克
Dowley,Francis	弗朗西斯·道雷
Downton, Nicholas	尼古拉斯·唐顿
Drake, Francis, Sir	弗朗西斯·德雷克爵士
Du Boullay, Claude Ceberet	克劳德·希波利特·杜布雷
Du Jarric, Pierre	皮埃尔·杜·雅利克
Du-Bec-Crespin, Jean	让·杜-贝克-克雷斯平
Duchatz, Jacques	雅克·迪夏茨
Dudley , Robert	罗伯特·达德利
Dufour, Philippe	菲利普·杜福尔
Dumay, Luis	路易斯·杜梅
Duncan	邓肯
Duquesne-Guiton, Abraham	亚伯拉罕·迪凯纳-吉东
Duraeus , Andraeas	安德里亚斯·杜拉伊乌斯
Durante，Castor	卡斯托·杜兰特
Duret, Claude	克劳德·迪雷

E

Echaburu y Alcaraz, José López de	何塞·洛佩斯·德·伊查布鲁·阿尔卡拉斯
Eden, Richard	理查德·伊登
Eggan, Fred	弗雷德·埃根
Eliot, John	约翰·艾略特
Elkington , Thomas	托马斯·埃尔金顿
Encarnação, António da	安东尼奥·达·恩卡尔纳桑
Ephrem de Nevers	艾弗伦·德·讷韦尔
Espinola, Juan de	胡安·德·埃斯皮诺拉
Evelyn	埃弗兰
Ezquerra, Domingo	多明戈·埃斯克拉

F

Faber, Etienne	艾蒂安·法贝尔
Fabri, Nicolas-Claude de	尼古拉斯-克劳德·德·法布里
Faithorne,William	威廉·费索恩
Farewell, Christopher	克里斯托弗·法勒维尔
Fargeon, Jean	让·法尔荣

Faria e Sousa, Manuel de	苏查
Faria y Sousa	苏查
Faria, Manuel Severim de	曼努埃尔·塞韦林·德·法里亚
Fedrici，Cesare	切萨雷·费德里奇
Fedson, Rani	拉尼·范德森
Feldstein, Sondra	桑德拉·费尔德斯坦
Felix de Jesus	费利克斯·德·杰西
Fell, John	约翰·费尔
Fenicio, Giacomo	贾科莫·范尼西欧
Fernandez, Duarte	杜阿尔特·费尔南德斯
Fernandes, Gaspar	加斯帕尔·费尔南德斯
Fernandes, Gonçalo	贡萨罗·费尔南德斯
Fernandes, Romeo	罗密欧·费尔南德斯
Ferrari, Giovanni Francesco	李方西
Ferreira , Christovão	克里斯多弗·费雷拉
Ferreira, Antonio Ficalho	安东尼奥·费加罗·费雷拉
Ferreira, Gaspar	费奇规
Ferreira, Manoel	曼诺埃尔·费雷拉
Feynes, Henri de	亨利·德·腓内斯
Figueiredo, Manoel de	曼诺埃尔·德·菲格雷多
Figueroa, Christoval Suárez de	克里斯托瓦尔·苏亚雷斯·德·菲格罗亚
Filipa da Trindade	菲利帕·达·特林达德
Finch , William	威廉·芬奇
Fine, Oronce	奥龙斯·法恩
Fitch, Ralph	拉尔夫·费奇
Fitzherbert, Humphrey	汉弗莱·费茨赫伯特
Flacourt, Etienne de	艾蒂安·德·弗拉古
Floris, Pieter	彼得·弗洛里斯
Fondaine, Jean Baptiste de La	让·巴蒂斯特·德·拉封丹
Fonseca, Manuel da	曼努埃尔·达·丰塞卡
Fontaney, Jean de	洪若翰
Foss, Theordore N.	西奥多·N.福斯
Fournier, Georges	乔治·福尼尔
Francisco dos Martires	弗朗西斯科·德斯·马提雷斯
Francisco, Pedro	佩德罗·弗朗西斯科
Franciscus Antonio de Santo Felici	弗朗西斯库斯·安东尼奥·德·桑托·费利奇
Francke , August Hermann	奥古斯特·赫尔曼·弗朗克
François Godin	弗朗索瓦·戈丁
François Timoleon	弗朗索瓦·提摩勒昂
Frederick William	弗雷德里克·威廉
Freire de Andrade，Jacinto	哈辛托·费莱雷·德·安德拉德
Freire, André	安德烈·弗莱雷
Freitas, Serafim de	塞拉菲姆·德·弗雷塔斯
Freyre, Antonio	安东尼奥·弗莱雷
Frick , Christoph	克里斯托夫·弗里克
Frigiliana y de Aguilar, Conde de	孔德·德·弗里希利亚纳·德·阿吉拉尔

Frisius, Andreas	安德里亚斯·弗里西斯
Fróis, Luis	伏若望
Fryer, John	约翰·弗莱尔
Fu Hsi	伏羲
Fuciti, Domenico	傅其达
Funnell, William	威廉·芬内尔
Furtado, Francisco	傅泛济

G

Gali, Francisco	弗朗西斯科·加利
Galileo	伽利略
Gallinato, Juan Juarez de	胡安·华雷斯·德·加利纳托
Galvão, António	安东尼奥·加尔旺
Garcia, Francisco	弗朗西斯科·加西亚
Garcia, Juan	胡安·加西亚
Garcias, Juan de la Cruz	胡安·德·拉·克鲁兹·加西亚斯
Gaspar dos Reis	加斯帕尔·杜斯·雷斯
Gassendi, Pierre	皮埃尔·伽桑狄
Gayati, Giovanni	乔万尼·盖雅迪
Geddes, Michael	迈克尔·格迪斯
Gemelli Careri, Giovanni Francesco	乔万尼·弗朗西斯科·杰米利·卡雷里
Gerbillon, Jean-François	张诚
Gerritszoon, Hessel	赫塞尔·赫里特松
Gervaise, Nicolas	尼古拉·热尔韦斯
Gesio, Juan Bautista	胡安·包蒂斯塔·盖西欧
Gherardini, Gio	聂云龙
Giattini, Gianbattista	詹巴迪斯塔·加迪尼
Giffart, Pierre	皮埃尔·基法特
Ginnaro, Bernadino	贝纳迪诺·金纳罗
Giorgeo, Marco	马可·吉奥基奥
Girão, João Rodrigues（Rodrigues Girão, João）	若昂·罗德里格斯·吉朗
Giuseppe de Santo Maria	朱塞佩·德·桑托·玛丽亚
Gjedde, Ove	奥沃·格野德
Glanius	格拉尼乌斯
Glazemaker, J.H.	J. H. 格拉塞马克
Glen, Jean Baptiste de	让·巴蒂斯特·德·格伦
Glen, Jean de	让·德·格伦
Godinho, Francisco (Godin, Francois)	弗朗西斯科·戈迪尼奥
Godinho, M.	M. 戈迪尼奥
Godinho, Manuel	曼努埃尔·戈迪尼奥
Goens, Rijcklof van	里伊克洛夫·范·昆斯
Goens, Rijcklof Volckertszoon van	里伊克洛夫·范·昆斯
Goes, Benedict de	鄂本笃
Goffman, Daniel	丹尼尔·高夫曼
Golius, Jacob	雅各布·戈略斯
Gomes Solis, Duarte	杜阿尔特·戈麦斯·索利斯

Gomez, Pedro	佩德罗·格迈兹
Gonçalves, Diogo	迭戈·贡萨尔维斯
Gonzaga, Francesco	弗朗西斯科·贡扎加
Gonzáles, Domingo	多明戈·冈萨雷斯
Gordon, Amy	艾米·戈登
Gothofredus, Ludovicus	卢多维克斯·戈托弗雷杜斯
Goto, Joao	后藤若奥
Gouge（Goüye）, Thomas	托马斯·古热
Gouvea, António de	安东尼奥·德·古维亚
Gouvea, António de	何大化
Gouvea, Jorge de	豪尔赫·德·戈维亚
Goyer, Pieter de	彼得·德·霍耶
Graaf, Nikolaas de	尼古拉斯·德·赫拉夫
Graca, Simao da	西芒·达·格拉萨
Grappe, Roland	罗兰·格拉普
Grau y Monfalcón, Juan	胡安·格劳·蒙特法尔孔
Grau, Juan	胡安·格劳
Gravius, Daniel	倪但理
Grenaille, François	弗朗索瓦·格雷纳耶
Greslon, Adrien	聂仲迁
Grimaldi, Philippe-Marie	闵明我
Grimaldi, Glaudio Filippo	闵明我
Grotius, Hugo	格劳秀斯
Groussy, Jourdan de	乔丹·德·格鲁希
Grovel, Jean Jourdan de	让·朱丹·德·格朗韦尔
Grueber, Johann	白乃心
Guerreiro, Fernão	费尔南·格雷罗
Guevara, Diego de	迭戈·德·格瓦拉
Guicciardini	奎齐亚蒂尼
Guzman, Francisco de	弗朗西斯科·德·古兹曼
Guzman, Luis de	路易斯·德·古兹曼
Gysbertszoon, Reyer	雷耶·希斯伯斯逊

H

Hacke , William	威廉·哈克
Hadjii	哈只
Haelbos, Hendrik	亨德里克·黑尔博斯
Haex, David	大卫·哈伊科斯
Hagen, Steven van der	史蒂文·范·德·哈根
Hagenaer, Hendrick	亨德里克·哈格纳尔
Hainques, Antoine	安托万·昂盖斯
Hakluyt, Richard	理查德·哈克路特
Hambroek, Antonius, Rev.	安东尼乌斯·亨伯鲁克教士
Hamel, Hendrik	亨德里克·哈梅尔
Haney, Jane	简·哈尼
Harmenszoon, Wolfert	沃尔弗特·哈门斯逊

Hulsius, Levinus	勒维纳斯·胡尔修斯
Hussey, G.	G. 赫西
Hyde, Thomas	托马斯·海德

I

Ides, Evert Ysbrandszoon	雅布兰
Iemitsu	家光
Ignatius	依纳爵
Ilocos	伊罗戈斯
Ingoli, Francesco	弗朗西斯科·英格利
Intorcetta, Prospero	殷铎泽
Isaacson, William	威廉姆·艾萨克森
Isidore	伊西多尔
Iskandar Muda	伊斯坎达尔·慕达
Iversen, Volquard	伏尔加德·艾弗森

J

J.Wolfe	J. 沃尔夫
Jahan, Shah	沙·贾汗
Janszoon, Barent	巴伦·杨松
Jeannin, Pierre	皮埃尔·让南
Jeronimo de Jesus	热罗尼莫·德·赫苏斯
Jeronymo de Angelis	热隆尼莫·德·安杰利斯
Joanne Cho	乔安妮
John Mericke	约翰·梅里克
John Milward	约翰·米尔沃特
John of Plano Carpini	柏朗嘉宾的约翰
Jones, Thomas	托马斯·琼斯
Jong , A. J. de	A. J. 德·琼
Jorge de St. Luzia	豪尔赫·德·圣卢西亚
Jovet Jean	让·朱维特
Junius, Robert	尤罗伯

K

Kaempfer, Engelbert	恩格柏特·坎普法
Kaiserlian, Penelope	佩内洛普·凯瑟琳
Kapstein, Matthew	马修·卡普斯坦
Kapteyn, Raymond	雷蒙德·卡普坦
Kebir, Alcacer	阿尔卡塞尔·克比尔
Keeling, William	威廉·基林
Kepler, Johannes	约翰内斯·开普勒
Keyser, Jakob de	雅各布·德·凯瑟尔
Khun P'ichit	昆·皮切特
Khun Walit	昆·瓦力特
Kino, Eusebio Francisco	尤西比奥·弗朗西斯科·基诺
Kircher, Athanasius	基歇尔

Kirwitzer, Wenceslaus Pantaleon	祁维材
Knapton, John	约翰·纳普顿
Knox , Robert	罗伯特·诺克斯
Köffler, Andreas X	安德里亚斯·X·科夫勒
Koffler, Andreas	安德里亚斯·科夫勒
Koxinga	郑成功
Krammer,Coenraet	科恩莱特·克拉默
Krug, Kathryn	凯瑟琳·克鲁格
Kusumasana devi	库苏马萨那·德维

L

L' Estra, François	弗朗索瓦·莱斯特拉
L' Hermite, Jacques	雅克·莱尔米特
L' Isle , Claude de	克劳德·德·利斯勒
L' Isle, De	德·利斯勒
La Boullaye Le Gouz	拉布拉耶·勒古兹
La Boullaye Le Gouz, François de	弗朗索瓦·德·拉布拉耶·勒古兹
La Chaise, François de	拉雪兹
la Chapelle, M. De	M. 德·拉沙佩勒
La Loubère, Simon de	西蒙·德·拉·卢贝尔
la Magdalena , Augustin de	奥古斯丁·德·拉·马格达莱纳
la Piedad, Ivan de	伊万·德·拉比埃达
La Popelinière	拉波普里尼埃尔
La Rochelle	拉罗谢莱
la Rocque, Chevalier de	谢瓦利埃·德·拉罗奎
Laan, Johann van der	约翰·范·德·拉安
Lach,Alma	阿尔玛·拉赫
Lach, Donald F.	唐纳德·F. 拉赫
Laerzio, Alberto	艾伯特·拉吉欧
Laet, Joannes de	约翰尼斯·德·莱特
Lambert de La Motte, Pierre	皮埃尔·兰伯特·德·拉莫特
Lamoignon , M. De	M. 德·拉玛侬
Lamoignon, Guillaume de	纪尧姆·德·拉玛侬
Lancaster, James	詹姆斯·兰卡斯特
Laneau, Louis	路易·兰奈
Langenes, Barent	巴伦特·朗厄内斯
Langlois, Pierre	皮埃尔·朗格卢瓦
Lasso, Bartolemeu	巴托洛梅乌·拉索
Lavanha, João Baptista	若昂·巴蒂斯塔·拉文哈
Le Blanc, Marcel	马塞尔·勒布朗
Le Blanc, Vincent	文森特·勒布朗
Le Comte, Louis-Daniel	李明
Le Favre, Jacques	刘迪我
Le Febvre, Jacques	雅克·勒费弗尔
Le Gobien, Charles	郭弼恩
Le Marie, Jacob	雅各布·勒梅尔

le Roy, Gerard	杰拉德·勒罗伊
Le Tellier, Jean	让·勒特利耶
Le Tellier, Michel	米歇尔·勒特利耶
Leblanc, Marcel	马塞尔·勒布朗
Ledsma, Andres de	安德列斯·德·莱德斯马
Legrand, Louis	路易·勒格朗
Leibniz	莱布尼茨
Lencastre, Maria Guadalupe de	玛利亚·瓜达卢佩·德·兰卡斯特
Leon Pinelo, A. R.	A. R. 莱昂·皮内罗
Leonardo da Graça	列奥纳多·达·格拉萨
Leria, Giovanni Maria	乔万尼·玛丽亚·莱里亚
Letona, Bartolomé de	巴特洛梅·德·莱托纳
Li Chih-tsao	李之藻
Li Tzu-ch'eng	李自成
Libertinus, Karl	卡尔·利伯蒂努斯
Limehouse, John Davys	约翰·戴维斯·莱姆豪斯
Linhares	林哈里斯
Linschoten, Jan Huyghen van	扬·惠根·范·林斯乔坦
Lipp, Balthasar	巴尔塔萨·利普
Lo Hung-hsien	罗洪先
Locke, John	约翰·洛克
Lodewyckszoon, Willem	威廉·罗德维克松
Logan, Josias	约西亚·洛根
Lombard, Peter	彼得·龙巴德
Longobardo, Niccolo	龙华民
Lopes, Gregorio	格雷戈里奥·洛佩斯
López, Gregorio	罗文藻
Lopez-Gonzaga, Violetta	薇奥莱塔·洛佩斯—贡扎加
Lord, Henry	亨利·洛德
Loyola	罗耀拉
Lualdi, Michele Angelo	米歇尔·安杰洛·鲁阿尔迪
Luc De Laporte	卢克·德·拉波特
Lucaszoon, Philips	菲利普斯·卢卡斯逊
Lucena, João de	若昂·德·卢塞纳
Ludovico di Varthema	卢多维科·迪·瓦尔塔马
Ludovico Ludovisi	卢多维科·路德维希
Luís, Gaspar	加斯帕尔·路易斯
Lupercio	鲁浦西奥
Luther	路德
Ly Thanh, Denir	德尼尔·李圣

M

Ma San-chih	马新志
Ma Tai-loi	马泰来
Ma-Allé, Daën	达英·马阿莱
Macedo, Antonio	安东尼·马塞多

Martinello, Cechino	塞西诺·马丁内洛
Martini, Martino	卫匡国
Martins, Pedro	佩德罗·马丁斯
Martinz, Emanuel	伊曼纽尔·马廷兹
Mascarenhas, Jorge, Dom	堂·豪尔赫·马斯卡伦哈斯
Mascarhenas, Martins de, Dom	堂·马丁斯·德·马斯卡雷尼亚斯
Massa, Isaac	艾萨克·马萨
Massarella, Derek	德里克·马萨里拉
Massari, Dionisio	迪奥尼西奥·马萨里
Master, Streynsham	斯特里恩善姆·马斯特
Mastrilli, Marcello Francesco	马塞洛·佛朗西斯科·马斯特里利
Mastrilli, Marcello	马塞洛·马斯特里利
Matelief, Cornelis	科尼利斯·马塔利夫
Matos, Gabriel de	加布里埃尔·德·马托斯
Matthew of St. Joseph	圣若瑟的马修
Mauduit, Pierre	皮埃尔·莫德维
Maya, Matias de	马蒂亚斯·德·玛雅
Mayer, Johannes	约翰内斯·梅耶
Mayer, Johann	约翰·梅耶
Medaña y Neyra, Alvaro de	阿尔瓦罗·德·门达尼亚·尼拉
Medici, Ferdinando de'	费迪南多·德·美第奇
Medici, Marie de	玛丽·德·美第奇
Medina, Baltasar de	巴尔塔萨·德·梅迪纳
Medina, Luis de	路易斯·德·梅迪纳
Medina, Pedro de	佩德罗·德·梅迪纳
Megiser, Hieronymus	希罗尼默斯·梅吉塞尔
Meister, George	乔治·麦斯特尔
Mendaña	门达尼亚
Mendes, Pascoal	邱良厚修士
Mendez de Vasconcelos, Luis	路易斯·门德斯·德·瓦斯康塞洛斯
Mendoça, Fernando de	费尔南多·德·门多萨
Mendonça, Lourenço de	洛伦索·德·门多萨
Mendoza, Andrea Hurtado de, Don	堂·安德烈娅·乌尔塔多·德·门多萨
Mendoza, Juan Gonzáles de	胡安·冈萨雷斯·德·门多萨
Meneses, Aleixo de	阿莱绍·德·梅内塞斯
Meneses, Frey Aleixo de, Dom	堂·弗雷·阿莱绍·德·梅内塞斯
Menezes, Duarte de	杜阿尔特·德·梅内塞斯
Mentrida, Alonso de	阿隆索·德·门特里达
Mentzel, Christian	克里斯蒂安·门采尔
Mercati, Francesco	弗朗西斯科·莫卡蒂
Mercator, Gerhard	格哈德·墨卡托
Mericke, John	约翰·梅里克
Merklein, Johann Jacob	约翰·雅各布·梅克林
Methwold, William	威廉·梅思沃尔德
Meurs, Jacob van	雅各布·范·米尔斯
Meyer, Daniel	丹尼尔·梅耶

Michebourne, Edward	爱德华·米歇尔布恩
Middleton, David	大卫·米德尔顿
Middleton, Henry	亨利·米德尔顿
Mildenhall, John	约翰·米尔登霍尔
Milward, John	约翰·米尔沃特
Misquita, Manoel Iacome de	曼诺埃尔·亚科梅·德·米斯奎塔
Mocquet, Jean	让·莫凯
Moelre, Johan de	约翰·德·莫尔热
Monconys, Bathasar de	巴尔塔萨·德·蒙孔尼斯
Monghyr	蒙吉尔
Montanus, Arnoldus	阿诺尔德斯·蒙塔努斯
Monteiro, Jose, S. J.	何塞·蒙泰罗 S. J.
Montfalcon	蒙特法尔滚
Montilha, Francisco	弗朗西斯科·德·莫蒂尔哈
Moquet, Jean	让·莫盖
Moraga, Hernando de	赫尔南多·德·莫拉加
Morales, B. P. Francisco de	B. P. 弗朗西斯科·德·莫拉莱斯
Morales, Juan Bautista de	黎玉范
Morales, Louis de	路易·德·莫拉莱斯
Moreira, João Marques	若昂·马尔克斯·莫雷拉
Morejon, Pedro	佩德罗·莫雷洪
Moreri, Louis	路易·莫雷里
Morga, Antonio de	安东尼奥·德·莫尔加
Morrison, John	约翰·莫里森
Motilha, Francisco de	弗朗西斯科·德·莫蒂尔哈
Motta, Aleixo da	阿莱绍·达·莫塔
Moucheron, Balthasar de	巴尔塔萨·德·毛谢尔伦
Mun, Thomas	托马斯·门
Mundoff, Andrei	安德烈·曼多夫
Munilla, Martin de	马丁·德·穆尼利亚
Muñoz , Francisco	弗兰西斯科·穆尼奥斯
Munoz, Alonso	阿隆索·穆尼奥斯
Muttu Krishnappa	穆图·克里斯呐帕
Muttu Virappa	穆图·唯里帕

N

Nadg Ali Beg	纳德·阿里·伯格
Naim, C. M.	C. M. 纳伊姆
Nandabayin	莽应里
Narai	纳莱
Naresuan	纳黎萱（王）
Navarrete , Alfonso de	阿方索·德·纳瓦雷特
Navarrete, Domingo Fernandez	闵明我（真）
Navarrete, Pedro de	佩德罗·德·纳瓦雷特
Navarro, Pietro Paolo	彼得·保罗·纳瓦罗
Neck, Cornelis van	科尼利斯·范·内克

Neck, Jacob Van	雅各布·范·内克
Nedlitz , Gross	格罗斯·内德利茨
Neri, Philip	菲利普·内里
Newberry, John	约翰·纽贝里
Nguyen Phuc Chu	阮福澍
Nguyen Phuc-Tan	阮福坦
Nicapety Bandar	妮卡盘梯·班达尔
Nickel, Goswin	尼克尔
Nicolai, Eliud	厄里乌德·尼古拉
Nicols, William	威廉·尼克斯
Nicote, Jean	让·尼科特
Nierop, Dirck Rembrantszoon van	迪尔克·雷姆布拉特逊·范·尼罗普
Nieuhof, Johann	约翰·纽霍夫
Nispen, Adriaen van	阿德里安·范·尼斯潘
Noailles, Louis Antoine de	路易·安东尼·德·诺阿耶
Nobili, Robert de	罗伯特·德·诺比利
Noort, Olivier van	奥利维尔·范·诺尔特
Noort, Van	范·诺尔特
Noronha, Miguel de, Dom	堂·米格尔·德·诺罗尼亚
Nueva Cáceres（Camarines）	甘马粦
Nunes, Diogo	迪奥戈·努涅斯
Nuno Alvarez Botelho	努诺·阿尔瓦雷斯·博特略
Nur Mahal	努尔·玛哈
Nurhachi	努尔哈赤
Nuttall, Stephen	史蒂芬·纳托尔
Nuyts, Pieter	彼得·奴易兹
Nye, James	詹姆斯·奈

O

O'Brien, Katy	凯蒂·奥布莱恩
Oboi	鳌拜
Odoric of Pordenone	波代诺内的鄂多立克
Ogilby, John	约翰·奥格尔比
Olaffson, Jon	乔恩·奥拉佛逊
Oldenbarneveldt, Jan van	扬·范·奥尔登巴内费尔特
Olearius, Adam	亚当·奥利瑞乌斯
Olitz , Benjamin	本杰明·奥利茨
Oliva, Paulo	保罗·奥里瓦
Olivares	奥利瓦雷斯
Oliveira, Henrique Valente de	恩里克·瓦伦特·德·奥利维拉
Omura Yoshiaki	大村义明
Omura	大村
Ordóñez y Cevallos, Pedro	佩德罗·奥多涅兹·瑟瓦洛斯
Orfanel, Jacinto	哈辛托·奥法尼尔
Orfanel-Collado	奥法尼尔-科拉多
Orta, Garcia da	加西亚·达·奥尔塔

Piso, Willem	威廉·皮索
Plancius, Petrus	彼得·普兰修斯
Plutschau, Heinrich	海因里希·普吕超
Pococke, Edward	爱德华·波寇德
Polo, Marco	马可·波罗
Pomp, Dirck Gerritszoon	迪尔克·赫里特松·庞普
Pontanus, Johan Izaakszoon	约翰·伊萨克斯逊·庞塔纳斯
Pontchartrain, Jerome de	热罗姆·德·庞特夏特兰
Portman, Richard	理查德·波特曼
Poser, Heinrich von	海因里希·冯·波泽
Poulter, Cameron	卡梅伦·保尔特
Powell, Thomas	托马斯·鲍威尔
Praet, J. Du.	J. 杜·普拉特
Prasat Thong	帕拉塞·东
Prideaux, Humphrey	汉弗莱·普里多
Pring, Martin	马丁·普林
Proenza , Anton de	安东·德·普罗恩扎
Ptolemy	托勒密
Puente, José Martinez de la	何塞·马丁内斯·德·拉·普恩特
Pullapilly, Cyriac	西里亚克·普拉皮里
Purchas, Samuel	塞缪尔·珀切斯
Purificação, Miguel de	米格尔·德·普里菲卡桑
Pursglove, William	威廉·珀斯格洛夫
Pyrard, François	弗朗索瓦·皮拉尔德

Q

Quaeckernaeck, Jacob Janszoon	雅各布·杨松·奎科纳克
Quaeckernaeck, Jacob	雅各布·奎科纳克
Queyroz, Fernão de	费尔南·德·奎罗斯
Quiroga de San Antonio, Gabriel	加布里埃尔·基罗加·德·圣安东尼奥
Quiroga, Pedro de	佩德罗·德·基罗加
Quiros, Pedro Fernandez de	佩德罗·费尔南德斯·德·奎罗斯

R

Raghunatha Setupati	拉格诃纳撒·塞特帕蒂
Raja Sinha	辛哈国王
Raleigh	罗利
Rama Ragio	拉玛·拉吉欧
Ramusio	赖麦锡
Rangel, Miguel	米格尔·兰赫尔
Ravaillac	拉瓦伊阿克
Raven, Dirck Albertszoon	德克·阿尔伯兹逊·拉文
Read	里德
Reballosa, Jaime	雅米·罗萨
Rebelo, Gabriel	加布里埃尔·雷贝洛
Rechteren, Seyger van	塞格·范·雷基特伦

Rotman, Paul Alofszoon　保罗·阿洛弗斯逊·罗特曼
Rougemont, Francois de　鲁日满
Roy, Jacob Janssen de　雅各布·詹森·德·罗伊
Rubino, Antonio　卢安东
Rubruquis, William of　卢布鲁克的威廉
Ruggiero, Michele　罗明坚

S

Sá de Meneses, João Rodriguez de　若昂·罗德里格斯·德·萨·德·梅内塞斯
Sá e Lisboa, Frei Cristóvão de, Dom　堂·弗雷·克里斯托旺·德·萨·里斯博阿
Sá y Noronha, Constantino de　康斯坦丁诺·德·萨·诺洛尼亚
Sa, Constantino de, Dom　堂·康斯坦丁诺·德萨
Sa, Cristovao de　克里斯托弗·德·萨
Saar, Johann Jacob　约翰·雅各布·萨尔
Saccano, Metello　梅特洛·萨卡诺
Saeghman, Gillis Joosten　希利斯·约斯顿·萨厄格蒙
Saint Omer　圣奥梅尔
Sainte-Trinité, Philippe de　菲利普·德·圣三一
Sai-voung　世方
Salazar, Domingo de　多明戈·德·萨拉萨尔
Salbranche, Joseph　约瑟夫·萨尔布兰科
Saldanha, Antonio de　安东尼奥·德·萨尔达尼亚
Saldanhada , Ayres de　艾尔斯·德·萨尔达尼亚
Sambiasi　毕方济
San Agustín, Gaspar de　加斯帕尔·德·圣阿古斯丁
San Bernardino　圣贝纳迪诺
San Bernardino, Gaspar de　加斯帕尔·德·圣贝纳迪诺
San Felipe de Jesus　圣费利佩·德·耶旭
San Román de Ribadenyra, Antonio, Benedictine　安东尼奥·圣罗曼·德·里瓦德内拉本笃
Sandoval, Alonso de　阿隆索·德·桑多瓦尔
Sandoval, Francisco de　弗朗西斯科·德·桑多瓦尔
Sanson d' Abbeville, Nicolas　尼古拉·桑松·达布维尔
Santa Anna, Diogo de　迭戈·德·圣安娜
Santo Tomas　圣托马斯
Santori, Giulio Antonio　朱利奥·安东尼·圣托里尼
Sanvitores, Diego Luis de　迭戈·路易斯·德·桑维托雷斯
Saris, John　约翰·萨利斯
Sas, Jan　扬·萨斯
Sassetti, Carlo　卡洛·萨塞蒂
Schall von Bell, Johann Adam　汤若望
Schipano, Mario　马里奥·斯基帕诺
Schleusing , Georg Adam　乔治·亚当·舒略星
Schott , Andreas　安德里亚斯·斯科特
Schotte, Appolonius　阿波罗尼乌斯·斯科特
Schouten, Joost　朱斯特·斯考顿
Schouten, Willem Corneliszoon　威廉·科尼利斯逊·斯考顿

Schouten, Wouter	沃特·斯考顿
Schreck, Johann Terrenz	邓玉函
Schreyer, Johann	约翰·施赖尔
Schweitzer, Christoph	克里斯托夫·施威策尔
Schweitzer, Württemberger	武尔滕伯格·施威策尔
Scott, Edmund	艾德蒙·斯科特
Sebastiaenszoon, Gysbert	基斯伯特·塞巴斯蒂恩逊
Sébastian J. du Cambut	塞巴斯蒂安·J. 杜·卡布特
Sebastiani, Giuseppe di Santa Maria	朱塞佩·迪·圣玛丽亚·塞巴斯蒂亚尼
Sebastião de São Pedro	塞巴斯蒂安·德·圣彼得
Segerszoon, Pieter	彼得·塞格斯逊
Seignelay, Marquis de	马奎斯·德·塞涅莱
Semedo, Alvarez	曾德昭
Settle, Elkanah	埃尔卡纳·塞特尔
Sevin , Charles	查尔斯·塞万
Seys, Gillis	吉利斯·塞伊思
Sharpey, Alexander	亚历山大·沙比
Shen Ch'ueh	沈㴶
Shen, Zhijia	沈志佳
Sher Khan Lodi	谢尔·汗·洛迪
Sherely, Robert	罗伯特·舍勒里
Shimazu Yoshihiro	岛津义弘
Sibellius，Caspar	卡斯帕·西贝柳斯
Sicardo, José	何塞·西卡多
Silva y Figueroa, D. Garcia de	D. 加西亚·德·席尔瓦·菲格罗亚
Silva, Geronimo da, Don	堂·杰罗尼莫·达·席尔瓦
Silva, João da	若昂·达·席尔瓦
Silva, Juan de	胡安·德·席尔瓦
Silva, Pedro da	佩德罗·达·席尔瓦
Baeza, Pedro de	佩德罗·德·巴埃萨
Soete-Boom, Hendrik Jacobszoon	亨德里克·雅各布逊·苏特 - 布姆
Sola, Magino	马基诺·索拉
Solier, François	弗朗索瓦·索利埃
Solt, Paulus van	保卢斯·范·索特
Somer, Jan	杨·萨默
Sotelo, Luis	路易斯·索特洛
Sousa Coutinho , Antonio de	安东尼奥·德·索萨·科蒂迪尼奥
Sousa Coutinho, Manuel de	曼努埃尔·德·索萨·科蒂尼奥
Sousa, Antonio de	安东尼奥·德·索萨
Sousa, Luis de	路易斯·德·索萨
Sousa, Matias de	马蒂亚斯·德·索萨
Sousa, Mennese Manuel de	曼努埃尔·德·索萨·梅内塞斯
Sousa, Pedro Lopes de	佩德罗·洛佩斯·德·索萨
Spathar, N.G.	N. G. 斯帕塔尔
Specx, Cornelis	科尼利斯·施佩克斯
Specx, Jacob	雅各布·施佩克斯

Speelman, Cornelis	科尼利斯·斯皮尔曼
Spilbergen, Joris van	约里斯·范·斯皮尔伯根
Spinola, Carolus	卡罗勒斯·斯皮诺拉
Spitilli, Gasparo	加斯帕罗·斯皮泰利
Spon, Jacob	雅各布·斯庞
Spottiswood, John	约翰·斯波蒂斯伍德
Sprinckel, Victor	维克多·斯普林科尔
Spurway, Thomas	托马斯·思柏卫
St. Monica	圣莫妮卡
St. Vandrille, De	德·圣旺德里耶
Stafford , Robert	罗伯特·斯塔福德
Steele, Richard	理查德·斯蒂尔
Stevens, John	约翰·史蒂文斯
Stevens, Thomas	托马斯·史蒂文斯
Stockmans, Pieter	彼得·施托克曼斯
Stokram, Andries	安德里斯·斯多克兰姆
Streit	斯特赖特
Strobach, Augustian	奥古斯丁·斯特罗巴赫
Struys, Jan Janszoon	杨松·司徒鲁伊
Strype, John	约翰·斯特莱普
Suarez, Joseph	苏霖

T

T. Bentley Duncan	T. 本特利·邓肯
Tachard, Guy	塔夏德
Tadiya Teva	塔蒂亚·泰华
Tai Wen-pai	戴文伯
Tanner, Mathias	马蒂亚斯·塔纳
Tappen, David	戴维·塔彭
Tasman, Abel Janszoon	阿贝尔·杨松·塔斯曼
Tasman, Abel	阿贝尔·塔斯曼
Tavernier, Jean Baptiste	让·巴蒂斯特·塔韦尼耶
Tavernier, Jean-Baptiste	让 - 巴蒂斯特·塔韦尼耶
Tayde , Pedro de	佩德罗·德·泰德
Tchong, Sebastian Fernandes	钟巴相，原名钟鸣仁
Teixeira, João	若昂·特谢拉
Teixeira, Pedro	佩德罗·特谢拉
Teresa of Jesus	特丽萨·耶旭
Ternaux-Compans	泰尔诺·孔潘斯
Terry, Edward	爱德华·特里
Tetsuo Najita	奈地田哲夫
Thévenot, Jean de	让·德·特维诺
Thévenot, Melchisédech	玛尔什代锡·特维诺
Thomas , Antoine	安多
Thomas, St.	圣多默
Tiele , P.A.	P.A. 提勒

Tissanier, Joseph	狄若瑟
Toan Murayama	托安·村山富市
Tobolskov	托波尔斯科夫
Tokugawa Ieyasu	德川家康
Tokugawas	德川家族
Tommas a Jesu	托马斯·阿·耶稣
Tongerloo, Johannes	约翰内斯·童格鲁
Torquemada, Fray Juan de	弗雷·胡安·德·托尔克马达
Torquemada, Juan de	胡安·德·托尔克马达
Torres y Quesada, Antonio de	安东尼奥·德·托雷斯·奎萨达
Torres, Baltasar de	巴尔塔萨·德·托雷斯
Torres, Luis Vaez de	路易斯·瓦埃兹·德·托雷斯
Tosi, Clemente	克莱门特·托西
Toyotomi Hideyori	丰臣秀赖
Trigault, Nicolas	金尼阁
Trinh Tac	郑柞
Trinh Trang	郑梉
Tursellinus, Horatio	霍雷肖·图塞林努斯
Twist, Jonathan	乔纳森·特维斯特
Twist, Johan Van	约翰·范·特维斯特
Tycho Brahe	第谷·布拉赫
Urdaneta, Andres de	安德烈斯·德·乌尔达内塔
Ursinus, Johann H.	约翰·H.乌尔西努斯
Ursis, Sabatino de	熊三拔

V

Vachet, Benigne	贝尼涅·瓦谢
Vaez, Francisco	弗朗西斯科·瓦埃兹
Vagnone , Alfonso	高一志
Valentijn, François	弗朗索瓦·瓦伦廷
Valguarnera , Tomaso	托马索·瓦尔古尔内拉
Valignano	范礼安
Van Kley, Edwin	埃德温·范·克雷
Van Kley, Elaine	伊莱恩·范·克雷
Van Goens	范·昆斯
Vanderstappen, Harrie A.	范德本
Varen, Bernhard	伯恩哈德·瓦伦
Varese	瓦雷泽
Varthema	瓦尔塔马
Vas, Joseph	约瑟夫·瓦斯
Vaz, Joseph	约瑟夫·瓦斯
Veen, Cornelis van	科尼利斯·范·维恩
Veer, Gerrit de	赫里特·德·维尔
Vega, Lope de	洛佩·德·维迦
Velloso, Goncalo de S. Jose	贡萨罗·德·S.何塞·韦洛索
Veloso, Diogo	迭戈·贝洛索

Venkatapa	文卡塔帕
Vennip, Cornelis Janszoon	科尼利斯·杨松·维尼普
Ventimiglia, Antonio	安东尼奥·文堤米利亚
Verbiest, Ferdinand	南怀仁
Verburg, Nicolas	尼古拉斯·费尔勃格
Verhoeff ,Pieter Willemszoon	彼得·威廉斯逊·沃霍夫
Verhoeff, Pieter	彼得·威廉斯逊·沃霍夫
Verken, Johann	约翰·凡肯
Vermeulen, Gerret	赫雷特·弗穆伦
Verner,Coolie	库利·弗纳
Vespucci, Amerigo	亚美利哥·韦斯普奇
Vice, Roy	罗伊·韦斯
Vico, Antonio	安东尼奥·维科
Vieira, Sebastião	塞巴斯蒂昂·维埃拉
Vincelette, Tamara	塔玛拉·文斯兰特
Vincent de Paul	味增爵
Vincenzo Maria di Santa Caterina da Siena	文森佐·玛丽亚·迪·圣卡塔林那·达·锡耶纳
Vira Kerala Varma	维拉·喀拉拉·瓦玛
Vireau , P. G.	P. G. 维罗
Viscaino, Sebastian	塞巴斯蒂安·维斯开诺
Visdelou, Claude de	刘应
Vitelleschi, Mutio	穆蒂里奥·威特勒斯奇
Vivero, Rodrigo de, Don	堂·罗德里戈·维维罗
Vives, Juan Bautista	胡安·包蒂斯塔·维维斯
Vives, Juan Luis	胡安·路易斯·维维斯
Vlamingh, Willem Hesselszoon de	威廉·赫塞逊·德·弗拉明
Vliet, Jeremias Van	耶雷米亚斯·范·弗莱特
Voetius, Gijsbert	吉斯贝特·伏丢斯
Vogel, Johann Wilhelm	约翰·威廉·沃格尔
Vollant des Verquains	沃兰·德·韦尔坎
Voltaire	伏尔泰
Vremans, Giovanni	乔万尼·弗雷曼斯
Vries, David Pieterszoon de	大卫·彼德尔斯逊·德·弗里斯
Vries, Martin Gerritszoon	马丁·赫里特松·弗里斯
Vries, Simon de	西蒙·德·弗里斯

W

Waesberge, Jan van	扬·范·瓦斯伯格
Waghenaer, Lucas Janszoon	卢卡斯·杨松·瓦赫纳尔
Wagner, Johann Christoph	约翰·克里斯托夫·瓦格纳
Walaeus, Anton	安东·瓦留斯
Wang Shu-hua	王叔和
Warwijck, Wybrand van	韦麻郎
Wassenaer, Nicolaes van	尼古拉斯·范·瓦森纳
Webb, John	约翰·韦布
Weddell, John	约翰·韦德尔

地 名

A

Abulfatah	阿布尔法尔塔
Acapulco	阿卡普尔科
Acheh	亚齐
Agana	阿加尼亚（关岛）
Agen	阿让
Agra	阿格拉
Ajmer	阿杰米尔
Aleppo	阿勒颇
Ambalakat	安巴拉卡特
Amboina	安汶岛（旧译安波那）（印尼）
Amoy	厦门
Amphitrite	安菲西里特
Amsterdam	阿姆斯特丹
Amur River	阿穆尔河
Andalusia	安达卢西亚
Angers	昂热
Angkor Thom	吴哥通城（柬）
Anglo	安哥拉
Anjou	昂儒
Ankamali	安卡玛丽
Anlung	安龙县
Annam	安南
Annamite	安南山脉
Antioch	安条克
Antwerp	安特卫普
Aragon	阿拉贡
Arakan	阿拉干，又译若开
Archangel	阿尔汉格尔
Areppa	阿勒帕
Arevalo	阿雷瓦洛
Arima	有马（日本）
Arnhem	阿纳姆
Arras	阿拉斯（法）
Aru Island	阿鲁岛
Ascension	阿森松岛
Aschaffenburg	阿沙芬堡
Atallah	阿塔拉
Augsburg	奥格斯堡（德国）
Aurangzib	奥朗则布
Australia	澳大利亚
Ava	阿瓦
Aveiras	阿维拉斯

Aveiro	阿威罗（葡萄牙）
Avignon	阿维尼翁（法国东南部城市）
Ayut'ia	大城（泰国南部城市）

B

Babylon	巴比伦
Bachan	巴占岛（印尼）
Bacolod City	贝克鲁市（菲律宾）
Baghdad	巴格达
Bahrain	巴林
Bahrein	巴林
Bali	巴厘岛
Baltic	波罗的海
Banda	班达岛
Bandas	班达群岛
Bangka	邦加
Bangkok	曼谷
Banjarmasin	马辰（印尼）
Bantam	万丹
Barbosa	巴尔博萨
Barcelos	巴塞卢什
Bardez	巴尔代
Barlaam	巴拉姆
Baroda	巴罗达
Bassein	勃生
Batavia	巴达维亚
Batticaloa	拜蒂克洛
Batu	巴都
Bautzen	包岑
Bavaria	巴伐利亚
Bay of Campeachy	苏木精湾
Belgium	比利时
Belmonte	贝蒙特
Benares	贝纳勒斯
Bengal	孟加拉
Benkulen	明古连（印尼）
Benpara	班帕拉
Beppu	别府
Bergen	卑尔根
Berlin	柏林
Bern	伯尔尼
Berytus（Beirut）	贝利图斯（贝鲁特）
Biadju	比亚丢
Bisayan	米沙鄢群岛
Blackwell	布莱克韦尔
Blue Pepper Mountain	青胡椒山

Bohemia	波希米亚
Bohol	保和岛
Bologna	博洛尼亚
Bombay	孟买
Bordeaux	波尔多
Borneo	婆罗洲
Bornholm	博恩霍尔姆
Bossuet	波舒哀
Botero	博特罗
Bougainville	布干维尔
Bouillon	布永（比利时）
Braga.	布拉加（葡萄牙）
Bragança	布拉干萨
Brandenburg	勃兰登堡（德国）
Brescia	布雷西亚
Brest	布雷斯特（法国港市）
Breton	布雷顿
Broach	布罗奇
Bromsebro	布罗姆谢布罗
Bruges	布鲁日
Brunei	文莱
Brussels	布鲁塞尔（法）
Bungo	丰后
Buntuan	邦图安
Burgundy	勃艮第
Burhanpur	布尔汉布尔
Burman	缅甸
Buton	布通
Butung	布敦

C

Cadiz	加迪斯
Caen	卡昂
Cairo	开罗
Calais	加来（法国北部港市）
Calcutta	加尔各答
Calicut	卡利卡特
Callao	卡亚俄
Camara	卡马拉
Camarines	甘马粦
Cambaluc	汗八里（即元大都）
Cambay	坎贝
Cambodia	柬埔寨
Cambridge	剑桥
Camoëns	卡蒙斯
Cannanore	坎纳诺尔

Canterbury	坎特伯雷
Canton	广东
Cape Comorin	科摩林角
Cape Finisterre	菲尼斯特雷海角
Cape Horn	合恩角
Cape Verella	华列拉角
Cape York Peninsula	约克角半岛
Capul	卡普尔
Carigara	卡里加拉（菲律宾）
Carolines	加罗林群岛（太平洋）
Cathay	契丹
Cavite	甲米地（菲律宾）
Cebu	宿务
Celebes	西里伯斯岛（印尼）
Central Asia	中亚
Ceram	塞兰岛（印尼）
Ceylon	锡兰（斯里兰卡）
Ch'angshu	常熟
Chaldean	迦勒底
Chale	查利
Champa	占城
Chandernagore	昌德纳戈尔
Chandragiri	昌德拉吉里
Chang-chou	漳州
Chaturmukha（Phnom Penh）	金边
Chaul	朱尔
Cheju do	济州岛
Chekiang	浙江
Chiangchou	绛州（山西）
Chiating（Kiating）	嘉定
Chiench'ang	南昌
Chih-li	直隶
China	中国
Chittagong	吉大港（孟加拉）
Choisy	梭亚只
Chŏlla Province	全罗道
Chrysopolis	克利索波利斯
Clermont	克莱蒙特
Cochin	科钦
Cochin-China	交趾支那
Coimbra	科英布拉（葡萄牙）
Colin	科林
Cologne	科隆
Colombo	科伦坡
Combinatore	哥印拜陀
Congo	刚果

Constance	康斯坦茨
Constantinople	君士坦丁堡
Copenhagen	哥本哈根
Coromandel	科罗曼德尔（印度）
Coromandel coast	科罗曼德尔海岸（印度）
Coulam（Kottakulam）	库勒姆
Cracow	克拉科夫
Cranganore	僧急里
Cuenca	昆卡（西班牙城市）

D

Dacca	达卡
Damão	达曼
Damascus	大马士革
Danesborg	丹尼斯伯格
Dantur	丹图尔
Danzig	但泽
Dauphine	多芬
Dauphin	多芬
Deccan	德干高原
Deccan	德干
Delft	代尔夫特
Delhi	德里
Denver	丹佛
Deshima	出岛
Dharapuram	达拉普兰
Dianga	第安加（孟加拉）
Dieppe	迪耶普
Dijon	第戎
Dili	帝力
Dillingen	迪林根（德国）
Diu	第乌
Diwar	迪瓦尔
Dordrecht	多德雷赫特
Douai	杜埃
Downs	唐斯
Dresden	德累斯顿（德国）

E

East Indies	东印度群岛
Eatern Turkestan	东土耳其斯坦
Edapally	艾达布里
Edo	江户
Elephanta	象岛
Ende	英德岛（印尼）
Engano	恩加诺岛

England	英格兰（英国）
Enkhuizen	恩克赫伊曾
Erode	埃罗德
Espiritu Santo	圣埃斯皮里图
Ethiopia	埃塞俄比亚
Evora	埃武拉（葡萄牙）

F

Fai-fu	会安
False Cape	福斯角
Fermo	费尔莫（意）
Fiji	斐济
Fishery Coast	捕渔海岸
Flanders	佛兰德斯
Florence	佛罗伦萨
Flores	弗洛勒斯岛（印尼）
Fontainebleau	枫丹白露
Foochow	福州
Formosa	台湾
Fort St. George	圣乔治堡
Fort Zeelandia	热兰遮城
Fort-Dauphin	多芬堡
Frankenberg	弗兰肯伯格
Frankfurt	法兰克福
Frobisher	弗罗比舍
Fu-an	福安
Fukien	福建
Funai	大分
Fyn（Funen）	菲英岛

G

Galle	加勒（斯里兰卡西南部港市）
Gambroon	甘布龙布
Gandeuee（Gandevi）	甘德维（苏拉特之南的一座城市）
Ganges delta	恒河三角洲
Ganges	恒河
Garhwal	噶瓦尔
Genoa	热那亚
Ghats	高止山脉（印度）
Gibraltar	直布罗陀
Gilolo	吉洛洛岛（印尼）
Gingee	京吉
Glanius	格拉尼乌斯
Glückstadt	格吕克施塔特
Goa	果阿
Goede Hoop（Niuafo'ou）	哥特霍布（纽阿福欧岛）

Gokarna	戈卡那
Golconda	戈尔康达（印度）
Gotland	哥特兰
Goto Islands	五岛
Gouda	古达
Granada	格拉纳达
Grand Rapids	大瀑布市
Grenoble	格勒诺布尔
Grond	格伦德岛，太平洋岛屿
Guam	关岛
Gujarat	古吉拉特
Gulf of Carpentaria	卡奔塔利亚湾
Gulf of Siam	暹罗湾

H

Haarlem	哈勒姆（荷兰）
Hague	海牙
Hakata	博多
Halle	哈勒
Hamburg	汉堡
Hanau	哈瑙
Hangchow	杭州
Hannover	汉诺威
Hanoi	河内
Hardwar	赫尔德瓦尔
Harlem	哈莱姆
Hawaiian Islands	夏威夷群岛
Heliopolis（Baalbek）	赫利奥波利斯（巴勒贝克）
Hertogenbosch	贺托根布希
Hien	轩（港）
Hierapolis	希拉波里斯
Higo	肥后
Hirado	平户
Hokkaido	北海道
Hollandia	荷兰迪亚
Holstein	霍尔施坦因
Honavar	霍纳沃尔
Honden	宏登岛，荷兰人命名的太平洋岛屿
Hondius	霍迪斯
Honfleur	翁弗勒尔
Honshu	本州
Hoorn	霍伦（荷兰）
Hoornsche Islands	霍恩群岛
Hue	顺化
Hugli river	胡格利河
Hugli	胡格利

| Hukwang | 湖广省 |
| Humayun | 胡马雍 |

I

Iberia	伊比利亚
Idalcan	艾德尔坎
Ikkeri	伊喀利
India Ocean	印度洋
India	印度
Indochina	印度支那
Indonesia	印度尼西亚
Ingolstadt	因戈尔施塔特
Insulindia	海岛东南亚
Ionck Hollandt	新荷兰
Ispahan	伊斯法罕
Isthmus of Panama	巴拿马海峡

J

Jaen	哈恩（西）
Jaffna	贾夫纳
Jaffnapatam	贾夫纳帕塔姆
Jakatra	雅加达
Japara	贾帕拉（印尼）
Jask	贾斯克
Java	爪哇
Jena	耶拿
Jerusalem	耶路撒冷
Jiliwong River	芝里翁河
Johore	柔佛州
Jolo	霍洛岛（菲律）
Jortan（Jaratan）	苏吉丹（贾拉坦）
Josaphat	乔萨发特
Junnar	朱纳尔
Jutland	日德兰

K

Kalgetty	卡尔格蒂
Kalmar	卡尔马
Kanara	卡纳拉
Kandy	康提
Kanglaga	卡加拉
Karwar	卡沃
Kasimbazar	克辛巴札
Katthia Bay	卡西亚湾
Keelung	基隆
Khanbaligh	汗八里

Kiangsi	江西
Kiel	基尔（德意志联邦共和国北部港市）
Kolei	克雷
Korean	朝鲜
Kotte	科特市（斯里兰卡）
Krakatoa	喀拉喀托（印尼）
Kuttur	喀拉拉邦
Kwangtung	广东
Kwanto	关东
Kweichow	贵州
Kyoto	京都
Kyushu	九州

L

La Popelinière	拉波普里尼埃尔
La Puebla	普埃布拉（墨西哥中部偏东的一个州）
Ladakh	拉达克
Ladrones	拉德龙群岛（太平洋）
Lahore	拉合尔
Languedoc	朗基多克
Lan-tao	蓝涛岛
Laos	老挝
Larantuka	拉兰图卡
Laval	拉瓦勒（法国）
Le Havre	勒阿弗尔
Le Maire's strait	勒梅尔海峡
Leghorn（Livorno）	里窝那
Leipzig	莱比锡
Lemos	莱莫斯（西班牙）
Lerma	莱尔玛
Lesser Sundas	小巽他群岛
Levant	黎凡特
Leyden	莱顿
Leyte	莱特岛
Liaotung	辽东
Lille	里尔
Lima	利马
Lisbon	里斯本
Liu-ch'iu Islands	琉球群岛
Livorno	里窝那（意大利）
Lombardy	伦巴第
Lombok	龙目岛
Lorient	洛里昂
Louvain	卢万
Louvois	卢瓦
Luzon	吕宋岛

Lycia	吕基亚
Lyons	里昂

M

Macao	澳门
Macerata	马切拉塔
Madagascar	马达加斯加
Madraspatam	马德拉斯帕塔姆
Madras	马德拉斯（印度港市）
Madrid	马德里
Madura	马杜赖
Magindanau	马京达瑙
Mainz	美因茨（德国）
Makassar	望加锡
Makian	马基安（印尼）
Malabar	马拉巴尔
Malacca	马六甲
Maldives	马尔代夫
Male	马累
Malines	马林
Malmo	马尔默
Malouin	马路安
Mana Pass	马纳山口
Manaar	马纳尔
Manado	万鸦老（印度尼西亚苏拉威西岛东北岸港市）
Manapore	马纳坡
Mandalay	曼德勒
Mangalore	芒格洛尔（印度西南部港市）
Manila	马尼拉
Mannar	马纳尔（在印度半岛南端和岛国斯里兰卡之间）
Mantotta	曼堂塔
Mantua	曼图亚
mar del sur	南洋
Marava	马拉瓦
Marianas	马里亚纳群岛
Marseilles	马赛
Martaban	马达班（缅甸）
Massulapatam（Masulipatam）	马苏利帕塔姆（印度）
Mataram	马打兰（印尼）
Matsumae	松前（日本）
Maug	茂格岛
Maurice	莫里斯
Mauritius Island	毛里求斯岛
Mauritius	毛里求斯
Mazarin	马萨林
Mecca	麦加

Meissen	迈森
Mekong	湄公河
Menam	湄南河
Mendana	门达尼亚
Mergui	丹老（又译墨吉）
Metellopolis（Medele）	梅特洛波利斯
Mexico	墨西哥
Middelburg	米德尔堡（荷兰）
Milddelburg	米德尔堡
Mindanao	棉兰老岛
Miyako	宫古
Mocha	摩卡（也门）
Moluccas	马鲁古群岛（又译摩鹿加群岛）（印尼）
Mongal Land	蒙古高原
Montpelier	蒙彼利埃
Moravian	摩拉维亚
Moros	莫罗群岛
Morotai	莫罗泰（印尼）
Mount Ararat	亚拉腊山
Mount Fuji	富士山
Mo-yang	穆阳（位于福建福安）
Mozambique	莫桑比克
Mrauk-u	妙乌
Muni	穆尼（位于马拉瓦）
Münster	明斯特
Muscat	马斯喀特
Mutsu	陆奥
Mylapore	美勒坡
Myra	迈拉
Mysore	迈索尔

N

Nagasaki	长崎
Namur	那慕尔（比利时）
Nan-ao	南澳岛
Nanch'ang	南昌
Nanking	南京
Nantes	南特
Naples	那不勒斯
Nassau	拿骚
Neapolitan	那不勒斯
Negapatam	讷加帕塔姆
Negombo	尼甘布
Negros	内格罗斯岛
Neira	奈拉岛（印尼）
Neri	奈里

New Britain　　　　新不列颠
New Castile　　　　新卡斯蒂利亚
New Guinea　　　　新几内亚岛
New Hebrides　　　新赫布里底群岛
New Zealand　　　　新西兰
Nhon-duc　　　　　仁德港
Nichiren　　　　　日莲
Nicobar Islands　　尼科巴群岛（印度）
Nicobars　　　　　尼科巴
Ningpo　　　　　　宁波
Normandy　　　　　诺曼底
Norway　　　　　　挪威
Norwich　　　　　　诺里奇
Nueva Segovia（Cagayan）　新塞哥维亚（卡加延）
Nuremberg　　　　纽伦堡

O

Oesel　　　　　　欧塞尔
Onor　　　　　　　乌奴耳
Ophir　　　　　　俄斐
Oporto　　　　　　波尔图（葡萄牙港市）
Oppenheim　　　　奥本海姆
Orange　　　　　　奥兰治
Ormuz　　　　　　霍尔木兹
Osaka　　　　　　　大阪
Oshu　　　　　　　奥州
Ossa　　　　　　　奥萨

P

Padang　　　　　　巴东
Padmanabha　　　　帕德玛那巴
Padua　　　　　　　帕多瓦
Palawan　　　　　　巴拉望岛（菲律宾西部）
Palk Strait　　　　保克海峡
Pamban　　　　　　班本
Pampanga　　　　　邦板牙
Pamplona　　　　　潘普洛纳（西班牙）
Panama　　　　　　巴拿马
Panay　　　　　　　班乃岛
Pangasinan　　　　邦阿西楠
Paraguay　　　　　巴拉圭
Paravan　　　　　　帕拉旺
Paris　　　　　　　巴黎
Pasig　　　　　　　帕西格
Patani　　　　　　北大年
Patna　　　　　　　巴特那

Pegu	勃固（缅甸）
Peiresc	佩雷斯克
Pembroke	彭布鲁克
Periapatam	皮尔利亚帕塔姆
Perigueux	佩里格
Persia Gulf	波斯湾
Persia	波斯
Peruvian	秘鲁的
Peru	秘鲁
Pescadores Islands	澎湖列岛
Pescadores	澎湖列岛
Philippines	菲律宾群岛
Phnom Penh	金边
Piedade	彼达迪
Pipli	比布利
Plantin	普兰汀
Playa Honda	宏达海滩
Pondicherry	本地治里
Pont-à-Mousson	蓬塔穆松
Poona	波那
Port-Louis	路易港
Portugal	葡萄牙
Potala Palace	布达拉宫
Prevost	普雷沃斯特
Priaman	普里阿曼（印尼）
Pulau Ai	艾岛（印尼）
Pulau Condore	昆仑岛
Pulau Run	伦岛（印尼）
Pulicat	普利卡特
Punical	普尼卡尔
Pyǒng'-yǒng	平壤

Q

Quelpaerts（Cheju）Island	济州岛
Quilon	奎隆

R

Rachol	拉齐奥（印度的一个地方名）
Ragusa（Dubrovnik）	拉古萨（杜布罗夫尼克）
Ramesvaram	拉梅斯沃勒姆
Ramnad	拉姆纳德
Regensburg	雷根斯堡（德意志联邦共和国东南部城市）
Rennes	雷恩
Rochefort	罗什福尔
Rota	罗塔岛
Roti	罗堤

Rotterdam　　鹿特丹

Rouen　　鲁昂

Russia　　俄罗斯

S

Saint-Germain　　圣日耳曼

Saint-Malo　　圣 - 马洛

Saipan　　塞班岛（加罗林）

Sakam　　萨坎姆（台湾南部，荷兰人买下的一块地方）

Sakhalin　　库页岛

Salamanca　　萨拉曼卡

Salisbury　　索尔兹伯里

Salsette　　撒尔塞特岛

Samarkand　　撒马尔罕

Samar　　萨马岛

Sambas（Sambers）　　三发（印尼）

San Bernardino Straits　　圣贝纳迪诺海峡

San Thomé　　圣多默（印度）

Sangihe　　桑义赫

Saragossa　　萨拉戈萨（西班牙）

Satsuma　　萨摩（日本）

Satyamangalam　　萨蒂亚芒加兰

Savu　　萨武

Saxony　　萨克森

Scandinavia　　斯堪的纳维亚

Scania　　斯堪尼亚

Scotland　　苏格兰

Seine　　塞纳河

Sekigahara　　关原

Sendai　　仙台

Seoul　　汉城，今译首尔

Serra　　塞拉（即圣多默基督教徒所在的内陆山区）

Sesa　　塞萨

Sesimbra　　塞辛布拉（葡萄牙）

Seville　　塞维尔

Shahjahanabad　　沙贾汉纳巴德（德里）

Shang-ch'uan（or St. John's Island）　　上川岛（或圣约翰岛）

Shanghai　　上海

Shansi　　山西

Shantung　　山东

Shaochou　　韶州

Shensi　　陕西

Shimabara　　岛原

Shiraz　　设拉子

Siam　　暹罗（泰国的旧称）

Sian　　西安

Siau	锡奥
Siberian	西伯利亚
Sika	锡卡
Sillida	西尔里达
Simancas	希曼卡斯
Sind	信德
Siruvalli	西路瓦利
Sitavaka	斯塔瓦卡
Sivadarma	西瓦达尔马
Sivaji	西瓦吉
Siva	湿婆
Soepra	索伊帕
Solomon Islands	所罗门群岛
Solor	索洛岛
Spice Island	香料岛
Spiceries	香料群岛
Spitzbergen	斯匹次卑尔根群岛
Srinagar	斯利那加（南亚克什米尔西部城市）
St. Helena	圣赫勒拿岛
St. Jago	三貂
St. Paul Islands	圣保罗群岛
St.John's Island	圣约翰岛
Staten Island	斯塔腾岛
Straits of Magellan	麦哲伦海峡
Strassburg	斯特拉斯堡
Stuart	斯图尔特
Sukadana	苏卡达纳
Sulu Sea	苏禄海
Sulu	苏禄岛
Sumatra	苏门答腊
Sumba	松巴
Sumbava	松巴哇岛
Surat	苏拉特
Surinam	苏里南
Susuhunan	苏苏胡南
Sutlej	萨特累季河（南亚）
Syriam	沙廉或译锡里安（缅甸南部港市）
Szechwan	四川省

T

Table Bay	桌湾（位于南非开普敦）
Tabukan	塔布坎
Tafahi（Cocos）	塔法希岛（汤加）
Tagus	塔霍河
Tainan	台南
Talikota	达利戈达

Tamsui	淡水（台湾地区）
Tana	塔纳（印度）
Tanjore	坦焦尔
Tasmania	塔斯曼尼亚岛
Tasman	塔斯曼
Tattuvanchari	塔图凡查理
Taumotu	土阿莫土
Taytay	泰泰（菲律宾）
Tegenpatam	特根帕塔姆
Tello	特略
Tenasserim	丹那沙林（缅甸）
Ternate	德那地（印度尼西亚）
terra australis	未知的南方大陆（澳大利亚）
Texel	特塞尔
Thames	泰晤士
Thana	塔纳
the Gulf of Cambay	坎贝湾
The North Sea	北海
Tibet	西藏
Tidore	蒂多雷
Tierra del Fuego	火地岛
Tiku	蒂库（印尼）
Timor	帝汶
Tingtow	汀头（福安市的一个小村庄）
Tinnevelly（Tirunelveli）	蒂鲁内尔维利
Tiruchirapalli	蒂鲁吉拉伯利
Tirumala	蒂鲁马拉
Tirumangalam	蒂鲁门格勒姆
Toledo	托莱多
Tomar	托马尔
Tonga group	汤加群岛
Tongking	东京（越南北部一地区的旧称）
Topo	托波
Torres Strait	托雷斯海峡
Tosa	土佐
Toulouse	图卢兹（法国）
Toungoo	东吁（缅甸）
Tourane	土伦
Tournai	图尔奈
Tours	图尔
Toyotomi	丰富（日本）
Tranquebar	德伦格巴尔（印度）
Travancore	特拉凡科尔
Trent	特伦多
Trichandur	特里坎杜尔
Trincomalee	亭可马里

Troyes	特鲁瓦
Tsaparang	阿里土林
Tuban	图班
Tübingen	图宾根
Tuileries	杜乐丽
Tunata	图纳塔
Turfan 或 T'u-lu-fan	吐鲁番
Turin	都灵
Tursellinus	图塞林努斯
Tuscany	托斯卡纳
Tuticorin	杜蒂戈林
Tyrol	蒂罗尔

U

Udong	乌东
Ulm	乌尔姆
Uraga	浦贺港
Urrattur	乌拉图尔
Usuki	臼杵
Utrecht	乌得勒支

V

Vagai River	瓦吉河
Vaipocota	瓦伊庞康塔
Valdemora	巴尔德莫拉
Valencia	瓦伦西亚（西班牙）
Valenciennes	瓦朗谢讷
Valikandapuram	瓦力坎达普拉姆
Valladolid	巴利亚多利德（西班牙）
Valparaiso	瓦尔帕莱索
Venice	威尼斯
Vera Cruz	维拉克鲁兹（葡萄牙）
Verapoly	维拉波利
Verraders（Niuatoputapo）	纽阿托普塔普岛
Versailles	凡尔赛（法国北部城市）
Vienna	维也纳
Vienne	维埃纳（法国）
Vijayanagar	胜利城
Villahermosa	比利亚埃尔莫萨（西班牙）
Villambrosa	维拉姆布罗萨
Visayas	维萨亚斯
Vitré	维特雷
Vliegen	弗里根岛
Vlissingen	弗利辛恩

W

Waterland	望特兰岛
Westphalia	威斯特伐利亚
Winsheim	拜仁
Wittenberg	威登堡
Wolfenbüttel	沃尔芬布特尔
Wormerveer	沃尔默费尔
Würzburg	维尔茨堡

Y

Yemen	也门
Yenisey River	叶尼塞河
Yezo	虾夷（日本）
Yosu	丽水
Yverdon	伊韦尔东

Z

Zamboanga	三宝颜
Zamorin	扎莫林
Zaragoza	萨拉戈萨（西班牙）
Zealand	西兰岛
Zeelandia	热兰遮
Zeeland	泽兰省
Zonder	宗德尔岛
Zoroaster	琐罗亚斯德
Zuider Zee	须得海
Zurich	苏黎世

著作名

A

A Briefe Discourse of the Strength, Wealth, and Government, with Some Customs of the Great Mogul	"大莫卧儿帝国的实力、财富、政府和部分风俗的述略"
A Collection of Voyages and Travels	《航海记和游记集成》
A Discourse of the Trade Winds, Breezes, Storms, Seasons of the Year, Tides and Currents of Torrid Zone throught the World	"论一年中的信风、微风、暴风，世界热带地区的潮与流"
A Discourse of Trade from England into the East Indies	《论从英格兰到东印度群岛的贸易》
A Geographicall and Anthropologicall Description of Empires and Kingdoms	《帝国和王国的地理和人种概览》
A Letter Written to the Right Worshipfull the Governours and Assistants of the East Indian Merchants in London	《致尊贵的总督和东印度商人驻伦敦助理的一封信》

A New Voyage Round the World　《新环球航海记》
Anglo-Spanish peace　《盎格鲁—西班牙和平协议》
A Pithy Description of the Chiefe Ilands of Banda and Moluccas　《班达主岛与马鲁古群岛要述》
A Regiment for the Sea, Containing Very Necessary Matters for All Sort of Seamen and Travellers ... Whereunto is Added a Hidrographicall Discourse to go unto Cattay, Five Severall Wayes　《一个海团，包括各种水手和旅行者的必需品……附加一篇通往契丹的五条通道的论文》
A Relation of Some Yeares Travaile　《多年旅行记》
The Art of Graveing and Etching　《雕刻和蚀刻的艺术》
A True and Large Discourse of the Voyage of the Whole Fleet of Ships Set Forth the 20. of April 1601. by the Gouvernours and Assistants of the East-Indian Merchant in London, to the East Indies ...　《1601 年 4 月 20 日派出舰队的航海纪实》
A True Relation Without All Exceptions of Strange and Admirable Accidents which Lately Happened in the kingdom of the Great Magor or Mugul, Who is the Greatest Monarch in the East Indies, ad also with a True Report of the Manners of the Country ...　《莫卧儿帝国近事的绝对纪实》
A View of the English Acquisitions in Guiana and the East Indies　《英国在圭亚那和东印度群岛的收获梗概》
A Voyage to New Holland　《新荷兰航海记》
A Voyage to Surat　《苏拉特游记》
Abridged Theory of Measures of the Sky　《测天约说》
Accord of 1619　《1619 年协定》
Acta Eruditorum　《学术学报》
Annuae litterae　《年度书简》
Annuae　《年度书简》
Apologia　《辩解书》
Arbitrios　《税收》
Asia Portuguesa　《亚洲葡萄牙人》
Asiae nova descriptio　《新亚洲述略》
Atlas Chinensis　《中国地图册》
Atlas major, sive cosmographia Blauiana, qua solum, salum, coelum, accuratissime describunt　《大地图集》
Atlas Minor　《小地图集》
Australische Navigatien　《澳大利亚航行》

B

Begin Ende Voortgangh, Van de Vereenighde Nederlantsche Geoctroyeerde Oost-Indische Compagnie　《荷兰联合省东印度公司的创始和发展》
Begin ende voortgangh　《荷兰联合省东印度公司的创始和发展》
Beschreibung der chinesischen Besandschaft　《中国形势述录》
Beschrijving van Guseratte　《古吉拉特纪实》

Beschry van Amsterdam	《阿姆斯特丹纪实》
Beschryvinghe vande voyagie	《环球航海记》
Breve discurso en que se cuento la conquista del Reyno de Pegu	《东印度勃固征服简述》
Breve y verdadera relación de los sucesos del Reyno de Camdoxa	《柬埔寨王国纪要》
Brevis relatio de numero,& qualitate christianorum apud Sinas	《中国基督徒的数量和质量》
Brief Account of Taiwan	《台湾小记》
Brief Account of the Great Kingdom of China	《中国述略》

C

Capitoli della navigatione all'Indie orientale della Compagnia di Genova	《热那亚东印度公司环球航行章程》
China illustrata	《中国图志》
Christian revelation	《启示录》
Collection of Voyages	《航海大全》
Comedia	《喜剧》
Commentaries of Ricici	《利玛窦中国札记》
Commentarios do Grande Capitão Ruy Freyre de Andrade	《鲁伊·费雷耶尔·德·安德拉德船长传略》
Compendio de las historias de los descubrimientos, conquistas, y guerras de la India Oriental y sus islas	《东印度及其周边岛屿的发现、征服和战争的历史概要》
Concerning the Commerce of the Dutch in China and Japan	"论荷兰在中国和日本的商业"
Confucius sinarum philosophus,sive scientia sinensis,latine exposita...	《中国哲学家孔子——用拉丁文解释中国人的智慧》
Confucius Sinarum philosophus	《孔夫子：中国哲学家》
Conquest of Ceylon	《征服锡兰》
Conquista de las islas Philipinas	《菲律宾群岛之征服》
Consquista de las isles Malucas	《马鲁古群岛之征服》
Continuatio historiae sinensium	《中国历史续编》
Corte beschrijvinghe van het ghetal ende ghelegent vande forten	《城堡的数量和位置述略》
Coryate's Crudities	《科里亚特旅行纪实》

D

D'eerste boeck	《东印度史》第一卷
De bello tartarico historia	《鞑靼战纪》
De christiana expeditione apud sinas	《基督教远征中国史》
De christiana expeditione	《基督教远征中国史》
De conversione Indorum et Gentilium	《印度人和异教徒的皈依》
De gedenkwaerdige voyagie van Gerret Vermeulen naar Oost-Indien	《赫雷特·弗穆伦东印度旅行记》

De Imperio Magni Mogolis, sive India vera commentarius e varijs auctoribus congestus	《众人笔下的真实印度——莫卧儿帝国面面观》
De indiae utriusque re naturali et medica	《印度的自然和医学》
De Indiarum Iure	《印度的法律》
De iusto imperio lusitanorum asiatico	《亚洲的葡萄牙公正政府》
De las cosas, y costumbres de los Chinos, Japones, Turcos y otras naciones del Asia	《论中国、日本、土耳其和亚洲其他国家的习俗》
De legatione evangelica Indos capessenda admonition	《印度福音传道记述》
De medicina Indorum	《印度医学》
De open-deure tot het verborgen heydendom	《走进玄奥的异教世界》
De procuranda salute ominium gentium	《确保国家安全》
De ritibus sinesium	《中国礼仪》
De veritate religionis Christianae	《基督教真理》
Décadas da Ásia	《亚洲旬年史》
Decadas	《旬年史》
Décadas	《旬年史》
Decas secunda	《中国上古史》
Declaracam de Malaca e India meridional com o Cathay	《关于马六甲、南印度和契丹的声明》
Defense des nouveaux chrestiens et des missionaires de la Chine, du Japon, et des Indes	《中国、日本和印度的新基督徒和传教士的抗辩书》
Dell'India Orientale descrittione geografica et historica	《东印度地理和历史》
Delle Missioni	《耶稣会神父日本教省传教记》
Der orientalisch-indianische Kunst- und Lust-Gärtner	《东方印度园艺师》
Descobrimento e conquista da India por D. Manuel I	《曼努埃尔一世发现和征服印度》
Descripcion de las Indies Occidentales	《西印度群岛记述》
Description of the Empire of China or Ta Ch'ing	"中华帝国或大清王朝纪实"
Description of the Kingdom of Siam	《暹罗王国概览》
Dialogos do sitio de Lisboa	《关于里斯本位置的对话录》
Diarium oder Journal	《日记或日志》
Diarium, Oder Tagebuch	《日记或日志》
Die Gesandtschafft der Ost-Indischen Geselschaft in den Vereinigten Niederlandern an den tartarischen Cham und nunmehr auch sinischen Keiser	《荷兰联合省东印度公司出使大清帝国》
Die Gesantschaffen An Die Keiser van Japan	《荷兰东印度公司特使觐见日本天皇实录》
Discours du voyage des françois aux Indes Orientales	《法国人东印度旅行记》
Discours ende cort verhael van't eylant Formosa	《台湾岛志略》
Discourse to the Honorable Directors Toutching the Netherlands Indies State	《关于荷属印度地区致尊敬主管们的讲话》

General Description of India	《印度综览》
Generale Beschrijvinge van Indien ... Door Johan van Twist	《约翰·特威斯特的印度概述》
Giappone	《日本》
Giro del Mondo	《环游世界》
Grands voyages	《大航海纪》
The Greatness of Cities	《伟大的城市》

H

Hakluytus Posthumus	《哈克路特后书》(《珀切斯游记大全》的别称)
Herbario nuovo	《新腊叶集》
Het tweede boeck, journael oft dagh-register inhoudende een warachtich verhael...	《荷兰人东印度航海日志》第二部
Histoire d'une dame chrétienne de la Chine	《一位中国基督徒夫人传略》
Histoire de ce qui s'est passé à la Chine	《中国历史》
Histoire de l'édit de l'empereur de la Chine	《中国帝王宗教法令史》
Histoire de la cour du roy de la Chine	《中国宫殿史》
Histoire de la dernière revolution des états du Gran Mogul	《大莫卧儿诸邦最后的革命史》
Histoire de Mons. Constance, premier ministre du roi de Siam	《暹罗国首席大臣康斯坦斯传》
Histoires des choses plus mémorables advenues tant ez Indes Orientales que autres païs de la descouverte des Portugais	《难忘的东印度历险》
Histoire des drogues	《药材史》
Histoire des Sevarambes	《塞瓦兰人的历史》
Histoire du Grand Tamerlane	《帖木儿史》
Histoire du massacre	《大惨败史》
Histoire ecclésiastique	《基督教历史》
Histoire universelle des Indes Orientales et Occidentales	《东印度群岛和西印度群岛通史》
Histoires des choses plus mémorables advenues tant ez Indes Orientales que autres païs de la descouverte des Portugais	《发生在东印度和葡萄牙人发现的其他地区的让人难忘的事情的记录》
Historia cultus sinesium	《中国仪礼史》
Historia de la conquista de la China por el Tartaro	《鞑靼入侵中国史》
Historia de la provincia de Filipines de la Companyia de Jesus : 1581-1606	《耶稣会菲律宾教省的历史：1581年—1606年》
Historia de la Provincia del Santo Rosario de la Orden de Predicadores en Filipinas, Japón y China	《多明我会圣玫瑰省在菲律宾、日本和中国的传教史》
Historia de las islas archipiélago Filipino y reinos de la gran China, Tartaria, Cochin-China, Malaca, Siam, Cambodge y Japon	《东方诸国志》

Historia de las islas de Mindanao, Iolo, y sus adyacentes. Progressos de la religion y armas catolicas	《棉兰老岛、霍洛岛及其周边的历史：天主教传教历程》
Historia de las missiones … en la India Oriental … China y Iapón	《东印度、日本和中国的耶稣会传教史》
Historia del regno di Voxu del Giappone	《日本幕府统治的历史》
História do Malavar	《马拉尔历史》
Historia ecclesiastica de los sucessos de la christiandad en Japon, desde … 1602 … hasta … 1622	《基督教在日本的历史：从 1602 年到 1622 年》
Historia general de los hechos de los Castellanos en las islas y tierra firme del Mar Oceano	《卡斯蒂利亚岛通史》
Historia Japonensis anni MDCXXIV	《1624 年的日本》
Historia y viages del mundo	《世界旅行记》
Historiarum indicarum	《印度史》
Historica narratio	《历史存证》
Historisch verhael alder ghedenck-weerdichste geschiede-nisse，Historisch verhael alder ghedenck-weerdichste geschiedenisse, die hier en daer in Europa,als in Duijtsch-lant, Vranckrijck, Enghelant, Spaengien, Hungarijen, Polen, Sevenberghen, Wallachien, Moldavien, Turckijen en Neder-lan	《欧洲历史要事录》
Historischer Bericht（全名为：*Historischer Bericht was sich dem grossen unnd nun je lenger je mehr bekandten Königreich China … [1611]*）	《历史报告》
History of China	《中华大帝国史》
History of Japan	《日本历史》
History of Occidental Astronomers	《西洋天文学家史》
History of the Church of Malabar	《马拉巴尔教会历史》
Hollandtsche mercurius	《荷兰信使》
Hortus indicus malabaricus	《印度马拉巴尔植物志》
Hortus malabaricus	《印度马拉巴尔植物志》
Hydrographia	《海道》
Illustre certamen	《杰出的较量》
Imperial Gazette	《邸报》
Index of Forbidden Books	《禁书目录》
India orientalis	《东印度》
Indianische newe Relation	《新印度记》
Innocentia Victrix	《无罪获胜》
Itinerario	《林斯乔坦葡属东印度航海记》
Itinerario da India por terra ate este teino de Portugal	《从葡萄牙到印度的旅程》
Itinerario de las missiones	《传教路线》

Itinerario（Ludovico di Varthema 撰）　《旅程》
Itinerarium orientale　《东方纪行》

J

Jardim dos Pastores　《牧人花园》
Javaensche reijse gedaen van Batavia over　《爪哇行记：从巴达维亚经三宝垄至马打兰皇
Samarangh na de konincklijcke hoofdplaets　家总部》
Mataram
Joan Bleau and His Grand Atlas　《约翰·布劳和他的〈大地图集〉》
Jornada do Arcebispo de Goa Dom Frey Aleixo de　《果阿大主教阿莱绍·德·梅内塞斯的旅行见闻》
Menezes
Journael ofte dagh-register inhoudende een　《荷兰人东印度航海日志》
waerachtigh verhael ende historische vertellinghe
vande reyse…
Journael ofte gedenckwaerdige beschrijvinghe　《邦特库东印度游记》
vande Oost-Indische reyes van Willem Ysbrantsz.
Bontekoe van Hoorn
Journael van seven voyagien　《航海七记》
Journal des sçavants　《学者期刊》
Journal vande reyse　《航海日志》
Justification　《辩解书》

K

Kerkorde　《1624 年教会条例》
Kort verhael van d'avon terulicke voyagien en　《冒险航海纪略》
reysen
Kort verhael van Tayoung　《台湾小记》
Korte historiael ende journaelsche　《诸次航海简史与日志》
aenteyckeninghe

L

L'Asia　《亚洲》
La Cina　《中国志》
La morale pratique des Jésuites　《耶稣会士的实际道德》
Labor evangélica　《福音工作》
The Last East-Indian Voyage　《最近一次东印度航海》
Le grand dictionnaire historique　《历史大词典》
Le mercure galant　《文雅信使》
Le prudent voyageur　《审慎的旅者》
Le second livre　《第二书》
Les estats, empires, et principautez du monde　《全世界的国家、帝国、王国、君主领地、采
邑和公国》
Les merveilles de Indes Orientales　《东印度的奇观》
Les six voyages de Jean Baptiste Tavernier　《塔韦尼耶六游记》
Les six voyages　《塔韦尼耶六游记》

Les voyages fameux du Sieur Vincent Le Blanc marseillois, qu'il a faits, depuis l'âge de douze ans jusques à soixante, aux quatre parties du monde, à sçavoir	《马赛人文森特·勒布朗先生一生环游世界纪实》
L'Esprit	《精神》
Lettere annue	《年度书简》
The Life of Dom John de Castro	《堂·约翰·德·卡斯特罗传记》
Livro da seita dos Indios Orientais	《东印度教派书》
Livro das fortalezas da India	《印度城堡书》
Loffelijcke voyagie	"卡尔登航海记"
Luso-Dutch peace treaty	《葡荷和平协议》

M

Mandelslo's Travels in Western India	《曼德尔斯罗的西印度游记》
Marco Polo	《马可·波罗游记》
Mare liberum	《自由的海洋》
Mémoires pour servir à l'histoire des Indes orientales	《东印度历史回忆录》
Memorial y relación	《回忆录和报告》
Miroir oost & west-indical	《东西印度见闻录》
Miscellanea Curiosa	《奇闻杂烩》
Monarquia Indiana	《印第安纳君主制》

N

Naauwkeurige beschryvinge van Malabar en Choromandel	《马拉巴尔、科罗曼德尔、以及相邻诸国和强盛的锡兰岛大事记》
Neue ost-indianische Reise-Beschreibung	《新东印度记述》
Newe und warhaffte Relation	《葡属亚洲事务要闻》
Newes from the East Indies	《东印度消息》
Nieuwe en onbekende weereld	《未知的新世界》
Noord en Oost Tartarye	《东北鞑靼志》
Notizie	《新闻》
Nouveaux mémoires sur l' état present de la Chine(1696)	《中国近事报道》（1696）
Nouveaux mémoires sur la Chine	《中国近事报道》
Nouvelle histoire de la Chine	《中国新史》
Nouvelle relation de la Chine	《中国新志》
Novissima Sinica	《中国近事》
Novo descobrimento de Gram Cathayo ou Reinos de Tibet	《大契丹或西藏王国的发现》
Novus atlas sinensis	《中国新图志》

O

Offte Begehrte Beschreibung Der Newen Orientalischen Reise	《令人渴望的东印度旅行记述》
Ongeluckige voyagie	《多难的旅行》

Oost ende West-Indische spieghel	《东西印度见闻录》
Oost-Indianische Beschreibung	《东印度纪略》
Oost-Indische voyagie	《东印度航海日志》
Oost-Indise spiegel	《东印度见闻录》
Orientalische Reisebeschrei-Bung	《东方游记》
Ost-Indianische Fünfzehen-Jährige Kriegs-Dienste und Wahrafftige Beschreibung	《东印度服役十五年记》
Ost-Indiannische Räysen	《东印度航海记》

P

Peace of Augsburg	《奥格斯堡和约》
Peace of Bromsebro	《布罗姆谢布罗和平协议》
Peace of Nijmegen	《奈梅亨和平协议》
Peace of Ryswick	《里斯维克和约》
Peace of Vervins	《韦尔万和约》
Peace of Westphalia	《威斯特伐利亚和约》
Peregrinaçam	《平托东游录》
Petits voyages	《普通的航海行纪》
Philosophical Transactions	《哲学学报》
politiques	《政策》
Portrait historique de l'empéreur de la Chine (1697)	《康熙皇帝》
Portuguese-Calicut treaty	《葡萄牙—卡利卡特协议》
Prima speditione	《第一次东印度之旅》
Principall Navigations, Voiages and Discoveries of the English nation, made by Sea or over Land … at any time within the compass of these 1500 yeeres	《1500 年来任何时候……英国通过海路或陆路的重要的航行、旅行记述和地理发现》
Purana	《往世书》
Purchas His Pilgrime	《珀切斯游记》（1613 年）
Purchas His Pilgrimes	《珀切斯游记大全》（1625 年）

R

Ragionamenti di Francesco Carletti Fiorentino sopra le cose da vedute ne' suoi viaggi si dell' Indie Occidentali, e Orientali, come d'altri paesi ….	《卡莱蒂环球旅行记》
Raguagli d'alcune missioni fatte dalli padri della Compagnia di Giesu nell'Indie Orientali, cioè nelle provincie di Goa, e Coccinno, e nell'Africa in Capo Verde	《耶稣会神父在东印度、交趾支那和非洲佛得角传教记》
Rebelion de Ceylon	《锡兰起事》
Recueil de voyages	《旅行文集》
the Regni chinesis descriptio:	《中国多面观》

Reisebeschreibung welche er wegen der in Niederland an- geordneten Ost-Indianische Compagnie, 1632 dahin jurgenommen ...　《伍尔夫班旅行记》

Reisen van Nicolaus de Graaf na de vier gedeeltens des werelds, als Asia, Africa, America en Europa　《尼古拉斯·德·赫拉夫游记》

Reize door verscheidene staaten van Europa, en Asia...　《欧亚各领地游记》

Relaçam annal das covsas qve Fezeram os Padres da Companhia de Iesvs nas partes da India Oriental, & no Brasil, Angola, Cabo verde, Guine, nos annos de seiscentos & dous & seiscentos & tres, & do processo da conuersam, & christandade da quellas partes, tirada das cartas dos mesmos padres que de là vieram　《耶稣会神父事务年度报告》

Relaçam da perseguiçam que teve a christandade de Iapam desde Mayo de 1612. até Novembro de 1614. Tirada das cartas annuaes que se enuiarão ao Padre Geral da Companhia de Iesv / composta pello P. Gabriel de Matos　《基督徒在日本的殉难：从 1612 年 5 月到 1614 年 11 月》

Relação da acclamação del Rey D. Joao IIII, na China　《若昂四世时代的中国报道》

Relação da propagação da fé no regno da China e outras adjacentes　《大中国志》

Relación admirable　《精彩记述》

Relación de la entrada de algunos padres de la Compania de Jesus en la China y particulares sucessos que tuvieron　《耶稣会士进入中国纪实，他们的独特见闻以及该国的重要事物》或《入境中国记》

Relacion de las gloriosas victorias que en mar, y tierra an tenido las armas de nuestro invictissimo rey, y monarca Felippe IIII el grande. en las Islas Filipinas, contra los Moros mahometanos de la gran Isla de Mindanao, y su Rey Cachil Corralat, debaxo de la conducta de Don Sebastian Hurtado de Corcuera, Sacada de varias relaciones que este año de 1638　《战胜棉兰老岛摩洛人的光荣记事》

Relación de las islas Filipinas, i de lo que en ellas an trabaido los padres de la Compañia de Jesús　《菲律宾群岛纪事》

Relación muy verdadera de un caso nuevamente sucedido en la India de Portugal, en que se cuenta como un cavallero Portugues llamado Felipe Brito, que es governador, y Capitan general en aquellas partes por su Magestad vencio a un Rey gentil del Pegú　《再论葡萄牙在印度的真实情况》

Relaciones de Pedro Teixeira d'el origen, descendencia, y succession de los reyes de Persia, y de Harmuz, y de un viage hecho por el mismo autor desde la India oriental hasta Italia por tierra　《佩德罗·特谢拉东印度游记》

Relation d'un voyage fait aux Indes Orientales 《东印度游记》
Relation de deux caravelles envoyées en 1618 《1618 年发现勒梅尔海峡的报告》
… sous la conduite de D. Juan de More, pour
découvrir le détroit de Lemaire
Relation de l'ambassade de Monsieur le chevalier 《肖蒙爵士出使暹罗记》
de Chaumont à la cour du roi de Siam
Relation des revolutions de Siam de 1688 《论暹罗 1688 年革命》
Relation historique du royaume de Siam 《暹罗王朝史述》
Relatione della provincia del Giappone 《日本教省报告》
Relations de divers voyages curieux（1664-66） 《神奇旅行记（1664-66）》
Relations des voyages en Tartarie 《鞑靼行记》
Relazione… di Tunchino 《东京王国史》
Relazioni universali 《世界关系》
Remonstrantie 《有关荷兰在印度的通商报告》
Républicas del mundo 《世界共和》
Rerum et urbis amstelodamensium historia 《阿姆斯特丹城史》
Reysgheschrift 《葡属东方航海旅行记》
Romanae Sedis Antistites 《罗马教宗训令》
Romani Pontifices 《罗马教宗谕令》

S

Saverio orientale 《东方沙勿略》
Seconda speditione 《第二次东印度之旅》
Sinicae historiae decas prima 《中国上古史》（1658）
Sinicae historiae 《中国历史》
Specimen Medicinae Sinicae 《中国临床》
Spieghel der australische navigatie 《澳洲航海见闻录》
Sucesos de las islas Filipinas 《菲律宾群岛志》

T

ten-year Luso-Dutch Truce 《葡荷十年停战协议》
Theatrum orbis terrarium 《环宇大观》
T'Historiael journael, van tghene ghepasseert is 《维尼普旅行日志》
van weghen drie schepen, ghenaemt den Ram,
Schaep ende het Lam, ghevaren uyt Zeelandt
vander stadt Camp-Vere naer d'Oost-Indien,
onder t'beleyt van Joris van Speilberghen,
generael, Anno 1601. den 5. Mey, tot in t'Eylant
Celon, vervatende heel schoone gheschiedenissen,
die by haer op dese reyse gheschiet zijn, inden tijdt
van twee jaer, elff maenden, neghenthien daghen …
Ghecorrigeert verbetert ende vermeerdert

Thresoor der zeevaert 《航海宝典》
Thresor de l'histoire des langues de cest univers 《世界各种族语言史鉴（1613）》
(1613) and the languages of humanism

Thresor des chartes	《航路图鉴》
Traicté de la navigation…	《航海论》
Tratado da las relaciones verdaderas … de la China, Cochinchina, y Champas	《论中国、交趾支那和占城的真实关系》
Tratados historic, politicos, ethicos y religiosos de la monarchia de China	《中华帝国的历史、政治、伦理和宗教论集》
The Travels of Sir John Chardin into Persia and the East Indies, the First Volume …	《约翰·夏尔丹爵士到波斯和东印度群岛的旅游，第一卷》
Treaty of Compiegne	《康皮格纳条约》
Treaty of Münster	《明斯特条约》
Treaty of Nerchinsk	《尼布楚条约》
Treaty of the Pyrenees	《比利牛斯条约》
Triunfo de la fee en los reynos del Japon	《在日本凯旋的代价》
Twelve Years' Truce	《十二年休战协议》
Two Treatises of Civil Government	《政府论》

U

Umbständliche und eigentliche Beschreibung von Asia	《亚洲记述》
Union of Tomar	《托马尔联邦条约》

V

Verhael vande reyse	《航海记》
Verhael vande reyse	《航海记》
Verwaerdloose Formosa	《被遗弃的台湾》
Viaggi di Pietro Della Valle il pellegrino, descritti da lui medesimo in lettere familiari all'erudito suo amico Mario Schipano, divisi in tre parti cioè: la Turchia, …	《德拉·瓦勒在印度的朝圣之旅》
The Voyage and Travaile of M. C. Federici , Merchant of Venys into the Easte India and Indys and Beyond the Indys...	《威尼斯商人费德里奇的东印度、印度群岛及超越印度群岛旅行记》
Voyage d'orient	《东方之旅》
Voyage de François Pyrard	《弗朗索瓦·皮拉尔德游记》
Voyage de Siam	《暹罗游记》
Voyages and description	《航海与纪实》
Voyages de Jan Janszoon Struys	《司徒鲁伊航海记》
Voyages et observations	《旅行和观察录》
Voyages fait aux Indes orientales	《东印度旅行》

Z

Zeitung auss der newen Welt	《新世界报》

专有名词

A

Abdias	奥巴代亚
Abrolhos	亚伯洛赫岩礁
Academy of Mathematics	数学学会
Achinese	亚齐人，亚齐语
Ahd Allah	阿拉
Ahmadabad	阿默达巴德
Ainu	阿伊努人（又译为虾夷人）
Akbar	阿克巴
Altan Khan	俺答汗
Annamite	安南山脉
arbitristas	改革者
Armada	西班牙无敌舰队
Armazen da India	印度货栈
Armenian	亚美尼亚（人）
Arminians	阿明尼乌派
Arnhem	"阿纳姆"号
Ascension	"阿森松"号
Augustinian Recollects	重整奥古斯丁会
Australische Compagnie	澳大利亚公司

B

Banyan	巴涅人（印度商人种姓）
Barbary pirate	北非伊斯兰海盗
Barcalon	大库官（相当于对外贸易部部长）
Bayingyi	巴英易人（生活在缅甸北部）
Biadju	比亚丢
Bicol	比科尔语
Bijapur	比贾布尔
Board of Mathematics	历算司
Bourbon	波旁
Brahman	婆罗门
Brahma	梵天
Bretons	布列塔尼人
Brittany	布列塔尼

C

cabinet des singularitez	奇珍异宝室
Cafilas	果阿护航队
Camucones	卡姆孔人
Cannibalism	食人族（同类相食）
Capuchins	嘉布遣会士
caravan trade	沙漠商队贸易

Cardinal Archduke Albert	枢机主教大公艾伯特
Carmelite	加尔默罗修会（修士）
Carnatic（Karnatak）	卡纳蒂克地区（卡纳拉克）
Carreira da India	印度之行，印度之旅
Cartazes（license）	营运证书
Cartography	制图（学）
Casa da India	印度商馆
Castile	卡斯蒂利亚
Castilian	卡斯蒂利亚人
Castilian	西班牙人（语）
Catalan	加泰罗尼亚语
Catalonian	加泰罗尼亚人
Chagas	恰加斯号
Chaldean	迦勒底人
Chamorro	查莫罗语
Charles Ⅰ	查理一世
Charles Ⅱ	查理二世
Chartered companies	租赁公司
Chinese language	汉语
Chinese	中国人
Chinoiseries	中国热
Chin-shih	进士
Chocolate	巧克力
Christian IV	克里斯蒂安四世
Christianity	基督教
Christianshaven	基督教花园号
Cinnamon	肉桂
Cistercian	西多会
Cloves	丁香
Coffee	咖啡
College of San Jose	圣何塞神学院
Collegio dos Reis Magos	贤士学会
Comets	彗星
Compagnia di Commercio colle Indie Orientale	东印度商业公司（意大利）
Compagnie de l'Orient	东方公司
Compagnie de la Chine	中国公司
Compagnie des Moluques	马鲁古公司
Compagnie du Saint-Sacrament	圣事公司
Company of Distant Lands	"远地公司"
Company of Morbihan	莫尔比昂公司
Confucianism	儒学（教）
Confucius	孔子
Corbin	乌鸦号
correra de Filipinas	"菲律宾商馆"
Council of Trent	特伦多大公会议
Croissant	新月号

Cruzado　　克鲁扎多，巴西货币单位
Custody de Aleppo　　阿勒颇监护会

D

Daimyo　　大名
Dalai Lama　　达赖喇嘛
Dalmatian　　达尔马提亚人
the Dominican University of Santo Tomas　　多明我会圣托马斯大学
Danish East India Company　　丹麦东印度公司
Diamonds　　钻石
Dominicians　　多明我会修士
Duc de Sully　　苏利公爵
Dutch East Indiamen（retourschepen）　　荷兰东印度商船
Ducat　　达克特，古代欧洲流通的钱币
Duke Maxmilian　　马克西米利安公爵
Duke of Holstein　　霍尔施坦因公爵
Duke of Sully　　苏利公爵
Dutch Reformed Classis　　荷兰改革派

E

Eendracht　　和睦号
Eighty Years War　　八十年战争
Elephantiasis（Cochin leg）　　橡皮肿病
Elzevier Press　　爱思维尔出版社
Elzevier　　爱思维尔
Emperor Otto III　　奥拓三世
English College Press of Saint Omer　　圣奥梅尔英语学院出版社
Estado da India　　葡属印度
Estates of Holland　　荷兰国务会

F

Fakirs　　伊斯兰教或印度教的托钵僧或苦行者
Filipino　　菲律宾人
firman/farmans　　贸易许可令
fluit　　翼船
Flyboat　　翼船
Fortuna　　福尔图娜号
Frederick III　　弗雷德里克三世
Fronde　　投石党

G

Gallican　　法国天主教徒
Ghats　　高止山脉（印度）
Grand Almoner　　法国大施赈员
Great Mogol　　莫卧儿大帝

Gregory XV 格里高利十五
Guge 古格王朝

H

Habsburgs 哈布斯堡王朝
Hadji 哈只
Hakluyt Society 哈克路特学会
The Hermit Kingdom 幽闭王国
Hien-Vuong (Nguyen Phuc-Tan) 贤王
Hinduism 印度教
Hindustani 印度斯坦语
Holy See 教廷
Holy Year 圣年
Hottentots 霍屯督人
House of Elsevier 爱思唯尔出版社
House of Orange 奥兰治家族
Houtman Rocks 霍特曼岩礁
Hsia 夏朝

I

Iberian 伊比利亚人
Imprimerie Royale 皇家印刷社
Indian House 印度院
Indigo 靛蓝
Innocent X 教宗英诺森十世
Ionck Hollandt 新荷兰

J

Jahangir 贾汗吉尔
Jesuit Visitor 耶稣会巡阅使
Jesus-loving Society "爱耶稣社团"
Juggernaut（Jagannath） 世界主宰，印度神之一

K

K'ang-hsi emperor 康熙皇帝
Kalanga 卡兰加（王国）
Kalmuk 卡尔梅克人
Kanarese 卡纳拉语
King Christian IV 克里斯蒂安四世
King Fredrick III 弗雷德里克三世
King John IV 若昂四世
King Sebastian 塞巴斯蒂安国王
King Song Tham 颂昙国王
kingdom of Guge 古格王国
Kingdom of Narsinga 纳尔辛格王国

Konkani	孔卡尼语（印度的一种语言）
Kotte	科特国
Krishna	克利须那（神）

L

l' Oyseau	"飞鸟"号
Lama	喇嘛
Lamaism	喇嘛教
Lamaistic religion	喇嘛教
Lazarist fathers	遣使会神父
League of Augsburg	奥格斯堡联盟
Liefde	利佛德号
Living letters	活字典
Lord Fairfax	费尔法克斯领主
Louvre	卢浮宫
Lusitanian	卢济塔尼亚的
Lusitanians	卢济塔尼亚人
Luso-Asian	葡亚混血儿

M

magnum opus	杰作
Mahratta	马拉他人
Mahratti	马拉他语
Malayalam	马拉雅拉姆语
Malayan	马来人
Manchus	满族人
mar del sur	南洋
Maronite	马龙派教徒
Massacre of Amboina	安汶岛大屠杀
Matteo Pinheiro	马蒂奥·皮涅罗（出版社）
metropolitan see	都主教区
Metropolitan	都主教
Missions éstrangères	巴黎外方传教会
Molinism	莫林那主义
Mon	孟族
Mongal Land	蒙古高原
Montmorency	蒙特默伦（舰队）
Moplahs	摩弗拉人
Moriscos	摩尔人
Moro	摩洛人
Moro	摩洛族
Muscovite	莫斯科人，俄罗斯人
Muslims	穆斯林

N

| Neapolitan | 那不勒斯人 |

Nestorian monument　　景教碑
New Brabant Company　　新布拉班特公司
Nossa Senhora da Graca　　慈悲圣母教堂

O

Onder-Koopman　　初级商人
Oost-Indische Huys　　东印度仓库
Opper-Koopman　　高级商人
Orancay，Orang Kayas　　红毛猩猩卡亚人（荷兰人对阿鲁岛上居民的称呼）
Oratory　　欧拉托团体（基督教）；经堂会
Order of Christ　　基督会
Osmani Arab　　奥斯曼阿拉伯人
Ottoman　　奥斯曼土耳其

P

Padroado　　葡萄牙保教权
Pali　　巴利语
Papacy　　教宗（皇）
parrots　　鹦鹉
Parsis　　拜火教
Pensionary　　（荷兰）省议会议长
pepper　　胡椒
Persian　　波斯人
peso　　比索
Philip III　　菲利普三世
Philip II　　菲利普二世
Philip IV　　菲利普四世
Piedmontese　　皮埃蒙特（人，语）的
Pintado　　平塔多人（吕宋岛南部和米沙鄢群岛土著居民）
Pius IX　　庇乌九世
Plantin-Moretus press　　普兰汀 - 摩尔图斯出版社
poligar　　保利加（印度南部的土著头领）
Pope Clement VIII　　教皇克莱门特八世
Pope Clement X　　教皇克莱门特特十世
Pope Innocent X　　教皇英诺森十世
Pope Urban VIII　　教皇乌尔班八世
Portuguese　　葡萄牙语
post-Tridentine　　后特伦多主教会议
the press of Matteo Pinheiro　　马蒂奥·皮涅罗出版社
Prince Khusru　　库斯鲁王子
Prince Maurice　　莫里斯王子
Prince of Orange　　奥伦治亲王
Prince Salim　　萨林王子
Propaganda Fide　　传信部

Protestantism	新教（抗议宗）
Provençal	普罗旺斯人
Prussia	普鲁士
Rama	罗摩神
Ramayana	罗摩耶那
Ratio Studiorum	伊比利亚耶稣会神学院的教学大纲
Red Herring	熏青鱼
Regenstein Library	雷根斯坦图书馆
Res publicae	公共事务
rixdales	里克斯代尔
Rue du Bac	巴克街

S

S.G.G.（Society for Propagation of the Gospel in Foreign Parts）	外邦福音传道会
S.P.C.K.（Society for Promoting Christian Knowledge）	推广基督教知识协会
Saint-Anna	圣安娜号
Saltpeter	硝石
Samoyed	萨莫耶特人
San Felipe	"圣费利佩"号
Sangley	生理（16—17 世纪菲律宾土著对华人的称呼）
Sannyasis	弃绝者
Sanskrit	梵文；梵语
Santo Domingo	圣多明戈
Santo Rosario	圣玫瑰
São Thomé	"圣多美"号
Saracen	撒拉森人的
śatakas	百咏
Saxon	撒克逊人
Schelling	"谢林"号
scurvy	坏血病
Sebastianism	塞巴斯蒂安主义
Seminarium Indicum	印度研习班
Shah Jahan	沙·贾汗
Sicilian	西西里岛人
Silesian	西里西亚人
Sinhalese	僧伽罗人（语）
Sirayas	西拉雅族人（台湾少数民族）
sodomy	鸡奸
Soleil d'Orient	东方太阳
Sorbonne	索邦神学院
Sperwer	"食雀鹰"号
St. Dionis Backchurch	圣迪奥尼斯教会
St. Lorentz church	圣洛伦兹教堂
St. Thomas	圣多默

States General　　　　　国务会
Stationers' Company　　文具商公司
Sudra　　　　　首陀罗
Suffragan　　　　副主教
Sumartan　　　　苏门答腊人
surintendant des finances　　财务总监
Synod of Diamper　　戴拜教务会议
Synod of Dort　　多特宗教大会

T

Tagalog　　　　他加禄人（语）
Tamil　　　　　泰米尔人，泰米尔语
Tartary　　　　鞑靼
Telugu　　　　泰卢固语（印度东部德拉维拉语言）
Ten Avatars of Vishnu　　毗湿奴的十种化身
ter Schelling　　特谢林号
Theatines　　　戴蒂尼会（基廷会）
Thirty Years' War　　三十年战争
tipografia poliglotta　　多种语言出版社
Torre do Tombo　　里斯本东波塔档案馆
Tungusic tribes　　通古斯部落
Turks　　　　　土耳其人

U

University of Huesca　　韦斯卡大学
Urban VIII　　　乌尔班八世教皇

V

Van Dieman's Land　　范·迪门陆地
Vellalas　　　　维拉拉（首陀罗的一支）
Venetian　　　　威尼斯人
Vereenigde Oostindische Compagnie　　荷兰东印度公司
Vijayanagar　　维查耶纳伽尔（印度古国名）
Vishnu　　　　　毗湿奴
VOC　　　　　　荷兰东印度公司

W

Wade-Giles　　　威妥玛注音
War of Kalmar　　卡尔马战争
War of League of Augsburg　　奥格斯堡联盟战争
War of the Three Feudatories　　三藩之乱

Z

Zend-Avesta　　波斯古经
Zoroastrianism　　拜火教

索 引[①]

A

A. J. 德·琼　Jong，A.J.de，494

A. R. 莱昂·皮内罗：《东方和西方、海洋和陆地的文献概览》　Leon Pinelo，A.R.：*Epitome*，335

阿贝尔·杨松·塔斯曼　Tasman，Abel Janszoon，53，308，502；探索和航行（旅行），492

阿波罗尼乌斯·斯科特　Schotte，Appolonius，448，472

阿卜杜拉·胡森，戈尔康达的苏丹王（1672—1687年在位）　Abu'l Hassan Qutb Shah，sultan of Golconda（r. 1672-87），580

阿布尔法尔塔，万丹的苏丹王　Abulfatah，sultan of Bantam，578

阿道夫·德克尔　Decker，Adolph，521

阿德里安·范·尼斯潘：游记集　Nispen，Adriaen van：collection of voyages，456

阿德里安·雅各布松·胡瑟伯斯　Hulsebos，Adriaan Jacobszoon，272-73

阿尔伯特·达·席尔瓦　Silva，Albert da，298

阿尔布莱希特·赫波特　Herport，Albrecht，496

阿尔卡拉·德·埃纳雷斯　Alcalá de Henares，322；出版地，357

阿尔瓦罗·德·门达尼亚·尼拉　Medaña y Neyra，Alvaro de，6-7

阿方索·德·纳瓦雷特　Navarrete，Alfonso de，333

阿格拉　Agra，338，375，451，534-35，555；荷兰，425；英国，552，562；耶稣会士，131，147，385。也可以参考莫卧儿帝国

阿古斯丁·伊里亚尔　Hiriart，Agustin，398

阿古斯丁奥·达·阿奴西阿绍　Agostinho da Anunciação，298

阿杰米尔　Ajmer，554-55

阿卡普尔科　Acapulco，3，6；大帆船贸易，37-38，212，352

阿克巴　Akbar，147，318，452

阿拉干，又译若开　Arakan，497，580；奥古斯丁会修士，143，349；葡萄牙人，142

阿拉斯（出版地）　Arras，395n

阿莱绍·达·莫塔　Motta，Aleixo da，410

阿莱绍·德·梅内塞斯　Meneses，Aleixo de，135，141，298，320-21，330

B

巴托洛梅乌·拉索　Lasso，Bartolemeu，42

巴西　Brazil，41，250

巴占岛　Bachan Island，216

白晋　Bouvet，Joachim，104，264，432；欧洲，265；《康熙皇帝》，428

白棉布　calicoes，72，80，85，112

白乃心　Grueber，Johann，385，414，486，528

柏朗嘉宾的约翰　John of Plano Carpini，405

柏应理　Couplet，Philippe，253，362，427，539；欧洲，263，386，423-24

拜蒂克洛　Batticaloa，443

拜火教　Parsis，569-70；苏拉特，540

拜仁　Winsheim，530

班安德：马杜赖传教　Palmeiro，Andrea：and Madura mission，155-157

班本岛　Pamban Island，160

班达的奈拉岛　Banda Neira，524

班达群岛　Banda（Nutmeg）Islands，14，51，68，467，489-90，498，519，524，558；相关描述，
　　440，530；荷兰，46，48，439，449，471，559；荷英对峙，555，565；英国城堡，565

包岑　Bautzen，543

保和岛　Bohol Island，216

保卢斯·范·卡尔登　Caerden，Paulus van，462，470，559

保卢斯·范·索特　Solt，Paulus van，467

保罗·阿洛弗斯逊·罗特曼　Rotman，Paul Alofszoon，482

保罗·奥里瓦　Oliva，Paulo，249，251

保罗·达科斯塔　Da Costa（d'Acosta），Paulo，139，240

保罗·克拉斯贝克　Craesbeck，Paulo，350-51

保罗五世　Paul V，pope，132，164；中国传教，178-79；马杜赖传教，155；日本向托钵修会
　　开放，209；西班牙，212；沙勿略，333

北大年　Patani，456，560，572；中国人（华人），48；描述，464，500；荷兰人，47，464，
　　466；英国人，76；暹罗，47

北海道　Hokkaido（Yezo），175，374，475，502，522；耶稣会士；374；地图，374，410；松
　　前岛

北京　Peking，4，266n，543；汗八里，481；卡雷里，387；主教教区，134，266；地震，
　　197；使团，195，483，504；河内，240；耶稣会士，177-78，180，186-89，195-96，263-
　　64，363，371-72，384，413，528，539；满族入侵，192，374。也可参考中国；耶稣会士

贝尔努·丹尼斯　Bernou，Denis，362

贝蒙特　Belmonte，260

C

G

I

J

京吉　Gingee，159-61

景教碑　Nestorian monument，183，485-86；发现，404

K

咖啡　Coffee，83，85，113，415，419

喀拉喀托［印尼］　Krakatoa，540

喀拉拉邦　Kuttur，159

卡昂（出版地）　Caen，398

卡奔塔利亚湾　Gulf of Carpentaria，492

卡尔·冯·博兰加　Boranga，Karl von，221

卡尔·利伯蒂努斯　Libertinus，Karl537

卡兰加领主邦图安　Buntuan，ruler of Kalanga，218

卡利卡特　Calicut，20，28，470，494，519，572；荷兰人，46，58，471；英国人，565；耶稣会士，
　　146；葡萄牙人，131；扎莫林，519

卡罗勒斯·斯皮诺拉　Spinola，Carolus，451

卡洛·萨塞蒂　Sassetti，Carlo，369

卡纳蒂克　Carnatic（Karnatak），4

卡纳拉　Kanara，28；物产，20

卡普尔岛　Capul Island，443

卡斯帕·威尔腾　Wilten，Caspar，272

卡斯帕·西贝柳斯　Sibellius，Caspar，278

卡斯托·杜兰特　Durante，Castor，368

卡斯托迪乌斯·德·皮尼奥　Pinho，Custodius de，228

卡沃　Karwar，580

开封：犹太人　K'aifeng：Jews of，182

坎贝　Cambay，535

坎纳诺尔　Cannanore，28，59，532

《康皮格纳条约》　*Treaty of Compiègne*（1624），94，401

康斯坦茨　Constance，510

康斯坦丁·华尔康　Phaulkon，Constantine，252-55，263，420，425-26，579

康斯坦丁诺·德·萨·诺洛尼亚　Sá y Noronha，Constantino de，361

康斯坦丁诺·德萨　de Sa，Constantino de，21

康斯坦索·朱塞佩·贝齐　Beschi，Constanzo Giuseppe，168

康提　Kandy，12；丹麦，89-90；荷兰人，21，443，466，494，531；法国人，576；国王，

114，543；"印度热"，72，113；日本使团（1614年），211，331-32；耶稣会士书简，388-89；殉教，590；摩鹿加群岛，311-12；景教碑，183；东方产品，112，320，331，382；《里斯维克和约》，103，431；胡椒消费，29，66；人口，116；出版地，301-4，595；保护主义，102，111，114；礼仪之争，195，297，359，362-63，385-86，423-24，427-30，591；造船工业，114；白银流失（耗尽），113；香料价格，67，111-12，118-29；三十年战争，231，335；翻译了的汉语本，424；旅游文集，437；西班牙继位斗争，103。**也可参考亚洲；各欧洲国家名**

P

S

撒尔塞特岛：耶稣会士　Salsette Island : Jesuites at，146

萨尔赛特半岛　Salsette Peninsula : and the Jesuites，135，146

萨尔瓦多·利贝罗·德·苏萨　Ribeyro de Souza, Salvador，16，329

萨拉·芒　Mang, Sara，514

萨拉戈萨（西班牙）　Saragossa，323

萨拉曼卡　Salamanca，341；大学，306

萨缪尔·德·尚普兰　Champlain, Samuel de，398

萨摩［日本］　Satsuma，332；基督徒，209-10

萨武（小巽他岛）　Savu（Lesser Sundas），14

萨希德·巴达特，德那地苏丹王　Sahid Bardat, sultan of Ternate，216

塞巴德·德·威尔特　Weert, Sebald de，466，516

塞巴斯蒂安·丹卡兹　Danckaerts, Sebastiaen，272-73，472

塞巴斯蒂安·J. 杜·卡布特　Sébastian J. du Cambut，423

塞巴斯蒂安·德·马加良斯　Magalhães, Sebastien de，358

塞巴斯蒂安·德·圣彼得　Sebastião de São Pedro，298

塞巴斯蒂安·克拉穆瓦西　Cramoisy, Sebastien，302

塞巴斯蒂安·克莱门蒂　Clementi, Sebastian，219

塞巴斯蒂安·佩德罗·库贝罗　Cubero, Sebastián Pedro，360

塞巴斯蒂安·维斯开诺　Viscaino, Sebastian，211

塞巴斯蒂安·乌尔塔多·德·科奎拉　Corcuera, Sebastián Hurtado de，346

塞巴斯蒂安主义　Sebastianism，26

塞巴斯蒂昂·曼里克　Manrique, Sebastião，349-50，380，384

塞巴斯蒂昂·巴雷托　Barreto, Sebastião，375

塞巴斯蒂昂·维埃拉　Vieira, Sebastião，373

塞班岛　Saipan，357

塞格·范·雷基特伦　Rechteren, Seyger van，453-55

塞拉（即圣多默基督教徒所在的内陆山区）　Serra，163-64

塞拉菲姆·德·弗雷塔斯　Freitas, Serafim de，340-41

塞兰岛　Ceram，68，524，534

塞缪尔·布鲁马特　Bloemaert, Samuel，471-72

塞缪尔·巴伦　Baron, Samuel，588

塞缪尔·德·博切斯纳　Beauchesne, Samuel de，104

塞缪尔·珀切斯　Purchas, Samuel，303，437，443，448，520，550；作为编辑，556-57；《哈

W

乌尔姆 Ulm，541

乌奴耳 Onor，20，28

吴尔铎 d'Orville，Albert，385，486，528

吴哥通城 Angkor Thom，309

吴三桂 Wu San-kuei，192-93

五岛 Goto Islands，487

X

西安 Sian，183，404，485；耶稣会士，188

西奥多·德·布莱 Bry，Theodor de，303，443-45，448，463，465，467，510，515-16，545，589

西奥多·雷：关于西藏 Rhay，Theodore：Tibet，525

西班牙 Spain，31，207；南方大陆，8；制图，336；基督教传教，4，7，134，206；造币，39；大陆东南亚，309；印度委员会，219，352；衰落，336-38，352；荷兰战争，18，24，40，47，222，327；台湾，275，277；大帆船贸易，3，25，35，38-39，113；意大利，367；日本，16；日本人，211；关于菲律宾的呈文，18，346-47，352；马鲁古群岛，310-12；太平洋，3，5-7，218-19；葡萄牙保教权，134；教皇，195，244；菲律宾群岛，217，312-13；葡萄牙，24，133；出版（印刷），307，323，345；传信部，226；抗议，17，22，347-48；丝绸贸易，38；纺织品利润，207；十二年停战协定，10；欧洲战争，391。也可参考菲律宾群岛

西班牙保教权 Patronato，200，222，292；十字军东征，295；亚洲传教士，294；大洋洲，219；葡萄牙保教权，201；传信部，200，244

西伯利亚 Siberian，4，504，519，592；通古斯部落，567

西藏 Tibet，305，525；安多德，375-76；契丹，147，338；描述，486，528；耶稣会士，147，338-39，403-4，514，590

西拉雅族人 Sirayas，296；台湾，275-76

西里伯斯岛 Celebes，22，56，216

西路瓦利 Siruvalli，161

西蒙·德·拉·卢贝尔 La Loubère，Simon de，254，256，425，434；《暹罗国》，426；暹罗，255

西蒙·德·弗里斯 Vries，Simon de，499，540，542

西蒙·德·科德斯 Cordes，Simon de，441

西蒙·范·布林 Breen，Simon van，277

西瓦达尔马 Sivadarma，151

言研习，146-47，149，151，166，168，182，187-88，297，319，375，380；书简集，178，261n，297，304-6，315，319，352，357，363n，367-70，375，378，384，388-89，392，399，402-4，406-7，409，413-14，450-51，510-15，593；书简（书信），221，510-15，527，529，574；路易十四，253-54；澳门，131，169，176，187，216，334，348，372；马杜赖传教所，4，134，149，153，160，167，173；马拉巴尔省，162-63，168；满族人，424；马里亚纳群岛，24，220-22，357-58；殉教，341，346，348，357；军事顾问，187；明朝忠士，192-94；传教大会，184，371，399；传教历史，537，593；传教方法，148-49，185，199，210，254，291-96；巴黎外方传教会，4，229-31，242-43，245，251，258，267，412，429；马鲁古群岛，373，511；军火制造商，261；民族（国籍），145-46，168，170-71，178，180，199，206-7，221，293-94，367，369，389；景教，183；数量，145，206，316；其他天主教修会，210；陆路通道，264-65，385；葡萄牙保教权，168，177，250，253；勃固，149，511；北京，177-78，180，186，197，263，363，371-72，384，413，528，539；菲利普三世，340；菲律宾，4，185，201，203，205-7，214，346，353-54；葡萄牙，177，190n；亚洲出版，304；传信部，214，245，384，429；亚洲教省，145，13，168，174，177，257，304-5，316-17，330，382；出版物，589-91，595-96；礼仪之争，181，183-86，268，545，591；撒丁塞特岛，146；撒丁塞特半岛，135，146；科学观察家，186，188，253-54，263，295；暹罗，233，235，254-67，385，420-21，426-27；中国的奴隶，193-94；社会服务，168；香料群岛，215-16n，217-18；压制，182；"基廷会"，208n；西藏，147，338-39，403-4，514，590；东京，240-42，248，259，376，382，408，411；尼布楚条约（1689年），264；宗座代牧，134，249-51；越南，236-38，240，251，256，296；沙勿略，封圣，333-34；虾夷，175，374。也可参考中国；基督教；印度；日本；礼仪之争

叶尼塞河　Yenisey（Enisei）River，465，567

一夫多妻制：基督教　Polygamy：Christianity，188，204；暹罗，236；越南，238

一妻多夫制，印度　Polyandry：in India，555

伊比利亚　Iberia，23；在亚洲的帝国独霸权，106，340-41；财政管理，25；出版，303-4，589；读者，306；联盟，9。也可参照葡萄牙；西班牙

伊达政宗　Date Masamune，209-12；欧洲使团，331-32

伊达任　Chiesa，Bernardino，北京主教，262，266

伊咯利　Ikkeri，20

伊丽莎·威尔斯特拉伊特　Weyerstraet，Eliza，486

伊丽莎白，英格兰女皇：致莫卧儿和中国帝王的信　Elizabeth，queen of England：letters to Mughul and Chinese emperors，548-49

伊曼纽尔·马廷兹　Martinz，Emanuel，157-79

伊纳西奥·阿尔卡莫内　Arcamone，Ignacio，135n，356

伊斯法罕　Ispahan，51，409

朱塞佩·曼尼　Manni，Giuseppe，388

朱思本　Chu Ssu-pen，480

朱斯特·德·洪特　Hondt（Hondius），Joost de，302，402

朱斯特·斯考顿　Schouten，Joost，507，529-30；暹罗，456，501；范·弗莱特，501

朱斯特·哈特格斯　Hartgers，Joost，437，443-44，448，452，462，465，467，470，473，507；
　旅游文集，458

朱由榔　Chu Yu-lang，351

租赁公司　Chartered companies，110，114-115

钻石　Diamonds，68，114，416-17，503

后　记

2010年5月，怀着忐忑的心情我接受了厦门大学周宁教授的邀请，接下了翻译这本书的任务。于我，这既是一份惊喜，也是一份挑战。惊喜，是因为所参与的这个项目是一次真正有意义的严肃的学术活动；挑战，是因为这是一个有分量的集体项目，个人的翻译质量能否达到这本厚重学术著作的整体要求。

一旦接受了任务，便也沉下心来埋头工作。可是，其中遇到的困难是始料未及的。当我夜以继日地将第一章《帝国与贸易》的译稿完成时，以为所查阅的地理知识和历史知识完全可以为本书后续的内容搭起一个基本的背景框架。出人意料的是，第二章《传教》涉及的基本知识完全不同，欧洲基督教和亚洲土著文化的多元复杂令人生畏。接下来的六章内容不断衍生出新的五花八门的知识范畴，涉及各个民族国家或地区的文献翻译和出版活动，繁杂众多的作品在欧洲的旅行导致文献参考意义上的混乱，有如将读者带进迷宫。《欧洲形成中的亚洲》涉及历史、地理、宗教、贸易、出版、印刷等内容，牵涉到欧洲和亚洲多种语言，对译者的知识结构和耐力是一个极大的挑战。

《欧洲形成中的亚洲》共分九册。我所翻译的这一册共有两编，分为八章。第一编的内容是欧洲在亚洲的扩张活动。第一种扩张形式是欧洲各国在亚洲的贸易活动，主要以各国的东印度公司为媒介和手段。其主要目的是获得物质财富，但是各种亚洲物产一旦被带回欧洲，其中所产生的意义远非物质财富的丰富所能包纳。第二种扩张形式是天主教和新教在亚洲的传播，其主要目的是将亚洲基督教化，天主教以各修会和修士为媒介及手段传播福音，但受到欧洲世俗势力的绑架，即所谓的保教权。新教的传教士则更直接依赖于世俗力量，传教积极性也不如天主教传教士那么高。第二编包括六章，主要内容是欧洲各地区的文献印刷、出版、翻译、传播等活动。承载的信息是欧洲关于亚洲的知识。这一册涉及的时间跨度为整个 17 世纪。涉及的民族国家和地区包括葡萄牙、西班牙、法国、意大利、荷兰、英国、德意志和丹麦。它们在东方的活动范围集中在印度、锡兰、暹罗、大陆东南亚、海岛东南亚、台湾、中国大陆、朝鲜半岛、日本、菲律宾群岛、澳大利亚等地区。这是真正意义上的欧洲和亚洲的对话。具体的内容请感兴趣的读者参考正文。

翻译过程中得到了很多学者和朋友的帮助。译者从中受益匪浅，切实体会到学术活动过程中的辛劳和乐趣。集体项目各个参与人因为懂得，所以慈悲。首先感谢的是周宁老师。他负责整个项目的组织和各个翻译环节的统筹，是该课题的主持人。周宁先生于我的意义，远非三言两语所能表述清楚。委托我参与该项目的起初，是源于对我的信任。翻译过程中的指导，无不诠释着先生作为师长的意义：引导、督促、鼓励。周宁先生的知识广博、思维活跃、富有浪漫的学术想象和热情，又具备刻苦勤奋的品质，孜孜不倦，笔耕不辍。内心强大，为人谦逊。人格魅力和学术眼光给我留下了深刻的印象。在我翻译过程中他既给予宏观的把控，又有细节问题的解答。非常惊讶他的知识为何那么广博。榜样的力量是无穷的。

厦门大学南洋学院的张长虹女士是我的同门师姐，她既负责翻译《欧洲形成中的亚洲》的第三卷第三册，又是本项目的重要联系人。长虹师姐在学术上的严谨给人留下深刻的印象。通过她，有关东南亚的历史背景问题大部分都能得到解决。有关古荷兰语的问题也通过长虹师姐请教相关专家得以解决。长虹师姐还常常通过各种方式鼓励我，提醒我一些注意事项。无论多晚，email 或电话的另一端总有人回应，翻译的路上不孤单。真诚地谢谢。

翻译过程中有幸结识了人民出版社文化编辑室的刘丽华女士，她热情地帮助我向有关专家请教了基督教的一些知识，并且为我提供了一些学习和识别拉丁语词汇的基本方法。中华人民共和国外交部某司的张仪外交官曾经是我的大学同窗，为我的部分译稿润色，提高了译文质量。厦门大学中文系张春晓博士生提供了很有效的书名查找和翻译方法，其灵活的学习方式给予我很多启迪。厦门大学历史系博士生杨换宇为我提供了很多学习历史和查找相关资料的方法，让我受益匪浅。由衷的感谢为我提供学术指导的学者和朋友们，感谢他们的慷慨，感谢他们的富有，感谢他们的分享。特别感谢人民出版社的责任编辑林敏女士和亚细安设计公司负责人刘亚萍女士。她们一遍遍地不厌其烦地阅稿、纠错、编排，辛勤的劳动极大地提高了稿件的质量，谢谢她们的耐力、耐心和职业精神。需要感谢的还有参与翻译《欧洲形成中的亚洲》的其他学者和译友：周云龙老师、胡锦山老师、刘绯老师、姜智芹老师、何方昱老师、王梅老师，以及厦门大学历史系博士生朱新屋和孙杰等。他们就翻译过程中遭遇的问题的讨论，总在某个方面给予我启发。在此一并表示感谢。

特别感谢家人的支持。感谢妻子李慧一直以来的付出，在我追求学业的过程中给予的理解和支持，在生活中给予的无微不至的照顾。在我参与该项目的近两年时间里，她主动承担了几乎全部的家务，解除了我的后顾之忧。感谢朋友们给予的理解，他们总是小心翼翼地按照我的作息表来调整与我相聚的时间，将绵绵的友谊拉长，融入生活中的各个细节，谢谢他们在我长时间的翻译过程中给予的隐形支持。

翻译活动绝不仅仅是源语和目的语之间在文字上的简单转换，同时需要译者具备相关内容的基础知识和灵活的翻译技巧，透过文字对两种文化的深刻体悟是非常必要的。在该项翻译活动中遭遇了一些背景知识和语言知识（英语之外的其他欧洲民族国家和亚洲民族国家语言）问题，译者尽量通过各种方法和途径加以解决。囿于译者知识浅陋，再加上时间有限，还有一些问题未能彻底解决，在此表示歉意，欢迎广大读者和专家批评指正，对于其中因疏漏留下的错误，谦谦希望专家的指导。

辗转近两年的时间过去了，翻译工作基本结束。翻译过程中给译者带来的启发和积累的学习方法，是终身受益不尽的财富。对于日后的翻译实践和科学研究亦有极大的帮助。时光荏苒，岁月悄悄流逝。译者天生愚钝，造就着紧毅的人生。努力中不断拓展生活和学习的宽度理应是人生的主旋律。感谢我的导师周宁先生。

许玉军

2012 年 2 月

第三卷 发展的世纪

[美] 唐纳德·F.拉赫 埃德温·J.范·克雷 著

第二册

南亚

王梅 张春晓 译

欧洲形成中的亚洲

[美] 唐纳德·F.拉赫 埃德温·J.范·克雷 著

周宁 总校译

ASIA
IN THE MAKING OF
EUROPE

人民出版社

目　录

缩略表

AHSI	*Archivum Historicum Societatis Iesu*
Annales. E.S.C.	*Annales: Economies, sociétés, civilisations; revue trimestrielle*
Asia	Earlier volumes of this work: D. Lach, *Asia in the Making of Europe*, Vols.I and II (Chicago, 1965-77)
BR	Blair, Emma H., and Robertson, James A. (eds.), *The Philippine Islands, 1493-1898* (55 vols., Cleveland, 1903-9)
BTLV	*Bijdragen tot de taal-,land-en volkenkunde van Nederlandsch-Indië*
BV	[Commelin, Isaac (ed.)], *Begin ende voortgangh van de Vereenighde Nederlantsche Geoctroyeerde Oost-Indische Compagnie...* ([Amsterdam],1646).（First edition published 1645. Fascimile edition published in Amsterdam, 1969. The Facsimile edition has volumes numbered I, II, III, and IV, corresponding to vols. Ia, Ib, IIa, and IIb of the 1646 edition.）
CV	[Churchill, Awnsham and John (eds.)], *A Collection of Voyages and Travels, Some Now First Printed from Original Manuscripts...*(4 vols.; London, 1704)

"HS"   "Works Issued by the Hakluyt Society"

JRAS   *Journal of the Royal Asiatic Society*

NR   L'Honoré Naber, Samuel Pierre (ed.), *Reisebeschreibungen von deutschen Beamten und Kriegsleuten im Dienst der Niederländischen West- und Ost-Indischen Kompagnien, 1602-1797* (The Hague, 1930-32)

NZM   *Neue Zeitschrift für Missionswissenschaft*

PP   Purchas, Samuel, *Hakluytus Posthumus, or Purchas His Pilgrimes:*...(20 vols.; Glasgow, 1905-7. Originally published 1625.)

SCPFMR   *Sacrae Congregationis de Propaganda Fide Memoria Rerum* (Freiburg, 1971)

Streit   R. Streit, *Bibliotheca Missionum* (30 vols.; Münster and Aachen, 1916-75)

Ternaux-   H.Ternaux-Compans, *Bibliothèque asiatique et africaine* (Amsterdam,
Compans   1968; reprint of Paris, 1841-42 ed.)

TR   Thévenot, Melchisédech, *Relations de divers voyages curieux qui n'ont point esté publiées, ou qui ont esté traduites d'Hacluyt, de Purchas & d'autres voyageurs anglois, hollandois, portugais, allemands, espagnols; et de quelques Persans, Arabes, et autres auteurs orientaux* (4 vols.; Paris, 1663-96)

"WLV"   "Werken uitgegeven door de Linschoten Vereeniging"

ZMR   *Zeitschrift für Mission swissenschaft und Religionswissenschaft*

插图说明

对 17 世纪欧洲出版的亚洲插图的研究表明，当艺术家和插图作者们获取到相关材料，如来自实地的人们所画的素描或者带回欧洲的轻便物品——植物、动物、服装、绘画、瓷器等的时候，在大多数情况下，他们会努力地如实描绘。很多根据素描和绘画制作的雕刻的真实性是令人信服的，像广东的"老总督"画像（第 276 幅图）、暹罗和中国船只的图画等。许多亚洲物品——各式中国卷轴画、一种佛教徒的祈祷轮和小动物们——首次在欧洲版画和绘画中出现。欧洲人对亚洲人，如被派往法国的暹罗使臣进行写生，并雕刻他们的肖像。

缺乏资料的时候，插图作者和艺术家们就利用他们的知识来填补空白，或者依照书籍文本，或者依照创造想象中的绘画，包括地图。例如，与以其他地区为描绘对象的插图相比，关于日本的插图更不符合现实，这也许是因为日本政府在该世纪大部分时间里严厉限制对外交往。印刷社的雕刻师们经常"借用"早期版本中的插图，往往通过为其润色而"美化"它们，结果这些插图被欧化了。

插图与文本一道以各种各样的方式被翻译过来。如果一个译本的出版商与原著的出版商或印刷商关系紧密，他可能会借用原版的铜版雕刻，或者让原出版商从原版画中抽取出插图，与译本装订出版。原版画上的说明文字被擦掉，再配上新语言的文字说明，但是也有很多印刷商并不愿意费力气这么做。即使没有原印刷商的配合，新雕刻仍然可以从一张原版画中制作出来。最简便的方法是将版画正面朝下，放置在要雕刻的涂漆或涂蜡的铜板上，然后擦磨版画的背面，使版画上的油墨附着在涂蜡的铜板表面。拓印出来的图像随后被用来雕刻，或是用硝酸蚀刻新的版画，再把它倒转过来，印刷效果即与原版完全一样。不过，如果雕刻师想要避免损伤需用来完成雕刻的版画，他则会用一张涂有石墨或黑垩的薄纸片，将图像从原版画转印到新的铜板上。为了进一步保护版画，他在摹写画像的时候可能也会将油浸纸置于其上。不论版画正面朝下或者朝上，这道工艺程序都是奏效的。事实上，版画正面朝上更容易摹写画像，在这种情况下，新版画与原版画相对，被蚀刻而成。关于17世纪新版画蚀刻方式的描述，可以参阅威廉·费索恩（William Faithorne）的《雕刻和蚀刻的艺术》（*The Art of Graveing and Etching*，纽约，1970年）第41-44页，该书1662年在伦敦首次出版。也可以参考库利·弗纳（Coolie Verner）的"铜版印刷"（Copperplate Printing），载于大卫·伍德沃德（David Woodward）编的《地图印刷五百年》（*Five Centuries of Map Printing*，芝加哥，1975年）第53页。我们收录了一些插图，它们曾经被出版印刷商相互"借来借去"，如插图第96和97幅；第100、101和104幅；第266和267幅；第349和350幅；第356-358幅。

本卷收编的大部分插图都来自17世纪的著作，这些书均藏于芝加哥大学雷根斯坦图书馆（Regenstein Library）特藏部。其余插图则获自欧洲或美国的各大图书馆和档案馆，这些机构友好地准许我们复制这些插图。我们尽可能努力撰写解释插图的说明文字，只要有用，便会提供相关的补充信息。

400幅左右的插图都复制于阿尔玛·拉赫（Alma Lach）所拍或翻拍的图片，她痴迷于摄影并编写食谱。我们也得到特藏部工作人员，特别是已故的罗伯特·罗森塔尔（Robert Rosenthal）、丹尼尔·梅耶（Daniel Meyer）和金·考文垂（Kim Coventry）的支持，他们帮助我们查找插图和筹备复制。范德本（Harrie A. Vanderstappen）神父是芝加哥大学远东艺术系的荣退教授，具有非凡的见识和洞察力，他帮助我们分析了有关东亚的插图。芝加哥大学南亚语言系的 C. M. 纳伊姆（C. M. Naim）也慷慨地尽其所能，尤其是与这里描绘的莫卧儿图章（第100、101和104幅图）有关的知识，无所保留。有关中国的插图得益于雷根斯坦图书馆东亚藏书部的马泰来（Ma Tai-loi）、戴文伯（Tai Wen-pai），以及沈志佳（Zhijia Shen）女士，她慷慨地献出了自己的时间和知识。雷根斯坦图书馆东亚藏书部的久喜洋子（Yoko Kuki）不吝赐教，修改了日本插图的说明文字。芝加哥大学历史系的奈地田哲夫（Tetsuo Najita）帮助我们起草了第 369 幅插图的说明文字。芝加哥大学艺术系的安·亚当斯（Ann Adams）和弗朗西斯·道雷（Francis Dowley）帮助我们分析了一些雕刻品，特别是那些出自荷兰插图作者之手的作品。

对于所有这些为插图工程慷慨奉献他们智慧和时间的专家学者们，我们致以诚挚的谢意。

插图目录

第三部分

欧洲的亚洲形象

前　言

　　形成于 16 世纪的亚洲形象，经过 17 世纪的发展，已更加丰满、鲜明和细
腻。这尤其展现在葡萄牙人的记载中，它们不但继承了上世纪关于印度的研究
资料，更融入了很多商人和传教士的叙述——这些人的足迹遍布从喜马拉雅山
脉（Himalayas）到科摩林角（Cape Comorin）的南亚次大陆的各个角落。很多
在 16 世纪已经被"发现"的，比如印度教（Hinduism），又被 17 世纪的耶稣会
士和新教牧师重新发现和研究。控制北印度的莫卧儿（Mughul）帝国接受甚至
雇用欧洲人，他们在苏拉特（Surat）港和孟加拉（Bengal）港与欧洲人开展贸易，
甚至鼓励耶稣会士探索西藏并通过陆路前往中国。在政治上四分五裂的南印度，
葡萄牙人和荷兰人建立起自己的商业领地。在那里，他们的商人具有半永久居
住权，传教士和商人还以此为基础进而探索南亚内陆和周边群岛。在科罗曼德
尔（Coromandel），欧洲人目睹了在维查耶纳伽尔（Vijayanagar）的印度王国
以及在戈尔康达（Golconda）的穆斯林王国的灭亡。穿过孟加拉湾，商人和传
教士深入到东南亚的陆地及周边海岛。通过荷兰人，欧洲人得以详细了解印度
尼西亚；通过荷兰人和法国人，了解暹罗（Siam）及其周边地区；通过法国人，
了解越南（Vietnam）；通过西班牙人，了解菲律宾（Philippines）和马里亚纳群
岛（Marianas）。进入中国宫廷、内陆城市及边缘地区的耶稣会士描绘了一幅关

于中国的瑰丽画卷，他们通过学习、翻译儒家经典了解中国传统文化。由于中国是一个拥有单一文化的统一国家，因此他们在一个地方学到的文化知识也可适用于这个国家的其他地方。1640 年之后，不接纳欧洲人的亚洲国家只剩下日本，不过他们对荷兰人开放。所以通过荷兰人，欧洲人也了解到应对日本和朝鲜的方法。到该世纪末，欧洲人已经了解了印度以东的所有亚洲大陆国家，而在所有重要的岛屿中，只有澳大利亚这个"空旷大陆"，在地图上还只是一个简单的轮廓。

第九章　奥朗则布之前的莫卧儿帝国

　　地理上关于印度次大陆的最早记述来自 16 世纪葡萄牙水手的笔记。早在描述 1530 年胡马雍（Humayun，1508—1556 年）发生的惨烈战争时，他们就捎带勾画了古吉拉特（Gujarat）和东孟加拉的贸易和生活片段。从 1545 年起，通过对捕鱼海岸（Fishery Coast）以及圣多默基督教徒（St.Thomas Christian）所在的塞拉（Serra）的报道，耶稣会士的文书们又逐渐为这幅尚粗糙的草图增添了新线条。在该世纪下半期，意大利、英国、荷兰的商务旅行者和评论者增加了彼此间的接触，特别是在内陆路线、市场、产品以及军事行动等方面。1580—1583 年、1591 年、1595—1605 年，三批耶稣会士从果阿（Goa）前往阿克巴（Akbar）的宫廷传教，并在新的报道和书籍中强调基督徒在转变莫卧儿统治者信仰中的作用。新世纪开始时，对于在印度的葡萄牙人以及传教士来说，前景是光明的。这种乐观情绪同样洋溢在耶稣会士于欧洲出版的著作中，这类作家主要有佩鲁奇（Peruschi，1597 年）、雷贝洛（Rebello，1598 年）以及古兹曼（Guzman，1601 年）。还有一些世俗作家，特别突出的有巴尔比（Balbi，1590 年）、林斯乔坦（Linschoten，1595—1596 年）和芬奇（Fitch，1599 年）。印度"地图"不再只是轮廓，而是即将被绘制完成。藉此，欧洲人也都自信地期待获得更大的满足和利益[1]。

新世纪初期，与莫卧儿帝国有来往的只有葡萄牙人和耶稣会士。16 世纪的最后一个十年，在英国，希望通过航海到达印度的愿望迫切，这股情绪因战胜西班牙无敌舰队（Spanish Armada）而更为高涨。当他们的对手荷兰开始向东方航行，为组建"公司"做准备工作时，在伦敦，印度的诱惑力越来越大。伦敦商人嫉妒控制了香料贸易的荷兰人，开始向王室请愿，要求展开自己的东方航线。1600 年，英国东印度公司（English East India Company）开始策划，并派出了两批前往印度的考察航行队。1603 年，约翰·米尔登霍尔（John Mildenhall）被派往阿格拉（Agra）与阿克巴及印度大陆建立关系。英国新教入侵者的出现立刻激起阿格拉的耶稣会士以及在果阿的葡萄牙人的反对。尽管米尔登霍尔没能得到允许英印贸易的贸易许可令（farman）（书面命令），但东印度公司仍在 1607 年第三次派遣舰队前往苏拉特港，舰队中也包括威廉·霍金斯（William Hawkins）大使。

尽管受到地方政权的反对，霍金斯最终于 1609 年胜利打通通往阿格拉的君主贾汗吉尔（Jahangir）的宫廷之路。通过土耳其语（Turkish）与这位君主当面对话后，霍金斯很快为英国获得在苏拉特经商的许可。但是，耶稣会士和葡萄牙人又一次通过交好的大臣规劝君王，使他相信，对他的港口和贸易来说，英国人将是潜在的危险。霍金斯在阿格拉谈判之时，东印度公司又向苏拉特派遣了一支舰队，任务是修建商馆并获得免关税的贸易特权。这支舰队在托马斯·贝斯特（Thomas Best）船长的带领下，在 1612 年击败了离开苏拉特的果阿舰队，也为英国打开了印度西海岸。看到英国表现出的军事实力，莫卧儿将英国人作为制衡葡萄牙人的砝码。英国代理商托马斯·凯里奇（Thomas Kerridge）也因此正式获许在苏拉特设立商馆。三年后，托马斯·罗伊（Thomas Roe）爵士来到贾汗吉尔的宫廷并在此服务了三年，但这并未使他获得正式的商贸协议，他的劳动仅换来能继续进行贸易活动的命令。此后英国人逐渐取代了葡萄牙人，在与莫卧儿帝国的外贸活动中获得了至高无上的权力。[2]

第一节　英国人和荷兰人的记载：第一代

很多早期的英国冒险家都将自己在印度的经历写成日记或叙述材料。比如，船只在苏拉特失事的罗伯特·科弗特（Robert Coverte），从 1610 年到 1611 年的大部分时间都在北印度旅行。回国后，他于 1612 年发表了"艰难痛苦的朝圣之旅"的报道[3]。塞缪尔·珀切斯（Samuel Purchas）将很多海员、商人、牧师以及使馆人员的全部或部分作品结集，出版了他的巨著《珀切斯游记》（*Pilgrimes*，[4] 伦敦，1625 年）。合集中收录了以下诸人的记载：约翰·米尔登霍尔（第二卷，第 297-304 页）、威廉·霍金斯（第三卷，第 1-51 页）、威廉·芬奇（William Finch，第四卷，第 1-77 页）、尼古拉斯·唐顿（Nicholas Downton，第四卷，第 214-251 页）、理查德·斯蒂尔（Richard Steele，第四卷，第 266-280 页）、托马斯·罗伊爵士（第四卷，第 310-468 页）、爱德华·特里（Edward Terry，第九卷，第 1-54 页）、托马斯·贝斯特（第四卷，第 119-147 页）、尼古拉斯·威辛顿（Nicholas Withington，第四卷，第 162-175 页）、托马斯·科里亚特（Thomas Coryate，第四卷，第 119-147 页）。他们在印度的时间为：芬奇（1608—1611 年）、威辛顿（1612—1616 年）、贝斯特（1612 年）、斯蒂尔（1615 年），他们都是商人和海员；米尔登霍尔（1603—1605 年）、霍金斯（1608—1613 年）、罗伊（1615—1619 年），他们是派到宫廷的皇家使者；特里（1616—1619 年）是罗伊使团的牧师。冒险家科里亚特（1615—1616 年）将自己在印度的经历见闻写成五封信，寄给朋友和家人，这些信在被珀切斯收录前曾两次（1616 年和 1618 年）在伦敦独立发表。[5] 在这些作品中，芬奇、罗伊和特里的影响最大。对罗伊的日记，珀切斯只节选了 1/3 或更少，此外还摘录了他的部分信件[6]。特里将自己的作品充实修订并于 1655 年在伦敦再版。[7]

与经验丰富的耶稣会士和新教牧师相比，大多数英国作家只向读者提供了关于莫卧儿帝国的疆域、地理、民众、物产以及政治等方面的概况，只有罗伊和特里特别介绍了莫卧儿帝国的行政区划。1619 年，返回英国不久的罗伊让他的大副，同时也是测量员和绘图师——威廉·巴芬（William Baffin），准

605

备了一张莫卧儿帝国的地图。这张地图现存于大英博物馆（British Library，K115[22]）。这张地图被重新雕刻并缩小以收入《珀切斯游记》一书，1655年，它又成为特里著作的卷首插图。因为一些目前已难以解释的原因，特里和罗伊的地图及文字描述不尽相同。尽管巴芬地图上有很多错误，但它却勾画出了莫卧儿帝国疆域的轮廓，特别是对内陆地区的描绘，与同时期其他欧洲人绘制的地图相比，更为清楚详细。事实上，它也是此后绘制莫卧儿帝国地图的基础。[8]

正如特里所述，莫卧儿帝国东接"马格人的王国"（the Kingdoms of Maug①[the Mughs]）[9]，西临波斯（Persia），北依高加索（Caucasus）和鞑靼（Tartary）山脉，南邻德干（Deccan）和"孟加拉湾"（Gulfe of Bengala）。位于亚洲边缘的德干被三个穆斯林统治者以及一些"印度王侯"（Indian Rhajaes）统治。[10] 这块由37个省组成的广阔土地被当地人称为"印度斯坦"（Indostan [Hindustan]）。"这37个省曾经都是独立的王国。"特里据此列出了各省的名单、它们的地理位置、主要城市，所有"这些都缺少来自莫卧儿方的资料证明"。他划分的行政区西南起自坎大哈（Qandahar），东抵恒河（Ganges）河口和孟加拉湾。在罗列这些省的主要城市时，特里也添加了它们坐落的河流的信息，它们彼此间的距离，以及有些城市的主要观光点。[11]

这个巨大的帝国肥沃富饶，"在生活的基本方面"都能自给自足。土地里生长着小麦、稻米、大麦和各种谷物。他们的小麦"和我们的一样，但是麦穗更大、更白"，所以他们用这种面粉做的面包比列日（Liège）的还要好。普通百姓将面包做成蛋糕（印度薄饼或面包 [chapati]）的形状，在小铁炉上烤。和面包一起吃的黄油和奶酪由"牛、绵羊和山羊"奶做成。他们的肉类又多又便宜，有水牛肉、牛肉、绵羊肉、鹿肉、兔肉，还有各种各样的鱼和家禽。他们的牛很特别，牛前肩有很大一块肉。他们的羊"尾巴比我们的大，割下来非常（重）"。[12] 盐以及"当季时的"糖也又多又便宜。水果也很多：有甜瓜、西瓜、石榴、"Pome-citrons"（柚子？）、柠檬、橘子、枣、无花果、葡萄、大蕉、香蕉、芒果、菠萝、苹果和梨。他们也有根茎类的作物，其中萝卜、土豆、洋葱、

---

① 原书为 Kingdome，可能为拼写错误。——译者注。

大蒜和拌沙拉的香草都非常好。在南方，到处都种植着生姜，特里将棕榈酒（Taddy［印度语，*tārī*，棕榈酒］）称为可以和任何白葡萄酒相媲美的"令人愉快的饮料"。[13]

在印度西北部，"一年之中只有一个季节有雨"，即夏季 5 月至 9 月的雨季。突如其来的暴雨，常常以"可怕但不会带来灾害的电闪雷鸣"而停止。炎热多雨的季节一旦结束，"在此后的九个月里，天空干净如洗，万里无云"。季风规律而至，六个月在南方，六个月在北方。旱季，大风扬起"浓云般的沙尘，让身在其中的人们不胜其扰"。[14]

经过几乎九个月的旱季，到冬季时，土地"看起来已像不毛之地"。大概一个星期的"降雨就会为大地铺上一层绿色外衣"。5 月至 6 月初，农人开始用"牛或人工犁地"，然后播种。11 月和 12 月是收获的季节，那时谷物"载地之厚，最为浓密饱满"。在农村，大量的村庄和城镇"密集相连"，远离村镇的田地都是开放的。他们不割草晒制干草，而只在需要时直接去田里收割，不管那时的草是绿的还是已枯萎的。他们也种植了大量烟草，但特里不喜欢他们处理烟叶的方法。[15]绿树点缀下的风景很漂亮，但是这些树不同于英国的树，而是一种印度榕树，它的枝干上"生出小小的枝条，垂地生根"。印度的花朵多彩美丽，但除了玫瑰都少有"芬芳"。鲜花繁多，"好像永不凋谢"。[16]

大型动物，除了马和骡，都和英国的不同。本地马，和"很多波斯、鞑靼，以及阿拉伯种"一样，每周抹两到三次黄油以"保持其优雅"。一种煮过的被称为 Donna（印度语为 *dāna*）的谷物晾凉再混合粗糖制成马的饲料。很多双峰和单峰骆驼用于运输，有时也能见到"皮肤多皱"的朝天犀牛。那里也有很多大象，仅皇家大象的数目就达 14 000 头。特里讲述了几个当地著名的关于大象通人性的故事后，又谈到皇帝贾汗吉尔斗象的爱好。帝国也训练很多用于作战的大象，它们可以驮一个背铁枪的枪手。其他受训的大象则用于国家或皇家仪式。尽管很多皇族都想将大象占为己有，但养大象的费用确实太高，特别是发情期的公象又非常危险，每头公象都配有四个"妻子"。具有危害性的动物有：狮子、老虎、狼、豺，还有鳄鱼、蛇、蜇人的蝎子，以及大量讨厌的苍蝇、蚊子和"饥饿的大老鼠"。[17]

608

除了拥有大量河流，北印度也布满了水井以及补给它们的泉流，"在许多地方，他们都用很多石头将泉水围起来"。此外，"还有很多被他们称为'Tankes'的水池"[18]，有些水池"方圆一至两英里，凿成方形或圆形"，通常周边砌石，有石阶通向水边。这些水池雨季蓄水以供旱季使用。印度人通常以水而非其他饮品为饮料，因为在"这些炎热的国家，水比其他饮料对人体更有益"。他们偶尔也喝少量的"Rache"（印度米酒）和"Cohha"（咖啡，阿拉伯语为 kahwa），就是用一种黑色种子煮水，从而稍稍改变水的味道。[19]咖啡"有助于消化"，还有"一种名叫'蒌叶'（Betel）或 Paune（印度语为 pān，蒌叶的叶子）的香草"，叶子像常春藤，印度人将蒌叶和一种坚果"槟榔"，以及一点"悬挂在树叶间的纯白色的酸檬"放在一起嚼，作为佐餐食品。[20]

普通民居一般都很简陋，只在城市中有"很多漂亮的建筑群"。好房子"建在高且平坦的地方"，一天中凉爽的时候，屋顶作为露台。因为除了做饭他们不使用其他供暖设施，所以房子都没有烟囱。为了保持良好的通风效果，楼上的房间装了多扇门窗，而且窗户上没有玻璃。比如在阿默达巴德（Amadavar [Ahmadabad]），所有的建筑都由砖和石头精心修建而成。这个"最开阔富裕的城市"周边围绕着石砌的城墙，有"12 个漂亮的城门"。不论在城市还是乡村，房子四周都绿树成荫，种植繁密的树木"使来访者在某个角度只看到一片树林，而不是城市"。

莫卧儿帝国主要的出口物品为棉花、棉织品和靛蓝。播种的棉籽长成开黄花的灌木丛，花谢后，"就留下一个拇指大的棉桃"，棉桃里包着的是黄色、湿粘的物质。棉荚成熟崩裂"很快变为白如雪的棉花，这时就可以采摘了"。这种植物三四年需拔掉重植一次。[21]他们用棉线织出"纯白的棉布，我见到的一些棉布虽然没有我们最好的薄细棉布质地纯正，但是质量也一样好"[22]。他们把粗棉布染成各种颜色"或各种复杂的图案"。[23]靛青或"Nill"（nīl，印度对靛青的一般称呼，本词衍生自梵文 [Sanskirt]，nīla，意为"蓝色"）是一种不到一码高的灌木，枝干直径如人的拇指，花苞有 1 英尺长，里面的籽在 11 月成熟，可采摘及播种。用于制造蓝色颜料的这种灌木在雨季结束时被拔起并浸泡在水中，腐烂后，将汁液挤出，剩下的放在布料上，然后在太阳下暴晒。稍变硬时，

609

他们用手把它卷成小球，放在沙子中干燥。干燥后，这些球就变成可以进行买卖的靛青。[24]帝国还生产"纺织技术高超的优质丝绸，有时还掺入金银线"。他们还从虫胶中提取出一种硬蜡。[25]这里的矿藏包括铅、铁、铜、黄铜（？），"如果他们自己的说法属实的话，还有白银，但无需开采，因为他们已从其他国家获得足够的白银"。[26]

作为印度商品的交换货币，白银从全世界流入帝国。每年定期往返于红海（Red Sea）和苏拉特之间的大型朝拜船都会带回大量贵金属，而且这些白银会永远留在帝国，因为"从帝国带走一定数量的白银就是死罪"。金银被融化，提纯，铸成货币，"上面印上它名称的波斯文书写（Mogols）"。这些货币以"无掺杂，质地纯正而著称，所以即便与西班牙里尔（Spanish Rial，欧洲最纯正的货币）交换也会有些亏损"。国内的通用硬币是银卢比（Roopees [*rūpaya*，或者卢比]），它有几种面值，形状"或圆或方"，"这种硬币很厚"，所以从不会被折断或磨烂。在古吉拉特邦有一种次等的硬币叫"Mamoodies"（*mahmūdīs*）。小额付款时，他们使用的是又大又重被叫作"Pices"（印度语，*parsa*）的由"黄铜"（实际上是铜）铸成的货币。[27]

印度人通常被叫作"Hindoos"，但自从被帖木儿（Tamerlane）征服之后，他们就"与伊斯兰教徒（Mahometan）杂居"。居民中还包括很多波斯人、鞑靼人、埃塞俄比亚人（Ethiopians）和亚美尼亚人（Armenian）。印度人肤色呈黄褐色或橄榄色，长长的黑色直发，身材挺拔。他们并不羡慕白嫩的皮肤，因为他们认为那是麻风病人的肤色。[28]大多数穆斯林男人，除了"毛拉"（Moolaes）和老人，都剃去下巴上的胡子，"但一生却不能剃掉上唇的胡子"。头部，除了在顶部留出供穆罕默德（Muhammed）"拉他们进天堂"的一撮头发外，周边都剃得光光的。那里的人们，不论信仰派别，都经常洗澡，并抹一种香甜的精油。

男人和女人都穿着款式相似的过膝棉布长袍。棉袍内是从腰到脚踝的紧身长裤，"像塑身的长靴"。在室内，他们光脚穿拖鞋，室内铺着地毯（本国生产的，质量和土耳其、波斯的一样好）或类似的毯子。无论是做生意，还是简单的进餐，他们都像等待裁缝量体一样端坐在毯子上。男人头上裹着的白色或彩色窄长布带，即"穆斯林头巾"（*Shash* [阿拉伯语为 *shāsh*]）。向上级或长者致敬时，需要鞠躬，这时头部不能光着，因此要把右手放在头顶；同辈之间行礼的方式则是抓着彼此的下巴或胡须。问候语有很多种，比如"Greeb-a Nemoas"（印度语为 *gharib nawaz*）或者是"我（为你）祷告的穷人（Prayers of the Poore）祝福"。[29] 上层穆斯林妇女很少出门，她们头戴面纱，长长的头发上系着丝绸一直垂到背上，脖子和腰上都装饰着珠宝，耳朵和一个鼻孔上挂着环。不论哪个阶层的妇女，分娩都比较顺利。[30]

　　下层人的代步工具一般是牛、马、骡、双峰或单峰骆驼，有时会驾驶两轮车，车顶部和后部封闭，前边和两边敞开。牛拉的两轮车可以轻松地承载驾车人和两位乘客。缰绳穿过牛鼻，在两角之间绕过。驾车人手持缰绳，控制着牛前进的方向。顺利的时候，这样的交通工具每天能走 20 英里。上层人骑大象或者坐在全封闭的轿子里。只有大的镇或城市才有旅馆，这些旅馆被称为"Sarray"（波斯语为 *sarāy*），对旅行者免费开放，个人只需带着自己的食物和被褥。没有旅馆的地方，就支起常随身携带的帐篷。[31]

　　该世纪初，在印度最有经验的英国旅行家是威廉·芬奇，他于 1608 年至 1611 年在苏拉特从事靛青生意。他提供了从苏拉特到阿格拉（途经布尔汉布尔 [Burhanpur]）、从阿格拉到阿默达巴德、从拉合尔（Lahore）到喀布尔（Kabul）三条商路途经城镇的名称及详细信息。[32] 芬奇的其他旅行指南，珀切斯有些夸张地评价道，"在人、动物、植物、城市、沙漠、城堡、建筑、区域、宗教以及战争等各方面，提供了比其他任何人都更为准确的信息"。[33] 1610 年 1 月，芬奇离开苏拉特，前往阿格拉。除了对苏拉特港进行描述外，他还注意到临近的城镇，了解到居住在兰德尔（Rander）的"Naites"（孔坎语 [Konkani]?，*Nawāyit*），这是说另一种语言的船员。[34] 在沿途的城市中，他详细描述了作为要塞的"野蛮的"城市布尔汉布尔、被摧毁的城市曼杜（Mandu）、"欢乐"的城市和要塞瓜廖儿（Gwalior）。4 月 4 日，芬奇到达阿格拉，他描绘了五六月份焚毁城市的大火。7 月份，贾汗吉尔的军队在德干遭受挫败的消息传到首都。芬奇还报道了曼努埃尔·皮涅罗神父（Father Manuel Pinheiro）到达阿格拉并为国王的三个侄子——他死去的兄弟丹尼尔（Danyl）的儿子施洗。11 月 1 日，芬奇离开阿格拉前往巴衍那（Bayana）。通向阿杰米尔（Ajmer）的路上排列着很多石柱，上面有"coss"[35]的标记。阿克巴未建成的城市法塔赫布尔·西格里（Fatehpur-Sikri）完全被毁灭了，城里人烟稀少，"土地变成'花园'"，仅剩石墙和4个大门。像阿格拉一样，这里的水槽被"Hermodactyle"——一种结柔软果子的水草——完全覆盖，"这种果子是白色的，有肉的气味，在印度被广泛食用"。[36]除了两个旅馆和一个集市，巴衍那，这个芬奇曾去买靛青的城市，也在衰败中。[37]

回到阿格拉，芬奇很快又上路了，这次是去拉合尔。在德里（Delhi），他描述了胡马雍的坟墓并宣称"印度王将加冕"于将来的德里。他又离题地扯到萨利姆（Salim）的叛乱，还谈到从阿格拉到喀布尔600英里大路两侧的桑葚树，它们是阿克巴为纪念打败王子而种植的。[38]"在高墙保护下的"拉合尔是东方最伟大的城市之一。早在胡马雍帝国时期，它就被建为帝国的中心。拉合尔的堡垒和皇家住宅坐落在注入印度河（Indus）的拉维（Ravi）河畔。装满货物的船只顺河而下，到达信德（Sind）的塔塔（Thatta），向南沿途经木尔坦（Multan）和巴卡尔（Bhakkar）。皇宫的休息室中挂满了贾汗吉尔和其他莫卧儿贵族的壁画画像，在一个可俯瞰江面的小休息室里是阿克巴和萨利姆王子及其他人的壁画画像。皇宫里200多位女人住在新宫殿里，宫殿后壁是"皇帝被众嫔妃簇拥"的画像。在皇帝自己华丽的宫殿里则挂满了从第一个皇帝巴布尔（Babur）以来所有祖先的画像。宫殿堡垒东边，墙外是一个美丽的花园，西边是连接通往喀布尔的大路的渡口。1611年5月17日，来自周边高山的帕坦（Pathan）叛军洗劫喀布尔的消息传到了拉合尔，芬奇就是穿过这些北部的高山关口，根据路线图进入莫卧儿帝国的。[39]

通过他的朋友尼古拉斯·尤菲特（Nicholas Uphet）的介绍，芬奇又知道了一条途经阿杰米尔和古吉拉特往返于苏拉特和阿格拉的路径。阿杰米尔城以"赫瓦贾·穆伊-乌德-丁"（Hoghee Mundee [Khwaja Muinuddin]）的坟墓而著名，这里也是"莫卧儿人的圣地"。阿克巴曾徒步从阿格拉到这个坟墓来祭拜。在贾洛尔（Jalor）有一座位于山之巅的堡垒，被称为通向古吉拉特之门，[40]芬奇对此进行了详述。穿越"拉贾斯坦（Rajasthan）的深深荒漠"，旅行者到达阿默达巴德，这个城市的建筑可以"同亚洲、非洲的任何城市相媲美"。城墙之内，

613

道路宽阔平整，商人富足，工匠"擅长雕刻、绘画、镶嵌，以及用金银丝刺绣"。因为皇帝在古吉拉特的政权并不稳固，进入或离开阿默达巴德城的人都要交关税。[41] 阿默达巴德南面的坎贝（Cambay）是古吉拉特的市场和葡萄牙商人常逗留的地方。去苏拉特路上的布罗奇（Broach），有大型的玛瑙矿，这座城市同时也以盛产"Baffatas"（波斯语为 bafta，织物）和白色棉织品而著称。[42]

从阿格拉向东即通向恒河河谷，30 条河流注入恒河使河面通常可达到 3/4 英里宽。雨季来临时，洪水在注入孟加拉湾（Bay of Bengal）前会淹没整个河谷。在 18 条支流之一的某条河畔有一座城市叫勒克瑙（Lucknow），是亚麻中心。曾作为阿富汗中心的古老城市阿瓦德（Awadh）有很多遗址，一些婆罗门（Brahmans）住在遗址内，他们将所有在此沐浴的印度人的名字都记录下来。来自全印度的朝圣者都会带走黑米粒作为留念。下一站是江普尔（Jaunpur），一个坐落在河（古姆蒂河 [Gumti]）边的商业城市，"河上有一座桥，桥上有房子，好像伦敦桥（London Bridge）的样子，但在其他方面则无法相提并论"。[43]

从阿格拉到江普尔的第二条路线穿过连绵的森林到达阿拉哈巴德（Allahabad）。这个恒河边的城市古称钵罗耶伽（Prayaga），是东方一大奇迹。[44] 堡垒始建于四十年前的阿克巴，修建地点就在朱木拿（Jumna）河注入恒河的河口。两万人修建了多年，但一直都没有完成。它的城墙，像阿格拉的一样，是由红色方形石头砌成。萨利姆王子（此后的贾汗吉尔）在叛变阿格拉之后，成为皇帝之前，就住在这儿。在第一个庭院里一个深陷地下"不知其底"的石柱，它可能是由"未能穿越恒河的亚历山大（Alexander）或者其他伟大的征服者"所立。[45] 在内廷，皇帝坐在高处，或议政、或观看动物角斗。高台之下为拱顶，上面陈设着他们的偶像："爸爸亚当和妈妈夏娃"（Baba Adam and Mama Havah）（他们如此称呼）以及他们的子孙，还有"诺亚（Noah）和其后代的画像"。正如这些偶像所示，印度人相信最早的人类生活于此。成千上万的朝圣者来到这里，在恒河里沐浴，在遗迹前朝拜。[46] 另一个布置得富丽堂皇的地方是皇帝的"接待室"（Derbar）。此外还有一个通向大"Moholl"（mahal，宫殿）的房间，这个大宫殿有 48 间装饰华丽的起居室和卧室，里面住着皇帝、他的 16 位妻子及仆人侍者。宫殿内还有一个"奇怪的水池"和一株"生命之树"。此前

614

的穆斯林统治者曾想方设法要弄死这棵树，但却没有成功，现在这棵树已受到贾汗吉尔的保护，并仍然受到"印度人的崇拜"。[47] 宫殿临河一侧，有几个大"Devoncans"（来自阿拉伯语 dīwān，和波斯语 khāna，会堂，在这里指阳台）。在这儿，皇帝和他的女人们共度休闲时光，观赏朱木拿河"注入恒河"。河与宫殿之间有漂亮的花园，里面有"高雅的宴会厅，还有通向船只的私人台阶"。[48]

芬奇沿着恒河河谷，从拉合尔到阿拉干（Arakan）一路东行，途经众多北方城镇和侯国，其中最重要的地方是寒冷多雪的克什米尔（Kashmir）和库茂恩（Kumaun）的斯利那加（Srinagar），那里盛产麝香和擅走山路的矮种马，这种马叫"Gunts"（印度语为 ghūnt，山地矮种马）。莫卧儿帝国东部边界是"Mugh"（阿拉干），这一在恒河北部的孟加拉边界并不稳定，贾汗吉尔在此有驻军。往南，莫卧儿帝国延伸到恒河河口，在那里，"一些葡萄牙的亡命之徒控制了一个小小的堡垒，并且做了很多坏事"。[49]

五十年前，由于邻近缺少干净低盐的水源，阿克巴被迫放弃法塔赫布尔·西格里，而转向之前只是村庄的阿格拉。[50] 面向朱木拿河而建的新月形的阿格拉，现在人口已急剧膨胀。在肮脏狭窄的街道上，行人摩肩接踵。城市及周边郊区已延伸至 7 英里长、3 英里宽。贵族和商人的房子屋顶是平的，由石头或砖砌成；普通平民的房子则是泥墙，茅草屋顶，"这也经常引发可怕的火灾"。大多数贵族的房子都建在河边。[51] 朱木拿河"比伦敦的泰晤士河（Thames）宽"，河岸上矗立着"东方最美妙，最令人赞叹的宫殿式堡垒，有些堡垒面积达方圆 3—4 英里"。堡垒四周是用"方石"砌成的坚固城墙，还有通过吊桥连接的护城河。这些宫殿式堡垒有四个门，北门通向"Rampire"（壁垒）；西门靠近集市，被称为宫门（Kacheri），门内有 Kacheri of Rolls，在这里皇帝的主要大臣每天早上会花 3 个小时处理"租金、拨款、土地、诏书、债务等"事宜；通往皇帝接待室（会议室）的南门总是锁着，它被称为阿克巴达尔瓦扎（Akbar Darwaza），里面是一个院子（chawk），数百名妓女在那里时刻等待着宫中的召见；河边的东门，被叫作"Darshani"，每天早上皇帝在里面接受众贵族"taslim"（行礼），中午皇帝在这儿观看动物角斗，每星期二，他也在这儿监督处决犯人。

在第三道门，或称为南门的后面是一个宽阔的宫殿，里面是像商店或开放

615

的货摊一样的放炮场地（波斯语为 *ātishkhāna*）。在那里，将领们根据级别，完成他们七天制的警卫任务（印度语 *chaukī*）。再往里是一个围起来的宫殿，除了帝国的高级骑兵（*ahādīs*），其他人进入都将遭受笞刑。紧挨着的是另一个小内廷，上面盖着厚厚的遮阳篷（*shāmiānah*）以阻挡强烈的阳光。走廊尽头，皇帝坐在椅子上，被他的孩子、宰相和打扇者簇拥。皇帝背后的墙上挂着基督和圣母玛利亚（Virgin Mary）的画像。级别达不到拥有"400 匹马"的人不能进入这个内廷。宫殿另一边悬挂着代表正义的金铃。如果有人受到官员的不公正对待，就可以在皇帝上朝时摇动金铃。上朝时间通常是每天下午 3 点至 4 点。见完大臣两小时后的深夜，皇帝会来到宫殿旁的小内室和一些贵族交谈，这些贵族须持凭证方可入内。

616

从阿格拉去拉合尔的路上，靠近阿格拉的锡坎德拉（Sikandra），有阿克巴的坟墓。这座坟墓"已经修建了十年"，但仍未完工。它矗立在"由砖墙围起方圆两英里的大花园"之中，规划中的四个大门只有一个完工。旁边的大宫殿里住着阿克巴的妻子们。"她们仍然享受着曾拥有的土地为其带来的（赋税）。"这个方形坟墓本身"方圆 3/4 英里"，由栏杆包围。这是规划的五个平台中最低的一个。陵墓每个角都竖立着大理石的小"平台"，平台大小相同。在四边有宽阔走廊的大厅里，阿克巴的遗体安放在"圆圆的黄金棺材"中。头旁边是"他的剑和盔甲，小枕头上是他的头巾，旁边还有两三本精致的镀金书"，脚边有他的鞋，还有"一个大盆和大水罐"。芬奇离开时，棺材上只有帐篷和遮阳篷。约3 000 名工人仍然工作着。来自菲特普尔（Fatehpur）附近采石场的"石头被分割成一定的长短、形状，就像木材被锯开、组合、再装饰一样"。穆斯林人和印度人都爱到这里朝圣，因为他们都把阿克巴当成圣人。[52]

1618 年，罗伊曾提醒伦敦方面：荷兰"虫子们"已经确立了他们在苏拉特的地位，并几乎和英国人享受同等权利。两年后，彼得·范·登·布洛克（Pieter van den Broecke，1585—1640 年）成为荷兰商馆的主管并监管荷兰东印度公司（VOC）在"西部地区"的贸易。他在这个位置上一直待到 1629 年。1620 年至1627 年，安特卫普（Antwerp）的弗朗西斯科·佩尔萨特（Francisco Pelsaert，1630 年去世）也在阿格拉做荷兰人的代理人。在阿格拉最后的一段时间里，佩尔萨特为荷兰公司写下了《有关荷兰在印度的通商报告》（*Remonstrantie*，1626年），或者说一份商业报告。他可能还从波斯编年史中收集了一些关于印度历史的材料。这两份材料都交给了范·登·布洛克，并由他寄回阿姆斯特丹。虽然范·登·布洛克的名字留在编年史中，但很显然，这是佩尔萨特的成果。《有关荷兰在印度的通商报告》以及被称为范·登·布洛克的"印度历史片段"被荷兰东印度公司委托给约翰尼斯·德·莱特（Joannes de Laet，1593—1649年），一位佛兰德（Flemish）的地理学家和自然学家。利用这些资料以及其他发表或未发表的关于莫卧儿帝国的资料，德·莱特编写了《众人笔下的真实印度——莫卧儿帝国面面观》（*De imperio magni mogolis sive India vera commentarius e varijs auctoribus congestus*，莱顿，Leyden），并于1631年发表。为了普及，本书用拉丁语完成，并第一次为欧洲读者提供了关于莫卧儿帝国的系统性描述。[53]

在第一部分中，德·莱特详述了莫卧儿帝国的地理风貌和行政区划。这部分综合了以下几份资料：加西亚·达·奥尔塔（Garcia da Orta）的《印度草药风物秘闻》（*Coloquios*，1563年）[54]、佩德罗·特谢拉（Pedro Teixeira，而非德·莱特所说的 Texeira）[55] 的波斯史（1610年）、珀切斯的《珀切斯游记大全》（1625年）的部分内容以及佩尔萨特的《有关荷兰在印度的通商报告》（1626年）。关于帝国的地形、疆域，以及省份名录等资料则直接来自特里和罗伊。对城镇、纪念碑等的描述来自芬奇、威辛顿和霍金斯。他还参考了耶稣会士的书信，在他构画作品纲要时，这些信件正流行于荷兰、比利时等低地国家（Low Countries）。第一部分的新资料多来自佩尔萨特的《有关荷兰在印度的通商报告》，其他的则来自荷兰东印度公司未发表的信件和报告。[56]

当然，德·莱特最了解的地区还是印度西北部。他详细地描述了古吉拉特的边疆地区，并提到帝国的疆域曾在东、南两个方向延伸得更远，他还列出了13个主要港口。在塔普蒂（Tapti）河上，中等大小的船只可上行至苏拉特港——一个由堡垒、土墙和干枯的护城河三层保护的中型港口。小镇附近，还有一个从岩石上开挖出的巨大池塘，被称为"Gopi Talao"，或者戈皮（Gopi）池。[57]古吉拉特的港口坎贝是葡萄牙人经常出没的地方，面积有苏拉特的两倍大，四周有"三重砖墙"围绕。此地大多数居民为巴涅人（Banyan），他们在镇中心

617

三大市场中做生意。当地的贸易和旅行者也引来了强盗，也许是为了防止抢劫，坎贝的城门每晚都上锁。

古吉拉特的首都阿默达巴德儿乎和伦敦一样大，坐落于平原之上，四周有坚固的城墙。每十天或十二天，巴涅商人就往坎贝运送"装满"200辆二轮马车的"各种货物"。城门把守严密，有政府的通行证方能进出。货物进出无关税。6 000名骑兵保护着城市的安全，城市的主要威胁来自盘踞在城东部的强盗巴哈杜尔（Bahadur）。强盗首领曾成功避开莫卧儿军队，冲入坎贝抢劫。[58]另一群叛贼叫科利（*Koli*），他们住在阿默达巴德和特拉吉（Traj）之间的"偏远"山区；他们偶尔在路上抢劫或入室抢劫。[59]还有诸侯首领"贾洛尔的贾兹汗"（Gydney Caun [Ghazin khan]），他在东部"荒凉的平原上建立起坚不可摧的堡垒"。他能召集1万铁骑，而且经常不向领主纳贡。[60]

阿默达巴德是35个大区的中心，这些区共包括2 995个村庄。地方税官将各村的税收汇总上交首都，所有的公共基金都来自农业税收，因为国内贸易是不收税的。统治者"Chanszan"（贾汉·洛迪汗 [Khan Jahan Lodi]）是贾汗吉尔封臣中最有权势的一个，他在1621年时拥有一支由15 000名骑兵组成的军队，这是普通城市驻军的两倍。阿默达巴德北边是萨尔凯杰（Sarkhej），这个大村庄里葬着古吉拉特的先王们。[61]来自四面八方的印度人到这里以及附近一座宫殿和花园参观，宫殿花园的建造者是"Chou-Chin-Nauw"（*khān-khānān* 是米尔扎·阿布杜尔欣 [Mirza Abdurrahim] 的称号）。这位莫卧儿帝国的将军在这里打败了古吉拉特的最后一位国王，并将之纳入莫卧儿帝国的统治之下。[62]萨尔凯杰盛产靛青，"堆积如山"的靛青从这里出口到欧洲，尽管与靛青的原产地巴衍那相比，这里靛青的质量并不太好。[63]

在古吉拉特省的城市中，重要性仅次于首都的城市是布罗奇，它位于苏拉特和坎贝之间。这座城市建于高山之上，四周高墙围绕，可俯览美丽的纳巴达（Narbada）河。山脚下是几乎和城市一样大的镇，里面住着工匠和水手。在通往苏拉特的路上，沿途的沃野蕴藏着丰富的玛瑙。在阿默达巴德和布罗奇之间的镇上有一个叫"Polle Medonii"（皮尔·阿利·马达尼 [Pir Ali Madani]）的穆斯林圣人的坟墓，这里也吸引了全印度的朝拜者。有些朝圣者腿上束链条，或脸上戴面罩，因为他们相信在向圣者祷告后这些东西会被除去。[64] 布罗奇南边有一个漂亮的内陆小镇，叫巴罗达（Barode）。它建在一片沙质平原上，附近有一条叫维士瓦 - 米特瑞（Vishva-mitri）的小河。小镇周边有城墙围绕，镇内居民主要是"巴涅人"（Banian）。在周边 210 个村庄中，有采集虫胶的、生产靛青的，还有织布的。

"贾洛尔"（Jelour）堡垒位于拉贾斯坦和古吉拉特之间的边界上。它建于高山之上，一条宽阔的马路通向山峰，途中有士兵守卫的城门。城门之内有漂亮的清真寺、统治者的宫殿，还有印度教徒的前辈加齐汗（Ghazin Khan）修建的庙宇。这里也有"King Hassuard"（侯赛因·坎萨沃 [Husain Khangsawar]）的坟墓。"这位国王因好战及非凡的勇气而受到尊重，死后成为想象中的圣人"。梅瓦尔（Mewar）山位于阿杰米尔和阿默达巴德之间，山脊上有著名的堡垒加尔 - 奇托尔（Garh-Chittor）。凭借这一要塞，它的首领可以不受莫卧儿人和阿富汗人的统治。所有上山的入口都有严密的防御设施，"自古以来"，印度教徒对这位首领的崇敬犹如"罗马天主教徒对罗马教皇一样"。[65]

古吉拉特东边是坎德什（Khandesh）省，它位于上游地区，从苏拉特出发穿过一片被土匪侵扰的疆域方能到达。省内第一大城市是纳拉因普尔（Narainpur），被当地人称为"Pectosphavus"（普拉塔布·沙 [Pratap Sah]）的幼君控制着周边的乡村。两个最重要的镇和城堡是萨尔赫（Salher）和穆尔赫（Mulher）。被叫作"Mamudies"（*mahmūdis*）的古吉拉特硬币就是在穆尔赫铸造的。阿克巴花了七年时间试图拿下这些要塞，但最后的结果却是只能认可普拉塔布·沙，保留其作为部落首领的权利，如此才能避免贸易和旅行者受到侵扰。[66] 作为省会城市的布尔汉布尔是一个庞大却建设极差的城市，但却是很好的防御城堡。布尔汉布尔的塔普蒂河里站立着一头供世人朝拜的石象。一条林荫大道从城市通向附近的哈南汗（Khanan khan）公园（*Lal Bagh*），哈南汗是莫卧儿帝国最伟大的贵族和将军。坎德什其他值得一看的名胜有阿西尔格尔堡垒（Asirgarh）和曼杜古城。"除了一些坟墓和寺庙"，曼杜在山上的要塞基本都被摧毁。"比古城规模小很多的"曼杜新城"有很多从石头上砍凿出的漂亮的建筑"，还有造型奇特的"高大城门"。同时它还骄傲地拥有最辉煌的清真寺、

620

塔楼和旁边容纳四位国王坟墓的壮观宫殿。[67]

坎德什山脉以北是富饶的马尔瓦省（Malwa），这里盛产鸦片、谷物和酿自"Meira"（印度语为 *Mahwa*，拉丁语为 *Bassia latifolia* [印度赤铁树]）的酒。马尔瓦东边是瓜廖尔省，与省同名的省会城市曾是曼杜和德里王国间的边防前哨，这座城市也以其西部位于高峻峰顶的堡垒而著名。通向堡垒的石头路由四个连续、厚实、被严密防守的大门保护着。最后一道门前，有一座由蓝、绿色的大理石雕刻而成的石象。[68] 统治者的住所与关押犯罪贵族的监狱相邻。莫卧儿有三座这样的监狱，其他两座分别在斋浦尔（Jaipur）的兰塔姆博尔（Ranthambor①）和孟加拉的罗塔斯（Rohtas）。死刑犯会在兰塔姆博尔关押两个月，行刑前先给他们喝一种"奶"（也就是 *posto*，一种能使他们逐渐失去知觉的罂粟汁），然后将他们从高墙上抛向下面的石堆。那些被关在遥远荒凉的罗塔斯边塞的则是被判终身监禁的犯人。[69]

德·莱特对阿格拉省的描述主要参考了一些英国作家以及在那儿生活了七年的佩尔萨特的作品。昌巴尔（Chambal）河将阿格拉省和瓜廖尔省分开，据说阿克巴在 1566 年将阿格拉作为自己的首都，并修建了五道"兼具防御和装饰作用"的大门。[70] 德·莱特将沿河居住贵族的姓名和等级（根据其拥有马车的数量而定）记录下来，根据这个名单就可以查到大多数贵族的资料。[71] 要塞阿格拉也是帝王的住所，它"矗立在高地之上……也是最美的景观……特别是从河岸看过去"。帝王的"Gussal-can"（*ghusl-khana*）或谒见厅，"是一栋宏大的建筑，方形，由镀金的雪花石膏建成"。下面的住所（被称为 *mahal*）属于贾汗吉尔最宠爱的妻子努尔·贾汗·贝加姆（Nur Jahan Begam）[72]。除此之外，皇宫内重要的建筑里也住着其他的女人，其中三座宫殿供皇帝的妃子居住，它们分别叫"Lethevar"（星期天）、"Mongrel"（星期二）和"Zenisser"（星期六），"皇帝根据日期前往这些行宫"。另一座叫"本加利陵（Bengaly Mahal）"的宫殿里住着来自国外的妃子。皇宫外是地位显赫的贵族的住所。河的另一边是"修建完美的"锡坎德拉城，住在里面的主要是从东印度进口商品的"巴涅

---

① 维基百科的拼写为 Ranthambore，《印度地名手册》拼写为 Ranthambhor。——译者注

人"。锡坎德拉也以其雄伟的宫殿著称，比如帕尔维兹王子（Prince Parviz①）的宫殿，还有可爱的快乐园，同样令人印象深刻、造价非凡的伊蒂马德-乌德-道拉（Itimad-ud-daula，死于 1618 年）的墓正在建设之中。

也是在这个省，离阿格拉 12 科斯（[cos]，23 英里）处有阿克巴建造的宏伟城市法塔赫布尔·西格里。在阿克巴的儿子和继承人[73]萨利姆出生后，他在这个村庄原有的名字"西科里"前又加上了另一个名字"菲特普尔，即愿望达成之意"。现在这里已成废墟，晚上在此行走都很危险。在其"北门"内（朝向东北方的阿格拉大门），有一个由石头铺地的市场，市场尽头是清真寺和一个宫殿。穿过大门，向上走 25 或 30 级台阶就可见到"整个东部最辉煌的清真寺"。清真寺院内，靠近门口的地方有壮观的"伊斯兰圣人"墓，据说这个清真寺由他单独出资兴建。[74]城墙外西北方向是一个有很多鱼及众多水禽的池塘。沼泽里铺满植物，水中盛产"Hermodactylus"（菱角）和"Camolochacheri"（印度语为 kanwal kakri，即莲藕），后者结一种"形状像勺子，内含六至八个有白膜相连的果仁"的果实。

阿格拉西南方，较远处有以卡诺瓦（Cannova）和巴衍那为中心的靛青产区。从阿格拉前往阿杰米尔的途中，每科斯都用石柱标记，八科斯处建有一座旅馆。大小可容纳 16 名妇女及其仆人。在卡诺瓦附近有一个方形建筑，里面放置着皇帝的睡床，周围围绕着 16 张嫔妃的床，那儿的建筑还包括一些宽敞的会堂。荒废的城市巴衍那和卡诺瓦村是靛青集散地，也是当地税收部门的总部所在地。巴衍那西北部和南部有令人印象深刻的废墟，特别是锡坎达拉巴德（Sikandarabad）。靠近锡坎达拉巴德陡峭的山峰上有皇家宫殿的遗址，那里曾居住过"最强大的阿富汗王"。[75]现在锡坎达拉巴德被莫卧儿占领，那儿只住着被称作"Goagers"（gujars）的牧羊人。[76]

从阿格拉去拉合尔的路上会穿过著名且古老的"Dely 王国或德里王国"。在去现代城市德里的路上有古城德里的遗址，据说这里曾有 9 个堡垒和 52 道门。[77]不远处有一座石桥跨越朱木拿河通向宽阔的林荫大道，这条大道直通胡

622

---

① 正确拼写为 Parwiz。——译者注。

马雍的坟墓。德里是一个宏伟的城市，遗憾的是很多城墙和房屋都已被摧毁。墙外有 20 座建筑完好的阿富汗王的陵墓。更远处是一个皇帝狩猎的行宫，据说是"菲鲁兹沙"（Sultan Berusa [Firoz[①] Shah]，在位时间为 1351—1388 年）所建。那里有一个上面刻有希腊文的"高高的方形尖塔"，[78] 这种方形尖塔也可见于印度其他地方，近期在菲特普尔又发现了一个，但在运往阿格拉途中不慎被打碎，不过也许发现时已被毁坏。从德里到旁遮普省省会拉合尔的途中会路过一片富裕的乡村，这里生活着靠抢劫旅行者为生的强盗。在锡尔欣德（Sirhind）有一个漂亮的湖，湖中有"一座寺庙，一座 15 孔的桥将其连接"。附近是被砖墙环绕的巨大公园广场。公园中心是皇宫，四周的廊柱令人印象深刻。[79] 路旁，"每 5 或 7 个科斯，"就有一个"旅馆"（saray），为旅行者提供住宿，为马匹提供马厩。这些旅馆"由皇帝或者贵族修建"，旅行者一旦入住，就不会被驱逐。到达拉合尔，旅行者也就到达了"迄今最大的东方城市"。德·莱特关于拉合尔的报道多来自芬奇和其他发表在珀切斯合集中的英国作家的资料[80]，对喀布尔、克什米尔以及其他北方地区的描述则借鉴了英国作家以及教友鄂本笃（Brother Bento de Goes）的旅行指南。德·莱特掌握的新资料主要是关于他所称为"东方"（Purropia [purab]）省的，这个省的边界始于阿拉哈巴德，延伸至恒河畔。

623

对"刚被莫卧儿征服并置于其统治之下"的孟加拉的描述，是德·莱特的原创，但这部分的内容很少[81]。在西北部的恒河水的浇灌下，孟加拉盛产"大米、小麦、糖、姜、胡椒、棉花和丝绸"。主要城市高尔（Gaur）和"孟加拉"都整饬、富裕。[82] 其他恒河边的城镇还有"著名的贸易中心"登达（Tanda）和贝纳勒斯（Benares），那里"居住着虔诚的偶像崇拜者"；巴特那城（Patna），一个到处都是茅草房的贫困城市；美丽的城市吉大港（Chittagong），两个港口胡格利（Hugli）和奥里萨邦（Orissa）的希吉利（Hijili）为这个城市提供服务。"奥里萨邦"（Orixa）属于孟加拉省，以前它是一个独立王国，后来却先后臣服于阿富汗和莫卧儿。[83] 奥里萨邦的原住民狡猾卑鄙，他们都信仰伊斯兰教。[84] 显然，直到 17 世纪，即第一代研究者研究末期，北欧人仍不太了解孟加拉。[85]

---

① 《印度文化史》中拼写为 Firuz。——译者注

在介绍印度人的性格与风俗的章节中，德·莱特总结了特里的叙述，又综合了佩尔萨特和特谢拉的描述。印度人用训练好的猎狗和豹子狩猎。[86] 捕捉水禽的方法极为绝妙：想捕捉哪种鸟，就先做一个这种鸟的标本，然后把标本套在头上，身体其他部位浸入水中。通过这番乔装打扮，他们混入野鸟之中，然后在水下抓住鸟脚。[87] 弓箭手用水牛角做弓，干而轻的芦苇做箭。在家中他们下棋打牌，但他们的牌和"我们的很不同"。[88] 他们喜欢看耍蛇和滑稽的耍猴或耍猿。

大多数城镇的集市一般日出前开市，日落前再一次开市。在高温的白天，富裕的印度人坐在家中，佣人们用"巨大的皮革扇"扇风，并为主人按摩"胳膊和其他部位"。印度的常见病为痢疾、感冒和各种性病。对旅行者来说，为他们提供向导和保护的都是印度教和伊斯兰教的下层民众。印度人对父母很孝顺，"面对饥荒，他们宁愿自己饿死，也不让自己的父母忍饥挨饿"。有些印度教徒和伊斯兰教徒也展现出非凡的勇气和胆量，最著名的就是住在波斯边境城市哈吉汗（Hajikhan）的俾路支人（Baluchs）和帕坦人。在印度人中，除了拉其普特人（Rajputs）以抢劫、谋杀旅行者而著称外，其他都"比较胆小、爱争吵而非打斗"。

普通民众使用的语言发音不难，书写顺序从左向右。受教育者使用波斯文或阿拉伯文，尽管他们有几本阿拉伯文的亚里士多德（Aristotle）（他们称之为"Aplis"）的短文集，也了解阿维森纳（Avicenna）的教诲[89]，但波斯文和阿拉伯文的创作与经典作品却很少。他们研究天文学，包括皇帝在内的所有人都相信日子有吉凶之分。尽管他们喜欢音乐，有管弦乐器，但"对真正的音律和谐却一无所知"。他们也创作诗歌，编写历史。每年穆斯林的朝圣团都会乘船前往红海朝拜，但是他们使用的船只并不坚固，而且也缺少足够的护卫。他们崇拜牛，将其看作最高灵魂的承载物，同时他们也花费大量金钱去照顾生病的动物，耆那教徒（Jains）更是如此。

据特谢拉介绍[90]，古吉拉特有无数种印度教派系，其中最重要的三派为郎迦（Lonka，耆那教的一个分支 [gaccha]）、马赫什瑞（Maheshri）和婆罗门。马赫什瑞崇拜偶像，郎迦不崇拜偶像，但他们可以共同就餐，也可以通婚。[91]

624

在古吉拉特，以维萨纳加尔（Visalnagar）为中心的村子里居住着大约 3 万名婆罗门，他们向偶像祭祀，也会在婚礼及其他仪式上表演。婆罗门履行一夫一妻制，他们曾经非常贫困，现在通过农业和养殖牲畜而富裕起来。印度教徒中的拉其普特人用标枪和弓箭武装自己，他们"还有一个蜂窝状的盾，里面可以放置喂骆驼的水和养马的谷物"。那些从幼年就开始接受训练的马匹，强壮敏捷，从不钉马掌。住在阿杰米尔以北的印度教徒被认为是异教徒，因为他们吃鱼也吃肉。他们赤身祷告，围成一圈进食，他人是不能进入这个圈的。女人们佩戴金、铜、铁的戒指以及象牙的臂环。[92]

在印度，平民的生活非常悲惨。大量报酬微薄的工匠很难获得社会地位。他们的手艺代代相传，每一件作品都是大家共同劳动的成果，而非个人所为。全家使用相同的容器进食。最家常的饭被叫作"Kitsery"（kichrī [Anglo-indian]，在印度居住的英国人也将其称作鸡蛋葱豆饭）。它由豌豆（dāl，豌豆瓣）和米加水煮成，一般的吃法是饭热时在上面放一点融化的黄油。在茅草和泥巴修建的低矮的房子里，没有几件家具。除了几件土制器皿，就只有两张床，一张是丈夫的，一张是妻子的。他们仅有的被褥非常单薄，难以抵御寒冷的天气。因为他们从不在屋内点火，所以就在屋前烧干牛粪御寒，火堆释放的烟雾和干牛粪燃烧后的气味弥漫了整个村庄。

佣人和奴隶的数量巨大，但拥有专业技艺的佣人比较少。这类佣人通常经过很好的培训，对自己的工作也很用心，他们不愿参与其他佣人的工作。每种类型的佣人都有特有的名字和职责。"Seluidares"（salotri）负责照顾马匹；"Billewani"（bahlīwāni）掌管旅行中使用的两轮和四轮马车；"Frassi"（farrāsh）掌管帐篷和帘子；"Serriwani"（sārbān）照顾骆驼；"Mahauti"（mahāuti）照顾大象；"Zantelis"（jalabdars？）是跑腿的。帝国官员一般都很懒惰，因为他们有众多廉价的仆人可供驱使。为了增加收入，仆人在为主人购买物品时，常常多要一些钱。尽管主人已洞悉这点小小的"贪污"，但他们好像没有意识到"贪污"的后果是"他们要多买单"。作为一个阶层，商人的日子比大多数的非贵族阶层过得好，但他们必须小心"藏富"，以免受到官员无情地压榨。

贵族们过着极度奢侈放纵的生活，他们一般同时拥有三四个妻子，妻子们都住在华丽的房子里，每个妻子都有单独的房间和佣人。每个月，丈夫都给妻子们一些钱以支付她们个人和家庭的花销，这笔钱的数量也因丈夫的富裕程度以及妻子受宠爱程度的不同而有所差异。这些房子又大又宽敞，所以一般只有一层，屋顶是平的。房屋常围绕着庭院而建，中间是池塘和树木，以供纳凉之用。因为他们不用石灰砌墙，所以建筑物很容易受到损坏。有时他们也用石灰洗墙，然后涂上一层石膏，再打磨"至墙面闪亮如镜"。尽管屋内家具一般很简单，但金银器皿却很多。男主人用以接待客人的客厅被叫作"Diwan-Gana"（*diwankhana*），里面铺着波斯地毯。待客时，等级低的人向等级高的人深鞠躬，并将右手置于头上；平级之间，鞠躬即可。客人"根据等级"分坐主人两侧，谈话时他们谦和有礼，从不大声喧哗、指手画脚。普通的来访者在办完事后就很快离开；亲属和好友则直到主人起身"进餐"时方离开。就餐时，客人们坐在毯子上，"zattersu"（*sharbatdār*，或者男管家）将一盘食物置于客人面前。他们用右手进餐而且不用餐巾，使用左手或舔手指是不雅的表现，吃完饭后方饮酒。[93]

　　在第四章中，德·莱特根据罗伊、特里和佩尔萨特的文字，简要描述了当地的政治和政府。他强调，这里没有成文的法律，皇帝的意愿就是法律。尽管根据书面的许可证（*farman*），各省的官员可分享司法权力，但皇帝仍然是民事和刑事案件的最高法官。掌管宫廷和帝国的包括财富的拥有者、大太监（也是宫廷的主人）、大臣、大象的拥有者、帐篷衣物和珠宝的监护者。科特瓦尔（*kotwal*）管理着宫廷，类似的官员分管其他城镇。卡兹（*kazi*）负责抓捕罪犯并掌管监狱。国家的各项事务都公开讨论，而恰当的贿赂和礼品可轻易征服任何官员，要获得皇帝的接见也需要礼物。统治者任意赠予和收回任何物品。在那片土地上生活的普通人同样没有安全感，因为他们随时都有可能被逐出自己的居住地。农民要告诉皇室官员他们要种植什么、准备种多少、在哪儿放牧。使用牧场不必缴纳或缴纳少量费用。农民将收获的约 1/3 的粮食上交国家，结果是"整个国家都不重视耕种"。[94]

　　皇帝一人有任命和提拔官员的权利。高官显贵的级别和收入反映在各自拥有的马匹数量上。皇子和四个最高级别的贵族拥有 12 000 匹马。这一等级以下

626

627 还有很多等级，最低一等拥有 20 匹马。具体说来，个人不必严格持有与自己地位相应的马匹数。他的称号只表明他拥有足够饲养这么多匹马的财力。[95]贵族死后，他从皇帝那儿得到的以及此后自己敛聚的钱财都要归还皇帝。他的继承人通常只能继承到"马匹、家具"以及"称号"。

德·莱特最重要的贡献是对"大莫卧儿帝国"（Great Mogul）的财富进行了估算。这是一个控制着"比波斯大，与土耳其不相上下的"疆域的帝国，它不仅拥有这片广阔疆域内所有的财富，还不时获得来自国外的礼品。德·莱特从阿克巴去世时留下的财富清单算起，加上威廉·霍金斯对贾汗吉尔财物的估算，再加上各省市的贡品。最后，他还留意到，尽管这个帝国没有金银矿藏，但进口的黄金，特别是白银的数量巨大，而且这些金银不允许出口。德·莱特提供了阿克巴和贾汗吉尔财富的具体数字，这也是关于莫卧儿帝国财富最令人印象深刻的估算。无怪乎德·莱特的数字仍被当今的学者引用，他们将德·莱特的数据作为莫卧儿统治阶层敛财无度的最好说明。[96]同时也让当时的欧洲读者认识到，实际上印度财富的真正数量比传说中的还要多。[97]从实用层面，德·莱特提供了一套简单但准确的货币种类和重量单位的名称供欧洲商人使用。参考佩尔萨特和霍金斯的著作，德·莱特列出贾汗吉尔统治早期的军力状况清单，其中，提供了持有曼萨卜（mansab）的官员数量，并对 *ahadī* 或者有身份的志愿兵进行了统计。他同时也强调莫卧儿"在海上几乎没有任何实力"，离开自己港口时他们还要向葡萄牙人交关税。[98]

德·莱特作品的第二部分复制了"荷兰人收集的印度历史的片段"，这些资料很可能来自佩尔萨特。[99]这是一部莫卧儿帝国的编年史，记录了从胡马雍（死于 1556 年）统治时期直到 1628 年沙·贾汗的这段历史。关于 1605 年

628 阿克巴去世之前的历史，仅依据佩尔萨特翻译的波斯编年史的片段而做。前一部分大多数内容都是关于阿克巴四处征战的故事，缺点是这里省略的太多，而且还有很多不准确的资料。比较而言，关于贾汗吉尔王朝的叙述更具权威，因为它既是一部欧洲近代观察家记录的汇编，也是一部立足本地资料而编写的编年史。对欧洲来说，德·莱特发表的编年史第一次呈现了一部最新的、系统的近代印度史。

　　下面我们将总结"片段"的最后一部分，这部分补充延续了英国作者对1612年至1628年这段历史的叙述。[100]

　　有关1612年至1620年孟加拉的反抗以及莫卧儿的镇压的资料主要来自小说。同时贾汗吉尔派遣大使（1613—1629年）前往阿扎姆汗（Azam Khan）统治下的波斯商讨边防事宜。编年史描述了1617—1622年发生在德干的战役，那时罗伊大使是帝国的随行人员。[101]里面也讲述了1622年经过短暂的战争和围攻后，坎大哈向波斯投降的故事。因为这次失败以及宫廷内部各政治派别林立，1623年，沙·贾汗"在父亲仍在世时谋反"。这次叛乱很快被那些忠诚于皇帝的人平息，此后沙·贾汗的支持者又在古吉拉特组织叛乱，但也很快以失败而告终。在西部和北部都受挫的沙·贾汗逃亡至南部和东部，并最终落脚于孟加拉。经过东部一系列的消耗战，沙·贾汗回到布尔汉布尔地区，这里是帕尔维兹（Parwiz）王子统领的皇家德干军队总部。1626年，帕尔维兹王子死在布尔汉布尔；第二年，皇帝病死于克什米尔。尽管皇帝曾试图努力废除沙·贾汗，但一些军队将领仍然要求沙·贾汗王子重获王位。在阅读这一事件的完整介绍时，读者可能会被大量的人名、地名弄迷糊了，因为当代欧洲人对这些人名、地名一无所知。但是学习印度历史的现代学子，却不难分辨出这些在贾汗吉尔最后的岁月中汇聚于这场"戏剧"中的众多演员。

　　在结论中，依据这些资料，德·莱特总结了他对莫卧儿帝国的印象。从各方面的报道来看，莫卧儿帝国显然"疆域辽阔"、统治者富裕、军事力量强大。但是通过对"各省事务"的详细考察，则发现这个庞大的帝国正面临着各种危机。不仅有来自帝国内部的动荡无序，还有来自外部的压力和侵犯。皇族内部及贵族圈内，"精神躁动，暴动和革命的时机已臻成熟"。这种叛乱精神也存在于各社会阶层之中，并可能经由各种契机爆发。专制的暴君、各异的宗教信仰，以及远驻高山要塞、森林边防、但却拥有对抗中央皇权能力的君主，都是造成叛乱的诱因。那些向莫卧儿定期进贡的印度教属国的幼君，一有机会也会在第一时间叛乱，抢占周边区域。"Radias"（王侯）常常掠夺旅行者，制造动荡气氛，而且不顾莫卧儿的压力坚持自己的宗教传统。正是这些不团结、无效率、奢侈无度造成了帝国的混乱和衰弱。

629

为了帝国的安全和扩张，莫卧儿开始聘用外国雇佣兵。帝国最大的外部威胁来自北部边境的波斯人、"鞑靼人和乌兹别克人（Usbeks）"。虽然东部以及南部的德干不具有威胁性，但令人困扰的是皇帝无力完全征服并且吞并那里的独立王国。葡萄牙人和北欧人不会直接威胁到帝国的领土完整，但却时刻提醒着莫卧儿在海上的弱势。自从向英国和荷兰开放了一些港口后，在与欧洲的贸易上，莫卧儿不需再完全仰仗葡萄牙人。而且一旦莫卧儿决定实施驱逐计划，受到挫败的葡萄牙人甚至可能将被永久驱逐出帝国。只是因为皇帝和贵族的贪婪，葡萄牙人才得以通过贿赂，保持其在贸易中的优先权以及对沿海前哨的控制。拥有强大财力和势力的莫卧儿帝国最终变得虚弱且动荡，"最合理的解释是最后一个皇帝贾汗吉尔（Selim）的倦怠懦弱，以及皇族内部的不和"。[102]

第二节　1618年之前的莫卧儿宫廷

17世纪早期，两个伟大的耶稣会士在汇编其作品时，将欧洲的关注点投向莫卧儿帝国和它的宫廷。费尔南·格雷罗（Fernão Guerreiro）的《耶稣会神父传教事务年度报告》（*Relaçam annual*），是耶稣会士对1600年到1608年间东方使团（Eastern mission）的报道纲要，这部由葡萄牙文写成的作品在1603年到1611年间分5卷（或部）发表。[103] 流传更广的作品则是皮埃尔·杜·雅利克（Pierre Du Jarric）的怀旧杰作《难忘的东印度历险》（*Histoire des choses plus memorable advenues tant ez Indes Orientales*，第三卷 [部]，波尔多 [Bordeaux]，1608年，1610年，1614年），也许因为这部作品用法语写成，而且风格轻快，所以非常流行。[104] 这两部作品中提供的北印度的资料，已经翻译成现代英语，并被用于当前专门及普遍的研究中，[105] 因此接下来我们将引用英文译本而非格雷罗和杜·雅利克的原著。

17世纪初，阿克巴已征服了印度河和恒河之间的大多数印度人，并将其统治向南部的德干诸国、果阿、马拉巴尔（（Malabar））和维查耶纳伽尔（Vijayanagar）推进。经历了最初的挫败后，他控制了艾哈迈德讷尔和布尔汉布

630

尔。当他逼近布尔汉布尔时，米拉木（Miram [Miran]，或坎德什的巴哈杜尔汗）弃城逃往附近的大本营"Syr"（阿西尔格尔）。面对这座一夫当关万夫莫开的要塞，阿克巴请求"军营中的"圣方济各·沙勿略神父（Father Francis Xavier）和教友鄂本笃写信给朱尔（Chaul）的葡萄牙人，希望他们能赞助火炮和武器弹药。这些耶稣会士以此要求有悖基督徒的信仰为由予以拒绝，他们也因此临时失去了皇帝的宠爱。阿克巴于是通过金银贿赂、离间对手的方式"轰炸"要塞。1601 年 1 月，阿克巴终于降服了阿西尔格尔，从而同时控制了坎德什和艾哈迈德讷尔。[106]

离开德干之前，阿克巴在军营中接见了来自拉合尔的曼努埃尔·皮涅罗神父，他们向阿克巴抱怨自己及其皈依者在那里受到的糟糕待遇。这些耶稣会士也给阿克巴带来了礼物，其中有画在镀金青铜器上的"洛雷特（Lorete）女士"的画像。[107] 同时，阿克巴派遣使团前往果阿，并让教友鄂本笃陪同。皇帝在信中提到自己需要政治同盟、技术娴熟的工匠，也需要一些能识别珍贵石头和其他珍奇物品的工具。[108] 因为皇帝一直把征服葡属印度（Estada da India）作为自己的目标，所以每当有欧洲船只到达，他都会频繁地派遣使者到果阿，以探视葡萄牙人的军事实力，并获取一些新奇的外国商品。使团于 1601 年 5 月到达果阿，在那里，古吉拉特大使和随行人员"受到无与伦比的重视"，并以"礼炮迎接"。在果阿，鄂本笃从上级那里接到命令：派他穿过大陆，前往中国（Cathay [China]）。

萨利姆王子的叛乱使阿克巴不得不放弃亲自对德干的征服，他留下一些将士继续与比贾布尔（Bijapur）作战，自己则返回阿格拉。返程的随行人员中包括"经常伴随他的"沙勿略和皮涅罗，第二年（1602 年），鄂本笃和葡萄牙的安东尼奥·马查多神父（Father Antonio Machado，1561—1627 年）与上文提到的两名耶稣会士相聚阿格拉。4 名耶稣会士再次向阿克巴抱怨基督徒在拉合尔受到的虐待，并请求他发布书面命令以保障臣民拥有成为基督徒的自由。阿克巴之前曾口头做过宗教信仰自由的许诺，耶稣会士希望能有成文的皇家命令，从而保障臣民可"不受任何人的阻碍"，自由地成为基督徒。宫廷中的穆斯林官员们，特别是第一大臣阿济兹·科卡（Aziz Koka）将此作为对自己的信仰和

631

教徒利益的侵犯，在拉合尔试图阻止这一命令的执行。无论如何，阿克巴还是在 1602 年坚决地执行了此公告。[109] 在阿克巴的允许下，皮涅罗前往拉合尔，辅助单独在那里执行任务的弗朗西斯科·科尔西（Francisco Corsi，1573—1635 年）。[110] 同时在阿克巴从财力和精神上的支持下，1603 年年初，鄂本笃开始了从内陆前往中国的旅程，这次意义非凡的旅行从拉合尔出发，到达了中国西北部的肃州（Su-chou）。[111]

632 　　1602 年的大部分时间里，阿克巴和他急于继承王位的继承人萨利姆王子之间的冲突仍然不断。当阿克巴在德干忙于作战时，萨利姆已经开始"假托皇帝之名，行使特权了"。当皇帝返回阿格拉时，萨利姆一次次拒绝父亲的召见，反倒起兵支持叛军。内战已到一触即发的时刻，但父子二人最终还是以和平方式和解了，"尽管他们依然分居两地，控制着各自的宫廷"。在阿拉哈巴德的宫廷，萨利姆对耶稣会士和其宗教的喜爱甚至超过了他在阿格拉的父亲。与此同时，对耶稣会士和基督徒的迫害不仅仍发生在拉合尔，即便在阿格拉，一些官员也敢违背王令，迫害他们。1605 年 10 月，阿克巴生命垂危，继承权的争夺随之爆发，萨利姆成为最终的胜者。萨利姆许诺将保障穆斯林的高贵地位，"普通民众"也支持他作为合法继承人。

　　阿克巴死于 1605 年 10 月，出席葬礼的只有少数家臣，而且在葬礼上既未祷告穆斯林的真主，也未祷告基督教的上帝。在耶稣会士眼中，他是：

　　　　众人爱戴的君主，体恤下层，对所有人，不论贵贱、远近；基督徒、穆斯林或异教徒，都一律公正，所以每个人都认为皇帝是站在自己一方的。[112]

　　阿克巴不会读也不会写，[113] "他的下属"将发生的事情都按月记录下来，然后在"他结束其他工作后或睡觉前"读给他听。在他统治的半个世纪中，阿克巴——"那个时代最伟大的君主"，将继承来的疆域扩展到克什米尔、信德、古吉拉特、坎德什、孟加拉以及德干的大部分地区。尽管他在这个世界上取得如此大的功业，在耶稣会士的报告中，阿克巴"却无法逃避永久的折磨"，因为他到死也没能皈依"真正的上帝和他唯一的儿子耶稣"。[114]

阿克巴死后八日，新统治者登基。礼品堆积如山，人民高呼"Pad Iausalamat"（波斯语为 *Pādshāh salāmat*）或者"皇帝万岁！"。急于使自己的新王国得到穆斯林支持的萨利姆为自己取了一个新名字"Nurdim mohamad Iahanuir"（波斯语为 *Nur-ud-din Muhammad Jahangir*），意思是"弘扬穆罕默德教义的人，世界的征服者"。他父亲曾反对穆斯林斋戒和祷告，现在他命令重新清扫或重建皇宫内的清真寺。同时，贾汗吉尔也没有剥夺耶稣会士的特权。尽管贾汗吉尔早期曾被认为"几乎已成为一个基督徒"，但报道又说"他对新的神父却不太关注"。[115]

新"君主"马上就有了模仿者，他的儿子，也就是他的继承人库斯鲁王子（Prince Khusru）[①]，也叛变了。1606 年 4 月 15 日，星期六的晚上，库斯鲁"和一帮朋友及追随者离开要塞"，声称"去拜祭祖父"。一离开宫廷，这些朋友就称库斯鲁为"Soltam Ia"或者"索塔姆王"（King Soltam），而且开始招募士兵。在逃亡拉合尔的途中，库斯鲁尝试从一些明显不受父亲喜爱的"将领"那里获得资金和支持。藉此他建立了"一支相当强大的军队"，并开始围攻拉合尔，但八天之后仍未能够攻陷这座城市。听说父亲的军队正在逼近，他放弃攻城，"转而面对追兵，希望能阻挡其渡河（比阿斯河 [the Beas]）。经过惨烈一役，库斯鲁向北部的喀布尔逃亡，但在途中被一个皇家官员抓获。被镣铐锁住手脚的王子被带到在拉合尔的父亲面前，和他一起的还有两个主要支持者，他们也曾是国家的重臣。经过残酷的公共羞辱，一名支持者被砍头，头颅被送回阿格拉，悬挂于城门之上示众；另一名支持者，在接受各种刑罚和大量罚款后，被释放并恢复官职。两百名王子的追随者被刺死或吊死在进入拉合尔的道路两旁。库斯鲁被革去称号，他的王位继承权也被赋予贾汗吉尔的第二个儿子。倒霉的王子镣铐缠身，不时地游街示众。王子的支持者中有一个很受尊重的人物，"外邦人（Gentiles）称他为古鲁（guru），他的身份好比教皇之于基督徒"。贾汗吉尔听说这位"古鲁"竟然赞许王子的叛乱，就将他投入监狱，后来他的一位信徒

[633]

① 《高级印度史》中有 Khusrav 胡斯劳（贾汗吉尔之子），不知可为同一人。——译者注

付了大量罚金方使他重获自由。[116]

　　叛乱平息后，贾汗吉尔将重心转移到治理国家上。他取消了很多由地方官员非法设置的收费关卡。他将父亲收归国有的一些贵族的财产重新赐给了他们的继承人。[117]为了抚慰穆斯林，他强迫在拉合尔的官员及其家属承认伊斯兰教。而在"这片摩尔人控制（Moor-ridden）的土地"上时刻保持小心谨慎、提防状态的耶稣会士们，在1606年仍然默默地努力着，希望重获贾汗吉尔的支持。他们将基督教的著作翻译成波斯文呈送给贾汗吉尔。1607年，贾汗吉尔前往喀布尔时，他们留在拉合尔和其他基督徒一起庆祝"教会的节日"，庆祝的方式常常包括"放烟火，他们很擅长制造烟火"。贾汗吉尔巩固政权后，他开始"不再表现得那么像摩尔人"，而是"更像他的父亲"。总之，耶稣会士总结道，贾汗吉尔在统治早期"越来越配得上'正义王'（The Just King）的称号"。[118]

　　在喀布尔待了数月后，贾汗吉尔于1607年12月回到拉合尔。四名钦佩他的耶稣会士前往都城之郊迎接。回到拉合尔，贾汗吉尔决定派使团前往果阿，并任命使者为"握有重权的高级官员"。[119]曼努埃尔·皮涅罗神父也被选为随团团员。使团在圣诞节前出发，此行的目的是为了巩固与葡萄牙人的友好关系，以及为贾汗吉尔寻找"奇珍异宝"。圣诞节后，贾汗吉尔决定返回阿格拉，并要求两名耶稣会士相伴。马查多留在拉合尔，沙勿略和科尔西陪着贾汗吉尔。前往阿格拉的旅途是休闲之旅，贾汗吉尔在沿途狩猎。当行至贾汗吉尔曾与库斯鲁作战的战场旧址时，贾汗吉尔命令将仍身披镣铐的王子和另一位叛乱的官员弄瞎双眼，以示惩戒。[120]

　　1608年3月，回到阿格拉，沙勿略和科尔西马上抓住了一个"在皇帝面前与摩尔人辩论"的机会：贾汗吉尔被耶稣会士呈送的"五颜六色的圣画"所吸引，并要他们向他解释画的意义。耶稣会士的解释和贾汗吉尔的提问引发了一场与当庭穆斯林的争辩。耶稣会士的对手主要有两人：一个是负责为皇帝朗读的官员，他也是满腹学识、精通历史的穆斯林；还有一人"纳吉卜汗"（Nagibusco [Naqib Khan]，吉亚斯-乌德-丁·阿利 [Ghiyas-ud-din Ali] 的称号），他被阿克巴、贾汗吉尔父子认作"先知的后代"。朗读者抨击基督教经典堕落腐化，并否认基督的神性。与之针锋相对，耶稣会士指责穆罕默德

（Mohammad）和《古兰经》（Koran），对于这场争论，贾汗吉尔明显很享受双方这番唇枪舌剑，他喜欢通过"赞赏这些令摩尔人深恶痛绝的图画"来嘲弄穆斯林。作为一个图画鉴赏家，贾汗吉尔在阿格拉的皇宫中挂满了画作，其中很多都是以基督教为素材的画。耶稣会士甚至还送给他"教皇、（神圣罗马帝国）国王（[Holy Roman] Emperor）、菲利普国王（King Philip）、萨沃伊公爵（Duke of Savoy）的画像"。尽管贾汗吉尔因自己了解的基督教和欧洲知识而骄傲，耶稣会士却认为他在接受基督教信仰上做得很不够，"因为基督教教义是不允许一夫多妻的"。[121]

从拉合尔出发前往果阿的使团于 1608 年 4 月到达坎贝。坎贝的统治者"Mocarebecam"（穆卡拉卜汗 [Muqarrib Khan]）决定在坎贝等候，直到听到新总督到达果阿的消息。利用旅行间隙，皮涅罗开始传教。但他很快被派往果阿报告 1608 年到达苏拉特和阿格拉的英国人威廉·霍金斯的情况，霍金斯"称自己是英王的大使"，还随身携带英王詹姆斯一世（James I）用西班牙语写的信，霍金斯"将此信翻译为贾汗吉尔可以阅读的土耳其语"。贾汗吉尔立刻允许霍金斯在他的港口从事贸易，还让他为宫廷服务，但这同时也是对这位英国人的一种束缚——"如果他想回国，首先要获得贾汗吉尔的批准"。霍金斯在阿格拉享受皇帝宠爱的同时，一艘英国船在苏拉特的沙岸失事了。

英国人到达阿格拉并在宫廷获得成功的消息传到果阿，果阿的总督认为果阿和阿格拉之间原有的和平状态已被破坏，并宣布果阿不欢迎在坎贝的莫卧儿使团。葡萄牙总督也发布命令"禁止任何人进入坎贝"，这一行为引起各国商人的不满，并在达曼（Damão）哄抢货物。为了迅速结束这种战争般的状态，果阿派遣使者皮涅罗前往坎贝以告知莫卧儿，只要帝国将英国人驱逐出去，就可重获和平。在穆卡拉卜汗的催促下，贾汗吉尔接受了葡萄牙人的建议，取消了之前赋予英国人在苏拉特设立商馆的许诺。从此霍金斯失去了宫廷的宠爱，并被派往孟加拉。"在那里他完全失去了与自己同胞交流的机会"，[122] 皮涅罗作为贾汗吉尔的使者以及和平的缔造者回到果阿。[123]

像耶稣会士中那些书信撰写者一样，托马斯·罗伊爵士也非常了解莫卧儿宫廷的特性及其内部阴谋。作为第一个被派往贾汗吉尔宫廷的使者，从 1616 年

1月到 1618 年 8 月，罗伊一直陪伴在贾汗吉尔身边。珀切斯在 1625 年出版的《日记》（*Journal*）节选本中保存了罗伊对皇帝及其宫廷的观察和思考，但却丢弃了他对苏拉特统治者的抱怨，以及他与各种莫卧儿官员、在印度的英国商人间冗长乏味的谈判。因为罗伊仅了解外交和宫廷政治，他对印度社会和宗教习俗的评论简单随意。他在印度的旅行也仅限于苏拉特和阿杰米尔之间的地区及古吉拉特、坎德什、马尔瓦和阿杰米尔等省。[124] 显然他对宫廷使用的波斯语略知一二，但通常他仍需依赖翻译。因此，虽然罗伊自身富有学识，也很聪颖，但他却未能充分利用所在工作环境提供的新知识，他的评论有时公正，有时偏颇，和那些教育水平不太高的英国评论者相比，也更欧洲中心主义。这一方面可解释为，罗伊努力为国人争取相同的待遇；另一方面也可解释为他不认可与己相异的想法、前提和实践的有效性。不管如何，罗伊的《日记》（*Journal*）确实是研究贾汗吉尔和莫卧儿宫廷生活的重要资料，这些资料同时也引起了珀切斯在英国斯图亚特（Stuart）的读者的强烈兴趣，在斯图亚特的英国国王和宫廷都密切地关注着关于印度的一切（参见插图 96）。

阿杰米尔是贾汗吉尔的朝堂所在地，前往此地途中，罗伊在布尔汉布尔稍做停留，这里有莫卧儿军队在德干的总部。[125] 在这儿，他遇到了一位科特瓦尔（警察总监），这位科特瓦尔护送他到当地的旅馆。名义上控制德干军队的是贾汗吉尔的二儿子"Sultan Pervies"（帕尔维兹），真正的统帅则是"莫卧儿最伟大的国民，所有军队的将军"——Channa Channa（[*Khān-khānān*]，一个尊贵的称号，意思是可汗中的可汗）。[126] 休息几日后，罗伊前往王子的宫殿。因为不熟悉莫卧儿宫廷的礼节，罗伊要求使用欧洲的宫廷礼节。在与苏拉特的长官协商时，罗伊时刻保持自己作为英王和国家绝对代表的态度。他的坚持最终得到回报，从王子那里他得到了允许英国人在布尔汉布尔设立商馆的书面许诺。

1616 年 1 月，罗伊第一次现身于贾汗吉尔在阿杰米尔宫殿的接见室。这时他已经基本了解了皇帝的日常活动。每日起床后，贾汗吉尔都会在一个被叫作"*jarruco*"的窗户前露一下面。中午，他回到这个窗口前观看动物角斗。每星期二，他以法官的身份坐在那儿处理人们的投诉，然后就"与众多妻子一起入寝"。下午 4 点，他在接待室接待客人，接受请愿或礼物，发布命令。晚饭后或 8 点左右，他出现在"guzelcan"（*ghusl-khana*，私邸），在这儿他和一些选定的朝臣"对所有棘手的事情"进行审核。[127] 国家的重要事务也经常在接待室或者在晚上这段时间内讨论解决。每天的日程"不可随意改变，除非皇帝生病或饮酒过度而无法出席。一旦出现这种情况，皇帝也要提前告知臣子，因为臣子相当于他的奴隶，双方是相互束缚的关系，如果他不遵循日程又没做任何解释，这些臣子就可能叛乱"。

罗伊第一次出现在接待室时，他被允许使用自己了解的宫廷礼仪。走近皇帝的高台时，他用英式礼节敬了三个礼。接受了贾汗吉尔的欢迎礼后，罗伊向他呈上翻译好的詹姆士国王的书信、自己的委任状以及不可或缺的礼品。皇帝礼貌地接受了他的礼物，又询问了他一些问题，然后让自己的医师为他服务。面对如此殷勤的接待，罗伊非常愉快。此后，他要求觐见贾汗吉尔最喜爱的儿子"Prince Sultan Coronne"（胡拉姆 [Khurram]）（参见插图 96），他同时也是最新被任命的苏拉特长官，他对想获得商业协议的使者来说最为重要。1 月 22 日，罗伊受到王子的亲切接见，王子还保证将改善英国人在苏拉特的状况，并且颁布对他们有利的书面命令。两天后，罗伊又来到皇帝的接待室并要求获得更多的公正待遇。他向皇帝抱怨英国商人在阿默达巴德受到的不公待遇，包括他们要向"通向港口"的"每个城镇"缴纳新增的交通税。贾汗吉尔表达了他的遗憾后，就向阿默达巴德的长官下令，要求平等对待英国商人，并取消国内关税。[128]

解决了商业上的麻烦后，罗伊将注意力放到非官方活动上来。3 月 1 日，他愉快地参观了贾汗吉尔在阿杰米尔郊外的宫殿，这个宫殿是阿萨夫汗（Asaf Khan，米尔扎·阿卜勒·哈桑 [Mirza Abu'l Hasan] 的称号，贾汗吉尔的重臣，也是胡拉姆王子的岳父）送给贾汗吉尔的。宫殿坐落于"两块大石之间"，精致的房子旁边有一个小花园，花园内有美丽的喷泉和两个大池塘。[129] 在返回阿杰米尔的途中，他亲身体会了"欢度新年的仪式"（norose [*Naw-roz*]，新（年）日），这一节日是"对波斯盛宴的模仿，波斯语 *Naw-roz* 意为九天"。但在这里，庆祝时间长了一倍。[130] 节日期间，"用于接待的"*Diwan-i-Am* 中会支起矩形大帐篷，帐篷上覆盖着精美华盖，里面铺着巨大的波斯地毯。华盖下，皇帝坐在

638

高高的王座之上，接受朝臣朝拜。帐篷中悬挂的画像中还包括英王、王后、几个英国名人，以及"普通伦敦人的妻子"的画像。皇帝帐篷的左边是胡拉姆王子用白银装饰的帐篷，前面是首席大臣们的帐篷，他们要在各自的帐篷中向皇帝展示财宝。以前皇帝会参观这些帐篷并取其所好，现在他只需在固定时间坐在接待室内等待朝臣进献新年礼物。作为回报，官员可获得晋升或某些封号。

参加这一节日的罗伊也将自己的礼物进献给贾汗吉尔，这份礼物让贾汗吉尔"非常满意"。参加典礼的还有"他的新属臣伦纳（Ranna）的儿子"。[131]3月1日，罗伊出席了"一个能提供最佳生意机会的"谒见（ghusl-khana）。尽管面对阿萨夫汗和他的小集团的狡猾阴谋，罗伊还是直接向皇帝抱怨了在制定协议时的拖延，以及他的同胞在印度所受到的不公待遇。尽管罗伊已获得一些保障贸易的书面命令，但他不想再要这种类似的许诺了，因为"它们都只是暂时的命令，随时都可能无效"。贾汗吉尔让他提交一个协议草案以供参考，这也使罗伊不得不面对这个阻碍他的阴谋集团：胡拉姆王子、阿萨夫汗（王子的岳父），和佐勒菲卡尔汗（Zulfakar Khan，穆罕默德·贝格 [Muhammad Beg] 的称号，也是前任苏拉特总督和王子最喜爱的大臣），这个小集团反对罗伊的协议，并提出应与葡萄牙人交好的建议。一直期待收到昂贵新奇礼物的贾汗吉尔，对难以满足他这一要求的罗伊也开始厌倦，同时葡萄牙人丰厚的礼品又打动了他。面对急转的事态，罗伊谈到，葡萄牙人比英国人更富有、强大并拥有影响力，而英国人"不论在贸易上还是在其他方面都不被尊重"。[132]

1616年6月，帕尔维兹王子在德干的战争以失败而告终后，宫廷的状况开始改变。贾汗吉尔不顾其他将军的反对，用胡拉姆王子替换了帕尔维兹王子。在胡拉姆王子出发前，罗伊试图使他明白与英国人进行贸易的重要性，但却没能成功。皇帝对罗伊仍相当热情，并向他夸耀本国画师的技艺。在贾汗吉尔的画师中有一人擅长模仿西洋画法，技术之高超让罗伊都难以分辨摹本和原作。皇帝还送给罗伊"一幅自己的画像，画像用黄金镶嵌，由缀有珍珠的金线吊挂"，以示对他的宠爱（参照插图96）。朝臣们要求罗伊依据他们的习俗行跪拜礼（sijdah）以示感谢，对这位骄傲的英国人，贾汗吉尔却免去了这一礼节。尽管贾汗吉尔送给罗伊的只是一个小礼物，但这个礼物却比他赏给属下的要"好

639

上 5 倍"。

1616 年夏天，罗伊一边讨好皇帝，一边也寻找机会讨好宫廷中有影响力的官员。其中最令他花心思的是皇帝护卫队的统领和军需部长赫瓦贾·阿卜勒·哈桑（khwaja Abul Hasan）。他与胡拉姆王子的敌人、控制布尔汉布尔的马哈巴特汗（Mahabat Khan，扎马纳·贝格 [Zamana Beg] 的称号）通信。通过他，罗伊获得英国人（在布罗奇）自由安全经商的书面命令。罗伊还与已 70 岁的米尔·贾马尔·乌德·丁·侯赛因（Mir Jamal-ud-din Husain）建立了友谊，这位老人是"帕坦（Patan）的总督和孟加拉 4 座城市的领主"，[133] 他也是一位热情又有教养的人，一位世界主义者。他向罗伊介绍宫廷的特点、风俗、法律，还有帝国的历史。他给罗伊展示自己的私人日记并向他介绍帝国的财务管理。他说，每个省每年都向皇帝支付分摊的钱款，超过贡品的部分才归总督。他带罗伊去哈菲兹·贾马尔的娱乐场所去消遣，还让罗伊帮他找一位英语翻译，他说"如果能找到合适的翻译，皇帝会将他赏赐给我"。他还很严肃地说，如果可能，他想派一名"有教养的人"随罗伊一起去英国"看看他的国家"。成为信德新总督不久，贾马尔参加了在罗伊家举行的晚宴，宴会的厨师是穆斯林，但所有客人都拒绝品尝英式的烤肉，只有贾马尔要求将这些烤肉打包送到他家中，"他将私下品尝"。[134]

8 月 20 日，雨季即将结束，罗伊经历了一场名为"Oliphant"（葡萄牙语为 *elephante*，由印度语的 *hathiya* 翻译而来）的大风暴，这场异常猛烈的大风暴差点将罗伊的房子冲走。"如此"，他写道："我们经历了所有的灾难：火灾、烟雾、水灾、风暴、高温、灰尘和苍蝇，没有一个温和安宁的季节。"更糟糕的是，皇帝在考虑将宫廷迁至南部的曼杜，以便监督胡拉姆王子顺利代替帕尔维兹王子掌管德干军队。为了避免两位王子间的争斗，帕尔维兹王子和他的随从被派往孟加拉。贾汗吉尔亲赴曼杜以支持胡拉姆王子对抗那些反对他权威的将军。至于罗伊，他担心的是如果他随宫廷迁居曼杜"这座靠近布尔汉布尔、周边无城镇的城堡"，他就需要"花费大量财力和精力"修建新居。

9 月 2 日，贾汗吉尔返回阿杰米尔庆祝诞辰。这时国王要"称出与自己体重等重的珠宝、黄金、白银，还有丝绸、黄油、稻米、水果，各种东西都准备一些，然后将这些进献给布拉米尼（Bramini）"。遗憾的是罗伊错过了这次仪

640

式，但他观看了盛装打扮的大象游行，还看到它们向皇帝鞠躬。当晚，罗伊已
就寝，贾汗吉尔又下令让他带着图画进宫，这些图画罗伊"曾告诉过他，但还
没有向他展示过"。罗伊为皇帝带来两幅画，一幅是一个女人的画像，另一幅是
法国的油画。[135] 皇帝盘腿坐在小宝座上，仔细欣赏了两幅画并要求留下那幅
女人画像作为礼物。一旦罗伊同意他的要求，他又会客气地说自己能拥有一幅
复制品就很高兴了。随后他邀请罗伊参加他的生日酒宴，并让罗伊使用镶嵌宝
石的金杯。尽管贾汗吉尔对罗伊很是慷慨殷勤，罗伊仍不时被这些"言而无信
的人"所困扰，他们对协议好像从未兑现过。多次拖延后，罗伊终于从胡拉姆
处得到一个可接受的书面命令，以保障在苏拉特出售货物的英国商人可以收回
货款。[136]

德干军队的控制权之争使宫廷陷于混乱和分裂。1616 年 10 月 10 日，胡拉
姆的反对者，古吉拉特的总督被召往朝廷。因其无视皇帝的权威，阿卜杜拉汗
（Abdullah Khan）被镣铐锁住赤裸的双脚带到皇帝面前。在向皇帝表示自己的
忠诚后，他被原谅并重新得到皇帝的宠爱。胡拉姆王子也决定用阿卜杜拉汗代
替顽固地反对他的哈南汗来统领德干军队。正与比贾布尔密谋的哈南汗，于是
派遣了使团前往阿杰米尔去讲和。贾汗吉尔很了解胡拉姆的野心，故意让他决
定是否接受这份和解。这位皇父，洞悉胡拉姆和大儿子库斯鲁之间的竞争，却
助长"手足间的争斗"。虽然目前贾汗吉尔更宠爱胡拉姆，但却并不想让他继承
王位。被囚禁的双目失明的库斯鲁，不同于被众人痛恨的胡拉姆，深受追随者
的爱戴，但现在他却不受皇帝喜爱。因为皇帝认为"库斯鲁的冒失会毁掉帝国
的荣耀"。罗伊认为一旦贾汗吉尔"一命归天"，这个国家将陷入内战之中。

罗伊认为，如果莫卧儿帝国不那么遥远，它的人民不被简单地看作野蛮
人，那么这个王朝的历史还是值得书写的。也许很少人相信，从莫卧儿的历史
中可以学到很多"珍贵巧妙的建国之策，微妙的规避方法和策略，以及一语中
的的箴言"。比如杀害库斯鲁的阴谋就是由胡拉姆策划并在努尔·玛哈尔（Nur
Mahal，或努尔·贾汗，她是皇后，也是胡拉姆妻子的阿姨）、阿萨夫汗（皇后
的哥哥，胡拉姆的岳父），还有他们的父亲"伊蒂马德 - 乌德 - 道拉"的协助下
完成的。某晚，皇帝大醉入睡后，这个阴谋集团引诱库斯鲁忠诚的拉其普特护

641

卫阿努普·拉伊（Anup Ray），将王子带往他兄弟处关押。第二日，阿努普·拉伊将此事告诉皇帝，并约定不打草惊蛇，静观这些阴谋者的动向。准备前往德干的胡拉姆，担心他的兄弟在此期间再次赢得皇帝的欢心，最终说服了皇帝将阿努普·拉伊罢免，并将库斯鲁囚禁在阿萨夫汗处，从而使德干将领相信皇帝对他不遗余力的支持。库斯鲁时日不多的谣言四起，而同时这位王子又不时获得皇帝的好感。如此，在罗伊待在印度期间，身处小集团控制下的王子仍然保住了性命。[137]

　　1616 年 10 月 19 日，波斯大使穆罕默德·瑞扎·贝格（Muhanmmad Riza Beg），带着"50 匹披着金缕衣的宝马、200 名苦工，和运行李的人"抵达宫廷。罗伊的秘书被派去参加波斯大使的觐见。他看到这些觐见者顺从地跪拜磕头，这种礼节是罗伊一直拒绝遵从的。根据罗伊估计，这些波斯人对贾汗吉尔如此谄媚慷慨，是因为他们想在对抗土耳其人的战争中得到贾汗吉尔的支持。面对波斯人丰厚的礼品，罗伊为自己寒酸的礼品而大为尴尬，令他欣慰的是贾汗吉尔在接受他和波斯人的礼品时表现出同样的热情和尊重。在接待室，罗伊看到他的波斯同行向贾汗吉尔奉上礼品，但是这位使者的表现"毫不庄重，像个小丑"。尽管如此，皇帝还是向波斯使团赠予钱财，这些支出很快就通过对醉酒贵族的罚款补充回来。为了在如此贪婪和疯狂的宫廷内获得商业上的利益，罗伊最终被迫向胡拉姆进献了"两 Pluriaes[？] 和一对天堂鸟"。[138]

　　11 月 1 日，胡拉姆终于向南方进发，随行的包括 600 头盛装打扮的大象，和大约 1 万名骑兵。与父亲拥抱告别后，胡拉姆坐上马车离开，这辆马车是罗伊进献给贾汗吉尔的英式马车的仿造品。第二天，贾汗吉尔和他的宫廷也庄严地向德干前进。在国民的赞美声中，全身缀满宝石的皇帝走进他自己的四轮马车中（经过改进的罗伊赠送的马车），驱赶四匹骏马的是一位英国车夫。皇后努尔·贾汗坐在另一辆紧随其后的英式马车里，这辆原装的英式马车被"装点一新"。[139] 她后面是皇帝年轻的儿子们，他们驾驶着印度的二轮马车，陪伴他们的，有徒步而行的贵族们，和如长尾鹦鹉一样高坐在大象上的他们的妻子。这批人马向南 3 英里外的"Leskar"（波斯语 *lashkar*，一个军营）进发，那里已扎好迎接他们的帐篷。王子和他的随从住在附近一个小帐篷城中。[140] 他们在这里用大概两个星期的时间等待阿杰米尔的追随者。11月16日，贾汗吉尔命令炮兵轰炸阿杰米尔，"以强迫人们跟随他"。英国和波斯的使者，以及其他外国人都被迫离开这个被毁弃的城市而跟随皇帝左右。[141]

在处理完阿杰米尔的事务后，11月1日，罗伊最终找到了合适的交通工具前去追随皇帝，五天后，在一座由城墙保护的城镇"托达"（Todah）①，"这是我到此后见过的最好的地方"，[142]他赶上了贾汗吉尔。在被阿克巴征服之前，这座城市是"Raza Rasboote"（拉其普特人的王侯）的所在地。如果不是因为莫卧儿帝国的充公法，"一个被驱逐的英国人也许愿意住在"这座修建完好的城市里。但既然帝国的一切都归皇帝所有，所以没有人愿意保留或维修房产，因此到处都是"残垣断壁"。另一方面，让罗伊极为佩服，同时也充分体现莫卧儿人高效率的是，他们能在4小时内搭起整齐有序的帐篷城。在军营中的"atasckanha"（[yatash-khana]，或者是谒见厅)，皇帝受到严密守护。只在早上他会在公众面前露一下面，接见室被省去，所有的事情都安排在晚上的谒见时间内商讨。尽管生活在帐篷中，针对库斯鲁的宫廷阴谋仍在继续。据说在所有同伙中，胡拉姆和皇后的意见更一致。这时，皇帝正通过捐助神职人员和苦行者而获得内心安慰。

离开托达后，曾整齐有序的行军和稳定的军营生活，因为饥饿和日益增多的逃跑者而渐趋混乱。1617年1月24日传来了德干的消息，正如阿萨夫汗和皇后所预料的，"德干人"并没有放弃，他们派出援军并决心一战。因惧怕自己的敌人、执拗的战将哈南汗，王子的军队只行进到曼杜就停止了。不肯放弃的贾汗吉尔则通过抽调自己的士兵以及在当地征兵以增援胡拉姆王子。这时皇帝的人马已行至马尔瓦的都城乌贾因（Ujjain）附近的卡利亚大（Kaliyada）。在莫卧儿对英国人的待遇问题上而与胡拉姆产生矛盾的罗伊，仍向皇帝抱怨着他的问题，同时因为他们对礼品，特别是对英国的马匹和狗的贪得无厌的要求，也令罗伊不胜其烦。3月初，贾汗吉尔到达山城曼杜，大量从北方涌来的外来者也造成当地饮水及食物等必需品供应的不足。

① 原书索引中为Toda，此处可能为拼写错误。——译者注

即便在途中，罗伊也一直与远在马苏利帕塔姆（Masulipatam）和苏拉特的英国商人、海员保持联系。英国人在印度西海岸，特别是在达波尔（Dabhol）的活动引起了当地人的怀疑，他们怀疑英国人要占领苏拉特。3月20日，在贾汗吉尔那里一直得不到满意答复的波斯人逃离了比贾布尔军营。多疑贪婪的贾汗吉尔甚至拦截并打开从坎贝运给耶稣会士的货物。罗伊认为这一行为是"对所有在帝国的生意人的警告，他告诫大家"在书写或邮寄任何东西时"，都要谨慎，因为邮寄的财物可能被皇帝扣下，书信则可能被他拆开阅读，一点点小东西都逃不过他的眼睛"。这段宫廷争斗的艰难时光终于暂告一段落，库斯鲁也可能会被释放。9月1日，又到了皇帝的诞辰，这次罗伊得以参加"称重仪式"，此后他进行了详细的描述。[143] 8日后，皇帝在去纳巴达河的路上经过罗伊的住所。为了回报皇帝的光临，被拜访者应呈上礼物。这种礼物被称为"mombareck"（阿拉伯语为 *mubārak*），意为"好消息或大成功"。已向皇帝赠送过大量礼物的罗伊这次向贾汗吉尔呈上最新版的墨卡托（Mercator）地图集，并解释说这个地图集也意味着整个世界。几个星期后贾汗吉尔却将地图集还给罗伊，因为包括毛拉在内的所有人都不懂得如何阅读。

直到1617年的秋季，贾汗吉尔在德干的战役仍步履艰难地继续着。甚至在军营附近山区的领主，都蔑视并否定他的权威。10月2日，胡拉姆不得不完全放弃布尔汉布尔，留给哈南汗，自己则撤回到在曼杜的皇帝身边。这期间，罗伊主要的精力仍花在解决莫卧儿统治者和英国商人的商业纠纷上。为了使贸易秩序化，他一次次游走于王子、皇帝、阿萨夫汗之间。最终他通过贿赂而获得允许英国人在苏拉特出售货物的书面命令。

10月底，皇帝和陪伴其左右的罗伊转移到阿默达巴德。疲惫不堪的罗伊仍在力劝同胞在交易时要入乡随俗，而不要再试图去"改变这个国家的客户，在这个国家。有人只喝雨水，有人只喝圣河水，有人则只喝自己取来的水"。很多要求融入印度社会的提案从伦敦方面看好像不错，"但在现实中却难以实行"。罗伊谴责那些只关注自身商业利益的东印度公司的雇工，并要求严格控制他们在印度的行动。同时他也用自己的离职来威胁朝令夕改的莫卧儿君主。心力交瘁的罗伊抱怨道，"对这些野蛮、不懂公正的人，我已经一点耐心都没有了"。

644

1618 年 8 月，贾汗吉尔决定重返阿格拉，罗伊也决定离开宫廷。经过不懈的努力，这位精疲力竭的大使最终得到一封贾汗吉尔写给英王詹姆士的信，还有一份允许英国人在莫卧儿帝国做生意的书面命令。虽然没能获得一直努力争取的正式协议，罗伊却通过一些条款，确保了英国人在苏拉特开设商馆的权利，并使其分馆向内陆逐渐延伸。罗伊于 1619 年 2 月 17 日离开印度，从此再没回去过。

第三节　揭开古吉拉特之谜

1630 年至 1663 年间，欧洲出版了一系列研究古吉拉特宗教、城市和贸易的书籍。早在 16 世纪的《珀切斯和德·莱特文集》（*Purchas and De Laet collections*）中，对该地区的诸多贸易和旅行的偶发事件已有记载[144]。1633 年，曾在 1614 年探访过苏拉特的英国代理商克里斯托弗·法勒维尔（Christopher Farewell）在伦敦出版了他在古吉拉特的游记。这本怪诞离奇的小书被命名为《东印度的一次洗礼》（*An East-India colation*），也被称为《英国人约翰看印度》（John Englishman Beholds India）。充满变化的"印度织物的花纹"仍能唤起西方人对首次游览印度的回忆：成千上万的人聚集在街道，"就像嗡嗡作响的巨大蜂群"。城市之间是布满果园、池塘、墓地、花园和寺庙的优美村庄，寺庙周围聚集着赤身露体的朝拜者，他们"直视前方，或来回行走"。大路上到处可见"由两头膘肥体壮的牛拉着的两轮或四轮车"，而在曲折迂回的乡村路旁，是"充满生机的田野，和爬满大猩猩、猴子的树木"[145]。

在苏拉特最有资历的商人托马斯·凯里奇是英国埃克塞特（Exeter）人，他于 1612 年随同托马斯·贝斯特的船队来到印度，并在随后的十年作为商人首领一直留在苏拉特。在 1622—1624 年间，凯里奇返回英国，并聘请经验丰富的牛津郡（Oxfordshire）副牧师亨利·罗德（Henry Lord，生于 1563 年）担任苏拉特的牧师。罗德随同凯里奇返回苏拉特，并在其后四年间，两人共同任职于此[146]。显然凯里奇认为有必要了解他的印度商业伙伴们的宗教信仰及习惯，由此便督促罗德进行系统研究，并把他介绍给当地的资料提供者。返回英国后，罗德于 1630 年出版了《东印度两宗派述略：展示作为印度原住民的巴涅人和波斯原住民的波斯派及其宗教和风俗。由亨利·罗德编成两部书》（*A display of two forraigne sects in the East Indies viz, the sect of the Banians the ancient natives of India and the sect of the Persees the ancient inhabitants of Persia together with the religion and maners of each sect. Collected into two books by Henry Lord*，伦敦 [London]）[147]。

在两本书的前言中，罗德承认，由于自己对"奇怪的特别，特别的奇怪"的当地民众的好奇，使他成为一个"不断提问的人"，而回答问题的是"巴涅人"，他们的宗教信仰和习俗不同于基督徒，也难以被基督徒所理解[148]。为了了解"巴涅人"或印度教，罗德咨询了婆罗门学者，很可能是那加尔婆罗门（Nagar Brahmans），并从"类似他们的《圣经》——《印度教圣书》（*Shaster*，梵文，*sāstra*）"[149] 的译著中获取资料。英国国教（Anglican）的牧师将"该教派最核心和基本的"资料汇编成文摘，同时"也删去了不合情理的虚构部分"。

646

罗德的《印度巴涅人宗教探索》（*Discoverie of the Banian Religion*），或者他的《两种外国宗教教派介绍》（*Display of two foreign sects*）的第一部分，是首次在欧洲出版的对印度教教义和仪式进行介绍的作品[150]。作品的目的是为了论辩，因此在语气上也采取这种风格，并运用比较的方法。罗德依据《圣经》创世纪的顺序，先讲述了世界和人类的起源，接着是世界性的大洪水，然后是人类如何重新回到地球。"万能的神（巴涅人说）是独一无二的"，神思考如何彰显其完美、大能和大德——还有什么比创造世界和万物更能达到此目的，所以神创造了四大元素——土壤、空气、火和水。最初，它们是混在一起的、混沌的，后被分开并被赋予各自永恒的职能。因为四大元素，世界被分为四个方向，经历四季，印度人被分为四大种姓，他们是第一对父母的 4 个儿子与 4 个被指定的女子结婚后繁衍的后代。[151]

神创造了世界万物，最后创造了"比其他一切生物都尊贵"的人。第一个被创造的人叫神我（Purush）①，由尘土所造，神把生命的气息吹进他的身体。因

---

① 《印度文化词典》拼写为 Purusha。——译者注

为他在本性上是社会性的，神就为他准备了一位妻子，叫自性（Prakriti）。他们作为夫妻生活在一起，"以土地上生长的果子为食，爱护一切有生命的动物"。[152] 这对夫妻生了 4 个儿子：婆罗门、刹帝利（Kshatriya）、首陀罗（Sudra）和吠舍。每个儿子被赋予不同的特点：婆罗门，现世、忧郁；刹帝利，"易怒"；首陀罗，安静平和；吠舍，"好奇，且具有设计天赋"。神赋予婆罗门知识，任命他传授神的真理和律法，晓谕神圣的经文；赋予刹帝利统治和维持公共秩序的能力；让首陀罗成为商人，"通过商业实现共同富裕"；因为吠舍很有创造性，神让他充当艺术家的角色[153]。神没有赐给神我和自性女儿，因为神不想在自己创造的第一个家庭里发生乱伦。于是他另外创造了四位女性，并把她们安排在四个方向的四个主要位置，将她们分开，"是为在地面上繁衍后代提供更好的条件"。[154]

在这部简明的书中，罗德却奢侈地用了四章，22 页叙述了四弟兄如何奇妙浪漫地遇到他们的妻子。他们每人的子孙各占 1/4 的土地，四弟兄回到自己的领地向后人传播各自种姓的职业技能。相安无事一段时间后，邪恶和罪恶很快不可避免地迷乱了他们的心灵。他们关于宗教和律法的争吵惹怒了神，于是神用洪水淹没大地。人的肉体"得到审判，但是灵魂还是由万能的神掌管"。这就结束了地球上第一个时代（yuga）。[155]第二个时代是由完美的人梵天（Brahma）、毗湿奴（Vishnu）和楼陀罗（Rudra）或湿婆（Siva）来控制的。神"从天堂降临到名为妙高山（Meru-parvatu）的高山"，创造了上面三位完美的人替他工作。神赋予梵天创造和生产的能力；赋予毗湿奴保护梵天创造物的能力；赋予湿婆执行神的公义和掌管死亡的能力。[156]他们三位中的任何一位都被定期分配到世上工作。因为创造要在第二个时代完成，梵天将在完成后回归万能的神。毗湿奴在世上待的时间是梵天的两倍，湿婆则是梵天的三倍，"因为世界将最终毁灭"。在第二次创造中，梵天从身体中生出一对完美的成年男女。男人叫摩奴，女人叫萨碧特瑞（Satar-ūpā），也叫 Sāvitri，他们生了三个神为之命名的儿子和女儿，从此世上又有了人类。[157]

以往痛苦的经历使神了解到人类罪恶的本性，于是他又一次降临妙高山，授予梵天一本《印度教圣书》，或者是关于他们文字的书"。书中包括三部分，第一部分是道德规诫；第二部分关于仪式；第三部分关于社会分工或种姓等级。[158]罗德通过联想及《圣经》传统，将第一部分总结为八诫。其中两诫需严格遵守，但八项诫条中的任何一条也都普遍被遵守。最让罗德不可理解的诫条是禁止杀生、饮酒、吃肉。根据自己对西方经典和其他宗教的所学所知，他对这一现象进行了学术上的分析。非素食者的罗德认为，这种相信众生平等、轮回或者灵魂转世的信仰只是"空虚的想象"。

传授给梵天的第二本手册是关于各种礼仪的，其中包括仪式性沐浴、仪式标记、树崇拜、在寺庙内反复吟诵神的名号进行祈祷、向偶像献供物、列队、朝圣、向不同的神明祈求幸福健康和赢得战争，还有敬拜日月、牛崇拜、孩子命名礼和孩子的婚礼仪式。罗德关于死亡和葬礼的叙述，明显建立在对种姓制度仔细调查和细心观察的基础之上。患不治之症的男人在别人往他手心倒水时会呼唤那罗衍那（Narayana）的名字。死者的尸体被清洗后移到河岸上祷告。罗德描写了火葬仪式的一些细节，并引用了一段写给四种元素的祷文。祭奠时间持续十天，还有寡妇为丈夫殉葬，"至今一些地方，富人死后还沿用这种习俗，虽然和以前相比已少很多"。继普罗佩尔提乌斯（Propertius）和斯特拉波（Strabo）提出这一话题后，罗德也提出了一些殉夫现象的原因。[159]

传给梵天的第三本手册是关于种姓制度的，这是一种"方便管理世界"的制度。婆罗门有两种：普通的和特殊的。普通婆罗门由于居住地不同分为82种。这些婆罗门和众人一起祈祷，或向众生宣读"法律"。他们还负责教导7至14岁的年轻人。特殊的婆罗门被称作耆那教徒，他们是商人种姓，穿白色羊毛袍子，除了头顶一簇头发，其他头发和下巴上的胡须都被拔光。[160]"耆那教徒"下面又分为五个宗派，神给予他们不同的名称和仪式。[161]这些婆罗门每月庆祝叫"Pajjasana"（或雨住日）的节日，节日持续五天。[162]特殊婆罗门比普通婆罗门清规戒律更多，生活上更节制、谨慎。另一不同是他们共同拥有财产，而且不推崇沐浴仪式。[163]

刹帝利，即武士或统治阶层，在早期王侯统治时期曾在古吉拉特繁盛一时，这些印度王侯无一例外来自36家贵族，所以"出身卑微者永不能获得显贵"[164]。辅助他们的是一些会占卜的婆罗门，其中一位是"Pardon"（*Pradhān* 或大臣），一位是"Moldar"（?），即皇家侍从，和一位"Disnache"（?），即军事指挥。

649

古吉拉特随着拉·维萨拉德瓦（Ra Visaladeva，统治时间为 1246—1261 年）的去世而衰落。他的儿子萨朗德瓦（Sarangdeva，统治时间为 1274—1294 年）在锡德普尔（Sidhpur）为父亲立了一座价值连城的纪念碑。一位著名的婆罗门预言德里的阿富汗首领"阿拉 - 乌德 - 丁·哈勒吉"（Sultan Alaudin [Ala-ud-din Khalji]，统治时间为 1296—1315 年）在古吉拉特作战时会毁坏纪念碑。为防止此行径发生，萨朗德瓦派那位婆罗门去德里贿赂"阿拉乌德·丁"，求他放过自己父亲的坟墓。可是使臣却没有找到德里的"阿拉乌德·丁"，他们找到一个与他同名的贫穷伐木工的儿子。一再游说下，这位年轻人收下这笔钱，并给出保留坟墓和寺庙的书面保证。[165] 根据这一预言，"阿拉乌德·丁"成为德里的首领，并带领他的穆斯林军队侵入古吉拉特。他摧毁了部分寺庙，后来他厌倦了古吉拉特，就又回到德里，而把征服的全部地盘留给了自己的酒政法特汗（Fatah Khan）①。虽然德里的军队占领了古吉拉特，却没有消灭所有印度王侯。在古吉拉特内部，早期印度首领的后代拉其普特人依旧在城镇郊区袭击经过的商队。罗德列出了五位未被征服的拉其普特君主的名字。[166]

根据罗德对印度教的介绍，世界在第二个时代再一次充满罪恶，所以人类被 Rudra（湿婆）毁灭，只有少数生命受到毗湿奴的保护而存留。从仅存的生命中，神开创了第三个时代。神通过罗摩（Rama）之手完成此事，罗摩也因此成为一个受人爱戴的神，以及"表达良好祝愿的词"，以至于"人们见面，互相致意都会说'罗摩，罗摩'"。[167] 可是人们再次犯罪，按照命运的安排，人类在第三个时代走向灭亡。第四和最后一个时代由克利须那（Krishna）开创，克利须那是一个著名又虔诚的统治者。最后这个时代也是最长的时代，这一时代不再需要保护神毗湿奴，于是他被召回天庭。这些时代被命名为圆满时代（Krta）、青铜时代（Dvapara）②、白银时代（Tretā）和黑铁时代（Kali）。[168] 最后一个时代将毁灭于能摧毁一切的火焰之中，唯余万物之源的四大元素，罗德认为印度教的信仰像一部以数字四为基础"创作的小说"，例如：四大原理（元

---

① 《高级印度史》中有 Fath khan 和 Fateh Khan。——译者注
② 《印度文化词典》中的拼写为 Dwapara。——译者注

素），指南针的四个方向、四个时代、四个种族、四个男人和相配的四个女人，还有万物将经过四次毁灭化为乌有。

罗德的《两种外国宗教教派的介绍》第二部分介绍了祆教徒（Parsis）的历史和宗教，他们是拜火教创始人的波斯追随者，8 世纪时到达印度。通过一位在苏拉特英国商馆工作的祆教徒做翻译，罗德与"Darod"（祆教徒的主祭祀），即他们主要的神职人员进行了交谈。从主祭祀那里，这位英国人了解到一些祆教徒的历史和信仰，还有称作《波斯琐罗亚斯德教圣书》（*Zend-Avesta*）的经文。与他详细描述印度教教义与仪式不同，关于祆教徒的这八章相对简洁，其中关于祆教徒早期历史的导言一章，在历史价值上，可能要比其他七章更为重要。以他们在波斯境内迁移和迁移到印度的口传历史为基础，此章进行了简略真实的记录。[169] 第二章是对创世主信仰的概述及其与波斯历史传奇的关系。在下面三章中，罗德在某种意义上歪曲了拜火教创始人的传记，其中包括他对罪恶的冥想、和天使的相遇以及与魔鬼的斗争。在最后三章，罗德列出被他称作"三种版本"的《波斯琐罗亚斯德教圣书》的注解，并列出了每一种的摘要。他从经文中挑出 29 项诫条，希望从中总结出祆教徒的道德和宗教规诫。像许多欧洲基督徒一样，罗德印象最深的是祆教徒对火的崇拜，还有将尸体袒露在"寂静之塔"，等待神派鸟来叼食的习俗。[170]

其他该世纪中期的评论家将注意力集中在城市、商业和古吉拉特的世俗生活。皮特罗·德拉·瓦勒（Pietro della Valle，1586—1682 年）的"印度书信"由他的四个儿子最早在 1663 年出版，出版时采用了简短的题目：《旅行》（*Viaggi*）[171]。德拉·瓦勒自称为"朝圣者"（Il Pellegrino），1623 年 2 月 10 日至 3 月 22 日期间他在古吉拉特。尽管他是一位独立的"朝圣者"，不与任何特许的公司或天主教会有联系，但他却能随意四处活动，因为他会说土耳其语、波斯语和阿拉伯语。这些语言是古吉拉特商业界和政府普遍使用的语言。对于一位博学的罗马人文学者来说，在印度西部用港口城市流行的葡萄牙语并不是什么不可思议的事情，他不断引用一些葡萄牙作者的作品，其中包括若昂·德·巴罗斯（João de Barros）和加西亚·达·奥尔塔（Garcia da Orta）的作品。在苏拉特，这位经历丰富、学识渊博的意大利人受到有地位的英国人和荷兰代

651

理商的热情款待。与他从土耳其及波斯书写的信件不同，他在印度书写的信件就按照他在那不勒斯（Neapolitan）的朋友马里奥·斯基帕诺（Mario Schipano）收到时的原始状态出版。从内容和日志形式来看，写自印度的信件没有被作者本人或其他与出版相关的人士加工处理。[172] 这部作品从完成到出版历经四十年，但这并没有减弱其对当代人的吸引力，因为作品迅速连续数次以意大利语再版，又很快被翻译成法语、英语、荷兰语和德语。[173]

在古吉拉特的四十天里，德拉·瓦勒以苏拉特为中心，四处旅行，到达了布罗奇、坎贝和阿默达巴德。旅行中，他得到英国和荷兰代理商的帮助，他们允许他与商队篷车同行，并且为他安排住宿。他们争相帮助这位意大利人，尽力使他住得舒适。德拉·瓦勒不用为日常生活忙碌，所以能更好地利用自己短暂的时间。这些代理商及其印度同伴告诉他当地的历史、习俗和重要遗址，也告诉他关于内战的报道或传闻，以及贾汗吉尔和他叛变的儿子沙·贾汗之间的恩怨。作为有经验的东方旅行家，德拉·瓦勒在语言方面的准备和对伊斯兰教的理解使他充分利用了这次机会。在印度，他对非伊斯兰教的纪念碑、风俗和信仰特别感兴趣，这和他在波斯学到的相关知识有一定关系。在古吉拉特，及后来在卡纳拉（Kanara），他主要的兴趣是观察和了解前欧洲文明时期印度所保留的文化遗产——例如印度教 [174]。为此，他曾广泛阅读欧洲古典和现代文学中关于印度的描写。作为一名人文学者，他在学术上的兴趣是寻找隐藏在宗教实践背后的教义和传统，那些与基督教和伊斯兰教完全不同的东西。他的古吉拉特之行，可能是因为太短暂，带给他更多的是关于印度教的问题而非答案。

在苏拉特，莫卧儿统治者赋予城市各族群享有宗教自由和平等的权利，这也给他留下深刻印象。人口占大多数的印度人，虽然被穆斯林莫卧儿统治，却能在多元的社会里与其他族群和平自由共处，而且他们中的许多人位居政府、军队要职。[175] 在其印度教研究中，德拉·瓦勒观察和描写了婚礼、葬礼和被他称为"异教徒的偶像崇拜"的宗教仪式。他特别描写了在苏拉特的一种偶像崇拜，偶像被刻在巨大的榕树（Nir [bar]）树干上，献给 Maha-deva，或湿婆 [176] 的妻子雪山神女（Parvati）。最令他觉得非同凡响的是被称作戈皮池的"大蓄水池，或人工池塘"。这个大水池是由苏拉特的前印度长官马利克·戈皮（Malik

Gopi）所建，此池是建给公众享用的。[177] 在印度其他地方，还有更大更壮观的公共蓄水池，蓄水池可为公众保存水源，以应对难耐的高温。德拉·瓦勒也非常痴迷于印度奇特的动植物，他参观花园、公园，描写树木花草。狄奥斯科里季斯（Dioscorides）、普林尼（Pliny），甚至之后的植物学家都不知道这些植物。他总结道，"要想全记下来，需要专门（特别）一册书"。[178]

　　欧洲人在苏拉特的生活，如当地富有的印度人一样，安逸愉悦，他们都有众多仆人和奴隶随时伺候。无论去哪里，仆人都装备着"剑、小圆盾和弓箭"。"来自任何国家或持各种宗教信仰"的公众人物或个人都可自由享受"华丽、招摇……像国王一样"的生活。因为仆人和奴隶数量多、价格廉，甚至"中等家境者也能维持庞大的家庭"。所有等级的人都穿白棉布，只是布的质量相异而已，"而大部分棉布的质量都比我们国家的好"。德拉·瓦勒"很推崇这种印度服饰"，因为它洁净、舒适，"骑马时也很优美"，所以他也找人为自己做了"非常完整"的一套，并带回意大利作为展品。[179]

　　穆斯林妇女，尤其是莫卧儿妇女也穿白棉布，或某种装饰着金线花（Kimkhbāb，或金线绣花）的纺织品。她们在裙子外穿短上衣，通常是全红或全白，但有时她们穿不同颜色带条纹的丝织品。她们经常像男人一样带头巾，有时戴和衣服相搭配的束发带。穆斯林妇女在城市里步行或坐车时，戴白色面纱。印度妇女一般穿红色或五颜六色的棉布，"她们称为印花棉布（cit）"。她们穿得短袖外套的袖子只到臂肘，露出的小臂用手镯装饰。她们穿由腰及脚的长裙。出门时，她们一般披上红色或色彩斑斓的披风。买得起珠宝的戴珠宝，特别是大耳坠。虽然印度妇女不蒙面，她们依然谦虚可敬。和这些印度姊妹相比，一些穆斯林妇女更容易沦为"风尘女子"（publick Courtisans）。[180]

　　德拉·瓦勒在 2 月 23 日离开苏拉特到坎贝，在波斯他已经了解到这个被誉为"印度最古老的城市之一"的地方。很多印度教徒住在这儿，他们"极为苛刻地奉行自己的礼仪"。德拉·瓦勒继续北行，他旅行用的 5 辆车经过"纳巴达河"到达布罗奇，这是个"高高修建在山上"的中等城市，周围有城墙。这儿人口众多，而且生产大量棉布，出口到亚洲和欧洲。荷兰和英国在这儿有固定的商馆以购买纺织品，这些纺织品被打包海运，"每个包裹都像罗马的车厢一样

653

654

大"。玛瑙和玉髓（牛奶石英）在布罗奇附近开采，到坎贝出售，其中一部分还在坎贝被制成珠宝和各种各样的装饰品。第二天上路的德拉·瓦勒，在到达詹布萨尔（Jambusar）之前，遇到内战中的莫卧儿贵族难民。在到达坎贝前的最后一站，德拉·瓦勒和他的团队加入了一个"大商队"（Cafila [kafila]）。靠近城市时，在坎贝海湾最里侧，德拉·瓦勒渡过马希（Mahi）河宽阔的河口，这儿"湍急的海水和逆流可能比世界上其他任何地方的更猛烈迅疾"。退潮时他们平静地穿过有水的低地，涉河而过，这条河流现在仍流淌在这片土地上。到达坎贝后，德拉·瓦勒和他的团队寄宿在荷兰商人家中。

　　坎贝"坐落在海岸边，位于巨大的海湾最深处的平原之上，并由此得名"。这个城市面积中等大小，居民大多住在城外郊区。因为大部分居民都是恪守规矩的"外邦人"（例如，耆那教徒）。德拉·瓦勒急切地想了解这一族群最奇特、最富特色的习俗。他访问了耆那教徒的鸟（parabdis）兽（Panjrapols）医院，医院里的工作人员"靠公共救济生活"。令德拉·瓦勒大为惊奇的是，在这里，富有同情心的耆那教徒在照顾一个被砍掉手的穆斯林窃贼。城门外，他看到牧场上成群的母牛和山羊，这些动物也是被他们治愈的。其中有的山羊是耆那教徒付钱从屠夫手里赎来的。耆那教徒还通过贿赂坎贝长官，从而严禁任何人杀害母牛、牛犊和公牛。[181]

　　此后德拉·瓦勒忙于参观坎贝的印度教和耆那教寺庙。他尤其不解的是他们的偶像以及印度教肖像学。虽然他讨厌从"愚昧无知的印度人"那儿听到关于他们的神的"荒谬故事"，但他确信"这些古怪的形象隐藏着某种理性意义"。为了进行更深入的研究，他通过口译与一位年长的婆罗门交谈。这位婆罗门给他看了某些只有僧侣才能看到的梵文。德拉·瓦勒开始不满足于自己观察以及从商人朋友那儿获得的知识，他决定付出更多努力来了解印度神学。在果阿，他曾经希望用葡萄牙语向一位"可能会皈依基督教"的婆罗门请教，并且阅读了"弗朗西斯科·内格朗神父"（Father Francesco Negrone，或 Negraone）书写的方济各会修士（Franciscan）在与印度教徒交往中遇到的纠纷和困难。[182]

655　　尝试理解真正的印度教传统而遇挫的德拉·瓦勒，像别人一样，只好通过外在的寺庙、偶像、仪式和习俗的了解来充实自己。他注意到当时在古吉拉特的穆斯林已经接受了一些印度教徒的行为和生活态度。[183] 由于某种原因，红色受到印度人的偏爱，室内装饰及服装常选用这一颜色。印度人被分为很多社会阶层，"估计共有 84 个"。[184] 每个阶层都有自己的名称、职业或职能；社会地位代代传承、不可改变。"婆罗门、战士种姓、商人种姓和工匠种姓"四个主要种姓之间不允许通婚。站在宗教角度，他们大体普遍认为"除他们之外的其他国家和宗教都是不洁的"。婆罗门"类似于犹太人中的利未人（Levites）"，他们分为几类，其中最受尊重的一类是巴特（*Bhāt*），他们是寺庙的执事，[185] 其他婆罗门可以做占星师、医生、宫廷秘书或学者。他们都害怕在与别人一起吃饭时被玷污了，也怕被人触摸。如果被玷污，他们通过"沐浴或其他优雅的仪式"进行清洁。低等种姓小心地避免与高等种姓接触。为了避免因同饮而被玷污，他们知道如何不接触容器而把水倒入口中。"空中饮"的技巧激起德拉·瓦勒的好奇，为方便社交，他自己也学到这种技巧。

同一种姓的印度人坚持共同的道德标准。他们谴责婚姻之外的任何私通，特别是通奸，这些都是有罪的。通常他们只娶一位妻子，而且永不离婚，除非一方犯下了奸淫罪。有时因为富有或妻子不能生育他们会再娶其他妻子。虽然多妻制对所有人都是合法的，但并不是高尚的，惟王室除外。妻子死后，丈夫可再婚；寡妇却不能再婚，结果是她们中的一些人偷偷与别的国家或信仰其他宗教的男人私通。有的寡妇自愿与丈夫的尸体一起焚烧。但这样主动将自己做祭品的并不常见。"这样做的女人在国内获得荣耀和圣洁的美名。"[186] 地位高的人的妻子经常与丈夫一起火葬。据记载，有的女人迫于家族和社会压力被迫火葬，印度教徒坚决反对此说。在莫卧儿管辖的地区，没有长官的批准，寡妇不能殉夫。长官要首先确认妻子是否有殉夫的愿望，如果回答是确定的，他就签发证书，并要求交纳一定数量的金钱。[187] 在葡萄牙控制的地区，殉夫和其他一些印度教的宗教行为被严格禁止。对印度教徒来说，世界上最大的罪恶是吃肉和流血，特别是人和牛的血和肉。所有印度教徒都经常沐浴，一是为了清洁，二是沐浴是一种洁净仪式。

婆罗门和低等种姓中特别受敬重的人都束着"有三股穗带的织带，像一条项链，他们将它绕过左肩环到右臂下，然后再以相反的方向绕一下"。[188] 这种

656

织带或织线，葡萄牙人称为 *"Linha"*，曾在印度引起耶稣会士和其他基督教团体的争论。这件事很快传到罗马。争论的焦点是：这种织带是否是"宗教徽章"，皈依基督教的印度人是否还可以佩戴它。德拉·瓦勒在波斯时了解到，耶稣会士认为这个织带"只是虔敬的象征"，是授予穆斯林和印度教徒的一种简单的荣誉标志，所以皈依者仍可佩戴，只是不再有授予仪式，因为他们认为仪式本质上是宗教性的。他们还按照基督教的观点将三股穗带解释为三位一体的象征，"或者依据这一思路，认为它可鼓励人们虔信或守法"。[189]

在前往阿默达巴德东北方向的路上，德拉·瓦勒看到硕大的"罗望子树"（印度人称作 Hambele）、芒果树，还有小巧的"在树间随处跳跃的"白松鼠。[190]许多带武器的劫匪假扮成路旁的乞丐，伺机袭击独行的旅客。进入阿默达巴德的大路尘土飞扬，非常肮脏，两旁是高高的仙人掌篱笆，"这种植物四季常绿，不结果，欧洲人从未见过"。到达目的地后，德拉·瓦勒和他的伙伴住在租的房子里，房子在外国人居住区，叫作达兹商队旅馆（*Darzi caravanserai*）或"泰勒客栈"（Tayler Inn）。为了旅客和其财物的安全，晚上会封锁街道。城里笔直的街道，却像乡间小路一样经年失修且肮脏不堪。[191]

阿默达巴德的主要商业街道叫"Bezari Kelan"（*Bazaar-i-Kalān*），或"Great Merkat"。街道中心有三个拱门，更远处有"一口很大的水井，井周围建有方形广场（一个拱形的长廊）"。商业街尽头有一扇"大门"，大门对着三个拱门，面向"被波斯人称作 Cut[*khat*] 的小城堡"。[192]大门旁边有块空地，那里立着两块石头建起的"讲坛"，在这里向公众颁布皇家法令。稍远处，右侧就是皇宫。因为阿默达巴德"是四大城市之一……享有特权的大莫卧儿帝国在这儿拥有宫殿和宫廷"。[193]宫殿立在宫院内，宫院为方形，占地面积大，周围有光洁的白墙。每面墙中间都有"高高的岗哨，可由此向外射箭，很多波斯走廊（*Piazzas*）里也常有此装备"。宫院左边是皇家居所，居所窗户下有高高的平台，平台被窗户栏杆包围，曼萨卜达尔（*mansabdārs*，或者官员）在台上集合觐见皇帝；诸如可汗（*Khāns*）等职位较高的官员站在靠近阳台的地方，一般士兵在宫廷内列队侍立。宫廷前面的建筑是宫廷士兵的宿舍，其他较普通的建筑是政府不同机构的所在地。[194]

在阿默达巴德和其他各地漫游期间，给德拉·瓦勒留下最深印象的是无处不在的瑜伽修行者，他将之称为古文明中"全世界著名的古代密修者"。在一个献给"Mahedeu"（*Maha-deva*，或者湿婆）的著名寺庙里，有许多几近裸体的瑜伽修行者。他们头发蓬乱，前额上涂着红、黄颜料或其他标志。与其他瑜伽修行者不同的是他们身上"干净光滑"，没有涂抹颜料和灰。一些朝拜者从年轻的瑜伽修行者那里买花，献给神像。另外一些"过着更简朴生活"的瑜伽修行者聚集在"被称为萨巴马提（Sabarmati）的小河"岸边晒太阳。这类瑜伽修行者把灰洒在身上，并用白色粉状物涂抹全身。他们发须长且毫不修剪。有些把头发弄成角的形状。通常他们坐成一圈，围着一位众人信服的领袖。还有的瑜伽修行者在小寺庙里盘腿独坐，待在狭小的空间冥想。[195]

在阿默达巴德待了一周后，德拉·瓦勒和同行的旅行商队动身返回坎贝，刚出城，他和伙伴们匆匆游览了一个"大人工湖……它由石头修砌，在拐角处有台阶"。他估计湖的直径"大约半英里"，湖中有一个花园小岛，"一座气派的多孔桥"将小岛与岸相连。[196]到坎贝不久，德拉·瓦勒去一座墓塔观察新月时的"涨潮"，这儿的潮水比普通的潮汐来得更快更猛。[197]德拉·瓦勒一直关注瑜伽修行者，他到坎贝郊区被称作"Causari"（Kaira?）的"耆那教徒"（Vertea）的寺庙去参观，[198]那里的"耆那教徒"留着光头，与其他印度人不同。在附近另一所寺庙，他看到瑜伽修行者围坐在领袖周围，像以前在阿默达巴德河岸上看到的一样。"和我们的宗教体系相同，任何出身的人都可选择"成为瑜伽修行者。"瑜伽修行者依靠捐赠生活，对服饰和其他物质性的东西都极为鄙视。他们以圣洁自称，但经常极为放荡。他们追随着"各自的宗教领袖"，四处漫游，居无定所，常聚集在所谓圣洁的场所，按照圣书进行灵修，这本书的波斯语书名为《斯维特婆陀罗奥义书》（*Damerdbigiaska [Svetāsvatara]*?），德拉·瓦勒本想把这本书带回意大利翻译。[199]根据这本书可知，他们希望通过灵修获得"启示"，他们崇拜的神是40位"永生的、属灵的，不可见的女人"，这些女神可预知未来，且与他们有"肉体交往"。[200]瑜伽修行者"通过人的呼吸进行占卜……经过尝试我发现果真如此"[201]，德拉·瓦勒一边指责他们的信仰和修行是魔鬼带来的幻境，一边却又饶有兴致地进行观察研究。

658

在坎贝城外两英里处，德拉·瓦勒参观了那加尔（Nagare）①的一个古城，那里的印度教寺庙中有一座著名的献给婆罗门的三面雕塑。[202]在回坎贝的路上，他见到一些被称为"Der"（Dher）的低种姓居民，他们吃包括老鼠在内的一切东西。其他族群不与他们交谈，也不触碰他们。[203]第二天，他又去游览花园，查看那些欧洲人所不知道的花卉。在一个花园中他收集了"气味很大"，被称作"Ciompa"（玉兰）的花，[204]由于时间比较紧张，他只走马观花地参观了一下海滨的盐田和印度教徒的火祭场。第二天一大早，他和伙伴们又返回这里看了"一场完整的殉夫葬礼"。[205]离开坎贝前不久，他们在"荷兰人的住宅中"欣赏了来自比贾布尔宫廷的音乐家的演出。有种乐器由"两个圆葫芦做成，染成黑色并涂上清漆。其中一个葫芦上有孔，藉此引起声音震动"。德拉·瓦勒随之给出了更多种乐器的详细说明，还介绍了一种可能是七弦琴的乐器的演奏方法。[206]

1623年3月7日，德拉·瓦勒和旅行商队离开坎贝，穿过马希河三角洲，第二天到达布罗奇。在郊区，他看到"一座立于陵墓之中的气派建筑，虽然这个陵墓很著名，但他却不太了解陵墓的主人"。陵墓的主人看起来像是一位名人，因为陵墓很神圣，并受到穆斯林的朝拜。陵墓位于湖畔树林之间，风景怡人，周边有许多"长方形白色大理石坟墓"。围绕着中央的主建筑，分布着大量坟墓，这似乎意味着很多"崇拜此地"的穆斯林也葬在这里。[207]3月10日，这位意大利人和同伴返回苏拉特。为了准备前往果阿的旅行，德拉·瓦勒在此待了十三天，最令他担心的是"携带的描写摩尔人的书"会不会在海关遇到麻烦。他亲眼目睹了"印度外邦人"（the Indian Gentiles）疯狂地庆祝春节，他们在街上跳舞，互相泼洒染色的水和粉，"还通过唱歌和哑剧表演进行庆祝"。[208]他也参加了一场婚礼，新郎是荷兰商人，新娘是叙利亚人（Syrian）或亚美尼亚人的女儿。这场婚礼被他看作是荷兰在爪哇的"新巴达维亚"（New Batavia）政策的实例，这一政策鼓励在东方的荷兰人和"任何种族"的女人结婚。3月23日，德拉·瓦勒乘坐一艘小船（almadia）去达曼，这是前往果阿

① 《印度地名手册》拼写为 Nagar。——译者注

途经的第一站。[209]

　　德拉·瓦勒离开苏拉特四年半后，托马斯·赫伯特（Thomas Herbert）来到苏拉特港。这位年轻的英国人成为达德墨·科顿爵士（Sir Dadmore Cotton）随从中的一员。达德墨·科顿是被派往沙·阿拔斯（Shah Abbas）宫廷的英国大使，此后他们将前往波斯。赫伯特和使团全体成员在苏拉特短暂停留后，继续前往波斯。1628年，他回英国时再次来到苏拉特。1630年他回到伦敦，四年后出版了《波斯王朝记》（*A Description of the Persian Monarchy*），书中讲述了他在印度的经历。1638年，他出版了此书的扩充修正版，书名为《数年亚非各地游记》（*Some years travels into divers parts of Asia and Afrique*）。在第一版中，赫伯特随意使用了别人作品中的资料；在第二版中，他通过添加二手资料，扩充了4/5的内容。他对"巴涅人"（1638年版，第40-48页）和"波斯人"（第295-364页）宗教的总结直接取自罗德的作品；关于"大莫卧儿历史"（第54-108页）的大部分资料源自珀切斯的作品集，特别是源自其中德·莱特的拉丁文作品。赫伯特编撰的编年史涵盖了从帖木儿到1630年的莫卧儿历史，是第一本用英语对莫卧儿进行系统介绍的史书。赫伯特关于东印度、远东和美洲的"第三书"（第296-364页）也完全取自他人的作品，他的文字和地图都不是原创。在他关于印度的作品中，仅有的原创是对西海岸，特别是苏拉特的描写。[210]

　　1627年年末，赫伯特在苏拉特待了三周，到他回国前，他在那儿共待了三个多月，从1628年12月到1629年3月，从停泊在苏瓦利（Suwali）的船上，赫伯特看到"沙漠另一边"的戈卡（Gogha）废墟。[211]12月1日上岸后，他"坐牛车到苏拉特，同行的是'一些Pe-unes'（有橄榄肤色，光脚的印度男孩，他们会说漂亮的英语）"，途经城镇苏瓦利，以优质棕榈油出名的村庄巴塔（Batha）和达姆卡（Damka）村。苏拉特是古吉拉特"排名第三的城市"，超过它的只有阿默达巴德和坎贝。"约一百年前"，当它被葡萄牙人烧毁时，它是一个远近闻名的大市场。现在它在一个"和平政府"的管理下，比以前的人口更多，也更富裕。[212]城里的房子"简单漂亮：有些（外面）用木雕，有些是砖块"。苏拉特没有值得一提的名胜或清真寺。[213]城外有一座英式花园，"和纳夫萨里（Navsāri）门相邻"的是一个大水池，水池可以储存足够的雨水，"为这些被烈

661

日灼晒的印度人解渴"。[214]

赫伯特生动地描绘了每年9月到3月轮船抵达苏瓦利港时的热闹景象，这些描述可能基于他在1629年3月离开港口时的观察。轮船抵达时，"巴涅人"沿海滨支起帐篷，搭起草房，立起摊位。在这样的集市上，他们卖"白棉布、中国缎、瓷器、scurtores（写字台）、用贝壳做的橱柜、黑檀、象牙制品、玛瑙、绿松石、天芥菜、红玉髓，还有大米、糖、车前草、亚力酒等"。许多小男孩在这儿跑腿，做临时工，或当口译，挣点小钱。精明的商人用"甜言蜜语""让很多头脑简单的人迷失自己"，这些商人对数字反应灵敏，熟知常用的币种。皮肤黄褐色的"巴涅人"长头发，身材瘦削，头缠白色包头巾，通常身穿长白袍。每个男人的鞋子都与众不同，"颜色样式多种多样"。女人肤色稍浅，脸上搽得红红的，戴着手镯和"铜、金、象牙的"脚链，稍显蓬乱的长发上遮着一块"白色精细的上等棉布，透明的布让头发显得更迷人"。[215]

祆教徒——"在苏拉特的另一外邦人"——的葬礼让赫伯特感到很奇怪。他们既不火葬也不土葬。尸体先包在"裹尸布"里，搬移途中，随行亲属要轻捶胸部。离尸体放置处约50步左右，有一位"the Herbood"（波斯语为 *hirbad*，祆教徒的牧师）在等候他们。牧师常披黄披肩、戴薄头巾。"necesselars"（*nasāsālārs*，或抬棺人）抬着铁棺材——因为"木头是献给火的，禁止用来做棺材"——走到一个小棚子里，最后一项仪式在这儿举行。他们把尸体升到一个圆形建筑的顶部，"有些这样的建筑高12英尺，周长80英尺"，建筑的入口一般面向东北方。他们把尸体抬入，"好人放一边，坏人放另一边"。平平的顶部"用白泥涂抹"，向天空张开。中央有孔，"尸体的腐烂物可由此流出"。尸体被裸放成两排，"暴晒于烈日下，以等待猎食的鸟"。"有些地方"，这些暴露的尸体"可达300具"，发出的恶臭令人作呕。赫伯特也坦言，对于"我来墓地参观"，祆教徒表示了不满。[216]

赫伯特到苏拉特六七年后，荷兰商人约翰·范·特维斯特（Johan van Twist）也来到古吉拉特，并在此工作了几年。1635年他成为阿默达巴德、坎贝和布罗奇的荷兰东印度公司商馆的总管。1636年被召回巴达维亚后，第二年他被派往比贾布尔，去做将出使"阿迪勒·沙"（Adil Shah）[217]处的荷兰使团的团长。成功完成使命后，范·特维斯特在 1639 年被提升为印度委员会的杰出成员。在巴达维亚时，他潜心于写作《印度概述》（*Generale beschrijvinge van Indien ende in't besonder ban't coninckrijck van Guseratten*）。这部作品最早于 1640 年在阿姆斯特丹出版，被收录在艾萨克·考梅林（Isaac Commelin）编写的一本名为《荷兰联合省东印度公司的创始与发展》（*Begin ende Voortgangh*）的作品集中[218]。1640 年，范·特维斯特在马六甲（Malacca）突围中任指挥，并在夺取马六甲海峡后出任第一位地方长官。他于 1643 年在巴达维亚去世，去世几年后，他的书得以出版。[219]

范·特维斯特的《印度概述》（*General Description of India*）明显是一部稍加个人评论的编译作品，特别是古吉拉特和比贾布尔部分。普通事件以及具体数据大量引自德·莱特的拉丁文集，林斯乔坦、耶稣会士、特谢拉、珀切斯合集，还有佩尔萨特的《有关荷兰在印度的通商报告》，荷兰代理商沃伦勃兰特·赫莱恩森·德·容（Wollebrandt Geleynssen de Jongh，1594—1674 年）未出版的《古吉拉特报道》（1629 年），以及其他未提名的荷兰作家。[220]那些令当代欧洲人感兴趣的新材料，既包括古吉拉特报道里的内容，也有佚名的荷兰作者的作品，还有范·特维斯特自己的实录。

古吉拉特，印度最繁华的地方，在自给自足的基础上，还能将产品出口到各地。自古以来，它和邻国，甚至更远的国家都有着频繁的贸易往来。除了中国和日本，亚洲各国商人都聚集于此进行交易。但是"各民族人们的罪恶，惹怒了神灵"，对他们的惩罚始于 1630 年的旱灾。接着 1631 年狂降暴雨，造成洪灾，结果遍地饥荒，瘟疫、自杀、自愿为奴、买卖儿童、人吃人、蝗灾、鼠灾和其他虫灾盛行。即使富人也忍饥挨饿，瘟疫使人接二连三地死去。大灾后数年都恢复缓慢，"物品的丰富程度仍难以与过去相比"。[221]

在谈到阿默达巴德时，范·特维斯特讲了一个故事，这个故事几乎和后来曼德尔斯罗（Mandelslo）讲的故事一模一样。[222]因为范·特维斯特和曼德尔斯罗不可能读过各自的作品，而他俩又在同一时期待在阿默达巴德，所以这个故事可能就发生在那一时期，两人只是分别通过各自的渠道听说了这个故事。他们都提到一个叫"哈乔姆·莫约姆"（Hajom Mojom）的穆斯林富商的坟墓。

663

按照曼德尔斯罗的记录，坟墓在吉特巴格（Jitbag）附近的萨尔凯杰（Sarkhej），或胜利花园（吉特巴格在现代的杰塔尔普尔 [Jetalpur]）。在曼德尔斯罗的记录中坟墓名为"Beti-Chuit"（*Betī-chod*），意思是"女儿的羞辱被发现"。[223] 两人讲的故事是一个叫哈乔姆·莫约姆的商人有一个美丽的女儿，他却"对自己的女儿产生淫欲"。为达到自己丑恶的目的，这位父亲去见卡兹（法官），并提出一个假设："如果有一块特别肥沃的田地，主人能否自由享用田里的物产，并占为己有？"在得到书面肯定后，他强奸了女儿，却认为自己可受到法官书面认可的保护。女儿把父亲可耻的行为告诉了母亲。最后苏丹穆罕穆德·贝加拉（Sultan Muhammad Begarha，死于 1511 年）听说此事，将这位父亲砍头处决。他现在躺在这个坟墓里，旁边是之后去世的妻子和女儿。这是否仅仅是讲给好奇无知的旅行者的故事，无人可以确定。[224] 范·特维斯特对伊斯兰教文化确实很感兴趣，这不仅表现在他对这种伊斯兰教故事的关注，更表现在他对帕坦清真寺的关注，"清真寺在城中央……由以前的异教徒（印度教徒）所建，建筑由 1050 根大理石柱和其他石质的柱子支撑，这座投资巨大的建筑非常漂亮"。[225]

664　　　　范·特维斯特大部分关于莫卧儿及其宫廷的讨论都借鉴自德·莱特。可能通过参考官方报道，他给出了 1629 年至 1630 年沙·贾汗军队的信息。[226] 在德·莱特介绍的宫廷节日的基础上，他又补充了对穆哈拉姆节（Muharram）的介绍，这个长达一个月的节日也预示了伊斯兰教新年的开始。[227] 在介绍节日背景时，范·特维斯特讲了一个不同寻常的故事。在他的版本中，哈桑（Hasan）和侯赛因（Husain）是在科罗曼德尔海岸而非波斯的阿贝拉（Arbela）落到印度人手上的。[228] 在对什叶派（Shiites）和逊尼派（Sunnis）之间以及穆斯林和印度人之间的血战冲突上，他的描述基本上与同时代人的记述一致。从 17 世纪伊斯兰教哀悼节庆祝的描述来看，这一节日的庆祝方式与现在没什么不同。[229]

在介绍古吉拉特时，范·特维斯特大量依赖格雷森·德·容，以及德·莱特和林斯乔坦的记录。他讲述了阿克巴征服古吉拉特，并通过频繁更换总督以保证他们的忠诚，以及尝试各种方法在古吉拉特征税。虽然法律严苛，但给高官适当的礼物则可以减轻惩罚。巴涅人或商人以前基本上都是印度人，但是现在许多穆斯林也加入其中。印度人是精明的商人，经常被穆斯林雇佣为文书。商人有 27 个职业等级，子继父业，且必须与同族结婚。[230] 如果第一个妻子不能生育，丈夫可以再娶，但要经过第一个妻子的同意，而且第一个妻子一直是一家之主。范·特维斯特描述了一个结婚仪式，以及他在巴罗达亲眼目睹的殉夫仪式。他同时强调，在穆斯林管辖的地区，殉夫是违法的，因此殉夫的家庭一定是贿赂了地方官才获得批准的。[231]

　　依据《古吉拉特报道》，范·特维斯特试着描述一些宗教团体。他认为巴涅人包括耆那教徒和印度教徒，像罗德一样，他也没能明确区分耆那教和印度教的不同，只是将其看作当地古老的宗教。传统意义上来说，当地人被分为 83 个宗派，其中有四个主要宗派。第一个被称为 *Srāvaka*，或耆那教平信徒（Jain Laymen），他们举止格外谨慎，以免伤害任何生命。为了避免吸入小虫，他们在嘴上盖一块布。夜幕降临后他们不进餐，也不到户外。任何愿意穿上他们特定的服装并遵守这些规定的人都可加入这一宗派。他们采取火葬，只有死者是 3 岁以下的孩子时才采取土葬。这个宗派受到其他巴涅人的鄙视。范·特维斯特描写的第二个主要宗派是萨玛塔（*Smārta*），成员主要从事商业，他们崇拜四个偶像，最重要的偶像是 "Permiseer"（Paramesvara，或者湿婆），[232] 女人需要殉夫。这一宗派还包括一大次宗派——拉其普特。第三大宗派是 "Bisnouw"（毗湿奴），[233] 这个宗派的成员 8 月份禁食，在圣日为他们的神罗摩唱圣歌。大部分信徒是商人、经纪人、翻译，清晨他们都在河里沐浴。[234] 第四个宗派是 "d'Goegy"（瑜伽修行者），没有职业、住所，也没有自己的寺庙，身上的衣物仅限于一根缠腰带。他们经常睡在 "萨玛塔" 的寺庙里，很纯洁，而且从不和任何人交谈。他们的主神是 "Brun"（梵天），立法者是 Mahesa（湿婆）。"梵天" 是创造者，因为他是无形的，所以从来没有他的画像。人死后会与 "梵天" 同在。瑜伽修行者经常长时间禁食，过着极其简朴艰苦的生活，相信各种各样的预兆。这个宗派几乎没有女人，所有的瑜伽修行者都很受尊重。[235]

　　祆教徒（*Pārsīs*）是公元 624 年离开故国的波斯人。他们相信唯一的神，可这个神有 7 个配偶和 26 个未成年的仆人。[236] 他们没有公共教堂或每周规律性的礼拜。他们的圣日是每月的 1 日、20 日、每月最后一天，还有新年的第一天。他们群居在城内特定区域的黑房子里——因为他们时常在房内烧火。他们

665

对火特别敬重，火像他们的神。他们年龄很小时就结婚，寡妇可以再婚。和穆斯林或"巴涅人"相比，他们之间有更多不正当性行为，尽管对此的惩罚是死刑。他们的肤色比印度本地人的浅。他们是贪婪精明的商人，就像中国人和"巴涅人"，但是他们不会做窃贼和嫖客。虽然本是波斯人，但在古吉拉特的袄教徒在风俗习惯上已和纯正的波斯人相去甚远。[237]

范·特维斯特写到很多与伊斯兰教信仰和生活相关的内容，但这些却多取材于早期作家的记述，鲜有自己的补充。像大多数基督教教徒一样，他批评了多妻制以及女人所受到的不公待遇。贫穷的穆斯林生活很悲惨，富人却过着极其奢华的生活，并在公共场合趾高气扬。三个主要的穆斯林民族是阿富汗人（Afghans）、莫卧儿人，还有古吉拉特的印度斯坦人。阿富汗人以勇猛著称，莫卧儿人机智精明，印度斯坦人更贪心苛刻。在这三个民族中有许多教派，最兴盛的几个派别是赛义德（Sayyid）、谢赫（Shaikhs）和"Leet"（?）。[238]穆斯林虽然知道亚里士多德和阿维森纳，但却没有出版过他们的书籍。穆斯林和印度教使用不同的日历，伊斯兰教新的一年始于 1 月 1 日和 10 日之间，而印度教新的一年始于 3 月 18 日。在古吉拉特，有一个众所周知的，被叫作"Bagowaro"（?）的妓女种姓。[239]

在详述了古吉拉特的物产后，范·特维斯特准确地介绍了他们的度量衡和钱币。[240]他特别了解那里的海上贸易，这也是格雷森·德·容和其他荷兰资料中所详述的部分。每年，穆斯林乘坐建造粗糙、自身都难保的大船从苏拉特前往摩卡（Mocha）。这样的船每艘可以承载 1 000 名乘客，大部分乘客是去朝圣。朝圣者的船只载着古吉拉特的几种物品去兑换红珊瑚、琥珀、染料和咖啡，"还带回一些银币和金币"。小一些的船只每年从古吉拉特的港口驶向波斯湾去购买丝织品、珍珠、奇异的水果和坚果。利用葡萄牙巡逻船每年冬天的休整期，其他古吉拉特的船只会前往苏门答腊岛（Sumatra）的亚齐（Acheh）和马来半岛（Malay Peninsula）的吉打（Kedah），这样他们就可以避开葡萄牙人的从中勒索，把胡椒和其他香料从东印度港直接运到古吉拉特的港口和仓库。许多来自古吉拉特海岸的船只到西印度的葡萄牙居民点，供给他们食物，从他们那儿买盐、造纸用的旧网和苏打。从马拉巴尔海岸驶来的船只载着印度南部的物产在 12 月抵达古吉拉特，4月中旬返回时载着"很多鸦片、藏红花、红珊瑚"，还有粗糙的纺织品和棉线。以前，葡萄牙人垄断了古吉拉特和印度斯坦的海上贸易，随着"二三十年前"荷兰和英国商人的到来，葡萄牙人的垄断地位受到动摇。因为害怕北欧来的优良船只，葡萄牙人每年只来坎贝和苏拉特一次，用南印度的物产来兑换古吉拉特的纺织品。[241]

约翰·阿尔布雷特·冯·曼德尔斯罗（Johann Albrechat Von Mandelslo，1616—1644年）是一位德意志大使，大概在1638年4月末来到苏拉特。和赫伯特一样，他在苏拉特停留是为了准备出使波斯，这位年轻的大使同样也肩负着前往波斯宫廷的商务使命。与曼德尔斯罗同行的有1635年由霍尔施坦因（Holstein）公爵派往俄国和波斯的使团。公爵同意了年轻的曼德尔斯罗的请求，允许他离开公使团独自到印度旅行。在波斯待了三个月后，曼德尔斯罗在伊斯法罕（Ispahan）离开公使团，独自开始印度之旅。这一计划得到他在波斯遇到的英国代理商的鼓励和帮助。在波斯湾，他乘坐一艘英国船前往苏拉特，一到那儿，就受到威·梅思沃尔德（William Methwold）的热情欢迎。威廉·梅思沃尔德是英国商业组织驻印度的总裁。他擅长荷兰语，能够流利地和这位德意志的年轻人用荷兰语交谈，并鼓励他与荷兰商人交朋友。梅思沃尔德告诉他，在这样的情况下，"所有的基督徒都有义务互相帮助"。

在梅思沃尔德的帮助下，曼德尔斯罗在印度度过了快乐的八个月（从1638年4月到1639年1月）。他在苏拉特经历了整个雨季（4月至10月）。10月，他开始旅行，先经过古吉拉特到阿默达巴德，然后往南到坎贝。回到阿默达巴德后，他在月末加入旅行商队往北到阿格拉，稍做停留后，又动身去拉合尔。不久梅思沃尔德召他速回苏拉特，以赶上返回欧洲的航行。1639年1月5日，曼德尔斯罗和梅思沃尔德坐船到果阿，然后是到英国的漫长航行。1640年回到霍尔施坦因，曼德尔斯罗与亚当·奥利瑞乌斯（Adam Olearius，死于1671年）商谈编辑他的旅行日记。奥利瑞乌斯曾经做过霍尔施坦因波斯大使馆的秘书，在公爵的宫内做过图书馆馆长，知识渊博。他建议曼德尔斯罗出版前重写并重新组织文章结构，但他并未重视这一忠告，而是去法国做士兵，1644年在巴黎死于天花。

曼德尔斯罗去世后，在他的遗物中发现了旅行日记手稿。最后奥利瑞乌斯

668 对这份手稿进行了校对增补以备出版。最早在 1645 年出版的曼德尔斯罗的作品片段，被作为奥利瑞乌斯的俄国、波斯出使报道的补充。1658 年内容得以丰富完善的版本在石勒苏益格（Schleswig）出版，最后还附上了有独立目录的曼德尔斯罗的论述。作品的荷兰语、法语和英语的译本也很快随之出现。法国翻译家亚伯拉罕·德·威克福（Abraham de Wicquefort）在翻译时，也和奥利瑞乌斯一样毫不犹豫地将其他作家的材料添加进来，还经常不明确注明。[242] 随着时间的推移，学者开始不加鉴别地引用曼德尔斯罗的作品，并把它作为关于印度和亚洲其他国家的第一手资料。如果仔细研究一下曼德尔斯罗的《航海行纪》（*Voyages*），可以发现他依据第一手资料进行创作的部分只有他对西印度，特别是关于古吉拉特、比贾布尔和果阿的描写。[243]

曼德尔斯罗在 1638 年 4 月 28 日到达苏瓦利。他谈到这个地区有三季：2 月到 5 月酷热，6 月至 9 月多雨，10 月至次年 1 月则寒冷晴朗。苏拉特的海关官员检查尤其严格，他们检查了曼德尔斯罗的衣服和口袋。每当有外国人入关，沙哈巴德（*shahbandar*）会亲自到检查室寻找"礼物"，从曼德尔斯罗这儿，他拿走一个黄色琥珀手镯，并许诺如果这位德意志人去拜访他必定归还。梅思沃尔德很快将曼德尔斯罗保护在自己翼下，并让他在苏拉特的五个月间参与英国商馆的工作。在与商人见面时，曼德尔斯罗如此记述道："我们只喝（茶），这是整个印度都饮用的饮料"，就像波斯人喝咖啡一样。他听说过 1630—1631 年的大旱和饥荒，现在看，即便灾难留下的伤痕随处可见，但古吉拉特已经完全摆脱灾难的影响，逐渐恢复起来。1638 年 5 月，坎大哈的可汗反对波斯，并将该省的控制权归于莫卧儿的消息传来。梅思沃尔德有 20—24 个辅助他的商人和官员，可能从他们那儿曼德尔斯罗了解到除了进口黄金、白银的关税为 2%，其他物品的进出口关税都固定在 3.5%。[244]

尽管是雨季，曼德尔斯罗和他的朋友仍经常去城外参观英国人的花园，偶尔也到郊外远足。在塔普蒂河对岸，他参观了荒废的古城兰德尔，住在城中的"Naites"（*Nawāyits*，或新居民）是穆斯林商人，也是印度西海岸著名的水手。[245]

669 因为莫卧儿统治者是穆斯林，所以在苏拉特，穆斯林比印度教徒和耆那教徒更

受尊重，而且还可以携带武器。在达姆瑞（Damri）村，曼德尔斯罗用叶子做的酒杯饮用当地著名的棕榈酒，他也介绍了从棕榈树中榨汁的方法，并赞叹"这里是世界上最快乐的地方"。随后，他评价了一番戈皮池，并提到建在池中央的陵墓。苏拉特有三个城门：第一个通往坎贝，第二个通往布尔汉布尔，第三个通往纳夫萨里。[246]

9月的最后一天，曼德尔斯罗经坎贝或北门前往布罗奇。他的最终目的地是阿默达巴德。为了安全，他和英国商队同行，商队有30辆运货车，装载着汞、香料、做染料的植物根和钱。布罗奇城位于高高的山上，四周城墙围护。辖区内有84个村庄，堡垒内保留了一支莫卧儿警卫队，以维护城市安全及保障港口税款的收集。大量木材顺纳巴达河而下，在布罗奇出售。这儿大多数居民是纺织工，他们生产的 *baftas* 是一种纺织品，这种纺织品"要比古吉拉特任何地方生产的都精致"。10月7日曼德尔斯罗到达巴罗达后，立刻吸引了当地的印度舞女，她们对他的欧洲服装很着迷，因为大部分"定居印度"的欧洲人及其伙伴为了安全都穿当地服装。[247]巴罗达在当时管辖210个村子，繁华的桑克达（Sankheda）村生产大量蕾丝。从巴罗达去阿默达巴德，英国商队经过瓦萨德（Vasad）港，这儿的警卫队试图向商队队长非法征收过路税，却未成功。此后商队一路顺风，终于在10月12日到达"整个 Guzurutta 的大都市"阿默达巴德。[248]

曼德尔斯罗住在阿莫达巴德的英国商馆内，商馆位于城中心一座宽敞的建筑物里。他在这儿参观的第一处是"麦丹·沙（Maidan Shah，或国王市场）"，一个占据几条林荫道的集市。城中还有另外4个有名的集市，"那儿出售各种各样的商品"。接着他参观了巴达尔城堡，城堡里矗立着砖砌的皇宫。宫殿的城门之上有一个阳台，根据穆斯林宫廷惯例，乐师每天要在这儿演奏4次。考察完宫殿内部后，曼德尔斯罗又参观了崭新宏伟的"Binjan"（巴涅人）的大寺庙，"建造者还活着，叫尚提达斯（Shantidas），是一位富有的印度商人"。[249]这一宏伟建筑也是城市中最好的商业中心和丝棉制品中心。在制作丝织品时，他们常"将精致的中国丝与质量稍差也相对便宜的孟加拉丝相混合"。[250]"他们用金银线纺织了大量的锦缎，但却加入太多的细蕾丝。"他们现在尝试"在丝棉上用金

670

线织出花朵"。这种新的纺织品当地人却不能享用，因为它们是用来准备进贡给皇帝的。虽然外国人可以购买，但却不能留给自己使用，而是只能用于出口。[251] 其他出售的普通产品有糖类、蜂蜜、孜然、蕾丝、鸦片、硼砂、姜、肉豆蔻、硝石、卤砂、溶靛素、麝香和龙涎香。商人们从阿默达巴德的巴涅人经营的钱币兑换所获得汇票，这些兑换所在远至君士坦丁堡的地方都有代理商行。他们不需常常缴纳贸易税，给官员送"礼"也会让外国人做事更顺利，特别是当他们想出口火药、铅、硝石这些违禁商品时。[252]

阿默达巴德的行政区域内有 25 个大城镇，3 000 个村子。这里征收的所有税款都归"具有'Radia'（或王子）气质"的统治者，以供养他 12 000 人的骑兵队。科特瓦尔（Kotwal）负责民事管理，也与卡兹共同主持司法公正。尽管城市内常尘土飞扬，但周边却有很多花园，从花园到市中心有笔直的林荫道。曼德尔斯罗参观了萨尔凯杰村和村中有名的坟墓；在贝古姆普尔（Begumpur）郊区的"Schackbag"（Shahi Bag，或者吉特巴格）花园，还有拉其普特人居住的在马尔瓦的山峦。在这些短途旅行中，他看到了类人猿，到阿默达巴德及周围地区旅行的外国人在看到这一动物时都极为欣喜。他还迷上了在城里生活的鹦鹉，这些鹦鹉是米商和水果贩的宠物。河流周围有许多鳄鱼和鸬鹚，夜幕降临时空中飞着"大如乌鸦的蝙蝠"。[253]

在阿默达巴德逗留期间，这位德意志的年轻人有幸两次见到"阿扎姆汗"（Arab-Chan），这位莫卧儿著名的总督在 1636 至 1642 年间统治古吉拉特。在英国代理商的陪伴下，曼德尔斯罗在 1638 年 10 月 18 日拜访了这位 60 岁的总督。总督有礼貌地询问了曼德尔斯罗的情况。像其他印度人一样，总督也被欧洲的服饰所吸引，并温和地提到其他外国人为了避免麻烦，都穿本地服装。他们谈了约 1 小时，主要话题是这位德意志人在波斯的经历，之后，阿扎姆汗邀请欧洲客人留下共同进餐。两天后，曼德尔斯罗和他的英国朋友前去向总督告别，这次曼德尔斯罗穿了当地服装。总督处理完公务后，就热情地用鸦片和大麻（Cannabis indica）款待两位欧洲人。虽然两人没有吸食毒品的习惯，但因为总督自己先吸了，按照礼节，两位欧洲人认为两种都应该尝一点。在接下来愉快地交谈中，总督询问曼德尔斯罗在波斯时是否学习过土耳其语。这位德意志人答道，在波斯土耳其语和波斯语一样有用，所以他花了很多时间去学习。总督告诉曼德尔斯罗他认为波斯王是残忍的君主，在财富和军事力量方面无法与莫卧儿君主相提并论。曼德尔斯罗表示同意这一观点。最后，他对阿扎姆汗的评价是"明智、善解人意，但是轻率又非常严厉，他的政府从某种意义上说也是很残忍的"。[254]

在阿默达巴德待了大约九天后，曼德尔斯罗 10 月 21 日去坎贝进行短暂的旅行。三天后他与一位穆斯林商人同住在一家当地的旅馆。坎贝大部分居民是印度商人，他们大量出口纺织品，换取黄金白银。像阿默达巴德一样，有城墙的坎贝也被公共花园环绕。住在那儿的两个英国人带曼德尔斯罗去看寡妇自焚。这位拉其普特妇女渴望与丈夫同死，但是她的殉夫愿望被莫卧儿长官阻止。最后因为她一再坚持，长官根据莫卧儿法律同意她遵从这一古老宗教习俗的要求。曼德尔斯罗难过地描写了这位年轻寡妇如何将自己作为祭物，并指责这种风俗为"异教徒的野蛮风俗"。经过与坎贝商人交往的快乐经历，这位德意志人总结道："尽管基督徒假装只有自己拥有教养，但实际上，印度人之间的交往比基督徒之间的交往更有教养。"在回阿默达巴德的途中，曼德尔斯罗参观了萨尔凯杰附近萨巴马提河畔的法塔赫瓦迪（Fateh Wadi）的著名花园。这个可爱的花园被称为吉特巴格或"胜利花园"，它建在莫卧儿打败古吉拉特最后一个国王的战场上。曼德尔斯罗提供了对此花园最完整的描绘之一。花园建于 16 世纪末，是为了纪念阿布杜尔欣汗在 1583—1584 年战胜了最后一位独立的古吉拉特苏丹。[255]

在返回阿默达巴德时，曼德尔斯罗临时决定加入前往阿格拉的旅行商队。在阿格拉短暂停留后，他取道连接两座莫卧儿都城的三车辙"小路"前往拉合尔。一到穆斯林城市拉合尔，他就去体验那里的公共浴室（*hamams*），并让自己享受了一下土耳其浴和"粗鬃毛巾"的按摩。因为有书信催促他返回苏拉特，他不得不缩短在这儿的时间，并不快地说："我在拉合尔没发现任何有吸引力的东西。"在向南仓促行进时，他谈到拉车的牛有惊人的速度和耐力。[256]在阿默达巴德中途停留时，他观看了花灯和烟花，包括排灯节的轮转焰火，即印度教的彩灯。在去苏拉特的路上，他的旅行商队在布罗奇附近遭到拉其普特人的袭

672

击，欧洲人用武器成功赶走袭击者。回到苏拉特，曼德尔斯罗参加了东印度公司主管梅思沃尔德的离任仪式，以及其继任者的上任庆典。1639 年 1 月 5 日，他和梅思沃尔德动身去果阿，踏上了返回欧洲之旅。[257]

第四节　沙·贾汗（1627—1658年在位）和他的帝国

17 世纪三四十年代，随着关于莫卧儿印度各地区的新信息在欧洲的传播，古吉拉特的神秘面纱被揭开。17 世纪初期，荷兰和英国的船只出现在恒河三角洲，迫使在 16 世纪霸占东印度海上交通的葡萄牙采取守势。直到 1630 年，北欧人开展贸易的几次尝试都失败了，葡萄牙人依然占据着胡格利的贸易基地。荷兰和英国派遣他们从科罗曼德尔商馆生产的船只，希望能进入三角洲的贸易。1632 年，沙·贾汗取消了前朝的宽松制度，把强势的葡萄牙人赶出胡格利，并将胡格利作为孟加拉的皇家港口。第二年，莫卧儿却给葡萄牙人提供了相当优惠的条件，于是葡萄牙人重回胡格利。此后不久英国人和荷兰人也获得在这一地区进行贸易的重要特权。与苏拉特相比，孟加拉港口的主要优势之一是，它们提供通往阿格拉和印度北部其他主要城市直接的河道运输线路。[258]

在莫卧儿袭击胡格利之前，欧洲几乎没有关于恒河三角洲或孟加拉现状的具体信息。在胡格利和其他地方的葡萄牙人不是作为葡属印度的一部分被管理，而是简单地以基督徒商人团体的身份居住在莫卧儿，服从于当地法律。结果是在果阿或里斯本几乎没有关于他们的官方资料。尽管有一些耶稣会士和奥古斯丁会修士（Augustinian）在这儿工作，但从孟加拉传出的信息主要来自于旅行的商人。许多零星报道出现在欧洲出版的商业旅行笔记和耶稣会士的书信里。[259]在这些不成系统的资料的基础上，德·莱特设法对孟加拉三角洲地区和奥里萨邦作了概述，标明了那儿主要的港口，并记录了莫卧儿在此的行政管理。[260]

1633 年，最早尝试在东印度与莫卧儿建立官方贸易关系的使团从马苏利帕塔姆被派往奥里萨邦。威廉·布鲁顿（William Bruton）是使团里的一名海员，这次出使也是他在东印度公司七年航行工作的一部分，那一年的 5 月至 11 月

673

他顺便在奥里萨邦旅行。回到英国时，他发现在漫长航行中自己专心记录的个人发现，大部分已经出现在别人出版的作品里，所以他决定只出版一些可能会带来新鲜感的个人观察。1638 年，他在伦敦出版了自己在奥里萨邦的经历。奥里萨邦在行政上属于莫卧儿王国，商业上与三角洲有关。出版时采用的书名为《东印度消息》（*Newes from the East Indies*），或 *A Voyage to Bengalla, one of the greatest kingdoms under the high and mighty Prince Pedesha Shassallem; usually called the Great Mogul...*[261]，这本 35 页的小书在 17 世纪没有再版。[262]

布鲁顿和同伴在 1633 年 4 月 21 日（复活节）停靠在哈瑞斯普尔（Harispur）海湾，一座位于奥里萨邦帕图亚河（Patua）入河口的城镇。在与一艘葡萄牙船发生冲突后，布鲁顿和两个同伴前往克塔克（Cuttack），克塔克是这一地区的主要城市。他们到达的第一站是巴利库达（Balikuda），一个人口众多，还有很多纺织工的地方，[263]他们在这儿受到友好的接待。待晚上凉爽时他们前往哈里哈普尔（Hariharpur），在那儿华丽的庙宇前，他们受到作为宫廷贵族的米尔扎·莫梅（Mirza Momein）的欢迎和款待。[264]5 月 1 日，这位英国人到米尔扎·莫梅在克塔克的住所。克塔克"方圆几英里，距离宫廷所在地马尼坎蒂（*Mānikhandī*）一英里"。[265]

因为受到马尼坎蒂宫廷的召见，他从米尔扎·莫梅的住所出发，穿过狭长的石头砌道，砌道尽头是一扇大门。进入大门，穿过集市，一直到第二扇大门，这里有 50 名装备整齐的士兵把守。进门后，看到一条由石头砌成的"又宽敞又漂亮的街道"，街道两旁出售"富丽昂贵"的国内外服饰。[266]第三扇大门，有 100 名士兵把守。他们走近"毗邻王宫南边"的寺庙。王宫这侧有一道很高的两层城门，由"灰色大理石柱子"支撑，150 名士兵守卫，这扇门和宫廷之间有一片"很宽敞的场地，或街道，像从伦敦查令十字路（Charing-cross）到白厅（White-hall）的街道一样宽"。这里储备了上千匹马，"以备国王所用，如果提前一小时通知，则可调来 3 000 匹马"。

宫殿本身采用"木结构，房间旁都建有露台"。每天清晨 4 点，人们开始在露台上演奏乐器。在"国王大门"的北面立着一座小塔，"塔上两个空空的拱门"上嵌有两尊石像。过节时，石像胸部的大铁管能喷出水和火，控制机关在塔内。大门另一边立着一头巨大的灰色大理石石象。宫殿入口由"粗糙的大理石砌成，内部是三层雕花相叠的灰色大理石柱子"。宫殿南面是国王的工匠住的房子。最北面有"两个庄严的陵墓"，由巴基尔汗（Baqir Khan）所建，他是前任行政长官。[267]宫殿最东边是"游玩的场所"，它由灰色大理石砌成，四周有栏杆围起。这儿还有灰色大理石砌成的池子，池子中间有泉眼，"喷出的水从两面墙之间落下，墙上有各式各样鱼状石雕……这样鱼儿既像在墙面上，又像在水中游"。宫殿东端的另一个门上，有用水位计时的水罐。在一个能盛3加仑水的大罐中，他们放进一个小一点的罐，里面盛半品脱多一些的水，小罐底部有小孔。小罐盛满水时敲一声锣，这个时间长度被称作1"gree"（奥里雅语 [Oriya] 为 *ghadi*），8"grees"为1"par"（奥里雅语为 *pahara*），约3个小时。对他们来说，白天始于早晨6点，结束于晚上6点：由此白天被分成4"par"，晚上也是如此。[268]

　　英国客人在首席客商理查德·卡特赖特（Richard Cartwright）的带领下，最后经过另一座宫殿，到达接见室所在的第三座即最后一座宫殿。和这儿的其他宫殿一样，接见室周围种着花草树木，由前面提到的水池的水浇灌。在此独自等待的两个小时里，这些英国人和侍从只能无言对视。最后行政长官和他的随从终于到来，米尔扎·莫梅将卡特赖特引见给他。推脱两次后，这位英国人终于不情愿地亲吻了这位行政长官的脚以示尊重。众官员都盘腿围坐在地板上，卡特赖特赠送了官方礼物。[269]仪式结束后，卡特赖特说明了自己的拜访目的是请求在奥里萨邦进行自由贸易，并请求免交关税和免受当地人干涉。他还申请在奥里萨邦制造钱币的许可，这种钱币被当地商人普通使用。这些事情一直商议到夜幕降临，接见室点起多达130盏银灯，经过进一步讨论，会见终于结束。对这些贸易请求，英国商人尚未得到回答，于是他们先返回莫梅家。

　　第二日，这些英国人在宫廷遇到了一位葡萄牙海员，海员向长官提出了一些问题，其中包括哪个欧洲国家有权对来往于孟加拉湾的船只签发通行证的问题。卡特赖特的要求未能得到这位行政长官的马上批准，气愤的他在长官尚未离开时就走出了接见室。卡特赖特第二天被召见时，长官礼貌地问他为什么头一天如此生气地离开，卡特赖特大胆地批评这位长官对英国公司不公平，因为对没有英国、丹麦或荷兰通行证的船只，英国公司的雇员却没有扣押的权利。

675

676

这就牵扯到英国人扣押葡萄牙船只的事件，因为这艘船的海员只有葡萄牙的通行证。行政长官的波斯顾问告诉长官，英国人在孟加拉湾的势力非常强大，甚至能够封锁奥里萨邦的港口。在这种情况下，长官在"简短地讲话后"，最终批准了英国人在奥里萨邦进行自由贸易、永久设馆，以及建造和修理船舶的权利，条件是英国不能干涉奥里萨邦港口的船舶运输，必须同意帮助遭遇困境或遇难的船只。后来又增加了允许英国人在他的领地铸造钱币的条文。[270]

当英国商人在克塔克庆祝这一外交胜利时，却得到这位长官被沙·贾汗皇帝派去与戈尔康达作战的消息。克塔克的 3 万人的军队、10 支骑兵和 20 支步兵被调往前线，大部分士兵的装备只是：弓、箭、剑和弯刀。[271] 5 月 9 日晚上，英国人动身去哈里哈普尔，准备在那儿建商馆。这个人口众多的城市自诩有 3 万名织工，并有众多商人光顾。因为大雨阻碍了建设的进行，英国商人决定先巡视一下周围的城市。卡特赖特和两个同伴往北到巴拉索尔（Balasore），并最后到达恒河三角洲附近的比布利（Pipli）。11 月 5 日布鲁顿因公司事务被派到南部"伟大的城市贾甘纳特 - 普里（Jagannath Puri，或简称为普里）。

途中，布鲁顿第一晚住在马德哈（Madhab）的一座庙里。第二天他在艾哈姆杜普尔（Ahmudpur）遇到一大群"托钵僧"（Fackeires [印度语，*fakīr*]）。他们被看作圣人，可实际是无赖，就像英国的吉普赛人一样。11 月 7 日，他到达普里，住在一个婆罗门家中。[272] 第二天他参观了城中有名的贾甘纳特（或按盎格鲁印度语，Juggernaut）神龛，每天 9 000 位婆罗门为这位伟大的神献祭，这座城市也以此神命名。[273] 儿童作为祭品献给这位"没有神性的神"，神像"像七头蛇，每个蛇头两侧状如翅膀，这些翅膀随着车（*rath*）的移动一张一合地拍动着"。为了庆祝节日，他们造的车两边各有 16 个车轮，"每个轮子高 5 英尺，马车本身约 30 英尺高"。[274] 当神像在夜幕中前行时，数以千计的人群跟随，许多人拿着火把。每个人都渴望拉着绳子，或简单地把手放在上面一下。一些人趴在车轮下，被压伤或压死。[275] 另一辆 12 个轮子的马车载着低一等的神像，这一神像的展览与否取决于婆罗门的情绪。[276] 神庙本身位于海边，由 22 英尺高的石墙包围。四扇大门面向四方，除非节日期间，西、南向的门一直关着，北门对着城市主干道，因此也最为常用。[277]

677

布鲁顿在评论奥里萨邦和孟加拉时，很肯定地提到这儿的人将"一切都作为自己的神"，包括：行星、山、河谷、森林、大海、河流、喷泉，以及各种各样的动物、植物、鲜花。大部分当地人"愚昧无知，机械做事"。有些地方的法令和律法有书面记载，另一些地方则没有。他们甚至在没有证人和保证书的情况下借款。大部分当地人身材高大，皮肤黝黑，穿衣款式不同，拥有很多"买来"的妻子。在奥里萨邦，野生动物比印度其他任何地方的种类都更丰富，当地人也乐于狩猎。那里的工匠心灵手巧，他们可以复制或仿制放在他们面前的任何东西。他们憎恶游手好闲，每天检查孩子的学习情况。严惩作伪证者、亵渎者、醉酒者。任何人一旦背负骗子的恶名，就无法再恢复名誉。[278]

在布鲁顿访问奥里萨邦四年之前，奥古斯丁教团修士塞巴斯蒂昂·曼里克（Sebastião Manrique，死于 1669 年）在孟加拉胡格利的葡萄牙人居住地待了几个月，当时可能是 1629 年夏天。在阿拉干和亚洲东部长时间的公务旅行后，曼里克在 1640 年回到东印度，在接下来的十五个月里，他一直在莫卧儿帝国旅行，直至 1641 年末返回欧洲之前。1643 年 7 月他经陆路回到罗马，打算出版他的《路线》（Itinerario，1649 年）。书中用糟糕的西班牙语记录了他近乎十五年（1629—1643 年）在东方旅行的经历见闻。书的整体结构按照时间顺序，看似一本以游记为基础的书。回到罗马后，他补充了很多注释，但却未标明对德·莱特、门德斯·平托（Mendes Pinto）和其他人作品的引用和抄袭。曼里克的书中有很多术语和名称，而几乎所有的印度术语和名称都用印度语标出。他可能想借此表示自己要比当时其他次大陆来的人更了解印度的语言。[279]

1629 年，曼里克和几名伙伴被派往孟加拉传教，他们开始住在科钦的奥古斯丁教团的居所。经过枯燥的长途航程，这些奥古斯丁教团教士的船只最后在昌德干（Chandkhan）沙滩搁浅，并留在奥里萨邦靠近希吉利的岸边任海浪冲刷。在这儿他们被马斯纳迪 - 伊 - 阿利（Masnad-i-Ali）的船所救。马斯纳迪 - 伊 - 阿利是当地酋长的封号，他是达卡长官的封臣。酋长不想违反他的长官和葡萄牙人在海上的约定，对遇难船只货物的所有权进行一番讨价还价后，他最后保证葡萄牙人在希吉利的安全。奥古斯丁教团留下以等待前往胡格利的许可。三天后，"马斯纳迪 - 伊 - 阿利"召见曼里克一行，以及船长和奥古斯丁教团居住地的团长。他们与"Mirzas"（波斯语，*mīzas*，贵族）集合在"Drous"（*dargāh*，会堂）等候"马斯纳迪 - 伊 - 阿利"的到来时，无聊的贵族下棋打发时间。一声锣（葡萄牙语，batega）响后，长官驾临。"马斯纳迪 - 伊 - 阿利"首先询问了葡萄牙人在印度的情况，转而询问两位"Mapatras"（梵语，*mahāpatras*，或重要官员）关于船上货物的处理。这一话题正要结束时，一位由达卡长官派来的"Gelviār"（波斯语，*jalabdar*，信使）刚好到来，他来转达长官分享货物的要求。当晚，因害怕长官干预，天主教会修士趁着夜幕，乘坐一条小船悄悄溜往胡格利。一到葡萄牙人的居所，他们在回到托伦蒂诺（Tolentino）的圣尼古拉斯修道院（St. Nicholas）之前，好好享受了一下当地的芒果和其他美味。[280]

　　曼里克记录的胡格利城位于恒河岸，"距海60英里"，由葡萄牙商人建于阿克巴时代（也就是1605年前）。刚开始商人们只在这儿建了一些储存货物的仓库，他们也只在雨季的五六月份待在这儿。随着时间的推移，他们在这儿越待越长。印度当地人和穆斯林"Siguidar"（阿拉伯语，*shiqdar*，或税吏）都接受了他们，官员甚至鼓励他们在此永久居住并带来他们的传教士。大部分由葡萄牙进口的货物都来自南边，包括来自马尔代夫（Maldives）的贝壳、渔业海岸的察恩克珍珠、马拉巴尔的胡椒和锡兰（Ceylon）的桂皮。这些商人将胡椒和桂皮偷偷运入孟加拉，并进行秘密贸易，因为葡萄牙王室禁止此贸易。他们开始从中国带来丝绸、瓷器、漆器和其他小件珍奇物品。从东印度，他们将索洛（Solor）和帝汶岛（Timor）的檀香木、马鲁古群岛（Moluccas）的香料、婆罗洲（Borneo）的珍奇樟脑带入孟加拉。"Sodagores"（波斯语，*saudagars*，商人）把这些商品和来自欧洲的商品送给阿格拉宫廷和皇帝。阿克巴很快命令达卡的地方长官将葡萄牙商人代表带到阿格拉，最终在果阿的船长佩德罗·塔瓦雷斯（Pero Tavares）[①]和其他三位葡萄牙人被带到阿格拉，他们不但得到在恒河三角洲建立一座城市的允许，当地的印度长官还帮他们准备修建材料。此外，奥古斯丁教团也可修建教堂和修道院，并可为"所有愿意皈依基督教的异教徒（印度教徒）"施洗。塔瓦雷斯乘坐第一艘离开三角洲的船，把这些消息汇报给果阿

---

① 可能为拼写错误，应为 Pedro。——译者注

的总督和科钦的主教。[281]

680

葡属印度的奥古斯丁教团团长抓住这一有利条件，迅速将 4 位天主教会修士和修道院院长伯纳多·德·赫苏斯神父（Father Bernardo de Jesus）派往孟加拉。这一消息也使葡萄牙人和本地皈依者涌向胡格利。高额的月薪也吸引了不顾前线危险来服役的士兵。此外又有 7 名奥古斯丁教士被派去辅助基督徒劝人皈依基督。在希吉利附近，他们建了两座新教堂。一些天主教会修士向南进发到达奥里萨邦，他们在比布利港建了一座教堂和一个居所；另一些往北到达"孟加拉的主要城市"和行政都城达卡（Dacca），并在其郊区修建了一座小修道院和一座"大教堂"。在曼里克的记载中，达卡是一个有 20 万长住居民的城市，人民极为富足，特别是城里的"Cataris"（印地语，*khatris*，商人）。"富饶、友善的邻国"更为达卡提供了扩充物质财富的机会。在达卡，天主教会修士受到穆斯林毛拉和无所事事却被尊为圣人的"Dravizes"（波斯语，*darwesh*，宗教乞丐，又被称作托钵僧）的强烈反对，他们与地方长官的第一妻子密谋赶出天主教会修士，可这些只是白费力气，因为天主教会修士得到皇帝的支持，相应地也得到地方长官的支持。阿克巴和贾汗吉尔不惜把土地和钱财作为礼物送给天主教会修士，希望他们为孟加拉的港口吸引更多的外国商人。奥古斯丁团教士因惧怕接受礼物可能带来的不利后果，就有礼貌地拒绝了莫卧儿的好意，继续依靠葡萄牙王室的供给。天主教会修士和耶稣会士不同，他们拒绝进行贸易，害怕遭到诽谤而失去基督徒和异教徒的信任。[282]

根据曼里克的记载，孟加拉包括 12 个省，以前都分属各自的国王，这些王国与古吉拉特和维查耶纳伽尔的独立王朝一样拥有同样的地位。[283] 以前苏丹王住在高尔，在 12 个省督的协助下进行统治。12 个省督被普遍认为是"孟加拉的 12 个地主"（Boiones [孟加拉语，*bhuyas*]）。莫卧儿将其占领以后，"伟大的莫卧儿"任命"地方长官"（*nawābs*）做各省总督。省督又任命自己的官员或"Siguidares"（税吏）。为了使人民"更顺从、驯服"，这些官员"提前……四或六个月"就开始征税。通常这些只为取悦皇帝的官员在一个地方的任期很短，他们很快会被提升、调动或免职，因此他们要提前征税。他们还常雇用打

681

手去收税，那些完全无力交税的人则连同家人一起被卖身为奴——"因为他们

是异教徒"。尽管如此残忍，孟加拉人仍认为在"被严刑拷打"[284]前交税是胆小的表现。

　　孟加拉的水质和天气健康怡人，食物丰富又便宜。当地的大米，特别是各种香米精细好吃，味道"远远超过欧洲的大米"。[285]孟加拉不生产葡萄酒，但他们有一种大米发酵酿造的酒，还有一种"更粘稠"的酒，是从被叫作"jagra"（粗糖）的糖中提取出来的。他们在米德纳普尔（Medinipur）生产带香味的沐浴油，出口到东方。孟加拉生产一种软棉布，鲜艳精致，为了安全，商人们把它们藏在中空的竹子里带到国外。许多竹子，特别是被称为印度实竹的竹子，有些像"男人的腿一样粗"，可做轿杆，需求量很大。他们还培育一种被称作"Anfion"（阿拉伯语，*abyū*，鸦片）的植物，这种植物和"我们的大麻相像，但是种子更小，可每年播种"。他们从这种植物和它们的种子里提取"一种非常苦的黑色汁液"，东方人用此增强性能力。鸦片如果大量食用是非常有害的，上瘾的人如果"三四天，最多六天"吃不到，甚至可能会死亡。鸦片和"Posto"（波斯语，post，罂粟子），还有"Bangue"（大麻）经常让人失去意识并毁掉思维能力。[286]为了享受这种快乐，有钱人经常把毒品和上好的香料、樟脑、龙涎香和"麝香"（almiscre [阿拉伯语，*al-misk*]）混在一起享用。[287]

　　孟加拉当地人总的来说肤色中等黝黑，但也有很多像僧伽罗人（Sinhalese）一样黑的。男人女人都中等身高，身材匀称。穿"不用裁剪不加缝制"的棉布。普通男人只在腰下围一块布，头上系块头巾，腰以上裸露，不穿鞋。地位高一些的男人在肩膀上披一块布遮盖上半身。女人一般每天用一条长棉布裹住整个身体，用臂环手镯装饰胳膊，戴大耳环、项链，左鼻孔戴鼻环，手指脚趾都戴环，脚踝也戴着装饰品。她们的珠宝首饰选用的材料有金、银、响铜（梵语，*kansa*，或白铜）、贝壳、象牙和"Calaim"（一种像锡的金属）。[288]节日庆典时，女人穿着五颜六色的丝绸、棉布或用金银线刺绣的丝绸。富有的男人在特殊场合穿裤子和"cabaya"（穆斯林束腰宽松外衣）。穆斯林的束腰宽松外衣在右侧开襟，印度教的则在左侧。普通人在这样的场合只简单地穿干净的白色衣服。

　　孟加拉人的民族性格懦弱、屈从、精神卑下，他们愿意为残暴的主人服务，这可以用他们的一条谚语来说明："严厉的是主人，不严厉的是狗。"[289]他们住

682

在用泥巴垒成的低矮房子里，屋顶是稻草和棕榈叶，每天用牛粪涂抹墙壁和地板。他们睡在草垫子上，睡觉时盖棉被。他们有几口做米饭或炖菜的锅，每天常常只吃加盐的米饭，有时候加上"xaga"（印地语，*sāga*，鹰嘴豆，一种能吃的蔬菜）。更富有的人吃"ghī"（印地语，印度酥油，透明的黄油）和其他奶制品。他们中的一些人吃鱼、羊、野猪和野鸟。没有人吃家养的动物和鸡蛋。异教徒（印度教徒）有许多饮食禁忌，他们不吃红色的蔬菜和任何颜色像鲜血的食物。他们的饮食常限于"kachari"（印地语，*khichri*，鸡蛋葱豆饭），一种将米饭、小扁豆（*dāl*）或者"Muhngo"（印地语，*mung*，绿色鹰嘴豆或绿豆）掺在一起的饭。他们还添加大量"酥油，给身体提供能量"。宴会时烹制的"古吉拉特鸡蛋葱豆饭"是一种美食，里面有坚果、葡萄干、香料。他们还做许多种甜食，在准备甜食时酥油必不可少。印度教徒在饭前沐浴，如果有条件，还会在身体上涂油。按照法律，他们只能有一位妻子。女人先服侍男人进餐，然后自己再吃。男人不像女人那样"迷恋性生活"，妻子们常常偷偷给他们用壮阳药。女人们很容易"情绪波动"，有时甚至喝毒药或溺水自杀。但总的来说，这些女人"善良友好，而且很容易被影响，比男人更容易接受我们的天主教信仰"。[290]

起初所有的孟加拉人都是印度教徒。臣服于莫卧儿后，一些人接受了伊斯兰教。多数人还是坚信印度教，遵循婆罗门的教导。虽然印度教宗派繁多，但是他们都崇拜太阳、恒河和牛。他们相信在恒河沐浴"会马上洗掉一切罪恶带来的痛苦和惩罚"。住在这条圣河边的人每天晨起后马上到河里按仪式进行沐浴。在触摸恒河水之前，婆罗门"右手拿稻草"，左手拿一个小小的铜质"勺状容器"。[291] 走入河水的步子是规定好的，每走几步，一边往旁边扔一根"稻草"，一边"颂赞和祈愿"。入水后，他们用"勺子"盛满水，数次洒向天空，然后对着河水行礼片刻，如此就完成了洁净仪式。回家的路上，他们要亲吻"牛最脏的部位"，并把粉状的牛粪洒在头上。住得离恒河较远处的印度教徒也有相似的净身礼，他们净身的水池通常由富人或虔诚的教徒捐赠或由村里合资修建。

印度教徒修建了许多寺庙供奉偶像，有些偶像"精致庄严，富丽堂皇"。最重要的一座神庙是位于奥里萨邦海边的"Jagarnate"（*Jagannātha*；印式英语为主宰者 [Juggernaut]，宇宙之神）神庙。[292] 这座香客云集的神庙的名称来自庙

683

内一座巨石神像，这座镶满"耀眼的珠宝和金饰"的神像有一条腿却是断的。[293]
根据婆罗门经书记载，"Jagarnate"是住在天堂的神的厨师，因为做了一顿不好
的饭菜而被赶出天堂，贬到人间，落地时摔断了一条腿。他的塑像立在铺着金
布的宝座上，周围有叫作"Raiquos"（*Rākshas*）的大力士或恶魔守卫。大部分
敬献偶像的庆典仪式都很奢华，也吸引了大群香客，特别是瑜伽修行者。6月
举行的公共仪式是献给"杜尔迦"（Druga [*Durgā*]，湿婆的配偶）的，她在书
中被描写为诸神的妓女。在舞女乐师的陪伴下，这场拜神的圣会在色情的庆祝
仪式中达到高潮。结束时偶像被扔到河里或水池里，众人又跳又骂，还向其投
掷石头。[294]

曼里克关于甘加萨加尔（Ganga Sagar）岛的描写更为可信，因为他亲自访
问了这个香客岛。[295]这个非常平坦的岛屿位于胡格利河的入海口，以前是印
度教的中心，那里有许多庙宇，很多婆罗门在看护着这些庙宇。随着葡萄牙人
来到孟加拉，此地在宗教上的重要程度开始减弱。1629年，在曼里克到来时，
这儿几乎杳无人烟。据说尽管葡萄牙人和阿拉干的莫卧儿人周期性地袭击此地，
仍有一些香客来参拜这一被摧毁的圣所。岛上点缀着片片水池，水池边有槟榔
树，绿荫遮岸。男香客到达后，在水池沐浴前，先理发剃须，用油膏涂抹。男
人和女人完全净身后，进入寺庙，拜倒在神像前。某些狂热的信徒将自己作为
祭品，他们走入海中，被潜伏在此的鲨鱼血腥地吞掉。香客和葡萄牙船上的海
员带走这儿的圣水，卖给远方虔诚的印度教徒。为了宗教间和平相处，基督教
组织禁止这些人到他们控制的区域卖水。[296]如果有可能，他们会将垂死的人
抬到恒河边，把圣水灌到他们嘴里，有时他们可能会因灌入过量的水和泥巴呛
死，死后火化的骨灰撒在恒河里。死者的妻子被大麻麻醉，失去知觉，然后和
丈夫一同火葬。[297]

曼里克在1629年9月11日离开孟加拉去阿拉干。十多年后，从远东回欧
洲的途中，他在1640年8月至1641年11月经过印度，他先参观了奥里萨邦
的哈瑞斯普尔，陪同他的是为东印度公司工作的约翰·亚德（John Yard）。[298]
通过与亚德的商谈，曼里克决定放弃海上路线，取道陆路返回欧洲。为安全
起见，他决定"装扮成 Mogor（莫卧儿）人"，最好化装成一个"Dodagor

684

685

（saudagār）或商人"。1640 年 8 月 4 日，雇用了几个本地脚夫，他骑马离开哈瑞斯普尔。经过八天的旅行，"频繁地渡河，被搞得精疲力竭"的他们到达奥里萨邦，在这儿他和同伴弄到了挡雨的披风，"抵挡来自天堂的雨水"。他们继续前往贾勒斯瓦尔（Jaleshwar），这是一个贸易中心，他们住在有 33 间房的舒适的"Caravossora"（商队旅馆或休息处）。

曼里克谈到，大部分旅馆位于主要旅行线路旁边，有的由附近村庄提供，有的由"想留名于世"的富人或有权势的人提供。这些旅馆通常建得方方正正，分成不同的房间，有男女服务员，分别被称为"Metres"（*mihhtar*）和"Meteranis"（*mihtrānī*）。这些服务员清扫房间，为旅客提供帆布床，床上用品通常由旅行者自己携带，包括"Godorim"（印地语，*gudrī*，被子）或铺在帆布床垫子上的薄棉垫子，服务员为旅客和他们的坐骑购买准备食物，还提供其他别的服务。总之，孟加拉旅馆的服务人员和马夫在任何方面都比他们的欧洲同行更尽心尽力，收费也更低廉。[299]

在前往纳拉扬加尔（Narayangadh）① 的路上，天主教会修士和他的穆斯林同伴与当地印度教徒发生了一次小冲突，原因是旅行者捕杀了一对孔雀，激怒了印度教徒。一进城，曼里克和他的伙伴就被短暂监禁，因为他们侵犯了当地的信仰和风俗，而莫卧儿曾许诺在孟加拉的印度教地域尊重和遵循这些习俗。天主教会修士在出示护照后被释放，可是一名穆斯林脚夫因冒犯罪被鞭打。经过"人口众多，平坦富饶的乡村"，曼里克继续前往恒河边的城市巴拉卡德（Balaghat）。结清当地的关税，付清穆斯林侍从的薪水后，曼里克前往达卡拜访他的同伴——在此地工作的奥古斯丁会修士。他的行程在此稍被耽搁，因为城里官员正忙于应对莫卧儿大军的侵犯，未能及时为他签发新护照。最后他终于从地方长官助理那儿拿到必要的官文，然后住在拉杰玛哈，当时那儿的地方长官是沙·贾汗的第二个儿子。[300]

在达卡的二十七天里，曼里克不仅与高烧斗争，还与那儿的官僚作风斗争。此后，他雇了一艘船和一些随从，把他和皈依天主教的同伴带到恒河。泛滥的

---

① 此处可能为拼写错误，《印度地名手册》中拼写为 Narayangarh。——译者注

河水水流湍急，岸边有众多充满敌意的印度教香客，他们的船航行得很慢。河中鳄鱼数量之多、体积之大令他大为吃惊，同时他也赞叹于两岸肥沃的土地，茂密的植被。他和侍从在高尔城的废墟处上岸，"以前这是一个都城，是沿恒河的王国中最有名的城市"。一名负责在废墟中寻找宝藏的官员热情地接待了他们，并带着曼里克游览了古城。这位天主教会修士详细地记录了城墙、城门，以及用光滑的石头修建的水池。令他印象最深刻的是建城墙用的砖，质量非常好，"对此最好的说明是这些砖现在都完好无损，散落在各处以备建角楼之用"。[301]

686

　　曼里克接着往上游行进，停泊在拉杰玛哈，在这儿正赶上地方长官上任。他们的船费劲周折，穿过"2 000多艘准备停泊的船只"才进入港口。长官的到来形成了由船只组成的漂浮城市，船只排在街道两旁，人们在街道旁居住并出售"在其他城市也能见到的各种商品"。为了获得继续旅行的批准，他们在拉杰玛哈耽搁了九天，与6个海关和登记处交涉。从拉杰玛哈到巴特那他们停留的海关几乎超过18个。位于恒河南岸的商业城市巴特那建在平原之上，是莫卧儿帝国人口众多的城市之一，以超过20万居民著称，而且有大量的外国商人。这儿商业非常发达，当地的经纪人或中间人多达600多名。

　　巴特那既是都城的名字，也是所在王国的名字。[302] 当时的地方长官是阿萨夫汗（沙·贾汗的大臣）的儿子，名叫谢斯塔汗（Shaista Khan），是一位深受尊重、声望极佳的官员。曼里克讲述了一个他成长的故事，并对当时莫卧儿宫室的道德状况大加评论。当时，皇帝享用侍臣和官员的妻子是合乎风俗的，因此每周都会安排一天让她们与皇帝会面。"谢斯塔汗"的妻子，一位美丽圣洁的女子，一直成功逃避了这一必尽的义务。于是其他屈从于皇帝的女人设计使"谢斯塔汗"的妻子做同样的事情，好色的皇帝沙·贾汗听从了她们的密谋，派遣"谢斯塔汗"带着精良的骑兵队到巴特那去平息反对莫卧儿的叛乱，实际上这次叛乱是提前策划好的。离开宫廷时，亲王将妻子托付给父亲，但沙·贾汗还是与自己的女儿一起将谢斯塔汗的妻子诱骗到密室。听说妻子被奸污后，"谢斯塔汗"不肯原谅她，并"当即"与她离婚。按照曼里克的叙述，"谢斯塔汗"，一位"野蛮人"，通过此事展示了他的权力，就像凯撒（Caesar）与庞培娅（Pompeia）离婚时一样。[303]

687　　　讲完道德方面的题外话后，曼里克重捡自己的故事主线。在巴特那他了解到陆路是前往阿格拉的最好方式，虽然要经过二十五天的艰苦旅行。最后他雇了一辆带篷的牛车继续前行。由于夏日炎热，他一般在"黎明前三小时到上午11点之间"赶路，这也是当地的习惯。四天后，他到达贝纳勒斯——"异教徒领袖的所在地，就像罗马一样"。特别是在夏天，香客聚集在这个享有盛名的城市，据说城里有400多座"供奉着偶像的寺庙"。这儿生产一种特别细的棉布，7 000多台织机不停地工作，还生产一种昂贵的头巾，远到土耳其的人都佩戴这种头巾。

　　贝纳勒斯旁边是一座富有的印度城市萨萨兰（Sasaram）。这儿有壮观的陵墓或"Mochoroba"（阿拉伯语，*maqbara*，陵墓），是一位"非常古老的异教国王……为存放自己的尸体而修建的"[304]。曼里克准确地写道：陵墓建在深深的蓄水池中央，上面有高耸的圆顶，经过四扇巨大的球形拱门进入。他谈到，"根据本地记载的历史"，圆顶内部最初"从底部到最上端镀着厚厚的金片，至今在一些洞穴里还可以看到"。圆顶下大厅中央有4只铜牛，以前它们角上挂着"用黄金做的大骨灰瓮"，里面存放着"国王"的骨灰。通过花费巨资修建的"沟渠和秘密管道"，恒河圣水"经过四日的流程"方引入陵墓。在曼里克的时代，陵墓里的黄金已经被"贪婪的人们席卷一空"。

　　离开贝纳勒斯，也离开恒河，他艰难地行进在通向圣城的窄道上，因为路上挤满了香客。窃贼的尸体挂在道旁的树上，石头和石灰柱子上"放着罪犯的头骨，警示后人"。"判案不公或收取贿赂的法官"的头骨挂在更高的柱子上，上面刻着罪犯的名字和罪行。经过六天的旅程，曼里克在阿拉哈巴德[305]城登记和缴关税时，又一次看到恒河。

　　曼里克在1640年12月25日到达阿格拉。他对这个都城的描写，包括前面没有充分描写的地方和事件，可能部分以芬奇和德·莱特的叙述为基础。[306]

688　朱木拿河畔这个新月形的城市拥有66万人口，而且还有大量外国人。90家客栈和私人住宅常常住得满满的。当地耶稣会士的小教堂就建在自己房内，他们热情地接待了这位天主教会修士，并给他提供了一间原奥古斯丁团教士住的房间，这位教士现在监狱里捱着时光。[307]在巴衍那短暂旅行后，曼里克回到阿格拉，为前往拉合尔的旅程做准备，一位去拉合尔向皇帝汇报的高官将陪同他前往。在阿格拉这段休闲时光里，他调查了宫室的状况：皇帝积攒的大量各地珍宝令他震惊；当地称作"Katari"（印地语，*khatris*）的商人的财富和存款令他惊叹；市场上不计其数的"美食珍馐"也令他感慨。整条街都是烹饪甜食的，"这会让人管不住自己的嘴巴"。

　　阿格拉城的堡垒"本身是一个小城"，周围用红色石头垒成高墙。石头排放得整齐、恰到好处，这需要精密地"测量每块石头之间的接缝"。高出城墙的球形塔规律地分布在周围，里面存放着大炮。四面安放吊桥的大门是通向城堡的入口。北大门对着公共广场和市场，由"很多大炮和被称作'Chicheri'[*Kachahri*，或宫门]的西门"保护着。两尊大理石大象立在西门内，每头象上有被阿克巴俘获的德干贵族的雕像。[308]门旁有卡兹主持的特别法庭，在这儿可以审理案件。法庭对面是重要官员的办公场所，也是颁布赦令、法令和赐予特权的地方。西门和称作"Drouuage Achabar"（阿克巴大门）的南门被广场分开，广场四周是坟墓和陵园。南门入口有铁链锁住，除了皇帝和皇子，旁人不得出入。南门附近是"Maumetan（穆罕默德）宫女的住宅"，在这里，皇帝供养着400名宫女"以满足他或他的儿子及妃嫔的需求"。第四个门被称为"Dersane"（印地语，*Darshan*，观景）门，从这里可以看到气派的广场和美丽的河流。

　　虽然曼里克多次抨击阿克巴，他还是决定描写一下这位声名赫赫的皇帝的陵墓。陵墓在阿格拉附近的锡根德拉，早先芬奇记述此事时，陵墓尚未完工。[309]曼里克对陵墓的介绍材料可能也来自传闻，他写道，陵墓是"很壮观的建筑"，如果行人从拉合尔方向进入皇城，则会有极大的视觉冲击。陵墓在一个方形的庭院内，庭院边排列着香客的小草房，院中耸立的一扇大理石石门，通向坟墓。陵墓内部从上到下都是绘画。地板是"闪亮的白色大理石"。一条大理石砌成的小路通向坟墓，坟墓立在方形底座上，底座中心耸起一座圆塔，直抵圆屋顶。这一中央建筑被相似的小型建筑包围，这些小型建筑物"都有长长的、宽宽的走廊，由平行的拱门隔开"。走廊上方是华丽的狭长房间，皇族来时，可以被隔成一个个小房间使用。为陵墓施行日常仪式的人员住在下面的房间。房间内，"镀

689

金的花和树叶的绘画从房顶延伸到地板"。主建筑中心为阿克巴的坟墓，被金色绣花的白色床单覆盖。整个陵墓周边是怡人的花园，四周被高墙围起，朱木拿河的河水通过管道流进花园，在河水的浇灌下，花草繁茂。

阿格拉陵墓的另一端还有一个正在建设中的陵墓，它是"皇帝胡拉姆"（胡拉姆是沙·贾汗成为皇帝前的名字）为了纪念爱妻阿尔珠曼德·巴诺·贝加姆（Arjumand Bano Begam，穆姆塔兹·玛哈 [Mumtaz Mahal]）[310]而修建的。陵墓的主体部分一直未建，曼里克 1641 年看到一堵方形的高墙快要建成。建墙的石头呈淡红色，已被凿好，结实的尖状物做装饰。四角有四个边殿，"由美丽的白色大理石建造"，这种白色大理石是由 20 或 30 头一队的公牛或水牛用牛车从远方运来。[311]中心一个由白色大理石修建的"广阔、高贵的圆形建筑"正在建造中。1 000 名工人夜以继日地工作，建花园、修道路、挖水槽。根据曼里克的记载，泰姬陵的建筑师是一位威尼斯人，名叫"杰罗尼莫·韦罗尼奥"（Geronimo Veroneo），曼里克前往拉合尔之时，这位在拉合尔的建筑师去世了。沙·贾汗对这位威尼斯建筑师的模型和设计非常满意，但他希望陵墓比设计得更富丽奢华。[312]

曼里克在安哥拉待了二十七天之后，决定尽快动身前往拉合尔的宫廷。他希望在那儿可以求得阿萨夫汗的帮助，释放前文提到的被关押的奥古斯丁会修士。[313]六天车程后，他到达"莫卧儿帝国的发源地"——古城德里。他参观了锡坎达尔·加齐（Sikandar Ghazi，统治时期为 1489—1517 年）和其他阿富汗统治者的陵墓，以及胡马雍建的宫殿。[314]他还去了塔内萨尔（Thanesar），那儿有一座城堡和一个著名的水池，水池周围都是寺庙，印度教徒来这儿朝圣。寺庙附近有一个深坑，从这儿可以提取精盐。他到达的下一站是锡尔欣德，那儿有出售大量棉织品的市场，还有一个大水池，水池中央耸立着一座圆塔，这里是穆斯林进行五次祷告（nimāz），或进行其他定时祷告的场所。经过由 15 根桥拱支撑起的石桥可以到达这个"祷告室"。曼里克还参观了附近一个方形的莫卧儿皇家花园，进入花园要经过四道门。园内两条柏树荫庇的交叉道将花园分为均等的四块：一块种满果树；另一块种各式鲜花；第三块种着可以食用的植物；第四块内则耸立着一座壮丽的宫殿。[315]

离开阿格拉二十一天后，曼里克到达拉合尔市郊。接受了向导的建议，他与队友在帐篷城附近搭帐篷过夜。在拉合尔毗邻的村庄，帐篷城迅速扩大，数以千计跟随皇帝到拉合尔的人就住在那里。晚上他逛了逛帐篷城，特别是这里灯火通明的集市。他去小吃店找东西吃，小吃店出售烧烤的肉类和家禽，肉类包括"经常用来替代猪肉的马肉"。有些摊位有"香味扑鼻"的莫卧儿"Bringes"（波斯语，*birinj*，米饭）与波斯"pilaos"（*pilāo*，米饭和肉），这两种食物主要的区别只是名称不同而已。那里也出售简单的印度蔬菜饭，特别是古吉拉特人喜欢的干米饭。有三种平平的面包，形状像蛋糕："Apas"（泰米尔语 [Tamil]，*appu* 或印度薄饼在印度南部的名称）、"Curuchas"（印地语，khjūrā，一种甜面包），和 "Raqunis"（印地语，*roghani*，一种很油腻的面包）。第一种是不发酵的，全用面粉做，放在"铁盘或陶盘"上烤。这通常是穷人和商队的旅行者吃的面包；第二种是"优质白面包"，一般为社会地位较高的人准备；第三种是用小麦粉加大量酥油制成，是美味的薄面包。这个临时聚集的城市中却出售如此丰富、多样、便宜的食物，加上其有序、干净、"宁静怡人"的环境，给这位天主教会修士留下了深刻的印象。[316]

第二天一早，曼里克就进入拉合尔城，那时街上还空空如也。在寻找"欧洲人"（Franquis [Franks]）的客栈时，他幸运地遇到住在拉合尔的耶稣会士朱塞佩·迪·卡斯特罗（Giuseppe di Castro，1577—1646 年）。因为皇帝正在拉合尔庆祝"Nourous"（*New-roz*，或新年），曼里克得以详细描写为迎接节日而装饰一新的城市和宫殿。节日时各阶层的人都穿上最好的衣服，互相拜访问候，给对方送上美好的节日祝愿。普通人家用绿色枝条或在白灰上涂红色以装饰门户，到处飘着绿丝带，绿色是穆斯林喜欢的颜色。在宫内的大广场上，4 000名兴高采烈、装扮一新的骑兵排成两个纵队。骑兵队后面，600 头全副武装的大象排成两排，上面坐着骑手。勇士和大象方队后面是由精选出的士兵和坐骑组成的皇家侍卫队，他们守卫着皇宫大厅的入口。里面是宫廷主要官员集合的地方，有文官和武官，太监将他们引领到该去的地方。皇宫大厅从地板到房顶永远装饰着"镶嵌入内的花枝和纯金打造的风格奇异的作品，由玛瑙勾出轮廓，如同浮雕一般"。大厅中央是巨大的 *tacto*（波斯语，takht，宝座），宝座的"圆形底座四面都有六阶金银做成的台阶通到宝座"。八根金柱支撑起金座上的圆篷或华盖，整个宝座上装饰着钻石、红宝石、祖母绿、蓝宝石和珍珠。[317]

曼里克还描写了 1641 年 7 月 8 日沙·贾汗庆祝生日的场面，庆典在他出生的城市举行。在皇宫观看了将近一整天的表演后，皇帝去拜见母亲，并接受母亲的祝贺。[318] 当他在母亲的宫殿时，朝臣向他献上"昂贵奢华的礼物"。此后他返回王宫，主持由宫里太监服侍的丰盛宴会。宴会结束后，他回到私人房间，里面挂起一个由各种珍奇宝石装饰的金天平。皇帝穿上缀满珠宝的白缎袍，蹲在天平一端的盘内，服侍在一旁的贵族往天平另一端的盘中放装满银卢比的袋子，直到天平达到平衡为止。然后他们将卢比拿开，再往天平里加放盛满金子和奇石的袋子。第三次称重用昂贵的丝织品，第四次用食物和普通的衣服。最后这次称重所用的物品悄悄分发给贫穷的婆罗门和巴涅人，前三次称重用的财宝则被换成现金，在随后一年里作为救济金定期散发。仪式结束后，皇帝回到宝座把"模制的银水果"分发给群臣。低一级的官员从皇帝那里收到新铸的卢比作为礼物。与收到的礼物相比，贪心的皇帝给别人的礼物少得可怜。[319]

传统节日结束后，曼里克在迪·卡斯特罗神父和一位太监朋友的帮助下，获得向阿萨夫汗汇报情况的许可。在 4 位"sipais"（波斯语，*sipāhī*，印度兵，或骑兵）的陪同下，他驱车来到阿萨夫汗的宫殿，迪·卡斯特罗神父接待了他。随后他被带到门口的一个房间，将莫卧儿服饰换成教士的法衣。他认为如果他以欧洲教士而非假装莫卧儿商人的身份觐见，会得到更好的待遇以及这位莫卧儿亲王更多的尊重。他带了自己常带的"adia"（阿拉伯语，*hadīya*，或礼物），还有来自中国的珍奇宝物。他进入宫殿大门，走过撒满鲜花的小道，穿过几个庭院和美丽的花园，花园里"有一些镀金的和彩绘的房子，房子里是沐浴场所"。这些穆斯林沐浴处的壁画主要取材于施洗约翰和诺亚方舟的故事。花园中间有一间会堂，生病的阿萨夫汗坐在床上接见了他。礼节性的问候和仪式结束后，曼里克向亲王要求释放先前提到的奥古斯丁会修士安东尼奥·德·克里斯托（Antonio de Cristo），他已经关押在皇家监狱九年了。阿萨夫汗同意调查此事，并考虑释放安东尼奥·德·克里斯托，此后他夸赞曼里克对宫廷礼节的谙熟，并允许他自由出入宫殿。最终，曼里克成功使那位奥古斯丁会修士获释，并得到返回孟加拉的许可。再次利用亲王的友谊，曼里克还获得皇帝特许重修在信德的奥古斯丁教堂和居所，几年前，曾经下令毁掉这一切的也是同一个皇帝沙·贾汗。曼里克同意为阿萨夫汗带着特许令绕道去信德，并与那儿的葡萄牙代理商就一些商业事宜进行商谈。

曼里克离开拉合尔的行程推迟了两天，因为他想借机体验一下阿萨夫汗为沙·贾汗准备的一次盛大宴会。他和同伴，据说是神父迪·卡斯特罗，藏在宴会厅上面的走廊里，偷偷窥视锁在后宫的女人出场的盛况，本来他们是没有机会见到这些女人的。高级华丽的餐具排列在高达五层的自助餐台上，餐台摆在大厅四角。火盆内点着熏香，气息弥漫整个大厅。入口处有银质喷泉，七股有香气的水柱喷出，落到银质水槽里，客人在这儿洗脚。铺着地毯的大厅中央，展开一张金银线刺绣的精致白色平纹细布 "destercherana"（波斯语，*dastār-khwān*，桌布）。在一群美丽女子的引领下，由妻子和岳母陪同的皇帝从入口进入。[320] 皇帝后面是 "苏丹·达拉·舒科王子"（Prince Sultan Dara Sucur）和他右侧的外祖父阿萨夫汗。[321]

皇帝进入时开始奏乐，入坐后则是一系列的行礼和磕头。洗手礼与颂扬皇帝功德的吟唱同时进行。在阿萨夫汗和其他侍臣的亲属中，选出四位皮肤白皙、可爱的女子，她们捧上 "皇帝陛下净手的用具"：第一位女子在皇帝面前打开一块白缎，接着下一位把昂贵的金器皿放在白缎上，第三位从金罐里把水倒到皇帝手上，最后一位呈上毛巾。这些女子退出，另外 12 位女子进来为其他参加皇宫盛会的成员进行类似的净手礼。此后，饭菜从另一入口被送进来，伴随着 "Atables（阿拉伯语，*tabl*，大鼓）、Bergondas[?] 和 Vacas[?] 发出的极其喧闹的音乐，这些乐器和我们的喇叭类似"。

进餐时，穿着华丽白袍和各色丝质长裤的太监在一旁服侍。4 位大太监侍候在皇帝左右，他们把其他太监端来的盘子递给两名跪在皇帝左右的美丽女子，由她俩将盘子捧给皇帝，再把不用的盘子撤走。数不清的盘子上摆放着欧洲风格的点心、蛋糕和 "由一些曾经与胡格利的葡萄牙人在一起的奴仆" 制作的甜食。四个小时的盛宴和众多庆祝仪式后，大厅的食物被撤走。"饭后甜点" 是 12 名舞女的表演，她们穿着性感，举止 "充满色情的诱惑"。之后，又有 3 名女子为皇帝呈上三个装满奇珍异宝的金质容器。当贪婪的皇帝往手指上戴珠宝时，两位欧洲偷窥者通过地下通道被安全引领出宫殿。[322]

694　　从拉合尔向南，经过十天的旅程，曼里克到达木尔坦。这是一个中等大小的富裕城市，是从波斯前往西北边疆的旅行商队的休息站。当地长官看过曼里克呈上的外交使节的国书后，将他介绍给图尔西·达斯·巴布拉（Tulsi Das Bhabra），一位"包揽了信德大部分生意"的商人。在这位商人的帮助下，曼里克租了一艘平底大船和一队全副武装的保镖，把他和货物顺着拉维河护送到印度河。在交涉过程中，这位奥古斯丁天主教会修士认识到，先进的武器和医药为西方人在印度赢得了尊重。经过八天平静的旅程，他到达巴卡尔（Bhakkar）城，这个和所在地区拥有同样名称的城市也是长官的总部所在地[323]。这儿活跃着许多商人，每年都有旅行商队在此出发前往波斯。四天后他到达了塞危（Sehwan）省的边境，这儿位于印度河较窄的一段水域，其南端河道加宽，周边却没有人烟。在这里，曼里克的船只遇到海盗袭击，他们赶走了掠夺者，沿塞危城顺河而下，四天后到达信德的大都市塔塔城。

看着"中介人"（Trucidas）让货物安全通过海关，曼里克继续顺流而下到达班德尔（Bandel，迪乌尔 [Diul] 或拉日班达尔 [Laribandar] 的一个港口，位于印度河河口）。在这儿他见到布道团的领袖豪尔赫·德·拉·纳蒂维达德（Jorge de la Natividad）神父，并告知特许令一事。两位奥古斯丁会修士回到塔塔与地方长官安排特许令的执行。此后，曼里克准备返回拉合尔，在当地旅行者的建议下，他选择陆路并租了两头骆驼。因为当时正值雨季，他不得不在塔塔等待一个月。利用这一大段不得不休息的时间，他考察了塔塔城以及这儿的物产。除了小麦和水稻，棉花在这儿也很有市场。2 000 台织布机织出大量的棉织品，出口到亚洲的许多国家和葡萄牙。塔塔还生产"一种丝"，"那儿的能工巧匠"可以用它织出塔夫绸和"tafeciras"（波斯语，*tafcilak*?）[324]。因为塔塔有许多奶牛和水牛，所以也出口大量牛皮。城里还生产一种精致的信德皮革，"上面用十字锈图案装饰……收尾处用丝线勾边"。在印度，信德皮革被用来做桌布、房里的帷幔、床罩和马饰。他们还生产十字锈图案的被子和优质垫子。在这个富裕的港口城市有许多外国人，同时，在这里，堕落腐化现象也随处可见，男人

和男孩装扮成女人，在街上游荡，"引诱像他们一样放纵的人"。女人声称自己

鄙视这个世界，整日无所事事，并宣称可与任何男人一起来满足欲望。受到诱
惑的男人，如果不屈从于这些淫荡虚伪的女人，则被认为是一种犯罪。

　　离开塔塔七天后，曼里克到达焦特布尔省的欧迈尔果德（Umarkot），在这
儿他和同伴准备了皮桶和长绳，以备在通过必经的"辽阔干燥的沙漠"时从深
井中打水之用。经过七天艰苦的沙漠之旅，他们到达了属于"贾塞摩尔王国"
（Kingdom of Jeselmeere）的人们居住耕作的土地。它的都城与莫卧儿封臣，一
位异教徒长官居所的名称一样。[325] 这儿的女人要想穿着华丽、做舞女或妓女，
必须交税才能获得许可证。曼里克从这儿前往曾去过的木尔坦，不料这时却听
到他的恩人阿萨夫汗去世的消息。[326] 得知这一悲伤的消息后，曼里克决定不
回拉合尔，直接启程去波斯。[327]

　　当曼里克准备西行时，木尔坦的莫卧儿官员却与他为难。作为阿萨夫汗的
朋友，他必须摆脱把亲王积攒的珍宝秘密带往波斯的嫌疑。在获得护照前，他
受到严格检查，并被关押入狱数天。当获得旅行需要的所有公文后，曼里克和
一位莫卧儿贵族同时离开木尔坦前往坎大哈，这位贵族率领800骑兵的军队赶
赴边境。曼里克的团队一边防备着不时出现的阿富汗劫匪，一边爬过"白雪皑
皑，崎岖不平的高山"，沿途只在莫卧儿边界休息了一下。经过十八天艰苦的旅
行后，他们到达坎大哈，一座穆斯林聚居的城市。15 000 名莫卧儿骑兵常年驻
扎在此，他们一是为了阻挡周边山上阿富汗人的突袭；二是为了防备波斯人再
次夺回这片土地，因为这块土地是几年前被波斯长官偷偷割让给莫卧儿的。[328]
虽然莫卧儿骑兵队人数众多，装备优良，但"实际上华而不实，没有任何战斗
力"。对莫卧儿帝国的描写结束以前，曼里克又用几个章节描写了这个国家的范
围、军队、省份和珍宝，这些都取材于德·莱特和其他早期欧洲作者的作品。[329]

第五节　沙·贾汗和他的儿子们

　　当曼里克在莫卧儿帝国旅行时，法国珠宝商让·巴蒂斯特·塔韦尼耶（Jean

Baptise Tavernier，1605—1689 年）在印度开始了他的第一次旅行（1640—1642 年）。因为贸易活动，塔韦尼耶在印度次大陆的另外四次旅行分别在 1645—1648 年、1652—1654 年、1659—1661 年和 1665—1667 年。他游历的范围主要集中在莫卧儿帝国和戈尔康达，时间主要集中在沙·贾汗统治时期的最后十八年和奥朗则布（Aurangzib）漫长统治的前九年（1658—1707 年）[330]。1668 年回到巴黎后，塔韦尼耶开始收集整理他对印度的记录和有关印度的记忆。在别人帮助下他发表了自己的游记，里面记录了他六次东游，其中五次都到了印度，这些游记 1676—1677 年在巴黎出版。[331]

塔韦尼耶自然对与贸易相关的信息最感兴趣，也最为了解。他可能对波斯语略知一二，但做生意时通常仍需要口译。他大部分记录来自亲眼目睹或从别的商人处听得的信息。但遗憾的是，他未明确说明哪些是自己的亲身体会，哪些是道听途说。可能他最熟悉的还是商贸路线、产品和商品交换、流通货币和商业活动。[332]塔韦尼耶从欧洲带来很多充满异域情调的物品，所以总是受到那些费尽心思为皇帝寻宝的莫卧儿大臣的热情接待。因此他能够根据自身体验，提供关于宫廷生活、商务及司法管理的观察。他对印度的风俗信仰了解甚少，但却煞费苦心地描写了自己所见的陵墓，这些陵墓有些现在已经消失或成为废墟。他对政治史及当今政治的介绍主要是从宫廷中或商人间的交谈中听来的，虽然总体来说不带偏见，但是资料不全，可信度不高。[333]他对莫卧儿帝国"历史、政治的描写"大部分取材于贝尔尼埃。[334]通过与当地记载及现代学者的研究相比照，可看出他的其他记录并非像那些批评者说得那么糟糕。[335]

最后一次到印度期间，他于 1665 年 11 月在德里遇到了弗朗索瓦·贝尔尼埃（François Bernier，1620—1688 年），他既是医生，又是哲学家皮埃尔·伽桑狄（Pierre Gassendi，1592—1655 年）的信徒。贝尔尼埃大约在 1658 年末或 1659 年初乘坐一艘印度船到达苏拉特。正如那时其他欧洲医生一样，他很快被召去为莫卧儿人服务，此后一直在皇宫做御医达八年之久。他的保护人丹尼斯迈德汗（Danishmand Khan，或智慧爵士）是"亚洲最有学问的人"，而且是皇宫里最有地位和最杰出的显贵之一。[336]贝尔尼埃很快学会波斯语并与他的赞助人和其他大臣讨论宗教和哲学。作为皇宫侍者，他也有机会到帝国各地旅游，于是他走遍了从孟加拉到克什米尔的各个地区。他到来时正值奥朗则布登基，所以亲临并参与了某些事件。他关于内战的描写是基于其他人的叙述，虽然可能有些混乱和不准确，但至少在贝尔尼埃调查此事时，公众关于这些战争的记忆依然清晰。1667 年他离开印度经陆路回到欧洲。两年后到达巴黎，准备出版《大莫卧儿诸邦最后的革命史》（*Histoire de la dernière revolution des états du Grand Mogul*，1670—1671 年）。[337]

在展示从 1655 年延续到 1661 年战争的背景时，贝尔尼埃首先讨论了沙·贾汗的家庭和他四个野心勃勃的儿子。他们分别是：达拉·舒科（1615—1659 年）、苏查（Shujah，1616—1661 年？）、奥朗则布（1619—1707 年）和穆拉德·巴克什（Murad Bakhsh，1624—1661 年）。大儿子达拉聪明、彬彬有礼，但傲慢、性情暴躁、容易发怒。虽然出身于穆斯林家庭，他却谦卑地请教咨询印度教的权威和基督教的传教士。实际上，他被正统穆斯林指责为异端；二儿子苏查，与老大有许多相似之处，但较谨慎、善于计谋，比哥哥更"耽于享乐"。与父亲和其他兄弟信奉土耳其人的宗教不同，苏查信奉伊斯兰教的波斯教派，这大概是为了得到宫廷中许多重要波斯官员的支持；三儿子奥朗则布"矜持、敏感、特别会掩饰自我"，虽然不够文雅，却能比达拉在选择谋士和侍从方面更明智；最小的儿子穆拉德，"在决断和口才方面不如三个哥哥"，过分沉溺于"美食享乐"，也过分相信自己强壮的臂膀和利剑。Begam-Saheb（1614—1681 年）是沙·贾汗的大女儿，她还有一个为众人所知的名字贾哈纳拉·贝加姆，她是皇帝最宠爱的女儿，对皇帝的影响很大。她支持达拉做年老多病的父亲的继承人，这也使达拉在政治事业的开始期很顺利。[338]

儿子们长大后，个个都有党羽并图谋继承王位。皇帝担心自己的人身安全，就把每个儿子都派到偏远的省份做长官。苏查被派往孟加拉，奥朗则布被派往德干，穆拉德被派往古吉拉特，达拉被派往喀布尔和木尔坦。[339] 可是达拉却俨然以继承人的姿态一直待在宫中，从都城发号施令管理他的省份。其他三位弟兄迅速动身到自己的省份开始"各方面的全权管理"。三个弟兄不在，达拉的名气迅速提升，"好像已与父亲拥有同等权利"。虽然沙·贾汗表面上宠爱达拉，内心却对他充满恐惧，据说皇帝私下与具有令他赏识的"管理才能"的奥朗则

698

布秘密通信。

同时，在德干，奥朗则布获得米尔·朱木拉（*Mīr Jumlā*）的帮助。他本来是为戈尔康达效忠的著名波斯将军，[340] 但因为戈尔康达的苏丹想杀掉他，所以米尔·朱木拉就使用计谋，让奥朗则布能够顺利进入戈尔康达的首都海德拉巴（Hyderabad），这也给海德拉巴带来一场大洗劫。中计的苏丹设法逃到戈尔康达附近的堡垒，[341] 奥朗则布对堡垒围攻两个月，却没能攻克。于是沙·贾汗命令他向西撤军，也可能是因为达拉及其党羽害怕占领戈尔康达会壮大奥朗则布的力量，才说服皇帝要求其撤兵的。[342] 撤兵之前，奥朗则布还是从苏丹那里获得很大的利益：苏丹的女儿要嫁给奥朗则布的儿子，拉马吉里（Ramagiri）堡垒就是嫁妆，并要求许诺他的儿子被命为戈尔康达的正式继承人；[343] 此外还要求将沙·贾汗的手臂印在戈尔康达的银币上，米尔·朱木拉也获准带家人、财产和部队自由离开戈尔康达。简而言之，奥朗则布要求戈尔康达承认沙·贾汗的宗主权。[344]

在返回德干途中，奥朗则布和米尔·朱木拉一起包围并占领了比德尔，这是比贾布尔最坚固的堡垒之一。回到道拉塔巴德（Daulatabad），他的智囊团为最终将奥朗则布推上王位共同努力着。米尔·朱木拉前往阿格拉皇宫，向沙·贾汗皇帝敬献了一块巨大的未雕琢过的宝石，这块宝石"被认为在大小和质地方面都无与伦比"。[345] 他还成功说服皇帝将兵力集中用于征服德干和南方，而不要把兵力浪费在北方；他也断言戈尔康达的宝石远比坎大哈的糙石有价值得多。据说因达拉的傲慢无礼而越来越担心的皇帝，很高兴能有这样一个动用军队的借口。对外来威胁缺少耐心的达拉这时又被指控谋杀了萨杜拉汗（Sa'dullah Khan）——一位皇帝最尊重的穆斯林贵族。[346] 因此，尽管达拉激烈反对，"带领一队精良人马"的米尔·朱木拉还是被派往莫卧儿控制的德干。刚到那儿不久，米尔·朱木拉就前往比贾布尔，并包围了在卡利亚尼（Kaliani）的堡垒。[347]

1657 年沙·贾汗王重病，从而引发全面危机。"在他统治的整个范围内充满了动荡和不安"。关于皇帝命在旦夕的谣言四起，儿子们都迅速进入战争状态。在孟加拉的苏查首先采取行动，他假装认为皇帝已死，皇位无人，并宣称要打倒毒死皇帝篡权的达拉。奥朗则布也开始调动军队，但是仅靠他微弱的兵力无法取得胜利，于是他假装自己更享受宗教生活而无意做统治者，在一旁静观其他兄弟相争。在写给居住在古吉拉特的穆拉德的信中，他说达拉和苏查不配治理国家，并表示将全力支持穆拉德，因为只有他具有"统治整个帝国的素质"，他还拱手将自己的军队和财富给穆拉德所用。奥朗则布敦促弟弟迅速征服苏拉特，因为"帝国大量的财宝"保存在那儿。奥朗则布的偏爱和支持令穆拉德非常高兴，并开始觊觎"王位和其他一切"，于是在 1657 年派出 3 000 人的小队兵力包围苏拉特，主要兵力则派往道拉塔巴德与奥朗则布和德干的兵力联合。

　　虽然苏拉特进行了非常顽强地抵抗，穆拉德最终炸开城墙，成功攻下该城。这一爆破技术是荷兰工程师传授给他的。劫掠苏拉特没有给穆拉德带来他期望的财宝，但却为他赢得了军事才能上的名声。[348] 接着他带领剩余兵力与奥朗则布配合，准备联手攻打达拉和阿格拉的军队。迫于来自孟加拉和德干两位王子的军事威胁，重病的国王别无选择，只得支持达拉的军队。因为孟加拉军队的威胁最为急迫，于是他派遣一支皇家军队前去抵挡。利用他们之间正在进行的战斗，奥朗则布和穆拉德联军迅速、坚定地向阿格拉进军。第一斗士卡西姆汗·贾维尼（Kasim Khan Jawini）和一位有影响力的拉其普特人首领贾斯万特·辛格王侯（Raja Jaswant Singh）共同率领一支皇家军队奔赴战场，以迎战来自南方的威胁。在纳巴达河畔初次交锋时，从未真正支持过达拉的"卡西姆汗""不光彩地逃离战场"，将"贾斯万特·辛格王侯"陷入危险之中。最后王侯忠诚的卫士救了他的性命，于是王侯和剩余兵力没有返回阿格拉，而是退回自己的领地。逃离战场归来的他受到妻子"傲慢地接待"。[349]

　　得胜的奥朗则布和穆拉德的军队小心谨慎地缓慢向阿格拉前进，他们准备与达拉进行决定性的一战。在皇帝勉强默许下，达拉组织了一支至少有"10 万马匹，两万步兵，和 80 尊大炮的"精良军队。[350] 奥朗则布只有不超过 4 万人的疲惫之师，看起来无法与达拉的强兵匹敌。在国王的部下和军队尚未质疑达拉的指挥权时，达拉决定迅速果断出击，清除与自己争夺王位的奥朗则布和穆拉德。他首先在昌巴尔河（朱木拿河的一条支流）畔安营扎寨，等待他兄弟的军队。奥朗则布全面掌握了达拉的行动，他们偷偷在一个浅滩涉河，从侧翼包围达拉的营地。一越过昌巴尔河，奥朗则布就占领了阿格拉东部朱木拿河附近

700

701

的萨穆加尔（Samugarh）。为了保护都城，达拉当即丢下昌巴尔河的营地，把军队调往阿格拉和奥朗则布之间的位置。

达拉把自己所有的大炮排列在他的骆驼军团、火枪手和骑兵队之前。这支军队包括由莫卧儿人和拉其普特人组成的三个支队，每个支队都由独立的指挥官领导，而其中至少有两名指挥官对达拉不够忠诚。奥朗则布和穆拉德也采取类似的布阵方式，只是他们把一些大炮藏在骑兵队里。布阵完成后，两边大炮开火，这是"宣战的常规模式"。连续开炮结束后，达拉"骑着一头威风的锡兰大象"，勇敢地带领骑兵队冲向敌人的炮兵部队。在第二次进攻时，达拉奋力冲进敌人的营队打垮骆驼团和步兵团。随后是骑兵间的战斗，达拉凭借兵力优势迫使奥朗则布剩余的军队仓皇撤退。正当奥朗则布和穆拉德几乎处于达拉控制之中时，达拉右翼"做掩护的"3 000名莫卧儿兵士的首领哈利卢拉汗（Khalilullah Khan）却"叛离阵地"。更糟的是，不忠的哈利卢拉汗误导达拉，并说服他从大象上下来。突然看不到达拉的军队以为他已被杀或受伤，顿时惊慌失措。骑在大象上的奥朗则布则乘机集合他的军队猛击乱了方阵的对手，并大获全胜。[351]

达拉逃到德里，希望在那儿能继续抵抗，他的几位支持者退隐或被驱逐到远离阿格拉的地方。同时，两位获胜的弟兄到阿格拉去见年迈的父亲，并将他囚禁在自己的城堡中，要求贵族宣誓效忠于穆拉德。奥朗则布假装对穆拉德忠心，却秘密与一些贵族勾结。虽然有些贵族依然忠于沙·贾汗，但大多数却为了自身利益而愿意与穆拉德和奥朗则布合作。在获得宫廷朝臣认可后，两兄弟前往德里追击达拉。在马图拉，奥朗则布和朋友一起囚禁了弟弟穆拉德。他们押着叛变的王子返回德里，准备将他关在古老的萨利姆-戈尔（Salim-ghar）城堡。[352] 穆拉德的大多数士兵很快就听命于新的指挥者，并继续追杀达拉。奥朗则布得知达拉逃到信德后，便派一分队去追击，自己折回阿格拉察看那里的情况。同时，达拉在信德组建了一只装备了许多欧洲大炮的新军队，他带领这支军队开往古吉拉特，并在地方长官的默许下自封为阿默达巴德的领袖。

达拉的行动已使奥朗则布烦躁不安，但他同时也看到更大的危险来自东方。苏查已从以前的失败中恢复过来，并在孟加拉又组建了一支强大的军队，向恒

702

河进发。奥朗则布和苏查的军队相遇在恒河和朱木拿河之间的"辽阔平原"上。刚交锋时，苏查占了上风，但此后他却犯了与达拉在萨穆加尔战役中相同的错误。在急切追杀撤退的敌人时，他从大象上下来，骑上马背。又一次如先前所发生的一样，不见首领的军队顿时散乱，[353] 最后他不得不撤退。一直牵挂着阿格拉的奥朗则布也急忙返回都城，没有继续追赶苏查。此后，苏查重新招募士兵，组建军队，并在"Elabas"（Ilahbas 或阿拉哈巴德）建立基地，此城位于朱木拿河和恒河交界处，被称为"孟加拉之关"。

回到阿格拉，奥朗则布决定重用大儿子"苏丹马哈茂德"（Sultan Mahmoud）和米尔·朱木拉来对抗苏查，同时奥朗则布也深知这两人都是他潜在的威胁。他许诺米尔·朱木拉在打败苏查后，由他统治孟加拉。了解到这些情况后，苏查退到孟加拉低地地区准备抵抗新一轮的进攻，同时他还要防备孟加拉三角洲的印度王侯，这些饱受苏查压榨的王侯已到反抗边缘。在拉杰玛哈，苏查面对前来追赶的军队进行了短暂的抵抗。在随后的撤退中，雨季开始了，道路难行，"没有军队能在这种状况下保持其战斗力"，奥朗则布的军队被迫在拉杰玛哈休整，苏查也趁机寻求援助和新营地。[354]

当时，米尔·朱木拉和奥朗则布的儿子"苏丹马哈茂德"之间也产生了严重的分歧。"渴望全权掌握军队的"苏丹马哈茂德，轻蔑地侮辱米尔·朱木拉并公开宣称奥朗则布应传位于他。得知奥朗则布大怒后，苏丹马哈茂德前去投靠苏查。苏查惧怕这是奥朗则布的另一陷阱，无法相信苏丹马哈茂德的承诺，只给他一个在自己监管下的位置。受到冷遇的苏丹马哈茂德几个月后失望地返回拉杰玛哈，期望父亲能赦免自己，结果却被关入瓜廖尔监狱，而且"可能要在这个城堡里度过余生"。[355] 奥朗则布接着警告"穆阿扎姆"（Sultan Mazum [Mu'azzam]）"不要效仿哥哥的傲慢倔强"。其实在这一点上，奥朗则布无需怀疑或恐惧，因为二儿子非常"温顺谄媚"。[356] 现在奥朗则布已从阿格拉迁到德里，并在那儿公开"以合法的皇帝自居"。[357]

当苏查转移到孟加拉时，奥朗则布将注意力转向达拉。为了得到拉其普特人的支持，达拉带领军队离开古吉拉特的阿默达巴德，前往阿杰米尔。但是拉其普特人害怕奥朗则布的报复，不但决定不与达拉联手，反而希望在他失败后，

703

能得到附近古吉拉特的控制权。同时，奥朗则布"以新组建的大军为先头部队"开往阿杰米尔。被孤立的达拉无法再退回阿默达巴德，面对这场不平衡的竞赛，他还是决定尽力抵抗。结果，四面受敌、到处被追杀的达拉只好经过这些不友好的拉其普特人[358]的领地逃向阿默达巴德。"最多有 2 000 名随从"的达拉还受到古吉拉特的农民强盗种姓科利人的袭击。当他花了一天时间到达阿默达巴德时，没料想地方长官也背叛了他。就是在这次逃亡路上，达拉遇到了贝尔尼埃，并强迫他做自己的私人医生。但是随着达拉的境遇每况日下，这位王子和他仅剩的几个随从把贝尔尼埃丢下[359]，绝望地逃往信德。

达拉在逃亡，苏查也在遥远的孟加拉自我调整，于是奥朗则布开始把注意力转向达拉的大儿子苏莱曼·舒科（Sulaiman Shukoh）。听说父亲在萨穆加尔战败，苏莱曼在斯利那加王侯处寻求庇护，这位王侯驻守在德里北面的加瓦尔山。奥朗则布担心王侯会从山上攻打都城，于是试图通过诱骗、承诺，甚至施加军事压力等方式来争取王侯，让他明白把苏莱曼移交给德里才是最明智之举，但这些努力最后都失败了。与此同时，从信德的塔塔城堡被驱逐的达拉正考虑是否逃往波斯。在被妻子劝阻后，达拉转而恳求贾万汗（Javan Khan）给予兵力上的援助。这位曾经被达拉救过两次的阿富汗人不但没有帮他，反而忘恩负义地杀掉他的仆人，并把王子带到德里。在德里，作为俘虏的达拉和他的二儿子坐在弱小可怜的大象上游街示众。贝尔尼埃目睹了这次游行，他不明白为什么政府"有这样的胆量羞辱曾经被大众拥护的王子"，特别是当他看到面对奥朗则布为上台而采取的这些过分行为时，民众心中充满了恐惧和憎恶的情绪。

了解到民众的情绪后，奥朗则布和他的谋士决心尽快除去达拉，并以他否定伊斯兰教为借口将其处死。刽子手砍掉达拉的头，拿去给奥朗则布看。奥朗则布命令将达拉葬在胡马雍的坟墓。目前达拉家族中只有苏莱曼还活着，他仍然是奥朗则布的威胁。斯利那加王侯最后终于顶不住奥朗则布的威胁利诱，把苏莱曼带到德里。双手加镣铐的王子被带往宫廷，随后被关入瓜廖尔监狱。苏莱曼要求速死而不是被罂粟慢慢毒死，但是他的要求没有得到满足。当他被罂粟毒死时，他的叔叔穆拉德也被斩首处死。斩首的要求是赛义德（Sayyid）家族的一位成员提出的，因为他的父亲曾因富有而遭到穆拉德的杀害，为了给父亲讨回公义，这一家族要求将穆拉德在瓜廖尔斩首。[360]

现在苏丹·苏查成为奥朗则布家族唯一能挑战皇位的活着的成员。而他也逐渐被米尔·朱木拉装备良好的军队包围，最后被赶到"孟加拉最后一个城市"——位于海滨的达卡。因为没有船和水手，王子向统治着孟加拉海湾东侧的阿拉干（Racan）或马格王国（Mog [Mugh]）的国王——"一个外邦人或偶像崇拜者"寻求庇护。阿拉干首领同意为他提供短期庇护，并派遣葡萄牙船只将苏查和他的家人接到阿拉干。虽然苏查在这里受到友好的接待并安定下来，可是他想雇船去麦加的请求却被置之不理。这种境遇让他很烦躁，而国王想娶他女儿的要求也让他很气愤，身处绝境的苏查准备与当地的欧洲人和穆斯林密谋一场政变。密谋暴露后，这位莫卧儿王子试图通过陆路逃往勃固，但很快被捕获，[361] 他是否死在这儿成了一个谜。尽管贝尔尼埃相信他在试图逃脱时已被杀死，但是关于他的谣传不停地困扰着奥朗则布。决心铲除一切异己的奥朗则布下令将所有落入他手的苏查家族成员处决。这一残酷行为最终使他于1661年成为"这个强大帝国唯一的首领"。[362]

705

注释：

[1] 参见 *Asia*, I, chap. vi，特别是第 356 页对面的地图。

[2] 参见上文第 561-565 页。关于英国人早期活动的详情，请参照 H. G. Rawlinson, *British Beginnings in Western India, 1579-1657* (Oxford, 1920), chaps, iii-iv。

[3] 参见 B. Penrose (ed.), *The Travels of Captain Robert Coverte* (Philadelphia, 1931)。1612 年至 1631 年间，这本小书重新发行了三次，此后直到 1931 年它未被再版。

[4] 文献细节参见原书第三卷第 556-568 页。以下参考资料来自 1905—1907 年在格拉斯哥（Glasgow）重印的二十卷，出版商是詹姆斯·麦理浩（James Maclehose）和他的儿子。作品名称为 *Hakluytus Posthumus,or Purchas His Pilgrimes* (cited as pp)。

[5] 按照罗伊和特里的说法，科里亚特在 1617 年 12 月死于阿格拉。珀切斯在 1615 年重印了科里亚特大部分书信和罗伊转交给他的"科里亚特在印度作的笔记"。关于科里亚特信件的研究，参见 R. C. Prasad, *Early English Travellers in India* (Delhi, 1965), pp. 170-209；尤其是 Michael Strachan, *The Life and Adventures of Thomas Coryate* (London, 1962), xiv-xvi。

[6] 参见 W. Foster (ed.), *The Embassy of Sir Thomas Roe to the Great Mogul, 1615-1619, As Narrated in His Journal and Correspondence*, in "HS"，2d ser., I and II (2 vols.in Il; 1967 reprint of the original edition of 1899; Nendeln, Liechtenstein), pp. lxii-lxiv; and W.Foster(ed.), *The Embassy of Sir Thomas Roe to India, 1615-19* (new and rev.ed.; London, 1926), p. lxxvii；福斯特（Foster）在对珀切斯的评价中指出：尽管他的版本存在不足，但他却保存了"几乎一整年的罗伊日记的摘录（1617—1618 年），现在已经不可能再得到罗伊的手稿了"。

[7] *A Voyage to East-India* (London, 1655). 这 545 页的新版本大概是《珀切斯游记》中版本的七倍长。许多添加的内容都是道德和宗教方面的专题论文以及他对印度的一些说明。参见 Prasad, *op. cit.* (n. 5), pp. 281-83。在这本扩充的书中，特里偶尔参考印度的资料而没有引用珀切斯的版本。很多添加的内容他都借鉴自罗伊的记录。

[8] 地图中历史和分析的部分参见 Foster (ed.), *op. cit.* (n. 6), 1926 ed., pp. 497-501。参阅 map OA in I. Habib, *An Atlas of the Mughal Empire* (Delhi, 1982)。

[9] 马格位于阿拉干（Arakan）北部地区。

[10] 艾哈迈德讷尔（Ahmadnagar）、比贾布尔（Bijapur）和戈尔康达的三个穆斯林苏丹，和拉杰普塔纳（Rajputana）的印度王侯。

[11] Roe, *PP*, IV, 430-34; Terry, IX, 13-16, and expanded 1655 edition (see n. 7), pp. 78-89. 对此的详细分析，参见 Foster (ed.), *op. cit.* (n. 6), 1926 ed., pp. 489-96。早些年在阿格拉的威廉·霍金斯指出帝国分为"五大王国"：它们是旁遮普（Punjab），拉合尔为其都城；孟加拉和它的都城索纳尔冈（Sonargaon）；马尔瓦（Malwa）和它被称为乌贾因（Ujjain）的都城；德干和它的都城布尔汉布尔（Burhanpur）以及古吉拉特和它的都城阿默达巴德（Ahmadabad）。参见 PP, III,30-31。参阅原书第三卷第 728-739 页中贝尔尼埃（Bernier）关于省份的介绍。

[12] 特里在这里指的是欧洲旅行家常提到的印度高峰牛和宽尾羊。

[13] *PP, IX*, 17-19.

[14] 北回归线穿过印度中部，因此它的南半部毋庸置疑就是热带气候，像北部一样，南半部也有一个雨季。从 9 月中旬到大约 5 月中旬，其北半部的温度比其他同纬度地区，比如美国，更加暖和，也更加稳定。在美国肆虐的极地寒冷空气在印度却被高山屏障有效地阻挡了。结果是，在印度北部，冬季大多数气候温和凉爽。夏天雨季时，印度洋吹来的风掠过大地，冬季风向则正好相反。参见 G. Singh, *A Geography India* (2d ed.; Delhi, 1976); chap. i。

[15] 在他 1655 年的修订版本中（*op. cit.* [n. 7], pp. 101-2），特里解释了他们怎样吸水烟。

[16] *PP, IX*, 19-20, 24-25.

[17] *Ibid*, pp. 24-29.

[18] 水池。关于"tank"一词词源的争论，参见 H. Yule and A. C. Burnell, *Hobson-Jobson* (new edition of W. Crooke; London, 1968), pp. 898-900。

[19] *PP, IX*, 21. 在他 1655 年出版的书中（*op. cit.* [n. 7], p. 106），特里用了"咖啡"一词，这清楚表明他和他的读者当时已经比较熟悉这种饮料和它的英文名称。事实上，在 1652 年，他的书出版三年前，伦敦就有了第一间咖啡厅。关于印度北部喝的饮料，参见 P. N. Ojha, *North Indian Social Life during the Mughal Period* (Delhi, 1975), pp. 11-13。

[20] *PP, IX*, 20-21.

[21] 这是棉花（*Gossypium neglectum*），在印度广泛种植的一种农作物。

[22] Lawn 是指一种麻织物。它的名字可能来自拉翁（Laon），法国北部一个著名的纺织小镇。

[23] *PP, IV*, 21-22.

[24] 这种对植物浸泡过程的描述来自 William Finch in *PP, IV*, 45-46。在一些地方，靛青就像野生灌木一样生长。然而，芬奇谈论的植物显然是种植在印度北部的。在特里 1655 年出版的书中（*op. cit.* [n. 7], pp. 113-14），他谈到他们把叶子干燥和浸泡，在这里他只谈到干燥叶子的过程。参阅 Tavernier's account in V. Ball and W. Crooke (trans.and eds.), *Travels in India by Jean-Baptiste Tavernier* (2d ed.;2 vols.; London, 1925), II,8-9 和原书第三卷第 618 页。浸泡过程参见 G. Watt., *A Dictionary of the Economic Products of India* (10 vols.; reprint; Delhi, 1972), IV, 428-34。

[25] 在果阿制造硬蜡或西班牙蜡的当代描述，参见 Yule and Burnell, *op. cit.* (n. 18), p. 500。

[26] *PP, IX*, 24. 事实上，印度应该是没有银矿的。

[27] *Ibid.*, p.23. 莫卧儿帝国的硬币及其发行流通参见 T. Raychaudhuri and I. Habib (eds.), *The Cambridge Economic History of India* (2 vols.; Cambridge, 1982), I, 260-66。普通的银卢"重 178 格令，其中合金的成分不能超过 4%"（*ibid.*, p. 360）。

[28] 在莫卧儿，人们偏爱肤色较浅者。参见原书第三卷第 724 页。

[29] 在他 1655 年出版的书中（*op. cit.* [n. 7], pp. 213-14），特里提供了更多问候语。

[30] *PP, IX*, 29-31.

[31] *Ibid.*, p. 33.

[32] 要了解每条线路上的城镇，更清晰的列表参见 M. A. Ansari, *European Travellers under the Mughals (1580-1627)* (Delhi, 1975), p. 32。

[33] *PP*, IV, 1.

[34] 穆斯林船员，可能是阿拉伯人，他们与印度西海岸的当地妇女通婚。"Naites"一词词源尚不能确定。参见 Yule and Burnell, *op. cit.* (n. 18), p. 620；进一步探讨请参见 V. S. D' Souza, *The Navayats of Kanara* (Dharwar, 1955), pp. 12-20。

[35] 科斯，印度通用的长度单位，它所表示的确定长度在不同地区也有所不同。

[36] 可能是蒺藜（印度语为 *singhārā*），或者是菱角。

[37] *PP*, IV, 29-45.

[38] 关于叛乱参见原书第三卷第 631-632 页。这种树为白蜡树，此后仍有介绍，参见原书第三卷第 792 页。

[39] 他对中亚贸易路线的描述非常清晰准确，这些信息可能是从拉合尔的商家处获得的。参见 Aurel Stein, "Note on the Routes from the Panjab to Turkestan and China Recorded by William Finch (1611)," *Journal of the Panjab Historical Society*, Vol. VI, No.2 (1917), pp. 144-48。

[40] 贾洛尔和阿杰梅尔都是著名的要塞。阿杰梅尔在 1556 年被阿克巴吞并。

[41] 关于艾哈迈达巴德经济的重要性问题，参见 B. G. Gokhale, "Ahmadabad in the Seventeenth Century," *Journal of the Economic and Social History of the Orient* (Leyden), XII (1969), 187-97。

[42] *PP*, IV, 47-65.

[43] 这座桥 1564 年左右开始修建，是莫卧儿的伟大工程之一。它的设计和建造都是阿富汗的哈扎拉族（Hazara）工人完成的。现代的图片参见 H. H. Dodwell (ed.), *The Cambridge History of India* (6 vols.; Cambridge, 1922-53), Vol. IV, pl. 14。

[44] Prayāg, 或"牺牲之地"，是这个古老又神圣的城市的印度名称。阿克巴开始建造堡垒之后将其命名为阿拉哈巴德或 *Ilāhabād*。

[45] 这个著名的阿育王（Asoka）石柱（*lāt*）是公元前 3 世纪修建的，上面雕刻着阿育王的法令。

[46] 芬奇对印度教朝圣者的信仰很迷惑。钵罗耶伽（Prayag）是一个神圣的地方，因为他们相信重获四部《吠陀》的创世者梵天，在此用马匹进行祭祀。

[47] 这"奇怪的 Tanke"是很深的八角形的井，入口处有通往 *Akshai Vata* 或永恒的菩提树的地下通道。目前印度教徒仍保留着这口井。

[48] *PP*, IV, 65-69.

[49] *PP*, IV, 69-71.

[50] *Ibid.*, p.43. 这是阿克巴遗弃菲特普尔—西科里的原因，这一原因在 17 世纪得到普遍认可，但现在出现了质疑的声音。这座城市的衰落始于 1585 年，正是阿克巴前去保卫西北边境的时候。其真正遭到破坏始于 1680 年左右贾特人（Jat）的兴起。参见 S. A. A. Rizvi, *Fatehpur*

Sikri (New Delhi, 1972), pp. 9-11。

[51] 参见原书第三卷第 620-621 页。

[52] *PP*, IV, 72-77. 对阿克巴古墓的现代描述，参见 *The Cambridge History of India* (see n. 43), IV, 549-51。在菲特普尔红色砂岩上的工作，参见 *ibid.*, p. 539。

[53] 佩尔萨特完整的《有关荷兰在印度的通商报告》的英文译本，参见 W. H. Morland and P. Geyl (trans.and eds.), *Jahangir's India: The Remonstrantie of Francisco Pelsaert* (Cambridge, 1925)；佩尔萨特记录的英译本，参见 B. Narain and S.R. Sharma (trans.and eds.), *A Contemporary Dutch Chronicle of Mughul India* (Calcutta, 1957)；德·莱特编辑的英译本，参见 J. S. Hoyland and S. N. Banerjec (trans.and eds.), *The Empire of the Great Mogol: A Translation of De Laet's "Description of India and Fragment of India History"* (Bombay, 1928)。

[54] 参考不同的作品，德·莱特列出一份印度国王的名单，参见 Hoyland and Banerjee, *op. cit.* (n. 53), pp. 119-22。关于奥尔塔参见 *Asia*, I, 192-94。

[55] 特谢拉，葡萄牙的犹太人，1604 年至 1605 年间从霍尔木兹（Ormuz）前往安特卫普。在安特卫普一个朋友的激励下，他没有用自己的母语葡萄牙语，而是用西班牙语创作了 *Relaciones...d'el origen, decendencia y succession de los Reyes de Persia, y de Hormuz, y de Hormuz, y de un viage hecho...desde la India Oriental hasta Italia por tierra* (Antwerp, 1610)。德·莱特在描述库奇（Cutch）和喀尔布尔，这些曾控制在波斯人手中的城市时，参考了 Teixeira, (*ibid.*, pp. 91-92)，他还引用了特谢拉对古吉拉特的说明（*ibid.*, pp. 93-98)，他所罗列的帖木儿以来的印度统治者的名字也来自特谢拉。

[56] 德·莱特引用的荷兰人档案中的大部分内容都可在《古吉拉特报道》（*Gujarat Report*）中获得，这是一本描述 1630 年之前古吉拉特市场众生相的手抄本。这是海牙（Hague）的沃伦勃兰特·赫莱恩森·德·容收藏（W. Geleynssen de Jongh Collection）中的 28 号藏品。参见 W. H. Moreland, *From Akbar to Aurangzeb. A Study in Indian Econmic History* (London, 1923), p. 201, n. 1。

[57] 关于戈皮池，参见 B. G. Gokhale, *Surat in the Seventeeth Century* (Copenhagen, 1979), pp. 18-20。这一参考资料不在 M. S. Commissariat, *Studies in the History of Gujarat* (Bombay, 1935), p. 97, n. 1 中。

[58] 古吉拉特国王的小儿子巴哈杜尔（死于 1615 年）在古吉拉特领导一支反对莫卧儿的军队。1606 年他控制了坎贝两个星期。

[59] 一个种族，科利人主要生活在阿默达巴德和坎贝之间树木繁茂的乡村。

[60] Hoyland and Banerjee (trans.and eds.), *op. cit.* (n. 53), pp. 19-21。

[61] 曼努埃尔·皮涅罗神父早年间评论过这些 15 世纪的坟墓。参见 *Asia*, I, 461。

[62] *Khān-khānān* 或者 Khanan Khan（哈南汗，意为可汗中的可汗）在 1584 年 1 月打败了穆扎法尔三世（Muzaffar III），其后将战场建成这个壮丽的花园。

[63] 萨尔凯杰靛青，欧洲商人一般称其为"扁平"，做成蛋糕的形状；巴衍那靛青，则做成球形，在贸易中被称为"圆形"。关于巴衍那靛青，参见原书第三卷第 609 页。

[64] 这可能是阿默达巴德东南 10 英里的村子皮拉纳（Pirana），据说在 16 世纪，修道院的创始人——从麦地那（Medina）来的伊马姆·沙（Imam Shah），通过展示他神奇的法力使很多印度教徒改变了自己的信仰。参见 M. R. Majumdar, *Cultural History of Gujarat* (Bombay, 1965), pp. 254-55。

[65] 关于葡萄牙人对奇托尔（Chitor）的 Rajput（拉其普特）堡垒的看法，参见 *Asia*, I, 422。上述关于古吉拉特的材料来自 De Laet's account in Hoyland and Banerjee (trans.and eds.), *op. cit.* (n. 53), pp. 16-27。

[66] 梅瓦尔的拉那·普拉塔普（Rana Pratap）一直对抗阿克巴的军队，直至 1597 年他去世为止。他的继承人，拉那·阿马尔·辛格（Rana Amar Singh，死于 1620 年）1615 年成为德里的属臣，之后他的长子被送去做莫卧儿帝国的人质。参见 B. S. and J. S. Mehta, *Pratap the Patriot* (Udaipur, 1971), p. 65。

[67] Hoyland and Banerjee (trans.and eds.), *op. cit.* (n. 53), pp. 28-33. 曼杜的清真寺——大清真寺（Jami Masjid）——完成于 1454 年左右，这是一个典型的阿富汗式建筑。那些坟墓是马尔瓦的哈勒吉（Khalijis）家族的，作为曼杜的统治者他们的统治时期包括整个 15 世纪和 16 世纪前期。

[68] 这是 *Hathiya Paur*，或者叫象门（Elephant Gate），是由曼·辛格（Man Singh）在 16 世纪修建的，它也是宫殿的一部分。

[69] Hoyland and Banerjee (trans.and eds.), *op. cit.* (n. 53), pp. 33-36.

[70] 它们的名字是佩尔萨特起的，其中四个命名仍用于现代的街道。参见 *ibid.*, p. 37, n. 49。

[71] *Ibid*, pp. 37-39, n. 50.

[72] 1622 年，她被赋予 Badshah Begam（帝国第一夫人）的称号，从此佩尔萨特（Palsaert，此处为拼写错误，应为 Pelsaert。——译者注）也开始使用 "Begem" 一词。参见 C. Pant, *Nur Jahan and Her Family* (Allahabad, 1978), p. 46, 同时参见插图 99。

[73] 这是不正确的。这个组合而成的地名是阿克巴在 1573 年征服古吉拉特邦之后才出现的。"菲特普尔" 的意思是 "胜利之乡"。参见 Hoyland and Banerjee (trans.and eds.). *op. cit.* (n. 53), n. 56.

[74] 这是谢赫·萨利姆·契斯提（Shaikh Salim Chishti）的陵墓，阿克巴专门为他建造了一座清真寺。*Ibid.*, p. 43, n. 56. 这位圣人（*pir*）属于契斯提教派（*Chisti order*），他是在阿杰梅尔被介绍到印度来的。他因预言了萨利姆和阿克巴其他儿子的出生而获得阿克巴的敬畏。萨利姆正是以这位圣人而命名的。关于他的陵墓的彩色图片，参见 Rizvi,*op. cit.* (n. 50). pl. ix.

[75] 苏丹锡坎达尔·加齐（Sultan Sikandar Ghazi, 1489—1517 年），洛迪（Lodi）王朝的第二位统治者。

[76] Hoyland and Banerjee (trans.and eds.), *op. cit.* (n. 53), pp. 41-47.

[77] 关于图格卢加巴德（Tughlakabad）（《印度文化史》及维基百科拼写为 Tughluqabad。——译者注）废墟，可能在库特卜（Qutb）东部 5 英里处，由吉亚斯 - 乌德 - 丁·图格卢克·沙（Ghiyassuddin

Tughluq Shah)（《印度文化史》中拼写为 Ghiyas-ud-din Tughluq Sultan。——译者注）建造（1321—1425 年在位）。*Ibid.*, p. 47, n. 62.

[78] 这个方形尖塔（*lāt*）由阿育王所建，而非像一些欧洲评论员所猜测的是亚历山大所为。因为碑文使用的是婆罗米文（Brahmi）而非希腊语。*Ibid.*, p. 48, n. 64.

[79] 可能是参考胡马雍宫廷的贵族哈菲兹·拉赫纳（Hafiz Rakhnah）的花园而建。参见 *ibid.*, p. 49, n. 65。

[80] *Ibid.*, pp. 51-55；参见原书第三卷第 612 页。

[81] 1576 年，阿克巴的军队结束了阿富汗在孟加拉的统治。

[82] 16 世纪葡萄牙人对高尔的了解比 17 世纪早期的北欧人对它的了解还多，在德·莱特进行创作时，这座城市已经逐渐衰退。参见 *Asia*, I, 414-15。欧洲作家常将恒河沿岸城市和一些因商业而兴起的城市称为"孟加拉"，其实可能是指现在的吉大港或索纳尔冈。同样参见原书第三卷第 712-713 页。

[83] 曼·辛格在 1590 年击溃了奥里萨邦人，并将其置于莫卧儿统治之下。

[84] 奥里萨邦从根本上说是一个印度教王国，里面很少有具影响力的穆斯林。见 *Asia*, I, 411。参阅原书第三卷第 673-678 页。

[85] Hoyland and Banerjee (trans.and eds.), *op. cit.* (n. 53), pp. 71-73, 77-78.

[86] 关于如何捕猎豹（印度豹），参见 M. A. Ansari, *Social Life of the Mughal Emperors* (1526-1707) (Allahabad, 1974), p. 121.

[87] 相似的观点参见施特拉丹乌斯（Stradanus）之后的菲利普·加勒（Phillippe Galle）题为"在中国猎野鸭"的版画，出自 *Asia*, II, BK. 1, pl. 47。同时参见原书第三卷第 819-820 页。

[88] 穆斯林以及印度教徒通常玩一种棋。扑克牌（*ganjfah*）可能已经通过莫卧儿介绍到印度。胡马雍、阿克巴和贾汗吉尔都玩牌。参见 Ansari, *op. cit.* (n. 86), pp. 177-78。

[89] 亚里士多德通常被称为"Arastu"。这可作为他是"哲学家"*alfailsuf* 的参考。980—1037 年，生活在布哈拉（Bukhara）的天才阿布·阿布杜拉·伊本·西拿（Abu Allah Ibn Sina）（阿维森纳的阿拉伯名称。——译者注）创作了大量的医学、法学和哲学作品。

[90] *Op. cit.* (n. 55), pp. 93-98.

[91] 关于郎迦教派和它对宗教偶像的厌恶，参见 H. von Glasenapp, *Der Jainismus* (Berlin, 1925), pp. 69-70.

[92] Hoyland and Banerjee (trans.and eds.), *op. cit.* (n. 53), pp. 82-88.

[93] *Ibid.*, pp. 88-92. 对穆斯林和印度教徒上流阶层的饮食风俗的描述，参阅 Ojha, *op. cit.* (n. 19), pp. 5-9。

[94] Hoyland and Banerjee (trans.and eds.), *op. cit.* (n. 53). pp. 93-95. 关于 17 世纪这种不公平的土地税，参见 I. Habib, *The Agrarian System of Mughal India* (1556-1707) (Bombay, 1963), pp. 240-42, and *The Cambridge Economic History of India* (see n. 27), I, 172-73。

[95] 这是依据其拥有马匹的数量而确定的军事等级（曼萨卜 [*mansab*]）。

[96] 参见 T. Raychaudhuri in *The Cambridge Economic History of India* (see n. 27), I,183。

[97] 关于当代欧洲对于印度财富的讨论，参阅 W. H. Moreland, *India at the Death of Akbar: An Economic Study* (London, 1920), pp. 282-86。

[98] Hoyland and Banerjee (trans.and eds.), *op. cit.* (n. 53), pp. 104-18. 关于阿克巴财富和军事力量的资料来自于荷兰档案中未出版的《印度编年史》（*Hindu Chronicle*）。参见 Narain and Sharma (trans.and eds.) *op. cit.* (n. 53), pp. 33-35。这些材料由佩尔萨特或其同伴从帝国的账簿和记录中依次选出。关于 *ahadī*，参见 A. Aziz, *The Mansabdari System and the Mughul Army* (Delhi, 1972), pp. 200-201。因为缺乏其他资料，很多现代研究莫卧儿印度军队的学生仍需依赖德·莱特和霍金斯对贾汗吉尔统治初期的研究成果。在海军史的研究方面，德·莱特的研究成果仍是重要的资料来源。参见 A. C. Roy, *A History of Mughal Navy and Naval Warfares* (Calcutta, 1972), pp. 52-55, *passim*。

[99] 参见 Narain and Sharma (trans.and eds.), *op. cit.* (n. 53) 中的前言。

[100] Hoyland and Banerjee (trans.and eds.), *op. cit.* (n. 53), pp. 189-241.

[101] 参见原书第三卷第 636-644 页。

[102] Hoyland and Banerjee (trans.and eds.), *op. cit.* (n. 53), pp. 241-46. 关于贾汗吉尔的性格参见 I. Prased, *The Mughal Empire* (Allahabad, 1974), pp. 454-60。

[103] 关于这项工作的具体情况，参见原书第三卷第 315-318 页。参考资料为阿图尔·维埃加斯（Artur Viegas）编辑的现代再版的版本。这部作品共计三卷，在 Coimbra（科英布拉，1930—1931 年）和里斯本（Lisbon，1941 年）出版。

[104] 详细完整的书目，参见原书第三卷第 396 页。

[105] H. 霍斯顿 S.J. 神父（Father H. Hosten, S. J.）开始将耶稣会士对北印度的报道翻译成英语。关于他在 1906 年至 1927 年间出版的众多著作，参见 Sir Edward Maclagan, *The Jesuits and the Great Mogul* (London, 1932), pp. 391-94. C. H. Payne (trans.and eds.), *Akbar and the Jesuits* (London, 1926)，他还将"大莫卧儿帝国"的事情翻译成英语。这些是法国耶稣会士杜·雅利克（II, 429-93；III, 27-97）从佩鲁奇、古兹曼、年度信件和格雷罗处得来的。在佩恩（Payne）出版的 *Jahangir and the Jesuits* (New York, 1930) 中，既收录了格雷罗收集的 1605 年至 1609 年莫卧儿帝国的材料（Viegas [ed.]. *op. cit.* [n. 103], I, 310-14; II, 366-86; III, 6-30），也有鄂本笃横穿大陆到达中国的旅途记录，还有葡萄牙人在勃固（Pegu）的探险经历。麦克拉根（Maclagan）对 1734 年前在莫卧儿的耶稣会士的研究被阿努尔夫·坎普斯 O.F.M（Arnulf Camps, O.F.M.）在他的 *Jerome Xavier ,S.J., and the Muslims of the Mogul Empire: Controversial Works and Missionary Activity* (Schöneck-Beckenried, 1957) 中加以扩展和深入。坎普斯用未发表的罗马社会档案和其他欧洲的档案来补充原有的关于耶稣会士的汇编。

[106] Payne (trans.and eds.), *Akbar* (n. 105), pp. 102-9；and Maclagan, *op. cit.* (n. 105), pp. 57-58. 圣方济各·沙勿略神父的亲身叙述，参见 H. Heras, "The Siege and Conquest of the Fort of Asigar by the Emperor Akbar," *Indian Antiquary*, LIII (1924), 33-41. 并参见 Appendix A in I.

Prasad, *op. cit.* (n. 102), pp. 286-88。普拉萨德（Prasad）显然不了解赫拉斯（Heras）早期翻译和编辑的沙勿略的信件。

[107] 格雷罗在 Payne (trans.and eds.), *Akbar* (n. 105), p. iii 中解释道："Calaim（青铜？）是来自中国的一种金属。虽然它类似于锡，但却不同，它含有大量的铜。虽然它是白色的，印度人却用它来铸钱。它也可以像白银一样用以装饰。"这种金属在欧洲的混乱用法，参见 *Asia*, II, Bk. 3, pp. 426-27。

[108] 格雷罗复制的 1601 年 3 月 20 日的书信文本，参见 Viegas(ed.), *op. cit.* (n. 103), I, 11; and Payne (trans.and eds.), *Akbar* (n. 105), pp. 115-17。

[109] 对于由皮涅罗传播到罗马的这份葡萄牙文公告，参见 Camps ,*op. cit.* (n. 105), p. 201。

[110] Payne (trans.and eds.), *Akbar* (n. 105), pp. 152-59。

[111] 格雷罗和杜·雅利克对鄂本笃旅途的讲述见 Payne (trans.and eds.), *Jahangir* (n. 105), Pt.II。

[112] *Ibid.*, p. 205.

[113] 关于阿克巴被断言为文盲的辩论，参见 Ojha ,*op. cit* (n. 19), pp. 101-5。

[114] Payne (trans.and eds.), *Akbar* (n. 105), pp. 207-8. 阿克巴被葬在离阿格拉的堡垒约 5 英里的锡坎德拉。有关他去世时的信仰，当代欧洲人持不同的观点，参见 Maclagan ,*op. cit.* (n. 105), pp. 64-65。关于阿克巴的肖像，参见插图 95。

[115] Payne (trans.and eds.), *Jahangir* (n. 105), p. 3.

[116] *Ibid.*, pp. 4-12. 支持库斯鲁的"军官"之一是统治喀布尔的侯赛因·贝格·巴达克什（Husain Beg Badakshi），另一位是拉合尔的长官阿卜杜尔·拉希姆（Abdur Rahim）。参见 *ibid*, p. 90。"古鲁"是古鲁阿尔詹（Guru Arjun），锡克教（Sikh）的第五任古鲁。参见 *ibid*, p. 93。

[117] 每个人不是生而为贵族的，贵族也只是为国家服务的一种职业。因此，贵族死后，他积攒的大部分财产都重归国家所有。这种在阿克巴时期极为严格的充公法，在贾汗吉尔及之后的统治者统治时期都相对宽松，参见 The Cambridge History of India (see n. 43), IV, 472。

[118] Payne(trans.and eds.), *Jahangir* (n. 105), pp. 13-36, *passim*。贾汗吉尔被称为 *adil padsha*；印度穆斯林常使用意为"公正"的阿拉伯词语 *adil*。*Ibid.*, p. 98。

[119] 帕尼帕特（Panipat）的穆卡拉卜汗（Muqarrib Khan），曾做过一段时间贾汗吉尔的私人医生，这时是坎贝的总督。参见 Maclagan,*op. cit.* (n. 105), p. 177。

[120] Payne (trans.and *eds.*), *Jahangir* (n. 105), pp. 43-48。

[121] *Ibid.*, pp. 49-67, *passim*。

[122] 事实并非如此。霍金斯 1611 年离开阿格拉前往坎贝，1613 年死于返回英国的途中。

[123] Payne (trans.and eds.), *Jahangir* (n. 105), pp. 77-87, *passim*. 关于霍金斯的使命参见原书第三卷第 604 页。

[124] 参见 在 Foster (ed.), *op. cit* (n. 6;1926 ed.), facing p. 66 中的路线图。同时参见 Michael Strachan, *Sir Thomas Roe :A Life* (Salisbury, 1989), p. 83。

[125] 关于作为当时印度中型城市范例的布尔汉布尔，参见 B.G. Gokhale, "Burhanpur. Notes

on the History of an Indian City in the XVIIth Century," *Journal of the Economic and Social History of the Orient* (Leyden), XV (1972), 316-23。

[126] 米尔扎·阿布杜拉赫姆，他夺回古吉拉特、征服信德，从而获得这一称号。参见 Foster (ed.), *op. cit.* (n. 6; 1926 ed.). p. 69, n. 2。

[127] 参阅 Terry, *op. cit.* (n. 7), p. 389，和原书第三卷第 615 页。

[128] *PP, IV*, 323-31.

[129] 这里是贾汗吉尔最喜爱的度假胜地之一，以哈菲兹·贾马尔（Hafiz Jamal）喷泉而著名。

[130] 这个春天的节日是阿克巴设立的，在贾汗吉尔时期庆祝时间长达十九天。罗伊将 *Naw-roz* 翻译为"九天"是不正确的。参见 R. C. Prasad. *op. cit.* (n. 5), p. 152, n. 59。

[131] 卡兰（Karan），阿马尔·辛格最大的儿子，乌代普尔（Udaipur）的王侯（原文为 Rana，可能为 Raja。——译者注）。

[132] *PP. IV*, 331-39.

[133] 他此时是巴特那或比德尔（Bidar）的 *sūbadār*（地方长官）。此后不久，他被任命为马尔瓦的长官，以及此后的信德长官。

[134] *PP, IV*, 340-50.

[135] 肖像画中的女子可能是罗伊的妻子。参见 Foster (ed.), *op. cit.* (n. 6; 1926 ed.), pp. 223-24, n. 1。

[136] *PP, IV*, 352-58.

[137] 库斯鲁死于 1622 年，可能是死于这一派手中。四年后，帕尔维兹也死去。参见 Foster (ed.), *op. cit.* (n. 6; 1926 ed.), p. 247, n. 1。1627 年，在军队和阿萨夫汗的支持下，胡拉姆像沙·贾汗一样成为皇帝。

[138] *PP, IV*, 358-72.

[139] 关于英国马车及对其的仿造，参见 Terry, *op. cit.* (n. 7), p. 385。

[140] 第一次的停驻地在道瑞（Dorai），这儿是奥朗则布 1659 年获胜之地。参见 Foster (ed.), *op. cit.* (n. 6; 1926 ed.), p. 286, n. 1。

[141] 当时居住在那里的耶稣会士是神父科尔西（Father Corsi）。参见原书第三卷第 634 页。

[142] 托达在斋浦尔（拉贾斯坦邦），阿杰梅尔东南 65 英里处。

[143] 特里也参加了这一仪式，参见 Terry, *op. cit.* (n. 7), p. 395。

[144] 参见 *Asia*, I, 392-406 中关于 16 世纪的描述，关于珀切斯收集的资料，参见原书第三卷第 601-616 页。

[145] 完整的标题为：*An East-India collation; or a Discourse of travels; set forth in sundry observations, briefe and delightfull. Collected by the author in a voyage he made unto the East India of almost foure years continuance。*

[146] 关于凯里奇在苏拉特的任期参见 Gokhale, *op. cit.* (n. 57), p. 148。

[147] 书目参见前面第 569-570 页。罗德的书再版于 18 世纪的皮卡尔（Picart）和丘吉尔（Churchill）的合集中，以及 John Pinkerton (ed.) *A General Collection of the Best and Most Interesting*

Voyages and Travels (London, 1808-14), VIII, 523-72 中。评论参见前面列举的书籍 R.C. Prasad, (n. 5), pp. 323-57 and Stephen Neil, *A History of Christianity in India. The Beginnings to A.D. 1707* (Cambridge, 1984), pp. 375-76。

[148] "Banians" 一词源于 *Vāniya* 或商人。很多西印度的商人都声称自己是吠舍（Vaisya）（商人）种姓和耆那教（Jainism）信徒。毗湿奴派信徒（Vaisnavism）和耆那教信徒确实在该地区混居，但像早期其他欧洲观察家一样，罗德并没有将商人种姓中的耆那教徒和非耆那教徒区别开来。大部分的耆那教商人称自己为"印度教徒"。参见 Yule and Burnell, *op. cit.* (n. 18), pp. 63-64，and R.C. Prasad, *op. cit.* (n. 5), pp. 324-25, n. 7。

[149]《印度教圣书》是指系统的宗教或哲学类文章的汇编，类似于知识手册。根据 Abbé Du Bois in H.K. Beauchamp (ed.), *Hindu Manners, Customs, and Ceremonies* (3d ed., Oxford, 1959), p. 694，耆那教哲学包含在 4 部《阿含经》（*āgamas*）、24 部《往世书》（*puranas*）、64 部《印度教圣书》中。

[150] 关于罗德作品中这部分的评论参见 H. N. Randle "Henry Lord and His Discoverie of the Banians," in S. K. Belvalkar *et al.* (eds.), *Jhā Commemoration Volume. Essays on Oriental Subjects*, "Poona Oriental Series," XXXIX (Poona, 1973), pp. 277-96。

[151] 此处罗德以本地人提供的信息为基础，对梵天或统一宇宙的概念只提供了一个较为混乱的介绍，这不足为奇，因为印度教中的创世故事本身也不以经文为基础，而是大众神话和宗教的混合物。参见 R. C. Prasad, *op. cit.* (n. 5), p. 331。罗德的叙述在某些方面与印度教史诗故事中关于创造的部分类似。例如 Thomas Hopkins, *The Hindu Religious Tradition* (Encino, Cal., 1971), pp. 100-101。

[152] 按照吠陀的传统，神我是宇宙中的男人或第一个人，自性是自然，一位不断生育后代的女性。参见 Hopkins, *op. cit.* (n. 151), pp. 22, 66。耆那教徒不杀生的观念可能反映出他们是神的信使。

[153] 在罗德的书中，不断出现将首陀罗和吠舍的顺序和角色相混淆的错误，由农民和商人组成的吠舍是第三等级。立法者摩奴（Manu）定下的第四等级是首陀罗，他们不是商人阶层而是受奴役的阶层。Randle (*loc. cit.* [n. 150] p. 283) 认为罗德把"吠舍"描写成"'商人及手工业者的代表'，因为他丝毫没有想到吠舍 - 瓦尔那种姓（*Vaisya-varna*），而只想到古吉拉特的吠舍或工匠阶层，这些阶层也出现在西印度的阿拉伯旅行者的描述中"。参见原书第三卷第 1031 页。

[154] 神没有在第一个家庭中创造女儿，罗德对此进行了解释，R. C. Prasad, *op. cit.* (n. 5), p. 332 对这一解释表示不满，可能罗德关注的是希伯来传统在阐释亚伯和该隐延续后代方面的失败。毫无疑问罗德讲到的故事在印度教文字中找不到根据。

[155] 罗德用基督徒的思维方式含糊地解释 *kalpa*（年代），或创造和毁灭之间的一个阶段。见 Hopkins, *op. cit.* (n. 151), p. 101。

[156] 根据 R. C. Prasad, *op. cit.* (n. 5), p. 336，"这里分派给三个至高的神的任务——与每个印度教徒对他们的认识完全一样"。

[157] 关于他们的名字见 Randle, *loc. cit.* (n. 150), p.286。

[158] 根据 R. C. Prasad, *op. cit.* (n. 5), p. 338，这本圣书是 "*Smṛtis* 中的一部"，而不是《印度教圣书》。*Smṛtis* 是一个术语，表示传统保留下来的神圣资料总集。

[159] 有关殉夫的外国资料和评论参见 Edward Thompson, *Suttee. A Historical and Philosophical Enquiry into the Hindu Rite of Widow-Burning* (Boston and New York, 1928), chap. ii。

[160] 这里介绍的是耆那教徒中的修行者、或 *Svetāmbara*、或白衣宗派的僧侣。关于如何辨别 "耆那教徒"，以及耶稣会士，介绍他们的资料见 *Asia*, I, pp. 459-60。

[161] 唯一能够证实的子系宗派 (*gacchas*) 是 "Tuppaes"(*Tapās*)，现代学术界对其名称的列表见 S. B. Deo, *History of Jaina Monachism from Inscriptions and Literature* (Poona, 1956), pp. 519-45。

[162] 参见 *ibid.*, pp. 383-84。

[163] 虽然有耆那婆罗门教徒的非寺院派，但是他们不是吠舍婆罗门宗派成员。参见 P. S. Jaini, *The Jaina Path of Purification*(Berkeley, 1979), p. 291。

[164] Lord, *op. cit.* (text at n. 147), p. 77 给出了这五个家族的姓氏。罗德所说的有 36 个显赫的传统刹帝利家族是正确的。参见 Majumdar,*op. cit.* (n. 64), p. 45。

[165] 这里提到的是在古吉拉特北部萨拉斯瓦蒂（Sarasvati）河畔锡德普尔的 12 世纪的湿婆神庙。虽然现今是一片废墟，可是它的美丽在古吉拉特诗歌和民间故事中广为传颂。参见 Percy Brown, *Indian Architeture(Buddhist and Hindu Periods)* (5th ed. ; Bombay, 1965), p. 122 ；同时可参见 Majumdar, *op. cit.* (n. 64), pp. 99, 105-6。

[166] 随着 1297 年索兰奇（Solanki）王朝的覆灭，古吉拉特处于德里伊斯兰教君主的统治之下。但最终还是被阿拉乌德-丁·哈勒吉的兄弟乌卢格汗(Ulugh Khan)征服。在此后近一个世纪，德里君主通过总督管理古吉拉特南部。许多古吉拉特的印度教君主和拉贾斯坦邦人继续反抗穆斯林的统治，并周期性地抗议德里派来的官员。1609 年，巴罗达（Baroda）和苏拉特遭到尼扎姆·沙（Nizam Shah）朝廷（阿迈德那格尔）的一位贵族马利克·阿姆巴尔（Malik Ambar）的侵略，由此可知，直至荷兰人和英国人活跃于苏拉特时，莫卧儿帝国的统治在古吉拉特仍相当不稳固。参见 Majumdar, *op. cit.* (n. 64), pp. 106-12。

[167] "罗摩" 是祈祷或颂歌时的常用语。有时被认为是所有语言的基本发音。参见 A. Danielou, *Hindu Polytheism* (New York, 1964), p. 174。

[168] 这是四个由迦（*Yugas*），或世界的四个时代。罗德颠倒了第二和第三个时代。他关于最后一个时代最长的说法也是错误的，实际上应该是最短的。参见 *ibid*, p. 249。

[169] 他关于早期拜火教历史的记录是以流传超过 9 个世纪的口头传诵为基础，这些传统最早收入苏拉特一位拜火教徒的题为 *Kisseh-i-Sanjan* 的波斯诗歌里。参见 M. S. Commissariat, *A History of Gujarat* (2 vols.; Bambay, 1957), II, pp. 344-45。

[170] 更多评注参见 R. C. Prasad, *op. cit.* (n. 5), pp. 344-54。

[171] 关于人物传记细节参见原书第三卷第 380 页。下面是以 1655 年 Edward Grey 编辑的英译本，*The Travels of Pietro della Valle in India* (2vols, "HS," o. s., LXXXIV-V; London, 1892) 为基

础。同样参见 Peter K. Bietenholz, *Pietro Della Valla* (1586-1652) (Basel and Stuttgart, 1962), pp. 105-12, 197; and Commissariat, *op. cit.* (n. 169), II, 326-39。

[172] Grey (ed.), *op. cit.* (n. 171), I, xli.

[173] 参见原书第三卷第 380 页。

[174] 关于他去卡纳拉的印度教徒控制的伊喀利（Ikkeri）的旅行参见原书第三卷第 863-869 页。

[175] Grey (ed), *op. cit.* (n. 171), I, 30, 35. 参阅 Commissariat, *op. cit.* (n. 169), II, 329。

[176] Grey (ed.), *op. cit.* (n. 171), I, 35-38. 关于树崇拜参见 Majumdar, *op. cit.* (n. 64), pp. 244-45，参见插图 110。

[177] Grey (ed.), *op. cit.* (n. 171), I, 32-35. 戈皮池不再作为蓄水池使用，而且也几乎没有遗留下任何痕迹。关于马利克·戈皮，参见 Commissariat, *op. cit.* (n. 57), pp. 99-100。有关德·莱特的引文参见原书第三卷第 617 页。

[178] Grey (ed.), *op. cit.* (n. 171), I, 40. 专门关于动植物的一册其实是 17 世纪晚期在欧洲出版的。参见原书第三卷第 925-927 页。

[179] *Ibid*, pp. 41-44. 1626 年回到罗马后，德拉·瓦勒的奇异收藏吸引了很多对此感兴趣的人来参观。

[180] *Ibid.*, pp. 44-46.

[181] 德拉·瓦勒认为他们的慈善行为源于对灵魂轮回的信仰。这些实践与耆那教 *ahimsa*（禁止暴力）的教义有关。耆那教徒在古吉拉特的鸟兽医院依然存在。

[182] *Ibid.*, pp. 109-11. 弗朗西斯科·内格朗（Francesco Negrão），葡裔印度人（Luso-Indian），作为方济各会修士的他编写了圣多默省（Province of St. Thomas）的年代史。他在维查耶纳伽尔、锡兰和其他中心城市花费约十年时间收集印度教的资料，同时准备写一本关于婆罗门宗教体制的书。1619 年他被派回欧洲，途中与德拉·瓦勒在伊斯法罕（Ispahan）相遇。显然内格朗在罗马和葡萄牙没有成功地找到出版商。1622 年他返回印度。他的"编年记录"和印度教的作品都没有出版。后来德拉·瓦勒和内格朗在果阿交谈后，他认为内格朗"对古代历史地理了解甚少"，在写作"印度风俗时，内容极其贫乏，除了口译者提供的信息外别无内容"。参考原书第三卷第 874-876 页中在卡利卡特的耶稣会士范尼西欧（Fenicio）的作品。

[183] *Ibid.*, p. 69.

[184] 在谈到种姓问题时，欧洲著作中出现的数字常常是"84"或临近数字。合理地解释参见原书第三卷第 807-808 页。

[185] 在拉杰普塔纳和古吉拉特，巴特特别受尊重。

[186] *Satī*，或"一个纯洁的女人"。

[187] 这是关于莫卧儿殉夫政策的正确叙述。参见 Commissariat, *op. cit.* (n. 169), p. 335。

[188] 这是圣丝带（梵语为 *upavita*），由吠陀赏赐给三个最高种姓的成员佩戴。这种丝带由三根带子组成，每根带子有九根线。

[189] Grey (ed.), *op. cit.* (n. 171), I, 77-91.

[190] Tamarind（阿拉伯语 *tamr*，或水果；印度水果）树（古吉拉特语为 *ambli*），几乎和印度的可可、棕榈树一样用途广泛（参见插图 150）。事实上这种树生长在印度南部，树形巨大，树各部分都可食用和入药，也可做成胶料或乳油剂用于工业。参见 Pruthi, *Spices and Condiments*(New Delhi, 1976), pp. 217-19。背上有条纹的浅色松鼠（*Funambulus pennanti*）在喜马拉雅山南麓很常见。参见 S. H. Prater, *The Book of Indian Animals* (2d rev.ed.; Bombay, 1965), p. 200。

[191] 据说贾汗吉尔称它为"Gardabad"或"尘土之城"，参见 John Murray (publ.) *A Handbook for Travellers in India, Pakistan, Burma, and Ceylon* (18ᵗʰ ed.; London, 1959), p. 160。

[192] 这儿提到的三重门（*Tin Darwaza*）依然耸立在主街上，对着 1411 年建造的巴达尔（Bhadar）城堡东边的入口。参见 *ibid*, p. 162。

[193] 另外三个城市是阿格拉、曼杜和拉合尔。

[194] 这里关于皇家宫殿的描写在游记文学中很独特。参见 Commissariat, *op. cit.* (n. 169), p. 337, n. 20。目前的宫殿是后来 17 世纪的阿扎姆汗修建的。他在位时间是 1635 年至 1642 年。

[195] Grey (ed.), *op. cit.* (n. 171). I, 99-101.

[196] 这是坎卡里亚湖（Kankariya），或鹅卵石湖，建于 1451 年。由层叠的石阶包围。中央有一个岛，岛上有一座花园称作 Nagina，或"宝石"花园。参见 Murray, *op. cit.* (n. 191), p. 165。

[197] 这儿被称作坎贝的"Bore"，春天潮汐到来时浪潮可涨到 33 英尺。德拉·瓦勒认为这种现象是坎贝湾特有的，其实类似的自然景观在许多河口都可看到。"bore"一词源于冰岛语 *bāra*，意思是海浪。

[198] Grey (ed), *op. cit.* (n. 171), I, p. 104, n. 2 可能把这个宗派错认为是崇拜毗湿奴的。关于"Vertea"作为耆那教徒，参见原书第三卷第 649 页。

[199] 关于这本书的翻译，目前为止没有记录。

[200] 飞天（*apsaras*）（精华）的数量远大于 40 个。

[201] 他们通过尽可能长时间控制气息或通过不同鼻孔吸气和呼气产生快感或幻想。参阅 Du Boisz 'repore in Beauchamp (ed.) *op. cit.* (n. 149), pp. 531-32 中的记述。

[202] 印度教寺庙几乎没有献给梵天的。关于那加尔参见 Commissariat, *op. cit.* (n. 169), p. 338。

[203] *Dher* 或 *Dhēd* 是印度西部外来种姓的名称，他们一般是农田劳力和私有奴仆。1931 年 4 月，当 *Dhēd* 和其他印度教男孩一起上公立学校时，在凯拉（Kaira）发生了冲突。参见 J. H. Hutton, *Caste in India* (4th ed.; Bombay, 1963), p. 201。在莫卧儿控制的波斯，他们被称作 *halalkhow*，或饮食无禁忌人群。

[204] 一种木兰花，属含笑科兰花 *Michelia champaca*（Linn）。*Champaca* 这个名称源于印度支那的占婆（Champa）王国，那儿也生长这种树。花色浅黄，在印度深受喜爱。

[205] 他对整个仪式给出了详细描述。Grey (ed.), *op. cit.* (n. 171), I, 114-16.

[206] *Ibid.*, p. 117, n. 4. 关于 *vina* 或"印度七弦竖琴"，参见 C. R. Day, *The Music and Musical Instruments of Southern India and the Deccan* (Delhi, 1974 reprint of 1891 edition), pp. 109-10。

[207] 这是伊马德 - 乌勒 - 穆勒克（Imad-ul-Mulk）的陵墓（rauza）的描述，他生活在古吉拉特伊斯兰教君主统治的最后时期，陵墓由他的儿子昌加兹汗（Changiz Khan）为纪念他所建。参见 Commissariat, *op. cit.* (n. 169), pp. 338-39。

[208] Grey (ed.), *op. cit.* (n. 171), I, 122-23. 这是长达十五天的霍利节（Holi），节日在春分前举行，是为了纪念克利须那和庆祝春天的到来。

[209] 关于德拉·瓦勒从阿默达巴德到苏拉特途中的资料参见 *ibid.*, I, 101-25 ；他对果阿和南方的描写参见原书第三卷第 845 页，第 863-868 页。

[210] 以作者 1677 年最后修订本和扩写本为基础的缩写本，参见 William Foster (ed), *Thomas Herbert, Travels in Persia, 1627-1629* (Freeport, N. Y., 1972 reprint of edition 1929)。更多关于赫伯特后期版本的具体参考书目，参见原书第三卷第 571-572 页。

[211] 戈卡（或果阿）以前是重要港口，16 世纪遭到葡萄牙人的几次掠夺和洗劫。参见 Yule and Burnell, *op. cit.* (n. 18), pp. 382-83。

[212] 苏拉特在 1530 年被安东尼奥·达·希尔维拉（Antonio da Silveira）烧毁，1573 年新城被阿克巴占领。参见 *ibid.*, pp. 874-75。关于阿克巴与苏拉特的葡萄牙人的关系参见 *Asia*, I, 457。

[213] 一位从未去过印度的人的奇怪评论。1530 年和 1540 年修建的两座寺庙依然存在。参见 Murray, *op. cit.* (n. 191), p. 155。

[214] 又一次谈到戈皮池。参阅原书第三卷第 617 和 652 页。关于赫伯特对苏拉特总的评价参见 Foster(ed.), *op. cit.* (n. 210), pp. 32-34。

[215] *Ibid.*, pp. 34-36.

[216] *Ibid*, pp 37-38. 对这种仪式的描述虽然简单肤浅，总的来说是准确的。现代描述参见 S. K. H. Katrak, *Who are the Parsees?* (Karachi, 1965), pp. 222-32。关于拜火教葬礼仪式的完整描述参见 J. J. Modi, *The Religious Ceremonies and Customs of the Parsees* (2d ed.; Bombay, 1937), chap. iii。

[217] 参见原书第三卷第 857-858 页。

[218] 简称 *BV*，详细参考书目见原书第三卷第 472-473 页。

[219] 参见 W.Wijnaendts van Resandt, *De Gezaghebbers der Oost-Indische Compagnie op hare buiten-comptoiren in Azië* (Amsterdam, 1944), pp. 200-201。

[220] 更详细的资料和他对资料的应用，参见 W. H. Moreland, "John van Twist's Description of India," *Journal of Indian History*, XVI (1937), 63-65。关于古吉拉特的报道参见 W. Galand (ed.), *De Remonstrantie van W. Geleynssen de Jongh* (Amsterdam, 1929)。

[221] *BV*, IIb, 7-9; also Moreland, *loc.cit.* (n. 220), pp. 66-68.

[222] *BV*, IIb, 14-15; 参阅 John Davies (trans.), *The Voyages and Travels of J. Ablbert de Mandelslo…into the East Indies* (London, 1662), p. 32，曼德尔斯罗的版本，M.S.Commissariat in *Mandelslo's Travels in Western India (A.D. 1638-39)* (London, 1931)，特意省略了曼德尔斯罗讲述的这段发生在古吉拉特的故事。

[223] 范·特维斯特写到"Bety-Chuit 是为记住这件不光彩事件而建的坟墓"。见译著 Moreland, *loc. cit.* (n. 220), p. 69。

[224] Moreland (*ibid.*) 简单表明："我毫不了解乔姆·莫约姆代表了什么。"对此表示沉默的科米萨里亚特（Commissariat）显然也不了解这些信息。关于穆斯林上层社会的道德沦丧,参见 M. Yasin, *A Social History of Islamic India, 1605-1748* (2d rev. ed.; New Delhi; 1974), pp. 85-97。

[225] *BV*, IIb, 16. 又见 J.Burgess, *The Architectural Antiquities of Northern Gujarat* (London, 1903), p. 53。

[226] *BV*, IIb, 19-20, 又见 Moreland, *loc.cit.* (n. 220), pp. 69-70。这份貌似混乱却有用的文件未出现于 R. J. Phul, *Armies of the Great Mughals* (1526-1707) (New Delhi, 1978), or Aziz, *op. cit.* (n. 98)。

[227] 在伊拉克的卡尔巴拉（Karbala）有缅怀殉道的侯赛因的周年纪念日,这最初是印度什叶派教徒的仪式。在戈尔康达的庆祝,参见原书第三卷第 1075-1076 页。曼德尔斯罗描写穆哈拉姆节,因为他在阿格拉看到庆祝活动（Davies [trans.], *op. cit.* [n. 222], p. 45）。关于这一时期在印度庆祝活动总的评论,参见 Yasin, *op. cit.* (n. 224), pp. 49-51。又参见本书插图 115。

[228] *BV*, IIb,23. 很明显这类故事在印度比较流行,因为佩尔萨特声称两兄弟在反对印度王侯的战役中牺牲。参见 Moreland, *loc .cit.* (n. 220), p. 71。

[229] Yasin, *op. cit.* (n. 224), p. 50.

[230] 参阅 Gokhale, *op. cit.* (n. 57), p. 42。

[231] Moreland (*loc. cit.* [n. 220], p.72) 不清楚沙·贾汗是否在统治初期完全废除殉夫制。通常如果莫卧儿总督确定妻子为自愿,则批准殉夫。

[232] 一些受到印度教影响的耆那教徒也崇拜偶像。参见 Jaini, *op. cit.* (n. 163), p. 194。

[233] 关于这个宗派的现代评论参见 N. A. Thoothi, *The Vaishnavas of Gujarat* (Calcutta, 1935)。

[234] 某些耆那教宗派也接受印度教诸神和传统英雄,虽然继续排斥《吠陀》的权威。参见 *ibid.*, pp. 304-6。

[235] *BV*, IIb, 30-41. 关于耆那教徒、瑜伽修行者和托钵僧参见 Jaini, *op. cit.* (n. 163), chap. viii。

[236] 他们的最高神是阿胡拉·马兹达（Ahura Mazda）或善神（Ormazad）。他的"7 个配偶"指的是 7 个 Amesha Spentas 或"神圣不朽之人",26 个仆人指的是 *yazatas*, 或天使。参见 Caland (ed.), *op. cit.* (n. 220), p.110, n. 1. 范·特维斯特提供了天使的名称和特性。

[237] *BV*, IIb, 41-45. 范·特维斯特对拜火教的叙述是对格雷森·德·容权威描述的总结。参见 Caland (ed), *op. cit.* (n. 220), pp. 104-250。虽然有些叙述只是部分正确,但与罗德和其他 17 世纪评论家对拜火教的描写相比要好一些。关于祆教徒礼仪风俗的全面研究参见 Modi, *op. cit.* (n. 216)。欧洲人总体认为祆教徒易于相处,因为他们从事贸易,不受堕落氛围的干扰,也不是"摩尔人"。

[238] 赛义德既不是逊尼派也不是什叶派。他们不与外族通婚。莫卧儿人主要是波斯人和住在印度西北边境的阿富汗人,他们都是什叶派。谢赫（Shaiks）一般是阿拉伯人或皈依者。参见

P. G.Shah, *Ethnic History of Gujarat* (Bombay, 1968), pp. 96-97。

[239] *BV*, IIb, 48-57.

[240] 英文翻译和评论参见 Moreland, *loc.cit.* (n. 220), pp. 72-74.

[241] *BV*, IIb,66-68; 又参见 Moreland, *loc.cit.* (n. 220), pp. 94-99 and S. Goysal, "Gujarati Shipping in the Seventeenh Cenury," *Indian Economic and Social History Review*, VIII (1971), 31-40。

[242] 更多详细参考书目，参见原书第三卷第 522-523 页。

[243] 参见 Vincent A. Smith, "The Credit Due to the Book Entitled 'The Voyages and Travels of J. Albert de Mandelslo into the East Indies,' " *JRAS*, 1915, pp. 245-254 and Commissariat, *op. cit.* (n. 222)。关于他在比贾布尔和果阿的活动，参见原书第三卷第 846-848 页。

[244] Davies (trans.), *op. cit.* (n. 222), pp. 16-24, *passim.* 又参见 Commissariat, *op. cit.* (n. 222), pp. 1-5。

[245] 1530 年，兰德尔和苏拉特同时被葡萄牙人洗劫。和苏拉特不同的是兰德尔在劫掠后再未复苏。*Nawāyits* 不再是兰德尔的主要居民。参见 Commissariat, *op. cit.* (n. 222), pp. 7-8, nn. 2-3 和原书第三卷第 611 页。

[246] Davies (trans.), *op. cit.* (n. 222), pp. 23-25.

[247] Commissariat (*op. cit.* [n. 222], p. 16) 评说："在古吉拉特居住的欧洲人着本地服装……并不是公认的事实。"

[248] Davies (trans.), *op. cit.* (n. 222), pp. 25-28.

[249] 阿默达巴德曾是北方耆那教徒的大本营。在曼德尔斯罗参观之前，这座耆那教寺庙刚建好几年，是由富有的耆那教珠宝商尚提达斯·贾沃瑞（Shantidas Jhaveri）所建，他深受沙·贾汗宠幸。曼德尔斯罗篇幅较长的这段描写是对这座著名寺庙最早且最完整的记述。这位德意志人参观后仅七年，寺庙被奥朗则布王子，后来的古吉拉特总督强令改成清真寺。关于曼德尔斯罗的总结描述以及对阿默达巴德的萨拉斯普尔（Saraspur）的钦塔马尼（Chintamani）（文中另一拼写为 Chinataman。——译者注）寺庙的进一步评述，参见 Commissariat, *op. cit.* (n. 222), pp. 23-25, 101-2。

[250] 这种丝织品可能叫 *patolas*。参见 J. Irwin, "IndianTextile Trade in the Seventeenth Century," *Journal of Indian Textile History*, I (1955), 21。

[251] 大部分从印度西部出口到欧洲的所谓丝织品都是棉丝混纺品。参见 *ibid*。

[252] Davies (trans.), *op. cit.*(n. 222), pp. 31-32.

[253] 指的是闻名的"印度飞狐"，一种翅膀展开有四英尺宽的蝙蝠。标本照片参见 Prater, *op. cit.* (n. 190), facing p. 161。又参见插图 234。

[254] Davies (trans.), *op. cit.* (n. 222), pp. 29-39, 是曼德尔斯罗关于阿默达巴德的描写。关于他对阿扎姆汗的评说参阅 Commissariat, *op. cit.* (n. 222), p. 31, n. 1; p. 40, n. 1。

[255] Davies (trans.), *op. cit.* (n. 222), pp. 39-44; 又参见 Commissariat, *op. cit.* (n. 222), p. 47。

[256] 关于古吉拉特白色公牛的惊人速度，参见 Commissariat, *op. cit.* (n. 222), p. 20, n. 2。

[257] Davies (trans.), *op. cit.* (n. 222), pp. 44-45, 54-60. 关于曼德尔斯罗在果阿，参见原书第三卷第 846-848 页。

[258] 参见 A. C. Roy, *History of Bengal, Mughul Period, 1526-1765.A.D.* (Calcutta, 1968), chap. vi; and O. Prakash, "The Dutch East India Company in Bengal; Trade Privileges and Problems, 1633-1712," *Indian Economic and Social History Review*, Vol. IX, Pt.3 (1972), 258-87.

[259] 早期最好的记录是由拉瓦勒（Laval）的弗朗索瓦·皮拉尔德（François Pyrard）所著。在那儿短暂居住后，他描述了 1607 年孟加拉的情况。参见 A. Gray and H.C.P. Bell (eds), *The Voyage of François Pyrard of Laval to the East Indies, the Maldives, the Moluccas and Brazil* (2vol.；"HS", LXXVI-VII; Cambridge, 1890，reprint ed. of Burt Franklin, N. Y.，n. d.), I, 326-36.

[260] 参见原书第三卷第 623 页。

[261] 标题接下去为：*With the state and magnificence of the court of Malcandy, kept by the Nabob Viceroy, or Vice-King,under the aforesayd Monarch,also their detestable religion, mad and foppish rites, and ceremonies, and wicked sacrifices and impious customs used in those parts.*

[262] 1745 年托马斯·奥斯本（Thomas Osborne）将其再版，并用于奥斯本扩充版的 *Collection of Voyages and Travels* (London, 1751) Vol. VIII。它同时也出现在哈克路特（Hakluyt）的扩充版中（1809—1812 年）。这些书卷中的版本是一样的。奥斯本的版本又出现于添加了序言和注释的 S. P. Acharya (ed.), "Bruton's Account of Cuttack and Puri", in *The Orissa Histroical Journal*, X (1961), 25-50.

[263] 在这一地区，穆斯林都是织工。

[264] 哈里哈普尔是现在克塔克区的贾加特新普尔（Jagatisinghpur）的老名称。参见 Acharya (ed.) *loc.cit.* (n. 262), p. 32, n. 29.

[265] 现在已没有 *Māṇikhaṇḍi* 宫殿存在过的痕迹。详情参见 *ibid.*, pp. 26-27.

[266] 英国商人进行贸易的商品为金、银、布匹和"香料（这些香料在印度那些地方很缺乏），可是在英国也几乎一样稀有"（*ibid.*, p.32）。他在此处无疑指的是马鲁古群岛的上好香料。

[267] 巴基尔汗在 1632 年被召回，后被穆塔兹德汗（Mu'tazid Khan），别名米尔扎·玛克（Mirza Maki）所取代。当布鲁顿在克塔克时，奥里萨邦被纳伊卜·纳济姆（Na'ib Nazim）短期控制。他就是与英国人打交道的行政长官。参见 R. D. Banerji, *History of Orissa from the Earlies Times to the British Period* (2 vols.; Delhi, 1980), II, 39, 62.

[268] 关于古印度测量时间的原理参见 A. J. Qaisar, *The Indian Response to European Technology and Culture, A. D. 1498-1707* (Delhi, 1982), pp. 67-68. 参阅原书第三卷第 991-992 页。

[269] 礼品包括：丁香、肉豆蔻干皮、肉豆蔻各 20 磅，两匹缎子，14 码法兰绒，一面镀金框镜子，一个捕鸟器和一把双轮手枪。

[270] 关于 1633 年 5 月 5 日纳伊卜·纳济姆签署的"*Parwan*"（贸易协定）文本，参见 Acharya(ed.), *loc. cit.* (n. 262), pp. 40-41，关于这个英国企业在奥里萨邦的后续历史参见

Banerji, *op. cit.* (n. 267), II, 62-63。

[271] 这支军队是为沙·贾汗的德干战役而准备的。关于奥里萨邦对这次战役的贡献参见 H. K. Sherwani, *History of the Qutb Shāhī Dynasty* (New Delhi, 1974), pp. 434-35。奥里萨邦的参战可部分解释为什么长官如此轻易答应了英国人的请求。而且不应忘记英国在马苏利帕塔姆的代理商和戈尔康达关系亲密。参见原书第三卷第 1019 页。

[272] 非印度教徒是不能进入印度教寺庙的，因此一位婆罗门接待一位基督徒更是非同寻常。从这一记述和当时其他欧洲人的描述来看，17 世纪的印度教徒比他们的后代更易于打开庙门和家门接待非印度教徒。参见 Acharya(ed.), *loc. cit.* (n. 262), p. 46n。

[273] 当今大约 6 000 名成年男子在普里的寺庙里做执事；贾甘纳特神龛的教职人员和服侍人员大约有两万人。Jagannath 是梵文词语，意思是"宇宙之神"，其实是克利须那的名称，他被尊崇为毗瑟如。参见 Murray, *op. cit.* (n. 191), p. 332。

[274] 现在贾甘纳特的车有"45 英尺高，周长 35 英尺，由 16 个直径 7 英尺的轮子支撑，昂首阔步的高头大马在前面拉车"。(*ibid*) 车子每年被毁掉重做。

[275] 现在会考虑到事故预防措施，以免信徒卷入车轮。参见 *ibid*。

[276] 巴尔巴哈陀罗（Balbhadra）和妙贤（Subhadra）分别是贾甘纳特的弟弟和妹妹，他们的车子小一些。参见 *ibid*。

[277] "这个圣所几乎是正方形，652 英尺长，630 英尺宽，周围石墙大约 20 英尺高，每堵墙中央有大门……。"寺庙北面一英里多处有一座闻名的花园庄园（*Candicha Mandir*），"贾甘纳特的车被带到这儿，在（6 月）节日期间放上八天……"(*ibid.*, pp. 332-334.)。

[278] Acharya (ed.), *loc.cit.* (n. 262), pp. 45-50.

[279] 更多详细文献参见原书第三卷第 349-350 页。对《路线》的评注版，英语译本，和学术介绍，参见 C. E. Luard and Hosten (trans.and eds.), *Travels of Fray Sebastian Manrique 1629-43* (2 vols., "HS", 2d ser., LIX, LI; Oxford, 1926, 1927)。

[280] *Ibid.*, I, 3-26. 这部分包括（pp. 25-26）对芒果的详细描写以及介绍如何吃芒果。

[281] *Ibid.*, pp. 27-39. 胡格利在 1537 年成为重要港口。塔瓦雷斯可能在 1577 年左右来到阿克巴皇宫，这一记载明显建立在当地资料的基础上，其他资料也证明了其真实性。

[282] *Ibid.*, pp. 40 -51. 曼里克没有提这些耶稣会士的名字，但当他批评这些传教士忘记"自己本行"而热衷于商业时，他肯定知道这些人的姓名。

[283] *Ibid.*, p. 52. 12 个省份分别为孟加拉、希吉利、奥里萨、哲索尔（Jessore）、昌德汗、米德纳普尔（Midnapur）、卡特拉卜（Katrabuh）、巴克拉（Bakla）、苏莱曼阿巴德（Sulaimanabad）、巴卢阿（Bhalua）、Dhaka（达卡）和拉杰玛哈（Rajmahal）。1338 年至 1576 年间，独立的孟加拉由苏丹统治，1576 年被莫卧儿占领。

[284] *Ibid.*, pp. 52-53. 将非伊斯兰教欠债人转为奴隶，在很多穆斯林国家都比较常见。

[285] 据说在印度，一些种类的大米有印度赤铁树（*Bassia Longifolia*）的花香味，印度赤铁树是一种树，它的花可以烤着吃。关于大米香味的介绍，参见 D. H. Grist, *Rice* (3d ed.; London,

1959), pp. 70-71。又参见 H. Drury, *The Useful Plants of India* (2d rev.ed.; London, 1873), p. 71。

[286] *Posto*（乌尔都语 [Urdu]）是从罂粟种子里提取的一种汁液。*Bhāng* 是从多种像大麻一样的植物——印度大麻（*Cannabis indica*）中提取的麻醉药。通常吸食，有时被混入甜点里直接吃。

[287] Luard and Hosten (trans.and eds.), *op. cit.* (n. 279), I, 52-60.

[288] 关于 "Calaim" 参见原书第三卷第 630 页，注释第 107 条。

[289] 这确实是一句普通的谚语。印地语为："*Māre, Thākur; na māre,kukkur*"。关于敬语 *Thākur*，参见 Yule and Burnell, *op. cit.* (n. 18), p. 915。

[290] Luard and Hosten (trans.and eds.), *op. cit.* (n. 279), pp. 61-66.

[291] 曼里克提到的 "稻草" 可能是画眉草（*kusa*），婆罗门会拿着它背诵 *Gayatri*（太阳颂）。"像勺子一样的容器" 是献祭物时用的珍贵礼物（*argha [arghya]*）。参见 *ibid.*, p. 68。

[292] 参阅原书第三卷第 676-677 页。

[293] 菩提（Puti）寺庙里事实上有三个四肢全无的木雕偶像。代表贾甘纳特、他的妹妹妙贤和弟弟巴尔巴哈陀罗。关于三神的图片参见 K. Mahapatra (comp.), *The Jagannatha Temples in Eastern India* (Bhubaneswar, 1977), frontispiece。曼里克的描写可能是道听途说。

[294] Luard and Hostern (trans.and eds.), *op. cit.* (n. 279), I, 67-72. 曼里克大部分关于杜尔迦的记述表明他误解了女神在印度教诸神排名中的位置。

[295] *Sāgar* 的意思是 "海洋"。这个岛位于恒河圣水曾注入孟加拉湾的位置。数以千计的香客依然每年在此聚集。参见 *Imperial Gazeteer of India, Provincial Series, Bengal*, p. 204。

[296] 曼里克赞扬在戴拜（Diamper）的宗教大会（1599 年）上颁布这项法令的梅内塞斯（Meneses）。最早禁止这种贸易的实际上是果阿第三次省委员会法案（1585 年）。

[297] Luard and Hosten (trans.and eds.), *op. cit.* (n. 279), I, 73-79. 曼里克在大量描写殉夫时从未考虑到这一行为可能是自愿的。

[298] 关于约翰·亚德参见 *ibid.*, II, 95, n. 1；关于英国人在奥里萨邦的情况，参见原书第三卷第 673-678 页。

[299] *Ibid* ., pp. 95-104.

[300] *Ibid* ., pp. 105-19. 皇帝的第二个儿子，1639 年成为孟加拉长官，1659 年被弟弟奥朗则布赶下台前一直在位。

[301] 1575 年的瘟疫使高尔了无人烟。关于这个城市毁灭的详细记录参见 J. H. Ravenshaw, *Gaur* (London, 1878)。

[302] 现代的巴特那城是比哈尔（Bihar）省的省会，拥有将近 30 万的人口。

[303] N. Manucci in *Storia do Mogor* (2 vols.; London, 1907), I, 192; II, 125 中讲述了同样的故事。

[304] 其实是舍尔·沙（Sher Shah）的陵墓。他作为阿富汗的穆斯林国王在 1540 年至 1545 年统治德里。

[305] Luard and Hosten (trans.and eds.), *op. cit.* (n. 279), II, 120-50.

[306]关于芬奇和德·莱特的描述，参见原书第三卷第614-615页，第620-621页。

[307]阿格拉的两位耶稣会士分别为安东尼奥·德·奥利维拉神父（Father Antonio de Olivera）和马特奥·德·拉·克路士（Matheo de la Cruz），普通的参考资料中都没有提到这两人。安东尼奥·德·克里斯托（Antonio de Christo）是奥古斯丁会修士，曾在胡格利做修道院院长，1632年至1633年莫卧儿侵犯胡格利时，他和当地4 000名基督徒，连同其他几位牧师一同被捕。

[308]1601年阿西尔格尔陷落后，坎德什贵族被阿克巴作为人质，参见原书第三卷第630页。

[309]参见原书第三卷第615-616页。

[310]著名的泰姬陵始建于1631年，即阿尔珠曼德死后一年，建成于1648年。

[311]白色的大理石从斋浦尔运来，斋浦尔距阿格拉约两百公里，红色砂石来自于附近相邻的菲特普尔·西科里。参见 K. C. Mazumdar, *Imperial Agra of the Moghuls* (2d ed.; Agra, 1939), p. 168。

[312]韦罗尼奥在规划泰姬陵中的作用这一话题倍受争议，对此问题的讨论，参见 Luard and Hosten's special appendix in *op. cit.* (n. 279), II, 173-77。Mazumdar, *op. cit.* (n. 311), p. 167 中谈到韦罗尼奥是否是陵墓的建筑师是一个谜，他声称总设计师是土耳其的穆罕默德·伊萨·阿凡迪（Muhammad Isa Afandi），助手是撒马尔罕（Samarkand）的穆罕默德·沙里夫（Muhammad Sharif）。

[313]作为 *Vazīr* 或沙·贾汗首席大臣的阿萨夫汗，是帝国最有影响力的人物，"莫卧儿君主的善行、礼物和优惠措施也是通过他来传递的"。参见 Luard and Hosten (trans.and eds.), *op. cit.* (n. 279), II, 178-79。

[314]曼里克在这里是错误的。这座宫殿由舍尔汗（Sher Khan）建成，胡马雍只是使用者。

[315]这座宫殿以及花园可能在1709年被销毁，当时锡尔欣德被锡克教徒掠夺。芬奇还介绍了这座御花园。关于它的历史和其他参考资料，参见 Ansari, *op. cit.* (n. 86), pp. 56-57。

[316]Luard and Hosten (trans.and eds.), *op. cit.* (n. 279), II, 185-89.

[317]对这座宫殿和宝座的叙述可能基于传闻，而非直接观察，参见 *ibid.*, II, 190-99。关于建于贾汗吉尔和沙·贾汗统治时期的皇宫或 Diwan-i-Am 的其他部分，参见 Murray, *op. cit.* (n. 191), pp. 489-91。

[318]他的母亲是巴尔马提·贝加姆（Balmati Begam），是乔德普尔（Jodhpur）皇家的印度教徒。

[319]关于罗伊对贾汗吉尔称重的描述参见 Luard and Hosten (trans.and eds.), *op. cit.* (n. 279), II, 200-204，参阅原书第三卷第640页。

[320]皇帝的岳母是阿萨夫汗的妻子，皇帝的女儿贾哈纳拉·贝加姆（Jahanara Begam）是阿萨夫汗的外孙女。

[321]名正言顺的继承人达拉·舒科(Dara Shikoh)(拼写错误，应为 Shukoh。——译者注)，是沙·贾汗最心爱的大儿子，他生于1618年。1659年在奥朗则布的指使下，这位王子被杀死。参见 Luard and Hosten (trans.and eds.), *op. cit.* (n. 279), II, 216, n. 12。

[322] *Ibid.*, pp. 205-20.

[323] 曼里克提到的"巴卡王国"指的是信德，或印度河区域。

[324] 提到的可能是一种混合丝绸和棉的廉价条纹布，根据英国商馆记载又称作"tapseels"，参见 Irwin, *op. cit.* (n. 250), p. 30。

[325] 这个拉其普特人的小国当时被马哈拉瓦尔·曼彻达斯（Maharawal Manchardas）统治。

[326] 他于 1641 年 11 月 21 日去世，葬在拉合尔。他的财产立刻就被沙·贾汗按照莫卧儿帝国惯例没收。

[327] Luard and Hosten (trans.and eds.), *op. cit.* (n. 279), II, 221-43.

[328] 1637 年坎大哈卖给沙·贾汗，1648 年又被波斯人夺回。

[329] Luard and Hosten (trans.and eds.), *op. cit.* (n. 279), II, 245-98. 他偶尔根据自己的经验和观察添加一些内容。但总起来说这些添加内容是对他早期行程记述的重复。

[330] 关于他在戈尔康达的旅行，参见原书第三卷第 1077-1079 页。

[331] 关于《塔维尼耶六游记》（*Les six voyages*）的准备工作及其参考文献，参见原书第三卷第 416-418 页。第一版被分为两部分，分别出版在两卷书中，其中第二部分涉及印度及其邻国。以下引文来自 1889 年瓦伦丁·鲍尔（V. Ball）的英译本，并被编辑于 W. Crooke, *op. cit.* (n. 24)。

[332] 例如，在塔韦尼耶初版第二部分的插图中包括当时在印度流通的一系列印制粗糙的硬币，和一些在市场上可以买到的宝石。这些插图在英译本中都不存在。

[333] 在评价塔韦尼耶及其同时代的历史资料时，贾杜纳斯·萨尔卡尔爵士（Sir Jadunath Sarkar）表示："他们的作品具有毋庸置疑的价值，它使人们了解到印度人民的生存条件、贸易和工业状态，以及印度基督教的历史。此外，这些来自国外的观察家对印度的行为方式和机构的批评也有独到之处和重要意义。但是在关于印度政治史的记载上，除了他们参与或亲历的一些事件，他们的报告只是转载了市井传言或民间流传的故事，所以在权威性上与波斯语记载的历史和信件等证据，还无法相比。"（*A Short Histor of Aurangzib, 1618-1707* [3d ed.; Calcutta, 1962], pp. 6-7)

[334] Ball and Crooke (trans.and eds.), *op. cit.* (n. 24), I, 257, n. 2.

[335] 当代对他贸易路线的批评，参见丹尼尔·哈瓦特（Daniel Havart）在原书第三卷第 1086 页总结的评论。

[336] 这是穆罕默德·沙（Muhammad Shah）的汗号，他是将贝尔尼埃从阿默达巴德带到阿格拉的波斯商人，沙·贾汗任命他为军队军需官，不久，他开始为皇帝负责外交事务。后来，他成为沙贾汗纳巴德（Shahjahanabad），即德里总督，并于 1670 年在德里去世。

[337] 详细参考书目，参见原书第三卷第 414 页。以下引文来自 A.Constable (ed.), *Travels in the Mogul Empire*, A.D. 1656-1668 *by François Bernier: A Revised and Improved Edition Based upon Irving Brock's Translation* (2d ed.; Delhi, 1968)，这一版本最早出版于 1891 年。

[338] *Ibid.*, pp. 4-12. 沙·贾汗不止有四个儿子，这里提到的儿子都是同一位母亲所生。1657 年在

他患病不久，已经准备让达拉作为他的继承人。参见 Sarkar, *op. cit.* (n. 333), pp. 42-45。

[339] 塔韦尼耶（Ball and Crooke, *op. cit.* [n. 24], I, 261）断言达拉被分配到信德省。事实上他被派往旁遮普做总督。

[340] 米尔·朱木拉是戈尔康达的第一位大臣。当穆罕默德·萨伊德（Muhammad Sa'id）——在印度他通常被称为米尔·朱木拉——变得非常富有和强大时，就激起戈尔康达苏丹阿卜杜拉·库特布沙（Abdu'llah Qutb Shah）的敌意。1656 年，担心自己生命安全的米尔·朱木拉开始寻求莫卧儿的保护。关于在戈尔康达时他和塔韦尼耶的关系，参见原书第三卷第 1077-1079 页。

[341] 参阅原书第三卷第 1073-1073 页。

[342] 关于莫卧儿宫廷政治对德干事务上的影响，参见 Y. M. Khan, *The Deccan Policy of the Mughuls* (Lahore, 1971), pp. 196-97。

[343] 这条条款奥朗则布没有出示给皇帝。当沙·贾汗知道此事时，此条款已经从条约中删除。参见 *ibid.*, p. 221。

[344] Constable (ed.) *op. cit.* (n. 337), pp. 16-22。这实质上是对 1656 年的背叛与和平解决相当准确的记载。参阅 Sherwani, *op. cit.* (n. 271), pp. 441-44。并参考原书第三卷第 1090-1091 页。

[345] 瓦伦丁·堡医生，一位地质学家，也是塔韦尼耶的翻译，认定这颗钻石为著名的光明之山（Koh-i-Nur），参见 Ball and Crooke(trans.and eds.), *op. cit.* (n. 24), I, xxx; II, 331-48。

[346] 这位贵族是奥朗则布热心的支持者，他可能是自然死亡，奥朗则布希望米尔·朱木拉能在朝廷中获取这位去世的贵族的位置。参见 Khan, *op. cit.* (n. 342), p. 222。

[347] Constable (ed.), *op. cit.* (n. 337), pp. 22-24. 1656 年穆罕默德·阿迪勒沙（Muhammad Adil Shah）的去世导致莫卧儿由戈尔康达转到比贾布尔。参见 Khan, *op. cit.* (n. 342), p. 227。

[348] 参阅 Gokhale, *op. cit.* (n. 57), pp. 52-53。

[349] Constable (ed.), *op. cit.* (n. 337), pp. 24-41. 对拉其普特人和他们在战争中的奉献精神，贝尔尼埃的讲述有些离题。

[350] 达拉的军队"只是在外观上看着强大而已，虽然有 6 万人……但却没有得到妥善协调，也没有进行协调作战的训练"（Sarkar, *op. cit.* [n. 333], p. 61）。贝尔尼埃质疑同时代人提供的关于这支莫卧儿军队的人数，这位法国医生怀疑他们估算的数目里包括随军迁移的"大量军营服务人员"。参见 Constable (ed.), *op. cit.* (n. 337), p. 43。

[351] Constable (ed.), *op. cit.* (n. 337), pp. 42-55. 参阅萨穆加尔战役的记述（1658 年 5 月 29 日），Sarkar, *op. cit.* (n. 333), pp. 62-67, especially p. 66n。通过将杂乱无章的莫卧儿军队和有高度组织性、纪律性的法国军队进行比较，贝尔尼埃总结了自己的观点。同时他也认可各位王子的英勇善战。

[352] 穆拉德随后被转移到瓜廖尔监狱，1661 年 12 月，奥朗则布下令将其在那里斩首。参见 Sarkar, *op. cit.* (n. 333), p. 71。

[353] 萨尔卡尔（*ibid.*, p. 86n.）提到的这个故事没有其他同时代资料来源支持，可能出于"集市

八卦"。

[354] Constable (ed.), *op. cit.* (n. 337), pp. 55-82. 据贝尔尼埃记载，苏查得到居住在三角洲地区的八九千欧洲人的支持。

[355] 他 1676 年 12 月 5 日在那儿去世，被送往德里埋葬。

[356] 实际上他活得够长，并在 1707 年继承王位。

[357] 1658 年 7 月 5 日，囚禁穆拉德之后，奥朗则布前往德里，7 月 31 日他在德里自己加冕做了皇帝。

[358] 关于德奥拉伊（Deorai）战役（1659 年 3 月 12—13 日），参阅 Sarkar, *op. cit.* (n. 333), pp. 73-75。

[359] 由于为科利人服务了七八天，这位法国医生也因此得以保住性命。此后他被带到阿默达巴德附近。进城后他遇到了一位波斯贵族，这位贵族把他安全带到阿格拉，并成为他的赞助人。Constable (ed.), *op. cit.* (n. 337), pp. 91-92. 同时参见 Tavernier remarks in Ball and Crooke (trans.and eds.), *op. cit.* (n. 24), I, 279 中的评论。

[360] Constable (ed.), *op. cit.* (n. 337), pp. 83-108. 穆拉德在 1661 年 12 月 4 日被斩首，苏莱曼死于 1662 年 5 月。作为先知后裔的赛义德家族成为莫卧儿朝廷内部一个强大派系。

[361] 事件发生在阿拉干国王僧陀都昙摩(King Sandathudamma)时期(1653—1684 年在位)。参见 G. P. Harvey. *Outline of Burmese history* (Bombay, 1947), pp. 95-96。

[362] Constable (ed.), *op. cit.* (n. 337), p. 115. 约翰·德莱顿（John Dryden）创作的悲剧，名为《奥朗则布》（*Auring-Zebe*），写于 1675 年，故事发生在 1660 年的阿格拉，以贝尔尼埃（1671—1672 年）的英文译作为基础。参见 *ibid.*, Appendix I. 关于孟加拉战争，参见 Sarkar, *op. cit.* (n. 333), pp. 87-93。

第十章　奥朗则布统治下的帝国

　　17 世纪后半期有一个令人关注的现象：即在这一时期共存着数个漫长的专制主义政权，包括罗马帝国的利奥波德一世（Leopold I）、法国的路易十四（Louis XIV）、中国的康熙（K'ang-hsi）皇帝和印度的奥朗则布。奥朗则布统治时期（1658—1707 年）可能是印度历史上最重要的时期，也是莫卧儿达到其历史顶峰的时期，他建立了印度史上最大的统一国家。在广大的领土上奥朗则布实行高度集权统治，帝国所有的军队和行政区都由皇帝的手下直接管理，偶尔半独立的幼君会被派往远方做封臣。当时多种宗教制度在印度继续并存，但是非穆斯林教徒受到越来越严厉地压制，伊斯兰教则得到很大发展，因为和前面几位皇帝不同，奥朗则布是一位狂热、坚定、严守教规的穆斯林。同时他也是一位在极盛时期种下衰败种子的皇帝，当时农业被严重忽视，德干战争造成财富流失、人口削减，勇敢的非穆斯林民族——拉其普特人、马拉他人（Mahratta）和锡克教徒在边境兴起，他们长期且有效地挑战着奥朗则布和他的莫卧儿继承人。

　　同样在 17 世纪后半期，一直在苏拉特和胡格利处于忍耐状态的欧洲人开始取得一些突破。英国商人越来越大胆，他们的轮船在东西两个海岸都越来越活跃。1687 年，英国直辖殖民地孟买（Bombay）成为东印度公司总部，1690 年

英国人建成了加尔各答。奥朗则布逐渐意识到如果不与英国合作，他则无力保

护海上国际贸易和香客往来的正常进行。在欧洲，特别是在英国，大量民众将注意力投向莫卧儿。本世纪最后一个年代产生的"印度迷"，是由对棉织品的狂热带动起来的。17 世纪 80 年代后期，莫卧儿人和英国人之间的敌对情绪加剧，由于进口印度货物而失业的英国纺织工人发动暴乱，矛盾激化到顶点。在英国和欧洲的其他地方，民众可以阅读到由当事人撰写的关于奥朗则布的大量精确的第一手材料，到过印度的英国航海家写作出版了许多文章书籍，很多用其他欧洲语言创作的作品也被迅速翻译成英语。

在欧洲特别有影响的是已经讨论过的塔韦尼耶和贝尔尼埃的作品。[1] 让·德·特维诺（Jean de Thévenot，1633—1667 年）是一位年轻的法国旅行家，他在 1666—1667 年间用了一年多的时间访问了古吉拉特、德干和戈尔康达，却在返回欧洲途中死在波斯。他在巴黎的两个朋友将他的手稿、日记和各地游记在 1664—1684 年间分期出版，最晚出版的是 1684 年的《印度志》（*Relation de l'Indoustan*）。[2] 约翰·奥维格顿（John Ovington，1653—1731 年）是一位年轻的教堂牧师，毕业于都柏林三一神学院，1689 年，孟买和苏拉特的东印度公司聘任他为公司职员传教。他在印度待了两年，回国三年后出版了旅行游记。[3] 约翰·弗莱尔（John Fryer，约 1650—1733 年）是一位毕业于剑桥的年轻医生，先受聘于东印度公司。在印度时，他 1673—1675 年在孟买工作，1674 年 9 月至 1675 年 4 月，1676 年 12 月至 1677 年 1 月，1679 年 1 月至 1682 年 1 月在苏拉特工作。期间，他还顺道到德干、北卡纳拉（North Kanara）、果阿和其他附近地区旅行。他的书中有 8 封长信，描写了 1672 年至 1681 年间他在印度和波斯的经历。[4]

1699 年卡雷神父（Abbe Carré）的两卷书——《东印度之旅》（*Voyage des Indes Orientales*）和《异域奇闻》（*mêlé de plusieurs histoires curieuses*）——在巴黎出版。其中大部分内容与他 1668—1671 年间第一次在印度的工作、生

活经历有关。科尔伯特（Colbert）派他陪伴卡龙（Caron）前往东方，与法国东印度公司的荷兰负责人一起在印度和波斯建立法国商馆。他记录下了自己的活动，并在此基础上向科尔伯特写汇报。1671 年他回到法国，却在 1672 年

至 1674 年间再次踏上印度这块土地。他第二次旅行的日记直到 1947—1948 年才出版。[5]1699 年出版的书卷包括：对苏拉特和朱尔的简要描写、两篇西瓦吉（Sivaji）传记、几篇关于叛教的法国和葡萄牙奴隶的"奇闻怪事"。在这些书卷中，令人难以分清的是：哪些是他第一次的旅行经历，哪些是对两次旅行经历的总结。但可以肯定的是，他对朱尔和西瓦吉的描写依据他两次旅行的日记。虽然在他的作品中也有大量重复前人的内容，但是关于西瓦吉的传记因其年代的准确性和细节描写的丰富性，在欧洲当代作品中独树一帜。[6]

17 世纪末周游世界的意大利旅行家乔万尼·弗朗西斯科·杰米利·卡雷里（Giovanni Francesco Gemelli Careri，1651—1725 年）出版了六卷本的《环游世界》（*Giro del mondo*，那不勒斯 [Naples]，1699—1700 年）。[7]1695 年的头几个月他在印度旅行，这位律师显然有能力自付路费，所到之处，都受到热烈欢迎，特别是受到在印度的葡萄牙天主教教徒的欢迎。卡雷里偶尔会引用自己熟悉的贝尔尼埃、塔韦尼耶和特维诺的作品，但主要还是以自己的日记为基础，显然不管旅途环境如何艰苦，他仍然坚持记日记。[8]本书下面的论述就是以塔韦尼耶、贝尔尼埃、特维诺、奥维格顿、弗莱尔、卡雷和卡雷里的作品为根据，以葡萄牙耶稣会教士曼努埃尔·戈迪尼奥（Manoel Godinho，1632—1712 年）和法国商人弗朗索瓦·莱斯特拉（François L'Estra，1650—1697 年）的作品为补充。[9]总之，叙述奥朗则布统治下的帝国，尽量以上述观察家的所见所闻为基础。

第一节　宫廷、贵族、军队

1658 年奥朗则布在德里自封为王，当时没有举行正式的仪式，于是在 1659 年，连年战争尚未结束之前，他正式为自己加冕。之后的两年，他囚禁着自己的父亲沙·贾汗，清除了反对他的残余势力。作为帖木儿的后代，他被称为"伟大的莫卧儿"，或 "Burrow Mogul Podeshar"（印地语或乌尔都语，*Bara Mughal Padishah*）。其他的穆斯林国家和荷兰很快派使者前往德里向新皇帝表示祝贺。[10]最早的使者来自于奥克苏斯河（Oxus River）以北乌兹别克斯坦（Uzbek）的鞑靼可汗（Tartar Khan），乌兹别克斯坦人明确承认奥朗则布的王权，表示愿意效劳并真诚祝福国家长治久安、繁荣昌盛。在致上"美好祝福"（Salam）后，他们走上前向乌马尔（*umar*，宫廷贵族）呈上一封信，由他将信打开呈给皇上。奥朗则布仔细看完信后，下令赏赐每位大使一套"Serapah"（波斯语，*Sar-o-pā*或荣誉之袍），包括"一件锦缎马甲、一块丝质绣花包头巾、一条肩带或腰带"。这项仪式后，可汗奉上自己的礼物，包括：成箱的天青石"或最上等青石"、长毛骆驼、鞑靼骏马，还有许多由骆驼驮来的新鲜或风干的水果。皇帝谢过大使，又询问了两三个关于"在撒马尔罕（Samarcande）的学院"的问题后，就让他们退下了。[11]

在德里逗留的四个月间，贝尔尼埃为几位生病的鞑靼人看病，并三次借机询问他们国家的情况。结果发现他们对自己国家的边界都一无所知，而且就他们个人来讲都心胸狭窄、卑躬屈膝、不讲卫生。他和他们一起吃马肉，发现他们吃饭时不交谈，也不会使用勺子。这些乌兹别克人夸耀自己强壮的身体，高超的箭术，还不停讲述本国女人强壮勇猛的故事，"与她们相比，善战的亚马孙（Amazon）① 也显得胆怯弱小了"。[12]

鞑靼人还在德里时，奥朗则布"得了重病"。一时间他已经死亡或即将死亡的谣言四起，宫廷内似乎酝酿着一场新的继承权危机。为了阻止"公共骚乱，或沙·贾汗借机逃亡"，生病后的第五日，奥朗则布让人把他抬到贵族议会厅。此后，为了证实他依然活着且当政，他经常出现于公共场所，并定期把重要贵族召集到床边。在身体恢复期间，他试图安排哥哥达拉的女儿与自己的三儿子结婚，可是没有成功。三儿子阿克巴是他最宠爱的儿子，"他想让他成为继承人"，因为他的母亲是穆斯林，而其他两个儿子的母亲则是拉其普特（印度教）公主。贝尔尼埃注意到，如果能获得利益，莫卧儿人"不介意与异教徒结婚"。

皇帝在 1662 年接待了"阿德瑞坎先生"（Monsieur Adrican），他是在苏拉特的荷兰商馆主管。[13]尽管这位皇帝自称为虔诚的穆斯林，而且也一直憎恶"法

710

---

① ［希神］相传曾居住在黑海边的一族女战士中的一员。——译者注

兰克人（Franks）或基督徒"，但还是有礼貌地接待了这位荷兰大使。大使和同伴接受了荣誉之袍后，也向皇帝呈上自己带来的礼物：精致的红色和绿色的布匹、"大望远镜"，还有几件来自中国和日本的物品，包括"一项 paleky（轿子）和一个 Tack-ravan（*Takht-i-rawan*），即一件在旅行中可以使用的宝座。宝座做工精致，令人赞叹"。荷兰使团此行的目的是想获得皇帝的好感，让皇帝了解荷兰的情况，并认识到与荷兰贸易对帝国经济发展的重要性。荷兰人还希望借此暗示与他们直接打交道的地方官员，让这些官员知道他们有能力直接面见皇帝表达不满。尽管荷兰方面认为这些交涉进展缓慢，但奥朗则布终于允许他们带着荣誉之袍和"一封非常有礼貌的信"去找巴达维亚总督。[14]

　　1644 年，麦加、也门、巴士拉（Bassora）和埃塞俄比亚的五位大使同时来到德里。前三位大使受到了简单的接待，因为"他们到此呈送礼物，可能只是为了获得钱财上的回报"，而且他们还期望在销售马匹和其他商品时可以免税，同时他们用在此地赚的钱再去购买当地物品，并且希望在出口这些商品时关税也能豁免。来自埃塞俄比亚的两名大使，贝尔尼埃有些讥讽地写道，得到了稍微多一点的关注和尊重。其中一位是买卖奴隶的穆斯林商人，另一位是亚美尼亚基督徒商人，几年前贝尔尼埃曾经在摩卡遇到过他们。他们准备的礼物本来包括 25 名"精心挑选的奴隶"、15 匹马、一张斑马皮、两根巨大的象牙、一个装着麝猫香的牛角，但是因为西瓦吉在苏拉特的掠夺，他们失去了大部分礼物和私人物品。[15] 尽管亚美尼亚人带来一封范·阿德瑞亨（Van Adrichem）写给贝尔尼埃的信，但这位法国人却很难帮助他们，因为空手而来的埃塞俄比亚大使根本不受宫廷的重视。最后在贝尔尼埃赞助人的劝说下，奥朗则布终于公开接见了他们，并给了他们一笔钱，但要求其中一部分资金必须用于当地一座著名清真寺的修复，这座清真寺曾经被葡萄牙人抢掠一空。贝尔尼埃和他的赞助人咨询了大使许多关于埃塞俄比亚、尼罗河源头等问题。奥朗则布也问了他们两个问题，因为他特别想了解他们国家伊斯兰教的情况。[16]

　　波斯大使已经到达边境的消息传到德里，这一消息让宫廷的波斯人很激动，这位大使也"受到极其隆重的接待"。奥朗则布第一次公开接见他时，这位波斯人没有遵守莫卧儿宫廷礼仪，而是按照波斯人的习惯行额手礼，皇帝本人直

711

接从大使手中接过信件，并高举到头顶以示特别的尊重。读完信，奥朗则布下令直接给大使穿上传统的荣誉之袍。依据礼节，波斯人随后展示了他带来的礼物：25匹"外罩绣花锦缎"的骏马，20头大骆驼，多箱瓶装玫瑰油，一种叫作 *bedmushk*（加香料的甜酒）的蒸馏酒，五六张地毯，一些绣花锦缎，4把镶嵌珠宝的弯刀，4把有类似装饰的匕首，最后是五六套上面有刺绣、小珍珠和绿松石的马鞍。此后，大使被扣留在宫廷主要贵族的居住地，奥朗则布的供给使他在德里仍然能过着奢华的生活。对此，宫内谣传的原因是：波斯国王在信中谴责奥朗则布杀兄禁父，不配做兄弟和儿子，更不配做一名虔诚的穆斯林。但是贝尔尼埃却不相信这一传闻，他认为可能是信件或者大使傲慢的言行举止惹怒了皇帝。[17]

712

　　奥朗则布对老人不是特别尊重。他责备以前的老师毛拉·沙（Mulla Shah）未能教授他其他国家、特别是欧洲国家的重要性，而且没有教他印度邻国的语言和风俗。他也批评王子的老师只往他们头脑里灌输无用的阿拉伯语法和迷惑人的哲学术语，而没有教授他们做君王的基本知识，比如如何作战等。沙·贾汗尽管被囚在阿格拉的城堡里，却很受"纵容和尊重"。这位被罢黜的国王在禁闭处变为一位"非常敬虔的"穆斯林，并以赏玩动物为乐。奥朗则布给父亲送去大量礼物，体贴照顾他，还与他商讨国家大事。最后年老的父亲慈爱地原谅了自己叛逆的儿子。[18]

　　皇帝还是担忧米尔·朱木拉的野心，苏查战败后，米尔·朱木拉被派往远方的孟加拉做总督。在提拔他做阿米尔之长（Amīr-ul-Umarā，或最高等贵族）后不久，奥朗则布就派他带一队远征军去镇压强大富有的阿萨姆邦（Assam）王侯，王侯的领土在达卡北面。[19]米尔·朱木拉勉强答应，并在达卡组建军队，军队从达卡逆流而上，很快攻下哈乔（Hajo）堡垒，继续往萨姆哈拉（Samdhara）进发，并在那里击败王侯，迫使他逃到"拉萨附近的山中（拉萨或西藏）"以求庇护。米尔·朱木拉掠夺了加尔冈（Garhgaon）的都城后，军队却因大雨困在阿萨姆邦，并不断受到王侯军队的骚扰。旱季到来时，米尔·朱木拉离开战场，带着掠夺品和伤兵回到孟加拉，不久他生病并死于痢疾。他的死亡解除了奥朗则布对这位强有力对手的长期恐惧，他第一次感觉到自己真正成为"孟加拉王"。皇帝夹杂着感激和解脱的心情，宣布逝者的儿子"Mahmet"（穆罕默德·阿敏汗[Muhammad Amin Khan]）为"父亲财产的唯一继承人"，不必抢夺，因为他是合法继承人。[20]

奥朗则布的叔父谢斯塔汗接替米尔·朱木拉成为孟加拉总督和最高贵族。新总督不再继续攻打阿萨姆邦，而是计划进攻阿拉干，以此来惩罚其统治者对苏查及其家人的虐待，同时他还要终止三角洲上阿拉干-葡萄牙人（Arakan-Portuguese）的抢劫。葡萄牙人居住地成为了大多数逃亡到东方的欧洲人的避难所，他们的活动中心是阿拉干保护下的吉大港。这些叛教者在这儿"强夺财物或做海盗"。他们将恒河边城市和村庄的居民掠来，卖给胡格利的葡萄牙人或者卖到国际奴隶市场，市场位于"奥里萨邦海滨的帕尔米拉斯角（Palmyras Point）附近的加勒（Galles）岛上"。目前葡萄牙人占有位于恒河口的森德维普（Sundiap 或 Sundwip）岛，一位奥古斯丁天主教会修士控制着"这一狭小区域"。为了发动对阿拉干和这些海盗的海战，谢斯塔汗与荷兰人签订了协议。在荷兰船只到达以前，这位莫卧儿总督先诱降吉大港的欧洲人，声称如果他们安于接受奥朗则布的统治，则会在孟加拉受到优待。听到这一消息的葡萄牙人，马上载满货物乘船从吉大港前往孟加拉。但是在利用他们收复桑德维普岛后，不再需要他们的总督也不再善待他们。[21]

奥朗则布朝中最重要的侍臣和大臣之一是他的二儿子苏丹穆阿扎姆（Mu'azzam)。他负责德干地区，但权力有限。马哈巴特汗是喀布尔前总督，现在重新受到皇帝宠爱，并任命为古吉拉特的总督（1662—1668年在位）。丹尼斯迈德汗（Danishmand Khan）是贝尔尼埃的赞助人，他被任命为德里总督，并负责皇宫的外交事务。迪阿奈特汗（Dianet Khan）是克什米尔的总督，那儿是世上的伊甸园。拉其普特首领则卷入了西瓦吉事件。西瓦吉，这位比贾布尔的印度教徒，不但是比贾布尔君主的敌人，也是德干的一大麻烦。可能是仰仗拉其普特人的纵容，（1664年）他在苏拉特抢劫了三天，奥朗则布最终说服拉其普特的王侯贾·辛格一世（Jai Singh I）指挥皇家德干军队前去制服西瓦吉。拉其普特人攻击了西瓦吉的主要堡垒，最后经过协商，西瓦吉归顺奥朗则布。条件是：西瓦吉加入皇帝的军队并与其合攻比贾布尔；奥朗则布封西瓦吉为王侯，

713

他的儿子也可获得俸禄。此后，皇帝邀请西瓦吉前往都城，到都城时，西瓦吉意识到自己中了皇帝的圈套。为了保全性命，他在夜幕掩护下乔装潜逃。在如此紧张的气氛下，贾·辛格放弃了德干的军队，迅速返回自己的地盘以防止可能产生的报复性掠夺，不久后他在布尔汉布尔[22]自然死亡。

714　　　在 1663 年从德里寄给弗朗索瓦·德·拉·莫特·莱·瓦耶（François de La Mothe Le Vayer，1588—1672 年）的一封信中，贝尔尼埃为朋友描述了德里和安哥拉。[23]他先讲了两个都城的建筑：这些建筑虽然与法国的不同，但很适合印度炎热的天气，而且拥有自己独特的魅力。大约四十年前（实际上是 1638 年），沙·贾汗为了名垂千古，在老德里的废墟上开始建新城。今天全印度的人都将这座新城称为沙贾汉纳巴德（Shahjahanabad）。[24]贝尔尼埃继续称作"德里"的这座全新的城市位于朱木拿河畔西岸平坦的土地上，状如"新月"。除了临河一侧，德里及其堡垒都被砖墙围绕。一条由船连接而成的浮桥将城市与河另一边的国土相连。城外是古城的废墟和几个小郊区。包括皇宫和后宫的"半包围型"城堡被很大一片沙地与河隔开，这片沙地也是动物争斗和贵族列队的场所。[25]城堡的墙由砖和红色石头建成，为了不受河流侵害，墙外有毛石砌成的"深沟"保护，沟里有水，还有很多鱼。[26]挨着护城河的是一个大花园，走过花园是大广场，城里两条主干道在此汇合。[27]

　　　轮到印度王侯"每周一次……安排警卫时"，他们会在皇家广场搭起帐篷。城堡内的守卫是莫卧儿贵族。拂晓时他们训练和检查御马。突厥马在大腿处用御印盖上"奥姆勒赫"的标记，这样就能知道马主人是谁[28]。每日的市场让贝尔尼埃想起巴黎新桥（Pont-neuf），市场吸引了江湖医生、玩杂耍的和占星师来到广场。两条主街宽达 25 至 30 步，"笔直地向前延伸，几乎望不到头"。街道两边排着拱形的廊，"就像我们宫殿里的一样"。白天开门时，店里工匠在做工，银行家在兑换钱币，商人在展销商品。晚上他们把货物存在拱廊后面的仓库。

715　仓库上面是很多供人居住的房子，商店的屋顶是露台。富有的商人不住在商业区。

　　　可让德里夸耀的有五条主商业街和无数条纵横交错的小街道。小街道没有主干道那么直，也没那么长，这里住着贵族、法官和富有的商人。虽然普通房屋都是土墙，上面用竹子支撑起茅草的屋顶，但大部分在"外观上还都过得去"。散落在有花园庭院的豪华住宅之间的是普通士兵、仆人和随军流动的平民们的泥棚屋。这些有茅草顶的房屋和泥棚屋有很大的火灾隐患，仅在1662年夏天，就有三次大火，烧毁了"超过6万所房子的屋顶"。因为"这些泥棚茅草屋"，让德里看起来好像是由"许多小村庄或军营组合"而成。"奥姆勒赫"的居所虽然是分散的，但主要都分布在河岸边或郊区。[29]

在气候如此炎热的地方，空间大、通风好的房子才是令人满意的好房子。比较好的房子有庭院、树、喷泉和地下室，地下室可以用来躲避夏季午后的炎热。有的人喜欢建"Kas-kanays"而非地下室，"Kas-kanays"是"由茅草建成或有散发香味房顶"的小房子，一般建在水源附近，这样可随时用水给房子降温。[30]印度人特别喜欢将这种房子建在花园中央，高出"地面一人高，四面通风"。每座"气派的住宅"都有与卧室相连且可就寝的露台，天气好时，卧具可以搬到室外。在精美的房间里，地板上铺着轻便的棉垫子。夏天，棉垫子外面罩着白布；冬天罩着丝毯，漂亮的靠枕摆在房间各处供人倚靠。墙上有很多格子，上面摆放花瓶瓷器。天花板经常是镀金（银）的或刷漆的，房里没有人或动物的画像，因为伊斯兰教禁止随意摆放画像。

德里的商店很让人失望，因为他们不敢展示所有商品。许多贵重货物存在储藏室里，只在客人要求时才被拿出。食品店远多于纺织品店。"这儿还有一个确实很吸引人眼球的水果市场。"夏天，许多商店出售来自亚洲的各类干果：坚果、葡萄干、梅干和杏干。冬天，出售从这些国家进口的包裹在棉花里的新鲜白葡萄、黑葡萄，还有梨子，各样苹果和波斯甜瓜。当然这些进口水果比较贵，当地水果便宜但不太好。来自孟加拉、戈尔康达和果阿的"Ambas"（印地语，*ambras*，或芒果）在夏季两个月内又多又便宜。"Pateques"（印度葡萄牙语，*peteca*，源自阿拉伯语 *al-battikh*]）或西瓜一年到头都可以吃到。当地水果总体不太好，所以一些贵族进口种子自己种。甜食店和面包店不可胜数，可是糖果，特别是面包比起巴黎的差得远。不论是新鲜的生肉还是熟食都可在城市各处买到，他们认为最好的肉是小羊肉，不过常用普通羊肉替代小羊肉。禽类很常见，"好吃又便宜"，偶尔也能买到味道鲜美的鱼。总的来说还是买新鲜的食物好，

716

因为"不在自己家做的食物都有可能不卫生"。

　　爱享受的人，贝尔尼埃警告说，不要从巴黎来德里。这儿的富人极其奢华，其他人则过着悲惨的日子，"这儿没有中产阶级"。[31] 印度不生产酒，因为伊斯兰教戒律禁止饮酒，因此进口的酒很稀有，很难得到，以致于"因为太贵，酒的味道也被破坏了"。亚力酒（Arrack）是一种当地酒，从粗糖中蒸馏而成，"和波兰的玉米（谷物）做的酒一样呛人难喝"。这儿最好的饮料是纯净水和柠檬水，"不贵而且对身体也不会有害"。炎热的天气以及对酒的节制，使一些欧洲人的常见病在这儿几乎闻所未闻。[32] 尽管印度人整体上较为健康，但他们在体力和脑力方面不如欧洲人有活力，可能是因为天气过于炎热。[33]

　　按照特维诺的说法，德里的工艺品店中几乎没有技艺精湛的工匠。尽管缺少合适的工具和培训，某些工匠还是能够做出独特漂亮的工艺品，他们也非常擅长模仿欧洲作品。他们的步枪、"鸟枪"，还有金饰品，和欧洲人做得一样好。他们的绘画和微缩画也以"美、柔、精"而大受赞叹。尽管大部分印度古典绘画是"呆板的"，但在阿格拉的绘画中却有"姿势淫荡"的人物。阿格拉的工匠把[34] 玛瑙、水晶和其他"易碎材料"镶嵌入黄金饰品中。德里的画家比阿格拉的更受尊敬，他们的描画一般以皇族或战争为题材的历史事件。这些绘画展现出他们的构图能力，以及对比例和色彩的良好感觉。他们的微缩作品不错，但对脸部的描绘还不够尽善尽美。[35] 在德里宫廷生活的王侯家里都藏有大量宝石。虽然德里的工匠身怀绝技，但他们"不会做螺丝"。他们把东西用金属线"像拧螺丝一样"绑在一起然后焊接在物品上就满意了。[36] 印度的孩子们也有许多和欧洲孩子一样的玩具和游戏。例如喇叭、陀螺、"鞭打陀螺"（Giggs）和"当季牛蝇[?]"。[37] 拉合尔是以前的都城，但现在皇帝已不住在那儿，以致于那儿的宫殿和房屋成为废墟，那儿的艺术也衰落了。[38]

　　莫卧儿帝国缺少高品位的艺术品。不是因为缺少人才，是因为艺术不受重视。艺术家和工匠待遇很差，他们的薪水常常难以支付日常花销。不管雇主付多少钱，许多可怜的艺术家都不得不工作。结果造成艺术家失去创造真正艺术的动力，只满足于完成应做的活计，安于得到只能保证温饱的微薄收入。只有很少一部分专门为皇帝或有权势的富有贵族工作的人，可以在艺术或工艺水平

717

上达到高峰。[39]

　　矗立在那儿的德里的城堡，是皇家艺术家和工匠才能的见证。[40] 城堡大门两侧立着如真象般大小的大象雕塑，骑在象上的雕塑人物是奇托尔的王侯贾伊马尔（Jaima）和帕塔（Patta），他们在保护领土、反对阿克巴的战役中英勇善战，从而赢得不朽英名。[41] 离门较远处有一条又宽又长的街道。街道中央有一条运河。[42] 街道两旁建有"约五六英尺高，4 英尺宽"的高高的长廊，市场收税人站在位于人群头顶的长廊里收税。晚上士兵在高高的长廊上巡逻。运河的水流入后宫，"每隔一段就有分流交汇"，最后流入城堡周围的护城河。来自朱木拿河的河水通过运河流到德里，运河在开凿时既"通过田地，也穿过岩石层，因此投入了大量的人力"。[43]

　　与大门另一边相对的也是类似的街道和市场，市场上面覆盖着"高且长的顶棚"。[44] 外面的堡垒内也有许多小街道，一些通向繁华的街区，"奥姆勒赫"在这些街区值班。另一些街道通向"议事厅或帐篷"，人们在这儿进行公共交易。在另外一些地方，城堡里的工匠在被称作 karkhanas 的大厅里忙碌地工作，各行工匠在师傅的监督指导下工作，其中有刺绣工、金匠、画师、漆匠、工匠、裁缝、鞋匠和熟练织工。每天早晨，工匠开始在宫殿的工作间做着生来注定要做的工作，静静地度过一天。和同行业的人结婚，再抚养儿子从事相同的职业是每个人的梦想。按照贝尔尼埃的讲述，穆斯林几乎像印度教徒遵守宗族教义一样严格地遵守这一习俗。结果也使许多女人不能结婚，因为她们的父母不允许她们嫁给低等行业的男人。[45]

　　皇家工作间附近是 Am-Khs，[46] 一个有连拱廊的方形大宫院，与巴黎的皇宫类似，但这里的"拱廊上没有建筑或楼房"。"宏伟的大门"上方有一个大房间，房间的门对着宫院，房间被称为鼓屋（Naqqar-khana）。这儿存放着鼓、钹和"高音双簧箫"（双簧管）等乐器，"白天和夜晚的某些时段会用它们演奏音乐"。[47] 刚开始欧洲人的耳朵不太习惯这些音乐，但听久了就会觉得好听，演奏这些音乐的乐师"从婴儿期就开始受这种音乐节奏的培训了"。宫院对面有一个用柱子支撑的大厅，"大厅三面开放，面向宫院"。[48] 后墙中间有一个大孔或者一扇大窗户，[49] 窗户很高，"站在地板上伸手都难以触及"，皇帝的宝座就安

718

置在这儿。接见公众时，皇帝就坐在这儿的宝座上，宝座正下方由银栏杆围起
一个圈，觐见皇帝时，贵族和大使站在里面。会见进行中，"一定数量的"御马、
大象以及宫廷里饲养的其他动物也在这儿接受检阅。皇帝检阅自己的警卫骑士
时格外用心，"因为战争"使他能亲自见到并认识每一位士兵。"人群中提出的
所有请求"都读给皇帝听，他亲自过问投诉，并经常当场做出决定。[50] 在会客
厅，各个阶层的人已自然形成奉承皇帝的坏习惯。宫廷中善于阿谀奉承者忠实
地遵守下面这条波斯谚语：

719

> 如果国王在中午说：现在是晚上。
>
> 那么一定要叫：瞧，我看见了月亮。

离开雄伟的大厅，是一个被称作 *ghusl khana* 的小一些的集会厅，它高高的，
看起来像一个大平台。在这儿，皇帝坐在椅子上"多次接见大臣，听取他们的汇
报，商讨国家大事"。每个"奥姆勒赫"必须参加晚上的会见，不参加的人要缴
纳罚金。这种严肃的会见场合不像前面与公众会见时那样有检阅动物的场面。侍
卫官（曼萨卜达尔）和持兵器者在皇帝面前经过时要拿着 kur（皇家徽章，见插
图 106）敬礼。

大会客厅旁边是后宫，里面的装饰豪华得超乎想象。作为医生，贝尔尼
埃有时被召进宫给病人看病，但他不能进入宫闱深处，只能待在外围区域，而
且还要用围巾将头蒙住。从某个后宫太监口中他了解到，那里"有一些各自独
立的很漂亮的房间，女主人的等级和收入不同，住的房间大小和豪华程度也不
同"。几乎每座房门前都有流水的蓄水池，房间四周是郁郁葱葱的花园和乘凉
处。一座镀金的小型室内塔面河而立，里面的房间装饰得非常华丽，有"精致
的绘画和豪华的镜子"。[51]

内战结束时，奥朗则布在豪华的会客厅大张旗鼓地庆祝胜利，以炫耀非凡
的财富和气势。他身穿"最华丽的衣服"，坐在为父亲所建的豪华孔雀宝座上。
大厅柱子上垂挂着金色锦缎，宾客上方是"用红丝线牵系"的花绸缎华盖，"四
周垂下金丝线织成的大流苏"。整个地板铺着大块的丝质地毯。银饰的柱子支撑

的大红帐篷遮盖了半个庭院，帐篷四周的扶手也是银质的。帐篷里排列着特意为这个场合制作的雅致的马苏利帕塔姆印花棉布。每位"奥姆勒赫"都自掏腰包，用锦缎和地毯装饰会客厅的其中一个拱廊。奥朗则布在庆典上展出如此多的丝织品，也被认为是帮纺织品商人处理他们在内战中滞销的存货。同时皇帝仍然举行每年一度的称重典礼，并接受"奥姆勒赫"价值不菲的贡品。[52]

　　在这样的节日期间，后宫有时会有"模拟集市"。[53]一般是"奥姆勒赫"和主要官员的妻子、女儿将自己精美的纺织品和其他稀有物品向皇帝和他的女人展销，皇帝故意与女卖主经过一番讨价还价后才成交，"整个过程在幽默快活的气氛中结束"。沙·贾汗特别喜欢这样的集市，并开始允许 kanchani（或者舞女、歌女）参加。奥朗则布比父亲在这一点上严格，虽然舞女可以出现在周三的公众会见中，但不能进入后宫。

　　莫卧儿在德里的节日通常以斗象宣告结束。大象角斗在河边平整的沙地上进行，精心挑选出两头大象在一面土墙两端相对站立，大象上都配有骑手。大象对攻时，简直是"惊天动地"，最后土墙被完全撞倒，胜利者追逐被征服者，直至"完全压倒对方"，这种胶着状态只能通过燃放 charkhi（轮转焰火爆竹）才能被打破。在这样的战斗中，骑手经常受伤或丧命。胜利的骑手常会加薪，"当他从象背上下来时"，还可以得到少量的现金奖励。在角斗中，观众和他们的马匹常常会遭到疯狂的大象的踩踏。[54]

　　除了堡垒，德里还有其他两个引以为傲的华丽建筑，其中一个是从远处就能看到的主清真寺。清真寺在城中心的一个高高的平台上，高台也是一块大岩石的顶端。岩石周围是宽敞的宫院或广场，"四条长长的街道在此交汇"。三道石阶从大理石铺成的庭院通向清真寺的三扇大理石门，宏伟的大门上"包着精致的铜片"。主门上耸立着几个小小的白色大理石穹顶。让清真寺"后部"大为增色的是三个巨大的大理石圆屋顶，中间的要比其他两个更高更大。在主门和三个大圆顶之间没有屋顶，只有清真寺的后面有普通的屋顶。建设清真寺所使用的当地石头反射出的红色笼罩了整个清真寺。虽然没有利用任何欧洲建筑理念，这座建筑的每一部分都富有韵味，"展现出周密的设计、恰当的施工以及完美的比例"。每周五，奥朗则布和他们的仆人都到这个清真寺来礼拜。[55]

德里另一个引人注目的景观是商队旅馆，它是由沙·贾汗的大女儿贾哈纳拉·贝加姆发起，几个贵族集资建成的。拱形的旅馆围绕着一个大露天广场，在拱形长廊后面有两层卧房，外国商人，特别是富有的波斯人和乌兹别克商人住在这些房间里。"在这里他们绝对安全"，因为对着广场的门每晚都上锁。于是贝尔尼埃呼吁在巴黎"各处，建 20 个类似的建筑"，为游客提供安全便宜的住宿。[56]

德里的人口和巴黎的人口比"不可能少很多"。[57] 这儿大多数人衣着寒酸，10 个人中只有两三个"穿着体面的"。虽然如此，仍然能常遇到一些"穿着干净得体，身材好，骑好马，被小心服侍的人"。德里周围是非常肥沃的土地，生产丰富的谷物、蔗糖、靛青、大米、小米和三四种家常吃的豆子。离德里不远，前往阿格拉的路上有一栋非常古老的建筑被穆斯林叫作 *Khwāja-Kutub-ud-din*，这儿以前是印度教寺庙，里面刻的文字非常古老特别，很难辨认。[58] 皇帝的郊区别院也离德里很近，但在另一个方向，叫作夏利玛（Shalimar），这是一座高贵的建筑，可是无法与巴黎郊区的大城堡相比。[59] 很少有人在乡下拥有房子，因为"国民没有土地所有权"。从德里到阿格拉的路上唯一值得一看的是马图拉（Mathura）[60] 壮丽的印度教寺庙。

阿格拉和德里不一样，从高处远看像一个乡村城镇，其实它不仅在面积上超过德里，更以又好又多的住所为傲，而且它还提供了很多很方便的旅馆。但在城市建设上，这里不如德里的规划整齐，没有整齐统一的宽阔街道和城墙。城内只有四五条主商业街，其他小商业街则"又短又窄，而且不规则"。繁华地段也不像德里那么拥挤，另一个令阿格拉夸耀的是它比德里拥有更多的花园和树木。

现在耶稣会士在阿格拉有一座教堂和一所学院，他们在学院教授城内 25 到 30 个基督教家庭的孩子。在沙·贾汗统治下，耶稣会士不再享受阿克巴时期每年发放的俸禄，而且还眼睁睁地看着自己的教堂被毁。尽管遇到这些困难，传教士仍继续在印度教徒中传播福音。尽管欧洲的基督徒一直支持或鼓励布道团遏制伊斯兰教"可恶地发展"，但从穆斯林中争取皈依者确实是难以企及的目标。

荷兰人在阿格拉有一个商馆，通常由四五个商人管理。近年来，可能是因为来自亚美尼亚人的竞争，或者是因为阿格拉和苏拉特之间距离漫长，旅途艰难，他们的贸易逐渐衰落。尽管困难重重，荷兰人不太会像英国人那样放弃阿格拉，他们在此地依然能获得贸易利润，而且他们发现在宫廷附近拥有自己的代表，对他们在孟加拉、巴特那、苏拉特和阿默达巴德的商馆来说"很有用"。[61]

在写给拉·莫特·莱·瓦耶的信的最后，贝尔尼埃描述了泰姬陵，当时是1663年，泰姬陵已建好十五年。[62]从阿格拉往东走，通过"缓缓的上坡"就到达"一座宽敞的方形亭子，它华丽的大门也是花园入口，大门位于两个蓄水池中间，对着切割整齐的石头"。建筑本身是用"类似于红色大理石"的石头建成，"拱上有拱，廊上有廊，相互交错，呈现出100多种不同的形式"。走入亭子，也走入"上面由长廊围绕的圆顶屋下"。街道入口对面是一个拱门，通向一条地势很高的小路，"小路几乎把整个花园分成相等的两部分"。用方形大石砌成的道路被运河隔开，运河"由切割整齐的石头砌成，隔一段距离就有喷泉点缀其间"。从这条小路可以看到大圆顶，"里面是陵墓，圆顶的左面和右面"是几条花园通道。从圆顶两边都可以看到一些亭子，"它们像阳台和台阶一样往上叠加"。主要通道和圆顶之间是"水花坛"，起这个名字是因为这条通道上的石头被"雕琢成各种形状"，像水的波纹。白色大理石小塔包围着的白色大理石圆顶建筑是陵墓，整个圆顶"被四个大拱支撑，其中三个比较开阔"。陵墓主体在圆顶下的一间小室里，每年打开一次，只有忠诚的人方许进入。贝尔尼埃认为泰姬陵"应该被录入建筑类的书籍"，"与埃及的金字塔相比，它更应该被录入世界建筑奇迹……因为金字塔外面只是一堆堆大石头而已"。[63]

奥朗则布的帝国内有无数他不能完全控制的独立群体，很多地方由当地酋长统治，酋长"只是被迫"服从和交纳贡物。在波斯和印度之间的小国很少向这两个大国交纳贡物。在同一地区，生活在山上的人也相当独立，有时甚至向莫卧儿诈取"救济品"。这些山区的阿富汗人，曾经控制过德里，对赶出他们祖先的莫卧儿的宿怨也使他们常常拒绝交纳贡物。在戈尔康达的支持下，比贾布尔与奥朗则布之间的战争一直不断。100多名"散布在帝国各处"的印度王侯也不交贡物，十五六个这样的王侯相当富有，且拥有精锐骑兵队。

723

　　限制奥朗则布权力的还有宗教和历史因素。他是一位逊尼派穆斯林，而朝廷内大多数官员贵族是波斯什叶派。作为鞑靼人帖木儿的后代，他统治着一个对莫卧儿的统治充满敌意、有时甚至公开反对他们的国家。从人口数量上看，上百名印度教徒对应一个穆斯林，因此即使在相当和平的时期，他也要拥有许多军队。军队的构成包括：拉其普特人、阿富汗人、纯正的莫卧儿人，还有一些来自国外的白种人或穆斯林，他们也被称作莫卧儿人。奥朗则布的朝廷内相应地也是由纯正的莫卧儿人以及所谓的莫卧儿人组成，这些所谓的莫卧儿人包括：乌兹别克人、波斯人、阿拉伯人、土耳其人或这些人的后代。

　　奥朗则布的国家军队主要是由唯利是图的拉其普特人构成，他付给他们的王侯大笔的钱，以保证 20 000 人的军队时刻保持随军待命的状态。弗莱尔谈道，持剑、矛和小圆盾的拉其普特人作战英勇，他们用藏红花涂脸，以示战胜或战死的决心。他们吸食大量鸦片来增加勇气，战前他们互相拥抱，"好像要离别，前往另一个世界"。被俘尚不如死亡，"如果他们逃离战场"，会受到本族女人轻蔑的拒绝。[64] 他们的王侯与外国或穆斯林贵族等级相同，并遵守同样的法则。与其他贵族不同的是，这些王侯一般在城堡外面的帐篷里生活工作。他们负责监督不向莫卧儿进贡的其他王侯，并愿意随时准备对抗阿富汗人或叛变的莫卧儿贵族、总督。在德干和波斯的战争中，他们比莫卧儿人更重要，因为莫卧儿人主要是什叶派教徒，他们和戈尔康达的苏丹和波斯王的信仰相同。与利用拉其普特人的理由一样，奥朗则布在军中也利用阿富汗人。[65]

724

　　帝国主要的军队是由莫卧儿人、所谓的莫卧儿人和外国人组成。除了一支寸步不离皇帝左右的皇宫侍卫队，其他军队"分派在几个省"。皇家卫队的骑兵队由"奥姆勒赫"领导。[66] 他们不必有悠久的家族渊源，也不必是"奥姆勒赫"的后代。因为在莫卧儿"每代都重新收回的"土地制度下，没有哪个家族能够一直"保持家族的荣耀"。对贵族遗孀和家庭，皇帝通常只赏赐很少的俸禄。长期服侍皇帝、生前比较得势的贵族有时可以为子孙争得一些皇帝的宠爱，"特别是如果这些子孙身材俊美，面容姣好，像真正的莫卧儿人"。[67] 贵族每升一级会被授予新的官衔。例如：奥维格顿谈到苏拉特的总督被封为"*Mukhtār Khān*"，意思是"正合我意的首领"。[68] 晋升是一个漫长且不确定的过程。结果是大部分的"奥姆勒赫"从外国勇士，或者出身低微，没有受过多少教育的人中招募，"他们通过互相引荐，进入宫廷"。这些"奥姆勒赫"的提拔或降级经常源于皇帝的喜好和性情。[69]

按照贝尔尼埃的记述，"奥姆勒赫"也有不同的称号（Hazary，或 *hazāri*），以显示他们在官僚制度中的不同等级。[70]等级划分则以他们拥有马匹的数目为基础，据说他们拥有马匹的数量从 1 000 匹到 1.2 万匹不等。贵族所得俸禄"与拥有马匹的数量，而非拥有人的数量成正比"。[71]每位骑兵配两匹马，因此一位贵族拥有马匹的数量就是他骑兵数量的两倍。[72]据贝尔尼埃观察，要皇帝来维持或供养"拥有万骑的贵族"是难以想象的，因此这些称号只不过是名义上的，目的是"为了蒙骗外国人"。"奥姆勒赫"能否保持兵力、称号以及得到相应的报酬，都由皇帝一人决定。[73]为了增加收入，"奥姆勒赫"常将士兵的报酬偷偷克扣 5%，并虚报马匹数目。他们通过这种方式可以得到大笔收入，特别是他们还能收到代替现金的"jagirs"（封地或分配的免税土地）。像贝尔尼埃的赞助人是不能享受封地的"naqdi"，他们只能得到现金。[74]

弗莱尔告诉我们，尽管"奥姆勒赫"享受优厚的俸禄，但他们之中，非但鲜有家境殷实的，甚至大部分还负债累累，因为他们必须给皇帝进贡许多价值不菲的礼物，而且他们个人在享受各种豪华设施上也花费不菲。大量地活跃在各省、军队、朝廷中的"奥姆勒赫"占据了国家所有要职。皇帝不允许他们待在自己的封地上，这样可避免他们以此为基地发动叛乱。基于同样的原因，当他们外出作战或者在远方的城市或省份处理行政事务时，皇帝把他们的妻子和孩子控制在朝中作为人质。[75]"奥姆勒赫"自称为"帝国的栋梁"，并通过铺张的公众检阅式来保持自己在"宫廷的荣耀"。每位在朝中的"奥姆勒赫"必须在上午 10 至 11 点和晚上 6 点，一天两次面见皇帝。每位宫廷贵族每周有一整天需要在城堡内值班。皇帝远征、出行、旅游或狩猎时，他们也必须全部陪同。[76]

贝尔尼埃记述了两类级别较低的贵族，曼萨卜达尔是接受曼萨卜报酬的骑士。这是"一种特别的报酬，既代表荣耀，又数量可观"，虽然比"奥姆勒赫"的报酬要少，但比"普通报酬"要高。[77]这一地位的人只承认皇帝的权利，履行和"奥姆勒赫"类似的职责。虽然他们的数目不确定，可是要比"奥姆勒赫"的数目多得多。仅服侍朝廷的就有 200 至 300 人。[78] 第二等级的贵族是 *rozindārs*（每天有报酬的人），他们也是骑士，虽然他们不像曼萨卜达尔那么受尊重，但报酬有时会更高，而且他们也不像曼萨卜达尔那样受 "Agenas"（阿拉伯语，*ajnas*，*jin* 的复数形式，意思是物质）的限制，也就是他们可以不必高价购买皇宫内的物品。这一阶层的人数目众多，有些做普通职员，也有负责把皇帝的印章加盖到国家服务人员领取薪水的凭单（*barāts*）上的。从事这些工作的职员会毫不犹豫地接受贿赂，发放凭单。

军队的开支部分来自国库，部分来自专门为此补给的土地收入。两个等级的骑士在"奥姆勒赫"手下服务，他们被称为两马骑士或一马骑士。前者比后者报酬要高。这两个等级的骑士的收入多寡都取决于"奥姆勒赫"的兴致，但皇帝为每位士兵的支出有最低标准。步兵的工资相对较少，也比较贫穷。炮兵要求高工资，特别是做这一工作的欧洲人；但对他们的需求量，现在已不像以前那么大，他们的报酬也没那么高，因为莫卧儿人自己也能很好地使用大炮了。

莫卧儿拥有重炮部队和轻炮部队，后者被称作"移动炮队"，因为它们要时刻跟随皇帝，皇帝去哪儿他们跟到哪儿，[79] 所以他们要灵活机动。奥朗则布的重炮部队拥有 70 台大炮，大部分是黄铜做的。小型炮"有两个火枪大小"，装备在骆驼背上，"就像旋轴固定在树皮上"。[80] 他的"移动炮队"有 50 至 60 座黄铜做的小炮组成，每门炮装在两个弹药箱之间上漆的马车上，马车由两匹马拉着，一人驾驶。皇帝宿营时，这些装炮的马车排列在皇帝帐篷前面。

省里军队的构成和皇宫侍卫队的一样，但在数目上超过后者。仅仅在德干的骑兵队就在 2—3 万人之间，在喀布尔也"不少于"12 000—15 000 人，克什米尔骑兵队的人数有 4 000 多人。而在遭受战争之苦的孟加拉，军队人数则比其他任何地方都多。皇帝侍卫队中实际的骑兵数量（包括王侯以及帕坦人），有 35 000—40 000 人，这样骑兵的总人数可达 20 多万人。[81] 比较来看，皇宫侍卫队中步兵的数目为 15 000 人，远少于骑兵队的一半。如果整个军队都采用这种比例构成，那就可以估算出实际的总数。[82] 以上大部分估算的数字都有很大偏差，因为大量流动的随军平民也归入步兵名下。随军流动人员数目庞大，在和平时期，生活在各省首府的平民主要通过为驻扎在当地的军队提供服务，获取收入。当皇帝准备作战时，这些帐篷城的人口因为"随军流动的必要性"而大减。[83]

虽然拥有大量财富，但非常庞大的日常开支仍然使皇帝背负着沉重的财务负担。完全依靠皇粮的人，数量大到令人难以置信的地步，特别是士兵和他们的家人，奥朗则布必须定期发放钱粮，以保证他们忠实有效的服务。此外，仅在德里和安哥拉，皇帝就拥有两三千匹马，八九百头大象，加上大量驮运行李的马、骡子，还有负责搬运、跟随和运水的人。除了这些不断增加的开支，宫廷和后宫也需要大量支出以保持他们奢华的生活。贝尔尼埃认为尽管皇帝的收入超过"土耳其王和波斯王收入的总和，但是他并没有像大多数人想象的那样储存大量余钱"，关于他拥有大量金钱的故事其实是虚夸的，这在他掌权五年后就表现出来了，那时他甚至没有能力供养军队。尽管沙·贾汗皇帝统治的四十多年内，国家相对和平，但他却没有给奥朗则布留下金钱上的积蓄，只留下一些昂贵的物品。奥朗则布很难将这些物品卖掉换取现金。[84]

短兵相接时，莫卧儿士兵的攻击性武器是刀和各种匕首（katārs）。他们的刀"四指宽，很厚，所以较重"，稍弯曲，只有凸面锋利。防御性的武器只是一个简单的铁手柄，由一个平手柄下的栓托住。他们的刀"很容易被损坏"，因此英国人向他们出售材质更好的金属做成的武器。士兵系着腰带，腰带上别着两把刀，刀尖向上。平民或用手持刀，或把刀"像火枪一样扛在肩上"。通常莫卧儿士兵一边拿一把匕首，刀刃"差不多 1 英尺长，刀柄处四指多宽"。还有一种"奇怪的防御武器"，由两个约一指宽，1 英尺长的方形铁栓组成，两栓平行，相隔约 4 英尺，上端由两个 2 英尺的小铁杆将它们连在一起。级别高的军官有类似的加装饰的匕首。

728

长距离作战的攻击性武器是弓箭、标枪或一种"Zugaye"（sainthī？一种矛），有时是枪。[85] 步兵携带火枪或 12 英尺长的矛。骑兵右腰挎短剑，左边是装在鞘里的宽刃剑，他们一手拿弓，一手持矛，他们的箭放在附在马鞍上的箭囊里，盾牌挂在肩上。骑兵由从这一区域的贵族中选出的领主（hazārī，拥有 1 000 匹马）率领。[86] 一名步兵的装备是上锁枪或一支大矛和盾，有时是剑。[87] 莫卧儿圆盾由很重的皮革做成，直径约 2 英尺，由钉子钉在一起，漆成黑色，置于距面部 1 英寸外的位置。士兵穿各样盔甲，铁甲是保护身体的，盔保护头部，全臂护甲附在剑上，[88] 最后是包着天鹅绒边的铁袖保护手和剑。虽然莫卧儿也自己制造大炮，但这些大炮基本上"无法使用"。在将不同炉子中融化的金属相混合时，他们做法不当，这是造成质量问题的主要原因。[89]

第二节 行政区划

托马斯·罗伊爵士在他的日志里记录了贾汗吉尔时代莫卧儿帝国的 37 个行政区的地理区划列表。[90] 根据贝尔尼埃的记载，奥朗则布时代帝国包括 20 个"Soubahs"（阿拉伯语，*subāha*，省份），省份之下又有帕尔加纳（*parganas*）和区（*sarkārs*），前者为主要城市和住宅区，这儿为帝国提供租金；后者是在帕尔加纳内的税收区域。[91] 在奥朗则布统治初期，每年各省上缴国库的税收（*khazāna*）为 23 593.5 万卢比。[92] 第一大城市德里包括 16 个区和 230 个帕尔加纳；第二大城市阿格拉包括 14 个区和 216 个帕尔加纳；第三大城市拉合尔包括 14 个区和 314 个帕尔加纳。其他诸如喀布尔和坎大哈等地处边境的小省份没有区，只有几个帕尔加纳。此后被苏查占领的孟加拉，尽管是帝国最富有的城市，却提供很少的税收。[93]

在 1664—1665 年间，贝尔尼埃在从印度连续写的 9 封信中，描述了从德里到拉合尔和斯利那加的旅行，并记录了在克什米尔三个月的个人经历。[94] 这次克什米尔之行，他是作为奥朗则布陪同人员中的一员。皇帝去克什米尔是因为希望山区凉爽、清新的空气能帮助他治愈耗时已久的疾病[95]。邀请贝尔尼埃加入这次出行的是他在朝中可信赖的赞助人和益友丹尼斯迈德汗。这位丹尼斯迈德汗非常喜欢占星术、地理学和解剖学，而且他也"如饥似渴地阅读伽桑狄（Gassendy）和笛卡尔（Descartes）的作品"。但"作为负责处理外交事务的朝中重臣的他难以逃避繁杂的公务找时间进行哲学研究"。能参加这次出行，这位法国医生感到非常荣幸，因为为避免给衰落的经济增加压力，奥朗则布严格限制去克什米尔的人数。

729

730

　　他们在 1665 年 3 月末到达斯利那加，贝尔尼埃在他称作"印度的人间天堂"中度过了三个月。他的第 9 封，也是最后一封信是从这儿写的，信中对"克什米尔王国进行了准确的描写"。根据"古代国王"留下的历史故事，克什米尔原来是一个湖，当巴拉穆拉（Baramula）山被一位叫"卡彻博"（Kacheb）的年老圣人劈开时，湖水倾泻，于是出现陆地。[96] 这个故事记录在古印度诸王史的缩写本中，这本书是在贾汗吉尔的命令下编写的，贝尔尼埃"正翻译这部波斯文著作"。[97] 克什米尔不再是一个湖，而是一个"有许多低矮山脉，变幻多姿的美丽国家"。它位于拉合尔北部，周围群山环抱，这些山与朱穆王侯（Raja of Jummoo）的山相对，属于"大西藏"（拉达克 [Ladakh]）和"小西藏"（巴尔蒂斯坦 [Baltistant]）等邻国的统治者。周围草原上的低山被树木和牧场覆盖，这儿小型野生动物丰富，"蛇、老虎、熊和狮子"这些动物很少见或根本没有。不同寻常的是这儿有数不清的蜜蜂和奶牛，使这片土地成为真正的"奶蜜"之地。远处山顶上总是覆盖着白雪，"无数泉眼涌出的泉水和溪流"一起流入山谷，灌溉稻田。数以千计的细流穿过高原后，汇聚成一条美丽的河流——杰赫勒姆河。这条河上"可以通行像在塞纳河上一样的大船"。河流温柔地绕过克什米尔，经过巴拉穆拉河"两岸陡峭的岩石"，又汇聚了几条山上的小支流，朝阿托克（Attock）方向流淌，然后流入印度河。[98]

　　整个"王国"看起来满眼碧绿，就像"一个植被茂密的肥沃花园"。这儿有绿油油的田地，地里有水稻、小麦、大麻、藏红花和许多蔬菜。高原上点缀着小山丘，深沟、小溪和运河纵横交错，形成美丽的海子，也为这儿带来无限生机。在村庄中的私人花园里，种着和欧洲一样的花、水果、蔬菜以及印度当地的植物。他们的水果虽然不错，但不如欧洲的好。"因为他们不懂得我们在法国使用的果树栽培和嫁接方法"。

　　克什米尔都城的名称和"王国的名称一样"。[99] 这个没有城墙的城市，建在平原（快乐谷）中间的淡水湖（达尔湖 [Dal Lake]）之上，后依半圆形的山。淡水湖通过运河与河流（杰赫勒姆）相连，河流流经城市中心，两座横跨河流的木桥将城市的两部分连接起来。城里修建了很多漂亮的多层木屋，河岸边的大多数人家都有值得夸耀的花园。另一些人家拥有属于自己的水道，上面"停

731

着主人漂亮的小船"。矗立在"城边"的一座孤立的山脉叫哈里帕尔巴特（*Hari Parbat*），贝尔尼埃将其称作"青山"。山边有漂亮的房子，在树木覆盖的山峰附近有一座"清真寺，同时也是修道院"。[100] 这座山对面的另一山峰上有一座小清真寺和一座古老的"供奉偶像的寺庙"，这座寺庙叫所罗门宝座（*Takht-i-Suliman*）。[101] 湖上有许多已开垦的小岛，"岛上长满果树，还有很多划分整齐如格子的小路"，以两英尺为间隔种植的高大宽叶山杨树遮蔽了小路。[102] 湖边斜坡上有许多房屋和花园。

在克什米尔所有的花园中，最漂亮的是皇家花园夏利玛园（Shalimar，或"爱之宅"）。从湖上出发，经过"宽阔的运河，河畔绿草茵茵，杨树夹岸"，最后通向被花园包围的避暑别墅。另一条由石块砌成的运河流向花园边的第二座避暑别墅。运河中央是一长串排列规律的喷泉，附近围绕的水池中也有"其他形态万千的喷泉"。避暑别墅位于运河之间，河边种着白杨树。别墅是圆顶建筑，"被长廊包围，四扇门都可以进入长廊"，其中两扇门通向连接别墅与对面河岸的桥。这些价值不菲的门由石头建成，每扇门由两根漂亮的柱子支撑。每座别墅包括一个宽敞的主房间以及在各个角落的小房间。房间内部"不但着色，还有镀金"，所有房间的墙壁上都有波斯文的装饰。[103]

通常认为克什米尔人比其他地方的印度人更风趣、灵巧，在诗歌和科学方面与波斯人不相上下。他们活跃、勤劳并富有智慧。他们的产品"流行于印度各地"，他们擅长木工，是上漆和镶嵌方面的专家。纺织业也是他们一项重要的产业，他们出口一种独特的"质量极好的披肩"，"甚至连小孩子也参与"纺织这些大而柔软的披肩。在印度的冬天，男人和女人都将这个作为头巾和披肩使用。这些披肩的原料是当地羊毛和 *tūs*（或山羊毛），状如发丝的山羊毛是西藏本地野山羊的毛。较柔软的西藏羊毛披肩更昂贵，它也比克什米尔羊毛披肩织起来更费工夫。印度其他地方的仿制品在"精致和柔软方面"是根本不能与克什米尔披肩相提并论的。

沉迷于克什米尔山谷美景的贝尔尼埃也赞叹当地女人的美丽。莫卧儿帝国的朝臣喜欢从克什米尔选取妻妾，这样"他们的孩子会比普通印度人的肤色白，也比纯莫卧儿人容貌更美"。这些深受宠爱并被"金屋藏娇"的黑发女人都拥有"姣好苗条的身材"。为了能瞥上她们一眼，贝尔尼埃尝试了各种办法。最后在一个波斯朋友的建议下，他伪装成一个要找妻子的波斯人，跟着自己的同谋一家一家给女人和孩子发放糖果，借此大饱眼福，也满足了自己对克什米尔女人容貌的好奇心。[104]

应赞助人的要求，贝尔尼埃在一位本地人和一名步兵护卫陪伴下，到山谷的其他地方做了三次短暂的旅行，以探寻一些传说中的"奇迹"。他去参观了"某个喷泉"，并研究喷泉奇妙的喷水周期和水流。水源旁边，有一座印度教的寺庙，寺庙被称作松达-布拉瑞（*Sunda-Brari*），或布拉瑞之水，香客到这儿来沐浴。[105]通过观察研究，贝尔尼埃发现喷水周期和水流与山上积雪的融化周期有关。此后他参观了附近的阿查巴尔（Achabal），这儿有克什米尔统治者长久保存的一座皇家别墅，泉水汇聚的运河将别墅环绕。[106]然后，他又去了附近另一座类似的皇家花园，这个花园里养的鱼很有名，据说是由贾汗吉尔的妻子努尔·玛哈尔放养的。[107]

回到斯利那加，贝尔尼埃就被派往巴拉穆拉去调查一个"真正的奇迹"。奇迹源自一位已经去世的苦修者，他的坟墓就在清真寺内。令这位已故的穆斯林圣人闻名遐迩的是，他用自己的力量让11个男人用指尖举起一块大石头。通过亲身体验，贝尔尼埃成功证明这个奇迹只是虚假的欺骗行为，吸引香客前往巴拉穆拉的主要诱惑是那儿提供免费饮食，而非什么穆斯林圣人的骗人奇迹。[108]贝尔尼埃匆忙离开巴拉穆拉，去参观一个峡谷，杰赫勒姆河从此地流出。然后他离开大路去看一个大湖，湖里"有大量的鱼，尤其多的是鳗鱼，水面上全是鸭子、野天鹅和其他水鸟"。位于湖中间的修道院，宛如浮在水面。在湖中心，有一条河注入巴拉穆拉。[109]他爬上邻近的高山观看大湖，湖中在寒风下堆积的冰层也许永远都不能完全融化。[110]在这儿，贝尔尼埃被赞助人召回斯利那加。

在旅游时，贝尔尼埃也不停地从商人那儿收集克什米尔山区的属国及邻国的信息。他了解到山谷里的人用皮革和羊毛交税，而居住在偏远地区的人则拒绝交任何税。他听说在一些偏远难及的地方，一妻多夫制盛行。[111]几年前，"小西藏"发生继承权危机，克什米尔总督代表其中一派介入并成功获得政权，此后那儿开始向莫卧儿帝国交纳水晶、麝香、羊毛等贡品。巴尔蒂斯坦（Baltistan）

733

的傀儡王侯来到斯利那加向奥朗则布致敬。贝尔尼埃的赞助人邀请王侯进餐，王侯谈到：他和他的大部分臣民都是什叶派教徒，他东边的邻国"大西藏"（拉达克）基本上是一个没有黄金的贫穷国家，他还谈到"十七八年以前，沙·贾汗企图征服大西藏，当时大西藏正遭受着克什米尔王频繁地入侵"。[112] 因担心出现在克什米尔的奥朗则布会发动新的侵略，1665 年来自拉萨的西藏使者到斯利那加调查情况。他们赠送的礼物有水晶、麝香、牦牛尾巴，还有一大块珍奇绿玉。大使随员包括"三四个骑手，10 至 12 个身材高大的男人，他们看起来干净整洁，像中国人一样留着稀疏的胡子，戴着像我们海员戴的那种普通的红帽子"。[113] 使者在协议上向奥朗则布许诺会在拉萨建清真寺，在西藏钱币的一面印上皇帝的肖像，还有每年向德里进贡。然而没人想到，奥朗则布一离开克什米尔，协议很快就作废，完全被置之不理。

734

大使随行中的一人是拉萨喇嘛"族"的医生，从属灵宗派来说这些喇嘛类似于印度教的婆罗门，不同的是他们敬拜一位至高无上的大祭司，而婆罗门不是。他们的大喇嘛在西藏和"所有鞑靼地区"被尊崇为"神人"。当大喇嘛濒临死亡时，他告诉周围的人他的灵魂将转世到一个即将出生的婴儿身上，在婴儿长到六七岁时，通过一些既定的程序，这位转世灵童才可以合法地成为大喇嘛。西藏医生随身带着"一本记录配方的书"，这本书他是无论如何都不肯卖掉的。里面的文字"和我们的有点类似"。他在一再请求下写下自己的字母，但是"他的书写与书中的文字相差很多"。从这位西藏人那儿，贝尔尼埃了解到"大西藏"一年有五个月被大雪覆盖，还经常要和鞑靼人作战，但贝尔尼埃还是觉得向这位西藏人询问是浪费时间和精力。[114]

直到 1640 年，旅行商队才开始每年定期从克什米尔前往中国，单程要花费三个月。[115] 他们顺着"极端艰难的道路"穿过"大西藏"的山脉，而在通过鞑靼地区时则面对双倍的危险，因为在渡过"湍急的河流时，他们只能依靠在岩石上的滑索"。[116] 通常这些商队带回麝香、桐树或树根、大黄和 *mamiran-i-Chini*——一种小树根（据说治疗眼疾有奇效），[117] 从西藏则带回麝香、水晶、玉和两种细羊毛——普通羊毛和西藏山羊毛。但是自从沙·贾汗在（约 1640 年）侵略"大西藏"（拉达克）之后，克什米尔的商人和商队禁止进入拉达克，结果

735

由旅行商队进行的莫卧儿帝国与中国之间的贸易只得避开拉达克，直接从恒河的巴特那到拉萨。[118]

　　贝尔尼埃从斯利那加的喀什噶尔（Kashgar）商人那儿了解到避开拉达克到达喀什噶尔的路线：经过克什米尔最后一个城市古列兹（Gurez）往东北到"小西藏"的都城斯卡杜（Skardu），再到位于河边的希加尔（Shigar）小城，"据说这条河的水能治病"，最后到达喀什噶尔。喀什噶尔是克什米尔王以前的都城，现在他住在叶尔羌（Yarkand）。[119]旅行商队每年从喀什噶尔到中国需要"不到两个月的旅程"。从中国回来时，这些商队经过乌兹别克前往波斯。[120]

　　巴黎的法国著名旅行文学编辑和出版商玛尔什代锡·特维诺（Melchisédech Thévenot）向贝尔尼埃询问了一系列问题。他的第一个问题是犹太人是否已在克什米尔居住了很长时间，贝尔尼埃的回答是否定的，并补充道"有些因素确实促成人们形成这一观点"，比如当地人与犹太人相似的脸部特征和举止、摩西（Moses）这一名字的普遍使用、摩西在斯利那加去世的传统以及本地人都相信所罗门曾经到过克什米尔。通过参考犹太人在中国、波斯、埃塞俄比亚和科钦等周围地区存在的情况，贝尔尼埃进一步证实了自己的推测。

　　特维诺向贝尔尼埃咨询了关于印度季风和洋流的情况后，又问他孟加拉是否真的"像报道中所说的那样土地肥沃、富饶美丽"。曾两度到过孟加拉的贝尔尼埃认为"以前对富饶的埃及的描述同样适用于孟加拉"。[121]这片"世界上最美好最富饶的土地"上生产丰富的大米和糖，出口到周边地区，甚至远到锡兰和阿拉伯。在孟加拉的葡萄牙人一般做糖果和蜜饯出口生意。小麦只能满足国内需要，不能出口。家禽、鱼、山羊和羊又多又便宜，猪肉特别丰富，以至于在那儿居住的葡萄牙人"几乎全部"靠吃猪肉为生。欧洲人在船上备着大量腌猪肉和当地生产的"价廉物美的海洋饼干"。正是因为这里的富足，"被荷兰人赶出自己聚居地"的欧洲人和葡印混血儿（Luso-Asian）都到孟加拉寻求庇护。耶稣会士和奥古斯丁会修士在这儿"拥有自己的大教堂并可自由传教"，他们仅在胡格利就发展了 8 000—9 000 名基督徒，在孟加拉的其他地方还有 25 000 多名教徒。

　　外国商人不可能在世界上其他任何地方找到种类如此多的"贵重商品"。除

736

了糖果和蜜饯，这里还有大量丝绸和各种布料。虽然丝织品不如波斯和黎凡特（Levant）的精致，可是价格也低得多。仅荷兰人在"卡西姆巴扎尔（Qasimbazar）的缫丝厂雇用的当地工人有时就多达 700 至 800 人"，英国人和其他国家的商人也雇佣"相当数量"的工人。[122] 硝石从巴特那沿恒河运到孟加拉以供出口。市场上还有上好的蕾丝、鸦片、蜡、麝猫香、荜拨、各种药物和酥油。[123] 刚开始，英国人和荷兰人在孟加拉的死亡率很高，现在他们在生活上更加谨慎，健康状况也提高了。长官尽量不让下属接触本地妇女、亚力酒和烟草贩子。他们特别限制员工喝"Bouleponge"，这是一种亚力酒、柠檬汁、水和肉豆蔻混合而成的饮料，特别"有损于身体健康"。[124]

贝尔尼埃详述了从拉杰玛哈到孟加拉湾恒河三角洲的美丽与富饶，这片土地被数不清的河道分开，来自恒河的圣水经河道流入海洋。河道两岸排列着印度教徒的塔和村庄。村庄周围的土地种植大米、甘蔗、谷物、蔬菜、芥菜、榨油的芝麻和叶子可养蚕的小桑树。数不清的小岛遍布"恒河两岸间的广阔区域"，岛上土地肥沃，果木、菠萝繁茂。离海较近的某些岛屿因为阿拉干海盗的袭击而被遗弃，所以现在大部分是荒岛。很多动物生活在岛上，最凶猛的是老虎，"它们有时从一个岛游到另一个岛"。贝尔尼埃乘坐一艘 7 桨的"扇形船"，穿过这些岛和运河，在从比布利到胡格利的三角洲地区进行了九天的旅行。[125] 途中，最令他着迷的是垂下的"月虹"。在安静闷热的晚上，他观察到"周围灌木丛中有很多会发光的虫子，看起来像把灌木丛点燃了"。[126]

欧洲人最熟悉的古吉拉特省包括 9 个区和 190 个帕尔加纳。[127] 阿默达巴德是古吉拉特的都城和省督所在地。省督通常是皇帝的儿子，但目前这一职务由一个叫马哈巴特汗的大贵族担任。城市坐落在美丽的平原上，雨季会泛滥，浅浅的萨巴马提河灌溉着这里。东南郊区有许多令阿默达巴德引以为傲的地方和建筑，比如砖墙围绕的大花园，还有一座座房子和陵墓。这儿也有一个大水池，水池中心有一座花园，通过一座"400 步宽"的桥可到达花园。[128] 由砖墙和石墙包围的城市有 12 个城门，圆圆的高塔立在城门上。精心修缮的城墙和城堡用来抵抗周边王侯的侵犯，特别需要防备的是住在坎德什省的巴德沃（Bhadwar）王侯。[129]

　　古吉拉特省还有大约 30 个规模小于首都的城市，其中最大的城市位于海边。巴罗达市位于布罗奇和坎贝之间，这个靠近拉贾布尔（Ragcapour [Rajapur]）的中等城市处于肥沃多沙的乡村中心。[130] 城市辖区内有 200 个小镇和村庄，其中一个是信德克达（Sindkheda）。巴罗达生产古吉拉特省最好的紫胶和蚕丝。在巴罗达和阿默达巴德之间有两个中等城市：纳迪亚德（Nadiad）和马赫穆达巴德（Mahmudabad），这两个城市都生产丝织品，后者以出口棉线闻名。海湾东面是戈加（Gogha），巴涅人和水手住在这儿。往南更远处是滨海的帕坦，它是贸易和丝织品中心。这里一座著名的印度教寺庙已被改建为伊斯兰教清真寺。岸边是第乌（Diu）小城或第乌岛，这里控制着海湾的进口。这个有战略意义的小岛长期引起葡萄牙人、埃及人、土耳其人和古吉拉特人之间的争夺。现在葡萄牙人控制了这里的四座城堡。此外这里也是蛇石的生产中心。[131]

738

　　弗莱尔医生在印度期间，古吉拉特省被穆罕默德·阿敏汗统治，他是帮助奥朗则布登上王位 [132] 的米尔·朱木拉的儿子。虽然他拥有大量财富和强大的军队，但这位在阿默达巴德的总督还是不能应对"科利人"的偷窃抢劫、西瓦吉的洗劫，或拉其普特土匪下山掠夺。所以旅游商队在经过古吉拉特时必须雇用士兵护送。如果这些问题解决了，苏拉特会成为世界的商业中心。苏拉特位于陆地和海洋航行的中心，具备了天然的地理优势，本地居民在经商方面也非常精明。印度内部丰富的资源为苏拉特的出口提供了后备支持，并使其从中获利。皇帝自足于国家的富有，甘心把海上控制权交给别的国家。这样既可以享受国际贸易带来的好处，也不用花费大量开支来维持海军。[133]

　　在欧洲人的记载中很少有介绍古吉拉特附近省份的，特维诺谈到了巴拉卡德 [134] 的省会奥兰加巴德（Aurangabad），这是一个城墙较少的城市，通常担任总督的贵族在此有自己的府邸。在沙·贾汗统治时期，他的儿子奥朗则布在这儿做总督，府邸也在这儿。沙·贾汗的第一位妻子在奥兰加巴德去世，为了纪念她，皇帝用完美的纯白大理石为她建了一座"美丽的清真寺"。[135] 城市引以为傲的还有其他清真寺、陵墓、浴室和一些公共建筑。这些低矮的石头建筑或沿林荫道排列，或位于美丽花园的中心。[136] 先前归比贾布尔管辖的特伦甘纳（Telingana）的省会是比德尔。[137] 拥有砖墙、城垛和塔楼的比德尔城由"一半

739 骑兵，一半步兵的 3 000 名士兵保护，此外还有 700 名炮手"。省督住在城外的城堡里，享受着"当地政府的富足"。[138]信德省的轿子和两轮车极为著名，"有人也用省会城市塔塔称呼信德省"。[139] 在果阿东北方的庞达（Phonda）是另一个帝国南部的边境省份，它位于大山之间，由沙哈巴德（或 *sūbahdār*）控制，辖区内 700 多个村庄都要向他交税。[140]

第三节 苏拉特

苏拉特的行政和司法被皇帝选派的当地官员控制，除了遵守皇家司法权，苏拉特享受高度自治，它的税收来自于管辖区内的 36 个村子。[141] 在管理方面，一位穆夫蒂（阿拉伯语，*mufti*）负责穆斯林的宗教事务；卡兹是处理诉讼案件的法官；[142] 一位被称作 *wagi'a-navis*（新闻记录员）的官员向朝廷汇报所在辖区内发生的任何事情，他仅对皇帝一人负责。在苏拉特有两位只向皇帝汇报的省督（*nawabs*），一位负责汇报边境情况，一位负责汇报城内情况。城内的长官负责民事事件，但他经常随意改变自己的裁决。如果一人控告另一人欠债，原告必须出示合同，或有两个证人，或自己起誓。基督徒要求手按《圣经》起誓，穆斯林按《古兰经》，印度教徒则按着奶牛。许多印度教徒宁愿输掉官司也不愿按奶牛起誓。首先申诉的人以钱作为礼物送给长官以示尊重，"官司的结果取决于长官的才能和品德"。

科特瓦尔既是警长也是狱长，全权负责刑事案件，[143] 这位"负责晚上治安的长官"骑马巡逻城市，其手下带着武器步行跟随，每晚巡逻三圈，察看是

740 否有火灾、要债人、窃贼和妓女。夜晚在街道上发现的违法人员将被捕入狱，一般经过一顿鞭打后才有可能被释放。科特瓦尔执法简单直接，他会在街上，或者在犯案现场直接下令鞭打犯法者。虽然刑罚施行简单快速又严厉，但不论是科特瓦尔还是行政长官都不会处罚犯人致死。科特瓦尔要负责防止盗窃、抓捕罪犯。如果有抢劫，嫌疑犯的所有家人都会被捕入狱，接受严刑拷打，对案件本身他们并不审讯，而是一直拷打，直到有人承认有罪或坚持无罪或答应归

还偷窃物。城外的公共安全由叫作福季达尔（Faujdar）的低一级的官员负责，[144]土地税由"Desie"（马拉地语 [Mahratti]，*desāi*，区长）在当地收取。像城里的长官压榨城里人一样，他经常压榨农民。他以耕作面积为标准向每家农户发放种子，到收获季节，3/4 的收成要拿去交税。苏拉特其他税收来自海关和通行费。[145]

每当嫌犯听到狱长大喊"*Duhai-Padshah*"（或简单地叫，"皇帝驾到"）时，他们都非常痛苦，因为这意味着他们要被带到地方法官面前。尽管莫卧儿律法严厉，实际上在苏拉特几乎不实施死刑，"所以在这儿生活的人享有足够的自由"。[146] 苏拉特的治安力量虽然强大，可是行政长官还是不能管制骗子扰乱公众，任意掠取。其实长官和其手下最擅长的还是欺压穷人，强迫工匠为自己服务，还有从商人和艺人那儿敲诈钱财。偶尔对罪犯和暴虐的官员施以刑罚，也只是为了炫耀一下司法的公正。[147]

虽然行政长官比较有信誉，可是不如沙哈巴德受尊重，有油水，他是"海关长官，港口的王"。最近这些官员收取的税赋有所下降，因为出于一时冲动的"宗教虚荣心"，皇帝免除了穆斯林的税款。[148] 沙哈巴德会在固定时间为出口商品做标记，并清点进口商品。走私嫌犯会被鞭打至供认为止。虽然走私犯会遭受体罚，但货物不会被充公。海关里挤满了脚夫和其他侍从，他们等着沙哈巴德和商人成交后搬运货物。海关对面矗立着铸币厂，"宏伟的入口"后面有一个"豪华的办事处"，钱币兑换商和银行家到这儿检验白银的成色。像当地的黄金一样，白银也"是世界上烊取得最好最纯的"。在铸币厂和海关之间是一座市场，市场两边都有买卖纺织品的货摊。[149]

曼努埃尔·戈迪尼奥神父是葡萄牙耶稣会士，在苏拉特第一次遭遇抢劫前访问了此地。戈迪尼奥自 1655 年起就待在印度，1662 年被果阿总督从勃生（Bassein）派往里斯本。在由陆路回欧洲之前，他从 1662 年 12 月 20 日到 1663 年 2 月 5 日待在苏拉特。两年后他在里斯本出版了《1663 年印葡之间新海路陆路记述》（*Relação*），书里讲述了他在大使馆的工作经历。[150] 苏拉特从前是一个少人光顾的穷港口，多亏荷兰和英国，让这个港口在戈迪尼奥所处的时代成为"印度主要的商业中心"。这个"相当狭小"的城市"比埃武拉（Evora）还

741

要繁华"，在人口方面"我敢确信它已经超过了 10 万人"。[151] 来自世界各地的人居住在这儿，"或在港口做生意"。虽然大部分房子都是有茅草屋顶的简单居所，但城内的"重要贵族"都居住在"典雅华贵"的豪宅里。富裕的摩尔人故意不修饰房屋外墙，可里面就"像伊甸园"，因为这些房子是"特意为他们的女人修建的"。巴涅人与其相反，"与房子内部的舒适度相比"，他们更重视房子的外观。房子最底层由石头和石灰建成，之上"是刻在柚木上的浮雕，点缀着彩饰和色彩斑斓的涂漆，此外什么都没有"。[152] 城内有许多清真寺，其中最重要的一座立在大门外，"建筑宏伟"。在一座与尖塔相邻气派的住宅内住着"Sheriff"（阿拉伯语，*sharif*，知名人士），他受到"全世界的尊重和敬畏"。[153] 苏拉特还有引以为傲的商队旅馆和公共浴池，里面服务员的工资由政府提供。城市没有合适的城墙，"只有一座矮墙，上面嵌着四扇门"。[154] 在门口的卫兵会将每个入城者护送到两个海关中的一个，"两个海关面对面位于河流两侧"。海上物品需经由较大的海关检查，国内商人的货物经由较小的海关检查。出口物品要在一间专门的办公室里进行检查，如果没有从海关估价员处得到收据就不能离开城市。根据戈迪尼奥的讲述，税款通常是 5%，可是从 1661 年起，荷兰人只需交纳 1% 的税，"因为（荷兰东印度公司）专门为皇帝订制了大礼，收到如此精美贵重礼物的奥朗则布给了他们这个折扣"。[155]

742

河流旁边的堡垒构成城市的防卫，堡垒共有 3 个，还有 20 门铜、铁铸造的大炮，但大部分已不能使用，堡垒旁边的壕沟深且窄，卫戍部队由 200 名"当地士兵"组成，一位莫卧儿首领负责管理。这位首领独立于当地行政长官，只向皇帝汇报，他还负责保管在堡垒中储存的钱，包括"本省税收、海关税收、在城内铸造的大部分硬币"。这些硬币是印度质量最好的硬币，由欧洲和波斯的硬币熔化精炼后铸成。日出日落时堡垒上会击鼓。"为了不妨碍大炮的攻击力"，堡垒周围没有房屋，而是"漂亮的露天广场，这儿每晚都有集市"。

货物通过水、陆两路到达苏拉特。英国人和荷兰人从欧洲运来货物，红海的船只带来非洲的物产，而当地（印度）商人进口小亚细亚的商品。苏拉特的印度商人很富有，他们拥有"50 艘开往各国的船只"。来自内陆的货物由旅行商队、公牛和骆驼运进苏拉特，"在大门口，每隔一小时就会见到一支这样的商队"。苏拉特周边地区出产小麦、荚豆、大米还有椰枣。波斯人会用椰枣酿酒，这些来自波斯、肤色白皙的避难者敬拜太阳、月亮和火。如果房子着火，他们不会去灭火，因为"那样做意味着弑神"。[156]

城外西边是穆斯林的墓地，"坟墓上立着的一个个石碑将彼此分开"。再远一点是英国人和荷兰人的墓地，较精致的是商馆中级别较高的人的陵墓。[157]天主教徒有单独隔开的墓地，上面立着十字架。城外还有提供饮用水的两口井。[158]苏拉特的名流，不论是穆斯林还是印度教徒，都骑着阿拉伯骏马，却不戴作为莫卧儿帝国"皇家标志"的"太阳帽"。[159]有的坐着由"色泽漂亮、步子矫健、品种高贵的小公牛"拉的豪华四轮车。

在苏拉特，"荷兰船长和英国船长在桅杆上升起的国旗高过城中所有的塔"。因为在印度南部的胜利，荷兰人不再像以前一样派这么多船到苏拉特。而英国在印度没有什么可用的港口，唯一的港口在科罗曼德尔海岸边的马德拉斯（Madras），而当地人对他们又不太友好，所以英国人继续把苏拉特作为自己的商业中心。欧洲商馆在当地市场为商船购买货物，或派商船到其他港口购买货物。以前在苏拉特有一座耶稣会士的房子，神父在这儿牧养教会，传播福音。后因葡萄牙总督在果阿与莫卧儿产生纠纷，修士们经常被皇帝作为人质带走，这所房子也遭遗弃。从此耶稣会士被"留两撮胡子的法国嘉布遣会士（Capuchins）"所替代，他们由传教总会派遣，他们的房子里有小教堂。

1663 年，戈迪尼奥访问时的苏拉特总督是一位颇受敬仰的波斯人，但他"有猎豹的爱好"。皇帝了解到他沉溺于此，就将他调离，并找人替代。[160]皇帝是通过他在苏拉特安置的穆斯林耳目了解到这位总督的玩忽职守，这些穆斯林耳目会随时向皇帝报告关于长官及其部下的详细情况。[161]地方长官很受尊重，他们只在大量随从陪伴下才在公共场所露面。每当皇帝传来信件，总督会到城外迎接皇帝的信使。接到书信时，他会恭敬地用信触碰一下前额，然后带信返回。[162]

特维诺也去过苏拉特，是从海路到达的。在去苏拉特途中，经过了他此后描写的第乌葡萄牙城堡。[163]1666 年 1 月 10 日，他到达"苏拉特海关"，在这儿轮船必须卸载。第二天，他和随行乘坐轮船上携带的小船慢慢顺潮而上，到

743

744

达海关所。接着特维诺详细记述了轮船入关所需的全部手续，留下了极为宝贵的资料。乘客的名字会被一个个记在登记簿上，人和随行物品都要被仔细检查，以防走私。如果从某人身上发现黄金白银，他要先缴纳 2.5% 的税方能进城，第二天还必须返回此处取回物品并缴纳所有应付税款。外国人要交纳 4% 的商品税，本国人的商品税为 5%。严格的海关，加上高额罚金，都不能阻止荷兰指挥官的朋友们成功走私珠宝。[164]

特维诺注意到苏拉特的土墙破烂不堪，这是因为（1664 年）前两年西瓦吉对城市的洗劫。为了保护城市不受来自陆地方面的侵袭，现在正修建厚厚的新砖墙，新墙只围起城市的部分区域。特维诺认为城墙建得离堡垒太近。[165] 被圈在城墙外的"棚户"居民在向政府要求补偿。在西瓦吉洗劫中幸存的堡垒矗立在城市南端，恰好在河边，这样设计意在保护城市免受来自海上的袭击。[166] 堡垒呈方形，中等大小，四角各有一座大塔，几门大炮架在射击口处。靠陆地的三面有护城河包围，里面充满海水。海水通过"漂亮的闸门"进入护城河，闸门对着城内主要集市。堡垒中储存着省内收来的赋税，"只有在收到紧急命令时，才会被送往宫廷"。

苏拉特的人口数量很难确定，因为季节不同，人口差别很大。通常船只在天气好的月份，即 11 月至 4 月期间到达，那时在城市的三个郊区都很难找到住宿的地方。虽然许多外国人集中在这儿，基督徒却少之又少。城市"常驻人口"通常包括：本地和外国穆斯林、印度教徒、拜火教徒，他们也被称为"戈尔人"（波斯语，*gabr*），*Atash-parast*（或拜火者）。[167] 许多当地商人非常富有，特别是一个叫维拉吉 - 沃拉（Virji-Vora）的巴涅人。[168] 英国和荷兰商馆的工人有"非常漂亮的公寓"，在城里大约有 100 户天主教徒家庭。

苏拉特的房屋很贵，因为当地没有石头。建筑材料通常使用"砖和石灰"，或者来自达曼的从海上进口的木材。富人的平房通常建得很漂亮，上面"铺着半圆形的瓷砖"，烧制不太成功的瓷砖呈白色，这些质量差的瓷砖只有半英寸厚，在竹板上排成两行，支撑它们的所有木框"仅由圆木块做成"。[169] 人们一般在雨季修建房屋，因为在旱季灼热的太阳下，石工或砖瓦工做好的活干燥得太快，很容易"裂缝、破裂"。雨季时，砖瓦匠做好后可以用"打蜡罩"盖上，让它们慢慢干燥。苏拉特的街道"又宽又平"，而且是天然未经修砌的。严格意义上讲，城内没有高大的公共建筑，穷人的房子由竹子搭建，上面盖着棕榈叶。[170]

在苏拉特，基督徒和穆斯林一般吃牛肉，而且是母牛肉而非公牛肉，因为公牛经常用来拉犁和驮运重物。他们还常吃羊肉、猪肉、小母鸡、鸡肉、鸽子肉和各样的野鸟。他们食用两种油：一种从"野藏红花"中提取，一种从"芝麻属植物"中提取，前者要比后者好。[171]2月至4月市面上都有葡萄，荷兰人用葡萄做一种味苦的酒。大粒的白葡萄从孟买附近的小城纳瓦普尔（Navapur）运到苏拉特。当地酒不比葡萄酒好，在用很大篇幅介绍"Tary"（*tari*，由 *tar* 或者扇叶树头棕酿制的棕榈酒）后，特维诺仍坚持这一观点。苏拉特是国际商业中心，所以使用多种度量衡和货币。[172]

在苏拉特时，特维诺了解到：总督在询问新成立的法国东印度公司的情况，以及是否允许它们在此进行贸易。[173]来自港口的谣言，以及法国人的敌人，让他误认为法国人是海盗。最后总督向普卢利（Preuilly）的安布罗斯神父（Father Ambrose）表达了对法国人的怀疑，神父是苏拉特方济各会托钵僧的领袖。在得知法国人也是合法的贸易商后，总督很满意，然后让神父用波斯文写信向皇帝汇报。朝廷显然对这份汇报很满意，下令迎接法国使节"德·拉布拉耶阁下（Sieurs de la Boullaye）和贝伯（Beber）"，因此，两位使者受到"特别友好"地接待，[174]甚至连安布罗斯神父的朋友——一位英国长官也对他们极为热情。

苏拉特的墓地就在布罗奇门外。在墓穴上方，英国人和荷兰人喜欢用"刷白石灰的砖"修建"金字塔形状"的坟墓。印度基督徒用灰泥修建方形坟墓，有的上面有圆顶或锥形顶。所有坟墓的一边都有一扇小窗户，从中可以看到墓内。在城外河边墓地的另一边，有巴涅人焚烧尸体的特定地点，烧后骨灰就留在那儿，等待塔普蒂河的圣水将其冲走。两岁前死亡的儿童被土葬而非火葬。耆那教徒和瑜伽修行者依照埋葬"Madeo"（Mahadeoa，或湿婆）的方法埋葬自己，湿婆是"他们最伟大的圣者之一"。[175]

英国人的墓地旁边有修建整齐的方形大井，由巴涅人的慈善机构所建，以供游客饮用。在达曼门的方向有一个大水池。这扇门被一棵巨大的榕树"遮盖包围"，在树下可以看到水池底部，水池有 16 个边，每边 100 步长，表面由大石头砌成。"从边缘通到水池底部"的石阶几乎将水池完全围起，这样看起来像圆形露天剧场。没有台阶的地方，有斜坡，水流从此而下，其中三个斜坡是为饮水的动物准备的。池中央有一座可爱的石头房，乘船可以到达。雨季，周围农田的水引入水池，这个水池是一位叫戈皮（Gopi）的富有的巴涅人所建，以前向苏拉特供应用水。目前城市供水来自 5 口井，它们是水池建后很久才挖的。水池和城堡"大约同时"修建（即 1546 年左右），据说两者花费相差无几。这项可与罗马建筑相媲美的工程目前因缺乏必要的维修，已被淤泥堵塞。[176] 水池旁就是公主花园，"如此命名是因为花园属于大莫卧儿君主的妹妹"。[177] 花园中有很多树木、灌木、可爱的十字交叉小路、一湾小水渠和一座漂亮的方形房子。[178] 花园附近挺立着另一株巨大的榕树，印度教徒敬拜这棵树并用丝带装饰它（见插图 110）。树下有一座寺庙，敬的是大摩耶夫人（*Mahāmāyā*）或"类似夏娃（Eve）的神"。[179] 一个婆罗门坐在庙里从虔敬者那里接受供奉，并在他们前额涂上红点作为回报。在这儿还能看到一个人（一名耆那教徒）用面粉喂蚂蚁。

苏拉特周围的土地是棕色的，非常肥沃，以至于从不用施肥。人们在雨季后的 9 月种植谷物，2 月份后收获。深深犁沟中种植着甘蔗，小鱼是它们的肥料，种植的大米和棕榈树会为他们带来很高的利润。荷兰人用公牛皮囊运输井水灌溉田地，有咸味的河水不能用来灌溉和饮用，仅用来沐浴，而且在干季，塔普蒂河只是小溪流，在雨季的几个月又溢出河岸造成危害严重的泛滥。河水源头在靠近"布尔汉布尔"的德干山上的 *Gahara Kunda*（意为深潭）。[180]

商船必须在苏拉特港卸货，因为沙质海岸会阻挡船只向上游前行。到苏拉特休整和维修的船只必须等待春天的海潮。小筏子在任何海潮来时都可轻松驶向上游。在苏拉特，可供大船停泊的港口是苏瓦利，在沙坝后面，大船可以安全靠岸。[181] 可是这儿的海关很难控制，所以从 1660 年起除了荷兰和英国的船只，其他外国船只禁止在此停靠。荷兰和英国两大霸主在此有仓库，还有走私小物品的机会。在苏瓦利，这些欧洲人拥有花园房子，小船也有自己专门停靠的港湾。在港口总停泊着许多其他国家的船只，苏拉特海关关长由总督任命，

是穆斯林，职员是巴涅人。士兵、搬运工和少量仆人都是穆斯林，他们被称作
"海关的'Pions'（苦工）"。[182]

　　1667年2月特维诺动身去波斯时，他的法国同乡已经开始在苏拉特组建商
馆。法国东印度公司的荷兰主任弗朗索瓦·卡龙（Francois Caron）[183] 在1668
年初期到达苏拉特，他有个夸张的计划，就是在马苏利帕塔姆、孟加拉、暹
罗、中国和日本建立新的法国贸易港。很快，他就和同事因为接下来的贸易计
划发生了争执。可能是因为皇室对亚洲企业的过多干预，在法国国内几乎没有
关于印度公司问题的及时报道。唯一一部有意义的作品来自弗朗索瓦·莱斯特
拉（1650—1697年），他是公司的签约商人，1671年抵达苏拉特，1671—1672
年加入德拉艾（De La Haye）的南部探险队，1672年末在科罗曼德尔海岸被荷
兰人捕获。从这儿被带往孟加拉，在孟加拉等了一个月后被转移到巴达维亚，
回国两年后的1677年，他在巴黎出版了记述其东方经历的《东印度旅行日志》
（*Relation ou journal*）①。[184]

748

　　这位充满热情的年轻旅行家的作品的重要性主要表现在三方面：对苏拉特、
西瓦吉的描述；对德拉艾船队的活动和进展的介绍；对商业中心巴达维亚城的
记述。莱斯特拉在1671年10月26日抵达苏拉特，在与卡龙一起加入德拉艾的
船队之前，在那儿待了整整两个月。他对苏拉特人的观察相当肤浅。他在那儿
的时间，正是1670年10月西瓦吉第二次洗劫城市后一年。莱斯特拉听说西瓦
吉率领2000名马拉他人进城，他们向在苏拉特的商人勒索钱财，其中也包括荷
兰和英国的代理商，掠夺达八天之久。为了吓走马拉他人，卡龙及法国人把大
炮对准派到苏瓦利商馆的代表团。[185] 此次洗劫一年之后，苏拉特的城墙状况
良好，上面摆放着大炮。[186] 总督和卫戍队从不离开堡垒，所以代理商要走进
堡垒拜见，此外欧洲各国人也强烈感到穆斯林的敌意。总而言之，莱斯特拉对
印度的描述几乎没有新鲜内容。他对科罗曼德尔海岸边的城市和恒河三角洲的
描写要好一些，但也很难引起读者特别的兴趣。

　　直到1688年法国接连战败于圣多默（San Thomé）和暹罗后，法国在亚洲

_____

① 全书名为：*Relation ou journal d'un voyage fait aux Indies Orientals*。——译者注

公司的问题才通过出版物公布于众。那一年出版了乌尔班·叟初·德·仁尼福特（Urbain Souchu de Rennefort）的《东印度史》（*Histoire des Indes orientales*，巴黎）。当公司早期在马达加斯加（Madagascar）陷入困境时，他是公司的一名员工。[187] 虽然此书的主要目的是批评公司放弃马达加斯加，里面却有一位匿名作者（当然不是本书作者）的日志，日志记录了法国在 1669—1670 年间在印度的活动。[188] 显然仁尼福特有机会接触到公司文件，因为在他的出版物中，包括一份批准法国在苏拉特办商馆的许可令，这份法文版许可令是 1666 年 9 月 4 日由奥朗则布颁布的；还包括 1667 年 12 月 29 日卡龙写给"锡兰王"的信。他详细介绍了法国商人与卡龙、安布罗斯神父（他们的口译）和苏拉特总督之间的关系，但却未注明资料来源。他还报道了 1669 年 5 月"麦卡拉"（Macara）和"卢赛尔"（Roussel）动身前往戈尔康达的消息，两位商人此行的目的是为了获得在马苏利帕塔姆设立法国商馆的许可。[189] 尽管看标题，本书是关于印度，可实际上很少有与印度和印度人相关的资料。

1674 年，雨季要结束时，弗莱尔被派往苏拉特，他从孟买乘船前往。在苏瓦利，他住在英国人的宅院，这儿有瓦片覆盖的木房子，仓库、马厩，还有花园，花园里"种着各种沙生花卉"。跳蚤和缠人的巴涅经纪人使他染上瘟疫，巴涅经纪人是交易中间人，他们拥有苏拉特总督发放的执照。附近的村子达姆卡和莫拉（Mora）是"两个红灯区"。他乘坐公司的"印度两轮牛车"（印地语，*chakrā*）到达 10 英里外的苏拉特。牛车是"由矫健的小公牛拉的两轮车"。然后又乘坐公司的船穿过塔普蒂河，抵达时迎接他的是堡垒里发出的阵阵鼓声和嘟嘟的喇叭声。海关没有检查他的牛车，因为同行的有载女人的封闭车厢。像女人一样，公司总裁也拒绝接受常规的严格检查。

在苏拉特的"英国人住宅"中，"部分是国王［皇帝］赠送的，部分是租用的"。[190] 房子用石头和木材建造，地板厚实，房屋坚固，建筑风格是莫卧儿式的，"有高高低低的长廊"，还有整洁方便的室外就餐处。总裁拥有"宽敞的房间"，有专门的会客室和娱乐室。在航运旺季，那里"门庭若市"，巴涅人、包装工人和仓库人员每天来来往往。除了总裁还有 4 位来自英国的主要官员：他们是公司在印度的总会计、仓库总管、海上乘务长和秘书。这四位要员都直接向总裁汇报，因为没有总裁的批准"什么也做不了"。在公司地位较低的职员包括商人、代理商、文书和学徒。[191]高级商人经常担任苏拉特下属商馆的主管，他们在那里住得"很豪华"，此后又作为总裁委员会的常驻成员返回苏拉特。除了总裁，委员会通常包括 5 人，并从中选出孟买副总裁和亚洲总代理。常驻商馆的英国人有 20 名，为其提供服务的有一位外交使节、一名医生和一小分队英国士兵，公司的口译通常是巴涅人，虽然公司一直鼓励自己的职员做这项工作，可是很少有人能精通当地语言。

750

在苏拉特的总裁负责管理所有在印度和波斯的英国商馆。[192]位于内陆地区的下属商馆的所在地包括：负责购买蚕丝的阿默达巴德；提供溶靛素、蕾丝和丝织品的阿格拉；负责购买"Salloos"（印地语，*sālū*，土耳其的红色棉布衣）的孟买和拉贾布尔沿海地区；负责购买"粗布工作服"（荷兰语，*dongerijs*，一种结实的粗糙白棉布）的加尔瓦尔；收集香料、龙涎香、石榴石、鸦片和硝石的卡利卡特。在欧洲，所有印度纺织品上都标着卡利卡特的牌子，但实际上并没有在卡利卡特购买过衣服，出现这一错误是因为英国人最早曾在卡利卡特购买印度纺织品或白棉布。来自欧洲的船只卸货后，港口的货物用船只运到苏拉特，内陆商馆的货物则使用篷车运输。欧洲船只抵达时，苏拉特附近的代理商督促织工备好足够的纺织品。弗莱尔描述道："在这些轮子上转动着东方的商业。"

与任何早期的特许公司相比，修复公司（Restoration company）更成功地为英国带来丰厚利益。尽管英国比荷兰和法国拥有更多股份，但就在苏拉特的贸易来说，"在过去几年中他们甚至难以平衡自己的收支"。荷兰人在苏拉特出售香料，购买少量便宜的粗布，然后钱包鼓鼓地离开。法国商馆的商人比货物多，这些商人"生活舒适，借贷生活，且四处炫耀"。公司纵容职员进行珠宝奇石交易，这样对公司也没有损害。法国和荷兰珠宝商也像塔韦尼耶和他的助理一样购买珠宝带回欧洲，在欧洲切割镶嵌后，再带回印度卖给贵族，赚取利润。[193]

在西瓦吉第一次劫掠苏拉特后的 1664 年，奥朗则布下令修建城墙和护城河，十年后仍未完工。修好的部分很高，由烧制优良的砖修建而成。古老的堡

垒，有壕沟和 30 至 40 门重型大炮保护，这些大炮由 300 名士兵负责。独立总
督（the *killedar*）整日待在城堡里，怕掉脑袋的他不敢进城，西瓦吉在 1670
年留下的废墟还没有被重修，城市处于面临再次袭击的恐惧之中。为加快重建
和准备其他防御设施，官方集资了 10 万卢比，任命 700 名男人去保护城墙，
委托欧洲人保护 6 扇大门。这里有 36 处棱堡，每座棱堡上都装备了 6 支长枪。
削尖的木器插在墙上用来击退攀爬者。每扇门都装有锋利的铁器阻挡大象进
攻。总督手下的步兵队有 15 人，装备了火绳枪、剑和标枪。还有 200 名装备
弓箭、长矛和剑的骑兵。总督还有用于战争的 40 头骆驼和 6 头大象。马厩类
似房间，用马尾织品装饰，每匹马都有一位私人马夫喂养，马夫"对马匹的照
料，细致温柔地出乎想象"。1674 年总督和荷兰人之间发生冲突时，莫卧儿官
方签署了"Deroy"（马拉地语，*durāhi*，一项法令）：不经他专门批准，禁止欧
洲人离开城市。[194]

　　和其他苏拉特的城门一样，"布罗奇门"旁边也有一个"Chocky"（印地语，
chauki，收费处），这是为皇帝收取过路费的地方。拉其普特人也在苏拉特的门
口收费，允许他们收费是避免他们去周围的村庄街道抢劫。布罗奇路两边是穆
斯林墓地，附近有汤姆·科里亚特（Tom Coryate，死于 1617 年）的坟墓，他
被当地人称作"英国骗子"。与荷兰人墓地毗邻的是亚美尼亚人埋葬死者的园
地，墓上立着"状如棺材的墓碑，上面有燃香的位置"。最令人印象深刻的墓地
属于英国人乔治·奥克辛登爵士（Sir George Oxenden）。城外约一英里处的山
上是"穆坦尼教徒"（Mutanny Pilgrims）的墓地，可能指的是当地瑜伽修行者。
再远处是位于河流旁边的普尔帕拉（Phulpara）城，这儿是印度教圣地，有婆
罗门神学院，但两座依然存留的寺庙已被穆斯林破坏。作为印度教徒火葬之地，
普尔帕拉的圣河旁有萨蒂（Satī）圣地和很多羸弱的瑜伽修行者，他们看起来
像"行走的骷髅"。从普尔帕拉到苏拉特，道路两旁绿树成荫，路上挤满各色人
等。苏拉特附近，保留下来的印度教特色建筑只剩下一个巨大的空蓄水池，水
池"周长为一英里"，边上建有豪华的陵墓。曾有沟渠将水注入蓄水池，可是现
在却空空如也，所以看上去像一座有台阶的巨大圆形露天剧场。[195]

　　美丽的大花园包围着苏拉特，城里的人在花园里呼吸新鲜空气或在夏日别

墅野餐。从建有台阶的水池里，人们将水装入皮囊，用牛运送，然后再倒在水渠里灌溉花园。这儿种着"丝绵树"（*Bombax malabarica*，或西梅尔棉），还有像棕榈的植物，从这种树种里可以提取大麻。还有大家喜爱的"Alluh"（?）树，树皮可以入药。花园里种蔬菜而非花，种植的蔬菜有：土豆、"yawms"（甘薯）、"Berenjaws"（bringal，或茄子）、南瓜、黄瓜和葫芦。玫瑰可能也能在这儿种植，但他们只种了"一些紫罗兰"（可能是蒲桃）、"Culga"（印地语，*kalgha*，鸡冠花）、"Tree Mallow"（木芙蓉），还有几种茉莉。城外的田里种着"谦逊敏感的植物"（含羞草）、烟草和甘蔗。"根树"即榕树，被称作巴涅人的树，因为巴涅人认为榕树是神圣的，他们每天敬拜榕树，并呈上作为供品的大米。树篱和小路旁种植两种用作篱笆的灌木丛。它们分别是"牛奶树"（Milk trees，大戟属植物）和一种水蜡树。

752

塔普蒂河的"潮汐迅速穿过城市"，春天时河道足够深，载重千吨的货船可以抵达苏拉特的城墙。于是沿河道到河口拥挤着多达 100 艘的"高级轮船"和小船。荷兰人和英国人认为向当地人传授航海术是不明智的。尽管印度人的商船上装备着 30 到 40 门加农炮，但大部分都是摆设。皇帝也养护着 4 艘战舰和 4 艘大船，4 艘大船可以免费运送香客到麦加。香客船"巨大粗糙，'破烂'的称号也是对其外形最好的描述"。即使印度人一切准备就绪，如果没有欧洲水手和通行证他们也不敢冒险出海。他们称士兵为"Luscar"（*Láscar*）、水手为"Lascar"（*Lascár*）、船长为"Nucquedah"（波斯语，*nā-khudā*）、水手长为"Tindal"（*Mala-yalam taṇḍal*）。[196]

从波斯湾出发的商船 2 月份到达苏拉特，从红海出发的 8 月份到达。他们像欧洲商船一样购买溶靛素和纺织品，主要带回贵重的宝石珍珠，还有不是那么贵重的枣、药品和马匹。因为对印度纺织品的大量需求，世界上的大部分黄金最后都留在印度，甚至香料贸易的收入也用来购买印度纺织品。苏拉特还从珠宝交易中赚取利润。这里的工匠切割宝石的工具种类比欧洲少得多。除了钻石以外，所有宝石都在一个用紫胶和石头做的轮子上切割，而且这种工具只能在科钦买到。[197] 宝石用"人工转动的磨石机"来切割，但大部分被送到欧洲进行切割修饰。

尽管贸易为苏拉特带来富庶，但它却是一个"非常肮脏"的城市。因为没有"水厕"，每家门前都是"粪堆"，等待蒸发，或被雨水冲走。尽管如此，苏拉特还没有遭受过瘟疫。[198] 常见病是咳嗽、粘膜炎、口部或嗓子肿瘤、关节炎和间歇性发烧。在苏拉特的儿童也"像其他印度儿童一样"会染上天花。某些疾病是季节性的。在又干又热的月份，会偶发霍乱，眼部炎症也很普遍。在雨季，痢疾、出血、"脑部瘟热和胃部疾病"增多。当地人使用"Hing（印地语，hing），一种阿魏（Assa Foetida）的汁液"做药，这种药气味刺鼻，"闻起来令人恶心"。[199] 当出现睡眠紊乱或困倦乏力等症状时，他们将姜蒜与黄油或油一起口服。一种从"坚果"里提取的汁液可做发泡剂，还能用来做油墨和染料。[200] 出现霍乱或严重高烧时，他们会使用"残忍的"灼烧法。

英国人在苏拉特受到很好的待遇，因为他们得到一系列皇帝发放的贸易许可令，并拥有足够的海上力量来保护自己，与"被贸易制约"的国家以及没有合法地位的国家的人相比，他们备受尊重。个体商人和欧洲公司进行同样的交易时，个体商人的待遇低一等。因为他们只是国内富有商人的"Vackeels"（阿拉伯语，wakil，授权代表）或代理商。欧洲人修筑防御设施保护自己的住宅，拥有码头和院落，他们以欧洲的方式管理自己的花园。[201] 葡萄牙人"看上去已征服了"印度的沿海地区，并摆脱了英国人和荷兰人；尽管荷兰是欧洲的"民主国家"，巴达维亚的荷兰总督却以东方君主自居。荷兰人在"印度的专制政府"，是为了恐吓印度人，他们认为"只能通过暴力而非其他方式征服"这些印度人。英国人满足于在孟买的殖民地以及和平贸易，并认为"令印度人畏惧是不能教会他们了解自我的"。[202]

从1690年9月到1693年2月，约翰·奥维格顿正式成为英国商馆的牧师，到达苏拉特的时候，他了解到只有欧洲来的船只可以在苏拉特的港湾停泊。印度船只能进入塔普蒂河或停泊在河口。苏瓦利海港附近有三间作为休息室的木屋，是为来自苏拉特的英国、法国和荷兰代理商准备的。[203] 苏拉特最坚固的防御来自于它的堡垒，堡垒控制着海上和陆地的入口。城墙上"隔一段距离就有塔楼和城垛"，还有六七扇大门，门口时刻有哨兵值勤。晚上城市的街道，特别是靠近市场的街道比"伦敦任何一处"都拥挤。城堡里的长官任期一般不超过三年，期间他不能离开此处，并必须"一直像卫兵一样"守着城堡。[204] 所有贵重金属和外国货币的进出口必须在苏拉特交付 2.5% 的税，"其他物品的税更多"。在整个亚洲，亚美尼亚商人"随处可见……（并且）他们的语言也是亚洲使用最广泛的语言"。荷兰人垄断了苏拉特的香料生意，而且和英国人分享这里的胡椒交易。[205]

　　苏拉特市的民事总督在府上接受申请、上诉并做出宣判。重要事务由他和城市的其他官员一起商讨决定。其他官员包括：卡兹、vākiahnavis（或 vaqiah-navis，文书）和科特瓦尔。卡兹是法官，熟知帝国的"民事习惯"和市政法规。文书每周向皇帝准备汇报苏拉特的情况。另一位被称作 harākra 的官员向法院汇报当地所有新闻和情况，无论"是否真实……重要或不重要"都会汇报。科特瓦尔"有些像治安法官"，每天晚上 9 点到第二天凌晨 5 点，他们负责城市巡逻，以维持秩序和抓获不法分子。尽管城市里除了本地人还有许多外国人，却治安良好，实际上在过去的二十年内，在苏拉特没有人被判死罪。福季达尔（Faujdar，低一级的官员）和他的助手维持着乡村和道路的平安和秩序。[206] 离苏拉特两英里处的塔普蒂河边有一个叫作"Pulparrock"（普尔帕拉）的美丽城镇，许多"Santones"（古吉拉特语，santa，禁欲者）在这儿愉快地生活着。[207]

　　根据奥维格顿的记述，要维持苏拉特英国商馆的正常运转，每年需要 10 万英镑。英国商馆的代理商们，为了将其他欧洲人排挤出去，必须向公众展现出一种华服美食的奢侈生活，从而给当地人和其他商人造成富有强大的印象。商馆本身是皇帝供给，"拥有城里最好的住宅"。商馆总裁、高级官员以及代理商由商馆支付高额年薪。他们用工资进行私人交易以挣更多的钱，这种合法特权引起荷兰代理商的嫉妒。商馆和贸易由四人委员会管理，按照职位高低分别为总裁、会计师、仓库总管和商船乘务长。在做决定时总裁拥有两次投票的权力。代理商、秘书和学徒的聘用期限为三至五年，"或者依据刚来时和公司签合同时定的年限"。所有人都享受免费食宿，当地雇员协助他们处理公共或私人事务。许多以诚实可靠著称的当地佣人住在商馆外面。所有商馆人员，如果离开商馆或去旅行，需要征得总裁的同意。商馆每天中午供应丰盛的午餐，餐具是银制的。晚饭时委员会成员单独聚在一起讨论公司事宜。尽管也有葡萄牙

754

755

餐和印度餐，但就餐方式和习俗都是英式的。节假日，总裁和"他的夫人"会邀请全体员工短途旅行。公司里备有一位印度医生、一位英国外科医生和一位基督教牧师，他们负责照顾员工的身心健康。公司要求每人必须参加在商馆小教堂中举行的每日祈祷会和周日礼拜会。通过主持婚礼、洗礼和葬礼时收到的慷慨小费，还有私人贸易所得，牧师每年可获得颇丰的收入。在商馆里的生活相对平静，可是在 1691 年至 1692 年间，英国人被诬陷密谋劫掠土耳其船只，从而被苏拉特总督禁闭起来，后来证明丹麦人才是罪犯，皇帝随即下令解除了英国人的禁闭。[208]

"六年前"（约 1685 年），瘟疫在苏拉特的印度人之间爆发，而且此后间歇性地发生，雨季前后最容易爆发。期间每天多达 300 名穆斯林和印度教徒死亡，只在一个上午，100 多具尸体被抬到城外火葬。就在瘟疫袭击之前，城市还经历了一次小地震，虽然没有造成伤亡，却引起惊慌。英国人却躲过了这两次自然灾害，当地人很是惊异，认为"神与他们同在"。在巴尔萨（Blsar）的一次可怕的瘟疫中，短短"18 天内有 20 万人"死亡。出现各种类型的发烧，欧洲人在"严重堕落"后也患上发烧的症状。"过度饮食，特别是鱼肉同食"最容易引起霍乱，几位欧洲人因此丧命。欧洲人有时会患上"Barbeers"（脚气病），这是一种容易造成肢体瘫痪的疾病。[209] 印度医生给的"白粉"或开的"Congy"（印地语，kangi，大米粥）药方可以治愈发烧。"白粉"后来传到英国，这种治疗方法在英国也很见效。[210]

来自那不勒斯的卡雷里是周游世界的旅行者，他在 1695 年 2 月间在苏拉特进行了短暂访问。当时他住在法国神父家中，神父家位于坎贝海湾入口。苏拉特的城市规模"不大"，"不太坚固的城墙"围着城市，城墙是在西瓦吉劫掠后建的。堡垒虽然在位置上控制着城市的海陆入口，但修建得"不太好"。堡垒里的长官只掌管卫戍队，城市由总督负责，"他为皇帝征收整个省的税款"。[211] 城里引以为豪的只是一些属于法国人、英国人、荷兰人和穆斯林商人的"漂亮房子"。（天主教）方济各会托钵僧有一座教堂，教堂旁边有一所"欧式"房屋。"印度第一市场"的商人拥有非常多贵重物品，"他们任何一间仓库的存货都可以装满一艘大船"。苏拉特大榕树下有四座印度教寺庙，每座庙里都住着圣人。

756

95. （上页图）阿克巴的肖像

选自 Athanasius Kircher, La Chine illustrée, trans. By F.S.Dalquié（Amsterdam,1670）, facing p.212. 同时参见插图 112、116、133—137。同样的图片见于拉丁文版本（1667 年）及其法文译本。 依据莫卧儿的微型图。

"阿克巴能名冠东方，不但因为他强大的军事实力，也因为他具备敏锐的眼力……虽然没有受过什么教育，也不通文字，他却是一位极具洞察力的君主。在各种宗教知识的帮助下，他可以侃侃而谈……很少有衣着如此华丽的君主，他头戴由黄金、珍珠、宝石打造的皇冠，闪亮如仙人。他的宝座也装饰豪华。他手中持球，喻示自己是世界之主，有无上的权力。像他的祖先一样，他赤脚而坐，不时有佣人用一种贵重的液体为他洗脚。旁边是一个盛放饮料的宝瓶，以供他在热天或需要时使用。神父们将他待客的肖像画送往罗马。"（C. Van Tuyl[trans.], *China illustrate by Kircher,Translated...from the 1677*[sic]Original Latin Edition [Muskogee, Okla., 1987], p.71.）右下角的小狗可能是这位"完美君主"的欧式标志。参阅插图 265。

96. （下页，上图）贾汗吉尔、儿子胡拉姆和一个女奴的印度画像

选自 S. Purchas, Hakluytus Posthumus （Glasgow, 1905）（PP）, IX, facing p. 32。插图 100 也选自此书。

这幅无名氏创作的版画是对两幅莫卧儿微型画的模仿和综合，一幅微型画由马诺哈尔·达斯（Manohar Das），一位莫卧儿著名的画师所作，参见 A.K.Das, *Mughul Painting during Jahangir's Time*（Calcutta,1978）, pp.188-92。贾汗吉尔与女奴的那幅由马诺哈尔所绘，另一幅关于胡拉姆的是由无名艺术家所绘。参见 A. M. Hind, *Engraving in England in the Sixteenth an Seventeenth Centuries*（Cambridge, 1955）, II, 388。贾汗吉尔的肖像画是由这位莫卧儿皇帝本人送给托马斯·罗伊爵士的。参见 Partha *Mitter, Much Maliganed Monsters*（Oxford,1977）, p.72.贾汗吉尔用波斯语写道："1626(1617)年于曼杜。画师马诺哈尔（达斯）。时年五十岁。"（译本在 W. Foster [ed.], *The Embassy of Sir Thomas Roe* [Oxford, 1926], pp. lxxviii-lxxix 中）珀切斯可能从当时的威尔士王子查尔斯（Charles）那里借得这些微型画，同时也从他那里获得了爱德华·特里的手稿。这两样东西据说是罗伊从印度返回时送给查尔斯的。

97. （下页，下图）法文版莫卧儿微型画

选自 TR, I, "Voyage de Terri." p.17。

这幅画说明了刻版师之间是如何相互抄袭的。

Pictures out of the Indian Copies made by the Mogols painter

Sultan Corooan ♂

his woman slave

Selim Shah the Great Mogoll.

ساكودم خاماس دورس هم منو راتخ و دبا هم دسه ۱۴۷

De la Religion des Indiens, & de leurs mœurs.

Portraits copiees sur les originaus faits par le bla
Peintre du Mogol.

Sultan Coroone

Sa femme son Esclaue.

Le Grand Mogol Selim Sya.

دم ساكو ساخا دورس هم منو راتخ و دبا هم دسه ۱۴۷

SCHACH SELIM

98. 萨利姆王子或贾汗吉尔（1605—1627 年在位）

选自 Olfert Dapper, *Asia*（Nuremberg, 1681）, between pp. 154 and 155。插图 99、108、113 和 114 都出自此书。

这幅欧洲人创作的皇帝形象正代表了荷兰出版商选择插图的标准，他们将这些图片放入昂贵的精装百科全书中，以迎合北欧富裕高雅的读者群。

99. 努尔·玛哈尔（死于 1645 年）

选自 Dapper, *op.cit.*（插图 115）, between pp. 154 and 155。

努尔·玛哈尔（意为"宫殿之光"）1611 年嫁给贾汗吉尔。她做皇后时，她和她的家族在莫卧儿宫廷和整个帝国都拥有很大的权力，甚至钱币上都铸有她的名字。

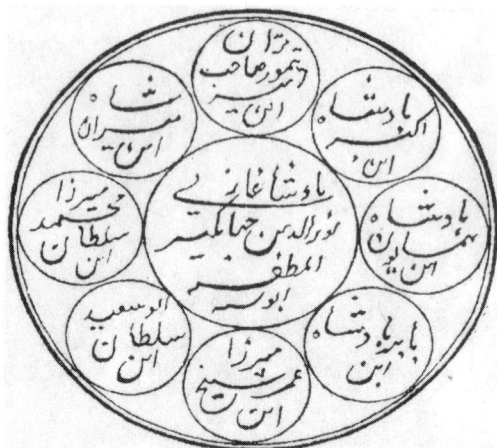

110. 贾汗吉尔的印章

选自 *PP*, IV, 468。

在这枚贾汗吉尔的印章中，他的名字刻在中间的圆圈内。C. M. Naim 教授认为（私下交流），这枚复制品上使用的文字看起来是用悬挂体（*Ta'liq*）书写的波斯文，但印章是在印度做的。

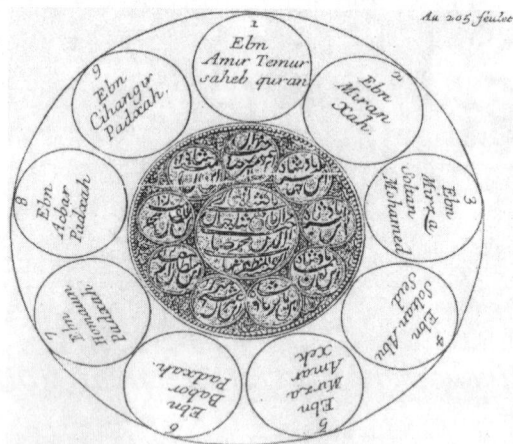

101. 另一枚贾汗吉尔的印章

选自 TR, I, following p. 205。

这枚印章的法国刻版师可能模仿特里的版本（插图104），而非（上面）珀切斯的版本。在特里残损的版本中，尚保留了皇帝们的顺序，但却有很多错误，比如阿克巴成了贾汗吉尔的儿子。

12ᵈ part lib 1ˢᵗ page

54

Rᵒ Vaughan sculp

The lively Portraict of the great MOGOL

102，103，104. 贾汗吉尔的肖像画、旗帜和印章

选自 the edition（1665）of E. Terry, *A Voyage to East India*, 它和德拉·瓦勒《旅行》的英文版发表在同一卷中。这些版画可能是出版商从特里1655年的版本中获得的，尽管特里的每一版都有不同的出版商。

由罗伯特·沃恩刻版。

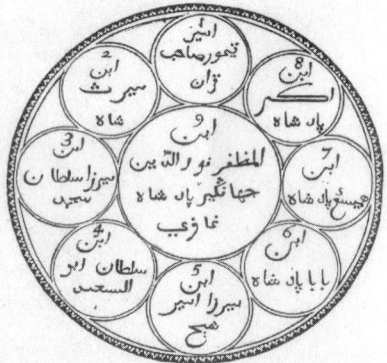

The Royall Signet of ye great MOGOL.

这幅"可爱的肖像"虽然和珀切斯收藏的萨利姆王子(Prince Selim)(参见插图 96)的插图很像,但却不同。

特里写道:"现在我的读者可以从一幅肖像画(选自他的一幅生活图片)中看到伟大的莫卧儿。"这幅图片展示了他每日不变的装束:珠光宝气,装扮一新……

"下面我提供的是帝国的皇家旗帜,一头蹲着的狮子挡住了太阳的部分光辉。"

"再下面我的读者所看到的是帝国的玉玺,上面有九个圆,里面用波斯文写着帖木儿及其继承人的名字和称号……"

这类印章(刻着波斯文)不论大小,都可用来盖在诏书、或委任书上……印章上的文字也刻在金币和银币的两面(没有相关图片)(第 447 页)。

这枚印章的刻版者看来并不太精通波斯文及其书写,也可能印章是在欧洲做的,最多只能算是珀切斯的贾汗吉尔印章(插图 100)拙劣的仿制品。

105. 军营中的奥朗则布

选自 Giovanni Francesco Gemelli Careri, *Voyage du tour du monde*（French trans. by M. L. N.; Paris, 1727），II, facing p. 186。插图 151 也选自此书。

106.（下图）莫卧儿在阿格拉的宫廷

选自 François Bernier, *Voyages*（new ed. Amsterdam, 1724），I, between pp. 40 and 41。

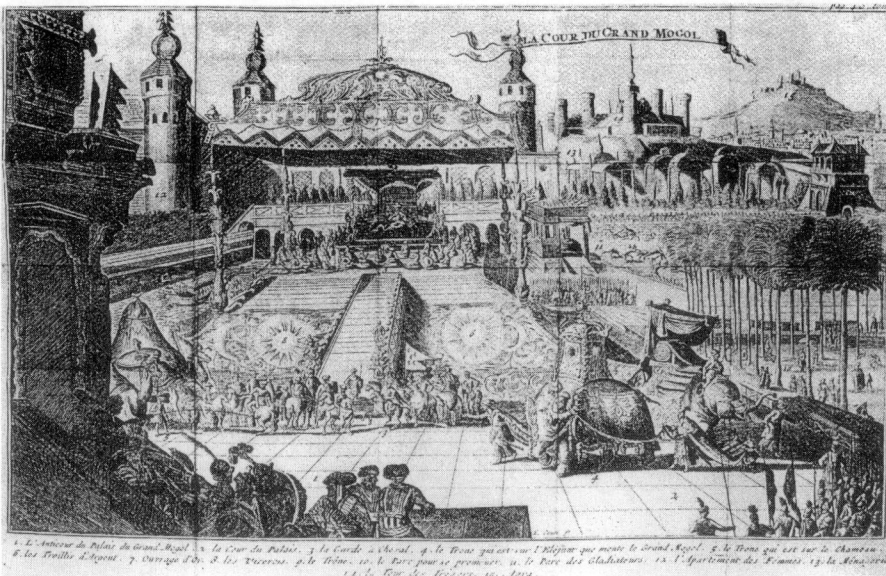

Habitans de Suratte.

107. 苏拉特的男人和女人

选自 Gabriel Dellon, *Nouvelle relation d'un voyage fait aux Indes orientales*（Amsterdam, 1699），facing p. 53。

108.（下图）拉合尔的"大莫卧儿"宫廷和宝座（约 1638 年）

选自 Dapper, *op. cit.*（插图 98），between pp. 142 and 143。
请留意画中的皇家动物游行。

109. 苏拉特的角斗士们

选自 John Fryer, *A New Account*（London, 1698），facing p. 111。插图 125—127 也出自此书。

"除了腰间系着带子，角斗士们全身裸露，涂满了油。他们取胜靠得不是技巧和策略，而是蛮力和搏斗，并通过服用鸦片以突破自己力量的极限。"

角斗在印度西部，特别是在古吉拉特的历史至少可追溯到公元 10 或 11 世纪，并流行至 17 世纪末。弗莱尔的图片看起来是根据一幅印度画而做。

110. 苏拉特菩提树下的苦行僧

选自 J.B. Tavernier, *Les six voyages*（Paris, 1676），II, pp. 376-77。

此图在后来伯纳德·皮卡尔（Bernard Picart）编撰的著作及其他场合被再创作，差别主要体现在图中人物数量的增减上。

111. 信德的运输工具

选自 *Les voyages de [Jean de] Thévenot*（Paris, 1676）IV, between pp. 160 and 61。插图 119 和 177 也出自此书。

注意作为背景的封闭式的轿子。

a i u re lre ha ia ua ra la nja ndda na nga ma

ग इ उ ॠ ॡ ॥ ह य व र ल ॥ ञ ण न ङ म ॥

jha lldha dha gha bha   ja dda da ga ba   kha pha txha ttha tha

झ ढ ध घ भ ॥ ज ड द ग ब ॥ ख फ छ ठ थ ॥

txa tta ta ka pa   xa kha sa

च ट त क प ॥ श ष स ॥

a i u re lre

Vocales sunt quinq; ग इ उ ॠ ॡ quarum ultima vix est in usu. Hæ vocales ut sint Longæ vel Breves ita distinguunt

Vocalis Longæ आ ई ऊ ॠ ॡ : Breves अ इ उ ॠ ॡ

Ex Vocalibus nascuntur Diphtongi quatuor [e ei o ou] ए ऐ ओ औ e nascitur ex a et i. Ex a et e nascitur ei. Ex a et u nascitur o. Ex a et o fit ou

Consonantibus conjungunt vocales hoc modo V.G. sit littera क cum Vocali Brevi: ka ki ku kre klre / kà ki kù krè klrè

क कि कु कृ कॢ Cum Longis hoc modo का की कू कॄ कॣ

Et sic de aliis consonantibus ex quarum uno facile colligi potest quomodo vocales prædictæ copulentur singulis
Diphtongis sic copulantur ke kei ko kou के कै को कौ
Consonantes itidem copulantur inter se quandoq; nulla intercedente vocali: Illam enim, quæ Vocali privatur secundum Regulas, vocant Claudicantem, eúmq; solam non ponunt sed alteri sequenti copulatum
Sit pro Exemplo ब Claudicans bra bla bma bja bka bxa bsa bna ब्र ब्ल ब्म ब्ज ब्क ब्श ब्स ब्न Et
sic de reliquis. Interdum contigit duas privari vocali, et sic ambæ copulandæ erunt cum tertia sequenti Sic ktra stra tkma क्त्र स्त्र त्क्म Et sic de aliis

Sunt aliæ quatuor Litteræ quas copulatas vocant sed in copulatione perdunt suam figuram ksa guia dla xtta क्ष ज्ञ द्ल क्ष्त W. van der Laegh scripsit et sculp.

112.（前页图）梵文要素

选自 Athanasius Kircher, *China illustrate*（Amsterdam, 1667）, facing p. 162。同时参见插图 95。这是耶稣会士海因里希·罗斯（Heinrich Roth，1620—1688 年）介绍梵文的五页作品中的第一页。据基歇尔（Kircher）所说，这位耶稣会士在印度学习了六年神圣又神秘的婆罗门的语言。这是第一部在欧洲出版的关于天城文（*devanāgarī*）的文字和梵文语法的作品。

罗斯本人用自己的文字介绍了梵文语法，原稿于 1967 年由阿努尔夫·坎普斯·O.F.M. 博士（Dr. Arnulf Camps, O.F.M.）在罗马的维克托·伊曼纽尔二世中心图书馆（Biblioteca Nazionale Centrale Vittorio Emmanule II [Rome]）的东方手稿（171 号）中发现。详情请参考 B. Zimmel, "Die erste Sanskrit-Gram-matik Wiederentdeckt," in *ibid.*, XVI（1967）, 219-22。对梵文语法体系的完整介绍和相关资料可参考 Campsi, R. Hauschild and Zimmel in *Zeitschrift für Missionswissenschaft und Religionswissenschaft*, LV（1969）, 185-205 中的三篇文章。

斯蒂芬·尼尔（Stephen Neill）认为，罗斯的"梵文要素"是一部"非常有用的作品"（*A History of Christianity inIndia* [Cambridge,1984], p. 418）。

113.（下页，上图）钩摆仪式

选自 Dapper, *op.cit.*（插图 98）, facing p. 118。

"宣誓要经受酷刑的人先来到绞刑架下，一位神职人员鞭笞其背部至麻木，然后将钩子活生生穿入背部，这个可怜的人被挂在空中，这时他不能展现出任何疼痛的迹象，反而要笑，说俏皮话，像小丑一样娱乐周围的观众，引这些看客拍手欢呼。在空中摇摆一定时间后，这个牺牲品会被放下，他穿上衣服，就可凯旋而归了。"（Abbe J. A. Dubois, *Hindu Manners, Customs and Ceremonies*, 3d ed. Translated by H. K. Beauchamp [Oxford, 1959], p. 598）参考本书插图 175。

114.（下页，下图）瑜伽苦行

选自 Dapper, *ibid.*, p. 123。参考插图 176 中的婆罗门的苦行者。

115. 孟加拉的穆斯林哈桑—胡赛因节（Festival of Hassan and Hossein）

选自 Wouter Schouten, *Reidtogt naar en door Oostindien*（4rh ed,; 2 vols,; Amsterdam, 1780），II, facing p. 86。

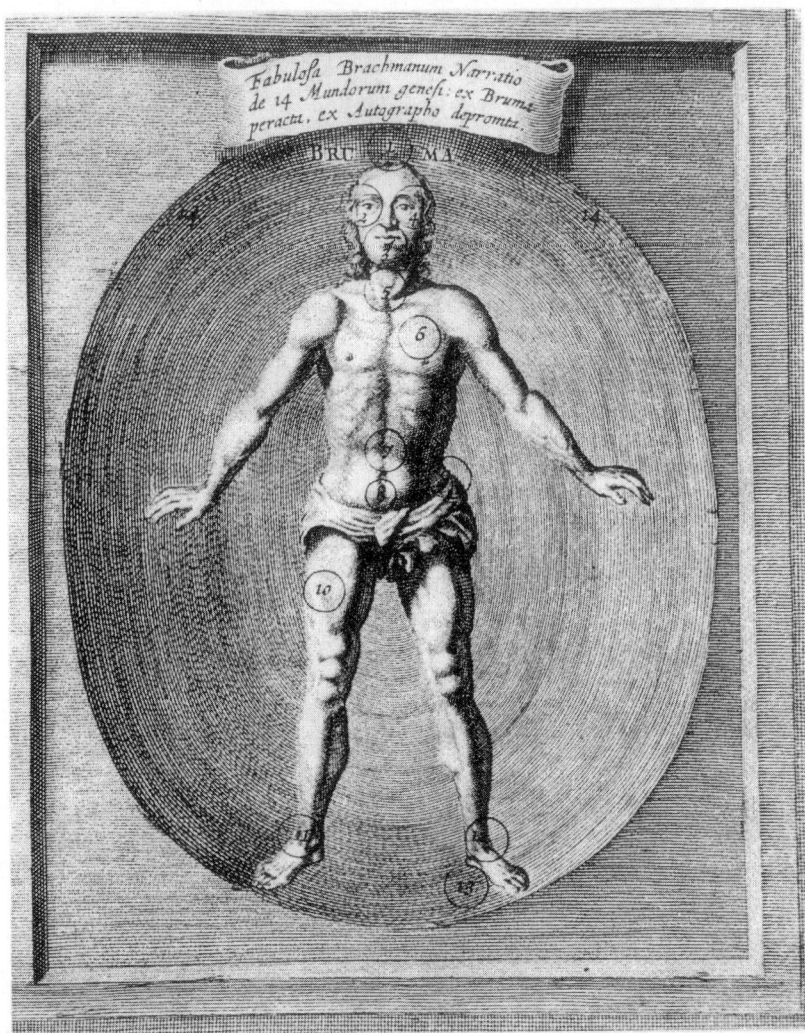

Fabulosa Brachmanum Narratio
de 14 Mundorum genesi: ex Brums
peracti, ex Autographo depromta.

BRU LMA

6

10

116. 创世者梵天的神话

选自 Kircher, *op.cit.*（插图 95），facing p. 212。

这个欧洲人的人体上标记着 14 个数字，表明宇宙中 14 个不同的世界如何从梵天身体中衍生。比如，第一世界，即神的世界来自他脑部，第二世界来自他的眼睛等等。人类从中获得自己的位置和相应的特性：第一种人源自第一世界，他们有知识有智慧；审慎的人源自第二世界，以下类推。虽然一直在嘲笑这些"愚蠢传说"和宇宙神话，但基歇尔还是对印度创世故事中的基本要素予以介绍。同时可参照 Mitter, *op.cit.*（插图 96），pp. 56, 60，以及插图 14。

HORTI
INDICI MALABARICI

AMSTELODAMI, Sumptibus { JOANNIS VAN SOMEREN et JOANNIS VAN DYCK. HENRICI et Viduæ THEODORI BOOM. ᴁ cɪↃɪↃcLXXII.

117. 《印度马拉巴尔植物志》(*HORTUS INDICUS MALABARICUS*)
中的卷头插画

选自 the *Hortus of Hendrik Adriaan van Rheede tot Drakestein and his
collaborators*(Amsterdam, 1678),Vol. I; 尽管扉页上标注为 1678 年,
但卷头插图却创作于 1682 年。插图 122—124、150 也选自此书。
左下角的印度人背后的背景却明显是欧洲的。这幅图看起来是为了
象征欧洲人和马拉巴尔人共同创作了不朽的《印度马拉巴尔植物志》。
点缀其间的植物也融合了欧洲和印度的风格。

118.《印度的自然和医学》(*DE INDIAE UTRIUSQUE RE NATURALI ET MEDICA*)的卷头插画

这部关于东西方博物学的书由威廉·皮索(Willem Piso)所作(阿姆斯特丹,1658 年),卷头插图左侧是一个赤裸的美洲印第安人,右侧是一个马来人(Malay)或爪哇人(Javan),四周描绘了一些真实的和想象的动植物。一些亚洲动物,比如犀牛和渡渡鸟的刻版,此时可能存放在爱思唯尔(Elzevier)和其他重要的印刷所内。

FIGURES. NOMS. PUISSANCES.
1

Les Voïelles

	Aana	a	breve
	Auena	a	longum
	Iina	i	breve
	Iena	i	longum
	Ououna	ou	Gallicum breve
	Ouuena	ou	Gallicum longum
	Eena	e	breve
	Eena	e	longum
	Ayena	ay	Gallicum
	Oona	o	breve
	Ouena	o	longum
	Auuena	aou	Gallicum
	Akena		*Non est Vocalis, sed solummodò est signum quietis, sicut quando pronuntiamus per, litera r est quiescens, quia pronuntiatur cum vocali præcedente, & non habet vocalem sequentem; signum hujus quietis est punctum, superpositum literæ.*

CONSONNES.
FIGURES. NOMS. PUISSANCES.
1

	Naana	nostrum n.
	Paana	nostrum p.
	Maana	nostrum m.
	Jaana	J consonans.
	Raana	nostrum r simplex, ut in verbo gallico pere, mere.
	Laana	nostrum l.
	Vaana	V consonans.
	Raana	r grat. pronuntiatio blasorum qui non possunt pronuntiare r.
	Laana	l in medio palati tangendo cum extremitate linguæ medium palati.
	Raana	ç Gregorû aspiratum. nostrum r duplex, ut in verbo gallico terre.
	Naana	parva differentia pronuntiationis hujus literæ à pronuntiatione nostrâ, & non potest benè adverti illa differentia nisi ab ipsis naturalibus.

THE
Malabar Alphabet.

FIGURES. NAMES. POWERS.

The VOWELS.

	Aana	a	breve
	Auena	a	longum
	Iinà	i	breve
	Iena	i	longum
	Ououna	ou	Gallicum breve
	Ouuena	ou	Gallicum longum
	Ecna	e	breve
	Eena	e	longum
	Avena	ay	Gallicum
	Oona	o	breve
	Ouena	o	longum
	Auuena	aou	Gallicum
	Akena		*Non est vocalis, sed solummodò est signum quietis, sicut quando pronuntiamus per, litera r est quiescens, quia pronuntiatur cum præcedente, & non habet vocalem sequentem; sju quietis est punctum superpositum literæ.*

Insert this between Pag. 90, and 91. of the *Third Part*.

119.（上图）马拉巴尔语（泰米尔语）字母

选自 Jean de Thévenot, *op.cit.*（插 图 111），III, between pp. 268 and 269。

现代泰米尔语的初学者也学习这些元音。辅音表中上面三个不属于下面由八个组成的那一列。

120.（左图）马拉巴尔语（泰米尔语）的元音

选自 Jean de Thévenot, *Travels*, III 的英译本（1687 年），90 页到 91 页之间。

这排泰米尔语元音表来自最早的法文版本，但却印刷颠倒了。另一刻本是从 17 世纪印刷工处 "借得" 的。

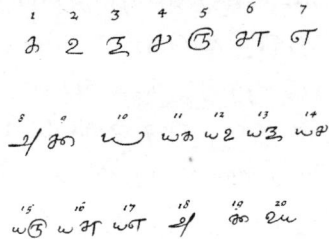

121.（右图）马拉巴尔语的数字

选自 Jean de Thévenot, *Travels*，III, p.93。

这是古泰米尔语的数字，现在泰米尔语已采用阿拉伯数字。

122.（下图）马拉巴尔婆罗门的书信

选自 Van Rheede et al., *op.cit.*（插图 117），I（1678），prefaory materials。

这封以及以下两封信（插图 123 和 124）也许是最早在欧洲出版物中出现的马拉巴尔文资料。这封用梵文天城文字体写成的信来自马拉巴尔（科钦 [Cochin]）的三位婆罗门，他们分别为"Ranga Botto，Vinaique Pandito，Apu Botto"。

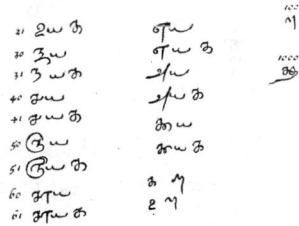

123. 伊曼纽尔·卡内罗（Emanuel Carneiro）的信

选自 Van Rheede et al., op.cit.（插图 117），I（1678），prefatory materials。

124. 一位马拉巴尔的医生 "Itti Achudem" 的信，他属于酿造棕榈酒的种姓（Chego caste）
选自 Van Rheede et al., op.cit., I（1678），prefatory materials。

JOHANNES FRYER M.D.
Societatis Regiæ Lond. Socius.

125. 约翰·弗莱尔 M. D. 的肖像画

Frontispiece, Fryer, *op.cit.*（插图 109）。

罗伯特·怀特（R[obert] White）绘制并刻版。

126. [①]

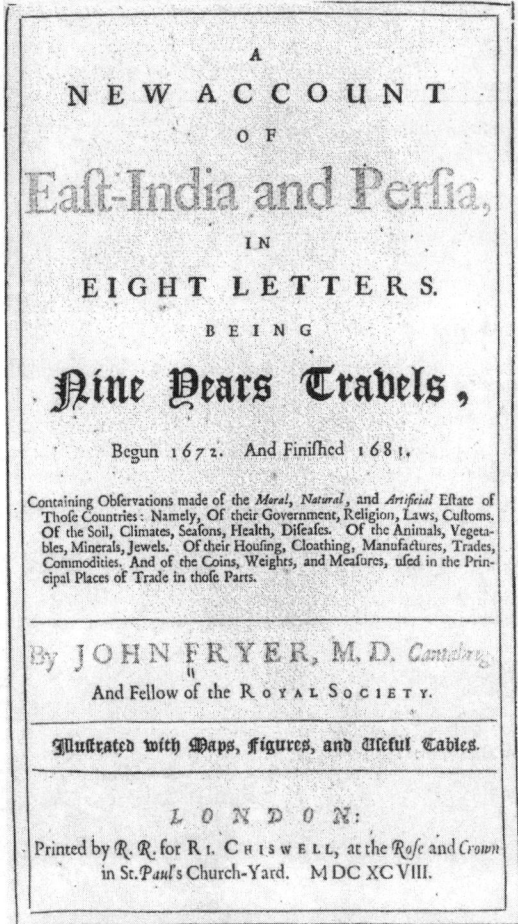

A

NEW ACCOUNT

OF

East-India and Persia,

IN

EIGHT LETTERS.

BEING

Nine Years Travels,

Begun 1672. And Finished 1681.

Containing Observations made of the *Moral, Natural,* and *Artificial* Estate of Those Countries: Namely, Of their Government, Religion, Laws, Customs. Of the Soil, Climates, Seasons, Health, Diseases. Of the Animals, Vegetables, Minerals, Jewels. Of their Housing, Cloathing, Manufactures, Trades, Commodities. And of the Coins, Weights, and Measures, used in the Principal Places of Trade in those Parts.

By JOHN FRYER, M.D. *Cantabrig.*

And Fellow of the ROYAL SOCIETY.

Illustrated with Maps, Figures, and Useful Tables.

LONDON:

Printed by R. R. for R I. CHISWELL, at the *Rose* and *Crown* in St. *Paul's* Church-Yard. MDCXCVIII.

127.（下图）在卡利卡特（Calicut）使用的"马拉巴尔语"文字
选自 Fryer, *op.cit.*（插图 109），p.52。这一"种类"的文字明显难以辨认，好像是用泰卢固语（Telugu）所作，这种文字很像古老的卡纳拉语（Kannada）。芝加哥大学的 R.K.Ramanujan 教授写道（私下交流）："我认为这种文字很像卡纳拉语。"同时参考 W.Crooke（ed.），*A New Account of East India and Persia...by John Fryer*（3 vols.；London, 1999,1912,1915；in "HS," n.s.,XIX,XX,XXXIX），I,95,n.4；136,n.4。

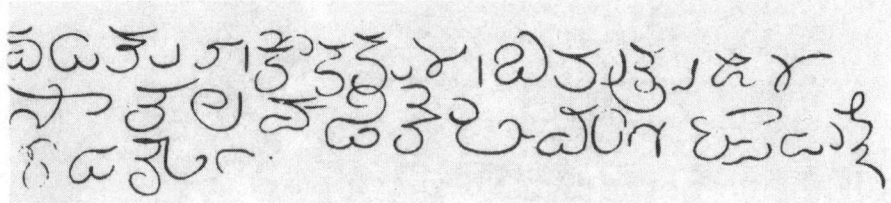

---

① 原文中只有标号，没有说明，但在插图目录中有 Title page, Fryer, A New Account, 1698。——译者注

128.（右图）扎莫林（Zamorin）在卡利卡特的宫殿草图

选 自 G. Havers (trans.)，*The travels of Sig. Pietro della Valle, A Noble Roman, into East-Indian and Arabia Deserta*（London, 1665），p.190。

"我在此将为你们展示未经测量、粗糙的扎莫林宫殿平面图，以及他（在 1623 年）接见我们的地方。"（第 189 页）

129.（下图）卡利卡特的扎莫林和他的宫殿

选 自 *BV*（facsimile ed., Amsterdam, 1969），III, "Beschryvinghe van de tweede voyagie... onder... Steven van der Hagen," between pp. 8 and 9., 插图 155 也选自此书。

这可能是扎莫林（也被称为马拉巴尔之王）的一幅肖像画，1604 年，在他的统治期内，史蒂文·范·德·哈根（Steven van der Hagen）正在卡利卡特旅行。

这个宫殿可能也是 1498 年接见瓦斯科·达·伽马（Vasco da Gama）的宫殿。据说接见达·伽马的宫殿仍残存了两根立柱。参见 J.Murray, *A Handbook for Travellers in India, Pakistan, Burma and Ceylon*（18th ed.；London, 1959），p.441。

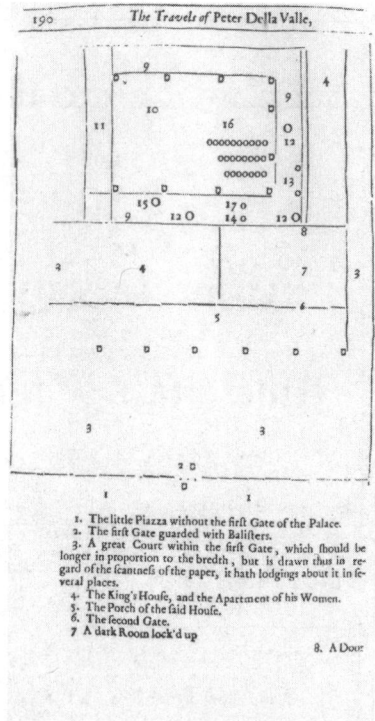

190   The Travels of Peter Della Valle,

1. The little Piazza without the first Gate of the Palace.
2. The first Gate guarded with Balisters.
3. A great Court within the first Gate, which should be longer in proportion to the bredth, but is drawn thus in regard of the scantnels of the paper, it hath lodgings about it in several places.
4. The King's Houfe, and the Apartment of his Women.
5. The Porch of the said Houfe.
6. The second Gate.
7. A dark Room lock'd up
8. A Door

't Hof van den Samorin

Samorin van Calicutt,
Coninck van Malabar.

130. "IXORA" 或者 ISVARA（湿婆）

选自 Philippus Baldaeus, *Afgoderye der Oost-Indische heydenen*（Pt. III of Naauwkeurige beschryvinge; Amsterdam, 1672）, p. 11. 插图 131, 138—148 也选自此书，同时参见插图 153。

欧洲人希望通过创作这样的图画来展现湿婆的特征。在这幅巴尔德（Baldaeus）描绘的图画中，湿婆皮肤白皙，长了三只眼睛，前额中间的眼睛代表火，其他两只普通的眼睛代表日月。湿婆有十六只手，每只手中都握着一种特别的象征物。他身披虎皮，手握套索，项上挂着骷髅穿成的项链，头上佩戴着十五的圆月。对湿婆特征的现代描述见 A. Daniélou, *Hindu Polytheism*（New York, 1964）, pp.213-21。

131. GANAPATI 或象头神（GANESHA），湿婆之子，生于万物丰盛的 "SUGER SEA"。

选自 Baldaeus, *op.cit*., p.20。

象头神有许多职能，其中之一是做灶神，他能使残羹冷炙变成美味佳肴。象头神在印度的形象参见 S. Bhattacharji, *The Indian Theogony*（Cambridge, 1970）, pp.183-84。

132. 毗湿奴的十种化身

选自 Abraham Roger, *Le théâtre de l'idolatrie, ou la porte ouverte*（Amsterdam, 1670），
between pp.366 and 367。插图 173，175 和 176 也出自此书。

这些印度神的版画出现在罗杰（Roger）《走近玄奥的异教世界》（1651 年）的扉页（下
面的插图 172），此书法文版的出版商——阿姆斯特丹的让·席佩尔（Jean Schipper），
将这些化身的图片插入书中。这些插图是从基歇尔作品的法文译本（1670 年）中
简单复制下来的。详情参见 E. Schierlitz, *Die bildlichen Darstellungen der indischen
Göttertrinitöt in der älteren ethonographischen Literatur*（Munich, 1927），pp.9-15。

133. "NAREEN": 毗湿奴的第一种化身（根据基歇尔）

选自 Kircher, *op.cit.*（插图95）。（图片133—137同时出现在拉丁文和法文译本的 *China illustrata* 中）

这些与毗湿奴化身相关的图片和故事源自一本印度书，海因里希·罗斯神父将之介绍至罗马。罗斯向基歇尔强调了这些图片和故事对印度人的重要意义。

基歇尔指出，毗湿奴的化身有无数种，但最重要且被普遍认可的有10种。基歇尔（同时也是罗斯）提供的这些化身的顺序、名称、故事和近期译本，比如 Shakti M. Gupta, *Vishnu and His Incarnations* (Bombay, 1974) 中描述的大不相同。

根据基歇尔的介绍，这个人物和印度书籍中描画的完全一样。它叫"Nareen"（那罗衍那，毗湿奴的呈现），"Jagexuar"（？）的大儿子，他非常强壮，用剑一击即可杀死1000头大象。

在图片中，他有两条胳膊，左手持杖，与有18条胳膊和很多武器的勇士之王在打斗。

这可能是持斧罗摩（Parasurama）或拿斧子的罗摩的故事，他一般被认为是第六种化身（参阅巴尔德的插图143）。罗摩将叛乱的刹帝利（ksatriya）破坏的秩序予以重建。刹帝利是一位试图夺取僧侣种姓宗教控制权的贵族勇士。参见 Daniélou, *op.cit.*（插图130），pp.170-71。

134. "RAMCHANRA"（罗摩旃陀罗 [*RĀMACHANDRA*] 或者罗摩），正义化身

据基歇尔介绍，第二种化身"罗摩旃陀罗"是"代表力量的巴尔（Bal）之子"。通过他"能一剑杀千人"的兄弟拉克什曼（Lakshaman），他将世界从巨人的统治下解放出来。

这个故事讲述了第七种化身，或毗湿奴化身为人去杀死长着10个头的恶魔罗婆那（Ravana），他是楞伽（Lanka）的统治者，楞伽即现在的斯里兰卡（Sri Lanka）。这个故事是史诗《罗摩衍那》（*Ramayana*）的重要主题。

135. "那罗辛哈"（NARSENG），毗湿奴的
狮人化身

基歇尔认为第五种化身是"那罗辛哈"，他到
世上匡正信仰。有位国王，因为不满儿子日
夜拜神，而将其缚在石柱上鞭打，石柱变成
狮人，撕开了国王的腹部，通过这一行为，"那
罗辛哈"教育世人不得轻视敬神之人。

狮人一般作为第四化身。上面的故事虽然简
单，却是正确的版本（参考下面巴尔德的插
图141）。

136. 巴瓦尼（BHAVANI），女神，毗湿奴
的第九种化身

她是权力的象征，她将自己化形为莲花，统
治着世界。她的四条胳膊代表着四种元素的
力量。

这也是佛的化身。

137. 毗湿奴马化身

据基歇尔介绍，这是毗湿奴的第十种化身，预示着穆斯林来到印度。这一化身有时也以孔雀或长翅膀的马的形象出现。

这是对卡尔基（Kalki）化身完全的曲解。根据传统，这一化身尚未出现，这一化身的毗湿奴将骑白马，持利剑，惩罚恶人，并摧毁整个世界。地球毁灭后，新的黄金时代将到来。

138.（下页图）毗湿奴的鱼化身（MATSYA AVATAR）

选自 Baldaeus *op.cit.*（插图 130），p. 45。

这幅版画源于印度绘画，复制此画的荷兰艺术家菲利普·安吉尔（Philip Angel）将其收入自己未发表的著作《德维克头像》（*Devex Avataars*）之中。这部关于印度神话的著作由安吉尔从葡萄牙语翻译过来，并插入了印度微型画的复制本。[4] 巴尔德书中所有化身的图像显然也参考了同样的资料。[5]

巴尔德从他的孟加拉婆罗门皈依者那里了解到："这部吠陀经，或律令，被密封在 Chanki（梵文，sankha）或海螺里，后来被毗湿奴发现。从此，印度教徒说，海螺上就留下了指纹，直至今日。正如图中所示，他们将 Saccaram（气轮）、剑和 Chanki，或者海螺放在毗湿奴手中，尽管这里提到的有些特征也适用于梵天。"

传统上，这被认为是第一时代，即萨提亚时代（*satya yuga*）或真理时代的第一化身。毗湿奴化为人形现身于鱼口中，正是这条鱼救了摩奴（Manu），摩奴是将世界从洪水中拯救出来的第七位拯救者和立法者。这个故事与诺亚的故事类似，摩奴听从了鱼的建议，建方舟拯救他所在年代剩下的生灵，并开始了新纪元（*yuga*）。

图画展现了毗湿奴的普遍特征：四条胳膊象征着他对四方的统治、人类发展的四个时代以及生命的四种目标。他手握四种东西：象征存在本源的海螺壳，象征宇宙精神的铁饼（或法轮）；象征知识的力量的权杖（或剑）以及吠陀经。受到毗湿奴庇护的摩奴坐在象征宇宙的莲花之上。

[4] 参见 Mitter, *op.cit.*（pl. 113），pp. 57-58, n. 277。

[5] 帕萨·米特（Partha Mitter）赞同这一观点（私下交流）。

139. 乌龟化身（KURMA AVATAR）

选自 Baldaeus *op.cit.*（插图 130），p.51。

毗湿奴的第二种化身是一只乌龟，它的职责是重建洪水中失去的有价值的东西。乌龟背负曼达尔（Mandara）[①]山，此山被诸神和群魔用巨大的可做绳索的婆苏吉（Vasuki）缠住，来搅动牛奶之海以生产神的食物或者生命的精华，此后 7 头神马、皇家大象、给予财富的牛，以及各种神和神圣的器物都出现了。参见 Daniélou，*op.cit.*（插图 130），p.167。

---

① 又译为曼陀罗山或须弥山。——译者注

140. 毗湿奴的野猪化身 VARAHA

选自 Baldaeus, *op.cit.*, p.52。

根据巴尔德的说法，这是毗湿奴第三种化身，被称为 *Varāha*，猪头人身，戴着王冠。它站在 *Hiranyākṣa* 身上，后者是金眼魔鬼（*asura*），它把大地丢进海底。在杀死这个魔鬼后，*Varāha* 救出大地，将其分为七个大陆。图中，*Varāha* 正用自己的獠牙平衡着刚救出来的大地。

141. 狮面人化身（那罗辛哈）

选自 Baldaeus, *op.cit.*（插图 130），p. 57。

这是第四种化身（参见上文基歇尔插图 135 的狮面人），图中的故事是虔诚的男孩
Prahlāda 在拜祭毗湿奴，毗湿奴曾受到他的父亲——一位皇帝的折磨，为了惩罚
邪恶的皇帝，毗湿奴在柱子中变身为狮面人，把这个邪恶的人的五脏六腑都撕咬
出来。见 A. Daniélou, *op.cit.*（pl. 150），pp. 168-169。

142. 侏儒筏摩那，毗湿奴的第五种化身

选自 Baldaeus, *op.cit.*, p.61。

筏摩那（毗湿奴的侏儒僧侣化身）正在向 genii agura 国王马哈巴利请求一块土地，
面积只要他三步的跨度。国王向他左手浇水，表示许可。筏摩那头戴王冠，脚穿
凉鞋，还打着伞；这些都标志着他身份尊贵。

143. 持斧罗摩

选自 Baldaeus, *op.cit.*（插图 130），p. 66。

在第六种化身中（参见基歇尔插图 133 的描述），两只手的罗摩用湿婆给他的斧子打败了一个野心勃勃的刹帝利武士，重建了社会秩序。刹帝利败退后，象征多产的白牛又回来了。

144. 罗婆那在锡兰：英雄罗摩——正义的化身

选自 Baldaeus, *op.cit.*, p.77。

欲望的化身罗婆那有10个头和18条手臂，他掳走了罗摩的妻子悉多，
最后被英雄罗摩杀死。在这里，罗摩（毗湿奴的人形化身）和他形
影不离的同伴拉克沙玛（Lakshaman）得到了神猴哈奴曼的帮助，正
在与罗婆那搏斗，营救悉多。

在 Mitter, *op.cit.*（插图96），pls. 29, 30 中，这幅图片旁边配的正是
安吉尔最初的描述（见上文插图 138 的说明）。

145. 毗湿奴的第八种化身：克利须那

选自 Baldaeus, *op.cit.*（插图 130），p. 89。

这个化身属于第三个时代，即青铜时代、二分世，毗湿奴变成克利须那，爱的
化身。他出生在距离阿格拉 25 "科斯"（cos，长度单位）的马图拉，他的母亲
是 "Deuki"（*Devaki*），是暴君 "Ragie Kans"（*Raji Kamsa*）的姐妹。暴君惧怕
克利须那，几次想杀死这个侄儿。最终，克利须那杀死了暴君，统治了整个国
家。巴尔德对克利须那的复杂故事有详细描述和重要的翻译引文，见 *op.cit.*（插
图 130），pp. 88-126。

图中克利须那坐在他两个妻子中间。他的四只手中持有毗湿奴的标志。

146. 锡兰的莲花座上的四臂佛陀

选自 Baldaeus, *op.cit.*, p.127。（这里是指毗湿奴的第九种化身）

外侧的两只手拿着书和法螺（梵语，sankha，出自马纳尔湾的大海螺，被印度教视为圣物）。两边站着朝拜者，他们的服装和首饰都很像巴尔德谈及毗湿奴时所描述的样子。

这幅图可以与基歇尔（插图136）的第九种化身相比较。

147. 白马 Kali，毗湿奴的第十种化身

选自 Baldaeus, *op.cit.*（插图 130），between pp. 128-129。

这种化身还没有到来。图中毗湿奴牵着一匹有翅膀的马，他将骑马来摧毁尘世。这个世界毁灭后，新的、更好的人将会诞生。参见上文插图 137。

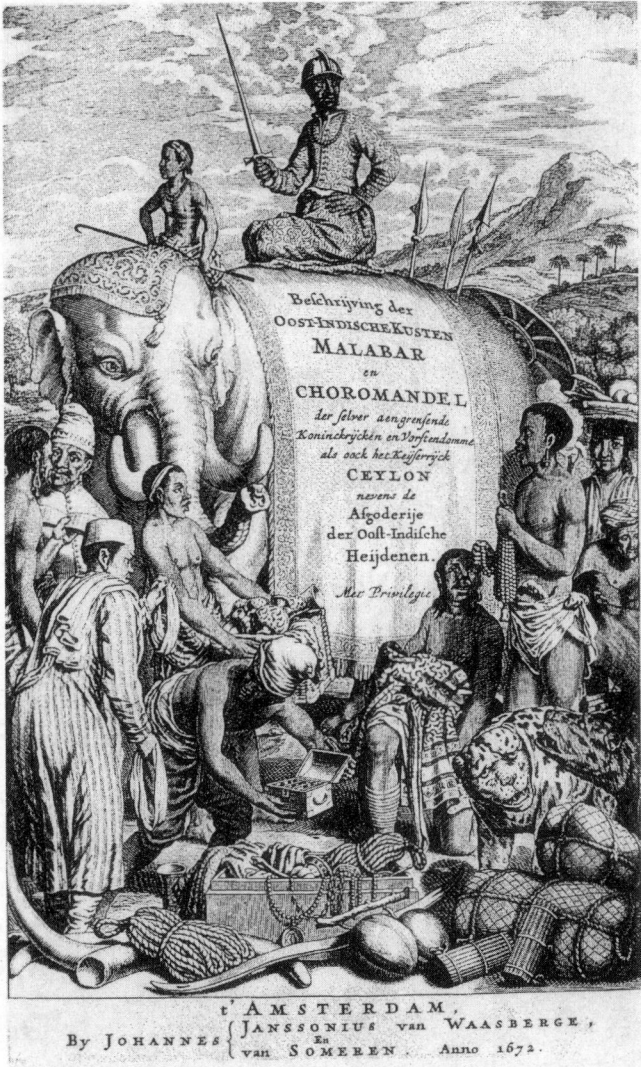

148. 菲利普·巴尔德的《东印度异教徒的偶像崇拜》(*Afgoderye der Oost-Indische heydenen*) 的卷首插图

前面关于毗湿奴化身的插图都是出自这部书。

149. 亨德里克·阿德里安·范·瑞德·托特·德拉克斯坦

Van Rheede, *op.cit.*（插图 117）卷首插图

范·瑞德死于 1691 年。他如今长眠于苏拉特的荷兰公墓，有一座
巨大的纪念碑。

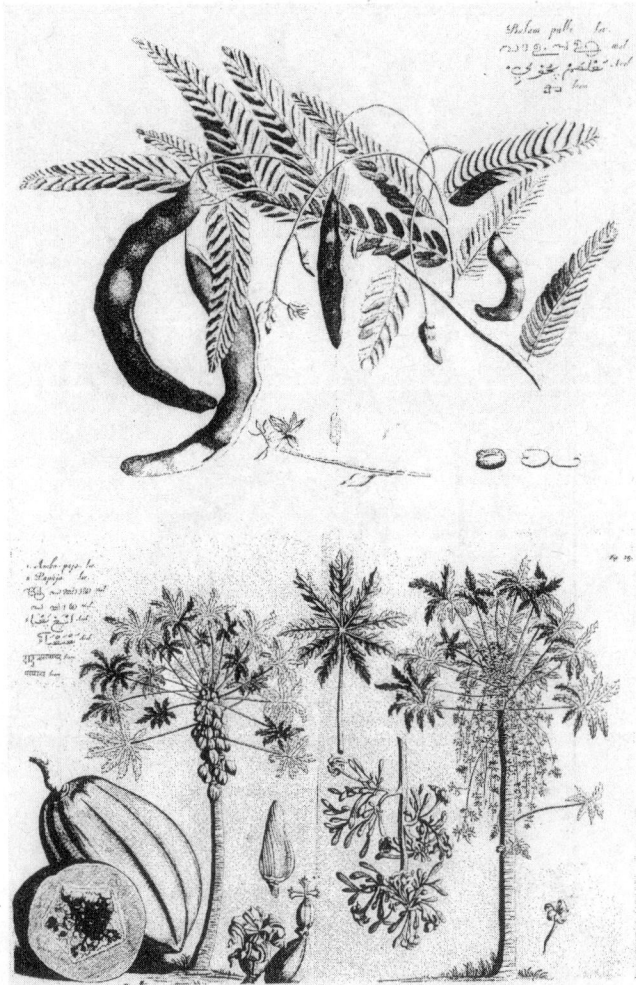

150. 印度果树

选自 Van Rheede, *op.cit.*（插图 117），I（1678），fig. 23, 15。

图中上半部分是印度的罗望子，下面是木瓜，旁边标有拉丁语、马拉雅拉姆语和梵语名字。

在印度，罗望子树从头到脚都有用处。成熟豆荚中的果浆可以当作调味品，是印度咖喱和酸辣酱必不可少的原料。它的种子广泛用于给纺织品上浆。叶子和花朵主要用作药材。在西方，罗望子可以制作伍斯特沙司。我们西方语言中的"罗望子"（tamarind）一词最远可以追溯至阿拉伯语的 *tamr-hindi*，意为"印度的果子"或"印度枣"。

MOGOREIRA
Jasmin d'Ara
bie double

151. 茉莉花（"Mogorin"，*JASMINIUM SAMBAC*）

选自 Gemelli Careri, *op.cit.*（插图 105），II, facing p. 143。

根据卡雷里的说法，这种美丽的白色花朵的甜香气味比普通茉莉更重，在印度 2 月至 5 月末开花。

Salvatore Galli 神父（又名 Gallo, 出生于米兰，死于 1697 年），从 1673 年开始管理果阿基廷会。他告诉卡雷里，盆栽的这种茉莉被运往葡萄牙宫廷和托斯卡纳大公（可能是指 Cosimo III, 约1670—1723 年）那里。

这种花在印度被称为 *morga* 或 *motia*，它是一种攀援灌木，也生长在缅甸和锡兰。人们培植这种植物，为了获得它芳香的花朵，这种花可以制成油和药物。图中这种双品种的茉莉（double varieties）对毗湿奴来说是神圣的花。在锡兰，人们也专门培育这样的茉莉，献给统治者。见 George Watt, *Dictionary of the Economic Products of India*（6 vols. In 9 plus index, Delhi, 1972, reprint of 1893 edition），IV, 544-545。

152. 马拉巴尔的耍蛇者

选自 *CV*（3d. ed., London, 1744），Vol. II., between pp. 230 and 231。

这幅画的作者是 Gilliam（also Willem）van der Gouwen, 1650 年前后他在哈勒姆
工作，他也是下文插图 211 的作者。

153. 学写字母

选自 Baldaeus, *Naauwkeurige beschryvinge*（Amsterdam, 1672）, I, p.193。本书插图 131、160、161 也来自这部著作

孩子们正在沙地上学写马拉巴尔语（泰米尔语）字母。巴尔德告诉我们（第 192 页），他自己也是用同样的方法学习泰米尔语的。

Den Coninck van Candy genaemt in Singaleesse spraecke: Fimala,Darma,Suri,Ada, is in Coulombo ghedoopt/ Don Ian Daustria van Coulombo, dese afbeel-
dinge so in Indien ghemaeckt/naer tleven van sijn qualiteyt ende handel met Joris van Spilberghen/ wort in dese Historij vertelt.

154. 1602 年，斯皮尔伯根和康提国王毗摩罗达摩须利安一世（约 1592—1604 年在位）

选自 Cornelis Vennip, *De reis van Joris van Spilbergen naar Ceylon, Atjeh en Bantam, 1601-1604,* ed. Wouter Nijhoff *et al.*, "WLV," XXXVIII（The Hague, 1933），facing p. liv。插图 156 和 157 也出自这部书。

根据图上的说明，这幅国王肖像是斯皮尔伯根在锡兰生活期间绘制的，那么肯定是一位跟随斯皮尔伯根的画家画的。而版画师代尔夫特的 Floris Balthasar 后来将斯皮尔伯根的肖像（见插图 93）与国王的刻成了一张画，表现两人当时的会面。见 P. H. Pestman（ed.），*Acta orientalia Neerlandica*（Leyden, 1971），pl. 2. following p. 8。关于国王服饰的详细分析及其真实性的考证，见 G. P. Rouffaer and H. H. Juynboll, *Batik-Kunst in Nederlandsch-Indië en haar geschiedenis*（Utrecht, 1914），pp. 159-163。

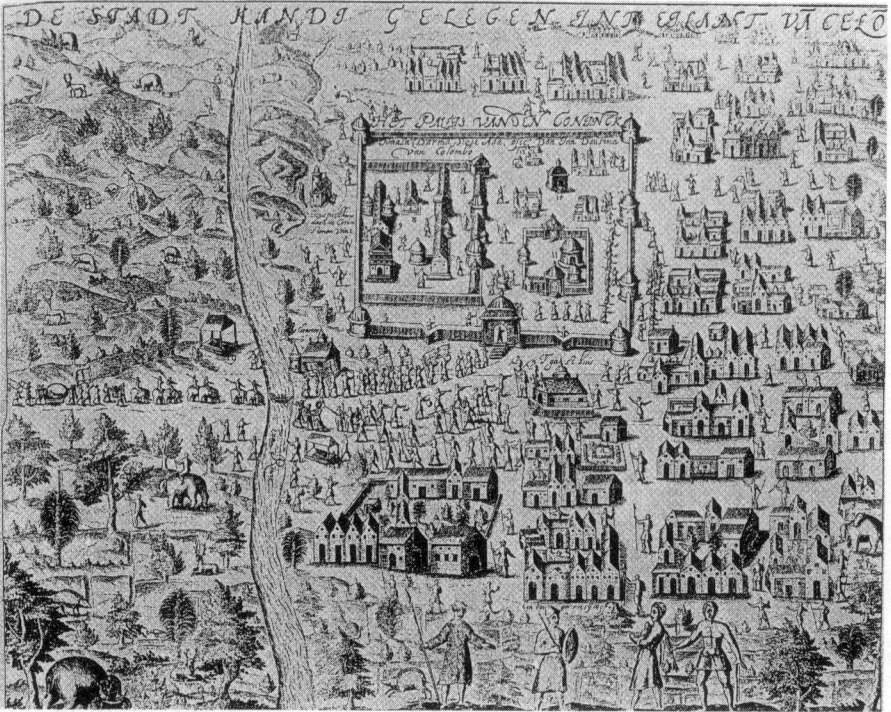

155. 1602 年的康提城

选自 *BV*（facsimile edition; Amsterdam, 1969），II, "'t Historiael Journael," between pp. 30 and
31。插图 129 也出自这部书。

这幅图描绘了毗摩罗达摩须利安一世接见斯皮尔伯根所在的宫殿。

156. 锡兰国王的纹章和封印

选自 Vennip, *op.cit.*（插图 154），facing p. 88。

157. 锡兰巴提卡洛阿国王的神

选自 Vennip, *op.cit.*（插图 154）, facing p. 64。

"人们向这位神明祈求智慧、财富和健康。"

Rajah Singah the King of Ceylon.

158. 康提的罗阇·辛哈（狮子王）（约 1635—1687
年在位）

选自 Knox, *op.cit.*, facing p. 33。

"他在 70—80 岁之间，老当益壮，虽然年事已高，但无
论外貌还是举止都不像老人。他的衣着很华丽也很奇
怪，并不跟随国内的服装潮流，而是他自己设计的。"

（pp. 33-34）

A Noble Man

159. 康提贵族

选自 Knox, *op.cit.*, facing p. 89。

160. 锡兰的肉桂大丰收

选自 Baldaeus, *op.cit.*（插图 153）, p.195。

161. 锡兰的 "Bellales"（*VELLALAS*）人在制黄油

选自 Baldaeus, *op.cit.*（插图 153），II, p.178。

注意这些劳动妇女的耳朵。

162. 僧伽罗人耕地

选自 Knox, *op.cit.*, facing p. 10。

"他们犁地并不像我们那样把
草翻到地下，也没必要这么
做。因为他们要做的是彻底清
理地表，所以他们用大量的水
彻底把土地浇透，这样就淹死
了杂草。"（pp. 9-10）

The Manner of their Ploughing.

The Manner of Smoothing their Feilds.

The Manner of treading out their Rice

163.（上图）平整土地

选自 Knox, *op.cit.*, facing p. 10。

"他们有一个 4 英尺长的板子，把它拖过土地……不是让木板的平面接触土地，而是用它的一条边刮地。这样一来，它就把泥土和种子混在一起了，也让土地变得平整，浇水时水也能均匀地滋润土地。"（p. 11）

164.（左图）脱粒

选自 Knox, *op.cit.*, facing p. 11。

"他们不用打谷的方式，而利用牲口脱粒，这种方法更快更省力。在六头牲口的协助下，他们一天至少可以脱出 40—50 蒲式耳的粮食。"（p. 11）

165. "Bellales"（*VELLALAS*）人在室内脱粒

选自 Baldaeus, *op.cit.*（插图 153）, II, p.177。

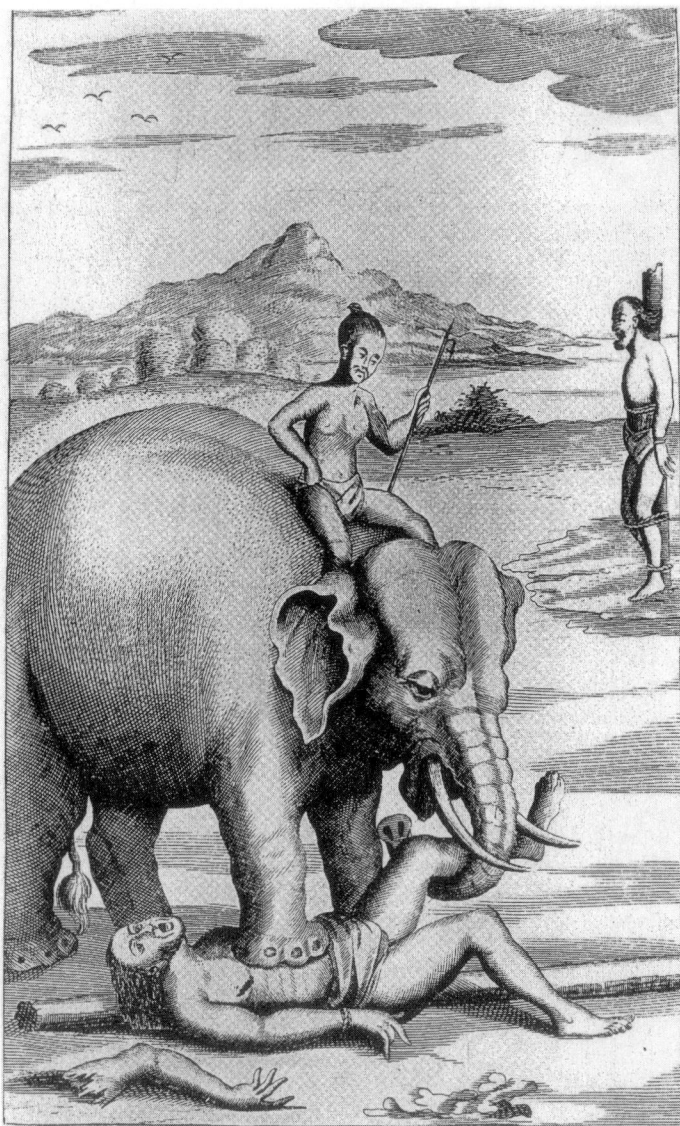

An Execution by an Eliphant.

166. 由大象执行死刑

选自 Knox, *op.cit.*, facing p. 22。

注意驯象者手中的刺棒。

The manner of burning their Dead.

167. 锡兰的火葬

选自 Knox, *op.cit*., facing p. 116。

The Talipat Tree

The Manner of
their Eating and Drinking

168. 锡兰的饮水习俗

选自 Knox, *op.cit.*, facing p. 87。

"他们喝东西时，不用嘴接触茶壶，而是隔着一段距离把液体倒入口中。他们用中国瓷盆或铜盆盛米饭，如果没有这两样东西，就用树叶。用以佐餐的咖喱或其他食物就留在锅里，妻子要服侍丈夫吃饭，随传随到。"(p. 87)

Their manner of Fishing

169. 僧伽罗人在池塘捕鱼

选自 Knox, *op.cit.*, facing p. 14。

"他们有一种小木条编的特殊篮子……下宽上窄，像个漏斗……人们把篮子投入水中，一直戳到河底，让底部扎到泥里，通常这就能圈住一条鱼。鱼正在挣脱时会撞击篮子，这样人们就知道捕到鱼了。然后他们伸手把鱼抓出来。"（p. 28）

A Vadda or Wild Man

170. 锡兰野人

选自 Knox, *op.cit.*, facing p. 61。

"宾坦那地区覆盖着茂密的丛林，里面有许多鹿。很多被称为维达人的野人独自占领了这一区域，周边没有其他居民。他们说僧伽罗语。"（p.61）

The manner of their sheltring themselvs from the Raine by the Tolipat leafe.

171. 锡兰的扇形棕榈阳伞

选自 Knox, *op.cit.*, facing p. 14。

"我带了一顶这样的伞返回英格兰,这幅图正表现了它的样子。"(p.15)

在牛津的阿什莫林博物馆,这片叶子在许多年里都是一件珍贵的自然文物。

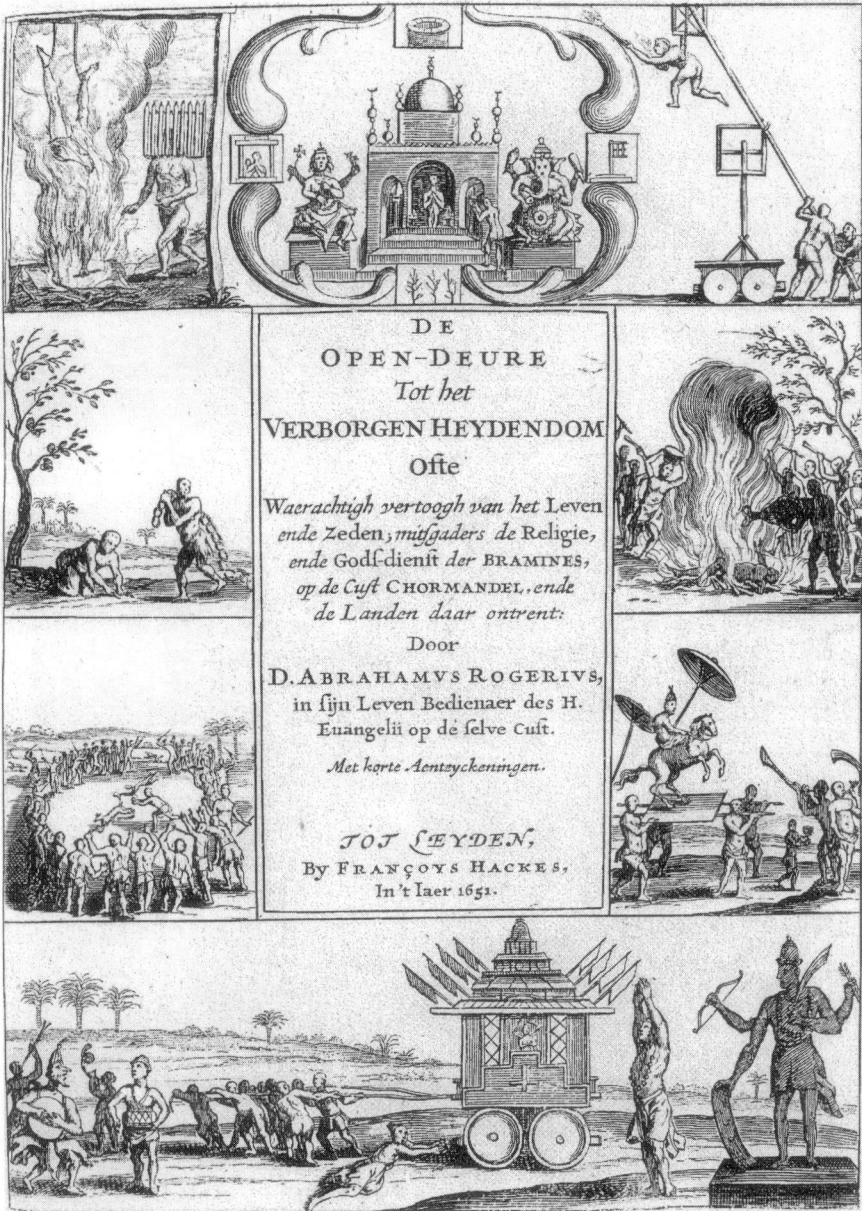

172. 罗杰著作的荷兰首版的标题页

经莱顿 Universiteitsbibliothek 许可。

关于页面中的小插图见 Mitter, *op.cit.*（插图 96），p. 60。作者声称页面上的诸神"都是印度教神明"，而不是欧洲刻板印象中"老生常谈的恶魔"那类东西。

173. 罗杰著作的卷首插图，*THÉÂTRE DE L'IDOLATRIE OU LA PORTE OUVERTE*，这是《了解神秘的印度》的法语译本。

174. 哈瓦特著作的标题页（AMSTERDAM, 1693）

经 James Ford Bell Library, University of Minnesota 许可。

插图 179、180、183、184 都出自这部书。

175. 钩摆仪式

选自 Roger, *op.cit.*（插图 132），facing p. 246。

在科罗曼德尔海岸，人们相信这种悬挂可以安抚 Ganga 恶鬼。（又见同上书，第 249 页）参见本书插图 113。

176. 1640 年的婆罗门，通过苦行来获取湿婆的神恩

选自 Roger, *op.cit.*（插图 132），p. 259。参见本书插图 114。

177. 戈尔康达国王及皇族的墓园

选自 Jean de Thévnot, *op.cit.*（插图 111），IV, between pp. 298 and 299。
在戈尔康达城（海德拉巴）西部约 5 英里，有库特布沙王朝（1507—
1687 年）的墓园。

乍看上去，图中的陵墓很有欧洲风格，但实际上，你会同意下面这
段话："陵墓的总体结构是方形底座上有拱形屋顶，周围有拱廊环绕
和尖形拱门……通常是白色，有些地方以绿色装点。"（John Murray
[publ.], *A Handbook for Travellers in India, Pakistan, Burma, and Ceylon*
[London, 1959], p. 375）请注意图中的新月。

178. 戈尔康达的苏丹，穆罕默德·库特布沙的莫卧儿（？）版的袖珍肖像

经 Rijksmuseum-Stichtung, Amsterdam 的许可；这幅画像大约可以追溯至 1630 年。

穆罕默德·库特布沙 1612—1626 年在位，被后世看作是一个爱好和平的统治者和卓越的诗人。见 H. K. Sherwani, History of the Qutb Shahi Dynasty（New Delhi, 1974），chap. V。

SULTAAN ABDULLAH KOTBSIAH KONING VAN GOLCONDA.

Quo plus sunt potæ, plus sitiuntur aquæ.

Soo niet uw dwaas gemoed, aan't goud, en aan't gesteente,
Zeer vast gebonden, en genageld was geweest,
Zoo niet de geld-zucht had bezeeten uw gebeente,
*   Gy zoud de beste Vorst (van wien men ergens leest)*
Ia als een vader zyn geweest voor uw gemeente. D. Havart.

179. 戈尔康达的苏丹，阿卜杜拉·库特布沙（约 1626—1672 年在位）

选自 D. Havart, *op.cit.*（插图 174），II, facing p. 210。

经 James Ford Bell Library, University of Minnesota 许可。

这幅画或许来自德干的一幅袖珍画像，1686 年劳伦斯·皮特把它从戈尔康达带
回荷兰。见 H. Goez, "Notes on a Collection of Historical Portraits from Golconda,"
Indian Arts and Letters, X（1936），12-13, 15。

Nemo felix ante obitum.

Hy was een Koning in de naam, niet inder daad.
Quam tot die waardigheyd van de alder laagste staat.
En liet door andere, zig zelf, en 't Ryk bestieren.
Een dom onnozel Mensch, niet Vorstlyk in manieren.
Toen nu 't geluk met hem een tyd lang had geport.
Wierd hy door eygen schuld van Kroon en Throon geschopt.
Kroop in het zant, vrut stof, moest zig als slaaf vermind'ren.
Wee zulken land, alwaar de Koningen zyn kind'ren.
D. Havart.

180. 苏丹阿布·哈桑，库特布沙王朝最后一个统治者

选自 D. Havart, *op.cit.*（插图 174），II, facing p. 214。

经 James Ford Bell Library, University of Minnesota 许可。

根据画像下面的诗文，可知"他是一个有名无实的国王"。他于 1672—1687 年在位。

这幅画像来自德干的一幅袖珍画像，1686 年劳伦斯·皮特把它从戈尔康达带回荷兰。

181. 阿布·哈桑的波斯版袖珍画像

经 Rijksmuseum-Stichtung, Goez B 33（23）in the Witsen Collection
（Amsterdam）的许可。

尽管伊斯兰教严禁塑像或画像，但在阿卜杜拉·库特布沙（约 1626—1672
年在位）统治的地区，德干绘画仍然十分兴盛。见 Sherwani, *op.cit.*（插图
178）, pp. 540-543。

182. 戈尔康达的阿卡纳的肖像

经 Rijksmuseum-Stichtung, Amsterdam 的许可。

德干地区的作品，见 Goez, *op.cit.* （插图 179），p. 16。

De Konink van Golconda komt by de Hollanders in haar Kerk.

183. 阿布·哈桑访问马苏利帕塔姆的荷兰教堂（1678 年）

选自 D. Havart, *op.cit.*（插图 174），I, facing p. 191。

经 James Ford Bell Library, University of Minnesota 许可。

1. de Koninck van Golconda Sultaan Aboe-il-hassan Kotbsjah. 2. den grooten Colonel Rustamrow. 3. de Bramine Tiesrat Wenkate. 4. by-schikker van het Hof. 4. het Geschenk syude een Curieus Goud stuk werk. 5. de Neer Ambassadeur Laureas Pit presenteerende zyn Last Brief. 5. Gevolg van den Ambassadeur.

184. 劳伦斯·皮特与苏丹

选自 D. Havart, *op.cit.*（插图 174）, II, between pp. 158 and 159。经 James Ford Bell Library, University of Minnesota 许可。

1686 年，荷兰特使劳伦斯·皮特拜访戈尔康达苏丹阿布·哈桑（Aboe-il-hassan）。

在一所鸟兽医院里，一个赤身露体的人手脚被缚，以身体喂养虫子。在一家"异教徒商店"前面，一个无赖正以杀死一只母鸡为威胁，敲诈虔敬的巴涅人。[212]

第四节　孟买和葡萄牙人的港口

在大约 1674 年的一封长信中，弗莱尔记述了孟买及其周边地区，并提供了一幅孟买七岛的简要地图。[213] 这些岛屿位于苏拉特与果阿之间的 Kanara Coast（卡纳拉海岸），"如海中耸立的山脉"。孟买岛是众岛屿中离陆地最远的岛屿，对着葡萄牙人在孔坎（Konkan）或低地国家海岸的前哨朱尔（Chaul）和勃生（Bassein）。孟买岛与大陆之间有个天然的海湾，它的名称源于"Bombaim，quasi Boom Bay"。[214] 海湾北部是甘赫瑞（Kanheri）岛、特朗贝（Trombay）岛和"Munchumbay"（？）岛。在这些岛屿和大陆之间的小岛有象岛（Elephanta）、卡兰加（Karanja）或者乌兰岛（Uran Island）和"Putachoes"（葡萄牙语，*Ilha de Patecas*，西瓜岛）。这些岛屿与大陆之间的海港是"印度海岸边最安全最著名的港口"。这一串岛屿总称为撒尔塞特岛（Salsette），本词词源不详。[215]

1661 年，葡萄牙将孟买作为英王查理二世（Charles II）大婚的礼物送给英国。起初，葡萄牙人不想遵守协议，而打算只放弃孟买港。1664 年，在葡萄牙人顺从地放弃对诸岛及海湾控制权之前，英国派遣了一支由 5 艘皇家战舰组成的舰队。接收孟买之后，英国人才发现孟买岛实际上是毫无设防的。因为要建立岛屿防卫需要一定的费用，1668 年，英王将之转租给东印度公司，而这些接管了孟买防务和管理的商人开始关注"如何处理'剑'和'羽毛'的关系①"。东印度公司委派的第一任孟买长官是乔治·奥克辛登爵士，他通常住在苏拉特。后来他将孟买的统治权交给副手"古迪尔先生"（Mr. Goodyear，约翰·古迪尔 [John Goodier]）。1669 年奥克辛登去世。一个五人委员会控制了孟买几个月，

757

---

① 剑和羽毛指的应该是军事和管理。——译者注

"在其领导下，社会混乱"。杰拉尔德·昂基亚（Gerald Aungier），苏拉特的新总督，解散了委员会并任命马修·格雷（Matthew Gray）作为孟买的代理长官，他的继任者菲利普·吉福德（Philip Gyfford）在三年中继续快速修建防御工程，直至他被约翰·沙克斯顿（John Shaxton）上尉和"一群英俊的新兵"替代。因担心士兵和商人之间持续争斗，1671 年昂基亚亲自到孟买执政。[216]

关于英国人对孟买军事功能的加固，荷兰人是最好的见证者（参见插图 4）。（1673 年）春天，在弗莱尔到达前，荷兰人发起了一次突袭，却以失败而告终。当发现堡垒由大炮和 1 200 名装备精良的士兵把守时，他们很快就撤退到船上。由几千名班达拉种姓（马地拉语，bhandārī）组成的自卫队，虽然在紧要关头难以依赖，但在普通情况下也可以"出场"。[217] 三组"战士"骑马巡视港口，最多可装备 30 支枪。弗莱尔舰队的到来使孟买的防御更加稳固。进一步的安全措施是在堡垒和海洋之间快速修建的护城河和角堡。[218]

孟买镇离堡垒有一段距离，里面杂居着英国人、葡萄牙人、"Topazes"（葡印混血儿）、印度人、穆斯林和多以捕鱼为生的科利基督徒。镇上低矮的茅草屋连绵一英里，这些房子多数是葡萄牙人留下的，有些是东印度公司所建。海关和商店的建筑是镶嵌窗户的砖房或水泥房，用打磨成方形的牡蛎壳做窗玻璃。镇边田野上，葡萄牙人"修建了漂亮的房子和教堂，旁边还有种满印度水果的果园"。而英国人在那里只有一块公墓，里面有几座坟墓。

758

城市饮用水主要来自水井和附近的水槽，水质最好的水来自离海湾一英里马扎贡（Mazagong）的一眼泉，那是一个著名的渔村，他们捕捉很多龙头鱼（bummelo，马拉地语为 bombīl），当地的穷人将这种鱼和一种叫"Batty"（马拉地语，bhāt，卡纳拉语，bhātta）的"糙米"一起食用。[219] 葡萄牙人在那里另有一座教堂，还有一栋方济各会修士的房子。附近是帕雷尔（Parel）镇，那里有教堂、耶稣会士的住宅，还有锡安（Sion）人的村子，他们的土地由库比斯人（Kunbis）耕种。与锡安人一起生活的还有"Frasses"，一种仆人种姓（阿拉伯语为 Farrāsh，他们负责铺地毯，支帐篷等工作）。所有这些种姓都由一位"Mandadore"（葡萄牙语为 mandador，指挥官）管理。种姓中选一人指挥所有人列队站好，然后再向英国长官报告。他们沿海岸挖了很多深坑，以储存涨潮时的海水，太阳将水分蒸发后，沙滩上就铺了一层海盐。[220] 在大海入口处，周期性涌来的海水能将"4 万英里的良田"淹没，所以那儿只能种植"圣彼得草"（圣彼得 [St. Peter] 草药，一种生长在贫瘠土地上的植物）。在马希姆（Mahim）有葡萄牙人的教堂和房屋，英国人的海关和哨岗，还有穆斯林为"Peor"（波斯语为 pir，圣人）修建的坟墓，据说他从大火中拯救了先知墓。海湾最远处是萨尔维桑（Salveçam）和沃尔利（Worli），前者还保留着方济各会在那里的一座女修道院和一座教堂，后者则是英国人修建瞭望塔之处。穿过海湾，"毗邻老妇岛"（Old Woman's island）的要地是马拉巴尔山（Malabar Hill）。在石头林立、树木繁茂、绿草茵茵的山顶新建了一座袄教徒的墓。[221] 面海一侧，靠近水槽处，有一座寺庙遗址，马拉巴尔人曾到此朝拜。[222]

　　英国人控制下的孟买吸引了来自印度大陆的逃亡者和难民，他们或怀揣发财梦想，或被这里宽容的宗教信仰氛围所吸引。目前大约 6 万人住在这里，是葡萄牙人统治时期居民的六倍。虽然食物依靠进口，但在孟买，谷物和肉类的的价格却很合理。这里肉类消费量很大，一个月的消费量比苏拉特一年的都多。根据英国人的管理制度，士兵遵守军法，自由人遵守普通的法律，管理者是在苏拉特的议长及其议会。议长之下是"一位高等法院法官"、一个普通诉讼法院和一个事务纠纷管理委员会。但在孟买，议长也保留了独立的议会和工作人员。每当视察岛屿时，他在生活上都享有总督或女王似的待遇，每到一处都前呼后拥，排场很大。[223]

　　气候和其他条件则使孟买成为一个极不利于健康的地方。最初，大家认为因为当地人用鱼做肥料而招致这些疾病，但不再使用鱼做的肥料后，情况并未改观。为了预防"妓女"传染疾病，东印度公司为殖民地运来了英国女人。这些进口女人却"生出了不健康的一代"。正如荷兰人所发现的，英国父亲和印度母亲生的孩子更健康。这些英国女人不一定都是高素质的，在这样的热带地区，她们很容易放纵于葡萄酒或者其他烈性饮料，因此也"破坏了自己的乳汁"。英国人在那儿的死亡率很高，但有节制的本地人和葡亚混血儿却能活到"相当老的年纪"。在孟买的英国人像不能适应新环境的"外来物种"。尽管有这么多不利条件，荷兰人仍然"眼馋"这块殖民地。比之苏拉特，巴涅人也更喜欢这儿，

759

因为这儿不但更自由，而且税更低。

　　孟买最令人关注的焦点是它与葡萄牙人、西瓦吉以及莫卧儿帝国的关系。与葡萄牙人和西瓦吉和平相处是岛上获得食物补给的必要条件，与莫卧儿帝国的友好关系则可以促进商业发展。但这三股大陆势力的对抗则使与任何一方的交好都会引来其他方的不满。在大陆战争中保持中立的葡萄牙人对孟买意欲向作战方贩卖武器极为不满，因为这些武器某日也许会转向基督徒。[224]

　　附近的撒尔塞特岛方圆 70 英里，20 英里长，15 英里宽。[225] 这里肥沃的土地盛产甘蔗、大米，以及本地水果。农民需要尽量多开垦田地，以生产足够的米向地主交租。如果农民逃亡到另一个村，地主可以用武力将他们带回。这些村子是葡萄牙王室作为奖赏赐予老兵、教堂，及其他值得赏赐的人的。对这份奖赏，教堂可永久拥有，而其他人则可享受"三代"。卡雷里将孟买作为撒尔塞特岛的一部分，因为两者之间只相隔一条可涉水而过的海峡。[226] 在撒尔塞特岛的班德拉（Bandra）和维萨瓦（Vesava）有葡萄牙人的堡垒，塔纳（Thana）周围则有五座堡垒围绕。塔纳的织工生产大量可做桌布的纺织品。[227] 那些据说比葡萄牙国王在印度收益更多的耶稣会士拥有"撒尔塞特岛最好的地方，特别是它东部的山坡"。[228] 那些耶稣会士的学院建得和"我们的大学"相似，唯一不同的是学院由 7 门大炮保护。撒尔塞特岛的港口班德拉是一个由砖房构成的大城镇。班德拉外 4 英里处有座坐落于葡萄牙贵族区的宏伟的乡村教堂。下一个城镇是有两座教堂的马加坦（Magathan）。附近是"从岩石中凿出"，却遭毁坏的古城甘赫瑞。[229] 岛屿的中心城市有 7 座天主教堂和神学院，最主要的一座属于耶稣会士。葡萄牙人只允许基督徒住在撒尔塞特岛。这个水分充足、土地肥沃的岛还向邻岛及果阿出口蔬菜水果。[230]

　　据弗莱尔介绍，勃生是一个有石墙围绕的海岸城镇，四扇大门开向四方。[231] 在外城墙及镇中心的圆形城堡上支着 42 条"大枪"。勃生的防卫能力足够抵挡印度人，但其靠海一侧却难以抵御欧洲的入侵者。市场旁是议会，每天早上统治者在这里与贵族商讨政事，"晚上则在此观赏比赛"。墙内也有 6 座教堂、4 座女修道院和两个神学院。一个神学院属于耶稣会，另一个属于方济各会。耶稣士的神学院建筑结构精巧，但其学员住在城中。学院内有一个图书馆、一

个餐厅、一个小礼拜堂，还有耶稣会士的单人小室。图书馆也是教室，课程除
了学习"历史学家、道德家，及其阐释者的东西外，再无其他内容"。3/4 的城
市都供"耶稣会士所用"，城中只有基督徒，巴涅人大多住在郊区。在城市里，
葡萄牙贵族堂皇地住在两层高，"加盖阳台和大窗户（牡蛎壳或格子的）"的房
子里。勃生周边平坦的土地上种植着甘蔗、大米和其他谷物。最近很多城外的
村子和道路遭到阿拉伯半岛（Arabia）的马斯喀特（Muscat）海盗的破坏。[232]
这些报复性的袭击源于早期葡萄牙人对马斯喀特的进攻，尽管葡萄牙人每年都
派战舰扫荡这些掠夺者，但仍难以阻止他们对这里频繁地骚扰。[233]

　　到 1695 年，勃生共有 8 个堡垒，虽然有几个尚未完工，而在北部 1/3 的城
市也因"连年灾祸"了无人烟。[234]

　　城市后面 15 英里处是一个"Cassabo"（阿拉伯语为 *qasaba*，城镇或大村
庄），这里有他们的娱乐场所、花园、果园。[235] 在这片土地上劳作的村民有
基督徒、穆斯林，也有印度教徒。为了保持果园繁茂多产，耕种者用"一种动
力设备"浇水。这儿种植了大量的甘蔗用以制造白蔗糖，制作方式是用由牛拉
的两个沉重的木辊压榨甘蔗，榨出的甘蔗汁在大锅里煮，然后在土质器皿中冷
却，变硬后就成了糖。在去"卡萨诺"（Cassabo）的路上，有一个悬挂圣母雷
梅迪奥斯（*Nossa Senhora dos Remedios*）画像的多明我会（Dominican）教区教
堂。[236] "五年前"（约 1690 年）这座教堂被卡卡吉（Kakaji）烧毁，这个莫卧
儿帝国的印度教属臣抢劫了西海岸的村庄和城镇。[237]1695 年，除了耶稣会士，
多明我会修士、方济各会修士和驻院神职人员（Hospitallers）（圣约翰兄弟会会
士 [Brothers of St. Jone of God]）也都建起了各自的教堂和修道院，方济各会采
用的是欧式建筑。在这些葡萄牙人定居者中有很多神职人员，却没有专业律师。
民事案件由"Canarins"（可能是孔坎人 [Konkanis] 或者葡亚混血儿）处理，他
们非常无知，在同样不专业的法官面前，他们有时甚至同时"为原告与被告双
方辩护"。修道院提议高薪挽留卡雷里，但不想生活在这个酷热之地的他，拒绝
了这份要求。[238]

　　勃生北面是达曼，一个小却有吸引力的葡萄牙人的小镇，同时也是达曼甘
加河（Damanganga）北岸的要塞。"用意大利风格"修建的崭新的达曼很规整，

笔直宽阔的交叉大道，路边整齐地排列着各自独立的平房。它还有四个修建得很好的现代堡垒，只是没有足够的大炮。一位葡萄牙上尉带领的精良部队驻留达曼，一个皇家代理人负责海关和贸易。[239] 这里的居民有葡萄牙人、葡亚混血儿、印度教徒和穆斯林，但只有基督徒享受礼拜的自由。除了一个郊区教堂，达曼还有耶稣会士、方济各会退醒派（Franciscan Recollects）、奥古斯丁会修士的修道院。河的另一边是达曼老城，那里的印度教徒和穆斯林居住在泥草房里。

762 一些"大大小小"的船只在涨潮时才能进入这个位于两个居住地之间的港口，守护这个港口的是位于达曼老城的一座小堡垒。莫卧儿帝国数次试图夺取达曼都未能成功，最近的一次尝试是五十五年前，那次围攻动用了 8 万人。[240]

在达曼生活的葡萄牙人佣人众多，生活奢侈。出行时，欧洲人，包括神父和女人都坐轿子。雨季他们用一种叫"Andora"（"担架"的葡萄牙语）的交通工具，这种交通工具上面覆盖着棕榈叶，两边有窗户和门。轿子上用的竹子是弯曲的，所以乘轿者可以坐着；担架用的竹子是直的，所以乘客必须躺下（见插图 111）。在达曼肉和鱼很少，但面包，包括一些用米做的面包，却非常好。本地水果和欧洲蔬菜也很充足。这里的木薯特别好，味道像板栗。野味也很丰富，特别是各种鹿、野猪和鸟类。欧洲人必须保持规律且清淡的饮食来避免一些定期而至且难以治愈的疾病，比如霍乱。实践证明欧洲药物对当地疾病毫无疗效。所以"为了解决实际问题"，在印度的欧洲医师必须向他的印度同行学习。达曼的葡萄牙人建造一种叫"Galavetta"（gallivats，或者 *jalia*，一种单层甲板的大帆船）的船，这种船用木头钉制，用棉花弥缝。[241]

1690 年最糟糕的一段时间，也就是莫卧儿刚征服孟买之后，来到此地的奥维格顿对殖民地的未来极为悲观。[242] 季风在海岸肆虐，从 5 月底到 9 月中旬，"所有的海上航行都被阻碍，陆地旅行也基本停止"。季风季末期，巴涅人将装饰好的椰子抛入海中祈求航行平安。[243] 被称为"大象"（Elephant）的猛烈的雷雨预示着南季风的开始和结束。[244] 季风季一旦结束，旱季随之而来，此后的 8 至 9 月，天气越来越热。在孟买，季风季结束后的 9 月和 10 月是"全年

763 中"欧洲人死亡率最高的时期。恶臭的空气和污秽的水将孟买变成一个很不健

康的地方。英国人宿命地说"两次季风足以带走人的一生（Two Mussouns ①are the Age of a Man）"。在季风季有害的空气里，蜘蛛、青蛙、蟾蜍个头庞大，而人一旦此时受伤，伤口和淤青愈合得很慢，或者根本不能愈合。东印度公司鼓励员工娶英国女人，但他们在孟买降生的孩子很少能活过婴儿期。[245]

　　孟买的统治者住在堡垒里，并在那里处理军事和民事事务。[246]英国人和葡萄牙人修建的住所都很漂亮，也为这个岛增色不少。葡萄牙人在自己的礼拜堂里自由进行宗教活动。由于与莫卧儿的战争，英国人尚未完成其教堂的修建，所以就在城堡中专门留出的房间里一天两次做礼拜。[247]印度教徒也喜欢在他们的小庙中自由朝拜。西迪人（Sidis）的侵占迫使很多英国人离开，也破坏了为其带来"主要收入"的椰子树。由于奥朗则布武断地将关税由2.5%提高到4%，莫卧儿人和英国人之间的矛盾也进一步激化。当英国人拒付新增关税时，莫卧儿官员开始有组织地前往骚扰东印度公司的员工。经过若干次海上突袭后，西迪人亚克路特（Yakrut）率领陆军登陆未做好迎敌准备的孟买岛。尽管在兵力上莫卧儿人是英国人的10倍，但他们也只是包围城堡，等待英国人军火耗尽，然后求和。在援军到来前，长官查尔德辞世，他的继任者乔治·威尔顿（George Wildon）很快与查尔德的遗孀结婚。当英国人在孟买为生命奋战时，耶稣会士却在情报和物资上支持莫卧儿人，他们力图通过西迪人消灭新教徒。[248]

第五节　德干战争、拉其普特人和西瓦吉

　　莫卧儿向德干南部的扩张最早始于阿克巴统治时期，从此他和他的继任者不时骚扰德干，特别在北方的压力解除后，他们对德干的行动就更加活跃了。最初，在中立派的怂恿或独立的拉杰普塔纳印度王侯的支持下，他们将进攻重点定在坎德什、贝拉尔（Berar）、比哈尔、艾哈迈德讷尔、比贾布尔和戈尔康达这些穆斯林国家。1637年，还是王子的奥朗则布成为第一位莫卧儿德干的总

764

① 正确拼写为Monsoons。——译者注

督。在他此后长期的统治时期内，他占领德干的热情比前辈更为高涨。在成功攻克两个大的穆斯林国家比贾布尔（1686 年）和戈尔康达（1687 年）之后，他也开始面对印度王侯和马拉他人的反抗。[249] 西瓦吉（1630—1680 年），马拉他人的领导者，创建了一支阻止奥朗则布继续南进的印度军队，并最终打乱皇帝的计划。西瓦吉以浦那（Poona）为基地建立了一个德干国，并于 1674 年正式成为该王国的王侯。由于此后马拉他人和莫卧儿人之间的战争连绵不断，到了奥朗则布统治晚期，德干已经成为一个荒凉贫困的地区。[250]

以苏拉特、孟买和其他西海岸港口为依托的欧洲商人和旅行者密切关注着在德干发生的战争。他们认为这场内战会使他们在贸易中获利，而且他们控制下的原本较不稳定的海岸地区会变得更安全。即使是远在德里的贝尔尼埃也对奥朗则布发动的德干战争进行了全面报道。他写道，这场战争已经肆虐了"四十多年"，卷入战争的有莫卧儿、戈尔康达、比贾布尔和几个更小的国家。在德干曾经统一的什叶派穆斯林王国，现在已经四分五裂，唯有在应对莫卧儿侵略时，他们才相互配合。很长时间以来，戈尔康达通过供养比贾布尔的军队以及对莫卧儿的贿赂而保持其独立地位，但自从作为王子的奥朗则布开始入侵戈尔康达，它就变成了莫卧儿的属国。[251] 戈尔康达的统治者"失去了领导王国的动力和能量"，他不再离开戈尔康达的城堡半步，并无视他的贵族"施行令人憎恶的暴政"。1667 年，当贝尔尼埃拜访戈尔康达时，莫卧儿大使和奥朗则布的其他代表在那儿"无法无天"。与戈尔康达不同，比贾布尔"仍然保持其独立国家的名分"。这个王国位于众多难以逾越的高山堡垒之后，其都城更是固若金汤。不过，比贾布尔目前也在"濒临灭亡的边缘"，因为它的两个要塞帕伦达（Parenda）和比德尔已经落入莫卧儿之手，而且它自身也面临着一连串的危机。从这些不稳定因素中受益的西瓦吉在"苏拉特到果阿之间"攻占城池，掠夺乡村，笑对比贾布尔和莫卧儿的威胁。他招募德干的游兵散勇并不时袭击莫卧儿，他大胆、永不停息的进取心分散着莫卧儿的注意力，同时也无意中帮助了比贾布尔。[252]

西瓦吉在世期间，他的声名已经通过欧洲代理人、旅行者以及塔韦尼耶、贝尔尼埃的介绍传到欧洲。[253] 特维诺是欧洲人和印度人中第一个尝试为这位印度的反叛者、将军、政治家作传的，令他进行创作的起因是他目睹了西瓦吉

765

围攻苏拉特的战役（1664 年 1 月）。这些所见所闻给他留下了深刻的印象，特维诺试图撰写从西瓦吉早期到 1666 年的这段历史。作为比贾布尔一个上尉的儿子，西瓦吉出生在勃生。[254] 他天生具有反叛精神，在父亲还在世时他就反叛了比贾布尔的苏丹。作为一群叛党的首领，西瓦吉在比贾布尔的高山间发展壮大了自己的队伍并多次打败镇压他的军队。苏丹认为他父亲必然与反叛的儿子勾结，就将其投入大牢。父亲死在狱中后，西瓦吉发誓要消灭比贾布尔为父报仇。[255] 他掠夺乡村，夺取城镇，并吸引了大量追随者。在苏丹去世前，他已经创建了一个自己的"小国家"——马拉他人王国。由于比贾布尔摄政的王后无力对抗西瓦吉，就接受了他提出的和平条款。[256] 西瓦吉王侯随之开始进攻莫卧儿的属地，当地的统治者，也是奥朗则布的叔父谢斯塔汗随即派大军迎上。[257] 面对莫卧儿如此强大的军队，西瓦吉被迫逃回山中，他建的王国也被莫卧儿占领。

迫不及待想要复国的西瓦吉佯装同意招安，刚一获得谢斯塔汗的信任，他就在 1663 年大胆进攻谢斯塔汗的营地，抢走了他的财宝和女儿，交付赎金后，女儿很快回到父亲身边。同时西瓦吉又警告谢斯塔汗尽快撤出马拉他人的土地，否则他难以活命。考虑到追捕在山中作战的西瓦吉代价太高，皇帝命令谢斯塔汗撤军。为了报复莫卧儿，西瓦吉准备袭击苏拉特并抢夺那里被大肆吹嘘的财富。1664 年假扮为苦行僧的西瓦吉亲自到城中侦察，一旦确定战术，他就返回勃生和朱尔之间的总部。随后他带领 4 000 人，秘密向苏拉特前进，并在布尔汉布尔大门前安营扎寨。为了迷惑当地统治者，他让向导将其带到另外的地方。未做抵抗的当地统治者退回堡垒并请求救援。当西瓦吉攻入城中，城中居民纷纷逃往乡村，他在此抢夺四日，大多房子被抢劫，一些被焚烧。英国人和葡萄牙人则架起大炮保护自己的地盘。没有大炮的西瓦吉未敢攻击欧洲人和堡垒。担心援军到来的他只带着从平民那里抢劫的胜利品迅速撤军了。由于他的命令，嘉布遣会士的修道院以及基督教皈依者的家都未遭受抢劫。[258]

西瓦吉的胆大妄为让皇帝极为震惊，但他很快因为其他事情的干扰只得延迟报复计划。1666 年，佯作欣赏西瓦吉的勇猛的皇帝邀请他前往宫廷。皇家安全通行证签发后，西瓦吉和儿子前往宫廷。在最初停留的几个月中他受到热情

766

地招待，因为皇帝知道在宫廷的印度王侯中有很多西瓦吉的朋友。而当皇帝的态度开始冷淡时，西瓦吉则扬言一旦他被害，将有很多人会为他报仇。担心其他王侯造反的皇帝宣称自己绝对无意杀害西瓦吉，只希望得到他的配合，但是不相信皇帝诺言的西瓦吉还是在朋友的帮助下逃出了宫廷。"这个王侯"，特维诺写道，"个头矮小，皮肤黄褐，目光敏锐，充满机智"。1664 年，抢劫苏拉特时，他"年仅 35 岁"。[259]

卡雷，西瓦吉热烈的崇拜者，勤恳地收集着这位"东方最伟大的人物之一"的早期活动资料。像瑞典（Sweden）的古斯塔夫斯·阿道弗斯（Gustavus Adolphus）一样，西瓦吉以"他的勇气、快速作战和高超才能"获得盛名。期待某日能与欧洲人合作的他从不骚扰外国商馆。面对几乎没有任何有组织的抵抗，他在苏拉特持续洗劫了"三天三夜"。获得新的战争资金后，他组建了一支庞大的军队，并占领了比贾布尔一些未加防御的地区，特别是沿海地带，他认为这些地方更容易防守而且也打开了通向海洋的大门。他命令这些沿海地区的统治者好好对待欧洲人。他的战略是攻击中心要塞，然后又快速转换重心去洗劫一些遥远的地方。他掠夺了靠近果阿的葡萄牙人的领地，并且拿下了巴尔兹（Bardez）岛（1667 年）。他努力获得商人和技工的支持。面对西瓦吉的迅速强大，奥朗则布很是不安，他用"Jesseingue"（贾·辛格一世）代替了以前的德干将军。这位新将军的任务是以高官厚禄劝降西瓦吉。奥朗则布希望西瓦吉为他带兵攻打波斯，因此将他请至宫廷。

在阿格拉，当西瓦吉被成堆的荣耀包围时，一个要杀死他的密谋也在筹划之中。担心自己性命的西瓦吉逃出阿格拉，回到军中，他决定建立自己的合法国家。在官员的支持下，他在早期征服地建立了一个国家。为了巩固国家，他需要新的资金，于是，他又一次洗劫了苏拉特。（1670 年）他带领 12 000 人马进入这座有 40 万居民的城市，却没有受到任何真正意义上的抵抗。而与城市统治者的共谋使他兵不血刃地洗劫了城市，在这次洗劫中，他又一次放过了欧洲人。当奥朗则布知道苏拉特第二次被洗劫的消息后，他毒死了与西瓦吉共谋的官员。

西瓦吉传奇续集依据的是卡雷 1672 年至 1674 年第二次旅行的记述。通过诡计和贿赂，西瓦吉赢得了罗姆敦·雅曼（Romton Jaman）的支持，他是比贾布尔的将军，也是一个省的总督。此后取代叛变者的是阿卜杜勒汗（Abdul Khan），这个酒色之徒是西瓦吉的老朋友，他曾在离开军队前杀死了 200 名为其服务的女子。[260] 当阿卜杜勒汗的军队和西瓦吉的军队最终相遇，两名将军约定举行会谈时，西瓦吉拔出衣下暗藏的匕首将他昔日的朋友刺死，他的军队随之扑向毫无组织的比贾布尔军队，失败的比贾布尔军队中的半数士兵投降并归入西瓦吉旗下。壮大的西瓦吉军队占领了很多比贾布尔的要地，并将之和平地归入他日渐壮大的王国。利用新征服来的资源，西瓦吉建立了一支在古吉拉特作战的军队。他将这支军队的控制权赋予他在战争过程中亲自培养的儿子，军士们对待他的儿子像对待西瓦吉本人一样的尊重。[261] 当王子向古吉拉特进发时，西瓦吉派遣另一支军队袭击了朱尔和苏拉特之间的西部港口，废黜那些半独立的统治者。经过三场艰难的战役，西瓦吉的军队征服了大多数的小国君，并指派长官和卫戍部队到这些不安宁的征服地[262]。达曼的葡萄牙人希望西瓦吉的征服可以免除他们每年向本地统治者缴纳贡品，但是西瓦吉另有打算。他的军队占领整个海岸和从达曼到朱尔的腹地后，他亲自率兵攻占了朱尔和果阿之间的地区。通过这番扩张，他将葡萄牙人赶出朱尔，自己则成为这些富裕的贸易城镇的主人。返回内陆前，他在这些海岸地区安排了自己的长官和卫戍部队。

768

　　1673 年，卡雷拜访了朱尔的长官以获得穿越西瓦吉领地前往拉贾布尔的通行证，拉贾布尔有一个法国人的商馆。那位长官向卡雷描述了西瓦吉：不受束缚的视野使他不仅是一位士兵和政治家，他也是一个好学的学生，不倦地学习着战争、防御以及印度地理地形学方面的知识。为了在其他宫廷安置间谍、获得信息，他大把地花钱，毫不吝啬。目前，他的儿子正努力在古吉拉特的萨姆巴吉（Sambhaji）勾结不受奥朗则布宠爱的王子们。西瓦吉故意不派兵也不投资那些没有防御工程的海岸地区，而是将之留给葡萄牙人和其他人以鼓励贸易，同时也能削减对他的反抗。

　　穿过半岛，从朱尔到圣多默，卡雷受到了西瓦吉的官员和军队的礼遇。[263] 离开被打败的比贾布尔之后，西瓦吉听到比贾布尔国王（阿利·阿迪勒沙二

世 [Ali 'Adil Shah II]）去世及其年幼的嗣子继位的消息。[264] 当西瓦吉占领西海岸时，这位继任者，哈瓦斯汗（Khawas Khan）接见了奥朗则布的使者，这位使者出使的目的就是为了联合比贾布尔共同对抗西瓦吉。[265] 与此同时，西瓦吉不但带领军队四处活动，还不时向一些地方发出威胁信息，从而使敌人时刻处于不安之中。当对手为他是否攻打"莫卧儿最富裕强大的城镇之一"阿默达巴德而格外担心时，他却出人意料地出现在戈尔康达。他的军队围攻了圣多默，并向其统治者要求赎金。无力抵抗的戈尔康达只得交付赎金以免于被洗劫。[266] 收到这笔新资金，西瓦吉返回自己的王国，修养兵士、扩建或修建防御设施。当这位伟大的勇士休养生息时，比贾布尔却仍然为迎接西瓦吉的突然袭击而准备着。[267]

769

在去戈尔康达的路上，特维诺拜访了德干。在被莫卧儿占领之前，巴拉卡德的都城道拉塔巴德（Daulatabad）曾是重要的贸易中心，在曾为德干长官的奥朗则布的努力下，道拉塔巴德的贸易地位后来被奥兰加巴德取代。[268] 道拉塔巴德是一个中等大小的城市，东西向延伸，城墙和防卫墙保存完好，还有放置大炮的堡垒。它也被认为是"莫卧儿最坚固的城堡"。堡垒坐落于城镇中心的一座椭圆形小山之上。作为基地，这座小山有"天然光滑的石头为墙"，山顶上是一座"很好的城堡——国王的宫殿就在那里"。这些信息是特维诺在城墙外观察时获得的，后来他从一个在此生活了两年的法国人那里获得了更多关于这座城市的信息。在城堡旁，沿山向下还有三座堡垒分别叫作"博尔堡"（Borcot）、"马尔堡"（Marcot）、"卡勒堡"（Calecot）。"cot"在印度语中意为"堡垒"。[269]

从道拉塔巴德，特维诺和他的陪同人员前往与戈尔康达一样地处边界的卡拉瓦若（Kalavaral），这儿也是最后一个属于莫卧儿的城镇。途中他经过 8 个村镇和人口众多的乡村。在安伯德（Ambad），他见到并描述了一个宏伟的水池，同时也注意到一个小小的地下印度寺庙，这里吸引着众多朝圣者。在靠近小镇楠德尔（Nander，位于戈达瓦里 [Godavari] 河北岸）时，他很高兴地看了一场杂耍和杂技表演，并对之进行了详细描述。经过几天的旅行，他到达因杜尔（Indur），这里的"王侯在认可莫卧儿的问题上像墙头草"，在莫卧儿和戈尔康达的战争中，他只支持"强者"。[270] 在因杜尔附近的山上有一座装饰华丽的石庙斯塔纳加尔（Sitanagar），特维诺将其内部结构与埃洛拉（Ellora）18 世纪的凯拉萨纳塔（Kailasta）① 神庙相比较。[271] 山脚下是一个局部完工的宫殿和一个长长的蓄水池。寺庙和宫殿都由"富有的拉斯普提（Raspouti）"修建，但他却死在完工之前。[272] 在下一个镇因达尔瓦（Indalvai），开采的铁矿石被做成全印度闻名的剑、匕首和长矛。但由于西瓦吉的兄弟对这一区域的入侵，这座小镇目前几乎空无一人。[273]

770

1673 年的雨季，在"Ducaan(德干）的前主人"，舰队司令西迪·桑巴尔（Sidi Sambal）的带领下，一支莫卧儿舰队到孟买港过冬。实际上，这是莫卧儿为收复被西瓦吉占领的海岸所下的一步棋。[274] 对这一海上行动，西瓦吉极为蔑视，并依旧待在丹达拉杰普瑞（Danda Rajpuri）重重把守的城堡里。为了调和与西瓦吉的关系，孟买总督遣使前往来里港（Rairi）。[275] 弗莱尔得到这位使者日记的副本，并将其归纳录入自己书中，其中提到的印度名称和术语都用罗马字母表示。[276]

从孟买出发，使团前往葡萄牙人控制的朱尔，并到达"Upper Choul"（Muslim Chaul [穆斯林朱尔]），这里曾是德干重要的贸易市场，现在已毁于战火。他们对"Subidar"（波斯语沙哈巴德，或 *sūbahdār*，统治者之意）进行了友好的访问，这位统治者统治的港口和城镇正好与孟买隔海相望。随之他们又乘船上溯朱尔河至阿斯塔尼（Astarni）、尼扎姆普尔（Nizampur）和贡格瓦里（Gongavali）。在去来里港的路上，他们听说加冕前的西瓦吉正前往普拉塔加德（Pratapgad）的巴瓦妮（Bhawani）神龛朝拜，[277] 而他们必须等到西瓦吉返回才能入城。等待期间，英国人将信件和礼物交给那儿的行政长官以期获得他的协助。为了保障贸易利益，他们也以非正式的方式力促和平解决西瓦吉和比贾布尔之间的分歧。长官告诉他们西瓦吉加冕后，这一问题可能会解决，因为厌倦了战争的比贾布尔已经向他们发出了和平解决的讯息。[278]

英国人终于等到西瓦吉返回来里的消息，并很快被邀请上山觐见。来里享有天然的军事屏障，通向城堡的路只有一条，其他各方都是"悬崖绝壁"。要进

---

① 应该是 Kailasanatha。——译者注。

771　此路需经过两道狭窄的门，路旁高墙壁垒林立。山顶有 300 座建筑，包括宫殿和大臣们的住宅。整个居住地有 1.5—2 英里长，建在没有树和其他植物的空旷之地上。尽管西瓦吉忙于准备加冕和婚礼，他还是在英国使团到达四天后接见了他们。在向使团表达善意后，他将他们呈上的公文给他的首相莫罗·特里马尔·品戈尔（Moro Trimal Pingle，一位德塞斯特婆罗门 [Deshest]）① 复审。为了尽快促成谈判，有人建议英国人向宫廷各部门官员送礼。

正当英国人急于行动时，他们目睹了王侯的秤金礼。他们也参加了加冕礼并送上钻戒作为贺礼。他们看到西瓦吉坐在华丽的宝座上，他的儿子"萨巴吉王侯（Samba Gi Rajah）"（斯姆巴哈吉 [Smbhaji]）和一位杰出的婆罗门坐在"宝座下面的高座上"。很多代表统治和主权的徽章悬挂在宝座两旁的镀金长矛上：右边悬挂的是两条大鱼，金色的鱼头大大的鱼牙；[279] 左边挂着几条"马尾"（牦牛尾），还有一对象征正义的天平。走出宫殿，他们看到两头小象分立门两侧，还有两匹披带金鞍的马。加冕两天后，西瓦吉娶了他的第四位妻子，这次婚礼未施行任何仪式。几天后，他与英国人签订了合约，除了不许英国人在他的土地上使用英镑外，他答应了其他所有要求。[280]

作为昂基亚长官外交计划的一部分，1674 年，弗莱尔被派往德干的简纳（Junnar，一个靠近浦那的莫卧儿山寨）做医生。[281] 他途经塔纳、勃生，到达西瓦吉的发轫地卡利安（Kalyan）。迅速获得通行证后，他离开卡利安和"德干② 最辉煌的伊斯兰教徒（Mahometan）遗迹"。这个城市曾是重要的商业中心，却因临近葡萄牙人、莫卧儿人及西瓦吉之间的战争而遭到破坏。通向提特瓦拉（Titvala）的路有 7 英里长，这条路和这个村庄一样都被完全毁坏了。从这儿，他连夜赶路向"贫穷的村庄穆尔巴德（Murbad）"前进，这里的居民是"愚昧的偶像崇拜者和农夫"，他们可怜的一点收成又被西瓦吉的手下夺走。当他向西高止山脉（Western Ghats）的"高山"前行时，情况有所好转。坐落于山脚下的小镇德希尔（Dehir）是一个时刻处于战备状态的军营，这里有西瓦吉最好的

---

① 维基百科中有 Deshastha Brahmins，为印度最古老婆罗门种姓。——译者注

② 原文拼写为 Duccan，应为 Deccan。——译者注

马匹，一个"Halvadars"（*havaldār*，指挥官），或者小将军，管理着这里。从这儿就可以看到西瓦吉的高山堡垒和瞭望塔，前往那里的卫戍部队要经过一条弯曲狭窄的小路，小路上石阶陡峭，要爬上去甚至需手脚并用。高山之巅是一个"物资匮乏、气氛抑郁的小镇"，那里有一个收费站。在远处深且迂回的山谷底部是安贝冈（Ambegaon），一个位于戈德（Ghod）河边的小镇。通往简纳的漫长山路终结于贝尔萨尔（Belsar），这个镇面对一片广阔的高原，简纳就是它的另一边。从这些堡垒可知，莫卧儿在德干的战争早就开始了。

1675 年 4 月底，弗莱尔到达简纳，他住在城外一所豪华住宅里，"设计精巧的花园里点缀着一些柏树（这种树在印度并不常见）"，还有水槽、水道和搭板。[282] 5 月 1 日，当地统治者在府邸的议会厅接待了弗莱尔，长官坐在"国家的宝座上"，右边是贵族。房间的地板上垫着软垫，上面铺着白棉布，所以弗莱尔脱鞋进入，然后他呈上自己长官的信件，并坐在左侧的贵宾座上。后面的人开始按以下顺序行礼：额手礼、获许接见、脱去拖鞋、走上"Buchansia"（印度语 *bichhauna*，议会厅的棉质地毯），走近"可汗或公爵"是要按特定方式鞠躬的（先把手放在头上，再放在脚上）。[283] 尊贵的客人盘腿与统治者坐在一起，地位稍低的人跪坐在自己的脚后跟上。

堡垒由"砖坯"建成，"大而简陋"，与其说是堡垒，不如说是一个用帐篷搭建的军营。它不是用来应对西瓦吉围攻的，一旦受到围攻，那些守城者只能逃跑或前往加入由巴哈杜尔汗领导固定驻扎在佩德冈（Pedgaon）的 40 000 名骑兵，而赶到那里需要三天的路程。[284]

某日，弗莱尔幸运地进入统治者四位妻子之一的闺房。站在她帘幕深围的床前，医生为她号脉并通过翻译与她对话。弗莱尔的医术让这位统治者很欣赏，并在第二日又约他前来为另一位妻子实施放血术。这位夫人将胳膊伸出房间入口的门帘外。这些好奇的女人们（这位统治者有 300 多名姬妾），都急切地想窥视这位陌生男人，不小心将门帘拉开，"像受惊后振翅的群鸟"一样，她们马上用手盖脸，"但却不停从指缝中观察着"。在门帘拉上之前，弗莱尔瞥见一个房间里还有一些女人，像贤惠的家庭妇女一样，在准备食物或者做针线活儿。她们被"没牙的老女人、没胡子的太监"护卫着、服侍着，同时也被监视着。给

772

773

她们带来娱乐的是一些"歌女"，她们装扮得像男人一样，唯一的不同是在离开闺房后她们会蒙上面纱。[285]

当弗莱尔与这位统治者建立了良好的关系后，他开始询问莫卧儿为何不能安抚德干并与孟买开展直接贸易。长官认为这源于他们低估了西瓦吉的力量，但弗莱尔却认为真正的原因是这些莫卧儿将军并不想赢得这场战争，因为一旦战争胜利，他和他的士兵也就失业了。结束这场不太令人满意的交谈后，弗莱尔开始参观简纳周边地区。当地一处景点是由"一位普通妓女"捐赠的花园，花园中有纪念她的坟墓和一眼泉，泉水通过沟渠引向城市。[286] 旁边有一处废弃的宫殿，奥朗则布在其父亲统治期间曾公开在此做苦行僧。弗莱尔还参观了加内什栋加尔（Ganesh Dongar），一个"像 Canorein（甘赫瑞）一样古老又精细"的城市，这个拥有"神庙和数个宽敞大厅的城市是从一块大山石"上凿出来的。[287]

弗莱尔还视察了希沃纳尔（Shivner）的 *garh*（山上要塞），这儿驻扎着莫卧儿的卫戍部队，还饲养着大量马匹和骆驼。此处还有前长官的坟墓以及一座由打磨光滑的大理石砌成的清真寺。这里的长官尼扎姆·贝格（Nizam Beg）是一位清贫却有学识的人，他通晓波斯文和阿拉伯文，对欧洲的服饰、风俗、武器和军纪也很有兴趣。城堡内有巨大的粮仓，一旦城池被围，这里储存的食物可供 1 000 个家庭生活七年。就武器而言，他们只有少量军火，将石头推下绝壁是阻挡敌人进攻的主要方式。在这个高度可以看到很多山洞，这些山洞使围绕简纳的山脉像一个巨大的蜂窝。

希沃纳尔是西瓦吉的出生地，因此他也决定重新占领这里的堡垒。[288] 他试图贿赂那里的长官并诱惑那些薪水微薄、甚至常常拿不到薪水的守城士兵。宗教信仰并不能阻止印度教士兵叛变投靠莫卧儿，或者阻止穆斯林士兵加入西瓦吉的抢劫队伍。一般来说，骑兵多是莫卧儿人，步兵多是印度人。除了行军打仗，士兵们什么都不用学习。骑兵坐在宽宽的马鞍上，用小腿控制马匹，他们不带马刺，却用有刺的马嚼子让马匹立即停下，这种马嚼子带来的疼痛可以让最有野性的马匹在奔跑中停止。步兵配备着滑膛火枪。莫卧儿的统治者将钱发给官员，官员再依次将钱下发，在这个过程中，这笔钱也被"层层盘剥"。

774

　　进口的骏马被贵族留下，留给其他人的是脾气暴躁的本地马。弗莱尔不太看得上印度士兵，且嘲讽道：跑得最快的就是最好的士兵，官员则是"地毯骑士"，因为他们更愿意躺在床上，而不是征战沙场，所有人都只愿意把武器磨光而不是去使用它。[289]

　　简纳的长官穆赫利斯汗（Mukhlis Khan）生活节俭，尽管他的薪水是苏拉特长官的两倍，但实际上却不如他们那么富有。因为他随时可能遇到西瓦吉的突袭，所以在管理上更独立自主。像帝国其他官员一样，为了增加收入，他向皇帝汇报的士兵人数是实际为他服务的士兵人数的两倍。负责向皇帝汇报的"waqiah-vavīs"（监察官员）常与地方长官相互勾结，隐瞒这一欺骗行为，因为这些皇帝派来的监察官员除了领取国家薪金外，也从这些地方长官处拿到好处。在向皇帝汇报时，他们也常夸大地方指挥官的胜利，缩小其失败。简纳是一个半被摧毁的城市，大多数居民已逃亡，贸易基本上终止，市场上只供应一些必需品，这些物品也是从附近地区的农民那里抢来的。[290]

　　为了躲开西瓦吉的军队，弗莱尔听从了地方长官的建议，从另一条路返回孟买，沿途经过纳纳山隘（Nana Ghat）的关口，这儿比他来时穿过的关口"更短更易"通过。[291]山脚下，路旁提供有人捐赠的"水箱，里面是水质良好的饮用水"，两旁"漂亮的树木"成荫。他很快到达穆尔巴德并行进在来时走过的平坦大路上。在库比斯人居住的巴尔维（Barvi）附近有众多凶猛的野生动物，常常会夺走当地人饲养的水牛。库比斯人在柚木林中工作，用宽大的柚木叶搭盖房顶。看到这些生活在被蹂躏地区的贫困的库比斯人，那些陪伴在弗莱尔左右、来自孟买的科利人故意将自己在英国人手下的辛勤工作与之相比。回到卡利安，弗莱尔在他的住所附近见到"一株开满串串红花的大树，长长的花茎，像正发芽的葡萄"，落英缤纷，花朵夜晚开放，白天合起。[292]在这里他还去了一座清真寺，除了在"阿訇讲经的"讲经坛（mimbar）上悬挂的阿拉伯铭文外，四壁空空。寺内有雕刻的木柱做支撑，屋顶也是木制的，讲经坛上方的屋顶上有一个方形的洞。讲经坛下是圆拱，附近的石阶通往一个深深的池塘，在这里阿訇将碎棉布浸入水中做纸，将之敲打，再分成薄片，晒干后上釉以备所用。[293]

775

　　古吉拉特曾为莫卧儿提供了丰厚的贡品，但目前莫卧儿却正面临着来自古吉拉特的叛乱并有可能失去这份巨大的收入：拉其普特人和古吉拉特的长官，也是米尔·朱木拉的儿子，正策划一场推翻奥朗则布的谋反。[294]"深陷战争中"的莫卧儿被迫向布尔汉布尔的长官请求援助。莫卧儿与拉其普特人在德干的胶着状态使西瓦吉获得再次威胁苏拉特的机会，尽管这时苏拉特的城墙已修筑得足以抵御强大的进攻。1679年很多商人还是离开了这个城市，因为他们不信任这个城市的长官，认为他"不是战士，而只是政客"，而且他是不想与西瓦吉作战的。为了阻止西瓦吉对周边地区的掠夺，5月，奥朗则布派遣了新长官和援军。援军一到就立刻对西瓦吉的这支"抢劫队伍"进行了反攻。当在军事上无法匹敌西瓦吉和拉其普特人时，奥朗则布就将这一切报复到印度教徒身上，向他们征收重税，不能承受此税者则被迫离开帝国或改变信仰成为穆斯林。

1679年雨季结束后，奥朗则布准备离开德里，亲自带领十万大军去征服西瓦吉。[295]同时，西瓦吉却将注意力转移到孟买的英国人身上，并以保护受西迪人侵犯的英国人为由，派遣数百人登上了坎德里和翁德瑞两岛。[296]在两次海上战役中，英国的军舰都击败了西瓦吉的船只。为了避免更多麻烦，英国人放弃了夺回双岛的努力，将之留给西瓦吉和西迪人去争夺。面对西瓦吉的攻击，奥朗则布的回应方式是将印度教徒的税收再次翻倍，并摧毁其庙宇偶像，剥夺其公开施行宗教仪式的自由。

776　　　　1680年6月1日，西瓦吉去世。[297]他的儿子，萨姆巴吉王侯主持了父亲的葬礼并延续父亲的军事行动。贾斯万特·辛格王侯（死于1678年）、拉其普特人的领主，以及西瓦吉三人的死亡致使印度教徒四分五裂，并将他们置于其痛恨的莫卧儿的控制之下。在西瓦吉的宫廷，经过一连串内部斗争后，萨姆巴吉消灭了反对者并自称为"摩诃罗阇大君（Maharaja），意为其父领地的合法继承人"。

此时，德里自身也面临着一场危机。"嫉妒自己长子"的奥朗则布将长子派往瓜廖尔。[298]另外两个儿子也对奥朗则布进行挑衅并拒绝接受他委派的新任务。然而，深陷于拉其普特人战争中的奥朗则布却只能吞下这份不满。在过去的一年中，他进行的两次战役都没有获得儿子们在兵力上的支持，而在这两次战役中，他的军队都在"饥饿"的逼迫下不得不撤退。在宫廷上，皇帝公开表示准备让小儿子"Sultan Eckbar"（阿克巴）承其王位。

决心打败拉其普特印度教徒的奥朗则布命令阿默达巴德长官前来相助。贾斯万特·辛格死后，拉其普特人的继承权危机进一步加剧，他的遗孀（拉尼 [*Rānī*]）仍努力对抗奥朗则布。[299] 多次受挫的皇帝在攻占拉其普特人著名的要塞阿杰米尔和奇托尔后，下令摧毁城内印度教庙宇，这两座要塞位于靠近梅瓦尔的乌代普尔。[300] 由于这些压制，婆罗门预言今年将有一场旱灾，街上的人都佩戴着向上苍求雨的标志。1680 年 11 月 20 日，来自上苍的恶兆降临了，"我平生第一次见到如此多彗星坠落地面"。[301]

1695 年，从海路前往朱尔的途中，卡雷里经过马拉他人和西迪人控制的沿海地区和一些堡垒。皇帝将孟买岛与朱尔之间的海岸送给西迪人是为了让其抵御马拉他人的掠夺。西迪人的首领供养了 2 000 名步兵和骑兵，并在翁德瑞岛和坎德里岛两地修建堡垒。[302] 6 英里长的朱尔是葡萄牙人的一个要塞，它离海也是 6 英里远。马拉他人和西迪人的军队一南一北，列其两侧。从朱尔到果阿的整个海岸以及向东到比贾布尔的内陆地区都由马拉他人控制，目前的首领罗阇拉姆（Rajaram）试图占领整个西海岸，他带着这些"海洋和陆地上的强盗"，不加选择地抢劫葡萄牙人、莫卧儿人……任何通过他们关口的人都会遭受他们的抢劫。[303] 为了躲避马拉他人和马拉巴尔海盗的袭击，任何经过此处的船只都要有舰队护航。即使是葡萄牙人曾经控制的小镇达波尔也常遭受马拉他人的抢劫。[304] 更南方是西瓦吉的要塞马尔万（Malvan），它正好在果阿北边。[305]

在果阿短暂停留后，卡雷里向内陆进发，决心去拜访奥朗则布的宫廷和军营。[306] 陪伴他的是来自果阿的一名卡纳拉（Kanarese）挑夫和一位戈尔康达的年轻翻译。他离开葡萄牙人的大本营，穿过道吉姆（Daugim）关，渡过曼吒毗（Mandavi）河，进入大陆地区。在他大陆旅行的第一晚，"Siminga"（马拉他语，*Shimga*，霍利节）的司仪发出的呼噜声令他难以入眠。在马多尔（Mardol）的村庄，他参观了一座著名的印度神庙，要进入神庙需经过一座廊桥。在西瓦吉和莫卧儿之间的村庄多数都因战争而遭摧毁。[307] 在庞达，他遇到一支莫卧儿军队，他们护卫新任命的皇家"*dīwān*"（税官）前去上任。正当民众在疯狂庆

777

祝霍利节时，这位不受当地港主欢迎的新税官正式上岗了。坐落于群山之中的庞达镇，由一个土堡垒和率领约 400 名卫戍士兵的港主守护，它曾拥有的高地堡垒十二年前（1683 年）在西瓦吉和葡萄牙人的战争中被毁了。[308]

从庞达向东，穿过荒蛮的北卡纳拉乡村，卡雷里又一次到达莫卧儿在"Alcal"（可能是哈利亚尔[Haliyal]）控制的地区。[309]通过在贝尔高姆（Belgaum）的马姆达普尔（Mamdapur）向北，他到达了奥朗则布在克里希纳河北岸的加尔加拉（Galgala）军营[310]。在此他与欧洲基督教炮手和本地基督教牧师住在一起。皇家军营占据了方圆 3 公里的地区。被红色棉织品包裹的军营由栅栏、沟渠和 500 座轻型大炮保护着。有人告诉卡雷里这里有 6 万名骑兵、70 万名步兵、5 万头骆驼和 3 000 头大象。[311]其中 500 头大象属于皇帝，其他的属于贵族。[312]所有帐篷组成一个"移动的城市"，绵延方圆 30 英里，居民 50 万人。皇族和"奥姆勒赫"是国家的将军，他们带领各自的军队，只居于"Gium-Detol-Molk"（'Umda-al-Mulk，国家栋梁，最伟大贵族的称号）之下。这些军队"懒惰又缺少纪律性"，"愿意打仗"时才会打仗。[313]在军中服务的欧洲人享受着优厚的报酬，也很享受他们的工作，因为他们少工作一天除了少拿一天的钱之外，没有其他任何损失。对"这个不会为伤兵配备医院的野蛮皇帝"，他们既不会忠于他，更不会对这一工作有荣耀感。尽管他们可通过这份工作发财致富，但却很难随意离任，因此只有逃跑才能离开军营，并"享受这些赚来的钱"。

1695 年 3 月 21 日早晨，卡雷里简单采访了奥朗则布，并跟随他参加了与公众的见面仪式。皇家围墙内的一座庭院中有一个很大的帐篷，里面放置着乐器，"白天夜晚每个固定时刻"都会有人演奏。[314]这里还有一个"用链子悬挂的金球"，这是皇帝的标志，皇帝出行时会携带它。[315]皇帝的帐篷内"装饰着丝绸和金缕衣"，"在富丽的地毯上接受行礼后"，奥朗则布入座。陪同卡雷里的翻译，是"来自阿格拉的基督徒"。皇帝询问了他的家乡、他的旅行还有他来访的目的。他对最后一个问题的答案是：自己"只是出于好奇，想见见亚洲最伟大的君主——他庄严宏伟的宫廷和军队"。此后，奥朗则布又询问了土耳其人（Turks）和欧洲人在匈牙利（Hungary）的战争。[316]礼貌作答后，卡雷里被带往旁边接见公众的帐篷。

778

　　议会厅由"印花棉布"围起，主帐篷被两个大柱子支撑。帐篷外面用"普通的红色材料"包裹，里面用优质棉布和"小塔夫绸挂帘"装饰。帐篷里面有一个数层的方形平台，最高层是由镀金的木头做成的方形宝座。在众多朝臣后面，奥朗则布被"一个随从搀扶着"进入帐篷。皇帝穿"白色的衣服"，衣服系在右臂下以示与系在左臂的印度教徒的不同。他的头巾同样也是白布，用金面纱系起，面纱上闪烁着一颗巨大的翡翠和四颗小翡翠。由丝腰带包裹的"*katārī*"（匕首）挂在左侧。奥朗则布"个子不高，鼻子很大，身材消瘦，年老驼背"[317]。但他的性格仍然强硬、乐观，阅读书写时可以"不带眼镜"。对待战争和自己的帝国，他极为严酷。进食前，任何食物首先都由他的女儿和几位贵族品尝。他只喝来自恒河的水，这条河好比"我们的泰晤士河，从来未被污染过"。他也曾"沉迷于女色"，但现在却与后宫保持距离。[318]

　　审阅完呈上的奏章后，皇帝去视察他的大象。此后，王公贵族觐见，敬礼后坐在第一层平台上，整个仪式中，"奥姆勒赫"始终站着。帐篷外，右边站着"100名步枪手，和更多的持权杖者"，他们肩上扛着顶部有银球的棍棒。[319] 帐篷左边是9名持矛者，矛上高挂各种"皇家旗帜"，最中间的人持太阳形的旗，他两边的人持"两面镀金的手形旗"，再向外两侧的两人持"染红的马尾旗"，[320] 其他4人只是持被包住的矛。皇家帷帐外守卫着数队步兵和骑兵，他们之中有背上驮着半圆形铜鼓的大象，鼓声伴随着整个仪式的进行。[321]

第六节　宗教信仰及其践行

　　尽管贝尔尼埃对梵文（他认可此为一大障碍）一无所知，他仍然试着研究印度教经典并了解印度教徒的教育状况。也是在他的建议下，赞助者为其聘请了一位著名的梵文家，这位梵文家曾为沙·贾汗的儿子达拉·舒科工作。[322] 这位梵文家"陪伴了"贝尔尼埃"三年"。三年中，这位法国医生，为了用西方思想熏陶其赞助者，将笛卡尔的哲学著作译为波斯语。[323] 同时他也结识了一些前来拜访同伴的梵文家。尽管贝尔尼埃和他的赞助者向梵文家询问了很多关于印度教的问题，但他们最终"厌倦于梵文家的故事和幼稚的辩论"。对印度教，德意志神父海因里希·罗斯 S.J.（Roth. Heinrich, S.J，1620—1667 年）与贝尔尼埃的观点完全不同。"这位神父曾深入研究了梵文（关于他介绍的梵文语法，参见插图 112）。"贝尔尼埃也参考了其他人对印度教的介绍，比如亨利·罗德、亚伯拉罕·罗杰（Abraham Roger）、博学的罗马神父阿塔纳斯·基歇尔（Athanasius Kircher）。他收集的很多关于印度教的资料都已系统化地出现在欧洲人早期的著作中。最后贝尔尼埃决定仅在书中"以一种普遍、非系统的方式简单涉及"印度教。[324]

印度教的神被称为阿卡亚（Achara），意为"永久不变"。他赋予教徒"Beths"（《吠陀》）——四本涵盖"所有科学"的书。根据这些著作，人应分为，事实上也确实被分为四个"族群"（等级）：婆罗门或法律诠释者；"Quetterys"（刹帝利）或勇士；"Bescué"（吠舍）或商人，通常被称为"Banyanes"（巴涅人）；"Seydra"（首陀罗）或工匠、劳工。不同种姓之间不能通婚。印度教徒相信灵魂转世，因此不允许吃肉和杀生，以免犯下杀戮祖先的罪恶。最大的罪过是吃牛肉和孔雀，对牛的特别尊重源于它神圣的特性，以及它提供牛奶及黄油等实用性特征。同时由于牧场稀少，如果印度人像法国人和英国人一样消费如此大数量的牛肉，那么牛将在印度消失。由于牛的缺乏，婆罗门至少两次向皇帝要求将杀牛定为非法行为。为了让奥朗则布颁布禁止臣民杀牛的法令，他们甚至花大量金钱贿赂他。

《吠陀》要求每个印度教徒每 24 小时内，三次面朝东方祈祷，每天还必须全身沐浴三次，或至少饭前沐浴。在流水中沐浴祈祷优于在静水中沐浴祈祷，在如此高温的印度，定期沐浴是必须也是容易做到的，所以这一习俗也容易理解。梵文家认为这些习俗是印度所特有的，并宣称他们的宗教并非适合所有人，这点让贝尔尼埃很是困惑。他们对此的解释是，外国人不可能成为印度教徒，因为神根据不同地区人的需要创造了不同的宗教。因此，印度教徒不会批评基督徒或穆斯林的宗教选择。

神一旦决定创造世界，首先创造了三种绝对完美并影响一切生物的存在：梵天，即最高灵魂；"Beschen"（毗湿奴），即万物被我；摩诃提婆（Mahadeva）（或

781

湿婆）即万能的主。通过梵天，神创造了世界，再由毗湿奴支撑世界，摩诃提婆摧毁世界。根据神的旨意，梵天带来了《吠陀》，因此在有些图片中他有四个头。具有基督教背景的贝尔尼埃试图从中找到与基督教三位一体的联系。罗斯神父告诉贝尔尼埃，根据印度教教义，毗湿奴"九次化为肉身"以渡众生。另一个在民间广为流传的说法是，毗湿奴的第十次化身会将人类从伊斯兰暴君的统治中拯救出来。[325]

因为不想再重复其他欧洲人已介绍的印度教教义，贝尔尼埃在总结别人的成果后加上了自己对印度教教育和思想的评述。在有"印度的雅典"之誉的贝纳勒斯，有一座印度教徒的"普通学校"，婆罗门和其他信徒在这里学习。这里没有像欧洲大学里的那种学院或固定课堂。教师住在自己的处所，这些处所散布在城镇各处，"很多住在由富裕的商人提供的郊区花园里"，在这里他们一般每次只约见几个学生，从不超过 12 至 15 个。学生通常"在其尊敬的导师"的教导下学习 10 至 12 年，他们学业进展缓慢，因为大多数学生都因饮食、炎热以及对未来缺少希望而"懒懒散散"。[326]

意为"纯粹语言"的梵文是要学习的第一科目，它是《吠陀》中古老且神圣的语言，而且与印度的其他方言完全不同。由于缺少好的语法书，它同时也是很难学的一种语言。除了经文，用梵文写作的还包括一些哲学和医学著作，还有"塞满了贝纳勒斯一个大厅的各种著作"。学会梵文后，学生们开始学习《往世书》——《吠陀》的删节诠释本。因为四部《吠陀》，不仅卷帙浩繁，而且很难见到，因担心被穆斯林官员毁坏，婆罗门将之秘藏。再之后学生们开始学习哲学，这门学科包括六大学派或宗派。[327]现存的第七个异端宗派为佛陀（Buddha）或佛教（Buddhism），这一派又衍生出 12 个分支。印度教徒憎恨佛教徒，过着"自己独特生活"的佛教徒在数量上远不抵印度教徒。[328]

对传统印度教的学问，贝尔尼埃表现得不太有耐心，也一知半解。同时各类经书中也难以达成对第一原理一致公认的阐释：有些人认为物质是由小不可见的原子构成；有些人含糊地讨论物质和形式；有些人提到从虚空中而来的四种元素；还有一些人认为光明和黑暗是第一原理。尽管他们都相信自己的第一原理是永恒的，但却都无法解决如何从"无"推导出"有"的问题。他们在医

782

学方面的小书，"更像一个处方集，而非医学专著"，他们的诊治方式和目前欧洲的不同，但在印度却很有效。[329]在印度不存在解剖学也是正常的，因为他们不可能解剖人类或动物。尽管如此，他们仍无知却确切地宣称人身上有5 000条脉络。在天文学方面他小有成就，通过一些表格，他们就能准确预测出日蚀和月蚀。他们错误地相信月亮比太阳离我们更远，而且月亮会分泌一种至关重要的液体，以保障人类大脑和其他部位功能正常运行。所有的行星和星体都被当作神仙。当太阳落到妙高山（*Su-meru*）——一座想象中位于世界中心的山脉——之后，夜晚就降临了。[330]他们的地理学也很具神话色彩，因为他们相信世界是扁平的、三角形的，并被分为"七层空间（*lokas*）"，每一层都"被自己特有的海洋"围绕。第一层"空间"离妙高山最近，那里的居民是完美的"*devatās*"（小神仙）。"空间层"越往下，居民越不完美。住着人类的地球就是离妙高山最远的一层，也是最不完美的一层。整个世界被"很多大象的头部支撑，它们偶尔的动作就会引发地震"。

1665年12月，贝尔尼埃在贝纳勒斯"最著名的高等学府"拜访了一位首席梵文家。[331]这位曾"从沙·贾汗处领取薪金的"杰出学者在奥朗则布上台后失去了这一优待。因此他经常拜访贝尔尼埃的赞助者，希望能重获这笔薪金，这也使法国医生和这位著名梵文家有机会"亲密接触"。当贝尔尼埃拜访贝纳勒斯时，他的赞助者给了他一个在"大学图书馆校对"的职务，陪伴他的还有"城中最有学识的六位梵文家"。贝尔尼埃问他们：为什么有知识的印度教徒能容忍偶像崇拜的流行。他们则再次强调：印度教徒崇拜的不是偶像自身，而是其代表的神性。他们还解释道："眼前的物品可助于集中精神"，所以有所依托的祈祷要更容易些。他们接着宣称"神自身是绝对的"、全能的，贝尔尼埃猜测他们这一说法是故意了"与基督教教义保持一致"。[332]

贝尔尼埃随后又将话题转向年代学。通过他们对4种"时代"（Dgugues［梵文为*yugas*]）的讨论，贝尔尼埃发现他们的"世界古老得令人吃惊"。关于"小神仙"的特质，梵文家认为他们有的善、有的恶，也有保持道德中立的。有些哲学家认为他们由火组成；另一些哲学家认为光才是他们的本质，很多人相信他们由神和灵魂的本质"Biapek"（*vyāpaka*，普遍）组成；还有一些人认为众神"只是神性的一部分"，因为仍有一些声称自己为"截然不同的某些神性物种，分散在地球表面"。在贝尔尼埃看来，在谈及林迦（*Linga vīrya*，男性生殖器？）特征时，这些圣人的观点和普通的梵文家一样不清不楚。他们认为植物、树木、动物和男人的"种子"就是完美的缩影，它们存在于世界之初，不需与其他生物结合，仅通过滋养就能使它们发育成熟。[333] 对印度教，贝尔尼埃仍然一知半解，但从与这些梵文家的讨论中，他发现这些印度梵文家在自己的信仰上也常常有分歧，为了解释或维持各自不同的观点，他们要么诉求于寓言，要么诉求于《吠陀》的权威。

一个新的神秘主义宗派"逐渐在印度引起关注"，因为在与奥朗则布战争中输掉的沙·贾汗的两个儿子达拉·舒科和苏丹·苏查对其很感兴趣。[334] 正如很多古代的西方哲学家一样，这些印度的神秘主义者，无论是印度教徒还是穆斯林，都认为所有生物都是"伟大生命原理"的一个部分。[335] 在波斯诗歌中，传授苏菲主义（Sufism）教义要用"高贵的、语气很重的语言"，在 *Gulshan-i-Raz*（或神秘玫瑰园）中进行。[336] 印度的神秘主义者认为绝对存在阿卡亚，如蜘蛛吐丝结网一样，可以从自身生出"物质的，有形的"一切。被他们称之为"maperlé 或 pralea"（*Mahā-pralaya*，终结日）的世界末日，"仅仅是将神圣物质召回其自身"。我们每天生活的世界不过是一场"虚幻的梦"，里面没有任何"真实和实质性的东西"。我们大量的感性经历也都是幻象，因为所有的一切都是"共同的，都是神自身"。[337]

像其他欧洲人一样，贝尔尼埃也谈论到印度教徒的"奇风异俗"。1666 年，在德里时，他在自己房顶上看到了本地人看日蚀时的反应，然后将之与 1654 年法国人看日蚀时的"幼稚、轻信"相比较。[338] 他写道：不同年龄、阶层的印度教徒聚集朱木拿河等待日蚀。日蚀一旦开始，他们"连续快速地将全身浸入水中数次"，之后举起双手，抬头望天祈祷，然后又将水撩向太阳，同时做出各种滑稽的动作。这一自然现象结束后，他们从水中出来，穿上新衣服，然后将"片片白银"扔到河中，把之前穿的衣服和捐献物品送给在一旁等待的婆罗门。根据他人提供的消息，贝尔尼埃知道同样的仪式同时也在其他河流或"Talabs"（水池）进行。在一个叫"Tanaiser"（塔内萨尔）的水池，15 万人聚集在那里，因

784

785　为那里的水被"认为是日蚀发生时最神圣、最有助于修行的水"。[339] 根据印度教教义，这些仪式是为了驱逐想侵占太阳的邪恶的飞天神女（*devatā*）。[340]

　　在谈及印度教徒这些"疯狂的奢侈"时，贝尔尼埃还介绍了每年一度在奥里萨邦的贾格纳举行的节日。[341] 在"八至九天"的节日中，有 150 000 名朝圣者参加庆祝仪式。在这个位于孟加拉湾的小镇里，最壮观的景象是载着偶像的"宏伟的木制机器"穿行于寺庙之间。[342] 这些机器放在"14 或 16 个轮子上——50 至 60 人合力推拉"。第一日，当被叫作"贾格纳"（*Jagannātha*）的偶像出现时，蜂拥而至的香客甚至会被拥挤踩踏而死。当载着偶像的车辆行进在大街上时，狂热者会将自己的身体置于沉重的车轮之下，而这种行为"不会令旁观者惊讶或恐惧"。节日中，婆罗门会选出一个"美丽的处女"作为贾格纳的新娘，她随偶像回到寺庙，在这里一个假扮为神的婆罗门将女孩强奸，女孩丝毫不会质疑神的真实性。第二日，她与她的偶像丈夫坐在车上，回答公众的问题，告诉他们昨晚她从丈夫处听到的内容。节日期间，妓女在街上和寺庙里跳着淫荡的舞蹈，"婆罗门认为这种行为并不与其宗教相抵触"。[343]

　　贝尔尼埃很精彩地记录了本地的死亡习俗以及寡妇的殉节。他归纳了以前旅行者的报道，指出他们在报道殉节数目上的夸张之处，并断言这一现象"现在比以前"少得多。穆斯林统治者通过间接方式压制这一"野蛮的风俗"，任何"未经所在省官员允许"的殉节都是非法的。而且只有经过对这些选择自我
786　牺牲的女子进行不遗余力的劝阻后，才有可能颁布这种允许令。尽管如此，坚持这样做的人仍相当多，特别是在穆斯林统治者触及不到的印度王侯的统治地区。贝尔尼埃也目击了大量的殉节场面，他甚至还亲自去劝说他赞助人的手下的妻子不要跳入丈夫火葬的柴堆中。他提供了在王侯的领地、苏拉特和拉合尔殉节的现场记录。他认为殉节习俗的继续源于那些男性印度教徒，特别是婆罗门，在女人幼年时期就向他们反复灌输，使她们相信"如果将自己的灰烬与丈夫混为一体是值得赞赏的"。男人采用这一策略可使"妻子更容易顺服，丈夫生病时也能受到很好地照顾，而且也避免妻子向丈夫下毒"。有些女人，特别是那些年轻漂亮的，最后时刻可能会在清理火葬现场的人的帮助下逃离火海。这种自保的结果是，这位被认为不忠的寡妇会被排挤出自己的种姓，并沦为营救者

的奴隶。葡萄牙人不时会给这些寡妇以救援，穆斯林通常不敢为她们提供庇护所，也不敢给予直接的帮助。在印度有些地区，婆罗门会将殉节的妻子埋进丈夫的坟墓，将土没至其脖颈，再将其窒息至死。[344]在恒河沿岸，有些印度教徒会将尸体部分焚烧，然后将烧焦的尸体抛入河水中，成为乌鸦、鱼和鳄鱼的食物。[345]有些则把将死的病人背至河边，把他的脚放入河水，让整个身体慢慢滑入水中。[346]

在印度，不论是印度教徒或穆斯林，都有很多圣人。不论白天或黑夜，他们或躺在靠近水池的树下，或徘徊于寺庙周围。意为"与神一体"的"Jauguis"（瑜伽修行者 [yogis]），长发蓬乱，践行无数种苦修。有的一直将手臂举过头顶，直至手臂萎缩残疾；有的毫不羞涩地裸行在乡村、城镇、首都；[347]有的一周都保持直立不动，直到小腿肿如大腿般粗。据说瑜伽修行师今生折磨自己是"因为他们相信来生会成为王侯"。有些很有声望的瑜伽师确实将自己与神结为一体，据猜测他们已经放弃现世，隐居在遥远的地方，并进入深深的禅定或迷境。有些通过长时间的斋戒和将双目集中注视鼻子而进入迷幻。瑜伽师和苏菲派都有唤起迷狂和迷幻的神秘方法。

其他较为普通的瑜伽师常行走于乡间，并声称"拥有一些最重要的神通"。人们相信这些人会炼金术，还会用水银来帮助消化和滋补身体。有些则是会变戏法的魔术师，还有一些既是魔术师又可以洞悉人的思想。尽管贝尔尼埃个人对这些占卜师和魔术师很好奇，但他却从未亲眼目睹过"神奇的表演"，所以他只能将听来的奇迹理解为他们通过灵巧的手法或简单的欺骗而耍的把戏。携带土罐、衣着整洁的瑜伽师两两一组，优雅地走在街上化缘，他们可以走进任何欢迎他们的人家，"他们的出现被认为是对这个家庭的祝福"，瑜伽师常常会占那些家庭中女性的便宜，而这"丝毫不会影响瑜伽师的神圣地位"，因为这都是这个国家的习俗。[348]

根据戈迪尼奥的描述，瑜伽师用牛粪灰将自己弄脏，再用牛尿沐浴。无房无床的他们直接睡在地上。有些将自己埋在路边，通过一根芦苇呼吸、饮食。还有一些爬上圆柱，在那里进入出神状态，死后方能离开。每逢节日来临，有些瑜伽师"用有尖的钩子将自己挂在柱子上"（见插图113）。一位苏拉特的瑜

787

伽师十年来一直双臂上举过头，现在发现已无法把手臂放下。[349] 无法养活并照顾自己的瑜伽师由年轻的瑜伽师照顾。印度教徒将瑜伽师看作圣人，认为他们通过苦修"为全人类赎罪，并与那些高举双手的瑜伽师一起控制神的愤怒"。当瑜伽师进入小村庄时，他吹起喇叭来化缘。如果一个瑜伽师的愿望没有得到关注，他会诅咒冒犯者。为了惩戒冒犯者，瑜伽师"会聚集一起，宣讲其命令的神圣性"。他们会选出自己的首领，一般是血统高贵的人，这样做更多的不是缘于尊重而是因为恐惧。在大多数印度教国家，都有一个具有社会、政治力量的王子瑜伽师。古吉拉特的巴哈杜尔汗——穆扎法尔（Muzaffar）的第三子，"在从他两个哥哥那里篡夺王位之前是一个（伊斯兰教）的苦行僧"，[350] 甚至奥朗则布也是在苦行僧的帮助下上台的。所有的瑜伽师都是"伟大的巫师"，他们同时假扮医生，"尽管他们事实上只是草药师"。他们有一种最有效的"治疗毒物叮咬的"蛇宝石，将宝石放在伤口上，它就会黏着其上，直至毒液被吸去，然后将宝石浸泡在牛奶中即可使其恢复清洁。[351] 在马都拉（Madura）和迈索尔（Mysore），为了被当地人接受，耶稣会士将自己打扮成可靠的瑜伽师的样子，这也确实为他们赢得了当地人的尊重。[352]

在喀布尔省的很多城镇，居民主要是印度教徒，他们庆祝一种叫"Houly"（霍利节）的为期两天的节日。[353] 节日中，人们穿着黑色服装，涌向寺庙、在街上跳舞、享受宴会、带着面具拜访朋友、夜晚燃起篝火。庆典的结束仪式是一个男孩搭箭射死想象中威胁他们的巨人。[354] 喀布尔的印度教徒以在路边挖井建旅馆的方式做慈善，[355] 德干的印度教徒则严格对待所有关于沐浴、进食、斋戒的习俗。有些只喝用自己的水冲泡的茶或咖啡，每年有一天婆罗门可以吃猪肉，在另一个宴会上他们将面团做成牛形，里面包着蜂蜜。全印度的印度教徒没有专属某一特定种姓的宗教社团。[356]

巴涅人，即在苏拉特和印度各地的商人们，非常害怕看到任何血腥的东西，也毫无"战争意识"。尽管他们是印度教徒中最富有的，他们相信灵魂转世，也最虔诚。每月他们都留出两天斋戒，不论大人还是孩子，从日出到日落都不得进食。[357] 做手工劳动的印度教徒边劳动边唱圣歌。他们"经常沐浴"，尽量避免用别人使用过的容器饮水。他们避免伤害任何生物，认为这种行为非人道。

在苏拉特附近，他们有一所收容受伤或衰老的动物的医院，还有一所保护臭虫、苍蝇和蚂蚁的场所。他们会从市场上买动物放生以使其能自然死亡。在某些神圣的斋戒日里，他们早上只喝牛尿。[358]

　　穆斯林苦行者不但依赖外国人、印度教徒以及富有的穆斯林为生，而且还极为无礼、傲慢、要求无度，弗莱尔非常厌恶他们。其他本地人，除非喝多了棕榈酒或吸食大麻后，都"非常有礼"。尽管万丹"王"的经纪人，一个富有的袄教徒有一座"很豪华的房子"，但城内最漂亮的房子还是属于穆斯林商人。还有三个旅馆，捐献者本来是将其免费提供给陌生人居住的，但现在却租给了外国商人。一般来说，巴涅人住在狭窄粗陋的房子里，有牡蛎壳或格子的窗户。少量房子有窗框，上面镶嵌着昂贵的花玻璃，这些玻璃都是通过陆路从威尼斯（Venice）经君士坦丁堡（Constantinople）运来的。在苏拉特海关的穆斯林更像戈尔康达的什叶派，而非那些统治莫卧儿的逊尼派。逊尼派比什叶派更极端，他们更像阿拉伯人，推崇四大派别：哈乃斐派（Hanafi）、沙斐仪派（Shafi'i）、罕百里派（Hanbali）和马立克学派（Maliki）。[359]逊尼派拒绝与其他派别的人一起进食。

　　至于相互通婚，不同派别的穆斯林规定不同，也很混乱。穆斯林根据与先知的关系而区别彼此。"Siad"（赛义德）是先知的直系后裔，他们带头巾穿绿衣。[360]他们的远房表亲谢赫是新的皈依者。其他则根据出生地而分，比如莫卧儿、阿富汗或鞑靼穆斯林。

　　在苏拉特有两座有尖塔的清真寺，其中一座与酋长（阿拉伯语为 *sharīf*，显贵）的住宅相邻。穆斯林严格遵守礼拜时间，并在礼拜前穿上简单的衣服，洗净手脚。他们俯卧礼拜，起身祈求。男孩 8 岁时由理发师为其行割礼，仪式结束后，他们背着男孩高兴地游行，并大摆筵席。[361]女孩在家里学会祷告，婚姻由父母安排并由卡兹主持。有时一个婚礼庆典会延续几个星期。屋内灯火通明，婚服染成藏红花色，新娘的嫁妆会沿街展示。[362]如果财力允许，穆斯林可娶四位妻子，生第一个儿子的会成为第一夫人。[363]离婚需要请求卡兹。很多人生产时并不请助产婆，尽管这些鞋子上或拖鞋上有一簇丝的女人专门学习过接生。生产后，母亲要进行为期四十天的"净化"，这期间，孩子被命名，命名不需特

789

790

别的仪式。葬礼上，毛拉会诵读《古兰经》中的文字，尸体南北向掩埋，而非"如我们那样"东西向。[364] 每个葬礼上都有大声痛哭的女人，这些是被雇用的吊唁者，在尸体下葬之前，她们不能进食也不能更衣。在这期间，亲人们也不顾衣着，不再洗漱和剃须。每天中午，死者的遗孀会在朋友的陪同下到坟墓"重复那些悲伤的哀悼，之后她呈上"Holway"（阿拉伯语，halwā，哈尔瓦芝麻糖），一种圣饼"，并为离去的亡灵祈祷。[365] 死者不能葬在清真寺中，而在附近，只有有经济能力在此修坟的逝者才能得到毛拉的祈祷。其他葬在路边的只能靠路人为其祈祷了。[366]

每3个小时，毛拉们将手指放入耳朵，叫人们到"清真寺的尖塔上"来礼拜。[367] 毛拉每天礼拜五次，并在每个周五讲授《古兰经》。为了周五这个神圣的日子，毛拉"不与女人同床"以保持纯洁。穆斯林有一个以"酋长"为首的等级制度，其后为卡兹、毛拉、阿拉伯文作家和教师。在奥朗则布统治时期，苦行者的地位更突出，也更有权势，因为在成为统治者之前他也是其中一员。这些人中的大部分都是流浪汉，他们向众人展示贫穷，乞讨、强要救济品，或者拿走任何想要的东西。他们人数众多，不仅恐吓民众，甚至也敢公然反抗官员。

在苏拉特的穆斯林会庆祝新月的出现，特别是11月的第一轮新月。这一活动带来了"Ramazān"（斋月 [Ramadan]）节，或穆斯林大斋节（Islamic Lent），对所有虔信者来说，这个节日非常神圣。整个月他们都严格地进行斋戒，从日出到日落连水都不得饮用，这时毛拉晚上要待在清真寺内"轮流大声吟唱圣歌"。[368] 最后，弗莱尔报道，城市的长官和其他官员带领众人走出城，前往王后花园中留出的一块特别的圣地。[369] 长官骑母象，行进在队伍中间，途中他会向民众抛散卢比。礼拜和仪式结束后，官员们返回城中参加宴会。在新年前的新月升起时，长官会再次带领大家回到圣地，并献上一头雄绵羊或雄山羊纪念以撒（Isaac）。其他的穆斯林也在此时献祭，他们将血洒在房门上。[370] 差不多也在此时，穆斯林用十天的时间来哀悼哈桑 - 侯赛因（Hasan-Husain）——两位在对抗基督徒的战争中死在大漠中的烈士。[371] 这时，街口都摆放着水罐，成群的信徒在大街上一边奔跑，一边叫着烈士的名字，他们随身还带着宝剑、棍棒和法杖。当两个这样的队伍相遇时，他们"不打得头破血流是不会分开的"。

791

最后一天，他们准备两具棺材，扛到河边，置入水中，并"大声哭喊"。这些极端的悼念行为令奥朗则布极为震惊，他认为这种行为丑化了信仰者而鼓励了无信仰者，并试图"简化这一仪式"。[372]

　　皇帝决心令所有国民都皈依他的信仰，因此对婆罗门和其他印度教派别施以重税。[373]这一行为不但招致一些印度王侯的反叛，也使大量为了逃避重税的难民涌向葡萄牙人统治区和孟买。[374]通过行政权力，穆斯林禁止印度教徒殉节，而印度教徒要想公开庆祝节日或婚礼，也要向地方长官缴纳"重金"，[375]这并未使印度教徒"抛弃自己的节日"。与穆斯林节日相比，印度教节日是"华丽的欢宴"。10月的第一个新月升起时，巴涅人欢度"*Divālī*"（灯节），一个仁爱、快乐、日日欢宴的节日。[376]下一个新月日，印度教的妇女在圣泉中沐浴，"她们说，在这里沐浴能使她们仁慈善良"。3月的开始是"一个动感、纵情狂欢的时期"。[377]巴涅人通过喂食蚂蚁、苍蝇，以及向流浪狗"定时施食"来展示自己的仁慈。[378]

　　逊尼派和什叶派之间分歧非常之深，以至于他们从不相互交谈，也从不在一起进食。发财的穆斯林商人靠的不是自己对贸易的精通，而是其宗教信仰。当他们在"模仿贵族的浮华生活"时，巴涅人在辛勤地工作。穆斯林有些妇女简直是丈夫的"头号奴隶"。总之，"有权势的人享受美食、欢娱和成群妓女"。连苦行者都是放荡的，有些在国内流浪，恐吓民众，或为某位可能雇用他的王子打探消息。[379]在政府中，穆斯林占据最好、最有利可图的职位，印度教徒则只"拥有和手工劳动或商业相关的职位"。[380]

　　根据特维诺的记载，从阿格拉到拉合尔的大路两边种满了白蜡树，"长而粗的枝条"遮蔽了大路，穿行在林荫大道上，非常惬意。[381]路旁有很多庙宇，"特别是面向塔内萨尔镇的一面"。[382]在那里有一个"Vartias"（耆那教徒）的寺院。[383]据说这一宗派已经有两千多年的历史。在印度，这一宗派目前骄傲地拥有10 000座寺院，"有些寺院非常简朴"。有些耆那教教徒崇拜灵性神而蔑视偶像。在寺院中，他们生活在严格的等级制度下，遵从长者命令，严守"顺从、贞洁、贫困"的教义。一些"兄弟"负责为众人乞食，每人每天只吃一餐。[384]他们的见习时间无定期，提升全凭上级喜好。在对待动物上，他们一视同仁；

792

面对最轻浮的命令，也要"毫无抱怨"地服从；不能直视女子的脸；骂不还口、打不还手。他们身上只缠腰带，戴头巾。每天耐心地等待托钵僧回来方能进食。

793　他们"只吃一把米饭"，拒绝其他任何给予的食物。所有食物都提前备好，因为害怕烧死飞虫，他们从不开灶。每天中午他们吃一些米饭喝一点水，直至第二天此时他们不会接触任何食物。一天中其他时间都用来祷告和阅读。他们日落而卧，大家都躺在同一间宿舍的地板上。一经发誓则永不违背，一旦违背，将被驱逐出寺院和自己的种姓。每三个月和尚都会换到新的寺院，级别高的四个月一换。高层获得的位置是终生制的，通常也由他们选择继任者。耆那教教徒中也包括"行为端正、可做典范的"尼姑。[385]

有些婆罗门（耆那教的和尚）因为怕"双方拥抱"时挤死生物而一生未婚。为了保障其神职的延续，他们会从多子的普通家庭中选出一个儿子作为继承人。因为害怕杀死微小、难以察觉的生物，这些神职人员很少说话。为了不压死虫子，坐下前他们用刷子打扫地面，同时为了怕杀生，他们嘴上围着布。他们从不洗澡，不喝凉水；从不用剃刀理发剃须，而是将毛发连根拔起。每天他们都愉快地迎接新一天的到来，毫不考虑明天如何，并慷慨地将自己不需要的一切送给他人，因为他们相信上天会照顾他们今后的日子。[386]

在苏拉特的耆那教商人像印度的犹太人。他们虔信宗教，严守教义。他们相信预言，为了避开不祥的东西，可以绕行10英里。他们不在雨中乘车，因为怕杀死水坑中的昆虫。尽管在宗教信仰上他们严守教义，耆那教的经纪人和商人在做生意时却是世界上最狡猾的骗子，他们像税官一样压榨工匠。

祆教徒住在苏拉特附近，沿海岸40英里，深入内陆不到20英里的地方。这些来自波斯的异域人在穆斯林控制印度之前已经作为难民来到这里。只要他们不杀生并遵守印度的习俗，印度教徒就可将他们作为自由公民而接受，并可以共同生活。[387]穆斯林掌权后，祆教徒不必再遵守与印度教徒达成的协议，

794　他们吃鱼吃肉也饮酒。祆教徒崇拜太阳，在"纳夫萨里"，由太阳点燃的火焰一直在燃烧。[388]他们保护所有他们认为神圣的元素，不会在净水中撒尿而污染它。他们也不用水，而是用沙或尘土扑灭火焰。[389]他们将尸体暴露在"圆形坟墓"中以待食肉的鸟类，与死者最近的亲属在旁边观察死者哪一部位最先被鸟叼走，

藉此可预测死者的来生。[390] 袄教徒比大多数印度人肤色白。他们生活在大家庭中，家族中的父亲，或者作为一家之主的大儿子是他们崇拜的对象。他们一般从事农业，而非商业。[391]

根据奥维格顿的介绍，像印度教徒以牛为圣物一样，袄教徒以公鸡为圣物。他们崇拜火，因为火是太阳的象征。帕西佣人不会将烧热的铁投入冲压机，因为这样，火的热量就不能自然挥发。他们伟大的立法者琐罗亚斯德（Zoroaster）从天堂偷来火并教导子孙从此朝拜它。他们崇拜单一的最高存在，并在每月第一天进行供奉。他们也有一些公共祈祷日。在郊区举行的节日庆典上，参加者都各备食品，相互帮助，济危扶贫。在这个宗族中，没有乞丐，也没有人被"剥夺信仰"。他们在饮食上不像印度教徒那么有节制，但也不食牛肉。[392] 他们勤勉刻苦养育儿女，并教导他们懂得工作的意义。在苏拉特大多数从事丝绸及纺织工作的都是袄教徒。他们的最高宗教领袖被称为"*Dastūrs*"，普通的神职人员叫"*Dārus*"或"*Harbads*"。[393]

他们的结婚仪式和巴涅人的很像。死者暴露在外以待鸟类叼食，死亡几日后，他们将棺材抬至田野，尸体口中放一块面包或蛋糕以期盼狗来吃掉。如果狗吃下这块面包或蛋糕，则证明死者"是欢愉地死去"。[394] 此后，两名"*Dārus*"站在离棺材有一定距离的地方，双手交叉，发自内心地重复长长的祷文。仪式结束后尸体被抬到附近的圆塔。悼念者两两一组，双手交叉，跟随着棺材。[395] 将尸体下葬后，他们到溪流中清洗自己。一两天后再重回圆塔祭拜死者，特别是来看死者哪只眼睛先被叼走。如果是右眼，"死者的尸体毫无疑问是快乐的"，如果是左眼则可能是悲伤的。[396] 为了维护葬礼的尊严，袄教徒每年都到坟墓前理发剃须。[397]

特维诺、奥维格顿、弗莱尔和卡雷里参观并描述了德干西部的一些很具艺术价值的洞窟寺庙和修道院。公元前一二世纪，在德干贸易沿线的高山谷地中开出很多洞窟寺庙。[398] 在奥兰加巴德期间，特维诺决定去参观以寺庙著称的埃洛拉。因为找不到翻译，他只好带着4个脚夫和1辆牛车出发。在道拉塔巴德附近的高山之上，这位法国冒险家看到广阔的高原上农田齐整，村庄点缀其间。向前再行进一个小时，他看到一些"高达数层修建完好的坟墓"。[399] 再

795

往前走，路过一个很大的水槽，随后他在一座小清真寺休息。他和脚夫一起爬下岩石，来到低处从"暗灰色的岩石"上凿出来的"很高的小礼拜堂"。走廊每一边都站立着"从天然岩石中雕出的巨大人物浮塑"。整面墙"都以同样方式雕出人物浮雕"。[400] 里面的方形小广场"各边都是 100 步"，四周高墙"砍得又平又光，好像用泥刀抹过石膏一样"。小广场中间是一个小礼拜堂，四壁是动物浮雕，每边有刻着铭文的"金字塔或方尖塔"，每座方尖塔上都立着真象般大小的石象，只是"象牙已折断"。[401] 小广场后面有从岩石上凿出的台阶通向另一层，那里"都是庄严的坟墓、礼拜堂和寺庙——也是从岩石上凿出的"。"修建于岩石内"最宏伟的寺庙内有用柱子支撑的平屋顶，"八排柱子长，六排柱子宽"。寺庙被分为三部分：第一部分也是主体部分，占据其长度的 2/3；第二部分是瘦长的部分，很像一个"Quire"（唱诗班）；第三部分在寺庙最后，像小礼拜堂，中间有"巨大的神像，头大如鼓，身体其他部分也按此比例设计"。[402] 小礼拜堂四壁是巨大的人像雕塑，附近有一个更小的礼拜堂，四壁雕塑的大小比较普通。旁边是一个三层寺庙，外观却像一层。[403] 整个地区，除了这些献给"异教圣徒"的洞窟寺庙什么都没有。特维诺花了两个小时研究这些洞窟寺庙，他的结论是"尽管这些建筑式样不如我们的精美"，但"这一工程超越人力所为"，所以建造者根本不可能是"这些野蛮人"。[404]

1695 年，为了参观甘赫瑞的洞窟寺庙，卡雷里从勃生乘船向南前往大撒尔塞特岛。作为"亚洲奇迹之一"，这些洞窟寺庙体现出"无以伦比的工艺，除了亚历山大大帝，谁也无法完成"。卡雷里一直误认为自己是第一个描述这里的欧洲人，[405] 不过在他所在的世纪，他确实提供了最有地理价值、最准确的描述。

在撒尔塞特岛上，离曼德佩什瓦尔（Mandepeshwar）一英里处有一个从岩石上凿出的寺庙，里面有方济各会的学院和修道院。[406] 洞窟寺庙旁边是自然的岩石，"只有前边是在陡峭的岩石顶端由人工"[407] 凿出的大寺庙，旁边还有小石窟。[408] 两根大石柱矗立在走廊前，石柱最下层为方形，中间八边形，最上方则为圆形。它们支撑着从同一块岩石中凿出的石梁。三个门廊组成一个大厅，厅尽头有三个门，上面的门窗都是从同一块岩石上凿出的岩穴，向右十步的岩穴向两边敞开，上面有圆屋顶。在这里有手中持物的半幅神像浮雕，它旁边站着两个姿势谦恭的雕塑，头上有如天使般的光圈，下面是两尊其他雕塑，旁边还有两个祈祷姿势的孩子。[409] 第二个房间内有四个体型庞大的人物，也是半浮雕的形式，旁边是其众多随从。[410] 岩石深处是两尊坐姿相同的雕塑，他们的手势也与那些浮雕上的一样。[411]

　　岩石这一边是最著名的甘赫瑞洞窟寺庙。[412] 寺庙入口处有一个圆形房间，里面有很多雕塑，或坐或站。入口还立着两根石柱，大根的支撑着三座人形雕塑，另一根支撑两头狮子和一面盾。[413] 柱子后面，从入口到洞穴有两个相互对视的巨大雕塑。[414] 附近有其他大大小小的雕塑。三扇同样大小的高门开向门廊。门右边是"一些因年代久远而模糊不清"的铭文。在这里，一些小人像旁边，有两尊"巨人"雕塑，他们耳朵里是"印度式的吊灯"。一些雕塑，包括女性雕塑，立在寺庙大门两边和上方。拱门上方有和寺庙一样宽的窗户。大门里面左侧也是铭文。除了大门的 4 根柱子，还有 30 根柱子将拱形的中殿分为三个侧廊。17 根上面刻着大象和字母，其他的都是简单的八角形。[415] 中殿深处是空空的佛塔（*stupa*），其用途令人"难以猜测"。[416]

　　山之巅还有一座"漂亮"的寺庙，它面对一片开阔地，中间有水池，水池周边环绕着小长椅。寺庙本身为方形，上面凿出的屋顶很低。入口上方及四壁有 400 多尊人物雕像，"但却经不起无所不摧的岁月的侵蚀"。[417] 寺庙附近有很多洞穴和水池，"像神职人员曾经的居所"。上山时还可见山边镶嵌着众多洞穴、佛塔、柱子、雕塑和寺庙。[418]

798

　　在勃生待了一周后，弗莱尔去象岛参观，这个岛屿因一个传说而得名，传说"巨石裂开，生出一头背负小象的巨象"。[419] 大象旁边站着一匹被掩埋半截的马雕塑。[420] 岛屿最高峰的峰顶有"一个从坚硬的岩石上劈出的洞窟，其修建的过程简直匪夷所思"。这是一个由"42 根科林斯式（Corinthian）石柱支撑的"开放式结构。里面有一尊三个头的雕塑，头上"戴着刻有奇怪象形文字的皇冠"。[421] 北边高高的门廊里有一个祭台，祭台在方形水池中，四周有巨人雕塑保护。这些庞大的巨人雕塑有的有八只手，在另一面墙上站成一排。尽管这里遭到了岛上葡萄牙人的破坏，但其年代似乎不如甘赫瑞久远。[422]

　　早期葡萄牙人对象岛的报道激起了英国宫廷的好奇，这点被奥维格顿证实，他宣称"现在的王太后（布兰干萨 [Bragança] 的凯瑟琳 [Catherine]）正等待着来自印度的报道"。[423] 给奥维格顿印象最深的是在岛屿最高峰的坚硬岩石上开凿的"Pout Gheda"（波斯语为 *butkadah*，偶像屋，或寺庙）[424]，位于中心的正殿有 18 英尺高，"面积为 120 平方英尺"，旁边是几个房间和休息室。[425] 直径 3.5 英尺的 16 根石柱以 16 英尺的间距支撑着"这一厚重建筑"。40 至 50 尊人像雕塑，每尊 12 至 15 英尺高，分列各边。有些石像有六条胳膊，有些有三个头，有些手指比普通人的腿还粗，有些戴皇冠，有些持节杖，其他的一些头上有浮雕，浮雕上是"众多姿态谦恭的小人物"。奥维格顿认为，"根据印度历史，这些雕塑人物是这里最早的人类"，他们本来是巨人，但由于"人类的普遍衰退"，他们的形体也缩小了。[426]

第七节　经济与社会

1669 年，回到法国不久的贝尔尼埃给路易十四的重臣、负责金融的让·巴蒂斯特·科尔伯特（J.B. Colbert）写了一封信，向这位重视商业的大臣介绍印度的经济和管理。[427] 信中他强调了印度的地域宽广，从戈尔康达到坎大哈南北间距是"从巴黎到里昂距离的五倍"，而且这个国家的大部分地区都富饶多产，特别是孟加拉，其谷物产量和用于贸易的制造品都超过埃及。

鉴于其出口量和在内陆贸易中的枢纽地位，"在全球其他地区流通的黄金、白银，最终都纳入印度斯坦囊中"。印度是"黄金白银的无底洞"，因为大量的黄金、白银被用来制造首饰、装饰品，以及织锦。但是因为他们习惯将这些陪葬，所以大多数金银都无法再流通下去。[428] 印度矿产贫乏，所以他们只能用本国产品换取珍贵的金属。进口商品主要包括铜、铅、上好的香料、大象、马匹、新鲜水果、玛瑙、龙涎香、犀角、象牙、奴隶、麝香、瓷器以及珍珠。像黄金一样，以上进口商品都用本地产品交换，大多进口货都由欧洲商船和商人带入。

喜马拉雅向南连绵的山脉将印度的两个海岸分开。[429] 源于山泉，又汇聚雨水的大河在群山中奔流。在众多河流中，恒河以其航运上的贡献及其神圣的河水而最为著名。水库及池塘蓄积雨水，很多想流芳于世的人都出巨资挖井，最有名的水井位于山上的堡垒中。除了拉贾布尔的温泉，含有矿物质的泉不多。这片低地各方面都很富有，除了旱季牧场会干枯，因此在其他两季牧民会为动物储备草料。稻田水分充足，丰收时会将水抽去，其他谷物和棉花喜欢更干燥的土壤。[430]

"除了偶尔允许臣民买卖或转让房子和花园外，皇帝是这个国家每一寸土地"的唯一拥有者。[431] 这片广阔土地的大部分是"沙地、贫瘠的山脉、未被耕耘的田地或人烟稀少的地方"，即便是良田也因缺少劳动力而被废弃。难以负担高额税收的农民只好抛弃家园去寻找"能够生存下来"的其他职业。有些甚至逃离莫卧儿帝国，到印度王侯的领地去躲避压迫。莫卧儿帝国给我们留下了这样的教训："剥夺人们对田地的私人占有权，将必然导致暴君、奴役、不公正、赤贫、野蛮"的产生。[432]

本地人"比全世界其他地方的人看起来都更加贫穷"，他们生活在一个因糟糕的土地和税收制度而无比落后的国家。作为唯一的业主，皇帝以土地代替金钱赠予军队、政府的官员，并供养军队，这都是为了从土地中获得剩余财产填充国库。皇帝将地给承包人，每年收租。这一系统使承让人和承包人拥有"完全凌驾于农民之上的绝对权威，同时也拥有控制几乎区域内所有城镇工匠、商人的权威"。耕种者收成的一半用来交税。为了鼓励贸易，在港口城市和商业中心的商人可以拥有自己的地盘并可传给后代。奉行专制主义的奥朗则布有时也会聆听"最卑下的小人物"的请愿，这时"那些奥姆勒赫会谨慎行事，并及时付款"。1686 年至 1687 年，占领比贾布尔和戈尔康达之后，奥朗则布宣称拥有了当地的钻石矿。他完全抛弃以前开采钻石的制度，宣布任何超过一定大小的钻石都归王室所有。[433]

贝尔尼埃认为，在被压迫者自己祈求矫正不公正的地方，是没有公正体制的。与海港城市和首都相比，其他地方对权力的滥用更加严重。这种压制状态阻碍了商业的发展，也影响到每个人的生活。如果意识到自己的劳动成果可以轻易被地方专制者攫取，那么再没有人会投资贸易或制造业。地税制度如此残忍地压榨着农民，致使他们不生或少生孩子，因为他们不想让自己的孩子饿死。

801

很多农民流亡到附近国家，或到军中做劳役。"除非被迫，很少有人开垦土地"；灌溉系统更是年久失修，"整个国家垦种条件很差，很多地方因缺少灌溉而颗粒无收"；房屋荒废，无人修缮或重建。

很多城镇都在衰退之中，人们居住在小小的泥房子里。在这种情况下，艺术也无法自由发展，艺术家只能在皇帝和"奥姆勒赫"的赞助下工作，有些为了得到赏赐，有些因为害怕遭到鞭挞。一些在权势者荫庇下的富有商人，会通过高薪聘请技术娴熟的工匠，从而生产了一些艺术品。在一个不可能修建学院的国家，愚昧源远流长且极为盛行。这样的结果是，皇帝身边没有可供驱使的有才能又忠诚的臣子，围绕他的只是无知、粗鲁的寄生虫。面对压迫，暴乱不断，统治者只有依靠强大的军队镇压，迫使臣民顺从。因为权力受金钱和昂贵礼品的控制，甚至可以买卖，贫穷也不断加重。在盲目的野心和对权力的贪婪的驱使下，国家的统治者"攫取一切，但最后的结果是失去一切"。在专制政治下唯一尚可运行的法制系统，也是不公正的，特别是对那些无钱无权、无法贿赂法官的人！[434]

802　　　在书写奥朗则布的统治状况时，像他们的前辈一样，这些欧洲作家都因古吉拉特的情况而产生了先入为主的偏见。在苏拉特停留三周后，特维诺于1666年2月1日前往阿默达巴德。[435]离开布罗奇门两小时后，他乘船度过塔普蒂河，8个人帮他抬着牛车。他停留的第一个重要站点是布罗奇，在他笔下，这个古老且被忽视的山寨"又大又方"。位于山脚边的城镇被石墙围绕，侧面规律地修建着高大的圆塔。山脚下的中心市场出售当地纺织的"*baftas*"，或棉布，这些产品畅销于印度各地。纳巴达河的河水含有一种特别的物质，有助于漂白棉布，住在远方的人也到此漂洗棉布。[436]布罗奇还有荷兰人的代理，他的作用是通过海关尽快清除应纳税的货物。布罗奇附近的乡村有很多孔雀。特维诺停留的第二站是达布卡（Dabka），一个紧靠森林的大村庄，居民曾经是"Merdi-Coura"（波斯语为*mardumkhor*，或食人族），"不久前"集市上还出售人肉。现在这些人手持刀剑，以抢劫为生。穿过马希河，特维诺在阿默达巴德郊外的"Gitbag"（在现代的杰特普尔 [Jetalpur] 的吉特巴格）又做停留，路上他遇到很多科利人，这些来自印度的劳工在这里采摘、清洗棉花。建在水库旁"吉特巴格"的皇家花园里到处都是猴子和孔雀。里面的建筑，包括皇家建筑，都急需修缮。[437]

到达阿默达巴德后，特维诺住在商队旅馆。稍做休整，他就去拜访荷兰人在此的代理人，并呈上苏拉特指挥官的介绍信。荷兰人邀请他住到商馆里，商馆位于"镇上最好最长的一条街上"。[438]从商馆通过"三个大拱门"可进入"Meidan-Chah"（*Maidān-i-Shāh*，或皇家广场）。这个 400 步宽、700 步长的矩形广场四周树木围绕。三拱门的入口对面是开向西方的"城堡大门"，[439]大门通向商队宾馆。宾馆南边有六七尊大炮保护。[440]商队宾馆有两层，光滑如大理石的"毛石广场，也为庭院增加了一道亮丽的风景"。庭院内还有几个稍小的方形建筑，是行政长官控制的正义厅。

进入附近的皇家城堡，要通过两座巨大塔楼间的高高城门。城堡的墙壁也由毛石砌成，城堡内"如小镇一样大"。门上方有很大的阳台，皇家乐师早晨、中午、下午和午夜都在此演奏。皇宫由"重金打造的植物形状的装饰品"点缀。镇中心是英国人的商馆和仓库，仓库里储满了拉合尔和德里的纺织品，"这也是他们在此经营的主要贸易"。[441]

阿默达巴德遍布大大小小的清真寺，其中最重要的是"Juma-mesgid"（伊斯兰大清真寺），它和荷兰商馆位于同一条街上。要进入清真寺，首先要经过"几个大台阶"，上去后会见到一个巨大的近似方形的宫殿，上面"装饰着 12 个圆屋顶"。[442]从入口到围墙有三个巨大的拱门，而在宫殿另外两侧是"两道巨大的方形大门"。每道门外都有高高的尖塔，上面有四个阳台，"Muezins"（阿拉伯语为 *mu'azzin*，或传唤者）在这儿为信徒祈福。中心圆塔中有"imām"（首领）的椅子，右侧是皇家走廊，从地板到屋顶的穿孔石膏屏风将其与清真寺分开。[443]特维诺也提到奥朗则布对神物的亵渎，他在约 1645 年将尚提达斯在钦塔马尼（Chinataman）修建的耆那教寺庙改为清真寺。

沙·阿拉姆（Shah 'Alam）陵墓是一个很富有的人的陵墓，印度教徒认为他是魔术师，穆斯林则视其为圣人。这座方形建筑各边都有小小的圆屋顶，"中间是一个大圆屋顶"，正面有七个入口。内部是由大理石铺就并点缀着珍珠母和水晶的方形礼拜堂。窗户上有"雕成不同形状的"铜格子。位于礼拜堂中间的坟墓像"一张床"，上面覆盖着一块由金子织成的布，以及六七块华盖。穆斯林

803

朝圣者每天都来坟墓朝拜，并呈上白花。[444] 庭院另一边也是类似的建筑，埋葬着其他圣人。[445] 旁边还有一座清真寺，里面有为穷人提供住宿的房间，边上有一个很大的花园。[446]

804　　城外沿河的皇家花园内种植着各种成行的印度本地树木。花园有很多层，最高层的"廊道"可俯瞰附近的村庄田野。花园内甬道长长，两边花团锦簇，4条路汇合交叉。水池旁有绿瓦铺顶的可爱的房子，从城市来的年轻人到这里"呼吸新鲜空气"。[447] 附近是一个古吉拉特国王的陵墓，这个方形陵墓中间有圆形大屋顶，各边有5个小圆屋顶。[448] 几道街之外，有另一个圆顶坟墓，墓主是一头牛。

阿默达巴德城外有一个叫"Serquech"（萨尔凯杰）的小镇，它曾是古吉拉特的古都，[449] 这里发现了大批皇家陵墓，也使这一小镇成名。[450] 和"Chaalem"（沙赫阿拉姆的陵墓）一样，这些陵墓之中也有一个是为纪念圣人而修建的。[451] 在皇家坟墓旁边有清真寺，侧面是大水池。清真寺的礼拜堂内是古吉拉特皇室的坟墓，"向下通往坟墓的台阶由很漂亮的石头砌成"。大多坟墓都沿着一条线修建，墓前有很多印度教徒和穆斯林"供奉的标记"。靠近阿默达巴德有一眼被"七道毛石拱门"守护的"美丽的泉"。泉有六层，每一道门的尽头都有通往它的台阶。每一层都有16根石柱支撑的毛石走廊。底部有三眼泉，开口呈八角形。泉的修建花费了巨资，是在"古吉拉特一个国王的奶妈的负责下"完成的。[452]

阿默达巴德有一些收容生病或受伤的鸟和动物的医院，有些鸟和动物是"异教徒"从基督徒和穆斯林那里买来的。如无法治愈，动物们会待在医院直至死亡，一旦治愈，这些动物只能卖给"异教徒"，而非其他信仰的人。捕获的"Panthers"（印度豹）会交给地方长官，经过驯养再作为礼物呈送皇帝。在阿默达巴德交易的主要商品有绸缎、天鹅绒、塔夫绸和"镶嵌入黄金和丝绸的羊毛"挂毯。在这里出售的大多数棉织品来自拉合尔和德里。主要出口产品包括萨尔凯杰的靛青、姜干、糖、孜然、虫胶、油柑、罗望子、鸦片、硝石和蜂蜜。荷

805　兰人大量购买这里的印花棉布，但和科罗曼德尔海岸的相比，这里的棉布质量较差。[453]

1666年2月17日，特维诺离开古吉拉特的都城，前往孟买，两地距离

"约两天路程"。坐落于孟买海湾的孟买市与苏拉特面积相当，但人口没那么稠密。[454] 城市由砖墙围绕，顶部不规律地分散着一些堡垒。孟买的"大街道"都通向大门，夜晚这些大门都关闭上锁。城内房屋都高高的，由砖砌成。孟买的商店出售香水、香料、丝绸和其他纺织品。那里的工匠制造了"大量"象牙手镯、杯子、项圈和玛瑙戒指。这些"比拳头小的"玛瑙来自附近村庄林罗达（Limroda）的采石场。长官的城堡很大，"但一点儿也不漂亮"。城里猴子成灾，但郊区却有很多漂亮的公园，其中有一个被损坏的大理石坟墓，"它是古吉拉特邦（Guzerat）的一个国王为纪念他的长官而修建的"，[455] 那里还有很多皇族的坟墓。[456] 孟买广阔的郊区种植了很多靛青。过去曾涌向城镇的海水，由于海湾淤泥充塞，现在离城镇"半里格（League，约两英里）"远，这也造成贸易衰退，因为大型海轮不得不在远处抛锚，而且还要与海浪带来的迅猛潮水和 9 月肆虐的风暴作战。[457]

从孟买到苏拉特有三条路线。乘坐"almadie"（葡萄牙语，*almadia*，本地独木舟或船只）的水路是最快的，一般需要 24 小时。然而，潮汐和在海湾抢劫的马拉巴尔海盗却使之成为最危险的一条路线。落潮时，两轮马车可通过海湾边缘，但这条路线最不舒服且有危险。特维诺最后选择了普通的陆路。因为途中强盗无所不在，于是他接受了别人的建议，雇用了查兰（*Chāran*）保镖和同一种姓的妇女。这一种姓主要生活在布罗奇、孟买和阿默达巴德，以上地区的印度教徒很尊敬他们。如果强盗敢伤害他的保护人，查兰会通过自残或自杀的方式来威胁对方，因为任何将查兰致死的印度教徒将被逐出自己的种姓。尽管过去有些查兰保镖确实通过自杀的方式保护客户，但现在也有报道说他们会与强盗串通并分赃。因此，特维诺最后决定不用他们。[458] 在前往马希河时，他和他的车夫仅向拉加西亚族（*garasias*）人付了过路费，拉加西亚族人的首领控制着从孟买到布罗奇的村庄和道路。作为回报，首领答应尽量保证这位单独出行的旅行者或商队的安全。[459]

1666 年 2 月，从古吉拉特返回苏拉特不久，特维诺又陪同"巴祖先生"（Monsieur Bazou）——一位法国商人，穿过印度中心前往东海岸的马苏利帕塔姆。这次旅行他雇用了两辆马车，一辆自己用，一辆给导游并拉行李，还雇用

806

了两名拉其普特佣人行进在马车两边。他们从苏拉特向东南行进，前往树木茂盛、野生动物众多的奥兰加巴德。沿途大多土地都是耕地，这里出产印度最优质的稻米，特别是纳瓦普尔（Navapur）附近的香米。[460]这里也出产甘蔗和棉花，很多地方都有造糖的磨坊和火炉。在大路上，被叫作"Tchoguis"（chaukīs）的卫兵要他们交过路费，虽然这些卫兵不能为他们提供任何服务。城镇中有很多寺庙、水池，还有很多令旅客很不满意的肮脏的驿站，特维诺一行人于是在到奥兰加巴德中途的萨塔纳（Satana）安营。在这里他们遇到了赫利奥波利斯（Heliopolis）主教，这位主教在暹罗任职期满，正在返回法国的途中。[461]

1679年年底，弗莱尔医生从波斯旅行归来，旋即又被派往布罗奇帮助一位在商馆的英国商人。从苏拉特到布罗奇可选择陆路和水路两种形式。水路是从苏瓦利直达"布罗奇河"（纳巴达河）河口。弗莱尔选择了陆路，这条路线穿过广阔的平原，可坐马车或骑马。他将这条路与波斯的道路相比较：波斯交通通畅，但古吉拉特的路上却总是挤满了牛拉的大车和其他交通工具；在波斯需要导游，而在古吉拉特导游则是必备；在波斯，每个季节道路都能通行且很安全，但在古吉拉特，旅行者"必须选择特定的时间，而且必须装备精良"；在波斯有很多旅馆，但在布罗奇的路上却鲜有旅馆，只有一些避难所，但在古吉拉特，河流、其他水源及各种供应品很丰富。

弗莱尔的两轮"牛车"由两头大白牛拉着，牛角上套着黄铜，带着红色颈圈，牛脖子上挂着铜铃，鼻子上装着马勒。车身支在主轴上，上面有"正方形的座位"，柱子在四角支撑着各边和车顶。车内铺着毯子，上面有垫子，驾车人盘腿坐在牛车前沿，手持一根刺棒而非鞭子。雨季时"他们很少驾车"，牛车上覆盖着一张"Mumjuma"（波斯语为 momjāmah，蜡布）。[462]苏拉特向北，路边有富饶的农田，长满了谷物和烟草。一艘渡轮带着旅行者横渡塔普蒂河到达巴里昂（Barião）。从日出到午夜才能到达"安克莱斯瓦尔"（Anklesvar）——古吉拉特最南部的城镇之一。在穿越这条宽广、湍急、深且险的河流时，小船的舵手要避开浅滩，大船则可停在布罗奇的城墙下，装载盐、谷物和棉织品。在莫卧儿占领古吉拉特之前，坐落于通向拉合尔、德里、阿格拉、阿默达巴德大道上的布罗奇具有重要的战略意义。因为拒绝沙·贾汗军队的自由出入，这里

807

的城墙被毁。[463]从遗址可看出这里有两道厚墙和坚固的防御设施，要通过九道门方能进入。[464]城堡内有一座被改建成清真寺的印度寺庙。[465]城市一英里外有"马哈穆迪"（Mahmoody）的坟墓，他是独立的古吉拉特最后的统治者。[466]

特维诺的个人旅行仅限于印度中部，对莫卧儿帝国其他地区，他则系统地引用本地以及其他欧洲旅行者的资料。大部分的资料都复制了早期欧洲作者的评论和结论。由于特维诺是一个勤奋的观察者和研究者，他在关于帝国省份的系统研究中提供了一些新资料。在简要的叙述中，他用惯常的方式将各省按地理位置罗列，介绍其主要城镇和作物，最后评估了各省对国家财政的贡献。[467]这一系统的叙述中常闪现出亮点或敏锐的观察。他还常常跳出身份的界限总结他所了解的种姓、风俗、交通及动物等方面的知识。

据说印度共有 86 个种姓，又分成"无数宗派"。[468]同一种姓的人从事同样的职业，他们的孩子也要如此。比如，婆罗门"传授教义，他们的孩子也会做同样的工作"。第二种姓刹帝利或拉其普特是战士，他们自称王室后人，实际上这一种姓中也有商人，在木尔坦、拉合尔、信德，有些也是织工。[469]第三种姓被称为首陀罗或库米人（Kurmi），他们是耕田者，有些也当卫兵或步兵，在数量上首陀罗是最大的种姓。[470]第四种姓是巴涅人，他们是"商人、银行家、经纪人，也是世界上最会赚钱的人"。古时候只有这四类种姓，但随后，任何从事共同职业的团体也构建自己的种姓：科利人是"纺棉人"；查兰是旅行者的保镖；"Covillis"（可能也是科利人）是轿夫；还有造弓箭的种姓、"匠人"（Hammer-men，包括兵器制造者、铁匠和泥瓦匠）、木匠、妓女、舞者（包括玩杂技和变戏法的人）、裁缝和鞍车匠。[471]

库比斯人是耕耘并收割的农民，"与其他国家的人没有多少区别"。牛拉的犁由硬木做成，因为没有锋利的"铁犁刀"，所以只犁开薄薄的一层土壤。印度人用棍棒而非连枷打谷，穆斯林则在将谷物带回家前先将之置于宽敞的地方让牛踩踏。[472]"Banjaras"是搬运工人、画匠和工匠。[473]

最低等的种姓有"Pariyans"和"Dher"或"Halalcour"（波斯语为贱民种姓 [Halālkhor]）。"Pariyans"是皮革匠，贱民种姓，英文叫"清洁工"，即城镇清道夫，他们按月领取薪水。[474]贱民种姓做着最必须、别人又不想干的工作：

808

打扫房间、办公室、街道、"运走垃圾粪便"，清理尸体并将之运到葬礼上，[475] 但他们自己的葬礼和婚礼却无人出席。这些人被认为不洁，因为他们食用各种肉类及残羹冷炙。另一种姓叫拜拉吉（Bairagi），他们不喜欢黄色，额头上点的不是普通人点的红点，而是白点。[476] 所有这些种姓选择自己崇拜的神和偶像在寺庙中朝拜。种姓间从不通婚。所有的种姓都清楚自己的阶层，所以巴涅人服从库米人，库米人服从拉其普特人，这三个阶层都服从婆罗门。行医的婆罗门要向自己的种姓付"年俸"，因为普通婆罗门是不能从事这一职业的。他们的主神是罗摩和他的妻子锡塔（Sita），他们常将她与圣母玛利亚相混淆，因此很多印度教徒将葡萄牙人在勃生的圣母偶像作为其"救世女神"并呈上贡品。[477]

据弗莱尔介绍，有两种婆罗门：巴特（*Bhat*）和"锡奈斯"（Sinais [马拉地语，*chhianave*，九十六]），[478] 低地的饥荒使后者选择了吃鱼，虽然受到纯巴特人的鄙视，他们仍可佩戴婆罗门绳。[479] 巴特人根据统一的规则生活，他们学习并教授法律礼仪，学习做医师。"锡奈斯"一般做文职人员、医师、会计、秘书和口译。每种派别用各自的内部语言记载"虔信的秘密"。有学识的人极受尊重，尽管他们只会教授死板的教条。他们相信自己的神"无可比拟"，在他们的语言中没有"地狱"一词。不同于灵魂不朽，他们相信灵魂转世。

婆罗门大多学习巫术和占星术，有些精通多种语言：波斯语、印度斯坦语（印地语和乌尔都语）、阿拉伯语、梵文或"圣语"、葡萄牙语、德干语、马拉他语、孔坎语和卡纳拉语。商籁诗和诗歌用卡纳拉语写作，因为这种语言"比其他语言更柔和"。他们对医学和玄学有些了解，尽管对原理知之甚少，但对医药也不是"很无知"。他们的音乐听起来"声大粗野，但他们严守歌舞的时间和度"。他们不喜欢欧洲音乐，认为我们的挽歌"适合向熊弹奏"。欧洲的弦乐器对他们毫无吸引力，但他们喜欢风琴。他们天性爱好算术并能快速做出很难的口算。有些地方用铁笔在棕榈叶上书写，秘书用芦苇笔和墨水在纸上书写，墨水装在铜容器中并佩戴在腰带上。[480]

医师既没受过学院式教育也没有行医执照，只使用传统的治疗术。婆罗门免费为病人医治，只期待成为病人唯一的医师。印度医师、沿袭阿拉伯传统的穆斯林都不懂解剖学，因为人体解剖是违法的。因为不懂血管系统，他们不会放血术，只能将上百条水蛭拍在病人身上，直至吸食人血的水蛭不堪重负，从病人身上坠下。外科手术和制药也同样充满风险。截肢是"一件非常可怕的事"，医师和未受过训练的药剂师自己配制药物。他们"假装了解脉络"，但从不检查尿液。"天然的赤色硫化水银"粉被用来医治发烧，包括疟疾，它和"Peruvian Bark"（金鸡纳树）一样疗效显著。贫穷的女人自己生产，非常轻松，也不会因此耽误任何劳动，只有"富裕且懒惰"的女人会雇用产婆。有些病人不找医生，而是找男巫师或听从"老巫婆的建议"。[481]

印度穆斯林的通用语和印度教徒的不同，它没有自己的字母表。书写时，他们从印度语、波斯语和其他国家的语言中借来字母。[482] 宫廷语言是波斯语，贵族、"有聪明才智的人，或者在正式场合交流时"才使用它。要征服这个传统和语言都保留得根深蒂固的国家，介绍波斯语和发展穆斯林共同语是有帮助的。尽管婆罗门仍然用梵文作为印度宗教和学术的载体，但学习梵文确实非常困难，"所以很少有人能真正理解它"。

通常使用的纸质书是长卷形，有时有 10 英尺长，1 英尺宽，在顶部装订。[483] 笔由芦苇制成，插在墨水瓶里。普通的纸又亮又滑，官方信札上不但镀金，还装饰着花朵。[484] 官方信函装在竹管中，再封住。"封印"（Chops [印度语 *chhāp*]）是一种在金银或玛瑙上刻字的印章，印章上一般刻着使用者的名字。不管距离多远，送信人通常都是"脚夫邮递员"（Pattamar [孔坎语，*pātamār*]）。他们没有采用欧洲印刷术，只"学了一些英式装订方法"。[485]

印度人使用阴阳历，根据月亮的变化来划分月份。每三年，就有一个闰 8 月，也就是"两个 8 月"。每年有 12 个月，3 月是一年的开始。弗莱尔将每月的梵文名字书写为可阅读的罗马字母。他们每周也是 7 天，星期天是印度教徒的圣日。[486] 全年的白天和黑夜都均分为 12 小时，并不随因季节产生的昼夜长短的变化而改变。印度人没有钟表和时间杯，他们用铜盆中流出的水来测量时间。每盆装 1 "Ghong"（*gong*）水，不到半小时就可流完。盆空时，他们敲击一次以宣布第一 "Ghong" 过去了。这一过程一直重复至第八 "Ghong"，8 "Ghong" 等于 1 "Pore"（印度语为 *pahr*，一个白天或黑夜的 1/4）。如此白天和黑夜被分为 64 "Ghong" 或 8 "Pore"。[487] 不同于一年分为四季，他们只

811

有三季，每季四个月。三季分别为："Mew Colla"（印度语为 *Menh Kāl*，或雨季）、"Ger Colla"（*Jārā Kāl*，或寒季）以及"Deup Colla"（*Dhūp Kāl*，或热季）。雨季始于 5 月的第一个满月，结束于 9 月，接下来是寒季的开始，它结束于 2 月左右，因此热季包括 2 月、3 月、4 月和 5 月。雨季的第一阶段热浪肆虐，最后一个阶段则是稻米收获时节。热季时树叶摇落却马上生出新叶。因为这个季节无比干旱，所以只有通过浇灌才有薄薄的收成。他们用牛摇橹，或用杠杆（*dhenklī*）从井中打水灌溉才能使庄稼存活，水由沟渠引向农田。[488]

812　　　根据特维诺的介绍，富裕的印度人旅行时通常乘坐轿子，而非两轮或四轮马车。在信德的港口塔塔，轿子像睡床一样由绳子拴在两根大竹上。睡床各边有矮栏杆，头部有靠背，上面有遮阳挡雨的遮篷，有休息的垫子，还有系在竹子上的丝带以帮助旅客移动。这种豪华的轿子很昂贵，主人也常根据自己的品味，将之装饰一番。相比较而言，请四名轿夫的费用则没那么贵。[489]在塔塔，经济条件稍差的人通常乘坐两轮牛车。车身很平，四周有栏杆和矮矮的标杆，皮带编织成网状穿过标杆以防乘客坠落。两个轮子上各有八条轮辐，但轮辋上通常没缠金属带。拉货的牛车车轮没有轮辐，而只是"一整块坚硬的木头"，车身也是一块硬木头。拉重货时一般需要 8 至 10 头牛。一个大车队一般包括 200 多辆这样的牛车。[490]

　　印度工匠在原创和抄袭欧洲产品与样式方面都是天才。丝绸织工可完全模仿欧洲的样式。苏拉特的造船工可以"像原创者一样造出英式轮船"。他们用来造船的是超坚硬的木头（柚木），子弹打上去都不会碎裂。裁缝能做出最新的样式，他们不在早晨而只在下午修补旧衣。印度人还没打算学习欧洲制造钟表的技术，中国人却开始学习并制造机械钟。在印染方面，欧洲人无法染出像印度印花棉布那种亮丽和"鲜活的颜色"。这儿那种嵌入珍贵宝石的镶金玛瑙戒指也是别处无法复制的。印度人聪明地用一种叫"Kousers"（波斯语为 *kūza*）的土罐盛水，以保持其冰凉新鲜。[491]

　　结合他对阿格拉的评论，特维诺开始谈论莫卧儿的风俗，对此他拥有第一手材料。整个帝国的"着装方式很一致"，穆斯林男性和其他印度人着装的区别仅在于头巾的不同，所有印度人都穿长及小腿或脚踝的棉布裤，有钱人穿长且多彩的条纹丝质宽裤，并在腿部打褶以防拖到地上。汗衫套在裤子外面，很多依照穆斯林习俗，"从上到下敞开"。非穆斯林也穿这种汗衫，因为它们又凉快又易"穿"。在寒冷的天气里，他们会在汗衫外面套一件"有袖的上衣"（Arcaluck [土耳其语为 arqualiq]）。通常，这是一种絮棉花的外套，朝外的一面是印花棉布或着色的布料。有时他们也在外套外面穿一件"Caba"（阿拉伯语为 qabā，背心），这是一种束腰上衣，为防止太宽松，这种衣服从上到下都打满了褶，然后用同样的白棉布带子系起。如果所有这些衣服还不够暖和，他们再穿上另一种叫作"Cadeby"（？）的外套。在户外，他们穿克什米尔羊毛做的"Chal"（印度语为 shāl，或披肩），披肩交叉盖在肩膀上，两头在胃部打结，其他的就任其在背部垂下；另一些人像围围巾一样围披肩，穷人围"平纹布"的。印度穆斯林的头巾总是白色的，他们也喜欢将头发剃掉。其他印度人则用头巾裹住头发，后部比前面系的高。印度人不穿袜子。他们薄薄的皮拖鞋叫作"Papouches"（波斯语为 pā-posh）。有钱人在平跟鞋和凉鞋边上镶金线。巴涅人的拖鞋也有跟，因为作为商人，他们必须"自由行走"。富裕的巴涅人拖鞋上方有一块秀着"绸花的"天鹅绒。

希望异于他族女人的莫卧儿妇女装扮得很像男人。但她们的上衣袖从未过肘，这样才能尽情展示小臂佩戴的珠宝。[492] 其他印度妇女平常穿的紧身上衣（cholis）和外面的背心都在腰部以上，从腰到脚，她们用一块长布（sārī）包裹，布一端"通过背部直达头部"。她们脚上穿着"高跟的 Pattins"（鞋子），带耳环、鼻环，还有戒指。在众多环中，总有一环里插着一面能看到自己的小镜子。[493]

印度教徒通过胡子、身体、前额以及头巾系法与其他族群区别开来。他们只留一点胡子，周围都剃得很干净。穆斯林都是稍加修饰的大胡子。理发师多在城市中流动作业，而非在固定的理发店工作，他们"肩披方格围裙，手持镜子"，带着"不到一英尺长"的剃刀、小铜盆，还有一块橄榄香皂。他们将肥皂浸入盆中，然后将湿肥皂抹到顾客的头和脸上。他们技术高超，特别是剃头。挖耳朵的工具是铁质的，工具另一端可修指甲。即便是穷人，"不论男女"，也都每日沐浴，并用油涂抹身体。穷人用恶臭的椰油，混合平时食用的"Hing"（阿魏草根）和大蒜，"在熟悉这个味道之前"，这种恶臭让人难以忍受。[494]

813

814

节日时，被叫作"Quenchenies"（印度语为 *kanchani*）的舞女会表演，她们的热情和魅力常常捕获未加防备的欧洲男人。[495] 表演者迷惑观众的方式有魔绳术，或者在一小时左右的时间使芒果树枝头结果；还有通过下棋自娱；最常见的是耍蛇者，蛇会随吹奏的乐管而舞。一条带到英国商馆的训练过的巨蛇大到可吞下整只鸡。第乌的蛇石或燃烧的碳通常用来祛除蛇咬留下的毒液，各种小病的治疗则依赖马尔代夫（Maldive）椰子（*Coco de Mer*，或复椰子）和犀牛角。[496]

波斯人的发色是"稻草的颜色"；埃塞俄比亚人是"黑色卷发"；印度人留长发，发色中和以上两者，只是黑的程度随地区而异。印度婴儿是白色的，但很快就变成和父母一样的棕色。女人体型小，臀部宽，比男人矮。她们比欧洲女人成熟得早，而且"很早就生孩子"。[497] 印度女人很整洁，相貌姣好，"对丈夫很顺从"，干活麻利，并且很爱自己的孩子。她们仔细地束好胸部，在臀部背着自己赤裸的孩子，并对"展示"自己匀称的身体毫不羞耻。无论在烹饪还是在个人修饰上，她们都很整洁，她们拔掉阴毛使"私处——像手背一样光滑"，还在发辫上插满金银珠宝和茉莉花。她们的服装样式从不改变，也不用找裁缝，只需将一件围裙或裹布（印度语；*lungi*）松松地搭在肩上，然后在双腿间打结即可。里面穿一件小胸衣以撑起乳房。[498] 她们从不穿鞋袜。丈夫去世后尚活下来的寡妇要剃光头，再不能佩戴任何珠宝，而且还要穿一种红"裹布"，待遇比最下等的佣人还要差。[499] 他们不把婴儿裹在襁褓里，但却很少见到畸形或发育不良的儿童。他们过着有节制的生活，年老时头发变灰。妻子做饭、提水、磨面。印度教徒在"圆盘或石头"上烤一种米做的薄饼。穆斯林用火炉烤全麦厚面包[500]。普通人的食物有米饭、"Nichany"（马拉地语为 *nachani*，鸭脚稗或小米）和龙爪稷。饥荒时他们吃"草根"。简单的饭后他们会满意地抽上一管烟草。[501]

印度教徒吃葡萄，喝一种未发酵的葡萄汁。但他们食用的大多数水果欧洲都没有，比如：菠萝、番荔（*Anona squamosa*）和芒果。欧洲人和印度人都"很喜欢"并消费大量芒果。芒果在尚青时被摘下，并和"芒果 Achar"（酸辣酱）一起运往英格兰。西瓜又大又多又好吃，但和阿默达巴德的甜瓜相比，味道和香气上又稍逊一筹。每天巴涅人都冲泡并饮用大量咖啡和中国茶。印度人和荷兰人一样能喝茶。他们经常在茶中加入辣椒、糖块、"小块干柠檬"或印度米酒。巴涅人一般不喝井水或河水，只喝雨季时"从天堂降落"的雨水。中午，印度人一般吃"Dye"（*dahī*，凝乳），一种与米饭、糖拌在一起的浓浓的甜奶。他们用牛粪或木材做柴烹制鸡蛋葱豆饭（*khichri*，黄油拌的米饭和豌豆）。住所内不需取暖设施，所以他们只购买少量做饭用的木柴。巴涅人多在家做饭而非在外面买着吃。他们早上 8 点左右和下午 5 点左右吃饭，中午太热让人难以进食，所以他们一般在这段时间休息或睡觉。[502]

　　印度穆斯林常吃肉，特别是经常和菜混在一起吃。"Dumpoked"（波斯语为 *dampukht*，在密封的罐中蒸出的食物）是佐以黄油和香料的肉食。"Pullow"（波斯语为 *pulāo*）是一种米加黄油的炖菜，里面可能会放肉、禽或鱼。他们也喜欢水果、开胃小菜、泡菜、糖果。招待基督徒时，他们单独点餐。饭间提供咖啡、烟草、蒌叶（*pan*）和一种价格昂贵、能将客人和自己都"熏晕"的香。他们不能在公众场合饮酒，但在私下却直接用瓶饮"雪利酒"（sack）或白兰地。如果在自家门口遇到陌生人，他们会邀请客人脱鞋入室。一番寒暄后，坐在能俯瞰水池、铺着地毯和垫子的门厅（马拉雅拉姆语 [Malayalam]，*chāwati*）。他们盘腿坐在地毯上，靠枕放在"后背和两侧"，对他们来说，露腿而坐是粗鲁的行为。房屋内，天花板和周边点缀着彩色的布。男人衣着整洁，走姿庄严，腰间常佩戴匕首。女人穿着不合身的衬裤，头上带着银饰及珍珠饰品，手镯、耳环、鼻环上都挂着珠宝。她们不用黄金，因为它是不洁的（阿拉伯语，*najiis*）。[503]

816

　　特维诺坐在窗边，这使他可以更好地观察和描述苏拉特总督之女和一位"奥姆勒赫"之子的穆斯林式婚礼。[504]婚礼在周三举行，之前两个星期，新郎就举办音乐会以宣布即将到来的婚礼。在婚礼当晚 8 点左右，由持火把者、乐师和舞女组成的队伍首先出现，新郎骑马紧随其后，他头上戴着"法冠"，上面垂下的"金穗盖着脸"。跟随他的有 12 位骑手、两头大象和骑象人、两头骆驼驮着乐师。在城中游行约两小时后，新郎被带到总督府，然后离开。此后房前河岸燃起篝火，河边树上张灯结彩，对岸兰德尔附近放入的蜡烛，随水流慢慢飘向海洋，整条河流光溢彩，[505]焰火放了近 1 个小时。婚礼最终在总督府由毛拉主持举行，此后新娘骑着大象前往夫家。在婚礼进程中，特维诺看到一些"阴阳人"，他们被迫"像男人一样带着头巾，但举止却像女人"。[506]

他还描述了穆斯林的节日"Choubret"（波斯语为 *Shab-i-Barāt*，或清算之夜），一个由天使清算好人与罪人的夜晚。他们用灯光、篝火、焰火和宴席来庆祝节日。[507]

印度教女孩一般6至7岁订婚，等到11至12岁举行婚礼。[508]之间这几年是丈夫要获得小女孩芳心的时间，他需要经常去拜访，送她礼物，并展示自己的热情。为准备步入婚姻状态，新娘要喝大量热牛奶，新郎则要喝酥油。丈夫去世而没有随之投火殉葬的新娘，即便只是六七岁的处女也可能不能再婚。丈夫则可以再婚，还能同时拥有几位妻子。尽管如此，很多男人通常只娶一位妻子，因为一夫多妻的家庭常被嫉妒不和控制。在苏拉特没有私婚或偷婚，因为每个人都会参加这些公共仪式，包括骑马巡游城市。婚礼在新娘家举行，新人隔着桌子相对而坐，他们双手相握时，婆罗门用一条丝巾（马拉地语，*pāmari*）盖住他们的头，然后为他们的快乐祈祷。婚礼在"欢庆和喜悦"中完成。来宾身上都撒满香水和玫瑰露。外衣用藏红花染成黄色以象征愉快。因为婚礼都挑吉日，所以有时常常"两三百名丈夫"在同一天举行婚礼。所有婚礼都以大宴宾客而结束。富有家庭的宴席有时甚至持续一周。作为神职人员的婆罗门也可以结婚。[509]

孕妇要保持平静快乐，这样生下的孩子才是快乐的。生完孩子十天内，除了"干瘦的产婆"，其他人都不能碰孕妇。四十天后，她才能开始做饭。印度的摇篮"比我们的更方便"，它是由绳子拴在横梁或栏杆上，用手一碰就可轻松平稳摇动。[510]孩子降生十天后会被命名，在命名典礼上，12个男孩扯着一张大床单站成一圈，婆罗门将米倒在床单中间，然后将未命名的婴儿放在上面，男孩将床单里的孩子和米一起抖动15分钟，孩子父亲的姐妹，也就是孩子的姑姑，走到床单前为孩子命名。没有姑姑的孩子，这项权利将移交给父亲或母亲。获得名字一两个月后，孩子被送到庙里接受宗教启蒙。庙中的婆罗门将檀香屑、樟脑、丁香和香水的混合物抹在孩子头上。通过这一仪式，孩子正式成为"宗教大家庭中的一员"。[511]

印度教徒为死人、难以康复的重病人，或误认为死去的人实施火葬。尸体用尸架抬着，一旁伴行的亲友一路反复唱着"Ram，Ram"。如果王侯故去，他的臣民要剃掉须发。巴涅人在朋友死后要大摆两三天豪宴，类似的仪式还将在此后的第十二天、二十天、三十天、四十天以及第二年每三个月举行一次。在宴席上表现吝啬的被认为是"全世界最利欲熏心的守财奴"。[512]莫卧儿政权在它控制的省份基本上肃清了殉夫习俗。除了一些王侯的妻子，这种自我牺牲已很少见了。大多数印度教徒仍实行火葬，选择土葬的很少，而且他们的坟墓很小。[513]

他们的建筑和住所展现出地域和居民条件的差异。穷人的房屋屋顶和四壁由柚木叶或棕榈枝叶搭建。条件较好的印度教徒住在泥砌的平房里，地板上铺满干牛粪，一家人与家畜住在同一个房间里。他们将牛粪抹在门前以保持入口清洁，在泥做的神龛上他们种植"Tulce"（*tulsi*，或神圣的九层塔），每天早上朝拜。富有的印度教徒和穆斯林用石头或灰泥，有时也用砖建房。这些外表普通的多层房子里"精心设计了"一些水池、通风的大厅、妇女单独的休息室，还有顶部的阳台。他们的家具则是可移动的地毯和垫子。房间内没有椅子，但门口有时却摆着"有扶手的大椅子"，他们"庄重地"坐在上面抽烟。大多数人在一座房子里度过漫长的一生。

除了饮食讲究，印度教徒如厕时也要遵守礼节。日出日落时是男女到各自特定地点排便的固定时间，男人去一个地方，女人去另外一个地方。其他时间他们则可随地小便。如厕后，他们用左手冲洗，右手留出来进食。牛常常吃掉他们的粪便。尽管这种习俗会使一些地方很肮脏，但并不能因此推断印度教徒不讲个人卫生。宗教仪式及就餐前，他们都会全身沐浴。他们还在胸部、腋窝、腹股沟使用脱毛剂，剃须发、剪指甲、漱口、刷牙，直至牙齿如象牙般洁白。他们有"世界上最好"的男女洗衣匠，很少的花费就可以保持衣着整洁。他们用坑里的水洗衣，在石头上敲打直至洗净，清洗过程中，没有使用昂贵的肥皂，完全用廉价的劳力。家人的衣服用"Conges"（米水）上浆，晾干后收起。要出售的衣服在上浆和送去包装前先在太阳下漂白。[514]

穆斯林和印度教徒都喜欢运动、游戏和争辩，穆斯林特别喜欢狩猎，他们

818

819

都喜欢骑马、弹跳、"Gerseding"（阿拉伯语为 *jaridah*，或掷飞镖）、箭术、赛跑和角力。角力士全身赤裸，仅在腰中缠一条带子，他们身上涂油，并服用鸦片以增加力量。[515] 猎虎如追逐公牛、水牛和野猪一样，都是危险的运动。贵族用灰狗捕猎大灰鹤（印度语，*kooni*）——一种起飞缓慢的大鸟。[516] 他们最喜欢看动物间的角斗，特别是水牛、雄绵羊、大象等大型动物之间的角斗。男人之间的决斗通过挥动竹竿攻击对方，直至"彼此都激动兴奋起来"。印度教徒下国际象棋、双陆棋。"巴涅人的争斗"仅限于口头谩骂。他们最主要的娱乐方式是相互欺骗，特别是通过与邻居的妻子通奸。[517] 最令巴涅人讨厌的惩罚方式是被"用拖鞋打"，被冒犯的人会脱下拖鞋，对着吐上一口，然后用鞋底打冒犯他的人。对他们来说，这种方式最不可忍受，比"我们"感觉更恶心的唾人一脸还更过分。[518]

印度教男孩接受的最初教育是在地上练习书写字母和数字，达到一定程度后方能在石膏板上书写，写得很好时就能在纸上书写了。骄傲又懒惰的穆斯林对文字很蔑视，"因为害怕鸡奸"，他们不敢将孩子托付给老师，结果穆斯林商人一般都没文化，大多雇用印度教徒做秘书帮他们记录，请巴涅人为他们交易。尽管他们公开讨价还价，但最后的价格则通过躲在斗篷下的手语达成。[519]

因为这儿不能杀生，四处动物泛滥。除了宫廷定期有动物角斗表演，在民间，亲友间娱乐性的小型动物角斗也很普遍，这些小型动物包括：山羊、雄绵羊、公鸡、牡鹿、羚羊（通常被叫作印度羚）以及鹌鹑。印度羚以螺旋形的角而著名，神职人员通常将其拼凑起来，变成一个顶部嵌铁，有两个端口的法杖。[520] 印度鸽子一般是绿色的，捕禽者躲在屏风后诱捕野生长尾小鹦鹉。捕捉水禽的人则浸在水中，唯将头露在水外，"头上套上多洞的罐子，洞是为了通风通光"，罐子上插满羽毛，捕禽者用手抓住水禽的脚并将其拽入水中。[521] 阿格拉的猎人会前往叫纳尔瓦尔（Narwar）的高山进行为期"五日"的捕猎，"要捕的猎物是一种叫"merus"的野牛"。[522] 苏拉特的穆斯林将大多数业余时间都用来捕猎。因为猎狗要进口，他们就训练其他替代动物。[523] 他们训练"豹子"（猎豹）从车上跳出快速追捕羚羊和鹿。来自波斯的猎鹰会用爪袭击羚羊头部，使其慌乱，以待猎人赶来。一大群人围住猎物，敲打地面将其惊起。捕鸟时，

820

训练好的公牛驾驭起来像马一样。在陆上，捕鸟人经常躲在由树枝做成的小灌木后跟踪猎物。[524]

在德里有一个"囊括各种动物"的真正动物园，包括双峰骆驼、单峰骆驼、骡子、驴、大象、犀牛、牡鹿、狮子和豹子。尽管也有品种优良的本地马，他们仍从乌兹别克斯坦和波斯进口马匹，"来自阿拉伯的马匹最受好评"。印度人不用燕麦和大麦喂马，这让刚进口的外国马很难适应。每匹马都有一个马夫，每日天亮前一小时马夫就要遛马，天亮时给马喂水，7点让马吃五六团"Donna"（波斯语为 dāna，谷物）。这种面团由面粉、印度酥油和粗糖混合而成。在新来的马匹喜欢上这种食物之前，马夫会将之强塞进去，此后则定时喂食草料，下午较晚时分会喂食泡在水中的干豌豆。日暮前马夫准备干马粪作为凭证来换取自己今日的报酬。高贵马匹的鞍饰是绣花的，有些还缀满珍贵的石头。"最好的装饰"是"六条白毛做的长长的流苏"，四条连着马鞍，其他两条在马头两侧。[525]

德里有多种大象，其中锡兰象最受欢迎，虽然形体较小，"但最健壮"。步履稳健的大象通常作为驮兽。离群的大象很危险，特别是对独自旅行的人。因为饲养大象成本很高，一些大地主也只能拥有几头象，皇帝本人有500头用于王室的大象，还有不超过200头用于军队的大象。[526]

821

在阿杰米尔地区有一种"生产优质麝香"的小型动物，为了获得麝香，需要摘去小动物的"膀胱"；[527]此地还有一种"全身和骨头皆黑的母鸡"，肉却是白色的；[528]还有一种毒蝎子，燃烧的木炭可祛除这种蝎毒。

因为这是一个多山国家，长途跋涉的牛都打着掌。牛一般都用来拉车，但有时也可以骑，像马一样。牛也有各种大小，最小型的牛"走得很快，用来拉小车"。白牛因其漂亮的外形和力气较大而最为昂贵和受欢迎。尽管牛在这儿是很平常的动物，但拥有好牛的人仍会尽力将之装扮一番。这些日日负重的牛吃草和小米，并享受好马才能享受的饲料。[529]

在孟加拉和戈尔康达有一种叫八哥（印度语，maina）的鸟，它看起来像燕八哥，当地人"像我们教燕八哥说话一样教它们说话"。[530]特维诺在朋友家见过一种特别的马尔瓦蝙蝠的标本，并对其进行了详细描述。[531]

苏拉特的动物不仅有来自本地的，也有来自国外的。有些鸽子从鸟窝起飞时需振翅三四次，[532] 另一些鸽子被训练成信鸽。从暹罗来的船只带来小"Champores"（矮脚鸡）、"爪有褶皱和尖指甲"的公鸡。[533] 这里还可见到巴士拉（Basra）的斑鸠、万丹的吸蜜小鹦鹉，还有"能消化铁"的食火鸡。来自阿默达巴德"有红白斑点"的笼中小鸟唱出优美的和声。猪一般大小的某种鼠类在房下挖洞捕食家禽。[534] 猫鼬更像雪貂。有黑白条纹的松鼠在房屋和阳台上窜来窜去。麝鼠将自己的气息散布在各个房间和水罐中。一种鳄鱼状的生物叫作"鬣蜥蜴"（Guiana），据说强盗入室抢劫时会拿着它的尾巴。[535] 人们常常遭受蜈蚣、蝎子和巨型蜘蛛的蜇咬。生活在田野中的毒蛇、吃人的鳄鱼或者短吻鳄大量出没在河流中。婆罗门宣称，为了不伤害人类，他们用魔力使鳄鱼离开圣河，这一行为意义非凡，因为众多印度教徒每日都在圣河中沐浴两次。

在苏拉特，主要的驮兽是水牛和牛，因为马匹主要用于战争或娱乐。"奶白色的牛"有弯曲的角，主人常用金银铜将牛角尖包裹，把缰绳穿入牛鼻，脖颈上套项圈。小牛也和其他牛一样"在脖子上有一个突出物"。虽然公牛并未被阉割，但在公牛幼年时挫伤其睾丸也能达到同样的效果。水牛是棕色的，个头为牛中之最。野生水牛可将人践踏或抵撞致死。牛角危害不大，因为它们平平地长在头后部，家养水牛的奶制成的黄油通过加热除去部分"臭气"，并全年保存在"Duppers"（印度语，*dabbā*，一种水牛皮制成的容器）中。[536] 在本地的沼泽中，他们饲养了各种各样的家畜。英国人认为羊肉味道最好，羊毛也好得无与伦比。

印度人种植胡萝卜、甜菜、芜菁甘蓝、水萝卜、瓜类、油菜和卷心菜。谷物则有"世界上最好的"小麦、大米、大麦、小米和"Nuchanny"（马拉地语，*nachani*，或稷）。除了豌豆和豆类，他们还种植油菜以榨取灯油。用来拌沙拉的青菜有马齿苋（portulaca）、酢浆草、生菜、欧芹、"tarentine"（？）、薄荷、香草（印度语，*sāg*），还有一种菠菜。这儿有很多芦笋，还有酸橙、石榴、苹果和葡萄。海产品有生蚝和鱼，特别是鲭鱼和鳎目鱼。野禽，特别是鹅、鹤、鸭子，挤满池塘。[537]

正如很多 17 世纪的旅行者一样，卡雷里也被印度的植物深深吸引。他列了一个植物名单，并附上其葡萄牙语的名称。在他意大利文的原版作品中，大多讨论过的植物都配有版画。[538]他对椰子树及其果实、槟榔、香蕉和芒果树的各种用途予以详述。此后他又简单介绍了其他结果实的树和植物，有些可能依据林斯乔坦或其他早期作家的介绍。他还报道了"Mogoreira"（初春茉莉[*mogra*]，或 *Jasminium sambae*）的样本种在陶罐中，被送往里斯本"对植物很着迷"的托斯卡纳（Tuscany）公爵处。[539]西班牙人也模仿印度人将邦加果、蒌叶，还有他们称之为"buyo"的酸橙混合在一起咀嚼。咀嚼蒌叶可使嘴唇变得"红润美丽"，意大利的妇女愿意用等重的黄金来换取这种蒌叶。除了本地出产的水果蔬菜，从波斯和欧洲引进的植物品种在印度也长得很好。[540]

1657 年，有人将一只巨大的"海龟"（*Chelone imbricata*，鹰喙龟）带给在苏拉特堡垒中的弗莱尔医生。龟身 6 英尺长，披着巨大的棕色龟甲。这种龟可毫不困难地背负 3 个人。它头上有鳞屑保护，长长的脖子"柔软且无力防卫"，它有四只代替脚用来游泳和爬行的鳍，腹部有胸甲，和背上的龟甲相比，胸甲又软又白，尾部短短的，而且弯曲。一旦被翻过来，这种动物就完全无能为力了。母龟产的蛋像鸡蛋一样大，一次产下的数量巨大，它们将蛋埋在海边沙子里孵化。它们的蛋和肉不但可供生活在船上的人食用，还用于治疗坏血病和性病，或作为滋补食品。通过解剖海龟，弗莱尔医生发现，与他以前认识的不同的是，海龟只有一颗心而非三颗。[541]

在低地森林里住着被叫作"森林人"的孤独的"森林之神"，弗莱尔见到关在笼中的两只，他发现它们白天睡觉，晚上"进食和运动"。[542]还有一种"河流之子"，它们一旦被抓获就马上死亡。[543]世界上最凶猛的老虎生活在印度，数量很少的狮子"虚弱胆怯"。[544]其他野生动物有"Balus"（印度语为 *bhálu*，印度懒熊）、野猫、猴子和"能用尿液将鹿致盲"的野狗。[545]此外还有松鼠、豺、猫鼬、野牛、大象、犀牛、水牛和熊。常被捕猎的动物有羚羊、鹿、野猪和麋鹿（可能是印度水鹿），鸟类有鹰、秃鹫、鸢、"Newries"（Malay，*nuri*，鹦鹉）和乌鸦，令乌鸦苦恼的是有种蜜蜂般大小的生物常附着并叮刺它们的胸脯。[546]被捕猎的鸟数量巨大，种类繁多。海鱼的种类也很多，最常见的是鲨鱼、鲸鱼、海岸边的海蛇、沙丁鱼、海豚、生蚝、螃蟹、海龟、剑鱼、乌贼、墨鱼和鲭鱼。河里田间都会见到蛇，"如果本地人的说法可信"，有些蛇大得能吞下一头猪。

雨季时，人们用孔雀毛做的拂尘（印度语，*morchhal*）驱赶叮人的大苍蝇。任何食物都会引来成群蚂蚁。最令人讨厌的是蚊子。在棉花地繁殖的虫子一旦进入房间就很难清除。[547]

一个世纪以来，这幅缤纷如万花筒般的莫卧儿帝国画卷被欧洲人逐渐展开。第一代耶稣会士的通信和商人的报道多收录在格雷罗（葡萄牙语）、珀切斯（英文）和德·莱特（拉丁文）的编著中。16世纪后期，分散在个人游记中的记述也改变着这幅画卷。该世纪每十二年，至少有一位观察者和评论者身处印度。这些独立的作品中，出自英国人之手的有5部、法国人5部、葡萄牙人2部、意大利人2部、荷兰人1部、德意志人1部。这些都在当时的欧洲发表，大多数被译为其他语言。8部由商人和其随行人员创作，4部出自神职人员，2部出自医生，1部出自律师。5部是由独立的旅行者——德拉·瓦勒、塔韦尼耶、贝尔尼埃、特维诺和卡雷里——完成，他们既不从属官方，也和教会、公司无关联。德·莱特和大多数独立作家一样都比较了解前辈作家的作品，并时常引用，这些引用有时被注明，有时则没有。而所有作者都以欧洲的、基督教的视角和依据来进行评论。

与16世纪南欧的评论员和历史学家一样，17世纪的北欧作家首先关注的也是印度的地理、政治及奇风异俗。大多评论，因缺少足够的地理范围，局限性很大。该世纪中期，虽然曼里克和贝尔尼埃穿行整个帝国，但布鲁顿的足迹仅限于奥里萨邦和恒河三角洲地区。在该世纪后半期的记录中，对以下领域的介绍已成陈词滥调：社会习俗、宗教仪式、服装、住宅、主食、风尚；大多数作者都谈到，有时批评以下现象：早婚、种姓、灵魂转世、耆那教徒对动物生命的过度尊重、殉节、瑜伽和苦行、袄教徒的葬礼、牛崇拜、一夫多妻制和占星术。[548] 同时他们也赞赏其宗教的宽容，并借以映射不够宽容的欧洲基督教。印度的建筑技巧也令他们钦佩，这些技艺充分展示在经典建筑、水池、水井、堡垒、宫殿、道路、旅馆和花园中。很多人赞赏印度教徒的礼貌、谦逊和仁慈，而另一些则将其宗教称为"迷信"，并斥责巴涅人的狡猾和孟加拉人的奴性。

每种报道都有自己独立的视角，他们也常不加分辨地接受市井闲话。在有些情况下，流言则是唯一的资料来源，比如贝尔尼埃记载的那段使奥朗则布上

825

台的内战，只不过贝尔尼埃采用的"流言"来自同时代的人，有的参加过那场内战，有的是目击者。贝尔尼埃和其他欧洲作家有时也意识到自己参考资料的局限性，并在附注中加以说明。有些会波斯语的作家会参照波斯语的历史记录或将其翻译过来。也有些作家参照莫卧儿帝国和各省的税收及军队的记录。通过与婆罗门梵学家的交流，罗德和贝尔尼埃力图了解印度教。德拉·瓦勒也希望学习穆斯林文化之前的印度宗教和传统，但到达印度之后他却很失望，因为他在此能学到的只是皮毛。尽管资料有限，但这些近代欧洲的资料对重绘 17 世纪印度莫卧儿帝国的画卷来说却必不可少。尽管资料中存在事实上或解读上的偏见、曲解和错误，但这些作家却用一丝不苟的态度，揭示了未加粉饰的真实状态，关注了"印度本地人司空见惯而不予理睬的现实"。[549]

查看各时期的历史资料，可清晰看出欧洲人的莫卧儿帝国形象是如何演进变化的。欧洲读者可知晓德里如何崛起并成为帝国的中心，以及与之相应的作为皇城和艺术中心的阿格拉和拉合尔的衰落。随着古吉拉特的面纱一层层被揭开，孟买的光环也在苏拉特映衬下显得黯然失色。关注德干战争的读者可以在西瓦吉领导的印度抵抗者和西海岸的莫卧儿海军身上看到光明。更进一步说，他们可以看到苏拉特如何被包围、重建和加固，甚至可以陪伴戈皮池缓慢蒸发，还可看着阿克巴坟墓及泰姬陵的修建和完工。对已被模式化的印度生活的介绍，他们也加入了新资料、进行了更合理的分类，并得出了更尖锐的结论，比如，他们不再满足于简单描述寡妇殉节，还详述其背景和背后的理念、合法性、莫卧儿人和葡萄牙人对此的态度，以及拒绝殉节的寡妇的情况。

到该世纪末，帝国的每个省份都迎来过至少一位游记作家，连遥远的克什米尔和坎大哈也不例外。芬奇和早期的英国商人还开拓出数条陆上国际路线：从苏拉特到阿默达巴德、阿格拉、拉合尔和喀布尔，从阿格拉到阿拉哈巴德，并沿恒河而下。曼里克开拓了从拉合尔到塔塔的河运交通和从木尔坦到坎大哈的陆路交通。该世纪中期，塔韦尼耶提供了有关这些路线的更为详尽的信息。连接帝国都城的林荫大道最为欧洲人所熟知。他们还从鄂本笃教友那里获得了从拉合尔到中国的线路，这条线路在 1640 年前都可通行，之后由于与巴尔蒂斯坦之间的摩擦，只得改变线路，将恒河边的巴特那改为拉萨。在此过程中，欧

826

洲人更多地了解了北印度的河流以及各种旅行助手，特别是里程碑、收费站、路上的卫兵、导游和旅馆。他们也了解到：雨季不宜旅行，因为洪水会淹没道路；炎热的季节，特别在古吉拉特，强盗、飞尘使旅行充满危险和不适；商队中通常有牛车和驮行李的大象和骆驼。

横穿大陆时常见到大片农田，特别在孟加拉地区。主要农作物有大米、棉花、小麦、大麦、靛青、甘蔗、芝麻和烟草。因为到处都有大量家畜或受保护动物，所以牧草常常短缺，这一问题在旱季更为突出。新鲜水果或干果，国产的或进口的，全年大多数时间都有。很多当地水果、树木和鲜花，都是欧洲人未见未知的。鲜花四季开放，但却不如欧洲的花朵芬芳。

尽管这里土地还算肥沃，但却未得到好好开垦。拥有牛和犁的农民也是残酷的地税制度的受害者。皇帝拥有整个帝国的土地，他将土地分配给不事生产的承包人和代理人，这些人通过无情压榨农民以获取最大利益。在这一制度的压迫下，农民被迫离开帝国或离开土地前往加工中心。饥饿的压力使他们很少要孩子，这也造成农村劳动力缺乏，生产不能持续，农业歉收。比较而言，商人和工匠的境遇稍好，虽然他们同样无法避免国家的盘剥和骚扰。但是，眼下的内战却摧毁了众多商业中心，特别是在德干和孟加拉的商业中心。目前在欧洲人眼中，整个印度呈现出：国内经济萧索凋敝、人民流离失所、政府无所作为的景象。

尽管面对如此凄凉的经济画面，帝国在对外贸易上仍能保持平衡，而且他们自身并不依靠进口。进口商品基本不包括生活必需品，只是宫廷或贵族的奢侈品。但帝国向全世界出口的则是丝绸、棉织品、处理的靛青、香油、钻石和次宝石、硝石、鸦片和皮革制品。全世界的贵金属、宝石流向印度以换取上述商品，特别是棉织品。在大多数的国际贸易中，帝国的花费都非常少，因为他们不负担任何海洋运输和保险的费用。除了每年进行朝拜之旅的船只外，所有海外贸易都由外国货船运输，并由欧洲海军保护。苏拉特有些富商也拥有50艘装备精良的商船，但他们的商业活动主要限于海岸周边，而且他们经常雇用欧洲水手，并从欧洲海军那里获得通行权。尽管如此，所有从失事船只中打捞的物品都归莫卧儿帝国所有，而且皇帝不允许贵金属流出帝国。

最早介绍帝国政治的人是罗伊（他在宫廷待了三年），随后贝尔尼埃又对奥朗则布统治早期的政治情况进行了完善和修正（他在宫廷待了八年）。他们都谈到：皇帝的个人意愿就是法律，皇帝与贵族的关系稳固，对待众人一般比较公正。奥朗则布的继承人对宗教通常也很宽容，奥朗则布加大对印度教徒的压迫一般被看作对西瓦吉抵抗运动的反击。作为土地唯一的拥有者，皇帝根据个人意愿将土地分配给贵族和代理人。根据帝国充公法，贵族死后，土地和所有财物都要全部归还皇帝。根据霍金斯、德·莱特、贝尔尼埃多方面的估计，皇帝拥有的财富足以使他成为世界上最富有的统治者。

但是，皇帝也是自己专制制度的牺牲品。他必须保持不变的日程以使臣民确认他一切正常并仍然掌控着帝国；他要亲自聆听诉讼，做出司法和管理上的决定，接见外国使团；他要出席特殊纪念日、诞辰、新年等各种奢华的宫廷庆典；他要处理派系纠纷，他无法做一个真正的父亲，不但不能信任自己的儿子，而且还要挑拨儿子间的关系，最后将其中的反叛者投入狱中，甚至摧残致死。

所有的皇帝在处理"公正"问题上都很灵活，惩罚时却很严酷。帝国的监狱总是人满为患，特别是在斋浦尔的兰塔姆博尔、瓜廖尔要塞、孟加拉的罗塔斯的监狱里更是如此。当贵族赴各省作战或上任时，他们的家人经常要留在宫廷作为人质。所有的皇帝都很贪婪，他们利用任何场合、任何机会收取礼品。他们鼓励朝臣溜须拍马、相互模仿。他们有时会毫无疑惑地偏宠某人，也会在转瞬之间毫无缘由地抛弃宠爱之人。阿克巴，尽管不识字，通过别人为他大声朗读，也能稳坐其位。他对宗教事务，甚至对印度教，都极为好奇。贾汗吉尔嗜酒，热爱收集绘画作品，特别是人物肖像画，他酷爱收藏名人肖像，包括欧洲名人肖像。虽然他是穆斯林，却喜欢听基督教牧师和宫廷毛拉间的辩论。出生在拉合尔，母亲为印度人的沙·贾汗，同时也是著名的德里城和泰姬陵的建造者。据说他极为好色，并被自己的女儿控制。为获得王位而囚禁父亲的奥朗则布，是个狡猾的欺诈大师。但当他作为传统虔信的穆斯林时，他又展现出威风凛凛、乐观积极的个性。年及 80 岁时，虽然他需挂杖行走，但阅读却不需眼镜。

莫卧儿的贵族阶层本质上是军事贵族，具体的等级划分依据个人拥有马匹的数量。皇帝决定每个贵族拥有马匹的数量，并相应地付给他们薪金。为提高

828

收入，贵族常虚报马匹数量，并克扣士兵薪水。贵族主要有两种：领取曼萨卜薪水（根据马匹数量）并获得特别称号和荣誉的骑手，还有领取日薪级别较低的阶层"rozindārs"。骑兵和炮兵的报酬高于步兵。但所有阶层报酬的多少常基于统治者的一时兴起。通过曼萨卜达尔系统，莫卧儿帝国在首都和各省都拥有大量常备军，即便在较安定的时期，帝国的士兵也有 20 万人。在战争中，为军队服务的大量随军人员更是使军营人数大涨。

在巴芬的地图上，罗伊和特里第一次为帝国的省份划界，虽然这个划分有些混乱。贝尔尼埃更准确地指出省份总数为 20 个，分为区和大区。各省的统治者是长官或总督，省政府是中央政府的复制品，好比小型的中央政府。各省的名称常常与省会城市的名称一致。古吉拉特是欧洲人最熟知的省，欧洲人常常去拜访在阿默达巴德的长官，并频繁提起长官的名字及其与皇帝的关系。所有的省份都阶段性地经历混乱和饥荒。古吉拉特也不例外，特别是 1630 年的大旱，它的影响波及此后数年。孟加拉是最难被征服和接受莫卧儿统治的省份。

令欧洲拜访者印象深刻的是帝国拥有如此多的大城市。阿格拉是阿克巴时代形成的新城市，它代替了废弃的城市法塔赫布尔·西格里成为帝国的首都。这座新月形的城市不但面积巨大，人口也是德里的两倍。由于不像德里那样整齐划一，阿格拉城中贵族的房屋建得更好。秉承帝国传统的德里，被沙·贾汗修建一新以作为帝国的都城，它还被赋予了一个新名字——沙贾汉纳巴德（Shahjahanabad）。其中红堡是行政和艺术中心，其他地方则像临时的军营大帐。该世纪中期，它的人口还像巴黎一样多，也就是城市中有 30 万居民。在奥朗则布统治时期，拉合尔得以繁荣，因为此时皇帝将重心放在孟加拉和德干上。不过所有城市的郊区都没有大型私人庄园，因为充公法要求贵族死后，所有财产将归还皇帝，所以没有一个贵族会耗费精力修建自己的庄园。

苏拉特是欧洲商人最熟知的城市。特维诺认为这个城市的居民数量很难估计，因为大多数都是在交易季节才来的临时人群。有些没顾及这一因素的观察者估计城市人口（在 1662 年时）约 10 万左右或"超过埃武拉（在葡萄牙）"；1670 年则有 40 万人。该世纪初，苏拉特人口少于孟买，但在世纪末它在人口和商业地位上都超过了孟买。然而，与古吉拉特的省会及古代艺术中心阿默达

829

巴德相比，新兴城市苏拉特是一个"不讨人喜欢的城市"。阿默达巴德几乎和伦敦一样大，有很多纪念碑、陵墓和漂亮的公共建筑，也是帝国西部最有魅力的城市。但是，对其他 10 个西部城市的介绍却很有限，在该世纪末拥有"6 万"人的孟买也入围这 10 城市之列。在阿格拉—德里以东地区，令欧洲人关注的城市有贝纳勒斯、拉杰玛哈、巴特那、达卡（人口 30 万）、克塔克、胡格利和此后消失的城市比布利。欧洲人按大小为莫卧儿的主要城市排名如下：阿格拉、德里、拉合尔、阿默达巴德、达卡及苏拉特。

这个军事力量强大、富裕的国家唯一的外部压力来自西北边境的波斯。主要的军事问题包括与孟加拉的和解、皇子的叛乱和对德干的征服。欧洲作家报道了以下战争：阿克巴对阿西尔格尔（1601 年）的成功围攻、库斯鲁 1606 年的叛乱、1612 年到 1620 年孟加拉的叛乱、沙·贾汗占领胡格利（1631—1632 年）、为控制坎大哈地区而与波斯人的长期战争、1656 年至 1661 年连绵的战争以及向东扩张时与阿萨姆邦（1661 年）和阿拉干（1662 年）的战争，这些报道者有时是战争当事人，但大多信息都是道听途说。

但是，对奥朗则布的德干战争，他们的描述却很充分，也很具权威性。这场战争威胁到了苏拉特的贸易，因为战争切断了内陆商道，特别是中断了苏拉特和马苏利帕塔姆的陆上联系。只要莫卧儿不再向南侵犯，该世纪前半期的战争间隙，贸易仍可持续。但当奥朗则布决定前去征服比贾布尔和戈尔康达时，欧洲人感觉到他们本来就不稳定的据点也受到了威胁。西瓦吉的崛起，西迪人将战火延伸到西海岸，这些都直接将英国的新殖民地孟买拖入危险之中。战事甚至延绵到海上，这对以海上力量称霸的欧洲人也是一个威胁的预兆。

因为对贸易的重视，欧洲人为得到贸易上的保障分别向莫卧儿及西瓦吉施压。他们派官方或非官方的使者前往双方军营，要求德干战争和平或快速解决。在这一过程中他们参观并详细描述了众多山寨，如阿西尔格尔、帕伦达、比德尔、简纳、道拉塔巴德、来里港、希沃纳尔和奇托尔。对逐渐恶化并最终被占领的戈尔康达的比贾布尔，他们从远处观察，并加以评论。他们也为印度英雄西瓦吉欢呼，特维诺和卡雷还为其作传，歌颂其成就。其他人也密切关注西瓦吉抵达果阿城门的南征。1689 年至 1690 年，西迪人攻占孟买并将战火直接引入欧洲人控制的海岸的中心地区，这同时也威胁到葡萄牙人和英国人的地盘。1695 年，卡雷里历尽艰险前往克里希纳河边的奥朗则布军营，采访这位仍在世的亚洲军事强人。

对莫卧儿的军事力量，欧洲人始终保持着极大的兴趣。莫卧儿自己公布的军队人数也刺激着欧洲人去探寻真实数目。他们主要通过莫卧儿的记录而非依据道听途说。对此进行估计（有些仍被现代学者所引用）的人有霍金斯、德·莱特、范·特维斯特和贝尔尼埃。贝尔尼埃估计，1665 年，除去军营的随从人员，莫卧儿的士兵超过 30 万人。1695 年，卡雷里估计奥朗则布在加尔加利亚的营帐城中有大概 50 万人。保持如此庞大军队所需的巨大花费也是令欧洲人所震惊的，不过他们也解释道，帝国内部的动荡以及统治者的军事野心是造成这一庞大开支的原因。尽管拥有巨大的陆上军事力量，莫卧儿在海上却无能为力，即便后来西迪人在西海岸组建了自己的海军，也不能改变莫卧儿在海上的绝对劣势。欧洲人研究了莫卧儿的战术、军队行进、堡垒建设和武器情况，他们甚至将一些首领赞美为英雄，比如普拉塔布·沙、奥朗则布、米尔·朱木拉和西瓦吉。

831　　　对自己的海岸据点及其与莫卧儿的关系，欧洲人自然更是大书特书。1602 年，耶稣会士从阿克巴手中得到允许随从皈依基督教的许可令。在鄂本笃准备横穿大陆前往中国的旅行中，他们也成功获得阿克巴的经济支持。曼里克及其他作家描述了葡萄牙—奥古斯丁会修士在胡格利的非官方岗哨，1632 年此处被莫卧儿军队占领，并成为帝国的港口。荷兰人和英国人更多涉入孟加拉贸易以来，荷兰人终于在卡西姆巴扎尔建立了自己的丝绸商馆。同时在西海岸，英国商人和荷兰商人聚集苏拉特。该世纪中期之后，荷兰人更关注他们新的征服地与在锡兰和马拉巴尔海岸的贸易。不久法国人也获得在苏拉特建商馆的许可。同时葡萄牙人继续控制他们在北部的撒尔塞特岛、勃生、达曼和达波尔各驻地。将孟买转让给英国人虽然引起很多当时在亚洲的葡萄牙人的不满，但尚未马上威胁到北部地区的葡萄牙人。他们在大陆战争中严守中立立场，同时耶稣会士继续在那些城市加强自己的控制力。比起英国人，葡萄牙人和荷兰人更喜欢和本地人通婚，英国人的新娘则常常是特意从英国运来。英国公司正式允许佣人在私人交易时提高收益，而且在和本地人的交易中也采取了比荷兰人更灵活的政策。英国人以前的员工还出版了一些作品，详述了在苏拉特的英国商馆。欧洲人将印度各种新奇的东西运到欧洲，其中包括服装、书籍、药物，甚至还有盆栽植物。

　　大多数欧洲作者都是基督徒，他们也直接表达了自己对"摩尔人"的敌意。比起其他人，弗莱尔对印度人的信仰和习俗更加关注。伊斯兰教是皇帝的官方信仰，但也只有奥朗则布对其严格执行。像他的前辈一样，奥朗则布在任命官员时优先考虑穆斯林人选，并在统治期间豁免了穆斯林的一些赋税。比什叶派更严格和正统的逊尼派尊重和支持四大法学派。穆斯林根据与先知的关系来确定等级，赛义德是最高阶层，新入教的人被归入谢赫。穆斯林也根据地域差异而分为阿富汗穆斯林、鞑靼穆斯林和莫卧儿穆斯林。穆斯林中的最高等级是圣祖后裔，此后为卡兹、毛拉和书记。在日常习俗上，古吉拉特的穆斯林更像戈尔康达的什叶派而非莫卧儿的逊尼派。他们可以娶 4 位妻子，儿子 8 岁时要行割礼，绿色是他们最喜欢的颜色。他们下葬时头朝北，脚朝南，坟墓一般和清真寺分开或分布在路旁。妻子则不能佩戴金饰，因为那样会被认为不洁。每年一次的麦加朝拜受到国家的鼓励和资助。每年的主要宗教节日有：穆哈拉姆节（什叶派）、穆斯林的开斋节等。穆斯林苦行僧受到虔信的教徒的崇拜，他们不仅是一种威胁，也是一种潜在的重要政治力量。受苦行僧支持的奥朗则布反对苏菲派，因为它与印度教的巴克提——它的"双胞胎兄弟"——太相似。像基督教一样，一神论的伊斯兰教也将印度教称为迷信，但有些穆斯林却不知不觉接受了印度教徒的风俗和观点。对穆斯林怀有敌意的欧洲人，却对德里和阿默达巴德的清真寺和很多穆斯林的坟墓和园林大加赞赏。

832

　　对印度教的评论主要来自罗德和贝尔尼埃。他俩的资料都来自梵学家的介绍或自己的观察。贝尔尼埃阅读完欧洲早期作家对印度教徒的介绍后，将自己的研究重心放在对其教育、基本信仰和理念的记录上。受英国公司委派，罗德主要研究巴涅人的宗教信仰，因为公司很多事务都由这些印度商人打理。但在罗德所有的研究中，他都没有认识到在宗教信仰上巴涅人既是耆那教徒也是印度教徒。范·特维斯特是最早做出这一区分的欧洲作家。贝尔尼埃通晓波斯文，他从德里和贝纳勒斯的梵学家那里了解到印度教的六大哲学派别，梵学家因对

《吠陀》解读上的差异而产生分歧，最令贝尔尼埃吃惊的是，他们认为印度教是只属于印度的宗教，而不能通行于世界。

大多数欧洲人都强调印度教徒的外在特征，而没有区分他们在社会风俗和宗教礼仪上的差异。有些人对自己耳闻或目睹的印度教徒的朝拜方式印象深刻。印度人朝拜的地方主要有贾格纳、贝纳勒斯和恒河、阿瓦德（Awadh），以及阿拉哈巴德（钵罗耶伽）。印度教徒对牛和树的崇拜也过多地吸引了他们的注意力。据他们报道，印度教徒的婚礼都很隆重，由婆罗门主持，婆罗门之间一般相互通婚。很多新娘还只是孩子，婚礼通常以奢华的仪式和婚宴结束，而这场婚姻要等到新娘青春期到来时才算真正完成。生产后四十天内的母亲是不洁的，生产十日后是命名仪式（Nāmakarana），随后孩子被第一次带入神庙。印度教徒将死者焚烧于圣河畔，有时则直接将尸体推入河中。寡妇，即便还是儿童的新娘，都要殉夫，否则终生蒙受耻辱。在莫卧儿统治下，殉节行为逐渐减少。奥朗则布极为强硬地迫害印度教徒，他捣毁神庙，禁止他们纪念自己的节日，并对其施加重税。尽管如此，大多数顽固的印度教徒仍坚持父辈的信仰，向婆罗门进贡，尊重瑜伽师。1666年日蚀时人们涌向河流和水池祭拜，这种对迷信的畏惧和1654年法国人面对日蚀时的反应相当。印度人遵循的历法是阴历，这点和穆斯林也不同。

最终被认可为独立宗教族群的耆那教徒受到欧洲作家的普遍关注，因为他们对各种生命的过度尊重已经到了让人感觉荒诞的地步。特维诺谈到，耆那教已经有两千多年的历史，教徒包括普通人和僧侣，宗教中心在古吉拉特。耆那教出家人的生活很特别，他们云游四方。耆那教僧侣成千上万，还有少量尼姑。对基督徒来说，袄教徒或从波斯来的拜火教徒（Zoroastrian）更容易交流。了解到他们逃亡到苏拉特周边地区的历史后，欧洲人称其为拜火教或拜日教。最重要的是，通过采访他们的神职人员，欧洲人了解到一些他们的口传历史和等级制度。他们了解了袄教徒和印度教徒定下的契约，并对他们的死亡仪式及天葬塔（Towers of Silence）特别好奇。本世纪早期，商人们报告锡克教徒的古鲁曾支持库斯鲁1606年的叛乱，但从此再无关于锡克人的任何资料。贝尔尼埃也谈到婆罗门对佛教徒的憎恨，也许是针对少数留在孟加拉的佛教徒。

在帝国沿海省份及内陆的商业中心都生活着很多外国人，他们来自周边国家、黎凡特（Levant）、欧洲、东南亚以及中国，其中最主要的亚籍外国人是亚美尼亚基督教徒（Christian Armenians）。喜欢浅肤色的莫卧儿人雇用了很多外国人为其宫廷和军队服务，其中最多的是波斯人，因此各种语言在帝国通用。根据欧洲的资料，很多印度词语来自梵语、波斯语、阿拉伯语、土耳其语、葡萄牙语、乌尔都语、印地语、马拉地语以及古吉拉特语的音译。罗伊略知宫廷波斯语，佩尔萨特和贝尔尼埃可用波斯语阅读和轻松交谈。曼里克懂乌尔都语，其他欧洲人，比如德拉·瓦勒在旅行时也学到一些波斯语、土耳其语和阿拉伯语。在西部，葡萄牙语可能是主要的商业通用语。欧洲人都认为梵语最难学，乌尔都语最容易。受过教育的本地人除了使用本省或本地区的语言外，也会波斯语、阿拉伯语、梵语和印地语。拥有地方志的地区很少，只有克什米尔一省拥有自己的史书。莫卧儿帝国前的历史则只有一些关于德里、古吉拉特和孟加拉的口传历史。莫卧儿历史可通过宫廷中存放的波斯编年史来了解。

834

最令欧洲人印象深刻的是各地的伟大建筑，虽然有些已成废墟。特维诺第一次书面介绍了埃洛拉的洞窟庙宇；奥维格顿和弗莱尔评价了象岛；卡雷里提供了前往甘赫瑞的详细指南。他们还描述了很多被破坏的大型建筑物，比如马图拉和贝纳勒斯宏大的印度教庙宇。对阿克巴陵墓和在阿格拉的泰姬陵则从其修建到完工进行了跟踪报道。他们也详细评价了莫卧儿的其他伟大建筑：法塔赫布尔·西格里废墟、江普尔的桥、德里的红堡和大清真寺。在古吉拉特的园林、大池塘和水井；德里和斯利那加的运河；德干山上的要塞都令他们很是钦佩。印度人，就像罗马人一样，都是伟大的建筑师。

其他印度文化和智识则没有引起如上的重视。耶稣会士、罗伊和贝尔尼埃对莫卧儿的绘画，特别是微型画很有兴趣，但却不欣赏其肖像画，认为他们只画出脸的轮廓。欧洲人认为印度的乐器、音乐、歌舞是很奇怪的艺术，要在长久接触后才能慢慢被其吸引。不可否认，印度人善于观察时间和尺寸，但他们的音乐却好像缺少和谐与旋律。他们的乐器，造型古怪，一般属于弦乐器、吹奏乐器和打击乐器。顺便一提，印度人对西方乐器同样没什么兴趣，只有风琴好像还有些吸引力。印度人的现代知识很简单：地理建立在神话宗教理念之上，认为世界是平的、三角形的；天文学只限于能准确推测出日蚀，且仅用于占星术。极少数人对西方的学问感兴趣，比如贝尔尼埃的赞助人，他阅读了这位法国医生提供的笛卡尔和伽桑狄作品的波斯译本。据说克什米尔人在诗歌和科学方面可以和波斯人相媲美。

　　公共教育很缺乏。穆斯林毫不关注孩子的受教育情况。很多穆斯林商人都是文盲，因此不得不雇佣巴涅人为他们阅读、书写和做账。印度教的孩子则由婆罗门教授读、写和算术（three R's）。在贝纳勒斯，梵学导师为婆罗门准备了三门课：梵文、宗教和哲学。虽然不学医学，婆罗门一般同时也是医师。他们有医药书籍，这些书籍主要是传统的药方集。他们基本不懂解剖学，因为他们的宗教不允许解剖。但不管如何，根据贝尔尼埃和弗莱尔医师的观察，本地的治疗方法和药物都很有效。确实大多数在印度的欧洲医生都认为他们需要从印度同行那里学习更多关于本地疾病的知识和治疗方法。在苏拉特的英国东印度公司甚至雇用了一位本地医师。虽然他们擅长算术，但印度人却没有自己的海军。1674年，皇帝在苏拉特只有4艘战舰和4艘朝拜船，在外海航行也只能雇用欧洲人来驾驶。

　　根据欧洲的资料，印度有82至84个种姓，这可能是与另一说法混淆了，据说灵魂在达到完美境界前要经历84种变形。《吠陀》将整个社会分为四个阶层或族群。随着时间演进，这些阶层又分为按职业划分的种姓和次种姓。婆罗门是阶层中的第一等级，它分为巴特人和其他没那么传统的族群。巴涅人根据职业分为27种次种姓。此外，欧洲人也提到生活在印度西南部的10种种姓，[550]并赞扬了3种低等种姓，这3种种姓任劳任怨做着其他种姓拒绝从事的工作。穆斯林、耆那教徒和波斯人也不知不觉受到印度教种姓制度的影响，甚至加以效仿。

　　印度人的服装都无需缝纫，各类服装都是用某些方法很有技巧地包裹住身体。服装风格从不改变，各地的男装都很类似。莫卧儿妇女常穿长裤，以此展示她们与印度教妇女和其他所有用纱丽包裹自己的妇女的不同。很多欧洲人在家时会穿印度男装，他们认为这种衣服干净、方便、舒服。

　　在住宅上，尽管每人都可选择自己喜欢的风格和规模，但各地区却有各自统一的建筑风格。印度教徒一般都住得很简朴，完全不能与他们拥有的财富相匹配，藏富是为了躲避莫卧儿官员强加的重税。在城市，富裕家庭的房屋一般为两层，有阳台，通常也有院子。室内铺着地毯，有小床、枕头和一些轻便的家具。穆斯林房屋的墙壁上不挂任何画像或图画。城镇和乡村的穷人都住在一间茅舍里，而且还要和家畜、神像共享这一空间。大多数印度人一生都生活在同一所简陋的房子里。家庭中，妻子负责园艺、烹饪并侍奉大家，洗衣的工作则交给负责洗衣的种姓。城市中有公共的土耳其浴室，但人们经常在河流、小溪和水池中沐浴。他们一般在家做饭，上午 8 点和下午 5 点是正餐时间。中午，因为太过炎热，只吃一些 "*dahī*"（凝乳）。穷人主要的食物有大米、黍米（ragi）和草根。印度教徒吃鸡蛋葱豆饭、几种小麦面包、青菜色拉、木薯、茄子和各种水果。他们喝葡萄汁、柠檬汁、茶、咖啡，偶尔也喝棕榈汁。除了这些，穆斯林也吃肉和一种糖果（*halwā*）。

836

常见病有痢疾、发烧、性病、粘膜炎、坏血病、咳嗽、关节炎、天花（特别是孩子）、霍乱、肿瘤、脚气（特别是欧洲人）以及眼部炎症。治疗这些疾病，本地医师使用的药物有水银粉、阿魏、大蒜、稀粥、姜、烙术、金鸡纳树皮、蛇石、犀角、马尔代夫椰子和龟蛋。欧洲人的治疗方式常常不如本地人的药物有效。婆罗门免费为人治病，有些瑜伽师也像是走街串巷的药师。印度人有良好的卫生学，在厕浴方面他们也有固定的规则。在拉贾布尔有一个富含矿物质的温泉。

被政府过度盘剥的工匠受到激发后可做出非常精美的工艺品。在纺织品的设计、纺织、印染镶嵌、象牙雕刻和玛瑙处理等方面他们比欧洲人更具天赋，但在切割和处理钻石上却难以和欧洲人相比。印度织工模仿欧洲的纺织花式，造船工人也很擅长抄袭欧洲人的工艺。印度的步枪可以和欧洲的相比，但大炮却明显很低级。印度人尤其擅长修建水池、运河和沟渠。他们能用碎布造纸，用榨糖作坊的设施浇灌花园和田地。他们的轿子和两轮牛车很实用，有时也是很有吸引力的运输工具。他们特别擅长铸币，作为银行家的巴涅人都有专门的账本，其外国客户甚至远达君士坦丁堡。对于欧洲的绘画术和钟表制造术，印度人毫无兴趣。在城市，他们用一种水表记时，一天分为 60 个单位，每个单位

24 分钟，或者说正好将一天 24 个单位、每个单位 60 分钟的欧洲记时方式反转过来。他们每年有三个季节而非四个。

印度教徒和穆斯林都酷爱运动、狩猎和竞赛。莫卧儿和其他穆斯林四处捕猎动物和鸟类。因为缺少猎狗，他们就训练别的动物替代。德里是帝国真正的动物园，为娱乐宫廷，这里定期举行动物角斗。在孟加拉，他们教鸟说话，到处都是装在笼中的鸟，他们训练信鸽传递消息，在街上耍蛇。马匹主要用于战争，牛则用于交通运输，所有这些用于交通的动物都受到精心照料。摔跤是最普遍的消遣方式，人们之间的争论很少会变成相互谩骂、严厉责备和打骂。各种年龄的人都喜欢下棋、打牌。孩子玩陀螺、喇叭和鞭炮。然而他们大多数的空余时间都花在向偶像祷告和嚼蒌叶（*pan*）上。

印度佣人都很诚实，因为对偷盗的惩罚非常严厉，小偷会被挂在道路两边的树上，杀一儆百。不听话或腐败官员的头骨被放在帝国大道边的石柱上。

印度女人比她们的欧洲姐妹成熟得更早，比男人更世俗。印度教的寡妇常被迫沦为妓女。一夫多妻制在各地都是合法的，在拉达克和其他北方地区也有一妻多夫。据说穆斯林男性尚男风。在霍利节和灯节（Diwali）上，人们纵情恣意，太监维护着后宫的道德。在正式场合，穆斯林不允许饮酒，但一些贵族却私下饮酒。在种植罂粟的孟加拉，很多人对鸦片上瘾，这是一种使身心俱伤的毒瘾。在海港城市，特别是在苏拉特和信德，有很多妓女和异装癖者。但大多数印度人都孝敬父母、慈爱孩子、顾惜病患。

注释：

[1] 参见原书第三卷第 414-418 页。V. Ball and W. Crooke (trans. and eds.), *Travels in India by JeanBaptiste Tavernier* (2d ed.; 2vols.; London, 1925); and A. Constable (ed.), *Travels in the Mogul Empire*, A.D. *1656-1658 by François Bernier* (2d ed.; Delhi, 1968)。

[2] 特维诺（伦敦，1687 年）的英译本被重新印刷、介绍、并被编辑在 S. Sen (ed.), *The Indian Travels of Thevenot and Careri* (New Delhi, 1949) 里。这篇介绍性的小品文包括对特维诺作品来源的精辟分析。有关特维诺更详细的参考文献，参见原书第三卷第 411 页。

[3] *A Voyage to Surat ,in the Year,1689* (London, 1696). 现代评论版是 H. G. Rawlinaon (ed.), *A Voyage to Surat in the Year 1689* (London, 1929)。更详细的参考文献参见原书第三卷第 579-580 页。

[4] *A New Account of East-India and Persia, in Eight Letters, Being Nine Years Travels, Begun 1672 and Finished 1681* (London, 1698) 是哈克路特学会（Hakluyt Society）出版的 William Crooke（"HS," 2d ser., XIX，XX，XXXIX; London, 1909-15）的现代评论版。更详细的文献和分析参见原书第三卷第 580-582 页。

[5] Sir Charles and Lady Fawcett and Sir Richard Burn (trans. and eds.), *The Travels of the Abbe Carré in India and the Near East, 1672 to 1674* (3 vols.: "HS," 2d ser., XCV, XCVI, XCVII, London, 1947-48).

[6] S. N. Sen (trans. and eds.), *Foreign Biogràphies of Shivaji* (2d rev. ed.; Calcutta, 1977), pp. 7-8 中的看法。森（Sen）将 "History of Sivaji" (*Voyage*, I, 49-100) and "Sequel to the History of Sivaji"(*ibid.*, II, 1-85) 翻译成英语。

[7] 1704 年它被翻译成英语并被收录入 Churchill:*Collection of Voyages*, Pt.III (1700)。丘吉尔英语译文中关于印度的一卷被再版并编撰在 Sen (ed.), *op. cit.* (n. 2) 中。更详细的参考文献，参见原书第三卷第 386-388 页。

[8] 卡雷里的书基本上分为两部分：日记以及他谈论到的普通背景资料。引用别人作品主要用于对广泛丰富的背景的描述。关于他对印度资料来源的分析，参见 Alberto Magnaghi, *Il viaggiatore Gemelli Careri (secólo XVII) e il suo "Giro del Mondo"* (Bergamo,1900), pp. 34-36, 47-48。

[9] 尼古劳·马努奇（Niccolao Manucci，1653—1708 年）精彩的《莫卧儿帝国》（*Storia do Mogor*)和其他一些相关材料没有被收录在内，因为在 17 世纪它们还尚未发表。对马努奇的《莫卧儿帝国》与同时代记述的对照，参见 G. L. Devra, "Manucci's Comments on Indian Social Customs and Traditions, in U. Marazzi (ed.), *La comoscenza dell' Asia... in Italia nei secoli XVIII e XIX* (2 vols.; Naples, 1984), I, 351-71。

[10] 参见 G. Z. Refai "Foreign Embassies to Aurengzeb's Court at Delhi" in R. E. Frykenberg (ed.), *Delhi through the Ages: Essays in Urban History, Culture, and Society* (Delhi, 1986), pp. 192-

204。

[11] 极有可能是关于撒马尔罕的兀鲁伯格（*Ulug-beg*），这是一所以数学和天文学闻名的大学。参见 Bernier in Constable (ed.), *op. cit.* (n. 1), pp. 116-19。

[12] 关于乌兹别克斯坦的衰落参见 Gavin Hambly *et al., Central Asia* (New York, 1969), chap. xiii。

[13] 迪尔克·范·阿德瑞亨（Dirk van Adrichem）在 1662 年至 1665 年间在苏拉特任领事。他的使团在 5 月 22 日至 12 月 15 日期间拜访了奥朗则布。关于他在东部的经历参见 W. Wijnaendts van Resandt, *De gezaghebbers der Oost-Indische Compagnie op hare buiten-comptoiren in Azië* (Amsterdam, 1944), p. 280。关于这次使团更多的细节，参见 A. J Bernet Kempers (ed.), *Journaal van Dircq van Adrichem's hofreis naar den Groot-Mogol Aurangzeb, 1662* ("WLV,"XLV; The Hague, 1941)。正如伯内特·喀姆波斯（Bernet Kempers）所指出（第 232 页），贝尔尼埃是第一位通过出版物向欧洲传递这次使团情况的人。塔韦尼耶可能在贝尔尼埃记述的基础上也谈到它。参见 Ball and Crooke (trans. and eds.), *op. cit.* (n. 1), I, 297。

[14] Bernier in Constable (ed.), *op. cit.* (n. 1), pp. 123-29。这封"言辞有礼的信"可能包括 1662 年 10 月 29 日的特许令，此令赋予荷兰人在孟加拉和奥里萨邦享受特权。

[15] 关于 1664 年 1 月西瓦吉对苏拉特的进攻，参见 B. G. Gokhale, *Surat in the Seventeeth Century* (London, 1979), pp. 24-25 和原书第三卷第 765-766 页。

[16] Constable (ed.), *op. cit.* (n. 1), pp. 133-44。这是莫卧儿历史学家唯一一次提到的非穆斯林的大使馆。参见 Refai, *loc. cit.* (n. 10), p. 194。

[17] Constable (ed.), *op. cit.* (n. 1), pp. 146-54。这是对 1661 年波斯大使的描述。关于奥朗则布与波斯的紧张关系，参见 J. Sarkar, *A Short History of Aurangzib* (3d. ed.; Calcutta, 1962), pp. 106-8。

[18] Constable (ed.), *op. cit.* (n. 1), pp. 154-66.

[19] 关于阿萨姆邦的经济和它在 17 世纪与莫卧儿进行的战争，参阅 the appendix by Amalendu Guha, in T. Raychaudhuri and I. Habib (eds.), *The Cambridge Economic History of India* (2 vols.; Cambridge, 1982), I, 478-86。同时参见 Tavernier in Ball and Crooke (trans. and eds.), *op. cit.* (n. 1), II, 216-24。

[20] Bernier in Constable (ed.), *op .cit* .(n. 1), pp. 169-73。米尔·朱木拉在 1657 年将达卡作为孟加拉的首都。攻打阿萨姆邦的远征队于 1661 年从达卡出发，米尔·朱木拉在 1663 年 3 月 31 日死于库奇比哈尔（Kuch Bihar）。

[21] *Ibid.*, pp. 174-82.

[22] *Ibid.*, pp. 182-91。关于 1665 年西瓦吉与贾·辛格的谈判和 1666 年对奥朗则布的访问，参见 J. Sarkar, *House of Shivaji* (3d ed.; Calcutta, 1955), chaps. ix-x。关于西瓦吉的更多资料，参见原书第三卷第 764-776 页。贾·辛格死于 1666 年。

[23] 拉·莫特·莱·瓦耶的作品主要关注于民族志学、地理学和历史学。他对亚洲文明的兴趣非常广泛。贝尔尼埃写的是德里的繁荣时期，通常认为它的衰落始于 1666 年沙·贾汗去世。参

见 Gavin Hambly, *Cities of Mughul India* (New York, 1968), p. 122。

[24] 在 20 世纪，这个城市被简称为"德里"或"旧德里"。沙贾汉纳巴德是"旧德里"的中心。现代新德里建于英国统治下，正式落成于 1931 年。

[25] 这个堡垒实际上是八面体建筑。

[26] *Lāl-gil'a*，或外国人熟知的红堡（Red Fort），于 1638—1648 年间由沙·贾汗所建。

[27] 这儿指的是 *Hayāt-Bakhsh-Bāgh* 或"生命花园"（Life-Giving Garden），参见 Y. D. Sharma, *Delhi and Its Neighbourhood* (New Delhi, 1944), p. 127。

[28] 关于烙印参见 William Irvine, *The Army of the Indian Moghuls* (London, 1903), pp. 49-51。

[29] Bernier in Constable (ed.), *op. cit.* (n. 1), pp. 239-47. 参阅 H. K. Naqui, "Shajahanabad, the Mughal Delhi, 1638-1803," in Frykenberg (ed.), *op. cit.* (no.10), pp. 143-51。

[30] "Kas" 来源于 *khaskhas*，即须芒草（*Andropogon muricatum*）（Retz）的根或谷子的桔梗。它的根部可用于竹帧绣或编织草席。"Kanays"（*khanas*，或房屋）有时由这些草席建成。这种草也用于扇子、茅草房和轿子的篷顶。参见 H. Drury, *The Useful Plants of India* (2d ed.; London, 1873), p. 42。

[31] 最近研究似乎表明这种说法太绝对，"不管它的相对情况如何，在绝对意义上有一个相当大的中等收入族群，他们包括低等官僚、手工业者、不需交租的财产持有人"。参见 T. Raychaudhuri in *The Cambridge Economic History of Indian* (see n. 19), I, 264。

[32] 据法国医生说，印度人很少患痛风、结石、肾病、伤风，或者"quartan agues"（反复发作的发热）。

[33] Bernier in Constable (ed.), *op. cit.* (n. 1), pp. 247-54.

[34] 特维诺详细描述了这种雕刻和镶嵌的过程。Sen (ed.), *op. cit.* (n. 2), p.55.

[35] 实际上所有莫卧儿的画像都只有侧面。

[36] Thévenot in Sen (ed.), *op. cit.* (n. 2), pp. 65-66. 关于印度的螺丝钉，参阅 A. J. Qaisar, *The Indian Response to European Technology and Culture (A.D.1498-1707)* (Delhi, 1982). p. 144。

[37] Sen (ed.), *op. cit.* (n. 2), p. 72.

[38] *Ibid.*, p. 85.

[39] 关于对贝尔尼埃估计的确认，参阅 *The Cambridge Economic History of India* (see n. 19), I, 284-86。

[40] 两位建筑师乌斯塔德·哈米德（Ustad Hamid）和乌斯塔德·艾哈迈德（Ustad Ahmad），在其他帝国官员的辅助下，监督建成了红堡。参见 R. Nath, *Monuments of Delhi. Historical Study* (New Delhi, 1978), p. 11。关于 1857 年红堡的计划，参见 John Murray (publ.), *A Handbook to Indian, Pakistan, and Burma and Ceylon* (18th ed.; London, 1959), p. 233。

[41] 这些雕塑一直立在德里门口直到奥朗则布派人将它搬走。1863 年，在堡垒的一些垃圾下面发现了它们。这两尊雕塑现在在德里的博物馆里，其中一尊石象立在公共花园里；另外一尊显然已经不见了。1903 年柯曾勋爵（Lord Curzon）让人做了两尊新的石象作为替代品立在那里。

[42] *Chandni Chowk* 或 "银街"（*Silver Street*）是这个城市的市场，它在红堡对面，沙·贾汗建造的大清真寺（即主清真寺）的后面。

[43] 这条将德里上游的河流和城堡连接的运河是在波斯人阿利·马尔丹汗（Ali Mardan Khan，死于 1657 年）的监管下所建，他用自己的名字为它命名。关于更详细的内容，参见 Hambly, *op. cit.* (n. 23), p. 103。

[44] 这是一个"被隐藏的市场"，在拉合尔城门后面，被称为 *Chhattā Lahouri Darwaza*。参见 Nath, *op. cit.* (n. 40), p.12。

[45] 事实上除了有些农村生产者会被派到当地的生产中心工作外，其他人基本上不可能改变自己的职业。

[46] 可能是 *Dīwān-i-'Ām*（公众厅）和 *Dīwān-i-Khās*（贵宾厅）的缩写。

[47] 实际上他们一天定时演奏五次。"双簧管"是 *shahnāi*，一种很长的双簧乐器，主要用于户外。参见 S. Krishnaswami, *Musical Instruments of India* (Delhi, 1965), pp. 63-64。

[48] 这是 *Dīwān-i-'Ām* 或公众厅。现代描述参见 Sharma, *op. cit.* (n. 27), pp. 123-24。

[49] 此处为宫殿露台（*Jharokah*）。

[50] 参阅原书第三卷第 636-639、641-642 页关于接见室的描述。

[51] Constable (ed.), *op. cit.* (n. 1), pp. 254-68. *Khās Mahal*（私人宫殿）是宫室居住的住处。更详细的描述，参见 Sharma, *op. cit.* (n. 27), p. 125., and Nath, *op. cit.* (n. 40), pp. 13-14。

[52] 关于称重仪式参见原书第三卷第 691-692 页。礼物被叫作 *Pesh-kash*，按照"奥姆勒赫"的等级和供奉而分给他们相应价值的礼物。

[53] The *Khush Ruz or Mina Bazaar*. 参见 M. A. Ansari, *Social Life of the Mughal Emperors* (Allahabad, 1974), pp. 85-86。

[54] Bernier in Constable (ed.), *op. cit.* (n. 1), pp. 268-78.

[55] 大清真寺是印度最大的清真寺，于 1650—1658 年间由沙·贾汗建造。它位于红堡西边 1 000 码处，现今仍发挥着功能。"在庇护下的清真寺"是避难所或祷告厅。更详细的内容参见 Nath, *op. cit.* (n. 40), pp. 57-59。

[56] 此建筑建于 1650 年，如今已不复存在，唯残留靠近月光集市（*Chandni Chowk*）的花园 *Begum-ka-Bagh*。参见 *ibid.*, p. 59。贝尔尼埃对印度旅馆的印象并不总是如此之好。

[57] 在 1650 年间巴黎的人口约 30 万人。

[58] 这个清真寺建于公元 1200 年，很明显是建在印度教寺庙的废墟之上。墙壁上有大量阿拉伯书法风格的题词，有些石头上有早期的印度教碑文。

[59] 沙·贾汗于 1632 年始建夏利玛花园，花园建在德里北部仅 6 公里处，在这里，奥朗则布于 1658 年举行了他的第一次加冕礼。

[60] Bernier in Constable, *op. cit.* (n. 1), pp. 278-84. 这个寺庙毁于 1669—1670 年间，当时奥朗则布命令拆除所有异教徒的寺庙。参见 H. H. Dodwell (ed.), *The Cambridge History of India* (6 vols.; Cambrid 1922-53), IV, 241-42. 一座清真寺建在此处，这个城镇的名字也被改为伊斯兰

堡（Islamabad）。关于印度教徒朝圣之所的马图拉寺庙参见 Tavernier in Ball and Crooke (trans. and eds.), *op. cit.* (n. 1), II, 186-89 中的长篇描述，并参见 Sarkar, *op. cit.* (n. 17), pp. 147-48。

[61] 关于印度的荷兰东印度公司，参见原书第三卷第 48、51-54、57-59 页。

[62] 塔韦尼耶可能在贝尔尼埃的陪同下参观过这儿，他声称亲眼目睹了它的"奠基和落成"。这项工程耗时长达"二十二年"。参见 Ball and Crooke(trans. and eds.), *op. cit.* (n. 1), I, 91。它事实上建于 1631—1648 年期间。

[63] Constable (ed.), *op. cit.* (n. 1), pp. 284-99.

[64] Fryer in Crooke (ed.), *op. cit.* (n. 4), II, 106-7. 前一段引自 Bernier in Constable (ed.), *op. cit.* (n. 1), pp. 205-10。

[65] Bernier in Constable (ed.), *op. cit.* (n. 1), pp. 210-11. 关于作为帝国军官的拉其普特王子，参见 R. C. Hallissey, *The Rajput Rebellion against Aurangzeb* (Columbia, Mo., 1977), chap. Iii。

[66] 在莫卧儿时代这个称谓"适用于所有拥有曼萨卜（军衔）、统帅 1 000 名或以上士兵的军官，例如官员阶层中的高层"（M. Athar Ali, *The Mughal Nobility under Aurangzeb* [Bombay, 1966], p. 2）。

[67] 参阅 *ibid.*, pp. 18 , 63-65. 贝尔尼埃坚持认为，一个拥有白种人面容并自认为是伊斯兰教徒的外国人就会被当作莫卧儿人 (Constable[ed.],*op. cit.*[n. 1], pp. 3,212,404)。弗莱尔也有类似的说法，参见 Crooke (ed.), *op. cit.* (n. 4), II, 110。

[68] 它的真正意思是"自治的首领"。参见 Ovington in Rawlinson (ed.), *op. cit.* (n. 3), p.110。来自贝尔尼埃其余段落的描述在 Constable (ed.), *op. cit.* (n. 1), pp. 211-12 中。

[69] 贝尔尼埃关于大多数"奥姆勒赫"都是外国血统的结论需要证实。在 1658—1678 年期间，来自国外的"奥姆勒赫"的数量好像少于一半。参见 Athar Ali, *op. cit.* (n. 66), p. 17。

[70] 莫卧儿贵族基本上是军事贵族，正如贝尔尼埃 (Constable [ed.], *op. cit.* [n. 1], p.212) 用 *hazāri* 来称呼统领 1 000 匹马的指挥官时所表明的。这种曼萨卜达尔制度将"军队、贵族和公众管理结合在一起"。参见 Abdul Aziz, *The Manasbdārī System and the Mughul Army* (Delhi, 1972), p. 1。

[71] 关于 *suwār* 阶层的待遇，根据 Aziz, *op. cit.* (n. 70), p. 151, n. 2。

[72] 参见 *ibid.*, p. 100。

[73] 对这个有些混乱的说法的解释，参见 *ibid.*, p. 152, n. 1。

[74] Bernier in Constable (ed.), *op. cit.* (n. 1), pp. 212-13. 并参见 Aziz, *op. cit.* (n. 70), p. 152, n. 2。

[75] Fryer in Crooke (ed.), *op. cit.* (n. 4), II, 110.

[76] Bernier in Constable (ed.), *op. cit.* (n. 1), pp. 213-14.

[77] 对不同等级非常复杂的薪酬体制，参见 Athar Ali, *op. cit.* (n. 66), pp. 43-53。

[78] 在奥朗则布时期，曼萨卜达尔的数量可能不超过 8 000 人。参见 *ibid.*, p. 7。

[79] *Topkhāna-i-rikāb*, 或"马镫里的大炮"。

[80] 这些战场上的小型枪支称为 *shutarnāls*。一种被叫作骆驼炮（*zamburak*）的进攻性武器在骆

驼跪下时开火。参见 R. R. Puhl, *Armies of the Great Mughals* (New Delhi, 1978), p. 93。

[81] 关于这个数字的准确性，参阅 Aziz, *op. cit.* (n. 70), p. 23。

[82] 利用这种计算方式，奥朗则布在统治初期军力约为 30 万。参阅坎大哈围攻期间（1649—1653 年）的军队和装备表 *ibid.*, pp. 234-35。关于 1647 年稍高一些的估计。参见 *The Cambridge History of India* (see n. 60), IV, 316。

[83] 在阿克巴时期，营地跟随者都被归入步兵。参见 Bernier in Constable (ed.), *op. cit.* (n. 1), pp. 215-21。

[84] *Ibid.*, pp. 224-25.

[85] *Ibid.*, pp. 217-19. 最早用手枪是在奥朗则布统治时期，当时被称为 *tamanchah* 或 *tapanchah*。参见 Puhl, *op. cit.* (n. 80), chap. x.。关于传到印度的手枪的介绍，参见 Qaisar, *op. cit.* (n. 36), p. 54。

[86] 骑兵特别的重要性，参见 Puhl, *op. cit.* (n. 80), pp. 57-64。

[87] Fryer in Crooke (ed.), *op .cit*.(n. 4), II, 112-14.

[88] "前臂护甲"从法国而来，*avant-bras*，是专为前臂准备的盔甲。

[89] Thévenot in Sen (ed.), *op. cit.* (n. 2), pp. 61-62.

[90] 参见原书第三卷第 605-606 页。关于罗伊列表中的学术和学术争论的总结，参见 P. Saran, *The Provincial Government of the Mughals, 1526-1658* (2d ed.; New York, 1973), pp. 71-101。

[91] 这个省由督军（*nazim*）管理，更常见的是由沙哈巴德管理，其政府是中央政府的缩影，大部分官员在省城工作。参见 J. Sarkar, *Mughal Administration* (3d ed.; Calcutta, 1972), p.37。大区是村庄和土地的联合体，由 *chaudhuri* 管理，他负责为皇家征税。参见 *The Cambridge Economic History of India* (see n. 19), I, 58。关于这些省级分支机构的一般论述，参见 Saran, *op. cit.* (n. 90), chap. vi。

[92] 这只是土地税，而且贝尔尼埃自己也在怀疑其准确性和可信度。他并没指出来源。他的数据被爱德华·托马斯（Edward Thomas）在 *The Revenue Resources of the Mughal Empire in India from A.D. 1593 to A.D. 1707* (London, 1871) 中仔细考察。W.H. Moreland, *From Akbar to Aurangzeb, A Study in Indian Economic History* (London, 1923), pp. 327-28 中表达了更多对其的质疑。大约在 1690 年奥朗则布名义上的土地收入共计 33 450 万卢比。参见 *The Cambridge Economic History of India* (see n. 19), IV, 316.I. Habib, *The Agrarian System of Mughal Indian (1556-1707)* (Bombay, 1963), 附录 D 中包括贝尔尼埃提供的评估税收（*Jama*）和实际税收（*Hasil*）的数据。

[93] Bernier in Constable (ed.), *op. cit.* (n. 1), pp. 455-60. 特维诺关于印度（莫卧儿帝国）的描述是根据省份来组织的。他列举了 22 个，或者比贝尔尼埃多两个。I. Habib, *An Atlas of the Mughal Empire* (Delhi, 1982), 地图 OA 在 1601 年列出了 22 个。由于特维诺只在古吉拉特、德干和戈尔康达旅行过，所以他关于其他省份的报告，很多都是道听途说。

[94] Constable (ed.). *op. cit.* (n. 1), pp. 400-431. 这些信件交给"德·梅尔维耶先生（Monsieur de

Merveilles)"。旅程的细节很好地总结于 J.P. Ferguson, *Kashmir An Historical Introduction* (London, 1961), pp. 150-56。贝尔尼埃（还有弗格森 [Ferguson]）记载的奥朗则布唯一一次访问克什米尔的时间是 1665 年，萨尔卡尔爵士在奥朗则布传记中记录的时间为 1663 年。(*History of Aurangzib, Mainly Based on Persian Sources* [2d rev. ed.; Calcutta, 1921], III, 14; V, 339) 因为我们引用贝尔尼埃的记述，我们采用他提供的时间。

[95] 关于他的病情，参见原书第三卷第 709-710 页。

[96] 这是印度教传统。卡彻博（Kacheb）是 Kasyupa 的波斯形式，是指在巴拉穆拉建造渠道或者小瀑布的哲人（*rishi*）或圣人。

[97] 这部以诗歌形式写成的梵语历史记录被称作《国王河》（*Rajatarangini* 或 "River of Kings"）。作品创作于公元 1148—1150 年间。作者是卡兰纳（Kalhana），他的父亲昌帕卡（Chanpaka）曾是戒日王（King Harsha，统治时期为 1089—1101 年）的大臣。自穆斯林从 1339 年开始统治后，此书逐渐被翻译成波斯文。在贾汗吉尔的命令下，长达 8 本的波斯版在 1617—1620 年间由海达尔·马利克（Haidar Malik）缩写和续写。海达尔·马利克是克什米尔贵族的儿子。这部缩写并续写的版本涵盖了从莫卧儿建国之始到阿克巴统治时期克什米尔的历史。根据贝尔尼埃写给读者的信函，他曾经答应翻译海达尔·马利克的作品。卡兰纳的《国王河》的英文译本由奥若·斯坦（Aurel Stein）1900 年在伦敦出版。另一部由 R. S. 潘迪特（R. S. Pandit）翻译的英译本 1935 年在新德里出版。

[98] 实际上杰赫勒姆河（Jhelum）在流入木尔坦南部的印度河之前先与切纳布河（Chenab）和拉维河汇合。

[99] 斯利那加（Srinagar）是它的印度名称，它在穆斯林时代衰落了，这个城市也被简称为克什米尔。1819 年锡克教徒攻克它时恢复了它的印度名称并沿用至今。

[100] 哈里帕尔巴特（*Hari Parbat*），"真主哈里之山"（5 671 英尺高）在城市北部，一座建立于 16 世纪末阿克巴时期的城墙将之包围。参见 Murray (publ.), *op. cit.* (n. 40), p. 522。这座堡垒建于 18 世纪，现在仍立在山顶。参见 Ferguson, *op. cit.* (n. 94), p. 38。

[101] 这座石质的印度寺庙是 8 世纪的圣人尚卡尔阿查里亚（Shankar Acharya）所建。11 世纪初穆斯林入侵，其中一部分被改建为清真寺。按照贝尔尼埃的记述，穆斯林相信它是所罗门王去克什米尔时创造的，这位博学的法国医生怀疑这一传说。今天它被称为尚卡尔宗教大师山（Shankar Acharya Hill）。参见 Murray (publ.), *op. cit.* (n. 40), p. 522。

[102] 著名的"漂浮花园"位于达尔科特瓦（Dal Kotwa）的某些岛屿之间。贝尔尼埃这儿提到的"山杨树"可能指的是 *chenār* 或东方悬铃树。

[103] 由贾汗吉尔建造的夏利玛园（Shalimar Bagh）已被毁灭，贝尔尼埃 1665 年的描述为我们留下了它昔日的辉煌。参阅 Ferguson, *op. cit.* (n. 94), pp. 120-22，它被重修并依然由印度政府保留，尽管建筑已非莫卧儿风格。

[104] 参阅 *Ibid.*, pp. 156-57。

[105] 这是一个在山谷东端的泉。*Ibid.*, p.157.

[106] 参阅 *ibid.*, pp. 126-27. 对现代阿查巴尔花园的详细描述，参见 S.C. Koul, *Srinigar and Its Environs* (3d ed.; Srinagar, 1962), pp. 53-55。

[107] 韦尔纳格（Vernag）或尼拉纳格（Nila Nag）花园由贾汗吉尔建于 1620 年，它毗邻印度最大的泉之一，也靠近杰赫勒姆河。关于其历史和现状参见 Ferguson, *op. cit.* (n. 94), pp. 128-29 and Koul, *op. cit.* (n. 106), pp. 58-59。

[108] 参阅 Ferguson, *op. cit.* (n. 94), pp. 157-58。

[109] 这是伍拉尔湖（Wular Lake），杰赫勒姆河流经此湖。现代描述参见 Koul, *op. cit.* (n. 106), pp. 45-46。

[110] 可能是贡嘎巴尔湖群（Gungabal Lakes）之一，它们最初由周围的冰川融化形成。

[111] 在这种一妻多夫制的形式下，一个家庭中的兄弟们通常只有一个妻子。参阅 P. N. Chopra, *Ladakh* (New Delhi, 1980), p. 48. 关于现在藏族兄弟间共享一妻的制度的研究，参见 Nancy E. Levine, *The Dynamics of Polyandry* (Chicago, 1988)。

[112] 可能提到的是 1638 年对拉达克的袭击，当时阿利·马尔丹汗是克什米尔的统治者。

[113] 藏传佛教（Tibetan Buddhists）的红教（Red Cap sect）教徒被称为竹巴（*Dukpa*）或夏玛巴（*Shammar*）（《印度文化词典》的拼写为 *Shamar*。——译者注）。

[114] 关于西藏使团，参见 Constable (ed.), *op. cit.* (n. 1), pp. 421-25. 五世达赖喇嘛与莫卧儿争夺对拉达克和巴尔蒂斯坦的控制权。关于西藏参见 Chopra, *op. cit.* (n. 111), pp. 26-27，并参见原书第三卷第 1773-1183 页。

[115] 参阅 C. Wessels, S. J., *Early Jesuit Travellers in Central Asia 1603-1721* (Hague, 1924), p.13。

[116] 被叫作 *jholas* 的绳悬索桥在克什米尔和西藏的高山地区较常见。

[117] *Mamiran* 这种药材仍然在旁遮普和克什米尔的市场上出售，治疗眼疾之前要碾碎并混合玫瑰香水。

[118] 这条路线从巴特那城出发，穿过尼泊尔（Nepal），到日喀则（Shigatse），然后进入拉萨（Lhasa）。

[119] 实际上这条路线几乎在斯利那加的正北方向。

[120] 完美的中亚贸易总线路图参阅 Wessels, *op. cit.* (n. 115) 一书的附录。

[121] 他第一次的访问日期不为人知。第二次旅行是在他从克什米尔回来不久的 1665 年，在去戈尔康达的路上。关于贝尔尼埃对孟加拉的感受，参见 Constable (ed.), *op. cit.* (n. 1), pp. 437-46。

[122] 1666 年 2 月塔韦尼耶在卡西姆巴扎尔。他与阿诺德·范·瓦赫腾东克 (Arnold van Wachtendonck) 同住，阿诺德·范·瓦赫腾东克是在孟加拉的荷兰事务临时负责人，总部设在胡格利。

[123] 欧洲的船只主要从孟加拉携带酥油到另外的印度港口。酥油装在叫作 *kuppah* 的干皮囊里运输。

[124] "Bouleponge" 是饮料和酿造它的器皿的名称的有趣结合。Bowle 仍是德语的潘趣酒，英语中的"潘趣酒"可能源自波斯的 *panj* 或者印度的 *pānch*，两词的意思都是"五"，因为这种

饮料通常由五种原料构成：亚力酒、糖、酸橙汁、香料和水，而非贝尔尼埃的配方，参见 H. Yule and A.C. Burnell, *Hobson-Jobson* (London, 1886; new ed., edited by W. Crooke, London, 1903, reprinted New Delhi, 1968), pp. 737-39。但是牛津英语词典认为潘趣酒（punch）一词词源不详。贝尔尼埃作品的编辑，法国旅行家德·拉布拉耶·勒古兹（De La Boullaye le Gouz，约 1653 年）认为 "Bouleponge" 最早是英文词汇。牛津英语词典认为 "它是从英语词汇 'bowl o'punch' 的谐音演变而来，本词在 17 世纪已经很普及了"。

[125] 那时比布利是在奥里萨邦沿海地区最主要的港口。因为河道变化，港口后来完全消失。

[126] Constable (ed.), *op. cit.* (n. 1), pp. 429-31,437-46.

[127] *Ibid.*, p. 456.

[128] 这儿指的是多边形的哈乌兹 - 库特卜（Hauz-i-Qutb）或坎卡里亚池，它是印度最大的水池之一，面积有 72 英亩，据说是在 1451 年建成的。Murray (publ.), *op. cit.* (n. 40), p.165.

[129] Thévenot in Sen (ed.), *op. cit.* (n. 2), pp. 11-12.

[130] 据特维诺所说，现代巴罗达建在拉贾布尔古城之上或古城附近。

[131] Sen (ed.), *op. cit.* (n. 2), pp. 44-46.

[132] 作为古吉拉特的第 36 位总督，穆罕默德·阿敏汗的统治时期为 1672 年至 1682 年。

[133] Fryer in Crooke (ed.), *op. cit.* (n. 4), I, 300-303. 实际上莫卧儿按照奥朗则布的指示开始建设西海岸海军。参阅 A. D. Roy, *A History of Mughal Navy and Naval Warfares* (Calcutta, 1972), chap. Vii。

[134] 指的是当时海得拉巴西部的山地国家。在特维诺所处时期，巴拉卡德位于德干的莫卧儿—比贾布尔战争的中心地带。参见 Y. M. Khan, *The Deccan Policy of the Mughuls* (Lahore, 1971), p. 263。

[135] 从 1636 年到 1644 年，再从 1652 年到 1658 年，奥朗则布是德干的总督，首府在奥兰加巴德。他的第一任妻子迪勒拉斯·巴努·贝加姆（Dilras Banu Begam），于 1657 年 10 月 8 日死在这里。她的陵墓是在 1660 年建造完成的。

[136] Thévenot in Sen (ed.), *op. cit.* (n. 2), p. 103.

[137] 奥兰加巴德是莫卧儿德干四省之一。在奥朗则布当总督的第一个时期，为了更好管理这个众人抢夺的地区，就在此设立四省。参见 Y. M. Khan, *op. cit.* (n. 134), pp. 187-88。

[138] Thévenot in Sen (ed.), *op. cit.* (n. 2), pp. 113-14. 这个统治者的官邸是由艾哈迈德沙 - 阿瓦利（Ahmad Shah-al-Wali）在 1428—1432 年间建造的。关于比德尔的防御工事，参见 S. Toy, *The Strongholds of India* (London, 1957), chap.viii.。并参见 G..Yazdani, *Bidar: Its History and Monuments* (Oxford, 1947)。

[139] Thévenot in Sen (ed.), *op. cit.* (n. 2), pp. 75-76. 参见插图 111。

[140] Careri in *ibid.*, p.211. 1691 年，莫卧儿向南推进到坦焦尔（Tanjore）和特里奇诺波利（Trichinopoly）。

[141] 海港在莫卧儿统治下形成一个独立的政府单位。苏拉特，当时为最重要的港口，被指定作

为行政区，或税收区，此地区包括城市本身和周边地区。参见 Saran, *op. cit.* (n. 90), pp. 198-200。它又被分为 *mahāls*（分区），参见 Gokhale, *op. cit.* (n. 15), p.51。

[142] 参见 Thévenot in Sen (ed.), *op. cit.* (n. 2), pp. 26-27。穆夫蒂解释伊斯兰的法律，在涉及穆斯林的刑事诉讼的判决方面为卡兹提供法律基础。

[143] *Ibid.*, pp. 27-28。严格地说，这个官员负责内部防御、健康卫生和所有其他市政功能。参见 Saran, *op. cit.* (n. 90), p. 158。

[144] 关于福季达尔，参见 Saran, *op. cit.* (n. 90), p. 164。

[145] 参阅 Gokhale, *op. cit.* (n. 15), pp. 67-68。

[146] Thévenot in Sen (ed.), *op. cit.* (n. 2), pp. 28-29。

[147] Fryer in Crooke (ed.), *op. cit.* (n. 4), I, 241-46.

[148] 穆斯林的关税废除于 1667 年。

[149] Crooke (ed.), *op. cit.* (n. 4), I, 246-48. 参阅 M. S. Commissariat, *A History of Gujarat* (2 vols.; Bombay, 1938, 1957), II, 375-76。

[150] 《1663 年印葡之间新海路陆路记述》（*Relação do novo caminho que fez por terra e mar, vindo da India para Portugal , no ano de 1663...*）一书的最新版本（Lisbon，1944 年）中有 A.R. 马查多做的介绍。关于苏拉特这章的英文翻译参见 G. M. Moraes (trans.), "Surat in 1663 as Described by Manoel Godinho," *JRAS, Bombay Branch*, XXVI(1952), 121-33. 约翰·科雷亚 - 阿方索 S.J. 神父（Father John Correia-Afonso, S. J.）准备出版全书的英文译本。更多参考书目参见原书第三卷第 354 页。

[151] 关于苏拉特的人口，参阅 Gokhale , *op. cit.* (n. 15), pp. 10-11。他没有引用戈迪尼奥的资料，参见原书第三卷第 744 页。

[152] 对巴涅人的房子"结构简单"的对比研究，参见 *ibid.*, pp. 15, 41. 因为戈卡莱（Gokhale）的观察报告源自特维诺和其他一些后期作家的记述，因此反映的可能是受 1664 年西瓦吉洗劫而被毁坏的城市。

[153] 萨伊德·依鲁斯（Saiyad Idrur）清真寺可能建于 1639 年。

[154] 二十五年前曼德尔斯罗就有报告称这个城市只有三个门，参见原书第三卷第 669 页。早期的城墙可能因 1657 年穆拉德入侵而被毁坏。参见 Tavernier in Ball and Crooke (trans. and eds.), *op. cit.* (n. 1), I, 262-64。

[155] 曼德尔斯罗在 1638 年的报告中指出货物的关税是 3.5%，金和银是 2%。参见原书第三卷第 668 页，其他人认为一般关税是 2.5%，参见原书第三卷第 754 页。

[156] 这个故事在 17 世纪被许多欧洲作家反复讲述，祆教徒的经书中建议僧侣在必要情况下用水灭火。

[157] 英国和荷兰的公墓依然被印度政府作为历史古迹保留着。

[158] 或许是再一次提到的戈皮池，它实际上由两个蓄水池构成。参见原书第三卷第 617、652、661、746、751 页。

[159] 提及的可能是 *chirah*，这种御用头巾专门供帝王显贵之用。贵族们佩戴它是被宠爱的标志。参见 Ansari, *op. cit.* (n. 53), p. 11。

[160] 这位行政长官是穆斯塔法汗（Mustafa Khan）。参见 Gokhale, *op. cit.* (n. 15), p. 71。

[161] 关于作为情报人员的 *harkaras*，参见 Saran, *op. cit.* (n. 90), pp. 184-86。

[162] 前面所述都建立在戈迪尼奥在 Moraes, *loc. cit.* (n. 150) 中翻译的关于苏拉特的一章。

[163] 在他的 *Travels into the Levant* (London, 1687), Pt. II, p. 196。

[164] Sen (ed.), *op. cit.* (n. 2), pp. 1-4.

[165] 这堵新墙，即早已闻名的 *Sheherpanah*（城市的保护）或内壁，显然已建好十多年了。这里在 19 世纪早期就变成了一片废墟。参见 M. S. Commissariat, *Studies in the History of Gujarat* (Bombay, 1935), pp. 82-83，并参见 Gokhale. *op. cit.* (n. 15), pp. 11-12 以及莱斯特拉对其完好状态时的记述，原书第三卷第 748 页。

[166] 这座堡垒由胡达万德汗（Khudawand Khan）建于 1540 年，他从 1538—1546 年间在苏拉特任行政长官，保护城市不受葡萄牙人的侵犯。

[167] *Gabr* 意为 "异教徒"，是诅咒语。

[168] 关于这个富商，参见 Gokhale, *op. cit.* (n. 15), chap. viii。在宗教信仰上他是一个耆那教教徒，在他的团体中他是一个领袖。特维诺声称是他的朋友，但是未能谈及任何关于他宗教信仰的事情。

[169] 参阅 Gokhale, *op. cit.* (n. 15), pp. 15-16。特维诺解释说不用本地木材是因为高昂的陆路运输费用。

[170] Thévenot in Sen (ed.), *op. cit.* (n. 2), pp. 22-23.

[171] 特维诺的 "野藏红花" 是一种印度常见的可榨油的蓟种子。另一种是芝麻（*Sesamum indicum*），可以榨油。参见 George Watt, *A Dictionary of the Economic Products of India* (7 vols. in 10; Calcutta, 1885-96), II, 378; VI, 502。

[172] Sen (ed.), *op. cit.* (n. 2), pp. 23-26. 塔韦尼耶更擅长商务。参见 Ball and Crooke (trans. and eds.), *op. cit.* (n. 1), I, 7-32。

[173] 关于 1664 年法国东印度公司的形成，参见原书第三卷第 96 页。

[174] Sen (ed.), *op. cit.* (n. 2), pp. 29-31. 科尔伯特（Colbert）派弗朗索瓦·德·拉布拉耶·勒古兹（François de La Boullaye Le Gouz）和 "一位 M. 贝伯（M. Beber）" 去莫卧儿皇帝处获取在苏拉特进行贸易的允许。勒古兹是阿格拉的官方使者，他于约 1548 年访问印度并在 1653 年出版了他在东方的旅行见闻，即《游历》（*Les voyages et observations*）。他于 1666 年 8 月到达阿格拉，从奥朗则布处获得必要的许可。贝伯待在苏拉特为法国的商务打下了基础。两年后法国开始与苏拉特有贸易往来。

[175] Sen (ed.), *op. cit.* (n. 2), pp. 33-34. 关于 "Vertias" 或 "Vartias" 参见 *Asia*, I, 459-60。

[176] 关于戈皮池，参阅 Commissariat, *op. cit.* (n. 165), pp. 97-108 和原书第三卷第 617、652、661、743 页。这个蓄水池现在已经完全消失了。

[177] 奥朗则布的姐姐贾哈纳拉·贝迦穆可能拥有其中一座园林。

[178] 参阅 Commissariat, *op. cit.* (n. 165), p. 93。

[179] 大摩耶夫人是雪山神女母亲的名字，雪山神女是湿婆的第一夫人。参见 G. Liebert, *Iconographic Dictionary of the Indian Religions* (Leyden, 1976), p. 159。

[180] 塔普蒂兴起于穆尔太（Multai）附近的中央邦（Madhya Pradesh）的贝图尔县（Betul district）。它的名字来自梵文 "*tap*"，意为 "热"。参见 B. C.Law (ed.), *Mountains and Rivers of India* (Calcutta, 1968), p. 271。

[181] 苏瓦利大约距城市 12 英里。参见插图 1。

[182] Thévenot in Sen (ed.), *op. cit.* (n. 2), pp. 34-38.

[183] 关于卡龙的角色，参见原书第三卷第 97-99 页。

[184] 关于文献资料和完整的标题，参见原书第三卷第 418 页。

[185] L'Estra, *Relation ou journal*, pp. 53-57. 这和英文报道相背，英文报道中说法国收买了西瓦吉，英国和荷兰是自我防卫。参见 Gokhale, *op. cit.* (n. 15), p.25。

[186] L'Estra, *op. cit.* (n. 185), p.38. 这一断言再次与其他同时代和后来评述者的看法背道而驰。

[187] 参见原书第三卷第 422 页。

[188] Pt. II. Bk. 2. Rennefort 将特维诺或者其他法国作家的资料据为己用，补充了自己的日志。

[189] 奥朗则布的赦令在 *Histoire*, pp. 286-88, 卡龙的信件在 313-314 页。在马苏利帕塔姆建立法国商馆的努力，参见原书第三卷第 1076 页，注释 291。

[190] 参阅原书第三卷第 754-755 页。

[191] 弗莱尔称学徒为 "蓝衣男孩"，他们是慈善机构中的孩子，这些孩子都穿着被救济的蓝色衣服。

[192] 万丹（Bantam）总裁这一职务设立于 1603 年，在那时已经独立于苏拉特。他管理着东印度群岛、孟加拉湾和印度的科罗曼德尔海岸等处的英国公司。

[193] Fryer in Crooke (ed.), *op. cit.* (n. 4), I, 210-27. 在苏拉特的商馆参阅 Commissariat, *op. cit.* (n. 149), II, 371-74。

[194] Crooke (ed.), *op. cit.* (n. 4), I, 248-52. 参阅 Commissariat, *op. cit.* (n. 149), II, 376-77。

[195] 戈皮池显然已经干枯，它在 1674 年被人遗忘，1717 年完全毁掉。

[196] Fryer in Crooke (ed.), *op. cit.* (n. 4), I, 252-69. 关于波斯语 *lashkari*（军人）令人困惑的历史，参见 Yule and Burnell, *op. cit.* (n. 124), pp. 507-9。

[197] 最近，刚玉粉被混合到溶解的虫胶中，Crooke (ed.), *ibid.*(n. 4), p. 284, n. 2。

[198] 后来，大约在 1685 年爆发了瘟疫，并在苏拉特肆虐了六年。参见原书第三卷第 755 页。

[199] 这确实是阿魏胶，一种树胶脂，至今作为药品和调味品仍然普遍应用于印度。参见 Yule and Burnell, *op. cit.* (n. 124), pp. 481-19。

[200] 可能是从干果树（腰果）中提取出来的收敛剂。

[201] Fryer in Crooke (ed.), *op. cit.* (n. 4), I, 288-89.

[202] *Ibid.*, II, 114-15.

[203] Rawlinson (ed.), *op. cit.* (n. 3), p. 100.

[204] 这里对州长任期长短的说法是正确的。参见 Gokhale, *op. cit.* (n. 15), pp. 70-71。

[205] Rawlinson (ed.), *op. cit.* (n. 3), pp. 129-34.

[206] *Ibid.*, pp. 136-39.

[207] *Ibid.*, p. 210. 参阅原书第三卷第 740 页。

[208] *Ibid.*, pp, 225-44; 并参见 1638 年以来英国商馆的雕刻品，facing p.226。

[209] 大概因为缺乏维生素 B1。

[210] Ovington in Rawlinson (ed.), *op. cit.* (n. 3), pp. 203-5. 可能是水银粉。

[211] 关于苏拉特区的帝国官员向分区征税的情况，参见 Gokhale, *op. cit.* (n. 15), p. 51。

[212] Careri in Sen (ed.), *op. cit.* (n. 2), pp. 163-66.

[213] 参阅 1660 年 M.D. 大卫（M. D. David）的地图, *History of Bombay,1661-1708* (Bombay, 1973), facing p.9。弗莱尔的地图 (in Crooke[ed.], *op. cit.*[n. 4], I, facing p. 131) 在细节上是不正确的。

[214] 弗莱尔误用了一些地名，比如卡纳拉，这反映了欧洲人对大陆上地理区划的不确定性。早期旅行家一般认为孟买源自葡萄牙语 "Bom" 意为 "好"，而 "Bahia" 的意思是 "海湾"，它实际上来自女神穆姆巴（Mumba Devi）的名字，她是科利渔民的神。参见 David, *op. cit.* (n. 213), p.6.

[215] 撒尔塞特岛其实是一个孤立的岛屿，源自马拉地语 *shashti*，"六十六"，因为通常认为此岛由 66 个村庄组成。弗莱尔对这些岛屿的描述，就像他的地图，在许多细节上都是错误的。那 7 个岛屿分别是孟买岛、撒尔塞特岛、特朗贝岛、象岛、坎德里岛（Khanderi）、翁德瑞岛（Underi）和亨利·劳伦斯岛（Henery）（应该为 Henry Lawrence Island。——译者注）。在 17 世纪，这些岛屿都是独立的，现在不同了。甘赫瑞（Kenery 或 Kennery）在撒尔塞特岛上。

[216] 从 1664 年到 1715 年孟买的省长和副省长一览表，参见 David , *op. cit.* (n. 213), Appendix A。弗莱尔的列表通常是正确的但却不完整。

[217] 担任国民军的班达拉种姓更喜欢用椰子酿造棕榈酒。

[218] Crooke (ed.), *op. cit.* (n. 4), I, 157-71. 角堡是单面的，它独立于原有堡垒之外，也赢得了更多有利地盘。

[219] 龙头鱼是一种很小的鱼 (*Harpodon nehereus*)，晒干后就变成非常著名的"龙头鱼干"(Bombay Duck)。

[220] 库比斯人是制盐的种姓。参见 David, *op. cit.* (n. 213), pp. 381-82。

[221] 这是第一座祆教徒的天葬塔，大概建成于 1672 年 1 月至 1674 年 4 月之间，至今仍矗立在马拉巴尔山。参见 *Ibid.*, pp. 434-35。

[222] Crooke (ed.), *op. cit.* (n. 4), I, 171-77. 废墟是那些古代沙之神（*Wālkeshwar*[Lord of Sand]）的庙宇和水池。

[223] *Ibid.*, pp. 177-78. 关于司法系统，参见 David, *op. cit.* (n. 213), pp. 326-49。

[224] Fryer in Crooke (ed.), *op. cit.* (n. 4), I, 178-82.

[225] Careri in Sen (ed.), *op. cit.* (n. 2), p.179. 它的面积为 236 平方英里。弗莱尔和卡雷里都用撒尔塞特岛来通称整个群岛。

[226] 今天这两座岛屿靠桥梁和大堤连接。

[227] *Thanusi*，或塔纳布，是一种条纹棉布。

[228] Careri in Sen (ed.), *op. cit.* (n. 2), pp. 179-80.

[229] 关于佛教石窟寺甘赫瑞，参见原书第三卷第 796-798 页。

[230] Fryer in Crooke (ed.), *op. cit.* (n. 4), I, 182-89.

[231] 从 1534 年起，勃生是葡属印度的北部首都，参见 *Asia*, I, 394。

[232] 1674 年 600 个阿拉伯海盗登录并大肆抢劫了这个地区，这一迹象表明葡萄牙人的势力已经逐渐衰弱。

[233] Fryer in Crooke (ed.), *op. cit.* (n. 4), I, 189-94.

[234] 可能是 1689 年的灾难。1685—1696 年间，在印度西部爆发了严重的灾难。参见 David, *op. cit.* (n. 213), p.405。

[235] 关于 "勃生的城镇"（*Cacabe de Bacaim*），参见 J. Gerson da Cunha, *Notes on the History and Antiquities of Chaul and Bassein* (Bombay, 1876), pp. 157-58. 其他沿海的葡萄牙居民点也有相似的郊区。

[236] 参阅下文第 809 页。

[237] 卡卡吉是贾瓦尔国的统治者，贾瓦尔国位于苏拉特以南科利人的聚集地。这位国王也被葡萄牙人称为 "科利王（Koli King）"。参见 Da Cunha, *op. cit.* (n. 235), p.164n。

[238] Sen (ed.), *op. cit.* (n. 2), pp. 166-70.

[239] 达曼于 1558 年落入葡萄牙人之手，此后长期成为葡萄牙人在印度西海岸的驻地。

[240] 1638 年，奥朗则布在德干任总督期间围攻此地，结果被困了四五个月后以失败告终，尽管如此，葡萄牙还是继续交租金给莫卧儿。

[241] Careri in Sen (ed.), *op. cit.* (n. 2), pp. 158-62. 关于这种单层甲板大帆船参见 Roy, *op. cit.* (n. 133), pp. 59-60。

[242] 该港口的现代地图，参见 Rawlinson (ed.), *op. cit.* (n. 3), facing p.80. 在 1696 年的版本中（第 146 页的另一面），有两张 1678 年孟买的图片。

[243] 印度的 *Nārali Purnima*，或椰子节（Coconut Day），除了有祭海的仪式，还会沿着西海岸举办交易会。参见 R. M. Lall, *Among the Hindus: A Study of Hindu Festivals* (Cawnpore, 1933), pp. 149-51。

[244] "大象" 是印度的星座 Hasta（第 13 月宿），正好也是西南季风结束之时。*Hasta* 是梵文的 "手"。从此可间接推断出北印度语 *hāthī*，或者大象，因为大象的鼻子就相当于它的手。参见 Yule and Burnell, *op. cit.* (n. 124), p.412, under Anglo-Indian "Hatty"。并参阅第原书第三卷第 639-

640 页、第 1145 页。

[245] Rawlinson (ed.), *op. cit.* (n. 3), pp. 81-89. 公司派遣英国女性的政策逐渐被放弃了。

[246] 在约翰·查尔德（John Child）在任期间，商馆于 1687 年从苏拉特搬到孟买。巴托罗缪·哈里斯（Bartholemew Harris）在任时（1690 年 2 月 4 日至 1694 年 5 月 10 日），奥维格顿与商馆的副长官乔治·库克（George Cook）待在一起。

[247] 孟买教堂（现在的圣多默大教堂 [St. Thomas' Cathedral]）在昂基亚长官在位时开始计划修建，建成时间为 1718 年。1689 年 2 月，莫卧儿的将军西迪·亚克鲁特（Sidi Yakrut）带领两万人突袭孟买，并在 1690 年 5 月强迫查尔德长官下台。撤退前，他向商馆索取物品。西迪人（Sidis）本是非洲的穆斯林，是印度君主的雇佣军，他们在印度西海岸的岛屿詹吉拉（Janjira）的首领，是莫卧儿在苏拉特舰队基地的将军。

[248] Rawlinson (ed.), *op. cit.* (n. 3), pp. 90-96. 自 1691 年起，东印度公司没收了那些不顺从者的土地，其中包括耶稣会士的房产。

[249] 关于比贾布尔和戈尔康达，参见原书第三卷第 855-863、1021-1028 页。

[250] 关于这些战争，参见 Sarkar, *op. cit.* (n. 17), chaps. x, xi, xiv, xv. 并参阅 Hallissey, *op. cit.* (n. 65)。

[251] 参见原书第三卷第 698-699、1073-1075 页。

[252] Constable (ed.), *op. cit.* (n. 1), pp. 191-98. 在收集与西瓦吉相关的欧洲资料时，萨卡未能将贝尔尼埃的资料包括进去。参见 Sarkar, *op. cit.* (n. 22), pp. 190-94. 关于戈尔康达的覆灭，参见原书第三卷第 1090-1094 页。

[253] 参见 Sen (trans. and ed.), *op. cit.* (n. 6), pp. 1-2。

[254] 实际上他出生在简纳附近的希沃纳尔。特维诺对于西瓦吉的介绍，参见 Sen (ed.), *op. cit.* (n. 2), pp. 38-43。

[255] 他的父亲被称为沙吉·博恩斯勒（Shahji Bhonsle），关于他和阿迪勒·沙在比贾布尔的争吵，参见 Sarkar, *op. cit.* (n. 22), pp. 64-67. 特维诺断言沙吉不是死在狱中，而是多年后打猎时被杀死的。

[256] 西瓦吉兴起在穆罕默德·阿迪勒沙（1627—1656 年）统治时期。他建立了独立的马拉他人的国家，并脱离了比贾布尔的统治。穆罕默德的继承人，18 岁的阿利·阿迪勒·沙二世（统治时期为 1656—1672 年）当政，但摄政的却是王后巴里·萨希卜（Bari Sahib），戈尔康达的库特布沙（Qutb Shah）的姐姐。不时处于在德干的莫卧儿军队威胁下的比贾布尔，此后则在奥朗则布与西瓦吉的夹缝中艰难地生存着。参见 M. A. Nayeem, *External Relations of the Bijapur Kingdom, 1489-1686 A. D.* (Hyderabad, 1974), pp. 25-27。参阅 Fryer in Crooke (ed.), *op. cit.* (n. 4), II, 59-61 中为西瓦吉所作的传记。

[257] 谢斯塔汗是皇帝的舅父，他在 1659 年被任命为德干的总督。

[258] 贝尔尼埃证实了嘉布遣会士的房子免于毁灭的故事。参见 Constable (ed.), *op. cit.* (n. 1), pp. 188-89. 特维诺对安布罗斯神父的活动进行了简短的描述。Sen (ed.), *op. cit.* (n. 2), pp. 44-

45.

[259] Sen (ed.), *op. cit.* (n. 2), pp. 38-43. 以下关于西瓦吉的资料来自卡雷神父，其英文译本收入 Sen (trans. and ed.), *op. cit.* (n. 6) 中。

[260] 这是当地的一个传统。阿卜杜勒汗，更常被称为阿弗扎勒汗（Afzal Khan），他的宫殿在比贾布尔城的西北部。毗邻宫殿的是一座清真寺，紧挨的是 11 排完全相同的坟墓，这些坟墓都是为女人修建的。参见 Muray (publ.), *op. cit.* (n. 40), p. 387。卡雷（Carré）后续的历史描述，参见 Sen (trans. and ed.), *op. cit.* (n. 6), II, 1-85。

[261] 这里对他儿子萨姆哈吉的评价与马拉他传统记载中的完全相反，那里他被描述为一个不道德的叛徒。参见 Sarkar, *op. cit.* (n. 22), p. 195。

[262] 这是 1672 年在贾瓦尔（Jawhar）和拉姆纳加尔（Ramnagar）的莫罗潘特（Moropant）的胜利。

[263] 卡雷携带皇家命令传达给 1673—1674 年间在圣多默被荷兰和戈尔康达军队包围的海军上将德拉艾。

[264] 阿利·阿迪勒沙二世死于 1672 年，当时他的继承人锡坎达尔（Sikandar）只有 4 岁。

[265] 1673—1674 年间的这些谈判证明是失败的，因为卡瓦斯汗被彻底推翻了。参见 Nayeem, *op. cit.* (n. 256), pp. 173-74。

[266] 西瓦吉与一支强大的马拉他人军队于 1672 年到达海得拉巴，并将大量金钱带回赖格尔（Rigarh）。参见 H. K. Sherwani, *History of the Qutb Shāhī Dynasty* (New Delhi, 1974), p. 636。

[267] 参阅 D. G. Keswané, "Shivaji through Foreign Eyes," in N. H. Kulkarnee(ed.), *Chhatrapati Shivaji, Architect of Freedom* (Delhi, 1975), pp. 182-98; and V. G. Hatalkar, "French Sources for the History of Shivaji," in *ibid.*, pp. 199-205. 西瓦吉在果阿附近的活动，参见原书第三卷第 853、861 页。

[268] 1636 年，当阿迈德那格尔被并入莫卧儿帝国时，他们也将这座城市从国王尼扎姆沙（Nizam Shahi）手中夺走。参见 Sen (ed.), *op. cit.* (n. 2), pp. 107-8。

[269] 道拉塔巴德堡垒的建造要追溯至 11 世纪，它是印度保存最好的印度教堡垒。现代描述、插图和照片，参见 Toy, *op. cit.* (n. 138), chap . vii。

[270] Sen (ed.), *op. cit.* (n. 2), p. 110. 因杜尔是现代的尼扎马巴德（Nizamabad）。

[271] 关于埃洛拉，参见原书第三卷第 795-796 页。

[272] 这个 "现代的" 庙宇，特维诺说，"在地基、屋体、柱顶，以及用于修建的每块（石头）" 等方面就像古老的庙宇一样，参见 Sen (ed.), *op. cit.* (n. 2), p. 112。这些现在已无迹可寻。

[273] Sen (ed.), *op. cit.* (n. 2), pp. 113-15.

[274] 关于西迪·桑巴尔与英国的关系，参见 Roy, *op. cit.* (n. 133), pp. 147-49。

[275] 1674 年，总督昂基亚派亨利·奥克辛登（Henry Oxinden）、两位英国代理商和一名翻译前往来里港处理西瓦吉 1659—1660 年占领拉贾布尔时造成的损害，并希望在他控制的港口获得贸易许可，在德干的港口和市场之间获得自由贸易的保障，在他的领地达成英镑自由流通的协议，以及如何处理沉船的问题。关于奥克辛顿的说明参见 Sen (tranl. and ed.) *op. cit.* (n. 6),

pp. 288-303。

[276] 关于奥克辛顿的《日记》(*Journal*)原文参见 *Ibid.*, pp. 307-15。弗莱尔的版本参见 Crooke (ed.) *op. cit.* (n. 4), I, 198-209。

[277] 塔蕾珠女神是他的家族最钟爱的女神。

[278] 1674 年 6 月 5 月，西瓦吉加冕后，将自己假设为反莫卧儿德干的保护者，并以微弱状态延续着对比贾布尔的战争。参见 Nayeem, *op. cit.* (n. 256), pp. 204-5。

[279] 鱼类经常被认为是神圣的，它们被称为 *māhī wa marātib*。参见 Sarkar, *op. cit.* (n. 22), p. 192。

[280] 在马拉他—英国 1674 年的协议中，参见 David, *op. cit.* (n. 213), pp. 214-16。

[281] 简纳在浦那以北约 56 英里、西高止山脉（Western Ghats）的山峰以东约 60 英里的地方。它的堡垒建于 1436 年。1657 年，西瓦吉侵占了这个地方，但莫卧儿军队很快又重新占领此地。

[282] 在印度西北部，柏树是一种园林树木。

[283] 尽管他名字的传统称呼很难辨别，但弗莱尔了解，级别不同称呼也不同，这一传统是由阿克巴固定下来的。

[284] Crooke (ed.) *op. cit.* (n. 4), I, 306-26。此后被称为哈南汗（*Khān Khānān*），巴哈杜尔汗是总指挥官，并在 1673 年 1 月至 1677 年 8 月期间担任德干总督。参见 Sarkar, *op. cit.* (n. 17), p. 213。

[285] Crooke (ed.) *op. cit.* (n. 4), I, 326-28。关于莫卧儿印度的女人雕塑，参见 M. Yasin, *A Social History of Islamic India, 1605-1748* (2d rev.ed.; new Delhi, 1974), pp. 105-9；关于闺房生活和贵族阶层，参见 P. Ojha, *North Indian Social Life during the Mughal Period* (Delhi, 1975), pp. 141-44。

[286] 也被称为乌摩（Uma）花园。这一地区因有很多深泉形成的池塘而著名。

[287] Crooke (ed.) *op. cit.* (n. 4), I, 328-32. 佛窟在简纳北部。关于简纳洞窟的完整资料，参看 J. Fergusson and J. Burgess, *The Cave Temples of India* (London, 1880), Pt. II,chap.v。

[288] 1599 年，希沃纳尔被赐予西瓦吉的祖父，据说王侯自己也出生在此地。在马拉地战争期间，此地多次遭抢夺。

[289] Crooke (ed.) *op. cit.* (n. 4), pp. 333-43.

[290] *Ibid.*, pp. 343-45.

[291] 在前往简纳途中，他穿过了地势险峻的阿瓦帕（Avapa）关。

[292] 可能是木槿（*Hibiscus mutabilis*），一种来自中国的植物，现在被广泛种植在印度的花园中。

[293] Crooke (ed.) *op. cit.* (n. 4), I, 345-52. 这是对目前仍在印度使用的造纸术的简单描述。

[294] Fryer in *Ibid.*, II.160-62. 从 1672 年到 1682 年，总督穆罕默德·阿敏汗统治古吉拉特。1679 年起，奥朗则布就试图征服拉其普特人，如果拉其普特人和港主有共谋，那这个共谋持续的时间不会很长。参见 Commissariat, *op. cit.* (n. 149), II, 177-79。

[295] Crooke (ed.) *op. cit.* (n. 4), III, 160-65. 皇帝于 1679 年 9 月 25 日到达阿杰梅尔，以亲自对抗

梅瓦尔（Merwar）的拉托尔人（Rathors）。参见 Hallissey, *op. cit.* (n. 65), p.56, 和 G.N.Sharma, *Merwar and the Mughal Emperor*, 1526-1707(Agra, 1954), pp. 171-72.

[296] 双方的海军力量都得到提升，詹吉拉的西迪人和马拉他人之间的战争难以停息。参见 Roy, *op. cit.* (n. 133), pp. 144-46.

[297] 准确的日期是 1680 年 4 月 4 日，参见 Sarkar, *op. cit.* (n. 17), p. 224.

[298] 苏丹穆罕穆德 1676 年 12 月 5 日死于瓜廖尔的监狱。

[299] 弗莱尔关于梅瓦尔混乱时期的介绍是道听途说，不够确切。关于 1679—1680 年梅瓦尔和奥朗则布的关系参见 Sharma, *op. cit.* (n. 295), pp. 160-70.

[300] 弗莱尔选用了一幅"奇托尔"堡垒的版画，版画根据一位"目睹其荣毁"的英国枪手的绘画而作。Crooke (ed.) *op. cit.* (n. 4), III, 172. 1679 年，在这种情势下，63 座寺庙被摧毁。关于这一著名要塞的现代描述参见 Toy, *op. cit.* (n. 138), pp. 84-90.

[301] Fryer in Crooke (ed.) *op. cit.* (n. 4), III, 166-75. 1680 年的彗星通常被称为"牛顿"彗星，因为通过观察，牛顿证明了彗星是沿着椭圆形的轨道绕太阳运行的。这是在欧洲第一颗通过望远镜观察跟踪的彗星。参见 G. W. Kronk, *Comets. A Descriptive Catalog* (Hillside, N. J., 1984), p. 12.

[302] 西迪人和马拉他人之间的争斗始于 1648 年。以詹吉拉为基地的西迪人原来在比贾布尔，但是 1670 年，西迪人转而效忠于德里。尽管马拉他人控制着腹地，西迪人则在此后到 17 世纪末控制了沿海地区。

[303] 1689 年至 1693 年在京吉（Gingee）和东海岸的罗阇拉姆，此后将其活动中心转移到西海岸。参见 Sarkar, *op. cit.* (n. 22), chap. xvi.

[304] 1662 年，达波尔落入西瓦吉之手，此后葡萄牙人多次反攻却再未夺回。

[305] Sen (ed.) *op. cit.* (n. 2), pp. 183-85. 西瓦吉将其海军基地和军械库建在马尔万。

[306] 关于他对果阿的介绍见原书第三卷第 853-854 页。

[307] 马多尔在庞达北边。

[308] 卡雷里指的是西瓦吉的儿子萨姆哈吉。萨姆哈吉与葡萄牙人的战争，参考 Sarkar, *op. cit.* (n. 17), pp. 281-82.

[309] 参见 *ibid.*, p.277 中他的行程图。

[310] 加尔加利亚是比贾布尔东南 32 英里处的一个大村庄。

[311] 关于奥朗则布军队的规模，参见 Puhl, *op. cit.* (n. 80), pp. 132-34.

[312] 阿克巴开始分出一定数量的大象由贵族饲养，这些大象一般承担运输工作。参见 *ibid.*, pp. 68-69.

[313] 奥朗则布以对贵族和将军惩罚的严酷而著称。

[314] 按规矩，这些乐器在 24 小时内要演奏 8 次。参阅 Puhl, *op. cit.* (n. 80), p. 218.

[315] *Kaukabah*，参见 *ibid.*, p. 208.

[316] 1683—1699 年的战争使土耳其人失去了在匈牙利的统治权。

[317] 他那时 80 岁（参见插图 105）。

[318] Rawlinson (ed.) *op. cit.* (n. 3), pp. 126-27。关于皇帝的性格参见 Sarkar, *op. cit.* (n. 17), pp. 437-99。

[319] 持杖者（*yasāwals*）是帝国的传信官，他们手持作为标志的钢杖，总是出现在皇帝身边。参见 Puhl, *op. cit.* (n. 80), p. 106。

[320] 这些旗被统称为 *gur*（参阅插图 103—104）。当帖木儿大汗（Timur）征服拜火教后，也开始用太阳旗（*āftāb*）。镀金的手形旗（*panjah*）代表了阿里的手（什叶派认为阿里是穆罕默德真正的继承人，他在战争中失去了手）。尾旗（*chartroq*）是用牦牛尾装饰的一种小旗。参见 Irvine, *op. cit.* (n. 28), pp. 31-35。

[321] Sen (ed.) *op. cit.* (n. 2), pp. 217-22.

[322] 1656 年统治孟加拉的达拉从贝纳勒斯雇用了大批梵学家进行 52 部《奥义书》（*Upanishad*）的波斯文翻译工作。《奥义书》的波斯译名为 *Sirr-i-Akbar*（最伟大的秘密）。这一译本又被杜伯龙（Anquetil-Duperron, A. H.）翻译为拉丁文：*Oupnekhat (id est, Secretum Tegendum) opus ipsa in India rarissimum*，1801 年发表于巴黎。参见 A.Ahmad, *Studies in Islamic Culture in the Indian Environment* (Oxford, 1964), p. 192。

[323] 将西方哲学著作翻译成波斯文是贝尔尼埃在德里五六年间的主要学术工作。

[324] Constable (ed.) *op. cit.* (n. 1), pp. 323-25, 332-34. 关于罗德，参见原书第三卷第 569-570 页，第 645-651 页；关于罗杰，参见原书第三卷第 1029-1057 页。关于耶稣会士罗斯和基歇尔，参见原书第三卷第 415-486 页，第 527-528 页。

[325] Constable (ed.) *op. cit.* (n. 1), pp. 325-33. 罗斯神父是第一个对毗湿奴的化身进行评价的天主教作者。同时参见罗杰和巴尔德（Baldaeus），原书第三卷第 915-917 页、第 1046 页。

[326] 作为一种古老的印度教学派，贝纳勒斯从穆斯林统治早期就受到打压。它的复兴，通常可追溯至阿克巴时代，当时吸引了整个印度著名的 *āchāryas*（著名的学者），在此后的莫卧儿时期，印度教在贝纳勒斯得以复兴。参见 R. B. Pandey, *Varanasi. The Heart of Hinduism* (Varanasi, 1969), p. 121。

[327] 乔达摩（Gautama）创立了正理派（Nyaya）；迦纳陀（Kanada）创立了胜论派（Vaisheshika）；迦毗罗（Kapila）创立了数论派（Sankhya）；波颠阇利（Patanjali）创立了瑜伽（Yoga）；阇弥尼（Jaimini）创立了思维派（Mimamsa）；巴达罗衍那（Badarayana）创立了吠檀多派（Vedanta）。

[328] 也许是关于孟加拉的佛教的介绍。在印度其他地区，佛教在 7 世纪已经退化并随后很快完全消失。贝尔尼埃提到，最反对佛教的是婆罗门。

[329] 参阅：帕拉切尔苏斯（Paracelsian）认为应根据不同的气候、时间和人种而采取不同的治疗方法。参见 *Asia*, Vol. II, Bk. 3, p. 424。

[330] 金色的妙高山，印度教的奥林匹斯山（Olympus）。

[331] 贝尔尼埃的这次行程有塔韦尼耶相伴，这个日期是从塔韦尼耶的记载中获得的。这位珠宝

商提供了关于贝纳勒斯神庙很有价值的描述。这座献给湿婆的神庙于 1669 年在奥朗则布的命令下被摧毁。参见 Ball and Crooke (tran. and ed.) *op. cit.* (n. 1), II, 180-83。

[332] Constable (ed.) *op. cit.* (n. 1), pp. 333-43. 关于印度教的一神教和多神教参见 A. Daniélou, *Hindu Polytheism* (New York, 1964), pp. 8-11。

[333] 关于林迦，参见 Daniélou, *op. cit.* (n. 332), chap. xviii。

[334] 奥朗则布的兄弟被苏菲主义所吸引，这是一种在波斯和穆斯林世界的其他地方都流行的神秘主义。奥朗则布当权后，作为一个顽固的宗教传统派，他处决了达拉并对其他苏菲派（Sufis）进行迫害。参见 *The Cambridge History of India*, IV,210, 232; and Ahmad, *op. cit.* (n. 322), pp. 196-97。

[335] 这里印度教的神秘主义者是指巴克提（Bhakti）的支持者，它是一种古老的狂热崇拜人格神的宗教形式。奥朗则布担心两种泛神论的派系—巴克提派和苏菲派相互融合，以致消除穆斯林和印度教的区别，特别是挑战穆斯林传统派的最高地位。1659 年，达拉和他的儿子以异端邪说、不洁，以及称穆斯林和印度教是"双胞胎兄弟"的罪名被处决。参见 S.A.A.Rizvi, *A History of Sufism in India* (2 vols.; New Delhi, 1983), II,128。

[336] 这首诗创作于公元 1317 年，是为了回答阿米尔·萨义德·侯赛尼（Amir Syad Hosaini）——一位著名的苏菲派提出的关于苏菲主义的 15 个问题。关于作者，穆罕默德·萨比斯塔瑞（Muhammad Shabistari）却了解甚少。

[337] Constable (ed.) *op. cit.* (n. 1), pp. 343-49. 关于苏菲派的信仰和礼仪参见 G.A.Herklots and W. Crooke (trans. and eds.) *Islam in India or the Qānūn-i-Islām...by Ja'Far Sharif* (reprint of 1921 ed.; New Delhi, 1972), chap.xxxi。

[338] 塔韦尼耶也报道了这次日蚀，他是在巴特那城看到的。日蚀发生于 1666 年 7 月 2 日下午 1 点。他也评论了在恒河上举行的仪式。参见 Ball and Crooke (tran. and eds.) *op. cit.* (n. 1), II, 192-94。

[339] 位于德里以北 100 公里处的塔内萨尔，是一座古老的城镇，也是著名的印度教朝圣地达尔马克谢特拉（Dharmakshetra，圣地）的中心。它的库鲁克谢特拉（*Kurukshetra*，神之处）池是一方长 3 000 英尺、椭圆形的水域，·四周寺庙围绕。日蚀时，印度教徒认为其他水池的水这时会拜访这潭圣水。所以如果日蚀时能在这里沐浴，就能获得所有福报并且洗去自己祖先所有的罪。据说有 50 万人聚集于此迎接日蚀的到来。参见 Murray（publ.）*op. cit.* (n. 40), p. 258。

[340] Constable (ed.) *op. cit.* (n. 1), pp. 300-304. 试图吞日的是反对神的野猪罗睺（Rahu）。参见 Daniélou, *op. cit.* (n. 332), pp. 99,166。

[341] 参阅原书第三卷第 677 和 683 页。

[342] 对叫作 "Kesora"（Kesavi Rai 或 Krishna）的神像和其随从的描述，见 Tavernier in Ball and Crooke (trans. and eds.) *op. cit.* (n. 1), II, 176-78 中的介绍。

[343] Constable (ed.) *op. cit.* (n. 1), pp. 304-6. 从这些描述中很难判断贝尔尼埃是否亲临了这些节

日。他似乎只是在讲故事。1697 年，奥朗则布下令摧毁贾格纳神庙的神像。神庙被破坏，神像被没收。参见 R. D. Banerji, *History of Orissa from the Earliest Times to the British Period* (2 vols.; Delhi, 1980), II, 60。

[344] 其他欧洲人关于殉节的分析和描述，参见原书第三卷第 656、866、885 页和 1044 页。也见 Tavernier description in Ball and Crooke (trans. and eds.) *op. cit.* (n. 1), II, 162-72 中的描述。关于科罗曼德尔的殉葬见原书第三卷第 1026 页。

[345] 通常是穷到难以支付普通火葬的人会采用这种方式。

[346] Constable (ed.) *op. cit.* (n. 1), pp. 306-16。

[347] 尽管现在这一行为是非法的，在德里中心仍能看到行走的裸体苦行僧。多次警告之后，奥朗则布将在德里裸行的一位著名的苦行僧斩首示众。参阅 Tavernier in Ball and Crooke (trans. and eds.) *op. cit.* (n. 1), II, 153-58 中的描述。

[348] Constable (ed.) *op. cit.* (n. 1), pp. 316-25. 因为贝尔尼埃主要与宫廷穆斯林生活在一起，所以他似乎也受到他们歧视印度教风俗的影响。他调查的印度人一般也是为他的赞助人或其他穆斯林朝臣工作的。

[349] 关于 20 世纪瑜伽师展示的奇迹，参见 R. S. Gherwal, *Lives and Teachings of the Yogis of India. Miracles and Occult Mysticism of India (Santa Barbara*, Cal., 1939), Vol.II。

[350] 巴哈杜尔王子很喜欢苦行僧。1526 年穆扎法尔·沙二世（Muzaffar Shah II）去世，继承人之间的战争最后以预料中的巴哈杜尔汗的胜利而结束。关于"皇位之争"，参见 J. Chaube, *History of Gujarāt Kingdow* (New Delhi, 1975), chap. viii。

[351] 关于蛇宝石，参见 Yule and Burnell, *op. cit.* (n. 124), pp. 847-49。

[352] Father Godinho in Moraes(trans.), *loc.cit.*(n. 150).

[353] 印度的霍利节的日期是根据阴历而确定的，它在 Phalgun（在 1 月或 2 月）满月前的十日内，是特别献给克利须那的节日。

[354] 对克利须那和康萨（Kamsa）之间战争的材料很不清晰，克利须那的叔叔康萨是如恶魔一样的暴君，传说他残害儿童，孩子只能假扮为克利须那才能将其打倒。参见 Daniélou, *op. cit.* (n. 332), p. 176.

[355] Thévenot in Sen (ed.), *op. cit.* (n. 2) pp. 81.

[356] Fryer in Crooke (ed.), *op. cit.* (n. 4) , I, 256-57. 这些对印度习俗的最新报道没出现在其他欧洲人的报道中。

[357] *Ekadashi*, 或者印度半个月中的第 11 天。

[358] Rawlinson (ed.) *op. cit.* (n. 3), pp. 163-209. 在这段关于"殉节禁令"的冗长讨论中，奥维格顿，尽管自己是一个新教牧师，却将印度教和耆那教的习俗混为一体。实际上，他提供的信息还不如六十年前亨利·罗德提供的资料翔实。

[359] 参见 Fryer in Crooke (ed.), *op. cit.* (n. 4), I, 229-32. 在逊尼派中，根据对教规的解释可分为四个传统学派。参见 Herklot and Crooke (trans. and eds.) *op. cit.* (n. 337), pp. 15-16。

[360] 他们有时被称为"绿衣者"。参见 Herklots and Crooke (trans. and eds.) *op. cit.* (n. 337), p. 303。

[361] 参阅 *ibid.*, chap. v。

[362] 参阅 *ibid.*, chap. Viii。藏红花代表着丰饶；*ibid.*, p. 66。

[363] 参阅 *ibid.*, pp. 85-86。

[364] "他们将尸体头朝北，脚朝南，脸转向西以面对麦加（Mecca），麦加方向（*Qibla*）。" *Ibid.*, p. 97.

[365] *Halwā* 是一种芝麻糖。做法见 *ibid.*, p. 324。

[366] Fryer in Crooke (ed.), *op. cit.* (n. 4), I, 233-39。对这些花费不菲的葬礼的描述，参阅 Ovington in Rawlinson (ed.) *op. cit.* (n. 3), p.146。

[367] 弗莱尔还为祷告者提供了简写版的祷文，一种是其英译本，一种是用罗马字母记录下阿拉伯文。Crooke (ed.) *op. cit.* (n. 4), I, 239.

[368] Ovington in Rawlinson (ed.) *op. cit.* (n. 3), pp. 144-46.

[369] 这时长官通常会在 *īdgāh*（祈祷的地方）——镇外为此而建的房子——进献贡品。参见 Herklots and Crooke (tran. and eds.) *op. cit.* (n. 337), p. 145。

[370] 这是 Baqar 'Id Festival 或者"牛节"，参阅 *ibid.*, pp. 214-17。

[371] 这是伊斯兰教穆哈拉姆节（Muharran），哀悼的是公元 680 年殉难的伊马姆·阿利（Imam Ali）的儿子。他们不是与基督徒，而是与其他穆斯林作战而死。这个节日在穆斯林日历的第一个月，参阅 *ibid.*, chap. xiv。关于此节在印度他处的庆祝活动参见原书第三卷第 664、1075-1076 页，同时可见插图 115。

[372] 1669 年，因为布尔汉布尔发生暴乱，奥朗则布命令各地长官禁止仿造坟墓和宗教游行。作为一个虔诚的逊尼派，奥朗则布也不喜欢一些什叶派的节日。参见 Commissariat, *op. cit.* (n. 149), p.379。

[373] *jizya*，也就是对非穆斯林增收的额外赋税，在 1679 年 4 月，也就是弗莱尔第二次拜访苏拉特时，再次增加。通过非伊斯兰教教徒为皇帝的个人喜好买单，实际上也抑制了印度教，推广了伊斯兰教。参见 Sarkar, *op. cit.* (n. 17), pp. 148-49。

[374] 印度教徒全部的直接税提高了 1/3。*Ibid.*, p. 149。

[375] *Zimmis*（非穆斯林）举行公共仪式或公共举行婚礼是非法的。当然如果向相关官员行贿能减轻罪行。参阅 *ibid.*, p. 141n。

[376] 参阅原书第三卷第 672 页。

[377] 霍利节是春季的节日。

[378] Fryer in Crooke (ed.), *op. cit.* (n. 4), I, 269-78.

[379] *Ibid.*, II, 110-14.

[380] Ovington in Rawlinson (ed.) *op. cit.* (n. 3), p.140.

[381] *Fraxinus excelsior* 是印度北部的原住民。参见 R.N. Parker, *A Forest Flora for the Punjab with*

Hazara and Delhi (New Delhi, 1973), p. 314。

[382] 旁遮普的塔内萨尔是在圣地库鲁克谢特拉（神之处）的一个神圣的地方。参见原书第三卷第 690 页。

[383] 特维诺也许是从古吉拉特的耆那教徒那里听说这个寺院的。

[384] 要做托钵僧一定要精通耆那教经典并成双或成群进行巡视。参见 S. B. Deo, A *History of Jaina Monachism* (Poona, 1956), p. 413。

[385] Thévenot in Sen (ed.), *op. cit.* (n. 2) pp. 85-87。关于耆那教徒的"轮换"制，参见 Doe, *op. cit.* (n. 384), pp. 382-92；关于尼姑的戒律，参阅 *ibid.*, chap. iv。

[386] Ovington in Rawlinson (ed.) *op. cit.* (n. 3), pp. 195-96. 关于 *Ahiṁsā*（非暴力、尊重一切生命的教义）参阅 Doe, *op. cit.* (n. 384), pp. 205-6, 432-33。

[387] 根据他们的传统，波斯人于公元 716 年到达第乌和桑吉（Sanjan）诸岛。关于他们与印度教徒的契约，参见 S. K. H. Katrak, *Who Are the Parsees?* (Karachi, 1965), p.110。

[388] 公元 1142 年，波斯人在纳夫萨里安顿下来，并修建了拜火教寺庙。

[389] 关于礼仪中水的圣洁性，参见 J. J. Modi, *The Riligious Ceremonies and Customs of the Parsees* (2d ed,; Bombay, 1937), pp. 253-54。

[390] 尽管这种主张很可疑，但波斯人的确相信天堂和地狱的存在。参见 *ibid.*, pp. 479-80。

[391] Fryer in Crooke (ed.), *op. cit.* (n. 4), I, 293-95. 目前大多数波斯人都在苏拉特和孟买等地区从事商业工作。

[392] 直至今日，只有很少的波斯人吃牛肉，尽管他们的宗教并没有禁止食肉。

[393] Ovington in Rawlinson (ed.) *op. cit.* (n. 3), pp. 216-18. *Dāru* 是放在神职人员名字前面的一个普通的称号。神职人员包括三个级别：*Dastūrs, Mobeds* 和 *Harbads*。

[394] *Ibid.*, p. 215. 这是关于被叫作 *Sagdid* 或"见狗"仪式的含糊说明。参见 Modi, *op. cit.* (n. 389), pp. 56-57。

[395] 关于在波斯人葬礼上两两一组的重要性参见 Modi, *op. cit.* (n. 389), p. 61。

[396] 根据波斯人的信仰，人死后灵魂会在世上停留三天，关于灵魂的仪式参见 *ibid.*, pp. 73-82。

[397] Rawlinson (ed.) *op. cit.* (n. 3), pp. 218-22. 在此基础上，奥维格顿病态地对在沉默塔中被吃去一半的尸体进行了形象地描述。埋头发是一种涤罪仪式。参阅 Modi, *op. cit.* (n. 389), p. 161。

[398] 参见 V. Dehejia, *Early Buddhist Rock Temples. A Chronology* (Ithaca, N. Y., 1972), pp. 30-31。弗莱尔参观简纳附近的加内什列那（Ganesha Lena）佛教石窟的情况参见原书第三卷第 773 页。

[399] 可能是埃洛拉附近的劳扎（Rauza）的坟墓。

[400] 这明显是关于凯拉萨（Kailasa）宫廷或兰玛哈（Rang Mahal）寺庙北边入口两个巨型 *Divarapalas*（门神）的介绍。

[401] 在凯拉萨神庙开的门廊两侧都有一个由两头大象相伴的立柱（*dhvajastambha*）。

[402] 修建于 8 世纪的凯拉萨神庙是"迄今印度最昂贵、最精雕细刻的石凿神庙，同时也是这个国家建筑史上最有意思，最伟大的作品"。J. Burgess, *Report on the Elura Cave Temples and the Brahmanical and Jaina Caves in Western India*, Vol. V of the *Archaeological Survey of Western India* (reprint of the 1882 ed,; Varanasi, 1970), p. 26. 相关印度雕塑和建筑瑰宝的介绍见 J. Burgess, *Elura Cave Temples* (Varanasi, 1972; originally publ. 1885), pp. 29-39。

[403] 这是三塔尔（*Tin Thal*），也是佛教石窟系列在埃洛拉的第 12 个和最后一个。参见 Burgess, *Report*（n. 402），p.16。

[404] Sen (ed.), *op. cit.* (n. 2) pp. 104-7. 特维诺也许是向欧洲介绍埃洛拉 34 洞窟寺庙中部分洞窟的第一人（*ibid.*, p. xix）。

[405] Orta，Linschoten, Do Couto and Fryer（Crooke[ed.], *op. cit.*[n. 4], I, 186-87）之前都予以描述。杜·科托（Do Couto）的描述被 W. K. 弗莱彻（W. K. Fletcher）翻译为英文，收入 *JRAS, Bambay Branch,* I (1844), 35-40。

[406] 神庙本来是建给湿婆的。方济各会学院是由传教士安东尼奥·德·波尔图（Antonio de Porto）修建的。

[407] 这是甘赫瑞 128 个洞窟中最小的洞窟之一。这些洞窟是从一块气泡状裸露的玄武岩上开掘出来的，它们坐落于丛林中的一个乡村。卡雷里将这种小型的称为"洞穴"。甘赫瑞的纪念性庙塔（caiya）是在公元 152 年至 181 年间挖掘的。参见 Dehejia, *op. cit.* (n. 398), pp. 30-31, 183-84. 也可参见 Fergusson and Burgess, *op. cit.* (n. 287), p. 348。

[408] 这是甘赫瑞洞窟系列中的一号洞窟。

[409] 这是佛祖和他的信众的雕塑。佛祖坐在莲花座上。复制品参见 Fergusson and Burgess, *op. cit.* (n. 287), pl. LV。

[410] 在这部冗长的连祷词中只有三个主要人物。参见 *ibid.*, pl. LVI。

[411] 佛祖和造物主持莲花者（Padmapani）的雕塑，他手上捧着莲花。

[412] 大佛殿（Chaitya）或三号洞窟。关于其设计及周边洞窟参见 Fergusson and Burgess, *op. cit.* (n. 287), pl. LIII. 外观和内部的照片参见 Dehejia, *op. cit.* (n. 398), pls. 75-79。

[413] 这两根石柱就是闻名的"狮柱"。

[414] 两尊站立的佛像，每尊都高达 23 英尺左右。

[415] 寺庙 86.5 英尺长，29.1 英尺宽，围绕着中殿和舍利塔有 34 根立柱，只有一边的 6 根和另一边的 11 根有底座和大写的 Karlé 图案……其他围绕拱点的 15 根则是普通的八角钻杆（Fergusson and Burgess, *op. cit.* [n. 287], p.352）。

[416] 早期的佛教洞窟中，供奉的是佛祖的象征——半圆形的佛塔。

[417] 这是 67 号洞窟。

[418] Sen (ed.), *op. cit.* (n. 2) pp. 171-79.

[419] 参阅 1535 年加西亚·达·奥尔塔在象岛的游历。参见 *Asia*, I, 405. 第一次用欧洲语言介绍象岛的就是奥尔塔。

[420] 从 18 世纪起，马的雕塑就完全不见了。

[421] 三相神（象岛）（*Trimūrti*）的著名雕塑——婆罗门的三位一体。

[422] 象岛的洞窟修建于公元 8 或 9 世纪，或者比甘赫瑞的石窟晚三个世纪。参见 Crooke (ed.), *op. cit.* (n. 4), I, 194-95。

[423] 凯瑟琳几乎把葡萄牙的一切都介绍到英国，包括在印度的消费兴趣和品中国茶的爱好。她 1693 年返回里斯本并于 1704 年代替其生病的兄弟佩德罗（Pedro）摄政，次年死去。

[424] 这个印度神庙是弗莱尔以及所有参观象岛的人都惊叹的奇迹。它设计上很像锡塔（Sita）在埃洛拉的浴室。参见 R. S. Wauchope, *The Buddhist Cave Temples of India* (New Delhi, 1981), p. 81。

[425] 实际高度从 15 到 17 英尺不等，面积为 130×130 英尺。参见 Murray（publ.）, *op. cit.* (n. 40), p.21。

[426] Rawlinson (ed.) *op. cit.* (n. 3), pp. 97-99. 这些人物实际上表现的是湿婆和雪山女神，印度的三位一体，以及相似的宗教主题。在图画"湿婆之家"中的神话参见 W. D. O'Flaherty, George Mitchell, and Carmel Berkson, *Elephanta, the Cave of Shiva* (Princeton, 1983), pp. 27-39。

[427] 关于科尔伯特在创建法国东印度公司中的角色，参见原书第三卷第 95-100 页。这封长信和写给其他法国人的信都收在贝尔尼埃的书中。

[428] 很多当代欧洲作家，包括塔韦尼耶（Ball and Crooke[eds.] *op. cit.* (n. 1), II, 159）都谈到印度的埋葬制度使大量黄金埋于地下而不能再流通。商人和贵族积聚财富的现象很普遍。贝尔尼埃的评论参见 Constable (ed.), *op. cit.* (n. 1), pp. 202-5,223-23,226。

[429] Fryer in Crooke (ed.), *op. cit.* (n. 4), II, 95. 实际上这儿有两条山脉，东高止山脉和西高止山脉，它们和喜马拉雅山毫无关联。

[430] *Ibid.*, pp. 96-97.

[431] 和当时其他欧洲观察家不同，贝尔尼埃给出了皇帝独拥土地权的证明。关于欧洲作家对此的分析和批评，参见 Habib, *op. cit.* (n. 92) pp. 112-14. 以及某些作者在 *The Cambridge Economic History of India* 中的报告（见 n. 19），I, 235。

[432] Constable (ed.),*op. cit.* (n. 1) pp. 204-5, 238.

[433] Ovington in Rawlinson (ed.) *op. cit.* (n. 3), pp. 120-21.

[434] Bernier in Constable (ed.),*op. cit.* (n. 1) pp. 200-238 ；参阅 Ovington in Rawlinson (ed.) *op. cit.* (n. 3), pp. 113-15。贝尔尼埃对莫卧儿经济的评析此后被大量引用并得到现代学者的证实。参阅 Habib, *op. cit.* (n. 92) pp. 325-26; and Tapan Raychaudhuri in *The Cambridge Economic History of India* (see n. 19), I, 172-75。

[435] 他的路线参见 Commissariat, *op. cit.* (n. 165) p. 109, n. 2。

[436] 参阅 Tavernier in Ball and Crooke (trans. and eds.) *op. cit.* (n. 1), I，54。

[437] Sen (ed.), *op. cit.* (n. 2) pp. 8-11. 关于吉特巴格，或者胜利园，参见 Commissariat, *op. cit.* (n. 165) p. 111。

[438] 关于荷兰商馆，参见 Commissariat, *op. cit.* (n. 165), p. 112, n. 1。

[439] 石头上刻出的 *Tin Darwaza*，或者三道门，据说是由苏丹艾哈迈德（Sultan Ahmad）于 15 世纪早期修建的。它们通向巴达尔的外殿（*Maidān-i-Shāh*），一座修建于 1411 年的城堡。Murray (publ.), *op. cit.* (n. 40) p. 162.

[440] 商队旅店由阿扎姆汗修建于 1637 年。他从 1636—1642 年担任古吉拉特的总督。有时这里会被误认为是阿扎姆汗的宫殿。参见 Commissariat, *op. cit.* (n. 165) p. 113。

[441] 早在 1620 年，英国人就出色地建造了自己的商馆。关于巴达尔的历史，参见 Commissariat, *op. cit.* (n. 165), pp. 113-14。

[442] 它位于主干道南边，叫 *Mānik Chauk*。

[443] 对伊斯兰大清真寺的描述，参阅 Murray (publ.), *op. cit.* (n. 40) pp. 160-61。

[444] 陵墓的照片和历史参见 J. Burgess, *The Muhammedan Architecture of India* (2 pts.; London, 1900, 1905), Pt. II, pp. 15-23。

[445] 参见 *ibid.*, p. 20。

[446] 由穆罕默德·萨利·巴达哈士（Muhammad Salih Badakhshi）修建，修建时间可能是 17 世纪早期。*Ibid.*, facing p. 15 是清真寺和宫廷的图片。

[447] 参阅 *ibid.*, pp. 57-60。这些花园是沙·贾汗在 1610—1623 年做总督时修建的。

[448] 艾哈迈德沙（Ahmad Shah）的坟墓，他是古吉拉特的第一位国王。同时可参见插图 177。

[449] 古都是安尼华达（Anhilvada）（帕坦）。

[450] 参阅 Burgess, *op. cit.* (n. 444), Pt. I, pp. 46-51。

[451] 为谢赫·艾哈迈德·卡图（Shaik Ahmad Khattu）而建，这座坟墓建于 15 世纪中期。

[452] 阿斯瓦拉（Aswara）著名的台阶式水井，位于阿默达巴德城外，修建于 1499 年至 1500 年间，修建者白锡吕·哈里尔·苏丹尼（Bai Shri Harir Sultani）是苏丹马哈茂德一世·贝加拉（Sultan Mahmud I Begara）的后宫女总管，这口井更常用的名字为达达哈里（Dada Hari）。参见 Commissariat, *op. cit.* (n. 165), p. 151, n. 1。

[453] 所有这些关于阿姆达巴德的描述都来自 Thévenot in Sen (ed.), *op. cit.* (n. 2), pp. 11-17。关于作为经济单位的阿默达巴德参见 B.G.Gokhale, "Ahmadabad in the Seventeenth Century," *Journal of the Economic and Social History of the Orient*, XII (1969), 187-97。

[454] 曼德尔斯罗（参见原书第三卷第 671 页）于 1638 年发现孟买的人口"比苏拉特更多"。这期间苏拉特人口的迅速增长，及孟买人口的下降是造成不同的估计的原因。

[455] 乌马尔·本·艾哈迈德·艾尔·卡扎如尼（Umar bin Ahmad al Kazaruni）之墓，他死于 1333 年。

[456] 1400 年之前，孟买是一个穆斯林王国的首都。

[457] Thévenot in Sen (ed.), *op. cit.* (n. 2) pp. 17-18。

[458] 古吉拉特查兰，一个与巴特种姓相关的社团，现在仍然存在。他们为旅行者做保镖的说法，参见 Commissariat, *op. cit.* (n. 165) pp. 120-23。

[459] Sen (ed.), *op. cit.* (n. 2) pp. 18-21。

[460] 参见 Tavernier in Ball and Crooke (trans.and eds.), *op. cit.* (n. 1), I,41。

[461] Thévenot in Sen (ed.), *op. cit.* (n. 2) pp. 102-3.关于陆方济（François Pallu）主教参见原书第三卷第 231-233 页、第 241-252 页。

[462] Crooke (ed.), *op. cit.* (n. 4), III, 155-58.弗莱尔认为这种交通工具很可笑。

[463] 因为在连续的战争中布罗奇支持达拉，1660 年，奥朗则布命令将其摧毁。参见 Commissariat, *op. cit.* (n. 149), II, 163, n. 26。

[464] 根据传统，布罗奇的城墙是 11 世纪末至 12 世纪初修建的。巴哈杜尔沙赫(1526—1536年在位)将其重建加固。

[465] 伊斯兰大清真寺，或大清真寺，位于古老的耆那教神庙的旧址。

[466] Crooke (ed.), *op. cit.* (n. 4), III, 158-60.坟墓是马哈茂德二世（Mahmud II，死于 1554 年）的；这位伊斯兰教君主的统治地位其实是随着 1572 年阿克巴军队的胜利而宣告结束的。

[467] 参见原书第三卷第 738-739 页。

[468] 这一数字也许被混淆了，在普通印度教信仰中，灵魂在达到完美境界之前要经过 86 种形式的转换。在 17 世纪，大小种姓加起来应该有上千种。参见原书第三卷第 655-656 页。

[469] 这里的 "商人" 可能是卡特里种姓（Khatri），是在旁遮普和印度西北部从事贸易的一个种姓，他们自称其出身是刹帝利。参见 J.H.Hutton, *Caste in India* (4th ed.; Oxford, 1963), pp. 66,285。

[470] 实际上首陀罗在印度经典中是第四等级。关于种姓制（*Varna*）这一概念的关联，或印度社会的四个等级，以及现实的种姓制度，参见 M.N.Srinivas, *Caste in Modern India and Other Essays*(Bombay, 1962), chap.iii。

[471] Sen (ed.), *op. cit.* (n. 2) pp. 88-89.特维诺没有提供这些职业种姓的名称。

[472] 打谷方式的不同依据的是不同的地域及谷物，而非宗教。

[473] 关于拜拉吉人，参见 Hutton, *op. cit.* (n. 469), pp. 21,277。因为个人经历所限，特维诺对印度西北部的种姓谈论较少。

[474] 在现代印度，这两种种姓指的是 "外来种姓"。

[475] Ovington in Rawlinson (ed.) *op. cit.* (n. 3), p. 223.

[476] 他们是印度的托钵僧和隐士，主要生活在旁遮普和中部省份。参见 the listing in E.J. Kitts, A *Compendium of the Castes and Tribes of India* (Bombay, 1885), p. 2.

[477] Sen (ed), *op. cit.* (n. 2) pp. 88-92.圣母雷梅迪奥斯（Nossa Senhora dos Remedios）教堂靠近勃生，很多神迹都归功于这位女神。

[478] 在马拉他人看来，巴特人是高贵的托钵僧和有学识的婆罗门。关于巴特人的讨论参见 William Crooke, *The Tribes and Castes of the North-Western Provinces and Oudh* (4 vols; Calcutta,1896), II, 20-29.现在古吉拉特的婆罗门包括 160 个分支。参见 P. Thomas, *Hindu Religion, Customs, and Manner* (4th rev. ed.; Bombay, 1960), p. 13。

[479] Abbé Dubois in H.K.Beauchamp (trans. and ed.), *Hindu Manners, Customs, and Ceremonies* (3d

ed.; Oxford, 1959), p. 110, 谈到北部孔坎婆罗门吃鱼和鸡蛋的事情。

[480] Fryer in Crooke (ed.), *op. cit.* (n. 4), II, 100-104.

[481] *Ibid.*, I, 285-88. 本地医师仍用水银来治疗发烧。

[482] 乌尔都语，一种在莫卧儿流行的方言，它是印度语和波斯语的混合语。书写时则采用波斯文和梵文的字符。乌尔都语的很多外来词来自波斯语和阿拉伯语。

[483] 这可能说的是商人的账本。

[484] 造纸术于 14 世纪被引入印度。参见 G.Watt, *The Commercial Products of India* (London, 1908), p. 863。

[485] Ovington in Rawlinson (ed.) *op. cit.* (n. 3), pp. 147-50; 参阅 Qaisar, *op. cit.* (n. 36), p.145。

[486] 星期五是印度教徒去神庙礼拜的日子。

[487] 实际上每刻（pahr）被分为 24 分钟长的 *gharis*，或者一个白天和黑夜是 60 *gharis*。这和西方每小时 60 分钟，共 24 个小时的系统完全相反。参见 Qaisar, *op. cit.* (n. 36), p.68。

[488] Fryer in Crooke (ed.) *op. cit.* (n. 4), II, 90-94. 这些描述都是通过从苏拉特和临近地区的观察而得。

[489] 参见 Ovington description in Rawlinson (ed.), *op. cit.* (n. 3), p.152；插图 111。

[490] Sen (ed.) *op. cit.* (n. 2), pp. 75-76; 参阅 Qaisar, *op. cit.* (n. 36), pp. 37-38。

[491] Ovington in Rawlinson (ed.) *op. cit.* (n. 3), pp. 166-67,174-75.

[492] 莫卧儿妇女和其他穆斯林妇女以她们的短裤（shalwars）和袖子到肘的上衣而著名。参见 Ojha，*op. cit.* (n. 285), p.30。

[493] Thévenot in Sen (ed.) *op. cit.* (n. 2), pp. 50-53.

[494] Fryer in Crooke (ed.) *op. cit.* (n. 4), II, 108-9.

[495] *Kanchani*，或 "印度舞女"，她们既是印度教徒又是穆斯林。参见 Yule and Burnell, *op. cit.* (n. 124), p. 295。

[496] Ovington in Rawlinson (ed.) *op. cit.* (n. 3), pp. 153-59.

[497] 关于早婚早育，参阅 Ojha，*op. cit.* (n. 285), pp. 123-26。

[498] Ovington in Rawlinson (ed.) *op. cit.* (n. 3), p.161. 参阅 Ojha，*op. cit.* (n. 285), pp. 27-28。

[499] 印度寡妇仍然受到迫害和羞辱，婚礼上则被认为是恶兆。参见 Thomas, *op. cit.* (n. 478), p.60。

[500] 印度教徒用 *tāwā* 或浅锅烤，穆斯林用 *tanur*，或烤箱。但现在不再有这个区别。

[501] Fryer in Crooke (ed.) *op. cit.* (n. 4), II,114-19.

[502] Ovington in Rawlinson (ed.) *op. cit.* (n. 3), pp. 179-85.

[503] Fryer in Crooke (ed.) *op. cit.* (n. 4), I, 234-36.

[504] 1666 年的总督是穆罕默德·贝格汗（Muhammad Beg Khan）。

[505] 根据特维诺的叙述，曾为重要港口的兰德尔一日成为废墟。不管如何，荷兰人在那里还留有自己的商馆。

[506] Sen (ed.) *op. cit.* (n. 2), pp. 31-33. 关于穆斯林婚礼习俗，参见 Yasin, *op. cit.* (n. 285), pp. 57-

59。

[507] Sen (ed.) *op. cit.* (n. 2), p. 44. 有时也称为"伊斯兰篝火节",对其意义和庆祝方式的详细描述,参见 Yasin, *op. cit.* (n. 285), pp. 51-53。

[508] 现在儿童婚礼是非法的,但很多传统的印度教家庭仍然如此。富裕的家庭为了沿袭这一陋俗而甘愿付罚款。参见 Thomas, *op. cit.* (n. 478), p. 59-60。

[509] Ovington in Rawlinson (ed.) *op. cit.* (n. 3), pp. 189-95.

[510] *Ibid.*, pp. 197-98.

[511] *Ibid.*, pp. 197. 这种命名仪式仍在古吉拉特实行。更多关于"*Nāmakarana*"(命名)的资料参见 Thomas, *op. cit.* (n. 478), p. 76。

[512] 葬礼和婚礼一样,都是家族最繁重的财务支出,有时他们需要为整个种姓提供宴席。贫穷的印度教徒有时因此举债。参见 N.A.Thootl, *The Vaishnavas of Gujarat* (Calcutta, 1935), p. 152。

[513] Ovington in Rawlinson (ed.) *op. cit.* (n. 3), pp. 200-202. 这里他谈的可能是有时在火葬处建的纪念碑。

[514] *Ibid.*, pp. 119-22.

[515] 角力士雕刻,参见在 *Ibid*, facing p.279。有关角力运动的普及程度,参见 Ojha, *op. cit.* (n. 285), pp. 62-63。也可参见插图 109。

[516] 也许是现在仍可捕猎的普通的鹤(*Grus grus lilfordi*)。参见 S. Ali, *The Book of Indian Birds* (7th ed.;Bombay, 1964), p. 87。

[517] Fryer in Crooke (ed.) *op. cit.* (n. 4), I, 278-81.

[518] Ovington in Rawlinson (ed.), *op. cit.* (n. 3), pp. 208-9.

[519] *Ibid.*, pp. 281-82. 关于如此无声地讨价还价的部分参照原书第三卷第 977、1076、1803 页。

[520] 关于印度羚(*Antilope cervicapra*),参见 S. H. Prater, *The Book of Indian Animals* (ad ed.; Bombay, 1965), pp. 270-71。

[521] Thévenot in Sen (ed.) *op. cit.* (n. 2), pp. 54. 这种抓野鸭的方法其他外国作家也描述过。参见 *Ibid.*, pp. 300-301, n. 12a. 另参阅 Ovington in Rawlinson, *op. cit.* (n. 3), pp. 161-63。有时也认为这是中国人的抓捕方式;参见 *Asia*, Vol.II, Bk.1, pp. 92-93 及图片 47。

[522] 纳尔沃尔位于印度中部的瓜廖尔国。*Meru* 是水鹿(*Cervus unicolor*)的马拉地语名称,它是印度最大型的鹿。参见 Prater, *op. cit.* (n. 520), pp. 290-91。以上根据 Thévenot in Sen (ed.) *op. cit.* (n. 2), pp. 53-55。

[523] 参见 Qaisar, *op. cit.* (n. 36), pp. 151-53。

[524] Ovington in Rawlinson, *op. cit.* (n. 3), pp. 161-63。

[525] 这些是牦牛尾。

[526] Thévenot in Sen, *op. cit.* (n. 2), pp. 62-65.

[527] 参阅关于印度的小型麝猫(*Viverricula indica*, Desmarest)。特维诺谈到的"麝香"是其香

腺的分泌物，在印度用于制作药物和香水。参见 Prater, *op. cit.* (n. 520), p. 88。

[528] 对这种神奇的鸟类的详细说明，参见 Sen (ed.) *op. cit.* (n. 2), pp. 306-8, n. 3。"乌鸡"作为食材和药材仍广泛用于印度和中国。拉赫（Lach）曾在台湾吃过这种鸡，它的肉为白色，皮骨尽黑。参见 A. Lach, "Dining on the Rim of the Pacific Plate," *The World and I*, March, 1988, p. 322。

[529] Thévenot in Sen (ed.) *op. cit.* (n. 2), pp. 72-73. 大象也享受类似的待遇。

[530] 印度八哥。*Ibid.*, p. 96.

[531] 这种蝙蝠是一种在印度很普遍的飞狐（*Pteyopus medius*）。*Ibid.*, pp. 98-99.

[532] 可能是普通的绿鸠，当菩提树结果时它们会成群飞来觅食。参见 Ali, *op. cit.* (n. 516), p. 73。

[533] 也许是来自印度支那的占婆（Champa）。

[534] 袋狸鼠（*Bandicota indica*）。参见 Prater, *op. cit.* (n. 520), pp. 211-12。

[535] 这种如鳄鱼般的蜥蜴通常使用的名称为 *iguana*，此词来自西印度的语言。"Guiana"（印地语，*goh*）更正确的称呼显然是巨蜥，这种河流中的清道夫可长达 3 米。参见 J. and K. MacKinnon, *Animals of Asia* (New York, 1944), p. 75。在印度传说中，这种蜥蜴用来帮助战士攀爬难以攻取、坚固的要塞。

[536] 酥油通过干燥硬化的水牛皮袋储存和运输。

[537] Fryer in Crooke (ed.) *op. cit.* (n. 4), I, 295-98 .

[538] 和范·瑞德（Van Rheede）的图画相比，这些图画很简陋。参见原书第三卷第 926-927 页。卡雷里关于植物的大部分资料来自文森佐（Vincenzo）。参见 Magnaghi, *op.cit.*(n.8), p.35。关于文森佐，参见原书第 891-909 页。

[539] 科希莫三世（Cosimo III），1670—1723 年为托斯卡纳区大公，参见图片 151。

[540] Caeri in Sen (ed.) *op. cit.* (n. 2), pp. 199-206.

[541] Crooke (ed.) *op. cit.* (n. 4), I, 305-6.

[542] 可能是举止缓慢、身体修长的懒猴，它们是夜晚活动的生物，常生活在森林深处，难得一见。参见 Prater, *op. cit.* (n. 520), pp. 43-45。

[543] 可能是人鱼或海牛，有时它们看起来像男人或女人。参见 *ibid.*, pp. 315-16。

[544] 亚洲狮曾发现于印度中北部，最南到纳巴达。现在仅生存于卡提阿瓦半岛（Kathiawar）的吉尔森林（Gir Forest）。*Ibid.*, pp. 67.

[545] 现在印度人仍普遍相信"野狗将尿撒到灌木上，然后把猎物赶来，并用这种酸性液体致其盲"（*Ibid.*, pp. 112）。

[546] 令人困惑的插叙，可能指的是在牛背上吃虫子的王鸦和黑卷尾。参见 Ali, *op. cit.* (n. 516), p. 23。

[547] Crooke (ed.) *op. cit.* (n. 4), II, 96-99.

[548] 参见 Sen (ed.) *op. cit.* (n. 2), p. xlii。

[549] *Ibid.*, p. xliv.

[550] 参见种姓索引，原书第三卷第八章。

第十一章　从果阿到科摩林角

　　自 1600 年起，在欧洲看来，从果阿到科摩林角的印度西南地区全部都是　　
次大陆的一部分。葡萄牙政府和教会都在果阿设有总部。他们政治、军事、宗
教的触角由此延伸，远到南部的特拉凡科尔（Travancore）。位于两地之间的科
钦（Cochin）在宗教事务上辅助果阿，在葡属印度（Portugese India）的经济和
政治方面也与果阿遥相呼应。果阿的总督与德干的统治者——特别是"比贾布
尔的阿迪勒沙（the 'Adil Khan of Bijapur）"——以及卡纳拉的君主时有联系。
在 16 世纪，葡萄牙的编年史家、以信件记录历史的耶稣会士（letter-writers）
和历史学家们将沿海的各个城镇分类编纂，提供了大量有关港口、货物和经营
条件的信息，还对当地怪异的社会风俗和宗教习惯发表了评论。[1]一些敢于冒
险的西方人拜访了维查耶纳伽尔帝国和德干的几个穆斯林统治者。16 世纪，到
过内陆地区的作者们多半都会谈起这条内陆旅行的最佳路线，写到那些政治和
商贸中心，讨论各个统治者的军事实力。但除了少数耶稣会士之外，大多数人
忽略了这些地区内部的语言、风俗和宗教情况，并且都觉得：除了维查耶纳伽
尔和捕鱼海岸，其他内陆地区并不值得过多关注。相比这些世俗作家，果阿和
各港口城市的耶稣会士们对于印度教表现出更大的兴趣，但主要集中在揭露它
的"错误"。耶稣会的一些成员——特别是在马拉巴尔和捕鱼海岸传教的人——

839 努力学习当地语言。马拉巴尔的耶稣会士们在圣多默派基督徒身上煞费苦心，希望把他们改造成罗马天主教（Latin church）的信徒。关于"世纪末"（*Fin de siècle*）的果阿及其周边，关于马拉巴尔诸城镇的情况，科托（Couto）和一些非葡萄牙作家——特别是林斯乔坦——留下了最好的史料。[2]

在 1613 年至 1619 年间，塞缪尔·珀切斯（1575？—1626 年）出版了四个版本的《珀切斯游记》（*Pilgrimage*）①。它包括珀切斯在 16 世纪资料基础上对印度的综述，并附有一些可考或不可考的 17 世纪作家留下的材料。他对印度西南的阐述主要是回顾性的，不过这位圣马丁堂（St.Martin's，鲁德门 Ludgate）的杰出的院长也介绍了一些新鲜有趣的信息来吸引读者。譬如他写到，斯蒂芬·德·布里托（Stephanus de Brito; Estaban de Brito,S.J.）谈及马来人（*Malea* [Malayars]，或者马拉巴尔地区的山地部落），这些部落居住在山上（Mountayens）的小村庄（Villages）里，捕猎大象。[3] 这是历史文献中对山地部落的首次关注，而且这些记载基于布里托的亲眼所见。[4] 珀切斯选取了一些耶稣会士的文献，从中可见当时印度教研究的知识成果；这一研究主要来自卡利卡特的一名耶稣会士，珀切斯称之为"菲尼西姆"（Fenicim [Jacome, or Giacomo, Fenicio]）神父。简言之，《珀切斯游记》这部书——尽管主要与美洲相关——较好地梳理了 16 世纪印度的相关史料，并且从珀切斯同时代的其他材料中提取、总结了 17 世纪前期一些零散而新鲜的讯息。[5]《珀切斯游记大全》（*Purchas His Pilgrimes*，1625 年）同样包括重要的回溯性内容。例如，它记载了一段关于果阿的冗长报道——它的司法权、教区、贸易、法律以及工资情况，这篇报道由杜阿尔特·德·梅内塞斯（Viceroy Duarte de Meneses）总督自 1584

---

① 1613—1619 年出版的书目全称：*Purchas, his Pilgrimage; or, Relations of the World and the Religions observed in all Ages*, (1613); *Purchas, his Pilgrim. Microcosmus, or the histories of Man. Relating the wonders of his Generation, vanities in his Degeneration, Necessity of his Regeneration*, (1619)。而 1625 年出版的著作题目为 *Hakluytus Posthumus or Purchas his Pilgrimes, contayning a History of the World in Sea Voyages and Lande Travells, by Englishmen and others* (4 vols.), (1625)。两类切不可混淆。译文为行文方便、标示清楚，故称前者为《珀切斯游记》，后者为《哈克路特后书》，又称《珀切斯游记大全》。——译者注

年起陆续编纂而成（1584—1588 年），并在珀切斯的文集中被译成英语。[6]

关于果阿到科摩林角一带，欧洲在 17 世纪出版的大部分资料比 16 世纪内容更丰富，涉及各个具体地区、动物植物，以及马拉巴尔印度教的各个方面。许多人在一个世纪中陆续到访这一地区，包括十位重要作家和几个地位较轻的人物；他们出版了大量的著作，通常都有一种以上的版本。在这个世纪的前六十年，最好的著作来自传教士的文献，还有皮拉尔德（Pyrard，1611 年首次出版）、德拉·瓦勒（Della Valle，1650—1653 年）和曼德尔斯罗（Mandelslo，1658 年）。在这个世纪的最后一代作者中，不可或缺的资源是文森佐（Vincenzo，出版于 1672 年）、巴尔德（1672 年）、纽霍夫（Nieuhof, 1682 年）、德龙（Dellon，1685 年）、范·瑞德（Van Rheede，1678—1703 年）、弗莱尔（Fryer，1699 年）、卡雷里（Careri，1699—1700 年）。[7] 还有一些深度和广度上略为逊色的著作可以作为补充：科托（Couto，《旬年史》[*Década* V]，出版于 1612 年）、范·特维斯特（Van Twist，1645 年）、圣三一的菲利普（Philippe de Sainte-Trinité，1649 年）、波泽（Poser，1675 年）。这份名单最显著的特点就是缺少葡萄牙人，尽管许多耶稣会士书信都出自葡萄牙神父的手笔。[8]

840

第一节　大都市果阿

果阿是葡萄牙在"印度国家"（Estado da India）政治和宗教上的首都，16 世纪的许多资料都曾详尽描述过那里。在 17 世纪的第一个十年，耶稣会士的书信仍继续述说着基督教事业在那里的进展。艾伯托·拉吉欧（Alberto Laerzio，1557—1603 年）带领着 72 名意大利和葡萄牙的耶稣会士，于 1602 年安全登陆果阿；第二年又有 15 个人追随先驱者的足迹而来。在 1603 年至 1607 年间，有超过 6 000 名改宗者受洗，包括一个霍尔木兹（Ormuz）的穆斯林君主。在撒尔塞特半岛靠近果阿的部分，有超过 45 000 名本土基督徒和 14 座教堂。1604 年至 1607 年，果阿修起一幢独立的建筑，专门服务于初到印度的耶稣会士。到了 1609 年，有 37 人住在"果阿耶稣会士之家"（Goa's Jesuit House of the

Professed），92 人住在圣保罗神学院（the College of St. Paul），还有 35 人住在"新人客栈"（the new House of the Novices）。无论以上信息准确与否，从中都可看出，基督教的根苗在 16 世纪已经枝繁叶茂——这种印象也被传回了欧洲。[9]但奇怪的是，在这些新世纪之初的乐观报道后，耶稣会士书信中便不太提及基督教在果阿的进展情况。

法国旅行家弗朗索瓦·皮拉尔德·德·拉瓦尔（François Pyrard de Laval）于 1608 年 7 月抵达果阿，一直待到 1610 年 2 月。虽然到达后的第一个月，他被葡萄牙统治者关在监狱里，但耶稣会士和其他教士为他奔走，很快使他获释。在随后大约十八个月中，他在果阿都是一个自由人，偶尔还担任葡萄牙船队的雇佣兵。根据皮拉尔德的记载，葡萄牙有两支强大的船队；每支队伍包括 50 至 60 艘战舰（单桅杆小艇），一些商船，还有一两艘大船。一支船队往返于果阿到霍尔木兹，另一支则活动在果阿到科摩林角。许多新手都是从葡萄牙按整个城镇或整个教区征募而来，要在印度当上七年的兵（*soldado*）。果阿的种种景象——特别是贫苦农民的孩子——令一些年轻人终生难忘。在里斯本，新兵们可以事先拿到前往印度的全部差旅费，在船上的开支都算在国王账上。可一到果阿，他们就全靠自己了；有些太年轻的孩子还不足以承担军事任务，只能先被雇为侍从。要回到里斯本，他们必须自己承担返程费用，所以，很多人干脆留在印度结婚生子，建立家庭。拉丁人与印度人的混血下一代必须在印度服役八年。在果阿，有 4 000—5 000 名的葡萄牙士兵（尽管葡萄牙人试图对人数保密），还有无数的印度士兵。当军饷不够用的时候，陆军和海军可以做点买卖自谋生路。有些人由此发了大财；因为出了这么些富商，所有葡萄牙军人也仿佛有了某种荣誉称号，在殖民者和印度人中显得高人一等。[10]

对于果阿本身，皮拉尔德提供了许多有纪念意义的描述，可与上一代人林斯乔坦的记述相互参照；[11] 林斯乔坦生动地描述了果阿的葡萄牙人的生活，实际上，如果说皮拉尔德借鉴或受到了林斯乔坦的启发，也并非不可能。但是他描述和记载的许多事实当然不是照搬自林斯乔坦或其他欧洲早年的作者。例如，对于曾去就医的皇家医院（仁慈堂，Misericordia），他提供了最完善的描述，比以往任何资料都要细致入微。这一机构由国王和当地贵族（*fidalgos*）捐

资兴建，由耶稣会士管理。在这里，1 500 名欧洲基督徒享受着一群印度基督 842
徒和奴隶们的照顾。医院设有各个部门，管理各种病症的治疗、进餐时间、探
访时间。它的盘子、碗、碟子都是中国瓷器。另有一个由村民集资的、单独的
医院面向印度基督徒。大多数医生是印度基督徒，会运用当地和欧洲的两种治
疗方式。最常见的病是发烧、痢疾和精神错乱。性病也非常普遍，但只流行于
葡萄牙人经常出入的地方。有一种很严重的疾病叫作 "Mordesin"（孔卡尼语，
modashī），即霍乱。它病发突然，伴有可怕的头疼和呕吐；许多人死于这种疾
病。中毒和下蛊也会使人们备受折磨乃至最终死亡。[12]

对于葡萄牙人在果阿一个世纪以来的建设，对于他们在异邦中维持的良好
秩序，皮拉尔德印象颇深。但对于印度等级制度，对于在印度的外国人，他并
不比早年的林斯乔坦写得更多。皮拉尔德在印度时遇到了金尼阁神父（Nicolas
Trigault），他是一位佛兰德人（Flemish）、耶稣会士，当时正在第一次前往中
国传教的路上。法国航海家、药剂师、古董收藏家让·莫凯（Jean Mocquet，生
于 1575 年）于 1609 年 5 月 26 日到达果阿；他一到就立刻会见了皮拉尔德，此
后他们也经常见面。[13]皮拉尔德向莫凯谈起了马尔代夫，以及他自己在那些岛
上的经历。他还评论了果阿地区大部分其他族裔的人民，满意地指出"这里几
乎没有"卡斯蒂利亚人（Castilians）。因为果阿在过去一个世纪扩张了 2/3，已
经超出了原有的疆界。事实上，它没有坚固的堡垒，真正提供保护的是围绕着
它的大海；现在一个严峻的问题产生了：荷兰人开始出现在海岸线上。

葡萄牙人在果阿生活得像贵族一样。他们拥有携带武器的合法权利。他
们坐在马背上或轿子上穿行于城市的大街小巷，后面跟着大批身穿制服的随从
和奴隶。他们的妻子和侍妾也以类似的方式出行。只有葡萄牙人才能担任行政
职务和宗教职务；驻防士兵都来自伊比利亚半岛。商人和工匠都是印度人，他
们必须为自己的商店和货物而纳税。搬运工在当地被称作 "Boye"（Konkan，
Bhūi，搬运工种姓）；他们将一根粗竹扁横在两肩，可以挑各种东西。果阿的马
夫都是德干的穆斯林，他们是阿拉伯马和波斯马方面的专家，也是高明的骑手。 843
在奴隶拍卖市场上，葡萄牙人特别喜欢购买莫桑比克黑人妇女作为家中的女仆。
如果主人与女仆有了孩子，这个孩子仍是合法子嗣，女仆也可以获得自由。尽

管她不能不经主人同意而离开，但在主人死后，她就是自由的，不可以再被买卖。太阳落山之后，小偷的市场迅速集结起来，在这里，被偷来的赃物以低价出售。[14] 公开的妓院是被禁止的；赌博也不是哪里都行，只在特定场所——这些地方由城市当局管理——合法。[15]

每隔三年，就有一位总督被派往果阿。被任命的新总督抵达时，对葡萄牙人示好的印度"国王"的使者会迅速前去迎接，奉上礼物，并承诺支持他的工作。而当老总督任满回国时，他也会向当地友好的"国王"派出使者，重申他们相互的忠诚。在果阿，一个教区接一个教区的印度基督徒前来向每一任总督承诺效忠。当一位总督在任上逝世，皮拉尔德写道，继任的程序会有条不紊地进行。他不难观察到继任的情况，因为他看到过"四任总督，一个接一个被派来"。他还评论了工资、税收和总督的贪污情况——"相比保护、管理城市，这些人倒更关心如何养肥自己"。皮拉尔德以林斯乔坦式的回忆录的口吻，说及总督的三年任期：

> 第一年，他们要做的是了解政府工作的细节和形式，了解当地各种各样的人，调动舰队和军队。第二年，他们开始满足自己的胃口……第三年，在某些情况下，他会带着大队人马走访印度沿海的所有驻防据点……也在这一路上捞到大笔的好处：从军官和地方长官身上，从其他政府官员身上，从他所到的各个小王国中——尽管整个招待费用都会记在国王账上。所以不必奇怪总督们喂肥了自己，就连他们官邸中的五六十个仆人和办事员也是这样。谈起总督，人们会说，他们饥肠辘辘地来，脑满肠肥地走。[16]

当皮拉尔德在1608年到果阿时，果阿第三大主教（third archbishop of Goa）和君士坦丁堡第一大主教（first Primate of the East，约1595—1610年在职）阿莱绍·德·梅内塞斯（Aleixo de Meneses），身为第36任印度地方长官，即将结束自己的任期（1607—1609年）。由于梅内塞斯和他的仆人们每年从教会职务和世俗事务中获取大笔收益，人们估计他们财富惊人。梅内塞斯在慈善事业上赢得了巨大声誉。他经常在公共场合用餐，在一张饭桌上和几十个欧洲穷人消遣娱乐，偶尔也包括皮拉尔德。虽然他是果阿至高无上的领袖，但由于在果阿烧死了霍尔木兹君主，他很难向里斯本交待；同样，在罗马方面，他由于与耶稣会士的冲突而陷入麻烦。在他的统治下，果阿的宗教法庭（Inquisition）比葡萄牙的还要苛刻，对富有的新教教徒迫害尤甚。印度教徒不归宗教法庭管理，而印度和欧洲的基督徒则受到最严格的处置，因为宗教法庭的神父既是原告又是法官。没有人敢在公开场合反对宗教法庭。

一大批各个教团的神职人员都在谋取私利，从国王那里给自己增加薪水。其中包括一些教团的神父，他们在印度担任教区神父（secular priest）并主持圣餐礼。还有些当地人身兼教区神父和修会神父（regular），但不是耶稣会士。[1] 每逢基督教重要的节日庆典，总有盛大的游行活动，还要将宗教裁判的死刑犯公开烧死。[17]

844

意大利人皮特罗·德拉·瓦勒（Pietro della Valle，1586—1652 年）独立在近东地区广泛游历，因此被称作"朝圣者"。1622 年，他正乘一艘英国轮船行驶在波斯湾，要前往苏拉特。[18] 在阿默达巴德和坎贝短暂游览后，德拉·瓦勒于 1623 年抵达果阿。或许是因为他自己在霍尔木兹海峡经历过葡萄牙与英荷联军的战争，在这里他注意到，黄金州果阿（Golden Goa）多姿多彩的生活开始变得黯淡。当果阿的葡萄牙人继续"逃避工作——他们认为那不符合他们庄重的身份"，他们"不再有很多财富，相反，变得非常贫穷……忍受着种种艰辛，又不能对外人言明"[19]，果阿的大部分居民是黑皮肤、无知的奴隶，他们"不能美化这座城市，反而给它抹黑"。当德拉·瓦勒抵达果阿时，赤足加尔默罗修会[20]（the Discalced Carmelites）的同行和他在波斯结识的耶稣会士共同欢迎了他。作为意大利人，他对许多来自意大利的耶稣会士印象深刻，他们"经常被国家和教会派出进行传教工作，尤其是在中国、印度及东方其他地区"[21]。果阿的城市空间比较狭窄，所以这位意大利朝圣者对穿行其中的各类交通工具颇有兴趣，比如"andors"（肩舆）、轿子和"retes"（吊床）。"吊床"是"一张用绳子编成的网，在乘坐者的头脚两端收口，悬垂在一根巨大的印度竹杖上"，由

---

① Secular priest 又译为"在俗司铎"，而 regulaer priest 又译为"会士司铎"。——译者注

两个人抬着。他详尽地描述吊床是因为"这些东西不为我们国人所知，尽管我记得在意大利看到过类似网或吊床的浮雕，刻在某些世界地图上，如果我没记错的话，应该是在介绍巴西出行方式的图画中"[22]。印度教的朝圣者们步行，或以各种交通方式前往果阿附近的"圣殿"（Nave），从 1623 年 8 月 17 日开始，度过为期两天的节日，其间他们"在海里洗澡，斋戒沐浴"。[23]

1624 年年初，在由印度南部返回果阿途中，德拉·瓦勒穿过撒尔塞特岛，发现耶稣会士占据了"或许全岛 1/3 的地盘"。撒尔塞特岛的居民"更加认可耶稣会的教士，而非国王"。他还提到，天主教方济各会对巴尔兹的掌控也是一样。由此，德拉·瓦勒总结道："也许下述说法是公正的：这个国家最好的、或许也是最伟大的部分都掌握在宗教教团手里。"[24]1624 年 1 月 25 日，果阿的耶稣会士开始庆祝罗耀拉（Loyola）和沙勿略（Xavier）被追封为圣徒的纪念日，包括集会、游行、化妆舞会和戏剧的一系列庆祝活动一直持续到 2 月 18 日。[25]当时，果阿对于收复霍尔木兹有过一段持续的讨论和准备，德拉·瓦勒则对成功收回表示怀疑，因为波斯人从内陆可以轻而易举地支援这个海湾城市，葡萄牙人的斗志却非常消沉。他还认为，果阿距离霍尔木兹太远，而水路对于葡萄牙人是不安全的。在德拉·瓦勒离开果阿的五天前，即 1624 年 10 月 31 日，消息传来：马利克·阿姆巴尔（Malik Ambar）袭击了比贾布尔。[26]

法国加尔默罗修会（the French Carmelite）的"圣三一的菲利普"（Phlilippus a SS. Trinitate，1603—1671 年）在果阿的修道院里都能感觉到西印度日益紧张的政治局势。他从罗马出发，经过两年横跨大陆的旅行，在 1631 年印度西北部一场可怕的大饥荒刚刚结束之时，抵达这座葡萄牙人统治的东部大都市。他在果阿度过了此后的八年，最后在大约 1640 年返回罗马。1649 年，他在里昂以拉丁文出版了他的《东方纪行》（*Itinerarium orientale*），这部十卷本的著作记载了他在印度的所见所闻。在介绍西印度的情况时，他侧重记述欧洲人的活动——特别是传教，以及那里奇异的动物植物。[27]

关于比贾布尔及其与果阿的关系问题，菲利普在欧洲人已经了解的内容上又补充了非常有意义的几点。他在印度期间，两地区在 1633 年条约的规范下保持着友好关系。随后，比贾布尔城分裂成三部分：达波尔、拉贾布尔和庞达

（Ponda），庞达恰好在果阿的南侧背后。每个小王国又包含了许多其他的小镇。"比贾布尔的阿迪勒沙"在果阿派有常驻使节，而果阿总督只在必要时候才向比贾布尔派出特使。菲利普在果阿居住期间，有两个加尔默罗修会会士被派往比贾布尔，其中一人（利安德神父，Father Leander ab Annuntiatone）1631 年死在那里。阿迪勒沙和他的贵族们都是穆斯林，但他的子民大多数是印度教徒。从 1635 年起，一种传染病席卷果阿。食物，特别是波斯小麦做的面包变得非常稀有。1636 年起，荷兰人对果阿的封锁开始损害葡萄牙人的贸易活动。1638 年，一位叫作"拉马扎尼"（Ramacani）的富有的果阿贵族认为有人谋叛——叛徒暗中协议要将果阿出卖给荷兰。他的几条葡萄牙船在港口被烧毁，随后，人们终于揪出了叛徒并将之驱逐出境。"狄奥尼修斯神父"（Father Dionysius a Nativitate，1600—1638 年）是果阿加尔默罗修会杰出的学生，他带领一支代表团前去与荷兰异教徒谈判，最终在苏门答腊岛被荷兰人杀害。[28]

　　正如许多其他居民一样，菲利普似乎觉得果阿将永远繁盛祥和。在他看来，像阿维尼翁（Avignon）一样大的果阿，就是在伊斯兰教浓重影响下的野蛮世界的一块基督教净土。果阿本身有 7 个教区，而在整个印度，葡萄牙人统治的"净土"包括 30 个教区。[29] 在撒尔塞特岛上有超过 20 座教堂，在拉乔尔（Rachol）还有一座耶稣会学院。在果阿两条河的沿岸，美丽的房屋点缀在棕榈树林中。各个种族间相互通婚非常普遍。世代跨种族通婚的葡亚混血儿肤色更深，而第一代混血儿（即父母是纯葡萄牙人）肤色很浅。果阿还有一个小小的犹太人社群，但这似乎毫不影响菲利普修士的宁静。他在小山上新建的修道院里居住、工作、俯瞰整个果阿，满心欢喜。[30] 关于政治和宗教的管理运作，他提供了详细的记载，特别是在司法审判和惩罚方面。在他的朋友中，有被流放的马尔代夫国王一家。果阿雨季的生活是沉闷的，用作圣餐的无酵饼受了潮，杂草也从屋顶上冒出来。[31] 关于西印度其他地区，菲利普并没有在前人的资料上补充更多的东西；但他记载了瑜伽派信徒每年在特定日子，在靠近内陆高地的坎纳诺尔（Cannanore）集会，来选举一位领袖。[32]

　　1639 年年初，菲利普准备返回欧洲，约翰·阿尔布莱希特·冯·曼德尔斯罗（Johann Albrecht von Mandelslo，1614—1644 年）来到果阿。[33] 在印度西北部游历一番后，曼德尔斯罗同一位退休的英国商栈栈长威廉·梅思沃尔德（William Methwold）一道离开苏拉特。这个英国人曾是派向阿迪勒沙的使团的领导人和果阿总督，他的工作是向比贾布尔争取贸易权，并负责处理果阿的债务。[34] 曼德尔斯罗对比贾布尔和果阿的记述主要基于个人观察；这些报道首次出版于 1645 年，奥利瑞乌斯（Olearius）以及后来的译者、编者多有增补修改，但也没有不恰当的损害。[35]

1639 年 1 月，曼德尔斯罗和梅思沃尔德在果阿待了十天。他们受到佩德罗·达·席尔瓦（Pedro da Silva）总督和耶稣会的国王般的礼遇，这个德意志旅行家认为荷兰人的封锁不会影响果阿惬意的生活。果阿本身"不能自给自足"，但是补给可以继续从巴尔兹、撒尔塞特和内陆地区以低价购得。尽管荷兰人袭击了往返于主要航线的商船，但沿海商贸仍没有受到影响。前往内陆的"果阿印度人"在手臂上佩戴标志以表明身份。葡萄牙人允许印度教的偶像崇拜，宗教法庭无权干涉他们。印度医生备受尊敬，"他们可以随身携带雨伞"。当地的工匠、铁匠、珠宝商"毫无疑问比我们的匠人更好"。其中许多人在巴尔兹和撒尔塞特承包皇家的土地；当他们的生意卷入官司时，"他们对葡萄牙的法律和习俗都非常熟悉，不需要代理人为自己辩护"。显然，在曼德尔斯罗看来，果阿的印度人正在成为这个岛上文明生活中值得尊敬的一部分。[36]

果阿的"卡纳拉人"（Canarins）① 是农民、渔民，或棕榈树种植者；有些"卡纳拉人"仅仅指洗衣工。[37] 犹太教徒"在那里有他们自己的礼拜堂和犹太会堂（Synagogue），享有道德和信仰的绝对自由"。有些犹太教徒是印度人，其他则是从巴勒斯坦迁徙过来的；"后者占大多数，讲西班牙语"。果阿的穆斯林从事香料生意，主要面向红海地区。早上 7 点到 9 点是果阿每天例行的集市。"公开叫卖者"（Public criers），也就是人们所说的"拍卖"（Laylon，马拉雅拉姆语 [Malayalam] "lèlam"；葡萄牙语，leitāo），大喊大叫地兜售着他们的货物。[38] 各类商人和工匠在街道上各自的指定区域做生意。"丝绸商人和粗布贩子从不混

848

---

① 果阿的"卡纳拉人"（Canarins）不完全等同于下文将提到的卡纳拉当地人，关于果阿的卡纳拉人，见本章注释37。——译者注

到一起"。商人们还买卖男女奴隶，但是他们最大的收益来自货币兑换。舰队在秋天抵达时，他们以 10 至 12 元的价格买进雷阿尔（real），"到了次年 4 月，当船队驶向摩鹿加群岛和中国时，再以 25—30 元卖出"。也就是说在六个月内利润至少能翻一番。[39]总督也像商人一样，通过贸易和投机来发财致富。[40]

1641 年法国旅行家、犹太裔商人让·巴蒂斯特·塔韦尼耶抵达果阿并停留了一个星期。1648 年他又一次前往东方，在果阿待了将近两个月。他从未亲自到访过果阿南部、印度西海岸。在后来前往苏拉特和印度北部的旅行中，他听说了关于南部的种种故事和传闻——包括荷兰人在 1662—1663 年间占领科钦——并忠实地记下了这些说法。1668 年回到法国，塔韦尼耶写出了《塔韦尼耶六游记》（*Les six voyages...qu'il a fait en Turquie, en Perse, et aux Indes*），并于 1676 年出版。[41]这本书覆盖的地理范围从果阿向南直至科摩林角，其内容包括他在果阿和比贾布尔的个人经历，以及从其他欧洲人和印度人那里听来的许多二手消息。

尽管乘船旅行可能会落入马拉巴尔的穆斯林海盗之手，但在塔韦尼耶看来，从苏拉特到果阿的最佳方式还是海路。海盗专门劫持沿岸航行的船只，并且"对基督徒十分残忍"。在 1648 年前往果阿的路上，塔韦尼耶乘一艘荷兰船先到文古尔拉（Vengurla）。荷兰人此时已不再把文古尔拉当作他们封锁果阿的舰队基地，转而利用这座港口来为商船补充食物和淡水。作为港口，果阿和君士坦丁堡、土伦三足而立，是"我们伟大的大陆（指欧亚大陆 [Eurasia]）上最好的三座港口"。塔韦尼耶对当地的房屋和总督官邸记忆犹新，这些建筑恒久地昭示着果阿曾经的富有和壮丽。随着荷兰人涉足西印度，葡萄牙人"失去了财富的来源，从他们过去的辉煌开始走向没落"。如今，先前阔绰的富人，特别是女人，开始偷偷地向陌生人讨救济。因为他们过去轻视荷兰而没有适当的戒备，现在又要维持庞大的军事要塞，果阿的葡萄牙人已经"极度困窘"。过去，总督和地方长官从各种肥缺、从他们有权"指派"的事务中捞到了大把好处。一过好望角，大小职位上的葡萄牙人都变成了贵族，在他们原先的名字前加上"堂"（Dom）。改变身份之后，他们就成了不受任何法律约束的、残忍、恶毒、妄自尊大的家伙。处理诉讼时，他们"总是敷衍了事"。法律事务完全掌握在"狡猾

849

奸诈"的卡纳拉（Kanarese）律师手中。另一方面，卡纳拉人没有任何正式的行政职位，他们完全服从葡萄牙人的管理。然而，"这些黑人（指当地土著）很有智慧，也是好军人"。"只要是对自身有用的知识"，他们的孩子"在学院半年所学比葡萄牙孩子一年学的还要多"。葡萄牙人残暴地没收了印度教的遗产，并经常破坏。除了许多教区神父之外，果阿还有多明我会、奥古斯丁修会、绳索腰带修士（Cordeliers）、嘉布遣小兄弟会的教士。奥古斯丁修会有"两屋子的修女"。尽管基督徒在当地数量众多、影响甚广，但还是没能阻挡果阿声名卓著的医院急剧衰败。[42]

像许多非伊比利亚的欧洲人一样，塔韦尼耶对果阿的宗教法庭既感兴趣，或许也有困惑。纵然已表明自己是新教徒，塔韦尼耶还是受到审判官及其副手长达两个小时的询问，并且受邀三天后在加尔默罗修会的处所共进晚餐。塔韦尼耶在书中讲述了艾弗伦·德·讷韦尔神父（Father Ephrem of Nevers，一位法国嘉布遣小兄弟会教士）被捕的经过，从中可见果阿宗教法庭在印度沿海地区中的名声。[43]这位尊贵的神父在科罗曼德尔海岸的圣多默城被宗教法庭特使逮捕，继而被当作囚犯押往果阿。他被捕的消息传到苏拉特，传到塔韦尼耶的朋友、之前的旅伴齐诺（Zeno）神父那里。在塔韦尼耶看来，齐诺要去果阿营救教友的决定是十分危险的。因为他认为：在宗教法庭，谁若站在犯人一边表示抗议，那么"他比他所支持的罪犯更加有罪"。任何与宗教审判无关的人——即使是大主教或总督——都不敢去干涉这个神圣机构（Holly Office）的工作。一旦被捕，宗教法庭的罪犯还要被搜查，个人财物也会被没收；关于一些不值钱的东西，他能拿到一张收条，贵重物品则根本不会登记在册。审判官从不让被告直面指控他的证人，甚至都不让他知道证人的名字。艾弗伦被臭名昭著的宗教法庭逮捕的消息在圣多默城、欧洲和戈尔康达轰动一时，戈尔康达统治者一直想再度召回艾弗伦，让他为自己的朝廷效力。所以戈尔康达威胁葡萄牙，声称夺回圣多默城，在这样的压力下，宗教法庭不得不释放艾弗伦。根据塔韦尼耶记载，这位正直的嘉布遣会修士说，"审问时，审判官和代表们的无知"让他深感苦恼，"他觉得他们当中甚至没人读过圣经（Holly Scripture）"。[44]

菲利普·巴尔德（Philippus Baldaeus，1632—1672 年）是一位改革宗牧

850

师，在 17 世纪 50 年代随侵略马拉巴尔的荷兰军队游遍了印度西海岸，对于绝大部分的港口城市，他都有记载。[45] 关于果阿本身，巴尔德并没有在欧洲前辈作家的描述上增补更有价值的东西。他提到，荷兰人对于 1640 年前后封锁果阿的效果十分满意，因为他们原本就没有占领的企图。他对果阿和巴达维亚（Batavia）之间的谈判做了详细的记载，谈判在 1642 年达成了十年休战的协议，但这项特殊协议随后仅维持了五年。他还写道，果阿和比贾布尔争夺安吉迪瓦岛（Anjediva）最终陷入僵局——葡萄牙人拆毁自己的堡垒并离开那里，全岛一片荒芜。葡萄牙人败给比贾布尔的荷兰人之后，开始专注于控制卡纳拉内陆的水稻高产区。

加布里埃尔·德龙（Gabriel Dellon，生于 1649 年）的记载则不同于巴尔德。他是法国东印度公司（French East India Company）的雇员和药剂师，于 1668 年离开法国，1670 年到达苏拉特，中途在马达加斯加停留了一年。德龙在公司的船上工作了一段时间后，于 1671—1672 年被派往公司在马拉巴尔海岸的货栈。1673 年，因为与代利杰里（Tellicherry）的法国货栈的主管产生分歧，他从东印度公司辞职。从那时起，他向北行至葡萄牙控制的港口城市达曼，并在那里开始个人行医。没过多久，这个 24 岁的医生就与葡萄牙当局产生冲突。根据宗教法庭的律令，他被指控为异端，随即被押往果阿。经过两年的囚禁与审判，德龙被判在葡萄牙船上服役五年。1676 年他被送往里斯本，1677 年终于被总审判官释放——条件是他要立即回到法国。1685 年，德龙出版了他的《东印度之旅》（*Relation d'un voyage fait aux Indes Orientales*，Paris），书中大部分内容都是他 1671—1673 年在印度西海岸的亲身经历。

1672 年 2 月 1 日，德龙抵达果阿。在对这座葡萄牙大都市的描述中，德龙增加了一些有趣的新内容。非洲和印度的奴隶都能获得友善的对待，因为他们想要逃到内陆实在太容易了。在为果阿基督徒服务的神父中，当地神父多于葡萄牙的。西瓦吉（Sivaji）掌控着文古尔拉和大陆一部分区域，那里"美丽的泉水从树下流出，（果阿的）女人们在此嬉戏"。[46]

851

在 1674—1676 年，作为宗教法庭的犯人，德龙第二次来到果阿，大多时间他都待在"神圣机构的整洁明亮的监室中"。他的《果阿的宗教法庭》

（*Relation de l'Inquisition de Goa*，Leyden，1687 年）在法国国王路易十四的赞许、或者说鼓励下首次出版。次年它在巴黎再版并在伦敦发行了英译本；1689 年，德译本面世。[47] 当时法国宫廷——像英格兰、荷兰和德意志的各个新教教会一样——正与罗马教廷争执不下；或许这也能够解释北欧人对于果阿宗教法庭及其运作的普遍反感。[48] 事实上，这些国家都直接或间接地掏空、摧毁了葡萄牙在印度的帝国，他们还恰好能以道德非难葡萄牙，为自己在印度的活动争取合法性。虽然经常有人指责德龙的著作为了方便而胡编乱造，但近来学者们已证实德龙确实是果阿宗教法庭的犯人，曾受审获刑。[49] 德龙作为法国天主教徒却批判宗教法庭——这种立场很少引起注意，毕竟他更是一位被判异端而长期被囚的犯人。

德龙在当时能够从内部了解宗教法庭。他描述了法庭本身，描述了它的官员及相关人士的工作情况，这些是关于这套制度运作的唯一记载。他先是从内部和外部详细描述了宗教法庭的外观，它的庞大和雄伟。在犯人待遇方面，他承认犯人们"受到了宽容的对待"，白人比黑人的待遇还"更体面"些。他们都吃得很饱，病人都能得到"必要的照顾"。果阿有两个宗教审判官，一位是宗教大法官（Grand Inquitor），一位教区神父；在他旁边是一位多明我会（Dominican）的修士。还有许多各个教团的代表协助二人工作，这些人帮忙筹备审判，以及提出终审意见。其他不参与审判的官员，负责检查上报那些被怀疑有违"神圣信仰（Holy Faith）的纯洁性"的"物品"，通常是书或艺术品。如果犯人需要，裁判所可以给他指定一个辩护人。神圣机构通常指派它的亲密战友——有些是身居高位的世俗官员和贵族——去执行抓捕。这种工作没有报酬，但他们"觉得自己为如此神圣的法庭效力，所得到的荣誉就足以作为奖赏"。最后是书记员、狱卒、看守，以及为宗教法庭服务的其他雇员。[50]

犯人们通常被关在隔离的监室里，在被看守拷打时也要"永远保持绝对的安静"。大约每隔两个月，巡查官来与犯人见一次面，询问他们有何不满。这种措施"纯粹为了显示公正和善意，这样的公正和善意在法庭（Tribunal）上见得太多了"。在公众心中，法庭体现着公义，它比任何其他审判都怀有更多的宽厚与仁慈。然而实际情况并非如此。证人从不面对被告，他们与案件的关系或利

852

益倾向都没有被仔细审查过。有时候，证词是以逼供的方式从证人口中撬出来的。而被告"在刑架上坦白自己所犯的罪恶，同时也就成了证人"。"犹太教徒"，特别是新教教徒和被控施巫术的人受到裁判所最严酷的迫害。有些基督徒改信印度教，并参与当地人的宗教仪式，也因此遭到了残暴的惩罚。

果阿的宗教法庭是葡萄牙四座官方审判所之一，在整个葡属东方（Portuguese East）位高权重。它只需要向里斯本的总议会（Grand Council）和总裁判长（Inquisitor-General）汇报。果阿裁判所的收入来自皇室经费以及出售犯人的财物。所有裁判官由国王任命并得到教皇的认可。果阿的总裁判长比大主教和总督都更受尊敬。这是因为除了大主教、大教区神父（grand vicar）和总督以外，所有基督徒都受裁判所管辖。裁判所如果向葡萄牙方面申请到必要的权力，甚至也可以逮捕上述高官。果阿裁判所的法庭通常十五天集结一次，如果有非同寻常的案件，审判会更频繁。下一级的议会一天召开两次。当终审判决下达时，大主教或主教必须在场并主持整个过程。除了自己在宗教法庭的经历，德龙还形象地描绘了一次宗教裁判大会（auto da fé）的情形，当时他作为犯人参与全程。[51]

当德龙在监狱中饱受折磨时，1675 年 9 月至 1676 年 12 月，约翰·弗莱尔（John Fryer）医生正待在果阿及其周边被他称作"卡纳蒂克王国"（Canatick-Country）的地方。[52]他曾在 1675 年圣诞季第一次到果阿。在港口，他看到三艘腐坏的大型商船，都快散了架还准备将"急需的货物"带回欧洲。他描述了果阿的教堂以及其他宗教建筑，发现基督教的秩序主导整个社会，正如耶稣会掌控着城市的政治和经济。这位英国医生考察了皇家医院，认为这里对病人的照顾"十分周到"。耶稣会士们兜售一种 17 世纪备受称道的药物——"果阿石"。[53]在地方长官的府邸，他见到了历任总督的画像，还被引见给当时的总督（1671—1677 年在职）路易斯·门多萨·德·阿尔伯克基（Luis Mendoça de Albuquerque）。他区分了前葡萄牙时期的乡村小镇果阿（老果阿），和葡萄牙人深入内陆 3 英里创立的大都市。[54]像德龙一样，他被宗教法庭无处不在的权威所震撼。他认为：果阿肉类匮乏；由于西瓦吉在卡纳拉北部的活动，这里的钻石贸易也中断了。人手不足意味着果阿的许多神父不得不准备上战场，"修道院里

853

的男人比卫戍部队里的还要多"。[55]

像许多非葡萄牙的作家一样，弗莱尔将果阿看作"印度的罗马"，在这里，传教士和贵族在其他人面前炫耀着自己的地位和封号。大多数民众是"卡诺瑞人"（Canorein），他们的言行举止都非常"葡萄牙化"；但即便如此，他们在白人面前仍抬不起头。女人——不论白人还是黑人——都被关在家里，并被男人满怀妒意地监视着。她们一心扑在家庭上，这也让她们无法适应社交场合。果阿治疗传染病的方法是让病人吃芒果。除了有印度最好的芒果，果阿还出产大量腰果和菠萝。面包师烘焙出优质的小麦面包。蜡被制成蜡烛用在城市的各个圣坛上。邻村尼鲁（Nerul）生产的亚力酒（Arrack）是英国人在这里调制潘趣酒的五种原料之一。[56]

二十年后，那不勒斯的世界旅行家乔瓦尼·弗朗西斯科·杰米利·卡雷里（Giovanni Francesco Gemeli Careri）两次来到果阿（1659 年 2 月 26 日至 3 月 3 日，4 月 5 日至 5 月 15 日）。[57] 从总督那里，卡雷里了解到城市的历史和它近来所沦落到的"悲惨的境地"。[58] 果阿的人口减至不足两万，欧洲来的葡萄牙人是各类居民中最少的一支。葡亚混血多一些，混血儿——即黑人和白人的孩子——占了大约 1/4 的人口。果阿的孔坎人是婆罗门、巴涅人和卡拉达斯人（*Charados, Kárádás*）的后裔。两个比较高等的种姓非常机敏、勤奋，善于学习。他们从事着神父、律师和秘书的职业。由于勤勉和忠诚，他们是抢手的仆人。低种姓的孔坎人，即使是基督徒，也是不老实的小偷和流氓。在职业方面，他们是农夫、渔民、舵手、搬运工。这些懒散的工人只有在鞭子底下才能干活。实际上他们在鞭子中享受着不少乐趣；甚至形成一种风俗，亲属们在新婚之夜要鞭打一对新人。果阿商人大多是印度教徒和穆斯林，他们住在城中属于自己的区域里。非基督教团体不能够公开进行自己的宗教仪式。葡萄牙人从非洲购买了许多黑奴作为家中仆役和个人随从。这些非洲人原来都是偶像崇拜者，后来很快受洗入教。[59]

果阿岛包括 30 个村庄，而撒尔塞特半岛沿岸有 50 个村庄、5 万人口。巴尔兹半岛则有 28 个村庄。撒尔塞特由耶稣会管理。巴尔兹的宗教生活则由其他的神职人员监管。卡雷里记录了他在果阿的葡萄牙城市的见闻，他发现"基廷会（Theatins）的小教堂是仿照罗马的圣安德鲁教堂（S. Andrew della Velle）

854

修建的"。[60] 他认为果阿著名的皇家医院的管理很糟。在返回果阿途中，卡雷里获得特别许可，瞻仰耶稣会九年来不曾公开展出的、圣方济各·沙勿略（St. Francis Xavier）"腐坏的"遗体。耶稣会士们在等待"一块由大公（Grand Duke）下令制作、来自佛罗伦萨的尊贵的斑岩墓碑（Porphiry Stone）"。[61] 铸币厂位于总督府，他们制造"白铜"（Tutunaga [tutenag]）钱币，这是一种来自中国的金属，尚不为欧洲人所知。[62] 在驶往中国之前，卡雷里把自己身上的黄金换成了"几块银币"，因为"携带黄金去中国将损失惨重"。[63]

从上述简短的评论中可以明显看出，直到 1623 年，果阿之于欧洲的传教士和旅行者都是一个繁盛而充满魅力的地方。1622 年葡萄牙失去霍尔木兹，这一事件开启了果阿——作为葡属东方的桥头堡和大都市——急剧衰落的进程，至少德拉·瓦勒这样认为。然而在这些年中，它仍然是欧洲航海者们的聚集地。总督的权威和其他政治权力渐渐被侵蚀，在对果阿、撒尔塞特和巴尔兹的管理上，宗教教团的影响力日益显著，他们还领导了一场对抗荷兰异教徒的战争。与此同时，有越来越多的本土教区神父在当地活动。商业和服务行业开始从葡萄牙人转向本土的商人、律师和医生手中。在这个过程中，皇家医院和其他葡萄牙慈善机构不再能有效运作。荷兰人封锁所施加的经济压力导致 1642 年的协定，据此，果阿被迫容忍荷兰人在印度西部的存在。1663 年，马拉巴尔最终失守，这让全世界都看到了果阿已极度衰败。由于担心敌人里呼外应攻占果阿，宗教法庭在本世纪后半段变得愈发具有压迫性。在世纪末，黄金州果阿虽然仍属于葡萄牙，但它不过是印度西海岸几个重要港口"之一"。

第二节　比贾布尔

皮拉尔德在果阿时（1608—1610 年），葡萄牙人与他们从前在德干的敌人、比贾布尔的"阿迪勒沙"（Dealcan）保持着良好的关系。[64] 在 1570—1571 年、1578 年，比贾布尔的穆斯林和他们的盟友集结了大批军队包围果阿，不过这一局面很快被葡萄牙人的大炮所扭转。在这一过程中，双方都意识到他们需要相互依存。比贾布尔的贸易需要经由果阿，而葡萄牙人也迫切地依赖比贾布尔来提供补给。他们逐渐达成共识：只要葡萄牙人不以任何方式侵占比贾布尔的领土，他们可以按照自己的法律和习俗在果阿过太平日子。还有，只要遵守葡萄牙法律，果阿领土上超过两万的印度教徒也可以过自己的宗教生活。这些印度教徒不能拥有自己的神庙，还要按家庭中男性成员的数目缴纳一点点人头税。葡萄牙和印度的基督徒可以住在比贾布尔，但是不允许修建教堂或公开举行基督教仪式。果阿的流亡者在比贾布尔的领土内不得被随意逮捕；反过来，在果阿的土地上，比贾布尔的逃犯只能由比贾布尔的官员来抓获。在皮拉尔德居住果阿期间，常规的外交关系随着这些条件的商定而建立起来。[65]

比贾布尔的统治者易卜拉欣·阿迪勒沙二世（Ibrahim 'Adil Shah II，1580—1627 年在位）并不是一个暴君，而是一位和蔼可亲、爱好和平的君主，他是"所有外国人的朋友，也是那些与他和平相处的邻国人民的朋友"。他的宫廷里常常招待果阿大使，有一些耶稣会士也"受到了他的款待，他们还秘密利用了这个机会……"。在大使和耶稣会士的保护下，在比贾布尔工作生活的葡萄牙人可以履行自己的宗教。比贾布尔"在果阿也有一位常驻使节"，身份尊贵，地位重要，在自己的驻地内享有宗教自由。他出行时总有一班随从陪伴左右，包括仆人、比贾布尔的商人，以及他自己的一些保镖。根据当地的传说，四十年之前，一位比贾布尔王子来到果阿并改信基督教。当他父亲去世时，他不愿为争夺王位而与兄弟们厮杀，只接受了自己应得的一份财产：巴尔兹、撒尔塞特，以及果阿周围的其他几个小岛。这位王子没有后代，死后便将岛屿都留给了葡萄牙国王，而果阿的生活物资如今还依靠这些岛屿支援。[66] 比贾布尔"国王"养着许多大象，他挑了一头给葡萄牙国王做礼物，又送了一头给西班牙国王。这两只象暂时还养在果阿，由比贾布尔的驯象师驯养。比贾布尔有许多老虎和巨蛇，令人头疼；它还出产钻石和棉布织物，出口海外。当地人民穿长裤和"蚕丝与棉布的长衫，佩戴又直又高的头巾，不同于土耳其人或阿拉伯人的圆形头巾"。比贾布尔大多数人是穆斯林，在那儿居住的印度教徒也穿成这样。许多人每天前往果阿贩卖生活用品。有些比贾布尔皇室流亡者住在果阿；马尔代夫流亡的国王也在这里，还享受着西班牙国王定期派发的津贴。[67]

皮拉尔德和果阿的葡萄牙人都明显感到，在本世纪第一个十年中，印度海域的荷兰人愈发具有威胁。莫卧儿人（Mughul）是另一个威胁，所以葡萄牙决定与比贾布尔保持良好关系，以阻挡莫卧儿帝国向果阿扩张。[68]1603 年，荷兰人结束对果阿的封锁，效果不似预期，这使得葡萄牙人可以心满意足地继续安逸的生活；尽管和平中偶有摩擦，黄金州果阿与比贾布尔还是暂时的盟友。虽然比贾布尔与葡萄牙已经签订合约，但易卜拉欣·阿迪勒沙二世像他的前辈一样，从没放弃夺回果阿的念头。荷兰人不能再有效封锁果阿，但总在搞小动作，譬如侵入卡纳塔克（Karnatak）海岸和比贾布尔统治的一些小港口，想以此给葡萄牙更大压力。1617—1618 年，荷兰人获得莫卧儿帝国的批准，可以在内陆的苏拉特经商，他们继而又试图与比贾布尔结盟来对付果阿和葡萄牙。[69]

荷兰人想与比贾布尔建立更密切的关系，这一点被德意志贵族旅行家海因里希·冯·波泽（Heinrich von Poser）所证实。他于 1622 年来到德干，在阿格拉见到了荷兰人沃特·豪滕（Wouter Houten），后者建议他来一次从德干到马苏利帕塔姆的旅行，或许还能顺便买些便宜钻石。波泽随即开始这趟旅行，取道尼扎姆·沙（Nizamshahi）帝国的奥兰加巴德，到比贾布尔的绍拉布尔（Sholapur），再到海德拉巴。在比贾布尔，易卜拉欣·阿迪勒沙二世正在庆祝执政四十周年，召见了波泽。在可汗那里，波泽观赏了斗象，生平第一次见到鳄鱼，并和一个德意志雇佣兵在比贾布尔一起待了一个多月。1675 年，波泽的日记首次在耶拿（Jena）出版。关于这次旅行的细节，关于 1622 年前后荷兰对德干日益增长的兴趣，这本书都提供了极具价值的信息。[70]

尽管荷兰和英国在印度西北部取得了巨大成功，不过惨淡经营的葡萄牙—比贾布尔联盟到 1636 年也还在抵抗荷兰和莫卧儿王朝的扩张。1636 年，比贾布尔与莫卧儿议和，开始向南部和西部扩张自己的势力。比贾布尔公然违背协议，不再只为葡萄牙提供胡椒，这也显示出它新的独立性。比贾布尔的货物从达波尔港被运往波斯和麦加。为了维护胡椒贸易的专有权，葡萄牙人从果阿出击，袭击了货船并杀害了所有船员。这一事件挑起了敌对情绪，荷兰人立刻想渔翁得利。1637 年，他们建立了一个机构，专门在每年适宜乘船返欧的时节封锁果阿。1637 年 1 月，荷兰东印度公司（VOC）派约翰·冯·特维斯特（Johan van

857

Twist）从巴达维亚出使比贾布尔。他的任务是赢得达波尔港的贸易权，建立针对果阿的军事联盟。冯·特维斯特不辱使命，为荷兰争取到在比贾布尔自由贸易的权利；在联手夺取果阿的问题上，比贾布尔也许诺在陆地上给予军事支持；双方还同意进一步巩固文古尔拉，作为荷兰东印度公司封锁行动的海军基地。[71]

冯·特维斯特出使比贾布尔的报道在 1645 年首次出版于阿姆斯特丹，收录在艾萨克·考梅林（Issac Commelin）编纂的《荷兰联合省东印度公司的创始和发展》（*Begin ende voortgangh*）① 文集中。[72] 该报道一开头先描述了德干西部，即 "Visiapour's"（比贾布尔）的地理位置，并提到果阿面向大陆一侧的地理劣势。冯·特维斯特写道：1637 年，比贾布尔的统治者 "Mamedh Idelxa"（穆罕默德·阿迪勒沙，1627—1656 年在位）还只是个 24 岁的年轻人。[73] 他详细讲述了 "哈瓦思汗的传奇经历"，从穆罕默德即位起，他就是穆罕默德的摄政王和谋臣。在冯·特维斯特到达比贾布尔的十五或十六个月之前，哈瓦思汗被谋杀。有一位奴隶出身的大臣曾权倾朝野，后来与王后通奸，又因抢劫朝贡队伍而与莫卧儿大帝结仇，他的这些行径激怒了穆罕默德。支持默罕默德的哈瓦思汗筹谋推翻这个奸臣及其党羽，因此被刺杀。如今穆罕默德继续向莫卧儿进贡，但在自己统治范围内享有绝对权力。他不再有公开的敌人，但他的王国被 "Rasbouten"（拉杰普塔纳，Rajputana）王侯们的掠夺毁掉了。他在葡萄牙人那儿也有麻烦。葡萄牙人在 1635 年开始迫害他在果阿的臣民，袭击前往麦加朝圣的船只（或许这些船当中有一艘正是葡萄牙人所谓的 "花椒船"）。比贾布尔城本身是一座坚不可摧的堡垒，有火炮保卫。"Canarijins"（卡纳拉人）绝大多数是农业人口，十分贫穷，大多居住在稻草房子里。冯·特维斯特描述了从果阿到比贾布尔的路线，细致到路上的每个城市和德干的其他城镇——以此结束全书。或许冯·特维斯特在日期上不是十分精确，有时也借鉴了其他人的描述，但他对比贾布尔的描述正处于这个城市的历史转捩点上，后来本国和外国的史学家们对他的著述都没有给予足够的关注。[74]

① 　全名为：*Begin ende voortgangh van de Vereenighde Nederlantsche geoctroyeerde Oost-indische Compagnie*。——译者注

根据曼德尔斯罗的说法，"Dicam"（德干）王国，也许更多被称为 Cuncam（孔坎，Konkan）王国，有时人们也以它的大都市"Visiapour"（比贾布尔）来指代它，它占据了整个沿海地区，从距离果阿 48 英里的"Ingediva"（安吉迪瓦，Anjidiv Island，Anjediva），向南直到"Siffarde"（什瓦沙 [Shiveshar]，卡沃 [Karwar] 以北）。[75] 它主要的港口城市有"Geytapour"（杰塔普尔，Jaitapour）、"Rasapour"（拉贾布尔）、"Carrpatan"（卡帕坦，Kharepatan）、"达波尔"。[76] 作为首都和大都市的比贾布尔，坐落在内陆地区，"距达波尔 320 英里，距果阿 336 英里"。它本身就是军事要塞，周围是高高的石头城墙和护城河，还装备着 1 000 座以上的铜炮和铁炮。皇宫处于城市中心，由双层城墙和两道护城河包围。[77] "纳莫斯汗"（Nammouth Chan）是在罗马出生的意大利人，他统领着 2 000 名宫廷禁卫军和 5 000 人的城市卫戍部队。比贾布尔的商人大多居住在周边五个郊区。[78] 除了一般的印度商人团体，在孔坎还有所谓"瓦纳拉西 / 贝纳勒斯人"（Venesars，*banjārās*），他们驾着牛拉的大篷车，从一地迁往另一地，贩卖稻米和小麦。[79]

　　曼德尔斯罗详细记述了从果阿到比贾布尔再到达波尔的路线，细致地标出了城镇、河流、物品和风景的名字。[80] 达波尔位于"卡尔瓦卡河"（Kalewacko，Kalewacka）边，是这一带最古老的城市。它没有城墙或其他防御工事，但它引以为豪的是，"有一座白色的塔，作为庙宇或清真寺，水手们在海上就能看到它（作为地标）"。[81] 在达波尔，印度教和穆斯林商人主要贩卖盐和胡椒，但他们的生意十分萧条。其他的当地人从事金匠和制铜工作。人们衣着与"Benjan"（巴涅或古吉拉特商人种姓）种姓一样，但鞋子不同；他们穿一种叫作"alparca"的便鞋，由木头制成，用皮绳绑在脚背上。像冯·特维斯特一样，曼德尔斯罗也评论了"哈瓦思汗"（Chauas-Chan）之死。不过，这个德意志人将这位摄政王看作阿迪勒沙政权的颠覆者。比贾布尔的内乱平息后，对果阿的战争又迫在眉睫。对于可能发生的情况，阿迪勒沙做好了充分准备，他"拥有当地各国中最强大的火炮队"。同时还有荷兰的支持，荷兰人在"距果阿 16 英里的文古尔拉（Fingerla）拥有一座商栈"。[82]

　　由于荷兰东印度公司和比贾布尔对果阿共同的敌意，巴尔德只能待在文古尔拉这座荷兰人在比贾布尔的前哨。大约 1660 年，他写道比贾布尔"与文古

859

860

尔拉南部接壤，坐落在米尔坚河（Mirsee [Mirjan]）上，这条河也是"伊喀利的施瓦帕长官"（Sivipaneyk [Sivappa Nayaka of Ikkeri]）所统治的卡纳蒂克王国（Carnatica）的边界。在文古尔拉北部，坐落着"达哈那港（Danno [Dahana]），它位于比贾布尔和莫卧儿帝国的边界上，距离达曼（Damam）以南约 10 里格"。但葡萄牙人控制着比贾布尔 8 条河中大多数的入海口。除了比贾布尔城，有记载的其他城市包括：海港杰塔普尔（Sintapour [Jaitapur]）、拉贾布尔（Razapour [Rajapur]）、班达（Banda）、雷巴格（Rajebaag [Raybagh]）、阿克拉（Arec [Achra]）、阿斯塔（Asta [Ashta]）、丹波（Tamba）和文古尔拉。[83] 由于比贾布尔出口硝石，它在经济上对荷兰非常重要。[84]

1641 年，塔韦尼耶横越大陆，从果阿到比贾布尔，"这次旅行大约历时八天"。这位法国旅行家说，在比贾布尔三座主要的港口中，最好的一座是有山顶的堡垒保护着的卡帕坦（Crapatan）。当比贾布尔不再给莫卧儿进贡（约 1648 年），并且和果阿和平相处时，它的统治者又遇到了西瓦吉（Nair Sivaji）的叛变。这次造反行动迅速有效地集结了一批军队。比贾布尔前任统治者的逝世和引起的混乱使西瓦吉趁机控制了各个港口，从南部的拉贾布尔到北部的达波尔，他从中得到许多财富，足以支撑自己的势力。与此同时，比贾布尔的王后收养了一个男孩，让他继位。最终，西瓦吉和这个年幼的国王达成协议：西瓦吉仍可保留他的战利品并作为比贾布尔的封臣。他全部收益有一半要献给比贾布尔王室。[85] 西瓦吉的势力在这一地区崛起，而比贾布尔不久又陷于马拉他人和莫卧儿人的战争。

弗莱尔医生曾在 1675 年秋到过文尔古拉，描述了那里危机四伏的情势。文古尔拉被卷入德干高原的战争中，还不时地受到打游击的马拉巴尔海盗的袭击，已经是一个局部受损的港口城镇。它的统治者是西瓦吉手下的一个印度长官，他允许荷兰人在文古尔拉继续经营那座自带防御工事的商栈。[86] 弗莱尔不同于早先的欧洲的观察者，他特别震撼于胡布利（Hubly [Hubli]）的林伽派（Linguits [lingāyats]）的做法——他们将死人以直立的姿势埋葬。萨提① 先被活埋至肩，

861

---

① 萨提，自杀殉夫的女人，通常是自焚或活埋。——译者注

脖子被扭断，然后迅速全部埋掉。在果阿和文古尔拉之间，西瓦吉还控制着以妓院著称的那罗（Norway [Naroa]）。[87]

西瓦吉于1674年加冕后，在果阿郊区发动了一场旷日持久的战争，对抗比贾布尔那些满是分歧又优柔寡断的领导者们。尽管西瓦吉再次向比贾布尔承诺，将保护比贾布尔免遭莫卧儿人侵犯；比贾布尔人还是担心他的保护同样会使他们付出巨大代价。当比贾布尔的领导者正踌躇于寻求盟友时，西瓦吉的势力已经轻松占据了比贾布尔全境、苏拉特到果阿以南的庞达。比贾布尔的阿富汗摄政王"巴洛尔汗"（Bullul Caun [Bahlol Khan]）不信任西瓦吉的许诺，袭击了比贾布尔地区的其他盟友。为反击巴洛尔汗，西瓦吉与"巴哈杜尔汗"暂时达成停战协定。巴哈杜尔汗是莫卧儿将军，在攻取比贾布尔城时曾被巴洛尔汗和他的阿富汗（Pathan）军队两次击败。虽然在德干战争中遭受挫败，在弗莱尔看来，1675年的比贾布尔仍是"一个幅员辽阔的王国"，它的国土北至朱纳尔，南至科罗曼德尔海岸的波多诺伏（Porto novo）；东与戈尔康达接壤，西面大海。受到莫卧儿帝国的威胁时，"动荡而混乱"的比贾布尔用金钱——向西瓦吉或莫卧儿将军行贿——使自己免于被戈尔康达吞并。莫卧儿人，特别是贵族和将军们，满足于将戈尔康达和比贾布尔当作属国，从它们那里定期榨取财富。虽然莫卧儿皇帝整日忙于北方边境的问题，他仍能留出4万人以上的骑兵队，辅助德干战争中的步兵。如果不是莫卧儿的贵族、文官、武将们各怀鬼胎，这样的军事力量足以使戈尔康达和比贾布尔彻底臣服。[88]

尽管比贾布尔是一个世袭制王国，但此时，阿迪勒沙家族的统治者们为维护自己的政权，需要依靠各贵族派系的支持。不同于印度斯坦，德干诸国都有世袭贵族，贵族的土地和财产会传给自己的子嗣而不是还给国王。这些贵族像小心眼儿的地主，他们修建堡垒，相互之间、甚至与他们的国王之间时而动武，时而议和。传统上，他们应该在特定的时候觐见国王表示敬意。如果他们没有觐见，或没有以其他行动来确证自己的臣属身份，国王将指派一个外地人去该国摄政，而这个外地人往往使贵族诸侯们又恨又怕。比贾布尔的摄政王哈布西·卡法尔（Hobsy Caphir [Habshi Kafir]）是阿比西尼亚（Abyssinian）的黑人（Sidi，西迪人），是一位优秀将领。但哈布西酗酒成性。由于比贾布尔当时

862

的不利局面，他备受封建贵族们的指责，后来被巴洛尔汗处死；而后者当时正代替 10 岁的国王掌管整个王国。[89] 弗莱尔列出了比贾布尔世世代代的阿迪勒沙统治者，还对势力最大的贵族的统治情况发表了议论。[90]

西瓦吉被称作"比贾布尔的臂膀"，通过袭击莫卧儿，通过以不平等条约蛀空莫卧儿，西瓦吉使自己的国家大大获益。他始终住在山区，只有在劫掠时才到低地上来。奥朗则布称他为"山地老鼠"。通过占领孔坎海岸和封锁它的西部港口，西瓦吉给比贾布尔造成了不可挽回的损害。回顾西瓦吉的个人经历和直到 1675 年所取得的军事成就，弗莱尔给出了最终评价。作为一个严格的印度教徒，西瓦吉深受婆罗门的影响，很听他们的话。他的支持者大部分是马拉他印度人，少部分是穆斯林。他可以在战场上调遣 3 万骑兵和无数步兵。他的士兵都是"坚强勇敢的家伙，适合山地作战"；但在海边和平原上，他就不如他的邻国强大了。他不许女人跟着军队。商人对西瓦吉来说也没什么用处，或许因为他已经破坏了商贸，并由此激起了不满的贵族们的反抗。对于平民，西瓦吉说道："金钱对于他们来说不方便；给他们食物，抽他们鞭子，就足够了。"[91]

比贾布尔人和其他德干人都是好战分子，"有反政府倾向"，这些"黑皮肤或棕皮肤"的人"既骄傲又勇敢"，热衷于激烈的军事行动。国家的内地部分丰饶富足，而山地和沿海地区只能出产木材、牲畜、稻米和椰子。山地人强悍粗野，而平原上的人则性格平和，过着优裕的生活。平原人"面对敌人，宁可逃跑而不是追击"，但是在对抗西瓦吉骑兵队的几场激战中，他们却表现得很出色。重要的城市通常以当地领主的名字命名。比贾布尔的主要市场有胡布利、雷巴格（Rabag）和阿斯尼（Huttany [Athni]）。葡萄牙人封锁了一些港口城镇，包括古洛（Gulleau，塔纳地区的卡捷 Kahjan）和同样在塔纳的比姆迪（Bimly [Bhimdi]）。西瓦吉占领着拉贾布尔、达波尔、文古尔拉和卡沃（Carwar）。科罗曼德尔的波多诺伏收益丰厚，但到 1675 年，它成了比贾布尔东部仅存的港口。[92]

863　　虽然阿迪勒沙王朝不时能得到戈尔康达的支援，但最终还是在 1686 年被莫卧儿帝国消灭。

第三节　卡纳拉

果阿在胡椒供应上依靠卡纳拉，从 17 世纪开始，果阿开始寻求与卡纳拉统治者建立外交关系，后者几乎控制着整个内陆地区的胡椒生产。卡纳拉的稻米也是果阿人赖以生存的口粮。这段时间，卡纳拉的主要政治势力是伊喀利的施瓦帕长官，他是印度南部的统治者之一，起初是维查耶纳伽尔帝国的省级长官，帝国势力衰落后，逐渐成为一支独立的力量。在伊喀利的鼎盛时期，它几乎控制着整个海岸，在果阿到坎纳诺尔之间的内陆地区也有不少领地。它的统治者是印度人，与果阿保持着正式外交关系。许多卡纳拉人在果阿都有正式或临时的工作。[93]

德拉·瓦勒在 1623 年 10 月至 12 月在果阿南部游历，他书信中最新奇的内容与他自己的经历相关。久居果阿之后，这位意大利朝圣者想"看看其他异邦人统治（Gentiles）的国家，观察他们在不受基督徒和摩尔人（Moor）压制时的宗教活动……"。[94] 为此，他获准陪同葡萄牙大使费尔南德斯·莱唐（Fernandez Leiton, Fernandes Leitão）及其友人前往伊喀利，出使文卡塔帕一世（Venktapa Naieka, Venkatappa Nayaka I，1586—1629 年在位）的宫廷。葡萄牙在卡纳拉沿岸的芒格洛尔（Mangalore）、霍纳沃尔（Honavar）、巴斯洛尔（Barcelore [Basrur]）都有军事据点，急盼与伊喀利、与内陆其他控制胡椒生产的王国建立友好关系。卡纳拉有许多半独立的小国，过去葡萄牙还能威胁它们、把它们戏弄于股掌之间；但在文卡塔帕一世的影响下，它们如今变得越发独立，充满敌意，在胡椒生意上条件苛刻。由于果阿已经承认了卡纳拉北部的伊喀利新政权，费尔南德斯·莱唐受命前去了解情况，并争取与文卡塔帕达成协议。[95]

葡萄牙使团由伊喀利驻果阿的大使维苏拉·西奈（Vithula Sinay）陪同引导。10 月 14 日，两位大使及其随从乘船前往霍纳沃尔（Onor）。他们在那儿滞留近两周，等待伊喀利批准他们进一步前往内陆。根据大使们的报告，霍纳沃尔是"是个中等水平的港口"，由施拉瓦蒂河（Shiravati River）的两条支流形成，它们"在霍纳沃尔堡垒处交汇，合而为一奔向大海"。各个军事要塞的城

864

墙"设计不佳",它们原来就是当地人的堡垒,后被葡萄牙接管。城镇里的建筑"是茅舍而不是房屋"。大多数葡萄牙人集中住在"一座石山上",住在配有宽敞的堡垒的大房子里;山上还有两座教堂和一个公共广场。霍纳沃尔城外有一处温泉,用来沐浴和灌溉附近的田地。12月24日,印度教徒庆祝排灯节(Davali [Divali]),德拉·瓦勒在波斯也见过类似关于灯的节日,还将两者做了比较。排灯节以及来自伊喀利的消息——文卡塔帕上了年纪的王后巴卓玛(Badra-Amà [Bhadramma])逝世——推迟了使团的行程。统治者和他的皇后都是林伽派信徒(Lingavant [Lingayats]),崇拜湿婆。德拉·瓦勒发现,文卡塔帕找了个摩尔女人做情人,长达十二三年。当王后得知他与这个"血统不纯的怪女人"的丑事,她诅咒这女人将成为文卡塔帕的女儿而不是妻子。虽然王后直到临终都坚持这个毒誓,她还是深爱她的丈夫,并且对他有着重大影响。[96]

11月1日前后,使团终于离开霍纳沃尔前往伊喀利。他们途中经过格尔索巴(Garsopa [Gersoppa]),它位于印度最好的胡椒产区之一。在1606年被文卡塔帕征服之前,格尔索巴由巴拉达维王后(Queen Bhairadevi)控制,葡萄牙人称她为"Reyna da Pimenta"。德拉·瓦勒也记载了她的故事。这位王后"爱上了一个陌生男人,由此不思朝政"。当这个男人试图推翻她的政权时,王后向葡萄牙人求救;男人则向文卡塔帕求援。伊喀利的国君迅速做出回应,赶走了葡萄牙人,囚禁了王后,处死了叛徒,并在格尔索巴放了一把火,顺道烧毁了王宫。从那以后,霍纳沃尔、卡纳拉的其他据点、以及大多数出口胡椒的地区,都掌握在伊喀利的手里。[97]

途中,德拉·瓦勒注意到印度小村庄的男孩子如何学习代数。他们没有老师,只能在沙地上演算题目,分成几组大声唱出他们的课程内容,以免忘记自己学的东西。[98] 关于用牛粪涂抹房屋的内壁,他写道:

> 实际上这是一件有趣的玩意,我想在意大利也试试,因为人们坚称,房屋的地砖带有粪肥,能够很好地抵御瘟疫,这并不是什么肮脏的事……果阿和印度其他地方的葡萄牙人也这样处理自己的房子;简言之,这肯定不是什么迷信习俗,而只是为了整洁和装饰。

865

霍纳利（Ahinali [Honnali]）是使团途经的第一个人口稠密之地，在这里，这个意大利人装作一个瑜伽修行者，暂时寄居在湿婆神庙的门廊下。这座庙的神祇叫作维拉纳（Virenà Deurù, Virana），"后一个单词意思是上帝，或者主"，这座神伫立在"黑暗中，被蜡烛环绕"。庙里还有一个"五个头的梵天神，在当地人的语言中，它被称作新梵天神（Nau Brahma，或者四个头的梵天神；还有一个头被湿婆砍掉了）"；以及另一个叫作"Naraina"（那罗衍那，Narayana，湿婆的别名）的神。德拉·瓦勒描述了他见到的游行队伍，并在长篇大论的最后，以庙宇的平面草图结束全文。[99]

德拉·瓦勒在 1623 年 11 月 8 日抵达伊喀利城。它坐落在"美丽的平原上"，由两圈竹篱笆环绕，也有"城墙，但是脆弱，不值一提"。伊喀利城虽然面积很大，但是它的房屋都"弱不禁风，建得很糟糕"。在正式接见使团的仪式上，文卡塔帕身穿长袍，手执长矛，骑着骏马。德拉·瓦勒是精于世故、经验丰富的意大利旅行家，对于葡萄牙人的这次出使，对于伊喀利宫廷，他并不觉得大惊小怪。他知道，文卡塔帕"过去曾是维查耶纳伽尔帝国的封臣和执政官，而现在，在他所统治的地区、即原帝国的一部分，他变成了绝对的国君"。[100]从那以后，文卡塔帕开始与卡纳拉的其他国王交战，直到他的政权被他们、甚至被葡萄牙人承认。[101]德拉·瓦勒这样评价文卡塔帕：

> 他不应该被冠以"国王"称号，这多少是因为他还向阿迪勒沙（Idal-Sciah）进贡。后者虽然是伟大的君主，但仍然算不上国王，因为他还向莫卧儿帝国朝贡……葡萄牙为了扩展他们在印度的事务……给所有印度小国的君主都加上国王的头衔。[102]

在伊喀利停留的两周里，德拉·瓦勒将注意力投射到印度城市和郊区的日常生活中。他走访了一个正在兴建的新城市萨加尔（Sagher [Sagar]），它位于首都北部。文卡塔帕在那儿的行宫已经修建完毕，所以他可以时常到萨加尔去。萨加尔有一座新庙"修建在宏伟的人工湖上，还有另一座大屋，是为文卡塔帕的子侄们和其他王公贵族建造的"。在伊喀利城，最重要的庙宇是献给阿格瑞斯

866 库拉（Agore Scuara，*Aghōrēśvara*，意为无所畏惧的湿婆），由林迦派僧侣供奉（Giangami [*Jangami*]）。[103] 湿婆在这里被表现为一个 32 条胳膊的男人。林迦派僧侣是结了婚的"印度平底锅"（Indian Fryers），因为他们把锅灰涂在脸上，穿着"十分夸张，头上戴着高耸的头巾或帽兜……手上脚上戴着许多镯子，走起路来叮当作响"。他们的首领一袭白衣，而不是像其他人那样穿橙黄色长袍，他出行时"坐在一顶华丽的轿子（*Palanchino*）上，两边各有一把伞为他遮阳"。他的出行队伍由军队开道，乐师陪同，还跟着一大群"其他神职人员，普通僧侣打扮"。德拉·瓦勒见证了葬礼的全过程，遗体被抬到椅子上，很可能是以坐姿埋葬。为欢迎葡萄牙使团，寺院神女（*devadāsis*）① 上演了一场奢华但有点冗长的表演，包括舞蹈、歌唱和一出舞剧（ballet）。[104] 11 月 20—21 日，德拉·瓦勒正赶上了新月节（New Moon festivities），文卡塔帕和家人在第二天也参与到庆祝活动中来。[105]

最令德拉·瓦勒难忘的是，他遇到了一位想要自杀殉夫的寡妇。[106] 在一个夜里，意大利人遇到这位女人，她坐在马背上，"脸上覆着面纱，一手拿着镜子，一手拿着一个柠檬"。照镜子时，她连哭带唱地诉说自己的悲伤，低沉的鼓声为她伴奏；"许多女人和一个男人步行陪伴着她"。她身穿白衣，头顶花环，还戴着许多珠宝作为装饰；简言之，她完全是婚礼的打扮，"与旁人有说有笑，和我们国家的新娘一样"。在丈夫去世十九天后，也就是她即将殉夫的前几天，德拉·瓦勒去拜访她，希望能够阻止她自我献祭的想法。她的丈夫是个鼓手，还留下了另外两个更年长的妻子，为一大堆孩子着想，她们都不愿做这种牺牲。德拉·瓦勒劝说这位 30 岁的寡妇为了她的两个孩子放弃这个念头。她婉拒了德拉·瓦勒的好意，并声称自己出于自愿，乐于做一个"伟大的萨提"（Masti，从 *Mahāsatī* 而来，一位贞洁的女子）。[107] 显然，德拉·瓦勒不愿目睹她的死亡，对此他不再有任何描述。

11 月 23 日，在即将离开伊喀利的时候，德拉·瓦勒经由维苏拉·西奈得

867 到了一部棕榈叶制成的卡纳拉语（Kannada）书籍。他曾向前任大使提出要求，

---

① 即庙妓。——译者注

想得到这本书，"但是在城市中没有买到"；他想将此书"作为宝贝带回国，丰富自己的藏书"。就这样骑着马、与行李搬运工同行，德拉·瓦勒跨越大陆来到巴斯洛尔；他给沿途一些地点都取了名字，并说"大路……很安全"。他从巴斯洛尔再乘船向南，来到"两条河交汇处"^[108]、在港湾正中的芒格洛尔。葡萄牙人在 1569 年占领了那里的堡垒，这些军事要塞"是我在印度见过的最差的"^[109]。12 月，他抵达芒格洛尔北部的班格拉（Banghal [Bangara]），那里当时处于伊喀利管辖范围内。在文卡塔帕攻占此地期间，它的宫殿和城堡都损毁了，只剩下一处集市。^[110]

德拉·瓦勒总是热衷于见识新鲜事，他特别想"见见乌拉尔的王后（the Queen of Olala [Ullal]），我在波斯时就读到过王后的历史和许多英勇壮举"。12 月 2 日，他穿过芒格洛尔西南方几公里远的河口，前去拜见乌拉尔的王后。因为王后不在那里，在找到王后之前，他最多只能写写她的宫殿。12 月 4 日，德拉·瓦勒沿河上溯，在莫奈尔（Manel）——一座难民营——访问了她。王后又黑又胖，大约 40 岁，名叫"阿巴格·提毗（Abag-devi Ciautru [Abaga Devi]），阿巴格是她正式的名字"。阿巴格王后与班格拉统治者结婚多年，在伊喀利的支援下，她对抗自己的丈夫及其葡萄牙盟军。一旦她的联盟显露出胜利迹象，伊喀利就设法控制了她和她的领土，索取贡品。她的儿子萨鲁瓦·莱鲁（Celuna Rairu, Saluva Rairu）只是名义上的国王，她实际上在继续统治。德拉·瓦勒在行宫里会见了萨鲁瓦王，送给他一份小小的礼物——意大利生产的世界地图，回答了他关于外面世界的许多问题，亲自向他演示以刀叉和餐巾用餐，满足了他对于欧洲饮食习惯的好奇心。在莫奈尔，德拉·瓦勒参观了皇家神龛，这个物件用于安抚当地的鬼魂；印度人总是试图安抚无数的鬼魂，像许多欧洲人一样，德拉·瓦勒也对这些鬼魂颇有兴趣。总而言之，他认为"乌拉尔"是个破败的地方。^[111]

回到芒格洛尔，德拉·瓦勒在 12 月 11 日参观了"卡迪利"（Cadiri）的隐居之地，这很可能指卡迪利（Kadiri）山上的耆那教神庙，也是"巴蒂纳托"（Batinato，或许指 Bhāt Nath，毗湿奴 [Vaishnavite] 神庙的领主）住的地方，此人被称作"瑜伽修行者的王"^[112]，总是担心伊喀利向他强征贡品。德拉·瓦勒

868

详细描述了这片位于山上的小小领地。在芒格洛尔北部，另一座小规模的城邦叫作"卡纳德"（Carnate [Karnad]）。它的王后没做丝毫抵抗，就归顺了伊喀利，成为其属国。正当德拉·瓦勒计划去卡纳德时，一支葡萄牙舰队正好在前往卡利卡特途中，于 1623 年 12 月 18 日经停芒格洛尔，所以他第二天就跟着舰队启程了。[113] 德拉·瓦勒在船上写道："芒格洛尔是卡纳拉省的终点，马拉巴尔的起点。"[114]

文森佐（Vincenzo Maria di Santa Caterina da Siena）是一位来自罗马的赤足加尔默罗修会修士，1657—1658 年，他正在印度西海岸游历。在他的《东印度之旅》（*Viaggio*，1672 年）① 一书中，文森佐表达出对繁荣有序的印度教控制地区——特别是卡纳拉——的仰慕。[115] 卡纳拉地处沿海，全都是平原，密集的人口从平地一直分布到山区一带。许许多多的河流灌溉着这片土地，田野相当肥沃，出产高品质的稻米，农民一年可以迎来三次丰收。他们还养蚕，产出颇丰，以至于普通人也能穿得起丝绸。在茂密的丛林里，他们饲养家畜。丛林里到处是孔雀和其他野生动物，最多的是老虎和猴子——它们的个头和数量都不可思议。公路修得非常漂亮，简直像花园小径：平坦，宽阔，两侧有灌木丛装点。人们很容易找到小吃摊，这些小吃摊由国王提供经费，旅行者在这儿可以喝到免费的酸奶和清水。不管你携带了多少财物，在卡纳拉旅行都是安全的。那里的人们总是留心将旅行者照顾好，因为他们担心旅行者遇袭会引起朝廷的愤怒。[116]1657 年文森佐第一次到卡纳拉一带旅行，他就露天睡在"Cagnarotta"（？）的一座大庙附近。庙里有许多庙妓。他从那儿继续走到乌拉尔（Olalla），在乌拉尔的市场上，他受到首府长官及其秘书的热情欢迎。在芒格洛尔期间，他住在一位婆罗门寡妇的小屋里，这个女人总是在伺候每一位客人，但始终保持着高贵的姿态。离开芒格洛尔，他又横跨大陆到了巴斯洛尔，一路上记下了他所经过的庙宇、堡垒和泥巴小屋。

卡纳拉人审慎、聪慧，一般来说对陌生人比较热情友好。普通男人几乎全穿着又瘦又短的裤子；地主则穿长袍，还有一些人系着宽松的缠腰布。妇女从

---

① 全称：*Il viaggio all' Indie Orientali*。——译者注

容地身着短裙，长度从腰至膝盖，上身穿另一种颜色的"衬衣"，从肩部延伸至腹侧，部分地遮盖住胸和背。她们巧妙地将左侧的一簇头发别起，在上面插花、珠宝或者其他贵重的物件。他们的国王是婆罗门血统，为人谨慎，品德高尚。[117]他的赏罚奖惩总是迅速而严格。穆斯林在这里受到严苛的对待，他们必须剃掉头发，穿土耳其式的衣服，这样或许能使他们更容易辨认。个人之间口头的侮辱和打斗不会受到惩罚。而两个士兵如果想打架，必须有君主的允许。如果不经允许而相互殴斗，两人都会被判死刑。士兵们纪律严明，能够保护皇权，镇压各属国和周边地区的叛乱。有几年卡纳拉甚至能限制葡萄牙人在霍纳沃尔、巴斯洛尔和芒格洛尔的活动。[118]

文森佐和他的同伴朱塞佩·迪·圣玛丽亚·塞巴斯蒂亚尼（Giuseppe di Santa Maria Sebastiani）还调查了卡纳拉的基督徒的情况。1560 年宗教审判所成立后，果阿的许多基督徒迁往卡纳拉。耶稣会和奥古斯丁修会曾在卡纳拉建立葡萄牙人的港口，后来也随这些流亡者深入内地，一方面为他们主持宗教生活，另一方面继续传教。但是这些努力收获甚微。当德拉·瓦勒在 1623 年访问卡纳拉时，他发现只有三座教堂和三位神父，两位是天主教方济各会的，另一位是教区神父。从大约 1630 年开始，由于他们受到伊咯利宫廷接纳，方济各会得以推行一项效果不错的新政。耶稣会也在本世纪中期改进了他们的工作；到了 1660 年，当文森佐在卡纳拉旅行时，耶稣会已经在当地基督徒社群中传播开来，他们拥有大约 6 000 名信众。但文森佐和他的同伴在写给罗马的汇报中，认为基督教在卡纳拉的状况仍然是惨淡的。[119]

1672 年 1 月 20 日，仍受雇于法国东印度公司的加布里埃尔·德龙离开代利杰里，向北前往果阿。四天后他抵达卡纳拉最重要的城镇之一：芒格洛尔（Mangalor）。这里有优良的港口，河水又深又宽，在西南部的雨季到来时，这里可以为轮船遮风挡雨。在一片高地上，有一个属于印度人和穆斯林的大型集市，葡萄牙人也在那儿设有商栈。卡纳拉的"国王"以及他的大多数部下都是印度教徒，他们的种姓和习俗都不同于马拉巴尔的印度教徒，举止和衣着更像莫卧儿帝国的印度人，卡纳拉的"国王"也正是莫卧儿的封臣。在与马拉巴尔持续的战争中，卡纳拉人的战斗部署比马拉巴尔人更好，但是他们却不太有胜利的决心。[120] 他们的商人可以自由地离开本国去任何一地经营。那些留在家里的人将大把的时间和精力都投入到游行和节日欢庆活动中。尽管如此，农民还是生产了大量的水稻出口国外，远至苏门答腊的亚齐和莫桑比克。卡纳拉的罪犯会被绑起来，躺在沙地上，在炎热和蚂蚁的咬啮中慢慢死去。

在芒格洛尔中途停留三天后，德龙又去了米尔扎布尔（Mirseou [Mirzapur]）港，法国人在那里曾有一座商栈。他与当地的长官科贾布德拉（Cojabdella）有过交谈；对于法国人放弃这座港口的决定，科氏表达了自己的不满。[121]

弗莱尔医生在 1675 年 9 月跟随一个英国商人使团到达卡沃，他生动地描述了西瓦吉的战争如何蔓延到卡纳拉北部。卡沃、安科拉（Anchola）、庞达（Pundit）、卡德拉（Cuderah [Kadra]）、什瓦沙（Semissar [Shiveshar, Halekot]）从比贾布尔王朝被夺走，落入西瓦吉的手中。当西瓦吉火烧卡沃并占领它的港口时，当地居民纷纷逃往内陆地区。英国人原来曾在阿迪勒沙那里获准建立商栈，如今西瓦吉也允许他们继续展开活动。但是这一地区的商贸，特别是果阿和卡沃的钻石贸易，被西瓦吉的入侵打断了。西瓦吉对这些城镇的统治政策延续了他对比贾布尔的做法，即，选派那些曾在"突击队里接受过总司令"（supertinded by a Commander with a Flying Army）训练的人担任各城镇和堡垒的长官。所有官员不论文武都是婆罗门或其他种姓的印度教徒，全都热衷于赚钱。在西瓦吉糟糕的治理下，"Desies"人（马拉他语，*desāi*, 当地的头人）要为自己的土地缴纳原来两倍的费用——他们只得出租土地。拒绝纳税的富人们，哪怕是婆罗门都会被投入监狱，在里面备受折磨，直到说出自己贮藏财富的地点。[122]

1676 年 2 月，弗莱尔从卡沃南行，和他的同伴穿过安科拉的群山和平原，到戈卡纳（Gocurn [Gokarna]）"朝圣"。安科拉镇有一半被焚毁，几乎被遗弃了。那里的军事要塞指挥着周边的乡村地区，远至南部的贡格瓦里河（Gongole [Gongavali or Bedit]）——西瓦吉统治的最南端。这条河的南岸就是贡格拉（Gongola），仍属卡纳拉管辖。那里的人民看上去欢欣愉悦，"在安定的政府的统治下过着平静的生活"。[123] 第二天，旅行者们抵达戈卡纳的印度教中心地带，在那里，他们换成了莫卧儿人的装束，这样他们可以观察"印度风情"（tomasia，印地语，*tamāsha*，意为景观）而不被别人注意。[124]

871

　　戈卡纳曾是个繁华的城市，如今以印度神庙和遗址著称。像贝纳勒斯一样，那里也有一所由捐赠建立的"婆罗门的大学"。许许多多的古庙遍布整个城市，大多都损坏了。只有两座还勉强矗立着，值得一写。他们都是体现着"杰出的石匠工艺"的古代建筑。建筑内部的最里面有一座偶像，面前供奉着长明灯。有些朝圣者先给神像沐浴涂油，然后在神像脚下献上自己的贡品：油、稻米和乳香。[125] 在每年的这个时候，整个印度的印度教徒都到戈卡纳朝圣，前来参加集会，以及由此积累功德。临时集市是长长的、一排排的棚屋，它们排列在两座神庙之间的道路两侧。

　　人潮从集市涌到"宽敞的长方形石头水池"，池子周围环绕着阶梯，中心有一座神庙。男男女女都在池水里沐浴，并向婆罗门缴纳稻米和钱财。池子里养的鱼是用来祭祀的。送葬的人们按葬礼习俗要献出自己的头发。水池边就有一位理发师，为失去亲人的人们剃头刮脸。剃下的头发被包裹好，一位婆罗门牵着一头大牛和一头牛犊，涉入水中来接收头发。然后送葬者前往神庙，他们要赤足进去，向神像献上自己的贡品。离开神庙时，他们要敲响一口钟，在门廊里穿好鞋子，再到水池中沐浴。[126] 水池附近还有另一座神庙，瑜伽派信徒在它周围修行。有些人满身灰尘，把自己的头发盘成辫子，像穆斯林的头巾一样堆在头上。[127] 有一个瑜伽派信徒还在"他的男性器官上紧箍着"一个金环。[128]

　　抬着偶像的游行队伍经过戈卡纳的集市。两辆被图画和彩带装饰的"车"载着神像和婆罗门。乐师、舞娘和旗手伴着"车队"行进。在统治者的轿子前后，各有500和200名全副武装的男人。这一大队人马后面还有混编的男性鼓手和舞者。当"车队"从一座神庙行至另一座时，队伍后又跟上了"贵族方阵"，他们向神像致敬，并以鸣枪为整个仪式作结。当正式的游行仪式进行时，信徒们四处跑动，仿佛被一种宗教热情攫住，众人争相表现自己的热情。戈卡纳损毁的神庙神像不计其数，只有一座雕像幸免于难，"因而更加珍贵"。它有一人多高，四头四臂，由一块黑色大理石雕刻而来，是"绝佳的古代工艺的珍品"。[129]

　　虽然戈卡纳是印度教大学的所在地，它却没有可与牛津大学的博德莱安（Bodleian）或梵蒂冈媲美的图书馆。它的藏书一般是古老的宗教文本的抄本，其内容与戈卡纳的历史毫无关联。学生和老师都不住在学校里，而是分别与各

872

自的家庭住在一起。[130] 僧侣不必一定独身。不过，有一个"Sinai"（马拉他语，*chhianave*，意为 96 个）阶层，它的领导者是一个经受过种种禁欲主义苦行的老单身汉，以及一众终身禁欲、祷告的婆罗门。[131] 他们用念珠计算祷告的次数，头戴红帽。最严格和最纯洁的婆罗门叫作"巴特"。所有的婆罗门都穿着神圣的袍服，以显示他们特殊的身份；有些人在乐师和舞娘的陪同下每天要去水池三四次，来为神像取水。男女舞者都是从"Dowlys"（马拉他语，*devalī*，意为"献身给神的女子的孩子"）种姓征募而来。这一种姓的每个家庭的长子长女都会成为神庙舞者，不能在其他地方跳舞。他们会得到"大笔的婚礼赏金，享有生育的自由，像普通人一样"。[132]

戈卡纳的南部是图德里（Tudera [Tudri]），位于米尔坚河河口的一个小镇。河的上游是米尔坚镇，那里有一个古老、精良的堡垒，周围环绕着宽阔的护城河。米尔坚一度被穆斯林统治（可能是比贾布尔王朝），如今被"卡纳蒂克王后"（Canatick Ranna，班德纳的卡纳玛吉王后，Queen Cannammaji of Bednur）统治。这个小镇是集市贸易的中心，有一座穆斯林的墓园和"石头铺就的宽敞的沟渠"[133]。在这座小镇上，当地人告诉弗莱尔，卡纳拉正在沿海岸线扩张，从贡格瓦里河向南至卡利卡特边境，并且伸向内陆的"松达（Sunda [Sonda]）的胡椒山和撒瑞沙汗（Sergi Caun [Sheriza Khan]，比贾布尔的一个长官）的辖区。"王后的首府和居住地在班德纳（Bednur，今迈索尔地区的一个小镇）。[134]

873　王后是赛玛斯卡拉一世（Sham Shanker Naìg [Somasekhara Nayaka I]，1664—1671 年在位）的遗孀，这位国王是被他手下的贵族杀害的。[135] 在她的儿子巴萨瓦帕一世（Bassepae Naig [Basavappa Nayaka I]，1696—1714 在位）尚未成年时，王后在蒂曼纳（Timi Naig [Timmanna]）——她的将军和保护人——的支持下管理国家。[136] 蒂曼纳与比贾布尔的撒瑞沙汗构成了一个联盟，当时谣传卡纳拉的将军要改宗，成为穆斯林。[137]

在卡纳拉，处于统治地位的贵族叫作纳亚卡（*nāyaka*）。主要通行的语言是卡纳拉语，这也可能是马拉巴尔到苏拉特沿海一带居民的母语。这一地区还有其他各种方言。地名会随战争的走向而改变。这里有野生的大象、槟榔和用作染料的野生肉蔻。世界上最好的胡椒产自松达；在英格兰，它被称作卡沃胡椒。

松达的首领是比贾布尔的封臣，他把大部分胡椒放在印度本土市场，所以只有极少部分可以运到英格兰。塞林伽巴丹（Saranpatan [Seringapatam] 或迈索尔）的首领不能不提。因为他的信仰不允许杀戮，所以他训练军队，目的在于割掉敌人的鼻子使之残疾。一般看来，他不怒自威，掌控着卡利卡特东部的广阔土地。[138] 卡纳拉人喜欢给鸡绑上刀片展开斗鸡比赛。在印度教世界里，欧洲人靠打猎和捕鱼来获取肉类。弗莱尔甚至有机会解剖了一只当地的老虎和几只猩猩。他还提供了关于一些植物的半科学性描述，包括：竹子、印度金链花（Cassia Fistula Tree）、假肉桂（Cassia Lignia）、罗望子树、柚木以及其他树种。卡纳拉人的耕地里种着水稻、各种粟米和亚麻，在围场里种植黄姜和生姜。宴会上可以吃到土豆。[139]

虽然卡纳拉人享有大自然丰厚的恩赐，有些人还是"沉迷于他们野蛮"的迷信中。这些"野蛮人"崇拜麦秆，向魔鬼献祭。在什瓦沙，疯癫的女人与偶像交媾。[140] 虔诚的信徒们欢迎僧侣到家中，造访家眷。[141] 在菩提树下，他们拿公鸡献祭，以鸡血安抚魔鬼。蛇被养在家里，保护家庭免受魔鬼骚扰。明智一些的人承认神的存在，他们有着自己种姓的规矩，遵循更"纯洁的仪式"。在春天的霍利节上，他们砍掉一棵树，剥皮，将剥好的树干立在神庙附近，以彩旗饰之，在它四周绑上稻草并点燃。婆罗门根据火焰的形态来占卜。然后，他们献上稻米和鲜花，把烟灰涂在自己的身体上，在鼓声中开始游行。除了那些迷信魔鬼和信神的人，还有一些无神论者，他们倔强地、错误地将一切都归为偶然性。[142]

卡纳拉也像果阿和比贾布尔一样，1660 年后受到西瓦吉袭击，陷于席卷整个德干地区和卡纳拉海岸的内战。1660 年，葡萄牙撤出马拉巴尔，这同样引起了胡椒贸易中心的转移，而胡椒正是卡纳拉的出口贸易中至关重要的一项。在这个世纪剩下的时间里，尽管有荷兰和科钦的竭力阻挠，葡萄牙人还是成功地维持着与伊喀利的关系。到 17 世纪末，在欧洲人看来，果阿、比贾布尔、卡纳拉已经属于过去，它们仅关乎葡萄牙在印度西海岸的辉煌岁月。在荷兰和英国的影响下，欧洲的注意力几乎全部转向莫卧儿帝国、马拉巴尔和科罗曼德尔海岸。

874

第四节　马拉巴尔和葡萄牙人

在 17 世纪开端，因为几乎没有（或仅有一点）值得称道的世俗成就，欧洲对马拉巴尔的了解大多还是来自宗教人士。费尔南·格雷罗（Fernão Guerreiro）写道：印度南部的耶稣会副辖区（Vice-Province，包括马拉巴尔、捕鱼海岸、科罗曼德尔、马六甲和香料群岛 [the Spiceries]）由科钦学院统治。[143] 加泰罗尼亚的耶稣会士弗朗西斯科·罗斯（Francisco Roz [Ros]）是刚刚被任命的塞拉地区的主教，他受命传达戴拜教务会议（Synod of Diamper，1599 年）的决策，纠正聂斯脱利派（Nestorian）的错误——这些错误仍顽固地留在圣多默派基督徒中。1598 年，卡利卡特的扎莫林与他原来的敌人——葡萄牙结盟，这一联盟在 1660 年击败了昆哈利总督（Kunhali Marakkars，穆斯林政权），并在 1602 年准许耶稣会在卡利卡特地区传教，这一时期，耶稣会由意大利教士贾科莫·范尼西欧（Giacomo Fenicio，生卒年约为 1558—1602 年）领导。[144] 三年后，卡利卡特以南的塔努（Tanor [Tanur]）建起了一片民居，当地长官在 1545 年中曾短暂改信基督教。[145]

相比耶稣会在果阿的经历，他们在马拉巴尔遇到了更多自然条件的困难：传染病、台风、地震。根据耶稣会的数据，17 世纪初马拉巴尔有 20 万基督徒。1609 年，有百余名耶稣会士在科钦、僧急里（Cranganore）、奎隆（Quilon）的学院（包括相关的附属机构和聚居点）供职。在瓦伊庞康塔（Vaipocota）的塞拉的神学院中，耶稣会士们向圣多默基督徒中一些重要人物的孩子传授教义、叙利亚语、拉丁礼（Latin Rites）。塞拉大约有 8 万名圣多默基督徒，还有本土的神父，叫作"卡塔纳人"（Cacanares；马拉雅拉姆语，*kattanāra*；英语，cattanars）。[146] 这些圣多默基督徒对拉丁礼的反抗得到了科钦国王的支持甚至煽动，这位国王对近来葡萄牙与卡利卡特——他的宿敌——的结盟感到气愤不已。他让他的部下以死发誓，绝不改信基督教。

由于罗斯努力争取圣多默基督徒，罗马教廷于 1608 年升他为僧急里大主教，这一职位与亚历山大主教派往塞拉的会吏长地位齐平。但是芒加蒂王[147] 对罗斯并不尊重，他保护那些反抗者，并努力振兴聂斯脱利派学说。虽然有葡萄牙人在政治和军事上的支持，耶稣会士仍然面临圣多默基督徒的顽固不化，以及来自马拉巴尔穆斯林、朝廷中的婆罗门和嗜血复仇的阿莫克人（amoucos）的敌意。[148] 马拉巴尔的统治者还时不时与荷兰人交好，转向对抗葡萄牙，并迫害本土基督徒，特别是奎隆和特拉凡科尔的基督徒。因为在马拉巴尔，这些神父无论到哪里，都要警告当地的统治者，历陈与荷兰人合作的危险性。

　　因为圣多默基督徒分布广泛——有些还在内陆地区，耶稣会士和他们的助手开始向内地渗透。耶稣会向新地区的渗透活动也包括定期驱逐当地教派的基督徒，将他们从沿海城镇驱赶到反耶稣会的当地首领所管辖不到的地方。1603年前后，神父随流亡基督徒从特拉凡科尔迁往科摩林角附近的村庄，那里的居民靠出售木料谋生。在塞拉的帕鲁尔（Paru, Parur），他们发现了圣约翰派的基督徒，他们尊奉的神圣文本既不是叙利亚语也不是迦勒底语（Chaldean）。[149]

876

　　与此同时，在卡利卡特，范尼西欧和一个叫作希莱尔（Hilaire）的葡萄牙耶稣会士正在学习印度教，有一位当地的老师每天前来授课。[150] 除此之外，这两位教士在卡利卡特再没什么事情可做；这里的基督徒极少，要说服人们改宗更是难上加难，因为当地的贸易主要由穆斯林控制。然而扎莫林和他的贵族们对范尼西欧却很有兴趣，范尼西欧给他们讲欧洲的数学和天文学。他担任扎莫林在政务方面的特使，甚至成为卡利卡特和僧急里之间的调停者。范尼西欧精通马拉雅拉姆语，他奉命去寻找先前的圣多默基督徒，这些人居住在卡利卡特背后的山区，一个叫作托达马拉（Sodomala [Todamala]）的地方。[151] 在一些纳亚尔人（nayars）和扎莫林的侄子“伊拉里王子”（Principe Erari）的陪同下，范尼西欧于 1602 年启程前往尼尔吉里（Nilgiri）寻找托达人（Todares [Todas]）。在这片高地山村，范尼西欧见到了当地僧侣帕欧（Palem [palol]），他有一头水牛，这既是他崇拜的偶像，又相当于他的神庙。从这件事中，范尼西欧多多少少知道了一些托达人的信仰和习俗。直到 19 世纪，欧洲人才对这些山地人的存在有了更多的认识，水牛和乳制品是他们生活和信仰的核心要素。[152]

　　在这一时期的欧洲，在葡萄牙人（1606 年）和法国人（1609 年）中间出现了一种为戴拜教务会议辩护的历史叙述，拜占庭帝国（the East）的奥古斯丁大主教阿莱绍·德·梅内塞斯（Aleixo de Meneses）正扮演了这一角色，他将圣多默基督徒重新整合进罗马教。[153] 奥古斯丁修会的隐士安东尼奥·德·古维亚（António de Gouvea）① 记载了这些事件，在关于印度这一时期历史的作者中，他也是为数不多的非耶稣会神父。他的著作被奥古斯丁修会成员让·巴蒂斯特·德·格伦（Jean Baptiste de Glen，1552—1613 年）翻译成法文，并于1609 年在安特卫普和布鲁塞尔出版。[154] 奥古斯丁修会的出版计划由 J. 冈萨雷斯·德·门多萨（J. Gonzales de Mendoza）发起，1585 年他出版了自己关于中国的书。[155] 奥古斯丁修会意欲挑战耶稣会在亚洲传教事业上的霸权地位，而出版计划正是挑战的一部分。在马拉巴尔，葡萄牙人和耶稣会可以得到他们想要的任何帮助。梅内塞斯大力宣传会议决策，与耶稣会精诚合作，因而得到了人们的褒奖。[156] 虽然这种宣传在继续，但罗马教皇拒绝承认戴拜教务会议的合法性。然而在印度，会议的决策已经变成天主教徒在处理与圣多默派的关系时所依据的"宪法"。

古维亚的《梅内塞斯的旅行》（Jornada）② 是一部赞美诗，它歌颂了梅内塞斯在不到一年的时间里将圣多默派引回罗马教的虔诚努力。戴拜教务会议被写成基督教弟兄们一次和平的聚会，会上弟兄们通过磋商和讨论弥合分歧、整顿秩序。据说，卡塔纳人和普通信徒也可以自由公开地表达看法。他们的意见——特别是关于世俗习惯和当地宗教实践方面——都有可能被最终采纳。信徒们关于教义的各种观点都会被提交到会议上讨论；有些与会者，尤其是乔治会吏长反复宣扬那些顽固的、异端的思想。最后，所有与会者签署通过了这些教令，并没有太激烈的反对。古维亚对会议过程的描述并不真实，根本不符合耶稣会士寄回罗马教廷的书信，也不能解释一系列后续事件——这些发生在 1600—1610 年的事件在费尔南·格雷罗的《耶稣会神父传教事务年度报告》（Relaçam）都有记载。[157]

---

① 此人并非在中国传教的葡萄牙耶稣会士何大化（António de Gouvea）。——译者注

② 全称：*Jornada of Dom Alexis de Menezes: A Portuguese account of the Sixteenth century Malabar*。——译者注

　　《梅内塞斯的旅行》显然是一部为梅内塞斯辩护的著作，但是在基督教对叙利亚、罗马和马拉巴尔习俗的适应政策上，这本书也提供了一些有价值的资源。[158] 戴拜宗教会议的法案和教令或禁止、或允许某些做法，甚至强制推行某些做法，这些规定都十分有趣。教令认为，圣多默派在与印度教长期共处中显然吸收了很多"错误"思想。马拉巴尔基督徒备受谴责的方面有：相信灵魂轮回转世，相信宿命论，认为各种宗教劝喻都具有同等的效力。法令规定：只要异教徒老师不把自己那套偶像崇拜强加给学生，基督教的小孩向异教徒学习亦无不可。基督教的老师不许为班上的印度教和穆斯林学生设立偶像。严禁阅读原有的叙利亚语书籍，特别是关于宗教方面的书。这些亵渎神明的书必须被修正或销毁。神父没有许可证不能对民众传教，他们必须当众承认：自己先前所教导的东西都是错误和荒诞的神话。婴儿，包括异教奴隶的孩子都要在出生八天内受洗。基督徒的奴隶，包括那些新近受洗入教的奴隶，都不能再卖给异教徒为奴。有些印度教徒由于迷信而遗弃婴儿，让他们自生自灭；基督徒邻居必须将这些孩子尽可能地救回来。与旧习俗不同，如今所有的基督教儿童必须有教父教母，从新约而不是旧约或印度神话中选择名字。

　　在圣餐礼中必须用小麦面包和葡萄酒，而不是大米面包和其他的果酒。因此，葡萄牙国王要为圣餐礼而年年运送葡萄酒。每个人必须在忏悔之后才能领圣餐，不过当地人毫不重视这项仪式；这片土地上有太多的罪人：女巫、普通女人、不忠的男人。罗马教的东西将被翻译成叙利亚语，而且必须以这种语言来表述和传播。为宗教节日助兴的异教乐师在节日期间不得进入教堂。患麻风病的，以及其他不受欢迎的神父不得参加节庆仪式。任何形式的驱魔或招魂术——除了罗马教廷许可的一些——都是被禁止的。不能以迷信习俗确定婚礼日期，不能通过占星术算出或吉或凶的日子。神父必须耐心、沉静，只能与基督徒共同进餐，不能经常去小酒馆和其他公共饮食场所。神父必须按神职人员的规矩着装，不能从事贸易活动，不能为世俗机构供职，不能作为雇佣兵参战，不能结婚。坚决不允许买卖圣职——用精神性的东西牟利长久以来已经成为一个普遍现象。神职人员的收入应该来自教会和政府的支持，而不是依靠送礼和交易。

878

婚姻是一项神圣的仪式，必须在教堂、在众人的见证下举行，而不能私下举办。14 岁以下的男孩和 12 岁以下的女孩不得结婚，这一点使基督教和印度教习俗区别开来，后者通常更早。没有教会的许可，结婚和离婚都是无效的。一夫多妻和异教的婚姻仪式不具备法律效力。基督徒不得旁观异教的节日、斋戒、苦行、誓约和洗礼等。马拉巴尔基督徒以往遵循的异教迷信也都在禁止之列，例如给死人沐浴、用稻米围住一对新婚夫妇、剪下一块布时要抽出上面的一缕线。要在全体人的生活中彻底排除迷信是不可能的，所以基督徒还是可以旁观异教徒的这些做法，但绝不能接触，以防受到污染；他们要认清这是异教虚浮的迷信，没有基督教义的真实性和有效性。所有的巫术、魔法和蛊惑都是被禁的。由于太多基督徒沿袭传统，涉足高利贷，合法利率被限定在 10% 或一般约定俗成的利率。一般来说，基督徒不许买卖基督徒子女，除非为了使基督徒不沦为异教徒的奴隶。男性基督徒不许打耳洞、装饰耳朵，但女性可以，因为这是女人普遍的装饰。基督徒不许饮用和买卖烧酒（Orraca），因为烈酒会导致放纵堕落。如果一个家庭没有男性继承人，女性可以分享父母的产业。有了合法子女便不允许再领养儿子；但领养奴隶的小孩，反倒剥夺合法子女的继承权，这种现象很常见。最后，宗教会议还表达了这样的期望：基督徒应该居住在独立的村庄中，应该更紧密地团结在一起，应该与异教信仰和生活方式严格绝缘。[159]

当基督教不断地谴责印度教的"错误"时，欧洲知识界却兴起一个新潮流。果阿的档案保管员和编年史家迭戈·杜·科托（Diogo do Couto），在他的第五册《旬年史》（Décadas，1612 年出版）中简要讨论了他所称为"印度教的四吠陀经"的文献。[160] 实际上，他在这里总结的是名为"阿笈摩"（Agamas）的关于湿婆仪式的文献。[161] 根据科托的介绍，这些文本大多是梵文文献，是指导祭拜活动和宗教实践的礼仪书。尽管这些文献只是些许关于印度教的浮泛而褊狭的介绍，科托还是以这些本土文本为基础，展开自己的讨论——他是第一个这样做的欧洲人。他将印度教教义与年轻人的教育联系起来，与偶像崇拜联系起来，与当地人热衷投身神圣节日、游行和朝圣的现象联系起来。虽然他没有十分清楚地阐释印度教教义，但这些简短的章节预示了欧洲人日后了解印度的一种趋势，即，努力从印度人信仰的本土文本和信息中把握印度。[162] 在 17 世纪中叶，大多数同时代人也像科托一样，继续将更多的兴趣倾注在社会方面，而不是神学或哲学。

曾在马尔代夫遭遇沉船[163]的法国人皮拉尔德，1607 年 4 月至 1608 年 5 月居于马拉巴尔。在 17 世纪早期，他是第一位广泛描述马拉巴尔各方面情况的欧洲人，他对坎纳诺尔和卡利卡特也很熟悉。在马尔代夫长期游历中，他了解到这一地区贸易方面的很多信息，还掌握了当地两种最重要的贸易语言——葡萄牙语和阿拉伯语。皮拉尔德与他的前辈林斯乔坦和晚辈曼德尔斯罗持同样观点，将马拉巴尔看作从科摩林角向北至巴斯洛尔的延伸地带，马拉雅拉姆王国的北部边境。[164] 这一地区包括许多大大小小的政治实体，"然而他们都说同一种语言，施行同一套法律，信仰同一种宗教（？），都有类似政府的机构，都有社会阶级，人们分为三六九等……总之，他们习俗相同"。

皮拉尔德第一次登陆穆通格尔（Montinqué [Muttungal]），它是一个穆斯林控制的港口，位于坎纳诺尔和卡利卡特之间，靠近科塔河（Kotta River），是"马拉巴尔海盗的避风港"[165]。皮拉尔德在一个"Moplah"（Māppila，一位马来的穆斯林）家庭待了几天。他提到了附近查姆巴尔（Chombal [Chombair]）和巴达加拉（Badagara [Badora]）的海盗码头，并指出三个穆斯林的港口都有良好的防御工事。他还评论了"Jangay"（jangadas，纳亚尔人向导），发现他们会"在城镇大门口为主人保驾护航"，或者作为卫队对抗另一些以拦路打劫为生的纳亚尔人。马拉巴尔穆斯林如果是海盗，就"不在陆地上打劫"。他们习惯于将血仇或家族恩仇（kuduppu）记上七年；国王利用这些纳亚尔的亡命徒来抑制手下的家族党派。马拉巴尔的穆斯林几乎都是海盗、海军或陆地上的商人。他们处于一个相对平等和开放的社会，没有贵族阶级，只有极少的奴隶，"所有人在这儿都是自由平等的"。从海上劫掠而来的战利品由陆地商人专卖；当它们"卖出了好价钱"，穷人们会得到救济。与马尔代夫的情形一样，马拉巴尔的穆斯林在"圣墓"（Ziares [阿拉伯语, ziyarat]）举行崇拜活动，活动由身着全白阿拉伯服饰的"祭司"来主持。这些"祭司"在清真寺和婚礼上主持仪式，但"不得插手司法活动"。他们与"Abedalles"（阿拉伯语, abdāl，神的仆人，或巡回托钵僧）是同一类人，[166] 都是誓守清贫、周游世界的苦行者。有时三四十人会在一地集会，但通常都是单独或小集团四处漫游，化缘为生，睡在清真寺里。有些人遵循严苛的苦修，讨不到食物就饿死了；但其他人不会对自己如此苛刻。由于通晓多种语言，见多识广，他们被看作"世界上最好的旅伴"。皮拉尔德似乎没有区分穆斯林苦行者和瑜伽修行者，把他们当成了一个群体。[167]

881

在巴达加拉的十五天中，皮拉尔德更多地了解到卡利卡特地区的穆斯林（Mappilas）及其活动。前文提及的三个穆斯林港口坐落在康基洛塔（Kangirota，[Cangelotti]，今天卡纳拉南部的 Cassergode）海湾周围，其中偏北的一个更靠近巴斯洛尔。这些海盗统治着海岸线和内陆大部分的土地和人民。海湾的这些港口相互呼应，监视着来往的葡萄牙舰队，时刻准备好障碍物以阻挡敌人登陆。出海抢劫时，马拉巴尔穆斯林会指派一名指挥官带领整个舰队，他是这支队伍唯一的领导，无论去程还是返航。如果抢到战利品，指挥官也会因自己的贡献而得到一份特别奖赏。其余的战利品则平均分给这次行动的参与者。这些人对皮拉尔德很好，希望皮拉尔德能够在他们前往马尔代夫的行动中提供帮助。

皮拉尔德继续向港湾背后的内陆地区行进，有时与巴达加拉的统治者同行。在横穿卡利卡特途中，他在昆哈利（Cunhale [Kunhali, Cognialy]）遇到了一位穆斯林首领——科特总督（Marakkar Kotte [Marcaire Coste]），并停留了至少十天。这里是昆哈利家族的地盘，它的统治者曾经是卡利卡特的将军，在 16 世纪 90 年代独立，称为"马拉巴尔摩尔人之王"。1600 年，这个政权曾被卡利卡特和葡萄牙联盟击败，但它仍与先前的敌人们和平共处。虽然这一地区在法律上属于扎莫林王朝的领地，但被击败的昆哈利王的儿子仍保有"总督"（Marcaire [马拉雅拉姆语，*Marakkān*]）的头衔，并深受所有马拉巴尔穆斯林敬仰。卡利卡特的官员控制着科特的海关以及其他政府部门。科特的大多数居民都是卡利卡特穆斯林，其中许多人从沿海定期返回内陆；在这儿定居的居民"有时也加入到沿海居民中，参与海盗活动"。昆哈利所取得的胜利都被绘制成画，挂在当地一位贵族的宅邸中，作为纪念。[168]

1608 年 5 月初，皮拉尔德回到这一穆斯林地区，在坎纳诺尔的一个小镇待

了三四天，一年前他初抵马拉巴尔时曾匆匆游览过这个小镇。葡萄牙人此时与 882
"阿利·罗阇"（Ali Raja [Aly Ragea]，大海之王）和平共处，所以葡萄牙可以
在坎纳诺尔保有一个小小的据点，包括一座教堂和一个耶稣会学院。阿利·罗
阇是穆斯林，他是坎纳诺尔实际的领袖，并且控制着马尔代夫群岛。[169] 在坎
纳诺尔城背后遥远的内地，"有一个纳亚尔国王"，尽管他经常与阿利·罗阇交
战，但"当时他并没有正式掌权"。[170] 每年夏天的六个月，阿利·罗阇手下的
穆斯林海盗都在海上对抗葡萄牙人；其余时间他们则变成体面的商人，在海上
贩卖抢到的赃物。马拉巴尔的穆斯林商人从服饰上一望便知；他们头戴猩红色
的帽子，帽子上还缠着类似穆斯林的头巾——叫作"Mondou"（马拉雅拉姆语，
mundu，布料之意）。男人留短发，"下巴上的胡须剃掉一半，不留髭须"。他们
把钱缠进另一块手帕里，妥善保管。相比大多数同时代的欧洲基督徒，皮拉尔
德对穆斯林海盗及其与坎纳诺尔和科钦的关系有更多的认识，因为他与马尔代
夫的穆斯林打过交道，有着很多愉快的经验。[171]

皮拉尔德在 1607 年 6 月前后到了卡利卡特，在那里度过了八个月。他将
"Alfandique"（葡萄牙语，*alfandega*）——海关大厦——形容为"一座雄伟的
方形石头房屋，楼上楼下都有长廊……有许多房间和仓库，分门别类地保存着
各种货物"。通往各个货仓的大门上方，写着所藏货物的名字。只有货主和皇室
官员有钥匙，必须两人同时在场方能开门。进出口货物都要向海关缴税。税金
不缴清，货物不得出库。热情的海关官员引领皮拉尔德到镇上，皇家卫队的士
兵保护着他和他的同伴，前往宫殿与扎莫林会面。

当时已是日暮西山，会面在一座略微低矮的殿堂里举行，皇家侍从举着银
杖，上有油灯，为宫殿照明。"从不在公共场合露面"的扎莫林怀抱一个小孩出
现在外国人面前。双方通过一个葡萄牙翻译来交谈。扎莫林详细地咨询了很多
问题，而后告诉他们：在一个月前，荷兰人曾带着 13 条船来到这里；他们在这
里做了九至十天的生意，获准在此修建堡垒，然后离开了。荷兰人的翻译是一
个"巴涅"种姓的印度商人，他帮助他们在卡利卡特经商，这位翻译后来被指
派为皮拉尔德及其伙伴在卡利卡特期间的固定随从。他为皮拉尔德一行在海关 883
大厦找了个临时住所，他也很快成了皮拉尔德的朋友和调查对象。从这位翻译

身上，他们了解到扎莫林是马拉巴尔地区最有权势的统治者，经常与科钦"国王"交战，后者声称自己与扎莫林一样厉害。因为奎隆（Coilan）在卡利卡特南部很远的地方，那里的国王比其他国王有更多的自主权。[172]

卡利卡特王国坐拥坎纳诺尔和科钦之间的广阔疆域，它的首府也以"卡利卡特"为名。这里土地平坦肥沃，可以生产除水稻之外的一切生活所需。它出口胡椒、宝石、棉花和白色棉布（calicoes），还生产各种图画和纹样的挂毯；稻米是卡利卡特唯一需要进口的东西。卡利卡特的婆罗门穿着白色棉布的"Libasse"（阿拉伯语，*libās*，长袍）或"Cabaye"（阿拉伯语，*kaba*，法衣），衣长垂地。在外衣里面，他们还穿着长至大腿中部的白棉布袍子（*dhoti*），腰系同样质地优良的白棉布腰带，头巾也是同样的布料。[173]所有人都留长发，耳朵上挂着饰物，在肩上围一条白色或彩色的布。婆罗门的显著特征是"他们贴身佩戴一条三股棉纱织成的绶带"。有些婆罗门与纳亚尔人（Nairs）一起在军中效力，其他人担任神职或经商。婆罗门勤奋、博学、机敏、阅历丰富，"性格温和平静，他们的信仰和言行都纯洁无瑕"。扎莫林本身也是婆罗门，身披绶带。[174]

写到这儿，皮拉尔德转而介绍鞋子的各种细节。马拉巴尔婆罗门穿红色的拖鞋；"卡纳拉人"（指卡纳拉南部和孔坎人）的拖鞋也是红色的，但"前面更尖，鞋尖微微翘起，上有一个皮制的小球"。果阿的"卡纳拉人"穿"Alparcas"（阿拉伯语，*pargat*，便鞋），这是一种麻制的鞋子，带有金色的皮带，鞋带从脚趾间和脚面上绕过，将鞋固定。在果阿，穿鞋要讲究实用，而白色的长袍就不得不经常清洗，因为它们经常会被岛上的红土和灰尘弄脏，这种土类似"亚美尼亚红土"（bolarmeny，或 *terra sigillate*）。再回到马拉巴尔的婆罗门。皮拉尔德写道：婆罗门和"其他非婆罗门"中的重要人物在公众场所出现时都有仆人跟随：一个仆人负责打阳伞；另一人拿着小银盒，里面有可供咀嚼的蒌叶；第三个人端着银壶，内盛用于洗漱的清水。因为婆罗门在用餐前必须洗漱甚至沐浴，用餐时只穿一条束腰布。他们的食物必须由自己或其他婆罗门来准备。其他种姓可以吃婆罗门碰过的食物，但"无论如何，高级种姓不为低级种姓准备食物"。婆罗门、巴涅种姓和卡纳拉人的妻子都佩戴鼻饰，脚趾和手指都戴戒指，耳朵

884

上挂着"小茶盘那么大的"金属片,"从手腕到手肘上"都戴满镯子;其他族群的妻子不会佩戴如此多样的首饰。[175]

卡利卡特的纳亚尔人"都是贵族","除了摆弄武器什么都不做"[176]。他们住在城郊,以皇室的年金和俸禄为生。在体格上,他们都是"英俊的男子,是这个世界上最好的士兵"。其中许多人整天围在扎莫林身边,如影随形。他们总是带着武器,但"只在陆战方面很有实力",从不出海作战。有些人忙于猎虎,而另一些热衷于学习占星术以及相关科学。他们是旅行者的随从和好伙伴,因为他们恭敬、有教养、"谈吐谦和而高尚"。最受尊敬的纳亚尔人是"军事教官"(*pannikars*);这些人右臂上戴着很粗的金手镯,以区别身份。其他的大地主也戴镯子,但是"图案不同"。普通纳亚尔人佩戴水牛角的手镯,在耳垂上打孔并佩戴饰物,腰部以下全以丝绸或棉布围起来。他们从不剪发,不戴帽子,不穿鞋。他们能吃各种食物,但是必须与同一种姓的成员一起进餐。他们与婆罗门的"生活没什么区别,也不需要相互客套",虽然这两大高级种姓从不通婚。每个纳亚尔女人的"丈夫可以达三个之多,只要她们愿意",但是男人只能娶一个妻子。所有的丈夫都必须供养妻子,每个丈夫按比例承担自己应给出的生活费。这种制度的结果是,一个男人的"后嗣不是指自己的孩子,而是指自己姐妹的孩子,这成了一种常规"。皮拉尔德的欧洲读者或许会从他们的婚俗中得出堕落的结论,然而纳亚尔人并不堕落,他们遵循自己的母系制度,过着道德的生活。"鸡奸和乱伦的情况闻所未闻。"这些人只是微笑,因为大笑被看作是"十分轻浮,缺乏教养"的。

至于卡利卡特的其他种姓,皮拉尔德并不比一个世纪前的葡萄牙作家们写得更多。[177]他提到,渔民种姓"Moucois"(*Mukkuvans*)在卡利卡特城外的海边以及其他偏远地区有自己的聚居地。他们的妻子和女儿在内陆地区做各种低贱的服务工作,包括卖淫。只有这类女人和蒂亚(*Tiyan* [Tiva])女人会在城市的公共场所抛头露面。女孩刚刚达到可以卖淫的年龄,母亲就将她们卖掉。"卖淫行为在这里比世界上任何地方都普遍。"蒂亚人有时做工匠,也做棕榈酒工人;"Coulombin"人(可能指 *Komarthans*,蒂亚人的理发师)也是农夫,"他们实行一夫一妻制,内部有一定的等级之分"[178]。从种姓地位来看,农夫是普

885

通人中最受尊敬的，接下来是工匠和渔夫。所有这些低种姓的人装扮都一样，全身赤裸，只在腰上围一块棉布、树叶或树皮做的缠腰布，仅在头顶留一圈头发。女人穿着长至膝盖的短裙，留长发。男女的耳饰都不超过三指长。发型和耳饰将他们同高级种姓区别开来。他们当中许多人为纳亚尔人服务，但绝不能进屋。他们有自己的神庙，与其他神庙不在一起。相比高等种姓的神庙，这些神庙的外观"不那么精致"，更昏暗，更狭小。[179]

扎莫林对所有宗教持宽容态度，但是为了公共领域的安宁，他不允许宗教论争。如果一个印度教徒改信基督而他的妻子没有，那么这位妻子必须得"守活寡"，不然就得自焚"殉夫"。如果一个穆斯林改信基督而妻子没有，她在三个月后可以再婚。所有的印度教徒的尸体，包括扎莫林的，都要火化，骨灰分给亲属们。[180]或许是由于母系制度，纳亚尔人的寡妇并不要求自焚殉夫，只有婆罗门的寡妇才被要求做萨提。在卡利卡特，皮拉尔德见过五六次这样的殉葬，但他总结说：绝大多数寡妇都会选择这种残忍的自杀。[181]一般来说，马拉巴尔人不穿丧服不戴孝。但是当扎莫林逝世时，所有男人都要剃头刮脸，以此向逝去的领袖致哀。男男女女都被象皮病（Cochin leg）困扰，这是一种先天遗传的疾病，在皮拉尔德看来，这种病并不痛苦，也不会给生活带来太多不便。[182]

886　　　卡利卡特是马拉巴尔地区的一个王国，它总是"时不时给葡萄牙人找些大麻烦，甚至天天如此"。它的第二大城市是位于河边的军事要塞邦纳尼（Ponnani [Panany]），也是卡利卡特和科钦之间的边境地带。扎莫林大多时间都住在这里，因为他总是在与科钦打仗。扎莫林常设的宫廷在卡利卡特镇，"那里像过去一样，是整个王国的中心"。卡利卡特镇遍地都是商人，在集市上，各个种族的人在三个大型贸易区里每日往来经营。治安总体来说不错，日落时分，仓库和商店都会关起围栏，用一把大铁锁锁起来。港口本身只是停船的地方，所以不负责为贸易提供保护。不过卡利卡特总归是一个重要的国际化商业城市，来自各个城邦的商人都享有自由和保护。扎莫林不同于许多印度统治者，他不会没收遇难船只或难民的财物。葡萄牙人早期在卡利卡特拥有"两座城镇和堡垒"，但后来，在与扎莫林交战中，这些据点都被夺走了。甚至现在，在他们和平共处的时候，即便葡萄牙人尽最大努力讨好扎莫林，给他种种好处和礼品，扎莫林仍然不信任葡萄牙人。目前，有一个葡萄牙代表和一个办事员携全家住在卡利卡特，专门负责给商人签发执照，允许他们的船在阿拉伯海域行驶。

两位耶稣会的神父——一个意大利人（范尼西欧）和一个葡萄牙人（希莱尔）都受到过扎莫林的友好接待，除了葡萄牙国王的资助，他们在此居住期间还享受皇室年金。两位神父修建了一座"宽敞美丽的教堂，包括院子和公墓，离海岸不远，是由国王提供的土地"。他们有一座不错的房子和花园，可以在教堂里公开传教——但在其他地方不行。两位耶稣会士还是使一些人改信了基督教，这些信徒把自己的房子盖在了教堂附近。皮拉尔德认为，"在这些新基督徒中，没有人吃牛肉"。即使耶稣会士"得到国王的支持"，卡利卡特人还是告诫皮拉尔德："不要与神父吃饭，他们恐怕会毒死我们。"很明显，对于皮拉尔德在卡利卡特的出现，对于扎莫林给皮拉尔德一行人的种种好处，葡萄牙人和耶稣会深感困惑和棘手。在卡利卡特，"犹太人有他们自己的聚居点和犹太会堂，只有他们自己能进入"。外国的穆斯林——波斯的什叶派除外——可以自由地在卡利卡特穆斯林的清真寺里集会。信仰印度教的巴涅商人也有自己的神庙和僧侣，不去马拉巴尔印度教的神庙。然而马拉巴尔的婆罗门可以自由出入巴涅人的神庙，"和他们一样享有公共权利"。[183]

在这个多元化的社会中，扎莫林自由而公正地掌握着司法大权。法律审判"仅由扎莫林一人决定……没有其他判定"。当他缺席时，审判由国家的首席长官来执行。如果有低等种姓或外国人提出申诉，这些申诉由第一个出现在现场的纳亚尔人来处理。惩罚手段包括监禁、各种肉刑和死刑。监狱位于扎莫林宫殿的区域内。死刑的执行办法通常是把犯人丢给老虎或大象。

马拉巴尔沿海的所有"国王"都承认扎莫林的权威，只有科钦除外；由于有葡萄牙撑腰，科钦国王能够宣称自己的独立性。扎莫林可以随时调遣15万军队上战场。像大多数印度统治者一样，他没有常备的海军；但他可以求助于穆斯林海盗，"这些人都可以听他调遣"。他在卡利卡特的皇宫时刻都有重兵把守，因为这里是一切军事行动的总指挥部。皇宫中有一口大钟，只在危急时刻敲响，用来召集纳亚尔人保护扎莫林。皇宫中有一处常设的军火库，但是主要的军械库在邦纳尼，那里是对抗科钦的陆上军事行动的主要基地。

887

1607 年，扎莫林大约 50 岁，执政三十五年。他只有一位妻子，没有孩子。节日之外，他打扮得与一般纳亚尔人无异，并且总是和纳亚尔人在一起。在个人日常习惯上，扎莫林也遵从纳亚尔习俗：他对着初升的太阳祈祷，给身体涂油，沐浴，擦干身体，再由侍从仔细地涂油。仆人在他脸上点一些油膏，又在他头上抹上灰烬。进行这一套沐浴装扮的时候，仆人们同时也在打扫皇宫的走廊和房间，并铺上牛粪。然后，扎莫林出来，走到皇宫一处小小的神庙祈祷，接着用早餐。中午的正餐经常要花上 3 个小时。然后，他上朝执政，接见外国使者，或者观赏纳亚尔剑客、小丑或演员带来的娱乐节目。晚餐比较简单，他很晚才休息。他的"王后"从不与他一起吃饭，也很少公开露面。她的日常习惯和穿着也尊奉纳亚尔习俗。她腰部以上赤裸，只佩戴一些珠宝首饰；她还佩戴长长的耳饰，垂至乳房。皮拉尔德声称自己经常上朝，"在那里我十分受宠，国王、其他王侯和大人物都很喜欢我"——根据其私密程度和详细程度来看，他的说法很可能是真的。

扎莫林经常坐着大象，在一大群全副武装的卫队保护下四处巡视他的王国，他在卡利卡特镇的主要住处是一座"宏伟坚固的宫殿"。宫殿周围有坚固的围墙和护城河，出入只能通过一座吊桥。大批的卫兵夜以继日地把守着宫殿的四座大门。在每一座城门直通宫内的大路上，还有三道内部的城门，每一处也都是重兵把守。每一个通往扎莫林房间的小门都设有哨兵。在皇宫的庭院里，有多处优美的多层建筑群，还有花坛、果林、水池、鱼塘和运河。扎莫林手下的大臣和官吏都住在这些房屋里。"王后"有自己独立的住处，由一条走廊连通至"国王"的宫殿。

宫殿之外环绕着围障和栅栏，以阻挡民众接近宫门。宫殿前面有一个宽阔的广场，在那里，每天早上 7 点都有集市，交易当地的特产。集市周围有些小桌子，"有人坐在那儿，负责给口渴的人提供新鲜的饮用水"。集市的开始以钟声为号，扎莫林的仆人也去集市上为宫廷采购。当他们买够了，钟声就会再次响起，召集其他商人进宫。在获准进宫前，商人必须为他们的货物缴税，即使是非常小的物件。商人们在自己的货物中间席地而坐，仔细看护商品，以免它们被弄脏。如果一个人既不是婆罗门又不是纳亚尔人，那么只要他摸了货物就

888

必须买下。买卖双方都小心翼翼地避免相互联系，除非他们是同一种姓或同一宗教信仰。集市大约持续 3 个小时。之后商人带着还没卖掉的货物转移到镇上的另一个市场，那里的集市也是每天举行，能够持续一整天。

从宫殿到市场的道路笔直，两旁排列着精美的房屋。举行集市的广场附近坐落着皇室的铸币厂。被称作"法南"（*fanams* [Phanans]）的金币一面印有扎莫林的头像，另一面是神庙或神像的图案。[184] 宫殿不远处即是皇家神庙，印度教神庙随处可见，但这一处是宗教中心。皇室的秘书和官吏在皇宫之内或周边办公。他们在棕榈叶的公文本上整齐有序地记录皇室的大事小情：有的人记录扎莫林宫廷购进的货物；有的人记录每天来往的货款和税金；有的人记录皇室日常开支；有的人记录各种事件、审判进程、每天的各种新闻等等。甚至有专门的官员记录外国人的名单，因为扎莫林要求他的高效率的官僚体系"能够记下每一件事"。在"所有的城镇、码头、港口和边境口岸"都设有地方政府，他们的报告也要定期送往卡利卡特。[185]

1608 年 2 月底，在范尼西欧的督促下，皮拉尔德和两个伙伴离开卡利卡特，乘葡萄牙帆船前往"基督的科钦"。他们带着耶稣会的介绍信；但是这对于多疑的葡萄牙人来说意义不大，他们立刻把皮拉尔德一行关了起来。在查利亚姆（Chaliyam [Chaly]）——那里的国王与葡萄牙交好——登陆后，他们被带往塔努（Tanar），"葡萄牙人在那里有一座教堂，一位耶稣会神父，一位大使和一些基督徒，像在卡利卡特一样"。他们乘船被押往科钦，在那里被迫游行示众，并送往当地监狱，十天后获释，由耶稣会学院监管。在接下来的六个星期中，他们都留在科钦，等待着前往果阿的船。

889

除了葡萄牙人能够在这里作威作福这一点外，科钦在很多方面都与卡利卡特很像。科钦的旧城区属于内陆，也是"国王"的住所；新城更接近海边，坐落在河流的入海口处，这条河也是新旧两城的母亲河，归葡萄牙人控制。[186] 在这里，葡萄牙人所控制的城镇"与果阿实行同样的管理方式，都设有一位地方长官、一位主教、一些教堂和修道院、一个耶稣会学院和一个皇家医院"。主教的精致住所位于河流入海口小小的"Vaypin"岛上（Vypin，河水的回流和大海之间形成的岩石地貌）。在葡萄牙控制下的科钦，印度教徒不许进行宗教活动，但许多富裕的犹太人也住在那儿，却可以以他们自己的方式敬神。在科钦两城之间的郊区，"有连绵不断的房屋"。科钦"国王"向旧城区的集市、向所有国外的进口货物征税。葡萄牙人则向所有出口欧洲其他国家的货物征税，他们也向"国王"缴纳一定的贡品。在新城区，纳亚尔人要给葡萄牙人让路，而在老城区则相反。新城普遍实行葡萄牙的法制和习俗——因为"国王"在那里根本不设司法机构。而其他地方则通行马拉巴尔的传统法律。如果犯人逃到新城之外，那么他就不再受葡萄牙法律的制裁；同样，如果罪犯申请到葡萄牙的庇护，"国王"的官员就不能追捕或拘留他。"国王"四处收集、购买、贮藏科钦地区出产的胡椒。有时他会存上两三年再卖出去。葡萄牙人购买了科钦的大部分胡椒，"试图将所有的胡椒都汇集到自己手里"。奇怪的是，皮拉尔德丝毫没有提及"国王"对基督徒的敌意；而在这一时期的书信中，耶稣会士却不断抱怨国王的态度。皮拉尔德十分仰慕纳亚尔人制作盾牌的技巧和工艺。[187]

当德拉·瓦勒在 1623 年 12 月 8 日离开芒格洛尔时，他跟随的葡萄牙船队中有一位来自果阿的特使，这位特使的使命是与扎莫林商讨一份新的停战协议。在卡利卡特，扎莫林迟迟未对这一和平前景做出答复。而在这段时间里，德拉·瓦勒则游览了这座城市，并总结道——或许不太准确——大多数人都是穆斯林。他参加了扎莫林与葡萄牙人之间一次冗长但充实的会议。他描述了宫殿的样子，并画出了一份平面图（见本书插图 128）。扎莫林属于维克拉玛（Vikrama [Vikira]）家族，是一位约 30—35 岁的年轻人，"身材壮硕，作为印度人来说已是十分白皙，留着大胡子，非常英俊"。在前往果阿的路上，德拉·瓦勒在坎纳诺尔海岸度过了 1623 年的圣诞节。在这里他看到了当地大将军（Aga Bey [Aga Begel]）的住处，他是这一地区最有统治力的政治领袖，"由这个国家的国王授予权威……他住在离海边很远的地方"。[188] 德拉·瓦勒在果阿又居住了很长一段时间，后来在 1624 年 11 月初启程返回欧洲。[189]

荷兰人持续在公海和近海前线附近威胁葡萄牙，马拉巴尔也不能平静。罗斯大主教和圣多默基督徒在 1610 年前后制订的停战协议，到了 1640 年也开始变成一纸空文；此时，葡属马六甲海峡易主（1641 年），荷兰人将注意力转向锡兰和印度南海岸的各个据点。[190] 上了年纪的耶稣会大主教埃斯塔班·德·布里托（Estaban de Brito, S. J.）负责调停，当他与圣教会的乔治会吏长合作时，当他与那些在宗教会议的整合要求下、掌握着自己宗教团体命运的卡塔纳长者合作时，他仍坚持将天主教权威置于圣多默派之上。1640 年，会吏长去世，布里托指派乔治的侄子托马斯·佩拉佩尔（Thomas Parampil，或 Thomas de Campos）为继任者。1641 年末，布里托去世，他的职位由葡萄牙耶稣会士弗朗西斯科·加西亚（Francisco Garcia）接替，后者在 1641—1659 年担任坎纳诺尔大主教。就在这个时候，会吏长和大主教之间的权力之争爆发了，这也使塞拉地区在 1653 年直接针对耶稣会和间接针对葡萄牙的反抗活动达到高潮。新的大主教十分严厉、刻板，对圣多默派的荣誉和传统漠不关心；而新的会吏长冲动、无耻，在解决问题和制定决策方面与加西亚一样差劲。1645 年前后，他们两人都开始为了最后的权力决战而寻找盟友。这一决战时刻随 1653 年的"倒十字架"事件（Coonan Cross [episode]）到来——圣多默派的领袖庄严宣誓，他们将任命自己的领班神父作为圣多默派教团的大主教。[191]

　　塞拉对加西亚大主教的反抗活动也给里斯本和罗马带来了麻烦。果阿和科钦强烈呼吁调停，因为葡萄牙在印度树敌已经够多。对于在保教权（Padroado）规定下耶稣会的大权独揽，其他宗教团体早已心生嫉恨，所以在果阿与科钦，他们都为圣多默派辩护。1654 年，加西亚大主教派出他的秘书和告解神父贾钦托·德·马吉斯特里斯（Giacinto [Hyacinth] de Magistris）前往里斯本和罗马澄清自己的情况。在罗马，传道总会（Propagangda）早就对保教权和耶稣会的地位颇有批评，但传道总会仍迅速弭平了印度各教派的分歧。两位意大利加尔默罗修会的神父，朱塞佩·迪·圣玛丽亚·塞巴斯蒂亚尼（1623—1689 年），以及文森佐（别名 Antonio Murchio，1626—1679 年），于 1656 年被传道总会派往印度调查情况并寻找解决办法。而马吉斯特里斯直到 1657 年才离开罗马回到印度。不久，塞拉的宗教分裂事件经由反抗者的书籍传到了欧洲社会。1661 年马吉斯特里斯出版了《马杜赖的基督教》（Relatione della Christianità di Maduré, Rome），这本书赞美了耶稣会在南印度的成就。[192]五年后，塞巴斯蒂亚尼出版了他的《第一次东方印度之旅》（Prima speditione all' Indie Orientali, Rome），六年后，他又出版了《第二次东方印度之旅》（Seconda speditione, Rome）。

在同一年，即 1672 年，文森佐出版了《东印度之旅》（*Il viaggio all' Indie Orientali*，Rome），这本书内容丰富，信息量远远超过其他欧洲人关于圣多默之争的著作。[193]

塞巴斯蒂亚尼和文森佐于 1656 年 2 月 22 日离开那不勒斯，经陆路横跨欧亚来到苏拉特。他们先去了朱尔，又去了文古尔拉的荷兰商栈。他们绕过果阿和葡萄牙人，乘印度的"parāo"（马拉雅拉姆语，pāru，一种船或小艇）抵达马拉巴尔。途经果阿北部的班达时，他们遇到另一位赤足加尔默罗修会的修士圣若瑟的马修（Matthew of St. Joseph，卒于 1691 年），他是一位自然科学家，后来的《印度马拉巴尔植物志》（*Hortus indicus malabaricus*）① 一书也有他的贡献。[194] 在马拉巴尔的帕鲁尔（Paravoor）登陆后，他们在 1657 年 2 月 5 日到达埃达帕莱（Edapally）后去拜访会吏长。塞巴斯蒂亚尼发现加尔默罗修士的身份很难受到重视，于是他派文森佐前往科钦和坎纳诺尔，向那些地方的宗教机构展示教皇颁给他们两人的凭证。此时，荷兰人刚刚从葡萄牙人手中抢走科伦坡，葡萄牙的世俗政权希望迎来一些好的神职人员，组建一个好的宗教机构，来维持塞拉地区的和平，甚至加西亚大主教也许诺要帮助他们。但是原本光明的前景很快黯淡下来，因为会吏长和大主教始终怀疑两位加尔默罗修士的动机，并干涉他们的权力。经过一系列疾风暴雨般的会面交谈，塞巴斯蒂亚尼回到罗马述职。1658 年 1 月 7 日，他和文森佐启程，经果阿返回欧洲。回去走的同样是横跨欧亚的陆路，耗时一年，1659 年 2 月 22 日他们才回到罗马。[195]

文森佐的《东印度之旅》远远不只是一个加尔默罗修士出使印度的旅行记录：第一卷记载了前往马拉巴尔的旅程；第二卷关于圣多默基督徒；第三卷有关马拉巴尔的政治、宗教和社会生活；第四卷——也许是在马修神父的帮助下完成的——描述了马拉巴尔的植物，讲述了返回欧洲的过程，包括对果阿的描述。当然，他也引用了前辈欧洲作家对印度的记载，但是在那里生活了将近一

---

① 此书是一部论文集，由当时的马拉巴尔的荷兰总督亨德里克·范·瑞德（Hendrik van Rheede）主持编纂，并最终在阿姆斯特丹以拉丁文出版。其内容主要关于印度植物的药用功能，收录了 1678—1693 年的一系列相关文章。——译者注

年（1657 年 2 月至 1658 年 1 月），他对马拉巴尔的描写独出机杼。他与塞巴斯蒂亚尼的遭遇或许为他的记载添加了些许新鲜元素：由于此次出使的特殊性质，他们不得不打破葡萄牙耶稣会的传统惯例。因为不懂马拉雅拉姆语，他们只能依靠非耶稣会的其他神父、依靠当地受访者、依靠翻译过的书籍来获取信息。他们没有在港口城市过多停留，而是去探访那些鲜为欧洲人所知的内陆地区。塞巴斯蒂亚尼负责沟通协调，而文森佐显然有更多时间和机会去了解各种大事小情并记录他的发现。最后他们回到欧洲，文森佐的地位迅速提升，成为印度事务方面的最高长官（procurator-general）。对于那些有志前往印度的人们，他的著作仿佛是一种召唤；对于加尔默罗修会未来出使马拉巴尔的计划，他的著作也是极好的指南。[196]

在探讨了印度概况之后，文森佐又试图将马拉巴尔做出政治上的区分。坎纳诺尔（Cananor）是他到访的首个地区，也是马拉巴尔诸国中地位最高的。在它的北部，有一道从群山延伸至海边的城墙，将它与卡纳拉隔离开来；[197] 这道墙向南延伸至卡巴塔河（Kappata [Capucate]），离卡利卡特不远。坎纳诺尔分为 444 个辖区，全都效忠于克拉特里王朝（Kolattiri dynasty）的一位婆罗门王。为了避免来自内陆方向的侵略，内陆一侧有许多山间的堡垒，20 万名纳亚尔人守在那里。国王不明智地将大量的时间和财富花在祭神上。几年以前，他将他的王国分给了 50 个儿子。文森佐两次见到克拉特里王朝的统治者，并写道：他戴着金质的皇冠，这是他身居高位所享有的特权。他的土地盛产水稻、生姜、胡椒和小豆蔻。大多数居民都是印度教徒，但在沿海有少数穆斯林。还有五六个犹太家庭住在德里山（Monte de Li [Mount Deli]）附近，这些犹太人熔制金属，生产一些巨大的铜质酒器。[198]

文森佐提到的第二个国家是特拉凡科尔。这是个干旱不毛之地。它紧挨着海岬，比其他国家有更多的安全保障，也是个最令人恐惧的国家。第三个国家是卡利卡特，扎莫林的疆土，它位于坎纳诺尔和科钦之间的沿海地区，山地的内陆部分毗邻僧急里和喀拉提（Koratti [Curito]）的领土。卡利卡特城中有扎莫林的皇宫 "Talam"（Tali）；扎莫林被人称为 "Quetris"（Khetri）[199]，意为武士或英雄。他统领着 15 万雄兵，若需要更多兵力还可以求助于住在海边的

893

穆斯林海盗。第四个国家是科钦，由于与葡萄牙人长期结盟，它比马拉巴尔其他各国都强大。它的国土从阿利柯特（Aicotta [Alicot?]）河到木塔姆（Mutano [Muttam?]）。在这一地区有许多小政权，它们都要向科钦统治者进贡胡椒。当科钦国王加冕时，所有这些诸侯国的贵族们都要在戴拜（Odiamper）聚集，举行猎虎的活动。狩猎结束后，参加集会的贵族要向国王宣誓效忠，并再次确认与葡萄牙一贯的盟友关系。马拉巴尔的第五个国家是特库姆古尔（Tekkumkur [Tecancuti]），它位于特拉凡科尔背后的群山之中。在马拉巴尔至少还有 15 个其他的明确政权，它们都要向一些大国进贡，自己有小股的纳亚尔武装力量。[200]

文森佐意识到每一个地区的风土人情都各不相同，所以关于马拉巴尔政府、人民、特产、种姓和信仰，他只做一般性概述。

无论是印度教还是穆斯林政权，印度的政治都是专制独裁的。所有土地归国王所有，他再将这些土地一块块分给下面的长官。长官再将土地分给个人——这些人要维护和建设分到手的土地。国王可以给予或收回土地这一"礼物"，完全随他意愿。继承的方式采取直接继承。但如果没有子嗣，也有领养制度作为补充。[201] 如果一个国王去世却没有留下后嗣，王后会领养一名继承人，并把他推荐给一群婆罗门。如果婆罗门愿意对他宣誓效忠，这位新的统治者就可以成为王后的儿子，和她一起生活。国王有他自己的臣子，但是婆罗门把持着国家事务。每个子民要向国王礼节性地献上蒌叶，但除此之外，印度宫廷上的其他仪式就很少、很简单了。穆斯林领袖有更多的仪式和礼节，既体现在宫廷中，也在他招摇过市的出行队伍上。法律判决和惩罚都是匆忙做出的，而且很严苛。没有审判过程；民事和刑事案件都由行政机构来处理。审案时，官员经常动用严刑拷打的手段来套出实情。在马拉巴尔，入狱和流放是最常见的判决。杀人犯由"Amouchi"来行刑。人们通常遵从一种叫作"Ketrither"的法律，这种法律不许两个打一个，也不许一个携带武器者攻击赤手空拳的人。即使国王也要认真遵守这一习俗。一个国王不能向其他人出借军队，但是可以提供武器和资金；此外再援助更多的东西就是有失名誉的做法了。[202]

从外形上来看，印度人身材匀称，可以说很高，但是胖人不多。欧洲很普遍的脊柱侧弯的毛病，在这里却很少见。肤色方面，这些人像被太阳暴晒的农民一样，呈深棕色，但是不像阿比西尼亚人（Abyssinians）那么黑。所有人都是黑眼睛，眼白的部分有些充血。他们一头黑发，笔直而不打弯。除了摩尔人和古吉拉特人，当地所有种姓的人都很柔弱、女子气，不愿意干活。他们亲切而忠诚，一点儿也不野蛮。大部分时间都在聊天、嚼蒌叶和洗澡。商人精明、聪慧、自私。并非所有的非印度人都有同样的信仰。有些人是波斯人的后裔，崇拜火，吃肉，喝葡萄酒，不与别人来往。[203]

　　许多河流和水道灌溉着马拉巴尔，种地和航海都很容易。播下的谷粒每年可以产出一到两茬粮食，从不会歉收；大丰收的情况比欧洲常见得多。棉花产量也很大，可以被纺成棉纱，织成棉布，投向国内外市场，比荷兰的亚麻布更好。这里还出产大量的胡椒，可以满足全世界的需求。在南部，水稻可以一年两熟甚至三熟。有三个水稻品种：红色的，大粒但不太白的，以及小粒洁白的。第一种是奴隶和农夫的食物，第二种给普通人吃，第三种是给有钱人准备的。[204] 马拉巴尔还出产棕榈叶制品、罗望子、海盐、烟草和糖。家禽和鱼类也十分丰富；鱼的价格尤其便宜，因为印度人一般不吃鱼。[205]

895

　　奇装异服会被人看不起，这里每个人都按他的地域、种姓或职业穿特定风格的衣服。一般的房子都很简陋，只有一层楼。在卡纳拉，房子是用泥土做的，外面涂上沥青使墙面耐磨。马拉巴尔的房子则是用木材、泥土、棕榈叶建造的。大约两年左右就要重建一次。无论房主有多富有，他的社会阶级规定了他只能修建何种房子。装修很简陋，像茅棚一样。内墙光秃秃的，只涂了牛粪。他们的器皿仅包括酒器和煮饭的钵子。凳子和椅子从来不需要，因为他们总是坐在地上吃饭、干活。食物是不加盐的，非常简单，仅限于稻米、蔬菜、牛奶、黄油和水果。他们可以把稻米做出许多花样，最好吃的一种叫作"Puto"（pūttu）。[206] 吃饭时，他们在地板上盘腿坐成一圈，用手抓食物。吃饭时从不喝水，但吃好之后，他们会喝水并用这种水洗手。葡萄牙人和当地基督徒吃得很好，他们还学着创造性地使用当地的香料、水果和蔬菜。所有肉类都不贵，但是从葡萄牙进口的葡萄酒数量有限，价格不菲。当地人和葡萄牙人都喝棕榈酒。[207]

　　马拉巴尔有许多种姓和次种姓，这是根据职业、技能或其他标准区分的。在种姓制度里，血统是最重要的，不同种姓之间的人们几乎从不交往。马拉巴尔的婆罗门被称作"Namburi"（*Nambūtirī*），他们内部还分9个等级。"Tirinamburi"阶层是最高等级的神职人员，相当于主教，被尊为圣徒。[209] 他们是偶像的护卫者，可以在神庙中主持祭祀仪式。 他们不结婚，发誓终生保持贞洁。[210] 第二等级的群体是 "Patadesi Namburi"（*Ādyhan*？），他们是皇室的智囊。[211] "Ciatada Namburi"（*Chittal Namburi*）是哲学家和宗教导师，他们负责调解宗教辩论，主持庆典仪式。他们遵循一般 "Namburi"（*Sāmānyu*）的习俗，后者的职业是协助他人举办、执行宗教仪式。第五个等级叫作 "Pateres"（*Pattar*），他们在特定仪式中有自己特定的工作——不断重复神的名字，以唤醒他。[212] "Eulunambi"（*Elayathu*）负责在游行中抬神像。[213] "Pecilla Pateres"（*Piccha Pattar*?）也参与游行，他们时刻跟随在神像的轿子左右。第八个等级是 "Embrandeci"（*Emprāntirī*），他们守护神庙的财产，负责收取人们的贡品和捐赠。[214] 第九个，也是最后一个次种姓是 "Eleda"（*Ilayathu*），他们主持葬礼。[215] 前四个种姓只能从事自己的本职工作，而后五个种姓还可以经商。[216] 显而易见，文森佐对婆罗门诸阶层的把握还不完全，也有错误。但是，他是第一个努力去识别和了解这些不同种姓的欧洲人。

马拉巴尔第二大阶层是军人种姓，叫作纳亚尔人（Nairi）。[217] 他们又根据在军中的地位或职能分为15个次种姓。[218] 其中5个种姓从事贸易。第八个种姓养牛，第九个用网捕鱼，第十二个卖油。只有第十三个种姓可以从事货币兑换的职业。从职业类型的角度来看，文森佐的名单在某种程度上合于当代研究得出的划分。[219]

第三大阶层通常叫作"Cegos"（*Chegos*）或卖花环者（Bandarine [*Pantāram*]），他们是棕榈种植者。其中第一个次种姓是 "Paellacumarere"（*Palla-kumārar*），他们种植棕榈，收集果实。第二个是蒂亚人（Tiverri [*Tiuuers*]），他们榨棕榈汁液，捣碎并蒸馏棕榈，制成亚力酒（Oracha）或棕榈酒（nipa）。第三个次种姓叫作 "Bati"（？）或 "Canacas"（*Cānar*），他们制作白色或黑色的棕榈糖。每个次种姓都有自己的首领，叫作 "Tendana"（*tantān*），由国王指派。他不从事体力劳动，而是管理其他人，解决纠纷，惩罚违法乱纪者。他还有一个副手叫作 "Panicke"（*panikkan*）。[220]

896

与他的欧洲前辈不同的是，文森佐区分了"*Chegos*"和马拉巴尔其他更低的种姓。金匠和珠宝商（*Tattan*）只用几样简单的工具，就能做出精美器物。下一个阶层是"木匠阶层"（Giari [*Ācāri*]），又可以进一步区分为木雕匠人和建筑工人，区分出更小的团体。渔民是（Mucuas [*Mucuar*]），其中最重要的是出海打渔的那部分人，又被称作"*Caramucuora*"（？）。在河里打渔的人根据船只或渔网的区别进一步细分。一个叫作"Aremar"（'*arayan*）的长官管理着所有渔民。[221] 在他们之后是理发师"Ambutere"（Ampattan）、伐木工"Muggiaci"（*Muchi*?），以及铁匠"Colloni"（Kollan）。[222] 采集蜂蜜的"Doladas"（*Ulladan*）吃蛇肉和其他一切东西。[223] 鞋匠叫作"Taccciare"（*Tayyallār*）。洗衣匠是"Belle"（*Vēlan*），也在节日庆典中敲鼓。"Garippi"（*Tõle Kuruy*）制作皮革盾牌。"Othigala"（*Õdattu*）是砖瓦匠，"Cregianen"（*Kalamkotti*?）是制陶工，"Cacoreas"（*Kakkalam*）是小丑或者江湖郎中。还有一类军人过着吉普赛般的流浪生活，他们是"Marua"（*Maravan*）；类似军人、但没有武装的游牧民叫作"Tottias"（*Totti*）。最后，矿工和农民属于"Pulias"（*Pulayan*），他们又分为五种："Boroas"（*Parayan*）是种水稻的，"Corombinis"（*Kurumbar*）是种蔬菜的，"Patysulias"（*Pasu Pulayan*）是林业工人，还有"Faras"或"Paras"（*Parayan*，或 *Pariahs*，贱民），人们憎恶这个种姓，因为他们吃牛肉。这最后一类次种姓的领袖叫作"Baloin"（*palavān*）。[224]

根据文森佐的记述，种姓制度在传统上可以追溯至一本关于创世的婆罗门经典。第一个人楼陀罗（Rudra [Ruthren]）有个女儿叫作贞信（Satyavathi [Sattiabadi]）。她又生了 60 个儿子，她按出生顺序教给每个儿子一种技能；还命令自己的儿子和他们的后裔都要永远严格遵循这样的安排。时间流逝，马拉巴尔人坚定不移地听从贞信的旨意，卡纳拉人则不然。[225] 不管是在宗教还是在社会方面，马拉巴尔受过教育的婆罗门掌控着社会；而低一些的种姓——只能根据他们被允许做的——日复一日地重复着他们的工作，恪守着被设定的等级规则。婆罗门研习《吠陀》（*Vedas*）并按经文行事。这部经典是一部律法书，社会关系的方方面面在其中都有所规定。在宗教方面，婆罗门唯一的竞争对手是来自瑜伽（yogis [*Gioqui*]）的影响，后者甘守清贫，相信忏悔的作用。这些

897

898　到处游历、化缘为生的托钵僧对自己施以难以想象的苦行。那些叫作"Ruxis"（哲人，隐士）或"Hioboli"的人总是离群索居，独自一人，以野外的树叶、浆果和水果维生。这些沉思者直接睡在地上，一心想着他们的神，终身保持贞洁，压根不去看、更不去碰女人一下。为了抵挡诱惑，他们总是随身携带一根棍子或手杖。他们信奉毗湿奴（Vishnu），是所有圣徒中最受尊敬的一个群体。[226]

　　在订婚方面，各个种姓都遵循古代的习俗和仪式，这些仪式随种姓和地域的不同而各有不同。婆罗门反对一夫多妻制，他们追求的是一个严肃的、永久性的婚约。文森佐比较了马拉巴尔和古吉拉特两地婆罗门的订婚仪式。在纳亚尔人中，女人选择丈夫并不是为了共同生活，而是为了获得生活来源和安全保障。相比之下，棕榈种植者"Chegos"实行一种"真正的婚姻"，但也只是为了标志婚姻关系生效。[227]渔民种姓的婚礼要举行宴会，庆祝上整整一天。在日落时分他们要坐成一圈。在新郎发表一段简短讲话后，新娘要绕着人们围成的圆圈奔跑，让新郎在后面追她。新郎要在新娘肩上拍三下，高呼"Maiuren"（Mayuram，孔雀），新娘则报以一个虔敬的微笑。然后他们一起走到河边，在河水里浸没三次，换一身衣服。当他们衣衫不整地回到家里，新郎为新娘戴上一条金项链，再拍打她肩膀三次，口中念着"Maiuren"。林业工人"Pulayan"的成员若想结婚，必须先得到他们为之工作的主人的同意。在缔结夫妻之间的契约时，他们不能交换金子或其他金属，只有一条简单的绳子将两人绑在一起，算是标志他们相互的承诺。离婚仪式也很简单，只要将绳子切断。每个人都可以按自己意愿再婚。[228]任何种姓的人都不愿让孩子与瞎子、或其他任何残疾人结婚。[229]

　　婆罗门的确在智力方面极有天赋，配得上他们在欧洲人当中享有的好名声。对待学业和老师，他们怀着极大的尊敬和虔诚之心。大多数人接受的教育是抄写和阅读他们的古代经典，这里面的知识是他们学习的核心。而他们接受的知识无非是一些寓言和荒诞不经的虚构故事。基础的读写教育在露天的学校进行，这样学生们能够相互监督。小孩子通过高声朗诵的方法来学习课程，朗诵时还要不停地摇头晃脑，他们希望这样能加强记忆。他们字母表上的字母比我们欧洲人要多：古吉拉特有30个字母，马拉巴尔有38个，大多数字母都是腭音。

他们薄薄的书本是用棉布、竹子或棕榈叶做的。古吉拉特人用笔书写，卡纳拉人用一块削尖的白色石头，马拉巴尔人用铁笔。[230]马拉巴尔的语言分三种字体：一般使用的字体、"Sampsahardam"（*Granthakshara*）体，以及神圣文字泰米尔语。[231]它们在书写上都有非常显著的区别。用普通字体给国王上书，或者写法律文书，将是非常不适当的。在高等语言中，人们运用一些特别的修饰语和表达形式；国王的命令（olla），一份公文，或一份合同，其权威性由书写文字的形式本身来确证，而不是签名或封印。没人传授语法。有些人会去学习某种特定的语言修饰手法——有点像修辞学。人们运用隐喻、对比和形象化的故事来修饰语言，使之生动。他们还写诗，诗歌可以展示一个人对语言韵律和音乐性的把握。这些诗歌有 72 个音节。有时候，人们根据古代的故事或信仰来创作韵文。[232]

他们的自然哲学不擅长感知，而长于在推测基础上得出观点。在认识自然方面，他们很少依靠扎实的推理和阐释，而是更多地开发人类的天赋和自然倾向。他们也探讨各种元素，包括他们周围的风和天空。他们对事物生成和毁灭的思考，显示出他们对大自然不那么准确的把握。他们承认灵魂不朽的观念，也承认世界是在时间中被创造出来的。他们的医生没有受过专门的职业教育，却是根据他们的出身和世袭制度获得了这个备受尊崇的地位。[233]马拉巴尔人使用各种药膏，有些刺激性很强，可以损伤创面。绝大多数治疗方法都是严格保密的。有一本医书落到了文森佐手里，有一本医书落到了文森佐手里，但是这本书里并没有太多有关印度草药医学方面的有价值的内容。马拉巴尔人从不给病人放血，治疗手段只局限于草药、煎药和驱魔。[234]

许多人研习道德哲学。像其他学习一样，这种学习也是散漫无序地阅读古书，习得一些道德格言。能够熟读格言，则表示他们能够识别邪恶的欲望，能够轻视金钱。他们有些过分推崇清贫，崇尚纯洁，高度褒扬贞操。人生的欢乐不在于暂时的富有、感官的愉悦，而在于沉思。他们学习的大部分内容是宗教格言，此外他们也教授几种系统性的神学理论。然而他们的神学过于教条，缺乏实质内容，充斥着寓言、虚构和错误。宗教学习分为 4 大部分，每部分又分6 个学科，每个学科包括 18 篇文章。[235]第一部分处理的问题是宇宙的动力因、

899

900

天使、世界如何形成、灵魂的轮回转世、善恶报应、什么是罪、如何救赎。第二部分的文章介绍掌管天堂和尘世的三个神，以及他们是如何被创造的。第三部分讨论的全是道德、善的事物、关于世俗生活或隐居生活的建议。第四部分关于仪式、程序和庆典。[236]

文森佐对印度教信仰和传统都十分好奇，他聘请了一位宗师（guru）为他讲解古代典籍的意义。从僧急里大主教弗朗西斯科·加西亚那里，他得到了六册古代典籍，或许还有其他书籍，这六册书大约在 1630 年之前已由加西亚翻译成葡萄牙语。[237]根据文森佐的排序，第一部书是教导国王的 32 个道德故事，这些故事都是关于"邬阇衍那（Uzini [Ujjayini]）之王 Vicramaditi"（*Vikrāmaditya*）传奇一生的。[238]第二部讲述"阿瑜陀（Aiodi [Ayodhya]）之王 Aricando"（*Harischandra*）、他的妻子"Tarmati"（*Tamarati*）和儿子的故事，在这里他的儿子是刚毅、坚定、忠诚的代表。[239]第三部包括 24 条格言，有些关于世俗生活，有些关于道德，这些格言贯穿在以动物代言的各种故事里，类似伊索寓言。[240]第四部讲述了帕拉达（Pralado [*Prahlāda*]）的一生，他是希拉尼亚·卡西普（Hiranea Cassipri [*Hiranya-kasipu*]）的儿子，是一个身材高大、力大无穷的巨人，也是坚毅和虔诚的榜样。[241]第五部书是乌帕曼育（Vppemanio [*Upamanyu*]）的故事，他是一个穷苦的婆罗门人家的孩子。[242]最后是关于佳那丹（Zanarzenū [*Janārdana*]，或"布施恩德的"毗湿奴）的故事，他是"Vrana Caranū"王的儿子（*Uttāna-charana*，一般称为 *Uttāna-pāda*），退居在沙漠里过一种冥想的生活。[243]

从他的宗师那里，文森佐知道了婆罗门关于第一因和宇宙生成的观点。虽然印度教有一大堆神明，他们还是相信一个至高无上的神，他是永恒的和无限的。从这个神中，其他的神才能获得他们各自的存在。最高神创造了天空、大地和一些主要的神；其他事物都是下面这些神创造的。有的人认为最高神是精神性的，但是其他人则质疑纯粹精神的东西如何能创造物质。第一因包含在一切事物中，根据它的结构被划分为不同的层次（见本书插图 116）。例如，智慧从最高神的头脑中诞生，审慎从眼睛中诞生，雄辩和优美的言辞从口中诞生等等。关于其他神如何诞生，人们也有很大分歧。大体上，大家都同意梵天、毗湿奴和湿婆（Parmissera [Paramesvara]）是这些神共同的祖先。第一因本身没有名字，马拉巴尔人以湿婆（Shibba）之名崇拜它。"Patares"（*Pattars*，其他地方的婆罗门）也给它起了许多名字，有60个以上，每一个名字都指代第一因的一个特定方面，都有一个特定的象征系统——老虎象征力量，骏马象征壮美，母牛象征多产。[244]

在创造之初，没有世界、空间、实体、规律等等的区分。只有一个无名的人毫无意识地存在着，仿佛在鸡蛋（梵卵）中。当鸡蛋破裂时，先分化出两个实体。[245]继而分化出五种元素：天空（以太），空气，火，水，和大地，然后是三位神。梵天创造实体、时间，并给天空装点上星辰。他创造了一座叫作频阇耶（Brudia [*Vindhya*?]）的山脉，横跨信度海（Sindu [*Sindhu*]，大洋），又在信度海中放置了一座小岛，叫作"Cugniran"（?）。然后，他将自己的血液和一点泥土混合，制造了楼陀罗（Rutrun），即第一个人。[246]起初，丰沛的河水灌溉着土地，不需要降雨和人力就可以结出大量的水果。但是由于人类仍不满足，反复无常，神就用降雨取代河流，迫使人类自己劳动来获取丰收。梵天赋予人类智慧和语言。在大地上，梵天没有神庙，只有延绵不绝的子孙，即婆罗门。在马拉巴尔，人们用20个名字指称梵天，文森佐根据它们独特的发音记下了其中的18个名字。[247]

毗湿奴（Vistnù）是一位被人们高度赞誉的神，管理一切。每年一次，他离开自己在牛奶海（the sea of milk）中的居所，降临人间，根据每个人的美德或过失施以奖励或惩罚。在马拉巴尔，他有23个名字，文森佐都一一列举出来。[248]"Parmissera"或湿婆是从第一因的嘴里诞生的，与另一位叫作帕尔瓦蒂（Paravati [Parvati]）的结婚。湿婆有许多特点，特别是与名为"Kanauasù Sheoffarabali"（?）的老虎有关。[249]这三位神都是至尊梵（Perabrahma [*Parabrahman*]），或至高无上的存在的表现形式。文森佐举出了马拉巴尔人熟悉的毗湿奴的23个化身，并评论了其中的一些。[250]

三位神之后，文森佐着重介绍了象头神（Ganavedi [*Ganādhipa*] 的讹名，*Ganeśa*，Ganesha，迦纳 ganas 群仙之神）。他是贪婪和饕餮之神，大多数神庙都是献给他的（见本书插图131）。经文里严厉地谴责这个神的冒失和放肆，但婆罗门都宽容他这些特点。普通人对于他的高度尊崇也给僧侣阶层带来了不少利益。马拉巴尔人认为象头神是湿婆之子，而古吉拉特人认为他是毗湿奴。双方都把他描绘成一个圆圆胖胖、变了形的象头人身的形象。他有 4 条手臂，象征他的力量。在马拉巴尔人心目中，象头神之所以成了这么个怪物的样子，是因为他的父母想要找回在丛林中与动物嬉戏时那种快乐。在马拉巴尔，他的雕塑总是坐在王位上，两只手举起，另外两只放在膝盖上。[251]

　　第二个次神叫作罗婆那（Ramani [Ravana]），他是僧伽罗人（Sinhalese）的主神，也是巨人们的君主。他总是显现为 20 条手臂和 10 个头，每个头上有一张嘴和两颗巨大的牙齿。他统治锡兰（Lenga [Lanka，Ceylon]）长达五十三年的时间。他化身为一只叫作"Bandadin"（？）的蟾蜍，骑在一匹叫作"Teru"（？）的木马背上，在天空翱翔。第三个次神是那罗陀（Narando [Narada]），他是毗湿奴之子，纯洁和永恒贞操的象征。[252] 他被描绘成一个英俊潇洒、从容镇定的婆罗门。第四个次神是天军之主（Dessu [Devasenapatti]，从湿婆的第三只眼睛中诞生），他是武器和战争之神，军人们崇拜它，希望获得侵略性。在他之后是财富之神俱毗罗（Cuberù [Kubera]），也是湿婆的助手，掌管着宇宙间所有金银的分配。[253] 第六个次神是阎魔伽罗（Calanidru [Kala as Yama]，意为"时间"），他是死亡之神，可以使人不朽，也能改变轮回转世。舍沙（Dessesù [Sesha]）是众蛇之神，掌管着各种毒虫猛兽。在他的王国"地下龙宫"（Patale [*Pātāla*]）中，他保管着诸神的阿弥利哆（Amurta [*amrta*]），即不死药"甘露"。第八个次神是阎魔（Emù [Yama]），地狱之神，执行正义的惩罚。他有一个记录员叫作"Kioruguputù"（Citraputra），这位记录员在宇宙间游走，记录人们的所作所为。[254] 在卡利卡特，人们还特别崇拜六面天（Anomager [Arumgham]，字面意思是"六张脸"），也叫"Armagi"（Arumghi），他是一个有着 6 个头和 12 条胳膊的年轻武士，带着弓箭与巨人作战。第十个次神是阿亚潘（Aiapn Ciartava [Ayappan Sastav]），狩猎之神，也是毗湿奴的儿子。他赤身裸体，身背弓箭和号角。猎人们在打猎前都要祈求他的帮助。有时他还会以女子形象出现。[255] "Cadagarana"（*Kāttawarāyan*?）与女神迦梨（Kali）有关，他有 1 008 条手臂。[256] 印度教徒把动物也当作人一样来崇拜。那些相信罗摩（Selirama [Sri Rama]，正义的化身）故事的人崇拜一个猴子，称之为哈奴曼（Animan

903

[Hanumant]）。它也是湿婆的儿子，与风有关。哈奴曼一个筋斗可以从印度跳到锡兰，从罗婆那（Ramanu，罗摩的魔鬼敌人）手中救出了悉多（Sida [Sita]）。士兵们都很崇拜它。在卡纳拉城的要道、"Decla"（？）堡垒的大门上，以及许多地方，人们都为这只野蛮的猴子立起塑像，在进门之前要先拜一拜它。除了以上混乱的神谱之外，他们还崇拜巨蛇婆苏吉（舍沙居住的地方），毗湿奴倚靠着这条蛇在牛奶海中休息。人们还崇拜一只鸟"Khagesvara"（众鸟之神，迦楼罗 Garuda 的别名，又称"语言之翼"），它是毗湿奴的坐骑。

　　婆罗门还崇拜许许多多神祇。他们为每个神安排了一个女人以满足其动物般的淫欲。第一个是萨提（Shiath [Sati]，虔诚的），毗湿奴之妻，她帮助一切前来求助的人。在比贾布尔的班达和文古尔拉之间，有一个献给萨提的奢华的神庙，那里有大批的朝圣者，他们来祈求神迹医好自己的病。第二个女神是妙音天女（Paranni [Bharati]），亦称"Saraspati"（Sarasvati），她是科学和教育的守护神，受学生和教师们的崇拜。她半裸身子，右手执长矛，左手持一本棕榈叶书。妙音天女的节日庆典在 12 月举行。[257] 吉祥天女（Lozemi [Laksmi]）是机遇与运气之神，她坐在毗湿奴右边。关于她的节日叫作"Bhiriva"（？），在每年的第一天。第四个女神是果蔬之神"Parmidabi"（Shakambari），管理着大地上的树木、灌木和水果。她坐在毗湿奴的脚下，长相和普通女子一样，深黄色皮肤，光洁无瑕，美艳夺目。她的头斜靠在世界上，仿佛在与世间万物对话。第五个是帕尔瓦蒂（Paruati），她是湿婆的妻子和象头神的母亲，也是世间母亲的代表神。她的塑像在波拉卡德（Porcha [Porka]）王国备受尊崇。恒河女神（Gengudiva [Gangadevi]）是海洋之神，是第一因或不知名的神最亲密最喜爱的女子。[258] 第七个神是悉多，罗摩的妻子，出生于丰饶的锡兰岛。[259] 最后是迦梨（Cali），湿婆创造了她以惩罚"Taride"（Dhaksha?）的无礼，后者曾严重侮辱了他的妻子萨提（Shiatti）。[260] 迦梨双目紧闭，前额中间的第三只眼睁着，披散着头发，拿着剑和盾牌。天花的出现就是她的怒火所致——这在马拉巴尔是很严重的疾病。[261]

　　除了这些男神女神，婆罗门还崇拜太阳、月亮和其他元素，也崇拜半人半神，其中很多是想象出来的神明，他们在想象的阿玛拉瓦迪（Amaravati

904

[Āmarāvatī]）王国过着快乐的、不朽的生活。[262] 他们的首领是因陀罗（Indù），或称"Divendren"（Devendra），一个永远满怀嫉妒的人。他有一艘船，里面关着四片雾或者说四朵云，或许这意味着他的角色是天空和空间的管理者。太阳、月亮和星体本身不是真正的神，但它们也备受尊敬。当太阳升起，印度教徒开始念一种叫作"Pangiaxeron"（？）的祈祷文："Hom namo pagabato, Hom Shilem, Hom Brehma, Hom Visnu, Hom Saruna Issverachesana。"[263] 每个月，印度教徒都要举行庄重的游行，庆祝新月和满月到来的日子。有五种持存的元素不是被创造的，而是永恒和独立的。每一种都有自己独有的神圣性：火来自"Vuonrsnù"（？），以太来自"Gandarinù"（？），水来自伐楼拿（Varuna [Veaschu]），土来自波里提毗（Prithivi？ [Parmidavi]），风来自伐由（Vaiu [Vayu]）。每种元素都有它们各自的王国，对此文森佐做了简要介绍。[264]

905　神在数量上有无限多，他们的重要性、性格和形象随地域的不同而不同。在卡纳拉、曼苏（Mansul）和马杜赖，诸神的形象有许多种。无论是公共场所还是私人家中，他们到处扮演着保护神的角色。托达人（Thodri）甚至崇拜水牛，认为水牛养育了他们。在坎纳诺尔背后的纳亚尔王国，嘎拉果里（Garagoli [Gurugelar]）的僧侣狂热地崇拜一个叫作"Basti"（？）的神。这个神是一位男子，不留胡须，赤身裸体，只在腰部围一圈孔雀羽毛，双手捧一个印度人日常使用的黄铜水罐。侍奉此神的僧侣们打扮也和神相似，过着清苦的生活，赤裸着睡在一块黑色石板上。[265] 在果阿，人们崇拜一个并不出名的神，母亲们让自己的女儿与这个神结婚；他的神庙在葡萄牙语中叫作"Galego"。在马拉巴尔一个叫作"Bareati"的地方，人们崇拜八臂迦梨（Bhadra-Kali [Patragif]），她是一个梳着刘海的女子，有三只眼睛，第三只长在额头中央。人们在11月份庆祝她的生日。许多低等种姓的人崇拜坟墓，他们将坟墓就建在房屋之前。几乎所有人都崇拜一种植物"Colo"（马拉雅拉姆语，*Kala-toolsie*，神圣的图拉茜树，一种罗勒属植物），房屋和神庙周围都要种这种树。他们还崇拜另一种叫作"Barè"的植物，这可能指一种叫作拘沙草（Darbha grass）的紫草科植物。[266] 婆罗门还崇拜牛，因为湿婆的女儿住在牛角中，日月出自牛眼里，它的两只耳朵里分别住着梵天的两位配偶，舌头中住着湿婆本人，鼻孔中住着毗湿奴，皮下住着吠陀仙人（rishis [Ruxis]），蹄子里住的是四吠陀。牛奶是神圣的佳肴，它的尿——"圣泉"（tirtha [Tirta]）也具有洗涤罪过的作用。如果有人一大早就遇到了牛，那么接下来将是吉利的一天。这个温顺的动物能够与其他动物和平相处。人们甚至在神庙前放置石雕或木雕的牛。[267]

在印度的诸多神庙中，有一些高大雄伟，构造奢华，但是这种雄伟奢华通常只局限于外部装饰上。一般的神庙则十分低矮，毫不起眼。神庙内部阴暗、潮湿，散发着臭气。蜡烛、油灯和油脂冒出的烟熏脏了墙壁和神像。地面上糊满牛粪，加上大量的信徒前来朝拜，整个屋子弥漫着一股恶臭。[269]在文古尔拉时，文森佐在他的荷兰朋友的帮助下，获准进入当地的主要神庙以及另外两三个小庙。所有神庙的开销都来自原有庙产的增值以及他人的捐赠。其中特鲁维拉神庙（Tiruvalla [Trevilar]）特别富有，拥有数量惊人的黄金和钻石。僧急里也有一处富有的神庙，外墙由黄金覆盖。[270]在另外一座旧庙的遗址上，仍然可以看到五个装满了钱的铁盒。除了国王，所有的朝拜者在进庙前都要脱掉凉鞋或便鞋。禁止说话和吐痰，每个人必须安安静静地等待，轮到自己再上前祈祷。每个清晨，敬神的贡品会被摆好；几乎每晚都有游行。[271]

印度教徒像其他人一样，在一年当中总要隆重地庆祝几个日子，向神致敬。由于印度教的神祇太多，这样的节日也就很多。其中有几个特别重要，首先是新年，叫作"Bercaeranze"（Chaitramasam?），是每年的第一天。[272]在这一天，教徒们聚集在神庙中，点上许多灯烛火把，举行军事演习，表演剑术。到了夜里，所有房屋都要用灯火装点起来。第二个重要节日在3月份，这是献给梵天的节日，感谢他免去艰险苦厄，给人们带来和平安宁。[273]湿婆诞辰节（Sivarātri，"Shiverastir"或Kolathiri，"Cwalateri"）在4月。在这一天，人们斋戒，睡上一整天，夜晚开始跳舞，占星。他们思索着第一因的伟大——这无形的第一因是以梵天和毗湿奴的形象来象征的。第四个节日是吉祥天女节（Biriva，Laksmi？的别称），这一天人们祈求吉祥如意，愿望成真，长辈要给晚辈礼物。6月份有"Pulentulela"（？），即蛇之节，献给舍沙的节日。妇女们给这位神献上鲜花和清水，婆罗门在神庙的中庭奏乐歌唱。[274]第六个节日在8月，是欧南节（Onam [Onna]），这是毗湿奴降临人间的日子。人们

906

907

举行宴会，穿上新衣，以此纪念毗湿奴给人间带来的福祉。军人们在神庙前操练，并从君主手中领取一条毯子作为礼物。[275] 由于国家中有很多巫师和魔法师，还有一个为期九天的节日，专门庆祝魔法，这一节日是 "Churotnichnù"（？）。人们扮作萨梯①的样子：头上长角，鼠牙，全身长满了毛。12 月有九夜节（Kodieri [*Kodiettam*]），也要持续九天。[276] 在最后一天人们举行盛大游行。紧接着又是一个节日，献给知识之神妙音天女（Parani [*Bharani*]）。[277] 除了这些主要节日，还有好多节日只在特定神庙或其他某个公共场所举行。在文森佐给出的名单中，有许多节日并不被当代学者认可，但是我们应该意识到，这些通行的节日名称和庆祝方式在漫长的历史中会发生变化，并且，印度的节日或许比其他任何国家都多。[278]

在敬神的贡品方面，马拉巴尔人遵循特定的标准。若是祈求病愈，要献上鸡蛋牛奶制成的米糊。[279] 在做一件大事之前求个好运气，就要献上椰子。求子或是求姻缘，要献上生米和藏红花。在所有的祭祀活动中，最重要的是一种火供仪式（Homù [*Homam*]）：或是在祭坛上燃起香木；或是把肉桂种子、檀香或其他贵重香料投入火中；或是在一条壕沟里堆满木材，点燃并加入脂肪、油、稻米、蜂蜜、牛奶、糖、一束束鲜花等其他好闻的东西。仪式过程中，婆罗门一直在唱歌；仪式完成时，献祭者要向婆罗门捐款致谢。以动物的血，特别是鸡血祭祀，是为了使自己的罪过得到宽恕。[280] 祷文不长，但是要重复很久。祭祀者把牛粪灰和水涂在额头上，这意味着，他们作为终有一死的人，要仰赖三位印度教的主神。为了免于疾病，他们也将这种灰涂在身体其他部位。

908 　　另一类重要的敬神方式是捐赠和宗教忏悔。在莫卧儿帝国（Mogor）和比贾布尔（Idalchan），乞丐通常成群结队地四处游走，乞求捐助。但是在马拉巴尔和卡纳拉，这种情况倒不常见，可能是因为南部的神庙数量更多、更富裕，可以从事慈善活动。所有来神庙乞讨的人都能得到大米和其他生活必

---

① Saytr，希腊神话中的森林之神，具部分人身和部分马、羊身，好女色。印度传统显然与希腊神话不完全一致，但作者此处是借西方文化中读者熟知的意象来描述类似的神祇。——译者注

需品。但更重要的是，这里还有公共住房和医院，叫作峇峇精舍（Annasettra [*Annakshetra*] 或 Darmasetta [*Dharmakshetra*]），为人们提供所需要的食物和住处。[281] 南方各印度教国家的国王都乐善好施，马拉巴尔接二连三的节日庆典就可以让许多人吃饱。最后，南方的食物更充足；气候温暖，对衣物的要求也不高。[283]

瑜伽派信徒总是在四处游历，并奉行严格的禁欲苦修。他们实行一种斋戒，叫作双月布萨，绝食四十天（Masa Vpasa [*Māsa Upavāsa*]）。这是一种自愿绝食，在一个长达数年的时间段内，有规律地逐次实施。[282]10 月底他们穿上新衣，绝食到 12 月 10 日。在这四十天中他们唱歌，赞美神明，每天绕神庙转上 101 圈，最虔诚的人甚至要转上 1 001 圈。到了下一年，从 12 月 10 日开始，他们再绝食四十天并举行同样的仪式。如此这般，年复一年，瑜伽派信徒们一直这样苦修，直到累计绝食的时间满十二个月。他们相信这种方式可以获得神恩，从罪过中得到解脱。

吠陀经也像摩西十诫一样，第一条便要求崇拜真神。日常敬神不必真的到神庙去，因为石头、草木、各种物体都可以看作神的化身，都是祭拜的对象。像欧洲人一样，印度人也常常徒劳地给神取各种名字，但是他们毫不怀疑自己所信仰的教义。宗教只是一个被简单给定的东西，人们从不彼此辩论宗教。他们十分尊重和敬仰自己的父母，父母在场，自己绝不能坐着；父母不先说话，自己绝不能说。父母要责打他们，他们还得满怀敬意地亲吻父母的双手，毫无怨尤。在欧洲，杀人是重罪。但在印度，如果有人杀了婆罗门或牛，他只需要赔上自己的妻子，就算抵消了罪过。不过他们的戒律严厉地谴责性方面的不道德，通奸是唯一被直接惩处的罪行。[284]

若是触犯了戒律，有许多方法可以涤罪。第一种方法是大呼那罗之名（Naraim，神圣名字 Nara 和 Narayana）；第二种是心中想着神；第三种是在水池或神圣河流中洗澡；第四种是去恒河或其他圣地朝拜。在诸多朝拜圣地中，最神圣的又要算位于 "Tauro" 群山中的瓦拉纳西（Casson [*Kāsī，Vārānasī*]），人们把一处看起来像牛头的峭壁命名为湿婆。那里也是恒河的源头。[285] 瑜伽派信徒经常把重要人物的骨灰或遗物带到恒河去。[286]

909

印度教徒相信，人死之后灵魂脱出肉体，在毗湿奴面前接受审判，决定来生的命运；暴君的灵魂会变成老虎，伪君子变成狼，浪荡子变成猪，善妒者变成狗；慷慨的灵魂变成大象，虔信宗教者变成牛。印度人普遍接受这些说法，那么得出这样的观念——所有生灵都有理性灵魂，都不能被虐待或杀戮——也就不足为奇了。因此，他们保护蛇、蚂蚁、鸟和其他一切弱小动物。那些吃牛肉的种姓为人所不齿。在坎贝和其他地方，人们给动物建立医院，对待动物比对人更加慷慨仁慈。他们向猎人和外国人交赎金，把被捕获的动物放生。他们甚至允许动物随意吃庄稼，有些农作物甚至是专门为动物种植的。

印度人的丧葬礼仪十分特别，尤其是婆罗门阶层。马拉巴尔人和卡纳拉人会牵一头牛到弥留的人身边。这个人在最后的痛苦中要抓紧牛尾，心里想着让灵魂快些离开肉体。人们剥去死者的旧衣服，换上新衣，甚至还用金银修饰遗体。然后，他们把遗体抬到一处叫作尸摩舍那泥（Massana [Smasāna]）的地方。这里专为火化而设，不做他用。在场地中央，人们竖起一根柱子，在柱子附近火化尸体。为了表现自己的悲痛，亲属们要歌唱并高声呼号。火化完成后，人们收集骨灰和其他遗物，带往河边。有的人会保留骨灰，等到将来有机会带往恒河。

印度教徒相信天堂和地狱分别是人们的善恶报应。根据他们的信仰，来世的痛苦欢乐都纯粹是肉身性的。在接下来的介绍中，文森佐重复了印度教书籍中关于天堂的荣耀和地狱的苦刑的冗长描写。亲属们在死者的房子前为其哭丧五天，不时地发出丧失亲人的痛苦呻吟。在哭丧结束时，他们沐浴，并发誓：不佩戴珠宝首饰，在随后一年中，每天只吃一次大米。纳亚尔人去世时，亲属们要哭上十六天，其间每天只吃一餐，只喝椰子汁，睡在地上。其他种姓也有他们的丧葬习俗和哭丧仪式，或许与婆罗门和纳亚尔人不尽相同。[287]

910

第五节　马拉巴尔与荷兰人

1604 年，海军司令史蒂文·范·德·哈根（Seven van der Hagen）率荷兰东印度公司船队抵达马拉巴尔海岸，想在西印度与当地各统治者建立友好关系。通过这种行动，荷兰开始尝试削弱葡萄牙的地位。在那年 11 月，司令与扎莫林结成了攻守同盟，目的是要将葡萄牙逐出印度。这个联盟最终没有击垮科钦的葡萄牙人，但是为荷兰人日后与扎莫林的合作打下了基础。在接下来的半个世纪中，荷兰东印度公司的代表们逐渐蚕食葡萄牙在胡椒贸易上的垄断权，他们与马拉巴尔的诸位君主都缔结了合同或条约，其中也包括不时给科钦的葡萄牙人运胡椒的扎莫林。1647 年年初，荷兰人开始在卡尔奎隆（Kayankulam）和其他马拉巴尔南部港口建立商栈。1650 年，他们在奎隆建起了货仓，这是荷兰在沿海地区带有军事武装的长期定居点；它作为巴达维亚新计划的一部分，直接挑战了葡萄牙在马拉巴尔的贸易控制权。1652 年，荷兰东印度公司与果阿之间的十二年停战协议期满，他们立刻出兵征服了锡兰和马拉巴尔，1656 年拿下科伦坡。两年后，葡属锡兰的剩余部分也落到荷兰手中。1663 年，荷兰人经过多次挫败，终于占领了科钦和坎纳诺尔，全面征服马拉巴尔。[288]

根据塔韦尼耶的记载，荷兰在 1658 年占领锡兰后，将肉桂价格抬得很高，以至于很多商人开始去科钦收购低价野生肉桂。为了截断这条货源，荷兰于 1662—1663 年出兵攻打科钦，其中许多士兵是僧伽罗人。科钦的老王后是葡萄牙的傀儡，她被活捉并囚禁在扎莫林处。为了回馈扎莫林的合作，荷兰将僧急里送给他，但这个地方的所有军事设施已经被葡萄牙人摧毁。在科钦打扫战场时，荷兰人还得到了"愿为他们效劳的中国人"的帮助。来自巴达维亚的荷兰总督对食物、饮品和烟草课以重税，税率是葡萄牙人统治时期的两倍。荷兰人还因虐待雇佣兵而臭名昭著，其中许多士兵仅因一点小错就被送到锡兰做苦工。从科钦逃到马德拉斯（Madras）或果阿是相当困难的：没有便捷的陆上路线，无处不在的水蛭，印度教徒又不愿留宿或施舍肮脏的外地人。[289]

1672 年，即文森佐出版《东印度之旅》的同年，阿姆斯特丹出版了菲利普·巴尔德的《马拉巴尔、科罗曼德尔，以及相邻诸国和强盛的锡兰岛大事记》（*Naauwkeurige beschryvinge*）[290]。这部巨著分为三部分，写的是这位荷兰教士在马拉巴尔、科罗曼德尔海岸和锡兰的个人经历。除了自己的观察，巴尔德还从其他欧洲作家笔下、从荷兰东印度公司的文件中、从当地受访者那里汲取信

911

息。其中第三部分写到东印度异教徒的偶像崇拜，巴尔德力求向欧洲读者展现一个关于南部的印度教完满而系统的阐释。关于印度教的基础概念和宗教实践，最后这部分内容——同时期同类著作还有法利亚·y.苏查（Faria y Sousa）、亚伯拉罕·罗杰和文森佐的——在后两个世纪的欧洲人心中奠定了一种基本的理解或误解。[291]

　　巴尔德坦承自己为出版而欠了债，他在编纂自己的手稿时也不太谨慎。[292]他的著作的第三部分有一个独立的名字《东印度异教徒的偶像崇拜》（*Afgoderye der Oost-Indische heydenen*），这与范尼西欧的《东印度教派书》（*Livro da seita dos Indios Orientais*，1609）一个非正式的译本重名了。[293]后者是一部葡萄牙语著作，现保存在大英图书馆（Ms. Sloane 1820），由耶稣会士所写，目的是向天主教传教团介绍印度教，并指点他们如何与婆罗门或其他有教养的印度人展开宗教辩论。17世纪的传教使团中有好几个这样的人物，他们是了解印度教的先驱，范尼西欧不过是"向导"之一。[294]不知以什么途径，范尼西欧写的手册落到法利亚·y.苏查[295]、菲利普·安吉尔（Philip Angle，一位荷兰艺术家）以及巴尔德的手里。很明显，巴尔德又逐字逐句地把另一个不知名的荷兰语手册（Sloane 3290）上关于毗湿奴化身的内容补充到范尼西欧的手册中。如果说他在《东印度异教徒的偶像崇拜》中有什么原创性贡献，那恐怕是对印度教习俗和神庙的描述。[296]

　　在阐释中，巴尔德系统梳理了（尽管主要是二手资料）湿婆和毗湿奴的传统，以及他们之间的许多故事和信仰。湿婆（Ixora [Īśvara]）神话的开端是从梵卵创造世界。梵卵裂开的那一刻世界便开始了。有一个叫作湿婆林伽（Quivelinga [Śivalinga]）的三角形物体立于凯拉萨山上。湿婆林伽又名"双性的生殖结构"，是主宰神（Ixoretta [Īśvaratā]），是"创生万物的源头"。在婆罗门看来，这一无限的神明又化身为三位主神——梵天、毗湿奴、湿婆，他们作为主宰的代表被派来掌管世界。湿婆住在凯拉萨山，毗湿奴住在牛奶海，梵天则在天堂的最高处萨特亚罗卡（Sattialogam [Satyaloka]）。[297]

　　湿婆"清秀白皙，就像牛奶"，有三只眼，第三只长在额头中间。第三只眼所视之物都会被眼中射出的火焰烧毁。湿婆是个巨人，有16条以上的手臂，分

别握着"心，锁链，琴，铃铛，瓷盆，梵天的头，三叉戟，绳子，斧子，火，金子，913
鼓，念珠，棍子，铁轮，一条额头上有月牙斑纹的巨蛇"。他身穿虎皮，披着象
皮披风，衣领是用一种羚羊（Maudega [梵语，*mandha*?]）的皮毛做的，上面
系着那种水牛戴的铃铛，脖子上还挂着三条链子。[298]

湿婆有两个妻子：恒河女神（Grienga [*Gangā*]），也是海洋之神；以及萨提
（Chatti [*Śakti*]），又名"Paramesceri"（*Parameśvara*?）。第二位妻子每年死去
一次复活一次；当她死时，丈夫把她的骨头放进脖子上戴的链子里。湿婆的随
从包括浮陀（Pudas [*Bhūta*]，意为游荡的灵魂）、毕舍遮（Pixaros [*Piśāca*]，怪
物）和"Pes"（泰米尔语，*Pey*，相当于梵语中的浮陀）。[299] 浮陀是一个矮胖
子，大腹便便，头上盘着一条蛇。他左手戴着手镯，两条大腿上有两个蛇形环，
右手持杖。毕舍遮和"Pes"则高得多，手持火把，照亮黑夜。湿婆是一个破坏
神，他把自己身体的一部分给了妻子萨提，另一部分则给了帕尔瓦蒂（*Pārvatī*），
而后者把全身心献给湿婆。所以人们认为，湿婆和帕尔瓦蒂原先就是雌雄一体，
有时也照此刻画他们。有一派婆罗门叫作提卢（Trimpini [泰米尔语，*Tiru*?] 苦
修者），与其他派系不同，他们拒绝看女人，过街时需要有人"开道"——先赶
走路上所有女人。[300]

湿婆的住所在银山凯拉萨上，在著名的须弥山（Mahameru [*Mahāmeru*,
Mountain Meru]）之南。附近的森林中住着牟尼（Mumis [*muni*]，智者）或是
吠陀仙人（Rixis，圣人），他们每天向神献祭。夜叉紧那罗（Jaxacquinnera [*Yaksa
Kimnara*]，天堂里的诸神）和干闼婆（Quendra [*Gandharva*]，也是天堂里其他
的神）都住在山里，他们无忧无虑，整天就是沉思和赞美神明。在三大主神争
夺首席地位的斗争中，有一个故事被许多马拉巴尔诗人传诵：湿婆把梵天的四
个头砍掉了一个。为了这样的重罪，湿婆化为乞丐十二年。赎罪期间，他曾被
牟尼攻击。从争斗中，湿婆获得了许多战利品，也就是他后来拿在手里的东西。
最终，他被毗湿奴从乞丐身形中释放出来。

湿婆有三个儿子一个女儿。长子是象头神"Quenavady"（*Ganapati*，也叫
作 Ganesha），他有手有脚，还有一个大象的头，因为他的父母在交媾时化身 914
为大象。由于这个孩子被湿婆阉割了，所以大象出生时也都没有睾丸。象头神

爱好美食、贪得无厌，工匠和工人都崇拜他。象头神在 8 月 4 日那天诅咒月亮，所有马拉巴尔人在那个晚上都不敢出门，甚至第二天还害怕被诅咒所伤。第三个儿子是塞犍陀（Superbeenia [*Subrahmanya*]），他有 6 张面孔和 12 条手臂，骑着孔雀。第二个儿子是真神阿修罗"Egasourubum"（这个神的名字似乎是由 *eka*［意为十一］和 *sura*[?] 组成）[301]，也有一个象头，11 条手臂。婆罗门崇拜他，其他种姓也会给他献祭。他身旁立着"Ceuxci"（？），有一个象头和两只手。此外还有种说法，湿婆还有一个儿子——哈奴曼（Siri Hanuman [*Sri Hanumant*]），由于父母交媾时化为猿猴，所以它出生也是这个样子。[302] 在关于罗摩的寓言中，有许多涉及它的奇闻逸事，不少神庙都是献给它的。[303]

般靼伽丽（Patragali Pagodi [*Bhadrakāli*]）[304] 是湿婆的女儿，她有 8 张脸和 16 只黑得像炭的胳膊，牙齿像野猪的獠牙。为了给父亲报仇，般靼伽丽砍掉了贫穷女神娜哩捺罗"Darida"（*Daridrā*）的头。这个燃烧着复仇火焰的女儿也使得天花病流行。人们按天花病人的形象描述她。她主要的住所是坎纳诺尔的神庙，朝圣者常常聚集在那儿。[305] 科钦国王会派兵前去抢劫和逮捕朝圣者。般靼伽丽的父母在海难中丧生，她也失去了所有财富，于是把自己的金脚环交给丈夫去卖掉。有个叫作潘迪（Pandy）的奸诈的金匠杀了她丈夫并抢走脚环。为了寻夫，般靼伽丽展开了 9 次著名的历险。最终发现丈夫的尸体时，她召来罗刹（Raxaxos [*rākasa*]，邪灵），为夫报仇。[306]

毗湿奴是排行第二的主神。他有两个妻子：吉祥天女（Leximi [*Laksmī*]）和大地女神"地母天"（Pumi Divi [*Bhūmidevī*]）。对于毗湿奴的化身，巴尔德对比并补充了范尼西欧的描述，他参考的资料是基歇尔的《中国图志》（*China Illustrata*, Pt. 3, ch. vi），这本书被耶稣会士海因里希·罗斯从印度带到罗马，也在罗杰所列的书单上。[307] 相比罗杰和基歇尔，巴尔德更像范尼西欧，他更关注与化身有关的故事，但不太注意这些化身的准确名字和数目。正如罗杰所做的，巴尔德也试图将毗湿奴的转世与印度的历史时期联系起来。例如，第一个化身"现在已经存在了两千五百年"。毗湿奴的转世化身中，9 个都已经出现过了。

首先，毗湿奴化为一条鱼，而且是一条鲨鱼，去寻回被窃并被丢到海里的四部吠陀经。这条鱼是"灵鱼"（Mat, Mathia [*Matsya*]），但是巴涅人和马拉巴尔人称它"Zedcsis"（梵语，*Jhasa*? 或海中怪兽）。第一部被救上来的吠陀经"有关那些被保佑的灵魂，第二部关于游荡的灵魂，第三部探讨善的行为，第四部探讨恶的行为"。虽然罗杰认为第四部已经丢失，但巴尔德并不同意。他拿罗杰的书去请教一位"来自孟加拉、定居锡兰（贾夫纳帕塔姆，Jaffnapatam）的婆罗门"，问他最后一卷吠陀经和毗湿奴化身的相关问题。[308]

毗湿奴的第二个化身是乌龟，这是为了把须弥山从海中升起。巴尔德详细叙述了南部盛传的海龟故事——这些素材也来自范尼西欧。[309]第三个化身是猪，巴尔德给出了这个故事在南北两个传统中的版本。[310]他引用了一个阿加斯提亚（Agassia [*Agastya*]，仙人或哲人）的奇怪故事：毗湿奴将大地从海中升起，阿加斯提亚则使之平衡。为了防止日后出现大地失衡的灾难，毗湿奴命令巨蛇"Sisnage"（*Seshanaga*）盘绕在七个世界和七大海洋之间。他还指派了 8 名卫士去看守大地，马拉巴尔人分别称他们为：天神之王"因陀罗"；火神阿格尼（Vanni [*Vahni*]）；邪灵之王阎魔（*Pidurpati* [*Yama*]）；地狱之王罗刹天（Nirurdi [*Nirrtī*]）；海洋之神伐楼拿（Varunna [*Varuna*]）；风神伐由（Marel [*Marut*]）；财富之神俱毗罗（Cubera）、或称毗沙天王（Bassirouem [*Vaiśravana*]）；以及"Ixanonam"（作为伊舍那 [*Īśa* 或 *Īśāna*] 管理者的湿婆），即湿婆本人。[311]

湿婆的第四个化身是半人半狮。[312]与这个化身相关的是巨人希拉尼亚·卡西普（Renaicran [*Hiranyakasipu*]）的故事。巨人一度称霸世界，命令人们不得崇拜任何神。许多古代典籍都记载了这个故事，巴尔德试图找出南方和北方版本的细微差别。[313]

第五个化身是一个名为筏摩那（Vanam [*Vāmana*]，侏儒）的矮小的婆罗门。有一位伟大的国王马哈巴利（Mavaly [*Mahabali*]）——巴涅人称"巴利长官"（Bebragie [*Baliraja*]），他消除贫困，给予人们所需要的东西。毗湿奴变成一个侏儒僧侣骗过了他，接管了天堂、尘世和地府的管理权。作为回报，毗湿奴准许马哈巴利作为天堂的守门人，俯视着大地。[314]毗湿奴又将人类分为富裕、贫穷和中等程度，"这些阶层之间相互依靠"。他还创立了欧南节（Ona），每年8 月举行庆典。[315]

916

毗湿奴第六个化身是神牛苏拉比"Camdoga"（*Kāmadughā*），一头巨大的母牛。关于这一化身有一个故事。一个婆罗门与妻子没有孩子，毗湿奴给了他们三个后裔：雷努卡（Reneca [*Renukā*]）、贾马达戈尼（Siamdichemi [*Jamadagni*]），还有这两人的儿子执斧罗摩（Prassararam [*Paraśu-Rāma*]）。雷努卡妒忌贵族的妻子。因为她羡慕贵族宫廷中的种种欢乐——这正是毗湿奴化身的神牛带来的。马拉巴尔人则认为，在这里毗湿奴的化身是执斧罗摩（Sirius Parexi Rama [*Sri Paraśu Rāma*]）。[316]

罗摩是毗湿奴的第七个化身。关于罗摩的故事，巴尔德在罗杰的基础上又补充了更多细节。[317] 第八个化身是牧牛人克利须那（Kisna）。罗杰对此的记载十分简略，[318] 而巴尔德参考了范尼西欧的著作，准确而详尽地叙述了这个家喻户晓的故事，当代的印度文学研究者对此都有极大的兴趣。[319] 在巴尔德看来，这一化身"被认为比其他化身都要伟大……因为，在其他化身中，毗湿奴只是在世界上显示了部分神性；但是在这一个化身上，他投入了自己的全部实在，克利须那在天堂里的位置都空出来了"。接下来他介绍了克利须那的父母、他的出生、教育和婚姻。他有过许多神迹，最后，他完成了尘世的所有工作，又回到天堂。[320]

第九个化身是佛陀。他不是通过父母的生育而来到这个世界的，通常不可见，但在少有的几次显身中，他有四条手臂。[321] 在毗湿奴最后的、还没出现的转世化身中，他将会变成一匹白马。这匹马立在大地上，扬起一只蹄子，宣告世界的终结。当这一切发生，第一个化身的时代将会重新来过，"显然，所有的东方异教都相信世界的永恒轮回"。[322]

巴尔德对印度教的宇宙观做了小结，将印度教关于创世和转世的一般概念与其他信仰中的这类概念做了对比。接下来又简要介绍了印度教日常的宗教实践。[323] 他写道，马拉巴尔的神庙大多是用大理石建造的，外面包铜，"屋顶装点着镀金的小铃铛"。净化仪式在庙内或庙外举行，为免于污染和罪孽，印度教徒遵守一系列规范：从来不接触低种姓、死尸、产妇、新生儿、来月经的妇女，或任何受污染的人。吃不洁净的、或者由低种姓准备的米饭，与低等女人交媾，这都是有罪的。婆罗门若与其他种姓一起吃饭、或者吃了剩饭，也算受了污染。巴尔德还详细介绍了他所看到的庆典和斋戒沐浴仪式的流程。他列出了几个印

917

度教徒的节日：满月后第十一日是叶迦达希绝食日（Egadexi [*Ekādaśī*]）；2 月有湿婆诞辰节（Quiverasiri [*Sivarātri*]）；12 月 27 日是"Tirinadira"（*Tirivadira*），只有女人才过，以此纪念被湿婆杀死的爱神迦摩天（Canteven [*Kāmedēva*]）[324]；毗湿奴的节日、双月布萨（Masaupasa [*Māsaupavāsa*]）在 10 月的最后一天。巴尔德痛斥"萨提"，"这是异教的一些最野蛮的习俗之一"。[325]

　　像文森佐一样，巴尔德也认为坎纳诺尔是马拉巴尔最好的地方。这里有最好的胡椒，还有少量的牛黄、硝石和虫胶。在坎纳诺尔，荷兰人贩卖鸦片、布匹、上好香料、金属和"粗糙的瓷器"。纳亚尔人经常在上战场时抽鸦片。坎纳诺尔"国王"的府邸位于内陆地区、巴里亚帕塔姆（Balipatan [Balliapatam]）河畔。他的领土北起德里山（Montedely [Mount Deli]），南至巴达加拉（Bergera）。坎纳诺尔港口城市的居民主要是富有的穆斯林，他们曾与苏拉特以及红海的港口有生意往来。南部城市特兰加帕塔姆（Termapatan [Trangapatam]）由穆斯林控制，在它朝向内陆的一侧，有一道"城墙"作为防御。巴达加拉有很多海盗，他们向那些想在坎纳诺尔海域往来的人兜售通行证。这一现象说来话长，主要是因为荷兰人试图把葡萄牙人从坎纳诺尔的军事基地中赶走，在 1663—1664 年，荷兰人终于做到了。[326]

918

　　马拉巴尔的第二个国家是卡利卡特，疆土从南部的巴达加拉到坎纳诺尔河。1662 年，巴尔德见到了那里的扎莫林，在马拉巴尔拥有独立主权的统治者中，他势力最大。虽然不到 50 岁，但因过度吸食鸦片，扎莫林的精神状态已受到严重影响。1607 年，继哈根与扎莫林结盟三年后，荷兰又与卡利卡特在邦纳尼（Panane）开始新一轮谈判。另一方面，荷兰还寻求坎纳诺尔统治者的支持，后者是卡利卡特和葡萄牙的敌人。1661 年 12 月，荷兰占领了奎隆（Coulang）并立即围攻坎纳诺尔。巴尔德参与了这次行动，1662 年 1 月 15 日攻下坎纳诺尔后，他去海边布道，感谢上帝。他写道，坎纳诺尔曾有一位罗马教廷的大主教，这里也是耶稣会学院和图书馆的所在地。[327]

　　科钦位于奎隆和坎纳诺尔之间，被葡萄牙牢牢把持，占领两地只是荷兰进攻科钦的必要准备阶段。1662 年，荷兰在伊比岛（Ypin Island）修建堡垒，随后才有对科钦（1662—1663 年）的两次进攻。科钦比巴达维亚略小，经过两次围攻最终投降，那里大多数的葡萄牙教堂和建筑都被荷兰人摧毁。天主教方济各会的教堂和修道院是仅存的、成规模的天主教建筑。荷兰东印度公司虽想彻底清除葡萄牙耶稣会的影响，但因为许多荷兰人也信天主教，所以非葡萄牙的天主教徒和圣多默派也得到了善待。加尔默罗修士朱塞佩在返回罗马前夕受到了荷兰人的礼遇。巴尔德乐于了解圣多默基督徒，还向公司提出管理他们的办法。24 岁（1664 年）的波拉卡德国王也是巴尔德的听众。[328] 为了垄断马拉巴尔的贸易权，荷兰人计划关掉英国人原来在波拉卡德的商栈。[329]

在范·昆斯（Van Goens）及荷兰东印度公司征服马拉巴尔的过程中，巴尔德的同时代人、荷兰人约翰·纽霍夫（Johann Nieuhof）也扮演了自己的历史角色。1661 年占领奎隆后，纽霍夫被任命为当地总督，在这个岗位上连续工作了两年。1664—1665 年他待在杜蒂格林（Tuticorin），而后又被召往奎隆短暂任职。然后他在科伦坡工作了一年多，又回到巴达维亚。离开荷兰东印度公司后，纽霍夫在爪哇（Java）生活了三年，最终在 1670 年回到荷兰。他把关于自己旅行的书稿和资料都交给了他的兄弟亨德里克（Hendrik）保管，不久又踏上前往东方的航程。1672 年，一行人在马达加斯加失踪。他的兄弟把一卷卷的笔记和文章整理好，1682 年出版，名为 *Zee-en Lant-reize door verscheide gewesten van Oost-indien*，是《东印度难忘之旅》（*Gedenkwaerdige zee-en lant-reizen*，Amsterdam）的第二部分。[330]

纽霍夫的记述涉及奎隆及其周边小国，有特殊的价值。像葡萄牙在印度西海岸的许多前哨城镇一样，奎隆城（Kolany [Kollam]）也被划分为本地人聚居的城镇"马拉巴尔"和葡萄牙人的部分，后者更靠近海。高等的、核心的城区被葡萄牙人称为"Colang China"，是奎隆国王和王后的日常住所。葡萄牙人或低等奎隆人聚居在一个极为坚固的城堡周围，"这座城堡是几百年前著名的工程师赫克托·德·拉·科斯塔（Hector de la Costa）建造的"。荷兰占领奎隆后，他们夷平了葡萄牙的教堂、方济各会和耶稣会的住所，却完整地保留了圣多默基督徒的教堂。纽霍夫占领了葡萄牙总督的城堡，主持重建工作。奎隆城建在卡拉达河（Kalchan [Kallada?]）或默纳利河（Mangal [Manali?]）的河口，距离阿查克尔（Eguick [Achenkoil?]）大河 4 英里，这些河流在雨季经常给平原地区造成洪灾。在奎隆的海湾，"三块巨石排成一列山脊"。

荷兰人在 1662 年底包围科钦时，已经下台的科钦国王"Momadavil"（*Mūtta Tāvali* 国君）与纽霍夫一起待在奎隆。[331] 在纽霍夫执政期间，这位国王病故了。荷兰人转而立他的兄弟为合法继承人，1663 年加冕他为科钦国王，"他头戴金色皇冠，上面一侧还刻有东印度公司的标志"。由于科钦是荷兰在马拉巴尔地区的行政中心，纽霍夫被詹姆斯·赫斯塔尔特（James Hustaert）任命为马拉巴尔地区的总督，他的任务是与奎隆王后及南印度其他地区的统治者谈判，寻求结盟。[332]

1664 年 1 月 21 日，纽霍夫开始了他的外交之旅。在前往波拉卡德（Purakkad）途中，这位荷兰特使在卡尔奎隆（Kalkolang）受到友好的招待。然后他继续向波拉卡德行进，那里的国王"39 岁，面貌庄严威武"。他的国土北与科钦接壤，南与卡尔奎隆相邻，东北方向的邻国是特库姆古尔和瓦达库姆古尔（Takken Berkenkar [Tekkumkur and Vadakkumkur]）。他是这片土地上绝对的领袖，"不服从任何权威，每一寸土地都是他的，都在他独裁统治之下"。他执法苛刻，严惩偷盗。"尽管圣多默派在这里已经有很长的历史了"，罗马天主教仍然在 1590 年被引进。纽霍夫第一次到这儿时，国王正在城市之外的库达马鲁尔（Kudda Malair [Kudamulur?]）宫殿里，离圣多默派聚居的村庄很近。纽霍夫详细描述了这座宫殿，它的修建长达二十年。国王热情地接待了荷兰人，命令英国人离开。不过，他拒绝去科钦会见赫斯塔尔特；只同意在自己的国土内随时会见荷兰总督。2 月，纽霍夫又到波拉卡德继续谈判。在这最后一次谈判上，国王拒绝把自己的胡椒运到科钦称重，但他表达了另一个愿望：签订协议，使波拉卡德的胡椒直接出口荷兰。最终波拉卡德明确表示，愿意服从荷兰。纽霍夫发现，波拉卡德的主要优势在于，当洪水阻碍陆路时，它有能力召集大量船只进行运输。[333]

1664 年 2 月，纽霍夫访问波拉卡德以南的马塔（Marta [Marutukulannara]）。在这里，荷兰使团遭遇了穆斯林商人们的抵制，这些商人反对荷兰独占在马塔的贸易权。马塔的首领是一位 60 岁左右的贵族，住在卡伦纳加帕里（Carnopoly [Karunagapalli]）。马塔与卡尔奎隆差不多大。它包括本地人的潘塔拉图鲁特（Pan-deratoutle [Pantaratturuttu]）港，葡萄牙人控制的佩萨（Pesse [Peza]）

920

港——最终首领准许荷兰人在佩萨以及马韦利格拉（Maulikara [Mavelikkara]）建立商栈。除上述三个城市专属马塔，其他地方归马塔和卡尔奎隆共有，"这种状况在沿海地区是不多见的"。圣多默派长期占据马塔，1581 年起，罗马天主教也获准在这里活动。

　　纽霍夫从卡伦纳加帕里又去了特拉凡科尔朝廷的所在地阿廷加尔（Attingen [Attingal]）。2 月 12 日，他在朝堂上会见了大臣，大臣希望荷兰能够承认流亡的科钦国王贡达瓦尔玛（Gondormo [Gōdavarma]）的地位，视其为科钦皇族的一员。特拉凡科尔反对荷兰人结盟的提议。纽霍夫观察了阿廷加尔的环境，这个城市"据我所知从未被人描述过"。他记述了特拉凡科尔的红土和梯田的种植方式。[334] 特拉凡科尔东与马杜赖接壤，西与佩拉科特瓦里（Peretaly [Perakattavali]）和阿尔威（Allage [Alwaye?]）相邻。它共有 29 个大城市和村庄，其中最重要的城市都在内陆地区，最有名的城市是帕鲁尔（Paru [Paravur]），那里是黛西格纳（Singnaty [Desinganad]）王后的住所。许多村庄都是穆斯林或渔民种姓的聚居地。[335]

　　卡尔奎隆是一个占地广阔的大城市。它位于高山之上，地处内陆，距离坦加帕塔姆（Tengapatam）12 英里，距奎隆 48 英里。它东有不可逾越的群山，将邻国马杜赖隔开，西有城墙堡垒。它的统治者手握 1 万大军，与马杜赖保持距离。皇室将领叫作"Mandigals"（*manthrikals*），朝臣们叫作"Pullas"（*pulas*）。马尼库迪河（Mannikorin [Mannikudi?]）滋养着这片土地，整个马拉巴尔最好的肉桂产自这里。

　　1664 年 3 月，纽霍夫带着承诺、礼物和动武的威胁试图与各国共建一个联邦阵营，包括奎隆、马塔、黛西格纳、库德拉（Goernu [Kumdara]）、特拉凡科尔和巴里吉塔（Barrigetta Pule [Pula of Bariatla or Barrigate]）。在这一联盟中，各国授予荷兰贸易垄断权，可以按一定的价格运输而不必缴税。后来特拉凡科尔和奎隆一度反悔，但纽霍夫已经离职，给继任者留下了良好的基础，与奎隆王后及其他当地统治者也保持着友好关系。[336]

　　在纽霍夫的书中，除了叙述自己的外交使命，对于马拉巴尔的地理、人民、节日、作物，他也有重要论述。这些概括性的描述看起来完全是从早年欧

921

洲作家的描述中提取的——或许这部分是纽霍夫的兄弟写的。所以这部分的许
多说法、人名和事件都与使团的文献资料要么矛盾，要么不相干。马拉巴尔国
王逝世时哭丧仪式的描述，几乎是一字一句地重复杜阿尔特·巴尔博萨（Duarte
Barbosa）1503 年，即一百七十五年前的描写。[337] 而对于婆罗门、纳亚尔人和
马拉巴尔回教徒的概述，明显是从早期欧洲文献中——特别是皮拉尔德的——
拼凑而来。[338] 他关于当地自然动植物的长长的名单似乎也与前人一样。简言
之，纽霍夫对于出使的描写是原创、可信、有价值的；而关于马拉巴尔的其他
信息则是二手的，显然没有超出欧洲前辈的记载。在这些概述中，有一些例外，
其中最有意义的是纽霍夫对山地马拉巴尔人（Malleans）的描述。[339] 珀切斯在
他 1626 年的文集中曾收集了一个耶稣会士对这些人的描述，而纽霍夫的描述显
然与其不同，乃是独出机杼。他写道，这些人住在叫作"Priata"（？）的地方， 922
那里是接近马杜赖边境的高原；他们在那儿还有一座教堂。这一点非常不合常
理，虽然这是纽霍夫文中很有原创性的一个发现，但研究印度或马拉巴尔历史
的学者们不应该不加怀疑地接受。[340]

　　学者们还注意到：让·德·特维诺 1666 年旅行所留下的关于果阿和马拉巴尔
的文献，只是最低程度的个人观察和资料收集。实际上，他对印度南部的了解大
部分基于印度其他地区受访者的转述。他的两个印版"马拉巴尔文字"和"马拉
巴尔字母表"（见本书插图 119—121）可能是从苏拉特或北部某地得来的，他在
那些地方待过很长时间。尽管他声称去过科钦，但相比欧洲当时随处可见的书籍，
特维诺对果阿和马拉巴尔的描述并未有什么重要的新东西，除了一些泰米尔文字
的刻板。[341] 简言之，我们必须明确意识到，纽霍夫和特维诺著作中关于果阿和
马拉巴尔的内容都是从不同渠道得来的二手资料，只有在这个意义上它们才能被
看作是 17 世纪的历史资料。纽霍夫的文章在欧洲被编辑成书，其中有些出自他
个人手笔，有些则是已经出版过的资料；特维诺似乎是从出版物和印度北部受访
者那里搜集资料，欧洲的编辑们可能又引入了其他资料使之更加完善。

　　1685 年，加布里埃尔·德龙在巴黎出版了他的《东印度之旅》（*Relation*）①；

---

①　全名为：*Relation d'un voyage des Indes orientales*。——译者注

这本书记载了他效力于法国东印度公司期间，在印度西海岸的大部分见闻。[342]
年轻的德龙在 1670 年到达苏拉特，当时法国在那儿的第一座商栈刚刚建好三
天。他是弗朗索瓦·卡龙（François Caron）派往马拉巴尔海岸的法国先行者
之一，去为公司在贸易中争取立足之地。弗朗索瓦·德·弗拉古（François de
Flacourt）是在马拉巴尔海岸地区的领导，他率领这一行人首先抵达巴里亚帕塔
姆（Baliepatan），那里是坎纳诺尔的昂瑟鲁斯国王（Prince Onriti [Onthuruthi?]）
的领地。由于不满当地的条件，法国人得到昂瑟鲁斯的批准，转移到附近的代
利杰里（Talichere）。当地居民排斥法国人，但法国人依靠昂瑟鲁斯的帮助顽强
地站住了脚，还雇了几个纳亚尔人当保镖。[343]

923

德龙游历了坎纳诺尔，在个人经验的基础上，他总结了马拉巴尔的各方面
状况。相比欧洲作家已经写过的情况，他的叙述无甚新意，大部分内容要么琐
碎不堪，要么就是从不同角度重复描写一个事物。他像文森佐和巴尔德一样，
也认为坎纳诺尔是马拉巴尔地区最重要的国家——尽管它不像卡利卡特那么
大——此地因统治者的姓氏"Kollattiri"而得名。[344]像许多同时代作者一样，
德龙对马拉巴尔奇异的动植物表现出很大的兴趣。[345]他提到小豆蔻生长在坎
纳诺尔的山区（豆蔻山，Cardamom Hill），它在亚洲是香料，而在欧洲是药品。
纳亚尔人为当地人看家，也为旅行者提供保护。婆罗门不贞洁的女儿被当作奴
隶卖给外国人。小偷要终身戴着镣铐，因为盗窃是除谋杀之外的第二重罪。国
王最聪明的下属会被选为"大将军"（lieutenant-General），这是全国最高级别
的官员。大将军上任后，国王就退休去享受平静的生活，只有发生至关重要的
大事，他才会出面。政治方面，君主是至高无上的；但在宗教上，他们还要服
从婆罗门。富有的神庙有一块特定场地，既献给神明，也是罪犯的刑场。如果
一个人犯下忤逆神明的罪过却逃走了，他最近的亲属就要替他受刑。

马拉巴尔的穆斯林控制着对外贸易。最富有的穆斯林住在海边，或河中的
三角洲叫作"巴刹"（Bazars [bazaars]，集市之意）的村落里。穆斯林海盗有不
少大船，叫作"Paro"（parāo，一个在印度西海岸流行的、称呼商人的葡萄牙
词）[346]，这种船可以乘坐 400—600 人，最远到过红海进行贸易。海盗劫掠的
10% 要交给国王。陆上的抢劫则要受到严惩。海盗远比普通的穆斯林残忍好斗。

他们大体遵从当地的印度习俗，但不包括与他们宗教信仰直接抵触的部分。他们的胡子、头巾和外衣都明显不同于印度教徒。在坎纳诺尔南部有一个很大的"巴刹"村子，首领是一个叫作阿利·罗阇（Aliraja）的穆斯林，他还控制着马尔代夫的几座小岛。巴达加拉（Bargara）和昆哈利（Cogualy）的穆斯林特别敌视代利杰里的法国人。[347]

1671 年 5 月，法国人的敌人惊恐地发现一支带着粮草、枪支、弹药的舰队。卡龙当时就在这个舰队上，前往万丹。与昂瑟鲁斯会谈后，卡龙命令德·弗拉古（De Flacourt）和德龙去考察斯里兰加帕南（Sririmpatan [Srirangapatnam]），评估在那里设立法方机构的可能性。斯市在代利杰里背后的内陆地区，地位关键。[348] 两个法国人在 1671 年 6 月 16 日从代利杰里出发，与他们的向导和纳亚尔保镖在陆地上长途跋涉。德龙感到恐惧，并认为此行是徒劳，于是他离开队伍，试图独自返回代利杰里。穆斯林抓住了他，把他带到昆哈利做奴隶。那里的首领是扎莫林的封臣，很快就释放了他，因为卡利卡特正在向法国求援以对抗荷兰。德·弗拉古在 11 月从斯里兰加帕南回来，了解到扎莫林与法国结盟的意愿，他还发现，从陆上到斯里兰加帕南需要三十五天日夜兼程，那里的布料、硝石和檀香木产量丰富，价格也令人满意。[349]1672 年 2 月，一支法国舰队抵达代利杰里，德·弗拉古向舰队司令转达了扎莫林的愿望。盟约很快达成了，法国同意支持扎莫林。作为回报，扎莫林割让出阿利柯特（Alicot）的一小块土地，并允许法国在卡利卡特宫廷上有一名常驻使节。[350]

在德龙放弃了斯里兰加帕南之行后，他南下卡利卡特和塔努，独自展开考察调研。他走陆路，经过一个叫作"Meali"的村庄，居民全部是蒂亚种姓（Tives）。在坎纳诺尔南部边界上的巴达加拉，真正的统治者是个纳亚尔人，"Colitri"的封臣。在这里，当地的海盗蛮横专权，甚至一度反抗扎莫林。卡利卡特的本地语言叫作科泽科德语（Coi-cota [Kozhikode]，cock-fortress），这种语言的名字在马拉巴尔传统中有个说法：早年扎莫林的国土很小，一只乌鸦的叫声在全国都能听到。[351] 作为一个商业中心，卡利卡特的重要性随着果阿和苏拉特的崛起而日渐衰落。雨季经常爆发的洪水淹没了葡萄牙人的古老要塞，也毁掉了英国人的设施。扎莫林不再住在卡利卡特，而让一个叫作"Rajador"

924

（rajadoothor）的总督住在那里。宫廷里仍然有一口大钟和一些从葡萄牙堡垒拿来的火炮。英国人让德龙寄住在卡利卡特的英国新货栈里。[352]

925　　　德龙又从卡利卡特乘船向南，前往塔努。那是个小国，首领也不是马拉巴尔任何一个大国的封臣。国家以一个港口城市而得名，这个港口没有河流，其功能也只有在旱季才发挥出来。这里的居民主要是穆斯林富商，附近还有两大村庄，都是渔民，一个村是印度教徒，另一个村是基督徒。塔努土地肥沃，但大多数人以鱼类和其他海鲜为主要食物。国王住在内陆，而派驻一个总督在城镇中管理穆斯林和印度人；基督徒另有他们自己的首领，不受总督管制。塔努的国王从葡萄牙人刚到印度时就与他们交好，却与荷兰人为敌。塔努的耶稣会的领导者是马蒂亚斯·费尔南德斯（Mathias Fernandes），他在这儿工作了七八年，经验丰富，讲一口流利的当地语言。从塔努出发，德龙北上巴里亚帕塔姆，去拜访刚到那里的英国人，希望能听到些关于欧洲和苏拉特的消息。德龙厌倦了他的工作，与德·弗拉古也貌合神离，于是从代利杰里回来后不久就辞职了。

　　整个 17 世纪，在对东方奇异植物的分类命名上，欧洲和亚洲都有重大进步。在这方面，加西亚·达·奥尔塔（Garcia da Orta）和克里斯托巴尔·德·阿科斯塔（Cristobal de Acosta）给草本植物的研究留下了宝贵遗产。他们根据自己在东方多年的经验，描述了印度的植物。从 16 世纪中期开始，许多杰出的欧洲植物学家开始在自己的花园里种植异国品种。瑞士植物学家加斯帕德·鲍欣（Gaspard Bauhin，1566—1624 年）搜集了许多风干的植物样本，在《植物界纵览》（*Pinax*）[①] 一书中，他描述了这些植物，并试图在分类学的亲缘性的基础上，整理出一个普遍性的庞大体系。[353] 荷兰的医生，不论是在亚洲的还是在欧洲的，都在持续收集亚洲植物样本，根据鲍欣的系统对他们加以分类。雅各布·德·邦特（Jacob de Bondt, Bontius，1592—1631 年）是荷兰东印度公司在巴达维亚的医生，他的《印度医学》（*De medicina Indorum*）于 1642 年在莱顿出版。维莱姆·皮索（Willem Piso）的《关于印度的自然和医学》（*De Indiae utriusque re naturali et medica libri XIV*，Amsterdam，1658 年）也采纳了邦特对植物的描

―――――――――

① 全名为：*Pinax theatri botanici*。——译者注

述。[354]17 世纪的后半段，在印度，尤其在马拉巴尔的作家们开始在书信中大量描写植物。菲利普、特维诺、文森佐、纽霍夫和德龙（他还介绍了动物）都对自然环境兴趣浓厚，他们在书中尽可能地记下了他们所了解的印度植物知识。

　　文森佐著作的第四卷介绍了马拉巴尔的植物，大部分知识建立在加尔默罗修士圣若瑟的马修所搜集的信息上。马修是一个精通医药和阿拉伯语的年轻人，他在 1657 年与第一支加尔默罗传教团来到印度。与当时其他修士不同，他一直待在马拉巴尔地区，最终在科钦离世。17 世纪 60 年代，在荷兰征服马拉巴尔之后，他仍留在那儿继续宗教工作和植物采集。

926

　　1671 年，亨德里克·阿德里安·范·瑞德·托特·德拉克斯坦（Hendrik Adriaan van Rheede tot Drakestein，生卒年约 1637—1691 年）成为马拉巴尔的荷兰总督，接管了科钦总部。不久，这位文化事业的爱好者和支持者召来马修和改革宗牧师约翰·卡萨里乌斯（Joannes Casearius），打算系统调查马拉巴尔的植物。他们成立了一支小队，搜集绘制新鲜植物的样本。欧洲人的这项工作得到了三个孔坎婆罗门和一个依热瓦（Izhava）种姓的阿育吠陀（Ayurvedic）大夫伊迪·阿库坦（Itty Achutan）的帮助。这些印度合作者列出他们知道的植物，搜集植物样本，把样本带到科钦，而马修和其他工作人员就能为它们画像。[355]卡萨里乌斯列出工作大纲，把汇集到他那里的信息翻译成优雅的拉丁文，这些信息来自其他成员以及他的葡—亚翻译、罗马天主教徒曼努埃尔·卡内罗（Manuel Carneiro）。范·瑞德直到 1677 年才离开科钦；对于印度调研工作以及研究成果日后在欧洲的出版，他都是背后的推动力。

　　范·瑞德的《印度马拉巴尔植物志》1678—1703 年间在阿姆斯特丹出版，12 卷对开本，附有 794 幅铜版画插图。[356]这本书献给了东印度地区的荷兰总长官约翰·马斯特苏克（Joann Mastsuyker）。第一卷开篇是卡萨里乌斯、马修、卡内罗、伊迪·阿库坦和三位婆罗门撰写的前言。这些文章写于 1675 年 4 月 20 日的科钦，简述了范·瑞德这项事业的创立和最初参与者们的工作。其中印度人和卡内罗的文章是以马拉雅拉姆语和拉丁语两种语言写成，这是欧洲第一次出现马拉雅拉姆语的出版物（见插图 122—124）。三个婆罗门"用孔坎—那加语（Nagara）字体（lipi）"；伊迪·阿库坦用"圆形字体"（Vattezhuthu）；卡内罗用"马拉雅拉姆语字体"。[357] 第六篇前言出自阿诺德·西恩（Arnold Seyn），他是莱顿的植物学专家和这部书的编辑者，他将范·瑞德团队的研究成果和早年欧洲作家写到的植物方面的信息做了对比，并根据鲍欣的系统尽可能补充了植物的拉丁语专名。卡萨里乌斯本人在第一卷出版前就去世了，西恩也没等到第二卷的付梓，但欧洲的出版工作仍在继续进行，甚至在 1691 年范·瑞德去世后也没有中断。在这个雄心勃勃的学术出版计划的历史上，大约有百余人在科钦、奈伽帕塔姆（Negapatam）、巴达维亚和荷兰参与了这项事业。[358]

第一卷的编辑方式为后面几卷定下了基调，它包括 57 幅铜版线条画，勾勒出整株植物的外形、真实尺寸，或按比例缩放的尺寸，植物的根部、果实、枝叶和种子有特别的图画显示，有的还画出横截面。每种植物的名字都以马拉雅拉姆语、梵语、阿拉伯语和拉丁语标出。接下来是一段详尽的拉丁语的植物学描述，包括每种植物的生长环境、在印度的经济和药用价值。欧洲学术界很快发现这项新工作的价值，并投入巨大热情。第一部分的三卷书分别在 1678 年、1679 年和 1682 年出版，被《皇家学会哲学汇刊》（*Philosophical Transactions of the Royal Society*）誉为"卓越、令人羡慕、值得赞美"。这篇未署名的评论重点探讨了前言，前言有当地人的参与，他们的证据"向世界证明了这些叙述的真实性"。[359] 范·瑞德的这部书在植物学界有长久的影响力，这一点林奈（Linnaeus）就可以证明。在他的《植物种志》（*Species plantarum*，1753 年）中，这位卓越的瑞典植物学家把范·瑞德的《印度马拉巴尔植物志》列为 192 部著作中真正的五部"植物学"著作之一。他还评论了范·瑞德本人，不过在评论中他是以具有异国情调的"Rheedia"这个名字来称呼他。[360]

在阿姆斯特丹，扬·考梅林（Jan Commelin，1629—1692 年）和他的侄子卡斯帕（Caspar，1668—1731 年）在大学的植物园艺专业研习外国植物，还编写了一个目录，附有他们搜集的样本的华丽插图。[361]

政治上，17 世纪果阿以南的海岸线被分为至少 24 个独立国家。在果阿，葡萄牙领地北与比贾布尔的穆斯林王国接壤，西面与 1686 年几乎占据比贾布尔的莫卧儿帝国相邻。卡纳拉位于果阿南面，其北部的半壁江山由印度纳亚尔人、伊喀利王朝统治，南方分裂为一系列小封地，它们陆续臣服于葡萄牙、马拉巴尔穆斯林或伊喀利王朝的势力。马拉巴尔是欧洲人活动的大舞台，它从科钦以南的部分被葡萄牙控制到 1663 年；葡萄牙在坎纳诺尔还有一座堡垒，但没发挥太多作用。荷兰接替了葡萄牙的位置，这一转变更加强了欧洲人对这片土地的控制，并且把特拉凡科尔也彻底变成欧洲的属国，这一点葡萄牙人没有做到。在一个世纪中，卡利卡特的扎莫林始终以武力对科钦施压，与穆斯林海盗保持一种非正式的联盟关系，为那些不能从科钦进口胡椒的欧洲国家提供胡椒——扎莫林以这些手段在欧洲势力下始终保持自己的独立性。卡利卡特不断变换盟友，从中得利——这一策略背后是 15 万纳亚尔陆军的保障，还有穆斯林海盗在海上横行，抢劫敌国船只。海盗行动所得到的收益支持着坎纳诺尔的阿利·罗阁，也帮助克勒特里（Kollathiri）家族在欧洲控制下得以保全。马拉巴尔穆斯林的角色好比欧洲人和马拉巴尔印度人之间的缓冲器，在关于卡利卡特的描述中，这种作用特别明显。

928

关于印度的政治疆域，欧洲的文献并非总能达成一致，由此可见印度的政治分界确实不清晰，而且在历史中不断变化。例如，有些人认为马拉巴尔北部边界是"德里角"（Deli Point）；有些人则认为是芒格洛尔；还有人认为是巴斯洛尔；德龙认为是苏拉特。在卡纳拉和坎纳诺尔之间有一道城墙作为永久性的边界；也有类似的墙将马拉巴尔作为国家分隔出来。欧洲人还提供了陆上交通的路线：从果阿到比贾布尔，从比贾布尔到达波尔，从霍纳沃尔到伊喀利，从伊喀利到芒格洛尔，还有许多港口城市之间的交通线路。有人写道，从代利杰里可以抵达迈索尔的斯里兰加帕南；托达人住在卡利卡特背后的尼尔吉里山区中；特库姆古尔是马拉巴尔中一个独立王国。在描述比贾布尔和果阿的衰落时，欧洲作家写到 1635 年比贾布尔向南的扩张，写到 1648 年西瓦吉的崛起，以及比贾布尔在莫卧儿扩张下持续不断的危机。简言之，细心的读者可以从资料中发现：这不是一个政治上统一的区域；欧洲的军事力量只能影响到几个沿海城镇；生活总是动荡不安，即使尊贵如乌拉尔王后也历经跌宕起伏。

在欧洲文献中，不同地区受关注的程度是不同的。几位非葡萄牙的作家写到了果阿的富有和衰落。17 世纪早期，像之前的林斯乔坦一样，皮拉尔德对于一个世纪以来葡萄牙在果阿的建设颇为惊叹。城市的物质繁荣，大都市的气象，庞大而多元的人口，都令皮拉尔德难忘。但早在 17 世纪 20 年代，霍尔木兹倒台后，荷兰极力拉拢比贾布尔，巩固对果阿的包围，这一明媚画卷就开始出现了阴影。自从 1637 年荷兰人展开海上封锁，城市的面貌就变化了。在经济衰退中，宗教团体和宗教法庭开始不服从世俗政权。原先有钱有势的人开始寻求施舍，印度教徒和葡亚混血在商业和其他行业愈发有影响力；非葡萄牙籍的欧洲人，特别是被传道总会派来的神父，在这个被围困的城市中变得不太受欢迎。果阿的慈善机构，尤其是皇家医院，也受到整体衰落的影响。

929

卡利卡特也是欧洲作家的兴趣所在，他们都着重写到了它整洁的市容和丰裕的物质条件。它是一个独立的印度教国家，有稳定的经济和政治制度。它的港口虽然算不上天然良港，也有葡萄牙之外的许多国家进出。在跨国贸易中，卡利卡特的扎莫林有效地控制、经营着海关、仓库、一般市场。在铸币厂里，他发行自己国家独有的钱币，这明确地显示出他在沿海一带的独立主权。他独揽司法大权，实行独裁统治，领导着一个高效率的官僚体系，这一体系认真地记录着与国家管理相关的每一件事。有一个证据反映出卡利卡特行政组织的效率：它可以维持与葡萄牙支持的科钦旷日持久的战争。为了维护内部的和谐，印度教徒扎莫林容许所有的信仰，包括欧洲的天主教和印度本土的各种教派。他总是在接见欧洲的客人，德拉·瓦勒趁 1623 年做客之机，绘制了皇宫的平面图（见插图 128）。随着政治局势的变化，扎莫林开始允许葡萄牙人、不久后也允许荷兰垄断者在卡利卡特派驻特使，给往来贸易的船只派发执照。随着荷兰人的出现，卡利卡特不再有能力控制周边小国和港口。随着荷兰垄断的加强，随着科钦和苏拉特的国际贸易的兴起，卡利卡特作为商业中心的重要性开始衰落。

至于其他的印度教国家，绝大多数欧洲作者都写到了那里繁荣的面貌和良好的秩序。卡纳拉、坎纳诺尔也像卡利卡特一样，热情好客，社会稳定有序，足以保障旅行者的人身和财物安全。那里的贵族首领和大臣都实行独裁和专制。统治者亲自执行一套严刑酷法，盗窃和谋杀会得到迅速而严厉的惩处。欧洲人发现，果阿愈发依赖卡纳拉，因为自 1635 年起，它与比贾布尔、荷兰之间的必需品和劳动力的供应关系开始恶化。作为商业中心的果阿在 17 世纪中叶开始急剧衰落，荷兰占领科钦后，它的状况又有所好转，这是因为葡萄牙人在南印度的军事力量有所松懈，而将注意力转向北部的贸易。这一点在 1686 年比贾布尔王朝覆灭后更加明显。果阿与内陆地区的贸易开始增长，它成为苏拉特和孟买的固定供货商，同时也从内陆获取商品。除了果阿，比贾布尔和马拉巴尔也有欧洲人在工作，主要是军事方面。在果阿、科钦和德里角，还有一些犹太人社群，有些讲西班牙语。穆斯林则随处可见，在卡利卡特尤其多。

至于社会状况，欧洲人主要关注马拉巴尔和卡纳拉。他们将对某一局部——尤其是坎纳诺尔——的观察扩展、投射到整个地区。印度人被刻画为黑皮肤、直发、身材挺拔。每个群体都有独特的衣着和装饰。某一种姓或教派都有自己的着装方式，不能随个人趣味而改变；奇装异服会招致白眼。在印度教国家，穆斯林被要求在装扮上能够一眼被认出。住房普遍很差，房屋样式是由社会阶层决定的，而不在于个人财富。关于马拉巴尔和卡纳拉的种姓阶级，几个欧洲作家都认为，在不同地区，种姓的名称和作用各异。文森佐列举了马拉巴尔许多种姓的名称和生活方式，他的介绍比前辈和同时代人都要详细。在他的名单中，最尊贵的种姓有南布提里（Nambutiri）的 9 个阶层和纳亚尔的 15 个阶层。他还将"Chegos"（棕榈树种植者）作为一个独立种姓，下面还有次种姓——在欧洲作家对种姓的理解中，这种观点或许还是第一个。文森佐认为"Chegos"是一个中等种姓，不完全是那种以手艺来划分的低等种姓。不少欧洲人都提到了不同地区、不同种姓有不同婚礼、葬礼、哭丧习俗，许多人对仪式和节庆的描写都是基于个人观察。

欧洲作家提到了露天进行的基础教育，各个层次的教育都是学习古代文本和关于它们的评注。文森佐和巴尔德都聘请了宗师，在他们的指导下学习印度教的传统和知识。巴尔德在贾夫纳（Jaffna）的老师是一个改信基督的孟加拉婆罗门。他为文森佐将六部印度教经典译成葡萄牙文。内容主要是从梵文经典中精选出来的道德故事和格言汇编。写到毗湿奴的化身时，巴尔德向欧洲读者们介绍了克利须那的故事，这是一个很有价值的版本。特维诺提供了一些字母和数字的刻板，可以说是泰米尔语的样本。文森佐发现，马拉雅拉姆语通常有三种书写字体，这种语言还有自己的文学传统，特别是诗歌。为了使传教工作能

930

343

更有效地展开，马拉巴尔的耶稣会士学习泰米尔语和马拉雅拉姆语；他们还编纂并推广词汇表。1678 年，在范·瑞德的《印度马拉巴尔植物志》前言中，马拉雅拉姆语的三套字母、三种字体出现在欧洲读者面前。实际上，正如前言所说，这部植物学的巨著是印度—欧洲合作的产物，这或许是史上第一次跨国科研合作，并取得了空前的成功。

宗教宽容在各个地区普遍存在，虽然程度不同。非基督教的宗教活动在科钦和果阿都受到监控和严格限制。而在穆斯林统治的比贾布尔地区，基督教和耶稣会可以存在，但不能有传教活动。随着果阿的衰落，基督教当局开始对犹太人、新教徒和仍与印度教藕断丝连的改宗者愈发苛刻。天主教团体和宗教法庭始终紧盯着异教邪说和巫术。世俗武装执行宗教法庭的命令，残忍地对待新教徒和犹太人。在往返塞拉与圣多默基督徒交涉时，传道总会的传教团一般都会绕路，避开果阿和科钦。如果说天主教与圣多默派基于戴拜宗教法令之上的整合过程一直动荡不断，那么到这个世纪中段，整合似乎减缓了。1653 年塞拉叛乱使过去的努力化为泡影。后来，罗马传道总会又派出神父——主要是加尔默罗修会——前往马拉巴尔，希望能重新调和天主教和圣多默派。荷兰接管马拉巴尔后，很快赶走了葡萄牙神父，但容许他们的修道院、圣多默基督徒以及加尔默罗修士继续存在。当荷兰牢牢控制了马拉巴尔的经济和政治后，各种基督教派逐渐形成一个联盟，这类似 17 世纪末期荷兰国内的宗教自由的氛围。穆斯林可以继续在他们的清真寺内礼拜，四处巡游的苦行者和毛拉享有一种道德上的实践自由，可以保持他们内心的信仰。

印度教特殊的信仰和习俗最能引起欧洲人的兴趣。皮拉尔德、德拉·瓦勒、曼德尔斯罗、纽霍夫、德龙和弗莱尔都对它的偶像、神庙和公开庆典既痴迷又困惑。关于印度教的宇宙观、神学理论和宗教实践，文森佐和巴尔德、加尔默罗修士和新教牧师都从宗师、耶稣会士和早期欧洲作家那里尽可能地了解了一切知识。尽管他们有明显的基督教偏见，但他们都认为印度教是系统的宗教，建立在古代经典基础上，这些经典被婆罗门这一神职阶层世代传习，加以评注。他们还很快发现，虽然实践方式各个不同，虽然同一个神有不同的名字，但信徒们还是普遍接受、尊重一些印度教的基本信仰。为了让自己和读者能够更好地理解印度教，基督教作家们会运用其他宗教派别中类似的观念和信条来比附、阐释，譬如犹太教和早期基督教的一些内容。

在这个世纪初，科托曾依据湿婆派经典（Saivite Agamas）简要描述了印度教信仰。这套总结很有趣，但在葡萄牙以外的欧洲地区传播并不广泛。印度教第一次广为欧洲所知，是经由贾科莫·范尼西欧、亚伯拉罕·罗杰、阿塔纳斯·基歇尔（Athanasius Kircher）的介绍，所有这些材料都被巴尔德运用（或误用）在自己的作品中。[362] 文森佐的著作与巴尔德同年出版（1672 年），他较少借助其他作家的材料。不过，当他们涉及印度教创世神、传统的宇宙观以及世界的实体性等方面，两人的描述依然可视作相互补充、相互映衬和相互确证。在湿婆化身的数目上，两人有很大分歧，其他欧洲作家在这一问题上也莫衷一是。他们不可避免地拓展了姓名和形象的讨论空间，提出了无数的男神、女神、英雄和邪灵。对于印度教中安抚邪灵怨鬼的做法，文森佐、巴尔德以及许多欧洲作家都觉得新奇，又颇为反感。印度神庙外部装饰优美华丽，内部却阴暗、肮脏、臭气熏天。欧洲人为许多马拉巴尔节日都取了名字，还细致描述了庆祝方式：他们都赞同欧南节是最流行的节日。印度教徒每天朝拜，重复祷文，照例为他们的神明献祭。他们相信各种征兆，有吉利和不祥的日子，每天中又有许多吉利或不祥的时刻。在周期性和常规性的斋戒日中，婆罗门接受信徒们献上的食物和捐助。瑜伽派信徒则成群结队，在特定时间、特定地点集会；他们因禁欲苦修而声望卓著，在各地都备受尊重。印度教和穆斯林的禁欲者们全裸或半裸，完全献身于宗教和仪式，有自己的道德观念——欧洲人似乎尤为关注这些特质。

932

注释：

[1] *Asia*, I, 347-69.

[2] 同上，第 482-488 页。

[3] 《珀切斯游记》是一部非常珍稀的书，它不可与另一本书《哈克路特后书》/《珀切斯游记大全》（*Hakluytus Posthumus, or Purchas His Pilgrimes*）相混淆，后者是一部收录了其他作者的文献的合集。在《珀切斯游记》中关于印度的内容，见 J.Talboys Wheeler (ed.), *Early Travels in India* (Delhi,1975)。关于珀切斯对印度西南的描述，见第 103-135 页；"Maleas" 的相关内容见第 134 页。

[4] 见 K.P.Padmanabha Menon, *A History of Kerala Written in the Form of Notes on Visscher's Letters from Malabar* (3 vols.; Ernakulam,1933), III, 第 524-525 页。1600 年，瓦伊庞康塔（Vaipocota）（今 Chendamangalam 或 Chennamangalam 或 Chengamangalam。——译者注）教区的教士布里托（1567—1641 年）到马来人（Maleas）当中进行了三个月的传教活动。他于 1600 年 10 月 13 日由科钦发出的书信被香料商人（Vistor Pimenta）带回欧洲，并出版在 Pierre Du Jarric, *Histoire des choses plus menorable advenues tant ez Indes Orientales...*(3 vols.;Bordeaux, 1608, 1610, 1614), III, 第 686-691 页。见 Streit, V, 2。珀切斯或许就是在这两本书中获取了关于马来人的信息。很多 17 和 18 世纪的欧洲地图都把马来部落标于卡利卡特后面的山上。

[5] 关于珀切斯著作中菲尼西姆对印度教的观点的概述，见 Wheeler (ed.), *op. cit.*(n. 3),p.118.On Fenicio see below pp.874-76,911-12.

[6] *PP*, IX, 118-196.

[7] 关于这些作者的著作的参考书目，见本书前第 3—8 章。

[8] 见前文第 315-318 页。

[9] 见 A. Viegas (ed.), *Relação anual...pelo Padre Fernão Guerreiro* (3 vois.; Coimbra, 1930), II,347-358; III,1-3。

[10] 这是一段关于在东方的军人生涯的精彩阐述，见 Albert Gray (trans. and ed.), *The Voyage of François Pyrard of Laval to the East Indies, the Maldives, the Moluccas, and Brazil* (3 vols.; "HS," o.s., LXXVI, LXXVII，LXXVIII; London, 1887-90), II, 16-31。

[11] 见 *Asia*, I, 482-488。

[12] Gray (trans. and ed.), *op. cit.* (n. 10), II, 5-15. 又见 M. P. de Fígueiredo, "The Practice of Indian Medicine in Goa during the Portuguese Rule,1510-1699," *The Luso-Brailian Review*, IV(1967), 51-60。

[13] 见 Gray (trans. and ed.), *op. cit.* (n. 10), 第 274-275 页。关于他们友谊的确证，见 Jean Mocquet, *Voyages en Afrique, Asie, Indes orientales et occidentales* (3d ed., Rouen, 1645), 第 352 页。莫凯（Mocquet）曾是亨利四世朝廷的药剂师，他在 1601 年离开法国，为皇家古董陈列室收集样品。他出海五次，其中第四次他登上了前往果阿的葡萄牙船，在那里他做过一

段时间的皇家医院药剂师。他和一个与中国女人结婚的印度医生寄居一处（同上,第221页）。然而他对果阿的印象都是片段的和零散的,因为他仅仅致力于写日记。葡萄牙人怀疑他是法国的间谍,怀疑他是来打探前往印度的海路的重要信息;于是他们时刻监视着莫凯（同上,第349-350页）。皮拉尔德和莫凯都记载了蒙特福德伯爵（the Comte de Montfort)亨利·德·腓内斯（Sieur de Feynes)（即Henri de Feynes。——译者注）在1609年年初到访果阿的传闻。这位旅行家的著述 *An Exact and Curious Survey of All the East Indies* (London,1615) 首先以英语出版。他在很长一段时间内被看作是江湖骗子。关于他的著作见上文第554页,以及Gray (trans. and ed.), *op. cit.* (n. 10), II, 279, 注释 1。关于德·腓内斯跨越大陆到果阿旅行的真实性,无论什么怀疑都可以被皮拉尔德和莫凯各自独立的证据所打消。他对果阿的记载主要是对葡萄牙人的谩骂。

[14] Gray (trans. and ed.), *op. cit.* (n. 10), II, 64-79.

[15] 同上,第110-116页。

[16] 同上,第85-87页。

[17] 同上,第89-104页。

[18] 见 Pieter G. Bietenholz, *Pietro Della Valle* (1586-1652). *Studien zur Geschichte der Orientkenntnis und des Orientbildes im Abendlande* (Basel and Stuttgart, 1962), 第77页。相关参考书目详见他的 *Viaggi*, 1650—1653 年首次于罗马出版,见上文第380页。

[19] 见 Edward Grey (ed.), *The Travels of Pietro della Valle in India from the Old English Translation of 1664 by G. Havers* (2 vols.; "HS," o. s., LXXXIV, LXXXV; London,1891-92), I, 157。

[20] 这一修会的成员自1607年起开始在果阿工作。关于他们的更多活动见下文第891-892页。

[21] Grey (ed.), *op. cit.* (n. 19), I, 159-160, 163. 他提及下述意大利耶稣会士时,将其视作1623年果阿的定居者: Vinenzo Sorrentino, Antonio Schipano, Cristoforo Borri, Giuliano Baldinotti, Alessandro Lessi, Giacinto Franceschi, Flaminio Carlo, and Brothers Joseph Masagna and Bartolomeo Pontebuoni, 一个来自托斯卡纳的 "好画家"。

[22] 同上,I, 183-84。见插图 111。

[23] 关于在迪瓦尔岛（Divar Island)上的 Naroa 举行的一年一度的庆典,论据参见 R. G. Pereira, *Goa. Hindu Temples and Deities* (trans. From Portuguese by A. V. Conto; 2 vols.; Goa,1978), I, 51。

[24] Grey (ed.), *op. cit.*(n. 19), II,392.

[25] 同上,第402-404页。

[26] 同上,第415-417页,第442-443页。关于比贾布尔的事件,见 D. C. Verma, *History of Bijapur* (New Delhi, 1974), 第99-100页。

[27] 参考文献详见上文第407页;在接下来的内容中我们还将引用1671年的德语版: *Orientalische Reisebeschreibung, warinnen unterschiedliche Begebenheiten seiner Reise vielerley Orientalischen Landschaften..., so darinnen geherzschet...*(Frankfurt)。关于印度的资料参见此

书第 49-52 页，第 121-155 页，第 269 页，第 287-318 页，第 351-360 页，第 522-551 页，第 570 页，第 586 页。

[28] 同上，第 123-124 页，第 522-547 页，第 585 页。狄奥尼修斯是诺曼底（Normandy）的翁弗勒尔人（Honfleur）。

[29] 同上，第 143 页。他为这些教区命名。

[30] 1620 年，加尔默罗修会获准在果阿建立一座修道院；后来修道院和教堂都由信徒们的捐赠而建立起来。同上，第 522 页。

[31] 同上，第 131-135 页，第 139-155 页，第 299-310 页。

[32] 同上，第 354-360 页。还可对比上文第 786-788 页。瑜伽派信徒们并不集会选举领袖。这里或许是指克利须那派（Krishna）每年集会选举五个僧团的领袖。这些集会通常在乌迪比（Udippi）举行，他们选出一人作为下一年的领袖。

[33] 见上文第 522-523 页。

[34] 关于比贾布尔的英国使团，见下文第 858-859 页。

[35] 曼德尔斯罗的著作有许多版本和译本，见上文第 522-523 页。接下来的注释出自 John Davies (trans.), *The Voyages and Travels of the Ambassadors Sent by Frederick Duke of Holstein to the Great Duke of Muscovy, and the King of Persia... Whereto Are Added the Travels of John Albert de Mandelslo (a Gentlemen Belonging to the Embassy) from Persia, into the East Indies... In III Books* (London, 1662)。关于梅思沃尔德，见上文第 568-569 页，及下文第 1020-1021 页。

[36] 同上，第 98-106 页。又见 M. N. Pearson, "Indigenous Dominance in a Colonial Economy, the Goa Rendas, 1600-1700," in J. Aubin (ed.), *Mare Luso-Indicum* (2 vols.; Paris, 1972), II, 61-73; 及 T. R. de Souza, S. J., "Glimpses of Hindu Dominance of Goan Economy in the Seventeenth Century," *Indica*, XII (1975), 27-35.

[37] "Canarin" 一词在果阿人和早期的观察者中有两种不同的意思。它指卡纳拉土著（Kanara），或者仅仅指在果阿讲孔坎语（Konkanis）的居民。见 H. Yule and A. C. Burnell, *Hoson-Jobson: A Glossary of Anglo-Indian Colloquial Words and Phrases* (new ed., New Delhi, 1968[orig. publ. London, 1886])，第 154 页。

[38] 同上，第 621 页；见插图 3。

[39] 关于亚洲贸易中银价差异的重要性，见上文第 27-28 页，第 116 页。

[40] Davies (trans.), *op. cit.* (n. 35)，第 107-108 页。

[41] 参考书目见上文第 416-417 页。

[42] 见 V. Ball and W. Crooke(trans. and eds.), *Travels in India by Jean Baptiste Tavernier*(2 vols.; London, 1925), I, 148-160. 许多欧洲作家都将当地人称作 "黑鬼" 或 "黑人"，意思是他们既不是欧洲人也不是葡亚混血。

[43] 关于艾弗伦的生涯见上文第 257-258 页。德龙（见下文第 850-852 页）在自己著述之前曾读过塔韦尼耶对宗教法庭的描述。

[44] Ball and Crooke (trans. and eds.), *op. cit.* (n. 42), I, 162-64, 176-86.

[45] 相关资料详见他的《马拉巴尔、科罗曼德尔、以及相邻诸国和强盛的锡兰岛大事记》（*Naauwkeurige beschryvinge...*，1672），见上文第 493-495 页，见下文 911-918 页。

[46] Gabriel Dellon, *Relation d'un voyage fait aux Indes Orientales* (Paris, 1685), 第 191-215 页。

[47] 相关资料详见上文第 421-422 页。接下来的注释均出自 1812 年版的英译本，亦即 A. K. Priolkar 版 *The Goa Inquisition* (Bombay, 1961), Pt. II, 第 3-85 页。根据比较可知，1812 年的译本基本上与 1688 年的译本相同，只是前者以 19 世纪而非 17 世纪的英语来表达。

[48] 关于法国的宗教论争，见上文第 244-246 页。

[49] Priolkar, *op. cit.* (n. 47), Pt, I, 第 35-49 页。

[50] 同上，Pt. II, 第 23-26 页。

[51] 同上，第 27-69 页。

[52] W. Crook (ed.), *A New Account of East India and Persia. Being Nine Years' Travels, 1672-1681 by John Fryer* (3vols., "HS," 2d ser., XIX, XX,XXXIX; London, 1909-15), II, 1-88. 又见上文第 580-582 页。

[53] 见 Yule and Burnell, *op. cit.* (n. 37), 第 379 页。

[54] 引自 J. N. da Fonseca, *An Historical and Archaeological Sketch of th City of Goa* (Bombay, 1878), 第 120-121 页注释。

[55] Crooke (ed.), *op. cit.* (n. 52), II, 10-25.

[56] 同上，II, 25-28, 84-85. 关于"潘趣酒"，见上文第 736 页注释 124。

[57] 他的著作见 S. Sen(ed.), *India Travels of Thevenot and Careri* (New Delhi, 1949), 第 186-194 页，第 269-273 页。又见上文第 386-388 页。

[58] Dom Pedro Antonio de Noronha, Conde de Villa Verde, 是 1693 年到 1698 年的总督。

[59] Sen (ed.), *op. cit.* (n. 57), 第 186-189 页。

[60] 基廷会于 1640 年首次来到果阿。他们的修道院和圣卡杰坦教堂（church of St. Cajetan）在 1655 年后修建而成。见 Fonseca, *op. cit.* (n. 54), 第 248-250 页。

[61] 关于沙勿略墓碑的详细历史，见同上第 286-301 页。

[62] 实际上欧洲人是知道的，见 *Asia*, II, Bk. 3, 第 426 页。

[63] Sen(ed.), *op. cit.* (n. 57), 第 190-195 页，第 268-273 页。

[64] 16 世纪中期，根据耶稣会士的书信，他们之间的关系见 *Asia*, I, 第 434-435 页。

[65] Pyrard in Gray (ed.), *op. cit.* (n. 10), II, 131-113。关于比贾布尔和果阿的诸多条约的内容，见 M. A. Nayeem, *External Relations of the Bijapur Kingdom* (1489-1686 A. D.) (Hyderabad, 1974), 第 225-228 页。

[66] 1555 年 Meale Khan 与葡萄牙合作的这段故事是有删节、不切实际、时间混乱的，详见 F. C.Danvers, *The Portuguese in India* (2 vols.; London, 1894), I, 503-5。

[67] Pyrard in Gray (ed.), *op. cit.* (n. 10), II, 134-39. 关于马尔代夫流亡的国王，见下文第 934-935

页，第 943 页。

[68] 见 Nayeem, *op. cit.* (n. 65)，第 228-229 页。

[69] 相关文章见 *farman of the* Khan Khanan in Ann B. Radwan, *The Dutch in Western India,* 1601-32 (Calcutta, 1978)，第 37 页。

[70] 在阿格拉见到豪滕之后，波泽又在海德拉巴和奥兰加巴德受到这位荷兰人的热情款待。他随荷兰轮船差不多环游了印度，又跟随荷兰商人一起上岸，直到 1623 年 11 月他离开苏拉特才与他们分手。在荷兰商人的帮助下，他穿行于印度大陆，还跟他们学会了必要的波斯语。他带着自己的拉丁文日记，在 1623 年回到离别五年的布雷斯劳（Breslau）。在他儿子的请求下，这本书被翻译成德语译本：...*das Tagebuch seiner Reise von Constantinopel aus durch die Bulgarey, Armenien, Persien, und Indien aus Licht gestellet...* 关于此书，详见上文第 534-535 页。这本极其罕见的著作的一个副本藏于大英图书馆。关于他的德干之旅的英译本，以及著名印度学者们对它的评论，见 Gita Dharampal (trans.), "Heinrich von Poser's Travelogue of the Deccan (1622)," *Quarterly Journal of the Mythic Society*, LXXIII (1982),103-14。

[71] 关于这些协议见 Nayeem, *op. cit.* (n. 65)，第 252-255 页；关于荷兰与比贾布尔联盟的失败见 Verma, *op. cit.* (n. 26)，第 59-60 页。

[72] 相关文献详见上文第 472-473 页；关于德干和比贾布尔的章节见 *BV*, I, 69-83。

[73] 如果他的描述是正确的话，当阿迪勒沙登上王位时，他只有 14 岁。Nayeem, *op. cit.* (n. 65)，第 25 页，写明了他"在 16 岁、相当年轻的时候"开始了他的统治。

[74] 例外的是 P. M. Joshi 的著作 "John Van Twist's Mission to Bijapur,1637," *Journal of Indian History*, XXXIV (1956), 111-37; 以及 Nayeem, *op. cit.* (n. 65)，第 252-255 页。

[75] Davies(trans.), *op. cit.* (n. 35)，第 89 页。这一界定似乎包含了葡萄牙入侵前、阿迪勒沙所认定的官方的南部疆界。在 17 世纪中期之前，安吉迪瓦这个荒凉的小岛像果阿四郊的许多岛屿一样，实际掌握在葡萄牙人手中。Nayeem, *op. cit.* (n. 65)，第 24 页写道："1605 年，比贾布尔王国沿西海岸扩张，从北部的班科特（Bankot）到南部的巴特卡尔（Bhatkal）（除了安科拉、格尔索巴、霍纳沃尔）。"根据 Nayeem 的定义，比贾布尔包括纬度 14° 以南的内陆地区。

[76] 前三个城市彼此相邻，在达波尔以南，距离达波尔很远。这三个城市大约在达波尔到果阿中间的位置上。见 I. Habib, *An Atlas of the Mughal Empire* (Delhi, 1982)，地图 14B。

[77] 关于这座城市目前的准确描述，关于城堡的墙壁和火炮的损坏情况，见 Henry Cousens, *Bijapur, The Old Capital of the Adil Shahi Kings* (3d ed., Poona, 1923)，第 8-11 页。以及 Sidney Toy, *The Strongholds of India* (London,1957)，第 6 章。

[78] 见 Davies(trans.), *op. cit.* (n. 35)，第 91 页。曼德尔斯罗给这 5 个郊区都起了名字，并指出，在"Schanpar（沙哈普尔 [Shahapur]）居住的大多是珠宝商"。（原文为 Iewellers，疑为 jewellers 之误。——译者注）

[79] 同上，第 93 页。相似的记载见 Yule 和 Burnell, *op. cit.* (n. 37)，第 114-115 页。冯·特维斯特认为"瓦纳拉西人"是暴徒和强盗。

[80] Davies(trans.), *op. cit.* (n. 35), 第 90-92 页。

[81] 关于这座美丽的清真寺，可参考"在孔坎南部唯一的撒拉逊风格的建筑标本"（*Imperial Gazeteer*, under Dabhol），又见上文第 777 页。

[82] Davies(trans.), *op. cit.* (n. 35), 92-98 页。

[83] 见 Habib, *op. cit.* (n. 76), 地图 14A。

[84] 巴尔德在 CV (3d ed., 6 vols.; London, 1744-16), III, 545。提及此事。他还给出了比贾布尔境内 8 条河流的名字。

[85] 关于塔韦尼耶，见 Ball and Crooke (trans. and eds.), *op. cit.* (n. 42), I, 142-48。这是塔韦尼耶将他的《塔韦尼耶六游记》贯穿起来的典型方式。他将 1641 年比贾布尔之行中的一条例证作为引子，引出接下来发生的政治事件。很明显，他是在后来的旅行中，即 1648 年果阿之行，才得知西瓦吉的崛起。而马拉他政权作为一个独立或名义上未独立的国家，它兴起的历史首先与穆罕默德·阿迪勒沙最后十年的统治有关。1646 年，穆罕默德身染重病，此后十年中，都是他的妻子 Bari Sahiba 代替他统治国家。人们普遍认为，穆罕默德死于 1646 年，塔韦尼耶也认可这一流行的观点。实际上，他死于 1656 年，他的养子阿利·阿迪勒沙二世（'Ali 'Adil Shah II）继位。奥朗则布和西瓦吉利用这场政权交接的危机，从比贾布尔得到了土地和财富。西瓦吉在 1660 年洗劫了比贾布尔；两年后，他同意停战，也是给自己一个机会，转而向卡纳拉扩张。西瓦吉死于 1680 年，六年后，奥朗则布将比贾布尔并入自己的王国。见 Verma, *op. cit.* (n. 26), 第 28-32 页。更多细节见 Nayeem, *op. cit.* (n. 65), 第 186-210 页。

[86] 荷兰商栈首建于 1638 年，在 1644 年被西瓦吉、1675 年年初被莫卧儿（Sidis）两次摧毁。弗莱尔曾到访过一座新修建的、带有军事防卫的商栈。

[87] 弗莱尔的描述见 Crook (ed.), *op. cit.* (n. 52), II, 16-19。胡布利在 1673 年被西瓦吉洗劫并占领，当地的英国货栈也因此蒙受重大损失。老胡布利城中心坐落着一座朴素的、供奉着林伽像（即男性生殖器，林伽派是印度教湿婆派的分支，崇拜湿婆神的生殖器。——译者注）的石头庙宇（可能是 11 世纪的建筑）。那罗位于迪瓦尔岛上。（见那罗以下 *Imperial Gazetteer*）

[88] 弗莱尔的描述见 Crooke (ed.), *op. cit.* (n. 52), II, 43-51。

[89] Sultan Sikandar 是一位有名无实的末代国王，他 4 岁继位直到 1686 年比贾布尔覆灭。

[90] Crooke (ed.), *op. cit.* (n. 52), II, 52-57.

[91] 同上，第 57-67 页。关于西瓦吉的更多的有趣的评价，参见上文第 765-775 页。

[92] 弗莱尔的描述见 Crooke (ed.), *op. cit.* (n. 52), II, 66-68。关于比贾布尔在科罗曼德尔地区的扩张，见 Nayeem, *op. cit.* (n. 65), 第 142-144 页。

[93] 见 J. Gerson da Cunha, "The Portuguese in South Kanara," *JRAS, Bombay Branch*, XIX (1895-97), 249-62。

[94] Grey(ed.), *op. cit.* (n. 19), I, 190.

[95] 见 K. D. Swaminathan, *The Nāyakas of Ikkēri* (Madras,1957), 第 41-42 页，第 46 页。

[96] Grey(ed.), *op. cit.* (n. 19), II, 202-3, 207-9。犯错的国王和他的皇后的故事逐字引自 Swaminathan,

op. cit. (n. 95), 第 51 页。

[97] Grey(ed.), *op. cit.* (n. 19), II, 第 218-221 页。又见 Swaminathan, *op. cit.* (n. 95), 第 42-43 页。

[98] Grey(ed.), *op. cit.* (n. 19), II, 第 227-228 页。见插图 153。

[99] 同上，第 234-241 页。很明显，德拉·瓦勒第一次有时间、有机会去充分关注一座庙。根据 Swaminathan, *op. cit.* (n. 95), 第 237 页，德拉·瓦勒将它献给 Vikramadeva。

[100] Grey(ed.), *op. cit.* (n. 19), I, 第 190 页。当然，直到 1613 年，文卡塔帕都承认维查耶纳伽尔的领主地位。见 Swaminathan, *op. cit.* (n. 95), 第 41 页。

[101] 伊喀利控制了卡纳拉西海岸，从北部的格尔索巴到南部的图鲁瓦（Tuluva）。Swaminathan, *op. cit.* (n. 95), 第 41 页。

[102] Grey(ed.), *op. cit.* (n. 19), II, 第 243 页。

[103] 关于 16 世纪 *Aghōrēśvara* 神庙近来的照片，关于它的语言描述，见 Swaminathan, *op. cit.* (n. 95), 图 1-8, 以及第 225-228 页。

[104] Grey(ed.), *op. cit.* (n. 19), II, 第 260-261 页，第 265 页，第 268-273 页。

[105] 同上，II, 第 279-285 页。这些关于游行和庆祝活动的长篇描述逐字引自 Swaminathan, *op. cit.* (n. 95), 第 216-219 页。由于作者的洞察力和热情，由于当地的史料从未想到去记载这些世俗事件，这些描述具有特殊的价值。

[106] *Satī*, 由于坚定的信仰而堪称纯洁的女人。关于萨提的详细介绍见 Edward Thompson, *Suttee* (Boston and New York,1928), 第 15 页。

[107] Grey(ed.), *op. cit.* (n. 19), II, 第 266-267 页，第 273-277 页。

[108] "Netravati 及其支流 Kumaradhari, 与 Gurpur 河在芒格洛尔有共同的回流和出口"（S. D. Misra, *Rivers of India*[New Delhi, 1970], 第 119 页）。

[109] 这些堡垒已经损毁，留下些断壁残垣，至今可见。见 Swaminathan, *op. cit.* (n. 95), 第 55 页。

[110] Grey (ed.), *op. cit.* (n. 19), II, 第 209-302 页，这场战争可能发生在 1615 年年末。见 Swaminathan, *op. cit.* (n. 95), 第 54 页。

[111] Grey(ed.), *op. cit.* (n. 19), II, 第 289 页，第 303-340 页。关于乌拉尔这一段历史，详见 Swaminathan, *op. cit.* (n. 95), 第 64-65 页。

[112] 关于伊喀利王国中耆那教遗址的存在，见 Swaminathan, *op. cit.* (n. 95), 第 238-239 页。根据 Grey(ed.), *op. cit.* (n. 19), II, 345-52, "Batinato" 或许指一位师尊（Mahant）, 或许是一位坎帕塔派（被刺穿的耳朵）（Kanphattis, Split-Ears）——一个印度教禁欲主义的支派——的住持。

[113] Grey(ed.), *op. cit.* (n. 19), II, 352-55, 又见 Swaminathan, *op. cit.* (n. 95), 第 58 页。

[114] 参阅下文第 880 页，注释 164。

[115] 关于文森佐及其著作详见上文第 383-384 页，及下文第 891-909 页。

[116] Vincenzo, *Il viaggio* (Rome, 1672), 第 312 页。参阅 the letter of Reverend Visscher in Padmanabha Menon, *op. cit.* (n. 4), I, 22.

[117] 卡纳拉地区的绝大部分都控制在伊喀利的施瓦帕长官手里（1645—1660 年）, 施瓦帕是伊

喀利王朝最杰出的统治者。见 Swaminathan, *op. cit.* (n. 95), 第 88 页。

[118] Vincenzo, *op. cit.* (n. 116), 第 420-422 页。

[119] 这些材料出自文森佐和塞巴斯蒂亚尼的书，汇编于 S. Silva, *History of Christianity in Canara* (2 vols.; Kumta,1959-61), I, 48-59。

[120] 关于马拉巴尔和卡纳拉此时的战争，见 K. G. Vasnath Madhava, "Kēladi Nāyakas in Malabar(1669-1763), Part II," *Journal of Kerala Studies*, I (1974), 429。

[121] Dellon, *op. cit.* (n. 46), 第 195-200 页。

[122] Fryer in Cooke(ed.), *op. cit.* (n. 52), II, 2-5,25.

[123] 卡纳拉和它的首府 Bednur,在那时由 Cannammaji 王后统治(统治时期从 1671 年到 1696 年)。关于她的统治见 Swaminathan, *op. cit.* (n. 95), 第 11 章。

[124] Fryer in Cooke(ed.), *op. cit.* (n. 52), II, 30-33. 他们所要观察的"印度风情"就是每年 2 月举行的集市。见 *Imperial Gazetteer*, XII, 307。

[125] 著名的默哈伯莱什沃尔（Mahabaleshwar temple）神庙属于达罗毗荼（Dravidian）风格。它藏有湿婆给 Rayana 的生殖器的一部分,因此非常有名。这座圣殿里有超过 100 个长明灯。

[126] Fryer in Cooke(ed.), *op. cit.* (n. 52), II, 33-34. 这个水池或许是 *Kotī* 池,在它中心伫立着一个男性生殖器雕像。在亲人死去的十天内,送葬者不能剃头。经过婆罗门的允许,送葬者的首领和亲属们才可以剃头。参阅 Abbé Dubois 在 18 世纪的观察,载于 H. K. Beauchamp(trans. and ed.), *Hindu Manners, Customs, and Ceremonies by the Abbe J. A. Dubois* (3d ed., Oxford,1959)。在今天这已经不是葬礼仪式,而是善男信女们为了向神求得恩惠而自愿献出头发。神庙还出售这些人的头发。

[127] 这些编起来的头发叫作 *Jata* 或"湿婆结",代表着风神 Vayu。见 A. Daniélou, *Hindu Polytheism* (New York, 1964),第 215 页。

[128] *Karalìngī*, 一种湿婆信仰的禁欲主义的苦行。

[129] 这里描述的雕像可能是指雕刻精良的梵天神像,它伫立在默哈伯莱什沃尔神庙的南方。

[130] 参阅 Bernier 对贝纳勒斯大学的描述,见上文第 781 页。

[131] 也可能叫作 *sannyasi*, 一个圣徒及其随从,见下文第 1035 页。

[132] Fryer in Cooke(ed.), *op. cit.* (n. 52), II, 33-39. 女性通常叫作 *devadāsi*。关于 *devadāsi*, 参阅 Abbé DuBois in Beauchamp(trans. and ed.), *op. cit.* (n. 126), 第 584-587 页。

[133] 米尔坚如今已不复存在。弗莱尔的描述是关于它为数不多的记载之一。

[134] 大约在 1640 年,卡纳拉北部的首都被 Keladi 王朝由伊喀利迁至班德纳。

[135] 关于他生前的最后一天,见 Swaminathan, *op. cit.* (n. 95), 第 115 页。

[136] 参阅上书,第 117-118 页。巴萨瓦帕是她的养子。

[137] Fryer in Cooke(ed.), *op. cit.* (n. 52), II, 39-42.

[138] 同上,第 42-43 页。迈索尔的 Chikka Deva (1672—1704 年在位) 由于他的残忍而臭名昭著。参阅下文第 1061 页。

[139] 同上，第 68-76 页。马铃薯（*Solanum tuberosum*）很可能是由葡萄牙人从印度带到欧洲的。只有在宴会上才供应土豆，这或许也证明了土豆的稀有。

[140] 林伽崇拜。

[141] 这里指林伽派的 Jangama priests。参阅 Abbé DuBois' remarks in Beauchamp(trans. and ed.), *op. cit.* (n. 126)，第 117 页。

[142] Fryer in Cooke(ed.), *op. cit.* (n. 52), II, 77-82. 这些无神论者可能是 *Pāsanda*，反对所有印度教教义的异教徒。参阅下文第 1035 页。

[143] 见 Viegas(ed.), *op. cit.* (n. 9), I, 26-31。

[144] 根据 1598 年的协议内容，扎莫林允许他的下属改信基督教。关于康加利的失败，见 K. M. Panikkar, *Malabar and the Portuguese* (Bombay, 1929)，第 140-145 页；关于范尼西欧，见 Joseph Wicki, S. J., "Portuguese Works of Frs. J. Fenicio an Diogo Gonçalves on Malabar (1609-1615)," *Journal of Kerala Studies*, IV (1977), 555。范尼西欧在卡利卡特一直待到 1617 年。

[145] 关于塔努的耶稣会及其与范尼西欧的关系，见 D. Ferroli, S. J., *The Jesuits in Malabar*(2 vols.; Bangalore City, 1939), I, 249-66。

[146] 见 S. R. Dalgado, *Glossário Luso-Asiático* (2vols.; Coimbra, 1919), I, 161。17 世纪圣多默基督徒数量估计在 7 万到 8 万名之间。

[147] 芒加蒂（Mangatti, Alangad）的印度贵族首领；芒加蒂是科钦附近的一个小城邦。这个贵族在 1608—1609 年反抗罗斯的斗争中站在乔治会会长一边，见 Joseph Thekkedath, *History of Christianity in India* (6 vols.; Bangalore,1982), II, 77-78。

[148] 关于马拉巴尔嗜杀的阿莫克人的特殊性格，关于他们对基督教的敌意，关于他们对复仇使命的献身精神，见 *Asia*, I,450。

[149] 很可能是指马拉巴尔的雅各派（Jacobites），而不是作福音书的圣约翰的门徒。这个一性论（monophysitic）门派在公元前 6 世纪由安提俄克（Antioch）主教雅各布斯·巴拉德乌斯（Jacobus Baradai）创立。如今在印度还有 8 万名信徒。关于马拉巴尔的雅各派，见 *The New Catholic Encyclopedia*, I, 954。

[150] 关于范尼西欧对印度教的掌握，见下文第 911-912 页。

[151] 戴拜教务会议的教令有一条命令：派遣神父前往托达马拉（Tadamalla）找回这些住在卡利卡特身后基督教山谷中的古人（Todas）。见 James Hough, *The History of Christianity in India from the Commencement of the Chritian Era* (2vols.; London, 1839), II, 646。

[152] 所有关于耶稣会士活动的记载出自 A. Viegas(ed.), *op. cit.* (n. 9), I, 26-31, 328-50; II, 155-63, 334-46; III, 67-75, 106-13. 关于托达人的资料见上书，I, 344-47。这些描述出自范尼西欧在 1603 年 4 月的书信中，这封信的手稿收藏于大英图书馆。它的文本内容见 Jarl Charpentier, The "*Livro da Seita dos Indios Orientais*"... of Fenicio (Uppsala, 1933), 第 lxxxvi-xcv 页。英文译本见 W. H. R. Rivers, *The Todas*(Oosterhout, 1967; 根据 1906 年版重印), 第 721-730 页。作为翻译和向导陪同范尼西欧的王子是一位基督徒，他属于"伊拉里"，即牧

者种姓（同上书，第 721 页，注释 2）。

[153] 关于戴拜教务会议见 *Asia*, I, 268-69。

[154] 相关参考文献见上文第 320-321 页。格伦分别出版了梅内塞斯修订的 *La messe des anciens Chrestiens dicts de S. Thomas...*(Antwerp,1609)；它包括整肃过的叙利亚文献的拉丁译文，这些译文的目的是：向加尔文教异端和低地国家那些不坚定的天主教徒展示"母教会"如何唤回那些远远背离罗马教的人。在 17 世纪后期，英格兰天主教会的塞勒姆教会的首席主教 Michael Geddes 将古维亚的葡萄牙语著作译成英语，并将它们以历史著作的面貌集合出版，名为：*The History of the Church of Malabar..., giving an Account of the Persecutions and Violent Methods of the Roman Prelates to Reduce Them to the Subjection of the Church of Rome together with the Synod of Diamper...*(London,1694). Geddes 的对戴拜教务会议教令的译文重印于 Hough, *op. cit.* (n. 151), II, 511-683。

[155] 见 *Asia*, I, 743-44。

[156] 见 1604 年 Pimenta 写给长官的信，引自 M. K. Kuriakose, *History of Christianity in India: Source Materials* (Madras, 1982)，第 44-45 页。

[157] 见 Thekkedath, *op. cit.* (n. 147), II, 65-70；以及 Jonas Thaliath, T. O. C. D., *The Synod of Diamper*（"Orientalia Christiana analecta," No.152; Rome, 1958)，第 92-96 页。

[158] 关于对圣多默派基督徒的印度习俗的同化，见 Ninan Koshy, *Caste in the Kerala Churches* (Bangalore,1968)，第 16-17 页。

[159] 以上材料基于 Hough, *op. cit.* (n. 151), II, 511-633。参阅 Cardinal E. Tisserant, *Eastrn Christianity in India* (Bombay, 1957)，第 164-172 页的相关讨论。梅内塞斯天主教化的领养政策被马杜赖岛的 Nobili 效仿，这一政策参见下文 1012-1017 页。

[160] *Da Asia*, Decade V, Liv. VI, Cap. iii and iv. 在 1974 年里斯本的重印版中，这部分内容在 Vol. XIII，第 23-48 页。参考文献详见上文第 314-315 页。

[161] 见 Charpentier, *op. cit.* (n. 152)，第 xxxiv-v 页。

[162] 罗杰和巴尔德的著作更好地探讨了印度教，见下文第 912-917 页，第 1029-1057 页。

[163] 关于他在马尔代夫的经历，见下文第 934-944 页。

[164] Gray (trans. and ed.), *op. cit.* (n. 10), I, 369-70. 现在的学者，以及一些 17 世纪的作家通常将德里角看作马拉巴尔的最北端。巴斯洛尔实际上更偏北，大约在卡纳拉海岸的中间。在这一时期，马拉巴尔北部边境问题是一个长期问题，有些人——比如德龙（见下文第 922-925 页）甚至声称，马拉巴尔包括苏拉特以南的全部海岸。在 John Thornton 的"马拉巴尔海岸"的海图（1703 年）中，所标出的最北端——与皮拉尔德说的一样——是"巴斯洛尔（Bassalore）港或 Bodven 商栈"。另一方面，近来印度语言专业的学者将马拉雅拉姆地区的北部边境置于德里角北部，在 Nieleswara 河上。见 Gita Dharampal (trans.), "On Kanarese Language and Literature (written by Reverend Weigle of Tübingen)," *Quarterly Journal of the Mythic Society*, LXXII (1981), 3.

[165] Gray (trans. and ed.), *op. cit.* (n. 10), I, 336.

[166] 见 Dalgado, *op. cit.* (n. 146), I, 5。

[167] Gray (trans. and ed.), *op. cit.* (n. 10), I, 337-43.

[168] 同上，第 344-356 页；皮拉尔德对这一地区的一些观察被放置到更广阔的背景中，见 S. F. Dale, *Islamic Society on the South Asian Frontier. The Māppilas of Malabar*, 1498-1922 (Oxford, 1980)，第 44 页，第 47-48 页，第 53 页。

[169] 坎纳诺尔和马尔代夫的关系，见下文第 944-945 页。16 世纪中期，坎纳诺尔的阿剌克王朝（Arakkal dynasty）作为一支海上力量开始崛起并渐渐独立。见 K. K. N. Kurrp, *The Ali Rajas of Cannanore* (Trivandrum, 1975)，第 1 章。

[170] 这个国王或许是指被废黜的 Kolattiri rajas 的后裔，Kolattiri 既反对卡利卡特的穆斯林，也对抗卡利卡特非正式的盟友。见 Dale, *op. cit.* (n. 168)，第 66 页。

[171] Gray (trans. and ed.), *op. cit.* (n. 10), I, 441-49. 他在马尔代夫的经历见下文第 934-944 页。

[172] Gray (trans. and ed.), *op. cit.* (n. 10), I, 361-70.

[173] 头巾和里面的袍子通常是轻薄的白色布料。见 J. B. Bushan, *The Costumes and Textiles of India* (Bombay, 1958)，第 27 页。

[174] Gray (trans. and ed.), *op. cit.* (n. 10), I, 370-74. 这似乎是对婆罗门职业的一个总结性的描述。关于扎莫林的种姓的不同观点，见 *Asia*, I, 353-54, 注释 104；关于 16 世纪马拉巴尔婆罗门的待遇，同上书，第 360-362 页。

[175] Gray (trans. and ed.), *op. cit.* (n. 10), I, 374-77。

[176] 同上，第 380 页。关于 16 世纪葡萄牙人这一阶级的描述，详见 *Asia*, I, 362-65。接下来的内容补充了葡萄牙人的描述。尽管他们只是首陀罗（Sudras），纳亚尔人却被当作刹帝利来对待。

[177] 见 *Asia*, I, 365-68。

[178] 16 世纪的欧洲作家没有提到 "Coulombin"。

[179] 关于纳亚尔人和低等种姓，见 Gray (trans. and ed.), *op. cit.* (n. 10), I, 380-89。

[180] 骨灰会被各位亲属带往不同的神圣的河流。

[181] 有些当代学者认为，萨提在马拉巴尔是被禁止的。见 Thompson, *op. cit.* (n. 106)，第 29、69 页。

[182] Gray (trans. and ed.), *op. cit.* (n. 10), I, 390-394. 对于这种可怕的疾病，还有一种非常不同的描述和反映，见 18 世纪荷兰牧师的记载 J. C. Visscher in Padmanabha Menon, *op. cit.* (n. 4)，第 3 页。

[183] Gray (trans. and ed.), *op. cit.* (n. 10), I, 395-407.

[184] 马拉巴尔的钱币由坎纳诺尔、科钦、特拉凡科尔和卡利卡特的首领指定发行。这里的钱币大概指的是 *vira rayen putiya*，是扎莫林发行的新款法南金币。见 C. J. Brown, *The Coins of India* (Calcutta, 1922)，第 66 页；W. Elliot, *Coins of Southern India* (London, 1866)，第 137 页。

[185] Gray (trans. and ed.), *op. cit.* (n. 10), I, 407-21.

[186] 关于欧洲人在 16 世纪对科钦的描述，见 *Asia*, I, 352, 447-48, 472, 488。

[187] Gray (trans. and ed.), *op. cit.* (n. 10), I, 433-38。

[188] Gray (trans. and ed.), *op. cit.* (n. 19), II, 355-83。

[189] 同上，第 442-443 页。

[190] 见上文第 162-165 页。

[191] 见 Joseph Thekedathu, S. D. B., *The Troubled Days of Francis Garcia, S. J., Archbishop of Cranganore (1641-59)* (Rome, 1972)，第 18-82 页；从圣多默派的视角来看，这是一次对耶稣会和保教权的反抗，而不是不服从罗马教廷的管理，见 A. M. Mundadan, "History of St. Thomas Christianity in India to the Present Day," in Geroge Menachery (ed.), *The St. Thomas Christian Encyclopedia of India* (3 vols.; Madras 1982), II, 49。

[192] 见下文第 1057-1063 页。

[193] 关于这些著作的详细参考文献，见上文第 382-384 页。

[194] 见下文第 925-927 页。这次会面发生在 1657 年 1 月初，当时他们还见到了 Matheus de Castro 主教，他是传道总会派出的第一个宗座代牧（vicar apostolic）。

[195] 关于塞巴斯蒂亚尼第一次出使印度的进一步介绍，见 Thekedathu, *op. cit.* (n. 191)，第 107-127 页。

[196] 1660 年，塞巴斯蒂亚尼又前往印度，要在马拉巴尔建立教区。在荷兰占领马拉巴尔港口数年之后，塞巴斯蒂亚尼回到欧洲。其他的加尔默罗修士则深入内陆地区。圣若瑟的马修神父，作为一名植物学家，与荷兰总督范·瑞德合作编纂《印度马拉巴尔植物志》。渐渐地，荷兰人也开始宽待其他的加尔默罗修士。到了 1700 年，马拉巴尔教区又回到了加尔默罗教长和传道总会的控制之下。但荷兰人仍然排斥所有的葡萄牙本土神父。

[197] 许多 17、18 世纪欧洲人绘制的南亚地图上都标注了这道墙。

[198] Vincenzo Maria di Santa Caterina da Siena, *Il viaggio all' Indie Orientali...*(Rome, 1672)，第 222-223 页。又参见 *Asia*, I, 350-351 关于 16 世纪的记载。关于克拉特里统治者们尊贵的社会地位，见 P. K. S. Rajā, *Mediaeval Karala* (Chidambaram, 1953)，第 61 页。正如文森佐所言，他们都是诸多小国名义上的统治者。关于德里山（Mount Deli）的犹太人，见 Padamanabha Menon, *op. cit.* (n. 4), I, 15。

[199] 这是一个孔坎语或马拉雅姆词，源于梵文 *Kṣatrya*，是一个武士种姓的名字。见 Dalgado, *op. cit.* (n. 146), II, 235-36, 这个词的用法在欧洲文献中彻底没落。

[200] Vincenzo, *op. cit.* (n. 198)，第 223-225 页。在 1660 年荷兰人取代了葡萄牙人后，关于马拉巴尔混乱的政治格局，见 T. I. Poonen, *Dutch Hegemony in Malabar and Its Collapse (A.D. 1663-1795)* (Trivandrum, 1978)，第 10-14 页。特库姆古尔——尽管通常不被算在这些小王国里，但它仍是一个独立的国家，有实实在在的土地和人口。

[201] 领养在科钦的社会作用，见 Rajā, *op. cit.* (n. 198)，第 147-148 页；Padmanabha Menon, *op. cit.* (n. 4), I, 188-189。

[202] Vincenzo, *op. cit.* (n. 198)，第 235-238 页。"Amouchi" 或许是 *amoucos*，即嗜杀的阿莫克人，也可能指 *arachar*，行绞刑的人。"Ketirther" 可能是 *Kshatriyam*，意为刹帝利（*Kshatiryas*）种姓的行为准则。

[203] 同上，第 231-234 页。

[204] 在现代，克拉拉邦人主要吃红色大米。见 R. L. M Ghose *et al.*, *Rice in India* (rev. ed., New Delhi, 1960)，第 13 页。

[205] Vincenzo, *op. cit.* (n. 198)，第 225-228 页。

[206] 将稻米和椰子放在一起，在竹筒里蒸熟。

[207] Vincenzo, *op. cit.* (n. 198)，第 238-246 页。关于饮食习惯，参阅 Francis Day, *The Land of the Perumals, or Cochin, Its Past and Its Present* (Madras, 1863)，第 407-410 页。

[208] "Tirinamburi" 中的 "Tiri" 是否源自马拉雅拉姆语 *Tiru*，意为 "神圣的" 或 "圣洁的"？

[209] "*Tampurākkal*（最高神父）……在所有 Nambūtirī 人中，拥有不可质疑的最高的精神上的权威。" Padmanabha Menon, *op. cit.* (n. 4), III, 35.

[210] 实际上他们形成了一个内部通婚的小群体，他们与次种姓 *Ādyhan* 通婚。见上书。

[211] *Ādyhan* 有八个家族。"这个阶层由神庙的神父中的领袖组成，他们对于神庙仪式中的大小事务享有最高权利"（E.Thurston, *Castes and Tribes of Southern India* [7vols.; Madras 1909]V, 165）。

[212] *Pattar* 是外来婆罗门，他们通常依靠人们的捐赠维生。见 Day, *op. cit.* (n. 207)，第 308 页。

[213] 关于 *Elayathu*，见 Padmanabha Menon, *op. cit.* (n. 4), III, 46。

[214] 同上书，第 3-4 页。

[215] 根据上书第 4 页。*Ilayathu* 是首陀罗的神父。

[216] Vincenzo, *op. cit.* (n. 198)，第 246-247 页。

[217] 关于 16 世纪欧洲人眼中的纳亚尔人，见 *Asia*, I, 362-65。

[218] 文森佐给出的这些种姓名称并不符合一位学者划分的 16 个类别，见 Thurston, *op. cit.* (n. 211),V, 297-300; 也不同于另一位区分的 14 种，见 L. K. Anantha Krishna Iyer, *The Tribes and Castes of Cochin* (3 vols.; 1981 reprint, New Delhi [orig. Pub. 1962-64]) II, 15-18。意大利加尔默罗修士将他们划分如下（*op. cit.* [n. 198]，第 247 页）："Manerli" 是船长。紧随其后的武官阶层是 "Balati" 和 "Agastigernadu"。"Cittari" 是皇室保镖。之后是 "Patramanichare"，"Bellacatatterra"，"Beltoa"，"Cananaimar"，"Andinaimar"。第十个阶层 "Paliciani"（*Pallichan*）是皇室的轿夫。对于 "Brandanaimar"，"Undiela"，"Parmaniati"，"Tatengerati"，"Nicitigethiere" 阶层来说，做任何事都是合法的。

[219] 见 Padmanabha Menon, *op. cit.* (n. 4), III, 192-95。他根据职业划分出了 18 种类型。

[220] Vincenzo, *op. cit.* (n. 198)，第 247 页。关于 *Chegos*，见 Padmanabha Menon, *op. cit.* (n. 4), III, 424-26。

[221] 见 Thurston, *op. cit.* (n. 211),V, 106-12。

[222] 关于铁匠，见 Day, *op. cit.* (n. 207)，第 324 页。

[223] 见 A. A. D. Luiz, *Tribes of Kerala* (New Delhi, 1962)，第 231 页。

[224] Vincenzo, *op. cit.* (n. 198)，第 247-248 页。当代研究种姓的学生通常将 *Parayan* 看作一个独立的种姓。关于 *Pulayans* 种姓的内部结构，见 Anantha Krishna Iyer, *Social History of Kerala* (2vols.; Madras, 1968)，I, 96-97。

[225] "在印度，卡纳拉是种姓僭越最严重的地区之一。"根据 Krishna Iyer, *op. cit.* (n. 224)，II, 46。

[226] Vincenzo, *op. cit.* (n. 198)，第 249-254 页。他将"Ruxi"与古吉拉特最与世隔绝的宗教相提并论，后者指的显然是耆那教的修行方式。

[227] 这里"真正的婚姻"或许指那种经过模拟婚礼的婚姻，而不是离婚。见 Padmanabha Menon, *op. cit.* (n. 4)，III, 439。

[228] 参阅 Krishna Iyer, *op. cit.* (n. 224)，I, 100-101。

[229] Vincenzo, *op. cit.* (n. 198)，第 258-260 页。

[230] 关于书写工具，参阅 Dubois in Beauchamp (trans. and ed.), *op. cit.* (n. 126)，第 429 页。

[231] 17 世纪有两种传统的字体，Vattezhuth 和 Kolezhuth，它们都源自婆罗米文（Brahmi）。泰米尔语用于宫廷记录和办公文件。现代马拉雅拉姆字母表就建立在口语和被称为 Granthakshara 的泰米尔—梵文基础上，这一字母表在 17 世纪由 Tunjatta Eluttachchan 引入。见 W. Logan, *Malabar* (3 vols.; Madras, 1951)，I, 105-6。

[232] Vincenzo, *op. cit.* (n. 198)，第 262-263 页。

[233] 在学习方面，他们通过家族的指导，而不是在公共教育机构学习。见 Dubois in Beauchamp (trans. and ed.), *op. cit.* (n. 126)，第 377-378 页。

[234] Vincenzo, *op. cit.* (n. 198)，第 263 页。

[235] 四吠陀经，吠陀六支分（Vedangas），十八篇《往事书》（Puranas）。参阅 A. L. Basham, *The Wonder That Was India* (3d rev. ed., London, 1967)，第 164 页。

[236] Vincenzo, *op. cit.* (n. 198)，第 265-266 页。

[237] 文森佐可能读过加西亚的葡萄牙语译本，这一译本与 1660 年加西多·德·马吉斯特里斯带回罗马的加西亚译文选集略有不同（见下文 1057-1063 页）。马吉斯特里斯一度是加西亚的秘书和耶稣会在马拉巴尔的官员。马吉斯特里斯译本给耶稣会历史学家巴托利（Daniello Bartoli）看过。这个 173 页的选集手稿藏于耶稣会综合档案馆（General Archives of the Society of Jesus）（Opp. NN, 192）；由 J. Wicki 编辑出版，见 S. J., *O homem das trinta e duas perfeições e outras histórias* (Lisbon, 1958)。

[238] 这本书显然是 *Vikramchrita* 故事集，有 32 个神圣雕塑，每一尊都讲述着乌阇衍那之王的一个伟大事迹，这个国王是印度家喻户晓的准历史人物。这本书也是欧洲人所了解的一种印度文学形式，叫作"君王之镜"。现代的一个优秀译本，见 F. Edgerton (trans. and ed.), *Vikrama's Adventures, or the Thirty-two Tales of the Throne* ("Harvard Oriental Series," ed. C. R. Lanman, XXVI; Cambridge, Mass., 1926)。葡萄牙语译本是按照罗马保存的版本编辑翻译的，

见 Wicki (ed.) *op. cit.* (n. 237)，第 63-160 页。

[239] 在《他氏梵书》（Aitareya Brahmana）、《摩诃婆罗多》（*Mahabharata*）和《马尔坎德耶往世书》（*Markandeya Purana*）中，这一传奇有不同的版本。关于加西亚版本的来源见 Wicki (ed.) *op. cit.* (n. 237)，第 xx-xxi 页。从罗马版本转译的葡萄牙译本，见上书第 1-62 页。

[240] 这些故事很可能是从各种印度故事中提取出来的，见 Wicki (ed.) *op. cit.* (n. 237)，第 xxv 页。

[241] 这个故事涉及毗湿奴化作狮面人（Man-Lion）的显现，这种说法也见于《毗湿奴往世书》卷一。罗马版本见上书第 255-258 页。

[242] 他是那些在喜马拉雅山中隐居的湿婆教徒们所推崇的苦行者，他那里成了各种动物的避难所。参阅《娑摩往世书》（*Sama Purana*）第 36 章。罗马版本见上书第 235-239 页。

[243] 根据《毗湿奴往世书》，他也是毗湿奴的化身之一。罗马版本见上书，第 219-235 页。文森佐对这六部书的摘录和总结见 *op. cit.* (n. 198)，第 265-281 页。

[244] Vincenzo, *op. cit.* (n. 198)，第 281-283 页。

[245] 蛋壳的一部分变成金子，另一部分是银子。见 Daniélou, *op. cit.* (n. 127)，第 248 页。

[246] 关于"第一个人"的身份和楼陀罗的故事，见 17 世纪晚期的葡萄牙语文本，后来被翻译成荷兰语。W. Caland and A. A. Fokker, "Drieoude Portugeische Verhandelingen over het Hindoeisme," *Verhandelingen der Koninklijke Akademie van Wetenschappen te Amsterdam, Letterkunde*, n.s., XVI (1915), No. 2, 第 166-175 页，第 211 页，楼陀罗的父亲是 Prajapati, 繁衍之神。

[247] Vincenzo, *op. cit.* (n. 198)，第 283-287 页。

[248] 同上书，第 287 页。

[249] 这只老虎是自然力的象征。由于湿婆是超自然的，他带着虎皮作为战利品。见 Daniélou, *op. cit.* (n. 127)，第 216 页。

[250] *Op. cit.* (n. 198)，第 287-289 页；又见下文第 914-917 页。在《薄伽梵往世书》（*Bhagavata Purana*）中列出了 22 个化身，见 Daniélou, *op. cit.* (n. 127)，第 165 页。

[251] 这里对象头神的描述是不准确的。一般来说，他被尊奉为好运、繁荣与祝福之神。关于象头神的文学和肖像学研究，见 S. Battacharji, *The Indian Theogony* (Cambridge, 1970)，第 183-184 页。他在流行的印度教中的地位，见 Dubois in Beauchamp (trans. and ed.), *op. cit.* (n. 126)，第 631-632 页的评论。

[252] 那罗陀是梵天之子，毗湿奴的化身。

[253] 参阅 Daniélou, *op. cit.* (n. 127)，第 136 页。

[254] 同上书，第 132-135 页。

[255] 阿亚潘是湿婆和毗湿奴之子，化身成 Mohini，一个女巫或毗湿奴的女性化身。

[256] 见 W. Caland (ed.), "Ziegenbalgs Malabarisches Heidenthum herausgegeben und mit Indices versehen," *Verhandelingen der Koninklijke Akademie van Wetenschappen te Amsterdam*, n. s., XXV (1926), No. 3.

[257] 关于妙音天女，见 Daniélou, *op. cit.* (n. 127)，第 259-260 页。她的节日现在是在第九个月球公转周期，按现代历法是在 9 月中旬到 10 月中旬之间。

[258] 恒河女神从毗湿奴的大脚趾中诞生，又漂流到湿婆缠结的头发中，所以又成了湿婆的配偶。

[259] 悉多在大地上被米提拉（Mittila）国王 Janaka 发现，当时国王正在耕地祭天。

[260] 迦梨不是由毗湿奴创造的。迦梨是帕尔瓦蒂为回应丈夫湿婆的复仇形象而演变出的复仇形象，也惩罚 Dhaksha（帕尔瓦蒂之父）对她的侮辱。

[261] Vincenzo, *op. cit.* (n. 198)，第 290-296 页。

[262] 阿玛拉瓦迪是因陀罗（Indra）的"永生之城"。见 Daniélou, *op. cit.* (n. 127)，第 84 页，第 110 页。

[263] "Hom" 是 Aum 或者印度教的神圣语词，或许象征着三位主神的联合一体。这句是印度教的主要祷文之一。

[264] *Op. cit.* (n. 198)，第 297-299 页。文森佐有些弄混了这些名称。火来自火神阿格尼（Agni），以太来自阿克夏（Akasa），水来自伐楼拿，土来自波里提毗，风来自伐由。

[265] 这里可能是指天衣派（Digambara）的耆那教徒。在 H. A. Chatelain, *Atlas historique* (Paris, 1719) 的马拉巴尔地图中，坎纳诺尔王国内部有一座 "Temple de Garagoli dette Matte"。

[266] 关于拘沙草，见 Dubois in Beauchamp (trans. and ed.), *op. cit.* (n. 126)，第 651-652 页。

[267] Vincenzo, *op. cit.* (n. 198)，第 299-303 页。

[268] 类似的描述参见 Dubois in Beauchamp (trans. and ed.), *op. cit.* (n. 126)，第 581 页。

[269] 见下文第 1047-1050 页。

[270] 这里可能是指僧急里的 Devi 神庙，获准 Ettumanoor 的 Sri Mahadevar 神庙，后者是克拉拉邦（Kerala）最富有的神庙。见 V. Meena, *Temples of South India* (Kanyakumari, n. d.), Nos 46, 49。

[271] Vincenzo, *op. cit.* (n. 198)，第 304-306 页。

[272] 马来人（Malayalis）实行一种根据农业劳动制订的历法，叫作 "*Kollam Andu*"，这一历法中每年的第一天大约在公历 8 月末到 9 月初的某天。见 P. V. Jagadisa Ayyar, *South India Festivities* (Madras, 1921)，第 67 页。

[273] 这可能是指 *Meena Bharani* 节，见上书，第 128-129 页。

[274] 一般叫作 Nagapanchami 节。关于马拉巴尔对蛇的崇拜，见 Krishna Iyer, *op. cit.* (n. 224)，II,114-121。舍沙是毗湿奴乘坐的巨蛇的名字。

[275] 如今，欧南节是克拉拉邦最流行的节日，见同上书，第 123-125 页。

[276] 人们以一个升旗仪式拉开九夜节（Navaratri）的帷幕。

[277] 这是 *Bharani Kirthika Deepam* 向湿婆致敬。这一节日通常在南印度举行，时间是 11 月中旬到 12 月中旬的月圆之夜。

[278] Vincenzo, *op. cit.* (n. 198), III, 636-40.

[279] 根据 Cyriac Pullapilly 的说法，不包括鸡蛋。

[280] 这种祭祀通常是低等种姓在迦梨神庙举行的。

[281] 一般用来休息的福利房叫作 *Samuhamadhams*，17 世纪在每个主要的村庄城镇都有所分布。见 K. V. Krishna Ayyar, *A Short History of Kerala* (Ernakulam, 1966)，第 130 页。

[282] 在十二年的时间内实行 12 次双月布萨，这便是 *Maha Upavāsa*，或者 "大布萨"。

[283] Vincenzo, *op. cit.* (n. 198), 第 311-312 页。

[284] 参阅 Dubois in Beauchamp (trans. and ed.), *op. cit.* (n. 126), 第 308-311 页。

[285] 恒河发源自嘉华喜马拉雅山（Garhwal Himalayas）的甘戈特里冰川（Gangotri）。*Kāsī* 与 *Vārānasī* 实为一地，见 S. M. Bhardwaj, *Hindu Place of Pilgrimage in India* (Berkeley, 1973), 第 97 页。

[286] Vincenzo, *op. cit.* (n. 198), 第 313-315 页。如今只有死者的亲属才运送骨灰。

[287] Vincenzo, *op. cit.* (n. 198), 第 317-323 页。关于婆罗门的葬礼仪式，见 Dubois in Beauchamp (trans. and ed.), *op. cit.* (n. 126), 第 482-489 页，E. Thurston, *Ethnographic Notes in Southern India* (2 parts; 1906 年重印版，New Delhi, 1975),I, 133-136。

[288] 根据 Poonen，*op. cit.* (n. 200), 第 2 章和第 3 章。

[289] Tavernier in Ball and Crooke (trans. and. eds.), *op. cit.* (n. 42), I,187-203.

[290] 全名：*Naauwkeurige beschryvinge van Malabar en Choromandel...*（Amsterdam, 1672）；详细参考文献以及关于这部百科全书般的著作的简要提纲，见上文 493-495 页。

[291] 关于罗杰的著作见下文，第 1029-1057 页。巴尔德的荷兰语版本在 18 世纪被翻译成英语，名为：*A True and Exact Description of the Most Celebrated East India Coast of Malabar and Coromandel as also of the Isle of Ceylon... Also a most Circumstantial and Compleat Account of the Idolatry of the Pagans in the East Indies... With the Draughts of their Idols, Done After their Originals.* 它被收录于 *CV* (3d ed., 6 vols.; London, 1744-46), III, 509-793。通过逐字对比荷兰语的原始版本和 Churchill 译本，我们可以说英译本大体上是忠实和准确的。不足之处主要是一些细微的漏译或过于简单的总结。关于欧洲正统、基督教神学家及其争论的部分，有时被完全忽略或者篇幅上缩减了。印度教信仰和非印度教的对比，这位传教士作家的道德说教，也被忽略、删除或简要概况了。还有一些印刷错误——特别是数字——和一些翻译上的不准确。至少有一张原始版本中的插图没有被复印。由于英译本大体还是全面准确的，我们后面的引用将大多基于这个译本，也会不时地援引另一个批注版本 A. J.de Jong (ed.), *Afgoderye der Oost-Indische heydenen...*(The Hague 1917)。关于巴尔德的阐释，见 Partha Mitter, *Much Maligned Monsters* (Oxford, 1977), 第 297-298 页，注释 277。

[292] 他引用了许多 16 世纪的著作，从瓦尔塔马（Varthema）到林斯乔坦，还有不少 17 世纪上半叶的著作。但是他尤其倚重以下著作：Pedro Teixeira, *Relaciones de Pedro Teixeira d' el origin, descendencia y succession de los reyes de Persia y de Harmuz* (Antwerp, 1610); Jan(Johan) van Twist, *Generale beschrijvinge van Indien* (Amsterdam, 1648); Abraham Roger, *De open-deure tot het verorgen heydendom* (Leyden, 1651); D. Godefridus Carolinus, *Het hedendaagsche heidendom, of beschrijving van de godtsdienst der heidenen* (Amsterdam, 1661);

A.Kircher, *China... illustrata* (Antwerp, 1667). 关于这些书目的完整目录，见 De. Jong (ed.) *op. cit.* (n. 291)，引言。

[293] 关于卡利卡特的范尼西欧，见上文第 874-876 页，第 886 页。（两书题目大意都是《东印度手册》。——译者注）

[294] 例如，可参阅 Benedictine Clemente Tosi 更详尽的著作, *Dell' India orientale descrittione geografica et historica... Con la confutatione, dell' idolatrie, superstitioni, et altro loro errori* (2 vols.; Rome, 1669)。这部书是为了让传教士能够驳倒亚洲异教徒的信仰，或许也是应传道总会的命令而作。它曾在 1676 年再版，题目上有些细微改动: *L' India orientale....* 而大多数耶稣会的手册，譬如像范尼西欧那种，显然只以手抄本流传。

[295] 在苏查（Manuel de Faria y Sousa, 1590—1649 年）所著的 *Asia portuguesa* (3 vols.; Lisbon, 1666-75) 中，一些关于印度、埃塞俄比亚、日本、中国、锡兰的宗教，以及圣多默基督徒的重要描述。作者援引了范尼西欧的素材，通过马拉巴尔的印度教 "向我们展现了（印度）其他地区的宗教和政治"。参阅这部书的现代版本，Manuel Perusquets de Aguilar (trans.), *Asia Portuguesa por Manuel de Faria e Sousa* (6 vols.; Porto, 1945-47), IV, 215-267. 英译本有 John Stevens, *The Portugues Asia* (3 vols.; London, 1694-95), II, 375-411。比较英译本和原始版本中关于印度教的材料，我们可以发现 Stevens 略去了一些句子和专有名词，有时省略甚至看不出原因。不过，他还是转达了原始版本的大致意思。由于巴尔德真正到过马拉巴尔而葡萄牙作者远在伊比利亚半岛写作，我们更倾向于前者的描述。巴尔德的文字也比法利亚·y. 苏查更加完整。关于苏查的更多内容见上文第 354-355 页。

[296] 关于范尼西欧和巴尔德的文本的详细对比，见 Charpentier, *op. cit.* (n. 152), 第 lxxxiii—lxxxv 页。安吉尔的地位见 Mitter, *op.cit.* (n. 291)，第 57-58 页。又见 Wicki, *loc.cit.* (n. 144)，第 545-552 页。Wicki 还指出 Diogo Gonçalves 的手册 *Historia do Malavar* (1615) 收藏在耶稣会的罗马档案馆（Codex Goa 58），虽然早年某些学者认为这部书来源于范尼西欧，但这实际是一部独立的书。

[297] Baldaeus in *CV* (1744-46 ed.), III, 734-35; De Jong (ed.), *op. cit.* (n. 291), 第 3-6 页。关于凯拉萨，见同上书，第 213-214 页。

[298] 以上描述所依据的雕像见本书插图 130。文字描述见 *CV* (1744-46 ed.), III, 第 735 页。

[299] 关于这些魔鬼崇拜的文献，见 Yule and Burnell, *op. cit.* (n. 37)，第 308 页。

[300] *CV* (1744-46 ed.), III, 735-36. 巴尔德在这里插入评论，接着又引用了罗杰的 *Sannyasi*。湿婆和萨提结合成为雌雄同体的形态叫作 *Ardhanārīśvara*。见 Daniélou，*op. cit.* (n. 127)，第 203 页。

[301] 见 De Jong (ed.), *op. cit.* (n. 291), 第 229 页。

[302] 哈奴曼是风神伐由和一位神女 Anjana 的儿子。

[303] *CV* (1744-46 ed.), III, 736-41. 关于湿婆之子的更多详细内容都在巴尔德的原始文本中，而不在英译本中。关于象头神的画像见本书插图 131。

[304] 使用 "Pagodi" 一词与神像的名字有关，见 Yule and Burnell, *op. cit.* (n. 37)，第 652-657 页。

[305] 她的神龛现在还在那里，见 Padmanabhan Menon, *op. cit.* (n. 4)，第 133 页。

[306] *CV* (1744-46 ed.), III, 741-44. 海难的故事与般耝伽丽无关。这个故事出自 *Silapadhikāram*，一部泰米尔语经典。

[307] 参见下文第 1046 页，又见本书插图 132。

[308] *CV* (1744-46 ed.), III, 745-46. 见本书插图 138。

[309] 关于海龟化身的雕刻，见本书插图 139。

[310] 雕塑见本书插图 140。

[311] *CV* (1744-46 ed.), III, 748-49. 湿婆作为伊舍那的管理者，是永生者，见 Daniélou, *op. cit.* (n. 127)，第 104 页。

[312] 雕塑见本书插图 141。

[313] 关于半人半狮的故事，见 Daniélou *op. cit.* (n. 127)，第 168-169 页。又见本书插图 135。

[314] 毗湿奴允许马哈巴利每年回去一次，看望他的王国。人们庆祝马哈巴利每年的回国探访，即欧南节。

[315] *CV* (1744-46 ed.), III, 749-52. 化身侏儒的神话，参见 Daniélou, *op. cit.* (n. 127)，第 169-170 页。雕塑见本书插图 142。

[316] *CV* (1744-46 ed.), III, 752-54. 雕塑见本书插图 143。雷努卡的故事是不完整而混乱的。一般认为雷努卡是贾马达戈尼的妻子，执斧罗摩的父亲，见 Daniélou, *op. cit.* (n. 127)，第 172 页。

[317] *CV* (1744-46 ed.), III, 755-62. 10 个头的罗婆那的雕塑见本书插图 144。

[318] 见下文第 1046 页。

[319] De Jong (ed.), *op. cit.* (n. 291)，第 lxvi 页。

[320] *CV* (1744-46 ed.), III, 762-81. 雕塑 "克利须那的超升" 见本书插图 145。

[321] 见本书插图 146。

[322] *CV* (1744-46 ed.), III, 782-83. 见本书插图 147。巴尔德发现黑皮肤的印度人似乎 "对白色有种特殊的崇敬"，对白色的母牛、大象和马亦是如此。

[323] *CV* (1744-46 ed.), III, 785-89. 罗杰更加清楚准确地描述了这些规范。

[324] 这一天其实是湿婆跳起宇宙之舞的日子，而不是纪念湿婆杀害迦摩天的日子。

[325] *CV* (1744-46 ed.), III, 784-93. 关于节日，参见 Dubois in Beauchamp (trans. and ed.),*op. cit.* (n. 126)，第 269-272 页。

[326] *CV* (1744-46 ed.), III, 536-65. 有坎纳诺尔堡垒的雕塑。

[327] 同上，第 565-568 页。

[328] 同上，第 569-582 页。见坎纳诺尔和奎隆的雕塑。

[329] 在这方面，荷兰想垄断鸦片的进口和胡椒的出口。见 Poonen, *op. cit.* (n. 200)，第 33 页。

[330] 相关文献见上文第 500-501 页。关于书中涉及印度的部分，有英语译文 "约翰·纽霍夫先生在东印度地区伟大的航海旅行"，*CV* (1744-46 ed.), II, 203-50。

[331] 这位国君是科钦皇室 Mūtta Tāvali 一支的 Vira Kerala Varma，葡萄牙在 1646 年废黜了他。他立刻逃到科伦坡向荷兰求援，希望重新夺回王座。见 Poonen, *op. cit.* (n. 200)，第 27 页。

[332] 纽霍夫，*CV* (1744-46 ed.), II, 203-10。

[333] 同上，第 210-212 页。又见 Poonen, *op. cit.* (n. 200)，第 50-51 页。

[334] 这一地区的土壤是红色的，由黏土和沙子组成。见 Ghose *et al.*, *op. cit.* (n. 204)，第 30 页。

[335] *CV* (1744-46 ed.), II, 212-16。又见 Poonen, *op. cit.* (n. 200)，第 51-55 页。

[336] *CV* (1744-46 ed.), II, 216-20。又见 Poonen, *op. cit.* (n. 200)，第 55-57 页。

[337] *CV* (1744-46 ed.), II, 220-44. 对比其中的第 228 页与 M. L. Dames (trans. and ed.), *The Book of Duarte Barbosa* (2 vols.; London, 1918, 1921), II, 12-15。

[338] 许多关于马拉巴尔的婆罗门和穆斯林的文献来自皮拉尔德，见上文第 880-886 页。

[339] *CV* (1744-46 ed.), II, 231. 又见 Padmanabha Menon, *op. cit.* (n. 4), III, 525-26。

[340] 其中 Padmanabha Menon 接受了这些描述的表面价值，把它们当作当时欧洲人的一种观察。见 Vols. II and III, *op. cit.* (n. 4), 附录。

[341] 他的 *Relation de l'Indoustan* (Paris, 1684), 亦即他的 *Voyages* (Paris, 1689) 的第三部分，被编辑收录于英文版 Sen (ed.), *op. cit.* (n. 57), 在第 120-130 页中有关于德干、果阿和马拉巴尔的描写。

[342] 相关文献见上文第 421-422 页。接下来的注释都出自阿姆斯特丹 1699 年的重印版。见上文注释 46 和附录文章。

[343] Dellon, *Relation d'un voyage fait aux Indes Orientales* (Amsterdam, 1699), 第 153-154 页，第 157-161 页。

[344] Kollattiri 统治 Kolattunad(Cirakkal) 地区，领土从南部的 Kottakal 河到北部的 Nileswaram 河，与卡纳拉接壤，见 Poonen, *op. cit.* (n. 200)，第 11 页。

[345] Dellon, *op. cit.* (n. 343), 第 88-121 页。

[346] 见 Yule and Burnell, *op. cit.* (n. 37), 第 733 页。

[347] Dellon, *op. cit.* (n. 343), 第 82-161 页。多处可见。

[348] 1610 年迈索尔的首领从维查耶纳伽尔政府手中夺取了斯里兰加帕南，并将其作为首都。

[349] 见 Dellon, *op. cit.* (n. 343), 第 190-191 页。

[350] 同上，第 161-163 页；又见 S. P. Sen, *The French in India* (Calcutta, 1947), 第 105-108 页。

[351] 这个传说见 *Imperial Gazeteer* 中 "Calicut"。

[352] Dellon, *op. cit.* (n. 343), 第 175-182 页。

[353] 见 *Asia*, Vol. II, Bk. 3, 第 427-445 页。

[354] 相关文献见上文第 457 页。

[355] 三位婆罗门是 Ranga Bhatter, Appu Bhatter, Vinayaga Bhatter。见 M. O. Koshy, "Dutch Impact on Kerala Society and Culture," *Journal of Kerala Studies*, IV (1977), 566。

[356] 我们查阅了芝加哥大学雷根斯坦图书馆（Regenstein Library）特藏室的克瑞尔特藏（Crerar

Collection）中的一个版本，它早年的出版历史见 Marjorie F. Warner, "The Dates of Rheede's Hortus Malabaricus," *The Journal of Botany British and Foreign*, LVIII (1920), 291-92。

[357] Koshy, *loc. cit.* (n. 355), 第 566 页。那加语基本上是梵文字体。Vattezhuthu（字面意思是"圆形字体"）是克拉拉邦直到 19 世纪中叶还在使用的字体，与泰米尔语很相似。这里提到的马拉雅拉姆语也很像今天克拉拉邦使用的马拉雅拉姆语字体。以上资料来自与 C. K. Pullapilly 在 1988 年 7 月 29 日的交谈。

[358] 见 H. Terpstra, *De Nederlanders in Voor-Indië* (Amsterdan, 1974), 第 193-198 页。

[359] *Philosophical Transactions of the Royal Society*, XII (1683),100-109.

[360] 见 S. A. Bobroff, "Exotic Plants in Carl Linnaeus' *Species Plantarum* (1753)" (Ph. D. diss., Dept. of History, University of Chicago, 1973), 第 30，74，107-108 页。

[361] *Horti medici Amstelodamensis rariorum... plantarun... descriptio et icones* (2 vols.; Amsterdam, 1697,1701).

[362] 关于罗杰和基歇尔见下文第 1029-1057 页；关于范尼西欧见上文第 911-912 页。

第十二章　南亚诸岛

在古代，印度的影响力遍布诸岛。近到次大陆地区，如锡兰；远至拉克代夫（Laccadive）和马尔代夫群岛。来自印度北部的僧伽罗人早年曾经在这些零散的岛屿上实行殖民；实际上，马尔代夫语就是僧伽罗的一种方言。公元前3世纪，佛教传入锡兰，尽管有穆斯林、基督徒和印度教徒的渗透，直到今天，佛教在当地还是十分繁盛。当泰米尔人从科罗曼德尔海岸来到锡兰北部时，来自马拉巴尔的达罗毗荼人（Dravidians）也在向群岛移民。那里的社会风俗——特别是锡兰——受到佛教和印度教的共同影响。在9至12世纪中，阿拉伯人的出现为群岛地区引进了伊斯兰教。马拉巴尔（Moplahs）和拉克代夫、马尔代夫的穆斯林由宗教而建立起一种紧密的贸易关系。14世纪，著名的穆斯林旅行家伊本·白图泰（Ibn Batuta）曾在马尔代夫工作生活了一年多。

葡萄牙人在非洲南部转了一圈之后，很快意识到这些岛屿在对亚洲贸易上的战略重要性。葡萄牙伟大的编年史家巴罗斯（Barros）第一次向欧洲读者介绍了这个海上世界。[1] 葡萄牙人想以他们的船只、货物和商栈打入这个贸易世界，但经常受到穆斯林商人的骚扰和袭击。在锡兰，葡萄牙早在1505年就展开了贸易活动。不久他们在安吉迪瓦岛、拉克代夫和马尔代夫建立了一些货栈。 由于葡萄牙人无力维系群岛地区这些并不稳固的据点，他们只得在当地统治者允许的范围内，立足果阿与这些群岛发展贸易。到 17 世纪中叶，拉克代夫和马尔代夫成为马拉巴尔和坎纳诺尔穆斯林王国的属国。1663 年，荷兰赶走了锡兰的葡萄牙人、占领了坎纳诺尔之后，群岛地区要向荷兰东印度公司缴纳贡品。如今锡兰和马尔代夫都是独立的共和国，1956 年后拉克代夫也成为印度联邦的一员，即今天的拉克沙群岛（Lakshadweep）。

第一节　马尔代夫和拉克代夫群岛

对于锡兰西南方 400 英里的这些环状珊瑚岛，16 世纪的葡萄牙人、耶稣会编年史家和旅行者记述不多。虽然里斯本可能已有很多这方面的专门资料，但巴尔博萨和巴罗斯只是偶尔提及这些群岛，对那里的地理位置、人群、信仰和贸易情况做了简要的描述。[2] 两人的叙述甚至都没有区别拉克代夫和马尔代夫两个不同的岛链。[3] 耶稣会历史学家马菲（Maffei）略微提到伊斯兰教在群岛的普遍存在和宗教生活。林斯乔坦只是重复早年葡萄牙作家写过的内容。[4] 葡萄牙人充分意识到它们在印度洋贸易中的战略重要性，在 16 世纪，他们多次寻求机会，拓展他们在马累（Male）——马尔代夫的苏丹的所在岛屿——的权力。这样的努力持续到 16 世纪中叶，葡萄牙利用群岛爆发革命的时机，为倒台的苏丹提供庇护。

哈桑苏丹（Sultan Hassan）于 1550 年退位，逃到科钦，他和全家在那儿度过了两年时光，并由伊斯兰教改信基督。同时，葡萄牙利用马尔代夫的骚乱占领了马累，以哈桑政府的名义扶植了一个傀儡政权。随后十年内，葡萄牙有效地行使着自己幕后摄政的权力。接下来，群岛贸易的控制权落到坎纳诺尔的穆斯林商人手中。葡萄牙人需要马尔代夫的椰壳纤维来装配船只，流亡的哈桑仍能向百姓收取纤维作为贡奉，葡萄牙人就从哈桑这里抽取 1/3 作为"保护费"。[5] 哈桑——或者基督徒们所称的 Dom Manoel——在 1583 年逝世后，他的后嗣继续在葡萄牙人的保护之下度过了八十年，并且仍然宣称是马尔代夫的合法政权。一位当地统治者易卜拉欣（Ibrahim，大约于 1584—1607[？]年在位）与葡萄

935

牙人勉强维持着一个停战协议，他得以继续作为岛屿的领袖，一直到 17 世纪。

17 世纪的葡萄牙编年史家——著名的迭戈·杜·科托、法利亚·y. 苏查、安东尼奥·博卡罗（Antonio Bocarro）——在作品中都没有直接提到马尔代夫过去或现代的任何事件。1603 年，西班牙修士圣·罗曼·德·里瓦德内拉（San Román de Ribadeneyra）在巴罗斯的著作和克里斯托巴尔·德·阿科斯塔的《草药疗法》（Trattado）① 基础上，简要叙述了马尔代夫的地理和物产。[6] 不过，这位来自伊比利亚半岛的作家也没有写出更多新内容，他的作品出版于 17 世纪。

17 世纪的欧洲对马尔代夫的了解仅来自弗朗索瓦·皮拉尔德（死于 1621 年）笔下，他是来自拉瓦尔的诺曼人。1602 年皮拉尔德所乘的船在马尔代夫失事，受到保护性的拘留，直到 1607 年，他被一支孟加拉的入侵舰队带到吉大港。1611 年在巴黎，他在东方的这些经历首次成书出版，又在 1615 年和 1619 年两次编订补充。[7] 这本书记录了他在群岛地区近五年中（1602—1607 年）所了解的一切。在 1619 年的版本中，他又补充了马尔代夫语的词汇表和对应的意义。[8] 像他同时代的大多数人一样，当他写这本书时，他并不知道迪耶普（Dieppe）的帕门迪尔（Parmentier）兄弟已经到过马尔代夫并在 1529 年返回。[9]

皮拉尔德充分而精准地描述了马尔代夫的地理位置和地理特征。当地人告诉他这一岛链包括 1200 个岛屿，他认为这不是准确数字，而只是一种"多得不可思议"的通俗说法。[10] 这片群岛天然形成一个个岛屿群落，叫作环状珊瑚岛（atoll）。[11] 有 13 个大珊瑚岛，每一个又包含"许多小岛"。珊瑚岛之间有一定的距离相互区隔，每一座珊瑚岛的边缘都环绕着圆形或椭圆形的石头浅滩。[12] 每一座珊瑚礁都有自己的名字，也是一个政治单位。[13] 大多数群岛无人居住，有些岛上有植被覆盖，有些"只是流动的沙子"，有的时候甚至完全流走消失了。群岛与印度次大陆平行，大约在大陆以西 150 里格（实际是 350—400 英里），它全长约 200 里格（470 英里），宽 30—35 里格（约 70 英里）。[14]

由于群岛位于赤道附近，气候十分炎热，一年四季几乎都是昼夜等长。冬季从 4 月开始，而夏季从 10 月开始。冬季盛行西风，降雨不断。夏季酷热，东

936

---

① 全名为：*El Tratado de las drogas de Cristóbal de Acosta*。——译者注

风吹干了大地，滴水不降。但夜晚凉爽，露水很多；所以动物和人可以以此在夏季存活。这里的风通常是季风，是水手们所依赖的周期性变化的风。附近海面的气流在六个月中向东运动，而再过六个月则向相反方向。当气流改变方向时，在岛的周围或岛屿之间航海是很危险的。[15] 有四条通道可供大型外国船只往来于马尔代夫。[16]

马尔代夫传统上向来是锡兰的殖民地。[17] 但皮拉尔德质疑这种口述的传统的真实性，因为马尔代夫人不像他见过的锡兰人那样"黝黑难看"。[18] 巴罗斯认为马尔代夫人低贱、不值一提，但皮拉尔德态度相反，他认为这些人精于手工艺，善用武器，遵守法律。女人有橄榄色的皮肤，非常迷人，她们以一头浓密乌黑的长发为傲。小孩直到 8 岁或 9 岁前都剃光头，女孩在头顶留一圈头发以区别于男孩。贵族、士兵和皇室官员可以留长发，但不是必须。男人把自己的头发剪下来送给或卖给女人，女人们把它编起来使自己头发加长。男人很注重自己的体毛，他们剃掉胸腹上的汗毛，让自己"看起来像穿着光滑的紧身衣"；大胡子会被取笑，人们通常剃光胡子，便于吃喝。每个成年人都很在意自己的体毛，15 岁之后都要随身携带一套修剪工具——剃刀、剪刀、铜镜。剪掉的体毛也是身体的一部分，一般要被埋起来。[19]

8 岁或 9 岁之前，男孩不穿衣服和鞋子。他们在刚刚割包皮后围一块兜裆布。女孩则从小到大一直有兜裆布，当乳房开始发育并到了结婚年龄时，就可以穿上衣了。男人的缠腰布有各种颜色和图案，长及膝盖，用一条腰带将缠腰布与丝绸或棉布的长裙系在一起；他们戴头巾，如果头发太长则戴一块帕子。女人的衬裙从腰部长至脚踝；在衬裙外还要穿同样长度的塔夫绸或棉布长裙，有蓝色和白色的镶边。男人们腰佩匕首，但不许携带其他武器。女人戴着很多很重的银手镯，脖子上或腰上还有金银链子。只有皇室血统或买到官位的人才能穿华丽的外衣，佩戴金首饰。前去麦加朝圣的人穿着专门的白色长袍。所有人终生都不穿鞋。[20]

捕鱼是主要职业。每个人都可以自由地去任何地方捕鱼。他们到深海去捕金枪鱼和鲣鱼，用于出口；而在近海或礁石附近捕的鱼作为新鲜食物，主要供应国内市场。捕鱼还是一项运动，就像欧洲的狩猎。[21] 这里种植两种粟米，每年收获两季。人们把这种米磨成粉，也将岛上的一种野生根茎磨粉。人们专门种植某种根茎类植物，可以做熟并用蜂蜜和棕榈糖保存。这里盛产椰子和其他热带水果：酸橙、橘子、香蕉、石榴。人们还吃一些不结果的树的叶子。作为鱼肉的补充，海鸟和鸟蛋、鸽子、鸭子也是常见的肉类食品。皮拉尔德声称，每一个珊瑚岛都有各自的特产，每一个地方都有自己独一无二的植物。这里的生活很轻松，食物充裕而便宜。但乌鸦、蝙蝠、蚊子、老鼠和蚂蚁也会给生活带来小小的烦恼。[22]

938

　　每个岛都有自己独特的职业，只有当地人从事。手工艺者也像特色植物一样——无论是织布工还是金匠——不会迁徙。每个人都有自己的一条船，在马尔代夫群岛之间往来、交换商品或提供服务都非常方便。人们从不在夜里出海，必须要在陆地上过夜。他们的小船和渔船的材料是一种叫作"Candou"（马尔代夫语 *kadu*，发音如 *kandu*）的轻便的当地木材。人们还用这些像软木一样的木板制造出一种工具，可以将石头或其他重物从海中抬出来。用木棍和这种木头一起摩擦还能生火。[23]

　　他们最主要的岛屿是马累，这个词与"Dives"（*divehi* 是马尔代夫词，意为"诸岛"）并置就成了"Maldives"。此岛以及岛上的城市马累位于群岛中心地带，是皇室的所在地，也是本地人和外国人的贸易中心。它拥有群岛中最肥沃的土地，但气候恶劣，淡水不足。水必须从其他水源充足的岛上进口，新鲜的水是非常珍贵的。马累城人口密集，但城市干净，秩序良好，分为不同的街区。所有房屋和货仓都高出地面，避免害虫侵扰。普通人用椰子树的木料盖房，房顶铺棕榈叶；国王和贵族的房屋则是石头建造，高出海滩一段距离。马累人比其他南亚人更加白皙优雅，这是因为许多人与外国人通婚。[24]

　　在被迫居留马累的那些年，皮拉尔德学会了当地口语，苏丹向他和他的伙伴询问了欧洲的情况，了解纸和羊皮纸的制造工艺，以及西方的航海事业。[25]他的马尔代夫语（*Divehi*）必定已达到相当的水平才能进行这样的对话。在词汇表中，他以表音符号记下近 300 个马尔代夫单词以及其他文本中的词汇。大多是与日常生活相关的名词或动词：一周的各天，身体的每部分，军事和航海，贸易用语，数目词。皮拉尔德还清楚地指明，有两种常用语言：马尔代夫语用于日常和世俗的事务，阿拉伯语则用于宗教和科学方面，"就像拉丁语之于我们"。在马尔代夫语中，首都马累的方言远远不同于苏瓦代瓦（Suvadiva）流行的南部方言。在马累，皮拉尔德能听到贸易中运用的各种语言：孟买语，马来语，古吉拉特语，葡萄牙语。[26]

939　阿拉伯语是这里的宗教语言，因为"这里的宗教是伊斯兰教，群岛没有其他力量可以庇佑外国人"。[27]木石结构的清真寺叫作"mesquites"（马尔代夫语，*miskítu*）；它位于广场中央，广场四周有围墙；人们在这里举行葬礼，或面向西方的麦加礼拜。马累主要的清真寺叫作"Oncouru mesquite"（马尔代夫语，*Hukuru miskitu*），或"星期五清真寺"。[28]群岛上每一座清真寺里都有叫作"Moudin"（*mudému*）的神职人员，他们管理寺庙，讲授教义，指导儿童读写阿拉伯语和他们自己的语言。[29]15 岁以上的男性每天在清晨、中午、下午、日落和晚 10 点去清真寺礼拜。礼拜集会堪称"人们时间上的沉重税负"，因为每一次集会他们都要在清真寺待上约半小时。女人从不进清真寺，但要在家里自己做礼拜。[30]

每个星期五都是神圣的日子，社区中要举行盛大的仪式。进清真寺之前的沐浴仪式在这一天更为复杂。号声宣告庆典开始，人们停下工作，穿上自己最好的衣服。类似的节日还会在每个月新月升起的时候以及男孩满 7 岁的时候举行。一年中最重要的时候是斋月，从 12 月初开始，持续一个月。在斋月结束时，人们统计人口，为回馈清真寺和救济穷人而上缴人头税。接下来还有个小小的庆典，包括游戏、运动和击剑比赛。[31]

婚礼也像其他习俗一样，由宗教来管理。丈夫最多可以同时娶 3 个妻子，只要他能负担得起。女人满 15 岁方可结婚，不许嫁给她的兄弟或堂兄弟。男人可以随意向女人提出离婚，但女人只有在丈夫同意下才能离开他。离婚的人可以再婚或复婚，但总数不能超过三次。像婚礼一样，葬礼的规矩也是当地习俗与伊斯兰教传统混合的产物。包括统治者在内，人们死在哪里，就葬在哪里，遗体不能跨岛搬运。[32]

正如许多外国观察者一样，皮拉尔德最感兴趣的是那些异于欧洲的生活习940　俗。男人和女人、不同地位的男人都不能在一起吃饭。他们盘腿坐在直接铺在地上的毯子上，用手指抓食盛在香蕉叶里的食物。当地的餐盘是涂漆的木盘，有盖子，防止蚂蚁爬到食物上。器皿是从孟买运来的陶器或者进口的中国瓷器。瓷器"非常普遍"，这一点对欧洲人来说显然不可思议。咖啡和可可饮料盛在有盖的铜茶杯里。吃饭时不准咳嗽、吐口水、用左手进餐，也不准交谈。他们没有固定的吃饭时间，做饭都是女人的事。男人如果做饭，就会被看成女人。[33]

马尔代夫人在个人打扮上非常用心，经常洗澡，还在身体上涂油。每个人都嚼蒌叶和槟榔，所以都有一口红牙齿，并"以此为美"。他们深信各种征兆和象征，特别是与捕鱼和航海有关的。人们每天都要向"海神"和"风神"献祭，祭祀形式是将小船模型点燃后放到水里。他们佩戴叫作"Tauide"（*tavídu*）的护身符，符是从巫师那里买来的，装在小盒子里。这些护身符——在锡兰叫 *huniyam*——是为了带来好运，招来艳遇，保持健康。[34]

疾病是常见的问题。他们仅有的医生是巫师，只会驱赶导致疾病的邪灵。"马尔代夫热"是整个印度地区都熟知的说法，这种疾病非常流行，外国人尤其容易感染。[35]许多人死于此病，或死于周期性爆发的传染病——天花。在常见的热带疾病中，人们最容易感染的是夜盲症、皮癣、疥疮。因为有嚼蒌叶的习惯，他们从不患牙病。梅毒也不常见，除非是那些滥交的人；梅毒在这里被称作法国病或欧洲病，需要用一种中国木头（菝葜）来医治。[36]许多马尔代夫人吸食鸦片，为了在"纵情享乐"时更带劲、更狂热。[37]

儿童在 9 岁开始接受普通教育，学习读写。他们还要特别学习古兰经，"知道如何生活"。皮拉尔德认为他们要学三种字母：一种根据阿拉伯语改编的字母，马尔代夫字母，和"第三种通行于锡兰及印度大部分地区的字母"。[38]儿童在木片上撒沙，用这种方法练习写字。不久，他们用泥土把木片染白，用墨水在上面书写，写完后擦干净木片，又可以重复使用。永久性的文字刻在一种特殊的木片上，再将木片系在一起，这种书的"篇幅和我们的书一样或者更长一些，字迹不会消退"。除了宗教题材，他们还研究数学和天文学。贵族们有自己的学校，教授各种武器——剑、弓、矛、钩枪——的用法。[39]

群岛的政治组织根据地域而定。13 个珊瑚岛组成 13 个省，每一个省都由一位纳伊布（Naybe [阿拉伯语，*naib*]）统治，他是一位管理宗教、教育和司

941

法的神职人员。他的下属叫作"Catibe"，管理有人居住的各个小岛。纳伊布和他的管理层每年四次视察各岛，并收缴税款。纳伊布要向马累的上级官员"Pandiare"（马尔代夫语，*Fadiyaru*）汇报，这位官员有一个智囊团，由四五个有学问的人组成。"Pandiare"独自管理马累地区，其他12省则由纳伊布负责。国王掌管全局，6位贵族组成他的内阁。皇家税官分驻在各个省，他们为苏丹、也为果阿收税。这一点说明了在皮拉尔德的时代马尔代夫还要向葡萄牙人进贡。[40]

皮拉尔德详细介绍了司法，从中再次揭示了马尔代夫的当地传统和伊斯兰传统混杂的程度。他对奴役制度尤其感兴趣，最常见的情况是因为债务沦为奴隶。一个欠债的人会成为他债主的奴隶，直到债务还清。如果债务终生没有还清，他的后代还要继续为奴。任何类型的奴隶都不能做证人，只能娶一个妻子。在诉讼或审判中，什么都不用记录，只有财产转让的契约要记下来。一个男人的证词抵得上三个女人。只有苏丹能下死刑判决。对于一般罪行，处罚方式包括流放南部荒岛、砍断肢体或鞭笞。[41]

社会分为四个阶层：皇室家族，皇室的家臣和官员，皇室任命或者有皇家血统的贵族，普通人。前两个阶层可以从苏丹那里领取口粮。家臣和官员可以分到某些特定岛屿的收益，作为俸禄和奖金。岛上有许多贵族，因为"国王随意颁发贵族头衔"。如果想真正得到尊重，一个贵族必须具备行政或军事素质，能够辅佐苏丹。皇家军队有600人，平均分为6支部队，每组由一个年长者领导。此外还有另外10支部队（每支队伍可能也是100人），由10个贵族领导。这些富人在苏丹的军队中为他们的地位而奋斗。奴隶、椰树工人和文盲则没有这种机会。所有阶层的人都只有一个名字，一般是默罕默德或其他伊斯兰名字。为了区分，他们在名字前面加上自己的排行。所有平民都被称作"Callo"（马尔代夫语，*Kalo*），以职业或身份加以区分。[42]

苏丹在马累的宫廷是几座石头房屋，离地面3英尺高。宫殿大堂装饰着来自中国和印度的丝绸窗帘和其他壁挂。在朝堂上，每个人盘腿坐在垫子上，苏丹则坐在更高的平台上。贵族按等级秩序分坐，地位最高的人最接近苏丹。向苏丹进言要遵循一种专门的表达方式，这种方式不会用于其他任何场合。外来的到访者要给苏丹准备一份礼物。只有苏丹和他的妻子能穿用阿拉伯金线缝制的皮鞋。最主要的皇家标志物是雨伞或华盖。不论苏丹何时离开宫殿，都有一班皇家卫队陪同。他通常步行或坐轿，因为岛上没有可供骑行的动物。[43]

苏丹的收入有许多来源。他统治着许多岛屿，封臣要向他进贡：粮食收成的 1/15，椰子和柠檬的 1%，一定数量的棕榈糖、椰子纤维、干鱼和玛瑙贝（Boly）。有头衔有职位的人要缴纳现金而不是实物。苏丹每年给封臣们一定数量的棉花，要他们纺成棉布再交还给他。在海滩上发现的所有东西，包括遇难的海船、龙涎香、海底椰（Lodicca seychellirum, Seychelles nuts）都归苏丹所有。这位统治者还独占所有灰色和黑色的琥珀石、黑珊瑚，还雇佣工人四处收集它。抵达马尔代夫的外国船只必须向海关申报货物，苏丹可以任意出价购买，他挑剩下的货物再廉价卖给其他人，不过给别人的价格要比给苏丹的略高。[44]

马尔代夫进口稻米、白棉花、生牛奶、原棉、咖啡、鱼体油、槟榔、瓷器、黄金、白银。金条、银条一旦买进便不再外流，人们用它制作货币和装饰品。出口商品有椰子纤维、椰子、其他椰子制品，出口的货物数量每年超过 100 船。大量的干鱼、鲣鱼、金枪鱼被运到苏门答腊岛（Sumatra）的亚齐。海滩上或沿海地区的妇女收集玛瑙贝，每月两次汇集在一起，30—40 船的玛瑙贝每年出口到孟加拉，作为当地的"常规货币"。马尔代夫垄断了这项商品，孟加拉湾的大多数岛国，以及葡萄牙、英国、荷兰都要购买它。欧洲人再将玛瑙贝转销到非洲和西印度地区，因为它也是那里通行的货币。[45]马尔代夫人将 12 000 个玛瑙贝装在一个椰子篮里，这些能够兑换一个马尔代夫拉里（larin）。拉里是岛上通行的货币，印有苏丹的阿拉伯语名字。玛瑙贝在孟加拉被当作宝贝收藏，在印度则被放在家具上，作为奇石异宝。还有一种特殊龟壳只产自马尔代夫和菲律宾，出口孟买，在那儿被加工成手镯和其他小饰品。马尔代夫出口的商品中还有一种"非常柔软的草垫"和印有花纹图案的各色棉布。[46]

皮拉尔德重建了一段马尔代夫史：自 1550 年后哈桑苏丹退位流亡科钦，到 1607 年初法国人离开这里。在马尔代夫流行的口述历史的基础上，他写道：流亡异地的哈桑要求他原来的臣民都改信基督，遭到拒绝后，葡萄牙人袭击了马累，杀了篡位者，建起堡垒，派驻部队，指定了一名当地长官，要求马尔代夫仍向哈桑进贡。经过十年的葡萄牙统治，一场本地人的反抗运动在最南端的岛屿爆发了。在马拉巴尔海盗的帮助下，起义首领——哈桑苏丹的父亲和叔叔赶走了葡萄牙人，成为群岛的统治者。后来葡萄牙又几次试图夺回马累。在击退了葡萄牙几次反攻后，马尔代夫与其达成停战协议，"这种和平持续到今天"。根据协议规定，葡萄牙人同意离开马尔代夫；作为回报，马尔代夫要向流亡科钦的哈桑苏丹进贡，马尔代夫的船只前往其他外国港口时，要购买葡萄牙的许可证。流亡的哈桑苏丹其 1/3 的收入要归葡萄牙国王所有。尽管订下这个和平协议，皮拉尔德说，"马尔代夫人依然痛恨葡萄牙"。[47]

哈桑苏丹的父亲和叔叔兄弟二人在接下来的二十五年中领导马尔代夫过着和平的生活。为了树立权威，新统治者与流亡苏丹的原家庭成员联姻。由于出身平民阶层，他们一直提防着有人造反。为了防止叛乱，离开马累、前往其他岛屿的士兵要把武器留在皇宫武器库中。每一次只有一定数量的士兵可以离开首都，其他人则要等到前一批人回来才能走。士兵只能在冬季西风盛行时出行，这条规则显然基于这样的考虑：葡萄牙或其他从东面而来的侵略势力不可能在这样的季风中航行。很明显，即使在皮拉尔德的时代，马尔代夫领导者还担心国内仍有不安定因素，而外国势力可能利用叛乱来提升自己在群岛地区的战略地位。[48]

果阿和马拉巴尔各国之间都保持着外交往来。皮拉尔德要离开的前一年，果阿特使安德烈·德·古维亚（Adrian de Gouveia）来到马累，商讨一部适当的——包括对流亡印度的基督徒苏丹也适用——法律。他一来就被晾在一边，四个月后才上了朝堂。马尔代夫政府显然贮存了许多火枪大炮来对付国内叛乱和国外入侵。1607 年 2 月，一支孟加拉舰队入侵马累，意在占领军火库。当时的统治者易卜拉欣立刻向南逃窜，但被孟加拉人抓住并杀害。皮拉尔德当时还留在马累，他指导孟加拉人使用大炮，并向他们介绍群岛的情况。在孟加拉舰队带上皮拉尔德撤出后，群岛地区的内战又爆发了。马拉巴尔的坎纳诺尔统治者阿利·罗阇派出一支舰队平息了战争。此时，坎纳诺尔控制了马拉巴尔和拉克代夫、马尔代夫群岛之间的大部分贸易，所以他要维持和平，以便从中获益。[49]

孟加拉舰队从马尔代夫向北行驶到米尼科伊岛（Minicoy），它如今是拉克沙群岛的一部分，是印度领土。在皮拉尔德笔下，它一度是马尔代夫王国的一部分，"和马尔代夫有着相同的习俗、礼仪、语言"。[50]皮拉尔德曾受到一位王后接见，"出于安全考虑，坎纳诺尔国王让她替自己管理这一带"。皮拉尔德从那里又继续向北，前往"Divandurou"，即安多什群岛（Anduru [Androth]），这是拉克代夫地区最大的群岛，也是穆斯林聚集的中心。坎纳诺尔统治着这里五座岛屿的人民，他们都是穆斯林，沿用马拉巴尔的习俗和语言（马拉雅拉姆语）。"这些岛屿曾经是、现在也是大陆与马尔代夫、米尼科伊（Malecut）之间的商品中转站。"[51]

945

　　对于马尔代夫和锡兰附近的这些岛屿，前半个世纪的葡萄牙作家几乎只字未提，或许是因为随着果阿的衰落，葡萄牙对别国内政的控制——如果这种控制真的存在的话——不再那么有效。群岛的贸易明显掌握在坎纳诺尔穆斯林领袖阿利·罗阇的手里，他自视为"拉克代夫的苏丹"。荷兰从自己在科罗曼德尔海岸的商栈派船前往马尔代夫购买玛瑙贝，用于在孟加拉湾的贸易。[52]自17世纪中叶，玛瑙贝成为阿姆斯特丹常规的进口商品，由荷兰西印度公司（Dutch West India Company）专门收购。[53]随着荷兰在锡兰和马拉巴尔的控制权不断扩大，它成为马尔代夫的保护国，将马尔代夫诸岛置于锡兰政府的管理下。1663年，荷兰兵不血刃地拿下坎纳诺尔的堡垒，但坎纳诺尔仍与荷兰维持着友好关系，也许还可以继续在群岛地区开展贸易。[54]与此同时，葡萄牙人将流亡的马尔代夫王族从科钦带到果阿，使他们不至落入荷兰人手中。关于马尔代夫和拉克代夫，17世纪的荷兰作家也像葡萄牙人一样，并没有超过皮拉尔德平庸的描述。[55]

第二节　锡兰

　　在16世纪中叶，如果一个好奇的欧洲人想了解锡兰的地理位置、自然特征、政治区划、贸易情况和主要商品（大象、肉桂和宝石），那么巴尔博萨、巴罗斯和卡斯塔涅达（Castanheda）的著作可以提供一些准确但有限的信息。[56]不久，在16世纪末，林斯乔坦从果阿这一有利位置描述了葡萄牙在科伦坡的军事地

946

位，以及锡兰贸易中的商品。[57] 在欧洲 17 世纪初可见的宗教和世俗的文献基础上，圣·罗曼·德·里瓦德内拉（Friar San Román de Ribadeneyra）编纂出关于这个岛屿的一整套介绍，与葡萄牙人的"探索"报告相呼应。[58]

根据林斯乔坦的记载，葡萄牙在 16 世纪做了各种努力，想控制科特王国和锡兰西部海岸的其他地区。到了 16 世纪 80 年代，葡萄牙处于被动防守态势，退缩在科伦坡的据点。在葡萄牙试图征服科特的同时，斯塔瓦克王国（Sitavaka）逐渐崛起，统治者率领当地人民反抗葡萄牙军队和天主教。首领罗阇·辛哈（Raja Sinha，大约 1581—1593 年在位）在 1582 年吞并了内陆国家康提（Kandy），逐渐控制了原属科特的大部分地区。1587—1588 年，他包围了科伦坡，对岛上所有葡萄牙人构成了严重威胁。为了缓解科伦坡的紧张局势，葡萄牙从马纳尔湾（Mannar）出兵，对抗拘那波般陀罗（Konappu Bandara，在果阿被称作"奥地利的堂·若昂"[Dom João of Austria]）领导的康提军。拘那波般陀罗在康提掌权后，反过来对付原来的葡萄牙盟友，领导了一场抗击葡萄牙的战争。同时，1594 年，葡萄牙在西部低地击败了斯塔瓦克军队，控制了那个地区和北方王国贾夫纳（Jaffna）的一部分。在这个世纪的后半段，葡萄牙总想控制康提，但都不太成功。[59]

一、起源

葡萄牙将锡兰视作扩张计划的一部分。由于葡萄牙此时已控制了岛上的大部分土地，他们打破了天主教方济各会在宗教领域的垄断，于 1602 年引入耶稣会。不久，一些奥古斯丁修会和多明我会的修士也在锡兰展开了工作。为了避免宗教事业在发展中的竞争——像在日本的情况那样——教会和行政当局都试图为各个教派活动划分特定的区域，然而并不成功。[60]

格雷罗向葡萄牙国内介绍了这样的情况：1606—1607 年，10 个耶稣会士在科伦坡办起了学院；在奇劳（Chilaw）和普塔勒姆（Puttalam [Putulão]）之间的小岛上，有 3 个相互联系的聚居点，分布在卡卢特勒（Cailor [Kalatura?]）、奇劳（Chilau）和卡拉提乌（Cardiva [Karativu]）3 个村镇。据说神父们还担任葡

萄牙出征康提的随军神父。[61] 在格雷罗的鼓励下，耶稣会士、波尔多人皮埃
尔·杜·雅利克写下了他广为流传的 3 卷本巨著《难忘的东印度历险》（*Histoire* 947
des choses plus memorables advenues tant ez Indes[①]，1608 年，1610 年，1614 年），
其中包括一些重要章节，涉及葡萄牙在锡兰的活动和耶稣会的利益。[62]

　　荷兰从涉足东方之初就意识到锡兰在亚洲和葡萄牙贸易上的重要战略地
位。安特卫普人约里斯·范·斯皮尔伯根（Joris van Spilbergen）在 1602 年率
领一支探险队前往锡兰。5 月 29 日，他在岛东岸的拜蒂克洛（Batticaloa）登
陆，距离科伦坡的葡萄牙据点还很远。在这里他受到当地首领"Modeliar"（僧
伽罗语和泰米尔语，*mudaliyār*）的友好接待。在与康提国王毗摩罗达摩须利安
一世（Fimala Derma Suriada [*Vimaladharmasuriya*]，他从 1592 年登基，直到
1604 年逝世）会面后，1602 年 7 月，斯皮尔伯根离开那里前往内陆地区。在
路上，这些低地来的探险家们在宾坦那（Vintane [Bintenna]）休息，那是亭可
马里（Trincomalee）一条河边的小地方。到达康提后，斯皮尔伯根向国王赠送
了礼物，包括一幅拿骚的莫里斯王子（Prince Maurice of Nassau）的戎装画像。
在康提停留的五天中，斯皮尔伯根向国王保证荷兰与葡萄牙势不两立，愿意与
国王合作将葡萄牙赶出锡兰岛。双方一拍即合，斯皮尔伯根回到拜蒂克洛，又
在 1602 年 9 月 3 日去了亚齐。

　　斯皮尔伯根使团的故事被科尼利斯·杨松·维尼普（Cornelis Janszoon
Vennip）记录下来，他是荷兰恩克赫伊曾（Enkhuizen）人，终生航海，直到
在一次返程中去世。他的书《维尼普旅行日志》（*'t Historiael journael*）[②] 在
1604 年由弗洛里斯·巴尔塔萨（Floris Balthasar）编辑、在代尔夫特（Delft）

---

①　全名为：*Histoire des choses plus memorables advenues tant ez Indes orientales, que autres païs de la descouverte des Portugois*。——译者注

②　全名为：*T'Historiael journael, van tghene ghepasseert is van weghen drie schepen, ghenaemt den Ram, Schaep ende het Lam, ghevaren uyt Zeelandt vander stadt Camp-Vere naer d'Oost-Indien, onder t'beleyt van Joris van Speilberghen, generael, Anno 1601. den 5. Mey, tot in t'Eylant Celon, vervatende heel schoone gheschiedenissen, die by haer op dese reyse gheschiet zijn, inden tijdt van twee jaer, elff maenden, neghenthien daghen ... Ghecorrigeert verbetert ende vermeerdert*。——译者注

出版，这是第一部根据亲身经历写出的关于锡兰的荷兰语著作。在 17 世纪中
6 次再版。[63] 这本书所写的不仅是一次出使，通过观察、通过阅读林斯乔坦，
维尼普尽可能涉及锡兰的方方面面。他提到，拜蒂克洛的国王叫作"Dermuts
Iangadare"（？），他实行独裁统治，向葡萄牙人纳贡。他准确指出，斯塔瓦克
（Settavaca）国王是康提的封臣，葡萄牙的政治势力范围只限于科伦坡和马纳尔。
他描述了宾坦那的佛教寺庙和修道院，还详细介绍了僧侣的装束和游行活动。
他准确地记载了康提国王早年的政治生涯：困于葡萄牙人之手，1590 年前后回
到康提，与前任国王的女儿、基督徒唐娜·卡瑟琳娜（Doña Catherina）结婚。
他写道，这个国王对西方文明非常感兴趣，能说流利的葡萄牙语，给他的孩子
穿西式服装，还想学习荷兰语。维尼普还说，国王的仪仗队包括来自不同民族
的士兵和乐师，还有葡萄牙的囚犯和流放者。出版商巴尔塔萨还给维尼普的文
字配上了 14 幅铜版画（有些画见本书插图 156—157），这些画可能是巴尔塔萨
自己刻的。其中一幅是斯皮尔伯根与康提国王在一起的画像（见图 154），这幅
画确实是从康提的原版画作转刻的。[64]

英国航海家早年就意识到了马尔代夫和锡兰在东方的航海和贸易上的重要
地位。但他们很少把这些写下来。珀切斯在《珀切斯游记大全》（1625 年）中
概述了荷兰早年的航海情况，"为那些感兴趣的读者"重印了洪特（Hondius）
的锡兰地图——"因为我觉得我们英国对这个岛的贸易情况谈得太少了"。[65]
珀切斯还提到，在斯皮尔伯根离开拜蒂克洛三个月后，即 1603 年 11 月，塞巴
德·德·威尔特（Sebald de Weert）访问了那里。[66] 威尔特受到康提国王的接见，
国王承诺，如果荷兰阻止葡萄牙援助果阿，他将出兵包围科伦坡。德·威尔特
从亚齐也拉来了援军，但包围科伦坡的计划实际上从未实现。荷兰军队杀牛以
及其他不当的行为激怒了僧伽罗人。结果，德·威尔特和另外 49 人都被杀害，
其他人则逃往亚齐。珀切斯对这一事件评论道："的确，想想那些被杀死的牛的
灵魂，这些杀牛者就该下地狱。"[67]

由于担心荷兰和康提结盟，葡萄牙人决定攻占加勒（Galle）岛南部的堡
垒，它对于航海的作用比科伦坡更重要。葡萄牙人匆忙攻下加勒后，又进一步
谋划在荷兰援军到达之前袭击康提。但在斯皮尔伯根到访锡兰之前，葡萄牙对

康提的进攻很快就铩羽而归。[68]荷兰的海上援兵始终没来，毗摩罗达摩须利安一世 1604 年去世，没有实现将葡萄牙人赶出锡兰的梦想。他的继任者塞内拉特（Senerat，1604—1635 年在位）继续向荷兰求援，但收效甚微。[69]皮拉尔德随葡萄牙舰队在 1608 年抵达锡兰，他记录了葡萄牙在科伦坡坚固而装备精良的军事要塞，而加勒的基本物资则依赖国外供应。他特别强调了加勒海岬对航海和国际贸易的重要性，将其与好望角相提并论；他还提到，荷兰在加勒周边几乎可以随意袭击葡萄牙船只。锡兰的各个统治者都更喜欢其他欧洲国家而不是葡萄牙，他们与葡萄牙长年进行着"残酷的战争"。但在皮拉尔德看来，葡萄牙人一点一点地征服了这里的大部分人，而且还"正在征服剩下的"。[70]这似乎是事实，乌瓦首领摩耶杜恩（Mayadunne of Uva）武力反对塞内拉特的继位。1611 年，葡萄牙正是利用这次危机一举烧毁了康提城。

同时，在果阿，皇家档案馆管理员迭戈·杜·科托（1542—1616 年）即将完成他的《旬年史》，这本书可以看作巴罗斯的续作，涵盖了 1526 年到 1600 年葡萄牙在东方的历史。虽然科托的《旬年史》没有写到 17 世纪，但它仍堪称 17 世纪及其后关于锡兰诸多著作的起点。科托在葡属东方生活了近五十年。《旬年史》第五卷和第六卷分别在他死后不久的 1612 年和 1614 年出版，在这两卷中，他比他的前辈和同时代人更准确地介绍了锡兰的早期历史。[71]在 1597 年的文章中，他肯定：锡兰自 1505 年被发现以来"就是印度的一部分，就像迦太基之于罗马"。[72]葡萄牙为征服锡兰而耗费的人力、财力、物资，比征服其他任何地方都多。在僧伽罗君主位于果阿的府邸，科托了解到当地的历史。像他自己说的那样，他是第一个全面了解当地传统的欧洲人。他试图整理 *Rājāvaliyas*——这是僧伽罗语的 14—15 世纪的编年史——但没有完成。[73]他记述了一个传说：锡兰之王来自太阳，"太阳被锡兰君主以诗歌的形式不断称颂，而君主则是太阳的代言人，替太阳向我们说话"。[74]科托对佛教很有兴趣，他还通过在果阿任职时的观察学习，努力了解佛教在僧伽罗和缅甸（Burmese）的形式。从僧伽罗受访者那里，他得知了有关亚当峰（Adam's Peak）的详细情况，人们相信山中岩石上的脚印是佛陀到访这个岛时留下的。[75]他指出佛陀的故事和基督教圣巴拉姆（St. Barlaam）故事的相似之处。[76]他花费了大量的时

949

950

间和精力从古典作家中、从他的前辈中、从罗马工艺品中试图证明古代的塔普罗班纳（Taprobane）是指锡兰而不是苏门答腊。[77] 大多数 17 世纪的学者，包括 18 世纪的瓦伦廷（Valentijn），都接受了科托的说法。科托也像其他作者一样赞美了这里肥沃的土地，丰富的物产，并注意到"这里有许多军火制造者，有着整个印度地区最好的火铳"。[78] 科托的其他文章还提到僧伽罗人的瘦弱、诡诈、不诚实，这些文字，可以看作是一个爱国者与他的同胞们分享自己的怨愤，因为他们无法控制、平定这岛屿和人民，无法使他们改信基督。[79]

在科托生命的最后岁月里（1604—1616 年），葡萄牙人和康提人互相侵扰对方的领土，但没有谁能说得上完全胜利。锡兰的僵局还在继续，葡萄牙在印度洋上的霸主地位不时受到荷兰和英国的挑战，不断被两国蚕食。当堂·努诺·奥维拉斯·佩雷拉（Dom Nuno Alvares Pereira）1616 年成为锡兰上将时，岛屿西部的平原地区还十分安定，有传教团在那儿活动。忽然之间，这种高压之下的和平被科特爆发的叛乱打破了。康提立刻想利用这次危机将葡萄牙人赶到海上。但塞内拉特很快又不得不面对自己国内山区的暴动，只好向葡萄牙人妥协。面对英国和荷兰势力在"印度诸国"中的崛起，果阿总督郑重决定：让塞内拉特在康提做他的太平国君，全力确保西部低地的稳定，以节省葡萄牙在统治上消耗的资源。葡萄牙—康提 1617 年签订和平协议，这使葡萄牙能够将精力转向北部的科特。1619 年，葡萄牙拿下了贾夫纳。堂·康斯坦蒂诺·德·萨（Dom Constantino de Sá）在这个关键时刻成为上将，他根本不相信葡萄牙与康提会永久和平。他的同时代人和以后的作家也从不相信这点。他们总是在谋求一种更有利于自己的和平协议，或者干脆彻底征服康提。1620—1630 年，尽管局势紧张，葡萄牙和康提之间依然维持着一种"权宜之计"（modus vivendi）。葡萄牙人巧妙利用僧伽罗领土上的泰米尔人和泰米尔首领贾夫纳手下的僧伽罗势力，来控制沿海地区。康提和葡萄牙之间的战争从 1630 年打到 1633 年。康提塞内拉特的继承者罗阇·辛哈二世（约 1635—1687 年在位）开始向荷兰求援。[80]

锡兰发生的一系列事件是葡萄牙的心头之痛，也与葡萄牙在印度国家一连串的挫败息息相关，他们太想在这一充满活力、适宜贸易和殖民的岛上大获全

951

胜。但是当时知名的出版机构都忽略了锡兰诸事件，只是事后才有所报道。在马德里，法利亚·y. 苏查正在为他的《亚洲葡萄牙人》（*Asia portuguesa*）一书搜集关于锡兰的资料，直到 1640 年锡兰反抗葡萄牙、爆发独立战争。[81] 在葡萄牙，那些不满西班牙统治的葡萄牙人为自己在锡兰的失败寻找替罪羊。上将堂·康斯坦蒂诺·德·萨·诺罗尼亚（Dom Constantino de Sá Noronha）以哈布斯堡（Habsburg）国王的名义于 1620 年至 1630 年统治葡萄牙在锡兰的领土，批评者认为他应该为 1630 年攻打康提失败而负责，至于他自己在这场不幸的战争中战死，也怪不得别人。为了重建父亲的名誉，若昂·罗德里格斯·德·萨·德·梅内塞斯（João Rodriguez de Sá de Meneses）搜集资料，在 1640 年之前写出了《锡兰的反叛》（*Rebelion de Ceylon*）。像法利亚·y. 苏查一样，萨·德·梅内塞斯的书直到他死后很久才获得出版。[82]

《亚洲葡萄牙人》是一部经典著作，基于法利亚·y. 苏查的手稿和他儿子的文章，以西班牙语写成，1675 年在里斯本出版。熟读第三卷便可看出，法利亚·y. 苏查紧密关注着 1620—1630 年间锡兰发生的大事小情。这份编年史中的许多条目都记载了军事行动和战争的野蛮残酷。他也评论了 1630 年葡萄牙入侵康提的那场不幸的战争，他认为，德·萨之所以在战争中失败丧命，是因为他过于天真，相信了当地的线人，而当地人却愚弄了他。[83] 法利亚·y. 苏查还时不时地加入道德议论：

> 葡萄牙可以夺回它失去的东西，但不知道如何保护它已有的东西，而后一方面正是最有价值的部分，这部分东西需要以努力工作的精神去获取，还需要谨小慎微的品质来保存。[84]

952

他以积极的口吻讲述了 1633 年锡兰之围的缓解，并预言了康提和平的未来，以此结束全文。但法利亚·y. 苏查所不知道的是，在下一年，康提开始与荷兰协商，谋求结盟。

萨·德·梅内塞斯以西班牙语写成的《锡兰的反叛》最终在 1681 年于里斯本出版。[85] 作为一部辩护的著作，主人公的成功被扩大而失败被缩小了。[86]

这部小小的传记将它的主人公美化成一个受到激励、投身战斗，并最终牺牲的英勇贵族。善妒的林哈里斯（Conde de Linhares）总督新官上任三把火，要求彻底占领锡兰，但葡萄牙实力太弱，将军们都不情愿发动战争。虽然法利亚·y. 苏查和其他葡萄牙人仍对康斯坦蒂诺有所指责，但应该说，葡萄牙重新认可了他的英勇和光荣。因其对僧伽罗人的人道态度，他还受到许多同时代人和后来作家的纪念。[87] 随着名誉的恢复，一种传统在葡萄牙也日益巩固，即，按照葡萄牙的道德标准，僧伽罗人对德·萨的背弃证明了他们忘恩负义、不可信任。僧伽罗人也为自己的态度辩护，他们声称葡萄牙家长式的管理和基督教的仁慈都不能代替独立和内部和平。[88]

葡萄牙人若昂·里贝罗（João Riberio，死于 1693 年）在 1656—1658 年，即葡萄牙统治的末期征战锡兰，他承认葡萄牙在征服印度时犯了错误。原本是一支基督教远征军，被某些人的贪欲变成了一个过于庞大的帝国，这个帝国拥有无数据点，在那里盛行的是生意而不是宗教，"即使友善的君王都被迫对葡萄牙宣战"。这个帝国的财富和潜力也招来了其他欧洲国家的嫉妒，他们在东方不可避免地展开了竞争和冲突。[89] 不管有什么理由，葡萄牙失去锡兰，这一点为荷兰人征服马拉巴尔开辟了道路，也导致印度诸国分崩离析。

荷兰军队在锡兰得胜的消息通过许多德意志人的文章书信传遍了欧洲，有些写信者任职于荷兰东印度公司，在印度从事各种职业。1639 年，德意志绅士、旅行家约翰·阿尔布莱希特·冯·曼德尔斯罗（1616—1644 年）所乘的船因无风而滞留锡兰三周，在这段时间里他收集了锡兰及周边地区的相关信息。[90] 约翰·冯·德·贝赫（Johann von der Behr，大约死于 1692 年）曾在 1644—1650 年在亚洲从军，他将自己在锡兰的经历写成《日记》（Diarium），1688 年在耶拿出版。[91] 在荷兰人刚刚占领的尼甘布（Negombo）服役期间，贝赫有时间来记录自己在岛上的一举一动。他将当地的人民、物产、习俗都写进自己文章中，但这些内容不少是引自同时代人的著作。此时荷兰和葡萄牙正处于休战期（1642—1650 年），贝赫只能看到些零星的暴力事件。1645—1646 年，他的部队开始与康提作战，康提首领与荷兰人不顾先前的协议，开始争吵。贝赫乘船前往加勒和科伦坡，还不时从尼甘布向内陆地区偷袭。他的《日记》专门表现

953

了荷兰军队的日常生活，介绍了他喜欢或反感的锡兰物产和生活方式。他对饮食特别有兴趣，甚至写出了他最喜欢的菜谱。

阿尔布莱希特·赫波特（Albrecht Herport）的《在爪哇、福尔摩萨、印度沿海和锡兰的旅行》（*Reise*[①]，Bern，1669 年）记述了他 1663—1666 年在锡兰的经历，此时荷兰正巩固他们在这座岛上的势力。[92] 作为一个业余艺术家，赫波特画出了许多实景图，后来刻成版画附在他的著作中。[93] 他逐字逐句的描述比贝赫的更加全面，或许是因为他在锡兰的时候，这里更为和平安定。赶走葡萄牙人之后，康提与荷兰的决裂还没有立刻恶化到动武的地步。他评论了康提国王严苛的统治，列出了他施行的各种惩罚方式，试图描述官员和贵族的等级秩序。他指出荷兰经过八年等待（1658—1666 年）才控制了珍珠业，还全面介绍了牡蛎的捕捞和珍珠贸易。

关于 17 世纪中叶的锡兰和荷兰人的活动，纽伦堡（Nuremberg）的约翰·雅各布·萨尔（Johann Jacob Saar，1625—1672 年）提供了更系统的阐述。作为荷兰军队的将领，萨尔从 1647 年到 1659 年几乎一直待在锡兰及周边地区，有几次也去袭击班达和霍尔木兹。他在 1658 年洗劫锡兰的行动中大发横财。次年从荷兰军队辞职返回欧洲。他说他的日记在返航途中遗失在海上。在一位纽伦堡神父丹尼尔·伍尔夫（Daniel Wülfer）的帮助下，他根据回忆写出一部著作，并在 1662 年出版。[94] 十年后伍尔夫出版了此书的扩充版，他在注释中引用了贝赫、石勒苏益格的尤尔根·安德森（Jürgen Andersen）、赫波特和约翰·雅各布·梅克林（Johann Jacob Merklein）的个人观察，以修正或扩展他自己的阐述，指出这些文献彼此之间、这些文献与自己作品之间的差异。他还基于自己的观察和阅读，考察了林斯乔坦、约翰·纽霍夫和奥利瑞乌斯。[95]

当萨尔还在纽伦堡写书时，身在荷兰的传教士菲利普·巴尔德（1632—1672 年）也在撰写他 1656—1665 年在南印度和锡兰的经历。[96] 他的《马拉巴尔、科罗曼德尔，以及相邻诸国和强盛的锡兰岛大事记》（Amsterdam，1672 年），主要介绍了锡兰北部的泰米尔地区，他在锡兰的大部分时间都是在这一

954

---

① 全名为：*Reise nach Java, Formosa, Vorder-Indien und Ceylon, 1659-1668*。——译者注

955

带度过的。[97] 对于 1656 年之前发生的事，巴尔德主要依据其他人的描述和证言，特别是葡萄牙作家和荷兰东印度公司的记录。他对 1655—1656 年包围科伦坡的描述，主要来自参与包围行动的葡萄牙人的讲述。最后 32 章，或者说锡兰部分的 1/3 的内容，则根据他个人在锡兰北部的经历。大部分资料——像人们所认为的那样——与他的传教使命和传教活动有关。书中还包括巴尔德和杰拉德·霍夫特将军（General Gerald Hulft）的铜版画像，包括锡兰主要城市和两座荷兰碉堡的图片，还有对当地人及其活动的奇异描述。书中有锡兰政治区划详图，与早年欧洲人为此地绘制的地图相比，这张图没有太多不同。[98]18 世纪，瓦伦廷认为他的同胞巴尔德提供了关于锡兰"最详尽最出色"的阐述。[99]

沃特·斯考顿（Wouter Schouten，1638—1704 年）是哈勒姆（Haarlem）的一位外科医生，他在 1676 年，即巴尔德著作首次出版那年，也出版了一部包含上下两部的大部头作品，叫作《东印度航海日志》（*Oost-Indische voyagie*，①Amsterdam）。它包括 43 幅关于东方的铜版画，都是由作者的草图加工而成的。斯考顿 1658 年离开欧洲，1661—1662 年供职于锡兰和马拉巴尔，与巴尔德相识，1665 年返回阿姆斯特丹。他在书中第一部分结尾处对锡兰的描述准确、简洁，但实际上并不新鲜。他的书在欧洲北部特别畅销，被翻译为德语（1676 年）和法语（1707 年，1725 年）。此书的第四版也是最后一版在 1775 年和 1780 年以荷兰语出版，有一个法文版收于布雷沃（Prévost）的《航海通史》（*Histoire générale des voyages*，XVI，1758 年，168-236 页）。[100] 作为一位医生，斯考顿比一般人对动植物、卫生和居住条件更有兴趣。他发现，僧伽罗医生对解剖学一无所知，"他们主要的知识来自于在调配草药中摸索的经验"。[101]

罗伯特·诺克斯（Robert Knox，1640—1720 年）是一位英国水手，效力于东印度公司，在 1659 年乘着他父亲指挥的一艘破船被派往卡提亚湾（Katthia

---

① 全 名 为：*Oost-Indische voyagie; vervattende veel voorname voorvallen en ongemeene vreemde Geschiedenissen bloedige Zee-en Landt-gerechten de Portugeesen en Makassaren; ... Een curieuse Beschrijving der voornaemste Landen, Eylanden, Koninckrijcken en Steden in Oost-Indien; ...*——译者注

Bay）。康提的罗阇·辛哈二世间接得知了这个消息，拘留了船长和 55 名船员。他们被隔离，安置在另一个村子并由村庄负担开支。英国人受到了很好的招待，他们是统治者拘留的无数欧洲基督徒中的一部分。许多欧洲俘虏由于经济上的需要，被迫从事各种工作，定居下来，找僧伽罗女人作为妻子或情妇。老诺克斯很快就去世了，儿子则辗转于各个村庄，靠编织和做生意维持生活，不久就有了自己的积蓄和房屋。他种地，养牲畜，通过经商和高利息出借粮食来赚钱。在长期软禁中，诺克斯和他的英国伙伴多次争取出逃，终于在 1679 年 11 月成功。通过荷兰的机构，诺克斯最终在万丹的英国商栈落脚。他在 1680 年 9 月——漂泊了二十三年后——回到伦敦。

在返乡途中，诺克斯写下了关于康提的回忆，显然他的初衷只是为了给自己留个纪念。在东印度公司和皇家学会的敦促下，这部回忆录才由诺克斯和他的侄子约翰·斯特莱普（John Strype）合作，在皇家学会秘书罗伯特·胡克（Robert Hooke）博士的指导下，写成著作。版权卖给了皇家学会的出版商理查德·奇斯韦尔（Richard Chiswell），1681 年 8 月出版。东印度公司和皇家学会同意出版此书，证明了这部著作"非常真实、完整"。《东印度锡兰岛纪实》（*A Historical Relation of the Island Ceylon in the East Indies*）分为四部分，前三部分是对康提的描述，第四部分是诺克斯个人被捕和逃脱的故事。德语（1689 年）、荷兰语（1692 年）、法语（1693 年）译本很快出版，英语原著在诺克斯死后又几次再版，还有一个"改良版"收录在 J. 哈里斯（J. Harris）的《航海行记》（*Navigantium atque itinerarium*①，London，1705 年）中。[102]

诺克斯的书最为客观，也是研究 17 世纪锡兰的最好资料。近二十年的生活经历给了他与众不同的洞见，这一点是匆匆经过的旅行者和那些只在港口一带和自己同胞待在一起的欧洲人所不及的。他被俘的处境、他的年轻，使他能够迅速适应当地的环境，学会当地语言和习俗，自力更生。可以说，他的"监狱"很大，他可以在康提境内不时地迁徙，做他的生意。像那里的其他外国人一样，他被认为享受着皇室的保护。作为一个高尚和成功的人，他似乎赢得了当地各

956

---

① 全名为：*Navigantium atque itinerarium bibliotheca*。——译者注

阶层人民的尊重。在评价康提和当地人民时，他不是高人一等的基督徒，也不是耀武扬威的殖民者，在相当长的一段时间内，他只是当地人民中的一员。当他写好回忆录时，他还没想到要出版；写回忆录只是他为回归英国社会所做的练习之一，只是为了让自己重拾英语，而不是为了卖书或出名。他的《东印度锡兰岛纪实》是真正的第一手资料，因为他没有其他文献可以参考。在完成书稿、等待出版期间，他和斯特莱普显然只顾着修改书稿的组织结构，而忽视了"改良"文章内容。简言之，诺克斯的《东印度锡兰岛纪实》是17世纪关于亚洲社会内容最丰富、最可信的记录。诺克斯关注日常生活，但没有多谈锡兰的文学文化，也没有谈到港口地区。对于当代研究僧伽罗社会的学者来说，它是一部关于通俗文化的文献，其他方面的史料——例如本土人或外国人所写的锡兰文化或外来文化——经常被拿来与它相互校验。

957

　　1681年，诺克斯的著作出版后，欧洲对于锡兰的了解几乎不再更新了。第二年，符腾堡（Württemberg）的克里斯托夫·施威策尔（Christoph Schweitzer）在图宾根出版了《东印度六年日记》（*Journal-und Tage-Buch seiner sechs-jährigen Ost-Indianischen Reise*），[103] 他是一名军人、藏书家，曾受雇于荷兰东印度公司。这本书是用荷兰语写的，但却以德语出版，施威策尔的著作介绍了他在1675—1682年间在东印度的航行。像诺克斯的作品一样，这本书也是一部原创性的作品，没有参照其他文献。他巡游过整个印度沿海，也去过内陆的康提，这部书的特点在于，他比较了僧伽罗和泰米尔两个地区。他的描述在许多方面都印证了诺克斯的说法，他还介绍了荷兰在那儿的领地，这也补充了巴尔德的记载。此书是17世纪最后一部重要著作。[104]

　　已经出版著作的伊比利亚作家——科托、格雷罗、法利亚·y. 苏查、萨·德·梅内塞斯——只是向读者们片段地、简要地介绍17世纪初葡萄牙人在锡兰的活动。而伊比利亚作家中写得最好的人——像耶稣会神父奎罗兹（Queyroz）和军人里贝罗，他们的作品在17世纪都没出版。维尼普记载了斯皮尔伯根使团出使康提的故事，这是17世纪上半叶唯一一部依据实际经验写出的关于锡兰的著作。直到1656—1658年荷兰接管锡兰，北欧才又出现包含第一手资料的新作品。这些书出自萨尔（1662年，1672年又推出修订版）、巴尔德（1672

年）、诺克斯（1681 年）、施威策尔（1682 年），涵盖了德语、荷兰语、英语和法语，给读者勾勒出一幅广阔的锡兰全景。巴尔德主要在贾夫纳居住工作，关于北部泰米尔国家，他的作品是最好的资料。诺克斯有近二十年的康提生活经验，长于描述山区国家。德意志军人——萨尔和施威策尔——都是荷兰东印度公司雇员，他们深刻地揭示了公司的运营，偶尔也对海上政权有些独到的观察，他们的作品或证实、或质疑了荷兰和英国作家的说法。

二、土地和物产

958

16 世纪的作家十分关注锡兰的地理位置、面积、自然特征，以及它是不是古塔普罗班纳岛的问题。[105] 巴尔德引用巴罗斯和马菲的著作，开始了他对锡兰"情况"的描述；关于锡兰的面积，他相信荷兰人一些简单的估计，"周长约300 英里"，他还命名了境内的 8 条河流。有些河流"通向大海，有些则在河岸被沙子阻塞，但在季风作用下沙子会被吹走，河道又畅通了"。[106] 大多数欧洲评论家仍然认为：锡兰是次大陆周边最重要的岛屿，它曾是印度的一部分，正在不断缩小，因为它的海岸——特别是北部海岸——正在被不断冲刷。荷兰作家对海岸线最熟悉，它的形状经常出现在他们的图表或地图上，他们通常认为锡兰的地形像个火腿。[107] 巴尔德注意到，当地人并不称呼自己的家乡"锡兰"，而是"兰卡"（Lankawn）。[108] 诺克斯几乎无视近海地区，他们"大概可以从罗盘上被推知"。先前的描述对内陆地区关注不足，为了澄清这一点，诺克斯找到了一份巴尔德著作中的地图，用它标注出荷兰的行政区域，还指出内陆地区的详细情况，如自然特征、地名和康提的岗哨。[109]

在他的《东印度锡兰岛纪实》的第一章，诺克斯说明了康提的正式名称是"Conde Uda"，字面意思是"在山顶上"。[110] 他逐条记下了它的政治区划，"省城和村镇"，森林就是自然的屏障和保护带，将这些地区分隔开来。这些树不能被砍伐，因为它们是栅栏和警戒线。总的来说，这个国家多山，有丰富的溪水和河流。大多数水道不能航行，但鱼量充裕。最大的河是"Mavelagonga" 959 （Mahveli Ganga），从亚当峰起源，一路向北，在亭可马里入海。它在康提城中的部分有一英里长，只能容小独木舟航行，河中布满礁石和暗流（见插图155）。这个宽阔、湍急、深邃的河流上没有桥梁，因为国王不鼓励旅行。除了乌瓦王国（kingdome of Ouvah），整个国家被森林覆盖，到处都有幽深的峡谷，人们在谷底种粮食。除了北部某些地区，大部分地区的淡水充裕纯净。山上布满树木和岩石；只有一些狭窄的小路可以进入康提，在路的一端有带刺的栅栏和岗哨。天气随季风剧烈变化。当风从西面吹来，岛屿西面下雨，而东面晴朗干燥。当季风掉转方向，东面下雨，而西面干燥。当庄稼种在处于雨季一侧，另一边即使干旱，它们也能丰收，"所以一年之中至少总有一边能够丰收"。北部山地则不然，那里的干旱十分普遍。在海岸低地，贾夫纳从5月到10月气候干旱，而科伦坡以南地区则降水丰沛。[111]1680年，施威策尔写道，他和他的同事经历了一场可怕的地震，大地颤动，海浪汹涌。[112]从这些记载中，欧洲读者可以立刻推知锡兰的气候很不均衡，某些地区可能在一年的大部分时间干旱，降雨和土地状况都与多变的季风有关。[113]

　　在被包围的康提分布着五座城市，除了皇帝居住的城市，其他城市都处于受压制的状态。基督徒把主要城市称作康提（或许从"Conde"而来），正确的名字是僧伽塔格拉城（Hingodagul-neure [Sengkadagala Nuvara]）①，意为"僧伽罗人的城市"。因为它是个大都市，也叫作玛哈城（Mauneur [Maha Nuvara]），即皇城。它位于岛屿正中的亚提城（Tattanour [Yati Nuvara]），国王的皇宫依照习俗修建在该城的最东面。城市呈三角形，南侧有一座土坯垒的碉堡，群山环绕着城市，哨兵把守着要道。由于这座皇城经常被葡萄牙人焚毁，1661年，国王把他的朝廷搬到12英里以外的乌达省（Oudipollat [Uda Palata]）的尼拉比城（Nellemby-neur [Nilambe Nuvara]）。三年后，这里爆发了叛乱，国王又把朝廷搬到迪亚提拉卡城（Digligy neur [Diyatilaka Nuvara]），一个便于防御的城市。在诺克斯的时代，康提的"Leawava"（Leawawa）靠近海边，是岛屿东南的一个港口，位于偏远的沿海地区，荷兰人的控制不是那么严格，那里的人们捕鱼、制盐；在康提西面，有一座港口叫作"普塔勒姆村"（Portaloon）。在其

960

---

① Nuvara 是僧伽罗语，意为"城市"，后文皆按"音译名称＋城"来翻译。——译者注

他的乡镇村庄里，保存得最好的就是神庙。这些孤零零的村子远离交通要道，只有 100 人甚至更少的居民，有一座座独立的房子，每座房子周围都有篱笆或壕沟，防止动物进犯。为了进一步说明城市和乡镇的职能，诺克斯还记载了一些已成为废墟的古城。在康提北部有一座城叫作阿奴拉达普勒（Anurodgburro [Anuradhapura]），是旧时的皇城和宗教中心。[114]

巴尔德主要关注欧洲人在锡兰的活动，他对低地和城市的描述与军事和传教活动联系在一起。尽管他对城市和小社群的描述令人称道，但相比之下，他本人显然对军事要塞和教堂更有兴趣。他最精彩的描述是有关马纳尔湾和贾夫纳半岛的，都是他工作过的北部城市。在长度上，马纳尔湾"大约可以走上 5 小时，宽度有两小时的路程，有一条咸水河"在境内流过。岛上有 7 个村庄，其中两个村子住的都是采珍珠的渔民。随着荷兰人占领这里，牡蛎捕捞一度中断，这个有着雄伟建筑的小岛"从富裕变得贫穷"。[115]

在马纳尔湾和贾夫纳半岛之间，还有瓦尼（Wannias [Vanni]）群岛，这是一个丰饶的小岛，盛产水稻和大象。[116] 贾夫纳半岛的长度是 12 小时的行程，宽要走上 6 个小时。分为 4 个行省，包括 159 个村庄，人口密度很大。它的首府也叫贾夫纳，葡萄牙人曾在那里建造堡垒，后来被荷兰人摧毁。在城中一座神庙的遗迹附近，有一个从巨石中凿出的水井。[117] 巴尔德对加勒和其他沿海城市的描述也很精彩，不过内容局限在堡垒和荷兰人的征服上。其他评论者对科伦坡及其周边城市也有简要介绍。[118] 维尼普在 17 世纪初记载了斯皮尔伯根使团的故事，此后，关于东海岸港口的描写再没有什么更新。

康提的生命线是庄稼，其中最重要的又是水稻。"有几种不同的水稻，人们根据它们各自的成熟时间给它们起了不同的名字。"诺克斯详细描述了耕种、灌溉、筑梯田的过程。大多数种类的水稻虽然是旱地作物，但在生长的大部分时间内都要种在水田里。人们所种植的水稻——不论早熟晚熟——都与灌溉时间的长短有关。如果可能，人们愿意选择晚熟品种，因为它比早熟品种的产量多。在康提北部的干旱地区，河流、降雨和地下水都不充足，不能种植早熟品种。在其他难以储水的干旱地区，人们种植另一个品种，整个生长过程中都不需要水田。人们通常在 7 月或 8 月耕种，而水源丰沛的地区可以全年耕种。水稻的

961

耕种和收获由一个社群一起完成。收割完成后，他们就放公牛到田地里，啃掉庄稼的残茬。

公牛用来拉犁，"犁是一片弯弯的木头，有点像人的手肘"（见插图162）。耕地者手执一端的手柄，另一端带有一个铁的犁头，深入土中。在翻地之前，农民先给地浇水。犁头磕磕绊绊地翻开土地，并不会把杂草卷到地里。两次翻地后，再次浇水，把杂草淹死。在翻过第一遍时，人们用泥土垒成尺把高的堤岸围在田地四周，既能拦住水，也作为人走的小路。垒好土堤再给田地浇水，第二次翻地之前要让水充分浸透土地。当田地全部灌溉好之后，就可以准备播种了。种子也要先浸泡，堆成一堆，用树叶盖上五六天让他们发芽，如此重复几次。等待种子发芽时，人们让牛拉着一块平板把土地弄平整（见插图163）。八天之后就可以播种了。人们先把土地弄干，把土壤翻得松软，用小犁头开出垄沟，以防雨季田里积存太多雨水。然后，他们均匀地把种子撒在土地上。当秧苗长得三四英寸高时，再浇一次水。在一段生长周期过后，妇女们来铲除杂草，把多余的秧苗移植到其他土地上，以保持一块田里适当的密度。当庄稼成熟时，人们晾晒土地，让它彻底变干。收割像耕种一样，也是一项集体活动；男人收割庄稼，女人则把米穗搬到打谷场上。田地晾干后，水牛和耕牛被放到地里，踩踏庄稼，而耕种者则举行收获仪式（见插图164）。人们用抽打或研磨的方式给稻米脱壳。[119]

尽管锡兰人花费了大量的时间精力种植水稻，当时仍是供不应求。根据诺克斯的说法，他们用其他种类的庄稼来补充水稻的不足。"Coracan"（泰米尔和僧伽罗语，*kurakkan*，一种粗粮［龙爪稷］，在印度叫作 *ragi*）是一种小谷粒的作物，在山地和平原产量都不错。[120] 人们研磨这种谷粒，把得到的米粉放进陶罐里烧烤，制成蛋糕。北部干旱地区广泛种植、食用另一种粮食："tanna"（一种粗粮［小米］，僧伽罗语，*Tanahāl*）。这种谷物"一粒种子可以长出最多的粮食"，人们像煮米一样把它煮熟食用。还有一种旱地作物叫作"Moung"（僧伽罗语，*mung*，绿豆），它是一种绿色谷物，像豆子一样有豆荚包裹。"Omb"（僧伽罗语，*amu*，鸭草）也是一种小颗粒的谷物，是水稻的替代品，食用未成熟的鸭草会中毒。还有其他一些谷物可以榨油，用来做饭或涂抹身体。[121]

962

康提人用水果来补充他们的谷物膳食，岛上的野生水果非常丰富，只有"吃光了粮食，需要水果来充饥"时，人们才会专门去种植。有些水果可以在未成熟时采摘，做熟了吃，佐以咖喱（Carrees）作为开胃小菜。最好的水果被保存起来献给国王和大臣，或者无偿献给地主。这样一来，果农自然就失去了积极性，反正水果最后是要上交的。人们也种植槟榔，槟榔树出产令人迷醉的蒌叶，但种植范围仅限于岛屿南部和西部适宜槟榔的地方。这种树大大的叶子可以用作餐盘，也可以盛装液体。它坚硬强韧的树干可以当作板材和栅栏。当地人不吃它的果实，而是把它们出口到科罗曼德尔海岸。榴莲在这里作为一种蔬菜，要煮熟了吃，它的果仁要被烤熟，就像欧洲人烤栗子一样。康提有整个印度地区最丰富的水果：椰子、粉芭蕉、香蕉、甜橙、酸橙、芒果、菠萝、西瓜、石榴、"紫色和白色的葡萄"，以及李子。[122]

963

还有三种树，尽管不结可以吃的果子，但也很有价值。"tallipot"（僧伽罗语，*talapata*，现在叫作 *talagaha*）又高又直，就像船的桅杆，树干没什么用，不过巨大的叶子可以像扇子一样开合。叶子合起来又小又轻，可以夹在胳膊下带走。这种叶子可以用作遮阳棚、雨伞和帐篷。它给诺克斯留下了深刻印象，他还带了一片回英格兰。[123] 树干的树心可以磨成粉，制成面包，对付青黄不接的时期。"kettule"（僧伽罗语，*kitul*，一种棕榈树，董棕）有一种汁液，人们每天从树木中提取两到三次，煮热汁液，制一种名为"Jaggary"的糖（棕榈糖）。它坚韧的叶脉还可以制成绳子，黑色的树木可以做成杵来碾米。肉桂树被称作"Corunda-gauhah"（僧伽罗语，*Kurundu gas*），它是野生的，像榛树在英格兰一样普遍；它在"Mavelagonga"河以西长势茂盛。但康提人不像欧洲人那么重视它；除了用它的树皮，人们还从果实中榨油，用作药膏或灯油。"orula"（僧伽罗语，*arulu*，诃子类植物）的果实樱桃李在商店里有售，是泻药、黑色染料和除锈剂。有一种叫作"Dounekaia gauhah"（僧伽罗语，*dunukeyiya*，露兜树科）的灌木，人们劈开它的叶子，编织坐垫，树根可以分股编成绳子。"Capita gauhah"（僧伽罗语，*keppitkya*；巴豆—紫胶虫属）也是一种灌木，对牲口来说有毒，人们用它来做扫帚，也是熔制黄金的燃料。藤条十分常见，它们像忍冬一样在地上蔓延，甚至缠绕在树上。它们的果实是一束束的，像葡萄，可以做

964

成一种"解渴的酸汁"。这种藤蔓植物也出产蒌叶,它的样子像常春藤,缠绕在树上或者农民为它架好的竿上。最后,还有一种树叫作"Bo-gahah"(僧伽罗语,*Bō gahah* 或 *Aswatha*;菩提树)。欧洲人称为"神树",它十分尊贵,受到人们的崇拜,因为在当地的传统中,佛陀顿悟时正是坐在这种树下。这种风行于当地的尊贵树种随处可见,但只有长者可以种植,它的"叶子总是像蛇一样摇动"。人们悉心照料这种树,在树下放置神像和盛祭品的石桌。[124]

大自然同样慷慨地将各种根茎、植株、草药、花朵赐予锡兰,这些东西可以当作食物和药物。各种各样的芦荟长在丛林中,或者由农民种在花园里。其中有一种攀爬或依附在树上,另一种则长在地上。两个品种都出产有大量的根茎,可以当作主食或者米饭的配菜。人们还煮食其他的植物,给植物涂上黄油,这样它们"就像芦笋一样好吃"。[125]许多英国或欧洲的草本植物被移植到锡兰,诺克斯认为"其他的欧洲植物也应该移植到这里"。这里还有蕨类植物和印度玉米。"森林就是他们的药剂房",因为人们可以用草药、树叶、树皮来制作"口服药物和药膏"。所有花朵都是野生的,因为"人们不专门种花"。年轻人把玫瑰等甜香气味的花朵别在头上。一种叫作"Sindric-mal"(僧伽罗语,*Sendrikka*;紫茉莉)的花可以当作计时器,因为它总是在下午 4 点开放,次日早晨 4 点凋谢。人们在花园里种这种"四点花","以便在阴天不见太阳时把它当钟表"。还有一种类似茉莉的白色花朵,叫作"Picha-mauls"(僧伽罗语,*pieca*;茉莉花),它是皇室之花,只能由指定的官员为国王种植,这官员每天早晨要用白布包裹一束茉莉,献给国王。[126]

巴尔德为诺克斯的植物和用途名单又补充了很多内容。他记载了地瓜、番木瓜、甘蔗、生姜、胡椒、小豆蔻、棉花、南瓜和烟草的种植情况。人们从岛上的野生棕榈树上榨取糖和棕榈甜酒。[127]他还注意到这里有很多桑树,可以"每年制造大量的丝绸"。[128]大多数桑树,连同荷兰人花园里的欧洲蔬菜,可能都是欧洲人从亚洲和美洲其他地区引进的。巴尔德比诺克斯更详尽地介绍了肉桂树。他发现这种树并非在整个岛上都很繁茂,只是在西海岸一些低洼潮湿的村子、在奇劳河以南到加勒一带才比较多见(见插图 160)。[129]当地人从它的果实中提取出一种药油,用它的树干建房子,从它的根部蒸馏水,用木料制

965

作柜橱和盒子。巴尔德还带了一件返回荷兰，作为纪念。[130]他写道，市场上的肉桂分为三个档次：上等肉桂出自幼龄或中等树龄的肉桂树，下等出自又老又粗的肉桂树，另外一种是野生肉桂。"荷兰东印度公司现在已经（在上帝的保佑下）控制了所有肉桂……以及其他香料，像豆蔻、肉豆蔻、丁香。"[131]蛇根木产量也很大，它可以制成油膏，治疗皮肤溃烂瘙痒，也可以内服，治疗疝气、高烧和毒蛇咬伤。[132]有一种有趣的树叫作"*Wortelboom*"（root tree，印度菩提，印度榕），它和高大的罗望子树都值得一提，它们的果实可以食用，也可以治疗坏血病和水肿。巴尔德认为，让当地医生以当地医学治病是明智之举："因为每个国家都有自己特殊的病种，所以他们也有自己独特的医生和医学。"[133]

锡兰的大象吸引着所有欧洲作家，它们据说是东方最好的大象；亚洲其他地方的大象也"认为"锡兰大象高出一等，它们会向锡兰象下跪。[134]人们捕到的最好的大象归康提国王所有，"只供他娱乐消遣"。优等的大象通常是雄性，有象牙。母象则用来吸引公象进入陷阱和围栏。国王让某些公象担任刽子手的角色（见插图166），其他公象则用来展示。不时出没的野象会踩坏庄稼和房屋，吓到游客，还经常杀死捕象者。大象尊重同类，公象保护母象，小象也会受到母亲以外的其他母象的照顾，同族的所有成员都会照顾和保护幼崽。人们让被捕来的母象生育更多公象；怀孕期为一年。公象经常发情，变得失控，脸上流出一种油脂。一般来说，训练有素的大象会甘愿服从它的主人，即使主人命令它用鼻子朝某个人喷水，它也会照做。[135]

巴尔德和其他沿海地区的作者抱怨大象太多，给人们的生命和财产造成了威胁。在马特勒（Matara），新捕来的大象要先被驯服。[136]一旦大象学会了服从，他们就可以被卖给孟加拉的摩尔人和科罗曼德尔海岸。[137]在运输大象的过程中，要先把它们吊起装船，这是个棘手的工作。[138]大象能够将身体保持在水面上，在河里游上很久，然而它们却惧怕海洋。荷兰人也像当地驯象者一样，将大象训练成步兵，使它们克服对枪声的恐惧。[139]在加勒，有一批母象用来繁育。人们用火把、枪支和叫声把骚扰村庄的野象赶走。商人根据大象身高来购买驯好的象，因为最高最壮的大象才能拉动火炮、承担各种重负。[140]荷兰人在他们的练兵场上养象，让士兵学会克服在战场上的各种不利因素。僧

966

伽罗的属臣定期把作为贡品的大象送到荷兰人的驻地。[141] 在营地，荷兰人很快意识到大象和马是一对天敌。荷兰人下令，严禁射杀大象，除非人的生命受到威胁。[142]

内陆地区有许多野生动物，但是没有狮子、狼、马、驴子和羊。鹿的数量很多，其品种体积从兔子到牛大小不等。有一种叫作 "Meminna"（*Tragula meminna*，鼷鹿）的小鹿，灰色带白色斑点，它具有鹿的一切特征，肉还很好吃。[143] 还有野生的水牛、兔子、狗、豺、老虎、熊、猿、猴子。康提人猎杀或以陷阱捕捉鹿和其他野生动物，以此保护他们的田地和庄稼。最难捕捉也最危险的动物是大象和野猪。还有 6 种蚂蚁困扰着人类和其他生物。有一种叫作 "Vaeos"（僧伽罗语，*veya*，插图 *veyo*）的蚂蚁数量惊人，无处不在。在无人居住的地区，蚂蚁可以建起 4 至 6 英尺高的蚁丘，在里面居住繁衍。成熟的蚂蚁会长出翅膀，能够飞行。鸟类和其他家禽以这种和其他几种蚂蚁为食。丛林里还有 3 种蜜蜂。康提人采集蜂蜜，甚至把蜜蜂也煮来吃。在潮湿的地区，陆上吸血的水蛭特别令人讨厌。[144] 丛林里有好多各类猴子和猿。小一点的猴子（可能指蜂猴）只会给人搞些恶作剧，但猿猴则会危害花园和田地。康提人猎杀猿猴和松鼠，吃它们的肉。[145]

马首先是由葡萄牙人引进的，大群野马游荡在各个小岛上。成群的野牛也威胁着内陆地区的旅行者。"老虎"对人和鹿来说很危险，人们猎虎以获取它的皮和肉；背包和箱子的皮面就是用虎皮做的。[146] 很多地方都有熊，包括贾夫纳和马纳尔湾。豺狼（*Canis lanka*）捕食小动物，特别喜欢人的尸体。每到晚上，它们聚集在科伦坡及沿海其他村落的郊外长啸。有一种很稀有的动物，荷兰人称之为"尼甘布的恶魔"，据说它的体外有一个又厚又圆又硬的壳。当它被追击时，就缩成一个球来保护自己。[147] "最懒散的动物"看起来像只猿猴（可能是指懒猴），很容易被捉到。[148] 最普遍的是叶猴（Hanumant monkey [*Presbytis entellus*]），又名 "Wandura"（僧伽罗语，*vandura*），它们随处可见，成群结队地在树林间跳跃。其他的动物还包括刺猬、豪猪、野猫。还有一些沿海地区居民家养的动物：大象、马、小牛、水牛、山羊、猪、来自波斯的长尾绵羊、来自非洲的长角长毛绵羊。[149]

967

在康提，有几种鸟是诺克斯在英国就见过的：乌鸦、麻雀、山雀、猎鸟、林鸽、鹧鸪、丘鹬。而在锡兰鸟类中，野孔雀和小型绿鹦鹉是他以前不知道的。有一种黑色的鸟叫作"Mal-cowda"（僧伽罗语，*mal-kawadiya*，锡兰黑羽椋鸟），它比鹦鹉更擅长学舌，"Can-cowda"（僧伽罗语，*gon-kawadiya*，锡兰普通八哥）也是如此。[150] 还有一种叫作"Carlo"的鸟，身体呈黑色，天鹅大小，大头长嘴；它们成群结队地迁徙，从不栖息在地上，总是叽叽喳喳。[151] 诺克斯注意到这种鸟可以跳入水塘或湿地中捕鱼，可能是鹈鹕或鸬鹚之类。国王有鹅、鸭子、火鸡和鸽子，他饲养这些禽类只是为了观赏，而不是食用。[152]

对于沿海地区的居民来说，鸟类像野兽一样，更像是祸害而不是大自然的恩赐：狡猾的乌鸦偷窃食物，总是发出难听的叫声；鸢（偷窃鸟，thieving kite）从母鸡身边抓走小鸡。有些鸟儿会修筑非常精美的巢穴，架在高高的树枝上。[153] 苍鹭和鹦鹉装点着自然风光，而捕食的猛禽和蝙蝠则像来自天上的威胁。有一种夜间活动的鸟类，可能是印度噪鹃，总是"呐喂、呐喂"地叫着，汇报有船到来。家养的鸡鸭产蛋量不小，所以蛋的价格很便宜。鸽子由荷兰引进，在此地繁育。[154]

康提的大小河流都盛产鱼类，"不仅每一条小水沟和小池塘、甚至脚踝深浅的水坑里都有鱼"。鱼被装在鱼篮里（见插图 169）或两块岩石之间架着的鱼篓里；在康提，人们似乎不用渔网或其他沿海地区常见的捕鱼工具。普通人每餐可以吃上鱼和米饭，为国王饲养的特殊品种会受到保护，这些鱼训练有素，只吃饲养员手中的食物。[155] 在沿海地区的村落，海鱼和其他海鲜随处可见。浅滩中的大型金枪鱼和旗鱼是主要食物。每年 2 月份开展的大型金枪鱼（Jan-Egbertsen）捕捞活动对科伦坡所有的食品价格都有直接影响。石首鱼、鳐鱼、小银鱼、沙丁鱼（用盐腌渍，吃法如青鱼）、蚌以及各种贝类都是当地饮食的一部分。人们用网捕捉"Jacks"（梭鱼）、鲨鱼、海豚和蟾鱼等，顺便捞上更多好吃的鱼类。大海龟在上岸产蛋时会被捕捉到。小一些的龟壳用来做盒子、梳子和其他实用小物件。短吻鳄和大鳄在海岸一带也很常见，特别是在贾夫纳的池塘和水井周围。这里的中国人把小鳄鱼当作美餐。[156]

蛇、毒蛇和蜥蜴在康提丛林中也很常见。"pimberah"（僧伽罗语，

pimbera；*Python molurus*，印度蟒）是一种巨型蟒蛇，爬行缓慢而慵懒，"可以吞下一头鹿，连角都不剩"。[157] "Polonga"（可能是僧伽罗语，*pala polonga*，锡兰响尾蛇）会袭击甚至杀死牲畜。[158] 另一种有毒的爬行动物叫作"Noya"（僧伽罗语，*naya*；*Naia tripudians*，眼镜蛇），"它的半个身体可以直立起来……头部能够变宽，看上去像头上画了一副眼镜"。[159] 眼镜蛇和响尾蛇是天敌，一旦相遇就会打个你死我活。僧伽罗有一个寓言就是讲述它们的敌意，也有句谚语以蛇比喻两个势不两立的人。"Carowala"（僧伽罗语，*garandiya*; *Zacocys mucosus, dhaman* [梵语"绳子"之意]，一般的食鼠蛇）不是毒蛇，它吃兔子、鸟和其他小动物。[160] "Hickanella"（可能是丽纹蛇属）是一种毒蛇，"很像蜥蜴"，很少袭击人，只是潜伏在房屋周围的草丛里。[161] 有一种无害的水蛇叫作"Duberria"（可能是游蛇科）。[162] 还有一种动物叫"Kobberaguion"（僧伽罗语，*kabaragoyā*; *Varanus salvator*，草蜥），看上去像短吻鳄，离人类聚集的区域很近，以腐肉为食。[163] 另一种小一号的蜥蜴"Tolla guion"（僧伽罗语，*talagoyā*; *Varanus dracoena*），吃树叶和草，人们也吃这种动物。[164]

巴尔德和施威策尔主要关注蛇和爬行动物，这些动物给沿海地区的生活造成了不便甚至威胁。最可怕的是眼镜蛇、响尾蛇和绿树蛇（僧伽罗语，*esguela*，意为"眼睛袭击者"; *Dryophis mycterizans*，鞭蛇），据说绿树蛇会袭击人的眼睛。[165] 有种所谓的"双头蛇"（僧伽罗语，*depatanaya*，意为"双头蛇"）被认为是丛林巨蛇中最毒的；它乍看上去好像两端都是头。[166] 食鼠蛇喜欢待在屋顶上，但很少危害人类。眼镜蛇和其他毒蛇会进入民居，基督徒会杀死它们。而非基督徒，特别是印度教徒，则不喜欢看到蛇被杀死，他们会主动喂养蛇，和它交朋友；他们甚至用蛇的名字给自己的孩子和牲畜命名。他们还知道如何让蛇听话，让它们跟着音乐跳舞。当需要验证某个证言时，人们将手伸进眼镜蛇蛇笼里；如果手没有被咬伤，这个证言就是真的。对于毒蛇咬伤，最好的治疗方法就是将一块有吸收力的菊石（又名蛇石）放在伤口上，把毒液吸出来，当然也有许多其他的治疗方法。[167] 其他的有害动物还包括蝎子、蜈蚣、蚂蚁、跳蚤和成群的小飞虫。在科伦坡和康提，水蛭给牲畜和人带来瘟疫。僧伽罗人认为康提前国王的姐妹制造了这些水蛭，目的是要把葡萄牙人的生活弄糟。[168]

　　海里盛产珍珠，陆地也有自己的财富。在海岸地区，有大量昂贵的琥珀、珊瑚和贝壳，这些东西在孟加拉被看作是奢侈品。僧伽罗人在河流中采集红宝石和蓝宝石，它们是被大雨从山上冲刷下来的。人们还可以在溪流中采集，或者从地下挖掘翡翠、黄玉、月亮宝石、石榴石、猫眼石。各种颜色的水晶无处不在，行人和马匹经常被它割到脚。欧洲人曾记载在锡兰发现了钻石，但"不论布劳（Blaeu）在《地图集》（*Atlas*）中怎么说"，萨尔都否认这个说法。[169]钢铁和檀木来自内陆地区。康提国王拥有大量的宝石，他禁止他的属下私自挖掘宝石，希望他们把河里淘来的宝石都献给他。[170]巴尔德记载了一条传闻：据说金矿和银矿都在内陆地区。[171]

三、政府和社会

　　罗阁·辛哈二世（Raja-Singa，约 1635—1687 年在位）是"兰卡之王"，他在继位问题上有些麻烦，有些贵族质疑他统治地位的合法性。他是改信基督的唐娜·卡瑟琳娜（Dona Catharina）王后之子，塞内拉特先前是一个佛门弟子，后来成了唐娜的第二任丈夫，辛哈的继父；在塞内拉特帮助下，罗阁·辛哈以武力驱逐了同父异母的两个兄弟，继承了父亲的王位，而另两个兄弟则声称自己更有资格。在 1681 年，他是一个体格魁梧、70—80 岁之间的老人，但"老当益壮"，行动敏捷，敢作敢当。他穿着自己设计的长袍，对国内和其他国家的服装时尚不屑一顾。[172]他的王后是"从马拉巴尔海岸来的女人（泰米尔人？）"，与他分离了二十年；在 1661 年的叛乱中，他把她留在康提而自己逃走。在他的新驻地"Digligy neur"（Diyatilaka Nuvara），新皇宫的选址和设计"更多考虑安全而不是舒适"。[173]曼德尔斯罗写道："他很欣赏葡萄牙的建筑方式，自己的防御工事也遵循这种现代风格。"[174]

971

　　土墙围出一个大院，院中有许多小房子，这使得通往皇宫的路上满是迷宫般的小路、转弯和门禁。皇室的官员、士兵、大象和可信的黑奴夜以继日地站岗放哨。有些特使在夜间出没，专门检查哨兵是否尽职。国王本人由黑奴保护，周围的人都是家世清白的男孩和男青年。许多僧伽罗和葡萄牙的年轻貌美的女子被招募来服侍国王的日常饮食。惹他生气的女子会被沉水处死或者流放。而他特别中意的女子，不管是已婚还是单身，都会成为他的情妇。其他受宠的女子会安排住在附近的镇子里，在那儿享受着特殊待遇。不过，诺克斯认为"情妇的数量不是太多"。当罗阇·辛哈离开皇宫时，总有一队保镖随行。他通常乘着轿子前往池塘边的行宫，这座行宫距离皇宫不过一发子弹飞行的距离。他在那里接见外国使者，为他们上演绚丽的歌舞，以展示自己的气派，并以一种"欧洲人熟悉的方式"与使者们谈话。[175]

作为一个普通人，国王性格温和。他每天只有一餐，吃的是贵族们进献的蔬菜水果。他并不纵情女色，并要求宫里服务的仆人保持贞洁。卖淫、通奸、鸡奸等都是不允许的。他与自己女儿曾有一次乱伦行为，"引起了皇室内部的风波"；这个女儿和她的孩子都在年纪轻轻时就死去了。国王要求他的仆人时刻表现出服从的态度。当仆人出现在他面前，他们要跪拜三次，跪坐在国王旁边。当国王吩咐他们离开，他们得倒退着走出去，直到离开国王的视线。基督徒享有一定特权，他们只需跪下、脱帽。他很享受人民对待他的这种方式，仿佛自己是尊神，他也特别爱听别人加给他的各种伟大头衔。人们甚至对他每天换洗的衣服都表现出高度尊敬。傲慢使他对官僚体系的无能视而不见，也对官员进献给他的礼物不屑一顾。荷兰人了解他的虚荣，派出特使去认可他最高首领的地位，并煽动他、使他相信：荷兰人甘做他的臣民，荷兰在海岸建立据点只是为了阻止其他外国人进入锡兰。[176]

但罗阇·辛哈并不是一个容易上当的傻瓜，他把所有权力都握在自己手里，很少向其他人征求建议。他聪明、谨慎、狡猾、喜怒不形于色，苦心经营，一步步达到自己的目的。他利用谎言和伪装来掩饰自己的真正目的。他生性残忍，毫无理由地折磨甚至杀死别人。一人违法，全家都要被处罚甚至处死。公开行刑是很常见的，死者的尸体、或受肉刑者被砍下的肢体会被示众。被关押的囚犯也有很多，他们披枷带锁，被关在监狱里，或者在某个贵族那儿。这些戴锁链的犯人把皇宫周围的街道打扫得干干净净，有些犯人还是国王原先的侍从。其中许多人曾长期服侍国王，直到国王震怒把他们投入监狱。虽然多数人害怕被召入宫中服侍国王，但若有人博得国王的欢心，他全家都能受益，譬如免除

972

税赋和其他劳役。一旦失宠——这是迟早发生的事——他的全家就可能受到严厉的处罚。[177]

皇宫附近有一个人造池塘，国王在那儿喂鱼，欣赏空地上的动物表演，以此放松身心。在他的动物园里，养了12或14匹马，有些是荷兰人送的，有些是战争中缴获的。他喜欢欣赏猎手们围猎森林里跑出来的野象，偶尔也亲自举枪打靶，这些枪"都是真的，镶嵌着金银或象牙"。他还搜集小火炮，在庆典场合作为礼炮使用。他喜欢游泳，是这方面的高手。由于他本人不是个宗教狂热分子，他对各种团体都很宽容，似乎对基督教信仰和宗教生活尤其尊重。[178]

作为统治者，罗阇·辛哈独断专行，说一不二，"他需要询问的只有他自己"。理论上，整个王国都是他的。他也会把一些土地分封出去，士兵、匠人、工人和农民都要向他缴纳地租。国王的仆人只要在特定的节日里向他献上礼物，此外不用再交别的税。许多人觉得伺候国王太累太难，于是辞职，把他们的土地和房子转手给继任者。在某些地区，有所谓的皇家城镇，这里的居民专门为国王种粮食。通常是国王最宠爱的贵族来指定这些皇家村镇，并付给村民每年的粮款。每个镇子都有一个铁匠铺打造工具、一个陶器师傅制作陶器、一个洗衣匠负责洗衣。村民为国王或领主服务，可以得到一小块土地作为报偿；而给其他人干活则挣工资。在这种体系下，国王不用为自己朝廷的运作直接支付任何费用。[179]

这个"独裁者"首先考虑的是他个人和政权的安全。他时刻保持警惕，必须不断挫败属下造反的阴谋。出于安全考虑，他总是在夜间办公。为了限制外国人接近他的国家，罗阇·辛哈尽可能地使旅行和迁徙不易：进入王国的道路都不宽，河上没有架桥，省际之间的森林也没有被砍掉。为了让他的随从不得空闲，他组织了各种劳役，譬如把山凿开引泉水到宫殿里来。这些计划不周的工程大部分半途而废。人民被迫承担这些毫无意义的工作，结果荒废了农耕，变得麻木不仁，或者谋划造反。为了恐吓民众，为了维护自己的统治，罗阇·辛哈甚至毒害自己的儿孙，使自己不至于成为其他势力操纵的傀儡。[180]

人们每年向国王交租三次：在名为"*Ourida cotamaul*"（僧伽罗语，*Avuruda Kāttimagula*）的新年；在"*Alleusal cotamaul*"（僧伽罗语，Alutsāl

973

Kāttimagula)，即第一次收获水果的时候；在"Ilmoy Cotamaul"（僧伽罗语，*Il mahē Kāttimagula*），即每年向神献祭的日子。地租主要是以粮食的形式上交，而还有一些非常规的物品也可能随时被征收。新年通常在 3 月底，要大加庆祝。[181] 在占卜者认为吉利的日子，国王才洗头，"这是一项非常严肃的仪式"。为了这个场合，皇宫大门才在高高的柱顶上建起拱梁。柱子上旗帜招展，柱子本身也被"印有图案的彩色帷布"包裹起来。高一些的柱子和旗杆上也装点着各种颜色的彩带和铃铛。当这座"比天堂还漂亮"的宫殿装饰完毕，院子里会举行一场阅兵仪式。同时国王进入盥洗室，举行洗头仪式。然后，他在士兵的簇拥下出来接见民众。士兵们鸣枪后，高官和贵族根据他们的地位等级依次给国王献上礼物。大批贵重的礼品堆在国王脚下，如果有的礼物国王不愿意接受，进献的人就得把它们收回。地位低下的人也会被这样拒绝。[182]

地租和赋税的形式包括粮食、果酒（棕榈甜酒？）、油、蜂蜜、蜡、布匹、钢铁、象牙、烟草和现金。上缴过程也是对纳税人的考验，他必须一直等着，直到确保国王接收了这些财物。除了这些规定的赋税，国王还不时征收其他一些东西。譬如，如果一个牧民去世，国王就可以征收"Marral"（僧伽罗语，*marála*）——死亡税。在丰收时节，每个地主也要根据土地面积上缴一定的粮食。如果土地的主人是战争中牺牲的士兵，这块土地可以免税，神职人员和神庙的土地亦是如此。自从荷兰人夺取了港口，国王就失去了来自海关的全部收益。在几座陈列室中，他收集了不少奇石和其他国家进贡的奇珍异宝。他的财宝都有重兵把守，而且丝毫不愿分给属下。[183]

国王身边有两个大法官，叫作"Adigars"（僧伽罗语，*adigār*），所有人都有权针对低等法院和法官的判决向他们两个提出上诉。当地方官暂时空缺时，大法官也会去管理城市和行省。他们的众多下属都要携带文牒以证明身份；反过来，如果有新的大法官走马上任，这些下级官员就成了他的培训老师。再下一层的官阶是"Dissauvas"（僧伽罗语，*dessaves*），这是从省级和城镇级长官中选出的精英；但并不是所有官员都乐于被选为"Dissauvas"。省长和其他地方官要维护自己辖区内的秩序，确保献给皇室的各类赋税能够上交。他们在自己的辖区内也是法官，对违法者课以罚款或投入监狱。但他们不能宣判死刑——

只有国王能做出这种终极处罚。地方官也会被调到军队中，经常被派为宫廷仆从或侍卫。[184]

只有"地位优越和精心选拔出来的人"才能担任高官重臣。新上任的官员如果是基督徒，还会受到优待；他们会得到一柄精美的宝剑，管理一个或几个城镇，收到当地百姓的礼物。地方官必须离家弃子，独自住在办公的地方。当然他们不可能一个人完成所有事情，还有下属帮助处理各种事务。这些地方官员叫作"Courlividani"（僧伽罗语，*kōralē vidana*），他们往往盘剥百姓，为大家所憎恶。协助他工作的下属包括"监督"（Congconna [僧伽罗语，*kankāni*]）、"巡警"（Courli-atchila [僧伽罗语，*kōralē arachchi*]）、"秘书"（Liannah [僧伽罗语，*liyannā*]）、"账房"（Undia [僧伽罗语，*undiyā*]），和"粮官"（Monnannah [僧伽罗语，*manannā*]）。辖区面积视其管理能力而定，其界限与省界或城镇的界限并不严格一致。但即使在这些地方官的辖区内，神庙、皇族在城中的领地仍独立于地方政权，保持它们自己的行政机构。有个职位专门负责征收皇家特殊税款（譬如 Marral，死亡税），官员们为得到这一职位而行贿。所有地方官的任期都取决于他们上级的意志。如果百姓对某个地方官不满，上级就会换掉他。但各个层次上的公正都伴随着贿赂。[185]

康提，特别是皇宫所在的位置，更多依靠天险保护而非依靠军事要塞。带棘刺的大门、周边的森林、层层守卫，使得秘密潜入极为困难。护照是一种带有陶土封印的印刷品，只由宫廷发放。封印上写明护照主人的职业，以及随行人员的数量。几乎所有出城的人都要受到检查。常规的武装部队由精英阶层"Dissauvas"和"Mote-Ralla"（僧伽罗语，*Mohotti rala*，抄写员）带领，按每队 970 人编队。所有高级官员在朝堂上工作时都有专门保护。普通士兵的身份更多是世袭而非征募入伍，酬劳的形式主要是土地而非工资。为了防止结党营私，军队尽可能不把朋友和邻居编在一队，各种其他亲密关系也是不允许的。没有一个统领全军的大元帅，每个军官只管理自己的队伍，不得插手其他队伍。他们都单独、直接向国王汇报，但彼此间也会互通有无。[186]

军队被派上战场，"就像国王经常派他们对抗荷兰人那样"，这对普通士兵来说是很难熬的时刻。除了武器——剑、矛、弓箭和火枪——他们还带着自己

975

的口粮、工具和用作帐篷的"Tallipat"树叶。打起仗来，他们还得经常回家去补充物资，所以"过了一两个月，军队中一大半人都不见了"。因为国王总是神经兮兮，担心叛乱，官兵们甚至都不被告知战场上的敌人是谁。他们受命在森林里潜伏，一直等到弹药送来或等到新的指示。他们避免与敌人交火或直接冲突，而是选择将对手引入包围圈，或运用"打了就跑"的游击战术。从长期的作战经验、从与葡萄牙人的合作中，康提人了解到欧洲人是如何打仗的，也学会了如何惊扰敌人，用计谋获胜。[187]

为了表现罗阇·辛哈二世的独裁统治，1681年，诺克斯写下了对1664年叛乱的回忆。反叛者旨在推翻国王，把未成年的王储推上王位。反叛者首领向康提的英国人力陈国王的昏庸残暴，以此证明反叛的合理性。此时国王并没有与外国使节协商，而是直接把使节们关进监狱。他切断了王国与外界的全部联系，中断贸易，强迫属下抛妻弃子来保卫自己，若有人触怒了他，他便处死那人甚至他的全家。叛乱在1664年12月21日午夜时分爆发，"那时一颗恐怖的彗星划过我们头顶"。得知叛乱的消息，罗阇·辛哈从朝廷所在地尼罗比（Nillemby [Nilobe]）逃到格鲁达山（Gauluda [僧伽罗语，Galauda]）。在那里，他与周围前来勤王的势力会合。同时，康提城中的叛军已宣布年轻的王储正式登基。然而在这个时候，国王的姐姐却带着这个小王子逃到国王一边。沮丧的反叛者开始相互攻击，相互埋怨，最后国王重新夺回权力，并向全国颁布了镇压叛乱的法令。为了防止将来叛乱再度发生，国王将叛乱者处死、流放或投入监狱，甚至毒死了自己的儿子。这时，即1666年2月，天空再次出现彗星，社会秩序已经完全恢复，所以"后来再没有发生什么重大事件"。[188]

诺克斯估计，在1680年前后，荷兰已经控制了锡兰的1/4。岛上的居民包括马拉巴尔人（泰米尔人）——他们在这里自由自在地生活，但算不上本地人，他们像本地人一样拥有土地也缴纳赋税。而"摩尔人"没有土地，只靠经商为生，特别是港口贸易。马拉巴尔人、摩尔人和黑人都居住在沿海一带，有些人在荷兰和罗马天主教会的统治下。"正宗的岛上居民"是"Chingulays"（僧伽罗人），诺克斯考察了他们的历史、宗教、社会习俗和语言。

当被问到自己民族的起源时，僧伽罗人说"他们的土地上最早出现的是魔鬼，僧伽罗人对此有一整套寓言故事"。康提的葡萄牙人告诉诺克斯，僧伽罗人是一位中国皇子及其随从的后裔，他们遭到流放，在这个岛上寻求庇护。[189]但诺克斯认为这种说法值得怀疑，"因为这里的人和中国人在相貌、语言和饮食习惯上没有丝毫一致或相似之处"。他觉得僧伽罗人倒更可能来自邻居马拉巴尔人，尽管"这两类人也没太多相像的地方"。最后，他根据个人经验认为，欧洲人比其他任何种族都更像僧伽罗人。[190]

在锡兰东部的宾坦那（Bintana [Bintenna]）丛林里，住着土著的维达人（Vaddahs [Veddas，Weddas，Bedas]），他们是土生土长、与世隔绝的本地人，[191] 977讲僧伽罗语，吃晒干的鹿肉。他们从不种地，因为他们只吃肉。他们也不盖房子，不形成村落，只是住在树下溪边，用树枝搭个棚子。[192] 他们知道树叶的窸窣声意味着有动物靠近。只有很少一些维达人住在其他民族附近，有时做点生意，给皇室纳税，还作为雇佣兵出战。有传闻说，如果需要箭，他们会在夜里把肉挂到铁匠铺子里，在肉边挂一片树叶，裁成他们需要的箭头的形状。如果铁匠没有看到这个无声的提示，土著就会杀了他。[193] 因为他们劫杀商人，康提国王曾命令不管杀死还是活捉，都要把他们抓回来。他们从不剪发，只是把头发和树枝编在一起立在头顶。[194] 他们只在胯下围一条布，此外什么都不穿。在丛林中，他们会标出每个人（或一群人）拥有的地盘，各人只能在自己的地盘上打猎、采集水果和蜂蜜。他们在树下给自己信仰的神明献祭。为了保存肉类，他们在树上挖一排洞，盛上蜂蜜，把肉浸在里面，再用陶土给树洞封口。女人的嫁妆是猎狗。维达人中性格温和的一族能够和僧伽罗人交朋友；而叫作"Bamba-Vaddahs"的野蛮一族则从不现身与外人接触。[195]

僧伽罗人总体来说是文明人，他们"行为得体，是我在印度见过的所有人中最容易交往的"。他们穿得很好，房屋精致，能够制造除铁器外的一切工具。虽然他们言谈斯文随和，但为人也狡猾奸诈、撒谎成性。他们身体强壮、敏捷，警惕性高，只需要很少的睡眠，对自己的样貌很是自负。他们很重视等级地位，但即使对下等人也是态度温和，举止优雅。相比那些狡诈恶毒的山地人，平原地区的人更加善良，对陌生人更友善。在僧伽罗人中，很少有劫匪或窃贼，因为僧伽罗人痛恨盗窃。他们赞美贞洁、节制和真理，但他们意志薄弱，不能实

978　践他们所赞颂的美德。他们极为迷信，觉得到处都是征兆：喷嚏预示着邪恶；一种蜥蜴的声音预示某事的成败；在马拉巴尔，人们早上出门看到的第一件东西预示着一整天的好运或霉运；看到白人或大肚子的妇女是好运气的信号，而看到老人或畸形人则意味着要倒霉。他们喜欢拖延工作，不把它当回事。不论男女，他们的交通工具、行为举止、衣着打扮似乎都深受葡萄牙人的影响，即使他们否认这一点。[196]

　　僧伽罗人像印度南部的人一样，社会中存在着许多种姓划分。他们不与低于自己的人一起吃饭或通婚。高种姓的男人可能与低种姓的女人有性关系，但绝不与她共同饮食起居。如果丈夫发现妻子与别人通奸，他有权杀死这对私通的男女，即使奸夫的种姓更高。"Hondrews"（僧伽罗语，*hăňduru*），即贵族，是最高的种姓，国王从这一等级中选拔地方官和其他高级官员。[197]虽然他们在社会等级的最高端，但这些贵族并不一定是富人；他们的等级完全依靠出身而非财富。他们的姓名中有特别的后缀（appow）。服装和帽子都有特定的款式和长度，和其他人不同。有两种贵族，在婚姻关系中，一种比另一种略低一些。大多数康提人都是"Hondrews这一级别"。[198]虽然基督徒吃牛肉，如厕后不像印度人那样用水清洁，但他们还是受到尊重，与"Hondrews"平起平坐，或许基督徒在这里也形成了一个特有的种姓。某些贵族被称作"Mundianna"（僧伽罗语，*mudianse nama*），他们享受国王的特别优待。这个头衔不会轻易颁发，而且不能世袭。[199]

　　诺克斯给出了15个种姓和次种姓的名称，但相比下个世纪瓦伦廷的记载，这只是一小部分；后者在诺克斯名单的基础上补充了很多沿海一带和泰米尔人的种姓。[200]工匠的种姓——包括金匠、铁匠、木匠和画师——是位979　列"Hondrews"之后的社会阶级。他们衣着与"Hondrews"相似，有坐椅子的特权。但"Hondrews"——即使是其中较低的一类——不和工匠种姓一起用餐或通婚。住在皇家城镇中专门为国王工作的工匠有自己的职业领地，这片区域内所有工作都由他们垄断。他们经常帮农民修理工具，在丰收时节会得到一些粮食作为回报。但若要制造新工具，或是请他们做修理之外的事情，则要支付更多的费用。捕象者和驯象者的社会地位与工匠相当。理发师穿得像高级种姓一样，但他们不能坐椅子，也不能和高级种姓一起吃饭。陶匠衣着虽然不似高等种姓，但由于工作原因，他们也有一种特权：可以从贵族的水罐里喝水。很多人属于"Ruddaughs"（僧伽罗语，*Radau*），即洗衣匠种姓，为高于自己的种姓洗衣服。他们先用碱水烫洗衣服，再把衣服拿到河边，在石头上击打去污。"Hungrams"（僧伽罗语，*Hangarammu*）是棕榈糖工人种姓。"Poddah"（僧伽罗语，*Paduvō*）不做生意也不做工，他们是农民或军人。接下来是纺织工人，这个种姓同时也是占星家，在神庙中充当乐工和舞者。两个最低的种姓是编筐者（Kiddeas [僧伽罗语，*Kidiyō*]）和织毯者（Kinnerahs [僧伽罗语，*Kinnaru*]）。[201]

外国人的地位通常高于低等种姓，可能排在工匠和驯象人之后。奴隶的数目似乎很庞大，许多康提奴隶是摩尔人、基督徒和高级种姓中的罪犯，他们的待遇还不错，可以拥有土地和牲口，可以娶一个妻子。若奴隶的父母是贵族"Hondrew"，他还可以保持原来的名字和其他特权，只是自己不能再蓄奴。[202]最低贱的人是乞丐，他们是"Dodda Vaddas"（可能是维达人当中温和的一支？）的后裔。传说维达人曾要为国王献上鹿肉，但实际献的却是人肉。国王发现了他们弄虚作假，把他们从社会中驱逐出去，并且下令：他们及其后人永远只能以乞讨为生。他们是贱民，不能使用水井，只能从洞里或小河中找水喝。他们成群结队地流浪，带着所有的家当。为了讨到东西，他们跳舞、杂耍、表演魔术，用尽所有甜言蜜语来骗得施舍。这些乞丐"并不劳动"，住在棚屋里，免于所有劳役和赋税，唯一的任务就是为捕象陷阱制作绳子，这种绳子要用自然死亡的牛的皮来制作。还有种乞丐叫作"Roudeahs"（僧伽罗语，*Rodiyā*），他们与纺织工人争食死牛。乞丐中间乱伦现象很常见。对高等种姓的妇女最严厉的惩罚就是把她嫁给乞丐。[203]

四、宗教和社会

980

所有阶级、所有种姓的人都有一个共同的关注点，那就是对神明和魔鬼的崇拜。在康提，最高的神叫作"Ossa polla maupt Dio"（僧伽罗语，*Ahasa polō mao Deyiyō*），即"天地的创造者"。他支配更小的神祇和魔鬼来统治世界。另一个重要的神是"Buddou"（佛陀），他掌管"灵魂的救赎"。人们相信，他曾是凡人，经常在菩提树下打坐；所以，这些树木也成了神圣的树，成为举行宗教仪式的场所。佛陀从亚当峰上离开尘世，在那里留下了脚印，至今可见。人们给太阳、月亮也起了名字，把它们也看作神灵；但不给星星冠以这些头衔。[204]

这里有无数精致的古代神庙，"用粗石建造，刻有图案和雕塑"。没人知道是谁建造了这些奢华的庙宇。诺克斯认为，这些过去的建筑师比当时的僧伽罗人"高明得多"，神庙被葡萄牙人破坏后，当代人甚至连修复都不会。在宾坦那，有一座金字塔状的神庙，顶部是直角的塔尖（根据 Alutnuwara 的 Mahiyangana Hagaba 的说法）。这座尊贵的神庙坐落在加勒和拜蒂克洛之间，内有一座高大的男神雕像（毗湿奴？），他手执出鞘的宝剑，做出劈杀的动作。[205]神庙中有各种宗教雕塑或画像，僧侣众多，这些穿着黄衣的和尚们在神像前日夜点着长明灯和蜡烛。这些备受尊重的高僧出行时，"一路不断默念经文"。他们在神庙附近举行每日游行，主持骑大象前进。[206]

近现代的神庙用次等木料和泥土建成。佛教庙宇是方形，一两层楼高，布满银、铜和其他金属制作的神像。这些雕塑本身不是神，而是代表着那些超凡脱俗的圣人的精神，受到人们的尊敬和崇拜。有些庙宇存储武器和武装者的画像，但佛教寺庙绝不许有武器之类的东西，因为佛教徒倡导和平。大多数佛教庙宇和僧侣的收入都来自寺院地产以及指派给他们的城镇。如果一个女子正在月经期，她和她家的男性随从都不能进入寺庙。许多人自己制作小神龛来放置佛陀像，每天早晨向佛陀献上鲜花和食物。还有人用石头或木头雕刻象头，把它放在路边、树丛或石缝中。[207]

各类的僧侣根据教派的不同可以分为三种：一是佛教徒。其中"毗诃罗窟"（Vehars [僧伽罗语，*vihara*]）寺院的管理者地位最高，被称作"Tirinanxes"（僧伽罗语，*terunansē*）。迪亚提拉卡城有一座"首席寺庙"，它专属于皇室认定的"Tirinanxes"僧人，这些僧人在寺里过着奢华的生活。他们自己管理土地，收缴地租，经营寺庙及其财产。普通的僧侣叫作"Gonnis"（僧伽罗语，*gana*），他们身披黄袍，剃光头发，手持团扇，打扮与高级僧侣一样。[208]佛教僧侣不

981

用给国王纳税。他们处处受到尊重，享受着只有国王才能享受的一种特权：打着"Tallipot"大树叶做成的"华盖"，椅子上加垫子或者白布。但他们不许亲自劳动谋生，不许和已婚女人姘居，不能喝酒，每日不得超过一餐。他们可以吃一些特别为其准备的肉，但不能亲自杀害动物，也不能让人代杀。当有人受到神明感召时，僧侣们会到他家里举行仪式，并赠送他礼物。这个受到感召的人"必须念诵 Bonna"（僧伽罗语，*bana*，意为"传道"）——"这些宗教经文来自用'Tallipot'树叶制成的经书；然后他再向僧侣们解释这些经文的意思"。有些僧侣走出寺院，投身于 1664 年的叛乱，结果，罗阇·辛哈杀死了他们，并以此恐吓那些曾经信奉他们的民众。[209]

第二类宗教（印度教）的僧侣叫作"Kappuhs"（僧伽罗语，*kapurala*），他们的神庙叫作"Deivals"（僧伽罗语，*dēvāle*）。印度教僧侣与佛教的不同，他们在穿着和举止上没什么特别之处，与普通民众不易区别。他们既为神庙工作，又接受其他的雇佣工作。他们穿着整洁，在宗教仪式前都会清洁身体。每天早晚，人们给僧侣送来煮熟的大米和其他食物，僧侣再拿食物给神像上供。等食物在神像前放上一段时间后，他们会撤下食物，留给寺庙的僧人及其他工人。给印度教的神祇的贡品可以是各种食物，除了肉类。

第三种僧侣是"Jaddeses"（僧伽罗语，*yak dessā*），是"飞天神女"（Dayautaus [僧伽罗语，*dēvata*]）的守护者，他们的寺庙叫作"Covel"（僧伽罗语，*kovil*），献给印度教神祇。这类庙宇比其他神庙的等级要低，没有国王批给的地产。任何虔诚的信徒都可以自费设立神龛，自称是该神的信徒。神像和壁画描绘的人物都带着宝剑、盾牌、弓箭，显得怒气冲冲。"Covel"寺庙通常是"Jacco"（僧伽罗语，*yakka*），即魔鬼的庙宇；而且，在某些献给"Jacco"的节日，僧侣要剃掉自己的胡子。这类僧人是医生、招魂者、通灵者。当一个神进入某个僧人的身体时，他会变得疯疯癫癫，这种状态被称作"Pissowetitch"（僧伽罗语，*pissu veticca*）。他在被附体状态下说出的每个字都是神的语言，这时人们会像崇拜神一样崇拜他。[210]

星期三和星期六是祭神的重要日子，人们祈求健康和神的保佑，并在神像前发誓。为了求得健康，他们举行复杂的仪式来确定哪些神鬼应为他们的病痛

982

负责，然后讨好、安抚他们。僧伽罗人认为有 9 位神明——即"Gerehah"（僧伽罗语，*grahayo*）——掌管着星辰。[211] 这些超自然的存在像星辰一样影响着人们的生活，像鬼怪一样必须以仪式和祭品来抚慰。各个地方所尊奉的神祇、精神、鬼魂都不相同。它们可能给人们的生活带来不幸，整个康提都让这些邪灵拖累着——虽然这一套似乎影响不到基督徒。人们被鬼怪附体时会变得狂暴、颤抖、精神涣散。除了低地地区，康提的鬼怪会在夜晚发出凄厉的叫声，恐吓动物和人。如果安抚小鬼仍不能治愈疾病，康提人会进一步求助更高一级的"大鬼"。[212]

诺克斯十分清楚各种流行的民间宗教和佛教、印度教的区别，前者是"普通的、日常的求神拜佛"，后一类是"严肃的、一年一度的庄重仪式"。他还区别了两类庆典游行，一类是为尘世的、此岸存在而举行；另一类是为精神的、彼岸生命而举行。在 6 月或 7 月新月初升时，人们举行严肃的宴会，这在康提叫作"佛牙节"（Perahar [僧伽罗语，*perahera*]），是康提城最流行的节日。诺克斯描述了康提一年一度的神庙游行，包括僧侣、大象、"巨人"、鼓手、号手和舞者。神庙游行队伍按种姓等级排序。三位备受尊崇的主神是"阿鲁努哇拉神"（Alloutneur Dio [僧伽罗语，*Alutnuvara Deyiyō*]）、卡达拉迦马战神（Cotteragoma Dio [僧伽罗语，*Kataragama Deyiyō*]）、帕蒂尼女神（Potting Dio [僧伽罗语，*Pattini Deyiyō*]）。数千名妇女手牵手、肩并肩地走在三尊神像后面。队伍最后是国王的官员和士兵，他们是游行的监督者。"人们就这样巡游全城，白天一次，晚上一次。这个庆典从新月一直持续到满月。"[213] 11 月月圆之日，还有另一个严肃而重大的庆典，即为期一夜的"卡尔提卡法会"（Cawtha Poujah [僧伽罗语，*Karttika pūja*]）。寺庙和皇宫周围立起柱子，中间搭上架子来放置油灯。这个节日包括一个宗教点灯仪式，场面堪称灯的海洋，以此彰显保佑人类的众神的荣耀。[214]

佛陀"必将拯救人的灵魂"，广为人们纪念和称颂，他的形象随处可见，各地一致，佛像放置在石窟和石缝中。纪念他的节日在 3 月份，也是当地的新年元月。在仪式中，虔诚的康提人前往亚当峰（Hammalella [僧伽罗语，*Samanala Kanda*]）南面、阿奴拉达普勒（Annarodgburro）以北的城市，那里是古代菩提树的所在，相传佛陀就曾坐在这棵树下。为了到佛陀的脚印处朝拜，朝圣者不得不向占领亚当峰的摩尔人交过路费。在阿奴拉达普勒古城，前后有 90 代国王相继修建寺庙和各种纪念场所，来颂扬佛陀的事迹。朝圣者在菩提树周围搭些帐篷和小屋，待上三四天。而那些不能去朝圣的人则在本地神庙庆祝新年。有钱的善男信女会以特殊的方式敬神——化缘，讨来油、米、蜂蜜和棉纱供佛陀享用。而穷人则以佛的名义去讨东西供他们自己享用。若用金属塑造佛像，当眼睛画好时，这个像本身也成为佛。那些雇佣铁匠、制造宗教雕塑的人，可以从信众那里得到捐助，从而抵消一部分铸造成本。[215]

康提人对各路神明分得不是很清楚，只是向他们祈求消除病痛、减缓衰老、免于无处不在的魔鬼带来的各种麻烦。[216] 他们向神倾诉，与之争辩、讨论，甚至诅咒神，"仿佛神就像一个人一样坐在面前"。如果一个人的命运，即"Gerehah"（僧伽罗语，*graha*）注定悲惨，那么求神也没什么用。正因为人们并不将神看得高高在上，所以他们可以宽容其他教派、其他神明。他们的仪式是完全公开的，不会干扰其他信仰，也不将自己的信仰强加在别人头上。国王在自己的国家里保持对基督教的尊重，并不在意民众的偶像崇拜。只要不颠覆政府，各种各样的宗教信仰都是允许的。[217] 国王和一部分人倾向于基督教，但根据诺克斯的观察，"他们容易被基督教、也容易被其他任何宗教所吸引"。[218]

984

僧伽罗人相信肉身复活、灵魂不朽和轮回转世。他们相信祖先的灵魂会成为神明。此生穷苦的好人在死后的世界会享受荣华富贵，而坏人会转世为动物。每个人的命运在出生前已经注定，正如谚语所言"一切都写在头上"。在法会（Pudgiahs [僧伽罗语，*puja*]）或寺庙仪式上通过僧人给神明上供，这是善功的一种。人们不杀生，因为他们相信流动物的血（Pau boi [僧伽罗语，*pao bohóyi*]）"是一项重罪"。大体上，他们不太吃肉，因为他们觉得蔬菜是"更洁净的食物"。清扫菩提树周围、保持祭祀区域的整洁干净，也是一项宗教行为。慈善行为体现在日常生活中，人们从自己的每顿饭中省出一把米，作为"Mitta-haul"（僧伽罗语，*mita hál*，意为"一把"）施舍穷人。善行甚至涵盖了穆斯林乞丐；地主甚至出资维护康提城内的清真寺。他们也比其他异教徒更尊重基督教。他们每天早晚在神像前献花，佩戴念珠——或许这就是向葡萄牙人学的。[219]

大多数康提人住在低矮狭窄的茅草屋里，用木板和藤条很容易给自己搭这么个房子。普通人不能建造一层以上的房屋，也不能给房子加瓦，不许用石灰给房子刷白。建造过程中人们一根钉子都不用，只是用藤将木板系在一起。多数房子都只有一间，做饭、吃饭、睡觉都在里面。房屋没有烟囱，所以做饭的角落被烟熏火燎，变得黑乎乎的。高等种姓则有更气派的房子，通常是以围墙连在一起的两座小楼，小楼各居一端，中间就形成了一个院子。人们倚着院墙用泥土筑起一道台阶，作为"座椅"，在椅子上又涂上牛粪，使之干净光洁。他们的家具体积很小，数量也不多：几个陶罐挂在藤条上，一两个铜碗，一两个没有靠背的凳子。只有国王才坐靠背椅。一般来说，家家还有装米的篮子、睡觉的垫子、捣米的杵臼、切椰子的锉刀、碾磨香料的磨石。家中还有斧子、凿子、锄头等工具。[220]

他们没有桌子，坐在地上吃饭。贫乏的餐桌上只有米、一些蔬菜和调味品。人们绝不吃牛肉，也很少吃其他肉类，包括鱼；只有外国人才毫无顾忌地吃各种能弄到的肉。高等种姓能吃上五六个菜，但即使如此仍是大米和蔬菜唱主角。官员们会定期征收山羊、家禽、猪等小型动物。人们在做饭时讲究卫生，而他们的食物——你一旦适应了的话——其实也是"非常美味可口的"。尊贵的客人会坐在一个凳子上，而他的食物被放在另一个凳子上。吃饭时，他们通常只喝水，直接提起水壶就喝（见插图168）。如果要喝烧酒，他们会在饭前喝，这样感觉更好。瓷盘、铜碗和树叶都是盛米饭的用具。咖喱或其他佐餐的食物就一直留在锅里，需要时取用。妻子要服侍丈夫用餐，只能吃丈夫剩下的东西。人们在饭前饭后都要洗手洗嘴。吃饭时从不交谈。[221]

做饭和服侍进餐都是女人的事。把米倒进锅里时，谁都不能说话；否则米饭就会煮得不松软。柠檬丰收的时候，人们烧煮柠檬果汁，直到它变得"又稠又黑，像是焦油"，这样的东西叫作"Annego"（僧伽罗语，*anuga*），便于保存，加上一点可以为调料酱提味。人们用米和棕榈糖做成甜味的团子，用椰子油或黄油炸熟；这种食物叫作"Caown"（僧伽罗语，*kevuma*），被看作无上的美味。另一种甜点是用炒熟的米、棕榈糖、胡椒、小豆蔻、肉桂做的。这种甜点呈球状，很坚硬，叫作"Oggulas"（僧伽罗语，*aggalá*）。旅行者可以带上一袋子这种"球"，当作午后点心。"Alloways"（僧伽罗语，*aluvá*）也是甜食，形状又

985

圆又扁。人们用米粉、棕榈糖、肉和椰子做成饺子，蒸熟，叫作"Yacpetties"（僧伽罗语，*yakpeti*），这种甜食吃起来像"白面包，杏仁和糖"。竹筒椰子米糕（Pitu [僧伽罗语，*pittu*]）的烹制方法是，将水与"Corocan"（粗小米或龙爪稷）和成面糊，再将这团糊状物捏碎，"一粒粒的，像火药一样"，把这些小面团蒸成布丁，作为米饭的替代品。除了做饭，妻子还负责杵米、打水、劈柴、参与收割、准备蔬菜。[220]

客人会被邀请入座，咀嚼一种叫作"Bullat"（僧伽罗语，*bulat*）的蒌叶，这种食物也经常和生石灰、槟榔果、烟叶一起吃。寒暄一会儿，家里的男主人会问客人需要些什么，因为人们从不"串门，除非对主人有所求，不是借就是要"。亲属上门一般都要住上几天，帮男主人料理一下家事。而朋友来了，一般会带些甜食作为礼物，主人则要尽其所能奉上一顿盛宴。当主客双方在外面遇到，他们会摊开双手，鞠躬致意。高等种姓也向低等种姓鞠躬，但他们只伸出一只手，对特别低等的种姓只需点点头。女人打招呼的方式是"双手掌边向外，贴到额头上"。打招呼一般说"嗨"（Ay [僧伽罗语，*áyu*]）或"你好"，回应则是"Hundoi"（僧伽罗语，*hoňdayi*），即"不错"。[223]

贵族外出时穿白布或蓝布外套，里穿白色内裤，外面围一条蓝色或其他颜色的裙子；腰间系红色或蓝色腰带，上面别着精致的腰刀；还携带短剑，剑鞘都是铜和银雕刻镶嵌而成；手执带花纹的手杖，有一群光头男孩跟在身后，为他携带蒌叶和槟榔。贵族的头发一般留长，披在身后；工作时他们把头发盘在脑后。从前的康提人像"马拉巴尔人"（泰米尔人）一样，喜欢拉长自己的耳垂，然而后来这种风尚在男人中间不再流行了，因为罗阇·辛哈不打耳洞，也不追随这种习俗。男人们手指上戴有金银铜的戒指，但"没人穿丝绸"作为装饰。男人最值得骄傲的事是武装家臣的数量以及妻子的优雅服饰。[224]

女人出门时穿一件白布"短连衣裙"，上有红蓝丝线绣出的鲜花绿叶作为装饰。她们手臂上戴镯子，手指和脚趾都有银指环，脖子上是一串串珠子或银项链。在她们穿孔拉长的耳朵上，戴有"银子和宝石做的首饰"。涂了油的头发长至腰部，在此之上还要接假发。她们有时也用丝巾包裹身体，作为上衣，腰上系银色腰带。她们所穿的大部分华服都是从别人手里借的。没人穿鞋和袜子，

986

987

因为鞋袜都是国王的专利。正如诺克斯之前所言，罗阇·辛哈在服饰外表上特别讲究。[225]

在一居室的小房子里，男人们睡在房子一头，女人在另一头。主人睡在藤条木板扎成的"床架"上；国王禁止人们拥有帐幕或窗帘。女人和小孩睡在草垫子上，靠近整夜燃烧的炉火。他们以衣服做被褥，赤裸的小孩子盖着母亲的衣服。一晚上他们要起夜几次来嚼蒌叶或者烟草；当他们再躺下时，他们会自己哼歌入眠，并且教孩子也这样做。大一些的孩子经常睡在邻居家，通过这种方式来交朋友。公开卖淫是被严格禁止的，但婚外性关系却是被允许的——如果双方都是同一阶级的话。他们对性和婚姻方面的不忠倒不太在意。结了婚的人可以经常去见自己的旧情人。丈夫有时会允许朋友或重要人物"享用"自己的妻子或女儿，这是一种待客之道。因为贞洁并不重要，所以如果有同阶级的男人想要一个女孩的初夜，母亲会允许女儿接受男人开出的价码。高等种姓的女人从不与低等种姓的男人同居。[226]

婚姻通常由父母安排，他们会给女儿准备嫁妆，或者帮儿子准备好未来妻子的礼服。这里没有正式的求婚和结婚仪式。一旦婚约达成，男方就将礼服送到女方手里，并定下婚礼日期。到了那天晚上，新郎和朋友们带着婚宴需要的甜肉去新娘家里。一对新人在一个盘子里吃东西，寓意双方地位平等。这天晚上他们就可以睡在一起。第二天饭后，丈夫就可以把妻子带回家。而新娘和她的朋友要一路走在新郎前面，到家后又是一顿盛宴。几天后，新娘的朋友要带来些食物作为回礼。这时，几对夫妻会表演一个仪式：把水浇在新人的头上和身上，表示他们携手一生，白头到老。[227]

许多婚姻很快就草草收场。夫妻可以先分居一段时间。但一旦决定离婚，女方的嫁妆要被退回，还可以再婚。人们通常会结上四五次婚才安定下来。离婚时男孩跟父亲，女孩跟母亲。男人每次只能娶一个妻子；女人可以有两个合法丈夫，这两个丈夫通常是兄弟。孩子则把两人都当作父亲。[228]

当女人来月经时，她和整个房子都是不洁的；人人都要躲着她走，直到她经期结束，举行沐浴仪式。女人在男人面前或在指控他人犯罪时都不能坐椅子。继承了土地的女人不用交死亡税，也不用向港口纳税。邻里之间的妇女经常互

988

相帮助，为彼此接生。如果算命者认为某个孩子是在不祥的时辰出生，这个孩子就要被杀死或遗弃，人们相信这样的孩子会给家庭带来难以承受的负担。但人们很少这样处置头生子，而算命师之言有时也会被当作控制数量、遗弃多余小孩的借口。人们成年后就不再用婴儿时的乳名，他们将继承家族的名号。[229]

经济上，康提基本能自给自足。葡萄牙人只占有最小的贸易额。但在荷兰人来了之后，国王就不顾群臣反对，关闭了沿岸的所有贸易。虽然还有一部分必不可少的内陆贸易，但优秀的商人大多转行做了农民。高级种姓的人从不为别人打工，但工作本身没有高低贵贱，搬运工也不等同于奴隶职业。[230]农民阉割牲口，用炼乳和石灰制作胶水；农妇搅拌黄油（见插图 161）。工匠制作棉布、陶器、金器、绘画和雕塑。他们用本地的铁炼钢，制造工具和枪支。诺克斯详细记载了他们如何用煤炉熔化铁矿石、从中炼铁。城镇中有商店和市场，诺克斯给出了一些商品的价格。他还写到了度量的问题，并发现铸币短缺，人们用粮食当货币。这里流通三种货币：葡萄牙或西班牙雷阿尔，当地通行的鱼钩状的银币，"国王指定货币""Ponnam"（僧伽罗语，*panama*）。[231]

除了新年之外，康提人几乎没什么消遣。他们主要的游戏是碰撞两只椰子，看哪个先裂开。为了庆祝帕蒂尼女神的节日，人们举行拔河比赛，不过他们的方式是用两只弯曲的棍子勾在一起，各自系上绳子向相反方向拉，直到一个棍子折断。人们不会为这个比赛下赌注，但胜利者往往会献上一段放纵而下流的表演，由于尺度太过分，他们经常被罚款。在节日里，人们展示他们的力量、平衡、灵敏和诡诈。闲暇时，他们喜欢聚在小酒馆里或其他公共场所嚼蒌叶，讨论国家大事和身边小事。他们鄙视醉酒，通常会避免酗酒恶习。烟草也被看作是邪恶的，但男男女女都爱嚼。少数人抽烟斗。除了吃饭，人们一天到晚都在嚼蒌叶。诺克斯也染上了这种习惯，他详细地记述了制作蒌叶和石灰的整个工艺流程——石灰是这种咀嚼物必不可少的组成因素。[232]

除了国王的意志，人们将一些约定俗成的规矩和习惯也看作法律。这些传统习俗也被政府和法庭所认可。土地所有权是一项可以继承的权利，地产由父母传给子女。但土地不一定全部由长子继承，也可以由所有子女平分。如果长子继承了全部财产，他就必须供养母亲和其他兄弟姐妹，直到其他孩子们长大

989

成人。在畜牧业发达的乌瓦，如果牲口闯入其他人家的农田，损坏了庄稼，牲口主人必须赔偿这笔损失。地主和农民有时对半分成，但实际上地主通常只占1/3，因为在农民那一半收入的基础上，他还要再多给农民一种特殊税费。地主经常被迫向别人借粮来维持生活；等到收成来了，按 1.5 倍的粮食偿还，"这种借粮还粮的规矩在当地人看来"，企业主诺克斯写道，"是万能的神安排好的社会规范，用以帮助人们度过难关。"如果债务在两年内没有还清，就要翻倍；但为了保护长期欠债的一方，国王命令，债务最多只能翻一番，不能无限增长。如果债务人无力偿还，债权人经法律许可，可以拿走他的货物、牲口、小孩作为补偿。

当地人有很多习俗和法律在诺克斯看来不可理喻。如果妻子不经丈夫同意就出门，她就不能不经丈夫许可而再婚。如果女奴与一个自由男人生下孩子，这个孩子仍是奴隶，而如果男奴与自由女人有了孩子，这个孩子就是自由人。砍伐椰子树是被禁止的；如果人们以国王的名义发誓，这个誓言就不许收回。被当场抓住的小偷要 7 倍赔付失主；如果他无力赔付，就得变成奴隶。人们在紧急情况下可以出卖或典当自己和孩子。如果一个人在另一人的土地上建了座房子，而后又要离开，那么房子就归这片土地的所有者。为了解决纠纷，争议双方要去神庙立誓；如果事关重大，还要把手放到热油中作为考验。如果一个人被罚款却迟迟不交，官员会让他背上大石头，并不断加大石头重量，直到他屈服。为了催债，债权人有时会恐吓债务人，说要服毒或者以其他方式自杀。因为按规矩，如果债权人真的自杀，债务人就会再背上一笔巨债，以补偿自杀带来的损失。[233]

诺克斯有着锡兰内陆二十年的生活经验，带着一口熟练的僧伽罗口语回到英格兰。皇家学会的罗伯特·胡克在《东印度锡兰岛纪实》前言中这样评价诺克斯："他熟练掌握了他们的语言，无论理解还是听说，都像运用母语一样自如。"在胡克的鼓励下，诺克斯也确实写出了另一份僧伽罗语"词典"，包括单词、短语和常用表达，比他书中涉及的僧伽罗语要丰富复杂得多。这部词典保留在诺克斯本人手中，不过大英图书馆也有一份手抄本（Sloane1039, fols.162-165）。两个手抄本和后来印刷本里的大多数词汇都是以人造拉丁词来记录的，便于我们

990

将其与现代僧伽罗语对照；而少数词过于古老或粗鄙，早已弃之不用。在 17 世纪僧伽罗语的发音和流行词汇方面，诺克斯的词典对于现代研究者来说仍是一部有价值的资料。[234]

诺克斯注意到僧伽罗语与锡兰各岛屿的语言都不相同，在亚洲也并非广泛通行。说泰米尔语的"马拉巴尔人"就不懂僧伽罗语，而僧伽罗人也不说泰米尔语，即使这两种语言都有一些共通的词汇。[235]僧伽罗语中充斥着各种复杂的称呼，对应他们复杂的社会关系。[236]对女人说话时，说话者根据她们的种姓和阶级来称呼，有 12 种以上的称谓。要赞美一个女人，可以使用比她的阶级略高的称呼。男人的称谓少一些，根据职业而定。"你"或"您"有七八种不同说法，根据被称呼者的身份地位而定。每个人言谈都很优雅，农民说话和大臣没什么不同；孩子和大人一样，说话彬彬有礼，能掌握各种称谓。国王的名字高于所有人，仅次于神。在谈到国王时，人们从不用第一人称指称自己，而是用蔑称指代自己。如果与国王对话时谈到自己的小孩，人们会用"狗崽子"来称呼。在不同场合，有不同的文雅的表达方式，人们必须能够熟练运用，以示礼貌。在表示斥责或开玩笑时，人们常常使用粗俗的语言。"他们对白人基督徒骂的最难听的话，就是称他们为吃牛肉的奴隶。"僧伽罗语中有很多谚语，譬如"'撬开牙齿才能填饱你的肚子'说的是吝啬鬼"。在语法方面，诺克斯举出一些例子：名词变复数，动词的变形等等。他还给出了一些常用词，数字 1 到 50 的表达方式。他经常强调，他们在名词后面直接用数词或形容词，而不把名词变复数。他还认为僧伽罗语从葡萄牙语借来了"上帝"（Dio）和"天堂"（Dio loco）这样的词。[237]

诺克斯显然不能阅读僧伽罗文字，他认为"这种文字也不过如此"。一般的僧伽罗人都能够读写，但他们没有学校。孩子们用手指划细沙学写文字，从左向右写。他们的书籍全是宗教主题和医书，用另一种不同于日常语言的文字写成，"就像拉丁文之于我们英国人"。[238]成年人用铁笔在棕榈叶上写字。书籍也是用这种叶子制成的：叶子被裁成一样尺寸，用皮绳系紧，装上木质封皮。僧侣就宗教主题写了很多书，有时他们把这些书送给重要人物作为礼物，自己也可以由此得到回馈。国王的命令也写在树叶上，以一种特殊的方式折叠好，

991

作为皇室法令保存。被留存的资料文献等也写在树叶上；一般信件则写在另一种棕榈叶"Taulcole"（僧伽罗语，*tal-kola*）上，这种树叶更容易写下字迹，但不能折叠。

　　高级僧侣也懂得星相学，但一般的天文学家都是编织工人。他们知道太阳和月亮的阴晴圆缺，能够制订月历。月历写在树叶上，记载着月相变化，注明耕地、播种、出行，以及做各种事情的良辰吉日。人们从天文学家那里了解到"旧的一年在何时精确地结束……以及什么时候应该洗头"，这些都是"他们非常重视的宗教仪式"。诺克斯补充道，这些天文学家，毋宁说是占星师，懂得"他们所谓的九大行星"和月亮的运行规律。通过计算星座和行星的运行，他们能够预知命运；通过计算新郎新娘的星座，他们能够确定结婚的吉日。

　　他们的历法是从一个名为"Saccawarsi"（僧伽罗语，*saka varsa*，萨卡时代）的国王开始计算的。一年也有 365 天，他们的"元旦"是公历 3 月 27 日、28 日，或 29 日，或许也是"遵循太阳的运行规律，像我们的历法一样有闰年"。每年有 12 个月，52 周，每周 7 天。周日是一周的起始，这一天非常吉利，适合开始一项新的事务。每天分为 30 个"Pays"（僧伽罗语，pä，"小时"）。第 15 个"小时"就是一天的"中午"。有种叫作"四点花"（four o'clock）的植物，总是在日暮之前的 7 个"小时"开放。季节之间的昼夜长短的变化很小。除了这种花之外，普通人再没有别的计时手段；国王有一个计算钟点的"水钟"，由专人保管。这东西由一个装水的陶罐和漂在水上的、容积为一品脱的铜盘组成。水从铜盘底部的小洞渗入。铜盘盛满水下沉所耗的时间就是一"小时"。在乌瓦的许多地方和北部省份，诺克斯还见过刻着古代文字的大石头。经过一番询问，他发现当时的人没有一个能读懂这些文字。

　　康提没有专业的内科或外科医生；每个人都用树叶、水果和树皮混在一起给自己治病。严重的疾病包括"'Aques'（疟疾）和高烧，还有痢疾和毒疹"，诺克斯自己尝试过几次草药治疗，发现很有效。虽然他们的医学对溃疡和咬伤之类的外伤很有办法，但他们还得凭借宗教、巫术和祷告来克服内在的疾病。死亡是可怖的，如果哪里死了人，人们会在很多天内都躲着那儿。高等种姓通常火化遗体，"这样虫子和蛆就不会腐蚀遗体"（见插图 167）。火化前，遗体要

992

被洗干净，用麻布包裹。穷人则把死人装在一截凿有洞的木头里，不举行仪式而直接埋掉。尸体躺卧，头朝西脚朝东，"像我们西方人一样"。死亡发生几天后，人们会邀请僧侣来家中祈祷诵念，为亡灵超度。女人们披头散发，哀泣，赞美逝者的高尚品行，以此表示哀悼；同时，男人"站在一边悲叹"。妻子为丈夫哭丧"更多出于形式而非真心"，很快就会谋求再嫁的。贵族的尸体要做防腐处理，置于树干凿成的棺木中，撒满胡椒，一直放着，等到国王批准火葬。火葬有专门的场地，由一些身居高位的人来执行仪式。如果有人死于毒疹，他会被"放在荆棘上点燃，不再举行其他仪式"。[239]

　　在诺克斯关于康提的全面记载之外，巴尔德又补充了沿海地区的宗教和社会状况。特别是贾夫纳半岛。贾夫纳的"马拉巴尔人"的社会组织结构与科罗曼德尔海岸相似。[240]在这个泰米尔国家中，最高种姓是婆罗门，紧随其后的是"Ballales"（泰米尔语，*Vellāla*，农户种姓）。巴尔德认为，有些改信基督的农户地位甚至高于婆罗门，这可能是他的一相情愿。农户种姓是人数最多、也最富裕的阶级，他们主要靠农业生产为生。1月和2月通常是收割的季节，但在一些湿地地区，庄稼一年收成两次。11月和12月，大雨淹坏了田地。在旱季，人们一天两次灌溉庄稼；还得给树龄未满六年的小椰子树浇水。在这个岩石地质的地区，打井很艰难，也很昂贵；但为了度过旱季，人们又不得不打。[241]这里的人像康提农民一样，也让牛踩踏庄稼，用这种方法给谷物脱粒。

　　农户种姓住在"整洁体面的房子"里，养着公牛、母牛、绵羊、山羊和水牛。从庄稼发芽到丰收这段时间，人们把牲口牢牢关在牲口棚里，喂它们干草；而一年中其他时间则可以在田野里放牧。人们用棍子搅拌牛奶，制作黄油，但他们对制造和食用奶酪完全没有兴趣。农户、穆斯林和"Commety"（泰米尔语，*Sammati*，一个高等渔民种姓）都非常喜欢液态黄油（酥油）；喜欢饮用浓稠的酸奶，这既是冷饮，也是针对高烧和毒疹的"一种常见疗法"。男人们围着缠腰布，身前有一个口袋用来装蒌叶和槟榔果，以及几张用于书写的"ole"（泰米尔语，*olai*，棕榈叶）。他们还在腰间别一把带鞘匕首和一块磨刀用的铁块。他们穿孔拉长的耳朵上戴着耳环，脚上穿着皮凉鞋。农户种姓永远只和同种姓结婚，婚礼通常在春天。在人际交往中，他们爱好争论，甚至官司不断。[242]

993

巴尔德还指出了贾夫纳其他的低等种姓。"Chivias"（泰米尔语，*Koviyar*？）是抬水工、伐木工、轿夫，通常为贾夫纳的国王服务，现在则伺候荷兰长官和官吏们。更低贱的工作则由"苦力"（coelijs）们承担。"Parruas"（泰米尔语，*Parāva*）是水手，他们专门捕捞珍珠和察恩克珍珠牡蛎，这些东西既是首饰，也是印度教游行中的乐器的原材料。许多商人属于"chittijs"（泰米尔语，*chetty*）种姓，是"诡计多端的一群"。"Carreras"（泰米尔语，*Karaiyar*）住在海边，以网捕鱼。另一个更低的渔民种姓是"Mokkurs"（泰米尔语，*Muchavar*）。再低一些是"Nallouas"（泰米尔语，*Nalava*），他们比其他人皮肤黑，是农户种姓的仆人，酿造棕榈酒、耕地，或者从事其他体力劳动。最低的种姓是"Parreas"（泰米尔语，*Paraiyas*），即贱民，他们从事最低贱的工作，"毫不在乎地吃老鼠"。同一个种姓内部通婚，职业世代传承。在这个等级意识极其强烈的社会，在每个种姓内，妻子也把丈夫当作一个特殊的阶级来侍奉。每一个种姓还会衍生出其他种姓，即现代学者所谓的次种姓。除了荷兰人，贾夫纳没人会杀牛吃肉。[243]

994

除了最低层次的种姓，贾夫纳的居民普遍整洁、干净、性情沉稳。他们大多不喜争论，但却"巧舌如簧，懂得如何运用语言"。最严重的道德缺陷是乱性、滥交，特别是对已婚男人而言。而最让巴尔德难以理解的是，他们坚持偶像崇拜、魔鬼崇拜，相信各种征兆、预言和巫术。不过当地人不像他们的迷信所显示的那样愚昧。有些人懂得法律，依法行事；有些人甚至和荷兰法官的本领不相上下。这里有不少医生，虽然他们不懂解剖学，但他们有自己世代传承的医学传统，这些内容都记载在医书上，并根据实践不断改进。能工巧匠们把织好的布染上永不消褪的颜色。许多染工是带着自己的工具从科罗曼德尔过来的。其他工匠擅长象牙、檀木、金银等方面的工艺，处理这些东西并不需要太复杂的工具。[244]

"马拉巴尔语"（泰米尔语）和葡萄牙语是锡兰北部省份通行的两种语言。巴尔德在贾夫纳及其周边地区度过了八年多的时间，两种语言都能掌握。[245]耶稣会士都是宣教和学习语言方面的大师，巴尔德在这方面也向他们学习，开始以泰米尔语传教。1646 年，诺比利（Nobili）和两个同伴来到贾夫纳；在接下来的两年中用泰米尔语编写面向儿童的传教手册。[246] 巴尔德把许多基督教著作翻译成泰米尔语，其中有些是将耶稣会的译本按改革宗的思想修改。在他的著作《马拉巴尔、科罗曼德尔，以及相邻诸国和强盛的锡兰岛大事记》（1672 年）的第一部分，他写了一篇"马拉巴尔语言简介"，其中他讲述了自己为何、如何学习泰米尔语。为了向欧洲读者说清这一点，他介绍了泰米尔语语法的组成部分，还将拉丁语与拉丁字母注音的泰米尔语相对照，写出了双语的主祷文和教义。在三个跨页上，他完整地写出了泰米尔语字母表（参见插图 139）。[247] 他发现，在贾夫纳的教堂里，人们用大大的"马拉巴尔语"（泰米尔语）在桌子上写下十诫、主祷文和关于基督教的一系列文章。为了方便信徒，也为了方便自己传教，巴尔德在离开锡兰之前，把马太福音和各种祈祷文仪式书从弗朗西斯卡·德·丰塞卡（Franciscus de Fonseca）的葡萄牙语版译成泰米尔语。[248]

995

作为一个改革宗传教士，巴尔德在南印度和锡兰工作期间对印度教没有太多兴趣。他读过亚伯拉罕·罗杰的《走进玄奥的异教世界》（*De open-deure tot het verorgen heydendom*，Leyden，1651 年），还引用了罗杰与婆罗门辩论的段落。巴尔德承认婆罗门"举止谦恭，稳重、机敏、整洁、文明、友善，饮食有节制，从不碰烈酒"。他们每天洗两次澡，从不吃"用来祭祀的食品或者怀孕的动物"。但是他们像其他当地人一样，过着奢靡放纵的生活。即使那些表面上改信基督教的人，实际也顽固地奉行着传统信仰和生活方式。他们肩披神圣的三股纱，以此区别于那些低等种姓，他们只与家族内部成员通婚，一般是与表亲。之所以这样做，是因为他们想保持一种与梵天之间的单传关系。像犹太人一样，他们对世界的创生和历史有一种奇怪的观念，他们始终坚持错误的毕达哥拉斯派的灵魂转世学说。即使改信基督教的人也继续奉行异教徒习俗，例如新郎要把一条绳子（*tali*）系在新娘脖子上，使得婚姻关系能够更加稳固长久。父母在女儿还未成年、没有自己主意的时候就要安排订婚，因为当地人不喜欢娶成年女人。结婚必须经父母同意，这对他们来说是最值得称颂的品德。[249]

巴尔德回到欧洲后，人们希望他写一篇关于锡兰印度教的文章。他读过罗杰的书，又在锡兰和印度当地获得了不少关于印度教的其他素材。他的《东印度异教徒的偶像崇拜》（*Afgoderye der Oost-Indische heydenen*）作为《马拉巴尔、科罗曼德尔，以及相邻诸国和强盛的锡兰岛大事记》的第三部分出版。这篇文章长久以来被认为是巴尔德的作品，但实际上，巴尔德的原创内容非常少。它基本上是《东印度教派书》（*Livro da seita dos Indios Orientais*）的译本，巴尔德却没有注明这一点。《东印度教派书》是 17 世纪早期就问世的一个手抄本，作者是卡利卡特的耶稣会神父贾科莫·范尼西欧（生卒年约 1558—1632 年）。这部作品很可能在 1663 年荷兰征服科钦时，落入巴尔德之手，而范尼西欧正是在科钦度过了人生最后的时光。巴尔德在范尼西欧著作的基础上有所增补，增加的内容来自 17 世纪中叶在苏拉特的一个荷兰人的手稿，写的是毗湿奴的十个化身（见插图 138—147），而巴尔德也没有注明自己的引用。总的来说，巴尔德的《东印度异教徒的偶像崇拜》向欧洲介绍了印度教神话，这书是一个大杂烩：范尼西欧的著作，不知名的手稿，偶尔引用罗杰和其他人的作品，以及个人的经验观察。在这部书中，巴尔德把南部和北部印度教的故事、宗教信仰和实践混在一起，显然没有意识到其中的区别。[250]

皮拉尔德对马尔代夫和拉克代夫群岛的记载是第一部、也是唯一一部基于个人经验的记载。正如诺克斯描写锡兰的书一样，皮拉尔德的作品也主要集中在南亚诸岛的自然风光和社会秩序上。当代的学者若要理解 17 世纪南亚群岛的生活，皮拉尔德的书几乎是唯一的资料来源。

17 世纪欧洲对于锡兰的介绍，其分门别类的方式与锡兰自身的区划一致，分为关于康提的资料和关于沿海地区的资料，特别是贾夫纳半岛、科伦坡和加勒。作者们都着重介绍这些地方的外部特征，却没有深入了解它们的历史和文化。他们清楚准确地描述了自然特点、动物、植物和资源。诺克斯早就被欧洲看作直接研究僧伽罗历史的第一人，他的书是其他研究者仰赖的重要资料来源，他对康提的阶级和社会种姓的介绍尤其有价值。巴尔德和施威策尔的著作虽然不像诺克斯的书那样通俗易懂，但也清晰地揭示了锡兰和科罗曼德尔两类泰米尔人的关系，准确介绍了贾夫纳和西海岸一带的印度教种姓和社会习俗。所有作者都注意到了锡兰的神庙以及兴盛的佛教和印度教。诺克斯特别清楚地讲述了印度教诸神以及社会习惯如何渗透到佛教中。这些欧洲作家都震惊于这里流行的魔鬼崇拜和对星相征兆的普遍迷信。僧伽罗语对诺克斯来说并不神秘，他还向欧洲读者简要介绍了口语的一些特点。巴尔德的泰米尔语可以满足日常交谈和书写，他给欧洲留下了第一份泰米尔语样本。对于身在锡兰的欧洲人，诺克斯所言甚少（除了康提的欧洲人），但巴尔德和施威策尔对于跨国贸易、对于康提的荷兰人、丹麦人的谈判都有丰富翔实的记载。因此，在17世纪末，锡兰开始被看作一个独立的、重要的文明之岛，而不再是印度的附庸，也不再仅是一个香料和宝石的贸易集散地。

注释：

[1] 见 *Asia*, I, 342-47。

[2] 关于群岛的资料当时在里斯本已经可查；19 世纪许多葡萄牙语资料被印出，使得上述事实更加确凿无疑。一份早在 1505 年写下的手稿从 Peutinger Codex (Munich) 被整理出来，M. A. H. Fitzler, "Die Maldiven im 16. und 17. Jahrhundert," *Zeitschrift für Indologie und Iranistik*, X (1935-36), 249-55。

[3] 这可能是因为拉克代夫这一地名（*Laksha-diva*, 意为万座岛屿）在印度地区通行的用法中包含在马尔代夫之内。

[4] 见 A. C. Burnell 和 P. A. Tiele, *The Voyage of John Huyghen van Linschoten to the East Indies from the Old English Translation of 1598* (2 vols.; "H. S.," o.s., LXX-LXXI; London, 1884, 1885), 74-76。关于林斯乔坦，见 *Asia*, I, 482-90。

[5] 又见 F. C. Danvers, *The Portuguese in India* (2 vols,; London, 1894), II,293。

[6] *Historia general de la Yndia Oriental* (Valladolid, 1603), 第 322-324 页。

[7] 此书的出版历史见上文第 396-397 页。

[8] 见 Albert Gray 和 H. C. P. Bell (trans. and eds.), *The Voyage of François Pyrard of Laval to the East Indies, the Maldives, the Moluccas, and Brazil. Translated into English from the Third French Edition of 1619* (2 vols. in 3 nos.; "HS," o. s., LXXVI, LXXVII, LXXX; London, 1887, 1888, 1890)。他的马尔代夫词典见 LXXX, 第 405-422 页。

[9] 见 *Asia*, I, 178。

[10] Gray and Bell (trans. and eds.), *op. cit.* (n. 8), I, 95. 早期欧洲作家写到的地理特征见注释 1。现在的马尔代夫共和国包括 1 087 个小岛，其中 219 个有人居住。截至 1985 年总人口为 181 453。

[11] 这个词来自马尔代夫语 *atoln*，这也许是马尔代夫语中唯一进入欧洲语言的单词。同上书，第 93-94 页，注释 2。

[12] *I,e.*, 典型的珊瑚礁在南亚和南非之间形成一个珊瑚礁带。关于这些珊瑚礁构成的现代科学描述，见 J. S. Gardiner, *The Fauna and Geography of the Maldive and Laccadive Archipelago* (2 vols.; Cambridge, 1903), I, 13, 172-83。

[13] 关于皮拉尔德记录的名字及其现代译名，见 Gray and Bell (trans. and eds.), *op. cit.* (n. 8), I, 97-99。

[14] 同上，第 93 页。

[15] 同上，第 100-101、104、257、279-280 页。

[16] 同上，第 103-104 页。现代航海指南认为有 6 条通道。

[17] 这一点并没有太多可靠的证据。马尔代夫人的起源一直被向前推，现在认为，从锡兰和印度来的达罗毗荼人、僧伽罗人、维多依人（Veddoid）在基督教诞生前的某个时段开始定居在

马尔代夫，见 T. L. Soddard *et al.*, *Area Handbook for the Indian Ocean Territories* (Washington, D. C., 1971)。探险家 Thor Heyerdahl 提倡将大海看作道路而非迁徙的阻碍，他近来在马尔代夫发现了一些废墟，似乎可以推断早在公元前 2000 年珊瑚岛上就有文明存在。见 *Chicago Tribune*, March 14, 1983。在 20 世纪 70 年代和 80 年代，有人发现 9—19 世纪的中国瓷器的碎片散布在马累的珊瑚岛上。

[18] Gray and Bell (trans. and eds.), *op. cit.* (n. 8), I, 105.

[19] 同上，第 106-111 页。在今天，任何年龄的女子都留长辫子；大多数男人还把胡子和体毛剃干净。见 Soddard, *op. cit.* (n. 17)，第 33 页。

[20] Gray and Bell (trans. and eds.), *op. cit.* (n. 8), I, 161-69.

[21] 同上，第 188-190 页。

[22] 同上，第 111-117 页。

[23] 同上，第 119-122 页。

[24] 同上，第 105，117-119 页。

[25] 同上，第 242-244 页。

[26] 同上，I, 122-23; 词汇表见 vol. II, pt. 2，第 405-422 页。

[27] 同上，I, 123。阿拉伯穆斯林在 9 世纪开始定居群岛地区。在他们的影响下，伊斯兰教逊尼派（Sunni）逐渐取代了佛教，到 1153 年成为苏丹领土上的官方宗教。这一宗教转换的过程可能是缓慢而曲折的，因为阿拉伯旅行家伊本·白图泰在 1343—1344 年曾到访群岛，还抱怨人们遵从许多非伊斯兰教的习俗和生活方式。见 Soddard *et al.*, *op. cit.* (n. 17)，第 27 页。

[28] 1674 年马累建起一座新的清真寺，皮拉尔德没看到。它的计划图见 Gray and Bell (trans. and eds.), *op. cit.* (n. 8), I，第 126 页。

[29] 马尔代夫语有两套字母表：Tana 是从古僧伽罗语而来，以梵文字母表为基础；另一个则是根据阿拉伯语改编的字母表。学校里同时教授两者，见 Soddard *et al.*, *op. cit.* (n. 17)，第 28 页。

[30] Gray and Bell , *op. cit.* (n. 8), I, 123-28.

[31] 皮拉尔德详细介绍了很多穆斯林的节日。他明确指出，穆斯林的生活是根据月相变化的历法而安排的。见同上，第 128-150 页。

[32] 同上，第 150-161 页。

[33] 同上，第 170-173 页。

[34] 同上，第 175#180 页。

[35] 这是疟疾的一种，蚊子是其传播者。这种疾病很折磨人,但不致命。见 Soddard *et al.*, *op. cit.* (n. 17)，第 32 页。

[36] Gray and Bell (trans. and eds.), *op. cit.*(n. 8), I, 180-184.

[37] 同上，第 195 页。

[38] 第二种字母是指"海岛字母"（Island letters），包括 25 个字母，从左向右书写。第三种或许是 *Gabuli tana*，它在 17 世纪的印度和锡兰非常流行，是从右往左写的。见同上，第 184-

185 页注释。

[39] 同上，第 184-187 页。

[40] 同上，第 197-201 页。

[41] 同上，第 201-207 页。

[42] 同上，第 208-217 页。

[43] 同上，第 218-227 页。

[44] 同上，第 227-231 页。

[45] 塔韦尼耶认为玛瑙贝不可能在世界其他地方找到。因为它的罕有，所以能够当作货币，"甚至美洲诸岛都使用它"。见 V Ball (trans. and ed.), *Travels in Inida by Jean Baptiste Tavernier...* (2 vols., London, 1889), I, 28。

[46] 同上，第 232-242 页；在第 232 页有一幅马尔代夫拉里的图片。玛瑙贝见本书插图 24。皮拉尔德还见到了其他铁铸币，如马来半岛上的货币（马来语，*kalang*）和西班牙雷阿尔。他写道，在马累银币比金币更值钱。马尔代夫的鱼在锡兰和印度是珍馐美味，按照今天的算法占据了出口贸易额的 90%。渔业和椰子纤维在今天仍是最重要的产业。关于现代经济方面的讨论，见 Soddard *et al.*, *op. cit.* (n. 17)，第 42-47 页。

[47] Gray and Bell (trans. and eds.), *op. cit.*(n. 8), I, 244-251. 在葡萄牙文献中找不到任何有关这份协定的资料。

[48] 同上，第 251、275 页。

[49] 同上，第 293、310-323 页。

[50] 同上，第 323 页。这种说法大体上是准确的，因为这个岛上的人们是拉克沙群岛唯一讲马尔代夫语的族群。

[51] 同上，第 323-325 页。拉克代夫曾被葡萄牙人称作 "Mammale" 岛，这是坎纳诺尔一位大商人的名字，他控制着这里的贸易。关于坎纳诺尔的统治，见 Murkot Ramunny, *Laccadive, Minicoy, and Amidivi Islands* (New Delhi, 1972)，第 17-18 页。

[52] 见 T. Raychaudhuri, *Jan Company in Coromandel, 1605-90* (The Hague, 1962)，第 86、89 页。

[53] K. Glamann, *Dutch-Asiatic Trade, 1620-1740* (Copenhagen, 1958)，第 22-23 页。

[54] 见 P. C. Alexander, *The Dutch in Malabar* (Annamalainager, 1946)，第 159、162 页。荷兰在坎纳诺尔只是有着一个小小的军火库。

[55] 一位受雇于荷兰的德意志人 Christoph Schweitzer 在 1681 年居于科伦坡期间显然得知了一些马尔代夫的事情。见 R. Raven-Hart (trans. and ed.), *Germans in Dutch Ceylon* (Colombo, n. d.)，第 74、78 页。

[56] 见 *Asia*, I, 342-45。这个小岛只有纽约州一半么大，而它的地形、气候、植物、动物和商品都被人详细记载下来。

[57] 见 Burnell and Tiele (eds.), *op. cit.* (n. 4), I, 76-81; II, 292-94。

[58] San Román de Ribadeneyra, *op. cit.* (n. 6)，第 104-106页。关于锡兰的部分主要依据马菲的文献。

[59] 参见 Tikiri Abeyasinghe, *Portuguese Rule in Ceylon, 1594-1612* (Colombo, 1966), 第 9-15 页。

[60] 见同上，第 197-199 页。

[61] A. Viegas (ed.), *Relação anual...nos annos de 1600 a 1609...pelo Padre Fernão Guerreiro* (3 vols,; Coimbra, 1930, 1931, 1941), II, 344-45. 格雷罗（I, 325）重复了他那个时代流行的"沙勿略到访锡兰"的故事。实际上，他只到了捕鱼海岸，并没有继续向南。

[62] 雅利克著作的出版史见上文第 396 页。相关文献的译文见 E. Gaspard, S. J. (trans. and ed.), "Ceylon according to Du Jarric," *Ceylon Antiquarian and Literary Register*, III; (1917-18), 163-73; IV (1918), 5-18; V (1919), 49-57。

[63] 相关文献详见上文第 443-444 页。

[64] Wouter Nijhof (ed.), *De reis van Joris van Spilbergen naar Ceylon, Atjeh, en, Bantam, 1601-04* ("WLV", XXXVIII; The Hague, 1933), *passim.* 关于锡兰一节的英语译文见 Donald Ferguson (trans. and ed.), "The Visit of Spilbergen to Celyon, Translated from Admiral Joris van Spilbergen's 'Relation,'" *JRAS, Celyon Branch*, XXX (1927), 127-79, 361-409。

[65] *PP*, V. 208-9.

[66] 同上，第 213-216 页。这个说法的资料见 T. De Bry, *Petits voyages,* Vol. VIII (Frankfurt, 1607)。 见 P. A.Tiele, *Mémoire bibliographique sur les journaux des navigateurs...* (reprint of 1867 ed., Amsterdam, 1960), 第 167-169 页。

[67] *PP*, V. 216.（在这里珀切斯是以一种反讽的语气在评论，显然他并不认为西方人应该因杀牛而下地狱。——译者注）

[68] 见 Abeyasinghe, *op. cit.* (n. 59), 第 44-49 页。

[69] 见 K.W. Goonewardena, *The Foundation of Dutch Power in Ceylon, 1638-1658* (Amsterdam, 1958), 第 7 页。

[70] Gray and Bell (trans. and eds.), *op. cit.* (n. 8), I, 140-49.

[71] 见 *Da Asia de Diogo de Couto... Dacada Quinta* （由 Livraria San Carlos 重印于里斯本，1974）, XII, 45-80; 163-80; 206-12; 454-61。英语译文及注释见 Donald W. Ferguson, "The History of Ceylon from the Earliest Times to 1600 A.D., as Related by João de Barros and Diogo do Couto," *JRAS, Celyon Branch*, XX (1909)。

[72] Ferguson (trans. and ed.), *loc. cit.* (n. 71), 第 62 页。

[73] 同上，第 62-72 页；又见 G. E.Godahunba, "Historical Writing in Sinhalese," 载于 C. H.Philips (ed.), *Historians of India, Pakistan, and Ceylon* (London, 1961), 第 75 页。

[74] Ferguson (trans. and ed.), *op. cit.* (n. 71), 第 101-102 页。

[75] 同上，第 108-117 页。18 世纪，瓦伦廷在自己的书中翻译收录了科托的文章，Sá de Meneses（见下文第 952 页）也引用过科托。

[76] 同上，第 113-114 页。

[77] 虽然现代学者大多赞同科托，但这个问题仍没有定论。直到 1974 年，Jean Fillozat 教授在日

惹（jogjakarta）举行的第六届亚洲历史国际研讨会前提交论文，证明塔普罗班纳是苏门答腊。见 S. Arasaratnam (trans. and ed.), *Francois Valetijn's Description of Ceylon* ("HS," 2d ser., CXLIX; London, 1978), 第 99 页，注释 1。

[78] Ferguson (trans. and ed.), *loc. cit.* (n. 71), 第 117 页。

[79] 葡萄牙神父和耶稣会权威奎罗兹（Fernão de Queyroz）充分而不失批判性地把科托的文章运用到自己在 1671—1686 年间撰写的巨著中。这部书首次以正规的形式出版，S. G. Perera, S. J.(trans. and ed.), *The Temporal and Spiritual Conquest of Ceylon* (6 books in 3 vols；Colombo, 1930)。编纂者 Perera 神父写道（I, 11*）："奎罗兹充分运用了科托的《旬年史》，但是他的手稿资源可以使他充分阐明、修正、批判甚至指责科托。"

[80] 见 C. R. de Silva, *The Portuguese in Ceylon, 1617-1638* (London, 1968), chap.ii 以及第 247-251 页。关于这一时期葡萄牙帝国的问题的更多资料，见 G. D. Winius, *The Fatal History of Protuguese Ceylon: Transition to Dutch Rule* (Cambridge, Mass., 1971)。

[81] 见上文第 354-355 页。

[82] 很多研究这个时代的学者曾认为萨·德·梅内塞斯是在他父亲死后几乎五十年才写下这部书。但从内在的证据来看，他应该是在 1640 年之前就完成了此书。见 C. R. de Silva, *op. cit.* (n. 80), 第 256 页。

[83] 见 John Stevens 的英语删节译本，*The Portuguese Asia...* (3 vols.; London 1695), III, 375-76。

[84] 同上，第 383 页。

[85] 由 H. H. St. George 以英文概括，收入 *JRAS, Ceylon Branch.* XI (1890), 第 427-445 页。

[86] 奎罗兹对萨·德·梅内塞斯这本小书评价很高，他受此书影响，严重夸大了康斯坦蒂诺·德·萨歼灭的僧伽罗人的人数，也夸大了他在 1618 年 Lellopitiya 战役中的兵力。见 C. R. de Silva, *op. cit.* (n. 80), 第 40-41 页。

[87] 诗人贾梅士（Camões）作品的编纂者 Antonio Alvares da Cunha 于 1689 年的里斯本发表了一首诗 *Rebellão de Ceilão*。

[88] C. R. de Silva, *op. cit.* (n. 80), 第 109-110 页。

[89] 这本书在 17 世纪出版。1701 年 Abbé le Grand 在巴黎出版了删减版的法语译本。见 D. Ferguson (trans. and ed.), "Captain João Ribeiro: His Work on Ceylon and the French Translation Thereof by the Abbé(Joachim)le Grand," *JRAS, Ceylon Branch.* X (1887-88), 263. 于 1680—1685 年间在里斯本写就的葡萄牙语原稿最终由葡萄牙科学学会在 1836 年出版。 Paul Pieris 推出了英语译本，这套书根据 20 世纪早期在科伦坡印刷的葡萄牙语版本翻译而来，总共有四个版本，上文根据 Pieris 翻译的里贝罗的 *History of Ceilão* 的第二个版本(1909 年)第 393 页。

[90] 关于曼德尔斯罗旅行的首篇简短介绍来自 1645 年 Adam Olearius（死于 1671 年），在这篇简报印刷了几个版本之后，Olearius 在 1658 年于石勒苏益格以德语出版了完整版。关于 Olearius 和曼德尔斯罗的旅行的著作在 1662 年推出了英文版，名为：*The Voyages and Travels of the Ambassadors Sent by Frederick Duke of Holstein to the Great Duke of Muscovy,*

and the King of Persia (2 vols. in 1, London)。关于锡兰，见第 111-116 页。

[91]1689 年重印。当代版本收入 NR, Vol. IV(1930)。 英语译本收入 Raven-Hart (trans. and ed.), *op. cit.* (n. 55), 第 2-23 页。

[92] 原始版本见 NR, Vol. V(1930)。英语译本见 Raven-Hart (trans. and ed.), *op. cit.* (n. 55), 第 26-36 页。另见上文第 532-533 页。

[93] 他对科伦坡的描述见 Raven-Hart (trans. and ed.), *op. cit.* (n. 55), 第 28 页。

[94] J. J. Saar, *Ost-Indianische fünfzehen-jährige Kriegs-Dienste und warhafftige Beschreibung, was sich... Von 1644 bis 1659...begeben habe* (Nuremberg, 1662).

[95] 1672 年的版本与十年后的版本书名一样。关于锡兰的部分见第 53-100 页，第 135-147 页。这个版本也收入 NR. 第 VI 卷。在序言中编者探讨了两个版本间的区别，指出区别主要在于对其他作家的注释和评论上。伍尔夫还收录了一篇前言，其中他反思了基督教国家去征服异教国家究竟是对还是错。后来的作家主要是抄袭 Saar 对锡兰的描述，贝赫尤其如此。他的原始版本在 1671 年以荷兰语译本出版。

[96] 关于巴尔德见上文第 493-495 页，以及 Donald Ferguson, "The Revernd Phillipus Baldaeus and His Book on Ceylon," *Monthly Literary Register* (Colombo), III (1895),144-48.

[97] 巴尔德著作的第三部分是 *Afgoderye der Oost-Indische heydenen*, 探讨了印度教信仰和宗教生活。Albertus Johannes de Jong 编纂的带有现代人评论的版本在 1917 年出版于海牙。全书立刻被荷兰出版者翻译成英语，在德语译本基础上的英文删减版首次于 1703 年出版，又在 1732 年、1745 年、1752 年再版。《马拉巴尔、科罗曼德尔，以及相邻诸国和强盛的锡兰岛大事记》一书中关于锡兰的部分、19 世纪 Pieter Brohier 的英译本和 S. D. Saparamadu 编纂时撰写的介绍，都收录在 *The Ceylon Historical Journal*, Volume VIII（1958-59）。

[98] 见 Saparamade (ed.), *op. cit.* (n. 97), p. xxxv.

[99] Arasaratnam (trans. and ed.), *op. cit.* (n. 77), 第 104 页。

[100] 这部书第一版中关于锡兰的描述的英译本，见 Ph. Freudenberg (trans. and ed.), "Wouter Schouten's Account of Ceylon," *JRAS, Ceylon Branch*, XI (1889-90),315-54.

[101] 同上，第 346 页。

[102] 诺克斯著作的各种重印本和删减本在 19 世纪和 20 世纪十分常见。这些版本中最近的、也是本文所依据的，是由 S. D. Saparamadu 在 *The Ceylon Historical Journal*, Vol. VI (1956-57) 中介绍和编纂的版本，在他的编纂结尾处的参考书目尤其有价值。

[103] 1694 年译成荷兰语，1700 年译成英语。重印版收于 NR, Vol. XI。一个最近的英译本见 Raven-Hart (trans. and ed.), *op. cit.* (n. 55), 第 37-82 页。

[104] Christoph Frick 的 *Ost-Indianische Räysen*（Ulm, 1692）包括一些其他的观察记载，它出自一位医生之手，这位医生曾在 1682—1683 年间到访锡兰。见 Raven-Hart , *op. cit.* (n. 55), 第 84-85 页。在这部书之后，也是刚刚进入下一个世纪的时候，Ribeiro 也写出了一份关于葡属锡兰的介绍，这本书没有立刻出版，它的删减版收于 Abbé Le Grand 的 *Histoire de l'Isle*

de Ceylon...(Paris-Amsterdam, 1701)。

[105] 见 *Asia*, I, 342-45。

[106] Baldaeus in Saparamadu (ed.), *op. cit.* (n. 97), 第 2 页。荷兰统治时期的大多数作家都以周长来表示面积，因为在沿海周边，荷兰东印度公司有自己的堡垒和居住地。当代对沙子淤积问题的研究见 B. H. Farmer, *Pioneer Peasant Colonization in Ceylon* (London, 1957), 第 191-194 页。

[107] 见 Freudedberg 的斯考顿的描述，Schouten (trans. and ed.), *loc. cit.* (n. 100), 第 328-329 页。贾夫纳半岛的语言和宗教有力地证明了它与南印度在文化上的联系。

[108] Saparamadu (ed.), *op. cit.* (n. 97), 第 1 页。"兰卡"这个名字是从印度史诗 *Ramayana* 而来。1972 年斯里兰卡把"锡兰"这个名字用作他们行政首府所在的岛屿名。"Sri"是敬语前缀。

[109] 同上，p. xxxv.

[110] 僧伽罗语，*Kanda Uda*, 或"在山顶上"。

[111] Baldaeus in Saparamadu (ed.), *op. cit.* (n. 97), 第 295-296 页。

[112] Raven-Hart (trans. and ed.), *op. cit.* (n. 55), 第 71 页。

[113] 5 月至 9 月主要是西南季风，而 11 月至 2 月是东北季风。下午的雷雨和热带气旋也能带来降雨。西南季风盛行期间，北部的干旱地区便正好处于干旱时节。见 S. F. de Silva, *A Regional Gerography of Ceylon* (Colomobo, 1954), 第 63 页。

[114] Saparamadu (ed.), *op. cit.* (n. 102), 第 7-11 页。

[115] Saparamadu (trans. and ed.), *op. cit.* (n. 97), 第 287-288 页。

[116] 同上，第 294-296 页。见第 300 页的贾夫纳和周边岛屿的地图。瓦尼有 18 个有自治权的首领（*vanniyas*），他们与荷兰东印度公司合作，与康提保持相对独立。

[117] 这可能是指 Puttoor 的水井；Baldaeus in Saparamadu (trans. and ed.), *op. cit.* (n. 97), 第 316 页。见第 324 页的城市地图。

[118] 例如斯考顿的简介，Freudenberg(trans.), *loc.cit.* (n. 100), 第 330 页。对 1681 年荷兰占领下的科伦坡的更详细介绍，见 Schweitzer in Raven-Hart (trans. and ed.), *op. cit.* (n. 55), 第 77-78 页。

[119] Knox in Saparamadu (ed.), *op. cit.* (n. 102), 第 11-18 页。巴尔德几乎不提在荷兰控制下的低地地区的水稻种植情况。锡兰的水稻种植史见 D. H. Grist, *Rice* (3d. ed., London, 1959), 第 5-6 页。对传统种植和脱粒方法的现代阐述，见同上，第 122-134 页。诺克斯这个年轻的英国人，对锡兰的了解比对欧洲了解还多，他声称锡兰的庄稼"跟我们的完全不同"。他显然没有意识到，南欧的水稻种植，特别是西班牙和意大利，从 15 世纪就有了，而且遵循相似的方法。

[120] 南亚的贫困地区，特别是水稻不充裕的地区，经常被迫靠龙爪稷为生。见 Grist, *op. cit.* (n. 119), 第 348 页。

[121] Knox in Saparamadu (ed.), *op. cit.* (n. 102), 第 18-19 页。这里指一种名为 chena 的种植方法。Chena（僧伽罗语 *hēna* 的英语化）是农民在丛林中开辟出来的小块耕地，时常转换，就是

说，在一块地上耕种几年，然后把它抛弃。详见 S. F. De Silva, *op. cit.* (n. 113)，第 202-205 页，以及 Farmer, *op. cit.* (n. 106)，第 47-50 页。

[122] Knox in Saparamadu (ed.), *op. cit.* (n. 102)，第 20-23 页。有些水果可能是由葡萄牙人引进的。关于荷兰人，巴尔德（Saparamadu [trans. and ed.], *op. cit.* (n. 97)，第 386 页）写道："现在我们成功地种植了卷心菜，还引进了 *pompelanoes*（柚子或葡萄柚）、芦笋、块根作物、小萝卜和一系列荷兰作物。"

[123] Knox in Saparamadu (ed.), *op. cit.* (n. 102)，第 24-25 页。见本卷插图 171。

[124] Knox in Saparamadu (ed.), *op. cit.* (n. 102)，第 24-29 页。锡兰的菩提树在印度叫作 pipul tree。印度教徒和佛教徒都崇拜它。在阿奴拉达普勒，有一棵菩提树据说是世界上最古老的树。公元前 288 年，一棵树苗被人从印度带来，长成了今天的神树。见 H. F. Macmillan, *Tropical Planting and Gardening with Special Reference to Ceylon* (5th ed., London, 1962)，第 441 页。

[125] 穷人经常食用的野生植物的名单，见 Macmillan, *op. cit.* (n. 124)，第 302 页。

[126] Knox in Saparamadu (ed.), *op. cit.* (n. 102)，第 30-33 页。关于马来亚地区的"四点花"（*Wormia suffruticosa*），见 E. A. Menninger, *Fantastic Trees* (New York, 1967)，第 216 页；关于茉莉，见本书插图 151。

[127] 关于椰子树及其各种产物，更多的内容详见 Behr, Raven-Hart (trans. and ed.), *op. cit.* (n. 55)，第 4-6 页。

[128] 杂食性的蛾的幼虫在锡兰很普遍，这种幼虫可以生产中档的蚕丝。外地人总想努力引进养蚕业，但总是失败，因为佛教徒反对杀生，反对杀死幼虫。见 Macmillan, *op. cit.* (n. 124)，第 413 页。

[129] 斯考顿也同意这种说法，他还补充道，这些树"都是野生的，成千上万，形成一片茂林"。（Freudenberg[trans. and ed.], *loc. cit.* [n. 100]，第 350 页）

[130] 斯考顿（同上，第 351 页）"在锡兰时曾随身携带一根肉桂木手杖，上面精致地镶嵌着桂皮"。

[131] Baldaeus in Saparamadu (trans. and ed.), *op. cit.* (n. 97)，第 389 页。Frick（Raven-Hart [trans. and ed.], *op. cit.* [n. 55]，第 85 页）写道："在死亡的威胁下，没有哪个个人敢运走这些香料。"

[132] 巴尔德在这里（第 389 页）重复了印度和锡兰流行的故事：猫鼬和眼镜蛇搏斗后就嚼这种植物。见 Macmillan, *op. cit.* (n. 124)，第 367 页。

[133] Baldaeus in Saparamadu (trans. and ed.), *op. cit.* (n. 97)，第 386-390 页。

[134] 在今天，锡兰大象"仍被看作与印度大象是不同的品种"。（S. H. Prater, *The Book of Indian Animals* [2d rev. ed., Bombay, 1965]，第 224 页）

[135] Knox in Saparamadu (ed.), *op. cit.* (n. 102)，第 34-37 页。

[136] 捕象情况详见 Herport in Raven-Hart (trans. and ed.), *op. cit.* (n. 55)，第 31 页。

[137] Baldaeus in Saparamadu (ed.), *op. cit.* (n. 97)，第 391-392 页。

[138] 见 Behr in Raven-Hart (trans. and ed.), *op. cit.* (n. 55)，第 22 页。

[139] Schweitzer, 同上，第 41 页。

[140] 同上，第 49-51 页。在这段相当长的文字中，施威策尔将有关大象的传统说法与自己的观察结合在一起。

[141] 同上，第 62-63 页。

[142] 同上，第 72 页。

[143] 见 Prater, *op. cit.* (n. 134)，第 296-297 页。

[144] 斯里兰卡山蛭（*haemadipsa zeylanica*）不分布在海边。它们身体呈棕色，约一英寸长，可以穿透薄衣料很快吸附到人的皮肤上。见 Macmillan, *op. cit.* (n. 124)，第 464 页。

[145] Knox in Saparamadu (ed.), *op. cit.* (n. 102)，第 33-44 页。

[146] 这里可能是指锡兰的几种大型猫科动物：黑豹、美洲豹、丛林猫（*kelaarti*）。施威策尔（Raven-Hart [trans. and ed.], *op. cit.* [n. 55]，第 51 页）将他所说的"老虎"描述成"有黄色和白色斑点"和"麝香气味"的动物。

[147] 施威策尔描述的是印度穿山甲（*Manis crassicaudata*），同上，第 51 页。现代的描述见 Prater, *op. cit.* (n. 134)，第 301-303 页。

[148] 见 Prater, *op. cit.* (n. 134)，第 43-44 页。

[149] Baldaeus in Saparamadu (ed.), *op. cit.* (n. 97)，第 392-393 页。Schweitzer in Raven-Hart (trans. and ed.), *op. cit.* (n. 55)，第 51-52 页。

[150] 见 W. E. Wait, *Manual of the Birds of Ceylon* (2d ed., London, 1931)，第 107 页，第 111-112 页。G. M. Henry, *A Guide to the Birds of Ceylon* (London, 1955)，第 77-78 页，第 81-82 页。

[151] Arasaratnam, *op. cit.* (n. 77)，第 181 页，注释 3："这个单词的发音有点像 *diya kāva* (Sinh.)，黑色潜水鸟，或者 *kurulla* (Sinh.)，啄木鸟；但从描述来看应该是马拉巴尔斑犀鸟。"

[152] Knox in Saparamadu (ed.), *op. cit.* (n. 102)，第 44-45 页。

[153] 或许是僧伽罗语，*kāhā-kurullā; Oriolus Xanthormis ceylonenis,* 或锡兰的黑头金莺。见 Henry, *op. cit.* (n. 150)，第 75 页。

[154] Baldaeus in Saparamadu (ed.), *op. cit.* (n. 97)，第 393-394 页。Schweitzer in Raven-Hart (trans. and ed.), *op. cit.* (n. 55)，第 52-53 页。

[155] Knox in Saparamadu (ed.), *op. cit.* (n. 102)，第 45-46 页。

[156] Baldaeus in Saparamadu (ed.), *op. cit.* (n. 97)，第 394-398 页；又见 Schweitzer in Raven-Hart (trans. and ed.), *op. cit.* (n. 55)，第 85-86 页，以及第 120 页注释。

[157] 这种蟒蛇是杂食性的，但对大型动物特别有兴趣，特别是鹿。见 Frank Wall, *Ophidia Taprobanica, or the Snakes of Ceylon* (Colombo, 1921)，第 57 页。

[158] 同上，第 560-564 页。

[159] 关于这个可怕的姿势见同上，第 463-466 页。

[160] 同上，第 172、177 页。

[161] 同上，第 496 页。

[162]同上，第 90 页。

[163]同上，第 478 页。以及 Schweitzer in Raven-Hart (trans. and ed.), *op. cit.* (n. 55)，第 53、119 页。

[164]Schweitzer in Raven-Hart (trans. and ed.), *op. cit.* (n. 55)，第 119 页。以上所有内容在 Knox in Saparamadu (ed.), *op. cit.* (n. 102)，第 47-50 页都有提及，施威策尔对此做了补充。

[165]当地人对绿色鞭蛇至今仍抱有这种看法，见 Wall, *op. cit.* (n. 157)，第 294 页。

[166]但从字面描述来看，它又不像是 *Typhlops braminus*，即盲蛇，虽然僧伽罗语的名字指的是这种蛇；从描述上看，它更可能是 *Bungarus ceylonlonicus*，锡兰金环蛇，见同上，第 9 页，第 451-457 页。

[167]关于锡兰的毒蛇咬伤的各种有效治疗方法，目前有一个清单，见 Macmillan, *op. cit.* (n. 124)，第 317 页。

[168]以上关于沿海的蛇类和毒虫的介绍，来自 Baldaeus in Saparamadu (ed.), *op. cit.* (n. 97)，第 398-400 页；又见 Schweitzer in Raven-Hart (trans. and ed.), *op. cit.* (n. 55)，第 53-54 页，第 119-120 页。

[169]*Op. cit.* (n. 94)，第 55 页。

[170]Knox in Saparamadu (ed.), *op. cit.* (n. 102)，第 50 页。

[171]Baldaeus in Saparamadu (ed.), *op. cit.* (n. 97)，第 402 页；这也许是一条不真实的传闻。

[172]诺克斯描述的国王的服装样式，见插图 158。

[173]参见 Knox, Saparamadu (ed.), *op. cit.* (n. 102)，第 52-54 页。

[174]Olearius, *op. cit.* (n. 90)，第 115 页。

[175]Knox in Saparamadu (ed.), *op. cit.* (n. 102)，第 54-58 页。

[176]同上，第 59-62 页。

[177]同上，第 62-65 页。

[178]同上，第 65-68 页，他的母亲是天主教徒，父亲是和尚。

[179]同上，第 68-69 页。康提政府的体系是绝对的君主专制，君主是政权和教权的最高领袖，参见 F. A. Hayley, *A Treatise on the Laws and Customs of the Sinhalese, Including the Portions Still Surviving under the Name Kandyan Law* (Colombo, 1923)，第二章第一部分的描述。

[180]Knox in Saparamadu (ed.), *op. cit.* (n. 102)，第 70-74 页。

[181]这是根据诺克斯的罗马日历推算的，根据格里高利历法则是 4 月中旬。见 E. F. C. Ludowyk (ed.), *The Story of Ceylon* (London,1962)，第 116 页，注释 2。

[182]见 Knox in Saparamadu (ed.), *op. cit.* (n. 102)，第 74-76 页。

[183]同上，第 76-78 页。

[184]同上，第 79-80 页。

[185]同上，第 80-84 页。

[186]同上，第 86-89 页。

[187]同上，第 89-91 页。

[188] 同上，第 92-96 页。关于 1664—1665 年彗星的记载，见 G. W. Kronk, *Comets: A Descriptive Catalog* (Hillside, N. J.), 第 10-11 页。

[189] 关于僧伽罗人源自中国的传说在葡萄牙人到来前就有，而在锡兰有不只一个版本。巴罗斯和其他葡萄牙作家试图为这个说法寻找历史的和语言学的根据。见 *Asia*, I, 342-43。

[190] Knox in Saparamadu (ed.), *op. cit.* (n. 102), 第 97-98 页。

[191] 今天，维达人的部落还在锡兰中央的东部和南部最艰险最难以接近的地区。关于他们的起源见 N. Wijesekara, *Veddas in Transition* (Colombo, 1964), 第 23 页。

[192] 当僧伽罗人形容一件从未发生过的事情时，他们就说"像维达人建房子一样"，见同上，第 68 页。

[193] 根据在亚洲的欧洲人记载，这只是几个无声交流的例子之一。这个故事出现在里贝罗和奎罗兹以及后来的作者笔下。维达人使用的弓箭见同上，第 85-86 页。

[194] 维达人的木版画见插图 170。注意：这个维达人还抽烟斗。

[195] Wijesekara, *op. cit.* (n. 191), 第 98-101 页。现代人类学家也这样区分两类维达人。

[196] 同上，第 101-104 页。

[197] 关于这个种姓见 Bryce Ryan, *Caste in Modern Ceylon* (New Brunswick, N. J., 1953), 第 78 页，注释 28。

[198] 这里可能是指 *Radala*, 是 *Govigama*（耕地者）的次种姓，"耕地者"在今天仍然是大种姓，至少占僧伽罗社会的一半人数。关于康提贵族见同上，第 98-99 页。

[199] Knox in Saparamadu (ed.), *op. cit.* (n. 102), 第 105-107 页。

[200] 见 Arasaratnam (trans. and ed.), *op. cit.* (n. 77), 第 38 页，第 66-82 页。

[201] Knox in Saparamadu (ed.), *op. cit.* (n. 102), 第 107-110 页。

[202] 关于僧伽罗奴隶制的本质及其宽容温和的特点，见 Hayley, *op. cit.* (n. 179), 第 133-145 页。

[203] Knox in Saparamadu (ed.), *op. cit.* (n. 102), 第 111-114 页。Ryan (*op. cit.* [n. 197], 第 133-134 页) 也完整引用了诺克斯对这个种姓的描述，并认为诺克斯的说法"在今天仍然可靠"。N, Yalman, *Under the Bo Tree* (Berkeley, 1967), 第 60 页，大体上也同意诺克斯对种姓的划分，即康提山区有三类种姓：Goyigama 及其次种姓（这里诺克斯没有说得很清楚），做工的种姓，最低贱的种姓。

[204] Knox in Saparamadu (ed.), *op. cit.* (n. 102), 第 114-115 页。

[205] 南部海岸和宾坦那的神庙，见 Baldaeus in Saparamadu (ed.), *op. cit.* (n. 97), 第 381 页。

[206] 同上，第 382-384 页。宗教游行的画面见第 382 页。

[207] Knox in Saparamadu (ed.), *op. cit.* (n. 102), 第 115-117 页。女人总是被认为有些"不洁"，因为她们来月经。这也是为什么在收割和打谷时女人的工作只是将粮食从田里运到打谷场。见 Yalman, *op. cit.* (n. 203), 第 107 页，注释 3，以及上文第 961 页。

[208] 这种打扮的僧侣的画像，见 Knox in Saparamadu (ed.), *op. cit.* (n. 102), 第 120 页。

[209] 同上，第 117-118 页。

[210]同上，第119-121页，诺克斯的"第三类宗教"是指那些奉行本土传统的神祇和仪式的宗教，这些神明和仪式在几个世纪中已经逐渐并入印度教，成为印度教的诸神和仪式，比佛教略低一等。见 Ryan, *op. cit.* (n. 197), 第43-44 页。关于"虚假信仰"的记载，参见 Behr and Schweitzer in Raven-Hart (trans. and ed.), *op. cit.* (n. 55), 第8、45 页。

[211]关于星辰和天体之神，见 J. Cartman, *Hinduism in Ceylon* (Colombo, 1957), 第82-83 页。

[212]Knox in Saparamadu (ed.), *op. cit.* (n. 102), 第121-125 页。这里是不是指"魔鬼鸟"的叫声？

[213]同上，第125-127 页。关于卡达拉迦马战神，见 Ryan, *op. cit.* (n. 197), 第211 页，注释6。

[214]Knox in Saparamadu (ed.), *op. cit.* (n. 102), 第128 页。

[215]同上，第128-131 页。"对于17世纪这一宗教的诸状况的最好记载，就是罗伯特·诺克斯。"（H. Kern. *Manual of Indian Buddhism* [Varanasi, 1968], 第132-133 页，注释8)

[216]诺克斯试图解释——像他在其他地方做的那样——僧伽罗人对个人苦难(*duka*)的看法。见 M. M. Ames, "Magical-animism and Buddhism: a Structure Analysis of the Sinhalese Religious System," in E. B. Harper (ed.), *Religion in South Asia* (Seattle, 1964), 第23 页。

[217]巴尔德作为加尔文教徒，认为（Saparamadu [ed.], *op. cit.* [n. 97], 第384 页）"这个民族并不顽固"、"统治者对于某种宗教没有特别的压迫"，许多人"改变信仰，成为罗马天主教徒"。

[218]Knox in Saparamadu (ed.), *op. cit.* (n. 102), 第132-133 页。

[219]同上，第135-137 页。

[220]同上，第137-138 页。

[221]同上，第138-140 页。关于食物及夫妻之间的关系，见 Yalman, *op. cit.* (n. 203), 第108 页。又见本书插图168。

[222]Knox in Saparamadu (ed.), *op. cit.* (n. 102), 第140-142 页。作为一个未婚的外国人，诺克斯不得不自己做饭（同上，第227 页）。妻子的义务见 Yalman, *op. cit.* (n. 203), 第109 页。

[223]Knox in Saparamadu (ed.), *op. cit.* (n. 102), 第142 页。

[224]同上，第142-143 页。佛教规定丈夫的五大义务之一就是为妻子提供衣饰。参见诺克斯对男子服饰的描述，Baldaeus in Saparamadu (ed.), *op. cit.* (n. 97), 第385 页。

[225]Knox in Saparamadu (ed.), *op. cit.* (n. 102), 第143-144 页。一个"体面的妇人"的形象，见同上，第152 页。

[226]同上，第145-148 页；关于婚外情见 Ryan, *op. cit.* (n. 197), 第156 页。关于高等种姓妇女的纯洁性，见 Yalman, *op. cit.* (n. 203), 第177 页。

[227]关于康提的婚姻观念以及20世纪的婚礼，见 Yalman, *op. cit.* (n. 203), 第159-180 页，及 Ryan, *op. cit.* (n. 197), 第29-32 页。

[228]关于婚姻在当代的稳定性，见 Yalman, *op. cit.* (n. 203), 第185-188 页。

[229]Knox in Saparamadu (ed.), *op. cit.* (n. 102), 第148-151 页。

[230]关于不受种姓限制的农业劳动，见 Ryan, *op. cit.* (n. 197), 第180-181 页。

[231]Knox in Saparamadu (ed.), *op. cit.* (n. 102), 第152-157 页。

[232] 同上，第 151-161 页。

[233] 同上，第 161-167 页。用石头来"逼取罚款"的图示，见第 168 页。

[234] 这部词典所对应的现代僧伽罗语，见 D. W. Ferguson, "Robert Knox's Sinhalese Vocabulary," *JARS, Ceylon Branch, XIV* (1896), 155-99。

[235] 现代学者将僧伽罗语列为印欧语系的一种，而泰米尔语属于达罗毗荼语系，两者在语法和结构上差异很大。从语言学的证据上来看，显然是印度北部的殖民者先到达锡兰，但具体是印度东北还是西北上有争议。见 Wilhelm Geiger, *A Grammar of the Sinhalese Language* (Colombo, 1938)，第 vi-viii 页。

[236] 关于家族和世袭姓名头衔的现代研究，见 Yalman, *op. cit.* (n. 203)，第 142-148 页。

[237] Knox in Saparamadu (ed.), *op. cit.* (n. 102)，第 167-174 页。

[238] 婆罗米文稿中的巴利文。

[239] Knox in Saparamadu (ed.), *op. cit.* (n. 102)，第 175-187 页。类似的现代葬礼见 Cartman, *op. cit.* (n. 211)，第 157-161 页。康提国王的葬礼和火化的详细描述及图示，见 Baldaeus in Saparamadu (ed.), *op. cit.* (n. 97)，第 58-61 页。

[240] 虽然南印度和锡兰两地的泰米尔种姓体系有明显联系，但锡兰地区仍有自己的特色，见 Cartman, *op. cit.* (n. 211)，第 132 页。

[241] 群岛地区的岩层中储备着丰富的水资源，打井即可获取。见 S. F. de Silva, *op. cit.* (n. 113)，第 241 页。

[242] Baldaeus in Saparamadu (ed.), *op. cit.* (n. 97)，第 351-354 页。

[243] 同上，第 371-372 页。关于锡兰种姓，近来的研究没有给予巴尔德应有的关注。

[244] 同上，第 372-377.

[245] De Jong, (ed.), *op. cit.* (n. 97)，第 xxiv 页。Jong 认为巴尔德不会阅读泰米尔语和梵语。

[246] P. R. Bachmann, *Roberto Nobili*, 1577-1656 (Rome, 1972)，第 253 页。

[247] 1672 年版第 191-198 页。这些语言材料在巴尔德著作的现代版本中没有被保留下来。关于这些字母，见 Ph. S. Van Ronkel, "De eerste europeesche Tamilspraakkunst en het eerste Malabaarsche Glossarium," *Mededeelingen der Nederlandsche Akademie van Wetenschappen*, n. s., V (1942), 543-545；其英语译本，泰米尔文本的现代译本，以及对巴尔德的泰米尔字母表的发音等方面的注释，见 J. A. B. Van Buitenen and P. C. Ganeshsundaram, "A Seventeenth Century Dutch Grammar of Tamil," *Bullentin of the Deccan College Research Institute* (Poona), XIV (1952-1953),168-82。

[248] Baldaeus in Saparamadu (ed.), *op. cit.* (n. 97)，第 344-347 页。

[249] 同上，第 354-370 页。希腊的婆罗门在社会上的主导地位略逊于南印度的婆罗门，锡兰婆罗门主要依附于寺庙。见 Cartman, *op. cit.* (n. 211)，第 134-135 页。

[250] 对这部作品的现代批评见 De Jong(ed.), *op. cit.* (n. 97)。Jarl Charpentier 有两篇文章论证了巴尔德的作品和他的资料来源之间的关系："Preliminary Report on the 'Livro da seita dos

Indios Orientais'（Brit. Mus. Ms. Sloane, 1820）"，*Bulletin of the School of Oriental Studies* (London), II（1922-23），731-54；以及 "The Brit. Mus. Ms. Sloane 3290, the Common Source of Baldaeus and Dapper,"同上，III（1923-25），413-20。

第十三章　科罗曼德尔

究竟哪些沿海和内陆部分属于"科罗曼德尔"，关于这个问题，欧洲16、17世纪的资料都难有定论。[1] 这一时期大多数作家和地图绘制者大致认为，科罗曼德尔位于印度东侧，在戈达瓦里河和科摩林角之间，其地域从海岸向内陆延伸直至高止山脉东侧。荷兰东印度公司职员安东·斯格尔（Anton Schorer）在马苏利帕塔姆居住了七年，他在1616年声称科罗曼德尔的疆域"从马纳尔湾（Menar）到奥里萨邦（Orissa）海岸起始处的讷尔萨布尔（Narsapor, Narasapur，戈达瓦里河南部入海口）"，荷兰东印度公司在那里有4座商栈。[2] 也有人认为它从戈达瓦里河向北延伸，包括奥里萨邦海岸。由于欧洲人不断插手戈达瓦里以南的戈尔康达、马杜赖等国的事务，加上奥里萨邦此时陷入与莫卧儿的政治纠纷，科罗曼德尔在我们的定义中就仅剩下半岛的东南沿海平原一带，往内陆方向最远到奥里萨邦北部边境和高止山脉的东部地区。[3]

在16世纪的大部分时间里，科罗曼德尔属于维查耶纳伽尔的印度皇帝。1564—1565年，穆斯林联盟——阿迈德那格尔、比贾布尔、戈尔康达、比德尔在达利戈达（Talikota）给了维查耶纳伽尔致命一击，将他的首都变成一片废墟。印度皇帝遭受重创后，在仅存的领土——当时人们称之为"卡纳蒂克王国"[4]——上惨淡经营，努力孕育着下世纪复兴的萌芽。戈尔康达和比贾布尔 999一度向卡纳蒂克北部边境施压，而这个弱势的印度国君也尝试着夺回克利须那河南岸地区。这片原属皇室的土地根据各自通行的语言分成了三个辖区：北部讲泰卢固语，西部讲卡纳拉语，东部和南部讲泰米尔语。每一个新辖区都由蒂鲁马拉（Tirumala）皇帝（约 1569—1572 年在位）的一个儿子管理。这些皇室子嗣中最有权势的是文卡塔二世（Venkata II，约 1586—1614 年），到 1599 年，他的辖区已经从科摩林角到本内尔河（Penner River），紧邻比贾布尔和戈尔康达。

大约在 1592 年前后，文卡塔在昌德拉吉里（Chandragiri）建立了他永久性的首都，希望能够更紧密地控制泰米尔地区的"总督"（nayaks，即地方长官）和轻骑兵（poligars）。京吉、坦焦尔（Tanjore）和马杜赖的长官统辖着科罗曼德尔南部的大部分领土，艰难地抵抗着文卡塔的收编。韦洛尔（Vellore）长官与京吉结盟，成了第一批不安分的反抗者。1604 年，文卡塔攻陷韦洛尔，两年后这里成了他的行宫。文卡塔又趁胜追击京吉叛军，1608 年攻占京吉。在文卡塔统治期间，坦焦尔长官始终是国王忠诚的助手，尤其支持他对抗穆斯林和葡萄牙。马杜赖的长官穆图维拉帕（Muttuvirappa，约 1606—1623 年在位），起初没有公开造反，但在文卡塔统治的最后几年已经不再给他进贡。1614 年文卡塔逝世，叛乱四起，泰米尔地区爆发了一场公开的内战，时断时续，一直到 1630 年才平静下来。再往后，维查耶纳伽尔皇帝常年患病，1672 年逝世。在皇朝覆灭后，只有美勒坡和马杜赖两个印度城邦还独立于穆斯林帝国。随着内战的进行，经济和道德的崩溃使科罗曼德尔对外部势力毫无抵抗力。比贾布尔和戈尔康达向南扩张，荷兰和英国也在这里建立据点，开始在政治和经济上控 1000制泰米尔海岸。[5]

葡萄牙在孟加拉湾贸易中投入了大手笔，于 16 世纪在奈伽帕塔姆（Negapatam, *Nagapattanam*）和美勒坡（Mylapore）的圣多默教堂（San Thomé）建立了聚居点。其他葡萄牙商人在普里卡特（Pulicat）、马苏利帕塔姆和其他科罗曼德尔港口活动。17 世纪早期，美勒坡在法律上归属京吉，奈伽帕塔姆属于坦焦尔。但实际上葡萄牙移民和商人主导了两个城镇，虽然葡萄牙人在这里没有一处军事据点。地方政权和葡萄牙基本保持友好；但这些城镇在"印度诸国"中的法定地位仍然模糊不清。毋宁说，以马六甲和科伦坡为依托的葡萄牙舰队控制着这些城镇，把它们当作海上贸易的便利前哨。17世纪初，天主教方济各会、耶稣会和多明我会的修士们在这些城镇和周边地区为基督徒服务。1608年文卡塔击败京吉长官后，美勒坡名义上属于坦焦尔管辖。随着维查耶纳伽尔的危机接二连三的出现，葡萄牙实际上全权控制了这些地方。

1605年荷兰出现在科罗曼德尔海岸，里斯本、果阿和耶稣会士开始更直接地关注这些聚居点及其防卫问题。然而，直到1642年，葡萄牙宣布从西班牙独立，又在马六甲败给荷兰，此后奈伽帕塔姆的葡萄牙人才被划归果阿管辖，配备防卫部队，建立堡垒。这时美勒坡和奈伽帕塔姆各自已有7 000左右的居民。到了1658年，在攻陷科伦坡的同时，荷兰也兵不血刃地占领了奈伽帕塔姆。美勒坡——1640年英国人还在其附近设立商栈——在70年代受到戈尔康达的持续攻击。1674年，荷兰从美勒坡派出一支法国人组成的开拓团，并将美勒坡置于戈尔康达管辖之下。[6] 后来，葡萄牙的政治和军事统治的痕迹消失了，但葡萄牙的语言和天主教信仰却在这两个城镇以及整个沿岸地区的日常生活中继续发挥影响。

第一节　耶稣会的事业

林斯乔坦早就注意到早期葡萄牙人和耶稣会士在科罗曼德尔海岸的活动，他对此的记载在16、17世纪之交传回了欧洲。根据自己在果阿的见闻，林斯乔坦认为"果阿是一个物产丰富的国家"，相比在印度西海岸地区，葡萄牙和其他欧洲国家在这里的各项活动更加蓬勃兴旺。葡萄牙从迈拉索尔、奈伽帕塔姆和马苏利帕塔姆购买棉布，转到孟加拉湾、勃固、暹罗和马六甲出售，换取其他的东方货品。科罗曼德尔的染布"在印度地区很受欢迎，因其精良的手工……被看得比丝绸还贵重"。彩色和带图案的花布叫作"Rechatas"（或Regatas）[7]或"Cheyias"（chelas，从泰米尔语 *seelai* 而来），它们一般被出口到更东边的国家，或者作为欧洲人和印度人的服装面料。妇女们身穿一种名为"Sarassa"（印地语，*sarasa*，意为"极好的"）的珍贵面料制成的短裙，"有的还以金线或银线缝制"。[8] 在海岸地区，人们"种植又高又粗的芦苇（印度籁竹 [Bambusa arundinacea]，一种竹子）"，通常用来制作轿子。[9]

　　在 17 世纪的前二十年，耶稣会士的书信集和传教的历史在欧洲出版，也包括科罗曼德尔的宗教发展和世俗事务的详细报告。耶稣会士自沙勿略开始，在美勒坡、捕鱼海岸和特拉凡科尔陆续开展活动，16、17 世纪之交，他们又在贾夫纳、马纳尔湾和科罗曼德尔拓展新的事业。[10] 耶稣会巡阅使（Jesuit Visitor）尼古拉斯·皮门塔（Nicolas Pimenta，1546—1614 年）在 1597 年启动了这项新事业。1599 年 1 月，他曾写信向罗马的总会长阿夸维瓦（Acquaviva）汇报南部传教点的概况。不久，回信经由美勒坡的教长西芒·德·萨（Simão de Sá）和果阿的"耶稣会士之家"的前任教长阿维尔的曼诺尔·达·维加（Manoel da Veiga of Aveiro），从昌德拉吉里的首都传到皮门塔手里。1601 年，这些信件和关于孟加拉、马六甲的资料一起以拉丁文在罗马出版。这本 160 页的书内容充实，很快再版，到 1602 年已经有了意大利语、法语、德语和葡萄牙语译本。[11] 实际上，这本书是在告诉基督教世界：维查耶纳伽尔也像北方王国的阿克巴皇帝一样，对基督教持开放态度，耶稣会得到了文卡塔二世的支持。在这本书之后，1602 年又出现了一本意大利语书信集，其中皮门塔的代理人维加神父汇报了他 1599 年至 1600 年从奈伽帕塔姆到昌德拉吉里（Bisnaga）的传教之旅。[12] 1625 年，塞缪尔·珀切斯从这两本书中摘录、编辑了部分内容，以英语出版。虽然珀切斯遗漏了一部分信件，但他把这些资料整理为简洁明了的英译本，后来读者所接触的大多也是这个版本。[13]

1002

　　欧洲人知道 1597 年特拉凡科尔与马杜赖的战争。在庞尼卡亚尔（Punical），皮门塔见到了恩里克·恩里克斯（Henrique Henriques），他比沙勿略早五十二年来到捕鱼海岸；恩里克斯大约在 1600 年去世，与皮门塔见面时，他"身体健康，每天以马拉巴尔语（泰米尔语）写作"，记录宗教事务。[14] 在"Paravelines"（Paravas），即捕捞珍珠的种姓的聚居地"佩里亚帕塔姆"（Periapatan [Periapatam，或 *Periyapattanam*]），两位神父决定在拉姆纳德王国（Ramnad）

开创传教事业。在奈伽帕塔姆，弗朗西斯科·佩雷斯（Francisco Peres）神父（死于 1583 年）被看成一个圣徒，所有来到东方的葡萄牙人都会赶到这里集会，特别是在冬季。皮门塔记载了自己从奈伽帕塔姆到美勒坡为期十二天的旅行，其间他路过一片美丽而肥沃的土地，那里有无数的神庙和偶像。这些巨型神像被人们搬来搬去，从一地到另一地，"放在板车上，看起来像座塔，几千人用肩扛着它迁徙"。[15]

奇丹巴兰姆（Cidambaran，南阿尔果德 [Arcot] 的 Chidambaram）是"人们所信仰的母亲，有许多供奉她的奢华的神庙"。当时的京吉长官克里希那帕（Krishnappa Nayaka）接待了耶稣会士。这位长官负责修建奇丹巴兰姆的神庙，他热情地会见了耶稣会士，对他们不嚼蒌叶感到很吃惊。他当时正谋划修建一座"新城"，为此向神父求助。[16] 皮门塔提到，在"Perimal"（泰米尔语 Perumāl，意为独一无二，是毗湿奴的诨名）神庙，人们崇拜一只名为哈努曼（Hanimant）的猿猴。这个猴神据说可以跳过大海来到锡兰，它每次降临就创造一个小岛；据说葡萄牙人在半个世纪之前找到并烧毁了猴子的牙齿。奇丹巴兰姆这个名字意为"黄金之链"，来自一个传说：神在一个圣徒面前起舞，从脚上掉下一条金链。[17] 皮门塔记载了由此衍生的一个争论：是否应根据长官的意志让"毗湿奴的象征"（藏在猴子脚上的金箍棒）进入神庙。尽管人们强烈反对，自杀，或以其他方式威胁，长官克里希那帕还是"在神庙的地界内竖起了一根金箍棒"。[18]

受到长官及大臣们欢迎的耶稣会士，继续从奇丹巴兰姆游历至美勒坡。后者"曾是科罗曼德尔王国的首都"，而当时属于"维查耶纳伽尔国王"。在耶稣会士的翻译中，这个统治者有着冗长复杂的头衔，他住在昌德拉吉里（Chandegrin）[19]，从前"拥有广阔的土地，从科摩林角到果阿各个小王国，整个沿海地区"。而如今，曾经的下属"脱离了他的统治"，他也卷入了与马杜赖的战争。在美勒坡时，皮门塔指派西芒·德·萨（1560—1614 年）作为圣多默耶稣会学院的教长，命令他尽快开展内陆地区的传教工作。当地基督徒出资兴建了一所学校，为 Badagades（从泰米尔语 *vtakkar* 而来，意为"北方人"）的孩子提供教育，这些"北方人"主宰着维查耶纳伽尔的官僚体系。学校旁边是一所"马拉巴尔学校（这里的马拉巴尔指的是泰米尔），这里教授官员们使用的泰米尔口语（或者说俗语）和泰卢固语"。圣多默镇本身"以天主教教堂、使徒墓园、圣多默在小山上的房子、他在山上殉难以及十字架奇迹而著称"。[20]

1004

耶稣会士从这里一路到京吉，"这是我们在印度见过的最繁华的城市，比葡萄牙除里斯本之外的所有城市都要大"。以往的耶稣会士们也来过这里，都得到了克里希那帕的热情招待，皮门塔想借此机会感谢他。在停留的几天中，皮门塔详细描述了京吉老城区的繁华。[21]统治者向这些客人展示了自己的财富。神父们对"两只伟大的陶罐"很感兴趣，里面的水是瑜伽派信徒从恒河带回京吉的。在城堡内部，神父们还看到了一个操场、一所军火库和"一个珠宝储藏室"。统治者向他们展示了坐落在韦洛尔河口的"新城"（克利须那帕塔姆 [Krishnapatam]），希望教士们能"在新城建立聚居点并建一座教堂"，颁给他们一份泰米尔语和泰卢固语的授权书，还许诺他们 200 片黄金的薪水。耶稣会士继续南下，走到戈莱伦河（the River of Colocam [Coleroon]），他们在那里受到"Choogana"（Solaga）——克里希那帕的一位"又老又严肃"的封臣——的热情接待。

耶稣会士们又经德伦格巴尔（Tranquebar）到坦焦尔，"这里的城墙是用粗糙的大石建造的"。统治者阿克尤塔帕长官（Achyatappa Nayaka，约 1560—1614 年）"已经颓废厌世，做好准备迎接死亡"，他的 70 位妻子"将会活活跟他的尸体一起被焚毁"。[22]根据皮门塔的记载，马杜赖的克里希那帕二世（约 1595—1601 年在位）"非常迷信，把宫殿当作供奉 Idol Chochanada（Cokkanāta，或湿婆）的场所"。[23]这个统治者每天听讼，一个婆罗门坐在他旁边，"高呼 Idoll Aranganassa（Aranganatan，或斯里兰干 [Srirangam] 的湿婆）"。[24]

在一封来自美勒坡的信中（1598 年 11 月 19 日），西芒·德·萨提及"一座客栈，那里住着 300 个要去蒂鲁帕蒂（Tripiti [Tirupati]，靠近昌德拉吉里）朝圣的婆罗门，那个地方有一尊著名的神像"。在那里，他们崇拜"各种形式的帕努马（Perumal）、人、公牛、马、狮子、猪、鸭子、公鸡"。这个富饶的村子里有许多活泼的猴子，它们都很温顺，"人们把这群猴子看作一群神明，与帕努马有着密切的关系"。[25]1599 年 9 月，曼诺尔·达·维加写下了他从美勒坡到昌德

1005

拉吉里的旅行。在蒂鲁沃卢尔（Trivalur [*Tiruvallur*]，在圣多默附近），他们见到了"一个在夜间肃穆前行的游行队伍"，一头大象打头，后面跟着"30个舞娘（*devadāsi*），这些女人是人们献给神明、为神服务的，她们不能结婚，但大多数人都卖淫"。抬神像的人和周围的僧侣"都靠神庙的收益为生"，普通人持灯跟着这尊神像。神像最终被停放在一座庙里，四个婆罗门献上贡品，为他表演一系列仪式。耶稣会士们刚到达昌德拉吉里，就获准修建教堂和自己的住处，可以竖起十字架，可以传教。梅尔基奥·科蒂尼奥（Mélchior Cotignas [Melchior Coutinho]，1571—1610年）在1600年的一封信中提到，印度教徒相信日食月食现象是"龙（他们的一个星座）吃掉"了太阳或月亮。在蒂鲁帕蒂的"帕努马婚宴"上，国王和朝臣都会出席、观看凯旋的车辆游行；"婚宴"的前一个月，还有"牛（Kow）"的盛宴，"因为人们认为帕努马是牛的儿子"。[26]那一年的盛宴上，有传言说，国王放话"只要自己还没死，就要对坦焦尔（Tangoor）长官（Naichus）阿克尤塔帕（Astapanaicus）宣战"。[27]在昌德拉吉里，居民主要是"婆罗门（Bramenes）、王侯（Rajus or Kshatriyas）、吠舍种姓（Cietius, Vaisyas?）"。据说"最高等的人出自帕努马的头，第二等出自他的胸，第三等出自腹部，其他贱民和俗人则出自他的脚"。[28]维加还给皮门塔带来了文卡塔的信，信中文卡塔对于耶稣会派遣教士表示了感谢。

　　葡萄牙耶稣会士费尔南·格雷罗，以及他来自波尔多的法国同事皮埃尔·杜·雅利克对耶稣会在南印度的活动做了更系统的描述。[29]在十年的信件往来中，格雷罗汇报了1600—1609年南印度（也包括在保教权的其他地区）的宗教状况。杜·雅利克在他的三部曲著作的第三部分记载了1600—1610年的状况。他关于南印度的素材大多来自耶稣会书信，特别是格雷罗的。最后，他按照地区对格雷罗的描述进行了总结，并以自己的材料做了些补充。

1006　　格雷罗详细介绍了捕鱼海岸、南印度最早的耶稣会传教团和葡萄牙人聚居的地区。1601年，耶稣会从杜蒂格林的学院遥控着22个教区，16个在沿海，6个在内陆，这些教区由20个神父管理，其中17个是教区神父，3个是俗人修士（Lay brothers）。^① 在整个传教历史上，欧洲人把全部"Paravas"（珍珠捕捞者）种姓都变成了基督徒，当时约有 9 万人之多。珍珠捕捞者是印度最虔诚的基督教族群，他们尤其崇拜亨德里克（死于 1600 年）在杜蒂格林的祠堂和墓碑。有的人尽管在宗教信仰上是基督徒，但仍能成为马杜赖长官的合法下属。直到 1600 年，整个海岸地区的印度长官都对外来宗教持宽容态度，葡萄牙人的宗教因其能与阿拉伯抗衡而受到欢迎。17 世纪初，穆图·克里希那帕（约 1601—1609 年在位）决定重建自己的权威，结束"Maravas"人的无政府状态——这些人是拉姆纳德王国靠抢劫为生的、"野蛮和残暴的"林区居民。作为一项新政策，更重的税赋加在了信基督教的珍珠捕捞者身上。1602 年，维加亚帕蒂（Vigiabodi [Vijayapati]，拉姆纳德王国附近）的首领（Palaiyarakan）阿里亚·帕努马（Ariya Perumal）和反对基督教的人们开始逐步压迫科摩林角和捕鱼海岸的马纳帕图（Manapadu [Manappatu]）一带的基督徒。在一次袭击中，300 名基督徒进攻维加亚帕蒂，包围城镇并杀死了阿里亚。耶稣会并未被这些事件挫败，他们仍努力在"Maravas"人的地盘上继续传教事业。^[30]

　　为了惩罚基督徒的暴动，统治者继续加重他们的税赋，马杜赖方面派出了一支军队去重建秩序。于是，许多信基督教的珍珠捕捞者从杜蒂格林逃往沿海无人居住的小岛。杜蒂格林的"国王"（Udaiyan Sethupati?）和马杜赖长官每年都要向葡萄牙当局进贡，以保护自己不受摩尔人和野蛮人的袭击。不过，这两地的统治者也通过基督徒领袖（patangatins [泰米尔语，*pattankatti*]）——他们是刑事和民事方面的审判官——对基督徒课以重税。这些地方长官认为自己地位高于宗教机构，对基督徒实行残酷的迫害。许多基督徒从杜蒂格林及其周边移民到附近"国王的"岛屿上。在长官德·萨丹哈（De Saldanha）的许可下，珍珠捕捞者难民开始建设自己的岛屿，建造船坞和仓库。在这里，珍珠捕捞者可以受到葡萄牙人的保护，不必再屈从于摩尔人、印度教徒或荷兰人。如果有船在他们岛屿附近失事，他们会保留所有打捞上来的东西，不必把它们交给

1007

_____

① Lay brothers 指未受神职的修士，通常是做一些辅助性的杂务工作，又称庶务修士、平信徒修士、凡人修士、助理修士等。——译者注

印度长官，而印度官员通常就靠没收沉船货物来养肥自己。尽管就在"林中暴徒"Marava 人的村庄附近，印度长官的大批军队虎视眈眈，但珍珠捕捞者还是能依靠葡萄牙人的保护，他们也把自己打捞的东西同葡萄牙人分享。这一地区的和平稳定是非常重要的，通往拉姆斯瓦伦（Ramanacor [Ramesvaram]）的朝圣之路必须确保能够安全通行，那里有"东方最神圣的神庙"。[31]

在捕鱼海岸，耶稣会和葡萄牙人备受马杜赖的威权压迫，而他们的同胞在卡里米尔角（Point Calimere）北部的港口城市过着惬意的生活。这些港口没有一个像杜蒂格林那么发达，但它们的政治环境对外国人更有利。圣多默（美勒坡）在 16 世纪成为最重要的葡萄牙人聚居地和印度东海岸的基督徒中心。方济各会是第一批来这里耕耘的欧洲人，他们建立了修道院和教堂。大约从 1550 年起，耶稣会开始向当地人传教。在捕鱼海岸和印度西海岸，基督教事业有葡萄牙人的武装支持，虽然这里缺乏这种条件，但他们很快就成功地赢得许多改宗者。17 世纪早期，葡萄牙聚居点逐渐繁荣起来，圣多默的方济各会的马卓·德·德许（Madre de Deus）教区已经有 5 000 多名欧洲和当地基督徒。[32]

到 1597 年皮门塔到访印度时，传教活动已经遍及圣多默及其周边地区。有差不多 6 个耶稣会士在学院工作，根据当时的记载，若要进一步在内陆传教，人手还远远不够。欧洲神父以及管理外国人聚居点的葡萄牙官员都在尽全力维持圣多默葡萄牙社区的稳定。美勒坡的当地人由坦焦尔长官指派的"adigar"（地方官）管理，他们都是维查耶纳伽尔皇帝的臣民。这个小政府以皇帝和长官的名义派发税赋劳役。

欧洲人和当地人之间经常发生争论，甚至演变成骚乱和冲突。根据格雷罗的记载，印度教徒诬告耶稣会利用不正当的强权来传教。地方官和葡萄牙人都没有足够的权力和政策去控制城市中经常爆发的混乱。1606 年，圣多默的葡萄牙人和美勒坡的印度教徒爆发了一次不同寻常的大冲突，以放火劫掠告终，长官被迫逃往其他城市，发函报告文卡塔二世，将责任推到葡萄牙人头上。文卡塔二世被人们的冲动鲁莽激怒了，他转而对抗葡萄牙，威胁要摧毁他们的聚居点。耶稣会学院的教长尼古劳·莱万托（Nicolau Levanto）尽力斡旋，通过不断地解释和送礼来安抚愤怒的皇帝。

1008

为了使东海岸的教士们更加尽心尽力，1606 年 1 月 9 日，教皇保罗五世发布了一条命令，将美勒坡从科钦教区中分离出去。美勒坡主教将负责整个科罗曼德尔、奥里萨、孟加拉、勃固地区。奥古斯丁修会的塞巴斯蒂奥·德·索·佩德罗（Sebastião de São Pedro）被任命为第一任主教，1608 年来到印度。[33]

在科罗曼德尔，新来的美勒坡主教管理着从奈伽帕塔姆北至马苏利帕塔姆沿海一带的宗教事务。圣多默耶稣会学院仍保留着管理基督徒的权力，这一点凌驾于文卡塔二世的政府权力之上。在奈伽帕塔姆和其他沿海地区，方济各会是第一个到这儿开拓宗教事业的团体。[34]1597 年之后，耶稣会才开始在奈伽帕塔姆建立聚居点和教堂。不久他们又把这一套机构带到了附近的德伦格巴尔，那里是个"整洁的城市，有些信基督的珍珠捕捞者住在那儿"。1607—1608 年，耶稣会士们从圣多默继续推进，北至普里卡特和阿玛贡（Arimagão [Armagon]），南至"七座宝塔"（Seven Pagodas）和波多诺伏。无数的偶像、神庙以及当地人对神像的崇拜使这些修士深感震惊。在圣多默向北至马苏利帕塔姆的一些港口城市，他们遇到了摩尔人，得知葡萄牙人的货运和贸易在荷兰人的劫掠竞争下日益衰败。京吉长官曾准许荷兰人在戴维那帕塔姆（Devanapatam）建立据点，耶稣会甚至动用了他们在皇室的影响力迫使京吉长官收回成命。1610 年，莱万托神父作为文卡塔的特使，劝说京吉的克里希那帕长官驱逐荷兰人，荷兰人修了一半的据点就这样落到了葡萄牙人手里。[35]

关于维查耶纳伽尔、昌德拉吉里和文卡塔二世政府，杜·雅利克的描述比格雷罗的更加广泛生动。杜·雅利克详细界定了维查耶纳伽尔——葡萄牙商人称之为"昌德拉吉里王国"、作者们一般叫它"Narasinga"——的范围。[36]这两个别名都体现着耶稣会在文卡塔统治时代的历史，这些历史就记载在出版和未出版的传教书信中。皮门塔曾要求圣多默耶稣会向昌德拉吉里派驻传教团，此后西芒·德·萨教长很快与昌德拉吉里的一个基督徒商人（后来在圣多默定居）取得联系。通过商人从中协调，耶稣会士得以被引荐给文卡塔的岳父奥波（Oboragiu, Obo, 王爷）。1598 年 10 月，德·萨神父和弗朗西斯科·利奇（Francesco Ricci，约 1545—1606 年）应王爷邀请前往昌德拉吉里。不久，皇帝和皇储"Ranga"就公开接见了他们。文卡塔身着黄衫，背靠靠垫，坐在高

1009

高的、带有软垫的皇座上，在他旁边的显然就是王储了。奥波和他的兄弟也坐在软垫上，在皇帝对面。两位神父和其他朝臣站在皇帝的高台附近，排成一排向皇帝致意。皇帝亲切地询问了神父的来意，他认为他们是托钵僧（*sannyasis*）甚至古鲁（*gurupis*，即有修养的僧人）。皇帝指派给他们两个村庄，让他们建立教堂。他还给了他们一顶金色轿子，这种轿子只用于古鲁和贵族。两个教士回到圣多默，向皮门塔汇报了这次成功的外交，要求他派出传教士前往昌德拉吉里开展活动。[37]

1599 年 8 月，负责新的传教工作的曼诺尔·达·维加神父在秘书利奇的陪同下前往昌德拉吉里。几个月后，梅尔基奥·科蒂尼奥也加入进来，三个人立刻着手在奥波捐赠的土地上建造教堂和房屋。1600 年，英国画家亚历山大·弗雷（Alexander Frey）教友来到这里暂居。耶稣会没能从指定的两个村庄里得到任何资助，倒是文卡塔给了他们一笔年金，往后每年如此，直到 1603 年。虽然他们得到文卡塔个人的支持，但传教工作仍然十分艰难，婆罗门对他们也怀有敌意。1604 年韦洛尔失陷后，耶稣会决定，一部分人必须跟着文卡塔转移到新的驻地。1606 年利奇去世，他在昌德拉吉里的工作由两个意大利人——数学家、天文学家安东尼奥·鲁比诺（Antonio Rubino）神父和艺术家巴特罗梅·冯蒂波纳（Bartolomeo Fontebona）神父接替。这个时候，圣多默爆发了一场暴乱，这场暴乱使文卡塔对耶稣会翻脸，命令教士们离开昌德拉吉里宫廷，回到圣多默去。[38]

在耶稣会与文卡塔第一段"蜜月期"中，耶稣会士们有很好的机会去观察维查耶纳伽尔的宫廷生活。毗湿奴的信徒文卡塔宽容地听取耶稣会士宣讲他们的教义和灵魂救赎之类的东西。他向神父们咨询一些世俗事务，特别是战争、商业、科学和绘画——有时他还派这些神父担当特使。婆罗门塔塔卡亚（Tatacharya）是文卡塔的私人宗师，他问文卡塔，神父们吃肉怎么还算托钵僧？文卡塔回答说，因为他们保持贞洁，不娶妻子。皇帝对神父们展示的基督教题材的绘画特别有兴趣，包括沙勿略、罗耀拉、葡萄牙国王的肖像。1607 年，耶稣会士结束了流亡圣多默的生活，获准回到昌德拉吉里，冯蒂波纳马上为国王画了肖像，鲁比诺带给文卡塔一张世界地图，上面用泰卢固语标示着各个王国、

1010

四大元素和"十一重天"（eleven heavens）。耶稣会士上一次到来时，他最宠
爱的王后是奥波的女儿奥波亚玛（Oboyama）；皇帝把普里卡特赐给她，让她管
理。王后也像她的丈夫和父亲一样，对耶稣会士颇有好感，还帮助他们在普里
卡特——正是荷兰人觊觎的港口——建立聚居点。根据格雷罗的说法，神父们
目光长远，不断学习当地语言和习俗，力求先转化身居高位的重要人物。[39]

　　耶稣会士们对仪式、节日和印度教的游行特别感兴趣。他们去了蒂鲁帕
蒂（Tripeti），这是个美丽的大城市，离昌德拉吉里不远，而昌德拉吉里相当于
"这些城市中的罗马"；整个东方的信徒们都带着贡品来蒂鲁帕蒂神庙朝圣。[40]
周边地区的首领们为这些朝圣者、特别是婆罗门提供歇脚的凉棚，给他们热情
的照顾。当朝圣者走近神像时，他们要反复默念神像的名字"哥文达"（Goya
[Govinda]?）。[41] 进入神庙之前，他们按婆罗门的吩咐，剃掉胡须、头发并沐浴，
表示洗净罪恶。[42] 1598 年，耶稣会第一次到达昌德拉吉里时，文卡塔正在城外
的行宫与皇后共享欢宴。从皇宫到郊外的出行队伍浩浩荡荡，盛况空前：

　　　　队伍打头是一位皇家首领，一个穆斯林，他身后是一支骑兵小队
　　和四五头大象，军人都佩戴着华美的丝质肩章，以不同颜色表示级别。
　　在这之后是笛手、鼓手、吹管手演奏着优美的乐曲。乐手们坐在骆驼
　　上，由许多步兵引导。接着是军官（Delevays [dalavays]），他们身后
　　是大批的步兵，带着长矛、火枪和其他武器。步兵身后有一队皇家大
　　象，被贵族们簇拥着前进。再往后是一面大铁锣……四人抬着，四个
　　士兵不断地击锣……国王坐在金色的轿子上，有一队仆人和朝臣跟随。
　　四个随从为他撑起华贵的伞盖。其中一人走在他身后，举着带图案的
　　旗帜——洁白如雪的长尾巴野牛，所有东方人都分外崇拜它。接着是
　　大鱼旗和狮子旗，挂在高高的旗杆上。后面还有其他图案。旗队之后
　　是这个国家的宰相，然后是储君 Range。再往后是国王的妻妾，她们
　　坐在金光闪闪的轿子里，轿子上装饰着华丽的锦缎、无数的珍珠和宝
　　石。每顶轿子旁边都有两块丝绸帐子，用来遮挡阳光；陪同她们的侍
　　女也坐在华丽的金银轿子里……队伍两旁还有许多仆人，他们走在主

1011

人身边，拿着金色或银色的折扇为主人扇风。一行人以如此阵仗走到郊外行宫，在一天内又以同样方式走回来。由于回来已经天黑，人们点起很多火把，亮如白昼。[43]

1607 年 1 月 27 日，菲利普国王致信文卡塔，感谢他对耶稣会的好意，并向他保证"由于你为耶稣会所做的一切，我也很乐意满足你的任何要求"。[44]在回信中，文卡塔许诺会继续善待耶稣会，"以我全部的兵力和实力"去帮助果阿总督对抗"我们共同的老对手"摩尔人，并且阻止荷兰人在戴维那帕塔姆建据点。[45]虽然荷兰人建立据点的工作停止了，但这段信件往来中所预示的善意却在未来几年内迅速消失。1608 年至 1609 年，尽管婆罗门及其追随者对耶稣会发起攻击，文卡塔还是保持着他对耶稣会的好意。同时，菲利普三世开始听信一些人的话，他们批评耶稣会在南印度传教失败，批评耶稣会将基督教的信仰和实践与印度教混同。1610 年 3 月，国王命令总督，让耶稣会首领从昌德拉吉里和韦洛尔撤回。1611 年年底，耶稣会听从了国王的命令，传教团从此再也没上过文卡塔的朝廷。作为回应，文卡塔转而对抗葡萄牙人。他准许荷兰人接管普里卡特的据点，又包围了圣多默九个月。在突围的过程中，葡萄牙人得到了当时最强大的封建君主——坦焦尔长官的帮助。1614 年文卡塔去世，葡萄牙人利用了此时圣多默连续不断的危机，袭击了普里卡特的荷兰人。[46]

当诺比利在马杜赖的所作所为传到欧洲，当时的耶稣会作家纷纷把注意力转向马杜赖。[47]他们想起贡卡洛·费尔南德斯（Gonçalo Fernandes）神父似乎在 1595 年曾被派往马杜赖，前去管理珍珠捕捞者的教务工作，协助他们与世俗君主、马杜赖长官沟通。[48]耶稣会士们坦率承认，当地并没把基督教当回事，因为人们认为那是低等的珍珠捕捞者和葡萄牙人的宗教。印度教徒鄙视基督教，因为他们喝葡萄酒，吃肉，与贱民、轿夫和其他低等人结交。一个婆罗门宁可饿死，也不吃低等人经手的食物，他们绝不与低等人有任何接触，甚至躲开贱民的影子。因为这样的态度，费尔南德斯在马杜赖的传教几乎没有效果。由于他年事已高，疲于奔命，1606 年，罗伯特·德·诺比利（Roberto de Nobili）被派来做他的伙伴和助手。诺比利是意大利耶稣会士，是著名的红衣主教斯福尔扎（Cardinal Sforza）的侄子。

格雷罗详细介绍了诺比利如何离开费尔南德斯，而葡萄牙是如何在他的努力下得到了印度人的尊重。诺比利试图给旧局面带来一些新变化，他声称自己也是高等种姓，与婆罗门和贵族王侯一样。为了劝说印度人，他也吃大米、牛奶和蔬菜，不吃肉、鱼、鸡蛋和葡萄酒，请婆罗门为他做饭。正如在中国传教的许多教士一样，他也按知识阶层的风格着装；穿上神圣而有学问的托钵僧的衣服，这使他的传教事业取得了初步胜利。他搬出了费尔南德斯的住所，自己找了个简单的住处，像个隐士那样，终日学习、思考，接见来访者。

他的第一个老师是费尔南德斯雇来的高等种姓的老师，这个人对费尔南德斯少有顺从，对基督教也毫无兴趣，即使他已经协助费尔南德斯将基督教义翻译成泰米尔语和泰卢固语。[49] 在1606年2月25日的一次日食之后，[50] 诺比利开始向老师询问印度教信仰。他们谈了二十天，每天四五个小时，直到印度老师承认多神信仰和灵魂转世的错误。[51] 诺比利给这位教师举行了秘密洗礼，并赐他教名"阿尔伯特"（Alberto）。在阿尔伯特的带领下，许多印度高等种姓的人改信了基督，成为诺比利的追随者。

然而这秘密不久被曝光了。阿尔伯特之前的老师、一个在宫廷中颇有影响的潘达拉（pandara，泰米尔语 pandāram，首陀罗种姓的托钵僧）希瓦达哈马（Sivadharma）指责阿尔伯特接受基督教是对他的种姓和家族的玷污。这个潘达拉及其支持者会见了诺比利，与他讨论印度人对"Chocanada"（Cokkanāta）——马杜赖最重要的神明——的信仰。[52] 耶稣会士指出了他的信仰中的错误，最后潘达拉被说服了，离开诺比利的住处后，他也宣称自己改信基督教，并承诺帮助诺比利传教。他建议诺比利像掌握着神明律法的古鲁那样打扮。诺比利反对，因为对于一个誓守贫穷的基督徒来说，那种打扮太奢华了。可这位潘达拉说："神父，如果你只想自己获得救赎，你可以按你的想法来打扮；但你若把救赎之路教给别人……你必须……尽可能地……接受这个国家的习俗。"[53]

诺比利听从了这个建议，根据格雷罗的记载，在当时人们还不宽容基督教的情况下，他先接受了当地的"sandassas"（？）。他像一个贞洁的隐士那样生活，穿着长及脚面的浅黄色长袍，外面穿一件同样颜色的短罩衣，肩上披着朱

1013

红或浅黄色的围巾；头上盘一条"biretta"（即头巾）。他脖子上佩戴着一条五股织带，三股线是金色，两股是黄色，带子下悬挂着十字架。三股金线代表三位一体，另两股是指基督的肉体和精神。

在一个年轻婆罗门的指导下，诺比利和一位欧洲同事学习婆罗门的语言、文学和科学。诺比利可以熟练掌握泰米尔语的口语和文字。他阅读了泰米尔历史典籍，记诵了不少法律条文，还能背出他们最著名的诗人的诗句。他能够吟唱他们的韵文，令听者如痴如醉。现在，他又开始学习"Gueredão"（Grantha，梵语的泰米尔字体），这种文字之于婆罗门，相当于拉丁语之于欧洲人。此时他已经能够熟练读写梵语了。他运用印度典籍来与印度人辩论，他证明印度传统上就不相信多神教，而只信一个无形的上帝。他的信徒将福音传遍其他地方：达拉普兰（Daraporão [Dharpuram]）和马纳姆特拉（Manamaduré [Manamaturai]）。[54] 1608 年秋天，他为 13 个优秀的信徒举行洗礼，其中有些人是"totias"（泰米尔语，*totti*），这是一个人数众多的高等种姓，遍布孔坎（Conquam，低地国家）的所有城市村庄，从贝姆帕拉（Bembar [Bempara, Bempiaer]，杜蒂格林北部）向北直到昌德拉吉里。[55]

诺比利之所以能转化这些印度教徒，尤其是婆罗门，是因为他深刻掌握了他们的律法（吠陀经）。他发现，古代印度有四部吠陀经，只有三部——关于毗湿奴、梵天和湿婆的——还在由婆罗门传诵。第四部吠陀经是关于灵魂救赎的一整套教义，已经失传，而印度教徒们声称，没有人有足够聪明能恢复第四部吠陀经。在印度教的秘密典籍中有这样的说法：尽管有三部吠陀经的指引，真正的救赎仍不可能。这样一来，人们就以为只有此岸世界而没有灵魂救赎。但人们又苦行，捐助，定期去神庙，可见他们对灵魂救赎这一点深感焦虑。诺比利引用他们的经典，全力劝说：他们生活在罪中，而没有真正的信仰，善行也是没有用处的，圣保罗曾劝说雅典人信奉他们"未认识到的上帝"，诺比利也按照圣保罗的做法，告诉印度教徒：他自己从遥远的地方来，来告诉他们那种婆罗门认为已经消失了的真正的灵魂救赎之路。为了恢复失去的律法，为了学得它的真意，人们成为了诺比利的信徒，从他那里接受了"dixi"（泰米尔语，*tītcai*，意为入教）——这种仪式意味着成为基督徒。[56]

1014

1608 年，诺比利又取得了进一步的突破，他与当地古鲁建立了联系。这些宗教领袖向地方长官抱怨道：诺比利的信徒不再崇拜"Chocanada"神庙或任何印度教神明。信徒们把诺比利看作"Mori"，即一个精神上的苦行者和宗师，他来到马杜赖，是想否认印度教的象征和仪式的有效性，以此摧毁印度宗教。"Chocanada"的僧侣请求地方长官镇压诺比利和他的学说，认为他对印度的宗教和国家都是一个威胁。对诺比利的指控可以概括为七条：他宣称印度教的神明是虚假的；他嘲讽印度教的三位一体，而提出自己的三位一体学说，把印度教的三个神——梵天、毗湿奴、湿婆形容为怪物；他否认"Chocanada"是 14 个世界的神，认为它什么都不是；他预言有场洪水摧毁神庙和林伽（lingão [lingam]）；[57] 他将尊贵婆罗门变成基督教的信徒；雇佣婆罗门为仆，这是玷污婆罗门种姓，因为他自己就是个土耳其人或者其他什么低等民族；最后，他学习婆罗门的神圣典籍，以此反对婆罗门。

1015

婆罗门如此指控诺比利和希瓦达哈马。最后，审判的日子敲定了，800 名婆罗门前来旁听。一位诺比利的反对者当原告，希瓦达哈马作为被告代表。指控诺比利的人说：

> 让我告诉你们，啊，婆罗门，我们当中有个人自称 Saniassa（托钵僧），可他比最低等的欧洲人（frangue, Frank）还要低贱。Saniassa 是过着严苛生活的、贞洁的、追求精神的人。Frangue 是指葡萄牙人和其他欧洲人，但让我们抛开肤色不论，只说说他在我和另一位婆罗门面前所做的亵渎神明的事，说说在场的这位——他身边的婆罗门学者。他声称婆罗门的教义都是虚假和欺骗，捐助别人不算是一种美德。他宣扬在拉姆斯瓦伦海里或在恒河里沐浴不会带来救赎；[58] 他认为世俗贵族比婆罗门更尊贵，认为我们当中没有人掌握着关于真神的知识，认为这片土地上的人民永远得不到救赎。
>
> 那么想一想吧，哦，婆罗门，想想这个人所指责的我们的愚蠢。只有他知道真正的上帝；那么我们所敬重的那些饱学之士——Nhanis（泰米尔语，*nāni*，指一个掌握许多精神方面的知识的人）和

Saniasses——又算什么呢？难道只有这个人懂得救赎吗？

他甚至试图带坏我的朋友，但我劝他们千万不要听从他，因为这将使他们堕入地狱。为了证明我言非虚，我希望他的老师（指希瓦达哈马）能够为我作证……

年轻的希瓦达哈马向众人鞠躬，为自己在尊贵听众面前的冒失和莽撞致歉，接着，他说：

这位婆罗门指控我服侍一个低等欧洲人，就因为我的"Aier"（泰米尔语，*aiyar*，意为主人）是个白人。这说明不了任何事情，因为我可以用同样的逻辑指控原告是最低贱的贱民，因为在我们国家里高等和低等种姓都是同样的肤色。这难道不也证明了在其他国家，人们完全可能肤色相同、等级相异吗？

连原告也不得不同意了他的逻辑，但原告进一步强调，指控的其他内容才是要点。希瓦达哈马继续说：

原告和他的朋友向我的主人、即神父询问：一个按自己方式生活的人能否获得永恒的荣耀？他回答说：有两种生活，一种仅仅充斥着仪式，对于救赎没有任何帮助；另一种则包含了知识、爱、为神献身，这是获得荣耀的唯一道路。原告又问：如果一个人不知道上帝，只会去恒河和拉姆斯瓦伦朝圣，又会怎样？我的主人说，他当然不会获得荣耀。婆罗门于是就指控说：神父认为我们的宗教是虚假的。仅仅在恒河沐浴就能获得救赎——这是原告自己发明的法则，我们的书中可没有这么说。

这时，主持审判的婆罗门对原告说：

1016

你显然非常无知，错误地理解了这位欧洲托钵僧的话。如果你觉得仅仅在恒河沐浴并用灰烬擦拭身体就能获得救赎，那就大错特错了。如果这位托钵僧真的这么说，那么他是一个饱学之士，对我们的教义非常了解。

希瓦达哈马继续说：

> 对于原告的第二部分指控，即关于捐助的说法，我的主人也以同样的方式回答：若是不认识上帝，这些善行对于救赎都是没有用处的，在拉姆斯瓦伦和恒河沐浴也是同样道理。至于说贵族首领高于婆罗门的指控，神父只是说：人类有许多成员，就像身体的各部分，领袖好比头脑，这并不意味着他们比别人更尊贵，只是因为他们在政治上管理我们这些成员，即使婆罗门也在他们的保护之下，也要服从他们的管理。最后，主人还说，在这片土地上，极少数人——如果还有些人的话——能获得救赎，因为极少有人知道上帝。但他没说根本没人知道上帝，也没说只有他自己知道上帝、能获救赎。[59]

尽管诺比利赢得了他与婆罗门的官司，但马杜赖对他的审判仍没过去。1609 年，随着他的宗教团体的扩张，诺比利决定建一座更大更华丽的教堂。为了达成这个目的，他从自己居住地的首领（poligar）艾路马卡提（Heremechiti Naique [Erumaikatti]）手中要来一块合适的土地。[60]当工程开始时，婆罗门可以看到，从墙的高度到教堂的格局，无不显示出这是个宏伟的建筑。他们的嫉妒再次被激起，流言四处播撒，被诺比利改造的基督徒的人数被远远夸大了。侍奉"Chocanada"神明的首席婆罗门认为，这块地皮属于神庙，没人有权处置它。他谴责诺比利是个卑鄙的人，是个"欧洲人"，与费尔南德斯同吃同住。首席婆罗门声称为了惩罚诺比利的无礼，他将征求"大长官"（Great Nayak）的许可，驱逐耶稣会。婆罗门一行人还拜访了诺比利，详细调查他的背景和动机。神父谦和地回答了他们的问题，但他们并不满意，傲慢的婆罗门扬长而去，声

1017

称要采取一切报复手段。然而，当诺比利承诺为地皮付款时，他立刻改变了口气。购地成交后，婆罗门向神父表示了友好并承诺保护他。[61]

　　格雷罗总结了诺比利的成功经验，指出越来越多的高等种姓改信基督，有男有女，甚至有一个艾路马卡提的家臣。葡萄牙作家把诺比利的成就归功于上帝的恩典，归功于他把宗教与马杜赖当地情况相结合的做法。格雷罗颇为赞许地写道，诺比利在新年时准许信徒们煮食米和牛奶。因为根据当地习惯，在新年不煮米和牛奶是极大的不敬，所以在基督的恩典下，信徒们可以这样做。[62]格雷格高度评价了诺比利研习印度教的做法，赞赏他能够运用它们辩论的能力。格雷罗又谈到有两名当地基督徒被送到科钦的耶稣会学院，在那儿很受欢迎。他对马杜赖传教事业的描述截至 1609 年，这部著作本身就是一套建立在书信资料上的布道，其中格雷罗盛赞基督教在马杜赖的成功，并预言，在信仰的激励下，传教事业未来将更加辉煌。[63]

第二节　荷兰人和英国人的出现

　　葡萄牙和耶稣会在科罗曼德尔巩固他们的地位时，荷兰也在许多港口城市开拓自己的地盘。1605 年，荷兰人获得在马苏利帕塔姆——穆斯林统治的戈尔康达的主要港口——的贸易权。第二年，他们考察了普里卡特，一致认为要在戈尔康达的另一个港口尼赞帕塔姆（Petapoli [Nizampatam]）展开贸易。1606年 8 月，他们获准修订戈尔康达进出口贸易条约，接着又在尼赞帕塔姆和马苏利帕塔姆建立起商栈。1608 年，荷兰东印度公司将马苏利帕塔姆的商栈提升为科罗曼德尔地区的主要商栈。

　　荷兰人一方面巩固自己在戈尔康达的地位；另一方面，也寻求在科罗曼德尔南部的印度人统治区开展贸易，和圣多默、奈伽帕塔姆的葡萄牙人竞争。普里卡特地区能够直接购进布料，而这又是香料群岛必需的商品，荷兰人就在这一点上做文章。他们还被普里卡特的中心地位所吸引，这里就在美勒坡北边，较少受戈尔康达的穆斯林统治者的影响。普里卡特本身离荷兰人不远，1608—

1018

1610 年，他们与京吉长官签订了一系列协议，在圣多默以南的"Tierepopelier"（Tirupapuliyur）建立商栈。1610 年，京吉长官同意在自己的地盘驱逐除荷兰人以外的所有欧洲商人。

1610 年，文卡塔二世在韦洛尔接见了荷兰使团，双方签订协议——尽管有葡萄牙人和耶稣会从中阻挠——开放普里卡特贸易。1610 年年末，普里卡特成为荷兰东印度公司在科罗曼德尔海岸的行政中心。葡萄牙人也还没有与文卡塔决裂，也在继续骚扰荷兰，并在 1612 年洗劫了普里卡特的商栈。宗教方面，撤出耶稣会士的决定彻底终结了葡萄牙在此地的影响力。[64] 在普里卡特的管理者奥波亚玛王后的帮助下，荷兰人在 1613 年建成了他们的赫尔德里亚据点（Fort Geldria）。1614 年文卡塔逝世后，南科罗曼德尔地区的商业因内战停滞了两年。1616 年，尽管南科罗曼德尔和戈尔康达地区仍问题不断，但荷兰东印度公司已经开始通过普里卡特的"政治"中心来控制整个科罗曼德尔的商栈。[65]

在欧洲，通过英国东印度公司职员的描述，荷兰在科罗曼德尔的活动引起广泛关注。1607 年，荷兰管理层意识到纺织品贸易的重要性，这项贸易可以从孟加拉湾发展到更东边的香料群岛，是一场商业探险。但直到 1611 年，他们才有能力派出一支船队去考察孟加拉湾，在科罗曼德尔海岸展开贸易。两名荷兰商人皮特·弗洛里斯（Pieter Floris）和卢卡斯·安特尼（Lucas Antheunis）受英国人雇佣，拓展科罗曼德尔的商贸。他们开始了为期四年（1611—1615 年）的"环球"号之旅，调查孟加拉湾，特别是科罗曼德尔的经营条件。弗洛里斯曾于 1605—1608 年在马苏利帕塔姆担任初级代理商，他以荷兰文记下了这次"环球"号旅行的全过程。1615 年返回英国后不久，弗洛里斯逝世。一位不知名的荷兰人将他的日志译成英文，而这份译文手稿一直保存在印度事务部（India Office），直到 1934 年才编辑出版。1625 年，珀切斯选摘、转述了这份译稿，把它和此次航行的船长同伴纳撒尼尔·马丁（Nathaniel Martin）收藏的航海日志一并出版。此后，在 1625—1934 年之间，所有版本的弗洛里斯的《日志》（*Journal*）都是再版、缩略本或珀切斯版本的转译。[66]

从 1611 年 8 月到 1612 年 4 月，弗洛里斯考察了科罗曼德尔海岸的诸多港口，1613 年 12 月至 1614 年 12 月返航。在他第一次出行中，弗洛里斯得知

1019

荷兰在特纳帕塔姆（Tegnapatam）、普里卡特、尼赞帕塔姆和马苏利帕塔姆都有商栈。在普里卡特，荷兰人向他展示了文卡塔的特许令，除了莫里斯国王的子民之外，所有欧洲人都不得在此经商。王后指派的女长官"Kondamma"和港口总管（shahbandar）都一再强调这条禁令，并建议英国人直接和文卡塔沟通。英国人不想在这里浪费旅行时间，于是继续前往尼赞帕塔姆和马苏利帕塔姆。他们从马苏利帕塔姆给贡德伯莱（Condapoli [Kondapalle]）的米尔·朱木拉（Mir Sumula [Mir Jumla]，官职，戈尔康达首席执政官）送去一份礼物，这位长官在贡德伯莱耗尽了当地的所有收益。1612 年 1 月 20 日，戈尔康达的统治者穆罕默德·库里·库特布沙（Cotobara [Muhammad Quli Qutb Shah]，约1580—1612 年在位）逝世，因为国王没有子嗣和其他直接继承人，人们担心在马苏利帕塔姆会出现"大规模骚乱"。依靠着米尔·穆·敏（Mir Mu miu）的智慧，先王的侄子被选为领袖，从而避免了国家的危机。新国王穆罕默德·库特布沙（Mahamud Unim Cotobara，约 1612—1626 年在位）和他的前任不同，他不喜欢波斯人和戈尔康达的米尔·朱木拉，认为他们是"暴乱的源头"。英国人没有从这场政治变故中获益，弗洛里斯与穆斯林官员在关税问题上吵了一架后，就离开了马苏利帕塔姆。[67]

当他们再回到马苏利帕塔姆的时候（1613 年 2 月 19 日），英国人在港口遇到了"詹姆斯"号（James），这条船和另外两条荷兰船是"特别派来支持我们这次旅行的"。弗洛里斯和他的同事们受到新任官员们的友好接待，以普通的税率卖出了不少货物。1614 年 2 月，弗洛里斯前往"Narsapur Peca"（位于戈达瓦里河西南方河口的讷尔萨布尔），这里是科罗曼德尔海岸最主要的造船中心，负责船只的修复。4 月，阿玛查（Atmachan）总督去戈尔康达向"主管大臣，他的朋友马利克·图萨（Malick Tusar）"做年度汇报。5 月，维查耶纳伽尔的公文寄到马苏利帕塔姆，批准了弗洛里斯的请求——"如果我去那里，他们必须给我一片领地，对抗普里卡特的据点，在领地中我们享有一切所需要的特权"。弗洛里斯又向维查耶纳伽尔派出一名信使，请求安全通行权。7 月29 日，韦洛尔的使团带回了"Gaul"（安全通行证）和文卡塔的"Abestiam"（abhayahastam?），"这东西是一条白布，上面有文卡塔用檀香和藏红花颜料留下的手印"。使团还带来了王后和普里卡特官员的信函，还有一封皇帝的信，"这封信是用金叶子写的，表示他热盼我们的到来，让我们选择自己喜欢的领地"。尽管国王排斥荷兰人，但他允许英国人修建据点，把一个小镇的收益都分派给他们，"并承诺在我到那儿以后，帮我们更多的忙"。弗洛里斯认为，文卡塔这样做是在回应普里卡特人民的诉求，因为人民过去"每年眼看着英国船只往来，却无法从他们身上得到任何利益"。就在英国人要依靠文卡塔的优惠政策大展拳脚时，文卡塔和他三个妻子逝世的消息在 10 月传到马苏利帕塔姆。"恐怕要有大麻烦了"，弗洛里斯这样写道。

在继续谈判期间，弗洛里斯在讷尔萨布尔和首都戈尔康达一带经历了一场大洪水，那里的房屋和石桥都是"精雕细琢，为欧洲所少有"，它们都被暴涨的河流和翻腾的洪水席卷而去。他还记录了 11 月 21 日的一次印度教节日，"这种仪式每年三次，赶在新月出现的星期一"。男男女女，包括婆罗门和"Cometis"（Kōmati，一个泰卢固商人种姓）都要在海里沐浴，"寓意罪恶得以赦免"。[68]为了追讨货款，弗洛里斯挟持了地方长官的儿子，把他囚禁在"环球"号上。他威胁说，"除了他自己的排泄物"，这个年轻的婆罗门"将没吃没喝"。弗洛里斯最终达到了目的，并且一拿到货款就向戈尔康达的统治者写信抱怨。他还派遣使者返回韦洛尔，把这些信送给第一艘到达普里卡特的英国轮船。1614 年 12 月 7 日，在与马苏利帕塔姆统治者仍未和解的情况下，弗洛里斯启程返航。[69]

塞缪尔·珀切斯在 1625 年出版的《珀切斯游记大全》中转述了弗洛里斯的记载，这个坚韧不拔的旅行家还想把威廉·梅思沃尔德（1592—1625 年）的《戈尔康达记》（*Relations of Golconda*）也编入自己的著作中。为此珀切斯曾请求梅思沃尔德写下自己的经历；这样一来，《戈尔康达记》一书就成了专为珀切斯而作的，旨在扩充《珀切斯游记大全》中关于科罗曼德尔海岸的信息。尽管梅思沃尔德的《戈尔康达记》完成得太晚，没有来得及被编入《珀切斯游记大全》，但珀切斯还是在 1626 年第四版扩充版的《珀切斯游记大全》末尾收录了它。梅思沃尔德是一个英国职员，于 1618 年至 1622 年在马苏利帕塔姆工作，被誉为"精于描写，熟练掌握荷兰语和法语"。仔细阅读他的《戈尔康达记》，我们可以发现，梅思沃尔德有着良好的教育，有观察的天赋和对印度生活、信仰、实践

1020

1021

的敏锐的好奇心。在《戈尔康达记》中，他记载了自己感兴趣的事物，这或许也可以满足珀切斯的读者的好奇心，这样一来，他反倒有意忽略世俗和普通的事物，而刻意渲染那些奇闻逸事。尽管有这种倾向，他的描述还是忠实和准确的，如果信息来自其他作者而不是个人观察调研，他会谨慎地加以注明。[70]

梅思沃尔德调查了整个孟加拉湾的商业地区，主要集中在他充分了解的地方：科罗曼德尔海岸、马苏利帕塔姆城、戈尔康达王国。[71]他记载了文卡塔逝世后的内战带来的毁灭。由于饥荒和战争，"父母们把数千名孩子带到海边"，把他们卖做奴隶，以换取粮食。他发现，圣多默的葡萄牙人并不完全独立于当地政权，他们也被迫向地方长官进贡以"换取自己的安宁"。他们无力抵御内陆的攻击，因为圣多默"只在朝海的一侧有防御工事"。葡萄牙在普里卡特有个"糟糕的邻居"，荷兰的存在使葡萄牙的生意损失惨重，也使圣多默的居民日益贫困。而在荷兰人一边，他们从1612年葡萄牙的袭击中逐渐复苏，在国王的帮助下建起赫尔德里亚据点，自1619年起，荷兰批准英国在普里卡特拥有卫队及经商。[72]当地的葡萄牙人眼看着荷兰势力的发展，却无能为力，他们从果阿得不到任何援助，只能徒劳地劝说地方长官重新站在自己一边，对抗荷兰。为了避免和地方长官发生争执，荷兰人仅把自己的活动限制在商业领域，不对本地人横征暴敛。[73]

梅思沃尔德对当地事件的记载大多基于他在马苏利帕塔姆"将近五年的居住"经历。尽管那里是戈尔康达最主要的港口，但在欧洲人到来经商之前，马苏利帕塔姆镇就和一个小渔村差不多。那里"是个面积不大的小村子，人口稠密，没有城墙，建筑破烂，位置不佳"。经常性的海水倒灌使那里的泉水都含有盐分。不过，它仍然是个良港，气候宜人，适合商人们居住。在3月至6月的炎热季节，许多当地人，甚至欧洲人都会热死。7月至10月的雨季是一种解脱，但又有洪水从内陆地区奔涌而来，"这难熬的八个月对人的耐受力是个很大的提升"。而所谓的凉爽季节，"与英格兰5月份天气差不多"。[74]

1022

终年不断的高温天气使得树木四季常青，每年可以"结好几季果实"。在某些地方，水稻每年成熟两次甚至三次，但在大多数地方，还是一年一熟。他们种植一种"与我们欧洲不同"的豆子，可以制成少量的"优质面粉"。根茎类作物，如土豆，是非常普遍的，但它们几乎不长叶子不开花。在这个水果王国，食物充裕，价格低廉。肉也不贵，因为许多当地人不吃"有生命的东西"。

　　戈尔康达王国"与印度其他地区一样"，王国的名字就是首都的名字，当地人叫它"Golchonda"，摩尔人和波斯人叫它"Hidaband"（海德拉巴）。[75]这个城市相比马苏利帕塔姆更接近内陆，两城之间约十天路程。它地理位置优越，土壤肥沃，水源充足。那里的皇宫是"最庞大最壮观的，胜过莫卧儿和其他所有皇帝的宫殿"。由金色饰物装点的石头大厦正配得上这位"置身于大象和珠宝中、据说是印度地区最富有的国王"。国王是波斯人的后代，是一位什叶派穆斯林，正如他的教友们一样，他也极其反感土耳其人和逊尼派。他继承了前任国王"库特布沙"的头衔。梅思沃尔德在马苏利帕塔姆工作期间，这位国王与"Viziapore"（比贾布尔，戈尔康达西部接壤的穆斯林王国）的国王"Adelsha"（阿迪勒沙）的女儿结婚。他还有另外3个妻子，至少1 000名嫔妃。他与比贾布尔和阿迈德那格尔的尼扎姆·沙（Negaim Sha [Nizam Shah]）组成联盟，他们每年向莫卧儿皇帝进贡。[76]

　　戈尔康达的苏丹"和印度其他统治者一样"，是唯一的土地所有者，臣民就相当于他土地上的租客。为了便于统治，国家被分为"大州"（great governments）、更小的组织和村庄。统治者把州分包给"杰出人士"，这些人继续转租给地主，地主再租给"村民"，到这一层，税率已经非常高了。各个层级的租客如果不能给上级交租，会遭受肉刑惩处。如果他们逃跑，他们的家人会被要求还债，或替他们受刑。每年7月，租赁权会被重新分配，卖给出价最高的人。这样一来，贫者愈贫，富者愈富，那些有钱的、独立的地主简直"像一个个小国王"。[77]

　　当地的"Gentile"（非穆斯林）组成军队，在军队长官"Naicks"（nayaks，此处意为队长）的要求下，戈尔康达迅速建立起了66个堡垒。这些堡垒坐落在巨石上或小山上，通常只有一条进出道路。梅思沃尔德见过贡德伯莱（Cundapolu）、孔达维杜（Cundavera [Kondavidu]）、贝拉康达（Bellum Cunda [Bellamkonda]）的堡垒，还准确指出："Cunda"（konda）一词在泰卢固语中意为小山。在贡德伯莱，他见到一列堡垒排在陡峭的山坡上，有石墙环绕。在这

1023

种固若金汤的堡垒内，有大约 12 000 名士兵常驻。围墙内有大片的水田、果园和宽阔的水塘，这些设施使军队在被包围时能自给自足。在夜间，贡德伯莱和孔达维杜的军队"根据他们之间预订的信号规则"，以火把沟通。[78]

在戈尔康达，任何宗教都享有自由。"国王宗教"（什叶派穆斯林）的追随者组成了一个极有统治力的小团体。他们是唯一一群拥有自己的清真寺（Mesgits）、能够公开举行宗教仪式的穆斯林。而"这个国家自古以来的土著"是印度教徒，他们的人数比穆斯林多得多。印度教徒坚定不移地信奉婆罗门教给他们的教义，追随先人的宗教仪式。根据他们的教义，神起初只有一个。神招募了"一些在尘世天堂之间穿梭的半神"来协助他自己。印度教修建神庙来赞颂这些"半神或圣徒"，崇拜"其中某些神，因为他们特别受到宠爱"。印度教徒相信灵魂不朽和转世轮回，"也正是出于这个原因，人们拒不食用有生命的东西"。他们的宗教实践和道德规范与其说从教义而来，不如说是家庭传统。谋杀和严重盗窃并不普遍，但商业中的欺诈行为却随处可见。多妻制是允许的，但人们一般不那样做，除非第一个妻子不能生育。通奸也很少有，因为女人出轨要受到严重的惩罚。[79]

印度教徒分为许多种姓阶级，"他们说有 44 种"，这只与出身血统有关，而与财富没有关系。每个种姓群体都要知道与自己相邻的种姓。婆罗门不仅是高等的神职人员，还是"很优秀的会计师"。因此穆斯林首领聘用他们记录资料。婆罗门自己保留着印度教的经典文献，而其他种姓只靠口头传承。在所有种姓中，婆罗门被尊为天文学家和占星家，即使高官也要请他们来为自己占卜。林伽派（Fangam）和婆罗门一样，也备受人们尊重。[80] 在饮食方面，他们与婆罗门遵循一样的规矩，但他们"在头上绑着一块神圣的石头（林伽）"，而不像婆罗门那样带围巾。如果这个种姓要工作，他们只能做裁缝。但由于裁缝这行用不着那么多人，许多人成了乞丐。[81]

在非神职人员的种姓中，最高级的是"Committy"（Kōmati），他们是这个地区的商业大户。有些人做纺织品生意，有些人兑换货币；最穷的是开食品店的。一个名为"Campo Waro"（Kāpu）的种姓包括农民、小公务员和军人。[82] 这个人数最庞大的种姓吃牛肉以外的各种肉；他们对于母牛有种非同一般的尊

1024

敬，认为整个国家的生计都仰赖这种动物。"Boga"（*Bogam*，是 *Devadāsi* 的泰卢固名字）种姓——"英语意为娼妓种姓"——分两种：一种只卖身给高于自己种姓的嫖客，而不接待低于自己的种姓；另一种则"对什么人都行"。[83] 这个种姓的孩子们从小学习跳舞和杂耍，在重要活动的场合，他们就出来展现自己的技巧和敏捷。他们每年要在戈尔康达宫廷上表演一次，在公共场合免费为地方长官表演，但私人的仪式则要收费。许多人非常富有，衣着优雅。有几类手艺人也组成了一个独立的种姓，只与自己种姓的人通婚。[84] 其他工匠则分为各个不同的种姓。最低的是"Piriawes"（贱民），他们居住在城镇外面，"不与其他种姓任何人往来"。他们吃死牛肉，制牛皮，担当公开行刑的刽子手和轿夫。[85]

尽管有这些社会阶级的划分，但印度教徒"在宗教方面是一个整体"，神庙对所有种姓都开放。许多神庙"非常值得一看，也许是（像他们说的那样）古代伟大国王的杰作"。在这些昏暗的寺庙中，婆罗门把神像供奉在特别的房间里。他们每年举行庆典，成千上万的人参与其中。有的人是来献祭，有的人为了社交，也有人求神保佑。过节时，舞者、杂耍演员、耍蛇者、苦行僧和乞丐在正式庆典开始之前忙着赚钱。午夜时分，在乐师和火把的簇拥下，神像游行从神庙开始，绕城一周后，又被抬回到庙中孤零零地放好——"没有守卫也没有贡品"；直到明年今日才能重新经历这种热闹。一年中有四次涤罪仪式，人们在海中沐浴，同时接受婆罗门的祝福。

某些神明、神庙和仪式只针对某些信徒，而非所有人。有些神被看作具有　1025
不可思议的伟力，而另一些则需要安抚，以避免疾病和其他厄运。为了安抚某个神灵，一些病人向神许诺：他们将在神的荣耀中被"悬挂"。梅思沃尔德和另外两个英国人见识过所谓的"悬挂"仪式或者说"钩摆仪式"：忏悔者被两个钩子悬挂在横梁上，每个钩子穿过一个肩膀。横梁又有两个可以移动的轮子，挂着的人"至少要被带出 1/4 英里"。所有印度教徒都供奉自家的神明，每年都要在家族首领的家中为家族神举行庆典。[86]

婚姻都是由父母安排的。儿童甚至从未见过自己未来的伴侣，就被定好了婚事。配偶必须是同一个种姓、关系比较密切的人，"除了嫡亲兄弟姐妹，其他亲属关系都不算什么障碍"。新娘没有嫁妆；新郎家庭要向新娘和她父母赠送珠宝和衣服作为彩礼；因为新郎需要花时间筹到这笔巨资，所以推迟婚礼也是常有的事。有财力的父母一般在孩子很小时（男孩5岁，女孩3岁）就让他们结婚，但直到青春期，这对新人才能同居。无论新人年龄几何，婚礼仪式都是一个公共事件。他们坐着一顶轿子到"城镇上最显眼的公共场所"。一路上有朋友、舞者和乐师同行。路过亲属朋友家，他们要停下来接受亲友的礼物。回到新郎新娘家中，一位婆罗门为他们主持仪式。他在新郎和新娘之间挂一块布，"默念些祷语（没人听清他说的是什么）"，让新人"相互踩在对方的赤脚上，这样一来两人的腿就交织在一起，这小小的第一步意味着两人未来更好的相知相处"。婚宴结束三天后，亲属们离开。如果新娘还是个小姑娘，她也得先回到父母那里，直到发育成熟再和丈夫同居。一对成年夫妻则住在男方家里。如果丈夫死了，寡妇无论年轻、年老，都不能再嫁。通常她要充当"全家的苦力"，因为她给家族所有人带来不祥和不便。有些人难以忍受守寡的生活，逃到远方当了妓女，却终生生活在恐惧之中，因为亲属会因她们玷污了家族名誉而来毒杀她们。[87]

1026 印度教儿童并没有洗礼或割礼仪式，父母在他们婴儿时期就给他们取了神的名字，还有其他的称呼。这些称呼与家族的职业、种姓或"他们本人的优缺点"有关。在七八岁之前，儿童"根本不穿衣服"，也没有大人注意他们。女人用"一条上好的棉布或丝绸"蔽体，她们用这块布（纱丽，sari）缠着身体，外面披着一条"薄薄的、长度约到胸部和肘部的马甲（choli）"。小臂上佩戴镯子，脖子上戴珍珠或珊瑚的项链，耳朵和鼻子右侧也装饰着珠宝；此外，她们手指脚趾上还有戒指，腰上戴着装饰性的腰带。头上不戴配饰，只是简单地把头发梳到脑后盘一个结。男人围着缠腰布（dhoti），身穿白色马甲。他们也把头发盘起，外面缠上头巾。他们耳朵上戴金银耳环，脖子上戴银链。肤色"不是黑色而是褐色，或者橡木的颜色"。[88]

像许多欧洲作家一样，梅思沃尔德探讨了萨提（梵语，意为纯洁的女人）现象，即自杀殉夫的寡妇。梅思沃尔德与其他观察者不同，他下了很大工夫去理解这一行为的理念，而不是情绪化地评论它。[89] 他发现，印度传统认为妻子在古代是非常不道德的，正是她们毒害了丈夫，以便和情人寻欢作乐。为了纠正这种事情，妻子必须与丈夫的遗体一起焚毁。这种做法在巴利还在流行，但作为一种仪式化自杀的习俗，它在印度其他地区已经被废止，代之以"终身守寡，就像今天通行的习俗那样"。尽管穆斯林统治者禁止萨提，但有些寡妇还是坚持与丈夫同死。梅思沃尔德在马苏利帕塔姆见到一个编织工人的妻子自愿做丈夫的陪葬。他还看到这位自我牺牲的"*Kāpu*"种姓的寡妇和她丈夫一起在柴堆之上。他强调这些女人自杀是自愿的，并以其他欧洲人的记载证实自己的观察不虚。虽然他认为这些寡妇的死"是对她们的亡夫纯洁的爱"，但他也谴责"这种残忍野蛮的习俗"。[90]

梅思沃尔德认为，钻石"近来才在戈尔康达被发现"。与普里卡特的荷兰政府一起，他和另一个英国商人很快决定在克利须那河一带"做一次航行"，来看看"当地的地理面貌和社会秩序"。经过了许多孤立的山地村落，四天之后他们来到一处钻石矿，如今叫作科勒（Kollur）。在那里，他们拜见了婆罗门长官——他一方面要平定"时常发生的各族裔的骚乱"，另一方面要为苏丹征税。他们了解到，有 32 000 人在这里工作，两英里外的新城区还有 100 万人口。工人采钻的方式不是钻隧道，而是挖一个方形大坑，把挖出的土用篮子抬到平地上晒干。等泥土干燥再把它们碾细，筛出钻石。梅思沃尔德批评道，他们不会使用机械装备，完全依靠人力来完成采矿的每个环节。苏丹的职能就是组织耕种和收税。钻石矿由一个金匠租下来，他再分片转租给其他人。所有 10 克拉以上的钻石都属于苏丹，而剩下的归矿主。尽管有严格的法律，但大钻石还是能逃过皇室官员的检查而落到走私者手里。住在这样一个动荡的小镇里，生活成本很高，因为生活必需品都依靠进口，要支付很多税金。1622 年，钻石矿暂时关闭，可能是因为钻石市场供大于求，或者因为莫卧儿皇帝操纵市场。梅思沃尔德记载道："我来到这里时，听说它已经重新开放，但钻石几乎被耗尽，产量少得可怜。"[91]

除了钻石，戈尔康达还出产水晶、石榴石、紫宝石、黄玉和玛瑙。虽然这里没有贵金属，没有锡或铜，但它有"大量铁矿石，出口到印度许多地方"。牛黄，即牛的胆囊里的结石，"只有国家的这个地区出产"，它是一种解毒剂。戈尔康达的棉布或白布"与印度其他地区一样便宜"，这里的"*pintados*"（有图案或有花色的布）"是最精致的布料"。[92] 它优于印度其他布料的地方，就是那耐久的红色和蓝色。红色染料（茜草红）是用伞形花耳草（Chay）根制作的，"这

1027

1028

种植物只生长在这个国家"。[93] 荷兰人更喜欢买戈尔康达而不是拉合尔的靛青染料。新近引入印度的烟草也被广泛种植，并出口到摩卡和阿拉干。戈尔康达的出口货物——尽管"在某种程度上可以说遍布世界"——大多数还是供应印度市场。但"他们也建造了许多大船"，以便展开全球贸易。[94]

　　自梅思沃尔德 1626 年的著作到 17 世纪中叶，欧洲各种书籍中关于科罗曼德尔的介绍都没有什么太新鲜的信息。[95] 1630 年，大卫·彼德尔斯逊·德·弗里斯（David Pieterszoon de Vries，生于 1593 年）在他 1655 年出版的日志中介绍了荷兰商人在马苏利帕塔姆惨淡经营的状况。1628 年 9 月，他抵达那里的郊区，身份是殖民地大总督（Governor-General）扬·彼德尔斯逊·昆（Coen）指定的代表，负责荷兰东印度公司在科罗曼德尔一带的经营。他从巴达维亚前来考察这里的情况，了解英国人的活动，与戈尔康达的伊斯兰统治者建立友好关系。到达之后，他让他的船从马苏利帕塔姆沿海岸一路向北，寻找运水稻的货船（巴达维亚当时正粮食短缺）。而自己则在全副武装的 50 人的卫队陪同下深入内陆，从马苏利帕塔姆走到维萨卡帕特南（Vizegapatam），后者是芝麻海岸（Gingelly Coast）的戈达瓦里河北部的港口城镇，荷兰人在那里也有商栈。德·弗里斯用了四个月考察了维萨卡帕特南周边的村庄，也筹到了不少稻米。令他印象最深的、或许也最沮丧的一点是，他发现这里的执政者都是穆斯林。[96] 在 1629 年春夏的第二次航行中，他匆匆考察了荷兰人在马苏利帕塔姆南部的商栈，那里的情况令他更有信心。他还到了有丹麦人驻防的德伦格巴尔，荷兰人也可以花钱享受丹麦人的安全保障，他与罗兰德·克里普（Roeland Crape）进行了一次没有结果的会谈。[97] 那年秋天，当他得知总督昆逝世的消息，就回到了巴达维亚，也就此终结了他的东方之旅。[98]

　　在德·弗里斯 1629 年前后最后一次出航时，荷兰在科罗曼德尔、在印度人和穆斯林地盘上的地位已经合法化。在维查耶纳伽尔内战停战期间，罗摩提婆（Rama Deva）皇帝在普里卡特与荷兰缔结条约，条约确定了荷兰人的合法地位，允许他们在科罗曼德尔南部继续扩展他们的商业活动。戈尔康达的荷兰人像其他人一样，在 17 世纪 30 年代前期的饥荒中损失惨重，这场饥荒遍及印度中部，从古吉拉特一直到科罗曼德尔北部。荷兰人在南方更加专注于他们的贸易，虽然有再度爆发内战的危险，但荷兰人仍努力寻求在普里卡特和孟加拉湾一带——他们的贸易前站——建立更紧密的贸易联系。在普里卡特，荷兰职员和商人住在相对安全的赫尔德里亚堡垒附近。因为荷兰东印度公司准许、甚至鼓励荷兰士兵和印度妇女通婚，17 世纪 30 年代，普里卡特越来越像荷兰殖民地了。[99]

第三节　普里卡特的印度教（Tamilanadu）

为了管理普里卡特基督徒，阿姆斯特丹的长老监督会（*Classis*）派亚伯拉罕·罗杰牧师（Reverend [Rogerius]，死于 1649 年）在 1632 年前往科罗曼德尔海岸。他出身于威尔士的神学院（*Seminarium*），后来在印度传教、教学十年。他一般以泰米尔语、葡萄牙语和荷兰语布道，这都是普里卡特通行的语言。为了了解北方的普里卡特盛行的印度教的习俗信仰，罗杰聘请了婆罗门帕德马那巴（Padmanaba [梵语，*padmanābāh*]）和 "Damersa"。帕德马那巴与葡萄牙当局有过节，所以逃到荷兰人控制的普里卡特避难。他可能也算是自己种姓的背叛者——但这么说也不太妥，因为他还带了其他当地婆罗门与罗杰谈话，还帮着解释、翻译那些人说的话，在某些问题上那些人比他懂得更多。他们一般以一种特殊的葡萄牙语交谈，一种在科罗曼德尔贸易中通行的混合语。虽然婆罗门一般不把他们的秘密泄露给外人，这些受过教育的婆罗门还是向他介绍了梵语经典，他也做了笔记。有时候，婆罗门甚至逐字逐句地为他翻译一些梵语，所以他可以用荷兰语记下文章的意义。1642 年，他被派往巴达维亚，在那里又待了五年。1647 年他回到荷兰，两年后在古达（Gouda）逝世。[100]他的遗孀整理了文稿——这可能是在雅各布斯·谢佩鲁斯（Jacobus Scerperus）的协助下完成的，谢佩鲁斯是古达的著名牧师，也是这本书致谢语的作者。出版商是莱顿的海克斯（F. Hackes），莱顿某大学的一位教授（在前言末尾提到的 "A. W. JCtus"）可能也为出版帮了忙。1651 年，罗杰的书出版，题为《走进玄奥的异教世界》（*De open-deure tot het verborgen heydendom*）。[101]

1030

公开出版的版本分为两部分：第一部分关于科罗曼德尔的婆罗门的生活和习俗，第二部分是他们的宗教信仰和仪式。在西方思维中，将世俗生活和宗教生活一分为二来思考是非常自然的，但这却破坏了印度教的整体性，把印度教教义和宗教生活剥离出来的二分法是一种外来人的眼光。这种区分方式还体现在许多方面，特别是令读者头疼的印度人的头衔和名字。尽管有上述缺点，但在各类外国作者对南印度宗教的介绍中，《走进玄奥的异教世界》还是最为全面和客观的著作之一。在几位婆罗门朋友、特别是帕德马那巴的协助下，罗杰努力去了解印度教的基本观念和实践背后的信仰——很多欧洲人认为那些实践是"迷信"和"恶心"的。[102]

因为罗杰的受访者都是婆罗门，他的书也就以婆罗门为中心，反映的是他们的观点。不可否认，印度的四个主要种姓中，婆罗门是最富有、神明最宠爱的群体，就像牛在动物中的地位。《吠陀经》（*Vēdam*）是他们的律法书，书中把杀害婆罗门定为五大罪之一，杀人者要做一次为期十二年的朝圣，并修建一座神庙献给"Eswara"（印地语 *Īśvara*，或泰米尔语，*Īcuvarar*，湿婆的别名）来赎罪。[103] 印度人也都承认，排名第二的种姓是刹帝利，他们是城市中的贵族。又被称为"罗阇"（Rājas），他们的首领，即国王便是"罗阇中的罗阇"，或"罗阇之神"。在过去，贵族有两个次种姓，一个以太阳命名，另一个以月亮命名。有些刹帝利成员与低等贵族通婚，这相当于降低了自己的身份。许多落魄贵族的子弟甚至去当兵，去服侍自己阶级中的富贵者。贵族们有责任管理、保卫自己的国家，主持正义，满足婆罗门的要求。[104] 第三位种姓是吠舍，他们又分为"Comitias"（泰卢固语，*Kōmati*）和"Sitti Weapari"（泰米尔语，*cetti viyāpāri*；马拉雅拉姆语，*chetty*）。每个次种姓都是真正的吠舍，都以经商为生。据帕德马那巴说，他们讲究诚信，从不欺诈或谋取暴利。他们像婆罗门一样，都是素食者。

剩下的人就是首陀罗（Soudraes [*Sūdras*]），他们内部有许多次种姓，有不同的名称和职业。最高的是"Wellala"（泰米尔语，*Vellālā*），是管理员和农民。[105] 下一个是"Ambira"（?），它的大多数成员是农民和仆人，在普里卡特，也有少数人是搬砖工。其他的次种姓的高下等级就不明显了，因为每个种姓都声称自己地位高于其他，他们的葬礼和婚俗也很混乱。"Cauwreas"（*Kavarai*）人数最多，他们自称"一家300人"。他们也在自己的社区内接纳其他种姓，所以这一种姓好比海洋，无数河流在那里汇聚。有些成员负责管理，其他人则染布或者当兵。"Pali"（*Palli* 或 *Vanniyan*）是家禽贩子和猪肉贩子，也包括农民、画匠和军人。[106]"Ienen"（*Jains*）是织工，他们当中有1/20是军人。[107]"Cottewannias"（*Kotta vanniyan*）、"Pisang"（*Pāsi*?）、"Sittijs"（*Cetti*，商人种姓）和"Illewanion"（*Illavan* 或 *Izhavas*）贩卖水果——香蕉、椰子等——和棕榈糖。[108]"Kaikulle"（*Kaikkolar*）女性通常是"妓女，毫无羞耻地出卖身体"；男人则是舞者、纺织工人、裁缝和军人。[109]"Sitticaram"（*Chitrakare*?）也是商人，但与"Sittiis"不同，他们经营的货品种类更多。[110]"Caltaja"（*Kaltattān*）包括金匠、铁匠、石匠、木匠和泥瓦匠。[111]"Carrean"（*Karaiyān*）、"Patnouwa"（*Pattanavan*）、"Maccova"（*Mucua* 或 *Mukkuvan*）和"Callia"（?）种姓都是渔民种姓，区别在于他们所使用的渔网的尺寸。"Conacupule"（*Kanakkuppillai*）是抄录员；"Gurrea"（泰卢固语，*golla*，牧牛人）和"Bargerrea"（从 *bargura* 而来，意为牲口）或"Bergas"（从 *gorrel akkapari* 而来，意为牧羊人）都是牧人。"Reddi"（*Reddi*）是农民，也有些是士兵。[112]"Camawaer"（*Kārālar*?）也是农民和军人。"Bergawillala"（可能是 *Vellālā* 种姓的分支）大多数也是农民，而"Innadi"（泰卢固语，*Eenaadi*，极为低贱的种姓之一）和"Mouttrea"（?）则是军人。"Palla"（*Pallan*）是首陀罗种姓中最为低贱的，仅高于贱民。[113]"Correvaes"（*Kuravan*）是首陀罗中的流浪者，他们住在城镇以外的小棚屋里，靠卖篮子和占卜为生。他们用小毛驴驮着自己的财物迁徙，也运盐，从海边贩往内地。他们不用交贸易税，也没人管理他们，因为他们实在是太穷了。[114]

"Perreaes"（*Paraiyans*，或贱民）一般被认为处于种姓系统之外。"Perreaes"只指男性；女性贱民是"Perresijs"。[115]*Paraiyans* 通常不与其他种姓一起住在城镇里，在城郊有自己的村落。如果想住在城市里，也只能是偏僻的角落。他们不能从其他种姓的井里取水，必须打自己的井。他们在水井周围撒满了可怕的动物骨头，以此警告那些想来污染水源的人。他们不能走到婆罗门家附近，也不能进入其他种姓的神庙。为了生存，他们能做任何工作，承包了所有没人干的脏活累活。他们吃不洁净的死肉或腐烂的动物尸体。比"Perreaes"更低贱的是"Siriperen"（*Ciru-pataiyan*，可能是指更低的贱民），他们是制革工人，有时也当兵。"Perreaes"不与"Siriperen"同桌进餐；后者尊敬前者，举手向他们行礼。"Siriperen"在葬礼或火葬场负责处理尸体，从这种工作中赚取报酬。当"Siriperen"结婚时，他们不能竖起三根以上的旗杆支撑的大型华盖（Pandael）。[116]

根据帕德马那巴的说法，婆罗门以"梵天"（Bramma）为名，自称是这位神明的后代。他们以神的名字作为自己种姓的名称，是因为他们来自神的头部。刹帝利是神的胳膊，吠舍是大腿，首陀罗是脚。[117] 婆罗门的信仰和生活方式与其他种姓不同。在信仰上有 6 个分支：毗湿奴派（Weistnouva [*Vaishnavites*]）、湿婆正教派（Seiva）、斯马达派（Smaerta [*Smārta*]）、顺世论派（Schaerwaecka [*Chárvaka*]）、异端派（Pasenda [*Pāsanda*]）和性力派（Tschectea [*Śākta*]）。[118] 毗湿奴的追随者声称毗湿奴是最具统治力的神，高于其他。崇拜毗湿奴的首陀罗叫作"Daetseri"（*Dasari*），给毗湿奴派婆罗门当仆人。[119] 如果一个首陀罗为保护婆罗门而死，主仆二人都会升入"Dewendre"（*Devendra*）。[120] 毗湿奴派又分塔瓦迪派（Tadwadi [*Tattvandin*]）① 和摩陀婆（Madeva [*Madhva*]）两支。前者热衷于讨论神，争辩神圣的问题。梵语"Tadwa"（*tattva*）就是"关于神的知识"。摩陀婆派得名于它的创始人摩陀婆（Madwa Atraria [*Mahdvāchārya*]）。[121] 毗湿奴派还有一个分支叫作罗摩努阇（Ramanouja），得名于它的创始人、诗人"Ramanouwa Atsgaria"（*Rāmānujāchārya*）。[122] 每一个毗湿奴教派都有自己与众不同的特点。塔瓦迪派每天从前额到鼻子画一道白线，鬓角上也画。他们在肩胛骨和胸膛上画上圆圈，称之为毗湿奴的标记。据说，这些符号能保护他们，能对抗恶灵和地狱判官阎魔（Iamma [*Yama*]）。塔瓦迪派认为毗湿奴是唯一的真神，他们向神发誓，要过纯洁高尚的生活。塔瓦迪派的首领住在远离普里卡特的内陆地区昆巴科南（Combeconne [*Kumbakonam*]，在坦焦尔），他不穿衣服，是个独身禁欲者。手里常拿一根竹杖。[123]

1034

---

① Tattva 意为真性、真实、实在、真理等。——译者注

　　罗摩努阇的特征是额头上的标志，形状如希腊字母 Y，用"Namon"——类似白粉笔的东西——画在脸上。[124] 此外还在肩胛骨上烙下一个持久的标记。他们所信奉的神非常仁慈，即使他们犯罪也不会被神抛弃，就像一位父亲不会杀死他的孽子。这些婆罗门不戴头巾，头上什么都没有，头发剪得短短的，只在头顶留一缕，垂到后背上绑好。这一派的首领住在卡纳蒂克的甘吉布拉（Cansjewaram [Conjeevaram 或 *Kānehīpuram*]）。首领与普通信徒们不同，他出面与人交谈时，要在头上裹一小块布。罗摩努阇派认为自己优于塔瓦迪派，因为他们从不经商或逛妓院。两个教派都禁止嫖妓，但罗摩努阇的惩罚更严厉。[125]

　　第二个主要教派——湿婆正教派（Saivites），通常又被称为"Aradhiha"。他们崇拜湿婆神（Eswara [*Īśvara*]），认为他是主神，其他的神——包括毗湿奴——都低于他。湿婆派中的首陀罗被称为"Sjangam"（*Jangama*）。这一教派的成员用牛粪灰在额头上画三四道线，脖子上或头发上系着特定的石头或神像，他们称之为林伽。8 岁至 10 岁的孩子用蜡线把林伽系在胳膊上。信奉林伽派的首陀罗和该教派的婆罗门一样，都不吃有生命的东西，不吃肉或鱼。

　　第三个分支是斯马达派，帕德马那巴就是这个教派的。[126] 该派的创始人桑迦拉阿卡耶（Sancra Atsiaria [*Sankara Āchārya*]）认为毗湿奴和湿婆是同一个神的不同形式。[127] 这一学派的学说非常深奥，超出普通人的理解。这一教派的婆罗门把这种教义当作他们自己的不传之秘。[128]

　　第四个主要教派——顺世论——的成员像伊壁鸠鲁学派一样，他们相信只有此岸世界，拒绝灵魂转世或来生的说法。但他们仍过着一种规规矩矩的生活。第五个教派异端派否认印度教所有的教义，只考虑自身、当下的利益。第六个教派性力派认为所有神都通过一种属于女性的力量——沙格蒂（*Śākta*）而存在。他们也念《吠陀经》，但此外只关心性事。相对于前面介绍的教派，后面这三个支派都被看作是异端。[129]

　　还有一类主张苦行的人称为"Iagijs"（*Yagins*?），包括婆罗门、瑜伽派信徒（Iogijs）和首陀罗。他们分为三个支派：隐退者（Wanaprastas [*Vānaprasthas*]）、弃世者（San-jasis [*Sannyāsīs*]，又称托钵僧）、超越规范者（Avadoutas [*Avadhūtas*]）。隐退者携全家住在森林中，不事耕种，只采摘自然的蔬菜水果为

1035

生。有些人尊奉严格的苦行主义，连植物的根茎也不采，生怕使植物的灵魂与它的身体分离。因为他们奉行如此圣洁的生活方式，大多数印度教徒都很尊敬他们。[130] 弃世者是婆罗门，不结婚，不嚼蒌叶，弃绝人世间一切乐事。他们每天只吃一顿便饭，化缘为生。他们所有的器皿都是陶制的，身穿红土染制的布料，手持竹杖。他们不能触碰金银，也不能住修缮完好的房屋，除非是在某个宗教圣地找到一个较好的住所。根据帕德马那巴的说法，弃世者必须克服六大危害：肉欲、愤怒、贪婪、骄傲、贪恋尘世之物、报复。他们整天思考神圣的问题，到处与人辩论。婆罗门以下的另两个种姓（即刹帝利、吠舍）的禁欲主义者统称"Perma-ampha"（*Paramahamsa*）。首陀罗的禁欲者叫作瑜伽派，他们的生活规范比弃世者更宽松。而"超越规范者"是指那些过着与众不同的生活的婆罗门。他们不仅没有妻子儿女，而且比弃世者放弃的更多，生活得更纯洁。他们与弃世者的生活规范一样，但只穿薄薄的衣服，甚至赤身裸体。有些人用灰烬擦拭身体，饿了就默默走进一户人家，一声不吭地等待人们施舍。有些人只去宗教圣地等待施舍，这样更能赢得荣耀。印度教徒尊敬他们，把他们看成圣徒，特别是那些赤身裸体的人。[131]

《吠陀经》规定了婆罗门的五大权力。[132] 首先，在雅吉纳节（Iagam [*Yajña*]），婆罗门要主持一次祭祀，将牲畜献给神明。祭品不能是血淋淋的，他们把动物砍成碎块，烹熟，吃掉一部分心脏。主办祭祀的人必须付钱给出席的婆罗门，祭祀的目的是死后在"Dewendre-locon"——"Dewendre"居住的那一层天——赢得一席之地。[133] 第二，婆罗门可以教给贵族如何主持雅吉纳祭祀，但不能教给其他种姓。第三，婆罗门可以阅读《吠陀》。这部梵文经典包含了印度教徒的所有秘密，婆罗门可以背下来。它分为四部书：《梨俱吠陀》（明解说法，Roggouevedam）、《夜柔吠陀》（明善道法，Issourevedam [*Yajurveda*]）、《沙摩吠陀》（明欲尘法，Samavedam [*Sāmaveda*]）、《阿闼婆吠陀》（明咒术算数等法，Adderawanavedam [*Atharvaveda*]）。第一部书探讨第一因、原初物质、天使、灵魂、赏罚、世间万物的生灭以及罪恶包含的要素等问题。第二部书探讨如何管理尘世。第三部是道德说教，第四部如今失传，内容关于神庙仪式、祭祀和节日。关于《吠陀经》的解释都集于《印度教圣书》（Iastra [*Śāstra*]）一书中，它是对《吠陀经》的解释和评注。婆罗门的第四项特权是对自己种姓的其他成员，以及一部分贵族讲授《吠陀经》。最后，婆罗门有权索要捐助，施予者将因此获得功德。给婆罗门的礼物通常在 Samcramanam（*Samkramana*）的时刻送出。同时，意在纪念死去的朋友。瑜伽修行者同样需要捐助。婆罗门大谈特谈仁慈和同情，但实际行动很少。也可能是出于这个原因，对于婆罗门索要捐助的这个权力，罗杰故意没有多谈。[134]

因为婆罗门有做教师的特权，他们可以指导别人读写、计算，向学生们灌输信仰。如果婆罗门教师堕入贫困，也可以向学生、村子和国王索要救济。婆罗门人数众多，国王养不起所有人。即使人们都说国家 1/3 的收入都花在婆罗门身上，还是有很多婆罗门很穷。为了生存，有些婆罗门开始做商人或药剂师。但无论如何，他们都不能从事诸如洗脚之类的体力劳动。他们可以做秘书、使节、大臣。国王经常把某些村子（*agrahāras*）交给婆罗门，用村子的收益供养他们。为了阻止国王在这些村子征税，婆罗门手里有刻在铜盘上的皇家特许令，允许他们把自己的财物分文不少地传给后代。[135]

婆罗门认为，小孩在诞生的前十天就被污染了。除了照顾孩子的人，其他任何人都不能碰孩子。出生的房屋同样是不洁的，在前十天内谁都不能进入。十天后，人们开始清理房屋，洗净分娩时所用的麻布，扔掉陶盆，洗净铜器。在第十二天，人们点起圣火"Homam"（*Homa*），在其中焚香，向火堆念祷文。[136]当火焰升起，人们给孩子取名。孩子有了名字后就要打耳洞，不仅是为了佩戴首饰，也是为神献身的标记。[137]

罗杰接着写到了"Dsandhem"（泰卢固语，*jandemu*?）——婆罗门戴在脖子上的链子或绶带。它像一条金链，从左肩延伸到右臂之下，垂在右胯上。婆罗门儿童在 5 至 10 岁之间可以得到这样一条绶带。颁发绶带的仪式有时也会推迟，因为绶带仪式与另一个圣火仪式在一起，一般要维持圣火燃烧四天，耗资不菲。人们把稻谷、黄油、"Zingeli"（芝麻种子和芝麻油的总称）、小麦、米粥和焚香放在一种神圣的木头"Rawasettou"（？）上，投入火中烧掉。孩子的父母必须付钱给出席仪式的婆罗门，还要送给他们价值不菲的礼物。孩子得到绶带，就成为"Bramasariis"（*Brahmācharis*），这个称谓一直保留到他们结婚前。

1037

在这段时间内，他们不能和女人睡觉，也不能嚼蒌叶；每天只能吃一餐，还必须是以类似化缘的方式讨来的。虽然有这样的规矩，但帕德马那巴说，除了不嚼蒌叶之外，人们并不严格按规矩行事。绶带像船上的风标线一样精致，它是用棉纱做的，每条绶带由九股纱编织而成，必须由婆罗门手工制做。每年 8 月的 "Transwana-la-poudewa"（*Sravanapurnima*）节日是更换绶带的日子，第一次领绶带的孩子也要等到这个时候举行仪式。其他种姓也可以披绶带，但他们必须从婆罗门那里购买。[138]

婆罗门既教自己的小孩也教别人的。那些不做老师的婆罗门就把自己的孩子送到老师那里去，或者把老师请回家。他们从不向低等种姓的人学习。除了贱民，所有种姓的家长都希望自己的孩子学习读写，但许多家庭无力支付教育费用。婆罗门小孩也学习一些宗教知识。但大多数婆罗门在哲学和天文学方面一无所知。只有少数人能够计算月相，判断星球的运行。他们不理解月亮盈亏的真正原理，还嘲笑罗杰的解释。他们坚信自己的经典，这些经典用神话的方式解释自然现象，把一切归于神。罗杰从《摩诃婆罗多》其他经典中汇集了这些神话故事，以证明印度人的无知。[139]

有钱有权的人比穷苦人结婚早。婆罗门男孩一得到绶带，父亲就开始为他物色妻子，以便他能在 8 岁结上婚。而他要选择的女孩就更小了。婆罗门只娶未到青春期的女孩。如果一个婆罗门女孩在青春期到来前没能结婚，那么以后都不会有人娶她了；这样一来，未婚女孩的月经初潮的时间就成了秘密。但是刹帝利种姓可以娶自己种姓中已到青春期的女孩。当婆罗门为自己的儿子寻找新娘时，他必须仔细研究各种征兆。如果三次遇到不祥之兆，他就会放弃这门婚事。如果有好兆头，女孩的父亲就会要求见见未来的新郎。如果父亲、女儿和家族亲友都对这个男孩满意，婚事就算定下了。在首陀罗阶层，新娘的父亲只有收到一笔礼金之后，才能同意婚事。

一旦婚事定下，就要选一个吉日安排婚礼，在两家亲友面前，新娘父亲要郑重宣布把女儿嫁到另一个家庭。印度教徒不会在一年的任何时候都安排婚礼，婚礼集中在 2 月、5 月、6 月、10 月以及 11 月初，在某些所谓吉利的特定日子的特定时段。婚礼上，人们会点起圣火，婆罗门在火堆前念祷文。新郎将三把米放在新娘头上；新娘也对新郎做同样的仪式。新娘父亲把衣物和首饰——根据他自己的财力——送给一对新人，然后为新郎洗脚；新娘母亲在新郎头上洒水。最后，新娘父亲把水和钱交到女儿手里，以神的名义宣布把女儿交给新郎及其家庭。

　　女孩被交给新郎之后，她手中有一条小丝带，上面有神的金色头像。这个物件叫作"tāli"，意味着两人结合在一起。诵读了美好祝愿和祷文之后，新郎把丝带系在新娘的脖子上，象征着婚姻生活的纽带。系上丝带，婚礼才算正式生效。如果系丝带的时刻被一直推延，有可能是这样的情况：新娘父亲索要更多礼金，否则不许仪式完成。如果丈夫死了，这条丝带就随他的遗体烧掉——有时也包括作为萨提的新娘。为了向公众宣布婚礼的消息，婚礼之前数日，人们会在新娘家们前竖起华盖或帐子。婚礼之后，新娘的父亲会举办宴会，邀请参加婚礼的客人用餐，并施舍穷人。这一宴会要持续五天，圣火也燃烧五天。第七天的时候。新郎新娘在夜里离开男方的家。他们要在火把队和乐队的陪同下，乘坐轿子在主要街道游行。未到青春期的新娘只在丈夫家住上三四天，然后回到自己家里。这时，做了丈夫的男孩也不再是"Bramasari"，而是被称为"Grahasta"（Grahatha），能得到第二条乃至第三条绶带。此后每隔十年或每生一个孩子就增加一条。同样地，帕德马那巴也提醒罗杰：人们在现实生活中并不总是严格遵守这些传统。[140]

　　婆罗门只与自己种姓的成员通婚，但他们有时也会娶低种姓的女人。其他种姓的婚姻通常也局限在自己种姓之内，但他们有时会把女孩嫁给高等种姓的男人。男孩如果不喜欢父亲为他选择的妻子，还可以在低等种姓寻找妻子或情妇。对婆罗门来说，与首陀罗女人结婚生子是一项重罪。因为只要他的后代在世，他就永远上不了天堂。[141]根据《往世书》（Poranen [Purāna]）记载，有位杰出的婆罗门一直备受煎熬，因为他与首陀罗女人的儿子婆利睹梨诃利（Bhartrihari [Barthrouherri]，公元 7 世纪中叶）娶了 300 位妻子，后人无数，所以这个婆罗门很长时间都无法进入天堂。婆罗门憎恶乱伦，把它列为五大罪之一。[142]《吠陀经》规定，犯罪者将经历漫长而痛苦的死亡，罪恶可以因此而被抵偿；但女人不因乱伦而受惩罚。一般来说，在近亲结婚的规定上，印度教

1039

与基督教没太大区别。丈夫可以与妻子的姐妹结婚，但一对兄弟娶一对姐妹却是不允许的。叔叔可以和自己的外甥女，即姐妹的女儿通婚，兄弟的女儿则不行。首陀罗不受这些规矩的限制。例如，普里卡特的长官，首陀罗"Sinama"就与他兄弟的女儿结婚了。[143]

首陀罗中的多妻现象比婆罗门普遍，法律也允许男人娶一个以上的女人，这是写在《往世书》中的古老传统。那些有足够经济能力的人，他们的妻子的数目远超过罗杰所能想象的。帕德马那巴认为一个妻子正好，尽管多娶几个也没有罪。婆罗门不轻易与妻子离婚，养情妇和通奸也不受惩罚。如果妻子认为自己的丈夫不忠，她们会保持沉默，或自己也去通奸。如果妻子通奸的事闹得人尽皆知，那就意味着整个家族的名誉受到玷污。为了洗去耻辱，丈夫会宴请其他婆罗门朋友，在宴会上，妻子要服侍客人。一旦人们接受了这个家庭的食物，这个家庭就又是纯洁的了。[144]

婆罗门和其他所有印度教徒都会根据各种兆头和日子的吉凶来制定计划。如果兆头不好，他们甚至会在季风适合的时节放弃出海。为了确定日子的吉凶，他们查询相当于"黄历"的"Panjangam"（*Pañcānga*）。黄历分为两种，一种由"Brahaspeti"（*Brhaspati*），即诸神（Dewetaes [*Devatās*]）之长制定，这种黄历标明大吉和中吉的日子和时辰，以年为单位，在低地国家很常用。[145]另一个黄历是"Succra"（*Sukra*），即恶鬼（Raetsjajaes [*Rāksasas*]）之首制定的，它更为精确，其中把一天划分为60小时，区分昼夜，准确标出时辰的吉凶。人们认为黄历从来不失灵。[146]罗杰的另一个受访者 Damersa 为他口译了第二部黄历。

根据黄历，在每一年开始与4月新月初升的时候，人们庆祝"Samwat-tsaradi panduga"。"Panduga"（*Pandugā*）意为节日，"Samwattsaram"（*Samkranti*）意为一年，"adi"（*adi*）是指一个月的第一天。一年分为12个月，罗杰根据发音准确记录了每个月的泰米尔语名字。[147]每到第三年就变成13个月，这样使历法能够符合星球运行的规律。他们一周也有7天，罗杰记下了每一天的梵语名字，像我们拉丁语一样，每一天是根据星球命名的。他们把时间看作60年一循环；罗杰也记录了60个年头的梵语名字。正式信件的日期写法是：年，月，日子要写明是在新月还是满月之后。他们感叹的方式类似我们的"赞美上帝"，也是呼喊神的名字。基督徒把我们的时代的起点定为基督的生日，印度教徒同样把起点定为萨利法哈纳王（Salawgena [*Sālivāhana*]）的生日。[148] 这个国王出生于维克拉玛（Wicramaarca [*Vikramārka*]）在世的最后一年，后者是印度文化中的知名人物，有许多轶事。[149] 罗杰接着讲述了维克拉玛的一个故事，这个故事可能出自《维克拉玛连环画》（*Vikrama-charita*）中的一集，整部书讲的都是他与兄弟周游世界的历险故事。[150] 为了便于向读者展示黄历的用法，罗杰以某一个星期天为例，列出了每天 60 小时的 60 种吉凶判断。例如，"太阳升起的第一个小时是好的，利于交谈和讨论"。通过翻译，他归纳出印度教对于天文学、历法、时代划分和时间的一些观念。[151]

根据《吠陀经》，婆罗门不能向他人泄露自己的秘密，即使是对本国的非婆罗门也不行。然而，罗杰从帕德马那巴身上了解到婆罗门是如何度过自己的一天的。他们通常在太阳升起前的一小时起床，起床后开始反复诵念神的名字。如果他们没什么事，没必要离开床铺，就在床上再待一个半小时，冥想着神。上过厕所之后，他们坐在平台上或毯子上——从不直接坐在地上。他们把脸朝向东或北，绝不能是西和南。朝东是因为那是太阳升起的地方，北则是因为他们的许多圣地和圣山都在北方。打坐时他们开始唱诵"Gasjendre Mootsjam"（泰米尔语，*Gajendramōtcam*）史诗。[152] 然后他们清洁嘴巴和牙齿，在圣河或水塘里沐浴，如果附近没有这样的神圣场所，他们就在家里洗澡，换上干净的衣服。

对婆罗门来说，上次洗过后一直没有被别人穿过或碰过的衣服才算干净。[153] 但所有的丝绸袍子被看作是干净的，无论有没有人穿过碰过，因为丝绸有着纯洁的本质。在吃饭前，他们会换下丝绸袍子，以保持衣服的纯洁。饭后，他们用干净的井水整理仪表，然后坐回到早上的座位上。他们用水调和染料在脸上画标记。然后小心翼翼地喝掉三捧水，注意不能让嘴触碰手掌。接着他们念祷文（Iapon [泰米尔语，*japam*]，指一种重复念经的形式），其中包括重复神的 24 个名字，同时触摸自己身体的 24 个部位。太阳升起时，他们将三捧水洒在地上，意在赞美日出。这种仪式源于一种信仰，即太阳住在山上，但

1041

1042

魔鬼藏在那里阻止太阳升起。很久以前，有人把水洒向太阳，突然噪声四起，吓走了魔鬼。如今，人们还在重复这个仪式，纪念前人，并表达自己对太阳的热爱。

日出仪式后，毗湿奴派的婆罗门戴上一条带子，上面有个小木铃铛；有的人也在带子上系上"Toleje"花（*tulasi*，或神圣的罗勒花 basil）或——像普里卡特的婆罗门那样——野生的"Masilicam"花（另一种罗勒属植物？）。湿婆派的婆罗门带子上系的是珊瑚珠。有些人把带子绕在脖子上，有些人拿在手里、藏在衣服下、放在专用的小袋子或小球里。每次念祷文，他们都把小口袋放倒。事务繁忙的人每天念经28次，或与带子上的珊瑚珠数目一致。而清闲一些的人每天要念128次，没有工作的人念得更多。之后，婆罗门从带子上拿出小神像，放在水里清洗。这个神像一般是某种专门的石头制作的，中间穿孔，名为圣石色拉瓜玛"Salagramma"（*sālagrāma*）。[154] 他们又将洗神像的水保留起来，叫作"Tiertum"（泰米尔语，*tīrttam*）。他们把洗过的神像罩上新的外罩，用檀香木和一种甜香味的图拉茜花给神像熏香。然后再对同一个神的另一尊铜像举行同样的仪式。人们在铜像前点起蜡烛，摆上熟肉、牛奶、水果等祭品，献上鲜花，然后围绕神像从左向右走三圈，伸开双臂向神鞠躬，俯身拜倒，将先前洗神像的圣水淋到头上，喝到嘴里。他们将图拉茜花和圣水混着喝下去，也喜欢将图拉茜花别在耳朵上。他们用一种献给神的安息香（Angaram）擦拭额头，以此保护自己不受罪恶的诱惑。他们把图拉茜花别在耳朵上是为了避免受到污染——如果他们不小心触碰了首陀罗或者任何死亡的人或动物。圣水可以为他们洗去所有罪恶，保持纯洁。他们先是围成一圈传递圣水，然后才喝。饭前饭后都要祈祷。日落时分还要再次清洁自己，在脸上画标记，诵经，为太阳洒水，与日出时一样。这个时间也是他们用正餐的时间。年轻的婆罗门和弃世者每天只吃一餐。结了婚的婆罗门，即"Grahastas"，每天吃两餐。念经时，他们也阅读《往世书》，清洗耳朵，以便更好地聆听和理解。尽管有戒律、仪式和规范，但婆罗门的首领并不严格监督人们。在庙中担任神职的婆罗门比普通婆罗门更严格地遵循这些戒律。[155]

婆罗门和吠舍不吃任何有生命、带呼吸的东西，而刹帝利和首陀罗吃鱼、

1043

肉，以及除牛之外的所有食物。杀人或动物都会使灵魂与身体分离，这是有罪的。因为这样一来灵魂就可能进入其他生物、或低等种姓的身体。牛的灵魂总是进入更小的动物的身体。人、动物和植物都有灵魂，只是躯体的形式不同。但印度教徒还是可以吃蔬菜，因为他们总得吃点什么，树木和蔬菜的灵魂也不会随处转移，只能上升。灵魂的问题使许多印度教徒感到苦恼，有些人也确实连某类树或植物的叶子都不吃。婆罗门饮食均衡，不耽于某种美味。他们通常只喝水，有时喝牛奶佐餐。他们吃米、水果、根茎和蔬菜，过着健康而有节制的生活。婆罗门的五大罪是：与母亲乱伦，杀害婆罗门，偷盗金银，纵欲放荡，以及与其他犯罪者交往。

在 12 月份，婆罗门会准备一种汤，吃上一个月。根据帕德马那巴的介绍，这种习俗在克利须那神还在世的时候就已经存在了。这种汤中包含神和他的同伴们曾享用的食物。尽管婆罗门不会与非婆罗门在一个场合中共同进餐，但他们会与低种姓共享这种"Tayer"（*tayir*）汤，实际上就是阿弥利哆，即不死药、神的"甘露"。一个婆罗门不能与其他支派的婆罗门或他自己的妻子共同进餐，[156] 除了同派系的婆罗门，别的人都看不到他们用餐。婆罗门严守斋戒的规矩，牢记所有斋戒的日子并严格执行。他们在满月后的第十一天斋戒，在新月后又要斋戒 48 小时。在斋戒中，他们不能嚼蒌叶，把所有时间用来祈祷和阅读。[157]

婆罗门喜欢用斋戒或放血的方式来治疗疾病。他们会与将死之人一起祈祷，而病人的朋友则施舍穷人。重病之人反复念诵神的名字，如果他病得连话都说不了，他的朋友就替他念。如果病人已婚，他会问妻子是否愿意陪他殉葬。妻子一旦同意就不能反悔。虽说这种自我牺牲是自愿的，但人们普遍认为有德行的女人都应该答应。如果有小孩，她可以在丈夫死后继续活着，抚养孩子。根据《吠陀经》的说法，妻子有三大责任。第一，她必须顺从丈夫的所有意愿。罗杰花了一些篇幅介绍了德劳巴底（Draupeti [*Draupadī*]）的例子，她是《摩诃婆罗多》（*Mahābhāratā*）中的印度贤妇的典范。第二，妻子必须表现谦恭，衣着朴素，恪守礼仪，丈夫外出时不离家门一步。最后，丈夫去世时她要殉夫。相比刹帝利，婆罗门对萨提的要求没那么严格。

1044

如果一个病重的人快要去世，两个阎魔使者（Jamma-douta [*Yama-dūta*]）会出来吓唬他。但随后，毗湿奴的使者（Wistriou douta [*Vishnu-dūta*]）也会出现。[158] 后者带走善良的灵魂，而前者把罪恶的灵魂带往阎魔界（Jamma-locon [*Yamaloka*]），即阎魔居住的地方。神鬼在判决灵魂时，灵魂还有十天时间可以回到尘世。死者的遗体被剃去毛发，清洗干净，穿上干净的袍子。人们用石灰和蒌叶擦拭死者的嘴唇，女人还要用生米帮死者擦嘴。亲友们都会出席葬礼，每人将一小把米放进死者嘴里，然后一起参加"Beteani"（？）仪式，即，由一位贱民带领着绕遗体走三周。接着是致辞环节。并不是所有的婆罗门都要火葬，有些人选择土葬。毗湿奴派和斯马达派的婆罗门倾向于火葬，因为他们认为火可以净化所有的不纯洁。湿婆派和弃世者则选择土葬，因为他们觉得没有"净化"的必要。前者相信神的审判，而后者相信神的仁慈。[159]

正如许多欧洲作者一样，罗杰下了很大的工夫去理解萨提现象。总的来说，他试图指出不同种姓在这项风俗上的差异。婆罗门和吠舍严格要求妻子必须与亡夫在同一天的同一堆火中焚化。刹帝利则允许萨提选择其他的时间地点，因为丈夫有可能客死异乡，或者妻子由于各种原因还没准备好殉夫。奴隶女孩经常跟她们的女主人一起自愿赴死。不愿殉夫的寡妇要剪去自己的头发，这样的女人不能嚼蒌叶，不能佩戴宝石，也不能再嫁，而且要一直承受别人的辱骂。她不能继承任何东西，只能与长子或亡夫的兄弟（如果她没有儿子的话）一起生活。罗杰写道，在普里卡特，他的居住地附近，有60位刹帝利女人自焚殉夫。

至于服丧和祷文方面，罗杰也强调种姓之间的差异。一般来说，如果死去的是长者而服丧者比较年轻，他要刮掉胡须，戒掉蒌叶，每日一餐，坚持十天——因为此时死者的灵魂可能还在世上。如果死者是年轻人、女人或小孩，则没有正式的服丧仪式。而在首陀罗，无论死者年轻年老，人们都要服丧，他们要剃去胡须和头发（他们在头顶留一簇头发），三四天不嚼蒌叶。如果家庭成员去世，这个家中的所有奴隶都要剃头剃须。在首陀罗或其他低等种姓去世时，有几类人要来与死者告别，罗杰列出12类。遗体火化、葬礼结束后，人们收集死者的骨头和骨灰，把骨灰撒入神圣河流中，最好是恒河。他们通常要建一座"Tampandaels"（？），即一座纪念性的小屋，小屋建在路边，同时也是旅行者

1045

的歇脚处。坟墓上有时会修建神龛，但因为这些死者是不纯洁的，所以这种神龛不能作为供奉神明的场所。人们有时也修建大型水塘纪念死者。[160]

罗杰著作的第二部分探讨了科罗曼德尔的婆罗门的宗教理论，以及他从帕德马那巴那里学到的其他相关问题。无论什么流派，印度教徒都一致认为只有一位真神，都相信梵天创造世界万物。梵天自己从水中诞生，肚脐上有一个莲花（Tamara [tāmaraai]）花苞。关于印度众神的传统，罗杰引用了婆利睹梨诃利（Bhartrihari，公元7世纪中叶）的作品 satakas，他编辑了三卷梵语韵文，每卷100节，罗杰在自己著作中摘录了其中两节。[161] 他认为因陀罗（Dewendre）是最高长官，统治着我们生活的8个世界，即"Bou-locon"（Bhūloka）。"Brmmalocon"（Brahmaloka）是梵天的世界，在这个世界和我们世界之间还有八个世界：1. 因陀罗界（Indre-locon [Indraloka]）；2. 阿格尼界（Achni-locon [Agniloka]）；3. 阎魔界（Iamma-locon [Yamaloka]），即地狱；4. 罗刹界（Niruti-locon [Nirrtiloka]）；5. 伐楼拿界（Warouna-locon [Varunaloka]）；6. 俱毗罗界（Cubera-locon [Kuberaloka]）；7. 伐由界（Waiouvia [Vāyuloka]）；8. 伊舍那界（Isangja-locon [Iśānaloka]）。每个世界都有一个管理者，他们都是因陀罗的下属，服从梵天。这些管理者有各自的统治范围：阿格尼管理火，伐楼拿管理水，伐由管理风，俱毗罗管理健康。[162]

婆罗门认为神也像人一样，适用于人的也必适用于神，特别是配偶。在婆罗门传统中，人们为毗湿奴安排了一个美丽的、类似美神维纳斯角色的妻子，叫作吉祥天女拉克什米（Laetsemi [Lakshmi]），湿婆的妻子是帕尔瓦蒂。两位妻子也都是神，都有许多其他的名字。罗杰根据帕德马那巴的讲述，详细记录了帕尔瓦蒂从梵天之子身上诞生的过程。[163] 在普里卡特的湿婆神庙中，罗杰注意到帕尔瓦蒂的雕像是正在与丈夫做爱的造型。帕德马那巴第一次不情愿地解释了这个造型的由来，原来是湿婆在贵客到访时仍无耻地与妻子继续做爱。[164] 神庙里和人们随身佩戴的林伽都是指这一鲁莽的举动。[165]

在梵天的邀请下，毗湿奴以十种肉身形式进入尘世。这些肉身（avatars）包括：灵鱼马特斯亚；乌龟库尔马（Courma [Kūrma]）；野猪筏罗诃（Warraha [Varāha]）；半人半狮那罗辛哈（Narasimha [Nr-simha]）；侏儒筏摩那（Wamana

1046

[*Vamana*]）；名为持斧罗摩（Parasje Rama [*Paraśu-Rāma*]）的刹帝利；阿瑜陀国（Ayot-ja [*Ayodhyā*]）的王子英雄罗摩（Dajerraha Rama [*Dāsaratha Rāma*]）；刹帝利、贝拉罗摩（Bella-Rama [*Balla-Rāma*]）的兄弟克利须那；佛陀（Bouddha [*Buddha*]）；卡尔基，一匹马（Kelki [*Kalki*]）。[166] 罗杰从婆利睹梨诃利的诗集中引述了一些关于毗湿奴化身的故事，阐发其中的意义；罗杰坦承，他对某些故事也不是很清楚，仅仅知道个名字。他没有把佛陀等同于乔达摩，也没有意识到卡尔基是一个尚未到来的化身。毗湿奴身边的小神包括在天堂为毗湿奴效力的大鹏金翅鸟迦楼罗（Garrouda [*Garuda*]），以及在尘世为他服务的风神哈奴曼（Annemonta [*Hanumant*]）。[167] 罗杰认为——可能基于《摩诃婆罗多》和《罗摩衍那》——有些民间故事介绍了两位小神的家谱和生平活动。湿婆的追随者也是些小神：他的四个儿子，神牛南迪（Nandi [*Nandi*]），太阳神（Suria [*Sūrya*]），月亮神（Schendra [*Candra*]）。[168]

在印度教徒的历法中，他们认为世界经历了四个阶段：黄金时代，即圆满世（Critaigom [*Krta Yuga*，泰米尔语，*yukam*]）；白银时代，即三分世（Treitagom [*Trēta Yuga*]）；青铜时代，即二分世（Dwapaugom [*Dvāpara Yuga*]）；黑铁时代，即争斗世（Kaligom [*Kali Yuga*]）。前三个时代已经过去，我们正在经历最后一个时代，基督教纪年的 1639 年对应印度教的 4739 年。[169] 他们的第一个时代持续了 1 728 000 年，第二个时代 1 296 000 年，第三个时代 864 000 年。[170] 人类的社会状态在四个时代中由黄金到白银到青铜再到黑铁：世界在不停变化，从一个阶段到另一个，越来越坏。正如前面所提到的，印度教徒相信，世界从一个蛋中分化出天堂、尘世和深渊。梵天住在名为"Surgam"（Svarga）的天堂，人类住在"大地"（Bou-locon [*Bhūloka*]）。在人世中有一座美丽富饶的须弥山（Merouwa）。太阳、月亮和星辰围绕着圣山旋转，所以黑夜其实就是太阳藏到山后。天堂到人间的距离如此高远，在"大地"之上，还有八个世界。须弥山是某些神明的住所，人不能接近。"大地"本身又分为七个世界，每一个都被大海环绕。争斗世结束的时候，这些世界都将被血与火所毁灭。[171]

天使就是印度教中的神女（Dewetaes [*Devatās*]），魔鬼则是罗刹（Raetjasjaes [*Rāksasas*]）。迦叶波（Kassiopa [*Kaśyapa*]）是神女和罗刹的父亲，他有两个妻

1047

子。神女的母亲是底提（Diti [*Diti*]），罗刹的母亲是阿底提（Aditi [*Aditi*]）。[172]
这些魔鬼化成人形，遍布世界，他们有着阴沉恶毒的心智，掌握着黑暗力量。
迫于饥饿，有些魔鬼开始吃人，就像普里卡特和勃固之间的安达曼岛（island
of Andaman）上的岛民一样。而神女则相反，她们是快乐、正面的力量，其中
包括太阳、月亮、星星诸神。印度教徒认为男人是神最好的造物。但男人最杰
出的部分在于身体而非灵魂，他们相信最好的身体就包含最高级的灵魂。灵魂
是永恒不灭的，但罗杰的婆罗门受访者似乎——至少罗杰认为他似乎不赞同灵
魂具有这种不朽的本质。不过，最后他们还是重申湿婆派和毗湿奴派的真正信
徒的灵魂将会得救。简言之，这位荷兰神父像许多基督徒一样，难以理解印度
教的灵魂概念以及相关教义。[173]

对于印度教拜神的外在仪式和内在含义，罗杰理解得更好。他从婆罗门
朋友那里了解到，真正的信徒不会带着一颗骄傲的心去拜神，而是把自己的全
副身心交给神，做神的仆人，把神当作一个伟大的朋友，时刻想着神的伟大
和威严。为了得到更多的福佑，他也要做好外在的仪式。他必须诵念神的威
严，重复他的名字和伟绩，在神像前行礼。卡纳蒂克王国的大多数城市都有毗
湿奴和湿婆的神庙，各个小神的神庙亦是如此，同一个镇子里有着各种不同教
派的信徒。并非所有神庙都是同等神圣的，所以罗杰列出了卡纳蒂克一些最有
名的神庙。在马杜赖，有一座崇高壮美的神庙献给毗湿奴，名为"Iockenata"
（*Cokkanāta*）。[174]有一座毗湿奴派神庙"斯里兰干"（Sriringam [*Śrirańgam*]）位 1048
于特里奇诺波利（Trismápoli [Trichinopoly 或 Tiruchirapalli]）；一座"Warderásou"
（*Varsdarāja*）在"Wistnou Canje"（*Visnukāncī*，意为"毗湿奴的神圣甘吉"）[175]；
一座"Wire Ragna"（*Srivīrarāghava*）位于蒂鲁沃卢尔（Trivelour [*Trivellore*]）。
湿婆的神庙则分别献给五种元素：位于"Seve-Canj"（*Śivakāncī*，意为"湿婆
的神圣甘吉"）的神庙"Ekaubrańata"（*Ekāmbaranātha*）[176]，献给大地女神
波里提毗（Prettevi [*Prithivi*]）；位于"Triwanakawere"（*Tiruvanaikkavu*）的神
庙"Iembounateswara"（*Jambunāśvara*），献给水神阿普（Apou [*Appu*]）；[177]
位于蒂鲁文纳默莱（Trinamula [*Tiruvannāmalai*]）的神庙"Aranajaleswara"
（*Arunāchaleswara*），献给"Tseijem"（*Tejas*），即火；[178]位于伽拉哈斯蒂（Kalist

[*Kālahasti*]）的神庙"Kalest Eswara"（*Kālahasteśwara*），献给风神伐由；位于奇丹巴兰姆（Settamberam）的神庙"Settamberam Eswara"（*Chitāmbareśwara*），献给阿迦奢（Akasjem[梵语，*ākāśa*]），虚空。[179] 还有一座神庙位于蒂鲁帕蒂，叫作"Winket Eswara"（*Venkateśvara*）。[180]

人们所崇拜的梵天的形象朗迦难德（*Ranganatha*）被供奉在斯里兰干。根据《往世书》的记载，这位创世者把朗迦难德给了罗摩的祖先，由他们一代一代地传下去。最后，它落到魔鬼罗婆那的兄弟毗沙那（Wisphisena [Vibhishana]）手中。毗沙那要把它带到锡兰去，途中要在高韦里河（Cawari [Kaveri River]）举行祭拜仪式。他把这个神像交给一个年轻的婆罗门保管，告诉他不能把神像放在地上。由于他去祭拜的时间过长，年轻人等得不耐烦，把神像放在地上。等毗沙那回来，神像已经在地上生根。毗沙那非常生气，追打那个年轻人，两人一直跑到山顶上。而神像就此留在了斯里兰干，人们为它修建了神庙斯里朗迦难德（*Sri Ranganatha*）。以上说法是当地的传说。

罗杰还提到其他几座神庙以及相关的传说，描述了神庙的日常贡品和神像。他观察到，献给毗湿奴和湿婆的神庙要比其他小神的神庙更加宽敞，但没有一个比得上"我们城市"的教堂。印度神庙并不太高，但面积很大。神庙的大门非常高，特别是"Tegnapatnam"的"白寺"（White Temple）。室内摆满了灯火，因为神庙都没有窗户。许多神庙分为三个部分：一个举行拜神仪式的拱顶大堂；一个专属婆罗门的次厅，只在白天开放；最后是一个内部的神殿，供奉着毗湿奴四只手的人形塑像，或者是站在林伽下面、有三只眼的湿婆。许多灯烛日夜燃烧，赞美神的荣耀。[181]

最重要的神庙通常是在城镇的中央，有围墙环绕。在主要的神庙周围，有围墙，或者散布着许多小神的神庙。在毗湿奴神庙附近，有他的妻子拉克什米、大鹏迦楼罗和哈奴曼的神庙。在迦楼罗的小庙附近，又有一棵船桅一样的树，上面钉着许多小棍子。迦楼罗表现为一个有翅膀的人，像一只红色的鹨。哈奴曼长着猿猴的脑袋。广场上有一只石盆，里面养着图拉茜花。湿婆神庙周边也是相似的布置。还有许多小庙供奉湿婆的妻子帕尔瓦蒂，太阳神"*Sūrya*"；狮子"Schindica"（*Simhikā*）；湿婆之子"Comaraswari"（*Kumāreśvara*）；公牛南迪。月神"Schendra"（*Candra*）没有自己的专属神庙，但她经常显得比湿婆地位还高。[182] 除了这些神庙之外，还有湿婆的儿子象头神"Vicgneswara"（*Vighneśvara*），他也被称作"Pullari"（*Pillaiyār*）和"Winnaike"（*Vināyaka*），在印度各地都广受崇拜。他表现为人的形象，有一个大肚子，也经常表现为长有一只獠牙的大象。[183]

婆罗门举办仪式，以此表达对神庙的崇敬。有一次，罗杰在帕德马那巴的陪同下前往一座湿婆神庙，他发现婆罗门总是让神庙位于自己的右侧，进门之前要脱鞋并把袍子披在肩上。神庙的收入来自商业税收和一种人头税，人头税涵盖所有种姓，每年收一次。罗杰详细列出了不同货物上税的百分比以及各个种姓的纳税总额。那些著名的神庙还能得到来自朝圣者们的捐助。例如在距离普里卡特几天行程的蒂鲁帕蒂，每年有3次重大节日，吸引着朝圣者们蜂拥而至。9月，首陀罗和其他低等种姓前来朝拜；12月则是婆罗门的日子；至于第三个节日的日期罗杰不记得了。[184] 蒂鲁帕蒂可以从许多前任国王那里得到捐助，若不是下述几种情况，它甚至能变得更富有。维查耶纳伽尔的统治者"Weincatapeti"（即文卡塔二世，死于1614年）急需用钱，拿走了蒂鲁帕蒂神庙的收入，而仅仅给他们打了个白条。他的继任者"Rama Deuvello"（罗摩提婆，或罗摩四世）想搜刮所有财富，但他和他的朝臣们死在了神庙所在的山脚下。[185]

在普里卡特，罗杰多次参观当地的毗湿奴和湿婆的神庙，经历了各种场合，有一点令他十分震惊：印度教徒不像基督徒，印度人没有固定的公开集会以祈祷、歌唱或听布道。他们的崇拜方式包括游行和拜神。为湿婆举办的游行定在"Amavvasi"（*Amāvāsya*），即新月初升的日子。在这些场合，神像会被抬出来沿街游行，再回到神殿。游行包括火把队、乐师、歌手和神庙舞者。

罗杰对舞娘和庙妓的地位感到奇怪，她们很受尊重，可以在神庙和神像前的地方表演，神像是如此神圣的东西，被首陀罗碰上一下都算是污染。帕德马那巴解释道，庙妓在世间受到尊重，甚至在来世也会得到幸福，特别是她们第一次献身之后，还能对那个男人一直保持忠诚的话。为了说清他的观点，这位婆罗门讲了一个故事，因陀罗化作人形去试探一个庙妓，看她能否对自己保持忠诚。在两人订下契约后，庙妓满足了他所有的需求。然后因陀罗假装病重至

1050

死。他的情妇不顾亲友的反对，毅然决定自焚殉葬。当葬礼已经准备就绪，她即将举身赴死时，因陀罗又活了过来，要奖励她的忠诚，在他自己的天堂里为这位庙妓安排了一席之地。[186]

拜神时，人们在毗湿奴神像周围装点上鲜花、华服和珍贵的宝石。湿婆乐于让自己的神像得到清洗和薰香。朝拜者们每天两次点起灯烛，给神像献上食物。除了每个月举办的游行，他们每年还有一次严肃的节日，此时神像要由渔民种姓"Maccoas"（*Mucuas*）用滑轮抬到高塔上。在普里卡特，关于两位神明的其他游行还包括1月和6月的节日，此时神像会被抬到城郊。除了对太阳的崇拜，印度人的节日可以划分为三种：献给湿婆或毗湿奴的"Trenala"（*tirunal*，即"神圣日"）；献给其他小神和两位主神妻子的"Panduga"（*Pandugā*）；献给恒河女神和魔鬼的"Iataro"（*yāttirai*，即"节日"）。在1月18日，婆罗门已婚女子要花上九天时间庆祝"Gauwri Dewo"节日，这个节日是赞美帕尔瓦蒂的，为丈夫求长寿。[187]女人们用米饭和红色的粮食制作女神神像，为她穿上衣服，饰以花朵，向她行礼。到第十天，她们抬着神像走出城市，把神像投入神圣的水塘中。[188]

2月8日，湿婆派和斯马达派庆祝"湿婆之夜"（Tseweratre [*Śivarātri*]），而这一活动毗湿奴派不参与。信徒们宴饮一天一夜，纪念"Kalecote wissiam"（*Kālakūta visam*），这是一种致命的毒药，湿婆自己喝下了它，并从中创造了世界。[189]在8月新月出现后的第14天，婆罗门和首陀罗的男男女女在河边庆祝"*Anantā Padmanābha Vratàm*"节。只有婆罗门才能在神像前主持仪式。主持者要在自己的右臂上缠上14股织带。在每年首次庆祝过后，信徒们还必须在一年中再参加14次这样的仪式。[190]每到8月满月的日子，婆罗门庆祝"雨季显灵日"（Traswanalu pondema [*Sravana purnimā*]），在这一天儿童接受神圣的绶带，而已婚婆罗门则增加自己的绶带数目。在满月后的第八天，婆罗门和首陀罗庆祝暗月（Gokoulástemi [*Gokulāstamī*，或*Krsnāstami*]），纪念湿婆的化身克利须那的生日。根据印度传说，克利须那是个了不起的孩子，他由一位名为南达（Nanda [*Nanda*]）的牧牛人抚养长大。在这个节日，婆罗门穿上自己最好的衣服，相互宴请，交换一种凝乳"Teyer"、椰子或其他牧人常用的食物。在这个每年一度的节日，人们用本地的植物装饰在道路两旁。[191] 为了解释这个节日的意义，罗杰把帕德马那巴讲给他的故事转述给读者。[192] 在 9 月新月初升的时候，所有婆罗门的妻子都要庆祝九夜节（Mharna haumi [*Mahānavami*]），以纪念毗湿奴的妻子拉克什米。在为期九天的节日中，女人们为自己的丈夫祈求长寿和富贵。在第九天，男性婆罗门亲自祭拜毗湿奴。与此同时，首陀罗，特别是士兵庆祝另一个节日——与战争相关的武器节。[193] 屠妖节（Dipáwali [*Dīpāvalī*]）在 10 月新月的一周后，在这个节日里，人们祭拜毗湿奴的化身克利须那。日出之前，他们洗净头面，穿上最好的袍子，邀请朋友到家里做客；晚上，房屋和神庙中灯火通明，街上都是带着灯烛的孩子们。[194] "马拉巴尔人"（即泰米尔人）在 7 月庆祝阿提节（Ati Panduga [*Ati pandugā*]），11 月庆祝卡尔提卡节（Cartica Panduga [*Kārttikai pandugā*]）。[195] 除了这些节日，他们还有一些神圣的日子，在这些日子里，献出贡品和捐出财物的人能够得到神的伟大恩典。[196]

除了献给毗湿奴和湿婆的节日，印度教徒也庆祝许多小神的节日。1 月 9 日是庞格尔节（Pongol [*Poñkal*]），人们祭拜太阳。节日宴会的第一项仪式是在阳光沐浴中煮熟米饭和牛奶。日落时，人们高喊"Pongol"数次。根据传统，罗刹女（Raetsjasje Beelli [*Rāksasi, madara raasi*]，即摩羯星座？）在这一天从地下龙宫降临，调查地球上的万事万物。[197] 第二天，人们为奶牛、水牛和野牛带上花环，崇拜它们，让它们在乡野奔跑。人们定期为迦楼罗、哈奴曼、象头神（Vicgneswara [*Vighneśvara*]）和维拉巴德纳（Virrepadri [*Virabhadra*]）诵念祷文，献上供品。严格来说，他们不是神，只是健康使者，或代表其他一些临时性的愿望。象头神被看作守护神，最受人尊重，特别是对于那些想要孩子的女人们来说。人们还崇拜因陀罗，向火神阿格尼祈求名誉，向伐楼拿祈求水，向伐由祈求活力，向俱毗罗祈求财富，向湿婆祈求权力。在所有的神像和神庙中，宇宙的创作者和主宰者梵天却没有自己的神庙，也不被公众所崇拜。[198]

印度教徒还崇拜许多魔鬼，其中最有名的是殑伽（Ganga [*Gañgā*]）和高瑞（Gournatha, [*Gauri-nātha* 之神]，或湿婆）。[199] "Ganga"（最好把它当作迦梨）被描述为一个女子，有一个头和四只手臂。她左手持一个小碗，右手

1053

持三叉戟。有几座神庙是为她而建的，其中一座位于"Carmellon"（僧急里，Kodungallur?），离普里卡特不远。[200]某些地方的人庆祝她的节日，但婆罗门从不参与其中。在节庆中，狂热的信徒投身于抬着神像的车轮之下，其他场合，病重或发狂的信徒将自己悬挂起来。还有人以血淋淋的山羊或水牛祭祀它。许多婆罗门鄙视这种行为，但他们也不敢公然镇压这些信徒们，因为也有些婆罗门参与其中。"Gournatha"（湿婆）被看作拥有更大的破坏力。没有神庙为这样的大破坏神而建，只有一些零星的神像散布在旷野中。如果人们自认为在哪棵树下看到他显人形，就在那里祭拜他。像许多欧洲作家一样，罗杰在描述这些残暴的祭祀方式时，表现出极大的反感。[201]

当罗杰尝试处理印度教神学问题时，他依靠的是婆利睹梨诃利（Barthrouherri）第一卷书中的谚语和他的婆罗门受访者的说法。印度人不区分人类灵魂和动物灵魂，不过他们坚持认为人类的身体和精神给了灵魂更大自由去展现自身。如果野兽有了人身，它们也可以像人类一样行事。尽管人类灵魂在人的一生中始终同一，但它的功能却受到身体年轻或年老的限制，太幼小或太衰老都使灵魂无法全部发挥力量。婆罗门在灵魂起源的问题上看法不一；有的人说灵魂的存在仅仅是因为神的意志，有的人则认为灵魂永恒不灭。他们相信福祸报应；坏人将会受到严厉的惩罚。灵魂可以从人转世为动物甚至植物，也可以再转回来。除了人之外，第二好的转世形式是牛。邪恶的灵魂可能会变成魔鬼，或（临时或永久地）被送到阎魔所居的地狱。善良的灵魂则可能升往七层天的某一层，变成天使或神女。

1054　　善恶有报的教义意味着善功的作用。由于神圣审判只体现在来世，大多数人通过此世精神上的修行和禁欲来获得善功。罗杰介绍了他所见到的一些苦行者：例如，在祈祷时以头倒立。去圣地朝拜能让罪过得以赦免、让灵魂得以净化，这也是最流行的获得神恩的方式之一。最著名的圣地有阿瑜陀（Ayot-ja）、马图拉、迦尸（Casi [Kasi]）、甘吉（Canje）、阿文提卡普里（Awntacápouri [Avantikapuri]）和堕罗钵底（Devaraweti [Dvaravati]）。在所有这些地方中，婆罗门认为有七处最神圣。迦尸北部的阿瑜陀之所以神圣，是因为毗湿奴以罗摩的化身在那里出生。距离阿格拉的莫卧儿朝廷不远的马图拉，那是因为毗湿奴以克利须那的化身在那儿出生。迦尸，又名"Waránasi"（贝纳勒斯）在恒河岸边的孟加拉，印度教徒若死在那里，湿婆会往他的右耳里吹气，洗去他的罪恶，他也就不再回到尘世中来。甘吉布拉（Cansjewaram [Conjeevaram]）是一个大型的卡纳蒂克城市，有许多神庙。阿格拉北部的阿文提卡普里，或称"Awenteutica"（Avantika）也是一个大城市，作为宗教圣地而名扬四海。苏拉特附近的德瓦尔卡（Dwaraca [Dwaraka]），或称"Dwareweti"是克利须那去世的地方，已经被海水淹没。克利须那的遗体被人们从海中救出，送到贾格纳（Sjangerńata [Jaganata 或 Jagannath]），或称"Prousótamai"（奥里萨邦的 Purusottama）。在迦尸通往恒河的钵罗耶伽，河水能洗去所有的罪过，甚至自杀也能得到赦免。各地的信徒们仅仅通过诵念这些圣地的名字——特别是在早上祈祷时诵念——并想着它们，就能获得善功。用来自这些圣地的水——特别是盐水——沐浴也是获得善功的途径之一。盐水在赎罪方面特别有效，因为阿加斯提亚（Agastea，搬山者，即宗师）吞下了大海又以便溺的方式把它排放出来——这也正是海水发咸的原因。[202] 因为以上种种原因，拉姆斯瓦伦（Ramaneswara）的海水是圣洁的。

恒河的水尤为神圣，因为它能洗去所有罪过。印度教徒毕生都向往去恒河朝圣，争取能够喝上一口这最神圣的水，能在河里沐浴。在其他的洁净的活水中沐浴，同时念着"Ganga Sjanam"（*Ganges snānam*）——意为"恒河之水洗刷我"（Ganges, wash me.）——也能取得相同的效果。[203] 人们用瓶瓶罐罐把恒河水带到各地，就像欧洲人从矿泉疗养地运水一样。为了说明印度教信仰中恒河水的绝对圣洁，罗杰复述了《吠陀经》、《往世书》和《摩诃婆罗多》中的传说，这些故事讲述了恒河在天堂的源头。在恒河中沐浴的婆罗门并不立即获得天堂的通行证，而仅仅能够保证不被天堂绝对排斥。朝圣者还喜欢去圣城伽耶（Gaya [Gaya]），这里的一块石头上有神的脚印。在去往伽耶的路上，朝圣者们先到钵罗耶伽待上一个月，在恒河里沐浴。然后再去迦尸的另一条神圣河水里沐浴。到了伽耶，朝圣者们将准备好的生面团（*pindas*）放在神石前，以此纪念死者。为了解释这种习俗，罗杰讲述了《伐由往世书》中神的脚印的故事。[204]

1055

罗杰的著作以一篇简要的传记收尾，这是一篇基于印度教传统说法，关于17世纪诗歌编纂者婆利睹梨诃利的小传。婆利睹梨诃利的父亲是一位优秀的婆罗门，娶了一位低种姓的妻子。婆利睹梨诃利自己有300位妻子。他以智慧闻名，成为一位弃世者，周游四方。由于不愿让妻子伴随，他遣散了妻子们，让她们再嫁。他深感个人的智慧难以穷尽世间所有的知识，于是他决定把这些知识化为300节诗歌，编成3卷诗集。每卷书又分10章，每章10节。第一卷书名为《通往天堂之路》（*Of the Way which Leads to Heaven*），第二卷是《理性造物的行为》（*Of the Conduct of a Rational Creature*），第三卷是《关于爱》（*Of Love*）。[205] 帕德马那巴用葡萄牙语重述了前两卷的内容，但是对关于爱欲的第三卷则心存顾虑，没有翻译。罗杰亲自将帕德马那巴的葡萄牙语译成荷兰语散文，以此作为他了解印度教生活和宗教的素材。罗杰和他的婆罗门朋友直接把一部梵语经典作品译成几种欧洲语言，并改编出版，这在历史上还是第一次。[206]

罗杰著作的法语改编版还加上了一份关于科罗曼德尔海岸印度教信仰的概述，这份概述的作者是阿诺德·胡森（Arnould Heussan）长官的婆罗门翻译和其他荷兰东印度公司的成员。他确认了罗杰的一些说法，但相比罗杰对印度教具有开创意义的介绍，这份概述没增加什么新鲜内容。[207] 罗杰的书基于《吠陀经》和各种《往世书》，基于黄历和《摩诃婆罗多》的故事，基于婆利睹梨诃利的事迹，罗杰的著作带给欧洲一种关于印度教的实质性的概述。它包含许许多多极具价值的信息，包含南印度的种姓、神明、神庙、圣地和节日的各种名称。罗杰也像许多观察者一样，主要关注那些不同于欧洲的社会宗教习俗：种姓制度，婚俗，死亡，葬礼，治丧仪式，萨提，斋戒，禁欲和占卜迷信。他不满足于个人的观察，还经常咨询他的婆罗门朋友，向他们了解习俗背后的传统原则。他发现印度教所有流派都认为只有一个真神，即世界的创造者梵天。正如他这个年龄的所有善良的人和新教徒一样，罗杰也十分关心世界的创造、时间和历法、神的著作、彼岸来世和宗教启示等问题。因此，我们无需奇怪罗杰为何要钻研印度教中的这类观念。最令他吃惊的或许是印度教没有公开的宗教组织，没有梵天的神庙，神被想象为人形，还有妻子、情人和孩子。印度教徒个人化的拜神方式、公开游行和无数节日、反神或邪灵的概念也都给罗杰留下了深刻印象。他正确地——或许有些简单地——区分了关于湿婆和毗湿奴的不同信仰、偶像、神庙和信徒。他熟悉各种别名，了解两位主神的各种事迹，试图将各种名字与各种小神对应起来，而这些小神的神殿一般包含在主神神庙之内。他列出了毗湿奴的各种化身，试图解释（尽管不太情愿）林伽的造型和意义。在这部著作中，罗杰始终意识到灵魂转世、"人是最高等造物"等观念是印度人的普遍信仰。大多数时候，他尽量避免做价值判断，但对于庙妓的存在，对于婆罗门在宗教和社会中的特权地位，他显然还是深感震惊。在一切的一切中，最令人吃惊的可能还是罗杰愿意学习印度教的态度，他把印度教看作一个活的宗教，必须以印度教自己的术语来理解。

　　作为现存的欧洲第一部关于印度教全面而客观的介绍，罗杰的《走进玄奥的异教世界》丝毫不辱它的伟大标题。除了不久后出现的法语和德语译本，罗杰的著作可以说为后来者打开了一扇通往印度教的大门。他的内容被巴尔德和奥尔费特·达帕"盗用"。伯尼尔和梅尔基奥·瓦伦丁（Melchior Valentin）深知这部书的价值。在先前欧洲人的刻板印象中，印度诸神大概都是些怪物，罗杰对于印度教精神的诠释也许终结了这种看法。[208] 像歌德和赫尔德这样杰出的学者后来都把这部书当作了解印度教的资源。比较宗教学的研究者也运用它，特别是伯纳德·皮卡尔，他以法语重新出版了罗杰的书，收入他的《世俗仪式和宗教习俗》（*Cérémonies et coutumes religieuses des tous les peuples du monde*，1723 年）中。18 世纪前往德伦格巴尔的丹麦传教士巴塞洛缪·齐根巴格（Bartholomaeus Ziegenbalg）也在他著名的《马拉巴尔诸神谱系》（*Genealogie der malabarischen Götter*）中引用了罗杰的著作——他这部书在 1867 年才面世。19 世纪著名的印度学家马克斯·米勒（Max Müller）将《走进玄奥的异教世界》与齐根巴格更为详细的年表做了对比。19 世纪研究印度的天主教神父杜波依斯（Abbé Du Bois）也知道罗杰这部书，尽管对罗杰的说法半信半疑，他还是从中引用了不少。对于研究印度社会和印度宗教的当代学者来说，这本书也必不可少，因为罗杰提供了 17 世纪中叶科罗曼德尔海岸的种姓、社会习俗、宗教信仰、流行的仪式等各方面的情况。[209]

1057

第四节 两个王朝的覆灭：维查耶纳伽尔和戈尔康达

罗杰著作出版后（1651 年）的那一代欧洲评论家都不太了解印度教和印度东南部的情况。他们更关心的是内战、古老王朝的倾覆和穆斯林向南的扩张。意大利耶稣会士贾钦托·德·马吉斯特里斯（1605—1668 年）在印度工作了二十年，1660 年才回到罗马。1644—1659 年，他是僧急里大主教弗朗西斯科·加西亚（约 1641—1659 年在职）的秘书和同伴。他作为马拉巴尔教会的代表回到欧洲，介绍那里的传教情况，并为加西亚大主教针对圣多默派和加尔默罗修会的政策辩护。[210] 1661 年，马吉斯特里斯在罗马出版了他的《马杜赖的基督教》（*Relatione della Christianità de Maduré*），以此书提醒他的同行们献身于马杜赖、坦焦尔和印度东部、南部其他地方的传教事业。[211] 在这些地方，耶稣会所处的环境氛围比马拉巴尔海岸要好得多。在马拉巴尔，圣多默派仍然公开敌视耶稣会。[212]

马吉斯特里斯的《马杜赖的基督教》记载了 1656—1659 年加西亚高压统治时期马杜赖及周边地区发生的事件。简言之，他所记载的马杜赖传教团的事情都发生在 1656 年诺比利死后。[213] 这些记录主要根据马吉斯特里斯个人的经历，也有些信息来自其他耶稣会士，他们管理不同的教区，生活来源主要靠耶稣会总会。由于马吉斯特里斯要在欧洲招募传教士、筹集资金，所以他特别强调基督教的成败，介绍了许多表现传教团和当地信徒的坚韧忠诚的故事。与罗杰不同，他抓住一切机会指责印度教的"错误"和种种迷信。他对印度教仅有一种表面化的、带有偏见的兴趣，但在政治、军事和广泛的文化事务上（他称作"现实条件"），他有时也能发表全面而精准的议论。他认为关注世俗生活也是正当的，因为他的目的就是要证明"世界各地的人类都是人类"，他认为欧洲人需要多多了解印度的实质——如果印度未来"将成为基督教王国的一部分的话"。[214]

马杜赖当时由蒂鲁马拉长官（Tirumala，约 1623—1659 年在位）统治，他是一个睿智慷慨的君主，深受臣民敬重。他的王国幅员辽阔，土地肥沃，比相

1058

邻的坦焦尔和京吉更大更强。戈莱伦河自西向东贯穿整个国家。[215] 早年马杜赖曾给纳尔辛格（Narsinga，即维查耶纳伽尔）进贡，但如今蒂鲁马拉成了绝对权威，他的朝廷也是世袭的。他拥有一支 8 万人的军队，与邻国结盟，对维查耶纳伽尔、对日渐构成威胁的比贾布尔和戈尔康达宣布独立。马杜赖的军人警惕性很高，用弓箭、刀剑和火器作战。他们购买了很多火炮，其中最有威力的叫作"Basilesques"——以一种毒蛇的名字命名，但却不太擅长使用。在勤勉统治了三十多年后，蒂鲁马拉去世，享年 75 岁。他的 200 多名妻子一并自焚殉葬。

马杜赖的首都与这个国家同名，面积广大，人口密集。这里的居民热爱学习，兴办了几所著名大学和各种各样的专业学校，如人文学科、药学和神学。献给四位主神和其他小神的多座色彩斑斓、壮丽恢宏的神庙使这座城市绚丽多姿。绘画是当地人高度尊重的一种艺术，当地画家经常被葡萄牙人雇去为教堂作画。城市中有各种各样的手艺人，但林业工人和能制造假黄金的炼金术士最有名望。首都城区内的居民喜欢与传教士讨论各种话题，辩论灵魂不朽、神圣审判、天堂和地狱。高等种姓的妇女都学习音乐，都能弹琴；但她们很少走出家门。在 9 月新月那天，她们举行一个为期十五天的节日。国王、朝廷和广大民众都一直严格遵循这项习俗。[216] 在这个节日中的某一天，国王亲自为民众"颁奖"。国王会将一件衣服作为礼物，送给他欣赏的人，允许他骑着皇家骏马或大象绕城一周。

1059

除了首都，马杜赖的重要城市还有特里奇诺波利（Tricierapelli）和瑟蒂那门格勒姆（Satiamangalou [Satyamangalam]）。遍及各地的种姓制度使基督教的传播举步维艰。马杜赖的婆罗门种姓包括皇室、印度教神职人员、弃世者宗师和那些主持葬礼或占卜的人。第二层次的种姓叫作"哲地人"（Chintri [Chetty?]，或 Pandari Raggi [Pandāra?]），他们是士兵、商人或重要市民。第三层次种姓是普延人（Pareas [Paraiyan]，Poleas [Pulayan]），他们是工匠、农民和村民。虽然他们的宗教信仰都是些荒诞的虚构，但婆罗门的神职人员仍堪称道德生活的典范，他们过着清苦禁欲的生活。有些婆罗门剃光头，而有些人则围头巾。他们在神庙的水塘中沐浴，以此洗净罪过。在婆罗门要求他人遵守的禁欲规则中，有些简直荒诞可笑。许多人信仰邪灵，还有人崇拜蛇，特别是一种名为"Cheneven"的蛇，因为它就是毗湿奴。[217]

在蒂鲁拉马早年统治期间，他还得像他的前任一样给维查耶纳伽尔进贡。因为这些贡品耗尽了他的国家的资源，所以他开始拖延进贡的时间。文卡塔三世（Venkata III，约1630—1641年在位）并不在意蒂鲁马拉的拖延，依然相信他的忠诚。文卡塔的继任者（斯里兰干三世，约1641—1672年在位）改变了政策，决定强行征收马杜赖迟迟不交的贡品。蒂鲁马拉巧施计策，承诺马上进贡，但又一次拖延，直到他武装好了自己的边防部队、与坦焦尔和京吉结成攻守同盟。他还向戈尔康达的"土耳其人"（Turks）[218]求助，土耳其人曾从北面袭击过文卡塔并迫使南方的斯里兰干停止对马杜赖的攻击。不过，三位印度统治者也担心"土耳其人"日益扩张的势力，他们又决定与文卡塔保持和平，派出军队支援斯里兰干。但这一迟来的援助没起到什么作用，戈尔康达的势力越过了韦洛尔（Bisnaga），斯里兰干不得不到美勒坡（Messur）避难。戈尔康达与比贾布尔联盟接着包围并攻陷了京吉的堡垒。完成这一步之后，他们调转力量，向马杜赖和坦焦尔施压，要求他们纳贡。美勒坡在拉姆纳德王国（Mavara）的援助下一度试图惩罚蒂鲁马拉，因为他背叛了死去的印度皇帝，但效果甚微。最后，1659年蒂鲁马拉即将去世时，这一地区终于回到了勉勉强强的和平状态。[219]

在这段战争时期，基督教传教团和他们的追随者四散奔逃，后来才渐渐回到他们各自的家乡。不过，从1655年到1659年，传教团声称有9 231名信徒受洗入教，后来马吉斯特里斯统计了自传教团踏上马杜赖以来的情况，认为他们总共争取到100 000名信徒。大多数新信徒是在"战争第一线"的特里奇诺波利、瑟蒂那门格勒姆、坦焦尔城、坦焦尔国内的"Parcur"（？）、"强盗"（法语，Larrons）的地盘入教的。[220]除了战争和混乱，语言也是传教的一大障碍："最普遍的共同语"是"马拉巴尔语"（泰米尔方言之一），还有泰米尔语、迦勒底语、叙利亚语。其他的障碍还包括遥远的距离、传染病、普遍的种姓制度。最后是基督教公开的敌人：穆斯林和被称作"Pareas"（Paraiyars）的瑜伽派信徒。[221]在战争中和战争后，这些瑜伽派信徒煽动内乱，瑜伽派的"伟大先知"指控基督教使印度人背离了他们的神，还说传教士是葡萄牙的间谍。虽然耶稣会有官方的许可，可以在马杜赖自由地宣教和争取基督徒，但瑜伽派与当地政府联合起来，总是找耶稣会和基督徒的麻烦。[222]

戈尔康达的"土耳其人"占领特里奇诺波利的要塞，这相当于打开了整个国家的大门，标志着他们对马杜赖的入侵的开始。"土耳其人"无情地摧毁了基督教教堂和居住地，但对印度神庙没有丝毫破坏。基督徒的小孩被掳走，卖给异教徒商人做奴隶——正是这些商人为"土耳其人"的侵略提供武器。"土耳其人"还残忍地撕掉基督徒俘虏的耳朵。起初，"土耳其人"试图彻底消灭"强盗"，但这些盗贼很快就逃到他们自己所熟悉的丛林和内陆去了。在逃跑的时候，他们还不忘沿途抢劫基督徒难民的财物，但他们不伤害神父。穆斯林并不是唯一一群残忍的人；当美勒坡入侵马杜赖时，他们的士兵也曾洗劫瑟蒂那门格勒姆，并割掉俘虏的鼻子。[223]

马吉斯特里斯所认为的坦焦尔（Tangeor）并不为欧洲人所知，在地图上也没有标注，所以他想填补这个空白。这个王国的名字与其首都名字相同，位于马杜赖以东，靠近孟加拉湾。坦焦尔城地理位置优越，可与欧洲大城市媲美——甚至在实力上比许多欧洲大城市还要强，因为它有着完备的防御工事，城墙上布满铜炮铁炮。因为统治者手下有足够优秀的军队，特别是那些拉其普特人（Rager [Rajputs?]），所以这座城池经得起"土耳其人"的猛攻。"土耳其人"的军队没有大炮能攻破它的城墙和守备。"土耳其人"用弓箭、刀剑和长矛作战，在坦焦尔损失惨重。[224]

坦焦尔的第二大城市是门纳尔古迪（Manaracōil [*Mannārkovil* 或 Mannargudi]），位于首都以东的另一个平原。统治者将他自己的驻地设在这里，靠近一个著名的神像"毗湿奴"（Mannar [*Mannāru*]），这也是城市名字的由来。[225] 统治者相信这个神明是他的父亲，所以十分虔诚。他一度在这个城市拥有一座奢华的宫殿，但婆罗门劝说他毁掉这个，在别处另建，这耗费了他和人民的不少财富。他们的新宫殿是精心设计的，但装潢工作仍没完成。在那里他接待了来自奈伽帕塔姆的葡萄牙使团，他向葡萄牙人许诺，支持他们对荷兰的战争。然而，在他的援军到达前，奈伽帕塔姆已经在 1658 年落入荷兰人之手。过了不久，"土耳其人"又接管了这个富饶的城邦。坦焦尔的臣民认为，统治者的失败是因为他忘恩负义，背叛了葡萄牙人，而葡萄牙人曾通过贸易帮助过坦焦尔，使之富裕兴旺。基督教——这里是指天主教会——也被逐出奈伽帕塔姆和坦焦尔。

第三大城市是"Vallancotte"（*Vallan Kōttai*，意为"强大的堡垒"），它坐落在一座大石山上，在首都西部。作为王国的前哨和要塞，它守卫森严，只有一个大门可供出入。当"土耳其人"入侵时，统治者把自己的财物和宠爱的妻子们都送到这个他认为牢不可破的要塞。但"土耳其人"还是迅速攻占了门纳尔古迪，此时他只好逃到一个更加偏僻的丛林里（Palvacades [*kādu*]，泰米尔语，意为"丛林"）。"土耳其人"没有继续追击，而是选择了继续向"Vallancotte"进发。统治者的逃跑已经沉重打击了守军的士气，他们也很快弃城而逃，还带走了统治者的财物。由于他们的逃跑，"强盗"们洗劫了这座城市，接着"土耳其人"又毫不费力地占领了它，只俘虏了一些已经关在监狱里的囚犯。"土耳其人"成为了这片富饶肥沃的土地的主人，但他们却不想永远占领它，仅仅满足于向这片土地征税。[226]

耶稣会在坦焦尔的驻地前方有块大石头，上面刻着统治者给耶稣会的传教许可令。这篇铭文正好能堵住瑜伽派的嘴，也让印度人知道改信基督教是合法的。然而，由于婆罗门和一些太监经常说基督教的坏话，摇摆不定的统治者也会时常和耶稣会作对。统治者自己是"毗湿奴"（Perumal）的信徒，他决定去拉姆斯瓦伦朝圣，在毗湿奴曾经沐浴过的河水里沐浴。在准备朝圣的过程中，他和他的同伴把自己从头到脚的体毛都剃干净。前往朝拜已经是一件劳民伤财的大事，而统治者还觉得有必要再给当地的小神也献上大礼，因为这样可以平息小神们的嫉妒和仇恨。除了朝拜毗湿奴，统治者对基督教也很有兴趣。有一位年轻的改宗者是皇室的服装总管，统治者便向他咨询基督教的事情。在另一个场合，他还雇佣了一个曾为奈伽帕塔姆教堂绘画的画工，让画工为他绘制基督教的仪式场面并解释其中的含义。画工对基督教的理解其实也很模糊，他将基督教与"西方人所知的"那些印度教传统联系起来，来解释耶稣基督的故事。[227]

最后，马吉斯特里斯介绍了"强盗"，他们主要靠偷盗生活，住在特里奇诺波利南部的丛林中和沿海一带，还有些人零星分布在其他地方。但马吉斯特里斯的论述只包括了一部分"强盗"——他们"建立了一个独立于坎顿（Cantons）的另一个政治实体"，服从于马杜赖统治者。"强盗"的数目成千上万，有一支6 000人的精兵。虽说他们主要靠抢劫为生，但却对陌生人非常友善。其他地方的基督徒都可以自由出入他们的地盘，可以建房屋和教堂，有些"强盗"本身就是受耶稣会影响而改信基督的。由于他们全体乃是一个种姓，没有等级之分，所以耶稣会传教比较容易，所有人都可以自由出入同一个教堂。他们居住在深密的丛林中，外人难以接近，所以也不需要什么防卫工事。马杜赖朝廷指派的地方官向他们征税，还经常烧毁他们的村庄和教堂，以此惩罚他们。有位名为"Maicondono"的强盗头子改信了基督，也因此成为基督徒难民的保护者。[228]

1063

马吉斯特里斯所介绍的马杜赖和坦焦尔的事情大多可以在同时代的耶稣会士信件中找到；实际上，马吉斯特里斯的很多内容似乎是逐字逐句地从他的受访者的信件中摘录的。[229] 耶稣会在马杜赖的驻地是最大的，由巴尔塔萨·达·科斯塔（Balthasar da Costa，死于1673年）管理，他于1639年在让·费雷拉的帮助下（Jean Fereira）首次来到印度。约瑟夫·弗朗西斯·阿克林诺（Joseph Francis Arcolino）神父打扮得像一个弃世者，在马杜赖学习泰米尔语和梵语。在特里奇诺波利，伊曼纽尔·阿尔瓦雷斯（Emanuel Alvarez）在当地瑜伽派的要求下被当地长官"Cupejando"关进监狱。特里奇诺波利基督教驻地的管理者伊曼努尔·马蒂斯（Emanuel Martinz，1597—1656年）在美勒坡攻城战时逃亡，死在途中。那不勒斯人列奥纳多·西纳莫（Leonardo Cinamo，1609—1676年）与卢卡①人福特纳特·塞纳塔西奥（Fortunat Senataccio）一起从他们在美勒坡的驻地迁往山区的基督徒避难区。[230] 坦焦尔的传教团由安托·普罗恩萨（Antão Proenza，1625—1666年）领衔，他是一个葡萄牙耶稣会士，在Estienne（Stefano）de Arez的协助下编纂了一部重要的泰米尔语词典。马吉斯特里斯为死在马杜赖和坦焦尔的耶稣会士写了一篇悼词，概述他们的生平事迹，作为整部著作的结尾。[231]

1655—1666年，荷兰牧师菲利普·巴尔德（1632—1672年）在东方游历，

---

① 意大利西北部城市，在佛罗伦萨以西。——译者注

相比罗杰和其他久驻一地的传教士，他去过印度南部和锡兰更多的地方。在返乡途中，他准备出版自己的《马拉巴尔、科罗曼德尔，以及相邻诸国和强盛的锡兰岛大事记》(*Naauwkeurige beschryvinge van Malabar en Choromandel, der zelver aangrenzende ryken, en het machtige eyland Ceylon... [1672]*)。[232] 与罗杰的书一样，这本书全面考察、采用了之前欧洲人的著作，并基于荷兰东印度公司的信件素材。巴尔德有时承认引用他人成果，有时又肆无忌惮地抄袭。总的来说（尽管并非全然如此），他很信任那些非葡萄牙语的资源——如罗杰、特维斯特和基歇尔的著作。在第三卷《东印度异教徒的偶像崇拜》(*Afgoderye der Oost-Indische heydenen*) [233] 中，他探讨了印度教。由于这部分内容主要对应西海岸的印度教，所以我们在讨论马拉巴尔时将引用它。巴尔德关于锡兰岛和沿海一带的叙述集中在第 12 章。[234]

在巴尔德对科罗曼德尔海岸的描述中，也许是基于个人经验，他最擅长描述自然条件、政治结构、货物和商贸。他强调，卡纳蒂克王国自南向北有 210 荷里（相当于 630 英里），从普里卡特到马拉巴尔海岸有 120 荷里（360 英里）。它的海岸线从南边的杜蒂格林延伸到北边的马苏利帕塔姆。10 月至 12 月，杜蒂格林和捕鱼海岸狂风大作，在冬季，这一地区时常有暴风骤雨。1 月至 3 月，白天炎热，晚上凉爽，伴有浓雾。虽然杜蒂格林和科摩林角（Comoryn [*Kumarī*]）离得很近，但他们的季节特点大不相同。4 月至 9 月，海角的高山地区享受着夏季的凉爽，而北部正值冬季的狂风。巴尔德认为，这种季节差异是因为海角上的高山地貌造成的，就像好望角一样，高山区隔了夏季和冬季。[235]

卡纳蒂克王国由三位长官（Nayakas）统治，他们都是住在韦洛尔的皇帝的封臣，每年要向皇帝进贡并亲自服侍。马杜赖的维拉帕长官（Vitapanaike [Virappa Nayaka]，仅在 1659 年当了三四个月的统治者）[236] 为皇帝端水盆，京吉（Chengier）的克里希那帕长官（Christapanaike）为皇帝保管萎叶盒子，而坦焦尔长官则为皇帝撑伞。他们每年给皇帝纳税，维系着自己世袭的权力。[237]

杜蒂格林"恰当地讲，不过是个大村庄，没有围墙、护城河或城门"。有三座教堂和许多石头房子；这一地区还出产最好的石灰。荷兰人在其中一个教堂建起了商栈，还几次向当地长官申请修建堡垒，但没有成功。虽然巴尔德曾努力向珍珠捕捞者种姓（Paravas）宣教，但他们仍顽固地拒绝天主教，认为荷兰人不崇拜偶像；1658 年，荷兰人赶走了葡萄牙人，但又被当地人看作是他们本土宗教的敌人。马纳尔捕捞的珍珠在杜蒂格林的市场上交易。这些珍珠在颜色和光泽度上都无法与霍尔木兹的珍珠相媲美。但珍珠粉从这里运往欧洲，作为一种"兴奋剂"。荷兰东印度公司十分重视杜蒂格林，因为它出产上好的纺织品，有"充足的食物"，例如大米和糖。[238]

珍珠捕捞者居住在杜蒂格林和罗摩神庙（Rammanakoyel）之间，沙勿略很早就在他们中间传播基督教。这里仍保存着很多教堂，特别是在"Baipaar"（Vaipar）和"Manapaar"（*Manappārai*）两地。岛上有很多牲畜，都是神明（Teuer [*tēvar*]）或者神庙的财产，这座神庙属于当地的贵族首领，据说藏有"难以想象的财富"。岛上的首领曾修建过一座面向科罗曼德尔海岸的坚固堡垒，1662 年，巴尔德和他的朋友曾被短暂地囚禁在那里。堡垒以武力维持着岛屿与大陆的区隔，两者之间仅有一条窄窄的海峡，从奈伽帕塔姆到锡兰北部的船只都要经过那里。这条海峡又窄又浅，只要丢进几块大石头，就能立即堵塞它。[239]

科罗曼德尔南部大部分地区属于马杜赖和坦焦尔的辖区。锡兰从大陆的栋迪港（Tondy [Tondi]）进口大量的牲畜。栋迪附近有条路通向奈伽帕塔姆，途中有座多层神庙，名为卡勒米尔（Kailiemeer [Calimere]）。奈伽帕塔姆又称"蟒蛇之城"，因为此地有许多冠眼镜蛇（Cobres Capellos），当地人很崇拜这种动物。1658 年，荷兰人"兵不血刃"地占领了这座城市，允许葡萄牙居民携带自己的财物乘荷兰东印度公司的轮船离开。这座城市虽然位于海边，但它的港口像科罗曼德尔的大多数港口一样，条件并不令人满意。1660 年，巴尔德曾去奈伽帕塔姆传播改革宗的信仰。他发现，由于陷入坦焦尔和比贾布尔的包围，整个城市一片混乱。出于对侵略者的恐惧，城郊的人们纷纷涌向奈伽帕塔姆城中，寻求食物和安全。许多人卖身为奴；荷兰人买了 5 000 名奴隶，把他们送到锡兰城；把另外 5 000 名送到科伦坡，还有几千人送往巴达维亚。城市北部矗立着一座神庙，名为"China"（China）。[240] 它的附近有弗朗西斯科·德阿梅达（Francisco d'Ameyda）先前的夏季别墅，这个人是个富有的葡萄牙人，当时住在德伦格巴尔。奈伽帕塔姆的荷兰人时常感受到坦焦尔的压力，但他们在 1659 年成功抗击

1066

了坦焦尔的侵略。[241]

在奈伽帕塔姆的北部，有许多沿海小镇值得一提。加里加尔（Carcal [Karikal]）出产红毛丹（rambotyns）、日本需求量很大的白棉布。再往北一点是丹麦人在德伦格巴尔的据点。那里有四道壁垒和一支卫队，士兵主要是黑人和葡亚混血，长官是厄克尔·安德鲁（Erkel Andres）。住在这里的各个种族——印度人、摩尔人和葡萄牙人主要靠海上劫掠和攻击邻近的穆斯林为生。[242] 在波多诺伏（Newhaven），有些葡萄牙商人仍然可以经商，荷兰人已经在坦加帕塔姆建起了自己的商栈。在这个城镇边上是蒂鲁帕普利尤（Tirepaplier，古德洛尔 [Cudalore] 的 Tirupapuliyur），荷兰人曾经在这里建立货栈，如今这片土地用于修建堡垒。这里有一座大型神庙，包括多层的平顶石塔；这座塔也像葡萄牙人曾经的堡垒一样，为海上船只导航。这座小镇也是京吉长官克里希那帕长官的领地。

京吉长官有自己的驻地，位于京吉城内，从蒂鲁帕普利尤向北深入内陆，有两天路程。这个繁华的城市有鹿特丹的三倍大，坐落在一个宜人的山谷里，有条美丽的小河自北向南流过。京吉城有两层石头城墙保护，四座石山围绕，其中三座设有堡垒，第四座上有神庙。岩石被紧密地排列在一起，形成城墙，城门有大量的士兵守卫。台阶也是又高又陡的石头，即使走这样的石阶路，要攻入城市也十分困难。在这些石山上，有泉水、池塘和花园。城外还有一座建于石头山的堡垒，守护着进出城的要道。守卫森严的长官宫殿恰好位于两座石山之间。他们只有几尊简陋古老的火炮，是用铁圈箍上长长宽宽的铁条制成的。他们用这些火炮发射石头弹，1658—1659 年他们围攻奈伽帕塔姆时就是这么干的。京吉城郊盛产水稻、盐、水果和其他食物。但因为城市居民数量很大，有些生活必需品还是依赖进口。出口商品主要是棉花和羊毛织品。进口货物包括香料、胡椒、檀香木、中国丝绸、天鹅绒、锦缎、地毯、生丝、帕坦腰带（*Patana*，*Patan* 是阿默达巴德西北部的纺织品中心）、麝香、朱砂、水银、锡、铅、铜。但他们不进口中国瓷器和樟脑。[243]

巴尔德继续向北行进，他简单提及了普里卡特和蒂鲁帕普利尤之间的几个小镇。"大约八九年前"，摩尔人从葡萄牙人手中夺去了圣多默（San Thomé）。

1067

英国人在附近的圣乔治（St. George）有座堡垒，守军是葡亚混血和梅斯蒂索混血①。普里卡特，泰米尔语意为"古老的堡垒"，受到荷兰东印度公司的新堡垒赫尔德里亚的保护，那里有一支八九十人的卫队。普里卡特有一个优良的港口，堪称南季风时节的避风港。这一地区的土地贫瘠，都是沙子，无法大量种植任何有营养的作物。南季风到来时，土地几乎被吹干，而北季风时节则洪水泛滥。[245]普里卡特北部是本内尔（Penna [Penner]）和卡图拉（Caleture [Kalturai]）；在两个小镇之间，染布工人可以找到伞形花耳草（Chay），即一种可以提取染料的根茎（essaye-roots）。[246]在北季风到来时，沿海最安全的港口是佩塔波利（Petapouli [Petapoli，Peetapolee]），这是个小小的沿海城镇，住着摩尔人、波斯人和印度本地人，在政治区划上归属戈尔康达。佩塔波利的郊区有最好的染料根茎，叫作"Tambrevelle"（泰米尔语，*tamirai-valayam*，一种用于印染的莲花属的根茎）。这样一来，佩塔波利的花布甚至比马苏利帕塔姆的还要好。这里的统治者垄断了纺织品生产，把布作为献给戈尔康达的贡品。统治者雇佣织布工人，严格管理镇上的纺织品交易。绝大多数当地的布都出口到波斯。

位于一条大河旁边的马苏利帕塔姆是更大的商业中心。这里的统治者也要向戈尔康达进贡，他从城镇居民，特别是印度教徒身上榨取税赋。统治者和当地的摩尔人、波斯人一起控制了纺织品的生产和贸易。想要在纺织品贸易中赚大钱不容易，因为要拿到纺织品生产和销售的垄断权，就要先投入很多本钱"竞标"。若想经营成功，最重要的是有皇室的特许，但这项权力是很难得到的，因为地方长官反对这种特权，而这里离朝廷又太远，无法直接与皇帝联系或贿赂某个重臣。最大宗的贸易是宝石和钻石。[247]

巴尔德用了很长的篇幅详细介绍了宝石贸易。钻石在泰米尔语中叫作"Jutan"（？）；[248]巴尔德描述了印度人如何称量和切割钻石。马苏利帕塔姆市场上的红宝石比德意志的更大更亮。翡翠被印度人叫作"Jasche"（印地语，*yashm*），非常珍贵，普里卡特和昌德拉吉里都有它的玻璃仿制品。南印度沿海和锡兰都出产蓝宝石，但暹罗和勃固的蓝宝石品质更好，价格也更高。印度东

1068

---

① 指拉丁民族与印第安民族的混血儿。——译者注

部出产最好的紫水晶。格尼斯堡（Königsberg）和东普鲁士其他地方的琥珀"在日本和印度受到普遍的好评"。它们的尺寸和光泽很吸引人，还可以吸起"稻草、纸屑等一些轻的东西"。[249] 接着巴尔德又探讨了牛黄和靛蓝染料。几年后，生活在印度东部港口城镇的荷兰人选择中国茶作为他们的日常饮品——用水和糖一起煮。[250]

接着，他又简单介绍了"马拉巴尔语言"（泰米尔语），包括字母表、语法规则、例句、音译、对宗教祷文和教义的翻译。[241] 在第一部印刷版的泰米尔语语法书的前言中，巴尔德承认葡萄牙耶稣会士在他之前已经根据欧洲语法规则（即拉丁语）分析了泰米尔语。神父加斯伯·阿奎莱（Gasper d'Aquliar）是一位耶稣会士，"特别善于发掘马拉巴尔语言"——此外他没有任何事迹为人所知。在锡兰的三年半时间里，巴尔德有一位母语为泰米尔语的当地翻译，他也精通葡萄牙语。他改信基督，名为弗朗西斯科（François），把葡萄牙语的主祷文和教义、把巴尔德对主祷文的讲解分析都译成泰米尔语。他还以精美的泰米尔字体写了一份字母表和语法例句。巴尔德承认，他本人必须付出巨大努力才能掌握泰米尔字母，"最开始的时候甚至和小孩子一起用沙子练习书写"。不久，他就可以用铁笔在棕榈叶上写信了。[252] 但他认为："我自己不算是能力卓著的人，在学习语言的路上，我还是个小学生。"在他的简明语法介绍中，巴尔德说他自己还有一套更完备的语法规则，也许有一天可以出版。[253]

1069

戈尔康达传说中的钻石矿吸引着欧洲人、亚洲商人、珠宝商和冒险家们。在英格兰，"戈尔康达"这个名字很快成为"财富之源"的同义词。

让·巴蒂斯特·塔韦尼耶（1605—1689 年）是一位法国人，胡格诺派教徒，商人和冒险家，他于 1638—1667 年五次探访印度。他在 1641—1642 年、1645 年、1651 年、1653 年和 1659—1660 年去过戈尔康达，即库里·库特布沙的领地。1668 年，他回到法国，受到路易十四的接见，因其为法国所做的贡献，皇帝授予他男爵头衔（Baron d'Aubonne）。在日内瓦定居后，塔韦尼耶开始编辑他多卷笔记，准备出版。在编纂过程中，他得到了塞缪尔·查普佐（Samuel Chappuzeau，约 1625—1701 年）的帮助，后者是作家，胡格诺派教徒。他们从其他旅行者及其著作中搜集材料，充实塔韦尼耶的著作，这些引用有时标注

出来，有时没有。1676—1677 年，塔韦尼耶出版了两卷本的《塔韦尼耶六游记》
（*Les six voyages...qu'il fait en Turquie, en Perse, et aux Indes*）。这部带有插图的
著作由克洛泽和巴宾（Chez Gervais Clouzier et Claude Barbin）编辑出版。[254]
第一版马上就成了畅销书，内容的准确性引起了各方面的争议。但在今天，如
果要研究 17 世纪的印度，没有人再会纠结于它的准确性。它的价值显而易见，
但我们还是要谨慎地使用它并时时检查里面的说法。[255]

　　塔韦尼耶的同胞伙伴让·德·特维诺（1633—1667 年）也是个大胆的冒险　　　1070
家，1666 年，他正在意大利。他也在戈尔康达待过一段时间，周游了整个次大陆。
他像塔韦尼耶一样，掌握了包括波斯语在内的几种中东语言；对于穆斯林统治
下的戈尔康达的所见所闻，他都能深刻地理解。他的游记在 1664—1684 年分
几个部分陆续出版，包括 1684 年首次面世的《印度志》（*Relation de l'Indoustan*）
（Paris）。[256]1670 年，曾卷入"中国礼仪之争"的西班牙多明我会修士闵明
我（Friar Domingo Nvarrete，1618—1686 年），在从中国返回欧洲的途中抵达
美勒坡。他从这里横跨大陆，到戈尔康达和马苏利帕塔姆旅行，在港口又换船
前往苏拉特。1676 年，他的笔记《中华帝国的历史、政治、伦理和宗教概述》
（*Tratados historicos*）① 在马德里出版。[257]

　　由于戈尔康达首都深居内陆，三位欧洲旅行者的著作提供了大量关于 17
世纪中后期印度的旅行路线、路程和环境条件方面的信息。两位法国人的著作
包含了从苏拉特到戈尔康达的路线；而从戈尔康达到马苏利帕塔姆的一般路线，
三位作者都有提及。他们或多或少地写到从马苏利帕塔姆到马德拉斯的旅程，
这部分区域不久被戈尔康达侵占。游历了印度这些地方，三个人都发现，当地
人一般用牛车，主要是 10 至 12 头牛拉的车来运送货物。为安全起见，人和货
物都隐蔽在大篷车里，人坐在又小又轻的、两头牛拉的小车（*tongas*）上。马、
大象和骆驼起初被用来承担雨季的运输工作。有钱人可以购买或租用轿子，这
是陆地旅行最舒服的交通工具；12 个人轮流担任轿夫。由于从戈尔康达到马苏
利帕塔姆路途艰险，不适合车轮行走，所以人抬轿子或牲口驮货成为主要的运

---

① 全名为：*Tratados historicos, politicos, ethicos y religiosos de la monarchia de China*。——译者注

输方式。当地的距离单位是科斯（gos [*coss*]），这一单位经常变化，就当时的南印度而言，一科斯相当于 8 英里。

　　当地有许多大河，没有桥或渡口，所以他们只能乘小船渡河，这种小小的、像篮子一样的船外部用牛皮包裹，里面铺上毯子。小船四角站 4 个船夫，持桨划行。在低地一带，道路两旁都有树木，还有刷白的石头作为路标，方便旅行者夜里出行；而夜里也正是许多人喜欢的时段，因为外国人难以适应酷热的白天。城市附近的道路上满是人和动物，经常充斥着朝圣者。主要道路的食宿条件都很完备，在其他地方也不太难找。乡村和城镇的旅馆都叫作"Chauril"（*choultry*），这是一些小棚子，没有门，尽管还是暴露在外面，但对于旅行者来说也是很安全的。戈尔康达有一种皮质的水囊，可以保持牛奶和其他饮料凉爽新鲜。统治阶级腐化堕落，频繁征税，傲慢的税官也经常激怒百姓。戈尔康达的税官比莫卧儿帝国的官员更坏，因为这些婆罗门是伊斯兰各地的税款承包人的代理，而不是皇家的官员。所以他们尽可能地在交通方面榨取税收，每个代理人都收缴了超过定额的税金。官方文件由邮递员接力传送——这是戈尔康达最快捷、最良好的交通组织方式。[258]

　　"戈尔康达王国"是德干地区势力最强的国家，它东至孟加拉湾，北至奥里萨山脉，南接维查耶纳伽尔的残余领土，西接莫卧儿帝国和比贾布尔的巴拉卡德省，是阿迪勒沙的领地。[259] 莫卧儿帝国和戈尔康达之间的分界线是卡沃（Calvar）附近的一条小河和河边的树木：在莫卧儿帝国一侧种的是印度赤铁树（mahouas [印地语，*muhvoas*]），而在戈尔康达一侧种的是"银海枣"（cadjours [*khajurs*]），一种野生棕榈树。[260] 从边界线到"Bhagnagar"[261]——即海德拉巴都城的印度名字——需要乘六天的大篷车，穿过许多村庄和城镇，绿油油的稻田和麦田赏心悦目，路边的水池可以随意饮用。海德拉巴位于高原之上，四周有小山环绕。在进城途中，有许多泥巴和稻草搭成的棚屋分布在郊外，捐客、工匠和小商人住在里面。进城道路的尽头是一座桥，横跨在穆西河（Musi River）的支流——涅瓦河（Nerva）上。[262]

　　海德拉巴通常也被叫作戈尔康达，这个名字来源于附近的旧堡垒，国王曾在那里居住办公。新的首都是当时统治者的曾祖父应他一位妻子的要求兴建

的。[263] 这座新城距离戈尔康达城只有几英里远，在穆西河的另一边；在桥的另 1072
一边有围墙环绕，起防御的作用。[264] 根据特维诺的记载，"整个城镇像个十字
架，长宽比例悬殊，从大桥到四座塔（Chārminār）之间是长长的一条直线"。[265]
新城的面积与法国奥尔良差不多大，是专门为接待苏丹及其家族、臣子而设计
的。横跨在穆西河上的大桥是一座壮观的建筑，"相比法国的新桥亦毫不逊色。"
桥面是一条笔直宽阔的大道，两侧有旅店和贵族们的房子。这座桥直接通向大
广场，那里是苏丹发表讲话和主持审判的地方。皇家宫殿在广场的一侧，毗邻
"四座塔"。[266] 厚重的城墙上有许多窗户，每隔一段距离就有一个小塔楼；从阳
台上，从空中花园，从阶梯状的屋顶上，从开放的走廊上，都可以看到广场上
的活动：音乐表演，游行，甚至斗象。宫殿有特别的上下水系统。从远处的水
池取来的水被贮存在"四座塔"纪念碑的顶端，再由管道送到皇宫里，甚至能
供应到最高的房间。如果没有特别的事情，外面的人几乎不可能得到进入皇宫
的许可。四座塔是这个城市最具特点的地标，但它的外观却不太体面，四周围
满了丑陋的木头和稻草搭的水果店。[267]

　　像许多早期伊斯兰城市一样，海德拉巴还有很多清真寺和花园。这座穆斯
林城市深入特伦甘纳高原内部，也保留了印度教一大特色——两大水池，亦即
人工湖。这两座水池是城市灌溉系统的一部分，也是苏丹泛舟游玩的地方。[268]
大约在特维诺到访的五十年前，一座"据说是印度最雄伟的"清真寺还正在建
造中。当特维诺看到清真寺的规模时，这位法国人表示"真的特别吃惊"，这座
寺庙耗费了大量人力搬运石头。[269] 但在城市建筑中，比清真寺更令人难忘的 1073
或许是花园。它的精美、均衡和供水系统令特维诺深深叹服，他还详细描述了
市郊的花园（或许是 Bāgh Lingmpalli）的内部结构。[270] 特维诺评论了位于戈
尔康达堡垒附近的苏丹墓，他认为："当然你想看些美丽的东西，你应该在节日
的白天去看看这些墓，那里从早到晚都覆盖着华丽的毯子。"[271] 6 座大型陵墓
每个都由一个独立花园围绕，根据特维诺记载，即使是外乡人也可以进入这个
神圣的领地。[272]

　　特维诺在印度期间，位于海德拉巴西部 5 英里的戈尔康达堡垒是政府所在
地和国王驻地。[273] 这个军事要塞是库里·库特布沙（Cotup-Cha，约 1512—

1543 年在位）建立的，他根据泰卢固语 "Golcar"（*gulleru*，意为牧羊人）把这个要塞命名为戈尔康达，因为是一位牧羊人把他带到这里的。[274] 堡垒 "占地面积很大"，有石头城墙和灌水的壕沟。5 座塔楼和城墙上都备有火炮；外层有两座打开的城门，里面还有一座大门，由全副武装的印度士兵把守。除了皇宫，戈尔康达还有一些贵族的宅邸和一些集市。大多数高级官员都在戈尔康达堡垒和海德拉巴城有房子。苏丹把自己的财产藏在戈尔康达，在宫中养了许多珠宝匠和石匠。[275]

当时在位的苏丹是阿卜杜拉·库特布沙（Abdullah Qutb Shah，约 1626—1672 年），他是什叶派，是这个王朝的第七任统治者。[276] 在统治之初，他迫于莫卧儿帝国的压力，向他们进贡。[277] 如今他有了一支 50 万人的庞大军队，是他自己出资招募的雇佣兵。但实际上真正能够作战的人数只是他雇佣的一半，因为贵族王爷们（Omras [*umarā*]）私吞了招兵的大笔资金。本地的印度士兵所得的报酬比莫卧儿和波斯士兵少很多；外国骑兵队的军饷是步兵队的两倍。尽管采取了种种防卫措施，苏丹还是无法阻止莫卧儿皇帝奥朗则布入侵、洗劫海德拉巴。苏丹为躲避莫卧儿的势力而逃亡戈尔康达避难。虽然他此后偶尔也出现在海德拉巴，但 "他在八年中（在 1666 年之前）都无法回去"。[278]

阿卜杜拉苏丹在戈尔康达堡垒被迫退位，他显然 "很清楚当下的局势"。除了皇后的母亲、他最喜欢的赛义德·穆扎法（Sidy Mezafer [Sayyid Muzaffar]）和他的婆罗门大臣，他不信任任何人。在避难期间，苏丹非常依赖他的大臣，需要他们的建议。由于他的势力已经衰落，他不敢再管教手下的贵族，哪怕他们真的犯了错。他的女婿篡夺了王位，公开声称是合法继承人。为了忘记自己的悲苦处境，苏丹 "沉溺在世俗享乐中，消磨时间，丝毫不问朝政"。[279] 他与各国的学者和艺人来往，慷慨地资助他们。[280] 作为戈尔康达所有土地的合法所有者，苏丹将土地承包给出价最高的人，以此获得收入。他的财富来源还包括进出口税、国内运输的税费，他还垄断了钻石和其他宝石的开采权和贸易权。实际上，在他的领地内，他从这每项活动中都获得了大笔的收益。[281]

贵族王爷大多是波斯人或者波斯后裔。依靠苏丹发放的年金和税赋，他们已经非常富有；贵族们还向苏丹隐瞒了自己的一些创收活动，从婆罗门那里收

1074

缴不少税金，这样一来他们的财富又增加了许多。在公开场合，他们外表光鲜，喜欢以前呼后拥的阵势来炫富，一出门就有一大帮侍者和仆人跟随。他们每周都在城镇周围布置警卫，包括战马、大象和骆驼。塔韦尼耶见过海德拉巴每周换岗的大场面。[282] 除了贵族，还有一些地主，他们是在财富或地位上级别略低的王侯。"王爷"这个头衔非常普遍和随意，甚至拿低工资的印度官员"也必须被称为王爷"。[283]

戈尔康达的人们，不论男女，都"身材匀称，面容清秀，只有农民会稍微黑一点"。士兵用一块缠腰布围住身体，把长发编在头顶。在腰带上，他们佩戴"一把类似瑞士风格的宽剑"。他们的步枪是用上好的钢铁打造，比欧洲枪械还要好，不容易炸裂。城镇上有许多妇女在公开场合活动，她们是在政府注册过的，可以走出家门，做一名合法的"职业女性"。在晚上，卖棕榈酒（tārī）的商店就开门了，女店主在门廊上点起灯烛，招徕顾客。[284] 可能是因为苏丹要对棕榈酒行业征大量的税，所以在他的授意下，这类场所的卖淫活动是合法的。能够在公共场所合法工作的女人还会在国王和贵族面前表演舞蹈和体操，[285] 而没有注册的女人不能卖淫。平民百姓都不太反对自己的妻子在公开场合抛头露面。[286]

特维诺在返回马苏利帕塔姆途中，在海德拉巴停留，其间经历了一个献给"阿里之子侯赛因"的穆斯林节日。[287] 戈尔康达庆祝节日的方式比波斯更加绚丽多彩。在十天中，人们沿街道游行，身上都覆盖着细细的炉灰。士兵们围成一圈跳舞，击剑，一起高喊"侯赛因"。在游行中，人们举着银盘，代表侯赛因的手。每个人都精心打扮，"职业女性"在节庆中就成了舞娘。当地印度官员也参与其中，对印度教徒来说，这也是一个假日。但逊尼派穆斯林蔑视这一节日，穆斯林教派之间经常爆发冲突。在节日之后，"他们还要举行其他的游行，唱着悲伤的小调，抬着棺材……每个棺材上都放着一块头巾，象征在卡尔巴拉之战（Battle of Kerbela）中被哈里发叶齐德（Calif Yezid）杀害的侯赛因等人"。[288]

许多外国人在海德拉巴生活工作，包括波斯人、亚美尼亚人、莫卧儿人、葡萄牙人、葡亚混血、非洲人、荷兰人、法国人、英国人和西班牙人。[289] 大多数人是军人或商人。闵明我（Navarrete）在葡萄牙军队中担任神父，还访问

1075

1076

过荷兰人的商栈，在那里他品尝到"中国茶"。[290]他还拜访过法国使团，他们的首领讲西班牙语。法国人愿意带闵明我一起旅行，从马苏利帕塔姆到苏拉特，闵明我也欣然接受了法国人的好意。[291]英国也有商人在海德拉巴活动，但他们显然没法与荷兰人竞争，荷兰人从这里运出布匹，贩卖到东印度。[292]而这里最重要的外国势力当属波斯人，他们几乎涉足各行各业，身居高位。

由于海德拉巴处于国内贸易的战略性地位、对异邦人的包容以及极具特色的产品，使它吸引着各国商人。沿海一带的印花棉布总是供不应求，海德拉巴出产的彩布正好弥补了这一点。素色纯纺棉和当地的靛蓝布容易买到，价格低廉。[293]荷兰人在海德拉巴用胡椒交换鸦片和烟草，这类作物在这里广泛种植。戈尔康达的许多市场上都充斥着钻石和各种宝石，小粒的尤其常见。许多印度人、穆斯林和印度教徒都以无声的方式来谈买卖，他们有一种隐秘的暗号，以防其他人知道他们商量的价格。[294]荷兰人和英国人在自己的商栈里为戈尔康达的苏丹生产新的金币（pagodes）；这种货币只用来交易科勒的钻石。[295]荷兰人为海德拉巴提供黄铜，铸造普通货币（Pechas [印地语，paisā]）。[296]

1077

所有这些欧洲作家都游历过海德拉巴到马苏利帕塔姆这条路线，并一致认为旅途艰难。珠宝商塔韦尼耶是唯一一个没有选择直接路线的人；他探访了克利须那河的钻石矿，又在戈尔康达城的东部游历了七天。钻石矿位于科勒，大约在塔韦尼耶到这儿的一个世纪以前就已经被开发了。17 世纪中叶，这里大约有 6 万名工人。这位法国商人详细描述了开采钻石的过程：矿土被工人们开掘出来，经过初步筛选，再由妇女和儿童洗净晾干。土被晾干后，人们筛出最好的部分，彻底捣烂剩下的土块，就在这些碎土块中寻找钻石。在卡勒，人们发现过大量的超大尺寸的钻石，但不幸的是，它们质地不够好，不够清澈明亮。[297]

从卡勒出发，塔韦尼耶沿着克利须那河的山谷走到它的入海口，这里位于马苏利帕塔姆附近，河水进入孟加拉湾。塔韦尼耶和一支法国使团一起在马苏利帕塔姆待了很久，其间他获悉了科罗曼德尔海岸另一处商贸港口的情况。1652 年夏天，他从马苏利帕塔姆向南而行，去寻找米尔·朱木拉（Mir Jumla [Muhammad Sa'īd, the Mīr Jumlā]），[298]后者是戈尔康达第一个地方长官，也是当地军队的司令，这支军队后来在卡纳蒂克王国活动。米尔·朱木拉在甘迪科塔城堡，一个位于山上的军事堡垒，可以俯瞰马德拉斯的古德伯（Cuddapah）地区内的本内尔河。米尔·朱木拉就在这座城堡里指挥着整个内陆地区——归属于苏丹名下的、从马苏利帕塔姆到圣多默一带。荷兰人向塔韦尼耶提到过米尔·朱木拉在朝廷的影响力，塔韦尼耶希望能获准在这里经营珠宝生意。在前往城堡的路上，塔韦尼耶在克利须那河北岸的贝泽瓦达（Bezevada）稍做停留。在这里他游览了许多印度教神庙，并详细记述，他还观察到许多朝圣的场面，在 10 月份尤其多。接着，他渡过克利须那河，穿过内洛尔（Nellore）到达了普里卡特，即荷兰货栈的所在地。

1078

荷兰人热情地接待了他，塔韦尼耶发现，普里卡特堡垒大约有 200 名士兵，以及许多长期住在城镇里的商人和荷兰东印度公司的退休人员。他注意到，潮汐过后，普里卡特的居民在海岸边的沙地挖洞取水。[299] 塔韦尼耶从普里卡特"继续前往马德拉斯，即英国人占领的圣乔治城堡"。在那里，他和艾弗伦神父、齐诺神父一起住在嘉布遣修会的修道院里。[300] 在圣多默，他拜访了奥古斯丁修会和耶稣会的教堂，会见了葡萄牙人和当地的天主教徒，这些人受雇于英国新教，充当工人和军人。[301] 在马德拉斯及其周边地区待了十天后，塔韦尼耶继续向西北的甘迪科塔（Gandikota）进发。途中他见到一群猴子为一篮米打架，还对训练有素的大象非常好奇，以至于他在自己的著作中写到这里转而对大象的历史发表长篇大论。[302]

经过千难万险，塔韦尼耶最终到达了本内尔的甘迪科塔堡垒，这里自 1650 年起由米尔·朱木拉的势力勉强控制。塔韦尼耶描述了甘迪科塔的地理位置、防御工事和武器装备。他发现有欧洲人受雇于甘迪科塔，担任火枪手和军火商，特别是来自布日尔的火枪手克劳德·梅勒（Claude Maillé），他是塔韦尼耶在巴达维亚见到的第一个法国人。9 月初，塔韦尼耶获准拜见米尔·朱木拉并向他展示自己的珠宝——他想把珠宝卖给苏丹。关于他的珠宝生意，米尔·朱木拉没有当即给出政策；在等待米尔·朱木拉的决定时，塔韦尼耶得知欧洲火枪手们正在威胁甘迪科塔官方，他们声称自己如果再拿不到工资就要撤走。塔韦尼耶写道，梅勒在城堡里建了一个武器制造厂，初衷是用作防御的重型武器就不必费力从山下拖到陡峭的山上。但梅勒从未制造过一支枪，因为金属原材料总是不够。塔韦尼耶发现，穆斯林从不拘留犯罪嫌疑人等待审判，而是立刻把他们带上法庭。如果他们确实无辜，就会当场被释放；如果有罪，也会当即受处罚。在塔韦尼耶与米尔·朱木拉最后一次谈判时，他发现，这位军事领袖像一个土耳其人一样坐在地上，向记录员口授自己的命令。他的手指和脚趾之间夹着很多有待回复的信函，有些他向秘书口授，有些则亲自回复。终于，米尔·朱木拉转向塔韦尼耶，准许他在一个官员的陪同下前往戈尔康达。从这次谈话中，我们可以明显看出——塔韦尼耶后来的游记也体现了这一点——米尔·朱木拉的权力已经摇摇欲坠，普里卡特和马德拉斯，或许还有其他沿岸城镇已经脱离了他的控制。[303]

1079

　　1674—1686 年，丹尼尔·哈瓦特（Daniel Havart，约 1650—1724 年）在科罗曼德尔海岸为荷兰东印度公司效力。他是一个受过良好教育的年轻人，在印度的十二年大部分时间里都在科罗曼德尔北部和戈尔康达境内。1686 年他返回低地国家（Low Countries）①，重续自己的学术生涯，1691 年获乌德勒支大学药学博士学位。两年后，他在阿姆斯特丹出版了《科罗曼德尔的兴衰》（*Op-en ondergang van Cormandel*）。[304] 这个大部头著作分为三个部分，共有 568 张四开的页面。第一部分介绍荷兰东印度公司从奈伽帕塔姆到戈尔康达的主要商栈；第二部分介绍内陆地区的商栈，特别是海德拉巴；第三部分是一些不太重要的商栈，以及沿海地区的一些贸易场所。在这部书中，他集合了自己的经验、书信和历史记录；还有荷兰东印度公司的文件和报告；以及罗杰、巴尔德、塔韦尼耶、特维诺和斯格尔（Schorer）的作品。由于他对戈尔康达和科罗曼德尔北部最为熟悉，在涉及普里卡特南部的问题时他才依靠其他资料。他尤为依赖赫伯特·德·杰格尔（Herbert de Jager，死于 1689 年）未出版的手稿，杰格尔是一位医生和博物学者，他受雇于荷兰东印度公司，去过戈尔康达和波斯，精通波斯语。

　　哈瓦特热衷学习外语，他熟练掌握了波斯语，在 1688—1689 年翻译出版了两本波斯语诗集。在他自己关于科罗曼德尔的著作中，他把许多戈尔康达流行的波斯语称谓翻译成荷兰语。他还通晓生意中常用的泰卢固语。由于他主要

---

①　指荷兰、比利时、卢森堡三国。——译者注

从事纺织品贸易，他谈及的一切都能联系到生意上来，包括各个地方在整个经济体系中的地位。尽管他主要关注贸易和科罗曼德尔的欧洲机构，他也详细讨论了当地的各种条件和戈尔康达的政治衰落。他题目中的"兴衰"是指荷兰东印度公司在这一地区每况愈下的局面，这也是由 17 世纪七八十年代政治动荡造成的。[305]

《科罗曼德尔的兴衰》的第一部分集中探讨了荷兰沿海一带的商栈、军事要塞（如果有的话）、货仓、人事状况和贸易中的主要商品。在第六章，他给出了马苏利帕塔姆的详细平面图、货物的清单、纺织品的种类等等。通过许多旧文件，他梳理出一部荷兰人在马苏利帕塔姆的艰难创业史：1619—1629 年穆斯林入侵，1666 年一场大火烧掉了半个城市。到他所在的时代，他记录了 1673 年的荷兰人与法国、英国争夺这一地区控制权的战争。他翻译了三份戈尔康达苏丹的政令，内容都是开放与荷兰人的贸易，最后一份政令是 1674 年的。一位年轻的苏丹阿布·哈桑（Abu'l Hasan，约 1672—1687 年）亲自去考察了马苏利帕塔姆，其间荷兰人向苏丹一行人献上了厚礼，这位苏丹后来就对荷兰人的要求有所让步。有了苏丹签署的 9 条法令，荷兰人的生意随之扩张。苏丹方面最重要的让步是赦免了从桑德拉斯帕塔姆（Sadraspatam）到比姆利伯德姆（Bimlipatam）一带的税赋，这项对荷兰人免税的政策适用于荷兰人经商的所有港口。由于当地政府抵制苏丹对荷兰的优惠政策，荷兰东印度公司决定在科罗曼德尔海岸减少投入。1678 年，他们开始从马苏利帕塔姆逐渐撤出设备、货物和资金。同年 12 月，在莫卧儿军队围攻时，苏丹第二次到访马苏利帕塔姆。对于苏丹在圣诞节到访荷兰教堂的场面，哈瓦特的描写饱含深情，言辞恳切。苏丹，这位皇室领袖，坐在王座上，抽着水烟袋，第一次聆听了布道。[306] 布道结束后，苏丹针对荷兰人的宗教信仰和宗教典籍提出了一些问题。荷兰人以某种变通的、非正统的方式回答了苏丹的大部分问题。在回答关于第七诫的问题时，荷兰人告诉苏丹，与别人的妻子交谈是被严格禁止的，更甚于多妻。苏丹显然很满意这些回答，但对于荷兰人赠送给他的圣诞礼物——宝石，他倒没有多大兴趣。他拒绝了荷兰人的很多请求，拒绝割让普里卡特。[307] 随后，荷兰人在普里卡特的势力急转直下。1679 年，他们遭遇了大洪水，接着又是戈尔康

1080

达的盗匪的一系列袭击，一部分英国商人也在贸易上打击了荷兰。[308]

第二部分介绍的是荷兰位于内陆的两座货栈，一座在马苏利帕塔姆西部的那加万查（Nagelwanze [Nagalvancha]），[309] 另一座在戈尔康达—海德拉巴。哈瓦特从马苏利帕塔姆 7 次前往戈尔康达（1673 年、1675 年、1677 年、1679 年、1680 年、1681 年、1682 年），详细描述了荷兰人常走的这一路线。[310] 在离开马苏利帕塔姆时，他经由一座著名的木桥穿越沼泽地，这座桥是在 1638 年由阿卜杜拉苏丹建造的。[311] 哈瓦特描述了桥的体积和特征，并指出巴尔德的错误记录。1679 年 11 月，这座桥曾被大洪水冲垮，但在皇室要求下很快修复。过桥之后，这位旅行者又经过了许多三角洲村庄，并记录下它们的地理位置和特产。他详细描述了乌尤尔（Ourier [Wuyyur]）的村庄和驿站，这里位于克利须那河畔的贡德伯莱（Condepilly），哈瓦特描述了它的运河、带围墙的清真寺、印度神庙和果园。他还写到了一座名为"金顶山"（Soerna Gieri Perwatam [泰卢固语，*suvarna giri parvatam*]）的山，那里早年曾发掘出金矿。山的附近是一座低矮的湿婆神庙，献给站在"Indrakeladri"山顶上的"Malisparam"（Mallikayuna?）。它的周围还有几座湿婆和毗湿奴的神庙。哈瓦特记载了贡德伯莱附近的军事要塞和城镇，记载了那里雄伟的石头房屋，以及当地出产的半宝石（semi-precious stones）。以神的名字命名的克利须那河在雨季经常爆发洪水，河岸的房屋必须有石堤防御。有条小河从上游的"Kiezera"村流入克利须那河。[312] 在马努路河（Manuru River）附近的佩努甘齐普鲁镇（Pennegentspoel [Penuganchiprolu]）有一个著名的集市，商人们汇聚在那里买卖高档的纺织品。

前往海德拉巴途中的第五站是那加万查，它包括 4 个集市和 3 个村庄。村里有 200 户纺织品商人，150 名纺织工人，100 名农民，20 名铜匠，15 名铁匠，20 名金匠，20 名染布工人，150 名婆罗门，20 名会计，15 名牧牛人，还有不少炼钢工人、制皮匠和贱民。这个镇上还有 20 个芒果园，10 个大水塘，10 个印度神庙（5 个献给湿婆，5 个献给毗湿奴）。在小镇当中是荷兰东印度公司的商贸区。它于 1670 年由首任老板尼古拉斯·费伯（Nicolas Faber）创立。哈瓦特给出了这个商贸区的 1686 年的平面图，并详细描述了每个部分。科罗曼德尔北部的所有的纺织品、宝石、硝石、靛蓝染料在这里都能买到，哈瓦特还列出了纺织品和宝石的名目。他探讨了科罗曼德尔北部染料贸易的发展，详细描述了这一地区的农业状况和印染工艺。[313]

在描述了荷兰东印度公司在那加万查的人事情况和具体活动之后，哈瓦特开始细致入微地描写一条从当地商栈通往戈尔康达皇宫的路线。向西走上大约九个小时，便到达了芒格拉（Monigale [Moregale, Mangala]），道路继续延伸，穿过几个村庄——他记下了每一个的名字——最终抵达穆西河畔的大城镇阿纳塔格里（Anantagier [Anantagiri]）。阿纳塔格里有两座清真寺，五座印度神庙，一个由罗望子树和芒果树环绕的大水塘。[314] 城镇东部有个旧堡垒，位于小山上。在戈尔康达的伊斯兰政权的开创者穆勒克·库里·库特布沙（Quli Qutbu'l Mulk，死于 1543 年）统治期间，这里戒备森严，但后来就被废弃了。周边地区出产大量的水稻、烟草和有限的硝石；整个水田（Nely-velden）区域都肥沃丰饶。

继续前行，下一个落脚点是"Madekoer"（？）。道路两侧都是灌木丛，直到一个名为赛义德·穆扎法（Sayyid Muzaffar）的村庄，这是以一位宰相（即米尔·朱木拉）的名字命名的，他支持阿布·哈桑登基，并于 1662 年镇守这个村子。一个大水塘灌溉着这里大片的粮田和棕榈树种植园。在旁边的另一个村子里，有座石头建造的精美的清真寺。后来赛义德·穆扎法侵占了这里，向这个村子征税。村庄外就是穆西河（Moezie），这条河发源于印度斯坦，流经海德拉巴，最后与附近的"Amenagel"（Amangal）村庄的另一条小河合流。在"Madekoer"，人们酿造棕榈酒，售卖铜器。

再走上八个小时，到达第三站"Apasia-peente"（泰卢固语，*peeta*，意为"小村子"），这里得名于它的开创者，一个名为"Apazia"的婆罗门。旅行者沿途可以经过肥沃的田野，这里与穆罕默德·里扎（Muhammed Resa [Muhammad Riza]）有历史渊源，其中有个村子就是以他的名字命名的。附近有一片荆棘林，出产"阿拉伯胶"（Arabian Gom）。[315] 路边散布着大大小小的水塘，有些水塘边还有戈尔康达过去的英雄人物的塑像。下一个小镇是被毁坏的"Panigaal"（Pangal），这个小镇没有城门或警卫来保障安全。在几次大规模的破坏之后，仍有几座清真寺和印度神庙保留下来。当奥朗则布围攻戈尔康达堡垒时（1656

1083

年），这个城镇曾被破坏，无数的墓碑记录着在这场战争中逝去的生命。在附近的一座山上，有座著名的堡垒"Nelgonda"（Nalgoda），而它周边一带也因此得名。在这片"Martesa-Aly"（Murtaza Ali）曾居住过的富饶土地上，有许多罗望子和芒果果园。"Apasia-peente"有最好的稻米"Nely"（nel，一种带壳的稻米），这种粮食大多留给苏丹和贵族们享用。除了一家客栈，"Apasia-peente"还有一座清真寺，最早由某位"Chojalakraja"（Hoysala king）主持修建。

再走 9 个小时，便来到旅行的第四阶段阿玛斯村（Almaas-peente [Almasguda]），这个地方得名于"Bara Almaas"（意为"伟大的阿玛斯"），这个人曾帮助阿卜杜拉苏丹在 1626 年掌权。沿途有许多"Devotaris"（devoltari，替神明保管财产的守卫），这群人由当地百姓供养，还向来往的路人售卖饮食。这一带生产最好的棕榈酒，而苏丹也从他们的棕榈酒生意中抽取了大量的税金。在奥俄浦村（Oepul?），有一座由穆罕默德苏丹（约 1616—1626 年在位）修建的、供朝圣者休息的客栈。从这里向前走，可以看到许多石头柱子，类似路标，沿道路两侧，隔一段距离就有一个，提示人们到戈尔康达的距离。[316] 沿这条路再走远一点，便可穿过一条大道，这条大道连接着卡纳蒂克和普里卡特。阿玛斯村面积很大，村子中心是一座属于朝圣者的石头房屋。这儿有一口很深很深的井，需要靠公牛拉绳子提水上来。

从海德拉巴，或荷兰东印度公司主商栈的所在地"Baagnagar"（Bhagnagar）出发，走上一个小时，就到了第五站，也是最后一站便是戈尔康达堡垒。从阿玛斯村到戈尔康达有九个小时的路程，一条砂石路，两边有菩提树，大部分是上坡路。沿途可以看到无数的水渠、水井、芒果果园和其他树木。在这一带可以看到最大的大象四处漫步，被人抓住后出售。在这里，"Martesa Aly"的事迹仍然被许多善良的穆斯林传诵。

这段路上最令人难忘的是"生命之城""Heyaat-nagar"（Hayatnagar）小镇。它是由阿布·哈桑·库特布沙（Abu'l Hasan Qutb Shah，1672—1687 年在位）的祖母创立的，也是以她的名字命名的。[317] 这里有五大景观值得一看。第一个是大广场，或者说大方院，名为"Merdaan Dadimahel"（意思是，在这个地方，需要庇护的人都能得到庇护）。广场东侧有一座会馆"Sjauwery Koetewaal chana"

（波斯语，*Sarài-Kotwāl Khāna*），这座会馆专门接待官员，他们在这里处理诉讼或对某种农产品征税。广场南侧中央是一个又高又大的城门，但没有门扇，城门顶上是一条露天的走廊，名为"Nagarch chana"（*Naggāra Khāna*），有时会举行铜鼓、长号、喇叭的表演。在西侧，即东侧的官员会馆的对面，有另一所旅馆，名为"Sjauwery thanee"（属于各类协会、公会的领袖），这里专门接待那些管理着商店或商会的人。整个广场由一位法官管理，秩序井然。广场的入口在北面，西面还有一座名为"Asjoerchana"（*A'za Khāna*）的宫殿，它的建立是为了纪念侯赛因的十日葬礼，并且也会经常装饰一新来迎接各种穆斯林节日。

　　第二个景点是位于广场北部的皇家宫殿，这座宫殿自己有一圈又宽又深的护城河，从而将自己与广场区别开来，只有苏丹驾临时，河水才被抽干。宫殿的墙壁是用坚固的石头垒成的，哈瓦特还详细描述了它的结构。每面墙上都有可以封闭的窗户，苏丹可以由此看到整个广场。通过窗户，他还能听到号角齐鸣，意味着众臣前来朝拜，这解释了为什么这座城堡叫作"Daadmahal"（统治者的宫殿）。在城堡的南墙外面到西侧，以及右手边，有一个出口通向大旅店广场。过了这个出口的大门，还有一个小门，通向一处宽阔的林荫大道，道路旁边种满了欧洲和印度的植物。在左手边，可以看到苏丹的房子和嫔妃们各自的房间，这些房子也是石头建造，离地面 4 英尺高。一条石头楼梯通向内部的花园，花园正中有一个带喷泉的水池，永远喷吐着各种花式造型。苏丹房子的进门处有个圆形的接待大厅，像个小广场。第二间屋子则像报告厅或音乐厅。从房间里看出去，可以发现外面有一排自东向西的高大厚重的柱子，由"Kiaten"（泰卢固语，*khadiram Acacia catechu*）木料制成。在这排柱子的最后是一个大门，通向报告厅。另有一条隐蔽的通道也可以从另一侧进入报告厅。在这些通道的上层，有许多长廊。总而言之，这个宫殿结构简单，没有壁画或其他过多的装饰。

　　第三个景点是大旅店（为旅行者提供的旅馆），建于 1664 年，由上文提到过的、擅长设计旅店的"Bibiheyaat"（*Bibi Hayat*）主持建设。这座建筑用的是切割好的自然石材、砖块和灰泥，外观呈椭圆形，东西方向上的直径比南北方向略长。四个方向的每面墙的中央都有一个大门。当西门和北门关闭时，东门

1085　　就打开；平时的出入口是南门，夜间会关闭锁死。建筑中央有一个露天的方院，院子顶上还有柱子支撑的空中走廊，而旅舍房间就围绕着这个方院而建。地下有一个 10 英尺深的通道，在这里存放的行李可以保持干燥，牲畜的棚舍也在这里。从旅客房间可以直接进入这个地下空间。从建筑的西北角到北墙一侧，共有 17 间客房，西北侧有 20 间，西侧有 14 间，南侧有 20 间，东南有 22 间，东侧有 13 间，东北有 12 间；一共 118 间。所以这座旅馆有足够的接待能力，可以给旅客提供舒适的住宿环境。

　　第四个景点是 "Madjed"（*Masjid*，给祈祷者的房间），这座建筑也位于刚才提到的大广场上。这也是一座庄严雄伟的方形建筑，上有尖塔，毛拉（Molla [*Mullah*]）每天上塔三次，带领人民祈祷。它的台阶与其他建筑一样，也是石头的。"Madjed" 也有一个小广场，中间有一个四面墙围成的水池。清真寺大门朝东，其他三面也有墙壁，并且有带装饰的天花板。有 7 个入口可以进入寺庙。柱子的表面有图案装饰，但其他地方就没有了，只是白墙。建筑的每个角上都有一座塔，但并非一般高。哈瓦特对此还有很多详细记录。

　　第五个，也是最后一个景点是大旅店西北角外面的大水井。它是钻破岩石层打下去的，井壁铺有石头。这口水井为市民和皇家园林供水。井上方的 7 道拱梁上挂着许多滑轮，绳子穿过滑轮，连着水桶上上下下。在水井上方到井底之间，还有个小水池可以储存打上来的水。水井北边有一条下坡路，这是让那些拉吊桶的公牛走的路。水井旁边，在 23 级台阶的高台之上，还有 3 个储水的水池。这些水池中的水再被抬到更高一层的水池里，用于灌溉皇家花园，也为喷泉供水。[318]

　　从 "Hayatnagar" 出发，有一条路通往戈尔康达的 "Meti Mali Faraaschan" 城门，还有一条通往 "Meti Sultaan Nager" 城门。[319] 人们更多地选择第二条，它途经堡垒和 "苏丹镇"（Sultan Nagar）。这个新城镇的建设由穆罕默德苏丹（约

1086　　1612—1626 年在位）兴建，但在他有生之年，这个雄伟的工程没能完成，半途而废。[320] 在苏丹镇的不远处，哈瓦特发现有不少荷兰东印度公司的商人一起住在一栋豪宅里。根据哈瓦特自己的游历，他谴责塔韦尼耶给欧洲读者提供了不准确的路线信息，还说这个法国人的地名完全是错误的。在印度，那些来往

于马苏利帕塔姆到戈尔康达的旅行者都不知道这些地方。[321]

哈瓦特列出了荷兰东印度公司在戈尔康达的职员名单，描述了荷兰人的墓地，记录下了葬在这里的人们。接着，他讲述了荷兰东印度公司和当地政府关于征收贸易税的谈判过程，还补充了早期荷兰使团出使戈尔康达的故事，他咨询了当时的使团成员，列出了荷兰人送给戈尔康达的礼物清单。[322]哈瓦特对1671—1672年彼得·史密斯（Pieter Smith）的出使和1686年小劳伦斯·皮特（Laurens Pit, Jr.）出使的记述特别有价值，这是最后一批荷兰使团出访独立的、苏丹政权下的戈尔康达。

彼得·史密斯是一位经验丰富的商人，被巴达维亚和科罗曼德尔的荷兰东印度公司的高层任命为代表，出访戈尔康达，为荷兰争取免税政策（英国人已经享有这一权利），并在巴勒戈卢（Policol [Palakollu]）和比姆利伯德姆使公司进一步站稳脚跟。这个使团包括3名印度仆人、3名青年商人、1名荷兰钻石专家，使团于1617年11月17日离开普里卡特，历经十二天横跨大陆的旅程到达马苏利帕塔姆。由于荷兰人对海上旅行见怪不怪，陆上跋涉则感到新鲜，所以，在关于史密斯使团的出行记录中，对内陆地区的描述还是非常可信的，这些描述显然来自使团成员们的日记，哈瓦特正是引用了这些材料。其中关于城镇和乡村的记述、关于本内尔河各支流和三角洲上神庙的描写都非常有趣。

在马苏利帕塔姆停留一周后，史密斯使团在12月5日离开，前往荷兰在那加万查的前哨，这也是使团计划中的第一个落脚点。使团成员也有所扩充，增加了23个印度当地的军人和许多挑工。青年商人赫伯特·德·杰格尔很了解当地情况，也加入了团队。使团携带的礼物包括8头大象、14匹波斯马、7面镜子、1条金链、各类亚洲和荷兰的纺织品、一大批各类香料。他们用了十天时间抵达那加万查，走的是哈瓦特描述过的那条路线。又过了九天，他们到达荷兰东印度公司在戈尔康达的驻地。在这里，他们与赛义德·穆扎法及其随从进行了谈判。1672年1月21日，阿卜杜拉苏丹正式接见了他们，哈瓦特对此有详细描述。老苏丹对荷兰人的建议反应非常冷淡，不久，5月2日，老苏丹逝世。哈瓦特记载了随后而来的危机，一系列事件阴错阳差地使阿布·哈桑很快即位，并在赛义德·穆扎法的谋划下迎娶了前任苏丹的三女儿。在与新政府的谈判中，

1087

荷兰人开始打萨拉苏（Sjarasoe [Sarasu?]）的主意，这个人是新苏丹父亲般的辅政大臣。另一个重要人物是马达那（Madoena [Madanna]），他是赛义德·穆扎法的秘书。9月26日，新苏丹接见了荷兰使团，在整个仪式中马达那都站在赛义德·穆扎法身边。[323] 尽管有礼物和请愿书，史密斯的使团还是无功而返。10月9日，他们离开戈尔康达，返回马苏利帕塔姆。11月9日，他们抵达普里卡特，这趟出使差不多花了一年时间。关于从戈尔康达返回马苏利帕塔姆这段旅程，哈瓦特着重描写了很多关于东部德干高原的细节。[324]

史密斯使团的故事发生在哈瓦特来到科罗曼德尔之前；在1685年，哈瓦特将要从欧洲启程奔赴印度，他与史密斯的女儿结了婚。1686年，劳伦斯·皮特带领最后一个荷兰使团前往戈尔康达。身为米尔·朱木拉的婆罗门，马达那，以及他的兄弟、卡纳蒂克地区的长官阿卡纳（Akkana）讲述了这个使团的故事。泰卢固族的婆罗门很快取代了本地和外来穆斯林的政治地位，他们把持大权，开始有计划地挑战荷兰东印度公司的地位。1685年，阿卡纳抢劫了荷兰东印度公司库存的胡椒，禁止当地纺织工人卖布给荷兰人，抢劫荷兰船只，明目张胆地与荷兰东印度公司作对。[325] 为了弥补损失，也为了搬掉贸易中这一新的障碍，荷兰东印度公司派出了他们科罗曼德尔地区的新任领导——小劳伦斯·皮特——率队前往戈尔康达谈判。皮特在1686年2月16日从普里卡特乘船出发，随行的有6名同胞。八天后，他们到达了马苏利帕塔姆，其他代表成员则在3月26日才到达戈尔康达，皮特召齐了整个代表团。代表团进入首都时，有100名骑兵开路，两只大象驮着荷兰东印度公司的旗帜标语，戈尔康达的小官们一路随行，大使及其助手则坐着轿子，还有骆驼载着使团的行李。[326] 第二天，分管外国事务的婆罗门官员帕苏帕蒂·凡卡提（Piespat Wenkaty [Pasupati Venkati?]）派使者来到荷兰人中，宣布苏丹要接见他们。接见仪式定在4月3日，在仪式上皮特呈上文件，解释了他出使的目的，郑重地献上了礼物。[327] 在与戈尔康达的官员谈判后，皮特和他的随从在4月16日又在河对岸的新行宫会见了苏丹。后来双方在这个地方又多次见面谈判，但没有取得任何积极的成果，荷兰人之前的损失也没有得到赔偿。戈尔康达采取这样的态度毫不奇怪，因为他们当时正受到莫卧儿的压力，经济和政治都在衰退。1687年，在皮特返

1088

回马苏利帕塔姆近一年后，莫卧儿帝国占领了戈尔康达堡垒，终结了库特布沙王朝。[328]

在荷兰，哈瓦特紧密关注着与戈尔康达覆灭有关的事件。莫卧儿帝国掌权期间，荷兰东印度公司的一些代表，还有其他欧洲人，仍然留在海德拉巴和戈尔康达堡垒。[329] 从他们的报告中，哈瓦特了解到战争、饥荒和瘟疫给卡纳蒂克带来的混乱。在这些不利因素的影响下，荷兰东印度公司的生意自然也不会好，包括那加万查和马苏利帕塔姆在内的许多货栈都遭到抢劫，还有些干脆倒闭。只有比姆利伯德姆的货栈——它是荷兰在奥里萨最北端的据点——还能正常运作。[330] 此时唯一能见到的日常商品只剩下比姆利伯德姆的稻米和萨顿马纳姆（Samtonmannum?）的铁矿石与钢制品。[331]

从哈瓦特个人的观察和受访者提供的信息中，他简要描述了海德拉巴。这里有 12 座城门，以城市的创建者或大门的朝向命名。[332] 城里有 12 座为祈祷者而建的清真寺，其中有一座是按照麦加清真寺的样子仿制的。[333] 另一座寺庙叫作 "Nimass-gah"（Namāzgāh，意为"给祈祷者的地方"），所有清真寺的大门都向西，朝向麦加，东面则有一个讲坛——虽然他们并不布道，地上排列着精致的坐垫。当莫卧儿大使带着军队来征收每年的税赋时，清真寺就会关闭。在广场上，有三家著名的旅店，每到节日就会张灯结彩。

皇宫的正对面有一座拱门，上面有一个计时装置。穆斯林并不敲钟，他们把一天分为 4 部分，每部分 3 小时。每天的早晨和晚上都从 7 点开始。每部分又分为 8 个 "gerrijs"（gharis）。每小段的时长由一只底部有洞的计时杯来测量。杯子装满水又漏光的时间就是一个 "gerry"。此时他们敲一只铜杯报时。例如，在 10:30，他们敲击 4 次，每次之间有一小段间隔，这就告诉大家，一天的 1/4 已经过去了。然后他们在大门上的红木板上划 4 道标记，这样每个人都能马上知道当前的时间了。在夜里，他们用滴漏代替铜杯，不像白天那样，每过 1/4 天就报时。[334]

"四座塔"（Sjaarmonaar [Chārminār]）得名于广场四角上高耸的四座尖塔。塔下有浴池、水池和许多小会馆。此地的贵族和官员都有奢华的豪宅，以此相互炫富。城市和城郊总共有 50 座以上的大花园，每个花园里都有序地分布着

1089

树木、池塘、喷泉和精美舒适的房子。当苏丹驾临某个花园时，人们就给树叶镀上金银。许多花园也允许荷兰人全家自由观赏。如果要详细描述花园以及各种休闲享乐的场所，那可能需要厚厚一本书。有四处花园是最有名的："Barre Sultaan Sjahie"（*Bār-i Sultān Shāhi*），意为"伟大的皇家园林"；"Nanne Sultān Sjahie"（*Nauna Sultān Shāhi*），也和前一个是类似的意思；"Amber-peente"（*peeta*，意为小村子，*Amar*，或许是个人名？），意为"amber 的村庄"；"Lingam pilly"（*Lingampalli*），意为"林伽的皇宫"。[335]

距离城镇一小时的路程之外，有库特布沙家族的墓地。墓地有卫兵（Devotaris）把守，他们会从墓地中摘一枝鲜花给来访者，以换取一点小钱。第一位库特布沙是库里苏丹（约死于 1543 年），他被称为"Barra Melk"（*Barā Malik*），意为"伟大的领袖"；他的墓地相比其他苏丹并不十分出众。[336] 人们都非常崇拜墓碑，罪犯，甚至杀人犯如果逃到墓地请求庇护，都会得到特赦。哈瓦特引用了一个英国人的例子，他在 1676 年杀妻，逃到墓地躲避法律制裁。尽管基督徒们都反对赦免，他还是逃脱了处罚。说到基督徒，哈瓦特写道，这里有两座教堂，一座在城里，一座在城郊。两个都是欧洲天主教教堂，为苏丹效力，间或帮助旅行者。苏丹每年拨款供养教堂和教士。城中的"玛吉特·玛利亚"（Maget Maria）教堂肃穆整洁，由"弗雷·安东尼奥·德·圣约瑟夫"（Frei Antonio de St. Josepho）主持。另一座教堂古老、狭小、破败失修。[337]

从荷兰人的驻地走上一个小时，就到了戈尔康达在海德拉巴的堡垒，这个堡垒占地面积很大，内部简直像个小城市。除了在堡垒内工作生活的人，外人一概不得入内。哈瓦特提供了堡垒大致的平面图，确定了 7 座大门的位置，还给出了每个门的名字，指出了堡垒外的 3 座水塘。他还画出了 1 座新的堡垒，这个新堡垒才是苏丹真正的居住地。[338] 接着，哈瓦特列出了库特布沙王朝各位苏丹的名字。从几份不同的波斯语年表中，从他个人的经历中，从同时代的欧洲人的著作中，他整理、撰写出五位早年的苏丹的生平事迹。

根据哈瓦特的说法，阿卜杜拉·库特布沙（约 1626—1672 年）的头衔是从"伟大的莫卧儿"统治者那里得到的，因为他每年缴给莫卧儿一笔可观的税金。然而这位苏丹后来无力信守承诺，给莫卧儿那么多贡品，这反倒招致了莫卧

1090

儿更多的索取，包括要求库特布沙结盟，把拉姆吉尔省（Provnicie Rammagier [Ramgir Province]）割让出来作为礼物。尽管此时苏丹掌权已经五十多年了，他还是一个多愁善感的人，沉溺于金银珠宝中。[339]苏丹可以从他的各个省份得到大量的收益，但哈瓦特没能提供税收和征兵的具体数据。苏丹很器重米尔扎·阿哈默德（Miersa Ahmed [Mīrzā Ahmad]），这个人是苏丹大女儿的丈夫，名叫"Barre-Sahbini Sahib"（[Barī Sāhibni]，意为"所有王子中最伟大的"）。米尔扎·阿哈默德也享受着大笔的税收，有 1 200 名随从；他还与各类女人生下了52 个孩子，没有一个是他正室所出。而他的妻子则是一个聪慧的女子，在朝野中深受爱戴。苏丹的另一个宠儿是米尔扎·阿布·哈桑（Miersa Aboe-il-Hassan [Mirza Abu'l Hasan]），是苏丹最小的女儿的丈夫。[340]

1091

赛义德·穆扎法相当于首相，同时也是御玺的保管者，他是最有权势的人，也是苏丹最器重的人；很多场合，他几乎相当于苏丹本人。赛义德·穆扎法的侄子米尔扎沙（Sjah-Miersa [Shāh Mīrzā]）年纪轻轻就注定有远大的政治前途，但 1672 年他不幸去世了，老苏丹也在这一年去世。另一个宠臣是纳克南·可汗（Nikonaamchan [Nēknām Khān]），他是军队的总司令，也是老苏丹的忠实仆人。赛义德·穆扎法、穆萨·可汗（Mosachan [Mūsā Khān]）以及他们一党将最后一位苏丹——阿布·哈桑推上王位。[341]作为回报，哈桑任命赛义德·穆扎法为米尔·朱木拉，并担任他的秘密顾问，而赛义德的密友穆萨·可汗则担任可汗·可汗纳和高级大元帅。苏丹本人堪比克洛伊索斯王（Croesus），挥霍无度，他的大臣们原本建议把这些钱花在军队建设上。结果，这些大臣很快就失去了宠信和权威。

一旦阿布·哈桑无力阻止莫卧儿的进攻，他只好给奥朗则布长期纳贡，并开始寻求盟友。早在 1676 年，他就与西瓦吉政权缔结过一个条约，根据这个条约，戈尔康达要支持快速崛起的马拉他，帮助它进攻莫卧儿的领地。一旦卷入这个危险的游戏，阿布·哈桑就要给奥朗则布送各种奇珍异宝，以平息他的怀疑，这些礼物包括 1684 年他献上的一个超大钻石。在他所管辖的境内，有许多他信任的大臣和顾问负责制定政策。统治者自己还是继续挥霍他的财富和时间，沉溺于个人享乐。苏丹最亲密的大臣是"Sjarasoe"，这人相当于他本人的告解神父，在朝中的穆斯林眼中也是类似半神的角色。苏丹最信任的私人医生是他的内兄"米尔扎大夫"（Miersa Mehdi），这人懂得基本的药学、星相学和历史学知识；尽管他严重酗酒，但仍被人们尊称为"Serief-il Molk"（Shariful Mulk）。当这些穆斯林宠臣纷纷卷入苏丹个人生活时，政治权力则被马达那迅速把持，这位米尔·朱木拉被尊称为"Sure Perkass Rouw"（*Sūrya Prakaas Rao*）。[342] 马达那实际上取代了苏丹，统治着他的领土，还管理着波斯的部分国土。他指派他的兄弟阿卡纳担任大元帅，哪怕阿卡纳明显不能胜任。[343] 穆罕默德·易卜拉欣（Muhammed Ibrahim [Muhammad Ibrahim]）是一位有能力的军事将领，也是荷兰人的朋友，他在对奥朗则布的战争中担任指挥官（Cancelier）。[344] 除了这些大臣，马达那还把许多小角色引入戈尔康达的官僚体系，大部分是印度教徒和他自己的家族成员。哈瓦特承认，关于马达那的大多数资料都来自赫伯特·德·杰格尔未出版的手稿，杰格尔当时正在波斯，能够获取来自戈尔康达的文件。[345]

从科罗曼德尔的几封信件中，哈瓦特介绍了库特布沙王朝最后的日子，1685 年 10 月 26 日，苏丹得知莫卧儿军队入侵的消息。接下来的日子里，出现了一股反婆罗门的风潮，许多婆罗门在这次骚乱中被杀。10 月 28—29 日，莫卧儿军队攻入海德拉巴，洗劫了这座城市，摧毁了花园和神庙。穆罕默德·易卜拉欣和另外两个指挥官穆罕默德·塔奇（Mohammed Takki [Muhammad Taqi]）、米尔扎·穆梅因（Miersa Momien，即米尔扎·莫梅 [Mirza Momein]）丢下军队逃跑，米尔扎大夫也携家人仓皇逃窜。苏丹和他的朝臣们逃到戈尔康达堡垒避难，莫卧儿则开始建立政权，管理戈尔康达的其他部分。不久，马达那、阿卡纳以及许多婆罗门都被杀害，尸体被愤怒的民众拖到大街上。[346] 哈瓦特亲历了忘恩负义的叛徒穆罕默德·易卜拉欣的叛逃事件，在国家最需要他的时候，他放弃了自己的责任。[347]

马达那和印度教徒执政的时代终结后，有一段时间，原戈尔康达政权似乎被遗忘了。后来奥朗则布的特使搜刮了戈尔康达，并向苏丹提出原来双倍的税赋，此时，1685 年春天，奥朗则布正打算占领比贾布尔。戈尔康达准备了珠宝钻石讨好奥朗则布，希望他不要彻底摧毁戈尔康达堡垒和原来的政权。

马达那的角色暂时由另一位名叫帕苏帕蒂·凡卡提（Piespatwenkaty [Pasupati Venkati?]）的婆罗门接手。尽管戈尔康达用尽方法取悦奥朗则布，莫卧儿军队还是在 1687 年 2 月 2 日包围了戈尔康达，10 月 2 日攻下了所谓固若金汤的戈尔康达堡垒。苏丹被抓到监狱，他的财产也被洗劫一空。[348] 在著作的最后，哈瓦特以自己的眼光评论了戈尔康达的官僚系统和它的人民。王子的教育是在后宫里进行的。在那里，有老师教导他读写、伊斯兰教义和传统。由于小到大都是由女人服侍，王子在登基之后仍然风流轻佻。他更喜欢四处消遣而不是管理国家。尽管有宗教戒律，他还是饮酒，与女人寻欢作乐，这也给他的大臣们做出了不好的榜样。最近几代苏丹过的都是这样的生活，早年一些苏丹则比较节制。末代苏丹的岳父阿卜杜拉·库特布沙特别迷恋一些稀奇古怪的玩意儿，特别是宝石首饰。他把国家事务统统交给秘书们，特别是一个颇受重用的婆罗门，他被称为 "Aitemaadrauw"，意为 "国家支柱"（乌尔都语，*Itmad Rao*，"国家光辉"）。这个人为苏丹高声朗读文件，包括莫卧儿皇帝下达的命令，还有一些关于纳贡的敏感问题。这种处理政务的方式严重破坏了安全性和保密性，有一次因为泄露机密，苏丹把一个叛徒秘书当场打死。[349] 负责法律的官员 "Koetewaal"（科特瓦尔，*kōtwāl*）直接对苏丹和其他地方长官负责；在大城市中，这类负责法律政令的官员地位最为重要。一类叫作 "卡兹"（Kazie [*qāzī*, *kazi*]）的官员也是法官，负责处理宗教和世俗的分歧，起草官方文件。还有另一类重要官员 "Mudstehid"（*mujtāhīd*），他们是法律方面的学者，负责解决戈尔康达的穆斯林和印度教之间的纠纷，解释《古兰经》和《穆罕默德言行录》（*Haddies*）。[350] 虽然这部分官员的数量逐年减少，他们的道德影响力却在社会各阶层都非常强大。哈瓦特认为，虽然戈尔康达人民大多贫困，但他们有着高尚的美德。他所认识的许多当地人正直、虔敬、真诚、礼貌、乐于助人、热情友好、慷慨仁慈；可以说他们在德行上可与基督徒相媲美。[351]

在第三部分，哈瓦特描述了沿海一带的小港口，探讨了当地主要的工业、技艺和其他经济活动。例如，他简明而生动地描述了贡达瓦里河三角洲的巴勒戈卢的棉布画工的劳作。这里有四类画工，每一个都有自己的家族名号。这些穷人，包括他们的孩子，靠在布上作画勉强维生。他们赚到的钱很大一部分都

1094

被独裁者和苏丹抽走了。哈瓦特描述了他们的辛勤劳作，包括准备棉布、调和染料等。然后，"Parecalas"（这一地区的花布织工）按照画师提供的图样批量染制花布。整个工艺流程慢得像蜗牛爬，哈瓦特评论道："是的，谁想描述什么是耐心，没有比画工更好的描述对象了。"[352]哈瓦特还详细描述了硝酸钾矿土如何从地层表面、从土壤中被挖掘出来，硝酸钾如何用水过滤、使之与泥土分开，硝酸钾溶液如何被煮沸、析出结晶，最后成为商品。[353]

如果要研究 17 世纪后半叶的科罗曼德尔和戈尔康达，哈瓦特的《科罗曼德尔的兴衰》是不可或缺的资料。虽然它有时也出现在当代的文献资料和历史目录学的名单和论文中，但 20 世纪的学者普遍忽视了它，或者仅仅表面化地运用这一著作。[354]哈瓦特不仅大大扩展了关于这一地区的知识——例如他对生命之城"Hayatnagar"的描述，而且他的书还可以作为另一种可供选择的资料，使当代学者不至于过分依赖塔韦尼耶和特维诺。与哈瓦特同时代的荷兰人更了解哈瓦特的价值。荷兰东印度公司杰出的编年史家彼得·范·丹（Pieter van Dam，1791 年）就非常依赖哈瓦特的资料，以此来研究科罗曼德尔海岸的荷兰商栈和贸易状况。[355]二十年后，弗朗西斯·瓦伦廷（François Valentijn）几乎全靠哈瓦特的著作来描写科罗曼德尔，这部分出现在他的《新旧东印度志》（Oud en Nieuw Oost-Indien）第五卷第二部分中。[356]在荷兰，哈瓦特在 20 世纪仍然得到高度评价，他的著作是荷兰历史小说家的灵感来源。[357]我们可以期待，在不久的将来，会有一位能力出众的荷兰历史学家来对哈瓦特这一重要史料做一个评注版本。

在 17 世纪，欧洲关于科罗曼德尔的公开资料可以分为质和量都不对等的两大类：耶稣会的，和北欧作家的。在 17 世纪第一个十年，耶稣会出版物的内容集中于天主教在南科罗曼德尔、捕鱼海岸和马杜赖的节节胜利。耶稣会的成员们广泛分布在圣多默到维查耶纳伽尔一带，在内陆王国寻求建立教区。按照在中国的做法，维查耶纳伽尔的耶稣会试图在宫廷结识权贵朋友，以此赢得当地人民的尊重，争取改宗者。在结交权贵的过程中，他们给统治者和朝中官员送了很多礼，下了很大精力学习当地语言，避免和印度教习俗冲突，避免伤害当

1095

地人的感情。马杜赖的诺比利吸取了维查耶纳伽尔的传教策略，并进一步模仿印度教习俗。欧洲的耶稣会作家，特别是格雷罗和杜·雅利克，将这些适应活动看作一种新的胜利，但其他教派和修会，包括一些普通基督徒和其他的耶稣会士向马德里和罗马教廷提出异议，他们的抗议也使维查耶纳伽尔的传教活动戛然而止，让诺比利在欧洲的朋友哑口无言。总而言之，1615 年后的很长一段时间，欧洲都再也没有什么直接涉及马杜赖的资料，不过那里的传教活动倒是平稳前进。[358]

通过传教士的报告，欧洲读者知道了维查耶纳伽尔王国的没落，以及伊比利亚人与"摩尔人"为敌。穆斯林威胁到欧洲人的贸易，也威胁到维查耶纳伽尔的存在。还有一个明显的事实是：皇帝对他的贵族臣子们只能维持一种松散的管理，而不能保证他们的忠诚。耶稣会的教士们曾经到访过各个属国，他们在属国的城堡中会见了当地长官，写到了各地统治者政治和宗教上的联盟关系。教士们明确指出，印度教也像基督教一样，饱受内部分裂、竞争之苦，而且这些竞争越过宗教的界限，涉及政治。帝国的官僚体系主要由泰卢固人掌管，南部或有泰米尔族长官，他们之间也相互竞争。耶稣会与文卡塔二世保持了良好的关系，但朝中颇具影响的婆罗门却对这些远道而来的传教士不感兴趣。如果说耶稣会能够成功劝服当地人信仰耶稣——实际上在那些年中维查耶纳伽尔几乎没有改宗者——那也是低等种姓的人，或者是那些为了和欧洲做生意而信教的人。

1096

正如耶稣会士的报告里写的那样，马杜赖控制着整个次大陆的东侧，势力直达北部的韦盖河（Vaigai River）。长官穆图·克里希那帕（约 1601—1609 年在位）要把特拉凡科尔保持在触手可及的范围内，重申自己对珍珠捕捞者的权威，平息强盗族群——马拉瓦国（Marava）的混乱。珍珠捕捞者仍然坚定地信仰基督教，他们向葡萄牙人寻求庇护。但葡萄牙人自己也感到来自荷兰的压力，他们只能帮助那些住在杜蒂格林和其他葡萄牙人聚居地附近的珍珠捕捞者。为了躲避马杜赖政权的横征暴敛，许多珍珠捕捞者逃往捕鱼海岸，寻找马杜赖政权覆盖不到的、更友善的港口城市。在马杜赖城，统治者对珍珠捕捞者很宽容，也默许诺比利开展他的那套与当地相适应的传教工作。诺比利的对手是泰米尔婆罗门，他们掌握着整个城市的宗教生活和精神领域，是印度教在印度南部的中心之一。可一旦这些婆罗门知道诺比利的教义不会威胁到他们的地位，他们也就愿意宽容诺比利等人。

在欧洲文献中，荷兰人和英国人很快登上了历史舞台，他们在科罗曼德尔北部、戈尔康达的主要城市马苏利帕塔姆展开了活动。北欧人抓住 1614 年维查耶纳伽尔内战之机，不管葡萄牙人冷酷的敌意，集中精力与穆斯林政权和戈尔康达政府展开贸易。首先以英语出版著作的弗洛里斯和梅思沃尔德最早系统地介绍了马苏利帕塔姆的贸易状况。他们所介绍的内容从 1611 年到 1623 年，在这段时期的末尾，荷兰人和英国人开始结成联盟，对抗葡萄牙。北欧的商人与葡萄牙和耶稣会不同，他们不会卷入一场反对伊斯兰教的全球战争，为了贸易他们宁愿忽视与穆斯林在宗教上的差异。在马苏利帕塔姆已有的优势上，北欧商人继续与维查耶纳伽尔和南部的各地方长官沟通，努力扩展他们在普里卡特和泰米尔纳德的地盘。

梅思沃尔德明确指出，荷兰人和英国人以他们在普里卡特的据点为依托，在印度南部继续与葡萄牙为敌。但梅思沃尔德主要的兴趣集中在马苏利帕塔姆和戈尔康达。他第一次向欧洲读者介绍了伊斯兰政权的地盘，描述了许多山顶堡垒。苏丹和他的官员们与波斯保持着密切的联系，实际上他的许多贵族就是波斯人。官方宗教是伊斯兰教的什叶派，但其他各种宗教也都能得到宽容。尽管逊尼派不能修建自己的清真寺，但还是有许多阿拉伯和土耳其的逊尼派住在戈尔康达。印度教的信徒数量最多，也是梅思沃尔德最关心的群体。印度教徒始终保持着自己的宗教和社会习俗，不受外界影响。他详细描述了马苏利帕塔姆的种姓、印度教仪式和婚俗。世俗政权一般不干涉印度教事务，但穆斯林却努力废除萨提和活埋寡妇的陋习。独裁者苏丹掌控着土地、工业、税收，他将农业、纺织品工业和税收事务外包给出价最高的人，通常是婆罗门。甚至科勒的钻石矿都是皇家垄断，经营管理的权力会卖给每年出价最高的承包商。梅思沃尔德还提到，烟草种植业最近才被引入戈尔康达。

历史的场景再度转换：这次我们将把目光集中在普里卡特，关注亚伯拉罕·罗杰的著作。1632 年至 1642 年，他一直待在普利卡特，但对于自己在科

1097

罗曼德尔海岸的荷兰商栈的生活和贸易状况，他所言甚少。这位改革宗的牧师以荷兰语、葡萄牙语、泰米尔语传教，他向欧洲人最先阐述了自己对印度教的理解。当然，诺比利比罗杰更熟悉印度语言和宗教典籍，但耶稣会从来不会对欧洲民众系统地谈论印度教。在婆罗门朋友的帮助下，罗杰写出了一整套对17世纪印度南部印度教的全面阐述。他清楚地区分了湿婆和毗湿奴两派的不同信仰，列出了多种类型的婆罗门和禁欲主义流派。他还介绍了婆罗门的日常宗教生活。像梅思沃尔德一样，罗杰也注意到，虽然印度教有许多神明，但教徒们还是承认唯一的、最高的神明。罗杰详细描述了印度教的婚礼、葬礼、哭丧等习俗。他举出了普里卡特各个种姓的名称，并注意到一夫多妻制是合法的，而且相当普遍。从对黄历的研究中，罗杰引出了印度历法的传统，介绍了六十年一轮回和四个时代的说法。他写出了泰米尔语中每个月的名字，以及梵语对每个时代的命名。他用语言描绘了印度神庙的平面结构。他指出了许多圣地、重要的神庙，并试图给出一些旅行的路线，举出朝圣者们常去的神庙。他还间接地向欧洲语言中引入了两个梵语词。这样一来，到了1651年，欧洲读者手边已经有了一本关于印度教的严肃而客观的著作，直到今天，这也是印度教方面最好的西方著作，也是关于印度教历史的原始资料。

耶稣会士马吉斯特里斯对印度教信仰和实践没太大兴趣，他在1656—1660年间在马杜赖和坦焦尔调研传教情况。不过，他的著作《马杜赖的基督教》（1661年）为欧洲读者介绍了马杜赖的最新情况，并且第一次勾勒出坦焦尔的概况。他努力渲染传教中遇到的困难，言简意赅地介绍了马杜赖的蒂鲁马拉长官与维查耶纳伽尔、比贾布尔—戈尔康达和美勒坡之间的战争。他第一次描述了马杜赖和坦焦尔的一些小型城镇。他生动地记录了战争和内乱导致的衰败，这些内乱是由贱民中的婆罗门（*Valluvar*）组织挑起的。最后，他介绍了在动荡的几年中，马杜赖的强盗种姓"Kollar"，以及他们的"近亲"——捕鱼海岸的强盗种姓"Maravas"所发挥的作用。马吉斯特里斯所介绍的许多"当时的条件"需要读者从长篇大论的叙述中自己去把握，在他的著作中，许多冗长的章节写的都是传教团和改宗者对基督教的坚定信仰。

随着荷兰接管南印度而踏上这片土地的巴尔德，从1658年到1662年都待

1098

在科罗曼德尔海岸。相比其他人的描述，他更多补充和扩展了耶稣会以及早年其他材料对维查耶纳伽尔的衰败的记载。他擅长写城市，特别是向比贾布尔投降之前的京吉。他写到了杜蒂格林和珍珠捕捞者的坚定不屈，荷兰人努力想让他们疏离天主教，但他们不为所动。巴尔德绘出了许多城市的地图，评论了它们在整个地区经济体系中的重要性。他也写到了自己亲眼所见的许多神像和神庙，对于印度教的看法，他在很多方面都赞同罗杰。巴尔德清楚地意识到泰米尔语在南科罗曼德尔和锡兰一带的重要地位，所以他自学了这种语言，搜集了许多泰米尔语的资料，在此基础上写出了日后出版的简明语法和文选。虽然巴尔德并不总是细心标出自己引用的出处，不指出文献来源，但他的书是一部重要的文献汇编，若研究荷兰扩张期间的科罗曼德尔，它是绕不开的基础资料。

对于戈尔康达和卡纳蒂克王国，塔韦尼耶、特维诺和哈瓦特提供了第一手资料，覆盖的时间从 17 世纪中期到库特布沙王朝覆灭的 1687 年。此时，欧洲和戈尔康达苏丹政权之间的关系已经正常化。戈尔康达的苏丹鼓励对外贸易，特别是在马苏利帕塔姆和海德拉巴—戈尔康达，他为贸易提供各种保护政策，对欧洲商人的要求做出很大让步。尽管此时维查耶纳伽尔正在衰败，戈尔康达与莫卧儿之间的战争也连绵不断，但英国、荷兰和法国商人还是可以安全地穿梭于卡纳蒂克和戈尔康达这片内陆地区。商人们也随手记下了旅行线路、沿途条件等状况，这些素材在印度本土的文献中是看不到的。商人们有些吃惊地发现，在内陆地区传递消息或彼此沟通，需要以邮差接力跑的方式进行。由于在远离港口的内陆城市活动，商人们多少要学一些亚洲语言。这三位作家都会官方语言波斯语，也会一点"奇怪"的泰卢固语和葡萄牙语，足以应付经商和旅行；毕竟在印度，他们不太需要一个欧洲语言的翻译。

1099

因为苏丹能够包容所有宗教和民族，这些欧洲商人一般都敢独自出行，也被允许自由出行。他们写下了自己所有的见闻和活动。塔韦尼耶游历范围最广，比其他两个人待在印度的时间也更长。特维诺在戈尔康达的时间最短，他特别擅长描写自然和园艺，对此似乎有一种敏感。哈瓦特则在戈尔康达连续居住的时间最长，所以他能够看到另两位作者的著作，以之作为参考文献，还能看到荷兰东印度公司职员的文件。他绘出了最后一位苏丹的画像、荷兰商栈和戈尔康达堡垒的平面图。虽然哈瓦特的书有些过度重复的倾向，但相比另两位的著作，哈瓦特还是提供了最大的信息量。这个荷兰人在戈尔康达待了太久，足以深度了解苏丹政权的内部运作，对当地人民和当地存在的问题都有所感触。回到荷兰后，他仍持续关注戈尔康达的情况，并对它的覆灭感到痛心疾首，这种关切足以证明他对印度长久的兴趣和以往深度的介入。

正如耶稣会对维查耶纳伽尔的观察一样，三位欧洲作者的著作都注意到当地的建筑：宫殿、堡垒、神庙、清真寺、旅店、桥梁和花园。他们显然对海德拉巴这一新近规划建设的城市印象深刻，对它的面积、纪念碑和壮观的花园记忆犹新。他们对城墙和供水系统很感兴趣，这套系统支持着喷泉、花园和农田灌溉。哈瓦特去过的城镇最多，他在旅店之类的地方花费如此之多的笔墨，或许有些不可思议，但这些信息对未来的荷兰东印度公司的职员、对前往戈尔康达的旅行者来说，显然十分有用。哈瓦特还描述了"生命之城""Hayatnagar"的皇家温泉，这里如今已经被毁。他一定在那儿待了相当长的时间，因为他提供了许多测量数据和细节，这些都是需要时间和耐心去搜集、记录的。三位作者都不无羡慕地评论了皇家墓地和堡垒，哈瓦特准确指出，罪犯可以在墓地得到特赦。

戈尔康达的工业和农业也吸引着这些商人，他们首先会被贸易中涉及的货物所吸引：靛蓝染料、钻石和其他宝石、翻纸牌、硝石、钢铁、金属制品。让人有些惭愧的是，他们不得不承认戈尔康达生产的宝剑和步枪更加精良。商人们对当地精美的纺织品很感兴趣，特别是花布。另一方面，花布画工墨守陈规，不愿意改变图案纹样，不愿意试验新的、不同于以往的工艺，这一点也让商人们有些厌烦。由于当地居民可以通过控制生产和销售而展开良好的自由贸易，这一点也时常激起欧洲人的不满。但他们很羡慕印度丰饶肥沃的田野，敬佩他们用水池和人工湖来管理水资源的方法。他们注意到，虽然烟草种植是新近引入的行业，但已经迅速遍及许多城市国家。海德拉巴附近，亚洲非常珍贵的物种——大象也被人工繁殖，用来售卖。这一地区还种植鸦片，以供应海德拉巴的市场。

对于社会和宗教习俗，三位作者不太愿意专门探讨。但是，他们也注意到一夫多妻制和通奸都是合法的。他们发现，独裁统治像一座沉重的大山，压在当地百姓头上，特别是压在低种姓头上。另一方面，苏丹和贵族极度富有，把

1100

财富和时间都浪费在漫无目的的享乐上。各个阶层的贵族都住在无比奢华的房子里。波斯贵族及其随从每次出行都大张旗鼓，仿佛炫富是他们的一种责任。王子的教育是在宫闱中进行的，这种教育造就了日后优柔寡断的苏丹。最好的官员是警察局长，负责一地的治安。某些司法机构负责调解印度教和穆斯林之间的纠纷，保证社会的稳定。理论上，伊斯兰政权不鼓励萨提或活埋寡妇的行为。印度教徒也参与什叶派的节日，即使只是为了获得一天假期。除了逊尼派之外，所有宗教团体都享有很大程度的自由。基督教在海德拉巴有两座自己的教堂，都是受到当地政府支持的，但逊尼派则不允许有自己的清真寺。

正如大多数旅行者一样，三位作者也评论了种种奇观、风俗和设施。在没有桥梁的地方，人们用小艇渡河。在普里卡特，人们在退潮时，从海岸边的泉水中获取淡水。人们用公牛和大象从城郊许多水井中运水。在海德拉巴的大广场，有种奇怪的计时设备，告诉人们每天的时间。哈瓦特专门探讨了这种每日计时的设备。道路两旁有石头路标，这让旅行者知道自己距离首都有多远。戈尔康达城外是"苏丹镇"，是一处未完成的苏丹的夏宫。海德拉巴的商人也像东部地区的一样，他们以无声的方式商量价格，以防他人听到。塔韦尼耶介绍了他所见过的米尔·朱木拉是如何处理政务的——向秘书口述命令。在伊斯兰法律中，审判和惩罚都进行得很快，惩罚手段都很严酷。

从这些欧洲文献中，我们可以看出叙述重心从南部到北部的改变，并且可以清晰地看到维查耶纳伽尔和戈尔康达的衰落。他们注意到戈尔康达的印度政权的变化，领袖试图寻找盟友对抗比贾布尔的莫卧儿人和西瓦吉政权。相比伊斯兰教，大多数作者对印度教更加着迷。新教徒不愿让宗教分歧影响生意，但耶稣会和葡萄牙官方则态度强硬，对印度"摩尔人"以及周边海域的问题毫不妥协。英国和荷兰作者，特别是罗杰，下了很大工夫去了解印度教，从他们的立场和语言去了解他们的社会习俗。新教徒对生意的兴趣总是高于对宗教的热情，即使是牧师罗杰也不例外。这样一来，他们对印度教的看法就不同于耶稣会，如果考虑到他们完全来自另一种异邦宗教的背景，那么他们的论述在17世纪的评论家眼中已然显得非常客观、富有洞见了，毕竟印度的社会习俗往往令欧洲人感到震惊，并进一步巩固他们对基督教和自己的生活方式的优越信念。

注释：

[1] 16 世纪对科罗曼德尔的界定，见 *Asia*, I, 409-11。

[2] 见 B. Narain (trans.) and Sri Ram Sharma (ed.), "Schorer's Account of the Coromandel Coast," *The Indian Historical Quarterly*, XVI (1940), 827; and W. H. Moreland (ed.), *Relations of Golconda in the Early Seventeenth Century* ("HS," 2d ser., LXVI; London, 1931), 第 51-52 页。

[3] 在 P. Baldaeus 的 *Naauwkeurige beschryvinge van Malabar en Choromandel...* (Amsterdam, 1672) 的东海岸地图中，绘制者将帕尔迈拉斯角（Point Palmyras，布里 [Puri] 北部的海岬）南部海岸分为三部分：科罗曼德尔北至克利须那河，克利须那河与戈达瓦里之间的戈尔康达，从戈尔康达到帕尔迈拉斯角之间的奥里萨。许多港口和沿海城镇的名字都出现在这张地图上，这也是荷兰在海上贸易的霸主地位的充分体现。而内陆地区的城镇只有几个名字出现在地图上，这是个重大缺陷，17 世纪的耶稣会士、荷兰商人和其他欧洲旅行者所活动的地区都没能显示出来。关于作为自然分隔屏障的高止山脉，见 Gopal Singh, *A Geography of India* (2d ed.; Delhi, 1976), 第 14 页。

[4] 关于卡纳蒂克王国的模糊边界，见 H. Raychaudhuri, "Geography of the Deccan," in G. Yazdani (ed.), *The Early History of the Deccan* (2 vols.; London, 1960), I, 40-42。

[5] 通过耶稣会士信件、波斯历史、铜版或石版画、王朝编年史和外国旅行者的札记，我们可以吃力地重建这段历史。在维查耶纳伽尔究竟是被文卡塔一世还是二世击败的问题上，历史学家还不能达成一致。见 K.A. Nilakanta Sastri (ed.), *Sources of Indian History with Special Reference to South India* (New York, 1964)，第 91-99 页。对这段历史的重建见 H. Heras, S. J., *The Aravidu Dynasty of Vijayanagara* (Madras, 1927)，特别是第 xiii-xv 章。最近的研究状况概要见 A. Krishnaswami, *The Tamil Country under Vijayanagar* (Annamalainagar, 1964)，第 xii-xiv 章。又见 S. Krishnaswami Aiyangar, "Mysore and the Decline of the Vijayanagar Empire," *Quarterly Journal of the Mythic Society*, XIII (1922), 742-54。

[6] 见 T. Raychaudhuri, *Jan Company in Coromandel*, 1605-1690 (The Hague, 1962)，第 5-6 页; M. Abdul Rahim, "Nagapattinam Region and the Portuguese," *Journal of Indian History*, LIII (1975), 485-96; 关于美勒坡和圣多默教堂，见 Jacques Dupuis, *Madras et le nord du Coromandel. Étude des conditions de la vie indienne dans un cadre géographique* (Paris, 1960)，第 393-395 页, S. Muthiah, *Madras Discovered* (New Delhi, 1987), 第 i-iv 章。

[7] 从梵文 *raktaka* 而来，彩色的布。关于这个词，见 S. R. Dalgado, *Glossário Luso-Asiático* (2 vols.; Coimbra, 1919, 1921), II, 252。

[8] 见 John Irwin, "Indian Textile Trade in the Seventeenth Century, II: Coromandel Coast," *Journal of Indian Textile History*, II, (1956),24-42。

[9] 见 A. C. Burnell and P. A. Tiele (eds.), The *Voyage of John Huyghen van Linschoten to the East Indies* (2 vols.; "HS.," o.s., LXX-LXXI; London, 1884), I, 82, 90-92。

[10] 见 *Asia*, I, 269-71;274-75。

[11] 原始版本名为：*Epistola Patris Nicolai Pimentae...ad R. P. Claudium Aquavivam*。关于其内容和翻译情况见 Streit, V, 8-9。

[12] 名为：*Copia d'una de P. Nicolo Pimenta... al molto Reverendo P. Claudio Acquaviva...del primo di Decembre 1600* (Rome)。1602 年于威尼斯再版，后又有拉丁语（1602 年）、德语（1602 年）、葡萄牙语（1602 年）、法语（1603 年）译本。见 Streit, V, 12-16。

[13] 珀切斯（*PP*, X, 205-21）从 Epistola 于 1601 年罗马出版的版本中总结提取了一些素材。我们比较过珀切斯的译本和 1602 年米兰出版的意大利语译本，后者名为：*Lettera del P. Nicolo Pimenta... di Goa, li 25 Decembre, 1598.* Streit 所没有提到的这个珍贵版本可能与他列举到的（V,12）威尼斯译本有关。通过比较纽贝里（Newberry）图书馆的米兰版本和珀切斯的意大利译本，我们发现珀切斯排列信件的顺序与 Lettera 完全一样。他所摘取的大部分素材都来自皮门塔的见闻（pp. 17-34, 49-67 in *Lettera*），以及来自勃固 1598 年的信件（pp. 34-49）。而珀切斯从其他信件中选择的素材则简略得多，通常不过是从原信件中概况总结出一两点情况。总的来说，珀切斯忽略了一些对话以及其他天主教和葡萄牙人的成就。

[14] 参见 J. Wicki, S. J., "Ein vorbildlicher Missionar Indiens, P. Henriques (1520-1600)," *Studia missionalia*, XIII (1963), 113-68。

[15] *PP*, X ,206-7. 这里显然指 "车节"（"car" festival）庆典。

[16] 这便是 Porto Novo 附近、Vellore River 河岸边的 Krishnapatam。

[17] 这可能是指 Nataraja，一个永远跳着舞的神，也是湿婆的一个化身。将奇丹巴兰姆翻译为 "黄金之链" 显然是不准确的；这个名称从梵语而来，意思是 "智慧场"。关于这一时期的奇丹巴兰姆，见 B. Natarajan, *The City of the Cosmic Dance. Chidambaram* (New Delhi, 1974)，第 v 章。

[18] *PP*, X, 207-9. 克里希那帕长官是文卡塔二世的忠实追随者，他与他的皇帝主子一样，是个狂热的毗湿奴信徒。湿婆的奇丹巴兰姆神庙并不打算将毗湿奴神像引入到它最深处最隐秘的位置，见 C. S. Srinivasachari, *A History of Gingee and Its Rulers* (Annamalainagar, 1943)，第 120-125 页。关于当地的湿婆（Nataraja）崇拜者和毗湿奴（Govindaraja）崇拜者的宗派主义的争论，见 T. B. Balusubramanyan, "Chidambaram in Vijayanagara Days," *Journal of the Bombay Historical Society*, IV (1931), 40-53; 以及 Heras, *op. cit.* (n. 5)，第 553-554 页。

[19] 这些头衔 "很好地印证了那些涉及文卡塔一世的铭文"（Krishnaswami, *op. cit.* [n. 5], 第 281 页）。

[20] *PP.*, X, 209-10, 217. 见本书插图 40。

[21] 关于对此城位置的分析，见 H. Heras, S. J., "The City of Jinji at the End of the Sixteenth Century," *Indian Antiquary*, LIV (1925), 41-43。

[22] 这里大概是指 Achyutappa 为他的副手、继承人 Raghunatha 让位。耶稣会士们似乎不知道其中内情，因为根据当地的历史资料，Achyutappa 又继续统治坦焦尔直到 1614 年。见 V. Vriddhagirisan, *The Nayaks of Tanjore* (Annamalainagar, 1942), chap.iv。

[23] 在马杜赖，湿婆被称为 "英俊男子"（*Cokkan, Cōmacuntaran*），见 C.G.Diehl, *Instrument and Purpose. Studies on Rites and Rituals in South India* (Lund, 1956), 第 129 页，注释 2。

[24] *PP*, X, 217-219. 关于这一时期的马杜赖，见 R. Sathyanatha Aiyar, *History of the Nayaks of Madura* (Madras, 1924), 第 v 章。马杜赖和坦焦尔的长官都资助斯里兰干的神庙，那是毗湿奴信徒尊奉的最高神庙或 koil. 关于它在这个时期的历史，见 V. N. Hari Rav, *History of th Srirangam Temple* (Tirupati, 1976), 第 174-177 页。

[25] *PP.*, X, 219. 这是指蒂鲁帕蒂的 Terumala 山上的 Thiruvengadam 神庙，在那里供奉着五种形式的毗湿奴。见 Heras, *op. cit.* (n. 5), 第 315 页。关于这座神庙的描述和历史介绍，见 T. K. T. Viraraghavacharya, *History of Tirupati* (3 vols.; 2d ed., Tirupati, 1977), 第一卷。

[26] *Perumāl*（毗湿奴）有三个妻子: *Laksmi* (Sri), *Bhūmi* (Pusti), *Nīladevi*. 蒂鲁帕蒂的婚宴通常在 9 月或 10 月。当地人所认为的毗湿奴与牛的这种关系是很少见的，即使毗湿奴是被牧牛人抚养长大。见 Jan Gonda, *Aspects of Early Visnuism* (Utrecht, 1954)，第 153、226 页。关于牛的崇拜和 *Māttup-Pongal* 盛宴，见 P. V. Jagadisa Ayyar, *South Indian Festivities* (Madras, 1921),chap.iii.

[27] 这可能是误传，见上文注释 22。

[28] *PP*, X, 220-22. 参见本书插图 116。

[29] 关于他们的著作，见上文第 315-318 页，第 396 页。

[30] Guerreiro in A. Viegas (ed.), *Relação anual...* (3 vols.; Coimbra, 1930, 1931, 1941), I, 31-40. 又见 Heras, *op. cit.* (n. 5), 第 352-353 页。对于格雷罗对林中暴徒 Maravas 的描述，现代研究也有所印证，见 K.P.K Pillay, The Caste System in Tamil Nadu (Madras,1977), 第 28-29 页。又见 S. Kishnaswami Aiyangar, Sources of Vijayanagar History (Madras, 1919), 第 89-92 页。

[31] 见 Viegas(ed.), *op. cit.* (n. 30), I, 322-24; II, 323-27; III, 102-3。

[32] 见 A. Meersman, O. F. M., *The Franciscan in Tamilnad.* Supplement XII of *NZM* (1962), 第 6-18 页。关于基督徒的数字见 Viegas(ed.), *op. cit.* (n. 30), II, 21。

[33] Guerreiro in Viegas (ed.), *op. cit.* (n. 30), I, 317-21; II, 32; 又见 Heras, *op. cit.* (n. 5), 第 437-438 页。

[34] Meersman, *op. cit.* (n. 32), 第 57 页。

[35] Viegas (ed.), *op. cit.* (n. 30), III, 76-77; Heras, *op. cit.* (n. 5), 第 443-444 页。

[36] 1630 年曼德尔斯罗（可能在奥利瑞乌斯补充下）似乎认为 "Bisnaga" 指昌德拉吉里，而 "Narasinga" 指韦洛尔，两个都是皇室所在地。见 B. A. Saletore, *Social and Political Life in the Vijayanagara Empire (A. D. 1346-A. D.1646)* (2 vols.; Madras, 1934), I, 141-142. 这是个明显的错误，因为在 1604 年韦洛尔成为皇室所在地之前，这两个地名就已经出现了。

[37] Pierre du Iarric (Jarric), S. J., *Histoire des choses plus menorables advenues tant ez Indes Orientales...* (3 vols.; Bordiaux, 1608, 1610, 1614), I, 567-71. 关于文卡塔和耶稣会士第一次会面的更多细节，见 Heras, *op. cit.* (n. 5), 第 465-467 页。

[38] 见 Heras, *op. cit.* (n. 5)，第 468-475 页。

[39] Guerreiro in Viegas (ed.), *op. cit.* (n. 30), I, 42; II, 321-23.

[40] 同上，第 41 页。Venkata Tarava 是蒂鲁帕蒂备受崇拜的五种毗湿奴形象之一，它也是文卡塔最崇拜的神，见 Heras, *op. cit.* (n. 5)，第 314-315 页。

[41] Govinda 是克利须那的别名，也是毗湿奴的一个化身。在泰米尔纳德邦，这个名字通常只在神庙、葬礼和朝圣中被呼叫。在这种用法中，它与克利须那没有必然联系。见 Diehl, *op. cit.* (n. 23)，第 260 页，注释 2。根据 Abbé Du Bois 的说法，*harismarana*，即毗湿奴唱诵会经常以 "Hail Govinda" 的呼喊作为开头（H. K. Beauchamp[trans. and ed.], *Hindu Manners, Customs and* Ceremonies [3d ed.; Oxford, 1959]，第 237 页，注释 1，279）。

[42] Du Jarric, *op. cit.* (n. 37), I, 571.

[43] 同上，第 586-587 页。

[44] 这段话的英译见 Heras, *op. cit.* (n. 5)，第 445 页。

[45] 这段信中的文字见同上，第 445-446 页。格雷罗对文卡塔的信做了概括，见 Viegas (ed.), *op. cit.* (n. 30), III, 76。

[46] Heras, *op. cit.* (n. 5)，第 447-450、477-485 页。鲁比诺是最后离开昌德拉吉里的耶稣会士。见耶稣会书信集 *Raguagli d'alcune missioni fatte dalli padri della Compagnia di Giesu... nell'Indie Orientale* (Rome, 1615)，关于 1611 年的事件，见第 51-52 页。

[47] 见 especially Guerreiro account in Viegas (ed.), *op. cit.* (n. 30), II, 327-33; III, 89-113。当代最好的诺比利年表（见上文第 149 页注释 74）所依据的材料大多在当时没有出版。他们特别参考了未出版的 A. Saulière 神父的年表和许多最近才发现的手稿，其中有些手稿出现在 19 世纪 Joseph Bertrand, S. J. 的文集里。

[48] Du Jarric, *op. cit.* (n. 37), III, 750. Jarric 在这里声称费尔南德斯是在 1595 年第一次前往马杜赖。而其他资料，如 Heras, *op. cit.* (n. 5)，第 313 页，认为是 1596 年。根据 Du Jarric 的说法，费尔南德斯在马杜赖建立了教堂、房屋、学校，雇佣了一个婆罗门教授珍珠捕捞者的孩子泰米尔语和泰卢固语。

[49] 这位老师是首陀罗，见 V. Cronin, *A Pearl to India* (London,1959)，第 46 页。

[50] 格雷罗（Viegas [ed.], *op. cit.* [n. 30], II, 329）在这里给出的日期是错误的。应该是 1607 年。诺比利在 1606 年 11 月才到达马杜赖。见 P. R. Bachmann, *Roberto Nobili 1577-1656* (Rome, 1972)，第 63 页；Cronin, *op. cit.* (n. 49)，第 61 页。这两份参考资料给出的日期都是 1607 年。Heras, *op. cit.* (n. 5)，第 398 页认为是 1608 年。

[51] 关于他们辩论的细节，见 Heras, *op. cit.* (n. 5)，第 378-381 页；Cronin, *op. cit.* (n. 49)，第 62 页。

[52] 马杜赖的神庙都是献给湿婆的 *Cokkanāta* 化身，以及他的妻子，有 "鱼眼" 之称的 *Mīnāksi*。见 Cronin, *op. cit.* (n. 49)，第 60 页。

[53] Guerreiro in Viegas (ed.), *op. cit.* (n. 30), II, 331；又见 Heras, *op. cit.* (n. 5)，第 381-383 页。

[54] 达拉普兰相对于马杜赖更偏内陆，距离马杜赖三天路程；马纳姆特拉在马杜赖东南方向，依

傍同一条河——Vaigai。

[55] *totti* 就是首陀罗，他们通常在村子里做劳力。

[56] Guerreiro in Viegas (ed.), *op. cit.* (n. 30), III, 97-98; 参见利奇的传教策略，他在中国从孔子典籍中恢复了中国原初的"真正信仰"。（见上文第 183-184 页）又见 Cronin, *op. cit.* (n. 49)，第 90-91 页。

[57] 格雷罗（Viegas [ed.], *op. cit.* [n. 30], III, 100）解释道，林伽是一个伫立在神庙当中的高高的石头。印度教徒认为他们触摸石头可以获得神明保佑；人们还在脖子上挂一个小林伽作为护身符。实际上，湿婆的林伽被保存在马杜赖神庙的 *sanctum sanctorum*，它起源于公元 1200 年。见 Sri K. Palaniappan, *The Great Temple of Madurai* (Madura, 1963; 重印于 1970 年)，第 64 页。

[58] 格雷罗（ Viegas [ed.], *op. cit.* [n. 30], III, 101）解释道，根据他们的迷信，无论是谁，只要在捕鱼海岸的拉姆斯瓦伦神庙沐浴，就能得到彻底地宽恕。那些在流经孟加拉的恒河沐浴的人，能够洗脱所有罪孽。

[59] 这段话从格雷罗的记载翻译而来，他从诺比利和耶稣会的书信中总结出这些对话，见 Viegas (ed.), *op. cit.* (n. 30), III, 101-3；又见 Du Jarric, *op. cit.* (n. 37), III, 751-90。关于诺比利的信仰如何被印度教马杜赖教派的人所理解的故事，见 Cronin, *op. cit.* (n. 49)，第 102-103 页。

[60] 此人身份见 Sathyanatha Aiyar, *op. cit.* (n. 24)，第 95 页。

[61] 格雷罗对这一事件的描述直接来自 Manuel Leitão 神父寄给耶稣会地方管事 A. Laerzio 的一封信（1609 年 11 月 20 日）。信件原文见 J. Bertrand (ed.), *Lamission du Maduré, d'après des documents inédits* (4 vols.; Paris, 1847-54,), II, 59-63。

[62] 这是指 *Pongal* 宴会（泰米尔语，煮米炉，当地煮米的一种方式）。

[63] 见 Viegas (ed.), *op. cit.* (n. 30), III, 103-13; 后来的马杜赖传教史见上文第 159-162 页。截至 1612 年的马杜赖传教史的概述见耶稣会士 *Raguagli*（1615 年）（见上文注释46），第 107-159 页。这部书在格雷罗和杜·雅利克之外几乎没有再补充什么非常重要的信息。它指出，布拉加（Braga）（葡萄牙北部城市。——译者注）主教编写的教义问答在 1612 年以泰米尔语出版，其中有关于印度三主神（Rudren，Vesnur，Brama）和钩摆仪式（hook-swinging）的内容。这段内容在欧洲出版时被删去，或许是因为耶稣会内部对诺比利的做法意见不一，这种矛盾在 1612 年公开化。见上文 151-157 页。

[64] 见上文，第 1011 页。

[65] 见 Raychaudhuri, *op. cit.* (n. 6)，第 15-27 页。

[66] 关于马丁和弗洛里斯的介绍，见 PP, III, 304-42. 对弗洛里斯《日志》完整译本的现代评注，见 W. H. Moreland (ed.), *Peter Floris, His Voyage to the Indies in the Globe, 1611-15*（"H. S.," 2d ser., LXXIV; London, 1934）。

[67] 这一事件见 Moreland (ed.), *op. cit.* (n. 66)，第 10-20 页。

[68] 这个节日叫作 *Somwati Amawas*。

[69] 此事详见 Moreland (ed.), *op. cit.* (n. 66)，第 111-139 页。当年（1616 年）的一位荷兰人记

载了科罗曼德尔海岸的贸易条件，见 Anton Schorer 给荷兰东印度公司的报告，收录于 Narain(trans.)and Sharma(ed.), *loc.cit.* (n. 2)，以及 Moreland (ed.), *op. cit.* (n. 2)，第 51-65 页。

[70] 根据 Moreland (ed.), *op. cit.* (n. 2)，第 xxv-xxxvii 页。

[71] 全名为：*Relations of the Kingdome of Golchonda, and Other Neighbouring Nations within the Gulfe of Bengala, Arreccan, Pegu, Tannassery, etc., and the English Trade in Those Parts.*

[72] 关于荷兰人和英国人分享东部贸易的协定，见上文第 50-51 页。在安波那岛（Amboina）发生大屠杀后，1623 年英国人撤出普里卡特。

[73] Moreland (ed.), *op. cit.* (n. 2)，第 2-6 页。随着时间的推移，荷兰人逐渐成为普里卡特的政治权威。

[74] 同上，第 6-7 页。

[75] 戈尔康达原来的首府，而海德拉巴是戈尔康达以东 5 英里的新城市，1589 年建立。见同上，第 8 页，注释 4。许多当时的欧洲地图仅仅标出了戈尔康达城。

[76] 关于苏丹·穆罕默德·库特布沙（Sultan Muhamman Qutb Shah）的统治（1612—1626 年）见 H. K. Sherwani, *History of the Qutb Shāhī Dynasty* (New Delhi, 1974), chap. v.

[77] 关于上述情况，还可以参照一个荷兰人的记载，见 W. H. Moreland, *From Akbar to Aurangzeb. A Study in INdian Economic History* (1972 年的重印版，根据 1923 年的原始英文版本，New Delhi)，第 239-245 页。这段描述的准确性的保证，见 J. F. Richards, "The Seventeenth Century Concentration of Power at Hyaderabad," *Journal of the Pakistan Historical Society*, XXIII(1975),33-34.

[78] Moreland (ed.), *op. cit.* (n. 2)，第 11-12 页。孔达维杜是克利须那河南部诸城的首府，也是这一地区的主要军事要塞。见 Sherwani, *op. cit.* (n. 76)，第 18-19 页。贡德伯莱 1360 年以来的这些著名堡垒的遗迹至今可见，见 L. F. R. Williams, *A Handbook for Travellers in India, Pakistan, Burma, and Ceylon* (20th ed., London, 1965)，第 378 页。

[79] Methwold in Moreland (ed.), *op. cit.* (n. 2)，第 13-14 页。参见 Sherwani, *op. cit.* (n. 76)，第 522 页。

[80] 林伽派的神职人员。

[81] Methwold in Moreland (ed.), *op. cit.* (n. 2)，第 15-16 页。

[82] "Waro"（*wāru*）是这个种姓的泰卢固语名字，见同上，第 17 页，注释 1。

[83] 这可能是指"右撇子"和"左撇子"两派，前者不与工匠等人发生关系，后者则没什么忌讳。

[84] 这是指 Kammalan 种姓及其职业家族。见同上，第 19 页，注释 1。

[85] 同上，第 16-20 页。

[86] 同上，第 20-24 页。钩摆仪式见本书插图 113、114、175。

[87] 以上这些情况是个大杂烩式的描述，可能基于梅思沃尔德在马苏利帕塔姆的经历；它不能准确反映出不同种姓的不同婚俗。或者它只是对一些各种姓共通的婚俗特点的描述。见同上，第 24-26 页。参见罗杰的记载，见下文第 1038-1040 页。

[88] 同上，第 18-19 页，第 26-27 页。

[89] 梅思沃尔德的同时代人 Sir Thomas Herbert（1606—1682 年）关于萨提有一段充满感情的描写，见他的 *Some yeares travels into divers parts of Asia and Afrique...* (London, 1638)，第 309-310 页。在他对奈伽帕塔姆的记载之后，就是这段惨烈的描述。我们怀疑 Herbert 是否到过锡兰东部。当然，他对科罗曼德尔的描述既不新鲜也不准确。在俯拾即是的许多事例中，他的知识和偏见影响了他的观察。尽管如此，他的书还是在 17 世纪再版了三次，被译成荷兰语（1658 年）和法语（1663 年）。

[90] 见 Moreland (ed.), *op. cit.* (n. 2)，第 28-30 页。谋杀亲夫的说法可以追溯到希腊。萨提殉夫的做法在巴利偶尔可见。通常萨提采取自焚的方式，但在泰卢固地区，编织工人种姓选择活埋。见 Edward Thompson, *Suttee. A Historical and Philosophical Enquiry into the Hindu Rite of Widow-Burnig* (Boston and New York, 1928)，第 39、128 页。Thompson 没有提到梅思沃尔德的描述，Arvind Sharma 的 *Thresholds in Hindu-Buddhist Studies* (Calcutta, 1979)，第 83-111 页的论文 "Suttee: A Study in Western Reaction" 也没有提到梅思沃尔德。Sharma 认为（第 96 页），从公元前 4 世纪到 1787 年，西方人对东方的反应是"羡慕与批评的混合物"；这也简洁地点出了梅思沃尔德的态度。萨提在 1829 年英国统治时期被定为非法；此后它在英印关系中也一直是个争议性话题。

[91] Moreland (ed.), *op. cit.* (n. 2)，第 30-33 页。钻石出现在克利须那附近的古老的冲积层。与欧洲相反，这里的钻石分布在接近地表的泥土和砂石中，只需要清洗和分筛就能找到。见 Moreland (ed.), *op. cit.* (n. 77)，第 151-153 页，概括了塔韦尼耶后来关于钻石矿的记述。塔韦尼耶的记载见下文 1077 页。关于这些钻石矿的耗尽，梅思沃尔德的记载也许是正确的，在当代几次开采中，"只有非常小的颗粒，大矿石都被古代人采光了"（*Imperial Gazetteer of India. Provincial Series, Hyderābād State* [Calcutta, 1909]，第 40 页）。

[92] 关于戈尔康达布料的优越性，见 Irwin, *loc. cit.* (n. 8)，第 30 页，注释 2。

[93] Chay 一词来自泰米尔语 *cāyam*。这是指伞形花耳草（*Hedyotis umbellata*），它生长在科罗曼德尔沿岸的沙地上。它的经济用途见 Hebert Drury, *The Useful Plants of India* (2d ed., London, 1873)，第 240-241 页。

[94] Methwold in Moreland (ed.), *op. cit.* (n. 2)，第 33-36 页。对于戈尔康达回溯性的描述，见"Anonymous Relation"，同上，第 67-68 页。这段描述涉及 1608 年至 1614 年荷兰职员（也可能是这段描述的作者）Pieter Gierliszoon van Ravesteyn 住在尼赞帕塔姆的时期。这段描述还被插入到 1645 年的著作及其后来的版本中，这部著作是 Commelin 的 *Begin ende voortgangh...*(Amsterdam), IIa, 77-86。作者身份的考证见 Moreland (ed.), *op. cit.* (n. 2)，第 xl-xliii 页。

[95] 荷兰和英国职员的记载没有出版。曼德尔斯罗（Johann Albrecht von Mandelslo，1616—1644 年）的 *Morgenländische Reyse-Beschreibung* 首次由 Adam Olearius 于 1645 年在石勒苏益格（Schleswig）出版，这部书对 1639 年之后的圣多默和美勒坡做了有趣的描述（1662 年英语译本第 116-117 页），还有科罗曼德尔地区的其他一些情况。*Les voyages fameux du sieur Vincent Le Blanc, marseillois...* (Paris, 1648)，由 Pierre Bergeron 和 Louis Coulon 编辑改写，

这本书涵盖了 16 世纪最后二十五年的情况。苏查（Faria y Sousa）（见上文第 354-355 页）的著作与此相似，他的书是回忆性的，几乎介绍了葡萄牙港口的全部情况，但对本地人的生活关注没有那么多。关于马杜赖的传教情况以及科罗曼德尔和孟加拉的耶稣会活动情况，*Relatione delle missioni...scritta del P. Francisco Barreto* (Rome, 1645) 提供了一些补充性资料（第 75-87 页）。Barreto 对南印度 1644—1646 年的政治状况的描述没有出版，见 A. Saulière, S. J., "The Revolt of the Southern Nayaks," *Journal of Indian History*, XLII (1964), 89-105；Antony de Proença 续写了 1665 年之后的事情，见同上，XLIV(1966), 163-79。在诺比利时代之后，耶稣会更广泛地将马杜赖和马拉巴尔的传教工作联系起来。例子见下文 Giacinto de Magistris 的活动，第 1057-1063 页。

[96] 奥里萨南部大部分地区在 1575 年到 18 世纪中叶，都隶属于戈尔康达。见 Sherwani, *op. cit.* (n. 76)，第 237-238 页。

[97] 关于丹麦东印度公司，见上文第 88-93 页。

[98] 德·弗里斯的旅行日志 1655 年首次出版于荷恩（Hoorn），在 17 世纪剩余的时间里都默默无闻。当代的评注版本在林斯乔坦学会（Linschoten Society）文集的第三卷（No. III）：H. T. Colenbrander (ed.), *Korte historiael end journaels aenteyckeninge van verscheyden voyagiens in de vier deelen des wereldtsronde... door D. David Piertersz. de Vries* (The Hagur, 1911)。他在科罗曼德尔的经历见第 118-131 页。相关评论见 Charles McKew Parr, *The Voyages of David de Vries, Navigator and Adventurer* (New York, 1969)，第 96-101 页。

[99] 见 Raychaudhuri, *op. cit.* (n. 6)，第 37-42 页，第 203-204 页。关于普里卡特在今天仍存在的与世隔绝的村庄，见 Dupuis, *op. cit.* (n. 6)，第 337 页。

[100] 见 H. Terpstra, *De Nederlanders in Voor-Indië* (Amsterdam, 1947)，第 183-187 页。

[101] 此书在 17 世纪被翻译成德语（1663 年）和法语（1670 年）。德语译本由 Christoph Arnold 在纽伦堡出版。Sieur Thomas La Grue 的法语译本忠实于原稿，不过译者对比了印度教与犹太教、基督教的习俗和信仰，自己加了两份附录的评注（见下文，第 1055 页）。法语本又被翻译成英语，由 William Jackson 翻译、编入文集出版，这部文集最早是法语，见 Bernard Picart (comp. and ed.), *The Ceremonies and Religiou Customs of the Various Nations of the Known World...*(7 vols. in 6, 1733-36), III, 344-405。现代评注的版本是 W. Caland (ed.), *De open-deure tot het verborgen heydendom door, Abraham Rogerius* ("WLV," X; The Hague, 1915)。通过 Jackson 出版的英文版的详细对比以及 Caland 的评注版，我们可以看出法国编者 Picart 省略、重排、加工了原始文稿。出于某些未知的原因，Picart 省略了罗杰对他的婆罗门助手帕德马那巴的记载，也省略了不少罗杰的个人观察。

[102] 类似的评价见 A. C.Burnell, *Indian Antiquary*, VIII(1898), 98; Caland (ed.), *op. cit* (n. 101)，第 xxii 页。他们的评论体现了这种激进的基督徒偏见，19 世纪的著作 Abbé Du Bois, *Hindu Manners, Customs, and Ceremonies*（见注释 4）也体现了这种偏见。Holden Furber 称这本书为 "关于印度教历史的极其重要的著作"（*Rival Empires of Trade in the Orient, 1600-1800*

[Minneapolis, 1976]，第 327 页）。

[103] *Vēdam* 是从梵语 *Veda* 而来的泰米尔语词语。在当时可能是指 *Mānava Dharmaśātra*, 或《摩奴法典》（*law-book of Manu*），《吠陀经》的最后一册。

[104] Caland (ed.), *op. cit.* (n. 101)，第 1-3 页。早年间有两个次种姓以"太阳""月亮"命名，这一传统来自毗湿奴往世书（Vishnu Purana）。

[105] 关于这一群体的重要作用，见 Pillay, *op. cit.* (n. 30)，第 22-24 页。

[106] 近代以来他们的职业多种多样，见同上，第 16-17 页。

[107] 这种说法与 Kaikkolar（同上）的说法一致，后者在下文中将被提到，即"Kaikulle"。

[108] 关于 Izhavas, 见 E. Thurston, *Castes and Tribes of Southern India* (7 vols; Madras, 1909)。这四个种姓似乎都是酿造棕榈酒的工人。

[109] 参见同上，III，第 37-40 页。

[110] 同上，第 102 页。Chitrakaras 种姓被描述成画匠和雕塑家。

[111] 18 世纪 Ziegenbalg 传教团提到过"泥瓦匠 Kaltáttscher"，见 W. Caland (ed.), *Ziegengbalg's Malabarisches Heidenthum herausgegeben mit Indices versehen in Verhandelingen der Koninklijke Akademie van Wetenschappen,* Letterkunde, n. s., vol. XXV, No.3 (Amsterdam, 1926)，第 196 页。

[112] *Reddi* 是农民种姓 Kapu 的头衔，这一种姓在南印度数量不少。

[113] 见 Thurston, *op. cit.* (n. 108), V, 第 472-486 页。

[114] Caland (ed.), *op. cit.* (n. 101)，第 4-6 页。

[115] 泰米尔语 *Pataiyacci*。

[116] Caland (ed.), *op. cit.* (n. 101)，第 7-9 页。"Pandael"是泰米尔语 *pandal*, 意为华盖。一般的华盖需要两根旗杆支撑。

[117] 梨俱吠陀（Rigveda）的传统，见本书插图 116。

[118] Du Bois (Beauchamp [trans. and ed.], *op. cit.* [n. 41]，第 109 页）写道："基斯特纳河（Kistna）南部的婆罗门分为四个主要支派：毗湿奴派、斯玛达派、Tatuvadis 派和 Utrassas 派。"*Smārta* 是湿婆教派的分支，*Pāsanda* 是各个"异端支派"的总称，是一个独特的支派。*Sāktas* 是女神沙格蒂（*Sākti*）的崇拜者。

[119] 参见 Thurston, *op. cit.* (n. 108), II, 第 116 页。

[120] 此空间位于帝释天（*Indro-loka*），是刹帝利的英灵殿（Valhalla）。见 Caland (ed.), *op. cit.* (n. 101)，第 10 页，注释 3。

[121] 他在 14 世纪发起一场宗教运动。见 J. N. Farquhar, *A Primer of Hinduism* (2d ed.: London, 1912)，第 138 页。

[122] 这是一位 12 世纪的《吠檀多经》（*Vedānta-sūtras*）注疏者, 他在南印度一带非常有名，见同上，第 120 页。

[123] Caland (ed.), *op. cit.* (n. 101)，第 10-12 页。在 Du Bois 的时代, 塔瓦迪派的首座（*simhasana*）

位于 Sravenur（Beauchamp [trans. and ed.], *op. cit.* [n. 41], 第 109 页）。

[124]罗杰显然是指泰米尔语的 "*nāmam*"，这个词是这一类符号的名称。Du Bois（Beauchamp [trans. and ed.], *op. cit.* [n. 41], 第 112 页）认为，一种粘土叫作 "*nāmam*"，"标志也因此得名"。这种白色粘土通常叫作 *Gopichandana*。见 H. H. Wilson, *Sketch of the Religious Sects of the Hindus* (2 vols. in 1; London, 1861), I, 41。

[125]Caland (ed.), *op. cit.* (n. 101), 第 12-13 页。

[126]在南印度，*Āchārya* 是林伽派僧侣。见 Wilson, *op. cit.* (n. 124), I, 225。湿婆画像见本书插图 150。

[127]Sankara（公元 788—约 850 年）是吠檀多学派的宗师（*Āchārya*），他认为除了梵天之外，没有什么是真实的，主张绝对的一元论。见 Farquhar, *op. cit.* (n. 121), 第 118 页。

[128]Du Bois 写道："吠檀多学派在形而上学及其教义的神秘性上与其他学派不同。"（Beauchamp [trans. and ed.], *op. cit.* [n. 41], 第 407 页）

[129]Caland (ed.), *op. cit.* (n. 101), 第 13-15 页。性力派还崇拜湿婆的妻子，也是湿婆的分身——迦梨。

[130]见 Farquhar, *op. cit.* (n. 121), 第 167-168 页。

[131]Caland (ed.), *op. cit.* (n. 101), 第 15-19 页。

[132]通常是六大权力，罗杰在这里把第五和第六项混在一起。

[133]关于祭祀的意义和祭祀宴会的特点，详见 Beauchamp(trans. and ed.), *op. cit.* (n. 41), 第 510-513 页。"Locon"（*Loka*）指位置，世界，"第……层天"。

[134]Caland (ed.), *op. cit.* (n. 101), 第 19-23 页。

[135]同上，第 23-25 页。

[136]这并不完全准确。*Homa* 是一种祭祀的名称，火是 *aupāsanāgni*。Du Bois（Beauchamp [trans. and ed.], *op. cit.* [n. 41], 第 156 页）也犯了同样的错误。

[137]打耳洞的仪式直到 17、18 世纪才发生，它是一个专门的仪式，名为 *karnavedhana*。

[138]Roger in Caland (ed.), *op. cit.* (n. 101), 第 27-30 页。更多信息详见 Du Bois in Beauchamp (trans. and ed.), *op. cit.* (n. 41), 第 160-172 页。

[139]Caland (ed.), *op. cit.* (n. 101), 第 29-33 页。

[140]同上，第 33-38 页。参见 Du Bois in Beauchamp(trans. and ed.), *op. cit.* (n. 41), 第 212-230 页的解释，以及梅思沃尔德，上文第 1025 页。

[141]"一个与首陀罗女人上床的婆罗门（死后）会坠入地狱；如果他还与这个女人有了孩子，他就会失去婆罗门的身份。"（G. Bühler [trans.], *Laws of Manu*, III, 17, in *The Sacred Books of the East*, Vol. XXV, 第 78 页）

[142]见 *Law of Manu*, XI, 59, 同上，第 441-442 页。关于婆利睹梨诃利见下文第 1055 页。

[143]Caland (ed.), *op. cit.* (n. 101), 第 38-40 页。参见 Du Bois in Beauchamp(trans. and ed.), *op. cit.* (n. 41), 第 20-21 页。

[144] Caland (ed.), *op. cit.* (n. 101), 第 40-42 页。相反，Du Bois 认为多妻制并不常见，只在高等种姓和权贵当中才存在。见 Beauchamp(trans. and ed.), *op. cit.* (n. 41), 第 207 页。

[145] 见 A. Daniélou, *Hindu Polytheism* (New York, 1946), 第 324-325 页。

[146] 这种说法建立在传统基础上，被人们普遍接受，关于 *Rākṣasas* 和 *Sukra* 见同上，第 309-310 页，第 325-326 页。

[147] 参见太阳历历法表，R. Sewell and S. B. Dikshit, *The Indian Calendar* (London, 1896), 第 10 页。

[148] 公元 78 年开始的萨卡（Saka）时代。

[149] Vikramaditya 或 *Vikramārka*，他是乌贾因（Ujjain）国王（？98B.C.-A.D.78？）。他是印度文学中的重要人物，是"九宝石"（nine gems），即 9 位顶尖学者的保护人。另一个朝代便是指他的维克拉玛时代（*Vikrama Samvat*），以他的登基时间为起始。关于维克拉玛，见 Franklin Edgerton (trans. and ed.), *Vikrama's Adventures* (2 vols.; Cambridge, Mass., 1926), I, lviii-xi。

[150] 参见上文第 900 页。

[151] Caland (ed.), *op. cit.* (n. 101), 第 42-57 页。关于印度教对一天的划分见上文第 811 页，注释 487。

[152] 出自《薄伽梵往世书》（*Bhagavata Purana*）（VIII, 2-4）罗杰概述了这个故事，见 Caland (ed.), *op. cit.* (n. 101), 第 63-64 页，接着他描述了婆罗门的日常生活。

[153] 梵语，*Ahatam vāsah*，意思是干净衣服，或"穿上干净衣服"这一仪式。

[154] 一种菊石，人们认为它象征着毗湿奴的盘子。婆罗门崇拜它，视之为毗湿奴的神圣象征。见 Farquhar, *op. cit.* (n. 121), 第 183 页。

[155] Caland (ed.), *op. cit.* (n. 101), 第 57-62 页。

[156] 罗杰并没解释婆罗门为何不能与妻子共同进餐，因为妻子在宗教上被视为首陀罗。

[157] Caland (ed.), *op. cit.* (n. 101), 第 65-70 页。

[158] 参见 B. Ziegenbalg, *Genealogie der malabarischen Götter* (Madras, 1867), 第 238 页。

[159] 参见 A. L. Bashman, *The Wonder That Was India* (3d rev. ed,; London, 1967), 第 178 页的描述。

[160] Caland (ed.), *op. cit.* (n. 101), 第 70-83 页。

[161] 见下文第 1055 页。

[162] Caland (ed.), *op. cit.* (n. 101), 第 164-167 页。罗杰的介绍很粗略，混淆了吠陀众神和八个世界（*Vasus*），这是印度教神学最直接最明显的特征。见 Daniélou, *op. cit.* (n. 145), 第 85-88 页；参见 Du Bois in Beauchamp (trans. and ed.), *op. cit.* (n. 41), 第 632-633 页。

[163] 这个与帕尔瓦蒂的父亲 Daksha 有关，出自《室犍陀往世书》（*Skandha Purana*）。

[164] 这个故事与《林伽往世书》（*Linga Purana*）中写的很像。这个故事的概述见 Du Bois in Beauchamp (trans. and ed.), *op. cit.* (n. 41), 第 629 页。

[165] Caland (ed.), *op. cit.* (n. 101), 第 85-93 页。

[166] 关于 10 个化身的全面介绍，见 Daniélou, *op. cit.* (n. 145), chap.xiii；马拉巴尔关于 10 个化

身的称谓，见上文第 914-917 页。参见本书插图第 132—147。

[167] 指风神伐由，他是哈奴曼的父亲，见 Daniélou, *op. cit.* (n. 145), 第 92 页。

[168] Caland (ed.), *op. cit.* (n. 101), 第 93-104 页。四个儿子是 *Vigneshwara, Virabadha, Bhairava, Kumāra*。

[169] 参见上文第 646-650 页。

[170] 前两个时代的持续时间都是准确的，第三个应该是 834 000 年。见 Daniélou, *op. cit.* (n. 145), 第 249 页。但 Du Bois(Beauchamp [trans. and ed.], *op. cit.* [n. 41], 第 415 页) 也认为是 864 000 年。

[171] Caland (ed.), *op. cit.* (n. 101), 第 104-108 页。

[172] 罗杰在这里颠倒了传统的说法，阿底提应该是魔鬼或反神（antigods）的母亲。

[173] Caland (ed.), *op. cit.* (n. 101), 第 108-111 页。

[174] 是一座供奉湿婆的小型神庙。

[175] 今天的甘吉（Kanchi）、斯里兰干和蒂鲁帕蒂是最重要的毗湿奴信仰中心。诸多神庙中最重要的一座是 *Varadarajaparumal*。见 S. Padmanabhan, *Temples of South India* (Nagercoil, 1977), 第 59-60 页。

[176] 湿婆有一别名，意为"一棵独一无二的芒果树之神"。见同上，第 57 页。罗杰指出，甘吉是一座既崇拜湿婆又崇拜毗湿奴的城市。湿婆作为林伽的方式被人们供奉。

[177] 今天对这座神庙的描述见 V. Meena, *The Temples of South India* (Kanyakumari, n. d.), 第 14 页。

[178] 见 Padmanabhan, *op. cit.* (n. 175), 第 51-55 页。

[179] Abbé Du Bois (Beauchamp [ed.], *op. cit.* [n. 41], 第 551 页) 写道："目前据我们所知，在古代，各种元素都有自己的神庙，用来让信徒们祭拜；但我承认，今天我无法找到这类神庙的任何遗迹。不过，如果我们相信亚伯拉罕·罗杰从婆罗门那里调查而来的证据，那么我们就应该承认在科罗曼德尔海岸一带，一位旅行者曾发现了献给五种元素的神庙。这或许是真的，但在这样的神庙内部，现代人恐怕很难看到五种元素的意象，他们已经被其他形象取代了，要么是五个排成一列的林伽，那么是三个，象征大地、水、火三种元素。"这一点是 Du Bois 回忆录中提到罗杰的地方；显然，他没有完全理解罗杰的文本，也不太了解这位荷兰传教士在印度的生活。见 B. V. Subbarayappa, "The Indian Doctrine of Five Elements," *Indian Journal of the History of Science*, I (1966), 第 60-67 页。

[180] 在这一时期，蒂鲁帕蒂周围许多村镇都修建了 *Venkateśvara* 神庙，见 Viraraghavacharya, *op. cit.* (n. 25), 第 380 页。蒂鲁帕蒂的主神庙是南印度一带最著名的毗湿奴派神庙。

[181] 参见 Du Bois 的描述，Beauchamp(trans. and ed.), *op. cit.* (n. 41), 第 572-582 页。关于湿婆见本书插图 130。

[182] 月神通常很有男子气概。

[183] Caland (ed.), *op. cit.* (n. 101), 第 111-118 页。这些名字与象头神的文化传统有关。象头神只有一只象牙，他在与持斧罗摩摔跤时弄断了另一只，见本书插图 131。湿婆的儿子见

Daniélou, *op. cit.* (n. 145), 第 291-300 页。

[184] 在神庙的诸多节日中，最重要的是在泰卢固新年（Ugadi）举行的 Niyotsavam，在泰米尔的 Puratsi 月举行的 Barhmatsavam，以及在 Markali 月举行的 Vaikunta Ekadesi。（Padmanabhan, *op. cit.* [n. 175], 第 74 页）

[185] 由于内战和维查耶纳伽尔与戈尔康达之间的战争，蒂鲁帕蒂的财富在 1638 年前后被公然掠夺，见 Viraraghavacharya, *op. cit.* (n. 25), II, 第 832-833 页。

[186] 这个故事很可能也来自《往世书》。根据 Caland (ed.), *op. cit.* (n. 101), 第 125 页注释 2 的说法，这个故事为歌德的歌谣集《神与巴亚迭吕》（*Der Gott und die Bajadere*，1797 年）提供了故事素材。见 H. H. Schaeder, *Goethes Erlebnis des Ostens* (Leipzig, 1938), 第 146-147 页。

[187] *Kauriviratam* 赞美帕尔瓦蒂，这个节日在 *Aippaci* 月（10 月到 11 月）。

[188] 关于 "Gowry" 的描述，参见 Jagadisa Ayyar, *op. cit.* (n. 26), 第 200 页。

[189] 对于湿婆信徒来说，这个节日是一年中最神圣的宗教时刻。对于这个节日的历史、意义和当代状况的详细研究，见 J. Bruce Long, "Mahāśwarāti: The Saiva Festival of Repentance", in G. R. Welbon and G. E. Yocum (eds.), *Religion Festivals in South India and Sri Lanka* (New Delhi, 1982), 第 189-217 页。

[190] 这是毗湿奴派一个重要的节日，赞美毗湿奴的化身 Narayana，见 Jagadisa Ayyar, *op. cit.* (n. 26), 第 118-123 页。

[191] 同上，见第 113-115 页。

[192] 这位婆罗门讲给罗杰的故事主要来自《薄伽梵往世书》,讲的是克利须那由南迪在 "Gocalam"（Gokulam）抚养长大的故事。

[193] 关于 *Dasara* 节日的两个方面，见 Du Bois 的描述，Beauchamp(trans. and ed.), *op. cit.* (n. 41), 第 569-570 页。

[194] 关于这个 "灯火节"，见 Jagadisa Ayyar, *op. cit.* (n. 26), 第 151-154 页。罗杰采纳了克利须那传记 *Harinamśa* 的故事，这个故事记载了克利须那击败魔鬼 Narakasura 的故事，也是这个节日的由来。

[195] 关于这两个节日的描述，见同上，第 79-84 页，第 115-158 页。

[196] Caland (ed.), *op. cit.* (n. 101), 第 120-137 页。

[197] *Ponkal* 的日期是太阳进入摩羯星座并转向北方的时候。

[198] 关于印度教中梵天的地位，参见 Du Bois (Beauchamp [trans. and ed.], *op. cit.* [n. 41], 第 613-615 页）。

[199] 这些名字似乎与下面的描述不符。在此处，*Gangā* 不是指 "the fair one"，而是破坏之神迦梨的别名。罗杰自己似乎被这些名字搞糊涂了。

[200] 僧急里（Kodungallru）有一个专门献给迦梨的著名神殿。

[201] Caland (ed.), *op. cit.* (n. 101), 第 137-146 页。

[202]《摩诃婆罗多》，III, 105, 106。

[203] 正确的翻译应该是"恒河之浴"（Ganges bath.）。

[204] Caland (ed.), *op. cit.* (n. 101), 第 146-164 页。Gaya 的神庙建在神石 Vishnupada 之上，如今这块带有毗湿奴脚印的石头或许仍然可见，见 K. Lal, *Holy cities of India* (Delhi, 1961), 第 199-204 页。

[205] 这些分卷的书名的顺序是根据 Picart 文集的英译本（见本章注释 101），第 405 页。Picart 没有收录罗杰所引用的两节 *śatakas* 的译文，不过这两节已经收入 Thomas la Crue 的法语译本，Crue 所翻译的这部罗杰著作也是 Picart 最初搜集的法语译本。这部诗集通常据说包括三大主题，按顺序分别是：爱，智慧的行为准则和对世俗享乐不动心。见 R. C. Majumdar (ed.), *The History and Culture of the Indian People. The Classical Age* (Bombay, 1954), 第 312-313 页。

[206] Caland (ed.), *op. cit.* (n. 101), 第 168-173 页；这部分内容从荷兰语又译成法语，见 La Crue (trans.), *op. cit.* (n. 101), 第 293-341 页；译成德语，见 Christoph Arnold (ed.), *op. cit.* (n. 101), 第 469-536 页。关于 *Śatakatrayam* 的现代英语译本，见 Barbara S. Miller (trans.), *Bhartrihari: Poems* (New York, 1967)。其他印度作品中的故事早在许多世纪以前就在欧洲间接传播开了。见 *Asia*, Vol. II, BK. 2, chap.ii。

[207] 罗杰的法语译本还包括一篇提纲，介绍的是 A. Kircher 的 *China Illustrata* (Antewerp, 1667) 中关于印度教的内容。Kircher 的介绍来源于 Heinrich Roth 神父的信件，后者是他的耶稣会伙伴，也是为欧洲学界提供梵文字母表的第一人（见插图 112）。这份附录最早介绍了毗湿奴的各种化身。

[208] 见 P. Mitter, *Much Maligned Monsters* (Oxford, 1977), 第 60 页。见本书插图 132。

[209] 参见 Raymond Schwab, *La Renaissance orientale* (Paris, 1950), 第 149-153 页；A. L. Willson, *A Mythical Image: The Ideal of India in German Romanticism* (Durham, N. C., 1964), 第 8-10 页。

[210] 见 Streit, V, 156。关于马吉斯特里斯作为加西亚辩护人的角色，见 Joseph Thekedathu, S. D. B., *The Troubled Days of Francis Garcia, S.J., Archbishop of Cranganore, 1641-59*, (Rome, 1972), 第 149 页 *et passim*。

[211] 这部书在 1663 年被译成法语，名为：*Relation dernière de ce qui s'est passé dans les royaumes de Maduré, de Tangeorm et autres lieux voisins du Malabar aux Indes Orientales* (Paris)。下文对此书的引述都来自法语版。

[212] 1653 年塞拉爆发的骚乱及后续，见上文第 162-165 页。

[213] 关于诺比利在马杜赖，见上文第 149-158 页，第 1012-1017 页。

[214] Magistris, *op. cit.* (n. 211), 第 22-23 页。

[215] 戈莱伦河是高韦里河（Gauvery River）的支流，有南方恒河之称。

[216] 这个节日名为 Pitra Paksha，献给死去的祖先，有着一套严格的仪式，见 C. H. Buck, *Faiths, Fairs and Festivals of India* (reprint of 1917 edition, New Delhi, 1977), 第 98-99 页。

[217] Magistris, *op. cit.* (n. 211), 第 2-29 页，第 182 页。这是指舍沙，是毗湿奴身边可供依靠的蛇。见 Daniélou, *op. cit.* (n. 145), 第 162-163 页。

[218] 马吉斯特里斯用"Turks"一词指比贾布尔和戈尔康达的穆斯林势力。

[219] Magistris, *op. cit.* (n. 211), 第 29-38 页。马吉斯特里斯对蒂鲁马拉这场战争的叙述大概符合现代历史学家的考证。见 Sathyanatha Aiyar, *op. cit.* (n. 24), chap.viii。

[220] 关于这些强盗(*Kollars* 或 *tēvars*),见下文第 1062-1063 页。

[221] Magistris, *op. cit.* (n. 211), 第 39-43 页。马吉斯特里斯这里指的瑜伽派可能是"Valluvar",这一种姓是"贱民中的婆罗门"。见 Thurston, *op. cit.* (n. 108), VII, 303-310。

[222] Magistris, *op. cit.* (n. 211), 第 51-87 页。

[223] 同上,第 87-139 页,在 1656—1657 年间这场"关于鼻子的战争"中,美勒坡的统治者 Kanthirava Narasa Raja 想要惩罚马杜赖对皇帝的背叛。见 Sathyanatha Aiyar, *op. cit.* (n. 24),第 135-136 页。又见上文第 873 页。

[224] 这里的"土耳其人"是指比贾布尔的力量。

[225] 统治者是 Vijayaraghava Nayaka(约 1633—1673 年在位),他更广为人知的称号是 Mannarudasa。关于他的统治,见 Vriddhagirisan, *op. cit.* (n. 22), chap.viii. *Mannāru* 是他的家族神。见同上书,第 26 页,注释 9。

[226] Magistris, *op. cit.* (n. 211), 第 237-249 页。

[227] 同上,第 250-317 页。

[228] 同上,第 317-373 页。马吉斯特里斯用"Larrons"一词对应泰米尔语中的"*Kollars*",这个词既是广义的盗贼,又特指马杜赖某些地方的居民,这些居民在当地首领的要求下向马杜赖纳税。在马杜赖城郊的"强盗"与马吉斯特里斯提到的捕鱼海岸的"Maravas"人有关。见 Thurston, *op. cit.* (n. 108), III, 53-91。

[229] 例子见 Bertrand, *op. cit.* (n. 61), II, 317-400。

[230] 西纳莫于 1648 年在美勒坡组织了耶稣会使团。关于这段历史,见 D. Ferroli, S. J. *The Jesuits in Mysore* (Kozhikode, 1955)。

[231] *Op. cit.* (n. 211), 第 372-432 页。他概括描述了"Nobili, Roman"(第 375-406 页)、"Simon Morato, Portuguese"(第 410-417 页)、"Estienne Daresi (de Arez), Portuguese"(第 417-421 页)、"Gabriel Lentecoskhi, of Lithuania near Orsa (Warsaw)"(第 412-432 页)的传教生涯。在耶稣会的官方史料中,并没用"Daresi"和"Lentecoskhi"的生平记录。

[232] 在后文中,我们所引用的都是此书的英文版,A. and J. Churchill, *CV* (3d ed.; London, 1774-76), III, 509-793。

[233] 见上文,第 493-494 页,第 911-912 页。

[234] 见上文,第 910-918 页,第 946-947 页。

[235] 来自孟加拉湾、向西而行的气流以某个角度与西高止山脉和横穿印度半岛的气流相遇,就会带来极为严重的降雨。见 Gleen T. Trewartha, *An Introduction to Climate* (New York, 1954),第 98 页。

[236] 见 D. Devakunjari, *Madurai through the Ages* (Madras, 1957),第 189 页。

[237] 这或许是诸侯与皇帝之间的传统关系的一个小小的体现。毕竟巴尔德可以从他的受访者那里了解到这些传统，但这些受访者自己也不清楚究竟谁在 1656—1660 年间南印度一系列内战中获胜。以上年表和政治情况的描述见 *CV* (1774-76 ed.), III, 585-86, 590。

[238] 同上，第 584-585 页。

[239] 同上，第 581 页。1659 年至 1682 年，岛屿在理论上属于马杜赖的统治者 Chokkanatha 的管辖范围。"岛屿首领"是 Raghunatha Setupati，他是马杜赖的属臣，但不久之后，穆斯林南下入侵，他没有与自己的领主合作抗击穆斯林。见 K. Rajayyan, *Rise and Fall of the Poligars of Tamilnadu* (Madras, 1974), 第 8-9 页。

[240] 这是一座砖砌的四面宝塔，1867 年被损毁。见 *Manual of the Administration of Madras Presidency* (Madras, 1893), III, 581；又见 Sir Walter Elliot, "The Edifice Formerly Known as the Chinese of Jaina Pagoda at Negapatam," *Indian Antiquary*, VII (1878), 224-227。

[241] *CV* (1774-76 ed.), III, 587-88, 见第 586、587 页之间的城市地图。

[242] 关于德伦格巴尔的丹麦人，见上文第 88-93 页。

[243] *CV* (1774-76 ed.), III, 589. 关于 17 世纪早期京吉的文献，见上文，第 1004 页；对这座被毁坏的城市的当代描述，见 Srivinasachari, *op. cit.* (n. 18), chap.i. 巴尔德可能在 1660 年比贾布尔占领京吉之前到过那里，大概是在 1659 年至 1660 年间。

[244] 1662 年，戈尔康达将葡萄牙人赶出圣多默。关于截止 1662 年的圣多默的详细信息、平面图和南印度地图见 Johann Nieuhof (1618-1672 年) 的著作（他与巴尔德几乎同时待在这个地区）：...*Zee-en lant-reize door verscheide gewesien van Oostindien...*(Amsterdam, 1682)，第 106-107 页。

[245] 关于普里卡特的平面图，见同上，第 112-113 页。

[246] 在 17 世纪的文献中，Chay 一词有很多种拼写方法，包括 saia, shaii, shaya root. 本文出现的拼法来自泰米尔语 *cāyam*。

[247] *CV* (1774-76 ed.), III, 590-91. 参见更早的记载，见上文第 1019-1022 页。

[248] 泰米尔语 *vairame* 意为钻石。

[249] 琥珀是一种非常罕有的欧洲自然特产，一经发现就在东方市场上流行起来。17 世纪末，莱布尼茨用勃兰登堡的琥珀支持自己的计划——他想鼓励德意志宗教界和知识界与中国建立联系。

[250] *CV* (1774-76 ed.), III, 591-95.

[251] 其他早期泰米尔语的例子，见本书插图 119-124，127。

[252] 见插图 153。

[253] 这部语法简介有当代的英语译本，也有从当代泰米尔语发音翻译而来的版本，见 J. A. B.van. Buitenen and P. C. Ganeshsundaram, "A Seventeenth-Century Dutch Grammar of Tamil", *Bulletin of the Deccan College Research Institute* (Poona), XIV (1952-53), 168-82. 人们会禁不住想：巴尔德所谓的"更详尽的语法"会不会就是——尽管目前没人确知——加斯伯·阿奎莱神父的著作。毕竟巴尔德发掘了范尼西欧 (Fenicio) 关于印度教的著作，并以自己的

名义出版（见上文第 911 页）。南印度的耶稣会士，特别是那些锡兰和马杜赖的教士编纂了泰米尔语词典，广为流传。意大利耶稣会士 Ignacio Bruno（1576-1659 年）收集的大部分的各类词典（特别是在锡兰一带流传的）的手稿，见 Xavier S. Thani Nayagam, "Antão de Proença's Tamil-Portuguese Dictionary, 1679. An Introduction," *Tamil Culture*, XI (1964)，第 117-119 页。Proença 的词典由耶稣会在马拉巴尔的 Ambalacat 出版。直到 1954 年，Thani Nayagam 在梵蒂冈图书馆（Borg. Ind. 12）发现词典的副本，这部词典才为欧洲学者所知。这一副本起初属于"传播信仰神圣部"（Sacred Congregation of the Progaganda）。1966 年，他出版了 *Antão de Proença's Tamil-Portuguese Dictionary, A. D. 1679* (Kuala Lumpur)，这是原始版本的影印本。

[254] V. Ball 的 *Travels in India by Jean Baptiste Tavernier, Baron of Aubonne* 在 1977 年以巴基斯坦语再版。Ball 这部著作的另一个译本由 William Crooke 编纂（2 vols; London, 1925），是目前最好的评注版本。

[255] 在 17 世纪临近结束时，这本书至少出现了 7 个以上的法语版本，还被翻译成英语（1677 年，1678 年，1680 年，1684 年，1688 年），德语（1681 年），荷兰语（1682 年），意大利语（1682 年），见上文第 416-418 页。

[256] 他在 1689 年首次出版的三卷游记有一个统一的书名：*Voyages de M. de Thévenot tant en Europe qu'en Asie en Afrique*（《特维诺的欧亚非之旅》）（5 vols.; Paris）。这部书在 18 世纪又在法国再版，并被译成荷兰语（1681 年）和英语（1687 年）和德语（1693 年）。印度部分的英语版又被重印，收录在 Surendranath Sen (ed.), *Indian Travels of Thevenot and Careri* (New Delhi, 1940) 中。参考书目详见上文第 411 页。

[257] 他在印度的路线见 J. S. Cummins (ed.), *The Travels and Controersies of Friar Domingo Navarrete, 1618-86* (2 vols.; "H. S.," 2d ser., CXVIII, CXIX; Cambridge, 1962)。关于他在科罗曼德尔的旅行的介绍，见 Vol. II，第 297-326 页。

[258] 这些描述主要建立在塔韦尼耶的基础上，也包括特维诺和闵明我的补充，见 Ball and Crooke (eds.), *op. cit.* (n. 254), I , 9, 34-39, 119-20, 141-42, 232-34, 235-36, 239；Sen (ed.), *op. cit.* (n. 256)，第 130-132 页， 第 146 页， 第 150 页；Cummins (ed.), *op. cit.* (n. 257), II, 306, 310, 313。在塔韦尼耶和特维诺的文献基础上，当代关于印度主干道的描述，见 Sherwani, *op. cit.* (n. 76)，第 493-502 页。

[259] 库特布沙在 1670 年的领地的地图（包括交通道路图），见 Sherwani, *op. cit.* (n. 76)，第 493 页。

[260] 印度赤铁树（Mahwah-tree [*Bassia latifolia*]）和银海枣（或野枣椰子树，wild date palm [*Phoenix sylvestris*]）都是印度的常见树种，大约可以长到 40 英尺高。见 Drury, *op. cit.* (n. 93)，第 69-70 页，第 340-341 页。

[261] Bhagnagar 意为"花园"。海德拉巴是这座城市的波斯语或伊斯兰语名字。

[262] Thévenot in Sen (ed.), *op. cit.* (n. 256)，第 130-132 页；Tavernier in Ball and Crooke (eds.), *op. cit.* (n. 254), I , 121-23。

[263] Muhammad Quli (1580-1612)，他建立了一个网格状的壮观的伊斯兰大都市。修建工程从 1589 年持续到 1600 年。见 Sherwani, *op. cit.* (n. 76)，第 543 页，有当时的城市平面规划图。

[264] 很明显，设计者认为海德拉巴的安全需要戈尔康达要塞的保卫。见 Richards, *loc. cit.* (n. 77)，第 2 页。

[265] Sen (ed.), *op. cit.* (n. 256)，第 132 页。四条主要的大道在城市网格中间交叉，这个交点上有一座塔状纪念碑标名为 *Chārminār* 或 "四座塔"，今天仍然可见。见 Sherwani, *op. cit.* (n. 76)，第 544 页。

[266] 特维诺认为皇宫在四座塔旁边，这显然是错误的。见 Sherwani, *op. cit.* (n. 76)，第 305 页。

[267] 参见 Tavernier in Ball and Crooke (eds.), *op. cit.* (n. 254), I, 122-24; Thévenot in Sen (ed.), *op. cit.* (n. 256)，第 132-133 页。关于上下水系统见 Sherwani, *op. cit.* (n. 76)，第 304 页。

[268] 这两座水池如今还在，见 Richards, *loc. cit.* (n. 77)，第 2 页。

[269] 这是指 Jami Masjid，即最主要的清真寺，由 Muhammad Quli（死于 1612 年）主持兴建。实际上，这是继四座塔塔顶的清真寺之后的第一座清真寺，关于它的描述见 Sherwani, *op. cit.* (n. 76)，第 312-313 页。

[270] Sen (ed.), *op. cit.* (n. 256)，第 133-135 页。又见 Sherwani, *op. cit.* (n. 76)，第 310-311 页。

[271] Ball and Crooke (eds.), *op. cit.* (n. 254), I, 125；这片墓地叫作 *Dā'irā Mir Mu'min*。见 Sherwani, *op. cit.* (n. 76)，第 318-319 页。见本书插图 177。

[272] 关于陵墓的详细描述见 Sen (ed.), *op. cit.* (n. 256)，第 139-140 页。

[273] 1639 年后，海德拉巴显然已经无法得到戈尔康达堡垒的保护，苏丹和朝臣又回到戈尔康达堡垒。见 Richards, *loc. cit.* (n. 77)，第 5 页。

[274] 这显然是一种在当时广为接受的说法。实际上，修建这座堡垒的苏丹名为 Muhammadnagar。他在这一地区最高的山上，即旧堡垒的原址修建了新的堡垒。见 Sherwani, *op. cit.* (n. 76)，第 47 页。

[275] Sen (ed.), *op. cit.* (n. 256)，第 137-138 页。堡垒的结构和入口见 S. Toy, *The Strongholds of India* (London, 1957)，第 54、56 页。又见下文 1090 页。

[276] 实际上他是库里·库特布沙一脉的第六位统治者。他是前任库里·库特布沙和 *Hayāe Bakhshī Bēgum* 的儿子，后者是海德拉巴城的创立者的女儿。特维诺在这里犯了错误，把他的母亲说成是 "一个婆罗门女子"，见 Sen (ed.), *op. cit.* (n. 256)，第 140 页。

[277] 关于 "Deed of Submission"（1636），见 Sherwani, *op. cit.* (n. 76)，第 436-437 页。

[278] Sen (ed.), *op. cit.* (n. 256)，第 140-141 页。海德拉巴在 1656 年年初被占领，皇后的母亲同意向穆斯林赔款，并让阿卜杜拉的第二个女儿嫁给了穆罕默德苏丹，保证这个女婿成为戈尔康达未来的继承人，这样双方达成停战协议。见 Sherwani, *op. cit.* (n. 76)，第 443-444 页。到 1667 年，François Bernier 在戈尔康达时，海德拉巴的奥朗则布的特使 "一言一行已经表现出在此地至高无上的权威"。尽管苏丹此时还是这个走向衰落的国家的主人，但 Bernier 认为他的懦弱、犹豫和平庸 "是为了迷惑他的敌人"。见 A. Constable (trans. and

ed.), *Travels in the Mogul Empire, A. D. 1656-1658, by François Bernier* (New Delhi, 1968), 第 195-196 页。

[279] 根据 Navarrete in Cummins (ed.), *op. cit.* (n. 257), II, 315。

[280] Tavernier in Ball and Crooke (eds.), *op. cit.* (n. 254), I, 132，138-39。他还喜欢上绘画，为自己和大臣们画像。见 Sherwani, *op. cit.* (n. 76), 第 540-543 页。

[281] Thévenot in Sen (ed.), *op. cit.* (n. 256), 第 142 页。见 Sherwani, *op. cit.* (n. 76), 第 485-486 页。

[282] Ball and Crooke (eds.), *op. cit.* (n. 254), I, 126-27。

[283] Thévenot in Sen (ed.), *op. cit.* (n. 256), 第 143-144 页。

[284] *Tārī*（印地语）是一种当地流行的饮品，由 *tār*，即扇叶头棕榈发酵而来。英语的 toddy 就是这个词的误用。见 H. Yule and A. C. Burnell, *Hobson-Jobson* (London, 1968), 第 927 页。又见 Sherwani, *op. cit.* (n. 76), 第 487 页。

[285] 见 Tavernier in Ball and Crooke (eds.), *op. cit.* (n. 254), I, 127-128；参见印度神庙的庙妓（*devadāsis*）。

[286] Thévenot in Sen (ed.), *op. cit.* (n. 256), 第 136 页，见 Sherwani, *op. cit.* (n. 76), 第 520-521 页。

[287] 这个每年一度的节日是纪念伊玛目·侯赛因（Isnam Husain）的殉教，他是阿里的第二个儿子，是先知的孙子。这个节日是元月十日（Ashura of Muharram），关于节日的描述见当地的资料 I. A. Ghauri, "Kingship in the Sultanates of Bijapur and Golconda", *Islamic Culture*, XLVI (1972), 144-45。关于这个节日在印度其他地方的情况，见上文第 790-791 页，又见本书插图 115。

[288] Sen (ed.), *op. cit.* (n. 256), 第 148-150 页。在公元 680 年，侯赛因从麦加前往伊拉克，要去争取自己的权力地位，途经卡尔巴拉平原，被 al-Kufa 的军队杀害。被斩首的尸体就埋在这个地方，这里很快成为了什叶派穆斯林的圣地。

[289] 举例来说，一位西班牙药剂师在皇家军队中担任全科医生。见 Navarrete in Cummins (ed.), *op. cit.* (n. 257), II, 313-14。

[290] 同上，第 316 页。荷兰人的商栈建于 1661 年，Daniel Havart 详细描述了这座商栈，见下文第 1088-1089 页。

[291] 同上，第 317 页。一支法国使团在 1669—1670 年出访戈尔康达，他们获得苏丹的批准，可以在苏丹领地内进行贸易活动，并在马苏利帕塔姆设立商栈。见 S. P. Sen, *The French in India. First Establishment and Struggle* (Calcutta, 1947), 第 68 页。本地治里（Pondicherry）的开拓者 François Martin 也是使团的成员。

[292] 见 Thévenot in Sen (ed.), *op. cit.* (n. 256), 第 135-136 页。关于欧洲各国当时在戈尔康达的商业竞争，见 Raychaudhuri, *op. cit.* (n. 6), 第 59-60 页。

[293] 关于木兰（*Indigofera tinctoria*）的种植及其作为染料的情况，见 Tavernier in Ball and Crooke (eds.), *op. cit.* (n. 254), II, 7-9; 又见下文第 1082 页。

[294] 同上，第 53-54 页。许多欧洲作者都写到了这种印度常见的交易方式，但都语焉不详。

[295] 同上，第 69-71 页。

[296] Thévenot in Sen (ed.), *op. cit.* (n. 256), 第 136 页。关于铜币的铸造，见 H. K. Sherwani, "The Reign of Abdu'l-lah Qutb Shah (1626-1672), Economic Aspects," *Journal of India History*, XLII (1964), 443-44。

[297] Ball and Crooke (eds.), *op. cit.* (n. 254), I, 56-62; 又见上文 1026-1027 页。参见塔韦尼耶对比贾布尔和孟加拉的钻石矿的描述。关于钻石的价格和尺寸，见 Thévenot in Sen (ed.), *op. cit.* (n. 256), 第 136-137 页。

[298] 米尔·朱木拉（Mir Jumla）是一种官衔，当时地位相当于首相。见 Sherwani, *op. cit.* (n. 76), 第 196-197 页。欧洲作者经常使用这个头衔，仿佛它是在位者个人的名字。

[299] 这种采集地下泉水的方法在印度沿海和波斯湾一带的某些地方至今仍在流行。Ball and Crooke (eds.), *op. cit.* (n. 254), I, 214, 注释 2。

[300] 关于这些人的传教生涯，见上文第 257-258 页。

[301] 参见关于马德拉斯新教和天主教之间的关系，闵明我在十八年后对这部分历史有所描述。Navarrete in Cummins (ed.), *op. cit.* (n. 257), II, 207-304.

[302] Ball and Crooke (eds.), *op. cit.* (n. 254), I, 206-27.

[303] 同上，第 227-235 页。

[304] 书名全文是：*...als mede de handel der Hollanders op Cormandel, met een beschrijving aller logien van de E. Compagnie op die landstreek; ook po-en ondergang der koningen, die zedert weynige jaren in Galconda... Geregeerd hebben... met kopere platen.*

[305] 关于哈瓦特的个人传记和对他作品的详细分析，见 H. Terpstra, "Daniel Havart en zijn 'Op-en ondergang van Cormandel,'" *Tijdschrift voor geschiedenis*, LXVII (1954), 165-89。哈瓦特的著作没有其他版本、版次或译本。在哈瓦特的著作中，有许多插图，其中包括戈尔康达堡垒的平面图、最后一位苏丹的画像和其他名人的画像。这些戈尔康达的君主和官员的画像的原本是由 Laurens Pit 在 1686 年从戈尔康达带回荷兰的，哈瓦特书中所用的画像图片是这些画像的微缩版。见 Herman Goetz, "Notes on a Collection of Historical Portraits from Golconda," *Indian Art and Letters,* X (1936), 12-13; 收录于 Goetz, *The Indian and Persian Miniature Paintings in the Rijksprentenkabinet (Rijksmuseum)*(Amsterdam, 1958), 图 1 为 1580—1612 年戈尔康达统治者穆罕默德·库里·库特布沙的画像副本。见本书插图 178—182。

[306] 见插图 183。

[307] 见 Raychaudhuri, *op. cit.* (n. 6), 第 67 页。

[308] Havart, *op. cit.* (n. 304), I, 141-225.

[309] 那加万查大约在 Khammam-mett 东南方 12 英里。见 Irfan Habib, *An Atlas of the Mughal Empire* (Delhi, 1982), plates 15A-B, 第 60 页。

[310] 这条线路不同于塔韦尼耶和特维诺所记载的，因为荷兰人经常去那加万查，这个地方法国人从未提到。简言之，他们从 Krishna-Godavari 三角洲出发，前往 Wuyyur(又名 *Vayyūr* 或 *Ūyur*), Penuganchiprolu, Nagalvancha, Mangali, Anantagiri, Amangal, Pangal, Walganda,

Almasguda, Hayatnagar，从苏丹镇 (Sultan Nagar) 进入戈尔康达。哈瓦特记下了沿途的许多地名，有些名字无法马上确认。

[311] 后来，有一条两英里长的堤道穿过这片荒无人烟的区域——雨季就会变成沼泽——将堡垒和城镇连接起来，见 "Masulipatam" in *Imperial Gazeteer*。

[312] 这条河是 Nagalvancha 所在的 Manuru River，它与另一条更小的河——Nandigama 附近的 Wyra River 合流，然后进入克利须那河。见 Moreland (ed.), *op. cit*. (n. 2) 末尾的地图。

[313] Havart, *op. cit*. (n. 304), II, 4-26。关于 Nicolas Faber 的职业生涯，见第 27-32 页。哈瓦特对染料的描述很可能引用了 Herber de Jager 已出版的著作，*Actis der Leopold.-Carolinischen Akademie der Naturforscher* (Bonn) for 1683。

[314] 关于 Anantagiri 的毗湿奴神庙，见 Sherwani, *op. cit*. (n. 76)，第 619 页。

[315] 阿拉伯胶是一种水溶性的树胶，几种合欢属的植物都可以产生这种树胶。这种树胶用来制作墨水和粘合剂，用作织布，以及医药。

[316] 这些路标石叫作 *Kos-mīnārs*，见 Sherwani, *op. cit*. (n. 76)，第 545 页。

[317] Hayatnagar 建于 1625—1626 年，由戈尔康达的真正领袖 Hayat Bathshi Begam 主持修建，当年她的儿子阿卜杜拉尚且年幼。见 Sherwani, *op. cit*. (n. 76)，第 544 页。

[318] Havart, *op. cit*. (n. 304), II, 82-91。Hayatnagar 大部分已经损毁，只有一些清真寺和少量房屋保留到今天。塔韦尼耶和特维诺都没有提供关于这个城镇的观察描述。实际上，他们是否到过这里至今都是个疑问，因为他们所给出的这里的地名都不准确。哈瓦特则提供了关于 Hayatnagar 最全面的描述，他的素材可能基于某位在该城镇全盛时期来过这里的作家。当代学者们似乎没有注意到哈瓦特对这里一处著名的温泉浴场的描写。它似乎今天仍然存在，根据某些个人观察，似乎经历重建，关于这方面的信息，见 Sherwani, *op. cit*. (n. 76)，第 544-545 页。

[319] 关于堡垒的城门，见下文第 1090 页。

[320] 苏丹镇（Sultan Nagar）的设计初衷是作为戈尔康达统治者的驻地（它已建成的部分受到了入侵者的破坏和岁月的侵蚀）。见 Sherwani, *op. cit*. (n. 76)，第 407-409 页。

[321] Havart, *op. cit*. (n. 304), II, 91-92。荷兰东印度公司驻地的平面图见第 92-93 页之间。

[322] 同上，第 92-118 页。

[323] 这是一个预兆，马达那随后很快成为米尔·朱木拉。见 Sherwani, *op. cit*. (n. 76)，第 626 页。

[324] Havart, *op. cit*. (n. 304), II, 119-52。直到 1676 年苏丹访问马苏利帕塔姆，荷兰人才获得免税权。见上文第 1080 页。

[325] Raychaudhuri, *op. cit*. (n. 6)，第 68-69 页。关于阿卡纳的画像，见本书插图 182。

[326] 有版画描绘了这次壮观的入城过程，见 Havart, *op. cit*. (n. 304), II, 第 154-155 页之间。

[327] 关于接见仪式的版画，见本书插图 184。

[328] Havart, *op. cit*. (n. 304), II, 154-65.

[329] 这些人的名字，以及这一时期的详细情况，见同上，第 165-196 页。

[330] 见 Raychaudhuri, *op. cit.* (n. 6), 第 70-71 页。

[331] Havart, *op. cit.* (n. 304), II, 196-203. 这两类商品其实都来自比姆利伯德姆。在这里，哈瓦特描述了印度人如何炼钢铁。

[332] 这座城的城墙是在莫卧儿占领后才修建的，有 13 座带门扇的城门。多数城门的名字来自它们所通向的其他城镇，例如：Delhi gate。见 S. A. Asgar Bilgrami, *The Landmarks of the Deccan* (Hyderabad, 1927), 第 94-95 页。

[333] 这可能是指 Mecca Masjid，这是德干地区最大最有影响力的清真寺，见第 40-41 页。

[334] 这个计时器可能在拱门的东边，现在叫作"四座塔"的 *Kālī Kamān*, 意为"四拱门大皇宫"。见 Sherwani, *op. cit.* (n. 76), 第 306-307 页。在印度和康提还有相似的计时器，关于这方面的描述见上文第 675 页，第 811 页，第 991-992 页。在印度传统中，白天和夜晚都各分为四部分 (*pahr*), 每部分又分为时长为 24 分钟的 *gharis*, 这样每天就有 60 个 *gharis*。西方将一天分为 24 小时，每小时 60 分钟，而这种计时系统与西方完全相反。海德拉巴这种计时法只是印度流行的计时法的一个变种。见 A. J. Qaisar, *The Indian Response to European Technology and Culture A. D. 1498-1707* (Delhi, 1982), 第 68 页。

[335] 参见 Sherwani, *op. cit.* (n. 76), 第 309-311 页。特维诺描述过 *Lingampalli*, 它建于 1609 年，相关细节见上文第 1073 页。关于花园的历史，见 Bilgrami, *op. cit.* (n. 332), 第 30-31 页。

[336] 开国领袖库里苏丹（Sultan Quli）在他生前就为自己造好了墓地。关于墓地的描述，见 Bilgrami, *op. cit.* (n. 332), 第 112-116 页。

[337] Havart, *op. cit.* (n. 304), II, 204-08.

[338] 同上，第 208 页。参见另一幅图纸，Toy, *op. cit.* (n. 275), 第 54 页。Toy 认为这个新堡垒，或者说扩建部分修建于 1724 年。而根据哈瓦特的描述和图画，它似乎完成于哈瓦特著作出版前，即 1693 年；由于这个堡垒曾用作苏丹的宫殿，它的初建时间可以追溯至莫卧儿入侵前的 1687 年。

[339] 阿卜杜拉的画像见本书插图 179。哈瓦特收集、记录了许多墓碑上的铭文，但在自己的著作中，他甚少提到这些铭文，只是提供了很多画像。

[340] 关于这些复杂的皇室婚姻，见 Sherwani, *op. cit.* (n. 76), 第 601-602 页。哈瓦特的描述似乎是错误的，尽管他声称自己认识这些人。

[341] 最后一位苏丹的画像见本书插图 180—181。又见 Goetz, *op. cit.* (n. 305), 第 41 页。

[342] 马达那是第一位首相，1673 年任职，直到 1686 年去世。他是一位泰卢固婆罗门，安排印度高等种姓占据政府要职。马达那的画像见 Havart, *op. cit.* (n. 304), II, 第 219 页，以及哈瓦特著作的插图 1。

[343] 他的画像见本书插图 182。

[344] 在马达那的推荐下，并出于财政方面的考虑，穆罕默德·易卜拉欣这个波斯贵族最终被授予指挥官的职位。在穆斯林的文献中，他被描述成一个临时工和伪君子。见 J. F. Richards, *Mughal Administration in Golconda* (Oxford, 1975), 第 39 页。又见 Sherwani, *op. cit.* (n. 76),

第 628 页。他的画像见 Havart, *op. cit.* (n. 304), II, 第 226 页。

[345] Havart, *op. cit.* (n. 304), II, 第 216-220 页。又见上文第 1086 页。赫伯特·德·杰格尔在 1684—1688 年随荷兰使团待在波斯。在他结束了自己在戈尔康达的十年旅程之后，无论到哪儿，他还是心系那里发生的一切。当然，波斯人很关心戈尔康达的命运，因为有太多波斯人在那里工作和生活。

[346] 见 Havart, *op. cit.* (n. 304), II, 第 224 页的插图，第 225 页哈瓦特写的关于马达那和阿卡纳的两首小诗，附在画像插图下面。哈瓦特声称他认识这两兄弟，还和他们有过交谈。他们是在 1686 年 3 月被穆斯林皇家侍卫杀死的。见 Richards, *op. cit.* (n. 344), 第 47 页。

[347] 见画像下哈瓦特的诗，Havart, *op. cit.* (n. 304), II, 第 226 页插图。

[348] 同上，第 220-235 页。17 世纪末有人记述了这一历史事件并以英语出版了 "The History of a Late Revolution in the kingdom of Golconda"。这一记载多少有些失真，作为附录收在 John Ovington, *A Voyage to Surat in the Year, 1689* (London, 1696), 第 525-545 页。由于这一记载 "不是直接根据口述"，后来 H. G. Rawlinson 编写的对 Ovington 著作的评注版（Oxford, 1929）都没有评论这一附录。见上文第 579-580 页。

[349] 这一事件的插图见 Havart, *op. cit.* (n. 304), II, 第 238 页。这个被打死的人可能是指 *dabīr*, 这个秘书主管起草、分析、整理泰卢固语和波斯语的文件，见 Sherwani, *op. cit.* (n. 76), 第 508-509 页。

[350] 这个词来自阿拉伯语 *hadīth*, 这本书是一部言论及事迹的汇编，主要是穆罕默德的预言和早年穆斯林群体的一个成员的言行。在 19 世纪中期，所有言行（*hadīth*）都被汇集成书，这本书成为了仅次于《古兰经》的第二重要的宗教典籍，穆斯林的法律都要从中寻找依据。

[351] Havart, *op. cit.* (n. 304), II, 第 235-241 页。

[352] 同上，III, 13-14. 又见 Irwin, *loc. cit.* (n. 8), 第 30-31 页。

[353] Havart, *op. cit.* (n. 304), III, 51-54. 荷兰在 "Thuny"(?) 附近的 "Daatzerom"(?) 有个贸易机构，关于制造硝酸钾的描述出现在有关荷兰货栈的这一章节里。

[354] 例如，有一段关于《科罗曼德尔的兴衰》的总结性的段落出现在 K. W. Goonewardena, "Dutch Historical Writing on South Asia", in C.H. Philips (ed.), *Historians of India, Pakistan, and Ceylon* (London, 1961), 第 171 页。J. F. Richard 只是稍稍引用了哈瓦特的内容，他的著作（*op. cit.* [n. 344]）主要涉及莫卧儿占领后的戈尔康达。H. K. Sherwani 是研究库特布沙时代的印度的优秀学者，他似乎无视哈瓦特和其他荷兰人的著作。在 Irfan Habib 杰出的著作 *Atlas of the Mughal Empire* 中，他根据哈瓦特的描述改进了德干东部的地图。

[355] 见上文第 44 页注释。

[356] 见 S.Arasaratnam, "François Valentijn's Description of Coromandel", in *Professor K. A. Nilakantra Sastri Felicit.ation Volume* (Madras, 1971), 第 1-8 页。

[357] 见 Terpstra, *loc. cit.* (n. 305), 第 183 页。

[358] 关于这一抗议事件的可能原因，见上文第 1017 页注释 63。

译名对照表

人 名

A

Abaga Devi	阿巴格·提毗
Abdu' llah Qutb Shah	阿卜杜拉·库特布沙（戈尔康达的苏丹）
Abdul Khan(also Afzal Khan); and Sivaji	阿卜杜勒汗（也被称作阿弗扎勒汗）；
Abdur Rahim	阿卜杜尔·拉希姆
Abu'l Hasan Qutb Shah	阿布·哈桑·库特布沙（戈尔康达苏丹）
Achutan, Itty,	伊迪·阿库坦
Achyatappa Nayaka of Tanjore	阿克尤塔帕（坦焦尔长官）
Acosta, Cristobal de	克里斯托巴尔·德·阿科斯塔
Adolphus, Gustavus	古斯塔夫斯·阿道弗斯
Adrican	阿德瑞坎
Adrichem, Dirk van	迪尔克·范·阿德瑞亨
Ahmad Shah-al-Wali	艾哈迈德沙 - 阿瓦利
Akbar, prince(Sultan Eckbar)	阿克巴（王子，奥朗则布的小儿子）
Ala-ud-din Khalji（Alaudin, Sultan）	阿拉 - 乌德 - 丁·哈勒吉（苏丹阿拉乌德丁）
Albuquerque, Luis Mendoça de	路易斯·门多萨·德·阿尔伯克基
Alexander	亚历山大
Ali Mardan Khan	阿利·马尔丹汗
Ali Raja	阿利·罗阇
Ali 'Adil Shah II	阿利·阿迪勒沙二世
Alvarez, Emanuel	伊曼纽尔·阿尔瓦雷斯
Ambar, Malik	马利克·阿姆巴尔
Ambrose	安布罗斯
Andersen, Jürgen	尤尔根·安德森
Angel, Philip	菲利普·安吉尔
Anquetil-Duperron,A.H.	杜伯龙
Anup Ray	阿努普·拉伊
Arcolino, Joseph Francis	约瑟夫·弗朗西斯·阿克林诺
Aristotle	亚里士多德（莫卧儿称之为"Aplis"）
Arjun, Guru	古鲁阿尔詹
Arnold, van Wachtendonck	阿诺德·范·瓦赫腾东克
Asaf Khan（Mirza Abu' l Hasan）	阿萨夫汗（米尔扎·阿卜勒·哈桑）
Asoka	阿育王
Athanasius Kircher	阿塔纳斯·基歇尔
Aungier, Gerald	杰拉尔德·昂基亚
Aurangzib	奥朗则布
Avicenna	阿维森纳（他的阿拉伯名字为 Abu Allah Ibn Sina）
Azam Khan	阿扎姆汗

B

Babur	巴布尔
Badarayana	巴达罗衍那
Baffin, William	威廉·巴芬
Bahadur Khan of Gujarat	巴哈杜尔汗（古吉拉特）
Bahlol Khan	巴洛尔汗
Bai Shri Harir Sultani	白锡吕·哈里尔·苏丹尼
Bal	巴尔
Balbhadra	巴尔巴哈陀罗
Balbi	巴尔比
Baldaeus	巴尔德
Balthasar, Floris	弗洛里斯·巴尔塔萨
Baqir Khan	巴基尔汗
Baradaeus, Jacobus	雅各布斯·巴拉德乌斯
Bari Sahib	巴里·萨希卜
Barlaam, Saint	圣巴拉姆
Barros, João De	若昂·德·巴罗斯
Basavappa Nayaka I of Kanara	巴萨瓦帕一世（卡纳拉长官）
Bazou	巴祖
Beber, M.	M. 贝伯
Begam Arjumand Bano	阿尔珠曼德·巴诺·贝加姆
Begam, Balmati	巴尔马提·贝加姆
Bento, De Goes	鄂本笃
Bernier, François	弗朗索瓦·贝尔尼埃
Best, Thomas	托马斯·贝斯特
Bhadramma	巴卓玛
Bhadwar	巴德沃
Bhairadevi, Queen	巴拉达维王后
Bhakti	巴克提
Bocarro, Antonio	安东尼奥·博卡罗
Bondt, Jacob de	雅各布·德·邦特
Breslau	布雷斯劳
Broecke, Pieter van den	彼得·范·登·布洛克
Bruton,William	威廉·布鲁顿

C

Caesar	凯撒
Camps Arnulf, O.F.M.	O. F. M. 阿努尔夫·坎普斯
Cannammaji, Queen of Kanara	卡纳玛吉（卡纳拉王后）
Careri, Giovanni Francesco Gemelli	乔万尼·弗朗西斯科·杰米利·卡雷里
Carneiro, Manuel	曼努埃尔·卡内罗
Caron, Francois	弗朗索瓦·卡龙
Carré, Abbe	卡雷（神父）
Cartwright, Richard	理查德·卡特赖特
Casearius, Joannes	约翰·卡萨利乌斯

Dellon, Charles (or Gabriel)	查尔斯（加布里埃尔）·德龙
Descartes	笛卡尔
Desinganad, queen	黛西格纳达王后
Di Castro, Giusepppe	朱塞佩·迪·卡斯特罗
Dianet Khan	迪阿奈特汗
Dilras Banu Begam	迪勒拉斯·巴努·贝加姆（奥朗则布第一任妻子）
Dionysius a Nativitate	狄奥尼修斯神父
Dioscorides	狄奥斯科里季斯
Doña Catherina	唐娜·卡瑟琳娜
Downton, Nicholas	尼古拉斯·唐顿
Dryden, John	约翰·德莱顿
Du Jarric, Pierre	皮埃尔·杜·雅利克
Dubois, Abbé	杜波依斯（神父）

E

Elstrack, Renold	雷纳德·艾尔斯特拉克
Emanuel Carneiro	伊曼纽尔·卡内罗
Erari, Principe	伊拉里王子

F

Farewell, Christopher	克里斯托弗·法勒维尔
Fatah Khan	法特汗
Fenicim	菲尼西姆
Fenicio	范尼西欧
Fereira, Jean	让·费雷拉
Ferguson	弗格森
Fernandes, Mathias	马蒂亚斯·费尔南德斯
Feynes, Henri (or Sieur) de	亨利·德·腓内斯
Finch, William	威廉·芬奇
Flacourt, François de	弗朗索瓦·德·弗拉古
Fletcher W. K.	W. K 弗莱彻
Fonseca, Franciscus de	弗朗西斯卡·德·丰塞卡
Foster	福斯特
Frey, Alexander	亚历山大·弗雷
Fryer, John	约翰·弗莱尔

G

Gama, Vasco da	瓦斯科·达·伽马
Garcia, Francisco	弗朗西斯科·加西亚
Gassendi, Pierre	皮埃尔·伽桑狄
Gautama	乔达摩
Geleynssen De Jongh, Wollebrandt	沃伦勃兰特·赫莱恩森·德·容
Ghazin Khan	加齐汗
Ghiyassuddin Tughluq Shah	吉亚斯-乌德-丁·图格卢克·沙
Glen, Jean Baptiste de	让·巴蒂斯特·德·格伦

Godinho, Manoel	曼努埃尔·戈迪尼奥
Gokhale	戈卡莱
Goodier, John	约翰·古迪尔
Gouvea, António de, O.S.A.	安东尼奥·德·古维亚（奥古斯丁修会会士）
Gray, Matthew	马修·格雷
Guerreiro, Fernão	费尔南·格雷罗
Guzman	古兹曼
Gyfford, Philip	菲利普·吉福德

H

H. Hosten,S.J.	H. 霍斯顿 S.J
Hafiz Jamal	哈菲兹·贾马尔
Hafiz Rakhnah	哈菲兹·拉赫纳
Hagen, Steven van der	史蒂文·范·德·哈根
Haidar Malik	海达尔·马利克
Hajom Mojom	哈乔姆·莫约姆
Hakluyt	哈克路特
Harris, Bartholemew	巴托罗缪·哈里斯
Harris, J. J.	哈里斯
Harsha, King	戒日王
Hasan	哈桑
Hassan, Sultan	哈桑苏丹
Havart, Daniel	丹尼尔·哈瓦特
Hawkins, William	威廉·霍金斯
Haye, De La	德拉艾（全称 Blanquet de La Haye, Jacob 雅各布·布朗凯·德拉艾）
Henry Oxinden	亨利·奥克辛登
Heras	赫拉斯
Herbert, Thomas	托马斯·赫伯特
Hilaire	希莱尔
Holstein	霍尔施坦因
Hooke, Robert	罗伯特·胡克
Hosaini，Amir Syad	阿米尔·萨义德·侯赛尼
Houten, Wouter	沃特·豪滕
Hulft, Gerald	杰拉德·霍夫特
Humayun	胡马雍
Husain Beg Badakshi	侯赛因·贝格·巴达克什
Husain Khangsawar	侯赛因·坎萨沃
Hustaert, James	詹姆斯·赫斯塔尔特

I

Ibrahim 'Adil Shah II	易卜拉欣·阿迪勒沙二世
Imad-ul-Mulk	伊马德-乌勒-穆勒克
Imam Ali	伊马姆·阿利
Imam Shah	伊马姆·沙

Isaac	以撒
Itimad-ud-daula	伊蒂马德 - 乌德 - 道拉

J

J.B. Colbert	让·巴蒂斯特·科尔伯特
Jager, Herbert de	赫伯特·德·杰格尔
Jahan Lodi Khan	贾汉·洛迪汗
Jahanara Begam	贾哈纳拉·贝加姆
Jahangir（Prince Selim）	贾汗吉尔（萨利姆王子）
Jai Singh I	贾·辛格一世
Jaimal	贾伊马尔
Jaimini	阇弥尼
Jamadagni	贾马达戈尼
Jaman, Romton	罗姆敦·雅曼
Jambusar	詹布萨尔
James I	詹姆斯一世
Jaswant Singh, Raja	贾斯万特·辛格（王侯）
Javan Khan	贾万汗
Jesus, Bernardo de	伯纳多·德·赫苏斯

K

K'ang-hsi	康熙
Kafir, Habshi	哈布西·卡法尔
Kakaji	卡卡吉（被称为科利王）
Kalhana	卡兰纳
Kanada	迦纳陀
Kapila	迦毗罗
kaqib khan,the title of Ghiyas-ud-din Ali	纳吉卜汗, 吉亚斯 - 乌德 - 丁·阿利的汗号
Karan	卡兰
Kasim Khan Jawini	卡西姆汗·贾维尼
Kempers, Bernet	伯内特·喀姆波斯
Kerridge,Thomas	托马斯·凯里奇
Khalilullah Khan	哈利卢拉汗
Khanan Khan (Mirza Abdurrahim)	哈南汗（米尔扎·阿布杜尔欣）
Khawas Khan	哈瓦斯汗
Khudawand Khan	胡达万德汗
Khurram（Prince Sultan Coronne）	胡拉姆王子
Khusru, Prince	库斯鲁王子（又被称为"Soltam Ia"或"索塔姆王 King Soltam）
khwaja Abul Hasan	赫瓦贾·阿卜勒·哈桑
Khwaja Muinuddin	赫瓦贾·穆伊 - 乌德 - 丁
Kircher, Athanasius	阿塔纳斯·基歇尔
Knox, Robert	罗伯特·诺克斯
Koka, Aziz	阿济兹·科卡
Krishnappa Nayaka of Gingee	克里希那帕（京吉长官）

Mirza Momein	米尔扎·莫梅
Moro Trimal Pingle	莫罗·特里马尔·品戈尔
Mu'azzam, Sultan	穆阿扎姆（奥朗则布的二儿子）
Mu'tazid Khan（Mirza Maki）	穆塔米德汗（米尔扎·玛克）
Muhammad Adil Shah	穆罕默德·阿迪勒沙
Muhammad Amin Khan	穆罕默德·阿敏汗
Muhammad Beg Khan	穆罕默德·贝格汗
Muhammad Begarha, Sultan	苏丹穆罕默德·贝加拉
Muhammad Isa Afandi	穆罕默德·伊萨·阿凡迪
Muhammad Quli Qutb Shah	穆罕默德·库里·库特布沙（戈尔康达苏丹）
Muhammad Salih Badakhshi	穆罕默德·萨利·巴达哈士
Muhammad Shabistari	穆罕默德·萨比斯塔瑞
Muhammad Sharif	穆罕默德·沙里夫
Muhanmmad Riza Beg	穆罕默德·瑞扎·贝格
Mukhlis Khan	穆赫利斯汗
Mulla Shah	毛拉·沙（奥朗则布的老师）
Müller, Max	马克斯·米勒
Mumtaz Mahal	穆姆塔兹·玛哈
Muqarrib Khan	穆卡拉卜汗
Murad Bakhsh	穆拉德·巴克什（沙·贾汗之子）
Mustafa Khan	穆斯塔法汗
Muttu Virappa	穆图维拉帕（马杜赖长官）
Muzaffar III	穆扎法尔三世
Muzaffar Shah II	穆扎法尔·沙二世

N

Na'ib Nazim	纳伊卜·纳济姆
Nammouth Chan	纳莫斯汗
Naqib Khan（Ghiyas-ud-din Ali）	纳吉卜汗（吉亚斯-乌德-丁·阿利）
Natividad, Jorge de la	豪尔赫·德·拉·纳蒂维达德
Negrão, Francisco (Negrone or Negraone)	弗朗西斯科·内格朗
Neill, Stephen	斯蒂芬·尼尔
Nieuhof	纽霍夫
Nizam Beg	尼扎姆·贝格
Nizam Shahi King	国王尼扎姆沙（全称为 Nizam [Sikandar] Shah Lodi 尼扎姆（锡坎达尔）沙·洛迪）
Noah	诺亚
Noronha, Dom Constantino de Sá	堂·康斯坦蒂诺·德·萨·诺罗尼亚
Nur Jahan Begam（Nur Mahal）	努尔·贾汗·贝加姆（努尔·玛哈）

O

Obo	奥波
Olearius, Adam	亚当·奥利瑞乌斯
Olivera, Antonio de	安东尼奥·德·奥利维拉
Orta, Garcia da	加西亚·达·奥尔塔

Ortelius	奥特琉斯
Osborne, Thomas	托马斯·奥斯本
Ovington, John	约翰·奥维格顿
Oxenden (also Oxindon), George	乔治·奥克辛登
Oxinden, Henry	亨利·奥克辛登

P

Padmanaba	帕德马那巴
Pallu, François	陆方济
Pandit R.S.	R.S. 潘迪特
Parampil, Thomas	托马斯·佩拉佩尔
Partha Mitter	帕萨·米特
Parwiz, Prince	帕尔维兹（王子）
Patanjali	波颠阇利
Patta	帕塔
Payne	佩恩
Pelsaert, Francisco	弗朗西斯科·佩尔萨特
Pereira, Dom Nuno Alvares	堂·努诺·奥维拉斯·佩雷拉
Peruschi	佩鲁奇
Peyrounin, A.	A. 佩里昂
Philip, King	菲利普（国王）
Philippe de Sainte-Trinité	圣三一的菲利普
Phillippe Galle	菲利普·加勒
Picart, Bernard	伯纳德·皮卡尔
Pinheiro, Manuel	曼努埃尔·皮涅罗
Pinto, Mendes	门德斯·平托
Pir Ali Madani	皮尔·阿利·马达尼
Pit Jr.,Laurens	小劳伦斯·皮特
Pliny	普林尼
Pompeia	庞培娅
Porto, Antonio de	安东尼奥·德·波尔图
Poser, Heinrich von	海因里希·冯·波泽
Prasad	普拉萨德
Pratap Sah	普拉塔布.沙
Prévost, Abbé	布雷沃
Propertius	普罗佩尔提乌斯
Ptolemy	托勒密
Pyraraz, François	弗朗索瓦 皮拉尔德

Q

Queyroz	奎罗兹
Quli Qutbu'l Mulk	穆勒克·库里·库特布沙
Qutb Shah	库特布沙

R

Ra Visaladeva	拉·维萨拉德瓦
Raja of Jummoo	朱穆王侯
Rajaram	罗阇拉姆（希瓦吉之子）
Rana Amar Singh	拉那·阿马尔·辛格
Rana Pratap	拉那·普拉塔普
Rānī	拉尼（贾斯万特·辛格的遗孀）
Ranna	伦纳
Raspouti	拉斯普提
Rebello	雷贝洛
Ribadeneyra, Friar San Román de	圣·罗曼·德·里瓦德内拉
Roe, Thomas	托马斯·罗伊
Roth.Heinrich, S.J	海因里希·罗斯 S.J
Roussel	卢赛尔

S

Sá de Meneses, João Rodriguez de	若昂·罗德里格斯·德·萨·德·梅内塞斯
Sá, Simão de	西芒·德·萨
Sa'dullah Khan	萨杜拉汗
Sambhaji	萨姆巴吉
Sandathudamma, King	僧陀都昙摩（阿拉干国王）
Sanson	桑松
Sarangdeva	萨朗德瓦
Sarkar, Jadunath	贾杜纳斯·萨尔卡尔
Savoy	萨沃伊（公爵）
Scerperus, Jacobus	雅各布斯·谢佩鲁斯
Schipano, Mario	马里奥·斯基帕诺
Schipper, Jean	让·席佩尔
Sen S.N.	S.N.森
Senataccio, Fortunat	福特纳特·塞纳塔西奥
Senerat	塞内拉特（康提国王）
Seyn, Arnold	阿诺德·西恩
Sforza, Cardinal	红衣主教斯福尔扎
Shah Abbas	沙·阿拔斯
Shah Alam	沙·阿拉姆
Shah Jahan	沙·贾汗
Shahji Bhonsle	沙吉·博恩斯勒
Shaik Ahmad Khattu	谢赫·艾哈迈德·卡图
Shaista Khan	谢斯塔汗
Shankar Acharya	尚卡尔·阿查里亚
Shantidas Jhaveri	尚提达斯·贾沃瑞
Shaxton, John	约翰·沙克斯顿
Sher Shah（Sher Khan）	舍尔·沙（舍尔汗）
Sheriza Khan	撒瑞沙汗（比贾布尔长官）
Sidi Sambal	西迪·桑巴尔

Sidi Yakrut　　　　　　　　　西迪·亚克鲁特

Sikandar Ghazi　　　　　　　锡坎达尔·加齐

Sinay, Vithula　　　　　　　维苏拉·西奈

Sivaji　　　　　　　西瓦吉

Sivappa Nayaka　　　　　　施瓦帕

Smbhaji（Samba Gi Rajah）　　斯姆巴哈吉（商巴吉王侯）

Somasekhara Nayaka I, of Bednur　赛玛斯卡拉一世（班德纳长官）

Sousa, Manuel de Faria y　　苏查

Steele, Richard　　　　　　理查德·斯蒂尔

Stein, Aurel　　　　　　　奥若·斯坦

Strabo　　　　　　　斯特拉波

Stradanus　　　　　　施特拉丹乌斯

Strype, John　　　　　　约翰·斯特莱普

Sulaiman Shukoh　　　　　苏莱曼·舒科

T

Tamerlane　　　　　　帖木儿

Tavares, Pero　　　　　　佩德罗·塔瓦雷斯

Tavernier, Jean Baptise　　让·巴蒂斯特·塔韦尼耶

Teixeira, Pedro　　　　　佩德罗·特谢拉

Terry, Edward　　　　　爱德华·特里

Thévenot, Jean de　　　　让·德·特维诺

Thévenot, Melchisédech　　玛尔什代锡·特维诺

Thomas, Edward　　　　爱德华·托马斯

Timmanna　　　　　　蒂曼纳

Tulsi Das Bhabra　　　　图尔西·达斯·巴布拉

Tusar, Malick　　　　　马利克·图萨

U

Ullal　　　　　　乌拉尔

Ulugh Khan　　　　　乌卢格汗

Umar bin Ahmad al Kazaruni　乌马尔·本·艾哈迈德·艾尔·卡扎如尼

Uphet, Nicholas　　　　尼古拉斯.尤菲特

Urbain Souchu de Rennefort　乌尔班·叟初·德·仁尼福特

Ustad Ahmad　　　　乌斯塔德·艾哈迈德

Ustad Hamid　　　　乌斯塔德·哈米德

V

V. Ball（Valentine Ball）　　瓦伦丁·鲍尔

Valentin, Melchior　　　梅尔基奥·瓦伦丁

Valle, Pietro della　　　皮特罗·德拉·瓦勒

Van Kley, Edwin J.　　　埃德温·J. 范 克雷

Van Rheede　　　　范·瑞德

Van Twist, Johan　　　约翰·范·特维斯特

Vaughn, Robert　　　　罗伯特·沃恩

Veiga, Manoel da   曼诺尔·达·维加
Venkata I   文卡塔一世
Venkata II   文卡塔二世（维查耶纳伽尔皇帝）
Venkatappa Nayaka Ikkeri   文卡塔帕一世（伊喀利长官）
Venkata III   文卡塔三世
Venkati, Pasupati   帕苏帕蒂·凡卡提
Vennip, Cornelis Janszoon   科尼利斯·杨松·维尼普
Veroneo, Geronimo   杰罗尼莫·韦罗尼奥
Viegas, Artur   阿图尔·维埃加斯
Vincenzo Maria di Santa Caterina da Siena   文森佐
Virappa Nayaka   维拉帕
Virji-Vora   维拉吉 - 沃拉

W

Weert, Sebald de   塞巴德·德·威尔特
White, R[obert]   罗伯特·怀特
Wicquefort, Abraham de   亚伯拉罕·德·威克福
Wildon, George   乔治·威尔顿
Withington, Nicholas   尼古拉斯·威辛顿
Wülfer, Daniel   丹尼尔·伍尔夫

X

Xavier, Francis   圣方济各·沙勿略

Y

Yakrut   亚克路特
Yard, John   约翰·亚德
Yezid, Calif   哈里发叶齐德

Z

Zamorin   扎莫林
Zulfakar Khan（Muhammad Beg）   佐勒菲卡尔汗（穆罕默德·贝格）

地 名

A

Achabal   阿查巴尔
Acheh   亚齐
Achenkoil   阿查克尔河
Achra   阿克拉（比贾布尔境内）
Adam's Peak   亚当峰
Agra   阿格拉
Ahmadabad   阿默达巴德

Ahmadnagar	艾哈迈德讷尔
Ahmudpur	艾哈姆杜普尔
Ajmer	阿杰米尔
Akasa	阿克夏
Alicot	阿利柯特
Allahabad	阿拉哈巴德
Alwaye	阿尔威
Ambad	安伯德
Ambegaon	安布冈
Anduru,	安多什群岛
Anhilvada（Patan）	安尼华达（帕坦）
Anklesvar	安克莱斯瓦尔
Ankola	安科拉
Antwerp	安特卫普
Anuradhapura	阿奴拉达普勒
Arabia	阿拉伯半岛
Arakan（Mugh）	阿拉干
Arbela	阿贝拉
Arcot	阿尔果德
Armagon	阿玛贡
Ashta	阿斯塔
Asir garh	阿西尔格尔堡垒
Assam	阿萨姆
Astarni	阿斯塔尼
Aswara	阿斯瓦拉
Athni,Huttany	阿斯尼
Atmachan	阿玛查
Attingal	阿廷加尔
Attock	阿托克
Aurangabad	奥兰加巴德
Avantikapuri	阿文提卡普里
Avapa	阿瓦帕
Awadh	阿瓦德

B

Badagara	巴达加拉
Bahadur	巴哈杜尔
Bakla	巴克拉
Balaghat	巴拉卡德
Balasore	巴拉索尔
Balikuda	巴利库达
Balliapatam	巴里亚帕塔姆
Baltistan	巴尔蒂斯坦，又被称为小西藏
Bandel	班德尔
Bandra	班德拉
Bangara	班格拉

Bankot	班科特
Bantam	万丹
Baramula	巴拉穆拉
Barcelore, Basrur, Bassalore	巴斯洛尔
Bardez	巴尔兹岛
Barião	巴里昂
Baroda	巴罗达
Barvi	巴尔维
Basra	巴士拉
Bassora	（法语）巴士拉
Batha	巴塔
Batinato	巴蒂纳托
Batticaloa	拜蒂克洛
Bayana	巴衍那（拉贾斯坦穆斯林的设防城镇）
Beas	比阿斯河
Bednur	班德纳
Begumpur	贝古姆普尔
Belgaum	贝尔高姆
Bellamkonda	贝拉康达
Belsar	贝尔萨尔
Bempara，Bempiaer	贝姆帕拉
Benares	贝纳勒斯
Bengal	孟加拉
Bengaly Mahal	本加利陵
Berar	贝拉尔
Betul district	贝图尔县
Bhadar	巴达尔
Bhakkar	巴卡尔
Bhalua	巴卢阿
Bhatkal	巴特卡尔
Bhimdi	比姆迪（塔纳地区）
Bidar	比德尔
Bihar	比哈尔
Bijapur	比贾布尔
Bimlipatam	比姆利伯德姆
Bintenna	宾坦那
Bisnagar	比斯纳加尔
Blsar	巴尔萨
Bombay	孟买
Borcot	博尔堡
Bordeaux	波尔多
Borneo	婆罗洲
Bragança	布兰干萨
Broach	布罗奇
Bukhara	布哈拉
Burhanpur	布尔汉布尔

C

Calecot	卡勒堡
Calimere	卡勒米尔
Cambay	坎贝
Canatick-Country, Carnatica	卡纳提克王国
Cannova	卡诺瓦
Cantons	坎顿
Cape Comorin	科摩林角
Cardamom Hill	豆蔻山
Cassabo	卡萨诺
Caucasus	高加索山脉
Ceylon	锡兰
Chaliyam	查利亚姆
Chambal	昌巴尔
Chambal River	昌巴尔河
Champa	占婆
Chandkhan	昌德干
Charing-cross	查令十字路
Chaul	朱尔
Chaul River	朱尔河
Chenab	切纳布河
Chidambaram	奇丹巴兰姆
Chilaw	奇劳
Chintamani (Chinataman)	钦塔马尼
Chitor	奇托尔
Chittagong	吉大港
Chombal	查姆巴尔
Cochin	科钦
Coleroon River	戈莱伦河
Conjeevaram	甘吉布拉
Constantinople	君士坦丁堡
Coromandel	科罗曼德尔
Cudalore	古德洛尔
Cuddapah	古德伯
Cutch	库奇
Cuttack	克塔克

D

Dabhol	达波尔
Dabka	达布卡
Dahana	达哈那港（比贾布尔境内）
Dal Kotwa	达尔科特瓦
Dal Lake	达尔湖
Damanganga	达曼甘加河
Damão	达曼（葡萄牙港口）

Damka	达姆卡
Damri	达姆瑞村
Danda Rajpuri	丹达拉杰普瑞
Daugim	道吉姆（印度地名，似为果阿旧名）
Daulatabad	道拉塔巴德
Deccan	德干
Dehir（in the Deccan）	德希尔
Delhi	德里
Deli Point	德里角
Deorai	德奥拉伊
Devanapatam (or Devanapatan)	戴维那帕塔姆
Dharmakshetra（Holy Land）	达尔马克谢特拉（圣地）
Diamper	戴拜
Diu	第乌
Diul	迪乌尔
Dorai	道瑞
Dwaraka	德瓦尔卡

E

Eastern Ghats	东高止山脉
Edapalli (or Edapally)	埃达帕莱
Elephanta Island	象岛
Ellora	埃洛拉
Estada da India	葡属印度国
Exeter	埃克塞特

F

Fateh Wadi	法塔赫瓦迪
Fatehpur-Sikri	法塔赫布尔·西格里（莫卧儿帝国时期的古城）
Fishery Coast	捕鱼海岸

G

Galauda	格鲁达山
Galles	加勒
Gandikota	甘迪科塔
Ganesh Dongar	加内什栋加尔
Ganga Sagar	甘加萨加尔
Ganges	恒河
Gangotri	甘戈特里冰川
Garagoli	嘎拉果里
Garh-Chittor	加尔-奇托尔
Garhgaon	加尔冈
Garhwal Himalayas	嘉华喜马拉雅山
Gaur	高尔
Gauvery River	高韦里河

Ghod	戈德河
Gingee	京吉
Gingelly Coast	芝麻海岸
Gir Forest	吉尔森林
Glasgow	格拉斯哥
Goa	果阿
Godavari River	戈达瓦里河
Godavari	戈达瓦里
Gōdavarma	贡达瓦尔玛
Gogha	戈卡
Gokarna, Gocurn	戈卡纳
Golconda	戈尔康达
Gongavali or Bedit River	贡格瓦里河
Gongavali	贡格瓦里
Gujarat	古吉拉特
Gopi Talao	戈皮池
Great Mogul，Mogall，Mogull	大莫卧儿帝国
Gulleau	古洛
Gumti	古姆蒂河
Gungabal Lakes	贡嘎巴尔湖群
Gurez	古列兹
Guzerat	古吉拉特邦
Gwalior	瓜廖尔

H

Hague	海牙
Hajikhan	哈吉汗
Hajo	哈乔
Haliyal	哈利亚尔
Hari Parbat	哈里帕尔巴特（山）
Hariharpur	哈里哈普尔
Harispur	哈瑞斯普尔
Henry Lawrence Island	亨利·劳伦斯岛
Hijili	希吉利
Himalayas	喜马拉雅山脉
Honnali	霍纳利
Hubli	胡布利（比贾布尔境内）
Hugli	胡格利
Hugli River	胡格利河
Hungary	匈牙利
Hyderabad	海得拉巴

I

Ikkeri	伊喀利
Indalvai	因达尔瓦

Indostan; Hindustan　　印度斯坦
Indur　　因杜尔
Indus　　印度河
Islamabad　　伊斯兰堡
Ispahan　　伊斯法罕

J

Jaganata, Jagannath　　贾格纳
Jagannath Puri (also Juggernaut)　　贾甘纳特 - 普里
Jagatisinghpur　　贾加特新普尔
Jaipur　　斋浦尔
Jaitapur　　杰塔普尔（比贾布尔境内）
Jaleshwar　　贾勒斯瓦尔
Jalor　　贾洛尔
Jambusar　　詹布萨尔
Janjira　　詹吉拉
Jaunpur　　江普尔
Jawhar　　贾瓦尔
Jetalpur　　杰塔尔普尔
Jhelum, river　　杰赫勒姆河
Jitbag（Shahi Bag）　　吉特巴格，在现代的杰塔尔普尔
Jodhpur　　乔德普尔
Jumna River　　朱木拿河
Junnar　　朱纳尔

K

Kabul　　喀布尔
Kadiri, Cadiri　　卡迪利
Kadra　　卡德拉（卡纳拉境内）
Kahjan　　卡捷（塔纳地区）
Kailasa　　凯拉萨
Kaira　　凯拉
Kalatura　　卡卢特勒
Kalavaral　　卡拉瓦若
Kalewacka River　　卡尔瓦卡河
Kaliani　　卡利亚尼
Kaliyada　　卡利亚大
Kalyan　　卡利安
Kanara　　卡纳拉
Kanchi　　甘吉
Kangirota　　康基洛塔（卡纳拉南部）
Kanheri　　甘赫瑞
Kankariya（or Hauz-i-Qutb）　　坎卡里亚湖，（又名哈乌兹 - 库特卜）
Kappata River　　卡巴塔河
Karanja or Uran Island　　卡兰加或乌兰岛

Karativu	卡拉提乌（锡兰境内）
Karbala	卡尔巴拉
Karikal	加里加尔
Karnad	卡纳德
Karnatak（Carnatic）	卡纳塔克（卡纳提克）
Karunagapalli	卡伦纳加帕里（马塔境内）
Karwar, Carwar	卡沃
Kashmir	克什米尔
Kasi	迦尸
Kathiawar	卡提阿瓦半岛
Katrabuh	卡特拉卜
Katthia Bay	卡提亚湾
Kaveri River	高韦里河
Kayankulam	卡尔奎隆
Kedah	吉打
Kerala	克拉拉邦
Khanderi	坎德里岛
Khandesh	坎德什
Kharepatan,Carrpatan, Crapatan	卡帕坦
Kistna	基斯特纳河
Kollur	科勒
Kondapalle	贡德伯莱
Kondavidu	孔达维杜
Koratti	喀拉提（马拉巴尔境内）
Kotta River	科塔河
Krishna	克里希纳河
Krishnapatam	克利须那帕塔姆（科罗曼德尔境内）
Kuch Bihar	库奇·比哈尔
Kudamulur	库达马鲁尔
Kumaun	库茂恩
Kumbakonam	昆巴科南（坦焦尔境内）
Kumdara	库德拉（马拉巴尔境内）
Kurukshetra（the Place of God）	库鲁克谢特拉池（神之处）

L

Ladakh	拉达克
Lahore	拉合尔
Lakshadweep	拉克沙群岛
Lanka	楞伽（也就是现在的斯里兰卡）
Laon	拉翁
Laribandar	拉日班达尔
Levant	黎凡特
Leyden	莱顿
Lhasa	拉萨
Liège	列日，比利时东部城市
Limroda	林罗达

| London Bridge | 伦敦桥 |
| Lucknow | 勒克瑙 |

M

Madagascar	马达加斯加
Madhab	马德哈
Madhya Pradesh	中央邦
Madura	马都拉岛
Magathan	马加坦
Mahabaleshwar temple	默哈伯莱什沃尔神庙
Mahi River	马希河
Mahim	马希姆
Mahmudabad	马赫穆达巴德
Malabar Hill	马拉巴尔山
Malabar	马拉巴尔
Malacca	马六甲
Malay Peninsula	马来半岛
Maldives	马尔代夫
Malvan	马尔万
Malwa	马尔瓦
Mamdapur	马姆达普尔
Manappatu	马纳帕图
Mandara	曼达尔山（旧译曼陀罗山）
Mandavi	曼吒毗
Mandepeshwar	曼德佩什瓦尔
Mandu	曼杜
Manel	莫奈尔
Mangatti, Alangad	芒加蒂
Mānikhandī	马尼坎蒂
Mannargudi, Mannārkovil	门纳尔古迪
Mannikudi	马尼库迪河
Mansul	曼苏
Manuru River	马努路河（戈尔康达境内）
Marcot	马尔堡
Mardol	马多尔
Marianas	马里亚纳群岛
Marta	马塔
Masulipatam	马苏利帕塔姆
Matara	马特勒
Mathura	马图拉
Mavelikkara	马韦利格拉
Mazagong	马扎贡
Mecca	麦加
Medina	麦地那
Medinipur	米德纳普尔
Mewar	梅瓦尔（山）

Midnapur	米德纳普尔
Minicoy	米尼科伊岛
Mirjan River	米尔坚河
Mirzapur	米尔扎布尔
Mittila	米提拉
Mocha	摩卡
Moluccas	马鲁古群岛
Mora	莫拉
Moropant	莫罗潘特
Mount Deli	德里山
Mulher	穆尔赫
Multai	穆尔太
Multan	木尔坦
Murbad	穆尔巴德
Muscat	马斯喀特
Musi River	穆西河
Muttungal	穆通格尔
Mysore	迈索尔

N

Nadiad	纳迪亚德
Nagalvancha	那加万查
Nagare	那加尔
Nambutiri	南布提里
Nana Ghat	纳纳山隘
Nander	楠德尔
Naples	那不勒斯
Narainpur	纳拉因普尔
Narasapur	讷尔萨布尔
Narayangadh	纳拉扬加尔
Narbada	纳巴达河
Narwar	纳尔瓦尔
Navapur	纳瓦普尔
Navsari	纳夫萨里 .
Nepal	尼泊尔
Nerul	尼鲁
Nilgiri hills	尼尔吉里
Nilobe	尼罗比
Nizamabad	尼扎马巴德
Nizampatam, Petapoli	尼赞帕塔姆
Nizampur	尼扎姆普尔
North Kanara	北卡纳拉

O

Old Woman's island	老妇岛

Olympus	奥林匹斯山
Orissa	奥里萨邦
Ormuz	霍尔木兹
Oxfordshire	牛津郡
Oxus River	奥克苏斯河

P

Palakollu	巴勒戈卢（戈尔康达境内）
Palmyras Point	帕尔米拉斯角
Panipat	帕尼帕特
Pantaratturuttu	潘塔拉图鲁特
Parel	帕雷尔
Parenda	帕伦达
Parur (Paravur)	帕鲁尔
Patan	帕坦（比哈尔的阿富汗王国）
Patna	巴特那城
Patua	帕图亚
Patua River	帕图亚河
Pedgaon	佩德冈
Pegu	勃固（即缅甸）
Penner	本内尔
Penner River	本内尔河
Penuganchiprolu	佩努甘齐普鲁（戈尔康达境内）
Perakattavali	佩拉科特瓦里
Periapatam	佩里亚帕塔姆
Persia	波斯
Peza	佩萨（马塔境内）
Philippines	菲律宾
Phonda	庞达
Phulpara	普尔帕拉
Pipli	比布利
Pir Panjal	皮尔潘贾尔山脉
Pirana	皮拉纳
Point Calimere	卡里米尔角
Point Palmyras	帕尔迈拉斯角
Ponda	庞达
Ponnani	邦纳尼
Pont-neuf	巴黎新桥
Poona	浦那
Porka (Purakkad)	波拉卡德
Porto novo	波多诺伏
Pratapgad	普拉塔加德
Prayaga	钵罗耶伽（古地名，现称作阿拉哈巴德）
Preuilly	普卢利
Pula of Bariatla or Barrigate	巴里吉塔
Punical, Punnaikayal	庞尼卡亚尔

Punjab　旁遮普
Puri　布里
Putachoes　西瓜岛
Puti　菩提
Puttalam　普塔勒姆

Q

Qandahar　坎大哈
Qasimbazar　卡西姆巴扎尔
Qutb　库特卜

R

Rairi　来里港
Rajapur　拉贾布尔
Rajmahal　拉杰玛哈
Rajputana　拉吉普塔纳
Ramagiri　拉马吉里（全称为 Ramagiri-Udayagiri 拉马吉里乌达亚吉里）
Ramesvaram　拉姆斯瓦伦
Ramnagar　拉姆纳加尔
Rander　兰德尔
Ranthambor　兰塔姆博尔
Rauza　劳扎
Ravi　拉维河
Raybagh　雷巴格
Red Fort（Lāl-gil'a）　红堡
Red Sea　红海
Rigarh　赖格尔
Rohtas　罗塔斯

S

Sabarmati Sabermeti　萨巴马提河
Salher　萨尔赫
Salim-ghar　萨利姆 - 戈尔（城堡）
Salsette　撒尔塞特岛
Salveçam　萨尔维桑
Samarcande　撒马尔罕
Sambhaji　萨姆哈吉
Samdhara　萨姆哈拉
Samugarh　萨穆加尔
San Thomè　圣多默（葡萄牙人的拓居地）
Sanjan　桑吉
Sankheda　桑克达
Saraspur　萨拉斯普尔
Sarasvati　萨拉斯瓦蒂河

Sarkhej	萨尔凯杰
Sasaram	萨萨兰
Satana	萨塔纳
Satyamangalam	瑟蒂那门格勒姆
Schleswig	石勒苏益格
Sehwan	塞危
Seringapatam	塞林伽巴丹
Serra	塞拉（马拉巴尔境内）
Shahapur	沙哈普尔
Shahjahanabad	沙贾汗纳巴德（德里第七城）
Shalimar Bagh	夏利玛园
Shankar Acharya Hill	尚卡尔阿查里亚山
Shigar	希加尔
Shigatse	日喀则
Shiravati River	施拉瓦蒂河
Shiveshar	什瓦沙
Shivner	希沃纳尔
Sholapur	绍拉布尔
Siam	暹罗
Sidhpur	锡德普尔
Sikandarabad	锡坎达拉巴德
Sikandra	锡坎德拉
Sind	信德
Sindkheda	信德合巴
Sindkheda	信德克达
Sirhind	锡尔欣德
Sitanagar	斯塔纳加尔
Skardu	斯卡杜
Solor	索洛
Sonargaon	索纳尔冈
Sonda	松达
Sri Lanka	斯里兰卡
Srinagar	斯利那加
Srirangam	斯里兰干
Srirangapatnam	斯里兰加帕南
Su-chou	肃州
Sulaimanabad	苏莱曼阿巴德
Sumatra	苏门答腊岛
Sundiap,Sundwip	森德维普
Surat	苏拉特
Suvadiva	苏瓦代瓦
Suwali	苏瓦利
Sweden	瑞典

T

Taj Mahal	泰姬陵

Tamba	丹波
Tanda	登达
Tanjore	坦焦尔
Tapti	塔普蒂河
Tartary	鞑靼
Tegnapatam	特纳帕塔姆
Tekkumkur	特库姆古尔
Telingana	特伦甘纳
Tellicherry	代利杰里
Tengapatam	坦加帕塔姆
Thames	泰晤士河
Thana	塔纳
Thanesar	塔内萨尔
Thatta（in Sind）	塔塔
Thibet	西藏
Timor	帝汶岛
Tirupapuliyur	蒂鲁帕普利尤
Tirupati	蒂鲁帕蒂
Tiruvalla	特鲁维拉神庙
Tiruvannāmalai	蒂鲁文纳默莱
Titvala	提特瓦拉
Toda（in Rajasthan）	托达
Todamala	托达马拉
Tolentino	托伦蒂诺
Tondi	栋迪（科罗曼德尔境内）
Traj	特拉吉
Trangapatam	特兰加帕塔姆
Trichinopoly	特里奇诺波利
Trivellore	蒂鲁沃卢尔
Trombay	特朗贝岛
Tudri	图德里
Tughlakabad	图格卢加巴德
Tuluva	图鲁瓦
Tuscany	托斯卡纳

U

Uda Palata	乌达省
Udaipur	乌代普尔
Udippi	乌迪比
Ujjain	乌贾因
Umarkot	欧迈尔果德
Underi	翁德瑞岛
Uzbek	乌兹别克

V

Vadakkumkur	瓦达库姆古尔
Vaigai River	韦盖河
Vanni	瓦尼群岛
Vasad	瓦萨德港
Vellore	韦洛尔
Vellore River	韦洛尔河
Vengurla	文古尔拉
Venice	威尼斯
Vesava	维萨瓦
Vietnam	越南
Vijayanagar	维查耶纳伽尔
Vijayapati	维加亚帕蒂
Visalnagar	维萨纳加尔
Vishva-mitri	维士瓦—米特瑞河
Vizegapatam	维萨卡帕特南

W

Western Ghats	西高止山脉
Worli	沃尔利
Wular Lake	伍拉尔湖
Württemberg	符腾堡

Y

Ypin Island	伊比岛

著作名

A

A Description of the Persian Monarchy	《波斯王朝记》
A display of two forraigne sects in the East Indies viz, the sect of the Banians the ancient natives of India and the sect of the Persees the ancient inhabitants of Persia together with the religion and maners of each sect. Collected into two books by Henry Lord	《东印度两宗派述略：展示作为印度原住民的巴涅人和波斯原住民的波斯派及其宗教和风俗。亨利·罗德将其编入两部书》
A Historical Relation of the Island Ceylon in the East Indies	《东印度锡兰岛纪实》（诺克斯 斯奈普）
Afgoderye der Oost-Indische heydenen	《东印度异教徒的偶像崇拜》
āgamas	《阿含经》
Aitareya Brahmana	《他氏梵书》
An East-India colation	《东印度的一次洗礼》
Atlas	《地图集》（约翰·布劳）
Auring-Zebe	《奥朗则布》（戏剧）

Histoire des choses plus memorables 《难忘的东印度历险》
adventues tant ez Indes orientales, que autres païs
de la descouverte des Portugois
Histoire des Indes orientales 《东印度史》
Histoire générale des voyages 《航海通史》
Hortus indicus malabaricus 《印度马拉巴尔植物志》

I

Il viaggio all' Indie Orientali 《东印度之旅》
Itinerario 《路线》（全称 Itinerario de las missiones《传教路
线》）
Itinerarium orientale 《东方纪行》

J

John Englishman Beholds India 《英国人约翰看印度》
Jornada of Dom Alexis de Menezes: A 《梅内塞斯的旅行》
Portuguese account of the Sixteenth century
Malabar
Journal 《日记》
Journal- und Tage-Buch seiner sechs- 《东印度六年日记》
jährigen Ost-Indianischen Reise

K

Koran 《古兰经》

L

Law-book of Manu 《摩奴法典》
Les six voyages 《塔韦尼耶六游记》
Les voyages et observations 《游历》
Livro da seita dos Indios Orientais 《东印度教派书》

M

Markandeya Purana 《马尔坎德耶往世书》

N

mêlé de plusieurs histories curieuses 《异域奇闻》
Naauwkeurige beschryvinge van Malabar 《马拉巴尔、科罗曼德尔、以及相邻诸国和强
en Choromandel, der zelver aangrenzende ryken, 盛的锡兰岛大事记》
en het machtige eyland Ceylon
Navigantium atque itinerarium bibliotheca 《航海行记》
Newes from the East Indies 《东印度消息》

O

OED 《牛津英语词典》

Oost-Indische voyage; vervattende veel voorname voorvallen en ongemeene vreemde Geschiedenissen bloedige Zee-en Landt-gerechten de Portugeesen en Makassaren; ... Een curieuse Beschrijving der voornaemste Landen, Eylanden, Koninckrijcken en Steden in Oost-Indien;	《东印度航海日志》
Op-en ondergang van Cormandel	《科罗曼德尔的兴衰》
Oud en Nieuw Oost-Indien	《新旧东印度志》

P

Philosophical Transactions of the Royal Society	《皇家学会哲学汇刊》
Pilgrimes	《珀切斯游记》
Pinax theatri botanici	《植物界纵览》
Prima（Seconda）speditione all' Indie Orientali	《第一次（第二次）东方印度之旅》
Purāna	《往世书》
Purchas and De Laet collections	《珀切斯和德·莱特文集》
Purchas, his Pilgrimage; or, Relations of the World and the Religions observed in all Ages, (1613); Purchas, his Pilgrim. Microcosmus, or the histories of Man. Relating the wonders of his Generation, vanities in his Degeneration, Necessity of his Regeneration, (1619)	《珀切斯游记》（区别于《珀切斯游记大全》，注意出版时间）

R

Rajatarangini or "River of Kings"	《国王河》
Ramayana	《罗摩衍那》
Rebelion de Ceylon	《锡兰的反叛》
Reise nach Java, Formosa, Vorder-Indien und Ceylon, 1659-1668	《在爪哇、福尔摩萨、印度沿海和锡兰的旅行》
Reizen	《伟大的航海旅行》
Relaçam annual	《耶稣会神父传教事务年度报告》
Relação	《1663年印葡之间新海路陆路记述》
Relation de l' Inquisition de Goa	《果阿的宗教法庭》
Relation de l'Indoustan	《印度志》
Relation d'un voyage fait aux Indes Orientales	《东印度之旅》
Relation ou journal	《东印度旅行日志》
Relatione della Christianità de Maduré	《马杜赖的基督教》
Relations of Golconda	《戈尔康达记》
Remonstrantie	《有关荷兰在印度的通商报告》

S

Sama Purana	《娑摩往世书》
Shaster（*sāstra*）	《印度教圣书》
Skandha Purana	《室犍陀往世书》
Some years travels into divers parts of Asia and Afrique	《数年亚非各地游记》
Storia do Mogor	《莫卧儿帝国》
Svetāsvatara（*Damerdbigiaska*）	《斯维特婆陀罗奥义书》》

T

T'Historiael journael, van tghene ghepasseert is van weghen drie schepen, ghenaemt den Ram, Schaep ende het Lam, ghevaren uyt Zeelandt vander stadt Camp-Vere naer d'Oost-Indien, onder t'beleyt van Joris van Speilberghen, generael, Anno 1601. den 5. Mey, tot in t'Eylant Celon, vervatende heel schoone gheschiedenissen, die by haer op dese reyse gheschiet zijn, inden tijdt van twee jaer, elff maenden, neghenthien daghen ... Ghecorrigeert verbetert ende vermeerdert	《维尼普旅行日志》

U

Upanishad	《奥义书》（波斯译名：*Sirr-i-Akbar*[最伟大的秘密]；拉丁译名：*Anquetil-Duperron, Oupnekhat (id est, Secretum Tegendum) opus ipsa in India rarissimum*）

V

Vedānta-sūtras	《吠檀多经》
Vedas, Vēdam	《吠陀》
Viaggi	《旅行》（英译本：*The Travels of Pietro della Valle in India*
Vikrama-charita	《维克拉玛连环画》
Voyage des Indes Orientales	《东印度之旅》
Voyages de M. De Thévenot tant en Europe qu'en Asie en Afrique	《特维诺的欧亚非之旅》

Z

Zend-Avesta	《波斯琐罗亚斯德教圣书》

专有名词

A

Achara	阿卡亚，意为绝对存在
Aditi	阿底提
Afghans	阿富汗人
Agamas	阿笈摩
Agastya	阿加斯提亚
Agni	火神阿格尼
Agore,Scuara,Aghōrēśvara	阿格瑞斯库拉
Ahadī	有身份的志愿兵
Ahisā	非暴力、尊重一切生命的教义
Ahura Mazda	阿胡拉·马兹达（光神，袄教的最高神）
Aiodi,Ayodhya	阿瑜陀
Ākāśa	阿迦奢
Akbar,Darwaza	阿克巴达尔瓦扎（门）
Alutnuvara Deyiyō	阿鲁努哇拉神
Āmarāvatī	阿玛拉瓦迪
Amazon	［希神］亚马孙（相传曾居住在黑海边的一族女战士中的一员）
Amesha Spentas	神圣不朽之人
Amīr-ul-Umarā	阿米尔（官员）之长（最高官员）
Amouco	阿莫克人
Amrta	阿弥利哆，甘露
Anglican	英国国教
Anne	安妮号轮船
Appu	水神阿普
Apsaras	飞天
Arakkal dynasty	阿剌克王朝
Aricando,Harischandra	阿瑜陀之王
Armenian	亚美尼亚人，亚美尼亚语
Arrack	亚力酒
Arumgham	六面天
Atharvaveda	阿闼婆吠陀
Augustinian	奥古斯丁会修士
Auto da fé	宗教裁判大会
Avadhūtas	超越规范者
Ayappan Sastav	阿亚潘
Ayodhyā	阿瑜陀国
Ayurvedic	阿育吠陀

B

Baba Adam and Mama Havah	爸爸亚当和妈妈夏娃

Bairagi	拜拉吉人（非赤身裸体行走者；十七世纪时期的毗湿奴派弃业者或武士族团体）
Balbhadra	巴尔巴哈陀罗（贾甘纳特的兄弟）
Baluchs	俾路支人
Banian；Banyan	巴涅人（印度商人种姓）
Baqar 'Id Festival	牛节
Battle of Kerbela	卡尔巴拉之战
Bazaars	巴刹
Betel	蒌叶
Bhadrakāli	般粗伽丽
Bhakti	巴克提（以对一个神的虔诚信奉求得自身的解脱）；终身信奉一神
Bhandārī	班达拉种姓
Bhang	印度大麻
Bharati,Sarasvati	妙音天女
Bhartrihari	婆利睹梨诃利
Bhat	巴特，一种特殊的混合种姓，颂词演唱者
Bhavani	巴瓦尼，女神，毗湿奴的第九种化身
Bhawani	巴瓦妮神龛
Bhūmidevī	地母天
Bhūta	浮陀
Biblioteca Nazionale Centrale Vittorio Emmanule II	维克托·伊曼纽尔二世中心图书馆
Birds of Paradise	天堂鸟
Biriva, Bhiriva	吉祥天女
Bodleian	博德莱安图书馆
Bombay Duck	龙头鱼干
Brahma	梵天
Brahman	婆罗门
Brahmi	婆罗米文
British Library	大英博物馆

C

Caiya	猜提，支提，纪念性庙塔，骨灰塔等。
Canarins	卡纳林人
Canorein	卡诺瑞人
Capuchins	嘉布遣会士
Cattanar, Kattanāra, Cacanares	卡塔纳人
Chaalem	阿拉姆沙的陵墓
Chaitya	佛殿
Charados, Kárádás	卡拉达斯人
Chāran	查兰，保镖
Chárvaka	顺世论派
Chetty	哲地人
Chiamay Lake	奇亚美湖
Chintamani	钦塔莫尼寺

Church of St. Cajetan	圣卡杰坦教堂
Classis	长老监督会
Coonan Cross episode	"倒十字架"事件
Cordeliers	绳索腰带修士
Corinthian	科林斯式
Cos	科斯，二十三英里
Crerar Collection	克瑞尔特藏

D

Daridrā	娜哩捺罗
Dārus	袄教徒的宗教领袖
Darzi caravanserai	达兹商队旅馆
Dāsaratha Rāma	英雄罗摩
Devadāsis	寺院神女
Devanāgarī	天城文
Devasenapatti	天军之主
Dēvata	神女，"飞天神女"
Dharmakshetra	峇峇精舍
Diamper, Odiamper	戴拜
Digambara	天衣派
Dīpāvalī	屠妖节
Discalced Carmelites	赤足加尔默罗修会
Diti	底提
Divali	迪帕瓦里节（排灯节，印度教最大的节日）
Dominican	多明我会
Draupadī	德劳巴底
Dravidian	达罗毗荼的，达罗毗荼语，达罗毗荼人
Durgā (Druga)	杜尔迦（湿婆的配偶）
Dvāpara Yuga	青铜时代，二分世
Dvapara	青铜时代
Dvaravati	堕罗钵底

E

Eastern mission	东方使团
English East India Company	英国东印度公司
Estada da India	葡属印度
Estado da India	葡属印度
Ethiopians	埃塞俄比亚人

F

Fanams	法南
farman	许可证或贸易许可证
Fateh Wadi	法特瓦蒂（即吉特巴格或"胜利花园"）
faujdar, faujdar-i-gard	福季达尔，军事行政长官
Festival of Hassan and Hossein	哈桑-胡赛因节（孟加拉的穆斯林节日）

Flemish	佛兰德斯的，佛兰芒语
Franciscan Recollects	方济各会退醒派
Franciscan	方济各会
French Carmelite	法国加尔默罗修会
French East India Company	法国东印度公司

G

Galauda	格鲁达山
Galgala：Aurangzib's camp	加尔加拉（奥朗则布的军营）
Ganapati (Ganesha)	象头神
Ganas	迦纳
Gandharva	干闼婆
Ganesha Lena	加内什列那石窟
Gangā	殑伽
Gangadevi	恒河女神
Garasias	拉加西亚族
Garuda	迦楼罗
Gauri-nātha	高瑞
Gaya	伽耶
Geldria	赫尔德里亚
Gentiles	外邦人
Gersoppa, Garsopa	格尔索巴
Giangami, Jangami	林迦派僧侣
Grand Council	总议会
Grand Inquitor	宗教大法官
Great Mogul	莫卧儿大帝
Guru,Gurupis	古鲁

H

Hanafi	哈乃斐派
Hanbali	罕百里学派
Hanumant	哈奴曼
Hasil	实际税收
Hasta	第十三月月宿
Hathiya Paur; Elphant Gate	象门
Hauz-i-Qutb	哈乌兹—库特卜或坎卡里亚池
Hazara	哈扎拉族
Hinduism	印度教
Hiranya-kasipu	希拉尼亚·卡西普
Holi Festival	霍利节
Homam	火供仪式
Hook-swinging	钩摆仪式
Hospitallers（Brothers of St. Jone of God）	驻院神职人员（圣约翰兄弟会士）

I

Ikkeri	伊喀利
Il Pellegrino	朝圣者
Indi Office	印度事务部
Indian Rhajaes	印度王侯
Indra, Devendra	因陀罗
Indro-loka	帝释天
Inquisition	宗教法庭
Īśa, Iśāna	伊舍那
Islamic Lent	穆斯林大斋节
Īśvaratā,	主宰神
Izhava	依热瓦

J

Jacobites	雅各派
Jagannātha	贾格纳（印度教偶像）
Jain Laymen	耆那教平信徒
Jains	耆那教徒
Jama	评估税收
Jami Masjid	伊斯兰大清真寺
Jat	贾特人
Jesuit Visitor	耶稣会巡阅使
Juggernaut	贾甘纳特（印度教的神）

K

Kacheb	卡彻博（神话人物名）
Kailasanatha	凯拉萨纳塔神庙
Kala as Yama	阎魔伽罗
Kālahasti	伽拉哈斯蒂
Kali Yuga	黑铁时代，争斗世
Kali	迦梨
Kalki	卡尔基
Kallada	卡拉达
Kāmadughā	神牛苏拉比
Kāmedēva	迦摩天
Kanarese	卡纳拉人，卡纳拉语
Kanphattis（Split-Ears）	坎帕塔派（被刺穿的耳朵）
Karttikapūja	卡尔提卡法会
Kaśyapa	迦叶波
Kataragama Deyiyō	卡达拉迦马战神
kazi	卡兹，法官
Khalijis	哈勒吉或哈勒吉王朝
Khatri	卡特里种姓（商人种姓）
Kingdom of Jeselmeere	贾塞摩尔王国
Kingdoms of Maug(the Mughs)	马格人的王国

Koh-i-Nur	光明之山，镶嵌在伊丽莎白女王王冠上的钻石
Kolattiri dynasty	克拉特里王朝
Koli	科利（古吉拉特的农民强盗；渔民基督徒；一种纺棉人种姓）
Konappu Bandara	拘那波般陀罗
Konkani	孔坎语，孔坎人
Kotwal	科特瓦尔（德里苏丹和莫卧儿王朝的城镇警官）
Kozhikode	科泽科德语
Krishna	克利须那
Krta Yuga	黄金时代，圆满世
Kshatriya	刹帝利
Kubera	俱毗罗
Kunbis	库比斯人（农民种姓；盐民种姓）
Kurma	库尔马化身（乌龟化身）
Kurmi	库米人（相当于首陀罗）

L

Lakshaman	拉克什曼（罗摩的兄弟）
Laksmi	吉祥天女拉克什米
Latin Rites	拉丁礼
Lay brothers	俗人修士
Levites	犹太人中的利未人
Life-Giving Garden (Hayāt-Bakhsh-Bāgh)	生命花园
Linga vīrya	林伽（男根象征）
Lingāyats, Linguits, Lingayats, Lingavant	林伽派，林伽派信徒
Lodi	洛迪王朝
Loka	位置，世界，第……层天
Lonka	郎迦（耆那教的一个分支）
Ludgate	鲁德门
Luso-Indians	葡印混血儿

M

Madara raasi	罗刹女
Madhva,Madhva, Mahdvāchārya	摩陀婆
Mahabali	马哈巴利
Mahadeva	摩诃提婆
mahāls	大区下面的分区
Mahāmāyā	大摩耶夫人（印度三大神梵天、毗湿奴、湿婆的母亲）又译为摩诃摩耶
Mahāmeru, Mountain Meru	须弥山
Mahant	师尊
Maharaja	摩诃罗阇大君，印度王公
Mahometan	伊斯兰教徒
Mahrattas	马拉他人
Malayars, Malea, Malayalis	马来人

Maliki	马立克学派
mansab	曼萨卜（莫卧儿王朝的官阶制）
mansabdārs	曼萨卜达尔（按十级划分的莫卧儿军事或行政官员，莫卧儿王朝时期的总司令）
Manu	摩奴
Marcaire, Marakkān, Marakkar	总督
Māsa Upavāsa	双月布萨
Masti, Mahāsatī	伟大的萨蒂
Matsya	灵鱼马特斯亚
Mimamsa	思维派
Mīr Jumlā	米尔·朱木拉
Misericordia	仁慈堂
Monophysitic	一性论
Moses	摩西
mufti	穆夫蒂（莫卧儿时期负责穆斯林的宗教事务）
Mughul	莫卧儿
Muharram	穆哈拉姆节（伊斯兰教哀悼节）
Mullah	毛拉
Mumba Devi	穆姆巴女神
Muni	牟尼，智者
Muslin Chaul（UpperChoul）	穆斯林朱尔，曾位于德干的著名市场
Mutanny Pilgrims	穆坦尼教徒

N

Nagar Brahmans	那加尔婆罗门
Nagara	那加语
Naib	纳伊布
Nandi	神牛南迪
Nara，Narayana	那罗
Narada	那罗陀
Nārali Purnima（Coconut Day）	椰子节
Narayana	那罗衍那
Naroa, Norway	那罗
Narseng, Nr-simha	那罗辛哈（毗湿奴的狮人化身）
Navaratri, Kodiettam, Mahānavami	九夜节
Nawabs	莫卧儿时副王和省督（等于苏巴达尔，以后用做对穆斯林名流的敬称）
New Batavia	新巴达维亚
New moon festivity	新月节
Nirrtī, Nirrtiloka	罗刹天
Nossa Senhora dos Remedios	圣母雷梅迪奥斯
Nurdim mohamad Iahanuir	萨利姆为自己取的新名字，（波斯语为 Nur-ud-din Muhammad Jahangir），意思是"弘扬穆罕默德教义的人，世界的征服者"
Nyaya	正理派

O

Omrah	奥姆勒赫（莫卧儿官员）
Onam	欧南节
Onthuruthi	昂瑟鲁斯国王
Oriya	奥里雅语
Ormazad	善神

P

Padmapani	持莲花者
Pajjasana	雨住日
Pandara	潘达拉
Parabrahman	至尊梵
Paracelsian	帕拉切尔苏斯的
Parasurama	持斧罗摩
Pargana	帕尔加纳（由村社组成的行政区分支机构，莫卧儿印度的基层行政单位）
Parsis；Pārsīs	祆教徒或拜火教徒
Parvati	帕尔瓦蒂，雪山神女（湿婆的妻子）
Pāsanda	异端派
Pātāla	地下龙宫
Pathan	帕坦人
Pattini Deyiyō	帕蒂尼女神
Perahera	佛牙节
Perumal	帕努马
Piśāca	毕舍遮
Ponkal	庞格尔节
Portugese India	葡属印度
Portuguese East	葡属东方
Prahlāda	帕拉达
Prakriti	自性
Primate of the East	东方大主教
Prithivi	大地女神波里提毗
Propagangda	传道总会
Pulayan	普延人
Purush	神我
Puti	菩提寺

R

Rahu	罗睺
Rajputs	拉其普特人
Rākasa	罗刹
Rama Deva	罗摩提婆
Rama	罗摩
Ramacani	拉马扎尼
Ramachandra	罗摩旃陀罗

Ramadan	斋月
Ramanouja	罗摩努阇
Rang Mahal	兰玛哈庙
Ranganatha	朗迦难德
Rathors	拉托尔人
Ravana	罗婆那
Red Cap sect	红教
Regenstein Library	雷根斯坦图书馆
Regular priest	教团教士，修会神父，会士司铎
Renukā	雷努卡
Rigveda	梨俱吠陀
Rishis	吠陀仙人
Rudra	楼陀罗

S

S. Andrew della Velle	圣安德鲁教堂
Saiyad Idrur	萨伊德·依鲁斯（苏拉特最重要的清真寺的名称）
Saka varsa	萨卡时代
Sākta	性力派
Sālagrāma	色拉瓜玛
Salam	祝福语
Sālivāhana	萨利法哈纳王
Saluva Rairu	萨鲁瓦·莱鲁
Sāmaveda	沙摩吠陀
Sankara Āchārya	桑迦拉阿卡耶
Sankhya	数论派
Sannyāsīs	弃世者，托钵僧
Sarkārs	莫卧儿王朝时期的区
Satar-ûpā 或 Sāvitri	梵天女性的一半
Satī	萨蒂（印度教的殉夫）
satya yuga	萨提亚时代或真理时代
Satyaloka	萨特亚罗卡
Satyavathi	贞信
Sayyid	赛义德，伊斯兰教学派之一
Secular priest	自立教士，教区神父，在俗司铎
Seiva, Saivites	湿婆正教派
Sesha	舍沙
Shafi‘i	沙斐仪派
Shaikh; Shaiks	谢赫，伊斯兰教学派之一
Shamar	夏玛巴（红教教徒的称呼）
Shiite	什叶派
Sidi	西迪人（印度的埃塞尔比亚人）
Sikh	锡克教
Sinais	锡奈斯（一种婆罗门）
Sindhu	信度海

Sinhalese	僧伽罗人
Sion	锡安人
Sita	悉多
Sitavaka	斯塔瓦克王国
Siva	湿婆
Sivadharma	希瓦达哈马
Śivalinga	湿婆林迦
Śivarātri	湿婆之夜
Sivarātri, Kolathiri	湿婆诞辰节
Smārta	萨玛塔
Smārta	斯马达派
Smasāna	尸摩舍那泥
Solanki	索兰奇
Soltam King	索塔姆王
Spanish Armada	西班牙无敌舰队
Spanish Rial	西班牙里尔
St. Nicholas	圣尼古拉斯修道院
St. Peter	圣彼得
St. Thomas Christian	圣多默基督教徒
St. Thomas' Cathedral	圣托马斯大教堂
St.Nicholas	圣尼古拉斯修道院
Subhadra	妙贤（贾甘纳特的妹妹）
Subrahmanya	塞犍陀
Sudra	首陀罗
Sufi	苏菲派
Sufism	苏菲主义
Su-meru; Meru-parvatu	妙高山
Sunda-Brari	松达—布拉瑞（泉和寺庙的名称）
Sunnis	逊尼派
Synod of Diamper	戴拜教务会议
Syrian	叙利亚人

T

Tattvandin	塔瓦迪派
Tayler Inn	泰勒客栈
Telugu	泰卢固语
Terasse-Walk	廊道
The Hakluyt Society	特学会
The Just King	正义王
The sea of milk	牛奶海
three R's	读、写和算术（印度教徒从小受到的基础教育）
Tibetan Buddhists	藏传佛教
Tin Tha l	三塔尔（埃洛拉第 12 个石窟）
Tirtha	圣泉（牛尿）
Tiru	提卢
Tiyan	蒂亚人

Todas	托达人
Towers of Silence	天葬塔
Tretā	白银时代，三分世
Trimūrti	三相神（象岛）
Turki；Turkish	土耳其语
Turks	土耳其人
Tutunaga	白铜

U

Ulug-beg	兀鲁伯格（一所学院的名字）
Uma	乌摩（花园）
umar	乌马尔，宫廷贵族
Upamanyu	乌帕曼育
Urdu	乌尔都语
Usbeks	乌兹别克人
Uzini, Ujjayini	邬阇衍那

V

Vaisheshika	胜论派
Vaishnavites	毗湿奴派
Vaisnavism	毗湿奴派信徒
Vaíśravana	毗沙天王
Vaisya	吠舍
Vaisya-varna	吠舍 - 瓦尔那种姓
Vaiu, Marut,Vāyu	伐由
Valhalla	英灵殿
Vāmana	筏摩那，侏儒
Vānaprasthas	隐退者
Varāha	野猪筏罗诃
Vārānasī，Kāsī	瓦拉纳西
Varna	种姓制
Varthema	瓦尔塔马
Varuna	伐楼拿
Vasuki	婆苏吉
Vattezhuthu	"圆形字体"
Vedangas	吠陀六支分
Vedanta	吠檀多派
Veddas, Weddas, Bedas	维达人
Veddoid	维多侬人
Vernag（or Nila Nag）	韦尔纳格（或尼拉纳格）花园
Vibhishana	毗沙那
Vicar apostolic	宗座代牧
Vicramaditi, Vikrāmaditya	邬阇衍那之王
Vihara	毗诃罗窟
Vikramārka	维克拉玛

Vimaladharmasuriya	毗摩罗达摩须利安一世
Vindhya	频阇耶山
Virabhadra	维拉巴德纳
Virana，Virenà Deurù	维拉纳
Virgin Mary	圣母玛利亚
Vishnu	毗湿奴
VOC	荷兰东印度公司

W

Wālkeshẉar (Lord of Sand)	沙之神
White-hall	白厅

Y

Yajña	雅吉纳节
Yajurveda	夜柔吠陀
Yaksa Kimnara	夜叉紧那罗
Yama,Pidurpati, Iamma	阎魔
yazata	天使
yogis	瑜伽修行者
Yuga	由迦，时代，时期，（宇宙存在 4320000 年，分四个时期）

Z

Zanana	闺房，后宫
Zoroastrian	拜火教徒

索 引[①]

A

阿巴格·提毗　Abaga Devi，867

阿卜杜拉·库特布沙，戈尔康达的苏丹　Abu'l Hasan Qutb Shah，sultan of Golconda（r. 1626-72），1073-74n，1090-91，1093

阿卜杜勒汗（也被称作阿弗扎勒汗）　Abdul Khan（also Afzal Khan）：和西瓦吉，767

阿布·哈桑·库特布沙，戈尔康达苏丹　Abu'l Hasan Qutb Shah，sultan of Golconda（r. 1672-87），1080，1082，1087

阿查巴尔　Achabal，732

阿德瑞亨，迪尔克·范　Adrichem，Dirk van，710n，711

阿尔伯克基，路易斯·门多萨·德　Albuquerque，Luis Mendoça de，853

阿尔瓦雷斯，伊曼纽尔　Arez，Estienne（Stefano）de，1063

阿尔威　Alwaye，920

阿尔詹，古鲁　Arjun，Guru，fifth of the Sikh gurus，633n

阿富汗人　Afghans，695

阿格拉　Agra，604，614-15，620，671，687，689，727，729，820；艺术和手工艺，716；服装，812；描述，687-689，714-23；在此地的荷兰人，722，857；英国人，611，750；堡垒，615，620-621，688；耶稣会士，631，634，688，722；勒古兹，746n；曼德尔斯罗，667；葡萄牙人，679；西瓦吉，767。又见"莫卧儿皇帝"一条

阿格尼界　Agniloka，1045

阿济兹·科卡　Koka，Aziz，631

阿加斯提亚　Agastya，1054

阿杰米尔　Ajmer，612，619，621，625，636，642，776；达拉，703；哈菲兹·贾马尔喷泉，637n；贾汗吉尔称重仪式，640；罗伊，636-637；特点，821

阿卡纳　Akkana，1087，1092

阿卡亚，意为绝对存在　Achara，784

阿克巴　Akbar，612，627，630，632，688n，788n；阿格拉，614-15，620；奇托尔，717；英国人，604；Fatehpur-Sikri，621；古吉拉特，619；耶稣会士，603，630-31；萨利姆王子，

612，631-32；打招呼的规矩，772n；墓园，615-16，688-89

阿克拉（比贾布尔境内） Achra，860

阿克林诺·约瑟夫·弗朗西斯 Arcolino，Joseph Francis，1063

阿克尤塔帕（坦焦尔长官） Achyatappa Nayaka of Tanjore，1004-5

阿夸维瓦 Acquaviva，Claudio，1001

阿奎莱，加斯伯 Aquilar，Gasper d'，1068

阿拉干 Arakan，614，713；和莫卧儿，704-5，712-13

阿拉哈巴德 Allahabad，613-14，623，687，702

阿利·阿迪勒沙二世 Ali' Adil Shah II，比贾布尔的统治者，765n，860n

阿利·罗阇 Ali Raja，944-45

阿利柯特 Alicot，924

阿马尔·辛格·拉那 Amar Singh，Rana，619n

阿玛贡 Armagon，1008

阿玛拉瓦迪 Āmarāvatī，904

阿玛斯村 Almasguda，1083

阿梅达，弗朗西斯科·德 Almeyda，Francisco d'，1066

阿默达巴德 Ahmadabad，609，617，670，702，738，829，862；在此地的奥朗则布，644；鸟类和动物医院，804；房屋和花园，657，663，669-70，737，802-4；描述，656-57，802-6；在此地的荷兰人，802，英国人，637，669，750，803；吉特巴格，663，670；曼德尔斯罗，667；穆斯林，663；物产，613，670，804；罗伊，644；乡村地区，618；和西瓦吉，768；范·特维斯特的描述，663

阿姆斯特丹 Amsterdam：当地的植物学研究，927；长老会，1029-30；在阿姆斯特丹的印刷品，662，1079。又见 VOC 词条

阿奴拉达普勒 Anuradhapura，983；菩提树，963-64n，1082-83

阿努普·拉伊 Anup Ray，641

阿萨夫汗 Asaf Khan，637-38，641，643-44，689，695；和曼里克，692

阿萨姆邦 Assam，712

阿斯尼（比贾布尔境内） Athni（in Bijapur），862

阿斯塔 Ashta，860

阿斯塔尼 Astarni，770

阿塔纳斯·基歇尔 Kircher，Athanasius，780；和巴尔德，914；《中国图志》，914；和 Roth 神父，1055-56n

阿廷加尔 Attingal，920

阿托克 Attock，730

阿瓦德 Awadh，613

G

H

哈布西·卡法尔　Habshi Kafir，862

哈菲兹·贾马尔　Hafiz Jamal，639

哈菲兹·拉赫纳　Hafiz Rakhnah，622n

哈根，史蒂文·范·德　Hagen，Steven van der，918

哈吉汗　Hajikhan，624

哈里哈普尔（奥里萨境内）　Hariharpur（in Orissa），674，676

哈里帕尔巴特　*Hari Parbat*，731

哈里斯，巴托罗缪　Harris，Bartholemew，763n

哈利卢拉汗　Khalilullah Khan，701

哈南汗（米尔扎·阿布杜尔欣）　Khanan Khan（Mirza Abdurrahim），618-19，636，640，644

哈奴曼　Hanumant，903，1003，1046，1049，1052

哈乔　Hajo，712

哈瑞斯普尔（奥里萨境内）　Harispur（in Orissa），674；在此的曼里克，684

哈桑（马尔代夫苏丹，葡萄牙人称为 Dom Manoel）　Hasan，934-35，943

哈瓦斯汗　Khawas Khan，768，858；曼德尔斯罗对他的描述，859

哈瓦特，丹尼尔　Havart，Daniel，697n，1076n，1095；自传，1079，1087；关于科罗曼德尔，1094；关于戈尔康达，1079-94；墓碑铭文，1090；《科罗曼德尔的兴衰》，1079，1094

海达尔·马利克　Haidar Malik，730

海得拉巴　Hyderabad（also Bhagnagar or Golconda），1076；"四座塔"，1072，1089；描述，1022，1071-73，1088-89；侯赛因节，1075；园林，1089；新城，1022n；（1685 年）的洗劫，1092；西瓦吉，768n。**参见词条** Golconda

海克斯　Hackes，F.，1030

海耶达尔　Heyerdahl Thor，936n

豪尔赫·德·拉·纳蒂维达德　Jorge de la Natividad，694

豪滕·沃特　Houten，Wouter，857

荷恩　Hoorn：印刷与出版，1029n

荷兰东印度公司　United Netherlands Chartered East India Company。见"VOC"词条

荷兰东印度公司　Dutch East India Company，参见 VOC

荷兰东印度公司　VOC（United Netherlands Chartered East Indies Co.），753，860，910，921，1080；在阿格拉，722；文档，617，627n；和比贾布尔，856-57；在比姆利伯德姆，1088；和卡利卡特，910；和加尔默罗修会，892n；和科钦，910，918-19；在科罗曼德尔，1017-18，1028-31，1079-80；珍珠贝贸易，945；出使奥朗则布，710；印度的商栈，662，722，859-60，998；赫尔德里亚据点，1018；德国雇员，953-54；在戈尔康达，1017，1083，

儿骑兵队，726；一妻多夫制，733；物产，730-31，732，734；税收，733；和西藏，734；
　女人，732

克塔克　Cuttack，674，676

峇峇精舍（圣地）　Dharmakshetra（Holy Land），785n

孔达维杜　Kondavidu，1023

孔坎　Konkan，756，858；贝纳勒斯人，859

孔坎语　*Nawāyit*，611，618

孔坎语　"Naites"（Konkani[？]，Nawāyit），611，668

库比斯人　*Kunbis*，758，774

库德拉（马拉巴尔境内）　Kumdara（in Malabaer），921

库克，乔治　Cook，George，763n

库里·库特布沙，戈尔康达苏丹　Quli Qutb Shah，1073，1082，1089

库茂恩　Kumaun，614

库尼亚，安东尼奥·阿尔瓦利斯·达　Cunha，Antonio Alvares da：诗歌《锡兰的反叛》*Rebellāo
　de Ceilāo*，952n

库奇　Cutch，617n

奎隆　Quilon，875，883，919，921；和荷兰人，910，918-19

奎罗兹　Queyroz，Fernāo，952n，957；和科托，950n

昆，扬·彼德尔斯逊　Coen，Jan Pieterszoon，1028

昆巴科南（坦焦尔境内）　Kumbakonam（in Tanjore），1034

昆哈利（卡利卡特的穆斯林政权）　Kunhali Marakkars，923-24，和卡利卡特，874，881；画像，
　881

L

Linhares. 见 Noronha

拉·格鲁，托马斯　La Grue，Thomas，1030n

拉·莫特·莱·瓦耶，弗朗索瓦·德　La Mothe Le Vayer，François de，714，722

拉·维萨拉德瓦　Ra Visaladeva，649

拉布拉耶·勒古兹，弗朗索瓦·德　La Boullaye le Gouz，François de，746n

拉达克（大西藏）　Ladakh（Great Tibet），733，735，739

拉合尔　Lahore，622，633，729，786；在此举行的宴会，692-93；浴室，671；基督徒，
　631；围护，690；皇室驻地，612，691；靛蓝染料，1028；曼德尔斯罗对此的描述，667；
　曼里克的描述，690-93；和新年，691；毁灭，717

拉吉欧，艾伯托　Laerzio，Alberto，840

35n；此地的回教徒，938-39；司法，941；语言，933，935-36n，938-39n，940-41；婚姻，939；自卫队，942，944；名称，938，942；位置和尺寸，936；行政单位，935-44；税收，941-42；奴隶，941；社会阶层，941-42；苏瓦代瓦，938；贸易，938，940，942-43

马尔瓦　Malwa，620，643，821；拉其普特，670

马尔万（果阿附近）　Malvan，777

马菲　Maffei，Giovanni，958；与马尔代夫和拉克代夫群岛，934

马哈拉瓦尔·曼彻达斯　Maharawal Manchardas，695n

马赫穆达巴德　Mahmudabad，737

马吉斯特里斯·贾钦托·德　Magistris，Giacinto de，891；耶稣会士的小传，1063；他的《马杜赖的基督教》，891，1057-58，1097-98；关于南印度，1057-63；印度文本的译本，900n

马拉巴尔　Malabar，894，897；阿莫克人，875；那里的婆罗门，886，894，897；日历，906；种姓，895-97，930；慈善团体，908；此地的基督徒，875；造币，888n；服装，883，885，895；死亡率，909；德拉·瓦勒的评论，889-90；德隆的描述，922-25；教育，898；欧南节，907；动植物，892，923，925-27；食物，895，921；山地部落，839；房屋，895；在此的耶稣会士，869，875，886，889，1057-58；与马拉雅拉姆语，880，889；卡利卡特地区的穆斯林，881，886；婚姻，898；药品，899，904；此地的穆斯林，848，880-82，917，923；纳亚尔人，880，896，909，917，923-24；纽霍夫，921；其北部边界，868，880n，928；胡椒贸易，910；海盗，777，860，880，923；行政区划，892-93；商品，895，921；公共处所和医院，908；皮拉尔德关于此地的描述，879-89；奴隶，878，923；领养的继承人，894；寺庙，908，917；纺织品，894；文森佐的介绍，892-909；与Kanata的战争，870；与扎莫林，887。参见Calicut；Cochin

马拉巴尔的一种钱币　Vira Kerala Varma，919n

马拉巴尔山　Malabar Hill，758

马拉巴尔雅各派　Malabar Jacobites，876n

"马拉巴尔语"（泰米尔语）　"Malabar"（Tamil language），994

马拉他人　Mahrattas，706，748，775-77；和比贾布尔，860

马拉雅拉姆语　Malayalam language，876，880，889；字母，899n；在欧洲最早介绍它的印刷品，926；手稿，926

马来的穆斯林（印度化的阿拉伯后裔）　Moplah（or *Māppila*），881，886，923，933

马来人（山地部落）　Malayars（hill tribes），839；纽霍夫的介绍，921-22

马累　Male，934，938，941-42；孟加拉舰队入侵，944；中国陶瓷，936n；清真寺，939；当地的葡萄牙人，943；又见"马尔代夫群岛"词条

马六甲　Malacca，662；在此的葡萄牙人，1000

马姆达普尔（贝尔高姆）　Mamdapur（Belgaum），777

马纳巴莱　*Maṇappārai*，1065

N

Q

T

X

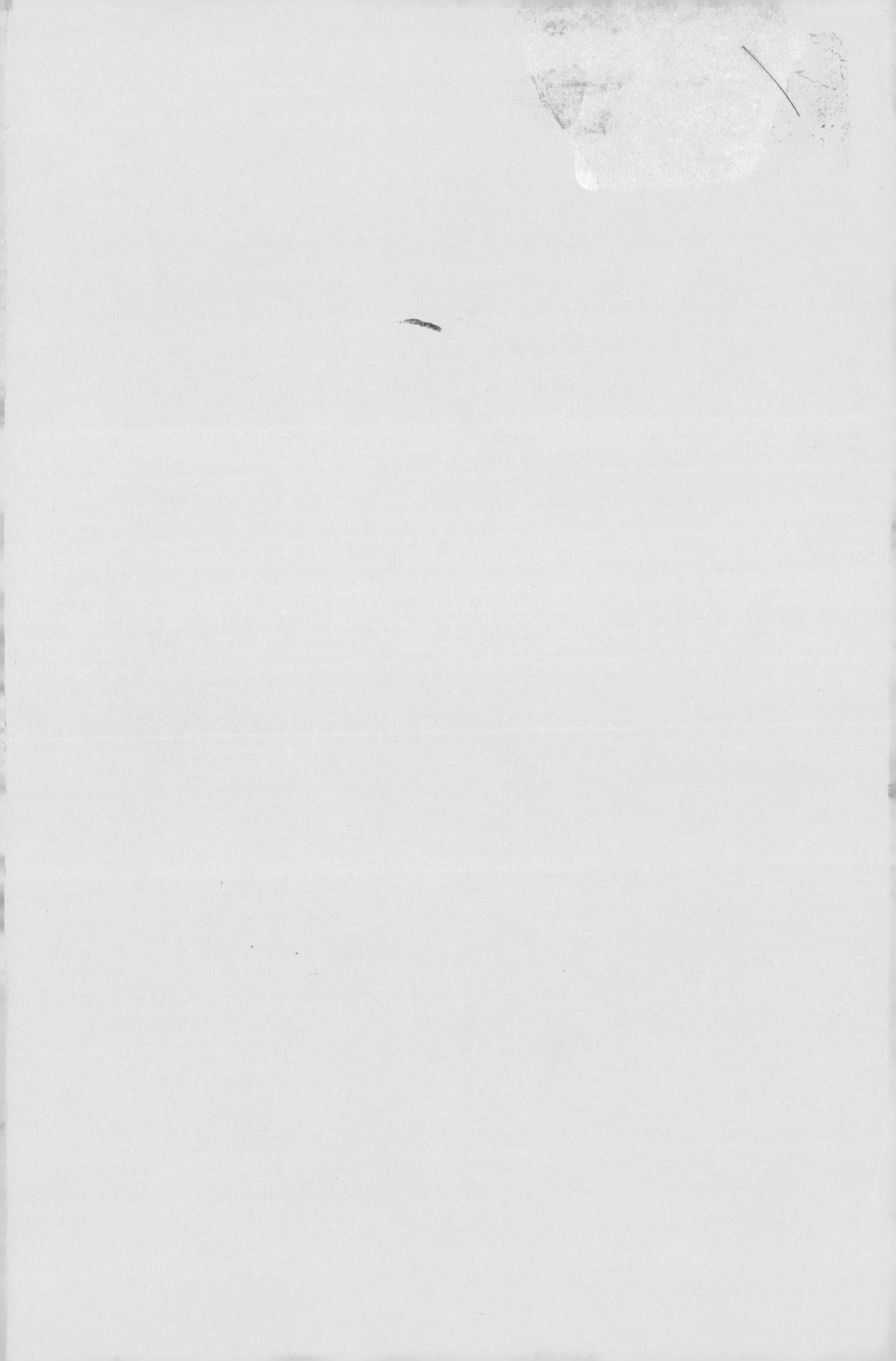

2008 年度教育部哲学社会科学研究重大课题攻关项目

"西方中国形象的变迁及其历史和思想根源研究"资助成果

厦门大学 985 三期工程项目资助成果

"十二五"期间（2011-2015 年）国家重点图书出版规划项目

第二卷　奇迹的世纪

[美] 唐纳德·F.拉赫　著

第 三 册
学术研究

何方昱　译

张勇安　校译

欧洲形成中的亚洲

[美] 唐纳德·F.拉赫　著

周宁　总校译

ASIA

IN THE MAKING OF

EUROPE

人民出版社

2008 年度教育部哲学社会科学研究重大课题攻关项目

"西方中国形象的变迁及其历史和思想根源研究"资助成果

"十二五"期间（2011-2015 年）国家重点图书出版规划项目

目 录

插图目录

引　言

与 16 世纪的智力活动相一致，试图把学问之道纳入现代的学术体系中来
分析是不可能成功的，当然也不能根据主题和方法论的差异而把其划分为不同
的学科以示区别。在宇宙学包括了地理学、历史学、数学、天文学和航海术的
时代里，学术的张力源于学科间的相互依赖，而非各个学科的内在结构与发展。
文艺复兴时期的知识分子毫不犹豫地追求普世论题，他们往往更愿意将其纳入
一个经过严格界定的研究领域进行批评探索。与探索各个学科最为适合的知识
方法相比，文艺复兴时期的知识分子更为深入地关注上帝、人和自然界之间的
关系，关注艺术和科学之间的相互关联。在学术研究过程中，他们既在学科内
部又在我们称谓的不同学科之间，寻找古典的和宗教的权威观点，还把他们的
调查结果与同时代的观察和结论相对照，同时还努力调和传统和新近知识之间
的矛盾。

俗世的人文主义者努力复原古人的最经典的学问，然而主流的观念往往要
求他们把古典知识同基督教传统相混和。正统的学者和神学家也眷恋过去，但
他们看到的是远古时代，那时无罪之人讲同一种语言，遵从上帝的要求心满意
足地生活着。在诸多学术的思辨领域里，俗世学者和基督教学者之间的张力长
期存在，在宗教改革及其后的年代里，两者的关系在所有的学术领域都进一步
恶化。在 16 世纪，古典的和宗教的权威知识受到挑战，新知识的拥护者们坚持

经验观察最为重要。尽管徒劳，但依然要求普遍性和适用性的新结合，他们有时会公然地嘲弄前者的不足或不准确。

很多同时代的人显然非常清楚，既不是古典学，也不是基督教学问，当然也不是二者的结合体能够解释或囊括当时海外所发现的东西。正是新教徒的存在，以及美洲和亚洲大量异教徒的发现，证明了教会宣称的普适性并不存在，并且削弱了许多传统学问的可信度。学术在各个层面所进行的努力，延续了已经建立的边界，或者说，对传统的学说重新阐释，也即努力与新信息融通的同时，又不破坏传统的知识结构。在某些事例中这种融通足以解决问题，但在其他事例中这种融通却无济于事。而到了 16 世纪，根本性的变化很快冲击了那些学科，它们因受到理论的限制而难以维系。

好学的欧洲对开放的东方做出的回应，既受限于所涉及的学科特点，又受限于占统治地位的知识之间的冲突。新的地理大发现最晚冲击到思辨的学术，或许冲击也最不明显。每个学科的实践者们才是吸收令人震惊的新发现的先行者，比如说是工匠而不是艺术家，是炼金术士而不是化学家，是制图师而不是地理学家，是词典编纂者而不是语言学家。与理论家相比，作为一个实践者群体，他们更善于接受来自亚洲的新东西和新信息，在与它们的融通过程中也很少遇到麻烦。而对于研究中世纪以前流传下来的以及教堂中的教规的学者来说，他们更不愿意承认传统学问的不足或谬误，结果在调整其思想观点时也显得行动迟缓。

在自然科学中，新独立出来的植物学受不断扩展的欧洲科学边界的影响最深。地理学，曾长期处于宇宙学婢女的地位，因为其领域的突然扩大而重申其独立性，并且更为清楚地被界定为是以地球为研究对象的学科。与其他大多数的研究者相较，语言学和地理学研究者能够更快地意识到，过去主宰他们学科的理论过于狭隘，以致难以涵盖大量涌入欧洲的新的科学信息。而随着这些学科获得了来自亚洲的材料，它们也能够更快地加以合并，把其纳入到新的技术文献和假设之中。与地理学家和语言学家相比，植物学家更没有耐心容忍过去的权威，他们在新知识的压力下开始重估植物学通行的概念，开始试验新的组织原则。尽管海外世界的开放将有助于削弱过去建立的权威，不过，仍需经历漫长的时间才能除旧布新，建立新的学科综合体，从而全面地融通新知识。

第九章　技术与自然科学

16 世纪的现代科学源于欧洲，它是中世纪的技术、希腊的学问、医学和数学的混合物。承继下来的技术是欧洲和亚洲的众多工匠不懈努力改造自然为人类所用的成果。[1]中国、印度、美索不达米亚和希腊的工匠们曾面临类似的实际问题，他们经常独自或同步发明相似的工具来解决各自问题。因为贸易和战争而不断增多的相互交流，推动了发明或发明点子由欧亚一个文化区域扩散到另一个区域。1500 年之前，技术传播通常是自东向西的，或者说是由中国、印度传播到欧洲。公元 750 年后，在从西班牙到土耳其斯坦的伊斯兰教文化圈，更古老文明的观念、传说、发明和技术与其他文明相互碰撞和融合。随着十字军东征（11—14 世纪），它们从伊斯兰文化圈传播到欧洲，然后被迅速而巧妙地融合到中世纪的技术当中。到 1500 年，亚洲的大部分重要发明已经很好地运用到欧洲的技术中。[2]

398

十字军东征前，中世纪的西方同东方的拜占庭和伊斯兰教世界鲜有直接的接触，几乎没有持久的联系。所以欧洲也未能认识到先进而又繁盛的中国和印度文明。因为中国采用的是表意文字语言，因此与印度相比，中国在与西方进行知识和技术交流上显得更加孤立。相较而言，印度古典时代（4—12 世纪）许多文学和科学成就已逐步地进入到波斯语、阿拉伯语、希伯来文和拉丁语的文献中。作为这些文学作品输出的结果，在中世纪的欧洲，印度经常与亚历山大的征服、取之不尽用之不竭的财富、魔术、数学和圣洁的婆罗门联系起来。在中世纪的旅行者把中国以"Cathay"重新引入前，中国几乎不为人所知，当然中世纪的西方也没有把它视为能获得大量最有创新性的技术观念的源泉。

欧洲人接受了大量现在认为是来自于中国的发明，但当时的接受者并不清楚它们来自哪里或者说是通过什么样的途径传播到欧洲的。具体而言，欧洲人确实意识到丝绸、香料和宝石是来自东方的某个地方，但是他们并没有把8世纪出现在欧洲的关于马匹的系列发明同印度或中国联系起来，即便是中国式样的印度马镫，即便它同之后的火药一样对军事发展起到过至关重要的作用。尽管1100年前，来自爪哇的提琴弓和哥特式拱门及佛教建筑的穹窿已经在欧洲出现，然而到了12世纪，欧洲人才第一次见到来自中国的一系列的重大发明：牵引投石机、[3] 罗盘针和纸。1040年已经在中国广为人知的火药，直到13世纪中期才出现在欧洲。[4]13世纪晚期，随着这些发明的输入，欧洲人才越来越意识到发明能够让大自然为人类服务。

印度—阿拉伯人的数学传到欧洲前的12和13世纪，"创造发明"获得了一种强劲的刺激。[5]印度的算术符号和计数方法通过阿拉伯语著作的翻译传入到拉丁欧洲，三角学和其相关的概念也同样如此。印度在公元270年已经在使用"阿拉伯"数字的十进制系统。在这个系统中，每个数字根据其不同的位而被赋予不同的值，一个特殊的位数被赋值为零。虽然印度十进制系统的某些组成部分很可能源自巴比伦和中国，[6]欧洲的借用者通常把十进制算法同印度联系起来，而不是同巴比伦、中国或者阿拉伯这样的中介人联系起来。比萨（Pisa）的莱昂纳多·斐波纳契（Leonardo Fibonacci）的《算盘书》（*Liber abaci*，1202年）是第一本向欧洲人展示"印度人计算方法"的教材。该书的第一章开篇讨论了任何一个数值怎样通过9个数字和零来表示。在该书的其他部分，莱昂纳多继续向他的读者展示十进制系统的可能性。此后，印度的十进制算法逐步地取代了算盘，而应用于商业、管理和技术的计算之中。

随着创造发明传入所展现的迷人的时空集群，斐波纳契的同时代人倾向于尝试使用其他的印度的概念就不足为奇了。通过阿拉伯语著作或类似渠道，欧

399

洲人沉迷于印度人的永恒运动的理念，科学空想主义从那时起就激活了好奇者的想法。在永动机的设计中，欧洲人转向了中国人已充分开发的磁力学，磁力可以驱动他们的浑天仪和时钟自动运转。重力和磁力是比风力和水力更恒久的动力，令欧洲人开始思考宇宙自身的能量是驱动机器设备所要求的巨大能量的首要来源。

天主教会的托钵修会，特别是多明我会和方济各会采用的习俗和惯例，或许除了它们表现出的对大自然的新的体会外，与科学没有直接的利害关系。托钵僧的禁欲主义的表现非常容易使人联想到佛教徒和印度教徒的行为：方济各会修士腰间的打结线，祈祷时结手印，以及祈祷时通过念珠来计数。方济各会对鸟兽的崇敬也同印度教的前因以及对大自然的一种普遍的回应和开放的思想态度有关联，这些通过阅读经由陆路进入亚洲的传教士的记述可以得到最好的印证。

值得注意的是，14世纪，只有少数来自亚洲的新观念、设备或技术出现在欧洲，扑克牌是个例外。有可能但并不能完全确定的是，中国的解剖技术在1316年已在博洛尼亚（Bologna）得到使用。[7] 马来人的吹箭筒（毒矢吹管）1425年传到意大利，它很可能是借道威尼斯和东方的香料之路传进来的。1400年前后，随着鞑靼奴隶的涌入，出现数项来自东方的新事物：中国人的飞螺旋或称竹蜻蜓、中国人的水力杵锤，以及模仿藏民的手动的祈祷筒而制成的控制磨坊的锁链控制器。活字印刷在这一时期是否从中国或朝鲜传到欧洲，仍存在争议。

从13世纪到14世纪，技术不断进步的观念已经牢牢地植根于欧洲，因此人们能够通过自己的努力来推动进步。尽管欧洲在精妙的蚕丝手工艺、纺织和制陶方面仍落后于东方，然而在文艺复兴的初期，欧洲开始在基本的生产方法上超过了东方。在海外地理大发现的前夕，欧洲人已经达到了一个临界点，与其他任何的古代或同时代的文明相比，他们都可以熟练而自由地支配更加多样化的动力资源和利用方式。与东方不同，西方发明了基本的机械装置，诸如钟表、螺丝、杠杆、滑轮等，这些装置对于机械化和批量生产都是必不可少的。与此同时，欧洲人的发明开始越来越直接地指向如何理解宇宙的有序衔接。欧

400

洲的技术准备、科学态度和对能源的控制打造了它在生产力、组织能力以及海军和陆军上的优势，这也使得它能够在海外扩张中取得成功。在一定程度上，与古希腊—罗马和亚洲的伟大文明相比，欧洲在文艺复兴时期所拥有的技术优势缘于欧洲向东方的早期学习。[8]

第一节　技术与工程学

现在，工程师和基础理论科学的发明者将技术限定在应用领域。16世纪的技工和工匠同他们的祖先一样，对他们而言，技术仍然是来自实践经验，而没有得到系统的知识，即所谓科学的指导。与当下类似的创新相比，对于当时9/10的人口仍从事农耕的社会来说，机械发明更新颖，其影响也更深远。因为技术变革的过程是以连续性和渐进性而不是以突变性为特点的。与大多数事物的历史相比，技术的历史更抗拒以短时段来划分；通常情况下，创新和发明对未来发展的潜力，远比它们可能带来的直接好处更为重要。发明对于16世纪社会的影响是极难评估的，因为这段时间跨度与中世纪的千年相比显得如此短暂。但是，研究16世纪欧洲向亚洲的技术借用仍是可能的，主要是因为相对于内部自身的缓慢发展，这种模仿的成就显得如此突出。对于模仿产生的长期影响力的任何评估，都只能是建设性的和临时性的。从最普遍的意义上讲，这种借用与16世纪的其他技术创新是一样的，它们无疑促进了机械学和力学这些基础科学的发展。[9]

海外发现、民族国家的兴起及其对技术和科学的资助、技术及相关主题的图书出版数量的不断增加、数学在传统的工艺上的应用，这些都为16世纪的技术进步带来了新的刺激。

但是带到16世纪欧洲的哪些产品和观念对技术产生了即时或潜在的影响？从亚洲进口的相关物品，有时只是一些样品，有时则数量众多，包括品种繁杂的陶瓷、漆器、木质家具、纺织品、乐器，以及蜡、树脂、防水原料、桐油清漆、大象挂钩和铃铛、屏风、阳伞、用竹子和芦苇做的蓄水器、地图、航海图、书

401

籍和绘画。[10] 在欧洲的书籍和关于西方地图信息的说明和图片中，我们也能发现印刷品、纸张、棕榈叶书、建筑物、纺织品、指南针、测量装置、武器、火药、船只、泵、水车、吊床、轿子、铃铛、通话管和双桅风车。[11] 从这些清单中可以看出，并没有出现新的基础性的工具或发明。进口的货物主要是些奇巧装置和产品，它们吸引了游历东方的水手、商人和传教士，此外，还有受到欧洲市场青睐的一些商品，如瓷器和纺织品。这些清单中的省略部分也可以用来解释早期收藏家和作家们更关注的是亚洲的人类、植物和动物而不是设备。[12] 这样的观察得出的结论是，欧洲人尽管对中国人的工艺十分崇敬，但仍会感觉到他们在基础性的工具和发明方面没有什么可以向东方学习的。

16 世纪唯一的欧洲发明是西蒙·斯蒂文（Simon Stevin，1548—1620 年）的双桅风车，它同亚洲的原型有着密切的传承关系。埃斯卡兰特（Escalante）、巴罗斯（Barros）、门多萨（Mendoza）和林斯乔坦（Linschoten）是 16 世纪最早报道中国人使用双桅风车的作家。[13] 欧洲的版刻师可能就是基于这类文学素材为地图和书籍制作图像的，其衍生出来的细节则是源于他们自己丰富的想象力。在 1584 年出版的奥提留斯（Ortelius）的《地图集》中，由路易斯·豪尔赫·德·巴尔布达（Luis Jorge de Barbuda）绘制的单张中国地图是现存最早描绘双桅风车的例证之一。[14] 双桅风车被置于中国，尤其是长城西北部以外的空旷之处。很明显，建造双桅风车过程中的技术细节的信息仅是来源于林斯乔坦著作中的插图和他的评论，即中国人"制造和使用的这种建造精良的双桅风车由风驱动，它们行驶在平原上犹如行驶在水面上一样"。[15]

作为享有很高声誉的荷兰工程师与科学家，西蒙·斯蒂文很可能是受拿骚（Nassau）的莫里斯亲王（Prince Maurice）之邀而承担双桅风车甚至其舰队的建造。古埃及人曾经使用双桅风车来运输他们的神像，然而斯蒂文或其同时代人不可能知道关于这一壮举的任何事情。[16] 1588 年，博特罗（Botero）写道，双桅风车在西班牙试用"还没有多少年"。[17] 但没有证据表明斯蒂文知悉西班牙的试验。从现在的证据来看，包括文学作品和绘画，斯蒂文很可能是受到有关中国双桅风车的版画的启发，以此来建造他的风车。毕竟，整体的构想远比建造的细节更重要；这里需要做的一切就是把大家都熟知的设备——马车和桅

402

杆装在一起，以及制造一个反应灵敏的转向装置。

　　我们所知的大体情况是，斯蒂文的风车在 1600 年试运行，该事件同雨果·德·格鲁（Hugo de Groot，1583—1645 年）联系在一起。格鲁的另一个名字格劳秀斯（Grotius）更为人所熟知，他当时仅有 17 岁。格劳秀斯对于双桅风车难以置信的速度和可操作性能做出的评价，得到了同时代人以及其后见证人的证实。[18] 他们一致声称，风车在不到两个小时的时间内运载了多达 28 人，它沿海滩行驶了近 60 英里。1600 年时，还没有任何一种运输工具在陆地上能以这么快的速度行驶；因此，无论斯蒂文自己是否意识到，他的这项试验的重要性在于，让欧洲人了解到人类有能力以此前难以实现的速度在陆地上行驶。[19] 虽然其他人没有立即追随斯蒂文来建造他们自己的双桅风车，但斯蒂文的构想在此后的时代里从没有消失过。今天这种类型的双桅风车建在比利时的海滩，而它们经过改良后在世界各地的海滩度假村也非常流行。

　　16 世纪的欧洲还有其他归因于中国原型的发明，但都不像双桅风车记录得这样清楚。大多数有可能的个案仍停留在有关优先权的层面，关于发明本身或者可能的发明构想，远比单独的发现更易传播。中国人的飞螺旋，早在 4 世纪就已经出名，最早出现在文艺复兴时期的欧洲绘画中，以及列奥纳多·达·芬奇（Leonardo da Vinci）的素描中。[20] 风筝，类似于飞螺旋，是空气动力学和航空学的先驱之一。在中国，风筝出现的时间或许可以最早可追溯至公元前 4 世纪，到马可·波罗（Marco Polo）时代之时，载人的风筝已经在蒙古帝国使用。[21] 在欧洲，可能是詹巴蒂斯塔·戴拉·波尔塔（Giambattista della Porta）在他的《自然魔法》（*Magia naturalis*，1589 年）一书中第一次提到风筝。他有可能看见了好奇者带回欧洲的亚洲风筝，他把它们叫作"飞帆"。[22] 早在公元 8 世纪，明轮船已经名扬中国，而直到 1543 年欧洲才出现实用的明轮船。同年，布拉斯科·戴加雷（Blasco de Garay）在西班牙建造海港使用的船只，船由 40 位踏轮人来操纵。[23] 葡萄牙人尝试用中国人的方式捻缝他们的船只，荷兰人很可能仿造中国人的模型，给其船只增加了下风板。[24] 轮椅在公元 6 世纪就已经出现在中国了，在欧洲显然也是在这一时期才出现的。[25] 实际上，这些发明物都出现在 16 世纪这个相对较短的时期内，并形成了一个与交通相关的技术群（请参照

403

图 30、31 和 35），从而进一步证明了欧洲从亚洲借用了这些发明物。不用说，面对欧洲不断扩大和内部流动的陆军、海军和贸易商，如何拥有高效的载人交通工具是最为棘手的问题之一。

残暴的国家政策、战争的破坏以及宗教迫害都刺激了内部的迁移，快速致 404 富的愿望则是 16 世纪欧洲生活最显著的特征。结果，在促使技术知识从欧洲的一个中心迅速传播到另一个中心的过程中，工匠的流动或许远比书籍的出版更具影响力。葡萄牙的制图师、飞行员和领航员把已经被列为国家机密的技术知识带到了西班牙、意大利、法国和荷兰。统治者们争先恐后地为知识渊博的工匠们提供服务，以实现更大程度的自给自足，特别是在昂贵的奢侈品方面。例如佛罗伦萨的美第奇家族（The Medicis of Florence）四处寻觅那些能够迅速发现瓷器制造秘密的工匠。[26] 持续不断的战事，抑或不断面临的战争威胁，致使欧洲统治者资助枪炮工匠，投入了大量的资金建造大炮、兵工厂和炮兵辎重，并对其加以改良。[27] 当武器和其他必需品不可能同国内的产业竞争时，这些国家通常对它们实行免税政策。吉多·班奇罗利（Guido Panciroli，1523—1599年）——帕多瓦（Paduan）大学的教授，在他撰写的《新发明》（*Nova reperta*，安贝格，1599年）一书中，提出了一个曾经困扰研究者的大炮起源问题。他问道：

> 枪炮同印刷术一样，在中国古已有之……但令人难以置信的是，对于被围困者来说，用以击退敌人来犯的一项必要器械竟然隐匿了如此之久？不过，一旦威尼斯人在 1380 年知道了如何使用枪炮……，枪炮不久就传到了其他地区，以至于现在全世界没有什么比这个东西更为普遍的了。[28]

回答这一问题以及其他一些与技术传播相关的问题时可能会发现，至少在某些方面是事实：与中国不同，欧洲是由相互竞争的民族国家组成的，各民族之间存在极端的宗教敌视与文化敌意，中国则没有这样的经历。相对而言，技术的快速进步常常出现在社会关系紧张和战争频发的背景之下，而不是出现在与世隔绝的太平盛世。

　　许多同时代的作家，包括波利多尔·维吉尔（Polydore Vergil）、卡尔达诺（Cardano）、博丹（Bodin）和班奇罗利，都认为指南针、印刷术和火药的发明如此重要，以致"整个古代的（发明）都无法与其相提并论"。[29] 大多数评论者，诸如班奇罗利自己，都把这些重要发明中的一项或多项归功于中国人。许多作家只满足于记载印刷术起源于中国，而另一些人则断言印刷术是由旅行者经由陆路从中国带到德国的。班奇罗利实际上"看见过在中国印刷的纸张"，因此他认为古登堡的活字印刷技术不同于木刻印刷，并由此得出结论认为"印刷术在中国由来已久，然而在门茨（Mentz）发现的（印刷术）则是现代的事情"。[30] 他认为古代人不知道磁罗盘，断言它是三百年前在阿尔马菲（Amalfi）被发现的，班奇罗利还指出，另外一些人认为它是由马可·波罗带到欧洲的，同时注意到奥索里奥（Osório）宣称的，罗盘是达·伽马（Vasco da Gama）"从某些漂泊于好望角的野蛮海盗"手中获得的。[31] 这些大量类似的观察令这一图景清晰起来，16世纪的欧洲思想界意识到，过去的欧洲在主要技术方面受惠于中国。尽管人们对亚洲的发明、技术和设备仍然感到好奇，这些好奇还常常出现在同时代的旅行记录中，不过，16世纪的作家并没有明确亚洲的哪些具体装置应被复制从而直接让欧洲受益。他们似乎满足于推测重要发明的起源，认为除了瓷器、漆器和纺织品外，亚洲不再对欧洲有什么贡献。

　　1500年前，欧洲华丽织物制造商已成功仿制了许多中国人的纺织织造和装饰图案。但是，16世纪的欧洲人继续进口亚洲的纺织品，尤其是印度—葡萄牙式与中国—葡萄牙式的产品，因为它们特别能迎合欧洲人的品味。[32] 在1575年之前，欧洲人仿造的中国瓷器或亚洲漆器并没有打开市场。因此瓷器仍需要继续大量地进口，即使在意大利人已经能够生产出适销对路的彩陶之后，这种状况仍未改变。威尼斯的工匠研制出亮漆配方技术，还掌握了将其应用于传统盒子和其他艺术品上的技术，促成了漆器在欧洲的流行。16世纪末，以近东而非远东技术为基础的漆器工艺最终趋于成熟。[33] 不过，或许是因为欧洲产品的劣质，反而映衬了亚洲产品的质量优势，对于中国、日本和印度产品的需求仍在增加。从文献的证据诸如书籍的清单和评论来看，显然，欧洲人通常仍把所有进口的瓷器和漆器同远东而不是近东联系起来。

　　某些亚洲制造的产品可以定期获取，以及亚洲工匠在设计产品方面所表现出的灵活性，都吸引着欧洲的买家，这在某种程度上抑制了技术在欧洲的试验。诸如柚木、竹子、椰子树的果实、锌、锡以及工匠的短缺也抑制了技术在欧洲的实践。第一批到达马来亚的葡萄牙人发现锡制铸币已经在使用，随后而来的人们很快就开始在马六甲采用他们自己的锡制铸币。但在16世纪的欧洲，仅有英格兰铸造了少量的锡制铸币，因为在那里可以就地获得锡原料。[34]当手头有了必要的原材料，模仿的成功率便会更高。根据印度宫殿的图纸，帕多瓦（Padua，1306年）和维琴察（Vicenza，1560年）市政厅的弧形屋顶就可以轻易地仿制出来。[35]当马可·波罗在杭州时，那里已经在出售含硫的火柴，大约1530年它才第一次出现在欧洲；[36]很可能因为硫黄和木材的价格便宜而且使用普遍，火柴才能够较快普及开来。但是因为欧洲没有某些染料和黏土，因而阻止了实验者成功地仿制亚洲的色彩、清漆和瓷器。很多年之后，欧洲的技术人员才能够提供足够的替代品来替代他们所缺少的原材料，他们才能够理解如何按适当的比例来配制原料以生产出令人满意的仿制品。

　　16世纪初，欧洲人在科学仪器方面拥有一项先进的技术。以重力来驱动的公用时钟因此颇为常见；在整个16世纪，由机械驱动的家用时钟也在城市中流行起来。[37]钟表匠，尤其是奥格斯堡（Augsburg）和纽伦堡（Nuremberg）的钟表匠是欧洲最具有创新精神和最善于创造发明的工匠。但是，他们同其他仪器制造者一样，只善于集中改进和完善现有的作品，而不善于试验以制造新设备。在16世纪的后半期，技术进步的速度在机械制造的各个方面都放缓了。[38]这种创新的减速可能同交通的进步有关。工匠从一个地方迁移到另一个地方，虽然有助于知识的传播，却也抑制了自主创新的努力。关于数学方法和阐释众多机械发明的印刷书籍的大量增加，对认真工作的工匠产生了影响，迫使他们在进行实验之前，要先阅读各地同行的著作。[39]为了使工匠的工作变得更容易，开始出现多语种的书籍，这些被称作"剧场"书籍，以其百科全书式的知识同这一时期的宇宙学和地图集相媲美。它们旨在通过文本、图表和插图来展示各个技术领域已经进展到什么地步。况且，欧洲的技术进步需要工匠的理解与消化，并将这种新出现的信息运用到自己的领域。这一时期的欧洲对于自己技术

407

库存的盘点与中国新信息的发布是同步的。具有讽刺意味的是，中国人的发明没有能够对 16 世纪的技术发挥更重要的和更及时的影响，可能是因为欧洲的工匠本身通常都较为保守。

第二节　数学与天文学

从原始社会直至今天，观测太空和推算时间就一直关系密切。中国、印度和欧洲先进文明中早期的数学研究，更多的是出于满足天文学家制作历法的需求，而不是源于农民和商人的现世需要。与希腊不同，在中国和印度，受人关注的是算术和代数而不是几何学。[40] 毕达哥拉斯的某些代数概念，如无理数和以他的名字来命名的定理，可能来自于古代印度的数学。[41] 在 12 和 13 世纪，印度—阿拉伯人的数字和计算系统以及印度天文学的要素肯定是通过伊斯兰教世界传到欧洲的，也有可能是借助了西班牙这个中间人。[42] 通过翻译阿尔—花剌子模（al-Khwarizmi）的算术和代数，十进位制及一次和二次方程组的信息才被引入欧洲，因此，阿拉伯数字系统是以这位 9 世纪巴格达数学家的名字来命名的。正弦三角学首先出现在印度的天文学著作中，然后经阿拉伯语的译著传入欧洲。[43] 在欧洲，天文学家首先接受了三角学和印度的数字系统，同时借助他们制作的民间历法将其传播给其他人。但印度—阿拉伯人的数字系统还是姗姗来迟，因为对于商人而言，用它们来进行计算显得过于高深而不易掌握，对于大学来说又显得过于新式而难以接受。[44]

欧洲数学在 16 世纪经历了一个调整期，即转向实用目的，以满足银行家和商人的新要求，因他们需要处理大幅增加的资金和迅速增长的交易量。航海术、射击术、天文学、军事建筑及艺术等领域技术人员需求的不断增加，也要求不断改进计算技术。为了更有效地满足这些要求，算术书和其他实用手册的作者迅速转向印度—阿拉伯人的计算系统。最后他们用代数作为更普遍的计算方法来解答大多数问题，同时把三角学发展成齐次组。[45] 一些希腊文和拉丁语版本的阿拉伯代数学著作不断被翻译成本国语言。一些葡萄牙语的算术书包括了有关航海术、航运和香料买卖的难题。一本 1525 年的德文算术书把"正"数和"负"数的应用带到欧洲，可能就是中国文字正和负的阿拉伯语的翻译。[46]

宇宙志学者对于实用的天文学、数学和制图学有着浓厚的兴趣，他们是最早一批把这一新的计算系统介绍给更广大的普通民众的人。[47]彼得·阿皮安（Peter Apian，1495—1552 年）——托勒密天文学和制图理念的普及者，他用德语出版了一本著作，向商人介绍新的运算方法。在他的名著《新式便捷商业算法指南》（*Ern neue und wolgegründete Underweisung aller Kauffmans Rechnung*，因戈尔施塔特，1527 年）中，他教授从加法到乘法所有基本的使用方法，解释如何开平方根和立方根，从零开始的算术级数，同时把各种几何级数与读者已经熟知的事物联系起来。开更低次幂根早在公元前 1 世纪的中国已经高度发达；而开更高次幂根则在 15 世纪才向西传到阿拉伯世界，然后迅速传到欧洲。[48]欧洲数学史上和思想传播上最引人注目的是，阿皮安第一次在西方著作中描述二项式系数的算术三角形，后来被称为帕斯卡三角形（the Pascal triangle）。大约在 1100 年，中国人对于数学中的这种算术三角形已有相当了解，不久就传向西方。它是如此的重要，以至阿皮安把其作为著作封面。[49]到 17 世纪末，帕斯卡三角形推动了无穷级数研究、有限差的演算和概率论。

16 世纪出版的许多其他的商业或应用算术书籍对于基础数学的发展仅有少许的贡献。受其影响，许多实际的变化对理论的影响都显得滞后。印刷机所采用的"＋"、"－"和"＝"等通用符号促成了西方的代数符号系统。[50]在欧洲，对代数学日益深化的认识，推动了它在几何学中的应用，还推动了通过几何与代数的解决方案来互相验证的技术。[51]数学家雷蒂库斯（Rheticus）和韦达（Viète）把三角学从几何学中独立出来，这样就方便了操作，也提高了效率，进而发现了新的数学关系。大学里开始讲授作为独立学科的数学，从而改变了此前宇宙志学者和天文学家对数学的长期的垄断。

最早一批数学教授中，许多人对航海或制图有兴趣。设立于 1526 年的纽伦堡数学教授讲席，第一位教授是约翰·舍那（Johann Schöner）。作为地球仪制造者，他的灵感来自麦哲伦（Magellan）的航行和雷格蒙塔努斯（Regiomontanus）在数学及天文学方面的观点。[52]科英布拉的第一位数学讲席

409

教授是佩德罗·努涅斯（Pedro Nunes），他是 16 世纪的皇家宇宙志学者和伊比利亚（Iberia）最重要的数学家。[53] 大学里的数学教师仍然对他们的学科同宇宙学的关系感兴趣，通过分析图宾根的教授约翰·绍伊贝尔（Johann Scheubel，1494—1570 年）的私人图书馆会发现，他在其个人数学论文中保留了许多宇宙学的知识。[54] 他们所讲授的数学以算术书籍和宇宙学中所包含的最基本的问题开始，然后再慢慢地过渡到高等数学。因此，甚至在大学里，对于大多数的研究者来说重点仍在应用而不是数学本身。对于在中国传播天主教教义的开拓者利玛窦（Matteo Ricci）来说，他的科学训练是 1572 年至 1578 年在罗马学院（the Collegio Romano）完成的，然而也仅限于"整个数学学科的原理"和在各种不同学科包括天文学中的应用。[55]

410 　　而工匠们则发现算术和几何学对实践中的距离和角度的测量、长度、面积和体积的计算都是不可或缺的。艺术家和制图师受到需要解决投影几何学中悬而未决的难题的左右。天文学家的职能位于学者和工匠之间，既涉及理论数学与应用数学的研究，也涉及工具的制造。长期从事历法制作、计时和星相预测的 16 世纪的天文学家，也是利用代数来发展科学航海术和进行创造发明的关键人物。同样，他们还是推动科学程序与方法的领导者，即便仅限于历法制作和占星图表这样的基础任务。他们还通过观察将测试与数学结合起来。尽管许多科学活动仍限于基本的经验与传统，天文学家还是通过寻求令人满意的因果解释和更加严格的工作方法成为这些活动的引领者。[56]

　　自古以来，中国、印度、伊斯兰教世界和欧洲天文学家一直都在寻求发现或发明一种体系。通过这一体系，来合理地解释天体的视运动，并能够精确地确定天体在过去以及未来的位置。同时他们还在寻求诸如星球和外星球对于人类相似影响的解释，从而使占星术成为天文学家工作中更具有实践性的方面。随着天文学的自然演进，天文学的每一分支都反映了一种世界观以及对于社会的宗教及科学倾向。在中国，天文学家是为政府服务的，也是皇帝的私人顾问。对他们而言，唯一最重要的任务就是估算历法并记录天体运行。在大约十五个世纪（公元前 5 世纪至公元 1000 年）的时间里，中国人关于天体现象的记录是最为完备和可靠的。在公元最初的几个世纪里，印度的天文学因受到希腊的影响开始转向，从主要制作历法与记录天体运行，转变为更加重视星相的预测。伊斯兰教世界则融合了希腊和印度的体系，它的创新主要基于系统且仔细的观察。不过，当返回的葡萄牙人向欧洲科学界展示新发现的恒星与新发现的大陆时，则证明了所有的这些知识既不充分又不完备。[57]

印度人的天文学元素通过花剌子模的天文表传到了中世纪的欧洲。12 世纪，西班牙的摩尔人和犹太人，以及其他国家的学者一起，在巴塞罗纳、塔拉戈纳（Tarragona）和托莱多（Toledo）翻译了大量的阿拉伯语天文学书籍。[58] 他们的译著迅速地传播到欧洲的其他地方，那些地方对于这些书籍的兴趣，最初源于不断兴盛的占星术的魅力。这同样激发了根据阿拉伯人的模板来制作星盘和象限仪的风潮。14 世纪的加泰罗尼亚人（Catalans），随着其地中海帝国向东扩张，他们开始系统地收集所有能够获取的关于已知世界的地理和天文学方面的信息。例如，1379 年莫森·伯纳特·德·安格尔索拉（Mossen Bernat d'Anglesola）在塞浦路斯遇到一位印度妇女，"她向他讲述了印度土地上的许多奇异之事"。[59] 通过加泰罗尼亚人和占星术，14 和 15 世纪的葡萄牙人获得了必需的工具——星座表、航海图、象限仪和星盘——这些对于确立纬度和发展尚不成熟的航海术是必要的。1460 年航海家亨利王子去世之后，天文学研究在萨拉曼卡（Salamanca）的大学里建立起来。萨拉曼卡的天文学家及晚些时候科英布拉（Coimbra）的天文学家在制作葡萄牙和西班牙航海家使用的工具中扮演着重要角色。[60]

每位天文学的研究者都是通过萨克罗博斯科（Sacrobosco）（霍利伍德的约翰 [John of Holywood]）的《天球论》（*Tractus de Sphaera*，约 1230 年）入门的，这是一本简明描述从地球所见天球基本运行轨道的书籍，同时也包括一些行星理论。在 1450 年前的北欧，与托勒密（Ptolemy）的《天文学大成》（*Almagest*）相较，研究翻译出来的阿拉伯语的阿尔法加尼（al-Fargani）的教材更普遍，很可能因为后者是较为简单明了的教材。[61] 到 15 世纪，需要一个能够在更为完善的层次上解释整个托勒密天体系统的新的天球理论。为填补这一需要，格奥尔格·波伊巴赫（Georg Peuerbach，1423—1461 年）领导的人文主义天文学家开始回溯到托勒密及其《天文学大成》。尽管波伊巴赫和他的学生雷格蒙塔

411

努斯（Regiomontanus）完成了一本出色的《天文学大成》缩略本，不过该书直至 1515 年才公开印刷发行。[62] 已经出版的《天文学大成》及时地为哥白尼（Nicholas Copernicus，1473—1543 年）"证明"其理论宇宙学提供了必要的素材。雷格蒙塔努斯的《论各种三角形》（De triangulis omnimodis，约完成于 1464 年；1533 年在纽伦堡第一次印刷）是一本综合性教材，三角学在欧洲作为数学的一个独立分支的地位得以确立。[63] 雷格蒙塔努斯的三角方法成了哥白尼、雷蒂库斯和韦达的灵巧双手中宝贵的天文学工具。

尽管新的宇宙学理论及其数学基础已经奠定，然而天体本身正在变得越来越宽广和复杂。在托勒密和其他人的古老著作中已经含糊地提及南纬的星座和恒星。而 16 世纪的一些观察家从但丁（Dante）的《神曲》（Divine Comedy）的描写中联想到了在北纬无法看到的南十字座（the Southern Cross）和相关的天体现象，[64] 但是对于南半天球中星座的首次直接描述直到 16 世纪才出现。像几乎所有的市民一样，早期的航海家们试图通过恒星的相对位置来确定地面目标。韦斯普奇（Vespucci）在其美洲之行、科萨利（Corsali）在其亚洲之行中都第一次注意并描述了一个星座，即后来被称作天燕座（Apus）或极乐鸟的星座，[65] 这一摩鹿加群岛（Moluccas）的神奇之鸟也激起了同时代的收藏家、博物学家和徽章制造者的想象。理查德·伊登（Richard Eden）在《新世界旬年史》（The Decades of the newe worlde...，1555 年）一书中，向英国公众转述了韦斯普奇和科萨利所报道的"南天极和南天座是一致的"观点。许多旅行者已经注意到，南十字座是一颗位于银河系的灿烂星座，而《卢济塔尼亚人之歌》（Lusiads）将其视为"新半球中的崭新星群"。[66] 鉴于其在热带海洋航海中的重要性，西班牙博物学家克里斯托巴尔·德·阿科斯塔（Cristobal de Acosta）将其称作"南天时钟"。[67] 当船只靠近非洲之角时可以观察到的闪亮星系就是著名的"麦哲伦云"（Magellanic clouds）。[68] 此后不久，南半天球的新天象开始出现在墨卡托（Mercator）和其他人制作的天球仪上；1592 年，莫利纽克斯（Mollineux）的天球仪清楚地显示出南十字座和其他新发现的星体。[69] 托马斯·布伦德维尔（Thomas Blundeville）这样描述莫利纽克斯制作的天球：

覆盖在天球仪上的关于南天星座的图，如南十字座、南三角座以及其他的星座，其中一些表示为天鸽座（Noes Doue），另一些表示的星相被称为持棒卫士座（Polophilax）……他也描述了南极的两大星云，但没有提及其功用。[70]

约翰·拜耳（Johann Bayer）——一位奥格斯堡的新教律师和第谷·布拉赫（Tycho Brahe）的追随者，在其名著《天体志》（*Uranometria*，1603年）的目录中列举和描述了南星宿十二，从而把新的发现带到了普通的天文学文献中。[71]

与新星体的出现相伴随，是要推测有关天体以及天体与不断扩大的世界之间的关系。库萨的尼古拉斯（Nicholas of Cusa）在其形而上学的宣传册《论博学者的无知》（*De docta ignorantia*，1440年）中，第一次对于古典的封闭等级宇宙观提出明确质疑。在书中，他假设存在一个拥有许多自转星体的不可分割的宇宙，地球只是其中之一。哥白尼认为地球实际上是一颗行星，但是他也意识到关于地球的传统认识随着海外扩张正在发生根本性转变。他的名著《天体运行论》（*De revolutionibus orbium coelestium*）大约完成于1530年，但直到1543年才得以出版，他指出：

413

> 托勒密在他的宇宙学中把适宜居住的陆地延伸至中位圆，他保留了部分未知的世界。在那里，现代人已经把中国和其他广大的远至经度60°的地区包括进来，以至陆地居住范围在经度上已经超过了海洋所占的区域，如果再包括当今时代由西班牙及葡萄牙王子们发现的岛屿，特别是美洲（美洲这个名称由发现她的船长为之命名）。由于美洲的规模难以测定，因此被视为另一个世界。如果这里存在着世界的对拓地，我们不会感到太吃惊，因为几何学使我们相信美洲位于恒河印度的正对面。[72]

哥白尼在宇宙学中走得更远，他把太阳置于宇宙的中心。他的无限的宇宙比亚里士多德的更大，他需要考虑到由于地球围绕太阳转而造成的缺少恒星视差的情况。但是他的宇宙并不是无限的；而是一个受限于恒星的天体。[73]

哥白尼的主要著作出版于 1543 年，这一年葡萄牙人第一次来到日本。当时的人既没有充分理解这些有预兆的事件，也没有很快地吸收当时流行的宇宙学和地理学概念。当时只有极少数的人接受了哥白尼的学说，或者对其影响力予以评论。直至 16 世纪末，教会和大学对此依旧漠然，反应滞后，基础的天文学教科书也没有接受哥白尼的理论。[74] 杰马·弗里西乌斯（Gemma Frisius）在 1556 年的一封信中表示支持哥白尼的理论，他是最早支持该理论的人之一。英国的托马斯·狄格斯（Thomas Digges）承认这一理论比古人的系统先进，但同时提出告诫，还需进一步的观察来测试其细节。[75] 英国其他的天文学家也表达了类似的观点。克拉维乌斯（Clavius），耶稣会的天文学家和历法改革家，公然敌视哥白尼的宇宙观。天文学观测之父第谷·布拉赫，同样对其提出批评。约翰内斯·开普勒（Johannes Kepler）完成了传统宇宙学的革命性转变，他为哥白尼学说取得最终的胜利提供了非常重要的数学基础。

414 在 16 世纪末和 17 世纪初，西蒙·斯蒂文和第谷·布拉赫对科学知识做出了他们最大的贡献。印度—阿拉伯数字中的小数点位置已在普遍使用，而小数还没有。尽管斯蒂文的一些前辈已经知道小数，但小数的使用在中国远比在欧洲更古老。作为起源于中国的双桅风车的欧洲建造者，斯蒂文在其数学名著《第十》（*Tenth*，1585 年）一书中已经受到启发，开始使用源自中国的小数和小数点系统，他已经通过中间渠道掌握了这些知识。同样，可以想象，因为受到中国数学和天文学思想的影响，斯蒂文制订出一种计算方法，它与可以调节的音阶相同。事实上，进一步的研究揭示出斯蒂文本身也受到来自中国知识冲击波的影响。[76]

通过检视 16 世纪欧洲的历法改革史，关于欧洲人对亚洲数学和天文学感兴趣的某些猜想得到了证实。根据天象需要调节儒略历（the Julian calendar）的民间历法和教会岁（ecclesiastical years），数个世纪以来一直是历法改革的目标。从基督教的观点来看，儒略历的调整是必要的，其目的是为了确定复活节的日期，这一节日的日期一度取决于其他教会的节日。1582 年，罗马教皇格里高利十三世（Pope Gregory XIII）最终宣布引入新的历法，修改现用的历法。但是，这一宣布并没有完成修改历法的任务，因为克拉维乌斯和他的助手不得不进行数量巨大的辅助计算。所以，在正式编制阳历（罗马，1603 年）之前，还需要再花费二十年的时间来完成这些计算工作。其间，欧洲进行了许多关于修改的才识、准确性和接受度的讨论。新教徒在挑战教皇在确定时间推算上的权威方面表现得特别积极。

经过长期的准备，最早的一个回应来自博学的约瑟夫·贾斯特斯·斯卡利杰尔（Joseph Justus Scaliger），他是法国胡格诺派教徒（参见图 35）。作为年代学学科之父，他通过研究东方的语言和历史转而完成《论历法和断代方法的改进》（De emendatjone temporum，1583 年）一书。在这本著作中，他的主要目标是从神学和形而上学的猜测中，分离出有关年代学的讨论，进而为世界历史确立科学的秩序。在其关于历法和历法周期以及关于历史时代的平行研究中，他梳理了古代、中世纪和东方的著作，还有他自己的旅行日志。[77] 斯卡利杰尔关于中国年代计算的"十天干"（Ten Stems）和"十二地支"（Twelve Branches）的信息可能是来自 1437 年波斯历法与年代汇编。[78] 他在研究中运用的资料，参考了许多欧洲人关于亚洲历法的著作。他评论印度的纪年方法时，引用了尼科洛·德·孔蒂（Nicolò de' Conti）的著作。[79] 他讨论东方古代的农历时，引用了在日本传教的耶稣会领袖伏若望（Luis Fróis）写于 1565 年的一封信，同时还参考了马可·波罗的评价。[80] 1598 年，斯卡利杰尔著作的修订版大多是在莱顿（Leyden）准备的，另外增加了关于亚洲历法和年代的相关材料。

斯卡利杰尔的评论和耶稣会的信件清楚地表明，受过教育的欧洲公众意识到了亚洲存在着非常古老的历法，它们的计算方法不是直接源于希腊和罗马的知识。同时，欧洲民众普遍承认儒略历并不完善，他们对修改阳历也普遍不满。但是在海外的欧洲人仍然认为欧洲的历法、天文学和计算方法更优越。当利玛窦来到中国时，他被允许前往北京，当局希望他能够修正中国的历法，因为中国的历法与欧洲的儒略历一样，长期以来也存在同天象不一致的地方。当利玛窦在欧洲的导师克利维乌斯在为新的罗马阳历进行计算时，利玛窦正在招募天文学家和数学家前往北京，因为北京缺少有能力的历法制订者。[81] 当受邀的科学家最后抵达中华帝国的首都时，他们引进的"西方知识"，包括算术、代数

415

和三角学，实际上大多数来自印度，天文学中包含的元素更早可以溯源自印度、中国和阿拉伯的宇宙学。

第三节　航海术与航海

法国著名的医生和数学家让·费内尔（Jean Fernel，1497—1558 年）在 1530 年左右发表了文艺复兴的《颂诗》（blason）。它歌颂那日益强烈的信念所激发出来的席卷欧洲的新精神，即现代人的进取心超越了古代人，特别在航海方面：

> 在经过 12 世纪的消沉之后，我们的这个时代重见了艺术和科学的
> 辉煌复兴。现在的艺术和科学如同古代一样辉煌，甚至超越了它……
> 我们今天的时代正在做的事情是古代做梦都想不到的……我们的航船
> 以超凡的能力越过大洋和新发现的岛屿。印度远角的位置也已经被确
> 定。在西方，所谓的新世界，我们的祖先并不知道的大陆，在很大程
> 度上已经为人所知。在所有这些方面，以及与天文学相关的方面，柏
> 拉图、亚里士多德和其他老一辈哲学家取得的进展不少，托勒密做出
> 的贡献更大。然而，如果他们中的一人回到今天，他会发现地理学改
> 变了过去的认知。我们这个时代的航海家给予了我们一个新世界。[82]

这里关于中世纪成就的引述是不符合历史的，它展现了欧洲别具一格的狂热趋向，这一趋向成功地在混乱的海洋中打开缺口，在海洋中发现了新的岛屿（包括这一构想下的大陆）。为了回答为何如此广阔的世界如此长时间内不为人所知，正统的基督教作家，如巴罗斯和加尔旺（Galvão）认为，这是上帝因罪而惩罚人类，把一块面纱置于创世纪和原初的语言之下的结果。用西蒙·格里诺伊斯（Novus orbis）在《新世界》（Novus orbis）一书的前言中的话来说，航海家是"无往不胜之人和真神……他们开疆拓土建立了陆上和海上帝国，并把其视为人类始祖的遗产"。[83] 征服海洋是人类的胜利，它似乎得到了神圣的

416

祝福。

伊比利亚的航海家最为深远和最有影响的发现之一，就是发现在海上、遥远的陆地和内陆有值得去探求的东西。通过伊比利亚输入阿拉伯语文本和仪器到 13 世纪进入鼎盛时期。此后，理论科学在伊比利亚开始走下坡路，到 15 世纪跌至低谷。仅有宇宙学和航海科学，特别是来自马略卡学校（the Majorcan school）的例证，仍然富有活力。[84] 宇宙志学者，尤其是新水手，是把大量与探险和航海有关的信息带回西班牙的保管人。他们还是解决过去的科学假说与自然世界新发现的信息因难以协调而悬而未决的问题的开拓者。[85] 1480 年前远航的航海家并没意识到大多数的航海所涉及航海图、星座表和仪器的复杂性。如同先行者一样，他们通过一种原始的航海意识来继续导航船只，这种意识是基于与航海相关的知识，以及基于海洋、海风、潮汐、地标及其他可见的标志物的经验知识。他们的文字记录只停留在航线海图（rutters）、沿海的地形、地标和风向层面。[86] 在整个 16 世纪，这种传统的领航技术继续使用甚至在海洋航行中进行导航，诸如在大浅滩（Grand Banks）捕鱼。

向东方的航行，达·伽马是首航者，同样是一次尝试。此后，印度洋上的海上交往开始集中在北部地区。这一地区毗连海岸和毗邻众多岛屿，因此，海上航行极为便利。在晴朗而火热的天空下，阿拉伯人的舰队通常享受着能见度良好的海洋、陆地和天空。与大西洋的航海家不同，他们不会遭遇暴风雨、海流、风向、死寂和漂浮的冰山的困扰。定向的有规律的季风（阿拉伯人称为"帆船的季节"）足以给东方的船只指明方向，这比罗盘指向更为可靠。许多现存的阿拉伯语的航海图都简明地列出每个季风来临时离开主要港口出航的最佳日期。阿拉伯人开发的最为科学的技术是通过恒星的高度来确定纬度，特别是参考南十字座。[87] 中国帆船在没有任何航海图的情况之下，也约在 1420 年越过了印度洋，而且中国船只也一直在试图绕过好望角，比葡萄牙人成功地绕过好望角约早六十五年。中国明朝伟大的舰队很可能使用罗盘来导航，用信鸽进行通信联络。[88] 但是，对于中国的帆船或者阿拉伯商人容易破损的船只来说，其完全没有做好克服困难穿越大西洋的准备。

15 世纪的最后三十年，船舶建造在欧洲，特别是伊比利亚发生了一场革

417

命。但并不是说欧洲的发展是完全独立的。尼科洛·德·孔蒂在世纪之初已经注意到中国的船只比欧洲的大，它们以多桅杆和多帆而引以为豪。在过去的一千五百年，为数不多的对帆船进行了根本性改革的发明可能是由东方传到欧洲的：来自印度的斜撑帆杆（公元2世纪）；阿拉伯人的三角帆（8世纪）；来自中国水手的罗盘和船艉舵（12世纪末）；以及可能来自亚洲多个国家的多桅杆原理（15世纪）。[89] 1350年欧洲的单桅船迅速发展为1500年的三桅或四桅船，这是帆船史上第一次重大的进步。装备完整的船只是长途航海进行探险的先决条件，因为与单桅船相比，它更容易与逆风对抗，其更重和更大的船体能够更好地战胜海浪的冲击，同时也能够容纳更多的人和更大吨位的货物。[90] 16世纪初期，葡萄牙人学会了使用额外的位于水位线上下方的列板层来保护船体，这一技术是在他们观察中国船只的应对之策时学习到的。[91]

在葡萄牙，于若昂二世（John II，1481—1495年在位）和曼努埃尔一世（Maruel I，1495—1520年在位）对航海事业所付出根本性努力之前或同步之际，从引航到导航定位、从单桅船的建造到装备完整的船只乃至舰队都发生了重大的转变。[92] 而所需要的信息则来自著名的外国宇宙志学者——例如托里切利（Torricelli）和海欧纳莫斯·闵采尔（Hieronymus Münzer）——关于从西方航行到亚洲的可能性。1485年，葡萄牙人雇佣的宇宙志学者和天文学家已经能够在发现南纬和北纬之时，通过中午太阳的磁偏角表简明地计算出极高。[93] 航海家必须学会把磁偏角应用到通用瞄准器来观察太阳，以确定世界任何位置的纬度。绕过非洲到印度及返回的航行要求使用磁偏角，即使引航员借助这些手段也仅能确定它的大体的纬度。引航书籍和其他的水文地理著作约在1490年才开始少量出现。[94] 如果航海家打算有效地使用他们的书籍、仪器、星座表和航海图，天文学家就需要对天体显著的运行提供更为准确的预测。天文学和占星术意想不到地对海上生活变得如同它们早已在陆地生活中一样有影响。在一个大多数欧洲人相信占星术的年代里，星辰的规则很可能对海上安全感有贡献。葡萄牙人在开辟和维系通向东方的海上之路方面的能力，依赖于他们能够成功地把天文学家、宇宙志学者、制图师、造船师及航海家有效地组合成一个工作团队。[95]

绕过好望角进入印度之路比进入美洲要困难得多，导致了更多的沉船事故以及一部悲剧色彩的文学作品的诞生。[96] 进入印度的航海家，如达·伽马很快认识到，抗衡变幻莫测的大西洋和印度洋。当他第一次抵达马林迪（Melinde）时，达·伽马和他的助手从艾哈迈德·伊本-马吉德（Ahmad Ibn-Majid）那里学到了新的技术，这位著名的阿拉伯航海家曾经指引他们横渡印度洋抵达卡利卡特（Calicut）。当达·伽马返回葡萄牙时，他带回了数个卡玛尔（kamals），它们在东方是用于观测星辰纬度的仪器。[97] 葡萄牙人在卡布拉尔（Cabral）及其后的航行中试验了这些仪器，卡玛尔可能激发了欧洲的海员在 16 世纪初采用了水手的直角器（cross-staff）。来自伊本-马吉德和阿拉伯语航海文本的信息出现在坎提诺地图（the Cantino map，1502 年）以及模仿它的世界地图上。[98] 毫无疑问，达·伽马自己创立了葡萄牙人尽可能地向东方人学习航海和造船学问的政策。通过他们自己的观察，也可能来自阿拉伯人的航海图，到 1505 年葡萄牙人已经制作了自己的南十字座的星座表。阿尔伯克基（Albuquerque）在向印度东部推进之时，他也收集了爪哇人的地图和海图，特别是那些对葡萄牙人的航海依然陌生的相关的地区。[99]

　　葡萄牙自己编写的航海指南中关于向东方的航行越来越详细。纬度结合子午线也发展起来并为航海家和宇宙志学者所用。[100] 1509 年，宇宙志学者在里斯本（Lisbon）出版了航海手册，称作《星盘和象限仪操作规章》（*Regimento do estrolabio do quadrante*），其中包括经由亚伯拉罕·扎库特（Abraham Zacuto）的《无穷动历书》（*Almanach perpetuum*）增补的萨克罗博斯科的《天球论》。随着需要在夜间计算以确定纬度，加之已知地方的纬度表，以及航位推测法（演绎推算）的解释，《规章》成为航海家和宇宙志学者不可或缺的手册。随后编定的大多数的航海手册都是在此基础性著作之上的少许扩展或修改。

　　葡萄牙国王若昂三世的首席宇宙志学者佩德罗·努涅斯（1502—1557 年）制作了可能是 16 世纪最为全面和最具有影响的宇宙志——《天体志》（*Tratado da sphere*）（参见图 29）。该书包括了萨克罗博斯科著作的葡萄牙译本、波伊巴赫的《新行星论》（*Theoricae novae planetarum*）、托勒密《地理学》的第一册以及一篇关于航海图的深度讨论。努涅斯放弃了扎库特的星座表，而采用了雷格蒙塔努斯的更准确的太阳磁偏角的计算方法。他第一次描述了航曲线，这

420

对地图投影法是非常重要的，同时还解释了大圆弧航行的方法。同其他的天文学家一样，努涅斯对水手们关于南十字座的记录印象深刻，并希望获得关于它和其他热带地区天体的更好的数据。1539 年，若昂·德·卡斯特罗（João de Castro）在海上和印度西海岸的朱尔（Chaul）岛上试验了努涅斯的天文学仪器和他关于磁学的想法。使用努涅斯的"阴影仪器"，卡斯特罗系统地记录了葡萄牙和印度之间磁偏角的变化。他考察了朱尔岛的巨砾以确定它们为何吸引他的磁针，好像它们是天然的磁石。[101] 他的许多观察和星座表对于后来的葡萄牙人和整个欧洲人在航海和制图方面的工作有着深远的影响。对于这一切，耶稣会的历史学家马菲（G. B. Maffei）在 1588 年写道："整个欧洲都欠葡萄牙人一个大大的人情。"[102]

同时，宇宙学在西班牙也发展迅速。恩西索（Enciso）的《地理全书》（*Suma de geographia*，1519 年）在航海方面可以同早其十年的葡萄牙人的《规章》相媲美。[103] 在欢迎麦哲伦探险队的幸存者返回西班牙的队伍当中，有位年轻人名叫佩德罗·德·梅迪纳（Pedro de Medina，1493—1567 年），他后来记录了他的同时代人对第一次环球航行的反应。[104] 约在 1548 年，梅迪纳成为皇帝查理五世（Charles V）的宇宙志学家，同时受聘担任设在塞维尔（Seville）的商务局（Casa de Contratación）的教师、考官和航海专家。尽管他撰写的著作涉及诸多领域，但他最为著名的教科书还是关于航海的：《航海艺术》（*Arte de navegar*，1545 年）和两部题为《航海规章》（*Regimiento de navegacion*，1552 年和 1563 年）的著作。梅迪纳的许多观察和结论都是基于努涅斯先前的努力。但是，与努涅斯相较，梅迪纳在欧洲更为有名，因为他的手册是用西班牙语而不是葡萄牙语写的，同时也更为普遍地被翻译成了其他语言。五种法语版本中的一种是由尼古拉·德·尼古莱（Nicolas de Nicolay）翻译的（1154 年），后来他成为了国王亨利二世（Henry II）的宇宙志学家。在意大利的威尼斯出版了三种意大利语译本。[105] 米夏埃尔·克瓦涅（Michael Coignet）——安特卫普的印刷师和宇宙志学家，1581 年首次出版了四种佛兰芒语（Flemish）版本中的一种。同年，约翰·弗兰普顿（John Frampton）出版了两种英语版本之一种。梅迪纳的作品的副本还由弗洛比谢尔（Frobisher）和德雷克（Drake）两人带到海外。[106]

24. 航海家麦哲伦。

图片来源：A. Thevet, *Les vrais pourtraits* ...（Paris, 1584），p. 528^r. Courtesy of the Newberry Library。

25. 关于南十字座的讨论和描述。

图片来源：T. Blundevile, *His Exercises...* （London, 1597）。基于西班牙宇宙志学者佩德罗·德·梅迪纳的著作。Courtesy of the Newberry Library。

26. 麦哲伦在菲律宾的麦克坦岛（Mactan）同当地人战斗的木刻画。注意裸露的本地人和其原始武器以及周围的环境。

图片来源：A. Thevet, *La cosmographie universelle ...* （Paris, 1575），p. 462[r]。Courtesy of the Newberry Library。

PETRVS APIANVS LEISNICENSIS.

Divi Imp. CAROLI V. Mathematicus et Comes
Palat. Caes. Equestr. dignit. et in Academia Ingol.
Andicus Mathel Prof. of Publ.

27. 彼得·阿皮安（Peter Apian，1495—1552 年），数学家和宇宙志学者。

图片来源：O. Muris and G. Saarmann, *Der Globus im Wandel der Zeiten*（Berlin, 1961），pl. 20。

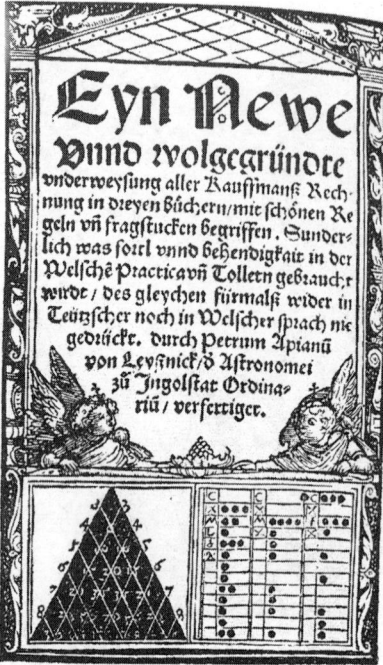

28. 帕斯卡三角（Pascal's Triangle），亚洲人的发明（？），出现在阿皮安关于应用计算著作的第一版的封面。

图片来源：D. E. Smith, *Rara arithmetica*（Boston and London, 1908），fig. 78。Courtesy of the Newberry Library。

29. 佩德罗·努涅斯（Pedro Nunes）著的《天体志》（*Tractado da sphere*）（1537 年）葡萄牙语的卷首插画。

图片来源：A. Cortez-Pinto, *Da famosa arte da impressão*（Lisbon, 1948），facing p. 202。

30. 印度宗教节日中克利须那神神像的木刻画。注意信徒投身车轮之下。
图片来源: A. Thevet, *La cosmographie universelle ...* (Paris, 1575), p. 384^r. Courtesy of the Newberry Library。

31. 一艘东印度的船只: 科拉科拉 (coracora)。
图片来源: B. Gomes de Brito, comp., *História tragica maritima*, ed. A. Sergio (Lisbon, 1955)。

32. 来自中国地图右下角的双桅风车，出自 Gerard de Jode 著
Speculum Orbis Terrarum（Antwerp, 1593）。
图片来源：*The Principal Works of Simon Stevin*（6 vols.; Amsterdam,
1955-1966），Vol. V, fig. 3。

33. 西蒙·斯蒂文为荷兰的莫里斯亲王建造的双桅风车。由德·盖恩（De Gheyn）绘图（阿姆
斯特丹国立博物馆 [Rijksmuseum]），后经斯奥莱布尔夫（Swanenburgh）雕版。
图片来源：*The Principal Works of Simon Stevin*（6 vols.; Amsterdam, 1955-1966），Vol. V, fig. 2。

XXIV.

Qⱽᴼᴍᴼᴰᴼ primores in China ſuper ſellis circumferantur, &
de nauibus genialibus.

Vnt varij dignitatum gradus in China, quorum Man-
dorini ſunt præcipui, qui in ſellis ſerico auroque obuelatis
magnifice circumferuntur. Hiſunt qui regnum admi-
niſtrant, quorum opera ſi quis vti velit, atque eo nomi-
ne eos compellare, neceſſe eſt, vt procumbens in genua co-
ram illis compareat. Sūt proximi à rege, nec præter eos alij per regnū prin-
cipes habentur, nec ad ea faſtigia præter doctos & literatos, vbi euehun-
tur, inter quos quiſque eminentior eſt, prout eruditione fuerit præſtan-
tior. Ceteroquin illi ipſi ſunt æque gulæ dediti atque vulgus Chinenſium,
deliciantur, genioque indulgent terra mariq; in quem vſum naues ſplen-
dide apparatas habent, ſerico auroque intectas, appoſita in medio menſa
opipare inſtructa.

G   Mᴏᴅⱽꜱ

34. 中国政府高级官员的游船。注意中国人在船上拿着瓷碗和筷子。
图片来源: T. De Bry, *India Orientalis*（Frankfurt-am-Main, 1598）, Vol. II,
pl. xxiv.

35. 斯卡利杰尔工作中的画像。

图片来源：T. H. L. Scheurleer and G. H. M. Posthumus, eds., *Leiden University in the Seventeenth Century*（Leyden, 1975），pl. 2。

36. 莱顿大学的图书馆（1610 年）。沃德诺斯（J. C. Woudanus）雕版。注意墙壁上的挂图和地球仪。

图片来源：T. H. L. Scheurleer and G. H. M. Posthumus, eds., *Leiden University in the Seventeenth Century*（Leyden, 1975），pl. 1。

马丁·科尔特斯（Martin Cortes）的更为综合的关于航海的简编本，由理查德·伊登译成英文版，它在英格兰也颇为流行。[107] 书中提出了地球的磁极与真正的极不是同一个极的见解。后来的大多数的荷兰和英国的航海手册则限于详细介绍海洋和欧洲的海岸。

通往印度的海上航线的发现致使欧洲的有桨船只和战舰以及它们的帆船替代品迅速消失。[108] 与土耳其战舰依赖人力和旧的撞击技术及木板相比，葡萄牙海军在印度洋上的成功部分地归功于欧洲这些配备火器的帆船，因为其机动性更强。[109] 尽管中华帝国的船只曾经在规模上不亚于葡萄牙的轻快帆船，但16 世纪明帝国的海军几乎全部解体。然而，欧洲的海员仍在向亚洲的造船师学习。欧洲约在1586 年采用三角帆（lug sails），同用于排空船底污水的链泵一样，它们可能都是源自亚洲的原型。[110] 尽管葡萄牙人驾驶配有毡—压条帆的三桅帆船，但它们并没有被引入到欧洲，很可能因为用于制作压条的竹子在欧洲并不易获得。[111] 在返航途中，用于船只补给的粮食是亚洲的产品，特别是椰子等水果。但是，在16 世纪后半叶，航海家研究东方的航海技术时一无所获，他们可自行支配的仪器和航海图比来自东方的任何材料都更为先进。无论欧洲的航海和航海术此前曾经从亚洲学习了多少东西，到1600 年，所有关于造船、仪器制造和帆的知识都超过了亚洲，几乎所有的未来航海术的传播都将从欧洲流向亚洲。

第四节　炼金术和化学

古代中国、印度和埃及是炼金术——即化学的雏形——研究的中心。中国炼金术先于印度和西方。所有三个古代中心的炼金术士都聚焦于冶金学和金属的衍变。与希腊社会不同，对于长生不老之药的探索是中国和印度早期研究中的动力。中世纪欧洲和伊斯兰国家的炼金术主要源自希腊的传统。如同许多其他事物一样，东方炼金术的观念通过中世纪晚期阿拉伯语的书籍最终传到了欧洲。最早是在12 世纪，中印关于长生不老之药的概念才出现在西方的教科书当

422 　中。但在信奉基督教的欧洲，他们随后所要探求的是延长寿命的制剂，而不是如同他们的中国同行那样，寻求保障身体不死的长生不老药。长生不老药的基本要素是铜、锌和镍。镍在中国被称为"白铜"，印度人、阿拉伯人和欧洲人以不同名字称呼之。可以说，不管从哪个方面论及东方对欧洲炼金术的影响，显然，对长生不老药的追求是欧洲从东方学习来的。13 世纪的罗杰·培根（Roger Bacon）已经着重阐明过，而其他中世纪的科学家也表示认可。这也有助于欧洲化学研究从金属衍变转向配制药品。[112]

　　"炼金术的任务不是为了炼冶黄金而是为了配制药品"，帕拉塞尔苏斯（Paracelsus, 1493?—1544 年）在他的《评论书》（*Paragranum*，1529—1530 年）中宣称。[113] 根据这一声明，德国医生和以自我为中心的现代炼金术之父——冯·霍恩海姆（T. B. von Hohenheim）（帕拉塞尔苏斯）① 大胆地对化学方面的传统主义者及亚里士多德、盖伦（Galen）、狄奥斯科里季斯（Dioscorides）和塞尔苏斯（Celsus）的追随者提出挑战。帕拉塞尔苏斯早年游历，并从所有可能的来源学习炼金术、医学和冶金学以及最新的理论思想。从 1513 年至 1515 年，他在意大利研习医学，特别是在费拉拉（Ferrara），1514 年教皇利奥十世（Pope Leo X）获得了印度大象，随之引发的兴趣如潮水般席卷半岛之时，他正好在场。[114]1517 年至 1518 年，帕拉塞尔苏斯到伊比利亚游历，参观了里斯本以及葡萄牙的其他地方。[115] 尽管他对大多数的外国医学实践都持负面看法，但是他对阿拉伯裔西班牙人的技术却是满怀好奇地来观察且没有批评，可能因为它们代表了炼金术和医学的一种融合。

　　帕拉塞尔苏斯从伊比利亚北上到英格兰和荷兰。在伟大的香料贸易转口港安特卫普（Antwerp），他指出，"在那里的市场你能学习的东西远比在德国或外国学校学习到的多"。[116] 然后，他乘船抵达汉堡和波罗的海地区，在那里他

423 　当上了军医。1521 年，他向东抵达莫斯科，可能还曾经被鞑靼人囚禁过一小段时间。随后，他经波兰返回威尼斯，乘船到了亚历山大，最后浪迹远至东方的

---

① 霍恩海姆是中世纪欧洲医生，自称"帕拉塞尔苏斯"，因为他自认为比罗马医生塞尔苏斯更加伟大。——译者注

耶路撒冷。尽管因他作为军医的能力而确实无处不受到欢迎，但正如某些评论家宣称的那样，他的游历地域很可能并没有如此之广。关于他到中国和印度游历的故事，很可能是他的虔诚的信徒臆想出来的，因为他们希望用他们的导师懂得秘术，即乐于直接接近炼丹和东方的思想，来解释导师传记中无法解释的地方。[117]

帕拉塞尔苏斯很可能是由他的父亲兼朋友海因里希·科尼利厄斯·阿格里帕·冯·内特斯海姆（Heinrich Cornelius Agrippa van Netterheim，1486—1535 年）介绍来学习秘术的。当因为海外的发现带来的刺激处于高潮之时，阿格里帕和帕拉塞尔苏斯游历了欧洲的很多地方。阿格里帕在成为荷兰的摄政王、奥地利的玛格丽特的图书馆管理员前，曾一度担任法国法兰西斯一世的宫廷占星家。在安特卫普，他同特兰西瓦尼亚的马克西米利安（Maximilian of Transylvania）有过接触，后者是麦哲伦周游世界的报道者和查理五世皇帝的顾问。在安特卫普的市场上，阿格里帕能够获得来自世界各地的石头和药草，这对于研究和实践秘术是必不可少的。1530 年，他出版了两部主要的著作，一部是研究秘术的，另一部是讨论科学的不确定性和虚无。[118] 尽管他批评欧洲的知识界无视海外世界的存在是有害的，但他自己却转向了从东方的秘术中寻求灵感。"因为，"他写道："印度人、伊西欧皮昂人（Aethiopians）和波斯人在魔法方面总是出类拔萃的。"[119]

帕拉塞尔苏斯在写作他自己的著作时鲜有直接提及遥远的东方。他的药品制剂包括了大量东方的产品，如"印度的油柑子"、"肉豆蔻油"、"丁香油"。在他的疾病分类学理论当中，"鞑靼"（tartar）占主导地位，但就能够获得的资料来看，与认为他曾被鞑靼人囚禁无关。[120] 但是，在他的《鞑靼病理》（*Buch von den tartarischen Krankheiten*，1537—1538 年）一书中，他强调了一点，该点在其他地方也强调过，即亚洲和非洲的处方在欧洲是无效的。同时，他也不确定，他自己的制剂在欧洲之外是否有效。[121] 这一观点同他的信念相一致，因他相信世界上每个地区——甚至是遥远的卡利卡特——都有各自的疾病、治疗方法和医生，疾病和治疗方法在不同的地域和时间也各不相同。[122] 尽管帕拉塞尔苏斯是最早把金属系统用于药品制剂的人之一，但他从未提及欧洲的炼

424

金术在这方面是源自东方的。帕拉塞尔苏斯自己在解决所处时代的主要医学难题——梅毒的控制——方面，拒绝使用美洲人的零陵香（guaiac），而支持使用汞涂擦治疗。如果帕拉塞尔苏斯认识到知识上的一致性，这一决定意味着他拒绝了梅毒源自美洲的传统观点。尽管梅毒在欧洲的流行是既成事实，但瓦尔塔马（Varthema）在 1510 年出版的畅销的旅行书中注意到，甚至在印度也有人因"法国人的疾病"（French disease）① 而死亡。[123] 但帕拉塞尔苏斯派意识到，在理论和药物学上，新时代要求新的药品来治疗更令人虚弱的疾病。[124]

虽然帕拉塞尔苏斯派同东方医学之间的直接关联还未能通过具体的参考文献来证明，但显然欧洲的化学疗法的思想终究是来自中国人、印度人和阿拉伯人的实践，它们此前已经传播到欧洲。从帕拉塞尔苏斯的著作中更容易注意到，他从希腊化思想中获益良多，特别是新柏拉图主义、诺斯提主义（Gnosticism）、卡巴拉（the Kabbala）、炼金术、占星术和魔术。[125] 在意大利和德国，帕拉塞尔苏斯时代的人文主义者正在把大量的希腊文和希伯来文的著作译成拉丁语和各国的方言。通过这些不同来源的材料，帕拉塞尔苏斯和各种不同的"精气"居住在他的特殊世界里，这些精气借助毕达哥拉斯（Pythagorean）（印度人？）的方式从一个身体迁移到另一个身体。[126] 比照中世纪的炼金术士——维兰诺瓦的阿诺德（Arnold of Villanova）、吕利的支持者（the Lullists）和路佩西撒的约翰（John of Rupescissa）——帕拉塞尔苏斯对理性知识分子至高无上的观念心生反感，他更愿意把经历和实验作为学习的工具和探讨自然神秘的手段。[127] 借助古代和中世纪的多种源泉，帕拉塞尔苏斯创立了一种神秘的世界观，这既激起了同时代人对他的崇敬，又引起了对他的敌视。

帕拉塞尔苏斯的奇异世界，包括了星体、恶魔和胚种，令许多学者在帕拉塞尔苏斯的思想和古希腊人及印度人中寻求相似物。[128] 当思考帕拉塞尔苏斯在多大程度上利用了希腊化思想时，对于那些把两者视为类似物甚至是印度对毕达哥拉斯和希腊化思想产生影响之人来说，或许能自然地看到帕拉塞尔苏斯派和印度思想有所类似。这些方法中最有希望的是寻找到具体的特征，而不是

① "法国人的疾病"（French disease），即梅毒的委婉说法。——译者注

满足于这些事物间的模糊的相似性，诸如肉体和精神如何在吠檀多（Vedanta）、新柏拉图主义和帕拉塞尔苏斯那里联系起来。更有价值的知识是努力地在印度的古典数论派哲学和帕拉塞尔苏斯的宇宙学中经常周期性使用的"8"（eight）或"八"（eightnesses）之间来建立同一性。[129]

　　帕拉塞尔苏斯的宇宙观和神秘思想，在实践层面，由他在金属方面的实验，特别是在制药方面的实验而得到补充。16 世纪药典中大多数重要的药品是无机物，其特性通常也难以被很好地理解。[130] 帕拉塞尔苏斯在矿山工作，他在那里亲自研究金属的特性。[131] 在他的《论矿石》（Von Mineralien）一书中，他第一次把锌称为"另一种通常不为人所知的金属"。[132] 16 世纪欧洲人第一次获得的金属锌是从中国和印度进口的。东方世界在 16 世纪前的很长时间里已经非常清楚从菱锌矿（锌硅酸盐）中冶炼出锌的过程。梵文的教科书中提到其制造技术可以追溯到 11 至 14 世纪。[133] 但显然，16 世纪从亚洲进口的大多数的锌是来自中国而不是印度。[134] 矿物学之父格奥尔格·阿格里科拉（Georg Agricola，1490?—1555 年）在《自然化石》（De natura fossilium）一书中，列举了带给他来自世界各地，甚至非洲和亚洲的不为人知的矿物质和金属样本的学者、商人和矿物学家，并加以评论。[135] 在去世前不久，他认识到锌是一种金属，在他死后才出版的两本著作中对其进行了评论。[136] 在欧洲，金属锌有时被称为"中国白铜"（tutenag），人们常常把它和白铜（paktong）或中国的"白铜"（white copper）相混淆。[137] 加西亚·达·奥尔塔（Garcia da Orta）在他的《印度草药风物秘闻》（Colloquies）一书中确认了在印度为人知悉的"白铜"（tutia）的三种形式，并宣称"白铜"被带到葡萄牙后由药剂师出售。[138] 然后，似乎为了验证他把金属作为药品的接受度，他评论道："印度医生知道在药品中使用矿物质。我已经见证过他们熔融、粉碎如钢、铁和汞等金属。"[139] 在欧洲，锌还在黄铜制品中使用。[140]

　　在最早的来自实地的报告中，以及葡萄牙人的年代记作者的著作中，都提到"calay"（来自印度语的 kala'i，或者马来语的 kalang）——印度锡，既是金属又是硬币构成物。大部分的作家，包括巴罗斯，断定它比欧洲的锡更精细，并注意到它是在马来半岛被开采出来的，在马六甲海峡能够容易地购买到。[141]

426

林斯乔坦关于"calay"的评价把这一东印度的金属引进到了欧洲主流的化学文献。安德里亚斯·利巴维乌斯（Andreas Libavius，约 1560—1616 年）——现代化学的奠基人之一，在他的《炼金术评论》（Commentariorum alchemiae，1606年）中注意到林斯乔坦的观察。[142] 他也获得了被他称作"calay"的样本，这可能是锌，它来自荷兰人 1596 年从葡萄牙人手中捕获的货物。他描写了它的诸多特性，包括它的可燃性，并称尚不知道印度人是怎样从矿物质中提取的。后来，他告诉一位朋友，这种矿物质在卡林西亚（Carinthia）和蒂罗尔（Tyrol）被叫作锌，同马拉巴尔海岸（Malabar）的"calay"属于同一种物质！[143] "中国白铜"，曾经用于指代通常意义上的金属，而不是一种具体金属的名称，因此在欧洲也同"calay"相混淆。

427　　　尽管阿格里科拉曾经在 16 世纪初就呼吁仔细辨认未知的矿物质和金属，然而他的继任者在努力为出现在欧洲的白铜，即中国"白铜"的贸易编目时仍感困惑。关于同白银相似的白铜镍合金的特性的不确定性并不局限于欧洲科学家。伊斯兰的炼金术士贾比尔·伊本·赫扬（Jabir Ibn Hayyan，其拉丁语名字为吉伯 [Geber]），列举出了包括中国金属（khar sini）（中国的铁）在内的 7 种已知的金属，显然也没有认识到它是种合金。[144] 尽管白铜和铜锭是由中国进口的，16 世纪欧洲的化学家却从来没有了解其性质。阿拉伯人，很可能也包括欧洲人，常常使用白铜，可能是因其神秘的特性能够用来配制长生不老药。利巴维乌斯在其《物性论》（De natura metallorum，1599 年）一书中把它描写为一种来自东印度的新金属，"不是锌而是一类特殊的质地圆润的锡"。[145] 尽管关于东方金属的名称和特性全都搞混了，但是 16 世纪的化学家和冶金学家还是努力把它们纳入自己的目录，从而理解它们的特性，并把它们同已知的物质联系起来，虽然这些努力并没有成功。

第五节　植物学

15 世纪，古希腊和古罗马博物学家著作的复原和出版为现代生物科学大厦奠定了坚实的基础。在文艺复兴时期，最受人尊重的古代植物评论家有亚里士多德、泰奥弗拉斯（Theophrastus）、老普林尼（Pliny the Elder）、狄奥斯科里季斯和盖伦。普林尼的《博物志》（*Histaria naturalis*），以前流行的是手稿本，初次印刷于 1469 年，1500 年前被重印成 15 种拉丁语版和 3 种意大利语版。狄奥斯科里季斯的手稿本《药物学》（*Materia medica*）也是在 1478 年的拉丁语版和 1499 年的希腊文原版印刷以前已经广为流传。泰奥弗拉斯研究植物的教材的希腊文版被收入亚里士多德著作的印刷版的第一版中，1497 年出现在威尼斯。人们对盖伦的兴趣显然不大，但他的部分著作仍在 15 世纪末前就以拉丁语手稿出现。盖伦和狄奥斯科里季斯两人是医生，因此他们主要关注那些被认为最有药物价值的植物。

　　古代学者对 15 世纪植物学的影响首先受限于继续占主导地位的萨勒尼塔纳医学（Salneritan medicine），它专注于阿拉伯语的科学著作，并坚持继承自中世纪的药草传统。已经流行了数个世纪之久的大量的不知名字的药草手稿在 15 世纪末开始印刷发行。到 16 世纪，药草传统继续同古代书籍相抗衡，尽管后者引起了植物生命学的研究者、医生和药剂师的注意。[146] 正是这些交错的传统，植物科学的创立成为了 16 世纪最伟大的综合科学成就之一。来自美洲和亚洲岛屿的整个新世界的植物，以及对于来自非洲和亚洲大陆的第一手关于异国标本的研究，使得植物学的合成运动加速了。

428

　　在打开通向印度的海路前，亚洲的植物和药物已经唤起了欧洲博物学家、商人和旅行家的兴趣。远古伟大的收藏家和目录学家在黎凡特（Levant）进行了许多研究，因为在商路西端城市的市场上可以轻易地找到来自更遥远的亚洲的香料和药物。[147] 狄奥斯科里季斯描述的 600 种不同的植物、动物和矿物质中，许多是源自印度和中国。希腊医生描述的异国植物必然是限于干的标本、水果、种子和树叶，以及盖伦在自己的花园种植的部分活的样本。普林尼常常被神话所吸引，当然也着迷于植物世界的新奇事物。

　　中世纪的大多数博物学家盲目地追随着普林尼，甚至不愿意研究原产于欧洲周边的自然植物。与亚洲的植物群相比，马可·波罗对动物群更感兴趣，而在他访问亚洲之时还曾对部分地区的森林和植物充满兴趣。与此前的评论家相比，他更注意寻求有价值的香料贸易的确切产地。[148] 佛罗伦萨的商人佩格罗提（F. B. Pegolotti）在他的经商手册《商贸实务》（*La practica della mercatura*，约 1340 年）的附录中，列举出了 288 种有市场价值的香料和药物，其中大多数来自东方。[149] 在 15 世纪，波吉奥·布拉乔奥里尼（Poggio Bracciolini）总结了尼科洛·德·孔蒂在东方的游历，其中详细地介绍了锡兰的肉桂树和姜在印度的栽培。他也简单地谈及了榴莲、香蕉、椰子、芒果和大量的可食用的水果。[150] 显然，在发现通往印度的海路前，与美洲的植物不同的是，许多东方的植物已经为欧洲人所熟知。

16 世纪到亚洲去的观察家、编年史家和诗人对亚洲植物的描述，多是对 1500 年前已编辑好的文献的旧调重弹或是加以扩充。瓦尔塔马的《博洛尼亚人卢多维科·迪·瓦尔塔马游记》（*Itinerario*，1510 年）很可能是关于东方世界最流行的图书，它对已为人所熟知的胡椒、可可椰子、肉桂和生姜根的描述比前辈更详尽，而其更具原创性的内容则是关于三种沉香木的讨论和关于肉豆蔻、豆蔻香料和摩鹿加群岛上的丁香的描述。[151] 在讲述锡兰（Ceylon）的富足时，他这样讲道，它生产的"甜橙，我认为是世界上最好的"。[152] 奥格斯堡人巴尔塔萨·斯普林格（Balthasar Springer）曾经在 1505—1506 年造访过印度，他赞美马拉巴尔繁茂的植被，声称"胡椒生长在藤本植物上如同葡萄一样"。[153] 与此同时，葡萄牙人自己开始感到有必要对药物和香料来源做更为详尽的调查。托梅·皮雷斯（Tomé Pires）——一位受过培训的药剂师，1515 年前后从马六甲致信曼努埃尔国王时，讨论了东方的植物。[154] 但是，这封信和几乎同时代的杜尔阿尔特·巴尔博萨（Duarte Barbosa）的游记一样，它们在很长时间内都没有出版。[155] 另一位药剂师，西芒·阿尔瓦雷斯（Simão Alvares）于 1546 年和 1548 年在印度完成的关于那时被送到葡萄牙的药物的来源和特性的报告，也没有出版。[156] 医生路易斯·德·阿尔梅达（Luís de Almeida）约在 1548 年抵达印度，但他显然没有留下任何关于植物学的报告。[157] 在 16 世纪的前半叶，欧洲的博物学家仍然对东方新发现的植物相当无知。葡萄牙人在亚洲扩张的整整两代人中，获得信息的渠道同以前一样，不得不依赖于那些出现在欧洲市场上亚洲产品的传统描述，不得不依赖于他们听到或读到的二手报告。

与此同时，受古代经典的复兴、植物园的建立、插图印刷品的出现和新亚里士多德主义者对分类的要求等的刺激，欧洲严肃的植物学研究正在经历一个重新定向的过程。狄奥斯科里季斯的《药物学》是植物组织和讨论的起点，在 16 世纪至少出了 78 种版本之多。[158] 在希腊医生的著作中，植物通常是按照字母顺序排列的，这些著作既是被全面赞美的对象，又是被辱骂和指责的目标。博物学家的一个主要目标是确认狄奥斯科里季斯描述的活的或干的植物标本。狄奥斯科里季斯描述的主要是地中海和黎凡特的植物，德国的博物学家对这些描述颇感不解，因为它们无法对应原产于北欧的植物。早期的德国博物学家——奥托·布隆非尔（Otto Brunfels）、希罗尼默斯·博克（Hieronymus Bock）、莱昂哈德·福克斯（Leonhart Fuchs）——因此满足于编辑有插图的药草，目的主要是用于书业，为医生和药剂师所使用。[159] 泰奥弗拉斯已经熟知不同地区有它们自己不同特性的植物，而布隆非尔甚至不理解这样简单的事实。[160] 博克——更有教养的植物学家，在他的药草说明中包括了一些海外的植物。[161] 福克斯承认亚洲的开放，他把花园里的柿子椒称作"卡利卡特辣椒"。[162] 讨厌使用外国药物的帕拉塞尔苏斯派学者则直截了当地反对把外国标本包括在药草当中。[163]

一些意大利学者，特别是居住在威尼斯附近的学者们，比德国的学者更能意识到来自亚洲的外国植物。皮特罗·本博（Pietro Bembo）圈子里的人文主义者都是花园和植物爱好者。本博有个花园，紧邻他在帕多瓦的宏伟的别墅，他尝试在那里用柠檬、橘子和"最稀有的药用植物"来做实验。[164] 安德里亚·纳瓦杰罗（Andrea Navagero）在慕拉诺岛（Murano）上有个壮观的花园，1524 年至 1528 年他在驻西班牙大使馆工作时收集了外国植物的信息。他把信息转述给了赖麦锡（Ramusio），后者在威尼斯有个花园，并把它转给了其他有兴趣的人。[165] 在邻近的费拉拉，医生兼草药商的安东尼奥（人称穆萨）·布拉索兰（Antonio [called Musa] Brasavola，1500—1555 年），是最早栽培外国植物和全面批评狄奥斯科里季斯的植物学家之一。1536 年后，他开始在位于波河（the Po River）的岛屿上的花园中种植来自希腊和小亚细亚的植物。他在著作中质疑那些继续依赖于古代的教科书和研究草药的同行。在《论所有的天然药

430

物》（*Examen omnium simplicium medicamentorum*）一书中，他声称古代人对于世界上 99% 的植物一无所知。[166] 当葡萄牙医生阿马托·卢西塔诺（Amato Lusitano，1511—1568 年）在 1544 年抵达费拉拉来教授医学之时，安东尼奥的立场得到了支持。阿马托在 1536 年于安特卫普出版了关于狄奥斯科里季斯最初两本书的评注，他关于亚洲植物方面的宝贵知识，以及对狄奥斯科里季斯及传统植物学的高度怀疑，受益于他在葡萄牙和荷兰的经历。[167]

关于外国植物最有争议的问题是，它们是否是真正"新的"植物，或者是否此前已经以其他名字被人描述过。[168]16 世纪第一本狄奥斯科里季斯著作的译注由巴黎的让·鲁埃尔（Jean Ruel，1474—1573 年）完成，出版于 1516 年。到 1553 年，鲁埃尔的译注由阿马托完成的《阿纳扎尔博斯的狄奥斯科里季斯的药物学批注》（*In Dioscorides Anazarbei De medica materia libros quinque enarrationes...*，威尼斯）所取代。[169] 阿马托——一位来自葡萄牙的马拉诺（Marrano）① 难民，极其敏锐地意识到这对其葡萄牙同胞发现植物学的影响。他遍寻东方植物的标本，及有关它们栖息地的最新资料。例如，在 1549 年，他获得了由葡萄牙水手直接从中国带回来的植物根茎，他在其著作中充满热情地描述了其治疗梅毒的疗效。阿马托还通过弗朗西斯·巴贝苏斯（Franciscus Barbosieus）——一位在印度行医十八年、来自安科纳（Ancona）的马拉诺医生——从东方获得了其他的标本。[170] 在批注中，阿马托努力但有时是不规律地，为印度植物起了本土的名字。他从来没有停止过赞美"我们的葡萄牙人"，发现了如此多的未知的植物世界，为他提供了材料来挑战古代和同时代的认识。[171] 尽管他的一些同事颇有些不快，阿马托的评注在 1553 年至 1565 年间还是出了 6 种版本。

阿马托最著名的对手是皮特罗·安德里亚·格里高利奥·马蒂奥利（Pietro Andrea Gregorio Mattioli，1501—1577 年），后者毕业于帕多瓦大学，是那个时代最重要的博物学家。1544 年，他在威尼斯出版了意大利语的《狄奥斯科里季

---

① 马拉诺（Marrano），指中世纪时在西班牙和葡萄牙境内被迫改信基督教而暗地依然信奉原来宗教的犹太人或摩尔人。——译者注

斯纪事》（*Commentarii a Dioscoridi*），对此，阿马托在他的拉丁语版评注中严厉地给予了批评。作为费迪南大公（Archduke Ferdinand）雇佣的一名医生，马蒂奥利在哈布斯堡家族赞助之下在戈里齐亚（Gorizia，1539—1554 年）和布拉格（1554—1570 年）进行植物学的研究。因其时间非常自由，所以可根据兴趣行事，马蒂奥利运用新的材料和插图继续修正和扩充他的评论。1548 年，他还抽空在威尼斯出版了意大利语译本的托勒密的《地理学》（*Geography*）。但是，他的杰作是一本 1554 年出版的对狄奥斯科里季斯的拉丁语评论，该书由哈布斯堡家族的家臣、来自乌迪内（Udine）的乔治·利博拉利（Giorgio Liberale）和来自萨克森的弗莱堡（Freiberg in Saxony）的沃尔夫冈·迈尔派克（Wolfgang Meyerpeck）制作了极其丰富的插图，[172] 其配有详细评论的拉丁语版很快被翻译成了德语、法语、捷克语。该书的成功在于其版本多、印刷量大，它的发行状况很好，其势头一直延续到 18 世纪。

432

　　马蒂奥利的书名容易使人误以为他的著作包含了远超过狄奥斯科里季斯的配有批注的植物目录。这位意大利的植物学家花了超过 1/4 世纪的大量闲暇时光来充实和修正他的著作。在 1577 年去世前，他亲自监督出版了他的著作的大部分版本。结果，这些著作包括了他熟知的所有植物。尽管马蒂奥利亲自在蒂罗尔做过田野工作，但他的关于外国植物的大多数的信息是经别人转述来的。其中的一个主要消息提供人就是威廉·夸克尔比恩（Wilhelm Quackelbeen，约 1526—1561 年），夸克尔比恩是帝国派驻君士坦丁堡（Constantinople）的使节（1554—1555 年，1555—1562 年）奥格·德·波斯拔克（Auger de Busbecq）的医生。通过使节，马蒂奥利获得了超过 50 种的标本，至少有 30 种标本说明是由夸克尔比恩在现场准备的，这些说明所涉及的物种包括来自遥远东方的数种水果和植物，如樟脑和生姜。[173]

　　通过精读马蒂奥利著作的德语译本（1563 年）和法语译本（1572 年）会发现，他是通过在印度和欧洲的消息提供人来努力获得关于亚洲植物的更好的描写和更清楚的图像的。[174] 他抱怨道，他无法找到肉桂树的图片，因为它不生长在欧洲，而只生长在印度。[175] 但是，相对更幸运的是，他从葡萄牙人那里获得了第一手的生长在卡利卡特的胡椒植物的手绘图。[176] 关于胡椒的研究，马蒂奥利也得到了维罗那（Verona）的医生和博物学家弗朗西斯科·卡塞拉利（Francesco Calzolari，1522—1609 年）的帮助，后者给了他整串的胡椒粒。然后他自己在那不勒斯（Naples）和威尼斯栽种，观察胡椒的生长，"在 Maphei de Mapheo 的花园中，人们将能够看到数种其他稀有和精致的植物"。[177] 通过这些观察，他得出结论，因为生长在意大利的胡椒和胡椒树有不同的品种，所以在印度它们必定也有更多的品种。但是其大多数的评论则涉及在欧洲可获得的外国产品的自然特性和经济用途。他论及黑檀木时指出，与木头相比，它更像石头，因为它能沉入水中。他声称，印度人把黑檀木制成酒器、盒子、匣子、书写器具和钉子，然后输出到欧洲。[178] 他也评价道，"卡利卡特的姜"以干姜或存放在糖水中的方式出口到意大利。[179] 马蒂奥利还让他的读者了解到最好的沉香木来自卡利卡特，葡萄牙人进口整根沉香木。[180]

在葡萄牙国内，试种亚洲的植物还仅限于少数的私人花园主。传统观点认为，若昂·德·卡斯特罗——曾任印度大总督（1545—1548 年）——是 1548 年成功地把活生生的树带到里斯本进而引进甜橙的人。他的总督府位于卑拿佛得角（Pehna Verde），靠近辛特拉（Sintra），卡斯特罗在那里建了一个阳台花园并种植了大量稀有的印度树种。1528 年后，布拉兹·德·阿尔伯克基（Braz de Albuqunerque）可能在靠近塞图巴尔（Setubal）的柏卡乡间别墅（Quinta da Bacalhoa）建造了一个类似的珍稀植物园。[181] 但是，16 世纪最伟大的葡萄牙园艺爱好者并不居住在葡萄牙或欧洲。真正的对亚洲热带植物的试种主要是在位于果阿和孟买岛的花园，它们是由在印度生活达三十多年的医生加西亚·达·奥尔塔种植的。

奥尔塔在 1534 年抵达印度。二十九年后，即 1563 年，他在果阿出版了《印度草药风物秘闻》一书。[182] 他以对话的方式讨论了常用的 57 种药物，作为香料、食料或药品，它们可轻易地在东方的市场上找到。而他关于植物的植物学特征的信息，大多数是源自个人的观察或由经消息提供人获得。他显然不懂梵文，因此也无法查阅印度的制药和植物学的资料。奥尔塔也许是长期居住在印度的最有学问的葡萄牙人，他挖苦他的同胞们缺少对科学的好奇心，因他们只是喜欢从亚洲的这个港口到另一个港口旅行：

他们并不渴望了解到访国家的任何事物。如果他们知道一种产品，他们不会去寻求获知是什么树上产的；如果他们看到树，他们也不会同我们的树木进行比较，更不会追究果实或者它看起来像什么。[183]

尽管他的任务的难度显而易见，但奥尔塔成功地完成了书稿的写作，它将成为热带药品科学和植物学结盟的基础。[184]

同早期的葡萄牙药剂师的报告一样，在他的书中，奥尔塔的目标是研究对贸易有重要作用的药草产品。因此该书有很强烈的功利倾向，甚至偶尔会提及纯政治或军事利益相关的事项。与其说它是重要的新观察和描述，不如说是为了确认、更正和扩大此前的工作，为了确立此前没有看到过的植物学间的联系。[185]奥尔塔的描写，尽管不总是这样的顺序，但会尽可能使用多种语言给出植物的名称、产地、地理分布以及作为药草或药物的特性、药用，以及配制它们的最好的方法。他对植物的描写是简洁和基础的，既不同于对制药和医学的评论，又与最新的草药的描写形成对照。他通常会对植物的构成部分给予更多的关注，而不是关注果实或者花的组织。但如果这些植物营养价值高，果实或花的描写自然会更为详细。对花的评论，他通常关注数量或丰度、色泽、香气，有时评论其同葡萄牙花卉的相似性。同样，他也以这样的方式来评论果实。他最好的描述是豆科植物的花的结构和叶纹，例如"bangue"（印度大麻，*Cannabis indica, or* Indian hemp）和"高良姜"（galanga）（大高良姜，*Alpinia galanga*），这些植物在分类学上极为相似。[186]

奥尔塔对同时代思想的影响是深远的，尽管他远离欧洲，尽管他在果阿出版的书籍很少有副本能够传播到那里。在果阿，他款待了诗人卡蒙斯（Camoëns），并请卡蒙斯发表了一首献给弗朗西斯科·科蒂尼奥（Francisco Coutinho）总督兼雷东多伯爵（Count of Redondo）的颂歌。在颂歌临近结尾时，卡蒙斯增加了对奥尔塔的赞美歌：

> 我与您共同研究阿喀琉斯（Achilles）那曾受尊重的学问，您开启了我的双眼，令我看到它的魅力。在您的香草花园里，您一度让朋友

434

看到了每朵花、每棵树。您花园中从遥远的地方收集到的果实是不为古人所知的。[187]

在《卢济塔尼亚人之歌》中，诗人庆贺亚洲开花的植物，标识出它们的原产地或特定地区，几乎从没有提及其经济用途。除了一两种外，卡蒙斯提及的植物都被认为是热带植物。[188]

奥尔塔的书也对欧洲的植物学著作产生了重大的影响。佛兰德（Flemish）的植物学家查尔斯·德·勒克鲁斯（Charles de L'écluse，1526—1609 年），人们也称他库希乌斯（Clusius），是最早认识到《印度草药风物秘闻》对于系统地研究植物重要性的学者。当护送雅各布·富格尔（Jakob Fugger）在 1564—1565 年乘船访问葡萄牙时，他获得了奥尔塔著作的副本。他即刻返回荷兰，并开始把其译成拉丁语。现存的勒克鲁斯的《印度草药风物秘闻》副本用微型的但能够阅读的拉丁字母做注解。他的拉丁语缩略版由克里斯托弗·普兰汀（Christopher Plantin）出版，与奥尔塔原版相比，它在组织结构和风格上极为不同。[189] 对话的形式被放弃了，而是采用更简洁的方式来描述众所周知的用于贸易的药草和药物。奥尔塔的著作出版时没有插图；细心的库希乌斯增加了部分实物的图片，但仅限于那些能够在安特卫普的市场上购买到的来自远方的蔬菜产品。[190] 与奥尔塔不同，库希乌斯也更倾向于提及而不是评论古代作家和位于果阿的花园主人之间的意见分歧。

西班牙人对荷兰的控制一直持续到 1567 年左右，这年正是库希乌斯缩编奥尔塔著作之年，西班牙人长期以来一直渴望了解更多的东方香料贸易的复杂性。在 16 世纪最初三十年时间里，西班牙对美洲和偏居一处的亚洲的外来植物的兴趣可追溯到彼得·马特（Peter Martyr）和奥维耶多（Oviedo）的著作。[191] 安德烈斯·拉古纳（Andrés Laguna，1499—1560 年），与居住在西班牙的时间相较，他更多的时间是居住在北欧和意大利。1555 年，他在安特卫普出版了一本西班牙语的狄奥斯科里季斯著作的评注，该书成为了伊比利亚半岛上使用的标准参考书。[192] 同马蒂奥利一样，他对狄奥斯科里季斯著作的评论也是基于更早期的让·鲁埃尔的评论（1516 年）；他也使用了 1554 年已经在威尼斯刻好的大量的雕版图来美化该书。拉古纳曾经先后担任查理五世和教皇尤利乌斯三世（Pope Julius III）的医生，他的声望令其著作成为了药物学领域中的权威代表作。[193] 伟大的药剂师塞维尔的尼古拉斯·莫纳德斯（Nicolas Monardes）为他提供了关于外国植物的材料，他与北欧重要的植物学家都相互熟识，诸如马蒂奥利，这令他能够以他们为榜样来建立实验性花园。正是拉古纳证实菲利普二世（Philip II）在 1555 年在阿兰费兹（Aranjuez）建立了一家植物园。[194] 塞万提斯（Cervantes）是拉古纳名气的最好的见证者，他借唐吉诃德（Don Quixote）之口道："在这个时候我宁愿拥有一块面包片和数个用盐腌制的沙丁鱼头，也不愿意得到狄奥斯科里季斯描述的所有的药草，尽管是由拉古纳医生本人所做的注释。"[195]

拉古纳的评论，类似于马蒂奥利的那些评论，主要关注外国植物的经济价值。至少他的信息暂时足以能满足西班牙王室、学者和商人的需要。但是，随着 1565 年前后西班牙在菲律宾的统治地位的确立，人们更为迫切需要了解东方的香料和蔬菜资源的详细信息。在关于香料所有权重启争议的时期，在西班牙出版了两本据称是包括了亚洲药草和药物的最新信息的著作。

胡安·弗拉戈索（Juan Fragoso）——菲利普二世的医生——在 1572 年出版了《论东印度的香料和果树》（*Discoursos de las cosas aromaticas arboles r frutales ... de la India Oriental*，马德里）。[196] 尽管该书部分是基于奥尔塔的《印度草药风物秘闻》，但是弗拉戈索评论的植物的数量更少，是经他更为精心挑选的。它们按字母顺序排列，与奥尔塔的散漫的《印度草药风物秘闻》相比，显得更为简洁。书的目录之后，弗拉戈索列出的研究权威包括奥尔塔在内都被提及到，还包括了几乎每位曾经对研究亚洲植物群做出贡献的前辈，从古代的作家到拉古纳。除了植物学家，他还列举了包括马可·波罗、瓦尔塔马、巴罗斯和赖麦锡等权威研究者的著作。著作本身比书志学家通常标明的要更富原创性，因为弗拉戈索把奥尔塔的著作同其他的资料来源进行了比较，并指出了不一致的地方。[197] 弗拉戈索著作的拉丁语译本，由伊斯雷尔·斯帕克（Israel Spach）翻译，1600 年在斯特拉斯堡（Strassburg）出版。

在西班牙，更富原创性和更重要的著作则是由克里斯托巴尔·德·阿科斯塔

436

（约 1525—约 1594 年）在西班牙完成的，他是一位具有多年东方经历的葡萄牙医生。[198] 在 1550 年之前，作为一名葡萄牙士兵，他在驻亚洲的海军部队服役。在第一个服役期内，他在果阿与奥尔塔相识。返回葡萄牙后，很快，他又跟随乘船到印度担任总督的前队长路易斯·德·阿泰德（Luís de Ataide）到印度去。1568 年，阿科斯塔在果阿登陆，那时奥尔塔已经过世数月。在印度他跟随着阿泰德，担任科钦皇家医院的医生，在沿印度西海岸各地收集植物标本。1572 年，他随阿泰德返回葡萄牙，不久又离开，前往西班牙的布尔戈斯（Burgos），从 1576 年至 1578 年他在那里担任市政府的医生。或许在他退休的最后几年里，他在韦尔瓦附近的一个修道院里，写成了关于东方的三部手稿。其中两部从来没有被找到；[199] 第三部在 1578 年于布尔戈斯以《东印度药物和医学论》（*Tractado de las drogas r medicinas de las Indias Orielltalis*）为题出版，就其权威性和影响力而言堪比奥尔塔的著作。[200]

　　过去，许多学者不公正地断言，阿科斯塔的《东印度药物和医学论》只不过是奥尔塔的《印度草药风物秘闻》的翻译或缩编。[201] 阿科斯塔熟知奥尔塔的著作，他在编写自己的著作时加以使用并毫无顾忌地表示感谢。但是通过文本的比较揭示，这两本书在形式、安排、研究对象上明显不同。阿科斯塔避开了奥尔塔所采取的对话形式，而是采取简单、简洁和系统的方法来描述植物，这种方式更容易为植物学家接受。在他的著作中，阿科斯塔增加了 20 张整页的木刻画，其中部分是他在现场制作的草图。[202] 当阿科斯塔处理奥尔塔的书中已经讨论过的植物时，我们会发现他的评论通常是详述那些植物。相对应的章节在处理同一植物之时在篇幅上变化很大。在阿科斯塔描述的 47 种植物中，奥尔塔甚至没有提及其中的 14 种；奥尔塔书中提到的 9 种植物没有出现在阿科斯塔的书中。与奥尔塔的《印度草药风物秘闻》的推断相较，阿科斯塔的大多数植物的描述更加清晰和准确。[203]

　　为获得关于亚洲植物的新信息，16 世纪中晚期大多数意大利的植物学家不得不依赖在威尼斯或其他地方以意大利语或拉丁语出版的奥尔塔、阿科斯塔和库希乌斯的著作译本。[204] 同布拉索兰和其他早期的植物学家一样，后来的意大利植物生命学的研究者也遍寻旅行者对亚洲植物群描述的记录。[205] 吉罗拉莫·卡尔达诺（Girolamo Cardano）是米兰一位工艺科学家，他关于外国植物的知识几乎全部依赖于赖麦锡的旅行文集，当他的名字为植物学家所引用时，他受宠若惊。[206] 甚至是安德里亚·西沙尔比诺（Andrea Cesalpino，1519—1603年）——比萨著名的教授和植物分类者，在1583年还依赖瓦尔塔马，那位来自博洛尼亚的旅行家关于沉香木、胡椒和生姜的描述。[207] 西沙尔比诺也注意到奥尔塔的著作，很可能是勒克鲁斯著作的摘编，因为在他给弗朗西斯科·德·美第奇（Francesco de' Medici）的献词中，提到一位葡萄牙植物学家，该人曾经在东方看到许多古代的作家所不知道的事物。[208]

托斯卡纳大公弗朗西斯科（Grand Duke Francesco of Tuscany，1574—1587年在位）对东方的植物有着更广泛的兴趣。在执政初期，他试图购买来自印度的香料销售合同而未获成功。[209] 他也渴望掌握瓷器制造的秘密，并负责美第奇家族的瓷器生产。[210] 弗朗西斯科委托菲利普·萨塞蒂（Filippo Sassetti，1540—1588年）在里斯本和果阿购买外国植物，从而在他位于博波尔（Boboli）的花园中进行试验。[211] 在印度，萨塞蒂在西沙尔比诺和大公的敦促下设法了解"肉桂"（cinnamon）和"坎内拉"（cannella）是否是名称不同的同种产品，但萨塞蒂的努力未获成功。弗朗西斯科大公同博洛尼亚著名的博物学家乌利塞·阿尔德罗万迪（Ulisse Aldrovandi，1522—1605年）通信，并资助他的收集活动。[212] 他还赞助雅各布·利戈齐（Jacopo Ligozzi，1547—1626年），鼓励他进行外国植物的自然图画的创作。[213] 阿尔德罗万迪也通过佛罗伦萨驻西班牙代表的工作，获取海外植物准确的图样。在今天的博洛尼亚大学图书馆保存着10卷由阿尔德罗万迪收集到的植物图样。[214]

对于弗朗西斯科和其他对亚洲感兴趣的意大利人而言，1585年是令人难忘的。大公是迎接和招待来自日本的年轻使节中的第一位意大利政要。[215] 门多萨关于中国的名著在这一年第一次出现在罗马。[216] 当日本的皈依者抵达罗马时，耶稣会士成功地进入中国的新闻也在当时传开。植物学在培养对东方的热情方面也不甘落后；在那一年，卡斯托·杜兰特（Castor Durante，1529—1590年）在罗马出版了他的豪华版《新腊叶集》（*Herbario nuovo*），该著作使用了874块木刻画。[217]

438

杜兰特——一位瓜尔多（Gualdo）的原住民——是位业余的拉丁诗人和医生。他是 1585 年登上教皇宝座的西克斯图斯五世（Sixtus V）的私人医生。杜兰特著作的罗马版扉页有教会的印章（IHS）和教宗的特许。如同罗马天主教教会本身，《新腊叶集》宣称的是普世性。序言中包括一张长长的作者列表，包括阿马托、库希乌斯、阿科斯塔、马蒂奥利、莫纳德斯和奥尔塔，这些作者的著作都曾参阅过。杜兰特的著作，同其他的药草书一样，也是按字母顺序组织，几乎每种植物都配有图片；有时是整株植物的图片，有时仅是植物果实的图。杜兰特很可能同威尼斯和罗马的印刷师和版刻师密切合作，因为他的很多图片同阿科斯塔和勒克鲁斯著作的图片一样。[218] 或许印刷师甚至借用了原来的木刻画。木刻画中的植物图案，有些是人为臆造的，有些是临摹实物标本的，诸如肉桂树。[219] 杜兰特的著作关于外国植物和它们用途的描述主要依赖于勒克鲁斯的著作。拉丁诗所描述的植物的品质则是出自杜兰特自己之手。尽管《新腊叶集》结构有点混乱，然而对它的重印和翻译一直持续到 18 世纪。后来的生物学家，包括林奈（Linnaeus），以杜兰特的名字来命名牡荆（Agnuscastus）科中的一种植物，以示纪念。

意大利同时代的人和杜兰特的继承者继续通过引进和栽培外国植物以及通过收集来自世界各地的干化植物，以扩大他们的植物范围。更有进取心的是，如阿尔德罗万迪，越来越开始注意从植物学和治疗兴趣方面研究来自远方的植物。普罗斯佩罗·阿尔皮尼（Prospero Alpini, 1553—1616 年）是第一位研究原生环境中的热带植物的意大利医生。1580 年，他作为威尼斯驻开罗领事的医生去了埃及。三年之后，他返回威尼斯，根据在埃及的经历他编写了两本书。一本是《埃及医药》（De medicina Aegyptiorum, 1591 年），是最早尝试了解非欧洲医学的著作之一，他在书中探讨了来自印度和中国的药草和树木在埃及的医学用途。[220] 另一本《埃及植物》（De plantis Aegypti, 1592 年），描述了 57 种植物，包括鸦片罂粟、咖啡灌木和香蕉树。阿尔皮尼此后任教于帕多瓦教授植物学，1603 年成为其著名的植物园的负责人。在这里，如同勒克鲁斯在莱顿一样，他开始系统地培育外国植物，主要是归因于他对植物的兴趣。他的科学精神与以那不勒斯著名的收藏家弗兰特·因佩拉托（Ferrante Imperato, 1550?—

1625? 年）为代表的群体形成了鲜明的对比，后者只是把植物作为奇珍异品来看待。[221]

在北欧，最活跃和最有影响的外国植物研究者是勒克鲁斯。他用拉丁语改编和翻译了奥尔塔和阿科斯塔的著作，在 1593 年由普兰汀出版社以单行本出版，1601 年又收入他的著作集中再版。[222] 勒克鲁斯著作的译本出现在意大利，他的著作的不同版本的影响迅速地在其他人的植物学著作中显现出来。由雅克·德·亚历尚（Jacques d'Alechamps）和他的同事编辑的伟大的纲目性著作——《普通植物史》（*Historia generalis plantarum*，2 卷，里昂，1586—1587年），其中最后一类（No. XVIII）的一节名为"外国植物"。无论是其亚洲植物的木刻画还是对其描述，最终都是取材于奥尔塔和阿科斯塔，以及直接来自勒克鲁斯的缩编本。[223]

1573 年，马蒂奥利离开布拉格（Prague）三年之后，勒克鲁斯成为位于威尼斯的帝国植物园的高级行政长官。他在威尼斯的数年里，结识了年轻的荷兰医生伯纳德斯·帕鲁丹努斯（Bernardus Paludanus），帕鲁丹努斯后因编写林斯乔坦的旅行记录而与后者发生了联系。因为宗教战争导致了低地国家的分裂，作为清教徒的勒克鲁斯经匈牙利到英格兰游历了整个北欧，通过亲自研究欧洲边疆的植物，他从其他人那里学习到尽可能多的关于外国植物群的知识。在他1583 年出版的关于奥地利和匈牙利植物的书中，他描述了各种东方的植物，因为这些植物已经被从君士坦丁堡带到了他游历之地，特别是郁金香。[224] 1580年前后，勒克鲁斯不止一次访问英格兰，因此他结识了菲利普·西德尼爵士（Sir Philip Sidney）和弗朗西斯·德雷克爵士（Sir Francis Drake）。从伟大的航海家那里，他得到了来自"新世界"的植物标本，包括来自东印度群岛的植物。[225] 1581 年，他在英格兰还发现了西班牙的莫纳德斯和阿科斯塔著作的副本，他把这些书缩编并翻译成拉丁语，1582 年在安特卫普出版。

1582 年后，勒克鲁斯开始在法国北部、奥地利和德国西部来回游荡，约1587 年他最终在法兰克福找到了一处安宁之地。随着荷兰的事态逐步安定下来，他同北方各省加尔文教派的关系也变得更密切。1593 年，他来到莱顿，在大学的植物园中找到了一个职位，并在那里安享晚年。在相对平静的大学里，

441 　他也有时间重启同安特卫普的奥提留斯之间的友谊，同时与斯卡利杰尔成为密友。[226] 他尝试在大学的花园中培育外国植物。 1599 年，他建立了一间封闭的冬房，即一间温室来种植热带植物。他时刻关注着荷兰的海上活动，同时他也咨询林斯乔坦和其他人关于东方植物的情况。在 1601 年，他出版了他的第一部完整的著作的修正版《珍稀植物史》（*Rariorum plantarum historia*，安特卫普）。在书的前言中，他用动人的语言讲述了研究地球上所有地区的植物群带给他的极大快乐，同时也惊叹它们的多种多样。[227]

　　16 世纪的欧洲人是第一批出于系统研究的目的而培育外国植物的人。通常文艺复兴前的花园是修道院里的私人花园，他们种植草本植物是为了食用和药用。15 世纪时，随着对外国植物的兴趣日盛，宫廷里的装饰用的花园得到发展。到 16 世纪，令人着迷的纳瓦杰罗和本博的私人的实验性的花园变得更为常见。园艺科学最重要的发展是皇家、贵族、市立和大学花园的设立。16 世纪 40 年代至 70 年代，植物园在大多数欧洲重要的政治、商业和教育中心建立起来。其中不少——例如帕多瓦（1545 年）、苏黎世（Zurich，1561 年）和里昂（1564 年）——都由著名的植物学家监管，他们自觉地对外国植物进行试验。在帕多瓦和几个北欧花园里还建造了温室来培育热带植物。[228]

　　有充分的证据表明，在 16 世纪，大量的亚洲植物开始普遍地在欧洲种植。水稻——其中泰奥弗拉斯最初描述过——在 15 世纪晚期和 16 世纪初期成为了欧洲重要的经济作物。[229]1585 年，杜兰特注意到，水稻——一种原产于亚洲沿海的植物，"在意大利的许多土壤潮湿之地和沼泽"都能够种植。[230] 一个更直接和戏剧性的引进与来自中国的甜橙有关。在 1500 年以前的很长时间里，塞维尔的苦橙、柚子、柠檬和酸橙已通过陆路传到欧洲。传统的观点仍认为，1548 年若昂·德·卡斯特罗返回葡萄牙时带回一株活生生的树——柑橘（Citrus sinensis）树，而据称到 1697 年仍能看到此树。[231] 在成功地移植到里斯本十年

442 后，梵蒂冈花园种植的中国甜橙被称为"里斯本橙"。[232] 对这一传统的真实性曾有一些质疑。他们指出，甜橙 1525 年在西班牙南部种植，而早期的一些旅行家表示在亚洲找到甜橙毫不奇怪。[233] 但后一种说法并不完全正确，因为瓦尔塔马曾于 1510 年赞美锡兰的甜橙是世界上最好的。[234] 无论真相是什么，但首

37. 肉桂的栽培。注意，对肉桂树的描述是不准确的，相较而言，斜纹织物的描述则是可靠的——后者无疑来自欧洲市场上的艺术家的观察。

图片来源：A. Thevet, *La cosmographie universelle*...（Paris, 1575），p. 436^v。Courtesy of the Newberry Library。

38. 胡椒的采集。注意，关于胡椒粒和叶子的准确描述，很可能是来自欧洲市场上的艺术家的观察。

图片来源：A. Thevet, *La cosmographie universelle* ...（Paris, 1575），p. 425^v。Courtesy of the Newberry Library。

39. 印度大辣椒（Broad Indian pepper）。

图片来源：L. Fuchs, *New Kreüterbuch* ...（Basel, 1543），p. ccccxx。

40. 卡利卡特辣椒。

图片来源：L. Fuchs, *New Kreüterbuch* ...（Basel, 1543），p. ccccxviii。

41. 印度长辣椒（Long Indian pepper）。

图片来源：L. Fuchs, *New Kreüterbuch* ...（Basel, 1543），p. ccccxix。

42. 安德里亚·纳瓦杰罗（Andrea Navagero）的肖像，威尼斯的人文主义者。图片来源：M. Cermenati, "Un diplomatico naturalista del rinascimento, Andrea Navagero," *Archivio veneto,* 3[d] ser., Vol. XXIV。

ANDREAS NAVGERIVS.
PATRICIVS VENETVS.

Vrbs Venetûm vitam, dedit hinc mihi Gallia mortem:
In numerû regnat Suada Venusq̃, meû.
ANDREAS

43. 阿马托·卢西塔诺（Amato Lusitano）的肖像，葡萄牙的植物学家和医生。图片来源：R. Jorge, *Amato Lusitano* （Lisbon, 1962），frontis。Courtesy of the Newberry Library。

44. 彼得·马蒂奥利著《新药草学》(*New Kreüterbuch*)（布拉格，1563 年）的扉页。

45. 印度或卡利卡特辣椒。

图片来源：P. Mattioli, *New Kreüterbuch...*
（Prague, 1563），p. 217ʳ。

46. 肉豆蔻。

图片来源：P. Mattioli, *New Kreüterbuch...*
（Prague, 1563），p. 111ʳ。

Cardamömle vnd Parißkörner.   Cardamomum.

CARDAMOMI SPECIES

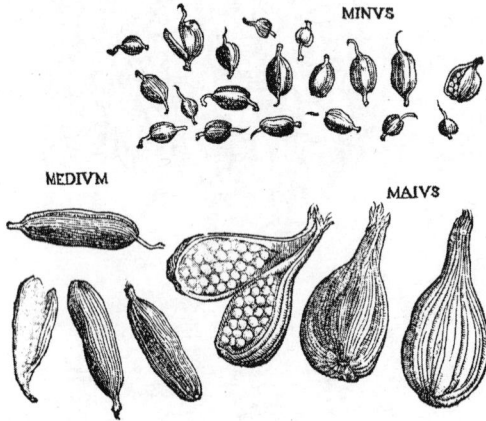

MINVS

MEDIVM

MAIVS

C   Kramerneglen.   Caryophyllus.

D

ber gleiche mit ſeinen ſtamm vnd holtz dem Burbaum/ mit den ſlettern dem Zimmerbaum/ ab
genommen das ſie ein wenig runder vnd kürtzer ſinde. Die frucht oder Neglen ſchwingen an
Sommer/ ſo ſie zeitig worden. Die beſten Neglen ſinde oben an den knöpfflen breyt/ ſo maußt ſie
ſchen den fingern zerbracht/ geben ſie ein klure ſüge feuchtigkeit.

¶ Die gegenwertig contrafactur iſt genommen worden von einem zweige mit bletter/ wel-
zweigle der wolerfarne Francicus Calzolarius Apotecker zu Veron mir geſendet hat. Da ſicht
auch die Mſbnegelen/ das ſinde die groben/ vngrattoten Neglen/ die man im Latin Anto-
rumte. Item die ſtile/ daran die Neglen hangen/ Fuſti genande. Die bletter aber/ welche vnd die
zweige abgonalet ligen/ haß ich von den Portugaleſern bekommen.

Natur/ Krafft/ vnd Würckung.   D. 179.

47．豆蔻。

图片来源：P. Mattioli, *New Kreüterbuch...*
（Prague, 1563），p. 220[r]。

48．小鳞茎。

图片来源：P. Mattioli, *New Kreüterbuch...*
（Prague, 1563），p. 222[v]。

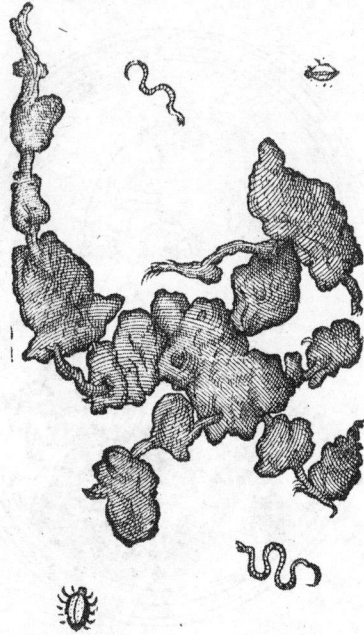

beschreibung/ Natur/ vnd Würckung.

Rhebarbarum.

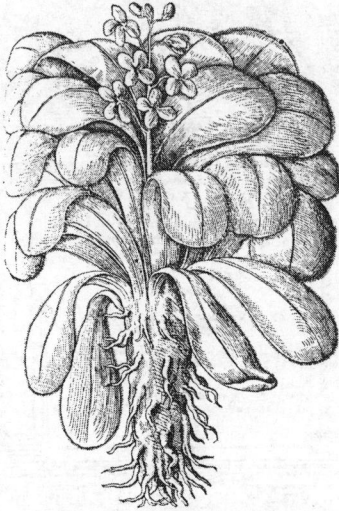

Racine de Chine.

49．大黄。

图片来源：P. Mattioli, *New Kreüterbuch...*
（Prague, 1563），p. 253ʳ。

50．菝葜根（China root），在体积上同甲虫
和蠕虫相比较。

图片来自加西亚·达·奥尔塔著作法文
版 *Histoire des drogues, ..*（Lyons, 1619）。
Courtesy of the Newberry Library.

51．生姜植物和根茎的木刻画。

图片来源：the *Tractado*（1578）of C. de Acosta.

Esta tasado en ciento ynouenta y dos marauedis.

52. 克里斯托巴尔·德·阿科斯塔的肖像，医生和植物学家。

图片来源：C. De Acosta, *Tractado...*（Lisbon, 1964）, frontis。

53. 克里斯托巴尔·德·阿科斯塔著《东印度药物和医学论》（布尔戈斯，1578年）的扉页。

先可以肯定的是欧洲当时种植甜橙与葡萄牙人的引进有关。16世纪其他亚洲植物的引进在时间上不具备同样的精确度。生姜生长在巴黎的最北端，1530年，西班牙将其引入到墨西哥。它在美洲普遍种植，以致到16世纪晚期，欧洲从这里进口的生姜是从东方进口的十倍以上。[235]马蒂奥利看到胡椒植物生长在那不勒斯和威尼斯的花园里。[236]瓦列留斯·科达斯（Valerius Cordus, 1515—1544年）——一位有学问的植物学家，报告称茄科植物种植在德国的花园里，包括原产于印度的辣椒和曼陀罗。[237]

欧洲人非常看重东方植物的药用特性。由药剂师出售的中国的大黄（见图49）通常仅是三四种大黄（Rheum）中的一种。作为泻药，它的根茎拥有可观的市场。在1542年的法国，它的售价是肉桂价格的十倍，后者也是药店中的常见药。[238]在查理五世之后的1535年，菝葜根（土茯苓 [Smilax glabra]）享有盛名。据说它能够治愈痛风，能与治愈梅毒的愈创木（guaicum）和汞相媲美。[239]浏览一下布拉索兰的《论药物》（De medicamentis，威尼斯，1552年）就会发现，印度诃子、生姜、樟脑也多被视为泻药。[240]科达斯在他的制剂中也依赖来自东方的香料，包括肉豆蔻、檀香、胡椒、小豆蔻和荜澄茄（cubeb）。[241]从印度进口的鸦片常作为镇静剂或麻醉剂来开列。亨利八世（Henry VIII）建议把生姜作为对付鼠疫的特效药，"姜饼男子"在伊丽莎白（Elizabeth）的宫廷因其味觉特质而颇受欢迎。[242]各种形式的椰子也在药房出售，作为处方药开列用于治疗各种疾病。[243]这种对植物疗效的浓厚兴趣逐渐推动了植物本身和它们彼此关系的研究。

16世纪的欧洲所知悉的来自亚洲有代表性的植物至少属于12种不同植物科。[244]尽管对它们在亚洲的确切产地争议还很大，但大多数的权威专家对特定植物标本是来自中国、印度或马来西亚通常意见一致。来自亚洲和美洲的植物的涌入让植物学家想象力更丰富，开始研究把自然类缘作为植物分类的新的基础。福克斯认为，麻醉气味由曼陀罗的柔软部位散发出来，这是茄属类植物及其茄属类植物科的特点。辣椒，像曼陀罗一样，是新的植物，但除了曼陀罗外，福克斯没有把它归为曼陀罗类植物，因为它缺少麻醉剂的气味。博克也未能正确说出辣椒的类属，但他确实观察到，在形状上，它的叶子和花类似于茄

443

科植物。[245] 植物分类学正是扎根于这类简单的起点。

在分析植物时，德国和荷兰植物学家强调其相似性，西沙尔比诺和意大利人则将注意力集中在差异性上，如肉桂皮和白桂皮的区别。既注意到相似之处又要发现差异的系统化分组，开始出现在马蒂亚斯·德·洛贝尔（Matthias de l'Obel，1538—1616 年）——常被称作洛比留斯（Lobelius），以及加斯帕德·鲍欣（Gaspard Bauhin，1566—1624 年）——的著作中。[246] 后者收集了 4 000 种干花标本，包括外来物种，现被保存在巴塞尔大学。[247] 布隆非尔在 1562 年所描述的植物达 240 种，里昂 1587 年出版的《历史》（Historia）一书中植物种类达到 3 000 种；鲍欣的《植物图鉴》（Pinax，1623 年）所载达 6 000 种。在《植物图鉴》一书的第十一册第三节中，鲍欣组合了一组植物，称为芳香的世界（Aromata），或者是那些植物相互有关联仅是因它们对人类的经济用处。在对亚洲植物描述时，鲍欣无限制地从奥尔塔、阿科斯塔、库希乌斯那里借用相关的东西，同时添加上自己的评论。林奈在他的《植物种志》（1753 年）中把鲍欣视为专家，援引了他对常见的芒果、槟榔、山竹果、菖蒲的描述。[248] 到 1952 年，人们描述的植物多达 60 万种（是鲍欣著作中提到的约 100 倍），始于 16 世纪的这个过程源于植物学家开始越来越多根据其天然的类缘来对植物进行研究、建立联系，并分类。[249] 比较并努力建立植物的地理学的起源和分布，也激发了植物学家开始寻找一个普世规程（ordo universalis），"可以说，那些事物——处处不同的事物——其实是同一种类"。[250]

与美洲不同，亚洲同欧洲自古就有联系，包括直接的和间接的。1500 年以前的许多个世纪，技术设备和观念、数学与天文概念以及航海技术和导航技术间曾互有往来，但主要是从西向东。但在 16 世纪，这样的流向逐步发生逆转。欧洲最终确立了其在机械化、陆军和海军力量以及在航海方面的优势，并得到普遍认可。在欧洲，随着时间的推移，信心也在增长，与能够观察到的亚洲人相较，欧洲人更勇敢、更高效、更善于组织。因欧洲人经常自由自在地在东部海洋航行和抢占战略港口，不可避免地得出这样的结论，欧洲人很少从亚洲学习到对其商业和帝国有实际价值的东西。尽管他们钦佩、进口和模仿中国和印度的精妙工艺品，但是欧洲人没有从亚洲学习到任何实用的东西，除了无足轻重的技术设备——双桅风车和嵌缝技术！

1500年以前，因亚洲的基本工具和数学概念大部分同欧洲的相似，所以在16世纪，欧洲人致力于产品而不是设计或观念。虽然他们已经知悉许多动物、植物和矿物的贸易，但在大发现的时代，受经济利益的强烈驱动，欧洲人被动员起来，他们通常把东方的物品带来，因为它们确实有市场。随着欧洲对外国金属需求的增加，金属锌、"中国白铜"和精炼的印度锡加入到了他们的货物当中。新的植物也被带到欧洲的药店和市场，作为药品和食品，它们的需求在稳步增长。只有极少数到东方去的旅行者——加西亚·达·奥尔塔或弗朗西斯科·萨塞蒂——费心去打听不寻常的科学现象或进行实验。

欧洲的科学家，如同他们常常抱怨的，从游记和其他的渠道获取的关于欧洲和亚洲的植物、动物和矿物王国之间的相似性和差异的信息，很少有新的见解。常常是国内的科学家有科学研究的主动性，如佩德罗·德·梅迪纳，而不是居住在亚洲的科学家——奥尔塔、阿科斯塔和萨塞蒂则是例外。帕拉塞尔苏斯在欧洲广泛游历时，只是简单地了解到如何用来自亚洲的矿物炼治长生不老之药。另一方面，植物学家非常需要了解亚洲新的植物和蔬菜产品生长的环境，因为他们对于掌握各种可能的产地非常感兴趣。结果，植物学家在宇宙志学者和航海家的帮助下，坚持努力获取亚洲自然界的详尽细节。 445

植物学家和化学家在处理便携式的物体时有明显的优势，能够大量和多品种地引入，这是许多其他科学家所不具备的。矿物、植物、蔬菜产品也适销对路，或有这方面的潜力；因此，他们急切地在野外寻找这些，找到之后，迅速地用来拍卖，同时也吸引好奇的科学家的关注。通过对外国的矿物质以及种子、植物和水果的仔细审查，以确定他们是否真的是**新的**[①]，是否是古代专家未知的。学术争论很快就出现，主要集中于识别、说明和对东方新产品的分类。在这个过程中，对于更古老的权威的怀疑也在与时俱进，科学家们被迫修改、充实或丢弃古代的描述和分类。

---

① 原文为斜体，以示强调，中译统一改为黑体。下文不再另注。——译者注

对于植物和它们产品的"新世界",植物学的反应比其他任何科学更积极。随着狄奥斯科里季斯缺少准确的信息来描述新的品种或者根本没有信息,他的权威性逐渐丧失。而奥尔塔和阿科斯塔对热带植物的新药草的研究,因为勒克鲁斯用拉丁语来摘编而令其在欧洲非常受欢迎,狄奥斯科里季斯的优势随之丧失殆尽。在欧洲园林中对外国植物的实验也令植物学家能够描述活体植物和干标本,以及在天然的产地中研究它们。对植物的描述是源于研究它们的药用价值和经济用途,狄奥斯科里季斯对此关注不够。随着外国植物和对它们的科学描述的数量的增加和获取更加容易,植物学家开始研究生物分类亲缘性,并对植物进行分类。虽然对找到普遍的分类体系的愿望是强烈的,但时机尚不成熟。当鲍欣编制他的《植物图鉴》(1623 年)时,许多已知的植物甚至没有科学的说明。而直到林奈的《植物种志》(1753 年)出版,植物学才第一次按照普遍的规则对植物进行排序。

注释：

[1] 该章接下来对于中世纪技术的简评主要基于以下出色的研究成果：Lynn White, Jr.: *Medieval Technology and Social Change* (Oxford, 1962); "Tibet, India, and Malaya as Sources of Western Medieval Technology," *American Historical Review*, LXV (1960), 515-26; "The Act of Invention: Causes, Contexts, Continuities and Consequences," *Technology and Culture*, III (1962), 486-97; "Medieval Borrowings from Further Asia," in O. B. Hardison (ed.), *Medieval and Renaissance Studies*, No.5 (1974), pp. 3-26; "Cultural Climates and Technological Advance," *Viator*, II (1971), 171-201; "Indic Elements in the Iconography of Petrarch's *Trionfo della Morte*," *Speculum*, XLIX (1974), 201-21。对这部分有价值的还有李约瑟的研究，参见 Joseph Needham, *Science and Civilization in China* (6 vols.; Cambridge, 1965-1974), especially Vol. I; 以及李约瑟的论文："Science and China's Influence on the World," in R. Dawson (ed.), *The Legacy of China* (Oxford, 1964), pp. 234-308。也可参见 C. M. Cipolla, "The Diffusion of Innovations in Early Modern Europe," *Comparative Studies in Society and History*, XIV (1972), 46-53; C. Singer, "East and West in Retrospect," in C. Singer *et al.* (eds.), *A History of Western Technology* (5 vols.; Oxford, 1956), II, 753-76; A. C. Graham, "China, Europe, and the Origins of Modern Science," in S. Nakayama and N. Sivin (eds.), *Chinese Science. Explorations of an Ancient Tradition* (Cambridge, Mass., 1973), pp. 45-69; and A. R. Hall, "The Changing Technical Act," *Technology and Culture*, III (1962), 501-15。

[2] 中国人在 1500 年之前，唯一不知道的重要的基础发明是螺旋物，这似乎是欧洲独立发明的。

[3] 参见 D. R. Hill, "Trebuchets," *Viator*, IV (1973), 101-2。

[4] 关于火药和火炮的令人困惑的历史的讨论可以参见詹姆斯·R. 帕廷顿（James R.Parting ton）收集的大量数据：James R. Partington, *A History of Greek Fire and Gunpowder* (Cambridge, 1960), *passim*。进一步的讨论可以参见 H. Nambo, "Who Invented the Explosives?" *Japanese Studies in the History of Science*, IX (1970), 53, 82-84。

[5] 关于直觉在印度的数学概念和符号形成过程中发挥的独特作用的研究，可参见 D. Uvanovič, "The Indian Prelude to European Mathematics," *Osiris*, I (1936), 652-57。

[6] 关于巴比伦的贡献可参见 O. Neugebauer, *The Exact Sciences in Antiquity* (2d ed.; Providence, 1957), chaps. i and ii; 关于东亚的贡献着重参见 Needham, *loc. cit.* (n. 1), 237。

[7] 参见 S. Miyasita, "A Link in the Westward Transmission of Chinese Anatomy in the Later Middle Ages," *Isis*, LVIII (1967), 486-90。

[8] 参照 A. G. Keller, "The Scientific and Technological Sages of Ancient China," *Ambix*, XVIII (1971), 49。

[9] 参见 E. J. Dijksterhuis, *The Mechanization of the World Picture* (Oxford, 1961), p. 243。

[10] 关于进口货物的表格，参见 *Asia*, II, Bk. 1, 55。

[11] 参见 *ibid.*, Vols. I and II, *passim*。

[12] 可以参照对美洲反应的讨论 I. B. Cohen, "La découverte du nouveau monde et la transformation de l'idée de la nature," in A. Koyré (ed.), *La science au seiziéme siécle* (Paris, 1960), pp. 191-210。

[13] 参见 *Asia*, I, 741, 770-771. 也请参见图 32, 33。

[14] 参见 *ibid.*, p. 819. 地图的副本参见 *ibid.*, 插图其后的第 752 页, 同样单个的双桅风车的刻版来自 Theodor de Bry, *Indiae orietllalis* (Frankfurt, 1599). 另一单个刻版出现于下书中中国地图的右下角 Gerard de Jode, *Speculum orbis terrarum* (Antwerp, 1593)。

[15] 参见 H. Kern (ed.), J. Huygen van Linschoten, *ltinerario*...('s-Gravenhage, 1910), Pt. 1, p.65。

[16] 参见 R. J. Forbes, "The Sailing Chariot," in E. J. Dijksterhuis (ed.), *The Principal Works of Simon Stevin* (6 vols.; Amsterdam, 1955-66), V, 3-4。

[17] 援引自《伟大的城市》(*the Greatness of Cities*)(1588 年), 译本见 P. J. Waley and D. P. Waley (eds.), *Giovanni Botero, The Reason of State* (London, 1956), p. 226。

[18] 参见 Forbes, *loc. cit.* (n. 16), pp. 5-7。

[19] 这一点已经受到李约瑟的重视, Needham, *op. cit.* (n. I). IV, Pt. 2, 280-281. 应该指出斯蒂文本人从来没有在他现存的书籍或笔记中提到双桅风车。即便他可能仅把它视为设计的一个玩具以取悦他的赞助人, 但不要忘记, 玩具常常在原理上预示着许多重要的发明: 如直升机、汽球等。我虽然还没有见到, 但阿姆斯特丹的出版商克拉斯·杨松·维瑟 (Claes Jansz.Vissche) 在 1652 年以荷兰文、拉丁文、法文发表过一份关于莫里斯的 "温特 - 车" (Windt-wagen) 的报告。参见斯蒂文 *A Short Title Catalogue of French Books, 1601-1700, in the British Museum* (London. 1973)。

[20] Needham, *op. cit.* (n. 1). IV, Pt. 2, 583.

[21] *Ibid.*, pp. 577, 589.

[22] *Ibid.*, p. 580. 也参见 B. Laufer, *The Prehistory of Aviation* (Chicago, 1928), pp. 31-38。

[23] 参见 Needham. *op. cit.* (n. 1), IV, Pt. 2, 414。

[24] 关于捻缝, 参见原书第二卷第三册, 第 418 页; 关于下风板的研究参见 E. Doran, Jr., "The Origin of Lee boards," *Mariner's Mirror*, LIII (1967), 51。

[25] 可以在艺术家汉斯·伯格迈尔 (Hans Burgkmair) 的版刻画中找到, 他的作品包括 "马克西米利安的凯旋" (Triumph of Maximilian) 和 "科钦国王" (King of Cochin) 系列 (参见 *Asia*, II, Bk. 1, 79-81). 详细的论述可参见 H. L. Kamenetz, "A Brief History of the Wheelchair," *Journal of the History of Medicine*, XXIV (1969), 205-6。

[26] 参见 *Asia*, II, Bk. 1, 107-8。

[27] 参见 C. Cipolla, *Guns, Sails, and Empire* (New York, 1965), p. 26。

[28] 援引自 1715 年的英文译本, *The History of Many Memorable Things Lost*... (2 vols. in 1; London, 1715), p. 385; 这是个缩译本, 援引自 G. Panciroli, *Nova reperta*, second edition of

1608, p. 68。博纳尤托·洛里尼（Buonaiuto Lorini）断言火器是德国商人经由土耳其带到欧洲来的。罗利（Raleigh）在他的著作 *History of the World* (see above7, p. 386) 中认为是中国人。因为许多基督徒憎恶火器，外生性的发明理论把这种责任置于异教徒的身上。参见 J. R. Hale, "Gunpowder and the Renaissance: An Essay in the History of Ideas," in C. H. Carter (ed.), *From the Renaissance to the Counter-Reformation: Essays in Honor of Garrett Mattingly* (New York, 1965), pp. 116-17。最早提到中国人对欧洲火器影响的是 G. B. della Porta, *Magia naturalis* (Naples, 1589), Bk. XX, chap. X。进一步的评论参见 Cipolla, *op. cit.* (n. 27), pp. 21-22 n. 2, 104-5。

[29] 援引自 Cardano, *De subtilitate* (Lyons, 1550), Bk. III。

[30] 关于这些评论参见 *The History of Many Memorable Things Lost* (n. 28), pp. 342-43; 全面的讨论参见拉丁语原版 *Nova reperta* (n. 28), pp. 589-602。

[31] *Ibid.*, p. 337; 关于拉丁语的讨论 *ibid.*, pp. 564-89。

[32] 参见 *Asia*, II, Bk. 1, 95-99。也可参见 J. F. Flanagan, "Figured Fabrics," in Singer *et al.* (eds.), *op. cit.* (n. 1), III, 199-202; 以及 G. F. Wingfield Digby, "Some Silks Woven under Portuguese Influence in the Far East," *Burlington Magazine*, LXXVII (1940), 52-61。

[33] 参见 H. Huth, *Lacquer of the West: The History of a Crift and an Industry* (Chicago, 1971), chap. i。胡特考察了欧洲人追逐漆器的两股热潮：一是 1550 年至 1630 年近东技术被模仿之时；二是 1660 年远东技术被模仿之时。

[34] 参见 E. S. Hedges, *Tin in Social and Economic History* (New York, 1964), p. 6。

[35] 参见 M. S. Briggs, "Building Construction," in Singer *et al.* (eds.), *op. cit.* (n. 1), III, 249。

[36] 参见 Needham, *op. cit.* (n. 1), IV, Pt. 1, 71。

[37] 参见 C. M Cipolla, *Clocks and Culture (1300-1700)* (London, 1967), p. 49。

[38] 参见 B. Gille, *Engineers of the Renaissance* (Cambridge, Mass., 1966), p. 199。

[39] 参见 D. de Solla Price, *Science since Babylon* (New Haven and London, 1961), pp. 51-52。

[40] 关于中国数学特点通常的描写可见 U. Libbrecht, *Chinese Mathematics in the Thirteenth Century* (Cambridge, Mass., 1973), pp. 1-18。

[41] 毕达哥拉斯的其他思想有时会归功于他的印度知识：轮回和转世的教义，摒弃肉身，以及自然世界包括火、水、土、风和空间（醚）五大元素。参见 S. Sen. "Transmissions of Scientific Ideas between India and Foreign Countries ...," *Bulletin of the National Institute of Sciences of India* XXI (1963), 209。

[42] 关于印度数字传播到欧洲的文献，因为在此前曾经存在西方的阿拉伯人在西班牙使用古巴尔（ghubar）数字的情况，而令问题更为复杂。一项适中的调查研究参见 S. R. Benedict, *A Comparative Study of the Early Treatises Introducing into Europe the Hindu Art of Reckoning* (Concord, N.H., 1916)。

[43] 参见 J. Filliozat. "Ancient Relations between Indian and Foreign Astronomical Systems," *Journal*

of Oriental Research (Madras), XXV (1957), 7-8。进一步的讨论参见 L. Hogben, *Mathematics in the Making* (London, 1960), p. 149。

[44] 参见 B. Datta and A. N. Singh, *History of Hindu Mathematics* (Bombay, 1962), p. 95。

[45] 基于以下研究 H. L. Wussing, "European Mathematics during the Evolutionary Period of Early Capitalistic Conditions (15th and 16th Centuries)," *Organon*, IV (1967), 89-93。

[46] 参见 B. A. Rosenfeld and M. L. Cernova, "Algebraic Exponents and Their Geometric Interpretations," *Organon*, IV (1967), 111-12。

[47] 算术书籍的清单参见 D. E. Smith, *Rara arithmetica: A Catalogue of the Arithmetics Written before the Year MDCI . . .* (Boston and London, 1908)。关于阿皮安的生动描写可见图第 27。

[48] Needham, *op. cit.* (n. I), III, 146-47。

[49] 进一步的讨论参见 A. Koyré, "Mathematics," in R. Taton (ed.), *History of Science: The Beginnings of Modern Science from 1450 to 1800*, trans. A.J. Pomerans (2 vols; London, 1964), II, 32-33。也可参见关于该书扉页的图 28。

[50] 参见 Hogben, *op cit.* (n. 43), pp. 174-75。

[51] 参见 Graham, *loc. cit.* (n. 1), p. 59。

[52] 参见 Koyré, *loc. cit.* (n. 12), p. 28。关于他的其他活动参见原书第二卷，第 328-329 页及第 456、459 页。

[53] 关于其航海观念和影响可参见原书第二卷，第 277 页及第 462 页。

[54] 列表可以参见 B. B. Hughes, "The Private Library of Johann Scheubel, Sixteenth-Century Mathematician," *Viator*, III (1972), 417-32。

[55] 关于他三年里的数学课程表可参见 H. Bernard, *Matteo Ricci's Scientific Contribution to China* (Peking, 1935), pp. 26-27。

[56] 参见 Dijksterhuis, *op. cit.* (n. 9), p. 243; E. G. R. Taylor, *The Mathematical Practitioners of Tudor and Stuart England* (Cambridge, 1954), p. 7; 以及 Graham, *loc. cit.* (n. 1), p. 60。

[57] 参见 R. Hooykaas, "The Impact of the Voyages of Discovery on Portuguese Humanist Literature," *Revista da universidade de Coimbra*, XXIV (1971), 552。比较图 24。

[58] 参见 G. Beaujouan, *La science en Espagne aux XVᵉ et XVIᵉ siècles* (Paris, 1967), pp. 9-10。

[59] 引用 *ibid.*, p. 18。

[60] 参见 *ibid.*, pp. 33, 44。

[61] 参见 W. P. D. Wightman, *Science in the Renaissance* (2 vols.; EdinbUIgh and London, 1962), I, 106-7; 另见 O. Neugebauer, "Hindu Astronomy at Westminster in 1428," *Annals of Science*, VIII (1952), 221-28。

[62] 参见 Wightman, *op. cit.* (n. 61), 1, 109。

[63] 参见 D. J. Struik, *A Source Book in Mathematics, 1200-1800* (Cambridge, Mass., 1969), pp. 97, 133; 另见 Wightman, *op. cit.* (n. 61), 1, 96。

[64] 详见 R. H. Allen, *Star Names: Their Lore and Meaning* (New York, 1963), pp.186-87。

[65] *Ibid.*, pp. 43-45。

[66] 瓦斯科·达·伽马的演讲（坎托五世 [Canto V]）。

[67] Allen, *op. cit.* (n. 64), p. 189.

[68] *Ibid.*, pp. 294-95.

[69] 参见图 25。

[70] Blundeville, *His Exercises, containing eight treatices ...* (London, 1597), pp. 247^v-248^r.

[71] 参见 Allen, *op. cit.* (n. 64), p. 13。

[72] 援引自 Bk. I, chap. iii, pp. 1-2, 译本见 *Great Books of the Western World* (Chicago, 1965), XVI, 513。

[73] 参见 A. Koyré, *From the Closed World to the Infinite Universe* (New York, 1958), chap. 1; 以及同一作者的 "The Copernican Revolution," in Taton (ed.), *op. cit.* (n. 49), II, 52-53, 61-66; 关于哥白尼思想的总体影响可参见 T. S. Kuhn, *The Copernican Revolution* (Cambridge, Mass., 1957), especially chaps. v and vi; and H. Dingle, "Astronomy in the Sixteenth and Seventeenth Centuries," in E. A. Underwood (ed.), *Science, Medicine, and History ...* (London, 1953), I, 455-68。

[74] 参见 F. R.Johnson, "Astronomical Text-Books in the Sixteenth Century," in Underwood (ed.), *op. cit.* (n. 73), I, 285。

[75] 参见 Wightman, *op. cit.* (n. 61), I, 116-17。

[76] 参见 Needham, *op. cit.* (n. 1), III. 89; IV. 226-28。

[77] 新近最好的研究是 A. T. Grafton, "Joseph Scaliger (1510-1609) and the Humanism of the Later Renaissance" (Ph.D. diss., Department of History, University of Chicago, 1975), Especially pp. 174-75, 181-82。

[78] 参见 J. J. L. Duyvendak, *Holland's Contributions to Chinese Studies* (London, 1950), pp. 7-8。

[79] J. J. Scaliger, *De emendatione temporum* (Paris, 1583), pp. 231-32.

[80] *Ibid.*, pp. 112-13. 关于斯卡利杰尔对亚洲的总的兴趣参见原书第二卷，第 358-359 页。

[81] 参见 Ho Peng-yoke, "The Astronomical Bureau in Ming China," *Journal of Asian History*, III (1969), 148。

[82] 援引自 *Dialogue* (ca. 1530)，也见 J. D. Bernal, *Science in History* (4th ed., 4 vols.; London, 1969), II, 404-6。

[83] 分析基于 M. W. G. L. Randles, "Sur l'idée de la découverte," in M. Mollat and P. Adam (eds.), *Les aspects internationaux de la découverte océanique aux XVe et XVIe siècles* (Paris, 1966),pp. 17-21。

[84] 参见 J. M. Millás Vallicrosa, "Nautique et cartographie de l'Espagne au XVIe siècle," in A. Koyré (ed.), *op. cit.* (n. 12). pp. 31-34。

[85] 关于宇宙学的一般性讨论可参见 U. Lamb, *A Navigator's Universe: The "Libro de Cosmographia" of 1538 by Pedro de Medina* (Chicago, 1972), pp. 3-4。

[86] 参见 P. Adam, "Navigation primitive et navigation astronomique, " in Mollat and Adam (eds.), *op. cit.* (n. 83), pp. 91-105。

[87] 参见 A. Teixeira da Mota, "Méthodes de navigation et cartographie nautique dans I' Océan Indien avant le XVIᵉ siècle," *Studia* (Lisbon), No. 11 (1963), 49-50; G. R. Tibbetts, "The Navigational Theory of the Arabs in the Fifteenth and Sixteenth Centuries," *Revista da universidade de Coimbra*, XXIV (1971), 323, 341; and F. C. Lane, "The Economic Meaning of the Compass," *American Historical Review*, LXVIII (1963), 610-11。关于船只、船艺和航海的最好的讨论参见 J. H. Parry, *The Age of Reconnaissance* (New York, 1964), chaps. iii-v。

[88] 参见 G. R. D. Worcester, *Sail and Sweep in China* (London, 1960), p. 5; 关于东非考古研究涉及中国航海的研究参见 Needham, *op. cit.* (n. 1), IV, Pt. 3, 497; 关于中国人在航海中使用磁罗盘参见 *ibid.*, p. 562。也参见 Chang Kuei-sheng, "The Maritime Scene in China at the Dawn of Great European Discoveries," *Journal of the American Oriental Society*, XCIV (1974), 347-359。

[89] 参见 Needham, *op. cit.* (n. 1), IV, Pt. 3, 653, 698; 其他一些研究权威拒绝把罗盘和船艉舵归功于中国。关于"真正的罗盘"参见 Teixeira da Mota, "Méthodes de navigation ..." (n. 87), pp. 88-89; 船艉舵是基于舢板和龙骨船的转向问题的差异, 关于此的反对意见参见 P. Adam and L. Denoix, "Essai sur les raisons de l'apparition du goûvernail d étambot," *Revue d'histoire économique et sociale*, XL (1962), 98-100。

[90] 参见 Needham, *op. cit.* (n. 1), IV, Pt. 3, 474; and G. P. B. Naish, "Ships and Shipbuilding," in Singer et al. (eds.), *op. cit.* (n. 1), III, 474-77。

[91] 参见 Needham, *op. cit.* (n. 1), IV, Pt. 3, 664, 698。马可·波罗已经观察到中国人捻缝的过程; 葡萄牙人使用来自印度的椰子壳的纤维和来自中国的桐油发展了类似的捻缝技术。第一位访问中国的葡萄牙人豪尔赫·阿尔瓦雷斯(Jorge Alvarez)把桐油的样品运回了里斯本。参见 *Asia*, I, 732。也参见 H. Hart, *Sea Road to the Indies* (New York, 1950), p. 87n。

[92] 一般的讨论参见 L. Gallois, " Les portugais et l'astronomie nautique à l'époque des grandes découvertes," *Annales de géographie*, XXIII (1914), 289-302。

[93] 参见 D. W. Waters, *The Art of Navigation in England in Elizabethan and Early Stuart Times* (London, 1958), pp. 47-48。

[94] Consult R. A. Skelton, "The Seaman and the Printer," *Revista da universidade de Coimbra*, XXIV, (1971), 493-94.

[95] 参见 A. Cortesão, "Nautical Science and the Renaissance," in E. A. Underwood (ed.), *op. cit.*(n. 73), I, 309-16。

[96] 关于历史上的海难参见原书第二卷, 第131-135 页。

[97] 关于此的描述参见 Waters, *op. cit.* (n. 93), p. 53。

[98] 参见原书第二卷，第 452-453 页，葡萄牙的地图。

[99] 参见原书第二卷，第 483 页。

[100] 现在最早的有标识的葡萄牙人的波多兰（Portolan）航海图可追溯至 1492 年，它标出了大西洋、地中海、向南远至塞拉利昂（Sierra Leone）的非洲海岸线。现在保存在耶鲁大学图书馆。副本参见 O. Vietor, "A Portuguese Chart of 1492 by Jorge Aguinar," *Revista da universidade de Coimbra,* XXIV (1971), 515-16. 后来的航线海图可以参见 C. R. Boxer, "Portuguese Roteiros, 1500-1700," *Mariner's Mirror*, XX (1934), 172-76; 以及 A. Teixeira da Mota, "Evolução dos roteiros portugueses durante o século XVI," *Revista da universidade de Coimbra*, XXIV (1971), 5-32。

[101] 该影响很可能是来自砾石的热辐射。参见 Needham. *op. cit.* (n. 1). IV. Pt. 1, 314 note b。

[102] *Le istorie...*(Florence. 1599), p. 11.

[103] 关于其在西班牙普遍受到重视的情况，参见原书第二卷，第 169 页。

[104] 参见 Lamb. *op. cit.* (n. *85*), p. 11。

[105] 很可能是这些书中的一个版本激发了贝纳迪诺·巴尔蒂（Bernardino Baldi）的说教诗《诺蒂卡》（*Nautica*）。参见原书第二卷，第 217-218 页。

[106] 参见 Lamb, *op. cit.* (n. *85*), pp. 4-5。

[107] *Breve compendio de la sphera y de la arte de navegar* (Seville).

[108] 参见 L. Denoix, "Characteristiques des navires de l'époque des grandes découvertes," in Mollat and Adam (eds.), *op. cit.* (n. 83), p. 147。

[109] 参见 Cipolla, *Guns, Sails, and Empire* (n. 27), pp. 101-02。

[110] 基于 Needham, *op. cit.* (n. 1), IV, Pt. 2, 610, 613, 667。

[111] 参见 *ibid.*, p. 599。

[112] 关于此主题的最新的学界结论参见 H. J. Sheppard, "Alchemy: Origin or Origins," *Ambix*, XVII (1970), 69-84; Needham, *op. cit.* (n. 1), V, Pt. 2, 1-8; A. G. Debus, "The Significance of Early Chemistry," *Journal of World History*, IX (1965-1966), 39-58; 同一作者的关于 "炼金术" 的优秀论文出自 *Dictionary of the History of Ideas* (New York, 1968)。

[113] K. Sudhoff (ed.), *Paracelsus, Sämtliche Werke* (14 vols.; Munich, 1929), VIII, 185.

[114] 关于罗马的大象参见 *Asia*, II, Bk. 1, 135-42.

[115] 关于其他在葡萄牙的德国人参见原书第二卷，第 327-329 页。在麦哲伦离开前，帕拉塞尔苏斯访问了西班牙，此后，有人提议，尽管没有得到支持性证据，菲律宾以北的西沙群岛用这位德国医生的名字来命名。关于此提议可参见 B. de Telepnef, "Wanderwege des Paracelsus von 1512-1525," *Jahrbuch der schweizerischen Paracelsus-Gesellschaft*, III (1946), 151-52. 这足以说明冯·霍恩海姆在早期显然没有后来的帕拉塞尔苏斯出名。帕拉塞尔苏斯自己对欧洲之行的记录出现在 *Das erste Buch der grossen Wundarznei* (1536) 的前言中，在这里，他提及了他曾提到过的地方，并指出了他曾访问过的 "但曾认为没有必要论及的其

他国家"。参见 Sudhoff (ed.) , *op. cit.* (n. II3), X, 19-21。

[116] 援引自 Telepnef, *loc. cit.* (n. 115), p. 156。

[117] 参见评论 A. E. Waite (trans.), The *Hermetic and Alchemical Writings of Paracelsus*...(2 vols.; London, 1894), I, xii. 作为比帕拉塞尔苏斯晚一代的人,莱昂哈特·图尔尼瑟 (Leonhart Thurneiser) 据称也进行了东方之旅。他的著作进一步强化了同东方的联系,因为书中包括了以各种不同的东方语言写作的段落。冯·赫尔蒙德 (J. B. van Helmont)——17 世纪另一位更为著名的帕拉塞尔苏斯的追随者,断言帕拉塞尔苏斯曾在 1513 年至 1521 年被鞑靼人囚禁,在那段时间里他皈依了佛教。参见 F. Oesterle, *Die Anthropologie des Paracelsus* (Berlin, 1937), p. 12。

[118] 他约在 1509 年开始了《超自然哲学三部曲》(*De occulta philosophis libri tres*) 的写作,1526 年开始《论科学与艺术的不确定及虚无》(*De incertitudene et vanitate scientiarum*) 的写作。

[119] 援引自英文版本 The *Vanity of Arts and Sciences* (London, 1684), p. 110。

[120] 在化学中的单词"牙垢"(tartar),是指酸性酒石酸钾残留物或者葡萄酒木桶内发酵过程中沉淀的粗酒石。从词源研究上来说,在鞑靼人和化学术语之间建立关系是不可能的。但提出这种关系的可能性也不是太牵强,当我们注意到这两个词在 13 世纪第一次出现在欧洲语言中时,"鞑靼"即将来到,并有配套的各种比喻意义:"丝绸","野蛮"和"地狱"。但是,就我们现有的知识而言,我们不可能精确地表明,这一化学术语是由东方人命名的,或者说当帕拉塞尔苏斯在提出痛风结石病的概念时,在内心已经考虑到任何这类联系。

[121] Sudhoff (ed.), *op. cit.* (n. 113), XI, 26-27.

[122] 最清楚的表述出现在布雷斯劳 (Breslau) 城市图书馆,援引自 Oesterle, *op. cit.*(n. 117), p. 138。

[123] 参见 L. D. Hammond (trans. and ed.), *Travelers in Disguise*...(Cambridge, Mass., 1963), p. 214。瓦尔塔马也观察到:"你要知道,我已经在卡利卡特以外 3 000 英里的地方见过这种疾病,它被称为 *pua*,他们称其开始已经有十七年时间,它比我们的更为糟糕。"关于瓦尔塔马在德国的声望参见原书第二卷,第 332 页。

[124] 安德纳赫 (Andernach) 的约翰内斯·金瑟里厄斯 (Johannes Guintherius) 在其《论古代和现代的医学》(*De medicina veteri et nova*,1571 年) 中指出伊斯兰和印度的作者如他们被要求的那样推出了新药。参见 A. G. Debus, "The Paracelesians and the Chemists ... ," *Clio Medica*, VII (1972), 191。

[125] 参见 W. Pagel, *Paracelsus: An Introduction to Philosophical Medicine in the Era of the Renaissance* (Basel and New York, 1958), p. 39。

[126] 参见 *ibid.*, p. 216。

[127] *Ibid.*, pp. 258-59.

[128] 关于印度和希腊医学的相似性参见 J. Filliozat, *La doctrine classique de la médecine indienne:*

Ses origines et ses parallèles grecs (Paris, 1949), chap. ix。

[129] 关于帕拉塞尔苏斯派和印度人相似性的文献更多是种暗示而非令人信服的证据。它的范围从 19 世纪的学者如弗兰兹·哈特曼（Franz Hartmann）设想的流行的魔力——其中印度思想是帕拉塞尔苏斯思想的主要来源——到沃尔特·帕格尔（Walter Pagel）和其同事的学科训练。最令人感兴趣的新近努力参见 J. Strebel (ed.), *Paracelsus, Sämtliche Werke* (St. Gall, 1947), III,. 1-59; J. Wunderly, "Zum Problem des feinstofflichen Leibes in der indischen Philosophie, im Neuplatonismus und in Paracelsus," *Episteme* (Milan), III, (1969) 3-15;W. Pagel, "The Eightness of Adam and Related Gnostic Ideas in the Paracelsian Corpus," *Ambix*,XVI (1969), 119-39; W. Pagel and M. Winder, "The Higher Elements and Prime Matter in Renaissance Naturalism and in Paracelsus," *Ambix*, XXI (1974), 93-127。这些和其他的参考文献是沃尔特·帕格尔在 1975 年 4 月 22 日一封通信中的惠赐。关于印度人思想中"八"（eightness）的一些参考文献见 G. J. Larson, *Classical Sāmkhya: An Interpretatiot of Its Meaning* (Delhi, 1969), pp. 173 n. 17, 209-10, 212。

[130] 围绕 16 世纪人们对"化学药物"兴趣的争论的现状参见 R. P. Multhauf, "Old Drugs in New Bottles," *Isis*, LXIII (1972),408-12。

[131] 参见 O. Zekert, *Paracelsus: Europäer im 16. Jahrhundert* (Stuttgart, 1968), p. 139。

[132] (Strassburg, 1582), p. 425.

[133] 例证参见 P. C. Ray, *History of Hindu Chemistry* (2 vols.; London, 1902), II, 17, 19, 22。

[134] 参见 H. C. Hoover and L. H. Hoover (trans. and eds.), *Georgius Agricola, De re metallica, Translated from the First Latin Edition of 1556* (New York, 1950), p. 409n。

[135] 关于此评论的德文翻译和评估参见 E. Herlitzins, *Georgius Agricola* (1494-1555) ... (Berlin, 1960), pp. 62, 194。

[136] 参见 Hoover and Hoover (eds. and trans.), *op. cit.* (n. 134), p. 112n。

[137] 关于此混淆参见 H. Yule and A. C. Burnell, *Hobson-Jobson* (2d ed.; Delhi, 1968), pp. 932-33。这个词本身可能是一个梵语 tuttha 的葡萄牙语翻译——一氧化锌。在现代葡萄牙语字典中 tutanaga 还以各种拼写和一般意义上的"金属"出现。也参见 Needham, *op. cit.* (n. 1), V, Pt. 2, 212。关于其源自波斯语中"烟"的讨论，参见 D. Goltz, *Studien zur Geschichte der Mineralnamen*...(Wiesbaden, 1972), p. 259。在拉丁语中，它成为氧化锌的名称。

[138] 据 Lonicerus（亚当·劳尼泽尔 [Lonitzer, Adam]）和其他人的研究，"白铜"（tutia）被欧洲医生用于清理和医治肉体创伤。参见他的 *Kräuterbuch* (Frankfurt, 1598), p. 709。

[139] C. Markham (trans.), *Garcia da Orta, Colloquies on the Simples and Drugs of India* (London, 1913), pp. 408n., 451-52.

[140] 参见 R. P. Multhauf, *The Origins of Chemistry* (New York, 1967), p. 314。

[141] 参见 S. R. Dalgado, *Glossário Luso-asiático* (2 vols.; Coimbra, 1919-21), I, 179。"Calaim"是葡萄牙语中的"精锡"。

[142] Pt. II, Bk. 1, chap. 8.

[143] 参见 J. R. Partington, *History of Chemistry* (3 vols.; London and New York, 1961-62),II, 258-59。

[144] 参见 E. J. Holmyard, *Alchemy* (London, 1968), p. 80。虽然 8 世纪有位贾比尔，但这种说法很可能是来自 14 世纪的著作。

[145] 援引自 Needham, *op. cit.* (n. 1), V, Pt. 2, 227。

[146] 关于早期的药草的图片参见 W. Blunt, *The Art of Botanical Illustration* (London, 1950), chap. iv; 和 A. Arber, *Herbals: Their Origin and Evolution* (2d rev. ed.; Cambridge, 1938), chap. ii。

[147] 参见 F. Guerra, "Drugs from the Indies ... ," in M. Florkin (ed.), *Analecta medico-historica* (Oxford, 1966), p. 29。

[148] 参见 L. Olschki, *Marco Polo's Asia* (Berkeley, 1960), pp. 155-57。

[149] 关于佩格罗提参见 *Asia*, I, 45。

[150] 关于植物的参考文献参见布拉乔奥里尼的 *India recognita* (1492)，参见 L. D. Hammond, *op. cit.* (n. 123), pp. 9, 11, 12-13, 16, 18, 21。比较图 37, 38。

[151] 关于更精确的参考文献参见 *ibid.*, pp. 148, 150, 152-54, 166, 186-87, 191-92。除了两种类型的沉香木外，对于其他的类型，狄奥斯科里季斯都已经写到。

[152] *Ibid.*, p. 165. 关于"柑橘"历史的讨论的重要性参见原书第二卷，第 441-442 页。

[153] 参见 F. Schulze, *Balthasar Springers Indietnfahrt, 1505/06...* (Strassburg, 1902), pp. 54-55; 也参见 *Asia*, I, 162-63。

[154] 关于他列出的 30 种植物和它们的名称参见 M. Lemos, *História da medicina em Portugal* (2 vols.; Lisbon, 1899), II, 217-74。

[155] 巴尔博萨的记录以手稿的方式秘密流传（参见原书第二卷，第 58 页），在 16 世纪中期由赖麦锡出版了其中的部分内容。但它重心集中在药物的贸易方面。参见 Guerra, *loc. cit.* (n. 147), p. 50。

[156] 最终由雅米·沃尔特（Jaime Walter）出版，参见 "Simão Alvares e o seu rol das drogas da India," *Studia* (Lisbon), X (1962), pp. 117-49。

[157] 参见 L. Bourdon, "Luís de Almeida, chirurgien et marchand...," in *Mélanges d'études portugaises offerts à M. Georges Le Gentil* (Lisbon, 1949), pp. 69-85; 以 及 J. Z. Bowers, *Western Medical Pioneers in Feudal Japan* (Baltimore, 1970), pp. 11-14。

[158] 参见 J. Stannard, "Dioscorides and Renaissance *Materia medica*," in M. Florkin (ed.), *op. cit.*(n. 147), pp. 1-3。

[159] 关于药草图例的讨论参见 *Asia*, II, Bk. 1, 81-82。

[160] 但是布隆非尔超出了古代人，他把蕨类、苔藓和针叶树视为不同组的植物。参见 J. von Sachs, *Geschichte der Botanik* (Leipzig, 1875), pp. 3-5。

[161] 参见 B. Hoppe (ed.), *Die Kräuterbuch des Hieronymus Bock...*(Stuttgart, 1969), p. 80。

[162] 参见图 39, 40, 41。

[163] 参见 Arber, *op. cit.* (n.146), p. 255。关于帕拉塞尔苏斯对外国药物的看法参见原书第二卷，

第 424 页。

[164] 参见 V. Cian, *Un decennio della vita* di *M. Pietro Bembo*（1521-1531）(Turin, 1885), pp. 37n, 123。

[165] 关于纳瓦杰罗的活动调查及其同赖麦锡的通信参见 M. Cermenati, "Un diplomatico naturalista del Rinascimento, Andrea Navagero," *Nuovo archivio veneto*, N.S., XXIV (1912), 164-205。也参见原书第二卷，第 200 页。

[166] (Rome, 1537), pp. 65-66.

[167] 当在费拉拉时，阿马托（Amato）可能同希罗尼默斯·迪亚斯（Hieronymus Dias）通过信，迪亚斯是一位在果阿的葡萄牙医生，更早些时候阿马托在安特卫普与其结识。关于阿马托的早期职业生涯参见 H. Friedenwald, *The Jews and Medicine: Essays* (2 vols.; Baltimore, 1944), I, 336-48; II, 433-34。也参见图 43。

[168] 参见 Stannard, *loc. cit.* (n. 158), pp. 12-13。

[169] 我这里使用了 1588 年在里昂出版的版本。它包括了数量可观的木刻插图。

[170] 参见 Friedenwald, *op. cit.* (n. 167), II, 435。

[171] 例子参见 *In Dioscorides*, pp. 33, 39; 关于印度香料和药草知识的全面讨论可参见 R. Jorge, *Amato Lusitano* (Lisbon, 1962), pp. 215-78。

[172] *Commentarii in sex libros Pedacii Dioscorides*. 关于植物学书籍中的植物画像参见 *Asia*, II, Bk. 1, 81-84。

[173] 参见《比利时国家人物传记词典》（*Biographie nationale de Belgique*）中的文章。

[174] 参考文献出自乔治·汉希（Georg Handsch）医生的德文译本 *New Kreüterbuch mit den allerschönsten und artlichsten Figuren aller Gewechss...*(Prague. 1563)，及让·德·穆林纳（Jean de Moulines）医生的法文译本，以及作者本人修正和增补超过 1 000 处，名为 *Commentaires ... sur les six livres de Ped. Dioscoride...*(Lyons. 1572) 的著作。也参见图 44-49，并比较图 39-41。

[175] *New Kreüterbuch* (n. 174). pp. 13^r-13^v.

[176] *Ibid.*, pp. 217^v-218^r.

[177] *Commentaires* (n. 174), p. 342.

[178] *New Kreüterbuch* (n. 174). p. 59^v. 有关古董收藏的讨论参见 *Asia,* II. Bk. 1, 29-30, 46-54。

[179] *Commentaires* (n. 174). p. 344.

[180] *Ibid.*, p. 51. 木头本身是有香味的；在印度，泻剂通常是用其叶子制作的。

[181] 参见 R. S. Nichols, *Spanish and Portuguese Gardens* (New York, 1902). pp. 225-28。

[182] 传记和著述目录概要参见 *Asia*. I, 192-94. 在该书的第 164 页有奥尔塔的《印度草药风物秘闻》扉页的副本。

[183] 译文参见 C. Markham (ed.), *Colloquies on the Simples and Drugs of India by Garcia da Orta* (London, 1913). pp. 86-87。

[184] 对奥尔塔著作的评论及其著作与塞维尔的药剂师和美国药物与药草研究者尼古拉斯·莫纳

德斯著作的比较，参见 C. R. Boxer, *Two Pioneers of Tropical Medicine: Garcia d'Orta and Nicholas Monardes* (London, 1963)。

[185] 他显然是第一次注意到感应草（oxalid, *Biophytum sensitivum*），并最早描述了罗望子叶片的睡姿。参见 Arber, *op.cit* (n.146), p.105。

[186] 分析参见 C. das Neves Tavares, "A botânica nos *Colóquios de Garcia de Orta,*" in *Garcia de Orta* (commemorative vol.), XI, No.4 (1963), 684-88。若昂·德·洛雷罗（João de Loureiro）在《南圻植物志》（*Flora Cochinchinensis*，里斯本，1790 年）为纪念奥尔塔的贡献，把其中他的一个科以加西亚纳（Garciana）来命名。它仅是作为田葱科（*Philydrum Banks*）的同义词保留在国际植物命名法规中。林奈也以山竹子（Garcinia Mangostama）来纪念奥尔塔。

[187] 这个非字面意思的翻译来自 Markham (ed.), *op. cit.* (n. 183), p. xii。英文翻译的其他节参见原书第二卷，第 151n 页。

[188] 除了奥尔塔，卡蒙斯也把巴罗斯的著作作为亚洲植物的资料来源，并采用锡兰历史学家的描述视其为"肉桂之母。"参见 Conde de Ficalho, *Flora dos Lusiadas* (Lisbon, 1880), pp. 13-14。也参见原书第二卷，第 156-157 页。

[189] 书名为：*Aromatum et simplicium aliquot medicamentorum apud indos nascentium historia* (Antwerp, 1567)。这是为了纪念《印度草药风物秘闻》四百周年而根据葡萄牙语译本于 1964 年在里斯本 *Junta de Investigações do Ultramar* 出版的一个现代重印版。

[190] 我之前曾误以为（*Asia*, II, Bk. 1, 82）库希乌斯的缩略版没有插图。我意在说明它如同其后期的著作一样，没有使用植物本身的木刻插图。

[191] 参见原书第二卷，第 170-171 页。

[192] 书名为：*Pedacio Dioscórides Anazarbeo, acerca de la materia medicinal y de los venenos mortiferos...* (Antwerp, 1555)。后来的版本在马德里（1560 年）和萨拉曼卡（Salamanca，1570 年和 1586 年）出版。萨拉曼卡 1570 年版的重印本为 C. E. Dubler, *La 'Materia Medica' de Dioscorides...* (5 vols: Barcelona. 1953-1955) 的第三卷。

[193] 关于他的评注的评论及其在西班牙的影响参见 J. Olmedilla y Puig, *Estudio histórico de la vida y escritos del Sabio español Andrés Laguna ...* (Madrid. 1887), chap. vi。

[194] 参见 M. Colmeiro, *Ensayo historico sobre los progresos de la botânica,... especialmente con relacion a España* (Barcelona. 1842). p. 10。

[195] 译自 M. de Cervantes Saavedra and F. R. Marin (eds.), *El ingenioso hidalgo, Don Quijote de la Mancha* (10 vols.; Madrid, 1947-49), II, 56-57。

[196] 该珍稀图书复本的缩微胶卷收藏在位于华盛顿的国家医学图书馆。书的全名为：*Discoursos delascosas aromaticas, arboles y frutales, y de otras muchas medicinas simples que se traen de la India Oriental, y sirven al uso de medicina, autor el licencia do Iuan Fragoso medico, y cyrugiano de su Magestad. Con privilegio. Impresso en Madrid en Casa de Francisco Sanchez. Año 1572. Vendese en casa de Sebastian Yuañez librero en Corte.*

[197] 弗拉戈索的著作被错误地编目为一本不被承认和没有权威性的奥尔塔著作的译作，他在书中增加了对美洲产品的评价，参见 D. M. Colmeiro, *La botánica y los botánicos de la peninsula hispano-lusitania* (Madrid, 1858), pp. 152-53。

[198] 关于阿科斯塔及其职业生涯的大多数的错误信息长期在文献学和专著中流传。关于其活动最为准确的记录参见弗朗西斯科·格拉（Francisco Guerra）在《科学家传记词典》（*Dictionary of Scientific Biography*）中的论文。也参见图 52。

[199] 关于未出版的手稿的标题，一部是关于到东印度航行的，另一部是关于从波斯到中国地区的植物群和动物群的。参见同上。

[200] 意大利文译本参见 F. Ziletti (Venice, 1585)；法文译本参见 A. Colin (Lyons, 1602, 1619); 拉丁文译本参见 L'écluse (Antwerp, 1582, 1593, 1605)。参见图 53。

[201] 参见 Arber, *op. cit.* (n. 146), p. 105; Markham (ed.), *op. cit.* (n. 183), p. xiv。

[202] 关于不是在现场勾勒的一幅木刻画，参见 *Asia*, II, Bk. 1, 154。也参见图 51。

[203] 参见 J. Seide, "The Relationship of Garcia da Orta's and Cristóbal Acosta's Botanical Works," *Acles du Xe congrès international d'histoire des sciences*, VII (1953), 564-67。也参见《东印度药物和医学论》的葡萄牙语译本，参见雅米·尔尔特博士（里斯本，1964 年）为纪念奥尔塔的著作四百周年而编辑的著作。在注释中，沃尔特特别标明阿科斯塔的每个章节在多大程度上是基于奥尔塔的研究。

[204] 1567 年奥尔塔的拉丁语的缩编本出版，其后，在安特卫普出版的版本中做了大量的修正。安尼巴尔·布里干提（Annibal Briganti）于 1576 年在威尼斯出版了奥尔塔著作的意大利文版。齐莱蒂（F. Ziletti）于 1585 年在威尼斯把阿科斯塔的著作译成了意大利文版。库希乌斯于 1582 年和 1593 年在安特卫普把阿科斯塔的著作译成了拉丁语。

[205] 例如，布拉索兰引用了马可·波罗和葡萄牙人的研究，指出樟脑产自婆罗洲。参见其 *Examen omnium*, p. 465; 也参见第 420-424 页。

[206] 参见 *De subtilitate* (Lyons, 1580), pp. 303-5; 在《我的生命之书》（*The Book of My Life*, New York, 1962）中，卡尔达诺让人想起阿马托·卢西塔诺、博克、福克斯和勒克鲁斯也引用了赖麦锡的旅行文集，第 250-252 页。

[207] *De plantis libri XVI* (Florence, 1583), pp. 53, 62, 426.

[208] 关于奥尔塔的具体描述参见同上，pp. 83, 116, 190, 426。

[209] 参见 *Asia*, I, 133。

[210] *Ibid.*, II, Bk. 1, 108.

[211] *Ibid.*, I, 476; II, Bk. 1, 40-41.

[212] 特别参见 O. Mattirolo (ed.), "Le lettere di Ulisse Aldrovandi a Francesco I...," *Memorie della Reale Accademia delle scienze di Torino*, 2d ser., LIV (1904), 359, 364-65, 383.

[213] 关于曼陀罗整株植物的绘画参见 *Asia*, II, Bk. 1, pl. 36。

[214] 参见 O. H. Giglioli, "Jacopo Ligozzi disegnatore e pittore di piante e di animali," *Dedalo*, IV

(1923-24), 556。

[215] 参见 *Asia*, I, 694。

[216] *Ibid.*, pp. 743-44。

[217] 整个书名扉页为: *Herbario nuovo di Castore Durante, Medico, e Cittadino Romano. Con figure, che rappresentano le vive Piante, che nascono in tutta Europa, e nell' Indie Orientali, e Occidentali. Con versi Latini, che comprendono le facoltà de i semplici medicamenti ...In Roma, Appresso Bartholomeo Bonfadino, e Tito Diani, MD LXXXV*。早期的版本分别于 1583 年和 1584 年在威尼斯出版。显然，在 1585 年还有亚科莫·贝里奇亚（Iacomo Bericchia）和亚科莫·图尔尼厄里（Iacomo Turnieri）在罗马出版的另外一个版本（参见 Arber, *op. cit.* [n. 146], p. 280）。

[218] 参照图 52。

[219] 马蒂奥利并没有试图为肉桂树做插图，因为他找不到一个精确的描述。参见原书第二卷，第 175 页。

[220] 至于这种关系重要性的证据，应当指出，阿尔皮尼 1645 年版本的著作是受到雅各布·德·邦特（Jakob de Bondt）著的《印度医学》（*De medicina Indorum*）的影响。他对亚洲产品的讨论可以在第 117^v-118^v 页找到。

[221] 因佩拉托自己有个小花园，他与许多著名的欧洲植物学家都有过通信。但是当检查他的《自然史》（那不勒斯，1599 年）一书时会发现，他主要关注的是收藏而非科学。关于他职业生涯的最好描述参见 A. Neviani, "Ferrante Imperato speziale e naturalista napoletana," *Atti e memorie dell'Academia di Storia dell'Arte Sanitaria* (Rome), 2d ser. II, No.2 (1936), 57-74, 124-45, 191-210, 243-67。

[222] 关于他出版的奥尔塔和阿科斯塔的著作，参见 *Asia*, I, 194-95; II, Bk. 1, 82-83。

[223] "1587 年巨著植物史在里昂出版……在末尾有个附录包括了一些印度的植物，大多数是来自阿科斯塔的著作。"参见托马斯·约翰逊在格拉尔德著的《普通植物史》（*Herball*, 1597 年）1633 年版中的"致读者"。

[224] *Rariorum aliquot stirpium, per Pannoniam, Austriam, et vicinas quasdam Provincias observatarum historia ...* (Antwerp, 1583), especially pp. 122-211。

[225] 关于西米椰子面包的版刻画翻印自 *Asia*, II, Bk. 1, pl. 45。德雷克的植物货物从来没有被全面地检查过，但其显然是来自勒克鲁斯的著作，这些著作激发了广泛兴趣。参见 J. Ewan, "Traffic in Seeds and Plants between North America, England, and the Continent during the 16th and 17th Centuries," *Actes du XIIe Congrès international d'histoire des sciences*, VIII (1968), 47。

[226] 关于斯卡利杰尔，参见原书第二卷，第 358-359 页；关于奥提留斯，参见原书第二卷，第 467-469 页。

[227] 关于他职业生涯的细节和其著作的完整清单，可以参见 J. Theunisz, *Carolus Clusius: Het merkwaardige Leven van een Pioneer der Wetenschap* (Amsterdam, 1939)。

[228] 关于 16 世纪第一次在帕多瓦和比萨最早种植的植物清单，包括椰子树、竹子和樟树，参见 E.

Hayms, *A History of Gardens and Gardening* (New York. 1971), p. 128。

[229] 参见 V. Hehn, *Kulturpflanzen und Hausthiere in ihrem Übergang aus Asien nach Griechenland und Italien sowie in das übrigen Europa* (rev. ed.; Hildesheim. 1963). pp. 504-7。

[230] *Op. cit.* (n. 217), p. 392.

[231] 1697 年的权威是耶稣会士李明的著作 *Nouveaux mémoires sur l état présent de la Chine* (Paris. 1701), p. 172。

[232] 参见 Hehn. *op. cit.* (n. 229). p. 454。

[233] 这一观点的第一次表述参见 G. Gallesio, *Traité du citrus* (3 vols.; Pisa, 1917), II, 297-98。

[234] 关于类似的结论参见 E. S. Hayms, *Plants in the Service of Man* (Philadelphia, 1972), p. 148。

[235] 参见 F. Guerra, "Drugs from the Indies ... ," *loc. cit.* (n. 147), p. 38。

[236] 参见原书第二卷，第 432 页。

[237] 参见 E. L. Greene, *Landmarks of Botanical History* (Washington, D.C., 1909), p. 285。 帕鲁丹努斯和林斯乔坦也评价了曼陀罗属植物在欧洲的种植和使用。参见 A. G. Camus, *Mémoire sur la collection des grands et petits voyages . ..* (Paris, 1802), pp. 196-97。

[238] F. A. Flückiger and D. Hanbury, *Pharmacographia: A History of the Principal Drugs of Vegetable Origin, Met with in Great Britain and British India* (London, 1874)。

[239] 参见 G. Capivaccio, *Opera omnia . ..* (Frankfurt, 1603), p. 816, and pl. 51。

[240] P. 146ʳ。

[241] 也参见 *Dispensatorium, hoc est, pharmacorum conficiendorum ratio* (Venice, 1556), especially pp. 1-53。

[242] 参见 F. Perry, *Flowers of the World* (London, 1972), p. 309。莎士比亚（Shakespeare）在《空爱一场》（*Love's Labour's Lost*）(V, i) 中写道："我在世界上只剩下一分钱，你不应用它来购买姜料面包。"也参见图 51。

[243] 参见 A. Lonitzer, *Kreüterbuch...* (Frankfurt, 1598), p. lxxxi。这本书中满是彩色的木刻画。

[244] 参见 R. M. Newcomb, "Botanical Source-Areas for Some Oriental Spices," *Economic Botany*, XVII (1963), 127-32。

[245] Greene, *op. cit.* (n. 237), pp. 208-10, 252.

[246] 参见 Sachs, *op. cit.* (n. 160), pp. 6-7。

[247] 参见 Arber, *op. cit.* (n. 147), p. 114。

[248] 参见 S. Bobroff, "Exotic Plants in Linnaeus' *Species Plantarum* (1753)" (Ph.D. diss., Department of History, University of Chicago, 1973), p. 41。

[249] 参见 A. Cailleux, "Progression du nombre d'espèces de plantes décrites de 1500 à nos jours," *Revue d'histoire des sciences*, VI (1953), 42-44。

[250] 援引自德·洛贝尔（De l'Obel）所著：Stirpium adversaria nova (1570-1571) 的前言，又参见 Arber, *op. cit.* (n. 147), p. 177。

第十章　制图学和地理学

　　从埃拉托色尼（Eratosthenes，公元前276—前196年）到托勒密（活动于公元127—151年）的希腊和希腊化时期的地理学家，为西方地球科学的研究奠定了基础。在他们的作品中制图占据了突出的位置。斯特拉波（Strabo, 约公元前63—公元21年）的《地理学》已经包括关于科学绘制球体或平面地图的说明。托勒密断定，在已知世界上最重要的点应根据它们的纬度和经度来确定在地图上的位置。在中世纪，古典的地理科学被转化为了一种具有宗教倾向的宇宙学，它努力借助更新的经验与传统观察来调和圣经历史和神话的关系。

　　大多数的研究，尽管在当下作为地理学的分支已经衰落，然而在1500年以前则被包括在宇宙学的定义中，它们作为宇宙学的一个分支，描述和绘制了天与地。希腊语中的"地理"或者说作为地球科学的研究，到1600年开始复兴并被纳入到现代知识库中。16世纪，地理学的对象已逐渐限于只是对地球的描绘。在接下来的两个世纪中，制图学和地理学的古老关联被保留下来，因"知地图"仍是地理学家的基础性工作。而"制图师"这个单词，作为区别于地理学家的一个标识，只有到19世纪，才第一次出现在欧洲的词汇中。[1]

　　文艺复兴时期地理学的历史可以划分为两个相互关联的部分：描述欧洲的地形和描述逐步被发现的海外世界。欧洲的区域地理学家和人文主义者主要集中在制作完整和准确的地图以及对当地地貌、产品和民众的文学描述上。他们的材料是通过实地调查和邻里的消息提供者精心搜集而来的。由于这些研究成果，他们很快就不再相信托勒密地图对欧洲城市和地区的定位。在他们建立更精确的经度和纬度的过程中，地志学家或区域地理学家使用了最先进的技术设备和他们能获取的最先进的数学程序。宇宙志学者，像塞巴斯蒂安·明斯特（Sebastian Münster），汇编了早期的方志研究，制作了更通用的地图和对它们的描述。然后，随着越来越多的古代作家对海外之地和民众的奇特的描述以及受过训练和未经训练的记录者对当下事件的记录的出现，区域地理学家把实证的、科学的材料集成到了宇宙学的著作当中。只是到了 16 世纪后半叶，区域地理学的人文和实证方法才开始被应用到地球的整个表面的研究。

对欧洲以外世界的观测肯定是文艺复兴时期最具有戏剧性的地理事件。知识界已经获悉的关于海外世界早期发现的评估报告，多以批评和质疑为主。方济各会的传教士、马可·波罗和曼德维尔关于亚洲的描述刺激了对 15 世纪社会各个层面的疑惑和怀疑。对学者而言，随着古代地图和手稿的重新发现，以及 15 世纪波吉奥·布拉乔奥里尼关于尼科洛·德·孔蒂到印度旅行的手稿和印刷版著作的出现，相对而言，中世纪旅行者的游记，尤其是马可·波罗的游记的可信度更高。[2] 那些具有航海知识的人也能够从 15 世纪葡萄牙人和西班牙人的航海报告中学习到，越过大洋大海的长途航行正迅速地发现新的地方和人类的存在，这些都是古代世界所不知晓的。人们越来越意识到，特别是在西班牙和葡萄牙，为了能够再次抵达这些地方，"发现"要求他们在地图上把新的地方标识出来。但在里斯本和塞维尔的官方地图中记录这些新发现则是一项艰巨的任务。在 1475 年至 1575 年的一个世纪里，欧洲对世界的认识，特别是对陆地和海洋的关系，经历了历史性的巨变。

前印刷时代的世界地图，无论是墙上的装饰或在画布、牛皮纸或羊皮纸上的关于已知世界的图片，已经被中世纪晚期通过陆路进入亚洲的旅行者迅速地搜集起来。[3] 通常情况下，这些豪华制作，如加泰罗尼亚地图（1375 年），只是作为特例存在。14 和 15 世纪的世界地图，虽然数量不多，却把新现实主义引入到绘图当中，这是设计师努力准确定位已知的山脉和其他明显的物理特性

448

时的结果。[4] 弗拉·毛罗（Fra Mauro）在他 1459 年的世界地图中甚至记录了中国海军帆船现身东非亚丁湾，这一信息可能源自阿拉伯人，而马可·波罗在他的权威研究中，也只是标出了离开亚洲海岸的"Ixola de cimpagu"（日本）。[5] 尽管如此，这些美丽的海岸和翔实的地图也从根本上改进了中世纪的世界地图。直到托勒密地图 1477 年以印刷形式出版，广大的民众才获得了科学的地图。托勒密关于通过格网纬线和子午线来进行位置测绘的观念，教会了知识界在确定地理位置、范围和方向时准确度和精度的重要性。

第一节　托勒密的淡出

托勒密的地理学著作把数学制图介绍给了文艺复兴时期的欧洲。约 1406 年，它从希腊文翻译成拉丁语，这部原著在经过校改和修正之后，在接下来的一个世纪仍然在地理学领域占据主导地位。托勒密著作引人瞩目的方面之一是他对几种地图投影法的说明，它们首先是被提尔（Tyre）的马里努斯（Marinus）发现的。第一种方法是通过垂直子午线和曲线平行，这种方法因易于构图而受到托勒密的推崇。1450 年后，大多数地图编制采用了托勒密的投影法，但往往根据原设计者的设计作出修正。包括原创的 27 张地图的托勒密著作的印刷版第一版或称为托勒密地图集，1477 年在博洛尼亚印制发行。约 1480 年，弗朗西斯科·伯林吉耶里（Francesco Berlinghieri）采用了一种改进过的投影法或称为等面积投影法，利用弧形弯曲经络来制作地图，这些地图在佛罗伦萨出版之时纳入了托勒密的地理学著作。除传统上那些属于托勒密地图集的组成部分之外，这一意大利语测试版本也是第一次把"现代地图"包括进来。[6]

449　　托勒密地理学流行的高峰期是在 1475 年至 1513 年。托勒密的主要竞争者是古代的斯特拉波，后者的《地理学》在 1472 年就出版了拉丁语译本。不过，托勒密在地理学的权威地位仍是不容撼动的。1475 年至 1490 年间，他的地理学著作有 7 个印刷版本出现在欧洲，大多数配有地图。1490 年至 1507 年间，没有发行新版本，可能是因为托勒密还没有获悉关于区域性和大陆的大批新的地理材料。1507 年至 1599 年间，共有 34 种托勒密著作的印刷版本，分别以拉丁语、葡萄牙语和意大利语发行，编辑们集中对原来的托勒密地图进行了修正并在传统的文本中加入"现代"地图。[7] 它的文本被重译或部分被重译，这些译者包括 16 世纪大批著名学者：皮克海默（Pirckheimer，1525 年）、伊拉斯谟（1533 年）和塞尔维特（Servetus，1535 年）。[8] 伟大的墨卡托在 1578 年出版了自己亲自修正的文本和地图。

托勒密著作的复原、翻译、复制和出版刺激了印刷和地图制作业的发展。15 世纪，制图学在意大利的发展是与印刷业结合在一起的。类似的进化发生在 16 世纪欧洲其他的印刷中心。印刷对制图学的重要性不仅是降低成本而且易于大量地发行。[9] 事实上，在 1500 年前，印刷业处于摇篮期时，生产成本高昂，如同手稿著作只能以极有限的版本来发行。对科学目标而言，更重要的是印刷师拥有生产几乎相同的副本的能力。[10] 前几代人能够准确重现文字资料，但不能重现视觉材料。随着印刷时代的来临，以及木刻和铜版画的出现，就有可能恒久地传达视觉材料，而超越了只是通过字句来描述或定义。印刷的地图，因其能够像其他印制于书中的或单独印刷的雕版图那样准确地重复图形表，成为了向广大公众传递一个新的世界地理关系意识和轮廓的根本途径。欧洲印制的地图通常是根据希腊人发明的天文定位系统来制作的，当它们第一批在欧洲出现时，已在中国印刷出他们最早的世界地图数个世纪之后了。[11] 因此，欧洲公众从开始印刷就拥有一个世俗的、科学的及世界性定位的制图传统，并准备改变其地理和地图的想法以适应最新的信息。[12] 对学者而言，由不同作者制作的可靠的地图为比较研究制图学和分类学打开了方便之门。[13]

450

15 世纪的意大利人和葡萄牙人在地理学方面互相学习。葡萄牙人从到访过的热那亚和威尼斯的航海家那里学会了制作波多兰航海图（portolans）的技术。这些技术在航海人中间代代相传，但通常不会传到国外。所有保存下来直接记录葡萄牙人 15 世纪探险活动的，是威尼斯的航海图，其中包括到佛兰德斯（Flanders）去的水手在里斯本收集的信息。[14] 意大利享有很高声誉的地理学专家也曾引导葡萄牙国王阿方索（King Alfonso）在 1474 年咨询著名的佛罗伦萨的宇宙志学者帕奥罗·达·波佐·托斯卡内里（Paolo da Pozzo Toscanelli，

1397—1482年）何为到达印度的最短路线。[15]在佛罗伦萨能够定期收到葡萄牙人的航行资料，这在出版于1490年的亨利克斯·马提勒斯（Henricus Martellus, 鼎盛于1480—1496年）的地图中可以很容易地找到证据。他修改了托勒密的亚洲地图，在制作传统的基本地图时，他还把随后在亚洲的发现补充进来。马提勒斯的世界地图考虑到了马可·波罗对东方的描述，也考虑到了托斯卡内里的错误观点，即进入印度的最短路线是跨越大西洋，同时还注意到葡萄牙人在1488年已经穿过了印度洋。[16]

正是因为新航海技术的发展，地中海的波多兰航海图扩大为大西洋地图才成为了可能。在海洋上航行的航位推算法（dead reckoning）逐渐被天文导航所取代。经度仍有待从远距离航行和根据指南针的航线来估计。但如今在船上就可以通过仪器观测天体，确定近似纬度，并确定船舶的位置，几乎能够满足实用目的。在15世纪的最后十五年，葡萄牙人把纬度引入到了海图上，后来成为地图制作的一个元素，与以前相较，现在纬度更精确。[17]16世纪，葡萄牙人对海岸的描述和对沿海城市的定位通常为波多兰航海图和地图的制作者所采用。

欧洲"大动荡"（Storm and Stress）期间世界观的不断变化发生在16世纪的第一个十年。约翰·卡波特（John Cabot, 逝世于1498年）和哥伦布（逝世于1506年）两人至死都坚信他们自西航行到了亚洲的东部。[18]1499年达·伽马返回后，葡萄牙逐步采取严格政策来控制有关到印度的途径的一切信息的传播。[19]对15世纪90年代大发现信息的控制是如此有效，以致仅有一幅保存至今的原版航海图（1492年）显示了这些信息。即使到16世纪的最初十年，仍鲜为人知。[20]所以，16世纪初期始，这种原始图表的稀缺提升了现存的平面天球图和其他材料的重要性。[21]

1502年的坎提诺平面天球图是第一幅对托勒密关于亚洲描述做出重大调整的世界地图。它很可能是一位葡萄牙制图师的杰作，且似乎是改编自葡萄牙的标准地图（padrão）或官方的地图，后者被存放在里斯本的海道测量部。虽然托勒密对坎提诺地图的影响力依然存在，但是亚洲南部海岸出现在地图上似乎是基于阿拉伯人的航海图。已经确认的印度半岛清楚地被标注出来，尽管它还只是一个简略的绘图。马来半岛延伸到遥远的南方，苏门答腊岛和马达加斯加

451

放错了位置，而马六甲以东地区至今还处于人们幻想的境界。[22]但是，最令人惊奇的是亚洲纵向范围大大缩短，其东端准确地位于分界线以东约160°。像许多中世纪的地图（而且很可能部分是以加泰罗尼亚地图集为蓝本）那样，坎提诺平面天球图包括大量已经熟知的东方的地方、产品和人物的图例，以及葡萄牙人在那里的殖民地。这个平面天球图，不像这个时期佩德罗·赖内尔（Pedro Reinel）的地图，不包括纬度，但它确实标明了赤道和热带地区。[23]大量类似地图显然制作于约1502年的葡萄牙，就像坎提诺地图，它们要么偷运出该国，要么销往国外。这些世界地图的大多数最终被运到意大利和德国，在那里它们成为那些国家的制图师创作的原型。[24]

452

　　虽然托勒密的权威性在意大利犹不可撼动，但在16世纪初期制作的新平面天球图已经对其构成了最严峻的挑战。所谓金-汉密（King-Hamy）平面天球图（约1504年）、尼科洛·德·加纳里奥（Nicolay de Canerio）的世界地图（约1505年）、康达里尼（G. M. Contarini）的世界地图（*mappamondo*，1506年），以及在一些旅行书中的木刻画，是第一批遵循了葡萄牙原型的意大利地图。[25]15世纪意大利制图师——特别是保存在佛罗伦萨的1457年无名氏的世界地图和弗拉·毛罗的世界地图——在托勒密的地图中增加新的名字和信息的速度实际上根本没有放缓，在16世纪平面天球图中，托勒密关于亚洲的轮廓，以及它的位置名称和海岸线，均鉴于新的知识而开始做出调整。

　　一般来说，与坎提诺平面天球图相较，意大利地图错误更多，更加托勒密化。例如，现存大英博物馆的康达里尼地图是唯一的副本，制图师在该图上努力通过在波斯湾和托勒密地图中的印度河之间插入一个狭窄的半岛以显示达·伽马抵达的印度。1507年在罗马出版的托勒密的《地理学》和其1508年在传统的文集中增加了6张"现代"地图的修订版，预示了托勒密的世界轮廓的基本变化。它的一些版本也包括出自约翰内斯·勒伊斯（Johannes Ruysch）之手的世界地图，它同康达里尼的地图相类似。[26]托勒密的威尼斯版本（1511年）直截了当地表明，制图师意识到，伴随着新的地理知识的不断获得，托勒密的地图必须要加以修改和纠正。虽然这张由伯纳德斯·西尔瓦尼（Bernardus Sylvanus）制作的世界地图与托勒密传统断绝了关系，但亚洲东部仍是托勒密式的，而中国仍然被称作"Sina"。[27]

在 15 世纪后半叶，托勒密著作的知识经意大利传到德国。纽伦堡著名的天文学家和数学家雷格蒙塔努斯（1436—1476 年），首先担负起了解释、简化和批判托勒密的《天文学大成》的任务。从研究托勒密的天文学开始，雷格蒙塔努斯和他的同事们被引向了调查亚历山大的《地理学》。在这个过程中，他们采用代数和三角法研究地形学，不久他们就发现托勒密的德国地图中存在错误和缺陷，进而开始怀疑他描述不太熟悉的地方时的准确度。雷格蒙塔努斯去世后，他的追随者开始制作新的德国地图，并开发出新的工具来进行天文和地形的观测和计算。伯恩哈德·瓦尔特（Bernhard Walther）作为雷格蒙塔努斯的学生和赞助人，为了出版科学研究的成果而创办了出版社，并出版了 1474 年至 1506 年的《天文历表》（Ephemerides）。正是这批早期的学者，德国地理学派才带有数学的偏好。[28]

纽伦堡人对创新的偏爱，尤其是发明和建造机械仪器，拉动了经济发展，提升了城市的科学声誉。他们愿意赞助新项目，马丁·贝海姆（Martin Behaim）的地球仪（1492 年）就是很好的例证。旅行家贝海姆给葡萄牙带来一些德国的科学发现，国王若昂二世委任他到皇家的航海部门工作；在 1490 年，他回到纽伦堡照顾家族企业。那时他应城市的先辈们的要求监督地球仪的建造。地方治安官豪尔赫·霍尔茨舒尔（Jörg Holzschuler）还提供了补助金供其使用；画家格奥尔格·格洛肯东（Georg Glockendon）负责装饰地球仪贴面条带（gores）和铭刻图例。[29]贝海姆著名的地球仪还提供了一个世界图景，尽管它的设想是在哥伦布首航前夕。在建造地球仪时，贝海姆和他的助手不得不做出一个关于欧洲和亚洲之间海洋宽度的决定，这个距离被托斯卡内里严重低估了。纽伦堡人很大程度上还保留了欧亚大陆的传统观点。地球仪上大陆版块的轮廓可能源自印刷的地图，除了非洲海岸外，它们通常是来自托勒密地图。贝海姆地图的轮廓被其后的许多制图师所效仿，他们试图把新发现包括进来以对托勒密世界观做出微调，[30]而另一些人甚至更保守。出现在格奥尔格·赖施（Georg Reisch）的百科全书式的著作《哲学珠玑》（Margarita philosophica，弗莱堡，1503 年）中的世界地图的木刻画，仍保留了纯托勒密式的投影法。[31]

　　在德国，地理学的文艺复兴开始于阿尔萨斯（Alsace），贸易走廊轻松地连接起意大利和法国。它的首府斯特拉斯堡位于印刷和木雕行业的交汇处，它们在其周边城市纽伦堡、奥格斯堡、弗莱堡（Freiburg）和巴塞尔（Basel）同样兴旺发达。早在 1505 年，洛林的约翰（Johann）和戈捷·路德（Gauthier Lud）就提议编写和出版配有"现代地图"的托勒密著作新译本。作为圣迪厄（St. Die）的本地人，路德兄弟是印刷师，并得到了对地理学有兴趣的洛林的勒内二世公爵（Duke René II）的赞助。阿尔萨斯的诗人兼地理学家马蒂亚斯·林曼（Matthias Ringmann，1482—1511 年）很快就被征召协助圣迪厄的项目。林曼获得了韦斯普奇 1503 年汇报他第三次航行（1501—1502 年）的信件的最早版本，并于 1505 年在斯特拉斯堡出版。通过阅读这份和其他材料，林曼的结论是，他认为托勒密的著作迫切地需要加以修正。[32]1507 年他抵达圣迪厄时，会见了德国著名的制图师马丁·瓦尔德西姆勒（Martin Waldseemüller，1470—1518 年）。

　　圣迪厄项目的第一部作品是 1507 年的《宇宙志导论》（*Cosmographiae introductio*）。[33]它被分为两个不同的部分：一是对宇宙志的总体讨论；二是翻印亚美利哥·韦斯普奇（Amerigo Vespucci）的书信，同时附加了一幅世界平面投影挂图和用作地球仪的贴面条带。[34]一幅由 12 张纸构成的大块木刻画、单一心形投影的世界地图，以托勒密地图为基础，借助来自韦斯普奇的文本和加纳里奥的世界地图修正而成。亚洲，如同在大多数托勒密地图中一样，都被极大地向东延伸了。这张地图在未来两代的制图师中的流行，可能归因于它把美洲纳入进来而不是因任何其他的革新。[35]

　　虽然《宇宙志导论》主要是瓦尔德西姆勒的著作，但 1513 年在斯特拉斯堡出版的托勒密《地理学》完全是圣迪厄团队共同努力的结果。该文本是林曼从希腊文重译成拉丁语的。包括了以前版本已有的 27 张托勒密的地图和补编进来的"现代地图"。尽管亚洲纵向扩展明显缩短，但托勒密地图本身只是稍有改动。在 20 张新地图中，有 5 张显示了葡萄牙人和西班牙人在 15 世纪的大发现。瓦尔德西姆勒的著作以及海外世界的新地图，是基于葡萄牙人的原型或改编自它们。托马斯·莫尔爵士（Sir Thomas More）在编写他的《乌托邦》（*Utopia*）时曾查阅的单张的南亚地图，可能是出自这个地图集，或者是模仿自它。[36]1520

年、1522年和1525年，在斯特拉斯堡出版的托勒密地图后来的版本中，所有的"现代地图"都被重新印制。1522年的版本还包括了另外两张印度和东方的地图。[37]

瓦尔德西姆勒和他的追随者第一次彻底打破了托勒密的制图传统，而开始完全基于葡萄牙人的发现编制世界地图。1516年的《海图》（*Carta marina*）是一幅由12张纸的木刻画组成的海洋和航海图，根据其标题，显示了"葡萄牙人的航海，我们这个时代知晓的世界和海洋的形状和性质、地点和边界，这些既不同于古老的传统，又不为古代作者所知晓"。[38]但这张新地图及其独立宣言从来没有比瓦尔德西姆勒更传统的世界地图更为普及。宇宙志学者洛伦茨·福利斯（Lorenz Fries，约1490—1531年）和斯特拉斯堡的出版商马丁·格吕宁格尔（Martin Grüninger），是其中为数不多的对《海图》给予深度和持续关注的两个人。福利斯在1522年版的托勒密地图中，从《海图》中为其地图集汲取了原料，增补了新地图。[39]不幸的是这些地图绘制拙劣且印刷质量差。三年后，福利斯出版了自己的《海图》（1525年），它是对瓦尔德西姆勒原著的缩编和复制。与海图相配套，他以德语出版了一份指南，作为说明以供使用，这是基于瓦尔德西姆勒的注释及能够获得的如瓦尔塔马的旅行记录来完成的。同其原著一样，福利斯的著作以图例和插图见长。然而无论是作者还是印刷师都避免使用哗众取宠的手段来追求商业利益；他们更愿意根据最近的旅行记录材料与他们的书和插图联系起来，而不是基于曼德维尔和东方怪物。想象不同于妄想，诸如表现曼努埃尔国王时，他是骑着海狮行走于好望角。福利斯的书在1527年和1530年再版。[40]

阿尔萨斯学派随着林曼和瓦尔德西姆勒的逝世而消亡，但在此之前，它已经把海外新发现对不断变化的地理概念的重要性带回了母国德国和邻国。托勒密地图的制作，特别是1513年版，有助于振兴纽伦堡的地理学和推动它在奥格斯堡的发展。[41]有数学思想的纽伦堡人特别热衷于设计新的投影图，这有助于更为充分地从所有层面来展现已知的世界。约翰·维尔纳（Johann Werner，1468—1528年）和他的同事提出了三心形投影图。研究这些投影图显示，维尔纳的方法正确地强调了北半球主要的陆地板块。[42]与他同时代的纽伦堡的约翰·思达比斯（Johann Stabius），勾勒出了一个球状的地图，它由阿尔布雷特·丢勒（Albrecht Dürer）装饰和完成，并在 1515 年以木刻版出版。[43] 同年，纽伦堡的牧师兼教授约翰·舍那（Johann Schöner）制作了他的第一个地球仪，同时配有题为《关于地球的高透明的描述》（*Luculentissima terrae descriptio*，班贝格，1515 年）的描述性文字。在此，他批评了托勒密地图的纬度和经度，并提供了欧洲、亚洲和非洲以及新发现的地方的经纬度表，并敦促所有小国的国君更精确地测定他们本国的地理状况。[44] 但舍那的地球仪贴面条带仍是以 1507 年印制的瓦尔德西姆勒修正过的托勒密地图为蓝本的。托勒密传统还保存在纽伦堡，维尔纳和威利巴尔德·皮克海默（Willibald Pirckheimer）努力提供更容易被理解的《地理学》译本。皮克海默的译本印制于 1525 年，墨卡托 1584 年的版本采用了这一译本。

为适应"新世界"**或者是托勒密不知道的那些地区的存在**，托勒密的世界地图被 16 世纪初期的制图师拉伸和压缩。[45] 托勒密地图的陆地面积覆盖了他的整个地球周长的 1/2，一直从加那利群岛（Canaries）到中国。更重要的是，他的地球以继承自阿拉伯人的观念为基础，其周长只有实际长度的约 3/4。这些错误所导致的后果是，它为新世界和广阔的太平洋留下的空间——或从巴拿马到中国海岸 130° 的距离——仅仅限于 70°。[46] 坎提诺的世界地图（1502 年）旨在通过缩短欧亚大陆纵向范围来纠正这一错误，意味着美洲同亚洲的距离要远比哥伦布和大多数的欧洲制图师所认为的距离远得多。[47] 然而，托勒密的权威地位在西班牙、意大利和德国是如此不可撼动，以致他的基本错误只能慢慢予以纠正。1519 年麦哲伦对太平洋面积的估计与其实际大小相差达 80%。"维多利亚"号返航后的整整一个世纪，太平洋的面积仍被低估了 40%。[48] 对两个美洲间的关系、东南亚岛屿和日本岛的安置，以及对亚洲大陆东海岸的构造，1570 年前制作的地图还意见纷呈。

与其他欧洲人相比，西班牙人可能更了解大西洋、美洲和太平洋西岸，但在制作地图方面却是极其缓慢的。胡安·德拉·科萨（Juan de la Cosa）——哥伦布的引航员——制作了一幅世界地图（可能在 1500 至 1508 年间），其中把美洲视为从北到南相连接的大陆海岸线，但没有任何迹象显示美洲与亚洲相分离。亚洲的地图在其内部装饰有"三王"（Three Kings）的画像，南部海岸刻有由葡萄牙的曼努埃尔发现的土地。[49]1506年康达里尼地图是最早标出由一条海道把古巴与黄金岛日本（Cipangu）以及日本与中国分开的印刷地图。[50]1508年，韦斯普奇被任命为西班牙的主要引航员，但也没有带来制图观念的明显进步。在这个职位上，他有责任制作和更新《皇家秘图》（*padrón real*），这是塞维尔的官方世界地图。韦斯普奇——不管他的资格如何——在他的任期内除组织管理外做的事情很少。在建立一个负责贸易和航运的中央组织方面，西班牙人远远落后于葡萄牙人，他们继续依赖整个前麦哲伦时期的制图信息，它们是通过间谍、变节的葡萄牙海员以及走私地图和航海图中转给塞维尔的。[51]他们还从意大利和德国进口的地图和地球仪中收集信息。麦哲伦甚至可能通过向国王展示舍那1515年的地球仪或者一个类似的东西，说服了后者支持他周游世界。[52]因为在1527年前的这段时间不存在《皇家秘图》的副本，在麦哲伦出航前西班牙知晓多少关于太平洋的信息尚是未知数。[53]

与"维多利亚"号实际所做的事情相较，它的返航对欧洲人的世界观的影响更具革命性。麦哲伦的探险让人们真正认识到地球是圆的。它纠正了托勒密地图关于地球表面海洋和陆地的比例，证明陆地面积远远超过海洋。太平洋广阔的宽度已被证明，这一知识在亚洲和美洲，至少在它们的南部地区开始传播，但事实和认知之间差距甚大。麦哲伦的航行也有助于让人进一步相信作为新世界的美洲的整体性和独立性。它从此打消了所有认为通过一个相对短暂的向西航行可能到达亚洲的想法。麦哲伦绕美洲的航行证明了通过海路能进入太平洋；这一壮举导致了西班牙对航行到香料群岛的兴趣的复兴，但仍对陆路连接北美和东北亚存有疑问，直到18世纪白令海峡的发现。更早期的制图师假想存在南方大陆的传统观点也没有改变，而且似乎证实了在麦哲伦海峡南部存在一块大陆。最后，关于香料群岛的经度位置以及是否合法地属于葡萄牙人或是否位于西班牙人的势力范围内，仍悬而未决。[54]

1519年至1529年间，关于摩鹿加群岛的位置和归属权的冲突推动了宇宙学与制图学的研究，特别是在西班牙。[55]在"维多利亚"号返航前，巴尔波亚（Balboa）1513年发现"南海"和恩西索（Enciso）在《地理全书》（*Suma de*

458

geographia，塞维尔，1519 年）的断言都曾激励一些西班牙人，他们宣称，马六甲东部所有地方均是西班牙的势力范围。[56] 麦哲伦的手下返回后，彼得·马特是第一个公开宣称摩鹿加群岛隶属西班牙的人。此时关于葡萄牙对东方征服的认真检讨也开始在西班牙出现。[57] 在此项新的活动中间，迭戈·里贝罗（Diogo Ribeiro，逝世于 1533 年）——一位被葡萄牙逐出国外者——恰好在 1519 年抵达塞维尔。他立即受聘为麦哲伦的船队制作航海图、罗盘、象限仪和天球仪。1523 年，查理五世擢升他为皇家宇宙志学者，在同葡萄牙人讨论摩鹿加群岛的归属权时，他代表西班牙，并陈明其主张。他帮助从科鲁那（Coruña）出发的西班牙舰队准备材料，尝试为船舶和矿山制作金属泵。他曾与马丁·森图里翁（Martin Centurione）——查理派到热那亚的大使——合作编写杜阿尔特·巴尔博萨著作的译本。[58] 其间，他编制了大量的平面天球图，以他的权力，他可能使用了《皇家秘图》。1526 年，查理五世致信费迪南·哥伦布（Ferdinand Columbus），要求他与里贝罗及其他人员合作编制世界地图，地图上"将标出到目前为止发现和从现在开始发现的所有岛屿和大陆（！）"。[59]

从 1525 年至 1532 年，里贝罗编制或受命编制了 5 张平面天球图。其中制作得最好的是 1529 年的世界地图，现保存在梵蒂冈。它既是对已经知世界的了不起的合成，又是明显来验证摩鹿加群岛隶属西班牙的努力。1529 年的平面天球图包含了地球极圈之间的整个组成部分；东印度群岛被放置在东部和西部边缘之间。按照纬度安置的大洲相对准确，但亚洲仍过于向东，超过约 20°。摩鹿加群岛的位置太靠近亚洲大陆，可能是因为亚洲过度地向东延伸，它们被置于西班牙的势力范围。极有可能是为了使摩鹿加群岛居于更有利的位置，而保留了半-托勒密式（semi-Ptolemaic）的亚洲。[60]

麦哲伦航行中的其他数位参与者、兴奋的作家和驻西班牙的外交家迅速地把成功周游全球的消息传到了欧洲其他地区。[61] 特兰西瓦尼亚的马克西米利安的拉丁语报告首先刊出这则消息；1523 年消息传到了科隆和罗马。在纽伦堡的约翰·舍那率先从西班牙获得信息并把其带入德国制图学的主流。根据马克西米利安记录的粗略地理信息和一幅由"有身份的"无名氏男子从西班牙送来的地图，舍那在 1523 年建造了一个新的地球仪（现在已经不存在）。与地球仪相配套，舍那编写了一份关于西班牙和葡萄牙人大发现的简短的宣传册（tract）。但在地球仪上，尽管他明确标出美洲是一个单独的大陆，然而他仅是通过一个狭窄的水带把其同亚洲分开，同时把摩鹿加群岛置于西班牙的势力范围。1526年他在纽伦堡担任数学教席后，显然能继续收到来自西班牙的地图，因为在其一篇地理学的论文《地理学简编》（*Opusculum geographicum*，纽伦堡，1533 年）中，他又一次不加批判地接受了西班牙制作的更新的地图，这篇论文是为了他的新地球仪编写的指南。[62]

纽伦堡的人文主义者皮克海默，如同他的同事奥格斯堡的波伊廷格（Peutinger）一样，尽力掌握最新的发现。两人还彻底重新审视了古代的著作，以确定是否古人已经知悉绕过非洲到印度的航线。[63] 在 1525 年托勒密著作的译本中，皮克海默唯一关注的是从希腊文本翻译出有价值的拉丁语译本。但在他的《德国》（*Germania*，1530 年）一书中，他发起了一次到世界其他地方的远足，至少在地名方面是这样。在这本小书的第一份附录中，他列出了托勒密关于亚洲的地名与"现代"地名之间的对照表：Alambater ＝Diu；Monglossum ＝Goa；Sinyla ＝ Calecut 或 Chossin；Sinae ＝Schin。[64] 一次对皮克海默未发表的论文的审查发现，他还从古典与同时代的游记中收集摘录地理学的材料。因他主张在中学（*Mittelschule*）教授地理学，据此推测，他打算把这些摘录的材料用于教学。[65]

对普及教学做得更多的是彼得·阿皮安（1495— 1552 年）的著作，作为地理学家的阿皮安转载了他人的地图，并制作了数个地球仪，绘制了自己的地图（参见图 27）。最重要的是，他的地图和著作表达了他把关于海外世界的新材料带入地理学的决心。他直率地嘲笑那些固守托勒密权威的人，并声称，在古代和现代资料来源的冲突中，学者常更轻信同时代旅行家的目击证词及以他们的记录为基础的那些著作。[66] 他痛感自己缺少机会去四处旅行和亲自观察。[67] 毕其一生，他是位坚定的天主教徒，在巴伐利亚度过了成年的大部分时光。可能是因他的宗教正统性，他的宇宙学著作在欧洲才广为流行。他最具原创的制图工作是他出版于 1530 年的心形世界地图。[68] 尽管他关于亚洲轮廓的地图基本上仍然是基于托勒密地图，但是他呈现的是较大的太平洋和东南亚岛国。该

460

地图的边缘装饰有托勒密和韦斯普奇的面部肖像。每个人物捧着一颗心形地图。托勒密手持托勒密世界地图给出了一个强有力的例证，表明世界上许多地方对他而言尚是未知之地；在韦斯普奇地图上，托勒密投影留下空白，大发现所发现的世界其他地方已经被画入其中。

第二节　新制图学

当另一些人出于各自的目的而改编葡萄牙人的作品时，葡萄牙人自己继续制作基础性的新地图和航线海图。现存有 1500 年至 1600 年期间的 28 名葡萄牙制图师的作品。文本材料的征引文献揭示了有另外 19 名制图师的作品存在，但尚未被确认。在 16 世纪，欧洲没有哪个国家的制图师人数能够达 47 名之多。他们制作的大多数地图集中于大洋而不是在地中海世界。他们的作品通常不是波多兰航海图而是平面天球图、世界地图、大西洋和印度洋的地图。到 1559 年，葡萄牙人在他们的地图上已经描绘了超过 60 000 公里的新海岸线，其中将近 1/2 来自亚洲和马来群岛。[69] 因其与大洋航行的密切联系，葡萄牙制图师和宇宙志学者非常重视地图而忽略了地球曲率和子午线收敛角。他们最早的许多平面天球图包括了纬度。佩德罗·努涅斯在 1534 年确定了恒向线（rhumb lines）或沿该线罗盘能保持恒定关系的真实性。葡萄牙人也倾向于在许多航海图和地图上记录他们诸多关于航海规章和水文地理以及宇宙志兴趣的材料。海员在海上、岛屿和海岸看到的海流、潮汐、漂浮物、鱼类、鸟类、树木或者果实经常以插图或图例来表现。

作为法国制图师的模型，1530 年后葡萄牙的航海图和海洋地图显得尤为重要。最初法国人对于在二手资料——主要是借助拉丁语著作和译本——了解到的新发现只是略有好奇。[70] 他们的神学家长时间内仍被宗教地理学所吸引，特别是对圣地的准确描述和地图的绘制。[71] 诺曼底（Normandy）和布列塔尼（Brittany）的海员是法国最早对美洲的发现给予积极响应的人。巴黎的数学教授奥龙斯·法恩（Oronce Finé，1494—1555 年），是 16 世纪法国第一代

461

知识分子中唯一对席卷意大利和德国的制图革命兴趣长久的人（参见图54）。通过在圣巴贝学院（College of Sainte-Barbe）的朋友，他直接了解到了葡萄牙人和西班牙人在海外的胜利。[72] 也许他也知道洛波·欧蒙 - 赖内尔（the Lopo Homem-Reinels）的世界地图集（1519 年），人们相信，这是受曼努埃尔国王委托，送给国王弗朗西斯的。[73] 在 1530 年前后，法恩或水文地理学和制图学的迪耶普学校（the Dieppe school）的成员才开始发行地图。[74] 迪耶普制作的大部分地图仿照了葡萄牙的航海图，在 1540 年前后，法国才开始记录他们自己的同胞在大西洋上的航行。大约在 1546 年，受英国国王亨利八世的委托，迪耶普的让·罗泽（Jean Roze）制作了国王的领航员使用的大西洋地图。[75] 法国最早的地图强调把北美同亚洲东北部完全分离开来。法国制图师，包括法恩，也虔诚地相信存在一个与巴西相连的巨大的南方大陆（南极洲）。赛弗特（Thevet）及其他法国的宇宙志学者令这一想法存在了相当长一段时间。[76] 虽有这些制图活动，雅克·西诺（Jacques Signot）还是能够出版和销售《世界指南》（*La division du monde*，巴黎），它从 1539 年至 1560 年出了 5 个版本，但从来没有提到两个美洲或亚洲的新发现。

462　　　　在 16 世纪中叶，葡萄牙人在国内及海外继续纠正和修改其先前的航海图。宇宙志学者努涅斯的弟子若昂·德·卡斯特罗，1538—1541 年航行去印度时谨慎地测试了他老师的部分导航仪器、方法以及想法。[77] 这次航行催生了系列的三条新的航线海图的制作，同时里斯本的重要的世界地图也做出了相应的调整。约 1545 年，以修改过的重要的地图为基础，一幅不具名的平面天球图在里斯本生效，这是自坎提诺地图以来第一幅确切在葡萄牙制作的平面天球图。这张精心制作的世界地图用着装和赤身的亚洲的统治者画像来装饰，甚至包括中国皇帝（参见图 14）。这一新信息随后借助迭戈（Diogo）、安德烈·欧蒙（André Homem）和巴托洛梅乌·维利乌（Bartolomeu Velho）的地图作品传到了法国、意大利、英国和荷兰。维利乌的著作可以追溯到 1560 年，它们在内部物理结构和位置的标识等细节方面特别新颖。拉·波普利尼埃尔（La Popelinière）很可能从维利乌的地图中得到了一些关于亚洲的信息。[78]

　　　　德国的宇宙学在 16 世纪中叶达到极盛时期，但对葡萄牙人的更新的地图显然没有什么印象。[79]同阿皮安一样，德国的宇宙志学者作为德国皇帝和西班牙国王都关心的对象，继续依靠里贝罗在1529年的地图（图67）和西班牙关于美洲的报告。出现在德国的流行的旅行记录和宇宙志中的关于亚洲的描述和地图，它们所依赖的是传统，而不是更近的葡萄牙人的地图。德国的宇宙志学者也倾向于依赖文学资料——马可·波罗、波吉奥和瓦尔塔马——而不是葡萄牙的地图。印刷师在编制宇宙志时的影响非常大，他们有可能首选复制旧木刻地图和插图，而不是投入新的雕刻费用。当然，宗教战争和对它们注意力的转移，对德国制图学的发展产生了有害的影响。不管是什么原因，显而易见，到1550年，德国制图学的创新只包括增加区域地理的描述。

意大利人，同法国人一样，他们比德国人对更新的葡萄牙制图活动反应更灵敏。威尼斯的宇宙志学者贾科莫·加斯塔尔迪（Giacomo Gastaldi，约1500—约1565年），是最多产和最有影响力的意大利制图师。从1544年到他去世的二十一年间，加斯塔尔迪制作了超过100张的地图。他编制了托勒密地图意大利版的"现代地图"（威尼斯，1547—1548年），随后制作的10张地图被收入赖麦锡的伟大旅行文集中。但他最原创的作品是在1559年至1561年间制作了六张纸组成的单独的亚洲地图，共分为三部分。他关于亚洲内陆的材料，主要依靠赖麦锡出版的马可·波罗的著作。[80]一项关于他的亚洲地名的研究揭示，他依赖的葡萄牙的平面天球图，可能是卡斯塔涅达（Castanheda，1556年）和巴罗斯（1561年）的意大利语译本，他早期的地图也一样。他当然也使用一些地名，尤其是关于印度内地的名称（特别是"加贾帕提"[Cospetir]和"帕尔"[Pale]），这些只能在葡萄牙编年史中找到。在他的地图的第三部分，加斯塔尔迪试图通过给出一张托勒密地名和他们的"现代"地名的对照表，以正视听。[81]加斯塔尔迪的地图通过罗马的安东尼奥·拉弗瑞利（Antonio Lafreri）和他的同事出版的数量庞大的刻版图而广为流传。[82]

与其他欧洲人相较，文艺复兴时期的意大利人更倾向于使用挂图来装饰他们的宫殿。[83]约1400年，在威尼斯一间特殊房间的墙上，使用世界地图来描绘的壁画令公爵的宫殿蓬荜生辉，直到1483年它毁于大火。1553年，十人会（the Council of Ten）决定与加斯塔尔迪签署合同，制作亚洲和美洲的挂图。[84]亚洲

463

的地图将以马可·波罗和巴罗斯关于中国的描述为基础，可能是从赖麦锡的文集中抽取他们的作品。同时增加一幅由加斯塔尔迪编制于 1549 年的非洲地图。美洲的投影地图，由于资料不全，从来没有完成。而完成的 2 张地图后来不复存在，取代它们位置的是格里塞利尼（Grisellini）在 18 世纪绘制的 8 张地图。[85]

佛罗伦萨的科西莫·德·美第奇（Cosimo de' Medici）公爵显然从威尼斯的榜样中获得了灵感，也将壁画地图置于自己的房间。他最先获得洛波·欧蒙 1554 年的平面天球图，该图包含有东印度群岛、中国、琉球群岛和日本的新近发现的细节。[86] 后来，他从葡萄牙得到一本书，有关里斯本到摩鹿加群岛的航程，是由曾经亲自引航达 14 次的葡萄牙引航员撰写的。[87] 科西莫随后召集伊格纳西奥·丹提（Ignazio Danti，1536—1586 年）——一名多明我会的修道士——设计出独特的地图集，后被绘制在房间里橱柜的木板上，现在叫壁橱大厅（the Sala della Guardaroba）。[88] 1563 年至 1575 年之间丹提为公爵的衣橱间完成了 53 件壁画地图。它们包括了香料群岛的地图（1563 年）、其他东印度群岛（1573 年）、中国（1575 年）和日本的组成部分（无日期）。在一幅东亚地图上，日本被标识为与中国海岸相分离，另一幅上它则被描述为距离欧属西印度群岛的最远的地方。丹提把日本标识为一个岛国，可能是因为他更多地依赖马可·波罗而不是耶稣会士的信函。1569 年，当丹提为壁画地图工作时，他发表了关于制作和使用星盘与球体的论文。

1580 年，丹提被教皇格里高利十三世传唤到罗马，监督新建成的观景楼画廊（Galleria del Belvedere）的装潢。作为宗座的宇宙志学者，丹提由两位艺术家吉罗拉莫·穆齐亚诺（Girolamo Muziano）和切萨雷·纳比亚（Cesare Nabbia）协助工作。在为观景楼画廊完成了一系列意大利地图的同时，丹提和他的工作人员开始为宇宙学的凉廊制作挂图，它位于梵宫（Vatican palace）拉斐尔凉廊（Raphael loggias）第三层。在北翼，他们绘制了整面墙的地图，其中包括由两半球构成的世界地图，以及各大洲和海外世界许多地方的地图。其中还包括了锡兰、印度、马六甲、中国和鞑靼的装饰性地图，日本出现在了新版的西班牙地图上。尽管所有这些地图已经被损坏，但亚洲的总图几乎可以肯定是基于加斯塔尔迪的大陆地图，经过修改并插入其他地图的。[89] 在梵蒂冈图书

464

馆，由福斯托·鲁格斯（Fausto Rughesi）后来制作的亚洲的地图（1597 年）同样是基于加斯塔尔迪的地图，只是在描绘东亚时做了重大的调整。可以肯定的是，该地图是第一幅把朝鲜描绘成半岛形状的壁画。[90] 这一描绘只能解释为它首先参照了艺术家的材料，然后又读到了耶稣会士的书信。[91]

　　约 16 世纪中叶，新的制图业中心出现在荷兰的城市和莱茵河流域。在佛兰德的临海位置，尤其是安特卫普，要求荷兰人尽可能多地学习关于海洋的知识。因此，无需惊奇地会发现，他们的地理学家在导航、相关的水文地理学和海洋制图学方面比区域土地测定或制图方面更加熟练。约翰内斯·勒伊斯（Johannes Ruysch，约 1460—1533 年）是第一位制作出世界地图的荷兰人，1508 年前后他曾在罗马宗座宫殿工作。根据坎提诺的地图或加纳里奥的地图，1507 年至 1508 年勒伊斯创作了托勒密式地图，清楚地表明他很熟悉葡萄牙人在亚洲的发现。[92] 安特卫普的印刷师同时发行书籍及小册子，市民通过它们可以了解到海外航行，同时乐享展现它们的原始的木刻画。把勒伊斯优秀的地图同这些北部木刻画相比较，则清楚地展现出两者间的科学鸿沟，它在 16 世纪初把意大利从荷兰的地理知识中分离了出来。

465

　　科学的地理学在荷兰的起源归功于杰马·弗里西乌斯和他的学生的活动。从 1525 年到他过世的三十年时间里，杰马在鲁汶（Louvain）担任教授。在大学工作的那些年，他招收了大量的葡萄牙学生，那时达米奥·德·戈伊斯（Damião de Góis）在那里出版了他关于海外发现的拉丁语著作。[93] 杰马，也是一位德国宇宙学的信徒，1529 年在安特卫普出版了阿皮安的著作，该书在五年前已首先在兰茨胡特（Landshut）出版。他给 1544 年版的宇宙学增补了一块小的木刻画，他的世界地图现仅存一幅。[94] 他还制作了地球仪、星盘和浑天仪。约 1535 年制作的地球仪，直到 1951 年才被发现，它包括有亚洲最重要的城市，同时指出特兰西瓦尼亚的马克西米利安是启发他制作地球仪的人。[95] 1536 年，查理五世为杰马·弗里西乌斯和加斯帕尔·阿·米里卡查（Gaspar à Myrica）颁发了四年期的许可证，"发布那些令人感兴趣的通用的地球仪或天球仪，通过新近发现的国家和岛屿扩大、拓展和更加丰富此前发布的内容（连同天球仪），而非借助一些充斥着基督教巧合的东西"。[96] 次年，他制作了一对大型的地球仪；

在这一过程中，他得到了他的学生格哈德·墨卡托（Gerard Mercator，1512—1594 年）的协助。[97]

墨卡托和他低地国家的同事的作品永久地打破了托勒密在制图学上的桎梏。弗朗西斯库斯·孟纳楚斯（Franciscus Monachus），是墨卡托的一位朋友和方济各会的修士，他曾试图寻找《世界述奇》（*De orbis situ ac descriptione*，安特卫普，约 1530 年），它是一部以公开信的形式编辑的书，通过反驳托勒密的《地理学》以驱除"托勒密的幻觉"。虽然墨卡托并不怎么张扬，但是可以很容易地从他的地球仪、地图和信件中推断出，他同样相信：托勒密幻想必须一扫而空。他最早独立完成的作品是 1538 年的世界地图，采用了法恩早期地图的双心形投影法。[98] 欧亚大陆的大陆板块基本上仍然是托勒密式的，同时借助中世纪的旅行家的记录增加了数处内陆，并修改了亚洲的海岸线。在他的地图上，太平洋仍然是一条狭窄的水带，但他清楚地标出了东印度群岛的许多岛屿。同法国学派一样，尽管他确实将巴西放在了南美，但他仍假定在麦哲伦海峡南部有一个巨大的南极洲。与他的世界地图相配套的地球仪在 1541 年完成，在地球仪上，他正确地画出了恒向线作为螺旋线。1552 年前后，他离开鲁汶到了杜伊斯堡（Duisburg），那是一个古老的城市，是鲁尔和莱茵河交界处的汉莎（Hansa）的内陆港口。

在杜伊斯堡的工作坊里，墨卡托编制地理数据，绘制和雕刻了自己的地图。1559 年至 1563 年，他在当地的拉丁学校教授数学和宇宙学。可能是这样的经历让他相信，人们迫切需要新的地图集，以取代过时的托勒密地图。[99] 墨卡托的地图更加出名，因此吸引了远近的访问者出现在他的工作坊。在荷兰，普兰汀出版社从 1566 年至 1576 年垄断了他的地图出售。安特卫普印刷师也通过设在巴黎的销售店以及法兰克福书展加以销售。[100] 普兰汀的记录证明，英国对世界地图和地球仪的需求在增加。墨卡托在 1569 年出版了他著名的世界地图后，他的儿子鲁莫尔德（Rumold）作为科隆书店的地图销售代理去了伦敦。[101]

墨卡托 1569 年的世界地图是第一幅使用其后以他的名字命名的投影法来绘制的地图。墨卡托的投影法显然是源自他的经验，因为爱德华·赖特（Edward Wright，1558？—1615 年）才是第一位对其性能进行数理分析之人。[102] 墨卡托发明了一种圆柱投影法，所有子午线都是直线垂直于赤道，并与纬线相平行。这一投影法证明会给航海家带来福音，对他们而言，他们现在第一次可以通过一条直线制定罗盘航向。而对大陆的描写，墨卡托完全打破了与托勒密制图学的关系，在这个意义上，它也是革命性的。不过他继续错误地假设存在一个巨大的南方大陆。可能他延续了被马可·波罗和瓦尔塔马共同误读的澳新神话，一些同时代的人从中得出结论，在大爪哇（Java Major）南部横亘着一个大陆。根据墨卡托自己在图例中的声明，东南亚是以葡萄牙人的地图为基础的。然而，他还混淆了中国广州的河流与古典的恒河。他也坚信北美是通过狭窄的阿尼安海峡（Strait of Anian）把其同东北亚分隔开的。换句话说，他的地图引起了许多有关新世界的连续性、它同亚洲的关系、北部通道的可能性以及存在巨大的南方大陆等地理问题的激烈辩论。[103]

英国特别困惑不解的是，根据他们自己的航海经验，他们发现墨卡托展示了一个开放的极地海洋，推测它可以被用作通向中国的东北通道。[104]在他留下的信件中，很显然墨卡托自己仍在为找到最简单的亚洲航线而发愁。1577年，他仍然愿意相信，从墨西哥跨越狭窄的海峡航行到亚洲的可能性。[105]三年后，他在致哈克路特（Hakluyt）的信中表示，令其惊讶的是，英国决定放弃从"方便和容易的"北方航道抵达中国。[106]德雷克远征麦哲伦海峡六个月后，他在给奥提留斯的信中，讲述了他收到一封密信，告知他亚瑟·佩特（Arthur Pet）已被派出由东北通道到亚洲去，希望同德雷克在爪哇相遇。[107]德雷克成功地周游世界显然刺激了墨卡托竭尽所能寻找抵达亚洲的南方路线。他同菲利普·萨塞蒂——一位佛罗伦萨人文主义者，从1583年直到他1588年去世都居住在果阿——就航海和其他主题进行了一次长距离的书信辩论。墨卡托传记的作者，沃尔特·金（Walter Ghim）在1595年写道："相当多的这些和类似的信件可以很容易地在他的继承人的房子中找到。"[108]一年后他的继承人鲁莫尔德致信奥提留斯，他在查找他父亲的书籍和论文的手稿过程中，试图"找到印度旅行的作者的材料和书信"，却徒劳无获。[109]虽然没有留下什么东西，但这些参考文献清楚地表明，墨卡托仍在搜集关于东方的材料，直到他在1594年去世。

墨卡托晚年的制图学著作也证明了他对海外世界坚定的好奇心，特别是那

467

些涉及他计划的雄心勃勃的综合性著作。与他 1569 年出版的世界地图同步，他开始策划一部地图集，这将展示一个完整的、图文并茂的宇宙的起源和成长。与这个计划相联系，他还在 1578 年和 1584 年出版的《地理学》两个版本中纠正了托勒密的地图。[110] 把地图编制成地图集的工作进展缓慢，部分原因是他漫长地、艰苦地研究，另一部分原因是缺乏受过训练的版刻师。在他去世后，海外世界的地图留待洪迪厄斯来完成，它们被并入到著名的墨卡托 - 洪迪厄斯地图集中，最终在 1606 年作为一个整体出版。[111]

468　　墨卡托的密友，安特卫普的亚伯拉罕·奥提留斯（Abraham Ortelius，1527—1598 年），是一位制图师，兼出版商和著名的收藏家。早年，他的工作是作为地图的说明者；也许是通过这一活动，他于 1554 年在法兰克福书展上遇到了墨卡托。奥提留斯在 1560 年同墨卡托进行法国之旅前，周游过德国和意大利。此时的墨卡托可能激发年轻的奥提留斯对制图学产生了更科学的兴趣。普兰汀这些年来的记录显示，奥提留斯是地图和其他来源的地理信息的定期购买者。[112] 他此时也开始尝试从他在里斯本的通信者那里学习东方的地理学。[113]他的原创地图出现在 1564 年，是一幅 8 张纸组成的大型世界地图。三年后，他出版了一幅 2 张纸组成的亚洲地图，该地图成为了那些包括在他地图集中的地图格式的模板。他的亚洲地图主要根据加斯塔尔迪的地图制作。[114]

正如他的亚洲地图那样，奥提留斯到处寻求可用的最佳模型。随后，根据这些模型绘制出自己的地图，再把他的手稿交给弗兰兹·霍根伯格（Franz Hogenberg）和他的助手来刻版。在他的朋友埃吉迪乌斯·霍夫曼（Aegidius Hooftman）的建议下，奥提留斯开始以他自己的地图为标准尺寸和格式编制最新的地图集。这样，工作既迅速且节约了时间，能够获得最好的现代地图，并以统一的格式编辑成书出版。《环宇大观》（*Theatrum orbis terrarum*）的第一版（1570 年）包括了由 53 张纸组成的 70 幅地图，同时附文本。奥提留斯尽可能提及他使用的地图原创者的名字及引用的其他资料来源。他在地图集前加上了已知的制图师的名单，列出他注意到的他们所有著作的清单。总之，他制作的是一本制图学的百科全书，成为 17 世纪众多的"环宇大观"的范本。

《环宇大观》立即取得了学术和经济上的成功。在 16 世纪最后 1/3 世纪时间里，出版了 25 种单行本：拉丁文 12 种，德文和法文各 4 种，荷兰文 3 种，西班牙文 2 种。[115] 其中 5 种是全新版本，称为《增补版》（*Additamenta*）。在后来的版本中，地图数量稳步地从 70 种增长到 101 种，制图师的人数从 87 名增加到 183 名。第一版包括亚洲总图（地图 3）与单独的鞑靼人居住地方的地图（地图 47）和东印度群岛地图（地图 48）。在 1579 年的版本中，亚洲的地图被彻底修改了，一幅单独的中国地图（地图 97）插入到 1584 年的《增补版》中，它位于鞑靼人居住的地方和东印度群岛中间。五年后，新增加了一幅太平洋地图；1595 年，又增加了一幅单独的日本列岛地图。[116]1579 年开始，他为历史地图增加了一个新的部分，被称作《附录》（*Parergon*）。这些古地理学的地图主要是他自己创作，到 1598 年他去世那年达到 38 种。[117] 在 1577 年，版刻师菲利普·加勒（Philippe Galle）和他的同事开始制作袖珍地图集或者说方言版的《环宇大观》的"缩编"。尽管他们缩编的地图是粗糙的，但袖珍地图集却获得了巨大的商业成功。[118]

奥提留斯随着《环宇大观》的普及而声名鹊起。 1573 年，阿尔巴公爵（the duke of Alba）代表国王菲利普二世授予他王室文凭，提名他为"陛下的地理学家"，但奥提留斯并没有因为获得奖赏而高兴。当 1576 年"西班牙的愤怒"（Spanish Fury）发生在安特卫普时，他逃到了英国。一年多后他回到了安静的城市——他的故乡列日（Liége）。1579 年以后，普兰汀出版社开始从技术层面接手出版《环宇大观》，此后奥提留斯投身到古老的考古学和古钱币研究，同时继续修订和扩增地图集。从 1581 年到他去世时，他一直住在安特卫普，在那里他的主要工作是扩大他的博物馆，接待访客，忙于大量的通信。

墨卡托和奥提留斯一直保持着友谊，并定期写信交换有关地理学和制图学的信息。西班牙主教和王室顾问贝尼托·阿里亚斯·蒙塔诺（Benito Arias Montano）是奥提留斯最热心的崇拜者和定期信息提供者之一。最初是他安排任命奥提留斯为皇家地理学家的。在他旅行欧洲过程中，他常常发送消息给奥提留斯，告知他在遥远的地方看到的地球仪和地图，在某些情况下，负责安排把复制品或资料送到安特卫普。[119] 奥提留斯则礼尚往来，发送自己的作品和其他地理学材料到西班牙[120]，同时充当阿里亚斯·蒙塔诺发送书籍和标本给

469

库希乌斯的中间人。[121]奥提留斯还同其他制图师通信，如在罗马的伊格纳西奥·丹提和里斯本的路易斯·特谢拉（Luis Teixeira）。[122]他从英格兰收到信件，获悉崛起的英国决心挑战菲利普二世在海外的垄断权。[123]他与恩克赫伊曾（Enkhuizen）的帕鲁丹努斯通信，探讨荷兰希望获得抵达中国的东北通道，并鼓励林斯乔坦的航海和出版活动。[124]

当尼德兰联省共和国（the United Provinces）仍在技术上反抗西班牙时，荷兰对东方制图学的兴趣受到了极大的刺激，决定打开与香料之地直接和独立的海上联系。林斯乔坦在葡萄牙驻果阿的政府部门度过五年时间（1583—1588年）后，1592年，他带着航海指南、航线海图以及在葡萄牙编制的东方地图返回到恩克赫伊曾。德克·葛利兹（Dirck Gerritz）和其他荷兰海员带着另外的航海和地理学的数据从东方返回。1592年，科尼利斯·德·豪特曼和弗雷德里克·德·豪特曼（Cornelis and Frederick de Houtman）被派往里斯本，在那里他们获得了由葡萄牙的制图师巴托洛梅乌·拉索（Bartolomeu Lasso，活跃于1575—1590年）制作的25幅海图的副本。荷兰国务会（The Estates General of Holland）则下令印制拉索地图，并要求绘制出标准的世界地图以记录未来的发现。[125]彼得·普兰修斯（Petrus Plancius，1552—1622年）——归正会神学家和制图师——在1592年编制了一幅这样的世界地图。他还编制了一幅单独的摩鹿加群岛地图。这些都是由科尼利斯·科拉埃兹（Cornelis Claesz）在1592年至1594年之间在阿姆斯特丹出版的，彼时荷兰人通过海角路线首航到了东方。[126]

荷兰长期以来一直探索通过北方通道直接驶往香料产地和中国的可能性。他们已经从杰马、墨卡托和其他著名的制图师那里得到证实，这条通道比南方路线更短、更容易，特别是通过东北路线。但率领阿姆斯特丹商团的普兰修斯，一位由牧师转变来的赞助商，最终放弃了这个无望的项目。然后，他们自己开始组织起来，使用他们的船队对伊比利亚的垄断展开直接攻击。普兰修斯，像英格兰的哈克路特一样，看到一个让他的同胞取代葡萄牙人在东印度群岛的机会。而且他把他的大胆运用到了制图学。他1592年的由18张纸组成的巨大的世界地图是基于墨卡托1569年的世界地图以及葡萄牙的制图师佩德罗·德·莱莫斯（Pedro de Lemos）的原图。但是普兰修斯傲慢地放弃了墨卡托的投影法而采用莱莫斯地图简单的柱面圆柱投影法。[127] 从事海上贸易航行的同时代人显然支持葡萄牙人的投影法，因它在英国和荷兰一直流行到 17 世纪。普兰修斯的地图显然是作为引航员和领航员的标准地图，从而能与里斯本的卡萨的《标准地图》相媲美。但更为科学的荷兰地理学家——约道库斯·洪迪厄斯（Jodocus Hondius，1563—1612 年）和威廉·布劳（William J. Blaeu，1571—1638 年）——则继续遵照墨卡托的传统。

像荷兰人一样，英国人在几乎整个 16 世纪都在梦想通过北方通道航行到富庶的中国和神话般的香料产地。[128] 1550 年之前，只有少数的英国人知道一些有关世界地理的知识。在《宇宙之镜》（*The Cosmographical Glasse*，1559 年）一书中，威廉·甘宁汉（William Cunningham）把地理学从宇宙学中分离出来，但没有给读者提供任何令人满意的地理学知识。作为他的同胞，博学的约翰·迪（John Dee，1527—1608 年）是展开科学的地理学研究的第一人。迪当时仅有 20 岁，1547 年至 1550 年就读于鲁汶大学。在这里，他同杰马·弗里西乌斯学习航海术和其他地理学相关的学科，开始了同墨卡托亲密无间的友谊。他第一次结识奥提留斯可能是在 1550 年访问安特卫普之时。那年他沿途返回英国，在巴黎停留时遇到了法恩与波斯特尔（Postel）。[129] 在他扛着的行李中装有宇宙学的书籍和他老师的世界地图、用于地球仪的贴面条带以及制图工具。杰马关于通过北极通道能抵达中国的可行性的观点，继承自墨卡托和迪，该观点得到了查理五世的宇宙志学者的大力支持，因他们在英国迫切要求北方航道由来已久。[130]

迪本人也迫切希望看到打开通往中国的道路。作为一位业余魔术师、炼金术士和赫尔墨思主义者（Hermeticism），他坚信古代东方的传统，认为东方是最高级的秘术的发源地。迪渴望穿透宇宙的秘密，在返回英国后，他继续与他在国外的朋友通信，并研究他们最新的航海科学和宇宙学著作。通过往来信函，他同佩德罗·努涅斯成为朋友，努涅斯是科英布拉的数学家和宇宙志学者，早先出版了关于天体的实用手册。他与一些同宫廷关系密切的人交上朋友，同理查德·钱塞勒（Richard Chancellor）共过事，后者是位有实际工作能力的海员和领航员。通过钱塞勒，他可能结识了领航员塞巴斯蒂安·卡波特（Sebastian

Cabot）和旅行文学收藏家理查德·伊登。

当伊登在玛丽女王统治时期（1553—1559 年）通过他的著作而出名之时，[131] 对迪来说则是一个困难的时期。钱塞勒 1556 年去世，随后一段时间内实际上放弃了寻找中国。迪本人被天主教的政府怀疑为异端，因为与其说天主教政府对其宗教观点有诸多的同情，不如说天主教会对波斯特尔的观点更同情。[132] 迪恳求玛丽女王拯救那些在亨利统治时期已经被驱散的古人，恢复古迹，因为"许多是在胸无点墨的人手中，且（在这一和解时期）每日仍在腐烂"，但无济于事。[133] 女王伊丽莎白的到来很快给迪带来了财富和影响力的变化。1562 年至 1564 年间，他再次前往欧洲大陆。他从安特卫普到苏黎世（Zurich）、乌尔比诺（Urbino）、罗马，向东远至匈牙利普雷斯堡（Pressburg）。在游历中，他遇到了社会地位高的新人以及知识分子。因为他们对秘术的共同兴趣，他认识了当时领导哈布斯堡的君主们。1564 年，在他返回英国时，迪在莫特莱克（Mortlake）定居下来，接下来的二十年他都住在这个地方。在这里，他安置了自己的收藏和图书馆，使得莫特莱克成为名副其实的研究航海术和地理学的科学院。[134] 造访迪的既有英国人还包括外国游客，迪向他们打开了他的书库，敞开了他的思想。1566 年后，伊丽莎白时代的公众再次被努力寻找通往中国的北方路线所吸引，由此墨卡托和奥提留斯的地图在伦敦大量售卖。[135] 1577 年的春天，外交官兼古董商丹尼尔·罗杰斯（Daniel Rogers）可能带他的叔叔亚伯拉罕·奥提留斯（Abraham Ortelius）到过莫特莱克。沃尔特·罗利（Walter Raleigh）爵士同父异母的兄弟艾德里安·吉尔伯特（Adrian Gilbert）和汉弗莱·吉尔伯特（Humphrey Gilbert），都是迪家的常客。1581 年，"年轻的约翰·霍金斯（[John] Hawkings）先生，曾与弗朗西斯·德雷克爵士"到过莫特莱克。[136] 沃尔姆斯（Worms）的约翰·列奥纳德·霍尔（John Leonard Hall）在那一年夏天跟随迪学习罗盘的变化，从而为他到"杭州"的陆路旅程做准备，他大概是在迪的建议下做的。[137] 弗朗西斯·沃尔辛厄姆（Francis Walsingham）爵士和爱德华·代尔（Edward Dyer）爵士，特别是后者，在航海事宜方面咨询过迪。[138] 在莫特莱克，菲利普·西德尼（Philip Sidney）爵士认真钻研着地图，努力追踪弗洛比谢尔的航程。西德尼是一位严肃的研究航海和自然史的学者；哈克路特就把他的《游记汇编》（*Divers Voyages*，1582 年）献给了西德尼。[139]

在款待和向他的客人介绍时，迪还是一位地理学科学研究的积极的宣传者。在欧几里得（Euclid）英译本（1570 年）的前言中，迪坚定地指出研究数学是学习测量、航海、水文地理学、宇宙学的必要工具。[140] 迪和代尔，尽管都遭受到挫折，但仍继续推动更积极的探险，特别是寻找到达中国的北方航道。他们如饥似渴地从所有的资料来源中寻找信息，代尔还赞助约翰·弗兰普顿和他翻译的关于亚洲的西班牙语材料。[141] 在 1577 年春夏，迪匆匆准备了一本书，它的目的是强调，只要英国人齐心协力就能非常容易地探查到中国传说中的财富，包括俄斐（Ophir）的财富。

迪的《著名和丰富的大发现》（*Famous and Rich Discoveries*）从未出版过，到今天仍然只有一个残缺不全的副本。[142] 虽然这本书里的同时代的信息和误导无处不在，但可以肯定地断言，迪试图向政府官员和其他计划进行德雷克式的周游世界的人建议，太平洋地区的探险应该寻找什么。在其开篇，他断定所罗门的海军已在太平洋上找到新几内亚以外的俄斐土地，已经到达巨大的南方大陆的东印度的南端，并断言德雷克寻找它将是明智的选择。由于迪本人希望通过陆路航程抵达中国，或指导其他人如何更好地去进行，这本书的许多章节论述了亚洲的内陆路线和到达东方的海路，这些都是基于古代的作家和马可·波罗的研究。他显然受到马可·波罗著作的启发来假定存在巨大的"盛产黄金"的南方大陆，并把其标识为圣经中的俄斐之地。[143] 同墨卡托一样，迪仍然深信，从东北通道可以非常容易地抵达中国本土。寻找北方通道的失败，以及他个人对找到点金石的关注，导致迪在 1583 年放弃地理学研究。不久之后，他的图书馆和实验室被愤怒的暴民破坏，在他们看来，迪已与邪恶的精神共融。[144]

迪研究地理学和鼓励航海及探险的动机同他的哲学和宗教信仰密切相关。他被称为"英国的波斯特尔"，因为迪从根本上更多地是受到了来自《世界的和谐》（*Concordia mundi*）的观点而不是新的贸易路线建立的启发。他为玄学而着迷，他视亚洲为神秘知识的源泉和信息库。智慧、真正的信仰和物质财富都将在他的东方找到。数学和宇宙学是人们开启它的秘密的钥匙，作为一位热切的数据采集者，迪主要倾向于使用它证明他个人的宇宙信念。他如实地接受圣经，把它视为一本神圣的智慧之书；所以他试图通过最新获得的航海和地理学数据重建所罗门航行到俄斐的通道。他从来没有对在美洲建立种植园的想法产生非常大的兴趣；新大陆只是海上通往亚洲之路的障碍。在他的世界和谐的方程式中，他假定了一个"无与伦比的英帝国"将带给世界一个共同的宗教和永恒的政治和谐。他的女王，同波斯特尔的法国国王一样，将利用中国和俄斐的物质财富以及东方智慧，实现他的世界末日的愿景。[145]

比迪年轻的同时代人，犹如在莫特莱克的暴徒，因他的愿景而感到不安，他们更愿意赢得当前实用的目标。对他们而言，帝国之梦被局限于把英国建成为一个海外贸易和殖民地争夺中的真正的竞争者。理查德·威尔斯（Richard Willes），伊登的继承者，引用赞许托勒密的名言"所有地理学的主要基础和首要的原则是旅行记录"。[146] 更为年轻的理查德·哈克路特（Richard Hakluyt）重申了这一想法，他把其提升为其后的伊丽莎白时代地理学研究的一个公理。对于威尔斯和哈克路特而言，现代地理学的研究开始于葡萄牙人的发现和关于它们的报告。"通过东印度群岛、摩鹿加群岛以及新大陆的发现，加之最近令人惊叹的发现，不敢说没有其他的人。但我敢斗胆断言，今天所有的基督徒、犹太人、土耳其人、摩尔人、异教徒和野蛮人都会喜欢上地理学。"[147]

虽然这的确有修辞上的夸张，但却反映了威尔斯诸多同时代人都热衷于海外航行和地理研究。另一些人同样受到德雷克的周游世界（1580 年）与西班牙无敌舰队被击败（1588 年）的鼓舞。哈克路特以自己的话在《英国航海、旅行和地理发现全书》（*The principale navigations*）第一版（1589 年）的"献词"中讲述了他所希望的海外世界。但是，哈克路特没有把时间花费在理论地理学研究和制作地图及地球仪上，他只能通过别人的地图来阐述他的著作。他不谈论宇宙学，因为"那些令人麻烦的卷宗……最真实的和毫无价值的散乱地堆放于一处"。在他的著作中鲜有语句涉及科学地理学的因果关系或其他问题。他以评论季风和岛屿的优势为基础，同时论及水手、探险家和贸易商实际关心的主要问题。他的目的是说服他同时代的人关于进行系统的航海、探险、殖民贸易项目的可行性和必要性。[148] 为了帮助这一项目的执行，他编制、翻译（或已翻译）、出版（或已出版）能够获得的最重要的游记。[149]

　　凭着对出版物的热情，哈克路特为其他学者提供了地理分析和综合的原材料。同时，佛兰德的制图师和版刻师约道库斯·洪迪厄斯在 1583 年至 1593 年现身伦敦，英国的制图学受到了激励。他在 1592 年制作的版刻可能为建造英国第一批地球仪提供了帮助，该地球仪是由哈克路特的朋友、兰贝斯数学家埃默里·莫利纽克斯（Emery Molyneux）制作的。它们记录了英国的海外活动，包括德雷克和卡文迪什（Cavendish）周游世界的活动。[150] 关于世界水文地理学的新结论有可能是由此衍生出来的，包括约翰·戴维（John Davy）1595 年关于太平洋的断言，他声称："美洲远离亚洲以及欧洲或非洲的任何海岸。"[151] 在《世界概览》（A Briefe Description of the Whole World，1599 年）一书中，乔治·艾博特（George Abbot）——学识渊博的坎特伯雷（Canterbury）大主教——吸收了他最近从伊比利亚的资料中了解到的东亚的地方和居民的相关信息。[152] 哈克路特 1599 年的《航海学》中的世界海图制作于英国，可能是由爱德华·赖特完成的。[153] 翌年，哈克路特还发布了关于中国的信息，这些信息来自大型的中国地图，它是由卡文迪什在 1588 年带回的，同时还提到东方的航海术，"诸如此类前所未闻"。[154] 但直到 1600 年后，才有世界地图集在英国出版，甚或以英文出版。

　　地图集的出版意味着存在繁荣的地图贸易、称职的版刻师以及具有创业精神的印刷业。在英国，地图和地理学著作的输入是零星的，藏品也很少。[155] 与欧洲大陆的印刷中心的繁荣相比，伦敦的印刷师和版刻师相对较少，技术也较为落后。欧洲大陆的书商向英国人出售出版物，但他们几乎不购买来自英国的图书或地图。地图编制与印刷，加之大多数的其他形式的地理学出版物，仍被欧洲大陆所垄断，这一状况一直持续到 16 世纪的最后十年。

第三节　地图集、赞助和地理知识

　　世界地图集，正如它在 16 世纪的演变那样，直接来源于托勒密《地理学》中的 27 幅地图。与 16 世纪增加到托勒密地图集中的"现代地图"相较，同时

475

代的地理知识对它的修订同样必不可少。新地图集的想法主要在印刷厂开始成形。弗朗切斯科·罗塞利（Francesco Rosselli，约 1445—约 1513 年）——佛罗伦萨地图版刻师及印刷商——是有记录以来的第一位专门从事地图销售的出版商。他和他的同事，意大利地图销售商人，出售从市镇规划图到世界地图在内的各类东西，其中一些由他们自己设计。[156] 大约在 1533 年，安东尼奥·拉弗瑞利与安东尼奥·萨拉曼卡（Antonio Salamanca）就开始在罗马出售自己的印刷品和地图。他们还从国外获得地图，进行复制及销售，有时甚至没有获得制图员的授权。[157] 拉弗瑞利和他的同事还向客户出售地图集。1570 年，他们在其展示的地图集里，雕刻了一张特别的扉页，即一位希腊的神，肩上顶着宇宙。[158] 这些地图集，按照托勒密地图集的顺序排列，与现代地图集不同，它们没有标准化的内容或比例尺。

在 16 世纪上半叶，威尼斯的地图业高度发达。但是，威尼斯时期最伟大的制图创意和影响力只是在 16 世纪中叶加斯塔尔迪抵达时才达到最高水准。这位伟大的制图师绘制了 109 幅不同的地图，包括 2 幅世界地图和 1 幅单独的亚洲地图，因而深受赞誉。1570 年之前，他的作品汇编成一部地图集出版。[159] 在罗马，伊格纳西奥·丹提和他的同事在梵蒂冈，绘制了一幅地图壁画，进而创作了一部名副其实的壁画地图集。[160]

在北欧，书商也销售单张的地图。早在 1536 年，巴黎的耶罗尼米斯·古尔孟（Hieronymous Gourmont）就制作了一份他能够提供的地图的目录。[161] 16 世纪每年的 3 月和 9 月，在法兰克福图书博览会上都有地图销售。格奥尔格·维勒（Georg Willer），奥格斯堡一位主要的书商，1573 年陈列出的大量待售的威尼斯的单张地图，包括 2 幅不同版本的加斯塔尔迪的世界地图与卡莫西奥（Camocio）的亚洲地图。[162] 其他来自安特卫普、科隆和纽伦堡的重要批发商参加了法兰克福图书博览会，买卖地图以及书籍。普兰汀的记录表明，他把地图、地图集和地球仪出口给荷兰、法国、英国、德国、西班牙和意大利的零售商。墨卡托和奥提留斯自己也是法兰克福图书博览会的常客，在这里，他们可以扩充他们的收藏，并监督自己地图的销售。[163]

在北欧，综合性著作，特别是宇宙学作品的流行，很可能激发了出版地图集的想法。第一位制定地图集计划的北欧制图师是墨卡托，他对宇宙学的关注，注定延迟了他要完成地图集的努力。奥提留斯成功地绘制了《环宇大观》，因为他仅仅满足于组合，缩小成统一的尺寸，雕刻并出版最易获取的地图。随着《环宇大观》（1570 年）的出版，托勒密地图集从现代地图集中被分离开来；1579 年，奥提留斯甚至将他自己绘制的一部历史地图集（《附录》）加入汇编的修订版。其他人也很快制作出与之相媲美的地图集，以及更专业的地图集。格拉尔德·德·约德（Gerard de Jode）在 1578 年出版了两卷本的世界地图集，包括了由 65 张纸组成的 84 幅地图。科隆的版刻师马蒂亚斯·奎德（Matthias Quad），1600 年出版了一本地理学手册，包括来自奥提留斯著作中的海外地图（参见图 56）。一些城市的著名地图集（制作于 1572 年至 1617 年间）在名称与形式上均直接模仿奥提留斯的《环宇大观》。[164] 一位科隆的出版商制作了小型的专业化地图集，包括一幅单独的亚洲地图（1600 年）。[165]

477

　　虽然市民大量购买单张的地图和地图集，出身名门和富裕之人的藏品则是收集来的装饰好的地图。费拉拉的统治者埃斯特家族（Este），对地理学的兴趣是众所周知的，他们收集印刷版地图和手工地图，其中最为重要的一幅是坎提诺 1502 年的地图。大多数伟大的藏书家也是地图和地球仪鉴赏家。[166] 在解释地图收藏热潮时，约翰·迪在 1570 年写道：

　　　　或用于美化自己的会堂、客厅、卧室、美术馆、研究室或图书馆；或用于纪念过去，如战役战斗、地震、圣火，诸如此类历史上发生的事件；从而因查看地点、毗邻地区、距离我们的远近，以及其他情况而变得生动；还有一些是为了当时查看土耳其人统治的广袤地域；广袤的莫斯科帝国；基督教世界（按职业）知之甚少的小国小邦，即我说的其他地区；一些是用于为他们自己到远地的旅行做指导，或是为了了解其他人的旅行……地图、海图和地球仪因此而讨人喜欢、可爱可亲、需求多且用途广。[167]

　　西班牙国王菲利普二世一定有同样的感觉，因为他的代理人不断地在威尼斯和安特卫普搜罗地图以扩充他的收藏。[168] 较小的国家也如此，鲁汶枢密院议长维格里厄斯·德·修彻姆（Viglius de Ziuchem），拥有一批令人印象深刻的印刷版和手工的地图收藏品。[169]

对于所有社会和经济阶层的收藏家来说，地图和地球仪不单单是装饰物。整个 16 世纪，它们越来越多被用作历史的和同时代研究的帮手。文艺复兴时期新兴的民族国家鼓励收集制图学和地理学材料，鼓励准备航海必需的其他技术工具和书籍。葡萄牙、西班牙和低地国家的政府扩大了对制图学的赞助和管制。15 世纪葡萄牙的国王们一直渴望拥有意大利的用于航海的地图和其他辅助设备。[170] 甚至在 1500 年的前一年，里斯本就建立了皇室水文局，负责保管和修正海图和维护标准的地图。[171] 1508 年后，一个类似的机构出现在塞维尔。[172] 1552 年塞维尔设立了地理学和航海学教席，他们负责给航海员执照候选人开设课程。16 世纪末，荷兰建立了国家支持的商业组织，它最终演变成了荷兰东印度公司（1600 年）。仅两年之后，英国也采取了同样的措施。

在欧洲的其他地方，地理学和制图学则依靠来自统治者、政府和教会的零星的赞助。罗马教廷对罗马 1507 年至 1508 年修订托勒密地图的活动给予了鼓励和财政支持。[173] 洛林公爵勒内二世同时赞助了瓦尔德西姆勒和他的同事在圣迪厄和斯特拉斯堡的活动。在纽伦堡，市政府鼓励仪器和地球仪的制作。葡萄牙和西班牙关于摩鹿加群岛所有权之争造成的紧张局势，致使越来越多的国家赞助和管制地理学。葡萄牙难民迭戈·里贝罗在 1523 年被查理五世任命为皇家宇宙志学者，作为制图专家代表西班牙参加国际上关于香料产地的讨论。[174] 其他葡萄牙制图师则效力于法国国王。[175] 1560 年，法国国王的宇宙志学者或地理学家办公室成立。[176] 在威尼斯，十人会在 1553 年受雇为公爵宫殿制作新的挂图。科西莫·德·美第奇和两任教皇聘请伊格纳西奥·丹提用挂图来装饰他们的宫殿。1573 年，奥提留斯被任命为菲利普二世的皇家地理学家。在英国，约翰·迪的活动受到宫廷各界和女王的热烈追捧。迪和哈克路特对于女王越来越有兴趣挑战西班牙，以及重新设置英格兰在海外的探险和贸易之路贡献良多。到 16 世纪末，地理学无疑服务于西欧大多数国家的政府。

在 16 世纪后半叶，借助印制的地图、地图集、宇宙学、旅行文集，地理学的普及教育发展迅速，但地理学作为一门有别于宇宙学的学科远远没有全面建立起来。16 世纪初期，学生阅读所需的主要文本是 13 世纪的萨克罗博斯科的题为《天球论》的著作，它清晰但只是简要地对物质宇宙包括天体和地球进行了托勒密式分析。虽然它没有包含位于世界相对极的人站在他们的头顶上的无知胡说，但它还是保留了亚里士多德和托勒密关于欧洲和亚洲的海岸相对接近的错觉；换言之，那是被拉长的欧亚大陆。15 世纪托勒密的《地理学》的复苏强化了萨克罗博斯科关于地球的断言。因为古代作家的权威在文艺复兴时期的大学和院校几乎没有受到质疑，知识分子对海外航行给制图学和地理学带来的巨大的革命性影响反应迟缓。神圣的地理学专注于圣地和朝圣者文学，同样也没有动摇人们对希腊人和罗马人结论的绝对信心。

479

与其他人相比，德国人不太愿意不加批判地接受现行的地理学的教条。15 世纪，雷格蒙塔努斯和他的同事在纽伦堡开始质疑托勒密在天文学和地理学上的权威性。或许这是对纽伦堡学派数学倾向的回应，部分注重描述的地理学家被引导到把地理学作为独立于数学和宇宙学的学科来讨论。古典学家康拉德·塞尔提斯（Conrad Celtis，1459—1508 年）使用地球仪和古地图的视觉帮助在维也纳教授地理学。像许多维也纳的地理学家那样，他更关注地方志或区域地图和说明，而非很远的地方。威登堡教授巴特尔·斯坦（Bartel Stein，1476—1522 年）特别声称，他不想教宇宙学，因为它涉及数学和天文学的训练。他更喜欢教"地球上人们居住区域的环境，或者是希腊人称之为地理学的学科"。[177] 在他的讲座中，他强调地理知识对理解人与人之间物理关系的价值，对寻找到商业和军事迁移最短路线的重要性，以及对追随《伊尼德》（Aeneid）游历的意义。同塞尔提斯一样，他的解释大多数是来自旁波尼乌斯·梅拉（Pomponius Mela，活跃于约公元 50 年）的《世界概况》（De situ orbis，1471 年），而对较新的信息不理不睬。其他人则毫不避讳地敌视研究地理学。在《虚无》（Vanity，1530 年）一书中，阿格里帕·范·内特斯海姆（H. C. Agrippa van Netterheim，1486—1535 年）这样写道：

现在，这个技术担负的任务，是要教给我们如何描述和测量这么大的世界，如神秘的海洋，我们发现的所有的岛屿和地区的环境，边界以及著名的地方；连同无数国家的起源、习俗、态度和不同的性格，会为我们生产什么样的水果？但唯一的问题是它只是使我们虎视眈眈地窥探其他人的参与，而忘记了我们自己。[178]

相比之下，与他同时代的阿皮安却竭尽所能鼓励地理学研究。他还是最早的学术评论人之一，当他们的证据发生冲突之时，他宁愿相信同时代的作家而不是古代的权威。皮克海默走得更远，他主张在中学教授从古典到现代的地理学。然而，此时宗教改革把德国的注意力从地理学研究转移开来了。

杰马·弗里西乌斯，阿皮安的追随者，1525 年开始在鲁汶教授科学的地理学。他像大多数荷兰的地理学家那样，更关注航海以及其辅助的水文学和制图学，而不像德国人那样对土地调查感兴趣。杰马最有影响力的学生包括墨卡托、雅各布·范·德文特（Jacob van Deventer）和约翰·迪。虽然墨卡托主要是位独立的制图师，他在杜伊斯堡的拉丁学校教了四年的数学、宇宙学和地理学。迪 1551 年带着地图和地球仪回到英格兰，可能激励了剑桥的宇宙学研究，也许启发了威廉·甘宁汉的《宇宙之镜》（1559 年），这是此主题第一部以英语写作的原创著作。[179] 同时，在欧洲大陆，明斯特著作的各版本继续在出版社大量印制。他的同事，奥格斯堡的阿喀琉斯·加塞（Achilles P. Gasser，1505—1577 年），收集了一个图书馆的历史学、地理学和医学书籍，他的邻居们可以免费查阅。[180] 阿皮安、弗里西乌斯和甘宁汉紧随其后，在 16 世纪中叶开始把地理学写成一门不同于宇宙学的学术门类，它把对地球的描述作为其独有的对象。[181]

耶稣会士的活动和出版物给予了地理知识和制图学根本的动力。巴黎的圣巴贝学院成立伊始，耶稣会就与葡萄牙在东方的扩张相联系。第一批到亚洲旅行的耶稣会士被各地之间相隔如此之远以及交流的困难而弄得不知所措。沙勿略（Xavier）敦促地理观测应承担确定最短路线的职责。在科英布拉，葡萄牙宇宙志学者负责给准备加入外国传教士团的耶稣会士教授数学和地理学的技术课程。[182] 来自海外传教士的书信是耶稣会学院的必读材料，来自东方的书信激发的灵感常常成为学生写作和演讲的主题。在成立于 1551 年的罗马学院，给学习修辞学的学生指定的作业是把耶稣会士的信件翻译成拉丁语。[183] 这一模式在世俗的意大利大学普遍存在，耶稣会士把地理学作为数学的一部分来讲授。克里斯托弗·克拉维乌斯（Cristoforo Clavius，1538—1612 年）——利玛窦的老师，受到德国数学传统的训练，成为历法改革的领军人物。[184] 从 1551 年直到他去世，他在罗马教授数学制图学和科学仪器制作。科英布拉、英戈尔施塔特（Ingolstadt）、维也纳、科隆（Cologne）和维尔茨堡（Würzburg）的耶稣会高校也普遍遵循这类实践课程。[185]

481

　　法国耶稣会学校希望学生们拥有和阅读传教士们的著作。一项关于 1574 年至 1587 年进入图卢兹学院随身物品的调查显示，大多数的学生拥有耶稣会书信函和马菲的记载耶稣会在东方传教经历的副本。[186] 米歇尔·科伊萨德（Michel Coyssard）的《回忆录》（Mémoire）中也列示了学生们应拥有和经常阅读的关于精神和世俗问题的书籍，问题仍然是这些读物如何影响到地理学的教学和研究。法国一些高校的地理学的授课是让教师以旁波尼乌斯·梅拉（图 55）的著作为基础，同时阅读同时代的材料进行口授。一项关于巴黎著名的科莱莫特（Clermont）学院 1584 年至 1588 年的 5 本口授课的笔记本（cahiers）的调查透露，有三位青年教师通过参阅斯科特（A. Schott）论西班牙、奥索里奥（Osório）论葡萄牙及其东方帝国的著作，来修正他们对旁波尼乌斯·梅拉著作的评论。[187] 年轻的教师之一弗龙东（Fronton du Duc），可能因受到 1584 年至 1585 年日本使团访问欧洲的启发，而口授关于日本的习题，很可能也是基于他自己阅读了耶稣会士的书信：

　　　　现代人的著作也大加褒扬东方的日本（国），威尼斯人保罗（马可·波罗）已经提到很多东西。但无疑，一些现代人鲁莽地把他所说的日本国（Zipangu）应用到日本（Japan），他所讲述的 Gotoo（佛？）和 Goxo（执政幕府），我们发现完全不同于日本，这不是一个单独的岛屿，而是包括三个主要岛屿。首先是位于米阿克（Meaco）市的（新都），其国王是织田信长（Oda Nobunanga），统治着许多其他王国。第二个被称为 Ximo（九州）；第三是 Xicocu（四国）。此中有许多王国凭借不同名目的连绵不断的战争致使这些地区动荡不安，最终为最强大者所控制。[188]

另外两位科莱莫特的讲师用相类似的语言讲述达·伽马到印度的远航和中国地理。同时，科英布拉的宇宙学和地理学的评论与课程纲要是按照耶稣会总的要求来准备的，这样就不会怂恿教授们教授其个人发明的地理学。[189]科英布拉的出版物很快就由路易·里绍姆（Louis Richeome）神父译成法文，法国高校的地理学课程随后变得更数学化而少修辞。

482　　前耶稣会士理查德·威尔斯，"他热爱地理学"，约在1573年返回到伊丽莎白女王统治的英国。他很快就找到了贝德福德（Bedford）伯爵夫人作为赞助人，通过她，他被介绍到对地理学和探险极感兴趣的圈子。威尔斯在温彻斯特和牛津当学生时，曾研究过约翰内斯·汉特（Johannes Honter，1498—1549年）和明斯特的宇宙学方面的地图。[190]地理学的训练当然是他在鲁汶受教育的一部分，在那里，他为加入耶稣会做准备。像图卢兹的见习修道士一样，在鲁汶他可能不得不研究耶稣会士传教方面的书籍。后来他在意大利直接结识了马菲，后者是关于亚洲传教士研究的历史学家。我们发现他在英国关于地理研究状况最为完整的评论是献给贝德福德伯爵夫人的《旅行史》（*The History of Travelye*，1577年）。在书里，他抱怨道："对于地理学的研究者而言，既无地方，无可持续性，无公共的讲坛，无常规性的讲座，也没有一般的薪俸和特殊的奖励。"他指出，"几何第一，地理第二"。最后他质问道：

　　只有地理学家能够教给我们地球上什么地方冷、什么地方暖和，或温暖。也正是他们教给我们学习把世界划分为不同的地方，包括省、自治区和直辖市……如对地理学置之不理，你既不可能得到任何城市的信息和优势，也不可能获得关于国家疆界的情况，更不可能获悉任何王国的管理与治理……如果你想见到睿智无比和专业的旅行家，以及熟悉几何学和天文学者，（只有地理学家）能够办到。

54. 奥龙斯·法恩，法国地理学家和制图师。

图片来源：A. Thevet, *Les vrais pourtraits* ...（Paris, 1584），p. 564^r。Courtesy of the Newberry Library。

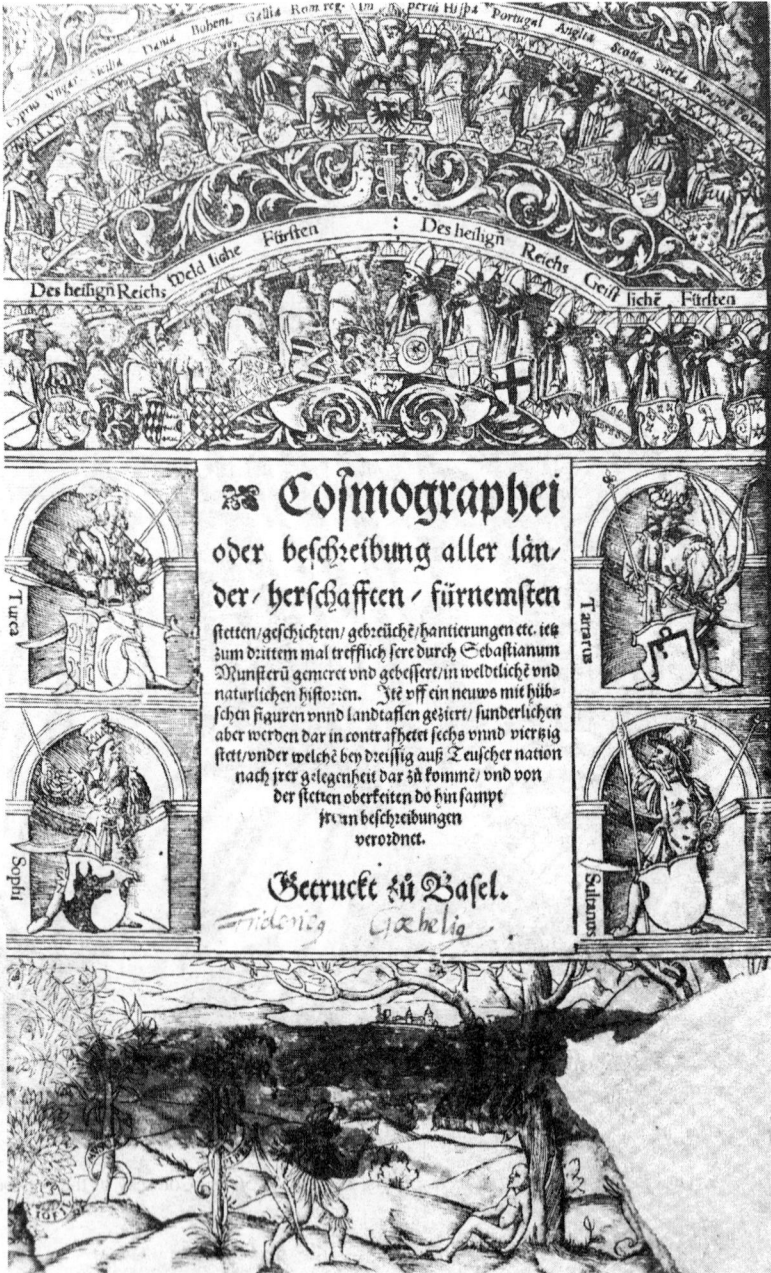

55. 塞巴斯蒂安·明斯特《宇宙志》第一版（巴塞尔，1550 年）的扉页。

56.《地理学手册》（*Geographisch Handtbuch*）（1600 年）的扉页，由版刻师马蒂亚斯·奎德制作。注意代表欧洲和亚洲的人物像有着装，然而非洲和美洲的则没有。作为亚洲代表的形象，这里的人物戴着长头巾和携带着香炉，里面燃烧着外国的木头。Courtesy of the Newberry Library。

57. 瑞典国王埃里克十四世的帝国地球仪（*Reichsapfel*）。亚洲的岛屿部分可能是基于加斯塔尔迪的地图或是以此为基础改编的。

图片来源：O. Muris and G. Saarmann, *Der Globus im Wandel der Zeiten*（Berlin, 1961），pl. 4。

58. 到过印度的德国航海家昆汀·马苏斯（Quentin Massys）绘制的庆祝卢卡斯·雷姆（Lucas Rem）访问安特卫普的画。圣卢克（St. Luke），卢卡斯·雷姆的赞助商，手持位于地球仪之上的苦像。十字架位于右边，上面是印度。肖像可能暗示雷姆利用贝海姆的地球仪。

图片来源：H. Freiherr von Welser, "Der Globus des Lukas Rem," *Mitteilungen des Vereins für Geschichte der Stadt Nürnberg*, XLVIII（1958），facing p. 112。

虽然迪和威尔斯都在欧洲大陆接受了地理学的训练，年轻的理查德·哈克路特显然是由他的表兄弟——老理查德·哈克路特带入这一领域的。他通过独立研究开阔了视野，但却从未掌握迪、威尔斯或爱德华·赖特所感兴趣的数学知识。虽然牛津常规的课程表中不包括地理学，但哈克路特和他同时代的许多人通过开设公开讲座来讲解，地图、天体和地球仪鉴于海外世界的开放正在经历着改革。[191] 哈克路特此后很少推动把地理学转变为一个学术门类，随着迪在 1583 年离开到欧洲大陆去，为航海和海外贸易积累必要的材料成为英国地理学兴趣的推力。许多新的信息通过其荷兰同行进入英国，但英国的新教徒几乎切断了接触由耶稣会士送回欧洲的关于东方的新材料接触的途径。在 1599 年，乔治·艾博特在一份关于日本的简短的评论中表明了英国的态度："这个国家首先是由耶稣会士发现的，他们盲目的狂热使他们前往世界上最遥远的地方，目的是让人们皈依其宗教。"[192]

耶稣会士为了能够赢得人们皈依他们的宗教，需要深入地理学和制图学领域。他们收集了大量的亚洲自然地理和人文地理的数据，甚至获得了日语和汉语的文学和制图材料，这些材料在欧洲被用于改革地图、地球仪和宇宙学。当葡萄牙人首次抵达南亚时，他们很快就了解到当地的水手有自己的海图和导航仪器。[193] 今天现存的这些地图很少，因为大多数东方的海图都是刻在易碎的棕榈树叶上的。1511 年，阿尔伯克得到一幅由爪哇的引航员绘制的地图，图中标示出了好望角、葡萄牙、巴西、红海、波斯湾、香料之地以及汉语和日语的导航。这张地图没有被送回到葡萄牙，因为它在一次沉船中丢失了。然而，地图的一部分由葡萄牙航海家弗朗西斯科·罗德里格斯（Francisco Rodrigues）复制，他可能在他其他的海图中使用了一些材料。实际上，1512 年被复制的部分送给了国王曼努埃尔，它采用了爪哇名称的音译。[194] 伟大的历史学家若昂·德·巴罗斯在他的《亚洲旬年史之三》（1563 年）的版本中使用了从汉语地理文本翻译过来的材料。由于巴罗斯的《地理》一书从未被找到，所以无法确定他的收藏中是否有中国地图。可以肯定，1588 年，卡文迪什带了一幅在菲律宾获得的中国地图回到了英格兰。同时，1590 年耶稣会士罗明坚（Michele Ruggiero）带了一幅在澳门获得的中国地图来到罗马。[195]

但是，最能说明欧洲人制图时曾使用亚洲地图的是，日本出现在欧洲制图学的历史上。关于日本岛上王国的写照的独特知识，耶稣会做出了重大贡献。[196] 日本作为一个岛国，约在16世纪中叶开始出现在欧洲地图上。根据对日本的描述，无论是作为一个岛屿或是几个岛屿，16世纪下半叶葡萄牙人的东亚地图可分为四种类型。墨卡托型地图显示日本是椭圆形；这种描绘可能是从中国地图上复制的，因为在中国地图上岛屿通常表现为椭圆形。[197] 因为在这些地图上出现了大小"琉球"（Lequio）的名字而进一步强化这样的结论，这些名称在明代提及的时候是琉球群岛和台湾（Formosa）。另一方面，欧蒙型地图显示"日本"为半岛，从亚洲东部海岸向南流入大海。该形状似乎是基于一幅行木（Gyogi）型的日本地图，传统、简明的地图在当时非常流行。奥提留斯型的地图复制了欧蒙型的地图，放大了日本，但其主轴从原来的南北向调整到了更准确的东西方向。杜拉多（Dourado）型地图最初出现在1563年左右，类似于行木型的地图，但没有证据证明两者之间的关联性。[198] 杜拉多地图显示日本是新月形或海龟盖形，大概是因为欧洲人对本州北部一无所知。在所有的欧洲地图中，即使是最好的，本州都是由东西向代替了东北—西南向，九州向南部延伸得太远，远了2°。[199]

一些其他的欧洲地图，尤其是挂图草图和书中的木刻画，似乎是基于耶稣会士的信件和在欧洲、中国、印度与菲律宾能够实际上获得的行木型的地图。[200] 在大多数以耶稣会资料为基础的地图之上，十字架表明基督徒传教站的存在，或者曾经存在。[201] 由路易斯·特谢拉制作的单张日本地图首次出现在奥提留斯的1595年版的《环宇大观》一书中，那是本州和九州出现在16世纪印刷地图的最佳代表。它也标出了朝鲜，但它被描绘成一个中国和日本之间的细长岛。除了一个文字说明外，没有迹象表明虾夷（Yezo，北海道）出现在此地图上，尽管耶稣会士在16世纪下半期曾定期报告其存在。[202] 葡萄牙耶稣会制图师伊纳西奥·莫雷拉（Inacio Moreira）1584年第一次去日本，1591年初作为范礼安的随从人员返回宫古（Miyako）。在此前后，耶稣会士了解到，朝鲜与大陆连接，与满州东南部接壤。[203] 莫雷拉在1591年制作了一幅虾夷地图，但它显然没有立即提供给制图师。然而，在1606年出版的墨卡托-洪迪厄斯地图集的中国地图上，朝鲜则被正确地标出来，它仅仅通过一条河与东北亚分开，但其延伸段仍然直接南下，因此还是远超出了其实际大小。而在同一地图集的日本地图上，朝鲜则仍然被画成一个岛屿。[204]

　　制图师和地理学家愿意接受来自亚洲的信息，并愿意据此修正和修改托勒密对世界的认识，它们对新的自然主义、经验主义和科学调查的精神的崛起有突出的贡献。13世纪方济各会修士重新燃起了一种新的对大自然的热爱。随之而来的是对一切形式的好奇心，它体现在方济各会修士和其他从陆路跋涉到中国然后再返回的旅行者的观察之中。在接下来的几个世纪里，海洋冒险家对自然的科学研究做出了贡献，也许是因为他们没有受到权威文献的高压控制。他们的传统只限于实际航海、导航仪器和航线海图。定期航行到东方的时间表的变化由季风和其他自然现象来决定，而不是出于经济上的考虑。航行规则很快发展出来，其中的一些，如纬度范围，开始出现在葡萄牙的地图上。葡萄牙人冷静地警告道，很多精心设计的平面海图是误导性的，因为他们的制作者忽略了地球曲率和经络的衔接。[205]制图师和宇宙志学者的想法，不同于许多其他科学家，它们要经受无数严酷的考验，要不断受到扩张中国家的领导者的挑战，而且要定期修订。[206]地理学的更为严谨的科学的态度随着伊比利亚地图迅速传播到欧洲其他国家。

485

　　早期的地图往往远非只是通过配有地名来表示地球表面，或它的一部分。它们不仅配有文字说明和装饰，其中一些还是简明宇宙志。它们给出了更谨慎和重要的观测器，而非轮廓和空间关系。地图被视为艺术形式，它是通过参考无数著名的版刻家的作品而最好地建立起来的，例如，阿尔布雷特·丢勒和菲利普·加勒（Philippe Galle）——他们就致力于地图和地球仪方面的工作。在一些水平较差的艺术家制作的地图中，一个日益增长的趋势是装饰地图或在所有的空白之处插入说明文字，这种内容有时是如此丰富，以致削弱了制图方面的信息。船只是其中最受欢迎的装饰物，曾被用来填补标识为海洋的空白之处。早期葡萄牙地图上的船比印刷书中的更加真实。[207]版刻师在地图之间相互复制，以致奥提留斯和墨卡托地图集里大多数的船可视为模式化的而非原创性的。[208]在流行的《新世界》（巴塞尔，1532年）一书中，明斯特的木刻世界地图，其中在其底部边缘除其他装饰外还包括一位名为"Vartomanus"（瓦尔塔马的拉丁语）的人物像，他成为了代表"旅行家"的一个符号。[209] 在 1522 年托勒密地图集中的洛伦茨·福利斯的印度地图，包括了小插图中的参考文献，以及关于中世纪传统的文字说明；它也标出了坐在宝座上的"纳尔辛格"（Narsinga）的国王，他 1505 年之前在欧洲并不知名。[210] 意大利制图师提供了一些用图片装饰的木刻地图，主要包括出自各种版本的耶稣会书信函中提到的迄今未知的植物、动物和人物。[211] 而后来的葡萄牙地图的空白处则绘有像鹦鹉一样的鸟、大象和犀牛（在艺术上同丢勒画的动物毫无关系）。[212]

地理地球仪的象征意义，作为能够拿在手中的对世界的完全相同的复制品，吸引了艺术家、文人和公众的注意。绘制和雕刻好的地球仪和浑天仪装饰着宇宙志和地图集中的许多地图和插图的卷首页。[213] 地球仪本身是艺术创作，其中最好的金色地球仪（1561 年）之一，是为瑞典的埃里克（Erik）国王（1560—1592 年在位）打造的。[214] 因为他同乡提供的信息，洪迪厄斯在坐落于莱顿大学图书馆的地球仪上勾勒了荷兰人航海的情况。[215] 对世界各地的人们来说，地球仪象征权力、主权或霸权。基督教霸权在东方的延伸可以在地球仪使用上表现出来，约在 1519 年，雷姆三联画的中间部分就制作有这样一个地球仪。卢卡斯·雷姆（Lucas Rem）是首批航行到印度的德国人之一，他在 1519 年与他的新娘一起访问了安特卫普。[216] 为了庆祝艺术家的节日，昆汀·马苏斯（Quentin Massys）绘制了三联画，现保存在慕尼黑的老绘画陈列馆（the Alte Pinakothek）。中间一幅是男性人物圣卢克——卢卡斯·雷姆的赞助商。他手持一个顶着十字架的地球仪。十字架不是立在地球仪的正中间，如预料的那样，而是在印度的正上方。除了基督教传播到东方的消息外，该画像可能暗示 1505 年雷姆在准备其远征时，已经在利用贝海姆的地球仪。[217] 赫尔贝恩（Holbein）的画作《使节》1533 年绘制于伦敦，表现了法国的使者带有浑天仪和地球仪。其中地球仪的模型仍存于世；它标出了通往亚洲的西北航道，可能是塞巴斯蒂安·卡波特想象出来的。[218] 16 世纪后期，马克·盖拉茨（Marc Geerarts）绘制了一幅伊丽莎白女王奇迹迭出的一年（annus mirabilis）的画像。在画中，她用手指轻轻抚摸着浑天仪，而在她的窗外，西班牙无敌舰队正被打得溃不成军。[219]

一些与地球仪相联系的更神秘的东西也在约翰·邓恩（John Donne）的《告别辞：关于哭泣》（A Valediction of Weeping）（1650—1711 年？）的诗句中很好地表现出来：

> 在一只圆形球体之上
>
> 持有副本的工人，能够创造出
>
> 欧洲、非洲，还有亚洲
>
> 而很快完成的那一切，原本虚无一片。[220]

487

　　13 至 17 世纪，发现的扩展和地理学的成长是相互关联和相互依存的。从马可·波罗到林斯乔坦关于亚洲的发现对制图学革命具有决定意义。其间，神圣地理学因为世俗地理学的发展而相形见绌，后者逐渐从所有天体和宗教利益中分离出来，变得更讲究实际。托勒密的重新发现给文艺复兴时期的欧洲带来了地图制作方面的新的科学的精确性和实证的方法。在航海术和制图学方面，传统的反复试验的方法被更复杂的计算和学术性的宇宙志学者及数学家教授的空间思维所替换或修正。

　　国家或在宫廷居于高位者参与到探险和海外贸易中，刺激了官方对地理学研究的赞助，特别是在葡萄牙、西班牙和低地国家。海外竞争产生的冲突导致了一个日益强化的国民身份认同和国家竞争的意识，其间，制图学和地理学服务于国家利益。在德国，因为参加宗教改革而产生的宗教敌对行动扼杀了一些非常有前景的地理科学的早期发展。地理学逐渐成为了工匠、印刷师和其他相关行业群体的业务。结果，地理学进入商业领域的同时也进入了政府。版刻图被打包成方便包和作为地图集销售；袖珍地图集和地理手册被从原著中剥离出来；销售地图、地球仪和制图工具本身成为了一宗重要的贸易。

　　亚洲是制图学发展的中心。中国和它在地图上的位置从 14 至 17 世纪都受到制图师的优先关注。马可·波罗的地名很早就被引入到托勒密地图集，许多仍然保留在地图上直到 16 世纪末。亚洲与美洲不同，它在托勒密地图集中地位突出。其正确的形状，其向东扩展，及其与美洲的关系，是 16 世纪最令人费解的地理问题。当它逐渐清晰之后，托勒密描绘的亚洲就显得富于幻想，著名的制图师以及海图的制造者，开始依据最新的信息制作单独的东方地图。约在1570年后，托勒密地图在历史地图集中的地位开始下降，地图制作者也开始编制同时代亚洲国家的单张地图。在某些情况下，欧洲制图师也使用来自亚洲的地图，目的是为了获得更真实的描绘。但事实并非如此，直到耶稣会士利玛窦在17世纪初把欧洲地理学引入中国，双向混合才开始在世界上最先进的制图传统中间使用。

488

随着世界地图的铺开，公众通过许多渠道了解了亚洲。可以持在手中的世界（地球仪）为所有观察者提供了关于陆地和海洋之间的关系以及不同大陆间的大致距离的新知识。地球仪上所呈现的，如同地图上的轮廓一样，常常会被改变。对于普通人而言，世界明显变得更广阔、更复杂。关于进入中国的北方通道的辩论有大批人卷入其间。麦哲伦的手下，德雷克和卡文迪什安全地环游世界，激起的反应首先是导致了西班牙和葡萄牙的冲突，随后是西班牙和英格兰。到16世纪的最后一代，甚至是半文盲也不再相信地球是平的或托勒密的世界地图。这激发了读者去研究这些令他们自己都感到惊奇的地理发展，地图、宇宙志和袖珍地图手册销售的不断攀升充分证明了这一点。在英格兰和荷兰，公众舆论的压力之所以能被动员起来，可能是出于对贸易和财富的渴望，而这也有助于让无望寻求到通往富足的东方的北方通道的想法保持活力。

地理学科凭借自身的权利逐渐被大学所接受。在许多情况下，它仍然附着在宇宙学、天文学、航海术和神学之上。但也有个别学者坚持在他们的著作和讲座中，给予地理学完整的地位。在16世纪中叶，大多数宇宙志学者已承认，对地球的研究应该独立于天体的研究。研究地球学科的学者们倾向于口惠而非圣经地理。然而，他们仍然相信，自然是上帝设计的一面镜子，他给了它的形式和统一。尽管人文主义者通过重译在他们看来是正确的，实质是错误的文本来努力维护托勒密，但他们学会把他的地图集认为是历史文件而不是真正的世界地图。新的宇宙学和地图集按照纬度、海拔、气候和产品来明确地比较不同的地区。一些生物科学家，尤其是植物学家，也认识到对地理学的了解已成为必不可少的学业。

　　然而，最为重要的是关于地理学及其相关知识分支的越来越严重的文化相对主义意识。耶稣会士注意到：中国和日本拥有他们自己的地理和制图的传统，它们同欧洲的完全无关且足够准确，他们把这一惊人的信息传送到欧洲，目的是为了修正欧洲的地图和地理的观念。随着耶稣会士和其他人按照气候来寻求解释道德和宗教的差异，一种道德相对主义也发展起来。有些人，像博丹，就是直率的地理决定论者。[221] 西班牙医师，胡安·华特（Juan Huarte）认为，自然的能力和特点是物理环境和气候的产物。[222] 环境对人类事务的影响最终带来一些认真的努力，以解释某些社会现象，如城市，只考虑自然和经验因素而不是神学或人文条件。

489

注释:

[1] 作为科学的学科和知识的分支，地理学通史仍在被书写。在理查德·哈茨霍恩（Richard Hartshorne）的《地理学的性质》(*The Nature of Geography*，兰开斯特，宾州，1946 年）的标准分析中，他忽略了 16 世纪的发展；关于对待早期发展的试验性的努力参见 H. Beck, "Entdeckungsgeschichte und geographische Diziplinhistorie," *Erdkunde*, IX (1955), 197. 关于地理学词汇的讨论参见 F. de Dainville, *Le langage des géographes: Termes, signes, couleurs des cartes anciennes, 1500-1800* (Paris, 1964), especially pp. vii-x, 1-2。

[2] 详见 *Asia*, I, 59-71。

[3] 参见 R. A. Skelton, *Explorers' Maps: The Cartographic Record of Geographical Discovery* (London, 1958), p. 3。

[4] 参见 M. Eckert, *Die Kartenwissenschaft: Forschungen und Grundlagen zu einer Kartographie als Wissenschaft* (2 vols.; Berlin, 1924-25), I, 419-20。

[5] Skelton, *op. cit.* (n. 3), p. 23; 也参见 George Kish, "Two Fifteenth-Century Maps of 'Zipangu': Notes on the Early Cartography of Japan," *Yale University Library Gazette*, XL (1966), 206. Cf. pl. 58。

[6] 参见 G. R. Crone, *Maps and Their Makers: An Introduction to the History of Cartography* (4th rev. ed.; London, 1968), pp. 68-76。

[7] 关于托勒密 1475 年至 1599 年的《地理学》现存版本的列表参见 C. Sanz, *La geographia de Ptolomeo ...* (Madrid, 1959), pp. 272-78; 关于 1490 年至 1507 年间出版的断层参见 A. Cortesão, *History of Portuguese Cartography* (2 vols. of 3 projected; Coimbra, 1969-71), I, 112-113。

[8] 关于塞尔维特版本的前言的英译参见 C. D. O' Malley (trans. and ed.), *Michael Servetus: A Translation of His Geographical, Medical, and Astrological Writings ...* (Philadelphia, 1953), pp. 15-37。明斯特此处关于法国和西班牙两国人的比较依赖于他关于西班牙的不敬的陈述。参见原书第二卷，第 24 页。

[9] 参见 R. A. Skelton, *Maps: A Historical Survey of Their Study and Collecting* (Chicago, 1972), p.10。

[10] 关于此点进一步的讨论参见 N. J. W. Thrower, *Maps and Man* (Englewood Cliffs, N.J., 1972), pp. 43-44; W. M. Ivins, Jr., *Prints and Visual Communication* (Cambridge, Mass., 1953), pp. 23-24; 以及 R. A. Skelton, *Decorative Printed Maps of the 15th to 18th Centuries* (London, 1952; reprinted 1965), pp. 1-5。

[11] 第一幅为人所知的印刷地图是幅中国西部的地图，收录在出版于约 1155 年的一部分百科全书中；欧洲最早的印刷地图首先出现在 1472 年。参见 J. Needham, *Science and Civilization in China* (Cambridge, 1965-75), III, 549, and figs. 227-28。传统的中国人的地图远比欧洲人的地图更具有种族优越感，因为它们很少提及世界上的其他地方，或者甚至是他们的亚洲邻国。关于西方世界出现在中国的传统地图上参见 Kuei-sheng Chang, "Africa and the Indian Ocean

in Chinese Maps of the Fourteenth and Fifteenth Centuries," *Imago mundi*, XXIV (1970), 21-30. 东亚的现代地图是遵照欧洲的制图学实践而展开的。参见 H. Nakamura, *East Asia in Old Maps* (Honolulu, *ca.*, 1964), p. 1。

[12] "现代" 地图是真实的；大量的托勒密之前的地图实际上是在翻印印刷版的古代和中世纪的经典地图。参见 Skelton, *Decorative Printed Maps* (n. 10), p.2。

[13] 参见 Skelton, *Maps: A Historical Survey* (n. 9), pp. 12-13。

[14] *Ibid.*, pp. 40-41.

[15] 进一步的讨论参见 L. Bagrow and R. A. Skelton, *History of Cartography* (Cambridge, Mass., 1964), p. 72。

[16] 参见 Skelton. *Maps: A Historical Survey* (n. 9). pp. 10-12。

[17] 参见 A. Cortesão and A. Teixeira da Mota, *Portugaliae monumenta cartographica* (6 vols.; Lisbon, 1960-62), I, xvii-xviii; 以及 A. Teixeira da Mota, "A evolucão da ciência nautica durante os séculos XV-XVI na cartografia portuguesa da época," *Memórias de Academia das ciências de Lisboa, Classe de letras*, VII (1962), 247-66; A. Teixeira da Mota, "Influence de la cartographie portugaise sur la cartographie européenne à l'époque des découvertes," in M. Mollat and P. Adam (eds.), *Les aspects internationaux de la découverte océanique aux XVe et XVIe siècles* (Paris, 1966), pp. 224-28。

[18] 可比较 S. E. Morison, *The European Discovery of America: The Southern Voyages, A.D. 1492-1616* (New York, 1974), p. 297. 也参见 W. E. Washburn, "The Meaning of Discovery," *American Historical Review*, LXIX (1962), 10。地球仪上对卡波特 1497 年航海的描述表明他认为他已经抵达亚洲。参见 H. Wallis, "The Use of Terrestrial and Celestial Globes in England," *Actes du XIe Congrès international d'histoire des sciences*, IV (1965), 204。

[19] 更全面的讨论参见 *Asia*, I, 151-54。

[20] Crone, *op. cit.* (n. 6), p. 81。

[21] 平面天球图是通过对天体或部分天体表面的投影方法制作的地图。

[22] 更详细的叙述参见 *Asia*, I, 219。

[23] 它很可能基于一个原型逐步演变成纬度。参见 Teixeira da Mota, *loc. cit.* in Mollat and Adam (eds.), *op. cit.* (n. 17), pp. 239-40。

[24] 参见 Cortesão, *op. cit.* (n. 7), I, 113。

[25] *Ibid.*, p. 122.

[26] 参见 Crone, *op. cit.* (n. 6), pp. 96-98。同时代的帕多瓦的本尼蒂托·博尔多纳（Benedetto Bordone，活动于 1490—1515 年），在 1508 年同时使用托勒密投影法和非托勒密投影法出版了一幅世界地图。参见 R. Almagià, "Padova e l'Ateneo padovano nella storia della scienza geografica," *Revista geografica italiana*, XIX (1912), 471-72。

[27] 参见 Cortesão, *op. cit.* (n. 7), I, 120-23; G. Kish, "The Cosmographic Heart: Cordiform Maps of the

Sixteenth Century," *Imago mundi*, XIX (1965),17; 以及 Skelton, *Maps: A Historical Survey* (n. 9), p.66。

[28] 参见 L. Gallois, *Les géographes allemands de la Renaissance* (Paris, 1890), pp. xvii-xix; Bagrow-Skelton, *op. cit.* (n. 15), p. 125; 以及 G. Strauss, *Nuremberg in the Sixteenth Century* (Bloomington, Ind., 1967), chap. vi. 也参见原书第二卷，第 408-409 页。

[29] 贝海姆可能把地球仪看作一个说服纽伦堡的贵族商人参与海外活动的手段。参见 Graf Freiherr von Pölnitz, "Martin Behaim," in K. Rüdinger (ed.), *Gemeinsames Erbe: Perspektiven europäischer Geschichte* (Munich, 1959), p. 135。

[30] 参见 Crone, *op. cit.* (n. 6), pp. 64-67。

[31] 副本参见 Bagrow-Skelton, *op. cit.* (n. 15), p. 100。

[32] 比较原书第二卷第 334-335 页；以及参见 Gallois, *op. cit.* (n. 28), pp. 40-42。

[33] 英文版参见 C. G. Herbermann (ed.), *The Cosmographiae introduction of Martin Waldseemuller in Facsimile* (New York, 1907)。

[34] 文本的讨论参见原书第二卷，第 335 页。

[35] 参见 Crone, *op. cit.* (n. 6), pp. 99-100。卡洛斯·桑斯（Carlos Sanz），著名的西班牙制图学历史学家，对把该地图归功于瓦尔德西姆勒提出质疑，参见 "The Discovery of America: The Three Maps Which Determined It, Promoted Knowledge of Its Form, and Fixed Its Name," *Terrae incognitae*, VI (1974), 82。斯特拉斯堡的约翰·格吕宁格尔（Johann Grüninger）也提出了这一想法，1509 年版本的出版商，其实是为圣迪厄版印刷的木刻画。参见 H. B.Johnson, *Carta Marina: World Geography in Strassburg, 1525* (Minneapolis, 1963), pp. 21-24。

[36] 参见原书第二卷，第 364 页以及图 56。

[37] 参见 Cortesão, *op. cit.* (n. 7), I, 124。

[38] 译文见 *ibid.*, p. 132。

[39] 参见 Bagrow-Skelton, *op. cit.* (n. 15), pp. 114-15。

[40] 书名为：*Uslegung der Mercarthen ...* , 最后版本的唯一副本现存于慕尼黑市巴伐利亚州立图书馆。虽然旨在吸引公众，似乎在宗教冲突高涨时，大多数德国读者都在购买论战著作。参见 Johnson, *op. cit.* (n. 35), pp. 3-5, 43, 51-78, 114。

[41] 参见 F. Grenacher, "Guide to the Cartographic History of the Imperial City of Augsburg," *Imago mundi*, XXII (1968), 87。

[42] 参见 Kish, "The Cosmographic Heart" (n. 27), p. 21。

[43] Bagrow-Skelton, *op. cit.* (n. 15), p. 127 and fig. 39.

[44] 参见 Gallois, *op. cit.* (n. 28), pp. 111-14。关于其航海图与准确的经纬度相比较参见 *ibid.*, appendix, pp. 246-47。

[45] 关于"新世界"（mundus novus）的意思参见 Morison, *op. cit.* (n. 18), p. 155；长期以来都认为"新世界"包括太平洋地区岛屿和两个美洲，参见原书第二卷，第 339-340 页和第 516-517 页。

1538 年墨卡托在他的世界地图上第一次把"美洲"一词置于南北美洲。其后，美洲开始更为经常地等同于新世界。但更古老的界定仍存在于许多地图、宇宙志及历史当中，一直持续到 16 世纪末。

[46] 基于 E. Heawood, "The World Map before and after Magellan," *Geographical Journal*, LVll (1921), 432。

[47] 参见 Crone, *op. cit.* (n. 6), pp. 87-88。

[48] 参见 Morison, *op. cit.* (n. 18), p. 403。

[49] 参见 J. M. Millás Vallicrosa, "Nautique et cartographie de l' Espagne au XVIᵉ siècle," in A. Koyré (ed.), *La science au seizième siècle* (paris, 1960), pp. 34-37。

[50] 参阅 Skelton, *Explorer's Maps* (n. 3), p. 59。

[51] 参见 Teixeira da Mota, *loc. cit.*, in Mollat and Adams (eds.), *op. cit.* (n. 17), pp. 240-41。

[52] 参见 Morison, *op. cit.* (n. 18), pp. 381-82。

[53] 关于假想中的太平洋的进一步讨论参见 *Asia*, I, 221。也参见 L. C. Wroth, "The Early Cartography of the Pacific," *Papers of the Bibliographical Society of America*, XXXVIII (1944), 137-51。

[54] 葡萄牙人的地图，始于约 1510 年，标识摩鹿加群岛的位置是相当准确的，约 6°，位于葡萄牙的势力范围。参见 Crone, *op. cit.* (n. 6), pp. 90-92。另参见里贝罗的亚洲，图 67。

[55] 关于这一冲突的详细内容参见 *Asia*, I, 114-19。

[56] 参见原书第二卷，第 169 页。

[57] 参见原书第二卷，第 170-171 页。

[58] 巴尔博萨译本的两个手稿副本现存于慕尼黑市的巴伐利亚州立图书馆（cod. Hisp. 8）。但它们似乎不可能是该译本的副本。参见原书第二卷，第 58 页。

[59] 援引自 Cortesão and Teixeira da Mota, *op. cit.* (n. 17), I, 88。

[60] 分析基于 Crone, *op. cit.* (n. 6), pp. 93-95。参见图 46。

[61] 详见 *Asia*, I, 171-77。

[62] 基于 Gallois, *op. cit.* (n. 28), pp. 90-91。

[63] 比较原书第二卷第 335 页。

[64] 比较地图参见 A. Berthelot, *L' Asie ancienne centrale et sud-Orientale d'après Ptolomée* (paris, 1930)。

[65] 参见 M. Weyrauther, *Konrad Peutinger und Wilibald Pirckheimer in ihren Beziehungen zur Geographie: Eine geschichtliche Parallele* (Munich, 1907), p. 40。他检查了皮克海默的手稿，然后把其存放在纽伦堡的图书馆中。

[66] 关于他的宇宙志的详细讨论参见原书第二卷，第 354 页。

[67] 参见 W. Näf, *Vadian und seine Stadt St. Gallen* (St. Gall, 1944), p. 268。

[68] 原版保存在英国博物馆的地图室中。关于技术的分析参见 D. Woodward, "Some Evidence for

the Use of Stereotyping on Peter Apian's World Map of 1530," *Imago mundi*, XXIV (1970), 43-48。

[69] 参见 Teixeira da Mota, *loc. cit.*, in Mollat and Adam (eds.), *op. cit.* (n. 17), pp. 233-35。也参见同一作者的论文，"Evoludão dos roteiros portugueses durante o século XVI," *Revista da universidade de Coimbra*, XXIV (1971), 5-32。

[70] 参见原书第二卷，第 255-56 页。

[71] 参见 F. de Dainville, *La géographie des humanistes* (Paris, 1940), pp. 89-90。

[72] 关于他的生平和著作参见 L. Gallois, *De Orontio Finaeo gallico geographo* (Paris, 1890), chap. i。

[73] 参见 Cortesão and Teixeira da Mota, *op. cit.* (n. 17), I, 61。

[74] 参见 Bagrow-Skelton. *op. cit.* (n. 15), pp. 132, 244。法恩的世界地图采用双心型的投影法，发表于 1532 年的《新世界》（*Novus orbis*）上。

[75] 参见 A. Anthiaume, *Cartes marines. constructions, navales; ... chez les normands, 1500-1650* (2 vols.; Paris, 1916), I, 51-52, 61-71。

[76] 参见原书第二卷，第 302-305 页。

[77] 参见 Cortesão and Teixeira da Mota, *op. cit.* (n. 17), I, 127。

[78] 参见 *ibid.*, II, 67-68, 89-92。关于拉·波普利尼埃尔参见原书第二卷，第 315-316 页。

[79] 关于明斯特宇宙志学的一般讨论参见原书第二卷，第 340-341 页。

[80] 参见 A. H. Nordenskiöld. "Intorno alla influenza dei 'Viaggi di Marco Polo' sulle carte dell' Asia di Giacomo Gastaldo," *Revista geografica italiana*. VIII (1901), 496-505。

[81] 关于东亚部分的副本，由格拉尔德·德·约德（1578 年）复制，参见 Bagrow-Skelton, *op. cit.* (n. 15), p. lxviii。

[82] 参见 *ibid.*, pp. 137-38。

[83] 关于制图学在意大利的表现形式的简明历史参见 R. Almagià, *Monumenta cartographica Vaticana* (4 vols.; Vatican City, 1944-55), III, 11-14。

[84] 参见 R. Gallo, "Le mappe geografiche del Palazzo ducale di Venezia," *Archivio venet*, 5th ser. XXXII (1943), 62-63。

[85] 参见 Bagrow-Skelton, *op. cit.* (n. 15), pp. 216-17。

[86] 参见 Cortesão and Teixeira da Mota. *op. cit.* (n. 17), I, 67-69。

[87] 他把此书送给丹提，以帮助他编制地图。参见 the letter of Danti to Ortelius from Rome (December 24,1580) in J. H. Hessels (ed.), *Abraham Ortelii ... epistulae* (Cambridge, 1887), p. 242。

[88] 关于此收藏的部分照片参见 Bagrow-Skelton. *op. cit.* (n. 15), pl. CXIII, 以及 G. Kish, "The Japan on the 'Mural Atlas' of the Palazzo Vecchio, Florence," *Imago mundi*, VIII (1951), 52-54。

[89] 参见 F. Banfi, "The Cosmographic Loggia of the Vatican Palace," *Imago mundi*, IX (1952), 23-30; 同时代提及的亚洲地图标出了中国的"杭州"，参见 A. Merens (ed.), "De reis van Jan Martenez. Merens door Frankrijk, Italie en Duitsland, anno 1600," *Mededeelingen van het*

Nederlandsche Historisch Instituut te Rome, 2d ser. VII (1937), 138-39。

[90] 参见 Almagià, *op. cit.* (n. 83), II, 69-71。

[91] 关于耶稣会士信件中的朝鲜参见 *Asia*, I, 720-21。

[92] 参阅 J. Keuning, "Sixteenth-Century Cartography in the Netherlands," *Imago mundi*, IX (1952), 38-39；也可以比较关于荷兰文学的讨论，参见原书第二卷，第 353-354 页以及图 61。

[93] 参见原书第二卷，第 21 页。

[94] 参见 Bagrow-Skelton, *op. cit.* (n.15), p. 133。

[95] 它现在存放在维也纳的地球博物馆内。关于此讨论参见 R. Haardt, "The Globe of Gemma Frisius," *Imago mundi*, IX (1952), 109-10。

[96] 引文见 *ibid.*, p. 109。

[97] 参见 Bagrow-Skelton, *op. cit.* (n. 15), p. 133。扬·范·施塔尔布尔希（Jan van Stalburch）雕刻的杰马·弗里西乌斯与地球仪和制图工具的画像（1557 年），参见 A. S. Osley, *Mercator* (London and New York, 1969), pl. 41。

[98] 副本参见 Bagrow-Skelton, *op. cit.* (n. 15), fig. 42。比较图 69。

[99] 参阅 J. Keuning, "The History of an Atlas, Mercator-Hondius," *Imago mundi*, IV (1947), 37。

[100] 参见 L. Voet, "Les relations commericales entre Gerard Mercator et la maison Plantinienne," *Duisburger Forschungen*, VI (1962), 231-32。

[101] 参见 R. A. Skelton, "Mercator and English Cartography in the Sixteenth Century," *Duisburger Forschungen*, VI (1962), 160-61。

[102] 建议参见 Thrower, *op. cit.* (n. 10), p. 53。地图的副本参见 Bagrow-Skelton, *op. cit.* (n. 15), pl. LXX。

[103] 讨论基于 Crone, *op. cit.* (n. 6), pp. 116-18。比较图 80。

[104] 参见 Skelton, "Mercator and English Cartography" (n. 101), VI (1962), 165-66。

[105] 约翰内斯·梅特路斯（Johannes Metellus）在 1577 年的信件参见 M. van Durme (ed.), *Correspondance mercatorienne* (Antwerp, 1959), p. 31。

[106] From Duisburg, July 28, 1580, *ibid.*, pp. 158-59.

[107] December 12, 1580, *ibid.*, pp. 162-63. 译文参见 H. P. Kraus, *Sir Francis Drake* (Amsterdam, 1970), pp. 86-87。

[108] 金的小传最初印制于墨卡托 1595 年的《地图集》杜伊斯堡的第一版。引文参见英译本 Osley, *op. cit.* (n. 97), p. 193。

[109] 参见原书第二卷，第 65 页。

[110] 在 1578 年托勒密地图中，他的亚洲地图的一部分副本出版于科隆。参见 Skelton, *Decorative Printed Maps* (n. 10), pl. 13。

[111] 参见 Bagrow-Skelton, *op. cit.* (n. 15), p. 180。墨卡托和洪迪厄斯的肖像（1614 年）参见 J. Keuning, "The History of an Atlas" (n. 99), facing p. 37。

[112] 他的传记参见 Koeman, *The History of Abraham Ortelius and His Theatrum Orbis Terrarum* (Lausanne, 1964); 同一作者的著作目录参见 *Atlantes Neerlandica* (5 vols.; Amsterdam, 1969), III, 25-27。

[113] 参见 J. H. Hessels (ed.), *op. cit.* (n. 87), p. 24。

[114] 参见原书第二卷，第 462 页。

[115] 关于版本的列表参见 Koeman, *Atlantes Neerlandica* (n. 112), III, 31。英文第一版直到 1606 年才出现。

[116] 分析基于 *ibid.*, pp. 34-68。

[117] 参见 *ibid.*, p. 69。

[118] 参见 *ibid.*, p. 71。

[119] 特别参见 his letter to Ortelius from Rome, February 28, 1576, in Hessels (ed.), *op. cit.* (n. 87), p. 141。

[120] 参见 *ibid.*, p. 471。

[121] *Ibid.*, pp. 498-99, 684-85. 关于库希乌斯，参见原书第二卷，第 439-441 页。

[122] *Ibid.*, pp. 242, 505-6.

[123] 特别参见 the letter of Emanuel van Meteren, of November, 1592，从俘获的西班牙大帆船上获得的战利品清单，"Madre de Dios," *ibid.*, p. 541。

[124] *Ibid.*, pp. 677-78, 705, 911.

[125] 参见 R. Bonaparte, "Les premiers voyages des Neerlandais dans l' Insulinde, 1595-1602," *Revue de géographie*, XIV (1884), Pt. I, 448。

[126] 刻版由扬·阿·多伊特昆姆（Jan à Deutecum）完成。现存清晰的摩鹿加群岛的地图的副本参见 A. de Smet, *La cartographie hollandaise* (Brussels, 1971), p. 27, pl. III。关于普兰修斯的职业生涯参见 J. Keuning, *Petrus Plancius, theolog en geograaf* (Amsterdam, 1946)。

[127] 参见 Crone, *op. cit.* (n. 6), pp. 124-25。也参见 Keuning, "Sixteenth Century Cartography in the Netherlands" (n. 92), pp. 59-60。

[128] 参见原书第二卷，第 368-370 页；也参见 E. G. R. Taylor, *Tudor Geography 1495-1583* (London, 1930), chap. 1。

[129] 研究基于 P. J. French, *John Dee: The World of an Elizabethan Magus* (London, 1972), pp. 28-32。

[130] 参见 Taylor, *op. cit.* (n. 128), pp. 77-83。

[131] 关于这些出版物参见 *Asia*, I, 209-11。

[132] 关于波斯特尔参见原书第二卷，第 268-269 页。

[133] Ms. Ashmolean, 1788, p. 5.

[134] 关于他的图书馆参见原书第二卷，第 69-70 页。

[135] 参见 Taylor, *op.cit.* (n. 128), p. 99。

[136] J. O. Halliwell (ed.), *The Private Diary of John Dee and the Catalogue of His Library of Manuscripts* (London, 1842), p. 11.

[137] 参见 *ibid.*, pp. 11, 17。

[138] 参见 French, *op. cit.* (n. 129), p. 62。

[139] 参见 W. A. Ringler, Jr. (ed.), *The Poems of Sir Philip Sidney* (Oxford, 1962), p. xxvii。库希乌斯把他的莫纳德斯著作的译本（1581 年）捐赠给了西德尼。

[140] 参见 Taylor, *op. cit.* (n. 128), pp. 103-5。

[141] 参阅 *ibid.*, pp. 11, 17。

[142] Brit. Mus., Vitellius, C. vii, Cotton Mss. 关于内容目录参见 Ms. Ashmolean, 1788。部分引文来自留下的手稿参见 Taylor, *op. cit.* (n. 128), pp. 114-17。

[143] 关于沃尔特·罗利爵士和俄斐，参见原书第二卷，第 386 页。

[144] 关于他在莫特莱克的最后岁月，参见 Taylor, *op. cit.* (n. 128), chap. vii。

[145] 分析是基于 French, *op. cit.* (n. 129), pp. 180-82, 195。关于波斯特尔的观点参见原书第二卷，第 268-269 页。

[146] 援引自 *The History of Traveyle* (London, 1577), p. iv^r。关于旅行文献的收藏参见 *Asia*, I, 211-12。

[147] 参见 *ibid.*, p. iii^v。

[148] 基于 G. R. Crone, "Richard Hakluyt, Geographer," in D. B. Quinn (ed.), *The Hakluyt Handbook* (2 vols.; London, 1974), I, 8-14, 以及 R. A. Skelton, "Hakluyt's Maps," *ibid.*, pp. 48-69。

[149] 参见 F. M. Rogers, "Hakluyt as Translator," *ibid.*, pp. 37-47, 以及 D. B. Quinn *et al.*, "The Primary Hakluyt Bibliography," *ibid.*, II, 461-97。

[150] 参见 H. Wallis, *loc. cit.* (n. 18), p. 205。

[151] *The Worldes Hydrographical Description...* (London, 1595), unpaginated. 比较图 80。

[152] Pp. C1-C2, G3.

[153] 参见 H. Wallis, "Edward Wright and the 1599 World Map," in D. B. Quinn *et al., op. cit.* (n. 149), I, 69-73。

[154] 引文见 Skelton, *Explorers' Maps* (n. 3), p. 165。

[155] 参见 Taylor, *op. cit.* (n. 128), p. 25。

[156] 也参见 R. Almagià, "On the Cartographic Work of Francesco Rosselli," *Imago mundi*, VIII (1951), 27-52。关于罗塞利商店的商品目录参见 A. M. Hind, *Early Italian Engraving* (7 vols.; London, 1938-48), I, Pt. 1, 304-9。

[157] 除了名字外，萨拉曼卡忠实地复制了墨卡托的世界地图（1538 年）；一些采用了拉弗瑞利地图的名字。参见 R. Almagià, "La diffusion des produits cartographiques flamand en Italie au XVIe siècle," *Archives intemationales d'histoire des sciences*, XXXIII (1954), 46-48; 也参见 R. Tooley, "Maps in Italian Atlases of the Sixteenth Century," *Imago mundi*, III (1939), 12。

[158] 参见 Bagrow-Skelton, *op. cit.* (n. 15), pp. 138-39, 179。

[159] 参见 Tooley, *loc. cit.* (n. 157), pp. 16-47。

[160] 参见原书第二卷，第 463-464 页。

[161] 参阅 Bagrow-Skelton, *op. cit.* (n. 15), p. 247。

[162] 参见 L. Bagrow, "A Page from the History of the Distribution of Maps," *Imago mundi*, V (1948), 57-59。

[163] 参见 Bagrow-Skelton, *op. cit.* (n. 15), p. 45。

[164] Georg Braun and Franz Hogenberg, *Civitates orbis terrarum...* (6 vols. in 3; Cleveland, 1966).

[165] 参见 Bagrow-Skelton, *op. cit.* (n. 15), p. 186。

[166] 关于藏书家参见原书第二卷，第 71-73 页。

[167] 援引自 *The Elements of Geometrie...*(London. 1570)，同样参见 Skelton, *Maps: A Historical Survey* (n. 9), pp. 27-28。

[168] 参见 Skelton, *Decorative Printed Maps* (n. 10), p. 27。

[169] 关于 1575 年重印的地图清单参见 Anon., "Old Inventories of Maps," *Imago mundi*, V (1948), 18-20。

[170] 参见 Crone, *op. cit.* (n. 6), pp. 54-64。

[171] 关于葡萄牙皇室水文局的一些细节可参见 J. Denucé, *Les origines de la cartographie portugaise...* (Ghent, 1908), pp. 1-6。

[172] 参见 Cortesão and Teixeira da Mota, *op. cit.* (n. 17), I, 90。

[173] 例如约翰内斯·勒伊斯（Johannes Ruysch）受雇于教廷,在那里他制作了他著名的世界地图。参见 Keuning, "Sixteenth-Century Cartography" (n. 127), p. 38。也参见 W. Roscoe, *The Life and Pontificate of Leo* X (4 vols.; London, 1827), II, 257。

[174] 参见 Cortesão and Teixeira da Mota, *op. cit.* (n. 17), I, 87-88。

[175] 关于巴托洛梅乌·维利乌，参见 *ibid.*, II, 89-92。

[176] 赛弗特是第一位被任命的人。关于"皇家地理学"（geographes du roi）的列表参见 *Bulletin de la société géographique d'Anvers*, I (1877), 477-84。

[177] 援引自 H. Beck, *Geographie* (Munich, 1973), p. 105。

[178] *The Vanity of Arts and Sciences* (London, 1684), pp. 76-77. 也参见原书第二卷，第 423 页。

[179] 参见 Taylor, *op. cit.* (n. 128), p. 26; 也参见原书第二卷，第 370 页。

[180] 许多来自他珍贵的图书馆的图书仍保存在梵蒂冈图书馆里。参见 K. H. Burmeister, "Achilles Pirmin Gasser (1505-77) as Geographer and Cartographer," *Imago mundi*,XXIV (1970), 57-62。关于明斯特的著作参见原书第二卷，第 339-341 页。

[181] 更全面的评论参见 Dainville, *Le Langage* (n. 1), pp. 1-2。

[182] *Ibid.*, pp. 106-7.

[183] *Ibid.*, pp. 134-35.

[184] 参见原书第二卷，第 414 页。

[185] *Ibid*., pp. 38-41.

[186] 参见 F. de Dainville, "Libraires d'écoliers toulousains à la fin du XVIe siècle," *Bibliothèque d'humanisme et renaissance*, IX (1947), 138-39。

[187] 参见 F. de Dainville, "Les découvertes portugaises à travers des cahiers d'écoliers parisiens ... ," in Mollat and Adam, *Les aspects internationaux* (n. 17), pp. 39-41。

[188] *Ibid*., p. 42. 关于把 "Gotoo" 鉴定为佛陀，或者真言宗的五佛 (*Go-chi*)，参见 *Asia*, I, 662 n。

[189] 参见 F. de Dainville, *La géographie des Humanistes* (n. 71), pp. 25-26。

[190] 参见 A. D. S. Fowler (ed. and trans.), *"De re poetica" by Wills [Willes]* (Oxford, 1958), p. 18。

[191] 参见 Crone, *loc. cit.* (n. 148), pp. 8-9。

[192] 参见 G. Abbot, *A Briefe Description of the Whole Worlde* (London, 1600), p. G3。

[193] Bagrow-Skelton, *op. cit.* (n. 15), p. 208.

[194] 关于评论参见 Crone, *op. cit.* (n. 6). pp. 91-92; 也参见 Cortesão and Teixeira da Mota, *op. cit.* (n. 17), I, 80-83。

[195] 参见 P. M. D'Elia, *Storia dell' introduzione del Christianismo in Cina...* (3 vols.; Rome, 1942-49), I, 251, n. 2. 这张地图现已不存在。

[196] 参见 *Asia*, I, 701-10。

[197] 例如，参见来自中国百科全书（1562—1577 年）的中国世界地图，转引自 Bagrow-Skelton, *op. cit.* (n. 15). p. 198. fig. 67。

[198] 分析基于 Nakamura, *op. cit.* (n. 11), pp. 51-55, 以及同一作者的 *Maps of Japan Made by the Portuguese before the Closure of Japan* [in Japanese; see Bibliography] (3 vols.;Tokyo, 1966-67). 约 1568 年，费尔南·瓦斯·杜拉多 (Fernão Vaz Dourado) 实际上在果阿工作。

[199] 参见 Bagrow-Skelton, *op. cit.* (n. 15), p. 178。

[200] 参见 *Asia*, I, 710。

[201] 参见地图 *ibid*., following p. 656。

[202] 详情参见 *ibid*., pp. 723-25。

[203] 参见 O. Yoshitomo, "Desenvolvimento cartográfico da parte Extrema Oriente da Asia pelos Jesuitas Portugueses em fim do século XVI," *Studia* (Lisbon), XIII (1964), 17-19。

[204] 墨卡托 - 洪迪厄斯地图集中的两张地图的副本参见 Skelton, *Decorative Printed Maps* (n. 10), pls. 44 and 45。

[205] 基于 Cortesão and Teixeira da Mota, *op. cit.* (n. 17), I, xxiii, 127。

[206] 对于西班牙宇宙志学者面临的问题以及未来的因为在摩鹿加群岛的冲突所引起的科学问题，参见 U. Lamb, "The Spanish Cosmographic Juntas of the Sixteenth Century," *Terrae incognitae*, VI (1974), 51-62。

[207] 洛波·欧蒙（Lopo Homem）的地图也常常显示中国人的帆船。参见 Cortesão and Teixeira

da Mota, *op. cit.* (n. 17), I, 61。

[208] 参见 J. Van Beylen, "Schepen op Kaarten ten tide van Gerard Mercator," *Duisburger Forschungen*, VI (1962), 131-33。

[209] 副本参见 Bagrow-Skelton, *op. cit.* (n. 15), p. 85, fig. 19。

[210] 副本参见 Skelton, *Decorative Printed Maps* (n. 10), pl. 4。

[211] 参见 Dainville, *La géographie des Humanistes* (n. 71), pp. 124-25。

[212] 例如，参见来自欧蒙 - 赖内尔地图集的地图副本，W. B. George, *Animals and Maps* (Berkeley. 1969), pp. 28-29。也参见第 6 章的概括性讨论，以及 *Asia*, II, Bk. 1, 131, 167, 170, 198。

[213] 参见 F. de Dainville, "Les amateurs des globes," *Gazette des Beaux-Arts*, 6th ser. LXXI (1968), 52-53。

[214] 它保存在斯德哥尔摩（Stockholm），清楚地显示了中国、"日本"（Giapan）、"马六甲岛屿"（Ins. Moluca）、"济罗罗岛"（Gilolo）和"爪哇"（Iava）。参见图 57。

[215] 参见 E. Hulshoff Pol, "The Library," in Th. H. Lunsingh Scheurler and G. H. M. Posthumus Meyjes (eds.), *Leiden University in the Seventeenth Century* (Leyden, 1975), p. 416。

[216] 关于雷姆在香料贸易中的职业生涯参见 *Asia*, I, 108-9。

[217] 分析参见 H. Freiherr von Welser, "Der Globus des Lukas Rem," *Mitteilungen des Vereins für Gescllichte der Stadt Nürnberg*, XLVIII (1958), pls. III and IX。参见图 58。

[218] 参见 H. Wallis, *loc. cit.* (n. 18), p. 204。

[219] 副本参见 A. Fauser, *Die Welt in Händen, kurze Kulturgesehiehte des Globus* (Stuttgart.1967). p. 113。

[220] J. T. Shawcross (ed.), *The Complete Poetry of John Donne* (New York, 1967), pp. 125-26,413.

[221] 参见原书第二卷，第 306-309 页，以及关于沙浪（Charron）思想的讨论，参见 pp. 297-300。

[222] 其观点的分析参见 Dainville, *La géographie des Humanistes* (n. 71), pp. 143-44。

第十一章　语言和语言学

16 世纪，来自整个海外世界的一股新的外来词汇潮流涌入欧洲。欧洲同亚
洲持久的政治、商业和宗教关系的建立，致使成千上万的东方词汇被吸纳和融
入到欧洲各种语言的词汇表中——其数量很可能比 16 世纪前后的任何世纪都
多。地理学、植物学和动物学的新名词；海事术语；成百上千的各类有关纺织
品、香料、珠宝的词语；用于指代地方、自然特征和社会实践的词语；它们像浪
潮般席卷了欧洲的语言和文学。作为大发现的结果，新词在欧洲被创造出来代
表迄今不为人知的习俗、制度或想法，许多在欧洲语言中长期扎根的词语的词
义被扩大或变更。新词的数量取决于复杂的地理学、既定的国际贸易和亚洲的
高级文明，它们远远超过那些起源于和提及的更为原始的非洲和美洲文明。

词语如技术、产品和寓言一样，它们远在欧洲同亚洲建立直接和长期关系
前就迁移到了欧洲。[1] 从公元 1 世纪到 1500 年，欧洲从亚洲进口的最重要的
东西是丝绸。因此，不足为奇的是，汉语中的丝绸（szǔ）在拉丁语中应该是
sericum，最终在英语中成了"silk"。[2] 地理名词"China"最早出现在梵文中
为"Cina"，它是从秦（ch'in）朝（公元前 246—前 207 年）的名字来的，并很
快通过印度西传到罗马帝国。[3] 其他一些印度词语，主要是与商业有关，亦同
样加入到了欧洲中世纪的词汇表中。甚至"India"一词本身，它最初是源自梵

文 Sindhu（河），通过波斯语进入希腊语和拉丁语，然后以不同的被认可的形式融入到不同的各自独立发展的欧洲各国语言。[4]

亚历山大大帝（Alexander the Great），以及他的同僚和接班人，如同大多数的古希腊人一样，实际上对"野蛮人"的语言几乎没有兴趣。正如在许多其他问题上，罗马人在这一问题上的态度同希腊人是一样的。[5] 到过蒙古宫廷的中世纪的旅行者，因为他们所有人都带有的基督教偏见，而成为了欧洲人中最早对亚洲的语言进行认真评论的人。特别是卢布鲁克（Rubruquis）的威廉（William）注意到中国表意文字的特点，并对货币和书籍印刷进行了评论。他以惊人的精确性划定了汉文、藏文、西夏文和维吾尔文字母系统之间的区别。[6] 中世纪的记录中还出现了一种意识，即旅行者对亚洲语言的多样性深感无所适从，在他们能够在大汗（the Grand Khan）的宫廷中、在亚洲内陆和海上的商业中心找到经验丰富的传译员后，这种感受才有所缓解。在快速纵览的基础上，我们可以得出结论，在 16 世纪前，欧洲人都没有实质性地理解亚洲语言的本质、它们之间的区别和相似性，甚或它们对欧洲词汇的贡献，尽管这种贡献甚少。

492

第一节　词源

16 世纪，对那些多年常住亚洲港口城市的欧洲人来说，他们出于实际工作的需要而掌握了本土的词汇，诸如涉及管理工作、商业、战争、传福音与社会关系的词汇。许多在印度的葡萄牙人从他们的妻子和情妇那里学习所在地的口语。在主要的亚洲贸易中心，还发展出一种方言，最好的描述是"洋泾浜马来语"与"洋泾浜葡萄牙语"。[7] 在东方第一线的观察家撰写的记录自然会涉及很多此类事项，因为在欧洲语言中尚没有对等的词汇。[8] 而大多数情况下，在当地的报告者致信欧洲时，不得不添加词汇、短语或句子来进行术语解释，因为这些术语对他的读者是陌生的。事实上，现代语言的研究者因这类著作提供了解释而反复论证并支持特定的词汇或观念的外国起源；反之，如果这类著作缺乏解释，他们则表示反对。观察家在现场的报告发布后广为流传，特别是 1550

年后在旅行文集、历史学和耶稣会士的信函中——通过这些出版物和它们的译
文，亚洲大量的词汇第一次被带到了欧洲读者的阅读世界和心灵世界。在欧洲
港口城市，一定数量的词汇被普遍接受，它们是由亚洲的旅行者[9]、欧洲的水
手、商人和传教士口头传诵而来的。

马来语中的字母，有时伴有葡萄牙语翻译，在1511年葡萄牙征服马六甲后
不久，开始登陆里斯本。[10]印度语被限于葡萄牙的宫廷，他们使用母语来为他
们自己国家的统治者写信。[11]一些在当地的第一线的报道者，自觉地努力为他 493
们管理亚洲的业务收集词汇。在整个16世纪，传到欧洲的词汇包括了马拉雅拉
姆语（Malayālam）、马来语、米沙鄢语（Bisayan）、他加禄语（Tagalog）和爪
哇语的词汇。138个马拉雅拉姆语单词列表或"卡利卡特的语言"与葡萄牙语
的对照表，是1497年至1499年达·伽马首航的参加者编制的。[12]安东尼奥·皮
加费塔（Antonio Pigafetta）——麦哲伦的一位同行者，编制和合成了一份马来
语、米沙鄢语、他加禄语的426个词语与意大利语的对照表。[13]皮加费塔的词
汇表的选萃还分别以法语（1525年）和威尼斯语（1536年）刊出了节选版；它
们先后在赖麦锡（1550年）[14]、伊登（1555年）和珀切斯（Purchas，1625年）
的旅行文集中再版。弗朗西斯·德雷克爵士的同伴于1580年在世界各地的航行
中，编制了32个爪哇语词汇，并配上了英文解释，哈克路特在1589年出版了
该清单。[15]在1603年，弗雷德里克·德·豪特曼（Frederick de Houtman）从
寄居的苏门答腊（Sumatra）返回到荷兰后，编制和出版了荷兰—马来语词汇表，
其中包括有来自15种马来—波利尼西亚语中的词汇。[16]

16世纪所有的词汇表都集中于有实用价值的本地语言或在东方的欧洲人的
个人兴趣方面：航海术语、数字、罗盘的方向、武器的名字、贵重金属、可以
食用及劳作或家养的动物的名字（如鹦鹉等等）、人体器官、简单的命令、日常
使用的文字和短语。即便是包括本地词汇的最有限的清单也有其"对照表"， 494
它作为欧洲少数产品之一可随时在亚洲的海上进行贸易。皮加费塔的清单比
其他的人更为复杂和精密，因为他还包括有关伊斯兰教及其家庭关系的词汇，
使用广泛的纺织品、香料、金属、家庭术语、个人的衣服和气流的词汇。但
是，皮加费塔从没有机会向当地人学习马来语。在到菲律宾的为期十八个月的

航行中，他不得不听命于麦哲伦私人的奴隶——苏门答腊本地人称为"恩里克（Henrique）"，此人是麦哲伦早期供职于葡萄牙时带回到欧洲的。[17] 皮加费塔的清单也反映出常用的马来语在东方的商业中心被普遍接受，通常被称为"马六甲语言"，表明皮加费塔可能没有在当地或在摩鹿加群岛学习语言，因他似乎在标题中暗示他给出了词汇表。[18] 充满好奇心和受过教育的皮加费塔，在长途而乏味的海上航行中，几乎可以肯定不会错过学习任何他远征的目标地的语言的机会。

通过在亚洲获得的中文图书和地图，东亚的表意语言首次被引入到 16 世纪的欧洲。[19] 汉字也是由 16 世纪到欧洲的中国人和日本人书写出来的。这些书法样本，即使部分是粗制滥造书写的，也很快在欧洲的历史、地理和地图集中印刷出来。[20] 耶稣会士，尤其是在日本的那些人，把汉字传到欧洲，它们使用中文和平假名的形式书写。其中许多是在耶稣会士的历史记述和信函中印刷出来，并在欧洲广为流行。[21] 罗明坚神父，第一位认真研究中文的耶稣会士，约 1590 年返回罗马，成为研究中国语言和印刷术的常驻专家。[22] 1584 年至 1586 年日本驻欧洲公使带来的礼品是书写的日本字符，使团的评论员为此提供了日文词语和它们的欧洲语言的对照表。[23] 更重要的是，年轻的贵族和他们的主人用日文来给他们欧洲的东道主写感谢信。[24] 而且日文的信件常配有意大利语或拉丁语的翻译。同时至少有一部日文历史书被送到了意大利。[25] 到 16 世纪末之前，认真研究中文和日文的原材料无疑能在意大利和葡萄牙找到。[26]

16 世纪后半期，在亚洲的传教士竭力掌握他们所工作地方的语言。恩里克·恩里克斯（Henrique Henriques）神父根据拉丁语法原则，开始学习和组织泰米尔语。他还设计了一套拼音系统，据此，他和其他人可以学会讲泰米尔语。[27] 1551 年，他送到里斯本一本关于部分马拉巴尔语铜版的葡萄牙语译文，一本泰米尔语语法的手稿，以及天主教祈祷文的泰米尔语的罗马拼音化的译本。[28] 1554 年，《识字课本》（*Cartilha*）在里斯本以泰米尔语印刷出版，这是第一本已知的该语言的出版物。作为一本在泰米尔工作的传教士的指导手册，《识字课本》包括了用泰米尔语的罗马拼音化标注的祈祷文和教义问答，它们以大红色的字母印制。它还提供了一个写在字里行间的葡萄牙语翻译和字音表

（参见图 67）。泰米尔语的译本显然是由三位印度人完成的，但只知他们的基督教名：维森特·德·纳萨雷特（Vicente de Nazareth）、豪尔赫·卡瓦略（Jorge Carvalho）和托梅·达·克路士（Thomé da Cruz）。他们可能使用了恩里克斯设计的音译原始系统，因为遵循音译的葡萄牙语概述原则的普罗拉格（Prologo），很明显是位欧洲人制作的，此人发现泰米尔语是"如此原始"，以致某些单词的发音不能准确地被拉丁字母表达。[29]

496

经过多次向里斯本陈明有关使用当地语言印刷基督教教义的迫切需要，一家本来是用于在阿比西尼亚的传教事业的印刷厂，最终于 1556 年在果阿建立起来。印刷厂由胡安·德·布斯塔门特（Juan de Bustamente）负责，他是位西班牙印刷师，他的助手是胡安·贡萨尔维斯（Juan Gonsalves）。他们由一位在葡萄牙学会印刷业务的印度裔男子协助。[30] 在果阿发行的第一批作品是葡萄牙语的基督教作品和各种世俗作品，如加西亚·达·奥尔塔的《印度草药风物秘闻》（1563 年）。贡萨尔维斯是一位锻工和刻工专家，也是第一位制作泰米尔语字符的人。然后，很显然是他教会了若昂·德·法里亚（João de Faria）如何制作这样的字符。在果阿制作的字符被带到奎隆（Quilon）后，法里亚改进了它们。这些被修正过的字符在 1578 年被用于印刷恩里克斯翻译的泰米尔语版的沙勿略的《基督要理》（*Doctrina Christã*），其原著在 1557 年以葡萄牙语在果阿出版。第一本以印度语印刷的书是 1578 年的《基督要理》，这是本 16 页厚的书，在奎隆用中国制造的纸印刷。在最后一页上，它列出了一长一短两张泰米尔语字母表以及泰米尔语数字。该书的副本可能在 1579 年被送到了罗马。[31] 此后不久，耶稣会出版社显然已从奎隆转到了科钦（Cochin）。1579 年，《基督要理》在这里被印刷出来，此书同沙勿略的书无关。[32] 该书最初由马科斯·豪尔赫（Marcos Jorge）以葡萄牙语写作，1579 年科钦版的《基督要理》被恩里克斯翻译成泰米尔语。恩里克斯的泰米尔语版《诸圣之花》（*Flos Sanctorum*）在 1586 年印刷出版，可能是在位于普尼卡尔（Punicale）港的捕鱼海岸印刷的。[33]

在澳门的耶稣会士似乎直到 1614 年才拥有西方印刷机。[34] 但在 1585 年，罗明坚神父曾有一本在澳门通过木刻印刷的中文版的教义问答（参见图 60），[35] 这本以中文印刷的教义问答很可能是由中国学者写的。罗明坚编制的

497 一本拉丁—汉语词汇表也于 1585 年在澳门印制。据此可推测，罗明坚在 1590 年把这些中文著作带回意大利，包括没有出版的一些中国古典书籍译本，它们今天都保存在梵蒂冈和罗马的耶稣会档案馆。[36] 他肯定还带了一位中国苦工到罗马，因罗明坚在 1590 年 12 月带着"自己的印度人"参加了罗马教皇的觐见。[37]

到罗马的日本使节在 1586 年离开欧洲时已为他们的国家带去了印刷机。耶稣会的欧洲同伴利用在果阿和澳门的被迫停留，使用新机器印制拉丁语作品，并最终分发给在日本的传教士。其中，在澳门出版的两本拉丁语著作之一是《天正年间遣欧使节见闻对话录》（*De missione legatorum Iaponensium*，1590 年），它是一本关于日本年轻特使在欧洲和亚洲经历的对话录，可能由范礼安（Alessandro Valignano）——一位到亚洲进行传教活动的耶稣会士——编辑。[38] 正是这同一台印刷机在 1614 年由被日本逐出国门的耶稣会士运回到澳门，1620 年后，最终被迫卖给了在马尼拉的奥古斯丁教团的教士。

在范礼安 1579 年至 1582 年首次访问日本时，他开始相信需要在日本制作和印刷基督教材料，以为传教士正规的训练、改宗者和驳斥日本教派者所用。他自己制作了一份用于辩解的"教义问答"手册，为日本的好争论者提供答案，随后由日本使节把它送到里斯本并印刷。他还教迭戈·德·梅斯基塔（Diego de Mesquita）神父——一位派往欧洲的使团的领导者——在佛兰德斯或葡萄牙使用大量日本假名和一些中国汉字字模（matrices）。这位年轻的使节 1587 年返回果阿，他带回了印刷好的《基督信仰教理书》（*Catechismus christianae fidei*，1586 年）的副本。[39] 新的印刷机由归国者护送，并由两位日本教友负责，两人曾在葡萄牙学会了如何使用字模和字型，以及如何操作西方的印刷机。[40] 可

498 能是这两位日本印刷师用金属材料制作了出现在范礼安的教义扉页上的耶稣和玛丽名字的 6 个大字。很可能，也是他们把在葡萄牙浇铸的这些和其他的金属字符运回到日本的。[41] 当印刷机在 1590 年运抵日本时，政府对基督徒的镇压已经开始。因此，随着耶稣会士到处寻找安全之所，新的印刷机必须在日本西部来回转移。

尽管政治动荡，基督教的印刷机在其多产的二十年间（1591—1611 年）在日本至少印刷了 29 本书。[42] 日本表意文字通常被刻成木块，而要把它们

印刷到日本纸上则要委托给改宗者。1591—1592 年出版的 6 本基督教著作中，仅有两本是用日文出版的：一本是《基督要理》(*Dochirina Kirishitan*，天草 [Amakusa]，1592 年)；另一本是洗礼和忏悔书，罗马拼音名字为《洗礼秘传》(*Bauchizumo no sazukeyō ...*，天草，1593 ？年)。[43] 这两本书的副本很可能立即被送给了埃武拉 (Évora) 大主教特奥托尼奥·德·布兰干萨 (Teotonio de Bragança)，他是耶稣会伟大的朋友和他们印刷活动的支持者。[44] 从 1593 年至 1596 年，另有 7 本书籍在天草出版，全部使用罗马字母。还有一本传教士和改宗者的教育手册以口语化的日本语出版，书中包括从日本的古典历史和《伊索寓言》(*Aesop's fables*) 中抽取的内容。[45] 翻译西方寓言的深层思想是想通过讲述令人愉悦的故事进行道德教育。这本著作第三部分包含了由日文书面语写的但配有通俗简洁的解释语言的 282 条中国道德箴言。

传教士在天草印刷的第一批直接涉及语言学习的出版物发行于 1594 年至 1595 年。从沙勿略算起，耶稣会一直在为理解、说、写日语而英勇努力。[46] 起初，他们必须满足学习足够的口语内容，能够听懂告解，能够布道和辩论。他们没有字典或文法，不得不求助于改宗者为他们提供技术性支持。从耶稣会的信件看来，日语—葡萄牙语字典和文法在 1563 年至 1564 年已经被编译出来。随后，又不断扩充和修正，其中特别是伏若望神父贡献甚大。1594 年，耶稣会在天草印刷了一本曼努埃尔·阿尔瓦雷斯 (Manuel Alvarez) 的拉丁语法删节本以适应日本学生的需要。[47] 他们在次年又出版了一本安布罗西奥·卡莱皮诺 (Ambrosio Calepino) 的拉丁语字典的葡萄牙语译文和日语译文的缩略本。[48]

1598 年至 1599 年，耶稣会在长崎出版了汉语字典《落叶集》(*Racuyoxu* [*Rakuyōshū*])，然后在日本使用。关于这本字典尤为重要的是它用假名介绍了汉字，并按照字音表来排顺。[49] 字典还包括日本和中国的官衔的附录，并列出了日本省份的名称。若昂·罗德里格斯 (João Rodriguez) 神父，可能部分地参与了编制《落叶集》，[50] 他还可能帮助编制了 1603 年至 1604 年在长崎出版的《日葡辞书》(*Vocabulário da lingoa de Iapam*)。这部著作包括约 30 000 个日语字符和单词，它们是用拉丁字母标识并按字母顺序排列。单词的含义用葡萄牙语来解释，词汇量丰富，包括有关佛教、日本文学、土话和俚语的词语。几年后，罗德里格斯在长崎出版了《日本大词典》(*Arte de lingo do Iapam*，1604—1608年)，实用和精深地介绍日本的语言和它的语法性质，这是 19 世纪日本重新门户开放前欧洲能够获得的最好的字典。[51]

在菲律宾的西班牙传教士也在 16 世纪最后三十年认真地参与了语言问题。[52] 到宿务岛(Cebu)工作的第一批奥古斯丁会修士在学习当地的米沙鄢语方面并不像那些语言研究者一样出色。在他们当中，马丁·德·拉达(Martin de Rada)修士是个例外，因为他很快就学会了讲米沙鄢语和中国话。直到 1580 年方济各会决定编写一本他加禄语教义、语法和词典时，他们才开始系统研究当地语言。胡安·德·普拉森西亚(Juan de Plasencia)修士被授权承担这项任务，由在岛上出生的西班牙男孩教他加禄语。出于防止教义在圣职之间产生纠纷的考虑，菲利普二世下令在岛上出版的语法或教义需要主教和检审法院的批准。直到 1593 年，普拉森西亚教义修订版才在《基督要理》出版物中使用，它采用西班牙语和他加禄语双语；另一部《基督要理》用木版方法以中文和西班牙语出版。另外，1593 年，教友胡安·科博(Juan Cobo)以中文出版了一本关于真神和教会的著作，其中包括一个现实的中国人和多明我会神父迷人的木刻画。[53] 两年后，多明我会的修士把一台印刷机带到了菲律宾。此后，另一批圣职人员把自己的印刷机带到了岛上，目的是为了用当地语言为改宗者印刷宗教书籍，同时也为了提供用当地语言印刷的教材来培养传教士。到 1610 年，多明我会修士弗朗西斯科·德·圣若瑟(Francisco de S. Joseph)在巴丹半岛(Bataan)出版了《他加禄语的艺术和规则》(*Arte y reglas de la lengua tagala*)，这是第一部以这种语言出版的严肃著作。[54]

以亚洲语言出版书籍是涉及在当地的传教士、本土的改宗者、葡萄牙王室和印刷贸易的联合行动。印度人和日本人在欧洲接受培训学习操作印刷机，来自不同国家的许多亚洲人也在传道站学习操作。没有来自亚洲人的合作，泰米尔语的《识字课本》(1554 年)和装点范礼安教义问答扉页(1586 年)的日语字符很可能永远不会在里斯本编制出来。在亚洲的传道站里印刷的书籍的副本经常一印刷出来就被送到欧洲。由于这些书往往是手册，用于指导传教士，它们通常是大多数欧洲人所熟悉的基督教教义文本的亚洲语言的译本。有时，它们还提供葡萄牙语或拉丁语对照的文本。

16 世纪末，在日本出版的一些书籍远不止仅仅是翻译的基督教教义。它 501 们的基本分析和整理日语、中文背景的努力，明确的目的是为了能够更好地了 解和理解东亚的高级文明。在日常使用的水平上，掌握表意文字语言本身就是 一项艰巨的任务；传教士决心在日语方面达到一定的水平，这会让他们在智识 和社会上达到当地知识阶层的水平。在这个过程中，他们还给欧洲的语言学家 提供了许多必要的材料来分析亚洲语言，并让它们融入到当时的语言理论之中。 所以，问题自然就出现了：16 世纪欧洲的学术世界对于东方语言了解到了什么 程度，它是怎样把它们纳入到关于语言的起源、发展以及语言亲属关系的主流 观念当中的？

第二节　语言观念的复兴

关于语言的起源和历史，占主导地位的学说是关于《圣经》和人文主义的 猜想。[55] 源自教父遗书和圣经训诂是流行的传统语言学的观点，贯穿于文艺复 兴时期学者的思想和著作。人们普遍认为，天堂中的上帝，创造亚当之时创造 了第一种语言。这种原始的语言，是神赐给人类的一种完美的交流手段，上帝 和所有的人之间都能交流使用，而不需要传译员的帮助。它的字母和单词能够 完全反映，或接近完全反映它们所代表的事物的本质。原初的希伯来文，而不 是 16 世纪的希伯来文，通常被认定为人类源语言（*lingua humana*）。它在经历 大洪水后保存下来，那是上帝对其犯错的孩子的第一次惩罚。诺亚的后代重新 入住地球后不久，爱慕虚荣的部落合力在巴别塔（Babel）建立了通天塔。对人 类的无礼行为，上帝非常生气，上帝搞乱了建造者讲的语言，同时把各部落分 散到世界各地。为赎回他们的罪孽，讲不同语言的人被迫住在一起，从而使其 与上帝的沟通，以及人们之间的相互沟通变得困难，以让人们能够时常想起上 帝的愤怒。

巴别塔之后的语言杂乱，共产生了 72 种不敬的语言和大量的亚变种和方 502

言。[56] 不敬的语言并不是新创造出来的，而是很简单地把原初语言的发声、字母和含义重新组合。因认定人类源语言在巴别塔之后没有被永久地摧毁，其复苏成为宗教和语言上努力的目标。某些学者试图通过解开并重新排列各种不敬的语言的基本元素，找到丢失的语言。其他人逐渐相信，随着海外的发现能够揭示更多的语言世界，原始的语言和字符仍然完整地保存在某处。因此，文艺复兴时期的学者开始检查大部分的外来语，目的是发现有关人类原始语言的那些元素。

在文艺复兴时期，语言起源和历史的基督教理论与语言观念衍生自古典研究两相形成了竞争。虽然希腊人忽视了"野蛮人"的语言，但他们认真研究了自己的语言。古代哲学家对语言是自然生成的还是习俗使然，进行了激烈的辩论。这一过程中，他们创造出了自己的知识理论，以及观念和指代词语间的关系。亚里士多德认为外部世界的性质是通过感官来让人产生深刻印象的。他宣称，词语只是象征，而不是他们所代表的思想或事物的精确的图像。在采信了语言是约定俗成而非天生就有的立场后，亚里士多德和他的追随者把语言诉诸于逻辑分析，或者按顺序排列，这通常被称作语法。亚里士多德的语法理论，强调语言的结构规律，亚历山大哲学学派（Alexandrians）对之进行了详细阐述，狄奥尼修·特拉克斯（Dionysius Thrax，公元前2—前1世纪）把其组合成一个连贯的整体。直到6世纪，罗马帝国和早期基督教的文化世界仍然使用希腊语和拉丁语。综观中世纪，由希腊人发展出来的语法规则维持了普遍而且完全独立的特定语言。

大多数罗马和中世纪的语言研究者在继承希腊人的语法框架中亦步亦趋地工作。但是，一些中世纪的思想家，在大学里辩论语法的细微之处时，越来越多关注使用自己的语言给普通的人来讲授基督教教义。而"走出去，教导整个世界"的目标，推进了外语的学习。教皇克莱门特五世（Pope Clement V）1311年在维埃纳省（Vienne）颁布了一项法令，呼吁基督教，必要时可用异教徒的语言传教，他号召巴黎大学、牛津大学、博洛尼亚大学和萨拉曼卡大学各任命两位教希伯来文、希腊语、阿拉伯语和占星术的教授。两位语言专家也被罗马教廷聘用来教课和从事翻译。因与这项决议相关连的期望之值远远超过从

中获得的结果，1434年，新版的维埃纳省法令在巴塞尔公布。[57]其间，但丁
（Dantt）正关注意大利方言的研究以及比较他们的方言。[58]但对世界上其他的
语言来讲，但丁遵从着大多数与神秘的巴别塔相关的传统观念。[59]

  但丁吸收意大利的土话鼓舞了另外的人使用和分析其他方言。认真研究希
腊语始于14世纪末。形式语法继承了拉丁语模式，15世纪在意大利语、西班
牙语和德语中它被整理出来。早在15世纪，在布拉格的查尔斯大学（Charles
University）就开始有人研究希伯来文，不久后，大量的欧洲大学实际上开始教
阿拉伯语和迦勒底语。[60]尽管语言纯正癖者（purists）坚决反对这些对于拉丁
语至高无上权威的挑战，但15世纪的语言学的视野已扩大到了包括黎凡特的语
言。约在1427年，一位名叫约翰·希尔特贝格（Johann Schiltberger）的巴伐利
亚人，曾作为奴隶居住在土耳其三十二年，他以土耳其语、亚美尼亚语和鞑靼
语来向欧洲人演唱主祷文。因此，他是把主祷文作为语音样本（Sprachprobe）
来使用的思想上的鼻祖，也是语法比较的一项创举，这也是发展出来的一项受
人敬佩的语言策略。[61]此后不久，阿诺德·冯·哈夫（Arnold von Harff），一位
科隆的贵族，在他的东方朝圣的回忆录中，纳入了大量近东语言的字母表以及
例词和例句。

  虽然人文主义者忙于古代的语言，教皇的注意力则是复兴与同时代东正教
会（Eastern Church）的关系。叙利亚—马拉巴尔教会（Syro-Malabar church）
的神父约瑟夫（Joseph）1502年访问罗马，教皇亚历山大六世（Pope Alexander
VI）与他就印度南部问题进行了会谈。[62]尽管这次访问没有产生任何令人惊奇
的结果，罗马仍然继续努力再次与东正教结盟。来自叙利亚（Syria）、埃塞俄
比亚（Ethiopia）和东方其他地区的主教出席了1512年第五次拉特兰大公会议
（Fifth General Council of the Lateran）。[63]1516—1517年，奥斯曼帝国征服了叙
利亚和埃及，进一步激发了教皇同东正教徒建立坚实关系的努力，希望赢得与
他们的结盟从而共同抵御土耳其人。这些事态发展也鼓励了对东方基督教语言
的研究。那些直到1517年才出席拉特兰会议、来自东方的教会人士被呼吁担任
教授叙利亚语、阿拉伯语和埃塞俄比亚语的教师，要求识别梵蒂冈图书馆里的
东方书籍，以及编辑一个他们能够阅读的图书清单。1518年发布的登记册中包

括了 22 本书；清单的附录说明显示，梵蒂冈藏书中还有其他的东方书籍，想必他们无法读取那些语言。[64] 可能其中一本是无法识别标题的中文图书，该书是 1514 年葡萄牙国王送给教皇利奥十世的。[65]

与其他欧洲国家相较，葡萄牙和西班牙更直接地受到新发现的海外语言的启示。1492 年，哥伦布出发寻找"东印度群岛"之年，安东尼奥·德·内布里哈（Antonio de Nebrija）出版了他的《卡斯蒂利亚语语法》（*Gramatica de fa fengua castellana*，萨拉曼卡），该书开创了研究伊比利亚语言的新时代。他在序言中指出将书献给哥伦布的赞助商——女王伊莎贝拉，内布里哈强调了政治扩张和民族语言的关系。要建立和保持政治上的团结，卡斯蒂利亚语言（Castilian language）应该成为帝国语言，它服务于西班牙的原因，尤如拉丁语服务于罗马。如果卡斯蒂利亚语要成为国际语言，它必须进行组织，采用的规则和标准必须令其具有能同拉丁语相媲美的可靠性和权威性。[66] 虽然葡萄牙的语言学家没有共享内布里哈对卡斯蒂利亚语言的热情，但是他们都深受他关于语言对建设和维持帝国的重要性思想的影响。

葡萄牙的殖民地则不同，它早在 16 世纪就意识到，拥有不多但共同的语言会将它们团结在一起。宗教书籍，其中约 250 本，在 1513 年被送往阿比西尼亚（Abyssinia）；五年以后，方济各会发送了相近数量的书籍到科钦。[67] 本土的改宗者，大多数是葡萄牙人的妻子以及基督徒的孩子们，最初都是通过这些书籍来学习葡萄牙语的。到 1570 年，在果阿有多达 500 名的儿童通过葡萄牙语来学习基督教教义入门。

在葡萄牙国内，出现了一场关于民族语言纯洁性和自主性的辩论。拉丁语和卡斯蒂利亚语的单词和语法进入传统的葡萄牙语，其比例远远超出任何以前已知的数量。知识界，像吉尔·维森特（Gil Vicente），有时喜欢用卡斯蒂利亚语而不是葡萄牙语来写他们的著作。就在葡萄牙王室于远方吹嘘他们的胜利时，他们却在国内就葡萄牙语的衰落、它同拉丁语和卡斯蒂利亚语的关系以及其作为一种独立语言的生存能力大发脾气。达米奥·德·戈伊斯（Damião de Góis）可能是因为分享了如此多的伊拉斯谟的思想，因此他坚信流行语言的功效，以及它对民族文化进步的重要性。另外一些人认为，随着葡萄牙在国外的成功，

505

宣布语言的独立性，定义它的性质，并制定管理它的规则，对于帝国和不断增长的民族自豪感来说是必要的。[68]

最早的著名的葡萄牙语语法是由费尔南·德·奥利维拉（Fernão de Oliveira）编制的，并于 1536 年在里斯本以《葡萄牙语语法》（*Grammatica da lingoagem portuguesa*）为标题出版。在该书中，葡萄牙语根据拉丁语语法的规则来组织。如同内布里哈的语法一样，该书也宣称本土语言的独立性和价值，断言其不同凡响的清晰度，强调把其教给巴西人、亚洲人和非洲人。后代们将会记住奥利维拉，主要把他视为捍卫葡萄牙语的先驱，同时预示着它未来的成功。[69]

奥利维拉关于系统地教授葡萄牙语的思想经由若昂·德·巴罗斯得以贯彻实施，他是印度商行（Casa da India）的代理人以及在亚洲的葡萄牙历史学家。[70]1539 年，他为年轻的葡萄牙菲利普亲王（Prince Philip）编制一本简化版的教义问答（Cartinha），前言是阅读语言学习入门。在给菲利普亲王的介绍信中，巴罗斯写道，一个孩子在吃奶时学习的语言对他来说始终是最甜蜜的和最自然的语言。他指出，葡萄牙语正把福音的讯息传到非洲和亚洲。四位马拉巴尔（Malabar）亲王表示希望学习葡萄牙语，目的是为了阅读基督教的神圣戒律。他断言没有哪种语言能像它用于教导救赎时那样轻易地被学会。为了帮助初学者，巴罗斯提供了与它们的通用对象、字母表和字音表相对应的木刻插图。在这些介绍性的语言材料之后，他给初学者提供了一本简化版的教会戒律。[71]那是沙勿略最初在亚洲教书使用的教义问答的节选，他已经把它翻译成了泰米尔语（1542 年）和日语（1549 年）。[72]

与他们都反感卡斯蒂利亚语相对照，奥利维拉和巴罗斯都看重葡萄牙语未经稀释的纯正度以及它同古典拉丁语的亲缘性。他们的语法依照拉丁语的组织模式，但巴罗斯表示，他的语法的主题既来自通用性还来自学者的权威性。他断言，与意大利、法国和西班牙的人文主义者不同，葡萄牙的学者在自己的口语和写作方面并没有拉丁化，因为他们大多数直接或间接地参加了海外的扩张，从而受到了各种语言的影响。[73]到 1525 年，数以千计的有亚洲经历的葡萄牙人返回到里斯本，他们把海外世界的新词语和新表达带回来，它们曾经在他们的口语中留下印记。[74]亚洲人和非洲人在里斯本街头并不罕见，黑人讲葡萄牙

506

语在通俗文学中是作为一个粗鲁的和漫画人物来讽刺的。[75]

　　奥利维拉和巴罗斯的语法是专门为教授海外之人正确的、大都市的葡萄牙语而设计的。因此，他们使用来自贸易和航海方面的外来语说明葡萄牙语的正字法和语音法的特征。巴罗斯赞美葡萄牙语的对话录出版于 1540 年，它已经明确地意识到葡萄牙语的鲜明特色和它相对于拉丁语的独立性。他预言，葡萄牙语有一天会征服拉丁语，如同讲葡萄牙语的人已经征服了亚洲和非洲一样。他估计，葡萄牙语作为一门国际语言的最终胜利是以大量使用摩尔人的词语为标记："所有这些词将以 al 和 xa 开头，以 z 来结束。"但这还不是全部。巴罗斯在父子对话录中告诉他的儿子：

　　　　现在从亚洲的征服中，我们用 chatinar 来指代"贸易"，beniaga
来指代"商品"，lascarim 指代"士兵"，cumbaya 指代"敬礼"和"鞠躬"，
另一些词语则成了去那些地方的人的自然而然的语言，成了他们自己
的葡萄牙语。[76]

　　虽然巴罗斯和他的伊比利亚的同事解决了民族语言的实际问题，而其他地方更传统的人文主义者则在继续坚持"古语三通"（homo trilinguis）①的观念。从 9 世纪始，希腊语、希伯来文和拉丁语就被视为神圣的语言，因为它们的区分出现在基督耶稣十字架的罪状牌（titulus）上。他们也是知识界的语言；16世纪第一个 1/3 世纪里，三语学院（trilingual colleges）在牛津（1517 年）、鲁汶（1517 年）、阿尔卡拉（Alcalá，1528 年）和巴黎（1529 年）分别建立。在这些学院中，人们认识到，希腊文和希伯来文对研究哲学和宗教与拉丁语一样宝贵。但对严格的拉丁语学者而言，希腊语和希伯来文都是东方语言，它们已经逐步和在备受怀疑的监管下渗入到知识界。

　　罗杰·培根（Roger Bacon）1267 年报道称，只有 4 个人在讲拉丁语的欧洲知道一些荷马（Homer）的语言。14 世纪晚期开始，意大利和拜占庭之间的

507

────────

① "古语三通"（homo trilinguis），即同时通晓希腊语、拉丁语、希伯来文。——译者注

接触推动拉丁语的欧洲开始严肃地研究希腊语。欧洲编制的最早的希腊语语法1495 年在威尼斯出版，但直到 16 世纪，研究希腊语才成为正规语言课程的一部分。中世纪的犹太学者研究希伯来文，但罗杰·培根是第一位认真研究它的基督教神父。虽然 13—15 世纪希伯来文课程在各大高校开设，但研究和研究者的工作回报甚微。希腊语和希伯来文的研究者被指控为异端，认为他们试图腐化拉丁基督教的纯洁性。对于这些攻击，三语学院和对东方语言感兴趣的人文主义者则回应，研究《旧约》和使用源语言的希腊哲学是非常必要的。尼古拉斯·克莱纳（Nicolas Clenard）认为，学习希伯来文和阿拉伯语的目的，是为了使基督徒能够驳斥对方虚假的教义和让他们改宗真正的信仰。[77]

卡斯蒂廖内（Castiglione）的宫廷社会圈子对古语三通已经没有浓厚的兴趣，因为朝臣必须能运用与他们自己社会圈子和他的邻居相关的现代语言，[78] 这种吸纳方言的趋势促使他们讨论和辩论哲学话语的价值。人文主义者斯佩罗内·斯佩罗尼（Sperone Speroni）在他的《语言对话录》（*Dialogue on Languages*，约1540 年）中提出了一个问题：为什么要学习外语？他借著名的亚里士多德派的哲学家佩雷托·蓬波纳齐（Peretto Pomponazzi）之口回答了这个问题。正如亚里士多德断言，语言是人类直觉的创造物，因此，它是人类精神的全部产品。思想因而不仅仅限于语言形式；所有的语言都具有同等价值，甚至阿拉伯语和印度语。斯佩罗尼相信印度语（不是埃塞俄比亚语）得到了他随后提到的商家们的支持，正是这些商人把香料和其他东方商品运到了意大利。[79]

508

从拉丁语至上过渡到越来越多地接受使用方言，到 16 世纪后期已经没有太多的争论。拉丁语法成为了组织欧洲方言、希腊语和希伯来文的一个样板，遇到的每一种新语言都同样地以拉丁语的术语来组织。只有在那些试图确定语言变化的性质和原因的人当中辩论时，组织语言才会变得激烈。普通的语言变迁理论是由西奥多·比布利安德（Theodor Bibliander，1504—1564 年）提出的，它是最被广泛接受的理论。在他 1548 年出版的评论中，比布利安德认为，作为外部因素而非因它们自己内部形式的逐步演变，世俗的语言在巴别塔之后继续发展。因为迁徙和战争，以及占主导地位的政治团体的变化，加之新职业、社会阶层、大众模式的需求，语言变迁出现了。他认为，对于亚洲和美洲的征服可能会导致在今后再发生类似的语言变迁。[80]

　　有关语言的性质、起源和历史的《圣经》学说和人文主义学说，直到 16 世纪中叶仍占据至高无上的地位。对拉丁语主导地位的挑战，主要源于方言的稳步出现，希腊语和希伯来文成为了哲学和圣经语言。虽然希腊语和希伯来文在三语学院与拉丁语可以等而视之，但是方言迅速受到尊崇和系统地组织。斯佩罗尼认为所有语言一律平等；佛罗伦萨学院（the Florentine Academy）于 1540 年成立，明确表示其目的是用托斯卡纳方言翻译科学。伊比利亚的文法家宣称方言对于帝国的征服和维系的重要性。对于传播福音和加强罗马与东正教教会更密切联系有兴趣的教会人士，开始研究和组织黎凡特与非洲的语言。在比布利安德的著作中，世俗语言的变迁毫无疑问地被归因于文化和社会环境，而不是语言的内在本质。仍未解决的最令人头疼的理论问题是语言的多样性难题，[81]其中一个问题是海外新发现的大量语言每天都在扩展和丰富，但语言学家对它们的性质知之甚少或一无所知。

509

第三节　分类与比较

　　除希伯来文、希腊语和拉丁语是其中经严肃研究讨论的语言外，简单地把其划分为神圣的和世俗的、古典的和东方的、活的和死的语言，这样的分类在很大程度上仍在使用。但是，学术兴趣扩展到欧洲的方言、黎凡特的方言，并最终到达海外的世界，很快令这些早期分类方法的缺陷暴露出来，而发明新的和更准确的分类方法就显得必不可少。近东语言的研究者认识到希伯来文、阿拉伯语、迦勒底语和叙利亚语有着共同特点，即它们有别于希腊语和拉丁语系。还有一种颇为流行的观点认为，希伯来文是所有语言之母，在 16、17 世纪，数量惊人的学术研究继续试图发现并解释希伯来文分化为各种不同的语言和方言的过程，但这些费力的努力却无果而终。虽然对新的语言的描述和分类因为要寻找所有语言同希伯来文的亲缘性而被推迟，但 16 世纪的语言学家和神学家开始慢慢地和怯生生地根据世界语言自身的特点来分类。直到 19 世纪，他们在发

59. 1578 年出版于奎隆，这是第一本在印度以泰米尔语印刷的书。木刻同《基督教儿童的教育》（*Christiani pueri institutio*）是一样的，十年后出现在澳门。参见 J. Muller and E. Roth, *Aussereuropäische Druckereien im 16. Jahrhundert*（Baden-Baden, 1969），pl. XXXIV。

60. 欧洲人在澳门印刷的第一本书的扉页（1585年）。它是在罗明坚神父的指导下编制的木版印刷的复制品。

图片来源：J. Braga, "The Beginning of Printing at Macao," *Studia*, XII（1963）, facing p. 3.

CHRISTIANI
PVERI INSTITVTIO,
ADOLESCENTIÆ QVE
perfugium : autore Ioanne Bonifacio
SOCIETATIS IESV.
cum libri unius, & rerū accessione plurimarū.

Cum facultate Superiorum
apud Sinas, in Portu Macaensi
in Domo Societatis IESV.
Anno   1588.

61. 欧洲印刷机在中国印刷的第一本书，1588 年。里斯本阿儒达图书馆（Biblioteca da Ajuda）。

图片来源：A. Cortez-Pinto, *Da famosa arte da impressão*（Lisbon, 1948）, p. 395。

Doctrina Christiana, en
lengua española ytagala, co:
regida po: los Religiosos de las
ordenes Jmp:essa con licencia, en
.S. gabriel. de la orden de. S. Domigo
En Manila. 1593.

62，63.《基督要理》(马尼拉，1593 年)扉页和最后一页。以西班牙语和他加禄语印刷。

图 片 来 源：J. Muller and E. Roth, *Aussereuropäische Druckereien im 16. Jahrhundert*（Baden,-Baden, 1969）, pls. XXII and XXIII。

64. 1593 年在马尼拉以中文印刷的《基督要理》的扉页，供多明我会的神父使用。

图片来源：J. Muller and E. Roth, *Aussereuropäische Druckerein im 16. Jahrhundert*（Baden-Baden, 1969），pl. XXI。

65. 1600 年由日本的凡人修士在长崎以日文出版的《基督要理》的扉页。

图片来源：J. Muller and E. Roth, *Aussereuropäische Druckereien im 16. Jahrhundert*（Baden-Baden, 1969），pl. XIX。

r ,bento be ..... hofruito do teu— ventre.— Ihs Sancta

vicelapatta palam vnare vaetile ihu. Xuddama·

Ebento be —bo fruito do teu vêtre Ibu : Sancta ma

— maria .... de deos madre nos Peccadores

namaria tambiranaré madaue : éngale pauigale

ria — madre de — deos : — roga — por

por roga. Amen.

vénddi iranducolauénú. Amen.

nos — peccadores. —Amen:

¶ Seguesse ho Credo.

CRedo in deum patré omnipotentem creatorem celi et terre . Et in Jesum xpum filium eius vnicum dominum nostrú. Qui conceptus est de spú sancto : natus ex maria virgine . Passus sub pontio pilato/crucifixus/mortuus/ et sepultus : Descendit ad inferos : tertia die resurrexit a mortuis. Ascendit ad celos : sedet ad dexteram dei patris omnipotentis . Inde venturus est iudicare viuos et mortuos. Credo in spúz sanctú : sanctã ecclesiam catholicam. Sanctorum có

66. 以泰米尔语和葡萄牙语印刷出版的《识字课本》(1554年) 一书中的一页，展现的是"圣母颂"(Ave Maria) 的结尾。葡萄牙语的大标题，以红字来书写，是泰米尔语的逐字翻译——语言说明工具。

图片来源：A. Cortez-Pinto, *Da famosa arte da impressão*（Lisbon, 1948），pl. XVIII。

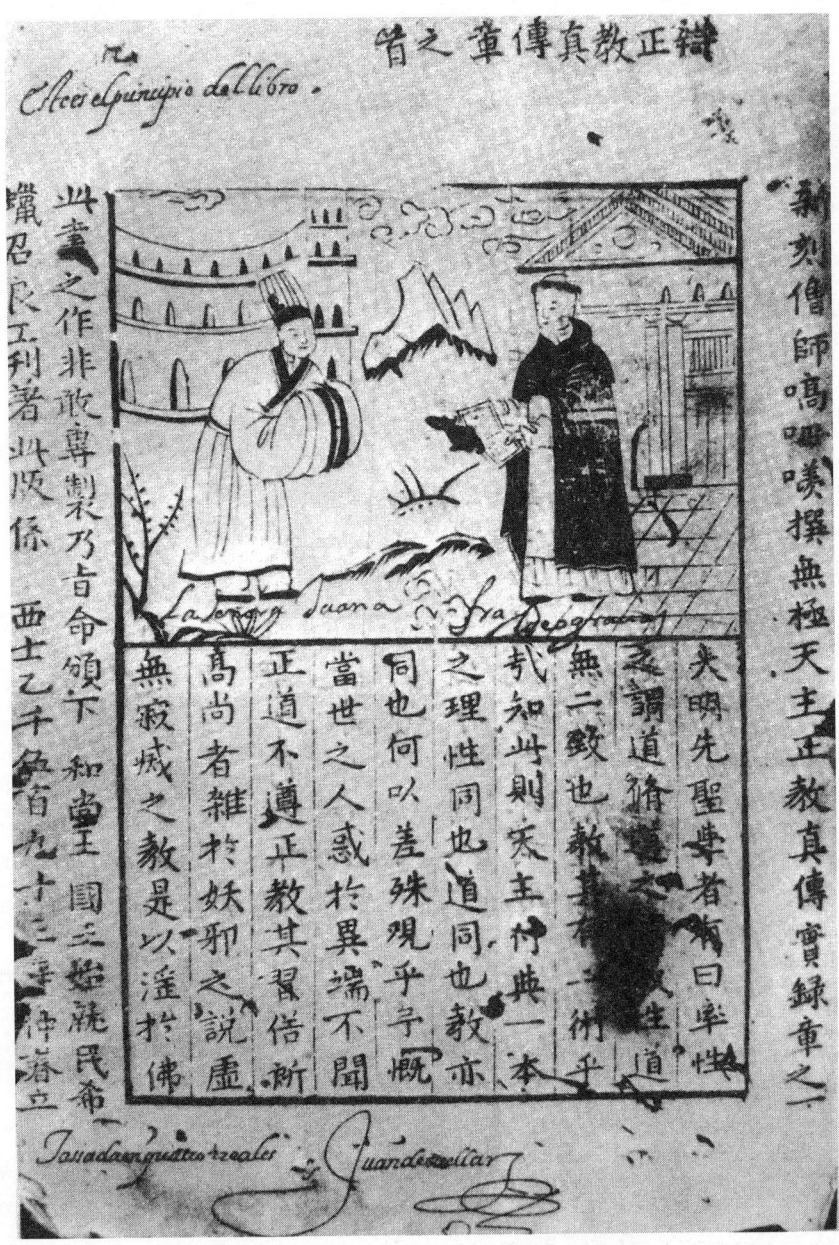

67.《无级天主正教真传实录》（*Treatise on the True God and the Church*）首页，以中文在马尼拉印刷，配有一位中国人和一位天主教修士的木刻画（1593 年）。

图片来源：L. Gutierrez, "Dos grandes bibliotecas del Extremo-Oriente para la Nacional de Madrid," *Gutenberg Jahrbuch*, XXXIV（1959），123。

68. 纪尧姆·波斯特尔（Guillaume Postel），法国语言学家，地理学家和崇日派。

图片来源：A. Thevet, *Les vrais pourtraits* ...（Paris, 1584）, p. 588^r。Courtesy of the Newberry Library。

69. 托马斯·德·列伊（Thomas de Leu）为布莱思·德·维热内尔（Blaise de Vigenère, 1523—1596 年）画的肖像。原件收藏于巴黎国家博物馆印刷品部（Cabinet des Estampes, Bibliothèque Nationale [Paris]）。

图片来源：D. Métral, *Blaise de Vigenère...* （Paris, 1939）, pl. I。

THIS IS THE LANGUAGE OF CALECUT.

See, look !	nocane [nōkka].
Hearest thou?	que que ne [kēlka].
Take him away	criane.
To draw	balichene [walikkān].
Rope	coraoo [kayara].
Largely	lacany.
Give me	cornda.
To drink	carichany [kutippān].
Eat .	tinane [tinmān].
Take .	y na.
I do not wish to	totenda.
To go	mareçane.
Go away !	poo [pō].
Come here !	baa [bā or wā]
Be silent !	pote.
Rise !	legany.
To throw	carecane [karikkān].
To speak	para ne [parane, speak thou].
Mad, silly	moto.
Serious	monday decany.
Lame .	mura call [murakāl].
To fall	biamçe.
Many, much	balidu [walare].
Bad .	betall [chītta].
Wind .	clarle [kātta].
Little .	chiredu [chiratu?].

Doanno M.D.lvij.   clxj

¶Alem da renda, e campos de que faláo as car-
tas acima, que deu el Rey de Bungo aos padres, pa
ra no Facata, e Bungo fazerem Igreijas lhes deu ou
tro na cidade de Amanguche cincoenta legoas de
Bungo. A doaçáo se pos aqui para verem a mancy-
ra de suas escrituras, aluaras, e letra. E cada figura de
stas sinifica o que vay sobrella.

O Duque   do Reyno   do Reyno
            de Çuo,   Nangato,

do Reyno   do Reyno   do Reyno
Bugen,   Chicugen   Iuami.
            caqui,

X

70. 第一批抵达欧洲的马拉雅拉姆语部分词
汇。

图片来源：E. G. Ravenstein（ed.），*A Journal of
the First Voyage of Vasco da Gama*, Publications
of the Hakluyt Society, Old Series, Vol. XCIX
（London, 1898），p. 105。

71. 加斯帕尔·维勒拉（Gaspar Vilela）在
1557 年信中使用的日语词，转载自亚瑟·维
加斯（Artur Viegas）为费尔南·格雷罗
（Fernão Guerreiro）的《年度关系》（*Relação
Anual*）第二版写的前言。

图片来源：A. Cortez-Pinto, *Da famosa arte da
impressão*（Lisbon, 1948），facing p. 408。

Alphabetiorum Idiomatis
DE CINA
Ex bibliotheca Vaticana Romæ. In tertia aula
conclusa. Ex schedula manu Marcelli
Papæ scripta, ut aiunt. Sunt &
illic libri hoc idiomate perscri-
pti et manuscripti plures.

土	xam	几	pa
大	ta	扎	guin
人	im	子	zu
丘	heu	住	cua
乙	y	作	ze
巳	qui	仁	ju
彑	fa	闩	Co
三	Sam	口	Chi
干	Zem	孔	li
七	Zi	巳	ey
十	Xi		
土	Su		
刁	ye		
小	Sin		
主	Cam		

In eadem Bibliotheca uidentur
Liber manuscriptus manu Henrici 8.i
Anglorum Regis contra Lutherum ad
Leonem X. missus ab eodem. cum
disticho antecedente manu eius Regis
perscripto. Titulus libri hic est.
Assertio septem sacramentorū contra Lutherū
Anglorum Rex Henricus Leo decime mittit.
districhon: *Hoc opus et fidei testem, et amicitiæ.*

72. 来自梵蒂冈图书馆保存的教皇马尔塞鲁斯二世（Pope Marcellus II，卒于 1555 年）的书面文件中的中文字母表。获得大英博物馆的转载许可 PS6/6126, Lansdowne, 720, p. 275。

Iuly.
Auguſt.
September.

The fourth of Iuly 1588, we paſſed the equinoctiall line, which was the fourth time that we had trauerſed the ſame in this our iourney. The 24.day of Auguſt wee had ſight of two Iſlandes of ÿ Aſores the one called Flores,the other Coruo,and directed our way from them foʒ the Liſard vntill the third of September, at which time we eſpied a Flemiſh Hulke that came from Poʒtingale,which tolde vs the ioyful newes of our Fleets good ſucceſſe againſt the huge armie of the Spaniards. And on the fift day we met with a ſhip of Southhampton, which had taken a Bʒaſilian pʒiſe,whoſe Captaine infoʒmed vs at large of the trueth of that which had paſſed: We tooke ſome refreſhing of them, which was recompenſed with treble curteſie , and ſo entred into the narrow Seas where we had as terrible a night as euer men endured: foʒ all our ſayles were blowen quite away: but making as good ſhift as we could with certaine olde ſayles wee had within boʒde, on the next moʒning being the ninth of September 1588,like wearied men thʒough the fauour of the Almightie, we gate vnto Plymmouth: where the Townes men receiued vs with all humanitie. In this voyage we burnt twentie ſayles of Spaniſh ſhippes,beſides diuers of their Townes and Villages.

Their arriuall at Plimmouth the 9. of September

Written by N. H.

The names of the Kings or Princes of Iaua at the time of our *Englifh mens being there.*

Raia	Donaw.	Raia	Tymbanton.
Raia	Rabacapala.	Raia	Mawgbange.
Raia	Bacabatra.	Raia	Patimara.

Certaine wordes of the naturall language of Iaua, learned *and obferued by our men there.*

Sabuck, ſilke.	Gula,blacke ſugar.
Sagu, bʒead of the Countrey.	Tadon,a woman.
Larnike, dʒinke.	Bebeck, a ducke.
Paree, ryce in the huſke.	Aniange, a beere.
Braas, ſodden ryce.	Popran, oyntment.
Calapa, coquos.	Coar, the head.
Cricke , a dagger.	Endam, raine.
Catcha, a looking glaſſe.	Ionge, a ſhippe.
Arbo, an oxe.	Chay, the ſea.
Vados, a goate.	Sapelo, ten in number.
Cabo, golde.	Dopolo, twentie.
Gardange, a plantine.	Treda, no.
Hiam, a henne.	Lau, vnderſtand you.
Seuit, linnen cloth.	Bayer, goe.
Doduck, blewe cloth.	Adadizano, I will fetch it.
Totopps, one of their caps.	Suda, ynough.

Certaine notes or references taken out of the large Mappe of *China* , brought home by *Mafter Thomas* Candifh. 1588.

THe great kingdome of the Mogores, is vpon the Noʒthweſt and fals vpon Tanaſſacin beyond Mallaca, and ioynes vpon Bengala: they are men of warre,and vſe no fight but on hoʒſebacke, they goe in their apparel like Poʒtingales.

2 A City wherein is Captaine a Chinian,a man very defoʒmed, hauing vnder him many men of warre: he maketh warre both againſt the Tartarians,and the Mogores lying betweene them,and lyeth without the circuite of the wall.

3 Certaine hils beyond which the Tartarians do inhabite,who heretofoʒe were great friends with the Chinians,and now mainteine continual warres againſt them,ſo great that ſometimes there

73. 托马斯·卡文迪什（Thomas Cavendish）（1588 年）收集的历史学、地理学和语言学的材料。

图片来源：Hakluyt, *Principall Navigations*（London, 1589），p. 813。

74. 第一本《英华字典》中的一页。由利玛窦和罗明坚1583年和1588年间在中国编辑。

保存于罗马耶稣会档案馆，Jap.-Sin., I, 198, f. 33ᵛ。

图片来源：P. D. d'Elia, *Fonti Ricciane ...*（3 vols.; Rome, 1942-49），Vol. II, pl. V。

1. vduelelſen.
v. izvolenie.
on. wibrarie.
ie. woleni.
m. iz biranie.
nga válaſztás.

Elector.

br. bochér.
ec. ἐκλογεις.
in. electør.
l. elettore.
ſpan elegidor.
ll. electeur.
r. ein Erweßler.
g. een vrthieſer.
igl. a chooſer.
l. wiborca.
ing. váléſzto.

Electrum.

ec ἠλεκτρον.
t. electrum, ſucci-
num.
l. ambra di coro-
na, ambra gialla.
ſp. el ambar, eſcla-
rimiente.
ill. ambre.
rman. Agſtein/
Bornſtein.
lg. emmerë, amer,
amber.
ngl. amber.
oat. ambar.
olon. burſztin.
oh. cziſtec agſtein.
ung. gyanta.

Eleemoſyna.

ebr. tſedhakah.
ræc. ἐλεημοσύνη.
Græc:

Græc. Vulg. ψυ-
χνϙ.
Latin. e'eemoſyna.
Ital. elemoſina, limo-
ſina.
Hiſp. limoſina.
Gall. aumoſne.
German. Almuſen/
daß man dē Ar-
men gibt.
Belg. almoes.
Ang. almeſſe.
Dan. almiſſe.
Sclavon. vbvoſhie.
Carniol. almoſhen.
Bohem. almuzna,
peniz kteryʒ ſe
chudym pro buh
dlawa.
Polon. jal'muzna.
Turc. tſchadaka.
Hung. alamiſna.

Elegans.

Hebr. tob, iapheh.
Græc. φιλαγλϙ, ἐλ-
λόχιμϙϛ.
Græc. Vulg. λόχϙ.
Lat. elegans.
Ital. elegante.
Hiſpa. lindo.
Gall. de chois.
Germa. wolgeziert/
ſchön.
Belg. vercierdt.
Angl. elegant, polite,
fine.
Dan. deyligt.
Sclavon. leip, zhe-
den.
Dalm. naredan.

Carniol. leipuziran.
Turc. chas.
Hung. ekens.
Bohem. poſſawy á
craſſy.

Elegantia.

Hebr. tiphehreth.
Græc. φιλοκαλία.
Lat. elegantia.
Ital. eleganza.
Hiſpan. lindeza.
Gall. bonne grace.
Germa. ſchöne/ Zier-
lichkeit.
Belg. fraeiheyt, cier-
licheyt.
Angl. preatineſſe.
Dan. deyligt.
Sclav. leipota, zhed-
noſt.
Dalm. vreha.
Polon. czudnoſcz.
Hung. ekeſſegh.
Bohe. peknoſt.

Eleganter.

Græc. κομψῶς.
Latin. eleganter.
Ital. elegantemente,
convenevolmēte.
Hiſpan. linda.
Gall. elegamment.
German. zierlich/
fein.
Belg. fraeiheyt, cier-
licken.
Angl. neatly.
Sclav. leipu.
Pol. czudnie.
Dalm. dozzoyno.
Hung. ekoſem.

Gg

Boh. oz dobne.

Elephas.

Hebr. behemah, phil.
Chald. beira.
Arab. behiz, fil, elſil,
elphil, alſil.
Græc. Ἐλίφας, πι-
ελοσας.
Græc. Vulg. λίφας.
Latin. elephas, ela-
phantus.
Antiq. Lat. bos luca.
Sabinor. barrus.
Punic. Caſar.
Ital. lionfante.
Gall. elephant.
Hiſp. elephante.
Germ. ein Helfant.
Belg. elephant.
Angl. olyphant.
Sclav. ſlon, elleſant.
Polo. eleſánt.
Hung. elfánt.
Boh. ſloun.
Carniol. elleſant.
Turc ſul, ſul, phil.
Perſic. bebad.
Æthiop. ytembo.
Indic. barre.
Benomotap. Sofa-
lenſ. almana-
char.
Malac. cargha.
Cefalenſ. almana-
char.
Gedroſior, Decaneſ.
ati.
Malavar. ane.
Canarin. azate.
Calecut. ane.

Elephan-

75. 示例页。

图片来源：H. Megiser, *Thesaurus polyglottus* (Frankfurt. 1603), p. 465。注意在"Elephas"
（大象）词条下同亚洲语言相对应。Courtesy of the Newberry Library.

76. 日语的假名字音表和日语汉字中的数字。

图片来源：C. Duret. *Thresor des langues*（Cologne, 1613），pp. 913-15。

Maintenant comme c'est que ces simples lettres se ordõnent & agencent en vn contexte d'escriture, envoicy vn essay presenté à mõsieur le Comte d'Auuergne lors qu'il estoit grand Prieur de Frãce dont nous auons esté secourus pour la satisfaction du public par monsieur de Roué son tres docte & digne precepteur.

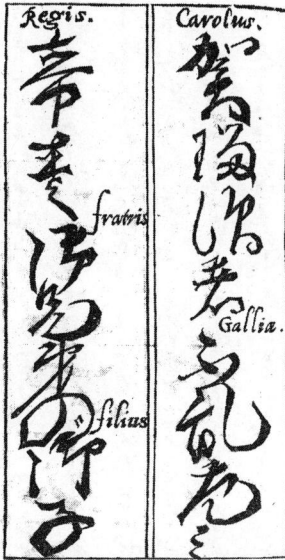

Regis. *Carolus.* *fratris* *Gallia* *filius*

Ce qui suit, est vne copie de lettres patétes du Roy de Bõgo dedãs l'isle du Iappõ, par lesquelles il permet aux Peres de la S. societé de Iesus estãs arriuez sur ses terres pour y plãter l'Euãgile, de bastir en la ville d'Amãgutie, vne Eglise appellee *Day Dogie*, c'est à dire la grande aduenue & entree du ciel. Les caracteres au demeurant sont tissus de plusieurs lettres accouplées ensẽble par des entrelas, à la façon des notes Ciceroniénes, & des abbreuiatiõs ou chiffres; significants ce qui est escrit au dessus, partie en lãgue Iappõnoise, & le reste accõmodé à nostre parler pour plus facile intelligẽce. Par là on peut assez cõprendre ce qui a esté dit cy deuãt de la difficulté, & de lire & peindre ceste escriture ainsi abbregee & embarrassee; dõt il y a infinies sortes de liaisõs & desguisemẽs. A propos dequoy Osorius vers la fin du 3. liu. de son hist. de Portugal, met qu'à Malipur, ville du Royaume de Naringue, l'an 561. furent trouuees au dessus d'vn autel, certaines lettres

grauees fort anciẽnes, d'õt chaque caractere en exprimoit 10. 15. ou 20. rapport d'vn Brachmane qui les leut & interpreta; cõtenants en subi que S. Thomas artiué en ces quartiers là du tẽps du Roy Sagan, pour p cher l'Euangile és Indes, y auoit basty vne Eglise; là où cõme il faisoi iour ses prieres à genoulx au pied d'vne croix, vn Brachmane le mass d'vn coup d'espiea. Voyez ce qu'escrit de ceste hist. amplement Pierr Iarric. liu. 2. ch. 17. 18. & 19. de son histoire des Indes Orientales.

Le Roy & gouuerneur　du Royaume de Zuo,　du Royaume de Nang

du Royaume de Bugen,　du Royaume de Chicu gen Caqui,　du Royaume de Iuami,

du Royaume de Bungo　du Royaume de Bichyi,　A ce tẽps Day (le g

Dogie, accez du ciel.　　　　　　aux Peres

77. 日语汉字示例。

图片来源：C. Duret, *Thresor des langues* (1613)，p. 916。

78. 日本丰后（Bungo）国王给耶稣会士在其土地修建教堂的许可证中的汉字示例。

图片来源：C. Duret, *Thresor des langues*（1613），p. 917。

79. 白来德（Timothy Bright）速记示例。

图片来源：G. L. Keynes, *Dr. Timothie Bright* (London, 1962)，pl. I.

展语言比较技术时仍然保持着语言学家的标准装备。

纪尧姆·波斯特尔（Guillaume Postel，1510—1581 年）——法国语言学家和秘法家，长期以来一直被喻为比较语文学之父。[82]波斯特尔在巴黎的圣巴贝学院时，就展示了难得一见的学习外语的才华。在这里，他也结识了来自西班牙和葡萄牙的年轻人，这些人以牺牲他们作为统治者的地位为代价被送到巴黎。伊比利亚的研究者关注的全是关于发现的故事，耶稣会士充满了对宗教的征服和征服海外世界的狂热。然而，最初，波斯特尔遵循世俗语言学研究，在 1536 年，他被选为陪同法国代表团的代表出访君士坦丁堡。在一位土耳其基督徒的指导下，波斯特尔在位于博斯普鲁斯（Bosphorus）海峡的城市研究阿拉伯语。1537 年，他出现在威尼斯，与丹尼尔·邦伯格（Daniel Bomberg）圈子里的人交往，邦伯格是希伯来文和其他东方语言书籍的印刷商。可能是在泰塞奥·安布罗基奥（Teseo Ambrogio，1469—1540 年）的帮助下，波斯特尔收集了字母表和语法，翌年他在自己的第一本书中出版了这些材料。

510

早在 8 世纪，收集外国编制好的字母表的工作已经开始。这些秘密或神奇的字母表中的字母可以用来书写或镌刻圣名以及乞求上帝或魔鬼的帮助。中世纪护身符手册以表格的形式展现，使用神圣的字母特别是占星术符号是为了获得最好的神奇效果。[83]中世纪的希腊字母和字符常常是编制密码的基础，目的是为了保护机密信息。[84]即使是语言研究者也难以逃脱常有的感觉，外国的字母表有一种神秘的意义或是一种半神圣的字符。这些信念经由明确的亲缘关系得到了证实，它们存在于所有已知的字母表的字母当中，以及与希伯来文明显的关系之中。

波斯特尔在《十二种不同语言字母符号的介绍》（*Linguarum duodecim characteribus differentium alphabetum introductio*，巴黎，1538 年）一书中，描述并给出了 11 种巴尔干和近东语言以及一种名为"印度语"（第 33-38 页）的字母和语法的说明。与同时代的大多数人一样，波斯特尔寻求希伯来文和世俗语言之间的亲缘性，认为世俗语言是希伯来文的后裔。原始的希伯来文字符，像神圣的词语本身一样，在巴别塔被搞混了。因此，字母表的收集和比较，据认为，可能会导致原始字符复苏，而这种字符注定会近乎完美地与它们所代表的东西的本质相符合。更多的原始字符被认为是更好地保存在闪族语系当中而非其他语言当中。但人们已认识到每一种语言的字符，包括希伯来文，都已随着时间的推移发生了变化。通过比较现代希伯来文与其他字母表，可以分离出人类源语言的通用字符，这可能是结束"语言混乱"的第一步。

波斯特尔和他同时代的人所提到的"印度字母表"实际上是我们现在所说的吉兹语（Geez），那是埃塞俄比亚人最重要的闪族语。这些字母表被称作"印度语"并不奇怪，这让人想起埃塞俄比亚经常被包括在 16 世纪的印度的定义之中。[85] 伯纳德·冯·布雷登巴赫（Bernard von Breydenbach）的《旅行》（*Journey*）出版于 1486 年，包括了埃塞俄比亚语的字母表的示例，这是出现在欧洲印刷书中的最早的示例。曾出席拉特兰会议的德国牧师约翰内斯·波特肯（Johannes Potken），在科隆以吉兹语发表了《埃塞俄比亚诗篇》（*Psalterium aethiopice*，1513 年），同时配有拉丁语翻译。他同时代的人开始指称诗篇为"迦勒底语"，其字母表为"印度语"。继波特肯之后，塞巴斯蒂安·明斯特在 1527 年、泰塞奥·安布罗基奥在 1539 年，他们用"迦勒底语"写的书中都包括了埃塞俄比亚的字母，在这两本书中，他们都把它标识为"印度语"。[86] 波斯特尔继承了安布罗基奥的这些标识，后来的语言学家延续了他们的错误名称。[87] 1552 年，马里亚诺·维托里奥（Mariano Vittorio）在罗马出版了他的题为《南岛语言备要》（*Chaldeae seu Aethiopicae linguae institutiones*）的语法书，敬献给红衣主教马尔塞洛·塞尔维尼（Marcello Cervini）。[88] 直到 17 世纪的后半期，欧洲人才弄清楚埃塞俄比亚语和印度语之间的区分。即使在 19 世纪，学者们仍因看到埃塞俄比亚和印度语字母之间的关系而为之动容。[89]

著书立说的作者也被外国的字符迷住了。乔万巴蒂斯塔·帕拉提诺（Giovanbattista Palatino），是根据几何原则来写作的最重要的代表人物之一，于 1540 年出版了一本书，他自称通过箴言和例证来教学，其中举的例子有"各国各种古今的字母"。[90] 他的例子中包括了"印度字母"，与之对应的是"埃及字母"，两种字母都带有漩涡花饰，没有提供阐释的文本，但其含义是明确的。帕拉提诺试图证明，他的斜体书写方法是适用的，即使是对最偏远的字母符号。虽然他的"印度"字符类似于与之对应的婆罗米（Brahmi）和印度南部字符，事实可能是由于这些字符有共同的闪族语的祖先，而不是对印度字符本身有任何直接的了解。[91]

出现在欧洲的中文书籍以及中文和日文字符，加之断言古代之伟大和中文在东亚的普遍性，只能让搜寻原始字符更加混乱。尤其要解决的问题是，在大英博物馆保存的手稿书（兰丝唐呢绒 [Lansdowne]720），其中包括一个中文"字母表"的标题（参见图 72）。[92] 开头的说明文字，可能是由一个抄写者或馆长写的，记录着原始文件被安置在梵蒂冈图书馆的第三院落，"如他们所说"，是由教皇马尔塞鲁斯二世（Pope Marcellus II）亲手写的文档。说明文字还指出，在梵蒂冈还有中文图书以及许多手稿。抄写者在"字母表"底部注明，梵蒂冈图书馆藏有国王亨利八世（Henry VIII）反对路德的手写稿，它是送给罗马教皇利奥十世的。"中文字母表"被保存在该手稿中，其中有一页上面写了"亚美尼亚字母表"中的短短两个字符，一页上面是"伊特鲁里亚字母表"，另一页上面记下其他的"伊特鲁里亚字母表"，还有一页则给出"数字组成的音阶和音乐系统"。

马尔塞鲁斯二世（1555 年 4 月 9 日至 5 月 1 日在位）被认定为这一陌生文件的作者，他在当选为教皇之前是红衣主教马尔塞洛·塞尔维尼（Marcello Cervini），在政治、宗教和知识界已经广为人知。在职业生涯的早期，塞尔维尼赢得了红衣主教亚历山德罗·法尔内塞（Alessandro Farnese）的资助，后者即后来的教皇保罗三世（Pope Paul III，1534—1549 年在位）。在法尔内塞担任教皇期间，塞尔维尼的影响是在罗马教皇的法院，尤其是在外交和知识产权事务方面。1539 年，塞尔维尼作为外交使团成员被派往查理五世在马德里的法院，此后不久，他又去了巴黎和根特（Ghent）。[93] 1540 年左右，塞尔维尼返回罗马，重新开始人文研究，尤其是研究古代语言。他和他的同事提出在罗马建立一家出版社，印刷梵蒂冈收藏的希腊语手稿。[94] 1548 年，在成为图书馆馆员后，他开展了一项浩大的工程，即给梵蒂冈图书馆的馆藏编目。

塞尔维尼主持的拉丁语手稿目录在 1550 年至 1555 年间编制了 3 卷，它们直到 1620 年仍然是梵蒂冈图书馆的标准清单。[95] 目录的编译者和抄写者是费迪南多·鲁阿诺（Ferdinando Ruano），从 1541 年到他去世的 1560 年，他是梵蒂

512

冈图书馆的拉丁语代书人。鲁阿诺是位土生土长的巴达霍斯（Badajoz）人，那是一个西班牙—葡萄牙的边境城市，曾经在 1524 年主办过讨论卡斯蒂利亚和葡萄牙之间关于摩鹿加群岛问题的会议。[96]他还是位古代字符的研究者，同时对比较字母表感兴趣，这可以在他唯一出版的书《东方语言入门》（*Setti alphabeti di varie lettere*，罗马，1554 年）中得到证实，他把此书献给了塞尔维尼。[97]1554年 1 月 5 日，耶稣会高级修士皮特·卡尼修斯（Peter Canisius）从维也纳致信给在罗马的坡兰克（Polanco），信中表示，帝国大臣（约翰·阿尔布莱希特·冯·魏德曼斯泰特 [Johann Albrecht von Widmanstetter，1506—1557 年][98]，一位叙利亚语和阿拉伯语研究者）希望如果可能的话，可以获得日语字母表的副本，同时希望获得尽可能多的印度语的相关信息。[99]从这个启发性的证据，我们可以推测，中文（或日语）"字母表"，因为据说出自马尔塞鲁斯之手，在 1555 年已经存在，鲁阿诺也已经知悉。

构成梵蒂冈文件中的"字母表"的中文字符分成了长短不一的两列。它们的写法笨拙，可能是出自西方人之手；在大英博物馆的文件副本上，法国抄写者也可能加入了他自己的绝技，然而只有少数的个别字符易于识别，而其他充其量仅是部分字符。"字母表"中 25 个字符作为文学中的一节毫无意义，所以它们不是复制自某本现成的中文图书。葡萄牙人按照传统的方法使用和传播罗马拼音化的字符。例如，中文字符中的"三"，现在罗马拼音通常为"san"，但是 16 世纪的葡萄牙人常常写成"sam"，如同在 *sampão* 中那样拼写一样。[100]

塞尔维尼或鲁阿诺可能是通过中间人获得了"字母表"中的中文字符。他们自己有很多机会获得这些字符。1548 年至 1555 年间，塞尔维尼在罗马接见了数位东方的主教，大多是叙利亚和埃塞俄比亚主教，他们可能给他带来了中文材料。[101]塞尔维尼和鲁阿诺两人在伊比利亚半岛和伊比利亚在罗马的殖民地有亲密的朋友，他们可能转发来字符。[102]或他们也可能通过保罗·乔维奥（Paolo Giovio）——当他在梵蒂冈工作时，巴罗斯把"一本关于'chis'（可能是什叶派教徒或中国人）写作的书"送给了乔维奥。[103]另一种可能是，鲁阿诺借助已经在图书馆的这些材料和中文图书，从汉字中提取出他认为的字根，复制下来，并增加了罗马拼音，或许他是得到了葡萄牙人的帮助。但最有可能的是，最初的汉字由一位年轻的日本改宗者鹿儿岛（Kagoshima）的伯纳德（Bernard）书写，他于1555年1月初到10月下旬访问了罗马，并在教皇选举和马尔塞鲁斯二世担任短暂的教皇期间留在那里。[104]

514

然而，"字母表"的获得，显然是个名副其实的或部分中文字符的集合。这个文件的详细说明指出，其目的是要通过一些语言研究者来找到中文按字母顺序排列的钥匙，这种徒劳的努力通常为17世纪的语言学家所效仿。[105]数字组成音阶的文献材料的结论并没有言明理由。或许在抄书者的心中有一种理解或分析中文音调的方法，抑或看到西方乐谱和中文字符的非语音的相似性。当然，17世纪的语言学研究者通过类似的努力试图破译中文的音调系统。

作家、印刷师和学者们都对中文字符着迷，同时又为其语言所困惑，这同样在菲利普·萨塞蒂的通信中反映出来。1582年左右，比萨的地方长官和个人主义者巴乔·瓦洛里（Baccio Valori），从佛罗伦萨发送出中文的"字母表"给在里斯本的萨塞蒂，请求知道其相关的内容。[106]这可能是"塞尔维尼字母表"的副本，因为那时红衣主教费尔南多·德·美第奇（Cardinal Fernando de' Medici）正在搜集对于他在罗马以东方语言来印刷书籍的事业非常重要的文件和其他材料。[107]萨塞蒂也许追随着瓦洛里的用法，把字符视为是"象形文字"。他报告称，耶稣会士告诉他，如同他之前被告知的那样，"这种带有注音（每个都有注）的写法在中国各地和日本以及所有邻国的土地上都在使用，在那些地方写出来的字是一样的，但发音（*le lingue*）却千差万别，比托斯卡纳语同德语的差别还要大"。萨塞蒂得出结论，他认为，毫无疑问东亚语言以字符来书写。问题取决于如何做到这一点。

萨塞蒂在他去印度的行李上显然是使用了瓦洛里的"字母表"。1588年1月17日，他从科钦写信给瓦洛里："中国好像没有字母表或基本字符，对这类字符而言，它们代表一种想法（造作的文本 [*un concetto*]），因此在数量上是无限的。"[108]尽管中文字符的这一特征使得它非常难学，其表意的性质使讲完全不同方言的人能够用相同的字符写下自己的语言。关于萨塞蒂对中文的基本正确的描述，佛罗伦萨人做出了怎样的反应，我们没有任何记录。然而，在罗明坚神父于1590年抵达罗马前不久，就能够告知欧洲学者关于萨塞蒂的一般结论

515

的精确度。[109]

分析和比较词汇、字母与字符，以及寻找常见的元素和相似之处，加之在词汇和语法方面不容置疑的差异，都在向前推进。通过系统地收集和研究主祷文的翻译，目的是为了寻找各种语言的谱系和词源的线索。波斯特尔、安布罗基奥、比布利安德给知识界提供了大部分用东方语言撰写的主祷文的译文。康拉德·格斯纳（Konrad Gesner）在他的《密特里达提》（*Mithridates*，1555 年）一书中用 22 种不同的语言给出了主祷文。二十年后，安德烈·赛弗特（André Thevet）在他的《宇宙学通论》（*Cosmographie*）一书中增加了美洲加勒比语版的主祷文。[110]1591 年，安杰洛·罗卡（Angelo Rocca，1524—1620 年），罗马的书籍收藏家和梵蒂冈出版社主管，出版了从罗明坚神父那里获得的罗马拼音化的中文版主祷文。[111]

比布利安德的《语言文学评论》（*De ratione communi*，1548 年）和格斯纳的《密特里达提》（1555 年）第一次系统研究了关于已经认识的世界上的 72 种语言的分类。虽然这两位瑞士的作者仍相信"三种神圣语言"的至高无上，但他们还是试图根据语言的特点来寻求世界上已知语言的次序。比布利安德注意到亚洲唯一的语言是鞑靼语。格斯纳的调查更是百科全书式的，包括尽其所能获得更多语言的所有信息。[112]他还根据语言的同源或相关元素来进行分类。为确定关联，格斯纳把注意力集中于地名和固有名称的相似性上，并试图发现这些词语的"真正意义"。因此，当他处理地理位置上相距遥远的地名时，他不得不调和其来源上的矛盾之处和令人困惑的地方。

对于格斯纳而言，迦勒底语、埃塞俄比亚语和阿拉伯语都是希伯来文的直系后代，几乎统治了 2/3 的地球。他的研究包括了来自布雷登巴赫的埃塞俄比亚语和迦勒底语的示例，在评论阿拉伯语时参考了波斯特尔和皮埃尔·贝隆（Pierre Belon）的研究。[113]在提及印度语时，他总体上是参考希罗多德、普林尼和伊良（Aelian）的简短评论。[114]"关于鞑靼帝国和新世界的最偏远的地方的各种语言"，他把自己的收集限制在地名上，它们来自马可·波罗、特兰西瓦尼亚的马克西米利安、彼得·马特和到过塔纳湖的威尼斯航海家。对于鞑靼语的讨论，格斯纳基于马可·波罗和马蒂亚斯·米奇（Matthias à Michou）的研究

516

以及克拉科夫（Krakow）的波兰真经，其中克拉科夫主要的著作名为《欧洲和亚洲萨尔马提亚的描述》（*Descriptio Sarmatiarum Asianae et Europianae*，1517年）。[115] 卡斯帕尔·韦泽尔（Caspar Waser）编制的格斯纳的《密特里达提》修订版 1610 年在苏黎世出版，增加了以孟加拉语、马拉巴尔语、中文和日语发表的评论。[116]

随着学者们越来越认识到存在一组活的语言，其语音、语法和词汇的组织与以前任何已知的语言都极为不同，多种语言书写的宗教著作和圣经的编译者开始更频繁地把近东语言的圣典版本包括进来。[117] 词典编纂者最初把他们的多语言词典限于欧洲语言。安布罗基奥·卡莱皮诺（Ambrogio Calepino，1435？—1510 年）的语言字典，在 1502 年首次出版，1579 年的增补版包括了 7 种语言，1598 年的包括了 11 种语言。[118] 翌年，斯卡利杰尔把欧洲语言分为 4 种主要语种和 7 种小语种。[119] 希罗尼默斯·梅吉塞尔（Hieronymus Megiser，1553—1618 年）——一位德国的历史学家、语言学家、旅游书的编辑和翻译家[120]——则担当起了编辑和出版最早的世界上已知的语言字典的任务。

梅吉塞尔的《多语词典》（*Thesaurus polyglottus*，1603 年）努力对 400 多种不同的语言和方言进行确认、分类和列举。[121] 同格斯纳一样，他试图根据语言的同源和衍生亲疏关系来组织古代和同时代语言的所有信息。除了 6 种主要的欧洲语言的分类是基于语言的相互关系外，他把它们分为亚洲语、非洲语和美洲语。至于东南亚岛屿和日本的语言，他把它们列为美洲语，以指代岛屿语言。他同宇宙志学者一样，把"新世界"的一部分纳入古代人未知的亚洲。他也给出了拉丁语的通用和技术词汇的对照表，而且尽可能找到更多种的语言。

在他的语言分类的地理列表上，梅吉塞尔为印度以东地区的语言命名。对于印度地区，他指称它们为马拉巴尔语、古吉拉特语、德干语或孔卡尼语、孟加拉语、坎贝语、维查耶纳伽尔语（泰卢固语）和科罗曼德尔语（泰米尔语）、卡纳拉语或果阿语和"梵语"（Brachmanum）（梵文）。[122] 对于印度以东的地区，他列出的语言包括勃固语、马达班语、马来语、中文和占城语（Cham）。而位于亚洲的"新世界"的岛屿语言包括日本（有 66 个王国）语、第乌语、安吉迪瓦语、马尔代夫语、锡兰（Chingallae）语、苏门答腊（已有 29 个王国）语、

517

婆罗洲大爪哇岛语、小爪哇岛语、班达亚齐语、摩鹿加群岛（包括德那地、帝汶岛［或"Timor？"］、吉洛洛岛［哈马黑拉岛］）语以及菲律宾语。

梅吉塞尔对来自亚洲语言的一项对照研究表明，它们主要来自商务用的马来亚语和爪哇语。从拼写的特殊性可以清楚地证明，梅吉塞尔使用了皮加费塔的清单，他可能是在赖麦锡的文集中找到的。而每当他给出中文和日语的对应词时，都采用了罗马拼音，可能是从耶稣会书信中提取的。例如，他给出以下和"天主（上帝）"对应的词语：卡利卡特语为"Tamerani"（马拉雅拉姆语为 *Tamburān*）[123]和"Natigai"（鞑靼人用此来称呼地球神）；日语为"Deniche"（Dainichi 或"Great Sun"）以及"cogi"（*Go-chi*，指称"五佛"）；蒂多尔语（Tidorese）称为"Ala"（*Allah*）；马来语称为"奥斯"（Dios）；爪哇语也称"Ala"（*Allah*）。他给出的各种亚洲香料的名称，显然是从奥尔塔那里获得或来自一本基于《印度草药风物秘闻》的著作。[124]精读梅吉塞尔的字典后会很快发现，他收集的亚洲词语是通过欧洲最好的资料来源，经过整理后，用于同欧洲和美洲语言对应词语的比较。

在16世纪，通过比较古代和现代的语言字母表、词汇和语法，能够揭示出现存所有已知语言的相似之处。按照拉丁语术语研究、分析和组织方言与外国语言仍在继续，这当然也涉及寻找原初的语言。尽管表意的语言提出了特殊的挑战，但分析它们也同样使用相同的有限的语言技术。也许，新的技术之所以没有被开发出来，是因为这个时代最好的语言学家主要研究的对象是拉丁语和欧洲方言。或许，关于这些新被发现语言的性质的可靠信息非常有限，也是导致技术研发不足的原因。尽管如此，学者们如波斯特尔、比布利安德、格斯纳和梅吉塞尔，开始逐渐摆脱他们最初关注的所有语言的共性，转而注意差异性。随着差异性开始受到重视，语言学家逐渐试图根据地理和共性来把语言划分为不同的谱系。梅吉塞尔把海外世界的语言同欧洲语言相区分，这是按照他们自己的术语来研究这些语言的必不可少的第一步。而且，与此同时，他收集了数量惊人的海外词语，汇编成一本字典，它本身就是16世纪末期欧洲国家关于亚洲语言知识的汇编。

第四节 和谐性和普遍性

追求人类源语言已被证明是漫长、令人沮丧且没有成效的。相信源语言的存在作为一种信仰仍然保持着。因为许多新发现的语言和方言构成的问题，这种努力在16世纪得以强化。字母、词汇和语法的比较似乎揭示出了掩藏于语言之间明显矛盾之下的和谐一致。有些人认为，世界语，甚至可能会发现完整地存在于已知的一种自然语言或一种仍有待发现的语言之中。虽然仍在寻找源语言，但一些缺乏耐心的语言学家乐观地尝试发明可能被普遍理解的人工语言。通过恢复或制造一种世界语来终结语言的多样性，这种努力从一开始就注定要失败。

部分思潮、宗教愿望和流行于16世纪的神秘学运动，有助于激发、维持和扩大追求一种通用的沟通手段。在十字军东征后期，拉蒙·鲁尔（Ramon Lull，约1236—1315年），一位坚持奥古斯丁—方济各会传统的作家，其作品在16世纪被广泛引用，主张通过掌握语言来实现世界的和平转换。新柏拉图学派在16世纪继续相信，只要通过沉思和神秘技术，开明人士足以洞悉启示的奥秘和事物的本质，世界宗教的团结则可以实现，因这可以恢复人类完美的语言。秘法家、犹太人和基督徒，认为"圣经"包含神圣的奥秘，神圣著作中的每个词汇、字母、数字和口音都被赋予了神秘意义。[125]1505年出版的赫拉波罗（Horapollo）的《象形文字集》（*Hieroglyphica*，威尼斯）引发了一场狂热崇拜，他们把高深莫测的象形文字看作传递哲学见解和道德格言的表意机制，开明之士可以随处说明但却不需要参考文字或口头的解释。文艺复兴时期的语源学家把其祖先追溯至塞维尔的伊西多尔（Isidore）的《语源》（*Etymologiae*），该书认为名称显示其指代物的性质，词源透露名称的力量。所有这些运动的共性是专注于寻找克服语言多样性障碍的最佳手段，因为它们阻碍了普遍的理解。

大部分东方语言的研究者是一次或更多次神秘学运动的信徒或宽容的观察员。不拘一格的波斯特尔是鲁尔的传教士理想的追随者，是热心于神秘文献研究的人。对于波斯特尔来说，语言不仅仅是一种人与人之间的沟通手段；它还

519

是神的最伟大的礼物，通过这种手段，人能够与上帝交流和彼此沟通。通过语言，理性的优点得以沟通，保证了幸福和社会秩序。希伯来文，所有语言之母，是终极真理的语言，是恢复人与神的统一、人类团聚的必要工具。[126]

在《世界奇观》（*Des merveilles du monde*，巴黎，1552 年）一书中，波斯特尔庆祝东方不断被发现的奇迹，这些都是上帝赐予他时代的。为表明上帝以同样的方式向所有人宣教，以及存在一个普遍的和谐，波斯特尔把佛教与基督教，佛与基督，鞑靼与失去的以色列部落等而视之。作为即将到来的世界和谐的预示者，他指出，一位传教士一个月内会给 10 万人受洗，在东方的耶稣会士会在十年内令许多异教徒改宗，如同在过去的八百年间基督教传遍整个世界一样。随着宗教的统一迅速实现，基督教世界很快就会找到一位统一的统治者和一种通用的交流手段。[127]

无论是波斯特尔还是其他的听信他的东方学家，尽管他们如此热切地希望，但都无法通过分析语言发现失去的人类源语言。但其他对于东方语言并不是非常了解的人通过寻求具有普遍性的自然语言对此问题发起新的攻击。在《密特里达提》一书中，格斯纳注意到，作为乞丐、魔术师、巫师、盗贼和情人们密语的"黑话"（Rotwelsch），从未进入书本之中，但却存在于所有的方言当中。像波纳文图拉·伏尔坎尼乌斯（Bonaventura Vulcanius）在他的关于哥特人语言的书中那样，格斯纳把"黑话"形式视为一种吉普赛语言，在世界各地游荡的部落都在说这种语言。格斯纳还观察到，尽管都带有当地语言的味道，但吉普赛人的语言则是古老、持久和广为传播的。在 16 世纪，语言研究者认为吉普赛人起源于埃及，那是象形文字的古老土地。直到 18 世纪时，当能够获得更全面的文档时，吉普赛语言才被认定为起源于印度。[128]

关于语言和谐的流行观点，菲利普·萨塞蒂的观察是最引人注目的例子。他不仅对中国汉字在东亚的普遍存在留下深刻印象；他也深信古物以及它与埃及的象形文字间可能存在的关系。[129] 他从 1583 年到 1588 年居住在印度，对那里的土著语言有直接和个体的经验，萨塞蒂很快就意识到知识界使用一种古老的、未被破坏的语言，被称为"Sanscruta"，其意思为"明确阐述"。[130] 婆罗门对梵文拥有垄断权，在他看来这是种姓制度造成的，希罗多德也认为他们有大智慧。萨塞蒂注意到，这种古老语言的痕迹可以很容易在印度的方言中找到，即使梵文本身已经不再有人讲了。他报告称，梵文表包括 53 个字母和一个组织良好的语法。他还注意到，在梵文和方言当中都有些词语，它们像意大利语中的数字 6、7、8 和 9。[131] 意大利语中的词语如 Dio（上帝）和 serpe（蛇）也类似于梵文中的 Devo（天神）和 sarpant（sarpa）。他认为，欧洲语言可以很容易地被翻译成梵文。反向翻译则不实际，因为欧洲人，由于自己语言的"音调差异"（differente temperatura），无法模仿众多和清晰的梵文元音。[132]

萨塞蒂意指古印度是所有语言的母国。尽管他的几句话似乎预计到印欧语系的发现，但萨塞蒂的观点必须用他那个时代的术语来仔细评价。他在欧洲的通信者无一人对他敏锐的观察给出积极的回应。他们像萨塞蒂本人一样，大概判断他的意见只是为了进一步确认他们关于语言和谐性的信念，所有语言都源自原始的希伯来文的共同血统。但也应该认识到，萨塞蒂言论中隐含的是一种新的探究精神：他希望在他 18 岁的时候已经去过印度，那样他就可能有必要的时间来学习古老而美丽的梵文。

学者们努力在世界上的自然语言中找到一个真正具有普遍性和可操作的语言的失败，刺激了通过人工手段来构建一种世界语的设想。一种被创建出来的世界语将由理想的词语或字符组成，它们是各种自然语言中常见的形式。在一定程度上，这些被构建的词语可以被讲各种自然语言的人所理解。其他被构建出来的人工语言，与所有的自然语言完全不同，足以作为密码学来应用在秘密外交、商业和军事通信上。不同语言背景的学者能借助构建一种人工语言来弥补自己不会拉丁语的缺失，特别是满足他们的需求。

不足为奇的是，专业翻译人员应该积极行动起来收集关于世界语、秘密语言和密码语的材料。在这方面特别有趣的是布莱思·德·维热内尔（Blaise de Vigenère，1523—1596 年），他是位希腊语、希伯来文和神秘学著作的研究者，并担任法国国王亨利三世（King Henry III）的秘书和翻译。他用了超过十七年的时间，收集关于秘密语言和秘术的材料，就此出版了一本厚厚的《密码书》（*Traicté des chiffres*，巴黎，1586 年）。[133] 作为一本免费赠送给市民的礼物，这是一本收集了古代、近代和异国的金石学、外交密码学的手册，是炼金术、魔法和秘法的秘术知识库，是收集古代、近代、拉比、秘术和阿拉伯作家的各种文本的数量惊人的编辑物，以及字母、数字和符号的象征性的解释杂集。它还包括了一套今天仍以他的名字命名的加密和解密的方法，并仍在大量的密码机器上使用。[134]

522

也许最有趣的是，维热内尔在这种情况下来理解他展现的中国语言。显然他的分析是立足于来自日本的耶稣会士的信件，特别是伏若望的材料。[135] 他把亚洲材料纳入自己的计划，根据他们的秘密语言和普通语言的双重角色组织世界语言。他断言，在远古时代，哲学和神学的奥秘被保留在神圣的希伯来人、迦勒底人、埃及人、埃塞俄比亚人和印度人的神圣的书面语言之中。[136] 显然，他在这里已经想到原始的希伯来文、南部闪米特人的文字、象形文字和梵文。这些语言通过方言而流动，所有这些秘密语言今天仍然是作为密码在商务和外交中使用。[137]

在毫不含糊地断言印刷术从中国传播到欧洲之后，维热内尔得出这样的结论，他认为像古埃及人的文字一样，中文有两种形式的写法，"象形文字"和常规字母构成的词汇。[138] 中国的"象形文字"通常在整个东亚地区使用，但只是为宗教目的才完整地保留下来。要学会读和写"象形文字"是一项艰巨的任务，因为它们是由代表自然世界对象的图片组成，有时被合并或被修改，这样代表的就远不只是一个词或想法。确实，像狮身人面像（Sphinx）那样，[139] 它是由"各种不同的造物组成的怪物"。伏若望报道称，一位名为"Cicatara"的日本和尚，是日本最好的书法家，他的确好像一位伟大的魔术师，因为他用日文字符来写他的教名"西蒙"，意为"这是主的教导"。[140] 通过观察，维热内尔得出结论，中国的"象形文字"是被制作出来的，所以它可以同西塞罗（Ciceronian）的笔记（速记）、设计和密码学相媲美。[141]

对维热内尔来说，中文是一种神圣的语言，其秘密的字符贯穿其历史的始终。所以也难怪即使最有知识的人也必须花自己的一生来掌握它。这种语言的研究，他暗示，可能产生伟大的成就，甚至可以恢复或生产出通用密码。虽然他书中有一页以"中文和日文的字母表"为题，但却是空白页。[142] 然而，他能提供大量亚洲其他语言的字母表的示例。1613 年，维热内尔的追随者克劳德·迪雷（Claude Duret）最终出版了中文和日文的"字母表"，那是爱德蒙·奥格（Edmond Auger）承诺提供给维热内尔的。[143] 他还给出了中文字符中的"数字"，数字尤其迷人，因为它不依赖于字母表，即使在西方语言中也如此，所以被认为拥有非凡的神秘力量。他提供的一个例子是，欧洲的名字如何用日文书写，包括汉字字符（图 102）。 迪雷还提供了一份丰后"国王"授权耶稣会士有权利在山口城建立一座教堂的日文证书的副本，并配有法文的行间翻译。[144] 展示许可证的字符，目的在向欧洲人说明这一密码是多么难读、多么难写。

维热内尔整理和分析关于世界上密码的材料之时，英国的白来德（Timothy Bright）博士（约 1650—1615 年）正发明一种书写形式，这为他赢得了"现代速记之父"的称号。1588 年，白来德出版了一本名为《用符号简单、快速、秘密书写术》（*Characterie: An Arte of Shorte, Swifte and Secrete Writing by Character*，伦敦）的教学手册。[145] 在他给伊丽莎白女王的献词中，白来德认为，西塞罗速记术（速记）"已经荡然无存"，并声称，他现在已经"发明了一种类似的（速记术）"。他断言，他的符号学既易学、保密性又强，优越于"以字母和字母表来书写，因为讲陌生语言的国度可能与书写一起传达他们的意义，尽管语言不同"。他继续评论道：

> 据悉，中国人没有其他的语言（只有一种语言字符），所以能够在王国的许多省里通行，而无视别人说话。汉字笔画多、很难写，写一个汉字花费的时间是写我们英文词的很多倍；此外，他们缺少一个数量无限的字母表，那是一个拥有大容量记忆的东西，会给学习者制造麻烦。[146]

白来德著作的现代研究者，包括在文学、语言学、写作和速记方面的专家，妄图解释围绕在伊丽莎白时代的现代速记的诞生之谜。他们一直在寻求希腊和罗马速记术的来源，包括在蒂尔堡（Tilbury）的约翰的著作《圣导之书》（*Ars notaria*，1174 年）中寻找，在 1496 年试图恢复、随后试图破译西塞罗的笔记以及索尔兹伯里（Salisbury）的主教约翰·朱厄尔（John Jewell）的速记本。[147]

523

524

白来德本人坚持他发明的书写符号和标志的独创性。其他的人也相信是他发明了这一想法和速记这一词汇，这些是一个单数名词的合集，也意味着它只能是书面语言而无法直接译成口语。[148]

白来德的字母表，虽然部分基于拉丁字母，但基本上是以符号和文字的形式书写。它以 18 个符号的字母表开始；同时他增加了各种各样的叉、钩和圈，配之以 537 个基本的英语词汇或字符。初学者必须记住作为基本词汇的"字符"符号。另外，其他的词汇以书写字符的代名词而构成，通过把所需的单词的首字母放在象征符号的左边：dove（鸽子）=d + 鸟的象征。由于不是每一个词都存在同义词，它有时需要使用反义词，并用把首字母写在象征符号的右边来表示。词汇是"一个紧邻另一个来写"，或者垂直排列，它不同于中文从左至右来书写。[149] 某些语法形式如数字（是"two man"而不是"two men"）在中文中可以通过上下文来理解。时态也同样"由语言来表示"。一个单词的各种不同的格由相同的符号表示：船舶的符号置于"邻居"（neighbor）字符的下方被写成"邻里"（neighborhood）。"没人，"白来德称，"将读作没有邻居或没亲朋"。

从白来德著作的序言可以看出，他知道中国语言的某些实质。他也可能通过阅读维热内尔的著作来收集信息，维热内尔的著作被认为是类似于西塞罗的笔记，也就是说，被制作的密码无法译成口语。他强调，中文的特色是通过上下文来获知不同的意思和时态，这在耶稣会士的信函中很容易地阅读到。[150] 他用"船"的符号设计来写"邻居"，让人联想到日本人使用中文词汇来调整他们的语言技术。[151] 无论中文和日语对白来德的《用符号简单、快速、秘密书写术》一书有没有影响，不容忽视的是，17 世纪的语言理论家们在寻求世界语的基础的"真正字符"时反复从中文获得灵感。[152]

复原世界语和原始语言的失败并没有消除关于语言和谐性的信念。对东方学家和神秘学者来说，新语言的发现只是强化了他们在"圣经"传统方面的信念。然而，他们无法超越单纯的断言，即世界上已知语言拥有能够证明其共同起源的共同要素。他们只能表达模糊的希望，当上帝揭示出语言多样性的时间、宏大范围和程度时，也将展示通过引导世界上的异教徒皈依基督教来恢复世界语的方式。在吉普赛人残留的部落语言中找寻世界语的试探性的努力，同样一无所获，剩下的只是推测和辩论。借助埃及的象形文字来识别中文字符，观察中文和梵文在它们的地理范围内的普遍性，有助于确认和谐的信念，同时提出关于普遍性的新问题。面对如此众多的可能性，这也就难怪，更加讲究实际的人对于从自然语言中寻找一种普遍的密码变得不耐烦，于是开始出现推测，通过实验来制作人工语言。但是，因出于速记的考虑，人们很快发现人工语言仅对特殊利益群体有用。由于人工语言只是针对有特殊需要的特殊群体，它们可能永远不会成为真正通用的语言，而对于制止似乎是无穷无尽的方言也无能为力。

第五节　再混合

1540 年斯佩罗尼宣布方言适用于哲学话语后不久，严格的拉丁语学家，同世俗和教会的学者一样，被另一拨意想不到的攻击震惊了。在特伦多大公会议（Council of Trent）上，红衣主教克里斯托弗·马德鲁佐（Cristoforo Madruzzo，1512—1578 年）宣布，所有语言，甚至是最低下的民俗语言，也是上帝的礼物，都适合用作赞美上帝的媒介。异端不是源自翻译圣经和其他神圣的文本，对于曾领导反叛普世教会的新教改革者来说，他们研习过希伯来文、希腊语和拉丁语。每一块土地上的普通人都是虔诚的，他们一定会以他们熟悉的语言赞美上帝。[153] 同马德鲁佐一样，主要的耶稣会士同样反对严格的拉丁语知识，正如我们所看到的，他们是狂热的海外语言的研究者。虽然教会保留了拉丁语知识的官方地位，在特伦多大公会议之后，强大的内力仍在推进欧洲方言和海外语言充当传播福音的媒介。

越来越多的教会和世俗的作家愿意使用方言来写作，而在应对海外世界时，尤其如此。耶稣会士的信函和历史，甚至在它们首版以拉丁语发行时，就很快被翻译成多种当地语言。伟大的旅行书籍仅使用方言来出版，目的是为了吸引广泛的读者。诸如瓦尔塔马以意大利语、巴罗斯和卡斯塔涅达以葡萄牙语、克里斯托巴尔·德·阿科斯塔以西班牙语和林斯乔坦以荷兰语来写作。虽然其中一些世俗的作家可能还不会用拉丁语来写书，但另一些人如赖麦锡和巴罗斯则以

526

相当商业化或者是出于爱国的原因，故意以他们的母语来出版他们的巨著。即使马菲关于耶稣会的历史，最初以拉丁语来写作，但它不久就被译成方言版，所以到 16 世纪末前已经拥有广泛的大众读者。[154]

欧洲的文学爱好者主要通过方言写作的书籍才开始接触到一些新的词汇。陌生的地方、人和产品都配有新的名称和术语。刚刚发现的国家地名反复出现在葡萄牙语的著作中，这些都成为了国家成就的颂词，包括：果阿、纳尔辛格（Narsinga）、坎贝（Cambaya）、Caúl、坎纳诺尔（Cananor）、科钦、楼兰（Cilan）、勃固、马六甲、西奥（Sião）、澳门、日本（Japão）。而正是这些葡萄牙正字书写的地名迅速找到了自己的方式进入一般文献和正在编制的新的地图集当中。亚洲的人物、货物和习俗名称与术语遵循了类似的路线，尽管很多通过威尼斯渠道早为人所知。因亚洲词汇在欧洲语言中找不到对照词，它们只能以这种或那种形式被纳入到所有的主要语言当中。在新的语言环境中，这些外来语很少能完全融入主流，而是如同东方的产品和艺术那样，激起了越来越多的异国情调的味道。而它们在欧洲的存续也表明，欧洲在物质、文化和心理层面同样经历着一场新体验，这是因为拉丁语或方言中没有与之对应的词汇表。[155]

其中，出版商和印刷商对于欧洲语言的再混合贡献重大。作为商人和文人，印刷商通常把两半球最新发展的情况等而视之。威尼斯、罗马、安特卫普、阿姆斯特丹和里斯本的印刷商对欧洲经济的信息特别灵通。出版商往往是居于领先地位的人文主义者的知己和赞助商。梵蒂冈对赞助印刷活动的兴趣，让教会学者和一些印刷商之间建立了更密切的工作关系。作为唯利是图的商人，印刷商鼓励使用方言来写作畅销书。他们中的一些人还为收集游历文献提供财政赞助，并推动这些图书的出版，吸引了广大的读者。通过这些努力，印刷商对欧洲方言的形成和物化做出了重大贡献。[156]

527　　　但也有些印刷商专门为某些有限的市场来出版书籍。在威尼斯，一些主要的出版社专门用希腊语和希伯来文字符印刷书籍。1505 年，阿尔丁出版社（Aldine press）出版的赫拉波罗的《象形文字集》令威尼斯成了意大利的埃及研究中心。[157] 以塞尔维亚（Serbian）字符印刷宗教著作开始于 1519 年。[158]阿拉伯语的"古兰经"出版于 1530 年；波斯特尔的《十二种不同语言字母符号的介绍》（1538 年）一书中的阿拉伯字母可能是来自该书。[159] 用埃塞俄比亚字符印刷的书籍通常是在热那亚印刷。来自意大利其他城市和欧洲其他国家的印刷商远航到威尼斯和热那亚，以了解如何制作东方字体。[160] 正如我们已经看到的，[161] 塞尔维尼在 16 世纪中叶就职之前就对以东方字符在罗马印刷书籍萌发了兴趣。

但正是在葡萄牙，欧洲的印刷商获得了使用更遥远的东方语言的直接经验。大约在 1554 年，印度人受训使用西方印刷机，并通过他们的努力，一本罗马拼音化的泰米尔语教义问答手册得以出版。[162] 在印度出版的最早的泰米尔语书籍可能是在 1579 年由耶稣会士送到罗马的，不久其他人开始仿制。1570 年，中文字符于科英布拉首次在欧洲印刷机上印刷。[163] 十五年后，两位日本人在里斯本学习如何使用欧洲印刷机，显然也向他们的师傅展示了如何更为准确地铸字。[164] 到 1598 年，《信札》（Cartas，埃武拉）的印刷商改进了包括早期耶稣会的书信函在内的字符，消除了一些标志着欧洲人最早印刷表意文字时的疏漏和失真之处。就中文字符而言，与印刷埃及象形文字相比，欧洲的印刷商在向当地人学习方面有着优势，也有助于深谙日语的传教士纠正他们的工作。

在罗马教皇格里高利十三世（1572—1585 年）时期，红衣主教费尔南多·德·美第奇（1551—1609 年）寻求建立一家出版社，特别是致力于以东方语言来出版基督教的著作。作为科西莫一世（Cosimo I）的次子、托斯卡纳大公爵（Duke of Tuscany），红衣主教的事业能够依靠他家庭的财政支持。他对东正教的兴趣得到了教皇的认可，教皇任命红衣主教担任安条克（Antioch）和亚历山大主教的保护者以及埃塞俄比亚王国宗教事务总监。罗马教皇的使者被派往埃塞俄比亚、埃及、叙利亚和波斯，为美第奇收购手稿，在罗马出版后分发给在东欧国家的传教士团。1584 年，当日本使团抵达欧洲时，教皇的训谕宣布，美第奇的出版社将垄断印刷"外语"书籍。出版社的指南被分发给克雷蒙纳（Cremona）的乔凡·巴蒂斯塔·雷蒙多（Giovan Battista Raimondo），他是一位学问人，长期致力于搜集关于东方语言和东方国家描述的手稿。巴黎的罗伯特·格朗容（Robert Granjon）受雇为梵蒂冈出版社（Typographia Vaticana）和美第奇出版社（Typographia Medicea）铸字。[165] 美第奇出版社印刷的第一

528

本著作是阿拉伯语版四福音书，出版于 1590 年。格里高利十三世在 1585 年去世，显然终结了官方对美第奇出版社的热情支持，至此以后没有再出版其他的作品。雷蒙多收集的手稿，现保存在佛罗伦萨的马里亚贝基图书馆（Biblioteca Magliabechiana），包括一些以"印度语"词汇列示的清单（Codex XI, No.3）和有关婆罗洲岛（Borneo）（Codex XVII, No. II）的回忆录，也表明美第奇家族有意识地印刷南亚语言的材料。[166]

　　1585 年，教皇西克斯图斯五世（Sixtus V）任命奥古斯丁会修士安杰洛·罗卡负责梵蒂冈出版社。罗卡是一位伟大的书籍收藏家，同时负责管理梵蒂冈的图书馆。当日本使团访问罗马时，他当时在场，于是在 1591 年出版的关于梵蒂冈图书馆的著作中，他再版了西克斯图斯五世为纪念这一使团，在图书馆所题写的拉丁语铭文。[167] 罗卡也与耶稣会士罗明坚有过接触，后者在从中国返回后不久于 1590 年抵达罗马。罗卡着迷于罗明坚的中文书籍，它们印在薄薄的纸上且是双面印刷，同时着迷于被翻译成中文并以木刻方法印刷的基督教的著作。他指出，中国人不用铅字打印，而用木块来刻他们的单音节字符。同主祷文的中文版本一样，这一信息也得自罗明坚。[168] 耶稣会士还提供给安东尼奥·波西维诺（Antonio Possevino，1534—1611 年）一幅非常受欢迎的中国人的"道德肖像"，它被收录进了《图书馆》（*Biliotheca*，1593 年）一书，该书是为耶稣会士的研究计划（*ratio studiorum*）准备的。[169]

　　尽管他们最初对罗明坚充满热情，但他的罗马朋友很快从范礼安处获悉，罗明坚实际上"对中文文献和语言所知甚少"。1596 年，范礼安把这一判断写信告诉耶稣会总会长，并宣布，他反对计划出版罗明坚翻译的《四书》、《孟子》和搜集的其他各类中国学者的著作。[170] 范礼安的意见显然在罗马发挥了足够的作用，从而阻止了罗明坚翻译的著作的出版。结果，16 世纪行将结束前欧洲一直都没有出版任何古典中文、日文或印度语著作的译本。当然，除了示例字符外，欧洲的印刷商也没有能够以东方语言来出版任何东西。然而，他们在罗马和其他地方获悉，印刷术出现在东亚的时间要比欧洲久远，亚洲的印刷过程与他们的不同，西方的印刷机能以东方语言来出版书籍，同时还了解到，铅字表意文字切割最好留给那些掌握这种书写形式的人。[171]

529

但正是西方语言著作的出版商，而不是那些试图专注于东方字体者，给欧洲的公众带来了关于亚洲语言的大体信息。作为威尼斯的编年史家和乔万尼·塔尔加格诺塔（Giovanni Tarchagnota）世界历史的继承者，曼布里诺·罗塞奥（Mambrino Roseo，活跃于 1544—1571 年）就指出，马来语是东印度的世界语。[172] 达纳尼亚（G. L. D'Anania）在《世界概览》（*L'universale fabrica del mondo...*，威尼斯，1576 年）一书中指出："印度人使用不同的语言，拥有一种属于自己的字符，并如同我们一样从左到右书写。"[173] 他们的字母表"（如同我看到的那样）是真正的原始类型，同阿拉伯人的类似"。[174] 在果阿的英国耶稣会士托马斯·史蒂文斯（Thomas Stevens），是马拉地语的热心研究者，但他的马拉地语译著和以此撰写的著作或与之有关的著作，直到 17 世纪还不为欧洲人所知晓。到 1583 年 10 月，史蒂文斯从果阿致信他在英格兰的兄弟时仍这样写道："（印度）这些地方有很多种语言。发音并不令人不快，结构则是希腊语和拉丁语的联合。其短语和句法关系是非常美好的。"[175] 除了史蒂文斯的言论和已经讲到的菲利普·萨塞蒂后来的观察，[176]16 世纪的欧洲人对印度的语言很少有兴趣。他们的冷漠可能归因于印度语言的巨大差异，以及它们同黎凡特的南部闪米特语之间的真实的和想象出来的相似性，也可能因为耶稣会的评论者对东亚文明的巨大热情，以及这种按字母顺序排列的语言和表意语言间的巨大差异。

在 1569 年，耶稣会士深入到中国之前，葡萄牙多明我会修士加斯帕尔·达·克路士（Gaspar da Cruz）宣布，中国人、日本人和安南人相互之间可以笔谈，他们的口语区别相当之大，中国的方言种类不计其数。[177] 达纳尼亚在耶稣会士的信函中看到了表意文字，据此声称他们的字符和其他的字母互不相同。[178] 耶稣会的历史学家马菲在梵蒂冈图书馆和埃斯科里亚尔（Escorial）看到了中文书，观察到它们的每个字符都好似象形文字，每个字符代表一个词或一种想法。马菲从他的消息来源了解到，中国的每个省都有许多种方言，即使文字处处相同。但有一种语言，他报告称，"像拉丁语，通常由受过教育的人讲——朝臣、书记官、律师、法官和判官——他们学习非常认真，我们通常称它为'官话'（Mandarin）"。[179] 阿戈斯托·拉皮尼（Agosto Lapini）在日记

530

中对日本使者的讨论注意到，"（使者）的姓是其宗族的名字，因为在他们的国家，他们把宗族名字放在他们的名字前"。[180] 瑞士人伦瓦德·齐扎特（Renward Cysat）从耶稣会士的信件中了解了日本，他 1576 年出版的著作中包括了简明的日语单词和地名词典，并根据它们的罗马拼音按字母顺序排列。[181] 路易斯·德·古兹曼（Luis de Guzman）在《东印度、日本和中国的耶稣会传教史》（*Historia de las missiones ...*）（阿尔卡拉·德·亨纳里斯 [Alcalá de Henares]，1601 年）一书中表示，他更推崇日语，因其与希腊语和拉丁语相较有大量的同义词和敬语形式。[182] 来自新世界的耶稣会神父何塞·德·阿科斯塔（José de Acosta）1590 年指出，日语有一种中文中不曾使用的语音系统，并发现亚洲的表意文字同美洲印第安人的象形文字之间有着惊人的相似之处。[183]

　　比在欧洲出现亚洲的书籍和关于语言的一般描述更重要的是，亚洲字母和单词是如此迅速地渗透到 16 世纪意大利的通俗文学当中。虚构旅行的作家们尤其倾向于提供具有异国情调的字母和文字叙述，以展现他们故事的真实性。例如，约翰·曼德维尔（John Mandeville）爵士在他的《东方见闻录》（*Travels*）中，包含了大量亚洲语言的字母表。并非所有这些字母都是假造的，叙利亚字母和希腊的字母绝对正宗，但可能会让人想到它们在 14 世纪还是被视为一种异国情调或幻想。[184] 托马斯·莫尔爵士在 16 世纪为他的乌托邦提供的字母表，通常被描述为虚构的或者是由不同的字母表中的元素组成的。乌托邦中的字母通常与希腊语原型相关联。[185] 最近有学者曾断言，拉斐尔·希斯罗德（Raphale Hythlodaeus），莫尔的信息提供者，是一位葡萄牙人的化名，莫尔可能从他那里获得了马拉雅拉姆语的文字。[186] 这一结论是基于乌托邦中的一些字母，就它们的形状和一般外观来说，让人想到了马拉雅拉姆语的文字。还有人断言马拉雅拉姆语文字的特点"在那时一定已经被许多欧洲人所熟知"。[187] 因相似性在这种无法证实的事例中起着这样一种强有力的作用，应该指出，正如前面提到的，[188] 16 世纪欧洲关于"印度语"的字母表总体上是混乱的。另外，应当指出，只是在 1578 年，印度耶稣会才出版了泰米尔语字母表（非常类似于马拉雅拉姆语）。[189] 另一方面，那些更倾向于马拉雅拉姆语的事例找到的证据包括，在达·伽马 1497—1498 年第一次远航时，葡萄牙人就开始搜集马拉雅拉姆

531

语，[190] 或说是在莫尔的《乌托邦》以拉丁语出版的十八年前。

虽然对乌托邦字母起源的搜索尚无定论，但关于把外国词语引入到通俗文学的研究却成果丰硕。16 世纪虚构远航的作家，无论是在诗歌或散文中，以一种毫不迟疑的态度择用新的名称和术语，以提高他们作品的异国情调吸引力。[191] 他们也毫不犹豫地借鉴最新的地理信息以修改自己的作品。研究他们引入的词汇，尤其是拼法，有助于确定来源和建立版本的日期、节或段落，但学者们在这些问题上多有争论。核查他们在介绍中业已采用的这些词汇，偶尔也揭示一些作者和公众的倾向，以及他们是怎样看待这些发现的。

阿里奥斯托（Ariosto）和拉伯雷（Rabelais）的作品在 16 世纪最为流行，它们把亚洲的名称带给了大众。[192] 同时代的人意识到他们使用陌生的名字是受到外国的影响，这些已经被那时的评论所证实。可以毫不牵强地推测，他们有助于造就一种旅行文学的味道，并在 16 世纪下半叶变得如此受欢迎。诗人、罗曼史作家、剧作家和散文家在 16 世纪中叶后还继续用方言来写通俗作品，文中出现了更多的外国人名。卡蒙斯的《卢济塔尼亚人之歌》是文学名著中最显著的例子，没有大发现就不会写就该书。[193] 而相对不太出名的浪漫散文，甚至还使用一位中国的民间英雄的名字作为其标题。卢多维科·阿里瓦贝内（Lodovico Arrivabene）的《伟大的黄帝》（*Il magno Vitei*，维罗纳，1597 年）赞美中华民族的奠基者勇武的战功。阿里瓦贝内从门多萨关于中国的畅销书中派生他的原始音译（即"Vitei"）。[194] 类似的例子，不胜枚举，它们表现了亚洲的名称如何在流行的各类散文和诗歌中使用。

通俗文学只是亚洲文字进入欧洲语言的途径之一。几乎所有领域的专家都不得不给他们的专业词汇增加许多新名称。地理学家、宇宙志学者和制图师被迫学习数以百计的新的自然特征（河流、海湾、湖泊、山脉、高原和峡谷）和国家、省、市和乡镇的地理名称。[195] 博物学家不得不向他们的词汇和分类计划中增加新的植物和动物的名称，在许多情况下，他们都采用了本地的名称。即使古代已知的动物，以及在希腊语或拉丁语中已经存在的名称，在 16 世纪也通常要参考它们的亚洲名称。[196] 航海家把亚洲当地的词汇添加到他们的词汇表中，这些对航海是不可或缺的，包括：罗盘上的方位点、季风和海流。许多

532

新的纺织品、香料和珠宝的词汇都被借用，其中许多借来的词汇成为欧洲的标准词汇。而历史学家则把包括亚洲的朝代、君主和官员名称与官衔在内的词汇作为工作词汇表。

对欧洲来说，那些陌生的活动，如"大风暴"只有借助其本国的名称才能为人所知。对于印度种姓名称而言，欧洲没有对应词汇存在，于是就直接使用了本土的原来的名称（贱民 [Pariah]、纳亚尔 [Nayar]、哲地 [Chetty]）。[197] 欧洲人未知的或者说与欧洲类似物某些方面不同的交通工具，通常使用它们的亚洲名称：安道尔（andor）、轿（litter）、舢板（sampan）、筏（jangada）、中国式平底帆船（junk）、中国赛艇船（Lantea）、轿子（palanquin）、印度小船（pangara）、中型艇（parāo[pinnace]）和帆船（dhoney）。世俗管理者的名称（高官、富豪 [nabob]、土著头人 [naique]、罗阇 [rajha]、港主 [shabandar]、扎莫林 [zamorin]）和宗教界人士和尚（佛教中的和尚）、婆罗门、修道者同样在许多欧洲语言中使用。亚洲神的名字（"释迦" [佛]、象头神俄尼沙、孔子）和宗教建筑的名称（"宝塔"和"巴雷拉" [佛教寺庙]）在一段时间后也在欧洲著作中不加解释地使用。独特的亚洲产品通常采用它们原来的名称：腌菜（achar [pickles]）、槟榔（areca [palm seed]）、短上衣（baju）、竹子（bamboo）、印度大麻（bhang [Indian hemp]）、椰子壳的纤维（coir）、沉香木（calambec [aloes-wood]）、印花布（calico）、茶（cha [tea]）、咖哩食品（curry）、漆器（charao [lacquerware]）、红色染料草根（saia [root for red dye]）、干椰子肉（copra）、曼陀罗（datura [thorn-apple]）、有条纹的棉布（gingham）、阿魏胶（hing [asafetida]）、粗糖（Jaggery [palm-sugar]）、紫胶（lac [varnish]）、龙眼（litchi [dried fruit]）、芒果（mango）、棕榈叶（ola）、丝绸衣服（patola [Silk cloth]）、和服（kimono）、藤条（rota [rattan]）、西米（sago [palm starch]）、粗厚块根（zerumbit [aromatic root]）。永久加入欧洲词汇表中的商业术语包括，如：古吉拉特贸易商（banian）、现金（caixo）、密封（chop）、贸易（chatinar）、欠条（Chit）、苦力（coolie）、fanani（印度南部的小硬币）、仓库（godown）、mangelim（重量等于一克拉）、tanga（印度南部的一种小硬币）。反映东方的日常生活、思想和艺术进步的词汇，因较少而值得关注。但这一时期仍然有一些

533

词汇悄无声息地传入到欧洲语言中：日本屏风（biombo）、仆人（boy）、大的日本宽刀（catana）、童床（catel）、漆器（lacai）、专家（pundit）、印度洗礼的地方（tank）。

在16世纪，许多已经在欧洲语言中得到认可的词汇获得了引申义或不同的含义。例如，单词"台风"，可能起源于希腊的知识界，经亚里士多德的《天象学》（*Meteorologica*）和拉丁语圣经（Vulgate）而纳入中世纪的词汇表。16世纪的人文主义作家在其作品中使用时，意指"暴风"，视为希腊语术语。到17世纪，该希腊语语作为特指东方的强烈热带风暴引进到了阿拉伯语中。随后可能是阿拉伯商人把该词引入到了波斯语、印度语和商用马来语中。到16世纪中叶，葡萄牙水手和传教士已经采用这一阿拉伯术语来指东方的暴风。通过葡萄牙语，它迅速传递到欧洲其他国家的方言中，在16世纪，它逐渐与人文主义者的希腊—拉丁语中的"龙卷风"混合使用。在流行的词源中，也通常认为"typhoon"（台风）是从中国的"tai-fung"中派生出来的，意思是"飓风"。更有可能的是阿拉伯术语通常与中国海的风暴相关联，以致敏锐的语言研究者感到有必要寻找其中国的起源。[198]但历史上关于这一词汇最重要的问题是不管它自东往西传播，还是从希腊传向东方，它最终融入一个术语，但仍保留一个流行的印度和近东海上飓风的词义。[199]

534

其他已经确定的欧洲词语也经历了一个意义上的变化，即使他们没有向东方传播然后再由葡萄牙人带回到欧洲。从13世纪到16世纪，"极乐鸟"之名被用来称呼所有绝美的鸟。[200]麦哲伦的手下带着极乐鸟羽毛返回后，当地人和15世纪之后一些欧洲人称之为"manucodiata"（来自马来人，mameq deviata）。"极乐鸟"的术语被转向称摩鹿加群岛的鸟类，此后，专门用于指代这类鸟。[201]"瓷器"的终极词源还不为我们所知，它越来越经常地用于指中国的硬质瓷。标准的地理名词不得不扩大它们的含义，把海外世界的物理特性纳入它们的定义。例如，"群岛"一词，此前只用于指希腊的群岛，而现在用于印度洋的岛屿链。[202]"气候"原来用于指代陆地的某些区域的气象，后来被通用于复杂气象的说法，这些是我们现在气候定义中所包括的内容。而在文学艺术家手中，"气候"这个词也迅速获得了大量的比喻意义。[203]甚至"野蛮人"，

535 这个长期以来一直是贬义的词,在 16 世纪也经过修改,欧洲人开始认识到亚洲的"野蛮人"也能够写出令人钦佩的作品。[204]

在此期间,大多数的亚洲词语和概念进入欧洲是通过葡萄牙语中转的。输入葡萄牙语的亚洲词汇是从印度—雅利安语(孔卡尼语、马拉地语、古吉拉特语、印度斯坦语、孟加拉语、僧伽罗语)、德拉威语(Dravidian)(马拉雅拉姆语、泰米尔语、卡纳拉语 [Kanarese,卡纳达语]、泰卢固语)、日语、汉藏语系(缅甸语、汉语、泰国语、柬埔寨语)以及马来—波利尼西亚语(马来语、爪哇语、[帝汶] 的鞑靼语 [Teto])借用来的。大部分借用的词汇为名词:地名、植物名、动物名、头衔、庆典名、自然现象和无生命的对象名。一旦被使用,这些名词经常获得比喻意思和贬义的意思,如 "chatim"(原意为 "伟大的商人",现在也用于指 "狡猾的或纵容的人")和 "veniaga "(原意为 "印度寺庙或硬币",现在还有 "道德败坏"的意思)。词汇的新形式很多也是来自借用的词:"chatim" > "chatinar"(交易价值低的东西),"mandarim" > "mandarinado"(官话办公室),"bonzo" > "bonzaria"(佛教僧人社区)和 "bonzeiro"(佛教徒的朋友)。

虽然一种已知的亚洲语言对葡萄牙语的影响通常与葡萄牙语对其的影响成正比,但是中文的情况有所不同,中文没有从葡萄牙语中借用任何东西。[205]但是 16 世纪葡萄牙的作家极为钦佩中国,因为他们自己的语言当中没有对应词汇,他们不得不把大量的中国政府、商业和工业方面的词汇引入到他们的著作中。最后,通过检查同时代的字典和语法,可以断言,16 和 17 世纪的葡萄牙人比他们的后裔通常采用更东方化的词汇。与亚洲帝国的衰落相伴随,亚洲词汇及其衍生物日渐被淘汰,很多情况下,被剔除出葡萄牙词汇表。[206]

亚洲的词汇以各种不同的路径进入 16 世纪欧洲的其他方言。西班牙人,在阅读葡萄牙作家的原著方面麻烦不大,因此很快采用了大量的东方词汇。但主要是在 1580 年两国合并之后,以及受到大众欢迎的门多萨关于中国记述的著作的西班牙语版的出版(1585 年)和日本使团访问西班牙后,亚洲的地名和术语在卡斯蒂利亚文学中更显突出。综观几乎整个 16 世纪,西班牙的语言吸收了众多的美洲术语(Americanisms)。西班牙专注于美洲无疑推迟了来自亚洲的新词汇对其语言的影响。[207]到16世纪的最后三十年，卡斯蒂利亚作家，如洛佩·德·维迦（Lope de Vega）已充分了解日本，并写了关于日本的歌剧。但是，就葡萄牙语而言，东方词汇对卡斯蒂利亚的影响随着帝国的衰落而减弱。今天的通用词汇表中，只有约20个名词被确认为是16世纪从印度语和马来语中借用来的，其中只有两个词汇分别来自汉语和日语。[208]

意大利语通过许多渠道吸纳了大量的东方词汇。15和16世纪威尼斯商人和政治代理人负责引进许多商业术语和名称，他们在黎凡特的集市和里斯本学习到了这些。在佛罗伦萨出版的服务于葡萄牙的简报也把亚洲词汇带给了意大利的读者。更广泛的记录是由那些从伊比利亚前往东方（例如，瓦尔塔马和皮加费塔）旅行的人撰写的，这些报告被广泛传阅。耶稣会士以意大利语写的信函在1546年开始在罗马发表。意大利语的记述和其他语言的译本构成了唯一的外来词汇最为丰富的来源，它们出现在赖麦锡旅行文学的文集中。[209]阿方索·乌路亚（Alfonso Ulloa）在1562年翻译了巴罗斯著的《旬年史》的前两部，在1577年至1578年翻译了卡斯塔涅达著作的前七部。但正是萨塞蒂，出于对外国语言和文字的浓厚兴趣，悉心关注记录和解释佛罗伦萨通信中的新词汇，那些是他在葡萄牙和印度逗留期间碰到的。[210]在意大利语中，亚洲的词汇没有找到一个安全之所，甚至还不如在伊比利亚语言中。也许它们这么快脱离意大利语，是因为意大利城市在亚洲没有直接的政治利益，而且，与大西洋贸易的利益相比，对东方贸易的参与一直在减少。

法语主要是通过葡萄牙语和意大利语著作的翻译引入亚洲词汇的。但也应该注意到，皮加费塔著作的缩编在1525年以法语出版，远远早于它以任何其他语言的出版。1553年由尼古拉·德·格鲁奇（Nicholas de Grouchy）翻译的卡斯塔涅达的第一本书（1551年），第一次给法语带来了大量的亚洲词汇。由于格鲁奇本人以他翻译的文字质量而自豪，约有50个亚洲词汇原封不动进入法语。还有其他大量词汇保留其卢西塔尼亚语（Lusitanian）形式，少数带有法语风格。[211]1552年，波斯特尔通过他的《世界奇观》一书从耶稣会士的书信中把许多日本人名带到了法语中。瓦尔塔马的著作在1556年被译成法语，从而通过意大利语渠道把亚洲词汇带到法语中。赛弗特和贝勒福雷（Belleforest）的亚洲

536

537

术语很大程度上取决于赖麦锡的意大利语著作。门多萨的一部关于中国的法文版著作于 1588 年出版，至 1600 年已重印两次。在 16 世纪，约有 60 个亚洲词汇进入法语，并永久加入到其通用词汇表。[212] 尽管事实上，法国已不再是帝国，或与亚洲不再有直接的贸易——但这是唯一有望的联系！

亚洲的词汇最早是通过伊比利亚语和意大利语进入到德语中的。德国人和荷兰人，同意大利人一样，早在 16 世纪就涉足香料贸易。在商业简报中，德国人和荷兰人把亚洲名称带入他们的语言，[213] 但 1520 年后随着直接的商业报告越来越少，北方的国家几乎完全依靠翻译。瓦尔塔马的著作早在 1515 年就被翻译成德语，但直至 16 世纪中叶，葡萄牙人对新闻的垄断被打破后，德语才收入了新的亚洲词汇。理查德·伊登（1555 年）和理查德·威尔斯（1577 年）的英语文集是最早被翻译出来的，它们把大量的亚洲名称引介到英语中。[214] 从 1577 年到 1582 年，托马斯·尼古拉斯（Thomas Nicholas）和约翰·弗兰普顿把埃斯卡兰特和卡斯塔涅达的权威著作以及其他关于东方的附带著作从卡斯蒂利亚语翻译成英语。[215] 在哈克路特著作的第一版（1589 年）中，亚洲的资料是非常少的，但伟大的收藏家更鼓励翻译和出版门多萨关于中国的著作，1588 年帕克（R. Parke）翻译的英语版出版。16 世纪的最后十年，德·布莱（De Bry）和胡尔修斯（Hulsius）的伟大文集的第一册以及哈克路特著作的增订第二版出版。而在 1596 年，林斯乔坦的《游记》用荷兰语出版，两年后以德语和英语出版。通过这些众多的著作，德语额外获得了大量的亚洲词汇。例如，1600 年前，约有 50 个左右亚洲来源的词汇永久地进入了通用词汇表。[216]

538　　亚洲地名、专有名词和一般术语也通过嫁接进入到知识界的拉丁语中。早期简报和瓦尔塔马著作的拉丁语翻译是最早以拉丁语出版的关于大发现的重要著作。雅克·施托佩尔（Jakob Stoppell）在他的《环宇知识备览》（*Repertorium ...*，梅明根，1519 年）中使用的地名囊括了中世纪到亚洲去的旅行家的著作。威利巴尔德·皮克海默在他的《德国》（1530 年）一书中附有一张地名清单，其中包括大量同时代关于亚洲的报告。特兰西瓦尼亚的马克西米利安关于麦哲伦远航的报告（1523 年），为西蒙·格里诺伊斯的《新世界》（1532 年）和塞巴斯蒂安·明斯特的《宇宙志》（*Cosmographia*，1550 年）所仿效。直到 16 世纪的最后一代，没有其他关于亚洲发现的著作以拉丁语出版。1570 年，奥提留斯出版了他的《环宇大观》第一版，其中包含一幅单独的亚洲地图以及鞑靼人居住地和东印度的区域地图。在该版和以后的版本中，奥提留斯著作中的地名主要倚重葡萄牙的制图师。他的标题和图例说明是用拉丁语；地图保留拉丁名，这是唯一的托勒密地图的特征。例如，中国地图添加到他的 1584 年版中，只是把地名拉丁化而几乎没有做其他的改变。同时，查尔斯·德·勒克鲁斯在 1576 年于安特卫普出版了奥尔塔的《印度草药风物秘闻》（1563 年）的拉丁语版本的缩编版。[217]奥尔塔著作的拉丁语缩编版成为在欧洲关于亚洲植物学的主要权威著作，在 16 世纪末前进行了四次修订和重印。为了能够提供关于新的亚洲植物的正确的科学术语成为了反复修改的重要原因。1581 年，耶稣会士的书信年刊开始以拉丁语定期出版。它们，加之马菲的《16 世纪印度史》（*Historiarum Indicarum libri XVI*，佛罗伦萨，1588 年）和门多萨的拉丁语译本（1589 年），可能构成了 16 世纪欧洲关于亚洲的最佳的拉丁语材料。

　　拉丁语，同其他方言一样，通常采用完整的亚洲词汇或其拉丁化形式。亚洲词汇的拼写变化很大，甚至在葡萄牙语词源中也如此，因为报道者记录下和能够记下的词汇是他们分别听到的。因为欧洲拼字法不稳定的状况，令该问题进一步复杂化。不一致的拼写往往会导致地名和人名的混乱，当亚洲词汇在他们的拉丁化形式下译为法语、意大利语和德语时，问题更加恶化。适当和一致的拼法对于制图师来说尤为重要，他们不得不区分坎贝（Cambay）、（马可·波罗的）"Cambala" 和柬埔寨（Cambodia）的不同。当他们试图调和新地名与托勒密指代的地名时，则更让他们为难。植物学家的问题是相似的，因他们的学科要求他们在狄奥斯科里季斯的命名当中寻求对应的名称，如果它存在的话。宇宙志学者要处理所有学科，当 "Mon"（缅语）、"Mugs"（若开邦人）、"马拉"（Mara，马基安岛 [Makian island]）以各种各样的拼法出现时，他们几乎不可能区分。难怪稍后的作家们使用瓦尔塔马的《博洛尼亚人卢多维科·迪·瓦尔塔马游记》（1510 年）时，他们一直在质疑他记事的可靠性，该书是最早的综合性记事，用意大利语写成，后有拉丁语、德语或西班牙语的译本，他使用的印度东部的地区名、人名和地名都含糊不清和不准确。[218]

539

词汇是语言的一部分，它是快速和反复无常的创新的最主要的对象。对于有关的语言，词汇的借用而不是翻译最有可能出现完全不同的类型。[219] 当文明之间以前没有直接接触时，以及当文明遭遇到复杂的和有文化的外国人时，特别容易发生成批地采用外来词的情况。当拼音和表意的语言之间发生对抗时，借用事实上是必要的。例如，葡萄牙作家把中国的地方行政长官的头衔简单音译而无需认真努力把它们进行翻译。至于隶属欧洲语言的遥远的印度方言，它们还是多音节和拼音。印度的巨大困难是语言的多样性和存在两个不同的语系。这无疑让欧洲人在孔卡尼语（印度—雅利安语）和卡纳拉语（德拉威语）之间产生困惑。尽管如此，马拉巴尔的语言据称可在六个月内被掌握。人们都承认，需要终其一生来学习表意语言的正确用法，但最多也就是罗马拼音化表意文字和试着解释它们。

整个 16 世纪，成千上万的亚洲地名和专有名词涌入到所有的西欧语言中。随着关于亚洲的著作数量的增加，它们变得日益普遍。通过伊比利亚语言和意大利语的文学描述，它们涌入到了宇宙学、自然史、地理学、地图集和通俗文学当中。随着时间的推移，一些词汇退出流行和专业词汇。那些被保留下来的词汇获得了接受它们的语言的拼写方式，通过衍生形式适应了其语法：普通话 > 官吏；咖喱 > 咖啡粉。约 100 个来自亚洲的词汇永久地增加到了欧洲在 16 世纪的通用词汇表（见本章附录）。[220] 数百个起源于亚洲的新词成为地理学家、制图师、植物学家和语言学家专业词汇表中的一部分。亚洲词汇在那些专业词汇表中被永久地保存下来，它们进入到了标准学科的命名当中，并常受到更严格的标准术语的定义和划分。16 世纪的"中国根"变为 18 世纪林奈的"中国菝"。"华裔学志"和"中国"（Cathay）让位于"中国"（China），前者从地理学家的科学词汇表淘汰出局；暹罗，以前不为制图师所知，现在变成了他们所收藏的永久角色。这种例子不胜枚举——在 16 世纪进入欧洲词汇表的亚洲新词也数不胜数。

在 16 世纪初，欧洲实质上没有关于亚洲语言的信息，也不理解它们之间的相似性，或者它们同欧洲和黎凡特语言间的相似性。在中世纪和文艺复兴时期

540

的旅行者著作中含糊地提及中国表意文字的性质，却没有引起语言研究者的注意或欣赏。旅行者提到的地名有时会在地图上使用或纳入编年史和通俗文学作品当中。但新地名涌入到地理观念中并不意味着就会令人产生对亚洲语言的任何兴趣，只不过是亚洲地名添加到托勒密的地名汇编中而已。这主要表现在通俗作家吸收了外国字母表，也可以被视作欧洲出现了对大量存在的亚洲语言的原始觉醒。

直至同亚洲建立了直接和长期的关系后，欧洲人才开始熟悉亚洲的许多方言。最初，水兵、商人和管理员被迫接受东方商业语言中的工作知识。特别是在16世纪下半叶，传教士需要实际掌握一种在他们传福音的地方流行的语言。在每一个实例中，在亚洲的欧洲人不得不通过当地的信息提供者和教师掌握他们的语言技能。然后，他们必须准备基本的词汇表、字典和语法为自己和他们的继任者所用。在16世纪绝不可能在欧洲找到必需的材料来教商人或传教士任何一种亚洲语言。由于大多数善用亚洲语言的传教士再也没有返回欧洲，同样也就不可能获得亚洲语言的教师。唯一一位返回欧洲的语言研究者是罗明坚神父，但他被他所在的传教之地的上司描述为一位老朽、令人生烦之人，根本不会中文。

亚洲语言的信息是通过艰难而直接的经历获取的，通过在亚洲编译的词汇表和文学作品传给欧洲。传给欧洲的书籍也为葡萄牙和意大利知识界提供了关于亚洲语言的印刷品和手稿样本。访问欧洲的亚洲人也留下了他们的作品样本。欧洲普通民众准备理解和接受的大多数的亚洲语言，是被纳入旅行记录和耶稣会士的书信函中的文学描述。幸运的是，文学描述足以表明，已发现新的语言，而且它们是复杂的且完全不同于已知的语言。

马来语很早就被公认为是亚洲南部的主要商用语言。据报道，马拉巴尔语、马拉雅拉姆语和泰米尔语容易学习，它们与其他印度语言完全不同。梵文，尽管被普遍认同为印度教的神圣语言，但除了萨塞蒂并没人加以研究。欧洲人只是对果阿和马拉巴尔的语言给予了正式的关注，虽然他们清楚地知道，印度拥有大量的其他语言。即使在欧洲，尽管有可能列举出许多东南亚语言的名称，但除了马来语和菲律宾语外，对其他任何语言都缺少深入的了解。与其他亚洲

541

语言相较，中文因其书写形式（中文、日语和安南语）的表意性质更为语言研究者关注。到16世纪末，人们清楚地知道，中国表意文字为日语和安南语所采用，即使这些语言发音不同。同样他们也认识到，中国本身存在着大量的方言，而受教育者说的语言叫"官话"。

在亚洲的欧洲人，特别是有知识的传教士，在他们的语言观念和活动中，拉丁语占据天然的主导地位。作为一项实际措施，他们把泰米尔语字母罗马拼音化，同时把许多中文和日语的字符罗马拼音化。罗马拼音化尽管很差，但它却被认为近似于原声，即使对中文也如此。拉丁字母未能传达亚洲语言的声音，通常是由于这些语言被视为"野蛮的"。大部分的罗马拼音通过葡萄牙语传入到欧洲其他语言当中，所以它们往往保留了拉丁语的特征。然而，罗马拼音化显然达到了自己的目的，因为许多最重要的耶稣会出版物以罗马拼音化形式发行，以用于传教活动。亚洲语言的字典和语法也按照拉丁语模式出版，它们所使用的技术也是同时代欧洲方言的组织方式。

铅字印刷是另一项欧洲人的发明，传教士在东方充分地加以利用。他们首次以罗马拼音印刷宗教作品，然后逐步地采用当地语言。数本基督教书籍以中国的木版印刷方式来印制，但这种技术从来没有在传道站永久采用。相反，他们教会印度人、日本人和中国人使用欧洲人的印刷机。一些亚洲人甚至被派到里斯本，以了解如何铸字，希望他们在返回自己的家园后能够铸本国文字的字符。印刷商也参与到罗马拼音的技术开发之中。同在欧洲一样，编制和出版方言字典和语法书在亚洲也是必不可少的。

542　　　　直到16世纪中叶，关于语言的起源、历史和发展的圣经观和古典思想在欧洲都没有受到质疑。但是，即使在这个阶段的早期，各国的语言，尽管其组织是拉丁语的模式，但它们越来越独立于拉丁语。人文主义者对希腊语的兴趣和神学家对希腊语和希伯来文的关注，对于把这两种东方语言提升到拉丁语的水平产生了影响。教皇同时鼓励研究黎凡特和非洲的现代语言，因为它试图与东正教重新结盟并在那里传播福音。约在1540年，民族语言在意大利和葡萄牙两国被宣布为哲学话语的完全恰当和值得尊敬的工具。在伊比利亚国家，他们被誉为帝国的语言。虽然教会保留了拉丁语的官方地位，教会中民族语言的支持者公开宣称，使用所有语言来礼拜上帝都是一样的。耶稣会把这一想法扩展到了在亚洲的传教士团体，并迅速掌握了其皈依者的语言。由此，欧洲和亚洲各国的研究者越来越认识到值得研究他们本国的语言。

得到认可的语言的数量和种类迅速增多，对欧洲的语言学研究者构成了巨大挑战。有关语言学变化的性质和原因，尽管对此仍持续不断地有着激烈的争论，但在比布利安德之后，人们越来越多归因于外部社会和文化因素而非语言内部的演变。不过这样的结论对于解释语言的起源或其无休止的多样性帮助并不大。人们仍相信原初的希伯来文是人类的源语言，但世俗语言同希伯来文的关系及其相互关系仍然无从理解。鉴于古老的中文已经被接受，证明它同希伯来文的关系在神学上就具有重要意义。一般认为象形文字是原始的，字母语言源自它们，而意外发现中文是一种拥有强大生命力和影响力的活语言，这就动摇了上述的假设。

世界语言的和谐共存得到了教义和比较研究的支持。通过比较字母、词汇和语法，希望发现所有语言的通用元素，也是解读容易混淆的方言必不可少的第一步。亚洲语言，包括中文和日语，被纳入到用于为欧洲和黎凡特设计世界语的比较系统。例如，努力找到一个中文的字母表，并借助罗马拼音形式将其词汇与其他语言词汇进行比较。但是，这些努力之后发现中文和欧洲的拼音语言之间依然没有显著的相似之处。能够做的只是把中文词汇纳入到多语种词典，把世界语言重新划分到不同的语系，并把海外语言作为独立的问题来对待。

并非所有的语言研究者都是那么容易满足。那些强调语言和谐的人坚持用自己的努力来恢复通用的语言。神秘学者希望借助神的智慧从圣经或埃及和中国的"象形文字"中恢复完美的语言，其他学者则寻求把世界语定位为自然语言，如格斯纳对"黑话"的研究。这些努力的失败致使其他学者更直接和实际地转向发明通用的人工语言，其中，如数控系统、音符或速记，它们没有对应的拼音。尽管这些努力未能发现或产生通用的语言，但是，许多 17 世纪严肃的语言研究者仍旧继续追随 16 世纪的研究者，搜索人类源语言和原始的字符，尽管毫无结果。[221]

亚洲对 16 世纪欧洲语言最广泛和最持久的影响，是把新词汇引入到通用

543

词汇表。大多数进入欧洲的新词汇是通过葡萄牙语这一媒介。然后，加以过滤，主要通过翻译，进入欧洲其他语言。一旦被采用，它们往往在发音和字形方面加以修改，以适应借用它们的语言的用法。那些参与海外香料贸易的大西洋国家受到语言的影响最持久。与其他国家的语言相较，意大利语受到亚洲语言涌入的影响则较小，即使是以意大利语出版的大多数的旅行记录和关于亚洲的专门著作。这也许是因为拉丁语在意大利占有优势，而且较少直接参与大西洋的香料贸易。虽然欧洲各国的语言在准备接受来自亚洲的新词汇上存在差异，但这些被接受的亚洲词汇几乎无一例外地进入到了航海家、地理学家、科学家和宇宙志学者的专业词汇表中。

亚洲的语言，随着它们慢慢地和无序地展现给欧洲，在学者和语言学家中产生了困惑和迷惘。推测又依赖于部分或错误的信息或解释。对于以象形文字来书写的语言的发现特别令人不安，特别是因为开始认识到它们不能令人满意地融入当时的语言概念。大规模引进外来词打乱了传统的命名计划和地理学、制图学、自然科学的分类。弗朗西斯·培根（Francis Bacon）在17世纪写道："名称，尽管它似乎是表面和外在的问题，但是它承载有太多的印记和魅力。"正是这种来自亚洲异国的名称的"印记和魅力"，以及表意语言的特殊性质，搞混了语言，也搞糊涂了欧洲语言学家。在接下来数个世纪新的语言学理论和技术的演变出现前，16世纪的"再混合"的影响将一直阻碍着欧洲的语言研究。

引入到欧洲词汇表的亚洲词汇（16世纪）

　　本表中的所有词汇都是来自16世纪的亚洲语言，不包括阿拉伯语、波斯语和其他近东语言。随后它们成为欧洲语言中的永久词汇，所有的词汇都可以在现代字典中找到。虽然并非所有列出的词汇都成为欧洲所有语言中的永久词汇或常用词，但每个至少成为了一种现代欧洲语言的一部分。这份清单包括了主要的通用词汇表中的词汇，但没有包括大多数的头衔、人名、地名和其他的专业术语。大多数的词汇进入欧洲词汇表是通过葡萄牙语。二次借用的词汇只给出了一些有代表性的例子。

源字 （欧洲语言和第一次使用的时间）	词义	词源	其他欧洲语言	评论
Abada 或 bada （葡萄牙语，1541年）	犀牛 (Rhinoceros)	马来语，badak（?）	Bada （意大利语，1579年） Abada （西班牙语，1585年） Abath （英语，1592年）	"a"可能是一个阿拉伯语的前缀。Cobarruvias（1611年）通称它为犀牛。关于词源参见 Yule and Burnell, p. 1。

续表:

源字 （欧洲语言和 第一次使用的 时间）	词义	词源	其他欧洲语言	评论
achár （葡萄牙语， 1563 年）	腌菜	马来语， ǎchār	achar （荷兰语，1596） machar （英语，1598 年） 后来在英语中也使用 achar	"achar" 作为商业 名词仍在使用。
amouco （葡萄牙语， 1516 年）	疯狂的人	马来语， amuk	amouco （法语，1553 年） amocchi （意大利语，1566 年） amuck （英语，1663 年）	
andor （葡萄牙语， 1500 年）	垃圾	马拉雅拉姆语， andola； 孔卡尼语， āndôr	andor （法语，1553 年） andore （意大利语，约 1555 年）	词源学非常有争 议，可能同欣度拉 （hindola）的梵文 （Skt.）有关。
anil （葡萄牙语， 1516 年）	靛蓝色 （indigo）	梵文， nīla	anyll （意大利语，1525 年） neel （英语，1583 年）	
areca （葡萄牙语， 1510 年； 意大利语，1510 年）	棕榈树的种 子，用于制 造槟榔	马拉雅拉姆语， adekka 或 adakka	arecca （法语，1521 年） arecca （英语，1599 年）	
baju （葡萄牙语， 1515 年）	短上衣	马来语， baju	báju（法语， 1553 年） baiu（荷兰语， 1596 年）	现代荷兰语词典中 给出"baadje"和 "baaitje"。

续表：

源字 （欧洲语言和 第一次使用的 时间）	词义	词源	其他欧洲语言	评论
bambu； 参见"mambu"				
baneanes， banianes （葡萄牙语， 1516 年）	古吉拉特 （Gujarat）的 商人	梵文，vānija 古吉拉特语， vāṇiyo	banian （法语，1575 年） banian （英语，1599 年）	
bangue （葡萄牙语， 1554 年）	印度大麻	梵文， bhaṅga 印地语， bhāṅg	bhang （英语，1563 年） bangue （西班牙语，1578 年） bangue （荷兰语，1596 年） bengi （法语，1638 年）	
bate （葡萄牙语， 1531 年）	稻子	埃纳德语，batta 孔卡尼语，bhāta 马来语，pādī	batte （荷兰语，1596 年） paddy （英语，1598 年）	
bétele，bette （葡萄牙语， 1500 年）	蒌叶	马拉雅拉姆语， vettila	betel （意大利语，1510 年） betel （法语，1515 年） betele （英语，1553 年）	更为详细的资料 比较见 Schmidt， *ZDMG*，LXVII， 653-659 的注释。
biombo （葡萄牙语， 1569 年）	屏风	日语， byōbu	biombo （西班牙语，约 1585 年） biomba （意大利语，约 1585 年）	样品是由到欧洲的 日本使团带去的。

续表：

源字 （欧洲语言和 第一次使用的 时间）	词义	词源	其他欧洲语言	评论
bói, boia （葡萄牙语， 1511 年）	仆人	泰卢固语和马拉 雅拉姆语，bōyi	boye（法语，1610 年） boye（英语，1673 年）	使用扩展到东亚。 细节参见 Vermeer。
bonzo （葡萄牙语， 1500）	和尚	日语， bōzu	bonzii （拉丁语，1552 年） bousos （英语，1585 年）	
cairo （葡萄牙语， 1502 年）	椰子壳的纤 维或棕榈绳	泰米尔语，kayiru 马拉雅拉姆语， kāyar	cayro （法语，1552 年） cayro （英语，1582 年）	
caixa （葡萄牙语， 1510 年； 意大利语， 1510 年）	零钱，现金	梵文，karsa 泰米尔语，kāsu	caixa （荷兰语，1596 年） caixa （英语，1598 年） cas（法语，1609 年）	英语在 1621 年出 现"cash"一词。
calaim （葡萄牙语， 1510 年）	精细的印度 锡	马来语，kālang 阿拉伯语，kala'i	calaia （意大利语，1582 年） calin （法语，1610 年）	
calampat （意大利语， 1510 年）	最好的沉香 木	日语（?）， kalambak	calamba （葡萄牙语，1516 年） calambour （法语，约 1525 年） calambac （英语，1594 年）	

续表：

源字 （欧洲语言和 第一次使用的 时间）	词义	词源	其他欧洲语言	评论
calico （英语，约 1540 年）	印花布	卡利卡特的布料	calicoe （拉丁语，1627 年）	其中最后一个字母"e"在英语中去掉可能因为它来自法语词"calicot"，其中"t"不发音。
cambolim （葡萄牙语， I514 年）	毛毯或披风	梵文，kambala 孔卡尼语， kamblim	cambolim （法语，1610 年） cumbly （英语，1673 年）	
canfora （葡萄牙语， 1516 年）	樟脑	印地语， kapūr	comfora （意大利语，1506 年） canfore （法语，1553 年）	该词也被马可·波罗提到。
carambola （葡萄牙语， 1563）	杨桃	梵文，karmara 孔卡尼语 - 马拉 地语，karambal	carambola （卡斯蒂利亚语，1578年） carambolar （荷兰语，1596 年） carambola （英语，1598 年） carambole （法语，1602 年）	
caril （葡萄牙语， 1563 年）	咖喱（curry）	卡纳拉语（埃纳 德语），karil 泰米尔语，kari	carriel （荷兰语，1596 年） carriel （英语，1598 年） carll（法语，1610 年）	
catamaran （意大利语， 1583 年）	由三四根原木捆扎在一起的木筏	泰米尔语， kattremaram	gatameroni （意大利语，1583 年）	

续表:

源字 （欧洲语言和 第一次使用的 时间）	词义	词源	其他欧洲语言	评论
catana （葡萄牙语， 1582 年）	武士刀	日语， katana		
cate, cato, cacho, catechu （葡萄牙语， 1516 年）	从阿拉伯树 胶中提取的 止血剂	梵文，kvath cate ＝孔卡尼语，kät： cacho＝马来语， kachu；catechu 来 自上述两种语言	cato （卡斯蒂利亚语，1578 年） catu （意大利语，1585 年）	
catele, cátel （葡萄牙语， 1510 年）	轻床架	泰米尔—马拉雅 拉姆语，kattil 印地语，khāt	catele （卡斯蒂利亚语，1578 年） catu （意大利语，1585）	在英语中为 cot （1634 年）。
cha （意大利语， 1559 年）	茶	中文， ch'a	chá （葡萄牙语，1565 年） chaa （英语，1598 年）	希腊语和俄语中为 Cha。
champana, champão （葡萄牙语， 1516 年）	小船或舢板	中文， san-pan	chiampana （意大利语，1510 年） sampang （法语，1540 年） sampan （英语，1620 年）	中文意思为"舢 板"。
chapa （葡萄牙语， 1518 年）	密封或印章	印地语和古吉拉 特语，chāp	chapa （法语，1553 年） chop （英语，1614 年）	用法扩展到东亚。 在英语中有很多不 同的拼法。
charão, acharão, xarão （葡萄牙语， 1569 年）	日本洁具或 涂漆	中文， ch'i yáu（?）	charol （西班牙语，1572 年） achiran （意大利语，1582 年）	词源不确定。

续表：

源字 （欧洲语言和 第一次使用的 时间）	词义	词源	其他欧洲语言	评论
chatim （葡萄牙语， 1552 年）	哲地，从事 贸易的种姓	马拉雅拉姆语， chetti	chatins （法语，1553 年） chitini （意大利语，1566 年） chettijns （荷兰语，1596 年）	
chatinar （葡萄牙语， 1552 年）	贸易，来自 chatim 一词			在现代葡萄牙语， 它意为以低廉价格 出售小东西。
chay, choy, chaya（意大利 语，约 1566 年）	印度植物的 根茎，可生 产红色染料	泰米尔语，says	saia（英语，1598 年） zage（荷兰语，1672 年）	
chito （葡萄牙语， 1563 年）	信或函件	孔卡尼语，citthi		英语中用于账单的 "chit"常常在东方 使用。
coles （葡萄牙语， 1563 年）	被雇佣的仆 人或苦力	古吉拉特语和马 拉地语，kolī	colles （荷兰语，1596 年） colles （英语，1598 年）	
copra （葡萄牙语， 1563 年）	用于炼油的 干椰子肉	马拉雅拉姆语， koppara；印地语， khopā；古吉拉特 语，khoprū	copra （西班牙语，1578 年） chopra （英语，1584 年） copra （荷兰语，1596 年）	
corja （葡萄牙语， 1514 年）	二十个；人 物，民众或 暴民	马拉雅拉姆语， kórchchu；泰卢 固语，khorjam	corge （英语，1605 年）	

续表：

源字（欧洲语言和第一次使用的时间）	词义	词源	其他欧洲语言	评论
datura（葡萄牙语，1563 年）	曼陀罗（thorn apple）	梵文，dhattūra	datyro（西班牙语，1578 年）datura（拉丁语，约 1580 年）deutroa（荷兰语，1596 年）deutroa（英语，1598 年）	
durian（拉丁语，1444 年）	东南亚带香味的水果	马来语，duriyan	duriões（葡萄牙语，1552 年）durion（西班牙语，1585 年）durian（英语和法语，1588 年）	
eme（荷兰语，约 1598 年）	鸸鹋（emeu），食火鸡（cassowary），东南亚的一种鸟	爪哇语，eme	emeu（法语，1598 年）eme（德语，约 1598 年）	比较 *Asia*，II，Bk. I，95。
fanão（葡萄牙语，1498 年）	长期在印度南部使用的小硬币	梵文，pana 马拉雅拉姆语和泰米尔语，panam	fanone（意大利语，1505 年）fanam（英语，1555 年）panan（法语，1610 年）	第一次提及是在伊本·白图泰（Ibn Batuta）的《旅行》（*Travels*）一书中。
fotoqués（葡萄牙语，1562 年）	日本佛教的神的总称	日语，hotoke（佛）		

续表：

源字 （欧洲语言和 第一次使用的 时间）	词义	词源	其他欧洲语言	评论
gong （葡萄牙语， 1513 年）	钟（bell）	马来语，gǒng	ghong（英语，1673 年）	在现代词典中：法语为 gong；西班牙语为 gongo；荷兰语为 gong；德语为 gong。
gudão （葡萄牙语， 1552 年）	货栈 （warehouse）	马来语，gadong	gudoes （法语，1553 年） godown （英语，1583 年） gottoni （意大利语，1585 年）	它是从英裔意大利人借用到印度和孟加拉的。
guingão （葡萄牙语， 1552 年）	有条纹的 棉布衣服 （gingham cloth）	马来语为 guingong 爪哇语为 ging-gang	guingoes （法语，1553 年） gingani （意大利语，1567 年） gingham （英语，1615 年）	
ingo （葡萄牙语， 1554 年）	药物，阿魏 胶（asafetida）	梵文，hingu 孔卡尼语 - 马拉 地语，hing	ingn （西班牙语，1578 年） hing（英语，1583 年） hin（拉丁语，1631 年）	
jaca （葡萄牙语， 1535 年）	波罗蜜（jack fruit and tree）	马拉雅拉姆语， chakka	jaque（法语，1553 年） iaca（荷兰语，1596 年） jack（英语，1613 年）	14 世纪经由陆路的旅行者曾提及。
jagra, jágara （葡萄牙语， 1510 年）	棕榈糖 （palm sugar）	马来语，chakkara 梵文，śarkarā	jagra （法语，1553 年） jaggery （英语，1583 年） iagra （荷兰语，1596 年）	词源与"糖" （sugar）相同。

续表：

源字 （欧洲语言和 第一次使用的 时间）	词义	词源	其他欧洲语言	评论
jambo （葡萄牙语， 1563 年）	蒲桃 （rose apple）	梵语， jambu	iambos （荷兰语，1596 年） iambos （英语，1598 年）	通常同番石榴 （guava）混淆。
jangada （葡萄牙语， 1504 年）	木筏（通常）	泰米尔语—马 拉雅拉姆语， shangadam	iangada （荷兰语，1596 年） jangada （英语，1598 年）	德尔加多 （Dalgado）， 在《词汇表》 （Glóssario），给出 了葡萄牙语的七种 不同意思。
jogue （葡萄牙语， I498 年）	印度的禁欲 者、瑜珈修 行者	梵文，yogī 印地语，jogī	ioghe （意大利语，1510 年） yoghi（法语，1553 年） yogi（英语，1619 年）	马可·波罗和伊本 ·白图泰都曾提到。
junco, jungo （葡萄牙语， 1510 年）	东方的大船， 通常是中国 的	马来语，djong	iuncum （拉丁语，I549 年） guinco （意大利语，1550 年） junk（英语，1616 年）	
Kris, cris （葡萄牙语， 1552 年）	波状刃短剑	马来语，krīs	kris（英语，1577 年）	现代英语，kris, creese。
laca, lácar （葡萄牙语， 1498 年）	亚洲清漆； 亮漆	印地语， lākh	lacca （意大利语，1510 年） lac（英语，1533 年） lacre（法语，1553 年）	英语中的词汇 lake （红色）和虫漆 （shellac）也是来 自印度语的 lākh.
lantea, lanteia （葡萄牙语， 1569 年）	划艇船 （a rowing vessel）	中文，ling-t'ing （slipper boat）；广 东话，lang-t'eng	lantea （卡斯蒂利亚语，1585 年） lantec （意大利语，1588 年）	词源来自 E. C. Knowlton, Words, p. 51。

续表：

源字 （欧洲语言和 第一次使用的 时间）	词义	词源	其他欧洲语言	评论
lechia，lichia （葡萄牙语， I513 年）	荔枝	中文，li-chi； 马来语，līchi，来 自广东话，lai-chi	litchi （英语，1588 年） lechya （荷兰语，1596 年） laices （拉丁语，1631 年）	
mambu （葡萄牙语， 1563 年）	竹子	卡纳拉语， bambou 马来语，bambu	mambu （西班牙语，1578 年） bambos （英语，1586 年） bambus （荷兰语，1596 年） bambou （法语，1598 年） manbu （拉丁语，1608 年）	
mandarim （葡萄牙语， 1514 年）	亚洲官员的 专业术语	印度和马来语， mantrī	mandarin （法语，1553 年） mandarin （英语，1588 年） mandarijns （荷兰语，1596 年）	通常错误地同"命 令"相联系，同时 视为中国特有。
manga （意大利语， 1510 年）	芒果	马拉雅拉姆语， manga	manga （葡萄牙语，1525 年） mango （英语，1582 年）	
mangelim （葡萄牙语， 1516 年）	印度南部为 珍贵的石头 称重量时的 小砝码	泰卢固语， manjali	mangelim （法语，1553 年） mangelim （英语，1555 年）	现代葡萄牙语词典 给出的意思为 "克拉"（carat）。

续表：

源字 （欧洲语言和第一次使用的时间）	词义	词源	其他欧洲语言	评论
mão （葡萄牙语，1515 年）	西亚和印度长期在使用的重量单位	马拉地语和印地语，mān	maund（英语，1584 年） mao（荷兰语，1596 年）	在数种古代语言中存在不同的名称变种。
manucodiata （法语，约 1525 年）	极乐鸟	马来语，māmeq dēivāta 爪哇语，manuk-devata	maṅucodiata （意大利语，1552 年） manucodiata （英语，1555 年）	布丰（Buffon）称极乐鸟为"辉风鸟"（manucode）。
nababo （葡萄牙语，1600 年）	代理人或总督	印地语，navāb	nabob（英语，1612 年）	
naique （葡萄牙语，I511 年）	土著头领	梵文，nāyaka 印地语，nāyak	naic （意大利语，1565 年） naik（英语，1588 年）	
naire （葡萄牙语，1503 年）	马拉巴尔海岸的占统治地位的种姓	马拉雅拉姆语，nāyar	naeri （意大利语，1510 年） naire（法语，1515 年） naire（拉丁语，1571 年） naire （卡斯蒂利亚语，1578 年） nayre（英语，1582 年）	起初同 naique 相同。
negundo （葡萄牙语，1563 年）	印度灌木，黄荆（Vitex negundo）	孔卡尼语，ningūd 马拉地语，nigūd	negundo （西班牙语，1578 年） negundo （法语，1602 年）	
noira （葡萄牙语，1516 年）	摩鹿加群岛的鸟；英语中是种羽毛美丽的鹦鹉	马来语，nūri	noyra （荷兰语，1598 年）	

续表：

源字 （欧洲语言和 第一次使用的 时间）	词义	词源	其他欧洲语言	评论
ola（葡萄牙语， I511 年）	棕榈叶	马拉雅拉姆语， ōla	ola（荷兰语，1598 年） olla（英语，1622 年）	
pagode （葡萄牙语， 1516 年）	用于三种意思：偶像、供奉偶像的庙宇、印度硬币的名称	不清楚，可能来自梵文，bhagavat；马拉雅拉姆语，pakôti	pagode （法语，1553 年） pagod（英语，1582 年） pagode （荷兰语，1596 年）	英语词汇"pagoda"传播到远东（比较 *varela*）。
palanquim （葡萄牙语， 1535 年）	垃圾盒	泰卢固语， pallakī； 马来语， palañgki	palanquin （法语，1553 年） palanchino （意大利语，1567 年） palanquin （英语，1588 年）	
pandito （葡萄牙语， 1574 年）	学者	梵文， pandita	pandit （法语，1625 年） pundit （英语，1661 年）	
pangaio （葡萄牙语， 1555 年）	小船	孔卡尼语， pangáy	pangara （英语，1591 年） pangaio （荷兰语，1596 年）	
paran, paró, parão （葡萄牙语， 1504 年）	类似于中型艇的用于小型战争或贸易的船只	马来语，parahu 或 parau	parao （意大利语，1510 年） praō （法语，1525 年） parones （拉丁语，1571 年）	

续表：

源字 （欧洲语言和 第一次使用的 时间）	词义	词源	其他欧洲语言	评论
parea （葡萄牙语， 1516 年）	印度南部的 低级种姓， 贱民	泰米尔语， paraiyan	paria （意大利语，约 1550 年） paria （法语，1575 年） paria（英语，1613 年）	
parseo, parse, parsi （葡萄牙语， 1552 年）	移居印度的 波斯人，帕 西人	印地语（Hindi）， parsi	parcees （英语，1616 年）	有可能是印地语从 欧洲语言中采用了 这一名字。
patola （葡萄牙语， 1509 年）	丝绸衣服	卡纳拉语和马 拉雅拉姆语， pattuda	patole（法语，1525 年） patole （意大利语，约 1550 年）	
pucho （葡萄牙语， 1516 年）	芳香的根， 古代人的姜	马来语，pūchuq	pucho（法语，1553 年） puchio （意大利语，约 1563 年） putchuh （英语，1588 年）	对其起源存在争 议。
quimão, queimão （葡萄牙语， 1559 年）	宽大的衣服	日语，kimono	kimono （拉丁语，1585 年） kimone （法语，1588 年）	在耶稣会士的书信 和马菲的著作中找 到。
raja （葡萄牙语， 1553 年）	印度的统治者	梵文，rājā	raja（英语，1555 年） raja （意大利语，1578 年）	伊本·白图泰提到 过。
rota （葡萄牙语， 1552 年）	制作茎的棕 榈干，藤条	马来语，rótan	rota （卡斯蒂利亚语，1578 年） rota（荷兰语，1596 年） rotan（法语，约 1610 年）	英语中"rattan"一 词晚至 1660 年才 出现。

续表：

源字 （欧洲语言和 第一次使用的 时间）	词义	词源	其他欧洲语言	评论
sagu （葡萄牙语， 1552 年）	棕榈的浆粉 （palm starch）	马来语， sagū	çagu（法语，1553 年） sago（英语，1555 年） sagu （意大利语，1550 年）	
samorim （葡萄牙语， 1498 年）	卡利卡特的 统治者	马拉雅拉姆语， sāmūri	samory （意大利语，1510 年） çamorim （法语，1553 年） zamorin （英语，1583 年）	伊本·白图泰提到 过。
sapão （葡萄牙语， 1570 年）	苏木或巴西 木	马来语， sapang	sapon （荷兰语，1596 年） sapon（英语，1598 年）	
sura （葡萄牙语， 1537 年）	棕榈汁或几 种棕榈发酵 的汁液	梵文，surā	sura （西班牙语，1578 年） sura （荷兰语，1596 年） sura（英语，1598 年）	
tabaxer （葡萄牙语， 1563 年）	竹子的糖， 或咸竹	Pers., tabāshīr, 来自梵文， tvakkṣīrā	tabaxir （西班牙语，1578 年） tabixir （拉丁语，1580 年） tabaxiir （英语 1598 年）	
tanga （葡萄牙语， 1513 年）	印度的硬币	马拉地语， tāṅk 印地语， taṅgā	tanga（法语，1553 年） tanga （意大利语，1578 年） tanga（英语，1598 年）	

续表：

源字 （欧洲语言和 第一次使用的 时间）	词义	词源	其他欧洲语言	评论
tanque （葡萄牙语， 1498 年）	容器	古吉拉特—马拉 地语，tãṅki	tanga （意大利语，1510 年） tanque （法语，1553 年） tank（英语，1616 年）	
the （法语，1565 年）	茶	中文（厦门话），ti	拉丁语（1631 年） 英语（1653 年）	参见 Holmes, p. 285。
tona, tone （葡萄牙语， 1504 年）	印度南部小 河道中的帆 船	泰米尔语，tõni	doni（英语，1582 年） tone（荷兰语，1598 年）	现代英语中为 "Dhoney"。
tufão （葡萄牙语， 约 1560 年）	台风			相关讨论参见 p. 533。
varela （葡萄牙语， 1552 年）	佛教的神像 或庙宇	马来语，barhālā	varelle （意大利语，1569 年） varelle（英语，1588 年）	比较 *pagode*。
veniaga（葡萄牙 语，1552 年）	商人	马来语，běmyága		

资料来源：

Alvar, M., *et al. Enciclopedia lingüistica hispánica*. 2 vols. Madrid, 1967.

Arveiller, Raymond. *Contribution á l'étude des termes de voyage en français (1505-1722)*.Paris, 1963.

Barbosa, Jorge Morais. *A língua portuguesa no mundo*. 2d ed., rev. Lisbon, 1969.

Cobarruvais, Don Sebastian de. *Tesoro de la lengua Castellana o Espanola*. Madrid, 1611.

Corominas, J. *Diccionario crítico etimológico de la lengua castellana*. 4 vols. Berne, 1954.

Dalgado, Sebastião Rodolfo. *Glossário Luso-Asiático*. 2 vols. Coimbra, 1919, 1921.

——. *Portuguese Vocables in Asiatic Languages*. Translated into English with notes, additions, and comments by Anthony Xavier Soares (Baroda, 1936). Gaekwad's *Oriental Studies*, edited by B. Bhattacharyya, Vol. LXXIV.

Dauzat, Albert. *Dictionnaire étymologique de la langue française*. Paris, 1949.

Florio, Jolm. *A Worlde of Wordes*. London, 1598.

Fokker, A. A. "Qudques mots espagnols et portugais d'origine orientale, dont l'étymologiene se trouve pas ou est insuffisamment expliqué dans les dictionnaires." *Zeitschrift für romanische Philologie*, XXXVIII (1914), 481-85.

Herculano de Carvalho, J. G. C. "O vocabulário exótico no *Histoire des Indes* (1553)." *Estudos linguísticos*, I (Lisbon, 1964), 9-38.

Hirth, Friedrich. "Fremdwörter aus dem Chinesischen." *Archiv für das Studium der neueren Sprachen und Litteraturen*, LXVII (1882), 197-212.

Holmes, Urban T. "French Words of Chinese Origin." *Language*, X (1935), 280-85.

Knowlton, Edgar C. Jr. "Antão de Proença's *Vocabulario* Tamulico: Lustitano-Indo-Portuguese Elements." *Tamil Culture*, XI (1964), 135-64.

——. *Words of Chinese, Japanese, and Korean Origin in the Romance Languages*. Ann Arbor, Mich.: University Microfilms, 1959.

König, K. "Ueberseeische Wörter im Französischen vom 16-18 Jahrhundert." *Beihefte zur Zeitschrift für romanische Philologie*, No. 91 (Halle, 1939).

Little, William, *et al. The Oxford Universal Dictionary on Historical Principles*. Revised and edited by C. T. Onions. 3d ed. Oxford, 1955.

Littmann, Enno. *Morgenländische Wörter im Deutschen*. 2d ed. Tübingen, 1924.

Loewe, R. "Über einige europäische Wörter exotischer Herkunft." *Zeitschrift für vergleichende Sprachforschung*, LX (1933), 145-84; LXI (1933), 37-136.

Lokotsch, K. *Etymologisches Wörterbuch der europäischen Wörter orientalischen Ursprungs*. Heiddberg, 1927.

Machado, José Pedro. "Lexicologia científica de origem oriental nos *Colóquios dos Simples e Drogas*." *Garcia de Orta*, XI (1963), 755-88.

Michaelis, H. *A New Dictionary of the Portuguese and English Languages*. New York, 1945.

Nicot, Jean. *Thresor de la langue française*. Paris, 1606.

Peixoto da Fonseca, Fernando V. "Vocábulos franceses de origim portuguesa exótica." *Revista de Portugal*, XXXI (1966), 105-8; XXXIII (1968), 115-17.

Post, H. Houwens. "A terminologia portuguesa ou aportuguesada do *Itinerário viagem ou navecacão à India Oriental ou portuguesa* de João Huyghen van Linschoten." *Revista de Portugal*, XXV (1960), 349-61, 454-72.

Rao, G. Subba. *Indian Words in English; A Study in Indo-Birtish Cultural and Linguistic Relations.* Oxford, 1954.

São Luiz, D. Francisco de [Cardinal Saraiva]. *Glossário de vocábulos portuguezes derivados das linguas orientaes e africanas, excepto a Arabe.* Lisbon, 1837.

Scott, Charles P. G. "The Malayan Words in English." *Journal of the American Oriental Society*, XVII (1896),93-144; XVIII (1897),49-124.

Serjeantsen, Mary S. *A History of Foreign Words in English.* 2d ed. London, 1961.

Vermeer, Hans J. " 'Indisch' boy." In *Donum Indogermanicum: Festgabe für Anton Scherer*, pp. 70-81. Edited by Robert Schmitt-Brandt. Heidelberg, 1971.

Yu, Margaret M. S. "Words and Things." *Studies in Linguistics*, XX (1968), 7-36.

Yule, Henry, ana Burnell, A. C. *Hobson-Jobson.* First published in 1886. Rev. ed. By William Crooke (London, 1903). Reprinted at Delhi in 1968.

Zaccaria, Enrico. *L'elemento iberico nella lingua italiana.* Bologna, 1927.

——. *Contributo allo studio degl'iberismi in Itali e della Wechselbeziehung fra le lingue romanze ossia voci e frasi spagnuole e portoghesi nel Sassetti aggiantievi quelle del Carletti e del Magalotti.* Turin, 1905.

注释：

[1] 一些非正统的观点推测，与巴斯克人和高加索人的语言相比，南印度的达罗毗荼语言是幸存者，它是"地中海周围和前亚洲语言（pre-Hamito-Semitic languages）的多词合成的语系……有些延伸到约五六千年前，而没有同近东的广袤地区分开过"（N. Lahovary, *Dravidian Origins and the West* [Bombay, 1963], pp. 1-2)。尽管这一语言的隐性特质曾经存在过，我们不揣测其影响怎么样，也不推测它的对应物。印欧语系，如我们所知，可能对地中海的欧洲语言有影响。

[2] 中文的"丝绸"一词向西通过蒙古，在那里它获得了后缀，类似于 *sir-kek*。另一个向西迁移的类似词可以在中文的 p'i（野鸭）找到，在广东话中演变为 p'at，阿拉伯语为 *batt*，西班牙语为 pato。参见 August Conrady, "Alte westöstliche Kulturwörter," *Berichte über die Verhandlungen der sächsischen Akademie der Wissenschaften zu Leipzig, philologisch-historische Klasse*, (Leipzig 1925), III, 3-19; 以及 E. C. Knowlton, "Words of Chinese, Japanese, and Korean Origin in the Romance Languages," (Ph.D. diss., Stanford University, 1959), pp. 10-14。

[3] 词源是知识性的和无结论的争议的主题。例子可参见 B. Laufer, "The Name China," *T'oung pao,* 2d ser. XIII (1912), 710-26, 在同一卷伯希和（P. Pelliot）的回复参见," L'origine du nom de Chine," pp. 722-742。进一步的讨论参见 Margaret M. S. Yu, "Words and Things," *Studies in Linguistics*, XX (1968), 8-9。"China"，作为国家的名称，在英文中出现约在 1565 年。"Siam"和"Japan"在整个 16 世纪前的欧洲没有使用过。参见 *Asia*, I, 524, 652。"交趾支那"（Cochin-China）（从中文到阿拉伯语再到葡萄牙语），其意思是"中国的东方"，它是在 16 世纪的欧洲词源使用的词，用于指代安南王国和其首都河内。这个词最早出现在欧洲是在坎提诺 1502 年的地图中。参见 L. Aurousseau, "Sur le nom de Cochinchine," *Bulletin de l'École française d'Extrême-Orient* (Hanoi), XXIV (1924),551-79。

[4] 参见 G. S. Rao, *Indian Words in English ...* (Oxford, 1954), pp. 67-69。

[5] 希腊不加区别地把"野蛮的"（barbarian）这个词用于指代所有外国语，因为他们如鸟儿一样喋喋不休，希腊人很难听懂。参见 M. Leroy, *Main Trends in Modern Linguistics* (Berkeley and Los Angeles, 1967), p. 2。

[6] 比较 *Asia*, I, 30-48; 也参见 B. Bischoff, "The Study of Foreign Languages in the Middle Ages," *Speculum*, XXXVI (1961), 214。

[7] 关于在东方的葡萄牙语的讨论参见 S. R. Dalgado and A. X. Soares, *Portuguese Vocables in Asiatic Languages* (Baroda, 1936), 作者的导论。

[8] 耶稣会士的书信在这方面特别有意思。例如，在巴尔塔萨·加戈（Balthazar Gago）手中的沙勿略的信，有时是用卡斯蒂利亚语的方式拼写的葡萄牙语来写信，同时一起使用着拉丁语、意大利语和泰米尔语。进一步的讨论参见 I. Elizalde, *San Francisco Xavier en la literatura española* (Madrid, 1961), p. 42。

[9] 一个早期的亚洲旅行家的例子是来自卡利卡特的哲地，他以他的基督教教名若昂·达·克路士

（D. João da Cruz）而知名。他是卡利卡特的扎莫林（Zamorin）的亲戚，这位年轻的印度人在里斯本的宫廷中待了三年时间（1513—1516 年）。自从他学会了读写葡萄牙语，他必定会向葡萄牙大臣转述他的母语，据推测可能是"马拉巴尔语"（Malabaric）。关于他的职业生涯的进一步详情参见 G. Schurhammer, "Letters of D. João da Cruz ... ," in *Varia*, I, *Anhänge* (Rome and Lisbon, 1965), pp. 57-59。

[10] 马来语是以阿拉伯字母来书写。原件现在存放在葡萄牙国家档案馆（the Torre do Tombo）（Gavetas 15-4-1, 15-15-7, 15-15-27, 15-16-38）。详细内容参见 C. O. Blagden (ed. and trans.), "Two Malay Letters from Ternate in the Moluccas, Written in 1521 and 1522," *Bulletin of the School of Oriental Studies* (London), VI (1930-32), 87-101。

[11] 例如，曼努埃尔国王在科钦的公共机构的纳亚尔人（*nãyar*）曾用"马来语"写信。参见 V. B. Nair, "A Nair Envoy to Portugal," *Indian Antiquary*, LVII (1928), 157-59。

[12] 这个词汇表直到 1838 年才被印出来，但确实被后来的葡萄牙航海家使用，为他们在印度南部的活动做准备。列表参见 E. G. Ravenstein *(ed.), A Journal of the First Voyage of Vasco da Gama, 1497-1499*, Vol, XCIX, "Publications of the Hakluyt Society," O.S. No. 99 (London, 1898), pp. 105-8, and pl. 95。

[13] 皮加费塔著作的研究为数不少。参见 *Asia*, I, 173-76。新近最好的关于其词汇表及与它们相关知识的评论参见 Alessandro Bausani, "The First Italian-Malay Vocabulary by Antonio Pigafetta," *East and West* (Rome), XI (1960), 229-48。

[14] 在赖麦锡的《航海旅行记》（*Delle navigationi et viaggi*）中列表的副本参见 *Asia*, I, facing p. 529。

[15] 转引自 D. B. Quinn and R. A. Skelton (eds.), *The Principall Navigations Voiages and Discoveries of the English Nation* (Cambridge, 1965), p. 813。汇编者也给出了"当我们英国人出现在爪哇时，爪哇的国王或亲王"的列表。关于卡文迪什收集的语言资料参见图 73。

[16] 书名为：*Spraecke ende Woordboeck, inde Maleysche ende Madagaskarsche Talen* (Amsterdam, 1603)。评注参见 K. J. Riemens, "Het spraekende woord-boeck van Fr. de Houtman en de vocabulaire van Noël de Barlaimont," *Het Boek*, VII (1918), 193-96。戈特哈德·阿蒂斯（Gotardus Arthusius [Gotthard Arthus], 1570—1630 年）从豪特曼著作析出 *Dialogues in the English and Malaiane Languages* (London, 1614 年)，由奥古斯塔斯·斯波尔丁（Augustus Spalding）译成英文。也参见 J. C. Mollema (ed.), *De eerste Schipvaart der Hollanders naar Oost-Indië, 1595-97* (The Hague, 1935), pp. 46, 50。现存的最古老的马来语词汇表由中国商人编辑，他们在欧洲人抵达前活跃于马六甲海峡。参见 E. D. Edwards and C. O. Blagden (eds. and trans.), "A Chinese Vocabulary of Malacca Malay Words and Phrases Collected between A.D. 1403 and 1511(?)," *Bulletin of the School of Oriental Studies* (London), VII (1930-32), 715-49。后来的马来语词汇表参见 A. C. Ruyl, *Spieghel van de maleysche taal* (Amsterdam, 1612)，以及 David Haex, *Dictionarivm Malaico-Latinvm et Latino-Malaicvm cum aliis qvamplvrimus quae quarta pagina*

edocebit (Rome, 1621)。

[17] 关于皮加费塔资料来源的进一步详情和有趣的思考参见 C. C. F. M. Le Roux, "Nogmaals Pigafetta's Maleische woorden," *Tijdschrift voor Indische taal-, land- en volkenkunde*, LXXIX (1939), 446-51。

[18] Bausani, *loc. cit.* (n. 13), p. 230.

[19] *Asia*, I, 738-39, 749-50, 754, 776-80; II, 13, 41, 74 n., 188.

[20] *Ibid.*, I, 743, 776. 也参见 O. Nachod, "Die ersten Kenntnisse chinesischer Schriftzeichen im Abendlande," in *Hirth Anniversary Volume* published by *Asia Major* (London), I (1923), 235-73. 汉字出现在埃斯卡兰特和门多萨关于中国的作品中，参见 A. Ortelius, *Theatrum orbis terrarum ...* (Antwerp, 1584), p. 93. 奥提留斯作品中汉字的副本参见 *Asia*, I, after p. 752。

[21] *Asia*, I, 679-80. 也参见图 71。

[22] 关于其 1579 年至 1588 年在澳门和中国的职业生涯参见 P. M. D'Elia, *Storia dell' introduzione del Christianismo in Cina, scritta da Matteo Ricci, S.I.*, (3 vols.; Rome, 1942-49), I, xcvii-ix, 251; 关于他在罗马的出现参见 Angelo Rocca, *Bibliotheca apostolica vaticana a Sisto V in splendidiorem locum translata* (Rome, 1591), pp. 379, 410。也参见图 74。

[23] 例如，在罗马的 8 封日文信和它们的意大利文意思对照文本参见 *Breve ragvaglio dell' isola Giappone* (Bologna, 1585)。

[24] 1585 年，伊托·曼修 (Itō Mancio) 致曼图亚公爵的信的副本参见 *Asia*, I, after p. 656。关于他从果阿（1587 年 12 月 1 日）和澳门（没有日期）写给教皇的信可以参见 Koda Shigetomo. "Itō Mancio's Two Epistles" (in Japanese; see Bibliography), *Shirin*, XVI. No.2 (April. 1931), 81-91. 也参见 Tsuboi Kumazo. "A Letter of Appreciation Presented to the Government of Venice by the Envoy from the Ōtomo, Ōmura, and Arima Clans (daimyōs)" (in Japanese; see Bibliography), *Shigaku-Zasshi*, XII (1901), 616-20; 致伊莫拉（Imola）的信参见 Murakami Naojiro, "A Letter of Appreciation from the Envoys of the Three Clans of Ōtomo, Ōmura, and Arima" (in Japanese; see Bibliography), *ibid.*, pp. 496-98。关于有马（Arima）的大名（daimyō）致红衣主教安东尼奥·卡拉法（Antonio Caraffa, 1538—1591 年）的信参见 Hamada Kosaku, *Chronicle of a Mission to Europe in the Temho Period* (in Japanese; see Bibliography) (Tokyo. 1931), pp. 73, 411-21。

[25] 很可能是送到曼图亚的。参见 Murakami Naojiro. "New Historical Materials concerning an Embassy to Spain and Italy" (in Japanese; see Bibliography), *Shigaku-Zasshi*, XIV (1903), 361。

[26] 应观察到在 1549 年前，除中文外，至少有 10 门亚洲语言在中国被教授，欧洲人知悉这些语言前，中国人已经编辑了马来语和琉球（Liu ch'iu）语词汇表。参见 E. D. Ross. "New Light on the History of the Chinese Oriental College ...," *T'oung pao*, 2d ser. IX (1908), 689-95。

[27] 关于恩里克斯的职业生涯参见 *Asia*, I, 436-39。

[28] 关于铜板的讨论参见 G. Schurhammer. "Some Remarks on Series 4 of the Kerala Society Papers,"

in *Varia*, I, *Anhänge* (Rome and Lisbon. 1965), pp. 51-52。恩里克斯的语法的手稿现存于里斯本国家图书馆。参见 Xavier S. Thani Nayagam. "The First Books Printed in Tamil," *Tamil Culture*, VII (1958), 289。在 1552 年 1 月 27 日的信中，恩里克斯写到了编制泰米尔语—葡萄牙语词典。但是这一著作手稿在已经刊行的著作中都没有找到。参见 X. S. Thani Nayagam, *Antão de Provença's Tamil-Portuguese Dictionary, A.D. 1679* (Kuala Lumpur. 1966). p. 7。

[29] 唯一现存的已知的《识字课本》副本保存在伯利恒人种学博物馆（the Museu Etnológico de Belém）。关于文本的副本和部分的副本参见 Jean Filliozat, *Un catéchisme Tamoul du XVIe siècle en lettres latines* (Pondichéry, 1967)。关于扉页的副本参见 Américo Cortez-Pinto, *Da famosa arte da imprimissão* (Lisbon, 1948), pl. XVII。

[30] A. K. Priolkar, *The Printing Press in India, Its Beginnings and Early Development* (Bombay, 1958), pp. 8-9, 14-17. 可能印度人是唯一帮助制作 1554 年《识字课本》的人。或许他是印度的改宗者，由加斯帕·巴扎乌斯（巴兹，Gaspar Barzaeus [Barzée]）在 1551 年送到里斯本。参见 *Asia*, I, 442。

[31] 现存最早的印度语印刷的副本 1951 年在伦敦被哈佛大学图书馆购得。对此的进一步讨论参见 G. Schurhammer and G. W. Cottrell, "The First Printing in Indic Characters," *Harvard Library Bulletin*, VI (1952), 147-60。1963 年，这本著作，连同 1579 年版的《基督要理》，在杜蒂格林由拉贾马尼克卡姆和泰米尔文学会（R. P. Rajamanickam and the Tamil Literary Society）再版。

[32] 一个副本今天保存在索邦（Sorbonne）神学院图书馆。

[33] 一个副本今天保存在梵蒂冈图书馆。

[34] 那时，他们的来自日本的印刷机可能被带到澳门。参见 Kiichi Matsuda, *The Relations between Portugal and Japan* (Lisbon, 1965), p. 81。

[35] 题名为 "True Account of God," 其历史详见 J. M. Braga, "The Beginnings of Printing at Macao," *Studia*, XII (1963), 33-34。参见图 60。

[36] 耶稣会的档案包括两个完整的中文版《基督要理》副本和一本《摩西十诫》(decalogue) 的副本。参见 Schurhammer and Cottrell, *loc. cit.* (n. 31), p. 159。他们也拥有词汇表的手稿和罗明坚与利玛窦编制的《四书》译本。参见 Braga, *loc. cit.* (n. 35), p. 34。1583 年到 1588 年间编制未刊的词汇表的一页样稿参见图 74。

[37] D'Elia, *op. cit.* (n. 22), I, 251, n. 2.

[38] 参见 Johannes Laures, *Kirishitan Bunko: A Manual of Books and Documents on the Early Christian Missions in Japan* (Tokyo, 1940), pp. 4-5; 也参见 *Asia*, I, 809-10。在澳门出版的第一本拉丁语著作是重印的若昂·博尼法西奥 (Ioão Bonifacio) 关于基督教教育的论文，名为《基督教儿童的教育》(*Christiani pueri institutio*, 澳门，1588 年)，其中一本副本藏于里斯本的阿儒达图书馆（Biblioteca da Ajuda）。其扉页的副本参见 Cortez-Pinto, *op. cit.* (n. 29), p. 395。

[39] 这一稀有著作的副本现存两本：一本是在葡萄牙已故前国王曼努埃尔二世的文集中，另一本是在里斯本的 the Liceu de Passos Manuel。还有一个副本送交埃武拉的大主教特奥托尼

奥·德·布兰干萨，他对在日本的耶稣会的活动感兴趣。最近在埃武拉发现的来自日本的 76 扇屏风中包含了这本著作的大部分日文文字。它的拉丁语全名为：*Catechismus Christianae Fidei, In Quo Veritas nostrae religionis ostenditur et sectae laponeses confutantur, editus a Patre Alexandro Valignano, societatis lesu* (Lisbon, 1586)。

[40] 已知他们的欧洲名字是：Jorge de Loyola 和 Constantino Doyrado。参见 Matsuda, *op. cit.* (n. 34), p. 79。

[41] D. Schilling, "Christliche Druckereien in Japan (1590-1614)," *Gutenberg Jahrbuch*, XV (1940), 361-64.

[42] 29 本书的副本都还存在；可能还有多至 50 种其他的图书出版。关于这些著作的一个简便的组织和学术性的列表参见 *ibid.*, pp. 81-84; 也参见 Braga, *loc. cit.* (n. 35), pp. 116-26。传教士的出版社可能还以日语出版了 26 本著作。参见 Shigetomo Koda, "Notes sur la presse jésuite au Japon ... ," *Monumenta nipponica*, II, (1939), 42-53。关于在日本出版的所有著作的列表最新的说明参见 J. Muller and E. Roth, *Aussereuropäische Druckereien* im 16. *Jahrhundert* (Baden-Baden, 1969), pp. 12-35。

[43] 《基督要理》的副本藏在梵蒂冈图书馆。《洗礼秘传》唯一现存的副本藏在东京天理图书馆。关于后者的日期参见 A. Ebisawa (comp.), *Christianity in Japan. A Bibliography of Japanese and Chinese Sources* (Tokyo, 1960), pp. 6-7。

[44] Laures, *op. cit.* (n. 38), pp. 19, 20n.; 关于大主教的活动参见 *Asia*, I, 676, 692。

[45] *Heike Monogatari, Esopo no Fabulas, Kinkushū* (Amakusa, 1592-93). 讨论参见 Laures, *op. cit.* (n. 38), pp. 21-24。现存的原著副本收藏在大英博物馆。关于扉页的副本参见 Cortez-Pinto, *op. cit.* (n. 29)。

[46] 关于语言问题的文献可谓汗牛充栋。一般性的讨论参见 J. Dahlmann, *Die Sprachkunde und die Missionen, ein Beitrag zur Charakteristik der älteren katholischen Missionsthätigkeit, 1500-1800* (Freiburg-im-Breisgau, 1891); 关于这一问题在日本的情况更为具体的分析参见 J. A. de Freitas and A. R. Gonçálvez Viana, "Subsidios para a bibliographia portugueza, relativa ao estudo da lingua do Japão," *O Instituto*, LI (1904), 762-68; LII (1905), 115-28, 310-20, 437-38, 499-512; 论文参见 Tadao Doi, "Researches in the Japanese Language Made by the Jesuit Missionaries in the XVIth and XVIIth Centuries," *Proceedings of the Imperial Academy of Japan* (Tokyo), XIII (1937),232-36; "Das Sprachstudium der Gesellschaft Jesu in Japan im 16. und 17. Jahrhundert," *Monumenta nipponica*, II (1939), 437-65; and "A Review of the Jesuit Missionaries' Linguistic Studies of the Japanese Language in the 16th and 17th Centuries," in *International Symposium on History of Eastern and Western Cultural Contacts*, 1957 (Tokyo, 1959)。也参阅 C. R. Boxer, "Padre João Rodriguez Tçuzu, S.J., and His Japanese Grammars of 1604 and 1620," in *Miscelânea de filoiogia, literatura e história culturel a memória de Francisco Adolfo Coelho, 1874-1919* (Lisbon, 1950), II, 338-63。

[47] 名为《语法体系》(*De institutione grammatica*)，这本教材是使用拉丁语但同时结合对照给出了葡萄牙语和日语。这本教材的副本 1605 年被送到了罗马（参见 Laures, *op. cit.* [n. 38], p. 24）。可能有人寄给了安杰洛·罗卡，因它现今保存在位于罗马的植物图书馆（Biblioteca Angelica），该名字源于罗卡和他主要的收藏。

[48] 名为《拉丁语、葡萄牙语和日语对照词典》(*Dictionarium Latino Lusitanicum ac Iaponicum ...*, 1595 年）。讨论参见 Laures, *op. cit.* (n. 38), p. 25。这是第一本日语印刷版字典。参见 Boxer, *loc. cit.* (n. 46), p. 349。通常日本人不愿意印刷本土的著作。尽管从 10 世纪印刷术在日本为大家所知，印刷材料还局限于转载佛教徒的魔法。使用中国人的方式开始印书在日本始于 1592 年，耶稣会士的印刷机抵达日本两年后。参见 Muller and Roth, *op. cit.* (n. 42), p. 7。

[49] 日语假名的字音表由 50 个字符组成，被日本人用于表达中日字符的发音。日语的罗马拼音化是由耶稣会士设计的，通过实践令其成为可能。当然，字典以汉字来印刷同时附以假名，在日本是通行的，这令阅读汉字变得更为容易。关于《落叶集》进一步的分析参见 Tadao Doi, "Researches in the Japanese Language" (n. 46), pp. 233-34。也比较图 90。

[50] 通常认为罗德里格斯是编辑者。但土井忠生（Tadao Doi）(*ibid*) 不同意这一看法。认为罗德里格斯的主导角色是基于这样的事实，在范礼安 1591 采访丰臣秀吉（Hideyoshi）时，他是翻译，其后或多或少他成为耶稣会士处理日本官场事务正式的代言人。

[51] 关于罗德里格斯的《日本大词典》的详细分析，以及他运用日语的能力的评价参见 *ibid.*, pp. 235-36。也参见 Boxer, *loc. cit.* (n. 46), pp. 358-61。

[52] 特别参见 J. L. Phelan, "Philippine Linguistics and Spanish Missionaries, 1565-1700," *Mid-America* (Chicago), XXXVII (1955), 154-59。

[53] 该书西班牙语书名为：*Tratado del verdadero Dios y de la Iglesia*。关于木刻的副本参见 L. C. Gutierrez, "Dos grandes bibliotecas del Extreme-Oriente para la Nacional de Madrid," *Gutenberg Jahrbuch*, XXXIV (1959), 123。参见图 62, 63, 64, 67。

[54] 关于该著作和其扉页副本的讨论参见 *ibid.*, pp. 123-25。

[55] 关于语言研究复兴的一般讨论参见 Arno Borst, *Der Turmbau von Babel* (Stuttgart, 1960), III, Pt. I, 1048-50; H. Arens, *Sprachwissenschaft ...* (2d ed.; Freiburg, 1969), pp. 62-65; R. H. Robins, A Short History of Linguistics (London, 1967), pp. 94-103; Louis H. Gray, *Foundations of Language* (New York, 1939), pp. 425-32; J. R. Firth, *The Tongues of Men* (2d ed.; London, 1964), chaps. iv and v; K. O. Apel, *Die Idee der Sprache in der Tradition des Humanismus von Dante bis Vico* (Bonn, 1963), chaps. ii and iii。

[56] *Gen.* 11. 72 种语言是通过列数诺亚的三个儿子的后裔数而得出的，即每个后裔代表一种不同的语言。

[57] 关于讨论参见 G. Levi della Vida, *Ricerche sulla formazione del più antico fondo dei manoscritti orientali della Biblioteca Vaticana* (Vatican City, 1939), pp. 109-15。

[58] 他关于这一主题最著名的著作是 *De vulgari eloquentia* (ca. 1303)。

[59] 但丁关于语言混乱的观点主要依赖于教父作家托马斯·阿奎那提出的综合法。参见 A. Ewert, "Dante's Theory of Language," *Modern Language Review*, XXXV (1940), 358-59。

[60] 参见 S. Segert and K. Beránek, *Orientalisk an der Prager Universität* (2 vols.; Prague, 1967), I, 9-10; 关于阿拉伯语的传播参见 J. Fueck, *Die arabischen Studien in Europa ...* (Leipzig, 1955), p. 50; 以及 Moritz Steinschneider, *Die europäischen Übersetzungen aus dem Arabischen bis Mitte des 17.Jahrhunderts* (Graz, 1956)。

[61] 最近的关于各种语言和方言的主祷文的重要汇编，参见 J. C. Adelung, *Mithridates oder allgemeine Sprachenkunde mit dem Vaterunser als Sprachprobe in beynahe fünfhundert Sprachen und Mundarten* (Berlin, 1806)。

[62] 参见 *Asia*, I, 157-58。

[63] W. Roscoe, *The Life and Pontificate of Leo* X (London, 1827), II. 280-81.

[64] Levi della Vida, *op. cit.* (n. 57), pp. 109-15. 拉特兰会议认真地关注到了由这些书引起的宗教问题。最后它规定，要无一例外地事先审查（也即出版前审查）所有图书。参见 D. H. Wiest, *The Precensorship of Books* (Washington, D.C.,1953), p. 21。

[65] *Asia*, II, Bk. 1, 41.

[66] 关于内布里哈语言学观念的进一步讨论参见 Werner Bahner, *La lingüistica española del Siglo de Oro ...* (Madrid, 1966), pp. 41-47。

[67] 书籍的清单参见 S. da Silva Neto, *História da língua portugêsa* (Rio de Janeiro, 1952), p. 543。

[68] 尤其要比较 J. Morais-Barbosa, *A língua portugêsa no mundo* (2d rev. ed.; Lisbon, 1969), pp.60-65。

[69] 参见 J. P. Machado (ed.), *Duarte Nunes de Leão, Origem da língua portuguesa* (Lisbon, 1945), pp. 55-56. 关于奥利维拉语法的按时间排列的优先权问题参见 H. Cidade, "João de Barros. O que pensa da lingua portuguesa-como a escreve," *Miscêlanea de filologia, literatura e historia cultural a memória de Francisco Adolfo Coelho* (1847-1919) (Lisbon, 1950), II, 282-89。

[70] 关于他的生平参见 *Asia*, I, 190。

[71] 文本参见 *Compilação de varias obras do insigne portuguez Joam de Barros ...* (Lisbon, 1785), pp. 1-67。

[72] 关于沙勿略和巴罗斯如何使用巴罗斯简化的教义问答和指导手册的历史参见 G. Schurhammer and J. Wicki (eds.), *Epistolae S. Francisci Xavierii aliaque eius scripta* (2 vols.; Rome, 1945), I, 94-100。在 16 世纪中期，单单在里斯本就有 36 位研习教师。巴罗斯的追随者，若昂·索亚里斯（João Soares）在 1550 年出版了他的 *Cartinha para ensinar a ler e escrever* (Lisbon)。参见 A. J. Saraiva, *História da cultura em Portugal* (2 vols.; Lisbon, 1955), II,184-86。

[73] 也参见 H. Cidade, *A literatura portuguesa e a expansão ultramarina* (2d ed.; 2 vols.; Coimbra, 1968), I, 284-85。

[74] 到此时约有 7 万名葡萄牙人乘船到东方；约有 1/10 的人返回。参见 Morais-Barbosa, *op. cit.* (n.

68), pp. 75-79。

[75] 吉尔·维森特的自传中包括三位能够讲俚语的黑人奴隶，在一个葡萄牙殖民地的版本中，拼音元素来自苏丹语和班图语。参见 W. Giese, "Notas sôbre a fala dos negros em Lisboa no principio do século XVI," *Revista lusitania*, XXX (1932), 251-57。通常情况下，阅读教师是白黑混血儿，而其他普通人即使也能读和写，仍被视为文盲。参见 Saraiva, *op. cit.* (n. 72), II, 184-86。进一步关于伊比利亚文献中黑人方言的讨论参见 Edmundo de Chasca, "The Phonology of the Speech of the Negroes in Early Spanish Drama," *Hispanic Review*, XIV (1946), 322-39。

[76] L. Stegagno Picchio *(ed.), João de Barros Dialogo em louvor da nossa linguagem ...* (Modena, 1959), p. 81。关于 *chatinar* 参见该章的附录。*Beniaga (Veniaga)* 存在葡萄牙语中很久了，但它在普通的葡萄牙语词典中被列为印度词语，意为"商品"。其他的词则源于阿拉伯语。因为巴罗斯的努力，在《旬年史》中给出了某些亚洲地名的词源，参见 *Asia*, I, 342-43。也比较 Duarte Nunes de Leão, *Origem da língua portuguesa* (1601)，他给出了一些来自印度的词语的例子："catle, cabaia, lascarim, chatim, de que fizemos chatinar, vaniaga, corja .... "。参见 Machado (ed.), *op. cit.* (n. 69), p. 239，主编的评论参见第 112-113 页。

[77] 关于拉丁世界的希腊语和希伯来文问题的进一步讨论参见 L. Kukenheim, *Contributions à l'histoire de la grammaire grecque, latine et hebraique à l'époque de la Renaissance* (Leyden, 1951), pp. 1, 7-10, 88-95。也参见 Arens, *op. cit.* (n. 55), p. 64。

[78] Borst, *op. cit.* (n. 55), III, 1108-10.

[79] *Dialogo delle lingue e dialogo rettorica. Con introduzione di Giuseppe de Robertis* (Lanciano, 1912), pp. 72-73。进一步的评论参见 P. O. Kristeller, *Studies in Renaissance Thought and Letters* (Rome, 1956). pp. 489-90。

[80] Theodor Bibliander, *De ratione communi omnium linguarum et literarū commentarius ...* (Zurich, 1548), pp. 5, 58-61。关于普通理论的评论参见 Robert A. Hall, Jr., "Linguistic Theory in the Italian Renaissance," *Language*, XII (1936), 103-4。也参见 Arens, *op. cit.* (n. 55), pp. 71-72。

[81] 后来新教徒作家使用语言的多样性来攻击拉丁教会宣称的普世性。例子参见 Edward Brerewood, *Enquiries Touching the Diversity of Languages and Religions throughout the Chief Parts of the World* (London, 1614)。

[82] 关于其语言研究的评价参见 Paul Colomiès, *Gallia orientalis* (Hamburg, 1655), pp. 59-66; G. Dugat, *Histoire des orientalistes de l'Europe du XIIᵉ atl XIXᵉ siècle* (Paris, 1868), pp. xvi-xviii; Theodor Benfey, *Geschichte der Sprachwissenschaft und orientalischen Philologie in Deutschland ...* (Munich, 1869), pp. 225-26。关于波斯特尔的语言研究同其整个思想的关系，参见 William J. Bouwsma, *Concordia Mundi: The Career and Thought of Guillaume Postel* (Cambridge, Mass., 1957), pp. 7, 104-6。关于他的肖像参见图 68。

[83] J. Marquès-Rivière, *Amulettes, talismans et pantacles dans les traditions orientales et*

occidentales (Paris, 1950), pp. 306-7.

[84] 参见 Bischoff, *loc. cit.* (n. 6), p. 213。

[85] 甚至 16 世纪前, 埃塞俄比亚人都被称为 "印度人"。为埃塞俄比亚香客所建造的到罗马去的招待之所被称为 "印度人的圣斯提芬诺" (S. Stefano degli Indiani)。关于其历史参见 Renato Lefevre, "Appunti sull'ospizio di S. Stefano degli Indiani nel Cinquecento," *Studi romani*, XV(1967), 16-33。

[86] *Chaldaica grammatica antehac a nemine attentata sed iam primum per Seb. Munsterum conscripta et edita...*(Basel, 1527), pp. 14-18; 关于明斯特著作的历史参见 K. H. Burmeister, *Sebastian Münster: Versuch eines biographischen Gesamtbilder* (Basel, 1963), pp. 48-49; T. Ambrogio, *Introductio in chaldaicam linguam....* (Pavia, 1539), pp. 203$^\text{v}$-204$^\text{r}$。安布罗基奥知悉 "印度语" 不是 "迦勒底语", 是从出席拉特兰会议的叙利亚教士那里获悉的。在他后来同波特肯的争论中, 他宣布了 "印度语" (埃塞俄比亚语) 的独立性。之后, 他用 "迦勒底语" 来作为叙利亚语的代名词。参见 E. Nestle, "Aus einem sprachwissenschaftlichen Werk von 1539," *Zeitschrift der deutschen morgenländischen Gesllschaft*, LVIII (1904), 602-3。也参见关于 Teseo Ambrogio degli Albonesi (under Albonesi) 的论文, 刊于 *Dizionario biografica degli italiani*。

[87] 例子参见 Claude Duret, *Thresor de l'histoire des langues de cest universe...*(Yverdon, 1619), pp. 580-86。

[88] 参见原书第二卷, 第 512 页, 关于塞尔维尼的讨论。

[89] 例子参见 W. Deecke, "Ueber das indische Alphabet in seinem Zusammenhang mit den übrigen südsemitischen Alphabeten," *Zeitschrift der deutschen morgenländischen Gesellschaft*, XXXI (1877), 598-612。

[90] *Libro...nel quale s'nsegna a'scrivere ogni sorti lettera, antica, et moderna, di qualunque natione, con le sue regole, et misure, et essempi: et con un breve, et util discorso de la cifre* (Rome, 1540). 这本流行和有影响的著作, 在 1543 年、1545 年和 1547 年增补再版。相关的评论参见 James Wardrop, "*Civis Romanus sum*, Giovanbattista Palatino and His Circle," *Signature*, N.S., XIV (1952), pp. 15-16。

[91] 关于字符示例参见 David Diringer, *The Alphabet* ... (New York, 1948), 以及其著作 *Writing* (The Hague, 1962)。也参见 I. J. Gelb, *A Study of Writing: The Foundatiotns of Grammatology* (Chicago, 1952), chap. v.

[92] 该手稿的第 275-276 页上, "意大利的旅行" (Voyage d'Italie) 是 "一些知识渊博的法国人在 1574 年至 1578 年间" 完成的 (*A Catalogue of the Lansdowne Manuscripts in the British Museum with Indexes of Persons, Places, and Matters* [London, 1819], p. 163)。

[93] P. Paschini, "Un cardinale editore: Marcello Cervini," in *Miscellanea...in memoria di Luigi Ferrari* (Florence, 1952), pp. 384-85。

[94] G. Tiraboschi. *Storia della letteratura italiana* (9 vols. in 20; Florence, 1805-13), VII. Pt. 1, 205.

[95] Eugène Müntz, *La bibliothèque du Vatican au XVIe siècle: Notes et documents* (Paris, 1886), pp. 81, 86. 第一卷（第 3967 号）完成于 1550 年；另外两卷（第 3968 和 3969 号）在尤利乌斯三世（1550—1555 年担任教皇）期间完成。

[96] 比较 *Asia*, I, 116-17。

[97] 关于鲁阿诺，参见 James Wardrop, "The Vatican Scriptors: Documents for Ruano and Cresci," *Signature*, N.S., V (1948), pp. 4-11. 关于其著作的讨论参见 R. Bertieri, "Un disegnatore dicaratteri italiano del XVI secolo, poco noto," *Gutenberg Jahrbuch*, XV (1940), 63-70.

[98] 参见 Max Müller, *Johann Albrecht von Widmanstetter, 1506-1557: Sein Leben und Werken* (Bamberg, 1908), pp. 66-80. 可能他是从波斯特尔那里听说这样的"日语字母表"，后者在 1554 年间造访过维也纳。

[99] O. Braunsberger (ed.), *Beati Petri Canisii... epistulae et acta* (5 vols.; Freiburg, 1923), I, 450.

[100] 参见该章附录 *champão* 条目。

[101] 参见 Levi della Vida, *op. cit.* (n. 57), pp. 140-45。

[102] 塞尔维尼经常同安杰洛·克罗奇（Angelo Colocci）通信，后者是位西班牙人文主义者。

[103] 参见 *Asia*, I, 410, n. 532。

[104] 伯纳德懂葡萄牙语，并略懂拉丁语和意大利语。参见 *ibid.*, p. 673。

[105] 参见 "A Discourse on the Diversity of Letters ...," in *Hakluyt Posthumus, or Purchas His Pilgrimes* ... (Glasgow, 1905), Vol. I, chap. xvii; Paul Cornelius, *Languages in Seventeenth- and Early Eighteenth-Century Imaginary Voyages* (Geneva. 1965), chaps. i and ii; 以及 Madeleine V. David, *Le débat sur les écritures et l'hiéroglyphe aux XVIIe et XVIIIe siècles* ...(Paris, 1965), chap. ii.

[106] E. Marcucci (ed.), *Lettere edite e inedite di Filippo Sassetli* (Florence, 1855), p. 239. 也参见 *Asia*. I, 475-77。

[107] G. E. Saltini. "Della stamperia orientale medicea ...," *Giornale storieo degli archivi toscani*, IV (1860), 239. 塞尔维尼的文件在其去世之后转交到家人手中。在 18 世纪，佛罗伦萨的公共档案馆获得了这些材料。现在它们被分为六卷，题为 "Mss. Cerviniani"。参见 L. Dorez. "Recherches et documents sur la bibliothèque du Cardinal Sirleto," *Mélanges d'arehéologie et d'histoire*, XI (1891), 460-61。

[108] Marcucci (ed.), *op. cit.* (n. 106), p. 408.

[109] 比较原书第二卷，第 497 页。皮特罗·保罗·罗西（Pietro Paolo Rossi）是罗马耶稣会修道院的神父，1590 年 7 月 14 日致信佛罗伦萨的耶稣会学院院长，宣布罗明坚（Ruggiero）已经抵达，指出他带来了中国法衣和超过 24 本的中文图书。参见 D'Elia, *op. cit.* (n. 22), I, 250。

[110] 关于主祷文在这一点上的一般性评论参见 Adelung, *op. cit.* (n. 61), pp.646-48。

[111] Rocca, *op. cit.* (n. 22), pp. 365-76. 另请比较原书第二卷，第 234 页。

[112] 一般性的分析参见 George J. Metcalf, "The Views of Konrad Gesner on Language," *Studies in Germanic Language and Literatures in Memory of Fred O. Nolte* (St. Louis, 1963), pp. 15-26。也参见 Henry M. Hoenigswald, "Linguistics in the Sixteenth Century," *Library Chronicle*, XX(1954), 1-4。

[113] *Mithridates. De differentiis linguarum tum veterum tum quae hodie apud diversas nationes in toto orbe terrarum in usu sunt, Conradi Gesneri Tigurini observationes. Anno MDLV. Tiburi excudebat Froschouerus.*, pp. 6-9.

[114] *Ibid.*, p. 56.

[115] *Ibid.*, pp. 68-71. 关于米奇和他的影响参见 Bohdan Baranowski, *Znajomość wschodu w dawnej Polsce do XVIII wieku (Knowledge of the Orient in Poland before the Eighteenth Century)* (Lodz, 1950), pp. 25-27。

[116] *Mithridates Gesneri, exprimens differentias linguarum, tum veterum, tum quae hodie, per totum terrarum orbem, in usu sunt*, pp. 88, 92, 97.

[117] *Complutensian polyglot*, 1514-1517, 出版了希腊语、希伯来文、拉丁语和迦勒底语版本；*Psalterium*, 1516, 出版了阿拉伯语、迦勒底语、希腊语、希伯来文和拉丁语版本；*Antwerp polyglot*, 1569-72, 出版了迦勒底语、希腊语、希伯来文、拉丁语和叙利亚语版本。

[118] Arens, *op. cit.* (n. 55), p. 64.

[119] H. Pedersen, *Linguistic Science in the Nineteenth Century: Methods and Results* (Cambridge, Mass., 1931), p. 6; 也参见 Leroy, *op. cit.* (n. 5), pp. 7-8。

[120] 他把瓦尔塔马和马可·波罗的著作翻译成了德文，参见其 *Hodeporicon Indiae Orientalis* (Leipzig, 1608), 及其 *Chorographia Tartariae* (Leipzig, 1610)。

[121] 书的全名为: *Thesaurus polyglottus: vel, dictionarium multilingue: ex quadringentis circitur tam veteris, quam novi (vel potius antiquis incogniti) orbis nationum linguis, dialectis, idiomatibus, et idiotism is, constans* (Frankfurt, 1603). 讨论参见 R. C. Alston *et al.*, "The Earliest Dictionary of the Known Languages of the World," *Newberry Library Bulletin*, VI (1966), 211-15。另参见图 75 的样本。

[122] 欧洲人说"马拉巴尔"意指马拉雅拉姆语和泰米尔语；"Kanarese"通常是孔卡尼语（Konkani）的误写；"Badaga"是泰卢固语和"印度斯坦语"，甚至适用于马拉地语；"Bracmana"或"Bracmanum"并非必然意指梵文，因为有时它是果阿语、孔卡尼语和马拉地语。关于这些语言标签的进一步讨论参见 L. Cardon and H. Hosten, "Early Jesuit Printing in India ... ," *Journal of the Asiatic Society of Bengal*, IX (1913), 150.

[123] 瓦尔塔马，是其可能的来源，写作"Tamarani"。

[124] 参见 *Asia*, I, 194-95, 以及原书第二卷，第 434-435 页，关于翻译和采用奥尔塔著作的讨论。

[125] 关于神秘学技术和解释的例证参见 J. L. Blau, *The Christian Interpretation of the Cabala in the Renaissance* (New York, 1944), pp.56-60。

[126] 参见 Bouwsma, *op. cit.* (n. 82), pp. 104-6。

[127] *Des merveilles du monde*, 1, 4ʳ, 50ʳ, 82ᵛ, 84ʳ, 92ᵛ.

[128] 参见 Arens, *op. cit.* (n. 55), pp. 71-72; Pedersen, *op. cit.* (n. 55), pp. 16-17; Gray, *op. cit.* (n. 55), p. 38。吉普赛人语言可能源自印度西北的部落。

[129] 参阅原书第二卷，第 216 页和第 536 页。

[130] 实际上它的意思为"提炼"或"抛光"。

[131] Ital. sei = Skt. ṣas; sette = sapta; otto = aṣta; nove = nava.

[132] 关于他对梵文的意见参见 Marcucci (ed.), *op. cit.* (n. 106), pp. 45, 251, 283, 408, 415-16。这些言论是针对伯纳多·达尔扎蒂（Bernardo Davanzati, 1529—1606 年）和皮埃尔·韦托（Pier Vettori, 1499—1585 年）的。讨论参见 Benfey, *op. cit.* (n. 82), pp. 222-23; Borst, *op. cit.* (n. 55), III, Pt. I, 1180-81; Arens, *op. cit.* (n. 55), p. 73; 以及 G. Bonfante, "Ideas on the Kinship of the European Languages from 1200 to 1800," *Journal of World History*, I (1953), 686-87。

[133] 关于这本书和他的其他活动的评述参见 D. Métral, *Blaise de Vigenère, archéologue et critique d'art (1523-1596)* (Paris, 1939), pp. 57-59。关于他对基督教教徒秘术家的立场参见 F. Secret, *Les kabbalistes chrétiens de la Renaissance* (Paris, 1965), chap. vii。他的肖像参见图 69。

[134] 关于维热内尔的贡献参见 David Kahn, *The Codebreakers: The Story of Secret Writing* (New York, 1967), pp. 145-47。

[135] 可能是爱德蒙·奥格（Edmond Auger, 1530—1591 年）提醒他注意耶稣会士的书信以及 1584 年至 1586 年到日本的传教士团体（*Traicté*, p. 323ʳ），奥格是亨利三世国王的耶稣会神父，图尔农、图卢兹和里昂的院长。奥格是马菲第一本书的译者。参见 *Asia*, I, 324。

[136] *Traicté des chiffres*, p. 3ᵛ, 10ᵛ, 11ʳ.

[137] 关于 16 世纪的密码和密码术可以参见 Charles Carter, *The Western European Powers, 1500-1700* (Ithaca, N.Y., 1971), chap. vi。

[138] 希腊语的象形文字（*hieroglyphika*）的字面意思是"神圣的雕刻的字母"，并揭示了希腊人的信仰，认为象形文字主要是为宗教目的，尤其是不朽寺庙和陵墓上的铭文。因此，中文的"象形文字"可能也被认为是一种只有它的信徒能够认识的宗教语言。参见 *Traicté des chiffres*, pp. 323ʳ-323ᵛ。

[139] 比较 A. Chastel, "Notes sur le sphinx à la Renaissance," in *Archivio di filosofia, umanesimo e simbolismo* (padua, 1958), pp. 179-82。

[140] *Traicté des chiffres*, p. 325ᵛ.

[141] 比较英国地理学家约翰·迪在其《象形文字与元素》（*Monas hieroglyphica*, 安特卫普, 1564 年）中的评论："如果我们的象形文字单子（*Monad*）中第 21 个猜想对 *Voarchadumicus*（关注名称的神秘规律的人）表示满意，并为他提供了一个猜想的对象，他承认，为了哲思，他不需要前往印度或美洲的居民之地去游历。"参见 C. H. Josten, "A Translation of John Deeś 'Monas Hieraglyphica' (Antwerp, 1564)," *Ambix*, XII (1964), 137。

[142] *Traicté des chiffres*, p. 327ʳ.

[143] *Thresor de l'histoire des langues de cest univers* (Cologne, 1613), pp. 913-15. 其中包括 47 个平假名用和用汉字写的从 1 至 10、1000、100000，及 1000000 的数字。参见图 76。这些字符很可能最初由日语书写，后被欧洲印刷师出版。这些更简单的字符如数字和平假名，被相当准确地重印；该许可证的更加复杂和优雅的字符很少准确地重印过。对于这个意见，我要感谢我的同事埃德温·麦克莱伦（Edwin McClellan）。

[144] *Ibid.*, pp. 917-20. 也参见 *Asia*, I, 680；另参见图 78。

[145] 一本伟大的珍稀十二开本的图书，已知现仅存 6 本副本。根据扉页，伊丽莎白女王授权白来德独享十五年的特权"使用这一字符"来教学或印刷。评论参见 G. C. Keynes, *Dr. Timothie Bright, 1550-1615: A Survey of His Life, with a Bibliography of His Writings* (London, 1962), p. 15。样本页参见图 79。

[146] 也有人批评白来德的系统要求"如此多的理解和记忆，以致很少普通人能够因此而获得知识"。参见 Edmond Willis, *An Abbreviation of Writing by Character* (London, 1618) 的"致读者的前言"。

[147] 特别参见 Francesco Giuletti, *Storia delle seritture veloa (dall' antichita ad oggi)* (Florence, 1968), pp. 59, 311-13。

[148] E. H. Butler, *The Story of British Shorthand* (London, 1951), pp. 11-12.

[149] 1911 年，贝利斯（W. J. Bayliss）以这种方式写出了他的《垂直式速记法》（*Perpendicular Shorthand*）。参见同上。

[150] 加戈关于语言的信首次出版于 1570 年。参见 *Asia*, I, 680, 806-7。

[151] 建议来自 Robins, *op. cit.* (n. 55), p. 117，他显然没有意识到白来德已经注意到他对中文和日语的兴趣。

[152] 维尔茨堡的加斯帕尔·斯科特（Gaspar Schott）和伟大的能讲多种语言的耶稣会士阿塔纳修斯·基歇尔（Anathasius Kircher），都在寻求使用中文字符发明世界语的途径。参见 John Wilkins, *Essay toward a Real Character* (London, 1668)。

[153] Borst, *op. cit.* (n. 55). III. Pt. 1, 1119.

[154] 参见 *Asia*, I, chap. iv, and pp. 314-31，进一步的讨论参见这些作家及其著作。

[155] 比较 Leo Spitzer, *Linguistics and Literary History: Essays in Stylistics* (Princeton, 1948), p. 8。

[156] L. Febvre and H. J. Martin, *L' apparition du livre* (Paris, 1958), p. 477.

[157] Guy de Tervarent, "Un humaniste: Piero Valeriano," *Journal des Savants*, 1967, pp. 164-68.

[158] D. S. Radojičič, "Die ersten Serbischen Druckereien," *Gutenberg Jahrbuch*, XV (1940), 248-54.

[159] C. Frede. *La prima traduzione italiana del Corano...*(Naples, 1967), pp. 32-33.

[160] 例如纪尧姆·勒·贝（Guillaume Le Bé）是加拉蒙（Garamond）在罗马的学生之一，1545 年作为希伯来文字体的铸字师在威尼斯工作。参见 A. F. Johnson, *Periods of Typography: The Italian Sixteenth Century* (London, 1926), pp. 24-25。

[161] H. Brown, *The Venetian Printing Press*... (London, 1896). pp. 104-107.

[162] 参见原书第二卷，第 495 页及图 91。

[163] 参见 *Asia*, I, 680。

[164] 参见原书第二卷，第 497 页。

[165] 参见 Johnson, *op. cit.* (n. 160), p. 12。

[166] 参见 Saltini, *loc. cit.* (n. 107), especially pp. 235-39, 260-62, 267, 301, and 304。

[167] Rocca, *op. cit.* (n. 22), p. 8. 关于西克斯图斯五世招待日本代表团，参见 *Asia*, I, 698。

[168] Rocca, *op. cit.* (n. 22), pp. 341, 362-63, 376, 379,410. 另参见原书第二卷，第 515 页。

[169] 参见 Book IX of A. Possevino, *Biblioteca selecta qua agitur de ratione studiorum* (Rome, 1593)。

[170] D'Elia, *op. cit.* (n. 22), I, 43 n. 1.

[171] 在 1595 年教皇克莱门特八世规定，在日本的耶稣会出版社可以不用提交果阿宗教裁判所审查就可以出版。参见 Muller and Roth, *op. cit.* (n. 42), p. 9.

[172] 他在 1513 年至 1559 年在他的《世界历史》（威尼斯，1573 年）中这样记录。他的关于马来语的评论可以在第 125ʳ-125ᵛ 页找到。

[173] P. 204.

[174] 应该想到在欧洲出版的"印度语"的字母实际上是埃塞俄比亚字母。参见原书第二卷，第 510 页。

[175] 史蒂文斯也注意到他们有其自己的字母。关于这一引用的拉丁原文参见 Georg Schurhammer, "Der Marathidichter Thomas Stephens, S.I. Neue Dokumente," in L. Szilas (ed.), *Orientalia* (Lisbon, 1963), pp. 385-86. 史蒂文斯后来赞美马拉地语的美丽："像鹅卵石中间的宝石，像蓝宝石中间的珠宝，那是著名的马拉地语。" 援引自 H. G. Rawlinson, "India in European Literature and Thought," in G. T. Garratt (ed.), *The Legacy of India* (Oxford, 1962), p. 27.

[176] 参见原书第二卷，第 514 页。

[177] 参见 *Asia*, I, 776。

[178] G. L. d' Anania, *L'universale fabrica del mondo* (Venice, 1576), p. 235.

[179] G. P. Maffei, *Historiarum Indicarum libri XVI* (Venice, 1589), p. 95ʳ. 请注意此处"官话"的意思不同于其公职人员的"官话"，表明亚洲语言对欧洲人来说发展出不同的含义。

[180] G. A. Corazzini (ed.), *Diario fiorentino di Agostino Lapini* (Florence, 1900), under 1585.

[181] 参见 *Asia*, I, 704。

[182] *Ibid.*, p. 714。

[183] *Ibid.*, pp. 806-7.

[184] 参见 J. W. Bennett, *The Rediscovery of Sir John Mandeville* (New York, 1954), pp. 65-66。

[185] 参见 Émile Pons, "Les langues imaginaires dans Le voyage utopique, un précurseur: Thomas More," *Revue de littérature comparée*, X (1930), 589-607.

[186] 通常认为希斯罗德是位葡萄牙人航海家，莫尔关于印度的情报提供者，参见 G. B. Parks,

"More's Utopia and Geography," *Journal of English and Germanic Philology*, XXXVIII (1938), 224; 以及 J. D. M. Derrett, "Thomas More and Joseph the Indian," *Journal of the Royal Asiatic Society*, April, 1962, pp. 18-19。

[187] 参见结论部分，J. D. M. Derrett in "The Utopian Alphabet," *Moreana*, XII (1966), p.62。

[188] 原书第二卷，第 510 页。

[189] 原书第二卷，第 496 页。

[190] 参见原书第二卷，第 493 页和图 98。

[191] 关于 1500 年欧洲文献中提到的地名的列表参见 Ivar Hallberg, *L'Extrême Orient dans la littérature et la cartographie de l'Occident des XIIIᵉ, XIVᵉ et XVᵉ siècles* (Göteborg, 1906)。

[192] 关于阿里奥斯托，参见原书第二卷，第 205-207 页。 拉伯雷把作为当时时尚的象形文字标志和寓言痛骂为"野蛮的"，他仍然是一个狂热的关于外国名称和术语的业余收藏家。事实上，他可能是第一位使用"异国情调"这个词来形容亚洲商品的作家（"异国情调的商品" [marchandises exotiques]）（参见原书第二卷，第 264 页）。评论参见 G. Bandmann, "Das Exotische in der europäischen Kunst," in *Der Mensch und die Künste: Festschrift Heinrich Lützeler* (Düsseldorf, 1962), p. 337 n. 2。

[193]《卢济塔尼亚人之歌》提到的地理名称参见 A. C. Borges de Figueiredo, *A geographia dos Lusíadas de Luis de Camoẽs* (Lisbon, 1883), pp. 55-61; 关于亚洲的植物群参见 Conde de Ficalho, *Flora dos Lusíadas* (Lisbon, 1880), 以 及 R. Machado, *A flora da India nos Lusíadas* (Lisbon, 1947)。

[194] 关于进一步的讨论参见原书第二卷，第 219-223 页。门多萨写道，"黄帝（Vitey）是第一位把王国减少至一个政府的人……"。参见 G. T. Staunton (ed.), The *Historie of the great and mightie Kingdome of China...*, "Hakluyt Society Publications," O.S. Nos. 14-15 (2 vols.; London, 1853-1854), I, 69-70。

[195] 有关许多地理学术语含义的变化，参见 François de Dainville, *La géographie des Humanistes* (Paris, 1940), pp. 161-63。

[196] 例如"犀牛"（rhinoceros）在葡萄牙语中常被称作为 Ganda(Skt. ganda) 或 *Abada*（马来语）；西班牙语为 *Abada*。参见该章的附录。

[197] "种姓"一词是由葡萄牙人发明的，用于指代印度社会阶层出身。它来源于拉丁语 casta，形容"纯洁的"意思，在葡萄牙语中成为了一个阴性名词，意指"纯洁的人"。参见 D. Enrico Zaccaria, *Contributo allo studio degl'iberismi in Italia...*(Turin, 1905). pp. 28-30。1555 年，它第一次在英语中使用，在 16 世纪通常被拼写为"cast"。

[198] 基于 H. and R. Kahane, "Two Nautical Terms of Greek Origin: *Typhoon* and *Galley*," in *Etymologica: Walther von Wartburg zum siebzigsten Geburtstag...*(Tübingen, 1958), pp. 417-28。

[199] 一个应该做的类似的词源研究的单词是"婆罗门"（Brahman）。显然是起源于梵文，希腊人早在公元前 4 世纪就在使用该词。在中世纪它被拼写成"Brachman"或"Bragman"保留

下来。16 世纪葡萄牙作家写它经常没有 "c"。在 16 世纪取得的喻义是任何国家 "高种姓" 的人，一如在当代称 "波士顿婆罗门"。事实上，很多这类词汇在古代已为欧洲所知，在中世纪保留下来，然后在 16 世纪给予新的关注，或改变了意思。一些最重要的如："糖"、"糖果"、"米"、"香樟树"、"麝香"、"蛋白石" 和 "凉鞋"。关于这类研究的优秀的著作参见 Alan S. C. Ross, *Ginger: A Loan-Word Study* (Oxford, 1952)。他提出 "生姜" 一词源自印度中部的形式——古印度语 *Singabera*，巴利语称为 *singivera*，它通过希腊语和拉丁语传入欧洲方言。关于这些词汇的比喻意思的使用，另参见 Rao, *op. cit.* (n. 4), pp.67-68。

[200] 参见 P. A. Robin, *Animal Lore in English Literature* (London, 1936), p. 155。

[201] 可能是经帕鲁丹努斯指点，林斯乔坦在 1596 年写道："葡萄牙人把这种鸟叫作 passaros de Sol，即 Fowle of the Sunne，意大利人称它为 Manucodiatas，拉丁语学者称它为 Paradiseas，我们（荷兰人）称为极乐鸟。" A. C. Burnell and P. A. Tiele (eds.), *The Voyage of John Huyghen van Linschoten to the East Indies*, "Hakluyt Society Publications," O.S. Nos. 70-71 (2 vols.; London, 1885), I, 307。

[202] Dainville, *op. cit.* (n. 195), p. 162.

[203] *Ibid.*, pp. 162-63.

[204] 参见 *Asia*, II, Bk. I, 199。

[205] 关于对借用特别语言的词汇的抵制参见 E. Sapir, *Language* (New York, 1921), pp. 108-10。

[206] 关于进一步的讨论参见词典编纂巨著的导论部分 S. R. Dalgado, *Glossário luso-asiático* (2 vols.; Coimbra, 1919, 1921)。

[207] 参见 R. Lapesa, *Historia de la lengua española* (6th ed.; Madrid, 1965), p. 199。

[208] M. Alvar *et al.*, *Enciclopedia lingüística híspanìca* (2 vols.; Madrid, 1967), II, 250. 也参见 A. A. Fokker, "Quelques mots espagnols et portugais d'origine orientale, dont l'étymologie ne se trouve pas ou est insuffisamment expliquée dans les dictionnaires," *Zeitschrift für romanische Philologie*, XXXIV (1910), 560-68; XXXVIII (1914),481-85。

[209] 参见 E. Zaccaria, *op. cit.* (n. 197), especially pp. 28-30, 71, 141；另参见同一作者的著作，*L'elemento iberico nella lingua italiana* (Bologna, 1927)。关于新的词汇进入到意大利语的一般性研究参见 Bruno Migliorini, *The Italian Language* (New York, 1966), pp. 253, 256。

[210] Marcucci (ed.), *op. cit.* (n. 106), pp. 147, 231, 229, 304-05。

[211] 参 见 J. G. C. Herculano de Carvalho, "O vocabulário exótico na *Histoire des Indes* (1553)," *Biblos*, XXVII (1951), 397-98。关于卡斯塔涅达参见 *Asia*, I, 187-90。

[212] 数字分析来源于 R. Arveiller, *Contribution à l'étude des termes de voyage en français* (1505-1722) (Paris, 1963); F. V. Peixoto da Fonseca, "Vocábulos franceses de origem portuguesa exótica," *Revista de Portugal*, XXXI (1966),105-8; XXXIII (1968), 115-17; E. C. Knowlton, *op. cit.* (n. 2); and Urban T. Holmes, "French Words of Chinese Origin," *Language*, X (1934), 280-85。

[213] 参见 *Asia*, I, 161-64。

[214] *Ibid.*, pp. 209-12.

[215] *Ibid.*, p. 212.

[216] 数字来自 Rao, *op. cit.* (n. 4), especially pp. 107-34；另参见 John Florio, *A Worlde of Wordes*… (London, 1598), pp. 60, 75, 176, 195, 216。关于德语词汇参见 Enno Littmann, *Morgenländische Wörter im Deutschen*…(2 d ed.; Tübingen, 1924), pp. 117-36; and Karl Lokotsch, *Etymologisches Wörterbuch der europäischen…Wörter orientalischen Ursprungs* (Heidelberg, 1927)。关于荷兰语的借用参见 H. H. Post, "A terminologia portuguesa ou aportuguesada do *Itinerario*…de…Linschoten," *Revista de Portugal*, XXV (1960), 349-61, 454-72。

[217] 关于奥尔塔使用的科学术语的列表汇编参见 J. P. Machado, "Lexicologia cientffica de origem oriental nos *Colóquios dos Simples e Drogas*," in special commemorative number of the periodical *Garcia de Orta*, XI (1963), 755-88。

[218] 比较 *Asia*, I, 165。

[219] 参见 A. Meillet and M. Cohen, *Les langues du monde* (Paris, 1924), pp. 6-7。

[220] Knowlton, *op. cit.* (n. 2), p. 53，计算出借用了 65 个中文词和 128 个日语词，它们被引介到拉丁语系的语言，大多成为葡萄牙语。他的名单中包括一些常见的地名（Kuang-tung［广东］> Cantão）和众多的政治行政术语。他没有考虑这些词汇是否已成为固定的语言——而只是注意到它们在某些实例中的记录。

[221] 关于 17 世纪最好的一般性讨论参见 Cornelius, *op. cit.*(n. 105), chaps. i, ii, and iv。

第十二章 结语

556　　欧洲世界在熟悉且不受干扰的模式下，经历了 16 世纪的转型。其间，观察家产生了一种轻度休克、警惕的迷恋和深深的惊奇的感觉。文艺复兴时期的一些人专注于基督教的分裂和新的国家机构的组织，如同他们对古典复兴的兴趣，而对于新出现在遮蔽东方的帷幕上的裂痕似乎仍浑然不觉。但是，社会各界和所有国家的个体和群体都了解到，他们世界的边限正在被拓宽和发生根本性的变化，最终预示着欧洲的未来。正如所有的历史时期那样，总有些人坚持认为，社会的资源和能源应指向直接的、紧迫的问题，而不是浪费在遥远的不可预测价值和结果的冒险上。这种对海外探险的拒斥和被动激发起了好奇和冒险精神。例如，意大利医生和"精妙"之学的研究者吉罗拉莫·卡尔达诺（Girolamo Cardano）在他的自传中怒吼："噢，知识分子因缺少谦恭而导致傲慢自大，令人缺少好奇之心！"

　　在那些"有好奇之心"的人当中，对于东方发现的回应是不一致的。伊比利亚人，无论是负责实际事务的人或是文人，都倾向于更多地关注扩张的成本，而不是其更宽泛的艺术或智力的影响。意大利人和法国人，可能是因为他们没有直接参与在东方的探险和征服，对于来自被发现的亚洲高级文明的显而易见的挑战，他们的反应无疑是比较缓慢和抽象的。不参与，加之意大利和法国的文艺复兴时期的整合和老于世故，令这两个国家对来自东方的新闻显得更加淡定。对他们的艺术家、知识分子、政治家来说，当务之急是欧洲问题，这就造成他们对东方的反应一时滞后。但是，一旦经过考证、评估这些事实和开始投身其间，对于发现东方对欧洲文明的意义，意大利人和法国人的反应比其他人更敏锐。德国人和荷兰人，虽然最初渴望直接参与海外航行，但1530年后他们的注意力被迫转向因新教改革所产生的国内问题。直到16世纪最后十五年，他们和他们的英国教友们都没有正式地参与向东方的扩张。新教徒对发现的重大意义的评估，也就无法同天主教国家发现的问题相媲美。

16世纪所有的欧洲人都继承了大发现前关于东方的描绘，那是一个神秘的地方，而时间和空间又为迷雾所遮蔽。广大民众所知道的仍是中世纪的传统，保存着亚历山大的浪漫、百科全书、宇宙学、布道书、动物寓言集（bestiaries），他们继续把亚洲视为富有之地，居住着陌生的人，操练神秘而神奇的艺术，擅长大量的未知和异国情调的工艺品，过着值得仿效的生活。与世隔绝的亚洲艺术、技术和思想在1500年前已经迁移到欧洲，但他们的来源通常难以确认；在16世纪，艺术图案、工具、设备和数学思想是从亚洲的原型中借用来的，有时只是半意识的。大多数的欧洲人无法区分伊斯兰东方和亚洲其他地区。因此，奥斯曼帝国对中欧攻击的恐惧与日俱增，伴随着来自遥远的东方的陌生和高深莫测的思想入侵的焦虑和不安；许多作家把葡萄牙人与在印度的穆斯林的战争，同打击敌对的土耳其人的不屈不挠的斗争相联系。因此，对于在欧洲所有不同地区的民众来说，东方是伊斯兰敌人、神话般的人民、神奇的艺术、卓越的工艺、品德高尚的国王和大规模军队的家园。

香料、金属和其他便携式产品的直接输入，首次向欧洲人展示了一个真实的亚洲。从海外世界带来的"奇异"的收藏品，由许多欧洲的主要统治者、主教、商人、学者所搜集。对于这些"无语的材料"的思考，引起了有关的讨论，启发了对产生它们的文明的思考。艺术家和工匠，尤其对亚洲的新奇玩意感兴趣，就像丢勒对墨西哥土著阿兹特克人的"雌驼龙"（subtle *ingenia*）那样，他们很快就对它们中的许多事物给予了自然主义的描写。随着欧洲人对早已知晓的亚洲动物、珠宝、木材越来越熟悉，它们获得了新的符号属性。在雕刻和绘画中，亚洲本身具有代表性，其中东方的产品、植物和动物则是异国符号的代表。在亚洲产品或艺术模型的基础上，装饰图案、设备和模式定期加入到欧洲装饰品的词汇表中以及许多艺术形式的装饰功能上。

558　　　　随着在亚洲的探险、贸易、战争和传播福音，葡萄牙人也开始历史上第一次以更和平的方式进入到欧洲的知识界。这一运动的开展缺少系统性，但对海外扩张却很有效。通过其官方代表团觐见教皇、国王致信邻国君主，以及政府和贸易使团，葡萄牙把对亚洲征服的消息带到了西班牙、意大利、法国和荷兰。里斯本和安特卫普的商业企业提供了葡萄牙在亚洲的集市上成功的进一步的具体证据。帝国个别的使者，特别是达米奥·德·戈伊斯，通过口述新闻和印刷品把其带给欧洲的知识分子。葡萄牙与耶稣会的密切联系也促成了耶稣会传教士为各地的基督教民众所熟知。来自其他国家的前往里斯本的旅行者和特使以自己的方式扮演着"活的文学作品"。当1580年葡萄牙开始由菲利普二世统治时，其与欧洲其他国家的官方关系一般都转到了西班牙手中。尽管如此，1584—1586年，日本使团出使欧洲，令葡萄牙和在日本的耶稣会士获得戏剧性的成功，欧洲的宗教事业在最偏远的地方繁荣发展起来。

　　在葡萄牙生产的视觉材料，特别是海外世界地图，传达给其他欧洲国家一个关于葡萄牙在东方成就的更永久的记录。有关葡萄牙海外扩张方面的文学作品开始大批出现是在16世纪中叶香料垄断被打破之后。葡萄牙语作品整部或部分被翻译成意大利语和其他方言，而这些以及改编自它们的东西开始在书摊和交易会上广泛出售。现存的皇室、教皇和私人图书馆的目录表明，关于近来大发现的相当数量的书籍在西班牙、英国和德国的每一个欧洲国家都有收藏。欧洲天主教国家收紧审查的结果是出版了更大量的没有争议的文献，包括近来海外的发现和征服方面的材料。然而，在欧洲新教国家，约翰·曼德维尔爵士和马可·波罗关于亚洲描述的书籍既是通俗读物又是知名描述，仍倍受青睐。

　　除了马可·波罗和曼德维尔的书籍，大发现前时代的"旧亚洲"也存在于说教的印度寓言的收藏家那里。从博亚尔多（Boiardo）到洛佩·德·维迦的浪漫史作家也保留了东方的传统，其背景是虚构出来的英雄侠义事迹。通过仔细研究他们使用的亚洲地名和外国参考书目的个性化的拼写，清晰地表明，浪漫

史作家——特别是拉伯雷和巴拉奥纳·达·索塔（Barahona de Sota）——借助
最新的制图学和可用的文学材料使他们的游历适应现代的需要。结果，16 世纪
末东方的浪漫史的恋情和法国的感伤小说变得少了许多的梦幻与怪异，而是更
富人性化。事实上，受浪漫史吸引的普通读者往往无法区分哪些是虚构的游记，
哪些又是真实的游记。

559

制图师、宇宙志学者、诗人和语言学家的"新世界"，最早把托勒密和他
们的追随者所不知道的海外世界的所有地区都纳入进来。最近发现的亚洲地
区——尤其是东南亚岛屿、日本和太平洋岛屿，除美洲外，被包括到明斯特的
权威定义当中。只是在 16 世纪下半叶，某些观察家开始确定新的世界只适用
于美洲——可能是因为一些制图师和宇宙志学者已从耶稣会的信件和其他来源
认识到，亚洲的岛屿同美洲相去甚远，它们的地理和历史同亚洲大陆的联系比
原来想象得更加密切。尽管如此，法国诗人把"新世界"视为一个理想的整体，
未受污染的当地人过着崇高和高尚的生活，让人联想到"黄金时代"，完全免于
遭受欧洲人的倍受摧残的生活。对于语言学家而言，因为他们开始按照地域来
划分世界语言，这有助于继续把"新亚洲"视为"新世界"的组成部分。

对于知识分子来说，日本和其高度发达的文明的发现是一个重大事件。托
勒密和其他古人不知道美洲不足为奇，但他们对日本的无知注定绝不可原谅。
从欧洲的角度来看，文明的日本——即使它很快被确认为马可·波罗提到的"日
本国"（Zipangu）——在原始的美洲之后被发现。1543 年实际被发现后，欧
洲人逐步通过日本宗教人物中的耶稣会士和其先进的文化对其有所认识。纪尧
姆·波斯特尔是第一位试图通过把佛教确定为原始基督教的形式之一，以及通
过颂扬日本人为道德典范和亚洲各国人民的最优秀的民族，进而把日本纳入欧
亚文明之中的人。欧洲人一旦意识到日本是中华世界的一部分，中国则开始分
享曾经给予日本的赞誉。1583 年后中国文明的渗透，加之随后在日本的基督徒
遭到迫害，中国受到了欧洲的知识分子的密切关注。作为亚洲发展的部分结果，
最初给予日本的赞美之词在 16 世纪的最后二十年转移给了中国。

从知识分子的角度来看，16 世纪的发现按时间顺序经历了从世界上最原始
的地区到最文明的地区的变化。再加上欧洲对亚洲的成见，结果，关于非西方

文明对欧洲自身文明构成的挑战，欧洲各国的文献和学科的回应就显得很迟缓。16 世纪上半叶开始的各种形式的回应是在小范围内进行的，制图学和航海术也许是例外。尽管在宇宙学中记载了最新的发现，但一般并不质疑古代的权威。随着亚洲的场景逐渐演化为浪漫史的题材，奇特的地名和文字被引入到各国流行的诗歌和散文当中。但亚洲的文学符号，诸如出现在装饰和设计上的艺术符号，主要激发了欧洲通过海外征服获得的成就、冒险和荣耀。实际上，这些文学和艺术的符号标志着对征服者的无声的称赞和他们在偏远地区的业绩，但是出于自身利益的考虑，他们对亚洲兴趣并不大。也因为一直存在这样一种担忧，即财富和生命会因只追求贸易和荣耀而被损耗，欧洲人很长时间过后才认识到他们自身有些根本性的东西需要向亚洲学习。

只是到了 16 世纪下半叶，新文学的科目、形式和策略的发展才反映出它们对已经打开的世界地图的知识是多么匮乏。葡萄牙的海上悲剧和围攻的胜利直接引发了帝国建设者需要面对的问题。世俗的戏剧、散文片段和思辨性的文学，都在讨论基督徒给予美洲和亚洲的异教徒的道德治疗问题。在英格兰，普坦汉姆（Puttenham）诗的模式和白来德的速记实验可能是受到亚洲模式的启发，至少它们的作者是这样认为。当然如果作者对发现的历史没有兴趣，对通往印度之路缺少个人经历，卡蒙斯就不可能写成《卢济塔尼亚人之歌》。

亚洲的发现对于历史的定义、理论和组织有显著的影响。戈伊斯和奥索里奥撰写的葡萄牙历史，经戈拉特（Goulart）普及，几乎完全是在构想对亚洲的征服，这可能是唯一一部把对海外的扩张作为主题的民族史。菲利普兼并了葡萄牙后，胡安·德·马里亚纳（Juan de Mariana）在写作基本的西班牙史时，感到不得不把对亚洲的征服纳入西班牙的历史，何塞·德·阿科斯塔把其加入到了西班牙对美洲征服的历史。编年史的编纂者——弗兰克（Franck）、乔维奥和德·图（De Thou）——逐渐把关于亚洲的事件纳入到当代世界历史之中。其他的编年史——尤其是巴罗斯和卡斯塔涅达的——扩大了纪事条目，涉及把发现纳入叙事的章节，由此生成了一种历史话语的纪事叙事形式。西班牙人和葡萄牙人——奥维耶多、克路士和门多萨——创立了人种史学，描述海外地区或国家的地理、历史、资源和目前的状况。马菲和古兹曼记述了耶稣会在亚洲的活动，是传教士历史题材的起源。继博丹之后，一些历史学家试图自觉检查东方的发现对于历史思想和历史文明的意义。在这个过程中，他们很快就意识到欧洲传统的历史理论的不足之处。他们开始认识到，历史从今以后应该是世界意义上的历史，旨在研究具有普遍影响的问题，旨在理解文明史的动机和运作。

在历史上，如同在其他形式的文学作品中一样，亚洲常常被提升至一个道德模范的高度。莫尔的《乌托邦》可能把印度视为其场所。中世纪说教故事把印度的统治者抬高到接近圣人的水平；16世纪晚期的作家，可能是为了逃避被指责为异端，在许多被基督教化和欧化的印度神话故事中——Barlaam（佛）被封圣了！出于尊重流行的观点，世俗的恋情同样被基督教化和道德化。在印度的葡萄牙人和传教士的失败导致了欧洲人越来越强烈地感受到，印度人固执、不够明智和不道德。日本被发现后，在波斯特尔、让·梅瑟（Jean Macer）和许多耶稣会士的著作中，日本开始取代印度成为亚洲的典范。16世纪末，特别是1585年门多萨的吹捧和流行的人种史学出版后，"伟大和强大的中国王朝"成为一个现世道德的首要典范。阿里瓦贝内在《伟大的黄帝》一书中称赞其早期的统治者为模范君主，他的传奇散文是基于门多萨和马菲的著作。对博特罗而言，中国的繁荣与和平最可以说明统治者的富有远见与人民的勤劳。蒙田（Montaigne）和沙浪对东方社会的观察支持了他们关于存在普遍道德戒律的观点。

亚洲的产品、有关其国家和人民的著作以及新地图有助于给欧洲的艺术、浪漫史和史诗引入一种新现实主义。拉斐尔作品中的大象和丢勒作品中的犀牛，两者都是建立在对被带到欧洲的活生生的动物的观察基础上的，它们第一次以自然主义手法呈现在画家笔下，成为饰品和设计的组成部分，有时还被形式化了。亚洲植物群和动物群以形象而忠实的描绘出现在卡蒙斯和杜·巴塔斯（Du Bartas）诗意的描述中，同时还以博物学的绘画出现在关于草药和动物的书籍中。新地图和海运航线的讨论把现实主义带入到了阿里奥斯托、巴拉奥纳、巴塔斯和马洛（Marlowe）的诗歌中。在英国作家——曼德维尔、莫尔、拉斯特尔（Rastell）和马洛——的创作中，存在着一种对真正的有潜力和有成就的环球航行的迷恋，这让他们的作品有别于欧洲大陆文人的作品。在地图上同样

561

如此，生动的肖像展示着亚洲动物和发明物，如帆船和"双桅风车"；在时装画册中，亚洲人身着本土装束。在他们的文学和各项目的艺术作品描绘中，它们通过具体实例或通过文学描述，让欧洲人在整个 16 世纪变得更加自然、客观和真实。

562

欧洲和亚洲的产品之间的比较和对比隐含在早期的奇珍异宝、旅行汇编、宇宙志和草药的收藏中。随着时间的推移，它们变得富有自我意识和更加明晰。在早期的百科全书式的宇宙志和地图集中，所有关于亚洲的信息都被纳入进来，而没有对传统和新知识加以区分：在 16 世纪结束之前，新知识来源显得最为重要，例如，对托勒密地图而言，它们只是历史地图集而非同时代地图集的基础。在亚洲的传教士，尤其是范礼安和伏若望，开始自觉进行比较，他们甚至列出亚洲和欧洲的社会和文化习俗的不同点。不久，欧洲的艺术家和作家纷纷效仿。中国瓷器和漆器以及印度和中国纺织品，陷入了遭人嫉妒的比较之中，也引起了仿制品的制造。在不断扩大的世界中，无限的品种和多样性促使路易·德·罗伊（Louis Le Roy）、博丹和蒙田明确地标识出自己的传统、制度和价值观同亚洲的差异。在一个更具体的层面上，托雷利（Torelli）比较了欧洲和印度的爵位，阿里瓦贝内对比了中国的理想君主和同时代欧洲的统治者。在文学手法上，亚洲人奇怪的做法和风俗习惯给英国的华丽文体的书写人提供了素材，他们争先恐后炮制文学的对比和对照。在诸多关于亚洲和欧洲的比较当中，欧洲的社会和文化习俗总是不如亚洲。

明确的比较所隐含的包容和客观，反映了欧洲人对自我理解的完整性和全面性的日益不安。即使在通俗文学中——达纳尼亚的宇宙志或者布歇（Bouchet）的《闲话集》（Les Serées）——作家们都表现出对多样性的包容，以及在所有证据出现前搁置判断。在学问的各个领域，除了神学，它们对从海外带来的新知识并无不共戴天的敌意。艺术家、地理学家、植物学家和文人，尽管常常多疑和谨慎，但在把新的信息带入他们的创作中以及客观和实事求是地加以处理之时，并没有遇到非同小可的困难。包容在某些情况下是可能的，因为旧的传统、艺术形式或文学体裁可随时进行调整，以适应新知识而不用做根本性的变化。在这种情况下，亚洲的发现虽然丰富却不会威胁传统的认识。

　　在欧洲，对固有观点和学科的基本修正已经到来，只是进程缓慢。早期的艺术家、收藏家和文人认识到，来自亚洲的自然和艺术作品是不寻常的，值得密切关注、思考和模仿。航海家和商人的报道，亚洲人制作的令人钦佩的帆船、地图、航海图和书籍，同欧洲并无关系。虽然亚洲的宗教，最初被视为迷信仪式或魔鬼所为，但是欧洲人被迫逐步认识到，印度、缅甸和日本的寺院庙宇，他们集体的献祭展示了本土迷信的复杂性和活力。波斯特尔和其他人在原始基督教中寻找佛教的起源和其他组织化的亚洲宗教，他们相信在巴别塔疏散前存在普遍的宗教。亚洲的宗教建筑、仪式和信仰的目的，通常被视为是为了展现同基督教类似物的关系。少数最早的评论家也在亚历山大大帝的征服中寻求印度文明的起源。一些人文主义者只是把古代的定义扩大到将亚洲囊括进去，从而努力让古老的东方文明适应他们的历史模式。

563

　　这样的策略并未能满足知识分子的好奇心，他们都相信亚洲的真实性和独立，并认为有责任毫不避讳地回应它们对欧洲的传统知识的挑战。对古代绝对正确的日益不安，以及一个无所不在的恐惧是，欧洲宗教上的分裂将无法承受土耳其人的入侵，这有助于产生自我重估的想法。所有的报告都清楚地显示，日本和中国享有的文明在某些方面优于欧洲自身。印刷和排版造书，一个欧洲最值得骄傲的成就，却在中国已经发展了数个世纪。人们认为，所有的亚洲人都拥有自己的数学和天文学传统，借此来设计复杂的历法。印度人，尽管他们落后且顽固无知，但曾长期使用金属来配制药物，这一观念对欧洲来说也是新的。爪哇人、印度人、中国人和日本人对世界和地区的轮廓有自己的看法，他们把地理草图放置在地球仪、航海图和地图上。亚洲表意语言保留了一种古老的字符，它们也是日常口语交际和文学生产的现代工具。即便没有希腊圣贤、希伯来书中的十诫或登山宝训，亚洲的社会也享有一个有序的民间生活，享有法制，物质丰富，只是唯独缺少基督教的神圣礼物。

　　并非所有的欧洲知识分子对这样的结论都做出了积极反应。对那些人而言，亚洲意味着很多不同的事情。对某些人，它证明在非基督教社会有可能存在高级文明。对另外一些人来说，亚洲不同地区的历史支持了他们的地理环境决定论或进化论。对博特罗来说，中国城市是一个城市集群的典范。作为一个群体，

16世纪末的日本和中国的崇拜者似乎预见到18世纪对中国哲学的偏好。他们有时不加批判地给予日本和中国好评，有时又给予印第安人蔑称，这当然是源自葡萄牙的历史、伟大的旅行文集、百科全书式的宇宙志和耶稣会士的书信函。18世纪的"中国热"，也应该注意，是基于相似、往往同样有失偏颇的来源。不管欧洲人对亚洲的看法如何，显而易见的是，艺术家、科学家、学者和文人群体的代表愿意承认，欧洲有许多需要从亚洲的经验中学习和从在那里发现的社会中借鉴的东西，虽然有时不乏勉强。

与这些认可相联系，改变开始发生。艺术家、工匠、机械师、造船业主尝试和模仿亚洲的技术：制造瓷器、设计纺织品、漆器、双桅风车、映射规则（mapping conventions）、烟花爆竹以及药物配制。作为对亚洲经验的回应，欧洲创建了通俗文学的新类型：海上悲剧、围攻戏剧、旅行文集和地理地图集。现实主义的元素被添加到浪漫史、感伤的小说和史诗中。文体发生最根本改变的是历史学。其关于人类的起源和分期的理论的前提受到质疑、有时被修正。新的历史体裁——人种史学、编年叙事和文明史——得以尝试，历史话语的旧形式扩大到尽可能地把海外世界包括进来。

一批关于发现和亚洲的新词汇引入到欧洲语言后，动摇了欧洲语言研究的基础，拓宽了比较语言学的基础，并导致了语言分组的改革。越理解表意字符，对语言学理论提出的问题越众多，可能加快了现代速记和罗马拼音化技术的发展。亚洲的植物同亚洲的语言一样，不得不顺应变化。欧洲植物学家，同语言学家一样，因新进口的东西而需要开始重构他们的学科。狄奥斯科里季斯的权威手册经测试与新知识存在矛盾，发现了其不足。奥尔塔和阿科斯塔基于他们在印度的观察而配制的草药迅速成为关于外国植物和药物的重要文本。在16世纪结束前，欧洲植物学家带来了新的植物世界的描述，将这些描绘加以汇编，并根据自然的亲缘关系开始进行分类。

受影响最严重的学科当属地理学，和其结盟的学科是宇宙学、航海术和制图学。欧洲将宇宙学、地理学和历史学越来越多的学科从宇宙学中分离出来，而各自成为一体。航海家发现了新的恒星以及新的岛屿和陌生的居民。一批新的数据大量涌入，以及与这些学科相关和不相关的其他发展，迫使各学科更加

564

严格地定义他们的专长，并重新审视他们所继承的规则和方法。这一过程中，天文学家本身越来越多地专门绘制天空，而地理学则着眼于地球。地理学家也不得不全面调整他们关于海洋和陆地关系的看法，同时试图调和新的、不断变化的地图与传统的托勒密地图。地理学的业务脱离了宇宙学而转向制图学，这门科学旨在准确及精确地确定地理位置、范围和方向，并在地球仪或平面上描绘它。与其他任何发现相较，从马可·波罗到林斯乔坦对亚洲的发现削弱了托勒密的权威，为16世纪的制图革命做出了贡献。地理学作为新兴学科，得到政府、教会和商业的赞助，给社会的各个层面带来了新的世界图景。与新地图相关联的是，欧洲同亚洲和世界其他地区空间关系的看法得到修正。对物理特性的更好的理解有助于产生专注于地理环境决定论和文化相对论的著作，这在博丹、博特罗和沙浪的著作中表现得尤为明显，许多次要的著作也如此。

565

影响欧洲对自身和世界看法的最根本的和普遍的变化，可以在文化相对论的新形式的发展中找到。在整个文艺复兴时期，欧洲人把他们的成就与古代人做了比较和对照。用赞美的颂歌，有时是纯粹的修辞，来看待古人的卓越造诣，这种线性或时间上的相对论的结束至少要等到1540年。亚洲对欧洲思想界的开放有助于产生一种新的相对论，既包括纵向的也包括横向的，或者是时间的和空间的。到16世纪末，亚洲文明被认定为比得上同时代的欧洲，它作为一个连续的历史，可以追溯到古代。中国人，尤其被公认为在艺术和手工艺、社会和文化组织以及历史的延续性方面具有卓越的造诣。承认中国是个既古老又现代的造诣很高的现代文明，有助于产生一种越来越强烈的信念，加之基于大量其他的资料来源，从而认识到，古代西方优越论过于简单且不再完全被接受。中国，同希腊和罗马一样，是古老智慧的源泉；此外，不同于西方帝国，在整个有记载的历史中，中国保持了它的语言和文明的完整性。

这种新的相对论可能是起源于曾在亚洲实际工作过的欧洲人。历史上首次有如此之多的欧洲人在亚洲居住，并提供第一手和相对定期的活动和事件报告。在印度，葡萄牙人开创了一种社会折中方法，即资助葡萄牙人和低种姓的本地妇女结婚。这种结合出生的后代，虽然经常因是印度人和欧洲人的混血而稍有自尊，而生活将见证他们被内部同化的可能性。随后高级种姓，甚至基督徒圣托马斯，拒绝接受拉丁基督教，导致了欧洲商人和管理者，以及传教士对印度教文化的贬斥。16世纪末，耶稣会士到阿克巴（Akkar）访问之前，他们对种姓制度、道德和印度人的宗教的谴责是刻薄的。在印度南部传教的失败，外加在非洲的些许成功，致使范礼安和其他人把皮肤黝黑的本地人指责为智力低人一等，而这些人对于提供给他们的基督教真理并不欣赏，也不准备接受。

566

　　在东亚，文化敌视政策发生了逆转。基督教在日本的成功，使耶稣会士颂扬肤色较浅的亚洲人和他们的文明，这是效仿了沙勿略早期的言论，他评价日本人是"被发现的人当中最好的"。在日本的耶稣会的领导者，特别是范礼安和伏若望，不鼓励传教活动教条僵化，而是逐渐开始提出除了基督教信仰之外的文化和社会的全面调和政策。提倡与当地的风俗、传统、制度和世俗的思想相互融合，对传教士来说，这更容易令当地人皈依，更得人心。在进入中国时，利玛窦同样遵循调和政策，或许思想更超前，因他理解中国文化而敬仰之。在欧洲，许多艺术家、文人和学者普遍接受了传教士对中国和日本的赞誉并相互传颂。虽然只有数个学科借助于来自海外的新知识，发生了结构性变化，但是，除基督教神学外，欧洲的智力活动的所有分支没有一成不变的。16世纪以对欧洲世俗理想、观念、制度和艺术的超强信心开始，以质疑它们的优越性和持久性结束。

参考文献

General Bibliography

This catalog of works consulted attempts to be comprehensive but makes no pretense at being exhaustive. The listings are of two types: (1) general, which includes books and articles useful for background or for the analysis of problems and ideas common to more than a single chapter; (2) separate bibliographies of books and articles for each chapter. The only exception to the "Chapter Bibliography" scheme is the division of the Germanic Literatures (Chap. VIII) into two separate listings entitled "German and Netherlandish Literature" and "English Literature."

No effort has been undertaken to separate primary from secondary materials. A few entries appear under "General Bibliography" which were inadvertently omitted from the earlier books of this series and which should have been included, and a number which are generally relevant to the series but were published after the appearance of my earlier books. Certain titles appear in more than one of the chapter bibliographies. Chinese and Japanese titles are given in characters, transliteration, and translation.

BOOKS

Ainslie, Whitelaw. *Materia Indica; or, some Account of those Articles which are Employed by the Hindoos and other Eastern Nations in their Medicine, Arts and Agriculture; Comprising also Formulae, with Practical Observations, Names of Diseases in Various Eastern Languages, and a Copious List of Oriental Books immediately connected with General Science, etc.* 2 vols. London, 1826.

Albuquerque, Luis G. M. de. *Introdução a história dos descobrimentos.* Coimbra, 1962.

Alexandrowicz, C. H. *An Introduction to the History of the Law of Nations in the East Indies.* Oxford, 1967.

Allemagne, Henri d'. *Les cartes à jouer du 14me au 20me siècle.* 2 vols. Paris, 1906.

Allen, Don Cameron. *The Legend of Noah: Renaissance Rationalism in Art, Science and Letters.* Urbana, 1949.

——. *Doubt's Boundless Sea: Skepticism and Faith in the Renaissance.* Baltimore, 1964.

——. *Image and Meaning: Metaphoric Traditions in Renaissance Poetry.* New enlarged ed.Baltimore,

1968.

——. *Mysteriously Meant: The Rediscovery of Pagan Symbolism and Allegorical Interpretation in the Renaissance.* London and Baltimore, 1976.

Allen, J. W. *A History of Political Thought in the Sixteenth Century.* 2d ed. London, 1941.

Allison, C. Fitzsimmons. *The Rise of Moralism.* New York, 1966.

Amaral Abranches, Pinto J.; Okamoto, Yoshitomo; and Bernard, Henri. *La première ambassade du Japon en Europe, 1582-1592.* Tokyo, 1942.

Anselmo, Antonio Joaquim. *Bibliografia das obras impressas em Portugal no século XVI.* Lisbon, 1926.

Arciniegas, German. *Amerigo and the New World.* New York, 1955.

Avenir, Tchemerzine. *Bibliographie d'ouvrages sur les sciences et les arts édités aux XVe et XVIe siècles.* Courbevoie, 1933.

Baglione, G. B. *Le vite de' pittori, scultori, architetti dal pontificato di Gregorio XIII.* Rome, 1640.

Bagrow, Leo, and Skeleton, R. *A History of Cartography.* Cambridge, 1964.

Baião, A., *et al. História da expansão portugueza no mundo.* 3 vols. Lisbon, 1937-40.

Baldensperger, Fernand.... *Études d'histoire littéraire, quatrième série....* Paris, 1939.

Baldensperger, Fernand, and Friedrich, Werner. *Bibliography of Comparative Literature.* Chapel Hill, N. C., 1950.

Balen, W. J. van. *Naar de Indische Wonderwereld met Jan Huyghen van Linschoten.* Amsterdam, 1946.

Baltrusaitais, Jurgis. *Le moyen-âge fantastique.* Paris, 1955.

Banha de Andrade, António Alberto. *Mundos novos do mondo. Panorama da difusão, pela Europa, de notícias dos descobrimentos geográficos portugueses.* 2 vols. Lisbon, 1972.

Baranowski, Bohdan. *Znajmość wschodu w dawnej Polsce do XVIII wieku* (Knowledge of the Orient in Poland before the Eighteenth Century). Lodz, 1950.

Barthold, V. V. *La découverte de l'Asie: Histoire de l'Orientalisme en Europe et en Russie.* Translated from Russian and annotated by B. Nikitine. Paris, 1947.

Basalla, George, ed. *Rise of Modern Science: External or Internal Factors?* Lexington, Mass., 1968.

Bataillon, Marcel. *Études sur le Portugal au temps de l'humanisme.* Coimbra, 1952.

Batiffol, Pierre. *Le Vatican de Paul III à Paul V.* Paris, 1890.

Baudet, Henri. *Paradise on Earth: Some Thoughts on European Images of Non-European Man.* New Haven, 1965.

Bausum, Henry. "Primitivism in English Books of Travel, 1511-1626." Ph. D. diss., University of Chicago, Department of History, 1963.

Beard, Miriam. *A History of the Business Man.* New York, 1938.

Beckmann, Johann. *Litteratur der älteren Reisebeschreibungen.* 2 vols. Göttingen, 1808, 1810.

Belon, Pierre. *Les observations de plusieurs singularitez et choses memorables, trouvées en Grèce, Asie, Judée, Egypte, Arabie, e autres pays estranges*. Paris, 1553.

Bennett, Josephine Waters. *The Rediscovery of Sir John Mandeville*. New York, 1954.

Berges, Wilhelm. *Die Fürstenspiegel des hohen und späten Mittelalters*. Stuttgart, 1952.

Bergier, J. F. *Genèse de l'économie européenne de la Renaissance*. Paris, 1963.

Berlin. Japan-Institut. *Bibliographischer Alt-Japan-Katalog, 1542-1853*. Kyoto, 1940.

Berlin. Verwaltung der staatlichen Schlösser und Gärten. *China und Europa. Chinaverständnis und Chinamode im 17. und 18. Jahrhundert*. Ausstellung vom 16. September bis 11. November 1973 im Schloss Charlottenburg. Berlin, 1973.

Bernal, John D. *Science in History*. 4th ed. 4 vols. London, 1969.

Bernard, Henri. *Les premiers rapports de la culture Européene avec la civilisation japonaise*. Tokyo, 1938.

Biker, Julio ed. *Colleção de tratados e concertos de pazes que o estado da India portugueza fez com os reis e senhores com que teve relações nas partes da Asia e Africa oriental*. 14 vols. Lisbon, 1881-87.

Blau, Joseph L. *The Christian Interpretation of the Cabala in the Renaissance*. New York, 1944.

Boas, George. *Essays on Primitivism and Related Ideas in the Middle Ages*. Baltimore, 1948.

Bodde, Derk. *China's Gifts to the West*. Washington, D. C., 1942.

——. *Chinese Ideas in the West*. Washington, D. C., 1948.

Bolgar, Robert R. *The Classical Heritage and Its Beneficiaries*. London, 1954.

Bolte, Johannes, and Mackensen, Lutz. *Handwörterbuch des deutschen Märchens*. 2 vols. Berlin and Leipzig, 1930-33, 1934-40.

Boncompagni, Francesco L. *Le prime due ambasciate dei Giapponesi a Roma (1585-1615). Con nuovi documenti*. Rome, 1903.

Borst, Arno. *Der Turmbau von Babel: Geschichte der Meinungen über Ursprung und Vielfalt der Sprachen und Völker*. 4 vols. Stuttgart, 1957-63.

Boscaro, Adriana. *Sixteenth-Century European Printed Works on the First Japanese Mission to Europe: A Descriptive Bibliography*. Leyden, 1973.

Boulnois, Luce. *The Silk Road*. Translated from the French. London, 1966.

Bouwsma, William J. *Concordia Mundi: The Career and Thought of Guillaume Postel*. Cambridge, Mass., 1957.

Bowie, Theodore, *et al*. *East-West in Art: Patterns of Cultural and Aesthetic Relationships*. Bloomington, Ind., 1966.

Boxer, Charles R. *Race Relations in the Portuguese Colonial Empire, 1415-1825*. Oxford, 1963.

——. *The Portuguese Seaborne Empire, 1415-1825*. London, 1969.

Branca, Vittore. *Venezia e l'oriente fra tardo medioevo e rinascimento*. Florence, 1966.

Braudel, Fernand. *La civilisation matérielle*. Paris, 1967.

Breuer, Hans. *Kolumbus war Chineser: Erfindungen und Entdeckungen des Fernen Ostens*. Frankfurt, 1970.

Brown, Horatio F. *The Venetian Printing Press: An Historical Study Based upon Documents for the Most Part Hitherto Unpublished*. London, 1896.

Burke Peter. *The Renaissance Sense of the Past*. New York, 1970.

Bush, Douglas. *Classical Influences in Renaissance Literature*. Cambridge, Mass., 1952.

Bush, Michael L. *Renaissance, Reformation, and the Outer World*. London, 1967.

Caillois, Roger. *Au coeur du fantastique*. Paris, 1965.

Callot, Emile. *La renaissance des sciences de la vie au XVIe siècle*. Paris, 1951.

Camus, A. G. *Mémoire sur la collection des grands et petits voyages....* Paris, 1802.

Carter, Charles H. *The Western European Powers, 1500-1700*. Ithaca, N.Y., 1971.

——, ed. *From the Renaissance to the Counter-Reformation: Essays in Honor of Garrett Mattingly*. London, 1966.

Carter, Thomas F., and Goodrich, L. C. *The Invention of Printing in China and Its Spread Westward*. New York, 1955.

Carvalho, Joaquim de. *Estudos sobre a cultura portuguesa do século XVI*. Vol. I. Coimbra,1947.

Cassirer, Ernst. *Sprache und Mythos: Ein Beitrag zum Problem der Götternamen*. Darmstadt,1959.

Chabod, Federico. *Storia dell' idea d'Europa*. Bari, 1971.

Charbonnel, J. Roger. *La pensée italienne au XVIe siècle et le courant libertin*. Paris, 1919.

Charmot, François. *La pédagogie des jésuites*. Paris, 1925.

Chartrou, Josephe. *Les entrées solennelles et triomphales à la Renaissance (1484-1551)*. Paris, 1928.

Chastel, André, and Klein, Robert. *Die Welt des Humanismus: Europa 1480-1530*. Brussels,1954.

Chaunu, Pierre. *Les Philippines et le Pacifique des Ibériques (XVIe-XVIIe siècle)*. 2 vols. Paris, 1960-66.

——. *Conquête et exploitation des nouveaux mondes (XVIe siècle)*. Paris, 1969.

Chauvin, Victor C. *Bibliographie des ouvrages arabes publiés dans l'Europe chrétienne de 1810 à 1885*. 12 vols. Liège, 1892-1905.

Chu Ch'ien-chih [朱謙之]. Chung-kuo ssu-hsiang tui-yü ou-chou wen-hua chih yin-hsiang [中國思想對于歐洲文化之影響]. ("The Influence of Chinese Thought on European Culture"). Shanghai, 1940.

Chudoba, B. *Spain and the Empire, 1519-1643*. Chicago, 1952.

Cipolla, Carlo M. *Literacy and Development in the West*. Baltimore, 1969.

Cirlot, Juan E. *A Dictionary of Symbols*. New York, 1962.

Clements, R. J. "Picta Poesis": *Literary and Humanistic Theory in Renaissance Emblem Books*. Rome, 1960.

Clouston, William A. *Popular Tales and Fictions: Their Migrations and Transformations*. 2 vols. London, 1887.

Cochrane, Eric, ed. *The Late Italian Renaissance, 1525-1630*. London, 1970.

Cornelius, Paul. *Languages in Seventeenth and Early Eighteenth-Century Imaginary Voyages*. Geneva, 1965.

Cortelazzo, Manilo, ed. *Méditerranée et Océan Indien*. Venice, 1970.

Cortesão, Armando. *History of Portuguese Cartography*. Vol. I. Coimbra, 1969.

Cortesão, Armando, and Teixeira da Mota, Avelino. *Portugaliae monumenta cartographica*. 5 vols. Lisbon, 1960-62.

Cortesão, Jaime. Os *descobrimentos portugueses*. 2 vols. Lisbon, 1960.

Costantini, Celso, ed. *Le missioni catholiche e la cultura dell' Oriente*. Rome, 1943.

Couchoud, Paul-Louis. *Asiatic Mythology*. London, 1932.

Coutinho, C. V. G. *A naútica dos descobrimentos: Os descobrimentos vistos por um navegador*. 2 vols. Lisbon, 1951-52.

Crombie, Alistair C., ed. *Scientific Change: Historical Studies in the Intellectual, Social and Technical Conditions for Scientific Discovery and Technical Invention, from Antiquity to the Present*. London, 1963.

Curcio, Carlo. *Dal Rinascimento alla Controriforma*. Rome, 1934.

———. *Europa, storia di un'idea*. Florence, 1958.

Curtius, Ernst Robert. *European Literature and the Latin Middle Ages*. New York, 1953.

Dalgado, Sebastião Rodolfo. *Glossário Luso-asiático*. 2 vols. Coimbra, 1919, 1921.

Daniel, Norman. *Islam and the West: The Making of an Image*. Edinburgh, 1960.

———. *Islam, Europe and Empire*. Edinburgh, 1966.

Dannenfeldt, Karl H. "Late Renaissance Interest in the Ancient Orient." Ph. D. diss., University of Chicago, Department of History, 1948.

Daumas, Maurice. *Histoire générale des techniques*. Vol. I. Paris, 1962.

Dawson, Raymond. *The Chinese Chameleon: An Analysis of European Conceptions of Chinese Civilization*. London, 1967.

———, ed. *The Legacy of China*. Oxford, 1964.

De Bry, Theodor. *Indiae Orientalis...* Frankfurt, 1599.

D'Elia, Pasquale M. *Storia dell'introduzione del Cristianismo in Cina scritta da Matteo Ricci S. I.* 3 vols. Rome, 1942-49.

Denis, Ferdinand. *Scènes de la nature sous les tropiques, et leur influence sur la poésie; suivies de*

Camoens et Jozé Indio. Paris, 1824.

——. *Le monde enchanté: Cosmographie et histoire naturelle fantastique du moyen âge*. Paris,1843.

De Solla Price, Derek John. *Science Since Babylon*. New Haven and London, 1961.

Dickson, Sarah Augusta. *Panacea or Precious Bane: Tobacco in Sixteenth Century Literature*. New York, 1954.

Diffie, Bailey W. *Prelude to Empire: Portugal Overseas before Henry the Navigator*. Lincoln, Neb., 1965.

Dionsotti-Casalone, Carlo. *Geografia e storia della litteratura*. Turin, 1967.

Doucet, Roger. *Les institutions de la France au XVIe siècle*. 2 vols. Paris, 1948.

Droulers, Eugène. D*ictionnaire de attributs, allégories, emblèmes et symboles*. Tumhout, Belgium, 1948.

Duyvendak, J. J. L. *Holland's Contribution to Chinese Studies*. London, 1950.

Ebersolt, Jean. *Orient et occident: Recherches sur les influences byzantines et orientales en France avant et pendant les croisades*. 2d ed. Paris, 1954.

Edwardes, Michael. *East-West Passage: The Travel of Ideas, Arts, and Inventions between Asia and the Western World*. New York, 1971.

Ehrman, Albert, and Pollard, G. *The Distribution of Books by Catalogue from the Invention of Printing to A.D.* 1800. Cambridge, 1965.

Elliot, John H. *Imperial Spain*. New York, 1964.

——. *The Old World and the New, 1492-1650*. Cambridge, 1970.

Errera, Carlo. *L'epoca delle grandi scoperte geografiche*. Milan, 1926.

Evans, Joan. *Magical Jewels of the Middle Ages and the Renaissance, Particularly in England*. Oxford, 1922.

——. *Nature in Design: A Study of Naturalism in Decorative Art from the Bronze Age to the Present*. London, 1933.

Fairchild, Hoxie Neale. *The Noble Savage: A Study in Romantic Naturalism*. New York,1928.

Febvre, Lucien. *Le problème de l'incroyance au XVIe siècle*. Paris, 1943.

——. *Au coeur religieux du XVIe siècle*. Paris, 1957.

Febvre, Lucien, and Martin, H. J. *L'apparition du livre*. Paris, 1958.

Fechner, M. V. *Torgovlia russkogo gosudarstva so stranami vostoka v XVI vieke* (The Trade of the Russian State with the Countries of the East in the Sixteenth Century). Moscow, 1952.

Fernández Alvarez, Manuel. *La España del Emperador Carlos V*. Madrid, 1966.

Ferrand, Gabriel. *Relations de voyages et textes géographiques arabes, persanes et turcs relatifs à l'Extrême-Orient, du VIIIe au XVIIIe siècle*. Paris, 1913.

Ferrara, Orestes. *Le XVIe siècle, vu par les ambassadeurs vénitiens*. Paris, 1954.

Fiore, L. B. *La scoperta dell'America e gli umanisti del cinquecento.* Arpino, 1920.

Forbes, Robert J. *Bibliographie Antiqua: Philosophia Naturalis.* 11 vols. Leyden, 1940-52.

——, and Dijksterhuis, Eduard Jan. *History of Science and Technology.* 2 vols. Baltimore,1963.

Foulché-Delbosc, Raymond. *Bibliographie des voyages en Espagne et en Portugal.* Paris, 1896.

Frankl, Paul. *The Gothic: Literary Sources and Interpretations through Eight Centuries.* Princeton, N. J., 1960.

Frenz, Horst, and Anderson, G. L., eds. *Indiana University Conference on Oriental-Western Literary Relations.* Chapel Hill, N. C., 1955.

Friedrich, Werner P., and Malone, David H. *Outline of Comparative Literature from Dante Alighieri to Eugene O'Neill.* Chapel Hill, N. C., 1954.

Garin, Eugenio. *La cultura del Rinascimento: Profilo storico.* Bari, 1967.

Garratt, Geoffrey T., ed. *The Legacy of India.* Oxford, 1937.

Gerard, P. *Anvers à travers les âges.* 2 vols. Brussels, 1888.

Giamatti, A. Bartlett. *The Earthly Paradise and the Renaissance Epic.* Princeton, 1966.

Gifford, Henry. *Comparative Literature.* London, 1969.

Gillispie, Charles, C. *Edge of Objectivity: an Essay in the History of Scientific Ideas.* Princeton,1960.

Goldschmidt, Ernst P. *The Printed Book of the Renaissance.* Cambridge, 1950.

González de Mendoza, Juan. *The History of the Great and Mighty Kingdom of China...*Reprinted from the translation of R. Parke. Edited by Sir George T. Staunton. "Hakluyt Society Publications,"O. S., Nos. 14-15. 2 vols. London, 1853-54.

Goris, Jan A. *Étude sur les colonies marchandes méridionales (Portugais, Espagnols, Italiens) à Anvers de 1448 à 1587.* Louvain, 1925.

Gottschalk, Paul. *The Earliest Diplomatic Documents on America.* Berlin, 1927.

Gray, Louis H., and Moore, George F., eds. *Mythology of All Races.* 13 vols. New York,1964.

Green, Otis H. *Spain and the Western Tradition: The Castilian Mind in Literature from El Cid to Calderon.* 4 vols. Madison, Wis., 1964-66.

Greene, Thomas M. *The Descent from Heaven: A Study in Epic Continuity.* New Haven and London, 1963.

Grün, K. *Kulturgeschichte des 16. Jahrhunderts.* Heidelberg, 1872.

Hall, Marie Boas. *The Scientific Renaissance, 1450-1630.* New York, 1962.

Hallam, Henry. *Introduction to the Literature of Europe in the Fifteenth, Sixteenth and Seventeenth Centuries.* 3d ed. 3 vols. London, 1847.

Hamann, Günther. *Der Eintritt der südlichen Hemisphäre in die europäische Geschichte.* Vienna,1968.

Hampe, Theodor. *Die fahrende Leute in der deutschen Vergangenheit.* Leipzig, 1902.

Hart, Henry H. *Sea Road to the Indies.* New York, 1950.

Haskell, Francis. *Patrons and Painters: A Study in the Relations between Italian Art and Society in the Age of the Baroque*. New York, 1963.

Hay, Denis, ed. *The Age of the Renaissance*. London, 1967.

Hayden, Hiram. *The Counter-Renaissance*. New York, 1950.

Henkel, Arthur, and Schöne, Albrecht. *Emblemata: Handbuch zur Sinnbildkunst des XVI.und XVII. Jahrhunderts*. Stuttgart, 1967.

Herculano, Alexandre, ed. and trans. *Opusculos*. 10 vols. Lisbon, 1873-1908.

Herman, Jean Baptiste. *La pédagogie des Jésuites au XVIᵉ siècle*. Louvain, 1914.

Hilton, Ronald. *Handbook of Hispanic Source Materials and Research Organizations in the United States*. 2d ed. Stanford, Calif., 1959.

Hirsh, Rudolf. *Printing, Reading, and Selling: 1450-1550*. Wiesbaden, 1967.

Hirst, Desirée. *Hidden Riches: Traditional Symbolism from the Renaissance to William Blake*. London, 1963.

Hirth, Georg. *Kulturgeschichtliche Bilder aus drei Jahrhunderten*. 6 vols. Leipzig, 1881-90.

Hocke, René. *Manierismus in der Literatur*. Hamburg, 1959.

Hodgen, Margaret T. *Early Anthropology in the Sixteenth and Seventeenth Centuries*. Philadelphia, 1964.

Hopper, Vincent F. *Medieval Number Symbolism: Its Sources, Meaning and Influence on Thought and Expression*. New York, 1938.

Hughes, Charles, ed. *Shakespeare's Europe*. London, 1903.

Humboldt, Alexander von. *Examen critique de l'histoire de la géographie du Nouveau Continent et des progrès de l'astronomie aux XVᵉ et XVIᵉ siècles*. 4 vols. Paris,1835-39.

Inalcik, Halil. *The Ottoman Empire: The Classical Age, 1300-1600*. Translated by N. Itzkowitz and C. Imber. London, 1973.

Iversen, Erik. *The Myth of Egypt and Its Hieroglyphs in European Tradition*. Copenhagen,1961.

Jacob, Ernst Gerhard. *Deutschland und Portugal: Ihre kulturellen Beziehungen, Rückschau und Ausblick. Eine Bibliographie*. Leyden, 1961.

Jacob, Georg. *Der Einfluss des Morgenlands auf dem Abendland vornehmlich während des Mittelalters*. Hanover, 1924.

Jacobs, Hubert, trans. and ed. *A Treatise on the Moluccas (ca. 1544)*. Rome and St. Louis,1970.

Jacobs, Norman. *The Origin of Modern Capitalism and Eastern Asia*. Hong Kong, 1958.

Jacquot, Jean, ed. *Fêtes et cérémonies au temps de Charles Quint*. Paris, 1960.

Jeannin, Pierre. *Les marchands au XVIme siècle*. Paris, 1957.

Johnson, Jerah. *Africa and the West*. Hinsdale, Ill., 1974.

Jones, Eldred D. *The Elizabethan Image of Africa*. Folger Booklets on Tudor and Stuart Civilization.

Washington, D. C., 1971.

Julien, C. A. *Les voyages de découverte et les premiers établissements (XVe-XVIe siècle)*. Paris,1948.

Kaser, Kurt. *Das Zeitalter der Reformation und Gegenreformation von 1517-1660*. Gotha-Stuttgart, 1922.

Kayser, Wolfgang. *The Grotesque in Art and Literature*. Translated by U. Weinstein.Bloomington, Ind., 1963.

Keith, A. Berriedale. *A History of Sanskrit Literatrue*. London, 1961.

Kelly, Donald R. *Foundations of Modern Historical Scholarship*. New York, 1970.

Kern, Hendrik. *Manuel of Indian Buddhism*. Delhi, 1968.

Kernodle, George R. *From Art to Theatre: Form and Convention in the Renaissance*. Chicago,1944.

Kiewe, Heinz Edgar, *et al*. *Civilisation on Loan*. Oxford, 1973.

Klempt, Adalbert. *Die Säkularisierung der universal-historischen Auffassung: Zum Wandel des Geschichtsdenkens im 16. und 17. Jahrhundert*. Göttingen, 1960.

Konetzke, R. *Das spanische Weltreich: Grundlagen und Entstehung*. Munich, 1943.

Koyré, Alexandre. *Mystiques, spirituels, alchemistes du XVIe siècle allemand*. Paris, 1955.

Kristeller, Paul O. *Studies in Renaissance Thought and Letters*. Rome, 1956.

Lach, Donald F., and Flaumenhaft, Carol, eds. *Asia on the Eve of Europe's Expansion.*Englewood Cliffs, N. J., 1965.

Lacroix, P. *Science and Literature in the Middle Ages and Renaissance*. New York, 1964.

Lagoa, Visconde J. de. *Glossário toponímico da antiga historiografia portuguesa ultramarina, Asia e Oceania*. 2 vols. Lisbon, 1953-54.

Lansberg, Heinrich. *Handbuch der literarischen Rhetorik: Eine Grundlegung der Literatur- wissenschaft*. 2 vols. Zurich, 1960.

Lavedan, Pierre. *Dictionnaire illustré de la mythologie et des antiquités grecques et romaines*. Paris, 1931.

——. *Histoire de l'urbanisme, Renaissance et temps modernes*. Paris, 1941.

Le Gentil, Georges. *Découverte du monde*. Paris, 1954.

Lecler, Joseph. *Toleration and the Reformation*. 2 vols. New York, 1960.

Leonard, Irving A. *Books of the Brave*. Cambridge, Mass., 1949.

Lepszy, Hans-Joachim. *Die Reiseberichte des Mittelalters und der Reformationszeit*. Hamburg,1953.

Lestrange, Robert. *Les animaux dans la littérature et dans l'histoire*. Paris, 1937.

Levin, Harry. *The Myth of the Golden Age in the Renaissance*. Bloomington, Ind., 1969.

Lowie, Robert. *The History of Ethnological Theory*. New York, 1937.

Lubac, Henri de. *La rencontre du bouddhisme et de l'Occident*. Paris, 1952.

Lundberg, Mabel. *Jesuitische Anthropologie und Erziehungslehre in der Frühzeit des Ordens.(1540-*

1650). Uppsala and Stockholm, 1966.

Macdonell, Arthur A. *History of Sanskrit Literature*. Delhi, 1962.

Mackail, John W. *Studies in Humanism*. London, 1938.

Magalhães-Godinho, Vitorino. *História dos descobrimentos: Colectânea de esparsos*. 2 vols. Lisbon, 1959-62.

——. *L'économie de l'Empire portugais aux XVe et XVIe siècles. L'or et le poivre. Route de Guinée et route du Cap*. Paris, 1969.

——. *Os descobrimentos e a economia mundial*. 2 vols. Lisbon, 1963, 1971.

Magnino, Leo. *Pontificia Nipponica: Le relazioni tra la Santa Sede e il Giappone attraverso i documenti pontifici*. Rome, 1947.

Majumdar, R. C., ed. *The Classical Accounts of India*. Calcutta, 1960.

Mâle, Émile. *L'Art religieux après le Concile de Trente*. Paris, 1932.

Martineau, Alfred, and May, L. P., comps. *Tableau de l'expansion européenne à travers le monde de la fin du XIIe au début du XIXe siècle*. Paris, 1935.

Mazzeo, John Anthony. *Renaissance and Seventeenth Century Studies*. London, 1964.

Merriman, R. B. *The Rise of the Spanish Empire in the Old World and in the New*. 4 vols.2d ed. New York, 1962.

Mesnard, Pierre. *L'Essor de la philosophie politique au XVIe siècle*. Paris, 1936.

Meyer-Bayer, Kathi. *Music of the Spheres and the Dance of Death*. Princeton, 1970.

Mezhow, Vladimir. *Bibliographia Asiatica: Bibliographie des livres et articles des journaux russes concernant l'Asie, la Sibérie exceptée*. St. Petersburg, 1891.

Miller, William. *The Latins in the Levant: A History of Frankish Greece (1204-1566)*. New York, 1908.

Miranda da Costa Lobo, Francisco. *A acção diplomática dos portugueses nos séculos XV e XVI, destinada a realização de descobertas e conquistas*. Lisbon, 1937.

Mollat, Michel, and Adam, Pauld, eds. *Les aspects internationaux de la découverte océanique aux XVe et XVIe siècles*. Paris, 1966.

Mols, Roger. *Introduction à la démographie historique des villes d'Europe du XIVe au XVIIIe siècle*. 3 vols. Louvain, 1954-56.

Monroe, James T. *Islam and the Arabs in Spanish Scholarship (Sixteenth Century to the Present)*. Leyden, 1970.

More, St. Thomas. *The Complete Works*. Edited by E. Surtz, and J. H. Hexter. 4 vols.New Haven, 1963-65.

Moreau, Edouard, *et al., eds. La crise religieuse du XVIe siècle*. Paris, 1950.

Moule, A. C., and Pelliot, Paul. *Marco Polo: The Description of the World*. London, 1938.

Mousnier, Roland. *Les européens hors d'Europe de 1492 jusqu'à la fin du XVIIe siècle*. Paris, 1957.

Needham, Joseph. *Science and Civilization in China.* 5 vols. Cambridge, 1965-76.

Nicholl, Robert, ed. *European Sources for the History of the Sultanate of Brunei in the Sixteenth Century.* Brunei, [1975].

Noël, François. *Dictionnaire de la fable ou mythologie grecque, latine, égyptienne, celtique, personne, indienne, chinoise....* 2 vols. Paris, 1810.

Nowell, Charles E., ed. *Magellan's Voyage around the World: Three Contemporary Accounts.* Evanston, Ill., 1962.

Nys, Ernest. *Les publicistes espagnoles du XVIe siècle et les droits des Indiens.* Brussels, 1890.

O'Gorman, Edmundo. *The Invention of America: An Inquiry into the Historical Nature of the New World and the Meaning of Its History.* Bloomington, Ind., [1961].

Okamoto Yoshitomo [冈本良知]. *Jūrokuseiki Nichi-Ō kōtsūshi no kenkyū* [十六世紀日歐交通史の研究]. ("The Study of the Intercourse between Japan and Europe during the Sixteenth Century"). Tokyo, 1944.

O'Kelly, Bernard. *The Renaissance Image of Man and the World.* Columbus, Ohio, 1966.

Oliveira-Marques, A. M. de. *A sociedade medieval portuguesa.* Lisbon, 1964.

Olschki, Leonardo. *Storia letteraria delle scoperte geographiche.* Florence, 1937.

——. *Marco Polo's Asia.* Berkeley, Calif., 1960.

Onians, Richard B. *The Origins of European Thought about the Body, the Mind, the World, Time, and Fate.* 2d ed. Cambridge, 1954.

Ortelius, Abraham. *Theatrum orbis terrarum....* Antwerp, 1584.

Parker, John. *Books to Build an Empire: A Bibliographical History of English Overseas Interests to 1620.* Amsterdam, 1965.

Parks, George B., comp. *The Contents and Sources of Ramusio's* "Navigationi." New York, 1955.

Parry, John H. *The Spanish Theory of Empire in the Sixteenth Century.* Cambridge, 1940.

——. *The Establishment of the European Hegemony, 1415-1715: Trade and Exploration in the Age of the Renaissance.* New York, 1961.

——. *The Age of Reconnaissance.* New York, 1964.

——. *The Spanish Seaborne Empire.* New York, 1966.

Paulitschke, Philipp Viktor. *Die Afrika-Literatur in der Zeit von 1500 bis 1750 nach Christ: Ein Beitrag zur geographischen Quellenkunde.* Vienna, 1882.

Pecchiai, Pio. *Roma nel Cinquecento.* Bologna, 1949.

Pedro, V. de. *América en las letras españolas del siglo de oro.* Buenos Aires, 1954.

Peery, William, ed. *Studies in the Renaissance.* 3 vols. Geneva, 1954-56.

Pelsener, Jean. *La réforme du XVIe siècle à l'origine de la science moderne.* Paris, 1960.

Penrose, Boies. *Travel and Discovery in the Renaissance, 1420-1620.* Cambridge, Mass., 1952.

Reprinted 1965.

Pertusi, Agostino, ed. *Venezia e l'Oriente fra tardo Medioevo e Rinascimento*. Florence, 1966.

Poliakov, Léon. *Le mythe aryen: Essai sur les sources du racisme et des nationalismes*. Paris, 1971.

Poujade, J. *La route des Indes et ses navires*. Paris, 1941.

Ramusio, G. B., comp. *Delle navigationi et viaggi....* 3 vols. Venice, 1550-59.

Rego, Antonio da Silva. *Portuguese Colonization in the Sixteenth Century*. Johannesburg,1959.

Ribeiro, Orlando. *Portugal, o mediterrâneo e o Atlântico: Esboço de relações geográficas*. Rev. ed. Lisbon, 1963.

Rice, Eugene F. *The Renaissance Idea of Wisdom*. Cambridge, Mass., 1958.

Richards, Gertrude R. B., ed. *Florentine Merchants in the Age of the Medicis*. Cambridge,1932.

Robb, Nesca. *Neoplatonism of the Italian Renaissance*. London, 1935.

Robinson, Margaret V. *Fictitious Beasts: A Bibliography*. London, 1961.

Rogers, Francis, ed. *Europe Informed: An Exhibition of Early Books Which Acquainted Europe with the East*. Cambridge, Mass., 1966.

Romeo, Rosario. *Le scoperte americane nella coscienza italiana de Cinquecento*. Milan, 1954.

Roscoe, William. *The Life and Pontificate of Leo X*. 4 vols. London, 1827.

Roux, Jean Paul. *Les explorateurs au moyen âge*. Paris, 1961.

Salis, Arnold von. *Antike und Renaissance*. Zurich, 1947.

Sanz, Carlos. *Primitivas relaciones de España con Asia y Oceanía: Los dos primeros libros impresos en Filipinas, mas un tercero en discordia*. Madrid, 1958.

Schierlitz, E. Die *bildlichen Darstellungen der indischen Gottestrinität in der älteren ethnographischen Literatur*. Munich, 1927.

Schurhammer, Georg. *Varia*. Edited by László Szilas. 2 vols. Lisbon, 1965.

Scrivano, Riccardo. *Il Manierismo nella letteratura del Cinquecento*. Padua, 1959.

Sedlar, Jean. "India and the Greek World: An Essay in the Transmission of Ideas." Forthcoming.

Sella, Domenico. *European Industries, 1500-1700*. London, 1970.

Shaabar, Matthias A. *Check List of Sixteenth-Century Editions of Works of Sixteenth- Century Latin Authors*. New York, 1963.

Simon, Jean. *La Polynésie dans l'art et la littérature de l'Occident*. Paris, 1939.

Singleton, C. S., ed. *Art, Science, and History in the Renaissance*. Baltimore, 1968.

Sinor, Denis. *Orientalism and History*. Cambridge, 1955.

Skachkov, Petr Emel'îanovich. *Bibliografîîa Kitaîa Akademia nauk USSR*. Moscow, 1960.

Slicher van Bath, B. H. *The Agrarian History of Western Europe, A.D. 500-1850*. London,1963.

Smith, Alan G. R. *Science and Society in the Sixteenth Century*. London, 1972.

Smith, Ronald Bishop, ed. *The First Age of the Portuguese Embassies, Navigations, and Peregrinations to the Ancient Kingdoms of Cambay and Bengal, 1500-1521.* Potomac, Md., 1969.

Steensgaard, Niels. *Carracks, Caravans, and Companies: The Structural Crisis in the European Asian Trade in the Early Seventeenth Century.* Copenhagen, 1973.

Stillwell, Margaret Bingham. *The Awakening Interest in Science during the First Century of Printing, 1450-1550: An Annotated Checklist of First Editions Viewed from the Angle of Their Subject Content, Astronomy, Mathematics, Medicine, Natural Science, Physics, Technology.* New York, 1970.

Stone, Donald. *France in the Sixteenth Century: A Medieval Society Transformed.* Englewood Cliffs, N.J., 1969.

Streit, Robert, *et al,* comps. *Bibliotheca missionum.* 21 vols. Aachen, 1916-55.

Surtz, E. and Hexter, J. H. S. See More, St. Thomas.

Tayler, E. W. *Nature and Art in Renaissance Literature.* New York, 1964.

Teixeira, Manuel. *Early Portuguese and Spanish Contacts with Borneo.* Lisbon, 1964.

——. The *Portuguese Missions in Malacca and Singapore, 1511-1958.* 3 vols. Lisbon, 1961-63.

Theal, George McCall. *Records of South-Eastern Africa.* 9 vols. London, 1898-1903.

Thomas, Keith. *Religion and the Decline of Magic.* London, 1971.

Thorndike, Lynn. *A History of Magic and Experimental Science up to the Seventeenth Century.* 8 vols. New York, 1929-58.

Toffanin, Giuseppe. *History of Humanism.* New York, 1954.

Toulmin, Stephen, and Goodfield, June. *The Discovery of Time.* New York, 1965.

Toussaint, A. *Histoire de l'Océan Indien.* Paris, 1961.

Tuveson, Ernest Lee. *Millennium and Utopia: A Study in the Background of the Idea of Progress.* Berkeley and Los Angeles, 1949.

Van Tieghem, Paul. *La littérature latine de la Renaissance.* Paris, 1944.

——. *La littérature comparée.* 4th rev. ed. Paris, 1951.

Verlinden, Charles. *L'Esclavage dans l'Europe médiévale.* Bruges, 1955:

Villey-Desmeserets, Pierre. *Les sources d'idées au XVIe siècle.* Paris, 1912.

Vindel, Pedro, *Biblioteca oriental comprende 2.747 obras relativas à Filipinas, Japón, China y otras partes de Asia y Oceaniá* ... 2 vols, in one. Madrid, 1911-12.

Wagner, Fritz. *Der Historiker und die Weltgeschichte.* Munich, 1965.

Walker, Daniel P. *Spiritual and Demonic Magic from Ficino to Campanella.* London, 1958.

Weber, Henry. *Tales of the East.* 3 vols. Edinburgh, 1812.

White, Lynn, Jr. *Machina ex Deo: Essays in the Dynamism of Western Culture.* Cambridge, Mass., 1968.

Williams, Ralph C. *The Merveilleux in the Epic.* Paris, 1925.

Wilpert, Gero von. *Sachwörterbuch der Literatur*. 5th rev. ed. Stuttgart, 1969.

Wintemitz, Moriz. *History of Sanskrit Literature*. Calcutta, 1927.

Yates, Francis A. *Theatre of the World*. London and Chicago, 1969.

Yule, Henry, and Burnell, A. C. *Hobson-Jobson: A Glossary of Colloquial Anglo-Indian Words and Phrases, and of Kindred Terms, Etymological, Historical, Geographical, and Discursive*. New edition by William Crooke. 2d ed. Delhi, 1968.

Yule, Henry, and Cordier, Henri, eds. *The Book of Ser Marco Polo*. 2 vols. London, 1938.

Zoli, Sergio. *La Cina e la cultura italiana da '500 al '700*. Bologna, 1973.

Zoltowski, Adam. *East and West in European History: Three Lectures*. London, 1954.

ARTICLES

Allen, D. C. "The Degeneration of Man and Renaissance Pessimism." *Studies in Philology*, XXV (1938), 202-27.

Babelon, Jean. "Découverte du monde et littérature." *Comparative Literature*, II (1950), 157-66.

Baron, Hans. "The *Querelle* of the Ancients and Moderns as a Problem for Renaissance Scholarship." *Journal of the History of Ideas*, XX (1959), 3-22.

Bezzola, Reto R. "L'Oriente nel poema cavalleresco del primo Rinascimento." *Lettere italiane*, XV (1963), 385-98.

Boxer, Charles R. "Portuguese and Spanish Projects for the Conquest of Southeast Asia." *Journal of Asian History*, III (1969), 118-36.

Cessi, Roberto. "L'India in una descrizione sconosciuta del principio del secolo XVI." *Studi colombiani* (Genoa), III (1952), 213-16.

Cipolla, Carlo M. "The Diffusion of Innovations in Early Modern Europe." *Comparative Studies in Society and History*, XIV (1972), 46-52.

Cordier, Henri. "Deux voyageurs dans l'Extrême-Orient... Essai bibliographique. Nicolo De'Conti—Lodovico de Varthema." *T'oung pao*, X (1899), 390-404.

Dales, J. H. "The Discoveries and Mercantilism: An Essay in History and Theory." *Canadian Journal of Economics and Political Science*, XXI (1955), 141-53.

Diffie, Bailey W. "Portugal's Preparation for Exploration: A Functional-Cultural Interpretation." *Colóquio (III) internacional de estudos Luso-Brasileiros, Lisbon, 1957, Actas* (Lisbon), II (1960), 251-65.

Du Pront, A. "Espace et humanisme." *Bibliothèque d'humanisme et renaissance*, VIII (1946), 7-104.

Formichi, Carlo. "Cultural Relations between Italy and India during the Middle Ages and Renaissance." *East and West* (Rome), I (1950), 82-85.

Frankel, Hans H. "Poetry and Painting: Chinese and Western Views of Their Convertibility." *Comparative Literature*, IX (1957), 289-307.

Goto, Souéo. "Les premiers échanges de civilisation entre l'Extrême-Orient et l'Occident dans les temps modernes." *Revue de littérature comparée*, VIII (1928), 401-19, 601-18.

Hodgen, Margaret T. "Ethnology in 1500." *Isis*, LVII (1966), 315-24.

Koebner, R. "Despot and Despotism: Vicissitudes of a Political Term." *Journal of the Warburg and Courtauld Institutes*, XIV (1951), 275-302.

Lach, Donald F. "China in European Thought and Culture." *Dictionary of the History of Ideas*.

——. "The Far East." In D. B. Quinn, ed. *The Hakluyt Handbook*, I, 214-22. 2 vols.London, 1974.

Lach, Robert. "Der Orient in der ältesten abendlandischen Musikgeschichte." *Bericht des Forschungsinstituts für Osten und Orient*, III (1923), 162-74.

Momigliano, Arnoldo. "The Place of Herodotus in the History of Historiography." *History*, XLIII (1958), 1-13.

Putscher, Marielene. "Ordnung der Welt und Ordnung der Sammlung, Joachim Camerarius und die Kunst- und Wunderkammern des 16. und frühen 17. Jahrhunderts." In *Circa Tiliam: Studia historiae medicinae Gerrit Arie Lindeboom septuagenario oblata*, pp. 256-77. Leyden, 1974.

Rawlinson, Hugh G. "India in European Literature and Thought." In G. T. Garratt, ed., *The Legacy of India*, pp. 1-37. Oxford, 1962.

——. "Indian Influence on the West." In L. S. S. O'Malley, ed., *Modern India and theWest: A Study of the Interaction of Their Civilizations*, pp. 535-75. London, 1941.

Rein, Adolf. "Ueber die Bedeutung der überseeischen Ausdehnung für das europäische Staatensystem." *Historische Zeitschrift*, CXXXVII (1927), 28-90.

Reynolds, Beatrice R. "Latin Historiography: A Survey 1400-1600." *Studies in the Renaissance*, II1(1955), 7-66.

Rowe, John Howland. "Ethnography and Ethnology in the Sixteenth Century." *Kroeber Anthropological Society Papers*, XXX (1964), 1-19.

Scammell, G. V. "The New Worlds and Europe in the Sixteenth Century." *Historical Journal*, XII (1969), 389-412.

Silva Dias, J. S. da. "Portugal e a cultura europeia (séculos XVI a XVIII." *Biblos*, XXVIII (1952), 203-498.

Singer, Charles. "East and West in Retrospect." In Charles Singer *et al.*, eds., *A History of Western Technology*, II, pp. 753-76. 5 vols. Oxford, 1956.

Tenenti, Alberto. "L'utopia nel Rinascimento (1450-1550)," *Studi storici*, VII (1966), 689-707.

Van Kley, Edwin J. "Europe's 'Discovery' of China and the Writing of World History." *American Historical Review*, CXXVI (1971), 358-85.

Van Tiegham, Paul. "La iittérature latine de la Renaissance." *Bibliothèque d'humanisme et renaissance*, IV (1944), 177-418.

Venturi, Franco. "Oriental Despotism." *Journal of the History of Ideas*, XXIV (1963), 133-42.

White, Lynn, Jr. "Medieval Borrowings from Further Asia." In O. B. Hardison, ed., *Medieval and Renaissance Studies*, No. 5 (1974), pp. 3-26.

Wicki, Josef. "Zum Humanismus in Portugiesisch-Indien des 16. Jahrhunderts." *Analecta Gregoriana*, cura Pontificiae Universitatis Gregorianae edita, v. LXX, ser. Facultatis historiae ecclesiasticae sectio A (n. 3); *Studi sulla chiesa antica e sull'umanesimo...* pp.193-246. Rome, 1954.

Wittkower, Rudolf. "Marvels of the East: A Study in the History of Monsters." *Journal of the Warburg and Courtauld Institutes*, V (1942), 159-97.

Yüan, Tung-li. "Russian Works on China, 1918-1958." *Monumenta serica*, XVIII (1959), 388-430.

Chapter Bibliographies

I.HERALDS OF EMPIRE

BOOKS

Aitken, James M., trans. *The Trial of George Buchanan before the Lisbon Inquisition*. Edinburgh, 1939.

Allen, P. S. *et al.*, eds. *Opus epistolarum Des. Erasmi Roterdami*. 12 vols. Oxford, 1906-58.

Almeida, Fortunato de. *História das instituições em Portugal*. Porto, 1903.

Babeau, Albert A. *Les voyageurs en France depuis la Renaissance jusqu'à la Révolution*. Paris, 1938.

Bataillon, Marcel. *Études sur le Portugal au temps de l'humanisme*. Coimbra, 1952.

Battelli, Guido, comp. and ed. *Documentos para o estudo das relações culturais entre Portugal e Italia: D. Miguel de Sylva, dos Condes de Portalegre, Bispo de Vizeu, Cardeal de Santa Maria Transtiberina*. 4 vols. Florence, 1934-35.

Battelli, Guido, and Coelho, Henrique Trindade. *Filippo Terzi, architette e ingenere militaire in Portogallo (1577-97)*. Florence and Lisbon, 1960.

Beau, Albin Eduard. *As relações germânicas do humanismo de Damião de Góis*. Coimbra, 1941.

Bell, Aubrey Fitzgerald. *Un humanista Portugûes: Damião de Góis*. Lisbon, 1942.

Bernardes Branco, Manuel. *Portugal e os estrangeiros*. 5 vols. Lisbon, 1879-95.

Braga, Theophile. *História da litteratura portugeza*. 2 vols. Porto, 1914.

——. *História da universidade de Coimbra*. 2 vols. Lisbon, 1892, 1895.

Brandão, Mário. *A Inquisição e os professores do Colégio das Artes [Coimbra]*. Coimbra, 1948.

Brásio, António. *Uma carta inédita de Valentim Fernandes*. Coimbra, 1959.

Burmeister, Karl. *Sebastian Münster, Versuch eines biographischen Gesamtbildes*. Basel and Stuttgart, 1963.

——, ed. See Münster, Sebastian.

Cabié, Edmond. *Ambassade en Espagne de Jean Ebrard, Seigneur de St. Sulpice, de 1562 à 1565 et mission de ce diplomate dans le même pays en 1566*. Albi, 1903.

Carter, Charles. *The Western European Powers, 1500-1700*. Ithaca, N.Y., 1971.

Castro, José de. *Portugal em Roma*. 2 vols. Lisbon, 1939.

——. *Portugal no Concilio de Trento*. 6 vols. Lisbon, 1944-62.

Cerejeira, M. Gonçalves. *Clenardo e a sociedade portuguesa do seu tempo*. Coimbra, 1949.

Chauvin, E. and Roersch, A. *Étude.. .sur Clénard*. Brussels, 1900.

Clenard, Nicolas. *Correspondance*. Edited by Alphonse Roersch. 3 vols. Brussels, 1940-41.

Douais, Marie Jean Celestin, ed. *Dépêches de M. de Fourquevaux, ambassadeur du roi Charles IX en Espagne, 1565-1572*. 3 vols. Paris, 1896-1904.

Duhr, Bernhard. *Die Jesuiten an den deutschen Fürstenhöfen des 16. Jahrhunderts*. Freiburgim-Breisgau, 1901.

Estaço, Aquilas. *Statii lusitani Oratio......*Rome, 1574.

Evans, R. J. W. *Rudolf II and His World: A Study in Intellectual History*, 1576-1612. Oxford, 1973.

Fabié y Escudero, Antonio María, ed. and trans. *Viajes por España....* Madrid, 1879.

Falgairolle, E., ed. see Nicot, Jean.

Farinelli, Arturo. *Viajes por España y Portugal desde la edad media hasta el siglo XX;divagaciónes bibliograficas*. Madrid, 1920.

Fischer, Béat de. *Dialogue luso-suisse: Essai d'une histoire des relations entre la Suisse et le Portugal du XVe siècle à la Convention de Stockholm de 1960*. Lisbon, 1960.

Ford, J. D. M., and Moffat, L. G., eds. *Letters of the Court of John III, King of Portugal*. Cambridge, 1965.

Forjaz de Sampaio, Albino. *História da literatura portuguesa*. 3 vols. Paris and Lisbon, n.d.

Foulché-Delbrosc, R. *Bibliographie des voyages en Espagne et en Portugal*. Paris, 1896.

Gamelo, Benito. *Relaciones entre España e Italia durante la edad media....* El Escorial, 1927.

Gamo, José Maria Alonso, trans. See Navagero, Andrea.

Garcia Mercadal, José. *Viajes de extranjeros por España y Portugal*. 2 vols. Madrid, 1959.

Godet, Marcelo. *La Congrégation de Montaigu* (1490-1580). Paris, 1912.

Góis, Damião de. *Aliquot opuscula*. Louvain, 1544.

——. *Lisboa de quinhentos*. Translated by Raúl Machado. Lisbon, 1937.

Gomes, João Pereira. *Os professores de filosofia da universidade de Évora*. Évora, 1960.

Gomes de Carvalho, M. E. D. *João III e os Francezes*. Lisbon, 1909.

Gomes dos Santos, Domingos M. *Jorge Buchanan e o ambiente coimbrão do século XVI*.Coimbra, 1962.

Gonçalves Guimarães, A. J., ed. See Resende, Garcia de.

Goris, Jan Albert. *Études sur les colonies marchandes méridionales (Portugais, Espagnols, Italiens) à Anvers de 1488 à 1567*. Louvain, 1925.

Gouveia, Antonio de. *The Latin Letters of Antonio de Gouveia*. Translated by Martha Katherine Zeeb. Philadelphia, 1932.

Grande, Stephano. *Le relazioni geografiche G. Gastaldi*. Rome, 1906.

Hanke, Lewis. *Aristotle and the American Indians*. Chicago, 1959.

Harrisse, Henry. *Fernand Colomb, sa vie, ses oeuvres, essai critique*. Paris, 1872.

Henry, W. J. C., ed. *Inéditos Goesianos*. 2 vols. Lisbon, 1896-99.

Hirsdi, Elizabeth F. *Damião de Gois: The Life and Thought of a Portuguese Humanist, 1502-1574*. The Hague, 1967.

Jedin, Hubert. *Papal Legate at the Council of Trent, Cardinal Seripando*. St. Louis, 1947.

Klatt, David. *David Chytraeus als Geschichtslehrer und Geschichtschreiber*. Rostock, 1908.

Kubler, George, and Soria, Martin. *Art and Architecture in Spain and Portugal*. Baltimore, 1959.

Laire, Francis Xavier. *Index Librorum ab inventa typographia ad annum 1500 chronologica dispositus*. Sains, 1791.

Le Gentil, Georges. *Les français en Portugal*. Coimbra, 1928.

Lestocquoy, Jean, ed. *Correspondance des nonces en France, Carpi et Ferrerio, 1535-1540* ... Rome, 1961.

Lopes de Mendonça, Antonio Pedro. *Damião de Góes e a Inquisição de Portugal, estudo biographico*. Lisbon, 1859.

Machado, Augusto Reis, ed. See Souza, Luiz de.

Matthews, George T., ed. *News and Rumor in Renaissance Europe*. New York, 1959.

Matos, Luis de. *Les Portugais à l'université de Paris entre 1500 et 1550*. Coimbra, 1950.

——. *Les Portugais en France au XVIe siècle*. Coimbra, 1952.

Miranda da Costa Lobo, F. *A accção diplomática dos portugueses... destinada à realização de descobertas e conquistas*. Lisbon, 1937.

Münster, Sebastian. *Briefe*. Edited by K. H. Burmeister. Frankfurt-am-Main, 1964.

Navagero, Andrea. *Viaje a Espagna del... señor Andres Navagero (1524-26)*. Translated by José Maria Alonso Gamo. Valencia, 1951.

Navarro, Alberto. *"Orações obediencias"* ...; *algumas achegas para o estudo das relações entre Portugal e a Santa Sé*. Lisbon, 1965.

Nicot, Jean. *Jean Nicot, ambassadeur de France en Portugal au XVIe siècle, sa correspondance diplomatique inédite*. Edited by E. Falgairolle. Paris, 1897.

Nouvel, E. *Le Collège de Sainte-Barbe, la vie d'un collège parisien de Charles VII à nos jours*. Paris, 1948.

Peragallo, Prospero, ed. *Carta de El-Rei D. Manuel ao Rei Catholico narrando as viagens portuguezas à India desde 1500 até 1505*. Lisbon, 1892.

Pike, Ruth. *Enterprise and Adventure: The Genoese in Seville and the Opening of the New World*. Ithaca, N. Y., 1966.

——. *Aristocrats and Traders: Sevillian Society in the Sixteenth-Century*. Ithaca, N. Y., 1972.

Quicherat, Jules E. J. *Histoire de Sainte-Barbe*. 3 vols. Paris, 1860-64.

Rau, Virgínia, and Borges Nunes, Eduardo, eds. *Carta de D. Manuel I ao rei de Aragão, D.*

Fernando,... sobre a tomada de Goa. Lisbon, 1968.

Resende, Garcia de. *Cancioneiro Geral de Garcia de Resende*. Edited by A. J. Gonçalves Guimarães. 5 vols. Coimbra, 1910-17.

Reusch, Fr. Heinrich, ed. *Die Indices librorum prohibitorum des sechzehnten Jahrhunderts*. Tübingen, 1886.

Révah. I. S. *La censure inquisitoriale portugaise au XVIe siècle*. Lisbon, 1960.

Rodrigues, Francisco. *História da Companhia de Jesus ... de Portugal*. 5 vols. Porto, 1931.

Roersch, Alphonse. *L'Humanisme belge à l'époque de la Renaissance: Études et portraits*. Louvain, 1933.

———, ed. See Clenard, Nicolas.

Sampaio Ribeiro, Maria de. *O retrato de Damião de Góis por Alberto Dürer; processo e história de uma atoarda*. Coimbra, 1943.

Saraiva, António José, *et al. História da cultura em Portugal*. 2 vols. Lisbon, 1955.

Schott, Andreas. *Hispania illustrata....* 4 vols. Frankfurt-am-Main, 1603-08.

Silva Dias, J. S. da. *A política cultural da época de D. João III*. 2 vols. Coimbra, 1969.

Sobieski, Jacques. *Dwie Podróże Jakóba Sobieskiego ojca króla Jana III. Odbyte po krajach europejskich w latach 1607-13 i. 1638 waydane z rekopismu przez Edwarda Raczijnskiego*. Poznan, 1833. Spanish portions of his travels (pp. 96-126) translated into Spanish and published in the collection by Javier Liske, comp., *Viajes de extranjeros por España y Portugal en los siglos XV, XVI, y XVII*, pp. 233-67. Madrid, 1880.

Souza, Luiz de. *Vida de Dom Frei Bartolomeu dos Martires*. Edited by Augusto Reis Machado. 2 vols. Lisbon, 1946.

———. *Anais de D. João III*. Edited by M. R. Lapa. 2d ed. 2 vols. Lisbon, 1951, 1954.

Spitz, Lewis William. *Conrad Celtis, the German Arch-Humanist*. Cambridge, Mass., 1957.

Strasen, E. A., and Gandara, A. *Oito séculos de história Luso-Alemã*. Lisbon, 1944.

Trindade Coelho, H., and Mattelli, G., eds. *Documentos para o estudo das relações culturaes entre Portugal e Italia*. 4 vols. Florence, 1934-35.

Vasconcellos, Joaquim António da Fonseca. *Damião de Goes, sua descendéncia em Flandres, Allemanha e Austria*. Porto, 1897.

Vasconcelos, Carolina Michaëlis de. *A Infanta D. Maria de Portugal (1521-1577)*. Porto, 1902.

Veríssimo Serrão, Joaquim. *A Infanta Dona Maria (1521-1577) e a sua fortuna no sul da França*. Lisbon, 1954.

———. *Antonio de Gouveia e o seu tempo (1510-1566)*. Coimbra, 1966.

———. *A embaixada em França de Brás de Alvide (1548-1554)*. Paris, 1969.

———. *Les portugais à l'université de Toulouse (XIIIe-XVIIe siècles)*. Paris, 1970.

Vocht, Henry de. *History of the Foundation and Rise of the Collegium Trilingue Lovaniense, 1517-1550.* 4 vols. Louvain, 1951-55.

ARTICLES

Almagià, R. "Un fiorentino in Spagna al principio del seculo XVI." In *Studi in onore de Gino Luzzato,* II, 138-50. 2 vols. Milan, 1950.

Aquarone, J. B. "Brantôme à la cour de Portugal et la visite à Lisbonne du Grand Prieur de Lorraine." *Bulletin des études portugaises et de l'institut français au Portugal,* XI (1947), 66-102.

Bauer, C. "Conrad Peutingers Gutachten zur Monopolfrage," *Archiv für Reformationsgeschichte,* XLV (1954), 1-43, 145-96.

Beckmann, J. "Die Universitäten von 16. bis 18. Jahrhundert im Dienste der Glaubenverbreitung." *Neue Zeitschrift für Missionswissenschaft,* XVII (1961), 23-46.

Bell, Aubrey F. G. "The Humanist Jeronymo de Osorio." *Revue hispanique,* LXXIII (1928), 525-66.

Bertoni, Giulio. "Umanisti portoghesi a Ferrara (Hermico e Didaco)." *Giornale storico della letteratura italiana,* CXIV (1939), 46-50.

Bourdon, Léon. "Le voyage de Jeronimo Osorio ... en Italie (1576-77)." *Annales publiées par la faculté des lettres de Toulouse,* I (1951), 71-83.

———. "Deux adventuriers portugais, Gaspar Caldeira et Antão Luis (1564-1568)." *Bulletin des études portugaises et de l'Institut français au Portugal,* XVIII (1954), 5-33.

Cermenati, M. "Un diplomatico naturalista del Rinascimento, Andrea Navagero." *Nuovo archivio veneto,* XXIV (1912), 164-205.

Claverie, Charles, ed. "Relation d'un voyage en Espagne (1612)." *Revue hispanique,* LIX (1923), 359-555.

Gomes Branco, J. "Un umanista portoghese in Italia, Achiles Estaço." In Reale Accademia d'Italia, *Relazione storiche fra l'Italia et il Portogallo: Memorie e documenti,* pp. 135-43. Rome, 1940.

Hamy, E. T. "Nouveaux documents sur les frères d'Albaigne et sur le projet de voyage de découvertes présenté en 1566 à la Cour de France." *Bulletin de géographie historique et descriptive,* 1899, pp. 101-110.

———. "Francisque et André d'Albaigne, cosmographes lucquois au service de la France." *Bulletin de géographie historique et descriptive,* 1894, pp. 405-23.

Henriques, G. J. C. "Buchanan in Portugal." In D. A. Millar, ed. and comp. *George Buchanan: A Memorial, 1506-1906,* pp. 60-78. St. Andrews and London, 1907.

Jubinal, Achille. "Études critiques; voyages en Espagne et en Portugal au XVIe siècle." *Revue espagnole, portugaise, brasilienne et hispano-américaine,* IV (1857), 253-63, 374-97.

Kästner, Alfred. "Die Geschichte des spanischen Zeitungswesens von 1500-1800." *Zeitungswissenschaft*, XVII (1942), 370-83.

La Ville de Mumont, H. de. "George Buchanan à Bordeaux." *Revue philomatique de Bourdeaux et du Sud-ouest*, IX (1906), Nos. 7, 8, 9 (July, August, and September), 289-312, 337-59, 410-20.

Lebèque, Raymond. "George Buchanan: Sa Vie, son oeuvre, son influence en France et au Portugal." *Boletim do instituto francês em Portugal*, III (Coimbra, 1931), 190-210.

Le Gentil, Georges. "Nicolas de Grouchy, traducteur de Castanheda." *Bulletin des études portugaises et de l'Institut français au Portugal*, IV (1937), 31-47.

Leite de Faria, Francisco. "Un impresso de 1531 sobre as impressas dos Portugueses no Oriente." *Boletim internacional da bibliografia Luso-Brasileira*, VII (1966), 90-109.

Lemos, M. "Damião de Goes." *Revista de história*, IX (1920), 5-19, 208-26; X (1921), 41-66; XI (1922), 34-66.

Maranzoni, G. "Lazzaro Buonamico e lo studio Padovano nella prima metà del cinquecento." *Nuovo archivio veneto*, 3d. ser. I (1901), 118-51, 301-13; II(1902), 131-96.

Mathorez, J. "Notes sur les espagnoles en France depuis le XVIe siècle jusqu'au règne de Louis XIII." *Bulletin hispanique*, XVI (1914), 337-71.

——. "Notes sur l'histoire de la colonie portugaise de Nantes." *Bulletin hispanique*, XV (1913), 317-20.

Matos, Luis de. "Un umanista portoghese en Italia, Damião de Goes." *Estudos italianos em Portugal*, No. 19 (1960), pp. 41-61.

——. "L'Humanisme portugaise et ses relations avec l'Europe." *Bulletin des études portugaises et de l'Institut français au Portugal*, XXVI (1965), 45-65.

Mollat, Michel. "Quelques aspects de la vie économique et sociale de la France dans la première moitié du XVIe siècle vus à travers la correspondance des diplomates portugais." *Bulletin des études portugaises et de l'Institut français au Portugal*, XII (1948), 224-53.

——. "Passages français dans l'Océan Indien au temps de Francois Ier." *Studia*, XI (1963),239-50.

Nair, V. B. "A Nair Envoy to Portugal." *Indian Antiquary*, LVII (1928), 157-59.

Oliveira Marques, A. H. D. "Damião de Góis e os mercadores de Danzig." *Arquivo de bibliografia portuguesa*, IV (1958), 133-63.

Özbaran, Salih. "The Ottoman Turks and the Portuguese in the PersianGulf, 1534-1581." *Journal of Asian History*, VI (1972), 45-87.

Peixoto, Jorge. "A informação em França, Espanha e Portugal nos séculos XVI, XVII e XVIII." *Arquivo de bibliografia portuguesa*, VII (1961), 131-36.

Piccinini, Prassitele. "Rapporti fra Italia e Portogallo nel campo delle scienze mediche." In Reale Accademia d'Italia, *Relazioni storiche fra l'Italia e il Portogallo*, pp. 387-401. Rome, 1940.

Pinto, Elena. "La biblioteca Vallicelliana in Roma." In *Miscellanea della R. Società Romana di Storia Patria*, No. 8. Rome, 1932.

Rivadeneira, Pedro de. "Vida del Padre Ignacio de Loyola," In *Obras escogidas...*, pp. 8-118. Madrid, 1868.

Silva Dias, J. S. da. "Portugal e a cultura europeia (sécs. XVI à XVIII)." *Biblos*, XXVIII (1952), 203-498.

Šimeček, Zdeněk. "Rožmberské zpravodajstír o nových zemích Asii a Africe v 16. století" (Rosemberk Reports about the New Lands of Asia and Africa in the Sixteenth Century). *Československý časopis historický*, XIII (1965), 428-43.

——. "L'Amérique au 16ᵉ siècle à la lumière des nouvelles du service de renseignements de la famille des Rožmberk." *Historica* (Prague), XI (1966), 53-93.

Sousa Costa, António Domingues de. "Estudantes portugueses na reitoria de Colégio de S. Clemente de Bolonha na primeira metade do século XV." *Arquivos de história da cultura portuguesa*, Vol. III, No. 1. Lisbon, 1969.

Tacchi Venturi, Pietro. "I portoghesi e Paolo III per la diffusione della civiltà cristiana nelle Indie e nell'Estremo Oriente." In Reale Accademia d'Italia, *Relazione storiche fra l'Italia e il Portogallo*, pp. 361-74. Rome, 1940.

Venturino, João Baptista. "Viagem do Cardeal Alexandrino, 1571." In A. Herculano, *Opusculos*, VI, 49-90. 10 vols. Lisbon, 1873-1908.

Veríssimo Serrão, Joaquim. "O humanista Diogo de Teive. Novos dados para a sua biografia." *Revista portuguesa de história*, IV, Pt. I (1949), 329-41.

——. "Manuel Álvares (1545-1612): Um desconhecido português professor de Medicina na Universidade de Toulouse." *Boletim da biblioteca geral da Universidade de Coimbra*, XXII (1953), 241-50.

Verlinden, Charles. "Lanzarotto Malocello et la découverte portugaise des Canaries." *Revue belge de philologie et d'histoire*, XXXVI (1958), 1173-1209.

Witte, Charles-Martial de. "Saint Charles Borromée et la couronne de Portugal." *Boletim internacional de bibliografia Luso-Brasileira*, VII (1966), 114-56.

II. BOOKS, LIBRARIES AND READING

BOOKS

Adams, Herbert M. *Catalogue of Books Printed on the Continent of Europe, 1501-1600, in Cambridge Libraries*. London, 1967.

Almagià, Roberto. *Monumenta cartographica Vaticana*. 4 vols. Vatican City, 1944-55.

Alvisi, Eduardo, ed. *Index bibliothecae Mediceae*. Florence, 1882.

Anselmo, António Joaquim. *Bibliografia das obras impressas em Portugal no século XVI*. Lisbon, 1926.

Arlolí y Farando, Servando, *et al*, comps. *Biblioteca Colombina: Catálogo de sus libros impresos*.... 7 vols. Seville, 1888-1948.

Augustinus, Antonius. *Bibliothecae*. Tarragona, 1587.

Austin, Gabriel. *The Library of Jean Grolier, a Preliminary Catalogue*. New York, 1971.

Babelon, Jean. *La bibliothèque française de Fernand Colomb*. Paris, 1913.

Baridon, Silvo F. *Inventaire de la bibliothèque de Pontus de Tyard*. Geneva, 1950.

Barros, João de. *Grammatica da língua portuguesa*. Lisbon, 1540.

Bassaeus, Nicolaus, publ. *Collectio in unum corpus, omnium librorum hebraeorum, graecorum, latinorum necnon germanice italice, gallicè, et hispanicè scriptorum, qui in nundinis Francofurtenibus ab anno 1564, usque ad nundinas autumnales anni 1592. partim novi, partim nova forma, et diversis in locis editi, venales extiterunt: desumpta ex omnibus Catalogis Willerianis singularum nundinarum ... melioríque ratione quam hactenus disposita*.... Frankfurt, 1592.

Bates, William. *Vitae selectorum aliquot virorum*.... London, 1681.

Baudrier, Henri Louis, and Baudrier, Julien. *Bibliographie Lyonnaise: Recherches sur les imprimeurs, libraires, relieurs, et fondeurs de lettres de Lyon au XVIe siècle*. 12 vols. Lyons, 1895-1921.

Bell, Robert (Belus). *Rerum hispanicarum scriptores aliquot*.... 2 vols, in 3. Frankfurt,1579-81.

Bertoni, G. *La biblioteca estense e la coltura ferrarese ai tempi del Duca Ercole I* (1471-1505). Turin, 1903.

Bogeng, G. A. E. *Die grossen Bibliophilen: Geschichte der Büchersammler und ihrer Samlungen*.3 vols. Leipzig, 1922.

Bonaffé, Edmond. *Inventaire des meubles de C. de Médicis en 1589*. Paris, 1874.

Boscaro, A. *Sixteenth-Century European Printed Works of the First Japanese Mission to Europe*. Leyden, 1973.

Braga, Theophile. *História da universidade de Coimbra*.... 2 vols. Lisbon, 1892, 1895.

Brandão, Mario, *Alguns documentos respeitantes à Universidade de Coimbra na época de D. João III*. Coimbra, 1937.

British Museum. Dept, of Printed Books. *The Lumley Library, the Catalogue of 1609*. Edited by Sears Jayne and Francis R. Johnson. London, 1956.

——. *Short-title Catalogue of Portuguese Books Printed before 1601 now in the British Museum*. Edited by Henry Thomas. London, 1940.

——. *Short-title Catalogue of Books Printed in the Netherlands and Belgium and of Dutch and*

Flemish Books Printed in Other Countries from 1470 to 1600. London, 1965.

——. *Short-title Catalogue of Books Printed in Spain and of Spanish Books Printed Elsewhere in Europe before 1601 now in the British Museum.* By Henry Thomas. London, 1921.

——. *Short-title Catalogue of Books Printed in France and of French Books Printed in Other Countries from 1470-1600 now in the British Museum.* London, 1924.

——. *Short-title Catalogue of Books Printed in Italy and of Italian Books Printed in Other Countries from 1465-1600.* London, 1958.

Brito Aranha, Pedre Wenceslau de. *A imprensa em Portugal nos séculos XV e XVI. As ordenaçoes d'elrei D. Manuel.* Lisbon, 1898.

Brown, Horatio F. *The Venetian Printing Press: An Historical Study Based upon Documents for the Most Part Hitherto Unpublished.* London, 1896.

Burckhard, Jacob. *Historiae bibliotheca augustae quae Wolffenbutteli....* 3 vols. Leipzig, [1744].

Burger, Konrad. *Die Drucker und Verleger in Spanien und Portugal von 1501 bis 1536.* Leipzig, 1913.

Burke, Redmond A. *What Is the Index?* Milwaukee, Wis., 1952.

Burmeister, K. H. *Sebastian Münster.* Basel, 1963.

Camerarius, Joachim. *De rebus turcicis commentarii.* Frankfurt, 1598.

Castellani, Carlo, comp. *Catalogo ragionato delle più rare o più importanti opere geografiche a stampa che si conservano nella Bibliotheca del Collegio Romano.* Rome, 1876.

——. *Pietro Bembo, bibliotecario della libreria di S. Marco in Venezia (1530-1543).* Venice, 1896.

Chantilly. Musée Condé. Bibliothèque. *Cabinet des livres imprimés antérieurs au milieu du XVIe siècle, par Chantilly.* Paris, 1905.

Christ, Karl. *Die Bibliothek des Klosters Fulda im 16. Jahrhundert.* Leipzig, 1933.

Cicogna, Emmanuele A, comp. *Delle inscrizioni veneziana.* 6 vols. Venice, 1824-53.

Cidade, Hernani, and Múrias, M., eds. *Asia de João de Barros.* 4 vols. Lisbon, 1945.

Clair, Colin. *Christopher Plantin.* London, 1960.

Claudin, Anatole. *Les enlumineurs, les relieurs, les libraires et les imprimeurs de Toulouse aux XVe et XVIe siècles (1480-1530).* Paris, 1893.

Coimbra. University Library. Catálogo de manuscritos da biblioteca da universidade de Coimbra. Published in *Boletim da biblioteca da universidade da Coimbra,* 1935-67.

Collinson, J. *The Life of Thuanus with Some Account of His Writings....* London, 1807.

Como, Ugo da. *Girolamo Muziano, 1528-92: Noti e documenti.* Bergamo, 1930.

Corella, A. Sierra. *La censura de libros y papelos en España y los indices y catálogos españoles de los prohibidos y expurgados.* Madrid, 1947.

Costa Coutinho, Bernardo Xavier da. *Bibliographie Franco-Portugaise, essai d'une bibliographie chronologique de livres français sur le Portugal.* Porto, 1939.

Cushing, Harvey. *A Bio-Biography of Andreas Vesalius*. 2d ed. New York, 1962.

Deacon, Richard. *John Dee: Scientist, Geographer, Astrologer, and Secret Agent to Elizabeth I*. London, 1968.

Delumeau, Jean. *Vie économique et sociale de Rome dans la seconde moitié du XVIe siècle*. Paris, 1957.

Denis, Michael. *Wiens Buchdruckergeschichte bis MDLX*. Vienna, 1782.

Denucé, Jean. *Inventaire des archives plantiniennes*. Antwerp, 1926.

Doni, Anton Francisco. *La libraria del Doni Fiorentino: Nella quale sono scritti tutti gl'autori vulgari con 100 discorsi sopra quelli*. Venice, 1550.

Doucet, Roger. *Les bibliothèques parisiennes au XVIe siècle*. Paris, 1956.

Droz, Eugénie. *Barthélemy Berton, 1563-1573*. Geneva, 1960.

Duncker, Albert. *Landgraf Wilhelm IV von Hessen, genannt der Weise, und die Begründung der Bibliothek zu Kassel im Jahre 1580*. Kassel, 1881.

Durme, Maurice van. *El cardinal Granvela*. Barcelona, 1957.

Ehrman, A., and Pollard, B. *The Distribution of Books by Catalogue from the Invention of Printing to A.D. 1800*. Cambridge, 1965.

El Escorial. 1563-1963. *IV Centenario de la fundación del Monasterio de San Lorenzo el Real*. 2 vols. Madrid, 1963.

Escudero y Perosso, Francisco. *Tipografía Hispalense: anales bibliográficos de la ciudad de Seville desde el establecimiento de la imprenta hasta fines del siglo XVIII*. Madrid, 1894.

Fava, Domenico. *La biblioteca Estense nel suo sviluppo storico*. Modena, 1925.

Febvre, Lucien. *Philippe II et la Franche-Comté*. Paris, 1912.

Febvre, Lucien, and Martin, H. J. *L'apparition du livre*. Paris, 1958.

Fischer, H., et al. *Conrad Gessner, 1516-65, Universalgelehrter, Naturforscher, Arzt*. Zurich, 1967.

Franck, Adolphe. *Reformateurs et publicistes de l'Europe*. 3 vols. Paris, 1864-93.

Franklin, Alfred L. *Les anciennes bibliothèques de Paris*. Paris, 1867-70.

French, P. J. *John Dee: The World of an Elizabethan Magus*. London, 1972.

Fulton, John Farquhar. *The Great Medical Bibliographers: A Study in Humanism*. London,1951.

Gabrieli, Giuseppe. *Manoscritti e carte orientali nelle biblioteche e negli archivi d'Italia*. Florence, 1930.

Gachard, Louis P., ed. *Lettres de Philippe II à ses filles les infantes Isabella et Catherine écrites pendant son voyage en Portugal (1581-83)*. Paris, 1884.

Gallardo, Bartolomé José. *Ensayo de una biblioteca española de libros raros curiosos*. 4 vols. Madrid, 1863-89.

García Lopez, Juan Catalina. *Ensayo de una tipografía complutense*. Madrid, 1899.

Garcia-Villoslada, Riccardo. *Storia del Collegio Romano dal suo inizo (1551) alla sopressione della Compagnia di Gesù (1773)*. Rome, 1954.

Gaselee, Stephen. *The Early Printed Books in the Library of Corpus Christi College*. Cambridge, 1921.

Geanakoplos, Deno J. *Greek Scholars in Venice*. Cambridge, 1962.

Gesner, Konrad. *Bibliotheca universalis, sive Catalogus omnia scriptorum locupletissimus, in tribus lingis Latina, Graeca, et Hebraica extantium et non extantiū, veterum et recentiorem....* 2 vols. Zurich, 1545.

——. *Bibliotheca instituta et collecta primum a Conrado Gesnero ... locupletata .. per Iosiam Simlerum Tigurinum*. Zurich, 1574.

Goldschmidt, Ernst P. *Hieronymus Münzer und seine Bibliothek*. London, 1938.

Gollob, Eduard. *Die Bibliothek des Jesuitenkollegiums in Wien und ihre Handschriften*. Vienna, 1909.

Gottlieb, Theodor. *Über mittelalterliche Bibliotheken*. Leipzig, 1890.

——. *Büchersammlung Kaiser Maximilians I: mit einer Einleitung über älteren Bücherbesitz im Hause Habsburg*. Leipzig, 1900.

Gualtieri, Guido. *Relationi della venuta de gli ambasciatori giaponesi à Roma, sino alla partita di Lisbona. Con una descrittione del lor paese, e costumi....* Venice, 1586.

Haebler, Konrad. *The Early Printers of Spain and Portugal*. London, 1897.

——. *Deutsche Bibliophilen des 16. Jahrhunderts: Die Fürsten von Anhalt, ihre Bücher und Bucheinbände*. Leipzig, 1923.

Händler, G. *Fürstliche Mäzene und Sammler in Deutschland von 1500 bis 1620*. Strassburg, 1933.

Harrisse, Henri. *Fernand Colomb, sa vie, ses oeuvres: Essai critique*. Paris, 1872.

——. *La Colombine et Clément Marot*. 2d ed. Paris, 1886.

——. *Excerpta Colombieniana: Bibliographie de quatre cents pièces gothiques françaises, italiennes et latines du commencement du XVIe siècle non décrites jusqu'ici. Précédée d'une histoire de la bibliothèque Colombine et de son fondateur*. Paris, 1887.

——. *Le Président de Thou et ses descendants, leur célèbre bibliothèque, leurs armoires, les traductions françaises de J.-A. Thuani Historiarum sui temporis*. Paris, 1905.

Hartig, Otto. *Die Gründung der Münchener Hofbibliothek durch Albrecht V und Johann Jakob Fugger...*Munich, 1917.

Herculano, Alexandre. *History of the Origins and Establishment of the Inquisition in Portugal*. Stanford, Calif., 1926.

Hessel, Alfred. *A History of Libraries*. Washington, D. C., 1950.

Hessels, J. H., ed. See Ortelius, Abraham.

Hirn, Josef. *Erzherzog Ferdinand II von Tyrol*. 2 vols. Innsbruck, 1885-88.

Hirsch, Rudolf. *Printing, Selling, and Reading, 1450-1550*. Wiesbaden, 1966.

Ilic, Ursula D. "Book Ownership in Sixteenth-Century France: A Study of Selected Notarial Inventories." M. A. thesis, Graduate Library School, University of Chicago, 1967.

Innsbruck Exposition (Ausstellung). *Katalog Österreich-Tirol, 1363-1963*. Innsbruck, 1963.

Irwin, Raymond. *The Origins of the English Library*. London, 1958.

Jayne, Sears. *Library Catalogues of the English Renaissance*. Berkeley and Los Angeles, 1956.

Jayne, Sears, and Johnson, F. R. *The Lumley Library: The Catalogue of 1609*. London, 1956.

Kibre, Pearl. *The Library of Pico*. New York, 1936.

Klemm, G. *Zur Geschichte der Sammlungen für Wissenschaft und Kunst in Deutschland*. Zerbst, 1837.

Kloosterboer, W. *Bibliografie van nederlandse publikaties over Portugal en zijn overzeese gebiedsdelen*. The Hague, 1957.

Koemans, C. *Collections of Maps and Atlases in the Netherlands: Their History and Present State*. Leyden, 1961.

Kramm, Heinrich. *Deutsche Bibliotheken unter dem Einfluss von Humanismus und Reformation*. Leipzig, 1938.

Krauss, Werner. *Altspanische Drucke im Besitz der ausserspanische Bibliotheken*. Berlin, 1951.

Lambeck (Lambecius), Peter. *Commentarii de aug. bibliotheca Caesarea Vindobonensi libri II*. 8 vols. Vienna, 1665-69.

Lamma, Ernesto. *Saggio di una bibliografia intorno Andrea Navagero*. Venice, 1927.

Lehmann, Paul. *Eine Geschichte der alten Fuggerbibliotheken*. Tübingen, 1956.

Leite, Duarte. *História dos descobrimentos. Colectânea de esparsos. Organização, notas e estudo final de V. Magalhães Godinho*. 2 vols. Lisbon, 1960.

Lenhart, John Mary, O. M. Cap. *Pre-Reformation Printed Books and Applied Bibliography*. New York, 1935.

Leon Pinelo, Antonio de. *Epítome de la Biblioteca oriental i occidental, náutica y geografica*. Madrid, 1629.

Le Roux de Lincy, Adrien Jean Victor. *Notice sur la bibliothèque de Catherina de Medicis avec des extraits de l'inventaire de cette bibliothèque*. Paris, 1859.

——. *Recherches sur Jean Grolier, sur sa vie et sa bibliothèque: Suivies d'un catalogue des livres que lui ont appartenu*. Paris, 1866.

Levi della Vida, Giorgio. *Ricerche sulla formazione del più antico fondo dei manoscritti orientali della Biblioteca vaticana*. Vatican City, 1939.

Lhotsky, Alphons. Die Geschichte der Sammlungen. Vol. II of *Festschrift zur Feier des fünfzigjährigen Bestandes*. 2 vols. Vienna, 1941-45.

Lisbon, Camâra Municipal. *Documentos do arquivo histórico da Câmara Municipal de Lisboa, Livros de Reis*. Vols. 1-8. Lisbon, 1957-65.

Lisbon. Museu nacional de arte antiga. *Influences do Oriente na arte portuguesa continental, a arte nas provincias portuguesas do ultramar.* Lisbon, 1957.

Luchner, Laurin. *Denkmal eines Renaissancefürsten: Versuch einer Rekonstruktion des Ambraser Museums von 1586.* Vienna, 1958.

Lunsingh Scheurleer, Th. H., and Posthumus Meyjes, G. H. M., eds. *Leiden University in the Seventeenth Century: An Exchange of Learning.* Leyden, 1975.

Luxoro, Maria. *La biblioteca di San Marco nella sua storia.* Florence, 1954.

Luzio, Alessandro, and Renier, Rodolfo. *Mantova e Urbino: Isabella d'Este ed Elisabetta Gonzaga nelle relazioni famigliari e nelle vicende politiche.* Turin and Rome, 1893.

Madurell Marimon, José Maria, and Rubio y Balaguer, Jorge, comps, and eds. *Documentos para la historia de la imprenta y librería en Barcelona (1474-1553).* Barcelona, 1955.

Manuel II of Portugal. *Livros antigos Portugueses, 1489-1600, da biblioteca da Sua Magestade Fidelissima.* 3 vols. London, 1929-32.

Matos, Luis de. *Les portugaises en France au XVIe siècle.* Coimbra, 1952.

McCurdy, Edward, trans. *The Notebooks of Leonardo.* 2 vols. in 1. New York, 1958.

Menhardt, Hermann. *Das älteste Handschriftenverzeichnis der Wiener Hofbibliothek von Hugo Blotius, 1576.* Vienna, 1957.

Mistretta di Paolo, Vincenzo. *Biblioteche private e scuole pubbliche e private in Alcamo nel '500.* Alcamo, 1967.

McDonald, Robert H., ed. *The Library of Drummond of Hawthornden.* Edinburgh, 1971.

Müntz, Eugene. *La bibliothèque du Vatican au XVIe siècle.* Paris, 1886.

Nolhac, Pierre de. *La bibliothèque de Fulvio Orsini: Contribution à l'histoire des collections d'Italie et à l'étude de la Renaissance.* Paris, 1887.

Norton, Frederick J. *Printing in Spain, 1501-1520.* Cambridge, 1966.

Omont, Henri Auguste. *Anciens inventaires et catalogues de la Bibliothèque nationale.* 5 vols. Paris, 1908-21.

Ortelius, Abraham. Abraham Ortelii, geographi antwerpiensis, et virorum eruditorum...Epistulae ... 1524- ... Edited by J. H. Hessels. Cambridge, 1887.

Pansa, Muzio. *Della libraria Vaticana.* Rome, 1590.

Parr, George M. *Jan van Linschoten: The Dutch Marco Polo.* New York, 1964.

Picatoste y Rodriguez, Felipe. *Apuntes par una bibliografia cientifica española del siglo XVI.* Madrid, 1891.

Pittoni, Laura. *La libreria di S. Marco.* Pistoia, 1903.

Pottinger, David D. *The French Book Trade in the Ancien Régime, 1500-1791.* Cambridge, Mass., 1958.

Primisser, Alois. *Die kaiserlich-königliche Ambraser Sammlung.* Vienna, 1819.

Quentin-Bauchart, Ernest. *La bibliothèque de Fontainebleau et les livres des derniers Valois à la Bibliothèque nationale (1515-1598).* Paris, 1891.

Renouard, Antoine Augustin. *Les annales de l'imprimerie des Aldes, ou histoire des trois Manuce et de leurs éditions.* 3d ed. Paris, 1834.

Retana, W. E. *Tablas cronológica y alfábetica....* Madrid, 1908.

Reusch, Franz Heinrich. *Die Indices Librorum Prohibitorum des sechzehnten Jahrhunderts.* Stuttgart, 1886.

Révah, I. S. *La censure inquisitoriale portugaise au XVIe siècle.* Lisbon, 1960.

Rodríguez-Marín, Francisco. *Luis Barahona de Soto: estudio biográfico, bibliográfico y crítico.* 2 vols. Madrid, 1903.

Rodríguez-Moñino, Antonio R. *La biblioteca de Benito Arias Montano, noticias y documentos para su reconstitución*, 1548-1598. Badajoz, 1929.

Rogers, Francis, ed. *Europe Informed: An Exhibition of Early Books Which Acquainted Europe with the East.* Cambridge, Mass., 1966.

Saba, Agostino. *La biblioteca di S. Carlo Borromeo.* Florence, 1936.

Sacken, Freiherr von. *Die K. K. Ambraser Sammlung.* 2 vols. Vienna, 1855.

Sánchez Cantón, Francisco. *La librería de Vélasquez.* Madrid, 1905.

Saraiva, António José. *História da cultura em Portugal.* 3 vols. Lisbon, 1950-62.

Schutz, Alexander Herman. *Vernacular Books in Parisian Private Libraries of the Sixteenth Century According to the Notarial Inventories.* Chapel Hill, N. C., 1955.

Seguin, Jean Pierre. *L'information en France de Louis XII à Henri II.* Geneva, 1961.

——. *L'information en France avant le périodique: 517 canards imprimés entre 1529 et 1631.* Paris, 1964.

Selig, Karl Ludwig. *The Library of Vincencio Juan de Lastanosa, patron of Gracián.* Geneva 1960.

Silva Bastos, José Timóteo. *História da censura intelectual em Portugal.* Coimbra, 1926.

Skallerup, Harry R. *Books Afloat and Ashore: A History of Books, Libraries, and Reading among Seamen during the Age of Sail.* Hamden, Conn., 1974.

Smital, Ottokar. *Die beiden Hofmuseen und die Hofbibliothek.* Vienna and Leipzig, 1920.

Sousa Viterbo, Francisco M. de. *A Livraria Real, especialmente no reinado de D. Manuel.* Lisbon, 1901.

Stauber, Richard. *Die Schedelsche Bibliothek.* Freiburg, 1908.

Steinmann, M. *Johannes Oporinus.* Basel and Stuttgart, 1967.

Stummvoll, Josef L. *Geschichte der österreichischen Nationalbibliothek.* Vienna, 1968.

Tacchi-Venturi, Pietro, ed. *Opere storiche del P. Matteo Ricci, S. J.* 2 vols. Macerata, 1913.

Taylor, Archer. *Book Catalogues: Their Varieties and Uses*. Chicago, 1957.

——. *Renaissance Guides to Books: An Inventory and Some Conclusions*. Berkeley, 1945.

Thompson, James W. *The Medieval Library*. Chicago, 1939.

Thou, Jacques Auguste de. *Catalogus bibliothecae Thuanae a clariss. viv. Petro et Iacobo Puteanis, ordine alphabetico primum distributus. Tum secundum scientias et artes à clariss. viro Ismaela Bullialdo digestus nunc vero editus à Josepho Quesnel Parisino et bibliothecario. Cum indici alphabetico authorum*. Paris, 1679.

——. *Les éloges des hommes savans, tirez de l'Histoire de M. de Thou ... par Antoine Teissier*. 4 vols. Leyden, 1715.

Tomasino, Jacopo Filippo. *V. C. Laurentii Pignorii.. . bibliotheca et museum... .* Venice, 1632.

Valdenbro y Cisneros, José Maria de. *La imprenta en Cordoba, ensayo bibliográfico*. Madrid, 1900.

Vienna, National Library. *Ambraser Kunst- und Wunderkammer. Die Bibliothek. Katalog der Ausstellung im Prunksaal 28. Mai bis 30. September 1965*. Vienna, 1965.

Villey-Desmeserets, Pierre. *Les livres d'histoire moderne utilisés par Montaigne ... suivi d'un appendice sur les traductions françaises d'histoires anciennes utilisées par Montaigne*. Paris, 1908.

Vocht, Henry de. *History of the Foundation and Rise of the Collegium Trilingue Lovaniense, 1517-1550*. 4 vols. Louvain, 1951-55.

Voet, Leon. *The Golden Compasses: A History and Evaluation of the Printing and Publishing Activities of the Officina Plantiniana at Antwerp*. 2 vols. Amsterdam, 1969.

Waters, D. W. *The Art of Navigation*. London, 1958.

Watt, Joachim de (Vadianus). *Epitome trium terrae partium Asiae, Africae et Europae*. Zurich, 1534.

Wiest, Donald H. *The Precensorship of Books*. Washington, D. C., 1953.

ARTICLES

Anon. "Old Inventories of Maps." *Imago mundi*, V (1948), 18-20.

——. "Viagem a Portugal dos Cavaleiros Tron e Lippomani, 1580." In Alexandre Herculano, ed. and trans., *Opusculos*, VI, pp. 113-26. 10 vols. Lisbon, 1873-1908.

Almagià, R. "La diffusion des produits cartographiques flamands en Italie au XVIe siècle." *Archives internationales d'histoire des sciences*, XXXIII (1954), 40-50.

Bagrow, Leo. "A Page from the History of the Distribution of Maps." *Imago mundi*,V (1948), 53-62.

Barbieri, Torquato, comp. "Indice delle cinquecentine conservate nella Biblioteca Carducci, I (1501-1550)." *Archiginnasio*, LVII (1962), 184-256.

Bay, J. E. "Conrad Gesner, the Father of Bibliography." *Papers of the Bibliographical Society of America*, X, Pt. 2 (1916), 60-65.

Bee, Christian. "Une librairie florentine de la fin du XVe siècle." *Bibliothèque d'humanisme et renaissance*, II (1969), 321-32.

Beer, Rudolf, ed. "Niederländische Büchererwerbungen des Benitos Arias Montano für den Eskorial im Auftrage König Philip II von Spanien." *Jahrbuch der kunsthistorischen Sammlungen des allerhöchsten Kaiserhauses*, XXV (1905), Pt. 2, i-xi.

Boeheim, Wendelin, ed. "Urkunden und Regesten aus der K.K. Hofbibliothek." *Jahrbuch der kunsthistorischen Sammlungen des allerhöchsten Kaiserhauses*, VII (1888), Pt. 2, xci-cccxiii.

Boinet, Amédée. "Un bibliophile français du XVIe siècle, Claude Gauflier." *Gutenberg Jahrbuch*, 1953, pp. 176-79.

Bonnefon, P. "La bibliothèque de Montaigne." *Revue d'histoire littéraire de la France*, II(1895), 310-69.

Boxer, Charles R. "Some Portuguese Sources for Indonesian Historiography." In Soedjatmoko *et al*, eds., *An Introduction to Indonesian Historiography*, pp. 217-33. Ithaca, N.Y., 1965.

Brandão, Mario. "Contribuições para a história da universidade de Coimbra: a livraria do Padre Francisco Suarez." *Biblos,* III (1927), 325-49.

Brockhaus, H. "Ein altflorentiner Kunstverlag." *Mitteilungen des kunsthistorischen Instituts in Florenz*, I (1910), 97-110.

C. R. "Inventaire des meubles et effets du chateau de Vianen en 1567." *Le bibliophile belge*, 3d ser. IX (1874), 106-14, 274-79.

Carvalho, Joaquim de. "A livraria dum letrado do século XVI. Frei Diogo de Murça." *Boletim bibliografico da universidade de Coimbra*, Nos. I-VII (1927), 1-27.

Clough, C. H. "Pietro Bembo's Library Represented in the British Museum." *British Museum Quarterly*, XXX (1966), 3-17.

Connat, M., and Megret, J. "Inventaire de la bibliothèque des Du Prat." *Bibliothèque d'humanisme et renaissance*, III (1943), 72-128.

Corraze, Abbé R. "Notes pour servir à l'histoire de la librairie à Toulouse (1500-1540)." *Bulletin philologique et historique*, 1934-35, pp. 59-81.

Coyecque, E. "Quatre catalogues de livres (1519-1520)." *Revue des bibliothèques*, V(1895), 2-12.

Cristofari, Maria. "La tipografia vicentina nel secolo XVI." In *Miscellanea di scritti di bibliografia ed erudizione in memoria di Luigi Ferrari*, pp. 191-214. Florence, 1952.

Deherain, H. "Fernand Colomb et sa bibliothèque." *Journal des Savants*(Paris), VIII(1914),342-51.

Des Coudres, Hans P. "Das verbotene Schrifttum und die wissenschaftlichen Bibliotheken." *Zentralblatt für Bibliothekswesen*, LII (1935), 459-71.

Dorez, Léon. "La bibliothèque privée du pape Jules II." *Revue des bibliothèques* (Paris), VI (1896), 97-124.

——."Recherches sur la bibliothèque du Cardinal Girolamo Aleandro." *Revue des bibliothèques* (Paris), VII (1897), 49-68.

——. "Recherches sur la bibliothèque de Pier Leoni, médecin de Laurent de Medicis." *Revue des bibliothèques* (Paris), IV (1894), 73-83; VII (1897), 81-103.

——. "Le registre des dépenses de la Bibliothèque Vaticane de 1548 à 1555." In *Fasciculus Ioanni Willis Clark dicatum*, pp. 142-85. Cambridge, 1909.

Droz, Eugénie. "Le libraire Jean de Campenon (d. 1580)." *Bulletin de la société des bibliophiles de Guyenne*, XXXVI (1967), 131-45.

Fletcher, John. "Athanasius Kircher and the Distribution of His Books." *Library,* XXIII (1968), 108-17.

Galizia, Giovanna. "Inventari quattro e cinquecenteschi di libri appartenenti alla sacrestia della cattedrale di Macerata." *Aevum*, XLI (1967), 160-65.

Gérard, Charles. "Quelques livres curieux de la bibliothèque nationale St. Marc, de Venise." *La bibliofilia*, X (1908-9), 413-34.

Goris, J. A. "De intellectueele bagage van een Spanjaard in de XVIe eeuw." *Het Boek*, XI (1922), 337-41.

——. "Twee kleine zestiende-eeuwsche bibliotheken te Antwerpen(1584)." *Het Boek*,XIII (1924), 255-257.

Gutierrez, Luis Cuesta. "Dos grandes bibliotecas del Extremo Oriente para la Nacional de Madrid." *Gutenberg Jahrbuch*, XXXIV (1959), 120-26.

Hervouet, Yves. "Les bibliothèques chinoises d'Europe occidentale." *Mélanges publiée par l'Institut des hautes études chinoises* (University of Paris), I (1957), 451-511.

Hildebrandt, Ernst. "Die kurfürstliche Schloss- und Universitätsbibliothek zu Wittenberg 1512-1547: Beiträge zu ihrer Geschichte." *Zeitschrift für Buchkunde*, II (1925), 34-42, 109-29, 157-88.

Hoff, van't B. "De catalogus van de bibliothek van Gerard Mercator." *Het Boek*, XXV (1961-62), 25-27.

Hughes, Barnabas B., O. F. M. "The Private Library of Johann Scheubel, Sixteenth-Century Mathematician." *Viator*, III (1972), 417-32.

Hülle, Hermann. "Die Erschliessung der chinesischen Bücherschätze der deutschen Bibliotheken." *Ostasiatische Zeitschrift*, 1919-20, pp. 199-219.

Husner, Fritz. "Die Bibliothek des Erasmus." In *Gedenkschrift zum 400. Todestage des Erasmus von Rotterdam*, pp. 228-59. Basel, 1936.

Joachimsohn, Paul. "Aus der Bibliothek Sigismund Gossembrots." *Zentralblatt für Bibliothekswesen*, XI (1894), 249-68, 297-307.

Jonghees, J. H. "Stephanus Ninandies Pighius Compensis. " *Mededelingen van het Nederlands*

Historisch Instituut te Rome, 3d ser. VIII (1954), 120-85.

Kirchhoff, Albrecht. "Die Leipziger Büchermesse von 1550 bis 1650." *Archiv für Geschichte des deutschen Buchhandels*, XI (1888), 183-203.

——. "Leipziger Sortimentshändler im 16. Jahrhundert und ihre Lagervorräteh." *Archiv für Geschichte des deutschen Buchhandels*, XI (1888), 204-82.

——. "Lorenz Finckelthaus in Leipzig Nachlassinventar vom Jahre 1581." *Archiv für Geschichte des deutschen Buchhandels*, XIV (1891), 99-113.

Klaiber, L. "Die altspanischen und altportugiesischen Drucke und Handschriften der Universitätsbibliothek Freiburg i.B." *Revue hispanique*, Part I (1933), 498-525.

Kronenberg, M. E. "Pastor Johannes Phoconius (Zwolle 1527-Deventer 1560) en zijn bibliothek." *Het Boek*, III (1914), 345-51, 374-83, 454-69.

Lattès, S. "Recherches sur la bibliothèque d'Angelo Colocci." *Mélanges d'archéologie et d'histoire*, XLVIII (1931), 308-44.

Le Gentil, Georges. "Les français en Portugal." *Bulletin des études portugaises*, I (1931), 1-25.

Liu, James J. Y. "The Feng-yüeh Chin-nang [風月錦囊]; A Ming Collection of Yüan and Ming Plays and Lyrics Preserved in the Royal Library of San Lorenzo, Escorial Spain ." *Journal of Oriental Studies* (Hong Kong), IV, Nos. 1-2 (1957-58), 79-107.

Luzio, A., and Renier, R., eds. "La coltura e le relazioni letterarie di Isabella d'Este Gonzaga, appendice prima." *Giornale storico della letteratura italiana*, XLII (1903), 75-89.

Martín-González, J. J. "El palacio de Carlo V en Yuste." *Archivo español de arte*, XXIII (1950), 246-47.

Matos, Luis de. "Obras raras do século XVI." *Boletim internacional de bibliografia Luso-Brasileira*, 111(1962), 74-83.

Matsuda Kiichi. "Catálgo de los documentos japoneses existentes en Europe Meridional." *Boletim da filmoteca ultramarina portuguesa*, XX (1962), 7-29.

Mercati, Giovanni. "Un indice di libri offerti a Leone X." *Il libro e la stampa,* N. S. II (1908), 41-47.

Offenbacher, Emile. "La bibliothèque de Wilibald Pirckheimer." *La bibliofilia*, XL (1939), 241-63.

Omont, Henri. "Inventaire de la bibliothèque de Guillaume Pelicier, évêque de Montpelier (1529-1568)." *Revue des bibliothèques*, I (1891), 161-72.

Pelliot, Paul. "Une liasse d'anciens imprimés chinois des Jésuites retrouvée à Upsal." *T'oung pao*, XXIX (1932), 114-18.

Petitot, C. B., ed. "Mémoires de Jacques-August de Thou." In *Collection complète des mémoires relatifs à l'histoire de France*, Ser. I, Vol. XXXVII, pp. 189-530. 130 vols, in 131. Paris, 1820-29.

Piquard, Maurice. "La bibliothèque d'un homme d'état [Cardinal de Granvelle] au XVIᵉ siècle." In *Mélanges d'histoire du livre ... offerts à M. Frantz Calot*, pp. 227-35. Paris, 1960.

Pogson, K. M. "List of Books Presented by the Earl of Essex in 1600, Still in the Bodleian." *Bodleian Quarterly Record*, III (1920-22), 241-244.

Prandtl, Wilhelm. "Die Bibliothek des Tycho Brahe." *Philobiblon*, V (1932), 291-99, 321-29.

Preisendanz, Karl. "Die Bibliothek Johannes Reuchlins." In *Johannes Reuchlin, 1455-1522, Festgabe*, pp. 35-82. Pforzheim, 1955.

Prideaux, W. R. B. "Books from John Dee's Library." *Notes and Queries*, 9th ser. VIII (1901), 137-38; 10th ser. I(1904), 241-42.

Quelle, Otto. "Die ibero-amerikanischen Länder in Manuscriptatlanten des 16. und 17. Jahrhunderts der Wiener Nationalbibliothek." *Ibero-Amerikanisches Archiv*, XIII (1939), 130-49.

Reiffenberg, Baron de. "Bibliothèque de Joseph Scaliger." *Le bibliophile belge*, IV (1847), 228-31.

Ridolfi, Roberto. "La biblioteca del Cardinale Niccolo Ridolfi (1501-50)." *Bibliofilia*,XXXI (1929), 173-93.

Robathan, Dorothy M. "The Catalogues of the Princely and Papal Libraries of the Italian Renaissance." *Transactions and Proceedings of the American Philological Association*, LXIV (1933), 138-49.

Schelven, A. A. van. "Een catalogus van den Amsterdamschen boekverkooper Cornelis Claesz." *Het Boek*, XI (1922), 329-34.

Schütte, Joseph Franz, S.J. "Christliche japanische Literatur, Bilder und Druckblaetter in einem unbekannten Vatikanischen Codex aus dem Jahre 1591." *Archivum historicum Societatis Iesu*, IX (1940), 226-80.

Schutz, A. H. "Gleanings from Parisian Private Libraries of the Renaissance (1494-1558)." *Romance Philology*, V (1951), 25-34.

Selig, K. L. "A German Collection of Spanish Books." *Bibliothèque d'humanisme et renaissance*, XIX (1957), 71-80.

Sondheim, M. "Die Bibliothek des Hans Sachs." In *Sondheims gesammelte Schriften*, pp. 259-60. Frankfurt, 1927.

Stahleder, Erich. "Die verschollene Bibliothek des Benediktinklosters Eschenbrunn." *Jahrbuch des historischen Vereins Dillingen*, LXIX (1967), 25-41.

Steiger, C. F. de. "Die Bibliothek des Berner Schultheissen Johannes Steiger (1518-81)." *Stultifera navis*, X (1890), 44-54.

Stern, Virginia F. "The Bibliotheca of Gabriel Harvey." *Renaissance Quarterly*, XXV (1972), 1-62.

Strauss, Felix F. "The 'Liberey' of Duke Ernest of Bavaria (1500-1560)." *Studies in the Renaissance*, VIII (1961), 128-43.

Thani Nayagam, Xavier S. "Tamil Manuscripts in European Libraries." *Tamil Culture*,III(1954), 219-28.

Vajda, Georges. "Un inventaire de bibliothèque juive d'Italie." *Revue des études juives*,CXXVI (1967-

68), 473-83.

Van der Feen, G. B. C. "Noord-nederlandsche boekerijen in der 16ᵉ eeuw." *Het Boek*, VII (1918), 81-92, 318-34; VIII(1919), 219-24.

Veríssimo Serrão, Joaquim. "António de Gouveia e Miguel de Montaigne; seu provável contacto." *Revista filosófica* (Coimbra), II (1952), 84-89.

Voet, Leon. "Les relations commerciales entre Gerard Mercat et la maison Plantinienne." *Duisburger Forschungen*, VI (1962), 221-24.

Walde, O. "Neue bücher- und bibliotheksgeschichtliche Forschungen in deutschen Bibliotheken." *Nordisk tidskrift för bok- och biblioteksväsen* (Stockholm), XXIX (1942), 165-262.

Warner, George F., ed. "The Library of James VI, 1573-83." *Miscellany of the Scottish Historical Society* (Edinburgh), I (1893), i-lxxv.

Wicki, Joseph. "Der älteste deutsche Druck eines Xaveriusbriefes aus dem Jahre 1545. ehemals im Besitz des Basler Humanisten Lepusculus." *Neue Zeitschrift für Missionswissenschaft*, IV (1948), 105-9.

III. THE INHERITED THEMES

BOOKS

Alexander the Great. *Curtius Rufus, Quintus. La historia d'Alexandro Magno*. Florence, 1478.

——. *Curtius Rufus, Q.... De Rebus gestis Alexandri Magni, regis Macedonum*....Argentière, 1518.

——. *Alexandri Macedonis ad Aristotelem. De mirabilibus Indie in Secreta secretorum Aristotelis*. Lyons, 1528.

——. *Q. Curtii De rebus gestis Alexandri Magni rêgis Macedonum, libri*.... Cologne,1542.

——. *Q. Curtii... De rebus gestis Alexandri Magni*.... Basel, 1545.

——. *De fatti d'Alessandro Magno ... tradotto per Tomaso Porcacchi*.... Venice, 1559.

——. *Curtius Rufus, Quintus. The History of Quintus Curtius, Conteyning the Actes of the Greate Alexander, translated out of Latin into Englishe by Iohn Brende*. London, 1570.

Altheim, Franz. *Alexander und Asien: Geschichte eines geistigen Erbes*. Tübingen, 1953.

Amalfi, Gaetano. *Il Panciatantra in Italia*. Trani, 1893.

Baethgen, Friedrich, trans. *Sindban, oder die Sieben Weisen Meister: Syrisch und Deutsch*. Leipzig, 1879.

Baltrušaitis, Jurgis. *Le moyen âge fantastique*. Paris, 1955.

Barlaam and Joasaph. S. *Ioannis Damasceni Historia de vitis et rebus gestis SS Barlaam eremitae et Iosaphat, Indiae regis, Iacobo Billio ... interprete*. Antwerp, 1593.

Benfey, Theodor, ed. and trans. *Pantschatantra: Fünf Bücher indischer Fabeln, Märchen, und*

Erzählungen. 2 vols. Leipzig, 1859.

Berges, W. *Die Fürstenspiegel des hohen und späten Mittelalters.* Stuttgart, 1952.

Bernheimer, Richard. *Wild Men in the Middle Ages.* Cambridge, Mass., 1952.

Blochet, Edgar. *Les sources orientales de la Divine Comédie.* Paris, 1901.

Bodnar, Edward W. *Cyriacus of Ancona and Athens.* Brussels, 1960.

Bolte, Johannes, and Mackensen, Lutz. *Handwörterbuch des deutschen Märchens.* 2 vols.Berlin and Leipzig, 1930-33, 1934-40.

Braunholtz, Eugen. *Die erste nichtchristliche Parabel des Barlaam und Josaphat ihre Herkunft und Verbreitung.* Halle, 1884.

Breloer, B., and Bömer, F. *Fontes historiae religionum Indicarum.* Bonn, 1939.

Brummach, Jürgen. *Die Darstellung des Orients in den deutschen Alexandergeschichten des Mittelalters.* "Philologische Studien und Quellen," Vol. 29. Berlin, 1966.

Budge, E. A. Wallis. *Barlaam and Yewâsef.* Cambridge, 1923.

Burlingame, Eugene Watson, trans. and ed. *Buddhist Parables Translated from the Original Pali.* New Haven, 1922.

Burmeister, Karl Heinz. *Sebastian Münster, eine Bibliographie.* Wiesbaden, 1964.

Buron, E. *Ymagi Mundi de Pierre d'Ailly.* Paris, 1930.

Bysshe, Sir Edward. *Palladius de gentibus Indiae.* London, 1665.

Camerarius, Joachim. *Libellus gnomologicus....* Leipzig, 1569.

Campbell, Killis. *The Seven Sages of Rome.* Boston, 1907.

Cary, George A. *The Medieval Alexander.* 2d ed. Cambridge, 1967.

Cassel, D. Paulus, ed. *Mischle Sindbad, Secundus Syntipas.* 3d ed. Berlin, 1891.

Comparetti, Domenico. *Ricerche intorno al Libro di Sindibad.* Milan, 1869.

Corrêa de Lacerda, Margarida. *Vida do honrado infante Josaphate, filho del Rey Avenir. Versão de frei Hilário da Lourinhã e o identificação por Diogo do Couto (1542-1616) de Josaphate com o Buda.* Lisbon, 1963.

Cosquin, Emmanuel Georges. *Etudes folkloriques: recherches sur les migrations des contes populaires et leur point de départ.* Paris, 1922.

——. *Les contes indiens et L'occident.* Paris, 1922.

Crane, Thomas F., ed. *The Exempla... of Jacques de Vitry.* London, 1890.

Dahlquist, Allan. *Megasthenes and Indian Religion: A Study in Motives and Types.* Stockholm, 1962.

der Nersessian, Sirarpie. *L'illustration du roman de Barlaam et Joasaph.* Paris, 1937.

Di Francia, Letterio. *La leggenda di Turandot nella novellistica e nel teatro.* Trieste, 1932.

Dresbach, L. *Der Orient in der altfranzösischen Kreuzzugsliteratur.* Breslau, 1901.

Edgerton, Franklin, trans. and ed. *The Panchatantra Reconstructed.* 2 vols. New Haven, 1924.

Falugio, Domenico. *Triomphe Magno*. Rome, 1521.

Funk, Philipp. *Jakob von Vitry, Leben und Werke*. "Beiträge zur Kulturgeschichte des Mittelalters,"
Vol. III. Leipzig and Berlin, 1909.

Gabrieli, Giuseppe. *Dante e l'Oriente*. Bologna, 1921.

Gaedertz, K. T. *Gabriel Rollenhagen, sein Leben und seine Werke*. Leipzig, 1881.

Graf, Arturo. *Miti, leggende, e superstizioni del Medio Evo*. Turin, 1892-93.

Guerri, Domenico. *La corrente popolare nel Rinascimento*. Florence, 1931.

Günter, Heinrich. *Buddha in der abendländischen Legende*. Leipzig, 1922.

Haight, Elizabeth H. *Life of Alexander of Macedon*. New York, 1955.

——. *Essays on the Greek Romances*. New York, 1943.

——. *More Essays on Greek Romances*. New York, 1945.

Herodotus. See Selincourt, Aubrey de, trans.

Hertel, Johannes. *Das Pañcatantra, seine Geschichte und seine Verbreitung*. Leipzig and Berlin, 1914.

Hervieux, Léopold. *Les fabulistes latins depuis le siècle d'Auguste jusqu'à la fin du moyen âge*.2 vols.
Paris, 1884-99.

Hirsch, Siegmund. *Das Alexanderbuch Johann Hartliebs*. Berlin, 1909.

Hoffman, Agnes. *Untersuchungen zu den altdeutschen Marco Polo-Texten*. Ohlau, 1936.

Holmes, Urban Tigner. *A History of Old French Literature from the Origins to 1300*. Rev. ed. New
York, 1962.

Hölscher, Tonio. *Ideal und Wirklichkeit in den Bildnissen Alexanders des Grossen*. Heidelberg, 1971.

Husselman, Elinor. *Kalilah and Dimnah*. London, 1938.

Jacobs, Joseph. *Indian Fairy Tales*. London, 1892.

Jacobs, Joseph ed. *Barlaam and Josaphat. English Lives of Buddha*. London, 1896.

Janson, Horst W. *Apes and Ape Lore*. London, 1952.

Keith, A. Berriedale. *A History of Sanskrit Literature*. Reprint of 1920 edition. London,1961.

Keith-Falconer, Ian G. N. *Kalīlah and Dimnah or the Fables of Bidpai: Being an Account of Their
Literary History. ...* Cambridge, 1885.

Klijn, Albertus F. J. *The Acts of Thomas*. Leyden, 1962.

Landau, Marcus. *Die Quellen des Dekameron*. Stuttgart, 1884.

Lang, David Marshall. *The Balavariani (Barlaam and Josaphat): A Tale from the Christian East
Translated from the Old Georgian*. Berkeley, 1966.

——. *The Wisdom of Balahvar, a Christian Legend of the Buddha*. London, 1957.

Lavro, Pietro, trans. *Arriano di Nicomedia, chiamato nuovo Xenofonte de i fatti del Magno Alessandro
re di Macedonia Novamente di greco tradotto in italiano per Pietro Lavro modonese. . ..* Venice,
1544.

Lee, A. C. *The Decameron: Its Sources and Analogues*. London, 1909.

Lepszy, Hans-Joachim. *Die Reiseberichte des Mittelalters und der Reformationszeit*. Hamburg, 1953.

Lévêque, Eugène. *Les mythes et les légendes de l'Inde et de la Perse dans Aristophane, Platon, Aristote, Virgile, Ovide, Tite-Live, Dante, Boccace, Arioste, Rabelais, Perrault, La Fontaine*. Paris, 1880.

Loiseleur-Deslongchamps, Auguste Louis Armand. *Essai sur les fables indiennes*. Paris, 1838.

Macdonell, Arthur A. *History of Sanskrit Literature*. London, 1928.

——. *India's Past: A Survey of Her Literatures, Religions, Languages and Antiquities*.Oxford, 1927.

Magoun, F. P. *The Gestes of Alexander of Macedon*. Cambridge, Mass., 1929.

Majumdar, Ramesh, ed. *The Classical Accounts of India: Being a Compilation of the English Translations of the Accounts left by Herodotus, Megasthenes, Arrian, Strabo, Quintus, Diodorus Siculus, Justin, Plutarch, Frontinus, Nearchus, Apollonius, Pliny, Ptolemy, Aelian and Others, with Maps, Editorial Notes, Comments, Analysis, and Introduction*. Calcutta, 1960.

Manni, Eugenio. *Introduzione allo studio della storia greca e romana*. Palermo, 1952.

McCrindle, John W. *Ancient India as Described in Classical Literature*. Westminster, 1901.

Merkelbach, Reinhold. *Die Quellen des griechischen Alexanderromans*. Munich, 1954.

Meyer, Paul. *Alexandre le Grand dans la littérature française du moyen âge*. Vol. I. Paris, 1886.

Mierow, Charles C., trans. *The Two Cities: A Chronicle of Universal History to the Year 1146 A.D. by Otto, Bishop of Freising*. New York, 1966.

Moldenhauer, Gerhard. *Die Legende von Barlaam und Josaphat auf der iberischen Halbinsel*. Halle, 1929.

Monneret de Villard, Ugo. *Le leggende orientali sui Magi evangelici*. Rome, 1952.

Monti, Gennaro M. *Le Crociate e i rapporti fra Oriente mediterraneo e Occidente europeo*. Rodi, 1936.

Müller, Max. *Chips from a German Workshop*. Vol. IV. New York, 1890.

Münster, Sebastian. *Briefe..., Lateinisch und Deutsch*. Edited by K. H. Burmeister. Frankfurt-am-Main, 1964.

——. *Cosmographei....* Basel, 1550.

Oesterley, H., ed. *Gesta Romanorum*. Berlin, 1872. English translation by C. Swan. London, 1888.

Olschki, Leonardo. *Marco Polo's Asia*. Berkeley, 1960.

Paris, Gaston. *Les contes orientaux dans la littérature française du moyen âge*. Paris, 1875.

Patch, Howard R. *The Otherworld According to Descriptions in Medieval Literature*. Cambridge, Mass., 1950.

Peri (Pflaum), Hiram. *Der Religionsdienst der Barlaam-Legende, ein Motiv abendländischer Dichtung*. Salamanca, 1959.

Perry, Ben Edwin. *Studies in the Text History of the Life and Fables of Aesop*. Haverford, Pa., 1936.

———. *Babrius and Phaedrus*. London, 1965.

Pfister, Friedrich. *Kleine Texte zum Alexanderroman. Commonitorium Paladii Briefwechsel zwischen Alexander und Dindimus, Brief Alexanders über die Wunder Indiens nach die Bamberger Handschrift herausgegeben*. Heidelberg, 1910.

Pforr, Anton von. *Das Buch der Beispiele der alten Weisens (1483)*. Berlin, 1964.

Pupo-Walker, Constantino Enrique. "A Critical Edition of the Old Portuguese Version of Barlaam and Josaphat." Ph.D. diss., University of North Carolina, Chapel Hill, 1966.

Rapson, Edward James, ed. *The Cambridge History of India*. Delhi reprint, 1962.

Rawlinson, Hugh G. *Intercourse between India and the Western World from the Earliest Times to the Fall of Rome*. 2d ed. Cambridge, 1926.

Raymond, Irving W., ed. *Seven Books of History against the Pagans*. New York, 1936.

Reicke, Emil, ed. *Willibald Pirckheimers Briefwechsel*. 2 vols. Jena, 1930.

Ringbom, Lars-Ivar. *Graltempel und Paradies: Beziehungen zwischen Iran und Europe im Mittelalter*. Stockholm, 1951.

Robinson, Charles A. *The History of Alexander the Great*. 2d ed. Providence, R.I., 1953.

Rogers, Francis M. *The Quest for Eastern Christians. Travels and Rumor in the Age of Discovery*. Minneapolis, 1962.

Ross, David John Athold. *Alexander Historiatus: A Guide to Medieval Illustrated Alexander Literature*. London, 1963.

Rüdiger, Wilhelm. *Petrus Victorius aus Florenz: Studien zu einem Lebensbilde*. Halle, 1896.

Rypins, Stanley, ed. *Three Old English Prose Texts*. London, 1924.

Sander, M. *Le livre à figures italien depuis 1467 jusqu'à 1530*. Milan, 1942.

Schofield, Margaret, ed. *The Dicts and Sayings of the Philosophers: A Middle English Version by Stephen Scrope*. Philadelphia, 1936.

Sedlar, Jean. *India and the Greek World: An Essay in the Transmission of Ideas*. Forthcoming.

Selincourt, Aubrey de, trans. *Herodotus. The Histories*. Edinburgh, 1960.

Sjöberg, Lars-Olaf. *Stephanites und Ichnelates: Überlieferungsgeschichte und Text*. Stockholm, 1962.

Slepčevič, Pero. *Buddhismus in der deutschen Literatur*. Vienna, 1920.

Sonet, Jean. *Le roman de Barlaam et Josaphat. Recherches sur la tradition manuscrite latine e française*. 2 vols. Louvain, 1949-52.

Stählin, Friedrich. *Humanismus und Reformation im bürgerlichen Raum, eine Untersuchung der biographischen Schriften des Joachim Camerarius*. Leipzig, 1936.

Stein, Otto. *Megasthenes und Kautilya*. Vienna, 1922.

Storost, Joachim. *Studien zur Alexandersage in der älteren italienischen Literatur*. Halle, 1935.

Tawney, C. H., and Penzer, N. M., eds. and trans. *The Ocean of Story: Somadeva's Kathā Sarit Sōgara.* Reprint of the 2d revised and enlarged edition of 1923. 10 vols. Delhi, 1968.

Thomas, Edward, J. *The Life of Buddha as Legend and History.* London, 1931.

Thompson, Stith. *Motif-Index of Folk-Literature.* 6 vols. Helsinki, 1932.

———. *The Folk Tale.* New York, 1946.

Thompson, Stith and Balys, J. *The Oral Tales of India.* Folklore Series No. 10. Bloomington, Ind., 1958.

Thompson, Stith, and Roberts, Warren E. *Types of Indic Oral Tales: India, Pakistan, and Ceylon.* F. F. Communications No. 10. Helsinki, 1960.

Timmer, Barbara C. J. *Megasthenes en de indische Maatschappij.* Amsterdam, 1930.

Urwick, Edward J. *The Message of Plato: A Re-Interpretation of the "Republic."* London, 1920.

Vernero, M. *Studi critici sopra la geografia nell' Orlando Furioso.* Turin, 1913.

Waters, W. G., trans. *The Nights of Straparola.* 2 vols. London, 1894.

Wintemitz, Moriz. *History of Sanskrit Literature.* Calcutta, 1927.

Woodward, G. R., and Mattingly, H. *St. John Damascene: Barlaam and Joasaph.* London, 1914.

Yankowski, S. V. *The Brahman Episode.* Ansbach, 1962.

Zacher, Gustav. *Die "Historia Orientalis" des Jacob von Vitry.* Königsberg, 1885.

ARTICLES

Andrée, J. "Vergile et les Indiens." *Revue des études latines,* XXVII (1949), 158-63.

Avery, M. "The Miniatures of the Fables of Bidpai." *Art Bulletin,* XXIII (1941), 103-16.

Becker, H. "Die Brahmanen in der Alexandersage." *Zeitschrift für deutsche Philologie,* XXIII (1891), 424-25.

Benfey, Theodor. "Einige Bermerkungen über das indische Original der zum Kreise der Sieben Weisen Meister gehörigen Schriften." *Mélanges asiatiques* (St. Petersburg Academy of Sciences), VIII (1858), 188-90.

Bertolini, Virginio. "Le carte geografiche nel' 'Filocolo.' " *Studi sul Boccaccio,* V (1969), 211-25.

Bolton, W. F. "Parable, Allegory, and Romance in the Legend of Barlaam and Josaphat." *Traditio,* XIV (1958), 359-66.

Bossuot, R. "Vasque de Lucene, traducteur de Quinte Curce (1468)." *Bibliothèque d'humanisme et renaissance,* VIII (1946), 215-17.

Brincken, Anna-Dorothea v. den. "Die universalhistorischen Vorstellungen der Johann von Marignola OFM, der einzige mittelalterliche Weltchronist mit Fernostkenntnis." *Archiv für Kulturgeschichte,* XLIX (1967), 297-339.

Chalmers, Robert. "The Parables of Barlaam and Josaphat." *Journal of the Royal Asiatic Society*, N.S. XXIII (1891), 423-49.

Conybeare, F. C. "The Barlaam and Josaphat Legend ...." *Folk-Lore*, VII (1896), 101-42.

Cosquin, Emmanuel Georges. "Les mongols et leur prétendu rôle dans la transmission des contes indiens vers l'Occident européen." *Revue des traditions populaires*, XXVII (1912), 337-373, 393-430, 497-526, 545-66.

——. "La légende des saints Barlaam et Josaphat, sa origine." *Revue des questionshistoriques*, XXVIII (1880), 579-600.

Crane, Thomas F. "Medieval Sermon-Books and Stories." *Proceedings of the American Philosophical Society*, XXI (1883), 49-78.

D'Ancona, Alessandro. "Le fonti del 'Novellino.'" *Romania*, III (1874), 167-68.

Dawkins, R. M. "The Story of Griselda." *Folk-Lore*, LX (1949), 363-74.

Derrett, J. Duncan M. "The History of Palladius on 'the Races of India and the Brachmans.'" *Classica et mediaevalia*, XXI (1960), 64-135.

——. "Greece and India: The Milindapanha, the Alexanderromance and the Gospels." *Zeitschrift für Religions- und Geistesgeschichte*, XIX (1967), 33-63.

Devos, Paul. "Les origines du 'Barlaam et Joasaph' grec." *Analecta Bollandiana*, LXXV(1957), 83-104.

Dihle, Albrecht. "Indische Philosophen bei Clemens Alexandrinus." In *Mullus. Festschrift Theodor Klauser*, pp. 60-71. Münster, 1964.

Filliozat, Jean. "Les premières étapes de l'indianisme." *Bulletin de l'Association Guillaume Budé*, 3d ser., No. 3 (1953), PP. 80-96.

——. "La doctrine des brâhmanes d'après saint Hippolyte." *Revue de l'histoire des religions*, CXXX (1945), 59-91.

——. "La naissance et l'essor de l'indianisme." *Bulletin de la société des études indochinoises*, N.S. XXIX (1954), 265-96.

Giles, Lionel. "Two Parallel Anecdotes from Greek and Chinese Sources." *Bulletin of the London School of Oriental and African Studies*, II (1922), 609-11.

Goetz, Hermann. "Der Orient der Kreuzzüge in Wolframs Parzival." *Archiv für Kulturgeschichte*, XLIX (1967), 1-42.

Gubernatis, Angelo de. "Le type indien de Lucifer chez le Dante." *Giornale dantesco*, III (1896), 49-58.

Halliday, W. R. "Notes upon Indo-European Folk-Tales and the Problem of Their Diffusion." *Folk-Lore*, XXXIV (1923), 117-40.

Harris, J. Rendell. "The Sources of Barlaam and Joasaph." *John Rylands Library Bulletin* (Manchester),

IX (1925), 119-29.

Hartmann, R. "Alexander und der Rätselstein aus dem Paradies." In *Oriental Studies Presented to E. G. Browne*, pp. 179-85. Cambridge, 1922.

Hatto, A. T. "The Elephants in the Strassburg Alexander." *London Medieval Studies*, I (1937-1939), 399-429.

Hawickhorst, Horst. Über die Geographie bei Andrea de' Magnabotti." *Romanische Forschungen*, XIII (1902), 689-784.

Hennig, Richard. "Indienfahrten abendländischer Christen im frühen Mittelalter." *Archiv für Kulturgeschichte*, XXV (1935), 277-80.

Hertz, W. "Die Sage von Giftmädchen." *Abhandlungen der philosophisch-philologischen Classe der königlichen bayerischen Akademie der Wissenschaften*, XX (1897), 89-166.

Hilke, A. "Eine lateinische Übersetzung der griechischen Version des Kalila Buchs." *Abhandlungen der Gesellschaft der Wissenschaften zu Göttingen, Phil.-hist. Kl.*, N.S. XXI, No. 3 (1928), 59-166.

Keith, A. B. "Pythagoras and the Doctrine of Transmigration." *Journal of the Royal Asiatic Society*, 1909, pp. 569-79.

Krappe, Alexander H. "The Seven Sages." *Archivum Romanicum*, VIII (1924), 386-407; IX (1925), 345-65; XI (1927), 163-76; XVI (1932), 271-82; XIX (1935), 213-26.

——. "The Indian Provenance of a Medieval Exemplum." *Traditio*, II (1944), 499-502.

Kuhn, Ernest. "Barlaam and Joaseph: Eine bibliographisch-literargeschichtliche Studie." In *Abhandlungen der philosophisch-philologischen Classe der königlichen bayerischen Akademie der Wissenschaften*, XX (1897), 1-88.

Lane, Richard. "Saikaku and Boccaccio: the Novella in Japan and Italy." *Monumenta nipponica*, XV (1959-60), 87-118.

Lang, David Marshall. "The Life of the Blessed Joasaph: A New Oriental Christian Version of the Barlaam and Joasaph Romance." *Bulletin of the School of Oriental and African Studies* (London), XX (1957), 389-407.

Liebrecht, Felix. "Die Quellen des Barlaam und Josaphat." *Jahrbuch für romanische und englische Literatur*, II (1860), 314-34.

Manselli, Raoul. "The Legend of Barlaam and Joasaph in Byzantium and in the [*sic*] Romance Europe." *East and West* (Rome), VII, No. 4 (1957), 331-40.

Martin, W. A. P. "Plato and Confucius: A Curious Coincidence." *Proceedings of the American Oriental Society in Journal of the American Oriental Society*, XIV (1890), xxxi-xxxiv.

Meier, F. "Turandot in Persien." *Zeitschrift der deutschen morgenländischen Gesellschaft*, XCV (1941), 1-27.

Meyer, R. W. "Pico della Mirandola und der Orient." *Asiatische Studien*, XVIII-XIX(1965), 308-36.

Müller, Max "On the Migration of Fables." In *Chips from a German Workshop*, IV, pp. 139-80. New York, 1890.

Olschki, Leonardo. "Dante e l'Oriente." *Giornale Dantesco*, XXXIX (1936), 65-90.

——. "I 'Cantari dell'India' di Giuliano Dati," *La bibliofilia*, XL (1938), 289-316.

Padoan, Giorgio. "Petrarca, Boccaccio e la scoperta delle Canarie." *Italia medioevale e umanistica*, VII (1964), 263-77.

Peters, Rudolf. "Über die Geographie im *Guerino Meschino* des Andrea de' Magnabotti." *Romanische Forschungen*, XXII (1906-8), 426-505.

Pfister, Friedrich. "Die Brahmanen in der Alexandersage." *Berliner philologische Wochenschrift*, Vol. XLI (1921), cols. 569-75.

——. "Das Nachleben der Überlieferung von Alexander und den Brahmanen."*Hermes*, LXXVI (1941), 143-69.

Průšek, Jaroslav. "Boccaccio and His Chinese Contemporaries." In *Chinese History and Literature: Collection of Studies*, pp. 449-66. Prague, 1970.

Radcliff-Umstead, D. "Boccaccio's Adaptation of Some Latin Sources for the *Decameron*" *Italica*, XLV (1968), 171-94.

Rawlinson, Hugh G. "India in European Literature and Thought." In G. T. Garratt, ed., *The Legacy of India*, pp. 1-37. Oxford, 1962.

Rintelen, Wolfgang von. "Kult und Legendenwanderung von Ost nach West im frühen Mittelalter." *Saeculum*, I (1971), 71-100.

Robinson, Charles H. "The Extraordinary Ideas of Alexander the Great." *American Historical Review*, LXII (1957), 326-44.

Ruffini, M. "Les sources de Don Juan Manuel." *Les lettres romanes* (Louvain), VII (1953), 37-41.

Schoff, W. H. "Navigation to the Far East under the Roman Empire." *Journal of the American Oriental Society*, XXXVII (1917), 240-49.

Schwarzbaum, H. "International Folklore Motifs in Petrus Alfonsi's *Disciplina clericalis*." *Sefarad*, XXI (1961), 267-299; XXII (1962), 17-59, 321-44; XXIII (1963), 54-73.

Searles, Colbert. "Some Notes on Boiardo's Version of the Alexandersagas." *Modern Language Notes*, XV (1900), 45-48.

Stankiewicz, E. "The Legend of Opulent India, Marin Držić, and South Slavic Folk Poetry." In *Languages and Areas: Studies Presented to George V. Bobrinskoy...*, pp. 161-67. Chicago, 1967.

Thorley, J. "The Silk Trade between China and the Roman Empire at Its Height, *circa* A.D. 90-130." *Greece and Rome*. N.S., 1971, pp. 71-80.

Viksit S. K. "Was the Bhagavad-Gītā Known to Megasthenes ?" *Annals of the Bhandarkar Oriental Research Institute* (Poona), XXX (1949), 296-99.

White, Lynn, Jr. "Medieval Borrowings from Further Asia." *Medieval and Renaissance Studies*, No. 5 (1974), pp. 3-26.

Wilcken, Ulrich. "Alexander der Grosse und die indischen Gymnosophisten." *Sitzungsberichte der preussischen Akademie der Wissenschaft, Phil.-Hist. Kl.* (Berlin), 1923-24, pp. 150-83.

Wittkower, Rudolf. "Marvels of the East." *Journal of the Warburg Institute*, V (1942), 157-97.

Wolf, Werner. "Der Vogel Phönix und der Gral." In *Studien zur deutschen Philologie des Mittelalters, Friedrich Panzer zum 80. Geburtstag dargebracht*, pp. 730-95. Heidelberg, 1950.

IV.PORTUGUESE LITERATURE

BOOKS

Abraham, Richard D. "A Portuguese Version of the Life of Barlaam and Josephat." Ph.D. diss., University of Pennsylvania, 1938.

Adamson, John, ed. *Memoirs of the Life and Writings of Luis de Camoens*. 2 vols. London, 1820.

Agostinho, Nicolau. *Relação summária da vida do Illustríssimo e Reverendíssimo Senhor D.Teotónio de Bragança, quarto Arcebispo de Évora*. Évora, 1614.

Albrecht, Johannes. *Beiträge zur Geschichte der portugiesischen Historiographie des sechszehnten Jahrhunderts*. Halle a.S., 1915.

Amezúa, Agustín G. de, ed. See Torquemada, Antonio de.

Andrade, Francisco de. *O primeiro cêrco de Diu: poema épico*. Coimbra, 1589. Reprinted in *Biblioteca portuguêsa*. Lisbon, 1852.

Andrade Caminha, Pêro de. *Poesias inéditas de P. de Andrade Caminha publicadas pelo Dr.J. Priebisch*. Halle, 1898.

Anselmo, António Joaquim. *Bibliografia das obras impressas em Portugal no século XVI*. Lisbon, 1926.

Aquarone, J. B. *D. João de Castro, gouverneur et viceroi des Indes orientales* (1500-1548). 2 vols. Paris, 1968.

Asensio, Eugenio, ed. *Jorge Ferreira de Vasconcelos*: *Comedia* Eufrosina. Madrid, 1951.

Atkinson, William C., trans. See Camões, Luis de.

Baião, António. *História quinhentista (inédita) do segundo cêrco de Diu*. Coimbra, 1925.

Barata, Antonio Francisco. *Subsidios para a biographia do poeta Jeronymo Côrte Real*. Évora, 1899.

Barros, João de. *Dialogo em louvor de nossa linguagem letture critica dell'edizione del 1540 con una introduzione su la question delle lingua in Portogallo*. Edited by Luciana Stegagno Picchio. Modena, 1959.

——. *Asia de João de Barros dos feitos que os portugueses fizeram no descobrimento e conquista dos mares e terras do Oriente. Actualizada no ortografia e anotada por Hernani Cidade; Notas históricas finais por Manuel Murias.* 6th ed. 4 vols. Lisbon, 1945-46.

——. *Panegíricos.* Edited by Manuel Rodrigues Lapa. Lisbon, 1943.

——. *Compilação de varias obras do insigne Portuguez João de Barros. Contem a Ropica Pnefma, e o Dialogo com dous filhos seus sobre preceitos moraes. Serve de segunda parte á Compilação que de outros opusculos do mesmo auctor fizeram imprimir em Lisboa no anno de 1785 os monges de Evora. Feita esta reimpressão por diligenças e cuidado do Viconde de Azevedo.* Porto, 1869.

——. *Crónica do Imperador Clarimundo com prefácio et notas do Prof. Marques Braga.* 3 vols. Lisbon, 1953.

Bataillon, Marcel. *Études sur le Portugal au temps de l'humanisme.* Coimbra, 1952.

Batllori, Miguel, and Garcia-Villoslada, R. *Il pensiero della rinascenza in Spagna e Portogallo.* Milan, 1964.

Beau, Albin Eduard. *Die Entwicklung des portugiesischen Nationalbewusstseins.* Hamburg,1945.

Bell, Aubrey F. G. *Studies in Portuguese Literature.* Oxford, 1914.

——. *Gaspar Correa.* Oxford, 1924.

——. *Luis de Camoens.* Oxford, 1923.

——. *Gil Vicente.* London, 1921.

——. *Un humanista Português: Damião de Góis.* Translated from English by A. A.Doria. Lisbon, 1942.

——. *Four Plays of Gil Vicente.* Edited from the *editio princeps* (1562), with translation and notes. Cambridge, 1920.

——. *Diogo do Couto.* London, 1924.

——. *Portuguese Literature.* Rev. ed. Oxford, 1970.

——. *Lyrics of Gil Vicente.* 2d ed. Oxford, 1921.

Bernardes, Diogo. *Obras completas com prefácio e notas do Prof. Marques Braga.* 3 vols. Lisbon, 1945-46.

Betencourt, J. Barbosa de. *História comparativa da literatura Portuguêsa.* Paris, 1923.

Bourdon, Leon. *Jeronimo Osorio et Stanislas Hosius d'après leur correspondance (1565-78).* Coimbra, 1956.

——. *Autour de la controverse Jeronimo Osorio-Walter Haddon.* Coimbra, 1957.

Bowra, Cecil M. *From Virgil to Milton.* London, 1963.

Boxer, Charles R., trans. and ed. *The Tragic History of the Sea, 1589-1622.* "Hakluyt Society Publications," 2d ser. No. 112. Cambridge, 1959.

——, trans. and ed. *Further Selections from the Tragic History of the Sea, 1559-1565.* "Hakluyt Society Publications," 2d ser. No. 132. Cambridge, 1968.

Braga, Marques, ed. See Barros, João de; Bernardes, Diogo; Ferreira, Antonio; Vicente, Gil.

Braga, Téofilo. *História das novelas portuguêsas de cavalaria*. Porto, 1873.

——. *Bibliografia Camoniana*. Lisbon, 1880.

——. *História de Camões*. 2 vols. Porto, 1873.

——. *História da litteratura portugueza*. Vol. II. Porto, 1914.

——. *Sá de Miranda e a eschola italiana*. Porto, 1896.

——. *História dos quinhentistas. Vida de Sá de Miranda e sua eschola*. Porto, 1871.

——. *Gil Vicente e as origens do teatro naçional*. Porto, 1898.

——, ed. *Romanceiro geral português*. 3 vols. Lisbon, 1906-09.

Camões, Luis de. *Obras completas de Camões*. Edited by Hernani Cidade. 5 vols. Lisbon,1946-47.

——. *The Lusiads*. Translated by William C. Atkinson. Harmondsworth, Middlesex,1952.

Carvalho, Joaquim de. *Estudos sobre a cultura Portuguesa do século XVI*. 2 vols. Coimbra,1947-48.

Carvalho, Joaquim Barradas de. *As fontes de Duarte Pacheco Pereira no "Esmeraldo de situ orbis."*
     São Paulo, 1967.

Casimiro, Augusto, ed. and trans. *D. Teodósio II, Segunda o codice 51-111-30 da Biblioteca da Ajuda*.
     Porto, 1944.

Castilho, A. Feliciano de. *Notícia da vida e obras de Garcia de Resende*. Lisbon, 1845.

Castilho, António. *Commentario do cêrco de Goa e Chaul no anno MDLXX*. Lisbon, 1573.

Castilho, Julio, Visconde de. *Antonio Ferreira, poeta quinhentista*. 3 vols. Rio de Janeiro, 1875.

——. *Indices do Cancioneiro de Resende e das obras de Gil Vicente*. Lisbon, 1900.

Castro Azevedo, Luisa M. de. *Bibliografia Vicentina*. Lisbon, 1942.

Castro Osório, João de. *O além-mar na literatura portuguêsa (Época dos descobrimentos)*. Lisbon,
     1948.

——(comp.). *Cancioneiro de Lisboa, séculos XII-XX*. 2 vols, in 1. Lisbon, 1956.

Cidade, Hernani, ed. *Luís de Camões, Obras completas*. 3d ed. 5 vols. Lisbon, 1962.

——. *A literatura portuguêsa e a expansão ultramarina. As ideias, os factos, as formas de arte*.2 vols.
     2d ed. Coimbra, 1963-64.

——. *História da expansão portuguesa no mundo*. Lisbon, 1937.

Cidade, H., and Murias, M., eds. See Barros, João de.

Coelho, Adolfo. *Bibliografia critica de história e literatura comparanda*. 2 vols. Porto, 1873-75.

Correia, Maximino. *Sobre a medicina dos Lusíadas*. Lisbon, 1920.

Côrte Real, Jerónimo. *Sucessos do segundo cêrco de Dio*. Lisbon, 1574.

Corte Real, João Alfonso. *Esteias indianas em Sintra*. Lisbon, 1942.

Cortesão, Jaime. *Camões e o descobrimento do mundo*. Lisbon, 1944.

——. *L'expansion des Portugais dans l'histoire de la civilisation*. Lisbon-Brussels, 1930.

Cortez Pinto, Américo. *Da famosa arte da imprimissão.* Lisbon, 1948.

Costa, Joaquim. *Antonio Galvão, a "Apóstulo das Molucas."* Lisbon, 1943.

Coutinho, Carlos V. Gago. *O roteiro da viagem de Vasco da Gama e a sua versão nos Lusíadas.* Lisbon, 1930.

Crabbe Rocha, André de. *Aspectos do Cancioneiro Geral.* Coimbra, 1950.

Crespo, Fimino. *André de Resende, humanista e poeta latino e sue participação no movimento cultural português do século XVI.* Lisbon, 1934.

Dalgado, Sebastião Rodolpho. *Florilegio da provérbios Concanis...* Coimbra, 1922.

Denis, Ferdinand. *Résumé d'histoire littéraire du Portugal.* Paris, 1826.

——. *Scènes de la nature sous les tropiques et de leurs influences sur la poesie; suivies de Camoens Jozé Indio.* Paris, 1824.

Dias, José Sebastião da Silva. *A politica cultural da época de D. João III.* 2 vols. Coimbra, 1969.

Duffy, James. *Shipwreck and Empire.* Cambridge, Mass., 1955.

Fernandez Almazara, Eugenio. *Relaçiones de la épica de Lope de Vega y la de Camões.* Coimbra, 1936.

Ferreira, Antonio. *Poemas lusitanas.* Edited by Marques Braga. 2 vols. Lisbon, 1939-40.

Ferreira, Joaquim, ed. *Da vida e feitos de El-Rei D. Manuel* [*Osório*], 2 vols. Porto, 1944.

Ficalho, Conde de. *Flora dos Lusíadas.* Lisbon, 1880.

Figueiredo, A. C. Borges de. *A geografia dos Lusíadas.* Lisbon, 1883.

Figueiredo, Fidelino de. *A épica portuguesa no século XVI.* Madrid, 1931.

——. *História literaria de Portugal.* Coimbra, 1944.

Ford, J. D. M., ed. *Os Lusíadas.* Cambridge, Mass., 1946.

Forjaz de Sampaio, Albino. *História da literatura portuguesa.* 4 vols. Paris, n.d.

Frèches, Claude-Henri. *Introdução ao teatro de Simão Machado.* Lisbon, 1971.

Freire, Anselmo Braamcamp. *Crítica e história.* Lisbon, 1910.

——. *Vida e obras de Gil Vicente.* 2d ed. Lisbon, 1944.

Freire de Andrada, Jacinto. *Vida de Dom João de Castro Quarto Vice-Rei da India.* Lisbon, 1940.

Freitas, Jordão de. *Subsidios para a bibliographia portugueza relativa ao estudo da Lingua Japoneza e para a biographia de Fernão Mendes Pinto.* Coimbra, 1905.

Freitas, William. *Camoëns and His Epic: A Historic, Geographic, and Cultural Survey.* Stanford, 1963.

Gaspar Simoês, João. *Itinerário histórico da poesia portuguesa de 1189-1964.* Lisbon, 1964.

——. *História do romance português.* Lisbon, 1967.

Gibb, James, trans. *The History of the Portuguese People.* 2 vols. London, 1752. See Osório.

Góis, Damião de. *Commentarii rerum gestarum in India citra Gangem a Lusitanis anno 1538....*Louvain, 1539.

——. *De bello Cambaico ultimo comment.* Louvain, 1548.

——. *De rebus aethiopicis, indicis, lusitanicis, et hispanicio, opuscula etc....* Cologne, 1574.

——. *Chronica do felicissimo rei Dom Emanuel.* Lisbon, 1566. Modem edition by David Lopes. 4 vols. Coimbra, 1943-55.

——. *Opúsculos históricos.* Translated from the original Latin by Dias de Carvalho. Porto, 1945.

Gomes de Brito, Bernardo, comp. *História Tragico-Maritima em que se escrevem cronolõgicamente os naufrágios que tiveram as naus de Portugal....* 2 vols. Lisbon, 1735-36.

Gonçalves, António Manuel. *A custódia de Belém.* Lisbon, 1958.

Govea, Antoine. *Histoire orientale, de grans progres de l'eglise Catholique, Apostolique, & Roman en la reduction des anciens Chrestiens, dits de S. Thomas, de plusiers autres Schismatiques & Heretiques a l'vnion de la vraye Eglise. Conuersion encor les Mahometains, Mores & Payens. Par les bons deuoirs du R^{me}. Sr. Dom Alexis de Meneses, de l'Ordre des Eremites de S. Augustin, Archevesque de Goa, & Primat en tout l'Orient. Composée en langue portugaise par R. P. F. Antoine Gouea, & puis mise en espagnol par venerable P. F. Francois Munoz, & tournée en françois par F. Jean Baptiste de Glen. Docteur en Théologie, tous Religieux de mesme Ordre.* Antwerp, 1609.

Guimarães, A. J. Gonçalves, ed. See Resende, Garcia de.

Hart, Henry H. *Luis de Camoëns and the Epie of the Lusiads.* Norman, Okla., 1962.

Henry, William J. C., ed. *Inéditos Goesianos.* 2 vols. Lisbon, 1896-99.

Herculano de Moura, João. *Inscripções indianas em Sintra.* Lisbon, 1891.

Hirsch, Elizabeth F. *Damião de Góis: The Life and Thought of a Portuguese Humanist.1502-1574.* The Hague, 1967.

Keates, Laurence. *The Court Theatre of Gil Vicente.* Lisbon, 1962.

Lapa, Manuel Rodrigues. *Historiadores quinhentistas.* Lisbon, 1943.

——, ed. See Barros, João de.

Le Gentil, Georges. *La littérature portugaise.* Paris, 1935.

——. *Camoëns, l'oeuvre épique et lyrique.* Paris, 1954.

——. *Fernao Mendes Pinto, un precurseur de l'éxotisme au XVIe siècle.* Paris, 1947.

——. *Tragiques histoires du mer au XVIe siècle, récits portugais.* Paris, 1939.

Leitão Ferreira, F. *Notícias de André de Resende.* Lisbon, 1916.

Lemos, Jorge de. *Hystória dos cêrcos qve em tempo de Antonio Monis Barreto governador que foi dos estados da India, os Achens, & Iaos puserão â fortaleza de Malaca, sendo Tristão Vaz de Veiga capitão delia. Breuemente composta por Iorge de Lemos.* Lisbon, 1585.

Lopes de Castanheda, Femão. *História do descobrimento e conquista da India pelos portugueses.* 3d ed. Edited by Pedro de Azevedo. 4 vols. Coimbra, 1924.

Machado, Roque. *Vasco da Gama nos Lusíadas*. Lisbon, 1936.

——. *A flora da India nos Lusíadas*. Lisbon, 1947.

Machado, Simão. *Comedias portuguesas....* Lisbon, 1601.

Manuel II. *Livros antiquos portugueses*. 3 vols. London, 1921.

Martin, Mário. *Vide e obra de Frei João Claro (c. 1520) Doctor Parisiensis e Professor Universitário*. Coimbra, 1956.

Martins, Cristiano. *Camões: temas e motivos da obra lirica*. Rio de Janiero, 1944.

Matos, Luís de. *A corte literária dos duques de Bragança no Renascimento*. Lisbon, 1956.

Menendez Pelzyo, M. *Historia de las ideas estéticas en España*. Santander, 1940.

Moisés, Massaud. *A novela da cavalaria no quinhentismo Português*. "Boletim da faculdade, de filosofia, çiencias e letras (Literatura portuguesa series)," No. 13. São Paulo, 1957.

——, et al. *Bibliografia da literatura portuguêsa*. São Paulo, 1968.

Moldenhauer Gerardo. *Die Legende von Barlaam und Josaphat auf der iberischen Halbinsel*. Halle, 1929.

Monçon, Francisco de. *Libro primero del espejo del principe Christiano*. Lisbon, 1571.

Mustard, Wilfred P., ed. *The Eclogues of Henrique Caiado*. Baltimore, 1931.

Noronha, Tito de. *Autos de Antonio Prestes*. Porto, 1871.

——. *O Cancioneiro geral de Garcia de Rezende*. Porto, 1871.

Nykl, Alois R. *Algumas observaçães sôbre as linguas citadas na "Peregrinacam" de Fernam Mendes Pinto*. Lisbon, 1941.

Oliveira, Fernão. *Arte da guerra no mar*. Coimbra, 1555.

Oliveira Marques, A. H. de. *Daily Life in Portugal in the Late Middle Ages*. Madison, Wis., 1971.

Osório da Fonseca, Jerónimo. *Histoire de Portugal, contenant les entreprises, navigations et gestes memorables des portugallois, tout en la cõqueste des Indes Orientales par eux descouvertes qu'és guerres d'Afrique et autres exploits depuis l'an* [1496] *jusques* [1575]. Paris, 1581.

——. *The History of the Portuguese during the Reign of Emmanuel*. Translated into English by James Gibb. 2 vols. London, 1752.

——. *Da vida e feitos de el-rei D. Manuel. XII livros*. Translated by Francisco Manuel do Nascimento. 2 vols. Porto, 1944.

Parker, Jack H. *Gil Vicente*, New York, 1967.

Peixoto, Afránio. *Dicionário dos Lusíadas*. Rio de Janeiro, 1924.

Pereira, Gabriel. *Estudos eborenses, história e arquelogia*. 3 vols. Évora, 1947-50.

——. *Documentos históricos da cidade de Évora*. Évora, 1885.

Peres, Damião, ed. *História Trágico-Maritima*. 6 vols. Porto, 1942-43.

Pereyra, Carlos. *Monardes y el exotismo medico en el siglo XVI*. Madrid, 1936.

Pimenta, A. *Dom João III*. Porto, 1936.

Pimpão, Alvaro Julio da Costa. *Poetas do Cancioneiro Geral*. Lisbon, 1942.

Portugal. Junta de investigações do ultramar. *Colóquio sobre a influencia do ultramar na arte. "* Estudo de çiências politicas e sociais,*"* No. 76. Lisbon, 1965.

Prescott, William H. *History of the Reign of Philip II King of Spain*. 2 vols. Boston, 1855-59.

Prestage, Edgar, ed. *Crítica contemporanea à chronica de D. Manuel de Damião de Goes. MS. do Museu Britanico*. Lisbon, 1914.

——. *Minor Works of Camões—Not Hitherto Made English*. London, 1924.

Priebisch, J. ed. See Andrade Caminha, Pêro de.

Ramos, Feliciano Ferreira. *História da literatura portuguesa desde o século XII aos meados do século XX*. 4th ed. Braga, 1960.

Ramos, Vitor, ed. *Os Lusíadas*. São Paulo, 1966.

Rau, Virgínia. *Estudos de história*. Lisbon, 1968.

Rêgo, Paul, ed. *O processo de Damião de Goes na Inquisição*. [Lisbon], [1971].

Remedios, Mendes dos, ed. See Resende, Garcia de.

Resende, Andre de. *Obras portuguesas*. Edited by José Pereira Tavares. Lisbon, 1963.

Resende, Garcia de. *Cancioneiro geral*. Edited by A. J. Gonçalvez Guimarães. 5 vols. Coimbra, 1910-1917.

——. *Miscellanea e variedade de histórias, costumes, casos, e cousas que em seu tempo aconteceram.* Edited by Mendes dos Remedios. Coimbra, 1917.

Révah, I. S. *La censure inquisitoriale portugaise au XVIe siècle*. Lisbon, 1960.

——, ed. *Rópica Pnefma*. 2 vols. Lisbon, 1952.

Reyes, Antonio dos, ed. *Corpus illustrium poetarum lusitanorum*. 7 vols. Lisbon, 1745-48.

Rodrigues, Francisco. *História da Companhia de Jesus na Assistência de Portugal*. 4 vols. in 7 parts. Porto, 1931-50.

Rodríguez-Moniño, Antonio R. *Viaje a Oriente de Fray Antonio de Lisboa (1507)*. Badajoz,1949.

——. *Fray Diego de Mérida, jerónimo de Guadalupe, "*Viaje a Oriente*"* (1512). Barcelona,1946.

Rossi, Giuseppe C. *A poesia épica italiana do século XVI na literatura portuguesa*. Lisbon,1945.

——. *La letteratura italiana e le letterature di lingua portoghese*. Turin, 1967.

——. *Storia delia lettaratura portoghese*. Florence, 1953.

Rüegg, August. *Luis de Camões und Portugals Glanzzeit im Spiegel seines Nationalepos*. Basel, 1925.

Sá de Miranda, Francisco de. *Poesias*. Edited by C. Michaëlis de Vasconcellos. Halle, 1885.

——. *Obras completas*. Edited by Rodrigues Lapa. 2 vols. Lisbon, 1942-43.

Salgado, Antonio, Jr. *Os Lusíadas e a viagem de Gama. O tratemento mitológico de uma realidade histórica*. Porto, 1939.

Saraiva, António Jose. *Luis de Camões*. Lisbon, 1960.

——. *Gil Vicente e o fim do teatro medieval*. 3d ed. Lisbon, 1907.

Schneider, Reinhold. *Das Leiden des Camoes oder Untergang und Vollendung der portugiesischen Macht*. 2d ed. Cologne, 1957.

Scudieri-Ruggieri, Jole. *Il Canzoniere di Resende*. Geneva, 1931.

Sérgio, António, ed. *História Trágico-Marítima*. 3 vols. Lisbon, 1955-56.

Serrão, Joel. *Dicionário de história de Portugal*. 4 vols. Lisbon, 1960-69.

Silva, Pereira da. *A astronomia dos Lusíadas*. Lisbon, 1918.

Silva Dias, J. S. da. *A política cultural da época de D. João III*. 2 vols. Coimbra, 1969.

Simões, João Gaspar. *História do romance portugûes*. Lisbon, 1967.

——. *História da poesia portuguesa das origens aos nossos dias*. 3 vols. Lisbon, 1955-59.

Soares Amora, A., *et al,* eds. *Os Lusíadas*. Edition monumental. São Paulo, 1956.

Sousa Coutinho, Lopo de. *Livro primeyro do cerco de Diu, que os Turcos poseram a fortaleza de Diu*. Lisbon, 1556.

——. *História do cerco de Dio*. Coimbra, 1556.

Sousa de Macedo, Antonio de. *Flores de España, excelencias de Portugal....* Lisbon, 1631.

Sousa Viterbo, Francisco Marques de. *Trabalhos náuticos dos portugueses nos séculos XVIe XVII*. 2 vols. Lisbon, 1898-1900.

——. *Curiosidades históricas e artisticas*. Coimbra, 1919.

Stegagno Picchio, Luciana, ed. See Barros, João de.

——. *Storia del teatro portoghese*. Rome, 1964.

Stegmüller, Friedrich. *Filosofia e teologia nas universidades de Coimbra e Évora no século XVI*. Coimbra, 1959.

Storck, Friedrich Wilhelm Paul. *Vida e obras de Luis de Camões*. Translated and annotated by C. M. de Vasconcelos. Lisbon, 1897.

Tavares, José Pereira, ed. See Resende, André de.

Teive (Tevius), Diogo de. *Commentarius de rebus in India apud Dium gestis anno salutis nostri MDXLI*. Coimbra, 1548. Reprinted in Jacobi Tevii, *Bracarensis, Opuscula, quibus accessit commentarius de rebus ad Dium gestis, denuò in lucem edi curavit Joseph Caietanus Mesquita, Lusitanus, Parisiis, ecudebat Franc. Ambr. Didot, 1762*. Paris, 1762.

Teyssier, Paul. *Simão Machado. Comédia de Dio. Édition critique, introduction et commentaire*. Rome, 1969.

——. *La langue de Gil Vicente*. Paris, 1959.

Theal, George McCall. *Records of South-Eastern Africa*. 9 vols. London, 1898-1903.

Tom, Henry Y. K. "The Wonderful Voyage: Chivalric and Moral Asia in the Imaginations of Sixteenth-

Century Italy, Spain, and Portugal." Ph.D. diss., Department of History, University of Chicago, 1975.

Torquemada, Antonio de. *Jardín de flores curiosas (Lérida, 1573)*. Edited by Agustin G. de Amezúa. Madrid, 1955.

Valbuena Prat, Angel. *El teatro español en su siglo de Oro*. Barcelona, 1969.

Vasconcellos-Abreu, Guilherme de. *Os contos apologos e fábulas da India: influência indirecta no Auto da Mofina Méndez, de Gil Vicente*. Lisbon, 1902.

Vasconcelos, C. Michaëlis de, ed. *Sá de Miranda. Poesias*. Halle, 1885.

——. *Vida e obras de Luis de Camões. Primiera Parte*, Lisbon, 1898.

Vasconcelos, José Augusto do Amaral Frazão de. *Naufrágio da nao 'S. Paulo' em um ilheu próximo de Sumatra no ano de 1561. Narração inédita, escrita em Goa em 1562 pelo Padre Manuel Alvares, S.J.* Lisbon, 1948.

Veríssimo Serrão, Joaquim. *História breva da históriografia portuguesa*. Lisbon, 1962.

Vicente, Gil. *Obras completas*. Edited by Marques Braga. 4th ed. 6 vols. Lisbon, 1968.

——. *Farsa de Ines Pereira*. Porto, 1941.

Vindel, Pedro. *Biblioteca oriental. Comprende 2,747 obras relativas à Filipinas, Japón, China y otras partes de Asia y Océano...* 2 vols. in 1. Madrid, 1911-12.

——. *Biblioteca ultramarina ... referentes a América, China, Japón...* Madrid, 1917.

ARTICLES

Almeida, F. Vieira de. "Le théâtre de Camões dans l'histoire du théâtre portugais." *Bulletin d'histoire du théâtre portugais*, I, Pt. 2 (1950), 250-66.

Alves, Paulo Durão. "Significado histórico-cultural da Universidade de Évora." *A Cidade de Évora*, XVI, Nos. 41-42 (January-December, 1959), 17-27.

Asensio, Eugenio. "El teatro de Antônio Prestes." *Bulletin d'histoire du théâtre portugais,* V(1954), Pt. I, 89-145.

Atkinson, William C. "Comedias, tragicomedias and farças in Gil Vicente." In *Miscelânea de filologia, literatura e história cultural a memória de Francisco Adolfo Coelho (1847-1919)*,II,268-80. Lisbon, 1950.

Ayres, Christovam. "Fernão Mendes Pinto e o Japão." *História e memórias da Academia Real das Sciéncias de Lisboa, Classe de Sciéncias Moraes*. N.S. X, Pt. II. Lisbon, 1906.

Azevedo, N. de. "O Chi-King [of Confucius] e os Cancioneiros medievais." *In A arte literária na idade média*, pp. 115-44. Porto, 1947.

Bataillon, Marcel. "Erasme et la cour de Portugal." *Arquivo de história e bibliografia*, II(1927),258-91.

Bell, Aubrey F. G. "The Humanist Jeronymo de Osorio." *Revue hispanique,* LXXIII(1928),525-556.

Blanc, José. "Influência do ultramar na dança." In *Colóquio sobre a influência do ultramar na arte,* pp. 105-20. "Junta de investigacões do ultramar," No. 76. Lisbon, 1965.

Bossuat, R. "Vasque de Lucène, traducteur de Quinte-Curce (1468)." *Bibliothèque d'humanisme et renaissance,* VIII (1946), 197-245.

Bourdon, Léon. "Le voyage de Jerónimo Osório, éveque de Silves, en Italie (1576-77)." *Annales publiées par la faculté des lettres de Toulouse,* I (1951), 71-85.

——. "Rites et jeux sacrés de la mission japonaise des Jésuites vers 1560-1565." In *Miscelânea ... Francisco Adolfo Coelho,* II (1950), 320-27.

Boxer, Charles R. "Three Historians of Portuguese Asia." In *Istituto português de Hongkong, Secção de História,* pp. 1-30. Macao, 1948.

——. "Was Camoëns Ever in Macau?" *T'ien Hsia Monthly,* X (1940), 324-333.

——. "Portuguese and Spanish Projects for the Conquest of Southeast Asia, 1580-1600." *Journal of Asian History,* III (1969), 118-36.

——. "An Introduction to the *História Trágico-Máritima.*" In *Miscelânea de estudos emhonra do Professór Hemâni Cidade,* pp. 48-99. Lisbon, 1957.

Calado, Adelino de Almeida. "Livro que trata das cousas da India e do Japão." *Boletim da biblioteca da universidade de Coimbra,* XXIV (1960), 1-138.

Camara Ficalho, Madalena da. "João de Barros-históriador do império." *Congresso do mundo portugues, Publicações* (Lisbon, 1940), V, 383-396.

Cardozo, Manoel. "The Idea of History in the Portuguese Chroniclers of the Age of Discovery." *Catholic Historical Review,* XLIX (1963), 1-19.

Castelo-Branco, Maria. "Significado do cómico do 'Auto da India." *Ocidente,* LXX(1966), 129-36.

Castro Osório, João de. "Estudos sobre o Renascimento Portugues, o testemunho de Garcia de Resende." *Ocidente,* LXV (1963), 33-48, 49-63.

Chaves, Luis. "As tradições e lendas portuguesas de S. Francisco Xavier." *Archivum historicum Societatis Jesu,* III (1953), 94-106.

Cidade, Hemani. "Camões e a India." *Ocidente,* XLII (1952), 225-28.

——. "Devidas de Camões a poesia espanhola." In *Homentage a Antoni Rubio,* III,387-408. Barcelona, 1936.

——. "Os portugueses no Renascimento. Sua contribuição para a mundividência quinhentista." *Proceedings of the International Colloquium on Luso-Brazilian Studies* (Nashville, Tenn., 1953), pp. 133-48.

——. "João de Barros. O que pensa da língua portuguesa-Como a escreve." In *Miscelânea de filologia, literatura e história cultural a memória de Francisco Adolfo Coelho (1847-1919),* II, 281-303.

Lisbon, 1950.

Costa, António Domingues de Sousa. "A expansão portuguesa a luz do direito." *Revista da universidade de Coimbra*, XX (1962), 1-243.

Ducarme, P. "Les Autos de Gil Vicente." *Le Muséon*, V (1885), 369-74, 649-56; VI(1886), 120-30, 155-62.

Entwhistle, William J. "The 'Lusiads', da Gama and Modem Criticism." In *Lusitania*, Vol. IV, fasc. 10. Lisbon, 1927.

Esteves Pereira, Francisco Maria. "A História de Barlaam e Josaphat en Portugal." *Boletim de segunda classe da Academia das Sciênçias de Lisboa*, X (1916), 350-68.

Faria, J. de. "O teatro escolar dos séculos XVI, XVII, e XVIII." In *A evolução e o espirito de teatro em Portugal*, I, 255-78. Lisbon, 1948.

Faria, Manuel Severim de. "Vida de João de Barros." In *Discursos varios politicos*, pp. 22-59. Évora, 1924.

Figueiredo, Fidelino de "Camões as an Epic Poet." *Romanic Review*, XIII (1926), 217-29.

——. "Camões as Lyric Poet." *Romanic Review*, XVI (1925), 287-305.

——. "O teatro primitivo e os descobrimentos." In *A épica portuguesa no Séc. XVI*, pp. 117-44. "Bol. da Faculdade de filosofia, ciénçias e letras," No. 101, Letras, No. 6. São Paulo, 1950.

——. "The Geographical Discoveries and Conquests of the Portuguese." *Hispanic American Historical Review*, VI (1926), 47-70.

——. "De re japonica: Evolução do japonismo literário português desde Fernão Mendes Pinto a Wenceslau de Morais." *Vasco da Gama*, I (1925-26), 202-19.

——. "Garcia de Resende." In *Critica do exilio*, pp. 77-154. Lisbon, 1930.

——. "Camões e Lope." *Revue de littérature comparée*, XVIII (1938), 160-70.

Fitzler, Hedwig M. A. Kömmerling. "Fünf Jahrhunderte portugiesischen Kolonialgeschichtsschreibung." *Die Welt als Geschichte*, VII (1941), 101-23 ; VIII (1942) 97-121, 331-58.

Frèches, Claude-Henri. "Les 'Comédias' de Simão Machado : I. Comédia do Cêrco de Dio. II. Comédias da Pastora Alfea." *Bulletin d'histoire du théâtre portugais* (Lisbon), II (1951), Pt. II, 151-80; III (1952), Pt. I, 1-42.

——. "Gil Vicente. Les Indes. Avant-propos." *Bulletin des études portugaises de l'Institut français au Portugal* (Coimbra), XIX (1955-56), 141-57.

Freire, Natércia. "Influência do ultramar na poesia." In *Colóquio sobre a influência do ultramar na arte*, pp. 123-69. Lisbon, 1965.

Guy, Alain. "L' 'homo novus' du Portugal au XVIe siècle," *Congresso internacional de história dos descobrimentos. Actas*, IV (1960), 225-39.

Hooykaas, R. "The Impact of the Voyages of Discovery on Portuguese Humanist Literature." *Revista da universidade de Coimbra*, XXIV (1971), 551-66.

Janeiro, Armando Martins. "O teatro de Gil Vicente e o teatro clássico japonês." *Boletim da sociedade de geografia de Lisboa*, LXXXIV (1966), 323-58.

Macgregor, I. A. "Some Aspects of Portuguese Historical Writings of the Sixteenth and Seventeenth Centuries on South East Asia." In D. G. A. Hall, ed., *Historians of South East Asia*, pp. 172-199. London, 1961.

Machado, José Pedro. "Versão desconhecida de uma carta de João de Barros (1531)." *Revista de Portugal*, XXIX (1964), 175-83.

Matos, Luís de. "Das relações entre Erasmo e os Portugueses." *Boletim internacional de bibliografia luso-brasileira*, IV (1963), 241-51.

——. "O humanista Diogo de Teive." *Revista da universidade de Coimbra*, XIII (1937),215-70.

Maurício, Dominigos. "Os Jesuitas e a filosofia portuguêsa do séc. XVI-XVIII." *Brotéria*, XXI (1935), 257-66,310-29; XXII (1936), 395-410.

Moser, Gerald M. "A 16th Century Portuguese Finds Korea Fascinating." *Korean Report*, II (1962), 13-16.

——. "A volta do marido [on the theme of the 'Auto da India' of Gil Vicente]." *Vértice, XXV* (1965), 795-98.

Peixoto da Fonseca, F. V. V. "Les chroniques portugaises des *Portugaliae Monumenta Historica.*" *Revue des langues romanes*, LXXVII (1967), 55-84.

Post, H. H. "Une source peu connue des 'Lusiades,' " *Boletim de filologia*, XIX (1960), 77-93.

Quilinan, E. "The Autos of Gil Vicente." *Quarterly Review*, LXXIX (1845), 168-202.

Randles, W. G. L. "Quelques modifications apportées par les grandes découvertes à la conception médiévale du monde." *Revista da Faculdade de Letras* (de Lisboa), 3d ser., No. 3 (1959), pp. 66-88.

——. "Le nouveau monde, l'autre monde, et la pluralité des mondes." In International Congress for the History of the Discoveries, *Resumo dos comunicações*, pp. 162-63. Lisbon, 1960.

Reali, Erilde M. "Note sull'esotismo linguistico nella 'Peregrinacão' di Fernão Mendes Pinto." *Annali della sezione romanza dell'istituto universitario orientale* (Naples), XI(1969), 225-33.

Révah, I. S. " 'Antiquité et christianisme,' 'Anciens et Modernes,' dans l'oeuvre de João de Barros." *Revue philosophique de la France et de l'étranger*, CLVII (1967), 165-85.

Ribeiro, Luciano. "Em torno do primeiro cerco de Diu." *Studia* (Lisbon), XIII-XIV (1964), 41-104.

Rodrigues, José Maria. "Fontes dos Lusíadas." *O Istituto*, LI (1904), 754-61; LII (1905), 56-62,183-92, 357-66, 426-36, 627-40, 757-64; LIII (1906), 54-61, 171-80, 228-36, LIV (1907), 298-312, 355-63, 436-48, 498-512, 552-66, 621-34, 709-21; LV (1908), 60-86, 142-60; LVI (1909), 530-45, 657-70, 751-58; LVII (1910), 20-32, 85-94, 154-64, 282-92, 354-65, 481-96, 544-57, 611-

23, 748-57; LVIII (1911), 55-64, 277-85, 415-26, 460-72, 527-36, 662-72, 732-39; LIX (1912), 85-97, 134-42, 235-42, 280-83, 358-64, 410-18, 660-66; LX (1913), 1-7, 65-72, 116-23.

Rogers, Francis M. "Portugal's Literary Relations with the Outside World." *Yearbook of Comparative and General Literature*, IV (1956), 26-30.

——. "The Manuscript Latin Translation of Mendes Pinto's *Peregrinacam*," in *Homenaje a Rodriguez-Moñino*, II, 143-52. Madrid, 1966.

Ross, E. Denison. "Camoens and His Adventures in the East." *Nineteenth Century*, XIX-XX(July-December, 1938), 64-75.

Rossi, Giuseppe Carlo. "Il commercio nella letteratura portoghese del Cinquecento." *Economia e storia*, XIV (1967), No. 3, 330-48.

Sanceau, Elaine. "Portuguese Women during the First Two Centuries of Expansion Overseas." *Congresso internacional de história dos descobrimentos,* V (1960), Pt. I, 237-62.

Saviotti, Gino. "Gil Vicente poeta cómico." *Bulletin historique du théâtre portugais* (Lisbon), II (1951), Pt. II, 181-211.

Sequeira, Eduardo. "Fauna dos Lusíadas." *Boletim do sociedade de geografia de Lisboa*, VII(1887) 7-68.

Silva, Luciano Pereira da. "A concepção cosmológica nos 'Lusíadas,'" *Lusitania*, II, 263-89.

Sousa Viterbo, Francisco Marques de. "O orientalismo português no século XVI." *Boletim da sociedade de geografia de Lisboa*, XII (1892-93), 317-30.

——. "Henrique Garcez, traductor dos 'Lusíadas' em hespanhol." *Circulo Camoniano* (Porto), I (1889), 316-23.

——. "O theatro na corte de D. Filippe II." *Archivo histórico portuguez*, I (1903), 1-17.

Stegmüller, Friedrich. "Zur Literaturgeschichte der Philosophie und Theologie an den Universitäten Evora und Coimbra im XVI. Jahrhundert." In *Gesammelte Aufsätze zur Kulturgeschichte Spaniens*, III, 385-438. Münster, 1931.

Tejada, F. Elias de. "Los doctrinas politicas de Jeronimo Osorio." *Anuario de Historia del derecho español*, XVI (1945), 341-88.

Thomas, Henry. "English Translations of Portuguese Books before 1640." *Library*, 4th ser. VII (1927), 1-30.

Vasconcelos, Carolina Michaëlis de. "Lucius Andreas Resendius Lusitanus." *Archivo histórico portuguez*, III (1905), 161-78.

Ventura, Augusta F. S. "Subsidios para o estudo da Flora Camoniana." *Biblos*, IX (1933), 128-39; XI (1935), 72-84; XII (1936), 212-22.

Zachariae, T. "Aufführungen von Jesuitendramen in Indien." *Archiv für das Studium der neueren Sprachen und Literaturen*, CXXX (1913), 32-39.

V. SPANISH LITERATURE

BOOKS

Acosta, José de. *Obras*. Edited by Francisco Mateos, S. J. Madrid, 1954.

Achútequi, Pedro S. *La universalidad del concimiento de Dios en los paganos, según los primeros téologos de la Compañia de Jésus, 1534-1648*. Pamplona, 1951.

Aguado Beye, Pedro. *Manual de historia de España*. 3 vols. 8th ed. Madrid, 1958-59.

Alenda y Mira, Jenaro. *Relaciónes de solemnidades publicas de España*. Madrid, 1903.

Andrews, James R .*Juan del Encina: Prometheus in Search of Prestige*. Berkeley, Calif., 1959.

Anghiera, Pietro Martire d'. *Lettres... relatives aux découvertes maritimes des espagnols et des portugais*. Edited and translated by P. Gaffarel and F. Louvot. Paris, 1885.

——. *De orbe Nove... of Peter Martyr*. Edited and translated by F. A. MacNutt.2 vols. New York and London, 1912.

Arco y Garay, Ricardo del. *La idea de imperio en la politica y la literatura españolas*. Madrid,1944.

Artigas, Miguel. *Don Luis de Gongora y Argote: Biografia y estudio critico....* Madrid, 1925.

Ausejo, Luz U. "The Philippines in the Sixteenth Century." Ph.D. diss., Dept. of History, University of Chicago, 1972.

Azevedo, Pedro de, ed. See Lopes de Castanheda, Fernão.

Ballesteros y Beretta, Antonio. *La genesis del descubrimentos*. Barcelona, 1947.

Barahona, Luis de Soto. *Las lagrimas de Angelica*. Granada, 1586.

——. *Primera parte de la Angelica* (1586). New York, 1904.

Barlow, Roger. *A Brief Summe of Geographie*. Edited by E. G. R. Taylor. "Hakluyt Society Publications," 2d ser., No. 69. London, 1932.

Bataillon, Marcel. *Erasme et l'Espagne: Recherches sur l'histoire spirituelle du XVIe siècle*. Paris, 1937.

——. *Études sur le Portugal au temps de l'humanisme*. Coimbra, 1952.

Baumel, Jean. *Les problèmes de la colonisation et de la guerre dans l'oeuvre de Francisco de Vitoria*. Paris, 1936.

Bell, Aubrey. *Benito Arias Montano*. London, 1922.

——. *Castillian Literature*. Oxford, 1938.

Bernays, Jakob. *Peter Martyr Angherius und sein "Opus epistolarum."* Strassburg, 1891.

Bertaux, Émile. *La Renaissance en Espagne et en Portugal*. Paris, 1916.

Blecua, José Manual, ed. See Manuel, Don Juan.

Boaistuau, Pierre. *El theatro del mūdo*. Alcalá, 1569.

——. *Historias prodigiosas y maravillosas de diversos sucessos acaescidos en el mundo*. Medina del Campo, 1586.

Boria, Juan de. *Empresas morales a la S.C.R.M. del Rey Don Philipe nuestro Señor*. Madrid, 1581.

——. *Emblemata moralia, scripta quodam hispanice a Johanne de Boria*. Berlin, 1697.

Bouwsma, William J. *Concordia Mundi: The Career and Thought of Guillaume Postel (1510-1581)*. Cambridge, Mass., 1957.

Brenan, Gerald. *The Literature of the Spanish People*. Cambridge, 1951.

Calbrick, Gladys. "A Criticai Text of *La gran conquista de Ultramar*." Ph.D. diss., Department of Romance Languages, University of Chicago, 1939.

Carreras y Artau, Joaquín. *Louis Vives, philosophe de l'humanisme. Apports hispaniques à la philosophie chrétienne de l'Occident*. Louvain, 1962.

Carreras y Candí, Francisco. *Folklore y costumbres de España*. 3 vols. Barcelona, 1931.

Castellanos, Juan de. *Elegías de varónes ilustres de Indias*. Madrid, 1589.

Castillo, Hernando del. *Cancionero general... según la edición de 1511, con un apéndice de lo añadido en las de 1527, 1540 y 1557*. "La sociedad de bibliofilos españoles." 2 vols. Madrid, 1882.

Centeno, Amaro. *Historia de cosas del Oriente primera y segunda parte. Contiene una descripción general de los Reynos de Assia con las cosas mas notables dellos*. Cordova, 1595.

Cervantes, Miguel de. *Don Quixote*. Translated by Thomas Skeleton. New York, 1909.

Chandler, Frank W. *Romances of Roguery: The Picaresque Novel in Spain*. New York, 1899.

Chevalier, Maxime. *L'Arioste en Espagne (1530-1650): Recherches sur l'influence du "Roland furieux."* Bordeaux, 1966.

Churton, Edward. *Gongora: An Historical and Criticai Essay on the Times of Philip III and IV of Spain with Translations*. 2 vols. London, 1862.

Cicogna, Emmanuelle A. *Delle vita e delle opere di Andrea Navagero*. Venice, 1855.

Cirot, Georges. *Mariana historien*. Paris, 1904.

Coster, Adolphe. *Fernando de Herrera "el Divinio."* Paris, 1908.

Cotarelo y Mori, Emilio. *Colección de entremeses, loas, bailes ... desdes fines del siglo XVI a mediádos del XVIII*. Madrid, 1911.

Crawford, J. P. Wickersham. *Spanish Drama before Lope de Vega*. Rev. ed. Philadelphia, 1937.

Croce, Benedetto. *La Spagna nella vita italiane durante la Rinascenza*. 4th ed. Bari, 1949.

Cummins, J. S., trans and ed. See Morga, Antonio de.

——. ed. *Triunfo de la fee en los reynos del Japón of Lope de Vega*. London, 1967.

Deferrari, Harry A. *The Sentimental Moor in Spanish Literature before 1600*. Philadelphia, 1927.

Defoumeaux, Marcelin. *La vie quotidienne en Espagne au Siècle d'Or*. Paris, 1965.

Doetsch, C. *Benito Arias Montano*. Madrid, 1928.

Donato, Leonardo. *La corrispondenza da Madrid (1570-1573)*. Edited by Mario Brunetti and Eligio Vitale. Venice, 1963.

Dusmet de Arizcun, Xavier. *Una expedición española a Cambodja en el siglo XVI*. Madrid 1932.

Eguiagaray Bohigas, Francisco. *Los intellectuales españoles de Carlos V*. Madrid, 1965.

Elizalde, Ignacio. *San Francisco Xavier en la literatura española*. Madrid, 1961.

Elliott, John H. *The Old World and the New*. Cambridge, 1970.

Encina, Juan del. *Cancioneiro*. Madrid, 1928.

Entrambasaquas, Joaquín de. *Estudios sobre Lope de Vega*. 2 vols. Madrid, 1946-47.

Escalante, Bernardino de. B. *Escalante: Primera historia de China*. Edited by Carlos Sanz. Madrid, 1958.

Fernandez Alvares, Manuel. *Política mundial de Carlos V y Felipe II*. Madrid, 1966.

Fernandez de Retana, Luiz. *Cisneros y su siglo*. 2 vols. Madrid, 1929-30.

Figueiredo, F. de, ed. See Torres Naharro, Bartolomé de.

Fígueroa, Alonso Gomez de. *Alcaçar imperial....* Valencia, 1513.

Figueroa, Martín Fernández de. *Conquista de las indias de Persia & Arabie que fizo la armada del rey don Manuel de Portugal....* Salamanca, 1512.

Fortescue, Thomas, trans. See Mexía, Pedro.

Foulché-Delbosc, Raymond. *Bibliographie des voyages en Espagne et en Portugal*. Paris, 1896.

Fucilla, Joseph G. *Relaciónes hispanoitalianas*. Madrid, 1953.

Gaffarel, P., and Louvot, F., trans. and eds. See Anghiera, Pietro Martire d'.

Gandía, Enrique de. *Historia crítica de los mitos de la conquista americana*. Madrid, 1929.

Garcia López, José. *Historia de la literatura española*. 8th ed. Barcelona, 1964.

Garcia Villoslada, Ricardo. *La universidad de Paris durante los estudios de Francisco Vitoria (1507-1522)*. Rome, 1938.

Gillet, Joseph E., ed. See Torres Naharro, B. de.

Gomara, Francisco López de. *Historia general de las Indias*. Zaragoza, 1552.

Góngora y Argote, Luis de. *Obras completas*. Edited by Juan Mille y Gimenez and Isabel Mille y Gimenez. Madrid, 1956.

Gonzalez de Clavijo, Ruy. *Vida del Gran Tamerlane*. Madrid, 1582.

———. *Narrative of the Embassy of Ruy Gonzalez de Clavijo to the Court of Timour at Samarcand, A.D. 1403-06*. London, 1859.

———. *Embassy to Tamerlane, 1403-06*. Translated from the Spanish by Guy Le Strange. London, [1928].

González Palencia, Angel. *Del Lazarillo a Queveda*. Madrid, 1946.

———, ed. *Pedro de Medina. Libro de grandezas y cosas memorabiles de España*. Madrid 1944

———, and Mele, Eugenio. *Vida y obras de Don Diego Hurtado de Mendoza*. Madrid, 1941-43.

Gossart, Ernest. *Espagnols et flamands au XVIe siècle*. Brussels, 1910.

Green, Otis H. *Spain and the Western Tradition: The Castilian Mind in Literature from El Cid to Calderon*. 4 vols. Madison, Wis., 1964-1966.

Guevara, Antonio de. *Relox de principes*. Seville, 1543.

Hamilton, Bernice. *Political Thought in Sixteenth-Century Spain*. Oxford, 1963.

Hanke, Lewis. *Colonisation et conscience chrétienne au XVIe siècle*. Paris, 1957.

——. *The Spanish Struggle for Justice in the Conquest of America*. Boston, 1965.

——. *Bartolomé de las Casas, Historian*. Gainesville, Fla., 1952.

——. *Aristotle and the American Indians: A Study of Race Prejudice in the Modern World*.Chicago, 1959.

Harrisse, Henry. *Bibliotheca Americana vetustissima*. Reprint. Madrid, 1958.

Hazañas y la Rua, Joaquín. *La imprenta en Seville (1475-1800)*. Seville, 1892.

Heidenheimer, Heinrich. *Petrus Martyr Angherius und sein Opus epistolarum*. Berlin, 1881.

Hernandez, Francisco. *Opera cum edita tum inedita....* 5 vols. in 3. Madrid, 1790.

Herrera y Tordesillas, Antonio de. *Historia general del mundo del tiempo del señor rey don Felipe el segundo, desde el año 1559 hasta su muerte. 3 vols*. Madrid, 1599-1612.

Höffner, Joseph. *Christentum und Menschenwürde: Das Anliegen der spanischen Kolonialethik im goldenen Zeitalter*. Trier, 1947.

Jones, Royston O. *The Golden Age: Prose and Poetry*. London, 1971.

——, ed. *Poems of Gongora*. Cambridge, 1966.

Kendall, John Dickinson. "Juan Gonzales de Mendoza and His *Historia de la China*: An Essay in Historical Bibliography." M.A. thesis, Department of Spanish, University of Minnesota, 1965.

Keniston, Hayward. *Francisco de los Cobos, Secretary of the Emperor Charles V*. Pittsburgh, 1960.

Klempt, Adalbert. *Die Säkularisierung der universalhistorischen Auffassung: Zum Wandel des Geschichtsdenkens im 16. und 17. Jahrhundert*. Göttingen, 1960.

Lamb, Ursula, ed and trans. See Medina, Pedro de.

Ledda, Giuseppina. *Contributo alio studio della letteratura emblematica in Spagna (1549-1613)*. Pisa, 1970.

Le Gentil, Pierre. *La poésie lyrique espagnole et portugaise à la fin de moyen âge*. 2 vols.Rennes, 1949-54.

Le Strange, Guy, trans. See Gonzalez de Clavijo, Ruy.

Leonard, Irving A. *Books of the Brave*. Cambridge, Mass., 1949.

Lipsius, Justus. *Epistolario de Justo Lipsio y los españoles (1577-1606)*. Edited by A. Ramirez. Madrid, 1966.

Lodge, Louise F. *Angelica in El Bernardo and Las lágrimas de Angelica*. Urbana, Ill., 1937.

Lopes de Castanheda, Fernão. *História do descobrimento e conquista da India pelos portugueses*. Edited by Pedro de Azevedo. 4 vols. Coimbra, 1924-33.

Lyte, Herbert. *A Tentative Bibliography of Spanish-German Literary and Cultural Relations*. Minneapolis, 1936.

MacNutt, F. A., ed. and trans. See Anghiera, Pietro Martire d'.

McKenna, James B., ed. and trans. *A Spaniard in the Portuguese Empire: The Narrative of Martín Fernández de Figueroa*. Cambridge, Mass., 1967.

Madrid, Dirección general de archivos y bibliotecas, Biblioteca nacional. *Guía de la exposicion Oriente-Occidente*. 1958.

Manuel, Don Juan. *El Conde Lucanor*. Edited by José Manuel Blecua. Madrid, 1969.

Mar, Juan del. *La lucha contra il pirata en nuestra poesía*. Madrid, 1942.

Mariana, Juan de. *Historia general de España*. "Biblioteca de autores españolas," Vol. XXXI. Madrid, 1872.

Mariéjol, Jean H. *Un lettré italien à la cour d'Espagne (1488-1526): Pierre Martyr d'Anghera, sa vie et ses oeuvres*. Paris, 1887.

Marsh, J. O., Jr. "The Spanish Version of Sir John Mandeville's *Travels:* A Critical Edition." Ph.D. diss., University of Wisconsin, 1950.

Martyr, Peter. See Anghiera, Pietro Martire d'.

Mas, Albert. *Les turcs dans la littérature espagnole du siècle d'or*. 2 vols. Paris, 1967.

Mateos, Francisco, ed. See Acosta, José de.

Mazur, Oleh. "The Wild Man in the Spanish Renaissance and Golden Age Theatre: A Comparative Study." Ph.D. diss., University of Pennsylvania, 1966.

Medina, José Toribio. *Bibliografía española de la Islas Filipinas (1523-1810)*. Santiago, Chile, 1897.

Medina, Pedro de. *A Navigator's Universe: The "Libro de Cosmographia" of 1538 by Pedro de Medina*. Edited and translated by Ursula Lamb. Chicago, 1972.

Menéndez y Pelayo, Marcellino. *Historia de las ideas estéticas en España*. 8 vols. Madrid, 1883-91.

Merriman, Roger B. *The Rise of the Spanish Empire in the Old World and the New*. 4 vols. New York, 1918-34. Reprinted 1962.

Mexia, Pedro. *Dialogos....*Seville, 1547.

——. *The Forest....* Translated by Thomas Fortescue. London, 1576.

——. *Silva de varia lección*. Edited by J. Garcia Soriano. 2 vols. Madrid, 1933-34.

Mille y Gimenez, Juan, and Mille y Gimenez, Isabel, eds. See Góngora y Argote, Luis de.

Mir, Miguel, ed. *Conquista de las islas Malucas... escrita por el liceniado Bartolome Leonardo de Argensola*. "Bibliotheca de escritores aragoneses, Sección literaria," Vol. VI. Zaragoza, 1891.

Montesinas, José, ed. See Vega, Lope de.

Morga, Antonio de. *Antonio de Morga: Sucesos de las islas Filipinas.* Translated and edited by J. S. Cummins. "Hakluyt Society Publications," 2d ser. Vol. CXL. Cambridge,1971.

Morel-Fatio, Alfred. *L'Espagne au XVIe et au XVIIe siècle.* Paris, 1878.

Morínigo, Marcos A. *América en el teatro de Lope de Vega.* Buenos Aires, 1946.

Morton, F. Rand. *Notes on the History of a Literary Genre: The Renaissance Epic in Spain and America.* Mexico, 1962.

Nougué, André. *L'oeuvre en prose de Tirso de Molina.* Toulouse, [1962].

Nys, Ernst. *Les origines du droit international.* Brussels, 1894.

Ortiz de Urbina, Ignacio. *San Ignacio de Loyola y los orientales.* Madrid, 1950.

Olmedo, Felix G. *Juan Bonifacio (1538-1606) y la cultura literaria del Siglo de Oro.* Santander, 1938.

Parker, A. A. *Valor actual del humanismo español.* Madrid, 1952.

Pavia, Mario N. *Drama of the Siglo de Oro: A Study of Magic, Witchcraft, and Other Occult Beliefs.* New York, 1959.

Peeters-Fontaines, Jean. *Bibliographie des impressions espagnols des Pays-Bas.* 2 vols. Louvain and Antwerp, 1933.

Pellicer y Pilares, Juan Antonio. *Ensayo de una bibliotheca de traductores españoles....* Madrid, 1778.

Penzer, Norman M., ed. *The Most Notable and Famous Travels of Marco Polo.* London,1929.

Pérez Pastor, Cristóbal. *La imprenta en Medina del Campo.* Madrid, 1895.

Pierce, Frank, comp, and ed. *The Heroic Poem of the Spanish Golden Age: Selections.* New York, 1947.

Pike, Ruth. *Aristocrats and Traders: Sevillian Society in the Sixteenth Century.* Ithaca, N.Y.,1972.

Pinta Llorente, M. de la. *Actividades diplomáticas de P. José de Acosta.* Madrid, 1952.

Portnoy, Antonio. *Ariosto y su influencia en la literatura española.* Buenos Aires, 1932.

Predmore, Richard L. *The World of Don Quixote.* Cambridge, Mass., 1967.

Ramirez, A., ed. See Lipsius, Justus.

Randall, Dale B. *The Golden Tapestry: A Critical Survey of Non-chivalric Spanish Fiction in English Translation, 1543-1657.* Durham, N.C., [1963].

Rekers, Bernard. *Benito Arias Montano, 1527-98.* Amsterdam, 1961.

Rennert, Hugo A. *The Life of Lope de Vega (1562-1635).* New York, 1968.

Ribadeniera, Marcelo de. *Historia de las islas del archipieago Filipino y reinos de la Gran China, Tartaria, Cochin-China, Malaca, Siam, Cambodge y Japon.* Barcelona, 1601.

Rodríguez Marín, Francisco. *Luis Barahona de Soto: Estudio biográfico, bibliográfico, y crítico.* 2 vols. Madrid, 1903.

Rogers, Francis M. *The Quest for Eastern Christians: Travel and Rumor in the Age of Discovery.* Minneapolis, 1962.

Rohlfs, Gerard. *Manual de filogia hispanica: Guía bibliográfica, crítica y metódica*. Bogotá, 1957.

Román y Zamora, Friar Jerónimo. *Relación del descubrimiento de las Philippinas y del ataque a Manila par el pirate Limahon con noticias de Fr. Martin de Rada*. Salamanca, 1595

——. *Repúblicas del mundo: Divididas en tres partes....* Salamanca, 1595.

——. *Repúblicas de Indias; idolatrias y gobierno en México y Perú antes de la conquista. ...Fielmente reimpresas, según la édición de 1575, con una addenda de las noticias que hay en la Crónica, del mismo autor, impresa en 1569....* 2 vols. Madrid, 1897.

Rumea de Armas, Antonio. *Historia de la censura literaria gubernativa en España*. Madrid,1940.

Saavedra, Guzmán. *El peregrino indiano*. Madrid, 1599.

Sánchez, Juan Manuel. *Bibliografia aragonesa del siglo XVI....* 2 vols. Madrid, 1913-14.

Sánchez Alonso, Benito. *Fuentes del la historia española e hispanoamericana*. 3d ed. 3 vols. Madrid, 1952.

——. *Historia de la historiografía española. Ensayo de un examen de conjunto*. 2 vols.Madrid, 1941-44.

Santaella, Rodrigo de. *Cosmographia breve introductoria enel libro de Marco Paulo. El libro del famoso Marco Paulo veneciano.... Con otro tratado de Micer Pogio florentino*. Seville,1503.

Sanz, Carlos, ed. See Escalante, Bernardino de.

——. *Primitivas relaciones de España con Asia y Oceania: Los dos primeros libros impresos en Filipinas, mas un tercero en discordia*. Madrid, 1955.

Schafer, Ernesto. *El Consejo Real y Supremo de las Indias: Su historia, organizacion y labor administrativa hasta la terminación de la Casa de Austria*. 2 vols. Seville, 1935, 1947.

Schumacher, Hermann. *Petrus Martyr, der Geschichtsschreiber des Weltmeers*. New York and Leipzig, 1879.

Schütte, F. J. *El "Archivo del Japon," vicisitudines de Archivo Jesuitico del Extremo Oriente y descripción del fondo existente en la Real Academia de la Historia de Madrid*. Madrid,1964.

Scott, James B. *The Spanish Origins of International Law*. London, 1934.

Serís, Homero. *Manual de bibliografia de la literatura española*. Syracuse, N.Y., 1948.

Sierra Corella, Antonio. *La censura de libros y papeles en España, y los indices y catalogos españoles de los prohibidos y expurgados*. Madrid, 1947.

Simón Díaz, José. *Bibliografía de la literatura hispanica*. 10 vols. Barcelona, 1966-72.

Southern, Richard W. *Western Views of Islam in the Middle Ages*. Cambridge, Mass., 1962.

Strelka, Josef. *Der burgundische Renaissancehof: Margarethes von Österreich und seine literar-historische Bedeutung*. Vienna, 1957.

Swecker, Zoe. "The Early Iberian Accounts of the Far East, 1550-1600." Ph.D. diss., Department of History, University of Chicago,1960.

Tafur, Pedro. *Andancas e viajes por diversas partes del mundo avidos (1435-1439)*. 2 vols. "Colleccion de libros españoles, raros e curiosos, Vol. VIII. Madrid, 1874.

Taylor, E. G. R., ed. See Barlow, Roger.

Terry, Arthur. *Anthology of Spanish Poetry, 1500-1700*. Oxford, 1965.

Thomas, Henry. *Spanish and Portuguese Romances of Chivalry*. Cambridge, 1920.

Ticknor, George. *History of Spanish Literature*. 3 vols. Boston, 1882.

Tirso de Molina (pseudonym for Telléz, Gabriel, 1570-1648). *Obras*. Madrid, 1910.

Tom, Henry Y. K. "The Wonderful Voyage: Chivalric and Moral Asia in the Imagination of Sixteenth-Century Italy, Spain, and Portugal." Ph.D. diss., Department of History, University of Chicago, 1975.

Torquemada, Antonio de. *Jardín de flores curiosas (Lérida, 1573)*. Facsimile reproduction.Edited by A. G. de Amezúa. Madrid, 1955.

Torres Naharro, Bartolomé de. *Propalladia and Other Works of Bartolomé de Torres Naharro*. Edited by Joseph E. Gillet. 4 vols. Bryn Mawr, Pa., 1943-61.

——. *Comedia trofeo*. Edited by F. de Figueiredo. São Paulo, 1942.

Valbuena Prat, Angel. *Historia de la literatura española*. 6th ed. 3 vols. Barcelona, 1960.

——. *La vida española en el Siglo de Oro según sus fuentes literarias*. Barcelona, 1943.

Valera, Juan. *Morsamor. Obras*, Vol. XI. Madrid, 1907.

Vargas Machuca, Bernardo de. *Milicia y descripción de las Indias*. Madrid, 1599.

Vega, Lope de. *Lope de Vega. Barlaán y Josafat*. "Teatro antiguo español, textos y estudios," Vol. III. Edited by José Montesinas. Madrid, 1935.

——. *La hermosura de Angélica*. "Collection de las obras sueltas," Vol. III. Madrid, 1776.

Vilanova, Antonio. *Las fuentes y los temas del Polifemo de Góngora*. 2 vols. Madrid, 1957.

Villarroel, Fidelis, O. P. "The Life and Works of Fray Jerónimo Román with Special Reference to the Unpublished MS. in the British Museum 'Predicación y conversión de las gentes.'" M. A. thesis, University of London, 1957.

Wagner, Henry R., and Parish, Helen R. *The Life and Writings of Bartolomé de las Casas*. Albuquerque, N.M., 1967.

Wilson, Edward M., and Moir, Duncan. *A Literary History of Spain: The Golden Age: Drama*. London, 1971.

Wosler, Karl. *Lope de Vega y su tiempo*. Madrid, 1933.

Zaccaria, Enrico. *Bibliografia italo-iberica: Ossia, edizioni e versioni di opere spagnuole e portoghesi fattesi in Italia*. 2d rev. ed. Capri, 1908.

ARTICLES

Asensio, Eugenio. "España en la épica filipina." *Revista de filología español*, XXXIII (1949), 66-109.

Bataillon, Marcel. "L'idée de la découverte de l'Amérique chez les Espagnols du XVIᵉ siècle (d'apres un livre récent)." *Bulletin hispanique*, LV (1953), 23-55.

——. "Philippe Galle et Arias Montano." *Bibliothèque d'humanisme et renaissance*, II(1942), 132-60.

Benfey, Theodor. "Die alte spanische Übersetzung des Kalîlah und Dimnah." *Orient und Occident*, I (1862), 497-507.

Bernard, Henri. "Lope de Vega et l'Extrême-Orient." *Monumenta nipponica*, IV (1941), 278-83.

——. "La théorie du protectorat civil des missions en pays infidèles; ses antécédents historiques et sa justification théologique par Suarez." *Nouvelle revue de théologie*, LXIV (1937), 261-83.

Bonneville, Henry. "Sur la poésie à Seville au Siècle d'Or." *Bulletin hispanique*, LXVI (1964), 311-48.

Boxer, Charles R. "Some Aspects of Spanish Historical Writings on the Philippines." In D. G. E. Hall, ed., *Historians of South East Asia*, pp. 195-208. London, 1961.

——. "Portuguese and Spanish Projects for the Conquest of Southeast Asia." *Journal of Asian History*, III (1969), 118-36.

——, and Cummins, J. S. "The Dominican Mission in Japan (1602-22) and Lope de Vega." *Archivum fratrum praedicatorum*, XXXIII (1963), 1-88.

Capote, Higinio. "Las Indias en la poesía del Siglo de Oro." *Estudios americanos*, VI(1953), 5-36.

Caravaggi, Giovanni. "Un capitolo della fortuna spagnuola del Boiardo: La tradizione dell'Innamorato iniziata da Hernando de Acuña." In G. Anceschi, ed., *Il Boiardo e la critica contemporanea*, pp. 117-55. Florence, 1970.

Cidade, Hernani. "La literatura portuguesa y la expansión ultramarina." *Estudios americanos*, XX (1960), 219-40.

Elliott, John H. "The Mental World of Hernán Cortés." *Transactions of the Royal Historical Society*, XVII (1967), 41-58.

Entwistle, William J. "The Search for the Heroic Poem." *Studies in Civilization* (Philadelphia, 1941), 89-105.

Ferrando, R. "F. de Oviedo y el concimiento del Mar del Sur." *Revista de Indias*, XVIII (1958), 469-82.

Gay, Jesús López, S. J. "Un documento inédito del P. G. Vázquez (1549-1604) sobre los problemas morales del Japón." *Monumenta nipponica*, XVI (1960), 118-60.

Green, Otis H. "A Critical Survey of Scholarship in the Field of Spanish Renaissance Literature."

Studies in Philology, XLIV (1947), 228-64.

Huerga, A. "Fray Luis de Granada y S. Carlos Borromeo." *Hispania sacra*, XI (1958), 299-347.

Jameson, A. K. "The Sources of Lope de Vega's Erudition." *Hispanic Review*, V (1937), 124-39.

Kilger, L. "Die Peru-Relation des José de Acosta 1576 und seine Missionstheorie." *Neue Zeitschrift für Missionswissenschaft*, I (1945), 24-38.

Lopetegui, Leon. "Contactos entre España y China en el siglo XVI." *Missionalia hispanica*, I (1944), 341-52.

Lopez de Meneses, Amada. "Andrea Navagero, traductor de Gonzalo Férnandez de Oviedo." *Revista de Indias*, XVIII (1958), 63-72.

Marsden, C. A. "Entrées et fêtes espagnoles au XVIᵉ siècle." In J. Jacquot, ed., *Fêtes et cérémonies au temps de Charles Quint*, II, 389-411. Paris, 1960.

Meregalli, Franco. "Las relaciones literarias entre Italia y España en el Renacimiento." *Thesaurus*, XVII (1962), 606-24.

Molinaro, J. A. "Barahona de Sota and Aretino." *Italica*, XXXII (1955), 22-26.

Retana, W. E. "La literatura historica de Filipinas de los siglos XVI y XVII." *Revue hispanique*, LX (1924), 293-325.

Rogers, F. M. "Valentim Fernandes, Rodrigo de Santaella and the Recognition of the Antilles as 'Opposite-India.' " *Boletim da sociedade degeografia de Lisboa*, LXXV (1957), 281-96.

Ruffini, Mario. "Les sources de Don Juan Manuel." *Les lettres romanes* (Louvain), VII (1953), 27-49.

Sanz, Carlos. "Primitivas relaciones de España con el Japón." *Boletín de la Real Sociedad geográfica*, CII (1966), 257-78.

Schütte, Josef Franz. "Documentos sobre el Japón conservados en la Coleccion 'Cortes,' " *Conclusión: Boletín de la Real Academia de la Historia*, CXLVII (1960), 149-259.

Thomas, Henry. "The Output of Spanish Books in the Sixteenth Century." *Library*, 4th ser. I (1921), 69-94.

Urtiaga, Alfonso. "El indiano en la dramática de Tirso de Molina." *Estudios*, XXI (1965), 529-774.

Vilanova, Antonio. "Preceptistas de los siglos XVI y XVII." In D. Guillermo Diaz-Plaja *et al., Historia general de las literaturas hispánicas*, III, 565-692. Barcelona, 1953.

Wagner, Henry R. "Peter Martyr and His Works." *Proceedings of the American Antiquarian Society*, LVI, Pt. 2 (October, 1946), 239-88.

Weber de Kurlat, Frida. "El tipo cómico del negro en el teatro prelopesco. Fonética." *Filología*, VIII (1962), 139-68.

Whinnom, K. "El origen de las comparaciónes religiosas del Siglo de Oro: Mendoza, Montesino y Román." *Revista de filología española*, XLVI (1963), 263-85.

Williams, G. S. "The 'Amadis Question.' " *Revue hispanique*, XXI (1909), 1-167.

VI.ITALIAN LITERATURE

BOOKS

Anon. *La victoria de lo serenissimo ed invictissimo Emanuele Re de Portugallo*...Rome, 1515.

Albertazzi, Adolfo. *Romanzieri e romanzi del cinquecento e del seicento*. Bologna, 1891.

———. *Storia dei generi letterari italiani: Il romanzo*. Milan, 1902.

Aleandro, Girolamo. *Vitae et res gestae pontificum romanorum*. 2 vols. Rome, 1630.

Allulli, Ranieri. *Marco Polo e il libro della meraviglie*. Milan, 1954.

Almagià, Roberto. *Monumenta cartographica Vaticana*. 4 vols. Rome, 1944-55.

Anania, Lorenzo d'. *L'universale fabrica del mondo*. Naples, 1573.

Anceschi, Giuseppe, ed. *Il Boiardo e la critica contemporanea*. Florence, 1970.

Araujo, J. de. *Centenario da India. O soneto de T. Tasso a Camoëns e Vasco da Gama. Carta a Antonio de Portugal de Faria*. Genoa, 1898.

Arcari, Paolo Maria. *Il pensiero politico di Francesco Patrizi da Cherso*. Rome, 1935.

Arciniegas, German. *Amerigo and the New World*. New York, 1955.

Aretino, Pietro. *Pietro Aretino. Il secondo libro delle lettere*. Edited by F. Nicolini. 1 vol. in 2 parts, Bari, 1916.

Ariosto, Ludovico. *Ludovico Ariosto. Orlando Furioso. An English Translation with Introduction, Notes, and Index*. Edited by Alian Gilbert. 2 vols. New York, 1954.

———. *Ludovico Ariosto. Orlando Furioso*. Translated by William Stewart Rose. Edited by S. A. Baker and A. B. Giamatti. Indianapolis, 1968.

Arrivabene, Lodovico. *Dialogo delle cose più illustri di Terra Santa....* Verona, 1592.

———. *Il Magno Vitei.... In questo libro, oltre al piacere, che porge la narratione delle alte cavallerie del glorioso Vitei primo Rè della China, e del valoroso Iolao, si hà nella persona di Ezonlom, uno ritratto di ottimo Prencipe, & di Capitano perfetto. Apresso si acquista notitia di molti paesi, di varij costumi di popoli, di animali, sì da terra, & sì da acqua, di alberi, di frutti, & di simiglianti cose moltissime....* Verona, 1597.

———. *Istoria della China di Lodovico Arrivabene ... nella quale si tratta di molte cose marovigliose di quell'amplissimo regno....* Verona, 1599.

Bacci, P. *Giovanni da Verazzano, navigatore fiorentino*. Bologna, 1965.

Baker, S. A., and Giamatti, A. B., eds. See Ariosto, Ludovico.

Baldi da Urbino, Bernardino. *La nautica e le egloghe*. Reprint of Venice, 1590 edition. Edited by G. Romeo. Lanciano, 1913.

———. *Vita e fatti di Federigo di Montefeltro, duca di Urbino....* 3 vols. in 2. Rome, 1824.

Banchieri, Adriano. *La Nobilità dell'Asino di Attahalippa dal Perú Provincia del Mondo novo*. Venice, 1592:

Bandello, Matteo. *Matteo Bandello. Le novelle*. Edited by Gioachino Brognoligo. 5 vols. Bari, 1910-12.

Barbagli, Danilo Agnuzzi, ed. See Patrizi, Francesco.

Barera, A. *L'Opera scientifico letteraria del card. Federico Borromeo*. Milan, 1931.

Barros, João de. *L'Asia del S. Giovanni di Barros....* Translated by Alfonso Ulloa, Venice, 1562.

Bartoli, Cosimo. *Discorsi historici universali*. Venice, 1569.

Bassano, Luigi. *Costumi et i modi particolari della vita de' Turchi*. Rome, 1545.

Battistini, Mario, ed. See Guicciardini, Giovanbattista.

Becutti, Francisco. *Rime*. Venice, 1580.

Belioni, Antonio. *Il poema epico e mitologico*. Milan, 1912.

Bembo, Pietro. *Historiae venetae libri XII....* Venice, 1551.

——. *Della historia viniziana de Monsignor M. Pietro Bembo, volgarmente scritta*. Venice,1552.

——. *Della historia vinitiana.... volgarmente scritta libri* XII. Venice, 1570.

Benci, Francesco. *Ergastus Francisci Bendi, Societatis Jesu... Drama, arte, distributionem praemiorum in gymnasio eiusdem societatis....* Rome, 1587.

——...*Orationes et carmina....* Ingolstadt, 1599.

——. *Quinque martyres e Societate Jesu in India libri sex*. Venice, 1591.

Benfey, Theodore, trans, and ed. *Die Reise der drei Söhne des Königs von Serendippo*. Helsinki, 1932.

Bennett, Joan W. *The Rediscovery of Sir John Mandeville*. New York, 1954.

Berengo, Marino. *Nobili e mercanti nella Lucca del Cinquecento*. Turin, 1965.

Bernardo, Aldo S. *Petrarch, Scipio, and the "Africa" : The Birth of Humanism's Dream*. Baltimore, 1962.

Beroaldo, Filippo. *Carminum*. Rome, 1530.

Berti, Luciano. *Il principe dello studiolo: Francesco I dei Medici e la fine del Rinascimento fiorentino*. Florence, 1967.

Bertoni, Giulio. *La biblioteca Estense e la coltura ferrarese ai temps del duca Ercole I(1471-1505)*. Turin, 1903.

——. *L'" Orlando furioso," e la rinascenza a Ferrara*. Modena, 1919.

Betussi, Giuseppe. *La Leonora. Ragionamento sopra la vera bellezza*. Lucca, 1557.

——. *Il Raverta, dialogo d'amore*. "Biblioteca rara pubblicata da G. Daelli," Vol. XXX,Milan, 1864.

——. *Le imagini del tempio della signora donna Giovanni Aragona, dialogo*. Venice,1557

——.*Ragionamento ... sopra il Cathaio....* Padua, 1573.

Bittner, Max, and Tomaschek, W. *Die topographischen Capitel des indischen Seespiegels Mohît*.

Vienna, 1897.

Boiardo, Matteo Maria. *Orlando innamorato*. Edited by F. Foffani. "Collezione di classici italiani." Turin, 1944-48.

Bonardi, Giovan Maria. *La minera del mondo*. Venice, 1589.

Boncompagni, Francesco L. *Le prime due ambasciate dei Giapponesi a Roma (1585-1615). Con movi documenti*. Rome, 1903.

Bordone, Benedetto, *Libro di Benedetto Bordone nel qual si ragiona de tutte l'Isole de mondo....* Venice, 1528.

Botero, Giovanni. *Relations of the Most Famous Kingdoms and Common-wealths thorowout the World: Discoursing of their Situations, Religions, Languages, Manners, Customes, Strengths, Greatnesse and Policies*. Translated by R. Johnson. London, 1630.

——. *Thesoro politici*. Venice, 1612.

——. *Ioann. Boteri... Epistolarum ... D. Caroli Cardinalis Borromaei nomine scriptarum.Libri II*. Paris, 1586.

——. *Giovanni Botero. The Reason of State and the Greatness of Cities*. Edited by P. J.Waley and D. P. Waley. Translated by R. Peterson (1606). New Haven, 1956.

Boxer, Charles R., ed. and trans. *South China in the Sixteenth Century*. "Hakluyt Society Publications," 2d ser., Vol. CVI. London, 1953.

Bozza, Tommaso. *Scrittori politici italiani dal 1550 al 1650*. Rome, 1949.

Bracciolini, Poggio, and Varthema, Ludovico de. *Travelers in Disguise: Narratives of Eastern Travel by Poggio Bracciolini and Ludovico de Varthema*. Edited by Lincoln D. Hammond. Cambridge, Mass., 1963.

Brand, Charles P. *Torquato Tasso: A Study of the Poet and of His Contribution to English Literature*. Cambridge, 1965.

Brasavola, Antonio. *Examen simplicium medicamentorum in publicis disciplinis et officinis usus est*. Rome, 1536.

Bresciano, Giovanni. *Neapolitana: Contributi alla storia della tipografia in Napoli nel secolo XVI....* Halle, 1965.

Brickman, Benjamin. *An Introduction to Francesco Patrizi's "Nova de universis philosophia."* New York, 1941.

Brognoligo, Gioachino, ed., See Bandello, Matteo.

Brown, Horatio F. *The Venetian Printing Press: An Historical Study Based upon Documents for the Most Part Hitherto Unpublished*. London, 1896.

Brugi, Biagio. *Gli scolari dello Studio di Padova nel Cinquecento*. Padua, 1905.

Brusoni, Girolamo. *Varie osservazioni sopra le Relazioni Universali di G. Botero*. Venice, 1659.

Buonamici, Lazaro. *Carmina*. Venice, 1553.

Caleagnini, Celio. *Opera aliquot*. Basel, 1544.

Calderini, Apollinare. *Discorsi sopra la ragione di stato del Signor Giovanni Botero*. Milan, 1609.

Cammarosano, Francesco. *La vita e le opere di Sperone Speroni*. Empoli, 1920.

Campana, Cesare. *Delle historie del mondo, descritte dal Sig. C. C., gentil huomo Aquilano, libri sedici; ne' quali diffusamente si narrano le cose avvenute dall'Anno 1580 fino al 1596....* Turin, 1598.

——. *Delle istorie del Mondo ... libri 4*. Venice, 1591.

Capparoni, Pietro. *Profili bio-bibliografici dei medici e naturalisti celebri italiani*. 2 vols. Rome, 1925.

Caraci, Giuseppe. *Introduzione al Sassetti epistolografo: Indagini sulla cultura geografica del secondo Cinquecento*. Rome, 1960.

Cardano, Girolamo. *The Book of My Life*. New York, 1930.

Carletti, Francesco. *Ragionamenti di Francesco Cadetti Fiorentino sopra le cose da lui vedute ne' suoi viaggi si dell'Indie Occidentali, e Orientali come d'altri paesi....* Florence, 1701.

——. *My Voyage around the World*. Translated by Herbert Weinstock. London, 1965.

Carradori, G. *Sulla vita e sugli studi d'G. B. Ramusio*. Rimini, 1883.

Carrara, Enrico. *I due Orlandi*. Turin, 1935.

——. *Tra il Furiose e la Gerusalemme Liberata, Lezioni*. Turin, 1936.

Casella, M. T., and Pozzi, G. *Francesco Colonna—Bibliografia e opere*. 2 vols. Padua, 1959.

Catalano, Michele. *Vita di Ludovico Ariosto*. 2 vols. Geneva, 1930-31.

Cavalli, Ferdinando. *La scienza politica in Italia*. New York, 1968.

Caviceo, Jacobo. *Libro de peregino*. Parma, 1508.

Cermenati, Mario. U. *Aldrovandi e l'America*. Rome, 1906.

Chabod, Federico. *Storia dell'idea d'Europa*. Bari, 1971.

——. *Giovanni Botero*. Rome, 1934.

——. *Lo stato di Milano nella prima metà del secolo XVI*. Rome, 1954.

——. *Machiavelli and the Renaissance*. New York, 1965.

——. *Scritti sul Rinascimento*. Turin, 1967.

Charbonnel, J. Roger. *La pensée italienne au XVIe siècle*. Paris, 1919.

Cian, Vittorio. *Un decennio della vita di M. Pietro Bembo (1521-31)*. Turin, 1885.

——, ed." *Motti" inediti e sconosciuti di M. Pietro Bembo pubblicati e illustrati*. Venice,1888.

Ciappi, Marc' Antonio. *Compendio delle heroiche et gloriose attioni, et santa vita di Papa Greg. XIII*. Rome, 1591.

Cicogna, Emanuele Antonio. *Delle vita e delle opere di Andrea Navagero, oratore, istorico, poeta veneziano del secolo decimosesto*. Venice, 1855.

Clubb, Louise G. *Giambattista Della Porta, Dramatist.* Princeton, 1965.

Cocchiara, G. *Il mito del buon selvaggio.* Messina, 1948.

Cochrane, Eric. *Florence in the Forgotten Centuries, 1527-1800.* Chicago, 1973.

Conestaggio, Girolamo Franchi. *Storia dell' unione del regno di Portogallo alla Corona di Castiglia.* Genoa, 1585.

Corazzini, G. A., ed. See Lapini, Agostino.

Cortesão, Armando, and Teixeira da Mota, Avelino. *Portugaliae monumenta cartographica.* 5 vols. Lisbon, 1960-62.

Costa, Emilio. *Pel settimo centenario della università di Padova.* Bologna, 1922.

——. *Ulisse Aldrovandi e la studio bolognese....* Bologna, 1907.

Crane, Thomas F. *Italian Social Customs of the Sixteenth Century.* New Haven, 1920.

Croce, Benedetto. *La Spagna nella vita italiana durante la Rinascenza.* Bari, 1917.

——. *Storie e leggende napoletane.* Bari, 1919.

De Angelis, Vincenzo di. *Introduzione a ... Orlando Furioso. Canti scelti commentati e organicamente collegati.* Florence, 1938.

Dionigi da Fano, Bartolomeo. *Delle historie del mundo di M. Giovanni Tarcagnota ... con l'aggiunta di M. Mamhrino Roseo, e dal Reverendo M. Bartolomeo Dionigi da Fano, sino all' anno 1582.* Venice, 1585.

——, ed. See Federici, Cesare.

Doglioni, Giovanni Nicolò. *Compendio historico universale di tutte le cose notabili gia successe nel mondo....* Venice, 1605.

Dolci, Pietro. *Compendio di geografia storica comparata e storia della geografia.* Naples, 1889.

Donato, Giannatti. *Lettere a Pieri Vettori, pubblicate sopra gli originali del British Museum da R. Ridolfi e C. Roth.* Florence, 1932.

Doni, Anton Francesco. *Mondi celesti, terrestri, et infernali.* Venice, 1567.

Dragonetti, Alfonso. *Le vite degli illustri aquilani.* Aquila, 1847.

Edwards, Ernest Wood. *The "Orlando Furioso" and its Predecessors.* Cambridge, 1924.

Elwert, W. T. *Studi di letteratura veneziana.* Venice, 1958.

Erizzo, Sebastiano. *Le sei giornate.* Venice, 1567.

Estaço, Aquiles. *Staii Lusitani Oratio oboedientialis ad. Gregorium. XIII. Pont. Max. Sebastiani. I., regis, Lusitaniae nomine, habita, eiusdem monomachia, navis. Lusitaniae versib. descripta.* Rome, 1574.

——. *Monomachia navis Lusitanae cum ingenti regis Dachenor classe.* Rome, 1574.

Fabié y Escudero, Antonio Maria, ed. and trans. *Viajes por España de Jorge de Einghen, del baron Leon de Rosmithal de Blatna, de Francisco Giucciardini y de Andres Navagero.* Madrid, 1879.

Fairfax, Edward, trans. *Godfrey of Boulogne, or the Recoverie of Jerusalem.* London, 1600.

Fantuzzi, Giovanni. *Memorie della vita di Ulisse Aldrovandi, medico e filosofo bolognese.* Bologna, 1774.

Faria, Antonio de Portugal. *Portugal e Italia: Ensaio de Diccionario Bibliographia.* 3 vols. Leorne, 1898-1901.

——. *Centenarii da India. T. Tasso aLuiz de Camoëns' soneto: "Vasco da Gama."* Leome, 1898.

Fatini, Giuseppe. *Agnola Firenzuola (1493-1543).* Turin, 1932.

——. *Bibliographia della critica Ariostea (1510-1956).* Florence, 1958.

Federici, Cesare. *Viaggio ... nell' India orientale.* Edited and enlarged by Bartolomeo Dionigi da Fano. Venice, 1587.

Ferrara, Stefano. *Un mercante del sec. XVI, storico difensore della Commedia di Dante e poeta...* Novara, 1906.

Ferrero, G. G., and Visconti, D., eds. See Giovio, Paolo.

Fiore, L. B. *La scoperta dell' America e gli umanisti del cinquecento.* Arpino, 1920.

Flamini, Francesco. *Il cinquecento.* Milan, 1898-1902.

Flora, Francesco. *Storia della letteratura italiana. Il Cinquecento,* Vol. II, Pt. 1. Verona, 1947.

Foffani, F., ed. See Boiardo, Matteo Maria.

Fornari, Simone. *La spositione sopra l'Orlando Furioso di M. Lodovico Ariosto.* 2 vols. Florence, 1549.

Fomaris, Fabrizio de. *Angelica Comedia.* Paris, 1585.

Foscarini, Marro. *Della letteratura veneziana.* Venice, 1854.

Fracastoro, Girolamo. *Opera omnia.* Venice, 1555.

——. *Homocentricorum.* Venice, 1538.

——. *Syphilis, sive de morbo Gallico.* Verona, 1530.

Frachetta, Girolamo. *Il seminario de' governi di stato, et di gverra.* Venice, 1624.

Fulin, Rinaldo, ed. *Diarii e diaristi veneziani.* Venice, 1881.

Fumo, Albertina. *Il sentimento del mare nella poesia italiana.* Turin, 1905.

Gambara, Lorenzo. *Laurentii Gambarae Brixiani De navigatione Christophori Columbi libri quattuor, Ad Antonium Perennotum Cardinalem Granvellanum.* Rome, 1581.

——. *Poemata omnia.* Rome, 1586.

Garin, Eugenio. *Italian Humanism: Philosophy and Civic Life in the Renaissance.* New York, 1965.

Garzoni, Tomaso. *La piazza universale di tutte le professioni del mondo.* Venice, 1587.

Gentile, Giovanni. *Il pensiero italiano del Rinascimento.* 3d ed. Florence, 1940.

Getto, Giovanni. *Nel mondo della "Gerusalemme."* Florence, 1968.

——. *La composizione della Gerusalemme liberata.* Turin, 1959.

Giacomini Tebalducci Malespini, Lorenzo. *Oratione de le lodi di Francesco Medici, gran duca di Toscana, fatta per ordine de l'Academia fiorentina....* Florence, 1587.

Giannoti, Donato. *Lettere a Pier Vettori.* Edited by Roberto Ridolfi and Cecil Roth. Florence, 1932.

Gigli, G., and Nicolini, Fausto. *Novellieri minore del cinquecento. G. Barabosco—S. Eriggo.* Bari, 1912.

Gilbert, Allan, trans. 2nd ed. See Ariosto, Ludovico ; Machiavelli, Niccolò.

Giles, H. A. *A Chinese Biographical Dictionary.* Taipei, 1964.

Gioda, Carlo. *La vita e le opere di Giovanni Botero.* 3 vols. Milan, 1895.

Giovio, Paulo. *Opera....* Edited by G. G. Ferrero and D. Visconti. 4 vols. Rome, 1956-64.

——. *Turcicarum rerum commentarius.* Paris, 1538.

——. *Historiarum sui temporis.* 2 vols. in 1. Paris, 1558-60.

——. *Elogia virorum . .. illustrium.* Basel, 1575.

——. *Dialogo dell'impresse militari et amorose.* Rome, 1555.

——. *Illustrium virorum vitae.* Florence, 1551.

——. *De legatione Moscovitarum....* Antwerp, 1557.

——. *Elogios o vidas breves de los cavalleros antiguos y modernos, q estan al bivo pintados en el museo de Paulo Iovico.* Translated from Latin into Spanish by Gaspar de Baeca. Granada, 1568.

——. *Le vite del Gran Capitano e del Marchese di Pescara.* Edited by C. Panigada. Translated from Latin into Italian by Ludovico Domenichi. Bari, 1931.

Giraldi, Lilio Gregorio. *De re nautica libellus.* Basel, 1540.

Giudici, Paoló, ed. See Varthema, Ludovico di.

Gobbi, Ulisse. *L'economia politica negli scrittori italiani del seculo XVI-XVII.* Milan,1889.

González de Mendoza, Juan. *The History of the Great and Mighty Kingdom of China....*Reprinted from the translation of R. Parke. Edited by Sir George T. Staunton. "Hakluyt Society Publications," O.S. Nos. 14-15. 2 vols. London, 1853-54.

Grande, S. *Le relazioni geografiche fra P. Bembo, G. Fracastoro, G. B. Ramusio, G. Gastaldi.* Rome, 1906.

Green, Otis Howard. *Spain and the Western Tradition.* 4 vols. Madison, Wis., 1966.

Grendler, Paul F. *Critics of the Italian World, 1530-1560: Anton Francesco Doni, Nicolò Franco, and Ortensio Lando.* Madison, Wis., 1969.

Griffith, T. Gwynfor. *Bandello's Fiction: An Examination of the Novelle.* Oxford, 1955.

Grillo, Giacomo. *Poets of the Court of Ferrara: Ariosto, Tasso, and Guarini.* Boston, 1943.

Groto, Luigi. *La Dalida.* Venice, 1572.

Gualdo, Paolo. *Vita di Gian Vicenzo Pinelli.* Augsburg, 1607.

Guazzo, M. *Historie di tutti i fatti degni di memoria nel mondo successi dal MDXXIIII sino all'anno*

MDXLIX. Venice, 1549.

Guazzo, Steffano. *Lettere del Signor Steffano Guazzo....* Turin, 1591.

——. *La civile conversation....* Lyons, 1582.

Gubematis, Angelo de. *Torquato Tasso*. Rome, 1908.

——. *Letteratura indiana*. Milan, 1883.

——. *Matériaux pour servir à l'histoire des études orientales en Italie*. Paris, 1876.

Guicciardini, Francesco. *The History of Italy*. 4 vols. London, 1753.

Guicciardini, Giovanbattista. *Lettere di Giovan Battista Guicciardini a Cosimo e Francesco de' Medici (1559-77)*. Edited by Mario Battistini. Brussels and Rome, 1949.

Güntert, Georges. *Un poeta scienziato del seicento, Lorenzo Magalotti*. Florence, 1966.

Hammond, Lincoln D., ed. See Bracciolini, Poggio, and Varthema, Ludovico de.

Hauvette, Henri. *L'Arioste et la poésie chevalresque à Ferrara au début XVIᵉ siècle*. Paris, 1927.

Hazlitt, W. Carew. *The Venetian Republic: Its Rise, Its Growth, and Its Fall, A.D. 409-1797*. London, 1915.

Herrick, Marvin T. *Italian Comedy in the Renaissance*. Urbana, Ill., 1960.

Imperato, Ferrante. *Dell'historia naturale libri XXVIII*. Naples, 1599.

Jesuits. Letters from Missions (the East). *Diversi avisi particolari dall'Indie di Portogallo ricevuti, dall'anno 1551 sino al 1558*. Venice, 1559.

——. *Avvisi del Giapone de gli anni M.D.LXXXII. LXXXIII. et LXXXIV... Riceuute il mese di Dicembre M.D.LXXXV*. Rome, 1586.

——. *Avvisi della Cina, et Giappone del fine dell'anno 1587... Cavati dalle lettere della compagnia di Giesù, ricevute il mese d'Ottobre 1588*. Venice, 1588.

——. *Raguaglio d'un notabilissimo naufragio, cavato da una lettera del P. Pietro Martinez, scritta da Goa, al Molto Rever. P. Generale... alli 9. di Dicembre M.D.LXXXVI*. Venice, 1588.

Johnson, Alfred F. *Periods of Typography: The Italian Sixteenth Century*. London, 1926.

Koelliker, Oscar. *Die erste Umsegelung der Erde*. Munich and Leipzig, 1908.

Lagomaggiore, Carlo. *L'Istoria viniziana di M. Pietro Bembo: Saggio critico con appendice di documenti inediti*. Venice, 1905.

Lane, Frederic C. *Venice and History*. Baltimore, 1966.

Lapini, Agostino. *Diario Fiorentino di Agostino Lapini*. Edited by G. A. Corazzini. Florence, 1900.

Laste, Natale della, and Forcellini, Marco, eds. See Sperone degli Alvarotti, Speroni.

Leo, Emilio di. *Scienza e umanesimo in Girolamo Fracastoro*. Salerno, 1937.

Leo, Ulrich. *Torquato Tasso: Studien zur Vorgeschichte des Secentismo*. Berne, 1951.

Lévèque, Eugène. *Les mythes et les legendes de l'Inde et de la Perse dans Aristophane, Platon ... Arioste, Rabelais, etc.* Paris, 1880.

Lievsay, John L. *Stefano Guazzo and theEnglish Renaissance, 1575-1675*. Chapel Hill, N.C., 1961.

Litta, Pompeo. *Le famiglie celebri italiane*, 10 vols. in 4. Milan, 1819-74.

Logan, Oliver. *Culture and Society in Venice, 1470-1790*. London, 1972.

Longhena, Mario, ed. *Viaggi in Persia*.... Milan, 1929.

Lucas-Dubreton, Jean. *Le monde enchanté de la Renaissance: Jerôme Cardan l'halluciné*. Paris, 1954.

Luzio, Alessandro. *Isabella d'Este, nei primordi del papato di Leone X e il suo viaggio a Roma nel 1514-1515*. Milan, 1906.

———, and Renier, Ridolfo. *Mantova ed Urbino: Isabella d'Este ed Elisabetta Gonzaga*....Turin and Rome, 1893.

Machiavelli, Niccolò. *Niccolò Machiavelli: The Chief Works and Others*. Translated by Allan Gilbert. 3 vols. Durham, N.C., 1965.

Maffei, G. C. *Scala naturala*. Venice, 1564.

Maffi, Pietro. *La cosmografia nelle opere di Torquato Tasso*. Milan, 1898.

Magnaghi, Alberto. *D'Anania e Botero, a proposito di una "Fantastica" storico-geografica sul Cinquecento*. Ciriè, 1914.

Maier, Bruno, ed. See Tasso, Torquato.

Mâle, Emile. *L'Art religieux après le Concile de Trente*. Paris, 1932.

Manfroni, Camillo. *Relazione del primo viaggio intorno al mondo di Antonio Pigafetta*. Milan, 1928.

Manuzio, Antonio, comp. *Viaggi fatti da Vinetia, alla Tana, in Persia, in India, et in Con stantinopoli*.... Venice, 1545.

Manzi, Pietro. *La tipografia napoletana dell'500*. 2 vols. Rome, 1971-72.

Marcucci, Ettore, ed. See Sassetti, Filippo.

Marsili-Libelli, Cecilia R. *Anton Francesco Doni, scrittore e stampatore: Bibliografia delle opere e delle critica e annali tipografici*. Florence, 1960.

Masson, Georgia. *Italian Gardens*. New York, 1961.

Mazzotti, Giuseppe. *Ville venete*. Rome, 1963.

Medina, Pedro de. *Obras*. Edited by A. González Palencia. 2 vols. Madrid, 1944.

Meneghetti, Gildo. *La vita avventurosa di Pietro Bembo: umanista, poeta, cortigano*. Venice, 1961.

Mengaldo, Pier Vicenzo. *La lingua del Boiardo lirico*. Florence, 1963.

Montalboddo, Francanzano da. *Itinerarium Portugalensium*.... Milan, 1508.

———. *Paesi novamente retrovati*. Venice, 1507.

Moretti, Alfredo, ed. *Corrispondènza di Niccolò Machiavelli con Francesco Vettori dal 1513 al 1515*. Florence, 1948.

Mori, Ascanio Pipino de. *Delle novelle*. London, 1794.

Multineddu, Salvatore. *Le fonti della Gerusalemme Liberata*. Turin, 1895.

Nagler, Alois M. *Theatre Festivais of the Medici.* New Haven, Conn., 1964.

Navagero, Andrea. *Opera omnia.* Venice, 1754.

Navarro, Alberto. *Orações obedienciais: Algumas achegas para o estudo das relações entre Portugal e a Santa Sé. Lisbon,* 1965.

Nelson, John Charles, ed. See Patrizi, Francesco.

Niccolai, Francesco. *Pier Vettori.* Florence, 1912.

Nicolini, Fausto. *Novèllièri minore del Cinquecento, G. Parabosco-S. Erizzo.* Bari, 1912.

——, ed. See Aretino, Pietro.

Noberasco, Filippo. *Un compagno di Magellano: Leon Pancaldo savonese.* Savona, 1929.

Olschki, Leonardo. *Storia letteraria delle scoperte geografiche.* Florence, 1937.

Ore, Oystein. *Cardano: The Gambling Scholar.* Princeton, 1953.

Palagi, Giuseppe, ed. *Quattro lettere inediti di Ulisse Aldrovandi a Francesco I de' Medici, granduca di Toscana.* Bologna, 1873.

Panciroli, Guido. *The History of Many Memorable Things Lost, Which Were in Use among the Ancients.* London, 1715.

Papi, Fulvio. *Antropologia e civiltà nel pensiero di Giordano Bruno.* Florence, 1968.

Pardi, Giuseppe. *Lo studio di Ferrara nei secoli XVe XVI.* Ferrara, 1903.

Parks, George B., comp. *The Contents and Sources of Ramusio's "Navigationi"* New York, 1955.

Paruta, Paolo. *Delle perfettione della vita politica.* Venice, 1579.

Pasio, Francesco. *Copia d'una breve relatione della Cristianita di Giappone de mese del Marzo del 1598, in sino ad Ottob. del medesimo: e della morte di Taicosama sign. di detto Regno.* Venice, 1601.

Pasqualigo, Luigi, Conte. *Lettere amorose.* Venice, 1569.

Passano, Giambattista. *I novellieri italiani in prosa.* 2d ed. Part 1. Turin, 1878.

Passi, Carlo. *Tavola della provinde, città, castella, popoli, monti, mari, fiume, et laghi de quali il Giovio ha fatto nelle sue istorie mentione....* Venice, 1570.

Pastorello, Ester. *Tipografi, editori, librai a Venezia nel secolo XVI.* Florence, 1924.

Patrizi, Francesco. *Della historia diece dialoghi... ne qveli si ragiona di tvtte le cosse appartenenti all' historia, & allo scriverla, & all'osservarle.* Venice, 1560.

Pedot, Lino, O.S.M. *La S. C. De Propaganda Fide e le missioni del Giappone (1622-1838).* Vicenza, 1946.

Pellegrini, Francesco. *Fracastoro.* Trieste, 1948.

——, ed. *Scritti inediti di Girolamo Fracastoro.* Verona, 1955.

Pellizzari, Achille. *Portogallo e Italia nel secolo XVI: Studi e ricerche storiche e letterarie.* Naples, 1914.

Peregallo, Prospero. *Cenni intoma alla colonia italiana in Portogallo nei secoli XIV, XV, e XVI*. Genoa, 1907.

Pertusi, Agostino, ed. *Venezia e l'oriente fra tardo medioevo e rinascimento*. Florence, 1966.

——. *La storiografia veneziana fino al seculo XVI*. Venice, 1970.

Pinto, Olga, ed. *Viaggi di C. Federici e G. Balbi, alle Indie Orientali*. Rome, 1962.

Piromalli, Antonio. *La cultura a Ferrara al tempo dell'Ariosto*. Florence, 1953.

Porcacchi, Thommaso. *L'isole piu famose del mondo*. Venice, 1576.

Possevino, Antonio. *Apparato all' historia di tutte le nationi. Et il modo di studiare la geografia*. Venice, 1598.

——. *Bibliotheca selecta qua agitur de ratione stvdiorvm....* Rome, 1593.

——. *Judicium de quator scriptoribus (la Nove, Bodin, Philip de Morney et Machiavelli)*.Rome, 1592.

Raimondi, Giovan Battista. *Viaggio per terra de Lindia [sic] Orientale a Venetia*. Venice,1575.

Rajna, Pio. *Le fonti dell' Orlando Furioso*. 2d rev. ed. Florence, 1900.

Ramusio, G. B., comp. *Delle navigationi et viaggi....* 3 vols. Venice, 1550-59.

Raya, Gino. *Il romanzo*. Milan, 1950.

Reichenbach, Giulio. *L'Orlando innamorato di M. M. Boiardo*. Florence, 1936.

Remer, Theodore G., ed. *Serendipity and the Three Princes: From the "Peregrinaggio" of 1557*. Norman, Okla., 1965.

Resta, Gianuito. *Studi sulle lettere del Tasso*. Florence, 1957.

Reumont, Alfred von. *The Carafas of Maddaloni*. London, 1884.

Revelli, Paolo. *Terre d'America e archivi d'Italia*. Milan, 1926.

Ridolfi, Roberto. *Vita di Francesco Guicciardini*. Rome, 1960.

Ridolfi, Roberto, and Roth, Cecil, eds. See Giannoti, Donato.

Rocca, Angelus. *Bibliotheca Apostolica Vaticana a Sixto V in splendidiorem locum translata*. Rome, 1591.

Röhricht, R., ed. *Bibliotheca geographica Palaestinae....* Berlin, 1890.

Romei, Annibaie. *Ferrara e la corte Estense nella seconda metà del secolo XVI. I Discorsi di Annibaie Romei, gentiluomo ferrarese*. Edited by A. Solerti. Castello, 1891.

Romeo, Girolamo, ed. See Baldi da Urbino, Bernardino.

Romeo, Rosario. *Le scoperte americane nella coscienza italiana del cinquecento*. Milan and Naples, 1954.

Roncinotto, Alvise. *El viazo de Colocut*. Venice, 1539.

Roscoe, William. *The Life and Pontificate of Leo X*. 4 vols. London, 1805-27.

Roseo, Mambrino. *Vita di Alessandro Magno*. Venice, 1570.

——. *Historia de' successori di Alessandro Magno. Raccolta da diversi auttori, et in gran parte da*

Diodoro Siculo.. .. Venice, 1570.

——. *Delle historie del mondo ... parte terza. Aggiunta alla ... Historia di M. Giovanni Tarchagnota.* Venice, 1573.

——. *La prima parte del terzodecimo libro di Amadis di Gaula....* Venice, 1584.

——. *Aggiunta al secondo volume di don Rogello di Grecia....* Venice, 1594.

——. *L'historia de Amadis de Grecia. Il secondo libro delle prodezze di Splandiano.* Venice,1600.

——. *Della historia del principe Sferamundi....* Venice, 1610.

——. *Aggiunta di Amadis di Grecia.* Venice, 1629.

——. *Lisuarte di Grecia, figliuola dello imperatore Splandiano. . ..* Venice, 1630.

Rossi, Giuseppe. *Girolamo Fracastoro in relazione all'Aristotelismo e alle scienza nel Rinascimento.* Pisa, 1893.

Rossi, M. *Un letterato e mercante fiorentino del secolo XVI, Filippo Sassetti.* Città di Castello,1899.

Rovelli, Luigi. *L'opera storica ed artistica di Paolo Giovio.* Como, 1928.

Rüdiger, Wilhelm. *Petrus Victorius aus Florenz.* Halle, 1896.

Ruggieri, Ruggero M. *L'umanesimo cavalleresco italiano da Dante al Pulci.* Rome, 1962.

Sá, Artur Moreira de. *Manuscritos e obras impressas de Aquiles Estaço, separata do Arquivo de Bibliografia portuguesa.* Coimbra, 1958.

Sansovino, Francesco. *Del governo et amministratione di diversi Regni et Republiche così antiche come moderne.* Venice, 1578.

——. *Trofeo della victoria sagra ottenuta della cristianissima lega contro i Turchi.* Venice,1571.

——. *Sopplimento delle croniche universali del mondo di Fra Jacopo Filippo da Bergamo tradotto nouvamente da M. Francesco Sansovino....* Venice, 1575.

——. *Cronologia del mondo....* Venice, 1580.

——. *Venezia città nobilissima et singolare.* Venice, 1581.

Sassetti, Filippo. *Lettere di Filippo Sassetti sopra i suoi viaggi nelle Indie Orientali dal 1578 al 1588.* Edited by Prospero Viani. Reggio, 1844.

——. *Lettere indiane, a cura di Arrigo Benedetti.* 2d ed. Turin, 1961.

——. *Lettere edite e inedite di Filippo Sassetti, raccolte e annotate da Ettore Marcucci.* Florence,1855.

——. *Lettere scelte, con introd. e note di Gino Raya.* Milan, 1932.

Scaduto, Mario. *Storia della Compagnia di Gesù in Italia.* Rome, 1964.

Schefer, Charles, ed. *Les voyages de Ludovico de Varthema ou Le Viateur en la plus grande partie d'Oriente. . . .* Paris, 1888.

Schück, Julius. *Aldus Manutius und seine Zeitgenossen in Italien und Deutschland.* Berlin, 1862.

Schulte, Aloys. *Die Fugger in Rom.* Leipzig, 1904.

Segre, Cesare, ed. *Ludovico Ariosto: Opere minori.* Milan, 1954.

Sereno, Aurelio. *Theatrum capitolum....* Rome, 1514.

Sgrilli, Gemma. *Francesco Carletti, mercatore e viaggiatore fiorentino, 1573 (?)-1636.* Rocca, 1905.

Solerti, A., ed. See Romei, Annibale.

Sorivano, R. *Il Manierismo nella letteratura del Cinquecento.* Padua, 1959.

Sperone degli Alvarotti, Speroni. *Opere....* Edited by Natale della Laste and Marco Forcellini. 5 vols. Venice, 1740.

Spontone, Ciro. *Dodici libri del governo di stato.* Verona, 1600.

Staunton, Sir George T., ed. See González de Mendoza, Juan.

Straparola, Francesco. *Piacevoli notti.* 2 parts. Venice, 1550, 1553.

——. *The Nights of Straparola.* Translated by William G. Waters. London, 1894.

Strauch, Alfons. *Die Kosmographie in Ariosts Orlando Furioso.* Bonn, 1921.

Tappert, Wilhelm. *Bilder und Vergleiche aus dem Orlando innamorato Bojardo's und dem Orlando furioso Ariosto's.* Marburg, 1886.

Tarcagnota, Giovanni. *Delle historie del mondo.* 3 vols. in 5. Venice, 1598.

Tassin, Charles. *Giannotti, sa vie, son temps, et ses doctrines. Étude sur un publiciste florentin du XVIe siècle.* Paris, 1869.

Tasso, Torquato. *Torquato Tasso. Jerusalem Delivered.* Edited by R. Weiss. London, 1962.

——. *Opere.* Edited by Bruno Maier. 5 vols. Milan, 1963.

Thérault, Suzanne. *Un cénacle humaniste de la Renaissance autour de Vittoria Colonna [1492-1547], châtelaine d'Ischia.* Florence, 1968.

Thomas, Henry. *Spanish and Portuguese Romances of Chivalry in the Spanish Peninsula and Its Extension and Influence Abroad.* Cambridge, 1920.

Tinto, Alberto. *Annali tipografici dei Tramezzino.* Venice, 1966.

Tiraboschi, Girolamo. *Storia della letteratura italiana.* Vol. VII, Pt. 1. Florence, 1809.

Tom, Henry Y. K. "The Wonderful Voyage: Chivalric and Moral Asia in the Imagination of Sixteenth-Century Italy, Spain, and Portugal." Ph.D. diss., Department of History, University of Chicago, 1975.

Torelli, Pomponio. *Trattato del debito del cavalliero, di Pomponi Torelli Conte di Montechiarugolo, nell'Academia de' Signori Innominati di Parma, Il Perduto.* Parma, 1596.

——. *Tancredi.* Parma, 1597.

Tramezzino, Michele. *Peregrinaggio di tre giovani del re di Serendippo.* Venice, 1557.

Trindade Coelho, H., and Mattelli, G., eds. *Documentos para o estudo das relações culturaes entre Portugal e Italia.* 4 vols. Florence, 1934-35.

Turner, Richard A. *The Vision of Landscape in Renaissance Italy.* Princeton, 1966.

Ulivi, Ferruccio. *Il manierismo del Tasso, e altri studi.* Florence, 1966.

Ulloa, Alfonso, trans. See Barros, João de.

Varthema, Ludovico di. *Itinerario di Ludovico di Varthema*. Edited by Paolo Giudici. Milan, 1928.

——. *Les voyages de Ludovico di Varthema ou le Viateur en la plus grande partie d'Orient*.Translated from Italian into French by J. Balarin de Raconio. "Recueil de voyages et de documents pour servir à l'histoire de la geographie depuis le XIIIe jusqu'à la fin du XVIe siècle," Vol. IX. Paris, 1888.

Vasques, Alberto, and Rose, R. Selden, eds. *Algunas cartas de Don Diego Hurtado de Mendoza escritas 1538-1552*. New Haven, 1935.

Vecchietti, F., and Maro, T. *Biblioteca picena*. 5 vols. Osimo, 1790-96.

Vernero, Michele. *Studi critici sopra la geografia nell'Orlando Furioso*. Turin, 1913.

Viperani, Giovanni Antonio. *De rege, et regno liber*. Antwerp, 1569.

Viviani, Ugo, ed. *Vita e opere di Andrea Cesalpino*. Arizzo, 1922.

Waley, P. J., and Waley D. P., eds. See Botero, Giovanni.

Waters, W. G., trans. See Straparola, Francesco.

Weiss, R., ed. See Tasso, Torquato.

Williams, Ralph C. *The Merveilleux in the Epic*. Paris, 1925.

Yriarte, Charles. *La vie d'un patricien de Venise*. Paris, 1874.

Zoli, Sergio. *La Cina e la cultura italiana dal '500 al '700*. Bologna, 1973.

ARTICLES

Azevedo, João Lucio d'. "Francesco Sassetti." In *Novas epanáforas: Estudos de história e literatura*, pp. 97-135. Lisbon, 1932.

Barberi, Francesco. "Le edizioni romane di Francesco Minizio Calvo." In *Miscellanea di scritti di bibliografia ed erudizione in memoria di Luigi Ferrari*, pp. 57-98. Florence, 1952.

Barilli, Renato. "Il Boiardo e l'Ariosto nel giudizzio del Rajna." In G. Anceschi, ed.,*Il Boiardo e la critica contemporanea*, pp. 61-72. Florence, 1970.

Beltrami, G. "La chiesa Caldea nel secolo dell'unione." *Orientalia Christiana* (Rome), XXIX (1933), 35-39, 86-137.

Berchet, Guglielmo, ed. "Fonti italiani per la storia della scoperta del Nuovo Mondo." In *Raccolta ... Colombiana*, Pt. Ill, Vol. I, pp. 170-180. Rome, 1892.

Bertolotti, A. "Le tipografie orientali e gli orientalisti a Roma nei secoli XVI e XVII." *Rivista Europea*, IX (1878), 217-68.

Bertoni, Giulio. "Umanisti portoghesi a Ferrara (Hermico e Didaco)." *Giornale storico della letteratura italiana*, CXTV (1939), 46-51.

Bezzola, Reto R. "L'Oriente nel poema cavalleresco del primo Rinascimento." *Lettere italiane*, XV (1963), 385-98.

Bradner, Leicester. "Columbus in Sixteenth-Century Poetry." In *Essays Honoring Lawrence C. Wroth*, pp. 15-30. Portland, Me., 1951.

Bramanti, Vanni. "Lettere inedite di Filippo Sassetti." *Giornale storico della letteratura italiana*, CXLIII (1966), 390-406.

Briggs, Helen M. "Tasso's Theory of Epic Poetry." *Modern Language Review*, XXX (1930), 457-73.

Caramella, S. "L'Asia nell' 'Orlando Innamorato,' " *Bollettino della società geografica italiana*, 5th ser. XII (1923), 44-59, 127-50.

Carletti, Francesco. "The Carletti Discourse: A Contemporary Italian Account of a Visit to Japan in 1597-98." Translated by M. N. Trollope. In *Transactions of the Asiatic Society of Japan*, 2d ser. IX (1932), 1-35.

Casamassima, E. "Ludovico degli Arrighi detto Vicentino copista dell' 'Itinerario' del Varthema." *La bibliofilia*, LXIV (1962), 117-62.

Cavicchi, Filippo. "Un poemetto di Girolamo Casio e l'ingresso in Bologna (1525) del card. Legato Innocenzo Cibo." *Atti e memorie della R. Deputazione di Storia Patria per la provincie di Romagna* (Bologna), 4th ser. III (1913), 111-112.

Cermanati, Mario. "Un diplomatico naturalista del Rinascimento Andrea Navagero." *Nuovo archivio veneto*, N.S. XXIV (1912), 164-205.

Cessi, Roberto. "L'India in una descrizione sconosciuta del principio del secolo XVI." *Studi Colombiani*, III (1952), 213-16.

Chabod, Federico. "Paulo Giovio." In *Scritti sul Rinascimento*, pp. 243-67. Turin, 1967.

Cian, Vittorio. "P. Bembo e Isabella d'Este." *Giornale storico della letteratura italiana*, IX (1887), 81-136.

Comfort, W. William. "The Saracenos in Italian Epic Poetry." *PMLA*, LIX (1941), 882-919.

Cristofari, Maria. "La tipografia vicentina nel secolo XVI." In *Miscellanea di scritti di bibliografia ed erudizione in memoria di Luigi Ferrari*, pp. 191-214. Florence, 1952.

D'Elia, Pasquale. "L'Italia alle origini degli studi sulla Cina." *Nuovo antologia*, CDXXII(1942), 148-60.

Del Piero, Antonio. "Delle vita e delle opere di G. B. Ramusio." *Nuovo archivio veneto*, N.S. IV (1902), 5-109.

Diener, Hermann. "Die 'Camera Papagalli' im Palast des Papstes." *Archiv für Kulturgeschichte*, XLIX (1967), 43-97.

Dionisotti, Carlo. "La guerra d'Oriente nella letteratura veneziana del Cinquecento." In A. Pertusi, ed., *Venezia e l'Oriente fra tardo Medioevo e Rinascimento*, pp. 471-93. Venice, 1966.

Divrengues, A. "La société milanese d' après Bandello au temps de la Renaissance." *Revue du seizième siècle*, XVIII (1931), 223-30.

Elwert, W. T. "Pietro Bembo e la vita letteraria del suo tempo." In *La civiltà veneziana del Rinascimento*, pp. 125-76. Florence, 1958.

——. "Venedigs literarische Bedeutung." *Archiv für Kulturgeschichte*, XXXVI (1954),261-300.

Fanelli, Vittorio. "Apetti della Roma cinquecentesca. Note sulla diffusione della cultura iberica a Roma." *Studi Romani*, XV (1967), 277-88.

Fantini, Bianca Saraceni. "Prime indagini sulla stampa padovana del cinquecento." In *Miscellanea di scritti di bibliografia ed erudizione in memoria di Luigi Ferrari*, pp. 415-85. Florence, 1952.

Ferri, Luigi. "Pietro Pomponazzi e la Rinascenza." *Archivio storico italiano*, 3d ser. XV (1872), 65-96.

Fiorentino, F. "Vita ed opere di A. Cesalpino." *Nuovo antologia*, XLVI (1879), 657-83.

Fucilla, J. G. "European Translations and Imitations of Ariosto." *Romanic Review*, XXV (1934), Pt. 1, 45-51.

Gabrieli, G. "L'Ariosto e l'Oriente." *Atti Arcadia*, XI-XII (1933), 29-50.

Gallina, A. M. "Un intermediario fra la cultura italiana e spagnola nel secolo XVI; Alfonso de Ulloa." *Quaderni ibero-americani*, XVII (1955), 4-12; XVII (1956), 194-209.

Gilbert, Felix. "The Renaissance Interest in History." In C. S. Singleton, ed., *Art, Science, and History in the Renaissance*, pp. 373-86. Baltimore, 1968.

Gioffré, Domenico. "Documenti sulle relazioni fra Genova ed il Portogallo dal 1493 al 1539." *Bulletin de l'institut historique belge de Rome*, XXXIII (1961), 179-316.

Goldstein, Thomas. "Florentine Humanism and the Vision of the New World." In International Congress for the History of the Discoveries, *Resumo das comunicações*, pp. 132-35. Lisbon, 1960.

Gomes Branco, J. "Un umanista portoghese in Italia: Achilles Estaço." In Reale Accademia d'Italia, *Relazioni storiche fra l'Italia e il Portogallo: Memorie e documenti*, pp. 135-43. Rome, 1940.

Goodman, Leo A. "Notes on the Etymology of Serendipity and Some Related Philological Observations." *Modem Language Notes*, LXXVI (1961), 454-81.

Grendler, Paul F. "Francesco Sansovino and Italian Popular History." *Studies in the Renaissance,* XVI (1969), 139-80.

Heikamp, Dedef. "Les Médicis et le Nouveau Monde." *Oeil*, CXLIV (1966), 16-23, 50.

Lagomaggiore, C. "L' Istoria viniziana di M. Pietro Bembo." *Nuovo archivio veneto*, 3d ser., VIII (1905), 162-80; IX (1905), 33-113.

Lefèvre, Renato. "Due cinquecentine di Andrea Corsali viaggiatore nelle Indie." In *Almanacco dei bibliotecari italiani*, pp. 42-52. Rome, 1967.

——. "Una corrispondenza dal Mar Rosso di Andrea Corsali nel 1516." *Il libro italiano*,IV, Pt. 2

(1940), 433-48.

——. "Appunti sull'ospizio di S. Stefano degli 'indiani" nel Cinquecento." *Studi Romani*, XV (1967), 16-33.

Le Goff, J. "L'Occident médiéval et l'Océan Indien: Un horizon onirique." In Manilo Cortelazzo, ed., *Méditerranée et Océan Indien*, pp. 243-65. Venice, 1970.

Leite de Faria, Francisco. "Un impresso de 1531 sobre as empressas dos Portugueses no Oriente." *Boletim internacional da bibliografia Luso-Brasileira*, VII (1966), 90-109.

Lubac, H. de, and Bernard-Maitre, H. "La découverte du buddhisme." *Bulletin de l'association Guillaume Budé*, 3d ser. III (October, 1953), 97-115.

Luzio, Alessandro, and Renier, Rodolfo. "La cultura e le relazioni letterarie di Isabella d'Este Gonzaga." *Giornale storico della letteratura italiana*, XXXIII (1899), 1-62.

——. "La cultura e le relazioni letterarie di Isabella d' Este Gonzaga. 4 Gruppo veneto." *Giornale storico della letteratura italiana*, XXXVIII (1901), 41-70.

Luzio, L. "La fortuna dell'Itinerario di Ludovico de Varthema bolognese nella letteratura e nella cartografia contemporanea." In *Atti del XIV Congresso geografico tenuto a Bologna dall' 8 al 12 aprile 1947*, pp. 511-14. Bologna, 1949.

Magnino, Leo. "António de Noli e a colaboração entre Portugueses e Genoveses nos descobrimentos." *Studia*, X (1962), 99-115.

Marangoni, Giuseppe. "Lazzaro Buonamico e lo studio Padovano nella prima metà del cinquecento." *Nuovo archivio veneto*, 3d ser. I (1901), 118-51, 301-18; II (1902), 131-96.

Matos, L. "Natura, intelletto, e costumi dell'elefanta." *Boletim internacional da bibliografia Luso-Brasileira*, I (1960), 44-55.

Mazzoni, G. "Ludovico Ariosto e Magellano." *L'Ape* (Ferrara), Nos. 3-4 (March-April, 1939), pp- 2-3.

Mercati, G. "Un indici di libri offerti a Leone X." *Il libro e la stampa*, N.S. II (1908), 40-45.

Moreira de Sá, Artus. "Manuscritos e obras impressos de Aquilos Estaço," *Arquivo de bibliografia portuguesa*, III (1957), 167-78.

Morison, Stanley. "The Earliest Known Work of Arrighi." *Fleuron*, VII (1930), 167-68.

Müntz, C. "Le musée de portraits de Paul Jove." *Mémoires de l'institut national de France, Académie des inscriptions et belles lettres*, XXXVI (1901), 249-343.

Pavolini, P. E. "Di alcuni altri paralleli orientali alla novella del Canto XXVIII del *Furioso*." *Giornale della società asiatica italiana* (Florence), XI (1897-98), 165-73.

Pettinelli, R. A. "Di alcuni fonti del Boiardo." In G. Anceschi, ed., *Il Boiardo e la critica contemporanea*, pp. 1-11. Florence, 1970.

Pinto, Olga. "Viaggiatori veneti in Oriente (secoli XIII-XVI)." In A. Pertusi, ed., *Venezia e l'Oriente fra tardo medioevo e rinascimento*, pp. 389-401. Venice, 1966.

——. "Ancora il viaggiatore veneziano Gasparo Balbi a proposito della ristampa italiana di una carta dell' Asia di W. J. Blaev." *Atti dell'Academia nazionale dei Lincei*, 8th ser. III (1948), 465-471.

Po, Guido. "La collaborazione italo-portoghese alle grandi esplorazioni geografiche ed alla cartographia nautica." In Reale Accademia d'Italia, *Relazioni storiche fra l'Italia e Portogallo: Memorie e documenti*, pp. 261-322. Rome, 1940.

Polein, Stanislas. "Une tentative d'Union au XVIe siècle: la mission religieuse du Père Antoine Possevin, S. J. en Moscovie (1581-82)." *Orientalia Christiana analecta*, CL(1957), I-135.

Pullé, Francesco L. "Originali indiani della novella Ariostea nel XXVIII canto del Furioso." *Giornale della società asiatica italiana*, IV (1890), 129-164.

Rees, D. G. "John Florio and Anton Francesco Doni." *Comparative Literature*, XV (1963), 33-38.

Rizzi, Fortunato. "Un maestro d' umanità: F. Beroaldo." *L'Archiginnasio*, XLVIII (1953), 75-111.

Rossi, Ettore. "La leggenda di Turandot." In *Studi orientalistici in onore di Giorgio Levi della Vida*, II, 457-76. Rome, 1956.

Saltini, Guglielmo Enrico. "Della stamperia orientale Medicea e di Giovan Battista Raimondi." *Giornale storico degli archivi toscani*, IV (1860), 237-308.

Sanesi, Giuseppe. "Alcuni osservazioni e notizie intorno a tre storici minori del cinquecento." *Archivio storico italiano*, 5th ser. XXIII (1899), 261-88.

——. "Ragionamento sopra il commercio dal Granduca Cosimo I tra i sudditi." In *Archivio storico italiano*, lst ser. IX, appendix (1853), 165-88.

Searles, Colbert. "The Leodilla Episode in Bojardo's *Orlando Innamorata*." *Modern Language Notes*, XVII (1902), 328-42, 406-11.

——. "Some Notes on Boiardo's Version of the Alexandersagas." *Modern Language* Notes, XV (1900), 89-95.

Sforza, Giovanni. "Francesco Sansovino e le sue opere storiche." *Memorie delle R. Accademia delle scienze di Torino*, ser. 2^a, XLVII (1897), 27-66.

Sparrow, John. "Latin Verse of the High Renaissance." In E. F. Jacob, ed., *Italian Renaissance Studies*, pp. 354-409. London, 1960.

Spini, Giorgio. "Historiography : The Art of History in the Italian Counter-Reformation." In E. Cochrane, ed., *The Late Italian Renaissance, 1525-1630*, pp. 91-133. London,1970.

Vaganay, Hugues. "Les Romans de chevalerie italiens d'inspiration espagnole." *La bibliofilia*, XI (1909-10), 171-82; XII (1910-11), 112-25, 205-11, 280-300, 390-99.

Verci, Giambattista. "Vita di Giuseppe Betussi." In *Biblioteca rara pubblicata da G. Daelli*, XXX, pp. xvii-xlviii. Milan, 1864.

Vernero, Michele. "I concetti cosmografici e le cognizioni geografiche dell' Ariosto in rapporto a quelle del suo tempo." *Geografia*, IV (1916), 62-73.

Volpati, Carlo. "Paolo Giovio e Venezia." *Archivio veneto,* 5th ser. XV (1934), 132-56.

Waterhouse, E. K. "Tasso and the Visual Arts." *Italian Studies,* III (1946-49), 146-62.

Weinberg, Bernard. "The Accademia degli Alterati and Literary Taste from 1570 to 1600." *Italica,* XXXI (1954), 207-14.

——. "Argomenti di discussioni letterarie nell' Accademia degli Alterati." *Giornale storico della letteratura italiana,* CXXXI (1954), 175-94.

Zaccagnini, Guido. "Le fonti della 'Nautica' di B. Baldi." *Giornale storico della letteratura italiana,* XL (1902), 366-96.

VII.FRENCH LITERATURE

BOOKS

Anon. *La salade nouvellement imprimée à Paris, laquelle fait mention de tous les pays du monde....* Paris, 1527.

Anon. *La institution.. .du royaume de la Chine.* Paris, 1556.

Anon. *Le desespere contentement d'amour.* Paris, 1599.

Anon. *L'Ile des hermaphrodites.* Paris, ca. 1600.

Anon. *Les pudiques amours de Celestine avec ses disgraces et celles d'Angelie.* Paris, 1605.

Adams, M. A., ed. *The Earliest French Play about America*...New York, 1931.

Adhémar, Jean. *Frère André Thevet, grand voyageur et cosmographe des rois de France au XVIe siècle.* Paris, 1947.

Albert-Buisson, François. *Le Chancelier Antoine Duprat.* Paris, 1935.

Alexandrowicz, C. H. *An Introduction to the History of the Law of Nations in the East Indies.* Oxford, 1967.

Alfonse, Jean. *Voyages aventureux.* Poitiers, 1559.

——. *La cosmographie ... par Jean Fonteneau dit Alfonse de Saintonge.* Edited by Georges Musset. Paris, 1914.

Apomazar, Ibn Sirin. *Des significations et événements des songes selon la doctrine des Indiens, Perses, et Egyptiens, tourné du Grec en Latin, et mis en François.* Paris, 1586.

Armstrong, Robert. *Ronsard and the Age of Gold.* New York, 1968.

A[shley], R[obert], trans. See Le Roy, Louis.

Atkinson, Geoffroy. *Les nouveaux horizons de la Renaissance française.* Paris, 1935.

——. *La littérature géographique française de la renaissance: Répertoire bibliographique.*Paris, 1927.

Auger, Edmond, trans. See Maffei, Giovanni Pietro.

Baif, Jean Antoine de. *Le premier des meteores.* Paris, 1567.

Baridon, Silvio. *Pontus de Tyard (1521-1605)*. Milan, 1950.

——. *Inventaire de la bibliothèque de Pontus de Tyard*. Geneva, 1950.

Bates, Blanchard W. *Literary Portraiture in the Historical Narrative of the French Renaissance*. New York, 1945.

Battista, Anna Maria. *Alle origini del pensiero politico libertino: Montaigne e Charron*. Milan, 1966.

Baudrier, Le Président. *Bibliographie lyonnaise . .. quatrième série*. Lyons, 1899.

Bauer, Albert. *Maurice Scève et la Renaissance lyonnaise*. Paris, 1906.

Belevitch-Stankevitch, H. *Le goût chinois en France au temps de Louis XIV*. Paris, 1910.

Belleau, Remy. *Les amours et nouveaux eschanges des pierres precieuses*. Paris, 1576.

Belleforest, François de. *L'histoire universelle du monde, contenant l'entière description et situatiõ des quatres parties de la terre*. Paris, 1570.

——, *et al. Histoire prodigieuses extraicts de plusiers fameux auteurs*. Antwerp, 1594.

Belon, Pierre. *Les observations de plusieurs singularitez et choses memorables... en Grèce, Asie... et autres pays estranges*. Paris, 1553.

Bembo, Pierre. *L'histoire du nouveau monde decouvert par les Portugalois, escrite par le seigneur Pierre Bembo*. Paris, 1556.

Bemard-Maitre, Henri. *Sagesse chinoise et philosophie chrétienne*. Paris, 1935.

——. *Le Japon et la France à l'époque de la Renaissance (1545-1619)*. Tientsin, 1942.

Béroalde de Verville, François. *Les aventures de Floride, l'Infante determinee et le Cabinet de Minerve.... 5 vols*. Tours and Rouen, 1593-1601.

——. *L'histoire des vers qui filent la soye, en cette Serodokimasie ou recherche de ces vers est discourse de leur nature, gouvernement, utilité, plaisir et profit qu'ils rapportent*. Tours, 1600.

——. *Le moyen de parvenir*. Reprint of Paris edition of 1596. Edited by C. Royer.2 vols in l. Geneva, 1970.

——. *L'histoire véritable, ou le voyage des princes fortunéz*. Paris, 1610.

——. *Le palais des curieux*. Paris, 1612.

Bigard, Louis. *Le trafic maritime avec les Indes sous François 1er*. Paris, 1939.

Blachiere, Loïs de la. *Histoire veritable de certains voiages perilleux et hazardeux sur la mer*. Niort, 1599.

Blignières, Auguste de. *Essai sur Amyot et les traducteurs françaises du XVIe siècle*. Paris, 1851.

Boaistuau, Pierre. *Histoires prodigieuses extraictes de plusiers fameux autheurs, Grecz et Latins, sacrez et prophans: mises en nostre langue par P. Boaistuau, surnommé Launay, natif de Bretaigne avec les pourtraicts et figures*. Paris, 1561.

Bodin, Jean. *Reponses aux paradoxes de M. de Malestroict*. Edition of 1588. Edited by H. Hauser. Paris, 1932.

——. *Colloque de Jean Bodin des secrets cachez des choses sublimes entre sept scavans qui sont de differens sentimens*. Translated by Roger Chauviré. Paris, 1914.

——. *The Six Books of a Commonweale*. Facsimile reprint of the English translation of 1600. Edited by Kenneth Douglas McRae. Cambridge, Mass., 1962.

——. *Universae naturae theatrum....* Lyons, 1596.

——.*Jean Bodin. Method for the Easy Comprehension of History*. First published at Paris in 1566 in Latin. Translated by Beatrice Reynolds. New York, 1945.

Boemus, Johann. *Recueil de diverses Histoires touchant les situations de toutes regiõs & pays cõtenuz es trois parties du monde....* Paris, 1539.

Boissard, Jean Jacques. *Habitus variarum orbis gentium. Habitz de nations estranges*. Cologne, 1581.

Bouchet, Guillaume, sieur de Brocourt. *Les sérées de Guillaume Bouchet, sieur de Brocourt*. Edited by C. E. Roybet. 6 vols. Paris, 1873-82.

Boulenger, Jacques. *Rabelais*. Paris, 1942.

Bouwsma, William J. Concordia Mundi: *The Career and Thought of Guillaume Postel (1510-81)*. Cambridge, Mass., 1957.

Brand, Friedrich J. *P. Emundus Augerius, S.J.* Cleves, 1903.

Brown, John L. *The Methodus ad Facilem Historiarum Cognitionem of Jean Bodin*. Washington, D.C., 1939.

Brunet, G., *et al*. eds. See L'Estoile, Pierre de.

Buchanan, George. See Naiden, James R., ed.

Buffereau, François. *Le mirouer du monde*. Geneva, 1517.

Busson, Henri. *Les sources et développement du rationalisme dans la littérature française de la Renaissance (1533-1601)*. Paris, 1922.

Cabeen, David C., ed. *A Critical Bibliography of French Literature: The Sixteenth Century*. Syracuse, 1956.

Cabié, Edmond. *Ambassade en Espagne de Jean Ebrard, Seigneur de Saint-Sulpice, de 1562 à 1565 et mission de ce diplomate dans le même pays en 1566. Documents....* Albi, 1903.

Camerarius, Phillip. *The Living Librarie, or Meditations and Observations Historical....* London, 1621.

Cameron, Alice. *The Influence of Ariosto's Epic and Lyric Poetry on Ronsard and His Group*. Baltimore, 1930.

Castanheda, Femão Lopes de. *Le premier livre de l'histoire de l'Inde .. .faict par Fernand Lopes de Castanheda....* Translated by N. de Grouchy. Paris, 1553.

Cayet, Palma. *Chronologie septenaire*. Paris, 1605.

Centellas, Joachim. *Les voyages et conquestes des Roys de Portugal es Indes d'Orient. Recueilly de fideles tesmoignages et memoires du seigneur Ioachim de Centellas*. Paris, 1578.

Chamard, Henri. *Histoire de la Pléiade*. 3 vols. Paris, 1939-40.

——, ed. See Du Bellay, Joachim.

Champion, Pierre. *Paris au temps de la Renaissance*. Paris, 1936.

Charron, Jean Daniel. *The "Wisdom" of Pierre Charron*. Chapel Hill, N.C., 1961.

Charron, Pierre. *Les trois veritez, contres les athées, idolatres, Ivifs, Mahumetans, heretiques, & schismatiques. Le tout traicté en trois livres*, lst ed. 1593. Brussels, 1595.

——. *Traicté de sagesse*. Bordeaux, 1606.

——. *De la sagesse livres trois*. Bordeaux, 1601.

——. *Of Wisdom*. Translated by Samson Lennard. London, 1651.

Chartrou, Josephe. *Les entrées solennelles et triomphales à la Renaissance (1484-1551)*. Paris, 1928.

Chinard, Gilbert. *L'éxotisme américain dans la littérature française au XVIe siècle*. Paris, 1911.

Chrétien des Croix, Nicolas. *Les Portugaiz infortunés*. Rouen, 1608.

Cioranescu, Alexandre. *L'Arioste en France, des origines à la fin du XVIIIe siècle*. Vol. I. Paris, 1939.

——. *Bibliographie de la littérature française du XVIe siècle*. Paris, 1959.

Cohen, Gustave. *Ecrivains fiançais en Hollande, dans la première moitié du XVIIe siècle*. Paris, 1920.

Cohen, J. M., trans. See Rabelais, François.

Cohen, R. S. "The Use of Rhetoric in Béroalde de Verville's *Le moyen de parvenir*." Ph.D. diss., Department of Romance Languages, University of Chicago, 1973.

Conestaggio, Jeronimo de Franchi. *Dell' unione del regno di Portugallo alla corono di Castiglia, istoria del Ieronimo de Franchi Conestaggio, gentilhuomo genovese*. Genoa, 1585.

Coornaert, Émile. *Les français et le commerce international à Anvers (fin XVme et XVIme siècles)*. 2 vols. Paris, 1961.

Corrozet, Giles. *Blasons domestiques*. Paris, 1865.

Dejob, V. Charles. *Marc-Antoine Muret, un professeur français en Italie dans la seconde moitié du XVIe siècle*. Paris, 1881.

Delisle, Leopold. *Fabri de Peiresc*. Toulouse, 1889.

Deserpz, François. *Recueil de la diversité des habits qui sont de present en usage, tant es pays d'Europe, Asie, Afrique et Isles sauvages*. Paris, 1567.

Dorigny, Jean. *La vie du P. Emond Auger, de la Compagnie de Jésus*. Lyons, 1716.

Douais, M., ed. *Dépèches de M. de Fourquevaux, ambassadeur du roi Charles IX en Espagne, 1565-72*. 3 vols. Paris, 1896, 1900, 1904.

Du Bartas, Guillaume de Salluste. *The Works of Guillaume de Saliuste, Sieur du Bartas*. Edited by U. T. Holmes, Jr., *et al.* 3 vols. Chapel Hill, N.C., 1935.

——. *Bartas, His Divine Weekes and Works*. Translated by Joshua Sylvester. London, 1605. Edited by Francis C. Haber. Gainesville, Fia., 1965.

——. *Les oeuvres.*...2 vols, in 1. Paris, 1611.

Du Bellay, Joachim. *Oeuvres poétiques.* Edited by Henri Chamard. Paris, 1908.

——. *The Defense and Illustration of the French Language by Joachim Du Bellay.* Translated by Gladys M. Turquet. London, 1939.

Du Hamel, Jacques. *Acoubar ou la loyauté trahie.* Rouen, 1603.

Du Perier, Anthoine. *Les amours de Pistion.* Paris, 1602.

Du Pinet, Antoine. *Plans ... villes... Europe, Asie, Afrique.* Lyons, 1564.

Du Plessis-Momay, Philippe de. *De la vérité de la religion Chrestienne contre les athées, Epicuriens, payens, Juifs, Mahmudistes, et autres infideles.* Antwerp, 1581.

Estancelin, Louis. *Recherches sur les voyages et découvertes des navigateurs normands en Afrique, dans les Indes Orientales et en Amérique.* Paris, 1832.

F. G. L., trans. See Polo, Marco.

Falgairolle, Edmond, ed. *Jean Nicot, ambassadeur de France en Portugal au XVIe siècle, sa correspondance diplomatique inédite.* Paris, 1897.

Febvre, Lucien. *Au coeur religieux du XVIe siècle.* Paris, 1957.

——. *Le problème de l'incroyance au XVIe siècle.* Paris, 1943.

Feist, Elisabeth. *Weltbild und Staatsidee bei J. Bodin.* Halle, 1930.

Feugère, L., ed. *Oeuvres complètes d'Etienne de la Boëtie.* Paris, 1846.

Fouqueray, Henri. *Histoire de la Compagnie de Jésus en France des origines à la suppression.*4vols. Paris, 1910.

Frame, Donald M. *Montaigne: A Biography.* New York, 1965.

——, ed. and trans. See Montaigne, Michel.

Franklin, Julian H. *Jean Bodin and the Sixteenth Century Revolution in the Methodology of Law and History.* New York, 1963.

——.*Jean Bodin and the Rise of Absolutist Theory.* Cambridge, 1973.

Gabriel-Robinet, Louis. *La censure.* Paris, 1965.

Gaffarel, P. L. J. *Les decouvreurs français du XIVe au XVIe siècle.* Paris, 1888.

——, ed. *André Thevet: Les singularitez de la France Antarctique.* Paris, 1878.

Gambier, Henri. *Italie et renaissance poétique en France: La renaissance poétique en France au XVIe siècle et l'influence de l'Italie.* Padua, 1936.

Gascon, Richard. *Grand commerce et vie urbaine au seizième siècle: Lyon et ses marchands (environs de 1520-environs de 1580).* 2 vols. Paris, 1971.

Gerig, John L. *Antoine Arlier and the Renaissance at Nîmes.* New York, 1929.

Gonnard, René. *La légende du bon sauvage: Contribution à la étude des origines du socialisme.* Paris, 1946.

González de Mendoza, Juan. *Histoire du grand royaume de la Chine, situé aux Indes orientales. Par R. P. Juan Gonsales de Mendoce, traduite par Luc de la Porte.* N.p., 1588.

Gordon, Amy. "The Impact of the Discoveries on Sixteenth-Century French Cosmographical and Historical Thought." Ph.D. diss., Department of History, University of Chicago, 1974.

Goulart, Simon. H*istoire de Portual contenant les enterprises, navigations, et gestes memorables des Portugallois, tant en la conqueste des Indes orientales par eux descouvertes, qu'ès guerres d'Afrique et autres exploits, depuis l'an mil cinq cens novante six, jusques a l'an mil cinq cens septante huit, sous Emmanuel premier.... Comprinse en vingt livres, dont les douze premiers sont traduits du latin de Jerosme Osorius, Evesque de Sylves en Algarve, les huit suivans prins de Lopes de Castanhede et d'autres historiens, nouvellement mise en François par S. G. S. Avec un discours du fruit qu'on peut recueiller de la lecture de ceste histoire et ample Indice des matieres principales y contenues.* Geneva, 1581.

———. *A Learned Summary upon the Famous Poeme of William of Saluste Lord of Bartas...translated out of French by T. L. D. M. P.* London, 1621.

———. *Histoires admirables.* Paris, 1600.

———. *Thrésor d'histoires....* First published at Paris in 1600. 4 vols. in 2. Geneva, 1610-28.

Grouchy, Nicolas de, trans. See Castanheda, Fernão Lopes de.

Grouchy, Le Vicomte de, and Travers, Emile. *Étude sur Nicolas de Grouchy et son fils Timothée de Grouchy.* Paris, 1878.

Gruget, Claude. *Les diverses leçons.* Paris, 1552.

Gundersheimer, Werner. *The Life and Works of Louis Le Roy.* Geneva, 1966.

Guy, Henri. *Histoire de la poésie française au XVIe siècle.* Paris, 1910.

Guyon, Loys. *Les diverses leçons.* Lyons, 1625.

Haber, Francis C., ed. See Du Bartas, Guillaume de Salluste.

Hall, Kathleen M. *Pontus de Tyard and his "Discours philosophiques."* Oxford, 1963.

Harrisse, Henry. *Le Président de Thou et ses descendants, leur célèbre bibliothèque, leurs armoires, et la traduction française de J. A. Thuani Historiarum sui Temporis.* Paris, 1905.

Hennebert, Frederic. *Histoire des traductions françaises d'auteurs grecs et latins pendant le XVIe et le XVIIe siècles.* Brussels, 1861.

Herval, René. *Giovanni da Verazzano et les Dieppois à la recherche du Cathay (1524-1528). Étude historique accompagnée d'une traduction integrale de la celebre Lettre de Verazzano à François Ier (Relation du Voyage de la "Dauphin").* Rouen and Caen, n.d.

Hessels, J. H., ed. See Ortelius, Abraham.

Hodgen, Margaret T. *Early Anthropology in the Sixteenth and Seventeenth Centuries.* Philadelphia, 1964.

Holmes, U. T., Jr., *et al*, eds. See Du Bartas, Guillaume de Salluste.

Honour, H. *Chinoiserie*. London, 1961.

Huppert, George. "The 'New History' of the French Renaissance." Ph.D. diss., Department of History, University of California at Berkeley, 1962.

——. *The Idea of Perfect History*. Urbana, Ill., 1970.

Jarric, Pierre du. *Histoire des choses plus memorables advenues tant ez Indes Orientales que autres pays de la decouverte des Portugais....* 3 vols. Bordeaux, 1608-14.

Jesuits. Letters from Missions (the East). *L'Institution des loix, covstumes et avtres choses merveilleuses & memorables tant du Royaume de la Chine que des Indes contenues en plusiers lettres missives envoyées aux religieux de la Compagnie du Nom de Jesus. Traduictes d'italien en Françoys....* Paris, 1556.

——. *Lettres novvelles du Iappon. Touchant l'aduancement de la chrestienté en ces pays là, de l'an 1579. iusques à l'an 1581.* Paris, 1584.

——. *Novveaux advis des Indes Orientales et Iappon....* Paris, 1581.

——. *Novveaux advis de l'estat du Christianisme es pays et royaulmes des Indes Orientales & Iappon....* Paris, 1582.

——. *Advis du Jappon des années 1582, 83 et 84, avec quelques autres de la Chine des années 1583-84.* Paris, 1586.

——. *Advertissement de la Chine et lapon de l'an 1585, 86, et 87 ... tirez des lettres de la Compagnie de Jesus... et traduitz d'italien en François.* Paris, 1589.

Jones, Leonard Chester. *Simon Goulart, 1543-1628, étude biographique et bibliographique.* Geneva, 1917.

Jugé, Abbé Clement. *Jacques Peletiers du Mans (1517-82): Essai sur sa vie, son oeuvre, son influence.* Paris, 1946.

Julien, Charles A. *Les voyages de découverte et les premiers établissements (XVe-XVIe siècles).* Paris, 1948.

Kelley, Donald R. *Foundations of Modem Historical Scholarship.* New York, 1970.

Kinser, Samuel. *The Works of Jacques-Auguste de Thou.* The Hague, 1966.

La Boderie, Guy Le Fèvre de. *L'Encyclie.* Antwerp, 1571.

——. *La Galliade.* Paris, 1578.

Lalanne, Ludovic. *Brantôme, sa vie et ses écrits.* Paris, 1896.

La Perrière, Guillaume de. *The Mirrour of Policie. A Work nolesse Profitable than Necessarie for all Magistrates, and Govemours of Estates and Commonweales.* London, 1599.

——. *Le miroir politique....* Paris, 1567.

La Popelinière, Henri Lancelot, sieur de Voisin. *Histoire des troubles et guerres civiles en France pour le fait de la religion depuis 1555 jusqu'en 1581.* 2 vols. La Rochelle, 1581

——. *Les trois mondes par le Seigneur de la Popelliniere.* Paris, 1582.

——. *L'histoire des histoires.* Paris, 1599.

——. *L'idée d'histoire accomplie.* Paris, 1599.

La Porte, Luc de, trans. See González de Mendoza, Juan.

Lapp, John C. *The Universe of Pontus de Tyard: A Critical Edition of "L'Univers."* Ithaca, N.Y., 1950.

Laumonier, Paul. *Ronsard, poète lyrique: Étude historique et littéraire.* 3d ed. Paris, 1932.

La Ville, Léonard de. *Lettres envoyées des Indes orientales, contenons la conversion de cinquante mille personnes à la religion chrestienne és isles de Solor et de Ende. Traduites de latin en françois par L. de L. V.* Lyons, 1571.

Lefranc, Abel. *Les navigations de Pantagruel: Étude sur la géographie rabelaisienne.* Paris, 1905.

——, ed. See Margaret of Navarre.

——, and Marichal, Robert, eds. See Rabelais, François.

Le Goffic, Charles. *Les poétes de la mer.* Paris, 1928.

Lennard, Samson, trans. See Charron, Pierre.

Lenormant, Charles. *Rabelais et l'architecture de la Renaissance.* Paris, 1840.

Léon, J. *Historiale description de l'Afrique.* 2 vols. Lyons, 1556.

Le Roy, Louis. *Considerations par l'histoire française et l'universelle de ce temps....* Paris,1567.

——. *De l'origine, antiquité, progres, excellence, et utilité de l'art politique.* Paris, 1567.

——. *Des troubles et differens advenans entre les hommes par la diversité des religions.* Lyons,1568.

——. *De la vicissitude ou varieté des choses en l'univers.* Paris, 1575.

——. *Of the Interchangeable Course, or Variety of Things in the Whole World.* Translated by R[obert] A[shley], London, 1594.

Léry, Jean de. *Histoire d'un voyage fait en la terre du Brésel.* Geneva, 1578.

L'Estoile, Pierre de. *Mémoires-journaux de Pierre de L'Estoile.* Edited by G. Brunet *et al.* 12 vols. Paris, 1875-96.

Le Vayer, Paul. *Les entrées solonnelles à Paris des rois et reines de France....* Paris, 1896.

Levêque, Eugène. *Les mythes et légendes de l'Inde et de la Perse....* Paris, 1880.

Liotard, Charles. *Étude philologique sur "Les Serées" de G. Bouchet.* Nîmes, 1875.

Lote, G. *La vie et l'oeuvre de François Rabelais.* Aix-en-Provence, 1938.

Lucinge, René de. *De la naissance, durée et cheute des estais.* Paris, 1587.

Macer, Johannes. *Indicarum historiarum ex oculatis et fidelissimis testibus perceptarum libri tres.* Paris, 1555.

——. *Les trois livres de l'histoire des Indes... composez en latin, et depuis nagueres faictz en françoys.* Paris, 1555.

McRae, Kenneth Douglas, ed. See Bodin, Jean.

Maffei, Giovanni Pietro. *Histoire des choses memorables sur le faict de la religion chrestienne, dictes et executées és pays et royaumes des Indes orientales. Par ceux de la Compagnie du nom de Jesus, depuis l'an 1552 jusques à present. Traduit du latin de Jean Pierre Maffeo en françois par M. Edmond Auger.* Lyons, 1571.

Margaret of Navarre. *Heptameron [of Margaret of Navarre].* Edited by George Saintsbury. 5 vols. London, 1894.

——. *Les dernières poésies de Marguerite de Navarre.* Edited by Abel Lefranc. Paris, 1896.

Margry, Pierre. *Les navigations françaises et la révolution maritime du XIVe au XVIe siècle.* Paris, 1867.

Martin, François. *Description du premier voyage fait aux Indes Orientales par un François en l'an 1603...* Paris, 1604.

Martínez, Pedro. *Recueil d'un fort notable naufrage tiré des lettres du Pere Pierre Martínez....* Paris, 1588.

Matos, Luís de. *Les portugais à l'université de Paris entre 1500 et 1550.* Coimbra, 1950.

——. *Les portugais en France au XVIe siècle.* Coimbra, 1952.

Meuton, Anton. *Bodins Theorie von der Beeinflüssung des politischen Lebens der Staaten durch ihre geographische Lage.* Bonn, 1904.

Montaigne, Michel Eyquem de. *The Complete Works of Montaigne: Essays, Travel Journals, Letters.* Edited and translated by Donald M. Frame. Stanford, 1948.

——. *The Diary of Montaigne's Journey to Italy in 1580 and 1581.* Edited and translated by E. J. Trechmann. London, 1929.

Moreau-Reibel, Jean. *Jean Bodin et le droit comparé dans ses rapports avec la philosophie de l'histoire.* Paris, 1933.

Mourgues, Odette de. *Metaphysical, Baroque, and Précieux Poetry.* Oxford, 1953.

Musset, Georges, ed. See Alfonse, Jean.

Myres, John Linton. *The Influence of Anthropology on the Course of Political Science.* Berkeley, Calif., 1916.

Naiden, James R., trans. and ed. *The "Sphera" of George Buchanan (1506-82), a Literary Opponent of Copernicus and Tycho Brahe.* Seattle, 1952.

Nicot, Jean. *Dictionaire Francois-Latin, augmenté outre les precedentes impressions d'infinies dictions françoises, specialement des mots de Marine, Venerie et Faulconnerie. Recueilli des observations de plusieurs hommes doctes, entre autres de M. Nicot.* Paris, 1573.

——. *Thrésor de la langue française.* Paris, 1606.

Norton, G. *Studies in Montaigne.* New York, 1904.

Ortelius, Abraham. *Abraham Ortelii... epistulae.* Edited by J. H. Hessels. Cambridge,1887.

Oviedo y Valdes, Gonzalo Fernández de. *Histoire naturelle et generale des Indes, ysles, et terre ferme de la grande Mer Oceane, traduicte par luy [Jean Poleur] de Castillan.* Paris, 1555.

Pallister, Janis Louise. *The World View of Béroalde de Verville Expressed through Satirical Baroque Style in "Le moyen de parvenir."* Geneva, 1971.

Papi, F. *Antropologià e civiltà nel pensiero di Giordano Bruno.* Florence, 1968.

Paquot, Marcel. *Les étrangers dans les divertissements de la cour de Beaujoyeulz à Molière (1581-1673).* Brussels, 1933.

Parfaict, François. *Histoire du théâtre françois, depuis son origine jusqu'à présent.* 15 vols. Paris, 1735-49.

Parmentier, Jean. *Description novvelle des merveilles de ce mõde, & de la dignite de lhomme, composee en rithme francoyse en maniere de exhortation, par Ian parmentier, faisant sa derniere nauigation, auec Raoul son frere, en lisle Taprobane, altrement dicte Samatra. Item vu champ royal specialement cõpose par maniere de paraphrase sur loraison dominicale. Item plusieurs chãps royaule faictz par ledit Jan Parmentier soubz termes astronomiques, geographiques, maritimes (a lhonneur de la tresheureuse voerge Marie mere di Dieu, Item Moralite treselegante) composee par le susdit Jan parmentier (a dix personnaiges a lhonneur de lassumption de la vierge Marie. Deploration sur la mort desditz Parmentiers composee par Pierre crignon compaignon desditz Paramentiers en ladicte nauigation.* Facsimile of Paris edition of 1531. Boston, 1920.

——. *Moralité très excellente à l'homme de la glorieuse Assumption Nostre Dame ... composé par Jan Parmentier, bourgeois de la ville de Dieppe, et jouée audit lieu, le jour du Puy de ladicte Assomption, l'an de grâce mil cinq cens vingt et sept.* ...Paris, 1839.

——. *... Le discours de la navigation de Jean et Raoul Parmentier de Dieppe. Voyage à Sumatra en 1529. Description de l'isle de Sainct-Domingo.* Edited by Charles Schefer. Paris, 1883.

Peletier, Jacques. *Art poétique.* Paris, 1555.

Piaget, Edouard. *Histoire de l'établissement des Jésuites en France (1540-1640).* Leyden, 1893.

Pillehotte, Jean, comp. *Histoires prodigieuses....* Lyons, 1598.

Plattard, Jean. *Les textes françaises.* 5 vols. Paris, 1919.

——. *Rabelais: L'homme et l'oeuvre.* Paris, 1939.

——. *The Life of François Rabelais.* Translated by Louis P. Roche. New York, 1931.

——. *Montaigne et son temps.* Paris, n.d.

Poleur, Jean, trans. See Oviedo y Valdes, Gonzalvo Fĕmández de.

Polo, Marco. *La description géographique des provinces et villes plus fameuses de l'Inde Orientale ... par Marc Paule gentilhomme Venetien, et nouvellement reduit en vulgaire François.* Translated by F. G. L. Paris, 1556.

——. *The Book of Ser Marco Polo*. Edited by Sir Henry Yule and Henri Cordier. 2 vols.London, 1938.

Posadowsky-Wehner, Kurt Graf von. *Jean Parmentier (1494-1529) : Leben und Werk.*Munich, 1937.

Postel, Guillaume. *De orbis terrae concordia*. Basel, 1544.

——. *Des merveilles du monde, Et principalemēt desadmirables choses des Indes, & du nouveau monde, Histoire extraicte des escriptz tresdignes de foy....* Paris, I553(?).

——. *Des histoires orientales et principalement des Turkes ou Turchikes et schitiques ou Tartaresques et aultres que en sont descendues....* Paris, 1575.

Rabelais, François. *Oeuvres de Rabelais*. Edited by Abel Lefranc and Robert Marichal. 7 vols. Paris and Geneva, 1912-65.

——. *The Histories of Gargantua and Pantagruel by François Rabelais*. Translated by J. M.Cohen. London, 1957.

Rabinowitz, Sally. *Guillaume Bouchet: Ein Beitrag zur Geschichte der französischen Novelle*. Weida, 1910.

Raymond, Marcel. *L'influence de Ronsard sur la poésie française (1550-1585)*. New ed. Geneva, 1965.

Reichenberger, Kurt. *Die Schöpfungswoche des Du Bartas. Themen und Quellen der Sepmaine.*2vols. Tübingen, 1963.

Reynier, Gustave. *Le roman sentimental avant l'Astrée*. Paris, 1908.

Reynolds, Beatrice, trans. See Bodin, Jean.

Rice, Eugene F., Jr. *The Renaissance Idea of Wisdom*. Cambridge, Mass., 1958.

Rouillard, Clarence Dana. *The Turk in French History, Thought, and Literature, 1520-1660*. Paris, 1938.

Roybet, C. E., ed. See Bouchet, Guillaume, sieur de Brocourt.

Royer, Charles, ed. See Béroalde de Verville, François.

Sabrié, Jean Baptiste. *De l'humanisme au rationalisme. Pierre Charron (1541-1603), l'homme, l'oeuvre, l'influence....* Paris, 1913.

Sainéan, Lazare. *L'histoire naturelle et les branches connexes dans l'oeuvre de Rabelais*. Paris, 1921.

——. *La langue de Rabelais*. 2 vols. Paris, 1922-23.

Sainte Marie, Fernand de. *Lettres Envoyées Des Indes Orientales Contenans la conversion de cinquante mille personnes à la Religion Chrestienne, es Isles de Solor & de Ende. Traduites de Latin en Francois par Leonard de la Villes Charolais... sur la copie envoyée à Rome*. Lyons, 1571.

Saintsbury, George, ed. See Margaret of Navarre.

Saulnier, Verdun L. *Maurice Scève (ca. 1500-1560)*. 2 vols. Paris, 1948-49.

——. *La littérature française de la Renaissance (1500-1610)*. 8th rev. ed. Paris, 1967.

Schefer, Charles, ed. See Parmentier, Jean.

———, and Cordier, Henri, eds. *Recueil de voyages et de documents pour servir à l'histoire de la géographie depuis le XIIIe jusqu'à la fin du XVIe siècle*, Vol. IV, *Le discours de la navigation de Jean et Raoul Parmentier de Dieppe*. Paris, 1882-97.

———. *Recueil de voyages et de documents pour servir à l'histoire de la géographie....* Vol.XX, *La cosmographie*. Paris, 1904.

Schenda, Rudolf. *Die französische Prodigienliteratur in der zweiten Hälfte des 16. Jahrhunderts*. Munich, 1961.

Schmidt, Albert-Marie. *La poésie scientifique en France au seizième siècle*. Paris, 1938.

Schurhammer, G., and Wicki, J., eds. See Xavier, Francis.

Secret, François. *L'ésotérisme de Guy Le Fèvre de La Boderie*. Geneva, 1969.

Séguin, Jean-Pierre. *L'information en France de Louis XII à Henri II*. Geneva, 1961.

Signot, Jacques. *La division du monde, contenant la déclaration des provinces et regions d'Asie, Europe, et Affrique....* Lyons, 1555.

Silver, Isidore. *The Intellectual Evolution of Ronsard*. St. Louis, 1969.

Steinmann, Martin. *Johannes Oporinus, ein Basler Buchdrucker um die Mitte des 16. Jahrhunderts*. Basel and Stuttgart, 1967.

Sylvester, Joshua, trans. See Du Bartas, Guillaume de Salluste.

Tannenbaum, Samuel A. *MichelEyquem de Montaigne: A Concise Bibliography*. New York, 1942.

Tchemerzine, Avenir. *Bibliographie d'éditions originales et rares d'auters français des XVe, XVIe, XVIIe, et XVIIIe siècles contenant environ 6,000 facsimiles de titres et de graveurs*. 10 vols. Paris, 1927-33.

Thevet, André. *Cosmographie du Levant*. Lyons, 1554.

———. *Singularites de la France Antarctique*. Paris, 1557.

———. *La cosmographie universel....* Paris, 1575.

———. *Les vrais portraits et vies des hommes illustres, grecz, Latins, et payens*. 2 vols, in 1. Paris, 1584.

———. *Histoire des plus illustres et sçavans hommes de leurs siècles*. 2 vols. Paris, 1584.

Thibaudet, Albert. *Montaigne*. Paris, 1963.

Thou, J. A. de. *Histoire universelle depuis 1543 [sic] jusqu'en 1607. 16 vols.* London, 1734.

Thourin, George. *Choses diverses des ambassadeurs de trois roys de Japon naguîeres venuz à Rome. Traduit du latin par G. T.* Liège, 1585.

Tilley, Arthur. *Studies in the French Renaissance*. Cambridge, 1922.

———. *François Rabelais*. Philadelphia and London, 1907.

———. *The Literature of the French Renaissance*. 2 vols. Cambridge, 1904.

Trechmann, E. J., ed. and trans. See Montaigne, Michel Eyquem de.

Turquet, G. M. trans. See Du Bellay, Joachim.

Tyard, Pontus de. *L'Universe, ou discours des parties et de la nature du monde*. Lyons, 1557

———. *Le premier curieux ou premier discours de la nature du monde et de ses parties*. Edited by John L. Lapp. Ithaca, N.Y., 1950.

———. *Discours philosophiques*. Paris, 1587.

Van Tieghem, Philippe. *Les influences étrangères sur la littérature française (1550-1880)*. Paris, 1961.

Vaschalde, Henri. *Olivier de Serres, seigneur du Pradel, sa vie et ses travaux*. Paris, 1886.

Vigenère, Biaise de. *Traicté des chiffres, ou secretes manieres d'escrire*. Paris, 1586.

Vignier, Nicolas. *Bibliothèque historiale*. 3 vols. Paris, 1588.

Villey-Desmeserets, Pierre. *Les sources d'idées au XVIe siècle*. Paris, 1912.

———. *Les sources et l'évolution des Essais de Montaigne*. Paris, 1908.

Vivier, P. *Montaigne, auteur scientifique*. Paris, 1920.

Vordermann, Elisabeth. *Quellenstudien zu dem Roman "Le Voyage des Princes Fortunez" von Béroalde de Verville*. Göttingen, 1933.

Weber, Henri. *La création poétique au XVIe siècle en France, de Maurice Scève à Agrippa d'Aubigne*. Paris, 1956.

Williams, Ralph C. *The Merveilleux in the Epie*. Paris, 1925.

Wilson, D. B. *Ronsard, Poet of Nature*. Manchester, 1961.

Wroth, Lawrence C. *The Voyages of Giovanni da Verrazzano, 1524-28*. New Haven and London, 1970.

Xavier, Francis. *Epistolae S. Francisci Xaverii...*. Edited by G. Schurhammer and J. Wicki. Rome, 1944.

———. *Copie dunne lettre missive envoiée des Indes, par monsieur maistre Francois Xavier...Item deux aultres epistres faictes et envoiées par ledit seigneur maistre Francois Xavier*. Paris, 1545.

Yates, Frances A. *The French Academies of the Sixteenth Century*. London, 1947.

———. *Giordano Bruno and the Hermetic Tradition*. Chicago, 1964.

Yule, Henry, and Cordier, Henri, eds. See Polo, Marco.

ARTICLES

Aquarone, J. B. "Brantôme à la cour de Portugal et la visite à Lisbonne du Grand Prieur de Lorraine." *Bulletin des études portugaises et de l'Institut français au Portugal*, XI (1947), 66-102.

Auerbach, Eric. "The World in Pantagruel's Mouth." In *Mimesis; The Representation of Reality in Western Literature*, pp. 229-49. Princeton, 1953.

Babelon, Jean. "Découverte du monde et littérature." *Comparative Literature*, II (1950), 157-66.

Baron, Hans. "The *Querelle* as a Problem for Renaissance Scholarship." *Journal of the History of Ideas*, XX (1959), 3-22.

Barrère, J. "A propos d'un épisode du voyage de Montaigne." *Revue historique de Bordeaux*, XXVIII (1930), 145-52.

Bernard-Maitre, Henri. "L'orientaliste Guillaume Postel et la découverte spirituelle du Japon en 1552." *Monumenta nipponica*, IX (1953), 83-108.

——. "Humanisme Jésuite et Humanisme de l'Orient." *Analecta Gregoriana, cura Pontificiae Universitatis Gregorianae edita, v. LXX, ser. Facultatis historiae ecclesiasticae sectio A (n. 3): Studi sulla chiesa antica e sull'umanesimo; studi presentati nella Sezione di storia ecclesiastica del Congresso Internazionale per il IV Centenario della Pontificia Università Gregoriana, 1953* (Rome, 1954), pp. 187-92.

——. "Le passage de Guillaume Postel chez les premiers Jésuites de Rome (mars 1544-decembre 1545)." In *Mélanges ... offerts à Henri Chamard*, pp. 227-43. Paris, 1951.

——. "Aux origines françaises de la Compagnie de Jésus. L'Apologie de Guillaume Postel." *Recherches de science religieuse*, XXXVIII (1952), 209-33.

Bezold, F. von. "Jean Bodins Colloquium *Heptaplomeres* und der Atheismus des 16. Jahrhunderts." *Historische Zeitschrift*, CXIII (1914), 260-315.

Biermez, Jean. "Sur Montaigne et la sagesse taoiste." *Revue de Paris*, LXXVI (1969), 18-28.

Bonnefon, Paul. "La bibliothèque de Montaigne." *Revue d'histoire littéraire de la France*, II (1895), 313-71.

Bouillane de Lacoste, Henry de. "La première navigation de Pantagruel." *Mercure de France*, CCCXX (1954), 604-29.

Boulenger, Jacques. "Notes sur la vie de Rabelais." *Bibliothèque d'humanisme et renaissance*, I (1941), 30-42.

Chartrou, Joseph M. "Les entrées solonnelles à Bordeaux au XVIe siècle." *Revue historique de Bordeaux*, XXIII (1930), 49-59, 97-104.

Chaunu, Pierre. "Les romans de chevalerie et la conquête du Nouveau Monde." *Annales: économies, sociétés, civilisations*, X(1955), 216-28.

Clouzot, H. "La sériculture dans Béroalde de Verville." *Revue du XVIe siècle*, III (1915), 281-86.

Craeybeckx, Jan. "Les français et Anvers au XVIe siècle." *Annales: économies, sociétés, civilisations*, XVII (1962), 542-54.

Dawkins, Jasmine. "The Sea in Sixteenth-Century French Poetry." *Nottingham French Studies*, IX (1970), 3-15.

Delaunay, Paul. "L'aventureuse existence de Pierre Belon du Mans." *Revue du seizième siècle*, IX (1922), 251-68; X (1923), 1-34, 125-47; XI (1924), 30-48, 222-32; XII (1925), 78-97, 256-82.

Denizet, Jean. "Le livre imprimé en France aux XVe et XVIe siècles." In M. Mollat and P. Adam, eds., *Les aspects internationaux de la découverte océanique aux XVe et XVIe siècles*, pp. 31-37. Paris,

1966.

Denoix, L. "Les connaissances nautiques de Rabelais." In *François Rabelais, ouvrage publié pour le quatrième centenaire de sa mort (1553-1953), Travaux d'humanisme et renaissance*, VII (1953), 171-80.

Du Pront, A. "Espace et humanisme." *Bibliothèque d'humanisme et renaissance*, VIII (1946), 7-104.

Durkan, John. "George Buchanan: Some French Connections." *Bibliotheck*, IV (1963), 66-72.

Febvre, L. "L'universalisme de Jean Bodin." *Revue de synthèse*, XXXVII (1934), 165-68.

Françon, Marcel. "Pantagruel et le Prestre Jehan." *Studi francesi*, IX (1965), 86-88.

Geneste, Pierre. "Gabriel Chappuys, traducteur de Jerónimo de Urrea." In *Mélanges offerts à Marcel Bataillon*, pp. 448-66. Bordeaux, 1962.

Guignard, Jacques. "Imprimeurs et libraires parisiens, 1525-1536." *Bulletin de l'association Guillaume Budé*, 3d ser., No. 2 (1953), pp. 43-73.

Huppert, George. "The Idea of Civilization in the Sixteenth Century." In A. Molho and J. A. Tedeschi, eds., *Renaissance Studies in Honor of Hans Baron*, pp. 759-69. Florence,1971.

——. "The Renaissance Background of Historicism." *History and Theory*, V (1966),48-60.

——. "Naissance de l'histoire en France: Les 'Recherches' d'Estienne Pasquier." *Annales: économies, sociétés, civilisations*, XXX (1968), 69-105.

Ivanoff, Nicholas. "Fêtes à la cour des derniers Valois." *Revue du XVIᵉ siècle*, XIX (1932), 96-122.

Kinser, Samuel. "Ideas of Temporal Change and Cultural Progress in France, 1470-1535." In A. Molho and J. A. Tedeschi, eds., *Renaissance Studies in Honor of Hans Baron*, pp. 705-55. Florence, 1971.

Koebner, R. "Despot and Despotism: Vicissitudes of a Political Term." *Journal of the Warburg and Courtauld Institutes*, XIV (1951), 275-302.

Lapp, John C. "Defeat of the Armada in French Poetry of the Sixteenth Century." *Journal of English and Germanic Philology*, XLII (1944), 98-100.

——. "An Explorer-Poet: Jean Parmentier." *Modern Language Quarterly*, VI (1945),83-92.

——. "The New World in French Poetry of the Sixteenth Century." *Studies in Philology*, XLV (1948), 151-64.

——. "Pontus de Tyard and the Science of His Age." *Romanic Review*, XXXVIII (1947), 16-22.

Le Gentil, Goerges. "Nicholas de Grouchy, traducteur de Castanheda." *Bulletin des études portugaises et de l'Institut français au Portugal*, N.S. IV (1937), 31-46.

McFarlane, I. D. "George Buchanan's Latin Poems from Script to Print: A Preliminary Survey," *Library*, 5th ser. XXIV (1969). 275-85.

——. "George Buchanan and French Humanism." In A. H. T. Levi, ed., *Humanism in France at the End of the Middle Ages and in the Early Renaissance*, pp. 295-319. New York, 1970.

Mathorez, J. "Notes sur l'histoire de la colonie portugaise de Nantes." *Bulletin hispanique*, XV (1913).

316-39.

Michaud, G. L. "The Spanish Sources of Certain Sixteenth Century French Writers." *Modern Language Notes*, XLIII (1928), 157-63.

Michel, Pierre. "Cannibales et cosmographes." *Bulletin de la société des amis de Montaigne*, 4th ser., N0. 11 (1967), pp. 23-37.

Mollat, Michel. "Passages français dans l' Océan Indien au temps de François Ier." *Studia*, No. 11 (1963), pp. 239-50.

Morf, H. "Die französische Literatur in der 2. Hälfte des 16. Jahrhunderts." *Zeitschrift für französische Sprache und Literatur*, XVIII (1896), 157-201; XIX (1897), 1-61.

Paschal, Mary. "The New World in *Les Sepmaines of Du Bartas.*" *Romance Notes*, XI (1969-70), 619-22.

Perrochon, H. "Simon Goulart, commentateur de la première semaine de Du Bartas." *Revue d'histoire littéraire de la France*, XXXII (1925), 397-401.

Richter, B. L. O. "The Thought of Louis Le Roy According to His Early Pamphlets." *Studies in the Renaissance*, VIII (1961), 173-96.

Romier, Lucien. "Lyon et le cosmopolitisme au début de la Renaissance française." *Bibliothèque d'humanisme et renaissance*, XI (1949), 28-42.

Rowe, John Howland. "Ethnography and Ethnology in the Sixteenth Century." *Kroeber Anthropological Society Papers*, No. 30 (1964), pp. 1-19.

Sainéan, Lazare. "Rabelaisiana—*Le Monteville de Rabelais.*" *Revue des études rabelaisiennes*, IX(1911), 265-75.

——. "Les sources modernes du roman de Rabelais." *Revue des études rabelaisiennes*, X (1912), 375-420.

——. "La cosmographie de Jean-Alfonse Saintongeais." *Revue des études rabelaisiennes*, X(1912), 19-67.

——. "L'histoire naturelle dans l'oeuvre de Rabelais." *Revue du seizième siècle*, III(1915), 186-277.

Salomon, Richard. "A Trace of Dürer in Rabelais." *Modern Language Notes*, LVIII(1943),498-500.

Saulnier, Verdun L. "Dix années d'études sur Rabelais." *Bibliothèque d'humanisme et renaissance*, XI (1949), 105-28.

——. "Position actuelle des problèmes rabelaisiens." *Actes du congrès de Tours et Poitiers*,1954, pp. 83-104.

——. "Etude sur Béroalde de Verville." *Bibliothèque d'humanisme et renaissance,* V(1944),209-326.

Schenda, Rudolf. "Bibliographie und kurze Beschreibung einiger Prodigienschriften." *Zeitschrift für französische Sprache und Literatur*, LXIX (1959), 150-67.

Scott, C. P. G. "The Malayan Words in English." *Journal of the American Oriental Society*, XVIII

(1897), 74-80.

Schrader, Ludwig. "Die Rabelais-Forschung der Jahre 1950-1960: Tendenzen und Ergebnisse." *Romanistisches Jahrbuch*, XI (1960), 161-201.

Secret, François. "Jean Macer, François Xavier, et Guillaume Postel, ou un épisode de l'histoire comparée des religions au XVIe siècle." *Revue de l'histoire des religions*, CLXX (1966), 47-69.

See, Henri. "La philosophie de l'histoire de Jean Bodin." *Revue historique,* CLXXV (1939), 497-505.

Telle, Emile von. "La situation géographique(?) de la Dive Bouteille." *Bibliothèque d'humanisme et renaissance*, XIV (1952), 329-30.

Tilley, M. A. "Rabelais and Geographical Discovery." *Modem Language Review*, II (1906), 316-26.

Tooley, Marian J. "Bodin and the Medieval Theory of Climate." *Speculum*, XXVIII (1953), 64-83.

Venturi, Franco. "Oriental Despotism." *Journal of the History of Ideas*, XXIV (1963), 133-42.

Veríssimo, Serrão J. "António de Gouveia e Miguel de Montaigne: Seu provável contacto." *Revista filosófica (Coimbra)*, II (1952), 84-88.

Vivanti, Corrado. "Alla origini dell' idea di civiltà : le scoperte geografiche e gli scritti di Henri de la Popelinière." *Revista storica italiana*, LXXIV (1962), 225-49.

Vogel, E. G. "Ueber W. Postels Reisen in den Orient." *Serapeum*, XIV (1853), 49-58.

Weinberg, Bernard. "Montaigne's Readings for Des Cannibales." In George B. Daniel, Jr., ed., *Renaissance and Other Studies in Honor of William Leon Wiley*, pp. 261-79. Chapel Hill, N.C., 1968.

VIII. THE GERMANIC LITERATURES

GERMAN AND NETHERLANDISH LITERATURE

BOOKS

Anon. *General Chronica, das ist, wahrhafftige Beschreibung vieler bisher unbekandter Landschafften, erstlich die Königreich und Herrschafften Priester Johannis in Morgenland. 2. gemeine Beschreibung dess gantzen Erdbodens. 3. eine summarischer Auszug der newen erfunden Insulen, Americae und Magelonae, so man die newe Welt pfleget zu nennen, in 3 unterschiedliche Bücher getheilet.* Frankfurt, 1581.

Adam, Melchior. *Vitae germanorum philosophorum.* Heidelberg, 1615.

Adel, Kurt. *Das Wiener Jesuitentheater und die europäische Barockdramatik.* Vienna, 1960.

——. *Das Jesuitendrama in Österreich.* Vienna, 1957.

——, ed. *Conradi Ceitis...opuscula.* Leipzig, 1966.

Albertinus, Aegidius, trans. *Historii und eigentliche Bechreibung was gestalt das Evangelium Christi in*

China eingeführt, gepflanzt und gepredigt wird. Verteutscht durch Aegidium Albertinum. Munich, 1608.

———. *Historische Relation, was sich im etlichen Jaren hero im Königreich Iapon, so wol im geist—als auch weltlichem Wesen, namhafftes begeben und zugetragen* (pp. 1-253). *Zum andern, von der Stadt und Gelegenheit der gantzen Ostindien* (pp. 254-317). *Drittens, kurtze Beschreibung aess Landts Guinea und Serra Lioa in Africa ligendt.... Durch Aegidium Albertinum übersetzt.* Munich, 1609.

Allen, Percy S.; Allen, M. H.; and Garrod, H. W., eds. *Opus epistolarum Des. Erasmi Roterdami.* 12 vols. Oxford, 1906-58.

Alsdorf, Ludwig. *Deutsch-indische Geistesbeziehungen.* Berlin, 1942.

Aisleben, A., ed. *Johann Fischarts Geschichtklitterung (Gargantua).* Halle, 1891.

Amiel, Émile. *Un publiciste du XVIᵉ siècle: Juste Lipse.* Paris, 1884.

Appelbaum, Stanley, ed. and trans. *The Triumph of Maximilian I.* New York, 1964.

Arthus, Gotthard. *Historia Indiae Orientalis, ex variis auctoribus collecta, et iuxta seriem topographicam regnorum, provinciarum et insularum... ad extremos usque Iaponios deducta....* Cologne, 1608.

Bagdat, Elise C. La *"Querela Paris" d'Érasme (1517).* Paris, 1924.

Bahder, K. von, ed. *Das Lalebuch (1597) mit den Abweichungen und Erweiterungen der Schiltbürger (1598) und des Grillenvertreibers.* Halle, 1914.

Baien, Wilhelm J. van. *De Ontdekking van de Wereld.* 2 vols. Amsterdam, 1932.

———. *Naar de indische Wonderwereld met Jan Huyghen van Linschoten.* 2 vols. Amsterdam, 1946.

Barzée, Gaspar. *Epistolae indicae in quibus luculenta extat descriptio rerum nuper in India orientali praeclaré gestarum a Theologis societatis Jesu.* Dillingen, 1563.

Baudet, Henri. *Paradise on Earth.* Translated by Elisabeth Wentholt. New Haven, 1965.

Baur, Frank. *Geschiedenis van de letterkunde der Nederlanden....* 4 vols. Brussels, 1939.

Bennett, Josephine Waters. *The Rediscovery of Sir John Mandeville.* New York, 1954.

Benzing, Josef. *Der Buchdruck des 16. Jahrhunderts im deutschen Sprachgebiet: Eine Literatur-übersicht.* Leipzig, 1936.

Bergh, Laurent P. C. van den, ed. *Correspondance de Marguerite d'Autriche, gouvernante des Pays-Bas, avec ses amis, sur les affaires des Pays-Bas de 1506-1528.* 2 vols. Leyden, 1845-47.

Berlin. Austeilung ... ; im Schloss Charlottenburg. *China und Europa.* Berlin, 1973.

Bemays, Jakob. *Joseph Justus Scaliger.* Berlin, 1855.

Bertau, Karl. *Deutsche Literatur im europäischen Mittelalter.* 2 vols. Munich, 1972.

Beyrleins, Jacob. *Reyssbuch. Wegweiser etlicher Rjeysen durch gantz Teutschlandt, Polen, Sibenburg, Dennenmarck, Engelandt, Hispanien, Franckreich, Italien, Sicilien, Egypten, Indien, Ethiopien und Türckey*. Strassburg, 1606.

Bibliotheca exotica. See Draud, Georg.

Bischof, Hermann. *Sebastian Franck und deutsche Geschichtschreibung*. Tübingen, 1857.

Bock, Eugeen de. *John Baptist Houwaert*. Antwerp, 1960.

Boemus, Johann. *Omnium gentium mores, leges, et ritus ex multis clarissimus rerum scriptoribus*. Landshut, 1520.

Bogeng, G. A. E. *Die grossen Bibliophilen: Geschichte der Büchersammler und ihrer Sammlungen*. 3 vols. Leipzig, 1922.

Bolte, Johannes, ed. *Georg Rollenhagens Spiel von Tobias 1576*. Halle, 1930.

Bonger, Hendrik. *Dirck Volckertszoon Coornhert: Studie over een nuchter en vroom Nederlander*. Lochern, 1942.

Boogerd, L. van den. *Het Jezuietendrama in de Nederlanden*. Groningen, 1961.

Boulting, William. *Aeneas Silvius, Orator, Man of Letters, Statesman and Pope*. London, 1918.

Boyd, James. *Ulrich Füetrer's "Parzival"* : *Material and Sources*. Oxford, 1936.

Brandt, Geeraert. *Historie der vermaerde zee- en koopstadt Enkhuisen....* Rev. ed. 2 vols. in 1. Nieuwendijk, 1971.

Braunsberger, Otto. *Petrus Canisius, ein Lebensbild*. Freiburg-im-Breisgau, 1917.

Breloer, B., and Börner, F., eds. *Fontes historiae religionum Indicarum*. Bonn, 1939.

Brodrick, James. *Saint Peter Canisius, S.J.* Chicago, 1962.

British Museum. *Short-title Catalogue of Books Printed in the German-speaking Countries and German Books Printed in Other Countries from 1455 to 1600*. London, 1962.

Bucher, Otto. *Bibliographie der deutschen Drucke des XVI. Jahrhunderts*. Vol. 1 : *Dillingen*. Vienna, 1960.

Buchner, E. *Das Neueste von Gestern. Kulturgeschichtlich-interessante Dokumente aus alten deutschen Zeitungen*. Vol. l: *Das 16. und 17. Jahrhundert*. Frankfurt, 1911.

Burmeister, Karl Heinz. *Sebastian Münster: Versuch eines biographischen Gesamtbildes*. Basel and Stuttgart, 1963.

——. *Georg Joachim Rhetikus, 1514-1574: Eine Bio-Bibliographie*. Wiesbaden, 1967.

Bussche, Emile van den. *Flandre et Portugal*. Bruges, 1874.

Canisius, Petrus. *Epistula et acta*. 8 vols. Freiburg-im-Breisgau, 1896-1923.

Caverel, Philippe de. *Ambassade en Espagne et en Portugal (en 1582) de R. P. en Dieu, Dom Jean Sarrazim, abbé de St. Vaast, du Conseil d'estat de Sa Magesté Catholique, son premier conseiller en Arthois etc*. Arras, 1860.

Celius, Caspar. *Caspari Celii Zeitung auss Jappon was in derselben nechst verschienen 1582. von den Jesuitem, so wohin bekehrung der Heyden, als in erzehlung der neuwen Christenheit gehandelt worden*. Dillingen, 1586.

Celtis, Konrad. See Pindter, F., ed.

Chauvin, Victor, and Roersch, Alphonse. *Étude sur la vie et les travaux de Nicolas Clénard*. Brussels, 1900.

Chemnitz, Martin. *Navigatio Lusitanorum in Indiam Orientalem, heroico carmine descripta per Martinum Chemnitium secundum*. Leipzig, 1580.

Chytraeus, David. *Was zu dieser Zeit in Griechenland, Asien, Africa, unter der Türcken und Priester Johans Herrschafften. Item, in Ungern und Behemen etc. der Christlichen Kirchen zustand sey. Sampt etlichen Schreiben so von Constantinopel, vom Berge Sinai, und andern Örten aus Orient, newlicher Zeit abgangen.... Henrico Arnoldo aus Churland in Liffiand verdeutschet*. Leipzig, 1581.

Chytraeus, Nathan. *Hodoeporica; sive, Itineraria, a diversis clariss. doctissimisq́; viris, tum veteribus, tum recentioribus... carmine conscripta....* Frankfurt, 1575.

Clair, Colin. *Christopher Plantin*. London, 1960.

Clark, James M. *The Abbey of St. Gall as a Center of Literature and Art*. Cambridge, 1926.

Clenard, Nicolas. See Roersch, Alphonse, ed.

Cockx-Indestige, Elly, and Glorieux, Geneviève. *Belgica typographica, 1541-1600*. Nieuwkoop, 1968.

Coignet, Michel. *Abraham Ortelius. His Epitome. Supplement Added by Michel Coignet*. Antwerp, 1603.

Conestaggio, Girolamo Franchi di. *Historien der Königreich Portugal und Aphrica, darauss zusehen in welcher Zeit sonderlich Portugal seinen Anfang genommen von wem dasselbige Land zum Königreich erhaben, was dieselbigen für Kreige und Gewerbe zu Wasser und Land geführet, auch wie das Königreich wiederumb zur Krön Spanien gebracht worden*. Munich, 1598.

Conrady, Karl Otto. *Lateinische Dichtungstradition und deutsche Lyrik des 17. Jahrhunderts*. Bonn, 1962.

Coornhert, Dirk V. *Dirck Volckertsen Coornherten zijne Wellevenskunst*. Amsterdam, 1860.

Corsali, Andreas. *Ein schreiben Andree Corsali von Florentz an den durchleuchtigen fürsten Herrn Julianum den Ändern aussgangen zu Cochin welchs ein statt in Indien den 6. januarij in 1515. jhar. — Das ander schreiben Andree Corsali von Florentz an den durchleuchtigen fürsten vnd herren Hertzogen Lorentzen de Medici von dem Rotenmeer vnd Sinu Persico biss gen Cochin ein statt in Indien dess datum stehet den achtzehenden septembris tausend fünff hundert siebent zehen*. Frankfurt, 1576.

Crone, Ernst, ed. *The Principal Works of Simon Stevin*. Amsterdam, 1953.

Dannenfeldt, Karl H. *Leonhard Rauwolf, Sixteenth-Century Physician, Botanist, and Traveler*. Cambridge, Mass., 1968.

Daris, J. *Histoire du diocèse et de la principauté de Liège pendant le XVIᵉ siècle*. Liège, 1884.

Davids, William. *Verslag van een anderzoek betreffende de betrekkingen tusschen de Nederlansche en de Spaansche letterkunde in de 16-18ᵉ eeuw*'s-Gravenhage, 1918.

Davies, David William. *Dutch Influences on English Culture, 1555-1625*. Ithaca, N. Y.,1964.

Daxhelet, E. *Adrien Barlandus, humaniste belge, 1486-1538: Sa vie, ses oeuvres, sa personalité.* Louvain, 1938.

Delen, Adrien Jean Joseph. *Christophe Plantin, imprimeur de l'humanisme....* Brussels, 1944.

Del Rio, Martin Antoine. *Syntagma tragoediae Latinae in tres partes distinctum*. 3 vols, in 2. Antwerp, 1593-94.

De Witt, André. "Het humanisme in Brugge (1515-1579)." Lic. hist, diss., University of Louvain, 1955-56.

Dhassels, Hieronymi. *Itinerarium, oder Reissbüchlein, darinnen summarische Beschreibung auff 100 vornemer Stätte in Europa, und andern Ländern in der Welt, welche sich in andere 4257 grosse und kleine Handels und andere Stätt ausstheilen zubefinden, wie viel gemeiner teutscher Meiln solche von gedachten 100 Stätten gelegen, un alles nach dem Alphabet verzeichnet.* Leipzig, 1589.

Dietz, Alexander. *Zur Geschichte der Frankfurter Büchermesse, 1462-1792.* Frankfurt, 1921.

Doesborch, Jan van, comp. *Pape Ian landen*. Facsimile of 1506 edition. Amsterdam, 1873.

Dorey, T. A., ed. *Latin Historians*. London, 1966.

Dorsten, J. A. van. *Poets, Patrons, and Professors*. Leyden, 1962.

——. *The Radical Arts: First Decade of an Elizabethan Renaissance*. Leyden, 1970.

Draud, Georg. Bibliotheca exotica sive Catalogus officinalis librorum peregrinis linguis usualibus scriptorum.... Frankfurt, 1610.

Dréano, Maturin. *Humanisme chrétien: La tragédie latine commentée pour les chrétiens du XVIᵉ siècle par Martin Antoine del Rio*. Paris, 1936.

Dresser, Matthias. *Historien und bericht von dem newlicher zeit erfundenden Königreich China wie es nach umbstenden, so zu einer rechtmessigen beschreibung gehören darumb beschafften. Item, von dem auch new erfundenen lande Virginia. Jetzund auffs newe übersehen und mitt einem zusatz vermehret, nemlich: wie es umb die religion in Perser und Mohren land, unter Priester Johan bewand sey.* Leipzig, 1598.

——. *Isagoge historica, Historische Erzehlung der denkwürdigsten Geschichten von Anfang der Welt, biss auff unsere Zeit, nach den 6000 Jahren verfasst, wurd in 4. Bücher getheilt. Durch Mattaeum Dresserum Professoren zu Leipzig in fol. bey Bart*. Voigt, 1601.

——. *Memorabilia mundi*. Halle, 1589.

Duhr, Bernhard. *Geschichte der Jesuiten in den Ländern deutscher Zunge.* 2 vols. Freiburg-im-Breisgau, 1907, 1913.

——. *Die Jesuiten an den deutschen Fürstenhöfen des 16.Jahrhunderts.* Freiburg-im-Breisgau,1901.

Duncan, Martin, trans. *Die vruchten der ecclesie Christi. Van wõderlicke Wonderheyden dwelcken geŭ onden eñ gedaen wordē met Godts gratie in veel eñ grottelanden van Indien dwelcken nu in onse tijden eersten geuõden sijn en totten Christelicken geloof nu dagelijer bekeert worden: tot Gods glorie, tot salicheyt der Heydenen, eñ tot troost der Christenen, een corte verclaeringhe ut veel bueuen van daergesonden, ende alsulckr certifiterende metter waerheyt. Ende nu eerst ut den Latijne in onser duijtssche spraeckē overgeset door Martinum Duncanum Quempensim, Pastor... te Delf.* Leyden, 1567.

Durme, Maurice van. *Supplément à la correspondance de Christophe Plantin....* Antwerp, 1955.

Duyse, Florimond van. *Het oude Nederlandische lied.* 4 parts. 's-Gravenhage, 1903-08.

Egenolff, Christian. *Chronica, Beschreibung und gemeyne Anzeyge, vonn aller Welt herkommen, Fürnamen, Landen, Stande, Eygenschafften, Historien, Wesen, Manier, Sitten, An-und Abgang. Auss den glaubwirdigsten Historie... nach historischer Warheit beschriben.* Frankfurt-am-Main, 1535.

——. *Chronica von an uñ abgang aller Welt wesettn. Ausz den glaubwirdigsten Historien beschriben...* Frankfurt, 1533.

Ehrenberg, Richard. *Das Zeitalter der Fugger.* 2 vols. Jena, 1896.

Ellerbroek-Fortuin, Else. *Amsterdamse Rederijkersspelen in den XVIe eeuw....* Groningen, 1937.

Ellinger, Georg. *Geschichte der neulateinischen Literatur Deutschlands im 16. Jahrhundert.* 3 vols. Berlin, 1929-33.

Engel, Karl. *Bibliotheca Faustiana.* Oldenburg, 1885.

Esserhens, D. Henrici. *Dreyzehn Christliche Predigten auss dem acht und dreyssigsten und neun und dreyssigsten Cap. Ezechielis von Gog und Magog oder den Türcken.* Strassburg, 1571.

Everart, Martin, trans. *Cort Onderwijs van de Conste de Seevaert bechreven deur den Licentiaet " Rodrigo Zamorano"...* Amsterdam, 1598.

Favolius, Hugo. *Theatri orbis terrarum enchiridion, minoribus tabulis per Philippum Gallaeum exaratum: et carmine heroico, ex variis Geographis et Poëtis collecto, per Hugonem Favolium illustratum.* Antwerp, 1585.

Feyerabend, Sigmund. *General chronicen, das ist: Warhaffte eigentliche vnd kurtze beschreibung, vieler namhaffter, vnd zum theil biss daher vnbekannter landtschafften ... Darinnen alle völcker vnd nationen, die in der gantzen weit... wohnen, sampt jhrer ankunfft vnd herkommen, auch art vnd natur, item ceremonien vnd gebräuchen in geistlichen vnd weltlichen sachen, treuwlich beschrieben... werden. Jetzt auffs neuw mit sonderni grossen fleiss, besser als zuvor, beschreiben vnd verteutscht, auch mehrer richtigkeit halben in drey vnderschliedliche bücher getheilt....* Frankfurt, 1576.

——. *Cosmographia. Das ist: Warhaffte eigentliche und kurtze Beschreibung des gantzen Erdbodens, und die nach Petolemeo neuw erfundenen Inseln Americe und Magellane...in Verlegung Sigmund Feyerabents.* Frankfurt, 1576.

——. *Historia rerum in Oriente gestarum. Apud P. Fabricium imprensis S. Feyerabendij.* Frankfurt, 1587.

Fischart, Johann. *Geschichtklitterung* (Gargantua). Edited by A. Aisleben. Halle, 1891.

——. *Sämmtliche Dichtungen.* Edited by H. Kurz. 3 vols. Leipzig, 1861-67.

Fischer, Hans, *et al. Conrad Gessner, 1516-1563: Universalgelehrter, Naturforscher, Arzt.* Zurich, 1967.

Fischer, Hermann, and Bolte, Johannes, eds. *Peregrinnagio—Die Reise der Söhne Giaffers....* "Bibliothek des litterarischen Vereins in Stuttgart," Vol. 208. Stuttgart, 1896.

Flemming, Willi. *Geschichte des Jesuitentheaters in den Landen deutscher Zunge.* Berlin, 1923.

——. *Das Ordensdrama: Deutsche Literatur in Entwicklungsreihen.* 2d ed. Darmstadt, 1965.

Floerke, Hanns. *Studien zur niederländischen Kunst- und Kulturgeschichte.* Munich, 1905.

Forster, Edward Seymour, trans. *The Turkish Letters of Ogier Ghiselin de Busbecq.* Oxford, 1927.

Franck, Sebastian. *Weltbuch: Spiegel vñ bildtnisz des gantzen erdbodens von Sebastiano Franco Wördensi in vier bücher, nemlich in Asiam, Aphricam, Europam, vnd Americam gesteh vnd abteilt....* Tübingen, 1534.

——. *Chronica zeÿtbuch vnd geschÿchtbibel von anbegyn biss inn diss gegenwertig M.D. XXXJ jar. Dariñ beide Gottes vnd der weit lauff, hendel, art, wort, werck, thun, lassen, kriegen, wesen, vnd leben ersehen vñ begriffen wirt....* Strassburg, 1531.

——. *Erst Theil dieses Weltbuchs, von newen erfundnen Landtschafften... Durch S. F.zum ersten am Tag geben, jetzt aber mit sondern Fleiss auf ein neuwes ubersehen, vnd in ein wolgeformtes Handtbuch verfasset....* Frankfurt, 1567.

Fricius, Valentine, trans. *Indianischer Religionstandt der gantzen newen Welt, beider Indien gegen Auff und Niedergang der Sonnen: Schieinigster Form auss gründtlichen Historien sonderlich des Hochwürdigen Vatters Francisci Gonzagen Barfüsserische Ordenscroniken, und Didaci Vallades, geistlicher Rhetorie zusammen gezogen und aussm Latein in hochteutsch verwendent durch F. Valentinum Fricium.* Ingolstadt, 1588.

Gaedertz, Karl Theodor. *Gabriel Rollenhagen, sein Leben und seineWerke.* Leipzig, 1881.

Gassar, Achilles P. *Historiarum et chronicorum mundi epitome usque ad annum 1533.* Antwerp, 1533.

Geiger, Ludwig. *Johann Reuchlin: Sein Leben und seine Werke.* Leipzig, 1871.

——, ed. *Johann Reuchlins Briefwechsel.* Tübingen, 1876.

——. *Conrad Celtis in seinen Beziehungen zur Geographie.* Munich, 1896.

Genée, Rudolf. *Hans Sachs und seine Zeit.* Leipzig, 1902.

Gerard, P. *Anvers à travers les ages.* 2 vols. Brussels, 1888.

Gerlo, Aloïs, comp. *Bibliographie de l'humanisme belge*. Brussels, 1965.

Goedeke, Karl. *Grundriss zur Geschichte der deutschen Dichtung aus den Quellen*. 2d ed. Vol. II: *Das Reformationszeitalter*. Dresden, 1886.

——, ed. *Froschmeuseler von Georg Rollenhagen*. In K. Goedecke and J. Tittmann, eds.,*Deutsche Geschichte des sechszehnten Jahrhunderts*, Vols. VIII-IX. Leipzig, 1876.

Goetz, Walter, ed. *Beiträge zur Geschichte Herzog Albrechts V und des Landsberger Bundes, 1536-1598*. 5 vols. Munich, 1898.

Götze, Alfred August Woldemar. *Die hochdeutschen Drucker der Reformationszeit*. Strassburg, 1905.

Goris, Jan A. *Étude sur les colonies marchandes méridionales (Portugais, Espagnols, Italiens) à Anvers de 1488 à 1587*. Louvain, 1925.

Graf, Wilhelm. *Doktor Christoph Scheurl von Nürnberg*. In W. Goetz, ed., *Beiträge zur Kulturgeschichte des Mittelalters und der Renaissance*, Vol. XLIII. Leipzig and Berlin,1930.

Grafton, Anthony T. "Joseph Scaliger (1540-1609) and the Humanism of the Later Renaissance." Ph.D. diss., Department of History, University of Chicago, 1975.

Gramaye, Jan Baptiste. *Asia, sive historia universalis asiaticorum gentium*. Antwerp, 1604.

Graubard, Mark, trans., and Parker, John, ed. *Tidings Out of Brazil*. Minneapolis, 1957.

Greiff, R., ed. *Briefe und Berichte über die frühesten Reisen nach Amerika und Ostindien aus den Jahren 1497 bis 1506 aus Dr. Conrad Peutingers Nachlass. XXVI Jahresbericht des Hist. Kreis Vereins im Reg. Bez. von Schwaben und Neuburg, für das Jahr, 1860*. Augsburg, 1861.

——. *Tagebuch des Lucas Rem aus den Jahren 1494-1541*. Augsburg, 1861.

Grote, L. *Die Tucher*. Munich, 1961.

Grouchy, Vicomte de, and Travers, E. *Étude sur Nicolas de Grouchy*. Paris, 1878.

Grün, K. *Kulturgeschichte des 16. Jahrhunderts*. Heidelberg, 1872.

Guicciardini, Lodovico. *Description de touts les Pays-Bas*. Arnhem, 1593.

——. *Lettere di Giovan Battista Guicciardini a Cosimo e Francesco de' Medici scritte dal Belgio 1559 al 1577*. Brussels, 1950.

Gundolf, Friedrich. *Anfänge deutscher Geschichtsschreibung*. Amsterdam, 1938.

Günther, H., ed. *Fortunatus: Nach dem Augsburger Druck von 1509*. "Neudrucke deutscher Litteraturwerke des XVI. und XVII. Jahrhunderts," Nos. 240-41. Halle, 1914.

Haas, C. M. *Das Theater der Jesuiten in Ingolstadt: Ein Beitrag zur Geschichte des geistlichen Theaters in Süddeutschland*. Emsdetten, 1958.

Haebler, Konrad. *Deutsche Bibliophilen des 16. Jahrhunderts: Die Fürsten von Anhalt, ihre Bücher und Bucheinbände*. Leipzig, 1923.

Hagen, K. *Deutschlands literarische und religiöse Verhältinisse im Reformationszeitalter*. 3 vols. Erlangen, 1844.

Haitz, Michael. *Hartmann Schedel's Weltchronik....* Munich, 1899.

Halkin, Léon Ernest. *Réforme protestante et réforme catholique au diocèse de Liège. Le cardinal de la Marck, prince évêque de Liège* (1505-1538). Liège, 1930.

Handwerker, Otto. *Geschichte der Würzburger Universitätsbibliothek.* Würzburg, 1904.

Hantsch, Viktor. *Deutsche Reisende des sechzehnten Jahrhunderts.* Leipzig, 1895.

———. *Sebastian Münster.* Leipzig, 1898.

Hartfelder, Karl, ed. *Fünf Bücher Epigramme von Konrad Celtes.* Berlin, 1881.

Hartmann, A., ed. *Die Amerbach-Korrespondenz.* Basel, 1953.

Haszler, K. D., ed. *Reisen und Gefangenschaft Hans Ulrich Kraffts aus der Originalhandschrift.* "Bibliothek des literarischen Vereins in Stuttgart," Vol. LXI. Stuttgart, 1861.

Hauffen, Adolf. *Johann Fischart: Ein Literaturbild aus der Zeit der Gegenreformation.* 2 vols. Berlin, 1921-22.

Hay, John. *De rebus Iaponicis, et Peruanis epistolae recentiores....* Antwerp, 1605.

Hedio, Kaspar. *Ein auserlesene Chronik von Anfang der Welt biss auf das Jahr... 1543. ...* Strassburg, 1549.

Heekelingen, H. de Vries de, ed. *Correspondance de B. Vulcanius pendant son séjour à Cologne, Genève et Bâle (1573-1577).* The Hague, 1923.

Henne, Alexandre. *Histoire du regne de Charles-Quint en Belgique.* 10 vols. Brussels and Leipzig, 1858-60.

Herbermann, C. G., ed. *The Cosmographiae introductio of Martin Waldseemüller in Facsimile...* New York, 1907.

Herberstein, Siegmund von. *Rerum Moscoviticarum commentarii.* Basel, 1551.

Herman, Jean Baptiste. *La pédagogie des Jésuites au XVIe siècle....* Louvain, 1914.

Hertz, W. *Gesammelte Abhandlungen.* Stuttgart and Berlin, 1905.

Heussen, A. H. *Het leven van Ogier Ghislain de Busbecq (1522-91).* Brussels, 1955.

Hirten, William James, ed. *The Complaint of Peace by Erasmus.* New York, 1946.

Hodgen, Margaret T. *Early Anthropology in the Sixteenth and Seventeenth Centuries.* Philadelphia, 1964.

Hoffman, Agnes. *Untersuchungen zu den altdeutschen Marco Polo-Texten.* Ohlau, 1936.

Hoffman von Fallersleben, August H., ed. *Antwerpener Liederbuch vom Jahre 1544.* Hanover, 1855.

Holzmann, M. and Bohatta, H. *Deutsches Anonymen-Lexikon.* 7 vols. Weimar, 1902-28.

Homberg, Johann. *Historia moralis, Beschreibung aller fürnembsten Geistlichen und Weltlichen Regenten mancherlei Sitten und Gewohneiten, aller und jeder Völcker in Africa, Asia, Europa und America.* Frankfurt, n.d.

Hooykaas, J. C. *Repertorium op de koloniale Litteratuur....* Vol. I. Amsterdam, 1877.

Horowitz, A. *Zur Bibliothek und Correspondenz Reuchlins*. Vienna, 1872.

Houwaert, Ian Baptista. *Sommare beschrijvinghe van de triumphantelycke Incompst vanden ...Aertshertoge Matthias...* Antwerp, 1579.

Jacob, Ernst Gerhard. *Deutschland und Portugal, ihre kulturellen Beziehungen*. Leyden, 1961.

Ijzerman, Jan Willem. *Dirck Gerritsz Pomp, 1544-1604*. The Hague, 1915.

Jesuits. Letters from Missions (The East). *Iohan Georgii Götzen verzeichniss und Beschreibung deren Dingen, so von den Jesuitern in Orient von Anno 1552 biss auff 68. gehandelt worden*. Ingolstadt, 1576.

——. *Historischer Bericht, wz sich Jahr 1577, 79, 80, und 81 in bekehrung der gewaltigen Landschafft und Insel Jappon, in politischen und auch in Geistlichen Sachen zugetragen, in etlichen underschiedlichen Missiven der Jesuiten auss gemelter Insel Jappon an ihren Generaln und andere Jesuiten in Europam gethan*. Dillingen, 1585.

——. *Zeitung auss Jappon dess 1582. 83. und 84 Jahrs sampt der frölichen Botchafft auss China dess 83. und 84. Jahrs von dem daselbst angehenden Christenthumb. Gezogen auss den Briefen der Jesuiter die zu Rom ankommen im December, 1585*. Dillingen, 1586.

——. *Bechreibung der jüngst abgesandten Japponischen Legaten gentzen Reiss auss Jappon biss gen Rom und widerumb von dannē in Portugal, biss zu ihrem abschied auss Lisbona, auch von grossen Ehren, so ihnen allenthalben von Fürsten und Herrn erzeigt, und was sich sonst mit ihnen verlauffen mit vorgehender Beschreibung der Japponischen Landtsart, Gebrauch, Sitten, und Natur*. Dillingen, 1587.

——. *Schreiben auss China und India an der Jesuiten General den 9. Decembr. ·1586 gethan,sampt erzelhung eines mercklichen Schiffbruchs*. Dillingen, 1589.

——. *Avisi della Cina e Giapone del fine dell' anno 1586, con larrivo delli Signori Giaponesi nell' India*. Antwerp, 1589.

——. *Annales Indiques, contenantes la vraye narration et advis de ce qu'est advenue et succede en lapon, et aultres lieux voisins des Indes, envoyez par les Peres de la Societé de Iesus au R. P. Claude Aquauiua General de la dicte Compagnie, en l'an 1588. Nouuellement traduictes en Francois*. Antwerp, 1590.

——. *Lodoici Froys 3 Jahrschreiben auss Japonia, was darin im Anno 75. aussgericht und vom schrecklichen Ableiben, Quabercuden und seines Anhangs*. Mainz, 1598.

——. *Newe Historische Relation und sehr gute fröliche Bottschaft, was sich in viel gewaltigen Königreichen der Orientalischen Indien zugetragen*. Dillingen, 1601.

——. *Newe historische Relatio der Orientalischen Indien und Königreich China, im Jahr 98.und 99 durch die Patres soc. Iesu gestellet*. Dillingen, 1602.

——. *Zwey Japonische Sendschreiben, wz sich nemlich nach Taicosamae dess gantzen Jappons*

Oberherrn absterben, wunderbarlich daselbst zugetragen. Mainz, 1603.

Joachimsen, Paul. *Geschichtsauffassung und Geschichtschreibung in Deutschland unter dem Einfluss des Humanismus.* "Beyträge zur Kulturgeschichte des Mittelalters und der Renaissance," Vol. VI. Edited by Walter Goetz. Part I. Leipzig, 1910.

Jonge, Johan K. L. de, ed. *De Opkomst van het Nederlandisch Gezag in Oost-Indië.* 3 vols. The Hague, 1862-65.

Kalff, Gerrit. *Geschiedenis der nederlandsche Letterkunde in de 16 de eeuw.* 2 vols. Leyden, 1889.

Kallen, Gerhard. *Aeneas Silvius Piccolomini als Publizist.* Cologne, 1939.

Kapp, F. *Geschichte des deutschen Buchhandels.* Leipzig, 1886.

Keller, Adelbert von, and Goetze, E., eds. *Hans Sachs. Gesamtausgabe.* 26 vols. Stuttgart, 1870-1908.

Kiechel, Samuel. *Die reisen des Samuel Kiechel. Aus drei Handschriften Hrsg. von K. D. Harszler.* "Bibliothek des literarischen Vereins in Stuttgart," Vol. LXXXVI. Stuttgart, 1866.

Klatt, Detloff. *David Chytraeus als Geschichtslehrer und Geschichtschreiber.* Rostock, 1908.

Klemm, Gustav. *Zur Geschichte der Sammlungen für Wissenschaft und Kunst in Deutschland.* Zerbst, 1837.

Kloosterboer, W. *Bibliografie van Nederlandse publikatis over Portugal en zijn overzeese gebiedsdeelen.* Utrecht, 1957.

Knuvelder, Gerard. *Handboek tot de Geschiedenis der Nederlandse Letterkunde van de aanvang tot heden.* 4 vols. Malenberg, 1953.

Koepp, Johannes. *Untersuchungen über das Antwerpener Liederbuch vom Jahre 1544.* Antwerp, 1927.

Kollarz, Christian. "Die beiden Indien im deutschen Schrifttum des 16. und 17. Jahrhunderts." Ph.D. diss., University of Vienna, 1966.

König, Erich. *Peutingerstudien.* Freiburg-im-Breisgau, 1914.

——, ed. *Konrad Peutingers Briefwechsel.* Munich, 1923.

Körner, Josef. *Bibliographisches Handbuch des deutschen Schrifttums.* Bern and Munich, 1966.

Kreps, J. *Le Mecenat de la Cour de Bruxelles, 1430-1559.* Paris, 1956.

Kriegk, G. L. *Geschichte von Frankfurt.* Frankfurt, 1871.

Kronenberg, M. E., ed. and trans. *De novo mondo. Antwerp. Jan van Doesborch [about 1520].* The Hague, 1927.

Kühne, August, ed. *Das älteste Faustbuch. Wortgetreuer Abdruck der editio princeps des Spies'schen Faustbuches vom Jahre 1587.* Zerbst, 1868. Reprint of 1970.

Kury, Hans. *Simon Grynaeus von Basel.* Zurich and Leipzig, 1935.

Kurz, Heinrich, ed. *Johann Fischart's sämmtliche Dichtungen.* 3 vols. Leipzig, 1866-67.

Lagerway, Walter. *Guide to Netherlandic Studies: Bibliography.* Grand Rapids, Mich., 1964.

Lanz, Karl, ed. *Correspondenz des Kaisers Karl V.* 3 vols. Leipzig, 1844-46.

Lepszy, Hans-Joachim. "Die Reiseberichte des Mittelalters und der Reformationszeit." Ph.D. diss., University of Hamburg, 1952.

Leüblfing, Johann von. *Ein schön lustig Reissbuch....* Ulm, 1612.

Liebrecht, Henri. *Les chambres de rhétorique.* Brussels, 1948.

Lipsius, Justus. *Six bookes of politickes or civil doctrine....* London, 1594.

——. *Opera.* 5 vols. Antwerp, 1603.

——. *Admiranda, sive de magnitudine Romana.* Antwerp, 1605.

——. *Dissertationum ludicrarum et amoenitatum, Scriptores varij.* Leyden, 1638.

——. *Epistolarum selectarum centuria prima* [tertia] *ad Beigas.* 3 vols. in 1. Antwerp,1602-05.

Lodewijcksz, Willem. *Prima pars descriptionis itineris navalis in Indiam Orientalem, earvmqve rervm qvae navibvs battavis occvrrervnt; vna cvm particvlari enarratione conditionum, morum, oeconomiae popularum, quos adnavigarunt. Praeterea de numismatis, aromatibus, speciebus & mercibus ibidem venalibus, eorumque pretio. Insuper de insularem apparentijs, tractibus, orisque regionum maritimis, vna cum incolarum ad vivum delineatione; cuncta diversis tabulis illustrata: omnibus mare navigantibus & rerum exterarum studiosis, lectu periucunda.* Amsterdam, 1598.

——. *Premier Livre de la navigasion aux Indes Orientales par les Hollandais et des choses a aux advenues....* Amsterdam, 1595.

——. *Le second Livre, journal ou comtoire contenant le vrai discours et narration historique du voyage fait par les huit navires a Amsterdam au mois de mars de l'an, 1598, sous la conduite de l'amiral Jacques Corneille Necq, et du Vice-Amiral Wibrant de Warwicq.* Calais, 1601.

Lossen, M. *Briefe von Andreas Masius und seinen Freunden 1538 bis 1573.* "Publikationen der Gesellschaft für rheinische Geschichtskunde," Vol. II. Leipzig, 1886.

Lycosthenes, Conradus. *Prodigiorum ac ostentorum chronicon.. ..* Basel, 1557.

Mackensen, L., and Bolte, J. *Handwörterbuch des deutschen Märchens.* Berlin and Leipzig, 1930-33.

Markwart, Otto. *Willibald Pirckheimer als Geschichtsschreiber.* Zurich, 1886.

Mayer, Johannes. *Compendium cronologicum seculi à Christo nato decimi sexti. Das ist: Summarischer Inhalt aller gedruck und glaubwirdigen Sachen so sich auff gantzem Erdenkreisz in den nechsten hundert Jaren zu Wasser und Landt hier und wider zugetragen mit kurtzer Beschreibung etlicher Völcker und Länder mancherley sittin und gebräuchen ausz ansehelichen authoribus zusamb getragen und in dise formb verfasset.* Munich, 1598.

Megiser, Hieronymus. *Thesaurus polyglottus: vel, dictionarium multilingue: ex quadringentis circiter tarn veteris, quam novi (vel potius antiquis incogniti) orbis nationum linguis, dialectis, idiomatibus, & idiotismis, constans.* Frankfurt, 1603.

——. *Hodoeporicon Indiae Orientalis.* Leipzig, 1608.

——. *Chorographia Tartariae.* Leipzig, 1610.

——. *Septentrio novantiquus, oder Die newe nort weit. Das ist: Gründliche vnd warhaffte beschreibung aller der mitternächtigen vnd nortwerts gelegenen landen vnd insulen, so ... von etlichen berühmten ... adelspersonen, Schiffern, befelschshabern ... seynd erfunden worden. ... Zuvor in teutscher sprach nie aussgangen, sondern an jetzo erst alles aus vielen vnterschiedenen schrifften vnd büchern ... verdeutschet, mit artigen darzu gehörigen figuren vnd land tafeln gezieret, vnd in druck verfertiget, durch Hieronymum Megiserum. Sampt angehengter relation, welcher gestalt in dem... 1612. jahr, beydes, eine newe kurtze schiffart nach der China gegen nortwerts, vnd dann auch ein vnsegliche grosse vnd reiche landschafft sudwerts im fünften theil der weit Magellanica erfunden worden....* Leipzig, 1613.

Meijer, Reinder P. *Literature of the Low Countries: A Short History of Dutch Literature in the Netherlands and Belgium.* Assen, 1971.

Melanchthon, Philipp. *Omnium operum....*4 vols. Wittenberg, 1562-77.

——. *Epistolarum....* Basel, 1565.

Mennan, Arnold *Theatrum conversionis gentium totius orbis...*Antwerp, 1572.

Meyer, Christian. *Geschichte der Stadt Augsburg.* Tübingen, 1907.

Moorrees, F. D. J. *Dirk Volckertszoon Coornhert....* Schoonhoven, 1887.

Müller, Günther. *Deutsche Dichtung von der Renaissance bis zum Ausgang des Barocks.* Potsdam, 1929.

Müller, J. *Das Jesuitentheater in den Ländern deutscher Zunge vom Anfang bis zum Hochbarock.* 2vols. Augsburg, 1930.

Müller, Max. *Johann Albrecht Widmanstetter, 1506-1557: Seine Leben und Werken.* Munich, 1907.

Münster, Sebastian. *Cosmographei oder Beschreibung aller Länder-Herrschafften etc....* Basel, 1550.

——. *La cosmographie universelle de tout le monde... auteur en partie Mvenster, mais beaucoup augmentée, ornée & entichée, par François de Belleforest....* Paris, 1575.

——. *A Briefe Collection and Compendious Extract of Straüge and Memorable Things,Gathered Oute of the Cosmographye of Sebastian Munster. ...* London, 1572.

——. *A Treatyse of the Newe India, with Other New Founde Landes and Ilands, as well Eastwarde as Westwarde, as They are Knowen and Found in these Oure Days, after the Descripcion of Sebastian Munster in His Boke of vniuersall Cosmographie: Wherin the Diligent Reader May See the Good Successe and Rewarde of Noble and Honest Enterpryses, by the Which Not Only Worldly Ryches are Obtayned, but also God Is Glorified, and the Christian Fayth Enlarged. Tr. Out of Latin into Englishe. By Rycharde Eden....* London,1553.

Murray, John Joseph. *Antwerp in the Age of Plantin and Brueghel.* Norman, Okla., 1970.

Mylius, Arnold. *De rebus Hispanicis Aragonicis, Indicis et Aethiopicis.* Cologne, 1602.

Näf, Werner. *Vadian und seine Stadt St. Gallen.* St. Gall, 1944.

Nauert, Charles G. *Agrippa and the Crisis of Renaissance Thought*. Urbana, Ill., 1965.

Nauwelaerts, René. B*ibliografie over de Vlaamse letterkundigen....* [Duffel], [1969].

Newald, Richard. *Die deutsche Literatur vom Späthumanismus zur Empfindsamkeit, 1570-1750*. In H. de Boor and R. Newald. *Geschichte der deutschen Literatur von den Anfangen bis zur Gegenwart*, Vol. V. Munich, 1963.

Nijhoff, Wouter, and Kronenberg, Maria E. *Nederlandsche bibliographie van 1500 tot 1540*. 3 vols. The Hague, 1919-61.

Nordman, V. A. *Justus Lipsius als Geschichtsforscher und Geschichtslehrer*. Helsinki, 1932.

Nürnberg Stadtarchiv. *Beiträge zur Wirtschaftsgeschichte Nürnbergs*. 2 vols. Nuremberg, 1967.

O'Malley, Charles D. *Andreas Vesalius of Brussels, 1514-1564*. Berkeley, 1964.

Ortelius, Abraham. *Theatri orbis terrarum enchiridion, minoribus tabulis per Philippum Gallaeum exaratum: et carmine Heroico, ex variis Geographis et Poëtis collecto, per Hugonem Favolium illustratum*. Antwerp, 1585.

——. *The Theatre of the Whole World*. London, 1606.

Ortroy, Fernand Gratien van. *Bibliographie de l'oeuvre de Pierre Apia*n. Amsterdam, 1963.

Overdiep, Gerrit S., *et al.,* eds. *De letterkunde van de Renaissance....* Antwerp, 1947.

Pallmann, H. *Sigmund Feyerabend, sein Leben und seine geschäftlichen Verbindungen.* "Archiv für Frankfurts Geschichte und Kunst." N.S., Vol. VII. Frankfurt, 1881.

Pannwitz, Max, ed. *Deutsche Pfadfinder des 16. Jahrhundert in Afrika, Asien u. Südamerika....Springer... Staden ... Schmidel... Rauwolf*. Stuttgart, 1911.

Paquier, Jules. *Jerome Aleandre et la principauté de Liège, 1514-1540*. Paris, 1896.

Parr, C. M. *Jan van Linschoten: The Dutch Marco Polo*. New York, 1964.

Peeters-Fontainas, Jean. *Bibliographie des impressions espagnoles des pays-bas méridionaux*. 2 vols. Nieuwkoop, 1965.

Peixoto, Jorge. *Relações de Plantin com Portugal: Notas para o estudo da tipografia no século XVI*. Coimbra, 1962.

Perquin, W., *et al,* comps. *Bibliotheca catholica neerlandica impressa, 1500-1727*. The Hague,1954.

Petry, Karl. *Handbuch zur deutschen Literaturgeschichte*. 2 vols. Cologne, 1949.

Peuckert, Will-Erich. *Sebastian Franck, ein deutscher Sucher*. Munich, 1943.

Peutinger, Konrad. *Sermones convivales... : de mirandis Germaniae antiquitatibus*. Strassburg, 1506.

Pindter, Felicitas, ed. *Der Briefwechsel des Konrad Celtis*. Munich, 1934.

——. *Conradus Celtis Protucius, Quattuor Libri Amorum secundum quattuor latera Germaniae etc.* Leipzig, 1934.

——. *Conradus Celtis Protucius, Libri odarum quattuor*. Leipzig, 1937.

Pölnitz, G. F. von. *Jacob Fugger: Kaiser, Kirche, und Kapital in der oberdeutschen Renaissance.*2vols.

Tübingen, 1949-51.

Polet, Amédée. *Une gloire de l'humanisme beige, Petrus Nannius 1500-1559.* Louvain, 1936.

Poncelet, Alfred. *Histoire de la Compagnie de Jésus dans les anciens Pays Bas: Établissement de la Compagnie de Jésus en Belgique et ses developpements jusqu' à la fin du règne d' Albert et d'Isabelle.* Brussels, 1927-28.

Praag, Jonas A. van. *La comedia espagnole aux Pays-Bas.* Amsterdam, 1922.

Pressel, Theodor. *David Chytraeus.* Elberfeld, 1862.

Prims, Florin. *Geschiedenis van Antwerpen.* 13 vols. Antwerp, 1941-43.

Proctor, Robert. *Jan van Doesborgh, Printer at Antwerp: An Essay in Bibliography.* London, 1894.

Prost, A. *Les sciences et les arts occultes au XVIᵉ siècle: Corneille Agrippa.* Paris, 1881-82.

Prÿs, Joseph. *Der Staats-roman des 16. und 17. Jahrhundert und sein Erziehungsideal.* Würzburg, 1913.

Quaden [Quad], Matthias. *Matthaei Quaden Enchiridion Cosmographicum, Handtbüchlein der gantzen Welt gelegenheit begreiffende.* Cologne, 1598.

Ramirez, Alejandro, ed. *Epistolario de Justo Lipsio y los Españoles.* St. Louis, Mo., 1966.

Reicke, E. *Willibald Pirckheimer.* Jena, 1930.

——, ed. *Willibald Pirckheimers Briefwechsel.* "Veröffentlichungen der Kommission zur Erforschung der Geschichte der Reformation," Vol. I. Munich, 1940.

Rem, Lucas. *Tagebuch ... 1494- ... 1541 mit Briefen und Berichten über die Entdeckung des neuen Seeweges nach Amerika und Ostindien.* In B. Greiff, ed., *Jahresbericht des Vereins für Geschichte von Schwaben und Neuburg,* Vol. XXVI. Augsburg, 1861.

Remy, A. F. J. *The Infiuence of India and Persia on the Poetry of Germany.* New York, 1901.

Robertson, J. G., *et al. A History of German Literature.* 6th ed. Edinburgh and London, 1970.

Robson-Scott, W. D. *German Travellers in England, 1400-1800.* Oxford, 1953.

Roersch, Alphonse. *l'Humanisme beige à l'époque de la Renaissance: Études et portraits.* Louvain, 1933.

——, ed. *Correspondance de Nicolas Clenard.* 3 vols. Brussels, 1940-41.

Rollenhagen, Gabriel. *Wahrhafte Lügen vom geist- und natürlichen Dingen, oder deutliche Beschreibung etlicher Wahrhaftigen, aber bey vielen alten und neuen Scribenten und Gelehrten, Geistlichen und Weltlichen eingerissenen, ausgebreiteten glaubwürdigen Lügen.* Leipzig, 1603. As reproduced in Gabriel Rollenhagen, ed., *Vier Bücher... indianischer reisen....* Frankfurt and Leipzig, 1717.

Rollenhagen, Georg. *Froschmeuseler.* Edited by Karl Goedeke. In K. Goedeke and J. Tittmann, eds., *Deutsche Dichter des sechszehnten Jahrhunderts,* Vols. VIII-XI. Leipzig, 1876.

——[?]. *Alte newe Zeitung: A Sixteenth-Century Collection of Fables.* Edited by Eli Sobel. Berkeley,

Calif., 1958.

——. *Georg Rollenhagens Spiel von Tobias, 1576.* Edited by Johannes Bolte. Halle, 1930.

Roloff, Hans-Gert, ed. See Wickram, Georg.

Rooses, Max, and Denucé, J., eds. *Correspondance de Christophe Plantin.* 9 vols. in 6. Antwerp and Ghent, 1883-1918.

Roth, Paul. *Die neuen Zeitungen in Deutschland im 15. und 16. Jahrhundert.* Leipzig, 1914.

Rupprich, Hans. *Die deutsche Literatur vom späten Mittelalter bis zum Barock.* In H. de Boor and R. Newald, eds., *Geschichte der deutschen Literatur von den Anfängen bis zum Gegenwart,* Vol. IV, Pts. 1 and 2. Munich, 1970, 1973.

——. *Willibald Pirckheimer und die erste Reise Dürers nach Italien.* Vienna, 1930.

Sabbe, Maurits. *La vie des livres à Anvers aux XVIe, XVIIe, et XVIIIe siècles.* Brussels, 1926.

Sachs, Hans. See Keller, Adalbert von.

Saunders, Jason Louis. *Justus Lipsius: The Philosophy of Renaissance Stoicism.* New York, 1955.

Scaliger, J. J. *Autobiography.* Translated by G. W. Robinson. Cambridge, Mass., 1927.

Schedel, Hartmann. *Liber chronicarum.* Nuremberg, 1493.

Scheurleer, Theodor H. Lunsingh, and Meyjez, G. H. M. Posthumus, eds. *Leiden University in the Seventeenth Century: An Exchange of Learning.* Leyden, 1975.

Schick, Léon. *Un grand homme d'affaires au début du XVIe siècle: Jacob Fugger.* Paris, 1957.

Schmidt, Charles Guillaume Adolph. *Histoire littéraire de l'Alsace à la fin du XVe et au commencement du XVIe siècle.* 2 vols. Paris, 1879.

Schneegans, H. *Geschichte der grotesken Satire.* Strassburg, 1892.

Schneider, J. Adam. *Spaniens Anteil auf der deutschen Literatur des 16. und 17. Jahrhunderts.* Strassburg, 1898.

Schorbach, K. *Studien über das deutsche Volksbuch Lucidarius.* Strassburg, 1894.

Schott, Andreas. *Hispania illustrata: Hispania illustratae seu rerum urbiumque Hispaniae Lusitaniae, Aethiopiae, et Indiae scriptores varii. Partim editi nunc primum, partim aucti et emendati.* 4 vols. Frankfurt, 1603-08.

——. *Hispaniae bibliotheca seu de academiis ac bibliothecis.* 3 vols. in 1. Frankfurt, 1608.

——, trans. *Rodriguez Giram literae japonica ex italicis lat. factae.* Antwerp, 1615.

Schulze, Franz. *Die wissenschaftliche Bedeutung der Reiseberichte Balthasar Springers, das ersten bekannten Indienfahrer aus Deutschland.* Strassburg, 1902.

Seelmann, Wilhelm. *Georg Rollenhagen.* Magdeburg, 1889.

Seidenfaden, I. *Das Jesuitentheater in Konstanz. Grundlagen und Entwicklung. Ein Beitrag zur Geschichte des Jesuitentheaters in Deutschland.* Stuttgart, 1963.

Shaaber, Matthias A. *Check List of Sixteenth-Century Editions of Works of Sixteenth-Century Latin*

Authors. New York, 1963.

Soden, Franz von, and Knaacke, J. K. F., eds. *Christoph Scheurl's Briefbuch*. 2 vols. in 1. Potsdam, 1867, 1872.

Sommerhalder, H. *Johann Fischarts Werke: Eine Einführung*. Berlin, 1960.

Specht, Thomas. *Geschichte der ehemaligen Universität Dillingen (1549-1804)*. Freiburg-im- Breisgau, 1902.

Spitz, Lewis W. *Conrad Celtis, the German Arch-Humanist*. Cambridge, Mass., 1957.

Springer, Balthasar. *Die Merfart uñ Erfarung nüwer Schiffung und Wege zu viln overkaufen Inseln und Künigreichen*.... Reproduced in Franz Schulze, *Balthasar Springers Indienfahrt 1505-06*. Strassburg, 1902.

Stammler, Johannes. *Dialogos de diversarum gentium sectis*. Ulm, 1508.

Stammler, W. V*on der Mystik zum Barock (1400-1600)*. Stuttgart, 1950.

Steinruck, Josef. *Johann Baptist Fickler*. Münster, 1965.

Stevin, Simon. ... *de thiende 1585*. Facsimile with an Introduction by A. J. E. M. Smeur. Nieuwkoop, 1965.

Stiefel, A. L., ed. *Hans Sachs Forschungen*. Nuremberg, 1894.

Stier, H. P. *Vlämischer Bericht über Vasco da Gamas 2. Reise, 1502-03*. Braunschweig, 1887.

Strasen, E. A., and Gandara, Alfredo. *Oito séculos de história Luso-Alemã*. Lisbon, 1914.

Strauss, Gerald. *Sixteenth-Century Germany: Its Topography and Topographers*. Madison, Wis., 1959
———. *Nuremberg in the Sixteenth Century*. Bloomington, Ind., 1967.

Strelka, Josef. *Der Burgundische Renaissancehof Margarethes von Österreich und seine literar- historische Bedeutung*. Vienna, 1957.

Tamara, Francisco. *De las costumbres de todas las gentes*. Antwerp, 1556.

Taylor, Archer. *Problems in German Literary History of the Fifteenth and Sixteenth Centuries*. New York, 1939.

Tello, Francisco. *Relation. Ausz befelch Herrn Francisco Taglej Gubernators, und general Obristens der Philippinischen Inseln in welcher kürtzlich angezeigt wirdt welcher Gestallt sechs geistliche Brüder ausz Hispania desz Orden S. Francisci von der Observantz sambt andern 20 newlich von jnen bekehrten Japonesern im Königreich. Japon den 14. Martij desz verschinen Jars umb desz Christlichen Glaubens willen seyn gecreutziget worden und durch die Gnaden Gottes die seligste Marte Cron erlangt haben*. Munich, 1599.

Tesser, J. H. M. *Petrus Canisius als humanistisch geleerde*...Amsterdam, 1932.

Theunisz, Johannes. *Carolus Clusius, het merkwaardige leven van een pionier der wetenschap*. Amsterdam, 1939.

Tiele, Pieter A. *Bibliothek van Nederlandsche pamfletten ... Eeerste deel: 1500-1648*. Amsterdam,

1858.

Tiemann, Hermann. *Das spanische Schrifttum in Deutschland von der Renaissance bis zur Romantik.* Hamburg, 1936.

Trigault, Nicolas. *Vita Gasparis Barzaei Belgae e Societa Jesu B. Xavieri in India Socii.* Antwerp, 1610.

Tscharner, Eduard H. von. *China in der deutschen Dichtung bis zur Klassik.* Munich, 1939.

Ulrich, Christoph. *Wahrhafftige und Ewiger Gedechtnusz würdige, Geschichts Erzelung. Welcher massen die new erfundene Insulen Königreich und Fürsternthumb im Japonien genandt zur Christlichem Glauben bekert und dann von Bäpstlicher Heyligkeit deren sie sich beneben der Heyligen Kirchen undterwürffig gemacht. Derselben abgesandte und Königliche Legaten auffgenommen worden alles an öffentlichem Consistorio vorgenommen und gehalten inn Rom den 23. Martij anno M. D. LXXXV. Ausz sonderm Eyffer und dem gemainen Mann zu gütem ausz Lateinischer inn Teutsche Sprach Vertiert Durch Christophen Vlrich den Eltern von Nürnberg.* Augsburg, n.d.

Vadian (Vadianus), Joachim. *Pomponii Melae Hispani. Libri de situ orbis tres....* Vienna, 1518.

Vocht, Henry de. *Monumenta humanistica lovaniensia: Texts and Studies about Louvain Humanists in the First Half of the Sixteenth Century: Erasmus—Vives—Sorpius— Clenardus—Goes—Moringus.* Louvain, 1934.

——. *History of the Foundation and the Rise of the Collegium Trilingue Louaniense 1517—1554.* 4 vols. Louvain, 1951-55.

Vries, Tiemens de. *Holland's Influence on English Language and Literature.* Chicago, 1916.

Waller, G. F. *Catalogus van Nederlandsch en vlaamsch populaire boeken.* 's-Gravenhage, 1936.

Weevers, Theodor. *Coornhert's Dolinghe van Ulysee, de eerste Nederlandsche Odyssee....* Groningen, 1934.

Wegg, Jervis. *The Decline of Antwerp under Philip of Spain.* London, 1924.

Weller, Emil Ottokar. *Die ersten deutschen Zeitungen. Mit einer Bibliographie, 1505-1599.* Tübingen, 1872.

Wetzel, Johann. *Die Reise der Söhne Giaffers, aus dem italienischen des Christoforo Armeno übersetzt durch Johann Wetzel 1583, hrg. von H. Fischer u.J. Bolte.* Tübingen, 1895.

Weyrauther, M. *Konrad Peutinger und Wilibald Pirckheimer in ihren Beziehungen zur Geographie: Eine geschichtliche Parallele.* Munich, 1907.

Wichmann, Arthur. *Dirck Gerritsz.* Groningen, 1899.

Wickram, Jörg. *Von Goten und Bösen Nachbaum. Strassburg, 1556.* Edited by Hans-Gert Roloff. In *Georg Wickrams sämtliche Werke*, Vol. IV. Berlin, 1969.

Wijnaendts Francken, C. J. *Vier Moralisten: Confucius, Plutarchus, Montaigne, Coomhert.* Amsterdam,

1946.

Willehad, P. E. *Willibald Pirckheimer, Dürers Freund im Spiegel seines Lebens, seine Werke, und seine Umwelt*. Cologne, 1971.

Wolf, Gustav. *Aus Kurköln im 16. Jahrhundert*. Berlin, 1905.

Zeidler, J. *Studien und Beiträge zur Geschichte der Jesuitenkomödie und des Klosterdramas*. Leipzig, 1891.

Zeydel, Edwin H. *Sebastian Brant*. New York, 1967.

———, trans. *The Ship of Fools by Sebastian Brant. Translated into Rhyming Couplets with Introduction and Commentary*. New York, 1944.

ARTICLES

Barassin, J. "Jean Huges Linschoten." *Studia* (Lisbon), No. 11 (1963), pp. 251-55.

Bartlett, D. M. M. "Münsters *Cosmographia universalis*." *Journal of the Gypsy Lore Society*, XXXI (1952), 83-90.

Bataillon, Marcel. "La cour découvre le nouveau monde." In Jean Jacquot, ed., *Fêtes et cérémonies au temps de Charles Quint*, pp. 13-27. Paris, 1960.

Bauer, C. "Conrad Peutingers Gutachten zur Monopolfrage." *Archiv für Reformationsgeschichte*, XLV (1954), 1-43, 145-96.

Bay, J. C. "Conrad Gessner (1516-65), the Father of Bibliography." *Papers of the Bibliographical Society of America*, X, Pt. 2 (1916), 53-86.

Beckmann, Johannes. "Die Universitäten vom 16. bis 18. Jahrhundert im Dienste der Glaubensverbreitung." *Neue Zeitschrift für Missionswissenschaft*, XVII (1961), 24-47.

Berger, Samuel. "Melanchthons Vorlesungen über Weltgeschichte." *Theologische Studien und Kritiken*, LXX (1897), 781-90.

Boisacq, Émile. "Les philologues classiques et orientales en Belgique." In *L'Encyclopedie belge*, pp. 515-21. Brussels, 1933.

Bolte, Johannes. "Quellenstudien zu Georg Rollenhagen." *Sitzungsberichte der preussischen Akademie der Wissenschaften (Berlin) philosophisch-historische Klasse*, 1929, pp. 668-89.

Bonaparte, Roland (Prince). "Les premiers voyages des Néerlandais dans l' Insulinde, 1595-1602." *Revue de géografie*, XIV (1884), Pt. 1, 446-55; Pt. 2, 46-55.

Boxer, C. R. "Uma raridade bibliográfica sobre Fernão Cron." *Boletim internacional de bibliografia Luso-Brasileira*, XII (1971), 5-46.

Brásio, António. "Uma carta inédita de Valentim Fernandes." *Boletim da biblioteca da universidade de Coimbra*, XXIV (1960), 338-58.

Brulez, W. "Venetiaanse handelsbetrekkingen met Perzië en Indië omstreeks 1600." *Orientalia Gandensia*, I (1964), 1-27.

Carreras Artau, J. "Louis Vives, philosophe de l'humanisme." In *Apports hispaniques à la philosophie chrétienne de l'Occident*, pp. 55-71. Louvain, 1962.

Christ, Karl. "Die Bibliothek Reuchlins in Pforzheim." *Zentralblatt für Bibliothekswesen*, LIII (1924), 1-96.

Debaene, Luc. "Rederijkers en Prozaromans." *De Gulden Passer*, XXVTI (1949), 1-23.

Delcourt, Marie. "L'humanisme aux Pays-Bas au temps de Plantin." *De Gulden Passer*, XXXIII (1955), 208-18.

Doehaerd, Renée. "Commerce et morale à Anvers au XVIe siècle; a propos d'un manuscrit de la Bibliothèque de Leyde." *Revue historique*, CCIV (1950), 226-33.

Drewes, G. W. J. "Oriental Studies in the Netherlands: A Historical Survey." In *Higher Education and Research in the Netherlands: Bulletin of the Netherlands Universities Foundation for International Co-operation*, I, No. 4 (1957), 3-13.

Edighoffer, Roland. "La correspondance de Sebastian Münster." *Études germaniques*, XXI(1966), 249-251.

Ellinger, Georg. "Zu den Quellen des Faustbuchs von 1587." *Zeitschrift für vergleichende Literaturgeschichte*, I (1888), 156-81.

Fabri, J. "Un ami de Juste Lipse: L'humaniste André Schott 1552-1629." *Les études classiques*, XXI (1953), 188-208.

Gerlo, Aloïs. "L'apport de l'humanisme belge au développement de la pensée scientifique." *Revue de l'université de Bruxelles*, VIII (1956), 328-61.

——; Vertersen, Irène; and Vervliet, H. D. L., eds. "La correspondance inédite de Juste Lipse conservée au musée Plantin-Moretus." *De Gulden Passer*, XLII (1964), 5-232.

Gemez, D. "Lucas Janszoon Wagenaer: A Chapter in the History of Guide-Books for Seamen." *Mariner's Mirror*, XXII (1937), 190-97.

Hantzsch, Viktor. "Sebastian Münster." In *Abhandlungen der historische-philosophische Klasse der Gesellschaft der Wissenschaften* (Leipzig), XVIII (1898), 1-187.

Hartig, Otto. "Die Gründung der Münchener Hofbibliothek durch Albrecht V. und Johann Jakob Fugger." *Abhandlungen der königlich bayerischen Akademie der Wissenschaften, Philosophisch-philologische und historische Klasse*, Vol. XXVIII (1917).

Hecker, V. "Ein Gutachten Conrad Peutingers in Sachen der Handelsgesellschaften." *Zeitschrift des historischen Vereins für Schwaben*, II (1879), 188-217.

Heyd, Wilhelm von. "... Valentin Femandez Aleman." *Akademie der Wissenschaften (Munich), Philosophisch-philologische und historische Klasse, Sitzungsberichte*, II (1872), 479-83.

Hidber, B. "Renward Cysat, der Stadtschreiber zu Luzern; Lebensbild eines katholischschweizerischen Staatsmannes aus dem sechzehnten Jahrhundert." *Archiv für schweizerische Geschichte*, XIII (1862), 160-224; XX (1875), 3-88.

Horák, Bohuslav. "Ohlas zámořských objevů v české literatuře" ("Responses to Overseas Discoveries in Czech Literature"). In his translation of Jean de Lery, *Histoire o plavení se do Ameriky kteráž i Brasilia slave*, pp. 27-31. Prague, 1957.

Kellenbenz, Hermann. "Le front hispano-portugais contre l'Inde et le rôle d'une agence de renseignements au service de marchands allemands et flamands." *Studia* (Lisbon), No. 11 (1963), pp. 263-90.

——. "Die Beziehungen Nürnbergs zur iberischen Halbinsel besonders im 15. und in der ersten Hälfte des 16. Jahrhunderts." *Beiträge zur Wirtschaftsgeschichte Nürnbergs*, I (1967), 456-93.

——. "Os mercadores alemães de Lisboa por volta de 1530." *Revista portuguesa de história*, IX (1960), 125-39.

Kömmerling-Fitzler, Hedwig. "Der Nürnberger Georg Pock (d. 1528-29) in Portugiesisch-Indien und im Edelsteinland Vijayanagara." *Mitteilungen des Vereins für Geschichte der Stadt Nürnberg*, LV (1967-68), 137-84.

——. "Der Anteil der Deutschen an der Kolonialpolitik Philipps II. von Spanien in Asien." *Vierteljahrschrift für Sozial- und Wirtschaftsgeschichte*, XXVIII (1935), 243-81.

Kronenberg, Maria Elizabeth. "Bijdragen over Jan van Doesborgh drukker te Antwerpen," *Het Boek*, 3d ser. XXXV (1961), 221-28.

Lapeyre, Henri. "Anvers au XVIe siècle d'après des travaux récents." *Revue d'histoire moderne et contemporaine*, XI (1964), 191-202.

Lucke, Wilhelm. "Deutsche Geschichtsblätter aus den ersten Jahren der Reformation." *Deutsche Geschichtsblätter*, IX (1908), 183-205.

Lütge, Friedrich. "Der Handel Nürnbergs nach dem Osten im 15./16. Jahrhundert." In *Beiträge zur Wirtschaftsgeschichte Nürnbergs*, I (1967), 318-76.

Maes, Léon. "Lettres inédites d' André Schott." *Le Muséon*, VII (1906), 67-102, 325-61 ; IX (1908), 368-411; XI (1910), 239-70.

——. "Une lettre d'A. Schott à Abr. Ortelius." *Musée belge*, IX (1905), 315-18.

Murray, John J. "The Cultural Impact of the Flemish Low Countries on 16th and 17th Century England." *American Historical Review*, LXII (1957), 837-54.

Offenbacher, Emile. "La bibliothèque de Wilibald Pirckheimer." *La bibliofilia*, XL(1939), 241-263.

Oliveira Marques, A. H. de. "Relações entre Portugal e a Alemanha no século XVI." *Revista da Faculdade de Letras* [de Lisboa], 3d ser., No. 4 (1960), 36-55.

Oncken, Hermann. "Sebastian Franck als Geschichtsschreiber." *Historisch-politische Aufsätze und*

Reden (Munich), I (1914), 273-319.

Reiffenberg, Baron de. "Bibliothèque de Joseph Scaliger." *La bibliophile belge*, IV (1847),229-33.

Roobaert, E., and Moerman, A. "Librairies et imprimeurs à Anvers de XVIe siècle. I. Jean de Loet, imprimeur de la ville d'Anvers, 1549-1566." *De Gulden Passer*, XXXIX (1961), 188-210.

Sarazin, Anny. "Joannes Bochius, secretaris van Antwerpen 1555-1609." *Bijdragen tot de Geschiedenis*, XXVIII (1937), 241-67.

Schmeller, J. "Ueber Valentin Fernandez Alemã und seine Sammlung von Nachrichten über die Entdeckungen und Besitzungen der Portugiesen in Afrika und Asien bis zum Jahre 1508...." *Abhandlungen der philosophisch-philologische Classe der Königlichen Bayerischen Akademie der Wissenschaften*, Pt. III (1847), Vol. IV, 1-73.

Sobel, Eli. "Georg Rollenhagen, Sixteenth-Century Playwright, Pedagogue, and Publicist." *PMLA*, LXX (1955), 762-80.

Sondheim, Moriz. "Die Bibliothek des Hans Sachs." In Sondheim, *Gesammelte Schriften*, p. 260. Frankfurt-am-Main, 1927.

Strauss, Gerald. "A Sixteenth-Century Encyclopedia: Sebastian Münster's Cosmography and Its Editions." In C. H. Carter, ed., *From the Renaissance to the Counter-Reformation: Essays in Honor of Garrett Mattingly*, pp. 130-50. London, 1966.

Thompson, L. S. "German Translations of the Classics between 1450 and 1550." *Journal of Germanic Philology*, XLII (1943), 343-63.

Unger, Willem S. "Nieuwe literatur over Antwerpen als internationale handelsstad in de 15e en 16e eeuw." *Tijdschrift voor Geschiedenis*, LXXVI (1963), 430-36.

Valentin, J. M. "Études récentes sur le théâtre des Jesuites." *Études germaniques*, XXII(1967), 247-53.

Van Houtte, J. A. "Anvers aux XVe et XVIe siècles. Expansion et apogée." *Annales: économies, sociétés, civilisations*, XVI (1961), 248-78.

Voet, L., and Dodoens, R. "Geleerden en Kunstenaars rond Plantin en de Moretussen: Plantiana, 1943-1958." *De Gulden Passer*, XXXVII (1959), 36-38.

Werner, Theodor Gustav. "Die Beteiligung der Nürnberger Welser und Augsburger Fugger in der Eroberung des Rio de La Plata und der Gründung von Buenos Aires." *Beiträge zur Wirtschaftsgeschichte Nürnbergs*, I (1967), 494-592.

Zeydel, E. H. "Sebastian Brant and the Discovery of America." *Jourml of English and Germanic Philology*, XLII (1943), 410-11.

ENGLISH LITERATURE

BOOKS

Abbot, George. *A Briefe Description of the Whole Worlde*. London, 1599.

Allott, Robert, comp. *England's Parnassus, or the Choicest Flowers of Our Modern Poets (1600)*. Edited by C. Crawford. Oxford, 1913.

Alston, R. C. *A Bibliography of the English Language from the Invention of Printing to the Year 1800*. Vols. II and VII. Leeds, 1965-69.

Alter, Robert. *Rogue's Progress: Studies in the Picaresque Novel. Cambridge*, Mass., 1964.

Anders, Heinrich. *Shakespeare's Books: A Dissertation on Shakespeare's Reading and the Immediate Sources of His Works*. Berlin, 1904.

Andrews, Kenneth R. *Elizabethan Privateering: English Privateering during the Spanish War, 1585-1603*. Cambridge, 1964.

Ansell, Robin P. *Animal Lore in English Literature*. London, 1932.

Arnold, Paul. *Ésotérisme de Shakespeare*. Paris, 1955.

Arthusius, Gotardus. *Dialogues in the English and Malaians Languages... faithfully translated into the English Tongue by Augustus Spalding*. London, 1614.

Atkins, John W. H. *English Literary Criticism: the Renascence*. London, 1951.

Baildon, H. Bellyse, ed. See Dunbar, William.

Bakeless, John Edwin. *The Tragicall History of Christopher Marlowe*. 2 vols. Cambridge, Mass., 1942.

Baldwin, William. *A Treatise of morall philosophy Contaynynge the sayings of the wyse*. London, 1579.

Barlow, Roger. *A brief summe of geographie*. Edited by E. G. R. Taylor. London, 1932.

Battenhouse, Roy W. *Marlowe's Tamburlaine: A Study in Renaissance Moral Philosophy*. Nashville, Tenn., 1941.

Baxter, J. W. *William Dunbar: A Biographical Study*. Edinburgh, 1952.

Bennett, Henry Stanley. *English Books and Readers, 1475 to 1557*. 2d ed. Cambridge, 1969.

——. *English Books and Readers, 1558 to 1603*. . . . Cambridge, 1965.

Bergeron, David M. *English Civic Pageantry (1558-1642)*. Columbia, S.C., 1971.

Boaistuau, Pierre. *Certaine Secrete Wonders of Nature .. . Gathered out of Divers Authors*. Translated by C. Fenton. London, 1569.

Boemus, Johann. *The Fardle of Facions*. London, 1555.

——. *The Manners, Lawes and Custumes of all Nations*. Translated by Edward Aston. London, 1611.

Bond, R. W., ed. See Lyly, John.

Botero, Giovanni. *Relations of the Most Famous Kingdoms*. London, 1603.

———. *Observations upon the Lives of Alexander, Caesar, Scipio*. Newly Englished. London,1602.

Bowers, Fredson, ed. See Dekker, Thomas; Marlowe, Christopher.

Boxer, Charles R., ed. *South China in the Sixteenth Cnetury*. "Hakluyt Society Publications," 2d series, Vol. CVI. London, 1953.

Boyd, Evelyn Mae. "A Study of the Character Tamburlaine and Evidences of Its Influence on Drama from 1587-1605." M.A. thesis, Department of English, University of Chicago, 1920.

Bradbrook, Muriel C. *The School of Night: A Study in the Literary Relationships of Sir Walter Raleigh*. Cambridge, 1936.

Brerewood, Edward. *Enquiries Touching the Diversity of Languages and Religions throughout the Chief Parts of the World*. London, 1614.

Bright, Timothy. *Characterie: An Art of Shorte, Swifte, and Secrete Writing by Character*. London, 1588.

Brown, Huntington. *Rabelais in English Literature*. Cambridge, Mass., 1933.

———, ed. See Hall, Joseph.

Brown, Peter Hume. *George Buchanan, Humanist and Reformer*. Edinburgh, 1890.

———, ed. See Buchanan, George.

Buchanan, George. *Vernacular Writings of George Buchanan*. Edited by Peter Hume Brown. Edinburgh and London, 1892.

Camman, Schuyler. *China's Dragon Robes*. New York, 1952.

Carroll, William M. *Animal Conventions in English Renaissance Nonreligious Prose (1500-1600)*. New York, 1954.

Cawley, Robert R. *The Voyagers and Elizabethan Drama*. Boston, 1938.

———. *Unpathed Waters: Studies in the Influence of the Voyagers on Elizabethan Literature*. Princeton, 1940.

Chalmers, Alexander, ed. *The Works of the English Poets*. London, 1910.

Chambers, Raymond Wilson. *Thomas More*. New York, 1935.

Chan (Chen), Shou-yi. "Influence of China on English Culture in the Eighteenth Century." Ph.D. diss., Department of English, University of Chicago, 1928.

Chew, Samuel C. *The Crescent and the Rose: Islam and England during the Renaissance*. New York, 1969.

Clair, Colin. *A History of Printing in Britain*. London, 1965.

Clark, Cumberland. *Shakespeare and National Character*. New York, 1932.

Clark, Eleanor G. *Raleigh and Marlowe: A Study in Elizabethan Fustian*. New York, 1941.

Conestaggio, Girolamo Franchi. *The Historie of the Uniting of the Kingdom of Portugall to the Crowne of Castill....* London, 1600.

Connell-Smith, Gordon. *Forerunners of Drake: A Study of English Trade with Spain in the Early Tudor Period*. London and New York, 1954.

Cornelius, Paul. *Languages in Seventeenth- and Early Eighteenth-Century Imaginary Voyages*. Geneva, 1965.

Couldridge, F. T. "Voyages and Travels in the Works of Some Prominent Men of Letters of the Shakespearian Age (1558-1625)." M.A. thesis, University of South Africa, 1940.

Craig, Hardin. *The Enchanted Glass: The Elizabethan Mind in Literature*. Rev. ed. Oxford, 1950.

——. *New Lamps for Old: A Sequel to the Enchanted Glass*. Oxford, 1960.

Cunliffe, John W., ed. See Gascoigne, George.

Davenport, A., ed. See Hall, Joseph.

Davies, David W. *Dutch Influences on English Culture 1558-1625*. Ithaca, N.Y., 1964.

Davys, John. *The Voyages and Works of John Davis, the Navigator*. Edited by Albert Hasting Markham. "Hakluyt Society Publications," O. S. Vol. LIX, 2 vols. London, 1880.

Dekker, Thomas. *The Dramatic Works*. Edited by Fredson Bowers. Cambridge, 1953. .

——.*Non-Dramatic Works*. Edited by Alexander Grosart. 5 vols. Cambridge, 1884-86.

Delony, Thomas. *The Works of Thomas Deloney*. Edited by Francis Oscar Mann. Oxford, 1912.

Doni, Antonio Francesco. *The Moral Philosophic of Doni—the Earliest Version of the Fables of Bidpai*. Translated by Sir Thomas North. Edited by Joseph Jacobs. London,1888.

Dunbar, William. *The Poems*. Edited by H. Bellyse Baildon. Cambridge, 1907.

——. *The Poems*. Edited by W. Mackay MacKenzie. Edinburgh, 1932.

Dunlop, John Colin. *A History of Prose Fiction*. London, 1906.

Eden, Richard, ed. and trans. *The History of Travayle in the West and East Indies...newly set in order, augmented, and finished by Richard Willes*. London, 1579.

Edwards, H. L. R. *Skelton: The Life and Times of an Early Tudor Poet*. London, 1949.

Ellis-Fermor, U. M. *Tamburlane the Great in Two Parts*. London, 1930.

Escalante, Bernardino. *A Discourse of the Navigation which the Portugales doe make to the Realmes and Provinces of the East Partes of the Worlde...* .Translated by John Frampton. London, 1579.

Falconer, Alexander Frederick. *Shakespeare and the Sea*. London, 1964.

Farmer, J. S., ed. See Rastell, John.

Ferguson, Arthur B. *The Articulate Citizen and the English Renaissance*. Durham, N.C.,1965.

Feuillart, Albert, ed. See Sidney, Philip.

Fortescue, Thomas, trans. *The Forest, or Collection of Historyes No Lesse Profitable, Then Pleasant and Necessary. Done out of the French into English by Thomas Fortescue*. London,1576.

Foster, William. *England's Quest of Eastern Trade*. London, 1933.

——. *Early Travels in India, 1583-1619*. London, 1921.

——, ed. *Letters Received by the East India Company from Its Servants in the East, 1602-1617*.6 vols. London, 1896-1902.

Fowler, Alastair D. S., ed. and trans. See Willes, Richard.

Freeman, Rosemary. *English Emblem Books*. London, 1948.

Furness, Horace Howard, *et al*. eds. *A New Variorum Edition of Shakespeare*. 25 vols. Philadelphia, 1871-1919.

Fussner, Frank Smith. *The Historical Revolution: English Historical Writing and Thought, 1580-1640*. New York, 1962.

Gascoigne, George. *The Complete Works of George Gascoigne*. Edited by John W. Cunliffe.2 vols. Cambridge, 1907, 1910.

Gillespie, James Edward. *The Influence of Overseas Expansion on England to 1700*. New York, 1920.

Giovio, Paolo. *The Worthy Tract of Paulus Iovius, contayning a discourse of rare inventions, both militaire and amorous called Impresse*. Translated by Samuel Daniel. London, 1585.

Gordon, Ian Alastair. *John Skelton, Poet Laureate*. Melbourne, 1943.

Greene, Robert. *Life and Complete Works*. Edited by Alexander B. Grosart. 15 vols. London, 1881-86.

Greenlaw, Edwin, *et al*., eds. See Spenser, Edmund.

Guttman, Selma. *The Foreign Sources of Shakespeare's Works*. New York, 1947.

Hakluyt, Richard, comp. *Principall Navigations, Voyages, and Discoveries of the English Nation ... within the Compasse of these 1500 Yeeres....* 3 vols. London, 1598-1600.

Hale, John R. *England and the Italian Renaissance*. London, 1963.

Hall, Joseph. *The Collected Poems of Joseph Hall, Bishop of Exeter and Norwich*. Edited by A. Davenport. Liverpool, 1949.

——. *The Discovery of a New World*. Edited by Huntington Brown. Cambridge,Mass., 1937.

Harting, James Edmund. *The Ornithology of Shakespeare*. London, 1871.

Heiserman, Arthur R. *Skelton and Satire*. Chicago, 1961.

Henderson, Philip, ed. See Skelton, John.

Hirst, Desirée. *Hidden Riches: Traditional Symbolism from the Renaissance to Blake*. London,1964.

Hortop, Job. *The rare travailes of Iob Hortop, an Englishman, who was not heard of in three and twentie yeeres space. Wheren is declared the dangers he escaped in his voiage to Gynnie also of sundri monstrous beasts....* London, 1591.

Hughes, Charles, ed. *Shakespeare's Europe*. London, 1903.

Hume, Martin. *Spanish Influence in English Literature*. London, 1905.

Hunter, G. K. *John Lyly: The Humanist as Courtier*. Cambridge, Mass., 1962.

Irwin, Raymond. *The English Library: Sources and History*. London, 1966.

Jacobs, Joseph, ed. *The Morall Philosophic of Doni: Drawne out of the Ancient Writers. Englished out of Italian by T. North. With Introductory Essay upon the Buddhistic Origin and Literary History of the "Fables ofBidpai."* ... London, 1888.

James, David G. *The Dream of Prospero*. Oxford, 1967.

Jayne, Sears. *Library Catalogues of the English Renaissance*. Berkeley and Los Angeles, 1956.

Johnson, Robert, trans. *The Travellers Breviat, or an historicall description of the most famous Kingdomes in the World*. London, 1601.

Johnson, Ronald C. *George Gascoigne*. New York, 1972.

Jones, Eldred D. *Othello's Countrymen: The African in English Renaissance Drama*. London, 1965.

Jorgensen, Paul A. *Shakespeare's Military World*. Berkeley and Los Angeles, 1956.

Judge, C. B. *Elizabethan Book Pirates*. Cambridge, Mass., 1934.

Kerr, Robert, ed. *A General History and Collection of Voyages and Travels*. 18 vols. Edinburgh and London, 1824.

Keynes, Sir Geoffrey Langdon. *Dr Timothie Bright, 1550-1615: A Survey of His Life with a Bibliography of His Writings*. London, 1962.

Kinghom, A. M. *The Chorus of History: Literary Historical Relations in Renaissance Britain 1485-1558*. London, 1971.

Kinsman, Robert S., ed. See Skelton, John.

Kraus, Hans Peter. *Sir Francis Drake: A Pictorial Biography*. Amsterdam, 1970.

Lesher, Clara R. *The South Sea Islanders in English Literature, 1519-1798*. Chicago, 1940.

Lewis, C. S. *English Literature in the Sixteenth Century, Excluding Drama*. Oxford, 1954.

Lievsky, John L. *The Sixteenth Century: Skelton through Hooker*. New York, 1968.

Linschoten, Jan Huyghen Van. *The Voyage to the East Indies from the English Translation of 1598*. Edited by A. C. Burnell and P. A. Tiele. "Hakluyt Society Publications," O.S., Nos. 70-71. 2 vols. London, 1885.

Lodge, Thomas. *Complete Works*. 4 vols. The Hunterian Club edition. Glasgow, 1883.

Lyly, John. *The Complete Works of John Lyly*. Edited by Robert W. Bond. 3 vols. Oxford, 1902. Reissued 1967.

Lynam, Edward, ed. *Richard Hakluyt and his Successors; a volume issued to commemorate the centenary of the Hakluyt Society."* Hakluyt Society Publications," 2d ser., No. 93. London, 1967.

McKerrow, Ronald B., and Wilson, F. P., eds. See Nashe, Thomas.

Mann, Francis Oscar, ed. See Deloney, Thomas.

Mansinha, Mayadhai. *Kalidasa and Shakespeare*. Delhi, 1969.

Marlowe, Christopher. *Tamburlaine the Great*. Parts I and II. Edited by John D. Jump. Lincoln, Neb., 1967.

——. *The Complete Works of Christopher Marlowe*. Edited by Fredson Bowers. 2 vols. Cambridge, 1973.

Martyr, Peter. *The Decades of the newe worlde or west India contayning the navigations and conquests of the Spanyardes... Written in the Latine tounge by Peter Martyr of Angheria and translated into Englysshe by Richard Eden*. London, 1555.

Matthiessen, Francis O. *Translation: An Elizabethan Art*. New York, 1965.

Mendoza, Juan Gonzalez de. *The Historie of the great and mightie kingdome of China, and the situation thereof: togither with the great riches, huge cities, politike gouemement, and rare inventions in the same*. Translated by R. Parke. London, 1588.

Mexía, Pedro. See Fortescue, Thomas.

Millar, David A., comp, and ed. *George Buchanan: A Memorial, 1506-1906*. St. Andrews and London, 1906.

Miller, Edwin H. *The Professional Writer in Elizabethan England*. Cambridge., 1959.

Monardes, Nicholas. *Joyfull Newes, Out of the Newe Founde World*. 2 vols. New York, 1925.

More, Thomas. *The Complete Works*. Edited by E. Surtz and J. H. Hexter. 5 vols. New Haven, 1963-65.

Moryson, Fynes. *Shakespeare's Europe: Unpub. Chapters of Fynes Moryson's Itinerary being a Survey of the Condition of Europe at the End of the Sixteenth Century*. Edited by Huntington Brown. London, 1903.

Münster, Sebastian. *A Briefe Collection and Compendious Extract of Strange and Memorable Thinges, Gathered Oute of the Cosmographye of S.M.* London, 1572.

Nashe, Thomas. *The Works of Thomas Nashe*. Edited by Ronald B. McKerrow and F. P. Wilson. 5 vols. Reprint and revision of the edition of 1904-1910. Oxford, 1958.

Nelson, William. *John Skelton, Laureate*. New York, 1939.

Newdigate, Bernard H. *Michael Drayton and His Circle*. Oxford, 1941.

Nichols, John, ed. *Progresses of Queen Elizabeth*. 3 vols. London, 1788-1805.

North, Thomas, trans. *The Morall Philosophic of Doni: Drawne out of the Ancient Writers....* London, 1888.

Orr, David. *Italian Renaissance Drama in England before l625*. Chapel Hill, 1970.

Oxford, Earl of. *A Collection of Voyages and Travels Compiled from the Curious and Valuable Library of the late Earl of Oxford*. 2 vols. London, 1745.

Paige, P. S., trans. See Pigafetta, Antonio.

Paradise, N. Burton. *Thomas Lodge: The History of an Elizabethan*. New Haven, 1931.

Parke, R., trans. See Mendoza, Juan Gonzalez de.

Parker, John. *Books to Build and Empire: A Bibliographical History of English Overseas Interests to*

1620. Amsterdam, 1965.

Parre, R. U. *English Translations from the Spanish, 1484-1943*. New Brunswick, N. J.,1944.

Penrose, Boies. *Travel and Discovery in the Renaissance, 1420-1620*. Cambridge, Mass.,1955.

——. *Tudor and Early Stuart Geography*. Washington, D. C., 1962.

Phipson, Emma. *The Animal Lore of Shakespeare's Time*. London, 1883.

Pigafetta, Antonio. *The Voyage of Magellan: The Journal of Antonio Pigafetta*. Translated by P. S.
　　Paige. Englewood Cliffs, N.J., 1969.

Plant, Maijorie. *An Economic History of the English Book Trade*. London, 1965.

Platt, Hugh. *The Jewell House of Art and Nature. Conteining divers rare and profitable inventions,
　　together with sundry new experiments in the Art of Husbandry, Distillation, and Moulding....*
　　London, 1594.

Platter, Thomas. *Thomas Platter's Travels in England*. Edited and translated by C. Williams. London,
　　1937.

Pollard, Alfred W., and Redgrave, G. R. *A Short-Title Catalogue of Books Printed in England,
　　Scotland, and Ireland and of English Books Printed Abroad, 1475-1640*. London, 1926.

Pollet, Maurice. *John Skelton: Poet of Tudor England*. London, 1971.

Pompen, Aurelius, O.F.M. *The English Versions of the Ship of Fools: A Contribution to the History of
　　the Early French Renaissance in England*. London, 1925.

Prasad, Ram Chandra. *Early English Travellers in India: Study in Travel Literature of the Elizabethan
　　and Jacobean Periods, with Particular Reference to India*. Delhi, 1965.

Prouty, Charles C. T. *George Gascoigne, Elizabethan Courtier, Soldier and Poet*. New York,1942.

Puttenham, George. *The Arte of English Poesie*. Edited by G. D. Willcock and A. Walker. Cambridge,
　　1936.

Quinn, David Beers. *Raleigh and the British Empire*. London, 1970.

——. *England and the Discovery of America, 1481-1620*. New York, 1974.

——, ed. *The Hakluyt Handbook*. "Hakluyt Society Publications," 2d ser., Nos. 144 and 145.
　　Cambridge, 1974.

——, ed. *The Last Voyage of Thomas Cavendish, 1591-92*. Chicago, 1975.

Raleigh, Walter. *The English Voyages of the Sixteenth Century*. Glasgow, 1906.

Raleigh, Sir Walter. *Works*. 8 vols. Oxford, 1829.

Ramasaran, J. A. "The West Indies in English Literature Mainly during the Sixteenth and Seventeenth
　　Centuries." M.A. thesis, University of London, 1951.

Randall, Dale B. J. *The Golden Tapestry: A Critical Survey of Non-Chivalric Spanish Fiction in
　　English Translation, 1543-1657*. Durham, N. C., 1963.

Rao, G. Subba. *Indian Words in English: A Study in Indo-British Cultural and Linguistic Relations*.

Oxford, 1954.

Rastell, John. *The Nature of the Four Elements*. Edited by J. S. Fanner in "The Tudor Facsimile Texts." London, 1908.

——. *A New Boke of Purgatory Which Is a Dyalogue & Dysputation between One Comyngo an Almayne a Christian Man and One Gynaemyn a Turke of Mahomett Law*.... [London, 1530?].

Recorde, Robert. *The Castle of Knowledge*. London, 1556.

——. *Whetstone of Witte*. London, 1557.

Reed, Arthur W. *Early Tudor Drama*. London, 1926.

Ringler, William A., Jr., ed. See Sidney, Sir Philip.

Robinson, Margaret V. *Fictitious Beasts: A Bibliography*. London, 1961.

Routh, E. M. G. *Sir Thomas More and His Friends, 1477-1535*. London, 1934.

Rowlands, Samuel. *The Complete Works of Samuel Rowlands*. 2 vols. Hunterian Club edition. Glasgow, 1880.

Rowse, Alfred Leslie. *The Elizabethans and America*. London, 1959.

Rye, William Benchley. *England as Seen by Foreigners*. London, 1865.

Ryley, J. Horton. *Ralph Fitch, England's Pioneer to India and Burma: His Companions and Contemporaries*. London, 1899.

Schelling, Felix E. *Foreign Influences in Elizabethan Plays*. New York and London, 1923.

——. *English Literature during the Lifetime of Shakespeare*. New York, 1910.

——. *Elizabethan Drama, 1558-1642*. 2 vols. London, 1911.

Scott, Edmund. *An Exact Discourse of the Subtilities, Fashions, Pollicies, Religion, and Ceremonies of the East Indians, as well as Chynese and Iauans there abyding and dwelling. Where unto is added a briefe Description of Iaua Maior*. London, 1606.

Sellman, Roger R. *The Elizabethan Seaman*. London, 1957.

Sells, Arthur L. *Animal Poetry in French and English Literature and the Greek Tradition*. Bloomington, Ind., 1955.

Serjeantson, Mary S. *History of Foreign Words in English*. London, 1935.

Shaaber, Matthias A. *Some Forerunners of the Newspaper in England, 1476-1622*. Philadelphia, 1929.

Shillington, Violet, and Chapman, A. B. W. *The Commercial Relations of England and Portugal*. London, 1907.

Sidney, Sir Philip. *The Poems of Sir Philip Sidney*. Edited by William A. Ringler, Jr. Oxford, 1962.

——. *Defense of Poesie*. London, 1595.

——. *The Prose Works of Sir Philip Sidney*. Edited by Albert Feuillerat. 4 vols. Cambridge, 1912. Reprinted 1963.

Sisson, C. J. *Thomas Lodge and Other Elizabethans*. Cambridge, Mass., 1933.

Skelton, John. *The Complete Poems of John Skelton, Laureate*. Edited by Philip Henderson. London, 1959.

——*John Skelton. Poems*. Edited by Robert S. Kinsman. Oxford, 1969.

Smith, John, ed. *Asia's Influence on English Literature*. Rev. ed. London, 1961.

Spencer, Dorothy Mary. *Indian Fiction in English: An Annotated Bibliography*. Philadelphia, 1960.

Spenser, Edmund. *The Works of Edmund Spenser: A Variorum Edition*. Edited by Edwin Greenlaw, *et al.* 8 vols. Baltimore, 1932-47.

Sprague, Allan B. *Tides in English Tastes*. 2 vols. Cambridge, Mass., 1937.

Sprague, A. C. ed. *Poems and a Defense of Rhyme*. Cambridge, Mass., 1930.

Srinivasa Iyengar, K. R. *The Indian Contribution to English Literature*. Bombay, 1945.

Staunton, George T., ed. See Mendoza, Juan Gonzalez de.

Strathmann, Ernest A. *Sir Walter Raleigh: A Study in Elizabethan Skepticism*. New York, 1951.

Stubbings, Hilda U., comp. *Renaissance Spain in Its Literary Relations with England and France: A Critical Bibliography*. Nashville, Tenn., 1969.

Surtz, E., and Hexter, J. H., eds. See More, Thomas.

Taylor, Eva Germaine Rimington. *Late Tudor and Early Stuart Geography (1583-1650)*. London, 1934.

——. *Tudor Geography; 1485-1583*. London, 1930.

——, ed. See Barlow, Roger.

Taylor, Hilda. "Topographical Poetry in England during the Renaissance." Ph.D. diss., Department of English, University of Chicago, 1926.

Thomas, Henry. *Spanish and Portuguese Romances of Chivalry: The Revival of the Romance of Chivalry in the Spanish Peninsula, and Its Extension and Influence Abroad*. Cambridge, 1920.

Topsell, Edward. *The Historie of Foure-Footed Beastes: Describing the True and Lively Figure of Every Beast... Collected out of all the Volumes of Conradus Gesner; and all other Writers of This Present Day*. London, 1607.

Torquemada, Antonio de. *The Spanish Mandevile of Miracles. Or the Garden of Curious Flowers, wherein are Handled Sundry Points of Humanity, Philosophy, Divinitie, and Geography. Beautified with Many Strange and Pleasant Histories*. London, 1600.

Tragen, Cecil. *Elizabethan Venture*. London, 1953.

Tuve, Rosemond. *Elizabethan and Metaphysical Imagery*. Chicago, 1957.

Ungerer, Gustav. *Anglo-Spanish Relations in Tudor Literature*. Berne, 1956.

Van Dorsten, J. A. *Poets, Patrons and Professors: An Outline of Some Literary Connections between England and the University of Leiden, 1575-1586*. Leyden, 1962.

——. *The Radical Arts: First Decade of an Elizabethan Renaissance*. Leyden, 1970.

Warner, William. *Albion's England*. London, 1602.

Waterman, William. *The fardle of facions, conteining the annciente maners, customes, and lawes of the peoples enhabiting the two partes of the earth, called Affriche and Asie.* "Hakluyt Society Publications," Supplement. London, 1812.

Watson, George, ed. *The New Cambridge Bibliography of English Literature*. Vol. I, 600-1660. Cambridge, 1974.

Webbe, Edward. *The Rare and Most Wonderful Things Which Edward Webbe and Englishman Borne Hath Seene and Passed in His Troublesome Travailes*. 2d ed. London, 1590.

Welsby, Paul Anthony. *George Abbot, the Unwanted Archbishop*. London, 1962.

Whitney, Geoffrey. *A Choice of Emblems and other Devises*. Leyden, 1586. Edited in facsimile by H. Green. London, 1866.

Willcock, G. D., and Walker, A., eds. See Puttenham, George.

Willes, Richard. *The History of Travayle in the West and East Indies... newly set in order, augmented and finished by Richard Willes*. London, 1577.

——. *De Re poetica by Richard Wills* [*Willes*]. Edited and translated by A. D. S. Fowler. Oxford, 1958.

——. *Poematum liber*. London, *ca.* 1573.

Williams, C., ed. and trans. See Platter, Thomas.

Williams, S. Wells. *The Middle Kingdom*. 2 vols. London, 1883.

Williamson, James A. *The Cabot Voyages and Bristol Discovery under Henry VII*. Cambridge, 1962.

——. *Maritime Enterprise* (1485-1538). Oxford, 1913.

Wilson, Frank P., ed. *The English Drama, 1485-1585*. Oxford, 1969.

Wright, Louis B. *Middle-Class Culture in Elizabethan England*. Chapel Hill, N.C., 1935.

Yates, Frances. *John Florio*. Cambridge, 1934.

Yoder, Audrey E. *Animal Analogy in Shakespeare's Character Portrayal*. New York, 1947.

ARTICLES

Atkinson, A. D. "Marlowe and the Voyagers." *Notes and Queries*, CXCIV (1949), 247-50, 273-75.

Baer, Elizabeth. "Richard Eden's Copy of the 1533 *Decades* of Peter Martyr." In *Essays Honoring Lawrence* C. Wroth, pp. 3-14. Portland, Me., 1965.

Basherville, Charles Read. "John Rastell's Dramatic Activities." *Modern Philology*, XIII, No. 9 (January, 1960), 557-60.

Borish, M. E. "Sources and Intentions of the Four Elements." *Studies in Philology*, XXXV (1938), 149-63.

Braddy, Haldeen. "The Oriental Origin of Chaucer's Canacee-Falcon Episode." *Modern Language*

Review, XXXI (1936), 11-19.

Bradner, Leicester. "Columbus in Sixteenth-Century Poetry." In *Essays Honoring Lawrence C. Wroth,* pp. 15-30. Portland, Me., 1965.

Brooke, C. F. Tucker. "Marlowe's Tamburlaine." *Modern Language Notes,* XXV (1910), 93-94.

Brownlow, F. W. "The Boke Compiled by Maister Skelton Poet Laureate, Called *Speake Parrot.*" *English Literary Renaissance,* I (1971), 3-26.

Cawley, Robert R. "Shakespeare's Use of the Voyages in *The Tempest.*" *PMLA,* XLI (1926), 688-726.

Ch'ien Chung-shu. "China in the English Literature of the Seventeenth Century." *Quarterly Bulletin of Chinese Bibliography* (Kunming), N.S. I, No. 4 (December, 1940), 351-84.

Church, Margaret. "The First English Pattern Poems." *PMLA,* LXI (1946), 636-50.

Cunliffe, John W. "The Queenes Majesties Entertainment at Woodstocke." *PMLA,* N.S. XIX (1911), 92-141.

Derrett, J. Duncan M. "Thomas More and Joseph the Indian." *Journal of the Royal Asiatic Society,* April, 1962, pp. 18-34.

——. "The Utopian Alphabet." *Moreana,* No. 12 (1966), pp. 61-65.

Dick, Hugh G. "Tamburlaine Sources Once More." *Studies in Philology,* XLVI (1949), 154-66.

Dindinger, Johann, O.M.I. "Thomas Stephens und sein Purâna." *Die katholischen Missionen,* LVII (1929), 100-103, 133-36, 162-67.

Draper, John W. "Shakespeare and India." In *Littératures: Études de littérature moderne (Annales publiées par la Faculté des Lettres de Toulouse),* II (November, 1953), 1-12.

——. "Indian and Indies in Shakespeare." *Neuphilologische Mitteilungen,* LVI (1955),103-12.

Duyvendak, J. J. L. "An Old Chinese Fragment in the Bodleian." *Bodleian Library Record,* February, 1949, pp. 245-47.

Ebel, Julia G. "A Numerical Survey of Elizabethan Translations." *Library,* 5th ser. XXII(1967), 104-27.

Esler, Anthony. "Robert Greene and the Spanish Armada." *Journal of English Literary History,* XXXII (1965), 314-32.

Evans, John. "Extracts from the Private Account Book of Sir W. More." *Archaelogia,*XXXVI (1855), 284-92.

Feinstein, Blossom. "The *Faerie Queene* and Cosmogonies of the Near East." *Journal of the History of Ideas,* XXIX (1968), 531-50.

Fisher, A. S. T. "Birds of Paradise." *Notes and Queries,* CLXXXVIII (1945), 95-98.

Gatenby, E. V. "The Influence of Japanese on English Literature." *Studies in English Literature* (Tokyo), XIV (1934), 508-20, 595-609.

Gilbert, Allan. "Tamburlaine's 'Pampered Jades.'" *Rivista di letterature moderne,* IV(1953),208-10.

Heiserman, Arthur R. "Satire in the *Utopia.*" *PMLA*, LXXVIII (1963), 163-74.

Henriques, G. J. C. "Buchanan in Portugal." In D. A. Millar, ed. and comp., *George Buchanan: A Memorial*, pp. 60-79. London, 1907.

Hodgen, Margaret T. "Montaigne and Shakespeare Again." *Huntington Library Quarterly*, XVI (1952), 23-42.

Holzhausen, Wilhelm. "Übersee in den Darstellungsformen des Elisabethanischen Dramas." In W. Horn, ed., *Beiträge zur Erforschung der Sprache und Kultur Englands und Nordamerikas*, pp. 156-65. Breslau, 1928.

Izard, Thomas C. "The Principal Source for Marlowe's Tamburlaine." *Modern Language Notes*, LVIII (1943), 411-18.

Jorgensen, Paul A. "Foreign Sources for the Elizabethan Notion of the Spaniard." *Viator*, I (1970), 337-44.

Kilger, Laurenz. "Die Peru-Relation des José de Acosta 1576 und seine Missionstheorie." *Neue Zeitschrift für Missionswissenschaft,* I (1945), 24-38.

Korn, A. L. "Puttenham and the Oriental Pattern-Poem." *Comparative Literature*, VI (1954), 289-303.

Markino, Yoshio. "Chaucer and Chinese Odes." *English Review*, XXVH (1918), 29-38.

Martin, G. Currie. "China in English Literature." *Asiatic Quarterly Review*, N.S. XI (1917), 407-33.

Mathews, Ernest G. "English Translations from Spanish." *Journal of English and Germanic Philology*, XLIV (1945), 387-424.

Matthews, W. "Peter Bales, Timothy Bright, and Shakespeare." *Journal of English and Germanic Philology*, XXXIV (1935), 483-510.

Mclachlan, R. "A Sixteenth-Century Account of China... by Thomas Nicholas." *Papers on Far Eastern History* (Canberra), No. 12 (1975), pp. 71-86.

Morley, Morris. "John Willis: Elizabethan Stenographer." *Notes and Queries*, CLXXXIX (1945), 222-27.

Nugent, Elizabeth M. "Sources of John Rastell's *The Nature of the Four Elements*" *PMLA*, LVII (1962), 74-88.

Parks, George B. "The Geography of the 'Interlude of the Four Elements.'" *Philological Quarterly*, XVII (1938), 251-62.

——. "More's *Utopia* and Geography." *Journal of English and Germanic Philology*, XXXVII(1938), 224-36.

Parr, Johnstone. "More Sources of RastelTs *Interlude of the Four Elements*." *PMLA*, XL (1945), 48-58.

——. "John Rastell's Geographical Knowledge of America." *Philological Quarterly,*XXVII (1948), 229-40.

Pearce, Roy Harvey. "Primitivistic Ideas in the *Faerie Queene.*" *Journal of English and Germanic Philology*, XLIV (1945), 139-51.

Plomer, Henry Robert. "John Rastell and His Contemporaries." *Bibliographica* (London),II(1896), 437-51.

Pratt, S. M. "Antwerp and the Elizabethan Mind." *Modern Language Quarterly*, XXTV (1963), 53-60.

Schurhammer, Georg. "Der Marathidichter Thomas Stephens S.I., neue Dokumente." *Archivum historicum Societatis Iesu*, XXVI (1957), 67-82.

Scott, Charles P. G. "The Malayan Words in English." *Journal of the American Oriental Society*, XVII (1896), 93-144; XVIII (1897), 49-124.

Seaton, Ethel. "Marlowe's Map." *Essays and Studies by Members of the English Association*, X (Oxford, 1924), 13-25.

Southwood, James. "Thomas Stephens, 1549-1619." *Month*, CXCIX(1956), 197-210.

Stern, Virginia F. "The Bibliotheca of Gabriel Harvey." *Renaissance Quarterly*, XXV, No. 1 (1972), 1-62.

Stroup, Thomas B. "Shakespeare's Use of a Travel-Book Commonplace." *Philological Quarterly*, XVII (1938), 351-58.

Swallow, Alan. "John Skelton: The Structure of the Poem." *Philological Quarterly*, XXXII(1953), 29-42.

Taylor, Eva Germaine Rimington. "Richard Hakluyt." *Geographical Journal*, CIX (1947), 165-74.

Thomas, David H. "John Eliot's Borrowings from Du Bartas in His Minor Works." *Revue de littérature comparée*, XLIII (1969), 263-76.

Thomas, Henry. "English Translations of Portugese Books before 1640." *Library*, 4th ser. VII (1926), 1-30.

Trattner, Walter J. "God and Expansion in Elizabethan England: John Dee, 1527-1583." *Journal of the History of Ideas*, XXV (1964), 17-34.

Trimble, William R. "Early English Historiography, 1485-1548." *Journal of the History of Ideas*, X (1950), 30-41.

Waith, Eugene M. "Marlowe and the Jades of Asia." *Studies in English Literature*, 1500-1900, V (1965), 229-45.

Wann, Louis. "The Oriental in Elizabethan Drama." *Modern Philology*, XII (1914), 423-47.

Whitney, Lois. "Spencer's Use of the Literature of Travel in Faerie Queene." *Modern Philology*, XIX (1921), 143-62.

Winstedt, Richard. "The East in English Literature." *Indian Art and Letters*, N.S. XXI(1947), 1-12.

IX.TECHNOLOGY AND THE NATURAL SCIENCES

BOOKS

Acosta, Christoval [Cristóbal], *Tractado delas drogas, y medicinas de las Indias Orientales, con sus plantas debuxadas al bivo por Christoval Acosta medico y cirujano que las vio ocularmente.* Burgos, 1578.

——. *Trattato di Christoforo Acosta Africano della historia, natura, et virtu delle droghe medicinali, et altri semplici rarissimi, che vengono partati dalle Indie Orientali in Europa.* Venice, 1585.

Agricola, Georgius. *Georgius Agricola. De re metallica. Translated from the First Latin Edition of 1556.* Translated and edited by Herbert C. Hoover and Lou Henry Hoover. New York, 1950.

Agrippa, Henry Cornelis. *The Vanity of Arts and Sciences.* London, 1684.

Albertinus, Aegidius. *Der welt tummel und schau-platz, sampt der hetter suessen warheit. Darinn ... nicht allein die naturliche, sondern auch moralische unnd sitliche eygenschafften unnd geheimnussen der fuernembsten creaturen unnd geschoepff Gottes....* Munich, 1614.

Aléchamps, Jacques d'. *Historia generalis plantarum.* Lyons, 1586-87.

Allen, Richard H. *Star Names: Their Lore and Meaning.* New York, 1963. Reprint of the work first issued in 1899 as *Star-Names and Their Meanings.*

Alpini, Prosper. *Prosperi Alpini. De plantis Aegypti liber.* Padua, 1640.

——. *De medicina aegyptiorum, libri quatuor.* Paris, 1645. 1st ed. Venice, 1591.

Amato Lusitano. *Curationum medicinalium Amati Lusitani medici physici praestantissimi centuriae quatuor.* Venice, 1557.

——. *In Dioscoridis anazarbei de medica materia libros quinque.* Lyons, 1558.

Arber, Agnes. *Herbals: Their Origins and Evolution.* 2d rev. ed. Cambridge, 1938.

Archer, Peter. *The Christian Calendar and the Gregorian Reform.* New York, 1941.

Audemard, Louis. *Les jonques chinoises.* Rotterdam, 1957.

Avenir, Tchemerzine. *Bibliographie d'ouvrages sur les sciences et les arts édités aux XVe et XVIe siècles.* Courbevoie, 1933.

Bacon, Francis. *Of the advancement and proficience of learning or the partitions of sciences IX books.* Oxford, 1640.

Baillon, Henri E. *Dictionnaire de botanique.* 5 vols. Paris, 1876-92.

Baldacci, Antonio. *Intorno alla vita e aile opere di U. Aldrovandi.* Bologna, 1907.

Barbensi, Gustavo. *Il pensiero scientiflco in Toscana disegno storico dalle origini al 1859.* Florence, 1969.

Barsaud, Georges. *L'humanisme et la médicine au XVIe siècle.* Paris, 1942.

Bassaeus, Nicolaus. *Catalogus oder Register, aller apoteckischen Simplicien und Compositen, so in den beyden Messen zu Frankfurt am Meyn ... verkauft werden.* Frankfurt, 1582.

Bauhin,Jean. *Historia plantarum universalis.* Embrun (France), 1550-51.

Bauhin, Kaspar. *Histoire des plantes de l'Europe, et des plus usitees qui viennent d'Asie, d'Afrique et d'Amerique. Où l'on voit leurs figures, leurs noms, en quel temps elles fleurissent, et le lieu où elles croissent.* Lyons, 1689.

——. *De lapidis Bezoar Orient et Occident. Cervini item et Germanici ortu, natura, differentijs, veróque usu ex veterum et recentiorum placitis liber hactenus non editus.* Basel, 1613.

Beaujouan, Guy. *La science en Espagne aux XVe et XVIe siècles.* Paris, 1967.

Bechtel, Guy. *Paracelse, ou la naissance de la médicine alchemique.* Paris, 1970.

Beckmann, Johann. *Beyträge zur Geschichte der Erfindungen.* 5 vols. Leipzig, 1780-1805.

Bellini, Angelo. *Gerolamo Cardano e il suo tempo.* Milan, 1947.

Benedict, Susan Rose. *A Comparative Study of the Early Treatises Introducing into Europe the Hindu Art of Reckoning.* Concord, N.H., 1916.

Bensaude, Joachim, ed. *Histoire de la science nautique portugaise.* Geneva, 1917.

Bernal, J. D. *Science in History.* 4th ed. 4 vols. London, 1969.

Bernard, Henri. *Matteo Ricci's Scientific Contribution to China.* Translated by E. C. Werner. Peking, 1935.

Biringuccio, Vanucio. *Pirotechnica (Venice, 1540).* Translated by C. Smith and M. T. Gnudi. New York, 1943.

Blundeville, Thomas. *His Exercises.* 2d rev. ed. London, 1597.

Blunt, Wilfred. *The Art of Botanical Illustration.* London, 1950.

Bobroff, Sara. "Exotic Plants in Linnaeus' *Species Plantarum* (1753)." Ph.D. diss., Department of History, University of Chicago, 1973.

Bock, Hieronymus. *Kreüter buch. Darinn underscheidt namen unnd würkung der kreütter standen hecken und beümen sampt iren früchten so inn teütschen landen wachsen.* Strassburg, 1539.

Bodenheimer, Friedrich S. *The History of Biology: An Introduction.* London, 1958.

Bodin, Jean. *Universae naturae theatrum.* Lyons, 1596.

Boetius de Boodt, Anselm. *Gemmarum et lapidum historia.* Hanau, 1609.

Bondt, Jakob de. *Tropische geneeskunde—Bontius on Tropical Medicine.* Facsimile of Amsterdam 1658 edition. Amsterdam, 1951.

Bonnin, Alfred. *Tutenag and Paktong: With Notes on Other Alloys in Domestic Use during the Eighteenth Century.* London, 1924.

Bose, D. M., *et al. A Concise History of Science in India.* New Delhi, 1971.

Bowers, John Z. *Western Medical Pioneers in Feudal Japan.* Baltimore, 1970.

Boxer, Charles R. *Two Pioneers of Tropical Medicine: Garcia d'Orta and Nicolas Monardes*. London, 1963.

Brasavola, Antonio (called Musa). *Examen omnium simpl. medicament, quorum usus in puhlius est officinis*. Venice, 1545.

——. *De medicamentis tam simplicibus, quam compositis catharticis, quae unicuq; humori sunt propria....* Venice, 1552.

Bretschneider, Emilei Vasel'eyich. *History of European Botanical Discoveries in China*. Leipzig, 1962.

——. *Botanicum sinicum: Notes on Chinese Botany from Native and Western Sources*. Nendeln, 1967.

——. *Medieval Researches from Eastern Asiatic Sources*. 2 vols. London, 1888. New ed. London, 1937. Reprint, 1967.

Brunfels, Otto. *Herbarum vivae eicones: Appendix isagogica novi herbarii. Tomus Herbarii.* 3 vols. Strassburg, 1530-36.

Bucher, Bruno. *Geschichte der technischen Künste*. 3 vols. Stuttgart, 1875.

Calcagnini, Celio. *Opera aliquot....* Basel, 1544.

Callery, Bernadette Gabrielle. "The Printable Plant: The Impact of Popular Vernacular Printing on the English Herbals Produced in the Sixteenth and Seventeenth Centuries." M.A. thesis, Graduate Library School, University of Chicago, 1971.

Cap, Paul Antoine. *La science et les savants au XVIe siècle*. Tours, 1867.

Capivaccio, Girolamo. *Opera omnia, quinque section comprehensa*. Frankfurt, 1603.

Cardano, Girolamo. *De subtilitate libri XXI*. Lyons, 1580.

——. *Opera omnia. Faksimile-Neudruck der Ausgabe, Lyon, 1663*. Stuttgart, 1966.

——. *De rerum varietate*. Avignon, 1558.

——. *Offenbarung der Natur unnd natürlicher Dingen auch mancherly subtiler Würkungen*. Basel, 1559.

——. *The Book of My Life*. Translated from the Latin by Jean Stoner. New York, 1962.

Carus, Julius Victor. *Histoire de la zoologie depuis l'antiquité jusqu'au XIXe siècle*. Paris, 1880.

Cermenati, Mario. *Ulisse Aldrovandi e l'America*. Paris, 1906.

Cervantes Saavedra, M. de, and Marin, F. R., eds. *El ingenioso hidalgo, Don Quijote de la Mancha*. 10 vols. Madrid, 1947-49.

Cesalpino, Andrea. *De plantis libri XVI*. Florence, 1583.

Chatterton, Edward K. *Sailing Ships: The Story of Their Development from the Earliest Times to the Present Day*. Philadelphia, 1909.

Chŏn, Sangŭn. *Science and Technology in Korea; Traditional Instruments and Techniques.* Cambridge, Mass., 1974.

Chopra, Ram Nath. *Glossary of Indian Medicinal Plants*. New Delhi, 1956.

Choulant, Johann Ludwig. *Graphische Incunabeln für Naturgeschichte und Medicin.Geschichte und Bibliographie der ersten naturhistorischen und medicinischen Drucke des XV. und XVI. Jahrhunderts, welche mit illustrirenden Abbildlungen versehen sind*. Leipzig, 1858.

Cian, Vittorio. *Un decennio della vita di M. Pietro Bembo, 1521-31*. Turin, 1885.

Cipolla, Carlo. *Guns, Sails, and Empire*. New York, 1965.

——. *Clocks and Culture (1300-1700)*. London, 1967.

——. *Literacy and Development in the West*. Baltimore, 1969.

Clusius. See L'écluse, Charles de.

Coats, Alice M. *The Plant Hunters: Being a History of the Horticultural Pioneers, Their Quests, and Their Discoveries from the Renaissance to the Twentieth Century*. New York, 1970.

Colmeiro, D. Miguel. *Ensayo historico sobre los progresos de la botánica desde su origen hasta el dia, considerados mas especialmente con relacion a España*. Barcelona, 1842.

——. *La botánica y los botánicos en la peninsula hispanolusitania*. Madrid, 1858.

Copernicus, Nikolas. *De revolutionibus orbium coelestium*. Nuremberg, 1543.

Cordus, Valerius. *Pharmacorum omnium, quae in usu poliss. sunt componendorum ratio*. Nuremberg, 1592.

——. *Dispensatorium, hoc est. Pharmacorum confrciendorum ratio*. Venice, 1556.

Cortes, Martin. *Breve compendio de la sphera y de la arte de navegar*. Seville, 1551.

Costa, Emilio. *Ulisse Aldrovandi e lo studio bolognese nella seconda metà del secolo XVI*. Bologna, 1907.

Cox, Evan Hellhouse Methven. *Planthunting in China: A History of Botanical Exploration in China and the Tibetan Marches*. London, 1945.

Crescentio, Pietro de. *De omnibus agriculturae partibus et de plantarum animalium natural et utilitate lib. XII*. Basel, 1548.

Crosby, Alfred W., Jr. *The Columbian Exchange: Biological and Cultural Consequences of 1492*. Westport, Conn., 1972.

Dannenfeldt, Karl H. *L. Rauwolf Sixteenth-Century Physician, Botanist, and Traveler*.Cambridge, Mass., 1968.

Datta, B., and Singh, A. N. *History of Hindu Mathematics: A Source Book*. Parts I and II. Bombay, 1962.

Davy de Verville, Adrien. *Histoire de la botanique en France*. Paris, 1954.

Day, K. L. *Indigenous Drugs of India*. Calcutta, 1896.

Debus, Allen G. *Alchemy and Chemistry in the Seventeenth Century*. Los Angeles, 1966.

——, ed. *Science, Medicine, and Society in the Renaissance: Essays to Honour Walter Pagel*.New

York, 1973.

De Jode, Gerard. *Speculum orbis terrarum*. Antwerp, 1593.

D'Elia, Pasquale. *Galileo in China*. Cambridge, Mass., 1960.

Diccionario universal das moedas assim metallicas, como ficticios imaginarias, ou de conclus, etc. que se conhecem na Europa, Asia, Africa, e America. Lisbon, 1793.

Diergart, Paul. *Beiträge aus der Geschichte der Chemie dem Gedächtniss von Georg W. A.Kahlbaum*. Leipzig and Vienna, 1909.

Dijksterhuis, Eduard Jan. *Simon Stevin*. The Hague, 1970.

——. *The Mechanization of the World Picture*. Oxford, 1961.

——, ed. *The Principal Works of Simon Stevin*. 6 vols. Amsterdam, 1955-66.

Dodoens, Rembert. *Histoire des Plantes en laquelle est contenue la description entiere des herbes etc. traduicte de Bas-Aleman par Charles de l'Escluse en Anvers*. Antwerp, 1557.

——. *Cruydeboeck*. Facsimile reprint of the 1554 edition. Leyden, 1968.

——. *A nieuve herball, or Historie of plantes ... and that not onely of those ... in ...Englande, but of all others also of forayne realms, commonly used in Physicke*. Translated by Henry Lyte. London, 1578.

Donnelly, Ivon A. *Chinese Junks and Other Native Craft*. Shanghai, 1939.

Drury, Heber. *The Useful Plants of India: With Notice of Their Chief Value in Commerce, Medicine and the Arts*. Madras, 1873.

Dubler, César E. *La 'Materia Medica' de Dioscorides; Transmisión medieval y renacentista*.5 vols. Barcelona, 1953-55.

Duchesne, Joseph. *Opera medica, scilicet, ad Jacobi Auberti de ortu & causis metallorum ...explicationem brevis responsio*. Lyons, 1600.

Dupleix, Scipio N. *La curiosité naturelle redigée en questions selon l'ordre alphabétique*. Paris, 1606.

Durante, Castore. *Herbario nuovo di Castore Durante medico e cittadino Romano. Con figure, che rappresentano le vive piante che nascono en tutta Europa, e nell' Indie orientali e occidentali...* Rome, 1585. lst ed. Venice, 1584.

Duveen, Denis I. *Bibliotheca Alchemica et Chemica: Annotated Catalogue of Printed Books on Alchemy, Chemistry and Cognate Subjects in the Library of D. I. Duveen*. London, 1965.

Dymock, William. *Pharmacographia Indica: A History of the Principal Drugs of Vegetable Origin, Met with in British India*. London, 1890-93.

Ercher, Lazarus. *Treatise on Ores and Assaying*. Translated by A. G. Sisco and C. S. Smith. Chicago, 1951.

Farber, Edward. *The Evolution of Chemistry: a History of Its Ideas, Methods, and Materials*. New York, 1952.

Ferguson, Eugene Shallcross. *Bibliography of the History of Technology*. Cambridge, Mass., 1968.

Ferguson, John. *Bibliographical Notes on Histories of Inventions and Books of Secrets*. 2 vols. Glasgow, 1898. Reprinted London, 1959.

Ficalho, Conde de. *Flora dos Lusíadas*. Lisbon, 1880.

Figard, Leon. *Un medecin philosphe au XVIᵉ siècle: Étude sur la psychologie de Jean Fernel*. Geneva, 1970.

Filliozat, Jean. *La doctrine classique de la médicine indienne: Ses origines et ses parallèles grecs*. Paris, 1949.

Flückiger, Friedrich A., and Hanbury, Daniel. *Pharmacographia: A History of the Principal Drugs of Vegetable Origin Met with in Great Britain and British India*. London, 1874.

Fontura da Costa, Abel. *A marinharia dos descobrimentos*. Lisbon, 1934.

Fournier, Paul. *Voyages et découvertes scientifiques des missionnaires naturalistes français à travers le monde ... (XVᵉ à XXᵉ siècles)*. Paris, 1932.

Fragoso, Juan. *Discursos de las cosas aromaticas, arboles y frutales, y de otras muchas medicinas simples que se traen de la India Oriental, y sirven al uso de medicina*. Madrid, 1572.

French, Peter J. *John Dee: The World of an Elizabethan Magus*. London, 1971.

Fretz, Diethelm. *Konrad Gessner als Gärtner*. Zurich, 1948.

Friedenwald, Harry. *The Jews and Medicine: Essays*. 2 vols. Baltimore, 1944.

Fuchs, Leonard. *New kreüterbuch in welchem nit allein die gantz histori das ist namen gestalt und zeit der wachsung natur krafft und würckung des meysten theyls der kreüter so in teütschen und andern landen wachsen*. Basel, 1543.

Gallesio, Giorgio. *Traité du citrus*. 3 vols. Pisa, 1917.

Ganzenmüller, Wilhelm. *Beiträge zur Geschichte der Technologie und der Alchemie*. Weinheim, 1956.

Garbe, Richard. *Die Sāmkhya-Philosophie*. 2d ed. Leipzig, 1917.

Gerard, John. *The Herball, or Generall Historie of Plantes....* London, 1633.

Gesner, Konrad. *De rerum fossilium, lapidum et gemmarum maximè, figuris et similitudinibus Liber....* Zurich, 1565.

Gille, Bertrand. *Engineers of the Renaissance*. Cambridge, Mass., 1966.

Ginori-Conti, Piero, ed. *Lettere inedite di Charles de l'Escluse (Carolus Clusius) a Matteo Caccini floricultore fiorentino. Contributo alia storia della botanica*. Florence, 1939.

Giullén, Julio F. *Europa aprendió a navegar en libros españoles*. Madrid, 1943.

Goltz, Dietlinde. *Studien zur Geschichte der Mineralnamen in Pharmazie, Chemie und Medizin von den Anfangen bis Paracelsus*. "Sudhoffs Archiv," No. 14. Wiesbaden, 1972.

Grafton, Anthony T. "Joseph Scaliger (1540-1609) and the Humanism of the Later Renaissance." Ph.D. diss., Department of History, University of Chicago, 1975.

Greene, Edward Lee. *Landmarks of Botanical History. Part I—Prior to 1562 A.D.* Washington, D.C., 1909.

Gubematis, Angelo de. *La mythologie des plantes.* Paris, 1878.

Guerra, Francisco. *Nicolás Bautista Monardes, su vida y su obra.* Mexico City, 1961.

Gupta, Shakti M. *Plant Myths and Traditions in India.* Leyden, 1971.

Hammond, L. D., trans. and ed. *Travelers in Disguise....* Cambridge, Mass., 1963.

Harrison, Thomas P., and Hoeniger, F. David, eds. *The Fowles of Heaven or History of Birdes by Edward Topsell.* Austin, Tex., 1972.

Hart, Clive. *Kites: An Historical Survey.* London, 1967.

Hartmann, Franz. *The Life of Philippus Theophrastus Bombast of Hohenheim Known by the Name of Paracelsus and the Substance of His Teachings.* 2d rev. ed. London, 1896.

——. *Theophrastus Paracelsus als Mystiker.* Leipzig, 1894.

Hartmann, Hans. *Georg Agricola 1494-1555: Begründer dreier Wissenschaften: Mineralogie-Geologie-Bergbaukunde.* Stuttgart, 1953.

Hartwick, Carl. *Die Bedeutung der Entdeckung von Amerika für die Drogenkunde.* Berlin, 1892.

Hawks, Ellison. *Pioneers of Plant Study.* London, 1928.

Hayms, Edward S. *A History of Gardens and Gardening.* New York, 1971.

——. *Great Botanical Gardens of the World.* New York, 1969.

——. *Plants in the Service of Man: 10,000 Years of Domestication.* Philadelphia, 1972.

Hedges, Ernest S. *Tin in Social and Economic History.* New York, 1964.

Hehn, Victor. *Kulturpflanzen und Hausthiere in ihrem Uebergang aus Asien nach Griechenland und Italien sowie in das übrigen Europa; historisch-linguistische Skizzen.* Berlin, 1887. Rev. ed. Hildesheim, 1963.

Heilmann, Karl Eugen. *Kräuterbücher in Bild und Geschichte.* Munich, 1966.

Henry, August. *Economic Botany of China.* Shanghai, 1893.

Henry, Blanche. *British Botanical and Horticultural Literature before 1800. ...* Vol. I. London, 1975.

Herlitzins, Erwin. *Georgius Agricola (1494-1555): Seine Weltanschauung und seine Leistung als Wegbereiter einer materialistischen Naturauffassung.* Berlin, 1960.

Herrera, Alonso de. *Libro de agricultura.* Madrid, 1598.

Hodgen, Margaret. *Change and History: A Study of Dated Distributions of Technological Innovations in England, A.D. 1000-1899.* New York, 1952.

——. *Early Anthropology in the Sixteenth and Seventeenth Centuries.* Philadelphia, 1964.

Hofmann, Lorenz. *Thesaurus variorum rerum antiquarum exoticarum tam naturalium.* Halle, 1625.

Hogben, Lancelot. *Mathematics in the Making.* London, 1960.

Holmyard, Eric J. *Alchemy.* London, 1968.

Hoover, Herbert C., and Hoover, Lou Henry, trans. and eds. See Agricola, Georgius.

Hoppe, Brigitte, ed. *Das Kräuterbuch des Hieronymus Bock: Wissenschaft-historische Untersuchung. Mit einem Verzeichnis sämtlicher Pflanzen des Werkes, der literarischen Quellen der Heilanzeigen und der Anwendungen der Pflanzen.* Stuttgart, 1969.

Hornell, James. *Water Transport: Origins and Early Evolution.* Cambridge, 1946.

Huard, P., and Wong, M. *Evolution de la matière médicale chinoise.* Leyden, 1958.

Humboldt, Alexander von. *Examen critique de l'histoire de la géographie du Nouveau Continent, et des progrès de l'astronomie nautique au 15ᵉ et 16ᵉ siècles.* 5 vols. Paris,1837.

Hunger, Friedrich W. T. *Charles de l'Escluse (Carolus Clusius) Nederlandsch Kruidkundige (1526-1609).* The Hague, 1927.

Hunt, Rachel M. *Catalogue of Botanical Books.* Pittsburgh, 1958.

Huth, Hans. *Lacquer of the West: The History of a Craft and an Industry.* Chicago, 1971.

Imperato, Ferrante. *Dell' historie naturale libri XXVIII.* Naples, 1599.

Jackson, B. D. *A Catalogue of Plants Cultivated in the Garden of John Gerard, in the Years 1596-1599.* London, 1876.

Jeffers, Robert H. *The Friends of John Gerard (1545-1612), Surgeon and Botanist.* Falls Village, Conn., 1967.

Jenkins, Rhys. *Links in the History of Engineering and Technology from Tudor Times.* Cambridge, 1936.

Johnson, Frances R. *Astronomical Thought in Renaissance England, 1500-1645.* Baltimore, 1937.

Jorge, Ricardo. *Amato Lusitano.* Lisbon, 1962.

Jung, Carl Gustav. *Alchemical Studies.* Princeton, 1967.

Kern, H., ed. J. *Huygen van Linschoten, Itinerario....* ' S-Gravenhage, 1910.

Kerner, Dieter. *Paracelsus: Leben und Werk.* Stuttgart, 1965.

Keynes, Geoffrey, ed. See Paré, Ambroise.

Klemm, Friedrich. *A History of Western Technology.* London, 1959.

Knappich, Wilhelm. *Geschichte der Astrologie.* Frankfurt-am-Main, 1967.

Koyré, Alexandre. *From the Closed World to the Infinite Universe.* New York, 1958.

——. ed. *La science au seizième siècle.* Paris, 1960.

Kuhn, Thomas S. *The Copemican Revolution: Planetary Astronomy in the Development of Western Thought.* Cambridge, Mass., 1957.

Laguna, Andrés. *Pedacio Dioscórides Anazarbeo, acerca de la materia medicinal y de los venenos mortiferos....* Antwerp, 1555.

Lakshminarayana, Kodali. *A History of Medicine, Surgery, and Alchemy in India.* Tenali,1970.

Lamb, Ursula. *A Navigator's Universe: The "Libro de Cosmographia" of 1538 by Pedro de Medina.*

Chicago, 1972.

Larson, Gerald J. *Classical Sāmkhya: An Interpretation of Its Meaning*. Delhi, 1969.

Laufer, Berthold. *The Prehistory of Aviation*. Chicago, 1928.

L'écluse, Charles de. *Caroli…Clusii Aliquot notae in Garciae aromatum historiam. Eiusdem descriptiones nonnullarum Stirpium…que à… Francisco Drake … observatae sunt*. Antwerp, 1582.

——. *Rariorum aliquot stirpium, per Dannoniam, Austriam, et vicinas quasdam Provincias observatarum historia…*. Antwerp, 1583.

——. *Rariorum plantarum historia. Accesserunt fungorum in Pannoniis observatorum historia;epistolae Belli et Roelsü et Ponae plantae Baldi*. 7 vols. Antwerp, 1601.

Le Comte, Louis. *Nouveaux mémoires sur l'état présent de la Chine*. Paris, 1701.

Leggett, William Ferguson. *The Story of Silk*. New York, 1949.

Legré, Ludovic. *La botanique en Provence au XVIe siècle: Pierre Pena et Mathias de Lobel*. Marseilles, 1899.

Lehner, Ernst, and Lehner, Johanna. *Folklore and Odysseys of Food and Medicinal Plants*. New York, 1962.

Lemos, Maximiano. *Amato Lusitano: A sua vida e a sua obra*. Porto, 1907.

——. *História da medicina em Portugal*. 2 vols. Lisbon, 1899.

Lequenne, Fernand. *La vie d'Olivier de Serres*. Paris, 1970.

Lewin, Louis. *Phantastica: Narcotic and Stimulating Drugs, Their Use and Abuse*. New York,1964.

Libavius, Andreas. *Syntagma selectorum undignaque et perspicue traditorum alchymiae arcanorum*. Frankfurt, 1611.

Libbrecht, Ulrich. *Chinese Mathematics in the Thirteenth Century*. Cambridge, Mass.,1973.

Linocier, Geofroy. *Histoire des plantes aromatiques qui croissent dans l'Inde tant occidentale, qu'orientale*. Paris, 1584.

Lobel, Matthias de. *Plantarum, seu stirpium historia*. Antwerp, 1576.

Lonitzer, Adam (Lonicerus). *Kreuterbuch künstliche Conterfeitunae der Bäume Standen hecken kreuter Getrende Gewürsse. Mit eigentlicher Beschreibung derselben Namen in sechserlen Spraachen Nemlich Griechisch Lateinisch Italiänisch Frankösisch Deutsch und Hispanisch und dersels ben Gestalt natürlicher Krajft und Wirckung. Sampt fünflichem und artlichem Bericht dess Distilierens…*. Frankfurt, 1598.

Lopeteguí, Leon, S.J. *El P. José de Acosta y su influencia en la literatura cientifica española*. Madrid, 1942.

Loureiro, João de. *Flora Cochinchinensis…. 2* vols. London, 1790.

MacMillan, H. F. *Tropical Planting and Gardening*. 5th ed. London, 1962.

Maggio, Lucio. *Discours du tremblement de terre, traduict d'Italien par Nicolas de Livre*. Paris,1575.

Markham, Sir Clements, trans. See Orta, Garcia da.

Mattioli, Pietro Andrea. *New Kreüterbuch mit den allerschönsten und artlichsten figuren aller gewechss dergleichen vormals in keiner sprach nie an tag kommen.* Translated by Georg Handsch. Prague, 1563.

——. *Commentaires.. .sur les six livres de Ped. Dioscoride....* Translated by Jean de Moulines. Lyons, 1572.

——. *Opera quae extant omnia.* Frankfurt, 1598.

Mattirolo, Oreste. *L'opera botanica di Ulisse Aldrovandi (1549-1603).* Bologna, 1897.

Menéndez Pelayo, Marcelino. *La ciencia española.* 4th ed. 3 vols. Madrid, 1915-18.

Meyer, Ernst Heinrich Friedrich. *Geschichte der Botanik.* 2 vols. Königsberg, 1854-57.

Mieli, Aldo. *La science arabe et son rôle dans l'évolution scientifique mondiale: réimpression anastatique augm. d'une bibliographie avec index analytique par A. Mazahéri.* Leyden, 1966.

Miranda, M. G. de. *La contribution de l'Espagne au progrès de la cosmographie et de ses techniques (1508-1624).* Paris, 1964.

Monroe, James T. *Islam and the Arabs in Spanish Scholarship (Sixteenth Century to the Present).* Leyden, 1970.

Moura, João Herculano de. *Inscripções indianas em Cintra. Nótulas de archeologia histórica e bibliographia acerca dos templos Hindús de Somnáth-Patane e Elephanta....* Nova Goa,1906.

Müller, Martin. *Registerband zu Sudhoffs Paracelsus Gesamtausgabe.* Einsiedeln, 1960.

Multhauf, Robert P. *The Origins of Chemistry.* New York, 1967.

Nakayama, Shigeru, and Sivin, Nathan, comps. *Chinese Science: Explorations of an Ancient Tradition.* Cambridge, Mass., 1973.

Needham, Joseph. *The Refiner's Fire: The Enigma of Alchemy in East and West.* London,1971.

——. *Science and Civilization in China.* 6 vols. Cambridge, 1965-74.

——. *Classical Chinese Contributions to Mechanical Engineering.* Newcastle, 1961.

Neugebauer, Otto. *The Exact Sciences in Antiquity.* 2d ed. Providence, 1957.

Nichols, R. S. *Spanish and Portuguese Gardens.* New York, 1902.

Nissen, Claus. *Herbals of Five Centuries.* Munich, 1950.

——.*Kräuterbücher aus fünf Jahrhunderten.50 Originalblätter aus deutschen, französischen, niederländischen, englischen, italienischen, und schweizerischen Kräuterbüchern.* Munich and Zurich, 1956.

——. *Die botanische Buchillustration: Ihre Geschichte und Bibliographie.* 2 vols. Stuttgart,1951.

Oesterle, Friedrich. *Die Anthropologie des Paracelsus.* Berlin, 1937.

Olmedilla y Puig, Joaquín. *Estudio histórico de la vida y escritos del sabio español Andrés Laguna, médico de Carlo I y Felipe II....* Madrid, 1887.

Olschki, Leonardo. *Geschichte der neusprachlichen wissenschaftlichen Literatur. I. Die Literatur der Technik und der angewandten Wissenschaften vom Mittelalter bis zur Renaissance.* Heidelberg, 1918.

O'Malley, C. D. *Andreas Vesalius of Brussels, 1514-1564.* Berkeley and Los Angeles,1964.

Orbigny, Charles Dessalines d'. *Dictionnaire universel d'histoire naturelle.* 13 vols. plus 3-vol. atlas. Paris, 1847-49.

Ore, Oystein. *Cardano, the Gambling Scholar.* Princeton, 1953.

Orta, Garcia da. *Dell'historia de i semplici aromati, et altre cose che vengono portato dall'Indie Orientali pertinenti all'uso della medicina. Parte prima. Divisa in libri IIII. Di Don Garzia da l'Horto medico portughese; con alcune brevi annotationi di Carlo Clusio. Et due altri libri parimente di quelle cose che si portano dall'Indie occidentali; di Nicolò Monardes medico di Siviglia. Hora tutti tradutti dalle loro lingue nella nostra Italiana da M. Annibale Briganti....* Venice, 1589.

——. *Colóquios dos simples e drogas e cousas medicinais da India.* Facsimile reproduction of the edition printed at Goa on April 10, 1563, in Commemoration of the Fourth Centennial of the Original Edition. Lisbon, 1963.

——. *Histoire des drogues, espéceries et de certains medicaments simple qui naissent en Indes (1563).* Translated by Antoine Colin. Lyons, 1619.

——. *Colloquies on the Simples and Drugs of India.* Translated by Sir Clements Markham.London, 1913.

Oviedo y Valdès, Gonzalo Fernandez de. *Historia general y natural de las Indias, islas y tierra firme del mar océano.* Madrid, 1851-55.

Pagel, Walter. *Das medizinische Weltbild von Paracelsus: Seine Zusammenhänge mit Neuplatonismus und Gnosis.* Wiesbaden, 1962.

——. *Paracelsus: An Introduction to Philosophical Medicine in the Era of the Renaissance.* Basel and New York, 1958.

Panciroli, Guido. *Nova reperta; sive, rerum memorabilium recens inventarum veteribus incognitarum.* 2d ed. Amberg, 1608.

Paracelsus, Theophrastus. *The Hermetic and Alchemical Writings of Paracelsus the Great....* Translated by A. E. Waite. 2 vols. London, 1894.

——. *Paracelsus sämtliche Werke, nach der IV bändigen Huserschen Gesamtausgabe (1589-1591) zum erstenmal in neuzeitliches deutsch übersetzt.* Edited by Bernhard Aschner. 4vols. Jena, 1926-32.

——. *Sämtliche Werke.* Edited by K. Sudhoff. 14 vols. Munich, 1929.

——. *Sämtliche Werke.* Edited by J. Strebel. Vol. III. St. Gail, 1947.

Paré, Ambroise. *The apologie and treatise of Ambroise Paré, containing the voyages made into divers places with many of his writings upon surgery*. Edited by Geoffrey Keynes. Chicago, 1952.

——. *Des monstres, des prodiges, des voyages. Texte établi et présenté par Patrice Boussel*. Paris, 1964.

Pariset, Ernest. *Histoire de la soie*. 2 vols. Paris, 1862.

Parkinson, John. *Theatrum botanicum: The theater of plants Or an herball of a large extent*. London, 1640.

Parry, John H. *The Age of Reconnaissance*. New York, 1963.

Parsons, William B. *Engineers and Engineering in the Renaissance*. Baltimore, 1939.

Partington, James R. *A History of Chemistry, 1500-1800*. 3 vols. London and New York, 1961-62.

——. *A History of Greek Fire and Gunpowder*. Cambridge, 1960.

Passebreme, E. de. *Le plaisant Iardin des receptes, ou sont plantez divers arbrisseaux et odorantes fleurs du creu de philosophie naturelle, cultivè par medicins experts en physique speculation*. Lyons, 1556.

Perry, Frances. *Flowers of the World*. London, 1972.

Petty, William. *An Apparatus to the History of the Common Practices of Dyeing*. London, 1667.

Philip, Alexander. *The Reform of the Calendar*. London, 1914.

Picatoste y Rodrigues, Felipe. *Apuntes para una bibliographia científica española del siglo XVI*. Madrid, 1891.

Pina, Luiz de. *Contribuição dos portugueses quinhentistas para a história da medicina do Oriente*. Lisbon, 1938.

——. *A medicina de alem-mar no século XVI*. Coimbra, 1935.

Poggendorff, J. C. *Poggendorff's Biographisch-literarisches Handwörterbuch zur Geschichte der exacten Wissenschaften*. 2 vols. Leipzig, 1864-1904.

Pons, Iaq. *Traicté des Melons, de la nature et usage d'iceux*. Lyons, 1584.

Porta, Giovanni Baptista della. *Magia naturalis* (Naples, 1589). Edited by G. Price. New York, 1957.

Powell, Thomas. *The history of most curious manual arts and inventions....* 3d ed. London,1675.

Price, G. de Solla. *Science since Babylon*. New Haven and London, 1961.

Priolkar, A. K. *The Printing Press in India*. Bombay, 1958.

Prost, Auguste. *Les sciences et les arts occultes au XVIᵉ siècle: Corneille Agrippa sa vie et ses oeuvres*. 2 vols. Paris, 1881-82. Reprint. Nieuwkoop, 1965.

Rauw, Johann. *Cosmographia*. Frankfurt, 1597.

Ray, P. C. *History of Hindu Chemistry*. 2 vols. London, 1902.

Read, John. *The Alchemist in Life, Literature, and Art*. London, 1947.

Reed, Howard Sprague. *A Short History of the Plant Sciences*. New York, 1942.

Rees, William. *Industry before the Industrial Revolution.* 2 vols. Cardiff, 1968.

Reis, Beatriz Cinatti Batalha. *Useful Plants in Portuguese Timor.* Coimbra, 1964.

Rey Pastor, João. *La ciencia y la técnica en el descobrimento de América.* 2d ed. Buenos Aires,1945.

Riano, Juan F. *The Industrial Arts in Spain.* London, 1879.

Richmond, Broughton. *Time Measurement and Calendar Construction.* Leyden, 1953.

Risso, Antoine, and Poiteau, A. *Histoire et culture des oranges.* 2d ed. Paris, 1872.

Rogers, Francis M. *Precision Astrolabes: Portuguese Navigators and Trans-Oceanic Navigation.* Lisbon, 1971.

Rohde, Eleanour Sinclair. *The Old English Herbals.* London and New York, 1922.

Rosengarten, Frederic, Jr. *The Book of Spices.* Philadelphia, 1969.

Roze, Ernest, ed. *Charles de l'Escluse d'Arras Sa biographie et sa correspondance.* Paris,1899.

Sachs, Julius von. *History of Botany (1530-1860).* Translated by Henry E. Garnsey.Oxford, 1890.

——. *Geschichte der Botanik.* Leipzig, 1875.

Sanchez Perez, José Augusto. *La arithmética en Roma, en India, y en Arabia.* Madrid, 1949.

Sarton, George. *Six Wings: Men of Science in the Renaissance.* Bloomington, Ind., 1957.

Scaliger, Joseph. *De emendatione temporum.* Paris, 1583.

Scheleng, Hermann. *Geschichte der Pharmazie.* Hildesheim, 1962.

Schmid, Alfred. *Über alte Kräuterbücher.* Berne, 1939.

Schulze, Franz. *Balthasar Springers Indienfahrt 1505/06....* Strassburg, 1902.

Scott, Joseph F. *A History of Mathematics from Antiquity to the Beginning of the Nineteenth Century.* London,1960.

Seguin, Jean Pierre. *Le jeu de carte.* Paris, 1968.

Serres, Olivier de. *Théâtre d'agriculture et mesnage des champs.* Paris, 1600.

——. *The perfect use of silk-wormes and their benefits.... Done out of the French originall by Nicholas Jifte Esquire.* London, 1607.

Sherrington, Sir Charles Scott. *The Endeavor of Jean Fernel.* Cambridge, 1946.

Singer, Charles. *A History of Biology to about the Year 1900.* London, 1959.

——. *The Earliest Chemical Industry.* London, 1948.

——, et al. *A History of Western Technology.* 5 vols. Oxford, 1954-58.

Sisco, A. G., and Smith, C. S., trans. See Ercher, Lazarus.

Sivin, Nathan. *Chinese Alchemy: Preliminary Studies.* Cambridge, Mass., 1968.

Smith, Archibald. *A Gardener's Dictionary of Plant Names: A Handbook on the Origin and Meaning of Some Plant Names.* London, 1972.

Smith, David Eugene. *History of Mathematics.* 2 vols. New York, 1923-25.

——. *Rara arithmetica: A Catalogue of the Arithmetics Written before the Year MDCI....*Boston and

London, 1908.

Soderini, Giovanni Vittore. *Opere*. 4 vols. Bologna, 1902-7.

Srinivasenger, C. N. *The History of Ancient Indian Mathematics*. Calcutta, 1967.

Stafleur, Frans A. *Taxonomic Literature: A Selective Guide to Botanical Publications with Dates, Commentaries and Types*. Utrecht, 1967.

Stevin, Simon; see Dijksterhuis, Eduard Jan, ed.

Stöffler, Isaac Conrad. *Neuer und alter cosmographischer Calender*. Nuremberg, 1675.

Stone, L. H. *The Chair in China*. Toronto, 1952.

Struik, Dirk J. *A Source Book of Mathematics, 1200-1800*. Cambridge, Mass., 1969.

Sudhoff, K., ed. See Paracelsus.

Targioni-Tozzetti, Antonio. *Cenni storici sulla introduzione di varie piante nell'agricoltura e orticoltura*. Florence, 1896.

Tartaglia, Nicholas. *Questi et inventioni diverse*. Venice, 1554.

Taton, René, ed. *History of Science: The Beginnings of Modern Science from 1450 to 1800*. Translated by A. J. Pomerans. 2 vols. London, 1964.

Taylor, Eva G. R. *The Mathematical Practitioners of Tudor and Stuart England*. Cambridge, 1954.

———. *The Haven-Finding Art*. New York, 1956.

Taylor, Norman. *Plant Drugs That Changed the World*. New York, 1965.

Taylor, Sherwood F. *The History of Industrial Chemistry*. London, 1957.

Theunisz, Johannes. *Carolus Clusius: Het merkwaardige Leven van een Pionier der Wetenschap*. Amsterdam, 1939.

Trease, George Edward. *Pharmacy in History*. London, 1964.

Uphof, Johannes C. Th. *Dictionary of Economic Plants*. 2d ed. Brunswick, 1968.

Usher, Abbott Payson. *A History of Mechanical Inventions*. Cambridge, Mass., 1962.

Valére, André. *Mathias de Lobel: Sa vie et ses oeuvres*. Liège, 1875.

Vallín, A. F. *Cultura científica de España en el siglo XVI*. Madrid, 1893.

Waite, A. E., trans. See Paracelsus, Theophrastus.

Waley, P. J., and Waley, D. P., eds. *Giovanni Botero, The Reason of State*. London, 1956.

Walter, Jaime, and Alves, Manuel, eds. *Aromatum et simplicium aliquot medicamentorum apud Indes nacentium historia (1567) de Carlos Clusio: Versão portuguesa do epítome latino dos Colóquios dos simples de Garcia de Orta*. Lisbon, 1964.

Waters, David W. *The Art of Navigation in England in Elizabethan and Early Stuart Times*. London, 1958.

Watkins, Harold. *Time Counts: The Story of the Calendar*. New York, 1954.

Watt, Sir George. *The Commercial Products of India*. London, 1909.

White, Lynn, Jr. *Medieval Technology and Social Change.* Oxford, 1962.

Wightman, W. P. D. *Science and the Renaissance: An Introduction to the Study of the Emergence of the Sciences in the Sixteenth Century.* 2 vols. Edinburgh and London, 1962.

Winter, Henry James Jacques. *Eastern Science: An Outline of Its Scope and Contribution.* London, 1952.

Worcester, G. R. G. *Junks and Sampans of the Yangtze.* Shanghai, 1947.

——. *Sail and Sweep in China.* London, 1960.

Wroth, Lawrence C. *The Way of a Ship: An Essay on the Literature of Navigation Science.* Portland, Me., 1937.

Wulff, Hans E. *Traditional Crafts of Persia: Their Development, Technology and Influence on Eastern and Western Civilizations.* Cambridge, Mass., 1966.

Zechlin, Egmont. *Maritime Weltgeschichte.* Hamburg, 1947.

Zekert, Otto. *Paracelsus: Europäer im 16. Jahrhundert.* Stuttgart, 1968.

Zeuthen, Hieronymous G. *Geschichte der Mathematik im XVI. und XVII. Jahrhundert.* Leipzig, 1903.

Zimmer, Heinrich R. *Hindu Medicine.* Baltimore, 1948.

Zinner, Ernst. *Geschichte und Bibliographie der astronomischen Literatur in Deutschland zur Zeit der Renaissance.* Leipzig, 1941.

Zirkle, Conway. *The Beginnings of Plant Hybridization.* Philadelphia, 1935.

Zubler, Leonhard. *Kurtzer und gründlicher Bericht von Sonnenuhren mit Kupfferstücken.* Amsterdam, 1609.

ARTICLES

Adam, Paul. "Navigation primitive et navigation astronomique." In M. Mollat and P. Adam, eds., *Les aspects internationaux de la découverte océanique aux XVe et XVIe siècles,* pp. 91-105. Paris, 1966.

——, and Denoix, L. "Essai sur les raisons de l'apparition du goûvernail d' étambot." *Revue d'histoire économique et sociale,* XL (1962), 90-109.

Albuquerque, Luís de. "Contribução das navegações do século XVI para o conhecimento do magnetismo terrestre." *Revista da universidade de Coimbra,* XXIV (1971), 533-50.

Altazan, Maria A. Hayes. "Drugs Used by Paracelsus." *Journal of Chemical Education,* XXXVII (1960), 594-96.

Ball, Valentine. "On the Identification of the Animals and Plants of India Which Were Known to the Early Greek Authors." *Indian Antiquary,* XIV (1885), 274-87.

——. "A Commentary on the Colloquies of Garcia da Orta, on the Simples, Drugs,and Medicinal

Substances of India." *Proceedings of the Irish Academy*, I (1889), 381-415.

Barnes, W. H. "Chinese Influence on Western Alchemy." *Nature*, CXXXV (1935), 824-25.

Beaujouan, Guy. "Science livresque et art nautique au XVIe siècle." In M. Mollat and P. Adam, eds., *Les aspects internationaux de la découverte océanique aux XVe et XVIe siècles*, pp. 61-83. Paris, 1966.

Beichner, Paul E. "The Grain of Paradise." *Speculum*, XXVI (1961), 302-7.

Biot, Edouard. "Notice sur quelques procédés industriels connus en Chine au XVIe siècle." *Journal asiatique*, 2d ser. XVI (1835), 130-54.

Bloch, Jules. "Médicine indienne et théories grecques." *Annales: économies, sociétés, civilisations*, V (1950), 466-68.

Bourdon, Léon. "Luís de Almeida, chirurgien et marchand avant son entrée dans la Compagnie de Jésus au Japon, 1525(?)-1556." In *Mélanges d'études portugaises offerts à M. Georges Le Gentil*, pp. 69-85. Lisbon, 1949.

Boxer, Charles R. "Portuguese Roteiros, 1500-1700." *Mariner's Mirror*, XX (1934), 171-86.

Bretschneider, Emilei Vasel'evich. "Early European Researches into the Flora of China." *Journal of the North China Branch of the Royal Asiatic Society*, N.S. XV (1880), 3-4.

Briggs, Marlen S. "Building Construction." In Charles Singer, ed., *A History of Western Technology*, III, 245-68. Oxford, 1956.

Bryant, P. L. "Chinese Camphor and Camphor Oil." *China Journal of Science and Arts*, III (1925), 228-34.

Cailleux, André. "Progression du nombre d'espèces de plantes décrites de 1500 à nos jours." *Revue d'histoire des sciences*, VI (1953), 42-49.

Cermenati, Mario. "Un diplomatico naturalista del Rinascimento, Andrea Navagero." *Nuovo archivio veneto*, N.S. XXIV (1912), 164-205.

Chang Kuei-sheng. "The Maritime Scene in China at the Dawn of the Great European Discoveries." *Journal of the American Oriental Society*, XCIV (1974), 347-359.

Chou Yi-liang. "Notes on (Šaraf al-Zamān) al-Marvazi's Account on China." *Harvard Journal of Asiatic Studies*, IX (1945), 13-23.

Christ, H. "Die illustrierte spanische Flora des Carl Clusius vom Jahre 1576." *Österreichische botanische Zeitschrift*, LXII (1912), 132-35, 189-94, 229-38, 271-75.

Cipolla, Carlo M. "The Diffusion of Innovations in Early Modem Europe." *Comparative Studies in Society and History*, XIV (1972), 46-53.

Cohen, I. Bernard. "La découverte du nouveau monde et la transformation de l'idée de la nature." In A. Koyré, ed., *La science au seizième siècle*, pp. 191-210. Paris, 1960.

Conant, K. J. "The Pointed Arch: Orient to Occident." *Palaeologia* (Osaka), VH (1957), 33-36.

——, and Willard, H. M. "Early Examples of the Pointed Arch and Vault in Romanesque Architecture." *Viator*, II (1971), 203-9.

Cortesão, Armando. "Nautical Science and the Renaissance." In E. A. Underwood, ed., *Science, Medicine, and History*, I, 303-16. London, 1953.

Crone, Ernst. "How Did the Navigator Determine the Speed of His Ship and the Distance Run." *Revista da universidade de Coimbra*, XXIV (1971), 173-85.

Davis, Tenney L. "Dualistic Cosmography of Huai Nau Tzu and Its Relations to the Background of Chinese and of European Alchemy." *Isis*, XXV (1936), 327-40.

——, and Chao Yung-Tsung. "A Fifteenth-Century Chinese Encyclopedia of Alchemy." *Proceedings of the British Academy*, LXXHI (1939), 97.

——and——. "Chao Hsueh-min's Outline of Pyrotechnics: A Contribution to the History of Fireworks." *Proceedings of the American Academy of Arts and Sciences*, LXXV (1943), 95-107.'

Debus, Allen G. "Mathematics and Nature in the Chemical Texts of the Renaissance." *Ambix*, XV (1968), 1-28.

——. "The Paracelsians and the Chemists: The Chemical Dilemma in Renaissance Medicine." *Clio medica*, VII (1972), 185-99.

——. "The Significance of Early Chemistry." *Journal of World History*, IX (1965-66),39-58.

D'Elia, Pasquale. "L'Italia alle origini degli studi sulla Cina." *Nuovo antologia*, CCCCXXII (1942), 148-60.

Denoix, L. "Characteristiques des navires de l'époque des grandes découvertes." In M. Mollat and P. Adam, eds., *Les aspects intemationaux de la découverte océanique au XVe et XVIe siècles*, pp. 137-47. Paris, 1966.

Dingle, Herbert. "Astronomy in the Sixteenth and Seventeenth Centuries." In E. A. Underwood, ed., *Science, Medicine, and History*, I, 455-68. London, 1953.

Doran, Edwin, Jr. "The Origin of Leeboards." *Mariner's Mirror*, LIII (1967), 39-54.

Dubs, Homer H. "The Beginnings of Alchemy." *Isis*, XXXVIII (1947), 62-86.

Duyvendak, J. J. L. "Sailing Directions of Chinese Voyages." *T'oung Pao*, XXXIV (1938), 230-37.

——. "Simon Stevin's 'Sailing Chariot' [and Its Chinese Antecedents]." *T'oung Poo*,XXXVI (1942), 401-7.

Ewan, Joseph. "Traffic in Seeds and Plants between North America, England and the Continent during the Sixteenth and Seventeenth Centuries." *Actes du XIIe congrès international d'histoire des sciences*, VIII (1968), 17-49.

Filliozat, Jean. "Ancient Relations between Indian and Foreign Astronomical Systems." *Journal of Oriental Research* (Madras), XXV (1957), 1-8.

——. "L' Inde et les échanges scientifiques dans l' Antiquité." *Cahiers de l'histoire mondiale*, I

(1953-54), 353-67.

Flanagan, J. F. "Figured Fabrics." In Charles Singer, *et al, A History of Western Technology*, III, 187-206. Oxford, 1956.

Folck Jon, Guillermo. "Los médicos, la botánica y la materia farmacéutica en España durante la decemosexta Centura." *Asclepio*, XVIII-XIX (1966-67), 141-55.

Forbes, Robert J. "The Sailing Chariot." In Eduard Jan Dijksterhuis, ed., *The Principal Works of Simon Stevin*, V, 3-8. Amsterdam, 1955-66.

Gallois, L. "Les portugaises et l'astronomie nautique à l'époque des grandes découvertes." *Annales de géographie*, XXIII (1914), 289-302.

Gersão Ventura, Augusta F. "Duas pequenas notas à margem das obras de Clúsio." *Congresso do mundo português*, V (1940), 281-92.

Gibbs-Smith, C. H. "Origins of the Helicopter." *New Scientist*, XIV (1962), 229-31.

Giglioli, O. H. "Jacopo Ligozzi disegnatore e pittore di piante e di animali." *Dedalo*, IV (1923-24), 556-58.

Goeze, E. "Liste der seit dem 16. Jahrhundert bis auf die Gegenwart in Gärten und Parks Europas eingeführten Bäume und Sträucher." *Mitteilungen der deutschen dendrologischen Gesellschaft*, XXV (1916), 129-201.

Goithien, S. D. "Letters and Documents on the India Trade in Medieval Times." *Islamic Culture*, XXXVII (1963), 188-205.

Gomes, Fernando Amaral. "Contribuição para o estudo da medicina portuguesa no periodo da expansão." *Congresso internacional de história dos descobrimentos, Actas*, IV, 209-24. Lisbon, 1960.

Goodrich, L. Carrington. "Early Cannon in China." *Isis*, LV (1964), 193-95.

——, and Feng Chia-sheng. "The Early Development of Firearms in China." *Isis*, XXXVI (1946), 114-23, 250.

Graham, A. C. "China, Europe, and the Origins of Modern Science." In Shigeru Nakayama and Nathan Sivin, eds., *Chinese Science: Explorations of an Ancient Tradition*, pp. 45-69. Cambridge, Mass., 1973.

Gregory, J. C. "Chemistry and Alchemy in the Natural Philosophy of Sir Francis Bacon." *Ambix*, II (1938), 93-111.

Guerra, Francisco. "Drugs from the Indies and the Political Economy of the Sixteenth Century." In M. Florkin, ed., *Analecta medico-historica*, pp. 29-54. Oxford, 1966.

——. "La politica imperial sobre las drogas de las Indias [under Charles V]." *Revista de Indias*, XXVI (1966), 31-58.

——. "The Paradox of the Treasury of Medicines by Gregorio Lopez (1542-1596)." *Clio medica*, I

(1966), 273-88.

Hale, John R. "Gunpowder and the Renaissance: An Essay in the History of Ideas." In C. H. Carter, ed., *From the Renaissance to the Counter-Reformation: Essays in Honor of Garrett Mattingly*, pp. 113-44. New York, 1965.

Hall, A. Rupert. "The Scholar and the Craftsman in the Scientific Revolution." In M. Clagett, ed., *Critical Problems in the History of Science*, pp. 3-23. Madison, Wis., 1959

——. "The Changing Technical Act." *Technology and Culture*, III (1962), 501-15.

Hanbury, Daniel. "Notes on Chinese Materia medica." *Pharmaceutical Journal*, II (1861), 15, 109, 553; III (1862), 6, 204, 260, 315, 420.

Hill, Donald R. "Trebuchets." *Viator*, IV (1973), 99-114.

Ho Peng-yoke. "The Astronomical Bureau in Ming China." *Journal of Asian History*, III (1969), 137-57.

Ho Ping-yü, and Needham, Joseph. "Elixir Poisoning in Medieval China." *Janus*, XLVIII (1959), 221-51.

Hooykaas, R. "The Impact of the Voyages of Discovery on Portuguese Humanist Literature." *Revista da universidade de Coimbra*, XXIV (1971), 551-66.

Horne, R. A. "Atomism in Ancient Greece and India." *Ambix*, VIII (1960), 98-110.

Hughes, B. B. "The Private Library of Johann Scheubel, Sixteenth-Century Mathematician." *Viator*, III (1972), 417-32.

Johnson, Frances R. "Astronomical Text-books in the Sixteenth Century." In E. A. Underwood, ed., *Science, Medicine, and History*, I, 285-302. London, 1953.

Jordan, L. A. "Tung Oil." *Quarterly Journal of the Indian Tea Association*, 1929, pp. 163-99.

Jorge, Ricardo. "A renascença médica em Portugal (Pierre Buissot e Amato Lusitano)." *Lusitania*, I (1903), 187-92.

Joseph, L. "The Contemporary Medical Literature and the Experiences in the New World." *Revista di storia della medicina*, I (1957), 166-81.

Kamenetz, Herman L. "A Brief History of the Wheelchair." *Journal of the History of Medicine*, XXIV (1969), 205-10.

Keller, A. G. "The Scientific and Technological Sages of Ancient China." *Ambix*, XVIII (1971), 43-50.

Kobata, A. "The Productions and Uses of Gold and Silver in Sixteenth- and Seventeenth- Century Japan." *Economic History Review* (Utrecht), No. 2 (1965), pp. 245-66.

Koyré, Alexandre. "Mathematics." In René Taton, ed., *History of Science: The Beginnings of Modern Science from 1450 to 1800*, II, 12-52. London, 1964.

——. "The Copemican Revolution." *Ibid.*, pp. 52-74.

Lane, F. C. "The Economic Meaning of the Invention of the Compass." *American Historical Review*, LXVIII (1963), 605-17.

Lange, Erwin F. "Alchemy and the Sixteenth-Century Metallurgists." *Ambix*, XIII (1965), 92-95.

Leser, Paul. "Westöstliche Landwirtschaft: Kulturbeziehungen zwischen Europa, dem vorderen Orient und dem Femen Osten." In P. W. *Schmidt, Festschrift*, pp. 416-84. Vienna, 1928.

Lopez, R. S. "The Silk Industry in the Byzantine Empire." *Speculum*, XX (1945), 1-42.

——. "Nuove luci sugli italiani in Estremo Oriente prima di Colombo." *Studi colombiani* (Genoa), III (1952), 337-98.

Maddison, Francis. "Medieval Instruments and the Development of Navigational Instruments in the XVth and XVIth Centuries." *Revista da universidade de Coimbra*, XXIV (1971), 115-72.

Marsak, Leonard M. "The Humanist as Scientist: Nicolas Claude Fabri de Peiresc." *Journal of World History*, VIII (1964), 93-100.

Martins Barata, Jaime. "O navio 'São Gabriel'e as Naus Manuelinas." *Revista da universidade de Coimbra*, XXIV (1971), 443-74.

Mattirolo, Oreste, ed. "Le lettere di Ulisse Aldrovandi a Francesco I e Ferdinando I, granduchi di Toscana e a Francesco Maria II, duca di Urbino..." In *Memorie della Reale Accademia delle scienze di Torino*. 2d ser. LIV (1904), 305-90.

Miyashita, Saburo. "A Link in the Westward Transmission of Chinese Anatomy in the Later Middle Ages." *Isis*, LVIII (1967), 486-90.

Merrill, E. D. "Eastern Asia as a Source of Ornamental Plants." *Journal of the New York Botanical Garden*, XXXIV (1933), 238-43.

——. "Loureiro and His Botanical Work." *Proceedings of the American Philosophical Society*, LXXII (1933). 229-39.

Michel, Henri. "Astrolabistes, géographes et graveurs beiges du XVIe siècle." In Alexandre Koyré, ed., *La science au seizième siècle*, pp. 15-26. Paris,1960.

Millàs Vallicrosa, José-M. "Nautique et cartographie de l'Espagne au XVIe siècle." In Alexandre Koyré, ed., *La science au seizième siècle*, pp. 31-46. Paris,1960.

Mohan, Binj. "The Beginnings of Calculus in the East." *Bulletin of the National Institute of Sciences of India*, XXI (1963), 253-57.

Multhauf, Robert P. "Old Drugs in New Bottles." *Isis*, LXIII (1972), 408-12.

Naish, G. P. B. "Ships and Shipbuilding." In Charles Singer *et al.*, *A History of Western Technology*, III, 471-500. Oxford, 1956.

Nakamura, Hiroshi. "Les cartes du Japon qui servaient de modèle aux cartographes européens au début des communications de l'Occident avec le Japon." *Monumenta nipponica*, II (1939), 100-123.

Nambo, Heizo. "Who Invented the Explosives ?" *Japanese Studies in the History of Science*, DC

(1970), 49-98.

Needham, Joseph. "The Roles of Europe and China in the Evolution of Oecumenical Science." *Journal of Asian History*, I (1967), 3-32.

——. "Science and China's Influence on the World." In Raymond Dawson, ed., *The Legacy of China*, pp. 234-308. Oxford, 1964.

——. "Central Asia and the History of Science and Technology." *Journal of the Royal Central Asian Society*, XXXVI (1949), 135-45.

Neugebauer, Otto. "The Study of Wretched Subjects." *Isis*, XLII (1951),111.

——. "Hindu Astronomy at Westminster in 1428." *Annals of Science*, VIII (1952),221-28.

Neves Tavares, Carlos das. "A botânica nos *Colóquios* de Garcia de Orta." *Garcia de Orta* (commemorative volume), XI, No. 4 (1963), 677-93.

Neviani, Antonio. "Ferrante Imperato speziale e naturalista napoletana." *Atti e memorie dell'Accademia di storia dell'arte sanitaria* (Rome), 2d ser., II, No. 2 (1936), 57-74, 124-45, 191-210, 243-67.

Newcomb, R. M. "Botanical Source-Areas for Some Oriental Spices." *Economic Botany*, XVII (1963), 127-32.

Newell, W., Mowry, H., and Barnette, R. M. "The Tung-Oil Tree." *Bulletin of the Florida Agricultural Experiment Station*, CCLXXX (1935), 1-67.

Opsomer, Joseph E. "Note sur deux ouvrages portugais de botanique tropicale du XVIe siècle." *Bulletin des séances de l'Académie reale des sciences d'outre-mer, 1966*, pp. 478-92.

——. "Un botaniste trop peu connu: Willem Quackelbeen (1527-1561)." *Bulletin de la Société royale de botanique de Belgique*, XCIII (1961), 113-30.

Pagel, Walter. "The Eightness of Adam and Related Gnostic Ideas in the Paracelsian Corpus." *Ambix*, XVI (1969), 119-39.

——, and Winder, M. "The Higher Elements and Prime Matter in Renaissance Naturalism and in Paracelsus." *Ambix*, XXI (1974), 93-127.

Payne, Joseph Frank. "On the 'Herbarius' and 'Hortus Sanitatis.'" *Transactions of the Bibliographical Society*, VI (1900-1901), 63-126.

Pereira Júnior, Albano. "Garcia de Orta pioneiro da farmacognosia." In *Garcia de Orta* (commemorative vol.), XI, No. 4 (1963), 723-53.

Peres, Manuel. "A astronomia e os descobrimentos." *Congresso do mundo português*, V (1940), 197-211.

Pettazzoni, R. "The Pagan Origin of the Three-Headed Representation of the Christian Trinity." *Journal of the Warburg and Courtauld Institutes*, IX (1946), 136-51.

Pina, Luís de. "O método cientifico no luso-tropicalismo de Garcia de Orta." In *Garcia de Orta* (commemorative vol.), XI, No. 4 (1963), 631-62.

——. "As conquistas histórico-naturais dos portugueses nos descobrimentos." *Congresso do mundo português*, V (1940), 215-69.

——. "Na rota do Imperio: A medicina embarcada nos séculos XVI e XVII." *Arquivo histórico de Portugal*, IV (1939), 283-323.

Pingree, David Edwin. "Census of the Exact Sciences in Sanskrit." *Memoirs of the American Philosophical Society* (1970-71), ser. A, LXXXI in 2 vols., Vol. I, pp. 4-32; Vol. II, pp. 3-7.

Porterfield, William M. "What Is Bamboo ?" *China Journal of Science and Arts*, III (1925), 153-58.

Pucci, A. "Dei bambù." *Bolletino della JR. Società Toscana di orticultura* (Florence), XXIV (1899), 302-11; XXV (1900), 14-20.

Randles, M. W. G. L. "Sur l'idée de la découverte." In M. Mollat and P. Adam, eds., *Les aspects internationaux de la découverte océanique aux XVe et XVIe siècles*, pp. 17-21. Paris, 1966.

Reti, Ladislao. "Leonardo da Vinci and Cesare Borgia." *Viator*, IV (1973), 333-68.

——. "Helicopters and Whirligigs." *Raccolta vinciana*, fasc. 20 (1964), pp. 331-38.

Rockenbach, Klaus. "Von der alten Windmühle: Typen, Herkunft, Denkmalpflege, Volkskunde, Dichtung." *Archiv für Kulturgeschichte*, I (1968), 135-53.

Roddis, L. H. "Garcia de Orta, the First European Writer on Tropical Medicine and a Pioneer in Pharmacognosy." *Annals of Medical History*, I (1929), 198-207.

Rosenfeld, B. A., and Cernova, M. L. "Algebraic Exponents and Their Geometric Interpretations." *Organon*, IV (1967), 109-12.

Sarton, George. "Simon Stevin of Bruges: The First Explanation of Decimal Fractions and Measures [+1585]." *Isis*, XXI (1934), 241-304; XXIII (1935), 153-244.

——. "The Scientific Literature Transmitted through the Incunabula." *Osiris*, V (1938), 241-45.

Schulze, Franz. "Die geographische und ethnographische Bedeutung von Springers 'Meerfahrt' vom Jahre 1509." *Globus*, XCVI (1909), 28-32.

Seide, Jacob. "The Relationship of Garcia de Orta's and Cristóbal Acosta's Botanical Works." *Actes du XXe congrès international d'histoire des sciences*, VII (1953), 564-67.

Sen, S. N. "Indian Elements in European Renaissance." *Organon* (Warsaw), IV (1967), 55-59.

——. "Transmissions of Scientific Ideas between India and Foreign Countries in Ancient and Medieval Times." *Bulletin of the National Institute of Sciences of India*, XXI (1963), 8-30.

Sheppard, H. J. "Alchemy: Origin or Origins?" *Ambix*, XVII (1970), 69-84.

——. "A Survey of Alchemical and Hermetic Symbolism." *Ambix*, VIII (1966), 35-41.

Singer, Charles. "East and West in Retrospect." In Charles Singer *et al.*, eds., *A History of Western Technology*, II, 753-76. 5 vols. Oxford, 1956.

Sivin, Nathan. "Introductory Bibliography of Traditional Chinese Science: Books and Articles in Western Languages." In Shigeru Nakayama, ed., *Chinese Science: Exploration of an Ancient*

Tradition, pp. 279-314. Cambridge, Mass., 1973.

Skelton, R. A. "The Seaman and the Printer." *Revista da universidade de Coimbra*, XXIV(1971), 493-502.

Soares, A. X. "Garcia de Orta, a Little Known Owner of Bombay." *Journal of the Bombay Branch of the Royal Asiatic Society,* XXVI (1921-23), 195-229.

Soulard, Henri. "Alchimie occidentale et alchemie chinoise: Analogies et contrastes." *Bulletin de l'association Guillaume Budé*, 4th ser. XXIX (1970), 185-98.

Sousa Viterbo, Francisco M. de. "A jardinagem em Portugal." *O Instituto*, LIII (1906), 562-76, 627-37, 695-704, 738-48; LIV (1907), 173-79, 239-51, 285-97, 345-54, 420-35, 488-97, 543-51, 614-20, 700-708.

Stannard, Jerry. "The Greco-Roman Background of the Renaissance Herbal." *Organon*,IV(1967), 141-45.

——. "Dioscorides and Renaissance Materia medica." In M. Florkin, ed., *Analecta medico-historica*, pp. 1-21. Oxford, 1966.

——. "The Plant Called Moly." *Osiris*, XIV (1962), 254-307.

Strebei, J. "Plotin und Paracelsus über Horoskopie und Schicksal." *Acta nova Paracelsica*,III(1946), 95-109.

——. "Paracelsus, Neuplatonismus und Indische Geheimlehren." Reprinted from Introduction to *Philosophia sagax in Paracelsus Werke*, III, 1-59. St. Gall, 1947.

Teixeira da Mota, Avelino. "Méthodes de navigation et cartographie nautique dans l'Océan Indien avant le XVIᵉ siècle." *Studia*, No. 11 (1963), pp. 49-90.

——. "Evolução dos roteiros portugueses durante o século XVI." *Revista da universidade de Coimbra*, XXIV (1971), 5-32.

——. "A evolução da ciência náutica durante os séculos XV-XVI na cartografia portuguesa da época." *Memórias da Academia das ciências de Lisboa, Classe de letras*, VII (1962), 247-66.

Telepnef, Basilo de. "Wanderwege des Paracelsus von 1512-1525." *Jahrbuch der schweizerischen Paracelsus-Gesellschaft*, III (1946), 147-65.

Thompson, D. V., Jr. "Medieval Color Making." *Isis*, XXII (1934-35), 456-68.

Thorndike, Lynn. "Alchemy during the First Half of the Sixteenth Century." *Ambix*, II (1938), 26-39.

Tibbetts, G. R. "The Navigational Theory of the Arabs in the Fifteenth and Sixteenth Centuries." *Revista da universidade de Coimbra*, XXIV (1971), 323-43.

Torre de Assunção, Carlos Fernando. "A mineralogia nos *Colóquios*." In *Garcia de Orta* (commemorative vol.), XI, No. 4 (1963), 715-21.

Turner, Raymond. "Oviedo's *Historia general y natural de las Indias*... First American Encyclopedia." *Journal of Inter-American Studies*, VI (1964), 267-74.

Unger, Richard W. "Dutch Ship Designs in the Fifteenth and Sixteenth Centuries." *Viator,* IV (1973). 387-413.

Urdang, George. "How Chemicals Entered the Official Pharmacopoeias." *Archives internationales d'histoire des sciences*, N.S. VII (1954), 303-13.

Uvanovič, Daniel. "The Indian Prelude to European Mathematics." *Osiris*, I (1936),652-657.

Verdoom, Frans. "Botanical Gardens and Arboretums of the Past and Their Reconstruction." *Annals of Biology*, XXIX (1953), 277-82.

Vietor, O. "A Portuguese Chart of 1492 by Jorge Aguinar." *Revista da universidade de Coimbra*, XXIV (1971), 515-16.

Walter, Jaime. "Simão Alvares e o seu rol das drogas da India." *Studia* (Lisbon), X (1962),pp. 117-149.

——. "Os *Colóquios* de Garcia de Orta no *Tractado de los Drogas de Cristóvão da Costa." In Garcia de Orta* (commemorative vol.), XI, No. 4 (1963), 799-832.

Wang Ling. "On the Invention and Use of Gunpowder and Firearms in China." *Isis*,XXXVII (1947), 160-78.

Waters, David W. "Science and the Techniques of Navigation in the Renaissance." In C. S. Singleton, ed., *Art, Science, and History in the Renaissance*, pp. 189-237. Baltimore, 1968.

——. "The Iberian Bases of the English Art of Navigation in the Sixteenth Century." *Revista da universidade de Coimbra*, XXIV (1971), 347-63.

White, Lynn, Jr. "The Act of Invention: Causes, Contexts, Continuities and Consequences." *Technology and Culture*, III (1962), 486-97.

——. "Indic Elements in the Iconography of Petrarch's *Trionfo della Morte." Speculum*,XLIX (1974), 201-21.

——. "Cultural Climates and Technological Advance in the Middle Ages." *Viator*, II(1971), 171-202.

——. "Tibet, India, and Malaya as Sources of Western Medieval Technology." *American Historical Review*, LXV (1960), 515-26.

——. "Medieval Borrowings from Further Asia." In O. B. Hardison, ed., *Medieval and Renaissance Studies*, No. 5 (1974), pp. 3-26.

Wicki, Josef. "Os percalços das aldeias e terras de Baçaim vistos e julgados pelo P. Francisco Rodrigues, S.J., por 1570." *Boletim do Instituto Vasco da Gama*, No. 76 (1959), PP. 37-75.

Wilson, E. H. "The 'Wood Oil' Trees of China and Japan." *Bulletin of the Imperial Institute* (London), XI (1913), 441-61.

Wingfield Digby, G. F. "Some Silks Woven under Portuguese Influence in the Far East." *Burlington Magazine*, LXXVII (1940), 52-61.

Wunderly, Jürgen. "Zum Problem des feinstofflichen Leibes in der indischen Philosophie, im

Neuplatonismus und in Paracelsus." *Episteme* (Milan), III (1969), 3-15.

Wussing, H. L. "European Mathematics during the Evolutionary Period of Early Capitalistic Conditions (Fifteenth and Sixteenth Centuries)." *Organon*, IV (1967),89-93.

Yabunti, Kiyoshi. "Chinese Astronomy: Development and Limiting Factors." In S. Nakayama and N. Sivin, comps., *Chinese Science...*, pp. 91-103. Cambridge, Mass., 1973.

X. CARTOGRAPHY AND GEOGRAPHY

BOOKS

Abbot, George. *A Briefe Description of the Whole Worlde*. London, 1600.

Albuquerque, Luis G. M. de. *Introdução à história dos descobrimentos*. Coimbra, 1962.

Alexandrowicz, Charles Henry. *An Introduction to the History of the Law of Nations in the East Indies (16th, 17th, and 18th Centuries)*. Oxford, 1967.

Alfonce, Jean. *Les voyages aventureux du capitaine Ian Alfonce, Sainctongeois, À Poitins, au Pelican, par Ian de Marnef [1559]*. Facsimile ed. Boston, 1920.

——. *La cosmographie ... par Jean Fonteneau de Alfonce de Saintonge*. Edited by Georges Musset. Paris, 1904.

Almagià, Roberto. *Monumenta cartographica Vaticana*. 4 vols. Vatican City, 1944-55.

Anania, Giovanni Lorenzo d'. *L'universale fabrica del mondo, overo Cosmographia ... diviso in 4 trattati*. Venice, 1576.

Anghiera, Pietro Martire d' . *De orbe novo: The Eight Decades....* Translated from the Latin by Francis A. MacNutt. 2 vols. New York and London, 1912.

Anthiaume, Albert. *Cartes marines, constructions navales: Voyages de découverte chez les normands, 1500-1650*. 2 vols. Paris, 1916.

Apian, Peter. *Cosmographicus liber Petri Apiani mathematici, studiose collectus....* Landshut, 1524.

Arber, Edward, ed. *The First Three English Books on America.(1511)-1555 A.D.; Being Chiefly Translations, Compilations, etc., by Richard Eden, from the Writings, Maps, etc. of Pietro Martire ... Sebastian Münster... Sebastian Cabot... with Extracts, etc., from the Works of Other Spanish, Italian, and German Writers of the Time*. Birmingham, 1885.

Arciniegas, German. *Amerigo and the New World*. New York, 1955.

Averdunk, Heinrich, and Mueller-Reinhard, J. *Gerhard Mercator und die Geographen unter seinen Nachkommen*. Gotha, 1914.

Bachmann, Friedrich. *Die alten Städtebilder*. Leipzig, 1939.

Badia, Jacodo del. *Egnazio Danti cosmografo e mathematica e le sue opere in Firenze*. Florence, 1898.

Baginsky, Paul B. *German Works Relating to America, 1493-1800*. New York, 1942.

Bagrow, Leo, and Skelton, Raleigh A. *History of Cartography.* Cambridge, Mass., 1964.

Baranowski, Bohdan. *Znajomość Wschodu w dawnej Polsce do XVIII wieku* (Knowledge of the Orient in Poland before the 18th Century). Lodz, 1950.

Barthold. Wilhelm. *Die geographische und historische Erforschung des Orients, mit besonderer Berücksichtigung der russischen Arbeiten.* Leipzig, 1913.

Beck, Hanno. *Geographie: Europäische Entwicklung in Texten und Erläuterungen.* Munich,1973.

Bell (Belus), Robert, comp. *Rerum hispanicarum scriptores aliquot, quorum nomina versa pagina indicabit.* 2 vols. Frankfurt, 1579.

Belleferest, François de, ed. and trans. *La cosmographie universelle [of Sebastian Münster] de tout le monde....* 2 vols. in 3. Paris, 1575.

Bellemo, Vincenzo. *La cosmografia e le scoperte geografiche nel secolo XV. e i viaggi di Nicolò de' Conti.* Padua, 1908.

Belon, Pierre. *Les observations de plusieurs singularitez et choses memorables, trouvées en Grèce, Asie, Judée, Egypte, Arabie, e autres pays estranges.* Paris, 1553.

Berthelot, André. *L'Asie ancienne centrale et sud-Orientale d'après Ptolomée.* Paris, 1930.

Böhme, Max. *Die grossen Reisesammlungen des 16. Jahrhunderts und ihre Bedeutung.* Strassburg, 1904.

Bordone, Benedetto. *Libro ... nel qual si ragiona de tutti l'Iisole del mondo con li lor nomi antichi e moderni, historie, favole, e modi del loro vi usere, e in qual parte del mare stanno, e in qual parallelo e clima giacciono.* Venice, 1528.

Borges de Figueiredo, Antonio C. *A geographia dos Lusíadas de Luis de Camões.* Lisbon, 1883.

Botero, Giovanni. *Relations of the Most Famous Kingdoms and Common-wealths thorowout the World: discoursing of their Situations, Religions, Languages, Manners, Customes, Strengths, Greatnesse and Policies....* London, 1630.

Brandão, João. *Tratado da majestade, grandeza a abastança da cidade de Lisboa, na 2ᵉ metade do século XVI.* Lisbon, 1923.

Brandmair, E. *Bibliographische Untersuchung über Entstehung und Entwicklung des Ortelianischen Kartenwerkes.* Amsterdam, 1964.

Braun, Georg, and Hogenberg, Franz. *Civitates orbis terrarum: The Towns of the World, 1572-1618.* Introduction by R. A. Skelton. 6 vols. in 3. Cleveland, 1966.

Caleagnini, Celio. *Opera aliquot.* Basel, 1544.

Castilho, Julio. *A ribeira de Lisboa.* 2d ed. 5 vols. Lisbon, 1941-48.

——. *Lisboa antiga.* 2d ed. 5 vols. Lisbon, 1902-4.

Castillo, Rafael del. *Gran diccionario geográfico, estadístico é histórico de España e sus provincias de Cuba, Puerto Rico, Filipinas y posesiones de Africa.* 2 vols. Barcelona, 1889-94.

Centellas, Joachim de. *Les voyages et conquestes des roys de Portugal es Indes d'Orient... le tout recueilly de fideles tesmoignages et mémoires du sieur Joachim Centellas.* Paris, 1578.

Coignet, Michael. *Abraham Ortelius: His Epitome of the Theater of the Worlde, Now latyle, since the Latine, Italian, Spanishe, and Frenche Editions, Renewed and Augmented, the Mappes all newe graven according to Geographicall measure. By Michael Coignet, Mathematician of Antwarpe....* London, 1603.

——. *Epitome du Théâtre de l'Univers d'Abraham Ortelius.* Anvers, 1602.

Como, Ugo da. *Girolamo Muziano, 1528-92: Note e documenti.* Bergamo, 1930.

Cook, Arthur K. *About Winchester College.* London, 1917.

Cortesão, Armando. *Cartografia e cartografos portugueses dos séculos XV e XVI.* 2 vols. Lisbon, 1935.

——. *History of Portuguese Cartography.* 2 vols. to date. Coimbra, 1969-71.

——, and Teixeira da Mota, A. *Portugaliae monumenta cartographica.* 6 vols. Lisbon,1960-62.

Costantini, Celso. *Filippo Sassetti geografo.* Trieste, 1897.

Crone, Gerald Rose. *Maps and Their Makers: An Introduction to the History of Cartography.* 4th rev. ed. London, 1968.

Cunningham, William. *The Cosmographical Glasse, conteinying the Pleasant Principle of Cosmographie, Geographie, Hydrographie, or Navigation.* London, 1559.

Dainville, François de. *La géographie des humanistes.* Paris, 1940.

——. *Le langage des géographes: Termes, signes, couleurs des cartes anciennes, 1500-1800.* Paris, 1964.

Davys,John. *The Worldes Hydrographical Description. Wherein is proved not onely by auctoritie of writers, but also by late experience of travellers and reasons of substantiall probabilitie, that the worlde in all his zones clymats and places, is habitable and inhabited, and the Seas likewise universally Navigable without any naturall annoyance to hinder the same whereby appeares that from England there is a short and speedie passage into the South Seas, to China, Molucca, Philipina, and India by Northerly Navigation...*London, 1595.

Deacon, Richard. *John Dee: Scientist, Geographer, Astrologer, and Secret Agent to Elizabeth I.* London, 1968.

Dee, John. "Of Famous and Rich Discoveries." Unpublished manuscript, 1577, Brit. Mus. Vitelhus, C. vii. Cotton Mss.

——. *The Private Diary of John Dee and the Catalogue of His Library of Manuscripts.* Edited by James O. Halliwell. London, 1842.

Denucé, Jean. *Oud Nederlandsche Kaartmakers in Betrekking met Plantin.* 2 vols. Antwerp, 1912.

——. *Les origines de la cartographie portugaise et les cartes des Reinel.* Ghent, 1908.

Deserpz, François. *Omnium fere gentium, nostraeq́; aetatis nationum, habitus, et effigies. In eosdem Ioannis Sluperij Herzelensis epigrammata. Adiecta ad singulas icones Gallica testrasticha.* Antwerp, 1572.

Destombes, M. *La mappemonde de Petrus Plancius gravée par Josua van den Ende, 1604.* Hanoi, 1944.

Dickinson, R. E., and Howarth, O. J. R. *The Making of Geography.* Oxford, 1933.

Du Pinet, Antoine. *Plantz, povrtraitz et descriptions de plvsievrs villes et forteresses, tant de l'Evrope, Aste, & Afrique, que des Indes & terres neuues.,. auec plusieurs cartes generales & particulieres... Le tout mis par ordre, region par region, par Antoine du Pinet.* Lyons, 1564.

Durme, Maurice van, ed. *Correspondance mercatorienne.* Antwerp, 1959.

Eckert, Max. *Die Kartenwissenschaft: Forschungen und Grundlagen zu einer Kartographie als Wissenschaft.* 2 vols. Berlin, 1924-25.

Enciso, Martín Fernandez de. *Suma de geografía.* Seville, 1519.

Fauser, Alois. *Die Welt in Händen: Kurze Kulturgeschichte des Globus.* Stuttgart, 1967.

Fausto, Sebastiano da Longiano. *La discrittione de l'Asia et Europa di Papa Pio II e l'historia de le cose memorabili fatte in quelle, con s'aggiorna de l'Africa, secondo diversi scrittori, con incredibile brevità e diligenza.* Venice, 1544.

Fontoura da Costa, Abel, ed. *Roteiros portugueses inéditos da carreira da India do século XVI.* Lisbon, 1940.

Foster, William, ed. See Lancaster, James.

Fowler, A. D. S., trans, and ed. See Willes, Richard.

French, Peter J. *John Dee: The World of an Elizabethan Magus.* London, 1972.

Gallois, Lucien. *De Orontio Finaeo gallico geographo.* Paris, 1890.

——. *Les géographes allemands de la Renaissance.* Paris, 1890.

Galvão, Antonio. *The Discoveries of the World....* Edited by Charles R. Drinkwater Bethune. "Hakluyt Society Publications," O.S., No. 30. London, 1862.

Garimberto, Girolamo. *Problemi naturali et morali.* Venice, 1549.

Geiger, Theodor. *Conrad Celtis in seinen Beziehungen zur Geographie.* Munich, 1896.

George, Wilma B. *Animals and Maps.* Berkeley [1969].

Gerini, Gerolamo Emilie. *Researches on Ptolemy's Geography of Eastern Asia (Further India and Indo-Malay Archipelago).* London, 1909.

Girava, Hieronimo. *La cosmographia y geographia del S. Hieronimo Girava.* Milan, 1556.

Gomara, Francisco López de. *Primera y segunda parte de la historia general de las Indias con todo il descubrimiento y cosas notables que han acaecido dende que se ganaron āta il año de 1551.* Saragossa, 1553.

Gosche, Richard. *Sebastian Franck als Geograph*. Berlin, 1853.

Götz, Wilhelm. *Die Verkehrswege im Dienste des Welthandels: Eine historisch-geographische Untersuchung....* Stuttgart, 1888.

Grande, Stefano. *Le relazioni geographiche fra P. Bembo, G. Fracastoro, G. B. Ramusio, G. Gastaldi*. Rome, 1906.

Guenther, Siegmund. *Peter und Philipp Apian, zwei deutsche Mathematicker und Kartographen des XVI. Jahrhunderts*. Prague, 1882.

Halliwell, James O., ed. See Dee, John.

Hantzsch, Viktor. *Deutsche Reisende des 16. Jahrhunderts*. Leipzig, 1895.

Hartshome, Richard. *The Nature of Geography*. Lancaster, Pa., 1946.

Heidenheimer, Heinrich. *Petrus Martyr Angherius und sein Opus Epistolarum*. Berlin, 1881.

Herbermann, Charles George, ed. See Waldseemüller, Martin.

Hessels, Johannes, ed. See Ortelius, Abraham.

Hind, A. M. *Early Italian Engraving*. 7 vols. London, 1938-48.

Ivins, William M., Jr. *Prints and Visual Communication*. Cambridge, Mass., 1953.

Johnson, Hildegarde Binder. *Carta Marina: World Geography in Strassburg*, 1525. Minneapolis, [1963].

Julien, Charles-André. *Les voyages de découverte et les premiers établissements (XVᵉ-XVIᵉ siècles)*. Paris, 1948.

Keuning, Johannes. *Petrus Plancius, theolog en geograf, 1552-1622*. Amsterdam, 1946.

Koeman, Cornelis. *Collections of Maps and Atlases in the Netherlands: Their History and Present State*. Leyden, 1961.

——. *The History of Lucas Janszoon Waghenaer and His "Spieghel der Zeevaerdt."* New York, [1964].

——. *The History of Abraham Ortelius and His Theatrum Orbis Terrarum*. Lausanne, 1964.

——, comp. and ed. *Atlantes Neerlandica: Bibliography of Terrestrial, Maritime and Celestial Atlases and Pilot Books Published in the Netherlands up to 1880*. 5 vols. Amsterdam, 1969.

Konetzke, Richard. *Das spanische Weltreich: Grundlagen und Entstehung*. Munich, 1943.

Kraus, Hans Peter. *Sir Francis Drake*. Amsterdam, 1970.

Krause, Kurt. *Die Anfänge des geographischen Unterrichts im 16. Jahrhundert*. Gotha, 1929.

Kretschmer, Konrad. *Geschichte der Geographie*. Berlin and Leipzig, 1912.

Lacarrière, Jacques. *Hérodote et la découverte de la terre*. Paris, 1968.

Lamb, Ursula, trans. and ed. See Medina, Pedro de.

Lancaster, James. *The Voyages of Sir James Lancaster to Brazil and the East Indies, 1591-1603*. Edited by Sir William Foster. "Hakluyt Society Publications," 2d ser., No. 85. London, 1940.

Leithäuser, Joachim G. *Mappae mundi; die geistige Eroberung der Welt; eine Kulturgeschichte der alten Weltkarten*. Berlin, 1958.

Lynam, Edward. *British Maps and Map-Makers*. London, 1944.

MacNutt, F. A., trans. and ed. See Anghiera, Pietro Martire d'.

March, Andrew L. *The Ideas of China: Myth and Theory in Geographic Thought*. New York, 1974.

Marinelli, Giovanni. *Venezia nella storia della geografia, cartografica ed esploratrici*. Florence,1907.

Medina, Pedro de. A *Navigator's Universe: The Libro de Cosmographia of 1538 by Pedro de Medina*. Edited by Ursula Lamb. Chicago, 1972.

Menendez-Pidal, Gonzalo. *Imagen del mundo hacia 1570; segun noticias del consejo de Indias y de los tratadistes españoles*. Madrid, 1944.

Mercator, Gerard. *Atlas sive Cosmographicae....* Duisburg, 1595.

Mitchell, Mairin. *Elcano, the First Circumnavigator.* London, 1958.

Mollat, Michel, and Adam, Paul, eds. *Les aspects internationaux de la découverte océanique aux XVe et XVIe siècles*. Paris, 1966.

Morison, Samuel Eliot. *The European Discovery of America: The Southern Voyages, A.D. 1492-1616*. New York, 1974.

Münster, Sebastian; *see* Belleforest, François de, ed.

Muris, Oswald, and Saarmann, Gert. *Der Globus im Wandel der Zeiten: Eine Geschichte der Globen*. Stuttgart, 1961.

Musset, Georges, ed. See Alfonce, Jean.

Näf, Werner. *Vadian und seine Stadt St. Gallen*. St. Gail, 1944.

Nakamura Hiroshi [中村拓]. *Sakoku zen ni Nambanjin no tsukurem Nihon chizu* [鎖國前南蠻人の作れる日本地圖]（"Maps of Japan Made by the Portuguese before the Closure of Japan"）. 3 vols. Tokyo, 1966-67.

——. *East Asia in Old Maps*. Honolulu, [*ca.* 1964].

Nettesheim, H. C. Agrippa von. *The Vanity of Arts and Sciences*. London, 1684.

Nicolay, Nicolas de. *Les navigations et peregrinations orientales*. Lyons, 1567.

Nigri, Dominicus Marius. *Geographiae commentariorum, libri XI, nunc primum in lucem magno studio editi....* Basel, 1557.

Nordenskiöld, Nils A. E. *Facsimile Atlas to the Early History of Cartography with Reproductions of the Most Important Maps Printed in the XV and XVI Centuries*. Translated from the Swedish. Stockholm, 1889.

Nunn, George E. *World Map of Francesco Roselli [sic]....* Philadelphia, 1928.

O'Malley, Charles Donald, ed. See Servetus, Michael.

Ortelius, Abraham. *Abrahami Ortelii (geographi Antwerpiensis) et virorum eruditorum ad eundem et ad Jacobum Colium Ortelianum .. .Epistulae .. .(1524-1628)*. Edited by Johannes Hessels.

Cambridge, 1887.

———. *Theatrum orbis terrarum*. Antwerp, 1575.

Osley, A. S. *Mercator*. New York, 1969.

Paassen, C. van. *The Classical Tradition of Geography*. Groningen, 1957.

Pannwitz, Max. *Deutsche Pfadfinder des 16. Jahrhunderts in Afrika, Asien und Südamerika*. Munich, 1928.

Parr, Charles M.. *Jan van Linschoten: The Dutch Marco Polo*. New York, 1964.

Porcacchi, Thomaso. *L'Isole piv famose del mondo descritte da Thomaso Porcacchi da Castiglione, Arretino, e intagliate Girolamo Porro. Padovano. Al Sereniss. principe et sig.^{re} II. S. Don Giovanni D'Avstria, Generale della Santiss. Lega. Con privilegio*. Venice, 1572.

Ptolemy. *Claudii Ptolemaei Alexandrini Geographicae Enarrationis libri Octo. Ex Bilibaldi Pirckheymeri translatione, sed ad Graeca & prisca exemplaria à Michaële Villanovano (Serveto) iam primum recogniti*. Lyons, 1535.

Puente y Olea, Manuel de la. *Los trabajos geográficos de la Casa de la Contratación*. Seville, 1900.

Quad, Matthias. *Geographisch Handtbuch*. Cologne, 1600.

Quinn, David Beers, ed. *The Hakluyt Handbook*. 2 vols. London, 1974.

———, ed. *The Last Voyage of Thomas Cavendish*. Chicago, 1975.

Quirino, Carlos. *Philippine Cartography, 1320-1899*. 2d rev. ed. Amsterdam, [1963].

Ringler, W. A., Jr., ed. See Sidney, Philip.

Ristow, Walter W., comp. *Guide to the History of Cartography: An Annotated List of References on the History of Maps and Mapmaking*. Washington, D.C., 1973.

Ritter, Carl. *Geschichte der Erdkunde und der Entdeckungen*. 2d ed. Berlin, 1880.

Rosaccio, Giuseppe. *Descrittione della geografia universale*. Venice, 1599.

Rossi, Mario. *Un letterato e mercanti fiorentino del seculo XVI, Filippo Sassetti*. Città di Castello, 1899.

Santarem, Visconde de. *Essai sur l'histoire de la cosmographie et de la cartographie pendant le moyen-âge....* 3 vols. Paris, 1849-52.

Sanz, Carlos. *Mapas antiguos del mundo (siglos XV-XVI)*. Madrid, 1962.

———. *La geographia de Ptolomeo ampliada con los primeros mapas impresos de América (desde 1507)*. Madrid, 1959.

———. *Bibliotheca Americana Vetustissima; Ultimas Adiciones (en dos volumenens)*. Madrid, 1960.

São Bernardino, Gaspar de. *Itinerario da India por terra à ilha de Chipre*. Edited by A. R. Machado. Lisbon, 1953.

Schmithüsen, Josef. *Geschichte der geographischen Wissenschaft von den ersten Anfängen bis zum Ende des 18. Jahrhunderts*. Mannheim, 1970.

Schultheiss, W. *Martin Behaim und die Nürnberger Kosmographen*. Nuremberg, 1957.

Servetus, Michael. *Michael Servetus: A Translation of His Geographical, Medical and Astrological Writings....* Edited by Charles Donald O'Malley. Philadelphia, 1953.

Shawcross, J. T., ed. *The Complete Poetry of John Donne*. New York, 1967.

Sidney, Philip. *The Poems of Sir Philip Sidney*. Edited by W. A. Ringler, Jr. Oxford, 1962.

Signot, Jean. *La division du monde, contenant la declaration des provinces & regions d'Asie, Europe, & Aphricque. Ensemble les passages, lieux & destroitz, par lesquelz on peut & passer des Gaules es parties d'Italie....* Lyons, 1555.

Sinnatamby, J. R. *Ceylon in Ptolemy's Geography*. [Colombo, 1968].

Skelton, Raleigh A. *Decorative Printed Maps of the 15th to 18th Centuries*. London, 1952. Reprinted in 1965.

——. *Explorers' Maps: The Cartographic Record of Geographical Discovery*. London, 1958.

——. *A Venetian Terrestrial Globe Represented by the Largest Surviving Printed Gores of the XVIth Century*. Bologna, 1969.

——. *Maps: A Historical Survey of Their Study and Collecting*. Chicago, 1972.

Smet, Antoine de. *La cartographie hollandaise*. Brussels, 1971.

Smith, Ronald Bishop, ed. *The First Age of the Portuguese Embassies, Navigations, and Peregrinations to the Kingdoms and Islands of Southeast Asia (1509-21)*. Bethesda, Md., 1968.

Stevens, Henry N. *Ptolemy's Geography : A Brief Account of All Printed Editions down to 1730*. London, 1908.

Strauss, Gerald. *Nuremberg in the Sixteenth Century*. Bloomington, Ind., 1967.

Taylor, E. G. R. *Tudor Geography, 1485-1583*. London, 1930.

Thevet, André. *La cosmographie universelle... illustree de diverses figures des choses plus remarquables vivës par l'Auteur et incogneuës de noz Anciens et Modernes*. 2 vols. Paris, 1575.

Thrower, Norman J. W. *Maps and Man*. Englewood Cliffs, N.J., 1972.

Tooley, Ronald V. *Maps and Map-Makers*. London, 1949.

Torres Lanzas, Pedro. *Relación descriptiva de los mapas planos etc. de Filipinos, existentes en el Archivo general de Indias*. Madrid, 1897.

Uzielli, Gustavo, and Amat de S. Filippo, P. *Mappamondi, carte nautiche, portolani ed altri monumenti cartografici specialmente italiani dei secoli XIII-XVII*. Amsterdam, 1967.

Vadianus, Joachim. *Epitome trium terrae partium Asiae, Africae et Europae....* Zurich, 1534.

Waghenaer, Luc. Janszoon. *Spieghel der zeevaerdt*. Leyden, 1584-85. Reprinted edition. Amsterdam, 1964.

Waldseemüller, Martin. *Cosmographiae introductio*. Strassburg, 1509.

——. *The Cosmographiae introductio of Martin Waldseemüller in Facsimile*. Edited by Charles George

Herbermann. New York, 1907.

Wauwermans, Henri E. *Histoire de l'école cartographique belge et anversoise du XVIe siècle*. 2 vols. Reprint of the 1895 edition. Amsterdam, 1964.

Weyrauther, M. *Konrad Peutinger und Wilibald Pirckheimer in ihren Beziehungen zur Geographie: Eine geschichtliche Parallele.* "Münchener geographische Studien," Vol. XXI. Munich, 1907.

Wieder, Frederick Caspar, ed. *Monumenta cartographica....* 5 vols. The Hague, 1925-33.

Willes, Richard. *"De re Poetica" by Wills [Willes]*. Edited and translated by A. D. S. Fowler. Oxford, 1958.

——. *The History of Traveyle*. London, 1577.

Yusuf Kamal. *Monumenta cartographica Africae et Aegypti*. 5 vols. in 15. Cairo, 1926-51.

ARTICLES

Anon. "Old Inventories of Maps." *Imago mundi*, V (1948), 18-20.

Abendanon, E. C. "Missing Links in the Development of the Ancient Portuguese Cartography of the Netherlands East Indian Archipelago." *Geographical Journal*, LTV (1919), 347-55.

Almagià, Roberto. "The Atlas of Pietro Coppo, 1520." *Imago mundi*, VII (1950),48-50.

——. "Un grande planisfero di Giuseppe Rosaccio." *Revista geografica italiana*, XXXI(1924), 264-69.

——. "Padova e l' Ateneo padovano nella storia della scienza geografica." *Revista geografica italiana*, XIX (1912), 467-510.

——. "On the Cartographic Work of Francesco Rosselli." *Imago mundi*, VII (1951),27-52.

——. "La diffusion des produits cartographiques flamand en Italie au XVIe siècle." *Archives internationales d'histoire des sciences*, XXXIII (1954), 46-48.

Andrews, Michael C. "The Study of Classification of Medieval *Mappae Mundi*." *Archaeologia*, LXXV (1926), 61-76.

Bagrow, Leo. "A Page from the History of the Distribution of Maps." *Imago mundi*, V (1948), 57-59.

——. "A. Ortelii catalogus cartographorum." *Petermanns Mitteilungen*, XLIII (1920),No. 199 (1928) and No. 210 (1930). Included respectively in *Ergänzungsband* XLIII and XLV.

Ballesteros Gaibrois, Manuel. "Femandez de Ovideo, etnólogo." *Revista de Indias*, XVII(1957), 445-67.

Banfi, Florio. "The Cosmographie Loggia of the Vatican Palace." *Imago mundi*, IX (1952),23-34.

Baratta, M. "Ricerche intorno a Giacomo Gastaldi." *Revista geografica italiana*, XXI(1914), 117-136, 373-79.

Beck, Hanno. "Entdeckungsgeschichte und geographische Disziplinhistorie." *Erdkunde*, IX (1955),

197-204.

Biermann, Benno. "Die 'Geografía y descripción universal de las Indias' des Juan López de Velasco als Quelle für die Missionsgeschichte (1570)." *Neue Zeitschrift für Missionswissenschaft*, XVII (1961), 291-302.

Bonacker, Wilhelm. "Der Erdglobus von Johann Schöner aus dem Jahre 1520." *Mitteilungen des Vereins für die Geschichte der Stadt Nürnberg*, LI (1962), 441-42.

Bonaparte, R. "Les premiers voyages des Neerlandais dans l'Insulinde, 1595-1602." *Revue de géographie*, XIV (1884), Pt. I, 440-51.

Broek, Jan O. M. "Place Names in 16th and 17th Century Borneo." *Imago mundi*, XVI (1962), 129-48.

Buczek, Karol. "Ein Beitrag zur Entstehungsgeschichte der 'Kosmographie' von Sebastian Münster." *Imago mundi,* I (1935), 35-40.

Burmeister, Karl Heinz. "Achilles Pirmin Gasser (1505-1577) as Geographer and Cartographer." *Imago mundi*, XXIV (1970), 57-62.

Campos, Viriato de, and Machado, José Pedro. "Taprobana, Ceilão e Samatra." *Revista de Portugal*, XXXI (1966), 284-92.

Chang Kuei-sheng. "Africa and the Indian Ocean in Chinese Maps of the Fourteenth and Fifteenth Centuries." *Imago mundi*, XXIV (1970), 21-30.

Cortesão, Jaime. "Influência dos descobrimentos dos Portugueses na história da civilização." In Damião Peres, ed., *História de Portugal* (Barcelos, 1932), IV, 179-240.

Crone, Gerald Roe. "Richard Hakluyt, Geographer." In D. B. Quinn, ed., *The Hakluyt Handbook*, I, 8-14. 2 vols. London, 1974.

Dainville, François de. "Les amateurs des globes." *Gazette des Beaux Arts*, 6th ser. LXXI (1968), 51-64.

——. "Les découvertes portugaises à travers des cahiers d'écoliers parisiens de la fin du XVIe siècle." In M. Mollat and P. Adam, eds., *Les aspects internationaux*, pp. 39-46. Paris, 1966.

——. "Libraires d'écoliers toulousains à la fin du XVIe siècle." *Bibliothèque d'humanisme et renaissance*, IX (1947), 129-40.

Destombes, Marcel. "Un Antwerp *unicum*: An Unpublished Terrestrial Globe of the i6th Century in the Bibliothèque Nationale, Paris." *Imago mundi*, XXIV (1970), 85-94.

Dindinger, Giovanni. "Il contributo dei missionari cattolici alla conscenza del Siam e dell'Indocina." In C. Costantini *et al.*, *Le missioni cattoliche e la cultura dell'Oriente*, pp. 293-338. Rome, 1943.

Ferrando, Roberto. "Femandez de Oviedo y el conocimiento del Mar del Sur." *Revista de Indias*, XVII (1957), 469-82.

Gallo, Rodolfo. "Le mappe geografiche del Palazzo ducale di Venezia." *Archivio veneto,* 5th ser.

XXXII (1943). 47-113.

Gernez, D. "Lucas Janszoon Wagenaer 1584." *Mariner's Mirror*, XXIII (1937), 190-97.

Grenacher, Franz. "Guide to the Cartographic History of the Imperial City of Augsburg." *Imago mundi*, XXII (1968), 85-106.

Grössing, H. "Johannes Stabius: Ein Oberösterreicher im Kreis der Humanisten um Kaiser Maximilian I." *Mitteilungen des oberösterreichischen Landesarchivs* (Graz), IX(1968), 239-64.

Günther, Siegmund. "Wilibald Pirckheimer, einer der Wiedererwecker der Geographie in Deutschland." *Das Bayerland*, IV (1893), 569-72, 583-85.

——. "Der Humanismus in seinem Einfluss auf die Entwicklung der Erdkunde." *Geographische Zeitschrift*, VI (1900), 65-89.

Haardt, Robert. "The Globe of Gemma Frisius." *Imago mundi*, IX (1952), 109-10.

Hamann, G. "Auswirkungen der Entdeckungsfahrten auf der südlichen Hemisphäre auf die Kartographie." *Sitzungsberichte der Österreichische Akademie der Wissenschaften, philosophische-historische Klasse* (Vienna), CCLX (1968), 62-74, 418-37.

Hantzsch, Viktor. "Deutsche Geographen der Renaissance." *Geographische Zeitschrift*, III (1897), 507-44, 557-66, 618-24.

Heawood, Edward. "The World Map before and after Magellan's Voyage." *Geographical Journal*, LVII (1921), 431-45.

Heiberg, J. L. "Théories antiques sur l' influence morale du climat." *Scientia*, XXVII (1920), 453-64.

Hervé, R. "L'oeuvre cartographique de Nicolas de Nicolay et d'Antoine de Leval, 1544-1619." *Bulletin de la section de géographie du comité des travaux historiques et scientifiques* (Paris), LXVIII (1955), 223-63.

Hoff, Door Bert van't. "De catalogus van de bibliotheek van Gerard Mercator." *Het Boek*, XXXV (1961-62), 25-27.

——. "Gerard Mercator (1512-94) en de kartografie de 16de eeuw." *Duisburger Forschungen*, VI (1962), 1-27.

Hulshoff Pol, E. "The Library." In Th. H. Lunsingh Scheurleer and G. H. M. Posthumus Meyjes, eds., *Leiden University in the Seventeenth Century*, pp. 395-459. Leyden,1975.

Ishida Mikinosuke. "A Brief Note on the Two Old European Maps of Japan Recently Discovered." *Monumenta nipponica*, I (1938), 259-65.

Kellenbenz, Herman. "La participation des capitaux de l'Allemagne méridionale aux enterprises portugaises d'outre-mer au tournant du XVe siècle." In Mollat and Adam, eds., *Les aspects internationaux*, pp. 309-17. Paris, 1966.

Keuning, Johannes. "Sixteenth-Century Cartography in the Netherlands." *Imago mundi*, IX (1952), 35-63

——. "The History of an Atlas: Mercator-Hondius." *Imago mundi*, IV (1947). 27-62.

——. "Overzicht van de Ontwikkeling van de Kartografie van den indischen Archipel tot het Jaar 1598." In Johannes Keuning, ed., *De tweede Schipvaart der Nederlanders naar Oost-Indië...*, pp. 214-318. 's-Gravenhage, 1949.

——. "Hessel Gerritz." *Imago mundi*, VI (1950), 49-66.

Kish, George. "The Life and Works of Gemma Frisius, 1508-55." *James Ford Bell Lectures* (Minneapolis), Vol IV (1967).

——. "Two Fifteenth-Century Maps of 'Zipangu' : Notes on the Early Cartography of Japan." *Yale University Library Gazette*, XL (1966), 206-14.

——. "The Japan on the 'Mural Atlas' of the Palazzo Vecchio, Florence." *Imago mundi*, VIII (1951). 52-54.

——. "The Cosmographic Heart: Cordiform Maps of the XVI Century." *Imago mundi*, XIX (1965), 13-21.

——. "Some Aspects of the Missionary Cartography of Japan during the Sixteenth Century." *Imago mundi*, VI (1949), 39-46.

Lamb, Ursula. "The Spanish Cosmographic Juntas of the Sixteenth Century." *Terrae incognitae*, VI (1974), 51-62.

Lessa, William A. "Francis Drake in Mindinao ?" *Journal of Pacific History*, IX (1974), 55-64.

McFarland, J. "Jesuit Geographers of India, 1600-1750." *New Review* (Calcutta), XII (1940), 496-515.

Merens, A., ed. "De reis van Jan Martenez. Merens door Frankrijk, Italie en Duitschland, anno 1600." *Mededeelingen van het Nederlandsche Historisch Institut te Rome*, 2d set. VII (1937), 49-157.

Millás Vallicrosa, J. M. "Nautique et cartographique de l'Espagne au XVIᵉ siècle." In A. Koyré, ed., *La science au seizième siècle*, pp. 35-47. Paris, 1960.

Nakamura Hirosi. "Les cartes du Japon qui servaient de modele aux cartographes européens au début des relations de l'Occident avec le Japon." *Monumenta nipponica*, II (1939), 100-123.

Nordenskiöld, A. H. "Intorno alla influenza dei 'Viaggi di Marco Polo' sulle carte dell' Asia di Giacomo Gastaldo." *Revista geografica italiana*, VIII (1901), 496-507.

Po, Guido. "La collaborazione Italo-Portoghese alle grandi esplorazione geografiche ed alla cartografia nautica." In Reale Accademia d'Italia, *Relazioni storiche fra l'Italia e il Portogallo: Memorie e documenti*, pp. 261-322. Rome, 1940.

Pölnitz, Graf Freiherr von. "Martin Behaim." In K. Rüdinger, ed., *Gemeinsames Erbe: Perspektiven europäischer Geschichte*, pp. 134-36. Munich, 1959.

Quinn, David Beers. "Simão Fernandes, a Portuguese Pilot in the English Serivce, 1573-1588." *Congresso international de história dos descobrimentos, Adas*, III (1960), 449-65.

——, et al. "The Primary Hakluyt Bibliography." In D. B. Quinn, ed., *The Hakluyt Handbook*, II, 461-97. 2 vols. London, 1974.

Ribeiro, Luciano. "Uma geografia quinhentista." *Studia*, VII (1961), 151-318.

Rogers, Francis M. "Hakluyt as Translator." In D. B. Quinn, ed., *The Hakluyt Handbook*, I, 37-48. 2 vols. London, 1974.

——. "Valentim Fernandes, Rodrigo de Santaella, and the Recognition of the Antilles as 'Opposite-India.'" *Boletim da sociedade de geografia de Lisboa*, LXXV (1957), 279-309.

Sanz, Carlos. "The Discovery of America: The Three Maps Which Determined It, Promoted Knowledge of Its Form, and Fixed Its Name." *Terrae incognitae*, VI (1974), 75-85.

Schilling, Dorothe. "Il contributo dei missionari cattolici nei secoli XVI e XVII alla conoscenza dell'isola di Ezo e degli Ainu." In C. Costantini *et al*, *Le missioni cattoliche e la cultura dell'Oriente*, pp. 199-215. Rome, 1943.

Schütte, Joseph F. "Ignacio Moreira of Lisbon, Cartographer of Japan, 1590-1592." *Imago mundi*, XVI (1962), 116-28.

Skelton, Raleigh A. "Mercator and English Cartography in the Sixteenth Century." *Duisburger Forschungen*, VI (1962), 158-70.

——. "Hakluyt's Maps." In D. B. Quinn, ed., *The Hakluyt Handbook*, I, 48-69. 2 vols. London, 1974.

——. "Les relations anglaise de Gerard Mercator." *Bulletin de la Société royale de géographie d'Anvers*, LXVI (1953), 3-10.

Smet, Antoine de. "Cartographes scientifiques neérlandais du premier tiers du XVIe siècle, leurs références aux portugais." *Revista da faculdade de ciências da universidade de Coimbra*, XXXIX (1967), 363-74.

Strauss, Gerald. "A Sixteenth-Century Encyclopedia: Sebastian Münster's *Cosmography* and Its Editions." In C. H. Carter, ed., *From the Renaissance to the Counter-Reformation: Essays in Memory of Garrett Mattingly*, pp. 145-63. London, 1966.

Taylor, E. G. R. "John Dee and the Map of North-east Asia." *Imago mundi*, XU (1955), 103-6.

Teixeira da Mota, Avelino. "Influence de la cartographie portugaise sur la cartographie européenne à l'époque des découvertes." In M. Mollat and P. Adam, eds., *Les aspects internationaux*, pp. 223-48. Paris, 1966.

——. "A viagem de Bartolomeu Dias e as concepções geopoliticas de D. João II." *Boletim da sociedade de geografia de Lisboa*, LXXVI (1958), 42-48.

——. "A evolução da ciência nautica durante os séculos XV-XVI na cartografia portuguesa da época." *Memórias da Academia das ciências de Lisboa, Classe de letras*, VII (1962), 247-66.

——. "Evolução dos roteiros portugueses durante o século XVI." *Revista da universidade de Coimbra*, XXIV (1969), 5-32.

Tooley, M. J. "Bodin and the Medieval Theory of Climate." *Speculum*, XXVIII (1953), 64-83.

Tooley, Ronald V. "Maps in Italian Atlases of the Sixteenth Century, Being a Comparative List of the Italian Maps Issued by Lafireri, Forlani, Duchetti, Bertelli, and Others, Found in Atlases." *Imago mundi*, III (1939), 12-47.

Torodash, Martin. "Magellan Historiography." *Hispanic American Historical Review*, LI (1971), 313-35.

Uhden, Richard. "The Oldest Portuguese Original Chart of the Indian Ocean, A.D. 1509." *Imago mundi*, III (1939), 7-11.

Van Beylen, J. "Schepen op Kaarten ten tide van Gerard Mercator." *Duisburger Forschungen*, VI (1962), 130-33.

Voet, Léon. "Les relations commerciales entre Gerard Mercator et la maison Plantinienne." *Duisburger Forschungen*, VI (1962), 171-232.

Wallis, Helen. "Edward Wright and the 1599 World Map." In D. B. Quinn, ed., *The Hakluyt Handbook*, I, 69-73. 2 vols. London, 1974.

——. "The Use of Terrestrial and Celestial Globes in England." *Actes du XIe congrès international d'histoire des sciences*, IV (1965), 204-12.

——. "The Influence of Father Ricci in Far Eastern Cartography." *Imago mundi*, XIX(1965), 38-45.

Washburn, Wilcomb E. "The Meaning of 'Discovery' in the Fifteenth and Sixteenth Centuries." *American Historical Review*, LXVIII (1962), 1-21.

Welser, Hubert Freiherr von. "Der Globus des Lukas Rem." *Mitteilungen des Vereins für Geschichte der Stadt Nürnberg*, XLVIII (1958), 96-114.

Winter, Heinrich. "Francisco Rodrigues' Atlas of Ca. 1513." *Imago mundi*, VI (1942), 20-26.

Woodward, David. "Some Evidence for the Use of Stereotyping on Peter Apian's World Map of 1530." *Imago mundi*, XXIV (1970), 43-48.

Wroth, Laurence C. "The Early Cartography of the Pacific." *Papers of the Bibliographical Society of America*, XXXVIII (1944), 87-268.

Yoshitomo Okamoto. "Desenvolvimento cartográfico da parte Extrema Oriente da Asia pelos Jesuitas Portugueses em fim do século XVI." *Studia* (Lisbon), XIII (1964), 7-29.

XI. LANGUAGE AND LINGUISTICS

BOOES

Adelung, Johann Christoph. *Mithridates oder allgemeine Sprachenkunde mit dem Vaterunser als Sprachprobe in beynahe fünfhundert Sprachen und Mundarten.* Berlin, 1806.

Alvar, M., *et al. Enciclopedia lingüística hispánica.* 2 vols. Madrid, 1967.

Ambrosius [Ambrogio], Theseus. *Introductio in chaldaicam linguam, syriacam, atque armenicam, et decem alias linguas*. Pavia, 1539.

Anania, Giovanni Lorenzo d'. *L'universale fabrica del mondo*.... Venice, 1576.

Apel, K. O. *Die Idee der Sprache in der Tradition des Humanismus von Dante bis Vico*. "Archiv für Begriffsgeschichte," Vol. VIII. Bonn, 1963.

Arens, Hans. *Sprachwissenschaft, der Gang ihrer Entwicklung von der Antike bis zur Gegenwart*. 2d ed. Freiburg, 1969.

Arthus, Gotthard. *Historia Indiae Orientalis, ex variis auctoribus collecta*.... Cologne, 1608.

——. *Dialogues in the English and Malaiane Languages*. Translated frorn Latin by Augustus Spalding. London, 1614.

Arveiller, Raymond. *Contribution à l'étude des termes de voyage en français (1505-1722)*. Paris, 1963.

Bahner, Werner. *La lingüistica española del Siglo de Oro: Aportaciones a la conciencia lingüistica en la España delos siglos XVI y XVII*. Madrid, 1966.

Barbosa, Jorge Morais. *A língua portuguesa no mundo*. 2d rev. ed. Lisbon, 1969.

Bamett, L. D., and Pope, G. U. *A Catalogue of the Tamil Books in the Library of the British Museum*. London, 1909.

Barros, João de. *Compilação de varias obras do insigne portuguez Joam de Barros*. Lisbon, 1785.

Battisti, Carlo, and Alessio, Giovanni. *Dizionario etimologico italiano*. Florence, 1948-57.

Benfey, Theodor. *Geschichte der Sprachwissenschaft und orientalischen Philologie in Deutschland*. ... Munich, 1869.

Bennett, Josephine W. *The Rediscovery of Sir John Mandeville*. New York, 1954.

Benzing, Joseph. *Der Buchdruck des 16. Jahrhundert im deutschen Sprachgebiet*. "Beiheft zum Zentralblatt für Bibliothekswesen," No. 68. Leipzig, 1936.

Bertola, M. *I due primi registri di prestito della Biblioteca Apostolica Vaticana*. "Codices e Vaticanis selecti," Vol. XXVII. Vatican City, 1942.

Bibliander, Theodor. *De ratione communi omnium linguarum et literarū commentarius*... Zurich, 1548.

Blau, Joseph Leon. *The Christian Interpretation of the Cabala in the Renaissance*. New York, 1944.

Bloch, Oscar. *Dictionnaire étymologique de la langue française*. Paris, 1932.

Blumentritt, Ferdinand. *Vocabular einzelner Ausdrücke und Redensacten welche dem Spanischen der Philippinischen Inseln eigentümlich sind*. Leitmeritz, 1885.

Bonacini, Claudio. *Bibliografia delle arti scrittorie e della calligrafia*. Florence, 1953.

Borst, Arno. *Der Turmbau von Babel: Geschichte der Meinungen über Ursprung und Vielfalt der Sprachen und Völker*. 4 vols. Stuttgart, 1957-63.

Bouwsma, William J. *Concordia Mundi: The Career and Thought of Guillaume Postel*. Cambridge, Mass., 1957.

Braunsberger, Otto, ed. *Beati Petri Canisii... epistulae et acta*. 5 vois. Freiburg, 1923.

Brerewood, Edward. *Enquiries Touching the Diversity of Languages and Religions throughout the Chief Parts of the World*. London, 1614.

British Museum. *A Catalogue of the Lansdowne Manuscripts in the British Museum with Indexes of Persons, Places, and Matters*. London, 1819.

Broek, Jan Otto Marius. *Place Names in 16th and 17th Century Borneo*. Minneapolis, 1959.

Bry, Johann Theodor de. *Characters and Diversitie of Letters Used by Divers Nations in the World....* Frankfurt, 1628. Reissue of *Alphabeta et charactera*, 1596.

Burmeister, Karl Heinz. *Sebastian Münster: Versuch eines biographischen Gesamtbilder*. "Basler Beiträge zur Geschichtswissenschaft," Vol. 91. Basel, 1963.

Burnell, Arthur C., and Tiele, P. A., eds. *The Voyage of John Huyghen Van Linschoten to the East Indies*. "Hakluyt Society Publications," O.S. Nos. 70-71. 2 vols. London,1885.

Buder, Edward H. *The Story of British Shorthand*. London, 1951.

Canini, Angelo. *Institutiones linguae Syriacae Assyriacae atque.. .Arabicae collatione*. Paris,1554.

Carlton, William John. *Timothy Bright*. London, 1911.

Casamassima, Emanuele. *Trattati di scrittura del Cinquecento Italiano*. Milan, 1967.

Cayet, Pierre Victor Palma. *Paradigmata di quatuor linguis orientalibus praecipuis, Arabica, Armena, Syra, Aethiopica*. Paris, 1596.

Chao Yuen-ren. *Language and Symbolic Systems*. London, 1968.

Cidade, Henri. *A literatura portuguesa e a expansão ultramarina*. 2d ed. 2 vols. Coimbra,1968.

Cobarruvias, Don Sebastian de. *Tesoro de la lengua Castellana o Española*. Madrid, 1611.

Corazzini, D. A., ed. *Diario fiorentino di Agosto Lapini*. Florence, 1900.

Cornelius, Paul. *Languages in Seventeenth- and Early Eighteenth-Century Imaginary Voyages*. Geneva, 1965.

Corominas, Juan. *Diccionario crítico etimológico de la lengua castellana*. 4 vols. Berne, 1954.

Cortez-Pinto, Américo. *Da famosa arte da imprimissão*. Lisbon, 1948.

Costantini, C., et al. *Le missioni cattoliche e la cultura dell' Oriente*. Rome, 1943.

Dahlmann, Joseph. *Die Sprachkunde und die Missionen, ein Beitrag zur Charakteristik der ältern katholischen Missionsthätigkeit, 1500-1800*. Freiburg-im-Breisgau, 1891.

——. *Missionary Pioneers and Indian Languages*. Trichinopoly, 1940.

Dainville, François de. *La géographie des Humanistes*. Paris, 1940.

Dalgado, Sebastião Rodolfo, and Soares, A. X. *Portuguese Vocables in Asiatic Languages: Translated into English with Notes, Additions and Comments by Anthony Xavier Soares*. Baroda, 1936.

——. *Glossário luso-asiático*. 2 vols. Coimbra, 1919, 1921.

Dauzaut, Albert. *Dictionnaire étymologique de la langue française*. Paris, 1949.

David, Madeleine V. *Le débat sur les écritures et l'hiéroglyphe aux XVIIe et XVIIIe siècles....* Paris, 1965.

Dee, John. *Monas hieroglyphica.* Antwerp, 1564.

De Jongh, W. F. J. *Western Language Manuals of the Renaissance.* Albuquerque, 1949.

Delatte, Armand. *Études sur la littérature pythagoricienne.* Paris, 1915.

D'Elia, Pasquale M., ed. *Storia dell'introduzione del Cristiansimo in Cina, scritta da Matteo Ricci S.I.* 3 vols. Rome, 1942-49.

Diarium nauticum itineris Batavorum in Indiam orientalem, cursuum, tractuum, variorumque eventuum, qui ipsis contigerunt diligentur descriptum.... Arnheim, 1598.

Diringer, David. *The Alphabet a Key to the History of Mankind.* New York, 1948.

——. *Writing.* The Hague, 1962.

Dugat, Gustave. *Histoire des orientalistes de l'Europe du XIIe au XIXe siècle.* Paris, 1868.

Duret, Claude. *Thresor de l'histoire des langues de cest Univers....* Cologne, 1613[?], Yverdon, 1619[?].

——. *Discours de la verité des causes et effets des decadences, mutations, changements, conversions, et ruines des monarchies, empires, royaumes, et republiques....*2d ed. Lyons, 1598.

Ebisawa Arimichi. *Christianity in Japan: A Bibliography of Japanese and Chinese Sources.* Part I. Tokyo, 1960.

Elizalde, Ignacio. *San Francisco Xavier en la literatura española.* Madrid, 1961.

Equilaz y Yanguas, Leopoldo de. *Glosario etimológico de las palabras españolas... de orígen oriental (árabe, hebreo, malayo, persa, y turco).* Granada, 1886.

Esquivel, Jacinto. *Vocabulario de la lengua de los indios de Tanchui, en la isla Hermosa o Formosa.* Manila, 1630.

——. *Vocabulario de las lenguas japonesa y española.* Manila, 1630.

Fairbank, Alfred, and Wolpe, Bernard. *Renaissance Handwriting: An Anthology of Italic Scripts.* London, 1960.

Febvre, Lucien, and Martin, Henri-Jean. *L'apparition du livre.* Paris, 1958.

Ficalho, Conde de. *Flora dos Lusíadas.* Lisbon, 1880.

Figueiredo, A. C. Borges de. *A geographia dos Lusíadas de Luis de Camões.* Lisbon, 1883.

Filliozat, Jean. *Un catéchisme tamoul du XVIe siècle en lettres latines.* Pondichéry, 1967.

Firth, John R. *The Tongues of Men.* 2d ed. London, 1964.

Florio, John. *A Worlde of Wordes....* London, 1598.

Fornari, Simone. *La spositione sopra l'Orlando furioso di M. Lodovico Ariosto.* Florence, 1549.

Foucault, Michel. *Les mots et les choses.* Paris, 1966.

Frede, Carlo de. *La prima traduzione italiana del Corano sullo sfondo dei rapporti tra Christianità e*

Islam nel Cinquecento. Naples, 1967.

Friedensburg, Walter, ed. *Nuntiaturberichte aus Deutschland, erste Abtheilung, 1553-1559*. Gotha, 1892.

Fueck, Johann. *Die arabischen Studien in Europa bis zu dem Anfang des 20. Jahrhunderts*. Leipzig, 1955.

Gelb, Ignace J. *A Study of Writing: The Foundations of Grammatology*. Chicago, 1952.

Gesner, Konrad. *Mithridates: De differentiis linguarum tum veterum tum quae hodie apud diversas nationes in toto orbe terrarū in sus sunt... observationes*. Zurich, 1555.

Giuletti, Francesco. *Storia delle scritture veloci (dall' antichità ad oggi)*. Florence, 1968.

Godefroy, Frederic. *Dictionnaire de l'ancienne langue française et de tous ses dialectes du IXe au XVe siècle*. 14 vols. Paris, 1881-1902.

Gramaye, Jean-Baptiste. *Specimen litterarum et linguarum universi orbis*. Ath, 1622.

Gray, Louis H. *Foundations of Language*. New York, 1939.

Haex, David. *Dictionarivm Malaico-Latinvm et Latino-Malaicvm cum aliis qvamplvrimus quae quarta pagina edocebit*. Rome, 1621.

Hall, Robert A., Jr. *Bibliography of Italian Linguistics*. Baltimore, 1941.

Hallberg, Ivar. *L'Extrême Orient dans la littérature et la cartographie de l'Occident des XIIIe, XIVe, et XVe siècles*. Göteborg, 1906.

Hamada Kosaku [濱田耕作]. *Tenshō Ken'ō Shisetsu ki* [天正遣欧使節記] ("Chronicle of a Mission to Europe in the Tensho Period"). Tokyo, 1931.

Houtman, Frederick de. *Spraecke ende Woordboeck inde Maleysche ende Madagaskarsche Talen....* Amsterdam, 1603.

Huguet, Edmond. *Mots disparus ou viellis depuis le XVIe siècle*. Geneva, 1967.

——. *Dictionnaire de la langue française du XVIe siècle*. 13 vols. Paris, 1925-47.

Hymes, Dell, ed. *Studies in the History of Linguistics: Traditions and Paradigms*. Bloomington, Ind., 1974.

Ishida Mikinosuke [石田翰之助]. *Ōjin no Shina kenkyū* [欧人の支那研究] ("Researches on China by Europeans"). Tokyo, 1932.

——. *Ō-Bei ni okeru Shina kenkyū* [欧米じ於ける支那研究] ("Sinological Studies in Europe and the United States"). Tokyo, 1942.

Iversen, Erik. *The Myth of Egypt and Its Hieroglyphs*. Copenhagen, 1961.

Jal, Auguste. *Glossaire nautique: Répertoire polyglotte de termes de marine anciens et modernes*. Paris, 1850.

Johnson, Alfred Forbes. *Periods of Typography: The Italian Sixteenth Century*. London, 1926.

Joseph, Francesco de S. *Arte y reglas de la lengua Tagala*. Bataan, 1610.

Kahane, Henry, Kahane, Renée, and Tietze, Andreas. *The Lingua franca in the Levant.* Urbana, 1958.

Kahn, David. *The Codebreakers: The Story of Secret Writing.* New York, 1967.

Keynes, Geoffrey Langdon. *Dr. Timothie Bright, 1550-1615; A Survey of His Life, with a Bibliography of His Writings.* London, 1962.

Klaproth, Julius Heinrich. *Asia polyglotta.* Paris, 1823.

Knowlton, Edgar C. "Words of Chinese, Japanese, and Korean Origin in the Romance Languages." Ph.D. diss., Stanford University, 1959.

Kukenheim, Louis. *Contributions à l'histoire de la grammaire grecque, latine et hebraique à l'époque de la Renaissance.* Leyden, 1951.

Lagoa, João Antonio de Mascarenhas Judice, Visconde de. *Glossário toponímico de antiga historiografia portuguesa ultramarina ... por nomes que divergem dos actuais.* Lisbon, 1950.

Lahovary, Nicholas. *Dravidian Origins and the West.* Bombay, 1963.

Lapesa, Rafael. *Historia de la lengua española.* 6th ed. Madrid, 1965.

Lapino, Agostino. *Diario Fiorentino di Agostino Lapino.* Edited by G. A. Corazzini. Florence, 1900.

Laures, Johannes. *Kirishitan Bunko: A Manual of Books and Documents on the Early Christian Missions in Japan.* Tokyo, 1940.

Lefevre, Renato. *L'Ethiopia nella stampa del primo Cinquecento.* Como, 1966.

Lefranc, Abel. *Les navigations de Pantagruel.* Paris, 1905.

Leitão, Humberto. *Dicionário da linguagem de marinha antiga e actual.* Lisbon, 1963.

Léon Pinelo, Antonio Rodriguez de. *Epítome de la biblioteca oriental i occidental, náutica i geográfica.* Buenos Aires, [1919]. Facsimile reprint of the Madrid edition of 1629.

Leroy, Maurice. *Main Trends in Modern Linguistics.* Berkeley and Los Angeles, 1967.

Leslau, Wolf. *An Annotated Bibliography of the Semitic Languages of Ethiopia.* New York, 1946.

Levi della Vida, Giorgio. *Ricerche sulla formazione del più antico fondo dei manoscritti orientali della Biblioteca Vaticana.* Vatican City, 1939.

——. *Studi orientalistici in onore di Giorgio Levi della Vida.* 2 vols. Rome, 1956.

Little, William, *et al. The Oxford Universal Dictionary on Historical Principles.* Revised and edited by C. T. Onions. 3d ed. Oxford, 1955.

Littmann, Enno. *Morgenländische Wörter im Deutschen, nebst einem Anhang über die amerikanischen Wörter.* Berlin, 1920. Reprint. Tübingen, 1924.

Lokotsch, Karl. *Etymologisches Wörterbuch der europäischen... Wörter orientalischen Ursprungs.* Heidelberg, 1927.

Lopes, David. *A expansão da lingua portuguesa no Oriente durante os séculos XVI, XVII, e XVIII.* Barcelos, 1936.

Maças, Delmira. *Os animais na linguagem portuguesa.* Lisbon, 1950-51.

Machado, José Pedro, ed. *Duarte Nunes de Leão: Origem da língua portuguesa*. Lisbon, 1945.

Machado, R. *A flora da India nos Lusíadas*. Lisbon, 1947.

Maffei, Giovanni Pietro. *Historiarum Indicarum libri XVI*. Venice, 1589.

Manuzio, Antonio, ed. *Viaggi fatti da Vinetia alla Tana, in Persia, in India et in Constantinopoli....* Venice, 1545.

Marques- Rivière, Jean. *Amulettes, talismans, et pantacles dans les traditions orientales et occidentales*. Paris, 1950.

Matsuda Kiichi. *The Relations between Portugal and Japan*. Lisbon, 1965.

Medina, José Toribio. *La imprenta en Manila desde sus origenes hasta 1810*. Santiago de Chile, 1904.

Megiser, Hieronymus. *Thesaurus polyglottus: vel dictionarium multilingue: ex quadringentis circitur tam veteris, quam novi (vel potius antiquis incogniti) orbis nationum linguis, dialectis, idiomatibus et idiotismis, constans*. Frankfurt, 1603.

——. *Chorographia Tartariae*. Leipzig, 1610.

——. *Hodeporicon Indiae Orientalis*. Leipzig, 1608.

Meillet, Antoine, and Cohen, Marcel. *Les langues du monde*. Paris, 1924.

Menéndez Pidal, Ramón. *La lengua de Cristobal Colón*. Madrid, 1937.

Métrai, Denyse. *Biaise de Vigenère, archéologue et critique d'art (1523-96)*. Paris, 1939.

Michaelis, Henriette. *A New Dictionary of the Portuguese and English Languages*. New York, 1945.

Migliorini, Bruno. *The Italian Language*. Abridged and recast by T. Gwynfor Griffith. New York, 1966.

Mollema, J. C., ed. *De eerste Schipvaart der Hollanders naar Oost-Indië, 1595-97*. The Hague, 1935.

Morais-Barbosa, Jorge. *A língua portuguêsa no mundo*. 2d rev. ed. Lisbon, 1969.

Mosto, Andrea da. *Il primo viaggio intorno al globo*. In *Raccolta di documenti e studi publicati dalla R. Commissione Colombiana*. Part V, Vol. III. Rome, 1894.

Muller, J., and Roth, E. *Aussereuropäische Druckereien im 16. Jahrhundert*. Baden-Baden,1969.

Müller, Max. *Johann Albrecht von Widmanstetter, 1506-1557: Sein Leben und Wirken*. Bamberg, 1908.

——. *Lectures on the Science of Language*. London, 1882.

Münster, Sebastian. *Chaldaica grammatica antehac a nemine attentata sed iam primum per Seb. Munsterum conscripta et edita no tarn ad chaldaicos interpretes quam hebraeorum commentarios intelligendos, hebraicae linguae studiosis utilissima*. Basel, 1527.

Müntz, Eugène. *La bibliothèque du Vatican au XVIe siècle: Notes et documents*. Paris,1886.

Naïs, Hélène. *Les animaux dans la poésie française de la Renaissance*. Paris, 1961.

Néve, Félix. *La Renaissance des lettres et l'essor de l'erudition ancienne en Belgique*. Louvain, 1890.

Nicot, Jean. *Thresor de la langue française....* Paris, 1606.

Nimer, Miguel. *Influências Orientais na lingua Portuguesa: Os vocâbulos Arabes, Arabizados, Persas e Turcos.* Vol. I. São Paulo, 1943.

Nocentini, Lodovico. *Il primo sinologico P. Matteo Ricci.* Florence, 1882.

Nunes de Leão, Duarte. *Origem da lingua portuguesa.* Lisbon, 1601.

Omont, Henri. *Alphabets grecs et hébreux publiés à Paris au XVIe siècle.* Paris, 1885.

——.*Journal autobiographique du cardinal Jérôme Aléandre (1480-1530), publié d'après les manuscrits de Paris et Udine.* Paris, 1895.

Paige, Paula Spurlin, trans. and ed. *The Voyage of Magellan: The Journal of Antonio Pigafetta. A Translation.. .from the Edition in the William L. Clements Library, University of Michigan, Ann Arbor.* Englewood Cliffs, N.J., 1969.

Palatino, Giovannibattista. *Libro .. .nel quale s'insegna à scrivere ogni sorti lettera antica et moderna, di qualunque natione....* Rome, 1547.

——. *Compendio del gran volume dell'arte del bene, e leggiadramente scrivere tutte le sorti di lettere e caratterí....* Venice, 1588.

Paquier, Jules. *Jérôme Aléandre et la principauté de Liège (1514-1540).* Paris, 1896.

Partridge, Eric. *Name into Words.* New York, 1950.

Pedersen, Holger. *Linguistic Science in the Nineteenth Century: Methods and Results.* Translated from Danish by J. W. Spargo. Cambridge, Mass., 1931.

Pelliot, Paul. *Notes on Marco Polo.* 3 vols. Paris, 1959-73.

——. *Inventaire sommaire des manuscrits et imprimés chinois de la Bibliothèque Vaticane.*Rome, 1922.

Pinpin, Tomas, and Magaurlua, J. *Vocabulario de Japon declarado primero en Portuguespor los padres de la Compañia de Jesus de aquel reyno y agora em Castellano en el Colegio de Santo Thomas de Manila.* Manila, 1630.

Pirckheimer, Willibald. *Germaniae ex variis scriptoribus perbrevis explicatio.* Nuremberg, 1530.

Possevino, Antonio. *Biblioteca selecta qua agitur de ratione studiorum.* Rome, 1593.

Postel, Guillaume. *Des merveilles du monde.* Paris, 1552.

——. *Linguarum duodecim characteribus differentium alphabetum....* Paris, 1538.

Potken, Johannes. *Psalterium in quatuor linguis hebrea, graeca, chaldea, i e aethiopica latina.* Cologne, 1518.

Pratt, I. A. *List of Grammars, Dictionaries, etc. of the Languages of Asia, Oceania, Africa, in the New York Public Library.* New York, 1909.

Predari, Francesco. *Origine e vicende dei Zingari: Con documenti....* Milan, 1841.

Prilokar, A. K. *The Printing Press in India: Its Beginnings and Early Development.* Bombay,1958.

Rajamanickam, R. P. *Doctrina Christam en lingua Malavar Tamil.* Tuticorin, 1963.

Rao, G. Subba. *Indian Words in English....* Oxford, 1954.

Ravenstein, E. G., ed. *A Journal of the First Voyage of Vasco da Gama, 1497-99.* "Works Issued by the Hakluyt Society." O.S. No. 99. London, 1898.

Retana y Gamboa, Wenceslao. *La imprenta en Filipinas....* Madrid, 1897.

Robin, Percy A. *Animal Lore in English Literature.* London, 1936.

Robins, Robert H. *A Short History of Linguistics.* London, 1967.

Rocca, Aigelo. *Biblioteca apostolica vaticana a Sisto V in splendidiorem locum translata.* Rome, 1591.

Rodriguez, João. *Arte de lingoa de Iapam composta pello Padre Ioão Rodriguez Portugues da Cõpanhia de Iesu divida em tres livros.* Nagasaki, 1604-08.

Rohlfs, Gerhard. *Manual de filología hispánica: Guía bibliográfica, crítica y metódica.* Bogotá, 1957.

Ross, Alan S. C. Ginger: *A Loan-Word Study.* Oxford, 1952.

Rossi, Paolo. *Clavis universalis.* Naples, 1960.

Ruano, Ferdinando. *Setti alphabeti di varie lettere....* Rome, 1554.

Ruyl, A. C. *Spieghel van de Maleysche taal.* Amsterdam, 1612.

Sainéan, Lazar. *La langue de Rabelais.* París, 1923.

São Luiz, D. Francisco de (Cardinal Saraiva). *Glossário de vocábulos portuguezes derivados das linguas orientaes e africanas, excepto a Arabe.* Lisbon, 1837.

Sapir, Edward. *Language.* New York, 1921.

Saraiva, António J. *História da cultura em Portugal.* 2 vols. Lisbon, 1955.

Sassetti, Filippo. *Lettere edite e inedite di Filippo Sassetti.* Edited by E. Marcussi. Florence, 1855.

Scheil, Gustav. *Die Tierwelt in Luthers Bildersprache.* Bernburg, 1897.

Schultze, B., and Fritz, J. F. *Orientalisch- und Occidentalischer Sprachmeister, welcher nicht allein 100 Alphabete nebst ihrer Aussprache, so bey denen meisten Europäisch-Asiatisch. -Afrikanisch und Amerikanischen Völkern und Nationen gebräuchlich sind....* 2 parts in l vol. Leipzig, 1748.

Schurhammer, Georg. *Das kirchliche Sprachproblem in der japanischen Jesuitenmission des 16. und 17. Jahrhunderts.* Tokyo, 1928.

Schwab, M. *Les incunables orientaux et les impressions orientales au commencement du XVIe siècle.* Paris, 1883. Reprinted. Nieuwkoop, 1965.

Secret, François. *Les kabbalistes chrétiens de la Renaissance.* Paris, 1965.

Segert, Stanislav, and Beránek, Karel. *Orientalistik an der Prager Universität.* 2 vols. Prague, 1967.

Serís, Homero. *Bibliografía de la lingüística española.* Bogotá, 1964.

Seijeantson, Mary S. *A History of Foreign Words in English.* 2d ed. London, 1961.

Silva Neto, Serafim da. *História da língua portuguêsa.* Rio de Janeiro, 1952.

Soares, João. *Cartinha para ensinar a ler e escrever.* Lisbon, 1550.

Speroni, Sperone. *Dialogo delle lingue e dialogo della rettorica: Con introduzione di Giuseppe De Robertis.* Lanciano, 1912.

Spitzer, Leo. *Linguistics and Literary History: Essays in Stylistics*. Princeton, 1948.

Staunton, G. T., ed. *The Historie of the great and mightie Kingdom of China. ...* "Hakluyt Society Publications," O.S. Nos. 14-15. 2 vols. London, 1853-54.

Stegagno Picchio, L., ed. *João de Barros Dialogo em louvor da nossa linguagem....* Modena,1959.

Steinschneider, Moritz. *Die europäischen Übersetzungen aus dem Arabischen bis Mitte des 17. Jahrhunderts*. Graz, 1956.

Stewart, George R. *Names on the Land: A Historical Account of Place-naming in the United States*. Rev. ed. Boston, 1958.

Stoppell, Jacobus [Stoppel, Jakob]. *Repertorium in formam alphabeticam redactū....*Memmingen, 1519.

Tarchagnota, Giovanni. *Delle historie del mondo....* Venice, 1573.

Thani Nayagam, Xavier S. *A Reference Guide to Tamil Studies: Books*. Kuala Lumpur,1966.

——. *Antão de Provença's Tamil-Portuguese Dictionary, A.D. 1679*. Kuala Lumpur, 1966.

Thomsen, Vilhelm. *Geschichte der Sprachwissenschaft bis zum Ausgang des 19. Jahrhunderts*. Halle, 1927.

Thumeisser, Leonhart. *Onomasticon*. Berlin, 1572.

Tiraboschi, G. *Storia della letteratura italiana*. 9 vols. in 20. Florence, 1805-13.

Trithemius, Johannes. *Steganographia: hoc est: ars per occultam scripturam animi sui voluntatem absentibus aperiendi certa; ....* Frankfurt, 1606.

Ullman, Berthold L. *The Origin and Development of Humanistic Script*. Rome,1960.

Valignano, Alessandro. *Catechismus christianae fidei....* Lisbon, 1586.

Vasiliev, Alexander. *The Goths in the Crimea*. Cambridge, Mass., 1936.

Velho, Alvaro. See Ravenstein, E. G., ed. "Hakluyt Society Publications," lst ser., No. 99. London, 1898.

Vermeer, Hans. *Das Indo-Englische Situation und linguistische Bedeutung*. Heidelberg, 1969.

Vernero, Michele. *Studi critici sopra la geografia nell' Orlando furioso*. Turin, 1913.

Vigenère, Blaise de. *Traicté des chififres*. Paris, 1586.

Viñaza, Conde de la. *Biblioteca histórica de la filología castellana*. Madrid, 1893.

——. *Escritos de los castellanos y portugueses referentes a las lenguas de China y el Japon*. Lisbon, 1892.

Vittorio, Mariano. *Chaldeae seu Aethiopicae linguae institutiones*. Rome, 1552.

Vries de Heekelingen, Herman de, ed. *Correspondance de Bonaventura Vulcanius pendant son séjour à Cologne, Genève, et Bâle (1573-1577)....* The Hague, 1923.

Vulcanius, Bonaventura. *De litteris et lingua Getarum sive Gothorum....* Leyden, 1597.

Wardrop, James. *The Script of Humanism: Some Aspects of Humanistic Script, 1460-1560*. Oxford,

1863.

Waser, Caspar. *Mithridates Gesneri, exprimens differentias linguarum, tum veterum, turn quae hodie, per totum terrarum orbem, in usu sunt.*...Zurich, 1610.

Weekley, Ernest. *Something about Words*. London, 1935.

Weinreich, Uriel. *Languages in Contact: Findings and Problems*. New York, 1953.

Whitney, William D. *Oriental and Linguistic Studies*. New York, 1873-74.

Wiest, Donald H. *The Precensorship of Books*. Washington, D.C., 1953.

Wijnman, H. F. *The Origin of Arabic Typography in Leiden*. Leyden, 1957.

Wilkins, John. *Essay toward a Real Character*. London, 1668.

Williams, Edwin B. *From Latin to Portuguese*. 2d ed. Philadelphia, 1962.

Willis, Edmond. *An Abbreviation of Writing by Character*. London, 1618.

Xavier, Francis. *Epistolae S. Francisci Xaverii aliaque eius scripta*. 2 vols. Edited by Georg Schurhammer and J. Wicki. Rome, 1945.

Zaccaria, Enrico. *L'elemento iberico nella lingua italiana*. Bologna, 1927.

——. *Contributo allo studio degl' iberismi in Italia e della Wechselbeziehung fra le lingue romanze ossia voci e frasi spagnuole e portoghesi nel Sassetti aggiuntievi quelle del Carletti e del Magalotti*. Turin, 1905.

ARTICLES

Allen, P. S. "The Trilingual College of the Early Sixteenth Century." In *Erasmus, Lectures and Wayfaring Sketches*, pp. 138-63. Oxford, 1934.

Alston, R. C., and Danielsson, B. "The Earliest Dictionary of the Known Languages of the World." *Newberry Library Bulletin*, VI (1966), 211-15.

Alvarez-Taladriz, J. L. "Cacería de refranes en el 'Vocabulario de lingoa de Japam.'" *Monumenta nipponica*, X (1954), 169-92.

Amgart, O. S., *et al.* "The Earliest Dictionary of the Known Languages of the World." *English Studies Presented to R. W. Zandvoort on the Occasion of His Seventieth Birthday,* supplement to *English Studies*, XLV (Amsterdam, 1964), 9-13.

Aurousseau, Leonard. "Sur le nom de Cochinchine." *Bulletin de l'Ecole française d'Extrême- Orient* (Hanoi), XXIV (1924), 562-79.

Ballini, Ambrogio. "Il contributo delle missioni alla conoscenza delle lingue e della cultura dell' India." In C. Costantini *et al.*, ed., *Le missioni cattoliche e la cultura dell' Oriente*, pp. 233-260. Rome, 1943.

Bandmann, G. "Das Exotische in der europäischen Kunst." In *Der Mensch und die Künste: Festschrift*

Heinrich Lützeier, pp. 337-54. Düsseldorf, 1962.

Barberi, Francesco. "Libri e stampatori nella Roma dei Papa." *Studi romani*, XIII (1965), 433-56.

Bausani, Alessandro. "The First Italian-Malay Vocabulary by Antonio Pigafetta," *East and West* (Rome), XI (1960), 229-248.

Bertieri, Raffaello. "Italienische Kalligraphen und Schriftkünstler im 16. Jahrhundert." *Gutenberg Jahrbuch*, IV (1929), 269-86.

——. "Un disegnatore di caratteri italiano del XVI secolo, poco noto." *Gutenberg Jahrbuch*, XV (1940), 63-70.

Biermann, Benno. "Chinesische Sprachstudien in Manila." *Neue Zeitschrift für Missionswissenschaft*, VII (1951), 18-23.

Bischoff, Bernard. "The Study of Foreign Languages in the Middle Ages." *Speculum*,XXXVI (1961), 209-24.

Blagden, C. O., ed. and trans. "Two Malay Letters from Ternate in the Moluccas, Written in 1521 and 1522." *Bulletin of the School of Oriental Studies* (London), VI (1930-32), 87-101.

Bonfante, Giuliano. "Ideas on the Kinship of the European Languages from 1200 to 1800 " *Journal of World History*, I (1953-54), 679-99.

Borchardt, Frank L. "Etymology in Tradition and in the Northern Renaissance." *Journal of the History of Ideas*, XXIX (1968), 415-29.

Boxer, Charles R. "Padre João Rodriguez Tçuzu S.J. and His Japanese Grammars of 1604 and 1620." In *Miscelânea de filologia, literatura e história cultural a memória de Francisco Adolfo Coelho (1874-1919)*, II, 338-63. Lisbon, 1950.

Braga, J. M. "The Beginning of Printing at Macao." *Studia*, XII (1963), 29-138.

Briggs, Laurence P. "The Appearance and Historical Usage of the Terms Tai, Thai, Siamese and Lao "*Journal of the American Oriental Society*, LXIX (1949), 60-73.

Caland, W. "Roberto De' Nobili and the Sanskrit Language and Literature." *Acta orientalia*, III (Lund, 1904), 38-51.

Cardon, L., trans., and Hosten, H., ed. "Earliest Jesuit Printing in India. From the Spanish of the Rev. Cecelio Gomez Rodeles, S.J." *Journal of the Asiatic Society of Bengal*, IX(1913), 149-68.

Carvalho, J. G. C. Herculano de. "O vocabulário exótico na *Histoire des Indes (1553)*." *Biblos*, XXVII (1951), 397-420.

Casamassima, Emanuelle. "Ancora su Ludovico degli Arrighi Vicentino (notizie 1510-1527). Risultati di une 'recognitio.'" *Gutenberg Jahrbuch*, XL (1965), 35-42.

——. "I disegni di caratteri di Ludovico degli Arrighi Vicentino notizie (1510-1527)." *Gutenberg Jahrbuch*, XXXVIII (1963), 24-36.

Chamberlain, B. H. "Rodriguez' System of Transliteration." *Transactions of the Asiatic Society of*

Japan, XVI (1889), 10-16.

Chasca, Edmundo de. "The Phonology of the Speech of the Negroes in Early Spanish Drama." *Hispanic Review*, XIV (1946), 322-39.

Chastel, André. "Notes sur le sphinx à la Renaissance." *Archivio di filosofia, umanesimo e simbolismo* (Padua), 1958, pp. 179-87.

Chavannes, Edouard. "Le cycle ture des douze animaux." *T'oung pao*, 2d ser. VII (1906), 51-122.

Cidade, Hemani. "João de Barros: O que pensa da lingua portuguesa—como a escreve." In *Miscelânea de filologia, literatura, e história cultural a memória de Francisco Adolfo Coelho (1847-1919)*, II, 282-89. Lisbon, 1950.

Colomiès, Paul. "Gallia orientalis." In *Opera theologici, critici et historici*, pp. 59-66. Hamburg, 1709.

Conrady, August. "Alte westöstlichen Kulturwörter." *Berichte über die Verhandlungen der sächsischen Akademie der Wissenschaften zu Leipzig, philologisch-historische Klasse*, III, 3-19. Leipzig, 1925.

Cortelazzo, Manlia. "Rapporti linguistici fra Mediterraneo ed oceano Indiano." In M. Cortelazzo, ed., *Mediterranée et Océan Indien*, pp. 293-306. Venice, 1970.

Dan, Robert. "The First Hebrew Printed Texts in Vienna." *Studies in Bibliography and Booklore*, IX (1970), 101-5.

Deecke, W. "Ueber das indische Alphabet in seinem Zusammenhang mit den übrigen südsemitischen Alphabeten." *Zeitschrift der deutschen morgenländischen Gesellschaft*, XXXI (1877), 598-612.

Derrett, J. D. M. "Thomas More and Joseph the Indian." *Journal of the Royal Asiatic Society, 1962*, pp. 18-34.

——. "The Utopian Alphabet." *Moreana*, XII (1966), 61-66.

Dieckmann, L. "Renaissance Hieroglyphics." *Comparative Literature*, IX (1957), 308-21.

Doi, Tadao. "Researches in the Japanese Language Made by the Jesuit Missionaries in the XVIth and XVIIth Centuries." *Proceedings of the Imperial Academy of Japan* (Tokyo), XIII (1937), 232-36.

——. "A Review of Jesuit Missionaries' Linguistic Studies of the Japanese Language in the 16th and 17th Centuries." Japanese National Commission for UNESCO, *International Symposium on History of Eastern and Western Cultural Contacts, 1957*, pp. 215-23. Tokyo, 1959.

——. "Das Sprachstudium der Gesellschaft Jesu in Japan im 16. und 17. Jahrhundert." *Monumenta nipponica*, II (1939), 437-65.

Dorez, Léon. "Le Cardinal Marcello Cervini et l'imprimerie à Rome (1539-1550)." *École française de Rome, Mélanges*, XII (1892), 289-313.

——. "Recherches sur la bibliothèque du Cardinal Girolamo Aleandro." *Revue des bibliothèques*, II (1892), 49-68; VII (1897), 293-304.

——. "Recherches et documents sur la bibliothèque du Cardinal Sirleto." *Mélanges d'archéologie et d'histoire*, XI (1891), 457-91.

Duyvendak, J. J. L. "Early Chinese Studies in Holland." *T'oungpao*, XXXII (1936), 293-344.

Edwards, E. D., and Blagden, C. O., eds. and trans. "A Chinese Vocabulary of Malacca Malay Words and Phrases Collected between A.D. 1403 and 1511 [?]." *Bulletin of the School of Oriental Studies* (London), VII (1930-32), 715-49.

Ehrle, Franz. "Zur Geschichte der Catalosierung der Vatikana." *Historisches Jahrbuch*, XI (1890), 718-29.

Ewert, A. "Dante's Theory of Language." *Modern Language Review*, XXXV (1940), 355-66.

Filliozat, Jean, ed. and trans. "Un catéchisme tamoul du XVIᵉ siècle en lettres latines." *Publications de l'Institut français d'Indologie* (Pondichery), Vol. XXXIII (1967).

Fokker, A. A. "Quelques mots espagnols et portugais d'origine orientale, dont l'étymologie ne se trouve pas ou est insuffisamment expliquée dans les dictionnaires." *Zeitschrift für romanische Philologie*, XXXIV (1910), 560-68 ; XXXVIII (1914), 481-85.

Freitas, Jordão A. de, and Gonçálvez Viana, A. R. "Subsídios para a bibliographia portugueza, relativa ao estudo da lingua do Japão." *O Instituto*, LI (1904), 762-68 ; LII (1905), 115-28, 310-20, 437-48, 499-512.

Giese, Wilhelm. "Mots malaisiens empruntés au Portugais," Congresso (Actas do IX) Internacional de Lingüística Românica. I. Lisboa Centro de Estudos Filológicos 1961. *Boletim de filologia*, Vol. XVIII (1959), 275-94.

——. "Notas sôbre a fala dos negros em Lisboa no principio do século XVI." *Revista lusitânia*, XXX (1932), 251-257.

Gonda, J. "Pigafetta's vocabularium van het Molukken-Maleisch." *Bijdragen tot de taal-, land- en volkenkunde van Nederlandsch-Indië*, XCVII (1938), 101-24.

Gutierrez, L. C. "Dos grandes bibliotecas del Extremo-Oriente para la Nacional de Madrid." *Gutenberg Jahrbuch*, XXXIV (1959), 120-26.

Hall, Robert Anderson. "Linguistic Theory in the Italian Renaissance." *Language*, XII (1936), 96-107.

Hamada Atsushi. "The Nature of the Research in the Japanese Language Carried out by the Jesuit Missionaries in the 16th and 17th centuries." Japanese National Commission for UNESCO, *International Symposium on History of Eastern and Western Cultural Contacts, 1957*, pp. 233-37. Tokyo, 1959.

Han, Yu-shan. "A Historical Survey of Some Geographical Names of China." *Sinologica*, I(1947), 152-70.

Hirth, Friedrich. "Fremdwörter aus dem Chinesischen." *Archiv für das Studium der neueren Sprachen und Litteraturen*, LXVII (1882), 197-212.

——. "Words Introduced from the Chinese into European Languages." *China Review*, II (1873), 95-103.

Hoenigswald, Henry M. "Linguistics in the Sixteenth Century." *Library Chronicle*, XX(1954), 1-4.

Holmes, Urban T. "French Words of Chinese Origin." *Language*, X (1934), 280-85.

Johnson, Alfred Forbes. "A Catalogue of Italian Writing Books of the Sixteenth Century," *Signature*, N.S. X (1950), 22-48.

Josten, C. H. "A Translation of John Dee's 'Monas Hieroglyphica' (Antwerp, 1564) with an Introduction and Annotations." *Ambix*, XII (1964), 84-221.

Kahane, Henry, and Kahane, Renée. "Two Nautical Terms of Greek Origin: *Typhoon* and *Galley*." In *Etymologica: Walther von Wartburg zum siebzigsten Geburtstag, 18. Mai 1958*, pp. 417-39. Tübingen, 1958.

Kern, W. "Waar verzamelde Pigafetta zijn Maleise woorden?" *Tijdschrift voor Indische taal-, land- en volkenkunde*, LXXVIII (1938), 271-73.

Knowlton, Edgar C., Jr. "Antão de Provença's Vocabulario Tamulico Lusitano-Indo- Portuguese Elements." *Tamil Culture*, XI (1964), 135-64.

Koda Shigetomo [幸田成友]. "Ito Mansho no ni-shokan" [伊藤満所の二書翰]("Ito Mancio's Two Epistles"). *Shirin* [史林] (Journal of History [of the *Shigaku kenkyu kai* of Kyoto Imperial University]), XVI, No. 2 (1931), 81-91.

——. "Notes sur la presse jésuite au Japon et plus spécialement sur les livres imprimés en caractères japonais." *Monumenta nipponica*, II (1939). 42-53.

König, K. "Ueberseeische Wörter im Französischen vom 16-18. Jahrhundert." In *Beihefte zur Zeitschrift für romanische Philologie*, XCI (Halle, 1939).

Kraner, Werner. "Zur englischen Kurzschrift im Zeitalter Shakespeares: Das Jane- Seager-Manuscript [The Divine Prophecies of the Ten Sibyls]." *Shakespeare Jahrbuch*, LXVn (1931), 26-61.

Krom, N. J. "De naam Sumatra." *Bijdragen tot de taal-, land- en volkenkunde van Neder- landsch- Indië*, C (1941), 5-25.

Lasinio, F. "Di alcune voci italiane credute d'origine orientale." *Giornale società asiatica italiana*, III (1889), 140-48.

Laufer, Berthold. "The Name China." *T'oung pao*, 2d ser. XIII (1912), 710-726.

Lefevre, Renato. "Documenti pontifici sui rapporti con l'Ethiopia nei secoli XV e XVI." *Rassegna di studi ethiopici*, V (1946), 17-41.

——. "Appunti sull' ospizio di S. Stefano degli 'Indiani' nel Cinquecento." *Studi romani*, XV (1967), 16-33.

Le Roux, C. C. F. M. "Nogmaals Pigafetta's Maleische woorden." *Tijdschrift voor Indische taal-, land- en volkenkunde*, LXXIX (1939), 446-51.

Leroy, Maurice. "La classification en linguistique." In *La classification dans les sciences*, pp. 132-54. Gembloux, 1963.

Loewe, Richard. "Über einige europäische Wörter exotischer Herkunft." *Zeitschrift für vergleichende Sprachforschung*, LX (1933), 45-84; LXI (1934), 37-136.

Lubac, H. de, and Bernard-Maître, Henri. "L'humanisme européen et les civilisations d'Extrême-Asie: Le découverte du bouddhisme." *Bulletin de l'association Guillaume Budé* (Paris), 3d ser. No. 3 (1953), 97-112.

Machado, José Pedro. "Lexicologia científica de origem oriental nos *Colóquios dos Simples e Drogas.*" *Garcia da Orta*, XI (1963), 755-88.

Meersman, A. "Notes on the Study of Indian Languages by the Franciscans." *Neue Zeitschrift für Missionswissenschaft*, XVI (1960), 40-54.

Metcalf, George J. "The Views of Konrad Gesner on Language." In *Studies in Germanic Languages and Literatures in Memory of Fred O. Nolte*, pp. 15-26. St. Louis, 1963.

Murakami Naojirō [村上直次郎]. "Ōtomo Ōmura Arima sanke shisetsu no kanshajō. (san-tsū)." [大友大村有馬三家使節の感謝狀（三通）] ("A Letter in Appreciation from the Envoys of the Three Clans of Ōtomo, Ōmura, and Arima. [Three Letters]), *Shigaku Zasshi*, XII (1901), 496-504.

——. "New Historical Materials concerning an Embassy to Spain and Italy." *Shigaku-Zasshi*, XIV (1903), 360-65.

Nachod, O. "Die ersten Kenntnisse chinesischen Schriftzeichen im Abendlande." *Asia Major*, I (1923), 235-73.

Nair, V. B. "A Nair Envoy to Portugal." *Indian Antiquary*, LVII (1928), 157-59.

Nesde, Eberhard. "Aus einem sprachwissenschaftlichen Werk von 1539." *Zeitschrift der deutschen morgenländischen Gesellschaft*, LVII (1904), 601-16.

Panhuys, L. C. van. "Indian Words in the Dutch Language and in Use at Dutch Guiana." *Bijdragen tot de taal-, land- en volkenkunde van Nederlandsch-Indië*, LVI (1904), 611-14.

Parks, G. B. "More's Utopia and Geography." *Journal of English and Germanic Philology*, XXXVIII (1938), 224-236.

Paschini, Pio. "Un cardinale editore: Marcello Cervini." In *Miscellanea di scritti di bibliografia ed erudizione in memoria di Luigi Ferrari*, pp. 383-413. Florence, 1952.

Peixoto da Fonseca, Fernando Venâncio. "Vocábulos franceses de origem portuguesa vernácula." *Revista de Portugal*, XXI (1956), 348-53 ; XXII (1957), 26-30, 50-53, 82-86, ,111-16, 166-70, 207-11, 254-57.

——. "Vocábulos franceses de origem portuguesa exotica." *Revista de Portugal*, XXXI(1966), 105-8; XXXIII (1968), 115-19, 178-82.

Pelliot, Paul. "L'origine du nom de 'China.'" *T'oungpao*, 2d ser. XIII (1912), 722-42.

Phelan, John L. "Philippine Linguistics and Spanish Missionaries, 1565-1700." *Mid- America* (Chicago), XXXVII (1955), 153-70.

Pons, Émile. "Les langues imaginaires dans le voyage utopique, un precurseur: Thomas More." *Revue de littérature comparée*, X (1930), 589-607.

Post, H. Houwens. "A terminologia portuguesa ou aportuguesada do *Itinerário, viagem ou navegação à India Oriental ou portuguesa* de João Huyghen Van Linschoten." *Revista de Portugal*, XXV (1960), 349-61, 454-72.

Radojičič, Djordje S. "Die ersten Serbischen Druckereien." *Gutenberg Jahrbuch*, XV (1940), 248-54.

Ridolfi, Roberto. "Nuovi contributi sulle 'stamperia papali' di Paolo III." *La bibliofilia*, L (1948), 183-97.

Riemens, K. J. "Het spraeck ende woord-boeck van Fr. de Houtman en de vocabulaire van Noël de Barlaimont." *Het Boek*, VII (1918), 193-96.

Rijckmans, J. "L'orientalisme à Louvain avant 1936." *Le Muséon* (Louvain), LXXIX (1966), 13-33.

Rocher, Ludo. "Les philologues classiques et les débuts de la grammaire comparée." *Revue de l'Université de Bruxelles*, X (1958), 251-86.

——. "Paulinus a Sancto Bartholomaeo on the Kinship of the Languages of India and Europe." *Adyar Library Bulletin*, XXV (1961), 321-52.

Ross, E. Denison. "New Light on the History of the Chinese Oriental College, and a 16th Century Vocabulary of the Luchuan Language." *T'oung pao*, 2d ser. IX (1908), 689-95.

Sainéan, Lazar. "Rabelaisiana—Le Montville de Rabelais." *Revue des études rabelaisiennes*, IX (1911), 265-75.

Saltini, Guglielmo Enrico. "Della stamperia orientale medicea e di Giovan Battista Raimondi." *Giornale storia degli archivi toscani*, IV (1860), 237-96.

Schilling, Dorotheus. "Christliche Druckereien in Japan (1590-1614)." *Gutenberg Jahrbuch*, XV (1940), 356-95.

Schlegel, G. "Etymologie of the Word Taifun." *T'oung pao*, VII (1896), 581-85.

Schurhammer, Georg. "Some Malayalam Words and Their Identification." *Kerala Society Papers*, I (1930), 221-24.

——. "Letters of D. João da Cruz in the National Archives of Lisbon." *Kerala Society Papers*, I (1930), 304-7. Also in *Varia. I. Anhänge*. Lisbon and Rome, 1965.

——. "Some Remarks on Series 4 of K. S. P. [Kerala Society Papers]." *Kerala Society Papers*, I (1930), 303-4. Also in *Varia. I. Anhänge*. Lisbon and Rome, 1965.

——. "Ein seltener Druck (Der erste gedruckte tamulische Katechismus)." *Die katholischen Missionen* (Bonn), LVIII (1930), 211-12.

——. "Der Marathidichter Thomas Stephens S. I., Neue Dokumente." In L. Szilas, ed., *Orientalia*, pp. 383-88. Lisbon, 1963.

——, and Cottrell, G. W. "The First Printing in Indian Characters." *Harvard Library Bulletin*, VI

(1952), 147-60.

Secret, François. "Les Jésuites et la Kabbale." *Bibliothèque d'humanisme et renaissance*, XX (1958), 542-55.

Sinor, Denis. "Mongol and Turkic Words in the Latin Versions of John of Plano Carpini's Journey to the Mongols (1245-1247)." In Louis Ligeti, ed., *Mongolian Studies*. Amsterdam, 1970.

Sommerfelt, Alf. "The Origin of Language, Theories and Hypotheses." *Journal of World History,* I (1953-54), 885-902.

Sousa Viterbo, Francesco Marques de. "Noticia de alguns arabistas e interpretes de linguas Africanas e Orientaes," *O Instituto*, LII (1905), 367-74, 417-25, 491-98, 547-52, 683-93, 749-61; LIII (1906), 48-53, 107-14, 237-41; LVI (1909), 22-33, 62-72, 105-19, 168-82, 229-38, 298-308, 360-72, 452-63, 520-29, 600-610.

Szczeniak, Boleslaw. "The Origin of Chinese Language according to Athanasius Kircher's Theory." *Journal of the American Oriental Society*, LXXII (1952), 21-29.

Tervarent, Guy de. "Un humaniste: Piero Valeriano." *Journal des Savants, 1967*, pp. 162- 71.

Thani Nayagam, Xavier S. "The First Printed Books in Tamil." *Tamil Culture*, VII(1958), 288-301.

Tsuboi Kumazō [坪井九馬三]. "Ōtomo Ōmura Arima sanke shisetsu Enechia seifu e teiseshi kansnajō" [大友大村有馬三家使節互ねちあ政府へ呈せし感謝狀] ("A Letter in Appreciation Presented to the Government of Venetia [Venice] by the Envoy from the Ōtomo, Ōmura, and Arima Clans"). *Shigaku Zasshi*, XII (1901), 616-20.

Vermeer, Hans J. "Indisch boy." In Robert Schmitt-Brandt, ed., *Donum Indogermanicum: Festgabe für Anton Sherer*, pp. 70-81. Heidelberg, 1971.

Wardrop, James. "The Vatican Scriptors." *Signature*, N.S. V (1948), 3-28.

——. "*Civis Romanus sum*, Giovanbattista Palatino and His Circle." *Signature*, N.S.XIV (1952), 3-38.

Wijnman, H. F. "De Studie van het Ethiopisch en de ontwikkeling van de Ethiopische typographic in West Europa in de 16de eeuw." *Het Boek*, XXXII (1955-57), 225-46.

Yamagiwa, Joseph K. "Revisions in the Rakuyōshū at the Time of Its Printing in 1598." *Monumenta nipponica*, XI (1955), 185-94.

Yu, Margaret W. S. "Words and Things." *Studies in Linguistics* (Buffalo), XX (1968), 7-36.

译名对照表

人 名

A

Abbot, George	乔治·艾博特
Acosta, Cristobal de	克里斯托巴尔·德·阿科斯塔
Acosta, José de	何塞·德·阿科斯塔
Aelian	伊良
Agricola, Georg	格奥尔格·阿格里科拉
Albuqunerque, Braz de	布拉兹·德·阿尔伯克基
Aléchamps, Jacques d'	雅克·德·亚历尚
Aldrovandi, Ulisse	乌利塞·阿尔德罗万迪
al-Fargan	阿尔法加尼
Almeida, Luís de	路易斯·德·阿尔梅达
Alpini, Prospero	普罗斯佩罗·阿尔皮尼
Alvares, Simão	西芒·阿尔瓦雷斯
Alvarez, Manuel	曼努埃尔·阿尔瓦雷斯
Ambrogio, Teseo	泰塞奥·安布罗基奥
André, Homem	安德烈·欧蒙
Anglesola, Mossen Bernat d'	莫森·伯纳特·德·安格尔索拉
Antonio, Lafreri	安东尼奥·拉弗瑞利
Apian, Peter	彼得·阿皮安
Ariosto, Lodovico	卢多维科·阿里奥斯托
Arrivabene, Lodovico	卢多维科·阿里瓦贝内
Ataid, Luise de	路易斯·德·阿泰德
Auger, Edmond	爱德蒙·奥格

B

Bacon, Roger	罗杰·培根
Balboa	巴尔波亚
Barbosa, Duarte	杜阿尔特·巴尔博萨
Barbosieus, Franciscus	弗朗西斯·巴贝苏斯
Barros, João de	若昂·德·巴罗斯
Bartas, Du	杜·巴塔斯
Bauhin, Gaspard	加斯帕德·鲍欣
Bayer, Johann	约翰·拜耳
Bedford	贝德福德
Behaim, Martin	马丁·贝海姆
Belon, Pierre	皮埃尔·贝隆
Bembo, Pietro	皮特罗·本博
Berlinghieri, Francisco	弗朗西斯科·伯林吉耶里
Bibliander, Theodor	西奥多·比布利安德

Blundeville, Thomas	托马斯·布伦德维尔
Bock, Hieronymus	希罗尼默斯·博克
Bodin，Jean	让·博丹
Bomberg, Daniel	丹尼尔·邦伯格
Bordone, Benedetto	本尼蒂托·博尔多纳
Botero	博特罗
Bracciolini, Poggio	波吉奥·布拉乔奥里尼
Bragança, Teotónio de	特奥托尼奥·德·布兰干萨
Brahe, Tycho	第谷·布拉赫
Brasavola, Antonio	安东尼奥·布拉索兰
Breydenbach, Bernard von	伯纳德·冯·布雷登巴赫
Bright, Timothy	白来德
Brunfels, Otto	奥托·布隆非尔
Bry, Theodor de	西奥多·德·布莱
Busbecq, Auger de	奥格·德·波斯拔克
Bustamente, Juan de	胡安·德·布斯塔门特

C

Cabot, John	约翰·卡波特
Cabot, Sebastian	塞巴斯蒂安·卡波特
Calepino, Ambrogio	安布罗基奥·卡莱皮诺
Calzolari, Francesco	弗朗西斯科·卡塞拉利
Camoëns, Luis de	路易·德·卡蒙斯
Canerio, Nicolay de	尼科洛·德·加纳里奥
Canisius, Peter	皮特·卡尼修斯
Cardano, Girolamo	吉罗拉莫·卡尔达诺
Carvalho, Jorge	豪尔赫·卡瓦略
Castanheda	卡斯塔涅达
Castro, João de	若昂·德·卡斯特罗
Cavendish, Thomas	托马斯·卡文迪什
Celsus	塞尔苏斯
Celtis, Conrad	康拉德·塞尔提斯
Centurione, Martin	马丁·森图里翁
Cervantes, Miguel de	米格尔·德·塞万提斯
Cervini, Marcello	马尔塞洛·塞尔维尼
Cesalpino, Andrea	安德里亚·西沙尔比诺
Chancellor, Richard	理查德·钱塞勒
Charron, Pierre	皮埃尔·沙浪
Claesz, Cornelis	科尼利斯·科拉埃兹
Clavius, Cristoforo	克里斯托弗·克拉维乌斯
Clénard, Nicolas	尼古拉斯·克莱纳
Clusius	库希乌斯
Cobo, Juan	胡安·科博
Coignet, Michael	米夏埃尔·克瓦涅
Columbus, Ferdinand	费迪南·哥伦布
Conti, Nicolò de'	尼科洛·德·孔蒂

Contarini, G. M.	康达里尼
Cordus, Valerius	瓦列留斯·科达斯
Corsali, Andrea	安德里亚·科萨利
Cortes, Martin	马丁·科尔特斯
Coutinho, Francisco	弗朗西斯科·科蒂尼奥
Coyssard, Michel	米歇尔·科伊萨德
Cruz, Gaspar da	加斯帕尔·达·克路士
Cruz, Thomé da	托梅·达·克路士
Cunningham, William	威廉·甘宁汉
Cysat, Renward	伦瓦德·齐扎特

D

D'Anania, G. L.	达纳尼亚
Danti, Ignazio	伊格纳西奥·丹提
Davy, John	约翰·戴维
Dee, John	约翰·迪
Deventer, Jacob van	雅各布·范·德文特
Digges, Thomas	托马斯·狄格斯
Dioscorides	狄奥斯科里季斯
Don Quixote	唐吉诃德
Donne, John	约翰·邓恩
Drake, Francis	弗朗西斯·德雷克
Duc, Fronton du	弗龙东
Durante, Castor	卡斯托·杜兰特
Dürer, Albrecht	阿尔布雷特·丢勒
Duret, Claude	克劳德·迪雷
Dyer, Edward	爱德华·代尔

E

Eden, Richard	理查德·伊登
Eratosthenes	埃拉托色尼

F

Faria, João de	若昂·德·法里亚
Farnese, Alessandro	亚历山德罗·法尔内塞
Fernel, Jean	让·费内尔
Fibonacci, Leonardo	莱昂纳多·斐波纳契
Finé, Oronce	奥龙斯·法恩
Fragoso, Juan	胡安·弗拉戈索
Frampton, John	约翰·弗兰普顿
Fries, Laurenz	洛伦茨·福利斯
Frisius, Gemma	杰马·弗里西乌斯
Frobisher, Martin	马丁·弗洛比谢尔
Fróis, Luís	伏若望
Fuchs, Leonhart	莱昂哈德·福克斯

Fugger, Jakob　　雅各布·富格尔

G

Galle, Philippe　　菲利普·加勒
Galvão, António　　安东尼奥·加尔旺
Gama, Vasco da　　达·伽马
Garay, Blasco de　　布拉斯科·戴加雷
Gasser, Achilles P.　　阿喀琉斯·加塞
Gastaldi, Giacomo　　贾科莫·加斯塔尔迪
Geerarts, Marc　　马克·盖拉茨
Gerritz, Dirck　　德克·葛利兹
Gessner, Konrad　　康拉德·格斯纳
Ghim, Walter　　沃尔特·金
Gilbert, Adrian　　艾德里安·吉尔伯特
Gilbert, Humphrey　　汉弗莱·吉尔伯特
Giovio , Paolo　　保罗·乔维奥
Glockendon, Georg　　格奥尔格·格洛肯东
Góis, Damião de　　达米奥·德·戈伊斯
Gonsalves, Juan　　胡安·贡萨尔维斯
Gourmont, Hieronymous　　耶罗尼米斯·古尔孟
Granjon, Robert　　罗伯特·格朗容
Grisellini　　格里塞利尼
Groot, Hugo de　　雨果·德·格鲁
Grotius　　格劳秀斯
Grouchy, Nicholas de　　尼古拉·德·格鲁奇
Grüninger, Martin　　马丁·格吕宁格尔
Guzman, Luis de　　路易斯·德·古兹曼

H

Hakluyt, Richard　　理查德·哈克路特
Hall, John Leonard　　约翰·列奥纳德·霍尔
Harff, Arnold von　　阿诺德·冯·哈夫
Hartshorne, Richard　　理查德·哈茨霍恩
Hawkings, John　　约翰·霍金斯
Hayyan, Jabir Ibn　　贾比尔·伊本·赫扬
Henriques, Henrique　　恩里克·恩里克斯
Hogenberg, Franz　　弗兰兹·霍根伯格
Holzschuler, Jörg　　豪尔赫·霍尔茨舒尔
Homem Lopo　　洛波·欧蒙
Hondius, Jodocus　　约道库斯·洪迪厄斯
Honter, Johannes　　约翰内斯·汉特
Hooftman, Aegidius　　埃吉迪乌斯·霍夫曼
Horapollo　　赫拉波罗
Houtman, Cornelis de　　科尼利斯·德·豪特曼
Houtman, Frederick de　　弗雷德里克·德·豪特曼

Huarte, Juan   胡安·华特
Hythlodaeus, Raphale   拉斐尔·希斯罗德

I

Ibn-Majid, Ahmad   艾哈迈德·伊本—马吉德
Imperato, Ferrante   弗兰特·因佩拉托
Isidore   伊西多尔

J

Jewell, John   约翰·朱厄尔
Jode, Gerard de   格拉尔德·德·约德
Jorge, Marcos   马科斯·豪尔赫
Joseph, Francisco de S.   弗朗西斯科·德·圣若瑟

K

Kepler, Johannes   约翰内斯·开普勒

L

L' écluse, Charles de   查尔斯·德·勒克鲁斯
l' Obel, Matthias de   马蒂亚斯·德·洛贝尔
Lafreri, Antonio   安东尼奥·拉弗瑞利
Laguna, Andrés   安德烈斯·拉古纳
Lapini, Agosto   阿戈斯托·拉皮尼
Lasso, Bartolomeu   巴托洛梅乌·拉索
Lemos, Pedro de   佩德罗·德·莱莫斯
Leu, Thomas de   托马斯·德·列伊
Libavius, Andreas   安德里亚斯·利巴维乌斯
Liberale, Giorgio   乔治·利博拉利
Ligozzi, Jacopo   雅各布·利戈齐
Linnaeus   林奈
Lobelius   洛比留斯
Lud, Gauthier   戈捷·路德
Lull, Ramon   拉蒙·鲁尔
Lusitano, Amato   阿马托·卢西塔诺

M

Macer, Jean   让·梅瑟
Madruzzo, Cristoforo   克里斯托弗·马德鲁佐
Mandeville, John   约翰·曼德维尔
Manuel I   曼努埃尔一世
Mariana, Juan de   胡安·德·马里亚纳
Martellus, Henricus   亨利克斯·马提勒斯
Martyr, Peter   彼得·马特
Massys, Quentin   昆汀·马苏斯
Mattioli, Pietro Andrea Gregorio   皮特罗·安德里亚·格里高利奥·马蒂奥利

Mauro, Fra	弗拉·毛罗
Maximilian of Transylvania	特兰西瓦尼亚的马克西米利安
Medici, Fernando de'	费尔南多·德·美第奇
Medici, Cosimo de'	科西莫·德·美第奇
Medici, Francesco de'	弗朗西斯科·德·美第奇
Medina, Pedro de	佩德罗·德·梅迪纳
Megiser, Hieronymus	希罗尼默斯·梅吉塞尔
Mela, Pomponius	旁波尼乌斯·梅拉
Mercator, Gerard	格哈德·墨卡托
Mesquita, Diego de	迭戈·德·梅斯基塔
Meyerpeck, Wolfgang	沃尔夫冈·迈尔派克
Michou, Matthias	马蒂亚斯·米奇
Mollineux	莫利纽克斯
Molyneux, Emery	埃默里·莫利纽克斯
Monachus, Franciscus	弗朗西斯库斯·孟纳楚斯
Monardes, Nicolas	尼古拉斯·蒙纳德斯
Montano, Benito Arias	贝尼托·阿里亚斯·蒙塔诺
More, Thomas	托马斯·莫尔
Moreira, Inacio	伊纳西奥·莫雷拉
Münster, Sebastian	塞巴斯蒂安·明斯特
Münzer, Hieronymus	海欧纳莫斯·闵采尔
Muziano, Girolamo	吉罗拉莫·穆齐亚诺
Myrica, Gaspar à	加斯帕尔·阿·米里卡查

N

Nabbia, Cesare	切萨雷·纳比亚
Navagero, Andrea	安德里亚·纳瓦杰罗
Nazareth, Vicente de	维森特·德·纳萨雷特
Nebrija, Antonio de	安东尼奥·德·内布里哈
Netterheim, Heinrich Cornelius Agrippa van	海因里希·科尼利厄斯·阿格里帕·冯·内特斯海姆
Nicholas, Thomas	托马斯·尼古拉斯
Nicolay, Nicolas de	尼古拉·德·尼古莱
Nobunanga, Oda	织田信长
Nunes, Pedro	佩德罗·努涅斯

O

Oliveira, Fernão de	费尔南·德·奥利维拉
Orta, Garcia da	加西亚·达·奥尔塔
Ortelius, Abraham	亚伯拉罕·奥提留斯

P

Palatino, Giovanbattista	乔万巴蒂斯塔·帕拉提诺
Paludanus, Bernardus	伯纳德斯·帕鲁丹努斯
Panciroli, Guido	吉多·班奇罗利
Paracelsus	帕拉塞尔苏斯

Roze, Jean	让·罗泽
Ruano, Ferdinando	费迪南多·鲁阿诺
Ruggiero, Michele	罗明坚
Rughesi, Fausto	福斯托·鲁格斯
Ruysch, Johannes	约翰内斯·勒伊斯

S

Sacrobosco	萨克罗博斯科
Salamanca, Antonio	安东尼奥·萨拉曼卡
Sassetti, Filippo	菲利普·萨塞蒂
Scaliger, Joseph Justus	约瑟夫·贾斯特斯·斯卡利杰尔
Scheubel, Johann	约翰·绍伊贝尔
Schiltberger, Johann	约翰·希尔特贝格
Schöner, Johann	约翰·舍那
Sidney, Philip	菲利普·西德尼
Signot, Jacques	雅克·西诺
Sixtus V	西克斯图斯五世
Sota, Barahona de	巴拉奥纳·达·索塔
Spach, Israel	伊斯雷尔·斯帕克
Speroni, Sperone	斯佩罗内·斯佩罗尼
Springer, Balthasar	巴尔塔萨·斯普林格
Stabius, Johann	约翰·思达比斯
Stein, Bartel	巴特尔·斯坦
Stevin, Simon	西蒙·斯蒂文
Stoppell, Jakob	雅克·施托佩尔
Strabo	斯特拉波
Swanenburgh	斯奥莱布尔夫
Sylvanus, Bernardus	伯纳德斯·西尔瓦尼

T

Tarchagnota, Giovanni	乔万尼·塔尔加格诺塔
Teixeira, Luis	路易斯·特谢拉
Theophrastus	泰奥弗拉斯
Thorne, Robert	罗伯特·索恩
Thou, De	德·图
Thrax, Dionysius	狄奥尼修·特拉克斯
Torricelli	托里切利
Toscanelli, Paolo da Pozzo	帕奥罗·达·波佐·托斯卡内里

U

Ulloa, Alfonso	阿方索·乌路亚

V

Valignano, Alessandro	范礼安
Valori, Baccio	巴乔·瓦洛里

地　名

Bataan	巴丹半岛
Bologna	博洛尼亚
Bombay Island	孟买岛
Brittany	布列塔尼
Burgos	布尔戈斯

C

Calicut	卡利卡特
Cambaya	坎贝
Cananor	坎纳诺尔
Canaries	加那利群岛
Carinthia	卡林西亚
Cebu	宿务岛
Chaul	朱尔
Cilan	楼兰
Cochin	科钦
Coimbra	科英布拉
Constantinople	君士坦丁堡
Coruna	科鲁那

D

Duisburg	杜伊斯堡

E

Escorial	埃斯科里亚尔

F

Flemish	弗拉芒
Freiberg	弗莱堡

G

Ghent	根特
Goa	果阿
Gorizia	戈里齐亚
Gualdo	瓜尔多

J

Java Major	大爪哇

K

Kagoshima	鹿儿岛
Kyushu	九州

L

Landshut	兰茨胡特

Lequio　　　琉球
Levant　　　黎凡特
Leyden　　　莱顿
Liege　　　 列日
Lorraine　　洛林

M

Mactan　　　麦克坦岛
Malabar　　　马拉巴尔海岸
Marinus　　　马里努斯
Meaco　　　 米阿克
Melinde　　　马林迪
Mentz　　　　门茨
Mortlake　　　莫特莱克
Murano　　　 慕拉诺岛

N

Nassau　　　　拿骚
Normandy　　　诺曼底
Nuremberg　　　纽伦堡

P

Padua　　　　帕多瓦
Pehna Verde　　卑拿佛得角
Pisa　　　　 比萨
Punicale　　　普尼卡尔

R

Rubruquis　　　卢布鲁克

S

Salamanca　　　萨拉曼卡
Setubal　　　 塞图巴尔
Siāo　　　　　西奥
Sintra　　　　辛特拉
St. Die　　　 圣迪厄
Strait of Anian　阿尼安海峡
Strassburg　　　斯特拉斯堡
Sumatra　　　 苏门答腊

T

Tarragona　　　塔拉戈纳
Toledo　　　　托莱多
Tyre　　　　 提尔
Tyrol　　　　蒂罗尔

U

Udine	乌迪内
Urbino	乌尔比诺

V

Verona	维罗那
Vicenza	维琴察
Vienne	维埃纳省

W

Winchester	温彻斯特
Würzburg	维尔茨堡

X

Xicocu	四国
Ximo	九州

Y

Yezo	虾夷

Z

Zurich	苏黎世

著作名

A

A Briefe Description of the Whole World	《世界概览》
A Valediction of Weeping	《告别辞：关于哭泣》
Aeneid	《伊尼德》
Aesop's fables	《伊索寓言》
Almagest	《天文学大成》
Almanach perpetuum	《无穷动历书》
Ars notaria	《圣导之书》
The Arte de lingo do Iapam	《日本大词典》
Arte de navegar	《航海艺术》
Arte y reglas de la lengua tagala	《他加禄语的艺术和规则》

B

Bauchizumo no sazukeyo	《洗礼秘传》
Biliotheca	《图书馆》
blason	《颂诗》
Buch von den tartarischen Krankheiten	《鞑靼病理》

C

Carta marina	《海图》
Cartilha	《识字课本》
Catechismus christianae fidei	《基督信仰教理书》
Chaldeae seu Aethiopicae linguae institutiones	《南岛语言备要》
Characterie: An Arte of Shorte, Swifte and Secrete Writing by Character	《用符号简单、快速、秘密书写术》
Christiani pueri institutio	《基督教儿童的教育》
Coloquios dos simples e drogas e cousas medifinais da India	《印度草药风物秘闻》
Commentarii a Dioscoridi	《狄奥斯科里季斯纪事》
Commentariorum alchemiae	《炼金术评论》
Concordia mundi	《世界的和谐》
The Cosmographical Glasse	《宇宙之镜》

D

The Decades of the newe worlde...	《新世界旬年史》
De emendatjone temporum	《论历法和断代方法的改进》
De medicamentis	《论药物》
De medicina Aegyptiorum	《埃及医药》
De missione legatorum Iaponensium	《天正年间遣欧使节见闻对话录》
De natura fossilium	《自然化石》
De natura metallorum	《物性论》
De orbis situ ac descriptione	《世界述奇》
De plantis Aegypti	《埃及植物》
De ratione communi	《语言文学评论》
De revolutionibus orbium coelestium	《天体运行论》
De situ orbis	《世界概况》
De triangulis omnimodis	《论各种三角形》
Des merveilles du monde	《世界奇观》
Descriptio Sarmatiarum Asianae et Europianae	《欧洲和亚洲萨尔马提亚的描述》
Dialogue on Languages	《语言对话录》
Discoursos de las cosas aromaticas arboles y frutales ... de la India Oriental	《论东印度的香料和果树》
Divers Voyages	《游记汇编》
Divine Comedy	《神曲》
Dochirina Kirishitan	《基督要理》
Doctrina Christa	《基督要理》
Doutrina Christao	《基督要理》

E

Ephemerides	《天文历表》
Ern neue und wolgegrundete Underweisung aller Kauffmans Rechnung	《新式便捷商业算法指南》

Etymologiae 《语源》
Examen omnium simplicium 《论所有的天然药物》
medicamentorum

F

Famous and Rich Discoveries 《著名和丰富的大发现》
Flos Sanctorum 《诸圣之花》

G

Geography 《地理学》
Germania 《德国》
Gramatica de fa fengua castellana 《卡斯蒂利亚语语法》
Grammatica da lingoagem portuguesa 《葡萄牙语语法》

H

Herbario nuovo 《新腊叶集》
Hieroglyphica 《象形文字集》
Histaria naturalis 《博物志》
The History of Travelye 《旅行史》
Historia de las missiones ... 《东印度、日本和中国的耶稣会传教史》
Historia generalis plantarum 《普通植物史》
Historia 《历史》
Historiarum Indicarum libri XVI 《16 世纪印度史》

I

Il magno Vitei 《伟大的黄帝》
In Dioscorides Anazarbei De medica 《阿纳扎尔博斯的狄奥斯科里季斯的药物学批
materia libros quinque enarrationes... 注》
Itinerario 《博洛尼亚人卢多维科·迪·瓦尔塔马游记》

J

Journey 《旅行》

L

La division du monde 《世界指南》
La practica della mercatura 《商贸实务》
Les Serées 《闲话集》
Liber abaci 《算盘书》
Linguarum duodecim characteribus 《十二种不同语言字母符号的介绍》
differentium alphabetum introductio
Luculentissima terrae descriptio 《关于地球的高透明的描述》
L'universale fabrica del mondo... 《世界概览》
Lusiads 《卢济塔尼亚人之歌》

M

Magia naturalis	《自然魔法》
Margarita philosophica	《哲学珠玑》
Materia medica	《药物学》
Memoire	《回忆录》
Meteorologica	《天象学》
Mithridates	《密特里达提》

N

The Nature of Geography	《地理学的性质》
New Kreüterbuch	《新药草学》
Nova reperta	《新发明》
Novus orbis	《新世界》

O

Opusculum geographicum	《地理学简编》

P

Padrão	《标准地图》
padrón real	《皇家秘图》
Paragranum	《评论书》
Pinax	《植物图鉴》
The principale navigations	《英国航海、旅行和地理发现全书》
Psalterium aethiopice	《埃塞俄比亚诗篇》

R

Racuyoxu (Rakuyōshū)	《落叶集》
Rariorum plantarum historia	《珍稀植物史》
Regimento do estrolabio do quadrante	《星盘和象限仪操作规章》
Regimiento de navegacion	《航海规章》
Repertorium ...	《环宇知识备览》

S

Setti alphabeti di varie lettere	《东方语言入门》
Species plantarum	《植物种志》
Suma de geographia	《地理全书》

T

Tenth	《第十》
Theatrum orbis terrarum	《环宇大观》
Theoricae novae planetarum	《新行星论》
Thesaurus polyglottus	《多语词典》
Tractado de las drogas y medicinas de las Indias Orielltalis	《东印度药物和医学论》
Tractus de Sphaera	《天球论》

Traicté des chiffres	《密码书》
Tratado da sphere	《天体志》
Travels	《东方见闻录》
Treatise on the True God and the Church	《无级天主正教真传实录》

U

Uranometria	《天体志》
Utopia	《乌托邦》

V

Vanity	《虚无》
Vocabulario da lingoa de Iapam	《日葡辞书》
Von Mineralien	《论矿石》

专有名词

A

Aethiopians	伊西欧皮昂人
Aldine press	阿尔丁出版社
Alexandrians	亚历山大哲学学派
the Alte Pinakothek	老绘画陈列馆
Apus	天燕座

B

Biblioteca Magliabechiana	马里亚贝基图书馆
Bisayan	米沙鄢语
Brahmi	婆罗米

C

cannella	坎内拉
Casa da India	印度商行
Casa de Contratación	商务局
Chetty	哲地
cinnamon	肉桂
classical Sankhya philosophy	古典数论派哲学
College of Sainte-Barbe	圣巴贝学院
the Collegio Romano	罗马学院
the Council of Ten	十人会
cross-staff	直角器

D

the Dieppe school	迪耶普学校

| Dive Bouteille | 圣瓶 |
| the Dominicans | 多明我会 |

E

Eastern Church	东正教会
ecclesiastical years	教会岁
The Estates General of Holland	荷兰国务会

F

the fiddle bow	提琴弓
the Florentine Academy	佛罗伦萨学院
the Franciscans	方济各会

G

Galleria del Belvedere	观景楼画廊
Gnosticism	诺斯提主义
Grand Banks	大浅滩
the Gregorian calendar	阳历

H

| helicopter top | 飞螺旋或称竹蜻蜓 |
| Hermeticism | 赫尔墨思主义者 |

J

| the Julian calendar | 儒略历 |

K

| the Kabbala | 卡巴拉 |
| kamals | 卡玛尔 |

L

| lug sails | 三角帆 |

M

| Magellanic clouds | 麦哲伦云 |
| Malayālam | 马拉雅拉姆语 |

N

mendicant orders	托钵修会
Mercator-Hondius Atlas	墨卡托 - 洪迪厄斯地图集
Nayar	纳亚尔
Noes Doue	天鸽座

P

| Paddle-wheel boats | 明轮船 |

Pariah	贱民
Pascal's Triangle	帕斯卡三角
planispheres	平面天球图
the pointed arch	哥特式拱门
Polophilax	持棒卫士座
prayer cylinder	祈祷筒
purists	语言纯正癖者

Q

Quinta da Bacalhoa	柏卡乡间别墅

R

Raphael loggias	拉斐尔凉廊
the Reformed theologian	归正会神学家
rhumb lines	恒向线
rutters	航线海图

S

sailing chariots	双桅风车
the Sala della Guardaroba	壁橱大厅
the Southern Cross	南十字座
speaking tubes	通话管
Sprachprobe	语音样本
Syro-Malabar church	叙利亚—马拉巴尔教会

T

Tagalog	他加禄语
tartar	鞑靼
Ten Stems	十天干
the traction trebuchet	牵引投石机
tutenag	中国白铜
Twelve Branches	十二地支
Typographia Medicea	美第奇出版社
Typographia Vaticana	梵蒂冈出版社

V

Vatican palace	梵宫
Vedanta	吠檀多

W

water-powered trip-hammer	水力杵锤

索 引①

A

阿尔布雷特·丢勒　Dürer，Albrecht：论地图和地球仪，456，485

阿尔 - 花剌子模　al-Khwārizmī，407，410

阿尔卡拉　Alcalá：三语学院，507

阿尔萨斯　Alsace，453

阿方索·乌路亚　Ulloa，Alfonso，536

阿戈斯托·拉皮尼　Lapini，Agosto：关于日本人名，530

阿喀琉斯·加塞　Gasser，Achilles P.：图书馆，480

阿拉伯人　Arabs：的地理观念，456；和三角帆，417

阿拉伯语　Arabic language，515-516

阿马托·卢西塔诺　Lusitano，Amato，430-431；关于狄奥斯科里季斯，431-432；与马蒂奥利，431。**亦参见植物学**

阿姆斯特丹　Amsterdam，470

阿诺德·冯·哈夫　Harff，Arnold von，503

阿塔纳修斯·基歇尔　Kircher，Anathasius，524n.

埃及　Egypt：阿尔皮尼在，439；与吉普赛人语言，520；奥斯曼帝国的征服，503

埃拉托色尼　Eratosthenes，446

埃默里·莫利纽克斯　Molyneux，Emery，474

埃塞俄比亚的吉兹语　Geez language of Ethiopia，510

埃斯特家族　Este family，477；与地图收藏，477

埃武拉　Évora，498

艾德里安·吉尔伯特　Gilbert，Adrian，472

艾哈迈德·伊本 - 马吉德　Ibn-Majid，Ahmad，419

爱德华·代尔　Dyer，Edward，472

爱德华·赖特　Wright，Edward，466，475，482

爱德蒙·奥格　Auger，Edmond，521n.，523

安布罗西奥·卡莱皮诺　Calepino，Ambrosio，499；与多语词典，516

---

① 本书索引所标页码为原书页码，见本书边页码。——译者注

H

J

吉罗拉莫·穆齐亚诺　Muziano, Girolamo，464

极乐鸟　Bird of Paradise：意义上的变化，534；羽毛，534；作为星座的相对位置，412

纪尧姆·勒·贝　Le Be, Guillaume，527n.

纪尧姆·波斯特尔　Postel, Guillaume，471，515，526，536；与安布罗基奥，511；与比较语文学，509；印度字母"，510；与语言研究，519；《世界奇观》（Des merveilles du monde），519；到君士坦丁堡的代表团，509。亦参见法国；神秘学

技术　Technology：控制磨坊的锁链控制器，400；变迁，400；中国人的飞螺旋或称竹蜻蜓，400；中国人的水力杵锤，400；集群借用，399；罗盘，398；连续螺丝，398n.；欠中国人情，405；的定义，400；传播，404，406；爪哇的提琴弓，398；遗传性的发展，401；火药，398；印度马镫，398；磁力学，399；马来人的吹箭筒（毒矢吹管），399；中世纪，397n.，398；与永动机，399；动力源，399；实践经验，406；陆地运输工具的速度，402；剧场，407；牵引投石机，398。亦参见数学；航海；航海术

加斯帕·巴扎乌斯（巴兹）　Barzaeus, Gaspar（or Barzee），496n.

加斯帕德·鲍欣　Bauhin, Gaspard，443

加斯帕尔·阿·米里卡查　Myrica, Gaspar a，465

加斯帕尔·达·克路士　Cruz, Gaspar da：论东亚语言，530

加斯帕尔·斯科特　Schott, Gaspar，524n.

加西亚·达·奥尔塔　Orta, Garcia da，433-435，444；与卡蒙斯，434；《印度草药风物秘闻》，433-434，496；纪念，434n.；植物的描写，434；的影响，434；把金属作为药品，426；关于葡萄牙人在东方，433；罗望子叶片的睡姿，434n.；的翻译，437。亦参见植物学

迦勒底语　Chaldean language，511n.，515

贾比尔·伊本·赫扬（吉伯）　Hayyan Jabir, ibn（Geber），427

贾科莫·加斯塔尔迪　Gastaldi, Giacomo，462-463，476；梵蒂冈的挂图，464

检查　Censorship：在亚洲的传教使团，529n.，出版前，504，529n.

姜　Ginger，428，429，432，437，442；的词源学，534n.

姜饼　Gingerbread，442

交趾支那　"Cochin China,"491n.

教皇保罗三世　Paul III, pope，512

教皇克莱门特八世　Clement VIII, pope：讨论在日本的印刷，529n.

教皇克莱门特五世　Clement V, pope：与俗语，502

教皇利奥十世　Leo X, pope，的大象，422

教皇马尔塞鲁斯二世　Marcellus II, pope。亦参见马尔塞洛·塞尔维尼

教皇西克斯图斯五世　Sixtus V, pope，438；的图书馆，528

教皇尤利乌斯三世　Julius III, pope，435

杰马·弗里西乌斯　Frisius, Gemma，465，470，471，480；与哥白尼，413　参见弗里西乌斯

L

M

Q

R

S

T

W

Y

责任编辑:林　敏
责任校对:刘亚萍
装帧设计:亚细安设计

图书在版编目(CIP)数据

欧洲形成中的亚洲.第2卷,奇迹的世纪:全3册/(美)拉赫 著 刘绯等 译.
　－北京:人民出版社,2013.3
书名原文:Asia in the making of Europe
ISBN 978－7－01－011701－0

Ⅰ.①欧…　Ⅱ.①拉…②刘…　Ⅲ.①文化交流-文化史-研究-欧洲、
亚洲-16世纪~18世纪　Ⅳ.①K500.3②K300.3

中国版本图书馆 CIP 数据核字(2013)第 022531 号

Licensed by The University of Chicago Press, Chicago, Illinois, U.S.A

著作权合同登记　图字:01-2010-3436 号

欧洲形成中的亚洲第二卷·奇迹的世纪
OUZHOU XINGCHENG ZHONG DE YAZHOU DIERJUAN QIJI DE SHIJI

(美)唐纳德·F.拉赫 著　刘绯等 译

人民出版社 出版发行
(100706　北京市东城区隆福寺街99号)

北京中科印刷有限公司印刷　新华书店经销

2013 年 3 月第 1 版　2013 年 3 月北京第 1 次印刷
开本:710 毫米×1000 毫米 1/16　印张:104.75
字数:1650 千字

ISBN 978－7－01－011701－0　定价:260.00 元

邮购地址 100706　北京市东城区隆福寺街 99 号
人民东方图书销售中心　电话 (010)65250042　65289539

第二卷　奇迹的世纪

［美］唐纳德·F.拉赫　著

第一册
视觉艺术

刘绯　温飚　译

欧洲形成中的亚洲

ASIA
IN THE MAKING OF
EUROPE

［美］唐纳德·F.拉赫　著

周宁　总校译

人民出版社

献给我的母亲和父亲

目 录

插图目录

75. 镀银底座中国瓷碗

76. 系列作品《杯子与水罐》（1548 年）中的带柄水罐，作者：科尼利斯·弗洛利斯

77. 系列作品《杯子与水罐》（1548 年）中的乌龟与贝壳，作者：科尼利斯·弗洛利斯

78. 异国情调的箱盖图案，米兰，1560 年

79. 莫卧儿式箱子，约 1580 年

80. 弗朗西斯科·德·美第奇的收藏室

81. 印度象牙镶嵌座椅，约 1580 年

82. 带柄银啤酒杯（细部），安特卫普，约 1525 年

83. 皇帝查尔斯五世的银底座椰子杯，约 1530 年

84. 拉波尔斯坦恩高脚杯盖装饰

85. 银底座椰子杯，1590 年

86.《出埃及》，见国王曼努埃尔的《祈祷书（1517 年）》

87.《象和卡利卡特人》，作者：汉斯·伯格迈尔

88. 小诗册扉页上的象，1514 年

89. 皇帝马克西米利安祈祷书中的象

90. 弗朗西斯科·德奥兰达复制拉斐尔所画的象

91. 大象汉诺，拉斐尔画作复制品

92. 灰泥装饰板上的大象汉诺，作者：乔瓦尼·达·乌迪内

93. 细木镶嵌：《骑在大象汉诺背上的诗人巴拉巴洛》

94. 凡蒂所作《幸运女神凯旋》（1526 年）中的大象汉诺

95. 象泉，作者：马丁·范·海姆斯凯克

96.《丘比特和赛姬的婚宴》中的象，作者：朱利奥·罗马诺

97. 佛兰德挂毯：《猎象》（1535—1540 年）

98. 僧伽罗象牙盒侧面的浮雕（约 1545 年）

---

① 此处与插图说明中的不一致，该处为鎏金银象。——译者注

前　言

《欧洲形成中的亚洲》是我计划写作的一套系列丛书。在第一卷里，我讨论了欧洲向亚洲的对外扩张，检视了有关东方的知识来源，以及这些知识流入16世纪欧洲的渠道。我的主要资料来源是文字材料，诸如公文、游记、传教士的信件和报告、大事记、回忆录与地图等。除文献分析外，第一卷还记述了香料和其他自亚洲运往欧洲的商品。有关亚洲的新知识浩如烟海，研究欧洲对其做出的反应无疑是一个庞大和复杂的课题。我未在第一卷里对此系统探讨，而是刻意将这个复杂的任务留待本卷完成。

《奇迹的世纪》研讨了16世纪的欧洲对探寻东方所得产生的最普遍的反应。本书——《视觉艺术》（第二卷第一册），则研究了亚洲艺术品、手工制品、植物、动物和工艺品（我将之称为"无声的源泉"）自文艺复兴全盛期至巴洛克时期对欧洲艺术的影响。本书有助于我们理解亚洲对欧洲艺术的影响，填补了中世纪至17世纪亚洲对欧洲艺术影响研究的空白。然而，本书涵盖的主题也仅是亚洲对欧洲全部影响的一个方面。我将在本卷第二册中探讨亚洲对16世纪欧洲文学、思想和习俗的影响。

正如读者将会通过以下各章节的详细描述所看到的那样，似乎可以断言，虽然欧洲历来对异族渗透持有敌意，但亚洲对于它却具有独特的吸引力和影响力。欧洲艺术家十分细致地审视了亚洲的艺术作品和创作思想，并将其融于自己的作品。或许由于我们未用彼时的眼光去观察，因而 16 世纪的欧洲人在艺术领域采用亚洲的艺术作品和思维方式初看之下并非总是那么明显。16 世纪的鉴赏家视为象征亚洲的作品，在我们今日看来，却很可能是一幅毫无意义的画像，甚至只是一种不完整的风格变异。人们长久以来一直认为，亚洲在 18 世纪之前对现代欧洲艺术并无值得一提的影响。但依我看来，这是由于我们对早期的艺术作品缺乏认真研究，因而未能领悟那些吸引了文艺复兴后期欧洲艺术家和手工艺者的亚洲事物。为此，除探讨亚洲对欧洲艺术的影响之外，我还希望本书能促进视觉艺术家对欧洲和亚洲之间的相互影响进行更为细致入微的研究，并鼓励传播学专业的学生收集这些影响的确凿证据，而不是看到相似风格的作品就断言其拥有共同特性或精神共鸣。

在准备写作这部有关视觉艺术著作的过程中，我清醒地意识到自己即将着手的是一个从未被深入研究过的大课题；亦深知以本人之学识背景和资历，不足以完成如此具有开拓性的工作。尽管如此，我仍毅然决定——正如众多业余爱好者经常做的——全力以赴投入这项工作。在此过程中，我得到了他人极其热情和真诚的帮助，乃至最后令我对自己的鲁莽还甚为满意。

我得到了芝加哥大学艺术史专家们的鼎力协助；无论在路上、午餐时，还是在走廊中相遇，他们都耐心地回答了我稚拙的问题。当我有所发现之时，他们又会和我一样兴奋无比。东亚艺术专家、圣言会（S.V.D.）牧师哈里·范·德·斯塔彭（Harrie van der Stappen）给予了我莫大的帮助，帮我辨识了菲利普斯·范·温赫（Philips van Winghe）的素描《安土城》。多年来一直致力于哈布斯堡（Habsburg）艺术收藏工作的爱德华·A. 马泽尔（Edward A. Maser）尽其所能给予我帮助，包括审读本书关于收藏品的章节。业已退休的伯莎·H. 怀尔斯（Bertha H. Wiles）也倾其书画艺术方面的渊博知识给予我帮助。普拉莫德·钱德拉（Pramod Chandra）友善地与我讨论印度艺术，使我了解了混合绘画法（*Kutūhala*）的历史，还为我从印度新德里国家博物馆获取了一幅以混合技法绘制的油画的复制品。对拜占庭帝国和 16 世纪的欧洲均颇有研究的赫伯特·L. 凯斯勒（Herbert L. Kessler）阅读了本书全部初稿，并花费很多时间不拘形式地给予我艺术史方面的指导。弗朗西斯·H.道莱（Francis H. Dowley）多年来一直无私地与我共同进行我热衷的研究，我们自己都未曾想到合作会维持这么长时间。他亦阅读了本书初稿并加以修改。似乎这些帮助尚不足够，我又得到了纽约大学的菲利斯·博伯（Phyllis Bober）和布林莫尔学院的查尔斯·米切尔（Charles Mitchell）的有益指点。

洛克菲勒基金会帮助我大大提高了专业知识的水平。1967年至1968年，基金会为我提供了在德里大学任教的机会，还慷慨地允许我于任教期间在印度旅行——从喜马拉雅山到科摩林角再到锡兰，以及进行一次休闲式的世界之旅。这使我有机会更新我对亚洲和欧洲的知识，同时第一次深入涉猎丰富多彩、谜一样的印度文明。

当我决定把本书中的一章作为"试验气球"先行刊载时，印第安纳大学的丹尼斯·赛诺（Denis Sinor）教授爽快地将其刊登在他主编的《亚洲历史杂志》（*Journal of Asia History*）上。如此，本书第三章有关象的那一部分在1967年以《欧洲文艺复兴时期的亚洲象》为标题，首次刊发于《亚洲历史杂志》（第1卷，第2期，第133—176页）。赛诺教授慷慨地将16幅插图与我的文章一同刊发，使我能够在出版本书时去除那些已经发表的图片而代之新图片，从而增加了有关象的图片文献。我还必须提及艾琳·赛诺夫人（Mrs.Irene Sinor），她像她丈夫一样热诚地帮助我进行关于象的研究，还在那不勒斯帮我追寻一幅关于犀牛的画，并向我描述温策尔·霍拉（Wenzel Hollar）的动人故事及其收藏的约翰内斯·乌尔齐德尔（Johannes Urzidel）绘制的象。

图书馆工作人员和博物馆专家同样为我提供了便利。芝加哥大学图书馆、芝加哥艺术学院和纽贝里图书馆的丰富馆藏永远向我开放。芝加哥大学特品收藏系主任罗伯特·罗森塔尔（Robert Rosenthal）定期知会我珍藏书籍的情况。海伦·史密斯（Helen Smith）多年来不辞辛苦地根据我提出的馆际交换书籍的书单，为我提供所需书籍。埃玛·B.皮彻夫人（Mrs.Emma B.Pitcher）则帮助我识别插图中的鸟类和其他动物。

社会科学研究委员会（Social Science Research Committee）、远东研究委员会（Committee on Far Eastern Studies）和南亚研究委员会（Committee on South

xv

Asia）（均隶属芝加哥大学）提供给我的研究资金，使我能够聘用历史系的研究生来做助手。艾米·戈登（Amy Gordon）、凯思琳·斯塔克（Kathleen Stark）、埃里克·史蒂文斯（Eric Stevens）和萨拉·博布罗夫（Sara Bobroff）在本书研究和写作的不同阶段协助我工作。此外，圣若瑟修女会（S.C.J.）的米谢埃拉·策纳修女（Sister Michaela Zahner）自始至终为本书的印刷而忙碌。

我的妻子在过去的五年间担当了我的个人摄影师。我们的共同学术探索始于 1965 年的一次为时三个月的意大利之旅。在意大利，我们用她的照相机拍摄了大量有关象的艺术作品和他他珍宝的照片。在印度和我们世界之旅的其他所有国家，她为我这个研究项目拍摄了许多照片，其热忱超过了我本人。在国内她亦乐此不疲地为本书插图拍摄了大量照片。她的拍摄技巧使本书浩大的插图工程得以完成，而她的热忱与忘我更使本书的准备过程充满了乐趣。

坦率地说，我大胆涉足这个或许可称为艺术史的领域，堪称"壮举"。其中的失实和翻译错误由我个人承担全部责任。在此，我恳请在这些高深专业领域内资格远胜于我的各位，对我这个微不足道的成果给予宽容和谅解。

致 谢

下列版权所有者热情地授予我们复制图片的权利：

维也纳艺术史博物馆（Kunshistorisches Museum, Vienna）（2、3、4、5、6、7、8、10、38、135、137）；巴黎加利马尔出版公司（Editions Gallimard）（47）；布鲁塞尔的安德烈·德·哈什（11、40）；威尼斯的阿尔菲耶里（Alfieri, Edizione d'arte）（34、100）；佛罗伦萨乌菲兹美术馆（Gabinetto disegni e stampe degli Uffizi）（36）；巴塞尔的 R. 盖吉（R.Geigy）编辑的《热带动物》（Acta tropica）（126）；巴黎卢浮宫（Musée du Louvre）（72）；哥本哈根皇家美术博物馆图画部（Department of Prints and Drawings，The Royal Museum of Fine Art）（114）；阿姆斯特丹 A.L. 范·延特公司（A.L.van Gendt and Co.）（15、105）；斯德哥尔摩的 S. 谢勒（S. Schéle）（76、77）；伦敦维多利亚和艾伯特博物馆（Victoria and Albert Museum）（70、85）；海牙的马蒂纳斯·尼基霍夫（Martinus Nijhoff）（16）。

我们也获得了下列单位和个人的授权：

纽约市立艺术博物馆（The Metropolitan Museum of Art，New York）（75）；巴黎的让·埃尔曼（Jean Ehrmann）（108）；慕尼黑的 F. 布鲁克曼·K. G.（F.Bruckmann K.G.Bildarchiv）（12、13、37、81、83、109、111、142）；

维也纳艾伯蒂娜博物馆（The Albertina）（120、123）；法国塔尔纳省马扎梅的乔治·阿尔朗（Georges Alran）（107）；伦敦康斯塔伯出版公司（Constable Publishers）（23）；柏林的 M. 菲舍尔夫人（Mrs.M.Fischel）和伦敦的劳特利奇和基根·保罗股份有限公司（Routledge and Kegan Paul，Ltd.）（95）；梵蒂冈博物馆画廊（Monumenti musei e gallerie pontificie）（92）；卡尔斯鲁厄的伊娃·博勒特（Eva Bollert）（78、82、84）；慕尼黑巴伐利亚皇家宫殿花园湖泊管理局（Museumsabteilung der bayerischen Verwaltung der staatlichen Schlosser，Garten und Seen）（99）；里斯本国立美术学院（Academia nacional Belas Artes）（17、18、19、20、21、22）；柏林国家博物馆普鲁士文化遗产基金会（Kupferstichkabinett，Staatliche Museen der Stiftung preussischer Kulturbesitz）（91）。

视觉艺术

引　言

　　在海外大发现时期，欧洲人充分地见识了被迅速打开的外部世界，并因其神奇、广袤和多姿多彩而深感震惊。16世纪作家笔下奇特非凡的外部世界充满了诱惑，错综复杂且令人迷茫。艺术家和珍宝收藏家则对外来的天然和人工制品心怀敬畏，因为它们似乎太过神奇。按欧洲人的传统说法，这些神奇之物是无法解释的。欧洲人在感知和理解它们的过程中，一方面心怀敬畏（现在看起来很奇怪），一方面又忍不住羡慕和好奇。美洲和东方对欧洲文明到底意义何在？只有那些最勇敢的人才会承认他们对此感到困惑不解；其他人则指望用超自然力来解释那些无法理解的问题，诚如《赞美诗》中的咏唱："你是行奇事的神。你曾在列邦中彰显你的能力。"（《赞美诗77:14》）

　　茫然、困惑和焦虑令欧洲人一时难以对外部世界做出反应。为了更全面地评价对亚洲的探寻并思考其终极意义，有必要暂且停顿下来。尽管在欧洲人的惊异中混杂着恐惧感，并因此犹豫不决，但他们并不冷漠或迟钝。从卑微的陶器工匠到显达的神父和知名哲学家，各阶层的人都被激起了一个愿望，那就是更详细地了解亚洲高等文明及其精神和物质成果。侨居亚洲和住在本土的欧洲人最容易理解的，自然是亚洲文明中那些表面和具象的东西，而伟大的亚洲宗教体系和哲学体系则显然超出了商人的理解能力。传教士们强烈的基督教偏见使得他们把亚洲人的信仰和物质成果视为异端和浮华而加以排斥。欧洲的人文主义者往往把所有非古典和非欧洲的成果都视为不开化的鄙俗之物。文艺复兴时期的一些艺术家也常常鄙视他们看到的亚洲艺术品，认为它们不过是能工巧匠的作品而已。然而，欧洲艺术家和知识精英们虽持有根深蒂固的种族中心主义观念，现实的亚洲却不容永远受到轻视和排斥。至 16 世纪，艺术家、作家和学者们不得不在他们的作品和思想中为逐渐渗入欧洲的东方文明让出了空间。

欧洲在缓慢、迟疑地适应着现实的并且持续存在着的亚洲时，逐渐将其视为自身世界的一部分。与美洲不同，亚洲很早就开始了与欧洲的交流，时间可以上溯至有记录的历史之前。在古代和中世纪，来自亚洲的植物、动物和能够搬运的货物不时地被运到欧洲。这些外来品通常都与一个朦胧不清的外部世界相联系，在那里居住着野蛮人和文明的敌人。而穆斯林教徒、无信仰的蒙古人和残暴的土耳其人不时入侵信奉基督教的西方，亦加剧了欧洲人对东方的恐惧和反感。在中世纪，大多数的欧亚贸易都在亚历山大港进行，那里在 8 世纪和 9 世纪曾被称为"两个世界的市场"。即便如此，并无可靠资料能够说明亚洲产品进入欧洲的确切地点，因为在 16 世纪之前，胡椒和其他香料尚被笼而统之地称作"天堂的谷物"。

12 世纪，在与黎凡特地区的贸易关系中，欧洲的地位逐渐由债务人转为债权人，随后的十字军东征则起到了为欧洲打开近东大门的作用。返回家园的十字军战士不仅把亚洲的货物，也把在亚洲的体验带回了欧洲内陆，而欧洲内陆此前对这些事物几乎一无所知。由于陆路畅通，在蒙古和平时期（1240—1350 年），欧洲和中国的关系比以往任何时期都更为紧密，在心理上也感觉中国比印度更近。地理大发现以前，印度之于欧洲，依然还是一个神话中的国度。从 14 世纪中期到 1500 年左右，欧洲对亚洲的探索由于缺少交往而再次中断，也正是在这个时期，欧洲重新发现了自己的古典文化，因而比以往更加坚信西方文明具有至高无上的价值。

欧洲专注于自身的状况一直持续到 16 世纪。国家间的战争、民族国家的发展和宗教分裂消耗了它的精力，美洲的发现也分散了欧洲人对亚洲的关注。他们之前对这个新大陆一无所知，因而对它的物产产生了更大的好奇心。而且，美洲与亚洲不同，欧洲的权势、宗教和文明可以轻易地向那里延伸。美洲亦不同于亚洲，无论是在现实中还是在想象中都没有让欧洲感受到威胁。此外，当时统治西班牙在新大陆领地的查尔斯五世是神圣罗马帝国的皇帝，他既是欧洲最强大的国王，也是使欧洲免受土耳其自东方入侵的保护者。或许也是因为这一事实，欧洲更能接受美洲，对它的兴趣也更大。另外，在 16 世纪中期之前，葡萄牙对它在东方推进的情况遵循着"保密政策"（见原文第一卷第 151-154 页），致使有关东方的可靠资料无法自由地流入欧洲。尽管存在这些障碍，有关东方大发现的资料依然日益增多。欧洲文明疆界的周期性扩展和调整，亦为亚洲的产品、艺术和思想留下了在欧洲生存的空间。

并非所有关于亚洲的资料都是从公文、游记、传教士的信件和大事记中找到的。亚洲的香料、植物、动物和可运输的艺术品、工艺品持续流入 16 世纪的欧洲，也让各个阶层的欧洲人看到了实例；其数量和品种之多样，都是他们前所未闻的。即使在中世纪，中国手工艺人的才能也被认为是超群绝伦的。随着通往印度的海上通道被打开，印度手工艺人和艺术家得到了同样甚至是更多的认可，被赞誉为技艺高超成熟、多才多艺。在东方居住和工作的欧洲人对亚洲热带国家的杰出建筑和雕塑也赞不绝口，认为那里的城市比欧洲许多最引以为豪的城市中心都更大、更富有。他们还通过口头或者文字，将其在东方听到的传说和神话带给了故乡的乡亲们。至 16 世纪最后几十年，耶稣会会士们得出结论：亚洲的高等文明有很多东西值得欧洲学习。

自《欧洲形成中的亚洲》第一卷（1965 年）出版以来，我一直为方法论问题所困扰，即：研究和呈现亚洲对 16 世纪欧洲的影响的最佳方法是什么？第一卷出版后，一些评论家正确地预见到，我在具体展现对东方的探寻是怎样促使西方人开始"自觉地质疑他们的文化前提……并从根本上修正他们关于世界、人类和未来的看法"（见原文 835 页）之时，将会遇到困难。下文将尽量说明我在第二卷中如何着手解决这个——坦率地说——极为复杂和关键的问题。

探寻亚洲对欧洲影响的人，必须谨慎判断并确定循着哪条路才能实现自己的目标。文化探险的先驱者已经发现有些线索令人失望；另一些线索则过于曲折，或者说是过于复杂；但又没有直接、易行的路径。在大多数情况下，探险

5

者初始也许会犯些错误，之后才能发现某些标志或遗存，并受其鼓舞选择某一条而不是另一条路径；或者去追随一条其他人确认无法走通的道路。探寻者在考察了一些其他人不曾从他的独特角度考察过的历史往事之后，还必须进行全面的认真思考，以确定自己的看法是不是臆想、曲解，抑或是谬见。

研究亚洲对欧洲影响的人如果对他认知的现实感到满意，就必须放弃其他可能的资源，而将自己和其他人的观点加以比较和评估，在已知事实的基础上判断其间是否存在偶然性。但即使排除了所有这些，研究者及其读者仍须充分地认识，这些看法并不完全，推论有偏颇，论证亦有疏漏。然而，这项工作是有益的，哪怕它仅仅提供了一个观察旧史实的新视角，或者提出了一些新的不全面的阐释，因为这些阐释会激励他人继续他们的工作。

或许是有些天真，我选择标志最突出、最清晰的线索作为起始点。面对自亚洲传入欧洲林林总总的奇特产品、物件和器具，我自问：它们是什么？在谁手中？提出了什么问题？欧洲的手工艺人和艺术家又是如何看待它们的？这些数量巨大的物品较之那些仅被视为样品的东西是否具有更大的影响？正是通过对这一系列简单问题的思考，我决定从视觉艺术着手研究亚洲对欧洲的影响。

当然，如此决定亦有其他方面的考虑。首先，我有某种愧疚感。因为在第一卷里，如同传统的历史学家经常做的那样，我过度依赖文献。根据文献的参考资料，我确定口头报告曾是信息和启示的一个重要来源。我亦深信，从亚洲传入欧洲的物品给欧洲人留下了深刻的印象。这些"无声的源泉"——艺术品、手工制品、植物、动物和手工艺品——显然需要调查研究。它们远比文献更难开发和掌握，但有可能解答文献无法解答的许多关键问题。无疑，拉伯雷（Rabelais）、蒙田（Montaigne）、博丹（Bodin）等文化名人是出于理性而承认了地理大发现的重要意义。自然科学家、地理学家和教士们同样不得不对被发现的东方产品、土地、人和宗教做出或否定或肯定的反应。但是，有何证据能够证实一般大众对这些自亚洲传来的新奇物品亦有所反应，又是如何反应的呢？如果这些新奇的物品产生了影响，那么它们对欧洲艺术家和手工艺者的影响是什么？就此而言，16世纪欧洲的艺术品于我和其他人，明显地都是未知数。

欧洲手工艺者采用亚洲图案，有着漫长和令人尊敬的历史。早在中世纪，在建筑师和手抄书插图画家的设计中就已经体现出东方异国情调的植物和动物的影响。其后的艺术家，特别是 18 世纪的艺术家，都非常迷恋中国，各个艺术领域都创作出了大量中国风格的作品。那么，文艺复兴后期的伟大艺术巨匠们又做出了何等反应？他们是否沉浸于古典艺术范式和自己的惊人成就，而全然不在意海外世界的发现？我和许多人讨论过，亦拜读了很多著作。他们都严肃地认为，那些艺术家们的反应的确如此。我自然难以接受这个结论，因而开始了一些初步调研。调研之初，我选择了不少错误的起点；探索之路坎坷，研究线索模糊。然而，随着头绪的逐渐理清，我开始看到远处那清晰的结论。我发现的清晰结论究竟是臆想还是曲解，抑或是谬见，尚待他人评断。

第一章　珍宝收藏

在通往印度的直接航道开通之前的漫长岁月里，学者们热切并惊奇地观察着那些流入欧洲的一件件亚洲艺术和手工艺品，他们往往通过这些样品来推测创作了这些奇特物品的民族和文明究竟是什么样子。在 16 世纪，亚洲的奇珍异宝被不加区分地统称为"印度货"，这些物品的大量流入激发了人们更普遍和更强烈的好奇心。欧洲的学者和富有创新精神的艺术家不再满足于困惑地观察这些来自远方的物品，而是开始有意识和系统地收集有关东方及其产品的可靠资料。

他们起初是通过曾经去过东方的人来获取资料，但所得甚少，结果令人失望，且完全不能令学有素养和好盘根究底的才俊们满意。人文主义者、科学家和艺术家经常指责游商和航海家未能充分利用良好的机遇去观察亚洲奇异的自然和文化特征。法国博物学家皮埃尔·贝隆（Pierre Belon，1517—1564 年）还颇为不满地抱怨：

> 那些为某些特定目的远航海外的人往往只求一己之需，而未利用机会观察那些他们完全不能理解的其他事物。商人们尤为如此。他们无论去过多少次印度和新发现的大陆，唯一的目的仍是买回划算的货

物赚钱，更无其他。他们无意逐步了解那些奇特的事物，而一个富于好奇心的人其实很容易观察到其中的奇特之处。[1]

8　　　社会各阶层中富于好奇心的人对航海家和商人们的肤浅观察越来越难以忍受和信任，因而敦促旅居东方的人将其在亚洲发现的样品送回欧洲。尽管每支返回里斯本的船队都带来了能够激发学者和艺术家想象力的新鲜货物，[2] 但是随着 16 世纪的逝去，要求看到更多"珍品"的呼声日益高涨。与此同时，亦出现了更深入观察亚洲生存环境和生活方式的需求。

　　　为了给好奇心强烈的人提供可靠的资料，业余画家们送回了描绘亚洲日常生活的素描或画作 [3]。学识渊博的耶稣会会士记录和推断了印度教、佛教庙宇和宗教雕像的涵义及其象征意义。亚洲和欧洲的制图学家则准备了路线图、地理图片和地球仪，协助业余画家和学者将亚洲产品与其产地联系起来，以感受亚洲的广袤并初步了解亚洲多种多样的民族及其辉煌成就 [4]。宇宙志学者和旅行作家搜集了有关东方珠宝、纺织品、植物和动物的详细资料，开创了贸易和探索活动的新局面。新的物品和资料在缓解渴望了解东方的人士迫切需求的同时，亦不断激发了人们收藏外部世界奇珍异宝的欲望。

　　　皇家鉴宝师、富有的贵族商人、中产阶级商人和著名学者都争先恐后地购买东方的天然产品、艺术品和手工艺品。收藏家们逐渐养成了将奇珍异宝集中到陈列室或珍宝馆的嗜好，并开始雇用代理人或央求朋友代为寻觅藏品。大商业家族的海外代理人将各种珍奇作为礼物送给热衷于收藏的雇主、朋友、贸易伙伴和统治者。制图学家格哈德·墨卡托（Gerhard Mercator，1512—1594 年）和亚伯拉罕·奥提留斯（Abraham Ortelius，1529—1598 年）相互交换地理资料和书籍。著名植物学家查尔斯·库希乌斯（Charls de L'écluse，1526—1609 年）则从其西班牙同行贝尼托·阿里亚斯·蒙塔诺（Benito Arias Montano，1527—1598 年）那里获得植物标本。欧洲的统治者们也像东方的君主一样，相互赠送奇异的动物、珠宝、瓷器和小装饰品。但收藏家们屡屡抱怨葡萄牙人封闭有关亚洲的信息，有时甚至故意在其报告中进行误导。[5]

　　　收藏家精神并非形成于 16 世纪，但海外大发现成为了这种精神发展的新动力，收藏重点也出现了变化。[6]所罗门王和古巴比伦的统治者从亚洲收集了许多珍贵物品来充实他们的宝库。希腊、罗马和拜占庭的贵族们经常炫耀他们收藏的来自遥远国度的动物和艺术品。在中世纪的欧洲，大教堂的储宝库和贵族城堡中的保险库中储藏着各种珍贵、奇特的物品，从中国纺织品到鸵鸟蛋，无奇不有。鉴于这些奇异之物价值昂贵和稀少，一般只储藏在宝库中而不对外展示。[7]威尼斯的大公们是首先公开展示这些奇珍异宝的人之一。他们的异国珍奇或为黎凡特王公敬献的礼物，或是掠夺而来，或是购自远东。[8]至15世纪中期，在罗马及其近郊开始兴起发掘和收藏古代艺术品、碑刻、浮雕及硬币的热潮。[9]最终，在16世纪出现了展示奇珍异宝的陈列柜或陈列室（Wunderkammer）。人种学样本、矿石、植物和动物与一些15世纪最优秀的欧洲绘画和手工艺品并列于其中。珍品陈列室的与众不同之处在于，着重系统收集当代而不是古代艺术品和手工艺品，着重收集自然史中不同寻常的样本，以及来自新发现大陆的珍奇物品。[10]

然而，对于在欧洲是否有艺术家、科学家和收藏家可能感兴趣的亚洲物品，我们知晓些什么？只要对当时的海运单据、海关记录、使节报告、公司文件和日记，以及与亚洲进行贸易的商人的个人信件做粗略调查，便不难获得从亚洲进口的众多货物的资料。实际上，亚洲的进口货物是经由里斯本和威尼斯进入欧洲其他国家的（见原书附录，第55页）。然而，并非所有进口物品都能从海运单据或海关报告中查到。许多物品，特别是诸如珠宝、古玩等小件贵重物品，往往是水手作为个人物品或者索性就是走私物品带入欧洲的。其他物品则是被东方君主，或者极力维护自己在国内利益的当地葡萄牙官员作为礼物送给欧洲统治者的。此外，人们也会给家人和朋友带回礼物，或为自己和珍宝收藏家收集纪念品。

第一节　葡萄牙和西班牙

10

里斯本是一个华丽的大商业中心，在整个16世纪，那里随处可见东方工业品和艺术品。第一次远洋的首领将瓷器和纺织品作为礼物献给国王曼努埃尔一世（Manuel I）和里斯本的其他权贵。[11] 非洲东海岸美林迪（Melinde）的国王在瓦斯科·达·伽马（Vasco da Gama）1502 年第二次航海时送给他一件"饰有黄金和硕大珍珠的精制（印度）坎贝床架"。[12] 阿尔伯克基（Albuquerque）和他在印度的助手拥有锦缎外套和为国王制作的轿椅——代表着当地手工艺的最高水平。1512 年，一把剑和一顶黄金王冠，以及盔甲、精制的臂章、手镯和珠宝，被作为暹罗友谊的象征和工业样品送到了里斯本。亚洲的丝绸、珍珠和瓷器也被搜集作为礼物送给王后和宫廷贵妇。阿尔伯克基还把珠宝送给官方编年史家——鲁伊·德·皮纳（Ruy de Pina），以使自己在葡萄牙征服东方的历史上居于显赫地位。[13] 迭戈·洛佩斯·德·塞奎拉（Diogo Lopes de Sequeira）也效仿阿尔伯克基，送给国王曼努埃尔两串金项链。国王有时甚至自掏腰包购买东方陶器和纺织品。[14]

几头印度象和一头来自坎贝（Cambay）的犀牛 1513 年至 1515 年在里斯本展出。卡利卡特（Calicut）的扎莫林（Zamorin）1513 年向里斯本发去了一份刻在金箔上的急件。1516 年至 1517 年间驻足中国的费尔南·佩雷斯·德·安德拉德（Fernão Peres d'Andrade）回到葡萄牙后，向国王曼努埃尔展示了"几幅（中国）画和图案"。[15] 1514 年，锡兰（Ceylon）使节用两只象牙盒将文件和礼物带到里斯本（图 13），其中的一个盒子内装着宝石、一尊科特（Kotte）未来国王的金像，以及一只镶嵌着宝石的王冠。[16] 葡萄牙国王若昂三世（John III）在一个象征性的仪式中为王子雕像加冕，表示这个僧伽罗人（Sinhalese）默认了葡萄牙的宗主权。与此同时，若昂·德·巴罗斯（João de Barros）通过在东方居住的人收集东方的书籍和文稿为其撰写历史准备资料，这一点在其著作《亚洲旬年史》（Décadas da Asia）的大量注释中能够找到佐证。[17]

11　　然而，在这个早期发展阶段，对葡萄牙的未来绝对更为重要的是里斯本城的重建、曼努埃尔式建筑杰作的开工、作为香料贸易中心的印度商馆（Casa da India）的落成，以及这座城市为成为欧洲的亚洲货物集散中心而做出的努力。一位法国商人早在 1503 年就写道：在里斯本"可以看到驶向东印度的葡萄牙舰船带回的瑰宝和其他各种货物"。[18] 鉴于葡萄牙王室只垄断了香料贸易，作为海外奢侈品贸易主要枢纽的新商业街在该世纪中叶成为了欧洲最为典雅的商业街区。[19] 不论天气如何，买家都可以在盖有顶棚的走廊里选购来自东方的瓷器、珠宝、金银器皿、木材和纺织品。[20] 至1580年，在这个街区已有6家店铺专营各式各样的精美瓷器，[21] 因为国王在1522年宣布从印度返航的船只可带回占其载货总量1/3的瓷器。[22] 瓷器仅仅是新商业街销售的商品之一。1552年，有800箱亚洲货在印度商馆集散，尚不计宝石、瓷器、上等琥珀和床上用品等其他进口货物。[23] 每年进口的大约2 000块普通宝石中有许多就在这座城市销售。[24] 新商业街的布料商人囤积品种多样和价格各异的丝绸、丝绒、锦缎和塔夫绸，[25] 每星期都在里斯本罗西奥（Rossio）的集市上甩卖包括印度纺织品在内的尾货。[26]

伊比利亚半岛的商人还经营比装饰品更为实用的东方货物。除作为药材和香料使用的香外，里斯本的药剂师还在其货架上的坛子里存放着治疗普通小病用的干大黄、天门冬、[27] 樱桃李、罗望子，以及安息香和樟脑球。牛黄，这种在亚洲动物体内生长的结石，在印度作为抗毒药物而倍受推崇。葡萄牙人进口牛黄既是作为药材，也是作为护身符。欧洲的许多君主都竞相购买。科钦（Cochin）国王在初次与葡萄牙人进行贸易后不久，便将一块牛黄送给国王曼努埃尔作为礼物。在塞维尔（Seville）的药店里可以买到以壮阳、刺激、麻醉和引起幻觉作用著称的鸦片和大麻（印度大麻或大麻制剂）。[28] 有强烈麻醉作用的曼陀罗于16世纪被纳入了欧洲的药典，并引起了植物学家和植物书籍插图画家的极大兴趣（图36）。科学家和业余收藏家竞相收集异国药材的标本。牛黄和犀牛角的观赏价值和防毒作用受到广泛的赞誉，欧洲工匠经常为其配上银质或金质底座（图8）。

表现卢西塔尼亚（Lusitania）在东方辉煌成就的纪念品，并非只为葡萄牙王族所收藏。在埃武拉（Evora）度过其最后时日的瓦斯科·达·伽马的家中，墙上就绘制着印度树木和动物的画像。[29] 印度征服者的儿子阿方索·德·阿尔伯克基（Alfonso de Albuquerque）在塞土巴（Setubal）附近的白嘉露（Bacalhoa）购置了一幢别墅，在其中建造了一个命名为"印度商馆"的亭子，里面挂满了来自印度的饰物。[30] 胡安·塞巴斯蒂安·卡诺（Juan Sebastian Cano）将麦哲伦（Magellan）的船带回了西班牙，船上满载香料。他呈请查尔斯五世（Charles V）允许他拥有一枚盾形纹章。纹章上描绘着两只交叉着的桂枝、三个豆蔻和两枝丁香藤蔓。[31] 若昂·德·卡斯特罗（João de Castro）卸任印度总督（1545—1548 年）之职后，在皇家动物园所在的辛特拉（Sintra）附近修建了一座名为"松绿"的宅邸。他在花园上面的山上种植了从印度带回的稀有树木和灌木，[32] 其中包括据说是从中国买回的橘子树，该树是欧洲第一棵甜柑橘树。[33] 他还可能在花园里立了一块刻着印度碑文的石碑，但无法考证。[34] 至 16 世纪后半叶，其他葡萄牙权贵的花园里也开始出现珍奇的动物和植物。西班牙规模最大的动物园属于唐·赫塔多·德·门多萨（Don Hurtado de Mendoza）。[35] 在 1560 年出版的一位西班牙贵族的藏品目录中有一件物品值得关注，即他妻子拥有的一件缀着亚麻布边的印度丝绸头饰。在梅蒂纳坎波（Medina del Campo）商人西蒙·鲁伊斯（Simon Ruiz）的宅邸中，摆放着他引以为豪的来自葡属印度的一张床和一张雕刻镀金桌子。[36] 亚洲和葡萄牙的船只为伊比利亚半岛的家庭和机构运回了大量马达班（缅甸）水罐、用来盛放水和油的巨型陶罐（如同在下一个世纪运回荷兰的一样）。[37]

西班牙的哈布斯堡（Habsburg）统治者如同他们的德国亲戚一样很早就开始收藏珍宝。伟大的查尔斯五世虽并非特别热衷艺术，却也拥有来自东方的瓷器、金器和羽毛制品。[38] 菲利普二世（Philip II）比他的父亲更倾心于收藏，也是更优秀的艺术品鉴赏家。他很早就开始从埃斯科里亚尔（Escorial）的图书馆购买西方出版的有关亚洲的书籍，后来又从菲律宾购买了不少中国书籍。[39] 1566 年，葡萄牙王后凯瑟琳娜（Queen Catherine of Portugal）从印度给她的儿媳、西班牙公主送去了包括一套精美瓷器在内的礼物。里斯本宫廷的其他人也将瓷器作为礼物送给他们在西班牙的亲戚和朋友。[40] 这些瓷器当中有很多都倍受赞赏，被存放在珠宝收藏室或马德里的宝藏馆中。

在 1581 年西班牙的菲利普正式进入葡萄牙时修建的凯旋门和底座，生动地体现了葡萄牙在亚洲贸易中最为重大的利益。[41] 葡萄牙征服东方取得的每一个重大胜利都以雕塑的形式展现出来，象征性地呈现给这位新国王。代表"东方女王"（Queen of the East）的果阿（Goa）在里斯本商人于里贝拉宫（Ribeira

Palace）前修建的雕塑群中占据了中心位置。新国王对商人们的友好表示大为赞赏，立即命令他在东方的属下关注于王国有利的亚洲新物品。1581 年 9 月 20 日，法国大使向他的政府汇报说，这位新国王在抵达后的最初几天里一直站在窗户前饶有兴致地观看从印度来的船只卸货。[42]菲利普要求里斯本供应商为他的孩子们提供瓷器，以及一些他自己从未见识过的物品。[43]他在写给家人的一封信中答应送给小儿子一张"印度书桌"，如果后者能够坚持学习读书和写作。[44]他在其后的一个月送给女儿们一些印度制作的佛珠。[45]当 1582 年 7 月一艘船单独抵达拉各斯（Lagos）时，这位国王写信告诉女儿们，船上载的一头象是他任命的总督弗朗西斯科·德·马斯卡伦哈斯（Francisco de Mascarenhas）送给马德里年轻王子的礼物。菲利普对自己的兴趣所在十分明了，其最佳体现莫过于他 1582 年 10 月 25 日写给女儿们的一封信：

> 我刻意寻找能够带回马德里的其他东西，但甚为困难，尽管他们说在某条船上有很多。给你们带去几块他们采购的蜡，因为它们（蜡）很不寻常；还有一些我从未见过的白蜡。给我的回信用这个蜡封上，这样我就能看到它的作用。不过我猜想它们不是做这个用的。[46]

1584 年日本年轻特使造访马德里再度激发了菲利普对东方的兴趣（图 35）。日本使节此次造访进献给他的礼物包括折叠屏风（byōbus）、两副日本盔甲和一张带抽屉的竹书桌。抽屉里摆放着织田信长（Oda Nobunaga）送给耶稣会会士亚历山德罗·范礼安（Jesuit Alessandro Valignano）的一只上了漆、装饰着金边的木碗，一只装满了小饰物的精美篮子，以及一只喷漆小烟斗。[47]这些使节在马德里的阿梅里亚（Armería）看到了很多来自亚洲的珠宝，以及属于国王的三张印度书桌。[48]他的属下还呈送了缴获或者以其他方式获得的武器，以使他了解亚洲的武器和制作工艺。[49]西班牙总督和在菲律宾的传教士也定期将书籍、地图和其他有关中国的信息送给国王。菲利普任命的果阿执政官、红衣主教文森特·德·丰塞卡（Vicente de Fonseca）送给他的王室主人一尊巨大的象牙耶稣受难像。这尊像在锡兰（Ceylon）精雕细作，耶稣的形象

14

"栩栩如生"。[50]菲利普还在马德里展示了来自亚洲的动物，并为他在阿兰胡埃斯（Aranjuez）的植物园增添了来自东方的树木和灌木。有一个故事讲述了国王如何维护在东方的贸易利益。1585年，他命令将在里斯本损毁的巨型帆船的龙骨运回埃斯科里亚尔（Escorial），这只船是二十年前在果阿用印度柚木建造的。[51]

　　菲利普的藏品目录是在他过世几年后为举行拍卖编制的。这份目录列入了两万多件物品，其中包括3 000多件瓷器。[52]列入的还有中国画、乐器和漆盒，例如一个条目写道："裱在纸上的三幅精美帆布彩画描绘了中国鸟。"[53]中国和印度的匕首、短剑和刀亦列入其中。[54]在一块纪念菲利普的金属徽章背面刻着神秘的文字"Reliquum.Datura.India"。[55]这或许代表着印度进献给菲利普及其国家的供品。从菲利普1598年5月10日写给印度总督弗朗西斯科·达·伽马的信中可以看出，他本人积极参与收藏活动并且一直持续到晚年。在信中，他命令将"大量琥珀、精选物品（例如纺织品）、地毯和少量瓷器"送至他本人，并要求："无论你做什么或者送什么都要知会米格尔·德·莫拉（Miguel de Maura），以便我知晓。"[56]

　　尽管在16世纪的大部分时期里，美洲的贵金属和东方产品源源不断地进入了（或经过）西班牙，国王颁布的法令依然限制了臣民们沉湎于炫耀或花费大量金钱收集珍宝。例如，1494年颁布的一道法令禁止进口和销售金银丝镶嵌纺织品（宗教用途者除外）。1534年，查尔斯五世重申和修订了该法令。这些法令的执行在菲利普治下虽有所放松，但很多条款依然有效。1563年的一道政令允许妇女在头部、腰部和袖口佩戴宝石、珍珠和金银首饰，但禁止点缀在衣裙上！[57]即便如此，至该世纪末，西班牙的珠宝店也开始销售金首饰、瓷器、丝绸、花哨的头饰和时髦的手套。[58]不过，1593年的一道政令严厉禁止银匠和其他人购买、销售或制作用银装饰的桌子、箱子、柜子和餐具柜。[59]虽有法律，西班牙商人却仍在欧洲其他国家的都会和地方集市上销售来自阿梅里亚的货物，包括印度服装和头饰。[60]欧洲的其他大部分宫廷都在效仿西班牙的服装式样（图1）。

　　1755年的里斯本地震毁坏了大量文献和艺术品，大概由于这个原因，有关伊比利亚半岛珍宝收藏的记载十分有限，并且不完全。要估计亚洲进口货物的数量和品种，更好的办法是研究外国人的报告，以及葡萄牙统治者送给教士和欧洲君主的礼品清单。[61] 国王曼努埃尔送给教皇的众多礼品充分地展现了东方工匠和艺术家高超的技艺。礼品清单中的物品包括金银器、刺绣、教士穿的锦缎外衣和地毯，以及珍奇动物、大量香料和药材。[62] 庇乌四世（Pius IV）也收到了葡萄牙送来的瓷器和瓷盘。[63] 在整个世纪，大贸易公司的代理和外国政府的代表都随时为他们的雇主提供里斯本的东方珠宝和首饰到货以及价格的信息。富格尔（Fugger）的代理商约翰·冯·舒伦（Johann von Schuren）在该世纪中期从里斯本为他在奥格斯堡的朋友和安东·富格尔（Anton Fugger）的女儿们购买钻石。[64] 在法国和低地国家的葡萄牙商业代理人以及在巴黎和罗马的学生和教士，都成为意大利和北欧国家珍宝收集者的信息提供者甚至是代理人。通过这些迂回的渠道，较容易获得有关亚洲产品抵达葡萄牙，以及亚洲珍宝在伊比利亚半岛之外商业中心收藏情况的信息。

第二节　安特卫普和低地国家

自 1503 年至 1553 年，安特卫普的葡萄牙人及其代理输送和销售在里斯本能够买到的几乎所有物品。[65] 然而，1549 年葡萄牙在安特卫普的工厂关闭之后，这个斯凯尔特河（Scheldt）上城市的国际贸易严重衰落。菲利普二世从 1567 年至 1580 年在荷兰强制推行的西班牙化导致了一系列的战争，致使安特卫普丧失了它先前作为西北欧地区①商业中心的地位。商人们纷纷移居其他城市改变了荷兰的格局，阿姆斯特丹和其他港口城市很快取代了安特卫普在国际贸易中的地位。荷兰人远航东方，使得荷兰在 16 世纪最后二十年的迅速崛起达到了顶峰，也使荷兰与东方的直接和定期贸易关系进入鼎盛期。安特卫普作为贸易中心的兴衰及其地位被取代形成了一种模式，在很多艺术、知识和出版领域亦出

17

---

① 原文为 northwestern Europe。——译者注

现了类似的情况。

伟大的德国艺术家阿尔布雷特·丢勒（Albrecht Dürer）是安特卫普辉煌时期最著名的访问者之一。他于1520年至1521年云游低地国家，在日记中记载了大量有关活动的线索，并描绘了置身于安特卫普富足、喧嚣生活的真实感受和评价。丢勒结交葡萄牙工业家并与他们成为朋友。他为费尔南德斯·德阿尔玛达（Fernandez d'Almada）画像，还将名画《沉思中的圣·杰罗姆》（St. Jerome in Meditation）作为礼物送给他。[66]他还出售、交换和作为礼物送出了自己和其他德国艺术家创作的木刻和版画，其数量之大，几乎令人难以置信。

总是为新思想和新事物着迷的丢勒，通过葡萄牙和佛兰德的朋友、熟人收集了很多的珍奇物品。他在日记中记录了自己的藏品，其中包括：十几个印度椰子、麝香球、卡利卡特服装，一只装满了樱桃李的绿罐子，"两只来自卡利卡特的象牙盐瓶……一件非常精美的瓷器"，一些檀香，"卡利卡特羽毛"，几只绿鹦鹉，一件木质武器和一只来自卡利卡特的鱼皮盾牌，以及"两副当地人打斗时使用的手套"。[67]

几乎所有的海外新鲜事物都能激发丢勒的深入思考。1520年夏天访问布鲁塞尔时，他观看了为举行加冕仪式而展出的来自新大陆的皇家珍藏。在观赏了蒙特苏马（Montezuma）送给议会的礼品后，他在日记中写道：

> 我观赏了从新黄金大陆（墨西哥）为国王（查尔斯五世）带来的物品：一个用一英寻大的黄金制作的太阳，一个用白银制作的同样大小的月亮；当地人使用的盔甲和各式各样的奇妙武器、铠甲和标枪堆满了几乎两个房间；非常奇特的衣服；以及比奇迹更值得观赏的床和人类使用的各种令人称绝的物品。有生以来我从未如此心动过，因为其中有精美绝伦的艺术品。我惊异于遥远国度人民的聪明才智，实在难以言传。[68]

其他人同样为创作者的"聪明才智"而倾倒，却无人如此鲜明和准确地表达出感受。

18

丢勒在布鲁塞尔展览中看到的羽毛头饰确实来自墨西哥，欧洲的羽毛制品在现代学者心目中也往往仅与美洲联系在一起。[69] 尽管羽毛制品定期从美洲进口到欧洲，但应当记得早在那时丢勒就在安特卫普购买过"卡利卡特羽毛"。汉斯·伯格迈尔（Hans Burgkmair）木刻中的"卡利卡特人"身着羽毛裙、头戴羽毛头饰（图44）。藏品中的羽毛画亦时常与亚洲联系在一起；[70] 无数挂毯和绘画中的亚洲当地人也都身着羽毛裙。之所以产生这种联想，是因为中国人和日本人早在8世纪就用羽毛来装饰服装。在远东，羽毛还被贴在屏幕上构成艳丽的图案，并出现在画像和书法作品中。羽毛头饰在亚洲热带岛屿之流行正如同在美洲一样。在柬埔寨、婆罗洲（Borneo）和日本，出口翠鸟和五颜六色的血雉的羽毛是利益颇丰的生意。[71] 1585年日本使节将羽毛饰品送给维罗纳（Veronese）药剂师弗朗切斯科·卡塞拉利（Francesco Calceolari）作为收藏品。不应忘记的是，极乐鸟的羽毛是人们在无数次远航亚洲时从摩鹿加群岛（Moluccas）以及亚洲市场买回的。[72] 当时的欧洲人像丢勒一样，正确地将色彩缤纷的羽毛、海外的羽衣、羽毛饰品和羽毛头饰与亚洲和美洲联系在一起。

丢勒返回奥格斯堡不久，葡萄牙人文主义者达米奥·德·戈伊斯（Damião de Gois）在1523年离开里斯本去往佛兰德斯（Flanders）。[73] 在其后的六年里，他一直担任葡萄牙在荷兰开办的工厂的公证人。他还是皇帝马克西米利安一世（Maxmilian I）的女儿、佛兰德斯1524—1530年的统治者——玛格丽特公主（Archduchess Margaret）宫廷的常客。玛格丽特是印度器皿最早的王室收藏人，可能认识安特卫普的葡萄牙大商人和戈伊斯。她的遗物中包括其中一些人的画像便说明了这一点。[74] 她可能是通过这些人以及戈伊斯，在其短短的执政期内丰富了查尔斯的美洲藏品，并开始认真收藏低地国家来自亚洲的物品。她得到了不少亚洲的珍宝和纺织品，显然对中国瓷器情有独钟。根据藏品目录，她在执政期内收集了数量可观的瓷碗、盐瓶、水罐和盘子。在她1530年去世后，皇帝查尔斯五世和他的兄弟费迪南德（Ferdinand）分享了她的藏品。[75]

被称为"大人"的安特卫普富人、权贵和外国大商人，竞相修建和装饰豪华的府邸，购置奢华的家具。贵族豪宅内摆满了雕像、挂毯、宝石、钱币和海

19

外珍奇。葡萄牙珠宝商迭戈·杜阿尔特（Diego Duarte）在普莱斯德姆（Place de Meu）购置了一幢别墅，以及一些精美的绘画、挂毯和各式各样的物品。[76]

诸如亚伯拉罕·奥提留斯（Abraham Ortelius）和他的出版商朋友克里斯托弗·普兰汀（Christopher Plantin）这样的学者都是这个资产阶级社会的成员，亦同样热衷于收藏（图16）。奥提留斯早在1561年曾写下便条，提醒自己搞清楚他的葡萄牙联系人发现了哪些来自印度的新奇物品。[77]奥提留斯还利用旅行以及他遍布欧洲的联系人，为他撰写地理著作广泛收集有关亚洲的更多和更好的书籍和地图。其他人或致信奥提留斯询问有关东方的最新消息，或征求其对自己有关亚洲作品的意见。[78]经常往来于里斯本和马德里之间的商人则受托为他收集各种钱币。[79]奥提留斯从在德国的植物学家乔基姆·卡默拉里乌斯（Joachim Camerarius）和在西班牙的阿里亚斯·蒙塔诺（Arias Montano）那里获得了有关海外植物的信息，以及在自己和查尔斯·库希乌斯的花园里栽种植物的种子（图15），还有药材和有关药材的书籍。[80]阿里亚斯·蒙塔诺还将自己收藏的一块牛黄和其他宝石送予奥提留斯。[81]同时，奥提留斯帮助布鲁塞尔的欧内斯特大公（Archduke Ernest）在世界范围内收集珠宝和盔甲。[82]

与此同时，在恩克赫伊曾（Enkhuizen），奥提留斯年轻的同代人、博学的医生伯纳德·坦布罗克（Bernard ten Broecke）——通常被称为"帕鲁达努斯"（Paludanus）——也逐渐收集了不少珍奇。恩克赫伊曾也是1583年至1588年在印度工作的葡萄牙著名旅行家扬·惠根·范·林斯乔坦（Jan Huygen van Linschoten）的家乡，同样也是作为葡萄牙舰队炮手在东方居住多年的迪尔克·赫里茨（Dirck Gerritsz，被人称作"瓷器"）的家乡。[83]帕鲁达努斯从未去过印度和亚洲的其他地方，但曾造访意大利和黎凡特，在那里为其收藏增添了不少珍品。他在意大利结识了达米奥·德·戈伊斯（Damião de Gois），或许从后者那里获得了葡萄牙人了解的有关遥远东方的知识。[84]无论如何，当1592年林斯乔坦返回恩克赫伊曾之时，帕鲁达努斯作为学者型收藏家的地位已牢固确立。

奥提留斯在1592年时尚未结识他的邻居帕鲁达努斯，[85]但是符腾堡（Wüttemberg）公爵弗雷德里克一世（Frederick I，1593—1608年在位）听说这位医生写了享有盛名的《珍奇馆》（*Wunderkammer*）一书，便于当年 9 月 17 日专程前往恩克赫伊曾去观看。[86] 大公的秘书详细记述了这次访问，后来出版了一部藏品目录，解释了藏品的系统并将藏品分类列出 [87]，但有些地方较为粗略。藏品包括 87 个编了号的柜子和箱子，其中经过辨认和标记的藏品包括：泥、陶土、沙子、水晶、陶器、盐、硝酸盐、金属、碧玉、玛瑙、红玛瑙及各类宝石；新奇的木材、水果、植物、根茎、种子、花卉、谷类、树胶和树脂；奇特的动物或动物肢体、海外的鸟类（包括 3 幅极乐鸟羽衣）、药品、"海产品"；以及两箱印度、中国和东西印度群岛制作的各类物品。拉斯盖伯（Rathgeb）辨认出的东方物品还包括制作瓷器的陶土、印度碧玉、红宝石、玛瑙，以及来自东西印度群岛的各式服装样品。

林斯乔坦 1592 年返回之后，帕鲁达努斯协助他准备《林斯乔坦葡属东印度航海记》（*Itinerario*）的出版。毫无疑问，帕鲁达努斯的收藏品中增添了林斯乔坦为其从东方带回的纪念品。根据林斯乔坦本人的说法，他送给这位医生一个根茎球、一些芦苇、甘蔗和棕榈叶纸，以及中国的书籍和纸张。[88]1596 年奥提留斯与帕鲁达努斯结识，两人开始通信讨论如何打开通往中国的北面通道。[89] 林斯乔坦也参与了讨论，并送给这位地理学家一包画作，其中包括印度水果和树木的素描。这些画可能是林斯乔坦为编写《林斯乔坦葡属东印度航海记》准备的。[90] 帕鲁达努斯在附信中自愿送给奥提留斯的奇特自然物产都来自他的收藏。

1598 年奥提留斯过世后，帕鲁达努斯拥有的物品就成为独树一帜的私人自然珍奇收藏。这批藏品在 17 世纪大名远扬，一位英国旅游者观赏之后据说是即兴创作了以下诗句：

来自旧世界或新大陆的奇珍异宝
是艺术之结晶抑或是自然的赋予
帕鲁达努斯之家展现的稀世珍藏
明证了造物主至高的智慧与慈悲。[91]

帕鲁达努斯 1633 年去世之前将自己的部分收藏赠予"莱顿大学公共剧院和安纳托密馆"（the Publick Theater and Anatomie Hall of the University of Leyden）正在建立的自然科学史博物馆。[92] 但他的大部分藏品一直保存在恩克赫伊曾，直至 1651 年售予石勒苏益格 - 霍尔施坦因 - 哥托普（Schleswig-Holstein-Gottorp）公爵弗雷德里克三世（Duke Frederick III）。弗雷德里克的代理人是著名的东方旅游者亚当·奥利瑞乌斯（Adam Olearius），他于 1666 年出版了哥托普藏品目录（图 11）。帕鲁达努斯的大部分藏品在 18 世纪都为哥托普公爵的后裔沙皇彼得三世（Tsar Peter III）所有，成为圣彼得堡的俄罗斯皇家收藏；其余的则成为哥本哈根宫廷藏品。[93]

第三节　德国和奥地利

哈布斯堡王朝与西班牙和低地国家的政治联系，以及安特卫普（后来还有阿姆斯特丹）与（中世纪）商业同业公会（Hanseatic）及德国南部商业中心不间断的贸易往来，使德国在很早的时候就与亚洲的发现和贸易有了密切的联系。富格尔（Fuggers）、韦尔泽（Welsers）、普劳恩（Prauns）和赫沃尔茨（Herwarts）家族的代理人把信息和货物不断输送到德国 16 世纪时的艺术和印刷中心——奥格斯堡和纽伦堡。在 16 世纪，以往在贸易和精神方面更倾向威尼斯和意大利的维也纳和布拉格，日益感受到来自低地国家的商业和艺术影响。这些影响有些是直接的，有些则是通过商人和王公贵族的活动产生的。随着兴趣的不断扩展，哈布斯堡王室和其他德国王公贵族以及大商人得以了解欧洲和海外贸易的最新发展，其艺术和科技藏品也远比当时其他国家的丰富和全面。[94]

早期的德国收藏家，不论是王公贵族还是商人，都与阿尔布雷特·丢勒一样将注意力集中于海外的自然珍奇、罗马雕塑、青铜器、钱币和碑文。1503—1506 年，韦尔泽家族派到里斯本的代理人卢卡斯·雷姆（Lucas Rem）带来了"不同寻常的新品种的鹦鹉、长尾巴的猴子和其他奇特可笑的东西"。[95] 奥格斯堡人文主义者康拉德·波伊廷格（Konrad Peutinger）和威利巴尔德·皮克海默

（Willibald Pirckheimer）急切地收集着有关东方的书籍和信息。[96]1507年，与韦尔泽家族保持密切联系的波伊廷格通过德国商人得到了来自印度的一只鹦鹉、奇特的木材、海贝和其他一些物品。[97]皮克海默则委托丢勒在威尼斯为其购买珍珠和宝石。然而那位艺术家却告诉他，这些东西在威尼斯价格昂贵，不如到法兰克福购买，因为法兰克福的货物直接来自安特卫普。[98]需要化石和矿石、从事科学研究的乔治·阿格里克拉（Georg Agricola，1490—1555年），也急于得到来自非洲和亚洲的标本以扩充其收藏。[99]正如我们已经看到的，阿尔布雷特·丢勒在竭尽全力地收集外国工匠和艺术家们"令人难以置信的杰作"。

哈布斯堡王室在历史大发现之前更热衷于收藏本国的历史纪念品，而不是海外的奇珍异宝或希腊、罗马的古玩。在前半叶或整个16世纪，每一个王室都拥有了自己的珍宝藏品。哈布斯堡最早的艺术赞助人马克西米利安一世，比其前辈们对收集奇珍异宝和当代艺术品有更强烈的兴趣，但收藏的主要是中世纪和各朝代的物品。他收集的大部分藏品主要是出于德国和家族利益，而收藏的当代艺术品则用于政治宣传（图10）。他在去世前将自己的收藏分给了孙子查尔斯五世（Charles V）和费迪南德一世（Ferdinand I）。虽然对帝国利益极为关切，伟大的查尔斯也仅是对能为天主教信仰和王朝利益服务的海外艺术品表现出兴趣。[100]令人不解的是，虽然对伊比利亚（Iberia）兴趣浓厚，查尔斯的藏品却与其祖父一样仅包括来自东方的零碎古玩：牛黄、中国根雕和来自塞舌尔群岛（Seychelles Islands）的一个配有银座的鎏金双椰子。[101]

费迪南德一世在查尔斯五世统治帝国时期是波西米亚（Bohemia）和匈牙利国王、奥地利摄政，他比哥哥具有更强烈的好奇心。他在荷兰接受教育，曾受教于伊拉斯谟（Erasmus），热衷于人文主义和当代艺术。一位威尼斯使节如此描述：他是"对自然、动物和大地之上的国家最具探索精神的研究者"。[102]他在威尼斯收集了古玩、书籍、盔甲和当代绘画。费迪南德的大儿子马克西米利安二世继承了父亲对艺术、科学和收藏的爱好，也成为学者和艺术家的赞助人。他通过外交使节，包括他派遣到土耳其宫廷的使节，为他寻觅奇货。他自己从伊比利亚购买了一头亚洲象并运到奥地利，[103]还为埃伯斯多夫（Ebersdorf）动物园提供赞助。1564年他继承王位后就着手将维也纳发展成为帝国的艺术和行政中心，资助艺术家、植物学家和天文学家，使中欧对当代知识和艺术充满了更浓厚的兴趣。[104]

16 世纪中叶和下半叶，德国中部和南部较小的王公贵族和富有商人也加入了收藏者的行列。哈布斯堡王朝的两位大臣，尼古拉斯·佩雷内特·德·格兰威利（Nicholas Perrenot de Granvelle）和红衣主教安托万·德·格兰威利（Antoine de Granvelle）在贝桑松（Besacon）共同举办了一个艺术和人种学展览，展出的藏品是私人收藏中最为丰富的。[105]

1583—1586 年在位的萨克森（Saxony）选侯奥古斯都（Augustus）开始了后来发展成为德累斯顿（Dresden）博物馆的第一批收藏。从他的儿子和继承人选侯克里斯琴一世（Christian I，1586—1591 年在位）于 1587 年编制的藏品目录中可以看出，奥古斯都对亚洲古玩有着真正的癖好。当然，他的热衷与其对香料贸易的兴趣，以及他想使莱比锡（Leipzig）起到稳定北部欧洲作用的运气不佳的尝试也有关系。[106] 除海贝、奇特的动植物（例如一条狮鹫的舌头）和印度纺织品外，他的藏品还包括印度的路标和地图。其中最有趣的是两件"印度"漆器家具。这两件家具是由托斯卡纳（Tuscany）大公弗朗西斯科一世（Francesco I，1574—1587 年在位）[107] 进献（大约在 1586 年）给萨克森选侯奥古斯都的。第一件家具是一张有两只小抽屉的书桌，桌面以皮革包裹，上面绘制着金色的异教徒图画。另一件是覆盖着黑皮革的"印度"折叠餐桌，上面绘制着五花八门的鸟和动物。[108] 1591 年，托斯卡纳的另一位大公费迪南德一世（1587—1609 年在位）送给萨克森选侯约翰·乔治（John George，1591—1656 年在位）一只用金子和令人难以置信的图案装饰的"印度"保险箱，以及一只瓷杯。[109] 从上述描述似乎可以看出，其中有些是中国或日本制作的漆器。后来，几位萨克森大公可能又将这些来自东方的珍奇东西送给丹麦的克里斯琴四世（Christian IV，1588—1648 年在位）收藏。[110]

信仰路德教的萨克森人主要通过香料商人了解亚洲，而信仰天主教的巴伐利亚人（Bavarian）则通过耶稣会士（Jesuits）和商人与亚洲保持联系。如同萨克森人一样，巴伐利亚大公艾伯特五世（Albert V，1552—1579 年在位）和威廉五世（William V，1579—1597 年在位）也与佛罗伦萨大公及其他艺术和科学赞助人保持着密切的联系。艾伯特是文学和艺术慷慨的赞助人，他鼓励耶稣会会士到英戈尔施塔特大学（Ingolstadt University）协助制止新教在其领地上传播。1559 年，第一个耶稣会在慕尼黑安定下来，并很快在宫廷谋得了重要的位置。显然，耶稣会在慕尼黑引起了人们对亚洲传教活动的兴趣。传教活动的重要性更在于提供新闻和信息，而不是亚洲艺术和产品。令人惊讶的是，在 1565 年编制的艾伯特藏品目录中仅有一件艺术品能够确认是来自印度。这是一头用象牙雕刻的象，背上驮着一个镶嵌着红宝石、钻石和珍珠的塔。[111] 塞缪尔·奎克伯格（Samuel Quickeberg）撰写的"题记"（1565 年），在描述巴伐利亚艺术珍藏时只提到了印度、阿拉伯和土耳其用鹦鹉羽毛、奇特的面料和纤维制作的服饰。[112] 可以推断，耶稣会更关心的是如何尽可能地将巴伐利亚人的钱用于支持教会及其活动，而不是帮助大公在"异教徒毫无价值"的物品上乱花钱。作为其宣传活动的一部分，耶稣会将其 1570 年在慕尼黑（Munich）出版的一部书信备查录奉献给年轻的威廉公爵，就是上述结论的一个证明。[113]

　　最后的分析表明，维特尔巴赫（Wittelsbach）的公爵们必须通过他们在伊比利亚的中间商和在意大利雇用的代理人获取东方的民间和艺术珍品。例如：1555 年，马克·福格（Mark Fugger）在里斯本的中间商为艾伯特公爵购买了两只象牙首饰盒、几把象牙梳子和一些珠宝（图 12 、13）。首饰盒和梳子源于僧伽罗人（Sinhalese），首饰盒可能是由科塔（Cotta）的使者于 1541 年与他们王子的金像一起带到里斯本的。[114] 这些首饰盒安全运达慕尼黑，可以从颇有学识的巴伐利亚收藏品管理员菲克尔（J.B.Fickler，1533—1610 年）编写的维特尔巴赫藏品目录的手稿中找到佐证。[115] 菲克尔还描述道：在珍品陈列室的一张桌子上摆放着印度陶器、水晶、纺织品、天然和经过装饰的椰子、服装和武器。巴伐利亚的藏品中还包括东方钱币、异国情调的箱子（图 78）、海贝和纺织品。菲利普二世的儿子、西班牙的查尔斯向艾伯特公爵进献了一张长方形的桌子，桌面上覆盖着镶嵌着玫瑰花和叶子的珍珠母。[116]

　　哈布斯堡的收藏热在 16 世纪下半叶变得几近疯狂。在格拉茨（Graz），大公查尔斯二世（Archduke Charles II）的妻子玛丽亚对收藏昂贵珍奇的物品具有孩子般的热情。在她的怂恿下，查尔斯在 16 世纪 70 年代开始聚揽五花八门的珍奇物品。[117]格拉茨宫廷通过奥地利驻西班牙的外交使节汉斯·克里斯托弗·克芬许勒（Hans Christoph Khevenhuller）购买了丝绸、刺绣、珍珠项链和其他昂贵物品。根据 1590 年的藏品目录，这位大公收藏了不少于 127 幅挂毯，以及鞑靼和印度武器。[118]当时的荷兰摄政厄恩斯特（Ernst）大公则拥有亚洲的武器、珍珠和一个东方黑檀木十字架。[119]

皇帝马克西米利安（Emperor Maximilian）的弟弟费迪南德大公（1520—1595 年）的藏品在哈布斯堡收藏者中最为系统（图 2、3）。[120]他 1547—1563 年在布拉格摄政之时，开始收集后来成为其巨量收藏中的核心藏品。也是在布拉格期间，他迎娶了德国富商的女儿费利宾·韦尔泽（Philippine Welser）。他的这位平民妻子继承了家族的兴趣——收藏海外书籍和在各类考察中发现的物品。[121]费迪南德移居因斯布鲁克（Innsbruck）后将阿姆布拉斯（Ambras）附近的城堡赠予了他的妻子。1580 年费利宾去世后，费迪南德将其收藏的大量盔甲、伟人画像、民俗和艺术珍品转移到阿姆布拉斯。在那里，他兴趣盎然地将自己种类繁杂的藏品按照逻辑进行了分类，并以研究和展示这些藏品为荣。

费迪南德收藏的亚洲艺术和工艺品样本最为丰富。在这位伟大的收藏家去世后不久编纂的 1596 年因斯布鲁克藏品目录，是收藏史中最为重要的文献。通过文献人们可以明了，在 1600 年之前，一个目光敏锐、富有和勤勉的收藏家在欧洲可能收集到的亚洲物品的数量和种类。在阿姆布拉斯巨大的珍品陈列室里摆着 18 个大柜子，里面存放着费迪南德最珍贵的藏品。14 号柜子中存放着瓷器和珍珠饰品。柜子的第一层摆着 42 只体积虽小但是很深的瓷碗；它们大小相同，均绘有蓝色的植物叶子。第二层上陈列着 66 只瓷花瓶，其中几只闪烁着金光，其余的为纯蓝色和白色。第三层摆着 38 只较浅的瓷碗。第四层则陈列着 38 只较大的瓷碗。第五层上共有 38 件藏品，其中有 30 只中等深度的瓷碗和 8 只瓷盘。第六层上是 7 只青花瓷碗，其中一只上绘有奇特的动物。第七层上是 6 只大扁平碗，其中 4 只里表均是蓝白相间的颜色；另外 2 只，里面为蓝色，表面为白色。第八层上摆放着 6 只体积最大的瓷器，其中 2 只形制相同，没有镶边，里面用蓝色绘制着异教徒的神仙；另外 4 只没有任何装饰。[122]仅仅是这些藏品中就有 241 件中国瓷器，其中大部分是明代青花瓷。阿姆布拉斯藏品的数量令人们不难相信菲利普二世当时拥有3 000件藏品。菲利普拥有大量的雕像，但似乎没有一件在阿姆布拉斯引起关注。当然，我们无法确认收录的所有瓷器都是真品，或者说其中是否有欧洲人的仿制品。

阿姆布拉斯珍品陈列室的其他柜子里陈列着质地像瓷器一样的海贝，单独或者镶嵌在金或银座上的印度珍珠饰品、无色水晶象、角质的酒杯、椰子、干果，以及牛黄石护身符和同样配有欧式底座的杯子（见图7、8、9）。[123]来自东方的丝绸、异想天开的物件和服饰令其他柜子也熠熠生辉。心型的陶瓶、三幅极乐鸟羽衣、土著人的喇叭和号角、精心装饰的盾牌更丰富了藏品的人种学种类。[124]但其中最令人惊讶的莫过于第17号柜中的三件藏品。在目录中，这三件藏品的条目均如此起首描述："印度织物，其上绘有……"。[125]这是为三幅中国丝质卷轴画写的注释，其中两幅现今仍收藏于维也纳艺术史博物馆（Kunsthistorisches Museum of Vienna）（图4、5）。[126]藏品目录如此描述这两幅尚存的画：第一幅乃"一只类似天鹅的大鸟，以及其他一些鸟和各种彩绘植物"；第二幅乃"几间印度房屋，里面的妇女正在弹奏弦乐"。另一幅没有现代记录的画描述了"一些印度人坐在几间印度房屋内，其中一位穿红袍者正在书写"。第18个柜子，即阿姆布拉斯珍品陈列室的最后一个柜子里存放着无比珍贵的木质品、漆器和使用了在金属上镶嵌珐琅技术的景泰蓝。[127]

在黑森（Hesse）和勃兰登堡（Brandenburg）的王子们效仿欧洲王公贵族大量收集瓷器之时，[128]德国的私人收藏家却通常集中收藏欧洲的古玩和当代艺术品。奥格斯堡富商韦尔泽家族出于其海外利益的考虑而收集欧洲的徽章和钱币，丢勒画作收藏亦甚为丰富。[129]保罗·冯·普劳恩（Paul von Praun，1548—1616年）在意大利为其在纽伦堡的珍藏馆收集素描、绘画、钱币、铜器和宝石雕刻，以及"一些珍奇物品"。[130]英霍夫家族（Imholfs）和富格尔家族收藏绘画和宝石。富格尔家族为查尔斯·库希乌斯提供资助，但对其收藏的外国植物明显没有直接的兴趣。同样，康拉德·格斯纳（Konrad Gesner）、乔基姆·卡默拉里乌斯（Joachim Camerarius）和格哈德·墨卡托探寻亚洲信息的活动也获得了资助。但是，那些经商的德国王子们却似乎满足于从香料贸易或者从帮助他人获取珍奇物品中赚钱，然后将钱投向不那么具有异国情调但更为安全的艺术

28

品。富格尔的报刊上充斥着有关贸易、黄金岛和新地理发现的报道，但几乎没有关于亚洲艺术和工艺品的收藏信息。[131]

最早和种类最多的私人收藏当数哈里（Halle）的洛伦兹·霍夫曼（Lorentz Hofmann）医生的收藏。他的藏品目录于 1652 年用拉丁文和德义发表。[132] 就亚洲藏品而言，霍夫曼的收藏种类远比大多数王公贵族多。他拥有 4 只大型瓷器，其中一件的出处标注为日本而不是中国。他的藏品还包括印度和中国的武器、中国的钱币、一幅"印度绘画"，以及各类"东方书籍"。如同其他许多人一样，他也参考了有关鹦鹉羽毛服饰的文章。

哈布斯堡最热衷于收藏者非 1576—1612 年在位的皇帝鲁道夫二世（Rudolf II）莫属。在 16 世纪最后的几年里，他事实上把首都布拉格变成了欧洲的珍品陈列馆。[133] 热衷于收藏的他将使节派往了欧洲各地。那些想得到皇帝恩宠的人都知道，进贡新奇宝物或者艺术品是吸引他注意的捷径。鲁道夫的收藏没有地域限制，主要兴趣所在会随着时间的逝去从一个领域领域转到另一个领域。在某种意义上，被他的丰厚资助吸引到布拉格的艺术家和科学家本身也是他的藏品。最近的信息显示，鲁道夫的珍奇藏品可以有条理地分为三大类：自然、艺术和科学。与很多现代评论家的看法不同，他系统地收集了自然物产、人造物品和普通的知识性产物。简言之，他的珍藏就是一个包罗万象的博物馆。[134] 这些藏品通常不对外开放，只在访问者请求之下方允许观看。[135] 遗憾的是，三十年战争导致了布拉格的这些藏品四处流散。

尽管没有可能准确再现鲁道夫藏品的原貌，我们却可以知晓他的藏品包括了大量来自亚洲的植物、动物、书籍和艺术品。通过他本人以及其他人的通信可以看出，他热衷于在伊比利亚和意大利市场上收集来自亚洲的宝石和牛黄石。[136] 他的代理人在荷兰为他购买了巨大的椰子，还请他的珠宝师配上了华丽的底座。[137] 荷兰的艺术家和科学家把从海外购买的植物和动物送到布拉格以充实和活跃建在赫尔岑（Hradchin）的帝国公园。[138] 马德里的凯文希勒（Khevenhüller）为鲁道夫购买了格兰维利（Granvelle）收藏的大部分艺术品和珍宝。鲁道夫在黎凡特和俄罗斯的代理人马不停蹄地收集他特别钟爱的微型画。[139]

　　鲁道夫被比喻为"东方"荟萃的收藏包括了大量亚洲艺术和人类学样本。1619 年和 1621 年编制的藏品目录（参见附件）尽管不完全，却不乏对那些"印度物品"的注释。不过注释将源于中国、美洲和日本的藏品均混为一谈。1619 年目录中的一个章节都用来罗列"印度产品"。对两个藏品目录的分析表明，鲁道夫拥有"一箱捆在一起的五花八门的印度画卷"；一些画在纸上的印度画；10 幅微型画，其中 5 幅配有乌木框；7 幅刺绣画，其中一些是羽毛画。他还拥有 8 部印度书籍和"各式各样印制和手抄的书籍"，以及大约 120 件加工或未经加工的象牙制品。黄铜和金属藏品的数量也相当可观，其中包括印度佛像和寺院雕像。总数达 700 多件的瓷器大部分都集中存放在几个柜子里；这些柜子均按照阿姆布拉斯珍品陈列馆的方式排列。其他的印度珍宝还包括：象棋和镶嵌了珍珠母的棋盘，漆质的盒子和箱子，大量书桌、墨水瓶架和墨水，马尔代夫（Maldive）椰子和配有银质底座的牛黄石（图 14），乐器，床架和椅子，以及服装和丝质床罩。天然藏品包括：海贝壳、鸟和动物标本、大量犀牛角和一张犀牛皮，以及 5 只鸸鹋蛋。收集和陈列的藏品还有欧洲人绘制的印度动物画，包括 1 头象和 1 头犀牛。[140]

30

　　在鲁道夫浩繁的收藏之中，该珍品陈列室中的藏品达到了顶峰。于鲁道夫和其他收藏家而言，"不可思议"这个词已不再意味着"神秘"或者"奇迹"，而是意味着令人赞叹、能够激发遐想和为考察物质世界提供视觉帮助。[141]德国收藏家特别关注的是那些与众不同和异常的物品，与动物相似的奇特石雕，以及扭曲的人物造型和动物之间的相似之处。在收藏家看来，这个包罗万象的世界揭示了自然与人、自然与艺术之间错综复杂的关系。由于亚洲的天然物产和人造物品在 16 世界的欧洲人眼中是如此奇特，他们把大多数重要藏品都视为能够引人发问、激发讨论和给予思想启迪的实例。

第四节　法国和英国

　　政治使节、朝圣者、游客和商人定期地把源于东方的物品带回中世纪的法国。9 世纪初，阿尔勒（Arles）是来自东方的金银制品、珍珠、纺织品和象牙制品的一个重要市场。[142]法国国王查尔斯五世（Charles V，1364—1380 年在位）的宝藏中包括一些东方的珠宝。[143]14 世纪时的昂儒（Anjou）和勃艮第（Burgundy）公爵拥有各种各样的东方珍宝。在德国王公为珍宝收藏着迷的整整一个世纪之前，贝里（Berry）公爵让·德福朗斯（Jean de France）就已经收集了大量的珍奇。在他的藏品目录中零散地记载着有关椰子（加工过的和天然的）、瓷碗、奇特的海贝和其他海洋珍品的说明。[144]然而却无证据表明让·德福朗斯对系统地收集海外奇珍异宝有任何兴趣——并不比 15 世纪那些为狩猎园、花园和小动物园购买奇特动物的法国王子们的兴趣更浓厚。[145]直至发现了直达印度的海外通道后，法国的收藏家、科学家和艺术家才有意识地通过收藏植物、动物和工艺品来了解亚洲。由于法国和土耳其的政治关系，以及法国不掌控香料贸易，对收藏感兴趣的人往往通过君士坦丁堡（Constantinople）、里斯本和安特卫普寻找信息和货源。

　　弗朗西斯一世（Francis I，1515—1547 年在位）继位后不久就开始对东方以及葡萄牙人在那里的活动产生了兴趣。1516 年 1 月，他在访问马赛（Marseilles）之际观看了来自印度的犀牛。犀牛是葡萄牙人送给教皇利奥十世（Leo X）的礼物。[146]弗朗西斯一面立法阻止香料通过安特卫普涌入法国市场，[147]一面在海外为他在安布瓦斯（Amboise）建立的私人动物园四处寻觅奇珍异兽。[148]他甚至致信葡萄牙国王曼努埃尔，要求购买“从印度定期大量运至里斯本的货物”。[149]法国第一次探索亚洲远航的赞助人让·德·安格（D'Ango Jean）将其收藏的海外珍奇存放在迪耶普（Dieppe）。他从这些藏品中选择了一些椰子、奇木和石雕送给国王弗朗西斯。[150]根据弗洛里蒙德·德·罗伯特（Florimond de Robertet）的遗孀 1532 年编制的藏品目录，弗朗西斯一世的这位大臣拥有部分“葡萄牙人到达中国后准备运往法国”的第一批瓷器。[151]

　　大约在 1530 年，这位国王在枫丹白露（Fontainebleau）建立了自己的海外珍品收藏馆，存放他的代理人从意大利、葡萄牙和黎凡特收集来的物品。他的藏品包括精美的瓷花瓶、瓷碗，以及来自印度、中国和土耳其的“精致的小件物品”。[152]藏品中的天然物品和书籍则由皮埃尔·贝隆（Pierre

Belon）和皮埃尔·吉勒斯（Pierre Gilles，1490—1555 年）在黎凡特为他收集。在近东居住五年后，吉勒斯于 1549 年在耶路撒冷与纪尧姆·波斯特尔（Guillaume Postel）相遇。此后这两位东方物品收藏家不停地争吵，并竞相购买书籍——吉勒斯为国王收集，波斯特尔则为自己和威尼斯印刷商邦博格（Bomberg）购买。[153] 1549 年至 1554 年在黎凡特游历和收集藏品的宇宙志学者安德雷·特维特（André Thevet）在 1562 年就任枫丹白露皇家藏品的监管[154]，直至 1592 年去世。他接管之时，皇家藏品包括数不胜数的珠宝和"来自印度"的珍贵物品。"[155] 让·莫克（Jean Mocquet）接替特维斯担任监管后，枫丹白露的收藏被称为"珍宝馆"。[156]

　　弗朗西斯一世的继承人以及那些"大人物"们（蒙特默伦 [Montmorency]、吉斯 [Guise] 等）都在城堡和市内住宅里存放收集到的藏品。国王亨利二世（Henry II，1547—1559 年在位）不断地增加着由其祖先开始积累的藏品的数量。他的王后凯瑟琳·德·美第奇（Catharine de' Medici），自 1559 年直至离世一直都是法国真正的统治者。她收集的珍奇物品包括奇特的椰子、海贝、乌木和象牙棋盘、中国漆木桌子和盒子、波斯地毯及瓷器。她把这些东西存放于她在巴黎的寓所皇后饭店（Hôtel de la Reine）里。[157] 最令人称奇的是，她不但收集了表现航海大发现的地图，还收集了东印度、东亚、摩鹿加群岛、卡利卡特和波斯湾的地图，而且这些地图都是"手工绘制"的。[158]

　　让·尼科（Jean Nicot，1530—1600 年）于 1559 年被派到里斯本去安排唐·塞巴斯蒂安（Dom Sebastian）和玛格丽特·瓦卢瓦（Margaret Valois）的婚事。在其后的两年里，他定期向巴黎王室送回信息和宝物。[159] 从葡萄牙到巴黎学习的学生和外交使者也充当了中间人的角色。拉伯雷（Rabelais）的朋友、律师安德雷·提拉阔（André Tiraqueau，1480—1558 年）在他丰特奈－勒孔特（Fontenay-le-Comte，Vendée）附近的家里收藏了东方服饰和纪念品。由盖布丽埃尔·德·埃斯特雷（Gabrielle d'Estrées，1573—1599 年）编写的藏品目录（1599年），收录了亨利四世（Henry IV）最钟爱的"来自中国的丝质华盖，上面绘制着各式各样的鸟和动物"。[160] 职业制陶匠伯纳德·帕利希（Bernard Palissy，1510—1590 年）收藏了大量的化石、矿石和陶器。据皮埃尔·德·伊斯托勒

（Pierre de l'Estoile）称，巴黎收藏家基提（Guitter）收藏了包括中国瓷器在内的大量物品。基提的珍贵藏品于 1601 年吸引了王后玛丽·德·美第奇（Marie de' Medici）前去观看。[161] 画家艾蒂安·蒙斯特里（Etienne Monstier，1504—1603 年）收藏了来自印度、加拿大和中国的五花八门的物品。普罗旺斯地区艾克斯（Aix-en-Provence）伟大的古文物研究者克劳德·德·皮尔斯（Claude de Peiresc，1580—1637 年），以极大的热忱持续着亚洲物品收藏的传统直至 17 世纪。1601 年，圣 - 马洛（Saint-Malo）的两位商人装备了两艘大船，声称要"使公众得到更多来自东方的珍奇"。[162]

1584 年至 1585 年从德国到英格兰旅游的利奥波德·冯·韦德尔（Leopold von Wedel）在日记中写道："英格兰是个非常富庶的国家，但看不到什么稀罕的物品。生产各种谷物，却不产葡萄酒。"[163] 这个说法未必完全属实，然而却表明，在一个接触到低地国家和德国活跃、繁荣的贸易生活的人眼中，英格兰是多么遥远和落后。在伊丽莎白女王（Queen Elizabeth，1558—1603 年）执政之前，仅有少数英国人收藏来自东方的奇特物品。国王亨利八世（Henry VIII）仅有一件瓷器，大主教沃勒姆（Warham）和托马斯·特伦查德（Thomas Trenchard）爵士亦是如此。[164] 然而，伊丽莎白女王的主要顾问威廉·塞西尔（William Cecil，1571 年后为伯利勋爵）一直密切关注着低地国家的事态发展，因为荷兰正在加强对菲利普二世统治的反抗。他还在不止一个场合，敦促葡萄牙人在远离低地国家动乱的伦敦建立香料生意的据点[165]。1579 年荷兰共和国建立之时，伯利（Burghley）在君士坦丁堡设立了一个领事馆，因为英国已开始认真考虑与奥斯曼帝国进行贸易。在努力促进贸易的同时，伯利得到了一些典雅的青花瓷器（图 75），并为它们配上了镀银的底座，足见这些瓷器在他心目中极其珍贵。[166]

弗朗西斯·德雷克爵士（Sir Francis Drake）以及海盗通过私人或贸易渠道为伊丽莎白女王收集了一些珍宝。1580 年，德雷克周游世界归来，带回了爪哇短剑和西米椰子面包样品。这种面包是摩鹿加群岛居民的主食。1581 年，女王的医生休奇·摩根（Huge Morgan）将两片西米椰子面包和有关面包树的信息转给了查尔斯·库希乌斯。[167] 库希乌斯在第二年出版的书中叙述了他听到的关于面包树的故事，并附上了西米面包的图片（参见图45）[168]。1588年托马斯·卡文迪什（Thomas Cavendish）从东方回到家乡，带回了一幅地图以及描述中国行政划分的文献，并评论说中国"无比富有"。[169]

　　然而，直至1592年捕获了葡萄牙大帆船"马德雷德迪奥斯"（Madre de Dios）后，英国公众才亲眼见识了与印度进行贸易能够获得多么丰厚的利益。1592年，富格尔家族派到奥格斯堡的人讲述了英国海员如何在葡萄牙船只从亚述尔群岛（Azores）抵达英格兰之前尽其所能地偷盗，尽管王室发布了禁令。[170]虽然遭到抢掠，丰富的货物最终还是运抵了达特默斯（Dartmouth）。1592年9月15日，理查德·哈克路特（Richard Hakluyt）根据价格目录做了如下总结：

　　　　仔细查看后，发现除珠宝（无疑具有极大价值，尽管从未公布于众）之外的主要物品包括香料、药材、丝绸、印花布、被子、地毯以及颜料等等。香料包括胡椒、丁香、豆蔻、肉豆蔻、天竺桂、绿姜；药材包括贝加明延令草、乳香、高莎草（一种酸橙汁和亚麻籽油混合剂，用于研磨）、枫膏、索科特拉芦荟和指甲花。还有丝绸、锦缎、平纹皱丝织品、薄丝、丝绒（仿金服装）、中国生丝、细丝、白绞丝、卷丝柏。印花布包括平纹布、白棉布、宽幅白棉布、上浆棉布、白棉纱、宽幅棕色棉布和棕色棉纱。此外还有华盖、棉纱巾、薄绸纱和印花布被子，类似土耳其式的毯子，以及珍珠、麝香、麝猫香和琥珀。亦有大量价值较低的物品，例如象牙、中国瓷质容器、椰果、兽皮、漆黑的乌木和式样类同的床架，以及奇特的树皮衣服和手工艺品。[171]

　　这些货物中的上乘物品纳入了女王的收藏，其余的则分给了捕获葡萄牙船只的参与者和商业冒险家。1599年在英格兰周游的巴塞尔（Basel）人托马斯·普拉特（Thomas Platter）描述了他在白厅女王住所看到的"一张绘有印度图案的印度床和一张印度桌子。"[172]他在马赛厄斯·德·奥贝尔（Mathias de L'Obel [Lobelius]）的陪同下参观了伯利勋爵的助理、富有的收藏家沃尔特·科普（Walter Cope，1614年过世）在伦敦的寓所，看到其中一个房间的"每个角落都摆满了

35

奇特的外国物品"。[173] 普拉特罗列的长长的单子中包括了来自中国和爪哇的饰品和服装、一只来自中国的盒子、印度羽毛和一枚羽毛制成的圣像、一把棕榈叶扇子、中国陶土罐和瓷器、一只"印度小型石质抓痒器",一串印度猴子牙,以及各式各样的"异教徒钱币"。[174] 其他伦敦人也收集各种奇珍异宝,但普拉特估计科普的收藏"超过了所有人,因为他满怀热忱地完成了印度 [?] 探索之旅"。[175] 哈克路特在其《大航海》(*The Principal Navigations*)第一版(1589年)的"致读者"中坦言,他"在我可尊敬的和知识渊博的朋友理查德·加特(Richard Garthe)和威廉·科普(M.William,原注:此处错误,应为 Walter)美轮美奂的珍宝室中,看到所有那些以不菲代价收集并耗费诸多精力维护的珍宝时","完全陶醉于其中了"。[176] 然而,哈克路特在撰写笔记时却没有直接描述加特和科普藏品中的样品,只是含糊地解释了为什么没有必要在其编纂的伟大著作中举例说明这些物品。

第五节 意大利

英格兰和法国与东方的关系注定疏远、而且历史相对较短,意大利与东方的关系却因为它与黎凡特长久和密切的联系而错综复杂。意大利亚得里亚海(Adriatic)沿岸的海港城市(威尼斯、拉文纳 [Ravenna] 和安科纳 [Ancona])长久以来一直与黎凡特和东方的贸易中心保持着直接的联系。后来,在直达印度的好望角航线开通之前的几个世纪里,西西里(Sicily)成为地中海的贸易中心,在那里东方和西方极好地融合在一起。海上贸易和交往从拜占庭(Byzantium)、大马士革(Damascus)、迦法(Jaffa)和贝鲁特(Beirut)扩展到了意大利,从其北部的威尼斯一直到南部的巴勒莫(Palermo)的所有东部港口。拉文纳东方式镶嵌工艺可以追溯到 15 世纪。威尼斯的圣马可大教堂(St.Mark)是君士坦丁堡圣徒教堂(Church of the Holy Apostle)的复制品,于 1094 年建成。当然,这些以砖石记录在案且留存至今的艺术杰作,仅仅是中世纪的意大利与黎凡特持久关系最明显的一些例证。12 和 13 世纪十字军王国时期(Crusader

Kingdom），在耶路撒冷工作的西方艺术家在创作时有意识地模仿拜占庭的微型 36
画和圣像，[177]这些与意大利有着直接或间接联系的欧洲艺术家完全有可能借
鉴了拜占庭的艺术形式和思想，而其中一些本身就受到了印度、中国、伊斯兰
国家和草原地带艺术的影响。

　　丝绸贸易于意大利和拜占庭的商业关系尤为重要。在十字军东征时期，君
士坦丁堡和安条克（Antioch）帝国作坊制作的精美纺织品在欧洲倍受推崇。拜
占庭在政治上败落后，丝绸纺织工业被西西里的诺曼统治者接收。在巴勒莫，
被接管的拜占庭织工与阿拉伯织工并肩而坐，为欧洲生产丝织品。丝绸工业迅
速地从西西里扩展到了意大利半岛。1193 年，纺织工人行会（Arte dé seta）在
佛罗伦萨成立。[178]由于对纺织原料需求的不断增长，卢卡（Lucca）和威尼斯
成为了丝绸纺织和贸易中心。尽管纺织工业在意大利以及后来在南欧其他地区
蓬勃地发展起来，但对中国和波斯丝绸的需求并未减少。在 15 世纪，东方丝绸
的主要进口地威尼斯仍然是欧洲商人购买东方商品的大市场。

　　13 和 14 世纪，威尼斯的商业繁荣引发了人们收藏东方珍奇的兴趣。这个城
市的贵族们纷纷投资宝石、地毯和东方古玩。东方地毯作为背景的一部分或者
家居装饰出现在很多 15 世纪威尼斯的绘画中。[179]黎凡特制作的陶瓷、金属制
品和珠宝在威尼斯买卖和收藏，数量持续增长。在圣马可大教堂展示的珍宝中
有一只中国瓷花瓶，据说是在 1295 年由马可·波罗带回威尼斯的。[180]从君士
坦丁堡进口的野生动物和奇特植物经由威尼斯送到了 13 世纪初在意大利成为时
尚的动物园。[181]

　　15 世纪，在意大利兴起了一股疯狂的收藏热。尽管罗马古玩仍然是最受推
崇的藏品，但一些人已经开始有意识地收藏海外艺术和工艺品。教皇尼古拉斯
五世（Pope Nicholas V，1447—1455 年在位）派遣安科纳的塞瑞克（Cyriac）去
黎凡特和埃及收集珍奇。里米尼（Rimini）的马拉太斯塔（Malatesta）统治者对
海外动物深感兴趣，他们为刻着大象图案的徽章派了无数用场就是明证。[182]但
值得注意的是，在意大利几乎没有人收藏象牙。[183]现存的大部分意大利家族藏 37
品目录显示，在 15 世纪他们收藏了大量瓷器，尤其是埃斯特（Este）和美第奇

家族。1487 年，埃及苏丹送给"洛伦兹陛下"（Lorentz the Magnificent）几只来自中国的青瓷花瓶。[184] 鉴于动物园已经成为文艺复兴时期王公贵族不可或缺的资产，黎凡特的统治者将野生动物作为礼物送到佛罗伦萨，特别是狮子。费德里克·马塔拉左（Federico Matarazzo）指出："豢养马、狗、骡子、猎鹰和其他各种飞禽、弄臣、歌手和外国动物，已经成为地位显赫的象征。"[185] 将人类和奇珍异兽相提并论并非是笔误。众所周知，早在 16 世纪，著名的红衣主教伊波利托·德·美第奇（Ippolito de'Medici）就在他奇特的庭院里开辟了一个人类展览园，其中便有鞑靼弓箭手和印度潜水员。[186]

意大利艺术家对东方艺术的兴趣与日俱增，其中最引人入胜的例子就是列奥纳多·达·芬奇（Leonardo da Vinci，1452—1519 年）的故事。达·芬奇的笔记对此有所记述。从他的书信中可以看出，大约在 1498—1499 年或者是瓦斯科·达·伽马远航印度期间，他曾造访黎凡特。[187] 达·芬奇在地理学家托勒密（Ptolemy）的帮助下根据自己的经历，在这些笔记中描述了黎凡特贸易向东扩展到印度边界的地理形势图。[188] 他还购买了普林尼（Pliny）、斯特拉波（Strabo）和约翰·曼德维尔爵士（Sir John Mandeville）的著作，对其中有关亚洲习俗的描述颇有感触，写下了大量笔记。[189] 通过曼德维尔的著作，他了解到在印度（实为中国）的某些地区，人们雕刻了木质的偶像，然后将其碾碎成粉末撒在食物上。[190] 他发现，长指甲被印度人（实为中国人）推崇为高贵和有风度，特别是薰香和染过的指甲。[191] 他收集世界各地的地图，甚至还查看了"属于商人安托内罗（Antonello）的印度爱烈芬塔（Elephanta）的地图"。[192] 基于文献记载或描述对象本身，达·芬奇在笔记中描绘了一只印度洋珍珠采集者使用的采气管，并加以评论；[193] 在其著作《预言》（Prophecies）中悲观地预言道："来自东方的阴云将使意大利的天空变得更加昏暗"，然后断言"所有的人都将逃到非洲去"。[194] 他的预感或许是基于 16 世纪初人们通常怀有的恐惧：土耳其人将在东地中海地区发动新的毁灭性攻击。

通过黎凡特与东方进行贸易是威尼斯人的利益所在，因而在公元 1500 年之后，威尼斯人为获取海运到里斯本和安特卫普的货物信息，做出了比意大利其他各地更为艰辛的努力。他们的代理人除提供进口香料、药材质量和价格信息外，亦概要地说明染料、皮革、蜡和木材在早期贸易中的重要性，以及里斯本的价格远低于威尼斯的情况。自 1506 年起，在威尼斯人的报告中开始频繁出现有关大量进口的珍珠、宝石和纺织品的信息。[195]有关葡萄牙国王是否有财政能力继续像往年一样派遣舰队出海的消息亦是接连不断。威尼斯人的恐慌并非没有缘由，因为在 1505—1515 年的十年间，超过威尼斯进口量 4 倍以上的胡椒涌入了里斯本。[196]1526 年 3 月，威尼斯人文主义者安德里亚·纳瓦杰罗（Andrea Navagero）神经质地从塞维尔（Seville）派人去威尼斯，并报告说有 2 艘葡萄牙大船最近刚从印度返回，船上满载着黄金、香料和宝石。[197]甚至在 16 世纪后半叶威尼斯重新掌控了相当份额的香料贸易之后，其使者仍然继续详细报告里斯本的贸易规模和财富情况，甚至包括居住在那里的商人、犹太人和奴隶的人数。[198]在收集亚洲珍奇标本方面，威尼斯人在意大利收藏家中亦居领先地位。早在 16 世纪，安德里亚·奥多尼（Andrea Odoni）就收集了大量的自然物产和最早到达意大利的瓷器。[199]

在威尼斯人合法、有效地摆脱葡萄牙人对香料贸易垄断的同时，佛罗伦萨人成为最受欢迎的投资者，并且是最早远航印度进行直接贸易者之一。[200]与在里斯本的德国人不同，佛罗伦萨人一直和葡萄牙人保持着良好的关系，其贸易和钱庄从这种和谐的合作关系中获益匪浅。因而，佛罗伦萨人对于葡萄牙人在东方的各项进展的兴趣比意大利任何地方都更大，获得的有关信息也更为全面和及时。佛罗伦萨商人也比来自意大利其他地方的商人在安特卫普拥有更大的影响力。通过与葡萄牙和大西洋贸易团体的紧密联系，佛罗伦萨开始挑战威尼斯作为东方信息和商品供应者的地位。

统治着佛罗伦萨的美第奇家族是艺术的长期赞助者，他们和一些托斯卡纳地区的贵族在 16 世纪就开始收集亚洲的艺术和工艺品。在托斯卡纳，收藏并非由新的冲动所驱使，在某种意义上，不过是中世纪百科全书精神和探索欲望在文艺复兴时期的一种表现形式而已。然而，在佛罗伦萨以及其他地方，收藏的重点逐渐地从欧洲古玩转向当代艺术和活的样品。与此同时，探索艺术奇迹与自然之间关系的科学精神的提升，也为收藏注入了一股新的活力。但是，正如萨巴·卡斯蒂利奥尼（Saba Castiglione）在其著作《回忆》（*Ricordi*，1554 年）

39

中所指出的，王公贵族和知识分子的"艺术品爱好"包括了文化的各个方面，甚至是怪诞和异乎寻常的事物。在这方面，如同在文艺复兴时期的大部分活动中一样，托斯卡纳人是先行者。[201]

最能体现 16 世纪托斯卡纳人艺术品爱好的，当属伯纳多·韦奇埃提（Bernardo Vecchietti）在佛罗伦萨附近的利波索（Riposo）寓所中收藏的自然和艺术珍品。拉斐罗·博尔吉尼（Raffaello Borghini）在其名著《利波索》（*Il Riposo*）中描绘道：韦奇埃提寓所顶层的珍宝柜[202]中存放着"瓷器、水晶、各式各样的海贝、珍贵的石头金字塔、珠宝、徽章、面具、水果和动物……，以及各种来自印度和土耳其的新鲜和奇特的物品。任何人看到这些物品都会为之着迷"。[203]在另一个柜子中存放着更多的瓷器、东方短剑，以及象牙、乌木和珍珠母制品。[204]另一位佛罗伦萨收藏家雷多夫·希利加托（Ridolfo Sirigatto）拥有 5 间收藏室，在其中的第二间里收藏着种类繁多的天然物产，包括海贝、兽角和兽皮。[205]根据 1533 年出版的佛罗伦萨大公科希莫一世（Cosimo I，1537—1569 年在位）藏品目录，他在维琪奥宫（Palazzo Vecchio）内收藏了 373 件瓷器。他还得到了一部书，书中绘有从葡萄牙里斯本到摩鹿加群岛，以及从西班牙到西印度群岛的路线图。1563 年，伊格纳西奥·丹提（Ignatio Danti，1536—1586 年）根据这些路线图为科希莫大公绘制了一幅直径 12 英尺的世界地图。[206]尼科洛·加迪（Niccolò Gaddi，1537—1591 年）的代理人遍访意大利和低地国家的市场，为他寻找珍奇物品。[207]佛罗伦萨植物学家马提奥·卡西尼（Matteo Caccini）在自己的花园中培育来自世界各地的珍奇植物，包括当时被称为"中国橘子"的植物。[208]值得注意的还有锡耶纳（Siena）的皮尔·安德里亚·马蒂奥利（Pier Andrea Mattioli，1501—1577 年）的植物藏品。

将亚洲引入意大利人文主义者视野的，是对它最为热衷的佛罗伦萨大公弗朗西斯科一世（Francesco I，1574—1587 年在位）。[209]在成为托斯卡纳统治者数年之前，他就已下令建造由伯纳多·布恩塔伦蒂（Bernardo Buontalenti）设计的陈列室（图 80），用以存放包括珍贵物品和艺术品在内的藏品，例如珠宝、徽章、宝石雕刻、刻花水晶、花瓶、精巧的器具，以及一些小件物品。[210]这个陈列室内部用乌木修建，装饰着宝石和绘画。根据目录，同类的自然物产和

40

艺术品陈列在一起，以展示它们之间的关系。象征着这种关系的是室内装饰的一尊古代冥王（Pluto）雕像，与雕像一同陈列的是自然状态的贵金属和金属工艺品，例如钟表、珐琅和徽章。[211]"绘画大师"们——造访波皮（Poppi）的巴斯蒂塔·纳尔第尼（Battista Naldini）、弗朗切斯科·莫兰第尼（Francesco Morandini，1544—1597 年），造访施特拉达努斯（Stradanus）的让·凡·德·斯特拉特（Jan van der Straet，1523—1605 年）——对陈列室进行了装饰。亚历山德罗·阿罗瑞（Alessandro Allori，1535—1607 年）为陈列室绘制了名画《采珠场》（*Pearl Fishery*）。正如我们所见，16 世纪具有文化素养的意大利人一般都将这些乌木制品、珍珠和宝石与辉煌的东方相联系。[212]

正如陈列室目录所表明的，弗朗西斯科一世是自然科学爱好者。他在博波利（Boboli）的花园里种植了桑树[213]，还在托斯卡纳的其他地方鼓励人们种植稻米和竹子。[214]他收集海外植物、种子和水果的标本，与博洛尼亚（Bologna）伟大的自然科学家尤利斯·艾多瓦蒂（Ulisse Aldrovandi，1522—1605 年）保持通讯，还安排雅各布·利格兹（Jacopo Ligozzi，1547—1626 年）为自己和艾多瓦蒂（Aldrovandi）收藏的奇特植物和动物标本绘制油画和素描（图36）。[215]1585 年访问佛罗伦萨的日本使节赠予他各式各样的日本手工艺品样本，包括蒲草纸、蚕茧和石刮刀。[216]然而，只有通过这位大公对瓷器的爱好，我们才能清晰地看出他对艺术和科学充满了同样的兴趣。他决心掌握制作瓷器的诀窍以便在佛罗伦萨生产瓷器，在图案、颜色和质量上与中国产品竞争。[217]

在乔万尼·德·美第奇（Giovanni de' Medici），亦即教皇利奥十世（Pope Leo X，1513—1521 年）时代，罗马第一次真正认识到葡萄牙人在亚洲发现的重要性。1514 年春，曼努埃尔派遣了一队仆从去罗马，送去了来自异国的丰富礼品：香料、瓷器、装饰着宝石的法衣、一部中国书籍、鹦鹉、一匹波斯马和一头印度象。[218]据报告称，教皇曾迫不及待地向他的朋友炫耀来自中国的书籍。[219]教皇的宫廷诗人和艺术家同样为亚洲的珍奇物品而着迷，大象在他们的作品中倍受推崇。[220]罗马在 1525 年修建了一所"印度人"医院，以及几个"国家"的专门医院。[221]然而，这些最初的接触在这座"不朽之城"（Eternal City）并未长久地持续下去。1527 年罗马陷落后，艺术家和文人被迫离开，教廷作为

41

国际中心的发展也暂时停止。

但是，反对宗教改革的教皇们并不反对收藏"异教徒的奢侈品"。下面的故事说明，利奥的继承人们在欣赏东方物品方面是如何地落后于欧洲的王公贵族。1562 年，教皇庇乌四世（Pius IV，1559—1565 年在位）在巴托洛梅乌·多斯·马提雷斯（Bartolomeu dos Martires，1514—1590 年）的特伦多大公会议（Council of Trent）上宴请布拉加（Braga，葡萄牙）红衣大主教和葡萄牙使节。这位使节因为宴会使用了奢华的银质餐具而感到震惊和愤怒：四周的教众在饥饿中挣扎，教廷却在巨大的银盘子上挥霍钱财。他对教皇愤怒地说："在葡萄牙……，我们使用烧制的陶器，但它远比银餐具优雅和干净。"红衣主教接着解释，这种餐具是中国用泥土烧制的瓷器，其透明和光洁度远超过了银器；因为易碎，其价格也相对较低。教皇表示，他当然也认为瓷器优于银器，并请主教回到葡萄牙后给梵蒂冈（Vatican）送些瓷餐具来。[222]

在新教徒成为特伦多大公会议永久议题的同时，海外扩张带来的新的可能性和前景甚至在 1563 年大公会议发布宣言之前就已经开始对教廷产生影响。直接效忠于教皇的耶稣会及其发展很快就令梵蒂冈认识到，作为天主教的中心，它的未来取决于欧洲和欧洲以外的地区。马德里－里昂－罗马的陆路运输在欧洲最为繁忙，1581 年菲利普二世登基后，葡萄牙也位列其中。朝圣者、信使和车夫拥挤在通往罗马的大道上，包括刚果、日本、波斯和俄国在内的天主教世界所有国家的使节都来到罗马，在这里，拉丁教会的各个教派首次与罗马结盟或者再续盟约。1585 年，日本使节送给教皇格里高利十三世（Gregory XIII）两架折叠屏风（byōbus）和一张乌木书桌，这些礼品也被送到梵蒂冈收藏。随着梵蒂冈修建计划的重启，以及耶稣会会士自行出资修建耶稣（Gesù）教堂，梵蒂冈城本身的规模和吸引力迅速扩大。梵蒂冈图书馆教皇西斯托五世（Sixtus V）室中的壁画描述了 1585 年日本使节出席加冕仪式的场景。

如同在利奥十世和拉斐尔（Raphael）时代一样，宇宙学家、文人学者、艺术家和出版业人士开始被吸引到罗马。与此同时，人们从拉齐奥（Lazio）的各个地方涌入这个重新恢复了活力的大都市寻找工作。肤色、处境、背景各异的家仆和奴隶也被从地中海盆地各国送到罗马。[223]1563 年最后一次特伦多大公会议召开之际，天文馆（Loggia della Cosmographia）在梵蒂冈落成。[224]1571年，在葡萄牙印制的海外世界通讯在罗马的大街上销售。[225]格里高利十三世是耶稣教会忠实的支持者，他在位期间（1572—1585年）建成的地图馆（Galleria delle Carte geografiche）于1600年展览了一幅专门绘制的中国杭州地图。[226]教皇格里高利的医生米歇尔·莫卡蒂（Michele Mercati，1541—1593年）收集的自然史藏品都存放在梵蒂冈。[227]16世纪80年代第一批耶稣会会士自东方返回后，罗马便成为能与里斯本和威尼斯相匹敌的信息中心。例如，奥提留斯就开始从他在罗马的联系人那里收到有关东方的数据信息。[228]尽管如此，现存的梵蒂冈收藏记录、耶稣会和罗马私人藏品目录都表明，罗马并没有系统地收集来自东方的自然和艺术珍品。[229]

威尼斯和佛罗伦萨是意大利最大的收藏中心，但意大利的其他许多城市的收藏也很可观。锡耶纳的马蒂奥利（Mattioli）、米兰的吉罗拉莫·卡尔达诺（Girolamo Cardano，1501—1576年）、博洛尼亚的艾多瓦蒂（Aldrovandi）和维罗纳的弗朗切斯科·卡塞拉利（Francesco Calceolari，1521—约1600年）都拥有丰富的自然史藏品，包括植物和地质标本，以及其他各类珍奇。[230]那不勒斯（Naples）的弗兰特·伊梅拉多（Ferrante Imperato，1550—1631年）博物馆收藏了种类繁多的自然藏品；[231]帕多瓦（Padua）大学的植物园里则种植着来自东方的树木和植物。自然科学家为进行科学研究收藏的物品于艺术史也具有重要的意义。因为在准备撰写自然科学著作之时，植物学家需要与为其著作提供插图和图示的画家、出版家共同合作。正如我们将会看到的，那个时代的其他艺术家在自己的艺术创作中复制了这些动植物和珍奇的插图。

亚洲于不同类型的收藏家而言有着不同的意义。商业重镇里斯本、威尼斯和安特卫普的贵族们收集珍贵的丝绸、宝石和瓷器以满足其奢华的装饰需求。弗朗切斯科·萨索维诺（Francesco Sansovino，1521—1586年）在其著作《威尼斯——高贵和奇异的城市》（*Venetia, città nobilissima e singolare*，1581年）中描述了威尼斯人的奢华生活：

在为数众多的府邸里，房间的天花板使用了金色和其他所有颜色，上面覆盖着绘画和精美的装饰。几乎所有房间内都挂着华贵的挂毯，丝绸、精致皮革和其他材料的装饰品则根据季节变换。卧室中大都摆放着覆盖了床罩的床、镶金的柜子，以及配着金框的绘画。银质餐具和其他瓷质、白锡、黄铜、青铜质地的器皿更是不胜枚举。[232]

44　　　　贵族们收藏亚洲珍品并非完全旨在享乐，而往往是为了促进其领地的繁荣，展示个人才学、对艺术品的爱好以及荣耀。[233]地理学家、博物学家和艺术家等饱学的收藏者，用丢勒的话说，则是希望了解："生活在遥远国度的人民的奇特事物"[234]，并通过研究获得一切可能得到的信息和知识。

作为中世纪的继承人，文艺复兴时期的大师们保持了崇尚个人兴趣的传统，并对自然、科学和艺术品表现出了同样的关切。因而，出现藏品混杂、动物园中甚至有海外人类的现象，便不足为奇。但是在16世纪，收藏的方式、意义和目的开始出现了微妙的变化。珍奇物品不再仅仅作为古玩收藏。收藏家除收集古玩外，还有意识地增加了来自其他文明的物产。在某种意义上，同来自海外的各类珍奇物品一同展示之时，他们收藏的古代遗物反倒成了奇特之物。[235]正如皮埃尔·贝隆（Pierre Belon）所言[236]：这些极富好奇心的人急切地想了解来自远方的"无数奇特事物"，将之与自己熟悉的事物相比较，并融入自己的世界观。他们并非随意收集新奇之物，而是在系统收集那些能够正确揭示自然与艺术关系的藏品。

对于艺术家和科学家而言，任何时代、任何区域的自然珍奇均为造物主的艺术创作，均是奇迹。刚刚获得了比手工艺人稍高社会地位的艺术家，仍然在热切地探求自然和工艺知识。海外工匠奇特的作品对于艺术家和科学家同样具有巨大的吸引力。对瓷器及其制造工艺的兴趣，便是他们拥有共同关切的一个例子。有赖于艺术、科学知识和地理大发现的制图学是人们持久的兴趣所在，地图、地球仪也在许多重要收藏中占据着永久的地位。地理学失去了与天文学的传统联系（在托勒密的著作中有所体现），转而关注地图绘制，并致力于描述那些被频繁报道的新世界。对于奥提留斯和墨卡托这样的地理学家而言，珍奇藏品能够为其研究提供有价值的视觉帮助和说明材料。宇宙学家安德雷·特维特被选为法国皇家收藏的监管人，哈克路特劝他的读者去观看珍品收藏以便理解他在游记中提及的事物，这些都并非偶然。

　　艺术家们亦是如此。不论是在为天文学还是在为自然史新著创作图解之时，都需要研究同代人创作的奇特、高超的艺术品和工艺品。艺术家们经常发现这些海外的精美物品与自己的品位存在差异，因而对欧洲古典艺术的假设前提和惯例感到越发困惑。他们意识到自己正处于重大变化的边缘。人文主义者、医生卡尔达诺在 1575 年出版的自传中简要地表达了这种感觉："这种信念日渐强烈，作为（海外）地理大发现的结果，纯艺术将被忽视，尽管仍会得到尊重；确定的事物将为不确定的事物所取代。"[237] 如此，16 世纪对艺术的追求就包括了探索新的确定性，而这种确定性是建立在发现科学与艺术、古代与现代、欧洲与世界其他地区假定的联系之上的。珍奇藏品被视为一个综合的缩影、有形的宇宙学和一个全面的镜像；尽管不甚清晰，但能反映以往和现今地理大发现与当代艺术科学之转型、扩展之间的关系。

附录

欧洲收藏的亚洲珍品样本清单

皇帝鲁道夫二世布拉格藏品的目录摘自分别于 1619 年（No.1）和 1621 年（No.2）编纂的藏品目录。需要注意的是，"印度产品"项下所列包括了源自欧洲以外各个地区的产品。欧洲的藏品目录通常无法准确地辨别产品究竟是来自亚洲、非洲，抑或是美洲。但这些目录能够相对准确地辨别来自土耳其的藏品，只是偶尔会错误地将其视为中国或者日本的产品。多数情况下，现代读者必须自己确定或猜测藏品的来源地。例如："9 个'印度'画轴"，应为 9 幅中国画。遗憾的是，其他藏品并非那么容易辨别出产地。正因为如此，我依据货运单、旅游书籍和其他藏品目录，编写和补充了一份亚洲产品清单。

I

*Inventory of 1619 (Prague Collection of Rudolf II)**

INDIANISCHE SACHEN UNGESCHECZT

Ain indianisch gemaltes trühel, darinnen vierzehn kleine schwarze schalichen.

Ain indianisch geflochtenes trühel mit zwei fachen, darin ein klein kästl, mit 4 geflochtenen pecherle, 3 duppelte schalen und 5 schüsslichen.

Ain indianisch trühel gemalt, darinnen drei kleine kästl, in dem ainem ein schön vierekicht porczulan, in den andern zweien nichts, dabei aber 10 viereeckichte schalichen.

---

* From J. Morávek, *Nově objevený inventář rudolfinských sbírek na Hradě Prazském* (Prague, 1937). pp. 24-7.

Ain indianisch gemaltes trühel, darinnen zwei runde skatlichen und zwei trinckschalichen.

Ain indianisch gemaltes trühel, darinnen zwei in einander schwarze skatln und drei gelbe geflochtene schalichen.

47

Ain indianisches gemaltes trühel, darinnen ein lenglichtes skatlichen und 2 runde duppelte und I einfaches skatlichen.

Ain indianisch gemaltes trühel, darinnen zwei schöne geschirl, mit gar klenien perln und coralen geziert, und dann zwei klaine schalichen.

Ain klaines indianisch gemaltes trühl, darinnen ein ander klaines trühl.

Ain kleines indianisch gemaltes trühl, darinnen zwei andere klainere trühel.

Ain indianisch gemaltes viereckichtes grosses castl, darinnen zwölf klaine und 1 mittelmessige schalen.

Ain dergleichen grosses viereckichtes indianisch gemaltes trühel, darinnen 2 par indianische schuh, ain heubl von schilf, 12 schalichen.

Ain lange indianisch gemalte skatl, darinnen 2 cästl, in einem etliche indianische schlechte halsgeheng, das ander ist verschlossen, dass man nicht aufmachen können, ain schalen, darinnen 6 schalichen.

Ain viereckichte indianische skatl, darinnen vier geflochtene schalichen.

Ain indianisch viereckichte niedrige skatl, darinnen nichts verhanden.

Ain viereckichte etwas hohe rote indianische skatl, darinnen 5 schöne runde schalichen, in aim cästl, und dann absonderlich zwei schalichen.

Ain viereckicht indianisch gemalte skatl, darin nichts verhanden.

Ain runde indianische skatl, darinnen 7 indianisch kupferne gemalte schüsseln und dann vier kleinere geflochtene schüsseln.

Ain indianisches hohes etwas durchbrochenes trühl, darinnen drei schwarze skatlichen und 3 kleine schalichen.

Aine achteckichte indianisch geflochtene skatl, darinnen eine runde skatl, mit 5 kupfernen und einer geflochtenen schüssel.

Ain klaines viereckichtes indianisch skatlichen, darinnen 5 indianische gauckelmännel.

Ain indianische messinge lenglichte achteckichte schalen, darinnen 11 schalichen, 6 weisse skatlichen, die dcckl gemalt, 3 klaine neppel und ein klein rund skatlichen mit aim deckl.

Ain indianische achteckichte vierfache skatl, darinnen eine runde durchbrochene skatl, in der wiederumb ein duppelte geflochtene, darinnen drei kleine schalichen, und über denselben vier schwarze schüsslichen.

Ain indianisch gemalte skatl, darinnen eine duppelte skatl mit 9 gelben schüsseln und über denselben drei schwarze schüsslichen.

Ain indianische geflochtene skatl, darinnen ein gemaltes schwarzes und wieder darin ein schön rot mit gold gemalt skatlichen.

Ain runde indianische skatl, darinnen zwei dergleichen geflochtene duppelte skatlichen,

Ain runde schwarze indianische skatl, darin zwei duppelte geflochtene skatln.

Ain lenglichte indianische geflochtene skatl, darinnen ein indianischer kampfl, mit silber eingefast, und drei schälichen.

48 Ain lenglichte indianische geflochtene skatl, darinnen 3 schälichen, zwei mit deckeln.

Ain klein viereckicht indianisches skatlichen.

Ain messings indianisch trühel mit 2 fachen, im obern 16 schälichen und 4 skatlichen, im untern 5 geflochtene schälichen, 4 runde und zwei viercckichte und gar ein kleines, 4 messinge, und 7 gar kleine messinge gemalte schälichen, zwei plechene indianische mans- und weibesbild oder göczen, ain indianisch schloss.

Ain indianische runde grosse skatl, darinnen etliche messinge gemalte schüsseln.

Ain lange vicreckichte indianisch geflochtene skatl, darinnen nichts zu finden.

Ain lange vicreckichte indianisch gemalte skatl, darinnen indianisch vöglichen, so mehrerntheils verdorben.

Ain lang viereckichte indianisch skatl, darinnen nichts zu finden.

Ain lang viereckichte indianische skatl ohne deckl.

Aine viereckichte indianisch gemalte skatl, darinnen 4 kleine schälichen.

Ain viereckicht indianisch skatl, darinnen 5 schälichen.

Ain lenglichtes viereckichtes trühel mit aim schloss, darinnen ein par indianische schuh.

Ain schwarz lenglicht zugespiczte indianische skatl, darinnen ein schwarz skatlichen, in welchem 2 klingende kugeln, neun schalichen und ein püchsel als ein pulverflasch.

Sechs grosse geflochtene achteckichte schüsseln.

Aine grosse achteckichte geflochtene skatl, mit zweien fachen, im obern 3 schüsseln, im untern eine schwarze mit gold gezierte runde schüssel.

Ain indianisch achteckichte geflochtene skatl, darinnen 3 runde messinge und drei geflochtene schalen.

Aine achteckichte indiansch geflochtene skatl, darinnen 9 geflochtene schälichen und 2 schwarze schüsslichen.

Ain runde geflochtene skatl, darinnen nichts zu finden.

Ain dreifacher korb mit einer handhab, darinnen ein viereckicht skatlichen, aine schwarze kugel, so man nicht wissen können was es sei, ain meercompass, ain schwarz rundes skatlichen und zwei runde geflochtene schälichen.

Ain indianisch achteckicht hohe messinge skatl, darinnen aine runde geflochtene skatl mit 15 schälichen.

Ain runde indianisch skatl, darinnen nichts zu finden.

Ain indianische flaschen von messing, mit aim langen hals gemalt.

Ain grosse runde indianische skatl, darin 2 kleine schälichen.

Ain grosse runde indianische skatl, darinnen nichts zu finden.

Ain lenglichte indianische skatl, darinnen nichts zu finden.

Ain indianische orgel mit hülzernen pfeifen.

Drei indianische sonnenschirmen von fischhaut, die man zusammen legen kan.

Ain gross gebund mit indianischem rot und weissen papier.

In etlichen skatln unterschieden allerlei indianisches samenwerk.

Ain werck von alocs, schön geschnitten, wie paum oder laubwerck, darinnen etliche figuren.

Ain indianisch geflochtener lenglichter korb, darinnen eine flasche von gelben horn in silber gefasst
und mit silbern ketteln in aim futteral, item zwo in einander runde hohe schwarze skatln mit gold
gemalt.

49

Ain indianischer geflochtener lenglichter korb, darinnen zwei indianisch kästl von horn, mit silber
beschlagen, in dern grossen seind zwei grosse und 3 kleinere schalen von horn, item ein
pulverflaschen von perlnmutter, in silber vergult eingefast, item ein indianischer schurcz von
geferbten federn, item ein fucher von helfenbain schön durchbrochen, item ein pürstel, item sechs
instrument von ebenholcz, mit silbern plech beschlagen.

Ain indianisch geflochten lenglichter korb, darinnen zwei indianische göczen, dabei ein messingschalen
und ain messigfläschl mit farben.

Zwo runde ubereinander indianische schalen, in silber vergult eingefasst.

Ain indianische flasch von gelben horn mit silber beschlagen in aim futteral.

Ain achteckichte schwarze mit gold gezierte skatl, darin nichts zu finden.

Ain lenglichte viereckichte skatl, darinnen 8 schlechte schälichen.

Ain achteckichte runde indianische skatl, darin ein ander viereckichte, schön mit gold geziert.

Ain achteckichte runde indianische skatl, darinnen nichts zu finden.

Ain grosse runde indianische achteckichte skatl, darinnen nichts zu finden.

Ain gross indianisch mit gold gemaltes kästl, darinnen ein ander schön cästl, welches ganz über mit
kleinen perln und corallen gestickt, in welchem 12 kleine schalichen.

Mehr ein indianisch cästl mit gold geziert, darinnen ein ander cästl ganz über mit kleinen perln und
corallen gestickt, in welchem 12 indianische schälichen.

Mehr ein indianisch cästl mit gold geziert, darinnen ein ander cästl ganz über mit kleinen perln und
corallen gestickt, darinnen 10 schälichen.

Ain lenglicht viereckicht niedriges schön gemaltes indianisch cästl, darinnen ein schön indianisch, auf
weissen taffet gemaltes küsszichen, item zwo indianische bünden und 12 schalichen.

Ain dergleichen viereckichtes lenglichtes cästl, darinnen 12 schalichen.

Ain viereckicht mit gold gemalte indianisch skatl, darinnen ein ander dergleichen achteckichte skatl.

Ain indianisch gemalte kupferne flaschen in aim schön geflochtenen körbel.

Zwei grosse indianisch mit gold gezierte handbecken in aim rot ledernen futteral.

Ain indianisch braiter hut von geschipten gefarbtem hom.

Ain indianisch balbierbecken mit einer scharten.

Ain viereckicht schreibzeug mit weiss-und schwarzem helfenbain eingelegt.

Ain par indianisch gemalte pantofeln.

Allerlei zusammen gebundene stuck holzart, so in des Indiis wechst.

Ain indianisch von stroh geflochtene klaine decken.

Ain grosse tabackpfeifen.

Ain klein indianisch keulichtes geschirl.

Ain indianischer cranz von gefarbten gelben und roten federn.

Ain indianische schwarze rüstung mit gold geziert, in aim casten.

50 Ain andern indianische schöne rüstung in einem kasten.

Ain indianisch zimblich grosses trühel mit perlnmutter eingelegt, darinnen gemaltes plumwerck, in einem schlecht mit eisen beschlagenen futteral.

In aim futteral ein schön cästl über und über mit perlnmutter eingelegt, welches der könig in Persia durch seinen oratorem kaiser Rudolfo präsentieren lassen, dabei ein Verzeichnis zu befinden, was darinnen gewesen; es hat sich aber im aufmachen nur zwei kleine porczulanichen, ain gefarbter orientalischer dupasi, ain stuck weiss dupasi, ain schwarz halbrunde kugl von dupasi, ain stuck weisslich amathist, ain klaines fläschl von weissem stain wie ein Schnecken und ein ledernes fläschl mit eim gulden mundstuck befunden.

Ain indianisch kleines schreibtischl mit vergulten fachen.

Ain schön persianisch schachtbrett, über und über mit perlnmutter eingelegt.

Ain indianisch pretspiel mit inhegenden stainen von helfenbain und ebenholcz.

Ain mit eisen beschlagenes schlechtes trühl mit rotem leder überzogen.

Gar ein kleines trühel mit indianischen sachen, daraus man dinten soll machen können.

Neun stuck zusammengerultes indianisch malwerck.

Ain lange viereckichte niedrige schwarze mit gold gemalte skatl, darinnen 15 viereckichte schalichen, und 1 viereckichtes trühel, darinnen zwei indianische stahlerne spigl.

Ain dergleichen lenglicht viereckicht niedrige schwarze mit gold gezierte skatl, darinnen nichts zu finden.

Ain viereckichte schöne indianische niedrige skatl, mit perlnmutter eingelegt und mit gold gemalt.

Ain viereckicht dergleichen indianische niedrige skatl, darin 5 runde geflochtene schälichen.

Ain dergleichen viereckicht lenglicht indianische skatl, darinnen 8 viereckicht schalichen.

Ain indianisch viereckichte schüssel oder schalen.

Drei zusamben gebundene achteckichte indianische schalen mit handgriffeln.

Ain indianisch geflochtener korb mit aim deckl und handhab, darinnen 4 stuck zur indianischen dinten, item acht viereckichte schalichen, aine grosse und darin sieben geflochtene runde schalichen, und drei kleine runde hülczerne schalichen.

Ain dergleichen indianischer geflochtener korb mit aim deckl und handhab, darinnen 5 etwas hohe achteckichte und 3 runde geflochtene schalen.

Ain rundes indianisches mit gold geziertes skatlichen.

Viel schnäbel von indianischen vogeln.

Neun indianische lange schwarze gerade und krampe gewundene hörner, zusammen gebunden, dabei zwei par klainere.

Zwei indianisch thierle, armadillo gennant.

Ain grosser langer schnabel von einem indianischen vogl, in aim blausammeten futteral.

Ain gross indianische fledermaus.

Vier indianische heydexen.

Ain schwarz hom von einer indianischen ziegen.

Mehr fünf indianische jagerhömer von weissem bain.

Ain schwarzes gewundenes horn von einem indianischen thier.

Fünf indianische gürtl, daran klingendes schellwerck, in eim kästl.

Ain indianische helfenbeine büxen.

Allerlei indianisch gartengewechssamen.

Ain zweig von eim indianischen baum, daran noch die frucht henget.

Ain indiansch keulicht geschir wie ein tiefe schalen.

Ain indianische grosse flaschen.

Ain stuck indianische materia wie ein salben.

Vier indianische Schildkröten.

Ain indianische armband von weissen bain, schön geschnitten.

Ain gedreheter pecher mit eim deckl, von indianischem holz.

Ain ander gedreheter pecher von indianischem holz.

Ain indianisch pecherle von schildkrot.

Ain runde skatl mit indianischen fliegen.

Zwei kästl, darinnen indianische merkrebs.

Elf grosse indianische nuss.

Ain indianische schildkrot.

51

DRECHSELWERK VON HELFENBAIN

Ain hundert und achtzehn kästl, darinnen allerlei schönes gross und klein kunstreiches drechselwerk von helfenbain.

SCHÖNE STUCK VON MARMELSTAIN

Fünf grosse köpf von marmelstain.

Vier kleine köpf von marmelstain.

Sechzehn kleine bilder von marmelstain.

Ain hundl von marmelstain.

PORCZELLANEN

In zweien almam, alle fach voll, übereinander geseczte, gross und klaine porczellanengefäss, darunter etliche in silber eingefast, ungeschäczt.

Absonderlich siebenzehen grosse und kleine porczellanenkrüeg auf einer almar in der vordern kunstcammer stehend, ungeschäczt.

ZWENE SCHÖNE GROSSE KRÜGE VON *majolica*, ungeschäczt.

ALLERLEI GLÄSERNE TRINKGESCHIR, ungeschäczt.

SCHÖN ERDENGESCHIR

In einer doppelten almar mit dreien fachen, florentinisch schön gemaltes erdengeschir, als gross und klaine krüge, flaschen, schalen, handbecken, schüsseln und leichter, ungeschäczt.

FRANCZÖSISCH GESCHIR

In einer mit eisern banden beschlagene truhen, schön franczösisch geschir von schüsseln, tellem und andern, so von kupfer mit glas überlaufen und schön gemalt, ungeschäczt.

GESCHIR VON TERRA SIGILLATA

52 Allerlei geschir von terra sigillata, darunter ain schöne gisskandel in aim rotsammeten futteral.

Etliche kästl mit terra sigillata.

GROSS UND KLEIN BRDENGESCHIRL, SO IN DBR ERDEN GEFUNDEN WORDEN.

NACKBNDE BILDER

Fünf grosse nackende bilder von weisser materia, deren eines in einer almar auf rot duppeltaffetem polstern und vorhengen ligt.

ZWEI GROSSE WILDE SCHWEIN von materia als gibs.

AIN SCHWEINSKOPF, welchem ein bauer den hirnschädel eingeschlagen, und hat doch das schwein noch etlich jahr gelebet, in einem grünen kästl.

DIE UNTERN KIENBACKEN VON EINEM WILDEN SCHWEIN, mit einem sehr selczamen wunderbahren krummen zahn, in einer skatl.

AIN OBER UND UNTER KIENBACKEN VON ain wilden schwein mit ungewöhnlichen krummen zähnen, in einer skatl.

VIEL STUCK ALLERLEI SELCZAMES MERGEWECHS, welches etlichs zu stain worden.

In einer skad absonderlich allerlei wunder mergewechs.

MERMUSCHELN ODER MERSCHNECKEN

In vielen unterschiedenen almarn und skadichen sehr viel allerlei mermuscheln und schnecken klain und gross.

ETLICHE MERFISCHL

Ain wunder merfisch stella arborescens genannt.

Zwo lange Zungen von merfischen.

Vier schwertfischschnabel.

Ain fischhaut so man zappen nennet.

FÜNF STRAUSSENAYER

FÜNF AYER VON VOGEL EME [emu],

Allerlei merwunder und thierlein, in einer lenglichten skatl.

Ain merkraben, in aim kästl.

Ain grosser merkrebs in einem langen trühel.

Noch ein grosser merkrebs.

Etwas kleiner merkrebs, beisammen in drei trüheln.

DREI MERSCHLANGEN

NATER ZUNGEN VON MALTA, DABEI AIN KROTENSTEIN, in einen runden skadichen.

ZWEI GROSSE NATTERBELGE.

ARMADILIA

Zwei armadilia in einem trühel.

Ain armadilia, dabei zwei solcher häut in einem lenglichten trühel.

Ein grosse haut.

2

Inventory of 1621 (Prague Collection of Rudolf II)*

Inventarium aller deijenigen sachen, so nach der victori in ihrer majcstät schaz- und kunstcamer zue Praag seind gefunden und auf ihrer mayestät und ihrer fürstlich gnaden von Lichtenstein bevelch seind den 6. decembris anno 1621 inventirt worden, wie volgt:

NO. I. IN EINER ALMAR, IN OBERN THEIL:

1. Ein oberteil eines weibesbild von fleischfarben gips, auf einen fleischfarben und rothen daffenten polster liegend.

    In bemelter almar, im untern theil:

2. Etliche schachteln von allerlei indianischen geferbten federn und schlechten sachen.

NO. 2. EIN ALMAR MIT 3 FACHEN:

Im obern fach:

3. Schöne gemachte indianische schalen und unterschiedliche geschirr, dreissig stuck. Im andern fach:

4. Eine Schachtel mit allerlei türkischen servetlen.

5. Zwo boratschen mit silbern knöpfen

6. Item 9 flaschen } indianisch.

7. Mehr 4 baukhen

8. Mehr eine runde Schachtel mit etlichen krüglen von terra sigillata.

9. 5 indianische schreibzeug, darunter einer mit perlemutter.

10. Mehr ein schachtel mit einem schachtspiel und roth geferbtem helfenbein.

11. 5 indianisch trinkgeschirr.

12. 7 indianische täschlein und 2 sammacken.

13. 1 messinge runde schaal mit indianischer schrift.

14. 3 andere schlechte indianische stuck.

    Im dritten fach:

15. 18 stuck gross und klein erdene egyptische antiquen.

16. 1 khessel mit zwo messingen decken und ein indianische schellen sambt den pfeifen.

---

* From H. Zimmermann, "Das Inventar der Prager Schatz- und Kunstkammer vom 6. Dezember 1621," *Jahrbuch der kunsthistorischen Sammlungen des allerhöchsten Kaiserhauses*, XXV (1905), Pt. 2, p. xx.

NO. 3. IN DER ALMAR MIT NO. 3, HAT 3 FACH:

Im obern fach seind:

17. 28 stuck von stroh und holz indianische gemahlte geschirr, alle mit kleinen stücklein mit dergleichen sorten gefüllt.

Im andern oder mittlern fach:

18. Ein truhlen und 2 andere indianische stuck von geferbtem metall, darinnen viel kleine stücklein von indianischen stroh und holz samt einem kleinen krüglein.

19. Mehr 22 stuck allerlei sorten an indianischen geschirr, darunter etliche leer und etliche mit kleinen stücklein gefüllt.

Im dritten fach:

20. Eine indianische orgell und unterschiedliche indianische saamen samt dergleichen gar geringen sachen.

54

NO. 4. IN DER ALMAR MIT NO. 4, HAT 2 FACH:

Im obern fach:

21. 3 truhlen von indianischem stroh, darinnen allerlei kleine sachen.

22. 12 stuck von indianischen holz, darunter 1 mit 2 indianischen truhlen und eins von perln.

23. Ein hölzerner berg geschnizt.

24. Zwei gross indianische becken.

25. 1 bar indianische pantoffel.

26. 1 doppelt indianisch trinkgeschirr von einer schildkrotten, mit silber und vergult eingefast.

27. 1 indianische flaschen von gelben agtstein im futteral.

28. 1 indianisch krüegl in einem strohenem körbel.

29. 8 indianische bücher.

30. 2 stuck indianische tinten.

31. 1 indianisch dacken.

Im untern fach:

32. 1 indianische truhlen in einem futteral.

33. 1 schachtspiel, mit perlemutter eingelegt.

34. 2 pretspiel, mit helfenbein eingelegt.

35. 2 hölzerne truhlen, darinnen indianische rüstungen.

36. 1 hölzern schreibzeugtruhlen.

37. 2 leere futteral.

NO. 5. IN DER ALMAR MIT NO. 5, HAT 3 FACH:

Im obern fach:

38. 1 buschen zusambengebunden allerlei indianische gemähl.

39. 21 Schnäbel von allerlei indianischen vögeln.

Im mittlern fach:

40. 6 schachtele gemalte, in 4 allerlei vogeleier, in der einen meergewechs und in der andern beinwerch.

41. 2 indianische körb, gefüllt mit kleinen stücklein.

3

European Imports from Asia

(Excluding Spices)*

Peoples of Asia
Indians, Chinese
Malays, Japanese,
    Filipinos
sailors
navigators
prisoners
slaves

Fauna
parrots and lorys
birds of paradise
    (plumages)
elephants
rhinoceroses
emu
monkeys and apes
dodos

Flora: Dried and Fresh
coconuts
seeds
myrobalans
oranges
trees, plants, shrubs
double coconuts
durians

Dyes
myrobalans
vermilion
indigo
lac
Indian saffron
alum

Incense and Perfume
pepper
musk
civet

Ceramics
porcelain
Martaban jars
seashells

Precious Metals
gold (from Sumatra)

silver (from Japan)
golden items; chests,
    goblets, necklaces
coins

Precious and Semiprecious
Stones
diamonds
rubies
sapphires
emeralds
spinels
carnelians
bezoar stones
rocks (sometimes with
    inscriptions on them)
amber
cat's eyes

Ivory
wrought and unwrought

Woods
ebony
sandalwood
aloeswood
teak
camphor of China,
    Borneo, and Sumatra
bamboo
cocopalm

Furniture
lacquered bowls and
    boxes
desks
sedan chairs
tables
bedsteads
chairs

Textiles
silk, raw and processed
cotton cloths, primarily
    from India
bedspreads and quilts
embroidery and needle-
    work

rugs, primarily from
    Ormuz
native costumes
hangings

Drugs
datura (thorn apple or
    strammony)
    rhubarb
myrobalans (used also for
    dye)
tamarins
root of China
opium
bhang (Indian hemp or
    hashish)
benzoin
camphor (wood, oil, and
    crystals)
rhinoceros horn

Miscellaneous
musical instruments
buffalo horn
wax
resin
hides
pearls and mother-of-
    pearl
feathers and featherworks
palm products
caulking
chess sets
folding screens (*byōbus*)
armor and swords
maps and charts
manuscripts, books
native costumes and
    slippers paintings, Chinese and
    Indian
sexual appliances
reeds (*Calumus rotang*)
ambergris
varnish (tung oil)
parasols

∗　For the spice trade tee *Asia*, VoL I, chap. iii

注释：

[1] *Les observations de plusieurs singularitez et choses mémorables, trouvées en Grèce, Asie, Indée, Egypte, Arabie et autres pays estrangés* (Paris,1554), p.iv. 对欧洲各种语言中"好奇心"一词的详细探讨，参见 D.Murray, *Museums: Their History and Their Use*（Glasgow，1904），I,187, n.1。

[2] F.de Sousa Viterbo, "O orientalismo portugues no século XVI," *Boletim da Sociedade de geographia de Lisboa*, XII（1892-93），Nos.7-8, p.317.

[3] 见第二卷第一册，第64-67页，以及图24-28。

[4] 关于对作为地球具体模型的地球仪的收集与兴趣方面的资料，参见：F.de Dainville, "Les amateurs de globes," *Gazette des Beaux-Arts*, LXXI（1968），51-64。

[5] 例子参见纪尧姆·波斯特尔写给亚伯拉罕·奥提留斯的信（1567年4月9日），该信再版于：J.H.Hessels (ed.), *Abrahami Ortelii (geographi Antwerpiensis)et virorum eruditorum ad eundum et ad Jacobum Colium Ortelianum...Epistulae...*(1524-1628)(Cambridge,1887), pp.43-44.Vol.I of *Ecclesiae Londino—Batavae Archivum*。

[6] 收藏和收藏品通史见 Murray, *op.cit.*（n.1）；以及 F.H.Taylor, *The Taste of Angels: A History of Art Collecting from Rameses to Napoleon*（Boston, 1948）。

[7] A.Lhotsky, *Die Geschichte der Sammlungen*，Vol.II，Pts.1 and 2 of *Festschrift zur Feier des fünfzigjährigen Bestandes*，维也纳艺术史博物馆馆长编辑（Vienna, 1941-45），pp.1-4. 有关中世纪对自然界和东方艺术的态度的调查，见 F. Denis, *Le monde enchanté: Cosmographie et histoire naturelle fantastiques du moyen âge*（Paris，1843）。

[8] 关于威尼斯商业与艺术的关系，参见 J.Alazard, *la Venise de la Renaissance*（Paris，1956），chap.vii。

[9] 关于意大利私人收藏史，参见 J.Burckhardt," Die Sammler", in *Beiträge zur Kunstgeschichte von Italien*（2d ed.; Stuttgart，1911），pp.341-573。

[10] 参见 J. von Schlosser, *Die Kunst-und Wunderkammern der Spätrenaissance*（Leipzig，1908），pp.10-18；以及 G. Klemm, *Zur Geschichte der Sammlungen für Wissenschaft und Kunst in Deutschland*（Zerbst, 1837），pp.44-45。

[11] Sousa Viterbo, *loc.cit.*(n.2), pp.319-20.

[12] H.J.Stanley(trans. and ed.), *The Three Voyages of Vasco da Gama...from the Lendsa da India of Gaspar Correa*（London, 1869), p.306.

[13] 据若昂·德·巴罗斯的说法，转引自 Sousa Viterbo, *loc.cit.* (n.2), p.319。亦请参见曼努埃尔写给教皇利奥十世的信，引自 R. B. Smith, *The First Age of the Portuguese Embassies to... Southeast Asia*（Bethesda, Md.,1968), p.13。

[14] 参见其1514年的账单，A.Braamcamp Freire (ed.), "Cartas de quitação del Rei D Manuel," *Archivo historico portuguez*, I (1903), 202。

[15] 见吉布（J. Gibb）译本，Osório，*De rebus* (1571)，*The History of the Portuguese*...(London, 1752), I, 249。有关奥索里奥的讨论，见本人著作 *Asia in the Making of Europe*（此后简称为 *Asia*），I (Chicago,1965),196。

[16] J. de Castilho, *A ribeira de Lisboa* (2d ed.; Lisbon,1941-48), II,197-98.

[17] 参照 *Asia*, I, 381, 402, 410, 437, 506。

[18] 转引自 H. Belevitch-Stankevitch, *Le goût chinois en France au temps de Louis XIV* (Paris,1910), p.xxx。

[19] 为国王曼努埃尔的祈祷书专门绘制了这个熙熙攘攘的街区的画像。

[20] 约翰·布兰道（João Brandão，1562 年去世）的著作 *Estastica de Lisboa de 1552* 中的描绘是当时最为精彩的，复制品见 *Tratado da majestade,grandeza e abastança da cidade de Lisboan na 2.ᵃ metade do século XVI* (Lisbon,1923), pp.79-80；亦 请 参 见 Damião de Gois, *Lisboa de quinhentos* (Lisbon,1937), 48。近期评述概要参见 A.Vieira da Silva, *As muralhas da ribeira de Lisboa* (Lisbon,1940-41), I, 91-112。

[21] 参见 J.A.L.Hyde and R.R.Espirito Santo Silva, *Chinese Porcelains for the European Market*...（Lisbon.1956),p.49。然而，1583 年菲利普·萨塞蒂（Filippo Sassetti)在为佛罗伦萨的巴乔·瓦洛里（Baccio Valori）购买瓷器时，在里斯本却没有找到值得购买之物。参见 E.Marcucci (ed.), *Lettere...di Filippo Sassetti* (Florence,1855), pp.231, 237。

[22] Hyde and Espirito Santo Silva, *op.cit.* (n.21), p.48.

[23] Brandão, *op.cit.* (n.20), p.38.

[24] *Ibid.*, p.42.

[25] *Ibid.*, p.48.

[26] *Ibid.*, p.75.

[27] 又称 *Smilax China* 或 Chinese Sarsaparilla。在印度次大陆,常用当地产品替代中国货。参见 C. Markham (trans.),*Colloquies on the Simple and Drugs of India by Garcia da Orta* (London,1913), p.378, n.1。或许出于这个原因，塞维尔著名药剂师尼古拉斯·莫纳德斯（Nicholas Monardes）认为来自美洲的根茎药材比亚洲的更新鲜、质量更好。参见 N.Mondardes, *Joyfull News out of the Newe Founde Worlde* (New York,1925), I, 34-35。

[28] 莫纳德斯（*op.cit.*[n.27],I,89-90）说曾看到印度码头工人在塞维尔购买鸦片。亦请参见 L.Lewin, *Phantastica: Narcotic and Stimulating Drugs, Their Use and Abuse* (New York, 1964), *passim*。

[29] A.Franco, *Evora ilustrado* (Evora,1948), p.116.

[30] W.C.Watson, *Portuguese Architecture* (London,1908), pp.26-27.

[31] F.Guerra, "Drugs from the Indies...," *Analecta medico-historica*, I, (1966), 40.

[32] R.S.Nichols, *Spanish and Portuguese Gardens* (New York,1902), pp.225-26.

[33] Gallesio, *Traité du citres* (Pisa,1917), II,297.

[34] Sousa Viterbo, *loc.cit.* (n.2), p.321.

[35] P.Delaunay, *La zoölogie au seizième siècle* (Paris,1962), p.146.

[36] 参见 F. L.May, *Hispanic Lace and Lace Making* (New York,1939), p.12; 亦请参见 H. Lapeyre, *Une famille de marchands:les Ruiz* (Paris,1955), p.77。

[37] A.C.Burnell and P.A.Tiele (eds.),*The Voyage of John Huyghen van Linschoten to the East Indies* (London,1885), I,101. 荷兰的吕伐登博物馆（Museum of Leeuwarden）收藏了种类齐全的马达班水罐，数量仅次于印尼雅加达的藏品。参见 M. Beurdeley, *Porcelaine de la Compagnie des Indes* (Fribourg,1962), p.40。

[38] 查尔斯五世 1560 年藏品目录，参见 Pedro de Madrazo, "Über Kronungsinsignien und Staatsgewänder Maximilian I.und Karl V. und ihr Schicksal im Spanien," *Jahrbuch der kunsthistorischen Sammlungen des allerhöchsten Kaiserhauses*, IX (1889),45-51. 查尔斯五世在中国制作了一套瓷盘（现藏于德累斯顿），上面有他的标志和徽章。

[39] 贝尼托·阿里亚斯·蒙塔诺 1568 年在安特卫普为他的国王购买了两部西方出版的有关亚洲的书籍。R.Beer(ed.), "Niederländische Bücherewerbungen des Benito Arias Montano für den Eskurial im Auftrage könig Philip II von Spanien," *Jahrbuch der kunsthistorischen Sammlungen des allerhöchsten Kaiserhauses*, XXV(1905), vi, x. 以及有关埃斯科里亚尔的中国图书，*Asia*, I, 693,779n。

[40] F.de Sousa Viterbo., "O theatro na corte de D.Filippe II," *Archivo historico portuguez*, I(1903), 4.

[41] 参见 1581 年再版：A.Guerreiro, *Relação das festas que se fizeram na entrada de el-rei D. Felipe, primeiro de Portugal* (Porto,1950), pp.49-80。

[42] M. Gachard (ed.), *Lettres de Philippe II à ses filles les infantes Isabella et Catherine écrites pendant son voyage en Portugal* (1581-83)(Paris,1884), p.121, n.5.

[43] *Ibid.*, pp.205-6.

[44] *Ibid.*, p.124.

[45] *Ibid.*, p.130.

[46] *Ibid.*, p.186.

[47] J. A. Abranches Pinto *et al.*, *La première ambassade du Japon en Europe* (Tokyo,1942), pp.87-88.

[48] *Ibid.*, p.106. 这些物品以及日本人的礼品现仍存于阿梅里亚（Armería）。亦请参见 M.Kiichi, "Armaduras japonesas en la Real Armería de Madrid,"*Monumenta Nipponica*, XVI (1960-61),175-81.

[49] Burnell and Tiele, *op.cit.*(n.37), I,109-10.

[50] 林斯乔坦所言, *ibid.*, p.81。

[51] C.R.Boxer, "The Carreira da India (Ships, Men,Cargoes,Voyages)," *O Centro de estudos históricos ultramarimos e as comemorações henriquinas* (Lisbon,1961), p.40. 1585 年皇家发布命令，规定往来印度的帆船必须在印度而不是欧洲制造，因为用印度柚木制造的帆船更便宜、坚固和耐用（*ibid.*,p.37）。

[52] 1611—1613 年编制的藏品目录，参见 R.Beer (ed.), "Inventare aus dem Archivio del Palacio

zu Madrid,"·*Jahrbuch der kunsthistorischen Sammlungen des allerhöchsten Kaiserhauses*, XIV(1893), iv-v; XIX(1898), cxxv-cxli. 这份目录以及其他皇家藏品目录的缩编版，参见 J. C. Davillier, *Les origines de la porcelaine en Europe* (Paris,1882), pp.125-35。

[53] Beer, *loc.cit.*(n.52), XIX(1898), cxxix; 乐器和盒子参见 *ibid.*, pp.cxxxiv and clxiii。

[54] *Ibid.*, XIV(1893), lxii-lxiii.

[55] A. Armand, *Les médaileurs italiens...*(Paris,1883), I,239. 亦请参见在金属牌的制作者詹保罗·托吉尼（Gianpaolo Toggini）的家乡佛罗伦萨展开的有关 *datura* 的讨论（参见原书第二卷第一册，第 41 页）。

[56] 转引自 Hyde and Espirito Santo Silva, *op.cit.* (n.21), p.50。

[57] J. C. Davillier, *Recherches sur l'orfevrerie en Espagne au moyen âge et à la Renaissance: Documents inédits tirés des archives*(Paris,1879), pp.120-22.

[58] *Ibid.*, pp.113-16.

[59] *Ibid.*, p.122.

[60] 参见 E. Bonnaffé, *Causeries sur l'art et la curiosité* (Paris,1878), pp.94-95。

[61] 参见 J. A. Goris, *Etude sur les colonies marchandes méridionales (portugais, espagnols, italiens) à Anvers de 1488 à 1567* (Louvain,1925), pp.236-39,254-55,269-99。

[62] 被称为 *bastiães* 的浮雕动物上的银饰，大量出现在送往罗马的礼品清单上。运送这些礼品的使团运气不佳，于 1515 年在热那亚海边失事。参见 Ernesto de Campos de Andrada(ed.), *Relações de Pero de Alcaçova carneiro,conde da Idanha* (Lisbon,1937), pp.198-99。

[63] E.da Fonseca Brancante,*O Brasil e a louça da India* (São Paulo,1950), p.66. 1554 年国王向教皇派往葡萄牙的使团展示了一只青花瓷碗。该瓷碗现仍存于博洛尼亚公民博物馆（Museo Civico）。

[64] N. Lieb, *Die Fugger und die Künste im Zeitalter der Hohen Renaissance* (Munich,1958), p.136.

[65] 有关这半个世纪情况的贴切描述参见 Goris, *op.cit.* (n.61), pp.236-37,254-55,269-99。安特卫普经济兴衰概要见 *Asia*, I,119-31；以及该世纪中叶描绘安特卫普的版画，见 p.100 后。

[66] E. Panofsky, *The Life and Art of Albrecht Dürer* (Princeton,1955), I, 206.

[67] 出自 W. M. Conway (trans.), *The Writings of Albrecht Dürer* (London,1911), pp.98,100,103,104,105, 109,111,113,114,115,116,123。

[68] *Ibid.*, pp.101-2. 亦请参见 Vienna, Kunsthistorisches Museum, *Sonderausstellung Karl V* (Vienna,1958), pp.101-2. 丢勒 1520 年在布鲁塞尔期间亦画了一幅布鲁塞尔皇家花园的钢笔素描，该花园中有来自遥远国度的植物和动物（复制品见 Panofsky, *op.cit.* [n.66], II, no.1409）。1520 年，他还画了一幅安特卫普港的钢笔素描，港口停泊着来自远方的船只，复制品见 *ibid.*, no.1408。

[69] 例子参见 S.Schéle, *Cornelis Bos: A Study of the Origins of the Netherland Grotesque* (Stockholm,1965), pp.79-80。

[70] 专门为收藏者提供商品的菲利普·海恩豪弗（Philip Hainhofer）1610 年建议在阿姆斯特丹购买土耳其小鸡和印度公鸡的羽毛用作婚礼和宴会的装饰。1612 年，他还在一份清单中列举了一幅日本制作的圣·弗朗西斯羽毛画像。参见 O. Doering(ed.) *Des Augsburger Paticiers Philipp Hainhofer Beziehungen zum Herzog Philip II von Pommern Stettin: Correspondenzen aus den Jahren 1610-1619* (Vienna, 1896), pp.53-54, 233。亦请参见 B. L. Argensola, *Conquista delas islas Malucas...* (Madrid, 1609) 的版画封面，其中象征着摩鹿加群岛的妇人戴着羽毛头饰。

[71] S.Jenyns, "桃山时代（Momoyama Period, 1573—1638 年）的羽毛上衣据说曾为丰臣秀吉（Hideyoshi, 1536—1598 年）所有", *British Museum Quarterly*, XXXII (1967), 48-52。

[72] 参见第二卷第一册，第 181-182 页。"奇特的动物"早在 1507 年就被从西班牙送到布鲁塞尔的动物园。参见 P. Saintenoy, *Les arts et les artistes à la cour de Bruxelles* (Brussels, 1932), p.73。

[73] M.Lemos, "Damião de Goes," *Revista de história*, IX(1920), 208.

[74] 参见 "Inventaire des objects d'art et lingerie de luxe qui composaient le mobilier de Marguerite d'Autriche," 复制品见 *Le cabinet de l'amateur*, I (1842), 223。

[75] 参照 *ibid.*, pp.215-23, 271-75; 以及 H.Zimmermann(ed.), "Urkunden, Acten und Regesten aus dem K.und K.Haus-, Hof-und Staats-Archiv in Wien." *Jahrbuch der kunsthistorischen Sammlungen des allerhöchsten Kaiserhauses*, III(1885), Pt.2, ciii-cv. 亦请参见目录 *Magareta van Oostenrijk en haar Hof* (Mechelen, 1958)。

[76] 遗憾的是，有关 1576 年"西班牙的愤怒"（Spanish Fury）之前时期收藏的文献所存无几。参见 S. Speth-Hollterhoff, *Les peintres flamands de cabinets d'amateurs au XVIIe siècle* (Brussels, 1957), pp.10, 23; 以及 J. Denucé, *De kunstkamers van Antwerpen in de 16e en 17e eeuwen* (The Hague, 1932); 艺术品收藏与商业之间的关系参见 H.Floerke, *Studien zur niederländischen Kunst- und Kulturgeschichte* (Munich, 1905), pp.163-73。

[77] 参见 Hessels, *op.cit.* (n.5), p.24。

[78] 例如，鲁汶（Louvoin）耶稣会会士雅克布斯·尼亚库斯（Jacobus Nearchus）1570 年致信奥提留斯征求他对自己撰写的耶稣会书信备查簿和有关鞑靼人著作的意见。参见 *ibid.*, p.69, 或格哈德·墨卡托 1580 年自杜伊斯堡的来信, *ibid.*, pp.238-40。

[79] *Ibid.*, pp.320-21.

[80] *Ibid.*, pp.374-75, 429, 498-99.

[81] *Ibid.*, pp.429, 684-85. 罗弗拉斯卡斯（Rovellascas）的代理人频繁充当奥提留斯和他在伊比利亚半岛联系人之间的沟通媒介。有关罗弗拉斯卡斯在香料贸易中的作用，参见 *Asia*, I, 134-36, 475。

[82] 参见 Coremans, "L'Archiduc Ernest, sa cour et ses dépenses, 1593-95," *Bulletin de la Commission royale d'histoire* (Brussels), XIII(1847), 140。

[83] 帕鲁达努斯和林斯乔坦的关系, 参见 C.M.Parr, *Jan van Linschoten: The Dutch Marco Polo* (New York, 1964), pp.190-98。

[84] H.de Vocht, *History of the Foundation and Rise of the Collegium Trilingue Lovaniense,1517-1550* (Louvain,1951-55), III,60.

[85] 他在 1592 年 8 月 18 日给伊曼纽尔·迪米特里厄斯（Emanuel Demetrius）的信中说道："我并不认识你询问的帕鲁达努斯。"（Hessels,*op.cit.*[n.5], p.525）

[86] 参见 J. Rathgeb, *Warhaffte Beschreibung zweyer Reisen...*(Tübingen,1603), I,44.n。

[87] *Index rerum omnium naturalium a B.Paludanus in ibid.*, 在前言之后。

[88] Burnell and Tiele, *op.cit.* (n.37), I,50,96-97,99-100,142.

[89] Hessels, *op.cit.*(n.5), pp.677-78.

[90] *Ibid.*, p.705. 样品可参见大概是林斯乔坦送给奥提留斯的东南亚居民画像，*Asia*, I,p.528 之后。

[91] 转引和翻译自拉丁文 [Thomas Powell], *The History of Most Curious Manual Arts and Inventions...* (3d ed.,London,1675), pp.187-88。

[92] 莱顿的藏品目录由其买家雅各布·沃恩（Jakob Voorn）编纂并于 1691 年出版，参见 Murray, *op.cit.* (n.1), I,29-30。我未曾见过英文原版，但查询过盖拉德·布兰肯（Gerard Blanchen）1704 年的法文译本。

[93] *Ibid.*,I,95-96; 亦请参见 M.Boyer, *Japanese Export Lacquers...in the National Museum of Denmark* (Copenhagen,1959), p.45。

[94] Taylor, *op.cit* (n.6), pp.127,167-68.

[95] B. Greiff (ed.), "Tagebuch des Lucas Rem...," *Jahresbericht des historischen Kreisvereins ... von Schwaben und Neuburg* (Augsburg,1861), p.43.

[96] 参见 E.König (ed.), *Konrad Peutingers Briefwechsel* (Munich,1923), pp.49-50,56-58; and E.Reiche (ed.), *Willibald Pirckheimers Breifwechsel* (Jena 1930), I,517,520。

[97] 参见波伊廷格 1507 年 4 月 7 日从库宁（König）写给塞巴斯蒂安·布兰特的信，*op.cit.* (n.96), pp.77-78。

[98] 参见 Reiche, *op.cit.*(n.96), p.520; 以及 H.Estienne, *La foire de Franckfort* (Lisieux,1875), p.67。

[99] 参见其著作 *De natura rerum fossilarum* 的摘录，Klemm, *op.cit.*(n.10), pp.242-43。

[100] Lhotsky, *op.cit.*(n.7), pp.72-137.

[101] 参见前引 p.13, 以及 "1527 年普雷斯堡珠宝目录"，H. Zimmermann(ed.), "Regesten aus dem K.und K. Reichs-Finanz-Archiv," *Jahrbuch der kunsthistorischen Sammlungen des allerhöchsten Kaiserhauses*, III(1885), Pt.2,lxxii。

[102] 参见 E. Albèri (ed.), *Relazioni degli ambasciatori Veneti al Senato* (Florence,1839-63), 1st Ser., VI,151。

[103] 参见下注，pp.144-46。

[104] Lhotsky, *op.cit.*(n.7), pp.157-73.

[105] Taylor, *op.cit.*(n.6), p.164.

[106] 关于图林根公司的建立以及他和康拉德·罗特的关系，参见 *Asia*,I,134。关于他为雇用汉斯·乌

尔里克·克拉夫特（Hans Ulrich Krafft）（1573—1577 年在黎凡特周游）所做的努力，参见 K. D. Haszler (ed.), *Reisen und Gefangenschaft Hans Ulrich Kraffts* (Stuttgart, 1861), pp.368-69。

[107] 关于弗朗西斯科对香料和印度的兴趣，参见 *Asia*, I, 133, 476。这些藏品可能是科钦（印度）罗维拉斯卡（Rovellasca）的中间商菲利普·萨塞蒂送到欧洲的。1629 年，奥格斯堡的收藏家菲利普·海恩豪弗（Philip Hainhofer）来到了德累斯顿，他称自己看到的桌椅是"印度漆器"（Indianischem lakwerk）。参见 O.Doering (ed.), *Des Augsburger Patriciers Philipp Hainhofer Reisen nach Innsbruck und Dresden* (Vienna, 1901), p.223。

[108] 摘自未发表的藏品目录概要，Klemm, *op.cit.*(n.10), pp.168, 172, 175, 177。以及 J.L.Sponsel, *Das Grüne Gewölbe zu Dresden* (Leipzig, 1925-32), I, 3-6。

[109] O. Münsterberg, "Bayern und Asien", *Zeitschrift des Münchener Alterhumsvereins*, N.S., VI (1894), 15-16。

[110] 1623 年，安哈尔特（Anhalt）王子克里斯琴访问哥本哈根附近的卢森堡宫看到了这些东方珍品，包括日本剑、刀、绘画和挂在国王卧室中的画。他还评论说："一个像床一样的印度轿子，是他们抬王后用的……"，参见 G. Krause, *Tagebuch Christians des Jüngeren, Fürst zu Anhalt* ... (Leipzig, 1858) pp.94-96。

[111] M.Zimmermann, *Die bildenden Künste am Hof Herzog Albrechts V. von Bayern* (Strassburg, 1895), p. 65.

[112] 亦请参见奎克伯格（Quickeberg）所著 *Musaeum theatrum* (Munich, 1567); 以及 J.Stockbauer, *Die Kunstbestrebungen am bayerischen Hofe* ... (Vienna, 1874), p.106。

[113] 这部备查录名为 *Epistolae Indicae et Japonicae etc. tertia editio ...Illustrissimo Principi. Domino D.Guilielmo Bavariae dicatae 1570*。

[114] 参见原书第二卷第一册，第 10 页。联系最初是由斯罗曼（V.Slomann）建立的，"Elfenbeinreliefs auf zwei singhalesischen Schreinen des 16. Jahrhunderts", *Pantheon*, XX (1937), 357-60; XXI (1938), 12-19。亦请参见 H.Thoma 和 H.Brunner, *Schatzkammer der Residenz München: Katalog* (Munich, 1964), pp.363-66。

[115] 事实上我并没有亲眼见过这件异常珍贵的藏品，请参见讨论 Klemm, *op.cit.*(n.10), pp.195-96。手稿参考文献为 "Kunstkammer-Inventar, München 1598 von Joh.Bapt. Fickler," Cod.germ. 2133, Bayerische Staatsbibliothek, Munich。

[116] 目录细节参见 Stockbauer, *op. cit.* (n.112), pp.14-17; 以及 J. Irwin, "Reflections on Indo-Portuguese Arts," *Burlington Magazine,* XCVII (1955), 387。

[117] Lhotsky, *op.cit.* (n.7), pp.206-8。

[118] 目录记载的物品参见 H.Zimmermann (ed.), "Urkunden, Acten und Regesten aus dem Archiv des K. K. Ministerium des Innerns," *Jahrbuch der kunsthistorischen Sammlungen des allerhöchsten Kaiserhauses*, III (1885), Pt.2, xxviii-xxix。

[119] Lhotsky, *op.cit.*(n.7), p.215。

[120] *Ibid.*, pp.179-83.

[121] 参见 *Asia*, I,160, n.40。在阿姆布拉斯收藏了麦哲伦画像，以及帖木儿（Tamerlane）的画像"恐怖的鞑靼人"（Tartar terror）。参见 F. Kenner, "Die Porträtsammlung des Erzherzogs Ferdinand von Tirol," *Jahrbuch der Kunsthistorischen Sammlungen des allerhöchsten Kaiserhauses,* XIX(1898), Pt.I,25,143-44。

[122] 引自复制的 1596 年 5 月 30 日版因斯布鲁克藏品目录，W. Boeheim (ed) "Urkunden und Regesten aus der K. K. Hofbibliothek", *Jahrbuch der kunsthistorischen Sammlungen des allerhöchsten Kaiserhauses,* VII(1888), Pt.2,ccc。几件来自阿姆布拉斯的瓷器见图 6。

[123] 艺术史学家根据在欧洲制作的底座来大致判断来自国外的作品在欧洲出现的时间。参见 W. Born, "Some Eastern Objects from Hapsburg Collections," *Burlington Magazine,* LXIX (1936),269。丹麦弗雷登斯堡（Frederiksborg）收藏的人头大小的牛黄石，以丝绸包裹，放在一只印度的篮子里（Boyer,*op.cit.*［n.93］, p.38）。

[124] 有关这些物品的参考文献见 Boeheim, *loc.cit.* (n.122), pp.ccxxxvii,cclix-cclx,cclxxxii, ccxcii-ccxciv,ccci,cccvi。

[125] *Ibid.*, p.cccvii.

[126] 我的同事哈里·范·德·斯塔彭神父认为这两幅画均为中国明代晚期未署名的工笔画。

[127] 参见 Schlosser, *op.cit.* (n.10), p.68 and pl.4。

[128] 参照 Beurdeley, *op.cit.*(n.37), p.113, 以及 L. Reidemeister,*China und Japan in der Kunstkammer der brandenburgischen Kurfürsten* (Berlin,1932), p.5。其他贵族收藏家的名字见 Klemm, *op.cit.* (n.10), pp. 201-2。

[129] Taylor, *op.cit.* (n.6), p.135.

[130] C.de Murr, *Description du cabinet de...Praun* (Nuremberg,1797), p.viii. 保罗的叔父斯蒂芬·冯·普劳恩（Stefan von Praun, 1544—1591 年）在黎凡特和伊比利亚半岛四处游历（*ibid.*, p.v）。

[131] 热衷于收藏的商人的一个不同寻常的例子是康斯坦丁·冯·里斯科辰（Konstantin von Lyskirchen，1581 年去世）。他既是科隆市长、富格尔商人，也是艺术品收藏和赞助人。他通过在葡萄牙的关系为 G. 普劳恩和 F. 霍根伯格（F. Hogenberg）收集到了有关亚洲城市的素描和描述，参见 *Civitates orbis terrarum* (Antwerp and Cologne,1572), I,54,57。有关他的收藏活动，参见 O. H. Förster, *Kölner Kunstsammler vom Mittelalter bis zum Ende des bürgerlichen Zeitalters* (Berlin 1931), pp.21,26。有关富格尔的报刊，参见 *Asia*, I, 92, n.1。

[132] 目录简介参见 Klemm, *op.cit.* (n.10), pp.214-18。

[133] O. Schürer, Prag:*Kultur,Kunst,Geschichte* (Vienna and Leipzig,1930), pp.132-34.

[134] 参见 E. Neumann, "Das Inventar der rudolfinischen Kunstkammer von 1607/11", Swedish National Museum, *Analeca reginsis* (Stockholm,1966)。现存鲁道夫最早、最全面的藏品目录——1607—1611 年的文献，迄今尚未出版。这个目录更准确地说就是鲁道夫藏品的一个

分类登记表，极有可能是微型图画家丹尼尔·弗莱舍尔（Daniel Fröschl）编纂的。奥特维欧·达·斯特拉达（Ottavio da Strada）去世后，丹尼尔接手了布拉格馆藏的工作。维也纳艺术史博物馆雕刻和装饰艺术部总监诺伊曼（Neumann）计划于近期出版由他主编的 1607—1611 年藏品目录，该目录发现于瓦杜兹（Vaduz）列支敦士登（Liechtenstein）王子图书馆。

[135] 例如，来自黎凡特的旅游者汉斯·乌尔里克·克拉夫特 1584 年造访时就由画家巴塞罗缪·斯普朗格（Bartolomäus Spränger）引领观看了藏品。参见 Haszler, *op.cit.*(n.106), pp.388-90。

[136] Lhotsky, *op.cit.*(n.7), pp.246-47.

[137] *Ibid.*, p.252.

[138] K.Chytil, *Die Kunst in Prag* ...(Prague,1904), p.15.

[139] *Ibid.*, p.29.

[140] 来自印度的藏品引自 H. Zimmermann（ed.）, "Das Inventar der Prager Schatz-und Kunstkammer vom 6. Dezember,1621", *Jahrbuch der Kunsthistorischen Sammlungen des allerhöchsten Kaiserhauses*, XXV(1905), xx-xlvii; 1619 年的捷克藏品目录引自 J. Morávek, *Nově objevený inventář rudolfinských sbírek na Hradě Pražském* (Prague,1937), pp.24-27。参见本章附录。

[141] Lhotsky, *op.cit.*(n.7), p.212.

[142] J.Ebersolt, *Orient et Occident: Recherches sur les influences byzantines et orientales en France avant et pendant les croisades* (2d ed; Paris,1954), p.40.

[143] E.T.Hamy, *Les origines du musée d'ethnographie: Histoire et documents* (Paris, 1890), p.5.

[144] J. Guiffrey (ed.), *Inventaires de Jean, duc de Berry* (Pairs, 1894-96). 亦请参见 M. Meiss, *French Painting in the Time of Jean de Berry* (New York,1967),Vol.I,chap.iii.

[145] 参见 G.Loisel, *Historie des ménageries de l'antiguité à nos jours* (Paris, 1912), I,169。

[146] 参见 P. de Vaissière（ed.）, *Journal de Jean Barrillon, secrétaire du Chancelier Duprat, 1515-1521,* (Paris,1897), I,193.

[147] 法令文本参见 *Journal d'un Bourgeois de Paris* (pp.50-53), *ibid.*, I,299。

[148] Loisel, *op.cit.*(n.145), I,263-70.

[149] 引自 L.de Matos, "Natura intelletto e costumi dell'elefante", *Boletim internacional de bibliografia Luso-Brasileira*, I (1960),46。

[150] 关于安格赞助法国海外探索参见 *Asia*, I,177-78. 关于他的收藏，参见 Hamy, *op.cit.* (n.143), p.8。

[151] 根据这个目录，罗伯特拥有 42 件白色的瓷器，上面"有各式各样的小型绘画"。参见 Belevitch-Stankevitch, *op.cit.* (n.18), p.xxxiii。

[152] 引自 Le Père Dan, *Le trésor des merveilles de...Fontainebleau* (Paris,1642), p.84。

[153] 两人争吵的证据见 Denis, *op.cit.*(n.7) p. 337; 以及 W.J.Bowsma,*Concordia Mundi: The Career and Thought of Guillaume Postel* (Cambridge,Mass.,1957), p.16。

[154] J. Adhémar, *Frère André Thevet,grand voyageur et cosmographe des rois de France au XVI*

siècle (Paris,n.d.), pp.51-58.

[155] 这些是 1560 年藏品目录中反复使用的词，参见 *Revue universel des arts*, III (1855),315-50; IV (1856), 445-56,518-30。

[156] Hamy *op. cit.* (n.143), p.9.

[157] E. Bonnaffé, *Inventaire des meubles de Catherine de Médicis en 1589*,(Paris,1874), pp.76, 80,89,90,93,164.

[158] *Ibid.*, pp.65-66.

[159] E.Falgairolle (ed.), *Nicot ... correspondance*(Pairs,1897), pp.35,50-51,147.

[160] 转引自 Belevitch-Stankevitch, *op.cit.* (n.18), p.xxxiii。

[161] *Ibid.*, pp.xliii-xliv.

[162] 转引自 *ibid.*,p.xxxviii。但法国很明显在继续依赖其他欧洲供应商。国王亨利四世 1602 年致信在伦敦的赛克雷特里·塞西尔（Secretary Cecil），感谢他送到法国的最新的印度货和中国货。这些物品都是为国王准备的。参见 *ibid.*, pp.xliii-xliv。

[163] 冯·布洛（G.von Bülow）所译："利奥波德·冯·韦德尔英格兰和苏格兰游记 1584—1585 年"，*Translations of the Royal Historical Society*, N.S.,IX (1895),268.

[164] 亨利的藏品被如此描述："一只双柄瓷杯，柄用银子装饰，杯盖上覆盖着用卡米维丝线和布织成的罩子。"转引自 H. Honour,*Chinoiserie: The Vision of Cathay* (London,1961), p.37。亦请参见 Belevitch-Stankevitch, *op.cit.* (n.18), p.xxxii。

[165] 参见 C. Read, *Mr.Secretary Cecil and Queen Elizabeth* (New York,1955), pp.428-29; 以及同一作者的另一部书 *Lord Burghley and Queen Elizabeth* (New York,1960), pp.155-56。

[166] L. Avery, "Chinese Porcelain in English Mounts", *Metropolitan Museum of Art Bulletin*, N.S.,II (1943),266.

[167] Henry R. Wagner, *Sir Francis Drake's Voyage around the World: Its Aims and Achievements* (San Francisco,1926), p.501.

[168] *Caroli Clusii...Aliquot notae in Carciae aromatum historiam ...*(Antwerp,1582), pp.24-25.

[169] 参见卡文迪什登载在哈克路特选集第一版中的报告。D. B. Quinn and R.A.Skelton（eds.）, *The Principall Navigations Voiages and Discoveries of the English Nation ...*(facsimile of 1589 ed; Cambridge, 1965), II, 808, 813-15. 他还带回了两个日本人和一个菲律宾人。哈克路特亲自询问了这两个人。参见 E. G. R.Taylor（ed.）, *The Original Writings and Correspondence of the Two Richard Hakluyts* (London,1935), I,48。

[170] V.von Klarwill (ed.),*The Fugger News-Letters, Second Series* (New York,1926), pp.240-43.

[171] Richard Hakluyt, *The Principal Navigations Voyages Traffiques and Discoveries of the English Nation* (Glasgow, 1903-5), VII,116-17. 亦请参见伊曼纽尔·冯·麦特伦（Emanuel van Meteren）写给在赫塞尔斯（Hessels）的奥提留斯的信件，*op.cit* (n.5),p.541。

[172] C.Williams（trans. and ed.）, *Thomas Platter's Travels in England,1599* (London,1937),p.165.

[173] *Ibid.*, p.171.

[174] *Ibid.*, pp.171-73.

[175] *Ibid.*, p.173.

[176] Quinn and Skelton, *op.cit.* (n.169), I, xlvii.

[177] 参见 H.Buchthal, *Miniature Painting in the Latin Kingdom of Jerusalem* (Oxford,1957)；以及 Kurt Weitzmann, "Icon Painting in the Crusader Kingdom", *Dumbarton Oaks Papers*, No.XX (1966), pp.51-83。

[178] G.R.B.Richards, *Florentine Merchants in the Age of the Medicis* (Cambridge,1932), p.44.

[179] G.Bandmann, "Das Exotische in der europäischen Kunst" ,in *Der Mensch und die Künste: Festschrift Heinrich Lützeler* (Düsseldorf,1962), p.340.

[180] 参见复制品，Taylor, *op.cit.* (n.6), p.64 对面。

[181] Loisel, *op.cit.* (n.145), I.148.

[182] 参见原书第二卷第一册，第 132 页。

[183] 参见 Burckhardt, *loc.cit.* (n.9), p.393。

[184] Beurdeley, *op.cit.* (n.37), p.118.

[185] 转引自 J.Burckhardt,*The Civilization of the Renaissance in Italy* (London,1898), II,290。

[186] *Ibid.*, pp.291-92.

[187] E.McCurdy（trans and ed.），*The Notebooks of Leonardo da Vinci* (New York,1958), I, 18; II, 1133-36. 达·芬奇 1498 年离开米兰到达威尼斯，就这个城市如何修建工程抵御土耳其人提出了建议。大概与这件事有关，他还去了亚美尼亚（Armenia）。有关这段尚存争议的历史，参见 E.McCurdy, *The Mind of Leonardo da Vinci* (New York,1939), pp.230-55。

[188] McCurdy，*Notebooks*, I, 359-60.

[189] 他私人藏书的完整目录见 *ibid.*, II.1164-68。安德里亚·科萨利（Andrea Corsali）在从印度写给朱利亚诺·德·美第奇（Giuliano de' Medici）的信中比较了列奥纳多与古吉拉特人（Gujaratis）的素食习惯，参见 McCurdy, *The Mind*, p.78。

[190] McCurdy, *Notebooks*, I, 85；关于大汗（Grand Khan）宫廷的偶像盛宴，参见 M. Letts（ed.），*Mandeville's Travels*：*Text and Translations* (London,1953), I,161。

[191] McCurdy, *Notebooks*, II,1185；关于大汗的指甲，参见 Letts, *op. cit.* (n.190), I, 219-20。

[192] McCurdy, *Notebooks*, I, 365. 爱烈芬塔（Elephanta）是现代孟买海港的一个岛屿，以用坚硬的岩石雕成的石窟寺著称。列奥纳多对岩石窟的兴趣大概与他对爱烈芬塔的了解有关。

[193] *Ibid.*, II,791.

[194] *Ibid.*, p.1118.

[195] 例子参见 G. Scopoli（ed.），"Relazione di Leonardo da Ca' Masser ...,"*Archivio storico italiano*, Ser. L, Apendix 2 (1845), p.23。

[196] 参照 *Asia*, I,119。

[197] 转引自 E.A.Cicogna，*Della vita et delle opere di Andrea Navagero...*(Venice,1855)，p.187。

[198] 例子参见马泰奥·赞恩（Matteo Zane）报告的复制品，V.Marchesi，"Le relazioni tra la repubblica Veneta e il Portogallo dall'anno 1522 al 1797"，*Archivio veneto*,XXXIII(1887),25。

[199] Burckhardt,*loc.cit.* (n.9)，p.551. 有关奥多尼收藏的瓷器见目录，M. Michiel，*Notizia d'opere di disegno* ... (Bologna 1884)，p.159。

[200] 参照 *Asia*, I,103-4。

[201] S.Castiglione，*Ricordi, overo anmaestramenti...* (Venice,1554)，p.14. 有关讨论参见 L. Salerno，"Arte, scienza e collezioni nel manierismo"，*Scritti di storia dell'arte in onore di Mario Salmi* (Rome,1963)，pp.194-97。

[202] 有关该译本以及与藏品相关的其他意大利词汇参见 Burckhardt, *loc.cit.* (n.9)，pp.537-44。

[203] R.Borghini，*Il Riposo*（再版，三卷合一；Milan,1607），I,15。

[204] *Ibid.*, p.16。

[205] 参照 Burckhardt, *loc.cit.* (n.9)，pp.548-51。

[206] 科希莫收藏瓷器清单参见 R.W.Lightbown，"Oriental Art and the Orient in Late Renaissance and Baroque Italy "，*Journal of the Warburg and Courtauld Institute*，XXXII (1969),232-33。关于科希莫的地图参见丹提写给在赫塞尔斯的奥提留斯的信件，*op.cit.* (n.5)，p.242；以及 George Kish，"The Japan on the 'Mural Atlas' of the Palazzo Vecchio, Florence,"*Imago mundi*，VIII (1951),52-54。

[207] 参见 A. E. Popham，"On a letter of Joris Hoefnagel"，*Oud-Holland*，LIII (1936),146。

[208] P.G.Conti(ed.)，*Lettere inedited di Charles de L'Escluse ...à Matteo Caccini ...* (Florence, 1939)，pp.120-23. 这种橘子大概是林奈所称的食用柠檬。参见 A.Targioni-Tozzetti，*Cenni storici sulla introduzione di varie piante nell'agricoltura ed orticoltura* (Florence, 1896)，pp.162-63。

[209] 他与印度贸易以及与菲利普·萨塞蒂的关系，参见 *Asia*, I,475-77。

[210] 转引自 V.Borghini in Salerno, *loc.cit.* (n.201)，p.199。

[211] 参见 *ibid.*, pp.199-200。这个陈列室于 1910 年由波吉（G.Poggi）在维琪奥宫重建。

[212] 有关陈列室的乌木家具，参见 D. Heikamp, Zur Geschichte der Uffizien-Tribuna und der Kunstschränke in Florenze und Deutschland"，*Zeitschrifit für Kunstgeschichte*, XXVI (1963),193-94。

[213] G.Masson,*Italian Gardens* (New York,1961)，p.81。

[214] L.G.T. Malespini，*Oratione de le lodi di Francesco I de'Medici* (Florence,1587)，p.27。

[215] 参见 O.H.Giglioli，"Jacopo Ligozzi disegnatore e pittore di piante e di animali"，*Dedalo*,IV (1923-24),556。

[216] 参照 *Asia*, I, 694。

[217] 原书第二卷第一册，第 107-108 页。

［218］原书第二卷第一册，第 136-138 页。

［219］根据吉多·帕希罗利（Guido Panciroli,1522—1599 年）在其著作 *De rebus inventio et peditis* ...（Amberge,1607）中的描述。我仅使用英文版本，*The History of Many Memorable Things Lost, Which were in Use among the Ancients* (London,1715), p.342。

［220］原书第二卷第一册，第 138-139 页。

［221］这里的"印度人"可能是泛指所有的亚洲人、非洲人和美洲人。参见 J. Delumeau, *Vie économique et sociale de Rome*... (Paris,1957), p.409。

［222］L.de Souza, *Vida de Dom Fr.Bartolomeu dos Martires* (Viana,1619), pp.60-62. 后来送到梵蒂冈的瓷器显然没有保存下来。参见 Beurdeley, *op.cit.* (n.37), p.119。

［223］P. Pecchiai, *Roma nel cinquecento* (Bologna,1948), pp.371-72.

［224］*Ibid.*, p.485.

［225］Delumeau, *op.cit.* (n.221), p.29.

［226］参见 A. Merens（ed.），"De reis van Jan Martensz. Merens ...anno 1600," *Mededeelung van het Nederlandsch Historisch Instituut te Rome*, 2d ser.VII (1937),139。

［227］Delaunay, *op.cit.* (n.35), p.155.

［228］Hessels, *op.cit.* (n.5), pp.444,522,754.

［229］红衣主教加迪（Gaddi）是罗马唯一收集自然藏品的人。参见 Burckhardt, *loc.cit.* (n.9), p.558。

［230］例如，艾多瓦蒂在其著作 *Musaeum mettalicum* (Bologna,1648) 中展示的精美印度石刀和石斧柄样品（pp.156-58），以及一只中国明朝的瓷碗 (p.231)。

［231］根据一幅版画所示，他的藏品都记录在他的著作 *Historia naturale* (Naples,1599) 中。

［232］转引自 Taylor, *op.cit.* (n.6), p.611。

［233］参见 G.Händler, *Fürstliche Mäzene und Sammler in Deutschland von 1500-1620* (Strassburg,1933), pp.1-8。

［234］参照原书第二卷第一册，第 18 页。

［235］参见 J. Seznec, "Erudits et graveurs au XVIᵉ siècle" , *Mélanges d'histoire et d'archéologie*, XLVII (1930),136-37。

［236］参照原书第二卷第一册，第 7 页。

［237］参见让·斯托纳（Jean Stoner）自拉丁文本翻译的 *The Book of My Life (De vita propria liber)* (New York,1929), p.189。

第二章　各类艺术

　　如同当下，彼时的欧洲艺术家对亚洲同行的作品比对海外动植物及各类珍奇更感兴趣。然而，亚洲艺术作品即使在最丰富的收藏中也数量有限。艺术家们并不能轻易地接触到收藏品，自己拥有者更为罕见。艺术家只要有兴趣便可观看和研究中国瓷器或漆器的原因非常简单，因为它们分布广泛，在西欧大部分艺术中心都可以看到。同样，精工细作的纺织品和地毯也被广泛收藏，这一点从它们屡屡出现在欧洲绘画中便不难看出。东方的瓷器、漆器和纺织品于16世纪的欧洲人而言并不新奇，他们拥有的数量和品种远超过以往任何时代。这些东方艺术品对欧洲较为次要的艺术领域产生了长期的影响，但尽管数量巨大，却并非重要艺术领域实践者的主要兴趣所在。

　　亚洲的影响及现代研究者对它的看法，将在介绍每个专门艺术之后加以探讨，如此可能更说明问题。地理大发现和对东方的探索并未对主要艺术领域产生深刻影响，而是局限于介绍装饰和象征性元素，或者从藏品和在市场销售的东方珍奇样品中发现的自然主义题材。亚洲对图形艺术的影响或许在书籍插图中体现得最为明显。在与陶器、木器、珠宝和挂毯相关的装饰艺术领域，艺术家和工匠们努力使用亚洲原料或者合适的替代品，以使自己的作品能与进口产品相匹敌。在应对亚洲艺术和工艺品的挑战之时，欧洲艺术形式虽未发生根本性变化，但在主题、装饰和象征手法方面都出现了一些新的变化。虽无证据表明艺术领域的变化受到海外发现的直接启发，但可以看出样式主义艺术家（Mannerist artist）尝试源自异国装饰图案的倾向。海外高质量的艺术和工艺品在历史上的首次大量出现，加速颠覆了文艺复兴时期人们对艺术本质及其可能性先入为主的看法。

第一节　曼努埃尔式建筑和雕塑

国王曼努埃尔及其臣民因葡萄牙在印度获得成功而感到的喜悦，在里斯本和葡萄牙其他地方的神殿建设和重建中明显地体现出来。1510—1514年间，为表彰"基督骑士团"（Order of Christ）对航海发现的突出贡献，托马尔（Tomar）的基督女修道院（Convent of Christ）为其增建了正厅和一间侧室。为纪念14世纪末葡萄牙摆脱卡斯蒂利亚人（Castile）的束缚而修建的著名的巴塔利亚（Batalha）修道院也进行了扩建。1514—1519年，在曼努埃尔的命令下，塔霍河（Tagus）上守望里斯本港的贝伦塔（Tower of Belém）改建成了海洋大发现纪念碑（图17）。在贝伦塔的附近，规模宏大的热罗尼莫斯修道院（Jerónimos，Order of St.Jerome）的修建工程自1499年一直持续到16世纪中叶，修建资金部分来自皇家拨款，用于支持热罗尼莫斯修道院的修建款占海外贸易收入的1/20。[1] 同样，葡萄牙人新近获得的财富也用于无数规模较小的公共工程和建筑。国王曼努埃尔在1521年去世前资助了62个建筑项目。但是，在里斯本及其周围修建的很多建筑在1755年的大地震中被摧毁，或因严重受损而无法修复。

曼努埃尔时代（1495—1521年）的建筑杰作形成了被称为曼努埃尔式（Manueline）的国家建筑模式，其影响不仅延续到曼努埃尔去世之后，而且扩展到其他艺术领域。建筑史学家普遍认为，曼努埃尔式建筑是奢华的哥特式（Gothic）建筑在葡萄牙的特殊模式。哥特式建筑的特点是大量使用各种源自欧洲和海外的装饰图案和色彩。[2] 这种华丽、色彩缤纷的风格受到了多种多样的海外影响，有关其究竟源于何处的辩论迄今已持续了一个多世纪。一些权威人士认为它并不是一种"真正的风格"，因为它并非一种新的建筑模式，而是未经消化地吸收了当地和世界各地装饰图案和色彩的产物。[3] 另一种极端的观点则认为，它绝对是一种摆脱了所有外国影响的、独一无二的葡萄牙风格。[4] 然而，最有趣的还是一些历史学家的观点。他们认为，曼努埃尔式建筑不过是在形式和装饰上都受到印度建筑极大影响的一种欧洲建筑风格而已。

影响究竟有多大，即使在那些持印度影响论者当中也存在广泛争议。最早提出印度和哥特式建筑存在联系的人，包括德国浪漫主义哲学家弗里德里克·W. J. 冯·谢林（Friedrich W.J.von Schelling）。[5] 阿尔布雷特·豪普特（Albrecht Haupt）在否认西班牙或者意大利影响的同时，首先提出了这样的理论：托马尔和巴塔利亚独特风格的曼努埃尔式建筑（图18、19）是模仿艾哈迈达巴德（Ahamadābād）的耆那教寺庙（Jain temple）细节的一种尝试。[6] 豪普特指出的葡萄牙和印度建筑相似之处的细节很快就遭到 W.C. 沃森（W.C.Watson）[7] 等人的质疑。他们认为，豪普特否认了曼努埃尔式建筑与哥特式建筑装饰之间的相似之处，如果他必须从一个遥远的国度寻找类似的风格，那么甚至从墨西哥的庙宇中也可以找到。不过豪普特也不乏追随者。厄恩斯特·迪茨（Ernst Diez）在其文章"东方的哥特式建筑"（Oriental Gothic）中指出，尖形拱顶以及祈祷时双手合十的姿势都源于印度。[8]

研究亚洲对葡萄牙建筑之影响最为深入者当属劳尔·达·科斯塔-托里斯（Raul da Costa-Tôrres），他将地理大发现时代的建筑分为三个时期：1415—1495年，前曼努埃尔式或哥特-莫格布里诺式（Morgebrino，北非）；1495—1540年，曼努埃尔式或哥特—印度巴洛克式（Baroque）；以及1540—1580年，若昂-耶稣式（Joannine-Jesuit）或古典中国式。[9] 在此基础上，科斯塔-托里斯（Costa-Tôrres）和较近期的尤金尼奥·德奥斯（Eugenio d'Ors）探寻了曼努埃尔式建筑中巴洛克风格的来源，并扩展到对亚洲影响的研究。[10] 但是，利-米尔恩（Lee-Milne）却认为曼努埃尔式和巴洛克风格是"罗马式建筑风格的一种延续"，他还发现在曼努埃尔式建筑的自然主义想象力和洛可可（Rococo）式建筑的活泼欢快风格之间存在着某种精神联系。[11]

曼努埃尔式建筑杰作分别由迪奥格·博塔克（Diogo Boytac，活跃于 1490—1525 年？）、约翰·德·卡斯提罗（João de Castilho，活跃于 1515—1552 年）、迪奥格·德·阿鲁达（Diogo de Arruda，活跃于 1508—1531 年）、弗朗西斯科·德·阿鲁达（Francisco de Arruda，活跃于 1510—1547 年），以及马修·费尔南德斯（Mateus Fernandes，活跃于 1514—1528 年）完成。曼努埃尔式建筑特点事实上非常明显，因为所有建筑上面都有象征着宇宙的国王浑天仪（armillary sphere of the king），或者装饰在葡萄牙船帆上的基督骑士十字架。早期的曼努埃尔式建筑倾向于将已经过时的哥特、摩尔（Moorish）或北非元素结合在一起；地理大发现之后的作品则倾向于将哥特晚期元素与自然主义、航海元素，以及可能是受到穆斯林和印度艺术启发的浮华装饰元素结合在一起；至其衰落期，来自意大利的文艺复兴风格取代了曼努埃尔式建筑最基本的哥特风格。[12] 曼努埃尔式建筑最杰出的作品出现在中期，这个时期的建筑风格有时是刻意按照"真正的曼努埃尔式"设计的。最明显的特点是门窗的圆形拱顶（几乎没有尖顶）。频繁出现的拱顶通常使用三个或者更多的凸形曲线，[13] 在简单抑或最为复杂的拱顶上均是如此。同样显著的是这些元素的广泛应用：形似绳索的柱体（图 22）、棕榈柱，装饰着浇铸树叶或树枝的八面柱顶，以及呈现盘旋效果的圆形浇铸叠加体。然而，令人印象最为深刻和最与众不同的或许还是装饰华丽的大门。它们事实上是所有曼努埃尔式教堂和修道院最为基本的装饰元素（图 20、21）。

诚然，不少曼努埃尔式建筑最为明显的特点都有模仿中世纪或哥特式建筑的痕迹，[14] 但总体而言，它们依旧独具一格。除了奇特或与航海相关的装饰性叠加层次具有哥特式建筑特点外，曼努埃尔式建筑于观赏者而言仍然具有显著的既非欧洲亦非东方的引人入胜的特点。[15] 占主导地位的装饰元素令曼努埃尔式建筑好似一具具宏大的雕塑。最具代表性的例子包括巴塔利亚的"未完成大教堂"（Capelas imperfeitas）（图 18），其建筑师在尊重曼努埃尔式建筑形式的同时，尝试以不对称方式令雕塑和建筑结构完美地结合在一起。建筑师有意识地用弯曲和流动的线条、倾斜的平面和受到自然主义启发的奇特装饰，取代了哥特式建筑标志性的线条和装饰。这些自然主义的装饰包括种类繁多的异国水果、植物和动物，以及海洋和航海图案。[16] 在某种意义上，正如托马尔基督女修道院的窗户（图 19）所展现的那样，建筑雕塑家试图用这些元素构成抽象的几何图形，用石头来凸显葡萄牙曼努埃尔式建筑宏伟的特质。

关于曼努埃尔式建筑装饰特点的起源存在广泛争议，盖因建筑史和历史遗迹文献资料缺乏所致。特别是没有具体数据能够证明，建筑师在从有关印度建筑的非专业绘画（图 148）以及该领域从业者的文字描述中获得了极其模糊的印象之外，亦从其他渠道获得了灵感。热罗尼莫斯修道院奠基于 1502 年，事实上于曼努埃尔去世的 1521 年建成。然而，有关该建筑的第一位建筑师迪奥格·博塔克和他的继任者，以及该建筑的详细信息却从未见诸于众。此外，也没有文献能够证明该建筑的东方色彩直接受到印度或其他亚洲文明的影响。

除托马尔修道院、巴塔利亚大教堂和贝伦塔外，印度影响在其他建筑中也经常依稀可见。曾在北非居住数年的军事建筑家迪奥格·德·阿鲁达（Diogo de Arruda）完成了托马尔的其他建筑，并制作了一个航海标识以庆祝西班牙的航海大发现。飘扬的船帆、珊瑚和海藻石雕都成为了座堂室和教堂的装饰。著名的尖顶窗户（图 19）的四周装饰着缠绕在柱子之上、带软木流苏的盘根错节的绳索。[17] 托马尔的建筑装饰清楚地体现了葡萄牙人对航海的兴趣，但并无图文记述能够支持这一观点：阿鲁达自然主义的石雕直接受到某个印度原型，或者泛言之，"印度艺术审美观"的影响。[18]

巴塔利亚"未完成大教堂"宏伟拱门的建造者马修·费尔南德斯除了该建筑杰作外，并未给后人留下任何可供考察的记述。学者们屡屡将他与曾旅居印度的军事建筑师托马斯·费尔南德斯（Tomas Fernandes），以及 1513 年出使古吉拉特的贝雅（Beja）的迪奥格·费尔南德斯（Diogo Fernandes）联系在一起。[19] 阿尔伯克基在书信中则对托马斯·费尔南德斯多有赞美之词。然而，鉴于迄今并未发现存在确切的联系，研究巴塔利亚建筑的评论家不得不含糊地指出马修的拱门在设计、技术或者精神层面与印度庙宇之间的相似之处。那些希望从较近的地方寻找到存在这种联系证据的人则指出，巴塔利亚教堂拱门与英国布里斯托尔（Bristol）建于 14 世纪的圣玛丽·雷德克利夫（St.Mary Redcliffe）教堂的北回廊大门颇为相似。[20] 即便如此，不论是欧洲还是印度建筑中存在的这些

61

相似之处本身，并不足以支持他们有关艺术影响的观点。

曼努埃尔式的第三个标志性建筑是贝伦塔（图 17）。贝伦塔由 16 世纪艺术家、戴奥格（Diogo）的兄弟和军事建筑师弗朗西斯科·德·阿鲁达建造，但人们对他所知甚少。据推测，这个大约在 1514—1519 年间修建的塔模仿了北非或者印度的海岸要塞。人们发现它的阳台和段状屋顶与印度拉贾斯坦邦（Rajasthan）的乌代普尔宫（Udaipur）或古吉拉特邦（Gujarat）的庙宇有相似之处，但是对贝伦塔做过最为深入研究的雷纳多·多斯·桑托斯（Reyanldo dos Santos）全盘否定了印度影响说。[21]他特别强调指出，段状屋顶和阳台更是伊斯兰和北非建筑的重要特点，贝伦塔与印度建筑之间的相似之处只能说明两者均受到伊斯兰建筑的影响——莫卧儿建筑风格（Mughul）对印度的影响，摩尔建筑风格（Moorish）对葡萄牙的影响。这些论点或许具有说服力，却无法令持印度影响说的人信服。科斯塔-托里斯提出，相似之处并不在于细节或装饰技术，而在于建筑完美的有机和谐；譬如印度建筑艺术就强调内部装饰与建筑外观以及各个部分的协调一致。[22]

无数葡萄牙名胜古迹都具有曼努埃尔式建筑的特点。[23]但并无证据说明葡萄牙建筑与印度建筑之间存在明确的联系。科英布拉（Coimbra）圣克罗什教堂（Santa Cruz）上部唱经楼的木隔栏（图 23）上雕刻着据说是象征着瓦斯科·达·伽马和佩德罗·阿尔瓦雷斯·卡布拉尔（Pedro Alvares Cabral）航海的图案，但其中并无印度城市[24]或者热带植物的踪影。葡萄牙艺术家可能接触过印度风俗画，但这些作品有可能出自印度或欧洲业余画家之手。现存的一幅欧洲业余水彩画家在印度绘制的建于 1540 年之前的神庙（图 25），看起来更似一座欧洲教堂不成功的仿制品而不是印度神庙。菲利普·萨塞蒂（Filippo Sassetti）1586 年在给佛罗伦萨的洛伦佐·卡尼吉安尼（Lorenzo Canigiani）的信中描述了科钦（Cochin）的建筑，并将其中一些建筑的外形与佛罗伦萨圣克罗斯（Santa Croce）的体育场进行了比较。[25]曼努埃尔·皮涅罗神父（Father Manuel Pinheiro）1595 年自艾哈迈达巴德（Ahmadābād）寄回的书信描述了美丽的王陵（Sirkej），并总结道：这是"一个丝毫不野蛮的野蛮人的作品"。[26]不少才华横溢的艺术家于 16 世纪下半叶去了印度，但他们为家乡带回了什么，却鲜为人知。姑且不论他们为家乡带回了什么，曼努埃尔式建筑的衰落和意大利对葡萄牙的影响甚至在他们离开欧洲之前就已然发生。

葡萄牙向欧洲其他国家传播文化的载体——背井离乡的犹太人、商人、海员、学生和耶稣会会士，显然没有将他们对曼努埃尔式建筑的嗜好传播到其他国家。西班牙的银匠式建筑风格（Plateresque）与曼努埃尔式风格平行发展，同时又独立于后者。这两个伊比利亚国家的建筑风格，更多地是受到它们共同的摩尔（Moorish）背景而不是彼此的影响，特别是穆德哈尔式（Mudéjar）建筑风格和民间墙壁装饰艺术的影响。同样，法国文艺复兴时期的建筑和曼努埃尔式建筑之间的相似之处似乎也是巧合，至少是它们除了哥特背景外并无更多的共同之处。15 世纪中期意大利和低地国家的影响终止了这两个国家建筑风格的发展，因为后来发展成为巴洛克（Baroque）式的一个欧洲共同的建筑风格已经开始显现。

有不少人强调海外影响对巴洛克艺术发展的重要性，特别是科斯塔 - 托里斯。在评估影响力之时，他主张更为重要的是共同的审美观或者精神原则而不是独特性。他还指出与意大利的新古典主义存在结构和有机联系的，根本而言是中国而不是印度式的远东艺术。[27] 他推断葡萄牙的建筑师可能是通过直接观察，或者研究中国瓷器、漆器、丝绸和书籍插图，获取了一些有关中国艺术风格、线条和建筑特点的知识。基于这些观察，他们建造了明显带有中国色彩的亭、阁、阳台和门廊，并将这些元素结合在一起形成了通常被称为古典葡萄牙的模式。他们设计的花园和广场虽然没有平台和亭子，但房子保留了斜屋顶、延伸出的屋檐和其他从中国借鉴而来的装饰元素。被称为"耶稣会"（Jesuit）的艺术形式有时被作为巴洛克式的同义词。科斯塔 - 托里斯认为该形式没有继续沿用中世纪建筑的浓重线条，而是从印度艺术中借鉴了装饰性元素，并学习了中国人轻巧的建筑风格。凹形拱门、弯曲的线条、用柱子支撑的带有东方式窗户的前庭成为葡萄牙新建耶稣教堂的特点，甚至早于罗马的"耶稣"式。[28]16 世纪后期在佛兰德斯（Flanders）和德国修建的大型建筑据说同样受到了葡萄牙和东方建筑的影响。[29]

科斯塔 - 托里斯有关耶稣 - 巴洛克（Jesuit-Baroque）式建筑受到葡萄牙 - 东方（Portuguese-Oriental）建筑形式影响的理论，除基本逻辑依据外并无其

63 他佐证。耶稣会对葡萄牙和东方有极大兴趣，因而认为"耶稣会"式可能直接借鉴了曼努埃尔式和远东元素并在建筑中加入了传教理念的看法，从表面看似乎不无道理。耶稣会的文人们对亚洲气势宏大的建筑赞赏有加，还对其中的一些做了详细的描述，更是有力地支持了这一观点。[30]不幸的是，科斯塔-托里斯既无具体证据来支持自己的理论，亦无法证明罗马耶稣教堂的策划师贾科莫·达·维尼奥拉（Giacomo da Vignola）和贾科莫·德拉·波塔（Giacomo della Porta）对葡萄牙或者亚洲建筑有所了解。事实上，耶稣会并未对耶稣教堂的修建提出建议。该教堂的赞助人红衣主教亚历山德罗·法尔内塞（Alessandro Farnese）在聘请建筑师维尼奥拉（Vignola）和自己的私人画家时并未征询耶稣会的意见（1568 年），也不想了解该会对这件事的看法。法尔内塞于 1589 年去世，耶稣教堂的修建也随之停止。由于资金匮乏，耶稣会在其后的几十年内都无力完成主教堂的内部装修，并被迫将其活动局限于教堂侧室。[31]这座建筑本身并未使人联想到东方或者耶稣会在那里的活动。在澳门和果阿（Goa，印度）看到欧洲耶稣式建筑置身于完全是亚洲环境中的景象，确非寻常。

　　我最愿意从事的工作莫过于为科斯塔-托里斯的巴洛克式建筑亚洲来源说提供佐证。当然，其他来源说除指出假设的相似之处外，同样没有令人满意的证据。对耶稣教堂历史的研究表明，其策划者对亚洲和葡萄牙建筑一无所知。我发现的仅有的一点关于亚洲影响的证据，只能够证明亚洲对于我们来说仍然过于遥远，因而并非建筑模式研究需要着力之处。比如，耶稣教堂的一个入口在 1599 年装上了旅居印度的葡萄牙人提供的木门，[32]仅此而已。热罗尼莫斯修道院在意大利拥有若干会众群体，即便如此，它的全部设计都采用了本土的形式，而且无意将有关亚洲的知识传播到罗马。在葡萄牙拥有几个处所的国际耶稣教会，似乎也没有从贝伦具有航海和曼努埃尔式特色的热罗尼莫斯修道院获得灵感。[33]除罗马耶稣教堂外，建于 16 世纪的其他耶稣教堂，同样没有采
64 用通常被视为源于亚洲的建筑形式或者装饰图案。[34]在能够证明东方对巴洛克式建筑做出贡献的新艺术品和文献出现之前，更为传统的解释仍然会是主流观念。然而，严肃认真的研究者最好能够考虑曼努埃尔式建筑可能对神奇的巴洛克式建筑的起源和发展做出的贡献，特别是在装饰方面。

第二节　绘画

文艺复兴早期的绘画无疑受到了东方的影响。[35]自 13 世纪起，通往中国的陆路的开通、欧洲艺术家在耶路撒冷十字军王国的出现、东方奴隶人数在欧洲的增加以及各类游记的传播，都促进了欧洲人对亚洲人及其产品的了解。欧洲艺术家亦比以往接触到了更多的中国艺术品。15 世纪，商人们将中国的绘画和带有插图的书籍、瓷器、丝绸和漆器带到了君士坦丁堡。可以推断，居住在意大利商业聚居区的西方艺术家也像同时代的土耳其微型画家一样见识和研习过这些中国艺术品。[36]对文艺复兴时期绘画的研究表明，在当时的作品中频繁出现了东方人物和产品，并引进了一些只能理解为从中国艺术中借鉴而来的类型和风格不甚明显的元素。[37]如此，东方的主题和装饰细节丰富了欧洲的绘画，甚至在地理大发现之前就已经开始推动其摆脱中世纪范式的进程。

16 世纪，海运的畅通开启了欧洲与南亚的联系，使欧洲人得以直接接触一个全新而又令人神往的世界，而速写、素描和绘画或许是将亚洲介绍给欧洲的最佳媒介。亚洲绘画显然很早就被介绍到了欧洲，据说费尔南·佩雷斯·德·安德拉德（Fernão Peres d'Andrade）在 1520 年就向国王曼努埃尔展示过一些中国画。[38]然而，如同建筑师一样，欧洲画家似乎并没有跟随从里斯本出发的船队去过亚洲，尽管哈克路特在该世纪末所列要求随船队去印度的专家名单中包括了一个名叫"派特"的画家。[39]

欧洲人最早收藏的东方风俗画大概是现今藏于罗马卡萨纳特图书馆（Biblioteca Casanatense）的 141 幅系列水彩画。[40]这位不知名的作者显然是葡萄牙人或者印度裔葡萄牙业余画家[41]。他大概是根据在果阿或者坎贝（Cambay）的生活创作了这些画。根据画作自身提供的证据，可以推断出它们绘制于 1533—1546 年间。[42]这些画可能是为图书插图或路线图绘制的，因为它们是按照地理区域排序，与当时的游记和编年史采用了类似的方法。这些水彩画描述了从好望角（Cape of Good Hope）到中国已经为葡萄牙人所知晓的国度、那里的人民、服饰和习俗。

65

系列水彩画主要描绘了印度及其各族人民，但也有非洲、阿拉伯、波斯、印度尼西亚、印度支那、马六甲海峡、摩鹿加群岛（Moluccas）和中国人的生活场景。画家大概在印度西部的大市场里看到了来自亚洲其他国家通常身着民族服装的商人，并把他们画下来。从人种学角度看，这些印度生活场景的细节非常丰富，展示了人们的日常劳作：耕地、播种、收割、赶牛车、卖水、洗澡、洗衣服和猎鸟。另一些画则具有重要的社会和宗教意义：祭祀品、婚礼、朝圣、剖腹自杀，以及（印度教）三神一体像（毁灭神湿婆、守护神毗湿奴和创造神梵天）。此外还有几幅描绘印度军事的画：骑马的阿富汗（Pathan）军人、战象、徒步的纳亚尔（Nāyar）军人、海军操练和竞技。在为包括外国人在内的各类人群画像时，画家们尽其所能忠实地展现了他们的相貌、头饰和服装的特点。业余画家不能像技术纯熟的专业画家一样精准地表现绘画对象，尽管如此，其画面却简洁、忠实，摆脱了常规绘画手法的束缚。

毫无疑问，这些水彩画忠实地描绘了 16 世纪初的亚洲和亚洲人的生活场景。核实同时代的历史文献并与亚洲绘画进行比较的结果更证明了这一点。无法明了的是这些画是何时、以何种方式流入欧洲，又是否被欧洲画家所效仿。卡萨纳特图书馆的目录只是将这些画简单地归入了"印度画卷"（MS.1889）。这些水彩画似乎是先被赠予了果阿耶稣会学院（Jesuits of the College of Goa），又转到葡萄牙，最后被送到了罗马。[43] 据推测，可能是费尔南·门德斯·平托（Fernã Mendes Pinto）购买了这些画并将其送给了耶稣教会。支持此推测的证据是，平托是该世纪中叶在东方的一个富有商人，一度曾是耶稣会会员；他在游记中描述的印度宗教仪式与这些画所展示的亦相符。[44] 不论平托与这些画究竟有何关系，我迄今尚未见到它们对 16 世纪欧洲绘画产生影响的证据。

16 世纪中叶和下半叶，其他一些欧洲和当地的职业及业余画家创作的写生、素描和油画也描绘了东方的生活场景以及葡萄牙人在那里的活动。名著《印度传奇》（Lendas de India）的作者加斯帕·科雷亚（Gaspar Corrêa）"知晓绘画"[45]，于是总督德·若昂·德·卡斯特罗（D. João de Castro）于 1547 年责成他为历任印度总督画像。他和当地一位技艺高超的画家在木板上根据科雷亚的记忆为几位前任总督画了像，并共同完成了描绘葡萄牙要塞和舰队的画作。加斯帕·科雷亚还把这些画像收入了他的著作《印度传奇》。[46]画像绘制在16世纪一直持续进行，完成的总督画像被挂在果阿宫的大厅里。这一点也得到林斯乔坦的证实，他报告说描绘印度舰队的画像被挂在宫殿的前庭里。[47]悬挂舰队画像的画廊已不复存在，但在果阿建筑博物馆里仍可观赏到那些总督画像。[48]如今展览的大多是复制品或经后世画家多次修补的作品。[49]

其他印度画家为《利佐阿特·德·阿布雷乌》（*Livro de Lizuarte de Abreu*，1558—1564年）和《无敌舰队》（*Livro das Armadas*）绘制了葡萄牙总督和舰队的画像。这两部书都由里斯本科学院收藏。[50]萨塞蒂1586年自科钦致信托斯卡纳大公弗朗西斯科一世，言称他认识的一位当地画家能够用彩色画细致入微地描绘在印度发现的很多新奇植物的所有特性。[51]林斯乔坦从印度买回了这些画，其中的一些收入他1596年出版的著作《林斯乔坦葡属东印度航海记》；还有一些送给了奥提留斯。这些画令人联想到卡萨纳特图书馆收藏的水彩画，特别是那些人物、服装和装饰的细节。很明显，林斯乔坦收藏的这些画极有可能是欧洲业余画家和印度专业画家共同完成的，甚至包括那些早期总督的画像。

耶稣教会虽对东方艺术和建筑有浓厚的兴趣，却不曾鼓励人们以视觉方式描绘亚洲人的生活。画家伊曼纽尔·阿尔瓦里斯神父（Emmanuel Alvares，1526—1606年）于1560年被派往印度，但他的大部分时间都用于绘画或者教当地人画与基督教相关的题材。[52]果阿的几个教堂及其周围的建筑是由葡萄牙耶稣会神父阿兰哈（Aranha），以及1583年与拉尔夫·费奇（Ralph Fitch）一同来到果阿的英国画家约翰·斯托雷（John Storey）共同设计、修建和装饰的。[53]1583年那不勒斯画家乔瓦尼·尼古拉（Giovanni Nicolao）神父抵达日本后，就被派去教导年轻的耶稣会士创作宗教题材的绘画。[54]耶稣会神父热衷于教导当地画家，可以从他们寄回欧洲的信件中清楚地看出。但是，这些传教士似乎对采用或容忍异教题材和艺术形式可能带来的负面宗教影响颇为担心。他们通常坚持让当地画家尽可能地效仿基督教的设计，特别是在描绘基督教题材、建设礼拜堂和教堂，以及制作基督和圣徒雕像之时。[55]即便如此，人们还是惊奇地发现，如同在果阿的大教堂里一样，诸如罗摩（Rama）和锡塔（Sita）这样的"神像"最终进入了基督教神圣不可侵犯的肖像和雕塑领域。

67

在葡萄牙，帝国建筑世纪与绘画独立发展时期不谋而合。绘画的独立发展在该时期达到了后世无法匹敌的高峰，而建筑的发展或许对其起到了促进作用。[56]与佛兰德斯紧密的艺术联系使葡萄牙画家在15世纪的欧洲具有重要的地位，例如努诺·贡萨尔维斯（Nuno Goçalves，活跃于1450—1471年间）。这种联系还帮助葡萄牙画家发展了在16世纪上半叶的里斯本、埃武拉、科英布拉和维塞乌（Viseu）取得丰硕成果的艺术传统。在葡萄牙，绘画由国王曼努埃尔严格监管，这可能是皇家控制信息政策的一个部分。[57]在皇家垄断香料贸易三年后的1508年，国王任命乔治·阿丰索（Jorge Afonso）为绘画总监。1529年，国王若昂三世（King John III）再次委任他从事这项工作。乔治·阿丰索在1551年或1552年去世之前一直负责建立和执行监管制度。他在1540年立下的遗嘱中描述了这些细节，使得后世学者得以了解皇家绘画监管制度。严格的信息监管可能阻碍了葡萄牙艺术家选择与地理大发现密切相关的创作主题。

乔治·阿丰索在里斯本的大工作室培训出了很多曼努埃尔式艺术时代的大师。他还和众多卓越的曼努埃尔式画家交往，包括：格雷戈里·洛佩斯（Gregório Lopes）、克里斯托瓦·德·菲格雷多（Cristóvão de Figueiredo）、加西亚·菲曼德斯（Garcia Femandes）和加斯帕·瓦斯（Gaspar Vaz）。由于大部分大师最终都建立了自己的画室，个体画家往往难以形成确定的归属感，即使他们拥有明显的个人风格。在这些画室之外，两个或者更多画家共同作画则十分普遍。监管之下的合作机制，推动了能够与曼努埃尔式建筑风格相媲美的绘画风格的产生。这种绘画风格，体现了高水平的绘画技能和风格的统一，但只给个性发展留下了极小的空间。

乔治·阿丰索的学生和女婿格利戈奥·洛佩斯（Gregório Lopes）的绘画生涯延续了四十年（约1510—1550年）。洛佩斯在有生之年曾为两位国王服务，与王室遣往东方的使者多有接触。相较同时代的画家，他的画表现了对海洋和东方的关注，在当时的西欧并不普遍。同许多威尼斯画家一样，他的画作被东方地毯和衣着华丽的人物装饰得绚丽多彩。他创作的"三贤士来朝"（Adoration of Magi，约1520—1530年）亦与不少同时代画家的作品一样，描绘了一个黄皮肤的印度国王。国王身着玫瑰色锦袍、戴着珍珠耳饰，上衣和背心以珍珠滚边，胸前捧着敬献给圣婴（Christ Child）的大圣杯（图 31）。[58] 大约在 1524 年，洛佩斯画室的一位成员大概在瓦斯科·达·伽马最后一次远航印度之前为他画过一幅肖像。在 1539 年之前的几年里，洛佩斯亲自创作了数幅作品，用于装饰托马尔圣堂武士修道院（Templar church at Tomar）的曼努埃尔式圆形大厅。

洛佩斯同代画家、维塞乌（Viseu）画派的领袖瓦斯科·费尔南德斯（Vasco Fernandes）的早期作品，同样令人联想到曼努埃尔式建筑的装饰，特别是窗帘和服装上卷曲的波纹和富有韵律的线条。费尔南德斯创作的"三贤士来朝"（1530 年）中的一位东方形象的威严国王，赤裸着脚，佩戴着圆形羽毛头饰、围巾、珠宝耳饰和珍珠项链，以及手镯和脚镯。这类羽毛服饰与我们曾经在其他作品中看到的一样，与亚洲岛国当地人的服饰类似。这位国王左手捧着的礼物是三只漆碗（图 30）。

乔治·阿丰索的学生和洛佩斯的同事加西亚·菲曼德斯（Garcia Femandes）在他的作品中亦采用了东方元素。加西亚被同代人视为佛兰德（Flemish）画家弗朗西斯科·亨利克斯（Francesco Henriques）的继承人，他还娶了亨利克斯的女儿为妻。1540 年，菲曼德斯宣布完成了为印度创作的几幅画——大概是指"圣凯瑟琳"（St.Catherine），这些画后来被挂在果阿的大教堂里。他绘制的"天使传报"（Annunciation）现由波尔图（Oporto）博物馆收藏，画中还描绘了一只中国明朝瓷瓶。他的大部分晚期作品及其追随者的作品都具有样式实验主义（Manneristic experimentalism）的倾向，他对复杂化和怪诞的刻意追求通过夸张的人物形象、对空间的处理和对静物的关注表现出来。

为意大利文艺复兴艺术理念传播至葡萄牙做出最大贡献的个人，当数建筑师、微型画家和艺术理论家弗朗西斯科·德奥兰达（Francisco D'Ollanda，1517—1584 年）。在国王若昂三世（John III）的资助下，德奥兰达 1537—1541 年间在意大利学习绘画和创作罗马古迹素描。在此期间，他宣称有幸遇到了米开朗基罗及其同伴并与他们交往。他将与这位意大利大师的谈话记录收入了他 1548 年完稿的著作《古典绘画》（Da pintura antiqua）中。尽管该书以及他的其他著述直至现代才出版，他的手稿却得以流传，其中一部分还被翻译成西班牙文。他的素描簿被收藏在埃斯科里亚尔（Escorial），是现存有关罗马古迹最

69

好的资料之一，因为他的素描创作于罗马城改造和 16 世纪下半叶梵蒂冈增添新建筑之前。[59]

德奥兰达在罗马期间对这个过去的庞大帝国极为迷恋，对意大利以外的欧洲绘画则颇不以为然。他在著作中屡次表示了希望重建罗马，并在全球范围内复兴古代真正艺术的愿望。[60] 他坚称，人们可以通过古代艺术作品更好地了解人与自然的关系。所谓古代不能与古老和年代久远混为一谈。古老艺术指的是西班牙和葡萄牙的那些毫无生气和没有价值的绘画；而古代艺术不仅包括希腊和罗马的古典艺术品，亦包括意大利文艺复兴时期的作品。古代艺术作品值得效仿，因为它选择了人——地球上最完美的生物——作为对象，将其最完美的部分和形式融入理想的画面之中。因而，它的审美标准理应成为所有时代和所有人的审美标准。不仅在雅典和罗马，在法国、加泰罗尼亚（Catalonia）、西班牙、葡萄牙和北非的古代雕塑和建筑遗迹，也都是依据同样的基本准则设计的。事实上，"所有的亚洲艺术品都充满了古代的气息"。[61] 从德奥兰达的著述中我们可以看出，16 世纪中期的欧洲艺术家对亚洲艺术的审美观给予了足够的关注，并试图在被人文主义和艺术思想理想化了的古代艺术中为其找到一席之地。

与此同时，在亚洲的欧洲人开始调整他们的知识和艺术观念。在东方的耶稣会人文主义者，包括沙勿略（Xavier）和范礼安（Valignano）在内，极为赞赏印度和日本的庙宇，并将有关口头描述送回了欧洲。一些评论家甚至认为他们在东方看到的宏伟历史遗迹为亚历山大大帝或罗马人所建。[62] 对于见证了拉奥孔（Laocoön）和尼禄黄金屋（Golden House of Nero）重新发现的世纪而言，希腊和罗马的艺术活动当然是无可比拟的。因而，将亚洲艺术与受到尊崇的西方古代瑰宝联系在一起，可能是最佳的自卫方式。欧洲对亚洲文明的了解程度，以及对欧洲在世界相对地位的尊崇，使得 16 世纪的艺术理论家无法想象在其他地方存在独立的艺术传统，而且其卓越成果可以与西方最伟大的艺术成就相媲美。欧洲与亚洲在物理和精神上都相距甚远，但 16 世纪有见识的艺术理论家显然试图在主流人文主义和艺术规则中为亚洲找到适当的位置，虽然不无迟疑。

在《古典绘画》第二部分，德奥兰达叙述了据称他于 1538 年在罗马与米开朗基罗展开的对话。与这位伟人相比，德奥兰达对于古代的看法更缺乏想象力也更为传统，正如同许多接受了新理念的人一样。他同时代的意大利画家在绘画中加入了怪诞、恐怖和奇特的动物和人，他对这种无疑是早期样式主义的倾向深感困惑。他似乎对出土的"洞室"（grotte）和尼禄黄金屋废墟对拉斐尔（Raphael）之后时代的壁画和微型画革命产生的影响毫无感觉。[63]德奥兰达征求米开朗基罗对他同代人想入非非的画法的看法，后者的答复是：尽管似乎不自然和奇特，但这种自由的表达只要能够解放人们的思想和愉悦观众，那么便是可以容忍和值得赞赏的。[64]

摆脱传统对艺术、思想和精神的束缚是意大利绘画样式主义运动（1520—1600 年）的主要革命性推动力之一。[65]这个运动自罗马、佛罗伦萨和威尼斯发端，很快就扩展到意大利其他较小的城市、法国的艺术中心和北部欧洲。样式主义画家早期的艺术实践侧重于创造力和原创性，用本尼蒂托·瓦奇（Benedetto Varchi）的话说就是，画家们在作品中"极力模仿自然"。[66]与达·芬奇和拉斐尔一样，米开朗基罗在探索现实背后的意义之时也为作品奇特、怪诞和异国的表现方式所吸引。[67]即便如此，大多数意大利样式主义画家与文艺复兴时期的大师们一样全然没有意识到，作品中的很多地方可能借鉴了来自另一种文化的"奇妙设计"以达到创新目的。

然而，意大利绘画并非完全未受到地理大发现的影响。从拉斐尔的学生乔瓦尼·达·乌迪内（Giovanni da Udine）的时代直至该世纪末，阿拉伯式和怪诞的装饰中均出现了亚洲的设计和图案（图 149、150）。虽然叶蓟属植物、棕榈树叶和奇异的禽兽早已成为欧洲装饰语言的一部分，但在 16 世纪并没有增添新的内容。样式主义画家最偏爱的摩尔式或阿拉伯式的植物装饰，被同代人视为追随黎凡特或印度模式的"异教徒作品"。[68]佛罗伦萨画家雅各布·利格兹（Jacopo Ligozzi，1547—1627 年）等较后的样式主义画家受命为大公弗朗西斯科一世（Grand Duke Francesco I）和他的科学联系人艾多瓦蒂（Aldovandi）收集海外植物的标本画像（图 36）。[69]然而，利格兹现实主义的海外植物画像不论是对样式主义装饰，还是对表现欧洲人在亚洲发现的图片，并未产生特别的影响。

对于耶稣会及其在欧洲的艺术家而言，没有什么比沙勿略对亚洲的征服

71

以及他在中国海岸悲剧性死亡的故事更令人感动。这位基督教守护人几乎像耶稣本人一样，手无寸铁地为最崇高的目标而战，最后孤独地死去。沙勿略生平和殉难的情节被绘制在耶稣教堂、房屋和学校的墙壁上，以纪念他为争取教会的胜利而做出的真诚奉献。例如，伊拉斯谟·奎林（Erasmus Quellin，1607—1678 年）在 17 世纪为马林（Malines）的耶稣教堂绘制的系列画描述了沙勿略在亚洲传教、展示奇迹和洗礼的场面。[70] 在罗马奎瑞那-圣安德瑞教堂（Saint-André-en-Quirinal）的修道室里，即将被派往印度的使徒们在修道时面对着的是描述耶稣会士 1583 年在印度撒尔塞特岛（Salsette）和 1597 年在日本长崎（Nagasaki）殉难的壁画，[71] 尽管这些壁画描绘的都是发生在亚洲的事情，但具有当地色彩的仅有一些土著人佩戴的羽毛和头饰。

意大利画家对 1585 年 2 月至 8 月造访的日本使节的奇特生理特征相对而言，并无太大兴趣。[72] 尽管同时代人对日本人的服饰多有评论，画家们似乎并无兴趣为身着民族服装的使节画像。现存仅有的几幅纪念肖像中的日本人都身穿教皇格里高利十三世送给他们的西式服装（图 35）。[73] 威尼斯元老院曾请绘画大师丁托雷托（Tintoretto，1518—1594 年）为这些使节绘制肖像，但他最终只完成了一幅伊藤（Mancio Itō）的肖像。该肖像在元老院的大厅里挂了一段时间，不过现代对此并无记录，早期评论家也仅仅是一笔带过。[74] 丁托雷托绘制的肖像也有可能是被日本使节作为西洋绘画的样品带回了日本，但没有证据支持这个观点。[75] 从现存的其他几幅画像中我们惊奇地发现，画家笔下日本使节的相貌就同欧洲人一般（图 35）。

佛兰德画家对地理大发现的最初反应是在图书和装帧设计中有限地尝试使用了海外的奇特元素。彼得·科克·凡·阿洛斯（Pieter Coecke van Alost）、科尼利斯·博斯（Cornelis Bos）、科尼利斯·弗洛利斯（Cornelis Floris）和科利金·德·诺尔（Colijin de Nole）为书籍绘制的封皮和封底明显地具有怪诞的异国色彩，有力地推动了尼德兰（Netherlandish）装饰艺术的发展。[76] 东方的花卉、水果、动物和植物，在尼德兰比在其他任何地方都更频繁和真实地出现在装饰画中。[77] 乔治·赫夫纳格尔（Georg Hoefnagel，1542—1600 年）在 16 世纪下半叶绘制的昆虫和其他小生物的微型画之现实完美达到了很高的水平。他除了为奥提留斯收集描绘各种珍奇的画作外[78]，还为他的赞助人国王鲁道夫二世绘制稀有花卉和动物的画像。为收藏者绘制的海外珍奇素描和油画促进了 16 世纪静物画的发展，而该时期的画作本身就是珍贵的藏品。[79]

随着静物、花卉成为一个绘画艺术门类，对于花卉、水果和植物的描绘日渐精准，乃至大多数品种都可以被清晰地辨认出来。画家们明显地不是依据科技书籍中的插图，而是根据实物写生作画，尤其是水彩画家。[80]静物画中的瓷器和装饰花卉中的海贝，同样清晰可辨。画中描绘的花瓶和水壶通常都是中国瓷器。贝类学家迄今的研究表明，画中的贝类没有当地的品种，而是全部来自遥远的国度，特别是亚洲和美洲。[81]早期纺织品中描绘的"早餐用具"亦非常清晰，通过图案往往便能判断出它的产地。

风景画和静物画在 16 世纪成为绘画主题，特别体现在老彼得·布鲁格尔（Pieter Brueghel the Elder，约 1525—1569 年）的作品中。在哥特式的风景中，花园（在波斯被称为"乐园"）被严严实实地围护起来，它的外面除了嶙峋的岩石、冷峻的黑森林和沉睡的山峦别无他物。[82]15 世纪的绘画背景通常是引人入胜的真实风景，但博施（Bosch）、帕提尼尔（Patinir）和让·德·科克（Jean de Cock）却以嶙峋的岩石为背景，幻想中的世界里挤满了奇特的植物、动物和人。[83]当布鲁格尔 1551 年访问意大利之时，那里的样式主义画家已经开始绘制幻想中的全景画面——从不同的角度描绘陡峭的山峰、蜿蜒的河流和参差不齐的海岸线。在尼科洛·德拉巴特（Niccolò dell'Abbate，1505—1571 年）神话般的风景画中，人只是宇宙的一部分而不是中心，使得意大利画家的注意力从人物转向了自然。[84]布鲁格尔在意大利旅行期间创作的写生描绘了阿尔卑斯山高耸险峻的山峰和幽深的山谷。[85]

奥斯卡·芒斯特伯格（Oskar Münsterberg）、查尔斯·斯特林（Charles Sterling）、豪尔赫·巴特鲁塞提斯（Jorge Baltrušaitis）和雅克·布斯凯（Jacques Bousquet）等艺术史专家最近提出，西方全景画与中国山水画在构图和意境方面有相似之处。[86]巴黎卢浮宫 1960 年展览了东方和西方自古代至今的风景画作。[87]查尔斯·斯特林在评价该展览时指出，16 世纪的欧洲风景画是自然完美的表现。它象征着地球，正如同完美的朝臣象征着理想的人。风景画画家只有通过对自

73

74

然全貌的描述——其野蛮和文明的各个细节，才能展现出自然之理想美。正如同中国风景画，这些画可从不同的视角看到各个细节。散点透视技法使得画面能够展现每一个峡谷、山峰和峭壁。这些风景经常以单色调绘制，因而使西方全景画得以表现某种中国宋代山水画所追求的诗境。尽管中国和西方的自然观可能存在相似之处，但观念的根本差异——西方明显的自然主义和东方有限的现实主义，使得东西方绘画除偶然借鉴的图案外并不存在具体的相似之处。

那么图案又借鉴于何处？最大的可能是借鉴于自 14 世纪起就开始输入欧洲的瓷器、漆器和纺织品上的图案。[88] 亦有可能来自在 16 世纪的欧洲日渐增多的中国图书中的插图和日本屏风上的绘画。[89] 在文艺复兴时期绘画中出现的凹凸不平的岩石、翻滚的云朵以及龙和凤凰，很可能就是来源于此。[90] 在一件 1448 年于佛罗伦萨制作的家具上就装饰着东方图案，其云彩中龙的形状清晰可辨。该家具现藏于柏林。在一幅据说出自卢卡斯·凡·莱顿（Lucas van Leyden，1494—1533 年）之手的题为《火焰中的罪恶之地》（Sodom in Flames）的画中，一只中国凤凰从天而降，与中国漆器上常见的相似。希罗尼姆斯·博施（Hieronymus Bosch，约 1460—1516 年）画作中的建筑似乎同样受到中国和印度图案的影响，而这位大师对布鲁格尔产生了最直接的影响。丢勒画作中一些造型奇特的柱子，显然参照了中国明朝的瓷花瓶（图 29）。[91] 最后，我们知道欧洲人收藏了中国的丝绸画，因为在阿姆布拉斯收集的两件作品现仍存放在维也纳。[92] 1582—1590 年受聘在阿姆布拉斯作画的乔治·赫夫纳格尔为那里的自然史藏品绘制了 100 多幅画，[93] 而且极有可能在该处研习了中国工笔画，特别是绘满了花的那一幅（图 4）。

16 世纪常见的一些圣经和古典题材画作也具有东方的色彩。在早期教会传统文献中，通常认为"东方三贤士"来自波斯；在最早的描述中，他们很明显是被视为波斯和印度古代神灵密斯拉（Mithra）的仆从。[94] 在中世纪，贤士固定为三位，并给予了从哲人到王者的头衔。三贤士的名字分别为梅尔基奥（Melchior，波斯）、卡斯帕（Caspar，印度和埃塞俄比亚）和巴尔萨泽（Balthazar，阿拉伯），在 13 世纪由雅各布斯·德·沃拉吉（Jacobus de Voragine）编纂的《黄金传奇》（Golden Legend）中代表着来自三个不同时代的人类——欧洲、亚洲和非洲。自 15 世纪初，三王中最年轻的卡斯帕被描绘成黑皮肤的非洲国王；巴尔萨泽则更经常以东方人的形象出现，但出处不详。至 16 世纪，他们手中的礼物常常被描绘成欧洲艺术家能够接触到的东方物产，其中最年轻的卡斯帕有时会以亚非—亚洲原始人的形象出现，戴着羽毛头饰和臂环，手持长矛（图 30）。在尼德兰画家创作的"东方三贤士"三联画像中，黑皮肤的国王手中捧着的礼物经常是配有银底座和用银子装饰的犀牛角。[95] 在希罗尼姆斯·博施、简·戈尔基·马布斯（Jan Gossaert Mabuse）和罗杰·凡·德·魏登（Roger van der Weyden）绘制的"东方三贤士"画像中，黑皮肤的国王们身着华丽的东方袍子。

在整个 16 世纪，佛兰德画家笔下的"东方三贤士"衣着世俗豪华、充满活力，与 15 世纪大师笔下静穆虔诚的国王形成了鲜明的对照。[96] 据说出自老布鲁格尔之手的"三贤士来朝"现存于布鲁塞尔，画的背景里有几个东方人以及骆驼和象。他于 1563 年创作的"三贤士来朝"现存于维也纳，其中黑皮肤的国王手中捧着的礼物是一只银质帆船，船上有一只美丽的鹦鹉螺，背景里站着骆驼。[97] 让·梅瑟（Jean Macer）等一些评论家试图证明这三位贤士并非来自黎凡特附近地区，而是来自远离圣地（the Holy Land）的国度。让·梅瑟认为这三位圣人应当是来自圣地的东方，特别是"塞尔斯"（Therse）、土耳其斯坦（Turkestan）和契丹（Cathay）。[98] 切萨雷·巴罗尼乌斯（Caesar Baronius，1538—1607 年）在《教会纪事》（Annales ecclesiastici）中讨论"三贤士"时更感兴趣的并非他们的姓名、年龄和肤色，而是他们来自亚洲的哪个区域。[99]

从拉斐尔到安尼巴莱·克瑞西（Annibale Carracci）等意大利画家都描绘过巴克斯（Bacchus）在印度神话般的胜利。卡拉齐（Carracci）在为罗马法尔内塞宫画廊（Farnese Gallery）设计的宏大天花板中将印度放在中央的左上角，画面上是骑着象的骑士和一个裹着头巾、头顶水罐的东方人（图 131）。由两只虎拉着的巴克斯战车使得亚洲色彩更为浓郁。[100] 寓言画"四大洲"（four parts of the world）也面临着如何描绘亚洲及其人民的问题。美洲大陆发现之前的地图上只有亚洲、非洲和欧洲。16 世纪末，设计师和画家们开始描绘欧

76

洲征服世界其他地区的胜利。1580 年，汉斯·富格尔（Hans Fugger）请人为他在基希海姆（Kirchheim）新建的城堡画了一幅名为"征服四大洲"的画，以炫耀富格尔家族的财富和广泛的兴趣。组画之一的"亚洲的胜利"为佛兰德画家鲍威尔斯·弗兰克（Pauwels Franck）所作，被认为是 4 幅画中最为精彩的作品（图 34）。[101] 然而，就现实性而言，它并未超越 15 世纪威尼斯画派的作品，或者马丁·熊高尔（Martin Schongauer，约 1430—1491 年）描绘的裹着头巾的东方人。

16 世纪，对海外奇特事物最为感兴趣的莫过于在鲁道夫二世布拉格宫廷作画的画家们。乔治·赫夫纳格尔和罗兰特·萨弗里（Roelant Savery，约 1577—1639 年）将佛兰德画家对海外动物和花卉的兴趣带到了宫廷。赫夫纳格尔在布拉格绘制的四幅动物组画显然是为装饰墙壁而作。[102] 在某种意义上，萨弗里描绘的众多海外动植物足以构成一个植物园。[103] 他将来自世界各地的鸟类和动物统统绘入了他的自然主义画卷，使奥菲斯（Orpheus）因此看到了他原本无望见识的亚洲动物。这些作品明确表明了萨弗里是在着意描绘时空统一的自然界（图 111、143）。

1550—1587 年在哈布斯堡担任宫廷画家的朱塞佩·阿钦博多（Giuseppe Arcimboldo，1527—1593 年）创作了大量现今被称为"复合头像"的画作。他将动物、鱼类、水果和蔬菜巧妙地融入到人的头部和脸部；亦在动物画像中加入了人的形象（图 39、40）。绘画史专家试图从这些地方寻找这些奇特构图的渊源：列奥纳多·达·芬奇的素描和评论 [104]，博施的怪诞画作，乔瓦尼·达·乌迪内的古怪装饰，[105] 样式主义画家尝试绘制的面具，以及描绘巴克斯的古老绘画中的人物形象。在这些古老的绘画中，酒神的形象由葡萄和葡萄藤构成。在宗教改革时期具有讽刺意味的徽章和漫画中，驴头代替了教皇的头。这样的画面甚至出现在为室内市场和旅店设计的壁画中，以渲染气氛。[106] 不过，与阿钦博多复合头像的创意和绘画手法最为接近的，还是莫卧儿风格的奇特微型动物画，[107] 在其中动物和人的形象组合在一起（图 41、42、43）。[108] 在印度传统中，这类画作可能代表着所有生物内在统一的信仰，并解释了通过肉体成功转世完成灵魂轮回的学说。虽无确切的证据，但阿钦博多可能是从皇家收藏的象牙和书籍中受到了启发，并根据印度微型画尝试创作了这些复合头像。[109]无论是从阿钦博多的作品、类似书法的印度动物画像中，还是从珍品陈列室有趣和动人心弦的展品中，都可以明显看出作者着意刻画人与自然界神秘和不明确关系的用心。阿钦博多甚至有可能与印度画家一样，在试图表达对灵魂转世的信仰。这个信仰在他那个时代十分流行，而且最有可能引起这位帝国大师的兴趣。

第三节 木刻和版画

中国人早在公元 8 世纪就开始使用木雕版在纺织品和纸张上印刷，其后不久又开始制作木刻画。在整个中世纪，纺织品印刷在欧洲十分流行，但当时似乎并未受到中国纺织印刷技术的影响。直至 14 世纪末，欧洲才出现了印刷在纸张和皮革上的木刻。木刻书籍出现于 15 世纪初的欧洲，若干年后发明了活版印刷术。中世纪后期在欧洲流传的中国印花纺织品、纸牌和图片无疑对欧洲的木刻印刷发展产生了影响。然而，欧洲活版印刷技术在何种程度上受到了中国和朝鲜的影响是个复杂的问题，专家们迄今仍在辩论。[110]

欧洲 15 世纪最早的木版书在制作时是将文字和插图刻于同一块木板之上。15 世纪中期，木版书在低地国家的流行达到了顶峰。[111]大约在 1450 年活版印刷术发明后，图书插图被制成了单独的板块。在 16 世纪出版的很多书籍中，插图比文字占据了更大的空间，也更为突出。例如，象形文字书籍中木刻的意义在今天就远比文字重要。此外，木刻在整个 15 世纪和 16 世纪还经常单独出版。

金属线雕是与金银制作工艺联系密切的一门艺术，15 世纪中期首先在北欧开始尝试。[112]但事实证明，用这种工艺制作图书插图远不及木刻方便，因而直至 16 世纪并无进一步的发展。随着时间的推移，对更精湛工艺的需求开始出现，特别是在复制地图之时。[113]这种需求促使普兰汀、墨卡托和奥提留斯等 人开始使用雕刻插图。蚀刻，或者说用酸性溶液腐蚀金属来制版的艺术，在 16 世纪开始发展并广泛应用于书籍插图制作。在 16 世纪的最后三十年里，雕刻版开始取代木刻版广泛地用来制作科学和技术书籍中的插图，因为这些书籍的插图必须清晰和准确。在德国、尼德兰和意大利，地图、动植物和人物画像、宗教题材作品的制作广泛地采用了雕版和蚀刻版技术。

德国南部的城市以及紧随其后的低地国家，引领了印刷以及与其相关的木刻和金属雕版艺术的发展。16 世纪初，德国、佛兰德和荷兰的画家开始为日益普及的图书创作插图。书籍单页图片和木刻插图在许多画家的创作中占据了很大的份额，其中包括：纽伦堡（Nuremberg）的阿尔布雷特·丢勒、奥格斯堡的汉斯·伯格迈尔（Hans Burgkmair）、维腾贝格（Wittenberg）的卢卡斯·克拉纳赫（Lucas Cranach）、斯特拉斯堡（Strassburg）的汉斯·巴尔东（Hans Baldung）和莱顿（Leyden）的卢卡斯·凡·莱顿，以及安特卫普和阿姆斯特丹的许多艺术家。这些艺术家所在的城市不仅是出版业的中心，而且与国际贸易以及为各类研发提供的财政支持有着密切的关系。它们生产的图书插图和单页图片自 16 世纪初就开始促进了欧洲对海外世界的了解。德国人出版的科技书籍中的木刻品质优良，因而远比此前在南欧出版的没有插图或者插图粗略的书籍更受大众的欢迎。

皇帝马克西米利安一世（1493—1519 年在位）为德国印刷业的发展提供了精神和财务支持。为了炫耀自己的成就，这位皇帝在臣民中挑选了最具才华的文人和画家为他创作歌颂"辉煌胜利"的系列寓言，以诗歌和版画的形式讲述他为子孙后代造福的故事。为达到这个目的，他雇用了一批才华横溢的大师——丢勒、伯格迈尔和汉斯·朔伊费林（Hans Schäufelein，1480—1538 年），以及一些名气较小的画家。描绘他的著名版画"凯旋门"由丢勒等人设计和制作，于 1517 年出版。画中具有象征意义和充满想象的拱门记录了马克西米利安在位时最重要和最为得意的事件——祖先、征战和主要胜利。这位皇帝自诩为世界主宰，为了凸显这一点，丢勒以"印度群岛和大洋"为主题创作了 3 幅版画（图 123），表现马克西米利安对非洲（象）、亚洲（犀牛）和美洲（点缀着岩石岛的海景图）的统治。由 137 幅版画组成的"马克西米利安的凯旋"（Triumph of Maximilian）组图，根据时序描述了与其统治相关的人物和事件，但在这位皇帝 1519 年去世之前未能完成。然而，如此宏大的一组版画不可能不刊印面世。第一版"凯旋图"于 1526 年印制，其中包括可能是在阿尔布雷特·阿尔特多费尔（Albrecht Altdorfer, 1488—1578 年）帮助下由伯格迈尔创作的著名三联画（第 129-131）《卡利卡特人》（*People of Calicut*）（图 44、87）。[114]
版画所附的一首诗歌吟诵道：

80

> 豪情万丈的帝王啊，
>
> 征服了遥远的国度；
>
> 他令万国臣服治下，
>
> 恩泽远及卡利卡特。[115]
>
> 我们誓言披肝沥胆，
>
> 终生追随矢志不渝。

与伯格迈尔和阿尔特多费尔一样，丢勒也创作过东方人的肖像画，其东方题材的作品大多完成于 1500 年之前，而且似乎是效仿了贞提尔·贝里尼（Gentile Bellini）笔下的土耳其和切尔克斯（Circassian）女奴。[116] 丢勒和伯格迈尔描绘的滑稽的东方人和亚洲场景，成为马克西米利安一世祈祷书的页边插图。丢勒还画过两根象征性的柱子（图 29），柱子上奇特的花瓶后经辨认为中国的瓷器。丢勒在 1515 年可能参与了东半球地理图的设计，该图在约翰内斯·斯塔毕鲁斯（Johannes Stabius）的资助下出版。[117] 丢勒亦曾绘制过一些精美的单页亚洲动物画，包括犀牛、鹦鹉和猴子。

与奥格斯堡的韦尔泽家族相熟的伯格迈尔，1508 年创作了一组 5 幅的杰出版画，题为"科钦之王"（King of Cochin）。这组版画是为 1509 年出版的书所作的插图。该书描述了巴尔萨泽·斯普林格（Balthasar Springer）1505—1506 年在印度的经历。[118] 版画上的说明将他与该书及书中讨论的内容直接联系在一起，例如科钦国王的庆典仪式。伯格迈尔的学生对这些版画的创作来源持有不同见解。大部分人认为它们与斯普林格的叙事描述，以及伯格迈尔的作品在其 1508 年自威尼斯返回后发生的变化有关。[119] 但也有人认为伯格迈尔的作品是基于一位曾亲历探险的画家创作的水彩画。这个论点解释了，为什么伯格迈

81

尔版画中的东方人要比几乎一个世纪之后西奥多·德·布莱（Theodor de Bry）作品中的人物形象更为真实。[120] 另一些人则指出，在伯格迈尔的《卡利卡特人》组画中的象要比安德雷·曼泰格纳（Andrea Mantegna）所作《凯撒凯旋》（*Triumph of Caesar*）中传统的象更栩栩如生。[121] 人们也注意到，科钦国王头顶上象征崇高地位的遮阳伞或伞盖明显地出自印度南部。[122] 我个人倾向基于水彩画的说法，因为伯格迈尔组画中的东方人物、服饰和武器与罗马卡萨纳特图书馆收藏的水彩画十分相似。[123] 水彩画和版画中的印度武士都持圆形盾牌，腰带中央同样打着结，持剑的右手几乎处于相同的角度，头发均梳成一个顶髻，耳饰同样是圆形。相较之下，我认为伯格迈尔创作版画时参考了水彩画的说法比完全依靠文献作画的说法更合理、更具说服力。

　　1515 年，在丢勒、伯格迈尔和阿尔特多费尔描绘印度犀牛的同时，[124] 其他德国南部的画家忙着为旅游和地理图书绘制插图。伯格迈尔系列版画"科钦之王"的刻板曾被佛兰德早期旅游书籍出版商扬·范·德斯博尔奇（Jan van Doesborch）盗用。[125] 1508—1534 年在奥格斯堡就职的安特卫普人约尔格·布鲁（Jorg Breu，1480—1537 年）创作的 44 幅版画[126] 被收入卢多维科·迪·瓦尔塔马（Ludovico di Varthema，约 1470—1517 年）《博洛尼亚人卢多维科·迪·瓦尔塔马游记》（*Itinerario*）的德文版中，于 1515 年在奥格斯堡出版，并于 1518 年再版。[127] 雷根斯堡（Ratisbon）的迈克尔·奥斯腾多尔佛（Michael Ostendorfer，约 1490—1559 年）绘制了一幅阿皮安（Apian）心形世界地图（1530 年）的投影图，图中托勒密（Ptolemy）和韦斯普奇（Vespucci）的半身像都身着奇特的东方服装。[128] 其他画家则为当时出版的新闻刊物创作亚洲植物插图，例如大黄。[129]

　　德国人亦引领了植物和动物图书插图创作的潮流。德国画家 1485 年出版的《植物图集》（*Herbarius*，亦称为 *Ortus sanitatis*）确立了植物插图的标准，在其后的五十年内从未遭遇挑战。[130] 16 世纪初期，唯有威尼斯出版的图书中的植物插图在现实主义方面接近《植物图集》中的描述。奥托·布伦费尔斯（Otto Brunfels）于 1530 年出版的《活植物图谱》（*Herbarum vivae icones*，又称为 *Living Portraits of Plants*）第一卷开创了植物插图历史的新纪元。布伦费

82

尔斯（1534 年去世）是一位缺乏独创性和教条主义的植物学家，他的成就应当归功于汉斯·魏迪兹（Hans Weiditz，约 1500—1536 年）高超的绘图技艺。魏迪兹绘制的栽培植物插图精美至极，乃至于曾被认为出自丢勒之手。[131]1542年，利昂纳德·福克斯（Leonhard Fuchs，1501—1566 年）出版了他撰写的《植物史》（De historia stripium，又名 History of Plants）。该书的最大价值在于原创性和栩栩如生的欧洲植物插图。皇帝马克西米利安二世的私人医生马蒂奥利（P.A.Mattioli）将乔治·利博拉利（Giorgio Liberale）和沃尔夫冈·梅耶派克（Wolfgang Meyerpeck）创作的插图收入狄奥斯科里季斯（Dioscorides）著作1554 年版中，使得该书重新受到普遍关注。[132]曾有人认为，对已知植物的描绘和自然史中自然主义的插图可能延缓了植物文字文献的发展。[133]早期植物学家对植物地理分布了解水平的普遍低下，无疑制约了植物学的发展，并使其引领者未能意识到从海外引进的新植物的科学意义。在 16 世纪中期之前，植物学家甚至很少采用压整和干燥的方法制作海外植物标本，而画家在创作时往往会参考这些标本。[134]

花卉栽培在欧洲仅仅于 16 世纪下半叶才大规模地发展起来。帕多瓦大学（University of Padua）1543 年建立的花园成为科学园、植物园和珍品陈列室的户外延伸展览的样板。在那里，植物学家可以用从远方买来的种子或根茎栽培海外植物，画家则可创作植物写生。大部分的东方植物都是从黎凡特再经由威尼斯进口到欧洲的。至 16 世纪下半叶，葡萄牙人和耶稣会士也开始更为频繁地介绍他们见到的植物，并送回了植物标本、种子和根茎。

1563 年在印度出版的《印度草药风物秘闻》（Coloquios）激发了欧洲人对亚洲植物认知的革命性转变。该书作者是葡萄牙医生加西亚·达·奥尔塔（Garcia da Orta）。[135]由查尔斯·库希乌斯（Charles de L'écluse）1567 年在安特卫普出版的该书原著及其拉丁文压缩版没有插图。后由西班牙植物学家克里斯托巴尔·德·阿科斯塔（Cristobal de Acosta，1580 年去世）在达·奥尔塔著作增补版中首次添加了亚洲植物插图。阿科斯塔在其著作《东印度医药论》（Tractado de las drogas，y medicinas de las Indias orientales，1578 年）中提供了46 种植物的精美木刻，其中包括描绘植物根茎的木刻。[136]库希乌斯压缩了阿

83　科斯塔著作的拉丁文版，但对插图的质量和缺乏生气不甚满意。为弥补这一缺失，库希乌斯开始和安特卫普出版商克里斯托弗·普兰汀（Christopher Plantin）合作，收入了海外植物的素描和版画。普兰汀的首席设计师彼得·范·德·博尔茨（Pieter van de Borcht，1545—1608 年）为佛兰德植物学家绘制了数量惊人的植物画像，[137] 其中大部分根据印度和美洲活植物标本，部分根据库希乌斯掌管的莱顿植物园里种植的植物绘制。博尔茨绘制的植物和花卉细致入微，似乎是在放大镜的帮助下完成的。[138]

　　库希乌斯是唯一一位从田野工作者手中系统收集新植物信息的欧洲著名植物学家。与普兰汀的联系使他获得了有关稀有植物精准的素描、油画、木刻和版画，[139] 很多欧洲博物学家对此也有相同的兴趣，却无法像库希乌斯那样近水楼台先得月，从亚洲直接收集植物并出版海外植物插图。[140] 其他大部分植物学家不得不依赖朋友、赞助人、中介或其他植物学家来获取来自遥远国度的干燥植物、种子和根茎。虽然库希乌斯许多最好的标本也是来自黎凡特，但他从未完全依赖这一途径。大约是通过与葡萄牙商人和海员的接触，库希乌斯认识到市场上销售的大黄源自中国。[141] 意大利人似乎是在 16 世纪的最后几十年才通过海运商人不定期和少量地获得了海外的植物。

　　意大利北部的植物画家通常使用干燥植物作为样本。博洛尼亚植物学教授卢卡·吉尼（Luca Ghini，约 1490—1556 年）可能是系统压制、风干植物的首创人。他的学生艾多瓦蒂（Aldrovandi）则是尝试从世界各地收集干燥植物的第一人。马蒂奥利以及其他伟大的植物学家尽管也拥有自己的植物园，但在整个 16 世纪都致力于收集干燥植物并将其分类，目的或许是为了进行比较。为了让艺术家们看到植物的原样，他们将干燥了的植物浸泡在水中。[142] 因此，意大利图书中的插图便不及北部欧洲依据鲜活植物绘制的插图来得自然。然而，
84　正如同意大利的植物馆一样，意大利图书的插图和文本均刻意强调植物之间的相似和差异，而不是个体植物的特性。从长远看，意大利绘画对比较植物形态学发展的贡献或许大于德国和佛兰德人更为细致、精美的图书插图。

　　自康拉德·格斯纳（Konrad Gesner，1516—1565 年）以降的瑞士和德国博物学家更感兴趣的是广泛涉猎而非进行具体分析。格斯纳通过一切可能的渠道

收集各类主题的绘画和木刻作为他自然史的插图。他收集的 1500 幅植物绘画在其去世后遗留给了小乔基姆·卡默拉里乌斯（Joachim Camerarius, the Younger, 1534—1598 年）。在博洛尼亚接受医学教育之后，卡默拉里乌斯返回他的出生地纽伦堡定居。与帕鲁达努斯和当时的其他医学家一样，他不仅收藏奇珍异物，还在花园里种植稀有的植物。纽伦堡的商人和植物学同行则为他提供各种稀有品种的植物。[143] 卡默拉里乌斯不但是收藏家和医生，而且是充满好奇心的思想家。他最主要的著作《医学与哲学园地》（*Hortus medicus et philosophicus, Medical and Philosophical Garden*，1588 年）的题目本身就揭示了他广泛而深入的多样兴趣。他在探索自然奥秘之时，将东方的自然世界更清晰地引入了欧洲人的视野。

16 世纪的欧洲思想家和学者创造了各种标志，试图通过它们以视觉方式表达抽象的观念。卡默拉里乌斯是这些众多思想家和学者中的最后一位。马斯利奥·斐奇诺（Marsilio Ficino, 1433—1499 年）和 15 世纪的新柏拉图主义者首先提出了这样的看法：古埃及哲人赫尔墨斯·特利斯墨吉斯忒斯（Hermes Trismegistus）以象形文字（hieroglyphs）为标志深入揭示了宇宙，这种文字可与福音传道者得到的神谕相媲美。埃及象形文字通过对现实物质的描绘表达了极为抽象的概念，是独一无二的书写符号形式。在这个神圣的书写体系中，每一个独立的物体和现象都被认为是一种观念或者上帝赋予的生命的体现。唯有如此认识，方能够理解象形文字的真正含义。人们通过虔诚的关注、哲学思考和艺术创作从中受到启发。[144]

文艺复兴时期有关埃及文字重要象征意义的主要信息来源是赫拉波罗（Horapollo）撰写的《象形文字集》（*Hieroglyphica*）。1419 年，一位到希腊旅游的佛罗伦萨人发现了这部书的手抄本。该手抄本自 1422 年起开始在佛罗伦萨流传，于是赫拉波罗关于象形文字的象征性质的一些错误看法逐渐作为正宗观念为人们所接受。他的著作于 1505 年首次印刷，在其后的一个世纪里再版不下 30 次。[145] 16 世纪就"标志"著书立说的作家们将这部书作为范例，他们的读者则视此书为理解"标志"的一把钥匙。

撰写标志书籍的作家们的崇高目标是用"象形"语言来讲述，或者通过

85

象征符号来描绘神圣和人类事物的真实特性。安德里亚·阿尔恰蒂（Andrea Alciati）1522 年编纂了第一部大型标志文集。他在试图用拉丁文抑扬格五音步四行诗、寓言画和谚语来创造一种结合了图解和诗歌的艺术形式时，从赫拉波罗和其他探讨象形文字的作家那里收集了原始素材。1531 年，在阿尔恰蒂文集的基础上编写的描述标志的文集在奥格斯堡出版，其中包括了第一组具有标志意义的精美木刻。这些木刻可能是汉斯·朔伊费林的作品。[146]

　　致力于描述标志的作家们从一开始就令人瞩目地采用了各种奇特和稀有的元素，以激发人们的洞察力和想象力。[147]他们为寻找寓言和绘画精品，彻底查询了古典作家的著述、中世纪的动物寓言集和石刻，以及宇宙学、自然史和旅游书籍。一则寓言必须具有真实性，并且拥有崇高或者富于教育意义的内容，才能获得认可。[148]然而，找到能够满足这些特定要求的新主题并非易事。于是，阿尔恰蒂之后的标志收集者们便大言不惭地照抄前辈和其他人的作品。他们特别热衷于重新使用已有的图片，有时是与相同的文字一起，但更经常地则是配之以新的文字说明。文字之所以能够替换，原因在于象征意义的连续性对于图片而言并非必不可少。事实上，象征性自常规转向新奇确实能使标志更为神秘，意义更为含蓄且具有吸引力。例如，在阿尔恰蒂的文集中，象这个标志既表示和平，也表示军事胜利。这或许因为人们将其视为同一事物的正反两面吧！

　　在整个 16 世纪，标志一直与象形文字联系在一起。即便如此，文艺复兴时期的艺术家仍无法破解原始埃及象形文字的含义。[149]赫拉波罗的继承人、最后一位象形文字权威是乔瓦尼·彼得罗·瓦莱利亚诺（Giovanni Pietro Valeriano，1477—1588 年？）。他毕生从事埃及文字象征意义文献的编纂，最终于 1556 年在巴塞尔（Basel）出版了《象形文字丛书》（*Hieroglyphica*）。通过这 58 部书的出版，瓦莱利亚诺希望重构和复兴埃及"用以表达观念的无声和象征性的语言"，[150]并提供通过象形文字比喻性地表达他那个时代基本哲学观念的基础。他的全部著述都用来讨论各种动物的重要寓意，譬如象和犀牛。魔怪、奇特的鸟类和鱼类、珍稀植物和石头以及海外服饰，同样是他重要的具体实例，因为它们有足够的象征力能够将抽象的道德、宗教和形而上学观念传达给已然启蒙的读者。瓦莱利亚诺博大精深的著述颇受学者和艺术家的欢迎，因而在欧洲全

86

境不断再版并引发讨论。[151]艺术家们在试图将象形文字融入装饰、装潢设计之时，主要的素材来源是瓦莱利亚诺和赫拉波罗的著作。[152]

于新柏拉图主义者而言，任何艺术作品本身都具有神圣的喻义，明确地体现了事物和观念、人和上帝的神秘关系。艺术家和标志解释者都是在依据神的启示行事：艺术家在创作时被赋予了洞察事物完美本质的能力；天赋的解释者则被赋予了正确解读标志之形而上学信息的能力。因此，艺术作品无论是标志与否，都体现了神的启示。然而，并非所有的标志创造者都能坚持遵循象形文字和寓言的崇高理念。学界出版的标志书籍水平参差不齐，其广泛流传逐渐导致了它们的世俗化。幻想的闸门一旦被打开，标志的质量就难以保证，一些最为简单的双关语、笑话和谜语都被赋予了象征意义，这种情况在法国尤甚。

乔基姆·卡默拉里乌斯撰写的《象征标志》（*Symbolorum ac emblematum*，纽伦堡，1509—1604 年），[153]表明他的水平处于哲学标志研究者和不知羞耻的低俗创作者之间。他著作中列举的在漫长的四个世纪中出现的标志，明显比其他任何作者都更多地受到自然史、宇宙学和旅游书籍的启发。[154]他的作品不具备更为精确的标志所拥有的简洁和神秘的特点，这一事实更使人们相信他已经开始背离古典象形文字的传统。他提供的新标志图片亦比传统标志需要更多的文字解释和文献资料。例如，他的标志图片首次使用了刚从土耳其引入欧洲不久的郁金香（Centur.I,chap.lxxxviii）。他对来自印度的四足动物也给予了足够的关注：犀牛、象、虎和印度"狗"，以及麝香鹿。[155]在鸟类部分，他展示了印度鹦鹉、极乐鸟，以及南海卡提干岛（Catigan Island）的一种他称之为皇冠鸟的鸟。[156]每张图片的说明均来自古代和当代的资料。他收入的 400 幅蚀刻版画都是汉斯·西布马赫（Hans Sibmacher，1611 年去世）在纽伦堡制作的。[157]卡默拉里乌斯有关亚洲的文献资料包括：特兰西瓦尼亚（Transylvania）的马克西米利安（Maximilian）有关麦哲伦探险的著述，塞巴斯蒂安·明斯特（Sebastian Münster）的《宇宙志》（*Cosmographia*），胡安·冈萨雷斯·德·门多萨（Juan González de Mendoza）有关中国的著作，费尔南·洛佩斯·德·卡斯塔涅达（Fernão Lopes de Castanheda）撰写的葡萄牙帝国，以及奥尔塔和莫纳德斯有关植物和药材的著述。卡默拉里乌斯列举的标志受到极大的欢迎，他的著作

87

在 17 世纪和 18 世纪反复再版。

16 世纪末期的标志学家和宇宙学家亦通过在地图基础之上创造的标志，将读者的目光吸引到了亚洲。这一实践显然发端于约翰·迪（John Day）印制的由威廉·甘宁汉（William Cunningham）编纂的《宇宙志图片集》（*The Cosmographical Glasse*，伦敦，1559 年）中的木刻图片。[158] 不过，大多数地图标志似乎都来源于安特卫普的雕刻师，特别是菲利普·加勒（Pillippe Galle，1537—1612 年）。附有拉丁文说明的地图标志的典型范例，可见于乔安尼斯·萨姆布克斯（Joannes Sambucus，1531—1584 年）的著作《标志》（*Emblemata*）。[159] 亦可参见雨果·法沃利乌斯（Hugo Favolius，1523—1585 年）配有加勒所作小型雕版地图的标志诗集。[160] 亚洲、鞑靼和印度的雕版地图都配有出自法沃利乌斯之手的长长的拉丁文诗体标题。[161] 托马索·波卡奇（Thommaso Porcacchi，约 1430—1585 年）撰写的有关世界最著名岛屿的书籍同样采取了标志书籍的形式。[162] 贾科莫·加斯塔尔蒂（Giscomo Gastaldi，约 1530—1585 年）绘制的小型塔普罗班纳（Taprobane）和摩鹿加群岛的地图配有类似座右铭的标题，其来源是古代学者及孔蒂（Conti）、瓦尔塔马和赖麦锡（Ramusio）的著述。雕刻师在制作细致入微和轮廓清晰的新地图和路线图时添加了一些常规的符号——船只、魔怪和寓言形象，这些直观的元素扩大了当时的装饰装潢艺术词汇（图 113）。[163] 弗兰兹·霍根伯格（Franz Hogenberg，1558—1590 年）在其位于科隆的工作室中为奥提留斯 1570 年出版的《地图集》（*Atlas*）制作了内容丰富的插图，开创了装饰绘图的黄金时代。[164]

经常用装饰性地图作为插图的宇宙志中也添加了描绘亚洲花卉、动物、人物和城市的版画，这些版画是根据编纂者和艺术家收集的木刻和素描制作的。德国地理学家塞巴斯蒂安·明斯特（Sebastian Münster，1489—1552 年）是首先在著作中使用当代描绘东方插图的人之一，其著作《宇宙学通论》（*Cosmographia universalis*，1544 年）第一版中使用的木刻出自小汉斯·霍尔拜因（Hans Holbein the Younger）和康拉德·施密特（Konrad Schmitt）之手。明斯特 1550 年出版的德文最终版本中的插图主要是汉斯·鲁道夫·曼努埃尔·多伊奇（Hans Rudolph Manuel Deutsch，1525—1571 年）创作的。该版中的插图如此丰富，说明多伊奇一定遍访了中欧和西欧所有的绘画和木刻印制场所。书中亚洲作品部分收入了配有说明的神秘狗头印度人和侏儒木刻，以及描绘胡椒、丁香树、鹦鹉和契丹麝香鹿的原始版画，旨在表现维查耶纳伽尔（Vijayanagar）、丹那沙林（Tenasserim）和勃固（Pegu）这些城市。[165] 赖麦锡的《航海旅行记》（Navigationi，Vol.I;1554）中的插图在精确性方面颇有改进，或许是因为依据了干燥的标本，雕刻师们细致地描绘了槟榔树叶的正反两面[166]。

安德雷·特维特在1549—1552年造访黎凡特期间收集和创作了很多素描。返回法国后，他请让·卡津（Jean Cousin）和他的工作室将素描制成了木刻，又请雷奥纳多·高缇耶（Leonard Gaultier，约1561—1641年）制作成了铜版画。[167] 此外，他还从其他人那里收集在亚洲或是欧洲绘制的画作。他在西班牙从一位向导那里找到了塔普罗班纳岛（Taprobane）国王"曼德拉夫"（Mandelaph）的画像；从自然史中找到了桂皮、胡椒藤插图，从霍尔木兹岛（Ormuz）得到了采珠业的插图。他还从一位想象力丰富的欧洲画家那里得到了有关印度庙宇和宗教仪式，甚至描绘麦哲伦和麦克坦岛（Mactan）土著人之间战斗的插图。[168] 乔治·博朗（Georg Braun）和弗兰兹·霍根伯格通过科隆的康斯坦丁·冯·里斯科辰（Konstantin von Lyskirchen，1581年去世），得到了印度城市第乌（Diu）和果阿、卡利卡特、坎纳诺尔（Cannanore）以及霍尔木兹（Ormuz）的素描图。里斯科辰显然从他的富格尔联系人那里得到了不少素描，而联系人又得自于他们在葡萄牙的代表。这些素描可能是经霍根伯格（Hogenberg）之手制成了木刻，并作为插图收入《世界城市景观》（Civitates orbis terrarium，安特卫普和科隆，1572年）第一卷。[169] 弗朗西斯·德·贝尔福雷斯特（François de Belleforest）在其著作《通用宇宙学》（Cosmographie universelle，巴黎，1575年）中也收入了一些印度城市的景观。

一些欧洲艺术家在欧洲旅行时接触到了东方艺术。鲁汶（Louvain）云游画家菲利普斯·范·温赫（Philips van Winghe，1560—1592年）画的两幅素描异常有趣。[170] 他自1585年至1592年去世前在罗马遍览了梵蒂冈的收藏，而且显然为两架日本折叠屏风所吸引。该屏风是作为送给教皇格里高利十三世的礼物带到欧洲的。[171] 我们从耶稣会那里得知，这两架屏风描绘的是日本琵琶湖（Lake

Biwa）东北岸织田信长（Oda Nobunaga）的安土城（Azuchi）的风景。这座建于1576—1580年的日本原始形态的雄伟城堡高耸于山崖之上。范·温赫描绘该城堡顶楼和大门的两幅素描（图50、51）是现存的唯一画作。[172] 可以确知的是，城堡于1582年被完全摧毁，因而画面上的景致究竟在何地方便无从知晓。

其他云游东方的画家最远到达了黎凡特。1533年，彼得·科克·凡·阿洛斯（Pieter Coecke van Alost）大概是受布鲁塞尔地毯编织商范·德·莫伊恩（Van der Moyen）的派遣去了君士坦丁堡，安排向苏丹出售地毯或在当地建造编织厂事宜。[173] 他在土耳其期间完成的一些画作被收进了一部描绘土耳其服饰的木刻集中，后由他的婿妻于1553年出版。[174] 大概是作为乌吉埃·盖斯林·德·布斯贝克（Augier Ghiselin de Busbecq）使团的成员，丹麦版画家梅尔基奥·洛克（Melchior Lorck，约1527—1583年）于1555年去了君士坦丁堡。[175] 他此行在艺术方面的目标是寻访和研究古代经典作品的真正源泉。[176] 在黎凡特居住四年多后，洛克带着自己创作的土耳其古迹、服饰和动植物的相关素描（图114）于1560年回到了维也纳。1574年，他受雇于安特卫普出版商克里斯托弗·普兰汀，在这座斯凯尔特河（Scheldt）上的城市里与加勒一同制作版画，并与奥提留斯成为朋友。如果就版画来评判，洛克的主要兴趣在于表现土耳其的服饰。他同时代的很多画家和雕刻家对此也深感兴趣。N. 德·尼古拉（N.de Nicolay）所著 *De Schipvaert ende Reysen gedlaen int Landt van Turckeyen*（Antwerp，1576年）中的插图可能就出自洛克之手。

16世纪下半叶的版画家对各种民族服装的差异产生了浓厚的兴趣。服饰独特的人物画像和单幅素描作品超过了服饰书籍中收入的组图。不过，1562—1600年在欧洲出版的服饰书籍不少于12部，主要是在威尼斯、巴黎和安特卫普印制。[177] 早期出版的小型画册主要侧重当时各国和欧洲的服饰。随着对服饰兴趣的日益扩展，1562年在巴黎出版的画册收入了弗朗西斯·德普雷（François Desprez）的版画，其中包括描绘印度男人和女人、鞑靼人和"亚洲妇女"的版画各一幅。[178] 如同时下，当时的巴黎人似乎对服饰具有特别浓厚的兴趣。纪尧姆·勒贝（Guillaume le Bé，1539—1598年）的工作室大约在1585年出版了两部木刻系列集，其中收入的作品描绘了身着当地服装的"菲律宾人"、中国人、果阿人，以及身着皇袍的鞑靼可汗和中国皇帝。[179]亚洲人不曾出现在威尼斯早期出版物中，但在法国的影响之下，却很快出现在安特卫普出版的服饰书籍里。安特卫普版画家亚伯拉罕·德·布鲁恩（Abraham de Bruyn，约1538—1590年）在1572年将《收藏》（Recueil）第一版中的人物插图重新出版，只是次序有所变动。[180]这些人物并不具备东方人的生理特点，身着的服装可能受到了科克·凡·阿洛斯和洛克描绘的土耳其服装的启发。德·布鲁恩的改进之处在于，除美洲、非洲和摩尔人外还描绘了亚洲人，因而具体表现了欧洲人对他们及其不同服装的看法。诗人和作家让·雅克·布瓦萨（Jean Jacque Boissard，1528—1602年）于1581年出版的服饰图片集，非常准确鲜明地展现了东方的服饰。[181]尽管没有提及姓名，但从图片的精准程度可以看出作者使用的模特形象逼真。

91

在16世纪出版的服饰书籍中，图片最为全面的当属1590年在维也纳由切萨雷·韦切利奥（Cesare Vecellio，1521—1601年）出版的《世界各地古老和现代服饰》（Habiti antichi et moderni di tutte il mondo）[182]。该书第一版收入了420幅木刻，1598年第二版收入的木刻数目增至522幅。第二版增加的大多是描绘东方和美洲服饰的木刻。韦切利奥没有使用《收藏》中或者德·布鲁恩有关亚洲的图片，但部分东方服装图片的说明似乎来自布瓦萨。[183]韦切利奥对亚洲生活的整体观念显然要比其前辈透彻。他将亚洲人清楚地区分开来，并试图描绘不同社会阶层的印度人和中国人。图片中大部分人物的特征和服装仍然具有欧洲特点，但对中国人的描绘却采用了一种新的现实主义手法。图片中日本青年的服装照抄了日本使节1585年送给总督的一件服装。日本使节送的服装都陈列在"十人会"（Council of Ten）的兵器室中。[184]根据韦切利奥本人的说法（Bk.II），他之所以能更为真实地描绘中国人的相貌、服装和社会阶层，盖因采用了中国画中的人物做模特。[185]

与此相反，安特卫普最著名的版画家在创作东方题材的作品时，却没有参照"瓷器上的中国人"、丝绸品上的画作或者其他来自亚洲的资料。被大家称为施特拉达努斯的让·凡·德·斯特拉特（Jan van der Straet，1523—1605年）[186]与其他人共同创作了大量描绘海外生活的版画，特别是亚洲人和美洲人的生活。

安特卫普艺术家的资料来源主要是文字材料，但对这些材料进行了自己的解读。1590 年制作的系列版画颂扬了约一个世纪之前的海外大发现，其中的一幅表现了费迪南·麦哲伦的成就。[187] 像其他作品一样，画面（图 48）中被理想化了的麦哲伦为各种动物、植物和人物所环绕。作者意在通过这些形象的现实、象征和神话寓意来表现麦哲伦取得的成就。例如，根据说明，画面中的太阳神阿波罗（Apollo）意在提醒观赏者，环游世界的麦哲伦是探险者中追上太阳的第一人。更令人困惑不解的是在画面的左上角描绘着一只巨鸟抓着一头大象。这个异乎寻常的设计显然源于皮加费塔（Pigafetta）在麦哲伦航海故事中描述的不可思议的大鸟。[188] 这种鸟原产于南中国海，"体积庞大，足以载着任何巨大的动物飞上天空"。[189] 广泛流传的赖麦锡丛书在第一卷中简述了皮加费塔的故事，安特卫普的艺术家或许是从那里看到了这段说明。赖麦锡的《航海旅行记》第二卷则收录了马可·波罗（Marco Polo）对世界的描述。在叙述马可·波罗对马达加斯加岛（Madagascar）的描绘时，赖麦锡引用了同一个传说的另一个版本。在这个可能是源于阿拉伯的版本中，被称为"ruch"的巨鸟"可以用爪子抓起一头大象"。[190] 完全有理由相信，施特拉达努斯的设计受到了这个传说的启发，用"ruch"来象征麦哲伦远航太平洋的神奇经历。这个画面可能是他亲自设计的，因为其中的象采用了北欧木刻和版画中常见的形象。意大利博物学家艾多瓦蒂（Aldrovandi）在《鸟类学》（*Ornithologiae*，Book X，p.610）1599 年版中，将施特拉达努斯版画中的大象作为该书巨鸟部分的一个插图。[191]

安特卫普艺术家共同创作的另一个例子，见之于大约在 1570 年完成的题为《在中国猎野鸭》（*Hunting for Wild Ducks in China*）的版画（图 47），该画的主题显然是来自文献资料。中华帝国全志于 18 世纪由让 - 巴蒂斯特·杜哈德神父（Jean-Baptists Du Halde，1741.ed; II, 237-38）在早期文献基础上完成，他在其中写道：

除家禽外，中国的河和湖面上有种类繁多的水鸟，特别是野鸭。捕获野鸭的方式值得一提：猎鸭人先将葫芦或南瓜壳置于头顶，然后扑入或潜进水中，唯将葫芦壳露于水面之上，通过壳上打的洞来观察水下的情况。当野鸭习惯于看到葫芦壳接近而不再惧怕之时，猎鸭人便抓住鸭脚将其按在水中，以防其嘶鸣；继而扭转鸭脖并将其捆绑。再持续上述动作直至捕获到足够多的野鸭。

然而，不论是画中的猎鸭人还是风景都不具备中国的特点。施特拉达努斯和加勒合作完成的版画《查士丁尼》（*Justinian*）描绘了这位国王正从一个东方人手中接过盛在竹器中的桑蚕。这位进贡者除服装外，同样不具备东方人的特征。[192] 他们的猎象图（图104）大概也是根据文字描述创作的。[193]

在描绘安特卫普盛大庆典和游行场面的图片中，东方往往与葡萄牙商业社团为表示庆贺而修建的拱门和陈设联系在一起。[194] 在安特卫普的葡萄牙人只是象征性地参与了1549年为西班牙王子菲利普举办的庆典。这或许是因为葡萄牙社区成员对他们在这位王子治下的未来感到困惑不安。[195] 不过，菲利普1580年成为葡萄牙国王后，他在安特卫普的卢西塔尼亚（Lusitanian）臣民便开始在庆典中扮演突出的角色。葡萄牙人为奥地利大公欧内斯特（Archduke Ernest of Austria）1593年7月18日的庆典修建了一座巨大的拱门，拱门上的动物和骑士象征着对海外的征服（图49）：象代表埃塞俄比亚，犀牛代表亚洲。在彼得·范·德·博尔茨（Pieter van de Borcht）描绘庆典的巨幅画中，右下角有一群黑皮肤的人，其中一些裹着头巾。画面上还有一些牵着骆驼、驴或者抬着轿子的人，轿子里坐着一个当地国王模样的人。[196] 这部分游行队伍使人联想起伯格迈尔在"马克西米利安凯旋"中描绘的"卡利卡特人"。法国举行的皇家庆典亦时常围绕着海外主题，参加者中通常有舞者和一些服装绚丽的人。他们身着的服装据说是"东方"式的。如同1550年在鲁昂（Rouen）举行的皇家庆典一样，为了增添色彩和真实性，各种庆典都会尽可能邀请当地从海外归来的人参与，例如1593年的安特卫普庆典。[197]

荷兰人与亚洲直接联系的建立为人们带来了一系列新的旅游书籍和一些新鲜的版画和地图。林斯乔坦的《林斯乔坦葡属东印度航海记》（1596年）收入了基于葡萄牙人和荷兰人原创制作的一些地图。这些地图由阿诺尔达斯·F·阿·兰格伦斯（Arnoldus F.à Langrens）为出版商科尼利斯·科拉埃兹（Cornelis

94

Claesz）制作。[198]亚洲人物和动植物插图由乔安尼斯（Joannes）和巴蒂斯塔·阿·杜特亨（Baptista à Doetechum）根据林斯乔坦买回的素描和帕鲁达努斯的收藏，以及低地国家所拥有的丰富木刻和版画藏品制成。[199]这些版画自身就揭示了它们的艺术来源。在背景中随处可见的半自然主义的椰子树叶烘托出了热带气氛。现实主义的植物、水果、珠宝装饰、扇子、阳伞、轿子以及马达班水罐可能是艺术家依据手头现有的样品绘制。然而，动物形象似乎是来自旧的木刻、绘画和挂毯。除了一些脸颊瘦削、留着山羊胡子的中国人外，其他人都是西方人的面孔，类似希腊雕像。裹着头巾的商人、穿着长袍的贵妇可能是参照了熊高尔和贝里尼笔下的人物。建筑基本上是西式的，但艺术家有时会画上延长和弯曲的屋檐，以增添东方色彩（图148）。这些插图给人的整体印象虽然基本上是西方式的，但仔细观之，可以看出艺术家已尽其所能来体现亚洲的风景、生活和服装，特别是从细节上。

　　林斯乔坦绘制的地图和插图是欧洲描述亚洲画作的分水岭，它们不断地出现于其他人的作品之中便是最好的说明。约翰·沃尔夫（John Wolfe）将林斯乔坦撰写的《林斯乔坦葡属东印度航海记》翻译成英文并于1598年出版，其中由兰格伦斯绘制的地图是在伦敦制作的，但无论是精确性还是艺术性都不及原作。约翰·沃尔夫的版本中没有收入其他插图。[200]另一方面，1598年开始在法兰克福出版的西奥多·德·布莱[201]的系列绘画丛书《东印度》（India orientalis），却大量引用了林斯乔坦的版画以及荷兰和德国人的早期作品。一般而论，德·布莱书中的版画（图146、147、148）在艺术忠实性和生动性方面都逊于原作。[202]尽管如此，德·布莱的丛书除便于阅读外，还保存了许多早期艺术家的作品，否则这些作品就会彻底消失。

　　根特（Ghent）人勒维纳斯·胡尔修斯（Levinus Hulsius，1606年去世）[203]自1598年开始在纽伦堡出版他的旅游丛书，其中第一部书描述了1595—1597年荷兰人远航东印度的情况。[204]这部书中有13幅版画出自纽伦堡艺术家汉斯·西布马赫（Hans Sibmacher）之手。这位艺术家为卡默拉里乌斯的藏品制作蚀刻版画。[205]他在创作素描和版画之时有幸得见荷兰人首次远航带回的珍奇，包括中国硬币和日本短剑。日本短剑剑柄的制作工艺令其赞叹不已，于是他将短剑复制放大，用于描述爪哇（Java）的图片（图 52）。[206] 在描绘中国人物的版画中，他真实地再现了两枚中国铜币（钱币），铜币上的人物惟妙惟肖。他显然看到过鹤鹬的素描，这种鸟是"阿姆斯特丹"号船长从爪哇的西达尤（Sidayu）统治者那里接受并带回欧洲的礼物。鹤鹬被他描绘得栩栩如生，画作标题 *Struthio casuarius of Linnaeus*（图 140）亦清晰可见。[207] 西布马赫如同杜特亨（图 151）一样在版画中尽可能真实可靠地介绍了亚洲的生活图景。西布马赫在表现亚洲生活特征时使用了日本短剑和中国钱币，但画面中亚洲人的面容依然酷似希腊雕像。从西布马赫的版画可以看出，他深知自己知识的局限性，因而尽其所能加以弥补。

第四节　纺织品、挂毯和服饰

西方有关东方纺织品有价值的文献在希腊时期开始出现。中国纱线和生丝从公元 2 世纪起开始在巴尔米拉（Palmyra）加工，丝织业在其后的两个世纪内传播到小亚细亚、埃及和希腊。中国丝绸在罗马随处可见，乃至普林尼抱怨购买丝绸耗尽了他们的黄金。查理曼（Charlemagne）从巴格达的哈里发哈伦拉希德（Harun al-Rashid）那里得到了各式各样的丝袍，并得意地在圣丹尼斯修道院（Abbey of St.Denis）展示。黎凡特的穆斯林统治者将昂贵的袍子作为礼物送给官员和外国权贵，以取悦他们。但自公元 4 世纪至 11 世纪，丝绸出口一直为拜占庭（Byzantine）所垄断。早在 9 世纪，拜占庭、埃及和伊斯兰国家的丝绸就被罗马人用来制作神职人员的法衣，甚至在十字军东征之前，幔帐和地毯就已经被教会作为圣物收藏。其后，返回家乡的十字军战士将便于携带的丝绸作为在东方经历的纪念品大量带回。在第四次十字军东征（1198 年）和拉丁人征服君士坦丁堡（1204 年）之间的这段时期，独立的意大利丝绸工厂开始生产出能够与拜占庭相匹敌的丝绸。西班牙的穆斯林也作为中介活跃于丝绸贸易，并负责为西方提供制作神职人员和世俗统治者加冕和葬礼服饰所需的大量织锦。[208] 15 世纪，威尼斯仿照从亚洲进口的花边开始应用抽绣和花边

96

制作技术。[209]

10 世纪至 12 世纪，东方进口纺织品的图案对罗马式建筑装饰的发展产生了深刻的影响。[210] 波斯的萨桑（Sassanid）纺织商借鉴了来自印度和中国的图案（公元 3—7 世纪），并以纺织装饰品的形式将其传播到了拜占庭和西欧。罗马式建筑图案中的亚洲自然主义人物和动物形象可能是仿照了非穆斯林国家生产的纺织品，因为伊斯兰教禁止描绘生物。[211] 中国纺织品上的龙、神奇的鸟和花卉图案，以及来自黎凡特的仿制和程式化的图案，丰富了欧洲的肖像画，并使得罗马式建筑装饰具有了韵律感。在 13 世纪，哥特式艺术对各种装饰风格都产生了无所不在的影响，因而欧洲艺术家随心所欲地运用东方装饰图案的现象突然受到抑制，但从未完全停止。

97　　　丝绸纺织技术通过来自拜占庭和伊斯兰世界的织工传入了欧洲。早在 10 世纪，信仰伊斯兰教的西班牙城市就开始仿制埃及纺织品。与此同时，塞浦路斯岛的织工开始仿制中国的丝绸锦缎。12 世纪，西西里的罗杰二世（Roger II）将织工从拜占庭买回巴勒莫。及至 13 世纪，丝绸纺织技术从西西里传到了意大利大陆。卢卡（Lucca）在 14 世纪成为意大利最重要的纺织工业中心，那里生产的华丽、厚重的丝绸大量应用了西西里产品中保留的东方装饰图案。伊斯兰式的圆框消失了，传统式样的动物则被融入了图案之中。卢卡丝绸的图案对称性不强，质地较为轻薄，也更直接地受到中国丝绸图案的影响。飞鸟、荷花、瀑布、岩石和程式化的云朵，甚至常常是全部景致都取材于中国丝绸（有时可能是通过波斯仿制品），其自然主义的表现方式倍受哥特式艺术家推崇。[212] 意大利其他地区的产品有很多都仿效了卢卡丝绸，其中充满活力、自由奔放的亚洲风格的图案亦来源于中国绘画。中国图案对 14 世纪欧洲装饰艺术中非对称性和哥特式自然主义的发展产生了重要的影响。[213] 由于人们可以通过陆路到遥远的东方朝圣，14 世纪时的欧洲人或许对中国有更强的亲近感，这种情感便体现在被统称为"鞑靼布"的东方或者东方式纺织品中。[214]

15 世纪，威尼斯取代卢卡成为丝绸纺织的重镇。在取代过程中，包括从东方借鉴而来的丝绸图案被欧洲化了。刻板的欧洲植物取代了中国纤细的树叶；在欧洲常见的鹿和狮子等动物取代了龙和龟。中国的影响仅存于少数海景描绘中，

比如仍明显地采用了中国人描绘波浪时的对角手法。总体而言，威尼斯的产品
没有保留卢卡丝绸中奇特和不对称的图案，而卢卡纺织工令人惊讶地捕捉到的
中国画中的那种自由奔放的精神，在其中也鲜有体现。15世纪整体编织技术在
意大利的发展亦推动了对称和静态图案的发展，特别是那些技术水平较低的织
工容易掌握的简单花卉图案。[215] 为了保护当地的纺织工业，威尼斯于1490年
禁止进口东方的纺织品。15世纪末，甚至在威尼斯画家的作品中也极少出现纺
织品，因为这些浓重华丽的图案无法像东方丝绸那样引起他们的兴趣。[216]

　　随着直达东方海路的开通，欧洲的游记作家开始评论当地人的服饰，从
中国富有商人的丝袍到南海岛民的棕榈叶衣服和树皮臀围，无所不包。[217]
他们还及时地指出印度的孟加拉（Bengal）、圣托马斯（St.Thomas，即马德
拉斯 [Madras]）和坎贝是东方棉纺织业的主要中心。瓦尔塔马和巴尔博萨
（Barbosa）都曾评论孟加拉达卡（Dacca）生产的优质平纹细布，这种布在亚洲
通常被用来制作头巾和衬衫。[218] 林斯乔坦称赞坎贝产品质量上乘，远胜于"所
有荷兰产的棉布"。然而，他认为坎贝地毯不如在霍尔木兹销售的波斯小块地毯
的质地精良。他描述道：古吉拉特生产的被子"用各种颜色的丝或棉线编织而
成，十分漂亮"。[219] 所有的评论者都指出丝质面料（绫、缎和织锦）来自中国，
其中的一些人认为厚重的中国丝质面料是在印度的焦尔（Chaul）和其他亚洲纺
织中心加工成半透明状面料的。[220] 林斯乔坦猜想，马德拉斯带图案的纺织品
和彩色洋布在印度比丝绸更受欢迎，"因为它质地结实、制作精良"。[221]

　　精致的亚洲纺织品赢得了欧洲上流社会的青睐，进口量在整个16世纪不断
增长。1511年，阿尔伯克基从马德拉斯挑选了一批精于针线活的妇女送往欧洲，
但她们在抵达葡萄牙之前在海上不幸遇难。[222] 运到欧洲的刺绣品被上流社会
用来制作卧室床幔和床罩。这一时期运往欧洲的大部分刺绣品是在孟加拉、信
德（Sind）和古吉拉特制作的。孟加拉产品的图案刺绣在厚柞蚕丝面料上，信
德的图案刺绣在皮质面料，而古吉拉特的图案则是用鲜亮的丝线刺绣在棉布或
缎子面料上。[223] 这三个地方的织工很快就生产出迎合欧洲人品味的"出口刺
绣品"。葡萄牙人及其代理人提供的欧洲元素被融入了印度的图案，制成的产品
被贴上了"印度—葡萄牙风格"的标签。在我们的博物馆中收藏的所谓果阿刺

98

99

绣是在孟加拉制作的一些刺绣画，为 16 世纪末开始生产出口刺绣的专业厂家的产品。[224]

印度丝绸绣花倍受欢迎的程度在 16 世纪末达到了顶峰。与此同时，制作被子的工艺在欧洲也开始发展，因为欧洲的纺织工人也想从这个盈利丰厚的市场中获利。[225] 中国刺绣的主要工艺链形缝法，随着亚洲刺绣品的进口在欧洲广泛流传。尽管欧洲工人在地理大发现之前就知晓这项技术，但以链形法制作的亚洲刺绣的广泛流传，还是起到了在欧洲保持和推动该项技术的作用。[226] 西班牙和葡萄牙的花边工业事实上是在 16 世纪中叶才开始采用这项技术。[227] 菲利普二世和宗教法庭于该世纪末颁布的禁止奢华令，致使伊比利亚半岛国家华贵丝绸和锦缎的生产和进口急剧下降。于是，欧洲丝绸工业的中心转移到了意大利和法国。[228]

法国纺织商一面从邻居那里购买纺织品，一面开始独立发展自己的地毯和挂毯工业。14 世纪，巴黎纺织工人开始生产萨拉逊（Saracenic）地毯的仿制品。或许是受到伊斯兰国家和波斯微型画的启发，阿拉斯（Arras）挂毯商自 15 世纪开始将东方装饰图案融入他们的设计。[229] 佛兰德斯早期生产的风景挂毯可能直接受到了印度纺织品花卉图案的影响。[230] 花卉和动物图案挂毯大量进口到欧洲以及为欧洲纺织商所效仿，可以从文艺复兴时期的大量画作中明显看出。画面中，这些挂毯或悬垂于阳台、铺衬于木船，或陈列于墙壁，或覆盖于桌面和祭坛之上。[231] 1580 年，专门从黎凡特进口东方地毯的城市安科纳（Ancona）请求红衣主教蒙塔尔托（Cardinal Montalto，1585 年被选为教皇西克斯图斯五世，Pope Sixtus V）做该城市在罗马的保护者，并献上了两捆东方地毯。[232] 与此同时，波斯地毯取道葡萄牙从印度进口到西欧，因为这样比取道威尼斯从黎凡特进口的费用低 40%。[233]

1415 年，安特卫普的地毯从业者得到授权成立了合法的独立行会，[234] 安特卫普也因此成为 15 世纪挂毯制造业的领先中心。这座斯凯尔特河畔的城市亦成为布鲁塞尔、奥德纳尔德（Oudenaarde）和昂吉安（Enghien）的贸易中心。早在 1504 年，菲利普大公（Archduke Philip）就出资聘请图尔奈（Tournai）的吉安·格雷尼尔（Jehan Grenier）设计一组"印度—葡萄牙风格的"华丽挂毯。[235]

这组包括了各种式样的系列挂毯是为了庆祝葡萄牙对东方的征服（图 53、54）。在幸存下来的三组挂毯中，占据主要画面的是奇妙的动物和人物（大概是印度人），使观赏者联想到伯格迈尔几乎是在同一时期创作的木刻"卡利卡特人"。[236]其中的一幅挂毯描绘了一个城门，上面有"Indiae novae"的字样，门前有一群奇特的动物正被装船准备运往欧洲。1510 年，皇帝马克西米利安从图尔奈的阿诺德·波松尼尔（Arnold Possonnier）手中购买了一幅挂毯。这幅名为"人和野兽的历史"（History of Wild Beats and People）的挂毯由吉勒斯·勒卡斯特罗（Gilles le Castro）"按照卡利卡特的样式设计"，显然是一幅 1504 年制作的挂毯的翻版。[237]1513—1516 年，同一个地毯商也为英格兰国王亨利八世（Henry VIII）制作了一组 5 幅的异国情调系列挂毯"Voyage de Caluce"，作为礼物送给了皇家议员罗伯特·怀特尔（Robert Wyftel）。波松尼尔 1522 年去世之时，在他的工作室里还挂着印度系列中的 9 幅挂毯。[238]从现存文献和挂毯残片可以看出，16 世纪早期的挂毯艺术家在选择主题时受到了葡萄牙在东方获得胜利的影响。

创作印度系列挂毯及相关作品的艺术家，显然试图通过在游行队伍和满载的船只（图 55、57）中加入奇特的动物来营造异国气氛：手持旗帜和喇叭的赤身孩童在斑马背上颠簸着；成年人则身着"半勃艮第、半东方"风格的服装。[239]图尔奈挂毯中的风景和狩猎场景似乎与印度挂毯十分相似，尤其是其中的神秘花卉和动物。在描绘异国狩猎场景时，他们特别展现了亚洲和非洲动物。低地国家为勃艮第公爵的动物园进口了一些活的动物，艺术家们大概是根据写生完成了创作。[240]

布鲁塞尔挂毯绘画大师彼得·科克·凡·阿洛斯（Pieter Coecke van Alost）1515 年被教皇利奥十世选中，将拉斐尔的名画《使徒行传》（Acts of the Apostles）制成挂毯。阿洛斯这幅巨作的革命性影响在于，它变挂毯为编织壁画，画面富有空间感而不是充斥着琐碎的细节。大约在 1522 年，阿洛斯完成了一组 6 幅题为《Histoire indienne a oliffans et jeraffes》的挂毯。这组挂毯可能是他为富格尔赞助人制作的。[241]其他贵族商人也开始购买挂毯式的壁画，市场对描绘世界性成就的编织杰作的需求量与日俱增，例如那些描绘他们的主

101

人所参与的商业活动或地理大发现题材的作品。[242] 至该世纪中期，原来只为王公贵族制作的挂毯开始从安特卫普大量出口到葡萄牙、西班牙和德意志诸国。当时最受推崇的主题是航海、狩猎、花园景致、神话和圣经故事、传奇英雄和民族英雄，以及装饰性地图。

专门描绘葡萄牙人在海外活动的挂毯，记录在案的有 16 世纪后半期由荷兰人制作的 4 组纪念挂毯：达·伽马（Da Gama）的盛宴、征服突尼斯、努诺·欧维士（Nuno Alvares）的辉煌成就，以及若昂·德·卡斯特罗（João de Castro）凯旋。[243] 描绘卡斯特罗 1538—1547 年在印度活动的挂毯原本是哈布斯堡藏品的一部分，属于奥地利国家财产，现存于维也纳艺术史博物馆。[244] 在这些存留下来的系列挂毯上，布鲁塞尔编织师记录了卡斯特罗征服第乌的事迹——征战比贾普尔苏丹（the sultan of Bijapur）、舰队驶至达布尔（Dabhul）、胜利进入果阿（1547 年）。挂毯上的人物和风景都是欧洲式的，但艺术家为增添亚洲色彩而为当地囚犯、士兵和舞者配上了头巾，加上了拉着战车的象以及出现在背景里的骆驼。然而，很难根据挂毯上的题词来判断这些作品是否体现了它们试图表达的意境，仅据画面也无法判断卡斯特罗征战的确切地点。

在描绘亚洲的挂毯、绘画和版画中，服装是最早东方化的元素之一。正如我们已经看到的，16 世纪最后几十年出版的服饰书籍大胆地展示了东方的服装。[245] 根据欧洲服装史，欧洲人对东方服饰的兴趣可能与西班牙时尚在欧洲的主导地位，以及民族服装在上流社会逐渐失宠有关。[246] 丝质长袍在该世纪比以往任何时期都得到了更多的青睐，[247] 因而法国人和萨克森人纷纷在里昂和德累斯顿开设皇家纺丝厂，以避免资金外流。[248]

16 世纪末，服装面料开始采用与其他用途面料明确不同的纺织方法。服装面料的图案倾向于自然主义，包括了郁金香、葵花、棕榈叶以及其他海外元素。[249] 1584—1586 年间的日本使节身着的民族服装普遍被人们视为可笑或者喜兴，在葡萄牙可能还有朝臣仿效。[250] 但是在威尼斯，人们效仿的是东方而不是葡萄牙的服装。韦切利奥在其撰写的服饰书籍中展示了被称作"zimarra"（图 69）的日本长袍。这是一种威尼斯人穿的黑色长袍的称谓，样式可能是由土耳其或波斯的男士长衫演变而来。[251] 在巴黎，服装师们出售和租赁各式各样东方化了的礼仪服装，以备宫廷娱乐、婚庆和假面舞会所需。[252] 这些奇特的服装可能受到了服装图片和宇宙志的影响。但除此之外，欧洲使节也收藏了不少正宗的亚洲服装，而波伊萨德（Boissard）艺术家的服装藏品中可能也包括一些画作的复制品。伊丽莎白女王（Queen Elizabeth）1599 年在无双城堡（Nonsuch Castle）接见托马斯·普拉特时，身着"滚金边纯白缎长袍，头戴镶满贵重宝石的极乐鸟羽毛头饰"。[253] 这位在某种意义上可称为亚洲珍奇收藏者的童真女王（The Virgin Queen）以此向来自大陆的造访者显示，她像遥远的摩鹿加群岛的统治者们一样，懂得如何佩戴东方特有的珍贵极乐鸟羽毛头饰。

103

欧洲绘画和博物馆藏品中的时髦妇女的头饰和服饰也可能来自东方。自其中还可以发现一些相似之处，譬如中国和欧洲中世纪妇女戴的圆锥形帽子。[254] 16 世纪荷兰画家笔下的女式圆檐帽源于印度。[255] 阳伞和折扇这两件妇女用来扮俏的主要饰物，出现在亚历山大·迪法布里（Alexandre di Fabri）《各国服饰》（Diversarium nationum ornatus，1593 年）展示的法国妇女手中。[256] 阳伞或者雨伞以及印度的华盖（chatta）在画中既是权力的象征，也是防护品。来自意大利的法国王后、亨利二世（Henry II）的妻子凯瑟琳·德·美第奇（Catharine de' Medici），被普遍认为是引入中国（或者日本）折扇并将其作为贵妇装饰的人（图 1）。[257] 人们甚至推测，宫廷贵妇露出乳房的习俗可能是受到葡萄牙人的妻子和情妇在果阿穿的一种透明罩衫（bajus）的影响。[258]

从印度大量涌入的棉布衣服也可能影响了欧洲普通服装的着色、处理和式样。价格昂贵的靛青在 1500 年之前很少使用，但在 16 世纪逐渐取代了欧洲本土的菘蓝成为主要的蓝颜料。据报道，在欧洲率先使用东方纺织品抗染色技术的人是荷兰画家彼得·克洛克（Pieter Clock）。[259] 服装漂洗、打褶、上浆在印度和锡兰（Ceylon）有着悠久的历史。但欧洲直至 16 世纪末才广泛使用米汤或豆汤为衣服上浆。在荷兰和英国民众中流行大领和挺括圆领的服装，或许与他们有更多棉布和亚麻品种可供选择，以及上流社会注重清洁和仪表有关。意大利贵族妇女偏爱的丝绸或亚麻长裙，据说也被凯瑟琳·德·美第奇介绍到了法国。大量进口的印度便宜棉布使平民也穿得起内衣。甚至印度人的洗礼仪式也与洗澡和讲究个人卫生在 16 世纪的欧洲流行有关，因为它被认为是消暑的好办法。[260]

104

第五节　陶瓷

在中世纪的欧洲，陶工主要制作普通人日常所需的简单器皿。他们制作的粗陶、陶器和石器往往不着色，只是一些单调和粗陋的器皿。那些偶然从中国进入中世纪欧洲的瓷器，白皙耀眼、装饰华美，薄得令人惊讶且能产生共鸣。对于那些只会制作简单器皿的陶工而言，中国瓷器一定像是来自另一个世界。早在公元 8 世纪，中国宋朝①的青瓷已经在埃及和黎凡特作为餐具使用。[261]明代青花瓷藏品是土耳其苏丹沿着陆路收集的，特别是在伊朗的阿尔达比勒（Ardebil）和君士坦丁堡。[262]

在西班牙，摩尔人很早就开始制作精致的花瓶和彩色瓷砖，15 世纪又开始发展彩陶工艺，尤其是在瓦伦西亚（Valencia）。在意大利亦是如此，陶工们很快就开始尝试在器皿上绘制装饰画，以便与贵族从黎凡特和西班牙购买的精美器皿相竞争。他们将一种透明（釉）或者不透明（瓷漆）的涂料涂在已经着色和带有气孔的陶坯上，然后在上面作画。这种叫作马约里加（majolica）陶器的彩色釉陶虽然不是瓷器的成功仿制品，却也能满足当地人对漂亮陶器的需求。意大利陶工的作品一旦赢得上流社会的青睐，便可以得到文艺复兴时期贵族们的赞助，其地位也能因此从工匠上升为艺术家。[263]

尽管瓷器的化学成分依旧是不解之谜，意大利文艺复兴时期的陶工仍然成功地仿效了东方瓷器的形状和装饰图案。药罐或称作 *alberèllod* 的器皿，可能是仿造从陆路进入欧洲的盛放香料的竹制器皿而用陶土制成的。15 世纪时的球根状瓦伦西亚花瓶似乎是直接仿造了中国和黎凡特的产品。[264]效仿了瓷器的马约里加陶盘和陶罐变得比过去轻薄。15 世纪出现在马约里加陶器上的波斯棕榈叶装饰，可能是效仿了纺织品中常见的图案。边框、中央的图案和柔和的背景则模仿了在欧洲可以见到的中国明代瓷器。纯蓝色的枝蔓、波浪纹和一种类似荷花的花卉则直接模仿了中国瓷器的图案。这种花被植物学家称作"瓷器

105

---

① 此处大概有误，中国宋代始于公元 960 年。——译者注

花"。模式化了的风景和其中的鸟、鸭子、蚕、莲花和芦苇，很早就被融入了马约里加陶器的图案。托斯卡纳、法恩扎（Faenza）和威尼斯的马约里加陶器装饰师们还经常用纯蓝色绘制阿拉伯和纯欧洲式的装饰图案。[265]

　　有关瓷器真实成分的猜测反复出现于 16 世纪出版的旅游和技术书籍中。欧洲人之所以深感困惑，部分是由于"porcelain"这个词最早源于何方无人知晓，而且又被用来泛指玛瑙、宝石、珍珠母和海贝。在菲利普二世 1611—1613 年瓷器及其他陶瓷藏品目录中，就于"porcelain"项名下列入了水晶、玛瑙和石头。[266] 葡萄牙代理商杜阿尔特·巴尔博萨（Duarte Barbosa）作为东方的直接观察者，显然要为在欧洲流传了一个世纪之久的关于瓷器是由海贝加工而成并在地下制作的说法负责。[267] 吉多·帕希罗利（Guido Panciroli，1522—1599 年）在其著作中也沿用了广泛流传的瓷器是由碎海贝、蛋壳以及石膏（熟石膏）混合制成的说法。[268] 葡萄牙人文主义者达米奥·德·戈伊斯（Damião de Gois）1541 年写道：海贝制成的瓷器如此昂贵，乃至一件的价值就相当于几个奴隶。[269] 皮埃尔·贝隆（Pierre Belon）在开罗市场上亲眼看到瓷器轻薄易碎，因而不明白它是如何加工而成，又是如何从遥远的东方运至埃及。[270] 著名的人文主义者卡尔达诺和斯卡利格（J.C.Scaliger，1484—1558 年），在该世纪中期就瓷器的性质及其与古代没药瓶之间的关系展开了激烈的学术辩论。洛伊斯·盖伊恩（Loys Guyon，1630 年去世）在 16 世纪末讨论瓷器时纠正了他那个时代的收藏家和鉴定家的错误看法，然而对瓷器由什么制成，又源于何方仍一无所知。[271] 不过菲利普·萨塞蒂（Filippo Sassetti）在 1580 年告诉他在佛罗伦萨的联系人，中国瓷器是由一种白色的韧性黏土制成的。[272] 耶稣会 1590 年中国专题作者在报告中明确指出"中国瓷器是世界上最好的瓷器"，并对其"透明、精美和坚硬程度"赞叹不已，[273] 该报告由哈克路特于 1599 年出版。

　　瓷器在地理大发现后大量涌入葡萄牙，但那里的陶器和陶瓦制作者与意大利同行一样，对瓷器的成分一无所知。[274] 不过葡萄牙人很快就使中国出口瓷器采用了欧洲人的规格和模式。中国陶工细致入微地仿制了欧式的杯子、碟子以及锡或洋铁酒杯，有时还加上了皇家徽章或者葡萄牙文说明（见图 70）。[275] 画面上的欧洲君主的武器可能是从在中国流传的欧洲硬币上仿制的。[276] 中国

106

和日本的画匠有时还在出口欧洲的瓷器上描绘欧洲的风景和人物，其来源是 16 世纪末在东方流传的欧洲版画。[277] 现存最早的中国出口瓷器是一个酒壶，上面绘有国王曼努埃尔的浑天仪（armillary sphere），制作时间大约是在他去世的 1521 年。这些器皿最初都是通过中介获得，因而葡萄牙人将中国瓷器称为"印度货"。中国为欧洲市场特别设计的瓷器在里斯本频繁出现，进一步促使欧洲陶工加紧生产能与中国相竞争的产品。

如同意大利制作马约里加陶器的陶工，葡萄牙和西班牙的陶工也无法生产出真正的瓷器，只能模仿中国产品的形状和装饰图案。尽管葡萄牙人在地理大发现之前就已经知晓模仿中国瓷器的马约里加陶器，但由于其稀少昂贵，难以对伊比利亚半岛的陶器设计和装饰图案产生深刻的影响。[278] 大概是因为包括出口瓷器在内的中国瓷器的大量涌入，[279] 促使西班牙塔拉韦拉（Talavera）的工匠制作出了"东方瓷器的完美仿制品"。其他文献资料亦证实，伊比利亚半岛国家整个 16 世纪都在努力生产仿制品，尽管实际样品极为罕见。[280] 除了在葡萄牙古老的花园和建筑中仍能看到的一些瓷砖外，该时期出现在葡萄牙绘画中的瓷罐和瓷碟似乎是可见的仅有遗存。[281] 正如同现今被普遍称为印度—葡萄牙货的纺织品和家具一样，其中的部分瓷砖可能是在果阿或者葡萄牙所属的亚洲其他地方为出口欧洲制作的。[282] 菲利普三世（Philip III，在葡萄牙称为菲利普二世）1619 年访问里斯本时，陶工们为表示敬意为他建造了一个拱门，拱门上镌刻的诗文颂扬卢西塔尼亚彩陶工人生产出了过去只能从中国以高昂价格进口的产品。[283]

16 世纪早期，意大利陶工继承了马约里加陶器早先的传统，用东方化的边框装饰他们的产品。但是，更为产业化的陶工却不满足于生产模仿瓷器装饰的彩陶。他们孜孜不倦地研究瓷器的真实成分，以便自己生产。威尼斯人和他们的邻居似乎认为，半透明的中国明代瓷器是用玻璃和陶土制成的。早在 16 世纪，一种涂着珐琅的不透明的白色玻璃"仿制瓷器"就开始在运河边上的城市销售。1519 年，费拉拉（Ferrara）大公阿方索一世（Alfonso I）想雇用一名吹嘘自己能够制作"任何一种瓷器"的威尼斯陶工。[284] 1561—1562 年，费拉拉大公阿方索二世雇用马约里加陶工卡米洛·达乌彼诺（Camillo da Urbino）

107

为其制作瓷器。结果这位陶工的作品不过是马约里加陶器的一个翻版。在意大利人尝试用玻璃和泥土制作瓷器之时，却无证据表明有人认真尝试过用海贝粉末来加工。

16世纪的欧洲人尽其所能试图制作真正的瓷器，托斯卡纳大公弗朗西斯科一世更是鼓励人们进行了一系列试验。威尼斯驻佛罗伦萨使节安德里亚·古索尼（Andrea Gussoni）1575年写道：在经年累月的试验之后，弗朗西斯科和他的工人重新发现了制作"印度瓷器"的秘密。[285] 不过，佛罗伦萨的统治者此后并未放弃通过在里斯本的菲利普·萨塞蒂寻访中国瓷器成分的努力。弗朗西斯科的瓷器企业得到了一位曾经访问过印度的黎凡特人（亦有可能是希腊人）的特别帮助。该企业生产的"美第奇瓷器"是一种半透明的软质瓷器，很像早已在土耳其出现的类似产品。这种仿制瓷器虽然比马约里加陶器精美，但其透明度和共鸣声无法达到中国质量精良的硬质瓷器的水平。

1587年弗朗西斯科去世后，美第奇瓷器亦停产。有证据显示，在此前的十二年中至少生产了59件这样的瓷器，但其中一些没有记录在案。[286] 记录在案的45件瓷器目前仍然存留（参见图71-74）。[287] 根据当时的一个配方，美第奇瓷器由12种物质（沙子、玻璃和石英等）以及来自维琴察（Vicenza）的5种白色粘土混合制成。从尚存瓷器上的技术瑕疵可以看出它们的试验性质。这些瓷器几乎都是白底蓝花，发暗的釉面上有微小的气泡，且形状极为普通，不像是根据东方模式制作的产品。与此相反，彩色图案几乎都来自东方，明显不同于马约里加陶器上东方化了的旧式装饰图案。[288]

佛罗伦萨美第奇藏品中的中国瓷器可能是这些试验的样板，因为美第奇瓷器的装饰和彩色图案显然是来自中国嘉靖（1522—1566年）和万历（1573—1619年）年间的产品。一只西式的壶配上了龙形的壶嘴，壶把则做成一种奇特动物的形状。包括松树、鹿和飞禽在内的彩色图案明显仿效了中国明代瓷器常见的图案。一只宽边盘子的中央描绘着岩石、竹子、水生植物和"云朵"，完全是中国式的布局。在一些美第奇瓷碗的底部还印着据说是中国文字的标记。[289] 以上都明确说明，美第奇瓷器在欧洲技术所及的范围内尽可能地仿效了中国明代的青花瓷。

108

与真正的中国瓷器一样，16 世纪的美第奇瓷器拥有令人赞叹的品质。秘密的配方、隐而不宣的生产和烧制过程、瓷质的清脆透明和奇特的装饰，都使其变得深奥和不可思议。人们普遍相信这些瓷器与奇特的海贝、神秘的蛋类或者说产地有关，因而其价值和精神力量超过了普通的珍奇。帕希罗利指出："它们的品质之所以令人赞叹，显然在于生产时突破了以往的常规。"[290] 在绘画和珍奇藏品中，正如同其典雅和贝壳般的美丽一样，瓷器常常因其神秘性和非凡的质量而倍受赞誉。[291] 因为瓷器与贝壳一样是造物主的杰作，而非凡人能够制作或者完全了解的。贝壳神秘地传送着大海的轰鸣，瓷器则发出令人困惑的耀眼光芒。

第六节　木器、家具和漆器

亚洲热带地区的奇特木材——檀香木、柚木、樟木、乌木和沉香木，在欧洲古代时期就已为人所知晓。有香味的木材，特别是沉香木和檀香木被作为香来焚烧。红檀木在中世纪被作为食品调料，樟木和沉香及其副产品则被作为珍贵的药材和染料。为满足对坚固建筑材料的需求，罗马帝国进口了乌木和柚木。从古代至 16 世纪，因为能够防毒，乌木也用来制作杯具。乌木坚硬的质地和黝黑的颜色，使人们认为这种树既不长叶子、也不结果实，生长在其他树木的阴影中而从不接触阳光。希腊旅行家和地理学家包撒迪阿斯（Pausandias）也重复了这一观点。竹子在亚洲被广泛地用于日常生活的各个方面，从图书制作到桥梁建设。然而在中世纪的欧洲，人们知晓的竹子却仅仅是用来盛放进献给拜占庭帝国的桑蚕的竹筒。有关亚洲木材新信息的获得，尚有待欧亚海上直接通道的开启。

16 世纪的游记作家只是在评论香料贸易时才谈及亚洲有香味的木材。加西亚·达·奥尔塔曾多次描述沉香木、檀木和樟木的原产地、用途以及贸易，对古代和同代欧洲人有关这些木材及其副产品医药用途的看法提出了挑战并加以修正。他亦曾详细讨论椰子树及其种类繁多的加工品，认为这种树对"葡萄牙的贸易发展"贡献良多。[292] 同样对木材加以评论的林斯乔坦，比其大多数前辈更进一步，讨论了"制作和镶嵌工艺纯熟"的印度家具。[293]

除木材外，欧洲在 16 世纪还得到了一些东方工匠制作的家具。葡萄牙人将印度和中国用珍稀木材制作的家具带回了欧洲，其中的桌子、床、柜子、椅子、箱子、盒子和棋盘上通常镶嵌着珍珠母、骨头或者象牙。[294] 亚洲家具在欧洲的市场，由于印度"出口家具"的生产而不断扩大。[295] 葡萄牙自己生产的家具也开始更多地使用乌木和柚木，还添加了镶嵌。来自东方的装饰床架——着色或者铺着丝绣，促使葡萄牙制定了大型床架的制作标准，因为有关标准早已含糊不清。[296] 葡萄牙制作的装饰床架通常采用东方的式样。

葡萄牙之外的欧洲统治者则将"印度"书桌、餐桌和漆盒作为藏品，或者作为送给其他贵族的礼品。为瑞典国王古斯塔夫斯一世（King Gustavus I）最后一位妻子凯瑟琳娜·斯坦贝克（Catharina Steinbeck）特别定做的一把椅子和一只象牙镶嵌箱子（图 79、81），显然是在印度完成的。[297] 1584 年，日本使节将日本漆器或漆制品作为礼物送给西班牙国王菲利普二世。[298] 据称是西班牙国王菲利普二世在埃斯科里亚尔最后年月中使用过的一把中国椅子，可能是在马尼拉或墨西哥城依据中国式样仿制的"出口家具"。[299] 16 世纪末，西班牙开始模仿印度家具生产象牙镶嵌柜子，这种柜子还配有铺着各色丝绣的抽屉。[300] 大约在 1570 年，工匠们在米兰为巴伐利亚大公艾伯特五世（Albert V）制作了一只箱子，箱盖子上的图案仿效了印度镶嵌箱子常见的式样（图 78）。一架装饰着精美人物画像的巨大乌木帐篷床，是 1596 年为纽伦堡贵族和丝绸商人鲍罗斯·谢沃尔（Paulus Schewl）制作的。[301]

16 世纪，随着乌木家具和内部装饰的广泛流行，木材切割和细木加工工艺发生了巨大变化。在意大利，威尼斯人甚至在印度海上通道开启之前就开始将乌木运回国内。那里的王公贵族用乌木椅子和柜子装饰各种专用房间，其中很多出自德国工匠之手。弗朗西斯科·德·美第奇的收藏室或珍宝陈列室（图 80）用镶嵌着各种宝石的乌木家具作为装饰。为制作这些家具，工匠们纷纷从慕尼黑、布拉格和其他地方来到佛罗伦萨协助建立作坊。[302] 因为弗朗西斯科除努力促进瓷器和宝石雕刻艺术发展外，还热切地希望将威尼斯建成乌木和其他海

111

外木制品加工的中心。[303]当然，这是他将奢侈品贸易集中于佛罗伦萨，使这座城市成为永久艺术中心之努力的一部分。

佛罗伦萨以生产昂贵的乌木室内家具见长，奥格斯堡则成为各类精美木制品的生产中心。[304]16世纪末，大多数欧洲贵族都拥有德国制作的箱子和艺术品储藏柜。这些木质工艺品上的装饰仍然是东方式的，仿效了亚洲家具和威尼斯家具上东方化了的图案。为波美拉尼亚－斯德丁（Pomerania-Stettin）大公菲利普二世设计的乌木书桌上描绘着世界的四个大洲，抽屉门上镶嵌着由四种元素构成的图案。[305]这些家具上的东方花卉和动物都采用了自然色彩，风格类似于莫卧儿式家具。

乌木成为家具首选木材并非仅由于其坚固、漂亮和稀有。对那个时代的人而言，乌木像其他藏品一样，本身就具有不可思议的价值。乌木只生长于遥远的国度，比欧洲的木材更坚硬，颜色也更黑，而且能够被打磨得熠熠生辉。用乌木和其他海外木材组合制作家具时，抽屉和其他装饰部分通常选用颜色特殊的木料。用来装饰乌木柜的宝石本身也被认为具有各种神秘的品质，从而延续了将书房装潢布置成微型珍品陈列室的传统。在陈列室中，来自海外的珍贵而神秘的物品赏心悦目和象征性地组合在一起，优美和具体地体现了自然与艺术、人类与宇宙之间的和谐关系。[306]

与珍贵木材一同从东方进口的还有虫胶[307]——一种由虫子啄击树木产生的液体沉淀物。虫胶在印度用来制作封蜡、染料和涂料，在欧洲则主要作为深红色染料。漆器直至16世纪才进口到欧洲，之所以被称为漆器（图6），是因为人们普遍认为它使用了虫胶。[308]一种称为"科罗曼德尔"（Coromandel）的漆器随后主要经由威尼斯进口到了欧洲。[309]东亚漆器事实上既不是用虫胶，也不是用印度紫胶制作而成。中国、日本和朝鲜使用的漆来自于一种树，这种树在植物学中与美洲漆树同属一类。东方制作的漆器家具，特别是那些为当地耶稣会传教士制作的家具，式样是德国的，但图案是亚洲的。[310]如同制作瓷器的配方一样，亚洲人制作漆器的两种方法在16世纪的欧洲一直不为人们所知晓。

欧洲人为制作能与亚洲相匹敌的漆器所付出的努力，不亚于其尝试制作瓷器。16 世纪，威尼斯艺术家开始模仿东方漆器，使用印度紫胶制作红色、黑色和深绿色的盒子、柜子、框架和首饰盒。[311] 一直密切关注近东漆器的阿尔布雷特·丢勒 1509 年致信友人，请其寻访一种他人无法生产的特殊漆的配方。[312] 1515 年，达·芬奇在备忘录中写道："学习如何将树胶融入漆器胶。"[313] 欧洲人还从近东、印度和东亚制作的器皿中借鉴了装饰图案[314]。欧洲最早的漆器仿制品上的图案包括中国的服装、女式阳伞和扇子、海外动植物，甚至是东方的建筑和花园。意大利的其他城市也和葡萄牙、法国、英格兰和荷兰的城市一样，试图自己生产能与东方精美漆器相媲美的产品。但由于不掌握东方漆器的具体制作工艺，欧洲人的尝试并不成功。直至 17 世纪末，欧洲人才揭开了"漆器工艺"之谜。[315]

113

第七节　贵金属、宝石和珠宝

16 世纪的亚洲是一个黄金和白银稀缺的地区。从好望角（Cape of Good Hope）到太平洋，只有两个地区出产在亚洲大量流通的黄金。由于大部分金矿储藏在埃塞俄比亚，东南亚人就被吸引到了印度海岸和大陆的市场。[316] 黄金在东亚一直是供不应求，因而在 16 世纪的最后三十年间其价格飞涨。白银主要是在日本和中国开采，所以在远东比黄金更容易获得。16 世纪，由于葡萄牙人和西班牙人带去了欧洲的白银、美洲的黄金和白银，亚洲的贵金属供应量大增。欧洲人充分地认识到黄金和白银在亚洲比任何商品都更值钱，但是他们如同曼德维尔一样始终坚信，在亚洲可以发现能够与美洲相媲美的"黄金之国"（Land of gold）。[317] 可以说，他们最终在澳大利亚找到了。

欧洲人坚信亚洲有"黄金之国"概因其天真地相信在彩虹的尽头处一定能找到黄金，又或者可归因于亚洲当地的一个传说：在遥远东方的一个不为人知晓的地方有一个黄金帝国（Eldorado）。欧洲海员听到这个故事后兴奋异常并将其流传下来。但宝藏的梦想并非没有佐证，那就是印度艺术和工艺品大量使用了贵金属和宝石。运回欧洲的宝石、珍珠、精美首饰和金属制品明确地传达了这样的信息：亚洲拥有的财富难以计数，并且由于进口了欧洲和美洲的贵金属而变得更加富有。

114　　　欧洲人认为亚洲富有黄金和贵金属可以追溯到希罗多德（Herodotus）和克特希亚斯（Ctesias）。[318] 但直至亚历山大时代（公元前 4 世纪早期），经过加工的宝石才从印度进口到欧洲。印度人似乎从不在宝石上雕刻图案，宝石雕刻艺术是公元前 8 世纪尼尼微（Nineveh①）制印工匠的发明，后来通过腓尼基人（Phoenicians）传给了亚细亚希腊人（Asiatic Greeks）和伊特鲁斯坎人（Etruscans）。如同当时的钱币，印章上雕刻着诸神和希腊统治者的头像。最初，工匠们是在质地较软的石头上雕刻，特别是青金石和普通的紫晶石。从伊特鲁斯坎人那里学习了雕刻工艺的罗马人，开始在更为坚硬的石头和宝石上镌刻人物形象。收藏宝石雕刻和宝石浮雕在崇尚奢华的罗马共和国时期成为一种时尚。奥古斯都罗马帝国时期，宝石雕刻在罗马达到了顶峰，供应平民的人造和玻璃仿制宝石雕刻也应运而生。公元 3 世纪，帝国经济的衰退导致宝石和真正的宝石雕刻进口急剧下降，但宝石仿制技术在罗马消失很久之后又在君士坦丁堡出现。中世纪末期，玻璃首饰制作工艺从拜占庭传到了欧洲东方贸易的中心威尼斯。

　　宝石雕刻艺术在中世纪的欧洲完全绝迹。珠宝商人和马可·波罗们一样，更感兴趣的是珠宝的神秘性和药用价值而不是装饰用途。马可描述了土耳其斯坦的制玉工艺，并根据其与欧洲常见石头的相似性将不同质地的玉石进行了分类。[319] 中世纪宝石著述中收入的有关各类石头的神秘性质及其传说，来源于普林尼的评论、启示录（*the Book of Revelation*），以及误传为亚里士多德（Aristotle）所作的名著《宝石大全》（*Book of Stones*）。[320] 马博第乌斯（Marbodius）的《宝石》（*De lapidibus*，写作于 1067—1081 年）是一部用拉丁文六步格写作的广泛流传的基督教专著，它对矿物学的影响堪比《生理学》（*Physiologus*）对动物学之影响。公元 12 世纪，石质古董常用来装饰在北部欧洲制作的圣物匣，此后不久典礼器皿也开始用其装饰。[321] 如同在东方一样，

---

① 亚述帝国的首都。——译者注

中世纪具有神学意义的矿物学中论及的宝石雕刻术，强调珠宝多用于防身而不是装饰。用来制作杯子的紫晶石能够中和酒精的影响，黄玉则可使灵魂纯洁、高尚。黄玉这个词与梵文中的 *tapas*，或印度人用来表示修道者消除肉体欲望过程的词语有关。项链、戒指和金属饰物被刻上了符咒，以保护佩戴者免受自然和超自然敌人的侵害。[322]

文艺复兴早期的宝石铭文并未受到古典学术复兴的太大影响，因为中世纪时的铭文保留了古代的大部分传统。中世纪的研究者在有关宝石和宝石雕刻的书籍中，试图为有关珠宝性质的传统说法提供哲学和科学的解释。[323]文艺复兴时期的工匠大约在1400年开始重拾宝石雕刻技艺。珠宝商四处寻找色泽和质量上乘的石头，因为他们要重新开始加工别针、胸针、搭扣、项链和戒指等个人饰品。[324]但是，人们仍坚持认为宝石具有祛病、解毒和辟邪的功能，诸如犀牛角和牛黄石等其他用来制作首饰的珍贵物品亦是如此。

文艺复兴时期，来自东方的宝石、奇品和有关宝石的传说满足和刺激了人们对装饰品和解毒物品的需求。伴随着象征丰饶的珍珠、切割或未经切割的宝石进入欧洲的，还有亚洲关于石头品性古老和令人难以置信的传统观念。中世纪和文艺复兴时期的旅行者的著述则收录了有关倍受推崇的亚洲珍珠和宝石的产地、价格及来源的详细信息。特别是曼德维尔的著作，讲述了许多有关黄金和宝石，以及珠宝在东方作为符咒使用的故事。通过这些著述和其他方法，作者们使欧洲人了解了一些亚洲有关珠宝、药材和各类物品的传统，它们的药用和解毒功能以及神奇性质。例如，杜阿尔特·巴尔博萨在16世纪初写道：

> 他们在这里（坎贝）发现了大量（玉髓石）……，石头中有灰色
> 和白色的条纹。摩尔人将这些石头加工成装饰品，紧贴皮肤戴在臂上，
> 认为它有助于保持贞洁。由于储量巨大，这种石头并不值钱。[325]

宇宙志和游记作者在评论东方之时同样适当关注和详细描述了宝石贸易的情况。[326]1573—1577年在黎凡特游历的奥格斯堡商人汉斯·乌尔里克·克拉夫特（Hans Ulrich Krafft）评论珠宝首饰道："这些野蛮人的很多作品制作

115

116

精良、装潢美观，超过了德国和其他基督教国家的产品。"[327]加西亚·达·奥尔塔的两部谈话录都收入了从印度药材到当时亚洲有关钻石和宝石口头传说的资料。在其他谈话录中，他收入了珍珠和其他珠宝的产地、价格和品质的信息。欧洲人此后有关宝石的著述，例如鲁道夫二世的御医安塞尔姆·鲍艾修斯·德布特（Anselm Boetius de Boodt），大都是从奥尔塔和林斯乔坦的著述中获得了有关印度和缅甸钻石和红宝石的信息。[328]

1505年，葡萄牙人与维查耶纳伽尔、锡兰建立联系后，开始探索直接获得宝石资源信息的渠道。1510年，葡萄牙人在巴特尔卡（Bhatkal）建起了一座工厂，那里是通往维查耶纳伽尔路途上的重要城市和海岸珍珠市场。1520年至1522年间造访维查耶纳伽尔的多明戈·佩斯（Domingo Paes）收集了有关钻石开采的信息。[329]1521年，德国赫尔施福戈尔（Hirschvogel）公司的代理商乔治·波克（Georg Pock）自维查耶纳伽尔向纽伦堡报告说：克里希纳·德瓦·拉亚（Krishna Dēva Rãyya）收藏的珠宝远远超过任何一位欧洲君主。[330]大约在1548年，两位珠宝商在书面报告中提及在维查耶纳伽尔发现了5座矿山，并指出印度的奥里萨（Orissa）也有矿山。[331]

当代人认为印度钻石较之阿拉伯、西徐亚（Scythia）、马其顿、埃塞俄比亚和塞浦路斯的钻石体积小但分量重，透明度和质量也更胜一筹。[332]在里斯本可以买到大小不一、加工和未经加工的钻石。但是在16世纪60年代战争爆发和瘟疫来临之际，来自印度的钻石便难以寻觅。随着维查耶纳伽尔的陷落，宝石开采和运输也受到阻碍。[333]在16世纪，里斯本珠宝匠的钻石切割技艺是世界上迄今所知最为高超的。[334]富格尔商人约翰·冯·舍伦（Johann von Schuren）报告说在里斯本购买了一块67.5克拉的钻石，以及很多用于制作戒指和其他各种首饰的较小钻石。[335]阿菲塔迪（Affaitadi）商人在安特卫普从里斯本"成批"进口未经加工的钻石和珍珠，让工匠们制作成更为精美的装饰品。阿菲塔迪商人还从威尼斯购买来自印度的钻石。[336]

来自波斯湾和马纳尔海峡（Straits Manaar）的珍珠得到了比欧洲和美洲珍珠更多的赞誉。这些被誉为"完美的东方珍珠"在安特卫普市场上以最高的价格出售。[337]达·芬奇调制了一个将小珍珠熔化以便制成"任意大小的珍珠"的配方。[338] 缀满珍珠的服饰在 1550 年之前成为时尚，在该世纪后半期，珍珠则被奢侈地用于服饰镶边和刺绣品。很多大收藏家都拥有大量的珍珠，乃至于珍珠在其藏品目录中是以重量而不是数量记载。[339] 珍珠母则被用来制作徽章、棋盘和镶嵌家具。[340] 此外，在所有比较温和的医疗措施都无效之时，珍珠粉还被当作药材使用。

印度海港城市的宝石也大量地进入了欧洲。林斯乔坦指出坎贝出售的宝石包括紫晶石、石榴石、水晶、玛瑙（猫眼石）、琥珀和红玛瑙；锡兰销售除钻石以外的所有宝石；缅甸的阿拉干（Arakan）和勃固（Pegu）则出售红宝石、蓝宝石、翡翠和尖晶石。[341] 来自中国的玉石、和田玉与来自美洲的肾形软玉在欧洲形成了竞争之势。在 16 世纪末之前，英语使用中国字"玉"的译音 yü 来指代玉石。[342] 人们普遍相信将玉贴在肾脏上能够治疗这个器官的疾病。

来自海外的宝石和金属促进了欧洲首饰和其他金属制品艺术的发展。欧洲工匠还可以随时看到来自东方的各式项链、戒指和图章，不论他们是否受到了影响。如同其他艺术家，首饰工匠也开始得到皇家和教廷鉴赏师的赞助。查尔斯五世和教皇克莱门特七世（Clement VII）聘请瓦拉里奥·布瑞利·维琴蒂诺（Valario Brilli il Vicentino）为他们制作首饰。弗朗西斯一世的铸币师马泰奥·戴尔·纳扎罗（Matteo del Nazzaro）成立了一个工作室，教授学生制作贵金属工艺品技术。欧洲第一位在钻石上雕刻的雅各布·达·特拉佐（Jacopo da Trazzo）由于服务于西班牙的菲利普二世而变得富有。随着时间的推移，宝石雕刻工艺水平有了很大的提高，尤其是通过使用放大镜。[343] 船形宝石首饰在英格兰和威尼斯倍受欢迎。伊丽莎白女王收到了一个船形首饰，乌木制成的船身上镶嵌着一颗硕大的钻石，桅杆和帆缆的鎏金底座上则镶嵌着珍珠。[344]

1513 年之时，在里斯本的珠宝匠和银匠中有 1/4 是外国人，其中大部分是西班牙犹太人。[345] 果阿金匠劳鲁·夏蒂姆（Raulu Xatim）1518—1521 年在里斯本为国王服务。[346] 鉴于从事金银器制作的熟练工人过于集中，堂·曼努埃尔（Dom Manuel）不得不于 1514 年 4 月 19 日下令宝石和金器行业从业者必须在劳诺瓦（Rua Nova），银匠必须在劳多利维萨利亚（Rua Dourivesaria）营业。[347] 迪奥格·罗伊兹（Diogo Roiz）是为国王曼努埃尔服务的银匠，他是

118

在里斯本工作的最伟大的艺术家之一。促使金匠和银匠分别成立独立行会，并各自拥有了艺术大师和规则的大概就是这个罗伊兹。1550 年，在里斯本有 430 名工人从事贵金属业，从这个惊人的数字上便可看出建立此类行会的必要性以及可能产生的影响。[348]

葡萄牙金匠最杰出的早期艺术作品是贝伦修道院中的圣器。该圣器于 1506 年由吉尔·维森特（Gil Vicente）用瓦斯科·达·伽马 1503 年第二次远航印度带回里斯本的黄金制成。热罗尼莫斯修道院中敬献给堂·曼努埃尔的圣器的型制和装饰，与贝伦修道院南门的相类似。[349] 如同诸多曼努埃尔式艺术作品，在这个大型金圣器上布满了海外花卉、水果和禽鸟装饰图案。在里斯本，在许多为普通民众制作的金银器皿上也同样大量应用了海外和航海元素的装饰图案，艺术造型类似贝伦和托马尔修道院的曼努埃尔式装饰。[350] 布拉加（Braga）主教迪奥格·德·索萨（Diogo de Sousa）最欣赏的宝物之一，是他下令制作的一只船头上镶满了贵重珠宝的巨型帆船式主教座椅。座椅上停泊在哥特式网状天主教堂拱形屋顶之下的船，好似处于棕榈树的阴影之中。[351] 此外，印度裔葡萄牙金匠和珠宝工匠还制作销往欧洲的贵金属和宝石工艺品，这些用于宗教或世俗用途的工艺品种类更为繁多。

在该世纪后半叶，古典和文艺复兴式在葡萄牙取代了奢华和异国情调的装饰。西班牙制作银器的历史悠久而辉煌，因而来自海外的装饰图案仅出现于 16 世纪最后三十年的作品之中。高脚杯、水罐和水盆等器皿上的希腊诸神和罗马人征战的图案，为嬉耍的奇特动物、鱼类和鸟类图案所取代。[352] 胡安·德·阿尔菲（Juan de Arphe，1532—1602 年）在为银匠撰写操作指南时用了一部书的篇幅讲述动物绘画，以及动物图案的比例和形状（图 132）。[353]

在低地国家和德国，银匠与木刻艺术家一样对各种发现都做出了敏感的反应。如同葡萄牙的曼努埃尔式艺术家，他们的图案中绘满了海外花卉和动物，鲜有空白。大约在 1525 年，安特卫普工匠制作了一只银质啤酒杯，杯体的前景布满了“当地”图案，背景却是棕榈树和骆驼；杯盖上的船正驶向长满了棕榈树的海岸（图 82）。[354] 斯特拉斯堡工艺大师乔治·科本豪特（Georg Kobenhaupt）大约在 1543 年制作了一只拉波尔斯坦恩（Rappoltsteiner）高脚杯，杯盖上的钮是一个刻着世界地图的球体，装饰图案为占星术使用的动物和海外海洋生物（图73）[①]。[355] 纽伦堡的伊拉斯谟·霍尼克（Erasmus Hornick）1562年出版了一部有关珠宝设计的专著，其中很多图案都精确地计算出了使用珍珠的数量。用珍珠装饰龙和海马等形状的垂饰在当时十分流行。[356] 在文艺复兴时期的银器上，缠绕着树叶的森林之神、奇特的人类和动物形象等奇形怪状的图案亦时常可见。[357]

鉴于北部欧洲人对收藏和展示珍奇的兴趣日益广泛，瓷器和配有黄金或白银底座的天然珍品的数量大增。为富有藏家制作的椰子、鹦鹉螺和牛黄石杯配着精致和饰有珠宝的底座（图83、85）。大约在1570年，旅居德国的乔治·伯格（Georg Berger）开始为中国瓷器配置银质底座。[358] 伦敦的一位银匠大约在1585年至少为伯利勋爵威廉·塞西尔（William Cecil）的5件精致青花瓷器配制了银底座（图75），而后者显然将其中的一件或更多献给了伊丽莎白女王收藏。[359] 在纽伦堡市图书馆发现的一份文件，将一只配着银底座的巨型椰子杯赞誉为"自然神奇的造物"。温策尔·雅姆尼策尔（Wenzel Jamnitzer）家族成员，在纽伦堡享有盛名的一位银匠将"巴克斯盛宴"（Feast of Bacchus）中的一个场景搬上了椰子，并在华贵的盖子上镌刻了"皇帝惠存"和1593年的字样。纽伦堡的一个富有家庭收藏了雅姆尼策尔制作的椰子杯，并于1593年至1606年间向1 000多位尊贵的客人展示了这件藏品。[360]

普通的珍宝之所以为人所钟爱，除优美外，还因为人们相信它们具有超自然力。鹦鹉螺贝壳受到特别关注，是因其内壳里的珍珠母和神秘的螺旋形规律花纹。宝石与其他珍宝一样被视为造物主的艺术作品。安塞尔姆·鲍艾修斯·德布特（Anselm Boetius de Boodt）在《宝石和钻石的历史》（*Gemmarum et lapidum historia*，Hanau，1609年）中如此评论它们的神秘性：

> 上帝自己可以做的，也可以让他的使者——好的和堕落的天使——去做。他们得到上帝特殊的恩惠而进入宝石，为人类免除危害

---

① 原文有误，应为图84。——译者注

或带来福祉。[361]

在印度，宝石同样因为能给人带来好运或灾祸而倍受青睐。印度人甚至将钻石和红宝石分成了四个等级。亚洲人对宝石的看法对欧洲人的观念也产生了影响，卡尔达诺关于黑玛瑙可作为护身符并起镇静作用的说法便是佐证。他声称这个说法来自印度，在那里所有人都将黑玛瑙作为护身符戴在脖颈上。[362]

16世纪，西方有史以来第一次面临高度文明的东方的直接竞争。东方不仅拥有独立而伟大的悠久艺术传统和卓越的成就，还具有持久的生命力。相比之下，伊斯兰和拜占庭的艺术史则没有那么悠久、那么令人赞叹，而且与欧洲自身的传统过于接近——要么是原样照搬，要么是糟糕的模仿。尽管竞争残酷且不可思议，欧洲人对东西方海上交通带来的直接艺术成果的反应却很迟缓，而且起初只局限于表面。人们普遍认为，欧洲人之所以没有立即做出反应，盖因东西方直接关系开启之时，正值欧洲视觉艺术水准处于前所未有、此后也不曾再达到的高峰期。或者还因为许多优秀的亚洲小型艺术作品在欧洲已广为人知，早在16世纪之前便对欧洲的设计和装饰产生了影响。亦有人认为，欧洲人的想象力更多地是受到航海本身，而不是受到了经由航海发现的大陆及其人民的激发，因而欧洲艺术家更热衷于颂扬海洋探索而非仿效亚洲艺术。

然而，对各类艺术及艺术家的深入研究表明，欧洲人并非没有意识到来自亚洲艺术的挑战。阿尔布雷特·丢勒对"奇妙"的海外作品着迷；美第奇家族决心制作瓷器与来自中国的产品相竞争；卡尔达诺则为东方对欧洲艺术产生的"不确定"影响而苦恼。研究艺术形式的结果表明，为获得多样化、新奇和异国的效果，各行业的从业人员都在其作品中逐渐融入了亚洲的元素。一个明确的简单事实是：欧洲文艺复兴时期的艺术家，无论艺术水平和文化倾向如何，都能自由地将海外元素融入他们的作品，尝试和仿效在当时的欧洲尚没有的技术。

随着更为紧密和经常性的接触，欧洲人模仿亚洲瓷器、纺织品和漆器的尝试进一步深入。美第奇瓷器的制作者模仿中国明代青花瓷的结构、造型、图案和色彩，生产出了欧洲18世纪之前最好的瓷器。花边制作工艺大约在1500年被介绍到欧洲，威尼斯和德国随后出版了指导花边工人设计东方图案的书籍。

121

从意大利到西班牙，所有的欧洲人都热衷于仿效亚洲纺织品的质地、图案和装饰，因而链形缝法被更为广泛地应用。为与东方产品相竞争，从事缝纫、染色、镶嵌、珠宝雕刻和设计的艺术家们纷纷采用了新的技术。里斯本和安特卫普成为东方高档珠宝、珍珠、刺绣和贵金属工艺品的主要市场。为个人定制珠宝大概是效仿了印度的习俗，而这一习俗的日益盛行迫使一些国家不得不颁布法令禁止生产和使用。为帮助工匠制作具有竞争力的产品，欧洲还出版了有关珠宝设计的书籍，以及银器、刺绣和花边制作指南。欧洲和亚洲的厂商和工匠还合作在亚洲生产"出口产品"，瓷器、家具、羽毛制品和纺织品的设计都尽量迎合欧洲人的喜好。

地理大发现对建筑和雕塑的影响仅局限于曼努埃尔式艺术家采用的航海装饰元素。在欧洲绘画中，亚洲地毯、纺织品、瓷器、花卉和动物经常被作为装饰和海外元素使用。在荷兰，来自东方的奇特花卉、珍宝和海贝激发了人们的创新力，促进了诸如花卉和静物画等相关艺术的发展。采用了新主题的挂毯和木刻反映了北部欧洲对各类发明的广泛兴趣。绘画、挂毯和印刷品中描绘的服装是最早被东方化的元素之一。至 16 世纪末，印刷品中的中国人形象已经十分逼真。此外，各个时期的制图艺术家都迅速地在作品中表现了亚洲的新产品、动物和珍奇。或许是由于与图书出版和制图联系密切，北部欧洲的木刻艺术家和雕刻师比其他领域的艺术家对新近到来的亚洲珍宝更为敏感。

相比之下，从事大型艺术品创作的艺术家则难以获得亚洲相关作品的充足信息，因而对亚洲同行已经或者正在从事的创作所知甚少。欧洲建筑师无法亲眼看到亚洲的宏伟建筑，只能通过报告或从其他渠道得到的图像获得相关知识。雕塑家也只能看到亚洲工匠或小艺术家的次等作品，因为伟大的雕塑体积过大且价值过高，不可能被运到欧洲。在欧洲可以见到少量的亚洲绘画，但没有证据表明欧洲画家曾为其所感动，因而学习、仿效或尝试画中使用的技法。欧洲绘画和中国风景画可能存在相似之处，但是否受到中国画的影响尚需进行更为深入的研究方可定论。同样，阿钦博多复合头像体现的观念是否受到印度微型画的影响亦无法定论。尽管这些看法只是推断，但欧洲艺术家能够接触到有关亚洲的信息并有可能利用这一点却十分明确。同样，画家们可能受到这些样品的启发，并通过制图艺术家不失时机地利用珍宝图集提供的资源也得到了证实。

在欧洲显然不存在反对仿效亚洲文化或者采用海外技术的文化偏见。事实上，不少艺术家为亚洲"奇妙"的艺术作品而着迷。同样明确的是，他们在作品中使用了海外和象征性的亚洲元素。在制图领域，"异教徒作品"成为创新和奇特的范例，追求创新的样式主义者对其尤为赞赏。然而，亚洲对欧洲艺术的全面影响并不局限于这些明显的反应。在随后的章节里，我们将通过探讨欧洲各类艺术发展的实例，以及通过研究艺术家们如何采用亚洲艺术手法实现各自的目标，更清晰地说明来自亚洲的新奇事物是如何持续不断地进入欧洲艺术领域的。

注释:

[1] J. de Sigüenza, *Historia de la Orden de San Gerónimo* (Madrid,1907), II,73.

[2] 权威和明确评价参见 G. Kubler and M.Soria, *Art and Architecture in Spain and Portugal* (Baltimore, 1958), pp.101-3 ; 以及 J. Barreira *et al.*, *Arte portugesa* (Lisbon,1948), IV,77-78,167-68。

[3] 该观点的最新阐述见 J.Lees-Milne, *Baroque in Spain and Portugal...*(London,1960), pp.145-46。

[4] R.dos Santos, *O estilo manuelino* (Lisbon,1952).

[5] 参照引言及讨论 P. Frankl, *The Gothic: Literary Sources and Interpretations through Eight Centuries* (Princeton,1960), p.458。

[6] *Die Baukunst der Renaissance in Portugal* (Frankfurt am Main,1890).

[7] *Portuguese Architecture* (London,1908).

[8] 转引自 Frankl, *op.cit.*(n.5), p.748。

[9] *A arquitectura dos descobrimentos* (Braga,1943).

[10] 德奥斯将托马尔建筑的窗户视为"巴洛克风格和曼努埃尔式"相结合的产物,有关评论参见 P. Dony, Der Manuelstil in Portugal (1495-1521)", *Das Münster*, XIX (1966), 229。

[11] *Op.cit.* (n.3), pp.142,152.

[12] 很明显,我基本使用了此前引述的科斯塔 - 托里斯的分期和特性分析(p.58)。

[13] 科斯塔 - 托里斯(*op.cit.*[n.9], pp.182-83)认为圆形拱顶来自东方,由曼努埃尔式建筑家介绍到西方;圆形拱顶与浑天仪和基督十字架同样是曼努埃尔式建筑的标志性元素。沃森(*op. cit.*[n.7], p.143)认为由几组凸形曲线构成的拱顶"或许来源于摩尔人"。

[14] 例如,在 13 世纪建造的罗马拉特兰圣约翰大教堂的回廊里就有绞绳形柱子,参见 Lees-Milne, *op.cit.* (n.3), p.146。

[15] 类似观点参见 J. Evans, *Pattern* (Oxford,1931), II,59。

[16] 清单由科斯塔 - 托里斯提供(*op.cit.*[n.9], p.198)。

[17] 库布勒(Kubler)和索里亚(Soria)(*op.cit.* [n.2], p.103)将戴奥格·德·阿鲁达的创作与安托尼奥·高迪(Antonio Gaudi)在巴塞罗那的现代作品进行了比较。

[18] Phraseology of Costa-Tôrres, *op.cit.* (n.9), p.177.

[19] 参见 Watson,*op.cit.*(n.7), p.159 ; 以及 Barreira *et al.*, *op.cit.*(n.2), IV, pp.177-78。

[20] Lees-Milne, *op.cit.* (n.3), pp.147-48.

[21] *A Torre de Belém, 1514-20* (Coimbra,1922).

[22] *Op.cit.*(n.9), pp.211-12.

[23] *Ibid*, pp.215-16.

[24] Lees-Milne(*op.cit.* [n.3], pp.146-47)声称其"建筑特点纯属哥特晚期,与当时遍布欧洲的建筑特点无异"。

[25] E.Marcucci(ed.), *Lettre...di Filippo Sassetti* (Florence,1855), pp.295-96.

[26] 参见本人著作 *Asia in the Making of Europe*（此后简称 *Asia*），I (Chicago, 1965), p.461。更多细节参见 W.Varde-Valivlakar, "An Account of the Expedition to the Temples of Southern India Undertaken by Martin Alfonso de Souza, the 12th Governor[1542-45] of Portuguese India", *Indian Antiquary*, XLI(1912), 238-48。

[27] Costa-Tôrres, *op.cit*(n.9), pp.257-60.

[28] *Ibid.*, pp.264-68.

[29] *Ibid.*, pp.270-71.

[30] 参见 *Asia*, I, esp. pp.280, 684-65。

[31] F. Haskell, *Patrons and Painters: A Study in the Relations between Italian Art and Society in the Age of the Baroque* (New York, 1963), pp.65-66.

[32] J.Delumeau, *Vie économique et sociale de Rome...*(Paris, 1957), pp.120-21.

[33] E.Mâle, *L'art religieux après le Concile de Trente* (Paris, 1932), pp.500-501.

[34] 有关耶稣教堂保存的几件亚洲遗存的注释，参见 P.Pecchiai, *Il Gesù di Roma*(Rome, 1952), pp.331, 345。

[35] 参见 *Asia*, I, 72-74；亦请参见 R.A.Jairazbhoy, *Oriental Influences in Western Art* (Bombay, 1965)。

[36] M.Loehr, "The Chinese Elements in the Istanbul Miniatures," *Art orientalis*, I(1954), 89.

[37] H.Goetz, "Oriental Types and Scenes in Renaissance and Baroque Painting", *Burlington Magazine*, LXXIII(1938), 55-56; Y.Yashiro, "The 'Oriental' Character in Italian Pre-and Quattrocento Paintings", *East and West*, III (1952), 81-87.

[38] 见原书第二卷第一册，第 10 页。贝纳迪诺·德·埃斯卡兰特（Bernardino de Escalante）在其关于中国的著作（*Asia*, pp.742-43）中提到曾于 1577 年看到描绘中国骑士的画卷（约翰·弗兰普顿 [John Frampton], chap, xvi）。门多萨在讨论中国战船时则使用了从绘画和瓷器中找到的例子（参见 *Asia*, pp.770-71）。

[39] E. G. R. Taylor(ed.), *The Original Writings and Correspondence of the Two Richard Hakluyts* (London, 1935), II, 482.

[40] 描述参见 G. Schurhammer, "Desenhos orientais do tempo de S. Francisco Xavier", in *Garcia da Orta*, Special Number (Lisbon, 1956), pp.247-56。这些作品的复制品参见 *Asia*, I, p.356 之后的插图，以及本卷插图 24-28。

[41] 画的标题和说明均为葡萄牙文。

[42] Schurhammer, *loc. cit.*(n.40), pp.252-53.

[43] 1965 年 2 月，在前身为多明我会教会图书馆的罗马卡萨纳特图书馆里，图书管理员告诉我，他们没有这些藏品历史的信息。亦请参见 *ibid*, pp.247-48。

[44] *Ibid.*, pp.254-55.

[45] 转引自 A. Cortesão and A.Teixeira da Mota, *Portugaliae monumenta cartographica* (Lisbon, 1960-62), I, 168.

[46] *Ibid.*, p.132.

[47] A.C.Burnell and P.A.Tiele(eds.), *The Voyage of John Huyghen van Linschoten to the East Indies* (London,1885), I, 219.

[48] 由印度政府修建的建筑博物馆坐落在老果阿城大教堂附近一座普通的建筑里。1967 年 12 月 18 日我观看了这 200 幅保存完好的画像。

[49] 1956—1957 年大部分画像都被送到里斯本修补、清洁。参见 Cortesão and Teixeira da Mota, *op. cit* (n. 45), I,168。

[50] *Ibid.*, p.170；亦请参见 A.Frazão de Vasconcellos, *As pinturas das armadas da India* ...(Lisbon, 1941), pp.27-30。

[51] Marcucci, *op. cit.* (n.25), p.374；参见原书第二卷第一册，第 83 页。

[52] 阿尔瓦里斯 1561 年为在苏门答腊（Sumatra）海边失事的一艘海船画的像，后藏于罗马耶稣会档案馆（Jesuit Archives）。最新的发现是 1941 年亚美尼亚画家萨尔基斯·卡扎尔基斯多瑞安（Sarkis Katchadourian）从孟买带回的一张画。该画描述了瓦斯科·达·伽马的船队登陆好望角，可能是一名欧洲画家在 16 世纪末于印度所作。（参见 W. Born, "An Indo-Portuguese Painting of the Late Sixteenth Century", *Gazette des Beaux-Arts*, XXX[1946],165-78）这幅未署名的作品为阿尔瓦里斯神父或其学生所作？

[53] 关于费奇的旅行参见 *Asia*, I, 478-79；其他细节参见 P. Brown, *Indian Painting under the Mughals, A. D.1550-A.D.1750*(Oxford,1924), p.169。

[54] G. Schurhammer, "Die Jesuitenmissionäre des 16. und 17. Jahrhunderts und ihr Einfluss auf die japanische Malerei", *Jubiläumsband 1933 der deutschen Gesellschaft für Natur-und Völkerkunde Ostasiens*, I.118. 更详细的资料参见 Kenji Toda, "The Effect of the First Great Impact of Western Culture in Japan ...", *Journal of World History*, II (1954),435-36。

[55] J.Irwin, "Reflection on Indo-Portuguese Art", *Burlington Magazine*, XCVII (1955),387. 耶稣会会士经常将亚洲异教徒所作基督教题材的画像作为礼物送给他们的欧洲赞助人。例如，1584 年在葡萄牙的莱昂诺尔·马斯卡伦哈斯（D.Leonor Mascarenhas）收到了一幅日本人在宫古创作的"你们看这个人"（Ecce Homo 拉丁文，彼拉多将戴荆冕的耶稣交给犹太人示众时说的话——译者注）。参见 J.A.Abranches Pinto *et al.*, *La première ambassade du Japon en Europe* (Tokyo,1942), p.94。

[56] 葡萄牙绘画史参见 Barreira *et al.*, *op.cit.* (n.2), III, 229-75; R.dos Santos, *Oito seculos de arte portuguesa: Historia e espirito* (Lisbon,1967), pp.41-148;Kubler and Soria, *op.cit.*(n.2), pp.328-41; *L'art portugais de l'époque des grandes découvertes au XX siècle* (Paris, n.d.); G.Martin-Méry, *L'Europe et la découverte du monde* (Bordeaux,1960)。

[57] 参照 *Asia*, I,151-54。

[58] 在葡萄牙工作的佛兰德画家弗朗西斯科·亨利克斯（Francesco Henriques，1518 年去世）曾为埃武拉大教堂画过一幅"三贤士"像。画中深色皮肤的国王相貌类似黑人，头戴飘着彩带

的华丽头巾，身着厚重的锦袍，看起来比其他两位国王更为富足。他手中捧着一个镶嵌在银底座上的可能是椰子的东西。参见原书第二卷第一册，第 75 页。

[59] 复制品参见 E. Tormo y Monzó, *Os desenhos das antigualhas que vio Francisco d'Ollanda, pintor português* (Madrid,1940)。

[60] 参见 J. de Vasconcellos（ed.），*Francisco de Hollanda; Vier Gespräche über die Malerei geführt zu Rom 1538* (Vienna,1899)。

[61] *Ibid.*, pp.lxxx-lxxxi.

[62] *Asia*, I, 280,562 n.,684.

[63] 有关"黄金屋"对装饰和怪诞画法影响的精彩讨论，参见 A.von Sailis, *Antike und Renaissance* (Zurich,1947), pp.39-43。

[64] Vasconcellos, *op.cit.* (n.60), pp.101-2.

[65] 有关全面的讨论参见 F. Baumgart, *Renaissance und Kunst des Manierismus* (Cologne, 1963); C.H. Smyth, *Mannerism and Maniera* (Locust Valley, N.Y.,1963); F. Würtenberger, *Der Manierismus* (Vienna, 1962); G.Briganti,*Italian Mannerism* (London,1962); J.Bousquet, *La peinture manieriste* (Neuchâtel,1964)。

[66] 转引自 J.Shearman,*Mannerism* (London,1967), p.18。

[67] 参见 M.Praz, *Belleza e bizzarria* (Milan,1960), p.256。

[68] 根据斯德哥尔摩皇家图书馆收藏的一部 16 世纪出版的关于摩尔式艺术的专著的摘录，参见 E. Forssmann, *Säule und Ornament: Studien zum Problem des Manierismus in den nordischen Säulenbüchern und Vorlageblätter des 16. und 17. Jahrhunderts* (Stockholm,1956), p.127。

[69] O. H. Giglioli, "Jacopo Ligozzi disegnatore e pittore di piante e di animali," *Dedalo*, IV (1923-24),556; 亦请参见乌菲兹美术馆, *Mostra di disegni del Ligozzi* (1547-1626) (Florence, 1924), pp.13-22。

[70] Mâle, *op.cit.*(n.33), p.438.

[71] *Ibid.*, pp.117-20.

[72] 参见 *Asia*, I, 692-701。

[73] 参见 *Ibid.*, p.656 页后的图片；亦请参见 Abranches Pino *et al.,op.cit* (n.55), pp.xxii,162。

[74] 特别参见 C. Ridolfi, *Vita di Giacopo Robusti detto il Tintoretto...*(Venic,1642), p.89。参见图片：身着西式服装的日本青年，C.Vecellio, *Habiti antichi et moderni di tutte il mondo* (2d ed.; Venice,1598), p.477 对面。在该版画中韦切利奥复制了丁托雷托的作品？

[75] 参照 C.R.Boxer, "Portuguese Influence in Japanese Screens from 1590 to 1614," *Connoisseur*, XCVIII (1936), 80-81。

[76] 参见 G. Marlier, *La renaissance flamande, Pierre Coeck d'Alost* (Brussels,1966), p.385。

[77] 参见 M. L. Hairs, *Les peintres flamands de fleurs au XVIIe siècle* (Brussels,1955), pp.7-8。特别参见弗朗斯·施奈德斯（Frans Snyders, 1579 年其事业达到顶峰）绘制的静物：一个中国瓷

盘上画着大虾、猴子和鹦鹉（National Museum, Stockholm, No.637）。

[78] A. E. Popham, "On a Letter of Joris Hoefnagel," *Oud-Holland*, LIII(1936),147-49.

[79] I.Bergström, *Dutch Still-Life Painting in the Seventeenth Century* (London,1956), p.41.

[80] Hairs, *op.cit.*(n.77), pp.14-15.

[81] Bergström, *op.cit.*(n.79), pp.64-65；请参见 W.S.S.van Benthem-Jutting, "A Brief History of the Conchological Collections at the Zoölogical Museum of Amsterdam, with Some Reflections on 18th Century Shell Cabinets and Their Proprieters...," *Bijdragen tot de Dierkunde*, XXVII(1939),167-246。

[82] K.Clark, *Landscape Painting* (New York,1950), pp.4-10,26-27.

[83] 进一步的讨论参见 P.Fierens, *Le fantastique dans l'art flamand* (Brussels,1947), p.58。样品参见图37、38。

[84] Bousquet, *op.cit.*(n.65), pp.270-75.

[85] F. Grossmann, *Bruegel:The Paintings* (rev.ed.;London,1966), p.17.

[86] O.Münsterberg, "Leonardo da Vinci und die chinesische Landschaftsmalerei," *Orientalisches Archiv*, XII(1910),92-100; C.Sterling,"Le paysage dans l'art européen...," *L'Amour de l'art*,1931, pp.9-21,101-12; J.Baltrušaitis, *Le moyen-âge fantastique* (Paris,1955), p.211; Bousquet, *op.cit.* (n.65), p.275.

[87] 杰曼尼·卡尔特（Germaine Cart）指导下出版的展品目录题为 *Le paysage en Orient et en Occident* (Paris,1960)。该展览是继两年前塞努齐博物馆 (Musée Cernuschi) 展览之后主办的。

[88] *Ibid.*, pp.13-14.

[89] 有关欧洲人收集的中国书籍，参见 *Asia*, I,738,745,747,750n.,760n.,778-80,803,805n.。这些书籍大多配有插图。例子参见16世纪中国戏剧、诗歌的复制品，现藏于埃斯科里亚尔图书馆（Library of the Escorial），可能在1585年之前被带到了西班牙。参见 J.J.Y. Liu, "The Fêng-yüeh Chin-nang: A Ming Collection of Yüan and Ming Plays and Lyrics Preserved in the Royal Library of San Lorenzo, Escorial, Spain," *Journal of Oriental Studies* (Hongkong), IV(1957-58), pls. I-XI。但由于这些插图描绘的都是人物，对风景画的影响不大。此处加以介绍，旨在说明中国配有插图的书籍有所收藏，其中一些除人物画像外还可能包括风景画。

[90] 中国的云朵图案如何为欧洲人所借鉴，参见 V. Slomann, *Bizarre Designs in Silks* (Copenhagen,1953), p.142。

[91] 有关讨论参见 R.Schmidt, "China bei Dürer," *Zeitschrift des deutschen Vereins für Kunst-wissenschaft*,VI(1939),103-6。

[92] 参见原书第二卷第一册，第27页。

[93] G. Händler, *Fürstliche Mäzene und Sammler in Deutschland von 1500-1620* (Strassburg,1933), pp.49-50.

[94] H. Kehrer, Die *"Heiligen Drei Könige"* in der Legende und in der deutschen bildenden Kunst bis

Albrecht Dürer (Strassburg,1904), passim; 以及 H. Baudet, *Paradise on Earth: Some Thoughts on European Images of Non-European Man*(New Haven,Conn,1965), pp.17-18。亦请参见原书第二卷第一册，第 68 页。

[95] 参见尼德兰画家为数众多的三联画复制品 , *op.cit.*(n.76), pp.117-63。亦请参见原书第二卷第一册，第 7 页。

[96] 参见 Fierens, *op.cit.* (n.83), p.60。

[97] A.L.Romdahl, "Pieter Brueghel der Ältere und sein Kunstschaffen," *Jahrbuch der kunsthistorischen Sammlungen des allerhöchsten Kaiserhauses*, XXV(1905),100 and pl.XIV.

[98] J. Macer, *Les trios livres de l'histoire des Indes* (Paris,1555), pp.47-49.

[99] 转引自 Mâle, *op.cit.*(n.33), p.249。

[100] 完整复制品参见 J. R. Martin, *The Farnese Gallery* (Princeton,N.J.,1965), pl.69。

[101] 参见 S. M. Rinaldi, "Appunti per Paolo Fiammingo," *Arte veneta*, XIX(1965),99。亦请参见原书第二卷第一册，第 192 页。

[102] E.Kris, "Georg Hoefnagel und die wissenschaftliche Naturalismus," *Festschrift für Julius Schlösser* (Zurich,1927), pp.243-53.

[103] 对他奇特作品的综合评述，参见 J.Bialostocki, "Les bêtes et les humaines de Roelant Savery," *Musées royaux des Beaux-Arts Bulletin* (Brussels), No.1(March,1958), pp.69-97。

[104] 列奥纳多在《笔记》中讲述了如何根据已知动物的形象描绘想象中的动物的各个部分，以使其真实。(E. McCury [trans. and ed.], *The Notebooks of Leonardo da Vinci* [New York,1958], I, 15)。根据列奥纳多建议所做的一些尝试参见 B.Geiger, *I dipinti ghiribizzosi di Giuseppe Arcimboldi ...* (Florence,1954), pp.36-40,46-47。

[105] P.Wescher, "The 'Idea' in Giuseppe Arcimboldo's Art," *Magazine of Art*, XLIII(1950),3.

[106] 细节参见 F. C. Legrand and F.Sluys, *Arcimboldio et les arcimboldesques* (Brussels,1955), pp.71-75。

[107] 指出印度 "神奇" 的微型画与阿钦博多复合头像的相似之处，首次出现在 J. Strzygowski *et al, Asiatische Miniaturenmalerei* (Klagenfurth,1933), p.223。

[108] 亦请参见 "象之战"（The Combat of Elephants）的复制品，K. M. Ball, *Decorative Motives of Oriental Art* (London,1927), pp.74-75。

[109] Legrand and Sluys, *op.cit.* (n.106), pp.72-73; 否认阿钦博多的作品受到亚洲影响的专门论述参见 R.Cailois, *Au coeur du fantastique* (Paris,1965), p.25。否认是基于这样的说法：阿钦博多在去布拉格之前就在米兰创作了这些复合头像。普遍的看法是，伦勃朗是第一个受到印度微型画影响的欧洲画家，参见 Brown, *op.cit.* (n.53), pp.24-25。

[110] 关于雕版印刷术向西方的传播参见 T. F. Carter and L.C.Goodrich, *The Invention of Printing in China and Its Spread Westward* (2d ed.; New York, 1955), pp.201-8,241-43；有关中国对 16 世纪欧洲的影响，参见 G.Panciroli, *The History of Many Memorable Things Lost...*(London,1715),

Pt.II, p.338。欧洲木刻史参见 C.Dodgson, *Catalogue of Early German and Flemish Woodcuts* (London,1903), I, v-vi；以及 A.M.Hind, *An Introduction to a History of Woodcut...*(Boston and New York,1935), I, 64-96。

[111] A.Stevenson, "The Quincentennial of Netherlandish Blockbooks," *British Museum Quarterly,* XXXI（1967）, 83-84.

[112] S. Colvin, *Early Engraving and Engravers in England* (London,1905), p.26.

[113] 参见 A. M. Hind, *A History of Engraving and Etching...*(London,1927), pp.19-22,105-10。关于地图铜版印刷的复兴和最后的胜利，参见 R.A.Skelton, *Decorative Printed Maps of the 15th to 18th Centuries* (London,1952), pp.42-50。

[114] 关于阿尔特多费尔的作用，参见 F.Winzinger, "Albrecht Altdorfer und die Miniaturen des Triumphzuges Kaiser Maximilian I," *Jahrbuch der kunsthistorischen Sammlungen in Wien*,N. S.,LXII(1966),165-66 and pl.18b。

[115] 把"卡利卡特人"包括进去大概是皇帝在 1512 年审定"凯旋"组图设计方案时自己出的主意。英文翻译出自 Stanley Appelbaum(ed.),*The Triumph of Maximilian I* (New York,1964), p.19。

[116] E.Panofsky, *The Life and Art of Albrecht Dürer* (Princeton,1955), II, nos.1249-58，其中包括丢勒与东方相关画作的目录。

[117] *Ibid.*,no.405.

[118] 书名为 *Die Merfart...*，这部小书的内容概要见 *Asia*,I,163。两幅木刻的复制品见 *Asia*, I, p.164 and p.356 之后的图。韦尔泽档案中有关原作的介绍，参见 Dodgson, *op.cit.* (n.110), II,71。

[119] 有关他描述的伯格迈尔威尼斯之行的重要性，参见 E.von Huber, "Die Malerfamilie Burgkmair von Augsburg," *Zeitschrift des historischen Vereins für Schwaben und Neuburg*, I (1874), 313-14。

[120] W. F. Oakeshott,*Some Woodcuts by Hans Burgkmair* (Oxford,1960), pp.8-9.

[121] Appelbaum, *op.cit.* (n.115), pp.18-19, n.71. 亦请参见原书第二卷第一册，第 133-134 页。

[122] H.Goetz, "An Indian Element in 17th Century Dutch Art," *Oud-Holland*, LIV(1937),224-25.

[123] 参见原书第二卷第一册，第 64-66 页，关于卡萨纳特图书馆（Casanatense）收藏的水彩画的讨论。

[124] 有关讨论参见原书第二卷第一册，第 163-165 页。

[125] 参见 Oakeshott, *op.cit.* (n.120), pp.12-13。

[126] 评论以及选出的一件复制品，参见 F.W.H.Hollstein, *German Engraving,Etchings,and Woodcuts* (Amsterdam,1954),IV,177。

[127] 题为：*Die Ritterlich und lobwirdig raisz des gestregen und uber all ander weyt erfarnen ritters un landt-farers,herrn Ludowico Vartomans von Bolonia*。大英博物馆收藏了摹本。

[128] Dodgson, *op.cit.* (n.110), II,249-50.

[129] *Ibid.*, p.140.

[130] W. Blunt, *The Art of Botanical Illustration* (London,1950), p.33.

[131] *Ibid.*, p.45.

[132] 有关讨论参见 J. Stannard, "Dioscorides and Renaissance Materia Medica," *Analecta medico-historica*, I (1966),9-10。

[133] A.Arber, Herbals: *Their Origin and Evolution* (Cambridge,1938), p.150.

[134] *Ibid.*, pp.138-39.

[135] 奥尔塔及其著作出版历史的细节，参见 *Asia*, I, 192-95。《印度草药风物秘闻》对植物史重要意义的最新评价，参见 C.das Neves Tavares, "A boânica nos *Colóquios* de Garcia da Orta," in *Garcia da Orta*, XI, No.4 (1963),667-93。

[136] 他绘制的植物画像复制品见 *Asia*, I, p.100 之后。

[137] 例如，柏林国家图书馆收藏了博尔茨绘制的 1 856 幅植物画像，参见 Blunt, *op.cit.*(n.130), pp.65-66。

[138] G.Bazin, *A Gallery of Flowers* (London,1960), p.14.

[139] 特别参见他的著作 *Rariorum plantarum historia* (Antwerp,1601)。

[140] 例如，1581 年普兰汀在安特卫普出版了 *Plantarum seu stirpium icones*，该书包括了为多东斯（Dodoens）、德·奥贝尔 (de l' Obel) 和库希乌斯著作绘制的 2 191 幅版画。有关普兰汀与植物学家的关系，参见 Colin Clair, *Christopher Plantin* (London,1960), pp.115-16,147-48。

[141] 参见 Stannard, *loc.cit.* (n.132), p.14。

[142] Arber, *op.cit.* (n.133), p.140.

[143] 他是第一个大量引用奥格斯堡的莱昂哈德·罗沃夫（Leonhard Rauwolf）在其著作《近东》（*Near East*）中有关植物论述的人。参见 K. H. Dannenfeldt, *Leonhard Rauwolf* (Cambridge, Mass.,1968), p.227。

[144] 对文艺复兴晚期象形文字传统的深入研究，参见 E.Iversen, *The Myth of Egypt and Its Hieroglyphs* ...(Copenhagen,1961), pp.60-65。

[145] G.Boas, *The Hieroglyphics of Horapollo* (New York,1950), p.29.

[146] 参见 H.Green（ed.），*Andreae Alceate Emblematum* (Manchester,1870), pp.14-16。这个版本是敬献给康拉德·波伊廷格的。

[147] 参见 M. Praz, *Studies in Seventeenth-Century Imagery* (2d ed;Rome,1964), pp.62-63。

[148] *Ibid.*, pp.68-70.

[149] Iversen, *op.cit.* (n.144.), p.66.

[150] *Ibid.*, p.72.

[151] 有关托尔夸托·塔索 (Torquato Tasso) 对 *imprese* 的论述，参见 E.Raimondi（ed.），*Torquato Tasso Dialoghi:Edizione Critica* (Florence,1958), II, Pt.II,1029-1134。

[152] 瓦莱利亚诺时代之前的一些画家曾将象形文字作为激发其创作灵感的源泉，特别是平图利奇奥（Pinturicchio）、列奥纳多、曼泰尼亚、乔瓦尼·贝里尼、丢勒和乔治·瓦萨里（Giorgio

Vasari）；参见 Praz, *op.cit.* (n.147), pp.24-25。

[153] 这里使用的 1679 年完整版的书名是：*Joachimi Camerarii symbolorum ac emblematum ethicopoliticorum centuriae quatuor:prima, arborum et planetarum;secunda,animal quadrupedium; tertia, avium et volatilium; quarta, piscium et reptilium.* 德文译本于 1671 年和 1672 年出版。

[154] 类似但少得多的自然主义"象征"或许能在此找到：A.Freitag, *Mythologia ethica...*(Antwerp, 1579)，以及衍生作品 *Viridarium moralis philosophiae per Fabulas Animalibus brutus attributas traditae, iconibus artificiousissime in aes insculptis exornatum* (Cologne,1594)。描绘的动物大部分都很精彩，两部书的正文也相同，版画似乎大多出自马克·加拉德（Marc Gheeraerts）之手。有关这些精美版画更多的细节参见 Clair,*op.cit.*(n.140), pp.195-96。

[155] Centur. II, chaps.i-v, vii, xxxv, lviii, lxiv. 亦请参见图 129 和图 138。

[156] Centur. III, chaps.xliii, vliv, and xlvi. 卡提干岛（Catigan Island）大概是指菲律宾莱特岛西南面的卡尼高岛，麦哲伦曾经经路过。亦请参见图 139 和图 141。

[157] 他将其称为铜版蚀刻画 Praz, *op.cit.* (n.147), p.295。有关西布马赫蚀刻版画的讨论，参见 A.Andresen, *Der deutsche peintre-graveur, oder die deutschen Maler als Kupferstecher...* (Leipzig,1872-78), II,280-409。

[158] 特别参见 fols.7 and 8。

[159] （Antwerp,1564），p.113.

[160] *Theatri orbis terrarum enchiridon...*(Antwerp,1585).

[161] *Ibid.*, pp.5-7, and 135-37.

[162] *L'isole piu famoso del mondo*(Venice,1576), pp.185-88,189-92.

[163] 亦请参见弗吉尔·索利斯（Virgil Solis, 1514—1562 年）所作纸牌中的动物装饰，F. Rumpf, "Beiträge zur Geschichte der frühen Spielkarten," *Festschrift Adolph Goldschmidt* (Berlin,1935), p.85.

[164] Skelton,*op.cit.*(n.113), pp.17-18. 有关舰船装饰图如何在雕刻师中流传，参见 J.von Beylen, "Schepen op kaarten ten tijde van Gerard Mercator," *Duisburger Forschungen*, VI (1962),131-33。

[165] 概要基于 1550 年在巴塞尔出版的德文版修订本，修订由明斯特亲自指导。进一步的讨论参见 K. H. Burmeister, *Sebastian Münster* (Basel,1963), pp.120-21。

[166] 参见 *Asia*, I, 204-8；朱利奥·德拉·托尔（Giulio della Torre）是维罗纳的一名艺术家，他为颂扬赖麦锡制作了一枚金属徽章，徽章的背面以地图作为装饰。A.Armand, *Les médailleurs italiens...*(Paris,1883), I, 134.

[167] J.Adhémar,*Inventaire du fonds français:Graveurs du XVIe siècle* (Paris,1939), II,108.

[168] A.Thevet, *La cosmographie universelle ...* (Paris,1575), I,330r, 383r,425v,436v; "曼德拉夫"（Mandelaph）可能是蒂多雷（Tidore）苏丹曼佐尔（Manzor），参见 *Asia*, I,595-96。

[169] 有关葡萄牙人从安特卫普移居科隆的情况，参见 H.Kellenbenz, *Unternehmerkräfte im*

Hamburger Portugal-und Spanienhandel (Hamburg,1954), p.201。葡萄牙人的说法与《加斯帕·科雷亚的印度传奇》(*Lendas da India* of Gaspar Corrêa) 和《利佐阿特·迪阿布雷乌》(*Livro de Lizuarte de Abreu*) 中描述的要塞和城市相似，这两部书均于 1564 年之前完成。参见由斯克尔顿 (R. A. Skelton) 作序的复制版，G. Braun and F. Hogenberg, *Civitates orbis terrarum: The Towns of the World,1572-1618*(Cleveland,1966), I, xviii,54,57。亦请参见配有插图的果阿史，L.Silveira, *Ensaio de iconografia das cidades portuguesas do ultramar* (Lisbon,1957), III,361。

[170] 其艺术生涯参见 G.J.Hoogewerff, "Philips van Winghe", *Mededeelingen van het Nederlandsch Historisch Instituut te Rome*, VII (1927),59-82。

[171] 这两架屏风于 1581 年制作，是准备送给范礼安神父的礼物，可能是一位卡诺派 (kano School) 画家绘制的，参见 Abranches Pinto *et al., op.cit.* (n.55), pp.1, n.7,185, n.659。

[172] 范·温赫素描图片首次出现于 V.Carari, *Le vere e nove imagini de gli dei della antichi* (Padua,1615)。这些图片被洛伦佐·皮格诺利亚 (Lorenzo Pignoria) 收入有关东印度和西印度诸神部分，作为卡尔塔利 (Cartari) 作品的附件，大概是为了对 1615 年时的日本使馆表示敬意。皮格诺利亚在门下面的文字说明中错误地将其 (或者这两幅版画) 称为供奉日本神灵的寺院。凡见过日本寺院或城堡的人都不会犯这样的错误。有关日本神灵的进一步讨论参见 R.W.Lightbown, "Oriental Art and the Orient in Late Renaissance and Baroque Italy," *Journal of the Warburg and Courtauld Institutes*, XXXII (1969), 242-47。

[173] A.J.J.Delen, "Bücherillustrationen des Pieter Coecke van Alost," *Gutenberg Jahrbuch* (1930), p.191；以及 Marlier, *op.cit.* (n.76), p.57。

[174] 题为：*Les moeurs et fachons de faire des Turcs*。该书于 1873 年由马克斯韦尔 (W.S.Maxwell) 在伦敦再版。

[175] 有关洛克的生平和作品，参见 H.Harbeck, *Melchior Lorichs* (Hamburg,1911)；菲舍尔 (E.Fischer) 编纂的目录 *Melchior Lorck: Drawings from the Evelyn Collection ...and from the Department of Prints and Drawings, the Royal Museum of Fine Arts, Copenhagen* (Copenhagan,1962)；以及 P. Ward-Jackson, "Some Rare Drawings by Melchior Lorichs," *Connoisseur*, CXXXV(1955), 88-89；亦请参见 J. Sthyr, *Dansk Grafik, 1500-1800* (Cobenhagen,1943), I,34。

[176] 参见 O.Benesch, "The Orient as a Source of Inspiration of the Graphic Arts of the Renaissance," in *Festschrift Friedrich Winkeler* (Berlin,1959), p.251。

[177] F. Bertelli, *Trachtenbuch: Venedig, 1563*(Zwickau,1913), p.1；以及 H.Doege, "Die Trachtenbücher des 16. Jahrhunderts," *Beiträge zur Bücherkunde und Philologie:August Wilmanns zum 25 März 1903 gewidmet* (Leipzig,1903), pp.429-44。

[178] *Receuil de la diversité des habits qui sont de present en usaige tant es pays d'Europe, Asie, Afrique et isles sauvages* (Paris,1562), plates 94,103,120. 该书由理查德·布莱顿 (Richard Breton) 出版。

[179] 基于对国家图书馆绘画部所藏木刻的描述，Adhémar, *op.cit.*(n.167), II,356-57。

[180] 由亚伯拉罕·德·布鲁恩出版，书名为：*Omnium pene Europae, Asiae, Aphricae atque Americae gentium habitua*。身着民族服装的海外人物的复制品，见图 59 和图 60。

[181] 题为：*Habitus variarum orbis gentium* (Paris,1581)。

[182] 有关评论见 C.Lozzi, "Cesare Vecellio e i suoi disegni e intagli per libri di costumi e di merletti," *La bibiliofilia*, I (1990), 3-11；以及 M.von Boehn, *Modes and Manners* (London,1932), II, 108-9。

[183] Doege, *loc.cit.*(n.177), pp.441-42.

[184] 但是在描绘教皇格里高利十三世接见日本使节的版画中，日本使节却身着欧洲服装。使节的服装或许正是教皇本人赠予的礼物。这两幅具有纪念意义的版画见 Abranches Pinto *et al.*, *op.cit* (n.55), p.163 对面。

[185] 复制品参见图 61-69。

[186] 有关他在佛罗伦萨期间对地图和地理产生兴趣的讨论，参见 J. A. F.Orbaan, *Stradanus te Florence, 1553-1605* (Rotterdam,1903), p.89。

[187] 进一步讨论参见 R.Wittkower,"Miraculous Birds,"*Journal of the Warburg Institute*, I (1937-38), 255-56。

[188] 所指可能是一种称作 *garuda* 的印度太阳鸟。在《摩诃婆罗多》（*Mahabharata*）和《罗摩衍那》（*Ramayana*）这两部伟大的梵文史诗中，它载着 naga（"蛇"，在梵文中可能称为"象"）。皮加费塔（Pigafetta）文中的 *garuda* 指的就是这种鸟。参见 C.E.Nowell（ed.），*Magellan's Voyage around the World: Three Contemporary Accounts* (Evanston,III.,1962), p.248。有关印度民间文化中有关 *garuda* 的历史，参见 A.de Gubernatis, *Zoölogical Mythology, or The Legends of Animals* (London,1872), II, 94-95。

[189] G.B.Ramusio,*Delle navigationi...*(Venice,1550-59), I,407r.

[190] *Ibid.*, II, 58r. 有关 "ruch" 的描述，参见 H.Yule and H.Cordier(eds.), *The Book of Ser Marco Polo* (New York,1933), II,415-24。

[191] 我的分析与魏茨托尔（Wittkower）（*loc.cit.*[n.187], pp.256-57）有所不同，他认为这只鸟于这幅版画而言并无意义，并推测施特拉达努斯可能是依据他在佛罗伦萨看到的来自波斯的原作而创作了这幅画。木刻象见原书第二卷第一册，第 157 页。

[192] 图 8 见引人注目的图集《新发现》（*Nova reperta*, Antwerp, 1592）。这部图集的第一幅画表现了哥伦布登陆美洲大陆，以纪念这个重大历史事件发生一百周年。遍寻世界，画中土著妇女的面容酷似文艺复兴时期的希腊女神！

[193] 讨论见 E. Tietze-Conrat, "Die Erfindung im Relief," *Jahrbuch der kunsthistorischen Sammlungen in Wien*, XXXV(1920),131。

[194] 比较美洲印第安人的表现方式和查尔斯五世凯旋的象征，参见 M. Bataillon, "La cour découvre le nouveau monde," J.Jacquot（ed.），*Fêtes et cérémonies au temps de Charles Quint* (Paris,1960), pp.13-27。

[195] 葡萄牙团体没有为庆典修建拱门，但有 20 人及其仆从参加了游行。参见 C.Grapheus, *Le triomphe d'Anvers faict en la susection du Prince Philip, Prince d'Espaigne* (Antwerp,1550)；包括彼得·科克·凡·阿洛斯为凯旋拱门制作的 29 幅木刻。有关葡萄牙人在这次活动以及安特卫普其他庆典中扮演的角色，参见 J. M. Lopes, *Les Portugais à Anvers au XVIᵉ siècle* (Antwerp,1895), pp.12-16。

[196] J. Boch, *Descriptio publicae gratulationis, spectaculorum et ludorum, in adventu...Ernesti archiducis Autriae,an.MDXCIII,XVIII kal.iulias,aliisque diebus Antwerpiae editorum...* (Antwerp,1595), pp.140-41.

[197] 参见 J. Chartrous, Les entrées solennelles et triomphales à la Renaissance (1484-1551)(Paris,1928), pp.111-17；亦请参见 N.Ivanov, "Fêtes à la cour des derniers Valois," *Revue du XVIᵉ siècle,* XIX(1932), 96-122。

[198] 他制作的东亚地图见 *Asia*, I, p.164 之后。

[199] 参见复制品，*Asia* I, pp.356,528,752 之后。

[200] 沃尔夫的书题为：*John Huighen van Linschoten,his Discours of Voyages into ye Easte and West Indies...*。应当指出，哈克路特 1589 年第一次出版其著作时并没有收入地图和插图，此缺欠大概是当时英国雕刻业的状况造成的。

[201] 有关其生涯的综合讨论参见 *Asia*, I,216。

[202] 类似看法参见 A.G.Gamus, *Mémoire sur la colletion des grands et petits voyages* (Paris, 1802), p.195。

[203] 有关其生涯的讨论参见 *Asia*, I,216-17。

[204] 书名为：*Erste Schiffart an die orientalischen Indien, so die Hollandisch Schiff, im Martio 1585 aussgefahren, und im Augusto 1597 wiederkommen, verzicht...*(5th ed.; Frankfurt am Main,1625)。

[205] 参见原书第二卷第一册，第 87 页。亦请参见 Andresen, *op.cit.*(n.157), pp.366-69。

[206] 比较欧洲匕首和鞘上的装饰，参见 S.Schéle, *Cornelis Bos:A Study of the Origins of the Netherlands Grotesque* (Stockholm,1965), pls.45-46。

[207] 原产塞兰岛（Seram），这种鸟现在通常被称为塞兰岛食火鸡（Seram cassowary）。胡尔修斯（Hulsius）书中称为鸸鹋（eme）（p.43），据说是沿用了当地人的叫法。库希乌斯也描述过这种鸟。

[208] 基于亚拉兹博依（Jairazbhoy）有关西方开始认识东方的讨论，*op.cit.* (n.35), pp.30-37。

[209] M.Schuette, "History of Lace," *Ciba Review*, No.73(1949), p.2685.

[210] Evans, *op.cit.* (n.15), I,161；更明确的说明参见 M.B.Rogers, "A Study of the Makara and Kirttimukha with Some Parallels in Romanesque Architectural Ornament of France and Spain," Ph. D.diss., Department of Arts, University of Chicago,1965, *passim*。

[211] A. Leix, "Early Islamic Textiles," *Ciba Review*, No.43(1942), pp.1573-74；亦请参见 F. M. Heichelheim, "Byzantines Silks," *Ciba Review,* No.75(1949), pp.2761-62。

[212] F. E. de Roover, "Lucchese Silks," *Ciba Review*, No.80 (1950), p.2925.

[213] O.von Falke, "Chinesische Seidenstoffe des 14. Jahrhunderts und ihre Bedeutung für die Seidenkunst Italiens," *Jahrbuch der preussischen Kunstsammlungen*, XXXIII (1912),176-92. 亦请参见 Evans, *op.cit.* (n.15), pp.162-64。

[214] 参见 P.Toynbee, "Tartar Cloths," *Romania*, XXIX (1900),559-64。

[215] O. von Falke, *Kunstgeschichte der Seidenweberei* (Berlin,1921), pp.38-40 ；花卉在印度设计中的角色参见 Slomann, *op.cit.* (n.90), pp.42-43。

[216] 描绘纺织品的威尼斯大师有卡洛·克里韦利（Carlo Crivelli）、贞提尔·贝里尼（Gentile Bellini）、维托雷·卡帕奇欧（Vittore Carpaccio）和保罗·维洛尼斯（Paolo Veronese）；参见 G. de Francesco, "Silk Fabrics in Venetian Paintings," *Ciba Review*, No.29(1940), p.1047。

[217] 参见 W.Naumann, "Bark Cloth in the Reports of the First Explorers of the South Seas," *Ciba Review*, No.33(1940), pp.1175-79。亦请参见原书第二卷第一册，第 34 页所引哈克路特编写的目录。

[218] R. C.Temple（ed.）, *The Itinerary of Ludovico di Varthema of Bologna from 1502-1508* (London,1928), p.79；以及 M. L. Dames(ed.), *The Book of Duarte Barbosa* (London,1921), I,93。源于波斯文 "sinabafos"，参见 H.Yule and A.C.Burnell, *Hobson-Jobson: A Glossary of Colloquial Anglo-Indian Words and Phrases...*(New Delhi,1968), p.623。

[219] Burnell and Tiele, *op.cit.*(n.47), I,60-61.

[220] *Ibid.*, p.64.

[221] *Ibid.*, p.91.

[222] 参见 J.Irwin, "The Commercial Embroidery of Gujarat in the Seventeenth Century," *Journal of the Indian Society of Oriental Art*, XVII(1949),51-52。他准备把这些针线女工送给玛利亚皇后。

[223] 16 世纪的古吉拉特刺绣床垫见图 58。

[224] J. Irwin, "Indo-Portuguese Embroidered of Bengal," *Arts and Letters: Journal of the Royal India, Pakistan, and Ceylon Society*, XXVI (1952), 65-70.

[225] M.Schuette and S.Müller-Christensen, *The Art of Embroidery* (London,1964), p.xxiii.

[226] *Ibid.*, p.ix.

[227] F. L. May, *Hispanic Lace and Lace Making* (New York,1939), p.271；亦请参见 M.A.Moeller, "An Indo-Portuguese Embroidery from Goa," *Gazette des Beaux-Arts*, XXXIV (1948),118-19。

[228] D. Réal, *Tissus espagnoles et portugais* (Paris,1925),introduction.

[229] Jairazbhoy, *op.cit.*(n.35), pp.47-48.

[230] W.Born, "Textile Ornaments of the Post-Classical East and of Medieval Europe," *Ciba Review*, No.37(1941), p.1344.

[231] K.Erdmann, "Orientalische Tierteppiche auf Bildern des 14.und 15.Jahrhunderts," *Jahrbuch der preussischen Kunstsammlungen*, I, (1929),263-94; 以及 G.Soulier, "Les influences persanes

dans la peinture florentine du XVe siècle," *L'Italia e l'arte straniera* (Rome,1922), pp.194-98.

[232] Delumeau, *op.cit.* (n.32), pp.99-100.

[233] 见菲利普·萨塞蒂的看法，Marcucci, *op.cit.*(n.25), pp.147-48。

[234] J.Denucé, *Antwerp Art-Tapestry and Trade* (The Hague,1936), p.x.

[235] H.Göbel,*Die Wandteppiche* (Leipzig,1928), Pt.I,Vol.I, p.253；W.G.Thomson, *A History of Tapestry* (London,1930), p.209；P.Ackerman, *Three Early Sixteenth-Century Tapestries...: The Rockefeller-McCormick Tapestries* (New York,1932), pp.8-9.

[236] 比较原书第二卷第一册，第 81 页。

[237] 根据里斯本东波塔档案馆（Torre do Tombo at Lisbon）的文献记载，曼努埃尔国王可能也购买过这组作品中的挂毯。参见雷纳多·多斯桑托斯（Reynaldo dos Santos）所作序言，Martin-Méry, *op.cit.* (n.56), p.xviii. 1512 年，国王命令在里斯本的佛罗伦萨地毯商西莫内·德利奇（Simone de Ricci）为其制作纪念挂毯，并说明用胡椒支付费用。参见 P. Peregallo,*Cenni intora alla colònia italiana in Portogallo* (Genoa,1907), pp.146-47。

[238] E.Soil, *Les tapisseries de Tournai* (Tournai,1892), pp.41-42,282. 其中的一幅挂毯藏于斯德哥尔摩国家博物馆（NM17/1918）。

[239] Göbel, *op.cit.* (n.235), Pt. I, Vol. I, p.277.

[240] *Ibid.*, p.169.

[241] *Ibid.*, pp.306-8.

[242] Denucé, *op.cit.* (n.234), pp.xiii-xiv.

[243] L.Keil, *As tapeçarias de D.João de Castro* (Lisbon,1928), pp.5-7. 卡斯特罗系列挂毯中的 10 幅在 17 世纪早期由亨利·德·尼夫（Henri de Nève）的工厂制作，A.Faria de Morais（"Les tapisseries de D.João de Castro," *Bulletin des études portugaises et de l'Institut français au Portugal*, N. S.,XIX([1955-56],64-138).

[244] 恩斯特·冯·伯克（Ernst von Birk）1883 年在其哈布斯堡藏品目录中首次提出这个观点。近期讨论参见 L.Baldass, *Die Wiener Gobelins-Sammlung* (Vienna,1921)。

[245] 参见前引，pp.90-91。

[246] Boehn, *op.cit.*(n.182), II,111-15.

[247] 富有女人拥有丝绸和锦缎数量的例子可参见伊莎贝拉·卡斯特丽塔（Isabella Castreata）留给蒙特·卡西诺（Monte Cassino）的遗产清单，复制品见 A.Caravita, *I codici e le arti a Monte Cassino* (Montecassino,1871), III,129-34.

[248] *Ibid.*, p.164.

[249] Falke, *op.cit.* (n.215), p.44.

[250] 日本使节在葡萄牙维拉-维索萨（Vila-Viçosa）拜访凯瑟琳娜夫人（Dona Catherina），以及她对仿效日本服装的兴趣参见 *Asia*, I,692. 亦请参见下列当代作家的描述：G.Gualtieri, *Relationi della venuta de gli ambasciatori giaponesi a Roma...*(Venice,1586), p.54；M.A.Ciappa,

Compendio delle herioche et gloriose attioni, et sante vita di Papa Greg.XIII (Rome,1591), p.63; 以及 A.de Herrata, *Historia general del mundo* (Madrid,1601),II,450。

[251] Vecellio，*op.cit.*(n.74), p.477；以及 Boehn,*op.cit.*(n.182), II,160。

[252] G.Wildenstein, "Un fournisseur d'habits de théâter et de mascarades à Paris sous Henri III，" *Bibilothèque d'Humanisme et Renaissance*, XXIII(1961),100-102.

[253] C.Williams(trans.and ed.)，*Thomas Platter's Travels in England,1599* (London,1937), p.192.

[254] Baltrušaitas, *op.cit.* (n.86), p.177. 亦请参见 G.Schlegel, "Hennins or Conical Lady's Hats in *Asia*, China and Europe," *T'oung pao*, III (1892), 422-29。

[255] Goetz, *loc.cit.* (n.122), pp.228-30.

[256] S.Blondel, *Histoire des éventails chez tous les peuples et à toutes les époques* (Paris,1875), p.65.

[257] A.Varron, "From the History of the Umbrella and the Sunshade," *Ciba Review*, No.42(1942), p.1520. 有关法国国王亨利二世情妇普瓦捷（Poitiers）的戴安娜（Diane）的伞，参见 *ibid.*, p.1544。

[258] Slomann, *op.cit.* (n.90), p.98n. 葡萄牙文献中有关透明罩衫的讨论，参见 *Asia*, I,354。

[259] W.A.Vetterli, "The History of Indigo," *Ciba Review*, No.85(1951), pp.3066-68. 有关纺染技术参见 Carter and Goodrich, *op.cit.*(n.110), p.248。

[260] 有关这个话题参见 Slomann, *op.cit.* (n.90), pp.94-100; 以及 C.W.Willett and P.Cunningham, *The History of Underclothes* (London,1951), pp.37,47,52。

[261] 比较在开罗附近福斯泰特（Fustat）最近的考古发现（*New York Times,January* 12,1969）。

[262] 有关这两件近东藏品的详细研究，参见 J. A. Pope, *Fourteenth-Century Blue-and-White: A Group of Chinese Porcelains in the Topkapu Sarayi Müzesi,Istanbul* (Washington,1952); 以及同一作者的 *Chinese Porcelains from the Ardebil Shrine* (Washington,1956)。亦请参见 Soames Jenyns "The Chinese Porcelains in the Topkapu Saray, Instanbul," *Transactions of the Oriental Ceramic Society* (London), XXXVI (1964-66), 43-72。

[263] 最深入的全面研究为：W. B. Honey, *European Ceramic Art from the End of the Middle Ages to about 1815* (London, 1949)；G. Liverani, *Five Centuries of Italian Majolica* (New York,1960); A.Lane,*Italian Porcelain*(London,n.d.); J. C. Davillier, *Les origines de la porcelaine en Europe* (Paris,1882)。

[264] Liverani, *op.cit.* (n.263), p.17; 亦请参见有关加泰罗尼亚藏品目录的讨论，A.W. Frothingham, *Lustreware of Spain* (New York,1951), p.170。

[265] 明代瓷器图案概述参见 Pope, *Fourteenth-Century Blue-and-White...*(n.262), pp.34-38。

[266] R.Beer（ed.）, "Inventare aus dem Archivo del Palacio zu Madrid", *Jahrbuch der kunsthistorischen Sammlungen des allerhöchsten Kaiserhauses*, XIX(1898), Pt.2, cxxxv-cxli, *passim*。

[267] Dames, *op.cit.* (n.218), II,214.

[268] Panciroli, *op.cit.* (n.110), pp.281-82, 可能是通过赖麦锡从巴尔博萨那里获知的。

[269] *Opúsculos históricos* (Porto,1945), 1541 年写给纳尼奥的信。

[270] *Les observations de plusieurs singularitez et chose mémorables, trouvées en Grèce,Asia,Judée, Egypte...*(Paris,1554), pp.236v-37v.

[271] 参见其著作《经验和教训》（*Les diverses leçons*）第三章 (Lyons,1625)。

[272] Marucci, *op. cit.*(n.25), pp.147-48.

[273] R.Hakluyt（ed.），*The Principal Navigations...*(London,1599), II,Pt. II,90. 达克鲁斯、门多萨和林斯乔坦同样持传统的看法，认为瓷器由海贝制成，并断言其为陶器。人文主义者、医生帕鲁达努斯在其著作 *Subtleties* 中忍不住批评像斯卡利格（J. C. Scaliger）这样的大学者竟然同意林斯乔坦关于瓷器制作的荒谬说法。参见 Burnell and Tiele, *op.cit.*(n.47), I,130。

[274] Barreira et al., *op.cit.* (n.47), I,159-60.

[275] M.Beurdeley, *Porcelain de la Compagnie des Indes*(Fribourg,1962), pp.78-79; 亦请参见 J. G. Phillips, China-Trade Porcelain (Cambridge, Mass.,1956), pp.18-19。1956 年在伦敦展出的几件瓷器标注日期为 1520 年、1541 年、1552 年和约 1577 年。参见 R. dos Santos, "A exposição de arte portuguesa em Londres," *Belas Artes* (Lisbon), 2d ser., No.9 (1956), p.7。

[276] Beurdeley, *op.cit.* (n.275), p.90.

[277] 参见雷纳多·多斯桑托斯撰写的前言，Martin-Méry, *op.cit.* (n.56), pp.xv-xvi。

[278] Barreira *et al.*, *op.cit.*(n.2), I,160-61. 较为消极的观点参见 R. dos Santos, *Faiança portuguesa, séculos XVI e XVII* (Lisbon,1960), p.21.

[279] 转引自塔拉韦拉（Talavera）手抄本历史，J.F.Riano, *The Industrial Arts in Spain* (London,1879), p.171；塔拉韦拉历史及其产品见 J.Ainaud de Lastarte, *Cerámica y vidrio,* Vol.X of *Arts hispaniae* (Madrid,1952), pp.251-59。

[280] 16 世纪末或 17 世纪初复制的一件装饰着"中国风格图案"的彩釉盘参见 Santos, *op.cit.* (n.278), p.34,fig.11。

[281] Barreira *et al.,op.cit.*(n.2), I,161.

[282] *Ibid.*,II,70-71. 果阿的中国陶瓷贸易数量巨大，乃至于出现了专门用破碎的中国瓷盘加工装饰性盘子的工业。这些再造的器皿用漆料环箍在一起，参见 Evans, *op.cit.* (n.15), II,60。

[283] 拱门及上面的文字见版画，J.B.de Lavanha,*Viage de la catholica real magestad del rei D.Feilipe III, N.S.,al reino de Portugal* (Madrid,1622)。

[284] Lane,*op.cit.*(n.263), p.2.

[285] 有关这个工业最详尽的描述参见 *ibid.*, pp.3-4。

[286] G.Liverani,*Catalogo delle porcellane die Medici* (Faenza,1936). 皇帝鲁道夫二世收藏的美第奇瓷器参见原书第二卷第一册，第 5 页。

[287] Lane, *op.cit.* (n.263), p.4.

[288] *Ibid.*, pp.4-5.

[289] *Ibid.*, pp.5-6.

[290] *Op.cit.*(n.110), p.282. 亦请比较 G.Bandmann, "Das Exotische in der europäischen Kunst," in *Der Mensch und die Künste: Festschrift Heinrich Lützeler* (Düsseldorf,1962), p.343, n.30。

[291] 梅耶·范登堡的摘要中收入了一只插花中国青花瓷瓶，插花的角度各异，图案展示了 1 月份和 10 月份的不同景致。参见 C.Gaspr（ed.）, *Le bréviare du musée Mayer van den Bergh à Anvers* (Brussels,1932), fols.406 and 558. 亦请参见 A.I.Spriggs, "Oriental Porcelain in Western Paintings, 1450-1750," *Transactions of the Oriental Ceramic Society* (London),XXXVI(1964-66), 73-76。

[292] G.da Orta, *Colloquies on the Simples and Drugs of India*,ed.C.Markham (London,1913), p.141.

[293] Burnell and Tiele, *op.cit.* (n.47), I,61.

[294] 中国制作的椅子和床架参见加西亚·达·克路士评论的译文，C.R.Boxer（ed.）, *South China in the Sixteenth Century* (London,1953), p.125. 埃斯卡兰特在里斯本购买的箱子制作精美、令人赞叹（见 *Asia* pp.742-43），"绝非（欧洲人）能够做出……"，参见 Frampton(trans.), chap.ix。

[295] Barreira, *et.al., op. cit.* (n.2), I, 378-79; 以及 J. F. da Silva Nascimento and A.Cardoso Pinto, *Cadeiras portuguesas* (Lisbon,1952), p.48。

[296] Varreira, *et.al.,op.cit.*(n.2),I,373-74; 甚至象牙床架也运到了里斯本。

[297] V.Slomann,"The Indian Period of European Furniture," *Burlington Magazine*, LXV(1934), p.120.

[298] Abranches Pinto, *et al.,op.cit* (n.55), p.88.

[299] Slomann, *loc.cit.* (n.297), p.204.

[300] Riano, *op.cit* (n.279), p.121.

[301] A.Feulner, *Kunstgeschichte des Möbels seit dem Altertum* (Berlin,1927), fig.180 and p.186.

[302] D.Heikamp, "Zur Geschichte der Uffizien-Tribuna und der Kunstschränk in Florenz und Deutschland," *Zeitschrift für Kunstgeschichte*, XXVI (1963),195-96.

[303] 1585 年日本使节将木器作为礼物送给弗朗西斯科大概是个巧合。参见 *Asia*, I,694. 特维特（*op. cit.*[n.168], I,409）将印度"优质乌木"与巴西乌木相比较并详细评论。

[304] T.Hausmann, "Der Pommersche Kunstschrank," *Zeitschrift für Kunstgeschichte*, XXII(1959),337.

[305] O.Doering(ed.), *Des Augsburger Patriciers Philipp Hainhofer Beziehungen zum Herzog Philip II von Pommern-Stettin: Correspondenzen aus den Jahren 1610-1619* (Vienna,1896), p.317.

[306] 参照 Heikamp, *loc.cit.*(n.302), pp.193-94; 235-36。

[307] 梵文为 *lākshā*, 印度语为 *lākh*, 波斯语为 *lak*, 拉丁语为 *lacca*. 西方语言中 "lacquer" 一词出自于此，参见 Yule and Burnell, *op.cit.* , pp.499-500。

[308] F.W.Gibbs, "Historical Survey of the Japanning Trade," *Annals of Science*,VII(1951),401. 早在 14 世纪就流入欧洲的漆器收藏在教会和贵族的珍宝室中，参见 Hans Huth, *Europäische Lackarbeiten, 1600-1850* (Darmstadt, n.d), p.5。

[309] 可能是用船将虫胶和漆器从缅甸（勃固）、马达班和马六甲运往海港科罗曼德尔，阿拉伯和

西方的商人再从那里购买，于是 16 世纪从东方进口的漆器就有了这个称谓。虫胶常被称为
"苏门答腊胶"（Lac of Sumatra），大概是因为苏门答腊是购买虫胶的另一个主要市场。林斯
乔坦有关这项贸易的评论见 Burnell and Tiele, *op.cit.*(n.47), II,88。一些科罗曼德尔漆器为漆
质屏风。

[310] J.Irwin,"A Jacobean Vogue for Oriental Lacquer-Ware,"*Burlington Magazine*, XCV (1953),194.

[311] 欧洲漆器史最佳研究成果是霍尔兹豪森（W.Holzhausen）所著《欧洲漆器艺术》（*Lackkunst in Europa*）(Brunswick,1959); 亦请参见汉斯·胡思（Hans Huth）即将出版的著作《西方漆器》
（*Lacquer of the West*，Chicago,1970）。

[312] Holzhausen, *op.cit.* (n.311), p.32.

[313] McCurdy, *op.cit.* (n.104), II,1124.

[314] 参见乔瓦尼·马瑞亚彻尔（Giovanni Mariacher）在《世界艺术百科全书》（*Encyclopedia of World Art*）中撰写的文章"漆器"。亦请参见加西亚·达·克路士（Boxer, *op.cit.*[n.294], p.125）
和林斯乔坦（Linschoten, Burnell Tiele, *op.cit.* [n.47], I,61,64,97; II,90）对中国漆器的高度
评价。

[315] 有意思的是，"英国漆器工艺"的先驱约翰·伊夫林（John Evelyn）和罗伯特·博伊尔（Robert Boyle）曾到林斯乔坦 16 世纪的著述中寻找有关漆器制作工艺的信息，参见 Gibbs, *loc.cit.*
(n.308), pp.403-4。

[316] V. Magalhães-Godinho,*Os descobrimentos e a economia mundial* (Lisbon,1963), I,243,398-99.

[317] 例子参见 Belon, *op.cit.* (n.270), pp.86v-87v。

[318] 有关宝石和宝石雕刻的一般历史参见 G.F.Kunz, *The Curious Lore of Precious Stones* (New York, 1938); C.W.King, *The Handbook of Engraved Gems* (London,1866) and *Antique Gems and Rings* (London,1872); 以 及 E.W.Streeter, *Precious Stones and Gems: Their History, Sources, and Characteristics* (6th ed.; London,1898)。

[319] L. Olschki, *Marco Polo's Asia* (Berkeley,1960), pp.162-63. 波代诺内（Pordenone）的鄂多
立克（Odoric）生动细致地描述了属于可汗的一个大玉瓶。参见 J.Goette, *Jade Lore*(New York,1937), p.45。

[320] 参见 J. Ruska,*Das Steinbuch des Aristoteles* (Heidelberg,1912)。

[321] Baltrušaitis, *op.cit.*(n.86), pp.24-26.

[322] 有关宝石雕刻的详细历史及其中的传说，参见 J.Evans, *Magical Jewels of the Middle Ages and the Renaissance, Particularity in England* (Oxford,1922), esp.pp.35-37,121-25。

[323] 贵金属和宝石及其基督教象征意义一览表，参见 L.Réau, *Iconographie de l'art chrétien* (Paris,1956), I,135-36。

[324] 根据卡米洛·德·利奥纳多（Camillo di Leonardo）在 *Speculum Lapidum*（1502 年）中的说法，
15 世纪末宝石雕刻在意大利广泛流传。

[325] Dames, *op.cit.*(n.218), I,144-45.

[326] 塞巴斯蒂安·明斯特在其 1550 年版的《宇宙志》(*Cosmographia*, pp.168-71)中以很大篇幅讨论钻石；理查德·伊登(Richard Eden)在 1577 年版的 *The History of Travayle* (pp.423r-426v)中提供了他能收集到的宝石贸易数据。

[327] K. D. Haszler（ed.），*Reisen und Gefangenschaft Hans Ulrich Krafts* (Stuttgart,1861), p.125.

[328] A.Boetius de Boodt,*Gemmarum et lapidum historia...*(Leyden,1636), pp.33-37,120-21. 有关奥尔塔的影响参见 *Asia*, I,192-95. 亦请参见有关讨论，C. F. Torre de Assunção, "A mineralogia nos Colóquios," *Garcia da Orta*, Special Commemorative Volume (1963), pp.712-21.

[329] 参照 *Asia*, I,374,471。

[330] 波克也是赫沃特（Herwart）商业集团的记者，该德国家族对印度和欧洲的珠宝贸易兴趣最大。参见 H.Kömmerling-Fitzler, "Der Nürnberger Georg Pock (d.1528-1529) in Portugiesisch-Indien und im Edelsteinland Vijayanagara," *Mitteilungen des Vereins für Geschichte der Stadt Nürnberg*, LV (1967-68),168-69。

[331] A.de A.Calado, "Livro que trata das cousas da India e do Japâo", *Boletim da bibilioteca da universidade de Coimbra*, XXIV(1960),69-71.

[332] G. M. Bonardi, *La minera del mondo*(Venice,1589), p.23v. 有关 1574 年在巴格达销售的印度钻石，参见莱昂哈德·罗沃夫（Leonhard Rauwolf）的观点综述，Dannenfeldt, *op. cit.* (n.143), p.121。

[333] 参见总督安东·德·迪诺罗尼亚（Antão de Noronha）1564 年 12 月 30 日写给葡萄牙王后凯瑟琳娜的信，J.Wicki（ed.），"Dokumente und Briefe aus der Zeit des indischen Vizekönigs D. Antão de Noronha (1563-1568)", H.Flasche(ed.), *Aufsätze zur portugiesischen Kulturgeschichte* (Münster,1960), I, 239。

[334] Streeter,*op.cit.*(n.318), p.23.

[335] N.Lieb, *Die Fugger und die Künste im Zeitalter der hohen Renaissance* (Munich,1958), p.136. 亦请参见威尔士商人卢卡斯·雷姆（Lucas Rem）1518 年送给其新娘包括红宝石、蓝宝石和钻石在内的首饰清单，B.Greiff（ed.），"Tagebuch des Lucas Rem..." *Jahresbericht des historischen Kreisvereins ...von Schwaben und Neuburg* (Augsburg,1861), p.53。

[336] J.Denucé, *Inventaire des Affaitadi, banquiers italiens à Anvers de l'année 1568* (Antewerp,1934), p.63.

[337] J. A. Goris, *Etude sur des colonies marchandes méridionales...à Anvers de 1488 à 1567* (Louvain,1925), pp.260-61. 欧洲和东方珍珠的比较参见丹尼尔·恩格哈德斯（Daniel Engelhardus）写给奥提留斯的信 (March 23,1598)，J. H. Hessels(ed.), *Abrahami Orteliis... Epistulae* (Cambridge,1887), p.746。

[338] McCurdy, *op.cit.* (n.104), I,191.

[339] Boehn, *op.cit* .(n.182), II,184.

[340] E. Bonnaffé, *Inventaire des meubles de Catherine de Médicis en 1589* (Paris,1874), p.90.

[341] Burnell and Tiele, *op.cit.* (n.47), I,61,80,97.

[342] Goette, *op.cit.* (n.319), p.24.

[343] King, *Engraved Gems* (n,318), p.170.

[344] J. Evans, *A History of Jewellery,1100-1870* (London,1953), pp.127-28.

[345] J. Couto and A.M.Gonçalves, *A ourivesaria em Portugal* (Lisbon,1962), p.102.

[346] R.dos Santos,"A India Portuguesa e as artes decorativas,"*Belas Artes* (Lisbon), 2d ser., No.7 (1954), p.9. 这位果阿工匠到里斯本之前曾为葡萄牙国王制作过一把匕首和其他物件。

[347] Couto and Gonçalves, *op.cit.* (n.345), p.17.

[348] *Ibid.*, pp.120-21.

[349] 二者的复制图片见 *ibid.*, p.104。

[350] Barreira, *et al., op.cit.*(n.2), I,44.

[351] *Ibid.*, IV,235.

[352] J.C. Davillier, *Recherches sur l'orfèverie en Espagne au moyen âge et à la Renaissance* (Paris, 1879), pp.89-90.

[353] 参见他的著作 Book III,*Varia commensuracion para la escultura* (Madrid,1598)。

[354] 详细描述参见 H.Thoma, *Kronen und Kleinödien* (Munich,1955), p.22。

[355] *Ibid.*, p.23.

[356] Evans, *op.cit.* (n.344), pp.119-20.

[357] M. H. Gans and T. M. Duyvené de Wit-Klinkhamer, *Dutch Silver* (London, 1961), p.11.

[358] 他的作品说明参见 *Reallexikon zur deutschen Kunstgeschichte,* ed. O. Schmitt (Stuttgart,1937), III, 442。

[359] 底座和瓷器现藏于大都会博物馆，有关说明见 L.Avery, "Chinese Porcelain in English Mounts," *Metropolitan Museum of Art Bulletin*, N. S., II(1943), 266-72。

[360] 完整说明参见 M.Frankenburger, *Beiträge zur Geschichte Wenzel Jamnitzer und seiner Familie* (Strassburg, 1901)。亦请参见安东·舍恩伯格（Anton Schoenberger）在布拉格制作的配有金银底座的双椰子水罐 (National Museum at Stockholm，No. 6872)。

[361] 转引自 Kunz, *op.cit.* (n.318), pp.5-6。

[362] G. Cardano, *Les livers...intitulez De la Subtilité et subtiles inventions...*(Paris,1584), Bk.VII, p.454. 亦请参见 J. Lucas-Dubreton, *Le monde enchanté de la Renaissance: Jerôme Cardan l'halluciné* (Paris,1954). pp.151,156。

第三章　亚洲动物绘画

　　评价亚洲事物对欧洲艺术观念和象征手法的影响，需要详细考察欧洲艺术作品中一些具有异国色彩的特定和引人注目事例的发展。例如，新奇的植物曾引起植物图书版画插图作者和花卉画家的注意并对他们产生了影响，其脉络可从众多的相关艺术作品中探寻。又例如，纺织品和瓷器的装饰元素和图案对欧洲艺术的影响，可见之于地毯编织、版画和服装。然而，更简单也更具说服力的方法，是描述欧洲艺术和艺术家对来自亚洲的奇特动物做出的反应。

　　最早从印度返回的船只将一些野兽作为珍奇带回了葡萄牙。[1] 经由海路进入欧洲的最大的活动物是印度象和犀牛。孟加拉虎是来自黎凡特动物市场的唯一体型较大的动物。体型较小的动物则经常作为宠物由海员从东方带回欧洲，特别是猴子和鹦鹉。除野兽外，探险家还将极乐鸟的羽毛和各种各样的活鸟一同带回了欧洲。这些鸟是欧洲人过去从未见识过的，比如鹬鹕和渡渡鸟。随同动物一起进入欧洲的还有亚洲的众多传统，以及讲述动物起源、特点和作用的故事。这些故事影响了欧洲艺术家对动物的描绘，以及他们赋予动物的形象意义。

第一节　象[2]

经由海路运输厚皮动物必定会遇到众多问题。除了可能带来空间和安全问题外，成年象还有着惊人的食量。为维持正常的健康水平，一头象需要的食物和饮水量相当于很多人的总和。[3] 因而，带回欧洲的象似乎都是些体积较小、重量较轻、力量较弱，但足以接受训练的幼象。它们通常由象夫或印度训象师陪同，至少是在初期。或许是因为亚洲象较之其非洲表亲性格温顺，因而一经发现就被带回了文艺复兴时期的欧洲。

在 16 世纪，至少有 13 头亚洲象经由葡萄牙进口到了欧洲。但迄今所知，却不曾从埃及或黎凡特进口过象。在经由里斯本进口的象中，一头送到了罗马，两头经不同路线送至维也纳，一头到了马德里，另外一头在跨越海峡运往英格兰之前曾在迪耶普（Dieppe）停留了一段时间。在从里斯本到其他欧洲城市的路途上，成群结队的法国人、英国人、西班牙人、意大利人、佛兰德人、瓦龙人和德国人首次得以观赏到了亚洲象。因为这些象曾在阿利坎特（Alicante）、奇维塔韦基亚（Civitavecchia）、热那亚、米兰、布鲁塞尔、安特卫普、科隆等城市中心，以及许多较小的城镇短暂停留。

亚洲象所到之处激起了艺术家、科学家、人文主义者和行人的好奇心。博学的拉丁诗人和粗俗的韵文作者齐声歌颂这种动物及其被赋予的德行。人文主义者、博物学家则严肃地就其亲眼所见与令人尊敬的古代权威所描述的象之间的差异展开学术辩论。业余艺术家和诸如拉斐尔这样的大画家都根据活的模特来描绘象。君王们则争先恐后地向葡萄牙订购象，其中不止一位想在自己的小动物园里饲养这种庞大的动物。

随着了解的加深，象最初引起的好奇很快消失。人们也很快忘记了诗人和人文主义者的话语。自然科学家此时倾向屈从古代权威的意见，试图将现实中和传统观念中的象协调一致。亚洲象对文艺复兴时期的文化产生的持久影响主要是在绘画领域。这些鲜活的模特不仅使画家得以采用新自然主义手法作画，还促进了象征手法的深刻变化。但是，了解活的亚洲象如何促进文艺复兴时期绘画和思想的变化，首先必须研究 16 世纪的欧洲人从过去时代承袭了哪些有关象的传统观念和传说。

一、古代和中世纪

象是最大的陆地哺乳动物，但在历史的长河中，其活动范围由于文明的侵蚀而不断缩小。原本在非洲和欧亚大陆大部分地区都可见到的象，如今仅见之于撒哈拉以南的非洲大陆、印度、锡兰和东南亚。至古罗马时期，生存下来的只有非洲和印度两种象。这两种象的主要区别，特别是就绘画而言，在于非洲象个头更大、脊背向下塌陷至臀部、象牙更长且耳朵更大。根据大多数资料的描述，非洲象的背部凹陷，而亚洲象是拱起的。此为最有用的标志性区别。

有关象的知识在古代逐渐向西传播。[4] 来自海外的动物作为贡品进献给了亚述（Assyria）的国王们，在萨尔玛那萨尔二世（Salmanassar II，公元前436—前358年在位）著名的方尖碑上描绘着一群由一头印度象引领的动物。[5] 波斯国王亚达薛西·弥蒙（Artaxerxes Mnemon，公元前436—前358年）的医生奈达斯（Cnidus）的克特西亚斯（Ctesias）将象引入了希腊文学，尽管其描述多凭想象。早在克特西亚斯时代之前，波斯人就招募了装备着象的印度辅助兵团。于公元前331年亚历山大大帝（Alexander the Great）在阿贝拉（Arbela）最终打败大流士三世（Darius III）的战役中（公元前336—前330年在位），欧洲人首次接触到了象。马其顿征服者从不知所措的波斯敌人那里缴获了15头象，亚里士多德（Aristotle）所见并在其著作《动物史》（*History of Animals*）中精确描述的可能就是其中的一头。

亚历山大在印度的征战（公元前326—前324年）以击败珀若斯（Porus）而告终，之后带回巴比伦若干头印度战象。根据记载，征服者乘坐着由象拉的战车入城；狄奥多罗斯·西库鲁斯（Diodorus Siculus）则提及亚历山大的灵车上描绘着他从印度凯旋的场景。亚历山大还亲自下令铸造硬币来纪念他征服印度统治者的胜利。硬币的背面是骑着马的亚历山大酣战骑着象的珀若斯。像酒神狄奥尼修斯（Dionysius）一样，亚历山大为庆祝他在印度的胜利举行了盛大

126

的游行。游行后来成为文艺复兴时期庆祝胜利的典型活动。[6] 亚历山大在黎凡特的继承者国王塞琉西斯（Seleucids）在这位征服者去世很长时间之后，仍将象作为冲击力量在军队中使用。[7] 在拉非亚之战（Battle of Raphia，公元前217年）中，出现了塞琉西斯的印度象和托勒密（Ptolemies）的亚洲象之间戏剧性的战斗场面。非洲象在这场战斗中的决定性失败，进一步提高了印度象和象师的声誉。[8]

塞琉西斯和托勒密不仅将象用于战争，还用于盛大庆典。亚历山大宣称拥有希腊世界最丰富、品种最全的动物收藏。象出现在埃及盛大节日的游行队伍中，例如托勒密二世（Ptolemy II，公元前283—前246年）执政早期为歌颂狄奥尼修斯举行的游行。游行队伍中的24辆战车分别由四头象拉着，紧随其后的是狄奥尼修斯自印度凯旋的巨幅画像。仿效这个模式制作的"四马两轮战车"后来成为罗马时代庆典游行的惯例，并出现在描绘这些场面的艺术作品中。[9] 对于文艺复兴时期的艺术家而言，最值得效仿的是镌刻着狄奥尼修斯（或者巴克斯）征服印度场景的罗马石棺。[10]

希腊城邦没有足够的财力或物力购买昂贵的动物用于战争或庆典，而且希腊人对马戏或者涉及动物的搏斗也不感兴趣。他们只是将来自海外的小型动物作为宠物，因而诸如象等大型动物几乎不曾作为装饰出现在希腊的花瓶、硬币、浮雕、镶嵌或壁画中。[11] "象"显然保留了 ελέφας 一词的意思，但我们并不知晓该词在前希腊词源学中的确切涵义。[12] 亚里士多德的生物学著述中包括了对象的各种说明，似乎对巨大和弯曲的象鼻或象牙的多种功能特别感兴趣。当时人们普遍认为象腿没有关节，而这位伟大的哲学家是记录下这一观点的第一人，尽管他怀疑其真实性。直至17世纪中叶，这个错误观点在欧洲一直被人们广泛接受。[13] 麦伽斯梯尼（Megasthenes）在其著作 Indica（公元前302年）中反复提及象，这或许是欧洲人认为印度是"象的国度"的原因。

公元前3世纪初伊庇鲁斯（Epirus）国王皮拉斯二世（Pyrrhus II）入侵意大利时，罗马人第一次接触到象。象在罗马人中引起的震惊和恐慌使得皮拉斯在公元前280年和公元前279年的战争中迅速地赢得了胜利。然而，库里乌斯·丹塔图斯（Curius Dentatus）率领的罗马军队于四年之后在那不勒斯附近的贝内温图（Beneventum）打败了皮拉斯。这位获胜的执政官将缴获的4头象运回罗马，让它们参加了凯旋游行。[14] 二十四年之后，执政官卢修斯·凯基利乌斯（Lucius Caecilius）在巴勒莫大败迦太基人（Carthaginians，公元前251年），将100多头非洲象带回了罗马。[15] 这些象的象师可能是印度人，也可能是接受过印度人训练的人。他们在罗马任职，但罗马人却从未将象用于军事用途。罗马人所谓的"非洲野兽"此后贬义地泛指从海外带回首都用于庆典和娱乐的动物。[16] 从那时起，象作为一种工具频繁地出现在梅泰利（Metelli）的硬币上。

公元前1世纪，动物表演和搏斗开始成为罗马人生活的特色。象被拉进竞技场与公牛和角斗士相互搏斗。其中最受虐待的显然是罗马人战败迦太基人和努米底亚人（Numidian）缴获的非洲象。公元前55年在庞贝（Pompey）举行的盛大典礼展示了20多头象和1头印度犀牛。[17] 为庆贺朱利乌斯·凯撒（Julius Caesar）治下的帝国取得的辉煌战绩，还举办了以象为特色的火炬游行。鉴于这些象的牙上插着火炬，可以推断它们很可能是经过训练的印度象，而不是从非洲战场上缴获的战象。奥古斯都（Augustan）及其后时代日益时兴训练象进行马戏表演的事实也支持了这一结论。[18] 这两位皇帝在罗马与大海之间的拉提姆（Latium）永久性地豢养着一群礼仪象。由于这些象并非用于战争，而是用于庆典游行、展览和马戏表演，豢养费用由国家承担。

老普林尼（Pliny the elder，公元23—公元79年）在《自然史》（*Natural History*，8.1-13）中总结了罗马世界对象的了解以及有关象的许多看法。这位伟大的作家将象列为智力最接近人类的动物：听得懂方言，明白并且能记住命令和任务。他赋予象的道德品性则是：诚实、智慧、正直、谦虚、慈爱和温顺。据说象"崇拜星星而敬畏太阳和月亮"。[19] 在印度，象师们骑着驯养象去捕猎野象；在非洲，人们用陷阱捕捉象，用长矛和标枪猎取象牙和肉。普林尼错误地认为印度象的形体大于其非洲表亲。[20]

普林尼的错误还在于以权威身份使大众错误地认为象长寿，[21] 并且害怕老鼠。他描述了象和犀牛之间的一场搏斗，暗示犀牛因将角刺入象的肚子而获胜。[22] 从罗马硬币、徽章和雕塑中可以看出，普林尼和其他古代作家对非洲象

128

无疑比亚洲象更为熟悉。[23]对于罗马人而言，凯撒硬币、现存大理石和青铜雕塑上的象头确实象征着"非洲"和他们在那里的帝国。[24]

129　　作为一种寓言象征，象的声誉在中世纪达到了顶峰。自公元2世纪起，基督教教士和作家经常将动物神话和传说作为象征来解释圣经和教义。[25]象在古典著作中拥有的崇高道德地位，使它很快成为一些道德和宗教信条的标准标志。约公元5世纪，有关象和其他50多种被"基督教化了的"动物的传统说法，在亚历山大被收入一部名为《生理学》（*Physiologus*）或《自然主义者》（*The Naturalist*）的寓言书籍。[26]这些传统说法虽仅见之于后来的手抄本，但从中可明显看出中世纪的大多数动物寓言，以及亚历山大·罗曼斯（Alexander Romance）所描述和刻画的很多动物，都源于《生理学》中的故事。中世纪时，在文学作品中开始出现了对《生理学》中有关象的描述的修改和增补，但直至12世纪才出现在艺术作品中。这些修改和增补主要基于塞维尔（Seville）的伊西多尔（Isidore）和拉巴努斯（Rabanus）的德·乌尼维索（De Universo）的著述。[27]

中世纪的动物寓言作家很清楚象原生于印度和非洲，因而描绘象时不再根据事实而是充分发挥想象力。象在他们笔下往往象征着美德，是上帝的宠儿，甚至象征着教会；龙则如同伊甸园中的蛇，是象的死敌。象仅仅为了繁殖才进行交配，届时会回到东方的乐土。中世纪的作家和艺术家们相信，象在水中分娩象征着通过洗礼而再生。象从不躺下睡觉，因为它们没有关节，一旦躺下便无法站起。象会选择一棵树作为中意的歇息地并靠着它睡觉。猎人扑捉象时只需找到这棵树，趁象熟睡时将树砍倒。摔倒的象需要1头小象和12头大象帮它站起——象征着基督和十二门徒。象可以容忍任何事物，但邪恶除外。它会用牙或者足粉碎象征邪恶的东西。[28]

尽管中世纪的欧洲已经见识了活象，但想象中的象仍在13世纪占据上风。巴格达的哈里发哈伦拉希德（Harun al-Rashid）派两名使节将一头象送给查理曼大帝作为礼物。这头叫作"阿布拉巴兹"（Abulabaz）的象于公元801年在比萨上岸，经陆路到达亚琛（Aix-la-Chapelle），在其后的四年里一直在查理曼大帝的宫廷里展览。在送给查理曼大帝的其他礼物中可能还包括一副象牙象棋，其中的一枚棋子是用牙举着人的大象。[29]"阿布拉巴兹"采用的似乎不是加洛

130

林王朝（Carolingian），而是中世纪后期的造型。皇帝弗雷德里克二世（Emperor Frederick II）从圣地带回的象，事实上还参加过1229年征服克雷莫纳的战争。[30] 康沃尔的理查德伯爵1241年访问克雷莫纳时见到的就是这头或另一头活象。[31] 圣路易斯（St.Louis）1254年从圣地返回法国时也带回了一头象，次年作为礼物送给了英格兰的亨利三世（Henry III）。

矗立在巴黎圣母院（Notre Dame de Paris）回廊上的现实主义大象雕塑，可能是受到了圣路易斯带回的象的启发。剑桥的马修·帕里斯（Matthew Paris）在手稿（Parker 16）中指出的二者令人信服的相似之处，说明该雕塑正是以这头象为模特。根据帕里斯的描述[32]可以推断，圣路易斯带回的是一头非洲象。然而，这样的现实主义描绘十分罕见，而且显然对象的形象并未产生影响，例如在动物寓言、祭祀法衣、亚历山大·罗曼斯的手稿，以及教会的雕刻、装饰和徽章中的象。[33]其中的很多造型可能是来自东方的象牙制品和纺织品。背上驮着城堡的象频频出现在中世纪宗教和世俗游行的场景以及插图中，尽管象在动物寓言中很少被描绘成好战的动物。[34]这个形象源于古典原型，甚至是罗马和一些名不见经传的作家笔下屡屡提及的象所参与的战争。[35]

中世纪插图画家笔下的象，有时身形如同野猪，牙好似拉长了的鸭嘴或喇叭，后腿则类同马腿。在法国11世纪和12世纪的雕塑中，象奇特的造型明显源于文字描述和纺织品，以及在各式各样的罗马式纪念碑上至少出现过20次的象牙。[36]在中世纪的地图上，例如13世纪的赫里福德地图，象被作为印度疆界的地标。象为14世纪的卢卡丝绸图案增添了轻松欢快的元素，画面上的象或舞蹈或拉着由猴子领路的四轮车。[37]阿拉贡王国（Kingdom of Aragon）制造的纸自1375年起就开始采用象头和半身象作为水印。[38]与该时期的其他作品一样，象水印具有明显的中世纪风格。[39]鉴于只能接触到这些夸张的造型，欧洲显然需要等待活象重新出现，才能再次创作出更逼真的绘画作品。

131

二、15世纪的非洲象

早在葡萄牙人活跃于非洲之前，野兽就已经开始经由君士坦丁堡、亚历山大港和威尼斯进入了欧洲。拜占庭的艺术作品足以说明象在君士坦丁堡家喻户晓。[40] 例如，10 世纪时的丝绸纺织品将象作为图案的主要装饰元素。[41] 然而，象在拜占庭艺术作品中的造型，仅比西方动物寓言中的略微真实。[42] 这或许是因为拜占庭艺术家对象的了解源自波斯图案。安科纳的塞亚克（Cyriac，1391—1452 年）曾多次造访黎凡特，在其中一次的途中于埃及创作了活象写生。[43] 里米尼（Rimini）的马拉泰斯塔（Malatesta）家族雇用的艺术家，有可能根据这幅写生创作了该家族的徽章。[44]

自 15 世纪中期西基斯蒙德一世（Sigismund I）时代起，象作为家族兴旺和力量的象征出现在马拉泰斯塔家族的徽章、标志、雕刻、雕塑和饰带中。[45] 著名的马拉泰斯塔"庙"中有无数具有象征意义的象：两头守卫在正门口；其他或支撑着西面两座礼拜堂中的柱子，或作为西基斯蒙德雕像的底座；还有几头驮着西基斯蒙德的情妇和妻子爱索塔（Isotta）的坟墓。马拉泰斯塔的象亦被派了世俗用场，例如守卫在切塞纳（Cesena）马拉泰斯塔图书馆（Biblioteca Malatestiana）的门口。现存的几头小型青铜象的牙向上卷起，显然是象征"好运"的装饰性雕塑。[46] 马拉泰斯塔象具有非洲象的特征和中世纪的色彩，但最令人不解的是，在马拉泰斯塔图书馆中作为装饰的象上所附的拉丁文说明："印度象不惧怕昆虫。"[47]

15 世纪，崇尚古典壮观美的王孙贵胄恢复了罗马人在庆典和纪念其他重大事件时举行的露天表演。大概是从罗马石棺和硬币上复制的古代象，成为象征胜利的不可或缺的道具。[48] 于 1453 年 2 月 17 日在里尔（Lille）为勃艮第的菲利普（Philip of Burgundy）举办的盛大宴会上，一头真实大小的大象模型成了人们注目的中心。[49] 二十五年后，丹麦国王克里斯蒂安一世（King Christian I）根据这个传统建立了"象团"（Order of the Elephant）。这是一个非常严格的宗教组织，它的标记是一群连接在一起的象支撑着一头悬空的象，象背上坐着一位东方象师（图 114）。象在这里代表的不是雄伟、胜利和力量，而是温顺、节制和虔诚。[50]

然而，在 15 世纪的欧洲，并非所有关于象的认知都来自传统绘画、仿制品或象征。在葡萄牙就职的威尼斯航海家路易斯·德·凯达莫斯托（Luis de

Cadamosto，1432—1488 年）在报告其非洲经历时，描述了活象和有关捕象的传说。[51] 葡萄牙国王阿方索五世（Alfonso V）大约在 1477 年将一头活象和其他海外动物作为礼物送给了昂儒大公（duke of Anjou）、普罗旺斯伯爵（count of Provence）勒内（René）。在 1480 年的法兰克福博览会上，一头非洲象在盖勒斯-盖赛（Gallus-Gasse）的花园中展出。在花园园丁住所的墙上挂着一幅与这头象等身的画像。[52] 1482 年在科隆展览的可能是同一头象。[53] 这头象或许就是当时德国艺术家写生的模特，因为 15 世纪末和 16 世纪初的图片、绘画和雕塑中的象通常都具有非洲象的典型特征。

早期印制的图书收入了大量描绘非洲象的木刻插图。红衣主教图利克里马特（Turrecremata）1467 年在罗马首次出版的《沉思》（*Meditations*）收入了表现密涅瓦圣玛丽亚教堂（Santa Maria sopra Minerva）壁画的木刻。在其中一幅名为"创世"（Creation）的木刻中，一头真实大小的非洲象在和各种野兽一同吃草。[54] 德文版《植物图集》（*Herbarius or Ortus sanitatis*，1485 年）中的木刻，可能是 1480 年在法兰克福展览的那头象的画像。[55] 后来有艺术家从《植物图集》中复制了这头象并刻在象牙上，并将这幅奇特的作品纳入了 1491 年在美因茨（Mainz）印刷的拉丁文版《植物图集》。几乎与此同时，马丁·熊高尔（Martin Schongauer）创作了一幅滑稽的非洲象木刻，象背上驮着一个极具想象力的塔。这幅作品在 16 世纪的自然史中被作为严肃的画作而反复引用。

1485 年至 1492 年间，安德里亚·曼泰格纳（Andrea Mantegna，1431—1506 年）创作了著名的蛋彩画。在这些描绘"凯撒凯旋"（Triumph of Caesar）的作品中，非洲象拉着双轮战车，背上驮着巨大的烛台——表现罗马烛光游行，复兴了古代传统。[56] 希罗尼姆斯·博施（Hieronymus Bosch）笔下的象，特别是"欢乐园"（Garden of Delights）中那头栩栩如生的非洲象，与其周围充满幻想色彩的事物形成了鲜明的对照。[57] 汉斯·伯格迈尔木刻中的象似乎仿效了 15 世纪，甚至是创作于 1508 年的科钦国王（King of Cochin）组图中所谓的印度象（图 87）。[58] 图尔奈的吉安·格雷尼尔（Jehan Grenier）工作室 1504 年之后制作的印度系列挂毯中描绘的象，同样具有非洲和中世纪的特征。[59] 16 世纪早期制作的挂毯《费米的胜利》（*The Triumph of Fame*）中的象也保持了

134

中世纪非洲象的特征（图 55）。该挂毯现存于奥地利国家博物馆。意大利博洛尼亚梵特仕宫（Palazzo Fantuzzi of Bologna，1517—1521 年修建）中的象和塔的雕塑，则令人联想到熊高尔和马拉泰斯塔的象。[60]

在这个转型期内发生的最令人惊奇的事，大概是对象寓言式的描绘，特别是弗朗西斯科·科罗纳（Francesco Colonna）所著《寻爱绮梦》（*Hypnerotomachia Poliphili*，1499 年）中的木刻。为这些木刻创作素描的，想必是一位最全面综合了 15 世纪人们对象认知的画家。如同马拉泰斯塔的象，他的象置身于宏大的欢庆场面中，两头为一排并行前进。他笔下的象和蚂蚁的象形标志更具寓言意味，诠释了萨鲁斯蒂安（Sallustian）的格言：和谐令渺小的事物伟大，纷争令伟大的事物渺小。毫无疑问，这个标志综合了古典、埃及和基督教的传统，体现了科罗纳和他同时代的新柏拉图主义者的共同观念。背驮着方尖碑的象，以及碑上刻的令人联想到赫拉波罗的神秘象形文字，突出体现了这一主题。于新柏拉图主义者而言，象或许象征着虔诚、勤奋和客观化了的神圣；而贯穿象身的方尖碑，或许象征着通过使用作为人类智慧和神谕之间桥梁的象形文字而获得的洞察力。[61] 背负方尖碑的象在艺术史上具有重要的地位，矗立在罗马密涅瓦宫中出自贝尔尼尼（Bernini）之手的著名大象雕塑（制作于 1667 年）中的一部分正是根据它创作的。[62] 在科罗纳将这幅木刻收入其著作之前不曾出现过背负方尖碑的象，[63] 在其之后一直到贝尔尼尼时代亦不曾有人描绘过这个的主题，尽管人们对象形文字的兴趣在整个 16 世纪一直持续不减。[64]

三、罗马的象

作为地理大发现的结果，欧洲人对象的认识除其寓言象征意义和诸多中世纪特征外，还很快添加了一个新的、现实主义的层面。博洛尼亚的卢多维科·迪·瓦尔塔马所著《博洛尼亚人卢多维科·迪·瓦尔塔马游记》1510 年在罗马出版，他在其中谈论印度维查耶纳伽尔王国时详细地介绍了印度象。[65] 他讲述了骑象的经历，并估计一头象的体积大概比三头公牛加起来还要大，最高的象站起来有 9 或 9.5 英尺之高。他还细数了象在战争及 [66] 和平时期的作用。他认为母象虽小，但比公象更为强壮。象在隐蔽的地方生育，怕火，足上的五个趾甲每个"都像牡蛎壳一般大"。他宣称"一些象比我见过的任何人都更善解人意、更具判断力，也更聪明"。论及坎贝（古吉拉特邦）时，他提到有 50 头象经常向国王朝拜。[67]

葡萄牙国王曼努埃尔一世于瓦尔塔马的著作在罗马问世后不久，便开始像印度君主一样行事。随着他在东方的帝国日益兴盛，这位国王着手收集"礼仪象"，并很快在里斯本的罗西奥宫（Paço d'Estãos）附近建起了象房。[68] 象房中的一些象可能是 1511 年在马六甲（Malacca）捕获的，当时有 7 头象落入了葡萄牙征服者之手。举行庆典时，曼努埃尔的仪仗队中往往有不少于 5 头象，就像护送他自王宫到教堂的仪仗队一样。象由身着喜庆服装的象师引领，为慕名而来的人群表演把戏。[69] 一头象还作为装饰出现在曼努埃尔执政期间建成的贝伦塔上。在国王祈祷书（*Book of Hours*）（图 86）中名为《出埃及》（*The Flight from Egypt*，1517 年）的一幅画的下方，有一个以现实主义手法描绘的驮着骑士的象。[70] 为使其东方君主的形象更加完美，曼努埃尔还把珍贵的象作为礼物送给欧洲的其他君主。其后的葡萄牙国王们则要求亚洲属臣将象作为贡品进献。[71]

各国君主在新教皇上任之际要派遣使团前往罗马表示效忠，是欧洲的一个传统。[72] 然而，曼努埃尔 1514 年向教皇利奥十世派出的使团却非同一般。该使团的首领为葡萄牙 1506 年派往印度的舰队指挥官特里斯坦·达·库尼亚（Tristão da Cunha），意在向罗马教廷炫耀葡萄牙征服亚洲的辉煌战绩。送往罗马的珍奇礼物，包括由皇家侍从尼古劳·德·法里亚（Nicolau de Faria）和一名印度象师护送的一头印度象。后来在罗马盛传，印度象在里斯本起初拒绝登船。因为那位爱上了葡萄牙姑娘的印度象师将远航和在意大利的生活前景描述得一片黑暗。曼努埃尔得知象师的背叛行为后，下令将他处死以保证象启程。[73]

特里斯坦·达·库尼亚率领的使团于 1514 年初离开里斯本开始了海上旅程，[74] 八天后到达阿利坎特（Alicante）。象在那里引起了轰动，并与其他海外动物一同在船队停留伊维萨岛（Iviza）和马略卡岛（Majorca）时短暂展览。船队最后在罗马以北 70 英里隶属于锡耶纳的意大利港口埃尔科莱

136

137

（Port'Ercole）靠岸。港口在船和岸之间搭起了一座木桥以便让象上岸^[75]。象从埃尔科莱港上岸后便在陆地上行进，所到之处引起好奇民众的围观。自蒙塔尔托（Montalto）起，象由教皇的百人骑士队护送。象在科奈托（Corneto）走进旅店之时导致整个建筑剧烈晃动，屋顶的瓦片纷纷跌落，结果不得不在公共广场过夜。象在最终到达奇维塔韦基亚（Civitavecchia）后歇息了两天，引得罗马涅（Romagna）的贵族们争相观看。此后由于下雨，使团在正式进入罗马前又在城外多等候了几天。

1514年3月12日是个阳光明媚的日子。大约在下午2点，浩浩荡荡的使团经由波波洛门（Porta del Popolo）入城。所有人的目光都集中在那些来自海外的礼品，特别是象的身上。在罗马这座"永恒的城市"（Eternal City），达官显贵随处可见，但自古代之后尚不曾出现过活的象。象在印度象师的引领下入场，身上铺着印有葡萄牙军队标志的华丽盖布，背上驮着的银质城堡中盛放着敬献给教廷的贵重礼物。观赏的民众或拥挤在狭窄的街道，或坐在窗台、屋顶和横梁上。人数如此众多，乃至于执行官无法为使团辟开一条通道。^[76] 在这些惊奇的观众中，可能就有列奥纳多·达·芬奇。^[77]

使团最后抵达圣安吉罗堡（Castle San Angelo），来到在城堡空地中落座的教皇和主教们面前。象在听到命令后对教皇连鞠三躬。令观众兴奋无比的是，它用鼻子从一支水桶中汲起水来洒向主教们，接着又将水洒向教皇。利奥十世对整个表演深感满意，看到象的滑稽表演像孩子般地大笑着。使团队伍在礼炮和号角声中穿过圣安吉罗桥来到台伯河（Tiber）的另一端，进入花市广场（Campo dei Fiori）的旅店和象房。几天后，象被带到它的永久住处美景宫花园（Belvedere Gardens）。

罗马人很快就给象起名为汉诺（Hanno），^[78] 梵蒂冈的看护和当时的其他人都如此称呼它。与豹和其他被送到罗马的野兽不同，汉诺得到了细心的照顾，甚至还为它安排了护卫。它的监护主管是教皇的侍从和拉斐尔的朋友乔瓦尼·巴蒂斯塔·布兰科尼奥·德尔奎拉（Giovanni Battista Branconio dell'Aquila），以及助手马厩管理员阿方索（Alfonso）。^[79]1514年7月，洛伦佐·德·美第奇（Lorenzo de'Medici）在佛罗伦萨举办盛典庆贺卡米拉斯

（Camillus）大捷之时想向教皇借象，但考虑到象的健康状况，教皇利奥拒绝了。但是象被允许参加罗马的节庆活动，而且往往成为这些活动的关注焦点。罗马的一条街道和一个旅店还以象的名字重新命名。[80]

汉诺最著名的一次亮相，是 1514 年 9 月 27 日出现在为美第奇家族的守护人圣科斯马斯（Saints Cosmas）和达米安（Damian）举办的狂欢节的滑稽游行队伍中。[81] 那天教皇的最大笑料，是来自加埃塔的头发灰白的自负诗人巴拉巴洛（Baraballo）。这个人在梵蒂冈的花名册中位于大象管理员阿方索（Alfonso）之后。这个卑微的打油诗人幻想着成为"新彼得拉克"（Petrarch），因而建议在主神殿举行仪式将自己加冕为桂冠诗人。教皇应允并命令他骑在汉诺的背上前往主神殿。满心欢喜的侍臣们为了把场面搞得盛大，还特意准备了讽刺诗和喜剧。[82] 这位自封的"大诗人"身着罗马长袍，在号角声中跨上了"大象"。象身上铺着一块印着"诗人巴拉巴洛"的盖布。但是，受到吵闹声和音乐声惊吓的汉诺拒绝走过圣安吉罗桥，巴拉巴洛不得不从象背上爬下来，结束了这场闹剧。有关闹剧的新闻很快就传遍了意大利。马基雅维利（Machiavelli）在其诗作《金驴记》（*Asino d'Oro*，*chap.vi*）中描述了这位诗人爬下象背的情景。[83] 几年之后，乔瓦尼·巴里利（Giovanni Barili）在一幅细木镶嵌中描绘了巴拉巴洛可笑的加冕仪式。该作品现今仍可在梵蒂冈署名室中的一幅画的右上角看到（图 93）。

汉诺还出现在罗马的其他盛典中，不断地给百姓带来欢乐。[84] 威尼斯日记作者马里诺·萨努托（Marino Sanuto）幽默地描绘象为"体大可比三头牛，通晓葡萄牙和印度两种语言，但吼起来却如同女人"。[85] 但是，尽管看护对它关怀备至，汉诺的身体却每况愈下。冷峻的评论家乌尔里希·冯·胡腾（Ulrich von Hutten）请马基斯特·维尔赫姆（Magister Wilhelm）在 *Letters of Obscure Men* 中描述了教皇在得知大象生病后是如何动怒，如何手忙脚乱地请求医生帮助，以及在汉诺 1516 年 6 月 16 日死去后又是如何悲痛。[86] 教皇对象孩子般的宠爱引起了其他人的不满。彼得罗·阿雷蒂诺（Pietro Aretino）大约在 1516 年撰写了言辞激烈的宣传册《大象最后的愿望和遗嘱》（*The Last Will and Testament of the Elephant*），挖苦教皇和整个元老院。阿雷蒂诺嘲弄道：汉诺将牙遗赠给红衣主教圣乔治（San Giorgio），条件是他"要像坦塔罗斯（Tantalus）一样忍受干渴，因为主教大人可能会自行缓解"；将膝盖送给红衣主教圣克罗斯（Santa Croce），"使他能像我一样屈膝跪拜"，条件是"他在大庭广众之下不再撒谎"；将下巴送给红衣主教圣夸特罗（Santi Quattro），"让他更多地贪食基督的贡奉"。[87] 马丁·路德（Martin Luther）在汉诺死去四年后，在小册子《罗马教廷》（*On the Papacy of Rome*）中间接地抨击了教皇与象玩耍的轻浮举动。[88]

四、拉斐尔及其流派

根据保卢斯·约维乌斯（Paulus Jovius）在《我那个时代的历史》（*History of My Own Times*）及其他著作中的说法，[89] 人们普遍认为教皇曾委托拉斐尔为汉诺作画。尽管保卢斯可能曾经见过其中的一幅作品，但出自拉斐尔的油画和素描事实上并没有保存下来。保卢斯还提及在汉诺死后，梵蒂冈大门塔楼附近的墙上绘制了为它撰写的悼文。在悼文旁边很可能还有拉斐尔的画，因为保卢斯报告说利奥满足了人民为这位"无以伦比的市民"作画的愿望。[90] 汉诺的画像大概在教皇保罗四世（Pope Paul IV，1555—1599 年）整修梵蒂冈时被破坏。[91] 这位名为卡拉法（Carafa）的教皇十分憎恶其前任的世俗之气。

悼文由象的监护主管布兰科尼奥撰写，还附上了小菲利普·博尔多（Filippo Beroaldo the Younger）的讽刺诗。现存于埃斯科里亚尔的一幅弗朗西斯科·德奥兰达的作品，是唯一描绘了这幅配有悼文和讽刺诗的画像的作品（图 90）。[92] 德奥兰达是一名葡萄牙建筑师，1539 年至 1540 年期间在古都罗马学习和写生。他或许是出于对祖国和国王的责任而记录下了纪念汉诺的作品，因为他的访学是由曼努埃尔国王的儿子葡萄牙国王若昂三世（King John III of Portugal）赞助的。这幅素描质量不高，悼文亦不准确，但足以让我们联想到拉斐尔。

敬献给 D（eus）M（aximus）[93] 的悼文全文如下：

长眠于此宏大墓穴者，乃国王曼努埃尔征服东方之战利品、赠予利奥十世之囚徒巨象。我深受罗马人民之爱戴——人民在过去的几百年里不曾有缘相见——，虽为野兽之躯却拥有人类之智慧。命运嫉妒我在拉丁乐土之家，遂仅准许我为我主服务三年。因此，上帝啊，请将剥夺我之寿命赋予伟大的利奥。

　　它寿命 7 年，死于心绞痛，身高约 8—10 英尺。[94] 本文于利奥十世登基第四年，由教皇侍从和它的监护主管阿奎拉的乔瓦尼·巴蒂斯塔于 1516 年 6 月（？）镌刻。

　　自然所夺去的，在乌尔比诺（Urbino）的拉斐尔笔下得以复原。[95]

　　伟大的拉斐尔是否确曾为汉诺画像？依据马提亚·温拿（Matthia Winner）杰出的研究成果[96]，现今认为极有可能。温拿细致入微地描述了德奥兰达描绘的象与现存于柏林国家博物馆铜版画陈列室中的一幅钢笔画之间的关系。这幅钢笔画十分接近已经遗失的拉斐尔素描（图 91）。温拿亦清晰地描述了柏林博物馆收藏的大象素描和巴里利细木镶嵌，以及该素描与马萨诸塞州剑桥福格博物馆收藏的另一幅钢笔素描之间的相似之处。虽然每幅作品都有各自明显的特点，但温拿令人信服地指出了以下共同之处：象的步态和位置，异常短小的象牙，脖子上悬挂的铃铛，耳朵上棱状的肌肉结构，象牙的弯曲度，以及象师左手放在象鼻子上的位置。他认为德奥兰达描绘的象比例失调，是因为笔者的技艺不佳。藏于柏林的那幅素描，在汉诺的步态、比例、腿的位置和背上的象师与细木镶嵌中的描绘完全吻合。德奥兰达象和剑桥象的四足被错误地画在了同一水平线上，在其他方面也与细木镶嵌描绘的有所不同。温拿由此认为，柏林收藏的素描比任何其他现存复制品都更接近拉斐尔的原作。然而，不论逼真与否，这些画似乎都是拉斐尔画像的仿制品。

　　拉斐尔显然是在 1516 年汉诺死去前完成了这幅画像，因为只有通过写生，他才能创作出如此生动、自然的作品。拉斐尔曾答应伊莎贝拉·德埃斯特（Isabella d'Este）为她画一幅汉诺的画像，也证实了这一推测。这位来自费拉拉的妇人 1514—1515 年访问罗马。1516 年 3 月 3 日，她的代理人卡罗·阿斯内利（Carlo Asnelli）写信告诉她，拉斐尔已经答应为她画一幅汉诺像。[97] 作为一名细心的艺术家，拉斐尔很可能在接受这项委托前画了不止一幅写生，其

142 中一些还可能被送至费拉拉征求意见。费拉拉数学家西基斯蒙德·范蒂（Sigis-
mondo Fanti）在其著作 *Triompho di Fortuna*（1526 年）中收入的一幅木刻（图
94），似乎也证实了在费拉拉存在这些素描。汉诺在这幅反向木刻中的形象，
几乎与柏林收藏的素描完全一致。象在这里作为占星术命运之轮的中心。范蒂
用这个轮子来预测列奥家族和美第奇家族的命运。1517 年后，拉斐尔与阿方
索·德埃斯特（Alfonso d'Este）协商绘制"巴克斯在印度的胜利"（Triumph of
Bacchus in India）事宜。拉斐尔显然曾将与"巴克斯"相关的素描送到费拉拉
征求意见，包括一幅汉诺的素描在内，但随后又决定另选题材。阿方索依然想
要一幅"巴克斯"的画，于是转请提香（Titian）绘制。拉斐尔的有关作品现
今已不复存在，但可从 18 世纪的一幅铜版画中略见一斑，因为它可能是约书
亚·雷诺兹爵士（Joshua Reynolds）根据拉斐尔原作创作的。[98]

　　汉诺的写生画对象在整个 16 世纪欧洲艺术作品中的形象都产生了影响。
追踪汉诺艺术形象的最佳线索是柏林素描中训象师手中的月亮形钩子（训象刺
棒）。这种钩子是随着象和训象师从印度引进的，在印度雕塑[99]和微型画[100]
中均可见到。其他的明显特征，包括耳朵上的棱状肌肉、短象牙和弯曲的象鼻。
仔细观察柏林象的特点十分重要，因为 1520 年拉斐尔去世后，他的学生引领了
一股将汉诺想象化的潮流，为象添加了一些来自古代、中世纪和 15 世纪作品中
的生理特征。

　　根据后来的油画和素描可以推断，朱利奥·罗马诺（Giulio Romano）和乔
瓦尼·达·乌迪内（Giovanni da Udine）或写生或根据拉斐尔的作品都画过象。
在依照拉斐尔的计划于罗马城外蒙特马里诺坡地上修建的玛达玛庄园（Villa
Madama）中，他们用石膏制作了象头，并用象鼻子充作喷泉。德奥兰达和马
丁·范·海姆斯凯克（Martin van Heemskerck）为这件赏心悦目的作品画的素描
（图 95）再现了汉诺欢快的风貌。[101]汉诺画像的线索和对玛达玛庄园喷泉的记
143 忆都可以追溯到曼图阿（Mantua）。朱利奥·罗马诺为驮着丘比特的装饰性泥塑
象画的素描，精确地再现了汉诺耳朵上的肌肉；象脖子上虽然也系着铃铛，但
其他方面与拉斐尔笔下的象差异甚大。[102]《丘比特和赛姬的婚宴》（*Marriage
Feast of Cupid and Psyche*，约 1528 年完成，存于德尔泰宫心灵室）中欢快的大

象（图96）与玛达玛庄园中的喷泉象极为相似，但仅仅是在精神上。[103]与此同时，拉斐尔在罗马的学生坚持追随导师画作的所有细节，其中最忠实原作的当属乔瓦尼·达·乌迪内创作的水泥浮雕（图92）和大象装饰（图149、150）。这两幅作品陈列于梵蒂冈的走廊中。此外，还有大概是出自波利多尔·达·卡拉瓦乔（Polidore da Caravaggio）之手的一幅桌饰，画面中汉诺身上的鞍子上装饰着美第奇家族的徽章。[104]

或许是因为其他人不曾见过汉诺以及拉斐尔为它画的素描，最早从意大利传播到欧洲其他国家的是朱利奥·罗马诺笔下极富想象力的象。在曼图阿，在萨拉·德利·阿奎勒（Sala delle Aquile）创作的水泥镶嵌板和徽章上，以及在杜卡尔宫（Ducal Palace）收藏的卡梅里诺·德格利·乌切利（Camerino degli Ucelli）制作的掐丝和螺旋形装饰品中，都有装饰性的象与其他海外动物嬉戏的场面。法国国王弗朗西斯一世热衷于为他在安布瓦斯（Amboise）的小动物园收集活象，[105]似乎对这种厚皮动物也十分着迷。早先曾在罗马和曼图阿工作过的罗索·菲奥伦蒂诺（Rosso Fiorentino）在1531年之后不久为枫丹白露画廊绘制了一幅壁画，画面中有一头巨大且身体被拉长了的象。就画像而言，这幅壁画及安托尼奥·范图兹（Antonio Fantuzzi）想象化了的复制品与拉斐尔和朱利奥·罗马诺笔下自然主义的象并无相似之处。[106]就象征意义而言，枫丹白露壁画中的象，或许还有它的艺术原型，可以追溯到描绘罗马人胜利场景中的象。装饰着法国鸢尾花的枫丹白露象，可能是弗朗西斯一世的标志，象征着他是一位英明、崇高的统治者，一位取得了军事和文化胜利的"新亚历山大大帝"。[107]

于枫丹白露壁画完成的同时，布鲁塞尔在准备为弗朗西斯一世制作描绘西皮奥·阿弗里卡纳斯（Scipio Africanus）胜利场景的系列挂毯。朱利奥·罗马诺和吉安弗朗切斯科·彭尼（Gianfrancesco Penni）为这些挂毯创作的作品于1907年首度出版。这些作品的主题除两幅外都出自阿皮安（Appian）的《布匿之战》（Punic Wars，8.9.66），其中的一幅（No.260）描绘了作为战利品的两头象以及牛和骆驼，领头的象背上坐着象师，手握刺棒的姿势与汉诺的象师极为相似；另一头象只是头部与朱利奥·罗马诺笔下婚宴中的象有些相像。[108]科尼利厄斯·科特（Cornelius Cort）1567年在罗马看到罗马绅士托马斯·卡瓦

144

雷利乌斯（Thomas Cavallerius）收藏的朱利奥·罗马诺的作品后，参照该作品重新创作了他先前的木刻《西皮奥大战汉尼拔》（*The Battle of Scipio against Hannibal*）。[109] 科特木刻中的四头象（其中的两个象头，一个是正面，一个扭着头）采用了现实加想象的手法，似乎与拉斐尔描绘的汉诺没有直接联系，[110] 而更接近玛达玛庄园的喷泉和朱利奥·罗马诺笔下的象。与当时仍在沿用的旧形象相比较，[111] 自朱利奥·罗马诺作品衍生出的象创造了一个新的类型——被艺术家想象化了的自然主义象。从安托尼奥·拉夫雷利（Antonio Lafreri）收入《辉煌的罗马》（*Speculum Romanae magnificentiae*）中的一幅版画中，可以清楚地看到汉诺和几头想象化了的象（图106）。[112] 拉夫雷利著作中的两幅用自然主义手法绘制的象在西莫内·德·迈勒（Simone de Myle）的画作《诺亚方舟》（*Noahs Ark*，1570年）中占据了显著的位置（图107）。

五、1552年的维也纳象

1551年，葡萄牙国王若昂三世（John III）将一头印度象作为礼物送给了奥地利大公马克西米利安二世（Maximilian II）。马克西米利安是皇帝费迪南德一世的长子、波西米亚选侯，曾在西班牙居住多年。他应召返回维也纳，离开西班牙时带上了这头象。皇家一行和象在热那亚上岸后经陆路去往米兰。当时大约13岁的象在米兰红衣主教面前又是鞠躬又是吼叫，还接受了数学家吉罗拉莫·卡尔达诺（Girolamo Cardano）的检查。[113] 皇家一行显然是经由蒂罗尔到达了阿尔卑斯山。蒂罗尔中心区布瑞克森（Brixen, Bressanone）最古老的一家小旅店墙上留下了一幅与这头象等身的画像，标注的日期是1551年。这表明马克西米利安及其一行曾在那里停留。[114] 从那里他们经过勃伦纳山口（Brenner Pass）到达因恩谷（Inn Valley），然后一路北上。一幅画着象的海报（图100）宣布大象将在哈布斯堡宫廷亮相，并说明它已于1552年1月24日到达上巴伐利亚的瓦瑟堡。[115] 队伍缓慢地沿着因恩河（Inn River）行进到帕绍（Passau）和多瑙河（Danube）峡谷，在最后的几段路程中乘坐了驳船。

马克西米利安于1552年5月7日正式进入维也纳。高雅的维也纳人对国王夫妇乘坐的镀金马车和西班牙侍臣华贵的服饰，甚至对放开了让大家观赏的印度鹦鹉反应平平，但当他们突然看到一头巨大的四足动物优雅地左右摇摆着鼻子和武装卫队一同走来时，立即欢呼雀跃起来。观赏的民众在象接近克恩腾门（Kärntner Gate）时恐慌起来，直至御医沃尔夫冈·拉兹（Wolfgang Laz）解释说它不是一头邪恶的怪兽而是有益的动物之时方才平静下来。[116]

几个侍从走近了象，人们随之勇敢地围上去观赏和抚摸。随后，队伍缓慢地向米歇尔广场（Michaelsplatz）和准备展览象用的大棚行进。据说象曾用鼻子举起一个被挤倒在地的小女孩，因此获得了公众的好感。无论这个故事真实与否，象感动了维也纳市民，却毋庸置疑。在战壕街和史蒂芬广场拐角处有一幢门牌 619 号的房子，直至 1866 年毁坏前都以"象房"而闻名。[117]房子的墙上有一幅 1552 年的宣传画，画面上一名象师骑在象背上，右手握着一根刺棒，左手拉着一根黄色的缰绳，绳子拴在长长的象牙上。在砂岩制成的宣传画下面有拉丁文和德文题词。几行德文诗文写道：

> 这种动物称之为大象，
>
> 无人不知、无人不晓；
>
> 它的巨大身躯及形象，
>
> 此处描绘得惟妙惟肖。[118]

其他几处房屋和旅店也刻着"大象"（Zum Elephanten）的字样。步行街 47 号的纪念文字和象的画像一直保留到了 1880 年。过了一段时间，象被带到维也纳郊外埃伯斯多夫（Ebersdorf）娱乐狩猎行宫的小动物园。

1553 年 12 月 18 日象在埃伯斯多夫死去，距其到达维也纳仅仅一年半多。为纪念象在奥地利的短暂停留，迈克尔·富克斯（Michael Fuchs）于 1554 年为它制作了铅质的纪念章。维也纳人并未将象埋葬，而是决定用它的骨头来纪念它的到访。维也纳市市长塞巴斯蒂安·修伊特托克（Sebastian Huetstocher）拥有一把用象骨制成的扶手椅，椅子的两只前腿上刻着家族徽章。这把椅子现存于步行街修道院图书馆，列于巴洛克藏品之中，椅面上也刻着文字。[119]在文

146

字周围，刻着一前一后跟随着象的东方人模样的象师。椅座支撑部位刻着的象明显模仿了 1552 年的宣传画，或者说二者拥有共同的出处。椅子上的拉丁文译文如下：

尊贵的波西米亚国王、奥地利大公马克西米利安王子殿下携妻（罗马皇帝查尔斯五世的女儿玛利亚以及他们的两个孩子）[120] 于 1552 年 5 月 7 日自西班牙抵达维也纳。他随行携带的印度象于次年（1553 年）12 月 18 日死于维也纳郊区总督官邸。彼时象的重量为 42 森特纳 73 芬德（约 5 200 磅）。国王下令赠予我，维也纳市市长塞巴斯蒂安·修伊特托克。本扶手椅正是用象遗体中的右前肩骨来制成的。[121]

在塞维林·布拉赫曼（Severin Brachmann）创作的马克西米利安二世和玛利亚（Maria）的石灰石浮雕上，一头根据宣传画绘制的象站在皇帝身后，皇后身后则站着一头单峰骆驼。[122]

147 根据活象创作的艺术作品在维也纳象死后大量增加。然而，被歪曲了的非洲象和亚洲象，仍然或单独、或与更为自然主义的象一同继续出现。[123] 即使是间接地，也难以将所有现实主义的象与鲜活的或者是它的艺术原型联系到一起。这部分是因为：动物学研究机构收藏的浩如烟海的资料尚未开发利用或为人所知，而对艺术家在动物学图书插图制作中所起的作用迄今也远未开展足够的研究。[124] 对 16 世纪的一些自然史的研究表明，插图作者通常沿用了 15 世纪象的造型。[125] 在锡耶纳医生和博物学家马蒂奥利的《评狄奥斯克里德斯》（*Commentaries on Dioscorides*，1554 年）中，有关象牙部分采用了现实主义的文字和插图。他对象住所的描述是基于汉诺看护人的叙述和相关记述，而这些记述更多的是来自凯达莫斯托（Cadamosto）而不是普林尼。他采用的两幅非洲象木刻比许多自然史中引用的更为真实，不论是在其时代之前抑或是之后。[126] 1548 年，皮埃尔·吉勒斯（Pierre Gilles）从北叙利亚的阿勒颇（Aleppo）发回了根据解剖完成的对象的详细描述。他描述的那头象是法国驻土耳其宫廷使节从波斯国王兄弟那里为国王亨利二世购买的礼物。对这头在阿勒颇附近死去的

象的描述直至 1562 年才得以出版。[127]康拉德·格斯纳《动物史》(*Historiae
animalium*,苏黎世,1551—1558 年)中有关象的部分仍然采用了熊高尔极具
想象力的象。就写实而言,安布鲁瓦兹·佩尔(Ambroise Pare)在《艺术全集》
(*Oeuvres*,巴黎,1585 年)中收入的几幅木刻中的象比中世纪寓言中的象并无
多大改进。这些以及其他一些例子似乎表明,许多早期科学家对已有的关于象
的自然主义描述和插图所知甚少。《第二次远航几内亚记》(*Second Voyage to
Guinea*)一文的作者曾对非洲象做过详细的研究,他 1555 年写道:描绘象牙时
"画家和挂毯工人被误导了"。[128]他可能还指出了,他们中的很多人错误地描
绘了象的腿、鼻子和耳朵(图 104、105)。

148

这一时期的大象雕塑也极少基于现实模特甚至是自然主义的绘画。例如,
玛达玛庄园的象泉远比该世纪中叶制作的粗糙的象头真实生动。这个象头现存
放在巴勒莫比勒陀利亚广场(Piazza Pretoria)喷泉底座的壁龛里。[129]卡斯泰
洛美第奇别墅洞室内有各种动物的雕像,其中的象头造型同样不真实。[130]动
物雕塑中造型最自然的,当属葡萄牙贝伦热罗尼莫斯(Jerónimos at Belém)修
道院守护在国王塞巴斯蒂安(King Sebastian)和红衣主教(亨利王子,Prince
Henry)墓旁的大理石象。[131]动物雕塑中最令人困惑不解的,则是雄踞在意大
利中部博马尔佐(Bomarzo)花园中巨大的象石雕。

1564 年之前的某个时间,维西诺·奥希尼(Vincino Orsini)在博马尔佐村
庄山脚下的"圣林"(Sacred Wood)中修建了一个"独树一帜"的奇妙花园。[132]
奥希尼一反对称和比例的主流观念,沿着山边露出的不规则的石头修建了花园
中他设计的那个部分。[133]"圣林"中硕大的人类、动物和神话人物雕塑都用石
头制成。在这个奇妙的混合雕塑群中央站立着一头巨象(图 103),披着华丽饰
带的象驮着城堡和象师,鼻子上还立着一个士兵。这头象没有牙,大耳朵敞开
着,四方形的腿厚重、笔直。

虽然头和耳朵酷似德奥兰达笔下的象,象师的位置又与巴里利在梵蒂冈细
木雕刻中描绘的相似,却无法由此判断博马尔佐象的雕塑师是在为汉诺制作石
像。在印度寺庙中经常能见到用鼻子举着士兵的大象图案,[134]欧洲艺术家亦
能接触到采用了同样图案的作品。[135]雕塑师或奥希尼,也许是两个人都曾于

149

1551 年在米兰见过活的象，因而获得了创作博马尔佐巨象的灵感。无论如何，巨象和整个花园在很大程度上都直接或间接地受到了中世纪主题的影响。例如，象似乎受到了一条龙的攻击（图 102），而这个主题曾反复出现在动物寓言之中。博马尔佐象的独特之处在于，不论是龙还是象的造型都可以追溯到东方。正是东方和中世纪风格的奇特结合，使得博马尔佐花园为观赏者营造了一种神秘的气氛，亦给艺术史学家出了一道难以破解的有关其象征意义的难题。[136]

在整个 16 世纪中期，博马尔佐和其他地方的象都保持了其早前的重要象征和标志意义。中世纪和 15 世纪艺术作品中象征着力量和美德的象，在法国国王们的奢华盛典中占据了重要的地位，正如同在皇帝马克西米利安一世早些时候修建的凯旋门中一样。在一幅描绘亨利二世 1550 年进入鲁昂（Rouen）庆典的版画中，一架象拉的双轮战车载着火把和城堡，令人联想到曼泰格纳的作品和极富想象力的著作《寻爱绮梦》（*Hypnerotomachia*）。[137] 彼得罗·瓦莱利亚诺在《象形文字》（*Hieroglyphia，Basel*，1556 年）中用了整部篇幅讨论象在历史中的重要寓言意义。[138] 熊高尔式的象反复出现在安德里亚·阿尔恰蒂所著《象征》（*Emblemata*）的各个版本之中，象征着正义与和平，以及罗马和文艺复兴时期之间的精神联系。[139] 几幅描绘两头巨象望着几条缠绕在一起的蛇的木刻，则阐述了这样的理念："渺小的事物通过和谐而发挥影响。"[140] 与野猪搏斗的象被视为美第奇家族的象征。[141] 象在佩鲁贾（Perugia）的阿斯托利·巴格里奥尼（Astorre Baglione）和萨沃伊大公伊曼纽尔·菲利贝托（Emanuel Filiberto）个人徽章上的形象也十分突出。[142] 在为费耶拉本德（S.Feyerabend）的著作 *Thurnierbuch* 制作描绘罗马人战胜匈奴人的木刻之时，弗吉尔·索利斯（Virgil Solis）和乔斯·阿曼（Jost Amann）选择象作为罗马人的象征。[143] 象在奥地利哈布斯堡王室铜版肖像装饰图案中象征着力量和勤勉。[144] 卡尔塔利（Cartari）所著 *Imagini* 首部插图版收入了威尼斯画家波洛尼诺·扎赛里（Bolognino Zaltieri）创作的版画，画中的巴克斯骑在一头象上。直至该世纪末，一些描绘象的粗糙木刻一直被视为标志，其中包括：象与龙、野猪搏斗，象与羊平和地一同吃草（图 110），以及象虔诚地礼拜月亮。[145] 但最引人注目的，还是约瑟夫·波依洛特（Joseph Boillot）1592 年出版的 *New Termis Buch* 中作为女像柱的

150

象（图 117）。女像柱文字说明中的信息来自古代权威和汉诺在罗马活动的报告。伟大的意大利诗人托尔夸托·塔索（Torquato Tasso）在讨论写作于 16 世纪后期的 *imprese* 时也回忆起汉诺造访罗马的情景。[146] 这些例子清楚地表明，象仍然象征着虔诚、美德与和平。但就艺术性而言，这些书籍中的象无一例外都是想象之作，与当时的现实主义绘画、版画和木刻几乎没有共同之处。

六、世纪末

1563 年迎来了采用更为现实的手法描绘象的一个新契机。[147] 该年 9 月，葡萄牙又送给已经是波西米亚国王的马克西米利安一头印度象。象从海路运至泽兰（Zeeland），然后经陆路抵达安特卫普。这头 8 岁的象在安特卫普立刻成为人们关注的中心。当时正筹备写作《低地国家概览》（*Description of the Low Countries*）的卢多维科·圭恰迪尼（Ludovico Guicciardini）报告说，荷兰人虽非第一次见识象，却从四面八方赶来观看。[148] 与好奇的大众一样，佛兰德学者、科学家和艺术家也热衷于对这头小象品头论足。当时年仅 16 岁、年轻气傲的人文主义者贾斯特斯·李普修斯（Justus Lipsius）尖刻地称象微不足道。[149] 圭恰迪尼则挖苦说：

> ……我们并未发现这种动物具有古代作家颂扬的伟大品质和罕见的特征。它智力低下、身体粗野，行为如同猪一般；它见什么吃什么；饮酒过度就睡死过去，二十小时后方能苏醒；醒后的它变得更为贪婪，胃口也更大。[150]

但其他人却不认同这种蔑视的评价。当时在安特卫普发表的一篇匿名文章就热情地赞扬了这头象。查尔斯·库希乌斯认为象温良顺从，智力几近人类。[151]

低地国家描绘 1563 年象的作品为数众多且影响持久。一幅纪念性宽幅木刻描绘了一头象站在安特卫普街头好奇的民众当中。帕鲁达努斯的蚀刻版画描绘了象的八个不同姿势。[152] 荷兰画家马斯特（Master B.，1563 年）创作的素

151

描表现了象的正面和背面，该素描现藏于卢浮宫绘画室。尽管卢浮宫收藏的这幅画看似孩童的涂鸦之作，但其创作日期为 1563 年这一点就说明，它可能受到了曾在低地国家展览的象的启发。[153] 相比之下，兰伯特·范·诺尔特（Lambert van Noort）10 月 1 日在安特卫普创作的炭笔画则具有科学性和自然主义的特点，作者甚至还注意到了象的重量。[154] 大约与此同时，希罗尼姆斯·博施（Hieronymus Bosch）所作《猎象》（*Siege of the Elephant*）的新版本在安特卫普问世。这幅版画可能是博施为希罗尼姆斯·科克（Hieronymus Cock）绘制的，但也有可能是出自科克本人之手。[155] 在安特卫普的活象或其仿制品的启发下，这幅版画的作者修改了博施象的原型，创作了一头混合风格的象。

安特卫普人为表达赞美之情，在"安特卫普巨人"（Antwerp Giant）旁立起了一尊与大象等身的木雕（图 115）。在节日和官方庆典游行之时，"安特卫普巨人"是这座城市的标志。[156] 这座立在带轮子的平台之上的木雕象，在 1582 年 2 月 19 日昂儒公爵、法国国王亨利三世的兄弟、低地国家君主菲利普二世的继承人弗朗索瓦·德阿朗松（François d'Alençon）入城大典中扮演了突出的角色。[157] 弗朗索瓦继位对于法国而言无疑是场胜利，因而法国宫廷密切地关注着他进入安特卫普的盛典。作为胜利和庆典象征的象于是便成为法国宫廷画家安托万·卡隆（Antoine Caron）的描绘对象，他据此创作了欢快的《狂欢之夜的旋转象》（*Night Festival with the Carrousel Elephant*），以及《赛墨勒的胜利》（*Triumph of Séméle*）（图 108、109）。卡隆笔下的象源于科克根据朱利奥·罗马诺作品创作的《西皮奥大战汉尼拔》。[158] 瓦卢瓦（Valois）名为《猎象》（*Siege of the Elephant*）的挂毯可能是卢卡斯·德·依让（Lucas de Heere）大约在 1582 年完成的。象在挂毯中的造型更接近安特卫普象和科克"猎象"中，而并非卡隆"狂欢之夜"中的象。[159]

1563 年，这头象被从安特卫普送至维也纳，但人们并不清楚它如何又是在何时抵达了帝国的首都。[160] 象在 1563 年的某个时候访问了布鲁塞尔，在城中游行展示之前吃了一大锅稻米并喝了大量的酒。为纪念这个盛会，有人撰写了题为"大象布拉班蒂尼"（Brabantini）的纪年铭。[161] 1563 年 10 月 10 日，象在科隆停留并被拉着穿过这座城市的街道。象的脖子上骑着一个身穿黄色衣服、手持刺棒的年轻象师。[162]库希乌斯说曾在热爱动物的马克西米利安二世的宫廷里多次见到过这头象。[163]1574 年，法国国王亨利三世在自波兰返回的路上也曾在埃伯斯多夫动物园看到这头象。[164]或许是为了纪念这头倍受欢迎的象，抑或是因为不喜欢皮埃尔·巴尔廷（Pierre Baltin）的《浸礼派圣约翰的布道》（*Preaching of St.John the Baptist*），马克西米利安命将画中的圣徒去掉，用象取而代之。结果导致众信徒在布道之时不再虔诚聆听，而是好奇地观望这头象。不幸的是这幅画像已无踪影，描绘 1563 年象在威尼斯情况的作品大概也未能保存下来。[165]

尽管如此，象对于德国收藏家和珍奇制造者仍然具有吸引力。据说巴伐利亚大公阿尔布雷特（Albrecht）拥有一头填满了东西的象。[166]枢机主教美因茨的阿尔伯特（Albert，1579 年去世）辞世后，在他的财产中发现了大量珍贵的象形饰品。[167]在阿姆布拉斯的藏品中包括一头象和顶上有一条船的城堡，通体用象牙制成。[168]奥克塔维厄斯·富格尔（Octavius Fugger）1600—1601 年的藏品目录列入的一把古老的法国剑，刃上刻着一头象。[169]安特卫普的亚伯拉罕·戈热利（Abraham Gorlé，1549—1609 年）的藏品中包括刻有象的宝石。[170]因斯布鲁克和德累斯顿两地都自豪地宣称拥有象形钟，钟上的象背上驮着塔。[171]在于利希 - 克利夫斯 - 伯格（Jülich-Cleve-Berg）1585 年的婚礼庆典上有一张引人注目的桌子，桌上堆满了用糖制成的海外动物、树木和建筑，而其中处于首要位置的是一头背上驮着塔的巨象（图 118）。时至今日，人们仍可在柏林的夏洛腾堡宫（Charlottenburg）看到纽伦堡的克里斯蒂安·雅姆尼策尔（Christian Jamnitzer）于 16 世纪末创作的鎏金巨象和城堡（图 116）。

加西亚·达·奥尔塔的《印度草药风物秘闻》在印度出版后，有关象及其习性的科学资料变得更具权威性。[172]这位葡萄牙医生出版该著作之前曾在果阿生活了整整三十年，他著作中的一章对话专门讨论了象。1567 年，查尔斯·库希乌斯在安特卫普出版了奥尔塔著作的拉丁文压缩版。克里斯托巴尔·德·阿科斯塔基于奥尔塔的著作和他本人对该领域的研究，于 1578 年在伯各斯（Burgos）出版了《东印度医药论》。他书中的插图包括一头靠在椰子树干上的现实主义的象，以及一头背上驮着城堡的战象。阿科斯塔暗示他的素描是活象

154

写生，[173]但事实显然并非如此。靠着椰子树的象的全身以及战象的身体和头盔，看起来是直接复制了科特的版画《西皮奥大战汉尼拔》，或者另一幅同样基于朱利奥·罗马诺素描的作品。[174]重要的是，曾在东方旅游的阿科斯塔将这些画作称为自然主义的作品。与木刻同样，他的文稿亦是基于现场观察，包括以实际经历检验普林尼有关象的评论。[175]

　　即使在葡萄牙失去独立地位之后，活象在欧洲仍然继续作为相互赠送的礼品。西班牙的菲利普二世在 1581 年成为葡萄牙国王之际从里斯本收到了作为礼物的象和犀牛，这两种动物都在马德里展出。[176]胡安·德·阿福·维拉法尼（Juan de Arphe y Villafañe）经常被人们称为"西班牙的切利尼"。他的著作 *Varia commensuracion para la escultura*（Book III）以科学的态度讨论了当时普遍被作为装饰使用的动物和鸟类，为艺术家和建筑师提供了它们的比例和形状。他收入的象类似于马蒂奥利著作中的一幅作品，形象逼真。画面上的象左边有一个标尺，以便艺术家正确地掌握象的高度和比例。[177]阿福的象成为费利佩·罗兹（Felipe Roz）1597 年制作的银水罐的主要装饰，而这只水罐正是成就了罗兹银匠大师地位的作品之一。[178]

　　在收到作为贺礼的象十年之后，菲利普二世送给法国波旁王朝国王亨利四世（Henry IV）一件同样的礼物，或许是希望在天主教传统中代表虔诚的象能够改变这位异端的国王！象于 1591 年 7 月到达迪耶普（Dieppe）后，亨利立即自诺扬（Noyon）营地写信给他的财务总管，表示自己愿意承担象的养护费用，"因为我们希望这头来自印度的象作为从未拥有过的珍稀而受到保护和款待"。[179]亨利明显不知晓，他的两位最伟大的祖先查理曼大帝和圣路易斯都曾拥有过自己的象。随着养护费用的增长，亨利对象的新鲜感也很快消失。于是在 1592 年 9 月 4 日，这位国王从普罗万（Provins）营地下令迪耶普总督安排将象作为礼物安全地送给英格兰女王伊丽莎白。从当代英文著述中可以看出，这头象安全地穿越了海峡。[180]不幸的是，迄今尚未发现 1591 年象的清晰画像。

　　16 世纪最后二十年的绘画作品包括了各式各样半幻想色彩的图像，但它们可能不是依据活象创作的。晚期样式主义画家雅各布·利格兹（Jacopo Ligozzi）于 1591 年为佛罗伦萨维琪奥宫壁画创作了一幅素描。这幅素描描绘了教皇卜

155

尼法斯八世（Pope Boniface VIII）接见佛罗伦萨使节的场面。在背景中，接待室大门上方挂着一幅巨画，画中一个戴着羽毛头饰的印度人手中握着一根棒子。坐在他身旁的另一个印度人手握棕榈树枝，头上佩戴着棕榈帽和悬垂的耳饰。在几个可能是代表美洲和亚洲的半裸的野蛮人背后，一头象正向画外张望。[181]
安尼巴莱·克瑞西大约在1600年创作的《凯旋归来的巴克斯和阿里阿德涅》（*Triumph of Bacchus and Ariadne*）现藏于法尔内塞画廊（Farnese Gallery），画中的象几乎可以肯定是来自酒神狂欢的场景（图131）。无论究竟出于何处，象的头和耳朵是现实主义的，但眼睛似乎过于突出和倾斜。象师手握的钩子如同照出来的一般，其精确程度远胜于我见过的任何作品。[182]

罗兰特·萨弗里（Roelant Savery）大约在1600年创作的《伊甸园》（*Garden of Eden*）描绘了可以确认是来自亚洲的象、犀牛、虎和极乐鸟（图144）。这些动物和其他所有动物一起欢腾雀跃，真实且充满了想象力。这位艺术家为将海外世界的动物引入欧洲绘画并生动地加以描述而做出的努力令人震惊。[183]萨弗里的同代人阿钦博多在其创作的完全由动物组成的人类头像中将一头象作为中心（图39）。唐·格雷戈里奥·柯马尼尼（Don Gregorio Comanini）1591年评论道："阿钦博多描绘的动物都来自生活……可见他有多么聪明；其中有些东西令人陶醉。"[184]鲁道夫二世的绘画藏品中包括一幅象的画像，而很多人正是"通过小彼得·布鲁格尔的画笔观赏到了这头像"。[185]

16世纪最后几年有关象的文字描述既充满幻想也忠于事实。菲利普·萨塞蒂1580年自科钦致信在佛罗伦萨的朋友，谈论象在印度从事的有益工作。[186]威尼斯人切萨雷·费德里奇（Cesare Fedrici）在《旅游》（*Viaggio*）上撰文描述他游历印度和东南亚的情景，其中详细介绍了"白象"在缅甸勃固（Pegu）受到的尊崇。[187]在乔治·沙勒（George Schaller）1592年出版的有关动物的书籍中，几幅木刻从四个角度（左右两边、前面和后面）描绘了象。每幅木刻还附有一首基于古代作家著述和传说的诗文。[188]切萨雷·利帕（Cesare Ripa）在《肖像纹章学》（*Iconologia*）中仍将象视为所有动物中最具宗教意义的动物。[189]卢多维科·阿里瓦贝内（Ludovico Arrivabene）在描绘中国伟大的"黄帝"（*Vitei*）的著作中讨论了西方人眼中以及现实生活中的亚洲象。[190]法因斯·莫里森（Fynes

Moryson）在《旅行指南》（*An Itinerary*）中提及 1597 年曾于君士坦丁堡见过一头活的白象。[191] 与此同时，德·布莱兄弟在拉丁文游记中收入了在欧洲所能找到的关于象的文字和图像资料。结果正如预期的那样，他们根据这些资料描绘的象和其他亚洲动物远比木刻插图真实。[192] 德·布莱兄弟使用的一些木刻不过是简单的复制品，正如同伯格迈尔与其他未曾有幸见过活的亚洲动物或者它们自然主义画像的人一样。[193]

現存的明确记录表明，除汉诺之外，至少有 5 头亚洲象在 16 世纪的欧洲引起了人们的关注。在博物学家、艺术家和学者有幸见到和观察这些活的动物之后，象的传统形象便随之逐渐发生了变化。中世纪半神化的象正是被教皇利奥十世本人世俗化了。汉诺最初是在"永恒的城市"罗马表演马戏。在愉悦观众的同时，它也使象降低到了世俗动物的地位。发生变化的并非仅只世俗化一个方面。很多人文主义者显然对有血有肉的象无动于衷，而现实的象与普林尼和《生理学》中描绘的庄严或高尚的象相去甚远，也令他们深感失望。虽然不是所有观赏者都不喜欢这种活的动物，但人们已经接受了这样的观念：象除了庄严外还可能荒唐，除了聪明外还可能轻浮，并且它既是超世俗的也是现实的。

通过对汉诺的描绘，拉斐尔使得象在欧洲绘画中的形象变得自然，并确立了新的现实主义标准。拉斐尔的直接继承人朱利奥·罗马诺笔下的象出现在欢快的婚礼盛宴中，与爱神共舞、同其他海外动物一起嬉戏，因而将自然化和世俗化了的象引入了社会。罗索和范图兹绘制的枫丹白露象却完全采用了反自然主义的手法。他们为达到某种艺术效果而凭借自己的主观想象拉长了象的腿和鼻子，破坏了象身的比例。他们创作的想象化了的象（或者"样式主义"的象）通过绘画而融入了挂毯，并且似乎形成了范式。然而，汉诺和朱利奥·罗马诺笔下的象仍然继续出现在无数绘画、版画、木刻和挂毯中，尽管有时不是十分准确或清晰。

中世纪和 15 世纪的象亦反复出现在 16 世纪的作品之中，特别是低地国家和德国的版画及木刻中。欧洲北部的木刻艺术家在制作图书插图时倾向于将象作为世俗或宗教美德的象征，而极少作为欢快的、异教的动物。同样，象在建筑和雕塑中的形象和象征意义依然古板和传统。

在某种意义上，博物学家似乎与艺术家同样为协调活生生的动物与主流传统观念之间的差异所困扰。格斯纳描述的象集传统、神话和当代观察于一身，读起来颇觉怪异。他在同一页中引用了伊良（Aelian）和瓦尔塔马的描述，并明显给予了同样的重视。皮埃尔·吉勒斯（Pierre Gilles）1545 年在阿勒颇（Aleppo）解剖了一头象，并于 1562 年发表了几近解剖学专著的报告，但格斯纳著作较后的版本全然没有理会吉勒斯的报告，奥尔塔的《印度草药风物秘闻》中最基本的实证资料虽通过库希乌斯和阿科斯塔传播到了欧洲，但在 17 世纪之前似乎一直未进入自然史的主流。[194] 在整个 16 世纪，作家们仍然延续了有关那些古怪造物的故事和传统观念。但也就是在这个短短的世纪里，以往传说中的巨兽（尚不论可笑的长颈鹿和滑稽的犀牛）突然活生生地出现在人们眼前并激发了无限的遐想，那么谁又能为博物学家在确定龙和独角兽为虚构之物时所表现出的犹豫不决而指责他们呢？

第二节　犀牛

如同印度象一样，葡萄牙人早在 16 世纪就将印度犀牛引入了欧洲。甘达（*ganda*）[195] 或者说坎贝犀牛，最初是古吉拉特苏丹送给国王曼努埃尔的礼物，随后又像汉诺一样作为礼物转送到罗马。犀牛很快就成了象的竞争对手，吸引了王室、贵族、人文主义者和艺术家的注意力。汉诺有幸遇到了拉斐尔，犀牛则有幸由阿尔布雷特·丢勒为其创作了一幅素描和一幅木刻。直至 18 世纪，丢勒于 1515 年完成的画作一直是犀牛艺术形象的典范（图 119）。[196]

于地理大发现时代之前的欧洲作家和艺术家而言，印度的独角犀牛远比象更为陌生。最早描绘印度犀牛的文献资料，大概是克特西亚斯在 *Indica*（约公元前 400 年）中讲述的"印度野驴"的故事。极富想象力的克特西亚斯给这些据说是犀牛的独角动物，添加了人们对独角兽以及其他真实或寓言中的传统看法。[197] 16 世纪的欧洲君主和普通民众都相信克特西亚斯关于犀牛角药用价值的说法，而亚洲人直至 20 世纪仍坚信如此。[198] 亚里士多德在《动物史》中含糊

158

159

地提及这种独角的"印度驴"（Indian ass）时，错将这种奇蹄动物作为偶蹄加以评论。圣经参考文献在提及独角兽时也含糊其辞，令人无从知晓所指的是否就是犀牛。它们很有可能是在重复古代时期广泛流传的有关独角兽的故事。[199]

著有 6 部亚洲地理史的希腊人斯特拉波（Strabo，约公元前 63—公元 21 年）是第一个依据亲身观察以文字形式描述印度犀牛的人。他亦是第一个使用"犀牛"（ριυόκερως 意为鼻子上的角；德文为 Nashorn）一词，以及提到犀牛皮肤褶皱的人。他还依据传闻讲述了犀牛与象之间的博斗，而这个影响深刻的故事将于 1515 年在里斯本得到证实。[200]

老普林尼是罗马作家中第一个评论犀牛的人。根据他的记录，犀牛首次在罗马亮相是在公元前 61 年（？），当时为庆祝庞贝大帝（Pompey the Great）凯旋意大利举行了盛大的竞技活动。直至维斯西巴安（Vespasian）时代，印度犀牛屡屡在古罗马现身，尽管它来自遥远的国度。非洲双角犀牛也在罗马展示，但没有那般频繁。印度独角犀牛异常强壮，仅在很小的区域内繁殖，寿命是非洲双角犀牛的两倍。[201] 如此，印度犀牛比其来自较近地方的非洲表亲更常露面便也不足为奇。

普林尼、伊良、狄奥多罗斯·西库鲁斯（Diodorus Siculus）和朱利叶斯·索利努斯（Julius Solinus）在这些鲜活动物的激发下，开始尽可能探索犀牛的来源和生活习惯。他们调查后认为犀牛就是独角兽的原型，因而将当时黎凡特和埃及市场上有关独角兽的各种传说用于描绘犀牛（既包括亚洲也包括非洲犀牛）。帕莱斯特里纳（Palestrina）和佩鲁贾的镶嵌画家在罗马时代早期就描绘过双角犀牛，例如它曾出现在铸币匠于公元 1 世纪时铸造的两枚硬币上。[202] 在为皇帝卡拉卡拉（Caracalla，公元 211—217 年在位）制作的一枚纪念章上，一艘失事的船下方刻着一些动物，其中一头独角犀牛清晰可见。[203]

自罗马帝国衰亡至 1515 年，在文献和艺术作品中均无能够证实基督教欧洲有活犀牛的记载。[204] 在中世纪的穆斯林作家中，唯有阿尔 - 比鲁尼（al-Biruni）在其有关印度的著作中精准地描述了犀牛。[205] 因此，像大多数海外动物一样，犀牛被动物寓言作家赋予了独角兽的传统特性以及基督教的象征。一位托斯卡纳 - 威尼斯动物寓言作家如此概括中世纪有关犀牛的看法：

犀牛为最凶猛动物之一，两眼之间长着一只可怕的尖角，世间无盔甲能够抵御。因凶猛异常，人类唯施以计谋方能将其捕获：先着一童贞女接近于它，当它闻到童贞女的香气而匍匐于此女脚下熟睡之后，再由猎人杀之。

犀牛象征人类无法抵御的凶猛和野蛮之人，唯有通过神和革新的力量方能将其制服。这种力量征服了扫罗，也征服了其他很多人。[206]

犀牛作为皈依宗教的象征① 亦出现在阿伯拉德（Abelard）12 世纪初为圣保罗所写的一首拉丁文赞美诗中。[207] 亚历山大·内卡姆（Alexander Neckam）在其诗作"赞美神的智慧"（De laudibus divinae sapientae）中提到，在分别代表罪恶和凶残的龙和犀牛合力与代表善良的象搏斗之时，犀牛用其锋利的角划破了象的肚子。[208] 一部 13 世纪初的拉丁文手稿和巴索洛缪·格兰维尔（Bartholomew Glanvil）的著作明确断言犀牛和独角兽为同一动物。但马可·波罗和塞夫拉克（Severac）的乔丹（Jordan）据其亲眼所见坚持说，他们看到的动物不可能由少女捕获。乔丹因此得出结论，犀牛不同于"真正的独角兽"。这些来自现场的证词在一段时间内产生了影响，至少恢复了传说中的独角兽是另一种动物的说法。[209]

在整个中世纪，犀牛仅出现在寓言书籍的微型插图中，但在这些凭想象创作的画面里，它更像是独角兽而非名副其实的犀牛。科斯马斯·因迪卡普留斯特斯（Cosmas Indicopleustes）在《生理学》（Physiologus）中展示的犀牛像是一匹鼻子上长着两只角的马。[210] 文艺复兴时期的意大利艺术家虽对海外动物充满兴趣，但并未尝试在绘画、雕塑或者纺织品中描绘真实的犀牛，这个任务留给了丢勒。1515 年，丢勒收到了一幅从里斯本送到纽伦堡的素描，正是基于这幅素描，他创作了第一幅描绘印度犀牛的现代作品（图 119）。

丢勒创作犀牛的灵感来自作为礼物从印度送给葡萄牙国王曼努埃尔的一头活犀牛（甘达）。1514 年，阿尔伯克基从果阿派遣一个使团去坎贝，请求苏丹

---

① 　Saul-become-Paul，扫罗在信奉基督教后更名为保罗。——译者注

穆达发二世（Modafar II）准许在第乌（Diu）修建一个要塞。同年 9 月，使团带着甘达返回果阿。从丢勒的画作判断，这种动物属于我们当下称为印度独角犀牛（Rhinoceros unicornis）种。它于 1515 年 1 月初乘船离开科钦，1515 年 5 月 20 日抵达里斯本。甘达是自罗马时代以来在欧洲出现的第一头犀牛，因而立即引起了轰动。

据戈伊斯的说法，[211] 国王和他的属下急于"亲自验证"犀牛和象是否如同罗马作家所言是天生的敌人，于是，他们安排两种动物在公众场合相遇。1515 年 6 月 3 日，两头动物在里贝拉王宫（Paço da Ribeira）和印度商馆之间的一个院子里相遇了，院子四周是高高的围墙。

162

　　印度土著人 Oçem（看护人）拉着锁链将犀牛领到走廊上的挂毯后面，将其藏好。然后，一头长着短牙的小象被带进了斗兽场。当犀牛从拉开的挂毯后出现之时，象立即落荒而逃，躲进了它的窝。[212]

于是犀牛不战而胜，证实了古代作家的说法，[213] 并且立即成为国王曼努埃尔最宝贵的财产。一头现实主义的犀牛出现在国王祈祷书（1517 年）插图《出埃及》（图 86）的右下角。

1515 年 12 月，甘达和其他送给教皇利奥十世的礼物一同乘船离开。曼努埃尔用这些礼物来感谢教皇 1515 年 7 月授予他"金玫瑰"勋章。约维乌斯认为，曼努埃尔意在给酷爱奇观的教皇提供让甘达与他的大象汉诺相遇的机会。这批礼物还包括绘制着动物的奢华银器、丝绸、大量胡椒和其他香料，以及为犀牛准备的绿天鹅绒佩带，[214] 佩带上装饰着镀金玫瑰和康乃馨，缀着流苏。1516 年 1 月，由若昂·德·皮纳（João de Pina）指挥的船到达马赛，犀牛上岸后在港湾中的一个小岛上休息、饮食。在普罗旺斯（Provence）参加活动的国王弗朗西斯一世当时恰好在马赛，因而赶到岛上去观看"称作犀牛的野兽"。[215] 同年 2 月，德·皮纳的船离开马赛之后于热那亚（Genoa）遭遇风暴，船和载运的所有物品均沉没于大海。犀牛的尸骨被冲上维勒弗朗什（Villefranche）附近的海岸，[216] 它被整理填充之后于 1516 年 2 月送至罗马，[217] 彼时汉诺已死去八个月。

　　与此同时，一位或曾目睹犀牛抵达罗马盛况的拉丁诗人创作了一首十二行诗来赞美它。[218]1515 年 7 月，佛罗伦萨医生乔瓦尼·贾科莫·彭尼（Giovanni Giacomo Penni）在罗马出版了题为"葡萄牙国王的犀牛……"的诗作。[219]从彭尼的诗中可以看出，他对甘达在里斯本的活动甚为了解，以及他可能是从瓦伦丁·费尔南德斯（Valentim Fernandes）1515 年 5 月的信中得知了象与犀牛"搏斗"的情况。这封信曾在佛罗伦萨广泛流传，但现存的只有意大利文译本。[220]创作彭尼诗集扉页原始木刻的艺术家显然没有见过写生素描，因为他绘制的犀牛比挂毯上的并无多大改进。

　　在 1515 年收到从里斯本寄来的素描之前，丢勒本人或许从未见过犀牛，不论是活的还是死的。不过，他可能见过罗马钱币和徽章上描绘的犀牛，而这些正是他同时代的德国人追捧的藏品。但是，不论是文献还是艺术作品中都无证据表明，丢勒除了来自里斯本的素描外还有其他资料来源。[221]里斯本素描现已无存，而丢勒题为"犀牛，1515 年"的素描（图 119）看起来像是该素描的一个精美翻版，画下方的说明显然是里斯本素描葡萄牙文本的德文翻译。[222]说明的英译文如下：

　　　　15[1]3 年[223]5 月 1 日，称为犀牛之活物自印度送至里斯本献于葡萄牙国王。清楚起见，须细加描述。该物色近乌龟，遍身几为厚甲所覆盖；体型与象相仿，但稍矮，为象不共戴天之敌。鼻前端有坚硬锋利之角，与象搏斗之时，它必先利其角于石，后夹其头于前腿之间攻击象最薄弱部位，最终置象于死地。此兽利器在身，强壮好动，象每遇必死，甚为惧怕。希腊文与拉丁文称之为"犀牛"，印度语称作"Ganda"。[224]

　　丢勒犀牛木刻上方的说明文字标注的日期也是 1515 年，[225]与素描上的日期基本一致。不同之处是省略了在印度被称为"Ganda"（甘达）的解释。这幅素描现今仅存一个样本，木刻却反复再版，现今仍被作为丢勒动物画作的典范

163

164

而广泛复制。该木刻于 1515 年首次出版后，又相继于 1540—1550 年间两次再版；至 1600 年，流通于世的至少有 5 个版本。就现存版本推断，这幅木刻在历史上大约共有 10 个版本。[226]

在丢勒创作素描和木刻之际，他相熟的同代人汉斯·伯格迈尔创作了一幅题为"犀牛 M.D.X.V."的大型精美木刻（图 120）。伯格迈尔所作犀牛的唯一复制品现藏于维也纳阿尔贝蒂娜博物馆（Albertina of Vienna）。1515 年之际，伯格迈尔对葡萄牙商人及德国商业中介人的活动甚至比丢勒更为熟悉。伯格迈尔 1508—1509 年创作的印度系列木刻包括羊、象、城堡和骆驼，并作为巴尔萨泽·斯普林格（Balthazar Springer）东方游记的插图刊印。伯格迈尔的动物木刻大概依据了一位曾经游历东方的画家创作的水彩画，[227] 因而认为他创作的犀牛亦依据了水彩画并不牵强。这幅水彩画为伯格迈尔所有，因不适合早前的几幅系列画，故未采用。他的作品与丢勒描绘犀牛的现实主义木刻确实可能依据了不同的画作，[228] 但亦有可能源自同一幅作品。[229]

丢勒犀牛显著不同于伯格迈尔之处在于，其犀牛盔甲上的褶皱以片甲、叶片和贝壳作为装饰。最令人称奇的是，丢勒完全凭借想象在犀牛脖颈上添加了螺旋状的背角。他决定增加这个奇特的元素，可能是由于不确知里斯本素描的细节是否准确；抑或是因为他曾见过罗马钱币上描绘的双角犀牛。[230] 但也有可能是丢勒联想到了独角鲸用来防御的长牙。独角鲸牙在欧洲甚为珍贵，常用来替代象牙和犀牛角。[231] 无论究竟出于何种缘由，这个螺旋状的凸起物为研究丢勒犀牛影响的艺术史学家提供了一个易于追踪的标记。

第三幅描绘犀牛的画（图 122）大约创作于 1515 年，通常认为是阿尔布雷特·阿尔特多费尔（Albrecht Altdorfer，1488—1578 年）的手笔。[232] 这头犀牛出现在藏于贝桑松（Besançon）的皇帝马克西米利安祈祷书插图的下方，为红色钢笔素描。该祈祷书因为这幅插图而成为艺术瑰宝。素描的作者尚存争议，但画中的犀牛确实长着丢勒笔下的螺旋状背角、披挂着片状盔甲。然而，犀牛倾斜的脖颈、缠着绳子的前蹄、臀部像头发一样散开的尾巴，亦同样令人联想到伯格迈尔的作品。看来祈祷书犀牛的创作基础是伯格迈尔的素描，同时又添加了丢勒的象征性元素，而犀牛背部中央由交叉平行线构成的阴影则是作者自己的设计。[233]

伯格迈尔和阿尔特多费尔创作的犀牛 1515 年后便从人们的视野中消失。这或许是因为丢勒有更高的声誉，以及他异乎寻常的犀牛木刻反复再版。丢勒将自己的一幅小型犀牛画像复制到了 1517 年首次刊印的木刻《马克西米利安一世的凯旋门》中（*Triumphal Arch of Maximilian I*，图 123）。丢勒创作的犀牛据说亦出现在里斯本大约于 1514—1519 年修建的贝伦塔的雕塑中。[234] 如果贝伦塔的建造日期确实可靠，那么里斯本雕塑的作者更有可能是参照了与国王曼努埃尔祈祷书中类似的一幅素描。[235] 葡萄牙和德国的犀牛画像甚至均有可能来自在里斯本创作的甘达的原始素描像。

丢勒木刻的第二和第三版于 1540 年至 1550 年间刊印，明显比第一版激发了人们更大的艺术兴趣。拉伯雷（Rabelais）曾在里昂仔细观看了德国商人汉斯·克莱伯格（Hans Kleberger）带来的一幅丢勒作品的图片。为庆祝亨利二世（Henry II）和凯瑟琳·德·美第奇（Catharine de' Medici）1549 年进入巴黎，让·古戎（Jean Goujon）建造了一个纪念碑。碑上的犀牛驮着方尖碑，碑尖上站立着象征法国的武士。据《图像志入门》（*Ordre de l'entrée*）所言，犀牛纪念碑象征着"力量和警觉"。但这个纪念碑也可能象征着与美第奇家族的联姻，因为犀牛是美第奇家族的标志之一。这个纪念碑或许受到了弗朗西斯科·科罗纳《寻爱绮梦》（1499 年）中的象和方尖碑的启发，但碑上的犀牛却直接来自丢勒的木刻（图 124）。[236] 在彼得·科克·凡·阿洛斯 1515 年为挂毯创作的一幅素描里，丢勒的犀牛在一群包括象在内的野生动物中处于中心位置。[237]

一份 1556 年的藏品目录收入了罗马的米泰罗·瓦洛·波卡里（Metello Varro Porcari）的大理石藏品，其中的一尊犀牛"没有头"。[238] 那不勒斯国家博物馆收藏的一尊犀牛大理石浮雕的头无疑是后加的，丢勒犀牛螺旋状的背角突出可见（图 121）。人们曾认为这尊大理石犀牛出自庞贝废墟，但如今看来它更有可能是 16 世纪的作品，而且曾经被波卡里（M.V. Porcari）收藏。[239]

犀牛出现在美第奇卡斯泰洛别墅洞室动物群雕中（图 125），便是意大利雕塑家不仅知晓丢勒的犀牛而且以其作为样板的最佳证明。常被人称为特里波罗（Tribolo）的尼克洛·贝利科里（Niccolo Pericoli）应大公科希莫·德·美第奇

166

一世（Cosimo I de' Medici）之请设计了卡斯泰洛的花园。[240]特里波罗的洞室于 1568 年竣工，分为三个围起的壁龛，每个壁龛中都有动物雕像依后墙而立，或者站立在大水池后面。洞室的主题是基于希腊《生理学》（*Physiologus*）中独角兽和其他动物在水边的故事。除一些常见的动物外，还有象、狮子、长颈鹿、骆驼、猴子和犀牛的塑像。在左边的壁龛中，犀牛站在猴子和长颈鹿后面，背上拉长了的角几乎与鼻子上的角长度相当，它的其他特征同样是基于丢勒的创作。但最令人惊奇的是，特里波罗和他的同伴认为犀牛是一种来自海外的现实动物，完全不同于神话中的独角兽。而正是独角兽的象征意义为洞室设计提供了艺术灵感。此外，由于犀牛是科希莫的先人大公亚历山德罗·德·美第奇（Duke Alessandro de' Medici，1532—1537 年在位）的所有物，[241]人们更加确信建造洞室意在弘扬美第奇家族的成就。[242]

塞巴斯蒂安·明斯特（Sebastian Münster）在《宇宙学通论》（*Cosmographei...*，1550 年）中第一个使用丢勒木刻作为插图。[243]在木刻的文字说明中，他讲述了犀牛与象在里斯本初次相遇的故事。他使用的木刻甚为忠实丢勒的原作，只是嘴边的毛更浓密。康拉德·格斯纳（Konrad Gesner）在《动物史》（*Historiae animalius*，1551—1558 年）中同样忠实地复制了原作，只是尺寸稍小。他在注明丢勒为木刻原创者的同时，还赞美了这幅木刻的价值和声望。[244]瓦莱利亚诺（Valeriano）在《象形文字集》中收入的两幅标志性木刻包括了丢勒的犀牛。[245]犀牛和熊在第一幅木刻中同时出现，以诠释马蒂尔关于犀牛能用角（双角？）举起熊的说法。[246]第二幅木刻则表现了犀牛正在用角戳象的软肚皮。

著名徽章收藏和制作人保卢斯·约维乌斯在他的博物馆中展览了丢勒犀牛的复制品。[247]这位伟大的人文主义者、主教在应佛罗伦萨大公亚历山德罗·德·美第奇之请设计盔甲时，选择了犀牛作为战无不胜的象征。为表现这一点，约维乌斯描述了里斯本的甘达与象相遇的故事。这些都证实了普林尼的报告。[248]按照约维乌斯将犀牛作为标志的建议，佛罗伦萨大公首先将犀牛刺绣在他于罗马赛场上使用的巴巴利马的鞍座上。"他（亚历山德罗）对此甚为喜爱"，约维乌斯描述道，"下令将犀牛刻在盘子上"。[249]最终出现在盔甲上的犀牛是丢勒木刻的复制品，但螺旋状的背角在某种程度上被拉长了。在犀牛的上方刻着约维乌斯撰写的题词"所向披靡"。[250] 作为战无不胜象征的犀牛继续得到了亚历山德罗后人的青睐，卡斯泰洛庄园中的犀牛和后来雕刻在盔甲上的犀牛便说明了这一点。[251] 亚历山德罗的同代人、费拉拉大公埃尔克莱·德埃斯特二世（Duke Ercole II d'Este，1534—1559 年在位）有一枚大概是阿方索·鲁斯帕加利（Alfonso Ruspagiari）为其制作的金属徽章。徽章正面是他的头像，背面是一头犀牛，下方写着"它更强大"。[252]

安德雷·特维特在《宇宙志》（La cosmographie universelle，巴黎，1575 年）中未采用丢勒的作品，是 16 世纪的作家和图片收集者中第一个如此行事的人。[253] 他在描述犀牛时或许并不准确地引用了目击者的话：头似猪头、尾似牛尾、甲似鳄鱼、形体似象，与丢勒笔下的犀牛相去甚远。他引用的犀牛一只角长在鼻子上，另一只则于背部两肩之间，虽长度不及鼻上的角，但同样坚硬、锋利。他宣称 1554 年在开罗（Cairo）从一个"名叫马尔达拉（Maldara）的孟加拉商人"那里购得一只犀牛背上的角，此物可在他巴黎的珍奇藏品中看到。他接着抨击吉罗拉莫·卡尔达诺关于犀牛腿短于象腿的说法，[254] 称曾亲眼目睹这两种动物，因而得知二者高度相当。

特维特荒唐的文字描述仅配了一幅犀牛与象搏斗的木刻加以说明。画中犀牛背上的角比丢勒描绘的长，身上的厚甲全然没有褶皱，蹄由三趾变成了单趾。为了与特维特虚构的描述相一致，丢勒的犀牛被修改得更为不现实。[255] 在一幅为驳斥卡尔达诺观点而引用的图片中，象和犀牛被画得高度相当。

法国国王亨利二世和亨利三世的顾问、首席医生安布鲁瓦兹·佩尔（Ambroise Paré）在《外科学著作一二》（Deux livres de chirurgie，巴黎，1573 年）中收入了一幅描绘甘达的木刻。[256] 比例失调且被夸张了的丢勒犀牛反复出现在佩尔著作的不同版本中。他在 1597 年版中增加了特维特表现犀牛与象搏斗的木刻（图 126）。[257] 德·萨鲁斯特·杜巴塔（G.de Saluste du Bartas，1544—1590 年）在其 1585 年发表的长诗 Hiérosme de Marnaf 的第六"天"中赞美了战无不胜的犀牛，彼时佩尔的著作正好出版。

与此同时，在欧洲被称作巴达（bada）[258] 的第二头活犀牛运抵葡萄牙。1579 年，菲利普·萨塞蒂在写给佛罗伦萨联系人的信中称巴达为"里斯本的

168

169

奇迹"，[259] 并引用了彼得拉克（Petrarch）的诗句"一模一样"。[260] 圣法特修道院（abbé of St.-Vaart）院长、菲利普二世在阿图瓦（Artois）的首席顾问唐·让·萨拉基姆（Dom Jean Sarrazim，1539—1598 年）1582 年率领使团访问了葡萄牙。他在通信中描述了国王曼努埃尔时代的里斯本犀牛，以及他在那里见到的巴达。他根据自己的经历指出犀牛"是大自然令人钦佩的作品，正如同贝伦修道院是令人钦佩的艺术作品一样"。[261] 这头犀牛显然是 1582 年之后作为送给国王菲利普二世的礼物运到了马德里。[262] 1584 年 11 月，它和象一同在马德里展示给日本使团观看。[263] 胡安·冈萨雷斯·德·门多萨（Juan González de Mendoza）在《中华大帝国史》（*The History of the Great and Mighty Kingdom of China*，1585 年第一版）中提到自己当时在场，并评论了观赏者的反应。[264] 在马德里长期展出的犀牛被锯断了角、刺瞎了眼睛，以防其伤人。[265]

与此同时，胡安·德·阿福·维拉法尼（Juan de Arphe y Villafañe）1585 年在塞维尔出版了他的装饰指南，其中收入了有关犀牛的文字说明和一幅图片。[266] 他的犀牛与丢勒木刻的比例相仿，明显不同的是背部没有角。在哥伦比亚高原通哈（Tunja）一所 16 世纪的房子的天花板上装饰着阿福壁画大小的犀牛（图 127）。画中的犀牛同样有别于丢勒的作品，鼻子上的角更长，蹄为单趾。[267] 在西班牙作品中出现与丢勒犀牛不同的形象，可能是因为艺术家们从马德里的犀牛素描中获得了不同的信息。

这个结论得到了乔基姆·卡默拉里乌斯《象征标志》中文字注释的支持。[268] 他在其中说明自己的信息来源于从西班牙送来的一幅精准的素描。为该著作制作插图的艺术家汉斯·西布马赫一定见识过丢勒的木刻，因为他们生活在同一座城市。然而，即使粗略审视西布马赫绘制的犀牛，也可以发现他并未追随丢勒，而是采用了写生素描（图 129）的造型。卡默拉里乌斯在书中称丢勒犀牛背部的角不过是个结块，而非实际意义上的角。他继而指责马蒂尔误导人们相信这是一头双角犀牛。卡默拉里乌斯从未听说过，因而显然不曾意识到罗马人是知晓非洲（或者是亚洲）双角犀牛的。

在卡默拉里乌斯和西布马赫努力以更加现实的手法描绘犀牛之时，16 世纪后半叶的其他艺术家仍继续在丢勒木刻的基础上创作。在纪尧姆·顿斯·拉希

170

恩（Guillaume Tons l'Ancien）1565 年于布鲁塞尔创作的一幅著名挂毯上，丢勒笔下的犀牛正与一头象搏斗。[269] 在一只来自越南的带盖银酒杯上装饰着丢勒式的犀牛。[270] 在约于 1595 年建成的比萨天主教堂西门底部的左角处，绘制着丢勒的犀牛及其与象搏斗的场面。[271] 在阿诺尔德斯·F·朗格伦（Arnoldus F.à Langren）为林斯乔坦的《林斯乔坦葡属东印度航海记》卷首插图绘制的非洲地图上，丢勒的犀牛象征着安哥拉。在葡萄牙人为庆祝 1593 年 7 月 18 日的大典而在安特卫普建起的凯旋门上，丢勒的犀牛象征着印度（图 49）；骑在犀牛上的印度妇人背着孩子，左手捧着椰子。约瑟夫·波依洛特在 New Termis Buch 中收入了 55 幅动物女像柱图案，其中一幅为丢勒的犀牛正得意洋洋地缠绕着一头象（图 128）。犀牛的背角几乎与鼻子上的角同样显著，分趾的蹄子和腿上都装饰着甲片。波依洛特在文字说明中描述了甘达 1515 年在里斯本的故事，并评论了犀牛与象搏斗取得的胜利。他解释说，在女像柱上两只缠绕在一起的动物中，象承载着重量，盘旋而上的犀牛则用于支撑顶部。[272]

　　1515 年之后，丢勒的犀牛完全取代了古代硬币和中世纪挂毯中犀牛的形象。伯格迈尔笔下更为现实的犀牛从来都无法与丢勒披挂着盔甲的犀牛相抗衡。丢勒木刻的早期版本似乎主要是在德国流传。1540 年的两个版本则令法国、意大利、瑞士、德国和低地国家的艺术家深受启发。16 世纪中期以后，仿效丢勒木刻的艺术家们在创作时开始拉长犀牛的背角，或者重新设计甲片使其具有幻想的色彩。他们越来越多地将犀牛与其他动物和人物结合在一起，因而感到有必要修改丢勒犀牛的形象，有时仅仅是出于图案设计的考虑。丢勒笔下的犀牛无法让该世纪末的艺术家们感到满意，即使在他的故乡亦是如此。因而，这些艺术家转向那幅创作于当代的马德里犀牛素描中去寻找灵感。

　　尽管丢勒笔下的甘达似乎有些可笑，但在 16 世纪并未被其他形象所取代，而且它对"科学"描绘犀牛的影响一直持续至 18 世纪。[273] 在 16 世纪，丢勒木刻一直被制图家、徽章工匠、教会或世俗雕塑家、挂毯工匠和刺绣工人，以及标志、地图、纪念碑和女像柱设计师们作为模特使用。不同于汉诺，甘达似乎并未获得画家们的好感。我见到的 16 世纪甘达画像的唯一复制品是通哈（西班牙殖民地哥伦比亚）的那幅壁画。[274] 犀牛在徽章、纪念碑和盔甲上仍然象

171

征着战无不胜、力量和凶猛。它还越来越多地被作为亚洲的象征，经常与象一同分享着这个荣誉。[275]

最值得注意的是，不同于象，印度犀牛在印度和远东艺术中的地位远不及其在西方。而它在古代印度被尊崇为神圣的动物，并且现今在尼泊尔还受到崇拜这一点也特别令人难以理解。[276]自印度山谷考古遗址中发现的印章上的犀牛，以及小孩子用泥土捏的犀牛像似乎都在昭示，犀牛在摩亨佐达罗（Mohenjo-daro）文明中为人广泛知晓。[277]在其后的某个时期，犀牛还出现在印度的硬币上。在印度教和佛教传说中，犀牛象征着虔诚的隐士；[278]但它在基督教西方却从不曾有这层意思。然而，犀牛极少出现在印度庙宇附近著名的动物雕塑中。在莫卧儿王朝时期的地毯和几幅微型画中出现的犀牛和类似犀牛的动物，很可能源于波斯绘画。印度装饰图案设计师是有意识地不采用犀牛，而这些图案长久以来并且仍然继续普遍应用于纺织品、金属器皿和珠宝首饰中。[279]

172　　不论西方艺术家更偏爱犀牛是出于何种原因，但它最初受到普遍欢迎无疑要归功于丢勒的木刻。丢勒木刻使得欧洲人熟悉了犀牛，在弗雷·路易斯·德·乌雷塔（Fray Luís de Urreta）1610年出版的有关埃塞俄比亚（Ethiopia）的书中也得到了证实。[280]因战胜象而证明了古代权威之正确的甘达，则使人文主义者和艺术家对犀牛保持了持久的兴趣。此外，同汉诺一样，犀牛在西方艺术家心目中代表着遥远和令人神往的海外世界，其神奇是他们祖国的任何动物都无法比拟的。

第三节　虎

许多有关印度动物的美妙传说都源自希腊医生克特西亚斯。他通常被认为是第一个报道虎的人。他通过在波斯的合作人得知，在印度有一种在古波斯语中称作"食人兽"（martijaqâra）的神奇动物。[281]根据他的描述，这种动物类似狮子、长着人脸、尾巴能射出箭一般的刺。克特西亚斯所指的很可能就是波斯传说中的孟加拉虎。他的故事后来被普林尼和伊良采用并加以润色。[282]

亚历山大入侵印度的结果之一就是使希腊世界获得了虎的标本，以及基于实地观察撰写的报告。公元 4 世纪，亚历山大的继承人塞琉古（Seleucus）将一只虎作为礼物赠予了雅典人。尽管里海（Caspian Sea）南岸当时也有虎，塞琉古依然从印度送来了一只，或许是想证明他在南亚次大陆接掌了亚历山大的遗产。[283] 看来亚里士多德不曾有机会见识活的虎。[284]

直至奥古斯都时代，虎才在罗马帝国出现。狄奥（Dio）报告说，公元前 20—前 19 年造访萨摩斯岛（Samos）的印度使团将虎作为礼物送给了罗马人。大约十年之后，一只关在笼子里的虎在马塞勒斯（Marcellus）神庙落成大典上展出。也就是在这同一场合，大约有 600 头豹和来自非洲的类似动物被屠杀。在克劳迪厄斯（Claudius，约公元 50 年）的时代，有 4 只虎在罗马展出。公元 93 年，为庆祝皇帝多米提安（Emperor Domitian）荣归罗马，也展出了几只虎。据说在皇帝赫利奥加巴鲁斯（Heliogabalus，约公元 218 年）大婚之际在斗兽场屠杀了 51 只虎。[285]

罗马世界没有原生虎，因而产生了大量有关它的性格和习惯的浪漫故事。在普林尼和其他罗马作家笔下，虎是动作最迅捷、最可怕和最凶猛的野兽。为了捕获虎仔，猎人必须对雌虎施用计谋。鉴于雌虎喜欢观赏自己的容颜，狡猾的猎人要在她经过的路上放一面镜子，然后趁她照镜子之时偷走虎仔。雌虎奔跑的速度极快，被追赶的猎人为了拖延时间必须不时地扔下一只虎仔，但最终摆脱虎的唯一办法是登船驶向大海。根据普鲁塔赫（Plutarch）的说法，虎害怕鼓声、钟声和其他嘈杂的声音。这个故事可能是基于事实编排的。

由于虎野性十足，罗马的诗人和艺术家时常将它与酒神和爱神联系在一起。[286] 在公元 3 世纪的一幅描绘巴克斯凯旋的镶嵌画中，神气十足的巴克斯坐在以现实主义手法描绘的虎拉着的双轮战车上。[287] 在一幅描绘君士坦丁大帝（Constantine the Great）的双联画中，一只虎和一头象象征着他的无畏和睿智。[288] 公元 4 世纪的一幅大理石版画描述了虎攻击牛的场面，清楚地展现了虎食肉动物的本性。[289] 在这些以及其他艺术作品中，艺术家们细致地描绘了虎身上的条纹，将其与黑豹、美洲豹和其他猫科动物明显地区分开来。

在中世纪，人们对虎的天性不甚了了，乃至于虎在一些动物寓言中被归于蛇类或鸟类。寓言作者们只是在重复古代有关虎如何迅猛、残暴的故事。[290]
他们也讲述了有关镜子的故事，但奇怪的是似乎并未赋予这个故事任何重要的
象征意义。此外，由于中世纪时的欧洲人不曾见过活虎，虎在寓言故事微型插
图中的形象多为凭空想象，几乎无法辨认。

　　15 世纪末，活虎首次在欧洲出现。它们大概是从君士坦丁堡的动物市场
买回南欧的，但没有证据显示在抵达印度的海路开通后曾有船只将虎运回欧
洲。1475 年一些希腊人曾在都灵（Turin）的"城堡"（Château）中展览过一
只虎。[291]15 世纪末，费拉拉宫廷买回了另一只虎作为藏品。16 世纪的西班
牙贵族经常豢养虎让它们在斗兽场与牛搏斗。[292]据西里西亚（Silesian）医生
卡斯帕·苏温科菲尔德（Caspar Schwenkfeld，1563—1609 年）称，皇帝鲁道
夫曾在布拉格的动物园展览过一只虎。[293]16 世纪末，托斯卡纳的藏品中也包
括一只虎。[294]欧洲作家将一些猫科动物不加区分地统称为"虎"，因而有关
虎的文献稀少且令人生疑便不足为奇。[295]

　　直至艺术家们开始在作品中描绘虎，人们才得以见到它更具体的形象。朱
利奥·罗马诺早在 1528 年就在《巴克斯和阿里阿德涅》（*Bacchus and Ariadne*）
中采用自然主义手法描绘了一只虎，该壁画（图 130）藏于曼图亚的泰宫赛姬厅
（Sala di Psiche of the Palazzo del Te）。在曼图亚杜卡尔宫（Ducal Palace）收藏的
《卡梅里诺·德格利·乌切利》（*Camerino degli Ucelli*）中，朱利奥笔下的虎和其
他动物一同玩耍。[296]在安尼巴莱·克瑞西（Annibale Carracci）大约于 1600 年
完成的作品中，两只以现实主义手法描绘的虎拉着巴克斯的战车。这幅画装饰
在法尔内塞宫（Farnese）的天花板上（图 131）。美第奇家族 1567—1588 年的
藏品目录收入了巴利奥·巴切里（Paglio Banchelli）大约在 1576 年创作的两尊
金属虎雕。[297]胡安·德·阿尔菲（Juan de Arphe）在 *Varia commensuracion* 第
三卷中描绘了一只呈跳跃状的虎（图 132）。在罗兰特·萨弗里（Roelant Savery）
的《伊甸园》（*Garden of Eden*）里，画面中央有两只形象逼真的虎，一只卧着，
另一只四足站立（图 144）。

　　虎如同其他奇特的动物一样得到了标志制作者的青睐。瓦莱利亚诺在《象
形文字集》中明确地区分了豹和虎。他采用的第一幅木刻追随了古代传统，描

绘了两只虎拉着巴克斯的战车，题为 *Fero emolita*；第二幅描绘了一只虎正在吃一匹马，题为 *Ultio*；第三幅则描绘了一个男人站立在一只卧着的虎旁，题为 *Musicae hostis*。[298] 卡默拉里乌斯收集的两个标志，一个是攻击马的虎，另一个是正在照镜子的虎；前者意为报仇雪恨，后者意为自我欺骗。这些标志都配有源于古代作家有关虎之习性的长篇说明文字。[299] 在波依洛特收入 *New Termis Buch* 中的女像柱上，虎为其畏惧的鼓、角和钟所环绕。[300] 从这些描绘以及卡帕乔的讨论中可以看出，[301] 虎在整个 16 世纪都延续着源自古代的象征意义：难以驯服的野性，不屈不挠的勇气，以及冷酷无情和残忍报复的天性。

175

第四节　猿

克特西亚斯告知希腊世界，在印度的群山中生活着难以计数的猴子。麦伽斯梯尼则声称，印度人受命于皇家用煮熟的米饭喂食森林中的猴子。[302] 他们所指的猴子包括恒河猴、叶猴和卷尾猴，现今在印度自喜马拉雅山脉（Himalayas）至科摩林角（Cape Comorin）的区域内仍时常可见。在亚里士多德居住的希腊，来自北非的无尾巴巴利猿是普通的家庭宠物。但无记录、文献或艺术作品显示在希腊或罗马曾经有过活的印度猴。[303]

印度猴和非洲猴都有尾巴，在艺术作品中通常难以区分。它们分别归于长尾猴属和疣猴属。[304] 因而，有必要将讨论局限于那些从画面中可以明显看出是在描绘印度猴的作品。例如，在公元前 9 世纪的亚述浮雕中作为来自东方贡品的猴子和其他印度动物。[305] 在一只公元 1 世纪或 2 世纪的兰萨库斯（Lampsacus）银盘上，代表印度的妇人坐在由象牙支撑的椅子上。在椅子的两旁各有一只温顺的猴子，四爪着地、脖子上戴着箍。尽管脸部描绘得不尽人意，但从整体图案可清晰地看出艺术家试图描绘的是长尾巴的印度猴，即长尾叶猴。[306]

亚里士多德和盖伦（Galen）描述了灵长目动物的解剖结构和生理机能，但似乎并未有意识地关注猿和人之间的相似和不同之处。[307] 伊良认识到灵长目动物在生理和行为方面与人惊人的相似之处，因而断言印度红猿追逐人类妇女是为了与其同居。如此看法似乎来自古代有关非洲类人猿、大猩猩和黑猩猩的传说，抑或是伊良有关长着长毛、习性类似动物的印度"野人"的故事。[308] 无论这些看法究竟源自何方，至普林尼时代的罗马世界，人们已普遍接受了猿和猴均是退化了的人类的说法。

正如同在中世纪动物寓言中的一贯形象，猿在《生理学》中被描绘成堕落的天使和罪恶的化身。猿和象曾被一同送给查理曼大帝，因而在其后的哥特式艺术作品中不时出现猿骑在象背上的场景。中世纪的艺术家大概从印度传统中获得了灵感，将罪恶和美德象征性地结合在一起，例如巴胡特（Barhat）佛塔上的浮雕，以及骑在象背上的猿。[309] 欧洲人将猿视为罪恶或动物身形的恶魔，或许也是因为受到了他们通过亚历山大·内卡姆（Alexander Neckam）知晓的有关猿的东方传说的影响。[310] 如同其他中世纪欧洲的非原生动物一样，猿也被赋予了道德（或不道德）的品性，成为中世纪作家和艺术家传播理念的工具。

12世纪，猿的新自然主义形象开始出现在文献和视觉作品中。在那个征战的时代，地中海的商业扩张使得欧洲人更多地接触到了来自非洲和黎凡特的产品。其结果之一便是，欧洲的居民自古代以来第一次有幸见到了活的巴巴利猿。在罗马式雕塑中身着东方服装与训练者一同表演的猿，无疑是根据活模特创作的。[311] 其他一些类似猿的形象，尤其是西班牙宗教雕塑中的形象，[312] 或许是从被称为"野人"的非洲奴隶和令人难以置信的海外物种那里获得了创作灵感。[313] 马可·波罗曾评论印度南部相貌与人类相似的猩猩。在中世纪宗教绘画和雕塑中，猿也屡屡和黑人一同出现。[314] 但中世纪艺术作品中以自然主义手法描绘的猿，实际上都是巴巴利无尾猿。从1400年之前绘制的几只有尾猿中可以看出，它们是根据一些间接知识而作。[315]

非洲长尾猴自1400年起开始大量在欧洲出现，足以使艺术家将其视为一种新的类人猿。基于标准的素描，德国版画家立即开始在木刻中同时描绘有尾和无尾的类人猿。曾经出色地描绘过象的马丁·熊高尔，在描绘坐着的猿时采用了严格的现实主义手法。[316] 布雷登巴赫（Breydenbach）在《旅行》（*Journey*，1486年）中收入的类似猿的动物，成为其后几幅描绘类人猿作品的模特。[317] 随着对猿更为自然主义的描绘，它在中世纪末和文艺复兴时期的象征意义亦发生了变化。如同其他亚洲动物一样，猿被日益世俗化，从代表罪恶转而象征愚蠢。与罪恶不同，愚蠢是人类普遍且不可避免的一个天性，因此猿在文艺复兴时期的形象就逐渐变得不那么可怕，成为一种能够被容忍的愚蠢可笑的动物。[318]古代"有阴茎骨的猿"的再发现也有助于将人类及其行为与其他动物区分开来，即使是那些最接近人类的物种。

在地理大发现时代，人们很快就发现了非洲和亚洲类人猿并加以评论。16世纪的大部分动物百科全书编纂人通过报告了解了南亚和东南亚的猩猩和长臂猿，然而活猩猩直至17世纪才被带到欧洲。[319]但是，有关这些近似人类的动物的报导，却并未激发科学家和哲学家对人类天性及其与灵长类动物关系的思考。[320]类人猿通常被视为在某种意义上与人类有关系的较为低等的动物中的一员。

指出类人猿与人类结构性差别的任务留给了生理学家，[321]而两者行为方式的类似之处则有待艺术家去发现。曾在安特卫普收集过猴子的阿尔布雷特·丢勒大概研究过它们的相貌和习性。他在《猴舞》（1523年）中描绘了如同人类一样嬉戏的猴子。[322]卢卡斯·雷姆（Lucas Rem）在里斯本购买了几只长尾猴，并将其中的几只送给了奥格斯堡的韦尔泽家族。[323]在罗马圣安吉罗堡（Castle San Angelo）的壁画中，两只以现实主义手法描绘的猴子站立在壁炉前。它们代表着基督教的敌人——罪恶和异端，后来被圣剑所征服。克拉纳赫在为马克西米利安祈祷书创作的插图中描绘了一只长尾猴手举着一张家族图谱。[324]在16世纪中期的一张布鲁塞尔挂毯中，人类第一对情侣被逐出伊甸园时身后尾随着一只长尾猴（图133）。提香（Titian）为维萨留斯（Vesalius）创作的木刻插图《猿人拉奥孔》明显是在调侃维萨留斯的对手，即盖伦的信徒们（图134）。[325]画面中央逼真的类人猿足以令人相信提香观察并写生过活的猿猴。

意大利晚期样式主义画家安尼巴莱·克瑞西（Annibale Carracci）在一幅表现自然界之神奇的作品中将猿与侏儒、狗和鹦鹉为伍，趣味与北方画家颇为相似。彼得·范·德·博尔茨于16世纪末创作的一幅蚀刻版画描绘了一群猴子坐在教室里上课。[326]罗兰特·萨弗里的一幅炭笔画描绘了骑在象背上的猿（图

178

111)，置中世纪题材于亚洲风景之中。猿在这里是否仍然代表罪恶于萨弗里而言并不重要。[327] 研究其画作便可确知，他是将猿与海外世界（海贝）、热带（棕榈树）以及亚洲象联系到了一起。[328] 如同其他海外动物一样，波依洛特亦以猿为基础创作了一根奇特的女像柱。他在说明中写道：

> 猿乃狡猾、快乐、敏感、矫捷之动物；其智力、相貌及身体其他部分与人类之相像，远胜于驴子与旋转门之相像。诸如长尾猴、狒狒等种类繁多的动物在亚洲普遍可见，足以满足探讨猿之所需。若期深入了解，不妨对镜一照。[329]

16 世纪的绘画作品清晰地反映了人类与猿在生理和行为方面的相似之处。从艺术作品中亦可看出，类人猿越来越多地与亚洲而不是非洲联系在一起。中世纪有关猿及其象征意义的观念至文艺复兴时期仍然影响着艺术家。然而，猴与象一样，不再仅仅作为宗教或道德的象征，而是同人类一样，既是受害者也是愚蠢行为的实施者。猿被逐出伊甸园，遭受着拉奥孔式的折磨，不幸地扮演着一个滑稽的角色。

第五节　鸟

印度绿鹦鹉是旅行者和海员最经常带回欧洲的鸟类之一。如同现今，在当时的大多数东方集市上都能够买到关在笼子里的鸟。鹦鹉在世界范围内受到普遍欢迎，盖因其能够表演把戏或用任何语言学舌来取悦于人。[330] 早在亚里士多德于《动物史》中提及"鹦鹉"整整一个世纪之前，克特西亚斯就在 *Indica*（第三章）中描述了一种拥有人类舌头和声音，能够自然地讲"印度"语的鸟。[331] 亚历山大港的一个官员将活鹦鹉带到西方，而其他鸟类则被留在亚历山大港，在托勒密二世举办盛大游行时展出。至奥古斯都时代，随着印度与东地中海国家贸易关系的扩展，大概是从亚历山大港动物市场买来的种类繁多的海外野兽和鸟类进入了意大利。

颈上有一圈漂亮羽毛的长尾小鹦鹉在罗马帝国时期成了人们的家庭宠物，且经常在公众场合展览。普林尼在《自然史》（*Natural History*，10.117）中指出"这种鸟来自印度"，并描述道：该鸟身体为绿色，脖颈上有一圈红色；"会说'凯撒你好'，以及你重复给它听的单词；特别喜欢葡萄酒"。为了让其停止说话去睡觉，奥维德（Ovid）的情妇给自己养的带翅膀的滑稽演员喂食罂粟籽。非洲灰鹦鹉在罗马或许不如印度绿鹦鹉那么有名，但现今人们却认为它的模仿能力更强。罗马人用象牙或银质的笼子饲养各种非洲和印度鹦鹉，还用自己食用的干果和种子来喂它们。[332] 现存罗马时代描绘印度鹦鹉的艺术作品极为稀少，其中的一幅佳作是庞贝（Pompeii）的镶嵌画。该画描绘了两只绿鹦鹉和一只鸽子驻足于水池上。[333]

中世纪动物寓言中的鹦鹉仅仅指来自印度或东方"从不下雨"地区的鹦鹉。[334] 如同其他来自东方的动物，鹦鹉亦被赋予了基督教的象征意义：

> 鹦鹉象征着在过去和将来都无以伦比的纯洁的基督。这种纯洁来自于圣灵感孕，无瑕的降生，圣洁的思想和言行。因此，在这个罪恶的世界上，唯有基督能够保持纯洁和无瑕。[335]

非洲灰鹦鹉在中世纪末和文艺复兴早期大量进口到欧洲。它们因善于模仿而倍受喜爱。乔叟（Chaucer）讥讽道：它们"会像教皇一样大喊'什么！'"。[336] 据说一位罗马红衣主教在1500年用100块金子买下了一只灰鹦鹉，因为它能够流畅清楚地背诵整篇使徒信条（Apostles' Creed）。[337] 南部的德国贵族商人则在安特卫普购买鹦鹉。1505年纽伦堡商人的代理人在从安特卫普回家的路上遭遇抢劫，丢失了整整一笼鹦鹉。[338] 六年后，富格尔家族将灰鹦鹉作为礼物送给布雷斯劳（Breslau）主教约翰·图尔佐（Johann Thurzo），以感谢他提供的帮助。[339] 奥地利摄政王玛格丽特（Regent Margaret of Austria）在马林（Malines）的花园中散步时肩上驮着鹦鹉。[340] 丢勒早期描绘的各种长着红色尾巴的鹦鹉，现今被称为非洲灰鹦鹉。[341] 然而，他1520—1521年在安特卫普与其他亚洲新

180

奇动物一同购买的却是绿鹦鹉。

不论描绘的是灰色还是绿色鹦鹉，16 世纪的画家总是将它们与东方以及动物寓言中的纯洁之鸟联系在一起。[342] 根据一位活跃于 1520—1530 年间的安特卫普画家的研究，鹦鹉通常是与圣母玛利亚和圣婴画在一起（图 136）。[343] 大约在同一时期，一幅绘制在木头上的画描绘了一位右臂上趴着一只绿鹦鹉的德国妇女。这幅作品可能出自巴托洛缪斯·布伦（Bartholomäus Bruyn）之手。1580 年，菲利普·萨塞蒂在发至佛罗伦萨的信中说自己从未听说过"白鹦鹉"，还指出很多绿鹦鹉是从摩鹿加群岛进入欧洲的。[344] 色彩绚丽的绿鹦鹉在欧洲大量出现后，便比灰鹦鹉得到了艺术家更多的青睐。

在 16 世纪后半叶的自然史和标志书籍中，鹦鹉往往与印度、美洲和非洲联系在一起。塞巴斯蒂安·明斯特在讨论卡利卡特的动物和鸟类时复制了两幅描绘印度鹦鹉的木刻。[345] 瓦莱利亚诺将鹦鹉列在非洲名下，并配上一幅木刻作为雄辩的象征。[346] 马提亚斯·霍兹瓦特（Matthias Holzwart，约 1543—1589 年）描绘了笼中的鹦鹉，诗意地告诉观赏者这种鸟在印度家喻户晓，并附上格言："如同牧羊人和他的羊群。"[347] 卡默拉里乌斯（Camerarius）在《象征标志》中附上了一幅描绘整个冬天都眠于树上的美洲鹦鹉的蚀刻版画。[348] 卡帕乔在《商业》（*Delle imprese*）中称鹦鹉为自由和雄辩的象征。[349]

欧洲人在 16 世纪最后三十年中开始关注鹦鹉的近亲、一种原产于东南非洲的紫冠鹦鹉。伯纳迪（G.M.Bonardi）指出在苏门答腊岛（Sumatra）有一种叫作"奴里"（nuri）的鸟（马来语鹦鹉的称谓）与鹦鹉形体相似，但色彩更为艳丽。[350] 林斯乔坦断言这种鸟原产于摩鹿加群岛，并称其"艳丽的色彩和漂亮的羽毛为其他鸟类和鹦鹉（无论什么种类）所无法比拟"。[351] 他亦提及，尽管人们想方设法将活鹦鹉带回葡萄牙作为敬献给国王的礼物，但由于这种纤弱的鸟无法忍受旅途的艰辛，常常在途中夭折。不过，林斯乔坦获得的信息或许并不全面。尼科洛·德拉巴特（Niccolò dell'Abbate）在《青年与鹦鹉》（图 135）中描绘的似乎是马来鹦鹉而不是印度鹦鹉。[352]

在 16 世纪，尽管"鹦鹉"一词已被广泛应用，但这种鸟有时候仍被称为"极乐鸟"（bird of paradise）。[353] 博韦（Beauvais）的文森特（Vincent）在 13 世纪撰写的自然史中首次提及的"极乐鸟"与东印度漂亮典雅的鸟并无共同之处，后者直至 16 世纪才被如此称谓。[354] 岛民们在贩卖这种鸟的羽毛时常除去它的翅膀和腿，以突出珍贵的羽毛。经常将这种昂贵羽毛买回家的欧洲人，根据对羽毛的观察和从商贩那里听到的故事，得出了一个广泛流行的看法：这种鸟仅以天上的露水为生，而且只能乘着风向着太阳飞翔。[355] 在 16 世纪，通常用来称呼这种鸟的德文词为 *Lufftvogel*。这种鸟的羽毛在欧洲经常作为送给君主、贵族和珍宝收藏家的礼物。[356]

布鲁格尔和老弗兰斯·佛兰肯（Frans Francken the Elder）在描绘"天堂"的风景画中展现了摩鹿加群岛和新几内亚（New Guinea）的这种鸟，他们为最早描绘该鸟的画家。[357] 埃朗根（Erlangen）大学图书馆收藏的一张水彩画和一张水粉画习作细致地描绘了这种鸟的羽毛的正反两面。曾经有人推测这两幅大概是 16 世纪早期的作品出自丢勒，但现今认为不可能为其所作。[358] 佛罗伦萨乌菲兹美术馆收藏的雅各布·利格兹（Jacopo Ligozzi）的作品描绘了两只极乐鸟立在无花果树枝上，与极乐鸟无脚的传统说法相冲突。罗兰特·萨弗里所作《伊甸园》（*Garden of Eden*，图 144）则采用了经典的形象，两只飞向天空的极乐鸟没有翅膀和脚。

两位木刻家在描绘极乐鸟时也同样采用了主流的传统形象。康拉德·格斯纳显然是从波伊廷格那里得到了一幅羽毛，并将描绘它的一幅木刻收入了《动物史》（*Historiae animalium*）。[359] 胡安·德·波瑞亚（Juan de Boria）在为菲利普二世设计的道德标志中用极乐鸟象征不存在中间道路，因为这种鸟若非完全静止不动，则无休止地飞翔。[360] 卡默拉里乌斯在题为"无法与地面接触"的标志下收入了西布马赫所作的蚀刻版画（图 139）。画面中的极乐鸟翱翔在山岭、湖泊和城堡之上，象征着超然于世俗事物之外。在蚀刻版画的文字说明中，他重复了特兰西瓦尼亚（Transylvania）的马克西米利安在该世纪早期发表的大部分言论，并提及其他人亦描述过墨西哥的一种类似极乐鸟的鸟，这种鸟的羽毛被中国人用来制作色彩绚丽的羽毛画。[361]

欧洲艺术家在 16 世纪描绘了更多来自东方的各种奇特鸟类。被亚历山大港的士兵称赞不已的印度孔雀后来在北部欧洲饲养，并成为画家和纺织工的模

182

特。宴会上的烤孔雀通常是"与姜一同食用"。[362]欧洲早在 16 世纪就出现了描绘鸬鹚的水彩画。[363]这是一种欧洲的鸟，被英格兰人和斯堪的纳维亚人驯养来捕捉鱼类，正如同波斯人和中国人所做的那样。伟大的博物学家艾多瓦蒂（Aldrovandi）和雅各布·邦修斯（Jacob Bontius）描述了东印度的一种长着肉冠的乌鸦，并将其称为犀牛鸟。[364]邦修斯在所著《东印度自然史》（*Historiae naturalis...Indiae orientalis*，1658 年）中收入了一幅描绘这种鸟的版画。[365]两只来自日本的鸟（一雄、一雌）被送给了教皇庇乌五世（Pius V，1566—1572 年在位），但在雄鸟死去后雌鸟也随之抑郁而亡。卡默拉里乌斯在《象征标志》中收入的大概就是这种鸟的画像（图 141）。画中的鸟长着高高的冠，说明中指出它原生于菲律宾卡提甘（Catigan, Canigao?），或者是人们想象如此。[366]1596 年 12 月 4 日抵达爪哇的荷兰航海家在西达努（sidayu）王子拥有的港口停泊时，王子将一只鹈鹕（emu）作为礼物送给了他。根据描述者称：鹈鹕在"印度语"中称为"eme"，为班达（Banda）岛的原生鸟类。1597 年"阿姆斯特丹"号将鹈鹕带回荷兰后，库希乌斯对其详细研究，汉斯·西布马赫则为它创作了版画（图 140）。[367]这只鹈鹕最后为科隆选侯购得，作为送给皇帝鲁道夫小动物园的礼物；鹈鹕蛋则纳入皇帝的天然藏品。[368]乔治·赫夫纳格尔在布拉格为鹈鹕画了一幅素描，罗兰特·萨弗里在《俄耳浦斯和动物们》（*Orpheus with the Animals*）中则将其画在了中心位置（图 143）。[369]皇帝鲁道夫收集的动物还包括两只来自毛里求斯的渡渡鸟，萨弗里根据它们创作了铅笔和粉笔素描（图 142）。

除虎之外，以上提及的亚洲动物均经由海路运抵欧洲，因而人们将它们与地理大发现以及南亚联系在一起。这些海外动物之所以广受欢迎并给人们留下深刻的印象，并非因其数量巨大，而是因为它们种类繁多。13 头巨大的象和 3 头令人难以置信的犀牛对绘画产生的影响，远胜于数量更多、更广为人知的猴子和鹦鹉。这些珍奇动物一经在欧洲出现，便成为画家们的写生对象，包括第一只也是唯一的一只鹈鹕。例如，一旦有新的象或犀牛到来，在欧洲的艺术中心就会随之涌现出大量的相关作品。这些海外珍奇动物经常被统治者作为礼物相互赠送，因而广大民众就将它们视为欧洲人开拓亚洲的辉煌战果的活生生的例子。或许是迫于统治者或公众的压力以及兴趣使然，著名艺术家纷纷为它们作画：拉斐尔描绘了象，朱利奥·罗马诺描绘了虎，丢勒则描绘了犀牛。

这些写生是自古代以来首次对动物的自然描绘，诸如拉斐尔的象或朱利奥的虎。在整个 16 世纪，这些自然主义的动物画像成为真实描绘亚洲动物的权威之作。然而，这些动物几乎在一夜之间就被人们理想化了，因而可以说，一种动物受欢迎的程度越高，描绘它的版本也就越多。将这些动物理想化的方式常常是恢复它们在古代或中世纪作品中的形象，将这些形象融入自然主义的画像或替换其中的某个元素。在没有前人作品可资效仿的情况下，这些用自然主义手法描绘的动物有时就会被压缩、拉长或者重新设计，譬如犀牛的形象。与伯格迈尔笔下更为自然主义的犀牛相比较，可以推断丢勒想象化了的犀牛是基于来自里斯本的那幅自然主义素描而作。[370] 前自然主义传统的持续影响在木刻艺术家当中似乎最为突出。尽管他们中的一些人宣称见识过这种活的动物，却依然追随早期的艺术模式。或许是因为亚洲动物的形象并未完全定型，雕塑家、金属器皿制作者和装饰艺术家也在进行着广泛的尝试。

184

各种亚洲动物都在欧洲 16 世纪的绘画中占据了显著的地位，更为样式主义艺术家所偏爱，但犀牛是个例外。象和犀牛是唯一被制成石雕的亚洲动物，这或许是因为它们有着更强的可塑性。添加了中世纪元素的象受到了金属器皿制作者的特别欢迎。这些动物以往在挂毯和木刻中被理想化了的形象，则回归了前自然主义的模式。仅仅是通过羽毛和文字描述而为人知晓的极乐鸟，却在无数图片和绘画中被尽可能地以自然主义的方式加以描绘。在 16 世纪，亚洲动物越来越多地出现在装饰图案、挂毯边框、陶瓷以及女像柱中。

与亚洲动物相关的所有象征意义都发生了深刻变化，但虎是个例外。或许是因为虎不是经由海路运抵欧洲的，所以人们才未将它与地理大发现相联系。虎也因此成为唯一原封不动地保持了旧历史象征意义的动物。在历史上被与独角兽混为一谈的犀牛，则首次被承认是另一种动物。犀牛在中世纪时尚不为人知，因而从未被基督教化。如此，犀牛在 16 世纪的象征意义仍基于古代的传承。这或许是因为，在所有动物中它的特性最接近古代作家给予的评价。在承认其异教起源的同时，基督教化了的动物在 16 世纪亦被赋予了世俗的象征意义。象成为智慧、品德高尚的统治者（马克西米利安一世、弗朗西斯一世和美第奇）的象征，安特卫普海外利益的标志，以及滑稽人物的代表。相比于象，猴则失去了它在中世纪时的象征意义。猴被更多地与开化了的人而不是野蛮人联系在一起，因而象征的不再是罪恶，而是滑稽愚蠢。鹦鹉失去了它在中世纪时被赋予的美德，逐渐成为取悦于人的滑稽演员，正如同它在古代时期一般。极乐鸟在 16 世纪之前的欧洲并无象征意义，仅仅具有标志书籍作者根据对其特性的了解（或者自以为了解）而描述的属性。

亚洲动物在微观世界中的形象和象征意义的变化，体现了欧洲对与东方建立的直接和经常性联系的反应。简单且无可辩驳的事实是，那些以往完全或部分虚构的动物通过栩栩如生、精准和自然主义的描绘出现在了欧洲人眼前。正如同人们所期待的那样，艺术家们迅速地将海外的动物融入了传统的欧洲艺术主题和图案。在描绘罗马人的战争，或者身处来自陌生世界的动物之中的奥菲斯之时，他们毫不犹豫地选择了亚洲象。或许有人认为，博施和萨弗里之所以描绘这些现实的海外动物，盖因亚洲动物在其眼中仍然神奇和不可思议。另一个事实是，过去完全不为人知晓的犀牛在日常生活、文学、科学和艺术中成为了确切的现实。它的存在不仅证实了古代作家的言论，而且证实了造访亚洲的当代旅行者们令人惊讶的记述。即使是出于艺术目的而描绘亚洲动物的艺术家们，也认为应当依据活的模特作画，正如同使用丢勒木刻的人们一样。出现在欧洲大地和艺术作品中的亚洲动物，以及人们对这些动物原产区域的了解，极大地推动了欧洲对亚洲各方面现实的认知。

185

注释：

[1] I.de Vilhena Barbosa, *Apontamentos para a história das collecções e dos estudos de zoologia em Pórtugal* (Lisbon,1885), pp.iv-vii.

[2] 本章的基本部分曾载于 D. F. Lach, "Asian Elephants in Renaissance Europe," *Journal of Asian History*, I (1967),133-76。本书未复制该文中使用的一些图片，只在以下注释中提及。

[3] "……一头大象一天的饲料不少于 600 磅"(S.W. Baker, *Wild Beasts and Their Ways* [London,1890], I, 22)。

[4] 比较象的历史和东方对它的描述，概要参见 K. M. Ball, *Decorative Motives of Oriental Art* (London,1927), chaps. x and xi。

[5] 复制品参见 O. Keller, *Die antike Tierwelt* (Leipzig,1909), I, 374, fig.130。在该时期，幼发拉底河上游沼泽地中可能生活着这种"印度"象。该地区直至公元前 800 年都有象出没，因而亚述国王们常去打猎，参见 F.S.Bodenheimer, *Animal and Man in Bible Lands* (Leyden,1960), p.103。有关史前动物，参见 Emiliano Aguirre, "Evolutionary History of the Elephant," *Science*, CLXIV (June 20,1969),1366-75。

[6] 参见 W. S. Heckscher, "Bernini's Elephant and Obelisk," *Art Bulletin*, XXIX(1947),159,fig.7。

[7] 安提古一世大约在公元前 275 年建立的胜利纪念碑上雕刻着一头象用牙杀戮敌人的场面。此后该场面作为装饰屡屡出现在亚洲和欧洲描述象的场景中，参见 Keller, *op.cit.* (n.5), I, 377-78, fig.132。

[8] 参见 G.Jennison, *Animals for Show and Pleasure in Ancient Rome* (Machester,1937), p.38。

[9] 罗马艺术品中有关这一主题的最佳范例是通常被称为 "Apotheosis of Romulus" 的一幅创作于公元 4 世纪早期的象牙雕刻，复制品参见 O. M. Dalton,*Catalogue of the Ivories of the Christian Era* (London,1909), pl.I。1912 年在庞贝出土了一幅描绘"四马两轮战车"的壁画，参见 A. Maiuri, *Pompei-Ercolana:I nuovi scavi* (Naples,1927)。一枚罗马徽章描绘了皇帝马克森提乌斯（Maxentius）站在四头象拉的战车上，尼禄和他的母亲站在战车上的场面则出现在硬币上，参见 G.F.Kunz, *Ivory and the Elephant in Art, in Archaeology,an in Science* (New York,1916), pp.174,179。

[10] 特别参见图，K.Lehmann-Hartleben and E.C.Olsen, *Dionysiac Sarcophagi, Baltimore* (Baltimore, 1942)。

[11] Keller, *op.cit.* (n.5), I,381. 在后来的一些硬币上，苏格拉底（Socrates）的头像与象的头和牙组合在一起，参见 Kunz, *op.cit.* (n.9), p.183。

[12] 有关该词词源的讨论，参见 H.Yule and A. C. Burnell, *Hobson-Jobson:Glossary of Anglo-Indian Colloquial Words and Phrases...*(2d ed.; New Delhi,1968), pp.337-41。该词在罗马和德文成语、符号中的发展及使用情况概要，参见 R.Riegler, *Das Tier im Spiegel der Sprache: Ein Beitrag zur vergleichenden Bedeutungslehre* (Leipzig,1909), pp.81-91。

[13] 对象牙的讨论参见 Aristotle, *Parts of Animals, trans.* A. L. Peck (London, 1955), 2, 16.6592, *ibid.* ("Progression of Animals"), 9.7092；象如何行走和屈腿，参见 7122。与象腿没有关节的普遍说法类似，中国故事中亦有犀牛腿没有关节的说法。(参照 Kunz, *op.cot.* [n.9], pp.144-45) 在穆斯林作者笔下，象腿和犀牛腿都没有关节。(参照 R. Ettinghausen, *The Unicorn* [Washington, 1950], p.15) 在欧洲，从伊良时代到整个中世纪，都认为犀牛没有关节。在印度传说中，皇族骑的最优秀的象的前后腿都有"无形的关节"。参见 Franklin Edgerton, *The Elephant-Lore of the Hindus* (New Haven, Conn., 1931), p.55。

[14] 罗马人获得的第一次及其后的胜利，参见 Ferdinand Noack, "Triumph und Triumphbogen," *Vorträge der Bibliothek Warburg, 1925-1926* (Leipzig-Berlin, 1928), pp.185-90。

[15] 参见 Pliny, *Natural History,* trans. H. Rackham (Cambridge, Mass., 1949), 8.6.13-15。

[16] Jennison, *op.cit.* (n.8), pp.3, 44.

[17] *Ibid.*, pp.52, 54.

[18] 参照 *ibid.*, pp.58, 65-66。传说一头来自亚洲的白象于奥古斯都执政时曾在罗马进行表演，但无足够证据。参见 P. Armandi, *Histoire militaire des éléphants, depuis les temps les plus reculés jusqu'à l'introduction des armes à feu* (Paris, 1843), pp.380-81。

[19] 比较《潘查坦特拉》(*Panchatantra*) 中有关象崇拜月亮的故事，转引自 V. S. Naravane, *The Elephant and the Lotus* (Bombay, 1965), p.54。

[20] 这种错误看法在古代很普遍，大约是因为在拉非亚 (Raphia) 之战中使用的非洲象比印度象年轻、形体也小。参照 Jennison, *op.cit.* (n.8), pp.39-40。

[21] 普林尼认为象能活 200—300 年，印度人则认为能活 80—120 年，参见 Edgerton, *op.cit.* (n.13), p.23。现代学者倾向认为象的寿命短于人类。

[22] 象害怕犀牛和其他野兽大概是真实的，参见 Baker, *op.cit.* (n.3), p.292。

[23] Jennison, *op.cit.* (n.8), pp.196-98. 有关罗马硬币上用象比喻朱利乌斯·凯撒的讨论参见 D. and E. Panofsky, "Iconography of the Galerie François Ier," *Gazette des Beaux-Arts*, 6th ser., LII(1958), 123。印度象参见为执政官库里乌斯·丹塔图斯 (Curius Dentatus) 制作的罗马徽章，复制品参见 Keller, *op.cit.* (n.5), I, 357, fig.131。象在硬币和徽章上的形象，最全面的评述为 G. Cupertus, *De elephant in nummis obviis* (The Hague, 1719)。复制品和 126 枚精致的硬币藏于纽约的美国钱币协会 (American Numismatic Society)。亦请参见 H. A. Grueber, *Coins of the Roman Republic in British Museum* (London, 1910), II, 5; 以及 S. L. Cesano, "Le monete di Cesare," *Atti della pontifica Accademia Romana di Archeologia*, 3d ser., Rendiconti, XXIII-XXIV (1947-49), 107。

[24] 参照 V. Waille, "Note sur l'éléphant, symbole de l'Afrique à propos d'un bronze récemment découvert à Berrouaghia (Algérie)," *Revue archéologique*, XVII (1891), 380; Keller, *op.cit.* (n.5), I, 381-82。以及关于象的文章，P. Lavedan, *Dictionnaire illustré de la mythologie et des antiquités grecqes et romaines* (Paris, 1931)。

[25] 除一些杜撰书籍外，圣经中并未提及象。同基督教一样，印度教和佛教中也有关于象的传说。

[26] 关于象的英文 "布道词"，参见 W. Rose, *The Epic of the Beast* (London,n.d.), pp.201-3。

[27] 参见 G. C. Druce,"The Elephant in Medieval Legend and Art," *Archaeological Journal*, LXXVI (1919),5。

[28] 这个动物寓言传统的例子可参考有关讨论，M.Goldstaub and R.Wendriner, *Ein Tosco-Venezianischer Bestiarius* (Halle,1892); 以及 T.H.White, *The Book of Beasts* (London,1954)。中世纪绘画中的象，例子参见 L.M.C.Randall, *Images in the Margins of Gothic Manuscripts* (Berkeley and Los Angeles,1966), figs.167-70。有关寓言传统延续到文艺复兴时期，参见列奥纳多对象的描述，E. McCurdy (trans.and ed.), *The Notebooks of Leonardo da Vinci* (New York,1958), II,1084-86。

[29] 这副象棋可能出自波斯工匠之手，现藏于巴黎徽章博物馆 (Cabinet des Medailles in Paris)。它由哈里发哈伦拉希德（Harun al-Rashid）所赠的说法是基于 17 世纪的文献，是否可信尚无定论。参见 H.and S.Wichmann, *Schach:Ursrung und Wandlung der Spielfigur in zwölf Jahrhunderten* (Munich,1960), pp.16-17, pl.1-3。另一副象棋参见 W.Born, "Some Eastern Objects from the Hapsburg Collections," *Burlington Magazine*, LXIX (1936),875 and pl.IID。欧洲象形棋子的历史，参见 H. J. R. Murray, *A History of Chess* (London,1913), pp.791-92。

[30] 弗雷德里克二世很可能拥有不止一头象。他对动物的热爱几乎是东方式的，在巴勒莫拥有当时欧洲唯一的一个动物园。他在意大利旅行时通常由一群来自海外的动物相伴，参见 E.Kantorowicz, *Kaiser Friedrich der Zweite* (Berlin,1931), p.137; and G.Loisel, *History des ménageries de l'antiquité à nos jours* (Paris,1912), I,145-46。

[31] 马修·帕里斯(Matthew Paris)展示的象,背上通常驮着一个城堡、脖子上挂着一个巨大的铃铛。参见 A.E.Popham, "Elephantographia," *Index to Life and Letters*,V(1930),179-80。亦请参见 Heckscher, *loc.cit.*(n.6), p.163。

[32] Druce, *loc.cit.* (n.27), p.1; 以及 Heckscher, *loc.cit.* (n.6), p.164。马修·帕里斯的复制品参见 Lach, *loc.cit.* (n.2), pl.I。

[33] 在里彭天主教堂（英格兰）的一件 13 世纪现实主义雕刻中，象背上的城堡为罂粟花所取代，现今放置在唱诗班右面座位的最后方。该象造型可能源于动物寓言传统之外，但此例外极为罕见。参见 Druce, *loc.cit.*(n.27), p.65 and pl.XV, no.2。

[34] 赫克舍（Heckscher）（*loc.cit.*[n.6], p.16）指出，我们在中世纪传统中看到 "象背上驮着城堡，但文献中并无记载"。例如，13 世纪的一篇论述野兽的拉丁文章中有关象的例子（Harley MS.3244, fol.39[Brit.Mus.]），或 "Evangiles de Lothaire" (B.N., MSS.Lat.266, fol.73v)中的论述，复制品见 J. Ebersolt,*Orient et Occident: Recherches sur les influences byzantines et orientales en France avant et pendant les croisades* (2d ed.;Paris,1954), pl.22。寓言中象驮着坐着四个人的象轿（howdah），参见 M.R.James, *The Bestiary,Being a Reproduction in Full of the Manuscript II.4.26 in the University Library, Cambridge...*(Oxford,1928), p.37 and fol.46*b*。

[35]《新约外传》（*Apocrypha*）中描述的战象，参见 1 Maccabees 3:33;6:34-37;7:8-9。时至今日，背上驮着城堡的象仍出现在象棋、徽章和客店招牌之上。参见 G.R.Kernodle, *From Art to Theatre: Form and Convention in the Renaissance* (Chicago,1944), p.15。

[36] 参见 M.Thibaut, "L'éléphant dans la sculpture romance française," *Bulletin monumental*, CV(1947), 183-95。

[37] 参见 F.E.de Roover, "Lucchese Silks," *Ciba Review*, No.80 (1950), p.2928。

[38] F. de Bofarull y Sans, *Animals in Watermarks* (Hilversum [Holland],1959), p.26.

[39]《给牧羊人报喜》（*Annunciation to Shepherds*）的底部画着中世纪式样的小象，参见 "A French Book of Hours of the Late Fifteenth Century" (Newberry Library, Ayer Collection, MS.43)。

[40] 比较对阿加底乌斯（Arcadius）凯旋门上象的造型和象夫的描述，P.Gyllius, *Antiquities of Constantinople,* trans. J. Ball (London,1729), p.289。进一步的评论，参见 Kunz, *op.cit.* (n.9), p.172; 以及 Loisel, *op.cit.* (n.30), I,190。亦请参见现今仍在伊斯坦布尔皇宫博物馆展览的象狮搏斗镶嵌图。

[41] 亚琛天主教堂（Aix-la-Chapelle）珍藏的著名的紫色丝绸上有象的世俗形象，复制品参见 A.Grabar, "Le succès des arts orientaux à la cour Byzantine sous les Macédoniens," *Münchner Jahrbuch der bildenden Kunst,* 3d ser., II (1951), 35.fig.3。

[42] 两尊象浮雕参见 H.Wenzel, "Abseitige Trouvaillen aus Goldschmiedearbeiten," in F.Dettweiler *et al*. (eds.),*Studien zur Buchmalerei und Goldschmiedekunst des Mittelalters* (Marburg,1967), pp.72-73。

[43] 参见信和复制品，C.Mitchell, "Ex libris Kiriaci Anoconitani," *Italia medioevale e umanistica*,V. (1926), 285, pl.XXII。

[44] 塞亚克（Cyriac）笔下的象远比里米尼艺术家创作的粗野，因而需要查找其他的来源。13 世纪一位不知姓名作家的手稿 *Regalis Ystoria* 中有一头象站在它标识的区域内，头上戴着一项王冠。这部藏在里米尼甘巴伦加图书馆（Biblioteca Gambalunga）的手稿，似乎表明了象和里米尼统治者之间存在更早的关系。参见 Corrado Ricci, *Il tempio malatestiano in Rimini* (Milan and Rome,n.d.), p.313, pl.374, p.316, pl.379。根据图像判断，马拉泰斯塔家族徽章上的象可能是参照了罗马的原型，甚至综合了罗马和中世纪两方面的特点。亦请参见 *ibid*., pp.323-24。

[45] 参照 G.de Tervarent, *Attributs et symboles dans l'art profane, 1450-1600* (Geneva,1958), I,154。

[46] 参见 *Ibid*., pls,391,392。

[47] 复制品参见 C.Yriarte,*Un condottiere au XVe siècle*(Paris,1882), p.305, fig.162。可能是指普林尼的说法：大象用收缩皮肤上褶皱的方法驱赶昆虫（Pliny, *op.cit.* [n.15], p.25）。有关文艺复兴时期象和昆虫装饰图案的进一步评论，参见 Heckscher, *loc.cit.*(n.6), pp.172-73。

[48] 16 世纪可以见到的罗马硬币描述了由众多象拉的两轮战车，以及脚下踩着龙的象，象上标

有"凯撒"字样。参见 E.Vico, *Omnium Caesarum verssimae imagines ex antiquis numismatis desumptae* (Venic,1554), *passim*。

[49] 担任宴会主持的勃艮第修辞学院院长奥利弗·德·拉·马尔凯（Oliver de la Marche）骑在这头装扮成修女的人工大象上。参见 Heckscher, *loc.cit.* (n.6), p.167。其他作家似乎相信菲利普宴会上的象是活的，参见 R.Schwoebel, *The Shadow of the Crescent: The Renaissance Image of the Turk (1453-1517)* Nieuwkoop,1967), p.87。

[50] Kunz, *op.cit.*(n.9), p.187. 参照 1586 年弗雷德里克二世（Frederick II）下令汉斯·克尼佩尔（Hans Knieper）在丹麦制作的皇家华盖（National Museum of Stockholm），华盖上驮着城堡的象标识着疆界。

[51] 凯达莫斯托（Cadamosto）的报告 1507 年被收入蒙塔博多（Montalboddo）的著作 *Paesi novamente ritrovati* 首次出版；后又被收入赖麦锡（G.B.Ramusio）所著 *Delle navigationi et viaggi* (Venice,1554) Vol.I (112r), 此后被自然史学者在描述象时反复引用。

[52] J.W.Thompson(ed.),*The Frankfurt Book Fair: The Francofordiense Emporium of Henri Estienne* (Chicago,1911), p.62. 最近发现了一封写给法兰克福市官员请求准许带"Helffandt"入城的信（*Washington Post,* December 6,1967）。

[53] A.Kaufmann, "Über Thierliebhaberei im Mittelalter," *Historisches Jahrbuch der Görresgesellschaft*, V(1884),409.

[54] 这幅 1473 年版木刻的复制品参见 W. M. Ivins, "A Neglected Aspect of Early Print-Making," *Metropolitan Museum of Art Bulletin,* VII (1948),53.

[55] 参见 J. F. Payne, "On the 'Herbarius' and 'Hortus Sanitatis,'" *Transactions of the Bibliographical Society*, VI (1900-1901), 98。这幅木刻的作者显然是埃哈德·利维克的同代人，曾陪同伯纳德·布雷登巴赫在黎凡特旅行。

[56] 参照原书第二卷第一册，第 127 页，以及伯纳多·帕伦蒂诺（Bernardo Parentino,1437—1531 年）描绘凯旋作品的复制品，M.Muraro,*Catalogue of the Exhibition of Venetian Drawings from the Collection Janos Scholz* (Venice,1957), p.17 and fig.5。

[57] Popham, *loc.cit.* (n.31), pp.182-83.

[58] W. F. Oakeshott (*Some Woodcuts by Hans Burgkmair* [Oxford,1960], pp.10-12) 推测伯格迈尔这组木刻中的象是依据几幅水彩画创作的。这些水彩画是 1505 年随葡萄牙舰队远航的德国人在印度绘制的。确认这种可能性，建议参考葡萄牙业余画家在印度创作的描绘象的水彩画，复制品见 *Asia in the Making of Europe* (此后简略为 *Asia*), I, (Chicago,1965), p.356 之后。亦请参见伯格迈尔画的象的臀部，他将其置于皇帝马克西米利安祈祷书中描绘热带风景的画面中（图 89）。

[59] 参见 H. Göbel, *Die Wandteppiche* (Leipzig,1928), I,253。

[60] 复制品见 C.Ricci, *L'architecture italienne au XVIe siècle*(Paris,n.d.), pl.232。

[61] E.Iversen, *The Myth of Egypt and Its Hieroglyphs in European Tradition* (Copenhagen,1961),

pp.64-68. 木刻象的说明文字只叙述了普利菲罗（Poliphilo）想象中的象，与木刻本身似无密切的关系。

[62] Heckscher, *loc.cit*. (n.6), p.155, and *passim*.

[63] 更早的一个原型大概是建于 13 世纪的维琴察圣科罗纳教堂侧门墙上描绘的象。经过考察，我认为该象背上驮的是一个简单的金字塔，而不是方尖碑。也可能是 15 世纪的艺术家在模仿意大利卡塔尼亚的纪念碑。既然原物已不复存在，就无法确定如今矗立在卡塔尼亚教堂广场的那头完成于 18 世纪的象，是沿袭了过去站立在那里的象的古代特征，抑或是效仿了科罗纳或贝尔尼尼的作品。参照 *ibid*., p.176, n.115。

[64] 16 世纪直接受科罗纳绘制的象启发而建的纪念碑，只有为庆贺亨利二世进入巴黎于 1549 年所建的背驮方尖碑的犀牛像（参见 Iversen, *op.cit*.[n.61], p.812），以及 1595 年在安特卫普创作的一幅木刻上的象，该象的背上驮着一根柱子（图 115）。

[65] 关于瓦尔塔马参见 *Asia*, I,164-66。

[66] R.C.Temple (ed.), *The Itinerary of Ludovico di Varthema of Bologna, from 1502 to 1508* (London,1928), pp.51-54.

[67] *Ibid*., p.45.

[68] G.de Brito, "Os pachidermes do estado d' El Rei D.Manuel," *Revista de educação e ensino* IX (1894),81.

[69] *Ibid*., p.79. 曼努埃尔甚至有可能在 1510 年之后还乘过从印度送到葡萄牙的象辇。参见 F.de Sousa Viterbo, "O orientalismo portugues no século XVI," *Boletim da Sociedade de geographia de lisboa,* XII (1892-93), Nos.7-8, p.319。

[70] 参见 F.de Sousa Viterbo, *Diccionario historico e documental...*(Lisbon,1899), I,vii;and R.dos Santos, *Oito séculos de arte portuguesa* (Lisbon,1967), fasc.32, pl.376。

[71] P.S.S.Pissurlencar(ed.), *Regimentos das fortalezas da India* (Bastorà[Goa].1951), pp. 359-60; 以及 P.E.Pieris, *Ceylon and Portugal* (Leipzig,1927), p.56。

[72] L.Matos, "Natura intelletto e costumi dell' elefante," *Boletim internacional de bibliografia Luso-Brasiliera*, I (1960),44. 以及 S. de Ciutius, *Une ambassade portugaise à Rome au XVIe siècle* (Naples,1899), pp.4-8。

[73] 这个故事来自 Piero Valeriano, *Hierolyphica sive de sacris Aegyptiorum...literis commentarii* (Basel,1556), fol.21v。在里斯本生活了两年的帕杜安·弗朗切斯科·卡尔德里亚（Paduan Francesco Chalderia）在其出版的小册子 *Rerum et regionum Indicarum per Serenissimum Emanuelem Portugalliae regem partaram narratio verissima* 中描述了象登船的情况。参见马托斯引用卡尔德里亚的说法，*loc.cit*.(n.72), p.46。亦请参见证明象理解人类语言和感情的这个故事的另一个版本，S.de Priezac. *L'histoire des éléphants* (Paris,1650), pp.63-64。

[74] 使团副领队约翰·德·法利亚（João de Faria）所做的记录，以及尼考拉·德·法里亚（Nicolau de Faria）1514 年 3 月写给国王曼努埃尔的信，都详细描述了象的远行以及在罗马受到的

礼遇。参见 L. A. Rebello da Silva(ed.), *Corpo diplomático portuguez...*(Lisbon,1862), I,234-38, 238-42. 对这些以及其他来源材料的精彩总结，参见 Mato, *loc.cit.*(n.72), pp.45-47；以及 M.Winner, "Raffael malt einen Elefanten," *Mitteilungen des kunsthistorischen Institutes in Florenz*, XI (1964),83-86。

[75] 几十年前在伊特鲁里亚（Etruscan）古城维爱（Veii）出土的罗马彩色拼花镶嵌，描绘了象在安蒂奎梯（Antiquity）以同样的方式下船和上岸，以及将象拴于桅杆固定在甲板上的情景。参见 R.Cagnat, "La première représentation connue du mode d'embarquement de l'éléphant," *L'ami des monuments et des arts* (Paris), XIV (1900),67-70。

[76] 人们对"象使节"的兴趣不但浓厚而且持久，一位法国观赏者在三年之后仍撰文描述象进入罗马城的情景。参见 L.Madelin(ed.), "Le journal d'un habitant français de Rome au XVIᵉ siècle (1509-40)," *Mélanges d'archéologie et d'histoire*, XXII(1902), 277. 特里斯坦·达·库尼亚（Tristão da Cunha）的一幅版画（in P.Jovius,*Elegia virorum...illustrium*[Basel,1575]）描绘了一头象正从一个使节的肩后向外看。

[77] 象到达时这位伟大的艺术家正好在罗马。他还认识教皇的内侍和象师乔瓦尼·巴蒂斯塔·布兰科尼奥·德拉奎拉。参见 McCurdy, *op.cit.* (n.28), II,1177.

[78] 完全可以理解为什么温拿（*loc.cit* [n.74], p.81, n.22）和其他许多人倾向于从经典中寻找这个名字的来源。他们认为这个名字源于迦太基历史中无数个"汉诺"中的一个，或者普林尼提到的一个训狮人。我认为情况可能是：罗马人问印度象师（大概是马拉巴尔人）象叫什么名字。象师说叫 "Ana"，即马拉雅拉姆语（Malayālam）中"象"的意思。参见 T. Burrow and M.B.Emeneau, *Dravidian Etymological Dictionary* (Oxford,1961), entry no.4235.加西亚·达·奥尔塔在《印度草药风物秘闻》中指出："Ani" 是 16 世纪在印度使用的马拉雅拉姆语中的一个词。奥尔塔的论述见原书第二卷第一册，第 154 页。克里斯托巴尔·德·阿科斯塔意大利文版 *Trattato* (Venice,1585), p.322 中指出：该词在马拉巴尔人名中叫 "Anne"。彼时的其他意大利人将利奥十世的象称作 "Annone"。

[79] 据后来的文献记载，阿方索据说在"汉诺"死去的当天亦神秘地去世。参见 Winner, *loc.cit.* (n.74), p.86.

[80] E.Rodocanachi,*La première Renaissance:Rome au temps de Jules II et de Léon X* (Paris,1912), p.319, n.2.

[81] 细节参见 D.Gnoli, "La Roma di Leon X", *in Quadri e studi originali annotati e publicati a cura di Aldo Gnoli* (Milan,1938), pp.114-17；以及 Rodocanachi,*op.cit.* (n.80), pp.121-23。

[82] 小菲利普·博尔多（Filippo Beroaldo the Younger）创作的喜剧概要参见 Winner, *loc.cit.*(n.74), p.87；以及博尔多，"Prologus in comoediam habitam in coronatione Barabelli", *Carminum* (Rome, 1530)；Gnoli, *loc.cit.* (n.81), p.115.亦请参见马尼乌斯·菲利努斯（Ia. Manius Philoenus）的拉丁文诗，转载于 W.Roscoe, *The Life and Pontificate of Leo X* (London,1805), II,104-5。

[83] 对这个情节令人捧腹的讽刺，参见 G.A.Cesareo, *Pasquino e pasquinate nella Roma di Leone X* (Rome.1938), pp.193-94。包括象在内的动物在有关利奥的讽刺诗中一直是主要角色，参见 Gnoli, *loc.cit.* (n.81), p.301, 以及 *Opere di Niccolò Machiavelli, cittadino segretario fiorentino* (n.p.,1813), V.407。

[84] 例如汉诺在 1515 年 3 月欢迎大会中扮演的角色（Rodocanachi, *op.cit.* [n.80],p.97）。

[85] *I Diarii* (Venice,1887), Vol.XVIII, col.59.

[86] U.von Hutten, *Opera quae extant omnia* (Munich,1807),VII,246. 亦请参见乔瓦尼·卡皮托（Giovanni Capito）为汉诺写的拉丁文挽歌，转引自 Roscoe, *op.cit.* (n.82), II, app.C,103-4. 该时期出版的一部有关这头象的小诗集现存于大英博物馆（P.B.11426, d.54）。一部名为 *Natura intellecto et costumi delle Elephante* 的著作回顾了亚里士多德、普林尼和索利努斯（Solinus）有关象的论述。复制品见 Matos, *loc.cit.* (n.72), pp.47-55。马托斯认为该书大约于 1514 年在罗马印制。书封面木刻中的象具有 15 世纪的风格。

[87] 威尼斯人穆赛奥·科尔勒（Museo Correr）的手稿（Codex Cicogna 2673, fol.240v-241r），转引自 Vittoio Rossi, *Dal Rinascimento al Risorgimento* (Florence,1930), pp.232-38. 罗斯（Rossi）是第一个提出该手稿属于阿雷蒂诺（Aretino）的人。不完全的英文译本参见 T.C.Chubb, *Aretino, Scourge of Princes*(New York,1940),pp.50-51。

[88] G.Scheil,*Die Tierwelt in Luther's Bildersprache in seinen reformatorisch-historischen und polemischen deutschen Schriften* (Bernburg,1897), p.19. 路德（Luther）认为有关教皇为跳跃的象驱赶苍蝇的描述，可能改写自圣经："Ye blind guides, which strain at a gnat,and swallow a camel"（Matt.23:24）。

[89] 参见 *Pauli Iovii novocomensis episcope Nucerini Elogia virorum bellica virtute illustrim veris imaginibus supposita,quae apud Musaeum spectantur...*(Florence,1551), p.205。

[90] Winner, *loc.cit.* (n.74), pp.89-90.

[91] Roscoe, *op.cit.* (n.87), II,338-39.

[92] 有关讨论见 E. Tormo y Monzó, *Os desenhos das antigualhas que vio Francisco D'Ollanda, pintor português* (Madrid,1940), p.142.

[93] 我更同意托尔莫（Tormo）（*ibid.*）而不是温拿（*loc.cit.* [n.74], p.91）的观点。托尔莫将"D"和"M"解读为"gods"和"manes"的缩写。即使是在利奥十世时代，梵蒂冈墙上的悼文在起首处也极有可能是向基督教而不是异教的神祈祷。

[94] 数据来自 Winner, *loc.cit.*(n.74), p.96。象的生长并不像人们通常认为的那样缓慢，在 12—15 岁时就可能成熟。参见 O.P.Breland, *Animal Life and Lore* (New York,1963), p.78。尽管碑文称其为"巨象"，但 7 岁的汉诺虽算高大但并非超常。巴纳姆（P.T.Barnum）从伦敦动物园购买的著名的非洲象"Jumbo"，23 岁时身高 11.1 英尺、体重 11 000 磅。参见 Kunz, *op.cit.* (n.9), p.188。

[95] 有关本文出自博尔多之手，参见 Winner, *loc.cit.* (n.74), p.90。

[96] *Ibid.*, esp. pp.92-96.

[97] *Ibid.*, pp.98-99.

[98] 关于出处，参见 *ibid.*, pp.100-101。有关拉斐尔与阿方索的关系参见 G.Gruyer, *L'art ferrarais à l'époque des princes d'Este* (Paris,1897), I,151。

[99] Winner, *loc.cit.* (n.74), p.101.n.97.

[100] 例如维也纳国家图书馆收藏的 17 世纪的微型画（Min.64,fol.28），复制品见 J. Strzygowski et al.,*Asiatische Miniaturenmalerei* (Klagenfurth,1933), pl.9, no.29。印度"哲人"只辨认出 4 种分别与"霹雳、半月、钉子和 *keteka* thorn"相似的训象钩，参见 Edgerton, *op.cit.* (n.13), p.109。训象刺棒复制品照片见 J.L.Kipling, *Beast and Man in India* (London,1904), p.227。

[101] 庄园的历史参见 O. Fischek, *Raphel* (London,1948), I,164-65。巨大的石膏象头仿效的明显不是拉斐尔的素描（Winner, *loc.cit.* [n.74], p.104），而是其他不为人知的写生或凭借对汉诺的印象创作的作品。

[102] Winner, *loc.cit.* (n.74), p.101. 这幅为萨拉·德利·阿奎勒（Sala delle Aquile）绘制的素描藏于德尔泰宫（Palazzo del Te），复制品见 F. Hartt, *Giulio Romano* (New Haven,1958), II, 296, fig.220。

[103] 参照 Hartt, *op.cit.* (n.102), I,128, 引自冈布里奇（E.Gombrich）有关论述。

[104] 参见 Winner, *loc.cit.*(n.74), pp.102-4。比较帕多瓦科纳罗庄园大概建于 1520 年的"L' Odeo"中的装饰性古典四轮战车泥塑。这尊泥塑大概也是乔瓦尼·达·乌迪内的作品，但与汉诺无关。参见 G. Mazzotti, *Ville Venete* (Rome,1963), p.107。

[105] 弗朗西斯一世在汉诺死去不久致信葡萄牙国王，并派遣他的经纪人安托尼·德·康夫兰（Antoine de Conflans）到里斯本为他的动物园购买了一头公象和一头母象（Matos, *loc.cit* [n.72], p.46）。他还派遣使者到君士坦丁堡购买海外动物。大约在 1545 年，他派往土耳其宫廷的使者将购买的一头象从波斯运回法国。参照原书第二卷第一册，第 147 页。

[106] 有关评论参见 P. Barocchi, *Il Rosso fiorentino* (Rome,1951), pp.110,134-36,157-58。同样，佩里诺·德尔·瓦佳（Perino del Vaga）1530 年为热那亚多里亚宫（Palazzo Doria）绘制的装饰壁画"巴克斯在印度的胜利"（Triumph of Bacchus in India）亦与汉诺无关，参见 P. Askew, "Perino del Vaga's Decorations for the Palazzo Doria, Genoa," *Burlington Magazine*, XCVIII (1956),50, fig.28。

[107] 基于有关评论，Panofsky, *loc.cit.* (n.23), pp.132-33。

[108] 复制品参见 Hartt, *op.cit.* (n.102), fig.475。

[109] 参见 J. C. J. Bierens de Haan, *L'oeuvre gravé de Cornelis Cort...1533-1578* (The Hague, 1948), pp.178-80 and pl.50。牛津阿西莫利恩博物馆（Ashmolean）收藏的有关象的绘画大都属于"拉斐尔学派"，似乎是模仿了科特的雕刻。参见 Winner, *loc.cit.* (n.74), pp.92-93。

[110] 参照 Winner, *loc.cit.*, pp.102-3。

[111] 例如 1557 年普鲁塔赫拉丁文版著作中收入的乔瓦尼·左纳拉（Giovanni Zonara）绘制的

"庞贝凯旋"（Triumph of Pompey）中象拉的四轮战车；或者 1574 年菲利普·加勒（Philip Galle）根据彼得·布鲁格尔画作创作的木刻"萨特恩的胜利"（Triumph of Saturn），复制品见图 105；以及一位布鲁塞尔工匠约于 1535—1540 年间制作的题为"猎象"（Elephant Hunt）的佛兰德挂毯，复制品见图 97。上述所列以及其他很多未提及的作品中的象都采用了汉诺之前的形象。

[112] 芝加哥大学大量的藏品中有两幅表现汉诺的版画。其中一幅是朱利奥·罗马诺绘制的亚洲象，另一幅则是想象化了的非洲象（可能是乔瓦尼·巴蒂斯塔的作品）。亦请参见在描绘罗马人胜利的版画中的其他类型的象。那些象可能是仿效古代石棺创作的。

[113] G.Cardano, *De subtilitate* (Basel,1554), Bk, X, chap.204.

[114] 参见 Kaufmann, *loc.cit.* (n.53), p.409, n.3。

[115] 海报上有一头以现实主义手法描绘的印度象，背上的象师左手握着一根钩子，作者缩写为 M.M.。

[116] 参见 M.Bermann, *Alt-und-Neu Wien* (Vienna,1880), II,702-6; 以及 W.Kisch, *Die alten Strassen und Plätze Wiens* (Vienna,1883), pp.117-18,128。

[117] 参见菲舍尔·冯·埃拉赫（J.E.Fischer von Erlach）的版画，以及戴森巴赫（J. A. Delsenbach）描绘战壕街菜市场的版画(约 1713 年)。戴森巴赫的画描绘了象头以及骑在象脖子上的象师。 A.May, *Wien in alten Ansichten* (Salzburg,1965), pl.18.

[118] Bermann, *op.cit.* (n.116), II,704。原画像风化后变得模糊不清，1727 年为一幅巨型壁画所取代。壁画中的象由一名象师牵着。1789 年房子粉刷后画像未被复原，但是直至 1866 年房子毁坏之前一直使用"象房"的名字。

[119] 大约在 1869 年施洛斯·温德哈格·贝·布拉格（Schloss Windhaag bei Prag）珍品陈列室解体之时，克雷姆斯明斯特（Kremsmünster）购买了这把扶手椅。该椅目前存于克雷姆斯明斯特重新修复的修道院图书馆的艺术和古玩馆（Kunst-und Raritätenkammer）（见修道院图书馆 1966 年 4 月 2 日的来信）。更多有关信息参见 K.Werner, *Die Sammlungen Kremsmünster* (Berlin,1936), pp.22-23。

[120] 括号为后加。

[121] 拉丁文本参见复制品，Lach, *loc.cit.* (n.2), pl.VII。

[122] 复制品见 A. Lhotsky, *Die Geschichte der Sammlungen* (Vienna,1941-45), Vol.II, Pt.II, pl.23。

[123] 例如，大概是受到了博施的影响，布鲁格尔约于 1556 年绘制的"君王的崇拜"（Adoration of Kings)背景中的象就属于 15 世纪的类型。参见 F.Grossmann, *Brueghel: The Paintings* (rev. ed.;London,1966), p.190 and pl.4.

[124] 对此观点的阐述见 E. K. J. Reznicek,*Die Zeichnungen von Hendrick Goltzius* (Utrecht,1961), I, 207-8。亦请注意，僧伽罗人雕刻的象也有可能成为欧洲艺术家的模特。参见原书第二卷第一册，第 25 页。但我确信，当时的欧洲艺术家似乎并未以僧伽罗人雕刻的象为模特。

[125] 最令人着迷的是克里森蒂奥（P.de Crescentio）1584 年版中描绘的一头小象拉犁的木刻，*De*

omnibus agriculturae partibus et de plantarium animalium natural et utilitate libri XII (Basel)。该书使用的更早版本中的木刻，参见 A.Tchemerzine, *Bibliographie d'éditions originales et rares d'auteurs fraçais...*(Paris,1927-33), III,70。在印度，小象用来拉犁。

[126] 基于他 1572 年在里昂出版的 *Commentaires...sur les six livers de Ped. Dioscoride...*, pp.229-31。一封写于 1555 年的"土耳其来信"，记载了他对一头象在君士坦丁堡马戏团表演的现实主义描述，E. S. Forster (ed. and trans.), *The Turkish Letters of Ogier Ghiselin de Busbecq, Imperial Ambassador at Constantinople, 1554-62* (Oxford,1927), pp.38-39。

[127] P.Gilles, *Aeliani de historia animalium libri XVII* (Lyons,1562), pp.497-525. 亦请参见 E. T. Hamy, "Le père de la zoölogie française:Pierre Gilles d'Albi," *Revue des Pyrénées*, XII(1900), 582-85。

[128] 参见 R. Hakluyt, *The Principal Navigations Voyages Traffiques and Discoveries of the English Nation* (Glasgow,1904)，VI,164。

[129] 可能是弗朗西斯科·卡米洛（Francisco Camillo）和米开朗基罗·纳施里诺（Michelangelo Nascherino）大约在 1555 年于佛罗伦萨所做，1573 年被巴勒莫购买并于 1585 年修建完成。参见 L.Russo, *La fontana di Piazza Pretoria in Palermo* (Palermo,1961), p.55 and pl.X。

[130] 参见原书第二卷第一册，第 166 页。

[131] 有关讨论参见 J. de Sigüenza,*Historia de la Orden de San Gerónimo* (Madrid,1907), II,72; 对这几处坟墓及其守护象的早期描述参见 J. B. de Lavanha, *Viage de la catholica real magestad del rei D. Felipe III,N.S., al reino de Portugal* (Madrid,1622), p.7。

[132] 引自在花园中依然可见的意大利文题词。对花园最全面的描述见 G.Zander *et al.*, "Gil elementi documentari sul Sacro Bosco," *Quaderni dell'istituto di storia dell'architettura* (Rome), Apri,1955, pp.19-32。亦请参见 M.Praz, *Belleza e bizzarria* (Milan,1960), pp.248-49。

[133] 参见 G.Masson, *Italian Gardens* (New York,1961), pp.144-45。

[134] 例子参见 R.Piper, *Das Tier in der Kunst* (Mucich,1922), pl.28。印度的石象列表参见 Navarane, *op.cit.* (n.19), p.55。

[135] 送给查理曼大帝的象棋，其中一颗棋子在象的鼻子上立着一个士兵（Wichmann, *op.cit.* [n.29], pl.II）；里彭（Ripon）天主教堂（13 世纪）中的一个大象浮雕，象背上驮着城堡、鼻子上有一个士兵（Druce, *loc.cit.* [n.27], p.65 and pl.XV）；亦请参见科克（H. Cock，约 1562 年）依据博施作品创作的版画，F.W.H.Hollstein, *Dutch and Flemish Etchings, Engravings, and Woodcuts, ca.1450-1700* (Amsterdam, n.d.), III,147。

[136] 有关博马尔佐花园巨象源于东方造型以及它对其他花园、绘画之影响的各种看法，参见 Zander *et al.*, *loc.cit.* (n.132), pp.27-29。马森强调博马尔佐花园与附近其他别墅在雕塑和建筑细节之间的关系（*op.cit.* [n.133], p.145）；勒内·赫克（René Hocke）将博马尔佐巨象与德泰宫的巨兽联系到一起（*Die Welt als, Labyrinth* [Hamburg,1957], *passin*）指出二者的精神起源都是为旅行书籍所推崇的非洲和印度；普拉兹断言，意大利人除了发明通心粉新品种外对奇特的事物毫无兴趣，因而倾向认为博马尔佐花园的精神起源是东方（*op.cit.* [n.132],

p.246）。他或许还说过："历史问题留待讨论"（L.Benevolo, "Saggio d'interpretazione storica del Sacro Bosco," in Zander *et al., loc.cit.* [n.132], p.61）。

[137] 参见 J.Chartrou, *Les entrées solennelles et triomphales à la Renaissance* (1484-1551), (Paris,1928), p.86。这些象实际上是用马装扮的。

[138] 参照 Iversen, *op.cit.* (n.61), pp.71-72; 亦请参见 G. Boas, *The Hieroglyphics of Horapollo* (New York,1950), pp.104-5; 以及 G. C. Capaccio, *Delle impress... in tre libri diviso* (Naples,1952), Bk.II,chap.viii, pp.17v-21v; C.Ripa,*Iconologia...*(Padua,1611), pp.232-33,325,427,456,509。

[139] 参见 H.Green(ed.), *Andreae Alceate Emblematum* (Manchester,1870), *passim*。

[140] G.Gueroult, *Le premier liver des emblèmes* (Lyons,1550), p.36.

[141] H.Junius...*Medici emblemata...*(Antwerp,1565), p.8.

[142] G.Ruscelli, *Le imprese...*(Venice,1566). 在威尼斯出版的这部和其他书籍中，"Essendo" 这个词的第一个大写字母 "E" 用大象和象师装饰，例子亦请参见 G.Benzoni, *La historia del mondo nuovo* (Venice,1565), p.1。

[143]（Frankfurt am Main,1566), p.vii. 亦请参见费耶拉本德的象，N.Reusner,*Emblemata ...*(Frankfurt 1581), Bk.II.fig.13; 以及 Georg Schaller, *Eigentliche und auch gründliche Beschreibung allerley vier und zweyfüssigen Thieren* (Frankfurt, am Main,1592)。

[144] 参见 F.Terzo(Tertius), *Austriacae gentis imaginum...*(Innsbruck. 1569-73), *passim*。

[145] 例子参见P. Fabrici, *Delle allusioni, imprese et emblemi...* (Rome,1588), pp.174,228; Capaccio, *op.cit.* n.138）, Bk, III, p.22r; J.Mercier, *Emblemata* (Bourges,1592), pp.47v-48v; J.Camerarius,*Symbolorum et emblematum...* (Mainz,1590), Bk.II, pp.2, 4, 6.更多例子参见 A. Henkel and A.Schöne, *Emblemata: Handbuch zur Sinnbildkunst des XVI.und XVII.Jahrhunderts* (Stuttgart,1967), cols.408-20.

[146] E.Raimondi(ed.), *Torquato Tasso Dialoghi:Edizione critica* (Florence,1958), II, Pt.II,1075.

[147] 在此两年前教皇庇乌四世要求葡萄牙国王塞巴斯蒂安送给罗马动物园一公一母两头象。参见葡萄牙大使 1561 年 10 月 28 日的信，转引自 Sousa Viterbo, *loc.cit.* (n.69), p.318。这位大使显然认为里斯本有现成的象，如同其他亚洲动物一样。葡萄牙国王在回信中承诺尽快为教皇寻找，但无记录表明罗马收到了这对象。

[148] L. Guicciardini, *Description générale de touts les Pays-Bas* (Amsterdam,1613), p.35. 他的话十分引人注目，因为无记载表明低地国家在 1563 年之前有象。不过在大英博物馆斯隆厅（Sloane Colletion）里有一幅描绘象的炭笔画，画的佛兰芒文说明标注的日期是 1550 年（参见 Popham, *loc.cit.* [n.31], p.187）。还有安特卫普新街一所房子的牌匾上画着一头白象在草地上吃草。画下方的说明写道："这是一头象。"参见巴黎国家图书馆展品目录，标题为 *Anvers,ville de Plantin et de Rubens* (Paris,1954), pl.X.

[149] 参见李普修斯嘲弄象的短文，*Dissertationum ludicrorum et amoenitatum, scriptores vanii* (Leyden,1638), pp.419-43。亦请参见描绘罗马象房的木刻，J. Lipsius, *Admiranda,sive de*

magnitudine Romana (Antwerp,1605), Bk.III, p.157。

[150] Guicciardini, *op.cit.* (n.148), p.35.

[151] Popham, *loc.cit.* (n.31), p.188.

[152] *Ibid.*, p.188.

[153] 复制品参见 Lach, *loc.cit.*(n.2), pl.XV。匿名画家 "Master B," 是弗兰兹·弗洛里斯（Franz Floris）的佛兰德弟子，参见 Reznicek, *op.cit.* (n.124), I,208。

[154] Reznicek, *op.cit.*，复制品参见斯德哥尔摩博物馆展品目录，*Dutch and Flemish Drawings* (Stockholm,1953), No.25。亦请参照阿拉特·杜·哈梅尔（Alart du Hamel）所作 "L'éléphant armé" 的复制品，P. Fierens, *Le fantastique dans l'art flamand* (Brussels,1947), pl.XXV。

[155] 评论参见 Hollstein, *op.cit.*(n.135), III,147。

[156] Popham, *loc.cit.* (n.31), p.189. 科克版画与安特卫普木雕在象的耳朵、牙和鼻子曲线之间有相似之处。

[157] 说明和画像见 1582 年由普兰汀出版的 *La joyeuse et magnifique Entrée...*; 英文译本见 John Nichols (ed.), *Progresses of Queen Elizabeth* (London,1788-1805), II,354-85。亦请参见 F. A. Yates, *The Valois Tapestries* (London,1959), p.34 and pl.19。从加斯帕·鲍塔特斯（Gaspar Bouttats）描绘 1684 年游行场面的蚀刻版画中可以看出，一个世纪之后这座木雕象仍在使用。参见 *Anver,ville de Plantin*(n.148), p.30。

[158] 注意，不同之处在于曼泰格纳所作《赛墨勒的胜利》（*Le Triomphe de Séméle*）中的凯撒两旁都跟随着象。

[159] 埃尔曼（J.Ehrmann）认为藏于乌菲兹美术馆的瓦卢瓦挂毯是基于卡隆的旋转象而作（ "Drawing by Antoine Caron for the Valois Tapestries," *Art Quartly*, XXI [1958],60-61）；耶茨（Yates）对卡隆绘制的象与挂毯的关系做了更为专业的评论 (*op.cit.* [n.157], p.98)。比较卡隆和科特的象，以及挂毯、安特卫普象和科克的版画后，我无法同意埃尔曼有关卡隆象与挂毯关系的看法。让·阿蒂马赫（Jean Adhémar）认为卡隆明显仿了拉夫雷利（Lefreri）版画（图 106）的看法更为合理 (*Revue des arts*, IV [1954],64)。这幅版画包括了汉诺和科特绘制的《西皮奥大战汉尼拔》中的象。

[160] Popham, *loc.cit.*(n.31), p.189;主要信息来源为 J. Lipsius, *Epistolae* (Antwerp,1592), cent.1.ep.50。

[161] P.Saintenoy, *Les arts et les artistes à la cour de Bruxelles* (Brussels,1932), pp.75-76.

[162] 赫尔曼·韦斯伯格（Hermann Weisberg）在科隆官方杂志上发表的评论，转引自 Kaufmann, *loc.cit.* (n.53), p.410。

[163] *Ibid*.

[164] Loisel, *op.cit.* (n.30), I,234.

[165] Popham, *loc.cit.*(n.31), p.190;亦请参见 C.van Mander, *Dutch and Flemish Painters: Translations from the Schilderboeck* (New York,1963), p.256。乔安尼斯·萨姆布克斯（Joannes Sambucus）作为插图使用的现实主义的印度象可能是 1563 年在安特卫普的那头象，参见其著作

Emblemata cum aliquot nummis antiqui operis...(Antwerp,1564), p.184。这幅画像可能被皇帝鲁道夫二世收藏，见原书第二卷第一册，第 30 页。

[166] F.H.Taylor, *The Taste of Angels* (Boston,1948), p.49.

[167] M.von Boehn,*Modes and Manners* (London,1932), II,183.

[168] G.Klemm, *Zur Geschichte der Sammlugen für Wissenschaft und Kunst in Deutschland* (Zerbst,1837), p.194.

[169] N.Lieb, *Die Fugger und die Kunst...*(Munich,1958), p.41.

[170] A.Gorlé, *Dactyliothecae...*(Leyden,1707), Pt.II, pl.26.

[171] O. Doering(ed.), *Des Augsburger Patriciers Philipp Hainhofer Reisen nach Innsbruck und Dresden* (Vienna,1901), pp.42,173.

[172] 有关奥尔塔的讨论，参见 *Aisa*, I,192-94。

[173] 参见该书前面的植物写生画目录（Italian ed. of 1585），其中包括两幅象的画像。在与画像对应的文字中，他回避了画像来源的问题，诱导读者相信那是他自己的作品。战象的身体、背上的城堡以及椰子树或许是他的手笔，但其他部分未必如此。参见 Lach, *loc.cit.* (n.2), pl. XIV。

[174] 参见原书第二卷第一册，第 144 页；比较拉夫雷利同样根据朱利奥·罗马诺素描创作的版画中的三头象（图 106）。两边的象都为阿科斯塔采用。

[175] 对阿科斯塔文稿的研究参见 *Asia*, I,194-95。

[176] 在菲利普二世的一个徽标中，象代表着仁慈。参见 J. de Boria,*Empresas morales a la S.C.R.M.del Rey Don Phelipe nuestro Señor* (Madrid,1581)；亦请参见木刻 F. Felice Milensio, *Dell'impressa dell'Elefanta...*(Naples,1595)。

[177] 基于第六版中的复制品（Madrid，1773），p.196. 在写给读者的序言中，出版商宣称复制品忠实地再现了原作的风貌，即使修正了其中的错误；那些最珍贵的图片完全保持了原样。阿福收入的复制品，参见 Lach, *loc.cit.* (n.2), pl.XV。

[178] J.C.Davillier,*Recherches sur l'orfèvrerie en Espagne au moyen âge et à la Renaissance: Documents inédits tirés des archives* (Paris,1879), pp.89-90,223-27, pl.17.

[179] L.Delisle, "L'Eléphant de Henri IV," *Bibliothèque de l'Ecole de Chartes*,LIV (1893), 358-59.

[180] Popham, *loc.cit.*(n.31), p.190. 16世纪末英国文学中有关象的参考资料目录，参见 W.M.Carroll, *Animal Conventions in English Renaissance Non-Religious Prose*（1550-1600）（New York,1954），p.102。

[181] 参见 H.Voss, *Die Malerei der Spätrenaissance in Rom und Florenz* (Berlin,1920), II, 415; 亦请参见 O.H.Giglioli, "Jacopo Ligozzi disegnatore e pittore de piante e di animali," *Dedalo*, IV(1923-24),554-55. 复制品参见 Lach, *loc.cit.* (n.2), pl. XVI。

[182] 克瑞西天花板这部分的复制品参见 J. R. Martin, *The Farnese Gallery* (Princeton, N.J.,1965)；pl.70. 马丁在评论中信口开河地指出画中的象和拿着钩子的赶象人是从石棺上复制的

(p.119)。有关证明参见印度公元 3 世纪一个石棺上的酒神狄奥尼修斯凯旋场面的复制品，Lehmann-Hartleben and Olsen, *op.cit.* (n.10). pp.12-13, fig.7。

[183] 亦请参见 pl.111。这样的画面在 16 世纪最后三十年中为数众多。例子参见 C.Murer's *Animaux au paradis* (1580)，以及乔治·赫夫纳格尔描绘的动物。进一步讨论参见 J.Bialostocki, "Les bêtes et les humains de Roelant Savery," *Musées royaux des Beaux-Arts Bulletin,* No.1 (March,1958), pp.69-79。

[184] *Il Figino,overo del fine della pittura* (Mantua,1591), p.44。象的耳朵在阿钦博多的画面中被作为人的耳朵。值得注意的是，人头上戴着一顶由动物角构成的皇冠！

[185] H. Zimmermann(ed.), "Das Inventar der Prager Schatz und Kunstkammer vom 6. Dezember, 1621," *Jahrbuch der kunsthistorischen Sammlungen des allerhöchsten Kaiserhauses,* XXV(1905), Pt.2, p.xlvi。参照以上的讨论，Pieter Baltins, "Preaching of St.John the Baptist", p.153。

[186] E. Marcucci(ed.), *Lettere...di Filippo Sassetti* (Florence,1855), pp.252-53,273.

[187] 有关费德里奇（Fedrici）及其著作的历史的细节参见 *Asia*,I,469-73。奥古斯都大帝时期在罗马可能有一头白象。在费德里奇之前有许多曾游历亚洲的人都谈论过白象。一头白象于 1633 年被运到荷兰，现代欧洲在此之前不曾见识过（Armandi, *op.cit.* [n.18], p.381, 引自 the *Gazette de France,* July 30,1633）。

[188] 这些半现实主义的木刻可能源于对 1563 年象的描绘，但我不能确定。参见沙勒（Schaller）著作中 "象的故事"（Von Elephanten Geschichten），*op.cit.* (n.143)。

[189] 参照 L.Réau, *Iconographie de l'art chrétien* (Paris,1956), I,103-4。

[190] *Il mango Vitei* (Verona,1597), pp.445-50.

[191] *An Itinerary...Written by Fynes Moryson* (Glasgow,1907), II,96.

[192] 但哈克路特在续编几内亚海岸航海日志时对象所作的详细描述几乎完全来自普林尼。参见 P. A. Robin, *Animal Lore in English Literature* (London,1936), p.72。

[193]《印度东方》（*India orientalis*，1601 年）中 "印度动物" 一节中的一件复制品，参见 *Asia*, I, p.101 对面。亦请参见德·布莱的版画，J. J. Boissard, *Theatrum vitae humanae* (n.p.,1596), pp.23,29。

[194] 不论是现实还是艺术中的象在 17 世纪都大量增加。1620 年，丹麦国王克里斯琴四世试图购买两头长了牙的象和两头公象，但未能如愿以偿（参见 M.Boyer, *Japanese Export Lacquers...in the National Museum of Denmark* [Copenhagen,1959], p.30）。1629 年，温策尔·霍拉的大象写生和据此创作的版画在法兰克福和纽伦堡展出。有关霍拉生平及其对母象 "Trompette" 的兴趣的详细描述，参见现代作家约翰内斯·乌尔齐德尔（Johannes Urzidil）在 "Das Elefantenblatt" 中讲述的有趣故事。1633 年，阿姆斯特丹进口了一头白象，四年之后伦勃朗为其作画（参见阿尔贝蒂纳美术馆收藏的铅笔素描，H26）。彼得·波雷尔（Pieter Borel）创作的蚀刻版画描绘了 1668 年送给路易十四的一头非洲象（参见 Popham, *loc.cit.*[n.31], p.191）。1691 年，马尔切罗·马尔比基（Marcello Malpighi）在罗马研究了一

头活象并做了精确的科学记述，参见 H. B. Adelmann, *Marcello Malpighi and the Evolution of Embryology* (Ithaca, N.Y., 1966), P.623。有关这头象的完整解剖，参见 P.Blair, "Osteographia elephantina...," *Philosophical Transactions* (London), XXVII (1710-12), 53-168。

[195] 犀牛的梵文名称；印地语为 *gainda*, 马拉地语为 *genda*; 参照 Denis Sinor. "Sur les noms altaïques de la licorne," *Wiener Zeitschrift für die Kunde des Morgenlandes*, LVI (1960), 173-74。

[196] 犀牛（ganda）研究的最佳成果为 A.Fontura da Costa, *Les d'esambulations du Rhinocéros de Modofar, roi de Cambaye, de 1514-1516* (Lisbon, 1937); C.Dodgson, "The Story of Dürer's Ganda", in A.Fowler(ed.), *The Romance of Fine Prints* (Kansas City, 1938), pp.45-54; C.Coste, "Anciennes figrations du rhinoceros," *Acta tropica*, III (1946), 116-29; F.J.Cole, "The History of Albrecht Dürer's Rhinoceros in Zoölogical Literature," *Science, Medicine, and History: Essays on the Evolution of Scientific Thought and Medical Practice, Written in Honour of Charles Singer*, collected and edited by E.Ashworth Underwood (London, 1953), I, 337-56; and L.de Matos, "Forma e natura e costumi del rinoceronte", *Boletim internacional de bibligrafia Luso-Brasileira*, I (1960), 387-98。

[197] 批判性评论参见 C. Gould, *Mythical Monsters* (London, 1886), chap.X; 以及 O.Shepard, *The Lore of the Unicorn* (New York, 1930), pp.26-32。

[198] 在 16 世纪的欧洲，人们甚至到史前洞穴遗址中寻找稀有的犀牛角。至 1660 年，一些珍贵的兽角（长在头上的角和牙）在欧洲展出（Shepard, *op.cit.* [n.197], p.105）。孟买历史学会（Bombay Historical Society）图书馆馆长普拉特（S.H.Prater）在其著作《印度动物》（*The Book of Indian Animals,* 2d ed., Bombay, 1965, pp.229-30）中警告亚洲犀牛今天已濒临灭绝，并将其主要归咎于对犀牛的角、血和尿液价值的夸大以及人们至今仍坚持的神秘信仰。

[199] 概要参见 Shepard, *op.cit.* (n.197), pp.41-45。

[200] 据我所知，在古典印度文献和艺术品中并无象与犀牛搏斗的记载。在巴勒斯坦马里萨（Marissa）发现的公元前 3 世纪的一幅壁画表现了一头犀牛和象在一起，但并未清楚表明它们是否在争斗。两者殊死搏斗的故事可能源于罗马世界，但值得注意的是，它在伊斯兰作者笔下同样活灵活现，还进行了润色。参见 Ettinghausen, *op.cit.* (n.13), 29-30, 78-90。

[201] Jennison, *op.cit.* (n.8), pp.34-35.

[202] Cole, *op.cit.* (n.196), pp.337-38.

[203] 复制品参见 Jennison, *op.cit.* (n.8), p.82。

[204] 威尼斯圣马可广场靠近圣母玛利亚教堂大门的地面上有一幅奇特的镶嵌画，清晰地展现出犀牛头。通常认为这幅画创作于 13 世纪，还含糊地与马可·波罗联系在一起。据推测这位镶嵌画的无名作者是在试图描绘独角兽。参见 Shepard, *op.cit.* (n.197), p.126。

[205] 参见 Ettinghausen, *op.cit.* (n.13), p.12。

[206] 译自 Goldstaub and Wendriner, *op.cit.* (n.28), pp.310-14。以童贞女捕捉动物的故事同样与独角兽相关。参见 Shepard, *op.cit.* (n.197), pp.47-51。

[207] 转引自 Cole, *loc.cit.* (n.196)，pp.338-39。

[208] 参见 Druce, *loc.cit.* (n.27)，p.41。

[209] Robin, *op.cit.* (n.192)，卷首和 pp.75-76。亦请参见尼科洛·德·孔蒂（Nicolò de' Conti）在 15 世纪所做的区分，R.H.Major (ed.), *India in the Fifteenth Century* (London,1857), p.13。

[210] J.Strzygowski, *Der Bilderkreis des griechischen Physiologus des Kosmas Indicopleustes...* (Leipzig,1899), p.62.

[211] D.de Gois, *Chronica do felicissimo rei Dom Emanuel* (Lisbon,1566),Pt,II,chap.xlii.

[212] 引自 1515 年 6 月瓦伦丁·费尔南德斯写给他在纽伦堡朋友的信。意大利文译文见 A.de Gubernatis, *Storia dei viaggiatori italiani nelle Indie Orientali* (Leghorn,1875), pp.389-92。

[213] 该事件之于 16 世纪学者的重要性，参见赫拉尔杜斯·萨伯里纳斯·科克莱尔斯 (Gerardus Suberinus Corcquires) 1595 年 4 月 27 日写给奥提留斯的信 (in J.H.Hessels[ed.], *Abrahami Ortelii...Epistulae...[1524-1628]* [Cambridge,1887], p.637)。在给这位地理学家的信中，科克莱尔斯附上了一些与特定年份重大事件相关的字谜：1515 年列举的是犀牛的胜利；1500 年是查尔斯五世诞生；1517 年是路德对教皇的攻击。

[214] 完整的礼品清单参见 E.de Campos de Andrada(ed.), *Relações de Pero de Alcaçova Carneiro, conde da Idanha* (Lisbon,1937), pp.198-99。

[215] 参见 P. de Vaissière(ed.), *Journal de Jean Barrillon,secrétaire du Chancelier Duprat, 1515-1521* (Paris,1897), I,193。

[216] 保卢斯·约维乌斯于 1555 年写道："……被锁住的野兽不可能逃生，尽管它奇迹般地在海岸边的岩石间游动……"(*The Worthy Tract...Contayning a Discourse of Rare Inventions, both Militarie and Amorous called Impresse,* trans.of the Italian version of 1555,London, [1585], p. D ii verso)。

[217] Matos, *loc.cit.* (n.196), p.390.

[218] 载于 *Pauli Iovii novocomensis Episcopi Nucerini Elogia virorum bellica virute illustrium veris imaginibus supposita...*(Florence,1551), p.206。

[219] 这部小诗集的孤本现藏于塞维尔哥伦拜恩图书馆（Biblioteca Colombina of Seville），1515 年 11 月由费尔南多·科伦坡（Fernando Colombo）带到罗马。影像复制品见 Matos, *loc.cit.* (n.196), pp.395-98。

[220] Gubernatis, *op.cit.* (n.212),p.389.

[221] 赫尔曼·戴姆贝克（Hermann Dembeck）(*Animals and Men* [Garden City,N.Y.,1965], p.279) 指出丢勒的创作是基于韦尔泽中间商卢卡斯·雷姆（Lucas Rem）的描述。但研究雷姆的《日记》却未发现相关描述。根据日记，雷姆 1513 年至 1516 年间住在安特卫普而非里斯本。

[222] 芳图拉·达科斯塔认为这幅素描是葡萄牙人的作品（*op.cit.* [n.196], pp.23-25），但丢勒研究专家却认为是出自这位大师之手。参见 Dodgson, *loc.cit.* (n.196), p.46。丢勒素描原作藏于大英博物馆。

[223] 笔误，似应为 1515 年，5 月 1 日也应为 5 月 20 日。

[224] 坎贝尔·道格森（Campbell Dodgson）的译文参见 *loc.cit.* (n.196)，p.46。描述基于古代作家所言而非 1515 年 6 月 3 日象与犀牛在里斯本的搏斗。据此可以推断该信写于 6 月 3 日之前，因为它并未提及象与犀牛相遇的真实情景，当时象并非被杀而是出于恐惧逃走。

[225] 参见 *Asia* , I, p.356 后面的图。

[226] Dodgson, *loc.cit.* (n.196), pp.51-52.

[227] 见原书第二卷第一册，第 80-81 页。

[228] 丢勒和伯格迈尔笔下犀牛的异同，有关讨论参见 Dodgson, *loc.cit.* (n.196), pp.55-56。

[229] E.Ehlers, "Bemerkungen zu den Tierdarstellungen im Gebetbuch des Kaisers Maximilian I," *Jahrbuch der königlichen preussischen Kunstsammlungen*, XXXVIII (1917),168.

[230] 科尔认为他或许在试图描绘某种双角动物，但未想到丢勒可能见过罗马钱币上的双角犀牛，Cole, *loc.cit.* (n.196), p.340。

[231] 科斯特的看法，Coste, *loc.cit.* (n.196), p.119。

[232] 有关画作是否出自阿尔特多费尔的讨论，参见 Dodgson, *loc.cit.* (n.196), p.55。

[233] 基勒曼（*Dürers Tier-und Pflanzenzeichnungen und ihre Bedeutung für die Naturgeschichte* [Strassburg, 1910], p.86）认为祈祷书中的动物肖像可能是依据送回罗马的那具填充犀牛而作。这个观点令人高度怀疑，因为这幅肖像太过接近丢勒和伯格迈尔的作品。

[234] Matos, *loc.cit.*(n.196), p.389.

[235] 参见原书第二卷第一册，第 162 页。

[236] 评论参见 Chartrou, *op.cit.* (n.137), pp.111-17。

[237] 复制品见 G.Marlier, *La renaissance flamande, Pierre Cock d'Alost* (Brussels,1966), p.352。

[238] 参见 L.Mauro, *Le antichità de le città di Roma* (Venice,1556), p.246。感谢纽约大学教授菲利斯·P. 博伯为我提供目录。

[239] 在成为博加诺博物馆（Museo Borgiano）的藏品之前,这尊大理石浮雕被热衷收藏的康特·博基亚（Count Borgia）珍藏。它出自庞贝废墟的观点由奥托·凯勒（Otto Keller,*op.cit.*[n.5]）提出。庞贝文物研究大师斯皮纳佐拉（V. Spinazzola）是第一个发现它并非来自庞贝的现代人。斯皮纳佐拉认为这尊浮雕是基于丢勒犀牛而作（"Di un rinoceronte marmoreo del Museo Nazionale di Napoli," *Bollettino d'arte*,VII [1913],143-46）。

[240] 有关洞室的历史和规划参见 L. Châtelet-Lange, "The Grotto of the Unicorn and the Garden of the Villa di Castello," *Art Bulletin*, L(1968),51-58。

[241] 见原书第二卷第一册，第 167 页。

[242] 夏特勒·兰格（Châtelet-Lange）强调了洞室设计的世俗和政治意义，但没有指出各种动物的世俗象征，参照 Châtelet-Lange, *loc.cit.* (n.240), p.57。

[243] 木刻见 p.1171。

[244] I, 953. 进一步评论参见 Cole, *loc.cit.* (n.196), pp.340-41。

[245] Bk.II, p.21 正反两面。

[246] 有关马蒂尔所指的是独角还是双角犀牛的讨论，参见 Cole, *loc.cit.* (n.196), p.338。

[247] P.Giovio(Jovius), *Elogio o vidas breves de los cavalleros antiguos y modernos,q estan al bivo pintados en el museo de Paulo Iovico*, 由加斯帕尔·德贝卡（Gaspar de Baeca）自拉丁文译成西班牙文（Granada,1568），fols,127-28。

[248] 参见 *The Worthy Tract* (n.216), p.Ciii 正面。

[249] *Ibid.*

[250] 这个装置的木刻见 J.Nestor, *Histoire des hommes illustrés de la Maison de Medici...*(Paris,1564), p.174。亦请参见塔索（Tasso）对这个装置的评论，Raimondi, *op.cit.* (n.146), pp.1076-77。

[251] 参见阿姆布拉斯所藏盔甲的版画，画面上乔瓦尼·美第奇手中握着的盾牌的底部有一枚清晰的犀牛徽章。载于 J.Schrenck von Nozing,*Augustissimorum imperatorum...*(Innsbruck,1601)。

[252] A.Armand,*Les médailleurs italiens des quinzième et seizième siècles* (Paris,1883), I,219.

[253] 参照 I,403r-404v; 亦请参见他在苏门答腊（Sumatra）地图上作为标识使用的象和犀牛（*ibid.*, p.419r）。据说当地人称象为 "Celbarech"、犀牛为 "Ganda"。

[254] 卡尔达诺（*De subtilitate* [Basel,1554], p.626）描述的犀牛主要是根据瓦尔塔马的亲眼所见，是当时唯一盛行的说法。卡尔塔马在 1510 年首度出版的著述中，描绘了埃塞俄比亚国王作为礼物送给麦加苏丹的两头活 "独角兽"。参见 R.C.Temple(ed.), *The Itinerary of Ludovico di Varthema of Bologna from 1502 to 1508...*(London,1928), p.22。赖麦锡（*op.cit.*[n.51], p.165r）1550 年出版了瓦尔塔马关于独角兽的著作。赖麦锡在他出版的尼科洛·孔蒂 15 世纪印度游记压缩版中简要地描述了犀牛，以及犀牛与象的相互敌视。孔蒂的游记是由波吉奥·布拉乔奥里尼（Poggio Braccciolini）记录的（参见 *ibid.*, p.376v）。1575 年，莱昂哈德·罗沃夫（Leonhard Rauwolf）在阿勒颇（Aleppo）看到准备运往君士坦丁堡动物市场的一头小犀牛，参见 K.H.Dannenfeldt, *Leonhard Rauwolf* (Cambridge,Mass.,1968), p.143。

[255] 特维特所言犀牛的高度大概是根据他的印度联系人的说法。例如，安德雷亚斯·费尔南德斯从科钦致信（1563 年 1 月 16 日）在葡萄牙的耶稣会会士佩德罗·达·丰塞卡（Pedro da Fonseca），声称 "犀牛并不比象矮多少"。参见 J.Wicki(ed.), *Documenta Indica* (Rome,1948-62),V,731。

[256] 有关佩尔木刻的评论和复制品，参见 Coste, *loc.cit.* (n.196), pp.122-23, 以及 Cole, *loc.cit.* (n.196), pp.342-43。

[257] 亦请参见丢勒的犀牛，A.Lonitzer, *Kreuterbuch...*(Frankfurt am Main,1598)。

[258] 加西亚·达·克路士在 1569 年于里斯本出版的《东印度医药》中根据自己在柬埔寨的经历描述了犀牛。他说犀牛在那里被称作 *badas(abada)*，该词是古葡萄牙语中犀牛的称谓，源于马来语 *badoh*，在马来的一些方言中念作 *bada*。有关克路士参见 C.R.Boxer (ed.), *South China in the Sixteenth Century* (London, 1953), pp.77-78。詹姆斯·兰卡斯特（James Lancaster）1592 年在马六甲海峡做生意时 "用龙涎香换了 'Abath' 的角"，参见 Hakluyt, *op.cit.* (n.128),

VI,399。在现代葡萄牙语中 *abada* 意为母犀牛。进一步讨论参见 Yule and Burnell, *op.cit.* (n.12), pp.1-2。

[259] 评论见他写给弗朗西斯科·博恰尼（Francisco Bonciani）的信，Marucci, *op.cit.* (n.186), pp.134-35。

[260] 转引自 R. Jorge, *Amato Lusitano* (Lisbon,1962), p.263, n.1。

[261] 引自 P. de Caverel (ed.), *Ambassade en Espagne et en Portugal (en 1582) de R.P.en Dieu, Dom Jean Sarrazim...* (Arras,1860) 压缩版，*Boletim de bibliografia portugueza*, I, (1879),162。

[262] J.Castilho, *A ribeira de Lisboa* (2d ed.,Lisbon,1941-48), II,173.

[263] J.A.Abranches Pinto *et al.*, *La première ambassade du Japon en Europe* (Tokyo,1942),p.106,n.399.

[264] G.T.Staunton(ed.),*The History of the Great and Mighty Kingdom of China...*(London,1854), II, 311-12.

[265] S.de Cobarruvias,*Tesoro de la lengua Castellana o Española* (Madrid,1611), *s.v.* "Bada."

[266] *Op.cit.* (n.177), p.206.

[267] 参照 E.W.Palm, "Dürer's Ganda and a XVI Century Apotheosis of Hercules at Tunja," *Gazette des Beaux-Arts,*6th ser., XLVIII(1956),46-71。

[268]（Nuremberg,1590-1604），Bk.II,No.V, p.10. 亦请参见 Cole, *loc.cit.* (n.196), pp.344-45。

[269] M. Roethlisberger, "La tenture de la licorne dans la Collection Borromée," *Oud-Holland*, LXXXII(1967), 92, pl.5.

[270] 照片见 H.Thoma and H.Brunner, *Schatzkammer der Residenz München:Katalog* (Munich, 1964), p.221, no.535。

[271] 参见 H. M. von Erffa, "Das Programm der Westportale des Pisaner Domes," *Mitteilungen des kunsthistorischen Institutes in Florenz*, XII (1965), Pl.2 and 27, and p.93 n。

[272] 有关融合、纠缠在一起的动物的启发性讨论，参见 R.A.Jairazbhoy, *Oriental Influences in Western Art*（Bombay,1965), chap.xv。

[273] Coste, *loc.cit.* (n.196), pp.124-26.

[274] 鲁道夫二世 1621 年藏品目录提到了一幅犀牛画像，参见 R.Beer (ed.), "Inventare aus dem Archivio del Palacio zu Madrid," *Jahrbuch der kunsthistorischen Sammlungen des allerhöchsten Kaiserhauses*, XIX(1898), Pt.2, xlviii。

[275] 例子参见封面版画复制品，Theodor de Bry,*India orientalis* (Frankfurt am Main,1601), pl.146。

[276] G.W.Briggs, "The Indian Rhinoceros as a Sacred Animal," *Journal of the American Oriental Society*, LI (1931), 281. 需注意，犀牛是现代尼泊尔的官方象征物。

[277] Ettinghausen, *op.cit.* (n.13), p.95.

[278] 参见公元前 3 世纪佛教经典 *Sutta Nipāta* 中著名的迭句："让他像犀牛一样独自徜徉。"

[279] 在 5 000 个印度传统图案中仅有 1 个出现了犀牛的形象，粗糙的图案刻在一方哈拉帕（Harappa）印章上。与此相反，象频繁出现于这些图案之中。有关这头犀牛，参见 Indian

Institute of Art in Industry, *5000 Indian Designs and Motifs* (Calcutta,1965), p.1。

[280] 转引自 Shepard, *op.cit.* (n.197), p.67。

[281] 这个词可能源自印度。

[282] Robin, *op.cit.* (n.192), p.4.

[283] 参照 Jennison, *op.cit.* (n.8), p.24。

[284] Keller, *op.cit.* (n.5), I, 62.

[285] Jennison, *op.cit.* (n.8), pp.67,70,76,91.

[286] Keller, *op.cit.* (n.5), I,62.

[287] 别墅中的这幅镶嵌画现藏于德苏塞美术馆（Musée de Sousse），参见 G.C.Picard, "La mosaique romaine en Afrique du Nord," *Gazette des Beaux-Art,* 6th ser., LII (1958), 200,fig.10。

[288] Jennison, *op.cit.* (n.8), p.76. 虎在中国也象征着勇气，参见 Ball, *op.cit.* (n.4), chap.iii。

[289] 复制品参见 Jairazbhoy, *op.cit.* (n.272), pl.42。

[290] 例子参见 Goldstaub and Wendriner, *op.cit.* (n.28), pp.307-10; 以及 Randall.*op.cit.* (n.28), fig.662。

[291] 参见 Loisel, *op.cit.* （n.30）, I, 246。

[292] *Ibid.*, pp.201,212.

[293] P.Delaunay, *La zoölogie au seizième siècle* (Paris,,1962), p.149.

[294] J.Rathgeb,*Wahrhaffte Beschreibung zweyer Raisen...*(Tübinggen,1603), II,57r.

[295] 参照 Robin, *op.cit.* (n.192), p.21。例如查尔斯五世 1524 年送给他兄弟的一件镶着美洲 "虎皮" 边的斗篷，Lhotsky, *op.cit.* (n.122), p.127。但虎是否来自美洲并不确知，Gesner (*Historiae animalium* [Zurich,1551-87], I,1060-65）。

[296] Hartt, *op.cit.* (n.102), I,169.

[297] M. Müntz, "Les collections d'antiquités des Médicis," *Mémoires de l'Académie des Inscriptions*, XXXV, Pt.2,148-49.

[298] Valeriano, *op.cit.* (n.73), pp.84v-84r.

[299] Camerarius, *op.cit.* (n.145), Bk.II, No.xxxv, p.70.

[300] *New Termis Buch...*(n.p.,1604), p.B iiii verso.

[301] *Op.cit.* (n.138), Bk.II, chap.xxxvi, pp.83v-84r.

[302] Keller, *op.cit.* (n.5), I, 9.

[303] 参照 Jennison, *op.cit.* (n.8), p.128。在一只公元前 4 世纪的希腊花瓶上描绘的可能是印度猩猩（*ibid.*, p.21）。

[304] W.C.McDermott, *The Ape in Antiquity* (Baltimore,1938), p.241.

[305] Keller, *op.cit.* (n.5), I, 9.

[306] McDermott, *op.cit.* (n.304), p.241. 银盘现藏于伊斯坦布尔古代艺术博物馆。

[307] H.W.Janson, *Apes and Ape Lore* (London,1952), p.73.

[308] 参见 R.Bernheimer, *Wild Men in the Middle Ages* (Cambridge,Mass.,1952), pp.84-93。

[309] Janson, *op.cit.* (n.307), p.67, n.105; p.353, n.74.

[310] *Ibid.*, p.35. 将猿比喻为恶魔的例子参见诗文，R.Reinsch(ed.), *Le Bestiaire:Das Thierbuch des normannischen Dichters Guillaume le, Clerc* (Leipzig,1892), pp.307-8。

[311] Janson,*op.cit.* (n.307), pp.30,49.

[312] *Ibid.*, pp.44-45.

[313] Bernheimer, *op.cit.* (n.308), pp.92-93.

[314] Janson, *op.cit.* (n.307), p.65, n.97.

[315] *Ibid.*, p.129.

[316] 参见复制品 F.Winzinger,*Die Zeichnunger Martin Schongauers* (Berlin,1962), pl.50。

[317] Janson, *op.cit.* (n.307), p.332.

[318] *Ibid.*, p.199.

[319] *Ibid.*, p.270.

[320] *Ibid.*, p.327.

[321] *Ibid.*, p.335；列奥纳多比较解剖分析的文章指出狒狒和猿与人类"几乎属于同一物种"。McCurdy, *op.cit.* (n.28), I,191.

[322] 它们被确认为非洲绿猿和尼姑猿，参见 Killermann, *op.cit.* (n.233), pp.45-46。

[323] 参见原书第二卷第一册，第 22 页。

[324] 几乎可以确认他的模特是来自印度的猴子。Ehlers, *loc.cit.* (n.229), pp.166-67.

[325] 有关这幅木刻含义的旷日持久的讨论，参见 Janson, *op.cit.* (n.307), pp.355-64。

[326] 克瑞西的这幅作品现藏于那不勒斯国家博物馆；猴子上课的蚀刻版画参见 A.J.J.Delen, *Histoire de la gravure dans les anciens Pays-Bas...*, Pt.II (Paris,1935), pl.XLIV.

[327] 比较梅斯特·德·夏洛拉·德·托马尔（Mestre de Charola de Tomar）所作《基督与百夫长》中的狗背上的猿，复制品参见 J.Barreira *et al., Arte portuguesa* (Lisbon,1948-54), III,238.

[328] 比较弗莱塔格（A Freitag）著作封面上的猴子与其他海外动物的形象，*Mythologia ethica...* (Antwerp,1579).

[329] 参见波依洛特所著 *New Termis Buch* (n.300) 的封底。

[330] 现代对印度绿鹦鹉或长尾小鹦鹉的描述，参见 S.Ali, *The Book of Indian Birds* (7th ed., Bombay, 1964), pp.32-33。

[331] Keller, *op.cit.* (n.5), II,45.

[332] 参见 Jennison, *op.cit.* (n.8), pp.17-18,120；以及 D. M. Stuart, *A Book of Birds and Beasts* (London, 1957), pp.10,32-33。

[333] 那不勒斯国家博物馆镶嵌画 No.9992。复制品见 Keller, *op.cit.* (n.5), II,pl.19。

[334] 参见 White, *op.cit.* (n.28), p.112。

[335] Goldstaub and Wendriner, *op.cit.* (n.28), p.420.

[336] 转引自 Stuart, *op.cit.* (n.332), p.30.

[337] E.Phipson, *Animal Lore of Shakespeare's Time* (London,1883), p.214.

[338] 见纽恩伯格·莱特（Nürnberger Rat）1505 年 7 月 10 日写给安东·泰泽尔（Anton Tetzel）和皮克海默（Pirckheimer）的信，E.Reiche(ed.), *Willibald Pirckheimers Briefwechsel* (Jena,1930), I,258。

[339] G.F.Pölnitz,*Jakob Fugger* ...(Tübingen,1949-51), II,179.

[340] Delaunay, *op.cit.* (n.293), p.150.

[341] Killermann, *op.cit.* (n.233), pp.56-57.

[342] 一般评论参见 H.Friedman, *The Symbolic Goldfinch* (New York,1946), pp.54-55。

[343] 参见 M.J.Freidländer, "Der Meister mit dem Papagei," *Phoebus*, II (1949),49-52。

[344] Marcucci, *op.cit.* (n.186), pp.146-47.

[345] *Cosmographia* (1550), p.1175; 亦请参见 K.Gesner, *Historiae animalium* (Zurich,1551-87), II, 689-94。

[346] *Hieroglyphica* (1556),166 正面和反面 ; 亦请参照 Ripa, *op.cit.* (n.138), p.139。

[347] *Emblematum* ...(Strassburg,1581), fig.19.

[348] *Op.cit.* (n.145), Bk.III, pp.92-93.

[349] *Op.cit.* (n.138), Bk.II, p.108.

[350] *La minera del mondo* (Venice,1589), p.106v.

[351] A.C.Burnell and P.A.Tiele(eds.), *The Voyage of John Hughen van Linschoten to the East Indies* (London,1885), I,307.

[352] 创作日期较晚的彩色画参见 "Collared Parrot", J. Barraband's *Exotic Birds* (New York,1963)。

[353] 例子参见约翰·斯克尔顿（John Skelton,1460?—1529 年）的诗，该诗以"我的名字为鹦鹉，来自天堂之鸟"开篇。"鹦鹉"一词来源不详，但可能与法文 *Pierrot* 一词有关，为 *Pierre* 的昵称。

[354] Robin, *op.cit.* (n.192), p.155. 在欧洲首次使用的拉丁化的马来名称见 *Asia*, I, 598。特兰西瓦尼亚的马克西米利安第一个使用了 "Mamuco Diata"（马来语为 *Manuk dewato*）一词，16 世纪的很多作家后来继续沿用。

[355] 比较理查德·伯顿爵士（Sir Richard Burton）所译贾梅士（Camoëns）的诗句："栖息于此的黄金之鸟，以天空为家，却在临终前返回东方的家园。"亦请参见杜·巴塔斯 (Du Bartas) 在 *Divine Weekes* 中诗意的描述。基于卡尔达诺报告的传说参见 Delaunay,*op.cit.*(n.293),p.154。欧洲评论者经常将"极乐鸟"与神话中的凤凰相混淆。

[356] 例如，威尼斯总督 1461 年将一幅美丽、昂贵的羽衣作为礼物送给匈牙利国王马提亚斯·科维努斯（Matthias Corvinus）（参见 Killermann. *op.cit.* [n.233], p.57）。英格兰女王伊丽莎白在温莎城堡收藏了一幅极乐鸟羽衣（C.Williams[trans.and ed.], *Thomas Platter's Travels in England* [London,1937], p.215）。安布鲁瓦兹·佩尔（Ambroise Paré）和斯卡利格（J.C.Scaliger）也收藏了几幅羽衣（Delaunay, *op.cit.* [n.293], p.154）。

[357] Killermann, *op.cit.* (n.233), p.57.

[358] 参见 E. Bock (comp.)，*Die Zeichnungen in der Universitätsbibliothek Erlangen* (Frankfurt,1929), I,53, n.164; II, pl.164。亦请参见 Panofsky, *op.cit.* (n.23), II, nos.1341-42。

[359] *Op.cit.* (n.244), II,612.

[360] Boria, *op.cit.* (n.176), p.50; 亦请参见 Capaccio, *op.cit.* (n.138), Bk, II, p.21。

[361] Camerarius, *op.cit.* (n.145)，Bk.III, pp.86-87. 亦请参见原书第二卷第一册，第 18 页。

[362] 转引自 Phipson, *op.cit.* (n.337), pp.220-21。

[363] 复制品参见 Panofsky, *op.cit.* (n.23), II, no.1309。

[364] *Dictionnaire raisonné et universel des animaux* (Paris,1759), III,703.

[365] Pp.63-64.

[366] Camerarius, *op.cit.* (n.145)，Bk.III, pp.88-89.

[367] 故事参见 L.Hulsius, *Erste Schiffart an die orientalische Indien...*(Frankfurt am Main,1625), pp.42-43。

[368] 参见原书第二卷第一册，第 52 页。

[369] J.Fechner, "Die Bilder von Roelant Savery in der Eremitage", *Jahrbuch des kunsthistorischen Institutes der Universität Graz* (Graz,1966-67), II,97.

[370] 艺术原型较之于活动物或实物模特的重要性，有关讨论参见 E.H.Gombrich, *Art and Illusion* (New York 1965), p.82。

第四章　后记：自然主义、象征主义和装饰

来自亚洲的启示并未根本性地改变欧洲的任何艺术形式，而是加速了业已启动的自然主义、象征主义和装饰革新的发展进程并使之持续。16世纪上半叶，欧洲的画家和图片制作家以自然主义的方式描绘了亚洲的产品和动物。在整个16世纪，通过吸收有关航海和亚洲的主题及图案，装饰语言得以丰富和扩展。通过使用令人联想到东方的图案和象征，一些艺术形式增添了海外和奇特的元素，特别是标志性艺术和景观建筑。亚洲及其出口产品在使得标志制作者面临新挑战的同时，又使他们从中获得了启示。随着时光的流逝，欧洲的许多传统象征符号失去了原有的意义或者增添了新的含义，因为亚洲的现实使欧洲人在精神层面上越来越感到困惑。在将亚洲融入欧洲文明和艺术观念的过程中，一些传统的认知和被尊崇的常规最终被打破。

长久以来，在欧洲和亚洲艺术术语中的众多相似之处令研究"艺术借鉴"的学者们处于兴奋状态。人们经常提及，在这两种源于远古的艺术传统中，对怪物、恶魔和动物的描绘极为相似。博施和其他一些佛兰德、威尼斯画家描绘的透明地球，被拿来与东方画家笔下的玻璃地球仪进行比较。那些东方画家认为真实世界如同玻璃一样脆弱易损。对诸如岩石等难以捉摸的物体的描绘，则与神秘莫测的物质世界联系在了一起，而这一点正是东方和西方共同的感知。[1]

曼努埃尔式建筑和印度建筑之间的精神联系只是被人们隐约地提及，这一点同样表明了欧洲和亚洲艺术家之间的互动从未被充分地探讨或认识。

印度航道的开通密切了西方与东方的艺术联系，但对艺术史学家们关于欧洲和亚洲的视觉艺术存在相似之处的看法却影响甚微。[2] 印度—葡萄牙艺术的研习者提供的确切证据表明，亚洲制作的出口丝绸、家具、羽毛制品和瓷器都在迎合欧洲人的喜好。在大多数情况下，印度—葡萄牙产品的图案或者形状是欧式的，但装饰元素却来自东方。学者们一直在反复争论，欧洲风景画与中国宋朝、明朝的风景画在主题和艺术手法方面是否存在相似之处。但迄今为止，并无确切证据表明欧洲绘画受到了中国风景画的影响。有些人认为，印度微型画与阿钦博多创作的复合画在构思和技法上的相似之处表明，这位意大利大师可能受到了他接触到的印度复合画的启发。但也有人认为，耶稣会石棺上的死人头像与日本武士道，以及与东方对轮回的描绘之间存在认知和精神上的密切联系。[3] 蛇形线被认为既是东西方装饰艺术之间，也是西方的哥特式、样式主义和洛可可式装饰手法之间的纽带。[4] 然而，存在众多相似之处并不足以证明亚洲对欧洲艺术产生了实质性的影响。它只是进一步激发了人们认真探索亚洲对 16 世纪欧洲艺术和艺术家，以及对巴洛克式艺术起源的影响，特别是在收藏品中发现了欧洲艺术作品的亚洲原型之时。

大部分亚洲小型艺术样品于 16 世纪进入了欧洲，在欧洲市场上销售和被人们收藏的瓷器、珠宝、珍珠、丝绸的数量远远超过了以往。在 16 世纪的某些时期，瓷餐具的价格远低于人们大量使用的银器。欧洲收藏家至少购买了 10 幅中国画，其中两幅现今仍藏于维也纳。日本屏风被作为礼物送给了菲利普二世和梵蒂冈。印度象牙上和图书中的微型画被列入了鲁道夫二世的布拉格藏品目录。来自东方的漆器家具、盒子、箱子和乐器经常出现在大型收藏之中。在里斯本、罗马、埃斯科里亚尔、马德里、巴黎和布拉格都可见到配有插图的中国书籍。不同于墨西哥和秘鲁的亚洲羽毛制品亦引起了人们持久的兴趣。

在亚洲的欧洲业余画家时常与当地人共同创作素描和水彩画，描绘葡萄牙人治下的东方中心的日常生活；其他欧洲人则购买或者将亚洲的动植物标本送回欧洲。旅游者们为了吸引人们的好奇心而收集所有能够想象到的珍奇物品，

188

诸如抓痒器、扇子，特别是奇岩怪石。欧洲染料中的菘蓝色为靛蓝色所取代；为了更清楚地了解亚洲的地理结构，贵族和学者开始收集地图。在该世纪的不同时期，都可以在欧洲见到亚洲人的身影——印度人、中国人、日本人和菲律宾人。

艺术和"珍奇"藏品经由众多欧洲统治者、教士、商人和学者的努力而不断积累，但只有少数画家和艺术家拥有自己的收藏。在该世纪，大部分重要的藏品都逐渐向更广泛的公众开放。佛罗伦萨、罗马、维也纳、安特卫普和布拉格的艺术家们将这些藏品作为他们艺术创作的源泉。与美第奇瓷器制作者和威尼斯木器工人一样，这些城市的工匠们试图模仿展出的中国瓷器和漆器。出现在藏品目录中的通用术语"印度制作"（参见原书第二卷第一册第一章附录，第46页），有时泛指中国、日本和东印度的产品。毫无疑问，人们逐渐认识到亚洲艺术是多个而不是单一文明的结晶。亚洲的自然和艺术奇迹令人们震惊，在引发讨论的同时，亦激励着人们去探索那些孕育了它们的艺术和文明。

欧洲艺术家对遥远国度的人民创造出的"奇迹"又是如何反应的呢？被这些"艺术杰作"深深感动的丢勒开始在安特卫普收集来自东方的珍奇；拉斐尔以自然主义手法描绘了亚洲象；朱利奥·罗马诺则将拉斐尔笔下的象和孟加拉虎融入了自己的作品。木刻艺术家、花卉画家和插图画家刻意模仿着他们知晓的来自亚洲的植物。鲁汶的菲利普斯·范·温赫依照罗马收藏的日本屏风描绘了安土城的楼阁和门（图50、51）。波斯地毯、中国瓷器和漆器以及亚洲动物被融入了欧洲人的画卷。生动的棕榈树、猴子和海贝为不同形式的艺术作品营造了异国情调。16世纪后期的服饰书籍插图画家将东方服饰作为设计样板，或者复制瓷器和绘画中的服装图案。从这个事实可以明确地看出，任何对遥远东方的文化、哲学或宗教的敌意都无法阻止艺术家们将亚洲作为主题，以现实主义和自然主义的手法加以描绘。

自亚洲引进的奇特新植物、动物和其他物品，无疑激励了自然主义者和文艺复兴时期努力尝试忠实描绘自然的艺术家。特别是在绘画领域，艺术家们忠实地描绘了有生命和无生命的模特。[5]就真实性而言，根据活模特描绘的海外动物远远超过了根据中世纪艺术原型创作的任何作品。在描绘动物时，自然主

189

义画家们极为注意采用恰当的比例，以正确表现这些动物彼此之间的关系。16世纪的艺术家还直接或者间接地提出了各种问题，而这些问题是他们的前辈不可能遇到的。例如：象是否应当画得比犀牛高？象是否真如同其躯体所表现出来的那般粗野，正如同它经常被描绘成的一样？象的体重几何，食量和饮水量又有多大？或许是为了回答这些问题，一些画家描绘了各种不同姿势、不同比例的象，并将它们与人类以及其他动物画在一起，特别是犀牛和猴子。以自然主义手法描绘海外植物、水果、树木和花卉时亦遇到了众多类似的问题。

艺术家们在描绘新抵达欧洲的象时，最初都是采用自然主义的手法。在描绘象的过程中形成的明显传统可以追溯到拉斐尔自然主义的原型。然而，或许是因为对象有了更多的了解，拉斐尔的继承者们很快就将他笔下的象理想化了。他们这样做是为了获得某种艺术效果。但另一方面，样式主义画家却并未将他们所描绘的亚洲事物理想化，这或许是因为这些事物不同于象和其他动物，并不适于如此处理。

在 16 世纪的绘画中，经常出现裹着头巾的东方人，以及以自然主义手法描绘的亚洲动物和植物。尽管服饰是最早以现实主义手法描绘的东方特点之一，但欧洲画家却迟迟未能如实描绘出亚洲人明显的相貌特征。根据真人描绘的日本使节看起来仅仅有一点像东方人，大概是因为他们身着欧洲服装之故（图 35）。不过至该世纪末，却可从描绘人物的木刻插图中明确地辨认出中国人（图 64）。地毯、纺织品和瓷器上的画有时候能够准确地反映出原作的出处和创作年代。

图片制作者对亚洲产品和珍奇的反应通常不像画家们的那么一致。之所以如此，大概是因为最新信息往往是最先到达北部欧洲，而大图片商只能通过中介获得信息。然而这并不意味着图片制作者对来自海外事物的敏感度低于画家。三位重要的木刻艺术家——丢勒、伯格迈尔和阿尔特多费尔，分别于 1515 年创作了独特的犀牛素描。他们的作品极有可能基于同一来源，即一位不知名画家的犀牛写生。其后的艺术家可能不熟悉或者没有关注伯格迈尔和阿尔特多费尔的作品，但丢勒极具特色的作品却成为描绘犀牛的样板。后来的一些画家试图通过扩展、改变或者去除丢勒犀牛的一些显著特征，来彰显自己作品的个性。

190

1581 年第二头犀牛在西班牙出现后，艺术家们在创作时开始尝试摆脱丢勒犀牛占统治地位的影响，但这个努力不但短暂而且不成功。即便如此，丢勒部分凭借想象创作出的犀牛，在以现实主义手法描绘的犀牛出现很长时期之后仍然在欧洲保持了主导地位，其影响之久远甚至超过了拉斐尔笔下自然主义风格的象。

或许是因为与图书插图和地图制作有着更为紧密的联系，图片制作者虽一直尊崇丢勒创作的犀牛，却比画家引入了更多与亚洲相关的主题。他们四处收集珍奇藏品，然后在借鉴早期版本和发挥自身想象力的基础上，创作了旅游、自然科学和宇宙志图书中描绘奇珍异宝的插图。亦有充分证据表明，他们的部分作品是完全根据文字描述创作的，而画家在这方面却无所作为。[6] 制图艺术家与画家和地毯工人一样，倾向于用棕榈树和亚洲动物来营造异国氛围。与画家不同的是，他们的在创作时通常不选择色彩绚丽的物品。一些制图艺术家，特别是汉斯·西布马赫，描绘了最新到达的珍奇物品，将它们作为在东方发现物品的样本。其他人则仿效写生素描，德·布莱兄弟的作品（图 147、148）便是最主要的例子。

制图家和挂毯工人选择的创作主题比画家更具实验性，也更关注热门话题。葡萄牙人在东方取得胜利的消息在欧洲一经传开，便很快在木刻和挂毯中体现出来。画家们则往往局限于传统的主题：巴克斯征战印度，诺亚方舟，三贤士来朝，出埃及，四大洲，逐出伊甸园，以及奥菲斯和动物。画中的人物、风景和各种动物虽更加东方化，但主题本身却并无根本性变化。提出三贤士均应描绘成圣地以东国家国王的是让·梅瑟（Jean Macer）。梅瑟与其说是位画家，倒不如说是位评论家。

或许是因为意大利大师对绘画艺术产生了主导性的影响，画家较之制图家似乎更多地受到了艺术常规的禁锢。他们更坚定地支持人文主义和古代传统的复兴，但较少涉足商业、制图和时事领域。对于欧洲是否会在与亚洲的接触中受到伤害这一点，人文主义者和画家公开表示了担忧。自 13 世纪中叶起，鞑靼人和蒙古人在欧洲艺术和文学作品中就被描绘成基督教的敌人、血腥的恶魔和毁灭世界的军团。[7] 达·芬奇的笔记亦记述了这样的忧虑。据德奥兰达称，米开朗基罗曾试图将亚洲纳入古代范畴来进行思考。木刻艺术家梅尔基奥·洛克

191

造访近东的明确目的是探寻古代艺术的真正源泉。许多身在亚洲的耶稣会评论员则将亚洲的艺术杰作与古代遗迹相联系，甚至认为其中的一些建筑为亚历山大大帝及其继承者所建，且持这种见解的人日益增多。正如卡尔达诺所言，这些发现颠覆了欧洲人对艺术目标和艺术可行性的看法。

亚洲引发了人们的恐惧和疑虑，但对欧洲亦具有其他意义，其中最为普遍的就是亚洲意味着无穷的财富。欧洲人认为亚洲拥有似乎取之不尽的宝石、木材和香料，而这些东西与神秘和奇异有着密切的联系。在遥远而陌生的亚洲居住着奇异的野兽，生长着芳香的树木和令人产生幻觉的药材，那里的民众制造的奇妙瓷器和漆器在欧洲不可复制。欧洲人的藏品中既包括来自亚洲的宝石和羽毛制品，也包括种子、土和石头。从亚洲小型艺术品中，人们还可以看到艺术和自然之间神秘和重要的联系。亚洲的自然物产和艺术作品一样，显然令欧洲人感到奇特和不可思议。正如拉斐罗·博尔吉尼（R.Borghini）所言，亚洲的奇特物产令人在惊诧之余开始将犀牛（自然）令人赞叹的品质与贝伦修道院（艺术）加以比较。

正是亚洲对 16 世纪的欧洲所具有的这些不同含义，使得那些早已为欧洲人所知晓的亚洲动物、珠宝和木材拥有了新的象征意义。当人们得知这些动物来自富庶、高度文明和天堂般的国度后，便开始将其象征意义世俗化。在稀有木材和宝石被赋予的新象征意义中，东方的传统和欧洲的观念更为密切地融合在了一起。里斯本、博马尔佐和卡斯泰洛等地的风景花园由于点缀着神话般的亚洲动物石雕，呈现出了一种神秘和怪诞的景象。在创作描绘稀奇事物的寓言画和谚语时，象形文字标志作者越来越热衷于使用亚洲的象征物。徽章和盔甲制作者则日益频繁地将犀牛和象作为标志，因为它们已经具有了被人们广泛接受的重要世俗象征意义。

在整个 16 世纪，人们都致力于创作一个能为世界广泛接受的亚洲的永久象征。在《马克西米利安凯旋》（1526 年）中，卡利卡特人和象（图 87）代表着亚洲。而国王亨利二世 1549 年进入巴黎时，则是以丢勒笔下象征勇气的犀牛作为标志。犀牛或许还象征着亨利二世与凯瑟琳·德·美第奇的婚姻，因为犀牛亦是后者的家族标志之一（图 124、125）。这对法国夫妇 1550 年访问鲁昂之

192

时，走在迎宾游行队伍最前面的是装扮成象的马匹，马背上驮着塔和奖杯。在1581 年为庆祝菲利普二世正式进入里斯本而修建的凯旋门及基座上，葡萄牙征服东方的每一个重大胜利都通过一个妇女向国王敬献礼物来加以表示。在彼得·范·德·博尔茨描绘奥地利大公厄恩斯特 1593 年进入安特卫普的版画中（参见原书第二卷第一册，第 93 页），裹着头巾的人牵着亚洲动物，再现了"卡利卡特人"的精神风貌。在 16 世纪的大部分时期里，象都是亚洲活的代表，其木雕最终成为安特卫普城的标志之一（图 115）。于庆典活动本身而言，亚洲的象征为其增添了新的异国色彩，并体现了欧洲与海外世界的联系。

在 16 世纪最后三十年中，艺术家们重拾古典主题，尝试用一个寓言形象来代表一个洲。他们将"四大洲"拟人化，旨在以画面缩影体现每个洲最基本的特点。然而在现代人看来，代表亚洲的寓言形象并不具有将它与其他各洲区分开来的明显特征。在托马斯·劳瑞阿蒂（Tommaso Laureati）于教皇格里高利十三世（Pope Gregory XIII，1572—1585 年在位）时期为梵蒂冈创作的作品中，[8] 以及在鲍维尔斯·弗兰克（Pauwels Franck）1580 年为富格尔家族在基希海姆（Kirchheim）城堡绘制的画作中，拟人化的亚洲标志都未体现出亚洲的基本特征。在弗兰克描绘庆典游行的作品中，代表亚洲的妇女（图 34）所持的标志向观众表明了她的象征意义。她的随从裹着头巾，手捧来自海外的礼物；她的车辇上点缀着珠宝镶嵌的流苏，由一对骆驼拉着。在维泰博（Viterbo）附近法尔奈斯庄园的卡帕罗拉宫（Caprarola Palace，于 1555 年后修建）中也有类似的作品。[9]

然而，现代观众对 16 世纪艺术家和鉴赏家所谓的海外象征性标志，并没有做出敏感的反应。在奥提留斯《环宇大观》（*Theatrum orbis terrarum*，1570 年）的扉页上，有一幅由弗兰兹·霍根伯格及其助手创作的描绘"五大洲"标志的铜版画。新增加的洲为大洋洲（Magellanica）。[①] 语言学家和布鲁日（Bruges）市政议员阿道夫·范·米特凯克（Adolf van Meetkerke）诗歌集的卷首插图（p.

193

---

① 最早到达大洋洲的西方人是麦哲伦的船队，他们于 1521 年 3 月横穿南太平洋到达马里亚纳群岛。——译者注

A3）描绘和诠释了几大洲的特征。扉页左侧的"亚洲"是一位戴满了金银珠宝的东方公主，左手捧着的香炉中燃烧着东方树胶，飘出缕缕香烟。[10] 切萨雷·利帕（Cesare Ripa）所著《肖像纹章学》（*Iconologia*，1593 年在罗马首次出版）是一部诠释象征及其含义的著作，[11] 其中的亚洲采用了类似的象征。象征"亚洲"的妇人，头戴用鲜花和水果编织成的美丽花冠，身穿镶嵌着金丝、珍珠和宝石的华丽长袍。这个妇人左手持一支装饰着肉桂、胡椒、丁香树叶和果实的树枝，右手提着的香炉散发出一缕青烟，身后则趴着一只悠闲的骆驼（图 145）。利帕解释道：花冠象征着亚洲的气候，华丽的长袍象征着"这片世界上最幸福的土地的富足"，并表现了居民的服饰。利帕指出，马蒂奥利在评述狄奥斯科里季斯的著作时为艺术家提供了水果和香料叶子的样本。而飘散的香烟如同香炉一样，提醒着观赏者，亚洲是出口香料、木材、松香和树胶的地方。按照现代人的标准，如此的解释似乎含混不清和令人困惑，特别是关于燃烧着的香炉的解释。也正是这些不同的看法，使现代研究者无法清楚地了解亚洲对欧洲文艺复兴时期的思想和艺术究竟意味着什么，或者说具有哪些奇特的吸引力。

　　对亚洲象征最精准的描绘是德·布莱兄弟创作的版画。这幅版画为《东印度全域图》（*Pars quarta Indiae orientalis*，法兰克福，1601 年）的扉页增添了不少光彩。画面上环绕标题和出版信息的边框全部由亚洲物产构成（图 146），对艺术家颇具吸引力。框架的结构类似剧院舞台或凯旋门，底座左边描绘着一头半现实主义的象，右边则是丢勒笔下的犀牛。底座拱门下方是一幅航海场景图，画面中一个赤裸着上身的渔夫正试图爬上一条鲸鱼。这个场景令人联想到丢勒笔下著名的鲸鱼，同时亦成为龙涎香来自东方的旁证。框架两边摆放的花瓶中插着来自海外的花卉，很容易辨认出右边的是鸢尾花，左边的是丝兰花。在框架的顶端，两只鸸鹋相对而立。鸸鹋尾部的下方各有一只香炉，炉中燃烧着的树胶和树脂飘散出香烟。框架顶端的中部是一个盛满了海外水果和鲜花的盆子，其中的菠萝和郁金香清晰可见。盆的两边各站立着一只鹦鹉，分别与一只鸸鹋相对。框架的造型纯属西方古典模式，但装饰却是东方的，具有当代和自然主义的特征。

　　装饰和装饰图案是营造东方情调最常用的艺术手段。自罗马艺术形式之后，

194

欧洲的装饰语汇中就不断地增加着东方的装饰图案、手法和模式。穆斯林金属器皿上的阿拉伯风格的交织花纹为欧洲的金匠和铁匠所效仿，亦被陶匠和木匠应用到装饰图案中。中国的图案主要出现在欧洲的纺织品中，但威尼斯圣马可大教堂大门上的装饰也采用了中国式的云纹、菱形花纹和蝙蝠。[12]图书封面设计师则采用从波斯或近东艺术品中复制而来的中国龙作为装饰。[13]早在15世纪就开始的航海大发现促进了海洋国家装饰图案的发展，因为这些国家需要表现它们在公海上取得的辉煌成就。[14]再现于罗马尼禄黄金屋地下室中的"怪诞"画作，亦激励着16世纪的艺术家尝试海外的新奇装饰元素。大约于1520年，乔瓦尼·达·乌迪内在为梵蒂冈回廊创作的装饰画中描绘了亚洲象（图149、150）。源源不断涌入欧洲的亚洲物产与具有新形式和新装饰图案的艺术品，持续地丰富了欧洲设计师的装饰图案资源。

本维努托·切利尼（*Benvenuto Cellini*，1500—1571年）自传中的一段话，体现了16世纪欧洲艺术家对海外装饰艺术的反响：

大约在此时（1530年），我得到了几把土耳其匕首。匕首的柄、刃和鞘均用铁制成。它们用铁质的工具雕刻而成，上面装饰的土耳其式典雅枝叶精致地镶嵌着黄金。目睹此物，激发了我尝试在这一领域一展技艺的渴望。它们与我以往的作品截然不同，但我最终成功地完成了几件。我制作的匕首远比土耳其的漂亮和耐用，当然这要归于各种原因。其中之一是我的沟槽，比土耳其的匕首更深、更宽。另一个原因是，土耳其匕首上的阿拉伯花饰仅仅由疆南星叶和几朵小葵花构成，虽优雅，却不及我们的图案能够为人们带来持久的欢乐。意大利的植物枝叶图案形式各不相同。例如：伦巴第式用细曲线勾勒出蔓草和常春藤的叶子，造型优美、赏心悦目；托斯卡纳式和罗马式的造型更佳，因为它模仿了通常被称为"熊掌"的叶蓟植物的叶子，其枝蔓和花朵由各种卷曲的波浪形线条构成。亦可在这种阿拉伯风格的图案中适当地添加小鸟和各种动物，以充分展示艺术家的品位。据说从自然界的野生花卉中可以找到这样的造型，例如从金鱼草和其他植物中。但要将

195

这些元素结合起来需要得到想象力丰富的设计人员的帮助。这样的阿拉伯花饰被无知的人称为怪诞……但无论如何，我设计了这样的图案，并在上面镶嵌了黄金。我已经说过，我的匕首看起来比土耳其人制作的更为美观。[15]

阿尔布雷特·丢勒与切利尼同样从海外艺术作品中发现了新的装饰元素，并为之着迷。我们从丢勒的自述中得知，他 1520—1521 年住在安特卫普时购置了"一件非常精美的瓷器"。[16] 在此前几年（大约是 1515 年），他已深为中国瓷器和漆器所吸引，从中获得了新的设计灵感。他将中国宋代或者明代早期的花瓶融入了他创作的奇妙的装饰性圆柱（图 29），构成了新的形状和线条。丢勒创作的宽肚花瓶上的荷叶饰带以及另一个较高花瓶上的龙形细柄，都表明他的装饰手法无疑受到了中国瓷器的启发。[17] 或许是受到丢勒的影响，活跃于 1505 年至 1530 年间的"安特卫普样式主义者"寻求将新的活力融入传统的主题，采用的方法是拉长和细化人体并配上典雅华丽的衣裳，以及在传统的欧洲题材中添加东方的装饰元素。[18]

该世纪中期，科尼利斯·弗洛利斯（Cornelis Floris）在荷兰尝试的怪诞画法，亦是海外和亚洲图案融入欧洲装饰的绝佳例子。在继续采用罗马和枫丹白露古怪装饰元素的同时，弗洛利斯和他的追随者还在其源于海外的构图中加入了一些特定的元素，其中最为突出的是弗洛利斯笔下的人物所戴的圆形羽毛头饰。[19] 值得关注的是，他首次将新的装饰元素应用到了名为《杯子和水罐》（*Cups and Jugs*，1548 年）的系列装饰图案中（图 76、77）。对这些作品的研究结果表明，弗洛利斯如同丢勒一样深为中国瓷器的形状和图案所吸引。[20] 在弗洛利斯装饰图案中出现的海贝，更为清晰地表明了艺术家们的理念与海外世界的联系。安特卫普建筑师、画家汉斯·魏德曼·德弗里斯（Hans Vredeman de Vries，1527—1604 年）的装饰图案进一步发挥了弗洛利斯应用的海外装饰元素的作用。他为 *Grottesco in Jiversche Manieren*（安特卫普，1555 年）设计的门廊装饰（图 151）汇集了神话中和来自亚洲的鸟兽，成为此类图案的创作先驱。但人们通常将这些图案与中国 18 世纪的艺术风格联系在一起。弗洛利斯和德弗

196

里斯的古怪图案被荷兰设计师反复应用于框架装饰中，因而可以说，亚洲对荷兰 16 世纪后半叶更侧重图案而非图形的装饰艺术的演变做出了贡献。[21] 荷兰自然主义和具有异国情调的装饰艺术的影响远及布拉格和里斯本，对这两座城市 16、17 世纪的建筑、雕塑和版画装饰产生了重要的影响。[22]

法国国王亨利四世聘用的工程师和雕刻师约瑟夫·波依洛特撰写了一部指导女像柱设计的书，在其中收入了作为女像柱基本元素和装饰元素使用的各种亚洲动物。[23] 他为自己撰写的著作 *Nouveaux pourtraits et figures de termes pour user en l'architecture*（朗格勒，1592 年）准备了 64 幅图片，其中的一些女像柱采用了东方的象、犀牛、虎和类人猿作为柱子的基础。他时而将象作为柱子的主体，时而又将其作为犀牛女像柱的装饰，以表现犀牛与象搏斗取得的胜利（图 117、128）。如同其他欧洲装饰设计师，波依洛特描绘亚洲动物时基本运用了自然主义的手法。

亚洲的出口物品不仅对具有明确艺术模式的装饰理念以及艺术家产生了影响，亦对纺织品、瓷器和漆器装饰产生了影响，激发了艺术家们在视觉艺术的各个领域不断尝试新的方法。陶器艺术家仿效纺织品的图案，金属器皿图案设计师从建筑装饰中得到启发，画家们则模仿瓷器和漆器的装饰。标志书籍中的象形文字图案和地图中的图像（船只和海怪）被融入了挂毯的边框。曼努埃尔式宏伟建筑上自然主义和充满想象力的华丽装饰亦出现在金器和银器上。博施笔下的亚洲动物也出现在版画和彩陶中。早期的挂毯和银器上绘满了花卉、动物、人物和海洋图案。甚至在一些为自然珍奇配置的银质底座上亦不乏充满异国情调的装饰。如同许多印度画家一样，阿钦博多用植物和动物来塑造画中人物的脸和身体，其装饰意图明晰可见。就精神和创意而言，他创作的花卉镶嵌与亚洲和美洲的羽毛镶嵌，以及与印度绘画中由人和神组合而成的动物都颇为相似，并且令人联想到收藏家经常使用的展示技术。

197

欧洲艺术家热衷于在装饰语言中添加海外元素，是他们接受新奇事物并尝试将其纳入传统艺术框架努力的一个部分。虽然西班牙中世纪后期的教堂装饰和北欧哥特式艺术作品都采用了古怪的动物和花卉图案，但并未改变欧洲装饰特点的主观性。刻意将奇特的物品和图案应用于装饰在欧洲一直持续到 16 世纪，但这些物品和图案在艺术家和观赏者心目中的含义却发生了微妙的变化。异国情调的图案经由各种不确知的渠道进入了中世纪的欧洲，但这似乎与高度发达的海外文化艺术传统并无关系。至16世纪，欧洲艺术家的图案来源变得更为本土化，因为他们已经了解了这些物品与某个特定文明之间的关系，而众多观察者都认为这个文明与欧洲文明同样的发达。在装饰艺术中，源于海外的图案仍然被继续借用或者被无意识地修改。葡萄牙所属亚洲国家生产的被子上的一种类似蜈蚣的图案，便是一个突出的例子。该图案实际上不过是印度人对意大利文艺复兴时期经常出现在装饰图案中的一种龙首卷型花纹的再创造。[24]尽管如此，随着对图案来源地的了解和对该文明尊重程度的提高，艺术家们开始主动寻求更紧密的艺术纽带，而不再是被动地采用图案中那些特异的形象。大多数图案设计师都尽可能地运用自然主义手法描绘亚洲的事物，大概是最好的说明。这或许是因为这些事物对于他们来说仍然奇特和陌生，即使他们已经有所了解。亚洲的影响在继续发展，而这种状况也一直在持续。因为并无新的证据表明，这一时期的欧洲艺术家哪怕是模糊地意识到欧洲与亚洲艺术的根本差异，例如欧洲艺术与中国艺术的差异。[25]

如此并不说明亚洲对欧洲装饰艺术的影响可以忽略不计。在拉斐尔及其学派的新作品中占据上风的是一种俏皮的风格。这些艺术家融入了各种元素的装饰和图案更加充满活力和丰富多彩，例如添加了奇特的烛台、大象汉诺的小像（图149），以及一串串缠绕在鲜艳花束中的珍珠。[26]点缀着已经成为时尚的装饰性地图的画廊、描绘着棕色皮肤仙女的挂毯和镶嵌着珠宝的船形项饰，以及用大理石或银子雕刻的真实或神话中的海洋生物，展现了航海大发现的成果。海洋国家的建筑师、银匠和制毯工人亦将海洋植物的叶子、珊瑚和海螺融入了装饰语言。[27]

在北欧国家，小型艺术品大师探索着现实与装饰的新关系，尝试将古代的怪诞图案与亚洲"异教徒的作品"相结合，引领了新的设计潮流。这些新图案有时被称为"摩尔式"，其与众不同之处在于完全采用了不具人造元素的现实装饰。"摩尔式"绘画、版画和蚀刻版画的效果完全取决于线条和色调反差的应用。例如，维多利亚和艾伯特博物馆（Victoria and Albert Museum）收藏的伊丽莎白式小键琴或小型立式钢琴就以"摩尔式"叶形板和日本西治漆器通常使用的珠宝图案作为装饰。[28]"摩尔式"图案与更为传统的装饰元素相结合产生的装饰效果，正如同珍品收藏馆一样象征着和谐。"摩尔式"图案因此得到了探寻神秘和通用象征符号的晚期样式主义者的青睐。[29]

　　来自东方的启示对装饰图案和各类艺术中的新装饰元素产生了最为深刻的影响。艺术家们通常在欧洲传统描绘框架中加入自然主义的亚洲图案，以取得异国或独特的效果。尽管传统的圣经和古典主题在绘画中仍然占据主流地位，但"三贤士"的形象已被东方化，而"诺亚方舟"中的奇特动物亦被自然主义化。欧洲的创作主题增加了一些亚洲的内容，特别是与海外征服相关的内容，但艺术家们通常是以传统的方式来描绘这些主题。艺术家们在努力为亚洲创造一个永久且具有普遍意义的艺术象征，但能被人们接受的仍然是那些作为装饰元素呈现在世人眼前的现实主义的亚洲图案。正如珍品陈列室一样，以现实主义的亚洲图案、人物或动物构成的奇特装饰足以产生令人惊叹的效果，并激励人们去尝试和思考。

　　于艺术家在装饰和标志中采用亚洲元素的同时，心智开发了的欧洲人同样被迫接受了亚洲的现实和亚洲文明。那些曾将不符合欧洲古代理想的事物皆视为野蛮并加以鄙视的人文主义者，亦感到有必要扩展"古代"的范畴以便将亚洲纳入其中。人们将印度庙宇与罗马人宏伟的纪念性建筑物加以比较，并承认这些庙宇是并不野蛮的"野蛮人"的杰作。[30]杜阿特·纽斯·德利奥（Duarte Nunes de Lião）在《葡萄牙纪事》（*Descripçã do reino de Portugal*，1610 年）中评论中国瓷器道："这些花瓶是人类创作的最精美的作品。"[31]然而，伴随着对亚洲财富和创造力的羡慕而来的是恐惧和疑虑，因为人们不知道亚洲于欧洲传统艺术和文明究竟意味着什么。东方奇特的物产和无以伦比的艺术杰作造成的神秘感，更是为这种普遍的恐惧提供了理由。大多数知识分子认为世界发生变化已不可避免，而且变化可能来自东方。然而，直至 1600 年，来自亚洲的威胁对于大多数欧洲人而言依然十分遥远。在他们心目中，亚洲更是一片欧洲文明有新机会展现其灵活性、适应性和优越性的土地。

　　在欧洲，宗教、政治和艺术所面临的革命性变革使得思想和艺术摆脱了传

199

统的束缚。对于一个内部正在发生深刻变革的社会而言，亚洲是次要的问题，解决这个问题的最佳办法就是包容。通过在世界其他地区推广其良性规则，欧洲可以维护自身文明的完整性。在样式主义者心目中，来自东方的艺术品和珍奇正如同七星派诗人（Pléiade）的诗句，支持了新毕达哥拉斯（neo-Pythagorean）派认为和谐的宇宙将以欧洲为中心的观点。他们坚信，欧洲人的上帝仍然是天地的主宰，尽管他的王国远比先前想象的更为辽阔和丰富多彩。基督徒的上帝激发了人们的创造力、启迪了人们的心智，其影响甚至远及居住在世界遥远国度的那些创作了"瑰宝"的异教徒工匠。西方基督教文明的清澈溪流仍在汹涌流淌，间或出现的支流只能说明它的堤岸已经开始被侵蚀。

注释：

[1] J.Baltrušaitis, *Le moyen-âge fantastique* (Paris,1955), pp.207-20. 更为详细的说明和插图参见本人著作《欧洲形成中的亚洲》（*Asia in the Making of Europe*），I (Chicago,1965),71-74 和 p.52 之后。 以 及 L.Olschki, "Asiatic Exoticism and the Italian Art of the Early Renaissance," *Art Bulletin*, XXVI (1944),95-108。

[2] 斯特戈斯基（J. Strzygowski）（*Asiatische Miniaturenmalerei* [Klagenfurth,1933], p.222）指出，受到16世纪文艺复兴绘画传统束缚的欧洲画家，一定像久旱逢甘霖一样欢迎那些不格守规则的艺术题材。他还指出，这一时期的欧洲艺术之所以未对亚洲艺术产生影响，盖因其枯燥无味和学院式的绘画方法。近代评论家本杰明·罗兰德（Benjamin Rowland, Jr.）在《东方和西方的艺术》（*Art in East and West*）（Cambridge, Mass.,1954）中刻意避而不谈一个文明对另一文明的影响，而是将亚洲和欧洲艺术家如何处理同一主题的手法进行了比较。亦请参见 T. Bowie *et al., East-West in Art* (Bloomington, Ind., 1966)。

[3] E.Mâle, *L'art religieux après le Concile de Trente* (paris,1932), pp.207-8.

[4] L.Salerno, "Arte, scienza e collezioni nel manierismo," in *Scritti ...in onore di Mario Salmi* (Rome, 1963), III, 210. 还应关注的是，贾汗吉尔（Jahangir）极为欣赏由耶稣会带到莫卧儿宫廷的欧洲版画，并请当地艺术家复制了其中的一部分，另一部分则配上了装饰画框。这些画框令人联想到16世纪后半叶的荷兰装饰。参见 E.Kühnel and H.Goetz,*Indische Buchmalereien ...* (Berlin, 1924), pp.50-51。

[5] 16世纪小型艺术中的自然主义出现了一种被称为"乡村风格"（le style rustique）的奇特形式。此类作品中用铜和石膏制成的蛇、贝壳和昆虫，均由该种生物实体制作的模具浇筑而成。伯纳德·帕利希（Bernard Palissy, 1570—1589年）为杜乐丽花园（gardens of the Tuileries）建造的洞室也采用了这种方式，其后为众人所效仿。参见 E.Kris, "Der Stil 'Rustique'", *Jahrbuch der kunsthistorischen Sammlungen in Wien*, N.S.,I (1926),137-208。

[6] 一个明显的例外是简·莫斯塔特（Jan Mostart ,1556年去世）的画作《发现美洲大陆》（*The Discovery of America*）。复制品参见 A. F. Mirande and G.S.Overdiep (eds.), *Het Schilder-Boek van Carel van Mander* (Amsterdam,1936), p.233 对面。

[7] Baltrušaitis, *op.cit.* (n.1), pp.183-88.

[8] Mâle, *op.cit.* (n.3), pp.399-401.

[9] 当代对法尔奈斯庄园绘画的描述，参见 J. A.F.Orbaan(ed.), *Documenti sul Barocco in Roma* (Rome,1920), p.381。一幅早在1578年绘制的世界地图也在同一房间展示，房间里还挂着哥伦布、韦斯普奇、麦哲伦、科尔特斯和马可·波罗的肖像。

[10] 进一步的讨论参见 C. Koeman, *The History of Abraham Ortelius and His "Theatrum orbis terrarum"* (Lausanne,1964), pp.33-34。

[11] 我在这里转述的是1611年的版本（Padua）, pp.356-58。利帕著作的第一版没有插图，该书主

要是为文学艺术家而作。木刻插图首次出现在该著作 1611 年的版本中。

[12] L.Einstein, "A Chinese Design in St. Mark's at Venice," *Revue archéologique*, 5th ser., XXIV (1926), 28.

[13] R.Ettinghausen, "Near Eastern Book Covers and Their Influence on European Bindings," *Ars orientalis*, III (1959), 113-31.

[14] J.Evans, *Style in Ornament* (London, 1950), p.39.

[15] J.A.Symonds(trans.), *The Autobiography of Benevenuto Cellini* (New York, 1910), pp.62-63. 斜体是我加的。

[16] 参见原书第二卷第一册，第 17 页。

[17] R.Schmidt, "China bei Dürer," *Zeitschrift des deutschen Vereins für Kunstwissenschaft*, VI (1939), 103-6.

[18] G.Marlier, *La renaissance flamande, Pierre Coeck d'Alost* (Brussels, 1966), pp.110-12.

[19] 参见 S. Schéle, *Cornelis Bos: A Study of the Origins of the Netherland Grotesque* (Stockholm, 1965), pp.79-80。沙拉（Schéle）将羽毛饰品的观念与古代墨西哥艺术相联系，并提到 1520 年在布鲁塞尔皇宫展览的头饰。但应当注意的是伯格迈尔所作木刻"卡利卡特人"中的马拉巴尔海岸（Malabar Coast）当地人头上戴的环形羽毛头饰。正如先前提到的（参见原书第二卷第一册，第 18 页），我相信欧洲艺术家在整个 16 世纪都正确地将羽毛头饰与热带亚洲和美洲相联系。对亚洲头饰的描述参见 Carl A.Schmitz, *Encyclopedia of World Art,* Vol.V, col.382。

[20] 沙拉（*op.cit.* [n.19], pp.79-80）并未将"杯子与水罐"与中国瓷器相联系。

[21] P.Fierens, *Le fantastique dans l'art flamand* (Brussels, 1947), p.61; 以及 A.J.J.Delen, *Histoire de la gravure dans les anciens Pays-Bas...* (Paris, 1935), II, 139-47。

[22] K.Chytil, *Die Kunst in Prag zur Zeit Rudolf II* (Prague, 1904), p.5; M.S.Soria, "Francisco de Campos (?) and Mannerist Ornamental Design in Evora, 1555-1580," *Belas Artes* (Lisbon), 2d ser., No.10 (1957), p.37.

[23] 比较彼得·科克·凡·阿洛斯所作 *Moeurs et Fachons des Turces* (Antwerp, 1553) 中的土耳其女像柱，并参见有关讨论，Marlier, *op.cit.* (n.18), pp.60-61。

[24] 参见 J.Irwin, "Reflections on Indo-Portuguese Art," *Burlington Magazine*, XCVII (1955), 388。

[25] 进一步的讨论参见 R.dos Santos, "A India Portuguesa e as artes decorativas," *Belas Artes* (Lisbon), 2d ser., No.7 (1954), pp.5-16; 以及 G.Bandmann, "Das Exotische in der europäischen Kunst," in *Der Mensch und die Künste: Festschrift Heinrich Lützeler* (Düsseldorf, 1962), pp.341-44。

[26] 参见 A.von Salis, *Antike und Renaissance* (Zurich, 1947), pp.37-43。

[27] J.Evans, *Pattern* (Oxford, 1931), I, 178.

[28] W.Holzhausen, *Lackkunst in Europa* (Brunswick, 1959), pp.33-34.

[29] E.Forssmann, *Säule und Ornament: Studien zum Problem des Mannerismus in den nordischen Säulenbüchern und Vorlageblättern des 16. und 17.Jahrhunderts* (Stockholm, 1956). pp.127-28;

以及 G.Bandmann, "Ikonologie des Ornamentes und der Dekoration," *Jahrbuch für Asthetik und allgemeine Kunstwissenschaft*, IV (1958-59), 243-49。

[30] 有关对野蛮人及其作品的态度的转变，参见 F.Chabod, *Machiavelli and the Renaissance* (New York,1965), p.199; 以 及 R.W.Lightbown, "Oriental Art and the Orient in Late Renaissance and Baroque Italy," *Journal of the Warburg and Courtauld Institutes*, XXXII (1969), 243。

[31] 转引自 J.A.L.Hyde and R.R.Espirito Santo Silva, *Chinese Porcelain for the European Market* (Lisbon, 1956), p.48。

参考文献

Bibliography

REFERENCE WORKS

Adam, Melchior. *Vitae germanorum philosophorum*. Heidelberg, 1615.

Adhémar, Jean. *Inventaire du fonds français: Graveurs du XVIᵉ siècle*. 2 vols. Paris, 1939.

Ainaud de Lasarte, Juan. *Cerámica y vidrio*. Vol. X of *Ars Hispaniae: Historia universal del arte hispánico*. Madrid, 1952.

Ali, Salim. *The Book of Indian Birds*. 7th rev. ed. Bombay, 1964.

Anand, M. R., *et al.* "Indian Lacquerware," entire issue of *Marg: A Magazine of the Arts* (Bombay), XIX, No. 3 (June, 1966).

Archer, Mildred. *Natural History Drawings in the India Office Library*. London, 1962.

Armand, Alfred. *Les médailleurs italiens des quinzième et seizième siècles*. 2 vols. Paris, 1883.

Asher, A. *Bibliographical Essay on the Collection of Voyages and Travels, Edited and Published by Levinus Hulsius and His Successors at Nuremberg and Francfort from anno 1598 to 1660*. London, 1839.

Baglione, G. *Le vite de'pittori, scultori, architetti dal pontificato di Gregorio XIII*. Rome, 1640.

Ball, Katherine M. *Decorative Motives of Oriental Art*. London, 1927.

Bernt, W. *Die niederländischen Zeichnungen des 17. Jahrhunderts*. 2 vols. Munich, 1958.

Bhusan, J. B. *The Costumes and Textiles of India*. Bombay, 1958.

——. *Indian Jewellery, Ornaments, and Decorative Designs*. 2d ed. Bombay, 1964.

——. *Indian Metalware*. Bombay, 1961.

Bibliotheca exotica.... 2 vols. Frankfurt am Main, 1610-11.

Bock, Elfried, (comp.). *Die Zeichnungen in der Universitätsbibliothek Erlangen*. Frankfurt am Main, 1929.

Bode, Wilhelm. *Die italienischen Bronzestatuetten der Renaissance*. Berlin, 1922.

Bofarull y Sans, Francisco de Asís de. *Animals in Watermarks*. Hilversum, Holland, 1959.

Borroni, F. *Il cicognara bibliografia delll' archeologia e dell' arte italiana*. Florence, 1957.

Bourjot St.-Hilaire, Alexandre. *Histoire naturelle des perroquets*. 3 vols. Paris, 1837-38.

Bretschneider, Emil. *History of European Botanical Discoveries in China*. 2 vols. London, 1898.

Brito Aranha, Pedro Wenceslau de. *Bibliographie des ouvrages portugais pour servir à l'étude des villes, des villages, des monuments, des institutions, des mores et coutumes etc. de Portugal ...et possessions doutremer.* Lisbon, 1900.

Brown, P. *Indian Architecture.* 5th ed. Bombay, 1965.

Bucher, Bruno. *Geschichte der technischen Künste.* 3 vols. Stuttgart, 1875.

Burrow, T., and Emeneau, M. B. *Dravidian Etymological Dictionary.* Oxford, 1961.

Calvi, Emilio. *Bibliografía di Roma nel'Cinquecento.* Rome, 1910.

Camus, A. G. *Mémoire sur la collection des grands et petits voyages.* Paris, 1802.

Cirlot, J. E. *A Dictionary of Symbols.* New York, 1962.

Cobarruvias, Don Sebastian de. *Tesoro de la lengua Castellana o Española.* Madrid, 1611.

Colmeiro, M. *La botanica y los botanicos en la peninsula hispanolusitana.* Madrid, 1858.

Costa, Luiz Xavier da. *Bibliografía artistica portuguesa.* Lisbon, 1944.

Croft-Murray, Edward, and Hulton, Paul. *Catalogue of British Drawings.* Vol I: *XVI and XVII Centuries.* London, 1960.

Cunha Rivara, J. H. da. *Inscripcões lapidares dà India portugueza.* Lisbon, 1894.

Dalton, O. M. *Catalogue of the Ivory Carvings of the Christian Era.* London, 1909.

Debes, D. *Das Ornament, Wesen und Geschichte.* Leipzig, 1956.

Delen, A. J. J. *Histoire de la gravure dans les anciens Pays-Bas ...des origines jusqu'à la fin du XVIIIᵉ siècle.* 3 vols. in two parts. Paris, 1924-35.

Dictionnaire raisonné et universel des animaux. Paris, 1759.

Dodgson, Campbell. *Catalogue of Early German and Flemish Woodcuts.* 2 vols. London,1903,1911.

——; Hind, A. M.; and Popham, A. E. *Catalogue of Drawings by Dutch and Flemish Artists ...in the British Museum.* 5 vols. London, 1915-32.

Droulers, Eugène. *Dictionnaire des attributs, allégories, emblèmes et symboles.* Tumhout, Belgium, 1948.

Dubler, César de, (ed.). *La 'Materia Medica de Dioscórides traducida y comentada por D.Andrés de Laguna.* 5 vols. Barcelona, 1955.

Dymock, William; Warden, C. J. H. ; and Hooper, David. *Pharmacopoea Indica: A History of the Principal Drugs of Vegetable Origin Met with in British India.* London, 1889.

Encyclopedia of World Art. London, 1965.

Flemming, Ernst. *An Encyclopedia of Textiles.* New York, 1927.

Freeman, Rose. *English Emblem Books.* London, 1948.

Frimmel, Theodor von. *Geschichte der Wiener Gemäldesammlungen.* 3 vols. Leipzig, 1898¬1901.

Gallardo, Bartolomé José. *Ensayo de una biblioteca española de libros ravos y curiosos.* 4 vols. Madrid, 1863-89.

George, Wilma. *Animals and Maps*. Berkeley and Los Angeles, 1969.

Göbel, Heinrich. *Die Wandteppiche*. 2 vols. Leipzig, 1928.

Graesse, J. G. T. *Orbis latinas*.... Dresden, 1861.

Grueber, H. A. *Coins of the Roman Republic in the British Museum*. 2 vols. London, 1910.

Gruner, Ludwig. *Specimens of Ornamental Art*. London, 1850.

Haebler, Konrad. *Spanische und portugiesische Bücherzeichen des XV. and XVI. Jahrhunderts*. Strassburg, 1898.

Henkel, Arthur, and Schöne, Albrecht. *Emblemata: Handbuch zur Sinnbildkunst des XVI.und XVII. Jahrhunderts*. Stuttgart, 1967.

Hiler, Hilaire, and Hiler, Meyer. *Bibliography of Costume*. New York, 1939.

Hind, Arthur M. *Early Italian Engravings*. 7 vols. New York, 1938-48.

——. *A History of Engraving and Etching from the Fifteenth Century to the Year 1914*.London, 1927.

——. *An Introduction to a History of Woodcut with a Detailed Survey of Work Done in the Fifteenth Century*. 2 vols. Boston and New York, 1935.

Hirth, Georg. *Kulturgeschichtliches Bilderbuch aus drei Jahrhunderten*. 6 vols. Leipzig and Munich, 1881-90.

Hollstein, F. W. H. *Dutch and Flemish Etchings, Engravings, and Woodcuts, ca. 1450-1700*. 15 vols. Amsterdam, n.d.

——. *German Engravings, Etchings, and Woodcuts, 1400-1700*.7 vols. Amsterdam, 1945-54.

Hubert, Robert. *Catalogue of Many Natural Rarities*. London, 1665.

Indian Institute of Art in Industry. *5000 Indian Designs and Motifs*. Calcutta, 1965.

Jessen, Peter. *Meister des Ornamentstiches*. 4 vols. Berlin, 1922-24.

Kendrick, A. F. *Victoria and Albert Museum. Catalogue of Tapestries*. London, 1914.

Kern, H. *Manual of Indian Buddhism*. Delhi, 1968.

King, C. W. *Antique Gems and Rings*. London, 1872.

——. *The Handbook of Engraved Gems*. London, 1866.

Kuypert, Giesbert, (Cupertus, Gisbertus). *De elephantis in nummis obviis*. The Hague, 1719.

Lafreri, Antonio. *Speculum Ramanae magnificentiae*. Rome, 1575(?).

Landwehr, J. *Dutch Emblem Books: A Bibliography*. Utrecht, 1962.

Laurie, Arthur P. *The Pigments and Mediums of the Old Masters*. London, 1914.

Lavedan, Pierre. *Dictionnaire illustré de la mythologie et des antiquités grecques et romaines*. Paris, 1931.

Leggett, William F. *The Story of Sitk*. New York, 1949.

Levaillant, François. *Histoire naturelle des perroquets*. 4 vols. Paris, 1801-5,1837-38,1857-58.

Maças, Delmira. *Os animais na linguagem portuguesa*. Lisbon, 1950-51.

MacMillan, H. F. *Tropical Planting and Gardening.* 5th ed. London, 1962.

Mehta, R. J. *The Handicrafts and Industrial Arts of India.* Bombay, 1960.

Melvin, Arthur G. *Gems of World Oceans: A Guide to World Sea Shell Collecting.* Healdsburg, Calif.,
   1964.

Merrill, E. D., and Walker, E. H. *A Bibliography of Eastern Asiatic Botany.* New York,1938.

Pariset, E. *Histoire de la soie.* 2 vols. Paris, 1862-65.

Parker, John. *Books to Buiild an Empire: A Bibliographical History of English Overseas Interests to
   1620.* Amsterdam, 1965.

Pavière, S. H. *A Dictionary of Flower, Fruit, and Still Life Painters.* 3 vols. Amsterdam, 1962.

Pereira, Gabriel. *A collecção de desenhos e pinturas da Bibliotheca d'Evora em 1884.* Lisbon, 1903.

Prater, S. H. *The Book of Indian Animals.* 2d ed. Bombay, 1965.

Praz, Mario. *Studies in Seventeenth-Century Imagery.* 2d ed. Rome, 1964.

Raczynski, Atanazy. *Dictionnaire historio-artistique du Portugal.* Paris, 1847.

Reallexikon zur deutschen Kunstgeschichte. Edited by Otto Schmitt. 4 vols, to date. Stuttgart,
   1937.——

Réau, Louis. *Iconographie de l'art chrétien.* 3 vols, in 6 parts. Paris, 1956.

Schlosser, Julius von. *Die Kunstliteratur.* Vienna, 1924.

Schmitt, Otto. See *Reallexikon....*

Schönbrunner, Josef von (ed.). *Handzeichnungen alter Meister aus der Albertina und anderen
   Sammlungen.* 12 vols. Vienna, 1896-1908.

Seba, A. *Locupletissimi rerum naturalium thesauri accurata descriptio et iconibus artificiosissimis
   expressio per universam physices historiam....* 3 vols. Amsterdam, 1758.

Sepp, Herman. *Bibliographie der bayerischen Kunstgeschichte bis Ende* 1905. Munich, 1906.

Sigüenza, José de. *Historia de la Orden de San Gerónimo.* 2 vols. Madrid, 1907.

Sínger, Charles, *et al. A History of Technology.* 5 vols. Oxford, 1954-58.

Sousa Viterbo, Francesco Marques de. *Diccionario historico e documental dos architectos, engenheiros
   e constructores portuguezes ou a serviço de Portugal, coordenados por Sousa Viterbo e publicado
   por indicação da Comissão dos Monumentos.* 3 vols. Lisbon, 1899.

——. *Noticia de alguns pintores portuguezes e de outros que, sendo estrangeiros exerceram a sue arte
   em Portugal.* 3 vols, in 1. Lisbon, 1903-11.

Streeter, EdwinW. *Precious Stones and Gems: Their History, Sources and Characteristics.* 6th ed.
   London, 1898.

Suida, W. *Österreichische Kunstschätze.* Vienna, 1911.

Tchemerzine, Avenir. *Bibliographie d'éditions originales et rares d'auteurs français des XVe, XVIe,
   XVIIe et XVIIIe siècles contenant environ 6,000 facsimiles de titres et de gravures.* 10 vols. Paris,

1927-33.

———. *Bibliographie d'ouvrages sur les sciences et les arts édites aux XVe et XVIe siècles.*Courbevoie (Seine), 1933.

Thiele, J. M. *Handbog i den kongelige Kobberstiksamling.* Copenhagen, 1863.

Thieme, Ulrich, and Becker, Felix. *Künstlerlexicon.* 37 vols. Leipzig, 1907-50. Continued by new publication under same title after 1950.

Vasari, Giorgio. *Le vite de piu eccellenti pittori, scultori ed architetti.* G. Milanesi edition. Florence, 1878-85. English edition. 10 vols. London, 1912-14.

Venturi, Adolfo. *Storia dell'arte italiana.* 11 vols. Milan, 1901-33.

Volbach, W. F. *I tessuti del Museo Sacro Vaticano.* Vatican City, 1942.

Watt, Sir George. *The Commercial Products of India.* London, 1909.

Wild, Angenitus Martinus de. *The Scientific Examination of Pictures: An Investigation of the Pigments Used by the Dutch and Flemish Masters.* London, 1929.

Willetts, Wilham. *Foundations of Chinese Art from Neolithic Pottery to Modern Architecture.* London, 1956.

Yule, Henry, and Burnell, A. C. *Hobson-Jobson: A Glossary of Colloquial Anglo-Indian Words and Phrases....* New ed. by William Crooke. 2d ed. New Delhi, 1968.

SOURCE MATERIALS

Acosta, Cristobal de. *Trattato di Christoforo Acosta Africano... della historia, natura et virtu delle droghe medicinali, et altre semplici rarissimi, che vengono portati dalle Indie Orientali in Europa.* Venice, 1585. First edition in Spanish. Burgos, 1578.

Aelian. *On the Characteristics of Animals.* English translation by A. F. Scholfield. 3 vols.Cambridge, Mass., 1958-59.

Albèri, E. *Relazioni degli ambasciatori Veneti al Senato*, 1st ser., Vols. I-VI; 2d ser., Vols.I-V; 3d ser., Vols. I-III. Florence, 1839-63.

Albuquerque, Afonso de. *Cartas de Afonso de Albuquerque.* 7 vols. Lisbon, 1884-1935.

Alcaçova Carneiro, Pero de. *Relaçoes de Pero de Alcaçova Carneiro, conde da Idanha, do tempo que êle e seu pai, Antonio Carneiro, serviram de secretários (1515 a 1568).* Lisbon, 1937.

Aldrovandi, Ulyssis. *Ornithologiae, hoc est de avibus historiae.* 3 vols. Bologna, 1599-1603.

———.*Musaeum metallicum.* Bologna, 1648.

Amann, Joost. *The Theatre of Women.* London, 1872. Reprint of London edition of 1572.

Amzalak, Moses B., (ed.). *Duarte Gomez Solis,fl. 1600: Discoursos sobre los comercios de las dos Indias.* Lisbon, 1943.

Anania, Giovanni Lorenzo d'. *L'universale fabrica del mondo, overo Cosmographia ... diviso in 4. trattati.* Venice, 1576.

Antoni, Niccola de, (publisher). *Ornati delle Loggie del Vaticano.* Rome, s.d.

Apianus, Petrus, and Frisius, Gemma. *Cosmographia sive descriptio universi orbis.* Antwerp, 1584.

Argensola, B. L. *Conquista de las islas Malucas.* Madrid, 1608. Reprinted by the "Biblioteca de escritores aragoneses." Saragossa, 1891.

Aristotle. *Parts of Animals.* Translated by A. L. Peck. London, 1955.

Arphe y Villafañe, Juan de. *Varia commensuracion para la escultura.* Madrid, 1598. 6th ed.1773.

Arrivabene, Lodovico. *Istoria della China di Lodovico Arrivabene,... nella quale si tratta di molti cose marovigliosi di quell' amplissimo regno....* Verona, 1599.

———. *Il magno Vitei.* Verona, 1597.

Augustín, Antonio, (Augustinus). *Dialogos de medallas.* Tarragona, 1587.

Barbosa, Duarte. *The Book of Duarte Barbosa... Completed about the Year 1518* A.D. Translated from the Portuguese by Manuel Longworth Dames. "Hakluyt Society Publications," 2d ser., nos. XLIV, XLDC. 2 vols. London, 1918-21.

Beer, Rudolf, (ed.). "Inventare aus dem Archivio del Palado zu Madrid," *Jahrbuch der kunsthistorischen Sammlungen des allerhöchsten Kaiserhauses,* VoL XIV (1893), Pt. 2, pp. ix-lvv; Vol. XIX (1898), Pt. 2, pp. cxvii-clxxvii.

———(ed.). "Niederländische Büchererwerbungen des Benito Arias Montano für den Eskurial im Auftrage König Philip II von Spanien," *Jahrbuch der kunsthistorischen Sammlungen des allerhöchsten Kaiserhauses,* Vol. XXV (1905), Pt. 2, pp. i-xi.

Belleforest, François de, (ed. and trans.). *La cosmographie universelle [of Sebastian Münster] de tout le monde....* 2 vols, in 3. Paris, 1575.

Belon, Pierre, *Les observations de plusieurs singularitez et choses mémorables, trouvées en Grèce, Asie, Judée, Egypte, Arabie et autres pays estranges.* Paris, 1554.

Benacci, Alessandro. *Breve raguaglio dell' isola del Giappone et di questi Signori, che di la son venuti à dar obedientia alla Santità di N.S. Papa Gregorio XIII.* Bologna, 1585.

Benzoni, Girolamo. *La historia del mondo nuovo.* Venice, 1565. Edition of 1572 reprinted in Graz, Austria, 1962.

Beroaldo, Filippo. *Carminum.* Rome, 1530.

Bertelli, Ferdinando. *Omnium fere gentium nostrae aetatis habitus unquam ante hac editi.* Venice, 1563. Reprinted, with many plates added, in 1589,1591, and 1594. Modern reprint. Zwickau, 1913.

Boch, Jean. *Descriptio publicae gratulationis, specaculorum et ludorum, in adventu... Ernesti archiducis Austriae, an. MDXCIII, XVIII kal, iulias, aliisque diebus Antwerpiae editorum....*

Antwerp, 1595.

Boeheim, Wendelin, (ed.). "Urkunden und Regesten aus der K. K. Hofbibliothek," *Jahrbuch der kunsthistorischen Sammlungen des allerhöchsten Kaiserhauses*, Vol. VII (1888), Pt. 2, pp. xci-cccxiii.

Boillot, Joseph. *New Termis Buch, von allerley grossen vierfüssigen Thieren zugerichtet, mit beygefü gter Thieren contrafieteten*. N.p., 1604. Reproduced and translated from first French edition. Langres, 1592.

Boissard, Jean Jacques. *Habitus variarum orbis gentium*. Paris, 1581.

——. *Theatrum vitae humanae—A.I.I. Boissardo Vesuntino conscriptum, et à Theodoro Bryio artificiosissimis historiis illustratum*. N.p., 1596.

Bonardi, Giovan Maria. *La minera del mondo*. Venice, 1589.

Bontius, Jacob, (Jakob de Bondt). *Historia naturalis et medicae Indice oreintalis libri sex*, appended to *Gulielmi Pisonis ...de Indiae utriusque re naturale et medica libri quatuordecim...*. Amsterdam, 1658.

Borghini, Raffaello. *Il Riposo*. Florence, 1584. Reprinted, 3 vols, in 1. Milan, 1807.

Boria, Juan de. *Empresas morales a la S.C.R.M. del Rey Don Phelipe nuestro Señor*. Madrid, 1581.

Boxer, C. R., (ed.). *South China in the Sixteenth Century*. "Hakluyt Society Publications," 2d ser., No. CVI. London, 1953.

Brandão, João. *Tratado da majestade, grandeza e abastança da cidade de Lisboa, na 2.ª metade do século XVI*. Lisbon, 1923.

Brásio, António. "Uma carta inédita de Valentim Fernandes," *Boletim da biblioteca da universidade de Coimbra*, XXIV (1940), 338-58.

Braun, Georg, and Hogenberg, Franz. *Civitates orbis terrarum*. Antwerp, 1572. English translation: *The Towns of the World, 1512-1618*. Introduction by R. A. Skelton. 6 vols, in 3. Cleveland, 1966.

Bruyn, Abraham de. *Omnium pene Europae, Asiae: Imagines gentium peculiaris vestitus*. Antwerp, 1581.

Bülow, Gottfried von, (trans.). "Journey through England and Scotland Made by Leopold von Wedel in the Years 1584-1585," *Transactions of the Royal Historical Society*, N.S., IX (1895), 268-78.

Burnell, A. C., and Tiele, P. A., (eds.). *The Voyage of John Huyghen van Linschoten to the East Indies*. "Hakluyt Society Publications", O.S., Vols. LXX, LXXI. London, 1885.

Calado, Adelino de Almeida. "Livro que trata das cousas da India e do Japão," *Boletim da biblioteca da universidade de Coimbra*, XXIV (1960), 1-138.

Ca'Masser, Leonardo da. "Relazione... alla Serenissima Republica di Venezia sopra il commercio dei Portoghesi nell'India... 1497-1506," edited by G. Scopoli, *Archivio storico italiano*, 1st ser., Appendix 2 (1845), pp. 9-51.

Camerarius, Joachim. *Hortus medicus et philosophicus...*. Nuremberg, 1588.

——. *Symbolorum ac emblematum ethico-politicorum centuriae quatuor: prima, arborum et planetarum; secunda, animai quadrupedium; tertia, sevium et volatiluum; quarta, piscium et reptilium*. Nuremberg, 1697. First published between 1590 and 1604 in four sections.

Campos de Andrada, Ernesto de, (ed.). *Relações de Pero de Alcaçova Carneiro, conde da Idanha, do tempo que êle e seu pai, Antonio Carneiro, serviram de secretários (1515 a 1568)*. Lisbon, 1937.

Cap, Paul Antoine, (ed.). *Bernard Palissy. Oeuvres completes*. Paris, 1944.

Capaccio, Giulio Cesare. *Delle imprese ...in tre libri divisio*. Naples, 1592.

Cardano, Girolamo. *De subtilitate...*. Basel, 1554.

——. *Les livres... intitulez De la Subtilité, et subtiles inventions...*. Paris, 1584.

——. *The Book of My Life (De vita propria liber)*. Translated from the Latin by Jean Stoner. New York, 1929.

Carlill, James, (ed. and trans.). *Epic of the Beast. London*, [1924].

Cartari, Vicenzo. *Imagini detti dei de gl'antichi*. Facsimile of die Venice edition of 1647, edited by W. Koschatsky. Graz, 1963.

Castiglione, Saba. *Ricordi, overo anmaestramenti ...ne quali con prudenti, e christiani discorsi si ragiona di tutte le materie honorate...*. Venice, 1554.

Catelanus, L. *Von der Natur... des Einhorns*. Frankfurt am Main, 1624.

Celius, Caspar. *Caspari Celii Zeitung auss Jappon was in derselben nechst verschienen 1582. von den jesuitern, so wohin bekehrung der Heyden, als in erzehtung der neuwen Christenheit gehandelt worden*. Dillingen, 1586.

Centeno, Amaro. *Historia de cosas del Oriente primera y segunda parte. Contiene una description general de los Reynos de Assia con las cosas mas notables dellos*. Cordova, 1595.

Ciappa Antonio. *Compendio delle heroiche et gloriose attioni et Santa vita di Papa Greg. XIII ... nuovamête corretto et i molte parti accresciuto...*. Rome, 1596.

Comanini, Don Gregorio. *Il Figino, overo del fine della pittura*. Mantua, 1591.

Conti, P. G., (ed.). *Lattere inedite di Charles de L'Escluse ...a Matteo Caccini...*. Florence, 1939.

Conway, W. M., (comp. and trans.). *The Writings of Albrecht Dürer*. London, 1911.

Coremans. "L'Archiduc Ernest, sa cour et ses dépenses, 1593-95," *Bulletin de la Commission royale d'histoire* (Brussels), XIII (1847), 85-147.

Corrêa, Gaspar. See Stanley, H. J., (trans.).

Crescentio, Pietro de. *De omnibus agriculturae partibus et de plantarum animalium natural et utilitate lib. XII*. Basel, 1548.

Cunningham, William. *The Cosmcgraphical Glasse, Conteinying the Pleasant Principles of Cosmographie, Geographie, Hydrographie, or Navigation*. London, 1559.

Cupertus, Gisbertus, (Giesbert Kuypert). *De elephantis in nummis obviis*. The Hague, 1719.

Dames, Manuel Longworth, (trans.). See Barbosa, Duarte.

Dan, Le Père. *Le trésor des merveilles de... Fontainebleau*. Paris, 1642.

De Bry, Johann Theodor. *Alphabeta et characteres jam inde a creato mundo ad nostra usque tempora apud omnes nationes usurpati in aere effcti*. Frankfurt, 1596.

——. Pars [dua et] *quarta Indiae orientalis...*. Frankfurt, 1599-1601.

Dene, Edewaerd de. *De warachtighe Fabulen der Dieren*. Bruges, 1567.

[Du Bois], Balthazar Sylvius. *A Little Book of Geometrical Designs, Commonly Termed 'Moorish'... Very Useful to Painters, Goldsmiths, Weavers, Damasceners... and also to Needle-Workers*. [London], 1554.

Du Halde, Jean-Baptiste. *The General History of China. Containing a Geographical, Historical, Chronological, Political and Physical Description of the Empire of China, Chinese-Tartary, Corea and Thibet. Including an Exact and Particular Account of their Customs, Manners, Ceremonies, Religion, Arts and Sciences. The whole adorn'd with curious maps, and Variety of Copper Plates. Done from the French of P. Du Halde by R. Brookes*. 3d ed. London, *1741*.

Eden, Richard, (ed.). *The History of Travayle in the West and East... done into Englyshe...*. London, 1577.

Fabri, Alessandro di. *Diversarum nationum ornatus*. Padua, 1593.

Fabrici, Principio. *Delle allusioni, imprese, et emblemi del Sig. Principio Fabricii da Ieramo sopra la vita, opere, et attioni di Gregorio XIII...*. Rome, 1588.

Falgairolle, Edmond, (ed).*Jean Nicot, ambassadeur de France en Portugal au XVIe siècle, sa correspondance diplomatique inédite*. Paris, 1897.

Fanti, Sigismondo. *Triompha di Fortuna*. Venice, 1526.

Favolius, Hugo. *Theatri orbis terrarum enchiridion, minoribus tabulis per Philippum Gallaeum exaratum: et carmine heroico, ex variis Geographis et Poëtis collecto,per Hugonem Favolium illustratum*. Antwerp, 1585.

Feyerabend, Sigmund. *Thurnierbuch von Anfang, Ursachen, Ursprung und Herkommen, der Thurnier im heyligen Römischen Reich*. Frankfurt am Main, 1566.

Forster, E. S., (ed. and trans.). *The Turkish Letters of Ogier Ghiselin de Busbecq, Imperial Ambassador at Constantinople, 1554-62*. Oxford, 1927.

Foster, William, (ed.). See Roe, Thomas.

Franck, Sebastian. *Weltbuch: spiegel un bildtniss des erdbodens...*. Basel, 1534.

Freitag, Arnold. *Mythologia ethica, hoc est Moralis philosophiae per fabulas brutis attributas, traditae, amoenissimum viridarium...*. Antwerp, 1579; also Cologne, 1594.

Gachard, M., (ed.). *Lettres de Philippe II à ses filles les infantes Isabelle et Catherine écrites pendant son voyage en Portugal (1581-83)*. Paris, 1884.

Gazzoni, Tommaso. *La piazza universale de tutte le profession del mondo*. Venice, 1585.

Gesner, Konrad.... *Historiae animalium*. 5 vols, in 3. Zurich, 1551-87.

——. *De rerum fossilum, lapidum et gemmarum maxime, figuris et similitudinibus liber*....Zurich, 1565.

Gibb, James, (trans.). *The History of the Portuguese during the Reign of Manuel* [*of Osório*]. 2 vols., London, 1752.

Giehlow, Karl *Kaiser Maximilians I Gebetbuch*. Vienna, 1907.

Gilles, Pierre. *Aeliani de historia animalium libri XVII*. Lyons, 1562.

Giovio, Paolo, (Paulus Jovius). *Dialogo dell'imprese militari et amorose*. Rome, 1555.

——. *Elogia virorum... illustrium*. Florence, 1551; Basel, 1575.

——. *Elogios o vidas breves de los cavalleros antiguos y modernos, q estan al bivo pintados en el museo de Paulo Iovico*. Translated from Latin into Spanish by Gaspar de Baeca. Granada, 1568.

——. *Opera....* 4 vols. Rome, 1556-64.

——. *The Worthy Tract of Paulus Iovius, Contayning a Discourse of Rare Inventions, both Militarie and Amorous Called Impresse, by Samuell Danieli*. London, 1585.

Gois, Damião de. *Chronica do felicissimo rei Dom Emanuel*. Lisbon, 1566.

——. *Lisboa de quinhentos*. Lisbon, 1937.

——. *Opúsculos históricos*. Porto, 1945.

——. *De rebus aethiopicis, indicis, lusitanicis, et hispanicis, opuscula....* Cologne, 1574.

Goldstaub, M., and Wendriner, R., (eds.). *Ein Tosco-Venezianisches Bestiarius*. Halle, 1892.

Gomara, Francisco López de. *Primera y segunda parte de la historia general de las Indias con todo el descubrimiento y cosas notables que han acaecido dende que se ganaron ãta el año de 1551*. Saragossa, 1553.

González de Mendoza, Juan. *The History of the Greta and Mighty Kingdom of China....* Reprinted from the translation of R. Parke. Edited by Sir George T. Staunton. "Hakluyt Society Publications," O.S., Vols. XIV, XV. 2 vols. London, 1853-54.

Gorlé (Gorlaeus), Abraham. *Dactyliothecae seu annulorum sigillarium quorum apud priscos tarn Graecos quam Romanos usus, ex ferro, aere, argento, et auro*. Leyden, 1707.

Grapheus, Corneille. *Le triomphe d'Anvers faict en la susection du Prince Philip, Prince d'Espaigne*. Antwerp, 1550.

Green, Henry, (ed.). *Andreae Alceate Emblematum*. "Publications for the Holbein Society." Manchester, 1870.

Greiff, B., (ed.). See Rem, Lucas.

Gualandi, Michelangelo. *Memorie originali italiane risguardanti le belle arti*. Bologna, 1845.

Gualtieri, Guido. *Relationi della venuta de gli ambasciatori giaponesi a Rama, sino alla partita di Lisbona....* Venice, 1586.

Gueroult, Guillaume. *Le premier livre des emblèmes.* Lyons, 1550.

Guerreiro, Afonso. *Relação das festas que se fizeram na cidade de Lisboa, na entrada de eb-rei D.Felipe, primeiro de Portugal.* 1581. Reprint. Porto, 1950.

Guicciardini, Ludovico. *Description générale de touts les Pays-Bas.* Amsterdam, 1613.

Guiffrey, Jules, (ed.). *Inventaires de Jean, due de Berry.* 2 vols. Paris, 1894-96.

Guyon, Loys. *Les diverses leçons.* Lyons, 1625.

Hakluyt, Richard. *The Principal Navigations Voyages Trafftques and Discoveries of the English Nation.* 12 vols. Glasgow, 1903-5.

Haszler, K. D., (ed.). *Reisen und Gefangenschaft Hans Ulrich Krafflts....* "Bibliothek des literarischen Vereins in Stuttgart," Vol. LXI. Stuttgart, 1861.

Herrera, Alonso de. *Historia general del mundo.* 2 vols. Madrid, 1601.

——. *Libro de agricultura.* Madrid, 1598.

Hessels, Joannes Henricus, (ed.). *Abrahami Ortelii (geographi Antwerpiensis) et virorum eruditorum ad eundem et ad Jacobum Colium Ortelianum.... Epistulae... (1524-1628).* Cambridge, 1887. "Ecclesiae Londino-Batavae Archivum," Voi I.

Heyns, Pierre. *Esbatement moral des animaux.* Antwerp, 1587.

Hoefnagel, Georg. *Archetypa studiaque patris Georgii Hoefnagellii.* Frankfurt am Main, 1592.

Hofmann, Lorenz. *Thesaurus variarum rerum antiquarum et exoticarum tam naturalium....* Halle, 1625.

Holtzwart, Matthias. *Emblematum....* Strassburg, 1581.

Hulsius, Levinus. *Erste Schiffart an die orientalische Indien, so die Holländisch Schiff, im Martio 1585 aussgefahren, und im Augusto 1597 wiederkommen, verzilht....* 5th ed. Frankfurt am Main, 1625. 1st ed. Nuremberg, 1598.

Hutten, Ulrich von. *Opera quae extant omnia.* Munich, 1807.

Imperato, Ferrante. *Dell'historia naturale.* Naples, 1599.

James, M. R. *The Bestiary, Being a Reproduction in Full of the Manuscript 11.4.26 in the University Library, Cambridge....* Oxford, 1928.

Jovius, Paulus. See Giovio, Paolo.

Junius, Hadrianus.... *Medici emblemata, ad D. Arnoldum Cobelium, eiusdem aenigmatum libellus, ad D. Arnoldum Rosenbergum.* Antwerp, 1565.

Klarwill, Viktor von, (ed.). *The Fugger News-Letters, Second Series.* Translated by L. S. R.Byrne. New York, 1926.

König, E., (ed.). *Konrad Peutingers Briefwechsel.* Munich, 1923.

Krafft, Hans U. *Ein deutscher Kaufmann des sechzehnten Jahrhunderts: Hans Ulrich Krafft's Denkwürdigkeiten.* Göttingen, 1862.

Krause, G., (ed.). *Tagebuch Christians des Jüngern, Fürst zu Anhalt....* Leipzig, 1858.

Landucci, Luca. *A Florentine Diary from 1450 to 1516....* London, 1927.

La Perrière, Guillaume de. *Le théâtre des bons engins, auquel sont contenus cent emblèmes....* Paris, 1539.

Lavanha, João B. de. *Viage de la catholica real magestad del rei D. Felipe III, N.S., al reino de Portugal.* Madrid, 1622.

L'écluse, Charles de. *Caroli Clusii... Aliquot notae in Garciae aromatum historiam. Eiusdem descriptiones nonnullarum stirpium... que à... Francisco Drake... observatae sunt.* Antwerp, 1582.

——. *Rariorum plantarnm historia.* Antwerp, 1610.

Leonardo, Camillo di. *Speculum lapidum....* Venice, 1502.

Leonardo da Vinci. *The Notebooks.* Edited and translated by Edward McCurdy. 2 vols.in 1. New York, 1958.

Letts, Malcolm, (ed.). See Mandeville, Sir John.

Levi, C. A. *Le Collezioni Veneziane d'arte e d'antichità.* 2 vols. Venice, 1900.

Linschoten, Jan van. *Itinerario, Voyage ofte Schipvaert, van Jan huygen van Linsehoten naer Oost ofte portugaels Indien....* Amsterdam, 1596. English translation by John Wolfe. London, 1598.

Lipsius, Justus. *Admiranda, sive de magnitudine Romana.* Antwerp, 1605.

——. *Dissertationum ludicrorum et amoenitatum, scriptores varii.* Leyden, 1638.

Lipsius, Justus. *Epistolae....* Antwerp, 1592.

——. *Epistolarum selectarum centuria prima* [tertia] *ad Belgas.* 3 vols, in 1. Antwerp,1602-5.

Lobel, Matthias de. *Plantarum, seu stirpium historia.* Antwerp, 1576.

Lonitzer, Adam. *Kreuterbuch....* Frankfurt am Main, 1598.

Luzio, Alessandro. *Isabelle d'Este ne' primordi del papato di Leone X e il suo viaggio a Rama nel 1514-15.* Milan, 1907.

——. *Il trionfo di Cesare di Andrea Mantegna.* Rome, 1940.

McCurdy, Edward, (trans. and ed.). See Leonardo da Vinci.

Macer, Jean. *Les trois livres de l'histoire des Indes.* Paris, 1555.

Machiavelli, Niccolò. *Opere.* 7 vols. N.p., 1813.

Madelin, Louis, (ed.). "Le journal d'un habitant français de Rome au XVIᵉ siècle (1509¬1540)," *Mélanges d'archéologie et d'histoire*, XXII (1902), 251-300.

Major, R. J., (ed.). *India in the Fifteenth Century.* "Hakluyt Society Publications," O.S., Vol. XXII. London, 1857.

Malespini, L. G. T. *Oratione de le lodi di Francesco I de' Medici.* Florence, 1587.

Mander, Carel van. *Dutch and Flemish Painters: Translations from the Schilderboeck*. New York, 1963.

——. *Het Schilder-Boek. Edited by* A. F. Mirande and G. S. Overdiep. Amsterdam, 1936.

Mandeville, Sir John. *Mandeville's Travels: Texts and Translations*. Edited by Malcolm Letts. "Hakluyt Society Publications," 2d ser., Nos. 101 and 102. 2 vols. London, 1953.

Marcucci, E., (ed.). See Sassetti, Filippo.

Margaret of Austria. "Inventaire des objects d'art et lingerie de luxe qui composaient le mobilier de Marguerite d'Autriche," *Le cabinet de l'amateur*, I (1842), 222-23.

Markham, Clements (trans.). See Orta, Garcia da.

Mattioli, P. A. *Commentaires ...sur les six livres de Ped. Dioscoride....* Lyons, 1572. 1st ed. 1544.

Mauro, Lucio. *Le antichità de la città di Roma*. Venice, 1556.

Mercier, Jean. *Io. Mercerii I.C. Emblemata*. Bourges, 1592.

Merens, A., (ed.). "De reis van Jan Martensz Merens door Frankrijk, Italië en Duitschland, anno 1600," *Mededeelingen van het Nederlandsch Historisch Instituut te Rome*, 2d ser.,VII (1937), 49-157.

Milensio, F. Felice. *Dell' Impressa dell' Elefante dell' Illustrissimo e reverendiss. Signore il sig. Cardinal Mont' Elarpo Dialogi* [sic] *Tre, di F. Felice Milensio Agostimano*. Naples, 1595.

Mirande, A. F., and Overdiep, G. S., (eds.). See Mander, Carel van.

Monardes, Nicholas. *Joyfull News out of the Newe Founde World*. Reprint in 2 vols. New York, 1925.

Morávek, Jan, (ed.). *Nově objevený inventář rudolfinských sbírek na Hradě Pražském*.Prague, 1937

Moryson, Fynes. *An Itinerary....* Glasgow, 1907.

Münster, Sebastian. *Cosmographei oder Beschreibung aller Länder etc.* Basel, 1550.

Murr, Christophe T. de. *Description du cabinet de M. Paul de Praun à Nuremberg*. Paris, 1797.

Navagero, Andrea. *Opera omnia*. Venice, 1754.

Nestor, Jean. *Histoire des hommes illustrés de la Maison de Medici....* Paris, 1564.

Nichols, John, (ed.). *Progresses of Queen Elizabeth*. 3 vols. London, 1788-1805.

Nowell, Charles E., (ed.). *Magellan's Voyage around the World: Three Contemporary Accounts*. Evanston, Ill., 1962.

Olearius, Adam. *Gottorffische Kunst-Kammer*. Schleswig, 1664.

Orbaan, J. A. F., (ed.). *Documenti sul Barocco in Roma*. Rome, 1920.

Orta, Garcia da. *Colloquies on the Simples and Drugs of India*. Translated by Sir Clements Markham. London, 1913.

Osório, Jeronymo, Bishop of Silves. See Gibb, James, (trans.).

Othmayr, Caspar. *Symbola illustrissimorum principum*. Nuremberg, 1547.

Panciroli, Guido. *The History of Many Memorable Things Lost, Which Were in Use among the*

Ancients. 2 vols, in 1. London, 1715.

Paré, Ambroise. *Oeuvres*. Paris, 1585.

Pieris, Paul E. *Ceylon and Portugal from Original Documents at Lisbon*. Leipzig, 1927.

Pissurlencar, P. S. S. *Regimentos das fortalezas da India*. Bastorà (Goa), 1951.

Plantin, Christophe, (publisher). *La joyeuse et magnifique Entrée....* Antwerp, 1582.

Pliny. *Natural History*. Translated by H. Rackham. Cambridge, Mass., 1949.

Porcacchi, Thommaso. *L'isole piu famoso del mondo....* Venice, 1576.

Quickeberg, Samuel *Inscriptiones....* Munich, 1565.

——. *Musaeum theatrum*. Munich, 1567.

Quinn, D. B., and Skelton, R. A., (eds.). *The Principall Navigations Voiages and Discoveries of the English Nation....* Facsimile of 1589 edition of Hakluyt. Cambridge, 1965.

Raimondi, Ezio, (ed.). *Torquato Tasso Dialoghi: Edizione critica*. 2 vols. Florence, 1958.

Ramusio, G. B. *Delle navigatini et viaggi*. 3 vols. Venice, 1550-59.

Rathgeb, Jakob. *Warhaffte Beschreibung zweyer Raisen....* 2 vols. Tübingen, 1603.

Rebello da Silva, Luiz Augusto, (ed.). *Corpo diptomático portuguez contendo os actos e relações politicas e diplomaticas de Portugal com as diversas potencias do mundo desde o seculo XVI até os nossos dias*. Lisbon, 1862.

Reiche, E., (ed.). *Willibald Pircktheimers Briefwechsel*. 2 vols. Jena, 1930.

Reinsch, Robert, (ed.). *Le Bestiaire: Das Thierbuch des normannischen Dichters Guillaume le Clerc."* Altfranzösische Bibliothek," Vol. XIV. Leipzig, 1892.

Rem, Lucas. *Tagebuch des Lucas Rem aus den Jahren 1494-1541*. Edited by R. Greiff. In *Jahresbericht des historischen Kreisvereins ...von Schwaben und Neuburg*, Vol. XXVI. Augsburg, 1861.

Reusner, Nicolas. *Emblemata....* Frankfurt, 1581.

Ripa, Cesare. *Iconologia, overo descrittione d'imagini delle virtu, vitij, affetti, passioni humane, corpi celesti, mondo e sue parti*. Padua, 1611. 1st ed. Rome, 1593.

Roe, Thomas. *The Embassy of Sir Thomas Roe to the Court of the Great Mogul, 1615-1619, as Narrated in His Journal and Correspondence*. Edited by William Foster. "Hakluyt Society Publications," 2d ser., Nos. 1,2.2 vols. London, 1899.

Roersch, A., (ed.). *Correspondance de N. Clenard*. 3 vols. Brussels, 1940-41.

Ruscelli, Girolamo. *Le imprese illustri con espositioni et discorsi del Sg. Jeronimo Ruscelli*. Venice, 1566

Sambucus, Joannes. *Emblemata cum aliquot numm is antiqui operis....* Antwerp, 15 64.

Sanuto, Marino. *I Diarii... MCCCCXCVI-MDXXXIII ...* Edited by Rinaldo Fulin and others. 58 vols. in 35. Venice, 1879-1903.

Sassetti, Filippo. *Lettere edite e inedite di Filippo Sassetti*. Edited by Ettore Marcuccci. Florence,

1855.

Scaliger, J. J. *Autobiography*. Cambridge, Mass., 1927.

Schaller, Georg. *Eigentliche und auch gründliche Beschreibung allerley vier und zweyfüssigen Thieren.* Frankfurt am Main, 1592.

Schrenck von Nozing, Jacob. *Augustissimorum imperatorum....* Innsbruck, 1601.

Scopoli, G., (ed.). See Ca' Masser, Leonardo da.

Simeoni, Gabriele, *Le imprese heroiche et morali....* Lyons, 1559.

Soderini, Giovanni Vittore. *Opere*. 4 vols. "Collezione di opere inedite o rare dei primi tre secoli della lingua," Vols. 86, 87, 88, 95. Edited by Alberto Bacchi della Lega. Bologna, 1902-7.

Stanley, Henry J., (trans. and ed.). *The Three Voyages of Vasco da Gama.. .from the Lendas da India of Gaspar Correa.* "Hakluyt Society Publications," O.S., Vol. XLII. London, 1869.

Staunton, G. T., (ed.). See González de Mendoza, Juan.

Stract, Jan van der, (Stradanus). *Venationes*. Antwerp, 1578.

——and Galle, P. *Nova reperta*. Antwerp, 1592.

Symonds, J. A., (trans.). *The Autobiography of Benevenuto Cellini*. New York, 1910.

Taylor, E. G. R., (ed.). *The Original Writings and Correspondence of the Two Richard Hakluyts.* "Hakluyt Society Publications," 2d ser., Nos. 76-77.2 vols. London, 1935.

Temple, R. C., (Sir Richard Carnac) (ed.). *The Itinerary of Ludovico di Varthema of Bologna, from 1502 to 1508*. Translated by J. W. Jones. London, 1928.

Terzo (Tertius), Francesco. *Austriacae gentis imaginum, pars prima-[quinta]*. Innsbruck,1569-[73].

Thevet, André. *La cosmographie universelle... illustrée de diverses figures des choses plus remarquables vivës par l'Auteur et incogneuës de noz Ancients et Modernes*. 2 vols. Paris, I575.

Tomasini, Jacopo Filippo. *V. C. Laurentii Pignorii ... bibliotheca et museum....* Venice, 1632.

Vaissière, Pierre de, (ed.). *Journal de Jean Bartillon, secrétaire du Chancelier Duprat, 1515-1521.* Paris, 1897.

Valeriano, Giovanni Pietro. *Hieroglyphica sive de sacris Aegyptiorum aliarumque gentium literis commehtarii*. Basel, 1556.

Vasconcellos, Joaquim Antonio da Fonseca e. *Francisco de Hollando, 1517-84: Vier Gespräche über die Malerei geführt zu Rom 1538*. Vienna, 1899.

Vecellio, Cesare. *Habiti antichi et moderni di tutte il mondo*. 2d ed. Venice, 1598.

Vico, E. *Omnium Caesarum verissimae imagines ex antiquis numismatis desumptae*. Venice,1554.

Vigenére, Blaise de. *Traicte des chiffres, ou secretes manieres d'escrire*. Paris, 1586.

Vredeman de Vries. *Grottesco in diversche Manieren....* Antwerp, 1555.

Whitney, Geoffrey. *A Choice of Emblemes, and Other Devises....* Leyden, 1586. Facsimile ed. by H. Green. London, 1866.

Wicki, J. (ed.). *Documenta Indica.* 7 vols. Rome, 1948-62.

——(ed.). "Dokumente und Briefe aus der Zeit des indischen Vizekönigs D. Antão de Noronha (1563-1568)." In H. Flasche (ed.), *Aufsätze zur portugiesischen Kulturgeschichte* (Münster, 1960), I, 225-315.

Williams, C., (trans. and ed.). *Thomas Platter's Travels in England, 1599.* London, 1937.

Yule, Henry, and Cordier, Henri., (eds.). *The Book of Ser Marco Polo.* 4th ed. 2 vols. New York, 1933.

Zimmerman, Heinrich, (ed.). "Das Inventar der Prager Schatz- und Kunstkammer vom 6. Dezember 1621," *Jahrbuch der kunsthistorischen Sammlungen des allerhöchsten Kaiserhauses*, Vol. XXV (1905), Pt. 2, pp. xiii-lxxv.

——. "Regesten aus dem K. und K. Reichs-Finanz-Archiv," *ibid.*, VoL III (1885),Pt. 2, pp. iii-cii.

——. "Urkunden, Acten und Regesten aus dem Archiv des K. K. Ministerium des Innerns, 1497-1586," *ibid.*, Vol III (1885), Pt. 2, pp. cxx-clxxvi; Vol VII (1888), Pt. 2, pp. xv-lxxxxiv.

——. "Urkunden, Acten und Regesten aus dem K. und K. Haus-, Hof- und Staats-Archiv in Wien," *ibid.*, Vol III (1885), Pt. 2, pp. ciii-cv.

BOOKS

Abranches Pinto, J. A.; Okamoto, Yoshitomo; and Bernard, Henri. *La première ambassade du Japon en Europe, 1582-1592.* Tokyo, 1942.

Ackerman, Phyllis. *Three Early SixteenthCentury Tapestries with a Discussion of the History of the Tree of Life: The Rockefeller-McCormick Tapestries.* New York, 1932.

Adelmann, H. B. *Marcello Malpighi and the Evolution of Embryology.* Ithaca, N.Y., 1966.

Adhémar, Jean. *Frère André Thevet, grand voyageur et cosmographe des rois de France au XVI siècle.* Paris, n.d.

Alazard, Jean. *L'art italien au XVIᵉ siècle.* Paris, 1955.

——. *La Venise de la Renaissance.* Paris, 1956.

Allemagne, Henri d'. *Les accessoires du costume et du mobilier.* 3 vols. Paris, 1928.

Almeida Paile, Miguel d'. *Santo António dos Portugueses em Roma.* 2 vols. Lisbon, 1951-52.

Andresen, Andreas. *Der deutsche peintre-graveur, oder die deutschen Maler als Kupferstecher, ...* 5 vols. Leipzig, 1872-78.

Antal, F. *Florentine Painting and Its Social Background.* London, 1947.

Appelbaum, Stanley, (ed.). *The Triumph of Maximilian 1:137 Woodcuts by Hans Burgkmair and Others.* New York, 1964.

Arber, Agnes. *Herbals: Their Origin and Evolution.* Cambridge, 1938.

Armandi, P. *Histoire militaire des éléphants, depuis les temps les plus reculés jusqu'à l'introduction des armes à feu*. Paris, 1843.

Avalon, Jean. *Le bestiaire des Triomphes de Pétrarque*. Paris, 1943.

Averdunk, Heinrich, and Mueller-Reinhard, J. *Gerhard Mercator und die Geographen unter seinen Nachkommen*. Gotha, 1914.

Bachmann, F. *Die alten Städtebilder*. Leipzig, 1939.

Baker, George P. *Calico Painting and Printing in the East Indies in the XVII and XVIII Centuries*. London, 1921.

Baker, Samuel White. *Wild Beasts and Their Ways: Reminiscences of Europe, Asia, Africa and America*. 2 vols. London, 1890.

Baldass, Ludwig. *Der Künstlerkreis Maximilians*. Vienna, 1923.

——. *Die Wiener Gobelins-Sammlung*. Vienna, 1921.

Baltrušaitis, Jurgis. *Anamorphoses*. Paris, 1955.

——. *Le moyen-âge fantastique*. Paris, 1955.

——. *Réveils et prodiges*. Paris, 1960.

Barocchi, Paola. *Il Rosso fiorentino*. Rome, 1951.

Barraband, Jacques. *Exotic Birds*. New York, 1963.

Barreira, João, *et al. Arte portuguesa*. 4 vols. Lisbon, 1948-54.

Battisti, E. *L'Antirinascimento*. Milan, 1962.

——. *Rinascimento e Barocco*. N.p., 1960.

Baudet, Henri. *Paradise on Earth: Some Thoughts on European Images of Non-European Man*. New Haven, Conn., 1965.

Baumgart, Fritz. *Renaissance und Kunst des Manierismus*. Cologne, 1963.

Bazin, G. *A Gallery of Flowers*. London, 1960.

Beard, Miriam. *A History of the Business Man*. New York, 1938.

Beau, Albin Eduard. *As relações germânicas do humanismo de Damião de Góis*. Coimbra, 1941.

Bebiano, José Bacelar. *O porto de Lisboa, estudo de história económica, seguido de um catàlogo bibliográfico e iconográfico*. Lisbon, 1960.

Béguin, Sylvie. *L'Ecole de Fontainebleau: Le manierisme à la cour de France*. Paris, 1960.

Behling, L. *Die Pflanze in der mittelalterlichen Tafelmalerei*. Weimar, 1957.

Belevitch-Stankevitch, H. *Le goût chinois en France au temps de Louis XIV*. Paris, 1910.

Benesch, Otto. *The Art of the Renaissance in Northern Europe*. Cambridge, Mass., 1945.

Bergström, Ingvar. *Dutch Stilt-Life Painting in the Seventeenth Century*. London, 1956.

Bermann, Moritz. *Alt-und-Neu Wien*. 2 vols. Vienna, 1880.

Bernheimer, R. *Wild Men in the Middle Ages*. Cambridge, Mass., 1952.

Bertaux, Emile. *La Renaissance en Espagne et en Portugal*. Paris, 1916.

Beurdeley, Michel. *Porcelaine de la Compagnie des Indes*. Fribourg (Switzerland), 1962.

Bierens de Hann, J. C. J. *L'œuvre gravé de Comelis Cort, graveur hollandais, 1533-1578*.The Hague, 1948.

Bigard, Louis. *Le trafic maritime avec tes Indes sous François I*. Paris, 1939.

Blondel, S. *Histoire des éventails chez tous les peuples et à toutes les époques*. Paris, 1875.

Blunt, Anthony. *Artistic Theory in Italy, 1450-1600*. Oxford, 1959.

Blunt, Wilfred. *The Art of Botanical Illustration*. London, 1950.

Boas, George. *The Hieroglyphics of Horapollo*. New York, 1950.

Bodenheimer, F. S. *Animal and Man in Bible Lands*. Leyden, 1960.

Boehn, Max von. *Modes and Manners*. 4 vols. London, 1932.

Boetius de Boodt, A. *Gemmarum et lapidum historia....* Leyden, 1636.

Boncompagni, Francesco L. *Le prime due ambasciate dei Giapponesi a Roma (1583-1615).Connuovi documenti*. Rome, 1903.

Bonaffé, Edmond. *Causeries sur l'ari et la curiosité*. Paris, 1878.

——. *Inventaire des meubles de Catherine de Médicis en 1589*. Paris, 1874.

——. *Le meuble en France au XVIe siècle*. Paris, 1887.

Bosch, F. D. K. *De gouden kiem*. Amsterdam, 1948.

Bousquet, Jacques. *La peinture manieriste*. Neuchâtel, 1964.

Bowie, Theodore, *et al. East-West in Art: Patterns of Cultural and Aesthetic Relationships*. Bloomington, Ind., 1966.

Bowsma, William J. *Concordia Mundi: The Career and Thought of Guillaume Postel*.Cambridge, Mass., 1957.

Boyer, Martha. *Japanese Export Lacquers from the Seventeenth Century in the National Museum of Denmark*. Copenhagen, 1959.

Braun, J. *Die belgischen Jesuiten-Kirchen*. Fribourg, 1907.

Breland, O. P. *Animal Life and Lore*. New York, 1963.

Brésard, Marc. *Les foires de Lyon aux XVe et XVIe siècles*. Paris, 1914.

Briganti, G. *Italian Mannerism*. London, 1962.

Brown, Percy. *Indian Paintitig.under the Mughals' A.D. 1550 to A.D. 1750*. Oxford, 1924.

Buchthal, H. *Miniature Painting in the Latin Kingdom of Jerusalem*. Oxford, 1957.

Burckhardt, Jakob. *The Civilization of the Renaissance in Italy*. London, 1898.

Burmeister, Karl Heinz. *Sebastian Münster: Versuch eines biographischen Gesamtbildes*. Basel, 1963.

Cagigal e Silva, Maria Madalena de. *A arte Indo-Portuguesa*. Lisbon, [1966].

Caillois, Roger. *Au coeur du fantastique*. Paris, 1965.

Calmette, Joseph L. A. *Les grandes heures de Vézelay*. Paris, 1951.

Caravita, Andrea. *I codici e le arti a Monte Cassino*. 3 vols. Montecassino, 1871.

Cardoso, Nuno C. *Arte portuguesa*. Lisbon, 1935-37.

Carmody, Francis J., (ed.). *Versio Y of the Physiologus*. "University of California Publications in Classical Philosophy," VoL XII, No. 7. Berkeley, 1941.

Carrington, Richard. *Elephants*. London, 1958.

Carroll, W. M. *Animal Conventions in English Renaissance Non-Religious Prose (1550-1600)*. New York, 1954.

Carter, T. F., and Goodrich, L. C. *The Invention of Printing in China and Its Spread Westward*. New York, 1955.

Castilho, Julio. *A ribeira de Lisboa*. 2d ed. 5 vols. Lisbon, 1941-48.

——. *Lisboa antiga*. 2d ed. 5 vols. Lisbon, 1902-4.

Castro, José de. *Portugal em Roma*. 2 vols. Lisbon, 1939.

——. *Portugal no concilio de Trento*. 6 vols. Lisbon, 1946.

Caverel, Philippe de. *Ambassade en Espagne et en Portugal (en 1582) de R. P. en Dieu, Dom Jean Sarrazim, abbé de St. Vaast du conseil d'estat de Sa Majesté Catholique, son premier conseiller en Artois....* Arras, 1860.

Cesareo, G. A. *Pasquino e pasquinate nella Roma di Leone X*. Rome, 1938.

Chabod, Federico. *Machiavelli and the Renaissance*. New York, 1965.

Chartrou, Josèphe. *Les entrées solennelles et triomphales à la Renaissance (1484-1551)*. Paris, 1928.

Chinard, Gilbert. *L'exotisme américain dans la littérature française au XVIe siècle*. Paris, 1911.

Chubb, Thomas C. *Aretino, Scourge of Princes*. New York, 1940.

Chytil, Karl. *Die Kunst in Prag zur Zeit Rudolf II*. Prague, 1904.

Cicogna, E. A. *Delle vita et delle opere di Andrea Navagero....* Venice, 1855.

Ciutius, Salvatore de. *Une ambassade portugaise à Rome au XVIe siècle*. Naples, 1899.

Clark, Kenneth. *Landscape Painting*. New York, 1950.

Coelho Gasco, Antonio. *Primeira parte das antiguidades da muy nobre de Lisboa, imporio do mundo, e princeza do mar occeano*. Coimbra, 1924.

Cohen, Carl. *Zur literarischen Geschichte des Einhorns*. Berlin, 1896.

Colvin, Sidney. *Early Engraving and Engravers in England*. London, 1905.

Correia, Vergilio. *As obras de Santa Maria de Belem de 1514 a 1519*. Lisbon, 1922.

——. *Azulejos datados*. Lisbon, 1916.

——. *Etnografia artistica portuguesa*. Barcelos, 1937.

Cortesão, A., and Teixeira da Mota, A. *Portugaliae monumenta cartographica*. 5 vols. Lisbon, 1960-62.

Costa-Tôrres, Raul da. *A arquitectura dos descobrimentos.* Braga, 1943.

Couto, Gustave do. *Historia da antiga Casa da India.* Lisbon, 1932.

Couto, João, and Gonçalves, António M. *A ourivesaria em Portugal.* Lisbon, 1962.

Cox, Raymond. *Les soieries d'art depuis les origines.* Paris, 1914.

Croft-Murray, E. *Decorative Painting in England, 1537-1837.* London, 1962.

Dam, Peter. *Fabulous Beasts.* London, 1952.

Dannenfeldt, Karl H. *Leonhard Rauwolf, Sixteenth-Century Physician, Botanist, and Traveler.* Cambridge, Mass., 1968.

Davillier, Jean Charles. *Les arts décoratifs en Espagne au moyen-âge et à la Renaissance.* Paris, 1879.

——. *Les origines de la porcelaine en Europe.* Paris, 1882.

——. *Recherches sur l'orfèvrerie en Espagne au moyen âge et à la Renaissance: Documents inédits tirés des archives.* Paris, 1879.

Delaunay, Paul. *La zoölogie au seizième siècle.* Paris, 1962.

Delen, A. J. J. *Christophe Plantin, imprimeur de l'humanisme....* Brussels, 1944.

——. *Iconographie van Antwerpen.* Brussels, 1930.

Delisle, Leopold. *Fabri de Peiresc.* Toulouse, 1889.

Delumeau, Jean. *Vie économique et sociale de Rome dans la seconde moitié du XVIe siècle.* Paris,1957.

Dembeck, Hermann. *Animals and Men.* Translated from German by R. and C. Winston.Garden City, N.Y., 1965.

Denis, Ferdinand. *Le monde enchanté: Cosmographie et histoire naturelle fantastiques du moyen âge.* Paris, 1843.

Denucé, J. *Antwerp Art-Tapestry and Trade.* VoL IV in *Historical Sources for the Study of Flemish Art.* The Hague, 1936.

——. *De konstkamers van Antwerpen in de 16e en 17e eeuwen.* The Hague, 1932.

——. *Inventaire des Affaitadi, banquiers italiens à Anvers de l'année 1568.* Antwerp, 1934.

Der Nersessian, Sirarpie. *L'illustration du roman de Barlaam et Joasaph.* Paris, 1937.

Didot, Ambroise Firnin. *Essai typographique et bibliographique sur l'histoire de la gravure sur bois...pour faire suite aux costumes anciens et modernes de César Vecellio.* Paris, 1863.

Doering, Oscar, (ed.). *Des Augsburger Patriciers Philipp Hainhofer Beziehungen zum Herzog Philip II von Pommern-Stettin: Correspondenzen aus den Jahren 1610-1619.* In R. Eitelberger von Edelberg and Albert Ilg (eds.), *Quellenschriften für Kunstgeschichte und Kunsttechnik des Mittelalters und der Neuzeit,* N.S., VoL VI. Vienna, 1896.

——. *Des Augsburger Patriciers Philipp Hainhofer Reisen nach Innsbruck und Dresden.* In *ibid.,* Vol X. Vienna, 1901.

Ebersolt, Jean. *Orient et Occident: Recherches sur les influences byzantines et orientales en France avant et pendant les croisades*. 2d ed., Paris, 1954.

Eça de Quieroz, José. *Ceramica portuguesa*. Lisbon, 1907.2d ed. 2 vols. Lisbon, 1948.

Edgerton, Franklin. *The Elephant-Lore of the Hindus*. New Haven, Conn., 1931.

Ehrmann, Jean. *Antoine Caron, peintre à la Cour des Valois, 1521-99*. Geneva, 1955.

Entwisle, E. A. *A Literary History of Wallpaper*. London, 1960.

Estienne, H. *La foire de Francfort*. Lisieux, 1875.

Ettinghausen, Richard. *The Umeorn*. Freer Gallery of Art, "Occasional Papers," VoL I, No. 3. Washington, D.C., 1950.

Evans, E. P. *Animal Symbolism in Ecclesiastical Architecture*. New York, 1896.

Evans, Joan. *A History of Jewellery, 1100-1870*. London, 1953.

———. *Magical Jewels of the Middle Ages and the Renaissance, Particularly in England*.Oxford, 1922.

———. *Pattern*. 2 vols. Oxford, 1931.

———. *Style in Ornament*. London, 1950.

Falke, Otto von. *Kunstgeschichte der Seidenweberei*. Berlin, 1921.

Ferrara, Orestes. *Le XVIᵉ siècle, vu par les ambassadeurs vénitiens*. Paris, 1954.

Feulner, Adolf. *Kunstgeschichte des Möbels seit dem Altertum*. Berlin, 1927.

Fierens, Paul. *Le fantastique dans l'art flamand*. Brussels, 1947.

Fischel, Oskar. *Raphael*. Translated from the German by Bernard Rackham. 2 vols. London, 1948.

Floerke, Hanns. *Studien zur niederländischen Kunst- und Kulturgeschichte*. Munich, 1905.

Förster, Otto H. *Kölner Kunstsammler vom Mittelalter bis zum Ende des bürgerlichen Zeitalters*. Berlin, 1931.

Fonseca, Quirino da. *A representação artistica das armadas da India*. Lisbon, 1933.

Fonseca Brancante, Eldino da. *O Brasil e a louça da India*. São Paulo, 1950.

Fontura da Costa, A. *Les d'esambulations du Rhinocéros de Modofar, roi de Cambaye, de 1514-1516*. Lisbon, 1937.

Forssmann, Erik. *Säule und Ornament: Studien zum Problem des Manierismus in den nordischen Säulenbüchern und Vorlageblättern des 16. und 17. Jahrhunderts*. Stockholm, 1956.

Franco, Antonio. *Evora ilustrado*, 1st ed. Evora, 1728. New version, 1948.

Frankenburger, Max. *Beiträge zur Geschichte Wenzel Jamnitzer und seiner Familie*. Strassburg, 1901.

Frankl, Paul. *The Gothic: Literary Sources and Interpretations through Eight Centuries*. Princeton, 1960.

Frazão de Vasconcellos, J. A. do A. *As pinturas das armadas da India e outras representacões artisticas de navios portugueses do século XVI: Subsídios históricos e bibliográficos*. Lisbon,1941.

Frey, K. *Der literarische Nachlass G. Vasaris*. Munich, 1923.

Friedländer, Max. *Die altniederländische Malerei*. 14 vols. Berlin, 1924-37.

Friedländer, W. *Mannerism and Anti-Mannerism in Italian Painting*. New York, 1957.

Friedman, H. *The Symbolic Goldfinch*. New York, 1946.

Frimmel, Theodor von. *Geschichte der Wiener Gemäldesammlungen*. 3 vols. Leipzig, 1898.

Frothingham, Alice. *Hispanic Glass*. New York, 1941.

——. *Lustreware of Spain*. New York, 1951.

Gabriels, Juliane. *Het Nederlandse Ornament in de Renaissance*. Louvain, 1958.

Gallesio. *Traité du citres*. 3 vols. Pisa, 1917.

Gans, M. H., and Duyvené de Wit-Klinkhamer, T. M. *Dutch Silver*. Translated by Oliver Van Oss.
   London, 1961.

Gaspar, Camille, (comp, and ed.). *Le bréviaire du musée Mayer van den Bergh à Anvers*. Brussels,
   1932.

Geiger, Bruno. *I dipinti ghiribizzosi di Giuseppe Arcimboldi, pittore illusionista del cinquecento (1527-
   1593)*. Florence, 1954.

Gerard, P. *Anvers à travers les ages*. 2 vols. Brussels, 1888.

Gimma, Giacinto. *Della storia naturale delle gemme, delle pietre, e di tutti i minerali....* 2 vols. Naples,
   1730.

Gnoli, Domenico. *La Roma di Leon X: Quadri e studi originali annotati e publicati*. Milan,1938.

Goette, John. *Jade Lore*. New York, 1937.

Gombrich, E. H. *Art and Illusion: A Study in the Psychology of Pictorial Representation*. New York,
   1965.

——. *The Story of Art*. New York, 1951.

Gomes de Brito, José Joaquim. *Ruas de Lisboa*. 3 vols. Lisbon, 1935.

Goris, Jan Albert. *Etude sur les colonies marchandes méridionaces (portugais, espagnols, italiens) à
   Anvers de 1488 à 1567*. Louvain, 1925.

Gould, Charles. *Mythical Monsters*. London, 1886.

Graça Rarreto, J. A. da. *A descoberta da India ordenada em tapeçaria por mandado de El-Rei D.Manuel:
   Documento inedito do século XVI....* Coimbra, 1880.

Graul, Bichard. *Ostasiatische Kunst und ihr Einfluss auf Europa*. Leipzig, 1906.

Grossmann, F. *Bruegel: The Paintings*. Rev. ed. London, 1966.

Gruyer, Gustave. *L'art ferrarais à l'époque des princes d'Este*. 2 vols. Paris, 1897.

Gubematis, Angelo de. *Storia dei viaggiatori italiani nella Indie Orientali*. Leghorn, 1875.

——. *Zoölogical Mythology, or the Legends of Animals*. London, 1872.

Guimarães, Alfredo. *Mobiliário do Paláçio Ducal de Vila Viçosa*. Lisbon, 1949.

Gyllius, Petrus, (Gilles, Pierre). *Antiquities of Constantinople*. Translated by J. BalL London, 1729.

Händler, Gerhard. *Fürstliche Mäzene und Sammler in Deutschland von 1500 bis 1620*. Strassburg,

1933.

Hairs, M. L. *Les peintres flamands de fleurs au XVIIe siècle*. Brussels, 1955.

Hamy, Alfred. *Essai sur l'iconographie de la Compagnie de Jésus*. Paris, 1875.

Hamy,E. T. *Les origines du musée d'ethnographie: Histoire et documents*. Paris, 1890.

Harbeck, Hans. *Melchior Lorichs*. Hamburg, 1911.

Hartlaub, G. F. *Zauber des Spiegels: Geschichte und Bedeutung des Spiegels in der Kunst*.Munich, 1951.

Hartt, F. *Giulio Romano*. 2 vols. New Haven, Conn., 1958.

Haskell, Francis. *Patrons and Painters: A Study in the Relations between Italian Art and Society in the Age of the Baroque*. New York, 1963.

Haupt, Albrecht. *Die Baukunst der Renaissance in Portugal*. Frankfurt am Main, 1890.

Haydn, Hiram. *The Counter-Renaissance*. New York, 1950.

Hedicke, Robert. *Comelis Floris und die Florisdekoration*. Berlin, 1913.

Hempel, Eberhard. *Baroque Art and Architecture in Central Europe*. Baltimore, 1965.

Herculano de Moura, J. *Inscripções indianas em Cintra: Notulas de archeologia historica e bibliographia acerca dos templos Hindus de Somnáth-Patane e Elephante*. Nova Goa, 1906.

Hocke, René. *Die Welt als Labyrinth (Manier und Manie in der europäischen Kunst)*. Hamburg 1957.

Hodgen, Margaret T. *Early Anthropology in the Sixteenth and Seventeenth Centuries*. Philadelphia, 1964.

Holzhausen, W. *Lackkunst in Europa*. Brunswick, 1959.

Honey, W. B. *European Ceramic Art from the End of the Middle Ages to about 1815*. London, 1949.

Honour, Hugh. *Chinoiserie: The Vision of Cathay*. London, 1961.

Howe, William Norton. *Animal Life in Italian Painting*. London, 1912.

Huth, Hans. *Europäische Lackarbeiten, 1600-1850*. Darmstadt, n.d.

——.*Lacquer of the West: The History of a Craft and an Industry, 1550-1950*. Chicago,1970.

Hyde, J. A. Lloyd, and Espirito Santo Silva, Ricardo R. *Chinese Porcelains for the European Market, Water Colors and Descriptions by Eduardo Malta*. Lisbon, 1956.

Ilg, Albert, and Boeheim, W. *Das K. K. Schloss Ambras in Tirol*. Vienna, 1882.

Iñiguez, Almech F. *Casas reales y jardines de Felipe II*. Madrid, 1952.

Iversen, Erik. *The Myth of Egypt and Its Hieroglyphs in European Tradition*. Copenhagen, 1961.

Jacquot, Jean, (ed.). *Fêtes et cérémonies au temps de Charles Quint*. Paris, 1960.

Jairazbhoy, R. A. *Oriental Influences in Western Art*. Bombay, 1965.

Janson, H. W. *Apes and Ape Lore*. London, 1952.

Jennison, G. *Animals for Show and Pleasure in Ancient Rome*. Manchester, 1937.

Jenyns, Soames, and Watson, W. *Chinese Art: The Minor Arts*. Fribourg, 1965.

Jorge, Ricardo. *Amato Lusitano*. Lisbon, 1962.

Kantorowicz, Ernst. *Kaiser Friedrich der Zweite*. Berlin, 1931.

Kayser, Wolfgang. *Das Groteske: Seine Gestaltung in Malerei und Dichtung*. Hamburg,1957.

Kehrer, Hugo. *Die "Heiligen Drei Könige" in der Legende und in der deutschen bildenden Kunst bis Albrecht Dürer*. Strassburg, 1904.

Keil, Luis. *As tapeçarias de D.João de Castro*. Lisbon, 1928.

Kellenbenz, Hermann. *Untemehmerkräfte im Hamburger Portugal- und Spanienhandel, 1590-1625*. Hamburg, 1954.

Keller, Otto. *Die antike Tierwelt*. 2 vols. Leipzig, 1909.

Kemodle, George R. *Frotn Art to Theatre: Form and Convention in the Renaissance*. Chicago,1944.

Killermann, Sebastian. *Albrecht Dürers Tier- und Pflanzenzeichnungen und ihre Bedeutung für die Naturgeschichte*. Strassburg, 1910.

——. *Die Miniaturen im Gebetbuche Albrechts V von Bayern* (1574). "Studien zur deutchen Kunstgeschichte." Strassburg, 1911.

Kipling, J. L. *Beast and Man m India*. London, 1904.

Kisch, Wilhelm. *Die alten Strassen und Plätze Wiens*. Vienna, 1883.

Klemm, Gustav. *Zur Geschichte der Sammlungen für Wissenschaft und Kunst in Deutschland*, Zerbst, 1837.

Knappe, Karl-Adolf. Dürer: *The Complete Engravings, Etchings and Woodcuts*. New York, n.d.

Koehler, Wilhelm R. W., (ed.). *Medieval Studies in Honor of A. Kingsley Porter*. Cambridge, Mass., 1939.

Koeman, C. *Collections of Maps and Atlases in the Netherlands*. Leyden, 1961.

——. *The History of Abraham Ortelius and His "Theatrum orbis terrarum."* Lausanne, 1964.

Kriegk, G. L. *Geschichte von Frankfurt*. Frankfurt, 1871.

Kubler, G., and Soria, M. *Art and Architecture in Spain and Portugal*. "The Pelican History of Art," edited by Nikolaus Pevsner, VoL XVII. Baltimore, 1958.

Kühnel, Ernst. *Die Arabeske: Sinn und Wandlung eines Ornaments*. Wiesbaden, 1949.

Kühnel, Ernest, and Goetz, Hermann. *Indische Buchmalereien aus dem Jahângîr-Album der Staatsbibliothek zu Berlin*. "Buchkunst des Orients," Vol. II. Berlin, 1924.

Kunz, George Frederick. *The Curious Lore of Precious Stones*. New York, 1938.

——. *Ivory and the Elephant in Art, in Archaeology, and in Science*. New York, 1916.

Lane, Arthur. *Italian Porcelain*. London, n.d.

Lapeyre, Henri. *Une famille de marchands: les Ruiz. Contribution à l'etude du commerce entre la France et l'Espagne au temps de Phillippe II*. Paris, 1955.

Laufer, B. *The Giraffe in History and Art*. Chicago, 1928.

Lees-Milne, James. *Baroque in Spain and Portugal, and Its Antecedents*. London, 1960.

Legrand, F. C,, and Sluys, F. *Arcimboldo et les arcimboldesques*. Brussels, 1955.

Lehmann-Hartleben, K., and Olsen, E. C. *Dionysiac Sarcophagi in Baltimore*. Baltimore,1942.

Lewin, Louis. *Phantastica: Narcotic and Stimulating Drugs, Their Use and Abuse*. New York,1964.

Lhotsky, Alphorn. *Die Geschichte der Sammlungen*. In *Festschrift zur Feier des fünfzigjährigen Bestandes,* VoL II, Pts. 1 and 2. Vienna, 1941-45.

Lichtenberg, Reinhold. *Zur Entwicklungsgeschichte der Landschaftsmalerei bei den Niederländern und Deutschen im XVI. Jahrhundert*. Leipzig, 1892.

Lieb, N. *Die Fugger und die Kunst im Zeitalter der hohen Renaissance*. Munich, 1958.

Liverani, Guiseppe. *Catalogo delle porcellane dei Medici*. Faenza, 1936.

———. *Five Centuries of Italian Majolica*. New York, 1960.

Loisel, Gustave. *Histoire des ménageries de l'antiquité à nos jours*. 3 vols. Paris, 1912.

Lopes, Joaquim Mauricio. *Les Portugais à Anvers au XVIe siècle*. Antwerp, 1895.

Lucas-Dubreton, Jean. *Le monde enchanté de la Renaissance: Jerôme Cardan l'halluciné*. Paris,1954.

Luchner, L. *Denkmal eines Renaissancefürsten: Versuch einer Rekonstrution des Ambraser Museums von 1583*. Vienna, 1958.

McCurdy, Edward. *The Mind of Leonardo da Vinci*. New York, 1939.

McDermott, W. C. *The Ape in Antiquity*. Baltimore, 1938.

Magalhães-Godinho, Vitorino. *Os descobrimentos e a economia mundial*. 2 vols. Lisbon,1963.

Mahon, Denis. *Studies in Seicento Art and Theory*. London, 1947.

Maiuri, A. *Pompei-Ercolana : I nuovi scavi*. Naples, 1927.

Mâle, E. *L'art religieux après le Concile de Trente*. Paris, 1932.

Marlier, Georges. *La renaissance flamande, Pierre Coeck d'Alost*. Brussels, 1966.

Martin, J. R. *The Farnese Gallery*. Princeton, N.J., 1965.

Masson, Georgina. *Italian Gardens*. New York, 1961.

May, Alfred. *Wien in alten Ansichten*. Salzburg, 1965.

May, Florence Lewis. *Hispanic Lace and Lace Making*. New York, 1939.

———. *Silk Textiles of Spain*. New York, 1957.

Mazzotti, Giuseppe. *Ville Venete*. Rome, 1963.

Meiss, Millard. *French Painting in the Time of Jean de Berry*. 2 vols. New York, 1967.

Menendez-Pidal, Gonzalo. *Imagen del mundo hacia 1570: Segun noticias del consejo de Indias y de los tratadistas espanoles*. Madrid, 1944.

Mercer, Edward. *English Art, 1553-1625*. Oxford, 1962.

Michel, Francisque. *Recherches sur le commerce, la fabrication, et l'usage des étoffes de soie, et d'argent, et autres tissues précieux en occident, principalement en France, pendant le moyen âge*.

2 vols. Paris, 1852-54.

Michiel, Marcantonio. *Notizia d'opere di disegno pubblicata e illustrata da D. Jacopo Morelli.* Bologna, 1884.

Molinier, E. *Venise, ses arts décoratifs.* Paris, 1889.

Murray, David. *Museums: Their History and Their Use.* 3 vols. Glasgow, 1904.

Murray, H. J. R. *A History of Chess.* London, 1913.

Murray, Linda. *The Late Renaissance and Mannerism.* New York, 1967.

Naravane, V. S. *The Elephant and the Lotus.* Bombay, 1965.

Nichols, R. S. *Spanish and Portuguese Gardens.* New York, 1902.

Nissen, Claus. *Die naturwissenschaftliche Illustration.* Bad Münster am Stein, 1950.

——. *Herbais of Five Centuries.* Munich, 1958.

Oakeshott, Walker Fraser. *Some Woodcuts by Hans Burgkmair (Printed as Appendix to the Fourth Part of Le Retatimi universali di Giovianni Botero," 1618).* Oxford, 1960.

Oberhummer, Eugen. *Konstantinopel unter Suleiman dem Grossen: Aufgenommen im Jahre 1559 durch Melchior Lorichs aus Flensburg.* Munich, 1902.

Olmedilla y Puig, Joquin. *Estudio histórico de la vida y escritos del sabio médico, botánico, y escritor del siglo XVI, Cristobal Acosta.* Madrid, 1899.

Olschki, Leo. *Marco Polo's Asia.* Berkeley,1960.

Orbaan, J. A. F. *Stradanus te Florence, 1553-1605.* Rotterdam, 1903.

Panofsky, Erwin. *The Life and Art of Albrecht Dürer.* 2 vols. Princeton, 1955.

Parr, C. M.*Jan van Linschoten: The Dutch Marco Polo.* New York, 1964.

Pecchiai, Pio. *Il Gesù di Roma.* Rome, 1952.

——. *Roma nel cinquecento.* Bologna, 1948.

Peregallo, Prospero. *Cenni intomrn alla colònia italiana in Portogallo nei sècoli XIV, XV, e XVI.* Genoa, 1907.

Pereira, Gabriel. *Estudos eborenses, historia e arqueologia.* 3 vols. Evora, 1947-50.

Petri ab Hartenfels, G. C. *Elephantographia curiosa.* Erfurt, 1715.

Pevsner, N. *Academies of Art, Past and Present.* Cambridge, 1940.

Phillips, J. G. *China-Trade Porcelain.* Cambridge, Mass., 1956.

Phipson, Emma. *Animal Lore of Shakespeare's Time.* London, 1883.

Pinto, A. C. *Cadeiras portuguesas.* Lisbon, 1952.

Piper, Reinhard. *Das Tier in der Kunst.* Munich, 1922.

Plat, Hugh. *The Jewell House of Art and Nature.* London, 1653.

Podreider, F. *Storia dei tessuti d'arta in Italia.* Bergamo, 1928.

Pölnitz, G. F. von. *Jakob Fugger, Kaiser, Kirche, und Kapital in der oberdeutschen Renaissance.*2 vols.

Tübingen, 1949-51.

Pope, John Alexander. *Chinese Porcelains from the Ardebil Shrine*. Washington, D.C., 1956.

——. *Fourteenth-Century Blue-and- White: A Group of Chinese Porcelains in the Topkapu*

Sarayi Müzasi, Istanbul. Freer Gallery of Art, "Occasional Papen," Vol. II, No. 1. Washington, D.C., 1952.

Portmann, A. *Die Tiergestalt*. Basel, 1948.

Pouzyna, I. V. La *Chine, l'Italie et les débuts de la Renaissance (XIIIᵉ-XIVᵉ siècles)*. Paris,1935.

[Powell, Thomas.] *The History of Most Curious Manual Arts and Inventions....* 3d ed.London, 1675.

Praz, Mario. *Belleza e bizzarria*. Milan, 1960.

——. *Studies in Seventeenth-Century Imagery*. 2d ed. Rome, 1964.

Priezac, Salomon de. *L'histoire des éléphants*. Paris, 1650.

Raczynski, Atarazy. *Les arts en Portugal*. Paris, 1846.

Randall, Lilian M. *Images in die Margins of Gothic Manuscripts*. Berkeley and Los Angeles, 1966.

Read, Conyers. *Lord Burghley and Queen Elizabeth*. New York, 1960.

——. *Mr. Secretary Cecil and Queen Elizabeth*. New York, 1955.

Réal, D. *Tissus espagnoles et portugais*. Paris, 1925.

Reidemeister, L. *China und Japan in der Kunstkammer der brandenburgischen Kurfüirsten*.Berlin, 1932.

Reinhardt, Hans. *Das Basler Münster*. Basel, 1961.

Reznicek, E. K. J. *Die Zeichnungen von Hendrick Goltzius*. 2 vols. Utrecht, 1961.

Riano, Juan F. *The Industrial Arts in Spain*. London, 1879.

Ricci, Corrado. *L'architecture italienne au XVI e siècle*. Paris, n.d.,

——. *Il tempio malatestiano in Rimini*. Milan and Rome, n.d.

Richards, G. R. B. *Florentine Merchants in the Age of the Medicis*. Cambridge, 1932.

Richter, Christian. *Über die fabelhaften Thiere*. Gotha, 1797.

Ridolfi, Carlo. *Le maraviglie dell'arti*. Venice, 1648.

——. *Vita di Giacopo Robusti detto il Tintoretto....* Venice, 1642.

Riegler, R. *Das Tier im Spiegel der Sprache: Ein Beitrag zur vergleichenden Bedeutungslehre*. Leipzig, 1909.

Robin, P. A. *Animal Lore in English Literature*. London, 1936.

Rodocanachi, E. *La première Renaissance: Rome au temps de Jules II et de Léon X*. Paris, 1912.

Rogers, Millard B. "A Study of the Makara and Kirttimukha with Some Parallels in Romanesque Architectural Ornament of France and Spain." Ph.D. dissertation, Department of Art, University of Chicago, 1965.

Roscoe, W. *The Life and Pontificate of Leo X*. 4 vols. London, 1827.

Rose, W. *The Epic of the Beast*. London, n.d.

Rossi, Vittorio. *Dal Rinascimento al Risorgimento*. "Scritti di critica litteraria," Vol. III. Florence, 1930.

Rowland, Benjamin, Jr. *Art in East and West: An Introduction through Comparison*. Cambridge, Mass., 1954.

Roy, Claude. *Arts fantastiques*. Paris, 1960.

Rozan, C. *Les animaux dans les proverbes*. 2 vols. Paris, 1902.

Rubio, Julián Maria. *Felipe II y Portugal*. Madrid, 1927.

Ruska, J. *Das Steinbuch des Aristoteles*. Heidelberg, 1912.

Russo, Lia. *La fontana di piazza Pretoria in Palermo*. Palermo, 1961.

Saintenoy, Paul *Les arts et les artistes à la cour de Bruxelles*. Académie royal de Belgique, Classe des Beaux-Arts, "Mémoires," 2d ser., Vol. II, fase. 3. Brussels, 1932.

Salis, Arnold von. *Antike und Renaissance*. Zurich, 1947.

Sampayo Ribeiro, Mario de. *O retrato de Damião de Gois por Alberto Dürer, processo e historia de uma atoarda*. Coimbra, 1943.

Santos, Reynoldo dos. *O azulejo em Portugal*. Lisbon, 1957.

——. *Faiança portuguesa, séculos XVI e XVII*. Lisbon, 1960.

——. *O estilo manuelino* Lisbon, 1952.

——. *Oito séculos de arte portuguesa: História e espirito*. Lisbon, 1967.

——. *A Torre de Belém, 1514-20*. Coimbra, 1922.

Santos Simões, J. *Os azulejos do paço de Vila Viçosa*. Lisbon, 1945.

Scheil, Gustav. *Die Tierwelt in Luthers Bildersprache in seinen reformatorisck-historischen und polemischen deutschen Schriften*. Bernburg, 1897.

Schéle, Sune. *Cornelis Bos: A Study of the Origins of the Netherland Grotesque*. Stockholm,1965.

Scherer, Valentin. *Die Ornamentik bet Albrecht Dürer*. Strassburg, 1902.

Schierlitz, E. *Die bildlichen Darstellungen der indischen Gottestrinität in der älteren ethnographischen Literatur*. Munich, 1927.

Schlosser, Julius von. *Die Kunst- und Wunderkammern der Spätrenaissance*. Leipzig, 1908.

Schramm, Percy E. *Sphaira, Globus, Reichsapfel, Wanderung und Wandlung eines Herrschcftszeichens*. Stuttgart, 1958.

Schürer, Oskar. *Prag: Kukur, Kunst, Geschichte*. Vienna and Leipzig, 1930.

Schuette, Maria, and Müller-Christensen, Sigrid. *The Art of Embroidery*. London, 1964.

Schwoebel, Ralph. *The Shadow of the Crescent: The Renaissance Image of the Turk (1453-1517)*. Nieuwkoop, 1967.

Seznec, Jean. *La survivance des dieux antiques: Essai sur le rôle de la tradition mythologique dans l'Humanisme et dans l'art de la Renaissance*. London, 1940.

Shearman, John *Mannerism*. London, 1967.

Shepard, Odell. *The Lore of the Unicorn*. Boston and New York, 1930.

Silva Nascimento, João Filipe da, and Cardoso Pinto, Augusto. *Cadeiras portugueses*. Lisbon, 1952.

Silveira, Luis. *Ensaio de iconografia das cidades portuguesas do ultramar*. 4 vols. Lisbon, 1957.

Skelton, R. A. *Decorative Printed Maps of the 15th to 18th Centuries*. London, 1952.

Slomann, V. *Bizarre Designs in Silks*. Copenhagen, 1953.

Smith, Ronald Bishop. *The First Age of the Portuguese Embassies. ..to the Kingdoms and Islands of Southeast Asia (1509-21)*. Bethesda, Md., 1968.

Smith, William S. *Interconnections in the Ancient Near East: A Study of the Relationships between the Arts of Egypt, the Aegean, and Western Asia*. New Haven, 1965.

Smyth, C. H. *Mannerism and Maniera*. Locust Valley, N.Y., 1963.

Soil, E. *Les tapisseries de Tournai*. Tournai, 1892.

Solier, René de. *L'art fantastique*. Paris, 1961.

Soulier, Gustave. *Les influences orientales dans la peinture toscane*. Paris, 1924.

Sousa Viterbo, Francesco Marques de. *O thesouro do rei de Ceylão....* Lisbon, 1904.

Souza, Luiz de. *Vida de Dom Fr. Bartolomeu dos Martires.*Vianz, 1619.

Speth-Holterhoff, S. *Les peintres flamands de cabinets d'amateurs au XVIIe siècle*. Brussels,1957.

Sponsel, J. L. *Das Grüne Gewölbe zu Dresden*. 4 vols. Leipzig, 1925-32.

Stengel, Walter. *Alte Wohnkultur in Berlin und in der Mark im Spiegel des Quellens des 16.-19. Jahrhunderts*. Berlin, 1958.

Sterling, Charles. *La nature morte de l'antiquité à nos jours*. Paris, 1952.

Sthyr, Jergen. *Dansk Grafik, 1500-1800*. 2 vols. Copenhagen, 1943.

Stockbauer, Jacob. *Die Kunstbestrebungen am bayerischen Hofe unter Herzog Albrecht V und Herzog Wilhelm V.* "Quellenschriften für Kunstgeschichte," Vol VIII. Vienna, 1874.

Strauss, Gerald. *Nuremburg in the Sixteenth Century*. Bloomington, Ind., 1967.

Strzygowski, J. *Der Bilderkreis des griechischen Physiologus des Kosmas Indicopleustes und Okateuch nach Handschriften der Bibliothek zu Smyrna*. Leipzig, 1899.

——*et al. Asiatische Miniaturenmalerei*. Klagenfurth, 1933.

Stuart, Dorothy M. *A Book of Birds and Beasts*. London, 1957.

Targioni-Tozzctti, Antonio. *Cenni storicid sulla introduzione di varie piante nell' agricoltura e orticoltura*. Florence, 1896.

Taylor, Francis Henry. *The Taste of Angels: A History of Art Collecting from Rameses to Napoleon*. Boston, 1948.

Telfer, W. *The Treasure of São Roque: A Sidelight on the Counter Reformation*. London, 1932.

Tervarent, G. de. *Attributs et symboles dans l'art profane, 1450-1600.* 2 vols. Geneva, 1958.

Thode, Henry. *Tintoretto.* Bielefeld and Leipzig, 1901.

Thoma, Hans. *Kronen und Kleinodien: Meisterwerke des Mittelalters und der Renaissance aus den Schatzkammern der Residenz zu München.* Munich, 1955.

Thompson, James W., (ed.). *The Frankfurt Book Fair: The Francofordiense Emporium of Henri Estienne.* Chicago, 1911.

Thomson, W. G. *A History of Tapestry.* London, 1930.

Tooley, R. V. *Maps and Map-Makers.* London, 1949.

Torino y Monzó, E. *Os desenhos das antiqualhas que vio Francisco d'Ollanda, pintor português.* Madrid, 1940.

Valenti, D. *Museum Museorum.* Frankfurt am Main, 1703-14.

Vasconcelos, Joaquem Antonio da Foncesca. *Ceramica portuguesa.* Oporto, 1884.

——. *Ourivesaria portuguesa.* 2 vols. Porto, 1914-15.

Vieira da Silva, A. *As muralhas da Ribeira de Lisboa.* 2 vols. Lisbon, 1940-41.

Vilhena Barbosa, Ignacio de. *Apontamentos para a história das collecções e dos estudos de zoologia em Portugal.* Lisbon, 1885.

Vocht, H. de. *History of the Foundation and Rise of the Collegium Trilingue Lovaniense, 1517- 1550.* 4 vols. Louvain, 1951-55.

Volker, T. *Porcelain and the Dutch East India Company.* Leyden, 1954.

Voss, Hermann. *Die Malerei der Spätrenaissance in Rom und Florenz.* 2 vols. Berlin, 1920.

Wagner, Henry R. *Sir Francis Drake's Voyage around the World.* San Francisco, 1926.

Walker, John. *Bellini and Titian at Ferrara: A Study of Styles and Taste.* London, 1956.

Wallis, Henry. *The Oriental Influence on the Ceramic Art of the Italian Renaissance.* London, 1900.

Watson, W. C. *Portuguese Architecture.* London, 1908.

Wauvermans, H. E. *Histoire de l'école cartographique belge et anversoise du XVIᵉ siècle.* 2 vols. Amsterdam, 1964.

Werner, K. *Die Sammlungen Kremsmünster.* Berlin, 1936.

White, T. H. *The Book of Beasts.* London, 1954.

Wichmann, Hans, and Wichmann, Siegfried. *Schach: Ursprung und Wandlung der Spielfigur in zwölf Jahrhunderten.* Munich, 1960.

Wiles, Bertha Harris. *Fountains of Florentine Sculptors and Their Followers.* Cambridge, 1933.

Willett, C. W., and Cunningham, P. *The History of Underclothes.* London, 1951.

Winzinger, F. *Die Zeichnungen Martin Schongauers.* Berlin, 1962.

Würtenberger, F. *Der Manierismus.* Vienna, 1962. English edition, New York, 1964.

Yates, Frances A. *The Valois Tapestries.* London, 1959.

Yerkes, R. M., and Yerkes, A. W. *The Great Apes*. New Haven, 1929.

Yriarte, Charles. *Un condottiere au XVe siècle*. Paris, 1882.

Zimmermann, Max. *Die bildenden Künste am Hofe Herzog Albrechts V. von Bayern*. Strass¬burg, 1895.

ARTICLES

Åberg, Nils. "The Orient and Occident in the Art of the Seventh Century," *Vitterhets Historie och Antikvitats akademiens Handlingar* (Stockholm), Vol. LVI, Nos. 1-3 (1943-47).

Adhémar, Jean. "The Collection of Paintings of Francis the First," *Gazette des Beaux Arts*, XXX (1946),5-16.

——. "French Sixteenth Century Genre Painting," *Journal of the Warburg and Courtauld Institutes*, VIII (1945), 191-95.

Antal, F. "The Social Background of Italian Mannerism," *Art Bulletin*, XXX (1948), 82-103.

Aquarone, J. B. "L'aventure portugaise dans les mers de l'Inde," *Bulletin de l'Association Guillaume Budé*, 3d ser., No.3 (1953), pp. 62-79.

Aquirre, Emiliano. "Evolutionary History of the Elephant," *Science*, CLXIV (June 20,1969), 1366-75.

Askew, P. "Perino del Vaga's Decorations for the Palazzo Doria, Genoa," *Burlington Magazine*, XCVIII (1956), 46-56.

Avery, Louise. "Chinese Porcelain in English Mounts," *Metropolitan Museum of Art Bulletin*, N.S., II(1943), 266-72.

Ball, V. "A Commentary on the Colloquies of Garcia da Orta, on the Simples, Drugs, and Medicinal Substances of India," *Proceedings of the Irish Academy*, I (1889), 381-415.

Baltrušaitis, Jurgis. "Monstres et emblèmes; une survivance du moyen âge aux XV et XVI siècles," *Médecine de France*, XXXIX (1953), 17-30.

Bandmann, Günther. "Das Exotische in der europäischen Kunst" In *Der Mensch und die Künste: Festschrift Heinrich Lützeler*, pp. 337-54. Düsseldorf, 1962.

——. "Ikonologie des Ornamentes und der Dekoration," *Jahrbuch für Asthetik und allgemeine Kunstwissenschaft*, IV (1958-59), 232-58.

Bataillon, M. "La cour découvre le nouveau monde." In J. Jacquot (ed.), *Fêtes et cérémonies au temps de Charles Quint*, pp. 13-27. Paris, 1960.

Benesch, O. "The Orient as a Source of Inspiration of the Graphic Arts of the Renaissance." In *Festschrift Friedrich Winkler*, pp. 242-53. Berlin, 1959.

Bentham-Jutting, W. S. S. van. "A Brief History of the Conchological Collections at the Zoölogical Museum of Amsterdam, with Some Reflections on 18th Century Shell Cabinets and Their

Proprietors...," *Bijdragen tot de Dierkunde*, XXVII (1939), 167-246.

Bernard, Henri. "Humanisme Jésuite et Humanisme de l'Orient," *Analecta Gregoriana* (Rome), 1954, pp. 187-92.

——. "Le passage de Guillaume Postel chez les premiers Jésuites de Rome (mars 1544-decembre 1545)." In *Mélanges Chamard*, pp. 227-43. Paris, 1951.

Beylen, J. van. "Schepen op kaarten ten tijde van Gerard Mercator," *Duisburger Forschungen*, VI (1962), 122-42.

Bialostocki, Jan. "Les bêtes et les humaines de Roelant Savery," *Musées royaux des Beaux-Arts Bulletin* (Brussels), No. 1 (March, 1958), pp. 69-97.

Blair, Patrick. "Osteographia elephantina; or, A Full and Exact Description of All the Bones of an Elephant, Which Died near Dundee, April die 27th, 1706...," *Philosophical Transactions*, (London), XXVII (1710-12), 53-168.

Born, Wolfgang. "An Indo-Portuguese Painting of the Late Sixteenth Century," *Gazette des Beaux-Arts*, XXX (1946), 165-78.

——. "Some Eastern Objects from the Hapsburg Collections," *Burlington Magazine*, LXIX (1936), 269-76.

——. "Textile Ornaments of the Post-Classical East and of Medieval Europe," *Ciba Review*, No. 37(1941), pp. 1331-46.

Boxer, C. R. "The Carreira da India (Ships, Men, Cargoes, Voyages)." In *O centro de estudos históricos ultramarinos e as comemorações henriquinas*, pp. 33-82. Lisbon, 1961.

——. "Portuguese Influence in Japanese Screens, from 1590 to 1614," *The Connoisseur*, XCVIII (1936), 79-85.

Braamcamp Freire, Anselmo. "Inventario da guarda-roupa de D. Manuel," *Archivo historico portuguez*, II(1904), 381-415.

——, (ed.). "Cartas de quitaçao del Rei D. Manuel," *Archivo historico portuguez*, I(1903). 94-96, 163-68, 200-208, 240-48, 276-88, 328, 356-68, 398-408, 447-48.

Bretschneider, E. "Early European Researches into the Flora of China," *Journal of the North China Branch of the Royal Asiatic Society*, N.S., XV (1880), 1-186.

Briggs, George W. "The Indian Rhinoceros as a Sacred Animal," *Journal of the American Oriental Society*, LI (1931), 276-82.

Brito, Gomes de. "Os pachidermes do estado d'El Rei D. Manuel," *Revista de educação e ensino*, IX(1894), 80-85.

Burckhardt, Jakob. "Die Sammler." In *Beiträge zur Kunstgeschichte von Italien*, pp. 341-573. 2d ed. Stuttgart, 1911.

Cagnat, R. "La première représentation connue du mode d'embarquement de l'éléphant," *L'ami des monuments et des arts* (Paris), XIV (1900), 67-70.

Calvesi, Maurizio. "Il sacro bosco di Bomarzo." In *Scritti di storia dell'arte in onore di Lionello Venturi*, I, 369-402. Rome, 1956.

Cauwenberghe, E. van. "Quelques recherches sur les anciennes manufactures de tapisseries à Audenarde," *Annales de l'académie d'archéologie de Belgique*, XIII (1856), 271-94, 429-73.

Cesano, S. L. "Le monete di Cesare," *Atti della pontifica Accademia Romana di Archeologia*, 3d ser., *Rendicont,* XXIII-XXIV (1947-48), 103-51.

Chartrou, J. M. "Les entrées solonnelles à Bordeaux au XVIe siècle," *Revue historique de Bordeaux*, XXIII (1930), 49-59, 97-104.

Châtelet-Lange, Liliane. "The Grotto of the Unicorn and the Garden of the Villa di Castello," Art Bulletin, L (1968), 51-58.

Chattopadhyaya, Kamaladevi. "Origin and Development of Embroidery in Our Land." In *Textiles and Embroideries of India*, Pt. 2, pp. 5-10. Bombay, 1965.

Chmelenz, E. "Das Diurnale oder Gebetbuch des Kaiser Maximilians I," *Jahrbuch der kunsthistorischen Sammlungen des allerhöchsten Kaiserhauses*, III (1885), 95-128.

Codrington, K. de B. "Mughal Marquetry," *Burlington Mazagine*, LVIII (1931), 79-85.

Codrington, Ralph, and Edwards, K. de B. "The Indian Period of European Furniture: A Reply to Dr. Slomann," *Burlington Magazine*, LXV (1934), 273-78.

Cole, F. J. "The History of Albrecht Dürer's Rhinoceros in Zoölogical Literature." In Science, Medicine *and History: Essays on the Evolution of Scientific Thought and Medical Practice, Written in Honour of Charles Singer*, 1,337-56. Collected and edited by E.Ashworth Underwood. London, 1953.

Coste, C. "Anciennes figurations du rhinocéros," *Acta tropica*. III (1946), 116-29.

Dainville, François de. "Les amateurs de globes," *Gazette des Beaux-Arts*, 6th ser., LXXI (1968), 51-64.

Delen, A. J. J. "Bücherillustrationen des Peter Coeck van Alost," *Gutenberg Jahrbuch*, 1930, pp. 189-97.

Delisle, Leopold. "L'éléphant de Henri IV," *Bibliothèque de l'Ecole des Chartes*, LIV (1893), 358-62.

De Roover, Florence E. "Lucchese Silks," *Ciba Review*, No. 80 (1950), pp. 2902-30.

Dodgson, Campbell. "The Story of Dürer's Ganda." In A. Fowler (ed.), *The Romance of Fine Prints*, pp. 45-56. Kansas City, 1938.

Doege, Heinrich. "Die Trachtenbücher des 16. Jahrhunderts." In *Beiträge zur Bücherkunde und Philologie: August Wilmanns zum 25 März 1903 gewidmet*, pp. 429-44. Leipzig, 1903.

Dony, Paul. "Der Manuelstil in Portugal (1495-1521)," *Das Münster: Zeitschrift für christliche Kunst und Kunstwissenschaft*, XIX (1966), 229-43.

Druce, G. C. "The Elephant in Medieval Legend and Art," *Archaeological Journal*, LXXVI (1919), 1-73.

Dworschak, F. "Die Renaissancemedaille in Österreich," *Jahrbuch der kunsthistorischen Sammlungen in Wien*, N.S., I (1926), 215-25.

Ehlers, E. "Bemerkungen zu den Tierdarstellungen im Gebetbuche des Kaisers Maximilian I," *Jahrbuch der königlichen preussischen Kunstsammlungen*, XXXVIII (1917), 151-76.

Ehrmann, J. "Drawings by Antoine Caron for the Valois Tapestries," *Art Quarterly*, XXI (1958), 47-65.

Einstein, L. "A Chinese Design in St. Mark's at Venice," *Revue archéologique*, 5th ser., XXIV (1926), 28-31.

Erdmann, K. "Orientalische Tierteppiche auf Bildern des 14. und 15. Jahrhunderts," *Jahrbuch der königlichen preussischen Kunstsammlungen*, L (1929), 261-98.

Erffa, Hans Martin von. "Das Programm der Westportale des Pisaner Domes," *Mitteilungen des kunsthistorischen Institutes in Florenz*, XII (1965), 55-106.

Ettinghausen, Richard. "Near Eastern Book Covers and Their Influence on European Bindings," *Ars orientalis*, III (1959), 113-31.

Falke, Otto von. "Chinesische Seidenstoffe des 14. Jahrhunderts und ihre Bedeutung für die Seidenkunst Italiens," *Jahrbuch der königlichen preussischen Kunstsammlungen*, XXXIII (1912), 176-92.

Faria de Morais, A. "Les tapisseries de D. João de Castro,"*Bulletin des études portugaises et de l'institut fiançais au Portugal*, N.S., XIX (1955-56), 64-138.

Fechner, Jelena. "Die Bilder von Rodant Savery in der Eremitage," *Jahrbuch des kunsthistorischen Institutes der Universität Graz* (Graz, 1966-67), II, 93-101.

Filliozat, Jean. "L'Inde et les échanges scientifiques dans l'Antiquité," *Journal of World History*, I (1953-54). 353-67.

——. "Les premières étapes de l'indianisme," *Bulletin de l'Association Guillaume Budé*,3d ser., No. 3 (1953), pp. 80-96.

Focillon, Henri. "Quelques survivances de la sculpture romane dans l'art français." In W. R. W. Koehler (ed.), *Medieval Studies in Memory of A Kingsley Porter*, II, 453-66. Cambridge, Mass., 1939.

Frade, Fernando. "Os animais e seus produtos nos *Co lóquios* de Garcia da Orta." *Garcia da Orta*, 400th Anniversary Volume (1963), pp. 695-714.

Francesco, Grete de. "Silk Fabrics in Venetian Paintings," *Ciba Review*, No. 29 (1940), pp. 1036-48.

Friedländer, Max J. "Der Meister mit dem Papagei," *Phoebus* (Basel), II (1949), 49-54.

Gibbs, F. W. "Historical Survey of the Japanning Trade (I-IV)," *Annals of Science* (London), VII (1951),

401-6; IX (1953), 88-95,197-232.

Giglioli, H. H. "Notes on Some Remarkable Specimens of Old Peruvian 'Ars plumaria't in the Mazzei Collection," *Internationales Archiv für Ethnographie*, VII (1894), 221-26.

Giglioli, O. H. "Jacopo Ligozzi disegnatore e pittore di piante e di animali," *Dedale*, IV (1923-24), 554-60.

Giuseppi, M. S. "The Work of Theodore de Bry and His Sons, Engraven," *Proceedings of the Huguenot Society of London*, XI (1915-17), 204-26.

Goetz, Hermann. "An Indian Element in 17th Century Dutch Art," *Oud-Holland*, LIV (1937), 222-30.

——. "Oriental Types and Scenes in Renaissance and Baroque Painting," *Burlington Magazine*, LXXIII(1938), 53-60.

Goeze, E. "Liste der seit dem 16. Jahrhundert bis auf die Gegenwart in Gärten und Parks Europas eingeführten Bäume und Sträucher," *Mitteilungen der deutschen dendrologischen Gesellschaft*, XXV (1916), 129-201.

Goitein, S. D. "From the Mediterranean to India: Documents on the Trade to India, South Arabia, and East Africa from the Eleventh and Twelfth Centuries," *Speculum*, XXIX (1954), 181-97.

Gollob, H. "Der Turkismus und die Buchgraphik des 16. Jahrhunderts," *Gutenberg Jahrbuch*, XXXVII(1962), 425-29.

Gombrich, E. H. "Renaissance Artistic Theory and the Development of Landscape Painting," *Gazette des Beaux-Arts*, 6th ser., XLI (1953), 335-37.

Grabar, André "Le succès des arts orientaux à la cour Byzantine sous les Macédoniens," *Münchener Jahrbuch der bildenden Kunst*, 3d ser., II (1951), 32-60.

Gray, Basil "The Export of Chinese Porcelain to India," *Transactions of the Oriental Ceramic Society* (London), XXXVI (1964-66), 21-37.

Guerra, Francisco. "Drugs from the Indies and the Political Economy of the Sixteenth Century," *Analecta medico-historica*, I (1966), 29-54.

Haller, R. "The History of Indigo Dyeing," *Ciba Review*, No. 85 (1951), pp. 3077-81.

Hamann, Richard. "Das Tier in der Romanischen Plastik Frankreichs." In W. R. W. Koehler (ed.), *Medieval Studies in Memory of A. Kingsley Porter*, II, 413-52. Cambridge, Mass., 1939.

Hamy, E. T. "Le père de la zoologie française: Pierre Gilles d'Albi," *Revue des Pyrénées*, XII (1900), 561-88.

Hartt, F. "Raphael and Giulio Romano with Notes on the Raphael School," *Art Bulletin*, XXVI (1944), 67-94.

Hausmann, T. "Der Pommersche Kunstschrank," *Zeitschrift für Kunstgeschichte*, XXII (1959), 337-52.

Heckscher, William S. "Bernini's Elephant and Obelisk," *Art Bulletin*, XXIX (1947), 165-82.

Heichelheim, F. M. "Byzantine Silks," *Ciba Review*, No. 75 (1949), pp. 2742-67.

Heikamp, Detlef. "Zur Geschichte der Ufizien-Tribuna und der Kunstschränke in Florenz und Deutschland," *Zeitschrift für Kunstgeschichte*, XXVI (1963), 193-268.

Hendley, T. H. "Indian Animals, True and False, in Art, Religion, Etc.," *Journal of Indian Art and Industry* (London), XVI (1914), 71-80.

Hochstetter, Ferdinand von. "Ueber mexikanische Reliquien aus der Zeit Montezumas in der K. K. Ambraser Sammlung," Königliche Akademie der Wissenschaften (Vienna), Philosophisch-historische Classe, *Denkschriften*, pp. 83-104. Vienna, 1885.

Hoff, Door Bert van 't. "Gerard Mercator (1512-94) en de kartografie van de 16° eeuw," *Duisburger Forschungen*, VI (1962), 1-27.

HoogewerfF, G. J. "Philips van Winghe," *Mededeelingen van het Nederlandsch Historisch Instituut te Rome*, VII (1927), 59-82.

Huber, Eduard von. "Die Malerfamilie Burgkmair von Augsburg," *Zeitschrift des historischen Vereins für Schwaben und Neuburg*, I (1874), 310-20.

Irwin, John. "The Commercial Embroidery of Gujerat in the Seventeenth Century," *Journal of the Indian Society of Oriental Art*, XVII (1949), 51-56.

——. "Indian Textiles in Historical Perspective." In *Textiles and Embroideries of India*, Pt. I, pp. 4-6. Bombay, 1965.

——. "Indo-Portuguese Embroideries of Bengal," *Arts and Letters: The Journal of the Royal India, Pakistan and Ceylon Society*, XXVI (1952), 65-73.

——. "A Jacobean Vogue for Oriental Lacquer-Ware." *Burlington Magazine*, XCV(1953). 194.

——. "Origins of the' Oriental Style' in English Decorative Art," *ibid.*, XCVII (1955),106-14.

——. "Reflections on Indo-Portuguese Art," *ibid.*, XCVII (1955), 386-88.

Ivanov, Nicolas. "Fêtes à la cour des derniers Valois," *Revue du XVI° siècle*, XIX (1932), 96-122.

Ivins, William M. "A Neglected Aspect of Early Print-Making," *Metropolitan Museum of Art Bulletin*, VII (1948), 51-59.

Jenyns, Soames. "Feather Jacket (*Jimbaori*) of the Momoyama Period (1573-1638) Supposed to Have Belonged to Hideyoshi (1536-1598)," *British Museum Quarterly*, XXXII (1967), 48-52.

——. "The Chinese Porcelains in the Topkapu Saray, Istanbul," *Transactions of the Oriental Ceramic Society* (London), XXXVI (1964-66), 43-72.

Kaufmann, Alexander. "Über Thierliebhaberei im Mittelalter," *Historisches Jahrbuch der Görresgesellschaft*, V (1884), 399-423.

Kenner, Friedrich. "Die Porträtsammlung des Erzherzogs Ferdinand von Tirol," *Jahrbuch der kunsthistorischen Sammlungen des allerhöchsten Kaiserhauses*, XIX (1898), Pt. I,6-146.

Kiichi, Matsuda. "Armaduras japonesas en la Real Armería de Madrid," *Monumenta Nipponica*, XVI

(1960-61), 175-81.

Kish, George. "The Japan on the 'Mural Adas' of the Palazzo Vecchio, Florence," *Imago mundi*, VIII (1951), 52-54.

Kömmerling-Fitzler, Hedwig. "Der Nürnberger Georg Pock († 1528-29) in Portugiesisch-Indien und im Edelsteinland Vijayanagara," *Mitteilungen des Vereins für Geschichte der Stadt Nürnberg*, LV (1967-68), 137-84.

Kris, Ernst. "Georg Hoefnagel und die wissenschaftliche Naturalismus." In *Festschrift für Julius Schlösser*, pp. 243-53. Zurich, 1927.

———. "Der Stil 'Rustique,'" *Jahrbuch der kunsthistorischen Sammlungen in Wien*, N.S., I(1926), 137-208.

Kurz, O. "A Volume of Mughal Drawings and Miniatures," *Journal of the Warburg and Courtauld Institutes*, XXX (1967), 251-71.

Ladendorf, H. "Zur Frage der künstlerischen Phantasie." In *Mouseion: Studien aus Kunst und Geschichte für Otto H. Förster*, pp. 21-34. Cologne, 1960.

Laprade, Jacques de. "Un inventaire des tentures et des meubles transportés de Pau à Nérac en 1578," *Bibliothèque d'Humanisme et Renaissance*, XXIV (1962), 413-30.

Leix, Alfred. "Early Islamic Textiles," *Ciba Review*, No. 43 (1942), pp. 1573-78.

———. "The Sassanid Textiles and Their Influence on the Western World," *Ciba Review*, No. 43 (1942), pp. 1559-65.

Lemos, Maximiliano. "Damião de Goes," *Revista de história*, IX (1920), 5-19, 208-26; X (1921), 41-66; XI (1922), 34-66.

Lightbown, R. W. "Oriental Art and the Orient in Late Renaissance and Baroque Italy," *Journal of the Warburg and Courtauld Institutes*, XXXII (1969), 228-78.

Liu, James J. Y. "The *Fêng-yüeh Chin-nang*: A Ming Collection of Yüan and Ming Plays and Lyrics Preserved in the Royal Library of San Lorenzo, Escorial, Spam," *Journal of Oriental Studies* (Hongkong), IV (1957-58), 79-107.

Loehr, Max. "The Chinese Elements in the Istanbul Miniatures," *Ars orientalis*, I (1954), 85-89.

Lopes, Carlos da Silva. "As conquistas e descobrimentos na heráldica portuguesa do século XVI," *Armas e Troféus*, 2d ser., I, No. 2 (1960), 107-24.

Lozzi, Carlo. "Cesare Vecellio e i suoi disegni e intagli per libri di costumi e di merletti," *La bibliofilia*, I (1900), 3-11.

Madrazo, Pedro de. "Über Kronungsinsignien und Staatsgewänder Maximilian I. und Karl V. und ihr Schicksal in Spanien" *Jahrbuch der kunsthistorischen Sammlungen des allerhöchsten Kaiserhauses*, IX (1889), 45-51.

Marchesi, V. "Le relazioni tra la repubblica Veneta e il Portogallo dall' anno 1522 al 1797," *Archivio veneto*, XXXIII (1887), 9-42,283-307; XXXIV (1887), 5-30.

Matos, Luís de. "Forma e natura e costumi del rinoceronte," *Boletim intemacional de bibliografía Luso-Brasileira* I (1960), 387-98.

——. "Natura intelletto e costumi dell'elefante," *ibid.*, I (1960), 44-55.

McGrath, R. L. "The 'Old' and 'New' Illustrations for *Cartari's imagini...*," *Gazette des Beaux-Arts*, 6th ser., LIV (1962), 210-20.

Merrill, E. D. "Eastern Asia as a Source of Ornamental Plants," *Journal of the New York Botanical Garden*, XXXIV (1933), 238-43.

—— "Loureiro and His Botanical Work," *Proceedings of the American Philosophical Society*, LXXII (1933), 229-39.

Mez, M. L. "Una decorazione di Daniele da Volterra nel Palazzo Farnese a Roma," *Rivista d'arte*, XVI (1934), 276.

Mitchell, Charles. "Ex libris Kiriaci Anconitani," *Italia medioevale e umanistica*, V (1962), 280—88.

Moeller, M. A. "An Indo-Portuguese Embroidery from Goa," *Gazette des Beaux-Arts*, 6th ser., XXXIV (1948), 117-32.

Münsterberg, Oskar. "Bayern und Asien," *Zeitschrift des Münchener Alterthumsvereins*, N.S., VI (1894), 14-27.

——. "Leonardo da Vinci und die chinesische Landschaftsmalerei," *Orientalisches Archiv*, XII (1910), 92-100.

Müntz, M. "Les collections d'antiquités des Médicis," *Mémoires de l'Académie des Inscriptions*, XXXV, Pt. 2,140-53.

Nair, V. "A Nair Envoy to Portugal," *Indian Antiquary*, LVII (1928), 157-59.

Naumann, W. "Bark Cloth in the Reports of the First Explorers of the South Seas," *Ciba Review*, No. 33 (1940), pp. 1175-79.

Neumann, Erwin. "Das Inventar der rudolfinischen Kunstkammer von 1607/11." In Swedish National Museum, *Analecta reginensis*. Stockholm, 1966.

Neves Tavares, Carlos das. "A botânica nos *Colóquios* de Garda da Orta," *Garcia da Orta*, XI, No.4 (1963), 667-93.

Noack, Ferdinand. "Triumph und Triumphbogen." In *Vorträge der Bibliothek Warburg*, 1925-1926, pp. 185-90. Leipzig-Berlin, 1928.

Olschki, Leonardo. "Asiatic Exoticism and the Italian Art of the Early Renaissance," *Art Bulletin*, XXVI (1944), 95-108.

Palm, Erwin Walter. "Dürer's Ganda and a XVI Century Apotheosis of Hercules at Tunja," *Gazette des Beaux-Arts*, 6th ser., XLVHI (1956), 65-74.

Panofsky, D. and E. "Iconography of the Galerie François Ier," *Gazette des Beaux-Arts*, 6th ser., LII

(1958), 119-30.

Payne, Joseph Frank. "On the 'Herbarius' and 'Hortus sanitads,'" *Transactions of the Bibliographical Society*, VI (1900-1901), 63-126.

Pessanha,José, "A porcelana em Portugal: Primeiras tentativas，"*Archivo historico portuguez*, I (1903), 20-24, 58-64, 89-93,124-28,169-76,236-39.

Picard, G. C. "La mosaique romaine au Afrique du Nord," *Gazette des Beaux-Arts*, 6th ser., LII (1958), 198-203.

Popham, A. E. "Elephantographia," *Index to Life and Letters*, V (1930). 179—91.

——. "On a letter of Joris Hoefnagel," *Oud-Houand,* LIII (1936), 145-51.

Reidemeister, Leopold. "Philipp Hainhofer und die ostasiatische Kunst." In *Festschrift Adolph Goldschmidt*, pp. 109-12. Berlin, 1935.

Reis-Santos, Luis. "Garrofas chinesas de Jorge Alvares," *Belas Artes: Revista e boletim da Academia National de Belas Artes* (Lisbon), 2d scr., No.18 (1962), pp. 59-69.

Rezende, Marquez de. "Embaixada de El-Rei D. Manuel ao Papa Leão X," *O Panorama: Journal litterario e instructivo*, XI (1854), 219-22, 253-55, 261-63, 271-72, 274-75.

Rinaldi, Stefania Mason. "Appunti per Paolo Fiammingo," *Arte veneta*, XIX (1965). 95-105.

Roethlisberger, MarceL "La tenture de la licorne dans la Collection Borromée," *Oud Holland*, LXXXII (1967), 85-115.

Romdahl, Axel L. "Pieter Brueghel der Ältere und sein Kunstschaffen," *Jahrbuch der kunsthistorischen Sammlungen des allerhöchsten Kaiserhauses*, XXV (1905). 85-169.

Rowe, J. H. "The Renaissance Foundations of Anthropology," *American Anthropologist*, LXXVII (1965), 1-20.

Rumpf Fritz. "Beiträge zur Geschichte der frühen Spielkarten." In *Festschrift Adolph Goldschmidt*, pp. 77-91. Berlin, 1935.

Salerno, Luigi. "Arte, scienza e collezioni nel manierismo." In *Scritti di storia dell' arte in onore di Mario Salmi*,III, 193-214. Rome, 1963.

Santos, Reynaldo dos. "A exposição de arte portuguesa em Londres," *Belas Artes* (Lisbon), 2d ser., No.9 (1956), pp. 6-9.

——. "A India Portuguesa e as artes decorativas," *ibid.*, No.7 (1954), pp. 3-16.

Saxl, Fritz. "Die spätmittelalterliche Vermischung orientalischer und europäischer Tradition." In F. Saxl and H. Meier, *Verzeichnis astrologischer und mythologischer Handschriften*, pp. 90-118. London, 1953.

Schlegel, G. "Hennins or Conical Lady's Hats in Asia, China, and Europe," *T'oung pao*, III (1892), 422-29.

Schmidt, Robert. "China bei Dürer," *Zeitschrift des deutschen Vereins für Kunstwissenschaft*, VI (1939).

103-6.

Schuette, Marie. "History of Lace," *Ciba Review*, No. 73 (1949), pp. 2685-98.

Schulze, I "Zum Problem der Verweltlichung religiöser Bildformen in der deutschen Kunst des 16. Jahrhunderts und der Folgezeit," *Renaissance und Humanismus in Mittel- und Osteuropa*, I (1962), 249-60.

Schurhammer, Georg. "Desenhos orientais do tempo de S. Francisco Xavier," *Garcia da Orta*, Special Number (1956), pp. 247-56.

——. "Die Jesuitenmissionäre des 16. und 17. Jahrhunderts und ihr Einfluss auf die japanische Malerei" In *Jubiläumsband 1933 der deutschen Gesellschaft für Natur- und Völkerkunde Ostasiens*, I,116-26. Leipzig, 1934.

Seznec, Jean. "Erudits et graveurs au XVIᵉ siècle," *Mélanges d'histoire et d'archéologie*, XLVII (1930), 118-37.

——. "Un essai de mythologie comparée au debut du XVIIᵉ siècle," *ibid.*, XLVIII(1931), 268-81.

Sinor, Denis. "Sur les noms altaïques de la licorne," *Wiener Zeitschrift für die Kunde des Morgenlandes*, LVI (1960), 170-75.

Slomann, V. "Elfenbeinreliefs auf zwei singhalesischen Schreinen des 16. Jahrhunderts," *Pantheon*, XX (1937), 357-60; XXI (1938), 12-19.

——. "The Indian Period of European Furniture," *Burlington Magazine*, LXV (1934),113-26, 157-71, 201-14.

——. "The Indian Period of European Furniture: A Reply to Criticisms," *ibid.*, LXVI (1935), 21-26.

Soria, Martin S. "Francisco de Campos (?) and Mannerist Ornamental Design in Evora, 1555-1580," *Belas Artes* (Lisbon), 2d ser., No. 10 (1957), pp. 33-39.

Soulier, G. "Les influences persanes dans la peinture florentine du XVᵉ siècle." In *L'Italia e l'arte straniera*, pp. 194-98. Rome, 1922.

Sousa Viterbo, Francisco Marques de. "O orientalismo portugues no século XVI," *Boletim da Sociedade de geografia de Lisboa*, XII (1892-93), Nos. 7-8, pp. 317-30.

——. "O theatro na corte de D. Filippe H," *Archivo historico portuguez*, I (1903), 1-7.

Spinazzola, Vittorio. "Di un rinoceronte marmoreo del Museo Nazionali di Napoli (preteso falso di Pompei)," *Bollettino d'arte,* VII (1913), 143-46.

——. "Pompeii and My New Excavations," *Arts and Decorations,* XVIII (1923), 9-12.

Spriggs, A. I "Oriental Porcelain in Western Paintings, 1450-1700," *Transactions of the Oriental Ceramic Society* (London), XXXVI (1964-66), 73-87.

Standen, Edith A. "The *Suiets de la Fable* Gobelins Tapestries," *Art Bulletin*, XLVI (1964),143-57.

Stannard, Jerry. "Dioscorides and Renaissance Materia Medica," *Analecta medicohistorica*, I (1966), 1-21.

Steinlein, G. "München im 16. Jahrhundert," *Volkskunst und Volkskunde*, VIII (1910), 49-84.

Sterling, Charles. "Le paysage dans l'art européen de la Renaissance et dans l'art chinois," *L'Amour de l'art*, 1931, pp. 9-21,101-12.

Stevenson, Allan. "The Quincentennial of Netherlandish Blockbooks," *British Museum Quarterly*, XXXI (1967), 83-87.

Théodorides, J., and Grmek, M. D. "Remarques sur l'utilisation des animaux dans la matière médicale au XVIᵉ siècle," *Analecta medico-historica*, I (1966), 23-27.

Theuerkauff, Christian. "Zum Bild der Kunst- und Wunderkammer des Barock," *Alte und moderne Kunst*, LXXXVIII (1966), 2-18.

Thibout, Marc. "L' éléphant dans la sculpture romane française," *Bulletin monumental* (Paris), CV (1947), I83-95.

Thomas, Henry. "Copperplate Engravings in Portuguese Books of the Late Sixteenth Century," *The Library*, 4th ser., XXII (1942), 145-62.

Tietze-Conrat, E. "Die Erfindung im Relief, ein Beitrag zur Geschichte der Kleinkunst," *Jahrbuch der kunsthistorischen Sammlungen in Wien*, XXXV (1920), 99-176.

Toda, Kenji. "The Effect of the First Great Impact of Western Culture in Japan, Illustrated by the Study of the Introduction of the Western Form of Pictorial Art," *Journal of World History*, II (1954), 429-45.

Torre de Assunção, Carlos Fernando. "A mineralogia nos Colóquios," *Garcia da Orta*, Special Commemorative Volume (1963), pp. 717-21.

Toynbee, Paget. "Tartar Cloths," *Romania*, XXIX (1900), 559-64.

Van Beylen, Jules. "Schepen op kaarten ten tijde van Gerard Mercator," *Duisburger Forschungen*, VI (1962), 131-57.

Varde-Valivlakar, W. "An Account of the Expedition to the Temples of Southern India Undertaken by Martin Alfonso de Souza, the 12th Governor of Portuguese India," *Indian Antiquary*, XLI (1912), 238-48.

Varron, A. "From the History of the Umbrella and the Sunshade," *Ciba Review*, No. 42 (1942). pp. I5I9-25.

——. "The Umbrella as an Emblem of Dignity and Power," *ibid.*, No. 42 (1942), pp.1510-17.

Vetterli, W. A. "The History of Indigo," *Ciba Review*, No. 85 (1951), pp. 3066-71.

Waille, Victor. "Note sur l'éléphant, symbole de l'Afrique à propos d'un bronze récemment découvert à Berrouaghia (Algérie)," *Revue archéologique*, XVII (1891), 380-84.

Ward-Jackson, P. "Some Rare Drawings by Melchior Lorichs," *The Connoisseur*, CXXXV (1955). 88-89.

Wechser, Paul "The 'Idea' in Giuseppe Arcimboldo's Art," *Magazine of Art*, XLIII(1950), 3-8.

Weitzmann, Kurt. "Icon Painting in the Crusader Kingdom," *Dumbarton Oaks Papers*, No. XX (1966), pp. 51-83.

Weixlgärtner, A. "Die weltliche Schatzkammer in Wien," *Jahrbuch der kunsthistorischen Sammlungen in Wien*, N.S., I (1926), 300-303.

Weller, F. "Buddhistische Einflüsse auf die christliche Kunst des europäischen Mittelalters," *Wiener Zeitschrift für Kunde des Morgenlandes*, L (1954), 65-70.

Wentzel, Hans. "Abseitige Trouvaillen an Goldschmiedearbeiten." In F. Dettweiler *et al.* (eds.), *Studien zur Buchmalerei und Goldschmiedekunst des Mittelalters*, pp. 65-78. Marburg, 1967.

Wildenstein, Georges. "Un fournisseur d'habits de théâtre et de mascarades à Paris sous Henri III," *Bibliothèque d'Humanisme et Renaissance*, XXIII (1961), 99-106.

Winner, Matthias. "Raffael malt einen Elefanten," *Mitteilungen des kunsthistorischen Institutes in Florenz*, XI, Pts. II—III (November, 1964), 71-109.

Winzinger, Franz. "Albrecht Altdorfer und die Miniaturen des Triumphzuges Kaiser Maximilian I," *Jahrbuch der kunsthistorischen Sammlungen in Wien*, N.S. LXII (1966), 157-72.

Wittkower, R. "Miraculous Birds," *Journal of the Warburg Institute*, I (1937-38), 253-57.

——. "Marvels of the East. A Study in the History of Monsters," *ibid.*, V(1942), 157-97.

Yashiro, Yukio. "The 'Oriental' Character in Italian Tre-and Quattrocento Paintings," *East and West* (Rome), III (1952), 81-87.

Zander, Giuseppe, *et al.* "Gli elementi documentari sul Sacro Bosco," *Quaderni dell' Istituto di storia dell'architettura* (University of Rome), April, 1955, pp. 19-32.

CATALOGUES

L'art portugais de l'époque des grandes découvertes au XXe siècle. Published by Exposition portugaise de l'époque des grandes découvertes,... Paris, n.d.

Blancken, Gerard. *Catalogue de ce qu'on voit de plus remarquable dans la chambre de l'anatomie publique, de l'université de la ville de Leide. Rangè en ordre selon les nombres suivans par G... B....* Leyden, 1704.

Cart, Germaine, *et al. Le paysage en Orient et en Occident*. Paris, 1960.

Castres, France. Musée Goya. Musée Jaurès. *Les plus belles peintures des collections privées du Tarn du XVe au XVIIIe siècle*. Castres, 1956.

Fischer, E. *Melchior Lorck: Drawings from the Evelyn Collection at Stonor Park, England, and from the Department of Prints and Drawings, the Royal Museum of Fine Arts, Copenhagen*. Copenhagen, 1962.

Florence. Esposizione A. Vespucci. *Collection of Maps and Documents*. Florence, 1954-55.

——. Galleria degli Uffizi, Gabinetto disegni e stampe. *Mostra di disegni del Ligozzi*(1547-1626). Florence, 1924.

——. Galleria degli Uffizi, Gabinetto disegni e stampe. *Mostra di disegni di Jacopo Ligozzi* (1547-1626): *Catalogo*. Edited by M. Bacci and A. Forlani. Florence, 1961.

——. Palazzo Strozzi *Mostra della caccia nelle arti*. Florence, 1960.

Lisbon. Museu das Janelas Verdes. Esposiçao temporária. *Mobiliario Indo-Portugues*. Lisbon, 1938.

Margaret of Austria. *Margareta van Oostenrijk en haar Hof*. Mechelen, 1958.

Martin-Méry, Gilbert. *L'Europe et la découverte du monde*. Bordeaux, 1960.

Muraro, M. *Catalogue of the Exhibition of Venetian Drawings from the Collection Janos Scholz*. Venice, 1957.

Rogers, Francis M. *Europe Informed: An Exhibition of Early Books Which Acquainted Europe with the East*. Cambridge, Mass., 1966.

Rosas, José, Jr. *Palacio da Ajuda*: *Catalogo das jóias e pratas da coroa*. Lisbon, 1954.

Sweden. Stockholm Museum. *Dutch and Flemish Drawings*. Stockholm, 1953.

Thoma, H., and Brunner, H. *Schatzkammer der Residenz München: Katalog*. Munich, 1964.

Vienna. Kunsthistorisches Museum. *Sonderausstellung Karl V*. Vienna, 1958.

——. National Museum. *Führer durch die K. K. Ambraser Sammhtng*. Vienna, 1879,1882, and later years.

KATHERINA REGINA FRANCORVM

1. 版画：法国王后凯瑟琳·德·美第奇（Catharine de' Medici）肖像，作者汉斯·利夫林克（Hans Liefrinck），现藏于维也纳国家图书馆。图片来自 V. von Klarwill, *The Fugger News-Letters, Second Series*（London, 1926）, facing p.68。

2. 版画：提洛城（Tyrol）的费迪南德大公（Archduke Ferdinand）肖像，原作藏于维也纳艺术史博物馆。图片来自 J.von Schlosser, *Die Kunst-und Wunderkammern der Spätrenaissance* (Leipzig,1908），frontispiece。

3. 版画：凯旋的费迪南德大公肖像，见雅各布·施伦克·冯·诺青（Jakob Schrenk von Notzing）著博物馆藏品目录（*Armamentarium heroicum*，德文版，奥格斯堡，1603 年）。图片来自 A. Lhotsky, *Die Geschichte der Sammlungen*（Vienna, 1941-45），Vol. I, Pt.2, pl.XIX。

4，5. 阿姆布拉斯宫（Ambras）的中国工笔画，现藏于维也纳艺术史博物馆。两幅图片均来自 Schlosser，*op.cit.*（pl.2），facing p.74。

6. 阿姆布拉斯宫的东亚小工艺品，现藏于维也纳艺术史博物馆。图片来自 Schlosser, *op.cit.* （pl.2），p.68。

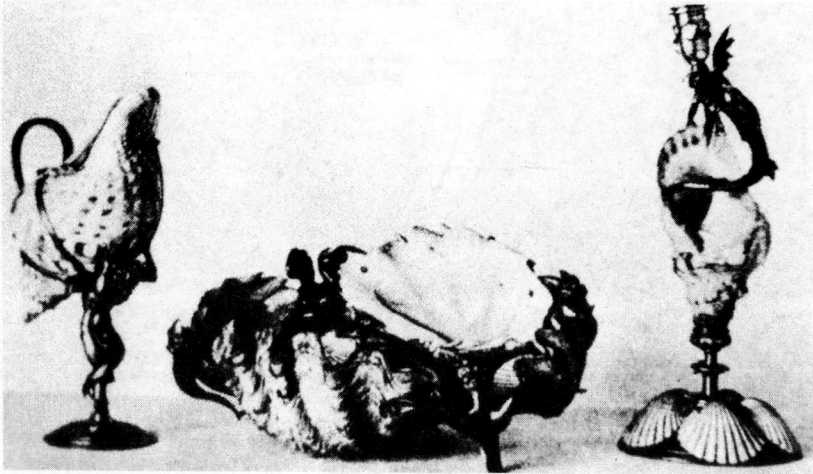

7. 阿姆布拉斯宫的贝壳镶嵌底座，现藏于维也纳艺术史博物馆。图片来自 Schlosser, *op.cit.*, p.50。

8. 阿姆布拉斯宫的牛黄石，现藏于维也纳艺术史博物馆。图片来自 Schlosser, *op.cit.* （pl.2），p.101。

9. 印度手工艺品——水晶石象，欧洲文艺复兴时期添加了饰有珐琅的金碗。图片来自W. Born, "Some Eastern Objects from the Hapsburg Collections," *Burlington Magazine*, LXIX（1936），pl.II*D*。

Den grösten schatz hat er allem
Von silber gold vnnd edel stem
Von perlen gut auch köstlich gwat
Als nie keim fürsten ward bekannt
Dauon zu gotes dienst vnnd eer
Vil geben hat vnd gibt noch mer

10. 木刻：皇帝马克西米利安一世（Emperor Maxmilian I）的宝藏，选取自阿尔布雷特·丢勒（Albrecht Dürer）的木刻长卷《凯旋》。现藏于维也纳艺术史博物馆。图片来自 Lhotsky, *op.cit.* (pl.3)，pl.IX。

11. 版画：石勒苏益格 - 荷尔斯泰因州 - 哥托普（Schleswig-Holstein at Gottorp）王公们的珍宝陈列馆。最早出版于 A.Olearius, *Gottorpische Kunstkammer*（石勒苏益格，1674年）。图片来自 F. C. Legrand and F. Sluys, *Arcimboldo et les arcimboldesques*（Brussels[1955]），pl.23。承蒙布鲁塞尔出版家安德烈·德·哈什（André de Rache）免费提供。

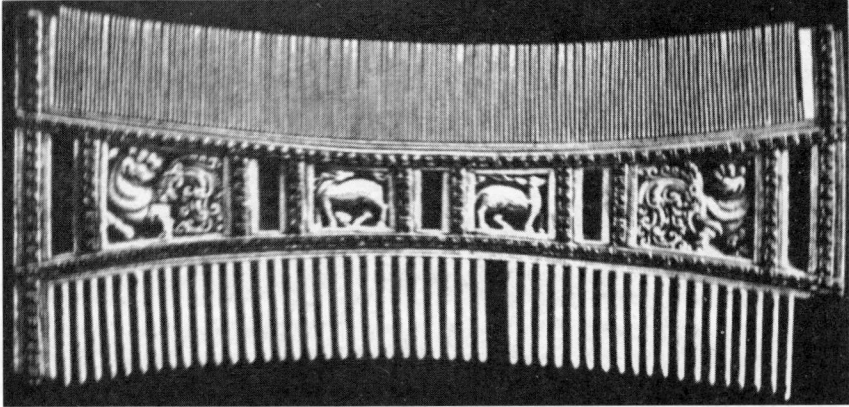

12. 僧伽罗象牙浮雕梳，藏于慕尼黑王宫博物馆（Residenzmuseum）。图片来自 V. Slomann, "Elfenbeinreliefs auf zwei singhalesischen Schreinen des 16. Jahrhunderts," *Pantheon*, XXI（1938），19。

13. 锡兰象牙箱正面，图片来自 Slomann, *loc.cit.*, pl.I。

14. 皇帝鲁道夫二世（Emperor Rudolf II）的牛黄石杯，据说出自扬·伏梅茵（Jan Vermeyen）之手。图片来自 A.Weixlgärtner, "Die weltliche Schatzkammer in Wien," *Jahrbuch der kunsthistorischen Sammlungen in Wien*, N.S.,I（1926），301。

15. 版画：查尔斯·库希乌斯（Carolus Clusius，又名 Charles de L'écluse）肖像，作者雅各布·德·盖恩（Jacob de Gheyn）。图片来自 F. W. H. Hollstein, *Dutch and Flemish Etchings, Engravings, and Woodcuts, ca.* 1450—1700（Amsterdam, n.d.），VII, 152。承蒙阿姆斯特丹 A. L. 范·延特公司（A. L. van Gendt and Co.）免费提供。

16. 绘画藏品，很可能属于亚伯拉罕·奥提留斯（Abraham Ortelius），作者汉斯·弗兰肯（Hans Francken），现藏于维也纳艺术史博物馆（Inv. No.1048）。图片来自 J. Denucé, *De konskamers van Antwerpen...*（The Hague, 1932），pl.7。

17. 里斯本的贝伦塔（Tower of Belém），据说为弗朗西斯科·德·阿鲁达（Francisco de Arruda）所建。图片来自 R. dos Santos, *O estilo manuelino*（Lisbon, 1952），pl. LXXIII.

18. 葡萄牙巴塔利亚（Batalha）的里程碑式建筑——"未完成教堂"的拱道。图片来自 Dos Santos, *op.cit.*（pl. 17）, pl. XLIX。

19. 葡萄牙托马尔（Tomar）基督教女修道院的曼努埃尔式窗户，迪奥格·德·阿鲁达（Diogo de Arruda）的作品。图片来自 Dos Santos, *op.cit.*, pl. LIX。

20. 葡萄牙马特里斯·古勒冈（Matriz Golega）教堂正门上部。图片来自 Dos Santos, *op.cit.*,（pl. 17）, pl. XXI。

21. 卡萨多·卡普图洛宫（Casado Capítulo）正门，葡萄牙埃武拉洛约斯女修道院。图片来自 Dos Santos, *op.cit*., pl. CVII。

22. 曼努埃尔式建筑风格的葡萄牙瓜达大教堂（Cathedral of Guarda）内部。图片来自 Dos Santos, *op.cit.*,（pl. 17），pl.XIII。

23. 科英布拉（Coimbra）圣克罗什修道院（Santa Cruz）的信徒座椅。图片来自 W.C.Watson, *Portugese Architecture*（London, 1908），fig.74。

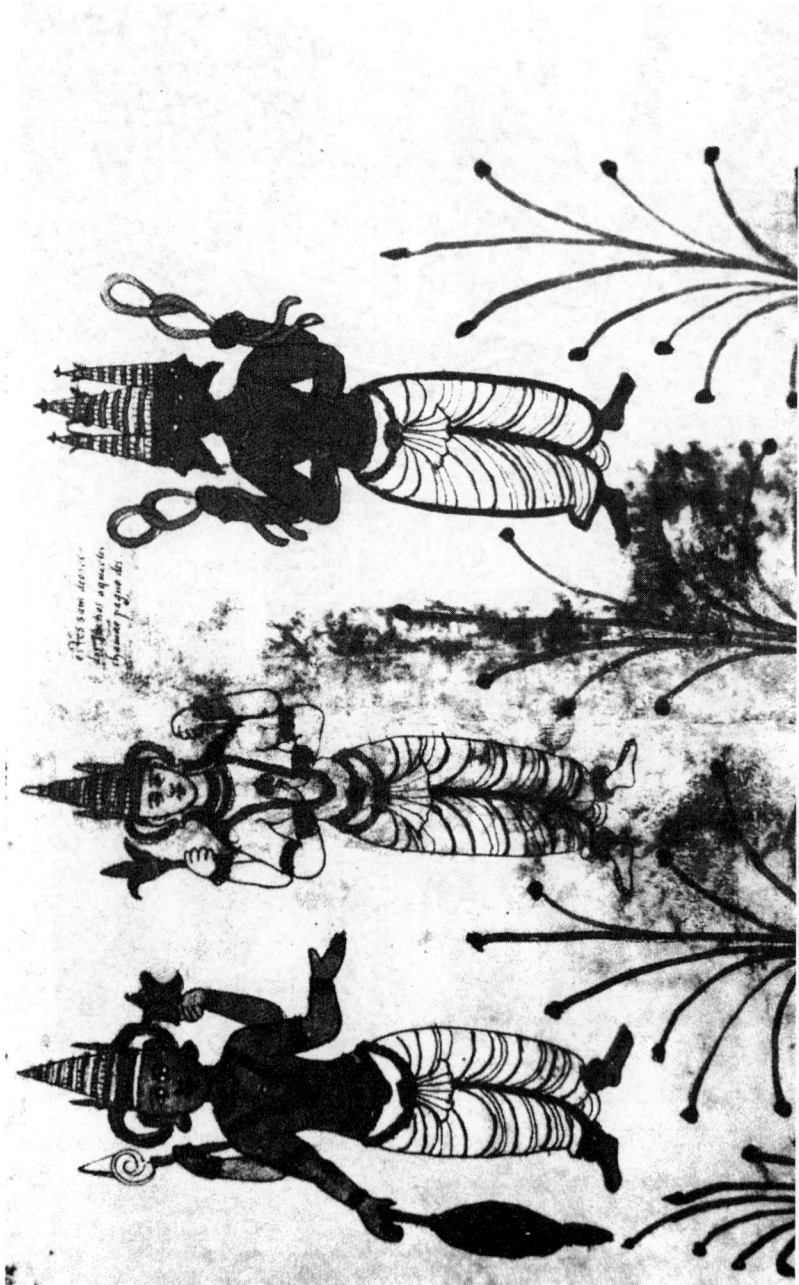

24. 水彩画：毗湿奴（Vishnu）、湿婆（Siva）和梵天（Brahma），作者为欧洲无名画家（约 1540 年）。承蒙罗马卡萨纳特图书馆（Bibliotheca Casanatense）免费提供。

25. 水彩画：印度祭品和宝塔，作者为欧洲无名画家（约 1540 年）。承蒙罗马卡萨纳特图书馆（Bibliotheca Casanatense）免费提供。

26. 水彩画：收割稻米的卡纳拉人、作者为欧洲无名画家（约 1540 年）。承蒙罗马卡萨纳特图书馆（Bibliotheca Casanatense）免费提供。

27. 水彩画：纳亚示尔人的婚礼，作者为欧洲无名画家（约 1540 年）。承蒙罗马卡萨纳特图书馆（Biblioteca Casanatense）免费提供。

28. 水彩画：洗衣服的卡纳拉人，作者为欧洲无名画家（约 1540 年）。承蒙罗马卡萨纳特图书馆（Bibliotheca Casanatense）免费提供。

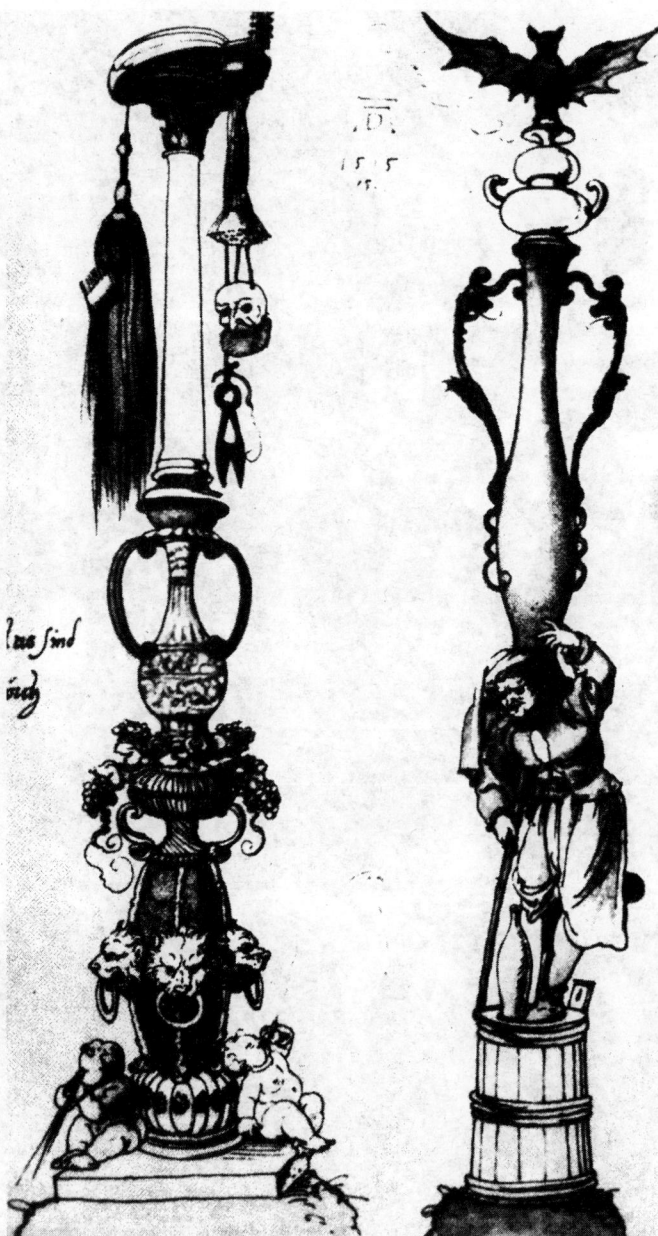

29. 彩色钢笔画：两根奇特的柱子，为阿尔布雷特·丢勒（Albrecht
Dürer）所作。原作藏于大英博物馆。图片来自 R. Schmidt, "China
bei Dürer," *Zeitschrift des deutschen Vereins für Kunstwissenschaft*, VI
（1939），105。

30. 瓦斯科·费尔南德斯（Vasco Fernandes）所作《三贤士来朝》。藏于葡萄牙维
塞乌（Viseu）的格劳瓦斯科博物馆（Museu Grão Vasco）。图片来自 R. dos Santos,
Oito séculos de arte potruguesa（Lisbon, 1967），fig.55。

31. 格雷戈里·洛佩斯（Gregorio Lopes）所作《三贤士来朝》细部。图片来自 Dos Santos, *op.cit.*（pl. 30）, facing p.112。

32. 埃武拉大教堂的《三贤士来朝》图。葡萄牙画派。图片来自 Dos Santos, *op.cit.*（pl. 30），fig.117。

33. 埃武拉圣弗朗西斯科教堂（São Francisco de Evora）的《三贤士来朝》，
作者：弗朗西斯科·亨利克斯（Francisco Henriques）。图片来自 Dos Santos,
op.cit.（pl. 30），fig.36。

34. 壁画:《亚洲的胜利》, 作者: 鲍威尔斯·弗兰克 (Pauwels Franck), 又名保罗·菲亚明戈, Paolo Fiammingo), 约 1584—1585 年。藏于汉斯·富格尔 (Hans Fugger) 的基希海姆城堡 (Schloss Kirchheim)。图片来自 S.F.Rinaldi, "Appunti per Paolo Fianmmingo," *Arte veneta*, XIX (1956), 99。

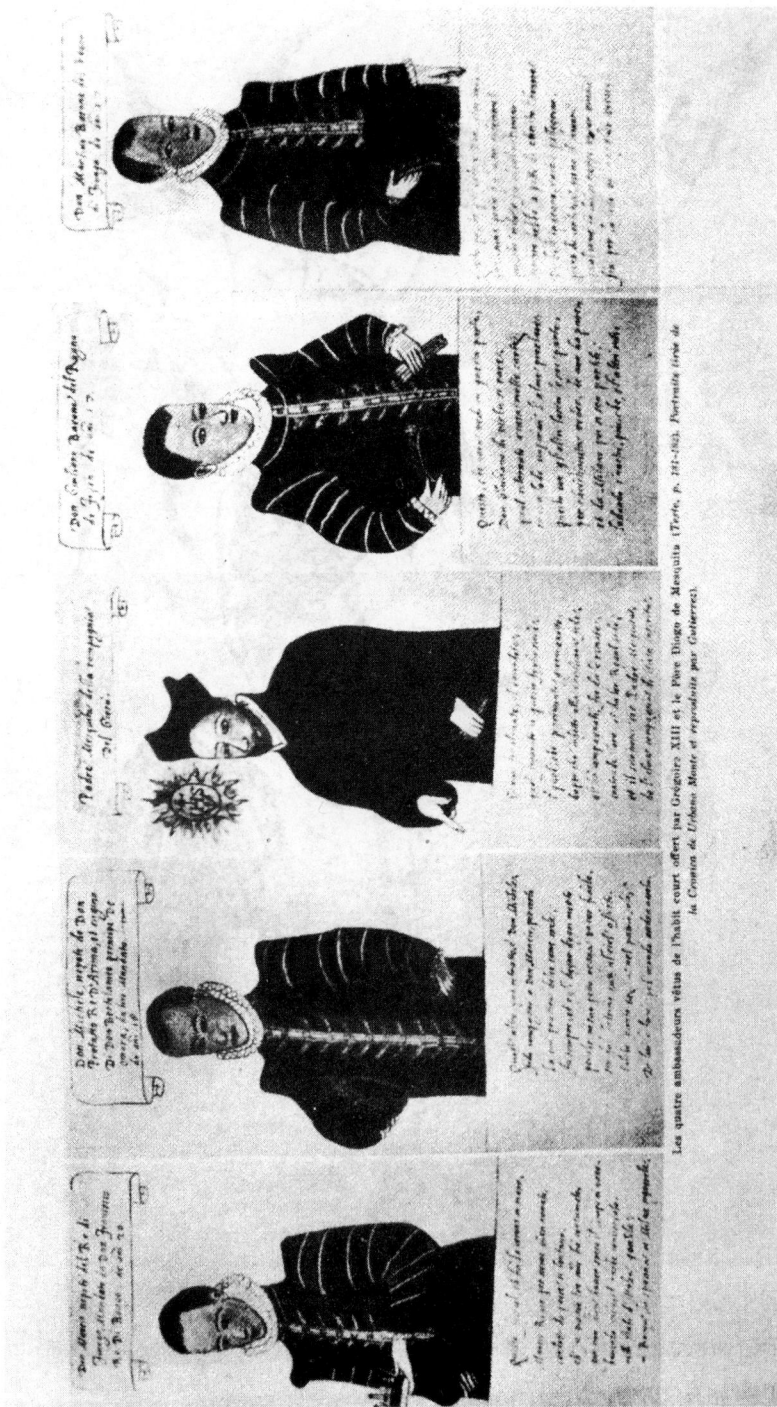

35. 肖像：驻欧洲的四个日本使节和神父迪奥格·德·梅斯凯塔（Diogo de Mesquita）。图片来自 J.A.Abanches Pino et al., *La première ambassade du Japon en Europe, 1582-1592*（Tokyo,1942），following p.xxi。

36. 植物绘画——蔓陀罗，作者：雅各布·利格兹（Jacopo Ligozzi）。图片来自
Gabinetto disegni e stampe, Galleria degli Uffizi, *Mostra di disegni di Jacopo Ligozzi*
（1547-1626）(Florence,1961)，fig.6。

37.《山景》，作者：尼古拉斯·曼努埃尔·多伊奇（Nicolas Manuel Deutsch）。图片来自 J. Bousquet, *La peinture manieriste*（Neuchâtel,1964），p.271。

38. 《返家的牧群》细部，作者：老布鲁格尔（Brueghel the Elder）。图片来自 F. Grossmann,
Brueghel: The Paintings（rev. ed.; London, 1966），pl.108。

39. 奇异的头部：中央有只象头。画作者：G. 阿钦博多（G. Arcimboldo）。原作为格拉茨博物馆（Graz Museum）收藏。图片来自 W. Suida, *Österreichische Kunstschätze* (Vienna, 1911), pl.51。

40. 16世纪的油画:《渔船船长》,作者:无名氏。这幅画是阿钦博多画作的复制品,为巴黎的私人藏品。图片来自 Legrand and Sluys, *op.cit.*（pl. 11）, pl.17。承蒙布鲁塞尔出版家安德烈·德·哈什免费提供。

41. 油画：混合技法绘制的象及象师，莫卧儿画派，约 1590 年。藏于新德里印度国家博物馆（No.48.14/20）。承蒙普拉莫德·钱德拉（Pramod Chandra）教授免费提供。

42. 印度彩饰画：混合技法绘制的两头搏斗中的象。图片来自 T.H. Hendley, "India Animals, True and False, in Art, Religion, Etc.," *Journal of Indian Art and Industry*, XVI（1914），pl.3*b*。

43. 混合技法绘制的象，克里希纳（Krishna）骑在由女乐师构成的象身上并驱赶着它。图片来自 Hendley, *op.cit.*, pl.7*b*。

44. 木刻:《卡利卡特人》, 作者: 汉斯·伯格迈尔 (Hans Burgkmair)。图片来自 G. Hirth, *Kulturgeschichtliches Bilderbuch aus drei Jahrhunderten* (Munich, 1881-1890), Vol.I, pl.276。

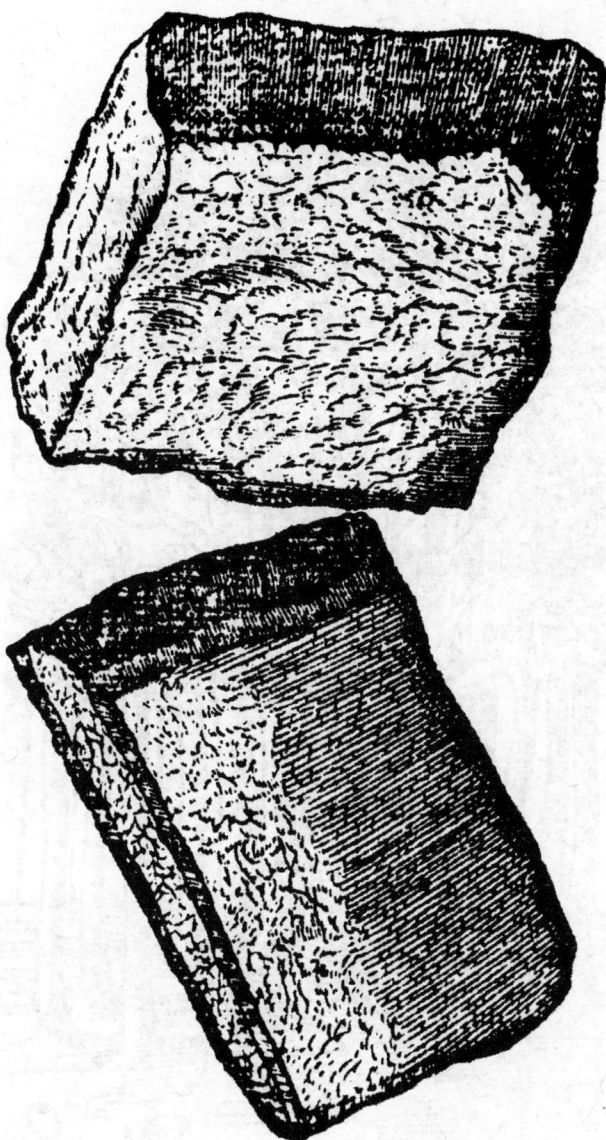

45. 版画：西米面包。图片来自 C. de L'écluse（Clusius），... *Aliquot notae...*（Antwerp, 1582），p.25。承蒙纽贝里图书馆（Newberry Library）免费提供。

46. 版画：榕树。图片来自 L'écluse，*op. cit.*（pl. 45），p. 18。承蒙纽贝里图书馆（Newberry Library）免费提供。

47. 版画:《在中国猎野鸭》,作者:菲利普·加勒(Philippe Galle),是施特拉达努斯(Stradanus)画作的复制品。图片来自 R. Caillois, *Au coeur du fantastique* (Paris, 1956), p.145 对面。承蒙巴黎加利马尔出版社(Editions Gallimard)免费提供。

48. 木刻：《麦哲伦发现海峡》，作者：施特拉达努斯（Stradanus）。图片来自 R. Wittkower,"
Miraculous Birds," *Journal of the Warburg Istitute*, Vol.I（1937-1938），p.256 对面 , fig.c。

49. 蚀刻版画：葡萄牙人建造的凯旋门，作者：彼得·范·德·博尔茨（Pieter van der Borcht）。1593 年 7 月 18 日为举行隆重入城仪式建于安特卫普。图片来自 J. Boch, *Descriptio publicae gratulationis...*（Antwerp, 1595）。承蒙纽贝里图书馆（Newberry Library）免费提供。

50. 描绘安土城（Azuchi Castle）塔楼的版画，效仿了菲利普斯·范·温赫（Philips van Winghe）的速写。图片来自 V. Cartari, *Imagini delli dei de gl'antichi*, 为 1647 年版的复制品（Graz, 1693）, p.381。

Il già nominato Filippo Vvinghemio in certo suo foglio disegnò già i Tempij d'alcune Deità Giaponesi, situati sopra alcuni alti rupi, & raccontaua d'hauetli Cauati dalli Pittori, che gl'Ambasciatori Giaponesi portarono à donare à P. pa Gregorio XIII.

51. 安土城的大门。素描作者为菲利普斯·范·温赫 (Philips van Winghe)。版画图片来自 Cartari, *op.cit.*, p.382。

52. 版画中的三个人是爪哇人，右二的人物腰间挂着一把马来西亚波纹短剑，剑端刻着一个神像。作者：汉斯·西布马赫（Hans Sibmacher）。图片来自 L.Hulsius, *Erste Schiffart...* (Nuremberg, 1598)。承蒙纽贝里图书馆（Newberry Library）免费提供。

53. 比利时图尔奈（Tournai）的印度系列挂毯。图片来自 H. Göbel, *Die Wandteppiche*（Leipzig, 1928），Vol.II, pl.227。承蒙布伦瑞克市克林克哈特和毕尔曼出版社（Klinkhardt and Biermann）免费提供。53 和 57 图中的挂毯可能来源相同。

54. 比利时时奥德纳尔德（Oudenaarde）的印度系列挂毯。图片来自 Göbel, *op.cit.* （pl.53），Vol.II, pl.226。承蒙布伦瑞克市克林克哈特和毕尔曼出版社（Klinkhardt and Biermann）免费提供。

55. 16世纪早期的挂毯《驼队》，藏于巴塞罗那美术博物馆。图片来自 P. Ackerman, *Three early Sixteenth-Century Tapestries* (New York,1932) ,pl.20。

56. 挂毯《三贤士》，约 1550 年在低地国家制作。图片来自 Göbel, *op.cit.*（pl.53），pl.134。承蒙布伦瑞克市克林克哈特和毕尔曼出版社（Klinkhardt and Biermann）免费提供。

57. 16世纪的一幅挂毯《登陆卡利卡特》。图片来自 Ackerman, *op.cit.* (pl.55),
pl.16。参见图 53,这两幅挂毯可能来源相同。

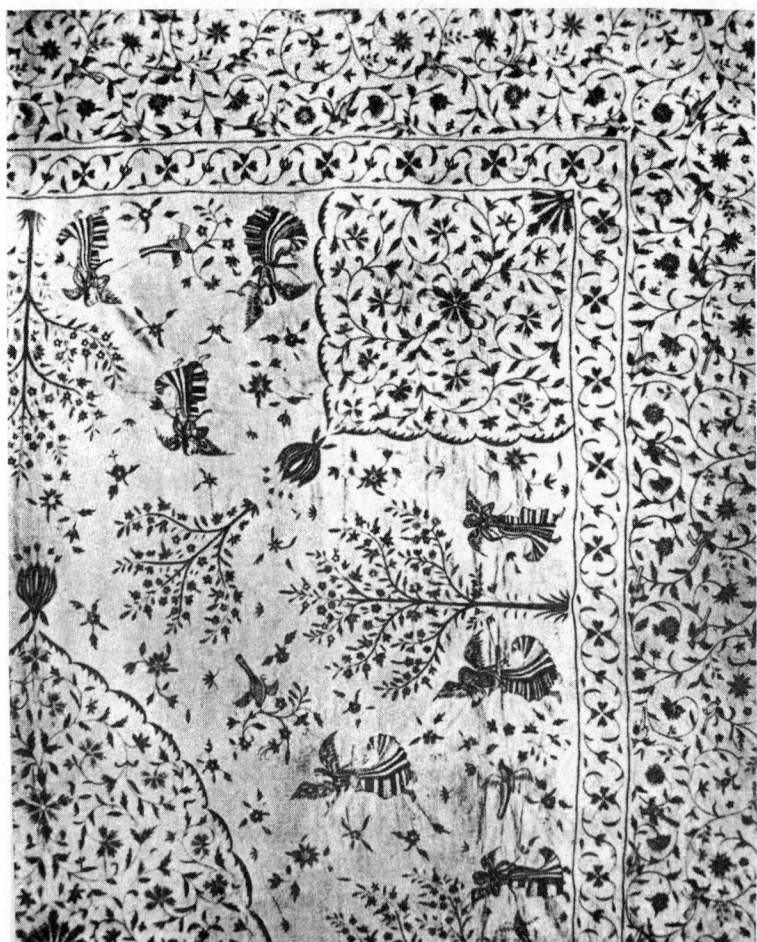

58. 16世纪末期古吉拉特邦（Gujarati）床凳细部，上面有绫花图案。图片来自 J. Irwin, "The Commercial Embroidery of Gujarat in the Seventeenth Century," *Journal of the India Society of Oriental Art*, XVII (1949), pl. VII, facing p.50。

59. 德·布鲁因（A.de Bruyn）所著 *Omnium pene...* 的扉页（安特卫普，1581 年），承蒙纽贝里图书馆（Newberry Library）免费提供。

60. 描绘非洲、亚洲和美洲人服饰的版画。图片来自 De Bruyn, *op.cit.*（pl.59）。承蒙纽贝里图书馆（Newberry Library）免费提供。

61. 木刻：中国妇人。图片来自 C.Vecellio, *Habiti antichi et moderni...*（Venice, 1598），
facing p.478。

62. 木刻：中等阶层的印度妇女。图片来自 Vecellio, *op.cit.*（pl.61），facing p.475。

63. 木刻：印度显贵。图片来自 Vecellio, *op.cit.*，p.472 对面。

64. 木刻：中国的名门贵族，图片来自 Vecellio, *op.cit.*（pl.61），facing p.480。

65. 木刻：摩鹿加群岛（Moluccas）的贵妇。图片来自 Vecellio, *op.cit.*，p.476 对面。

66. 木刻：中国贵妇。图片来自 Vecellio, *op.cit.*（pl.61），p.479 对面。

67. 木刻：中等阶层的中国男人，图片来自 Vecellio, *op.cit.*，p.481 对面。

68. 木刻：东印度贵妇，图片来自 Vecellio, *op.cit.*（pl.61），p.474 对面。

Indiana di condigone.

69. 木刻：手持权杖、身着带图案花纹长袍的日本青年。图片来自 Vecellio, *op.cit.*, p.477 对面。

70. 中国出口瓷器，1557年。藏于伦敦维多利亚和艾伯特博物馆（Victoria and Albert Museum）。图片来自 J.G. Phillips, *China-Trade Porcelain*（Cambridge, Mass.,1956）fig.2。

71. 美第奇瓷器：花瓶。见 J.C.Davillier, *Les origines de la porcelaine en Europe*（Paris, 1882），p.68。本作品是书中素描的复制品。

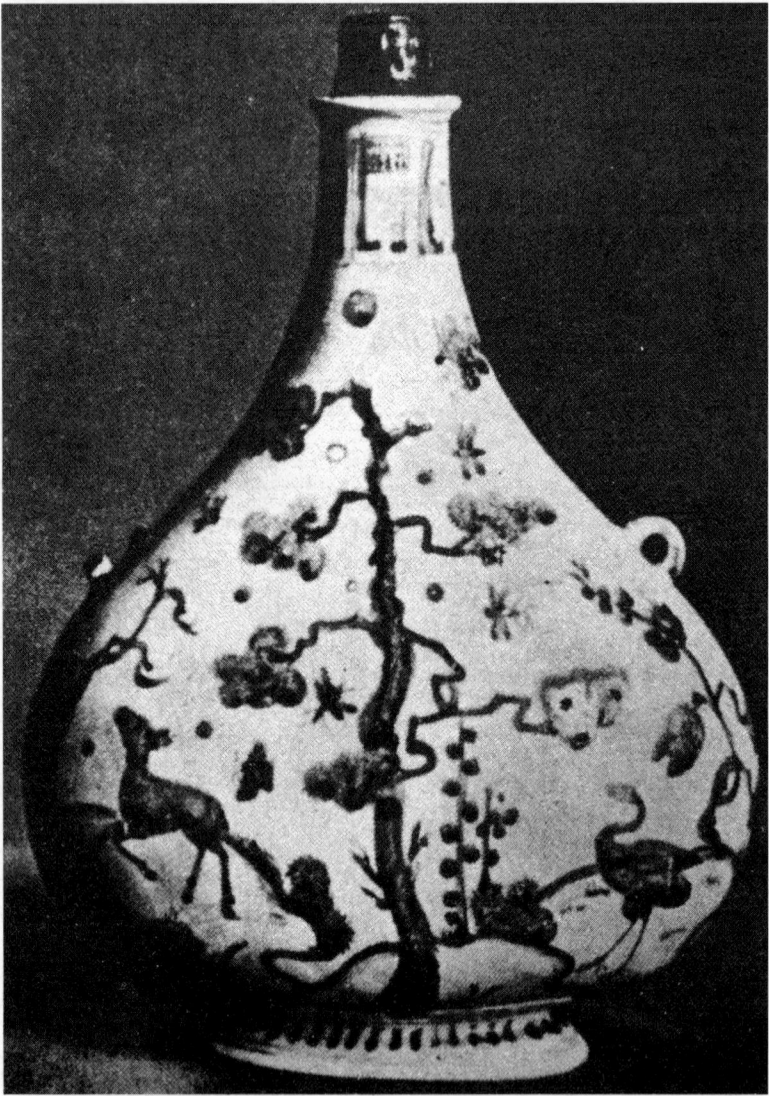

72. 美第奇瓷器：扁壶。图片来自 A. Lane, *Italian Porcelain*（London, n.d.）, pl.2c。

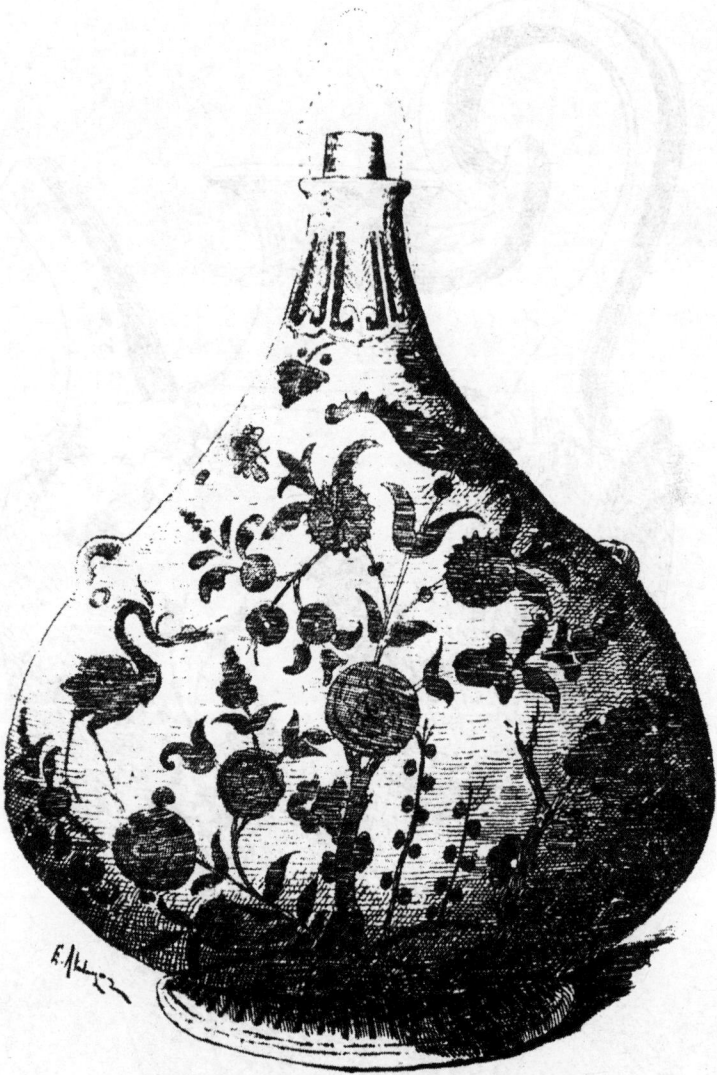

73. 美第奇瓷器：大肚短颈瓶。见 Davillier, *op.cit.*（pl.71），p.72。本作品是书中素描的复制品。

74. 美第奇瓷器：水壶。见 Davillier, *op.cit.*（pl.71），p.66。本图是书中素描的复制品。

75. 中国瓷碗，在英格兰添加了装饰性的镀银底座和柄，约1585年。承蒙大都会艺术博物馆、罗杰斯基金会免费提供（Metropolitan Museum of Art, Rogers Fund, 1944）。图片来自 Phillips, *op.cit.*,（pl.70），fig.13。

76. 系列作品《杯子与水罐》（1548 年）中的带柄水罐，罐上雕有奇特的人像。作者：科尼利斯·弗洛利斯（Cornelis Floris）。图片来自 S. Schéle, *Cornelis Bos* (Stockholm, 1965)，fig.13。

77. 系列作品《杯子与水罐》（1548 年）中的乌龟与贝壳，作者：科尼利斯·弗洛利斯（Cornelis Floris）。图片来自 Schéle, *op.cit.*, fig.12。

78. 异国情调的箱盖图案。这个箱子属于巴伐利亚公爵艾伯特五世（Duke Albert V of Bavaria, 约 1560 年），米兰的安尼巴莱·丰塔纳（Annibale Fontana）的作品。图片来自 H.Thoma, *Kronen und Kleinodien* (Munich, 1955）, pl.67。

79. 象牙镶嵌莫卧儿式箱子，约 1580 年。藏于斯德哥尔摩国家博物馆。图片来自 V.Slmann, "The India Period of Europan Furniture," *Burlington Magazine*, LXV（1934）,pl.II*b*, p.114 对面。

80. 佛罗伦萨旧宫（Palazzo Vecchio）弗朗西斯科·德·美第奇（Francesco de' Medici）的收藏室。图片来自 D.Heikamp, "Zur Geschichte der Uffizien-Tribuna und der Kunstschränke in Florenz und Deutschland," *Zeitschrift für Kunstgeschichte*, XXVI（1963），194。

81. 印度象牙镶嵌座椅，约1580年。藏于瑞典乌普萨拉大学博物馆。
图片来自 Slomann, *loc.cit.*（pl.79），pl.II*b*, p.114 对面。

82. 异国情调的带柄银啤酒杯细部，安特卫普，约 1525 年。图片来自 Thoma, *op.cit.*
（pl.78），pl.25。

83. 皇帝查尔斯五世（Emperor Charles V）的
银底座椰子杯，约 1530 年。图片来自 Slomann,
loc.cit.（pl. 12），XX（1937），323。

84. 拉波尔斯坦恩（Rappoltstein）高脚杯盖（约 1543 年）装饰细部，作者
为斯特拉斯堡工艺大师格乔治·科本豪特（Georg Kobenhaupt）。图片来自
Thoma, *op.cit.*（pl. 78），pl.34。

85. 银底座椰子杯，阿姆斯特丹，1590 年。图片来
自 M. H. Gans and T. M. Duyvené de Wit-Klinkhamer，
Dutch Silver（London, 1961），pl.5。

86.《出埃及》，见国王曼努埃尔的《祈祷书（1517年）》。图片来自 Dos Santos, *op.cit.*（pl.30），pl.376。

87. 木刻:《象和卡利卡特人》,作者:汉斯·伯格迈尔(Hans Burgkmair)。图片来自 Hirth, *op.cit.*(pl.44),pl.277。

NATVRA

Intellecto & costumi de lo Elephante cauato da Aristotele
Plinio & Solino: & alcuni exempli de esso Elephante: insie
me con vn Capitulo de defectiui de natura in Rima.

88. 一本小诗册的扉页，无名作者，时间记载为 1514 年，罗马。图片来自 L.de
Matos, "Natura intelletto e costumi dell'elefante," *Boleim internacional de bibliographia
Luso-Brasileira*, I（1960），48.

eo:quia obstructum est os loquentiu iniqua. Psalmus. Eus misereatur nostri et benedicat nobis:illuminet vultu suum super nos: ⁊ misereatur nostri Ot cognoscamus in terra viam tuam: in omnibus gentibus salutare tuum·Confiteantur tibi populi deus:confiteantur tibi populi omnes·Letentur et exultent gentes:quoniam iudicas populos in equitate: et gentes in terra diriens·Confiteantur

89. 热带象素描，见皇帝马克西米利安的祈祷书。图片来自 K. Giehlow（ed.），*Kaiser Maximilians I Gebetbuch*（Vienna,1907），p.58v。

D · M

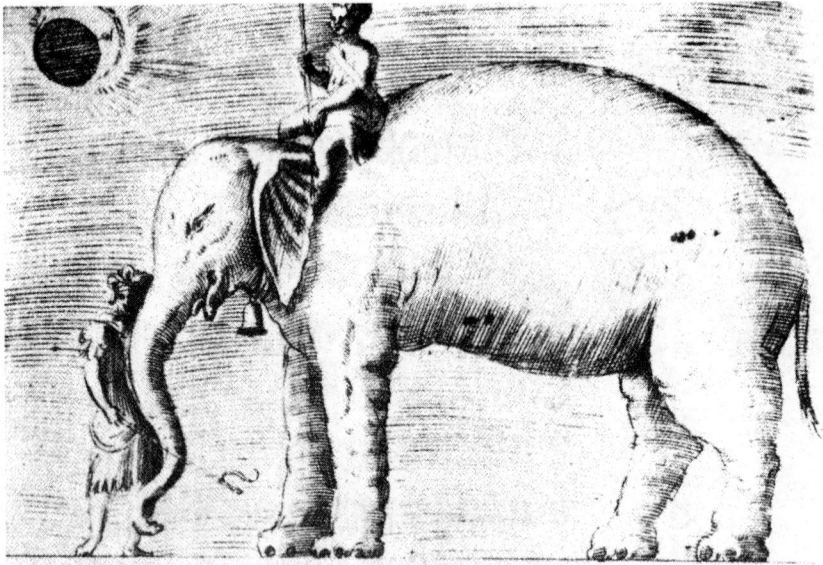

MONTE · SVB · HOC · ELEPHAS · INGENTI · CONEGOR INGES
QVEM · REX · EMANVEL · DEVICTO · ORIENTE · LEONI ·
CAPTIVVM · MISIT · DECIMO , QVEM · ROMVLA · PVBES ·
MIRATA · EST · ANIMAL · NON · LONGO · TEMPORE · VISVM ·
VIDIT · ET · HVMANOS · INBRVTO · PECTORE · SENSVS ·
INVIDIT · LATII · SED · MIHI · PARCA · BEATI ·
NEC · PASSA · EST · TENEROS · DOMINOS · EMVLARIER · ANNOS ,
ATQVAE · SORS · RAPVIT · NATVRAE · DELITA · NOSTRAE ·
TEMPORA · VOS · SVPERI · MAGNO · ACCVMVLATE · LEONI ·

VIXIT · ANNOS · VII ·

OBIIT · ANGINIE · MORBO
ALTITVDO · ERAT · PALM · XII ·
IO · BAPTISTA · BRANCONIVS · AQVILANVS ·
A · CVBICVLO · ET · ELEPHANTIS · CVRAE · PRAEFEC ·
POSVIT ·
M · D · X · VIII · IVNII ·
LEONIS · X · PONT · ANNO · QVARTO ·
RAPHAEL · VRBINAS · QVOD · NATVRA · ABSTVLERAT
ARTE · RESTITVIT

90. 钢笔素描: 大象汉诺 (Hanno), 作者为弗朗西斯科·德奥兰达 (Francisco d'Ollanda)。该图为拉斐尔 (Raphael) 所作大象和碑文的复制品 (约 1539 年)。图片来自 E. Tormo y Monzó, *Os desenhos das antigualhas que vio Francisco d'Ollanda* (Madrid, 1940), p.31v。

91. 钢笔素描：大象汉诺（Hanno），拉斐尔所作素描（现已无存）的复制品。承蒙柏林国家博物馆铜版画陈列室（Kupferstichkabinett, Staatliche Museem）免费提供。

92. 灰泥装饰板上的大象汉诺（Hanno），作者：乔瓦尼·达·乌迪内（Giovanni da Udine）。现存梵蒂冈画廊。图片来自 M.Winner, "Raffael malt einen Elefanten," *Mitteilungen des kunsthistorischen Institutes in Florenz*, XI（1964），101.cf.pl.151。

POETA
BARABAL

93. 细木镶嵌:《骑在大象汉诺背上的诗人巴拉巴洛（Baraballo)》,现存梵蒂冈署名室正门（右上方)。作者:乔瓦尼·巴里利（Giovanni Barili)。图片来自 E. Rodocanachi, *La première Renaissance*（Paris, 1912), pl.18。

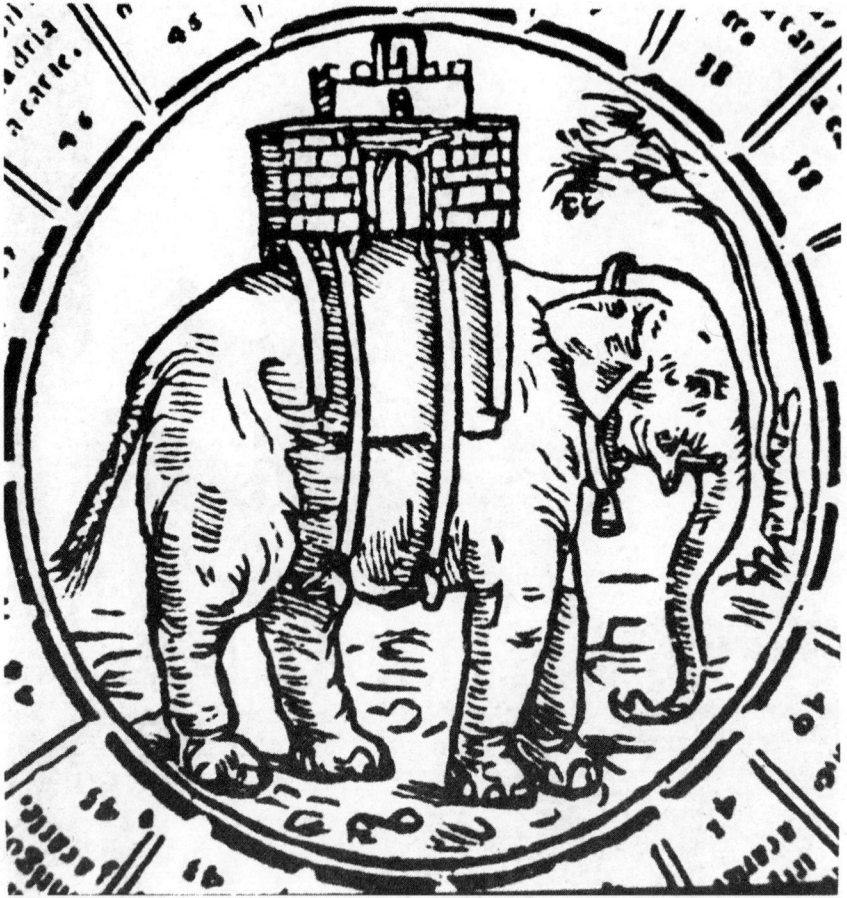

94. 木刻：大象汉诺（Hanno）。参见 S.Fanti, *Triompho di Fortuna*（Venice, 1526）。

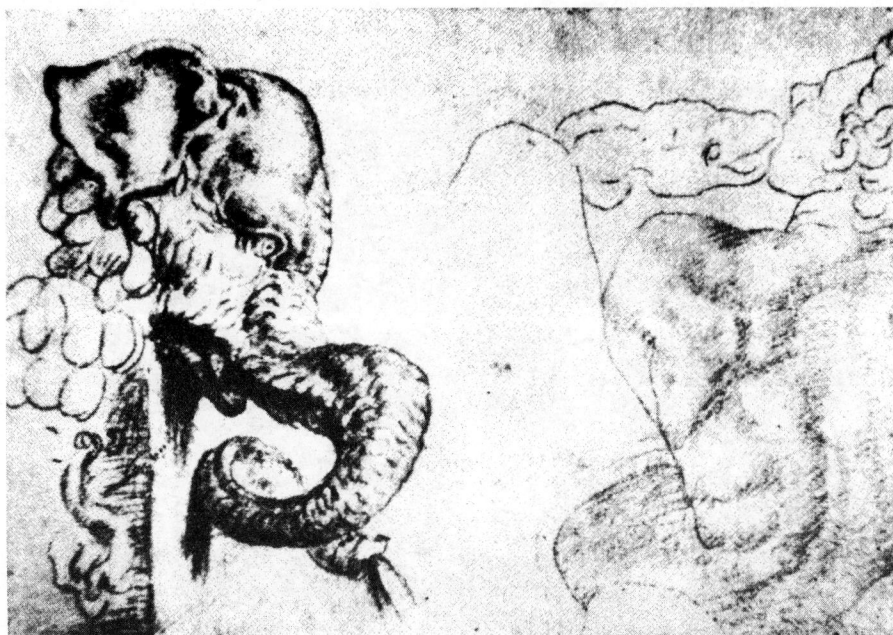

95. 钢笔素描：罗马玛达玛庄园的象泉，作者：马丁·范·海姆斯凯克（Martin van Heemskerck）。图片来自 O. Fischel, *Raphael*（London, 1948）, Vol. II, pl.185A。

96. 壁画《丘比特和赛姬的婚宴》中的象。作者：朱利奥·罗马诺（Giulio Romano）。见 Sala di Psiche of the Palazzo del Te, Mantua。图片来自 F. Hartt, *Giulio Romano* (New Haven, 1958)，Vol. II, pl.254。

97. 佛兰德挂毯：《猎象》（1535—1540 年），巴黎勒鲁瓦藏品（Le Roy Collection）。图片来自 Göbel, *op. cit.* (pl.63)，pl.148。承蒙布伦瑞克市克林克哈特和毕尔曼出版社（Klinkhardt and Biermann）免费提供。

98. 僧伽罗象牙盒侧面的浮雕（约 1545 年）描绘了锡兰国王布梵那伊迦·巴忽七世
（Bhuvanaika Bahu VII）。图片来自 Slomann, *op.cit.*（pl.12），pl.V。

99. 僧伽罗象牙盒侧面的浮雕（约 1545 年）。图片来自 H.Thoma and H.Brunner,
Schatzkammer der Residenz München（Munich,1964）, pl.46。

100. 1552 年的蚀刻版画：大象海报。图片来自 Winner, *loc. cit.*（pl.92），p.78。

101. 象图案的徽章，时间记载为 1554 年。作者：米歇尔·福克斯（Michael Fuchs）。图片来自 F. Dworschak, "Die Renaissancemedaille in Österreich," *Jahrbuch der kunsthitoirischen Sammlungen in Wien*, N.S.,Vol.I（1926），p.220 对面。

102. 意大利博马尔佐花园里的雕塑：象和龙。阿尔玛·拉赫（Alma Lach）摄影原创。

103. 意大利博马尔佐花园里的雕塑：象。阿尔玛·拉赫（Alma Lach）摄影原创。

104. 施特拉达努斯的《猎象》（*Venationes*，安特卫普，1566 年？）中一幅表现猎象的版画。图片来自 E. W. Palm，"Dürer's Ganda and a XVI Century Apotheosis of Hercules at Tunja," *Gazette des Beaux-Arts*, 6th ser, XLVIII（1956），73。

105. 木刻：《萨杜恩的胜利》，作者：菲利普·加勒（Philippe Galle），为 P·布鲁格尔（P.Brueghel）画作的复制品，作于 1574 年。图片来自 Hollstein, *op. cit.* (pl.15)，III, 298。承蒙阿姆斯特丹 A.L. 范·亨特公司（van Gendt and Co.）免费提供。

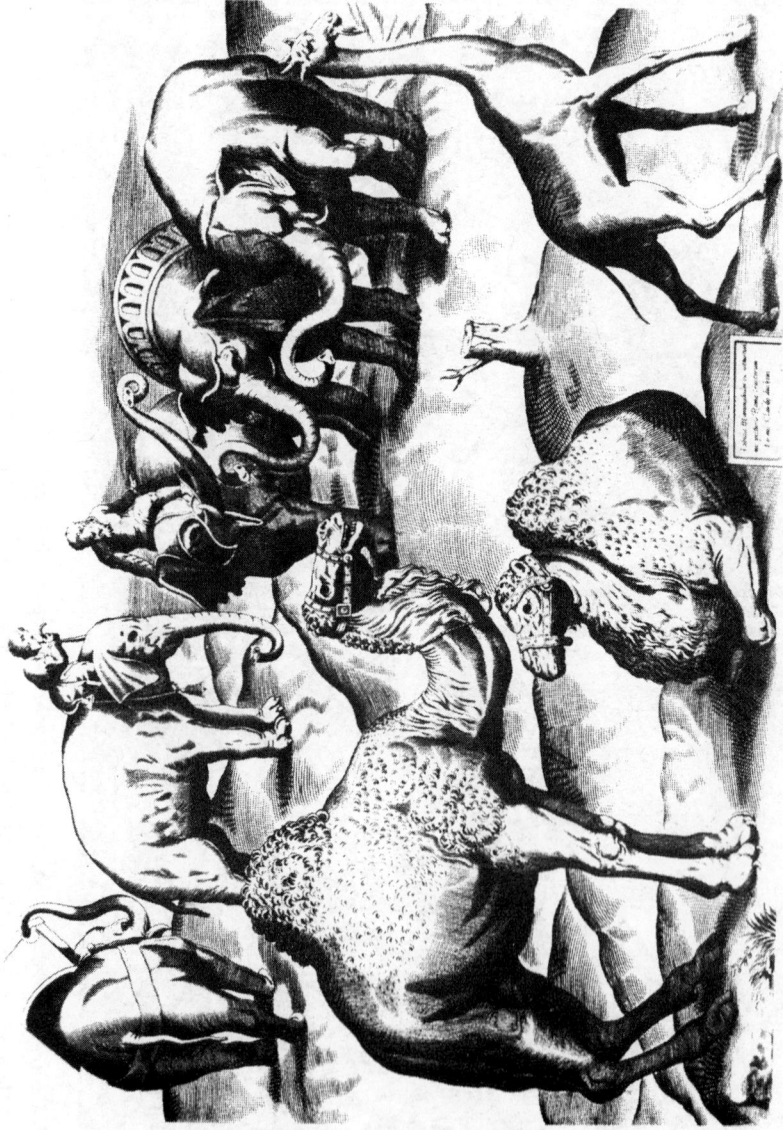

106. 版画:《辉煌的罗马》(*Speculum Romanae Magnificentiae*, Rome, 1575 ?), 图片来自芝加哥大学安托尼奥·拉夫雷利 (Antonio Lafreri) 作品收藏。

107. 油画：《诺亚方舟》，作者：西莫内·德·迈勒（Simone de Myle），1570 年。图片来自 Musée Goya, Musée Jaurès （Castres），*Les plus belles peintures des collections privées du Tarn du XVe au XVIIIe siècle* （Castres, 1956），pl.24。承蒙法国马扎梅（塔恩）（Mazamet [Tarn]）的乔治·阿尔朗（Georges Alran）免费提供。

108. 油画:《狂欢之夜的旋转形象》，作者:安托万·卡隆（Antoine Caron），约 1580 年。图片来自 F.A.Yates, *The Valois Tapestries*（London, 1959），pl.XII。承蒙巴黎让·埃曼（Jean Ehrmann）免费提供。另见 J. Ehrmann, *Antoine Caron, peintre à la Cour des Valois*（Geneva, 1955），pl.XI。

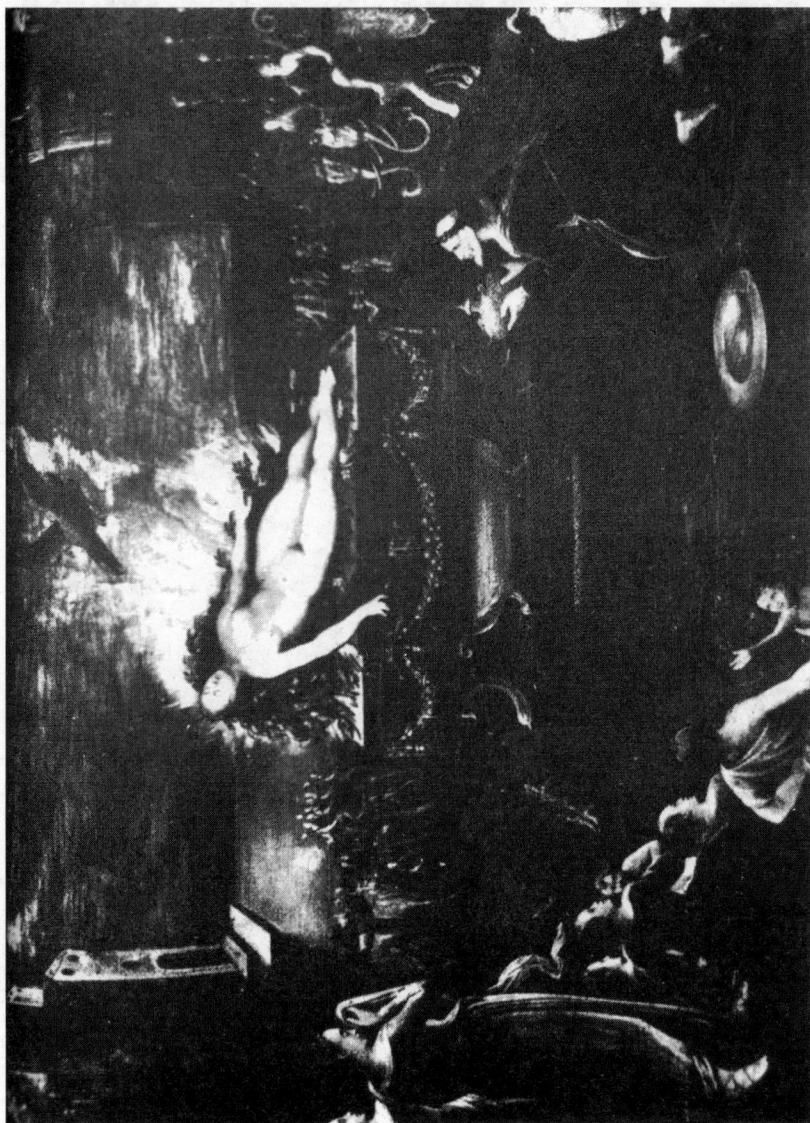

109. 油画：《塞墨勒的胜利》，作者：安托万·卡隆（Antoine Caron）。图片来自 Bousquet, *op.cit.* (pl.37)，p.139。

110. 蚀刻版画:《大象与三只羊》，作者：汉斯·西布马赫（Hans Sibmacher）。图片来自 J.Camerarius, *Symbolorum et emblematum*（1590），Bk.II, p.4。

111. 铅笔素描：象背上的猿，作者：罗兰特·萨弗里（Roelant Savery）。藏于加利福尼亚萨克拉门托市克罗克艺术画廊（Crocker Art Gallery）。图片来自 W. Bernt, *Die niederländischen Zeichnungen des 17. Jahrhunderts*（Munich,1958），Vol.II, pl.532。

112. 哥伦比亚通哈市犹太教小教堂（House of the Scribe）天花板壁画：猎象。图片来自 Palm, *loc.cit.*（pl.104），p.72。

113. 奥提留斯 (Ortelius) 所作中国地图细部 (安特卫普, 1584 年)。

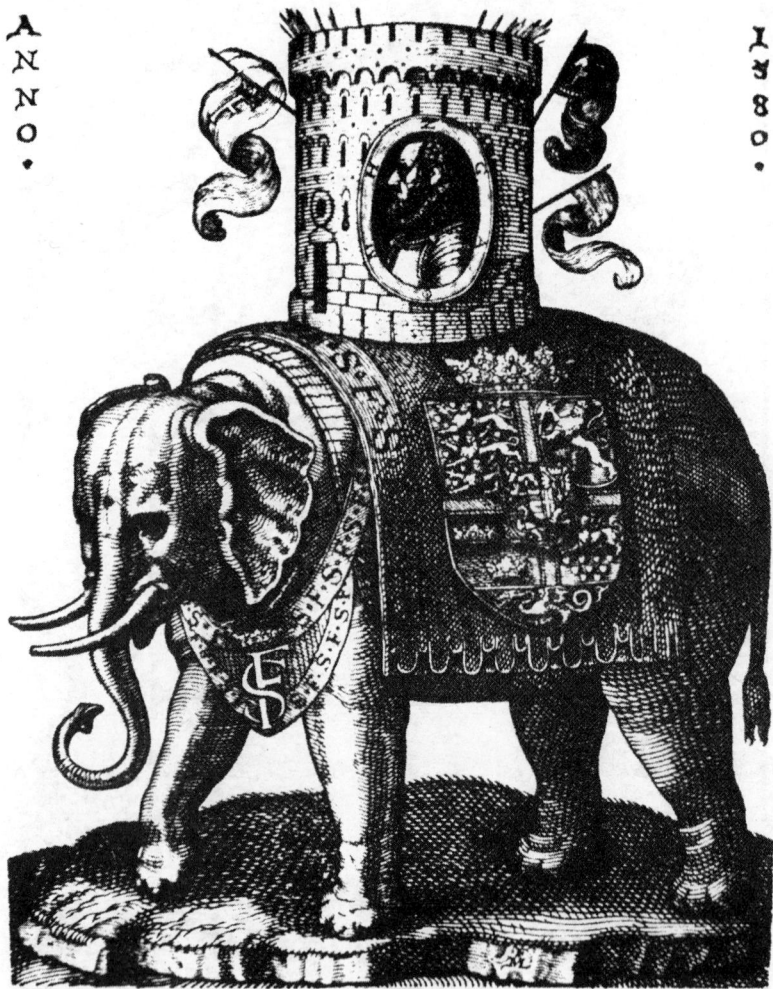

114. 木刻：象，作者：梅尔基奥·洛克（Melchior Lorck），1580 年。藏于丹麦哥本哈根皇家美术博物馆版画与素描部（Department of Prints and Drawings, the Royal Museum of Fine Arts）。

115. 木刻: 1593 年 7 月 18 日安特卫普隆重入城仪式上的大象。图片来自 Boch, *op.cit.*（图 49）。承蒙纽贝里图书馆（Newberry Library）免费提供。

116. 鎏金银象，作者：克里斯蒂安·雅姆尼策尔（Christian Jamnitzer），约 1600 年。承蒙柏林夏洛滕堡宫博物馆（Charlottenburg Museum）免费提供。藏品第 K3900 号。

117. 象和龙造型的女像柱。图片来自 J. Boillot, *New Termis Buch*（n.p.,1604）。承蒙纽贝里图书馆（Newberry Library）免费提供。

118. 版画：为于利希－克利夫斯－伯格公爵（Duke of Jülich-Kleve-Berg）婚礼准备的展示性盛宴。图片来自 E. Kris, "Der Stil 'Rustique,'" *Jahrbuch der kunsthistorischen Sammlungen in Wien*, N.S., I（1926），185。

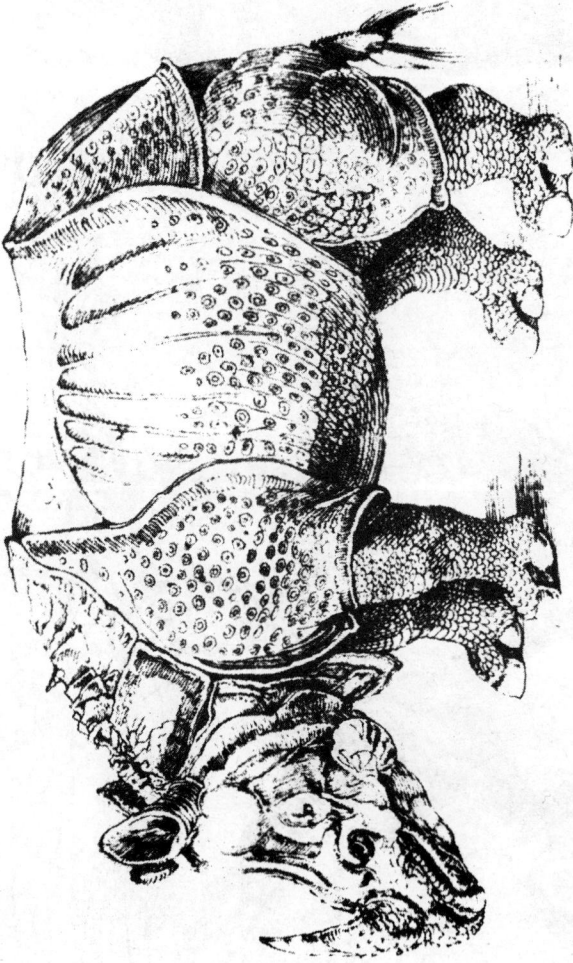

RHINOCERON

119. 丢勒的素描：犀牛，时间记载是 1515 年。图片来自 C. Dodgson, "The Story of Dürer's Ganda," in A.Fowler (ed.), *The Romance of Fine Prints* (Kansas City, 1938), p.44。

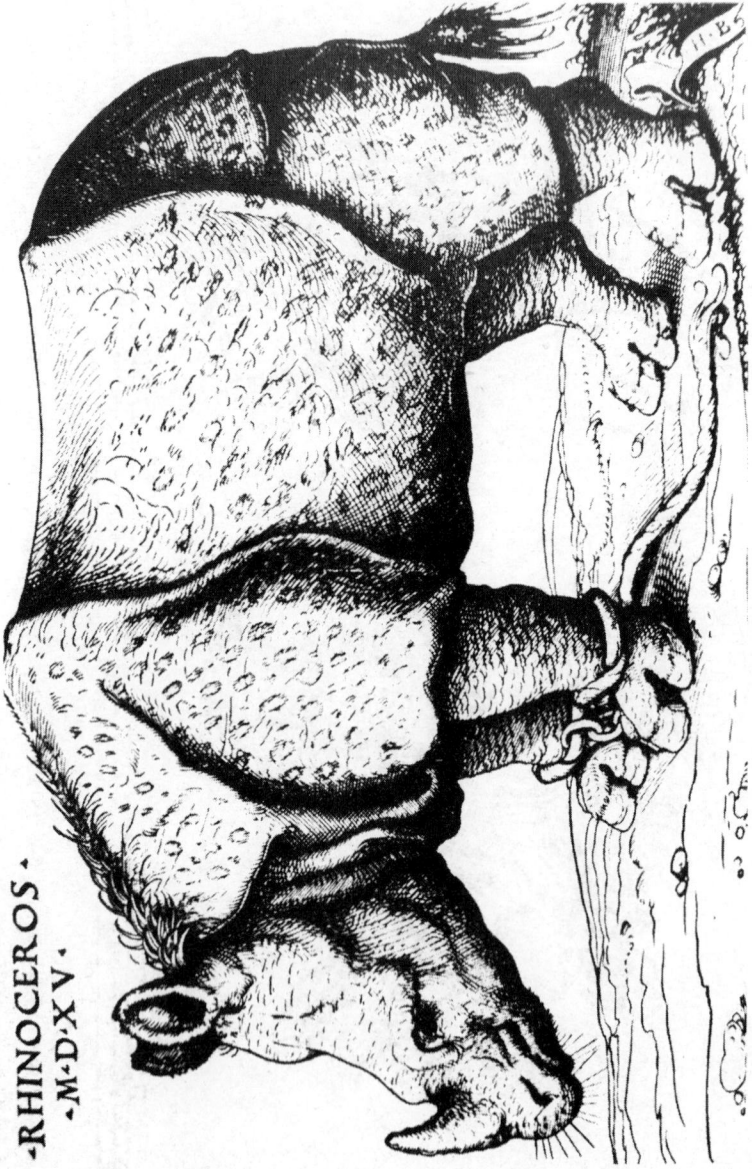

120. 汉斯·伯格迈尔（Hans Burgkmair）的素描：犀牛，时间记载是 1515 年。藏于维也纳阿尔贝蒂纳博物馆（the Albertina）。图片来自 Dodgson, *loc.cit.* (pl.119)，p.54。

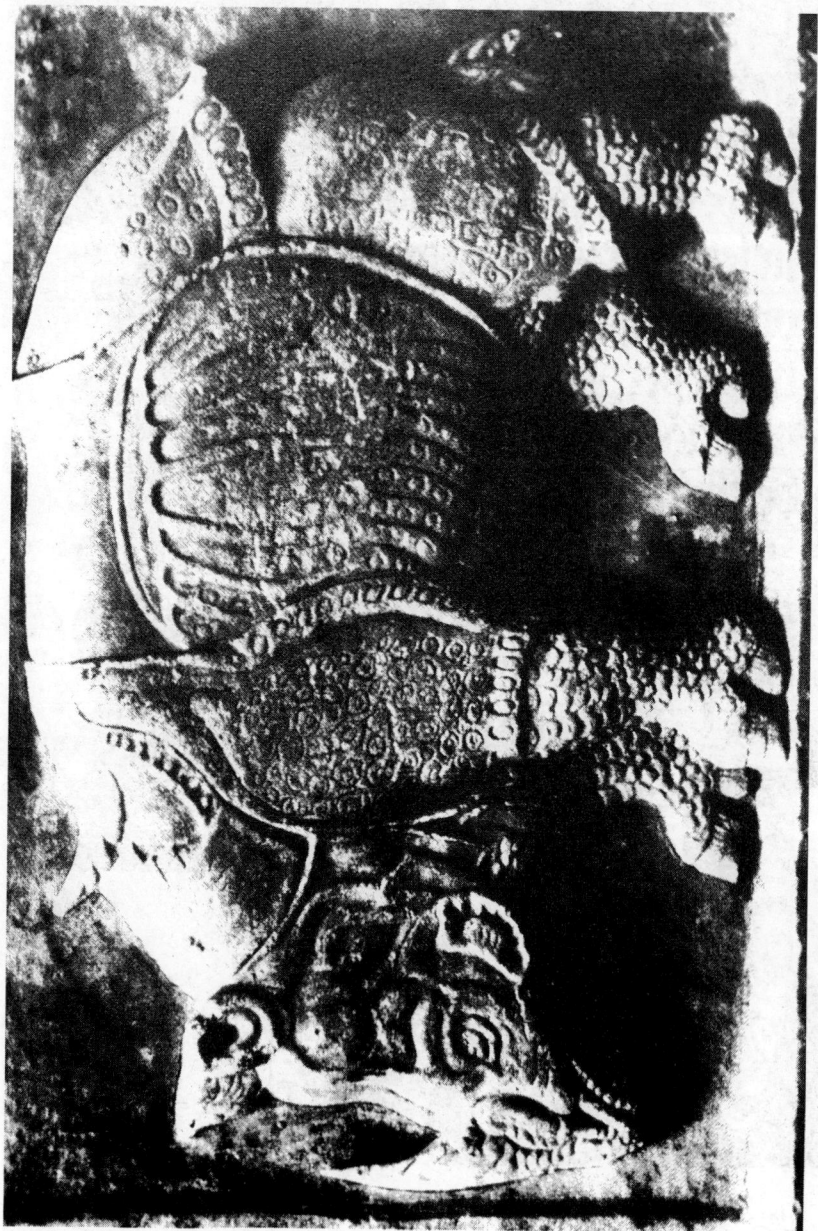

121. 大理石浮雕: 犀牛。承蒙那不勒斯国家博物馆免费提供。

122. 素描：皇帝马克西米利安祈祷书中的犀牛。图片来自 E. Chmelanz, "Das Diurnale oder Gebetbuch des Kaiser Maximilians I," *Jahrbuch der kunsthistorischen Sammlungen des allerhöchsten Kaiserhauses*, Vol.III（1885）, pl.XXXVIII。

123. 木刻：《皇帝马克西米利安一世的凯旋门》细部，作者：丢勒。承蒙维也纳阿尔贝蒂纳博物馆（The Albertina）免费提供。

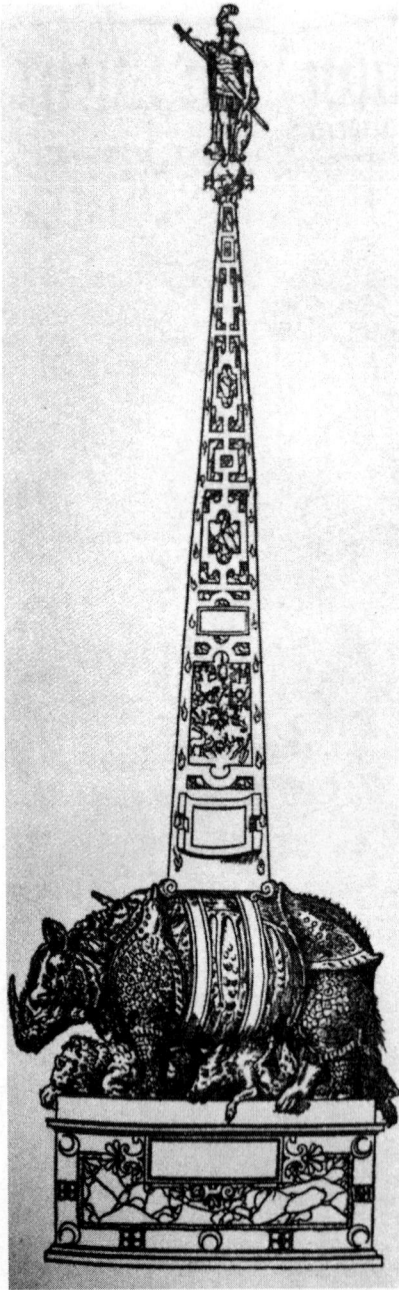

124. 版画：背负方尖碑的犀牛。该纪念碑建于
国王亨利二世 1549 年进入巴黎之时。图片来自
E.Iversen, *The Myth of Egypt and Its Hieroglyphs...*
(Copenhagen, 1961)，pl.XIII。

125. 意大利卡斯泰洛城美第奇别墅花园中的洞室，建造时间为1565年之后。图片来自F.
Würtenberger, *Der Manierismus*（Vienna-Munich, 1962），p.132。

126. 犀牛与象搏斗，见鲁瓦兹·佩尔作品（巴黎，1585 年）。图片来自 C. Coste "Anciennes figurations du rhinocéros," *Acta tropica*, III（1946），123。

127. 16世纪哥伦比亚通哈市犹太教小教堂（House of the Scribe）天花板装饰画：犀牛。图片来自 Palm, *loc.cit.*（pl.104），p.68。

Von dem Rhinocerot/
oder Nashorn.

Er Rhinocerot/ ist beynahe so groß als der Elephant/ sein Todtfeind: hatt ein Horn auff der Nasen/ das ist Eisenmässig/ vnd gantz scharff/ davon jhm auch der Griechische Namen gegeben worden: Mit dem selbigen setzt er de Elephanten zu/ vnd reisset jhme den Bauch auff/ so er kan zu kommen. Doch zuvor/ ehe er den streit angehe/ wetzt er sein Horn/ vnnd schärffet es an einem Felsen oder stein/ wie etwan die Bauwren jhre Bengelspiesß. Solches hat man gesehen in Portugal / Anno 1515. als dem König Emanuel ein Rhinoceros auß India zugebracht worden: Do dann der Elephant/ als sie zusamen gelassen wurden/ sich erstlich hindersich begabe/ als ob er seinen Todtfeind so unversehens vor sich zusehen erschrocken were vnd sich entsetze. Doch hat der Elephant auch seine wehre vnd wasen/ namlich seine Schnautzen oder Rüssel/ vnd seine Zäne/ mit welchen er sich ritterlichen weiß zu wehren/ wen nur dem Rhinocerot der Nasenstreich mit dem Horn/ darinn alle seine stercke gelegen/ gefehlet hat. Darumb hab ich diese zwey Thier gleichsam als zusamen gestossen/ vnd also auß dem Rhinocer ein Ternis gemacht: Dessen wirde sich der Kunstbauch wol wissen zu gebrauchen/ vnd jhme solche käste auffstegen wie dem Elephanten/vnd das in etwas niderigen Gemachen.

X ij

128. 版画: 犀牛和象造型的女像柱。图片来自 Boillot, *op.cit*, (pl.117)。承蒙纽贝里图书馆（Newberry Library）免费提供。

129. 犀牛和熊，汉斯·西布马赫（Hans Sibmacher）的蚀刻版画。图片来自 Camerarius, *op.cit.*（pl.110），Bk.II, No.V, p.10。

130. 泰宫赛姬厅（Sala di Psiche of the Palazzo del Te）中的壁画：《巴克斯和阿里阿德涅》（Bacchus and Ariadne）中的虎。此画根据朱利奥·罗马诺（Giulio Romano）的一幅草图所作。图片来自 Harrt, op.cit.（pl.96），p.262。

131. 天花板壁画《凯旋归来的巴克斯和阿里阿德涅》中的虎和象，作者：安尼巴莱·克瑞西（Annibale Carracci）。图片来自 J.R. Martin, *The Farnese Gallery* (Princeton, 1965)，pl.69。

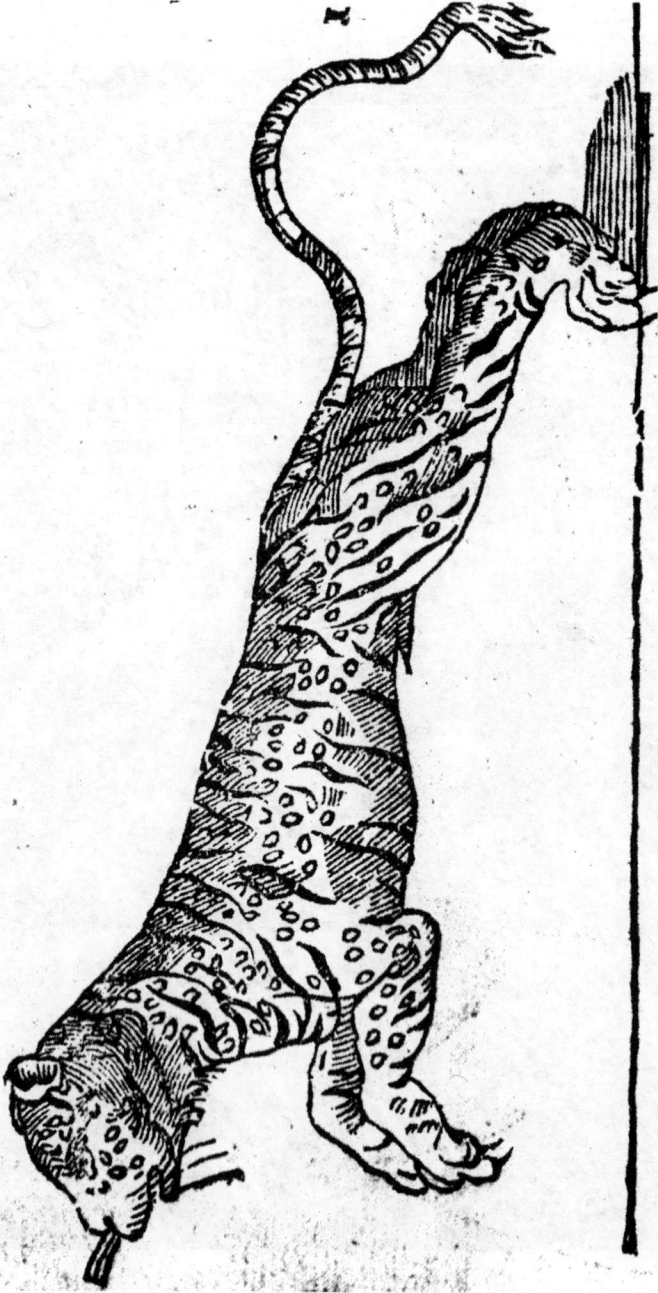

132. 虎。图片来自 J. de Arphe, 《多样统一》 (Varia commensuracion..., Madrid, 1598), Bk.III。

133. 16 世纪中期的布鲁尔挂毯：《人类第一对夫妻的故事》。图片来自 Göbel, *op. cit.* (pl.53)，pl.396。承蒙不伦瑞克市克林克哈特和毕尔曼出版社（Klinkhardt and Biermann）免费提供。

134. 木刻：《猿人拉奥孔》，作者：提香（Titian）。图片来自 Würtenberger, *op.cit.* (pl.125), p.54。

135. 肖像画:《青年与鹦鹉》,作者:尼科洛·德拉巴特(Niccolò dell'Abbate)。藏于维
也纳阿尔贝蒂纳博物馆。图片来自 Würtenberger, *op.cit.*, p.221。

136. 油画:《妇人、婴孩与鹦鹉》, 据 "法师的鹦鹉"（Meister mit dem Papagei）而作。
图片来自 M. J. Friedlander, "Der Meister mit dem Papagei," *Phoebus*, II（1949）, 54。

137. 油画：《带着鹦鹉的德国妇人》，作者：巴塞洛缪·布鲁因（Bartholomäus Bruyn）或巴特尔·贝哈姆（Bartel Beham）。图片来自 E.R.von Engerth, "Über die im kunsthistorischen Museum neu zur Aufstellung gelangenden Gemälde," *Jahrbuch der kunsthistorischen Sammlungen des allerhöchsten Kaiserhauses,* III（1885），facing p.86。原作存维也纳艺术史博物馆，藏品第 3483 号。

138. 图案为麝的蚀刻版画，作者：汉斯·西布马赫（Hans Sibmacher）。图片来自
Camerarius, *op.cit.*（pl.110），Bk. II, LXIV, p.128。

139. 图案为极乐鸟的蚀刻版画，作者：汉斯·西布马赫（Hans Sibmacher）。图片来自
Camerarius,*op.cit.*, Bk.III,No. XLIII, p.86。

140. 神奇的鸟——鸸鹋，汉斯·西布马赫（Hans Sibmacher）的版画。图片来自Hulsius, *op.cit.*（pl.52）。承蒙纽贝里图书馆（Newberry Library）免费提供。

141. 蚀刻版画：图案为卡提甘长着肉冠的鸟，作者：汉斯·西布马赫（Hans Sibmacher）。图片来自 Camerarius, *op.cit.*（pl.110），Bk.III，No.XLIV，p.88。

142. 彩色粉笔画：渡渡鸟，作者：罗兰特·萨弗里（Roelant savery）。藏于美国加利福尼亚州萨克拉门托市克罗克艺术画廊。图片来自 Bernt, *op.cit.*（pl.111），pl.533。

143. 油画:《俄耳浦斯和动物们》,作者:罗兰特·萨弗里(Roelant Savery)。原作藏于列宁格勒冬宫博物馆。图片来自 J. Fechner, "Die Bilder von Roelant Savery in der Eremitage", *Jahrbuch des kunsthistorischen Institutes der Universität Graz*, Vol.II(1966-67),pl.CXXVI。

144. 油画：《伊甸园》，作者：罗兰特·萨弗里（Roelant savery）。图片来自 K. Chytil, *Kunst und Künstler am Hofe Rudolfs II* (Prague, n.d.)。

145.《亚洲》，木刻图片来自 C. Ripa, *Iconologia...*（Padua, 1611），p.357。

146. J.T. 德·布莱和 J.I. 德·布莱（de Bry）所著《东印度全域图》（*Pars quarta Indiae orientalis...*，法兰克福，1601 年）一书的版画扉页。书页中心的方框由一头犀牛（丢勒作，Dürer）和一头象支撑；方框顶端两侧的鸟是鸸鹋，分别与一只鹦鹉相对；两只鸸鹋身后各有一只点燃着松香的香炉。

XVIII.
DE LANCVAS, FAGARAS,
LACCA ET CVCIFRVCTA.

147. 版画：亚洲产品。高良姜（马来语称作 langkvas）；还有日本胡椒、枣和葫芦瓜。注意后景中香蕉树上的香蕉，刻画得细致入微。图片来自 De.Bry, *op.cit.*（pl.146），pl.XVIII。

148. 印度的庙宇和神像。注意画中的洗澡池和印度神像。图片来自 De.Bry, *II pars Indiae orientalis*（Frankfurt，1599），pl.XXI。

149. 梵蒂冈画廊上的装饰板，拉斐尔（Raphael）设计，乔瓦尼·达·乌迪内（Giovanni da Udine）作画。图片来自 Niccola de Antoni（publisher），*Ornati delle loggie del Vaticano*（Rome, n.d.），fig. II, no.iv。

150. 装饰板上的象的细部（图149）。

151. 杜特亨兄弟（？）临摹魏德曼·德弗里斯作品制作的装饰板。

译名对照表

人 名

A

Abbate，Niccolò dell'	尼科洛·德拉巴特
Abelard	阿伯拉德
Acosta，Cristobal de	克里斯托巴尔·德·阿科斯塔
Adhémar，Jean	让·阿蒂马赫
Aelian	伊良
Afonso，Jorge	乔治·阿丰索
Africanus，Scipio	西皮奥·阿弗里卡纳斯
Agricola，Georg	乔治·阿格里克拉
Albert V	艾伯特五世
Al-Biruni	阿尔-比鲁尼
Albuquerque，Alfonso de	阿方索·德·阿尔伯克基
Alciati，Andrea	安德里亚·阿尔恰蒂
Aldrovandi，Ulisse	尤利斯·艾多瓦蒂
Alençon，François d'	弗朗索瓦·德阿朗松
Alexander the Great	亚历山大大帝
Alfonso I	阿方索一世
Allori，Alessandro	亚历山德罗·阿罗瑞
Almada，Fernandez d'	费尔南德斯·德阿尔玛达
Alost，Pieter Coecke van	彼得·科克·凡·阿洛斯
Al-Rashid，Harun	哈里发哈伦拉希德
Altdorfer，Albrecht	阿尔布雷特·阿尔特多费尔
Alvares，Emmanuel	伊曼纽尔·阿尔瓦里斯
Alvares，Nuno	努诺·欧维士
Amann，Jose	乔斯·阿曼
Ancien，Guillaume Tons l'	纪尧姆·顿斯·拉希恩
Andrade，Fernão Peres d'	费尔南·佩雷斯·德·安德拉德
Ango，Jean d'	让·德·安格
Antiochus I	安提古一世
Antonello	安托内罗
Apian，Peter	彼得·阿皮安
Appian	阿皮安
Aquile，Sala delle	萨拉·德利·阿奎勒
Aranha	阿兰哈
Arcadius	阿加底乌斯
Archduke Charles II	大公查尔斯二世
Archduke Ernest	奥地利大公欧内斯特
Archduchess Margaret	玛格丽特公主
Archduke Philip	菲利普大公

Arcimboldo，Giuseppe	朱塞佩·阿钦博多
Aretino，Pietro	彼得罗·阿雷蒂诺
Aristotle	亚里士多德
Arphe，Juan de	胡安·德·阿尔菲
Arrivabene，Ludovico	卢多维科·阿里瓦贝内
Arruda，Diogo de	迪奥格·德·阿鲁达
Arruda，Francisco de	弗朗西斯科·德·阿鲁达
Artaxerxes Mnemon	波斯王阿尔塔薛西斯
Augustus	奥古斯都

B

Bacchus	巴克斯
Baeca，Gaspar de	加斯帕尔·德贝卡
Baglione，Astorre	阿斯托利·巴格里奥尼
Baldung，Hans	汉斯·巴尔东
Baltin，Pierre	皮埃尔·巴尔廷
Baltrušaitis，Jorge	豪尔赫·巴特鲁塞提斯
Banchelli，Paglio	巴利奥·巴切里
Baraballo	巴拉巴洛
Barbosa，Duarte	杜阿尔特·巴尔博萨
Barili，Giovanni	乔瓦尼·巴里利
Baronius，Caesar	切萨雷·巴罗尼乌斯
Barros，João de	若昂·德·巴罗斯
Bartas，G.de Saluste du	G.德·萨鲁斯特·杜巴塔
Bé，Guillaume le	纪尧姆·勒贝
Beham，Bartel	巴特尔·贝哈姆
Belleforest，François de	弗朗西斯·德·贝尔福雷斯特
Bellini，Gentile	贞提尔·贝里尼
Bellini，Giovanni	乔瓦尼·贝里尼
Belon，Pierre	皮埃尔·贝隆
Berger，Georg	乔治·伯格
Bergh，Mayer van den	梅耶·范登堡
Bernini	贝尔尼尼
Beroaldo，Filippo，the Younger	小菲利普·博尔多
Berry	贝里
Birk，Ernst von	恩斯特·冯·伯克
Blanchen，Gerard	盖拉德·布兰肯
Bober，Phyllis	菲利斯·博伯
Bobroff，Sara	萨拉·博布罗夫
Bodin	博丹
Boillot，Joseph	约瑟夫·波依洛特
Boissard	波伊萨德
Boissard，Jean Jacque	让·雅克·布瓦萨
Bonardi，G.M.	伯纳迪
Bonciani，Francisco	弗朗西斯科·博恰尼
Boniface，Pope	教皇卜尼法斯

Bontius，Jacob	雅各布·邦修斯
Boodt，Anselm Boetius de	安塞尔姆·鲍艾修斯·德布特
Borcht，Pieter van de	彼得-范·德·博尔茨
Borel，Pieter	彼得·波雷尔
Borghini，Raffaello	拉斐罗·博尔吉尼
Borgia，Count	康特·博基亚
Boria，Juan de	胡安·德·波瑞亚
Bos，Cornelis	科尼利斯·博斯
Bosch，Hieronymus	希罗尼姆斯·博施
Bousquet，Jacques	雅克·布斯凯
Bouttats，Gaspar	加斯帕·鲍塔特斯
Boyle，Robert	罗伯特·博伊尔
Boytac，Diogo	迪奥格·博塔克
Bracciolini，Poggio	波吉奥·布拉乔奥里尼
Brachmann，Severin	塞维林·布拉赫曼
Branconio	布兰科尼奥
Brandão，João	约翰·布兰道
Brant，Sebastian	塞巴斯蒂安·布兰特
Braun，Georg	乔治·博朗
Breton，Richard	理查德·布莱顿
Breu，Jorg	约尔格·布鲁
Breydenbach，Bernard	伯纳德·布雷登巴赫
Broecke，Bernard ten	伯纳德·坦布罗克
Bruckmann	布鲁克曼
Brueghel，Pieter	彼得·布鲁格尔
Bruin，A.de	德·布鲁因
Brunfels，Otto	奥托·布伦费尔斯
Bruyn，Abraham de	亚伯拉罕·德·布鲁恩
Bruyn，Bartholomäus	巴托洛缪斯·布伦
Bry，Theodor de	西奥多·德·布莱
Buontalenti，Bernardo	伯纳多·布恩塔伦蒂
Burgkmair，Hans	汉斯·伯格迈尔
Burton，Richard	理查德·伯顿
Busbecq，Augier Ghiselin de	乌吉埃·盖斯林·德·布斯贝克

C

Cabral，Pedro Alvares	佩德罗·阿尔瓦雷斯·卡布拉尔
Caccini，Matteo	马提奥·卡西尼
Cadamosto，Luis de	路易斯·德·凯达莫斯托
Caecilius，Lucius	卢修斯·凯基利乌斯
Caesar，Julius	朱利乌斯·凯撒
Calceolari，Francesco	弗朗切斯科·卡塞拉利
Camerarius，Joachim	乔基姆·卡默拉里乌斯
Camillo，Francisco	弗朗西斯科·卡米洛
Camillus	卡米拉斯
Camoëns，Luis de	路易斯·德·贾梅士

Corrêa，Gaspar	加斯帕·科雷亚
Corsali，Andrea	安德里亚·科萨利
Cort，Cornelius	科尼利厄斯·科特
Cortez	科尔特斯
Corvinus，Matthias	马提亚斯·科维努斯
Cosimo I	科希莫一世
Cosmas，Saints	圣科斯马斯
Costa，Fontura da	芳图拉·达科斯塔
Costa-Tôrres，Raul da	劳尔·达·科斯塔-托里斯
Cousin，Jean	让·卡津
Cranach，Lucas	卢卡斯·克拉纳赫
Crescentio	克里森蒂奥
Crivelli，Carlo	卡洛·克里韦利
Croce，Santa	圣克罗斯
Cruz，Garcia da	加西亚·达·克路士
Cruz，Santa	圣克罗什
Ctesias	克特西亚斯
Cunha，Tristão da	特里斯坦·达·库尼亚
Cunningham，William	威廉·甘宁汉

D

Damian	达米安
Danti，Ignatio	伊格纳西奥·丹提
Darius III	大流士三世
Day，John	约翰·迪
Dell' Aquila，Giovanni Battista Branconio	乔瓦尼·巴蒂斯塔·布兰科尼奥·德拉奎拉
Delsenbach	戴森巴赫
Dembeck，Hermann	赫尔曼·戴姆贝克
Demetrius，Emanuel	伊曼纽尔·迪米特厄斯
Dentatus，Curius	库里乌斯·丹塔图斯
Desprez，François	弗朗西斯·德普雷
Deutsch，Hans Rudolph Manuel	汉斯·鲁道夫·曼努埃尔·多伊奇
Diez，Ernst	厄恩斯特·迪茨
Dionysius	狄奥尼修斯
Dioscorides	狄奥斯科里季斯
Doesborch，Jan van	扬·范·德斯博尔奇
Doetechum，Baptista à	巴蒂斯塔·阿·杜特亨
Domitian	多米提安
Dourivesaria，Rua	劳多利维萨利亚
Dowley，Francis H.	弗朗西斯·H·道莱
Drake，Francis	弗朗西斯·德雷克
Duarte，Diego	迭戈·杜阿尔特
Duck Frederick III	弗雷德里克三世
Dürer，Albrecht	阿尔布雷特·丢勒
Ehrmann	埃尔曼

E

Engelhardus，Daniel	丹尼尔·恩格哈德斯
Enghien	昂吉安
Entrée，Joyeuse	乔伊斯·恩特雷
Epirus	伊庇鲁斯
Erasmus	伊拉斯谟
Erlach，J.E.Fischer von	菲舍尔·冯·埃拉赫
Ernst	厄恩斯特
Escalante，Bernardino de	贝纳迪诺·德·埃斯卡兰特
Este，Ercole II d'	埃尔克莱·德埃斯特
Este，Isabella d'	伊莎贝拉·德埃斯特
Estoile，Pierre de l'	皮埃尔·德·伊斯托勒
Estrées，Gabrielle d'	盖布丽埃尔·德·埃斯特雷
Evelyn，John	约翰·伊夫林

F

Fabri，Alexandre di	亚历山大·迪法布里
Fanti，Sigis-mondo	西基斯蒙德·范蒂
Fantuzzi，Antonio	安托尼奥·范图兹
Faria，João de	约翰·德·法里亚
Faria，Nicolau de	尼古劳·德·法里亚
Farnese，Alessandro	亚历山德罗·法尔内塞
Favolius，Hugo	雨果·法沃利乌斯
Fedrici，Cesare	切萨雷·费德里奇
Femandes，Garcia	加西亚·菲曼德斯
Ferdinand I	费迪南德一世
Fernandes，Diogo	迪奥格·费尔南德斯
Fernandes，Andreas	安德雷亚斯·费尔南德斯
Fernandes，Mateus	马修·费尔南德斯
Fernandes，Tomas	托马斯·费尔南德斯
Fernandes，Valentim	瓦伦丁·费尔南德斯
Fernandes，Vasco	瓦斯科·费尔南德斯
Feyerabend，Sigismund	西吉斯蒙德·费耶拉本德
Ficino，Marsilio	马斯利奥·斐奇诺
Fickler	菲克尔
Figueiredo，Cristóvão de	克里斯托瓦·德·菲格雷多
Filiberto，Emanuel	伊曼纽尔·菲利贝托
Fiorentino，Rosso	罗索·菲奥伦蒂诺
Fitch，Ralph	拉尔夫·费奇
Floris，Cornelis	科尼利斯·弗洛利斯
Floris，Franz	弗兰兹·弗洛里斯
Fonseca，Pedro da	佩德罗·达·丰塞卡
Fonseca，Vicente de	文森特·德·丰塞卡
France，Jean de	让·德福朗斯
Francesco I	弗朗西斯科一世
Francis I	弗朗西斯一世

Franck，Pauwels	鲍威尔斯·弗兰克
Francken，Frans	弗兰斯·佛兰肯
Frederick II	弗雷德里克二世
Fuchs，Leonhard	利昂纳德·福克斯
Fuchs，Michael	米歇尔·福克斯
Fugger，Anton	安东·富格尔
Fugger，Hans	汉斯·富格尔
Fugger，Octavius	奥克塔维厄斯·富格尔

G

Gaddi，Niccolò	尼科洛·加迪
Galen	盖伦
Galle，Philip	菲利普·加勒
Galle，Pillippe	菲利普·加勒
Gama，Francisco da	弗朗西斯科·达·伽马
Gama，Vasco da	瓦斯科·达·伽马
Garthe，Richard	理查德·加特
Gastaldi，Giscomo	贾科莫·加斯塔尔蒂
Gaudi，Antonio	安托尼奥·高迪
Gaultier，Leonard	雷奥纳多·高缇耶
George，John	约翰·乔治
Gerritsz，Dirck	迪尔克·赫里茨
Gesner，Konrads	康拉德·格斯纳
Gheeraerts，Marc	马克·加拉德
Gheyn，Jacob de	雅各布·德·盖恩
Ghini，Luca	卢卡·吉尼
Gilles，Pierre	皮埃尔·吉勒斯
Giorgio，San	圣乔治
Glanvil，Bartholomew	巴索洛缪·格兰维尔
Goçalves，Nuno	努诺·贡萨尔维斯
Gois，Damião de	达米奥·德·戈伊斯
Gordon，Amy	艾米·戈登
Gorlé，Abraham	亚伯拉罕·戈热利
Goujon，Jean	让·古戎
Granvelle，Antoine de	安托万·德·格兰威利
Granvelle，Nicholas Perrenot de	尼古拉斯·佩雷内特·德·格兰威利
Gregory XIII	格里高利十三世
Grenier，Jehan	吉安·格雷尼尔
Guicciardini，vico	卢多维科·圭恰迪尼
Guise	吉斯
Gussoni，Andrea	安德里亚·古索尼
Gustavus I	古斯塔夫斯一世
Guyon，Loys	洛伊斯·盖伊恩
Gyllius	基流士

H

Hainhofer，Philip	菲利普·海恩豪弗
Hakluyt，Richard	理查德·哈克路特
Halde，Jean-Baptists Du	让-巴蒂斯特·杜哈德
Hamel，Alart du	阿拉特·杜·哈梅尔
Hannibal	汉尼拔
Haupt，Albrecht	阿尔布雷特·豪普特
Heckscher	赫克舍
Heemskerck，Martin van	马丁·范·海姆斯凯克
Heere，Lucas de	卢卡斯·德·依让
Heliogabalus	赫利奥加巴鲁斯
Henriques，Francesco	弗朗西斯科·亨利克斯
Henry II	亨利二世
Herodotus	希罗多德
Herwarts	赫沃尔茨
Hesse	黑森
Hessels	赫塞尔斯
Hocke，René	勒内·赫克
Hoefnagel，Georg	乔治·赫夫纳格尔
Hofmann，Lorentz	洛伦兹·霍夫曼
Hogenberg，Franz	弗兰兹·霍根伯格
Holbein，Hans	汉斯·霍尔拜因
Hollar，Wenzel	温策尔·霍拉
Holzwart，Matthias	马提亚斯·霍兹瓦特
Horapollo	赫拉波罗
Hornick，Erasmus	伊拉斯谟·霍尼克
Huetstocker，Sebastian	塞巴斯蒂安·修伊特托克
Hulsius，Levinus	勒维纳斯·胡尔修斯
Huth，Hans	汉斯·胡思
Hutten，Ulrich von	乌尔里希·冯·胡腾

I

Imholf	英霍夫
Indicopleustes，Cosmas	科斯马斯·因迪卡普留斯特斯
Ipmerato，Ferrante	弗兰特·伊梅拉多
Isotta	爱索塔

J

Jairazbhoy	亚拉兹博依
Jamnitzer，Christian	克里斯蒂安·雅姆尼策尔
Jamnitzer，Wenzel	温策尔·雅姆尼策尔
John III	若昂三世
Jordan	乔丹
Jovius，Paulus	保卢斯·约维乌斯
Jülich-Cleve-Berg	于利希-克利夫斯-伯格
Justinian	查士丁尼

K

Katchadourian, Sarkis	萨尔基斯·卡扎多瑞安
Keller, Otto	奥托·凯勒
Kessler, Herbert L.	赫伯特·L·凯斯勒
Khevenhuller, Hans Christoph	汉斯·克里斯托弗·克芬许勒
Killermann	基勒曼
Kleberger, Hans	汉斯·克莱伯格
Knieper, Hans	汉斯·克尼佩尔
Kobenhaupt, Georg	乔治·科本豪特
Krafft, Hans Ulrich	汉斯·乌尔里克·克拉夫特
Kubler	库布勒

L

Lach, Alma	阿尔玛·拉赫
Lafreri, Antonio	安托尼奥·拉夫雷利
Lancaster, James	詹姆斯·兰卡斯特
Langrens, Arnoldus F.à	阿诺尔达斯·F·阿·兰格伦斯
Laureati, Tommaso	托马斯·劳瑞阿蒂
Laz, Wolfgang	沃尔夫冈·拉兹
L'écluse, Charles de	查尔斯·库希乌斯
Lee-Milne	利 - 米尔恩
Leyden, Lucas van	卢卡斯·凡·莱顿
Lião, Duarte Nunes de	杜阿特·纽斯·德利奥
Liberale, Giorgio	乔治·利博拉利
Ligozzi, Jacopo	雅各布·利格兹
Linschoten, Jan Huygen van	扬·惠根·范·林斯乔坦
Lipsius, Justus	贾斯特斯·李普修斯
Lopes, Gregório	格雷戈里·洛佩斯
Lorck, Melchior	梅尔基奥·洛克
Lorentz the Magnificent	洛伦兹陛下
Louis XIV	路易十四
Luther, Martin	马丁·路德
Lyskirchen, Konstandin von	康斯坦丁·冯·里斯科辰

M

Mabuse, Jan Gossaert	简·戈尔基·马布斯
Macer, Jean	让·梅瑟
Machiavelli	马基雅维利
Magellan, Ferdinand	费迪南·麦哲伦
Malpighi, Marcello	马尔切罗·马尔比基
Mandelaph	曼德拉夫
Mandeville, John	约翰·曼德维尔
Mantegna	曼泰尼亚
Mantegna, Andrea	安德里亚·曼泰格纳
Manuel I	曼努埃尔一世
Marbodius	马博第乌斯

Marcellus	马塞勒斯
Marche，Oliver de la	奥利弗·德·拉·马尔凯
Mariacher，Giovanni	乔瓦尼·马瑞亚彻尔
Marissa	马里萨
Martial	马蒂尔
Martires，Bartolomeu dos	巴托洛梅乌·多斯·马提雷斯
Mascarenhas，Francisco de	弗朗西斯科·德·马斯卡伦哈斯
Mascarenhas，Leonor	莱昂诺尔·马斯卡伦哈斯
Maser，Edward A.	爱德华·A·马泽尔
Masson	马森
Master，B.	马斯特
Matarazzo，Federico	费德里克·马塔拉左
Mattioli，Pier Andrea	皮尔·安德里亚·马蒂奥利
Maura，Miguel de	米格尔·德·莫拉
Maximilian I	马克西米利安一世
Medici，Alessandro de' Medici	亚历山德罗·德·美第奇
Medici，Catharine de'	凯瑟琳·德·美第奇
Medici，Francesco de'	弗朗西斯科·德·美第奇
Medici，Giovanni de'	乔万尼·德·美第奇
Medici，Ippolito de'	伊波利托·德·美第奇
Medici，Lorenzo de'	洛伦佐·德·美第奇
Medici，Marie de'	玛丽·德·美第奇
Meetkerke，Adolf van	阿道夫·范·米特凯克
Megasthenes	麦伽斯梯尼
Mendoza，Don Hurtado de	唐·赫塔多·德·门多萨
Mendoza，Juan González de	胡安·冈萨雷斯·德·门多萨
Mercati，Michele	米歇尔·莫卡蒂
Mercator，Gerhard	格哈德·墨卡托
Meteren，Emanuel van	伊曼纽尔·冯·麦特伦
Meyerpeck，Wolfgang	沃尔夫冈·梅耶派克
Mitchell，Charles	查尔斯·米切尔
Modafar II	穆达发二世
Monardes，Nicholas	尼古拉斯·莫纳德斯
Monstier，Etienne	艾蒂安·蒙斯特里
Montaigne	蒙田
Montalboddo	蒙塔博多
Montano，Benito Arias	贝尼托·阿里亚斯·蒙塔诺
Morandini，Francesco	弗朗切斯科·莫兰第尼
Moryson，Fynes	法因斯·莫里森
Mostart，Jan	简·莫斯塔特
Moyen，Van der	范·德·莫伊恩
Münster，Sebastian	塞巴斯蒂安·明斯特
Münsterberg，Oskar	奥斯卡·芒斯特伯格

N

Naldini，Battista	巴斯蒂塔·纳尔第尼

Nascherino，Michelangelo	米开朗基罗·纳施里诺
Navagero，Andrea	安德里亚·纳瓦杰罗
Nazzaro，Matteo del	马泰奥·戴尔·纳扎罗
Nearchus，Jacobus	雅克布斯·尼亚库斯
Neckam，Alexander	亚历山大·内卡姆
Nero	尼禄
Nève，Henri de	亨利·德·尼夫
Nicolao，Giovanni	乔瓦尼·尼古拉
Nicolay，N.de	N·德·尼古拉
Nicot，Jean	让·尼科
Nijhoff，Martinus	马蒂纳斯·尼基霍夫
Nishiji	西治
Nole，Colijin de	科利金·德·诺尔
Noort，Lambert van	兰伯特·范·诺尔特
Noronha，Antão de	安东·德·迪诺罗尼亚
Notzing，Jakob Schrenk von	雅各布·施伦克·冯·诺青

O

Obel，Mathias de L'	马赛厄斯·德·奥贝尔
Oda Nobunaga	织田信长
Odoni，Andrea	安德里亚·奥多尼
Odoric	鄂多立克
Olearius，Adam	亚当·奥利瑞乌斯
Ollanda，Francisco d'	弗朗西斯科·德奥兰达
Orpheus	奥菲斯
Ors，Eugenio d'	尤金尼奥·德奥斯
Orsini，Vincino	维西诺·奥希尼
Orta，Garcia da	加西亚·达·奥尔塔
Ortelius，Abraham	亚伯拉罕·奥提留斯
Osório，Jerónimo	热罗尼莫·奥索里奥
Ostendorfer，Michael	迈克尔·奥斯腾多尔佛
Ovid	奥维德

P

Paes，Domingo	多明戈·佩斯
Palissy，Bernard	伯纳德·帕利希
Paludanus	帕鲁达努斯
Panciroli，Guido	吉多·帕希罗利
Paré，Ambroise	安布鲁瓦兹·佩尔
Parentino，Bernardo	伯纳多·帕伦蒂诺
Paris，Matthew	马修·帕里斯
Patinir	帕提尼尔
Pausandias	包撒迪阿斯
Peiresc，Claude de	克劳德·德·皮尔斯
Penni，Gianfrancesco	吉安弗朗切斯科·彭尼
Pericoli，Niccolo	尼克洛·贝利科里

Quickeberg，Samuel　　塞缪尔·奎克伯格

R

Rabelais　　拉伯雷
Rache，André de　　安德烈·德·哈什
Ramusio　　赖麦锡
Raphael　　拉斐尔
Rat，Nürnberger　　纽恩伯格·莱特
Rathgeb　　拉斯盖伯
Rauwolf，Leonhard　　莱昂哈德·罗沃夫
Rãyya，Krishna Dēva　　克里希纳·德瓦·拉亚
Redcliffe，St. Mary　　圣玛丽·雷德克利夫
Rem，Lucas　　卢卡斯·雷姆
Rembrandt　　伦勃朗
Rewick，Erhard　　埃哈德·利维克
Reynolds，Joshua　　约书亚·雷诺兹
Ricci，Simone de　　西莫内·德利奇
Ripa，Cesare　　切萨雷·利帕
Robertet，Florimond de　　弗洛里蒙德·德·罗伯特
Roger II　　罗杰二世
Roiz，Diogo　　迪奥格·罗伊兹
Romance，Alexander　　亚历山大·罗曼斯
Romano，Giulio　　朱利奥·罗马诺
Rosenthal，Robert　　罗伯特·罗森塔尔
Rott，Konrad　　康拉德·罗特
Rovellascas　　罗弗拉斯卡斯
Rowland，Benjamin　　本杰明·罗兰德
Roz，Felipe　　费利佩·罗兹
Rudolf II　　皇帝鲁道夫二世
Ruiz，Simon　　西蒙·鲁伊斯
Ruspagiari，Alfonso　　阿方索·鲁斯帕加利

S

Saint-Malo　　圣-马洛
Sallustian　　萨鲁斯蒂安
Salmanassar II　　萨尔玛那萨尔二世
Sambucus，Joannes　　乔安尼斯·萨姆布克斯
Sansovino，Francesco　　弗朗切斯科·萨索维诺
Santi Quattro　　圣夸特罗
Santos，Reynaldo dos　　雷纳多·多斯桑托斯
Sanuto，Marino　　马里诺·萨努托
Sarrazim，Dom Jean　　唐·让·萨拉基姆
Sassetti，Filippo　　菲利普·萨塞蒂
Saul　　扫罗
Savery，Roelant　　罗兰特·萨弗里
Scaliger　　斯卡利格

Therse	塞尔斯
Thevet，André	安德雷·特维特
Thurzo，Johann	约翰·图尔佐
Tintoretto	丁托雷托
Tiraqueau，André	安德雷·提拉阔
Titian	提香
Toggini，Gianpaolo	詹保罗·托吉尼
Tomar，Mestre de Charola de	梅斯特·德·夏洛拉·德·托马尔
Tormo	托尔莫
Torre，Giulio della	朱利奥·德拉·托尔
Trazzo，Jacopo da	雅各布·达·特拉佐
Trenchard，Thomas	托马斯·特伦查德
Tribolo	特里波罗
Trismegistus，Hermes	赫尔墨斯·特利斯墨吉斯忒斯
Tsar Peter III	沙皇彼得三世
Turrecremata	图利克里马特

U

Ucelli，Camerino degli	卡梅里诺·德格利·乌切利
Udine，Giovanni da	乔瓦尼·达·乌迪内
Universo，De	德·乌尼维索
Urbino，Camillo da	卡米洛·达乌彼诺
Urreta，Fray Luís de	弗雷·路易斯·德·乌雷塔
Urzidel，Johannes	约翰内斯·乌尔齐德尔

V

Vaga，Perino del	佩里诺·德尔·瓦佳
Valeriano，Giovanni Pietro	乔瓦尼·彼得罗·瓦莱利亚诺
Valignano，Alessandro	亚历山德罗·范礼安
Valois，Margaret	玛格丽特·瓦卢瓦
Valori，Baccio	巴乔·瓦洛里
Varchi，Benedetto	本尼蒂托·瓦奇
Varthema，Ludovico di	卢多维科·迪·瓦尔塔马
Vasari，Giorgio	乔治·瓦萨里
Vaz，Gaspar	加斯帕·瓦斯
Vecchietti，Bernardo	伯纳多·韦奇埃提
Vecellio，Cesare	切萨雷·韦切利奥
Veronese，Paolo	保罗·维洛尼斯
Vicente，Gil	吉尔·维森特
Vicentino，Valario Brilli il	瓦拉里奥·布瑞利·维琴蒂诺
Vignola，Giacomo da	贾科莫·达·维尼奥拉
Vila-Viçosa	维拉 - 维索萨
Villafañe，Juan de Arphe y	胡安·德·阿福·维拉法尼
Vinci，Leonardo da	列奥纳多·达·芬奇
Vitei	黄帝
Viterbo，Sousa	索萨·维泰博

Voorn，Jakob 雅各布·沃恩
Voragine，Jacobus de 雅各布斯·德·沃拉吉
Vries，Hans Vredeman de 汉斯·魏德曼·德弗里斯

W

Wedel，Leopold von 利奥波德·冯·韦德尔
Weiditz，Hans 汉斯·魏迪兹
Weisberg，Hermann 赫尔曼·韦斯伯格
Welser，Philippine 费利宾·韦尔泽
Weyden，Roger van der 罗杰·范·德·魏登
Wiles，Bertha H. 伯莎·H·怀尔斯
Wilhelm，Magister 马基斯特·维尔赫姆
William V 威廉五世
Winghe，Philips van 菲利普斯·范·温赫
Winner，Matthia 马提亚·温拿
Wolfe，John 约翰·沃尔夫
Wyftel，Robert 罗伯特·怀特尔

X

Xatim，Raulu 劳鲁·夏蒂姆
Xavier，St. Francis 圣方济·沙勿略

Z

Zahner，Michaela 米谢埃拉·策纳
Zaltieri，Bolognino 波洛尼诺·扎寨里
Zamorin 扎莫林
Zonara，Giovanni 乔瓦尼·左纳拉

地 名

A

Abbé of St.-Vaart 圣法特修道院
Abbey of St.Denis 圣丹尼斯修道院
Affaitadi 阿菲塔迪
Ahamadābād 艾哈迈达巴德
Aix-en-Provence 普罗旺斯地区艾克斯
Aix-la-Chapelle 亚琛
Aleppo 阿勒颇
Amboise 安布瓦斯
Ambras 阿姆布拉斯
Ancona 安科纳
Anhalt 安哈尔特
Anjou 昂儒

Antioch	安条克
Arbela	阿贝拉
Ardebil	阿尔达比勒
Arles	阿尔勒
Arras	阿拉斯
Ashmolean	阿西莫利恩
Ashmolean	牛津阿西莫利恩博物馆
Augsburg	奥格斯堡
Azores	亚述尔群岛

B

Banda	班达
Batalha	巴塔利亚
Beauvais	博韦
Beja	贝雅
Belém	贝伦
Bengal	孟加拉
Besacon	贝桑松
Bijapur	比贾普尔
Bohemia	波西米亚
Bologna	博洛尼亚
Braga	布拉加
Brandenburg	勃兰登堡
Bristol	布里斯托尔
Burgundy	勃艮第

C

Calicut	卡利卡特
Cambay	坎贝
Campo dei Fiori	花之田野广场
Caprarola Palace	卡帕罗拉宫
Casanatense	卡萨纳特
Castle San Angelo	圣安吉罗堡
Catigan Island	卡提干岛
Cnidus	奈达斯
Cochin	科钦
Coimbra	科英布拉
Constantinople	君士坦丁堡
Conti	康蒂
Coromandel	科罗曼德尔
Cotta	科塔
Cyriac	塞亚克

D

Dabhul	达布尔
Dacca	达卡

Dieppe　　　迪耶普
Ducal Palace　杜卡尔宫

E

Ebersdorf　　埃伯斯多夫
Enkhuizen　　恩克赫伊曾
Escorial　　　埃斯科里亚尔
Evora　　　　埃武拉

F

Ferrara　　　费拉拉
Fontainebleau　枫丹白露

G

Ghent　　　　根特
Goa　　　　　果阿
Graz　　　　　格拉茨
Gujarat　　　古吉拉特

H

Habsburg　　哈布斯堡
Holzhausen　霍尔兹豪森
Hradchin　　希拉德辛

I

Iberia　　　　伊比利亚

J

Jerónimos　　热罗尼莫斯

K

Kirchheim　　基希海姆
Kotte　　　　科特
Kremsmünster　克雷姆斯明斯特
Kunsthistorisches Museum　维也纳艺术史博物馆

L

Lazio　　　　拉齐奥
Levant　　　　黎凡特
Lucca　　　　卢卡
Lusitanian　　卢西塔尼亚

M

Mactan　　　麦克坦岛
Madras　　　马德拉斯

Maldara	马尔达拉
Malines	马林
Medina del Campo	梅蒂纳德坎波
Michaelsplatz	米歇尔广场
Mohenjo-daro	一达罗城
Moluccas	摩鹿加群岛
Montezuma	蒙特苏马
Montmorency	蒙特默伦
Morgebrino	莫格布里诺
Musée Cernuschi	塞努齐博物馆
Musée de Sousse	德苏塞美术馆
Museo Borgiano	博加诺博物馆

N

Nāyar	纳亚尔
Nineveh	尼尼微
Nuremberg	纽伦堡

O

Oporto	波尔图
Orissa	奥里萨
Ormuz	霍尔木兹岛
Oudenaarde	奥德纳尔德

P

Paço da Ribeira	里贝拉王宫
Palermo	巴勒莫
Palmyra	巴尔米拉
Pegu	勃固
Perugia	佩鲁贾
Piazza Pretoria	比勒陀利亚广场
Place de Meu	普莱斯德姆
Poppi	波皮
Praz	普拉兹

R

Rajasthan	拉贾斯坦
Raphia	拉非亚
Rappoltstein	拉波尔斯坦恩
Ratisbon	雷根斯堡
Ravenna	拉文纳

S

| Saint-André-en-Quirinal | 奎利那雷圣安德瑞教堂 |
| Salerno | 萨勒诺 |

著作名

A

Annales Ecclesiastici	《教会纪事》
An Itinerary	《旅行指南》
Apocrypha	《新约外传》
Asino d'Oro	《金驴记》

B

Book of Stones	《宝石大全》

C

Civitates Orbis Terrarium	《世界城市景观》
Coloquios	《印度草药风物秘闻》
Commentaries on Dioscorides	《评狄奥斯克里德斯》
Cosmographia Universalis	《宇宙学通论》
The Cosmographical Glasse	《宇宙志图片集》
Cosmographie Universelle	《通用宇宙学》

D

Da Pintura Antique	《古典绘画》
Décadas da Asia	《亚洲旬年史》
Degli habiti antichi et moderni di diverse parti del mondo	《世界各地古老和现代服饰》
Delle imprese	《商业》
Descripçã do Reino de Portugal	《葡萄牙纪事》
Description of the Low Countries	《低地国家概览》
Deux livres de Chirurgie	《外科学著作一二》
Diversarium nationum ornatus	《各国服饰》

E

Emblemata	《标志》
Encyclopedia of World Art	《世界艺术百科全书》

H

Hieroglyphica	《象形文字集》
Hiérosme de Marnaf	《伊埃罗斯莫·德·马纳弗》
Historiae Animalium	《动物史》
History of My Own Times	《我那个时代的历史》
The History of the Great and Mighty Kingdom of China	《中华大帝国史》
Hortus Medicus et Philosophicus	《医学与哲学园地》
Hypnerotomachia Poliphili	《寻爱绮梦》

I

Iconologia	《肖像纹章学》
India Orientalis	《东印度》
Itinerario	《林斯乔坦葡属东印度航海记》
Itinerario（*The Itinerary of Ludovico di Varthema of Bologna*）	《博洛尼亚人卢多维科·迪·瓦尔塔马游记》

J

Journal of Asian History	《亚洲历史杂志》
Journey	《旅行》

L

La Cosmographie Universelle	《宇宙志》
Lackkunst in Europa	《欧洲漆器艺术》
Lacquer of the West	《西方漆器》
Lendas da India of Gaspar Corrêa	《加斯帕·科雷亚的印度传奇》
Livro das Armadas	《无敌舰队》
Livro de Lizuarte de Abreu	《利佐阿特·德·阿布雷乌》

M

Mahabharata	《摩诃婆罗多》

N

Navigationi	《航海旅行记》

O

Oeuvres	《艺术全集》
Ordre de l'entrée	《图像志入门》

P

Pars Quarta Indiae Orientalis	《东印度全域图》
Physiologus	《生理学》
The Principal Navigations	《大航海》

R

Ramayana	《罗摩衍那》
Recueil	《收藏》
Ricordi	《回忆》

S

Speculum Romanae magnificentiae	《辉煌的罗马》
Symbolorum es Emblematum	《象征标志》

T

| *Theatrum Orbis Terrarium* | 《环宇大观》 |
| *Tractado de las Drogas, y Medicinas de las Indias Orientales* | 《东印度医药论》 |

V

Varia Commensuracion	《多样统一》
Venetia, Città Nobilissima e Singolare	《威尼斯——高贵和奇异的城市》
Viaggio	《旅游》

专有名词

A

| American Numismatic Society | 美国钱币协会 |
| Asiatic Greeks | 亚细亚希腊人 |

B

bada	巴达（犀牛）
Bushido	武士道
Byzantium	拜占庭

C

Caliph	哈里发
Cardinal Elector	红衣选侯
Carolingian	加洛林王朝
Carthaginians	迦太基人
Casa da India	印度商馆
Castile	卡斯蒂利亚
Cathay	契丹人
chapter room	座堂室
Circassian	切尔克斯人
Committee on Far Eastern Studies	远东研究委员会
Committee on Souh Asia	南亚研究委员会
Council of Ten	十人会
Council of Trent	特伦多大公会议
Crusader Kingdom of Jerusalem	耶路撒冷十字军王国
Crusades	十字军东征

D

| Dionysius | 酒神狄奥尼修斯 |

E

| Eternal City | 不朽之城（罗马） |

Etruscans　　伊特鲁斯坎人

F

Farnese Gallery　　法尔内塞画廊

G

Galleria delle Carte geografiche　　地图馆
ganda　　甘达（犀牛）
Golden House of Nero　　尼禄黄金屋
Gothic　　哥特式
Grand Khán　　大汗
grotte　　洞室

H

Hanno　　汉诺（象名）
Hanseatic　　（中世纪）商业同业公会
Hieroglyphs　　埃及象形文字

I

Ingolstadt University　　英戈尔施塔特大学

J

Jain temple　　耆那教寺庙
Jerónimos，Order of St.Jerome　　热罗尼莫斯修道院
Jesuits　　耶稣会，耶稣会士
Joannine-Jesuit　　若昂—耶稣式

K

Kunstkammer　　珍品陈列室
Kunst-und Raritätenkammer　　艺术和古玩馆
Kutuhala（composie paintings）　　混合绘画法

L

Loggia della Cosmographia　　天文馆
Lutheran　　路德会

M

Magi　　东方三贤士
majolica　　马约里加陶器
Mannerist　　样式主义（意大利绘画）
Manneristic experimentalism　　样式实验主义
Martichoras　　食人兽
Mithra　　密斯拉神
Moresques　　摩尔式
Mudéjar　　穆德哈尔式

Mughul　　莫卧儿建筑风格

N

neo-Pythagorean　　新毕达哥拉斯派
Numidian　　努米底亚人

O

Order of Christ　　基督骑士团

P

Palazzo del Te　　德尔泰宫
Palazzo Doria　　多里亚宫
Palazzo Fantuzzi　　梵特仕宫
Palazzo Vecchio　　维琪奥宫
Pathan　　阿富汗人
Phoenicians　　腓尼基人
Plateresque　　银匠式风格
Pléiade　　七星派诗人

R

Rococo　　洛可可式
Romanesque　　罗马式

S

S.C.J.　　圣若瑟修女会
S.V.D.　　圣言会
Sinhalese　　僧伽罗人
Social Science Research Committee　　社会科学研究委员会
Stiftsbibliothek　　修道院图书馆

T

Templar church at Tomar　　托马尔圣堂武士修道院
Tower of Belém　　贝伦塔
Trimurti　　（印度教）三神一体（毗湿奴 [Vishnu]、湿婆 [Shiva] 和梵天 [Brahma]）

V

Villa Madama　　玛达玛庄园

W

Wunderkammer　　珍品陈列室

索 引[①]

A

---

① 本书索引所标页码为原书页码，见本书边页码。——译者注

B

C

D

G

153，157；鹧鹕，183；与版画，94；扇子在，103；羽毛制品在，69，72，75，155；"出埃及"，190；花卉，72，73；"四海"，76，190；伊甸园，190；与人文主义，190，191；昆虫，72；伊斯兰教和波斯小型艺术，99；日本使节，72；耶稣会，67，71-72；风景，73，74，122，181，187；鹦鹉，181；与样式主义，69；小型艺术，29，36，64，72，99，142，190；诺亚方舟，190；东方主题，64，67；与装饰，71；阳伞在，103；鹦鹉在，180；与透视，74，197；植物，66，72，73；瓷器，67，72 n.，73，107，109，189；在瓷器上，31 n.，106，108，196；在葡萄牙，67-70；宗教题材，67；犀牛在，171；海贝，73；静物，72 n.，73，122；阿钦博多的复合头像，77；纺织品，68，73，97-98，189；虎在，174；传统题材，190，198；巴克斯在印度的胜利，76，190；珍品陈列室，9；沙勿略在亚洲，71

霍尔木兹海峡　Ormuz，88；地毯，98；采珠，88

J

基督的骑士　Knights of Christ，59

基督骑士团　Order of Christ（Portugal），57

基希海姆　Kirchheim，76，192

吉安·格雷尼尔　Grenier，Jehen，100，134

吉安弗朗切斯科·彭尼　Penni，Gianfrancesco：为挂毯绘制的素描，144

吉多·帕希罗利　Panciroli，Guido：关于瓷器，105，109

吉尔·文森特　Vicente，Gil，118

吉勒斯·勒卡斯特罗　Castro，Gilles de，100

吉罗拉莫·卡尔达诺　Cardano，Girolamo，43，105，121，145，191；关于艺术，45；关于极乐鸟，181 n.；关于象，145；关于宝石，120；关于犀牛，168

吉斯　Guise，的房屋，32

吉提　Guitter，巴黎收藏家，33

极乐鸟　Paradiseidae（bird of paradise），181

极乐鸟　Bird of paradise，18，20，27，103，123，184；在服装中，102；在标志中，87，182；词源，181 n.；作为礼物，181；神话，181；在绘画中，156，181-82；与鹦鹉，181；羽衣，181；象征，182，184；在木刻中，182

极乐鸟　Lufftvogel（bird of paradise），181

纪尧姆·波斯特尔　Postel，Guillaume，8，32

纪尧姆·勒贝　Bé，Guillaume le，90

加埃塔的巴拉巴洛　Baraballo of Gaeta，138，139

加迪　Gaddi，主教，43

加斯帕·鲍塔特斯　Bouttats，Gaspar，152 n.

M

O

P

Q

T

W

X

Y

2008 年度教育部哲学社会科学研究重大课题攻关项目

"西方中国形象的变迁及其历史和思想根源研究"资助成果

"十二五"期间（2011－2015 年）国家重点图书出版规划项目

第二卷　奇迹的世纪

[美] 唐纳德·F.拉赫　著

第 二 册
文学艺术

姜智芹　译

欧洲形成中的亚洲

[美] 唐纳德·F.拉赫　著

周宁　总校译

ASIA

IN THE MAKING OF

EUROPE

人民出版社

献给我的学生

目　录

插图目录

序

　　写完《欧洲形成中的亚洲》第二卷的第二册和第三册，我们对 16 世纪的论述即告一段落。在过去十五年的研究和写作中，我既生活在 16 世纪那个"奇迹的世纪"里，也生活在我们这个不断进行宇宙空间探索的非凡时代中，观察研究我们这个星际时代，从很多方面教会我如何更好地理解 16 世纪欧洲人对海外发现的种种反应。和其他人一样，我有很长时间一直不理解，为什么海外发现要经历那么久的时间才在欧洲的思想、艺术和体制中体现出来，因此，看到当今社会对星系探索的迟钝反应，同样是暗自称奇。今天的和平征服者去探索地球以外的无人宇宙空间，而坐在电视机前的观众只是缓慢地，有时是不情愿地、不无疑虑地开始意识到，人们对宇宙空间的认识将发生根本变化，而且随着新知注入旧学，人们的知识结构将进行新的调整。现在，我一点也不奇怪 16 世纪的欧洲人为什么需要经历五十年甚至更长的时间，才能完全认识到哥伦布和瓦斯科·达·伽马海外航行的意义。

　　在美国人进行登月探索、观测拍摄火星图像的日子里，我的大部分时间则在地球上的芝加哥附近进行我的研究工作。尽管我为了准备撰写前面的几册书，到欧洲和亚洲的很多地方搜集资料，但第二卷的第二册和第三册却需要我根据已搜集的资料，在雷根斯坦（Regenstein）图书馆、纽贝里图书馆（Newberry

Library）里潜心写作。与前几册不同，这两册书不怎么涉及实地调研，因此不需要我外出大量地查找档案，搜集资料。现在，我只需要在整理、分析已收集资料的基础上，根据第一卷序言中的计划，按部就班地完成我的写作任务。我撰写第二卷第二册和第三册的目标是集中分析亚洲对欧洲知识界、欧洲各国文学和学术研究的影响，总结《奇迹的世纪》中亚洲的意义。

查询文献、登记卡片、寻找图书以及管理办公室，这些工作日复一日，繁琐枯燥，我要感谢我的诸多研究生助手，他们能够甚至经常愉快地包容我的乖张怪癖、突发奇想和坏情绪。圣若瑟修女会（C. S. J.）的米谢拉·策纳修女（Sister Michaela Zahner）在芝加哥大学的葡萄藤下辛苦工作，直到累病才不得不告假离开。之后，彼得·伯格（Peter Berger）和罗伯特·奥尼尔（Robert O'Neill）接任米谢拉·策纳修女，在调查、整理欧洲大量的图书馆及其藏书目录（第二章）方面给予我极大帮助。与此同时，萨拉·鲍伯罗夫·伯隆（Sara Bobroff Bolon）和我一起研究科学史特别是生物学资料，她是这个领域里的专家。格洛里亚·吉布斯（Gloria Gibbs）、凯思琳·韦尔曼（Kathleen Wellman）和林恩·奥什塔（Lynne Oshita）不论在收集材料阶段，还是本书的出版及文献目录编制阶段，都出力很多。西奥多·N. 弗斯（Theodore N. Foss）是我的得力助手，三年来阅读整部书稿，提出修改意见，设计并制作插图，他在本项目上的所思所想，一点不少于我。弗斯、奥什塔和丹尼斯·勒·考克·加菲尔德（Denise Le Cocq Garfield）和我一起联系出版事宜，并协助我编辑索引。我把这套书献给这些帮助过我的同仁，献给我在此前序言中提到的给予我帮助的人，献给我的学生，希望他们能在这套书中看到自己的卓越贡献。

由于涉及的内容庞杂，门类繁多，和前几册书一样，我在研究中得到我的同事，特别是芝加哥大学同事的倾力合作和帮助。T. 本特利·邓肯（T. Bentley Duncan）阅读、筛选了关于葡萄牙文学的资料，而且由于他的葡萄牙语比我好，帮我把一些葡萄牙语诗歌翻译成英语。梵语学者和文学史家 J. A. B. 范·布伊特南（J. A. B. van Buitenen）在梵语故事和寓言的传播方面施以援手，通读了有关印度和东方文学传统继承的部分（第三章）。埃里克·科奇兰（Eric Cochrane）和帕奥罗·A. 谢奇（Paolo A. Cherchi）审读了意大利文学（第六章），使得书中对意大利文学的集中分析和总体论述避免了很多错误。图书和出版史专家霍华德·W. 温格（Howard W. Winger）通读了关于图书馆和图书馆藏书的部分（第二章）。西班牙文学专业的学子乔治·海利（George Haley）帮助我避免了论述伊比利亚文学时的一些错误。塞缪尔·P. 杰夫（Samuel P. Jaffe）和小威廉·A. 林格莱（William A. Ringler, Jr.）阅读了关于日耳曼文学的资料。林格莱教授认真审读有关英国文学的内容，大大提高了我对英国文学论述的广度，在阐释上也更为精确。丹尼森大学（Denison University）的艾米·戈登（Amy Gordon）和我讨论了法国文学部分（第七章），帮我查找材料，为这一章的完成贡献了她的时间和学识。我的科学史专业的同事艾伦·G. 德布斯（Allen G. Debus）和诺埃尔·M. 斯瓦洛（Noel M. Swerdlow）欣然阅读关于科学的部分（第九章），纠正了我生物学、数学和天文学知识方面很多非常明显的、幼稚的错误。纽贝里图书馆赫尔蒙·邓拉普·史密斯制图中心（Hermon Dunlap Smith Cartographic Center）的大卫·伍德沃德（David Woodward），对第十章进行了精确的校订，增加了我对地理和制图发展的了解，他还慷慨地把个人收藏的地图资料借给我。宾夕法尼亚大学的语言学家、东方学家鲁多（Ludo）和罗赞·罗彻（Rosanne Rocher）仔细阅读了关于语言的部分（第十一章），提出意见，修改了其中的错误，其订正的内容已加进附录。耶鲁大学的日本文学教授埃德温·麦克莱伦（Edwin McClellan）帮助我解决了欧洲手稿和书籍中汉语和日语文字书写的有关问题。威斯康辛（麦迪逊）大学（University of Wisconsin [Madison]）的中国文学教授周策纵（Chow Tse-tung）不吝赐教，给我写了一封长信，详细介绍了中国的图案诗。伦敦的沃尔特·帕格尔（Walter Pagel）是帕拉塞尔苏斯（Paracelsus）研究专家，他向我介绍了和我的论题有关的最新进展情况。

由于资料的准备和使用间隔时间太长，我在书中没有注明有关材料的出处，这使我深感愧疚。我要特别向哈罗德·B. 约翰逊（Harold B. Johnson）表示歉意，他曾是我的研究助手，现在是弗吉尼亚大学教授，他曾为我举办的研讨会撰写了一篇论文，我在以前的研究中（I, 11-19）多有参考，而我却没有致谢，为此我深感歉疚。我还要向亨利·Y. K. 汤姆（Henry Y. K. Tom）表示迟到的感谢，他曾是我的博士研究生，现为约翰·霍普金斯大学出版社（Johns Hopkins University Press）社会科学部的编辑，他为我修订、删改了第二卷第一册的前言。最后，我还要向凯尔文学院（Calvin College）的埃德温·范·克雷（Edwin Van Kley）表示我的感谢，这一感谢早就应该表达，他欣然应允和我合作撰写这套书的后面几册，一同进行17世纪的研究，只是他要耐心等待我按部就班地完成16世纪的最后两卷，而这种等待其实是令人沮丧和痛苦的。我以前在各种场合向我的妻子阿尔玛·S.拉赫（Alma S. Lach）表示过谢意，但语言总难表达我的感谢之万一。

像我前面提到的同仁一样，很多单位为我完成这两册书提供了诸多帮助。芝加哥大学通过它对伯纳多特·E.施密特（Bernadotte E. Schmitt）历史教授职位的慷慨研究资助——我现在正是这一职位的教授，为我提供了聘请研究助手和打字员的费用，同时也为我这一庞大研究工程的其他费用提供资金来源。1975年，我还从芝加哥大学社科处管理的诺曼·维特·哈里斯纪念基金会（Norman Wait Harris Memorial Foundation）申请到一笔研究经费。芝加哥大学雷根斯坦图书馆、芝加哥纽贝里图书馆和克瑞尔（Crerar）图书馆在我的研究中一直不可或缺，正是这些图书馆的管理部门和工作人员耐心周到的服务，我才得以利用其丰富的馆藏资料。书中的很多插图都是从这些图书馆复制的，我要特别感谢这些图书馆的珍本收藏部，感谢雷根斯坦图书馆珍本收藏部的负责人罗伯特·罗森塔尔（Robert Rosenthal）和那里所有的工作人员。

xviii像以前的研究一样，我在这两册书中不揣浅陋，涉足新的领域。作为通史历史学家，我虽然有一定的阅历和涉猎，但从事这一研究，能够依仗的只有我的研究热情和奉献精神。因此，我对书里可能出现的事实与阐释中的缺失及错误深怀不安。别人的帮助已经使我将错误减少到最低，但对于书中依然存在的错误，我个人负全部责任。最后，我希望那些依然存在的错误，如果被发现的话，是可笑有趣的而非根本性的错误，尽管我的这一希望可能是枉然。

前　言

　　欧洲人曾经欣然认为他们能够轻易地统治整个地球，但是海外探索的每一点进展都使这种认识显得异想天开。欧洲的商人和传教士踏入亚洲土地后就面临着严峻的考验，他们谨慎地固守在缺乏安全感的据点内，避免与亚洲竞争，这一现实使得欧洲早期的探险者和冒险家对攫取东方财富所抱有的乐观主义很快转变成悲观主义。随着东方探险的深入，欧洲人逐渐认识到印度和中国这两个伟大的大陆帝国并不像亚洲其他更为封闭的岛国那样脆弱，涉足东方土地的欧洲人因此不得不缩小自己的目标，不再试图从物质或精神上完全控制东方。这种无奈的妥协情绪慢慢地传回欧洲，但一开始并不为身在欧洲的人们所理解或接受。不过，一旦欧洲的精英阶层开始相信并接受来自亚洲的报告，他们甚至比海外探险者还深信，要尽一切可能去了解东方发达的文化，并在欧洲传统的人文背景下衡量这种新知识。

　　《欧洲形成中的亚洲》第一卷是《发现的世纪》，主要讲述欧洲人在东方的探索发现历程，描述这些探索发现在欧洲的传播情况。16世纪，欧洲人根据从亚洲带回的报告，对印度、东南亚、日本和中国有了基本的认识。在第一卷中，我通过与现代研究成果相比较，力图验证当时从亚洲传到欧洲的信息的准确性，希望能够为考察亚洲发现对欧洲形成所产生的影响提供一个坚实的基础。

xx

　　《欧洲形成中的亚洲》第二卷是《奇迹的世纪》，包括三册。第一册为《视觉艺术》，主要对艺术品、手工艺品、动植物标本以及工艺品等"无声物品"体现出来的艺术品质进行分析。《视觉艺术》首先考察了来自亚洲的珍稀物品，比如人种学标本、矿产、艺术品、动物和植物，并把它们与欧洲的自然产品和艺术产品进行比较，然后提出这些异国情调的物品如何激发了欧洲艺术家和工匠的想象力，对欧洲艺术创作产生了怎样的影响诸如此类的问题。通过对欧洲主流艺术和非主流艺术的全面分析，我们清楚地发现，亚洲的艺术并没有从根本上改变任何一种欧洲艺术的形式，不过，对亚洲的了解促进了欧洲对亚洲艺术的模仿，丰富了欧洲装饰艺术的表现手段和设计方式。欧洲象征艺术的兴起从传统上来说归功于有着亚洲渊源的物品和设计艺术，而欧洲人不断加深的、亚洲和欧洲是一样的"现实存在"的认识，为欧洲的象征主义艺术带来了革新，加速了欧洲自然主义和风格主义①艺术的发展。来自遥远国度的亚洲物品以及富有"聪明才智"的亚洲人，激发欧洲艺术家创作出广受欢迎的奇妙作品，丰富了欧洲艺术家的艺术想象，推动了欧洲艺术家的艺术试验。欧洲的艺术领域和思想疆域进一步拓展，吸纳了一些来自亚洲的艺术观念和创作手法。

　　《欧洲形成中的亚洲》第二卷第二册是《文学艺术》，这一册和第三册《学术研究》是联系在一起的，因此在页码编排上是连续的，有着共同的前言和索引，这两册书的总参考文献和分章参考文献都放在了第三册的末尾。这种复杂的编排既不是为了故弄玄虚，也不是让读者坠入五里云雾，主要是因为这部分内容太过庞大。分册刊行只是一个技术上的措施，目的是使印刷尽可能地方便、经济。

　　第二卷的第二册在论述上采取的路数和第一册相同，首先梳理关于东方的信息从葡萄牙传播到欧洲其他地区的方式，包括口耳相传和文字记述。为了弄清楚有关东方发现的书籍在欧洲发行传播的数量和种类，我翻阅了60个有代表性的图书馆馆藏目录以及英国、意大利、萨克森（Saxony）和葡萄牙等国家和

―――――――――――

①　风格主义也称矫饰主义，指16世纪出现的一种意大利艺术风格，其特点是强调比例、光线和透视的特别效果，并使用亮色，常用浓色。——译者注

地区的重要图书馆以及收藏室。在研究国别文学之前,我调查了航海大发现之前欧洲各国文学传统中对东方的记述。进入 16 世纪以后,有关亚洲的新信息开始渗透到欧洲各地。我的调查结果显示:欧洲各国固有的文学传统受亚洲新信息的影响是缓慢的,影响的程度也不相同。

在对欧洲国别文学进行论述的次序上,我依据的是其对海外发现的开放和交流程度。首先论述的是葡萄牙文学对亚洲发现的反应,接着分析了西班牙文学,因为无论从政治上还是知识上,西班牙都和文艺复兴运动的中心——意大利有着密切的联系,正是通过意大利这个主渠道,关于亚洲的材料才传播到法国和德国。在北欧,特别是 16 世纪上半叶,安特卫普也是传播亚洲信息的重要中心。但是,一直到 16 世纪末,亚洲对荷兰文学的影响都微乎其微。由于荷兰、德国和英国在地理空间上距离葡萄牙较远,因此,这几个国家的文学对亚洲发现的反应要慢得多,不过反应慢的最主要原因是宗教改革运动在北欧清教徒和南欧天主教之间所竖起的屏障。

xxi

在对欧洲各国文学的分析中,我重点依据的是用民族语言写成的作品,当然也没有排除用拉丁语撰写的重要著作。为了研究亚洲信息从一个国家传播到另一个国家的情况,我系统地论述了翻译活动的作用。为了分析文学文本,我对一些重要的、特别的资料采取了特殊的调查手段。在第二卷第一册中,我利用专门的图像变异技术去了解拉斐尔画作中的大象抑或丢勒画作中犀牛角的特征,并以此来追踪一件艺术品对另一件艺术品的影响。在文学作品中,我利用亚洲专有名词的拼写特征,基本上能够确定某些文学段落和参考文献的来源。根据我对欧洲学者撰写的亚洲著作的了解,通过研究分析那些域外的术语、名字甚或短语中语词的顺序,有时可以快速、准确地确认巴拉奥纳·德·索托(Barahona de Soto)、阿里瓦贝内或博丹等人著作中某些段落的资料来源,依据这些标记所找到的资料来源并不总是出自文学作品。阿里奥斯托、莫尔、拉伯雷和马洛等作家不论是在时间上还是空间上,都相隔遥远,他们往往根据地图来为其作品中的人物设定活动路线。历史学家和宇宙学家一般在著述中利用所有能够利用的资料,因此总是毫不迟疑地既参考旧资料,也参考新信息,其著作中语词拼写上的变化,也可以说明这一事实。

日耳曼文学这一章探讨了德国文学、荷兰文学和英国文学，除此以外，本书中的每一章只论述一个国家的文学。在北欧特别是在德国和荷兰，当地的文学艺术对拉丁文的依赖程度较高，与南欧相比，北欧用民族语言创作的文学作品要逊色得多。尽管英语相对来说较少受拉丁文的影响，但是英国知名的知识分子，除了托马斯·莫尔爵士（Sir Thomas More）以外，对海外发现的兴趣远没有其他欧洲大陆的同行浓厚，直到 16 世纪的最后二十五年，英国知识分子对海外发现漠视的局面才有所改变。北欧掀起的宗教改革运动导致其对天主教徒征服的亚洲产生敌视。正是由于以上这些原因，我才决定将日耳曼文学集中在一章里面进行论述。另外，我还认为，通过这种方式，可以为下个世纪初期日耳曼文学重要性的凸显埋下伏笔。

在第三册《学术研究》中，我重点分析了受亚洲影响最为明显的几个学科领域。关于自然科学那一章（第九章），我首先回顾了亚洲对于中世纪技术的重要性，然后简要分析了 1500 年以后亚洲走向衰落的原因。我对海外发现对航行、天文、航海的影响的分析比较简略，因此，进一步厘清、说明这些问题，还需要开展更多原创性的、专门的研究。这一章还包括对帕拉塞尔苏斯学派（Paracelsian thought）的分析，因为很多现代学者开始把亚洲看作是其思想的孕育地。受海外发现影响最大的自然科学是植物学，紧随其后的是动物学。不过，我在进行系统论述时没有涉及动物学，因为我在第二卷的第一册当中已经花费了大量笔墨来讨论动物及其在欧洲艺术中的表现。

地图学和地理学是第十章论述的主题，也是世界地图打开后变化最多的学科。这两门学科由于讲求实用，越来越成为独立的学术研究，因此逐渐从宇宙学和天文学中分离出去。从事地图学和地理学实践的人首先质疑先辈哲人的权威，采取一种现代的、经验的观点。他们在适应快速发展的航海发现的过程中，得到了具有共同利益的僧侣、商人、出版商的帮助，这些僧侣、商人、出版商给予他们物质上的支持，给他们提供亚洲发现的材料，意大利、荷兰以及莱茵河畔城市的出版商在推动实现 16 世纪的制图革命中发挥了不可替代的作用。与此同时，大学、清教、天主教会等迫于压力，也开始承认新的地理学是其教学和图书馆的组成部分。

　　语言和语言学是第十一章的主题，也是学术活动受到冲击最为严重的领域，因为在海外世界发现了大量的、种类繁多的语言门类，但这一时期却没对这些语言进行新的科学分析，欧洲人对亚洲语言的了解还常常局限在那些没有受过语言知识训练的人，出于实用的目的记录下来的词汇。传教士，特别是耶稣会士，很快成功分析了泰米尔语（Tamil）和马拉雅拉姆语（Malayālam），但是，直到17世纪，梵语依然是婆罗门的专利。传教士在东亚遇到的语言困境使他们努力采用拉丁语的语法体系去分析那些东方语言，尽管这样做取得了很大成功，但语言学家很快就认识到，这些用方块字书写的语言给他们带来了难以预料的挑战，他们没有办法从理论层面上去分析这些语言。16世纪以及16世纪以后的一些学者对此充满好奇，进行了一些语言试验，一定程度上推动了17世纪新的语言理论的发展。16世纪在语言和语言学上最突出的成就是，欧洲语言认可、吸纳了大量来自东方语言的词汇、专名和术语。

　　在前面的介绍中，我多次提出对亚洲的影响进行整体研究的重要性，但同时也提出注意研究那些相关的因素。在研究16世纪亚洲各国的历史方面，我强调要从根本上重视欧洲资料。自始自终，我都试图指出欧洲大陆所发生的事件与对海外扩展成功与失败所持态度之间的相关性。我时时告诫自己不要犯塑造形象、追溯影响的错误，但是，我还是在创造形象，寻找影响，尽管我是百倍地谨慎。由于不满足于一般历史学家常常局限于文学资料的做法，我努力涉猎那些艺术史家、技术史家以及其他专门领域的史学家所研究的资料。我尽最大可能地向其他专家咨询并听取他们的建议，不过有的时候，我也会拒绝他们的建议，坚持自己的观点和认识，当然，我拒绝时总是带着尊敬和审慎。尽管我肯定会有很多事实、分析和强调不当的错误，但我认为，我对16世纪的分析考察进一步坚定了这一观点：在现代的第一个阶段，亚洲对欧洲的生活和思想产生了十分重要的影响。

xxiii

第一部分

葡萄牙和欧洲知识界

引　言

　　欧洲的扩张史传统上主要研究欧洲海外拓展的历史，而很少注意到这一扩张的另一面，或者说很少注意到某一个欧洲国家对其邻邦进行扩张所带来的影响。比如，众所周知，随着葡萄牙对香料贸易的控制，葡萄牙的商人和水手最终开拓了北欧市场，到达了北欧的港口。但是很少有人注意到，各行各业的葡萄牙人把他们出使海外或个人游历的海外见闻带到欧洲其他国家，这些葡萄牙人的海外经历有的和香料贸易有关，有的则无关。整个16世纪上半叶，葡萄牙帝国的海外先驱者把打开亚洲的消息带到欧洲的政治、文化中心和商业城市。到了16世纪下半叶，由于葡萄牙的香料贸易面临困境，葡萄牙人停止了海外扩张，从而变得内敛保守，因此，欧洲其他国家主要通过文字资料了解葡萄牙人和耶稣会士在东方的扩张、活动情况。对海外扩张感兴趣的藏书家收集了有关海外发现的编年史和耶稣会士的书信，16世纪末的人文学者、科学家和精英人士能够很容易地得到这些用拉丁语或作者本国语写成的关于"新亚洲"的文献资料，从而分析亚洲对于欧洲艺术、科学的影响。

第一章　葡萄牙帝国的海外先驱

15 世纪下半叶和 16 世纪上半期，葡萄牙不仅向欧洲扩张，而且向非洲和亚洲扩张，但向欧洲的扩张是和平而非武力的。由于海外发现和海外贸易，葡萄牙第一次全面地融入到欧洲大陆的商业和经济之中。在这个融入过程中，葡萄牙与欧洲其他国家的政治、文化联系也越来越密切。来到欧洲其他城市的葡萄牙商人、水手、学生、艺术家、外交人员以及牧师越来越多，影响也越来越大。由于里斯本展现的新的开放气象，欧洲其他地方的商人、使节、士兵、航海家和印刷工人，也被吸引到里斯本。16 世纪中叶，耶稣会士开始在葡萄牙及其海外领地布道传教，从而使先前有限的宗教和文化影响随着葡萄牙的拓展而扩大。欧洲其他国家的学者、科学家到葡萄牙游历，葡萄牙本土的学者、科学家也不断地走向欧洲其他文化中心。在有意无意之间，这些身处异乡的葡萄牙人以及到葡萄牙游历的外国人，把葡萄牙人在亚洲活动的信息传播出去。

在整个 16 世纪，葡萄牙人的全部生活都和海外扩张活动密切相关。每一个家庭、每一个人都以某种方式，参与到香料贸易或与香料贸易有关的活动当中，每年都有很多优秀的葡萄牙人到国外创业。葡萄牙的人口总数从来没有超过 150 万，但是在国王若昂三世（King John III）统治（1521—1557年）的某些年份，去往海外的人数估计有 8 000 人。[1] 虽然这个数字有些惊

人，但平均每年离开葡萄牙去海外的人数也有大约 2 000 人，而去往欧洲其
他地方的葡萄牙人从来没有这么多。不过，16 世纪上半叶持续不断的人员外
出，使得葡萄牙最有成就和最杰出的人才都流失到了其他地方。前往他乡的
葡萄牙人当中，只有落脚比利牛斯山脉（The Pyrenees）以北的葡萄牙人以个
人的名义参加了海外征服活动。不过所有这些海外征服者，即便是学生和牧
师，都比较了解葡萄牙帝国的发展情况。对于欧洲知识阶层来说，这些人是
来自南方的先驱，耶稣会士后来称那些从亚洲归来的人为"活字典"（living
letters）。整个 16 世纪，从某种程度上来说，正是通过这些被称为"活字典"
的耶稣会士和非耶稣会士，欧洲其他地区才逐渐地、有时甚至是被动勉强地
了解到打开东方世界的一些情况。

　　早在 1503 年，也就是葡萄牙人在安特卫普（Antwerp）开设工厂后不久，
约翰·克勒尔（Johann Kollauer）就致信人文主义者康拉德·塞尔提斯（Conrad
Celtis）：

> 　　我们已经抵达这片土地（安特卫普），来到后我无时无刻不在想
> 念着你。在这里，除了其他许多值得一提的事情外，你可以看到葡萄
> 牙水手在讲述一些奇异的故事。你会对所有古典作家的怪诞论断感到
> 惊讶，他们宣称，除非亲自发现并看到，否则不会相信人性中存在的
> 东西。对于我们在这儿看到和听到的，我难以一一详述给你。[2]

　　克勒尔是一位拉丁书记官，也是奥格斯堡人文主义圈子里的一员，他力劝
塞尔提斯亲自到安特卫普看一看世界的开放到底是个什么样子。但是塞尔提斯
从来没有成行，直到 1508 年去世，他都没有动摇对古代地理观念的信仰。在
塞尔提斯和鹿特丹的伊拉斯谟（Erasmus）看来，他们对世界地区的关注仅止于
赫拉克勒斯之柱（Pillars of Hercules）。但是，在托马斯·莫尔（Thomas More）
和阿尔布雷特·丢勒（Albrecht Dürer）[3] 这些思想更加开放、敏锐的人看来，
他们在低地国家听到的故事，看到的新鲜事物，促进了他们对未知世界的思考
和探索。

从瓦斯科·达·伽马（Vasco da Gama）1499年远航返回葡萄牙，到1511年征服果阿（Goa，1510年）的消息传到欧洲，这一期间，曼努埃尔国王（King Manuel）不断地致信很多南欧的统治者和高级传教士，告诉他们葡萄牙海外征服成功的消息。[4]葡萄牙定期向教皇派遣使节，报告葡萄牙在东方的胜利，并得到教皇尤利乌斯二世（Julius II）和利奥十世（Leo X）的批准，获得了对香料贸易的独家控制权和对十字军东征伊斯兰的领导权。与此同时，佛兰德斯（Flanders）以及德国南部和意大利的一些城市为了自身的利益，也派遣商业代表去葡萄牙，了解如何参与香料贸易和印度开发。这些商业代表的报告，以及早年参与航海的德国人和意大利人的记述，在佛兰德斯、德国和意大利流传开来，有些报告和记述是手稿，有些则是印刷品。但是，在16世纪最初的二十年里，葡萄牙对于其亚洲发现和香料贸易活动，没有出版只言片语。欧洲其他国家对葡萄牙亚洲发现以及香料贸易的了解，仅限于葡萄牙的官方通报以及外国商人书信和报告中的零星信息。直到1521年曼努埃尔去世，葡萄牙一直有效地控制着这些信息的印刷出版。[5]

葡萄牙国王若昂三世统治时期（1521—1577年），葡萄牙在亚洲的垄断地位面临着诸多挑战。麦哲伦（Magellan）率探险船"维多利亚"号①成功环绕地球，并在环球航行中进攻香料群岛（Spice Islands）。其他欧洲国家，特别是法国和英国，也开始挑战葡萄牙这个伊比利亚半岛强国对海外的独家控制权。法国西部的沿海城市组织海盗船掠夺在大西洋上航行的葡萄牙船只，并准备派遣自己的船队到巴西、印度洋和东印度群岛。土耳其虽然在1535年以后是法国不忠实的盟友，但也开始扩张其势力，抢占了葡萄牙在第乌（Diu）和果阿的据点，夺回了对印度洋的港口控制权。土耳其人还毫不留情地打破了葡萄牙人对霍尔木兹海峡和波斯湾的控制。[6]印度和东南亚的一些当地头人不时受到伊斯兰商人和水手的鼓动，常常把葡萄牙人从他们的亚洲据点中赶出来。在欧洲和亚洲的高压下，若昂三世统治下的葡萄牙尽管继续向东、西两个方向扩张其海外帝国，但开始在欧洲与其他国家建立密切的联系。不过，同时向不同方向进行扩张终

---

① 原文为Victoria，也有的译为"胜利"号。——译者注

不能维持长久，最后，葡萄牙人不得不放弃非洲，并从安特卫普撤了回来。到了 16 世纪中期，葡萄牙人把主要精力放在了里斯本的香料贸易上。尽管如此，从 1520 年到 1550 年，葡萄牙的精英阶层依然深入地参与到欧洲文化当中，并为欧洲文化的发展做出了巨大贡献。

第一节　海外的葡萄牙学生和使节

在 15 世纪开始海外扩张之前，葡萄牙与欧洲各国文化的联系只是暂时的、脆弱的。[7] 15 世纪在大西洋和沿非洲西海岸的发现，把伊比利亚这个小国带入到国际商业主流之中，并使其与意大利、法国、德国以及低地国家商业中心的联系更加经常化和永久化。葡萄牙的外交使节和知识分子中有些也是商人，他们很快就和生活或客居在意大利以及北欧繁荣商业中心的人文主义者、学术研究者和艺术家建立了友好关系，从而扩大了视野。在 1470 年左右，葡萄牙学生中有很多人开始注册上意大利的大学；1500 年前后，一些葡萄牙学生上巴黎的大学；1522 年以后，还有一些葡萄牙学生开始上卢万（Louvain）大学。[8] 16 世纪上半叶，葡萄牙向欧洲的扩张与其对美洲、非洲、亚洲的占领，对葡萄牙的未来来说几乎具有同等重要的意义。

海外发现的直接结果是意大利和葡萄牙之间的关系进一步密切、加强了。葡萄牙国王迫切希望能与教皇合作，并且保持这种合作关系，因为根据教皇亚历山大六世划定的分界线，欧洲以外的领土完全归伊比利亚半岛国家所有。葡萄牙分别于 1501 年、1514 年、1560 年、1574 年派遣高级传教士、使节以及学识渊博的贵族带着大量贵重的礼物，来到罗马，表示对教皇的顺从。[9] 迭戈·帕切科（Diogo Pacheco）是葡萄牙著名的法理学家，他分别于 1505 年和 1514 年在两次非常重要的场合，为他的国家发表正式演讲，向教皇报告葡萄牙在亚洲的扩张情况。1514 年，有几个葡萄牙人甚至被邀请参加第五届拉特兰（Lateran）大会 5 月 5 日的会议。

葡萄牙王室还努力保持其在罗马的常设使团，以维护其和教皇之间稳定的关系。两位具有人文主义思想素养的教士米基尔·达·席尔瓦（Miguel da Silva，约 1480—1540 年）和玛蒂诺·德·波图加尔（Martinho de Portugal，1547 年去世）分别于 1514—1525 年、1525—1535 年在罗马为他们的国王效力。他们二人都与意大利的高级教士和信徒有着密切的联系。1539 年，玛蒂诺被提拔为名义上的印度大主教。[10] 在与教皇的关系方面，葡萄牙人一如开始那样，继续强化他们在亚洲扩张中的宗教因素。比如支持十字军对土耳其的东征，并在天主教传播方面做出了巨大贡献。[11] 葡萄牙还吁请教皇尊重他们的合约权，请教皇要求其他基督教君主遵守"教皇分界线"的规定，促进各基督教君主之间的协调统一，以便联合起来共同应对宗教信仰的敌人。

　　从 1470 年到 1530 年，有 30 多位葡萄牙学生到意大利游历、学习。[12] 艾利斯·巴尔博萨（Aires Barbosa，1530 年去世）是阿威罗（Aveiro）人，他在佛罗伦萨师从安杰洛·波利齐亚诺（Angelo Poliziano），于 1529 年回到伊比利亚，在萨拉曼卡（Salamanca）与语法学家安东尼奥·德·内布里哈（Antonio de Nebrija）一起教希腊语，同时还负责葡萄牙王室子弟的教育管理。[13] 赫米克·卡亚多（Hermico Caiado，1509 年去世）先是在佛罗伦萨跟安杰洛·波利齐亚诺学习，后来分别于 1495—1497 年在博洛尼亚（Bologna）、1497—1501 年在费拉拉（Ferrara）学习。在费拉拉的时候，赫米克·卡亚多与埃尔科莱·德斯特一世（Ercole I d'Este）的文学圈子有联系。埃尔科莱·德斯特是费拉拉的公爵，他支持地理学研究，并资助过博亚尔多（Boiardo）和阿里奥斯托（Ariosto）。[14] 在意大利人眼里，卡亚多是当时最有天赋的拉丁语诗人之一，享有很高的声望。[15] 萨·德·米兰达（Sá de Miranda，1481—1558 年）是葡萄牙诗人，他蔑视与海外发现相关的物质主义和贪婪，于 1521—1526 年之间在意大利各文化中心游历。另一位葡萄牙文人路易斯·特谢拉（Luís Teixeira）在这些年里也在意大利生活，他后来与皮特罗·本博（Pietro Bembo）、蒂托（Tito）、埃尔科莱·斯特洛奇（Ercole Strozzi）、菲利普·博尔多（Filipo Beroaldo）等人有交往。[16] 热罗尼莫·奥索里奥（Jerónimo Osório）是曼努埃尔统治时期的历史学家，于 1527 年左右执教于博洛尼亚的西班牙学院，之前他曾在萨拉曼卡和巴黎学习，在西班牙学院结识了本博和其他一些知名的意大利学者。[17] 在他之后，

9

生活在意大利的葡萄牙学者有安德烈·德·雷森迪（André de Resende）以及达米奥·德·戈伊斯（Damião de Góis），后者于 1534—1538 年生活在意大利。[18]这一时期，很多医生离开葡萄牙，到意大利的大学去学习、执教，其中最著名的是阿马托·卢西塔诺（Amato Lusitano），像他的很多医生同行一样，他在葡萄牙被怀疑是犹太人或不可靠的新基督徒。[19]

　　1527 年罗马之劫以后，葡萄牙人很快又回到这座永恒之城。佩德罗·德·马斯卡伦哈斯（Pedro de Mascarenhas）是葡萄牙派驻查理五世巡回宫廷的大使，经常在罗马驻留。1539 年，他在一次公开演讲中敦促教皇保罗三世向印度派遣传教士，因为那是一片正等待着丰收的土地。[20]在这一时期，葡萄牙建筑师弗朗西斯科·德·奥兰达（Francisco d'Ollanda）也在罗马描摹古代建筑，并与米开朗基罗（Michelangelo）有过交往。[21]1560 年，葡萄牙新任大使塔沃拉的罗伦索·皮雷斯（Lourenço Pires de Tavora）晋见教皇庇乌四世（Pope Pius IV）后，葡萄牙与教皇的关系进入一个新的阶段。当时，葡萄牙对教皇的顺从演讲是由阿奎拉斯·艾斯塔克（Aquilas Estaço，1524—1581 年）发表的，他是拉丁语学者，被称为"斯塔提乌斯"（Statius）。艾斯塔克在孩提时代就被带到东方，后来回到欧洲，在埃武拉（Évora）、巴黎和卢万等地接受教育。1557 年，他担任罗马红衣主教斯福尔扎（Sforza）的图书管理员，并经常担任葡萄牙王室的非官方代表。[22]他用拉丁文写的很多诗，以及 1560 年、1574 年的演说，[23]都赞美葡萄牙在亚洲取得的胜利。艾斯塔克一直留在罗马，直到 1581 年去世，他将他的个人图书馆捐赠给经堂会（Congregation of the Oratory）。[24]巴托洛梅乌·多斯·马提雷斯（Bartolomeu dos Martires，1514—1590 年）是布拉加（Braga）的红衣主教，他在 1562 年曾参加梵蒂冈教廷举办的宴会。在宴会上，他鲁莽地向教皇建议把举行礼拜使用的银器改为瓷器。[25]奥索里奥是葡萄牙历史学家，为了逃避宫廷迫害，偷偷地逃离葡萄牙，于 1576—1577 年在意大利游历。[26]我们从这些人的活动中可以很明显地看到，从 16 世纪初到 1580 年葡萄牙王室和西班牙卡斯蒂利亚王室合并统一，葡萄牙几乎一直和教皇以及意大利的大学、人文学界保持着联系。正是通过这些葡萄牙教士、使者、学生、科学家和艺术家，意大利的知识界才得以获得葡萄牙在亚洲扩张的有关信息。

16世纪上半叶，葡萄牙和法国之间的文化、外交关系非常密切。法国国王弗朗西斯一世（King Francis I，1515—1547年在位）极为关注葡萄牙在东方国家的扩张以及葡萄牙对安特卫普香料市场日益增强的控制权。[27] 大西洋港口的法国富商对葡萄牙的海洋扩张抱有浓厚的兴趣，开始规划自己的海外探索和贸易活动。葡萄牙人也急于和法国发展更为密切的经济、文化关系，因为法国实力强大，位于里斯本港口和安特卫普之间，是葡萄牙的重要贸易市场。这种密切的关系自古有之。法国人特别是勃艮第人（Burgundian），就曾在促进葡萄牙君主的独立统治方面发挥了关键作用，并为葡萄牙文学的发展提供了典范，特别是葡萄牙的早期文学深深烫烙着"普罗旺斯风格"（the Provençal taste）的印记。

1500年以前，到巴黎大学求学的葡萄牙学生屈指可数。[28] 瓦斯科·德·卢塞纳（Vasco de Lucena）曾将昆图斯·库尔提乌斯（Quintus Curtius）的著作翻译成法文，1454—1455年，他和他的弟弟在巴黎大学学习。[29] 直到1499年，葡萄牙学生才获得法国的奖学金，那是在国王曼努埃尔一世的安排下，法国巴黎大学蒙太古学院（Collège de Montaigu）开始向葡萄牙学生提供奖学金。1489年，曼努埃尔国王就法国海盗掠夺并出售一艘葡萄牙商船提出正式抗议。为了平息这一事端，作为补偿，法国同意向两名优秀的葡萄牙学生提供奖学金，其中一名幸运儿是老迭戈·德·戈维亚（Diogo de Gouveia the Elder，约1471—1557年），他后来成为巴黎学术界和教育界的领袖人物。

戈维亚在巴黎生活了很多年，1520年担任圣巴贝学院（Collège de Sainte-Barbe）的校长，该学院1460年由杰弗罗·勒诺芒（Geoffroi Lenorment）[30] 创立，吸引了很多外国学生，特别是伊比利亚半岛的学生。戈维亚说服国王若昂三世于1526年在圣巴贝学院设立了一项基金，专门用于培训葡萄牙学生。该基金没有具体规定奖学金的数额，但是在1527—1539年之间，有大约100名葡萄牙学生进入圣巴贝学院学习。从1500年到1550年，在巴黎的大学学习的葡萄牙学生大约有300名，其中大多数在圣巴贝学院学习。除了葡萄牙王室资助去法国学习的学生外，葡萄牙的教会，特别是多明我会（Dominican）和方济各会（Franciscan），也派遣人员到法国学习。在1527—1547年期间，葡萄牙是巴黎的大学外国留学生中人数最多的国家。[31]同时，需要指出的是，这一时期，法国和葡萄牙在是否能自由地进行海洋探险这一政治问题的认识上，观点是相左的。

在葡萄牙国王资助下到巴黎求学的学生，几乎都来自小贵族家庭，这一阶层由于经济从农业到商业的急剧转型而备受影响。仅戈维亚家族来说，就有 12 名学生到巴黎学习和进行学术研究，该家族在埃武拉、贝雅（Beja）、科英布拉（Coimbra）都有家族分支。[32]一些戈维亚家族的学生，从迭戈·德·戈维亚开始，还为葡萄牙王室服务，主要是观测瞭望法国船只的出航时间，就法国海盗掠夺葡萄牙商船向法国要求赔偿。[33]其他的葡萄牙学生同样也要向葡萄牙国王提供情报。

何大化（António de Gouveia，1510—1566 年）是著名的人文主义者，曾于 1527—1534 年在圣巴贝学院学习。[34]他在圣巴贝学院的同学中有很多后来成为知名人物，如迭戈·德·特维（Diogo de Teive [Tevius]）、让·费内尔（Jean Fernel）、若昂·达·科斯塔（João da Costa）、陆若汉（Simão Rodrigues）、皮埃尔·勒菲弗（Pierre Lefevre）、依纳爵·罗耀拉（Ignatius Loyola）、纪尧姆·波斯特尔（Guillaume Postel）和圣方济各·沙勿略（Francis Xavier）。其中罗耀拉、陆若汉、沙勿略、勒菲弗与三名西班牙学生组成著名的"七君子"，在蒙马特山上进行盟誓，创建了耶稣会。其所就读的圣巴贝学院的校长老迭戈鼓励耶稣会士追随他们的信仰，同时敦促圣巴贝学院的资助人国王若昂三世允许这些耶稣会士到亚洲传教，[35]因为在巴黎培育葡萄牙学生的一个主要目的，就是将来派遣他们去海外传教。对此，国王若昂也一直是认同的。

安德烈·德·戈维亚是何大化的哥哥。1534 年，安德烈在波尔多（Bordeaux）市政府的邀请下，离开圣巴贝学院，到吉耶讷学院（Collège de Guyenne）担任院长一职。波尔多市政府给了他一张空白支票，授权他雇佣教职员工，重建这个已经走下坡路的学校。安德烈把圣巴贝学院的教育体制引进到吉耶讷学院，并在他担任院长的 1534—1547 年期间，建立了一支由知名教授和学者组成的教师队伍，包括马蒂兰·科尔迪耶（Mathurin Cordier）、埃里·维奈（Élie Vinet）、尼古拉·德·格鲁奇（Nicolas de Grouchy）、若昂·达·科斯塔、乔治·布坎南

（George Buchanan）、迭戈·德·特维、安东尼奥·戈维亚、雅克·德·图（Jacques de Thou）、纪尧姆·德·盖朗德（Guillaume de Guérente）等。[36]吉耶讷学院开设的主要课程有语法、古典文学、历史和哲学。年轻学子纷纷到这所声名重振的学校求学，其中最著名的有斯多葛派作家艾蒂安·拉·博埃蒂（Etienne La Boétie）、文献学家 J. J. 斯卡利杰尔（J. J. Scaliger）以及道德学家米歇尔·德·蒙田（Michel de Montaigne）。蒙田在其后来出版的《随笔集》中这样写道："我们的院长安德烈·德·戈维亚……是法国无与伦比的最伟大的院长。"[37]

　　葡萄牙学生到法国一般是学习神学和人文科学的，但到图卢兹大学（University of Toulouse）的葡萄牙学生则主要是学习法律。[38]1537—1541 年期间，有许多西班牙和葡萄牙学生到图卢兹大学学习。根据当时的文献记载，这些学生被不加区别地统称为"西班牙人"（Hispani），其原因可能是他们以前都在萨拉曼卡读书，或者仅仅是因为图卢兹大学负责学生注册的人员根本看不出从南方来的外国学生在相貌上的差别。不过，有一点是非常明确的，这就是有很多优秀的葡萄牙学生在图卢兹大学学习，其中有迭戈·德·特维、迭戈·门德斯·德·瓦斯康塞洛斯（Diogo Mendes de Vasconcelos）以及何大化。何大化 1549 年在图卢兹大学获得法律博士学位后，到卡奥尔大学（University of Cahors）任教。1566 年，由于法国南部的宗教战争，图卢兹很快走向衰败。此后，继续留在图卢兹的葡萄牙人只有新基督教徒（Marranos）①、犹太人以及对国内政事怀有不满的人。[39]这些留下来的葡萄牙人有些转入图卢兹大学医学院，后来成为当时法国南部最著名的医生。[40]1580 年，西班牙和葡萄牙王室结成联盟。此后，图卢兹和法国的其他一些城市成为逃避葡萄牙和西班牙国王菲利普二世（Philip II）迫害的政治避难地。信仰和追随塞巴斯蒂安主义（Sebastianismo）的葡萄牙人逃到法国，这些人为数众多，以至于埃斯特旺·德·桑帕约（Estevão de Sampaio，1540—1603 年）1586 年在巴黎出版了《避难大全》（*Thesaurus of the Refugees*）。[41]

13

————————

① Marrano 指中世纪西班牙被迫改信基督教的犹太人和摩尔人（实际上他们仍信犹太教）。——译者注

这一时期，颇为吊诡的是，葡萄牙依然向其他国家派遣常驻大使。同样奇怪的是，葡萄牙还雇佣当地人在法国宫廷里面担任使节，[42] 从 1521 年到 1557 年几乎就没有间断过。这一时期，也就是若昂三世统治时期，葡萄牙至少 8 次派遣特命使团到法国就一些特殊问题进行谈判。[43] 从 1518 年到 1559 年，法国也雇佣一位名叫奥诺雷·德·蔡斯（Honoré de Caix）的当地人在里斯本担任使节。奥诺雷担任使节期间，法国至少 6 次向葡萄牙派遣了特命使团。其他那些置身事外的外交人员，比如罗马教皇的使节，则及时报告葡萄牙和法国之间不断扩大的紧张态势。[44] 葡、法两国的主要冲突根源在于法国对葡萄牙海外贸易垄断的挑战和对来往于里斯本和安特卫普之间葡萄牙商船的掠夺以及法国派遣自己的商船到东印度、巴西开拓贸易。[45] 法国和葡萄牙外交斡旋的结果之一是签署了《里昂合约》（Treaty of Lyons，1536 年），希望以此约定两国之间的海域关系，并将重大问题交由一个双边委员会进行调解。[46] 但是仅有外交是不能圆满解决问题的，直到葡萄牙 1549 年关闭其在安特卫普的工厂、法国 1560 年爆发宗教战争，两国间的冲突才告一段落。但是，对于葡萄牙人来说，巴黎依然是非常重要的，特别是在安特卫普衰落以后，因为巴黎是葡萄牙信息集散系统的中心。葡萄牙的使节和代理等，依旧从事先前所承担的工作，继续把法国的经济和社会状况向里斯本报告。[47]

14　　到法国去的葡萄牙人除了学生、外交使节和避难者外，还有一些人因为个人原因离开葡萄牙。有些葡萄牙人去法国是为了享受巴黎的都市生活，有些人则是看重那里报酬高、环境好的就业条件。很多犹太人或新基督徒医生离开伊比利亚半岛是因为看重法国更为宽松、包容的氛围。迭戈·德·萨（Diogo de Sá）曾于 1530 年前后在印度当兵，他在返回欧洲后去了巴黎。1549 年，他在巴黎发表文章，批评佩德罗·努涅斯（Pedro Nunes）的航海理论。[48] 佩德罗·努涅斯是当时伟大的宇宙学家和航海理论家。圣塔伦的路易斯·努涅斯（Lúis Nunes）16 世纪中叶也在巴黎，他是法国王后的医生。到过巴黎这座塞纳河畔城市的僧侣中有特奥托尼奥·德·布兰干萨（Teotónio de Bragança，1530—1602 年），他后来担任埃武拉市的大主教，是耶稣会士的挚友。[49] 很多葡萄牙航海人员和水手由于感到工资太低或在国内不受重视，转而为法国服务。[50]有一名葡萄牙领航员兼翻译，他于 1592 年同法国探险家让·帕尔芒捷（Jean Parmentier）、拉乌尔·帕尔芒捷（Raoul Parmentier）兄弟俩一起从迪耶普（Dieppe）航行到苏门答腊（Sumatra）。大约在 1538 年，弗朗西斯一世聘任葡萄牙航海专家若昂·帕切科（João Pacheco）为其工作。葡萄牙的宇宙学家和制图专家也离国他就，安德烈·欧蒙（André Homem）是一名制图专家，他 1565 年接受聘任，成为法国国王查理九世的宇宙学家。此后不久，安德烈·欧蒙离开法国前往英国，他的兄弟本来和他一起都在法国，后来返回葡萄牙。巴托洛梅乌·维利乌（Bartolomeu Velho）是优秀的制图专家，他主动提出愿意为法国国王效劳，希望让法国国王"看到那些非常重要而又具有重大影响的未知土地"。[51]但是，他的这一愿望没能实现，因为到法国后不到一年，他就在南特市（Nantes）去世了。[52]

葡萄牙人在安特卫普经营香料产生的影响，一点不亚于他们在法国产生的影响。从 1503 年到 1549 年安特卫普工厂关闭，葡萄牙人一直都是商业繁荣的领头羊。[53]葡萄牙在安特卫普的商人和他们的代理一般都是具有良好家世、希望迅速致富的年轻人。不过，这些人中有很多后来陷于安特卫普港的日常事务之中，入赘到佛兰德（Flemish）或荷兰商人家庭，并随之安居乐业，成为安特卫普小富即安的市民。在适应新环境的过程中，这些来自葡萄牙的市民慢慢地淡化了自己"葡萄牙国家"的意识，从而成为低地国家社会、文化和生活的一部分。[54]他们有时依然会以主人的身份接待经过安特卫普到其他地区的葡萄牙人，并把他们介绍给活跃在安特卫普的意大利商人。他们宴请、款待当时知名的知识分子和艺术家，比如伊拉斯谟和丢勒，向他们介绍葡萄牙在东方的海外扩张情况。这些葡萄牙人还参与到席卷尼德兰（Netherlands）的宗教运动当中，那些不受葡萄牙欢迎、不被安特卫普正统天主教信赖的新基督徒和犹太人，率先响应支持马丁·路德的宗教改革思想，在罗马天主教反对新教传播的过程中受到迫害。[55]

葡萄牙人也参与北欧的事务，这种参与尽管是间接的，却给葡萄牙人的文化和宗教生活打上了深刻、永久的印记。那些后来参加科英布拉文化改革的人中，有一些曾在卢万大学接受教育。卢万大学是当时尼德兰的顶尖大学，也是欧洲最早建立三语（拉丁语、希腊语和希伯来语）学院的大学之一。[56]从

15

1522年到1556年，有40多名葡萄牙人在卢万大学学习，[57]其中安德烈·德·雷森迪（1498—1573年）和达米奥·德·戈伊斯（1502—1574年）后来成为16世纪影响最大的葡萄牙人文主义者。雷森迪1532年在卢万大学学习，在此之前，他曾在阿尔卡拉（Alcalá）、萨拉曼卡和巴黎求学。[58]在低地国家停留期间，雷森迪得到葡萄牙驻查理五世宫廷大使佩德罗·德·马斯卡伦哈斯的极大关照，当时，佩德罗住在布鲁塞尔。葡萄牙很多知名的天主教修士也在卢万大学学习，其中有布拉斯·德·巴罗斯（Brás de Barros, or Braga），他后来在葡萄牙组织进行语言研究，最终成为莱里亚（Leiria）的大主教。通过这些葡萄牙人以及到葡萄牙的尼德兰人，葡萄牙和低地国家建立了稳固的文化联系，并产生了长远的影响。[59]

第二节　葡萄牙宣传家达米奥·德·戈伊斯

要想对葡萄牙人如何与欧洲精英社会建立联系并对其产生影响做一个清晰的梳理，最有效的办法可能是分析达米奥·德·戈伊斯（1502—1574年）的游历和活动。[60]戈伊斯9岁时成为曼努埃尔国王宫廷的一名侍从，在为国王服务期间，他目睹了葡萄牙宫廷在葡萄牙人占领果阿和马六甲（Malacca），并对埃塞俄比亚（Ethiopia）和巴西（Brazil）进行扩张时所表现出来的高昂情绪。1513年，他看到巴西印第安人拉弓射箭，这对一个12岁的男孩子来说，无疑是令人兴奋、紧张的一幕。后来，他与一名马拉巴尔（Malabar）青年相识，这名青年受洗的名字是若昂·达·克路士（João da Cruz）。克路士在里斯本待了五年（1512—1518年）①，学习葡萄牙语。[61]在戈伊斯看来，克路士长得"不太黑"，他在戈伊斯离开葡萄牙宫廷之前就返回了印度。在后来的岁月里，戈伊斯还回忆了1515年6月3日在里斯本举行的一场尽人皆知的印度大象和犀牛之间的决斗，不过戈伊斯把日期记错了。[62]如果我们假定那个马拉巴尔青年也观看了这

---

① 原文如此。——译者注

场决斗，真不知道让他着迷的是葡萄牙独特的决斗风俗，还是决斗结果本身。

曼努埃尔国王 1521 年去世后不久，戈伊斯便离开了宫廷。1523 年，他被派到安特卫普，担任那里的葡萄牙工厂的公证员。他的同事中有若昂·布兰当（João Brandão），布兰当是皇室代理人，自 1509 年就在安特卫普工作，与佛兰德斯的商业阶层和知识阶层以及当地的德国人和意大利人有着广泛的交往。[63]布兰当担任代理期间，阿尔布雷特·丢勒曾造访安特卫普，并结识了当地的葡萄牙人。戈伊斯还与鲁伊·费尔南德斯·德·阿尔马达（Rui Fernandes de Almada）过从甚密，丢勒曾为阿尔马达画过一幅肖像画。[64]阿尔马达本人于 1529 年成为代理，后来被派到法国宫廷，担任葡萄牙王室的代表。通过这些知名人士，戈伊斯结识了奥地利公主玛格丽特（Margaret）。玛格丽特 1524—1530 年期间是佛兰德斯的统治者，也是中国瓷器收藏者。[65]这些年里，戈伊斯成为科内利乌斯·格拉菲乌斯（Cornelius Grapheus，1482—1558 年）的朋友，格拉菲乌斯是一位诗人、人文主义者，也是路德的崇拜者。戈伊斯这位年轻的葡萄牙人请格拉菲乌斯教他拉丁文，不过，尽管戈伊斯后来用拉丁文写了几本书，但他从来没有熟练地掌握拉丁语。[66]戈伊斯还向在葡萄牙东方领地服务的水手和领航员求教，其中一位是来自安特卫普的鲁特格斯特·基尔德雷斯（Rutgeste Geldres）。鲁特格斯特是名炮手，亲眼目睹了葡萄牙在果阿、基尔瓦（Kilwa）、坎纳诺尔（Cannanore）、蒙巴萨（Mombasa）、第乌和达布尔（Dabul）进行的海外扩张行动。[67]在与各色人等的交往中，戈伊斯扮演了沟通者的角色，促进了商业阶层与知识阶层、商人与人文主义者及艺术家之间的了解。当时的商人对航海大发现带来的物质财富感兴趣，而人文主义者和艺术家最关注的是航海发现对欧洲自身文化和生活带来的影响。

1528 年，也就是到安特卫普和周边地区六年以后，戈伊斯被派往英国，去完成一项特殊的使命。尽管我们对这次使命的细节所知不多，但有一点是肯定的，这就是戈伊斯受到约翰·沃洛普（John Walop）的款待。约翰·沃洛普曾与托马斯·克伦威尔（Thomas Cromwell）共事，在葡萄牙军队中服过役。[68]戈伊斯可能还结识了托马斯·莫尔，莫尔曾对葡萄牙的海外发现表现出兴趣，莫尔的儿子后来还将戈伊斯的拉丁文宣传册翻译成英语，戈伊斯在听到莫尔 1535

年被处死的消息后感到很悲痛。将这些因素综合起来看，戈伊斯就极有可能与托马斯·莫尔会过面。[69]

1529 年，戈伊斯受葡萄牙国王派遣出使波兰，试图促成波兰国王西吉斯蒙德（Sigismund）的女儿和葡萄牙国王的弟弟联姻，目的是建立经济联盟，因为波兰是葡萄牙所需木材、船坞以及粮食的最大提供国。尽管戈伊斯出发前对联姻的成功满怀信心，但此次出访却是无果而返。不过，在出访过程中，戈伊斯再次与老朋友相聚，扩大了自己的兴趣和影响。约翰·塔诺夫斯基（John Tarnowski）曾是波兰派驻里斯本的外交官，他在克拉科夫（Cracow）接待了戈伊斯。塔诺夫斯基是抗击鞑靼人入侵的战争英雄，1529 年，他主张安抚新教，实现教会统一。[70]戈伊斯还受到波兰大臣克里斯托弗·塞德洛维基（Christopher Szydlowiecki）的接见，并与之就联姻结盟进行了会谈。[71]1529 年年底之前，戈伊斯返回安特卫普。

两年以后（1531 年），戈伊斯再次被派往波兰，协商联姻事宜。关于这次出访以及戈伊斯与其他人进行的交往，有更多详细的记载。他出访的第一站是哥本哈根，在那里与丹麦国王弗雷德里克（Frederick）进行了会谈，会谈的内容可能是葡萄牙在波罗的海地区的贸易问题。丹麦国王是清教徒，他安排戈伊斯到石勒苏益格（Schleswig）与他的一名大臣进行协商，该大臣强烈反对天主教，是一名狂热的宗教改革追随者。在吕北克（Lübeck），戈伊斯见到了当地宗教改革的领袖约翰·布根哈根（Johann Bugenhagen）。离开这座汉萨同盟①的城市后，戈伊斯前往威登堡（Wittenberg），与马丁·路德和米兰希顿（Melanchthon）共餐叙谈，就宗教问题进行了深入的讨论。[72]尽管缺乏充分的证据，他们的讨论可能还涉及香料贸易，因为路德此前曾批评过葡萄牙的香料垄断。[73]在但泽（Danzig），戈伊斯结识了被流放的乌普萨拉（Upsala）的大主教约翰·马格努斯（John Magnus，1488—1544 年），马格努斯鼓励这位年轻的葡萄牙人继续进行人文研究，完成他一直在构想的著作，这本书呼吁西方基督教接纳埃塞俄比亚基督教堂为其成员。[74]戈伊斯在但泽还结识了当地的商

① 汉萨同盟即商业同业公会。——译者注

业领袖。[75] 在东普鲁士的马林韦尔德（Marienwerder），戈伊斯认识了波美拉尼亚（Pomerania）的清教主教保罗·史佩拉特斯（Paul Speratus）。大约在这同一时期，他因机缘结识了来自但泽的提德曼·吉赛（Tiedemann Giese，1480—1550 年）。提德曼·吉赛是费琅堡（Frauenburg）教堂的天主教修士，也是哥白尼（Copernicus）的挚友。离开东普鲁士后，戈伊斯去了坡森（Posen），最后到达他希望开拓贸易机会的俄罗斯。在这次官派出访中，戈伊斯可能在他的朋友塔诺夫斯基的鼓励下，进行了一次艰苦、冒险的顿河（Don River）之旅，造访了当地的鞑靼部落。[76] 关于戈伊斯返回安特卫普的旅程，除了知道他 1531 年 12 月回到佛兰德斯，与当地的全体葡萄牙人和客人观看了一场在布鲁塞尔演出的吉尔·维森特（Gil Vicente）的戏剧外，其他的就一无所知了。[77]

随着出使波兰的失败，戈伊斯的外交生涯结束了，但他通过商业活动积累了大量的财富，因此有时间去学习和写作。他深知自己缺乏正规的专业训练，于是从 1532 年起开始在卢万大学学习。他还在格拉菲乌斯的帮助下用拉丁文记述了马修（Matthew）1513 年出使葡萄牙的情况。马修是埃塞俄比亚使节，他把埃塞俄比亚女王的书信带给了曼努埃尔国王和罗马教皇。戈伊斯的《印度国王使节 1513 年谒见葡萄牙国王曼努埃尔》（*Legatio Magni Indorum Imperatoris Presbyteri Joannis, ad Emmanuelem Lusitaniae Regem in 1513*，安特卫普，1532 年）第一次用文学的形式，唤起欧洲知识阶层对欧洲以外非基督教世界的关注。戈伊斯写作时把这本书献给约翰·马格努斯，希望引起天主教徒和清教徒对海外基督徒所处困境以及葡萄牙十字军行动的关注。整个欧洲对海外世界都很好奇，证据是戈伊斯的这本小书很快在 1533 年被翻译成意大利语、英语和德语。[78] 欧洲对戈伊斯的这本书持续感兴趣的另一证据是，其荷兰文版于 1616 年在多德雷赫特（Dordrecht）出版。[79] 很多与戈伊斯同时代的学者高度称赞这位年轻的旅行家和作者，因此也把自己的著作献给他。[80]

在卢万大学，戈伊斯成为继安德烈·德·雷森迪之后最负盛名的葡萄牙人文主义者，戈伊斯获得了和雷森迪同样的声誉，甚至所住的房子都是雷森迪曾经住过的。整整八个月的时间，戈伊斯全身心地投入学习，一点儿也不关注他的生意。他加入了雷森迪曾参加的同一个伊拉斯谟人文主义者社团，成为康拉

19

德·郭克兰纽（Conrad Goclenius，1539 年去世）的至交，与伊拉斯谟成为密友和合作者。但是，戈伊斯安静的学生和商人生活并没有持续太久，他不断地诉说自己头疼、眼睛疲劳，因此他的医生建议他出去走一走。由于急于了解宗教改革者正在做些什么，戈伊斯便去了德国南部。在斯特拉斯堡（Strassburg），他见到了马丁·布瑟（Martin Bucer）和加斯帕尔·赫迪欧（Caspar Hedio），并与两人一起吃了饭，谈话的内容就包括那本关于埃塞俄比亚的小书。[81] 戈伊斯手持卢万大学的出版商、希腊文教授鲁特格·里斯西斯（Rutger Rescius）的介绍信，于 1533 年 3 月在弗莱堡（Freiburg）拜会了伊拉斯谟。见面时，戈伊斯将那书呈送给伊拉斯谟指教，两人一起吃了便餐，并进行了交流。尽管戈伊斯给伊拉斯谟留下了非常深刻的印象，但这位谦虚的葡萄牙年轻人还是在大约两个月后寄给伊拉斯谟一个精致的银杯，希望以此"记住他"。[82] 戈伊斯从弗莱堡去了巴塞尔（Basel），结识了伊拉斯谟的朋友博尼法丘斯·阿默巴赫（Bonifacius Amerbach，1495—1562 年）、词典学家西吉斯蒙德·戈勒尼乌斯（Sigismund Gelenius or Ghelen，约 1498—1534 年）、宇宙学家塞巴斯蒂安·明斯特（Sebastian Münster，约 1488—1552 年）、游记文学收藏家西蒙·格里诺伊斯（Simon Grynaeus，1493—1541 年）以及瑞士地理学家海因里希·格拉雷努斯（Heinrich Glareanus，1488—1563 年）。[83]

在此次旅行结识的所有人中，戈伊斯最高兴的是认识了伊拉斯谟，这位伟大的人文主义者也很高兴结识这位年轻好学并且能够对葡萄牙国王产生影响的葡萄牙人。就像当时的很多学者和艺术家一样，伊拉斯谟需要一个慷慨大方的资助人。在一位名叫伊拉斯谟·斯格兹（Erasmus Schets）的安特卫普富裕香料商人的敦促下，伊拉斯谟在其著作《教义论》（*Chrysostomii lucubrationes*，1527 年）的前言中不吝谀辞，称颂国王若昂三世及其父亲曼努埃尔国王开通了去往东方的航海之路，扩大了基督教的影响，但是伊拉斯谟仍然禁不住对因垄断带来的香料价格提高进行了批评。很显然，国王的臣下对于这样的指责非常震怒，因此根本没有将这本书送到里斯本，当然，伊拉斯谟也就不可能得到所期盼的资助。令伊拉斯谟特别耿耿于怀的是，国王若昂三世从来没有对献书一事表示过感谢，而且他还知道，若昂三世给了西班牙人文主义者胡安·路易斯·维维斯（Juan Luis Vives，1492—1540 年）很大一笔钱，这位西班牙人后来将其著作《论教育》（De disciplina，1531 年）献给葡萄牙统治者若昂三世。可能是出于不满，伊拉斯谟在该书二版时（1530 年）删掉了对葡萄牙国王的称颂之辞，也不再把书献给葡萄牙国王。[84] 他还把自己的失望告诉了戈伊斯，这一点确凿无疑，因为戈伊斯答应他，在 1533 年回到葡萄牙以后会"作为真正的朋友为他效劳"。[85] 但是，尽管戈伊斯被召回里斯本担任印度商馆（Casa da India）的财务主管，但却不能为伊拉斯谟办成所托之事了，因为他谢绝了这一职位，很快就回到卢万去了。[86]

　　1533 年年底返回卢万后，戈伊斯将全部精力都用到自己的学习和伊拉斯谟所托付的事情上。最后，在 1534 年春天，伊拉斯谟邀请这位年轻的葡萄牙人到弗莱堡与他共度一段时光，从 1534 年 4 月 11 日到 8 月 18 日，戈伊斯在伊拉斯谟这位伟大的人文主义者家里受到无微不至的关怀与照顾。伊拉斯谟在意大利停留期间结识了一些葡萄牙知识分子，其中有诗人赫米克·卡亚多。他还与其他葡萄牙人进行交往，尤其是对安德烈·德·雷森迪的恭维感到非常受用。但是对于葡萄牙在海外扩张中的掠夺或是在香料贸易上的垄断以及这种垄断对欧洲产生的影响，伊拉斯谟的谴责从来都是不留情面的。[87] 伊拉斯谟的确对瑞典北部受压制的拉普兰人的命运表示过担忧，但他的地理兴趣和关注焦点明显局限在欧洲、埃塞俄比亚、北非、黎凡特（Levant）地区以及俄罗斯。尽管伊拉斯谟与戈伊斯及其他葡萄牙人有着深厚的友谊，尽管他自己也持有宇宙主义的观点，但并没有表现出了解海外世界的愿望。他更感兴趣的是航海大发现对欧洲产生的道德层面的影响，而不是那些具有异国情调的东方人和他们的思想。翻阅一下他出版的著作以及保存下来的 3 000 多封信函，可以看出他从来没有询问或参考过有关波斯以东的人们和国家的情况。

　　戈伊斯离开弗莱堡，告别伊拉斯谟，到意大利学习了四年。在去往文艺复兴策源地的途中，戈伊斯在日内瓦（Geneva）短暂逗留，与宗教改革者纪尧姆·法热勒（Guillaume Farel）匆匆晤面。1534 年 11 月，戈伊斯拿着一封伊拉斯谟写给意大利文学大家皮特罗·本博（Pietro Bembo，1470—1547 年）的介绍信，到达帕多瓦（Padua）。在帕多瓦，戈伊斯与同样来自卢万的朋友斯普林

21

特·范·哈根（Splinter van Hargen）以及若阿西姆·波里特斯（Joachim Polites）合租了一套公寓。在本博的引荐下，富有而博学的戈伊斯很快就认识了帕多瓦文化界和教育界的领袖人物。拉扎罗·博纳米科（Lazzaro Buonamico，1479—1552年）非常关爱这位年轻的葡萄牙人，鼓励并指导他阅读古典历史和思想方面的著作。戈伊斯还到附近的威尼斯听公共演讲，游历了意大利很多地方。在博纳米科的影响下，戈伊斯成为基凯罗（Cicero）的门生，将注意力转向历史研究。[88]

与伊拉斯谟不同的是，本博和博纳米科两人对当时发生的事件以及这些事件对历史进程的影响有着强烈的好奇心，对海外发现尤其痴迷，把它看作是不断展开的历史画卷中新的一页。据戈伊斯说，本博敦促他研究葡萄牙对遥远国土扩张的历史，日后成为一名历史学家。戈伊斯本人早就抱有当一名研究葡萄牙扩张史的学者这一理想，已经开始考虑撰写一部"印度"历史。博纳米科对于海外发现对世界历史以及更好地理解人性中的普世价值所产生的影响，有着同样深刻的认识。在后来致戈伊斯的一封信中，博纳米科这样写道："不要相信在我们这个时代或以前的时代有比印刷术的发明和海外新世界的发现更为荣耀的事；我一直认为，发明印刷术和发现新世界这两件事，不仅可以与古代伟大的成就相比，而且还是永恒不朽的。"[89]

戈伊斯1538年离开意大利后就再也没有回去过，他开始发表有关海外发现的文章。在返回卢万的途中，他与斯普林特·范·哈根的妹妹结为秦晋之好，他娶的这位佛兰德姑娘出身贵族，有着罗马天主教背景。戈伊斯安顿好自己的婚姻生活后，再一次进入卢万大学学习，很快就在1538年用拉丁文发表了葡萄牙征服第乌的报告。戈伊斯把这篇报告《葡萄牙人1538年在印度恒河流域征服纪事》（*Commentarii rerum gestarum in India 1538 citra Gangem*，卢万，1539年）献给本博，感谢这位意大利人鼓励他将葡萄牙人征服印度的记述翻译成拉丁文。[90] 红衣主教本博于1540年从罗马致信感谢，信中说："我们国家的人在遥远的土地上做出了不平凡的业绩，还有什么能比阅读这些业绩更令人愉悦和高兴的呢？"[91]

对欧洲人文主义学者来说，这本书当然"令人愉悦"，因为作者对葡萄牙人不吝谀辞，称颂他们高贵、高尚、审慎，而把他们的对手——土耳其人和莫卧儿人（Mughul）描绘成奸诈、残酷、狡黠。戈伊斯秉承人文主义者的写史传统，借葡萄牙远征军司令之口发表激情洋溢的演说，以提高人数占劣势而且斗志低落的士兵的士气。葡萄牙军队每一次击败土耳其和伊斯兰的胜利，都会令欧洲人欢欣鼓舞，因为欧洲人普遍对异教徒越来越大的威胁感到忧虑。戈伊斯将这份发表的拉丁文报告送给他的朋友，得到他们极大的赞赏，因为这份报告无比信服地揭示出具有侵略精神的基督教国家，是能够打败令人痛恨的土耳其人的。戈伊斯还得到西吉斯蒙德·戈尔登（Sigismund Gelden，1497—1554年）的称赞，因为戈尔登认为这份现代人写的报告，以第一手的资料讲述了在印度发生的事件，没有人云亦云地相信那些崇古编造者杜撰的、令公众深信不疑的关于东方国家的奇谈怪论。这篇《葡萄牙人1538年在印度恒河流域征服纪事》很快被译成威尼斯语（1539年）和德语（1540年）。1544年，这篇报告的原版进行了重印，只做了几个文体方面的改动。[92] 戈伊斯的著作可能还产生了其他方面的影响，但首要的是让欧洲知识阶层认识到，在遥远的印度发生的战争对于威慑土耳其人具有重要的意义，在印度发生的一切都和欧洲的安全有着不可忽视的联系。

与《葡萄牙人1538年在印度恒河流域征服纪事》一起发表的，还有一篇简明的短文，名为《马尔库斯·安托尼努斯皇帝就保罗诘难葡萄牙人致朱庇特》（[Marcus Antoninus] De rebus et imperio Lusitanorum ad Paulum Jovium disceptatiuncula），这篇短文是戈伊斯对帕奥罗·乔维奥（Paolo Giovio）批评香料贸易垄断的回应，帕奥罗·乔维奥的批评文章是1525年在罗马发表的，名为《莫斯朝维塔拉姆外交记》（De Moschovitarum legatione，罗马，1525年），这篇文章描述了莫斯科公国（Muscovy）及其以东的国家。乔维奥与伊拉斯谟一样，把香料价格的不断上升归咎于葡萄牙的垄断。根据理查德·伊登（Richard Eden）的英译文（1555年），我们了解到乔维奥这样抱怨葡萄牙人：

他们用武力征服了印度大部分地区，占据了所有的城池，把所有的香料贸易都控制在自己手中，把所有的香料都运往伊比利亚半岛，以从未有过的、让人难以忍受的高价卖给其他欧洲人。而且，他们还不断地派遣海军，控制印度洋的贸易海岸，这些贸易以前都是通过波斯湾、地中海进行的……自葡萄牙人控制了香料贸易以后，原来的香料之路逐渐中断，大批的香料由于船舱环境的污浊而失去了原有的自然香味，破坏了其品质和质量，变得陈腐糜烂。另外，这些香料长时间堆放在里斯本的商店和仓库里，滞留在销售者手中……葡萄牙人只出售那些最次的、腐烂程度最严重的香料。[93]

23　　戈伊斯在回应中为葡萄牙的垄断政策进行辩护，认为葡萄牙为了进行海外探险和维护海外航道以及保护、扩大东方和欧洲的香料贸易，投入了巨大的财力和人力，香料价格高不能归罪于葡萄牙王室或香料商业联盟，而应归罪于那些惟利是图的香料店店主和零售商的漫天要价。戈伊斯与在他之前的康拉德·波伊廷格（Konrad Peutinger）一样，是商业巨贾们的公开护卫者。[94]戈伊斯还提醒乔维奥，葡萄牙的扩张促进了基督教的传播，打击了土耳其人，这两件事都是对欧洲社会极为有利的。就海外扩张来说，葡萄牙人应该得到欧洲各国的尊重与合作，包括愿意为其香料贸易买单。

　　1533年，戈伊斯在里斯本做了短期停留，期间与他称为"扎嘎扎波"（Zagazabo）的埃塞俄比亚僧侣进行了交谈。[95]埃塞俄比亚国王勒卜纳·丹格尔（Lebna Dengel）1527年派遣扎嘎扎波随同葡萄牙大使去里斯本，目的是获得西方基督教对埃塞俄比亚教堂的认可，接纳其为成员。尽管欧洲的教堂执事和国家官员对埃塞俄比亚的诉求不予理睬或予以拒绝，但却获得了戈伊斯的支持。戈伊斯1534—1538年在意大利停留期间，全力收集有关埃塞俄比亚宗教信仰的信息。在帕多瓦，他把扎嘎扎波用葡萄牙语写成的关于埃塞俄比亚基督教教义、仪规、传教等方面的文章翻译成拉丁文。1538年回到卢万以后，戈伊斯马上着手准备这些译文的出版，并根据自己的经历为其撰写前言，介绍了葡萄牙和埃塞俄比亚的关系，同时附上了帕奥罗·乔维奥先前发表的关于埃塞俄比亚的信函。出版时，戈伊斯把这本书命名为《埃塞俄比亚的信仰、宗教和仪式》（*Fides, Religio, Moresque Aethiopum sub Imperio Preciosi Joannis degentium*

Damiano a Goes ac Paulo Jovio interpretibus，1540 年）。[96] 这本书于 1541 年在巴黎重印，1544 年作为戈伊斯选集的一部分在卢万重印。后来，这部书中的一些内容还收入彼得·马特（Peter Martyr）和理查德·伊登的著作之中。该书对宗教仪式和教规的介绍非常详尽，令人震惊，甚至有异端嫌疑，基督教的领导者们很难接受。[97] 不过，这本书的确激发了人们对葡萄牙海外扩张活动更为广泛的兴趣，强化了至今依然将东西方基督教分开的宗教差异。

戈伊斯 1541 年或 1542 年在卢万出版《西斯班尼亚》（*Hispania*）（即伊比利亚）后，进一步提高了他作为辩论家和伊比利亚半岛发言人的声望。[98] 回到卢万后不久，戈伊斯注意到巴塞尔宇宙学家塞巴斯蒂安·明斯特编写的《托勒密》（*Ptolemy*，1540 年）一书。这本书的附录中有一篇将法国和西班牙进行比较的短文。由于当时北欧对于伊比利亚半岛的地理、机构设置和经济情况所知甚少，因此明斯特尽其所能地收集关于伊比利亚半岛的信息，他的主要参考资料来自西班牙医生和流亡者米格尔·塞尔维特（Miguel Servet [Servetus]）。[99] 由于塞尔维特是西班牙宗教裁判所的逃难者，因此他关于西班牙的观点很是偏颇，充满了偏见、歪曲和谬误。明斯特是激进的清教徒，也是瑞士共和政体的拥护者，他毫无保留地认为这位反对基督教三位一体的流亡者的指责都是正确的，并认为这位批评西班牙的人实际上受到了误解和诽谤。[100] 在来自卢万的彼得·南尼乌斯（Peter Nannius，1500—1557 年）的敦促下，戈伊斯写了这部《西斯班尼亚》，一是作为对明斯特著作的回应，二是希望能纠正当时北欧关于伊比利亚半岛的错误认识，向知识阶层宣传介绍伊比利亚半岛的真实情况。

明斯特的书介绍了伊比利亚半岛的情况，但他却从未去过那里。戈伊斯在对此进行讥讽的同时，还根据详细的官方资料和自己的阅历，立马写就了一篇驳文。戈伊斯尤为不满的，是明斯特在文中批评伊比利亚半岛农业生产率低下、出口的商品质量差、伟大人物匮乏时，所使用的不屑之词。在《西斯班尼亚》一书和《为西班牙驳明斯特》（*Defense of Spain against Münster*）一文中，戈伊斯都把伊比利亚半岛农业的衰落解释为过多地参与战争和海外扩张，并证明明斯特将北欧本土产品和从伊比利亚半岛进口的商品进行罗列对比，显示出明斯特关于商业贸易的知识匮乏。戈伊斯还赞美西班牙取得的巨大学术成就，特别

24

是讴歌了《康普鲁顿合参本圣经》（*Complutensian Polyglot Bible*），把海外扩张征服者视为国家英雄。明斯特后来在其著名的《宇宙志》（*Cosmographei*，1550年）中引用戈伊斯有关商业贸易的观点，减弱了对西班牙的批评锋芒，但他从内心深处依然对伊比利亚半岛抱有敌意，支持帕奥罗·乔维奥对香料贸易垄断的抨击，并对戈伊斯一直抱有个人偏见。[101]

25 　　1542年的变故使得戈伊斯不得中断他的学业和写作。卢万沦陷后，戈伊斯被法国人俘房，在监狱里度过了十四个月，直到葡萄牙国王过问并交了赎金后才被释放。国王若昂三世接着命令他回国，但是在离开卢万之前的1543—1544年期间，戈伊斯猛烈抨击葡萄牙对于他被捕以后所表现出来的冷漠，并与卢万的鲁特格·里斯西斯共同努力，出版了本来计划由他自己出版的文集。[102] 直到1545年8月，戈伊斯才携带他的佛兰德妻子和三个儿子，乘船沿塔霍河（Tagus）回到里斯本。

　　葡萄牙国王曾承诺，召回戈伊斯后请他负责年轻的若昂王子的教育，但是由于葡萄牙耶稣会教长陆若汉从中作梗，国王对这一重要职位的任命随之作罢。还是在帕多瓦的时候，戈伊斯就与陆若汉认识，两人在宗教问题上意见分歧。由于怀疑戈伊斯信仰的正统性，陆若汉将戈伊斯告到葡萄牙宗教裁判所。一开始，耶稣会只是成功地阻挡戈伊斯与皇室宫廷的小圈子进行接触，因此，戈伊斯携全家回到里斯本北部他的家乡阿莲卡（Alenquer）村。由于经济上独立，戈伊斯依然能够有时间继续进行他的学习和研究工作。不过，国王还是不时召见他，听取关于经济和贸易问题的建议。同时，他还长期与海外朋友保持着通信联系，在家里款待国外来客，或到里斯本会见他们。

　　回到葡萄牙以后，戈伊斯用拉丁文又写了两部著作，主要是向欧洲知识阶层介绍他的同胞葡萄牙人以及他们的海外征服取得的伟大成就。1546年，第乌第二次被围，但最后葡萄牙的印度总督若昂·德·卡斯特罗（João de Castro）取得了第乌保卫战的胜利，这场胜利也意味着葡萄牙军队在东方再一次崛起。当时，葡萄牙人在欧洲的财富正在急剧减少，卡斯特罗的这一胜利被看作是前途更加光明的征兆，迭戈·德·特维和戈伊斯都发表文章欢呼这场胜利。1549年，戈伊斯在卢万出版了《最后的战争》（*De bello Cambaico ultimo commentarii tres*），他根据葡萄牙第乌总司令和其他参与这场战争的人的报告，描述了第乌被围困的情况。[103] 戈伊斯对于这场战争的描写，后来被西蒙·戈拉特（Simon Goulart）在其著作《葡萄牙历史》（*Histoire de Portugal*，巴黎，1587 年）中加以引用。[104]

戈伊斯写给国际读者的最后一本书是《文艺复兴时期的里斯本》（*Urbis Olisiponis descriptio*，埃武拉，1554 年）。[105] 尽管这本书是在葡萄牙出版并且是献给红衣主教恩里克（Henrique）的，但戈伊斯对里斯本的描写无疑是面对更大范围的读者。这本书梳理了里斯本的历史，称颂这座城市在葡萄牙崛起中所起到的重要作用。戈伊斯以出色的人文主义笔触，将里斯本与古典的过去联系起来，并对葡萄牙乡镇和城市的名字从拉丁文词源的角度，进行了阐释。毫无疑问，戈伊斯吸收了很多关于葡萄牙的传说，包括那些曾经生活在葡萄牙沙滩上的美人鱼以及男性人鱼的离奇故事。戈伊斯下笔的目标是里斯本，但他的笔端却无时不在讲述葡萄牙海外发现的历史，以及海外发现对里斯本这座城市的发展所做出的贡献。因此，戈伊斯关于里斯本的描述读起来就像里斯本风景名胜和历史文化的导游书。为了向读者展示里斯本的富饶和辽阔，戈伊斯极力渲染葡萄牙国王的财富，说这座城市有 2 000 座建筑物。

26

出版这本关于里斯本的书时，戈伊斯已经 52 岁了，这时，他开始准备认真撰写关于曼努埃尔国王的历史著作。[106] 由于耶稣会的敌视和他的那些心胸狭隘的同胞的嫉妒，他们对于戈伊斯同其他国家著名人士交往心怀不满，戈伊斯生活的天空经常有乌云遮盖。在葡萄牙，造访他的外国人有法国大使让·尼科（Jean Nicot）、尼德兰著名植物学家查尔斯·德·勒克鲁斯（Charles de L'écluse）。但是，戈伊斯的耶稣会敌人根本不让他安宁平静地生活和工作。陆若汉终于说服宗教裁判所以异端的罪名审判戈伊斯，并于 1572 年判他有罪。在被关押一段时间以后，戈伊斯于 1574 年 1 月 30 日在阿尔科巴萨（Alcobaça）附近的一个地方去世。

就他生活的那个时代来说，戈伊斯的一生是辉煌壮丽的一生。其他的葡萄牙人（特别是安德烈·德·雷森迪和热罗尼莫·奥索里奥）都在欧洲游历甚广，并在文艺复兴的中心赢得了同时代人的尊重。[107] 但是在戈伊斯生活的那个时代，没有任何人在国外游历的时间有他那么久，二十二年来几乎从未间断过，也没有任何人能像他那样不遗余力地宣传推广葡萄牙的海外发现和伊比利亚半岛的文明。就其从事活动的范围来讲，戈伊斯可能也是独树一帜的，他担任过葡萄牙的商业代理、使节，也到国外留过学，还是一名作家和历史学家。不过，他不是思想深邃的思想家，也不是博学的语言学家或隐居在书斋的学者。他具有赚钱管钱的才能，也具有结交朋友、维护友谊的品质。他积极学习拉丁文，但从来也没有成为写出优美文章的拉丁文作家。他的拉丁文小册子都是写给受过一定教育的公众的时政文，其中大多数受到一定的关注，因为这些小册子涉及的主题都是广受争议或是公众感到新奇的。当时的学者，比如若阿西姆·波里特斯，明确地把戈伊斯看作葡萄牙和海外发现的发言人。[108]众所周知，戈伊斯终其一生、倾其所有地宣传葡萄牙和葡萄牙的海外发现，仅就个人取得的成就而言，戈伊斯无愧于文艺复兴时期人文主义者的称号。

第三节 葡萄牙的外国人、回国人员和耶稣会士

戈伊斯 1545 年被迫回国时，正值葡萄牙的回国人员、外国学生、耶稣会士先驱涌向葡萄牙的高峰时期。过去到伊比利亚半岛的外国知识分子绝大多数从事的是与香料贸易有关的工作，海上贸易开通以后，最先到达里斯本和塞维尔（Seville）的外国人中就有意大利北部的人，特别是来自威尼斯、热那亚（Genoa）以及周边地区的意大利人。以撰写关于葡萄牙、西班牙和海外世界报告而引人注目的人当中，有乔万尼·卡梅里诺（Giovanni Camerino，又称艾尔·克里蒂克 [Il Cretico]）、列奥纳多·达·卡马塞尔（Leonardo da Ca' Masser）、安东尼奥·皮加费塔（Antonio Pigafetta）和安德里亚·纳瓦杰罗（Andrea Navagero）。[109]但是，在 16 世纪初期，还有一些意大利人也去过里斯本。雅各布·卡维西欧（Jacobo Caviceo，1443—1511 年）是当时流行的爱情小说《佩雷格里诺之书》（*Libro del Peregrino*）的作者，他可能 1508 年之前就在里斯本，并且可能受到曼努埃尔国王的接见。[110]博洛尼亚人卢多维科·迪·瓦尔

塔马（Ludovico di Varthema）1508 年从东方探险回国，途中在里斯本登岸，受到曼努埃尔国王的欢迎，并被留在宫廷里住了几天，以"了解印度的情况"。[111]弗朗西斯科·奎齐亚蒂尼（Francesco Guicciardini，1483—1540 年）是著名的历史学家，1512—1513 年期间作为他的家乡佛罗伦萨的代表，被派驻到卡斯蒂利亚（Castile）宫廷。当时，欧洲对伊比利亚半岛所知甚少。为了向前往伊比利亚半岛的同胞介绍有关情况，奎齐亚蒂尼撰写了一篇和西班牙有关的报告。在这篇报告中，奎齐亚蒂尼把葡萄牙看作是西班牙的"第三个组成部分"，是位于卡斯蒂利亚和大西洋之间的一个小国，认为葡萄牙"以里斯本为东方商品贸易提供了市场而闻名"。[112]

最早对伊比利亚半岛感兴趣的北欧知识分子中还有德国人。[113]瓦伦丁·费尔南德斯（Valentim Fernandes）是来自莫拉维亚的一名出版商，他在 16 世纪的前十年中系统、持续地把报告从里斯本发给德国奥格斯堡的人文主义者。[114]奥诺雷·德·蔡斯（Honoré de Caix）1518 年到里斯本赴任，担任法国驻葡萄牙大使。同一年，皮埃尔·布里索（Pierre Brissot）医生离开他在巴黎大学的教职，到埃武拉安家。布里索希望能去印度研究医用植物，但出师未捷身先死，于 1522 年在葡萄牙辞世。[115]1530 年以后，低地国家的学者也开始去伊比利亚半岛。语言学家尼古拉斯·克莱纳（Nicolas Clénard，1493—1542 年），又名克莱纳德斯（Clenardus），于 1531—1532 年在萨拉曼卡讲授希腊文和希伯来文，1533 年到葡萄牙负责恩里克王子的教育，并在其后的五年中先后在葡萄牙的几个教育机构从事教学工作。[116]约翰尼斯·沃斯（Joannes Was）又名瓦萨尤斯（Vasaeus），是克莱纳的学生，也于 1531 年来到西班牙，效力于费迪南·哥伦布（Ferdinand Columbus）。费迪南·哥伦布是克里斯托弗·哥伦布（Christopher Columbus）的儿子，爱好图书收藏，并在塞维尔创建了哥伦布图书馆（Bibliotheca Colombina）。1535 年以后，瓦萨尤斯有一段时间在这座藏书丰富的图书馆担任图书管理员。[117]从 1538 年到 1561 年去世，瓦萨尤斯先后在布拉加（1538 年）、埃武拉（1541 年）和萨拉曼卡（1550 年至 1561 年）从事语言教学工作。[118]

从国外回来的葡萄牙外交官和学生就其在葡萄牙受到的欢迎来说，可以说

28

是几家欢乐几家愁。米基尔·达·席尔瓦和葡萄牙的玛蒂诺分别于1525年和1535年从驻罗马使节的任上回国，但是国王对他们的使节工作很不满意，而且对他们在国外的活动大加怀疑。[119] 抒情诗人萨·德·米兰达于1526年回国，他在意大利待了五年，对诗歌和诗人的作用有了新的见解，尽管他极力将"意大利风格"引入葡萄牙文学，但宫廷对此却反应冷淡。他最后退隐乡里，在作品中批评葡萄牙的连年战争和扩张耗费巨大，损害了人们的生活，浪费了国家的财富。[120] 安德烈·德·雷森迪在国外居住时间最长的地方是西班牙（1512—1522年）和卢万（1522—1531年），在追随葡萄牙驻查理五世宫廷大使佩德罗·马斯卡伦哈斯两年后，他于1533年返回祖国，负责对皇室后代的文学教育。尽管他公开倡导伊拉斯谟的思想，但在其余生中依然受到宫廷的宠爱。与萨·德·米兰达不同的是，安德烈·德·雷森迪极力称颂葡萄牙海外发现的光辉事迹，特别是在他的《历史概要》（*Epitome Rerum Gestarum*，1531年）中倍加赞赏。[121] 弗朗西斯科·德·奥兰达（1517—1584年）是葡萄牙艺术家，曾到意大利学习过，并在罗马描摹古代建筑，他于1541年满怀推动葡萄牙建筑、艺术"现代化"，提升本国艺术家的社会和文化地位的一腔热情，回到里斯本。尽管他的审美观念没有得到应有的重视，但也没有招致皇家的不满。[122]

戈伊斯1545年回到里斯本，这个时候，里斯本的知识界和宗教氛围对于非正统天主教思想和宗教改革充满极端的敌意。随着拉蒙·鲁尔（Ramon Lull）和伊拉斯谟关于认同和皈化土耳其人的思想的传播，伊比利亚半岛统治者的恐惧不断加大，他们害怕国内由于厌战和迷茫情绪而滋生、蔓延的基督和平主义，会严重影响其伟大的军事征服和海外征服。海外的其他思潮也浸淫到伊比利亚半岛，比如塞维尔多明我会推崇的种种人文主义教育思潮，这些思潮在葡萄牙都受到了质疑。葡萄牙帝国的安全以及海外贸易的垄断似乎都要求提高警惕，强化国家团结，确保宗教正统。

大约1540年前后，随着宗教裁判所的建立、书籍出版的审查、高等教育的改革以及耶稣会葡萄牙教省的建立，葡萄牙开始变得内敛保守。这一时期，葡萄牙所做的就是把对穆斯林的圣战扩展为对国内宗教异端的圣战，这显然与葡萄牙宫廷维持帝国强盛、将基督福音传播到异教地区、击败穆斯林和宗教异端的初衷背道而驰。宗教裁判所竭力维护正统的教义，一点儿不容许被攻击和违背。在正统天主教看来，犹太人、新基督徒、清教徒以及外国人都会对葡萄牙海外帝国的垄断和香料贸易的控制，带来威胁。为了防止帝国的衰落，葡萄牙相信需要在以下几个方面采取果断严正的措施：重启在东方的圣战，收缩在北欧的扩张，强化在里斯本香料贸易的集权，加大国内对教育和宗教的控制。

葡萄牙皇室这种文化和经济政策的改变是逐步发生的，从 1540 年到 1550 年持续了十年。从很多方面来看，这些新政策只不过是先前偶尔表现出来的狭隘观念和民族主义倾向的终极表现。葡萄牙早期对于东方航海、香料贸易以及海外发现信息的垄断，都为后来葡萄牙皇室对宗教和教育的控制埋下了种子。正是由于旧有的垄断体制出现了问题，葡萄牙才在 1540 年以后决定与基督教会进行比过去更加密切的合作，目的是铲除异端，巩固统一。随着耶稣会数量的增多和影响的扩大，葡萄牙王室逐步依赖耶稣会的力量开展海外扩张和高等教育。若昂三世是欧洲第一个选择耶稣会士作为其忏悔神父的统治者。[123]

葡萄牙的多明我会与卡斯蒂利亚的多明我会一样，控制着宗教裁判所和书籍出版的审查。1541 年，红衣主教赛里潘多（Seripando）正式访问里斯本和葡萄牙，并把这次访问作为其加强奥古斯丁教会改革的一部分。[124] 1542 年，耶稣会在取得罗马和里斯本胜利的兴奋中创建了科英布拉神学院，以培训传教士。不久，意大利、卡斯蒂利亚和法国的学生纷纷到这所新的耶稣会神学院学习。[125] 作为国王的牧师，弗朗西斯科·德·蒙松（Francisco de Monzón）写了一首诗《王子之镜》，阐明了国王的基督教使命。他写的《基督王子之书》（*Libro primero del espejo del principe christiano*，里斯本，1544 年）讴歌了亨利王子的伟大成就，列举了葡萄牙从摩洛哥到印度的海外要塞，提醒国王继续海外扩张、保护海外领地并向那些等待收获灵魂的国家派遣传教士的责任。同时，葡萄牙王室也积极推动在科英布拉创建一所能够与北欧、意大利那些伟大的文艺复兴大学相媲美的皇家大学。

在皇室的推动下，葡萄牙的高等教育改革从 1504 年拉开帷幕。曼努埃尔国王决定对里斯本大学进行改革，[126] 其模式就是巴黎大学。因此，正如我们上文所讨论的，[127] 他曾鼓励并资助葡萄牙学生到那里学习。第二次教育改革

30

始于 1537 年，由若昂三世倡导发起，他把里斯本大学迁到科英布拉，与那里的法国人文主义中心圣克罗什（Santa Cruz）女修道院的奥古斯丁学院合并，鼓励从巴黎归来的学子到科英布拉任教，同时邀请克莱纳德斯等知名外国学者前去授课。1540 年，该校从修道院再次搬到位于科英布拉的皇宫，并于 1547 年被国王正式命名为皇家学院，主要教授数学、修辞、人文和语言。国王还邀请位于波尔多市的吉耶讷学院院长安德烈·德·戈维亚担任皇家学院的院长，并授权他网罗各方英才。在国王的敦请下，安德烈·德·戈维亚于 1548 年将一批曾在巴黎，主要是在圣巴贝学院受过教育的外国学者和葡萄牙学者，吸引到科英布拉。但是以安德烈·德·戈维亚为首的吉耶讷派在学院发展方面完全依靠自己的力量，因此，以老迭戈·德·戈维亚为首的巴黎派对于国王让安德烈·德·戈维亚担任皇家学院院长一直颇有微辞。科英布拉的外国学者中有著名的苏格兰人文主义者乔治·布坎南和他的弟弟帕特里克（Patrick）、逻辑学家尼古拉·德·格鲁奇（1520—1572 年）以及他的朋友、著名的法国教育家纪尧姆·德·盖朗德，此外，还有数学家兼人文主义者埃里·维奈（1519—1587 年）和阿诺德·法布莱斯（Arnauld Fabrice）。学院的教授除了这六名外国学者外，还有三名葡萄牙学者，分别是迭戈·德·特维、若昂·达·科斯塔和安东尼奥·门德斯（António Mendes），他们以前都是吉耶讷学院的教师。[128]

波尔多人文主义者的到来引起了"巴黎派"和耶稣会的强烈反应。安德烈·德·戈维亚去世后不久，这些在科英布拉的外国学者、教授很快就发现自己的教职岌岌可危，他们中有三人被里斯本的宗教裁判所判有异端和同情清教徒罪。在这起审判中，"巴黎派"很显然得到了强烈反对宗教改革的老迭戈·德·戈维亚的支持。由于受到这样的迫害，外国学者纷纷于 1549 年离开科英布拉到法国去了。格鲁奇是最后一个离开的，他于 1551 年返回迪耶普。1555 年，葡萄牙国王要求耶稣会全面接管皇家学院，从而标志着"巴黎派"和耶稣会驱逐外来学者的全面胜利。[129]

这些在法国接受过教育的人文主义者尽管在科英布拉遇到了种种困难，但依然扩大了欧洲对葡萄牙帝国及其海外世界的兴趣。1548 年，迭戈·德·特维在科英布拉出版了用拉丁文撰写的关于葡萄牙 1546 年第乌大捷的评论文章。[130]

31

这篇文章继承了雷森迪在其《历史概要》（1531年）[131]、戈伊斯在其《葡萄牙人1538年在印度恒河流域征服纪事》（1539年）中形成的围困文学（siege literature）传统，通过指出军事扩张带给异教徒和摩尔人文明与宗教，来说明葡萄牙扩张的合法性。与此同时，特维的朋友格鲁奇也因此结识了科英布拉的教区仪仗官和图书馆馆长费尔南·洛佩斯·德·卡斯塔涅达（Fernão Lopes de Castanheda）。格鲁奇返回法国后不久，卡斯塔涅达便把自己的第一本书《葡萄牙发现和征服印度史》（*História do descobrimento e conquista da India pelos Portuguezes*，科英布拉，1551年）寄给了他，并请他翻译成法语。格鲁奇尽管一开始不愿意在这样一本并非学术性的著作上花费时间，但还是在其他人的劝说下将该书翻译成了法语。格鲁奇的译本于1533年首次在巴黎出版，并于第二年和1576年在安特卫普重印。该书的法文版又被翻译成西班牙语（1554年）、意大利语（1556年）和英语（1582年）。[132]

这一时期，耶稣会也开始于1547年在科英布拉筹建自己的新学院，不过直到1555年接管皇家学院，新学院的筹建工作也没有完成。后来，耶稣会将皇家学院从地势较低的城市搬到蒙德古（Mondego）河谷的山顶。同时，耶稣会还计划在埃武拉创建一所耶稣会大学，主要为耶稣会及其传教使命培训年轻的传教士。埃武拉大学在1557年正式建立后，逐步成为研究哲学特别是亚里士多德哲学的中心。

科英布拉的耶稣会学院最终于1560年建成。同时，耶稣会还计划在波尔图（Porto）、布拉加建立学院，因为那个时候葡萄牙有大约300名耶稣会士，其中很多准备到海外传教。[133]耶稣会士离开葡萄牙去印度传教时，排列整齐的队伍、虔诚忠实的信徒、好奇围观的人群，使耶稣会士的离国传教显得庄严而神圣。耶稣会士队伍从里斯本的圣罗克（São Roque）学院出发，唱着圣歌，沿着街道蜿蜒走向贝伦港（Belém），[134]围观的人群中常常有外国商人、使节以及游客，他们亲眼目睹了葡萄牙和耶稣会是如何一起将基督的信仰传播到整个亚洲的。

这些葡萄牙耶稣会士有的在欧洲游历甚广，他们是"活字典"，走到哪里传教，就代表耶稣会将新闻和信息传播到哪里。伊纳西奥·马丁斯（Inácio Martins，1531—1598年）是埃武拉大学的一名教授，1573年去罗马，然后在彼得·卡尼修斯（Peter Canisius）的陪同下，去德国代表里斯本处理外交事务。[135] 另一名耶稣会士弗朗西诺·安东尼奥（Francino António，1558—1610 年）于 1576 年担任玛丽亚皇后的宫廷教父，玛丽亚是查理五世的女儿，在西班牙长大。[136] 沙勿略传的作者若昂·德·卢塞纳（João de Lucena，1550—1600 年）1578 年到过罗马，在那里，他可能搜寻过一些有关沙勿略的材料。[137] 安东尼奥·德·瓦斯康塞洛斯（António de Vasconcelos，1554—1622 年）于 1588—1591 年作为耶稣会葡萄牙教省的代表，被派驻到马德里（Madrid）宫廷，他花了很多时间和精力试图说服耶稣会不要让他在欧洲传教，而是派他去印度或日本，但一直没有获许。[138] 多明戈斯·若昂（Domingos João，1555—1595 年）1586—1592 年在罗马担任书记官，他与罗马城的很多著名知识分子都有联系。[139] 尼古劳·戈迪尼奥（Nicolau Godinho，1556—1616 年）是埃武拉大学的教授，他在 1587 年首次获得教职，接替当时的保罗·德·奥利韦拉（Paulo de Oliveira，1556—1607 年）。奥利韦拉出生在印度，是一名耶稣会士，在葡萄牙期间，他长期受疾病的困扰。当奥利韦拉 1599 年最终踏上前往印度的征程时，戈迪尼奥也开始计划去意大利，并于 1604 年成行。戈迪尼奥在那不勒斯（Naples）和罗马度过了生命中最后十二个年头，期间撰写了一些神学论文，并与欧洲和海外的耶稣会士保持着通信联系。[140]

1557 年，若昂三世去世，使得国际政治再次聚焦到葡萄牙。凯瑟琳女王（Queen Catherine）和宗教裁判所的审讯官统领、红衣主教亨利，实行联合摄政，代表女王三岁的孙子塞巴斯蒂安（Sebastian）立即控制了政府。西班牙宫廷和法国宫廷都非常关心葡萄牙的未来，因为这两个宿敌都在觊觎里斯本，希图施加自己的影响。法国尤其密切关注葡萄牙事态的发展，马上派米歇尔·德·苏里（Michel de Seure）爵士到里斯本观望事态的发展。1559 年，法国又派遣年轻的大臣、人文主义者让·尼科（1530—1604 年）接任米歇尔爵士，并赋予他为瓦罗亚家族的玛格丽特（Margaret of Valois）向年幼的塞巴斯蒂安提亲的使命。尼科抵达里斯本不久，法国的远洋舰队就于 1560 年停泊在里斯本。与此同时，若昂·佩雷拉·丹塔斯（João Pereira Dantas）被委任为葡萄牙驻法国宫廷的代表，从 1559 年一直干到 1563 年。

尽管尼科的外交使命没有完成，但在葡萄牙的所见所闻给他留下了深刻的印象。尼科是学养深厚的大师，去葡萄牙赴任前就与七星诗社（La Pléiade）的成员相互唱和。[141]到达里斯本后，他用自己的才华全力了解葡萄牙帝国在东方的活动情况，并向国内报告。他在给法国国王的信中指出葡萄牙和西班牙在摩鹿加群岛（Moluccas）问题上依然存在着分歧。[142]尼科向国王介绍了葡萄牙征服古吉拉特（Gujarat）以及征服带来的财富情况，[143]并请梅迪纳·德尔·坎波（Medina del Campo）镇鲁伊斯（Ruiz）家族的商人带给国王和洛林大区（Lorraine）的红衣主教一些印度橘子、柠檬及香蕉树。[144]尼科建议从东方进口靛蓝染料以促进纺织染料工业的发展，并指出塞哥维亚（Segovia）的染料虽然很有名，但只能染蓝色。[145]他自己还收集书籍、手稿，准备写一部关于葡萄牙在印度征服和扩张的书。[146]

到了 1560 年，由于香料问题，卡斯蒂利亚王室和葡萄牙王室之间的关系开始日趋紧张。查理五世 1529 年在萨拉戈萨（Saragossa）同意撤出摩鹿加群岛的争夺，但是卡斯蒂利亚人一直都对此耿耿于怀。[147]特别是在新世界，西班牙征服者和传教士一直怀有恢复太平洋航海探险的愿望。查理五世和若昂三世这两个君主在位时就摩鹿加群岛的争端达成过谅解，然而查理五世的退位（1556 年）以及随后若昂三世的去世（1557 年），对处于沮丧中的卡斯蒂利亚人来说无疑是一个信号，这一信号召唤他们迅速、有力地行动起来，重新夺回东南亚诸岛上属于自己的地盘。卡斯蒂利亚人在墨西哥（Mexico）和卡斯蒂利亚实施的这一计划，立即在葡萄牙及其摩鹿加群岛的领地引起了反应。法国人长期纠结于不能直接参与香料贸易，此刻，面对摩鹿加群岛的再起冲突，法国希望在西班牙和葡萄牙的混乱关系中浑水摸鱼。

1561 年 10 月，尼科带着所了解到的在葡萄牙的西班牙势力密谋颠覆葡萄牙以及摩鹿加群岛事端将起的最新信息，从里斯本离任回国。法国国王查理九世（1560—1574 年在位）也通过其驻马德里的外交使节，了解到菲利普二世的策划情况。[148]法国大使 M. 德·弗克斯（M. de Fourquevaux）1565 年抵达马德里，这一年，西班牙开始占领菲律宾群岛。[149]在其后七年的驻外时间里，弗克斯通过信使等方式，向查理九世报告寻宝船队抵达欧洲、西班牙对菲律宾占

34

领以及由于西班牙在西南太平洋地区活动增加而引起的西班牙和葡萄牙之间在欧洲与亚洲问题上关系紧张的情况。他还报告了威尼斯通过陆路实现香料贸易振兴的情况、马德里谋划开辟西北通道去往中国的前景，以及葡萄牙探险先驱背叛祖国的案例。最后，在 1570 年，他开始报告西班牙和葡萄牙在东南亚诸岛公开宣战的情况。在马德里担任大使期间，弗克斯一直致力于推动就海外世界的划分重新进行谈判，因为 1494 年签订的《托德西拉斯条约》(Treaty of Tordesillas) 既不现实，也不具有可操作性。在他看来，伊比利亚人在 16 世纪向欧洲展示了一个巨大的新世界，但是，划分这一巨大的新世界，法国不能置身事外。[150] 不过，法国在 1560—1590 年期间备受内战困扰，根本没有实力向西班牙挑战。

汉斯·克芬许勒 (Hans Khevenhüller) 也向国王鲁道夫二世 (Rudolf II) 报告西班牙发生的事件以及西班牙帝国疆域的拓展情况，汉斯·克芬许勒 1573—1606 年在马德里担任神圣罗马帝国驻西班牙大使。[151] 在 16 世纪的最后十年里，富格尔 (Fugger) 家族的信使也向北欧介绍了伊比利亚半岛的发展情况。富格尔家族除了关心商业贸易外，还对政治、社会、文化等一切对商业贸易有影响的方面都给予关注。对欧洲其他国家来说，特别有影响的事件是葡萄牙国王塞巴斯蒂安在 1578 年去世，这为菲利普二世统一西班牙和葡萄牙王室打开了通道。富格尔家族的通信特别关注 1580 年这两个王室的合并对海外帝国和海外贸易产生的影响，其中写自科钦 (Cochin) 的一封信中明确认为："（印度的）情形再也不是二十年前的样子了。"[152] 1582 年从里斯本写来的信抱怨道："变化无常使得生意清淡"，1585 年的来信更是说"贸易几乎完全停止了"。[153] 由于荷兰和法国之间的战争以及德雷克 (Drake) 率领的英国海盗船的掠夺，海上贸易很不安全。1588 年，西班牙的无敌舰队 (Armada) 战败，翌年，英国军队洗劫了里斯本和西班牙的港口城市，彻底摧毁了伊比利亚半岛的商业贸易。1590年，从印度传来的消息同样令葡萄牙人沮丧：土耳其人再度在印度洋上活跃起来，果阿和马六甲本地人对葡萄牙统治的抗拒日趋加剧，到菲律宾的西班牙人越来越多，势力也越来越大。葡萄牙人唯一聊以自慰的地方可能是日本，那里的传教士报告说，尽管丰臣秀吉 (Hideyoshi) 对他们的敌意越来越大，但依然使一些日本人皈依了基督教。[154]不过对于信奉天主教的富格尔信使来说，最可怕的是在远东海域见到了英国和荷兰的清教徒派出的船只。

鲁道夫的捷克臣民尽管远离大西洋，但通过罗泽姆博克（Rožemberk）家族在整个欧洲定期收集的报告，依然了解到海外发现的情况。在罗泽姆博克这一南波西米亚（Bohemia）地区富有的商业家族中，最有名的两个人是皮特（Petr）和维勒姆·沃克（Vilem Vok）。像富格尔家族一样，罗泽姆博克家族也特意开展了信息的收集工作，并且每周围绕商业以及影响商业的事件撰写报告。目前，特热邦（Třebǒn）档案馆依然保存着罗泽姆博克家族的通讯简报。研究显示，罗泽姆博克家族密切关注伊比利亚半岛与土耳其人的战争、威尼斯的商业复兴、低地国家的政治紧张局势以及基督教在亚洲的传播情况。[155]1585 年从威尼斯和罗马写给沃克的报告详细地介绍了日本使者在西班牙和意大利受到欢迎的情况。伯纳第乌斯·斯德法努迪斯（Bernardius Stefanutius）1585 年 3 月23 日从罗马写来的通讯中详细描述了日本的刺绣服装。当时从安特卫普报纸上剪辑下来的报告，主要介绍的是从印度返回的欧洲船队、英国俘获葡萄牙"圣母号"（Madre de Dios）商船以及荷兰人与英国人联合起来打破伊比利亚人香料贸易垄断的情况。与富格尔家族的通信一样，罗泽姆博克家族的报告收集的主要是那些对商业、天主教以及哈布斯堡家族（Habsburg family）特别重要的信息。总的来说，波西米亚当地的经济，特别是其银矿业，因海外大发现在欧洲产生的经济波动而深受其害。

其他外国人也密切注视着伊比利亚半岛及其海外属地的形势发展。英国商人托马斯·尼古拉斯（Thomas Nicholas）1560—1565 年期间在塞维尔，他后来将一些卡斯蒂利亚人写的关于东方的报告翻译成英文。[156]皮埃尔·德·堡岱尔（Pierre de Bourdeille，约 1540—1614 年）是布兰多默（Brantôme）的一位著名神父，1564 年，他在里斯本停留了几个月，在那里，他所看到的，用他自己的话说就是"满眼惊奇"。[157]此后不久，著名植物学家查尔斯·德·勒克鲁斯（Charles de L'écluse [Clusius]）在年轻的雅各布·富格尔（Jakob Fugger）的陪伴下，游历了葡萄牙。1571 年，教皇庇乌五世派遣他的侄子、红衣主教亚历山大里诺（Alexandrino）任其驻葡萄牙的大使。根据一位名叫乔万尼·巴蒂斯塔·温丘里诺（Giovanni Battista Venturino）的人的记述，教皇的驻外使团看见《圣经》用印度花布包裹着，生活在里斯本的印度人将《圣经》和印度的球兰、水果、鲜花放在一起，以象征春天的到来。在塞巴斯蒂安国王的宫殿中，他们还看到一张来自印度的小桌子，上面覆盖着一块黑色的皮子和一块绣着曼努埃尔国王及其大臣决定征服印度的图案织锦。葡萄牙王室的财务总管还骄傲地给他们看了一个金色的马鞍，上面镶有本来是给印度王子打磨的宝石。[158]六年后，意大利军事工程师和建筑师菲利普·泰尔齐（Filippo Terzi，1520—1597年）来到葡萄牙，并在葡萄牙住了二十年。泰尔齐将珍稀书籍、瓷器、有关印度的药品以及奇珍禽鸟等，作为礼物送给乌尔比诺（Urbino）大公弗朗西斯科·玛利亚·德拉·罗维尔（Francisco Maria della Rovere）。[159]

　　菲利普二世统治时期，意大利和德国向葡萄牙派遣了众多的外交使者和商业使者，其中威尼斯的两名代表特朗（Tron）和利波马尼（Lippomani）1580年被派往里斯本，以祝贺菲利普荣升为葡萄牙国王。一份佚名手稿中对他们在葡萄牙首都的观察进行了总结，说他们在给威尼斯的报告中写道，新街（Rua Nova）两旁那些专卖瓷器和其他东方商品的店铺物价比从前高，一是因为瘟疫和卡斯蒂利亚士兵的肆虐；二是因为前两年从印度驶来的商船到不了里斯本，商品库存日趋告罄。[160]从文化关系的角度来看，最有影响的意大利人是菲利普·萨塞蒂（Filippo Sassetti），他是佛罗伦萨巴尔迪（Bardi）家族的代表，从1578年到1583年被派驻到葡萄牙，此后去了印度。[161]从欧洲其他国家来到葡萄牙的耶稣会士也很活跃，其中最知名的是G. P. 马菲（G. P. Maffei），他是研究亚洲传教的历史学家，曾于1578—1584年在伊比利亚半岛收集资料。[162]1584—1586年，日本使者出使欧洲天主教国家，激发起耶稣会和伊比利亚人皈化东方的新希望。[163]

　　在16世纪的最后几年，葡萄牙耶稣会士把他们的影响扩大到高等教育的方方面面。在他们的大学里，道德神学教授同其在萨拉曼卡的同行一样，对于那些由于欧洲势力扩张到非基督教国家而引起的道德问题，热切地寻求解决的办法。[164]那些在萨拉曼卡接受过教育的葡萄牙神学家，对于弗朗西斯科·德·维多利亚（Francisco de Vitoria）的理论在科英布拉和埃武拉的传播，怀有道德上的忧虑。科英布拉的马丁·德·阿斯皮利奎塔（Martin de Azpilcueta）和马丁·德·莱德斯马（Martin de Ledesma）都强调，在科英布拉，不管是征服者还是传教士，都应该尊重和保护东方印第安人的人权。路易斯·德·莫利纳（Luis de Molina，1535—1600 年）最辉煌的岁月（1568—1583 年）是在葡萄牙度过的，他撰写了五卷本的正义和法律方面的论著，其思想后来引起了广泛的争议。与其他神学家一样，他在著作中论述了与异教徒贸易、把中国人和日本人当作奴隶、利用传教和强制手段皈化东方高度文明人的道德问题。[165] 即便是在自己的学校里，耶稣会也在其使用的教科书中引用一些世俗学者和教会学者的有关论述，阐释海外扩张带来的道德两难问题。[166] 在欧洲其他地区，不管是世俗学者还是宗教学者，都在他们的著作中提出了类似的问题。

16 世纪上半期到海外去的葡萄牙人对征服亚洲的歌颂，到了 16 世纪后期销声匿迹了。尽管葡萄牙在亚洲取得了辉煌的胜利，但这时葡萄牙人不得不放松他们对欧洲香料贸易的垄断。当菲利普二世从政治上将西班牙、葡萄牙统一起来的时候，葡萄牙人对于失去政治独立只能徒唤奈何。葡萄牙曾经创造的国家辉煌和贸易垄断，现在也只有易手他人，葡萄牙人所拥有的只是辉煌航海时代的记忆了。16 世纪下半叶，葡萄牙从欧洲的退却，再加上 1580 年以后对西班牙的臣服，让其永远失去了欧洲强国的地位。的确，葡萄牙对欧洲的扩张已经被历史学家遗忘了。不过，尽管葡萄牙对欧洲的扩张只是昙花一现，有一点却是不能忘记的，这就是葡萄牙人最先将关于亚洲的信息传播到欧洲知识界。

注释：

[1] 这一估计数字出自 F. de Almeida, *História das instituiçães em Portugal*（Porto, 1903），p.148。

[2] 引自 L. W. Spitz, *Conrad Celtis, the German Arch-Humanist*（Cambidge, Mass., 1957），pp.103-4。

[3] 关于丢勒，参见 *Asia*, II, Bk. I, 17；关于莫尔，参见本书原文第 363 页。

[4] 关于这些信件的简要介绍，参见 *Asia*. I, 154-61；另见 Virgínia Rau and E. Borges Nunes（eds.），*Carta de D. Manuel ao rei de Aragão... sobre a tomada de Goa*（Lisbon, 1968），pp.11-12。

[5] 详细内容，参见 *Asia*. I, 154-71。

[6] 关于这一时期葡萄牙和土耳其冲突的详细情况，参见 Salih Özbaran, "The Ottoman Turks and the Portuguese in the Persian Gulf, 1534-81," *Journal of Asian History*, VI（1972），45-87。

[7] 参见 J. S. da Silva Dias, "Portugal e a cultura europeia（séculos XVI e XVII），" *Biblos*, XXVIII（1952），203-15; A. J. Saraiva et al. *História da cultura em Portugal*（Lisbon, 1955），II, 528-34。

[8] 第一批皇家官派学生是 1192 年派往海外的，大多数被派到法国南部。关于 15 世纪早期葡萄牙学生如何看待意大利的人文主义教育，参见 Antonio Domingues de Sousa Costa, "Estudantes portuguese na reitoria do Colégio de S. Clemente de Bolonha na primeira metade do século XV," *Arquivos de história da cultura portuguesa*, Vol. III, No. I（Lisbon, 1969）。

[9] 关于葡萄牙使团的任务及其完成情况，参见 Alberto Navarro, "*Orações obediencias*" ...; *algumas achegas para o estudo das relações entre Portugal e a Santa Sé*（Lisbon, 1965）。

[10] J. S. da Silva Dias, *A política cultural da época de D. João III*（2 vols.; Coimbra, 1969），I, 76-79, 106-11, 124.

[11] 关于详情，见国王若昂致教皇克莱门特七世（Clement VII）的信函（1533 年 8 月 15 日），以及国王若昂后来致教皇保罗三世的信（1536 年 7 月 20 日），F. Miranda da Costa Lobo, *A acção diplomática dos portugueses... destinada à realização de descobertas e conquistas*（Lisbon, 1937），pp.193, 198-200 中有分析。

[12] 见 Silva Dias, *op. cit*（n. 10），I, 195-98。

[13] 见 T. Braga, *História da litteratura portugueza*（Porto, 1914），II, 576-77。

[14] 参见原文第 504-505 页。

[15] 见 G. Bertoni, "Umanisti portoghesi a Ferrara（Hermico e Didaco），" *Giornale storico della letteratura italiana*, CXIV（1939），49-50, 以及 M. Bataillon, *Études sur le Portugal au temps de l'humanisme*（Coimbra, 1952），pp.1-8。

[16] 见 Silva Dias, *op. cit.*（n. 10），I, 198。

[17] 见 A. F. G. Bell, " The Humanist Jeronymo de Osorio," *Revue hispanique*, LXXIII（1928），525-26。

[18] 见本书原文第 20-21 页。

[19] 见 P. Piccinini, " Rapporti fra Italia e Portogallo nel campo delle scienze mediche," in Reale Accademia d'Italia, *Relazioni storiche fra l'Italia e il Portogallo, Memorie e documenti*（Rome,

1940），pp. 394-97；关于伊比利亚对待医生的态度的讨论，见 Ruth Pike, *Aristocrats and Traders: Sevillian Society in the Sixteenth Century*（Ithaca, N.Y., 1972），pp.87-89。

[20] 他的请求可能在教皇向葡萄牙和印度派遣耶稣会士的决定中发挥了作用，见 P. Tacchi-Venturi, "I portoghesi e Paolo III per la diffusione della civiltà cristiana nelle Indie e nell' Estremo Oriente," Reale Accademia d'Italia, *op. cit.*（n. 19），p. 361。

[21] 详情见 *Asia*, II, Bk. I, 69-70。

[22] 关于他的经历，见 J. Gomes Branco , "Un umanista portoghese in Italia: Achiles Estaço," in Reale Accademia d'Italia, *op. cit.*（n. 19），pp.135-43。

[23] 结集成 *Statii Lusitani Oratio oboedientialis ad Gregorium. XIII. Pont. Max. Sebastiani. I. regis. Lusitaniae. nomine.habita, eiusdem monomachia. navis. Lusitaniae versil. descripta*（Rome, 1574）出版。纽贝里图书馆的版本是把 *Oratio* 和 *Monomachia* 收录在一起的，后者描述了葡萄牙舰队和苏门答腊亚齐人舰队之间的一场海战。

[24] 见 Elena Pinto, "La biblioteca Vallicelliana in Roma," in *Miscellanea della R. Società Romana di Storia Patria*, No. 8（Rome, 1932），p.15。

[25] 见 *Asia*, II, Bk. I, 412。

[26] 详情见 L. Bourdon, "Le voyage de Jeronimo Osorio...en Italie（1567-1577），" *Annales... de Toulouse*, I（1951），71-83。

[27] 关于弗朗索瓦一世个人对东方异国风情感兴趣的详细情况，见 *Asia*, II, Bk. I, 31。

[28] 见 L. Matos, *Les portugais à l'université de Paris entre 1500 et 1550*（Coimbra, 1950），pp. 2-7。

[29] 参见本书原文第 97 页。

[30] 见 J. Quicherat, *Histoire de Sainte-Barbe*（3 vols.; Paris, 1860-64），I, 9。

[31] Matos, *op. cit.*（n. 28），pp.1, 9-10。根据梵蒂冈大使马利诺·卡维里（Marino Cavelli）的说法，巴黎在 1546 年有 1.6 万至 2 万名学生，见 A. A. Babeau, *Les Voyageurs en France depuis la Renaissance jusqu' à la Révolution*（Paris, 1938），p. 8, n.3。以现在的观点来衡量，当时所谓的"学生"有很多并未到大学等学术机构注册学习。

[32] Quicherat, *op. cit.*（n. 30），I, 122-23.

[33] Matos, *op. cit.*（n. 28），p. 31.

[34] 他最为人所知的是 1541 年针对皮埃尔·德·拉·拉梅（Pierre de la Ramée）抨击亚里士多德的逻辑，所进行的辩护。关于他的生平，见 J.Veríssimo Serrão, *António de Gouveia e o seu tempo（1510-66）*（Coimbra, 1966）。

[35] 1538 年 2 月，戈维亚致信国王若昂，提出如果派遣耶稣会士去印度传教，那"将是一笔难以估价的财富"。关于这封信，见 M. Bataillon, *op. cit.*（n. 15），pp. 131-34。十年前，罗耀拉和戈维亚两人都在意大利，因此罗耀拉有可能从戈维亚那里第一次听到印度的有关情况，见 Pedro de Rivadeneira, "Vida del padre Ignacio de Loyola," in *Obras escogidas*（Madrid, 1868），pp. 54-58。

[36] 见 Matos, *op. cit.*（n. 28）, p. 63；以及 Quicherat, *op. cit.*（n. 30）, I, pp. 228-38。

[37] *Essais*, 1. I, ch. xxv.

[38] 见 J. Veríssimo Serrão, *Les portugais à l'université de Toulouse（XIII-XVII siècles）*（Paris, 1970）, pp.53-67。

[39] *Ibid.*, pp.99-112.

[40] *Ibid.*, pp.132-53.

[41] *Ibid.*, p.112.

[42] "在体制上，'中世纪'外交和'现代'外交的区别是可以雇佣当地人当大使"。关于这一问题，见 Charles Carter, *The Western European Powers, 1500-1700*（Ithaca, N.Y., 1971）, pp.23-24。

[43] 详情见 J. Veríssimo Serrão, *A embaixada em França de Brás de Alvide（1548-1554）*（Paris, 1969）, p.15。若昂·达·席尔维拉（João da Silveira）是一名外交人员，早年曾被派驻印度，并于 1510 年、1522 年两次被派到法国宫廷。这位外交官游历丰富，谙熟东方，是活跃在北欧的为数不多的外交官之一，见 M. E. Gomes de Carvalho, *D. João III e os Francezes*,（Lisbon, 1909）, pp.7-8。

[44] 相关例子，见罗多尔佛·皮奥·迪·卡皮（Rodolfo Pio di Carpi）主教 1536 年 2 月 27 日的信函，收入 J. Lestocquoy（ed.）, *Correspondance des nonces en France, Carpi et Ferrerio, 1535-1540...*（Rome, 1961）, pp.140-41。

[45] 关于这方面的问题，见 *Asia*, I, 125, 177-78。另参见 Michel Mollat, "Passages français dans l'Océan Indien au temps de François Ier," *Studia* XI（1963）, pp.239-50。

[46] 见 Veríssimo Serrão, *A embaixada*, p.19。

[47] 见 M. Mollat, "Quelques aspects de la vie économique et sociale de la France dans la première moitié du XVIe siècle vus à travers la correspondance des diplomates portugais," *Bulletin des études portugaises et de l'Institut français au Portugal*, XII（1948）, pp.224-53。

[48] 见 Matos, *op. cit.*（n. 28）, p. 103。另见原文第 419 页。

[49] 见 *Ibid.*, pp.103-4。

[50] 见 L. Matos, *Les portugais en France au XVIe siècle*（Coimbra, 1952）, pp.13-14, 18。另见 *Asia*, I, 676, 692, 701, 以及 L. Bourdon, "Deux aventuriers portugais, Gaspar Caldeira et Antão Luis（1564- 1568）," *Bulletin des études portugaises et de l'Institut français au Portugal*, XVIII（1954）, 5-33。

[51] 引自 Armando Cortesão and A. Teixeira de Mota, *Portugaliae monumenta cartographica*（5 vols.; Lisbon, 1960-62）, II, 239。

[52] 关于巴托洛梅乌·维利乌在南特的详细情况，见 J. Mathorez, "Notes sur l'histoire de la colonie portugaise de Nantes," *Bulletin hispanique*, XV（1913）, 318-19。

[53] 关于安特卫普贸易情况，见 *Asia*, I, 121-24。

[54] 见 J. A. Goris, *Étude sur les colonies marchandes méridionales（Portugais, Espagnols, Italiens）*

à Anvers de 1488 à 1567（Louvain, 1925），pp.27-32。

[55] *Ibid.*, pp.549-63.

[56] 关于三语学院的发展和影响，见 Henry de Vocht, *History of the Foundation and Rise of the Collegium Trilingue Lovaniense, 1517-1550*（4 vols.; Louvain, 1951-55）。

[57] Silva Dias, *op. cit.*（n. 10），I, 350, n.5.

[58] 关于雷森迪在卢万大学的情况，见 Vocht, *op. cit.*（n. 56），II, 399-402.

[59] 见本书原文第 355 页、第 357 页。

[60] 内容最全、分析最好的传记是：M. Lemos, "Damião de Goes," *Revista de historia,* IX（1920），5-19, 208-26; X（1921），41-66; XI（1922），34-66; A. F. Bell, *Un humanista Português, Damião de Góis,* trans. from English by A. A. Doria（Lisbon, 1942）; *Elizabeth F. Hirsch, Damião de Góis: The Life and Thought of a Portuguese Humanist, 1502–1574*（The Hague, 1967）.

[61] Lemos, *loc. cit.*（n. 60），IX（1920），11-13. 根据莱莫斯（第 13 页）的回忆，若昂·达·克路士 1518 年乘迪戈·洛佩斯·德·塞奎拉（Diogo Lopes de Sequeira）的船队返回果阿。格奥尔格·舒尔哈默（Georg Schurhammer）是著名的耶稣会士历史学家，他通过对若昂·达·克路士的书信研究（见 *Varia, Anhänge* I [Lisbon, 1965], pp.57-59），认为克路士是纳亚尔人（Nāyar），不是车梯人（Chetty），他在里斯本宫廷只待了三年（1513-1516）。另见 V. B. Nair, "A Nair Envoy to Portugal," *Indian Antiquary*, LVII（1928），157-59.

[62] 见 *Asia*, II, Bk. I, 161-162.

[63] 布兰当与其他代理一样，既是商业代理，也是外交使节。1509—1514 年、1520—1525 年间，他担任葡萄牙在安特卫普的官方代表。1517 年，他担任葡萄牙驻国王查理五世宫廷使团的秘书。见 Goris, *op. cit.*（n.54），p.215。

[64] 详情见 *Asia*, II, Bk. I, 17. 有人认为丢勒为戈伊斯刻了一幅肖像画，但极有可能不是（见 *ibid.*, I, p.164）。可以明确的是，戈伊斯是在丢勒离开后才到达安特卫普的，而且也没有证据证明丢勒 1528 年去世前两个人见过面。最近一些学者认为戈伊斯的肖像是菲利普·德·加勒（Philipe de Galle）刻的，见 Mario de Sampio Ribeiro, *O retrato de Damião de Góis por Alberto Düirer; processo e história de uma atoarda*（Coimbra, 1943），p.100. 还有人认为是昆丁·马西斯（Quentin Massys），见 Hirsch, *op. cit.*（n. 60），pp.25-26n, 到目前为止，所有这些观点都没有令人信服的证据。

[65] 详情见 *Asia,* II, Bk. I, 19。

[66] 见 Hirsch, *op. cit.*（n. 60），pp.23-24。

[67] Lemos, *loc. cit.*（n.60），p.213.

[68] Luis de Matos, "L'Humanisme portugais et ses relations avec l'Europe", *Bulletin des études portugaises et de l'Institut français au Portugal,* XXVI（1965），63.

[69] Hirsch, *op. cit.*（n. 60），pp.18-19. 另见本书原文第 368 页。

[70] Hirsch, *op. cit.*（n. 60），p.62.

[71] Lemos, *loc. cit.*（n.60），p.215.

[72] Hirsch, *op. cit.*（n. 60），pp. 31-35.

[73] 见 *Asia*, I, 122。

[74] 见本书原文第 19 页。这次会面戈伊斯还见到了约翰的哥哥欧劳斯·马格努斯（Olaus Magnus, 1490—1557 年），见 A. E. Beau, *As relações germânicas do humanismo de Damião de Góis*（Coimbra, 1941），p.80. 马格努斯兄弟俩提醒戈伊斯注意，拉普兰人（Laplander）拒绝皈依他们的瑞典主人所信奉的基督教。

[75] 关于他后来与商人的关系，参见 A. H. D. Oliveira Marques, "Damião de Góis e os mercadores de Danzig," *Arquivo de bibliografia portuguesa*, IV（1958），133-63。

[76] 由于和宗教改革者的交往，戈伊斯的波兰之行留下了很多资料。葡萄牙宗教裁判所（Portuguese Inquisition）1571 年以异端邪说的罪名审判戈伊斯，主要是基于这次审判，戈伊斯出访清教国家的日程得以保存。关于审判记录，参见 Vol.II of W. J. C. Henry（ed.），*Inéditos Goesianos,*（2 vols.; Lisbon, 1896-99。 关于戈伊斯造访鞑靼部落的情况，我们所能见到的只有其在《曼努埃尔编年史》（*Chronicle of Manuel*）中提供的证据以及雷森迪和格拉菲乌斯的诗作，戈伊斯肯定将其造访鞑靼部落的事告诉过雷森迪和格拉菲乌斯。戈伊斯有可能访问鞑靼部落的另一个佐证是，帕拉切尔苏斯（Paracelsus）似乎在戈伊斯之前也访问过鞑靼部落（见原文第 423 页），西吉斯蒙德·冯·赫贝施坦（Sigismund von Herberstein）在 1526 年也到过鞑靼。希尔什（*op. cit.* [n. 60], pp.21-22）对这些没有确凿证据的材料的真实性深信不疑。

[77]《爱神颂》（*Jubileu de amores*）自 1525 年在葡萄牙演出，曾在布鲁塞尔葡萄牙大使官邸上演，庆祝曼努埃尔王子的出生。参见 A. Forjaz de Sampaio, *História de literatura portuguesa*（3 vols.; Paris and Lisbon, n. d.），II, 77。另见原文第 123 页。

[78] 意大利文版在博洛尼亚出版，参见 Bell, *op. cit.*（n.60），p.109；约翰·莫尔翻译的英文版只见到两本，其书名是 *The Legacye or Embassate of the Great Emperour of Inde Prester John, unto Emanuel Kynge of Portugal in the yere of our lorde M. V. C. XIII ...*; 关于其德文版，参见 Hirsch, *op. cit.*（n.60），p.226。

[79] 关于这本书和卢万大学人文主义者思想之间的联系，参见 Vocht, *op. cit.*（n.56），III, p.57-58。

[80] Beau, *op. cit.*（n.74），p.121.

[81] 比较 Hirsch, *op. cit.*（n.60），pp.66-67。

[82] 参见 P. S. Allen, M. H. Allen, and H. W. Garrod（eds.），*Opus epistolarum Des. Erasmi Roterdami*（12 vols.; Oxford, 1906-58），X, 251-53。

[83] 戈伊斯与明斯特和格里诺伊斯的相识是偶然的、匆忙的。1571 年，戈伊斯在宗教裁判所的证词中这样陈述，他"和明斯特站在一个书店门口说话……从那以后再也没有见过他"；他"与西蒙·格里诺伊斯有过一次讨论，当时格里诺伊斯在一家餐馆的门前读哲学书，但是他没有进格里诺伊斯的家门"。参见 Henry（ed.），*op. cit.*（n.76），II, 33；另参见 Beau, *op. cit.*（n.74），

p.94。

[84] 参见 M. Bataillon, *op. cit.*（n.15），pp.52-54, 60-79。

[85] Letter of June, 1533, No.2826, in Allen et al., *op. cit.*（n. 82），Vol. X.

[86] 戈伊斯确实向国王说了伊拉斯谟之事，国王若昂甚至猜测伊拉斯谟可能对在科英布拉筹建的大学的教职感兴趣，见 Hirsch, *op. cit.*（n. 60），p.70。

[87] 比较 *ibid.*, p.72。

[88] 见 *ibid.*, pp.91-93, 99-101。关于博纳米科，参见 G. Maranzoni, "Lazzaro Buonamico e lo studio Padovano nella prima metà del cinquecento," *Nuovo archivio veneto*, 3d ser. I（1901），118-51, 301-18；II（1902），131-96。

[89] 引自 Hirsch, *op. cit.*（n. 60），p.103。戈伊斯 1538 年回到卢万后，给博纳米科寄了个地球仪，以作纪念。关于他在意大利更为详细的情况，参见 L. de Matos, "Un umanista portoghese in Italia, Damião de Goes"，*Estudos italianos em Portugal,* No.19（1960），pp. 48-51。

[90] 关于本博与其他对海外发现感兴趣的人之间的关系，参见 S. Grande, *Le relazioni geografiche G. Gastaldi*（Rome, 1906），这本书是从 *Memoria della Società Italiana,* Vol. XII（1905）节选出来并重新印刷出版的。

[91] 引自 Hirsch, *op. cit.*（n. 60），p.102。

[92] 收入卢万出版家里斯希斯（Rescius）出版的戈伊斯文集中。

[93] 见 R. Eden, *The Decades of the New World*（London, 1555），p. 278。乔维奥抨击葡萄牙，因为他认为通过莫斯科公国可以以更廉价的价格，购买更上乘的香料。

[94] 关于德国贸易垄断的争论，见 *Asia*, I, 122-23；另见 C. Bauer, "Conrad Peutingers Gutachten zur Monopolfrage," *Archiv für Reformationsgeschichte*, XLV（1954），I-43, 145-96。戈伊斯在前往奥格斯堡的一次旅行中，曾造访波伊廷格的图书馆，在那里浏览了一本关于印度的书，这本书可能是瓦伦丁·费尔南德斯（Valentim Fernandes）在 1508 年前后寄给波伊廷格的材料汇编（比较 *Asia*, I, 159）。后来，戈伊斯请约翰·雅各布·富格尔（Johann Jakob Fugger）代为索取这本书，但波伊廷格不愿割爱，参见 Hirsch, *op. cit.*（n. 60），pp. 26-27。

[95] 这位僧侣的名字更有可能是"Saga Zaab"或者"Saga-za-Ab"，参见 Lemos, *op. cit.*（n. 60），X, 42。

[96] 关于对这本书背景的更为全面的讨论，参见 F. M. Rogers, *The Quest for Eastern Christians*（Minneapolis 1962），chap.vii.

[97] 更详细的文献资料，参见 Hirsch, *op. cit.*（n. 60），pp.226-27；关于宗教仪式的不同，参见 *ibid., p.149*。关于这本书在葡萄牙的接受情况，参见本书原文第 40 页。一些对原文材料较真儿的历史学家，把戈伊斯的翻译看作是珍贵、可信的文献，参见 D. Klatt, *David Chytraeus als Geschichtslehrer und Geschichtschreiber*（Rostock, 1908），p.87。

[98] 参见 Hirsch, *op. cit.*（n. 60），pp.130-39。这部著作后来再版，收入 Robertus Belus（comp.），*Rerum Hispanicarum*（2 vols.; Frankfurt-am-Main,1579），II, 1235-58. 关于西班牙和葡萄牙

更为综合性的介绍，参见 Andreas Schott, *Hispania illustrata...*（4 vols.; Frankfurt-am-Main, 1603-8）。

[99] 见原文第 449 页的注释。

[100] 关于对明斯特动机的评论，参见 K. Burmeister, *Sebastian Münster: Versuch eines biographischen Gesamtbildes*（Basel and Stuttgart, 1963），pp.170-74；关于明斯特和戈伊斯论争的详情，另见 Beau, *op. cit.*（n. 74），pp.150-75. 关于明斯特的其他著作，参见本书原文第 339-341 页。

[101] 参见 Hirsch, *op. cit.*（n. 60），p.133. n.21。关于知识界的其他人，比如毕图斯·瑞纳努斯（Beatus Rhenanus）对戈伊斯著作的反对情况，参见 Vocht, *op. cit.*（n. 56），III, 66. 明斯特在 1549 年 6 月 20 日写给他的老师康拉德·帕里坎（Konrad Pelikan）的信中说道："我必须拿起笔来反对那个人——达米奥·德·戈伊斯，他在文章中反对我和帕奥罗·乔维奥，非常无礼。"参见 K. H. Burmeister（ed.），*Briefe Sebastian Münsters*（Frankfurt-am-Main, 1964），p.148。

[102] 文集的名字是 *Aliquot opuscula*（Louvain, 1544）。关于伊比利亚半岛对明斯特著作的敌视情况，参见本书原文第 42 页。

[103] 参见总司令米格尔·罗德里格斯（Miguel Rodrigues）1546 年给国王的信，这封信曾于 1837 年在里斯本的一个宣传册上发表过。我的个人图书馆藏有这封珍贵信函的复印件。

[104] 关于戈拉特，参见本书原文第 282-283 页。

[105] 关于这本书的最新葡萄牙语版，参见 Raúl Machado（trans.），*Góis' Lisbôa de quinhentos*（Lisbon, 1937）。

[106] 参见本书原文第 144 页。

[107] 迭戈·德·特维和若昂·达·科斯塔从 1527 年到 1547 年一直生活在法国，尽管他们几乎走遍了整个法国，却从来没有到过意大利和德国。这两人在宣传葡萄牙帝国方面只是顺势而为，因为他们的主要兴趣都在人文主义研究和教学方面。

[108] 早在 1540 年，情况就是如此。那时，波里特斯写信给戈伊斯，祝贺他的第一本关于第乌的书出版，参见 Hirsch, *op. cit.*（n. 60），pp.94-95. 关于这一问题，另见特利腾主教克里斯托弗·马诺罗（Christopher Madruzzo）的论述（*ibid.*, pp.105-106）。

[109] 关于这些早期报告者的详细情况，参见 *Asia*, I, pp. 105-07, pp.173-76. 关于纳瓦杰罗的传奇经历，参见 M. Cermenati, "Un diplomatico naturalista del Rinascimento, Andrea Navagero," *Nuovo archivio veneto*, XXIV（1912），164-205. 关于他的肖像，参见第 43 幅插图。

[110] 1508 年在帕尔马（Parma）出版的这部爱情小说里，卡维西欧讲述了一次去里斯本的经历。此前，他一直住在君士坦丁堡（Constantinople）。关于 1533 年的版本中他对里斯本的描述，参见 pp. 199^{v}-200^{r}.

[111] 参见 *Asia*, I, pp.165-66，引自瓦尔塔马叙述的结尾部分。

[112] 参见 A. M. Fabié y Escúdero（ed. and trans.），*Viajes por España ...*（Madrid, 1879），p. 195. 阿戈斯提诺·奈图兹（Agostino Nettuci）是佛罗伦萨大使馆的秘书，1513 年至 1516 年在伊比利亚半岛工作，他在未刊稿中讲述了自己看到一只鸵鸟和"印度大象"的经历，并介绍

了葡萄牙在马六甲海峡的活动情况，参见 R. Almagià, "Un fiorentino in Spagna al principio del seculo XVI," in *Studi in onore di G. Luzzatto*（2 vols.；Milan, 1950），II, 141, 143n。奈图兹的手稿保存在梵蒂冈图书馆。

[113] 关于卢索与德国之间关系的简要论述，参见 E. A. Strasen and A. Gandara, *Oito séculos de história Luso-Alemã*（Lisbon, 1944）；also B. de Fischer, *Dialogue Luso-Suisse: Essai d'une histoire des relations entre la Suisse et le Portugal du XVe siècle à la Convention de Stockholm de 1960*（Lisbon, 1960）。关于希罗尼默斯·闵采尔（Hieronymus Münzer）的伊比利亚半岛之行，见本书原文第 328 页。

[114] 参见 *Asia*, I, pp.158-63；另见 A. Brásio, *Uma carta inédita de Valentim Fernandes*（Coimbra, 1959）。

[115] 参见 Matos, *op. cit.*（n. 28），pp.53-54。

[116] 参见 Alphonse Roersch（ed.），*Correspondance de Nicolas Clénard*（3 vols.；Brussels, 1940-41），I, xi-xii. 他还在安德烈·德·雷森迪的建议下，跟埃武拉的一名葡萄牙医生学习阿拉伯语，参见 V. Chauvin and A. Roersch, *Étude sur... Clénard*（Brussels, 1900），p.23。

[117] 参见 H. Harrisse, *Fernand Colomb, sa vie, ses oeuvres, essai critique*（Paris, 1872），p.19. 关于图书馆的有关情况，参见本书原文第 45-46 页。

[118] Vocht, *op. cit.*（n. 56），II, 474-75. 他还是西班牙中古史专家，参见其重版的 *Hispaniae Chronicon,* 收入 Belus（comp.），*op. cit.*（n. 98），I, 437-611。关于他的生平详情，参见 Alphonse Roersch, *L'Humanisme belge à l'époque de la Renaissance: Études et portraits*（Louvain, 1933），pp. 85-93。另见本书原文第 46 页。

[119] 参见 Silva Dias, *op. cit.*（n.10），I, 76-79, 106-11, 124。

[120] 参见 Saraiva, *op. cit.*（n.7），II, 608-9。

[121] 参见 Silva Dias, *op. cit.*（n.10），I, 353-58。

[122] 比较 *Asia*, II, Bk. I, 69-70；另见 Saraiva, *op. cit.*（n.7），II, 658-71。

[123] 路易斯·贡萨尔维斯·达·卡马拉（Luís Gonçalves da Câmara, 1520—1575 年）在国王选他作为忏悔神父时并不高兴，但还是在罗耀拉和耶稣会葡萄牙教省会长迭戈·米昂（Diogo Mirão）的敦促下接受了这一任务，参见 B. Duhr, *Die Jesuiten an den deutschen Fürstenhöfen des 16. Jahrhunderts*（Freiburg-im-Breisgau, 1901），pp.2-3。卡马拉与年轻的日本基督教皈依教徒伯纳德（Bernard）一起于 1555 年从罗马来到里斯本，自那以后，他与东方的耶稣会士有着密切的联系，参见 *Asia*, I, 432 n., 673。

[124] 参见 H. Jedin, *Papal Legate at The Council of Trent, Cardinal Seripando*（St. Louis, 1947），pp.150-51。

[125] 首批入校、后来到印度传教的学生中比较著名的有尼科洛·兰西洛特（Nicolo Lancillotto）和安东尼奥·克里米纳尔（Antonio Criminale），参见 F. Rodrigues, *História da Companhia de Jesus ... de Portugal*（5 vols.；Porto, 1931），I, Pt. I, 304-11。

[126]关于曼努埃尔的改革，参见 T. Braga, *História da universidade de Coimbra*（2 vols.; Lisbon, 1892, 1895），I, 247-333。

[127]见本书原文第 10-11 页。

[128]详情参见 Braga, *História da universidade de Coimbra,* Vol. I, chap.vi。

[129]参见 M. Brandão, *A Inquisição e os professores do Colégio das Artes*（Coimbra 1948），*passim*。

[130]原文后来收入 *Jacobi Tevii Bracarensis, Opuscula...*（Paris, 1762），最初的题目为 *Commentarius de rebus gestis in India apud Dium,* 后来由特维的朋友和他在法国的长期助手若昂·达·科斯塔增加了 13 行拉丁诗文。乔治·布坎南也用拉丁语撰文，对特维的文章大加赞赏。有关引自布坎南的 *Poemata fragmenta* 的引文，见 G. J. C. Henriques, "Buchanan in Potugal," in D. A. Millar（comp. and ed.），*George Buchanan: A Memorial, 1506-1906*（St. Andrews and London, 1907），pp.76-77。

[131]更多评论，参见 Francisco Leite de Faria, "Un impresso de 1531 sobre as impressas dos Portugueses no Oriente," *Boletim internacional da bibliografia Luso-Brasileira,* VII（1966），90-109。 1531 年，罗马还出版了一本意大利文的小书 *Impresa del gran turco...* 这本小书与其说是对整个事件的记述，不如说是一个简讯，但却包含了雷森迪著作中缺失的材料。这两篇记述依据的是同一个报告。关于葡萄牙的围困文学发展史，参见本书原文第 135-137 页。

[132]参见 Georges le Gentil, "Nicolas de Grouchy, traducteur de Castanheda," *Bulletin des études portugaises et de l'Institut français au Portugal,* IV（1937），31-34。另见 *Asia,* I, 187-190, 以及本书原文第 274-275 页。

[133]Rodrigues, *op. cit.*（n. 125），I, Pt. I, 443. 罗耀拉 1556 年去世的时候，据说耶稣会已有 1 000 名耶稣会士，参见 *Asia,* I, 251。如果确实如此，那么在 1560 年大约有 1/3 的耶稣会士是在葡萄牙；1559 年在亚洲的耶稣会士有 124 名，占总数的大约 1/8，参见 *Asia,* I, 253。

[134]Rodrigues, *op. cit.*（n. 125），I, Pt. 2, 521.

[135]参见 J. Pereira Gomes, *Os professores de filosofia da Universidade de Évora, 1559-79*（Évora, 1960），p.79。

[136]参见 Duhr, *op. cit.*（n.123），pp.15-16; 另见 *Asia,* II, Bk. I, 146。

[137]Gomes, *op. cit.*（n. 135），p.114.

[138]*Ibid.,* pp.136-37.

[139]*Ibid.,* p.142.

[140]*Ibid.,* pp.150-53. 关于耶稣会士的信件情况，参见 *Asia,* I, 314-28。

[141]参见本书原文第 276-277 页。

[142]参见尼科 1559 年 11 月 5 日的信函，见 E. Falgairolle（ed.），*Jean Nicot, ambassadeur de France en Portugal au XVIe siècle, sa correspondance diplomatique inédite*（Paris, 1897），pp.107-15。

[143]*Ibid.,* pp.53-54。

[144] *Ibid.*, p.lxv.

[145] *Ibid.*, pp.lxxix-lxxx.

[146] *Ibid.*, p.xcix. 关于他的图书馆情况，参见本书原文第 67 页。

[147] 关于麦哲伦远航（1521—1529 年）后摩鹿加群岛的冲突情况，参见 *Asia*, I, 114-19。

[148] 需要指出的是，查理九世是七星诗社的资助人。

[149] 让·鄂巴德（Jean Erbard）是弗克斯的前任，他对皇室问题以及葡萄牙与西班牙之间的宿怨报告甚少，原因可能是当时巴黎和里斯本之间在进行直接的磋商，参见 E. Cabié, *Ambassade en Espagne de Jean Ebrard, Seigneur de St. Sulpice, de 1562 à 1565 et mission de ce diplomate dans le même pays en 1566*（Albi, 1903）。

[150] 参见 M. Douais（ed.）, *Dépèches de M. de Fourquevaux, ambassadeur du roi Charles IX en Espagne, 1565-1572*（3 vols.; Paris, 1896-1904）, I, 82, 142, 193, 288-89, 358; II, 132-33, 223。

[151] 他们的通信中还有一些为鲁道夫收藏具有异国情调艺术品的具体细节，参见 R. J. W. Evans, *Rudolf II and His World: A Study in Intellectual History*（Oxford, 1973）, pp.50, 181。

[152] 参见 G. T. Matthews（ed.）, *News and Rumor in Renaissance Europe*（New York, 1959）, p.71。

[153] *Ibid.*, pp.96, 107.

[154] *Ibid.*, pp.185-87.

[155] 参见 Z. Šimeček, "Rožmberské zpravodajstír o nových zemích Asie a Afriky v 16. stoleti"["Rožemberk Reports about the New Lands of *Asia* and Africa in the Sixteenth Century"], *Československý časpois historický*（Prague）, XIII（1965）；关于美洲的情况，参见同一作者的论文 "L' Amérique au 16e siècle à la lumière des nouvelles du service de reseignements de la famille des Rožemberk," *Historica*（Prague）, XI（1966）, 53-93。

[156] 比较 *Asia*, I, 212。

[157] 参见 J. B. Aquarone, "Brantôme à la cour de Portugal et la visite à Lisbonne du Grand Prieur de Lorraine," *Bulletin des études portugaises au de l' Institut français au Portugal*, XI（1947）, 66-79. 参见 K. usti, *Miscellanean ...*（Berlin, 1908）, II, 99。

[158] 温丘里诺记录的手稿收藏在梵蒂冈图书馆（Codex I.607），其摘要由亚历山大·埃尔库拉诺（Alexandre Herculano）翻译、编辑成葡萄牙文，参见 " Viagem do Cardeal Alexandrino, 1571," in Herculano, *Opusculos*（10 vols.; Lisbon, 1873-1908）, VI, 64, 76-77, 83, 88-89。

[159] 参见 H. Trindade Coelho and G. Mattelli（eds.）, *Documentos para o estudo das relações culturaes entre Portugal e Italia*（4 vols.; Florence, 1934-35）, III, xii-xiii. 西班牙还收集了印度的珍稀物品，在宫廷和教堂里展览。比如，一位到西班牙旅行的不知其姓名的法国旅行者 1612 年描述了巴塞罗那（Barcelona）附近蒙塞拉特（Montserrat）教堂里精美的东方纺织品，参见 C. Claverie（ed.）, "Relation d' un voyage en Espagne（1612）," *Revue hispanique*, LIX（1913）, 453. 关于乌尔比诺，参见本书原文第 216-217 页。

[160] 这份手稿的相关摘要已翻译成葡萄牙文，题目为 "Viagem a Portugal dos Cavalleiros Tron e

Lippomani, 1580," 见 A. Herculano（ed.and trans.）, *op. cit.*（n.158）, VI, 115-16。

[161] 参见 *Asia,* I, 137-38, 475-77。

[162] 参见 *ibid.*, pp. 324-25。

[163] 参见 *ibid.,* pp. 688-706。

[164] 关于拉斯·卡萨斯（Las Casas）和塞普尔维达（Sepulveda）1550—1551 年在巴利亚多利德（Valladolid）的辩论，参见 Lewis Hanke, *Aristotle and the American Indian*（Chicago, 1959）。

[165] 参见 J. Beckmann, "Die Universitäten von 16. bis 18. Jahrhundert im Dienste der Glaubenver-breitung," *Neue Zeitschrift für Missionswissenschaft,* XVII（1961）, 43-46。另见 Pereira Gomes, *op. cit.*（n.135）, *passim*。

[166] 比如，路易斯·德·格拉纳达（Luis de Granada）的 *Sylvae illustrium autorum*（1587）就包括曼努埃尔国王时期历史学家热罗尼莫·奥索里奥的两篇文章（参见 *Asia,* I, 196），还包括艾里斯·多斯·桑托斯（Aires dos Santos）关于日本的一封信的部分内容（参见 Silva Dias, *op. cit.* [n.10], II, 903）。

16 世纪上半叶，关于葡萄牙海外帝国的书籍和报告出版得并不多，尽管已经有一些重要的手稿和地图，但 1550 年之前印刷出版的很少，因此没有在大众中得到流传。在葡萄牙和其他地方，严格的信息控制限制了那些涉及敏感问题的书籍的传播。宗教统治者和国家统治者利用精神和物质手段，审查或压制那些可能颠覆信仰、道德、社会秩序或国家安全的文学作品。在 15 世纪，这种审查防范措施大多数是地方性的。随着印刷术的发明，书籍在 16 世纪变得非常低廉，因此得到广泛的传播，这引起了宗教统治者和国家统治者更大的关注。1467 年，教皇英诺森特八世（Pope Innocent VIII）发布敕令，要求所有的书籍在出版印刷前都要交给地方教会进行审查。[1]1515 年召开的拉特兰宗教会议进一步要求，没有相当级别的教会的审查，任何书籍都不得印刷。[2]1520 年以后，清教的传播使得欧洲天主教进一步加强了禁止异教和有害书籍印刷、销售、阅读的措施。从 16 世纪 40 年代起，根据教皇、索邦神学院（Sorbonne）、特伦多大公会议（Council of Trent）以及一些世俗统治者的命令，制定了禁书名单。同时，清教国家也出台了相应的限制图书阅读和印刷的措施。

在书籍审查方面，伊比利亚半岛国家一直走在最前面。在卡斯蒂利亚，费迪南（Ferdinand）和伊莎贝拉（Isabella）于 1502 年建立了国家图书审查机构，

40 并很快将该机构交给宗教裁判所控制。[3] 在西班牙宗教裁判所的要求下，卢万大学于 1546 年拟定了禁书清单。其实，葡萄牙早在 1504 年就对海外发现的信息进行了严格的封锁控制，包括对有关东方航海之路以及香料来源书籍的控制。[4]1521—1536 年期间，这类书籍在葡萄牙很少出版，整个国家只有一家印刷厂。1536 年，葡萄牙宗教裁判所建立以后，逐步控制了书籍的审查和出版。1540 年年底，葡萄牙宗教裁判所的审讯官统领将书籍审查委托给三位多明我会天主教修士负责。尽管如此，从 1536 年到 1565 年，图书的印刷出版还是有了很大的增长，其中许多图书是在里斯本和科英布拉印刷的。[5]

1540 年以后，葡萄牙的图书出版或发行必须得到宗教裁判所委员会的批准，[6] 每一本书都必须经审查后才能进行印刷或出售。第一本没有通过葡萄牙审查的书籍是达米奥·德·戈伊斯的一本关于埃塞俄比亚的书。[7] 据说，这本书之所以受到宗教裁判所的指责，是因为它对埃塞俄比亚的宗教信仰太过宽容，而在当时以拉丁文为传教语言的正宗天主教看来，埃塞俄比亚的宗教是异端邪说。由于没有通过审查，这本书就不能在葡萄牙出版、流传。葡萄牙的书籍审查官曾在巴黎和萨拉曼卡求过学，因此，很明显，他们审查这本书和其他书籍时所遵循的一定是索邦神学院以及宗教裁判所制定的正统宗教原则。[8] 不同的书籍审查官就书籍的审查进行交流合作，这从若阿西姆·德·瓦特（Joachim de Watt，1484—1551 年）的案例中就可见一斑。若阿西姆·德·瓦特又叫瓦迪亚努斯（Vadianus），他的宇宙学著作 1534 年在苏黎世（Zurich）出版。瓦迪亚努斯的《亚洲、非洲和欧洲概要》（*Epitome trium terrae partium Asiae, Africae et Europae*）是索邦神学院的禁书（1544 年）之一，[9] 此后不久，该书列入葡萄牙禁书名单（1547 年）[10]、威尼斯禁书名单（1549 年）[11] 和西班牙禁书名单（1551 年）。[12]

葡萄牙在 1551 年根据卢万大学的书籍出版书目分类（1550 年）以康拉德·格斯纳（Konrad Gesner）的《目录学导论》（*Bibliotheca universalis*，2 卷本，苏黎世，1545 年，1548—1549 年），制定发布了新的禁书名单。[13] 格斯纳的目录学是编辑禁书名单的宝典，因为该书列出了包括清教徒及其同情者甚至疑似同情者最完备的图书目录。葡萄牙新的禁书名单在卢万大学图书目录的基础上

41

增加了纪尧姆·波斯特尔的《世界的和谐》（*Concordia mundi*）、格斯纳的《目录学导论》、塞巴斯蒂安·明斯特的《宇宙志》（*Cosmographia universalis*）以及老若阿西姆·卡莫拉里乌斯（Joachim Camerarius，1500—1574 年）的作品全集。一般来说，绝大多数禁书都是宗教改革者和犹太人的著作。瓦迪亚努斯、格斯纳、明斯特以及卡莫拉里乌斯都宣称笃信清教，因此，不难猜测，他们对世界的描述和观点不会让正统天主教满意。波斯特尔由于对所有的异教徒，包括犹太人、伊斯兰人和异端人士的著作感兴趣，从而引起天主教堂的不满，被视为正统天主教危险的潜在敌人。不过，令人奇怪的是，在这么早的时候，有关地理和海外发现的书籍，比如戈伊斯和瓦迪亚努斯的著作，就被列在了禁书的名单上。

同时，特伦多大公会议（1545—1563 年）也在考虑图书控制问题，制定了总体原则，并在随后三百年的时间里一直制约着天主教徒的阅读内容。但在特伦多大公会议规定出台之前，教皇保罗四世（Paul IV）在 1558—1559 年发布了自己制定的禁书名单，这一名单涉及范围广、规定详细，即便是在天主教势力之内，也引起了知识分子、印刷商以及图书销售商的很大恐慌。比如，这一目录禁止格斯纳和明斯特的所有著作，而这两人的著作在当时是最受读者欢迎的。[14] 保罗四世的这份禁书目录在很多天主教国家并没有出版，或者只是得到部分实施。在葡萄牙，保罗四世的禁书目录 1559 年在科英布拉出版，据说仅在几个葡萄牙教区得到执行。这份禁书目录的唯一贡献是对图书分类的启发，保罗四世把禁书分成三类：作者的个人全集，比如伊拉斯谟全集；特定作者的著作单行本；未署名或佚名发表的被认为是异端邪说或有违道德的书籍。葡萄牙 1561 年的禁书目录采取了这一分类，但取消了保罗四世规定的严厉审批和处罚措施。同样，葡萄牙的这份禁书目录对特伦托主教会议（Tridentine）1564 年发布的禁书名单和读书规定产生了影响。除意大利外，接受特伦托主教会议制定的禁书名单和读书规定的只有低地国家、巴伐利亚（Bavaria）以及葡萄牙。[15] 不过，这一禁令事实上影响到更为广大的地区，1606 年，利玛窦（Matteo Ricci）在从中国写来的信函中抱怨教廷不允许他的书用中文在中国出版。[16]

研究 16 世纪发表的禁书目录可以发现，很多关于海外发现的书籍，特别是

42

那些清教徒、犹太人或者有异教活动及行为嫌疑的人撰写的著作，都是禁止天主教徒阅读的。伊比利亚半岛的禁书目录，特别是 1559 年以后实行的禁书目录，包括的内容非常广泛。比如，不仅禁止格斯纳和明斯特的著作，还禁止德国植物学家莱昂哈德·福克斯（Leonhard Fuchs）、奥托·布隆非尔（Otto Brunfels）以及若阿西姆·卡莫拉里乌斯的著作。[17]1581 年，菲利普成为葡萄牙国王后发布的禁书目录中增加了很多有影响的幻想和教诲性的文学书籍，这些书有乔万尼·薄伽丘（Giovanni Boccaccio）、吉尔·文森特、托雷斯·纳哈罗（Torres Naharro）以及拉伯雷（Rabelais）的作品，这些作品被禁的原因可能是因为其讽刺性以及作品中人物道德上的堕落。但是，被禁的还有博亚尔多和阿里奥斯托的《罗兰》、莫尔（More）的《乌托邦》（Utopia）、弗雷斯蒂·达·伯加莫（Foresti da Bergamo）的《编年史补遗》（Supplementum chronicarum）、让·博丹（Jean Bodin）的《国家六论》（Methodus）、巴罗斯（Barros）的《心灵的营造》（Ropica pfnema），以及希尔奥尼莫斯·罗曼（Hieronymus Roman）的《共和国》（Republicas）。更为严格的是，只能阅读格哈德·墨卡托（Gerhard Mercator）、卡尔达诺（Cardano）、阿马托·卢西塔诺、圣胡安的华特（Huarte）等科学家的删节版著作。这些著作大部分被列入教皇 1590 年制定的禁书目录，同时列入的还有几封由非耶稣会士编辑出版的或没有得到出版许可的耶稣会士书信。[18]

那么，天主教廷和天主教国家在控制关于海外世界和亚洲的书籍向欧洲各国的传播方面，到底取得了何种程度的成功？为了尽可能实际地回答这一问题，我们查阅了很多 16 世纪关于亚洲的书籍和手稿目录，其中主要查阅了从马可·波罗（Marco Polo）到林斯乔坦（Linschoten，16 世纪末）24 位作者的著作，发现大约有 60 个左右的目录，其中有的目录包含一个作者的著作，有的目录包括几个作者的著作，详细目录见本章后面的附表。在后面的讨论中，我们还会谈到其他很多与亚洲没有直接关系的书籍，包括一些古代相关作者的著作。

通过研究文学创作与出版情况，可以在很大程度上推测这些书籍在当时的可获得性，但如果过多地相信这种推测，又会显得非常危险。比如，研究汉斯·萨克斯（Hans Sachs）的藏书目录，可以看出他藏有几本非常重要的关于东方的书，但是如果分析他的著作，就会发现他显然没有参考这些书籍。[19]

不过，另一方面，如果研究拉伯雷的著名作品，可以明显看出他在创作中参考了当时的游记文学作品，但是我们又没有找到他的图书目录。下面探讨的关于欧洲藏书的传播情况应该能给我们提供一些背景资料，根据这些背景资料，我们可以更加准确地推论关于亚洲书籍的可获取性以及使用情况。就有关亚洲书籍的绝对数量来说，即便是藏书较多的曼德维尔（Mandeville）、瓦尔塔马（Varthema）、奥索里奥（Osório），其亚洲书籍也仅是其藏书的一小部分。但是，最令人注意的是这样一个简单而明确的事实：大部分重要作者的著作都能在 16 世纪分布在塞维尔、巴黎、安特卫普、威尼斯、法兰克福、伦敦等地的藏书中找到。还有一个同样明显的事实是：很多伟大的藏书家，比如费迪南·哥伦布、雅克·德·图以及约翰·迪（John Dee）等，都让别人使用他们的个人藏书。尽管仅仅拥有图书算不了什么，但研究图书收藏的历史无疑是研究知识阶层如何通过文献资料了解亚洲的第一步，即便这一步可能显得不那么有力。

43

第一节 葡萄牙和西班牙

在葡萄牙，对阅读的限制特别严格，但也并不是说没有书可读。1581 年，里斯本新街上的很多店铺都卖葡萄牙语、卡斯蒂利亚语、拉丁语、意大利语的图书。但是，正如一个威尼斯人所观察到的，那里的图书非常贵，学生和其他读者一般都是按天去租，而不是买。[20] 这一情况可能有助于说明很少有葡萄牙图书馆的书目流传到今天的原因。不过，当时的环境并不倡导和鼓励读书，这也是千真万确的。由于对读书和书籍进行严格的审查，葡萄牙人很少愿意致力于学问，因为商人专注于经商，贵族倾心于军队，教士则孜孜维护自己在国内外福音传播的正统性。除了几位知名的专家和学者，16 世纪最后十年期间的葡萄牙人已不再对学习本身感兴趣，这与他们那些到海外探险扩张的先驱形成了鲜明的对比。[21]

曼努埃尔国王 1521 年驾崩的时候，皇家图书馆只有 98 本书，其中有两本《马可·波罗游记》的手稿、博韦的文森特（Vincent of Beauvais）的《历史通鉴》（*Speculum historiale*）以及一部分托勒密的著作。[22] 此外，图书馆还藏有一幅印度航海图、一部庆祝在印度取得胜利的插图手稿以及一篇杜阿尔特·加尔旺（Duarte Galvão）给去印度探险的人做的鼓动演讲。[23] 直到 1534 年，若昂三世国王只给皇家图书馆增添了一些学者的献书、一部拉丁词典和一部爱情小说。葡萄牙后来的几位国王给皇家图书馆增加了一些 1540—1599 年出版的图书，但这一时期葡萄牙印刷出版的关于东方的图书不足出版总数的 1/10，其中包括编年史、军事围城以及船只失事记录、耶稣会士书信、《卢济塔尼亚人之歌》（*The Lusiads*，1572 年）以及鲁塞纳的《沙勿略传》（*Life of Francis Xavier*，1600 年）。[24]

葡萄牙大学的图书馆，与 16 世纪其他国家大学的图书馆一样，其藏书几乎仅限于教学用书，主要是关于神学、宗教法规与罗马法律、医学、语法和修辞的正宗著作。根据 1598 年安德烈·德·阿维拉尔（André de Avellar）编的科英布拉大学《图书馆藏书目录》（*Rol dos libros da livraria*），该图书馆的藏书只有182 种，377 册，[25] 其中没有一本是关于海外发现的，甚至哪怕与海外发现有一点关系的书也没有一本。致力于研究葡萄牙海外扩张的历史学家费尔南·洛佩斯·德·卡斯塔涅达（从 1538 年到 1559 年去世），一直担任科英布拉图书馆的馆长，从这一情况看，该图书馆没有收藏关于东方发现的书，的确令人惊讶。即便是著名的西班牙耶稣会士弗朗西斯科·苏亚雷斯（Francisco Suarez）神父 1603 年将自己的藏书捐给科英布拉大学图书馆以后，这种缺乏收藏有关东方发现图书的境况依然没有很大改观。在苏亚雷斯收藏的 605 种图书中，关于亚洲的书籍只有耶稣会士路易斯·德·古兹曼（Luis de Guzman）的《传教史》（*Historia de las missiones*, 阿尔卡拉，1601 年）。[26]

如果考虑到 16 世纪中期以后有关东方的图书开始在葡萄牙正常印刷出版，那么这种大学图书馆缺乏有关东方图书的情况实在令人费解。有关东方的书籍已在坊间流传，这从后来的作家在写作时参考前人的著作这一事实可以看出来。如果考察戈伊斯、卡蒙斯、奥尔塔（Orta）以及其他非宗教知识分子的个人图书馆，那么这些图书馆一定藏有一些关于东方的书籍。林斯乔坦的《林斯乔坦葡属东印度航海记》（*Itinerario: Voyage ofte schipvaert van Jan Huyghen van Linschoten naer Oost ofte Portugaels Indien*）中关于地理、历史、种族以及植物的部分参考了很多前人的著作，这些著作一定在葡萄牙的果阿属地都能找到。[27] 但是，如果从现存的个人图书馆的证据来看，这种推论又显得缺乏说服力。迭戈·德·穆尔萨（Diogo de Murça）从 1543 年到 1555 年担任科英布拉大学的校长，他有私人藏书 284 册，其中包括一些前人的关于亚洲的参考性资料，比如普林尼（Pliny）、托勒密等人的著作以及大马士革的圣约翰（St. John of Damascu）编写的《巴卢兰与曹沙法土》（*Barlaam and Josaphat*）圣徒传等。迭戈·德·穆尔萨收藏的唯一一本由同时代人编写的关于海外发现的书是《新世界》（*Novus orbis*），这本书可能是 1532 年在巴塞尔出版的游记汇编。[28] 迭戈·德·阿赞布雅（Diogo de Azambuja）是一名葡萄牙士兵和官员，他在 1600 年前不久死于马德拉群岛（Madeira）。他的藏书显示，他拥有一本林斯乔坦的《林斯乔坦葡属东印度航海记》和一部奥提留斯（Ortelius）翻译成西班牙语版的著作。[29]

45

西班牙的图书控制情况和葡萄牙相似，不过，在西班牙，关于航海大发现的书籍的流通要比在葡萄牙自由得多。西班牙是查理五世王国的一部分，不像葡萄牙那样狭隘、保守。费迪南·哥伦布（1488—1539 年）是航海家克里斯托弗·哥伦布的儿子，是当时最开明的伊比利亚半岛藏书家和收藏家。在去了几次西印度以后，费迪南·哥伦布成为查理五世在海外问题上的顾问。在国王的资助下，费迪南·哥伦布遍游意大利、北欧和英国，收集各种各样的书籍。他甚至还在 1524 年被任命为查理国王的代表，在巴达霍斯—艾尔瓦斯（Badajoz-Elvas）与葡萄牙就摩鹿加群岛的冲突问题进行谈判。[30] 此后两年，费迪南·哥伦布根据国王的旨意，撰写了四篇回忆录，在撰写过程中，他收集、浏览了所有能够找到的关于摩鹿加群岛的资料。西班牙和葡萄牙这两个强国的谈判暂时中断以后，费迪南·哥伦布于 1526 年回到他在塞维尔的家，筹建自己的图书馆，为查理国王派遣远洋舰队到摩鹿加群岛培训领航员。[31]

与同时代的许多人一样，费迪南·哥伦布在北欧进行了广泛的游历。为了不遗余力地收集书籍，他游历了从伦敦到威尼斯的绝大多数重要城市，其购买的图书包括古希腊手稿和当时的通讯等等，应有尽有，包罗万象。在每本书的最后一页，他都注明购买的地点和时间，有时还要写上购买的价格。在国外游历期间，他鼓励外国学者到西班牙走一走，看一看。1522年，他在布鲁日（Bruges）结识了约翰尼斯·沃斯（又名瓦萨尤斯），并在十年后偕同瓦萨尤斯和尼古拉斯·克莱纳回到西班牙。大约在1535年，费迪南和担任他的图书管理员的瓦萨尤斯在他的家乡塞维尔安顿下来，集中整理他的藏书并组建帝国学院（Imperial College），教授数学和航海课程。费迪南1539年去世时，他的图书馆有藏书和手稿15 370册，是当时欧洲最大的图书馆之一。1551年，这个图书馆成为塞维尔大教堂的资产，并以"哥伦布"的名字命名，费迪南的图书全部收藏在教堂图书馆里，不过现在保留下来的只有4 000册。[32]

　　哥伦布图书馆的藏书虽然比过去有所减少，但如今依然藏有关于克里斯托弗·哥伦布生平及航海活动的丰富资料，此外还有很多手稿和印刷材料。研究图书馆的书目可以看出，费迪南几乎收集了他能找到的所有和东方、亚洲以及葡萄牙帝国有关的宇宙学、地理学、航海方面的图书资料。[33]关于航海大发现之前的图书，我们发现了赫尔谟劳·巴巴罗（Hermolao Barbaro）和约阿希姆·瓦迪亚努斯合编的旁波尼乌斯·梅拉（Pomponius Mela）的《世界概况》（De situ orbis），昆图斯·库尔提乌斯用拉丁文撰写的亚历山大大帝（Alexander the Great）征伐史，[34]拉丁文版、威尼斯方言版和西班牙文版的《马可·波罗游记》，埃涅阿斯·西尔维乌斯·比科罗米尼（Aeneas Sylvius Piccolomini，即庇乌二世）的《两个恋人的故事》（Historia de duobus amantibus），[35]劳伦蒂乌斯·科维努斯（Laurentius Corvinus）根据托勒密的学说撰写的《宇宙志》（Cosmographia，1496年）。关于葡萄牙在亚洲的扩张征服情况，我们发现有三封曼努埃尔的信函，[36]以及瓦尔塔马的《博洛尼亚人卢多维科·迪·瓦尔塔马游记》（Itinerario de Ludouico de Varthema Bolognese）。在用法语撰写的作品中，有弗朗索瓦·比弗罗（François Buffereau）的《世界宝鉴》（Le mirouer du monde），以及克劳德·德·塞瑟尔（Claude de Seyssel）根据狄奥多罗斯·西库鲁斯（Diodorus Siculus）的著作节选编著的《亚历山大大帝的丰功伟绩》（L'histoire des successeurs d'Alexandre le Grand，1530年）。[37]

　　费迪南在世期间，他的图书馆向所有感兴趣的学者开放，很多著名的学

46

者都到他这儿借书。费迪南的朋友彼得·马特、奥维耶多（Oviedo）、戈马拉（Gomara）在撰写他们关于海外大发现的历史著作时，都参考了费迪南的藏书。[38] 尽管费迪南同时代的一些人对他怀有敌意，但是奥维耶多在其《印度自然通史》（*Historia general y natural de las Indias,* Vol.I, Bk.III, chap. iv, p.71）中把费迪南描述成一位道德高尚、出身高贵、为人和蔼的绅士，对此，一定有很多人赞同这一观点。除了奥维耶多外，还有其他一些参与奴隶制度辩论的学者使用费迪南的图书馆，并成为他的私交，比如塞普尔维达的胡安·吉尼斯（Juan Ginés）和巴托洛梅·德·拉斯·卡萨斯（Bartolomé de las Casas）。费迪南的图书馆管理员让·瓦萨尤斯（Jean Vasaeus，1511—1561 年）在写作他的《西班牙编年史》（*Hispaniae chronicon*，法兰克福，1579 年）时肯定大量参考了费迪南图书馆的资料。瓦萨尤斯的著作实际上只完成了第一部分，也就是写了公元1020 年以前的历史，书的前面有一个他准备撰写第二部分所要参考的图书目录。目录中有关于西班牙、葡萄牙以及伊比利亚人扩张征服的史料，包括戈伊斯、雷森迪、迭戈·德·特维等人的著作以及奥维耶多著作的前五卷，还列有卡斯塔涅达 1551 年出版、1554 年修订再版的著作第一卷。[39] 瓦萨尤斯在其著作的结束语中还表明，即便在费迪南去世后，他在很长时间里依然参考、利用费迪南的图书馆。

　　葡萄牙的第二个重要藏书家是贝尼托·阿里亚斯·蒙塔诺（Benito Arias Montano，1527—1598 年），他是人文主义者、语言学家、神学家、国王菲利普二世的牧师。1548 年，他的私人图书馆重建时就有藏书 128 册。[40] 在标有"数学书"的目录下面，我们发现了皮克海默（Pirckheimer）编的托勒密的《地理学》（*Geography*）、斯特拉波（Strabo）的《地理学》（*Geography*, Basel，1552 年）、彼得鲁斯·阿皮安（Petrus Appianus）的《宇宙结构学图册》（*Cosmographicus liber ... Petrus Appianus,* 兰茨胡特，1524 年）以及《新世界》（*Descriptio novi orbis*）。在"历史和人文书"目录下，有普林尼、昆图斯·库尔提乌斯等人的经典历史著作。在"罗曼司"目录下，则有奥维耶多的《印度自然通史》第一部、佩德罗·德·梅迪纳（Pedro de Medina）的《航海艺术》（*Arte de navega,* 巴利亚多利德，1545 年）和《托斯卡纳疯狂的奥兰多》（*Orlando Furioso en*

47

Toscano)。在文艺复兴时期的图书分类中，很显然，只有古代人才撰写"历史"著作，而"罗曼司"也不限于小说。根据 1533 年的藏书目录，贝尼托·阿里亚斯·蒙塔诺的图书馆又增加了 101 册新书，这些书并没有进行细致地分类，只是标上了"航海类书籍"。[41] 这些书目最令人惊奇的地方在于它们包括了很多世俗作家和当时作家的书，大约占总数的 10%，这远远超出了一名教士所收藏的世俗图书和现代图书的比例。[42]

蒙塔诺在晚年积极帮助菲利普二世给埃尔·埃斯科里亚尔（El Escorial）皇家图书馆搜寻珍本手稿和书籍，特别是在图书馆建立的 1563—1584 年期间。当时，国王派人到欧洲各地为新建的图书馆收集珍稀书籍。蒙塔诺从 1568 年到 1570 年在安特卫普游历，在那儿他和克里斯托弗·普兰汀（Christopher Plantin）一起负责印制了第二部西班牙的多语圣经，为埃斯科里亚尔图书馆购买了两本关于亚洲的书。[43] 国王派往菲律宾和印度的代表为图书馆寄来了大量的中国图书以及马尼拉印刷的新书和地图。[44] 菲利普 1580 年当上国王以后，开始收集葡萄牙语书籍，以备他的儿子和后代将来控制葡萄牙及其海外帝国时使用。[45] 不过，就像梵蒂冈图书馆一样，埃斯科里亚尔图书馆侧重收藏珍贵手稿，而较少收藏当时欧洲学者的著作。菲利普国王甚至卖掉了很多他父亲收藏的关于印度的图书，可能是为了支付那些昂贵的手稿。[46]

16 世纪西班牙文人学士的图书馆藏书数量并不多，值得一提的是诗人路易斯·巴拉奥纳·德·索托（Luis Barahona de Soto）的图书目录（1595 年），有 400 多册。[47] 除了古典哲学家的著作外，他的藏书还包括古代和当时的医学、自然科学著作以及西班牙语和意大利语的纯文学作品。还有 27 册是关于海外发现和东方的，约占总数的 6.5%。他的图书馆中还藏有一些古代的地理和历史著作，主要是旁波尼乌斯·梅拉、索利努斯（Solinus）、昆图斯·库尔提乌斯以及普鲁塔赫（Plutarch）的书。[48] 关于中世纪的图书，他的图书馆里有塞维尔的伊西多尔（Isidore of Seville）的一部百科全书式的著作和萨克罗博斯科（Sacrobosco）关于天体的一部著作。[49] 关于科学的书有两本宇宙学著作：宏德莱（Rondelet）的《鱼类全志》、维萨留斯（Vesalius）关于土茯苓的论著、几本有关草药的书、尼古拉斯·莫纳德斯（Nicolas Monardes）和克里斯托巴

48

尔·德·阿科斯塔（Cristobal de Acosta）有关海外世界草药和药物的著作、一本马蒂奥利（Mattioli）版的狄奥斯科里季斯（Dioscorides）的著作、弗拉卡斯托罗（Fracastoro）关于梅毒的著作以及一本未署名的航海图书。[50] 关于当时海外大发现的图书，该图书馆藏有戈马拉和奥维耶多关于西班牙历史的书、卡斯塔涅达的编年史（这可能是西班牙 1554 年在安特卫普发行的第一本书）以及奥索里奥的编年史、卡蒙斯（Camoëns）的《卢济塔尼亚人之歌》、何塞·德·阿科斯塔（José de Acosta）的印度自然和道德史、一本非洲综述、弗朗西斯科·桑索维诺（Francesco Sansovino）关于世界政府的书，以及两本耶稣会士在日本成功传教的书信集。[51]

第二节　意大利

在意大利藏书家中，首先收藏有关亚洲和海外世界图书的有著名的埃斯特家族（Este family），也就是费拉拉和摩德纳（Modena）的统治者。埃尔科莱一世（Ercole I, 1431—1505 年）迎娶了来自阿拉贡的埃莉诺公主（Eleanor of Aragon），这位公主笃信宗教，她的丈夫继承了先辈的传统，对世俗学问有着浓厚的兴趣，把埃斯特王宫变成了文艺复兴知识界的中心。埃尔科莱的大哥莱奥内罗（Lionello, 1407—1450 年）酷爱古典著作，是一位古代手稿收藏者。二哥博索（Borso, 1413—1471 年）的拉丁文不太好，因此他对书籍的兴趣转向了翻译和现代作者。埃尔科莱本人则极富冒险精神，偏爱历史、爱情小说和伟大的战争故事。博索 1467 年将一本马可·波罗探险的书送给他的一位侍臣。埃尔科莱的书房中藏有雅各布·迪·波吉欧（Jacopo di Poggio）撰写的佛罗伦萨历史书、苏维托纽斯（Suetonius）的《帝王传》（*Lives of the Caesars*）以及一本马可·波罗游记。[52] 根据 1494 年的图书目录，埃尔科莱在其更衣室里放了一本关于亚历山大大帝的历史书，以备随手翻阅。[53]

根据埃斯特家族图书馆 1467 年的一份残缺不全的图书目录，博索的个人藏书除了旁波尼乌斯·梅拉的地理书外，没有关于亚洲的书籍。[54] 埃斯特家

49

族图书馆 1495 年的目录中有 512 册图书，很多都是欧洲各国语言的书籍。关于古代作者的书，有阿里安（Arrian）写的亚历山大的历史、狄奥多罗斯·西库鲁斯的世界历史书、两本普林尼的自然历史书、普鲁塔赫的《名人传》以及托勒密的《宇宙学》。关于中世纪作者的书，有《东方故事之花》（*Fiore de historie doriente*）、一本《马可·波罗游记》、一本《曼德维尔游记》和一本萨克罗博斯科（Sacrobosco，即约翰·霍利伍德 [John Holywood]）的《天体论》（*Tractatus de sphaera mundi*，约写于 1233 年）。关于现代图书，有一本雅各布·菲利普·弗雷斯蒂·达·伯加莫（Jacopo Filippo Foresti da Bergamo）的《编年史补遗》，这本书于 1483 年在威尼斯出版，是一套多卷本的关于东方异域风情的书。早在 1488 年，埃尔科莱就在图书馆目录的旁注中说明，他拥有一本用优质皮套包装的"地图册"。[55] 但是最能说明他对海外发现感兴趣的是两册关于西班牙新发现的岛屿的书籍，其中一册放在一个苏木匣子里，另一册放在一个封印的黄皮袋子里。[56] 由于图书馆目录没有说明这两册书是否是印刷品，我们不知道其用何种文字写成。但可以肯定的是，这两册书一定是关于西班牙在新世界扩张和征服的文字或图画描述。另外，还有一条难以辨识的目录，这条目录只有简单的一行字："卢多维科、马里奥关于印度的奇珍轶闻。"[57] 从这些书目中，我们也许可以得出很多结论，但有一点是确信无疑的，这就是埃尔科莱和他的同僚好友一定非常了解航海大发现的情况，并对海外扩张的进展抱有浓厚的兴趣。[58]

埃斯特图书馆的目录完成前不久，埃尔科莱于 1490 年安排他的女儿伊莎贝拉（1474—1539 年）嫁给曼图亚（Mantua）的统治者弗朗西斯科·贡扎加（Francesco Gonzaga，1519 年去世）。十一年后，埃尔科莱安排他的儿子、王位继承人阿方索（Alfonso，1476—1534 年）与露克蕾琪亚·波吉亚（Lucrezia Borgia）缔结良缘，从而维持埃斯特家族与葡萄牙的关系连绵不断。阿方索 1505 年即位后，尽管不断地卷入战争，但是其位于费拉拉的宫廷依然是文学和艺术活动的中心。不过，在品味、欣赏艺术珍品和图书方面，与埃尔科莱最为接近的是伊莎贝拉和她的儿子费德里克（Federico，1500—1540 年）。伊莎贝拉的小型图书馆拥有藏书 133 册，包括普林尼的一部手稿和一本《罗马故

50

事集》（*Gesta Romanorum*），这是一本中世纪的传奇故事，其中很多和印度有
关。[59] 图书馆里还有彼得·马特的著作和一份名为《新印度新闻》（*Nove delle
Indie nove*）的简报，这种简报在期刊和报纸出现以前非常流行。1514 年，伊
莎贝拉在罗马小住期间，得到了两本关于葡萄牙使节及葡萄牙使节出访罗马的
书，一本是阿莱蒂诺（Aretino）的《大象汉诺的最后希望和遗嘱》（*Last Will
and Testament of the Elephant Hanno*）；一本是托雷斯·纳哈罗的戏剧集《帕拉斯
颂》（*Propalladia*），其中有一部戏曾在罗马用西班牙语演出过，以庆祝葡萄牙
在东方征服的胜利。[60] 费德里克的大型图书馆有图书 179 册，藏有很多西班牙
语的古典著作，还藏有一本皮加费塔的麦哲伦环游世界记、[61] 奥维耶多的《印
度自然通史》以及弗朗西斯科·皮萨罗（Francisco Pizarro）的《发现秘鲁与征
服秘鲁之间的关系》（*Relation of the Discovery and Conquest of the Kingdoms of
Peru*）①。费德里克的图书馆还有一点令人惊奇的是，该图书馆的拉丁文藏书相
对较少（只有 22 册），而西班牙语、法语以及意大利语的藏书却有很多。[62]

　　关于这一时期威尼斯的圣马可图书馆（St. Mark）以及附近帕多瓦市的大
学图书馆和私人图书馆的藏书情况，我们目前所知甚少。不过，从威尼斯的出
版商、雕刻师、制图家以及文人学士出版、创作的作品中可以明显看出，在这
一地区流传着大量关于亚洲的资料。从这一点看，这一地区图书馆信息的缺乏
是多么地令人遗憾。[63]1521 年，纪尧姆·比代（Guillaume Budé，1468—1540 年）
把圣马可图书馆比作古代亚历山大城的著名图书馆，而从 1515 年到 1523 年，
安德里亚·纳瓦杰罗任圣马可图书馆的馆长。任馆长期间，他被威尼斯市政府
派往西班牙，实地考察麦哲伦航海的情况，这些信息以前主要是由皮加费塔直
接传给威尼斯参议院的。[64] 皮特罗·本博受市政府任命，于 1530—1543 年担
任圣马可图书馆馆长和威尼斯历史学家。由于本博经常不在威尼斯，因此威尼
斯参议院秘书、著名的游记文学收藏家乔万尼·巴蒂斯塔·赖麦锡（Giovanni
Battista Ramusio，1485—1557 年）协助本博管理圣马可图书馆。[65] 从其文学

51

---

① 这本书有可能是弗朗西斯科·皮萨罗的兄弟佩德罗·皮萨罗（Pedro Pizarro）撰写的。——译
　者注

创作和通信中可以看出，纳瓦杰罗、本博以及赖麦锡都对葡萄牙和西班牙的海外活动怀有浓厚的兴趣。但是，在威尼斯，不管是公共图书馆，还是私人图书馆，都没有保存像埃斯特图书馆那样的流传至今的图书目录。

即便是担任了圣马可图书馆的馆长，本博大部分时间仍然住在帕多瓦。1534 年，戈伊斯到达帕多瓦的时候，他也在那里。在从罗马和其他地方写给赖麦锡的信中，本博提到他曾于 1541 年、1543 年和西班牙历史学家奥维耶多有过通信。[66] 制图师贾科莫·加斯塔尔迪（Giacomo Gastaldi）于 1550 年在威尼斯申请出版一幅亚洲地图，该地图包括从地中海到中国的东向路线，以及从地中海到印度和摩鹿加群岛的南向路线。[67] 查理五世派驻威尼斯和罗马的西班牙使节迭戈·乌尔塔多·德·门多萨（Diego Hurtado de Mendoza，1503—1575 年）建立了当时最好的图书馆之一，并在去世前将最珍贵的书籍转给埃尔·埃斯科里亚尔皇家图书馆（the library of EI Escorial）。从这些资料和其他资料中可以明显地看出，帕多瓦和威尼斯在 16 世纪上半叶收藏的关于亚洲的资料最全面、最丰富，尽管没有详细的图书目录可以说明、支持这一结论。

16 世纪下半叶，帕多瓦最伟大的图书收藏家是吉安·文森佐·裴尼里（Gian Vincenzo Pinelli，1535—1601 年），他是那不勒斯一个富有的商人之子。那不勒斯很大程度上一直受到西班牙的影响，在这里，年轻的裴尼里收集珍稀植物，建立了一个植物园。1559 年搬到帕多瓦以后，裴尼里依然保持着强烈的收藏热情。和许多富有的人文主义收藏家一样，裴尼里请人帮他收集珍贵手稿和古代艺术品，他还很幸运地从他的朋友和至交帕多文（Padovan）那里继承了帕奥罗·艾卡多（Paolo Aicardo）图书馆。尽管帕多瓦的图书收藏目录没有保存下来，但我们从裴尼里的朋友帕奥罗·高尔多（Paolo Gualdo）神父给他写的传记来看，裴尼里的图书馆收藏了关于地球、天体、地图以及最新地理发现的图书。[68] 他的图书馆和博物馆对他学术界的朋友和相识开放。裴尼里去世以后，他的图书馆收藏的手稿精华部分被送往威尼斯，其余的大部分图书被运到那不勒斯封存起来，直到被红衣主教费德里克·博罗梅奥（Federico Borromeo）为米兰著名的安布罗西亚那图书馆（Ambrosiana）买走。[69] 在帕多瓦，图书收藏的传统在洛伦佐·皮格诺利亚（Lorenzo Pignoria，1571—1631 年）的努力下一直延续到

52

17 世纪。[70]

15 世纪，佛罗伦萨的统治者美第奇家族（Medici）只热衷于收藏古代作者的著作，该家族图书馆 1495 年的图书目录只有关于亚历山大大帝的书，没有与亚洲直接相关的书。[71] 然而，随着佛罗伦萨的商人和银行家不断参与香料贸易，佛罗伦萨开始有人收藏关于航海路线以及海外国家的书籍和地图。罗塞利（Rosselli）艺术品商店 1526—1528 年的商品目录显示，该商店出售大量的海洋地图和世界地图。[72] 科希莫一世（Cosimo I，1573—1574 年在位）和弗朗西斯科一世（Francesco I，1574—1587 在位）两人都收藏有关航海的书籍和地图。伊格纳西奥·丹提（Ignatio Danti，1536—1586 年）根据科希莫收藏的地图和其他资料，绘制了一张巨幅的世界地图，这是最先标识出日本的地图之一。[73]

佛罗伦萨的人文主义者、艺术家和文人雅士是最早收藏东方资料的人士，他们收藏的东方资料既有过去的学者著的，也有当时的人写的。皮科·德拉·米朗多拉（Pico della Mirandola，1463—1494 年）是一位兼收并蓄的哲学家，他藏有一幅世界地图、《朝圣行纪》（*Peregrinatio*）和一本里克尔·德·蒙特克罗克斯（Ricole de Montecroix，1309 年去世）关于黎凡特地区各国概况的书、《马可·波罗游记》、波代诺内的鄂多立克（Odoric of Pordenone）东游录，以及弗朗西斯科·伯林吉耶里（Francisco Berlinghieri，约 1450—1480 年）根据托勒密著作以诗文形式改写的《地理学》（*Geografia*，约 1480 年出版）。[74] 列奥纳多·达·芬奇（Leonardo da Vinci，1452—1519 年）拥有一幅世界地图、普林尼的《自然史》（*Natural History*）、《天体论》（*Treatise on the Sphere*）、阿尔伯图斯·马格努斯（Albertus Magnus）关于植物和动物的著作、《曼德维尔游记》等。[75] 乌托邦作家安东·弗朗西斯科·多尼（Anton Francesco Doni，1513—1574 年）在其奔波劳碌的游历岁月里，收藏到埃涅阿斯·西尔维乌斯·比科罗米尼的《两个恋人的故事》（1461 年）、《曼德维尔游记》、昆图斯·库尔提乌斯的著作、瓦尔塔马的《博洛尼亚人卢多维科·迪·瓦尔塔马游记》以及一部出访波斯国王记，这本出访波斯国王记可能就是《前往塔纳旅行纪实》（*Viaggi fatti alla Tana...*，威尼斯，1543 年）。[76]

1500 年，罗马有一位教皇，有 39 位红衣主教，相应地，就有 40 个教廷，

53

每个红衣主教至少有一个兼具博物馆和图书馆功能的馆舍。教皇是亚历山大六世（Alexander VI，1492—1503 年在位），来自西班牙波吉亚（Borgia）家族，就是这位教皇为西班牙和葡萄牙的海外领地划了一个分界线。梵蒂冈图书馆是教皇尼古拉斯五世（Pope Nicholas V，1447—1455 年在位）创建的，该图书馆之所以著名，不是因为其收藏的图书数量多，而是因为其收藏的多是些稀有的、有价值的手稿和图书。在 16 世纪，从教皇利奥十世（1513—1521 年在位）起，梵蒂冈图书馆开始收藏精美的东方手稿，主要是有关希伯来、占星术以及叙利亚的手稿。到了 1590 年，梵蒂冈图书馆有藏书近 2 万册，主要是手稿，包括一些所谓的"印度语"手稿，[77] 这有可能指的是早期献给教皇的中国书籍，或者耶稣会士罗明坚（Michele Ruggiero）1590 年随身带到罗马的那些书。[78] 不管如何解释"Indian"这个词的意思，很明显的一点是，在 16 世纪的最后十年里，梵蒂冈图书馆的管理人员很乐意收藏中国书籍，这可以说明一些欧洲学者所认识到的西方"古典"书籍和中国"古典"书籍之间有着某种关系。[79]

梵蒂冈图书馆很少收藏当时的印刷作品，包括那些海外发现的书籍。一些最富有、最饱学的红衣主教，在其个人图书馆中也只收藏那些西方和东方的珍稀书籍。这些珍稀书籍的收藏通常是通过礼物交换的形式实现的，比如红衣主教吉罗拉莫·阿莱安德罗（Girolamo Aleandro）就是通过和他的赞助人——列日（Liége）的主教王子埃夫拉德·德·拉·马克（Evrard de La Marck，1475—1538 年）交换礼物来收藏珍稀书籍的。拉·马克赠给阿莱安德罗几本书，作为回报，阿莱安德罗于 1533 年回赠给王子两个中国花瓶。[80] 但是，并不是所有的主教收藏家都是艺术品鉴赏行家。红衣主教尼科罗·里多尔菲（Niccolo Ridolfi，1501—1550 年）在他的个人图书馆里收藏了关于埃塞俄比亚、亚历山大远征以及宇宙地理方面的印刷书籍。[81]

罗马人，不管是传教士还是世俗人，都十分渴望了解海外新世界的信息，他们的热情很容易激发出来。乔万尼·利奇·德·蒙蒂普尔查诺（Giovanni Ricci de Montepulciano）是派驻到葡萄牙国王保罗三（Paul III）世宫廷的使节，他 1550 年报告说，从若昂·德·巴罗斯（João de Barros）那里获得了至少三本关于亚洲的书。蒙蒂普尔查诺收集这些书是为帕奥罗·乔维奥撰写他那个时代的

54

历史使用的。[82] 墨卡托（Mercator）的双半球投影世界地图 1538 年在卢万面世后不久，罗马雕刻师和出版商安东尼奥·萨拉曼卡（Antonio Salamanca）和安托尼奥·拉弗瑞利（Antonio Lafreri）就极为精准地进行了复制印刷。[83] 1571年，罗马街头出售葡萄牙印刷的名为《通告》（Avvisi）的通讯。[84] 1585—1587年，有 78 篇描述日本传教士的文章发表，其中大多数是在意大利发表的。[85] 比利时艺术家菲利普斯·范·温赫（Philips van Winghe）1592 年从罗马给安特卫普地理学家奥提留斯写信，讲述了一位阿拉伯出版商答应给他一幅大的中国地图的事情。[86] 根据 1592 年的图书目录，吉罗拉莫·穆齐亚诺（Girolamo Muziano，1529—1592 年）的藏书中也有一些关于东方的图书，在这位艺术家的 147 册藏书中，有 7 本是关于东方的，包括瓜尔蒂耶里（Gualtieri）的《日本使节出使罗马记》（*Relationi della venuta degli Ambassciatori Giaponesi a Roma sino alla partita di Lisbona*，1585 年）、一本《中国和日本通讯》（*Avvisi della Cina et Giappone*）、一本《印度历险记》（*Raguaglio d'un naufragio del Indie*）。[87] 穆齐亚诺对东方感兴趣的原因很容易理解，因为他在建设梵蒂冈地图展厅（Galleria delle carte geografiche）期间与很多艺术家共过事。[88]

圣嘉禄·鲍荣茂（St. Charles Borromeo，1538—1584 年）可能是 16 世纪下半叶意大利最伟大的藏书家。鲍荣茂是特伦多大公会议最后文件的忠实研究者和执行者，是教皇庇乌四世的侄子，不论是政治上还是学识上，他都是当时最有影响的人之一。教皇庇乌四世 1566 年去世后，鲍荣茂在米兰安顿下来，开始建设 16 世纪最精致的图书馆之一。在他的收藏里，古典和文艺复兴时期主要的地理学、宇宙学以及航海方面的著作都可以找到。堪与《世界概况》相媲美的就是奥提留斯的地图集《环宇大观》（*Theatrum orbis terrarum*）。关于海外发现的书籍，这位传教士藏有去往印度和美洲的航海史以及阿尔坎杰罗·马德里戈纳诺（Arcangelo Madrignano）的《葡萄牙人航海记》（*Itinerarium portugalense...*，米兰，1508 年）。[89] 鲍荣茂去世后，他的侄子费德里克继承了他的图书馆，并最终合并到安布罗西亚那图书馆。安布罗西亚那图书馆在得到裴尼里封存到那不勒斯的图书捐赠后，进一步丰富了其藏书量。[90]

第三节　德国

　　与教皇一样，哈布斯堡王朝那些高贵的藏书家也主要收藏稀有手稿。[91]马克西米利安一世（Maximilian I，1459—1519 年在位）、费迪南一世（Ferdinand I，1558—1564 年在位）、马克西米利安二世（Maximilian II，1564—1576 年在位）是创建维也纳皇家图书馆（Hofbibliothek）最重要的哈布斯堡家族人员，他们收藏图书的时间长，投入的精力大。[92]费迪南一世开始将哈布斯堡家族收藏的图书集中在维也纳，并建立了独立于艺术品和珍奇物品收藏的图书馆。哈布斯堡图书馆的第一个图书目录是由图书管理员乌戈·布劳修斯（Hugo Blotius，1534—1608 年）于 1576 年制作的，根据这一目录，哈布斯堡图书馆收藏图书 7 379 种，乌戈·布劳修斯只是将其分为手稿和印刷品两类。[93]手稿有关于亚历山大事迹、巴卢兰圣徒传以及托勒密地理学的羊皮书和纸莎草书。[94]哈布斯堡图书馆里还有马可·波罗游记的手稿以及波吉欧的《论命运的无常》（*De varietate fortunae*），波吉欧在《论命运的无常》中根据尼科洛·德·孔蒂（Nicolò de' Conti）的讲述，介绍了印度的奇闻异事。[95]关于 16 世纪海外大发现的图书，哈布斯堡图书馆的藏书既有手稿，也有印刷书籍。[96]但是，仅从目录上看，很难分清哪些是手稿，哪些是印刷书籍。比如，图书馆的目录上这样写道："羊皮纸的印度航海史"。[97]布劳修斯在标有"土耳其"（Turcica）的目录下列了很多书，这些可能是布斯贝克（Busbecq）和其他人从君士坦丁堡获得的书籍和手稿。哈布斯堡图书馆收集的"印度书籍"收藏在珍奇馆，而不是放在图书馆。[98]

　　就在布劳修斯编撰图书馆藏书目录的时候，提洛尔大公国（Tirol）的费迪南大公（Archduke Ferdinand，1520—1595 年）正在因斯布鲁克（Innsbruck）附近的阿姆布拉斯宫（Ambras）建造其辉煌的图书馆，[99]他的个人藏书包括马克西米利安一世长期放置在因斯布鲁克的霍夫堡皇宫（Hofburg）的图书。通过从邻国购买或委托奥格斯堡（Augsburg）著名书商格奥尔格·维勒（Georg Willer）代为购买，费迪南大公的藏书大为增加。1576 年，他从瑞士收藏家威廉·维尔纳·冯·兹默恩（Wilhelm Werner von Zimmern，1485—1575 年）伯爵那里得到一份厚礼，伯爵将其图书馆约 300 本的印刷书籍和 69 部手稿赠送给他。杰尔拉德·范·鲁（Gerard van Roo）是一名学识渊博的荷兰人，随着阿姆布拉斯图书馆藏书的不断增多，他被请来管理这个图书馆。费迪南 1595 年去世，第二年，布切·昆斯特·卡莫（Pücher Kunst Camer）编制了一个图书目录，但是这一目录很长时间都没有出版，我在维也纳国家图书馆也没有查到。[100] 1665 年，哈布斯堡王朝神圣罗马帝国皇帝利奥波德一世（Leopold I）将提洛尔大公国和其他异教徒国家统一起来，在此之前，费迪南的图书馆一直设在阿姆布拉斯。此后，彼得·兰贝克（Peter Lambeck，1628—1680 年）被派往阿姆布拉斯，对图书馆的藏书进行重新编目，并负责安排将藏书运往维也纳皇家图书馆。兰贝克发现，阿姆布拉斯图书馆藏有手稿 569 部，印刷书籍 5 880 册，这些手稿和其中的 1 489 册图书被运往维也纳。至于哪些印刷书籍被转到维也纳皇家图书馆，以及继续留在阿姆布拉斯的那些图书命运如何，我们到今天已很难知晓。然而，有一点是清楚的，这就是费迪南和他的妻子费利宾·韦尔泽（Philippine Welser）既收藏关于海外发现的书籍，也收藏了很多海外世界的地图。[101]

与哈布斯堡王朝集中收藏珍稀手稿不同，德国南部的私人图书收藏者根据自己对当时事务的兴趣和爱好，倾向于收藏印刷书籍。比如，在纽伦堡（Nuremberg），希罗尼默斯·闵采尔（1437—1508 年）医生和哈特曼·谢德尔（Hartmann Schede，1440—1514 年）医生密切关注着他们所在的城市与伊比利亚半岛国家越来越多的交往联系，开始建立藏书丰富的图书馆。[102] 根据 1514 年的图书目录，谢德尔的图书馆藏有上一年在罗马印刷的一封曼努埃尔国王写给教皇利奥十世的信，这说明消息传到德国南部城市的速度是何等迅速。就在闵采尔动身去西班牙的前一年，谢德尔出版了他的《编年史之书》（*Liber chronicarum*，1493 年）。根据闵采尔的日记，[103] 好像在他为期八个月的旅行当中，有三个富商的儿子陪伴着他，即奥格斯堡的安东·赫沃特（Anton Herwart）、纽伦堡的卡斯帕·菲舍尔（Kaspar Fischer）和尼古劳斯·沃尔肯施泰因（Nikolaus Wolkenstein）。在西班牙和葡萄牙游历期间，闵采尔对伊比利亚半岛的地理风貌和奇异的动植物产生了浓厚兴趣。在日记中，他动情地描述了在里斯本看到的贩卖黑奴的情景，他还记录了一匹小骆驼在埃武拉皇家公园徜徉

57

漫步的景象。在通过第一手资料了解到非洲的情况以后，闵采尔根据自己图书馆收藏的古代先哲的著作以及埃涅阿斯·西尔维乌斯（Aeneas Sylvius，威尼斯，1477 年）、劳伦蒂乌斯·科维努斯（巴塞尔，1496 年）的宇宙学著作，获得了一些关于东方地理的信息。[104]

　　在奥格斯堡，德国的商人、出版商、艺术家以及人文主义者也都通过他们在里斯本和安特卫普的商业代理，收集有关信息，并积极出版、传播有关海外扩张的通讯、图书和地图。[105] 人文主义者康拉德·波伊廷格从里斯本收集手写的报告，并用木板将它们装订起来，命名为《卢西塔尼亚群岛记》（*De insulis et peregrinationibus Lusitanorum*）。[106] 他还收集了一些关于东方的地图，其中一幅可能是后来从沃尔芬巴特尔（Wolffenbüttel）图书馆获得的。[107] 在威利巴尔德·皮克海默（Willibald Pirckheimer）的图书馆中，有 9 本关于海外航海的书，其中一本是蒙塔尔博多（Montalboddo）的《葡萄牙人印度及印度以西、以北纪行》（*Itinerarium Portugallensium e Lusitania in Indiam et inde in occidentem et demum ad Aquilone*，米兰，1508 年），该书里面还放着皮克海默的一个书签。[108]

　　奥格斯堡富格尔家族的经济利益和社会生活同海外扩张有着紧密的联系，[109] 这个家族热心图书收藏。在 16 世纪，富格尔家族图书馆的发展史与其家族的谱系一样复杂，但没有留下多少文献记载。老莱蒙德（Raimund the Elder，1489—1535 年）是他那一辈中最早系统收集珍稀手稿和书籍的人，[110] 16 世纪中叶，他的大儿子汉斯·雅各布（Hans Jakob，1516—1575 年）继承父业，建成了藏书丰富的图书馆，被称为"富格尔图书馆之基"（Proto-Fuggerana）。自 1535 年从父亲那儿继承下来的小图书馆开始，汉斯·雅各布遍游西欧，包括尼德兰和西班牙，搜寻各类书籍。他本人精通古代和现代语言，与他的朋友和代理人一道寻找珍稀图书，那些珍稀图书一旦在市面上出现，他们务求得到。1552 年，他从哈特曼图书馆购得 670 册印刷书籍，其中有大量关于自然科学的拉丁文著作。1563 年，他获得了奥斯瓦尔德·艾克（Oswald Eck）的一个小型图书馆。[111] 1571 年，汉斯·雅各布的图书馆归巴伐利亚的阿尔布莱希特公爵（Duke Albrecht of Bavaria，1550—1579 年在位）所有，后来并入维特尔巴赫（Wittelsbach）图书馆。

58

阿尔布莱希特统治时期，他在慕尼黑（Munich）建造了一座图书馆，其藏书总量约有 11 000 册，[112]东方学家约翰·阿尔布莱希特·魏德曼斯泰特（Johann Albrecht Widmanstetter，1506—1557 年）以及巴伐利亚的恩斯特公爵（Duke Ernst，1500—1560 年）的藏书分别于 1558 年和 1561 年并入慕尼黑图书馆。如果将未装订的图书计算在内，恩斯特收藏的图书和手稿大约有 2 500 册。十年后，慕尼黑图书馆从汉斯·雅各布那里得到 7 000 册左右的图书。从魏德曼斯泰特那里，阿尔布莱希特公爵的这座慕尼黑图书馆获得了两本戈伊斯的书、一本托勒密的宇宙学以及关于一幅航海图的笔记。[113]慕尼黑图书馆从富格尔家族的谢德尔图书馆得到一本《马可·波罗游记》，以及曼努埃尔国王致教皇利奥十世宣称征服马六甲海峡的信函，该信于 1513 年在罗马印刷出版。[114]从奥斯瓦尔德·艾克那里，慕尼黑图书馆觅得一部手稿，这部手稿有可能是乌尔里奇·斯米德尔（Ulrich Schmidel）的，目录中仅简单地标有"索引、图表、西班牙语、德语"字样。[115]富格尔家族的藏书中还有两部从西班牙语翻译成德语的杜阿尔特·巴尔博萨（Duarte Barbosa）描述印度的手稿，该手稿是由希罗尼默斯·赛兹（Hieronymus Seitz）于 1530 年在奥格斯堡翻译的。[116]巴蒂斯塔·埃格尼斯（Battista Agnese）从富格尔图书馆得到的一本小幅海洋地图册，也收藏进慕尼黑图书馆。截至 1577 年，慕尼黑图书馆宣称其收藏的地图和地图册达 40 册（幅）。[117]在从富格尔图书馆获得的印刷书籍中，有巴罗斯的《亚洲》（*Asia*，里斯本，1552—1553 年）以及弗朗西斯科·洛佩斯·德·戈马拉（Francisco Lopez de Gomara）的《印度通史》（*Historia general de las Indias*，两卷本，安特卫普，1554 年）。[118]

地理学家亚伯拉罕·奥提留斯（Abraham Ortelius）和动物画家格奥尔格·赫夫纳格尔（Georg Hoefnagel）1577 年访问了慕尼黑图书馆和艺术收藏馆，可能就是在那次访问中，他们看到了收藏在珍品陈列室的中国图书，这本中国书被描绘为"要从后往前读，书写的是各种各样的印度文字，与象形文字无甚差异"。[119]根据慕尼黑图书馆管理员沃尔夫冈·鲍默（Wolfgang Pommer）的记录，马克西米利安王子的老师 1588 年从图书馆借阅了奥提留斯的《环宇大观》、奥索里奥的《曼努埃尔征服记》（*Res gestae Emmanuelis*）以及约翰内斯·梅特

59

路斯（Johannes Metellus）的一本关于东西印度群岛的书，以指导教育他的学生。[120] 从这些点点滴滴的证据，可以很容易地推测出，那些渴望了解海外世界信息的人参阅了慕尼黑图书馆收藏的书籍。

这一时期，有兴趣的学者还参观利用了汉斯·雅各布的弟弟乌尔里奇·富格尔（Ulrich Fugger，1526—1584 年）在奥格斯堡的图书馆。该图书馆藏书10 000 多册，"三十年战争"爆发以后，从奥格斯堡搬到罗马。乌尔里奇是一位虔诚的天主教徒，他对图书的兴趣没有他的哥哥那样广泛，重点收集古典和正统神学著作，有意避免收藏当时发行的有关宗教改革的书籍。但他的图书馆仍有很多古典的和当时出版的关于航海和海外世界的图书，他收藏有巴卢兰与曹沙法土圣徒传的希腊文和拉丁文手稿。[121] 在收藏的其他手稿中，有三部关于海外世界和航海的手稿，第四部手稿被命名为《陆地上和海洋里的大象》（*Descriptio elephantis terrestris et marini*），实在令人费解。[122] 关于印刷书籍，他的图书馆收藏了所有关于亚洲的古典著作，包括伯加莫的《编年史补遗》（1485 年）、戈伊斯全集（安特卫普，1544 年）以及亚美利哥·韦斯普奇（Amerigo Vespucci）、塞巴斯蒂安·明斯特和安德烈·赛弗特（André Thevet）的宇宙学著作。[123] 他还收藏了塞巴斯蒂安·弗兰克（Sebastian Franck）的《世界书，全球景观和图像》（*Weltbuch, Spiegel und Bildnis des ganzen Erdglobus*）、瓦迪亚努斯的《亚洲、非洲和欧洲概要》以及豪尔赫·阿尔布里奇·冯·安劳（Jorg Albrich von Anlau）的《关于新世界以及未知世界的记述》。[124]

德国南部最痴心于图书收藏的奥格斯堡人是格奥尔格·维勒（1514—1593年），他是当时书商的翘首，在图宾根（Tübingen）设立了办事处，并派一名图书代理人每周去一趟维也纳。除了书籍，维勒还是威尼斯和安特卫普印刷地图的主要代理商之一。根据 1573 年的一份销售清单，他向小书店和个人图书收藏者的委托人发出通知，说他将在奥格斯堡出售加斯塔尔迪绘制的两种不同版本的世界地图、奥提留斯的亚洲地图以及其他各式各样的地图。[125] "为了各地书商和学生使用方便"，[126] 维勒还在 1564 年编制了一册法兰克福书展的图书目录。富格尔图书馆、奥格斯堡图书馆以及维特尔巴赫图书馆都是维勒最好的客户，纽伦堡派最著名的诗人汉斯·萨克斯（1496—1576 年）可能就是从维勒或

60

其代理人那儿为他的私人图书馆购置了很多图书。根据诗人自己编制的图书目录，他收藏图书 76 册，其中有《罗马故事集》（奥格斯堡，1489 年）、瓦尔塔马著作德文版（奥格斯堡，1515 年）以及塞巴斯蒂安·弗兰克的《世界书，全球景观和图像》。[127]

巴塞尔是当时最负盛名的贸易和图书印刷中心，在信仰清教的瑞士，这个城市是学者活动最为集中的地方。[128] 从 1530 年到 1560 年，这座莱茵河畔的城市是连接尼德兰和意大利的商业桥梁，接待了众多的外国商人，接纳了众多的宗教战争避难者。居住在巴塞尔和周边地区的学者有西蒙·格里诺伊斯（1541 年去世）、康拉德·格斯纳（1516—1565 年）、塞巴斯蒂安·明斯特、贝亚图斯·雷纳努斯（Beatus Rheanus）以及塞巴斯蒂安·弗兰克。就是在这样一个鸿儒云集的环境里，格斯纳撰写了为他赢得"传记之父"声誉的著作。但是，格斯纳并不满足于把自己的活动范围局限在苏黎世、巴塞尔和其他瑞士城镇，而是游历了整个欧洲大陆。在蒙彼利埃（Montpellier），他结识了博物学家纪尧姆·宏德莱（Guillaume Rondelet，1507—1566 年）以及西班牙医生和植物学家彼得鲁斯·雅克比乌斯（Petrus Jacobius）。1543 年，他在莱比锡（Leipzig）与阿诺德·皮拉斯勒斯·阿里尼乌斯（Arnold Peraxyles Arlenius）相遇，阿里尼乌斯是一位荷兰人文主义者，也是迭戈·乌尔塔多·德·门多萨在威尼斯的图书馆管理员。[129] 在阿里尼乌斯的邀请下，格斯纳于 1544 年夏天去了威尼斯，在那儿，他有幸自由地查阅了门多萨的图书馆资料。[130]

格斯纳在进行语言学和自然科学研究的同时，还挤出时间编辑出版了《目录学导论》（苏黎世，1545 年）。这是一部以中世纪的方式，按作者姓氏及字母顺序编写的图书目录，囊括了他所知道的所有拉丁文、希腊文和希伯来文著作。在该书的第一版中，他列出了 10 000 个书目，3 000 名作者，其中撰写海外发现的图书作者只有几位，其原因可能是这些作者主要用各自的民族语言写作。《目录学导论》中有一本拉丁文版的巴卢兰与曹沙法土圣徒传和戈伊斯撰写的关于埃塞俄比亚宗教信仰的著作。[131] 十年后，格斯纳又出版了《附录》（Appendix），但对原来的目录并没有多少增加。[132] 直到格斯纳去世九年后，约西亚斯·西姆勒（Josias Simmler，1530—1576 年）才在其 1574 年修订出版的

61

《目录学导论》中增加了用各民族语言撰写的著作，但也只是把原来的拉丁文书名和作者名改成各民族语言而已。西姆勒的图书目录涵盖了戈伊斯的所有拉丁文版著作、巴罗斯的《亚洲》中前二十年内容的意大利文版，以及马蒂亚斯·德莱塞（Matthias Dresser，1536—1607年）编写出版的《曼德维尔游记》。[133]

从1564年到1592年，法兰克福书展每年举办两次，该书展目录上的现代图书要比格斯纳目录上的多。奥格斯堡的维勒从1564年开始编写印制其个人图书目录，1592年，他的书目被法兰克福的书商、出版商尼古拉·巴萨尤斯（Nicholaus Bassaeus）编入一个更大的书目，而这个更大书目上的大部分图书都可以在尼古拉·巴萨尤斯那里买到。[134]这一书目是按拉丁语和德语医学著作、拉丁语和德语历史著作、意大利语和西班牙语以及法语的其他著作，进行分类的。分析研究这一目录可以看出，主要的拉丁语植物类著作当时都能够买到。关于东方的植物，大多数的草药医生都无一例外地依赖奥尔塔的《印度草药风物秘闻的密谈》（*Colloquies on the Simples and Drugs of India*，1563年）以及克里斯托巴尔·德·阿科斯塔的《东印度医药论》（*Tractado de las drogas y medicinas de las Indias orientales*）。[135]关于用拉丁文撰写的历史书籍，有热罗尼莫·奥索里奥的《曼努埃尔的财富》（*De rebus Emanuelis*，科隆，1574年）、西吉斯蒙德·费耶拉本德（Sigismund Feyerabend）的《东方历史》（*Historia rerum in Oriente*，法兰克福，1587年）、十部耶稣会士书信集、马菲三个版本的《印度史》（*Historiarum Indicarum*）、《东印度航海记》（*Lusitanorum navigatio in Indiam orientalem*，莱比锡，1580年）、马丁·开姆尼茨（Martin Chemnitz）的一首诗。[136]关于德语的历史著作，有几部耶稣会士书信集、一本德文版（1589年）的门多萨描写中国的书、一本《卡利卡特及其他王国历史：印度的土地和印度洋的岛屿》（*Historia von Calecut und andern Königreichen, Landen und Insulen in India und dem Indianischen Meer*，1565年）、一本德语版（迪林根，1587年）的记述日本使者访问罗马的书以及很多其他相关的书籍。[137]

只是到了1568年以后，法兰克福书展上才开始出现罗曼斯语（Romance

languages）① 的图书。意大利语的图书有《1586 年底看中国和日本》(*Avisi della Cina e Giappone dell' anno 1586*，安特卫普，1588—1589 年)、《安东尼奥·皮加费塔游记》(*Itinerario di Marc' Antonio Pigafetta ... Londra, appresso Giovanni Wolfio in 4°*)（无出版时间）、《卡斯托·杜兰特新植物标本集》(*Herbario nuovo di Castore Durante...*，罗马，1585 年)、《东印度史》(*Historia dell' Indie Orientali in libri vii ... composto dal S.Fernando Lopetz dé Castagnela*，威尼斯，1577 年)。法文图书有一本世界历史（巴黎，1572 年)、一本奥索里奥著作的法译本以及一本《在卢卡斯观察东西航线》(*Miroir de la navigation de la mer Occidentale et Orientale pratiqué et assemblé par Lucas fils de Ian Chartier...*，安特卫普，1591 年)。[138] 这一书籍目录显然体现了德国人对西班牙语和葡萄牙语的某种歧视，因为在这个目录上，伊比利亚半岛的图书只有拉丁文版，或德文、意大利文和法文版。[139]

　　莱比锡在宗教改革中处于核心位置，受此影响，其作为国际图书市场的地位已经衰落了。即便如此，考察在 16 世纪中期三个莱比锡书商的图书库存目录，依然可以看到存有 18 本瓦尔塔马的德文著作。[140] 在德国中部地区，知名的图书收藏家中有具有学者气质的清教徒安哈尔特（Anhalt）王室。其中乔治王子（prince George，1507—1552 年）在莱比锡学过希伯来语和其他古典语言，从 1527 年开始，他在德绍（Dessau）建立了一个收藏多种语言书籍的图书馆。[141] 他既收藏现代版的古典著作，也收藏人文主义者和宗教改革者的著作。格奥尔格和他的兄弟在图书馆中还收藏了几部当时出版的宇宙学书籍以及涵盖东方学者最新观点的自然科学著作。在德累斯顿（Dresden），撒克逊（Saxon）王子们也在他们的珍奇馆里增加了关于非欧洲世界的地图和书籍。[142] 他们在德国中部、北部地区的小王室的亲戚、朋友、同伴等，也收藏书籍和珍奇物品，并通过收藏了解到葡萄牙在东方的扩张和征服情况以及本地区通过间接方式参与海外扩张的情况。但德国绝大多数的皇室收藏家像教皇和菲利普二世一样，主要醉心于获得欧洲的稀有手稿，以充实他们的图书收藏，只是偶尔才将一些关于

① 罗曼斯语是由拉丁语演变而成的语言。——译者注

当时事务的印刷图书收藏到他们的图书馆。

第四节　低地国家、法国和英国

与意大利、德国不同的是，尼德兰的统治者注重收藏当时的印刷书籍和地图，当然，这是他们对海外扩张、贸易以及印刷有直接兴趣的结果。1550 年，菲利普二世命令将分布在尼德兰各地皇家住地的书籍，集中到布鲁塞尔的皇家住所。1594 年，尼德兰摄政王恩斯特大公要求每一种图书都要有一本用皮子包装起来，放在布鲁塞尔的图书收藏室里。[143] 卢万枢密院议长（Privy Council of Louvain）维格里厄斯·德·修彻姆（Viglius de Ziuchem，1507—1577 年）是菲利普的代理人，是他首次将尼德兰王室的图书集中到布鲁塞尔，他本人也收藏了很多精美的地图和地图册。根据 1575 年的一份地图目录，他收藏了很多世界地图、两幅"大洋"航海图、两幅亚洲地图，这两幅亚洲地图中有一幅绘制在羊皮上，另一幅是 1567 年印制的。[144] 菲利普最亲近的顾问红衣主教安托万·贝诺特·德·格朗维尔（Antoine Perrenot de Granvelle，1517—1586 年）自己建立了一个藏书量很大的图书馆，收藏各种语言的图书达 1 306 册，有些书还是用"未知语言"撰写的。在所有藏书中，标明历史书籍的有 172 卷，其中有一些是关于遥远国家的历史。[145]

尼德兰的贵族，比如亨利·德·布雷得罗德（Henri de Bréderode，1568 年去世）也收藏了大量的图书和地图。在鹿特丹（Rotterdam）东边艾克（Eck）河上的菲亚嫩（Vianen）城堡中，布雷得罗德建了一个画廊，画廊上张贴着地图，还装饰着一幅里斯本商业贸易中心的图画。在他的图书馆里，至少收藏了赖麦锡的一卷著作、明斯特的法文版宇宙学，还有标注着《东印度见闻》（*Description de Linde orientale*）、《葡萄牙属印度史》（*Les Histrores de Indies et Portigale*）的图书。[146] 尼德兰北部的其他图书馆也收藏了关于东方的地图和图书，[147] 其收藏目录至今依然保存着。菲利普斯·范·马里尼克斯（Philips van Marinix）的图书馆 1599 年拍卖时，收藏了明斯特和赛弗特的宇宙学著作、塞巴斯蒂安·弗兰

克的《世界书，全球景观和图像》（1542 年）、奥提留斯的《环宇大观》（1575 年）
以及格奥尔格·布劳恩（Georg Braun）的《环宇之城》（*Civitates orbis terrarum*，
1572 年）。[148] 个人图书馆中最知名的是斯卡利杰尔建在莱顿（Leyden）的图书馆，
既收藏了中国的书籍，也收藏了其他亚洲语种的资料。[149] 斯卡利杰尔去世后，
在路易·埃尔塞维尔（Louis Elzevir）出售的 1 382 件收藏品中，有四本是关于
海外发现的图书，还有很多航海图、地图以及地球仪。[150] 根据 1608 年的图书
目录，乌得勒支（Utrecht）大学图书馆藏有大量最新的荷兰语航海图书，这对
一个大学图书馆来说着实不同寻常。[151] 莱顿清教大学图书馆首次于 1587 年开
放，在 16 世纪末藏有一部来自爪哇的棕榈叶手稿、几本中国图书、两个地球仪
以及几部宇宙学和航海方面的著作。[152]

在安特卫普，16 世纪下半叶文人学士的活动逐渐集中在印刷商克里斯托
弗·普兰汀的寓所。在他家里，文人学士能看到他印刷的书籍，也能查阅他的
个人图书馆。普兰汀从 1563 年开始筹建他的图书馆，到 1592 年的时候已收藏
了 728 种图书。[153] 奥提留斯 1598 年去世时，普兰汀收购了奥提留斯图书馆的
很多图书。奥提留斯去世前，普兰汀和他的文人好友也考察过奥提留斯的图书
馆。那些共同编写多语圣经的作者，比如阿利亚斯·蒙塔诺、安德里亚斯·玛修
斯（Andreas Masius）、盖伊·勒·菲弗雷·德·拉·博德里（Guy Le Fèvre de la
Boderie，1514—1598 年）等，都住在普兰汀的家里，使用他的图书馆。[154] 人
文主义者西奥多·波尔曼（Theodore Poelman，1512—1581 年）以及雕刻师菲
利普·加勒（Philippe Galle，1537—1612 年）参考查阅了普兰汀图书馆里大量
关于自然科学的古典和现代著作。奥提留斯和墨卡托将他们自己的绘图作品签
名赠送给普兰汀。学者们还从普兰汀那里为他们自己的图书馆和奇珍藏书室购
买图书、地图和雕刻作品。比如，来自杜伊斯堡（Duisburg）的墨卡托购买了
尼古拉·德·尼古莱（Nicolas de Nicolay）的《东方航海与旅行》（*Les quatres
premiers livres de navigations ê perégrinations orientales*，里昂，1567 年）以
及卢卡斯·J. 瓦赫纳尔（Lucas J. Waghenaer）的《水手的镜子》（*Spieghel der
Zeevaerdt...*，莱顿，1585 年）。[155] 墨卡托的儿子 1596 年给奥提留斯写了一封信，
解释在他父亲的图书馆里怎么也找不到奥提留斯索要的一本书。他的信是这样

64

65

说的："我甚至查遍了有关印度游记和书信的所有作者。"[156] 由此可以看出，墨卡托收藏了大量关于东方的图书。

　　与大多数王室图书收藏者一样，法国统治者也是集中收藏手稿和古典学者的印刷书籍。但是，与其他皇家收藏者不同的是，他们还收藏与东方有关的现代手稿、印刷书籍以及地图。他们对关于海外扩张的书籍感兴趣，主要是因为他们决心直接参与海外世界的征服，直接与海外开展香料贸易。国王弗朗西斯一世的图书馆 1544 年以前设在布卢瓦城堡（Château of Blois），藏有图书 1 896种。[157] 收藏的古典书籍中有不同版本的托勒密、普林尼以及昆图斯·库尔提乌斯的著作，收藏的中世纪图书中有法文和意大利文的《马可·波罗游记》、雅各布斯·德·沃拉吉（Jacobus de Voragine）的《黄金草原》（*Golden Legend*）、巴卢兰与曹沙法土圣徒传、亚里士多德致亚历山大的信函、博韦人文森特的《历史通鉴》以及海屯（Hayton）的书末附有一页世界地图的编年史，[158] 收藏的现代图书有弗雷斯蒂·达·伯加莫的《编年史补遗》、"一幅航海图"[159] 和两个地球仪。

　　国王弗朗西斯一世 16 世纪的继任者使得皇家图书馆的藏书翻了一番还多，皇家图书馆 1544 年以后搬到枫丹白露（Fontainebleau），后来又迁到巴黎。国王亨利四世 1595 年最终将皇家图书馆定址克莱蒙特（Clermont）学院，也就是现在的巴黎路易勒格朗中学（Lycèe Louis-le-Grand）。图书馆馆址最终确定后，编制了新的图书目录，并在图书搬运期间增加了许多关于亚洲的书籍。[160] 国王亨利二世（1547—1559 年在位）收藏了《印度的葡萄牙人及卢济塔尼亚人游记》（*Itineriŭ Portugallensiŭ e Lusitania in India*，米兰，1508 年）以及塞巴斯蒂安·明斯特的宇宙学。[161] 他的王后凯瑟琳·德·美第奇（Catherine de' Medici）收藏了一本阿里安关于亚历山大的历史书、巴卢兰与曹沙法土圣徒传、拉丁文的可兰经、"中国书信"（可能是耶稣会士书信集）、一部包括卡利卡特（Calicut）与摩鹿加群岛以及东方其他岛屿地图的图片集。[162] 国王亨利三世收藏了法文版的巴卢兰与曹沙法土圣徒传，是由让·德·比利（Jean de Billy）翻译、1578年出版的。[163] 其他皇家成员和图书馆管理员为图书馆收藏的图书中有一本《曼德维尔游记》以及几部描述海外航行的手稿。[164] 特别引人注目的是在图

66

书分类条目"Folles enterprises"下面，赫然写着"新世界，刚毅的骑士"（Le nouveau monde. Le chevalier deliberé）的标题。[165]

　　与威尼斯人一样，法国人也根据自己的需要翻译或改编了几本葡萄牙人描述亚洲的书。1539 年，在鲁昂（Rouen）出版的一个通讯上刊登了一些从印度写给葡萄牙人的信函，内容涉及 1538 年在第乌击溃土耳其人的消息。[166] 尼古拉·德·格鲁奇把卡斯塔涅达著作的第一版翻译成法文，于 1553 年在巴黎出版，该书的葡萄牙文版 1554 年在安特卫普出版。[167] 此后，拉丁文版和法文版的耶稣会士书信集总是很快就在巴黎出版。若阿西姆·德·森特拉斯（Joachim de Centellas）关于葡萄牙征服东方的记述于 1578 年出版，两年后，西蒙·戈拉特根据奥索里奥和卡斯塔涅达的著作撰写的《葡萄牙历史》出版。1588 年，卢克·德·拉·波特（Luc de la Porte）翻译的门多萨的《中华大帝国史》法文版问世，从该书的翻译中，可以看出卢克·德·拉·波特了解更早的关于中国的图书。这些法文资料的出现说明法国人对葡萄牙在海外活动的兴趣是持续而广泛的。通过研究拉伯雷及其他人的资料，还有一点很明显，这就是他们对关于海外发现的最新文学作品非常了解。[168] 但是，图书馆的藏书情况只能对这一结论提供部分的证据支持。

　　16 世纪下半叶法国最著名的藏书家是让·格罗里埃（Jean Grolier，1479—1565 年）。他是古文物研究者、人文主义者、意大利研究和法国研究的资助人。格罗里埃是里昂人，出身于一个富有的商人家庭，他的父亲是法国驻米兰军队的财务主管。从 16 世纪的第一个十年起，格罗里埃就在意大利北部的主要图书印刷中心收集他喜爱的古代作者的书籍，他还收集文艺复兴时期作家的装帧精美的著作。据推测，他的个人图书馆最终藏书达 3 000 册，其中大多数是拉丁文著作。最近发现的图书目录显示，他的藏书有 562 种，616 卷。从图书目录看，古代学者关于东方的著作，大部分都能在他的图书馆里找到，比如波吉奥·布拉乔奥里尼（Poggio Bracciolini）的著作（巴塞尔，1538 年）、西吉斯蒙德·冯·赫贝施坦的莫斯科游记（巴塞尔，1551 年）和《新世界》（巴塞尔，1537 年）以及 1546 年在巴塞尔出版的维萨留斯关于土茯苓的书信。[169] 格罗里埃的兴趣主要是拉丁文书籍，因此他收藏的关于海外扩张的图书寥寥无几，因为那些书籍

67

通常都是用欧洲各民族语言撰写的。格罗里埃同时代的法国图书收藏者也是如此，比如，国王弗朗西斯一世的大臣、红衣主教安托万·杜·普拉特（Antoine du Prat，1463—1535 年）的图书馆收藏的多是拉丁文书籍，法文版的宇宙学方面的书也不多。[170]

16 世纪中期以后，法国图书收藏的特点开始发生变化。让·尼科（1530—1604 年）1559 年被法国派往里斯本担任使节，他收藏了关于航海、东方航线的书籍以及一本麦哲伦航海记，可能还收藏了巴罗斯的历史书、格鲁奇翻译成法文的卡斯塔涅达的著作、阿尔伯克基（Albuquerque）的《阿方索·阿尔伯克基评论集》（*Commentarios de Afonso Dalboquerque*）。[171] 蒙田（Montaigne）的书房中有藏书约 1 000 卷，包括拉丁文和各民族语言的古代和现代历史著作。蒙田这位著名的作家有一个习惯，就是在藏书的扉页上签上自己的名字，在某些语句下划线，在书的旁白处进行批注。[172] 对于葡萄牙，他有着非同寻常的兴趣，因为他的母亲具有葡萄牙背景，也因为他曾在吉耶讷学院求学，而那里的葡萄牙教师都是饱学之士。[173] 他在昆图斯·库尔提乌斯的著作中写满自己的注解，在 1587 年的最后注解中总结了自己对于亚历山大征服印度的看法。[174] 在所收藏的历史书中，他最欣赏的是奥索里奥关于曼努埃尔国王统治的书（科隆，1574 年）。[175] 他还收藏了他在吉耶讷学院求学时的老师格鲁奇翻译的卡斯塔涅达的著作、西蒙·戈拉特根据奥索里奥和卡斯塔涅达著作撰写的《葡萄牙历史》。[176] 与蒙田同时代的朋图斯·德·蒂亚尔（Pontus de Tyard，1521—1605 年）是七星诗社的一位诗人，也藏有数量可观的关于亚洲的资料，包括乔万尼·巴蒂斯塔·赖麦锡的第三卷《航海旅行记》（*Navigations and Travels*）、两本关于东方航海的书、一本到日本去的耶稣会士书信集。[177]

法国文艺复兴时期最著名的个人图书馆是雅克·奥古斯特·德·图（Jacques-Auguste de Thou，1553—1617 年）创建的。他是法国历史学家，也是巴黎的地方法官。从 1572 年开始，他系统地收集图书，在其后的四十年里，他给自己的图书馆收藏了 1 000 部手稿和 8 000 册印刷书籍。作为巴黎最高法院（Parlement of Paris）院长的儿子，德·图可以接触法国上流社会以及西欧国家大多数的精英和文人雅士。1581 年，他拜会作家蒙田，而蒙田此时正大量阅读有关海外世界的书籍。[178] 在巴黎，德·图向所有学者开放他宝贵的藏书，定期在他的寓所举行文人聚会，聘请皮埃尔（Pierre）和雅克·杜普（Jacques Dupuy）做图书管理员。由于具有当时最重要的藏书家这一盛名，1593 年，德·图被国王亨利四世任命为皇家图书馆的馆长，在这一位置上，德·图得以了解法国知识界生活的方方面面。[179]

德·图图书馆的书目清单是在他去世后编制的，该清单与他的后继者新增加的图书清单一起，于 1679 年出版。[180] 这些图书大部分最终被法国国家图书馆收藏，并与杜普、科尔伯特（Colbert）的图书合并在一起。从 17 世纪的图书目录来看，德·图和他的直系后代拥有大约 90 册关于亚洲的印刷书籍。就 1600 年以前出版的图书而言，德·图的藏书几乎涵盖了所有相关的书籍，比如葡萄牙文、法文、意大利文的卡斯塔涅达著作，葡萄牙文和意大利文的巴罗斯著作，G. B. 佩鲁齐（G. B. Peruschi）的《莫卧儿大帝国志》（*Informatione del regno et stato del Gran Re di Mogor...*，布雷西亚，1597 年），阿尔伯克基的《阿方索·阿尔伯克基评论集》（里斯本，1557 年），赖麦锡的著作，马菲的《印度史》以及大量的耶稣会士书信集。[181] 德·图 1617 年去世后，他的后代继续收藏有关亚洲特别是耶稣会士在中国活动的资料。

16 世纪的英国图书馆，不论是教会图书馆、大学图书馆，还是私人图书馆，其藏书在数量上没有一个能与德·图在巴黎的藏书相比。1500 年，英国教会是主要的图书收藏者。[182] 国王亨利八世（King Henry VIII）在 1538—1539 年期间解散了修道院及其图书馆，从而突然间终止了教会对书籍的控制，把很多图书投向市场，因此大学和个人才得以购买。但是尽管伦敦有两家图书进口商，英国人依然很难买到外文图书，只有那些到欧洲大陆游历，或者在安特卫普、里斯本以及塞维尔做生意的英国人，才能将外文书籍带回国内。由于受国内宗教改革的影响，再加上英国与欧洲大陆相隔离，因此，直到 16 世纪下半叶，翻译成英文的关于海外发现和东方的图书，才开始在英国公开出售，并为私人图书馆收藏。[183]

理查德·伊登是英国最早的图书收藏家之一，也是游记文学翻译家，他在剑桥大学求学时师从托马斯·史密斯（Thomas Smith）。与亨利八世统治时期

69

大多数人不同的是，史密斯建立了一个地理图书馆，收藏了古代学者的主要研究著作以及一些当时学者的著作。根据 1566 年的图书目录，他的图书收藏中包括三本托勒密的地理学著作、明斯特的《宇宙志》、伊登的《新世界旬年史》（*Decades of the New World*）以及巴罗斯的《亚洲》。[184] 但是关于史密斯图书馆最令人称道的是，该图书馆可能是集中收藏地理书籍以及地理相关学科著作的最早的图书馆。苏格兰国王詹姆斯六世（James VI）也收藏了大量的地理学和宇宙学图书，其中大多数是 1583 年之前出版的。这位苏格兰藏书家的藏书有法文版的《马可·波罗游记》（1556 年）、西蒙·格里诺伊斯的《新世界》以及托雷斯·纳哈罗的西班牙语版的《帕拉斯颂》。[185] 马丁·弗洛比谢尔（Martin Frobisher）在 1576 年的航海之旅中购买了《曼德维尔游记》和赛弗特、甘宁汉（Cunningham）、雷科德（Recorde）的宇宙学著作，以及佩德罗·德·梅迪纳的著名航海著作。[186] 三年后，德雷克报告说，他的船上有几本航海方面的书、一本麦哲伦航海记和一幅葡萄牙印制的世界地图。[187]

英国最负盛名的地理学子是约翰·迪（1527—1608 年），他收藏了大量关于航海和海外世界的图书。同时，他还是一名数学家和神秘学家。年轻的时候，迪跟随杰马·弗里西乌斯（Gemma Frisius）学习航海，并因此结识了墨卡托。[188] 从 1548 年到 1550 年，迪客居在卢万，对地理学产生了兴趣，可能在安特卫普邂逅了奥提留斯。[189] 1562 年至 1563 年期间，他又来到欧洲大陆，再一次游历安特卫普，然后与康拉德·格斯纳一起去了苏黎世。在游历了意大利和匈牙利以后，他于 1564 年返回英国，并在以后的二十年时间里一直定居在萨里郡（Surrey）的莫特莱克（Mortlake）。[190] 在这儿，他开始收集航海工具、手稿和图书。随着迪这位航海推动者的声誉鹊起，伊丽莎白女王（1575 年）、弗朗西斯·德雷克爵士（Sir Francis Drake，1581 年）都在莫特莱克接见了他，艾德里安（Adrian）和汉弗莱·吉尔伯特（Humphrey Gilbert）也多次造访他。外国学者，比如奥提留斯，也在他的住所受到款待。他的图书馆是莫特莱克的名胜之一，1583 年藏书大约有手稿 170 部、印刷图书 2 500 册。这一时期，牛津大学的圣体学院（Corpus Christi College）图书馆才有藏书 379 卷。[191]

迪的图书馆收藏的地理、天文以及航海的资料，不管是手稿，还是印刷书籍，都特别丰富。[192]他还收藏了关于印度的古典书籍、几本中世纪的百科全书，以及关于东方航海的最新资料。他也没有忽视自然史类图书的收集，因为他认识到这些图书对于学生游历以及了解海外国家非常重要。他还收藏了大量的耶稣会士书信集，并将它们列在重要航海书籍目录下，允许英国清教徒使用。当然，对幻术和其他宗教信仰有着偏好的迪，并不是因为耶稣会士的书信能够给人以启迪而推崇这些书信的。他的图书馆书架上还放着国内外的游记文学作品，以及奥提留斯的地图册、几种不同版本的托勒密地理学著作和其他一些世界地理与历史图书。就有关海外扩张的图书而言，迪的图书馆藏书量不逊于16世纪的任何一家图书馆。[193]

　　英国唯一一家能与迪的图书馆相比的是拉姆利图书馆（Lumley library），它的历史可追溯到大主教托马斯·克兰麦（Thomas Cranmer）。托马斯·克兰麦的藏书构成了亨利八世的宫廷大臣阿伦德尔（Arundel）伯爵建立的图书馆的核心部分。阿伦德尔的女儿1557年嫁给拉姆利勋爵，这位年轻的贵族带着他的新娘到农萨奇城堡（Nonesuch Catstle）与阿伦德尔住在一起。拉姆利与他的岳父在图书收藏方面有着同样的热情，两人的图书收藏得到了从牛津大学毕业的医生汉弗莱·劳埃德（Humphrey Lloyd）的帮助。阿伦德尔1579年谢世后，他的所有财物都转到拉姆利名下。在以后的十七年里，拉姆利在图书收藏，特别是地理和宇宙学著作收藏方面，投入了更大的热情。1596年，他的图书收藏功德圆满，完整的图书目录也编制完成。1609年拉姆利去世时的图书目录就是1596年那份图书目录的副本。[194]

　　1596年，拉姆利图书馆有藏书约3 000册，关于神学的有936册，包括昆图斯·库尔提乌斯的著作（斯特拉斯堡，1518年）、巴卢兰与曹沙法土圣徒传（科隆，1593年）以及阿利亚斯·蒙塔诺从希伯来语翻译成拉丁文的图德拉的本雅明（Benjamin of Tudela）游记（安特卫普，1575年）。[195]在图书目录的"历史"类别下，有图书591种，其中54种是关于东方的，占总数的大约9%。这些书中有现代语言版的古代作者的经典著作、中世纪的游记，以及很多16世纪稀有的关于东方航海和生活的图书。拉姆利藏有三本《曼德维尔游记》，其中一本是英文手稿，一本是1537年在威尼斯出版的意大利文版，一本是1568

71

年的英文版。[196]拉姆利图书馆收藏的具有代表性的伊比利亚半岛学者的著作有戈伊斯、洛佩斯·德·戈马拉、彼得·马特、佩德罗·德·梅迪纳、奥索里奥等人的，巴罗斯的意大利文著作以及门多萨的拉丁文作品（法兰克福，1589年）。[197]这个图书馆还收藏了耶稣会士书信集的代表性版本以及历史方面的代表性著作。[198]对现代收藏家来说，最令他们感兴趣的是特兰西瓦尼亚的马克西米利安（Maximilian of Transylvania）用拉丁文写的一封关于麦哲伦探险的信函，以及他在图书收藏方面的竞争者约翰·迪的《航海记述》（*Generall and Rare Memorials Perteininge to the Arte of Navigation*，伦敦，1577年）。[199]英国的私人图书收藏者，比如加布里埃尔·哈维（Gabriel Harvey，1550—1630年）和威廉·德鲁蒙德（William Drummond，1585—1649年），其图书收藏活动一直持续到17世纪，收藏了大量航海、地理、游记方面的书籍以及很多用欧洲各民族语言撰写的著作。[200]

从意大利到英国，16世纪下半叶的藏书家开始集中收藏用欧洲各民族语言撰写的著作，其中一些著作是关于古代历史的，比如昆图斯·库尔提乌斯的《亚历山大大帝史》（*History of Alexander the Great*，1553年），这本书之所以向社会开放，是希望"英国人也能像其他国家一样，将他们光辉的历史载入史册"。[201]在其他地区，特别是威尼斯，用拉丁语和伊比利亚半岛国家语言撰写的著作，被翻译成欧洲各国语言。不过，将用欧洲各国语言撰写的著作翻译成拉丁文，以扩大在知识界影响的传统，并没有完全舍弃。比如，耶稣会士书信集通常既用拉丁文出版，也用欧洲各国语言出版。很多欧洲的人文主义者，比如尼古拉·德·格鲁奇，都不太愿意翻译现代著作。[202]但是，应该注意到，那些被翻译成意大利语、德语、法语的关于海外扩张历史的著作，都是法兰克福书展、书商购销清单上和私人图书馆最受欢迎的图书。

16世纪上半叶，最受图书收藏家青睐的是那些意大利出版的关于海外发现的报告。曼努埃尔国王的信函副本只有哥伦布图书馆和哈特曼·谢德尔图书馆有收藏。学者的图书馆，比如伊拉斯谟的图书馆，一般局限于收藏希腊文和拉丁文图书，包括古代学者的地理、历史和自然史方面的手稿与印刷书籍。[203]在16世纪上半叶人文主义学者收藏的图书中，最受看重的是昆图斯·库尔提乌

72

斯的《亚历山大大帝史》和托勒密的著作。在整个 16 世纪，关于葡萄牙向东方扩张的历史书籍，图书收藏界最青睐、收藏最普遍的是瓦尔塔马的《博洛尼亚人卢多维科·迪·瓦尔塔马游记》（1510 年），既有意大利文原版的，也有德文、西班牙文和英文版的。[204] 在图书流行方面，能够与《博洛尼亚人卢多维科·迪·瓦尔塔马游记》相媲美的只有《葡萄牙人航海记》（1508 年）、《新世界》（1532 年）和那些关于海外发现的拉丁文资料。16 世纪后期，翻译成其他语种的卡斯塔涅达的编年史和奥索里奥的拉丁文编年史，占据特别重要的地位，这类书籍主要收藏在文人学士的图书馆里、商人以及研习地理的学生那里。

大型的皇家图书馆和教皇图书馆集中收藏古本和稀有书籍。在 16 世纪，随着时间的推移，这些图书馆，特别是梵蒂冈图书馆和埃斯科里亚尔图书馆，开始允许收藏关于东方的手稿和书籍，收藏的原因是这些手稿和书籍非常稀有、珍贵。在瓦罗亚（Valois）、哈布斯堡、富格尔、维特尔巴赫的大型图书馆里，关于遥远地域甚至是不知名地域的手绘地图，以及一些印刷地图，受到与珍稀手稿一样的待遇。汉斯·雅各布·富格尔的手稿收藏室甚至收藏了一本 1530 年出版的杜阿尔特·巴尔博萨的德文版著作。到了 16 世纪末，梵蒂冈图书馆和埃斯科里亚尔图书馆都收藏了关于东方的印刷书籍。[205]

在私人图书馆里，不管是大是小，一般都能看到关于海外扩张以及亚洲生活的记述和物品。哥伦布图书馆收藏了 15 000 多部手稿和图书，是 16 世纪最大的私人图书馆，也是收藏现代图书最多的图书馆之一。一直到 16 世纪中期，该图书馆都向感兴趣的学者开放，接待了大量的学者。奥格斯堡的富格尔图书馆在 16 世纪中后期也是文人学士和艺术家光顾的地方。16 世纪后期，德·图、约翰·迪和拉姆利图书馆也向那些对海外世界感兴趣的人出借图书。在那些小型图书馆中，对外面的读者开放的有埃斯特图书馆、威尼斯的门多萨图书馆、红衣主教德·格朗维尔的图书馆。

大量收藏有关东方扩张图书的藏书家有格罗里埃、托马斯·史密斯爵士、布雷得罗德、富格尔家族和拉姆利。在出售和收集东方地图的出版家中，比较重要的有奥格斯堡的维勒、法兰克福的尼古拉·巴萨尤斯、安特卫普的克里斯托弗·普兰汀和阿姆斯特丹的柯内利斯·克莱斯。从法兰克福书展的图书分类清

73

单、书商的图书目录以及当地书店的图书销售记录可以看出，这些出版商和代理人能够经常买到关于东方发现的图书。根据书店老板的销售清单，这类图书在各地书店都有销售。购买这些图书的人中有许多是个体收藏家，因为很明显，这些图书在皇家图书馆是稀缺之货，在大学图书馆也难觅踪影。欧洲的大学图书馆，除乌得勒支大学图书馆外，像科英布拉图书馆，收藏的多是些教科书，常常一种收藏好几册。

欧洲国家的一些学者和文人雅士在图书收藏上具有世界性胸怀，而且喜欢现代语言的书籍。比如，在意大利，皮科、列奥纳多、安东·弗朗西斯科·多尼、穆齐亚诺的个人图书馆收藏的关于亚洲的图书，既有古典的，也有现代的。在德国，学识渊博的藏书家有谢德尔（Schedel）、闵采尔、波伊廷格、皮克海默和汉斯·萨克斯。在法国，尼科、蒙田、蓬蒂斯·德·蒂亚尔、德·图的图书馆都收藏了关于葡萄牙和葡萄牙在亚洲扩张的书籍。在他们的图书馆里，收藏最多的是地理书籍和地图册，但这些藏书家也不排斥哲学、艺术、诗歌、语言学、神学、文学和历史方面的书籍。

可以明显看出来的是，葡萄牙的图书审查很严，其他国家则相对宽松。既然我们今天所能看到的葡萄牙个人图书馆，特别是那些伟大的历史学家和文人的图书馆的材料相对来说不多，那么得出这样的结论未免有失公允。也许这样说更合乎情理：像欧洲其他国家一样，葡萄牙出版的关于东方的书籍，可能都收藏在学者、商人、艺术家的个人图书馆里，因为他们有兴趣也有财力购买图书。不过，葡萄牙人收藏的关于其同胞在亚洲活动的书籍，不大可能都是欧洲其他国家印制的，但又有例子支持这样的观点，我们知道科英布拉大学校长自己书架上摆着的《新世界》很可能就是在巴塞尔印制的。但有一点很清楚，那就是16世纪后半期葡萄牙的历史书，尤其是卡斯塔涅达和巴罗斯的著作，在欧洲流传甚广，既有葡萄牙语的，也有翻译成欧洲其他语言的。拉丁文版的奥索里奥的《曼努埃尔编年史》人尽皆知，但戈伊斯根据此书撰写的葡萄牙历史却在任何一个目录上都找不到。戈伊斯撰写的葡萄牙历史只在葡萄牙境内流传，而且流传不广。欧洲主要是通过拉丁文版的和翻译成意大利语的葡萄牙历史著作，来了解亚洲，并随后参与亚洲扩张的。

通往印度的航线发现以后，葡萄牙也开始向欧洲扩张，这对卢济塔尼亚，
并最终对欧洲其他国家，都产生了破坏性、永久性的影响。在 16 世纪上半叶，
关于亚洲的信息是通过口头方式传到欧洲其他国家的，到了 16 世纪后半期，印
刷材料取代了口头传播。一直到 1540 年，葡萄牙海外扩张的信息主要通过葡萄
牙的学生、教师、艺术家、外交使节、商人，以个人形式传播到国外。这一时期，
以官方形式传播出去的书面材料局限在国王发布的命令、葡萄牙为了证明其拥
有摩鹿加群岛而在巴达霍斯出示的一些文件、以及逃过里斯本审查、被非法带
到国外的零星地图和路线图。威尼斯和奥格斯堡通过它们自己在伊比利亚半岛
的外交人员和商业代理，获得葡萄牙海外扩张的信息，但它们主要关注的是香
料贸易。去往海外、久居他乡的葡萄牙学者，同意大利、法国、尼德兰的重要
艺术家、学者、科学家、文学家建立起联系；葡萄牙的传教士也在葡萄牙和罗
马教皇之间建立起密切的关系；葡萄牙的冒险家、持不同政见者和宗教避难者
同样把葡萄牙对印度的探险和在印度遭遇的失败传播到国外，人们对他们的话
深信不疑。

　　1540—1550 年期间的葡萄牙帝国已今非昔比了，其对外交往的性质也发
生了变化。葡萄牙之所以从向外扩张到退守国内，是由于出现了许多里斯本无
法掌控的事件：土耳其在东方势力大增，清教思潮弥漫，欧洲爆发了宗教战争，
法国决心要打破伊比利亚国家的海洋垄断。1550 年以后，葡萄牙的学者很少自
己到国外去。16 世纪后期，已经没有像戈伊斯或雷森迪那样到国外宣传葡萄牙
帝国强大的学者了。这一时期，到国外去的葡萄牙人都是出于宗教或政治使命，
还有的是葡萄牙或宗教裁判所的避难者。在 1540 年至 1550 年的十年里，葡萄
牙对待西方其他国家的态度，从谨慎地交友，到怀疑和明显地向内退守。

　　卡斯塔涅达、巴罗斯和戈伊斯有关海外发现的著述，是在葡萄牙加强对图
书阅读和图书传播控制的时期完成并出版的，戈伊斯和雷森迪用拉丁文撰写、
在北欧出版的许多著作，为了让更多的人有机会阅读，一出版就被翻译成欧洲
各国语言。用葡萄牙语撰写的历史著作，也需要翻译成其他语言，以让更多的
人了解。实际上，正是葡萄牙王室敦促戈伊斯把他记述曼努埃尔国王事迹的著
作，翻译成优雅的拉丁文的。在 16 世纪的最后二十五年，葡萄牙的历史书籍和

74

游记作品被翻译或改编成意大利语、法语、拉丁语，在非伊比利亚半岛的知识分子中间广为流传。在欧洲信仰天主教的国家以及一些清教国家，感兴趣的读者通过阅读耶稣会士的书信，能够了解到欧洲人在东方活动的最新情况。

耶稣会士、教会和国家的外交使臣、大商人、大银行家的信使、菲利普二世的政治避难者，这些人用耶稣会士的话说是去往海外世界的"活字典"，他们了解伊比利亚半岛及其海外扩张的信息。同样重要的是他们所写的关于卡斯蒂利亚和葡萄牙在香料贸易上的持续对抗、塞巴斯蒂安 1578 年远征非洲的失败、西班牙 1580 年对葡萄牙的征服和其后香料贸易的衰落、卡斯蒂利亚人和葡萄牙人在伊比利亚和亚洲争夺新的控制权的报告。但这些报告严格控制在政府、商人和宗教圈子里，欧洲的公众仅通过阅读书籍，知道葡萄牙帝国对亚洲的扩张和耶稣会士在亚洲传教取得的成功，他们的成功通过耶稣会士书信广泛传播，并大受称颂。对欧洲普通读者来说，16 世纪上半叶，欧洲人在亚洲取得了辉煌的、大范围的军事征服的胜利；而在 16 世纪下半叶，又在耶稣会士的努力下，取得了精神征服的胜利。

对于那些对北欧、意大利感兴趣的知识分子来说，发现东方产生了更多的问题，而不是答案。1600 年，大量的游记、编年史、历史、自然科学著作、宇宙学和地图方面的原始材料触手可及，很多新创作的文学作品印刷出版，在图书博览会上和书店里销售。伟大藏书家的私人图书馆也对有兴趣的研究者开放。到了 16 世纪末期，关于亚洲的很多具体材料非常容易获取，作者和观察家开始思考海外扩张对他们自身、对他们的学科、对他们的国家和文化所具有的意义及价值。

注释：

[1] 参见 R. A. Burke, *What is the Iindex?*（Milwaukee, Wis., 1952），p. 6。

[2] 详情参见 Donald H. Wiest, *The Precensorship of Books*（Washington, D.C., 1953），pp.19-20。

[3] 详情参见 A. Sierra Corella, *La censura de libros y papelos en España y los indices y catalogs españoles de los prohibidos y expurgados*（Madrid, 1947），*passim*。

[4] 参见 *Asia*, I, 151-54。

[5] 1551 年，里斯本有 5 家印刷厂，1567 年增长到 6 家，参见 A. J. Saraiva, *História da cultura em Portugal*（3 Vols.; Lisbon, 1950-62），II, 128-30。

[6] 参见 I. S. Révah, *La censure inquisitoriale portugaise au XVIe siècle*（Lisbon, 1960），pp.19-20。

[7] *Ibid.*, p.40. 关于戈伊斯著作的内容，参见本书原文第 18 页。

[8] Révah, *op. cit.*（n.6），p. 42.

[9] F. H. Reusch, *Die Indices Librorum Prohibitorum des sechzehnten Jahrhunderts*（Stuttgart, 1886），p.99.

[10] Révah, *op. cit.*（n.6），p. 98.

[11] Reusch, *op. cit.*（n.9），p.139.

[12] *Ibid.*, p.74.

[13] Révah, *op. cit.*（n.6），p. 104.

[14] 参见 Reusch, *op. cit.*（n.9），p.181。

[15] 参见 Révah, *op. cit.*（n. 6），pp.50-57。根据天主教徒阅读的十大规定，未经授权同意的圣经译本、魔幻类图书以及异教徒的著作，不论是否列在禁书清单上，都自动被视为禁书。

[16] 利玛窦 1606 年 8 月 5 日致罗马总会长克劳德·阿夸维瓦（Claude Acquaviva）的信函，见 P. Tacchi Venturi, *Opere storiche del P. Matteo Ricci, S. J.*（Macerata, 1913），II, 302。

[17] 若阿西姆·卡莫拉里乌斯在其著作《土耳其风物志》（*De rebus Turcis commentarii,* 法兰克福，1598 年）中讨论了土耳其和坎贝（Cambay）在联合抗击葡萄牙人时的同盟关系（见第 75 页）。

[18] 禁书目录引自 Reusch, *op. cit.*（n.9），*passim*。

[19] 参见本书原文第 342 页。

[20] Anon., "Viagem a Portugal dos Cavalleiros Tron e Lippomani 1580," 见 Herculano（trans. And ed.）, *Opusculos*（10 vols.; Lisbon, 1873-1908），VI, 116。

[21] 比较 *ibid.*, p.122。

[22] 参见 F. M. Sousa Viterbo（ed.）, *A Livraria Real, especialmente no reinado de D. Manuel*（Lisbon, 1901），p.12（item 8），p.13（item 10），p.19（item 58）。

[23] *Ibid.*, p.15（item 27），p.18（item），p.23（item 97）. 参见加尔旺对巴罗斯的描述，收入 H. Cidade and M. Múrias（eds.）, *Asia de João de Barros*（4 vols.; Lisbon, 1945），Vol. III, Bk. 2, chap. iv。

[24] 这些数据是基于对国王曼努埃尔二世的分析，见 *Livros antigos Portugueses，1489-1600, da biblioteca da Sua Magestade Fidelissima*（3 vols.; London, 1929-32），Vols. II and III。关于葡萄牙印刷出版的图书详情，参见 *Asia*, I, 182-83 以及 Saraiva, *op. cit.*（n.5），II, 128-30。萨莱瓦（Saraiva）特别指出，葡萄牙 16 世纪出版的图书总数有 1 300 多部，要比意大利的 4 100 部少得多，但如果考虑到人口、文化和传统等多种因素，即便仅从图书数量上，葡萄牙的发展也给我留下了深刻的印象。

[25] 关于该藏书目录，参见 T. Braga, *História da universidade de Coimbra...*（2 vols.; Lisbon, 1892, 1895），II, 250-53。

[26] 关于苏亚雷斯收藏的图书情况，参见 M. Brandão, "Contribuições para a história da universidade de Coimbra: a livraria do Padre Francisco Suarez," *Biblos*, III（1927），341。关于古兹曼，参见 *Asia*, I, 328。

[27] 参见 G. M. Parr, *Jan van Linschoten: The Dutch Marco Polo*（New York, 1964），pp.100-1。

[28] J. A. Carvalho, "A livraria dum letrado do seculo XVI. Frei Diogo de Murça," *Boletim bibliografico da universidade de Coimbra*, Nos. i-viii（1927），pp. 1-27. 关于 1532 年出版的《新世界》，参见 *Asia*, I, 179-80。

[29] 参见 Braga, *op. cit.*（n.25），II, 254-55n。关于奥提留斯及其作品翻译成欧洲不同语言的情况，参见原文第 477 页。

[30] 关于摩鹿加群岛冲突的详细情况，参见 *Asia*, I, 114-19。

[31] 关于费迪南·哥伦布的活动情况，参见 H. Harrisse, *Fernand Colomb, sa vie, ses oeuvres; Essai critique*（Paris, 1872），pp.22-27。关于其图书馆在塞维尔的地址，参见第 11 幅插图。

[32] 关于哥伦布图书馆的历史，参见 H. Harrisse, *Excerpta Colombieniana...*（Paris, 1887），introduction。

[33] 关于哥伦布图书馆的现有藏书情况，参见 S.Arlolí y Farando et al.（comps.），*Biblioteca Colombina: Catálogo de sus libros impresos*（7 vols.; Seville, 1888-1948）。

[34] 关于此书的详情，参见本书原文第 96 页。

[35] 关于此书，参见 *Asia*, I, 70-71。

[36] 这三封信函分别于 1506 年、1513 年、1514 年在罗马刊印。尽管哥伦布图书馆的现代目录上没有，但需要指出的是，马丁·费尔南德斯·德·菲格罗阿（Martin Fernández de Figueroa）1512 年用西班牙语出版了曼努埃尔的一封信的删节版，参见 Frederick J. Norton, *Printing in Spain, 1501–20*（Cambridge, 1966）。截至 1520 年，在西班牙印刷出版的书籍中，大约有 53 部也就是 4％的书籍是关于东方图志、地理和在东方的活动的。

[37] 参见 J. Babelon, *La bibliothèque français de Fernand Colomb*（Paris, 1913），pp.133-34, 200-1。

[38] 参见 Harrisse, *Excerpta...*, pp.32-34；关于这些西班牙编年史家的著作，参见 *Asia*, I, 184-85。

[39] 参见《西班牙编年史》，见 R. Bell（Belus），*Rerum hispaniscarum scriptores aliquot ...*（2 vols. in 3; Frankfurt, 1579-81），I, 443-44；关于卡斯塔涅达的著作，参见 *Asia*, I, 187-88。

[40] 参见 A. R. Rodríguez-Moñino, *La biblioteca de Benito Arias Montano, noticias y documentos para su reconstitutión, 1548-98*（Badajoz, 1929），pp.14-29。

[41] *Ibid.*, pp.29-32.

[42] 比如，比较一下塔拉戈纳（Tarragona）的大主教安东尼奥·奥古斯丁（Antonino Augustin, 1517—1586 年）的图书馆，他的图书馆里关于亚洲的图书只有一本拉丁文的"巴卢兰与曹沙法土"传说故事，宇宙学方面的图书只有彼得·阿皮安（Peter Apian）的著作。参见其《藏书目录》（*Bibliothecae*, 塔拉戈纳，1587 年），这是西班牙私人图书馆印制的第一本图书目录。

[43] 他买的一本羊皮纸手稿是 *Ung traicté de l'estat et conditions des 14 royaumes de Asia...*，另一本纸质图书是 *Historia Indorum et regionis Aethiopum...*，参见 R. Beer（ed.），"Niederländische Büchererwerbungen des Benitos Arias Montano für den Eskorial im Auftrage König Philip II von Spanien, " *Jahrbuch der kunsthistorischen Sammlungen des allerhöchsten Kaiserhauses*, XXV（1905），Pt.2, pp.vi, x。

[44] 比较 *Asia*, I, 693, 779 n.; II, Bk. I, 13。另见 James J. Y. Liu, "The *Fêng-yüeh Chin-nang*: A Ming Collection of Yüan and Ming Plays and Lyrics Preserved in the Royal Library of San Lorenzo, Escorial, Spain, " *Journal of Oriental Studies*（Hongkong），IV（1957-58），79-107。另见原文第 496-500 页，以及 W. E. Retana, *Tablas cronológica y alfabetica...*（Madrid, 1908），pp.7-9。

[45] 1582 年，菲利普送给他的儿子一本葡萄牙语图书，"以帮助他学习葡萄牙语（参见 L. P. Gachard [ed.], *Lettres de Philippe II à ses filles, les infantes Isabella et Catherine écrites pendant son voyage en Portugal（1581-1583）*[Paris, 1884], p.186）"。这本书可能就是若昂·德·巴罗斯（João de Barros）所说的那本小书《葡萄牙语语法》（*Gramatica da Lingua Portuguesa*，里斯本，1540 年）。

[46] 参见 J. J. Martín González, "El palacio de Carlo V en Yuste," *Arckhvo español de arte*, XXIII（1950），246-47。

[47] 参见 F. Rodríguez-Marín, *Luis Barahona de Soto: Estudio biográfico, bibliográfico y critico*（2 vols.: Madrid, 1903），pp. 520-51。关于他的生平，参见本书原文第 179-183 页。

[48] *Ibid.*, pp.526（no.65），534（172），538（235），551（418）.

[49] *Ibid.*, pp.537（no.207），539（244）.

[50] *Ibid.*, pp.531（no.128），534（167），535（183），536（191），537（212, 219），538（225），541（280），546（349），547（362），549（381）.

[51] *Ibid.*, pp.530（no.106），540（252），543（308），544（319），545（333），548（368, 375），550（413）. 关于非洲的描述可能是来自马莫尔·卡拉瓦伊阿尔（Mármol Caravaial）1573 年在格拉纳达（Granada）出版的书。

[52] 详情参见 G. Bertoni, *La biblioteca estense e la coltura ferrarese ai tempi del Duca Ercole I（1471-1505）*,（Turin, 1903），pp.18-19, 51 n.3, 262。

[53] *Ibid.*, p.51 n. 3. 在 1474 年的目录中，埃斯特图书馆藏有两本关于亚历山大大帝的法文手稿

（*ibid.*, p.81）。

[54] 关于该图书目录，参见 *ibid.*, pp. 213-15。

[55] *Ibid.*, p.261

[56] *Ibid.*, p.243.

[57] *Ibid.*

[58] 1598 年，埃斯特图书馆从费拉拉搬到摩德纳，并一直延续至今，参见 G. A. E. Bogeng, *Die grossen Bibliophilen: Geschichte der Büchersammler und ihrer Sammlungen*（3 vols.; Leipzig, 1922），I, 66-67。

[59] 关于《罗马故事集》的讨论，参见本书原文第 110 页。

[60] 关于伊莎贝拉的图书馆，参见 A. Luzio and R. Renier（eds.），"La coltura e le relazioni letterarie di Isabella d' Este Gonzaga," *Giornale storico della letteratura italiana,* XLII（1903），75-81, 89。关于对托雷斯·纳哈罗作品的讨论，参见本书原文第 166-168 页；关于阿莱蒂诺的讽刺戏剧，参见 *Asia*, II, Bk.I, 139。

[61] 关于皮加费塔与伊莎贝拉的通信以及伊莎贝拉接待皮加费塔的情况，参见 *Asia*, I, 173-74。费德里克在其图书馆目录上第 65 条所写的 "Il viaggio fatto dal Spagnolo atorno al mondo" 可能就是这本以前没有确认的、1522 年皮加费塔专门为伊莎贝拉设计的环游世界计划述略；还有一种可能是，这本书就是皮加费塔 1536 年出版的著作删节本。

[62] 关于费德里克图书馆，参见 A. Luzio and R. Renier, *loc. cit.*（n.60），pp.81-87; 关于后来合并的埃斯特图书馆，也就是现在的摩德纳图书馆的情况，参见 D. Fava, *La biblioteca Estense nel suo sviluppo storico*（Modena, 1925），pp.306-7, 318。

[63] 比如，玛丽亚·克里斯托法里（Maria Cristofari）编撰的图书目录中有大量关于海外发现的图书，见 "La tipografia vicentina nel secolo XVI," in *Miscellanea di scritti di bibliografia ed erudizione in memoria di Luigi Ferrari*（Florence, 1952），pp.191-214。

[64] 关于纳瓦杰罗的报告，参见 E. A. Cicogna（comp.），*Delle inscrizioni veneziana*（6 vols.; Venice, 1824-53），VI, 310-18。

[65] 参见 C. Castellani, *Pietro Bembo, bibliotecario della libreria di S. Marco*（*1530-43*）（Venice, 1896），pp.1-15。另见 *Asia*, I, 205。

[66] Castellani, *op. cit.*（n.66），p.31-32. 奥维耶多的第一本书由安德里亚·纳瓦杰罗翻译成意大利语，并于 1534 年在威尼斯出版。参见 H. F. Brown, *The Venetian Printing Press...*（London, 1896），p.103。另见本书原文第 171-172 页。

[67] Brown, *op. cit.*（n.66），p.102. 加斯塔尔迪的地图于 1561 年出版，地图布局沿袭葡萄牙地图，但其地名参考了《马可·波罗游记》，参见 A. Cortesão, *History of Portuguese Cartography*（Coimbra, 1969），I, 295。

[68] 参见 Paulo Gualdo, *Vita Joannis Vincentii Pinelli, patritii Gesuiensis*，收入 William Bates, *Vitae selectorum aliquot virorum ...*（London, 1681），p.334。

[69] 参见 Bogeng, *op. cit.*（n.58），pp.71-72。

[70] 关于洛伦佐·皮格诺利亚收藏的亚洲图书，参见 J. P. Tomasino, *V. C. Laurentii Pignorii ... bibliotheca et museum*（Venice, 1632），pp. 25-29。关于他对亚洲的兴趣，参见 *Asia*, II, Bk.I, 89 n.172。他的博物馆里收藏了一幅裴尼里的画像。

[71] E. Alvisi（ed.），*Index bibliothecae Mediceae*（Florence, 1882），p.29. 尊贵的洛伦佐大公（Lorenzo the Magnificent）的医生在其个人图书馆里只收藏有一本斯特拉博和一本托勒密的书，参见 Léon Dorez, "Recherches sur la bibliothèque de Pier Leoni, médicin de Laurent de Medicis," *Revue des bibliothèques*, VII,（1897），91。

[72] 参见 H. Brockhaus, "Ein altflorentiner Kunstverlag," *Mitteilungen des kunsthistorischen Instituts in Florenz*, I（1910），97-98。另见原文第 475 页。

[73] 参见 *Asia*, II, Bk.I, 39-40；另见原文第 463 页。关于美第奇家族收藏的地图，参见第 76 幅插图。

[74] Pearl Kibre, *The Library of Pico*（New York, 1936），pp.109-10.

[75] E. McCurdy（trans.），*The Notebooks of Leonardo*（2 vols. in 1; New York, 1958），II, 1164-68, 1176.

[76] 关于多尼的藏书情况，参见 *La libraria del Doni Florentino: Nella quale sono scritti tutti gl'autori vulgari con 100 discorsi sopra quelli*（Venice, 1550）。

[77] M. Pansa, *Della libraria Vaticana*（Rome, 1590），pp. 318-19. 本书作者在描述教皇西斯科特五世（Sixtus V）接待日本传教士时，把日本传教士称为"三名印度教徒"（"tre Giovani Indiani"，p. 39）。但在其他地方的论述中（pp. 39-46），他称他们为"日本人"。"Indian"这个词的广义含义一直沿袭到 18 世纪。另外，他还提到梵蒂冈图书馆里藏有一幅教皇接待日本传教士的图画。

[78] 参见原文第 528 页。

[79] 比较埃尔·埃斯科里亚尔图书馆的中国藏书（参见本书原文第 47 页）。

[80] L. Dorez, "Recherches sur la bibliothèque du Cardinal Girolamo Aleandro," *Revue des bibliothèques*, VII（1897），57 n. 4.

[81] 参见 Roberto Ridolfi, "La biblioteca del Cardinale Niccolo Ridolfi（1501-50），" *Bibliofìlia*, XXXI（1929），190-93。

[82] H. Cidade and M. Múrias（eds.），*op. cit.*（n.23），I, 361. 据说，正是通过这些书，巴罗斯制定了所谓的"中文字母表"（见原文第 513 页），并将其中一本书称为"um libro da escritura dos Chis"。

[83] 参见 R. Almagià, "La diffusion des produits cartographiques flamands en Italie au XVIᵉ siècle," *Archives internationales d'histoire des sciences*, XXXIII（1954），46。

[84] 参见 J. Delumeau, *Vie économique et sociale de Rome dans la seconde moitié du XVIᵉ siècle*（Paris, 1957），p.29。

[85] 参见 A. Boscaro, *Sixteenth Century European Printed Works of the First Japanese Mission to Europe*

（Leyden, 1973）, p. xii。

[86] 关于这位阿拉伯出版商，参见原文第 463 页。关于温赫的信，参见 J. H. Hessels（ed.），
Abraham Ortelii... epistulae...（1524-1628）（Cambridge, 1887）, p.522。

[87] 参见 Ugo da Como, *Girolamo Muziano, 1528-92: Noti e documenti*（Bergamo, 1930）, pp.193-
95。

[88] 参见 R. Almagià, *Monumenta cartographica Vaticana,*（4 vols.; Vatican City, 1944-55）, III, 1-11。
另见原文第 464 页。

[89] Agostino Saba, *La biblioteca di S. Carlo Borromeo*（Florence, 1936）, pp. 41-48.

[90] 参见本书原文第 51 页及第 237 页。

[91] 关于珍奇物品的收藏，参见 *Asia,* II, Bk. I, 22-30。

[92] 参 见 Theodor Gottlieb, *Büchersammlung Kaiser Maximilians I ...*（Leipzig, 1900）以 及 A.
Lhotsky, *Die Geschichte der Sammlungen*（Vienna, I945）, pp.139-40。

[93] 布劳修斯推测，哈布斯堡图书馆至少藏有图书两万册，如果全部列出的话，维也纳图书馆收
藏的珍稀图书要比梵蒂冈图书馆收藏得多，参见 J. Stummvoll, *Geschichte der österreichischen
Nationalbibliothek*（Vienna,1968）, pp.109-15。

[94] H. Menhardt, *Das älteste Handschriftenverzeichnis der Wiener Hofbibliothek von Hugo Blotius
1576*（Vienna, 1957）, pp.33, 36, 40, 83.

[95] *Ibid.*, p.82; 关于波吉欧的著作，参见 *Asia*, I, 62-63。

[96] Menhardt, *op. cit.*（n. 94）, pp.52, 60, 68, 69.

[97] *Ibid.*, p.69.

[98] 参见鲁道夫二世的布拉格图书馆，见 *Asia*, II, Bk, I, 46-54。需要指出的是，维也纳耶稣学
院的图书馆藏有中国、马拉巴尔以及日本的手稿，不过，还难以知道这些手稿是什么时间
获得的，参见 E. Gollob, "Die Bibliothek des Jesuitenkollegiums in Wien XIII（Lainz）und ihre
Handschriften, "*Sitzungsberichte der philosophisch-historischen Klasse,* CLXI（1909）, Pt. vii, 31。

[99] 参见 Menhardt, *op. cit.*（n.94）, pp.26-27。

[100] Codex 8228, fols 485^r-635^v. 参见 Vienna, National Library, *Ambraser Kunst und Wunderkammer:
Die Bibliothek. Katalog der Ausstellung im Prunksaal 28. Mai bis 30. September 1965*（Vienna,
1965）, p.30, item 33。

[101] 有些地图，可能一开始是阿姆布拉斯图书馆收藏的，现存于国家图书馆地图室，参见 O.
Quelle, "Die ibero-amerikanischen Länder in Manuscriptatlanten des 16. und 17. Jahrhunderts
der Wiener Nationalbibliothek, "*Ibero-Amerikanisches Archiv*, XIII（1939）, 135-38。其中的
一本地图册（Codex ser. nov. 2630 [Ambraser Atlas]）包括 16 世纪末期以来的 12 幅羊皮纸
的海洋和陆地地图，包装精美，这些地图的原版可能是意大利文。关于费利宾·韦尔泽的肖
像，参见 Innsbruck, Katalog, *Oesterreich-Tirol,1363-1963*（Innsbruck, 1963）, pl.21。据推测，
费迪南的图书馆藏有自然史著作 3 430 卷，最后被艺术家格奥尔格·赫夫纳格尔和一些来访

的学者收藏了，参见 G. Händler, *Fürstliche Mäzene und Sammler in Deutschland von 1500 bis 1620*（Strassburg, 1933），pp. 49-50。

[102] 关于海外大发现的信息在德国南部商业城市的传播情况，参见 *Asia*, I, 161-63；关于谢德尔的图书目录，参见 R. Stauber, *Die Schedelsche Bibliothek*（Freiburg, 1908），pp.154-225，特别是第 170 页，第 174 页。

[103] 关于日记摘要，参见 E. P. Goldschmidt, *Hieronymus Münzer und seine Bibliothek*（London 1938），pp.59-97。

[104] 他的图书馆有图书 185 种，主要是古典和文艺复兴时期学者的印刷书籍，参见 *ibid.*, pp.125-38。

[105] 参见 *Asia*, II, Bk. I, 79-80。

[106] 详情参见 *ibid.*, I, 159。

[107] 参见 R. Uhden, "The Oldest Portuguese Original Chart of the Indian Ocean, A. D. 1509," *Imago mundi*, III（1939），7。

[108] 皮克海默的图书馆藏书 276 种，参见 Emile Offenbacher, "La bibliothèque de Wilibald Pirckheimer," *La bibliofilia*, XL（1939），241-63。

[109] 比如，查理五世 1536 年从突尼斯返回后，富格尔家族举行了隆重的欢迎宴会，在大厅里用锡兰（Ceylon）黄樟木燃起炉火，参见 C. B. Petitot（ed.），"Mémoires de Jacques-Auguste de Thou," in *Collection complète des mémoires relatifs à l'histoire de France,*（15vols.; Paris,1824-27），1st ser. XXXVII, 281 n.1。

[110] 一般都误认为雅各布·里奇（Jakob the Rich, 1459—1525 年）是富格尔图书馆的创始人，莱蒙德的弟弟老安顿（Anton the Elder, 1493—1560 年）也是一位藏书家，参见 Paul Lehmann, *Eine Geschichte der alten Fuggerbibliotheken*（Tübingen, 1956），Pt. I. pp. 4-5。

[111] *Ibid.*, chaps.ii-iii.

[112] 参见 Felix F. Strauss, "The 'Liberey' of Duke Ernst of Bavaria.（1500-1560），" *Studies in the Renaissance*, VIII（1961），pp. 128-143。

[113] O. 哈蒂格（O. Hartig）的目录，见 *Die Gründung der Münchener Hofbibliothek durch Albrecht V und Johann Jakob Fugger...* , "Abhandlungen der Königlich-bayerischen Akademie der Wissenschaften, philosophisch-philologische und historische Klasse," Vol. XXVIII（Munich, 1917），pp.180, 185, 190, 192。

[114] 还有另一册未证实的关于印度的手稿，可能是马尔赫里奥（Malherio[?]）的，印刷于 1507 年，参见 *ibid.*, pp.334-38；另见 Strauber, *op. cit.*（n.102），pp.116, 169, 174。

[115] Hartig, *op. cit.*（n.113），pp.61-62, n.4。

[116] *Ibid.*, p.275. 关于巴尔博萨，参见 *Asia*, I, 170。

[117] Hartig, *op. cit.*（n.113），pp.275, 352-56. 该图书馆藏有瓦尔德泽米勒（Waldseemüller）、沃佩尔（Vopell）1556 年、奥提留斯 1564 年以及杰哈德·德·裘德（Gerhard de Jode）1575

年绘制的世界地图。

[118] *Ibid*, p.330-31. 关于巴罗斯的《亚洲》，参见 K. L. Selig, "A German Collection of Spanish Books," *Bibliothèque d'humanisme et renaissance,* XIX（1957），76。富格尔图书馆也收藏了相当数量的西班牙文学作品。

[119] 引自斐科勒（Fickler）的图书目录（1598年），另见 Hartig, *op. cit.*（n.113），p.122。

[120] *Ibid.*, p.348.

[121] 参见 Lehmann, *op. cit.*（n.110），Pt. II, pp.85, 180, 290。

[122] *Ibid.*, pp.203, 209, 313.

[123] 关于古典希腊文和拉丁文书籍，参见 *ibid.*, pp.85, 101, 109, 118, 123, 140, 176, 181,183, 202, 223, 240, 285, 290; 关于文艺复兴时期的书籍，参见 *ibid.*, pp.199, 264, 275, 346, 348, 367, 428。

[124] *Ibid.*, pp.184-85

[125] 参见 L. Bagrow, "A Page from the History of the Distribution of Maps," *Imago mundi*, V（1948），57-59。

[126] 引自 A. Ehrman and B. Pollard, *The Distribution of Books by Catalogue from the Invention of Printing to A.D. 1800*（Cambridge, 1965），p.80。

[127] 参见 M. Sondheim, "Die Bibliothek des Hans Sachs," *Sondheims gesammelte Schriften*（Frankfurt, 1927），pp. 259-60。另见本书原文第 342 页。

[128] 参见 K. H. Burmeister , *Sebastian Münster*（Basel, 1963），pp.135-40。关于约翰内斯·斯泰格尔（Johannes Steiger, 1518—1581年）图书馆作为学者活动中心的情况，参见 C. F. de Steiger, "Die Bibliothek des Berner Schultheissen Johannes Steiger," *Stultifera navis*, X（1890），44-54。另参见 J. Wicki, "Der älteste deutsche Druck eines Xaveriusbriefes aus dem Jahre 1545, ehemals im Besitz des Basler Humanisten Lepusculus," *Neue Zeitschrift für Missionswissenschaft*, IV（1948），105-9。这是一部关于"印度传教"的书，写于 1544 年，后来翻译成德语，并于 1545 年在巴塞尔出版。本卷上写着献给巴塞尔的希腊语和希伯来语教授塞巴斯蒂安尼·勒普斯卡里（Sebastiani Lepusculi）字样。

[129] 参见本书原文第 51 页，另见 J. E. Bay, "Conrad Gesner, the Father of Bibliography," *Papers of the Bibliographical Society of America*, X, Pt.2（1916），63-64。

[130] 关于格斯纳的游历，参见 H. Fischer et al., *Conrad Gessner, 1516-1565, Universalgelehrter, Naturforscher, Arzt*（Zurich, 1967），pp.9-32。

[131] Pp.131^v and 192^v. 格斯纳的第一版副本以及《附录》由汉斯·威德曼（Hans Widmann）1966 年在奥斯纳布吕克（Osnabrück）出版。

[132] 比较巴塞尔的出版家约翰内斯·奥普吕纳斯（Johannes Oporinus）1552 年在其书店的图书出售书目。该书目上有 700 多册图书，除 6 册外，其余的全是拉丁文和希腊文著作，参见 M. Steinmann, *Johannes Oporinus*（Basel and Stuttgart, 1967），p.60。

[133] *Bibliotheca instituta et collecta primum a Conrado Gesnero ... locupletata ... per Iosiam Simlerum Tigurinum*（Zurich, 1574），pp.154-55, 344, 393. 1583 年的 J. J. 弗里斯的版本更为全面，但西姆勒编写的那一版印刷更为精确。

[134] *Collectio in unum corpus omnium librorum ... qui in nundinis Francofurtenibus ab anno 1564, usque ad nundinas autumnales anni 1592 ... venales extiterunt: desumpta ex omnibus Catalogis Willeranis singularum nundinarum ... melioroque ratione quam hactenus disposita ...*（Frankfurt, 1592）.两年前，巴萨尤斯曾编印了一本异国植物图画集。关于法兰克福书展目录的更多情况，参见 Ehrman and Pollard, *op. cit.*（n.126），chap.iii。

[135] *Ibid.*, pp.304, 307, 314, 320, 322. 关于植物学著作，另见原文第 433-439 页。

[136] *Ibid.*, pp.346, 352, 369, 375, 382, 384, 385, 391, 392, 393, 398, 406, 409, 420. 关于开姆尼茨，参见本书原文第 346 页。

[137] *Ibid.*, pp.272, 273, 274, 280, 281-82, 284-85, 299-300, 318-19. 仅从这一目录，很难进一步确定是否有《卡利卡特及其他王国历史：印度的土地和印度洋的岛屿》这本书。

[138] *Ibid.*, pp.19, 25, 30, 33, 35, 36, 38, 39, 55, 61.

[139] 但是，同时也应当指出，该目录上没有英语或荷兰语图书。

[140] 关于莱比锡图书业的衰落情况，参见 Albrecht Kirchhoff, "Die Leipziger Büchermesse von 1550 bis 1650," *Archiv für Geschichte des deutschen Buchhandels*, XI（1888），183-203。 目录的日期标的是 1548 年、1551 年和 1558 年。当时，莱比锡的书商存有很多明斯特的宇宙学以及托勒密的地理学著作，各种规格的都有，此外还有大量的自然科学著作。但是，正如我们可以想见的，他们的仓库里堆放更多的是宗教和圣经书籍。因此，目录中的 "6 Schiffart Vartomann in 4°" 与其他书目相比，就显得特别引人注目。关于这些书目中所列的瓦尔塔马的著作，参见 Albrecht Kirchhoff, "Leipziger Sortimentshändler im 16. Jahrhundert und ihrer Lagervorräte," *ibid.*, 216, 260. 莱比锡书展的第一份印刷版图书目录是海宁·格罗斯（Henning Gross）在 1594 年发布的，参见 Ehrman and Pollard, *op. cit.*（n.126），p. 82。

[141] 格奥尔格图书馆是从 16 世纪一直延续到 20 世纪的图书馆之一，对这一图书馆的研究，参见 K. Haebler, *Deutsche Bibliophilen des 16. Jahrhunderts: Die Fürsten von Anhalt, ihre Bücher und Bucheinbände*（Leipzig, 1923），pp.1-25, 44-47, 64, 67-70。

[142] 参见 G. Klemm, *Zur Geschichte der Sammlungen für Wissenschaft und Kunst in Deutschland*（Zerbst, 1837），p.177. 关于德累斯顿博物馆的情况，参见 *Asia*, II, Bk.I, 24。

[143] 参见 G. A. E. Bogeng, *op. cit.*（n.58），pp.210-11. 布鲁塞尔图书馆于 1731 年被烧毁。

[144] 参见 Anon, "Old inventories of Maps," *Imago mundi*, V（1948），18-20. 1567 年的那幅地图可能是威尼斯印制的加斯塔尔迪地图。关于 1607 年阿姆斯特丹柯内利斯·克莱斯（Cornelis Claesz）书店销售的地图，参见 A. A. van Schelven, " Een catalogus ...," *Het Boek*, XI,（1922），pp. 329-34。

[145] 关于现存于贝桑松市（Besançon）图书馆的一份未发表的 1607 年的图书目录，参见 M.

Piquard, "La bibliothèque d'un homme d'état au XVIe siècle," *Mélanges d'histoire du livre ... offerts à M. Frantz Calot*（Paris, 1960），pp. 227-35。

[146] 布雷得罗德是乞丐党的领袖之一，1566 年，他反对菲利普二世的镇压政策及其代理人，1567 年逃亡到德国，并终老在那里。很显然，他的城堡和图书被没收。关于他的藏书，参见 C. R., "Inventaire des meubles et effets du château de Vianen en 1567", *Le bibliophile belge*, 3d ser, IX（1874），106-14, 274-79。我认为"里斯本商业贸易中心图画"是一幅雕刻画，因为还有一幅是为福克特夫人画室制作的，有记录在案。

[147] 参见 G. B.C. Van der Feen, "Noord-nederlandsche boekerijn in der 16^e eeuw," *Het Boek*, VII（1918），81-92, 318-34; VIII（1919），219-24。

[148] 参见 C. Koemans, *Collections of Maps and Atlases in the Netherlands, Their History and Present State*（Leyden 1961），p.20; 关于布劳恩，参见 *Asia*, II, Bk. I, 88-89。

[149] 其中 5 本中国书以及他的 *Doctrina Christiana lingua Malabarica...*（Goa, 1577）后来被莱顿大学图书馆收藏，参见 E. Spanheim, *Catalogus...*（Leyden, 1674），pp.256, 258。

[150] 参见 Reiffenberg, "Bibliothèque de Joseph Scaliger," *Le bibliophile belge*, IV（1847），229-30。关于斯卡利杰尔的肖像，参见第 36 幅插图。

[151] Koemans, *op. cit.*（n.148），p.27.

[152] 参见 E. Hulshoff Pol, "The Library," in Th. H. Lunsingh Scheurleer and G. H. M. Posthumus Meyjes（eds.），*Leiden University in the Seventeenth Century: An Exchange of Learning*（Leyden 1975），pp.406, 416-17, 455。豪特曼（Houtman）1597 年从爪哇返回后，将这部棕榈叶手稿捐赠给图书馆，也可参见第 37 幅插图。

[153] 参见 Leon Voet, *The Golden Compasses: A History and Evaluation of the Printing and Publishing Activities of the Officina Plantiniana at Antwerp*（2 vols.; Amsterdam, 1969），I, 338-44, 350-52。

[154] *Ibid.*, pp.367-68.

[155] 参见 L.Voet, "Les relations commerciales entre Gerard Mercat et la maison Plantinienne," *Duisburger Forschungen*, VI（1962），221-24。

[156] 引自墨卡托 1596 年 3 月 26 日的信函，见 J. H. Hessels（ed.），*op. cit.*（n.86），p.682。墨卡托的图书馆于 1604 年在莱顿售出。托马斯·巴桑（Thomas Basson）曾为此编制了一个图书目录，但至今没有下落，参见 B. Van't Hoff, "De catalogus van de bibliothek van Gerard Mercator," *Het Boek*, XXXV（1961-62），25-27。

[157] 关于该图书馆的藏书情况，现有两份图书目录，分别是 1518 年和 1544 年的目录。参见 H. Omont, *Anciens inventaires et catalogues de la Bibliothèque nationale*（5 vols.; Paris, 1908-21），I, 1-256。

[158] *Ibid.*, p.7.

[159] *Ibid.*, p.51. 这幅航海图可能是纪尧姆·佩里西埃（Guillaume Pelicier）为国王弗朗西斯一世

搞到的，纪尧姆是国王驻威尼斯的使节，他自己的图书馆里有一幅亚洲地图和一本意大利语的关于葡萄牙人的书。参见 H. Omont, "Inventaire de la bibliothèque de Guillame Pelicier, évêque de Montpelier（1529-1568），" *Revue des bibliothèques*, I,（1891），161—172。

[160] 参见 Omont, *op. cit.*（n.157），I, 285-466。

[161] 参见 E. Quentin-Bauchart, *La bibliothèque de Fontainebleau et les livres des derniers Valois à la Bibliothèque nationale*（Paris, 1891），pp.128, 139。

[162] 关于书籍，参见 Omont, *op. cit.*（n.157），I, 446, 447, 466; 关于地图，参见 E. Bonaffé, *Inventaire des meubles de C. de Medicis en 1589*（Paris, 1874），pp.65-66。

[163] Quentin-Bauchart, *op. cit.*（n.161），p. 169. 关于比利，参见本书原文第 105 页。

[164] 菲利普·凡·温赫 1585 年在巴黎的时候，注意到皇家奇珍馆馆长、宇宙学家安德烈·赛弗特"手中拿着一本关于岛屿的书"，参见温赫1590年9月1日致奥提留斯的信函，见 Hessels（ed.），*op. cit.*（n.156），p.444。

[165] Omont, *op. cit.*（n.157），I, 289.

[166] 参见 J.P. Seguin, *L'information en France, de Louis XII à Henri II*（Geneva, 1961），p.107。

[167] 详情参见本书原文第 275 页。

[168] 参见本书原文第 264 页。

[169] 关于该图书目录，参见 Gabriel Austin, *The Library of Jean Grolier: A Preliminary Catalogue*（New York, 1971），pp.45-81, 特别参见条目 148, 221, 223, 228, 403, 423a, 452, 454, 527。

[170] M. Connat and J. Megret, "Inventaire de la bibliothèque des Du Prat," *Bibliothèque d'Hiimanisme et renaissance,* III（1943），84, 86, 88, 103,108, 109, 113. 另见关于让·勒·法龙（Jean Le Feron）图书馆的讨论，见 R. Doucet, *Les bibliothèques parisiennes au XVIᵉ siècle*（Paris, 1956），以及对红衣主教格朗维尔图书馆的讨论，见 M. Piquard, *loc. cit.*（n. 145），pp. 227-35。

[171] 尼科死后没有直接的继承人，他的藏书也随之流散。目前他的有些书保存在巴黎和哥本哈根的图书馆。相关讨论，参见 G. Le Gentil, "Les français en Portugal, " *Bulletin des études portugaises,* I（1931），3; and Matos, *Les portugaises en France au XVIᵉ siècle*（Coimbra, 1952），pp.96-99。另见本书原文第 33 页。

[172] 蒙田的藏书流传至今的只有 76 册，其中 31 册是历史著作，参见 P. Bonnefon, "La bibliothèque de Montaigne," *Revue d'histoire Littéraire de France,* II（1895），314-17.

[173] 参见本书原文第 12 页。

[174] Bonnefon, *loc.cit.*（n.172），pp.314, 341.

[175] *Ibid.*, pp.355-56.

[176] 参见 Pierre Villey-Desmeserets, *Les livres d'histoire moderne utilisés par Montaigne...*（Paris, 1908），pp.238-48.

[177] 参见 S. F. Baridon, *Inventaire de la bibliothèque de Pontus de Tyard*（Geneva, 1950），pp.34, 35, 40。皮埃尔·卡巴特（Pierre Cabat）是巴黎的一个书商，他的个人藏书中有一本塞尼

厄尔·德·维拉蒙特（Seigneur de Villamont）的《塞尼厄尔·德·维拉蒙特航海行纪》（*Les voyages du Seigneur de Villamont,* 巴黎，1596 年），参见 A. H. Schutz, *Vernacular Books in Parisian Private Libraries of the Sixteenth Century According to the Notarial Archives*（Chapel Hill, N. C., 1955），p.72。关于其他小型图书馆，参见 U. D. Ilic, "Book Ownership in Sixteenth-Century France: A Study of Selected Notarial Inventories"（M. A. thesis, Graduate Library School, Unviesity of Chicago, 1967）。

[178] 参见本书原文第 294-295 页。

[179] 关于德·图的生平，参见 C. B. Petitot（ed.）, *loc. cit.*（n.109），pp.189-530。另见 J. Collinson, *The Life of Thuanus with Some Account of His Writings*（London, 1807），pp.238-40。 以 及 Antoine Teissier, *Les éloges des hommes savans, tirez de l'Histoire de M. de Thou*（4 vols.; Leyden, 1715），*passim.*

[180] *Catalogus bibliothecae Thuanae, a clariss. viv. Petro et Iacobo Puteanis, ordine alphabetico primum distributis ...*（Paris, 1679）. 很明显，就连德·图自己也不知道收藏了多少册图书。根据巴黎国家图书馆的手稿分类目录，哈里斯（Harrisse）推测德·图的藏书 1617 年时有 6 600 卷，1643 年时有 8 000 卷，1653 年时有 11 000 卷，1659 年时有 13 000 卷，1679 年 时 有 13 178 卷。 参 见 H. Harrisse, *Le Prèsident de Thou et ses descendants, leur célèbre bibliothèque ...* ,（Paris, 1905），pp.73-74。

[181] *Catalogus*（n.180），pp.5, 6, 7-9, 31.

[182] 参见 Sears Jayne, *Library Catalogues of the English Renaissance*（Berkeley and Los Agneles, 1956），p.39。

[183] 参见 E. G. R. Taylor, *Tudor Geography, 1485–1583*（London, 1930），p. 25。关于游记文学的英译情况，参见 *Asia*, I, 189, 209-15, 477-82。

[184] 参见 Taylor, *op. cit.*（n.183），pp.35-36。史密斯可能藏有巴罗斯的葡萄牙语版《亚洲》前三卷，其中第三卷 1563 年在里斯本出版；或者他藏有 1562 年在威尼斯出版的由阿方索·乌路亚（Alfonso Ulloa）翻译成意大利语的前两卷。

[185] G. T. Warner（ed.）, "The Library of James VI, 1573-83," *Miscellany of the Scottish Historical Society*（Edinburgh），I（1893），xxxi, xxxvii, xliv.

[186] 关于弗洛比谢尔购买这些书和航海工具的账单，见 D. W. Waters, *The Art of Navigation*（London, 1958），pp.530-31。

[187] 参见 *ibid.*, p.536。

[188] 参见 P. J. French, *John Dee: The World of an Elizabethan Magus*（London, 1972），pp.24-25。另见原文第 471-473 页。

[189] *Ibid.*, pp.28-32.

[190] *Ibid.*, pp.36-40.

[191] *Ibid.*, pp.43-44.

[192] 关于迪的图书馆手稿目录，参见 Taylor, *op. cit.*（n.183），pp.191-92。

[193] 参见英国图书目录，其中包括迪图书馆的藏书，收入 Taylor, *op. cit.*（n.183），pp.193-243。

[194] 参见 S. Jayne and F. R. Johnson, *The Lumley Library: The Catalogue of 1609*（London, 1956），pp.2-9.

[195] *Ibid.*, items 132, 245a, 293.

[196] *Ibid.*, items 1258, 1260, 1269.

[197] *Ibid.*, items 1074, 1077, 1107, 1128, 1157, 1205, 1273, 1363, 1364, 1386, 1404, 1428.

[198] *Ibid.*, items 978, 1103, 1104, 1107, 1272.

[199] *Ibid.*, items 999a, 1801.

[200] 参见 Virginia F. Stern, "The Bibliotheca of Gabriel Harvey," *Renaissance Quarterly,* XXV（1972），1-62; 以及 Robert H. McDonald（ed.），*The Library of Drummond of Hawthornden*（Edinburgh, 1971）。

[201] 引自 F. O. Matthiessen, *Translation: An Elizabethan Art*（Cambridge, Mass., 1930），pp. 25-26。

[202] 参见本书原文第 295-296 页。

[203] 关于伊拉斯谟的图书馆，参见 "Die Bibliothek des Erasmus, " in *Gedenkschrift zum 400. Todestage des Erasmus von Rotterdam*（Basel, 1936），228-259。现代作者中只有少数人的著作，比如莫尔的《乌托邦》出现在这份目录上。令人奇怪的是，这份目录清单上没有提到戈伊斯送给伊拉斯谟的书（参见本书原文第 19-20 页）。很可能是这些图书弄丢了，或者认为它们没有价值。

[204] 关于《博洛尼亚人卢多维科·迪·瓦尔塔马游记》翻译成其他语种的详细情况，参见 *Asia*, I, 165-66。

[205] 关于欧洲在亚洲的图书出版情况，参见原文第 496-500 页。

附录

16世纪关于亚洲的图书

图书名称	收藏者	收藏数量
Marco Polo	King Manuel（two manuscripts）	
	Colombina（copies in Latin, Spanish, and Venetian）	
	Ercole Este	
	Borso Este（a pre-1467 copy）	
	Mirandola（"the overland travels of Marco Polo and Odoric of Pordenone"）	
	Hofbibliothek（manuscript）	
	Wittelsbach（manuscript）	
	Francis I（copies in French and Italian）	
	De Thou	
	Dee	
	Lumley	12
Mandeville	Ercole Este	
	Da Vinci	
	Doni	
	Henry III	
	De Thou	
	Dee	
	Lumley（printed copies in Italian, [Venice. 1537], in English [1568], and a manuscript in English）	7
Corvinus' Cosmographia	Colombina（edition of 1496）	
	Münzer（Basel, 1496）	2
Aeneas Sylvius Piccolomini（Pius II）, Historia	Colombina	
	Doni（edition of 1461）	
	Münzer（Venice, 1477）	3
Foresti da Bergamo, Supplementum Chronicarum	Ercole Este	
	Ulrich Fugger（edition of 1485）	
	Francis I	3

续表:

图书名称	收藏者	收藏数量
Madrignano, *Itinerarium Portugalensium*	Borromeo（Latin edition: Milan 1508）	
	Pirckheimer（Latin edition: Milan, 1508）	
	De Thou	
	Dee	
	Lumley	5
Varthema, *Itinerario*	Colombina（edition of 1510）	77
	Doni	
	Hans Sachs（German edition, [Augsburg, 1515]）	
	Leipzig Book Fair（18 copies in German）	
	De Thou	
	Dee	
	Lumley	7
Letters of King Manuel	Colombina（"three of the published letters"）	
	Schedel（"the letters to Leo X on the conquest of Malacca"）	
	Wittelsbach-Duke Ernst（Rome, 1513）	3
Buffereau, *Le mirouer du monde*	Colombina（French edition of 1517）	1
Maximilian of Transylvania, *De Moluccis insulis*	Lumley（Latin edition, [Cologne, 1523]）	1
Pigafetta, *Itinerario*	Federico Gonzaga（"summary"）	
	Frankfurt Book Fair	
	Nicot	3
Novus Orbis[1]	Montano（Descriptio novi Orbis）	
	Diogo de Murça（Basel, 1532[?]）	
	Grolier（edition of 1537）	3
Oviedo, *Historia general*	Colombina（first five books）	
	Montano（first part）	
	Barahona de Soto	
	Federico Gonzaga	
	De Thou	
	Dee	6

续表:

图书名称	收藏者	收藏数量
Góis	Colombina	
	Wittelsbach（"two books by Góis"）	
	Ulrich Fugger（"Góis' collected works," edition of Antwerp, 1544）	
	De Thou	
	Lumley	5
Castanheda, *História*	Colombina（editions of 1551 and 1554[?]）	
	Barahona de Soto（Spanish edition of the first book, [Antwerp], 1554[?]）	
	Frankfurt Book Fair（Italian edition: Venice, 1577）	
	Henry III（French edition of 1553, Spanish edition of the first book, [Antwerp, 1554]）	
	Nicot（copy in French）	
	Montaigne（copy in French）	
	De Thou（copies in Portuguese, French, and Italian）	
	Dee（copy in Italian）	
	Lumley	9
Barros, *Asia*	Proto-Fuggerana	
	Wittelsbach-Duke Ernst	
	Wittelsbach-Duke Ernst（Lisbon, 1552-3）	
	Nicot（the first and second decades）	
	De Thou（copies in Portuguese and Italian）	
	Smith	
	Dee	
	Lumley（copy in Italian）	8
Ramusio, *Delle navigationi et viaggi*	Bréderode（at least one volume）	
	De Tyard（third volume only）	2
Camoëns, *Lusiads*	Later Kings of Portugal（1572）	
	Barahona de Soto	2
Ortelius, *Theatrum orbis terrarum*	Diogo de Azambuja（copy in Spanish）	
	Borromeo	
	Wittelsbach-Duke Ernst（edition of 1570）	
	Van Marinix,（edition of 1575）	
	Dee	5

78

续表：

图书名称	收藏者	收藏数量
Jesuit Letterbooks	Later Kings of Portugal	
	Barahona de Solo（"two Jesuit letterbooks on the mission to Japan"）	
	Muziano（Avvisi della Cina et Giappone）	
	Frankfurt Book Fair（ten copies in Latin; several copies in German; *Avisi della Cina e Giappone dell' anno 1586*（Antwerp, 1588-9）	
	Catharine de' Medici（"Chinese letters"）	
	De Tyard（"a book of letters from Japan"）	
	De Thou（"a number of Jesuit letterbooks"）	
	Dee	
	Lumley（"a representative collection of Jesuit letterbooks and histories"）	9
Maffei, *Historiarum Indicarum*	Frankfurt Book Fair（three separate editions）	
	De Thou	
	Dee	
	Lumley	4
Osório, *Res gestae Emmanuelis*	Barahona de Soto	79
	Wittelsbach-Duke Ernst	
	Frankfurt Book Fair（copy in French, [1581] and Latin edition, [Cologne, 1574]）	
	Montaigne（Cologne, 1574）	
	De Thou	
	Dee（two copies）	
	Lumley	7
Mendoza, *Historia*	Frankfurt Book Fair（copy in German, 1589）	
	Lumley（copy in Latin）	2
Linschoten, *Itinerario*	Diogo de Azambuja	1

注释：

[1] 其他书目中没有明确记载，但可能就是《新世界》。

第二部分

欧洲各民族文学

引　言

　　葡萄牙探险亚洲发现的史料、动机和观念，融进了 16 世纪欧洲各民族文学的发展过程当中。从亚历山大传奇和从欧洲中世纪流传下来的印度寓言中提炼出来的主题，在 16 世纪作家笔下被赋予更多的现实色彩。和用拉丁文创作、追求人文主义思想的作家不同，用民族语言创作的欧洲作家喜欢让他们的传奇故事、诗歌、小说笼罩上异域情调的氛围。亚洲的地理、人文和物产，尽管有很多不为欧洲读者所知，仍然成了欧洲作家常用的意象，这些意象使他们的诗句和场景更加新奇、高雅，更具有异域的吸引力。在 16 世纪，东方作为浪漫传奇的背景也吸引了富有想象力的诗人和小说家，而且，东方从纯粹想象中的国度逐渐变得真实可感，那里的人民智慧勤劳，品德高尚。尤其是中国，中世纪的欧洲谓之契丹，更是成为欧洲各国文学盛赞的对象，认为中国有着当时世界上最悠久的历史，是一个楷模。

　　对亚洲感兴趣的主要是欧洲各国的文人学士，但他们的看法并不一致。那些致力于东方扩张的国家，对军费、道德和扩张必要性的论争，遮蔽了对胜利和希望的描写。法国和意大利的文学界、知识界对东方扩张的兴趣要比其他国家强烈，因为它们是文艺复兴运动的中心，而且相对来说没有直接卷入东方扩张所带来的物质利益纠葛当中。在葡萄牙，"征服"亚洲的故事成为史诗的主题，而相比之下，欧洲其他国家的反应则不那么直接和强烈，更多的是一种间接的波及。有关东方的新知识，从伊比利亚传播到意大利、法国和北欧，对欧洲世俗文学的发展产生了重要的影响，同时也大大地丰富了历史描写的内涵，给政治理论提供了比较的视野。到了1600年，东方的各个层面成了欧洲文学创作和学术研究不可分割的一部分。

84

第三章　继承的主题

　　16世纪的欧洲文学界需要将其文学传统和对亚洲的认识与塑造融合起来。1500年之前从亚洲特别是从印度传到欧洲的文学主题和故事传说，已经形成一种想象定势。印度的婆罗门智慧、简朴，是纯粹的苦行僧，受到亚历山大和亚里士多德的称颂。印度是一个黄金般的国度，那里有亚马逊女战士（Amazons），怪物与恶魔穿行，充满着魔力和神秘。在那里，不仅奇闻轶事、奇才神怪司空见惯，而且人们也期待这样的神怪和事物出现。在情节复杂、道德高尚的故事中，主角总是印度的统治者、贵族和贤哲，中国在1400年之前对于欧洲人来说过于遥远。欧洲对中国有不同的称谓，其中之一就是"丝人国"。方济各会修士的书信、《马可·波罗游记》、《曼德维尔游记》在15世纪勾画出一个名叫契丹的国家，那是一个遥远的国度，有着巨大的财富、智慧的人民、悠久的历史，足以和古老的印度形象争雄。在16世纪葡萄牙人发现东方之前，欧洲人对东南亚诸国或日本，所知甚少。

第一节　中古时期的典籍

与中国不同，印度和西方在最古老的典籍中从来就没有完全割断过联系。[1]
在描绘社会生活的史诗时代，希腊的荷马史诗和印度的吠陀文学有诸多相似之
处。比如，《荷马史诗》和《摩诃婆罗多》（*Mahābhārata*）描写的都是用战车
打仗的场景，而不是骑兵或步兵之间的厮杀，我们知道《摩诃婆罗多》是印度
两大史诗中较为古老的一部。[2] 波斯国王大流士（Darius the Great）早在公元
前 6 世纪就让印度人和希腊人有了首次的直接接触，此后，印度和希腊文学界
的联系不断增多，东方故事和西方传说通过波斯帝国向外传播。在埃斯库罗斯
（Aeschylus，公元前 525—前 456 年）的《祈援人》（*Suppliants*）中，国王说了
这样一段话："此外，我还听说过印度，那里的女人骑骆驼，骑马……印度和埃
塞俄比亚接壤。"[3]

希罗多德（Herodotus）出生于传统节日释迦牟尼（Gautama Buddha）涅
槃的前一年（公元前 484 年），他的《历史》可能借鉴了《本生经》（*Jātaka*）
中佛陀诞生的有关传说。[4] 信使讲给希罗多德听的印度掘金蚁的故事，可能是
对梵语词汇 pipīlaka 的误解，这个词和淘金有关，也令人想到蚂蚁打洞掏出来
的土。[5] 希罗多德吸收了很多当时流行的关于印度的传说，如印度南部的人皮
肤黝黑，并且和埃塞俄比亚人有交往。这种说法一直到 16 世纪都在欧洲广为
流传。[6]

古希腊时代的一些学者认为哲学源于印度，毕达哥拉斯哲学的某些原理和
印度的宗教诫条很相似，最近一些研究希腊和印度思想的学者也持类似的看法。
在希腊观念中，灵魂转世通常和毕达哥拉斯（Pythagoras，大约出生于公元前
580 年）联系在一起。希罗多德认为灵魂转世源自埃塞俄比亚，尽管埃塞俄比
亚是否信仰灵魂转世还尚无定论。在描写印度部落时，希罗多德还注意到一个
现象："印度人不杀生，不播种，不住在房子里，吃素食。"[7] 虽然灵魂转世很
可能源于印度而非埃塞俄比亚，但至今仍没有证据证明毕达格拉斯借鉴了印度
的思想，[8] 即便他被称为古希腊时期的"佛教导师"。[9] 由于古希腊时期对灵

魂转世深信不疑，现代的学者一直试图从印度方面为其寻找根源。即便是柏拉图，他的《理想国》（*Republic*）里从来没有提到过印度，也被视为印度知识的先驱者，部分原因可能是他在这部著名的乌托邦著作中使用了一则寓言，描述脱离了肉体的灵魂如何选择他们投胎转世的形态。[10]

　　大约公元前 400 年，希罗多德著作的评论家尼多斯的克特西亚斯（Ctesias of Cnidus）写了两部著作，一部是《波斯》（*Persica*），另一部是《印度》（*Indica*），后者是欧洲第一部关于印度的专著。虽然克特西亚斯在波斯的苏萨（Susa）宫廷待了二十年之久，但他关于欧洲对印度的认识并没有增添太多的新知识。他的《印度》一书的部分内容在弗提乌斯（Photius，约 820—约 891 年）和其他人删节本的著作中保存下来，[11] 基本上都是一些寓言故事，描写了怪异的印度人和奇异的印度动物。这些耸人听闻的传说有些可能来源于印度故事和印度宗教，有些来自西拉科斯（Scylax）公元 6 世纪的报道，西拉科斯是希腊人，当时在波斯供职。克特西亚斯提到的那些奇怪的印度人，还有其他更理智的希腊评论家谈及的印度人，都是些侏儒，没有鼻子，睡眠香甜，脚往后长，他们是食人族，把巨大的脚当伞用。[12] 克特西亚斯提到的印度动物，除了大象、胡狼和鹦鹉外，不是太玄虚，就是描述得太模糊，根本无法辨认出来。他对植物的描写相对来说清晰得多，容易辨认出来。在一些古典作家看来，《印度》一书只不过是克特西亚斯夸张的杜撰。[13] 尽管如此，老普林尼仍然把其中许多夸张的故事传播给后世作家，而他们则根据自己的需要，将其改头换面，写进自己的作品。

　　印度寓言和希腊寓言之间的关系问题引起了学术界长期的讨论，至今仍然莫衷一是。希罗多德认为希腊故事来自"伊索（Aesop）寓言"，[14] 据说伊索生于公元前 620 年，公元前 560 年去世。现代学者，特别是那些致力于寓言和神话传播的学者，指出伊索寓言和《本生经》及印度其他寓言故事有着共同之处。有些人认为这些故事是通过口头方式从印度传播到希腊的；有些人认为恰好相反，是从希腊传播到印度的；还有人指出埃及或小亚细亚（Asia Minor）的吕底亚（Lydia）① 是希腊故事和印度故事的共同来源。由于整个事件是建立在推测基

———————————

① 吕底亚是小亚细亚西部的一个富庶古国。——译者注

础上的，缺乏口头传播或翻译过来的确凿证据，因此，在如此早的历史时期，希腊和印度寓言之间究竟是有过交流传播，还是各自独立发展的，就成了一个悬而未决的问题。[15] 此后，特别是中世纪晚期结集成伊索寓言的故事集，很明显有印度故事影响的痕迹。[16] 从这个例子可以推断出，在公元 1 世纪下半叶，也就是印度和西方相互交往的年代，欧洲和印度的寓言故事可能有过交流，也正是在这一时期，巴布里乌斯（Babrius，公元 1 世纪下半期）编写了韵文故事集《伊索寓言》，[17] 但至今我们仍然难以证明某一篇希腊寓言直接或间接地受到了印度故事的影响。[18]

公元前 326 年到公元前 324 年亚历山大大帝对印度的远征，第一次让印度次大陆和小亚细亚、希腊有了直接的联系。一旦推倒了隔绝之墙，希腊就和印度北部的商业巨子及王室建立了长久、密切、富有成效的联系。通过亚历山大大帝的历史学家和麦伽斯梯尼（Megasthenes）的记述，希腊人与叙利亚人（Syrian）对印度王室的高雅文化和优裕生活有了真切生动的了解。麦伽斯梯尼写道："印度在很多方面都和希腊十分相似"，他观察到，"印度人像柏拉图一样，将灵魂中不道德的东西编织进寓言故事"。在印度，地位最高的是"哲学家"，包括婆罗门（Brahman）和沙门（Sramana），他们奉行苦修，笃信教义。[19] 这些敏锐的见解经后来的历史学家，如狄奥多洛斯·西库鲁斯（Diodorus Siculus，公元前 1 世纪下半叶）、斯特拉波（Strabo，约公元前 63—公元 21 年）、阿里安（Arrian，公元 96—公元 180 年）等人，保存并流传下来。[20] 但他们对印度基于现实的描绘并没有取代当时流行的对印度的认识，在当时欧洲人的观念中，印度是东方的一个热带国家，那里居住着野蛮部落，生活着各种可怕的怪兽。这种认识是从公元前 3 世纪中期有关印度的书籍中得来的，并形成了西方人对于印度的定型化认识。[21] 和当时的其他诗人一样，相对于印度的现实，维吉尔（Vergil，公元前 70—前 19 年）更感兴趣的是印度的神话，他把印度人称为"东方的埃塞俄比亚人"。[22]

从公元前 1 世纪到罗马帝国陷落，印度和地中海国家的关系，由于商贸和外交而进一步加强。但拉丁作家只是在希腊和印度、中国的商业贸易方面增加了知识，而对东方文明的认识依旧止步不前。[23] 在安条克（Antioch）、罗马和亚历山大城出现了一些印度人，其中有些可能是佛教徒，[24]他们促进了西方哲学家对印度哲学和宗教的了解。这些基督纪年初期的哲学家对希腊的理性主义不满，于是便把目光投向东方，希望在东方找到一个更亲切、更纯粹的上帝。新柏拉图主义者、诺斯替教徒（Gnostic）、摩尼教徒（Manichean）显然受到印度哲学和佛教思想的吸引。早期教会作家希波吕托斯（Hippolytus）就在他的《哲学》（*Philosophoumena*，约公元 230 年）中专辟一章，驳斥婆罗门教的异端邪说。但对印度现实知识的增加，以及印度教和佛教训条向欧洲的渗透，都没有让西方人把印度的神话和现实区分开来，也没有改变欧洲人对印度的传奇认知方式。

后来对印度感兴趣的作家中最重要的要数老普林尼（公元 23—79 年），他的《自然史》是一部百科全书式的巨著，涉及地理、人种学、人类学、生理学、动物学和其他多种学科，很早就被认为是一个重要的信息来源。老普林尼对印度的记述来自当时能够找到的希腊书籍和当时商人的一些报告。[25]对于那些描述印度的希腊作家，老普林尼这样写道："此处无法详述他们的观点，他们的记述太宽泛而又不太可信。"但他又继续引用他们的记述，用他们的例子来佐证他对"奇异种族"、印度各阶层和奇妙动植物的描述。伊良（Aelian，公元 2 世纪是其影响最大的时期）在他的《动物的特性》（*On the Peculiarities of Animals*）中谈到印度的各种鸟类和动物，[26]卡尤斯·尤利乌斯·索利努斯（Caius Julius Solinus，公元 3 世纪上半叶是其影响最大的时期）根据老普林尼的《自然史》和旁波尼乌斯·梅拉的地理著作，编写了他的《世界博览》（*Collectanea rerum memorabilum*）。

基督教作家不愿意毫无保留地接受非基督教作家对印度的记述。也许是考虑到圣奥古斯丁（St. Augustine）的观点，关于印度的古老故事迅速基督教化了。圣奥古斯丁曾说，上帝可能是有意创造了"怪异的民族，因而，基督徒中夹杂着一些奇怪的种族，不应该归咎于上帝的过失"。[27]公元 5 世纪《生理论》（*Physiologus*）或《自然主义者》（*The Naturalist*）的编撰者们，把老普林尼、伊良、索利努斯描述的奇异动物故事，改编成基督教讽喻故事。相应地，中世纪的动物寓言中动物的造型、道德内涵以及象征意义，都来自《生理论》。从这

90

些动物寓言中提取出来的故事，成了中世纪知识的一部分，其中有些故事被用在了后来修订的《伊索寓言》和亚历山大传奇当中。

早期的希腊文化中有很多"善良的婆罗门"，后来的作家进一步丰富了这些形象，并把他们基督教化了。[28]新毕达哥拉斯学派哲学家台阿纳的阿波罗尼乌斯（Apollonius of Tyana，公元1世纪是其影响最大的时期）是第一个不是出于战争避难、外交或贸易而去印度游历的希腊人，受到印度王子和婆罗门的款待。他向欧洲报告说："那些有才华的婆罗门信徒""更像希腊人而不是印度人"。[29]早期的基督徒作家信奉犬儒主义哲学，歌颂婆罗门教徒身上苦修的品质。对一些基督教作家来说，特别重要的是巴戴桑（Bardaisan，也叫Bardesanes）撰写的报告。巴戴桑是一位信仰基督教的教师，于公元154年出生在艾德萨（Edessa）。[30]巴戴桑接待并会见了罗马皇帝的印度代表团，该团由丹达米斯（Dandamis）或桑丹尼斯（Sandanes）率领，曾在埃拉伽巴路斯（Elagabalus，218—222年在位）统治时期到过叙利亚。巴戴桑从印度人那儿了解到"圣人的思想，希腊人一般把这些圣人称为天衣派信徒（Gymnosophists）①，他们分两个教派，一个是婆罗门教，另一个是沙门教"。[31]巴戴桑描写"善良的婆罗门"的著作遗失了，不过其中的一些内容在波菲利（Porphyry，公元233—306年）的《论戒食动物性食物》（On Abstinence from Animal Food）的第四部以及约翰尼斯·斯苔比亚斯（Joannes Stabaeus，6世纪早期是其影响最大的时期）编写的希腊故事中保存下来。从这些资料和基督纪年初期的文献中，欧洲人形成了一种根深蒂固的观念，认为印度那些天衣派信徒都是道德高尚的圣人，他们生活在一个圣洁的、流着奶和蜜的地方，以水果、坚果和浆果为生。

在欧洲的古典知识中，有三个不同的"印度"。一是南印度，与埃塞俄比亚接壤，或通过陆桥与非洲相连。关于南印度的人种，欧洲当时所知道的是他们是未开化的黑人。还有一点就是，到了公元4世纪的时候，受过教育的欧洲人开始怀疑印度人和埃塞俄比亚人是两个完全不同的人种。第二个"印度"在波

---

① 天衣派信徒也称裸体派信徒，是印度教中一支古老的教派，教徒衣着很少，重苦行与冥想。——译者注

斯帝国的东边，根据麦伽斯梯尼以来的严肃历史学家的记述，它是一个很文明、社会结构相当复杂的社会。第三个是荷马、亚历山大的历史学家、普林尼及其他人描述的"奇妙的印度"，这个印度在世界的边缘，住着古怪的人和令人恐惧的动物。当然，关于印度的这三种说法在大众想象和文学表述中并不是彼此毫无关联的，但是，由于中世纪时欧洲和东方的关系被严重扭曲了，夸张不实的印度形象占主导地位，而对于印度更真实的历史记述，比如阿里安的著作，却被忽略或遗失了。在中世纪的欧洲，现实性的印度很大程度上被忽视了，而传奇化的印度却成了所有作家的基本创作素材。

91

第二节　亚历山大传奇

从中古时期到文艺复兴，普通欧洲人主要是通过和亚历山大大帝传记有关的故事与绘画来了解印度的。马其顿人（Macedonian）亚历山大是一位伟大的征服者，他的事迹甚至在他活着的时候就被渲染成传奇故事。科罗丰（Colophon）的克来塔卡斯（Cleitarchus）是亚历山大同时代的人，他把亚历山大的事迹写成一部浪漫传奇，而这部传奇成了后来一系列充满想象的亚历山大传记的第一部。一部书信体的浪漫传奇和其他一些书信，成了亚里士多德将东方描绘成奇异之地的蓝本，这部书信体浪漫传奇的部分内容写在纸莎草上，得以保存下来，而亚里士多德的描述也成了一种定型化的东方形象。亚历山大和天衣派信徒相遇的情形被写在纸莎草上保存下来，成了推测亚历山大和印度圣哲有交往的证据。亚历山大公元前323年去世后，紧接着就出现了一个政治性小册子，歌颂亚历山大最后日子里的东征，同时声称这是他最后的愿望，也是他和印度有交往的证据。

这些材料，可能还有其他的材料，在公元3世纪的时候落到亚历山大城的一个人手中，他把这些材料和一些埃及传说混合在一起，出版了一部不知其名字的书，而这本书后来成了中世纪亚历山大传奇的基本来源，在西方世界被翻译、改编成各民族语言的文学作品。[32] 这本书的原文只在后来的5个希腊语改编本和其他许多派生出来的作品中保存下来，对于这些不同的希腊文版本以及与它们有关的文字，学术界起了一个专门的名字，叫作"伪卡里斯提尼"（pseudo-Callisthenes）。[33] 现存的希腊语版本都不是原本的副本，甚至没有很好地体现出原书的风貌，因为在早期，负责概括故事的誊写者有权利修订、校正原文，对其进行增删。来自于原本、与原本最为接近的要数 A 版（A version），[34] 正是从这个版本中产生出后来的各种改编本和译本。

A 版的伪卡里斯提尼最早、最重要的拉丁文版本是公元 4 世纪时一个名叫尤利乌斯·瓦勒里乌斯（Julius Valerius）的人翻译的，他将之命名为《亚历山大大帝远征记》（*Res gestae Alexander Macedonis*）。瓦勒里乌斯的手稿比较完整地流传下来的有两部，此外，写于公元 9 世纪的亚历山大大帝远征记概要也在 67 部手稿中保存下来。对于瓦勒里乌斯的手稿《亚历山大大帝远征记》，后世的誊写者删除了其中一些印度的历险故事，增加了亚历山大写给亚里士多德的信中对印度的传奇描绘。这封信虽然广为人知，但其真实性尚存疑问。12 世纪时，从瓦勒里乌斯的《亚历山大大帝远征记》和《亚历山大大帝远征记》概要中衍生出各种不同民族语言的版本。其中有两部最为重要，一部是用古法语写的《亚历山大传奇》（*Romam d'Alexandre: Alberic*），该书采用的是十二音节诗形式，也称亚历山大体；另一部是普法夫·拉姆普雷希特（Pfaffe Lamprecht）用中古高地德语诗节（Middle High German verse）写成的《亚历山大之歌》（*Alexanderlied*）。查特顿（Chateaudun）的朗贝尔·勒·托特（Lambert Le Tort）写的长诗《亚历山大东征》（*Alexandre on Orient*）独立成篇，这首诗 1185 年由巴黎的亚历山大（Alexandre de Paris）修订，并加上一些其他诗篇，组成一个拉丁语文本，这个文本成了后世改编者的蓝本。[35] 勒·托特的长诗详细地叙述了亚历山大远征印度的故事，讲述了亚历山大如何打败珀若斯（Porus）国王、战胜各种怪物的事迹，以及他在印度的奇闻。在 14、15 世纪，《亚历山大传奇》被改编成法语、拉丁语、西班牙语、荷兰语、英语等不同语种的长诗和散文故事。

亚历山大传奇的第二个拉丁语版本、且对传播亚历山大传奇起到决定性作用的，是那不勒斯大祭司利奥（Archpriest Leo）的译本。公元 950 年左右，利奥被坎帕尼亚（Campania）学识渊博的公爵若昂三世派到君士坦丁堡去执行一项外交使命，在拜占庭（Byzantine）宫廷，利奥发现了一本希腊语的伪卡里斯提尼手稿。[36] 回到那不勒斯后，公爵命令利奥把它翻译成拉丁语。利奥的译本名为《亚历山大大帝的远征》(*Nativitas et victoria Alexandri Magni regis*，约 952 年)，也就是今天所知的《征服者的故事》(*Historia de Preliis*，11 世纪)，由它最初的名字演变而来。利奥的译本用的是普通的拉丁散文形式，现今已遗失。[37]

《征服者的故事》以及它的后继版本成了中世纪后期最流行、影响最大的亚历山大传奇故事。被认为在主旨上最接近利奥原作的班贝格（Bamberg）手稿（约公元 1000 年），在早期不同版本的《征服者的故事》中独具一格，因为里面增加了 4 篇文章，着重探讨了印度的生活、印度次大陆的基督教化和东方奇观。1150 年左右出现的两个改编的、增添了内容的《征服者的故事》版本，侧重传达道德信息，也更接近东方的原貌。[38] 在 13、14 世纪，从《征服者的故事》衍生出大量散文体的亚历山大传奇，在当时广受欢迎。散文体的意大利语亚历山大传奇多是在 1472—1502 年期间出版的，3 个流传下来的版本都是在威尼斯印刷的。1433 年，《征服者的故事》被翻译成捷克语，于 1513 年在比尔森（Pilsen）出版。此外，它还被译成波兰语，于 1550 年在克拉科夫出版，并在 1611—1766 年期间 9 次重印。[39]

亚历山大故事也通过第三种渠道传播到欧洲，这就是阿拉伯语的伪卡里斯提尼，这些书先是被译成西班牙语，随后又在 1400 年前后被译成法语。1450 年，斯蒂芬·斯考普（Stephen Scrope）又将其从法语译成英语，1472 年，威廉·伍斯特（William Worcester）对这个英文版进行了修订。里弗斯（Rivers）伯爵也将一个法文的亚历山大故事手稿翻译成英语，命名为《哲学家词典和语录》(*The Dicts and Sayings of the Philosophers*)，由英国出版商卡克斯顿（Caxton）出版，这是 15 世纪末英国印刷的第一本标明日期的书。[40] 在这些基督教化的版本中，亚历山大被塑造成哲人王，决心要消灭印度的偶像崇拜。[41]

有关亚历山大的各种书籍成了中世纪后期的历史学家、百科全书编纂者、诗人、牧师和神话收集者的素材来源。在法国，最受欢迎的历史书是《凯撒史前史》(*Histoire ancienne jusqu'à Caesar*，1206—1230 年)，其最早的版本里面关于亚历山大远征印度的故事完全来源于那些亚历山大传奇。博韦人文森特的《历史通

93

鉴》（13 世纪中期）第四部中有亚历山大的生平简介，其材料来源部分是亚历山大传奇，部分是贾斯廷（Justin）、昆图斯·库尔提乌斯和其他人更为可靠的历史记述。[42] 高提耶·德·沙蒂隆（Gautier de Châtillon）倍受欢迎的英雄史诗《亚历山大》（*Alexandereid*）写于 1178—1182 年之间，里面既有历史史实，也有浪漫传奇，鲁道夫·冯·埃姆斯（Rudolf von Ems）的《亚历山大》（*Alexander*，1250 年以后）同样如此。而肯特的托马斯（Thomas of Kent）的长诗《骑士传奇》（*Le Roman de toute Chevalerie*，12 世纪下半叶）主要取材于亚历山大的定本故事，同时也融入了索利努斯和其他古代神话故事作家的神奇描写。13 世纪时用中古英语写成的《亚历山大王》（*King Alexander*），是根据《骑士传奇》改编而成的。[43] 从这些例子中可以看出，一些历史学家和诗人试图将亚历山大故事和更为可信的历史融合起来。但有一点需要指出来，那就是人们通常只注意到这些故事的表层意义，把它们当作真实发生的事情，而实际上它们是关于东方的最奇幻的故事。

不同历史阶段添加进亚历山大传奇当中的 4 篇"与印度有关的文章"，在中世纪后期的文学作品中被视为是对印度，特别是对婆罗门教徒的真实描绘。[44] 这不是从印度传播过来的民间故事，而是欧洲作家的文学创造，是欧洲后世寓言故事的来源。这 4 篇文章的第一篇是《帕拉第乌斯评论》（*Commonitorium Palladii*），来源于《印度人和婆罗门教徒》（*On the Races of India and the Brahmans*，约 375 年），通常认为其作者是爱尔兰大主教帕拉第乌斯（Palladius，约 363—430 年）。[45] 如今这篇文章的 2 个希腊文版本和 2 个拉丁文版本保存下来，其中一个版本的作者是圣安布罗斯（St. Ambrose），篇名为《婆罗门教教规》（*De moribus Brachmanorum*）。第二篇文章的题目是《婆罗门教教主丁第玛斯》（*Dindimus on the Brahmans*），文中将印度人和马其顿人进行了比较，结果马其顿人居于下风。这篇文章有时被错误地归到帕拉第乌斯名下。第三篇是《亚历山大与丁第玛斯书信集》（*Collatio Alexandri cum Dindimo per letteras facta*），里面谈到据说是亚历山大和婆罗门教教主丁第玛斯之间的 5 封通信。在通信中，印度人说马其顿人太世俗，太看重感官享受；而亚历山大回信嘲笑婆罗门教徒的弱点和他们的苦修主义。最后一篇文章是《亚历山大致亚里士多德信函》（*Epistola Alexandri ad Aristotelem*），这是一封杜撰的通信，声称是亚历山大写给他的老师的，信中描绘了他在东方看到的奇观。《亚历山大与丁第玛斯书信集》和《亚历山大致亚里士多德信函》在公元 1 000 年之后流行开来，这两篇文章都出版了大量的单行本，以独立于亚历山大传奇的方式，流传开来。[46]

中世纪的历史学家相信那些富于幻想的描绘都是世界的真实图景，毫不怀疑地把与印度有关的小册子视为印度的真实面貌。[47]弗莱辛的主教奥托（Otto of Freising，1158 年去世）在其世界历史中引用了《亚历山大致亚里士多德信函》中的话，并将其视为真实发生的事情，但他又这样说道："致力于研究历史事件的学生会在里面发现亚历山大有很多次处于危险境地……，许多事情太离奇，很难相信它们是真的。"[48]雅克·德·维特里（Jacques de Vitry，约 1181—1239年）1217 年奉罗马教皇之命来到海滨城市叙利亚，返回罗马后，他根据自己在黎凡特的经历，同时参阅了索利努斯和塞维尔的伊西多尔对印度的描述以及亚历山大传奇，于 1219—1220 年写出了《东方史》（*Historia orientalis*）。[49]其他把《亚历山大致亚里士多德信函》作为历史事实加以引用的评论家有梅斯的沃尔特（Walter of Metz）、沙特尔的弗切尔（Fulcher of Chartres）以及阿尔伯图斯·马格努斯，他们都是令人敬仰的评论家。

亚历山大和印度哲学家之间的故事在欧洲文学史上绵延不断，从欧尼西克里多斯（Onesikritos）和亚历山大早期的历史学家，一直到 16 世纪末。[50]据欧尼西克里多斯的记载，公元前 326 年，亚历山大委派一位犬儒主义哲学家来到塔克西拉（Taxila）附近的天衣派信徒中间，见识了婆罗门教徒的智慧。丹达米斯是婆罗门教中年纪最大、最有智慧的人之一，他被委派回访亚历山大，并和亚历山大探讨哲学问题。丹达米斯的苦修思想成为犬儒主义哲学的一部分，他本人也成了犬儒主义哲学家攻击亚历山大的工具。欧尼西克里多斯之后的麦伽斯梯尼继续关注亚历山大和印度哲学家之间的故事，记述了亚历山大和丹达米斯之间的信函联系。后世作家在此基础上利用自己的想象力进一步丰富细节，增加信函数量，杜撰亚历山大和丹达米斯之间的对话，把它们变成中世纪文学中言之凿凿的事实。欧洲不同时代、不同文学流派的作家，根据自己的需要，不断地对这些故事进行重新阐释。

那些与印度有关的文章表现出两种倾向：一是印度人是让亚历山大头疼的

拒不降服者；二是他们是一群富有智慧的人，其领袖的建议非常英明，给征服者留下了深刻的印象。相应地，亚历山大和丁第玛斯（Dindimus，拉丁语，希腊语中为 Dandamis）的通信也呈现出两种截然相反的情形。在古老的伪卡里斯提尼传统中，印度人是胜利者，因为他们坚持苦修的美德，排斥知识分子的生活，探索人性中追求快乐的根源。婆罗门教徒或者说苦行主义者的观点受到早期的基督教作家，比如德尔图良（Tertullian）、圣热罗姆（St. Jerome）和奥利金（Origen）的赞赏。到了中世纪晚期，丁第玛斯依然受到那些宣讲布道、宣扬道德、进行说教的基督教作家的赞扬。阿伯拉尔（Abelard）称颂丁第玛斯是四大异教君主之一，丁第玛斯预见到耶稣会来救赎他们。但中世纪晚期也有一些神学家和世俗作家认同亚历山大的观点，将婆罗门看作是软弱、缺乏进取精神、没有感情的人。尽管如此，认为婆罗门是有着高度文明和无穷智慧的异教民族的看法一直延续下来。1569 年，基督教人文主义者老若阿西姆·卡莫拉里乌斯（1500—1574 年）将帕拉第乌斯的著作翻译成拉丁文出版，名为《箴言录》（*Libellus gnomologicus*），称赞婆罗门是清教改革者所倡导的践行苦修思想的人。[51]

96   中世纪时西方对印度通行的看法，可以通过分析亚历山大传奇很好地体现出来，这些材料让西方人认识到东方是一方生机勃勃、和他们完全不一样的领土。印度富饶华丽，巍峨的宫殿点缀其间。珀若斯王宫金碧辉煌，金色的廊柱，镀金的墙面，廊柱间悬挂着金色的藤蔓，上面缀满珍贵的宝石，人工雕画的鸟儿在金树上婉转歌唱。印度的偶像都是用象牙雕刻而成的，朝臣们吃饭用的碗碟也珍贵无比。但印度的气候很不令人愉悦。在去往印度的征途中，沙漠的热浪甚至能将水壶里的水烧开，士兵们靠吸吮冰块、饮酒、喝油消暑解渴。而山谷中却奇冷无比，骇人的风暴将士兵们的帐篷撕得粉碎。在这里，印度亚马逊女战士身披银色铠甲，生活在气候适宜的河边，周围有各种凶猛的动物为她们站岗放哨。这些亚马逊女战士全身长满毛发，没有乳房，其中有的长着野猪般的獠牙，有的长着牛一样的尾巴或马蹄一样的脚。天衣派信徒过着与世人隔绝的简朴生活，一生都用来行善事。后来那些歌颂亚历山大丰功伟绩的德国诗人们，或是从历史中取材，或是通过将印度的城池与欧洲的对比，来进一步丰富亚历山大传奇。十字军东征时期的宫廷传奇把亚历山大颂扬成抗击摩尔人、维护基督教世界的英雄，也就是说把印度视为是伊斯兰教的故乡。摩尔人、埃塞俄比亚人和印度人都被描绘成像恶魔一样的黑种人。实际上，恶魔有时也被叫作"尼日尔人"（Niger）、"埃古普托斯人"（Aegyptus）或"埃塞奥普斯人"（Aethiops）。蒙古人在 13 世纪对欧洲的西征，有一段时间被转嫁到这些人身上，西方人将他们视为基督教世界的敌人，视为地狱里的魔鬼和世界末日的刽子手。[52]

欧洲人对亚历山大的认识在 15 世纪发生了转变，这时，许多希腊历史著作被重新发现，并译成欧洲各国文字。这些材料明显地分为两类，一类是在中世纪就广为人知或部分为人所知，并被各国撰写亚历山大传奇的作家使用过的材料；另一类是仅在文艺复兴时期被发掘出来，但很快传播开来的材料。

第一类材料中有昆图斯·库尔提乌斯·鲁福斯的著作；[53] 庞培·特罗古斯（Pompeius Trogus）的《腓利史》（*Historiae Philippicae*），后来贾斯廷把它摘录、删减、压缩成《〈腓利史〉概要》（*Epitome of Pompeius Trogusm*）；以及保卢斯·奥罗修斯（Paulus Orosius）的《反异教史七卷》（*Seven Books of Histories Directed against the Pagan*，5 世纪初）。库尔提乌斯撰写的亚历山大传是一部非常重要的著作，但带有浓厚的浪漫色彩，该书 1438 年由人文主义者皮埃尔·坎迪多·德辛布里奥（Pier Candido Decembrio）翻译成意大利语，不久又从意大利语转译成卡斯蒂利亚语和瓦伦西亚语（Valencian）。1468 年，卢塞纳的显要瓦斯科·费尔南德斯（Vasco Fernandez）将库尔提乌斯的著作翻译成法文，瓦斯科·费尔南德斯出身于葡萄牙望族，和勃艮第宫廷有渊源关系。费尔南德斯在翻译时有意删去了那些浪漫虚构的内容，充实了古代历史学家真实的描绘。他的译本不管是手抄本还是印刷版，都非常受欢迎。1500—1555 年期间，费尔南德斯的译本以昂贵的插图版重印 7 次，主要是满足欧洲皇室、贵族的需要。[54] 索利努斯和奥罗修斯的著作在文艺复兴时期仍然受到欢迎，在 15、16 世纪多次重印。

15 世纪发掘出来的亚历山大故事包括阿里安的亚历山大史，依然被视为关于这位征服者的生平、普鲁塔赫的《希腊罗马名人传》（*Parallel Lives*）、狄

97

奥多罗斯·西库鲁斯的巨著《历史文库》（*Bibliotheca historica*）第 16 卷和 17 卷的可靠来源。阿里安的亚历山大史在大约 15 世纪 30 年代，由皮埃尔·帕奥罗·维格里（Pier Paolo Vergeri）首次翻译成拉丁语，在 15 世纪后半叶，由巴托洛梅奥·法齐奥（Bartolomeo Facio）和贾科莫·柯罗（Giacomo Curlo）进一步修订完善。从 14 世纪末到 15 世纪中期，普鲁塔赫的《希腊罗马名人传》陆陆续续地翻译成其他语言，最后由瓜里诺·达·韦洛纳（Guarino da Verona）形成一个拉丁文定本。现存的希腊语权威版本是 1517 年出版的，16 世纪初期，克劳德·德·塞瑟尔将狄奥多罗斯·西库鲁斯的《历史文库》第 18 卷至第 20 卷翻译成法语，命名为《亚历山大大帝的丰功伟绩》。[55]

　　"历史上的亚历山大形象"从希腊历史学家，特别是意大利和法国的人文主义者的翻译和著作中，一步一步建构起来。对于那些痴迷于希腊古典著作的人来说，亚历山大是一位为了希腊文明而远征印度的使者，瓦斯科·德·卢塞纳宣称亚历山大的东征显示出东方不需要付出太大的代价就能够被征服；当然，他的话也暗示出，一个用基督思想武装起来的西方王子更容易让东方屈服于他的意志。[56] 对文艺复兴初期的欧洲人来说，亚历山大不仅仅是一个具有骑士精神的英雄，而且越来越变成一个精通战争艺术的哲人王，用自己的不懈努力和天赋才华，完美地诠释了他巨大的人格魅力。[57]

　　尽管人文主义者们否认亚历山大故事的历史真实性，但被神化了的亚历山大的故事和传说依然受到普通读者和文人学士的喜爱。13 世纪时，奎里奇乌斯·第·斯波莱托（Qualichius di Spoleto）首次将《征服者的故事》翻译成意大利诗句。此后，在公众聚会的场合每每被传诵或吟唱，成了大众娱乐的一项内容。[58] 1430 年，古比奥（Gubbio）的一位匿名作者写了一首诗——《亚历山大韵文传奇》（*Alessandreida in rima*），这首诗由 12 节组成，1512 年首次发表，在 16 世纪多次重印。[59] 博亚尔多的《热恋的奥兰多》（*Orlando Innamorato*）可能有几处不经意地借鉴了亚历山大故事中的人物和主题，让他的观众有一种熟悉感。这完全有可能，因为从 1472 年到 1502 年，意大利至少出版了 6 部关于亚历山大的书，[60] 而这期间，博亚尔多正创作他的《热恋的奥兰多》。亚历山大传奇是 1521 年的一个诗体滑稽模仿剧的主题，是当时供罗马教皇利奥十世宫廷娱乐而创作的。多美尼科·法鲁吉奥（Domenico Falugio）将亚历山大的故事写成《伟大的胜利》（*Trionfo Magno*），现存版本的封面上是一幅精彩的木版画，画面上亚历山大坐在大象拉的车子上，凯旋归来。[61] 几年之后的 1529 年，威尼斯出版了一本关于亚历山大的政治讽刺作品。[62] 显而易见，在意大利，除了那些对收藏保存下来的亚历山大故事感兴趣的人文主义者外，人们不再以严肃的目光看待亚历山大了。[63]

与意大利不同，北欧对亚历山大故事的兴趣和信任要长久一些。乔叟（Chaucer）的《教士的故事》中有这样的诗句：

> 亚历山大大帝声名远播，
>
> 任何人，除非白痴，
>
> 都会听说一点或熟知他的故事。[64]

1472 年，约翰·哈特利布（Johann Hartlieb）在奥格斯堡出版了他翻译的《征服者的故事》，译名为 *Das Buch der Geschichte des grossen Alexander,* 他的译本多次重印。后来又出现了德语版的《王子之镜》，或曰"道德指南手册"，其中"婆罗门教教主丁第玛斯"和他的教导被提升为王子的楷模和行动指南。不过可惜的是，亚历山大却没有以丁第玛斯为榜样，这一点正如哈特利布指出的，让亚历山大遗憾不已。[65] 1558 年，汉斯·萨克斯撰写他的悲剧《亚历山大》时，主要参考了哈特利布的著作。[66] 同样，德国人文主义者威利巴尔德·皮克海默坦承自己在阅读了台阿纳的阿波罗尼乌斯与印度圣哲的关系以后，对婆罗门教徒非常感兴趣。[67] 在托马斯·莫尔的《乌托邦》里面，"gymnosophaon"用来指哲学家，[68] 塞巴斯蒂安·明斯特被他同时代的人称为德国的斯特拉波，他在著名的《宇宙志》（德文版，1544 年；拉丁文版，1550 年）中描述亚历山大在印度的历险以及亚历山大遇到亚马逊女战士、婆罗门教徒时，把尤利乌斯·瓦勒里乌斯的《亚历山大大帝远征记》概要、亚历山大和亚里士多德的通信、《亚历山大与丁第玛斯书信集》，作为真实的材料加以引用。明斯特这样写道："古人杜撰了很多可能生活在印度的怪物……但没有一个欧洲人曾经看见过这些怪物。不过，

99

我不怪罪于上帝，上帝造人是非常了不起的，上帝的智慧也是难以道尽的。"[69]
这似乎是最后一次把亚历山大传奇当作历史来源。米兰希顿曾允诺要撰写一部
亚历山大史，但一直没有动笔，他公开质疑把亚历山大传奇当作历史。[70]16 世
纪末，作为一次语言练习，加布里埃尔·罗伦哈根（Gabriel Rollenhagen）将亚
历山大故事翻译成德语，名为《真实的谎言》（*Wahrhaffte Lügen*），而这本书在
17 世纪竟非常流行！[71]

第三节　印度故事的西方流传

从古代开始，印度一直被视为"故事的海洋"，几个世纪以来，从印度传播
出去的故事比印度从其他国家吸收进来的故事要多得多。在印度，职业讲故事
者经常举办各种聚会，网罗讲故事高手，大量的传统故事被赋予地域彩色，带
上个人化特征。佛教传播者将广受欢迎的故事改头换面，为其宗教事业服务，
到了阿育王（Asoka，约公元前 269—前 232 年在位）统治时期，这些故事成为
佛教知识的一部分。大型佛教典籍《本生经》被纳入巴利语经典，在佛教向周
边地区传播的过程中，这些故事被佛教徒拿来为我所用。[72]佛教徒不管走到哪
里，锡兰、中国也好，地中海沿岸的欧洲国家也罢，都把传统的印度故事以口
头的形式带到哪里。像大多数讲故事者一样，这些佛教徒不时地把听来的故事
略加改动或不加改动，然后传播出去，仍旧保持故事的无作者状态以及故事所
承载的过去的价值观和信仰。[73]

文学专业的学生围绕印度故事的西方流传展开了长期的争论。19 世纪，随
着欧洲梵语研究的兴起与发展，出现了一种观点，认为欧洲民间故事可能来源
于印度。1859 年，《五卷书》（*Panchatantra*）的译者西奥多·本菲（Theodor
Benfey）提出一种权威看法，认为欧洲的许多民间故事，除《伊索寓言》外，
都是从印度传播过来的。在本菲看来，10 世纪以前，通过口头形式传播到欧洲
的印度故事只占一小部分，大量的印度故事是 10 世纪以后传播到欧洲的，当时
兴起了一股翻译热潮，带动了文学的交流。蒙古对欧洲的远征以及由此带来的

13、14 世纪东西方的交流，也将一部分佛教资料带到欧洲。[74] 法国杰出的民俗学研究者伊曼纽尔·考司昆（Emmanuel Cosquin）循着本菲的研究路径，详细剖析了许多有意识地模仿印度故事的欧洲民间传说和其所表达的主题，[75] 得出了与本菲的研究成果两点不同的结论。一是考司昆认为本菲夸大了蒙古人作为印度故事传播者的作用；[76] 二是他倾向于认为古埃及是欧洲民间故事的来源，这与本菲的观点截然不同。

近年来，很多研究者认为印度故事是欧洲民间故事的主要来源，但他们同时也在探讨其他的重要来源及传播途径。[77] 和考司昆一样，他们把地理上的印度视为一个有着典型的民间故事传统的地方，民间故事从这儿向西方传播。一些研究者把整个印度的民间故事视为核心，这些故事在十字军东征时期通过口头形式，向西方流传。[78] 欧洲民间故事与印度民间故事的共性是通过统计故事（主题）的重复率以及故事的合并组合，而不是通过情节或人物之间似是而非的相似性，呈现出来的。[79] 源自一个印欧地区的故事通常会传播到其他地区，但基本上在边境地带就停止了，传到印度以东地区的情况更是极为罕见。[80] 令人奇怪的是，欧洲古典文学中的民间故事和印欧民间故事之间很少有相似之处。[81] 但不管民间故事是如何通过口头进行传播的，有一点是明确的，那就是必须要着眼于它们之间的相似性来展开推测分析，关于流传年代问题更是如此。

和文学传统一样，很多流行的口头民间故事能够追溯到书面文本，[82] 然而，不能据此就认定书面文本就是故事的最初来源，也不能草率地断言文学想象是文人雅士所专有。但是，坚持认为在最远古的年代就有口头文学也未免有些武断。事实上，口头文学存在最有力的证据还有待于到书面文本中去发现。不过，古代史实中的蛛丝马迹以及民间故事口耳相传的证据依然很有说服力，甚至在书面文本中也能看到口头文学的传统，因此，说东西方故事之间在很早很早的时候就有了交流，并非妄言。当然，如果说民间故事被赋予书面文学形式从而使人们研究其历史有了恒久的、确定的形式，那也是令人信服的。[83]

从公元 10 世纪开始，欧洲出现了印度故事集，这为研究欧洲民间故事受到印度故事的影响提供了更加可信的证据。很多印度故事是通过阿拉伯语、叙利亚语、波斯语译本，传到欧洲各国的，这些故事被译成希腊语和希伯来语，后

101

来的拉丁文译本通常是从这两个语种的文本翻译过来的。这些故事又从拉丁文译成欧洲各国语言，或全部或部分地融入到其文学作品和故事集当中。其中有些以民族文学的形式进入到欧洲口头文学传统的主流，固化到大家通常所说的从口头到书面，再从书面到口头的文学循环之中。

　　基督教传说中的巴卢兰与曹沙法土的故事吸收了从欧洲中世纪文学中保存下来的第一部印度故事集，这些印度故事作为次要故事镶嵌在巴卢兰与曹沙法土传说的框架之中。[84] 据说印度隐士巴卢兰和他的皇家弟子曹沙法土王子在远古一个无法确定的年代，让印度皈依了基督教。巴卢兰对曹沙法土的道德教诲被灌注到 14 篇独创性的感人寓言当中，不久就成为中世纪的《楷模》（*exampla*）中的主导情节。曹沙法土的父亲、印度国王阿本纳（Abenner）是一个拒不归化的异教徒，使用一切正当和不正当的手段防止他那具有天赋的儿子放弃本民族的信仰，成为基督徒。而曹沙法土在上帝的护佑下，最终战胜了自我和他的敌人，挫败国王的阴谋。国王最终也认识到基督教信仰的优越性，把王权交给了曹沙法土。四年以后，曹沙法土放弃王位，让大臣执政，只身追随在沙漠中修行的巴卢兰，二人过着典型的禁欲生活，每天冥想、祈祷，最后在沙漠魂归上帝。

　　对于中世纪晚期笃信基督教的欧洲人来说，巴卢兰与曹沙法土是道德楷模，教堂庆祝他们的节日，他们的遗骨也被赋予了治愈疾病的能力。阿尔比派教徒（Albigensian）① 受巴卢兰与曹沙法土所倡导的放弃世俗享乐、过苦修生活的影响如此之深，甚至把他们的故事视为卡特里教派（Cathar）② 的文献。1571 年，威尼斯的总督（Doge）呈送给葡萄牙国王塞巴斯蒂安一块遗骨和一截脊椎骨，据说是曹沙法土的，这些遗骨后来捐献给安特卫普的圣萨尔瓦多修道院（Cloister of St. Salvator），格鲁吉亚（Georgian）和希腊的教堂把巴卢兰与曹沙法土升华为圣徒（每年的 8 月 16 日是他们的纪念日），1583 年，拉丁教堂在《罗马殉道史》

① 阿尔比派教徒是 12 至 13 世纪法国南部的异教派别，与清洁派教徒有关联。其教义为摩尼教二元论，道德训诫极为严格。——译者注
② 卡特里派教徒也称清洁派教徒，是中世纪的一个基督教异端教派。该教派宣扬摩尼教二元论，追求精神的至纯。——译者注

（*Martyrologium Romanum*）中将巴卢兰与曹沙法土纪念日定为每年的 11 月 27 日。根据巴卢兰与曹沙法土的故事改编的道德剧在欧洲和海外的基督教学院多次上演，[85]16 世纪末期，巴勒莫（Palermo）有一个教堂就以"圣徒曹沙法土"命名。[86]

16 世纪中期，佛教故事经一位耶稣会士从日本传到欧洲，[87]但没有给欧洲人留下多少印象。17 世纪初，葡萄牙历史学家迭戈·德·科托（Diogo de Couto）首先发现他在印度听到的佛教故事和曹沙法土的事迹有惊人的相似之处，[88]他还推测，曹沙法土就是佛陀。不过，他最终认为佛教故事是对基督教传说的模仿。也许就是由于这个原因，当然还有其他因素，一直到 19 世纪，学者都没有对佛教故事和基督教传说进行比较研究。1859 年，也就是本菲将《五卷书》介绍到欧洲的那一年，埃都阿德·德·拉布莱伊（Eduoard de Laboulaye）和费利克斯·利布莱希特（Felix Liebrecht）同时认识到巴卢兰与曹沙法土的故事就是发生在公元前 600 年前后的佛教"启蒙"故事。[89]他们的这一发现，再加上本菲翻译的《五卷书》，激起了文学研究者和语言学研究者的热情。佛教故事传播到欧洲后的历史重构，此后成了许多国家的学者竞相研究的课题，还有的学者致力于对佛教故事基督教化后的不同版本进行比较研究，这些版本在那些信仰基督教的国家——从冰岛到埃塞俄比亚，从波兰到菲律宾，保存了下来。

巴卢兰与曹沙法土的故事虽然和佛教故事有诸多相似之处，二者之间的联系也显而易见，但却不是从任何一个印度原始文本直接翻译成西方语言的。佛教故事以一种传奇的形式传到印度东边的波斯，用中古波斯语（Pahlavī）讲述了一个隐士让一位王子皈依基督的故事。公元 3 世纪到 6 世纪期间，这个中古波斯语版的佛教故事又演变成中亚的摩尼教版本，很可能是用波斯语和土耳其语讲述的。7 世纪时，这个故事又被伊斯兰化了，并有可能翻译成了叙利亚语和阿拉伯语。此后，以其中的一个版本为基础，这个佛教故事又被基督教化了，并于 7 世纪时，由耶路撒冷（Jerusalem）附近一个修道院的修士译成希腊文。8 世纪时，这个希腊文版本又被大马士革（Damascus）的圣约翰（St. John，约 675—749 年）出于教诲的目的，在文体上进行了修改，并做了较大的改动。有很长一段时间，圣约翰被认为是这个佛教故事的作者。与此同时，格鲁吉亚版的佛教故事也出现了，而且很有可能是从阿拉伯语版本翻译过去的，这个

103

阿拉伯语版本是现存最早的基督教化的佛教故事。大马士革的圣约翰的原始版本于公元 1000 年前后，被阿陀斯山（Athos）的圣尤塞尼乌斯（St. Euthynius，约 955—1028 年）重新翻译成希腊语，在我们今天看到的《心灵史》（*Historia psychopheles*）中保存下来，而圣约翰的原始译本却早已遗失。[90]

欧洲的佛教故事译本加起来有 100 多余种，都是 10 世纪时从希腊语版本翻译过来的。在希腊语版本中，"Barlaam" 和 "Josaphat" 指的都是"佛陀"："Joasaph" 是巴利语中的 "Bodhissatta"（意为未来的佛陀），"Barlaam" 是巴利语中的 "Bahgavān"（意为"尊者"，佛的称号之一）。[91] 佛教故事的拉丁文版本是 1048 年从希腊语版本翻译过来的，在 14 世纪的一个手稿中保存了下来。[92] 所有散文体和韵文体的欧洲各民族语言的佛教故事版本，无一例外都是从希腊语版本或拉丁文版本翻译过来的，有的是参照这两个版本翻译的，有的则参照了其中的一个版本。基督教化的巴卢兰与曹沙法土的生平图解以及阿本纳国王的肖像画，帮助欧洲人建立起了他们心目中的亚洲君主形象。[93] 他们的故事通过口头传播流传下来，比如托斯卡纳（Tuscany）依然在上演充满乡土气息的五月剧。

在中世纪，欧洲各国对巴卢兰与曹沙法土圣徒传的接受是复杂多样的。有些民族语言的版本可直接追溯到公认的拉丁文版本，有的则来自诠释性的缩略本，包括 13 世纪博韦人文森特的《历史通鉴》和雅各布斯·德·沃拉吉的《黄金草原》（*Legenda aurea*）。[94] 大约在 1215 年，佛教故事通过古伊·德·康布雷（Gui de Cambrai）的长篇韵律诗进入古法语文学。在这首诗里，印度人、迦勒底人（Chaldean）①、埃及人被不加区分地划归到一起，视为基督教世界的三个重要敌对者。古伊称赞异教徒学识渊博，他们质疑基督教的真理性，但这很可能是一种文学手法，旨在让基督教最终的胜利更加富有意义。[95] 13 世纪时，古伊的长诗被精确地译成两个卡斯蒂利亚语版本。此外，巴卢兰与曹沙法土的故事也是三首中古高地德语诗的主题，其中影响最大的一首是鲁道夫·冯·埃姆斯的

---

① 迦勒底人是一个古代民族，约于公元前 800 年居住在迦勒底，并于公元前 625—前 539 年统治巴比伦王国，有天文学家和占星家的美誉。——译者注

《巴卢兰》（*Barlaam*），写于 1225—1230 年之间。在英国，巴卢兰与曹沙法土的故事首先通过缩略本的《黄金草原》（约 1260—1270 年）为英国人所知，中古时期的英国诗人用韵文写出了英文版的巴卢兰与曹沙法土的故事。[96]

在 13、14 世纪，各种各样的法文版巴卢兰与曹沙法土的故事吸引了剧作家的注意，他们很快根据巴卢兰与曹沙法土传奇，创作出大量的神秘传奇剧，其中最著名的一个剧本是让·杜·普利埃尔（Jean du Prier）的《神秘的国王阿本纳》（*Mystère du Roi Avenir*），该剧使用了巴卢兰与曹沙法土故事中的大量场景和百余名角色。西班牙伟大的道德家堂·胡安·曼努埃尔（Don Juan Manuel，1281—1348 年）也在他的小说中利用了关于巴卢兰的道德说教和主题。[97] 在意大利，巴卢兰的故事主要出现在 14 世纪兴起的小说和散文中。此外，还出现了一些诗剧，[98] 意大利的协会、团体在一些城市的广场尤其是佛罗伦萨的广场上，组织演出这些诗剧。到了 16 世纪末，巴卢兰的故事开始在西班牙的剧院上演，西班牙语的悲喜剧《泰尼斯多罗》（*Thanisdoro*，约 1580 年）是上演最多的一出戏，而其最初可能是写给耶稣会学校的学生看的。在这出戏里，人物的名字有所改动，比如 Josaphat 变成了 Thanisdoro，其连续性也因为大段的拉丁文说教而不时被打断。[99] 在葡萄牙，巴卢兰的故事虽然没有搬上舞台，但葡萄牙的耶稣会士为了有利于传教，可能在 16 世纪把这个故事的删节本译成了日语。[100]

整个文艺复兴时期，对于巴卢兰故事的作者究竟是谁莫衷一是。希腊文版本的作者通常被认为是大马士革的圣约翰，[101] 但对于公认的拉丁文版的来源却说法不一，这个拉丁文版以两个古版本的形式出现在意大利。一些人文主义者认为其作者是吉奥吉乌斯·特莱佩桢提乌斯（Giorgius Trapezientius，1484 年去世），但这种看法受到北方学者的质疑，他们考虑到大马士革的圣约翰全集。拉丁文的圣约翰全集第一版是 1539 年至 1575 年在巴塞尔出版的，为了编撰这部全集，诺伊斯（Neuss）的多明我会修士亨里克斯·格拉维乌斯（Henricus Gravius）又重新把巴卢兰与曹沙法土的故事翻译成拉丁文。为了独立出版这套正统的拉丁文版圣约翰全集，艾博特·雅各布·比利乌斯（Abbot Jacobus Billius，即 Jean Billy）直接从希腊文翻译了一个新的巴卢兰与曹沙法土故事译

105

本，这个新译本 1577 年最先在巴黎问世。第二年，比利乌斯的译本用法语出版，这个法文版本在 16 世纪最后二十年里一定程度上受到笃信宗教者的喜爱。[102]

　　《五卷书》中的故事和巴卢兰与曹沙法土中的道德说教，几乎在同一时间传播到西方。[103]《五卷书》的原稿可能是在公元 100 年至 500 年写成的，现已失传，但明显要比现在被视为《五卷书》的《五卷书详解》(*textus ornatior*) 厚重得多。在 16 世纪中叶，印度就有了一本名为《王子之镜》的故事集，这一点确凿无疑。不久，根据这本《王子之镜》编写了一本古波斯语的故事集。公元 750 年前后，这个古波斯语版本被阿布杜拉·伊本·阿里·穆加发 (Abdallah ibn al Moqaffa) 译成阿拉伯语，名为《卡里来和笛木乃》(*Kalilah wa-Dimnah*)，书名由其中两条胡狼的梵语名字演化而来，这两条胡狼是该书第一版中的主人公。[104]1080 年左右，塞特 (Seth) 的儿子西门 (Symeon) 把这个阿拉伯版本翻译成希腊文，这个阿拉伯版本非常重要，因为在所有的古版本中，只有它包含了鼠王的故事。[105]13 世纪的时候，又根据伊本·穆加发的译本翻译成希伯来文和古西班牙语（约 1250 年）。[106] 希伯来译本通常认为是拉比·乔尔 (Rabbi Joel) 翻译的，它的重要作用在于它是一个传递者，因为卡普亚 (Capua) 的约翰 (John) 根据它翻译成拉丁文，名为《人类生活指南》(*Directorium vitae humanae*, 约 1270 年)。在乌腾堡 (Würtemberg) 的埃伯哈特公爵 (Eberhart) 建议下，1480 年前后，安东·冯·普福尔 (Anton von Pforr) 将其翻译成优美的德文，安东·冯·普福尔是内卡河 (Neckar) 附近罗腾堡 (Rottenburg) 的一位神父。1483 年，该译本在乌尔姆 (Ulm) 出版，名为 *Das Buch der Beispiele der alten Weisen*，意为王子之镜，分别于 1536 年和 1539 年在斯特拉斯堡 (Strasbourg) 重印。17 世纪的时候，普福尔的译本又被翻译成丹麦语、荷兰语和意第绪语。

　　有关《五卷书》故事的第二个西班牙语译本与第一个不同，是从卡普亚的约翰译本而不是阿拉伯译本翻译过来的，这个译本的作者不详，名为《防欺诈危险之术》(*Exemplario contra los engaños y peligros del mundo*, 萨拉戈萨，1493 年)。整个 16 世纪，这个译本在西班牙和安特卫普再版重印达 13 次之多。安哥诺罗·费伦佐拉 (Agnolo Firenzuola) 根据 1493 年的西班牙版本，于 1548 年出版了他的意大利文删节本，名为《动物故事集》(*Discorsi degli animali*

106

ragionanti tra loro，威尼斯），里面的场景是意大利的而非印度的，原文中的两条胡狼也变成了绵羊。[107] 费伦佐拉的删节本在意大利不断地重印，成为加布里埃尔·柯蒂尔（Gabriel Cottier，1556 年）和皮埃尔·德·拉·里维（Pierre de la Rivey，1577 年）法译本的蓝本。[108] 与此同时，卡普亚的约翰的拉丁文版本由尼古劳斯·柯纳克（Nikolaus Konac）翻译成捷克语，于 1507—1540 年期间的某个时间在布拉格出版。[109]

1552 年，弗朗西斯科·多尼从拉丁文翻译成意大利语的译本在威尼斯分上下两册出版，上册名为《多尼的道德哲学》（*La moral filosophia del Doni*），下册谓之《印度哲学家的各色药方》（*Trattati diversi di Sendebar Indiano filosopho morale*）。[110] 同费伦佐拉一样，多尼也把场景从印度搬到意大利，人物也同样变成了意大利人，把《五卷书》中的胡狼变成一头驴和一匹骡子。多尼的译本只有上册多次重印，分别是 1567 年、1594 年和 1606 年。1594 年的版本由托马斯·诺斯（Thomas North）爵士翻译成英语，名为《多尼的道德哲学》（*The Morall Philosophie of Doni*，伦敦，1570 年），并于 1601 年再版。[111] 多尼的《印度哲学家的各色药方》由皮埃尔·德·拉·里维翻译成法语，于 1577 年出版。最后，在 1583 年，朱利奥·努提（Giulio Nuti）把西门·塞特（Symeon Seth）11 世纪的希腊文版本翻译成意大利文，收入他的《国王的行政管理》（*Dal governo dè regni*，费拉拉）之中。

由《五卷书》而来的这些西方化的故事集采用框架式结构，但不管它们如何改头换面，都可以归到"王子之镜"一类里面。其每一章都包含一个和印度国王有关的故事，国王的导师详细阐释一个道德训诫或强调一种行为规范。故事里的人物都是人格化的动物，这使得印度寓言和伊索寓言区分开来。据说这种处理方式和印度人相信灵魂转世有关。[112] 从艺术上来讲，印度故事中人和动物的复杂关系是印度社会的缩影，就像朱塞佩·阿钦博多（Giuseppe Arcimboldo，1527—1593 年）①和其他欧洲画家的肖像画一样。[113] 一些意大利

107

① 阿钦博多的肖像画独出心裁地将人的头部用蔬菜、水果、树、根等堆砌，引起当时人的极大兴趣。——译者注

译者在翻译、改编时舍弃了其中的印度色彩，这样做可能是为了避免被指责宣扬异端邪说。印度的道德说教故事，我们现在知道并不都是根据《五卷书》写出来的，但都能追溯到这个或那个印度故事集，比如可以追溯到《本生经》和《摩诃婆罗多》。但不管来源于何处，有一点是可以肯定的，那就是欧洲的译者，从 13 世纪卡普亚的约翰，到 16 世纪中期的译者，都在他们的前言和评论中指出这是印度故事，并毫不犹豫地以各种扭曲变形的形式，保留了印度的人物、地名和动物。[114] 不过，经过五个世纪的修正、改编、道德化和基督教化，在 16 世纪后半期出现的一些改编本中，印度特征几乎完全看不出来了。

欧洲的故事传统通常认为《七贤哲》(*The History of the Seven Wise Masters*) 追根溯源是从印度和佛陀的故事演化而来的。[115]《信德诗人之书》(*Book of Sindibad*) 保存下来的所有版本，包括修订本，似乎都来自一个遗失的阿拉伯版本，这个阿拉伯语版本是 10 世纪时形成的。现存的名为《辛提帕斯》(*Syntipas*) 的希腊语版本，是由米歇尔·安德罗普洛 (Michele Andreopulo) 于 11 世纪末从一个古叙利亚语版本翻译过来的。[116] 欧洲人对希腊语版本的第一次改编是在 1184 年前后，当时一个名叫让·德·豪特斯维尔 (Jean de Hautesville) 的僧侣将它翻译成拉丁语散文，他的拉丁文译本名叫《多罗帕托斯，或国王与七个贤人的故事》(*Dolopathos; sive, de rege et septem sapientibus*)，故事框架和《辛提帕斯》极为相似，但里面的故事，除一个以外，却完全不同。1210 年左右，赫伯特 (Herbert) 将《多罗帕托斯，或国王与七个贤人的故事》译成法文。[117] 后来，又出现了一些拉丁文和法文的散文版。13 世纪中期，从阿拉伯语版本衍生出一个西班牙语版本，和《卡里来和笛木乃》的早期西班牙语译本在出现的时间上大致相当。

书名《信德诗人之书》中的 *Sindibad* 可追溯到梵语词汇 *siddhapati* ("Siddhattha" 是巴利语中对佛的称谓) 和波斯语 *Sinderbadhjāja*，在波斯语中，*Sinderbadhjāja* 的意思是"印度导师"。[118] 在早期的很多版本中，故事是这样开始的："从前，在印度有一位国王名叫库拉什 (Kurush)……"[119] 已经有证据证明"Kurush"就是阿拉伯语中的"Porus"，也就是迎战亚历山大的印度国王。[120] 故事讲述一个年轻的王子，由于拒绝父亲最喜欢的一个女人的引诱，被女人诬告说非礼她。国王赐儿子去死。王子不能马上回击诬告者，因为占星师叫他在七天之内保持沉默，只观察，不讲话。国王的七个贤哲认为王子无罪，想救他。于是在这七天里，他们每人讲一个女人背信弃义、不可信赖的故事。作为回击，这个女人每天晚上都要给国王讲一个男人欺诈、作恶的故事。最后，当七天过去、王子能够讲话时，女人的罪行被揭发出来，得到了应有的惩罚。王子自愿保持沉默和女人道德堕落是非欧洲文学中经常出现的主题，也是这个故事源自东方的证据。"女人受蔑视"的主题和阿育王及他的儿子鸠那罗（Kunala）的故事之间的相似性，不断地引起读者的注意。

欧洲版的《信德诗人之书》和有着相似传统的《罗马七贤》（*Seven Sages of Rome*）交织在一起。[121] 这一文学循环很可能从 1150 年之前就开始了，其母本如今已经失传。尽管如此，这一文学循环产生的影响是巨大的，因为有 40 个不同的版本保存下来。在这个文学演变过程中，场景从印度变成了罗马，贤哲的名字和数量也发生了很大改变。如今保存下来的《罗马七贤》版本中，中古英语的有 9 个之多。约翰·罗兰德（John Rolland）根据一个拉丁文版本写出了他的韵文故事《七贤哲》（*The Seuin Seages*，1560 年），从罗兰德的这个版本又衍生出后来众多的英文版本。在后来的版本中，读者已经完全看不出印度的痕迹了，只有研究者通过分析研究，才能将这些版本和印度原型文本联系起来。

欧洲对《巴卢兰与曹沙法土》、《卡里来和笛木乃》、《七贤哲》的改编，将大量的印度故事带进了欧洲的宗教文学和世俗文学。16 世纪之前，这些故事多数情况下都和印度有关联，故事中的地名、人物和物品都是印度的。在从一种语言转换到另一种语言的过程中，即便人物的确切名字发生了变化，但改变后的名字仍然能看出外来的痕迹。甚至在这些故事基督教化以后，印度仍然是故事中很多奇异事件的发生地。这种把神奇事件和印度场景关联起来的做法，与当时盛行的认为对印度的描绘来自亚历山大传奇的观点相一致。从 12 世纪到 16 世纪，欧洲人出于教诲和娱乐的双重目的，把这些印度故事翻译成欧洲各国语言。在 15 世纪的时候，这些印度故事更多地被印制成各种道德指南手册，为国王的统治服务。只是到了 16 世纪，印度的存在对欧洲人来说是无可辩驳的事实以后，故事中带有印度特征的地方才被加以改造，人物也欧洲化了。欧洲的

109

改编者之所以将这些印度教诲故事进行文化适应，可能是出于担心那些时时刻刻防范着异端的正统基督徒们，会控告他们传播异教的道德训诫或异教徒的世界观，颠覆真正的宗教信仰。在 16 世纪，随着理性主义和基督教正统思想牢固地确立起来，欧洲人越来越倾向于贬低印度故事，将它们用作滑稽模仿和讽刺的素材。不过，这些印度故事依旧受到欧洲普通民众的喜爱，给浪漫传奇作家提供创作的灵感。

第四节　文艺复兴时期东方故事的形式与内容

从 13 世纪到 16 世纪，亚历山大传奇和寓言故事中的印度故事融会到欧洲的世俗文学里面。由于欧洲人坚信印度存在着一个由圣托马斯和长老约翰治理的基督教国度这样一个传说，因而，道德故事及寓言便更加牢固地同印度联系起来。[122]十字军东征除了将东西方之间存在的根本冲突和巨大差异带到欧洲外，在了解亚洲方面几乎乏善可陈，十字军的作为与不作为同样令人关注。蒙古 1240—1241 年对欧洲的远征刷新了欧洲人对亚洲的认识，因为从 1240 年到 1350 年逐渐开通了欧洲到东亚的陆路交通，商人和天主教会修士各怀使命来到东方，由此产生了大量的东方游记。这些游记驱散了过去欧洲对东方认识的迷雾，将故事场景从已知地域转向未知疆域，或是引进新的寓言故事。[123]由于陆路联系的加强，也由于在此之前欧洲对中国的认识一直模糊不清，因此，在 14 世纪的欧洲作家眼里，印度是一个比契丹（Cathay）更富有传奇色彩的地方。[124]到了 15 世纪，欧洲人由于致力于复兴古希腊、罗马文化，对亚洲的认识停留在以前的水平上，这种情况一直持续到地理大发现。[125]16 世纪之前，欧洲流行的对印度和契丹的定型化认识包含神秘和现实两个层面，而当时的欧洲人很难区分出哪些是想象的，哪些是真实的，因为在他们看来，亚洲的现实常常像寓言故事中的一样令人惊奇。

东方故事在 11、12、13 世纪大规模涌入欧洲，促进了基督教布道文在内容、意图和形式上的改变，基督教牧师在布道中利用古代典籍中的寓言故事这一点能够从中世纪的寓言故事集和雕刻艺术中看出来，同样，东方故事中的寓言和道德故事也被用来布道传教。聚众布道一开始只是主教的专利，后来慢慢地成为所有神父的职责。13世纪时，多明我会和方济各会作为布道团体的建立，让普通百姓能够聆听基督福音。布道对普通人来讲既有教诲功能，也是娱乐方式，雅克·德·维特里（1240年去世）是一位卓有影响的布道文编纂者，他这样说道："利剑式的激烈说教不能使普通俗众信服宗教。圣经经文固然重要，没有经文，宗教传播就不能有任何进展，但是为推动对圣经的了解，还必须增加一些鼓舞人心、令人愉悦同时又给人启迪的事例。"[126]从雅克·德·维特里开始，神父通常在布道结束时用事例来给听众提神，因为这时听众的注意力开始涣散，而最后讲述的具体道德案例能让听众记在脑海里。

从13世纪到15世纪，布道文以及《雅克·德·维特里讲道和醒世故事集》（*The exempla or illustrative stories from the Sermones Vulgares of Jacques de Vitry*）在欧洲各国大量出现，既有拉丁文版的，也有各民族语言的，《雅克·德·维特里讲道和醒世故事集》中有很大一部分来自东方故事。由于当时的人们能够接触到大量的故事，因而在布道中越来越多地使用《雅克·德·维特里讲道和醒世故事集》。原先的布道文只强调道德层面，是干巴巴的说教，这时越来越注意用一个有趣的故事来传达道德内涵。《罗马故事集》是13、14世纪非常流行的一本书，其作者更感兴趣的是如何讲述一个新的故事，而不是枯燥的道德说教。[127]实际上，其中的一些故事在任何时代都称不上是教诲性的。最终，对于《雅克·德·维特里讲道和醒世故事集》作为布道内容的指责，导致1528年的桑斯大公会议忍痛宣布它为非法，并明令禁止："这些可笑的事例，这些好妻子的故事，只能沦为笑柄而已。"[128]

《王子之镜》和布道文一样，也受到印度伦理故事和亚历山大传奇的影响。道德警句和带有政治寓意的寓言是1250年之后出版的《王子之镜》（*Fürstenspiegel*）的主要特征。《秘密中的秘密》（*Secretum Secretorum*）是一部政治进谏汇编，据说是亚历山大的老师给亚历山大的政治谏言，这本书被错误地认为是亚里士多德写的。我们今天所知的这部书的最早版本是17、18世纪在叙利亚出版的，有可能是根据印度故事编写而成的。[129]12世纪时，《王子之镜》

111

从一个阿拉伯版本（约公元 800 年）翻译成拉丁文，此后出现了一个翻译、改编成欧洲各种民族语言的高潮。《王子之镜》用格言的形式告诫王子无论何时何地，都要自我控制，永远不要违背诺言，在选择导师时千万要慎重，不要和女人分享秘密。这些寓言故事中的政治内涵更加现实化，它强调说，政治领袖必须非常了解自己的臣民，必须知晓自己的习性，反省自己的过失，做决定时不能优柔寡断，要遵守人人都遵守的道德规范。[130] 在中世纪后期的一些版本中，国王的谏臣要学会如何在暴君的统治下生存，并有所作为。尽管多数欧洲人明显没有注意到印度故事产生的社会背景，但印度故事中强调统治者要有伟大的人格魅力，要勇于、善于纳谏这些内容，却为欧洲作者继承下来。15 世纪时把亚历山大故事改编成王子行为指南的欧洲改编者，将印度国王塑造成具有非凡人格魅力、富有哲学心智、率领军队建功立业的人文主义者形象。[131] 15、16 世纪从《卡里来和笛木乃》和《七贤哲》演化而来的《王子之镜》，继续强调王子要密切注意谏臣的行为，通过让他们彼此不和来维护自己的统治，把政策、计划的制定与实施放在抽象的道德关切之上。[132]

　　即便在 13 世纪后期陆路游记出现以前，用欧洲各民族语言为世俗人写就的作品依然把亚历山大传奇中关于印度的各种说法、印度寓言集、圣托马斯和约翰长老的故事作为源泉。[133] 在 13 世纪博韦人文森特、雅各布斯·德·沃拉吉、罗杰·培根（Roger Bacon）百科全书式的作品中，关于印度的常见文献资料以及印度寓言故事，都以完整本和缩略本的形式，一再重现。后来的小说家通常从这些唾手可得的编纂材料中汲取素材，创作出自己的作品。1250 年以后去往亚洲的天主教修士的报告以及《马可·波罗游记》（*Description of the World*，1298—1299 年），① 为作家们提供了大量事实和想象参半的新资料，[134] 但丁和乔叟在他们的作品中都模糊地提到一些关于印度的传统知识和有关鞑靼（Tartary）的离奇传闻。他们两人似乎都了解一些东方的寓言，并在自己的主要作品中使用了东方故事和东方主题，[135] 但主要是后来的作家较多地借用东方文学中的

---

① 也被译为《世界见闻录》、《东方见闻录》、《马可·波罗行纪》、《马可·波罗寰宇记》等不同名字。——译者注

主题、思想和形式。

对欧洲文学影响较大的是印度的故事套故事形式。故事集形式突出表现了框架结构这种文学技巧的灵活性和适应性，里面有一个个相对独立的故事。故事套故事形式为译者、改编者、编者和作家在不改变整体框架的前提下，去掉、改变和替换框架下所包含的故事提供了方便。一些东方故事集在传播的过程中改变非常大，最后仅剩下当初的故事框架。欧洲第一个采用框架结构的是薄伽丘（Boccaccio）的《十日谈》（*Decameron*，约 1350 年），这部作品的框架结构、叙述方式和成熟的创作技巧，引起了欧洲其他国家作家的竞相效仿，薄伽丘的很多主题同样也被后世作家所模仿、借鉴，其中有些融进了文艺复兴时期不朽的诗歌和戏剧创作当中。[136]

是中世纪的文学而非古希腊、罗马文学，为薄伽丘之前和之后的欧洲作家提供了创作来源。给薄伽丘文学滋养的主要是他那个时代的文学传统，而不是游记或口头传说，他的情节和主题很大程度上受惠于印度故事，其中有些直接来源于欧洲版的印度故事，而这些故事归根结底来源于《五卷书》、《摩诃婆罗多》和《罗摩衍那》（*Rāmāyana*），[137] 比如《斐洛特拉多的故事》（《十日谈》中第十天的第一个故事）是从巴卢兰与曹沙法土的故事改编而来的。实际上，《十日谈》中第十天的故事有好几个是对印度故事的改写，而且可能是源于佛教故事。[138] 一个女人欺骗三四个追求者，让他们暴露在自己丈夫面前，成为全城笑柄的故事（《十日谈》中第八天的第八个故事）最早出现在索玛德瓦（Somadeva）的《故事汇》（*Kathā Sarit Sāgara*，10 世纪？）里面。和其他许多故事一样，这个故事从《十日谈》传播开去，后来其概要收入邦德罗（Bandello）、桑索维诺（Sansovino）和斯特拉帕罗拉（Straparola）的选集当中。在薄伽丘和其模仿者笔下，印度故事中的人物从道德楷模演变成娱乐的对象，它们完全欧化了，除了情节或主题外，几乎看不出是源自印度的故事了。在精神上，这些欧洲故事似乎更接近《五卷书》中的故事，而与教诲性的佛教故事以及巴卢兰与曹沙法土的故事相去甚远。[139] 后来，汉斯·萨克斯、莎士比亚和塞万提斯又在其作品中借用了这些世俗性的故事。

带有虚构性的罗曼司通常讲述骑士的传奇与爱情，就其源头来说是对拉丁

113

史诗的改编或模仿。从 12 世纪起，基于历史、传统民间故事和寓言的法国罗曼司，被作者用丰富的想象力涂上浓重的奇幻色彩。在早期的罗曼司中，影响最大的是《亚历山大传奇》（现存的版本是 1177 年编撰的），它包括亚历山大对印度的远征、亚历山大与埃塞俄比亚王后坎迪斯（Candace）的恋情以及他对亚马逊女战士的胜利。《亚历山大传奇》在后来的发展演变过程中，越来越脱离从古希腊、罗马文学中继承下来的主题或情节，主题越来越宏阔，越来越现代，特别值得一提的是把各种各样的骑士冒险和十字军东征关联起来。当然，这些讲述骑士冒险和爱情的罗曼司有其他文学传统影响的痕迹，比如亚瑟王和特利斯坦（Tristan）的故事。它们以散文和韵文两种形式，随着薄伽丘的《菲洛可洛》（*Filocolo*，1337—1339 年）和《菲洛斯特拉托》（*Filostrato*，1339—1340 年）走进了意大利文学。这些罗曼司中的主干故事有多种来源，包括现代地理和地图知识。薄伽丘对地理知识的准确运用，为罗曼司作家树立了一个影响久远的榜样。[140]

114　　　像薄伽丘那样在作品中使用真实的地理知识的还有安德里亚·德·马格纳博梯（Andrea de' Magnabotti，1370—1431 年），他是佛罗伦萨的职业说唱者（cantastórie），人们通常称他为安德里亚·德·巴贝里诺（Andrea de Barberino）。他的散文罗曼司《不幸的圭里诺》（*Guerrino il Meschino*，约 1409 年）来源于意大利丰富多样的文学传统，是当时最流行的作品之一。作品中阿尔巴尼亚王子圭里诺是安德里亚杜撰的一个人物，在故事中，圭里诺在孩提时代遭到绑架，被当作奴隶卖给君士坦丁堡的一位商人。长大以后，圭里诺效力于土耳其宫廷，不可救药地爱上了苏丹的妹妹。但想要结婚的话，圭里诺必须证明自己是皇家血统。这时，一位宫廷占星家告诉他，向生长在世界最东端的太阳树和月桂树祈祷，就能得到关于他出身的真实情况。安德里亚在 15 世纪初期准备写作材料的过程中，查阅了当时关于东方地名的最翔实资料，比如托勒密的地图、《马可·波罗游记》等，咨询了意大利的商人和水手。安德里亚的《不幸的圭里诺》是 1473 年在帕多瓦印刷出版的，到了 1555 年，已印刷 17 次之多。1530 年，该书被翻译成法语，1548 年又被翻译成西班牙语，其韵文版 1560 年在意大利出版。有很长一段时间，学者们都认为安德里亚书中的地理描写是虚构的，但详细考察他作品中的人名和材料来源，发现它们是地理和现实中的真实存在。[141]

当时，极为充分地利用游记和耶稣会士书信的作家是安德里亚同时代的一位作家，他就是《曼德维尔游记》（约 1371 年）的作者曼德维尔。尽管曼德维尔对印度的描述没有什么特别之处，但他是罗曼司作家中第一个详细描述印度以东地区的作家。曼德维尔对中国和东南亚的描写主要依赖的是波代诺内的鄂多立克的东游录，因而，曼德维尔同时代的人以及许多后来者都认为他确实和鄂多立克一起到过东方，而实际上《曼德维尔游记》完全是他的面壁虚构，在到处充斥着教诲性、实用性、深奥图书的年代，曼德维尔把他听来、看来的故事编织成一幅华丽的织锦来吸引读者，给读者带来阅读的愉悦。《曼德维尔游记》也被视为一部乌托邦作品，因为他把大汗描述成一位英明的君主，他礼贤下士，以自己的仁慈治理着财富遍地的国家，宫廷里面更是金碧辉煌，华丽无比。《曼德维尔游记》的插图印刷版更是图文并茂地将东方这块土地上的珍奇异宝，栩栩如生地呈现在读者面前。[142]

《不幸的圭里诺》和《曼德维尔游记》都是以材料为依据的，它们的出版以及随后的流行，让欧洲人产生了这样的一种期待：信仰基督教的欧洲将要和东方建立起新型的关系。以欧洲各民族语言写成的故事、小册子、诗篇重新激活了长老约翰的传说，欧洲人长时间沉浸在基督教在东方取得胜利的喜悦当中，即便是情况发生了变化也阻挡不了他们对东方的热忱。但对 15 世纪的许多作家和学者来说，东方威胁说减弱了东方奇幻场景对他们的吸引力。罗曼司作家，从路易吉·普尔西（Luigi Pulci）的《伟大的莫尔甘特》（*Morganti Maggiore*，1483 年）开始，不再热衷于描写骑士的英勇传奇，而是增加了感性的、堂吉诃德式的、讽刺性的内容。对他们来说，东方逐渐变成了一块富庶之地和感官享乐之所。而对致力于恢复古希腊、罗马文化传统的欧洲学者来说，东方则是一个遥远、异教、陌生的存在。

随着伊斯兰教国家和土耳其的崛起，东方也变成了一个黑暗、危险的地方，成为十字军的敌人。当然，在 15 世纪的时候，教会依然通过一系列的大公会议，重建与东方基督教国家和伊斯兰教的敌人犹太人的联系。在土耳其占领君士坦

115

丁堡以前，安科纳的西里亚克（Cyriac of Ancona）在地中海以东地区游历时发现古代典籍毁坏严重，便抄写碑文，收集奇珍异藏。1441 年 10 月，他给罗马教皇写信，希望派他到非洲和印度去做外交使节。[143] 也就是在这一年，威尼斯人尼科洛·德·孔蒂在东方客居二十五年后回到意大利。孔蒂撰写的东方报告，被波吉奥·布拉乔奥里尼以对话的形式，在 1448 年写成一部书，名曰《印度见闻》（India recognita），并于 1492 年在克雷莫纳（Cremona）出版。作为麦伽斯梯尼以来欧洲关于印度的最具现实性的记述，孔蒂的《印度见闻》为欧洲认识真实的印度提供了新的视野。[144]

但东方作为作品中的浪漫场景和神秘所在，依然吸引着众多欧洲作家的注意力。不朽的奥兰多故事的创造者 M. M. 博亚尔多（M. M. Boiardo，1434—1494 年）1476 年在费拉拉定居下来，埃斯特宫廷长期以来一直特别关注地理方面的书籍和信息，[145] 因此，毫不奇怪，博亚尔多把他未完成长诗中的主要人物安吉丽卡（Angelica）说成是契丹王的女儿。皮科·德拉·米朗多拉（1463—1494 年）——其母亲是博亚尔多的姐姐，对东方的语言和思想体系非常感兴趣，认为东方的语言和思想中蕴含着理解古希腊罗马文化以及圣经故事的背景。正是他对神秘事物的研究启发了 16 世纪的新柏拉图主义者把东方视为古老启示录和神秘事物的家园，视为智慧的源头。在 1486 年至 1488 年的创作中，皮科试图在东方智慧和基督教信仰之间寻找一致性，他考查了基督教文明以前的资料，发现原始语言和原始教诲都是神直接赋予的，并启发产生了新约里面的神奇篇章。[146]

15 世纪从传奇、罗曼司和游记中继承下来的对东方互相矛盾的认识，在两首诗歌或者说谣曲中鲜明地体现出来，这两首诗是朱里安诺·达蒂（Giuliano Dati，1445—1524 年）用意大利语写成的。[147] 第一首是佛罗伦萨的一位牧师在 1493—1495 年间整理而成的，名为《至尊的长老约翰、罗马教皇和印度及埃塞俄比亚的皇帝专论》（Treatise on the Supreme Prester John, Pope and Emperor of India and of Ethiopia），这首诗在早期至少有 4 个版本。诗中对于 10 个基督教国家包括印度的描写，来源于游历者的游记、和地理大发现有关的小册子以及《不幸的圭里诺》。朱里安诺·达蒂的第二首诗简洁地命名为《印度之歌（二）》

（*Second Song of India*），是 1494 年或 1495 年在罗马出版的，它在很大程度上是对孔蒂印度见闻的诗性模仿，孔蒂的印度见闻被部分抽取出来，收入雅各布·菲利普·弗雷斯蒂·达·伯加莫的《编年史补遗》第二部（1485—1486 年），我们知道雅各布·菲利普·弗雷斯蒂·达·伯加莫是奥古斯丁会的修士。如果把这两首诗的主题放在一起加以考察，可以看出它们凝练地道出了瓦斯科·达·伽马出航印度以前欧洲人对印度的认识，即敬畏、恐惧和希望交织在一起。达蒂这样写道：

> 哦，印度，祝福你沐浴在荣光之中，
> 愿上帝让你永远皈依耶稣基督。[148]

注释：

[1] 关于印度在希腊文学传统中的影响，参见 *Asia*, I, 5-12，以及 Jean W. Sedlar, *India and the Greek World*: *An Essay in the Transmission of Ideas*，即出。

[2] 虽然荷马时代的希腊人可能不知道印度，但《荷马史诗》和《摩诃婆罗多》之间的相似性却经常为人提及。关于二者相似性的详细探讨，参见 H. G. Rawlinson, "India in European Literature and Thought," in G. T. Garratt（ed.），*The Legacy of India*（Oxford, 1962），p.2.

[3] 引自 E. J. Rapson（ed.），*The Cambridge History of India*（Delhi reprint, 1962），p. 354。

[4] Rawlinson, *loc. cit.*（n.2），p. 3.

[5] 参见 J. W. McCrindle, *Ancient India as Described in Classical Literature*（Westminster, 1901），pp. 44, 51。《摩诃婆罗多》中也提到掘金蚁（2.98.9），关于将"蚂蚁"和矿工联系起来的似是而非的描述，参见 Sedlar, *op. cit.*（n.1），p. 29。另参见第 3 幅插图。

[6] 卡彦德拉的西拉科斯（Scylax of Caryandra）和米利都的赫卡塔埃乌斯（Hecataeus of Miletus）之前就提出过这种说法。关于赫卡塔埃乌斯的论述，参见 Aubrey de Selincourt（trans.），*Herodotus: The Histories*（Edinburgh, 1960），p. 217。

[7] 关于希罗多德对埃塞俄比亚的论述，参见 *ibid.*, pp.150-51；关于引文，见 *ibid.*, p. 217 相关评论，见 Rawlinson, *loc. cit.*（n.2），pp.4-7。

[8] A. B. Keith, "Pythagoras and the Doctrine of Transmigration," *Journal of the Royal Asiatic Society*（1909），pp. 569-79; 亦可参见 A. A. Macdonell, *History of Sanskrit Literature*（London, 1928），p.422；另见原文第 407 页。

[9] D. P. Cassel（ed.），*Mischle Sindbad, Secundus Syntipas*（Berlin, 1891），p. 32.

[10] 参见 Edward J. Urwick, *The Message of Plato: A Re-Interpretationn of the "Republic"*（London, 1920），chap. ii. and pp. 204-7。

[11] "权威"版本参见 E. Manni, *Introduzione allo studio della storia greca e romana*（Palermo, 1951-52），pp. 201-2.

[12] 关于这些人和他们的印度同胞之间的关系，参见 Rawlinson, *op. cit.*（n. 2），pp.65-66。

[13] *Ibid.*, pp. 29-30. 比如罗马藏书家奥卢斯·格利乌斯（Aulus Gellius）在他的《阿提卡笔记》（*Noctes Atticae*, 169）中讲到他买了克特西亚斯的一本书，看到里面全是荒诞的故事，令他作呕（IX. 4）。进一步的探讨参见 St. Augustine, *The City of God*, trans. M. Doak（New York, 1950），XVI.8.530-32。

[14] Selincourt（trans.），*op. cit.*（n. 6），p. 155.

[15] 关于这个问题更为详细的探讨，参见 A. B. Keith, *A History of Sanskrit Literature*（reprint of 1st ed. of 1920; London, 1961），pp. 352-57. 试图通过详尽分析，将阿里斯托芬（Aristophanes）的《鸟》（*The Birds*）和印度传说联系起来的论述，见 Eugène Lévêque, *Les mythes et les légendes de l'Inde et la Perse...*（Paris, 1880），pp. 1-106. 对这一问题和其他类似问题的分析

过于强调客观证据，因而难以得出哪一方是施予影响、哪一方是接受影响的确定结论。

[16] 关于伊索寓言、印度故事与 14 世纪、15 世纪辛提帕斯（Syntipas）的《七贤哲》（*The Seven Wise Masters*）之间的关系，参见 B. E. Perry, *Studies in the Text History of the Life and Fables of Aesop*（Haverford, Pa., 1936），pp. 185-90。《卡里来和笛木乃》（*Kalilah and Dimnah*）是一部根据古印度故事集《五卷书》撰写的寓言故事，其中的一些残篇后来被校订收入《伊索寓言》（*ibid.*, p.173）。亦可参见 Elinor Husselman, *Kalilah and Dimnah*（London, 1938），p. 12。

[17] A. A. Macdonell, *India's Past ...*（Oxford, 1927），p. 125.

[18] 结论见 B. E. Perry, *Babrius and Phaedrus*（London, 1965），p. xix。

[19] 引文来自 E. J. Rapson（ed.），*The Cambridge History of India*（Delhi reprint, 1962），pp. 376-77。关于麦伽斯梯尼和其他人对印度"哲学家"的评论，见 Barbara C. J. Timmer, *Megasthenes en de indiche Maatschappij*（Amsterdam, 1930），pp.70-105。似乎是麦伽斯梯尼第一次对婆罗门和沙门进行了区分，这也许是因为麦伽斯梯尼了解他们的一些著作，参见 S. K. Viksit, "Was the Bhagavad-Gītā Known to Megasthenes?" *Annals of the Bhandarkar Oriental Research institute*（Poona），XXX（1949），298。

[20] 关于他们的描述，参见 R. C. Majumdar（ed.），*The Classical Accounts of India...*（Calcutta, 1960），chaps, iii, iv, v。

[21] 参见 Albrecht Dihle, "Indische Philosophen bei Clemens Alexandrinus," in *Mullus: Festschrift Theodor Klauser*（Münster, 1964），p. 70。

[22] 参见 J. Andrée, "Vergile et les Indiens," *Revue des études latines,* XXVI（1949），158-63。

[23] 更详细的情况，参见 *Asia,* I, 12-19。

[24] P. Slepčevič, *Buddhismus in der deutschen Literatur*（Vienna, 1920），p.4。

[25] 关于老普林尼参考的有关印度的书籍，参见 Majumdar, *op. cit.*（n. 20），pp.337-50。

[26] 关于引文，参见 *ibid.*, pp. 413-21。

[27] 比较 *The City of God*（n. 13），XVI. 8. 532。

[28] F. Pfister, "Die Brahmanen in der Alexandersage," *Berliner philologische Wochenschrift*, Vol. XLI,（1921），col. 569.

[29] 参见菲洛斯特拉图斯（Philostratus）的《阿波罗尼乌斯传》（约公元 217 年），后来收入 Majumdar, *op. cit.*（n. 20），pp.383-412。亦可参见 A. Dihle, *loc. cit.*（n. 21），pp. 60-61；以及 Elizabeth H. Haight, *More Essays on Greek Romances*（New York, 1945），pp. 81-112。

[30] 详情参见 Majumdar, *op. cit.*（n. 20），pp. 425-29。

[31] 参见 *ibid.,* p. 432。

[32] 关于亚历山大传奇的早期历史，参见 F. P. Magoun, *The Gestes of Alexander of Macedon*（Cambridge, Mass., 1929），pp. 15-24; David J. A. Ross, *Alexander Historiatus: A Guide to Medieval Illustrated Alexander Literature*（London, 1963），pp.5-6; George Cary, *The Medieval Alexander*（Cambridge, 1967），pp. 9-10.

[33] 艾萨克·卡索邦（Isaac Casaubon）在巴黎见到一本希腊文的亚历山大传奇手稿，上面注明是亚历山大时期逍遥学派哲学家卡里斯提尼撰写的。艾萨克·卡索邦坚定地认为这是一部打着卡里斯提尼旗号的手稿，并在 1605 年写给 J. J. 斯卡利杰尔的信中认为这是一部伪卡里斯提尼手稿，这一称谓被后世探讨希腊文本的学者沿用。研究伪卡里斯提尼文本最权威的文献是 Reinhold Merkelbach, *Die Quellen des griechischen Alexanderromans*（Munich, 1954）。

[34] 这个版本已经翻译成英语，参见 E. H. Haight, *Life of Alexander of Macedon*（New York, 1955）。

[35] 见 Ross, *op. cit.*（n. 32），pp.9-12。

[36] 这是一部 D 类的手稿，可能是根据一部 A 类的手稿编写的，参见 Magoun, *op. cit.*（n. 32），p. 38。

[37] 从利奥的译本又衍生出 3 个拉丁文版本，参见 Ross, *op. cit.*（n. 32），p. 48。

[38] 这几篇论文是：*Commentarium Palladii, Collatio Alexandri cum Dindimo per letteras facta*，以及 *Epistola Alexandri ad Aristotelem*，参见 Magoun, *op. cit.*（n. 32），pp. 44-49；也可参见 Cary, *op. cit.*（n. 32），pp.12-16。

[39] 参见 Ross, *op. cit.*（n. 32），pp. 50-64。

[40] *Ibid.*, p. 7。

[41] Cary, *op. cit.*（n. 32），pp. 22-23. 关于如此描写的例子，参见 M. E. Schofield（ed.），*The Dicts and Sayings of the Philosophers: A Middle English Version by Stephen Scrope*（Philadelphia, 1936），p.154。

[42] 文森特的《历史通鉴》由雅各布·凡·玛尔兰兹（Jacob van Maerlantz）翻译成荷兰语，在高达（Gouda, 1477 年）、德尔夫特（Delft, 1479 年，1488 年，1491 年）和安特卫普（1515 年）出版。14 世纪时，让·德·维奈（Jean de Vignay）把它翻译成法语，于 1495 年、1496 年在巴黎出版。正是借助于文森特的翻译，亚历山大的故事才得以进入流行文学作品，参见 F. Pfister, "Das Nachleben der Überlieferung von Alexander und den Brahmanen," *Hermes*, LXXVI（1941），163-64。

[43] 参见 Ross, *op. cit.*（n. 32），pp. 18, 21, 25-27, 71-73。

[44] 关于这些文学作品，参见 F. Pfister, *Kleine Texte zum Alexanderroman*, No. 4 in W. Heraens and H. Morf（eds.），*Sammlung vulgärlateinische Texte*（Heidelberg, 1910）。

[45] 这是关于印度的最早、最完整的描述之一，其中最可信赖的部分来源于阿里安撰写的亚历山大历史，参见 J. D. M. Derrett, "The History of Palladius on 'the Races of India and the Brachmans,'" *Classica et mediaevalia*, XXI（1960），73-74。

[46] 对于这 4 篇与印度有关的文章的深入探讨，参见 Cary, *op. cit.*（n. 32），pp. 12-16; Magoun, *op. cit.*（n. 32），pp. 44-49. 关于盎格鲁—撒克逊版的《东方奇观》（*Wonders of the East*, 约公元 1000 年）——一封演绎的致亚里士多德的信函，参见 Stanley Rypins（ed.），*Three Old English Prose Texts in MS. Cotton Vitellius A XV*（London, 1924）。这封信后来被译成中古爱尔

兰语、法语、冰岛语、中古英语和德语。

[47] 参见 Rudolf Wittkower, "Marvels of the East," *Journal of the Warburg Institute,* V（1942），179-80。

[48] C. C. Mierow（trans.），*Otto, Bishop of Freising, The Two Cities: A Chronicle of Universal History to the Year 1146 A. D.*（New York, 1966），p. 183.

[49] 参见 G. Zacher, *Die "Historia orientalis" des Jacob von Vitry*（Königsberg, 1885），pp.5-7。

[50] 参见本书原文第 88 页。对于亚历山大和婆罗门教徒的关系，研究较为深入的是：Cary, *op. cit.*（n. 32），pp. 91-94, 167; F. Pfister, *loc. cit.*（n. 42），pp. 143-69; 以及 J. D. M. Derrett, *loc. cit.*（n. 45），pp. 64-135。另参见 R. Bernheimer, *Wild Men in the Middle Ages*（Cambridge, Mass., 1952），pp.107-12。

[51] 关于卡莫拉里乌斯的著作，参见 Derrett, *loc. cit.*（n. 45），pp. 66-68, 85-86。

[52] 相关描述参见 J. Brummach, *Die Darstellung des Orients in den deutschen Alexandergeschichten des Mittelalters*（Berlin, 1966），*passim*。也可参见 J. Baltrušaitis, *Le moyen-âge fantastique*（Paris, 1955），pp. 183-88。

[53] 现存的翻译成英语的不完整版本，收入 Majumdar, *op. cit.*（n. 20），pp.103-61。

[54] 费尔南德斯曾专门为葡萄牙国王若昂二世的孙子、年轻的查尔斯公爵编译成《王子之镜》（*speculum princeps*），费尔南德斯称查尔斯公爵是"他那个时代的亚历山大"，参见 R. Bossuot, "Vasque de Lucene, traducteur de Quinte Curce（1468），" *Bibliothèque d'humanisme et renaissance,* VIII（1946），215-17。

[55] 参见 Ross, *op. cit.*（n. 32），pp. 80-81。

[56] 参见 Bossuot, *loc. cit.*（n. 54），p. 216。

[57] 参见 Cary, *op. cit.*（n. 32），pp. 240, 274。

[58] 参见 C. Searles, "Some Notes on Boiardo's Version of the Alexandersagas," *Modern Language Notes,* XV（1900），48。

[59] 参见 Cary, *op. cit.*（n. 32），p. 55。

[60] Ross, *op. cit.*（n. 32），p. 63. 也可参见本书原文第 202-204 页。

[61] *Ibid.*, p. 73.

[62] *Ibid.*, p. 43. 该书分别于 1553 年和 1600 年重印，此后又多次重印。

[63] 比如，佛罗伦萨著名的古典主义者皮耶罗·韦尔洛里（Piero Vellori, 1499—1585 年）曾拥有 14 世纪精致的羊皮纸手稿《征服者的故事》，现保存在慕尼黑，参见 Magoun, *op. cit.*（n. 32），p. 115. 韦尔洛里还对向外扩张及印度的真实情况感兴趣，这有书为证，他曾为科希莫写过一部手稿，名为 *Ristretto*（Munich, Cod. ital. 160, Vict. 8），里面谈到当时所知的世界上所有的国家和国王，比如有大汗、大莫卧儿、马六甲海峡、菲律宾、卡利卡特、中国、日本、暹罗、婆罗洲等，参见 W. Rüdiger, *Petrus Victorius aus Florenz*（Halle, 1896），pp. 96-97。

[64] *The Canterbury Tales*, l. 3821.

[65] 这本书 15 世纪的手稿在 1557 年被装订在一起，封面上画着海德堡藏书家、享有王权的奥托·海因里希（Elector Otto Heinrich, 1556—1559 年执政）的肖像和徽章，参见 H. Becker, "Zur Alexandersage," *Zeitschrift für deutsche Philologie,* XXIII（1891），424-25。

[66] 关于哈特利布的书和汉斯·萨克斯的悲剧之间的关系，参见 S. Hirsch, *Das Alexanderbuch, Johann Hartliebs*（Berlin, 1909），pp. 133-34。哈特利布的书 1584 年被译成丹麦语，参见 Magoun, *op. cit.*（n. 32），pp. 42-44。哈特利布的手稿和印刷版都有漂亮的插图，参见 Ross, *op. cit.*（n. 32），p. 49。

[67] 皮克海默致康拉德·塞尔提斯的信函（纽伦堡，1503 年 11 月 17 日），收入 E. Reicke（ed.），*Willibald Pirckheimers Briefwechsel*（2 vols., Jena, 1930），I, 198。

[68] 参见 E. Surtz and J. H. Hexter（eds.），*The Complete Works of St. Thomas More*（New Haven, 1965），IV, 18。

[69] *Cosmographei*（Basel, 1551），p. 1166. 也可参见第 4 幅插图。

[70] 参见 Pfister, *loc. cit.*（n. 42），pp.167-68。

[71] 参见 K. T. Gaedertz, *Gabriel Rollenhagen, sein Leben und seine Werke*（Leipzig, 1881），pp.5-6。

[72] H. Kern, *Manual of Indian Buddhism*（Delhi, 1968），pp. 2, 7.

[73] 参见 Stith Thompson, *The Folk Tale*（New York, 1946），pp. 4-5; 也可参见 C. H. Tawney and N. M. Penzer, *The Ocean of Story: Somadeva's Kathā Sarit Sōgara*（10 vols.; Delhi reprint, 1968），I, x-xi。

[74] T. Benfey（ed. and trans.），*Pantschatantra: Fünf Bücher indischer Fablen, Märchen, und Erzählungen*（2 vols.; Leipzig, 1859）中的前言。

[75] 尤其参见 E. Qosquin, *les contes indiens et l'occident*（Paris, 1922）。

[76] E. Cosquin, "Les mongols et leur prétendu rôle dans la transmission des contes indiens vers l'Occident européen," *Revue des traditions populaires,* XXVII（1912），337-73, 393-430, 497-526, 545-66.

[77] Thompson, *op. cit.*（n. 73），p. 379.

[78] 参见 Joseph Jacobs, *Indian Fairy Tales*（London, 1892），p. 235; W. R. Halliday, "Notes upon Indo-European Folk-Tales and the Problem of Their Diffusion," *Folk-Lore,* XXXIV（1923），118-19。

[79] 参见 Tawney and Penzer, *op. cit.*（n.73），I, 29n.; VIII, xiv-xv。

[80] Thompson, *op. cit.*（n. 73），p. 14.

[81] 参见 Tawney and Penzer, *op. cit.*（n. 73），VI, x-xi。

[82] Thompson, *op. cit.*（n. 73），pp. 176-77.

[83] 比较 Tawney and Penzer, *op. cit.*（n. 73），VIII, xviii-xx。

[84] 关于巴卢兰与曹沙法土的故事中 14 篇寓言的英译文，见 Robert Chalmers, "The Parables of Bar1aam and Josaphat," *Journal of the Royal Asiatic Society*, N. S. XXIII（1891），423-49。关

于曹沙法土的"肖像",见第 1 幅插图。

[85] 参见 G. Moldenhauer, *Die Legende von Barlaam und Josaphat auf der iberischen Halbinsel*（Halle, 1929）, pp.140, 155n.; E. Kuhn, "Barlaam und Joasaph," *Abhandlungen...der bayerischen Akademie der Wissenschaften,* XX（1897）, 87。

[86] 详情参见 E. Kuhn, *loc. cit.*（n. 85）, pp. 53-54; 以及 H. Peri, *Der Religionsdienst der Barlaam-Legende*（Salamanca, 1959）, pp.22-23, and n. 25。阿本纳国王也出现在古罗马的日历上,其纪念日是每年的 8 月 3 日。现代的天主教研究者接受世俗的观点,认为巴卢兰、曹沙法土和阿本纳都是杜撰的人物（见 *Enciclopedia cattolica*）。中世纪早期有一个类似的例子,即西方对大天使米迦勒（Archangel Michael）的狂热崇拜,详情参见 Wolfgang von Rintelen, "Kult- und Legendenwanderung von Ost nach West im Frühen Mittelalter," *Saeculum,* I（1971）, 71-100。

[87] 参见 Slepčevič, *op. cit.*（n. 24）, p. 5。

[88] *Década quinta da Ásia*（Lisbon, 1612）, I, 123-24.

[89] 参见拉布莱伊（Laboulaye）发表在 *Journal des débats*（July 26, 1859）上的文章,以及利布莱希特的学术论文 "Die Quellen des Barlaam und Josaphat," *Jahrbuch für romanische und englische Literatur,* II,（1860）, 314-34。另见 Max Müller, *Chips from a German Workshop*（New York, 1890）, IV, 174-80。

[90] 关于这种推测性的重构,参见 Peri, *op. cit.*（n. 86）, pp. 19-22, 以及 D. M. Lang, *The Balavariani（Barlaam and Josaphat）: A Tale from the Christian East Translated from the Old Georgian*（Berkeley, 1966）, pp.11-12。

[91] 参见 Peri, *op. cit.*（n. 86）, p.18, n.21。

[92] 译者很可能是阿陀斯山阿马尔菲（Amalfi）修道院一位懂拉丁语的教士。那不勒斯和阿马尔菲在 11 世纪时都是从希腊文翻译成拉丁文的翻译重镇,参见 R. Manselli, "The Legend of Barlaam and Josaph," *East and West*（Rome）, VII（1957）, 334。现存的手稿版本是 1326 年的,如今保存在沃尔芬布特尔图书馆（Wolffenbüttel library）。关于拉丁文手稿的完整目录,参见 Jean Sonet, *Le roman de Barlaam et Josaphat: Recherches sur la tradition manuscrite latine et française*（Louvain, 1949）, p. 315。

[93] 相关例子参见 S. der Nersessian, *L'illustration du roman de Barlaam et Joasaph*（Paris, 1937）, *passim*。

[94] 缩略版的《巴卢兰与曹沙法土传》（*Vita Barlaam et Josaphat*）作为一部民间故事书,以欧洲各国的文字广为流传。保存下来的捷克语版本是 1470 年的一份手稿。3 个古版本中 1 个是意大利语的,另外 2 个是德语的。16 世纪时,佛教故事在比尔森（1504 年,1512 年）、威尼斯（1539 年,约 1600 年）、佛罗伦萨（1582 年）和布拉格（1593 年）多次印刷,参见 Kuhn, *loc. cit.*（n. 85）, pp. 63-75。

[95] Peri, *op. cit.*（n. 86）, pp. 43-46.

[96] *Ibid.*, pp.69-70.

[97] 参见 M. Ruffini, "Les sources de Don Juan Manuel," *Les Lettres romanes* (*Louvain*), VII (1953), 37-41。

[98] 特别是伯纳多·普尔西（Bernardo Pulci）的作品（1516 年）和阿提里奥·欧派辛西（Attilio Opezzinghi, 1584 年）的诗歌。

[99] Peri, *op. cit.* (n. 86), pp. 99-101. 1611 年，洛佩·德·维迦（Lope de Vega）写出了他的 *Barlaán y Josafat* (*ibid.*, p.104)。

[100] Moldenhauer, *op. cit.* (n. 85), p.155n.

[101] 比如，*Martyrologium Romanum* 里面明确指出，巴卢兰与曹沙法土的故事是大马士革的圣约翰写的。

[102] 参见 Kuhn, *loc. cit.* (n. 85), pp. 55-60. 比利乌斯意识到这样一个事实：在他那个时代，有些人怀疑巴卢兰与曹沙法土这两位圣哲的历史真实性，因而他一再强调他对他们的存在确信无疑。比利乌斯的拉丁文版本也于 1593 年在科隆和安特卫普出版。

[103] 关于这个问题论述得最全面的是 Johannes Hertel, *Das Pañcatantra, seine Geschichte und seine Verbreitung* (Leipzig and Berlin, 1914)。也可参见《五卷书》中富兰克林·艾德格顿（Franklin Edgerton）列出的族谱表，收入 Tawney and Penzer, *op. cit.* (n. 73), V, 232-42。另外，也可参见 M. Müller, *op. cit.* (n. 89), 153-60。

[104] 从后面的版本中分析得来的，参见 Hertel, *op. cit.* (n. 103), p. 363。比较 Tawney and Penzer, *op. cit.* (n. 73) 中丹尼逊·罗斯爵士（Sir Denison Ross）撰写的前言，丹尼逊·罗斯怀疑是否有过这样一个古波斯语版本。

[105] 这个版本以 *Stephanites and Ichnelates* 之名广为流传，但一直到 1583 年，都没有翻译成欧洲民族语言，参见本书原文第 106 页，以及 L. O. Sjöberg, *Stephanites und Ichnelates: Überlieferungsgeschichte und Text* (Stockholm, 1962)。关于猴王的故事有可能影响了 16 世纪动物文学的有趣猜测，参见 H. W. Janson, *Apes and Ape Lore* (London, 1952), p. 353, n. 74。

[106] 根据这个版本翻译的译本，现在只保存下来雷蒙德·德·贝济耶（Raymond de Béziers）1313 年左右的拉丁文译本。

[107] 该书 1483 年[①]印刷出版，参见 I. G. N. Keith-Falconer, *Kalīlah and Dimnah or the Fables of Bidpai: Being an Account of Their Literary History...* (Cambridge, 1885), p. lxxiii.

[108] 柯蒂尔的译本名为 *Plaisant et facécieux discours sur les animaux* (Lyons)，德·拉·里维的 *Deux livres de philosophie fabuleuse* (Paris, 1577; Lyons, 1599; Rouen, 1620) 分上下册出版，上册是根据费伦佐拉的《动物故事集》翻译的，下册是参照多尼的《印度哲学家的各色药方》编写的。参见 Hertel, *op. cit.* (n. 103), p. 399。

[109] Hertel, *op. cit.* (n. 103), pp. 399-400.

---

① 原文如此。——译者注

[110] 在拉丁文版本和从拉丁文版本派生出来的版本中，印度圣哲的名字经历了不同的变化，从 Vishnucorman 到 Bidpai（Pilpay），再到 Sendebar。

[111] 该书的现代重印本见 Joseph Jacobs（ed.），*The Morall Philosophy of Doni: Drawne out of the Auncient Writers, Englished out of Italian by T. North. With Introductory Essay upon the Buddhistic Origin and Literary History of the 'Fables of Bidpai'* ...（London, 1888）。

[112] Benfey（ed. And trans.），*op. cit.*（n. 74），pp. xx-xxi。

[113] 比较 *Asia*，II, Bk. I, 77-78。

[114] 于埃（Huet）是艾夫兰治斯（Averanches）学识渊博的主教，也是拉·封丹（La Fontaine）的朋友，他在其《传奇故事溯源》（*Traité de l'origine des Romans*［Paris, 1670]）中通过研究欧洲译本的印度寓言前言，梳理印度寓言的发展演变轨迹，参见 Müller, *op. cit.*（n. 89），IV, 151. 关于传奇故事来源的阐释，参见 M. Avery, "The Miniatures of the Fables of Bidpai," *Art Bulletin*, XXIII（1941），103-16。

[115] 关于学术界对其演化和改编的研究，参见 T. Benfey, "Einige Bermerkungen über das indische Original der zum Kreise der Sieben Weisen Meister gehörigen Schriften," *Mélanges asiatiques*（St. Petersburg Academy of Sciences），VIII（1858），188-90; Domenico Comparetti, *Ricerche intorno al Libro di Sindibad*（Milan, 1869）; Cassel, *op. cit.*（n. 9），introduction; William A. Clouston, *Popular Talse and Fictions, Their Migrations and Transformations*（2 vols.; London, 1887），I, 9-10; Tawney and Penzer, *op. cit.*（n. 73），V, 258-66; 以 及 A. H. Krappe, "The Seven Sages," *Archivum Romanicum*, VIII（1924），386-407; IX（1925），345-65; XI（1927），163-76; XVI（1932），271-82; XIX（1935），213-26。

[116] 参见 F. Baethgen（trans.），*Sindban, oder die Sieben Weisen Meister: Syrisch und Deutsch*（Leipzig, 1879），p.5。

[117] 关于《多罗帕托斯，或国王与七个贤人的故事》对古法语的《寓言诗》（*fabliau*）或离奇故事的影响，见 U. T. Holmes, *A History of Old French Literature from the Origins to 1300*（rev. ed.; New York, 1962），pp.200-204。

[118] Cassel（ed.），*op. cit.*（n.115），pp. 65-66.

[119] 在《辛提帕斯》里面，印度这个国家被删去了，在后来的一个版本中则变成了"中国"，参见 Camporetti, *op. cit.*（n.115），p.5。

[120] Cassel（ed.），*op. cit.*（n.115），pp. 61-63.

[121] 参见 Killis Campbell, *The Seven Sages of Rome*（Boston, 1907），p. xv。

[122] 关于圣托马斯和约翰长老这两个传说的详细情形，参见 *Asia*, I, 25-27。

[123] 参见 H. Goetz, "Der Orient der Kreuzzüge in Wolframs *Parzifal*," *Archiv für Kulturgeschichte*, XLIX（1967），6-7。

[124] 参见 *Asia*, I, 30-48。

[125] 参见 *ibid.*, pp. 59-65。

[126] 引自 T. F. Crane（trans. and ed.），*The Exempla... of Jacques de Vitry*（London, 1890）的前言。关于东方故事收进该书中的例子，参见 E. W. Burlingame（trans. and ed.），*Buddhist Parables Translated from the Original Pali*（New Haven, Conn., 1922），p.xxiii。另见 W. F. Bolton, "Parable, Allegory, and Romance in the Legend of Barlaam and Josaphat," *Traditio,* XIV（1958），360。

[127] 这本书中的很多故事似乎都来自东方。相关例子见 A. A. Krappe, "The Indian Provenance of a Medieval Exemplum," *Traditio,* II（1944），499-502; Burlingame（trans. and ed.），*op. cit.*（n.126），p.xix; 以及 Tawney and Penzer, *op. cit.*（n. 73），II, 295-97。关于本书的作者、出版地和出版时间，我们一无所知，但大约有 200 个手抄本流传下来，参见 J. Bolte and L. Mackensen, *Handwörterbuch des deutschen Märchens*（2 vols.; Berlin and Leipzig, 1930-40），II, 599-606。

[128] 引 自 T. F. Crane, "Medieval Sermon-Books and Stories," *Proceedings of the American Philosophical Society,* XXI（1883），57。

[129] Tawney and Penzer, *op. cit.*（n. 73），II, 290-97. 比如，"带毒的未婚女子"（吃毒素长大的女子，她吻你一下，看你一眼，咬你一口，对你呼出一口气，以及其他许多方式，都能致人以死命）主题沿着这条路线传到欧洲的世俗文学和宗教文学当中。

[130] 参见 W. Berges, *Die Fürstenspiegel des hohen und späten Mittelalters*（Stuttgart, 1952），pp. 109-12。

[131] 比如，参见 *Dicts and Sayings of the Philosophers*（ca. 1450），这是瓦斯科·费尔南德斯翻译的库尔提乌斯的《王子之镜》法文版（1468 年），德文版（1472 年）的《王子之镜》是从哈特利布的版本翻译过来的。更详细的阐释参见本书原文第 105-106 页。

[132] 比如，参见 Anton Pforr, *Das Buch der Beispiele der alten Wrisens*（1483 年）以及随后欧洲各国对印度故事的改编，参见本书原文第 105—106 页。有一点需要提醒，《五卷书》（约公元 100—500 年）原本就是印度的"王子之镜"。

[133] 详情参见 *Asia,* I, 28-30。

[134] 参见 *ibid.*, pp. 30-48。 需要注意的是，鲁斯蒂谦（Rustichello）可能加入了一些浪漫元素。

[135] 参见 *ibid.*, pp. 74-76。也可参见 Edgar Blochet, *Les sources orientales de la Divine Comédie*（Paris, 1901）; A. de Gubernatis, "Le type indien de Lucifer chez le Dante," *Giornale dantesco,* III（1896），49-58。

[136] 参见 W. P. Friedrich and D. H. Malone, *Outline of Comparative Literature from Dante Alìghieri to Engene O'Neill*（Chapel Hill, N. C., 1954），pp. 70-71。

[137] 参见 Levêque, *op. cit.*（n. 15），pp. 516-30; 以及 A. C. Lee, *The Decameron, Its Sources and Analogues*（London, 1909），pp. 25-26, 110, 170, 222-23。

[138] Tawney and Penzer, *op. cit.*（n. 73），II, 76, n.1。

[139] 参见 W. F. Bolton, *loc. cit.*（n. 126），pp. 360-66; 以 及 D. Radcliff-Umstead, "Boccaccio's Adaptation of Some Latin Sources for the *Decameron*," *Italica,* XLV（1968），185-86。

[140] 巴尔迪的商人把 1336 年发现加那利群岛（Canary Islands）的事告诉给薄伽丘，参见 Giorgio Padoan, "Petrarca, Boccaccio e la scoperta delle Canarie," *Italia medioevale e umanistica,* VII（1964），263-77；薄伽丘参照老马里诺·萨努多（Marino Sanudo the Elder）的地图来给他的《菲洛可洛》中的地名命名，参见 V. Bertolini, "Le carte geografiche nel 'Filocolo,'" *Studi sul Boccaccio,* V（1969），224-25。关于博亚尔多、阿里奥斯托作品中对地理信息的使用，参见本书原文第 205-208 页。

[141] 参见 H. Hawickhorst, "Über die Geographie bei Andrea de' Magnabotti," *Romanische Forschungen,* XIII（1902-4），689-784。以及 R. Peters, "Über die Geographie im *Guerino Meschino* des Andrea de' Magnabotti," *ibid.,* XXII（1906-8），426-81。

[142] 详情参见 *Asia,* I, 77-80。另外也可以比较对《王子之镜》的探讨，参见本书原文第 111-112 页。

[143] 参见 E. W. Bodnar, *Cyriacus of Ancona and Athens*（Brussels, 1960），p. 50。

[144] 详情参见 *Asia,* I, 60-65。

[145] 参见 M. Vernero, *Studi critici sopra la geografia nell' Orlando Furioso*（Turin, 1913），p. 7。关于埃斯特家族，参见本书原文第 9 页[①]、第 202 页。

[146] 详细阐释参见 R. W. Meyer, "Pico della Mirandola und der Orient," *Asiatische Studien,* XVIII-XIX（1965），311-13。

[147] 参见 L. Olschki, "I Cantàri dell' India di Giuliano Dati," *La bibliofilia,* XL（1938），289-316；关于对这两首的评论及收入诗集的情况，参见 Francis M. Rogers, "The Songs of the Indies by Giuliano," *Actas do Congresso Inernacional de História dos Descobrimentos*（Lisbon, 1961），IV。

[148] 引自 F. M. Rogers, *The Quest for Eastern Christians: Travels and Rumor in the Age of Discovery*（Minneapolis, 1962），p. 101。

---

① 即原文第 9 页中的 d'Este（译为德斯特）。——译者注

117

第四章　葡萄牙文学

16世纪是葡萄牙语言、文学发展的黄金时期。在海外扩张开始以前，葡萄牙的诗歌和小说创作就受到外来影响，其中主要是普罗旺斯、西班牙、意大利和摩尔文化的影响，不过早期的葡萄牙文学并没有因此而失去原创性。13和14世纪的葡萄牙文学主要带有狂热的宗教主义和神秘主义色彩。葡萄牙宜人的气候和葡萄牙人对大自然的亲近，使得葡萄牙文学中出现了大量描写自然、带有乡土气息的田园诗。海中小渔船上生活的艰辛、莫测和危险，弥散在葡萄牙小说和诗歌的字里行间。这一时期，葡萄牙语本身还处在发展时期，为了尽快成熟起来，它从周边国家的语言中吸收、借用了大量的词汇。在瓦斯科·达·伽马开始他伟大旅行的前夜，葡萄牙人已经准备好了用自己的民族语言来书写他们崛起的历史，用各种不同的文学样式，以日臻成熟的技巧，描述他们的快乐、胜利和恐惧。

葡萄牙的文学和语言在葡萄牙鼎盛时期发展成熟。实际上，今天的人们很难想象如果没有航海大发现提供的题材，葡萄牙的诗歌和小说会是什么样子。16世纪葡萄牙的诗人、剧作家和历史学家，都认为他们生活在一个需要用史诗来描述他们国家伟大成就的时代，而他们也欣然回应了这一时代需求。诗人们不无骄傲地把征服写进了他们的诗篇，而这一时期诞生的葡萄牙戏剧，把发现新大陆的喜悦和恐惧全部在舞台上展现出来。到了 16 世纪中期葡萄牙帝国开始衰落时，葡萄牙人更多地怀念曾经有过的辉煌经历。文学家们创造了许多新的文学形式，描述葡萄牙人开拓印度航线的艰辛和遇到的重重困难，以及以排山倒海之势征服陌生而又遥远的新大陆的喜悦。传统的历史书写在内容和形式上都发生了变化，更加突出航海扩张和海外征服。最后，诗人卡蒙斯围绕开拓亚洲这一主题，创造了葡萄牙历史上最不朽的文学盛宴。

118

第一节　辉煌与幻灭

加西亚·德·雷森迪（Garcia de Resende，约 1470—1536 年）既是一位诗人，也是一位廷臣，1514 年，他担任葡萄牙驻罗马使馆的秘书，期间编了一部诗集，名为《诗歌总集》（*Cancioneiro geral*），于 1516 年在里斯本出版。[1] 他的诗集可能是受到了卡斯蒂利亚人赫尔南多·德尔·卡斯蒂洛（Hernando del Castillo）的《诗歌总集》（*Cancioneiro general*，1511 年）的启发，收入雷森迪诗集里的某些诗人的作品，确实有对卡斯蒂利亚和意大利一些不入流的诗歌作品的借鉴。雷森迪的《诗歌总集》内容庞杂，收入了大约 1 000 首诗，涉及 200 多位诗人，是他们在 15 世纪中期到诗集出版这段时间里写出来的佳作。《诗歌总集》里的大部分诗篇出自廷臣之手，内容是关乎礼仪、服饰、爱情和附庸风雅的宫廷生活的细枝末节的。雷森迪的诗集还包括一些探讨现代主题和回顾过去的严肃诗篇，这些诗成为研究当时社会风尚和道德规范的重要材料来源。

既然《诗歌总集》里面的多数诗篇都是印度航线发现之前写成的，因此仅有少数提到东方。但令人惊奇的是，这些描写海外世界的诗很快就引起了当时人们的关注。雷森迪敏锐地感受到海外发现作为一个富有意义的文学主题的潜力，这从他写的序言中可以看出来。在献给若昂王子的献辞中，雷森迪哀叹葡萄牙文人不去书写自己国家的伟大成就，并说这是"葡萄牙人的本性"。《诗歌总集》充斥着琐屑的生活描写，这正印证了雷森迪的慨叹。因此，雷森迪劝告他的同胞要放眼描写海外征服这类宏大的主题：

如果作家忠于自己的职守，他就会发现，描写本民族过去和现在的成就，同谱写罗马、特洛伊的光辉业绩、古代编年史和历史上的功勋一样具有价值，甚至比那些东西还要值得大书特书。[2]

显而易见，雷森迪是在呼吁里程碑式的历史和史诗性作品的出现，而 16 世纪后半叶，葡萄牙在上述两个方面都取得了不同凡响的成就。

119 　《诗歌总集》里面的一些诗篇以凝练的文字，深刻而又富于启发性的画面，让我们看到了葡萄牙对海外扩张的反应。当时，许多宫廷诗人热衷于描绘名门闺秀的爱情，为她们"浅吟低唱、扼腕叹息"，而若昂·德·梅内塞斯（João de Meneses）则歌颂对一位女奴的尘世之爱，把她和宫廷里的千金小姐相提并论。若昂·德·梅内塞斯可能是西方现代诗人中第一位抒发对异族、异域女子爱慕之情的诗人。[3] 诗人大多描写黑人和印度"奴隶"的不幸遭遇，他们被从遥远的地方或皇家宫院带到这里，过着不自由的、凄惨的生活。[4] 其他诗人则同情那些被迫长期在印度生活、不得不和亲人分离的葡萄牙人："他们要分别三年，相隔 4 000 里格① 远。"[5] 还有一些诗人为那些在亚洲或在海上失去生命的人感到悲伤，在听到阿尔伯克基 1510 年在果阿遭到挫折后，布拉斯·德·科斯塔（Bras de Costa）在给雷森迪的信中写道：

> 穿越如此凶险的风暴，
> 在这样的季节里颠簸，
> 与死神擦肩而过，
> 我宁愿不要胡椒。[6]

雷森迪回信说自己永远没有乘船去印度的愿望。

不过《诗歌总集》的诗人们并不只有悲伤和幻灭。弗朗西斯科·德·苏查（Francisco de Sousa）的诗句就洋溢着对海洋的热爱和对新大陆的渴望。曾在

---

① 里格，原陆路长度单位，1 里格一般约等于 3 海里。——译者注

意大利学习过的博学之士、宫廷诗人若昂·罗德里格斯·德·萨·伊·梅内塞斯（João Rodrigues de Sá e Meneses，1465?—1576 年），赞叹他的同胞卓越的战争艺术：

> 那些带着宝球①和十字架，
>
> 从休达（Ceuta）到中国的人，
>
> 那些到过红海、阿比西尼亚（Abyssinia）、
>
> 印度、马六甲、霍尔木兹海峡（Ormuz）的人
>
> 直到世界的尽头都会活在人们的心中。[7]

在这首诗和其他一些诗歌里面，海外世界的人名和地名像祈祷词一样被热切地咏唱。在文学作品里面，这些人名和地名是征服的象征，是葡萄牙帝国海外扩张最直观的写照。[8] 卡利卡特、坎贝、马六甲这些名字在诗歌中比布拉干萨（Braganza）、巴黎、罗马更为频繁地出现，[9] 即便一个诗人漫不经心地宣称：

> 如果你找不到 *contray*
>
> 我会告诉你
>
> 它是坎贝商人身上穿的
>
> 很新很好看的
>
> 淡绿色的衣服[10]

当时的人们也能理解。更有其他诗人在诗中说中国人"抬高了丝绸价格"，或者评论"一件来自中国的粗布衣服"。[11]

　　诗人们在其诗句中歌颂海外征服的英雄。航海家个人，像瓦斯科·达·伽马、阿尔梅达（Almeida）、阿尔伯克基、迭戈·洛佩斯·德·塞奎拉被诗人一遍一遍地传诵。而且，诗人还通过他们与航海家密切的私人关系，一再揭秘他们

120

———————————
① 宝球，王权的象征。——译者注

的生平细节，这在严肃的征服者传记与事迹中是不会提到的。[12]虽然这些抒情性的记述还不是雷森迪在他的序言里所说的史诗，但它们为把航海家提升为英雄奠定了基础，在此基础上，路易斯·恩里克斯（Luís Henriques）在歌颂布拉干萨的公爵（Duke of Braganza）在阿萨莫尔（Azamor）大获全胜（1513年）的诗篇中，以一种史诗的情怀歌颂海外扩张，尽管这种史诗情怀还不是那么明显。[13]不像后人所知道的那样，海外扩张是葡萄牙历史上最伟大的事业，当时由于缺乏时间的沉淀，人们还不知道这一点。《诗歌总集》的诗人过于热衷葡萄牙国内的事务，过于着眼于国内发展给葡萄牙带来的直接利益，而没有看到或者说没有预见到征服东方对葡萄牙的重大意义。

121　　　　有的诗人对葡萄牙海外扩张的未来感到迷茫甚至恐惧，有的诗人则为由此形成的葡萄牙帝国而欢呼，兴高采烈地看着涌入里斯本市场的新奇货物、不曾见过的动物和来自其他国家的人们。1519年，迭戈·维利乌·达·昌塞拉里亚（Diogo Velho da Chancelaria）写了一首名叫"人人奔向里斯本"的长诗，[14]诗中他欣喜地细数着海外征服的战利品——金子、珍珠、宝石、树脂、香料、药品，还有美洲虎、狮子、大象、怪兽、会说话的鸟、瓷器、钻石等，源源不断地运到葡萄牙。他很高兴海外世界的人们来到里斯本，成为基督教世界的一部分，而他以前对这些人一无所知。维利乌把曼努埃尔国王视为"新罗马"的创造者，认为他是新的基督教大世界的统治者。像《诗歌总集》的诗人们一样，维利乌对异域的东西很感兴趣，他不光喜欢异域的地理称谓，还十分赞叹那些昭示着葡萄牙的权力、财富、辉煌的东西：

> 金子、珍珠、宝石，
>
> 树脂、香料，
>
> ……
>
> 老虎、狮子、大象，
>
> 怪兽和会说话的鸟，
>
> 瓷器、钻石——
>
> 现在都很常见了。[15]

年轻的若昂·德·巴罗斯（1496?—1570年）在做若昂王子（Prince John）的侍从期间，于1520年写了一篇关于骑士爱情的长篇浪漫传奇，名为《克莱里蒙多皇帝纪事》（*Crónica do Imperador Clarimundo*）。[16] 巴罗斯在这部浪漫传奇中讲述了匈牙利和君士坦丁堡的君主克莱里蒙多（Clarimundo），以及葡萄牙的第一任国王、神秘的先驱阿方索·恩里克斯（Alfonso Henriques）的冒险经历。巴罗斯仅用了八个月的时间，就以流畅、生动的文笔，写成了这篇具有阿玛迪斯（Amadis）①风格的故事，是其创作才华的有力见证，为他日后撰写印度史奠定了基础，他希望将来能写出一部关于印度的历史。《克莱里蒙多皇帝纪事》像其时的许多浪漫传奇一样，描述的是在遥远的异域建功立业的英雄。虽然人物和冒险经历大多是虚构的，但大部分地理风貌都是真实存在的。遥远的东方一直到全书的结尾部分才出现，巴罗斯在结尾用诗的形式写了一个关于葡萄牙"未来"的预言。这些诗句令人想起《诗歌总集》和《卢济塔尼亚人之歌》的第十章，描绘、赞美的是对亚洲的征服：

122

走向占婆（Champa）和中国的城池
波斯人（穆斯林?）还是会输给我们。
他们跨越不同国家的疆界
匆匆地走马观花；
他们来到琉球（Ryukus），进行诚实地交易
然后拿着货物去找婆罗洲（Borneo）人。
开拓了如此广阔的疆域，他们把
信仰、爱和忠诚一一播撒。[17]

在葡萄牙宫廷，与雷森迪、维利乌和巴罗斯同一时期的还有一个人，他就是金匠兼剧作家吉尔·维森特（约1465—约1537年）。[18] 维森特是宫廷的大总管，在金匠行会起着举足轻重的作用。1506年，他用瓦斯科·达·伽马1503年

———
① 阿玛迪斯是16世纪一部骑士小说中的主人公，是英雄的象征。——译者注

从基尔瓦带来的金块，为贝伦的热罗尼莫斯（Jerónimos）修道院打造了著名的圣体匣。[19] 与此同时，他开始写剧本并在宫廷上演。学者们普遍认为吉尔·维森特是葡萄牙剧院的创始人，他的剧本流传下来的有44部：16部是用葡萄牙语写成的，11部是卡斯蒂利亚语的，剩下的17部是用这两种语言混合写成的。从形式上来看，他主要继承了卡斯蒂利亚的传统、道德、神秘性、滑稽戏、喜剧和骑士精神，编写带有田园色彩的剧本。1562年，他的儿子路易把维森特的上述剧本和一些歌谣及其他体裁的创作，编辑成一个集子，在里斯本出版。[20]

这些在葡萄牙宫廷重大场合演出的舞台剧被称为哑剧（momos）。[21] 早在若昂二世（1455—1495年）时代，这些舞台剧就有着华丽的服饰、精巧的结构、有趣的道具和惊人的戏剧效果。在埃武拉演出的一场哑剧中，飘扬着旗帜的战舰，再加上隆隆的炮声，极大地激发了观众的想象力，而舵手和商人穿着绫罗绸缎，作为背景在舞台穿梭走动，昭示着葡萄牙在海上和陆地上征服的胜利。国王和王室成员有时会像演员一样，加入舞台表演，甚至扮演海外征服者角色，其他人则扮演龙、巨人和各种各样神秘的生物。活生生的动物，特别是一些珍稀动物，更是给哑剧增添了异国情调。极有可能的是，吉尔·维森特被吸引到葡萄牙宫廷，并于1490年在埃武拉响应国王招募金匠的号令，为王子的大婚打造饰品，缝制礼服。[22]

维森特的戏剧从1502年开始经常演出，他的戏剧比传统的哑剧更深刻，更发人深思。维森特最擅长写滑稽剧和喜剧，这些戏剧以现实生活为题材，反映生活中的问题。他的其他戏剧是专为国王和国家的重大场合创作的，这些剧目仍可视为文学性的哑剧，因为里面有大量的对话和独白。即便是维森特的最轻快、最搞笑的戏剧也不单纯是娱乐性的，而是以隐晦、扭曲的方式，反映了里斯本万花筒般的社会现实，这些生活场景每天都在里斯本的港口、码头、街道、集市上演。吉尔·维森特以他出色的创作才华，将日常的生活画面编织成入情入理的戏剧。

和他同时代的人一样，吉尔·维森特热心于葡萄牙的海外扩张事业，但与他们中的许多人不同的是，维森特很快就认识到海外征服对于葡萄牙的意义。他对海外扩张的感受和思考是基于他的观察，他看到里斯本的生活发生了变化，葡萄牙人原本田园般的质朴生活开始受到虚荣心、讲排场和好炫耀的侵袭。令他颇为伤感的是，他的一个儿子竟在 1506 年跟随特里斯坦·达·库尼亚（Tristão da Cunha）的船队去了印度，后来又在阿尔伯克基统治下的果阿供职。[23] 维森特的戏剧一方面关注日常生活中的问题，另一方面又从文学作品，特别是胡安·代尔·恩希纳（Juan del Encina，1469?—1529 年）的作品、圣餐仪式和新约全书中，吸取了刻画典型人物、解决问题的方法和创作技巧。[24]

　　1509 年，特里斯坦·达·库尼亚的船队归来。这一年，吉尔·维森特的戏剧《印度之行》（Auto da India）在塔霍河左岸的阿尔马达（Almada）上演，恭请莱昂诺尔（Leonor）皇后和宫廷人员观赏。[25] 这个剧本是维森特第一个完全用母语写成的剧本，是一个极为世俗的滑稽剧，维森特在里面描述了发现印度给葡萄牙家庭带来的影响。一位妻子假意在她丈夫 1506 年随特里斯坦·达·库尼亚的船队离开加尔萨（Garça）时哭泣，当丈夫乘坐的帆船航行在茫茫海洋中时，妻子的卡斯蒂利亚情人来了。这个情人刚走，另一个葡萄牙情人又来了。尔后那位卡斯蒂利亚情人又折了回来，这位妻子便对她的葡萄牙情人说这个人是她的哥哥。就在几个人纠缠不清的时候，女仆冲进来报告说船队突然返航，丈夫马上就要到家了。两个情人逃之夭夭了。丈夫回来后，妻子假惺惺地抱怨她很孤单，说自己对丈夫多么地忠诚，又问丈夫从东方带回了什么财宝。[26] 剧本的对白中直接提到印度的地方并不多，只提到了卡利卡特、宝石、香料，还有这位卡斯蒂利亚情人宣称上帝创造印度就是为了让他能和这位妻子在一起。皇后对这个滑稽剧的反应不得而知，不过后来的剧评家推测剧作家维森特之所以把这位妻子塑造成一位堕落的葡萄牙人，是为了说明有些葡萄牙人为了追求感官享受，不顾国家的道德准则和荣誉。[27] 不管其含义是什么，《印度之行》的确影响了后来的葡萄牙剧作家。1905 年，该剧本还被改编成一个流行的版本，用作学校的教材。[28]

　　歌颂海外征服的功绩是从 1510 年葡萄牙占领果阿开始的。国王曼努埃尔下令在佛兰德斯布置一系列的织锦展，以庆祝征服印度的胜利。[29] 四年后，著名的特里斯坦·达·库尼亚外交使团进驻罗马，加西亚·德·雷森迪随团前往。极有可能的是，吉尔·维森特打造的金具也随其他礼品送给了教皇利奥十世。[30]

显而易见，在这些年里，戏剧家兼金匠维森特也卷入了葡萄牙的海外征服热，他的悲喜剧《战争颂》（*Exortação da guerra*，1513 年或 1514 年）就是歌颂葡萄牙海外征服的，他在剧中提到一头名为汉诺的大象（Hanno），是作为礼物送给教皇的，剧中借恶魔塞夫龙（Zebron）之口问道：

> 送给教皇听他忏悔的
>
> 那头俊美的大象还活着吗？[31]

相比之下，维森特的在口吻上更为虔敬的剧本是《声望赞》（*Auto da Fama*，约 1515 年），① 该剧为葡萄牙的远洋航行和军事征服歌功颂德。[32] 在这个剧本里面，葡萄牙被具体化为一个出身低微的姑娘"声望"（Fame），所有其他国家的青年男子无不垂涎、追求。来自法国、意大利、卡斯蒂利亚的追求者全都遭到拒绝，姑娘只忠诚于葡萄牙。该剧体现了葡萄牙在果阿（1510 年）、马六甲（1511 年）、阿萨莫尔（1513 年）、亚丁（Aden，1513 年）征服异教徒和穆斯林的英勇气概。在这个隐喻性的求爱故事结尾，"忠诚"（Faith）和"坚毅"（Fortitude）给"声望"姑娘戴上月桂花环，随之掀起了一阵铺天盖地的欢呼声。不论是在这部诗剧中，还是在《战争颂》里面，维森特都没有提到阿尔伯克基，这可能是因为这位伟大征服者的名字让他同时代的人感到更多的是恐惧而非爱戴。[33]《声望赞》和《战争颂》都劝诫葡萄牙人不要懒惰，不要沉溺于享乐，而要继续追求征服亚洲的荣光。

在后期的创作中，即便是那些喜剧性和抒情色彩浓烈的剧本中，吉尔·维森特仍然歌咏葡萄牙的海外扩展事业。为庆贺比阿特利兹公主（Princess Beatriz）嫁给萨沃伊的公爵（Duke of Savoy）而上演的《朱庇特的宫殿》（*Cortes de Jupiter*），是他最活泼的戏剧之一，[34] 但即便是为如此欢庆场合创作的剧本，维森特还是加上了战神（Mars）这个角色，让他站在舞台中央吟诵葡萄牙征服

---

① 剧中人物的名字采用的是双关语，象征葡萄牙的女主人公名叫"声望"（Fame），喻指葡萄牙海外征服的荣耀。——译者注

非洲、亚洲的胜利，称颂王子是第二个亚历山大。1529 年，为了庆贺伊莎贝拉公主降生，维森特的戏剧《冬日的凯旋》（*Triunfo do inverno*）首次上演。在这个剧本里面，他嘲笑前往印度的航船上的水手，说他们没有出色的航海本领，常常无法到达科钦。这反映出当时船只失事问题已引起越来越多的关注。[35] 这个宫廷娱乐剧集抒情、歌舞于一体，还有三个美人鱼咏唱歌颂葡萄牙光荣历史的歌谣。关于葡萄牙征服亚洲的胜利，美人鱼这样唱道：

> 请记住，葡萄牙，
>
> 上帝是多么地眷顾你，
>
> 他把太阳升起的地方赋予你，
>
> 让你策马驰骋，让你分封土地，
>
> 他把地球上的沃土给了你，
>
> 正如你已经征服了它们。
>
> 他把东方的果园送给你
>
> 甘美的果实任你品尝
>
> 地球上所有美好的地方
>
> 都在你的统辖之下
>
> 感谢上帝把所有美好的东西
>
> 都赋予了你。
>
> 他唯独向你敞开了
>
> 海洋中未知的岛屿。[36]

1521 年，曼努埃尔国王去世之后，一些宫廷大臣对海外发现的盲目热情开始减退。被称为伊比利亚半岛上领袖人物之一的雷森迪，其作为宫廷文化生活领导者的地位，开始受到以萨·德·米兰达（1481—1550 年）为主的"意大利派"（party of Italianos）的挑战。关于海外发现，"意大利派"倾向于强调其代价，而不是海外发现给葡萄牙带来的好处。像萨拉曼卡的很多卡斯蒂利亚人一样，他们质疑葡萄牙海上扩张、亚洲扩张的合法性和道德上的合理性。可能是

126

出于对"意大利派"挑战的回应，雷森迪在其晚年（1530—1536 年）写出了《琐记》（Miscellanea），这是一部内容庞杂的回忆录，这部回忆录比他创作的任何作品都更能揭示他的忧虑、信仰、思想和趣味。[37]

直到 1554 年，也就是雷森迪去世十八年之后，他的《琐记》才首次得以出版。之后，《琐记》又和雷森迪的若昂二世编年史合在一起，以《加西亚·德·雷森迪选集》（Livro das obras de Garcia de Resende）之名出版。[38] 这部主题涵盖甚广的作品共有 311 节，其中 73 节和海外扩张有关，记述了非洲和亚洲的地理、人文。在描绘葡萄牙的亚洲扩张时，雷森迪用心模仿了《杜阿尔特·巴尔博萨著作》（The Book of Duarte Barbosa），这部著作在雷森迪时代仅有手抄本。巴尔博萨的著作大概写于 1517 年前后，也就是他到印度及周边地区游历之后几年写的。毫无疑问，这是 16 世纪上半叶最全面、最深入地记述海外世界的著作之一。的确，对 1530 年的雷森迪来说，关于东方世界，没有比这更可靠的参考书了。巴尔博萨的著作被签订《巴达霍斯 - 艾尔瓦斯条约》（treaty of Badajoz-Elvas，1529 年）的外交家们当作最重要、最权威的参考资料。[39]

雷森迪描述葡萄牙扩张和葡萄牙因在亚洲冒险而不朽的章节，带有史诗的性质。但这些章节在立意上不够高远，在风格上也不够高雅，只是用韵文的形式记录了当时葡萄牙的海外扩张以及他对海外征服的愧疚感。像巴尔博萨一样，雷森迪被海外民族的风俗和服饰深深吸引，同时敏锐地注意到印度的等级制度。[40] 他用花团锦簇的辞藻给读者展现了异国的植物、动物、香料、宝石和其他东方商品。[41] 对于大象汉诺，他这样描述道：

> 我们看到远道而来的大象，
> 还有从印度漂洋过海
> 运来的其他野兽
> 我们又看到它们被装进船舱
> 运往罗马，以彰显我们的胜利。[42]

雷森迪的一个诗节里面竟然包含了 26 个海外城市的名字，根据节奏而非地理位置或历史分期排列。有的诗节里面罗列了某些特别重要的地名，如坎贝、纳尔辛格（Narsingo，即维查耶纳伽尔 [Vijayanagar]）、马拉巴尔、勃固（Pegu）、暹罗（Siam）等。还有些诗节纪念英雄人物的杰出成就，如阿尔伯克基、阿尔梅达、瓦斯科·达·伽马、佩德罗·德·马斯卡伦哈斯等等。雷森迪无意中还提到一个现代人争论不休的问题：印刷术是德国人的创造还是中国人的发明？[43] 雷森迪把亚洲物质上的富庶和信仰上的贫乏加以对照，认为是上帝赋予葡萄牙的使命，让其去教化亚洲的人们，让他们皈依耶稣基督，也理所当然地从亚洲带回大笔的财富。雷森迪正是通过这些神圣的使命，把葡萄牙对海外世界的征服合理化。但即便是雷森迪到最后也怀疑葡萄牙这样做是否值得，葡萄牙能否承受住扩张带来的张力。

弗朗西斯科·萨·德·米兰达（1481?—1588 年）和他的人文主义圈子不满雷森迪对葡萄牙海外扩张的如此推理。1526 年或 1527 年从意大利回葡萄牙后，米兰达一直在寻找具有示范意义的生活，他坚定地支持贺拉斯（Horatian）的主张，过一种宁静而简朴的生活。[44] 他忠诚于国王，而国王若昂也很看重他对文学的见解。作为一位人文主义精英，他对宫廷戏剧和宫廷诗歌一点儿也不感兴趣，他直言不讳地谴责宫廷里上演的关于印度的戏剧是在毒害人，他也是首先控诉里斯本表面繁荣下掩盖着腐败与堕落的道德家之一。1532 年，米兰达隐居到米尼奥（Minho），当了一名牧师。在这个接近自然的环境里，他过着一种充实而充满独立思考的生活。在隐居后的宁静生活中，他从事艺术创作，尤其是写了很多诗歌，和诗人朋友互相唱和。有很多年轻诗人拜他为师，其中一些人赞同他的观点，认为一味热衷于海外发现，执迷于战争和贸易，正使葡萄牙走向精神的堕落和物质的衰退。

米兰达尤其为葡萄牙的未来担忧。1553 年前后他这样写道：

> 我不担心卡斯蒂利亚
> 那里战争的号角还未吹响，
> 但我担忧里斯本
> 那里肉桂的香气

已使葡萄牙人口削减，

有些人跌跤甚至倒下了！

噢，可恶的占卜术，请赶快走开

128　　它站在富庶的

坎贝岸边说，

纳尔辛格（Narsinga），黄金遍地。[45]

　　米兰达还反对用贩卖奴隶的方法来弥补劳动力的不足。外国商品、外国思想和涌入葡萄牙的外国人，使得葡萄牙越来越远离其传统的、农耕的生活方式和古老的道德规范，[46]富裕正侵蚀人的品性。到了晚年，米兰达更加激烈地反对国王的海外扩张政策，因为他尚未成年的儿子1553年在非洲死于非命。他很悲伤地怀念自己死去的孩子：

你会听到塔霍河的怒吼，

你会听到印度河（Indus）、恒河（Ganges）的咆哮

正是你的死亡把父亲唤醒。[47]

　　米兰达的弟子们，所谓的"米兰达精英"（pléiade mirandina）的成员，认同他的观点，不断地散播海外活动的负面效应。佩罗·德·安德拉德·卡明哈（Pêro de Andrade Caminha，1520—1589年）是第一位成为米兰达弟子的田园诗人，也因他弟弟死于印度而蒙受痛苦。[48]像他的老师米兰达一样，安德拉德·卡明哈认为印度是葡萄牙的厄运渊薮。安东尼奥·费雷拉（António Ferreira，1528—1569年）是迭戈·德·特维在科英布拉时的学生和朋友，虽然他对葡萄牙的扩张热潮和里斯本深陷其中颇有微辞，但不像米兰达那样抱有如此深的敌意。一方面，他为米兰达不幸死去的儿子写了一首挽歌；另一方面，他也写了很多赞美里斯本作为葡萄牙扩张中心的诗篇，并欢迎1557年《阿方索·德·阿尔伯克基评传》（Comentários de Afonso de Albuquerque）的出版。不过，费雷拉和他的同道一样，对葡萄牙的扩张深感不安。[49]

迭戈·伯纳蒂斯（Diogo Bernardes，1530?—1605年?）是卡蒙斯公开的对手，可能也有写葡萄牙史诗的野心。[50] 但即便他真的写了，也不会去描绘葡萄牙的东方扩张。像米兰达一样，伯纳蒂斯很少在他的诗中提到东方，也极少提到亚洲人。写于1557年、纪念若昂三世归天的《哀歌》（*Elegy*）中，他把东方人视为固守陋习的野蛮人，说东方人应该感谢葡萄牙的征服，感谢葡萄牙人给他们带来了基督教信仰：

> 让他们告诉你们这些被征服的
> 野蛮民族、固守陋习的臣民，
> 正是征服给你们带来了教化。
> 摩尔人、土耳其人、阿拉伯人、印度人、波斯人，
> 还有其他不同语言、不同地域的人们，
> 都向葡萄牙俯首称臣。[51]

不过也有一些印度人，特别是印度北部的人，一直顽强地抵抗葡萄牙人的进攻。[52] 对于主张向东方扩张的葡萄牙政治领袖和军事领袖，伯纳蒂斯提到他们时总是报以轻蔑。有一次，他写了一首优雅的彼特拉克体十四行诗，献给"宣誓效忠于果阿的印度总督若昂·德·卡斯特罗的胡须"，这一嘲讽的灵感来自总督本人，他曾向果阿的卡马拉（Câmara）许诺，将以自己的胡须做担保，为修复第乌要塞筹措急需的资金。[53] 1576年，伯纳蒂斯陪同佩罗·德·埃尔卡索瓦·卡内里奥（Pêro de Alcaçova Carneiro）使团前往马德里宫廷。关于使团，他写了一首长诗，诗中谈及当时存有争议的"摩鹿加群岛问题"，并表达了这样的愿望：

> 让我们在摩鹿加群岛问题上
> 达成一致，不再争执
> 即便日后提起来，也归属明确，
> 它属于征服它的王者。[54]

两年后，伯纳蒂斯以诗人的身份，随堂·塞巴斯蒂安（Dom Sebastian）的远征军奔赴非洲，不幸在灾难性的阿尔卡塞尔·克比尔战役（battle of Alcacer Kebir，1578 年）中被俘，直到 1581 年才返回里斯本。他在哈布斯堡王朝生活得很好，甚至还有机会写了一些优美的田园诗，诗中成功地借鉴了深受西班牙和意大利诗人推崇的"米兰达精英"的技巧。

16 世纪最流行、最成功的戏剧之一是豪尔赫·费雷拉·德·瓦斯康塞洛斯（Jorge Ferreira de Vasconcelos，1527?—1584 年）的《欧弗罗西娜》（*Eufrosina*），这部戏和瓦斯康塞洛斯的其他两个喜剧一起，成了葡萄牙礼仪和道德的真正代表。《欧弗罗西娜》写于 1542—1543 年，是一个塞莉斯泰因（Celestine）①风格的散文式喜剧。剧情讲述一个贫穷的侍臣爱上贵族千金的故事，姑娘富有而美丽。故事发生在科英布拉一个具有田园色彩的大学城，下面是杨柳依依、碧水潺潺的蒙德古河谷。这个剧本里面人物众多，他们的冒险和不幸遭遇推动着故事情节的发展。该剧典型地揭示了科英布拉这个地方学生和居民的风貌，提供了宫廷生活的一瞥，同时也透露出当时对印度的论争。极有可能的是，《欧弗罗西娜》先是在科英布拉上演，然后才于 1555 年首次在科英布拉印刷出版，因为毫无疑问，这个剧本既是用来上演的，也是用来阅读的。[55]

费雷拉·德·瓦斯康塞洛斯在《欧弗罗西娜》众多的场景和情节发展中，一再表达他对葡萄牙征服东方的看法，那就是空洞无意义，海外扩张是一个令人伤感的事件，他赞颂他同胞的英雄主义精神，正是这种英雄主义精神让他们在驶向印度的战舰上出生入死，让他们与摩尔人殊死搏斗。对他来说，印度是一个建功立业的舞台，而非黄金遍地的所在，他从昆图斯·库尔提乌斯的著作中知道那曾是亚历山大大帝的疆土。印度吸引着心怀理想主义的年轻人挣脱本国的束缚，寻求光荣的梦想。"他们像勇敢的骑士一样征服印度，"瓦斯康塞洛斯描述说，"但他们也会像贪婪、腐化的商人一样失去印度"。[56] 从剧中可以看出，在科英布拉和里斯本，参加海外征服的老兵和文人对海外征服的看法与态度截

---

① Celestine 是喜剧漫画中虚构的人物，她要向天使复仇，推倒巴比伦塔，毁灭罪恶之城，惩戒其他恶行。——译者注

然不同，归来的骑士厌恶人文主义者和法律人士对海外扩张负面影响的喋喋不休。瓦斯康塞洛斯本人极端厌恶亚洲扩张带来的腐败现象，认为最终放弃扩张并不会给葡萄牙带来损失。为了阐明他的立场观点，他拿出一封可能是西尔维亚（Silvia）的弟弟从印度写来的信函当众宣读，并请友人进行评判。信函记录了远洋航行的艰辛、1538 年的第乌之战，葡萄牙人在印度的残暴行为，以及理想幻灭的青年对家乡的思念。[57]费雷拉·德·瓦斯康塞洛斯比他的文学前辈更深刻地让葡萄牙人认识到困惑着葡萄牙社会的矛盾心理：既追求海外征服的荣耀，又厌倦了战争；葡萄牙人在国内的希望和在印度的恐惧；传播基督福音的渴望和道德层面上对征服的质疑。

第二节　航海事故与第乌之战

往返印度的航行比葡萄牙人其他任何远距离的航行都更加危险丛生。海难频发，特别是返回葡萄牙的船只往往超载，就更容易出航海事故。对遇难人员、货物损失、航船沉没的记述，通过 16 世纪中期描述航海灾难的生动故事，不时传到葡萄牙。这些故事是幸存下来的水手或对航海感兴趣的观察家和历史学家写的，最初以小册子的形式出版，用绳子挂在书店里销售。这种"挂绳文学"通常很快销售一空，但就像很多时效性的材料一样，流传下来的并不多。对后人来说，幸运的是，有 12 篇讲述海难的故事被伯纳多·戈麦斯·德·布里托（Bernardo Gomes de Brito）收集起来，并于 1735—1736 年以《海难史》（*História trágico-máritima*）之名，分上下两册在里斯本出版。[58]不过，直到 20 世纪，这些描述海难的故事才被认为是葡萄牙古典散文中的精品，引起历史学家和人种学家的注意。

尽管戈麦斯·德·布里托出版的这 12 篇故事都是关于 16 世纪海难的，但其中一些直到 17 世纪初才完成和出版。现存的 16 世纪出版的第一篇描写海难的故事是关于"圣若昂"号（São João）大帆船的，1552 年，这艘船从科钦前往里斯本时沉没。像大多数沉没的船只一样，"圣若昂"号在印度装载超重，在非洲东南的纳塔尔（Natal）海岸遇上了风暴。帆船受损后，幸存下来的船员沿着海岸三三两两地向北行走，希望能到达莫桑比克（Mozambique），捡回一条性命。这次海难是通过 1555 年或 1556 年出版的一个小册子，传播到葡萄牙的，小册子仅有 16 页，没编页码，扉页上印着一幅木版船画。这幅木版船画曾出现在 1502 年的《马可·波罗游记》当中，现在拿来放在这个小册子上，似乎是为了同更早期的航海文学联系起来。这次海难的第二个版本 1564 年在里斯本出版，第三个版本 1592 年在埃武拉出版。后两个版本换上了新的木版画，故事内容也做了部分改动。戈麦斯·德·布里托根据 1592 年的版本写成他的海难史，于 18 世纪出版。杰罗尼莫·科尔特 - 雷阿尔（Jerónimo Côrte-Real，约 1530—1590 年？）受到启发，认识到这次海难的史诗价值，根据这个首先流行的海难故事，创作了他的长篇叙事诗《塞普尔维达海难》（*Naufragio de Sepúlveda*，1594 年）。[59]

　　"圣班达"（São Bento）号 1554 年的沉没事故可以和"圣若昂"号相提并论，这个事件由幸存者曼努埃尔·德·梅斯基塔·佩雷斯特罗（Manuel de Mesquita Perestrelo）记录下来，1564 年在科英布拉首次出版。这个故事比"圣若昂"号事件篇幅更长，也更生动。[60] 佩雷斯特罗和其他记述者不同，他是一个出色的海军官员，在东方待过几年，此前曾两次往返印度。这次他和路易斯·德·卡蒙斯一起，于 1553 年从里斯本乘"圣班达"号前往印度。卡蒙斯留在了印度，佩雷斯特罗则和他的父亲、哥哥登上了返回里斯本的"圣班达"号。乘坐这艘蒙遭厄运的大帆船的共有 473 人，只有 62 人活着到达莫桑比克，佩雷斯特罗的父亲和哥哥也不幸身亡。幸运的佩雷斯特罗于 1555 年回到葡萄牙，立刻动手写下了这次海难的经历，但不知为何直到 1564 年才得以出版。我们可以做这样的推测：选择此时出版和为了和"圣若昂"号遇难的第二个版本相互印证。这两本书都是由若昂·德·巴雷拉（João de Barreira）销售的，一本是在他的科英布拉书店，另一本是在里斯本。[61]

　　在海难记述中（第六次海难是戈麦斯·德·布里托记录的），最惊险、最有史料价值的是 1561 年的"圣保罗"号失事。和此前的两次海难不同，"圣保罗"号在出发的途中遇险了，最后搁浅在苏门答腊南部一个荒无人烟的小岛上。幸存者经历了重重的危险和磨难，最后只有少数人来到马六甲。在马六甲等候前往果阿的船只时，药剂师恩里克·迪亚斯（Henrique Dias）写下了他亲历的这次海难以及它带来的影响，盖拉德（Gaillhard）1565年在里斯本出版了迪亚斯的记述。这次海难的另一个记录者是同样幸存下来的耶稣会士曼努埃尔·阿尔瓦雷斯（Manuel Álvares），他是在马六甲记录下来的，时间可能是1561年。这位耶稣会士是有名的画家，他在手稿中插入了一些素描，不过他的作品一直到1948年才得以完整地出版。[62]

迪亚斯写的"圣保罗"号遇难的故事，让我们明白了为什么海难故事在葡萄牙国内广受欢迎。迪亚斯受过良好的教育，他把这个遇险故事讲述得既生动又真实，同时还嵌入了道德的说教。里面有经典作家的名言警句，有《圣经》中的劝诫，有精心设计的演讲。迪亚斯宣称"我写的都是亲眼所见，而且尽可能地简洁，避免长篇大论，让读者厌倦"。[63]当时，通俗文学作品尚不多见，因此我们很容易理解葡萄牙人为何被这样一个冒险故事深深吸引，因为里面既充满了苦难和考验，也有他们的同胞面对狂怒的大海，面对陌生、不友好的国家以及充满敌意的土著居民时所进行的不屈抗争。当然，这些蒙难的葡萄牙人面对困境的反应也不尽相同。有的积极乐观，毫不怨天尤人，以自己的人格魅力让混乱恢复秩序，帮助他人。船上的耶稣会士起到了模范带头作用。陷入困境的人们往往只顾自己，心中既没有了上帝，也不顾及道德法律，是这些耶稣会士的榜样作用，让人们回归宗教信仰和道德规范。尽管有些人面对困境的表现不尽如人意，但仍有令人宽慰的事情。这些蒙难的人没有抛弃文明世界的规范，而是向那些有社会地位的人看齐，他们选出领袖，拟订公约，推举出公正者平息争端。其中葡萄牙人和土著居民的遭遇是读者最感兴趣的。葡萄牙人最后被苏门答腊人虚假的友善所蒙蔽，自以为安全了，不料却遭到他们的背叛和袭击。葡萄牙人勇敢地和潮水般涌来的苏门答腊人搏斗，最后寡不敌众，很多葡萄牙人倒了下去。感谢上帝的仁慈，剩下的葡萄牙人最终来到一个安全的港口，在那里，他们的同胞用爱、同情和慷慨接纳了他们。不过，这个故事的道德寓意十分明显："生活在陆地上即便是穷些，也比飘洋过海追求那些过眼烟云般的财富要好。"[64]

　　尽管有这些告诫，海难中的人员伤亡仍然是一个严重的问题，尤其是 1580 年至 1610 年间，死亡人数更是惊人。耶稣会士在他们的书信中生动地描绘了海上航行的艰难和海难的残酷。比如，佩德罗·马修神父（Father Pedro Mateus）从果阿写信描述了 1585 年"圣地亚哥"号（Santiago）在前往印度的航行中，在莫桑比克遇难的故事。他 1586 年写的这封信被翻译成意大利语和法语，于 1588 年在罗马和巴黎出版。[65] 最后，菲利普二世的宇宙学家、卓有影响的若昂·巴蒂斯塔·拉文哈（João Baptista Lavanha，1500 年代中期到 1625 年）受命调查 1593 年的"圣阿尔伯托"号（Santo Alberto）海难，为将来可能在纳塔尔遭遇海难、被迫徒步走到相对安全的莫桑比克的人们提供参考。

　　拉文哈的《"圣阿尔伯托"号遇难记》1597 年在里斯本出版，八开本，共 152 页。[66] 拉文哈是根据"圣阿尔伯托"号上一位领航员的航海志写出来的，这份航海志经过了努诺·维利乌·佩雷拉（Nuno Velho Pereira）的修正。努诺·维利乌·佩雷拉是"圣阿尔伯托"号上葡萄牙人推举出来的首领，他带领陷入困境的人们跋涉了 100 天，从纳塔尔来到洛伦索·马贵斯河边（the river of Lourenço Marques）。由于本书是给将来可能遇险的人做参考的，因此书的主题是穿越大陆，而不是海上航行。可能是得到了皇家的允许，作者声称不断增多的海难是舵手粗心地让帆船倾斜和不负责任地过度超载造成的。他建议将来不幸流落到纳塔尔的人们首先要从船上抢出自卫的武器，然后要抢出衣物、铜钱和钉子等物品，以便和土著居民物物交换。他指出，往北走时，陆路要比海路安全、容易得多。他告诉读者，努诺·维利乌·佩雷拉正是因为在果阿读了许多关于海难的书，比如"圣若昂"号（1552 年）、"圣班达"号（São Bento，1554 年）、"圣多美"号（São Thomé，1589 年）的遇险记述，才得以脱险。[67] 拉文哈描写了如何与土著人打交道，与土著人交换什么物品。他在大段描写徒步向北跋涉的文字中暗示出，只要葡萄牙人手中有武器和交换的物品，并抓住一个当地人做向导和翻译，土著人还是很友好的。

　　16 世纪对海难的描述不光具有历史价值和人种志意义，还创造出一个新的文学体裁。由于基于真实事件，这些作品不仅具有强烈的现实性，而且戏剧性地表现了人在困境中的不屈不挠。它们一般来说遵循这样一个套路：先是描写

134

海上航行，然后是船只遇难，之后是艰苦卓绝的生存挣扎。尽管描写的套路大同小异，但由于作者的身份不同，侧重点也有所不同。他们有的没出过海，有的是领航员，有的是牧师、士兵，还有的是著名学者。海难幸存者写的海难故事着眼于个人的亲身经历，历史学家则强调冷静的分析和反思。

绝大多数海难故事都语言生动，类比恰当，而最流行、最有影响的是描述个人灾难的故事，如"圣若昂"号的失事。实际上，曼努埃尔·德·苏查·德·塞普尔维达（Manuel de Sousa de Sepúlveda）和他勇敢的妻子莱昂诺尔·德·萨（Leonor de Sá）在海难中死亡的悲剧故事极为哀婉感人，激发了卡蒙斯、洛佩·德·维迦、蒂尔索·德·莫利纳（Tirso de Molina）、卡尔德隆·德·拉·巴尔卡（Calderón de la Barca）以此为题材，创作出他们的作品。葡萄牙人开拓的海难主题很快被 16 世纪和 16 世纪以后的德国、荷兰、法国、英国作家所沿用，普泛性的船难文学选集和评论促进了北欧幻想冒险故事的繁荣，不过，18 世纪葡萄牙人戈麦斯·德·布里托的海难选集则完全是一个从国家角度出发的选集，海难中个人经历的史诗性和戏剧性只能靠故事本身来呈现。[68]或者用恩里克·迪亚斯的话来说："当我的写作技巧和词汇无法表达我的思想时，真实性本身弥补了我叙述的不足。"[69]

16 世纪上半叶葡萄牙的人文主义者很快把亚洲前哨——第乌被围困的英雄故事谱写成文字。1539 年，戈伊斯在卢万用拉丁文出版了描写 1536—1538 年第一次第乌之围的作品。[70]同一时期，在葡萄牙，豪尔赫·科埃略（Jorge Coelho）写了一首拉丁文诗，歌颂第乌之战中葡萄牙人对土耳其舰队的胜利。[71]此后，那些认为在东方的胜利是对穆斯林邪教徒严厉打击的人，开始崇拜国王若昂三世，尊他为信仰的守护神。1546 年第二次第乌之战获胜后，崇拜国王若昂三世的人更多了。1548 年，迭戈·德·特维在科英布拉出版了《1546 年以来葡萄牙征服印度史》（*Commentarius de rebus in India apud Dium gestis anno salutis nostri MDXLVI*）。[72]像迭戈一样，特维赞颂国王不向基督徒同胞开战，而是在遥远的东方同穆斯林作战，为上帝争光。特维虽然认为葡萄牙应该把征服的重点放在非洲，但他对葡萄牙在印度的胜利依然非常自豪。安德烈·德·雷森迪在 1531 年提出的葡萄牙应该在东方圣战的理由，[73]1549 年被戈伊斯提升

135

到宣言的高度，戈伊斯用拉丁文发表了一篇文章，盛赞 1546 年葡萄牙人在第二次第乌之战中表现出来的刚勇和宗教热忱。[74] 他还呼唤出现新时代的荷马，用拉丁文写出一部葡萄牙海外征服的史诗。

16 世纪后半期用各民族语言创作的作家，比用拉丁文创作的作家更热衷于使用第乌之战这一主题。第一部用葡萄牙语出版的作品是洛卜·德·苏查·科蒂尼奥（Lope de Sousa Coutinho，1515—1577 年？）的《第一次第乌海战》（*Livro primeiro do cêrco de Diu*，科英布拉，1556 年）。[75] 作者本人参加了第一次第乌之战，他把自己的书分成上下两卷。上卷主要描写他 1535 年乘努诺·达·库尼亚（Nuno da Cunha）的船只抵达第乌，到 1536 年 3 月第一次第乌之战开始的这段时间；下卷描写了他对第乌之战的回忆。科蒂尼奥对事件的描述近乎直白，并且带有强烈的个人倾向，几乎没有任何文学技巧，但对细节的描述却非常逼真，因为这是他的亲身经历，不过他的叙述也表现出了那个时代的偏见：认为摩尔人背信弃义，异教徒愚昧无知。尽管如此，他的作品更接近历史，而不像是一部文学作品。实际上，苏查·科蒂尼奥的作品成了后来诗人、剧作家和历史学家的题材来源，迭戈·杜·科托就把苏查·科蒂尼奥的作品作为自己描写第一次第乌之战的主要参考资料。[76]

第乌之战很快吸引了那些对英雄叙事主题感兴趣的文人学者。卡蒙斯虽然看到了它的史诗价值，但主要将其作为一个重大主题来对待。[77] 杰罗尼莫·科尔特 - 雷阿尔（1535—1588 年）则根据 1546 年的第乌之战，写出了一部史诗性的作品。第乌之战对葡萄牙人来说是一次永远难忘的胜利，因为敌多我寡，而且遇到了对手超人般不屈不挠的抵抗。杰罗尼莫·科尔特 - 雷阿尔的本意是要突出英雄主题，但他的《第二次第乌海战大捷》（*Sucesso do Segundo cêrco de Diu*，里斯本，1574 年）并没有达到这个目标。他以十一音节韵律的形式，写了一部长篇叙事诗，里面充斥着虚构、华丽的辞藻和大量精心设置的比喻，更像是一部押韵的编年史。科尔特 - 雷阿尔曾在葡萄牙和印度为国王效力，从生活背景和个人气质来看，他更像一位编年史家，而非诗人或历史学家。为了表现葡萄牙人的英勇，他把每一个参加第乌之战的葡萄牙人都写了进去。在他笔下，坎贝人——他称之为穆斯林，是恶魔，他们设计了一个又一个的计谋，要让葡萄牙人全军覆没。科尔特-雷阿尔在作品中增加了一些地方色彩，描述了印度的传统节日。他在作品中让若昂·德·卡斯特罗发表了一篇冗长的讲话，根本不符合卡斯特罗雷厉风行的作风。长诗的最后两章根据几幅想象的图画，叙述了以往船长的光荣事迹和塞巴斯蒂安国王将来会取得的巨大成就，这两章和其他部分几乎没有关联。[78]

　　弗朗西斯科·德·安德拉德（Francisco de Andrade，约 1535—1614 年）是国王若昂三世时期的编年史官，他根据第一次第乌之战，写了一首类似史诗的长诗。[79] 通过文本对比，我们发现安德拉德 1589 年写的长诗，与洛卜·德·苏查·科蒂尼奥 1556 年发表的诗以及巴罗斯的《亚洲旬年史》十分相似。[80] 安德拉德用华丽的辞藻、比较、粉饰的伤感、对神话和历史的辅助运用，来为他的编年史镶上金边。像科尔特-雷阿尔的诗一样，安德拉德在诗中把坎贝人描绘成恶魔，葡萄牙人则是品德优良的典范。当他发现自己"苍白的语言"无法描述长达 2 000 多个诗节的航行时，他安慰自己，即便是他的诗歌语言乏力，也不会让英雄们的光环黯淡。[81] 科尔特-雷阿尔和安德拉德对细节的过分关注，对史诗性的一味追求，让后人将其作品视为文学博物馆中的木乃伊而鲜去问津。今天，他们的作品不过是其价值无法确定的历史材料而已。

　　不过，安德拉德的诗却是西芒·马查多（Simão Machado，约 1570—约 1640 年）的诗剧《第乌戏剧集》（*Comédia de Dio*，里斯本，1601 年）的主要来源。[82] 马查多原本打算写成一个三幕剧，但只完成了前两幕。剧本以第一次第乌之战为背景，以安德拉德的诗歌为素材。没有完成的第三幕拟将第乌之围搬上舞台，把戏剧推向令人荡气回肠的高潮。马查多的诗剧是用"回旋诗"（Redondilhas）写的历史剧，其中个别演讲用了八行体（oitavas）形式。合唱队告诉观众事件背后的历史，剧中人物大约有 30 人，既有真实的，也有虚构的。虚构的人物都是程式化的：粗鲁的农家子弟士兵，文雅的葡萄牙军官，阿谀奉承的坎贝朝臣等等。葡萄牙人说葡萄牙语，摩尔人讲卡斯蒂利亚语，士兵里面农村出身的用葡萄牙方言讲话，使得诗剧充满了喜剧色彩。剧中两个虚构的阴谋，或者说两个浪漫的次要情节，分别是摩尔人和印度人设计的，而这种处理方式很可能是从欧洲文学中借鉴过来的。虽然诗剧的主题是表现基督徒和摩尔人之间的冲突，

137

但却对某些摩尔人表现出某种同情，这很可能是沿袭了"宫廷文学"（littérature courtoise）的传统。印度人由于经常和葡萄牙人合作，因此在剧本中的形象要比摩尔人好一些，印度人的多神论似乎让马查多想到了希腊人和罗马人不拘一格的信仰。剧本中最让人不能容忍的是欧洲人出卖自己的灵魂，为摩尔人做事。虽然马查多在很多方面遵循了维森特和葡萄牙的"颂歌体"（auto）戏剧传统，但是他把自己的戏剧称为"喜剧"，他的意图很明显，即让人们注意到当时洛佩·德·维迦奠定的葡萄牙戏剧形式的繁荣。

在葡萄牙不论国内还是国外都急剧衰落的时期，以第乌之战为主题或素材进行创作的作家赞颂葡萄牙早期对亚洲的胜利，他们说这是十字军对摩尔人征服的继续，以此证明葡萄牙征服的合理性。他们赞颂葡萄牙人在最困难的情况下，仍然坚守骑士精神、爱、责任等传统的基督教美德。他们沿着巴罗斯和其他历史学家开创的道路，将征服描述为既不消灭当地人，也不让他们交纳难以承受的贡赋。当地的统治者仍然拥有权力，亚洲的生活习惯、风土人情得到尊重，那些和葡萄牙人合作的当地人，同葡萄牙人一起抵抗顽固的对手，比如莫卧儿人。奇异的外国人名、地名，奇异的风土人情，舞台上身披东方服装的演员，这一切都给作品和剧本增添了地方色彩和异国情调。像海难文学一样，围绕第乌之战创作的叙事作品、诗歌、戏剧，不是葡萄牙文学所独有的，不过，葡萄牙人开了海难文学、围困文学这两种现代文学体裁的先河。而且，显而易见，如果没有葡萄牙人的海外航行和亚洲征服，这些文学主题不会形成自己独特的风貌和内涵。

第三节　编年史叙事

根据 17 世纪一位充满自豪感的葡萄牙作家的说法，葡萄牙海外发现的故事让其他历史全都黯然失色。[83] 虽然这句话有夸大之嫌，但不能不承认，在 16 世纪最后的二十年，除了意大利和西班牙，欧洲没有一个国家创作的历史著作在数量上和质量上能与葡萄牙相比。整个 16 世纪，葡萄牙人一共写了三种历史，一是去往海外的人写的报告，描述了海外的地理人文，记述了作者亲眼目睹的事件，或是对军事、商业、宗教活动的散记。二是没有去过海外的葡萄牙人撰写的历史，主要涉及一些世俗事务。三是传教士写的编年史、故事和传记，内容既有宗教方面的，也有世俗性的。本书接下来要讨论的是用葡萄牙语写成的历史，这是根据第一手资料写成的融历史性与文学性于一体的记述。它们每一部都不是海外发现的完整记录，而是某一特定时代的记录，因此视野不够宏大，不过这是任何一个历史时期当代史的通病。

葡萄牙的东方探险使得葡萄牙的编年史家和历史学家主要把目光投向亚洲，而在很长一段时间里忽视了本国的发展和葡萄牙在非洲、美洲的扩张。只要印度还是葡萄牙海外扩张的重心，这种偏重就会一直存在。整个16世纪，官方没有任命史官去研究葡萄牙在非洲和美洲的扩张史，而国王若昂三世却指定若昂·德·巴罗斯撰写葡萄牙的亚洲扩张史。尽管印度是葡萄牙史学家描写的重心，但他们为了把来龙去脉交代清楚，需要把对印度的征服放到葡萄牙的整个历史发展脉络当中，因此偶尔也要交待一下同一时期葡萄牙在非洲和美洲的扩张进程。由此推断，葡萄牙的历史首先是海外发现的历史，这在历史年鉴中是非常独特的。[84]

16世纪葡萄牙的国王编年史、传记和海外征服史，主要与在东方的扩张、传教有关。我们前面已经探讨了一些历史学家以及他们的著作，这里不再赘述，[85]而只探讨一下卡斯塔涅达（Castanheda，1551—1561年）和巴罗斯（1552—1563年）的历史著作，以及之后达米奥·德·戈伊斯（1566—1567年）和热罗尼莫·奥索里奥（1571年）撰写的曼努埃尔国王编年史，这四部历史著作结合起来就是最全面、最权威的16世纪葡萄牙扩张史。前三部出自非神职历史学家之手，是葡萄牙历史年鉴的典范，奥索里奥主教的编年史则是拉丁散文的范例，也是在欧洲其他地区流传最广的海外发现书籍。《阿方索·德·阿尔伯克基评传》（1557年）和若昂·德·鲁塞纳用拉丁文撰写的《沙勿略传》（1590年）中对阿尔伯克基的评述，提供了更多葡萄牙人在东方活动的文献资料。以前只有牧师和贵族关心历史，而这些历史和编年史作品却引起了普罗大众对葡萄牙成就的广泛关注。仔细阅读这些作品，感兴趣的读者就能对葡萄牙在东方的扩张有个

139

大致的了解。这些著作中漏掉的细节可以在其他专门描写某一地域的书籍，比如加斯帕尔·达·克路士（Gaspar da Cruz）的《中国概说》（*Tratado das Cousas da China*，1569 年）中找到。

尽管所有的历史学家都想让大众对葡萄牙的海外成就感兴趣，但只有巴罗斯、戈伊斯、奥索里奥认识到葡萄牙在海外取得的成就离不开葡萄牙本土的发展，但是在这方面他们做得并不够，他们需要做的是评价、判断葡萄牙的海外发现和东方扩张，对 16 世纪葡萄牙的历史结构、风格和思想产生了怎样的影响。

通过分析巴罗斯保存下来的作品，可以看出他是唯一一个以世界性的眼光来看待葡萄牙历史的人。显然，他打算把他的史书按照地理分布，分成四部分。第一部分是"欧洲"，他打算以自己史诗般的风格，叙述葡萄牙的建立、崛起以及与其他欧洲国家的关系。其他三部分分别是"亚洲"、"非洲"和"圣克罗什"（指巴西），他准备展示葡萄牙在这些海外地区的丰功伟绩。除此以外，他还想写一部世界地理书，详尽地描述历史事件发生的地点，以对他历史书中的基本叙述形成补充。另外，他还想写一部世界经济著作来佐证他的史书，作为印度商馆的代理人（1533—1568 年），他是写这类书的最佳人选。但这样的写作计划对一个人来说太庞大了，即便他能从别人那儿获得一些帮助，一生的时间显然不够用。他提到过他的世界地理和世界经济著作，但后人没有见过一字一句，甚至他计划要写的"欧洲"、"非洲"和"圣克罗什"部分都没有动笔。他庞大的历史写作计划现在流传下来的只有他的《亚洲旬年史》（*Décadas da Asia*）的部分内容，这部书中的 50 年代和最后十年由拉文哈编辑、修改，直到 1625 年才印刷出版。虽然巴罗斯没有完成自己制定的宏大写作计划，但他可能是第一个把扩张史放在全球历史、地理和贸易中加以审视的欧洲人。[86]

戈伊斯和奥索里奥是国王曼努埃尔时期（1495—1521 年）的编年史家，但他们并没有把国王的活动放在更宏大的背景上。戈伊斯虽然在 1558 年受命撰写若昂二世和曼努埃尔统治时期的编年史，但他的编年史除了按时间顺序罗列事件外，在逻辑和结构方面没有任何创新。[87] 相反，他研究了以前葡萄牙编年史家的作品，模仿他们的结构来进行创作。奥索里奥用拉丁文撰写的曼努埃尔编年史几乎完全模仿戈伊斯的写法，同样没有进行任何的创新。[88] 不过，可能他把葡萄牙的国内大事和海外扩张，同欧洲的总体发展态势较为密切地联系起来了。完全囿于编年史格式的戈伊斯和奥索里奥，被迫在他们的著作中闪转腾挪，从葡萄牙国内转到海外世界，从海外的一个地方转到另一个地方。不过这个问题不是戈伊斯和奥索里奥所独有的，而是编年史中难以避免的问题。

但也不能说 16 世纪的编年史没有任何变化。当葡萄牙的编年史家像欧洲的其他编年史家一样，有意识地追寻李维（Livy）和修昔底德（Thucydides）的编年史模式时，他们既没有亦步亦趋地模仿古代史学家，也没有完全照搬上代史官的做法。由于读者对海外的情况了解不多，撰写海外扩张的编年史家不得不提供大量的背景知识，解释地名、人名、物品名等等。因此，当作者涉及海外事件时，比描写葡萄牙的国内事件和欧洲事务在篇幅上要长得多，解释也要详尽得多。基于此，再加上人们一般对发生在异域的事件更感兴趣，曼努埃尔国王征服亚洲的编年史，在篇幅上比所有其他事件加起来还要长。奥索里奥仅用几句话来描述发生在葡萄牙的大饥荒，但却花了很大篇幅描述发生在印度的一次小型战斗的准备工作。因此，亚洲发生的事件改变了葡萄牙编年史的结构，使之与过去的编年史在基本模式上有了很大的不同。卡斯塔涅达、巴罗斯、戈伊斯和奥索里奥的编年史更像是按照地理线索编织起来的叙事文。

由于这些编年史中经常出现时间上的闪回和空间上的跨越，编年史家不得不采用比较的方法。卡斯塔涅达认为葡萄牙的丰功伟绩会像古希腊、罗马的辉煌成就一样流传下来。巴罗斯、戈伊斯、奥索里奥三人都有深厚的人文主义学养，他们更加直接地把葡萄牙的丰功伟绩与古希腊、罗马时代的英雄传说相提并论。巴罗斯难掩自己的喜悦，因为他的同胞征服了亚历山大大帝从来没有听说过的国土。这四位编年史家在创作时都自觉地寻找古希腊、罗马时期与亚洲交流的记载。奥索里奥援引他听说过的赫拉克勒斯在坎贝的故事，并说他会让读者决定这是一个"虚构的罗曼史，还是真实存在的故事"。[89] 这四位编年史家的编年史中有很多地方把荷马和维吉尔的个人英雄行为，同葡萄牙伟大的征服者进行比较。

这些编年史不仅拿古希腊、罗马来比较，还进行了更多同时代的比较。亚洲的城市被拿来与欧洲的城市相比较，比如地理位置、面积大小、面貌是否独

142

特等等。用葡萄牙军队的勇猛来反衬亚洲敌人的怯懦，士兵个人的武艺、使用的武器、战场上的布阵，都是比较的范畴。奥索里奥拿中国人丰盛而又浪费的饮食习惯与法国人、德国人的相比，[90] 比较也不限于亚洲人和欧洲人之间的相似与不同之处。尽管史学家们对异域的了解并不多，他们还是把爪哇人、马达班人（Martaban）的习俗，同中国人的习俗进行比较。虽然这些比较一般来说都很肤浅，缺乏详尽的阐释，但却体现了与以前相比，这时的欧洲史学家更倾向于从比较的视角撰写历史。在比较的过程中，他们有时是无意识地提出关于某些行为的多样性和其他行为的普遍性这样的问题。

葡萄牙历史作品中比较方法的引入，既是历史形式影响的结果，也是文学风格影响的结果。巴罗斯是葡萄牙最具有人文主义精神的人，也是葡萄牙和他那个时代的代言人，他在撰写历史时比其他人更具自觉意识。[91] 像加西亚·德·雷森迪一样，巴罗斯遗憾地看到他的同胞只顾打仗，忽视了记录自己辉煌的历史。从他的《亚洲旬年史》中可以明显地看出李维、普卢塔赫、托勒密以及其他古希腊、罗马作家对他的影响，而他对中世纪作家的引用只限于早期的几位神父、百科全书性的概述和马可·波罗的游记。从巴罗斯对皮科·德拉·米朗多拉、彼得·马特、帕奥罗·乔维奥、波利多尔·维吉尔（Polydor Vergil）、托马斯·莫尔、吉罗拉莫·卡尔达诺（Girolamo Cardano）和安东尼奥·德·内布里哈的引用就能看出来，他对文艺复兴时期的作家是相当熟悉的。他的文风高雅，在描绘他的同胞那史诗般的事迹时甚至有点自负和单调，不过，通过岔开话题、细节描述和比较探讨，他的文风变得轻松、有趣多了。尽管使用当时在欧洲不为大多数人所知的葡萄牙语写作，巴罗斯还是希望他的作品能比古人以及同时代西班牙人、意大利人的著作高出一筹。

相对于同时期的葡萄牙和其他国家的作家，巴罗斯使用了更多的材料。除了引用古代和他同时代史学家的作品外，他还利用印度商馆代理人的身份之便，系统地搜集了他所能接触到的所有官方资料。他查阅了麦哲伦航海的第一手资料、拉丁文版的瓦尔塔马航行记、加尔旺在马六甲的亲历记述。他能得到波斯、阿拉伯、印度、中国的书籍和手稿，并把其中的一些翻译过去为己所用。他还能从到亚洲的传教士和其他人那儿获取一些秘密报告。不过他有意不使用卡斯

143

塔涅达的资料，因为他们同是历史学者，文人相轻。巴罗斯并不总是以批评的眼光看待他所参考的材料，而是经常在作品中加以引用，注明出处，这不是他同时代的人都能做到的。《亚洲旬年史》给人印象最深刻的地方是巴罗斯极富创造性地把丰富多样的材料，整理成流畅、易读、信息丰富的历史叙述。

巴罗斯在很多方面遵循文艺复兴时期人文主义者所创立的历史撰写原则。他的《亚洲旬年史》是模仿李维的模式写出来的，带有一种史诗性质，英雄历险是叙述的中心。巴罗斯给书中的人物设计了很多演说，阿尔伯克基和其他人的演说用的是高贵而又老练的散文风格，非常符合他们作为英雄或勇猛武士的身份。巴罗斯还在书中卖弄学问，喜欢下定义，大胆地从辞源学角度对亚洲的人名和术语进行解释，尽管显得有点小儿科。他收集亚洲流行的古老传说，并加上适当的评论，嵌进自己的作品。他特别重视提供葡萄牙征服前亚洲的历史、地理和人种学资料。在整部作品中，他一直高度注意自己的职责，写出一部既高贵又真实的历史，突出葡萄牙征服亚洲的伟大功绩，为后人留下更多的道德训诫，毫不妥协地捍卫历史本身的尊严。

最近有些评论家批评巴罗斯，说他只写印度的贵族，忽视了作品中光辉人物的劣迹，偏袒某些人物；在无关紧要的事情上着墨太多，对重要问题，比如贸易，却一笔带过；他得出的结论有时和他引用的材料完全相反，或不足以支持。[92] 从一定程度上来说，看看巴罗斯的《亚洲旬年史》的结构和风格，就能回答这些指责。《亚洲旬年史》采用的是编年史形式，这也是前辈历史学家最经常使用的。巴罗斯为了平衡，给每一年或每一个旬年大致相当的材料篇幅，而不管材料本身的价值如何。编年史形式不需要史学家设定特殊的顺序，也不需要对历史材料做出轻重之分。那些目的明确的史学家，为了阐明一个教训，会在不重要的问题上大讲特讲，旁征博引，花费过多的笔墨。喜欢说教的史学家往往借作品中的英雄或坏人之口，把自己的褒贬以精心设计的人物演讲的方式，宣讲出来。像塔西陀（Tacitus）一样，巴罗斯把所有"下等的"人、事或粗俗的语言，全都从他高贵的叙述中排除掉。从后世的眼光来看，早期历史中哪些是大事，哪些是小事，很难做出准确的评判，因为重要与否问题和平衡问题不是绝对的，而是通常反映了作者和他那个时代的关注焦点。巴罗斯对材料的使

144

用或滥用的确应该受到批评，但即便是这样，他也只是偶尔违反了撰写史学的基本方法和原则。

巴罗斯同时代的史学家卡斯塔涅达，则根据自己在亚洲的经历以及去过亚洲的人写的著作和报告，来撰写他的编年史。和戈伊斯一样，卡斯塔涅达特别强调亲身观察的重要性，这也许是因为他知道巴罗斯从来没有去过东方。正是由于这一点，他写道："撰写历史的人必须像我一样，想方设法到他所写的地方去看一看，因为古往今来的史学家都是这样做的……那些描写自己从来没有见过的东西的人一定有着超人的能力和才华。"[93] 卡斯塔涅达无法像巴罗斯那样获得官方的资料，他在写作自己的史书时也没有参照巴罗斯的作品。他花了二十年的时间收集资料，不知疲倦地一遍一遍核实资料的真实性。不过，他和巴罗斯一样，认为用葡萄牙语写作历史同样能体现出历史的庄严。虽然卡斯塔涅达没有巴罗斯那样要写一本全球视野史书的雄心，不过他的《葡萄牙发现和征服印度史》也是编年史中的典范，而且比巴罗斯的巨著更为准确、可信。卡斯塔涅达的文风简洁，作品通俗易懂，少有人文主义的说教。他对地理的描述比巴罗斯更为简洁明晰，不像巴罗斯那样大量引用文献资料，但却在很多地方给人一种只有亲历者才能描述出来的感觉。卡斯塔涅达只是粗略地提到葡萄牙征服之前亚洲的历史，引不起人的阅读兴趣，而且他把杜阿尔特·巴尔博萨的著作轻易地拿来为我所用，却不注明出处。在评价人物和政策时，他比巴罗斯更谨慎，更公正，这可能是因为他对葡萄牙在印度面临的问题的复杂性更为敏感，理解得也更为深刻。虽然卡斯塔涅达的风格不像巴罗斯那样雄辩、高雅，但他简练、真挚的叙述，避免过多使用修辞手段的文风，对征服者既有赞扬也有批评的做法，赢得了读者的好感。[94]

戈伊斯撰写的曼努埃尔国王编年史非常质朴，尽管他在意大利向享有盛名的人文主义者学习过历史，但他并没有在自己的作品中过多地使用修辞。虽然他笔下的人物偶尔也有演说，不过一般都很简短，他努力想撰写一部简洁晓畅的编年史。他拥有非常有利的条件，因为从 1548 年到 1571 年，他是皇家档案馆（里斯本东波塔档案馆，Torre do Tombo）的主管人。在那里工作期间，他研究了前代编年史家的著作，查阅、梳理了卡斯塔涅达和巴罗斯的作品。虽然

145

他认为人种学离他很遥远，但他比其他历史学家更热衷于把不同习俗进行比较，这在一定程度上体现了他早年对欧洲的广泛了解。由于戈伊斯严格按照时间顺序撰写编年史，他的史书缺乏关注的焦点。比如，他书中的主要人物是曼努埃尔，但曼努埃尔几乎很少在里面出现。[95] 与其说戈伊斯写的是一部前后一贯，每一个人物、事件都有相应篇幅的历史著作，不如说这是一部围绕作者感兴趣的几个主题的编年史。

热罗尼莫·奥索里奥用拉丁文撰写的曼努埃尔国王编年史很大程度上参考了戈伊斯用葡萄牙语撰写的编年史，奥索里奥主教在序言中就说明了这一点。奥索里奥还参考了托勒密、瓦尔塔马、帕奥罗·乔维奥的作品，但几乎没有引用他们的观点。奥索里奥的《曼努埃尔国王传》（*De rebus Emmanuelis*，1571 年）从本质上来说，就像是修订版的戈伊斯的编年史，用适合欧洲知识分子趣味的高雅拉丁文写成。这位晚年被称为"葡萄牙的西塞罗"的奥索里奥为编年史注入了神圣、虔诚的气息，这是戈伊斯简洁、世俗的叙事所没有的。奥索里奥让他笔下的人物用西塞罗时代高雅的拉丁文来演说，但他并没有提供多少戈伊斯所没有提到的事实。奥索里奥的《曼努埃尔国王传》第一卷从简述葡萄牙的地理、历史开始，写到 1510 年，这一年阿尔梅达去世了，阿尔伯克基当了总督，塞奎拉（Sequeira）首次把葡萄牙的旗帜插到了马六甲。第二卷以戏剧性地征服果阿开始，结束时是 1521 年，结尾部分描写了曼努埃尔的死亡，剖析了他的性格特征。

身为主教的奥索里奥一方面极为深切地认识到上帝创造了历史，另一方面与戈伊斯一样，热衷于战争、围困、封锁。他的父亲曾一度活跃在印度，跟戈伊斯一样十分看好葡萄牙在东方的事业，他为中国高度发达的文明所吸引，这可能是因为他读过加斯帕尔·达·克路士的书。他激烈地批评葡萄牙国王和葡萄牙人对犹太人的进攻，也毫不犹豫地谴责葡萄牙人在亚洲的行为，认为这在道义上是应该受到谴责的，他甚至为廷臣没能劝阻国王亲征北非而感到悲伤。或许是因为他批评王室权贵的敢作敢为惹怒了某些人，奥索里奥很快就在塞巴斯蒂安王宫失宠了。可能是为了躲避宫廷里小人的陷害，他于 1576 年秘密离开葡萄牙，前往意大利和罗马。第二年，他又不顾后果地回到他的教区。[96]

他的编年史使他在国外享有盛誉，1588 年，蒙田称他是"本世纪最好的拉丁文史学家"。[97]

146 　奥索里奥不是第一个遭受高层审查的葡萄牙历史学家，卡斯塔涅达被迫撤回他 1551 年出版的《葡萄牙发现和征服印度史》第一卷。他被告知要做出修改，把曼努埃尔国王描写得更好一点，这样才在 1554 年重新出版发行。巴罗斯处处小心，在著作中批评某些英雄人物时也非常谨慎，这样才没有招致读者的挑剔，而戈伊斯 1545 年回到葡萄牙后不久就被阴云笼罩。尽管面临着宗教裁判所的敌意，戈伊斯还是要求自己不去过度赞扬当权者的先辈，不要为了增添某些名门望族的荣耀，而把细枝末节写进作品。同样，他对国王或国王高贵的家族也不无批评。正因为如此，戈伊斯被迫修改他的编年史第一版，审查后才能出版。1571 年，他被指控散布异端邪说，受到宗教裁判所的审判，第二年被迫宣誓放弃他的主张。奥索里奥深刻地认识到撰写葡萄牙当代史的危险性："有人胆敢尝试的话，所有的怨恨都会向他袭来。"[98] 正是由于这个原因，再加上编年史本身要求的史诗性，葡萄牙的史学家选择撰写葡萄牙在印度的征服史，而不去撰写葡萄牙的发展史。很有可能的是，描写葡萄牙在亚洲的胜利，比揭示葡萄牙内部为了争夺权力和影响力而勾心斗角，要安全得多。

人类社会具有征服他人的特点，这一特点如何影响了历史学家对葡萄牙历史和历史这门学科本身的看法？他们无一例外地都坚定地相信葡萄牙的海外征服事件本身如此伟大、光荣，值得大书特书，即便是作者本人没有李维那样的才华。他们一致认为，如果葡萄牙为其辉煌的海外征服感到骄傲，那么就应该如实记录历史，激动人心的重大事件应该传承下去。在众多历史学家当中，唯独巴罗斯一人寻求把帝国的荣耀用宏大的历史架构和高雅的文学风格记录下来。其他历史学家则认为伟大功绩本身足以言说自己，比如古希腊、罗马的功绩本身比任何人的描述都更加精彩。史学家们不约而同地为后代记录下了一个爱国、勇敢、连神都惧怕的民族所取得的辉煌成就。

历史的史诗性特征还要求历史学家从道德层面看问题。显而易见，上述所有历史学家都对葡萄牙的海外扩张是否合乎道义这一点持有怀疑。单纯、真诚的卡斯塔涅达一开始对这一点并不怀疑，他在《葡萄牙发现和征服印度史》的序言中暗示历史对国王是有用处的，也可以作为生活中的教训。因此，当他的第一本书受到批评后，他非常生气，如果不是王后鼓励他继续写下去的话，他可能就不会出版后面的作品了。小心处世的巴罗斯则决意不去理会葡萄牙批评家的批评，他在书中从头至尾坚信自己是在为子孙后代庄严地记录葡萄牙的扩张史，他的史书顾全大局，个人的行为服从国家大事的需要。即便是被指派去为曼努埃尔国王撰写编年史，他也是不情愿的。他对帝国历史的倾心，他的个人服从国家的观点，他回避描写葡萄牙国内事务的做法，让巴罗斯没有受到同时代人的苛评、指责。还有一点需要指出的是，在当时的葡萄牙，一个人如果要挑战学术权威，而这个权威掌握着更多的资料、身居高位而对王室又绝对忠诚，那么他需要有足够的勇气。

147

　戈伊斯和奥索里奥的问题由于他们的史书不得不涉及葡萄牙的国内事务而复杂化了。两个人都坚持说真话，记真事。尽管他们对获取的资料小心权衡，仍然受到那些或想要赞扬他们和他们的家族，或想要为他们遮掩的人的指责。由于记述的是他们的当代史，而这要求他们必须对那些有争议的事和人表明自己的立场，因此，戈伊斯和奥索里奥更多地去关注葡萄牙的海外活动，给予其更多的笔墨，这可能是希望尽可能少地评论葡萄牙国内的棘手问题。

　这些史学家中没有人关心历史理论问题，他们在作品中对历史因果关系的认识是模糊的，不明晰的，他们都认为上帝是推动历史发展的神秘力量，而人看重的是财富、荣誉、权力和地位。巴罗斯和奥索里奥是仅有的两个对历史理论表现出兴趣的人。巴罗斯在开始写史书之前写了《人类精神新论》（*Rópica Pnefma*，1532 年）一书，这是一部对话录，其中时间（Time）、认识（Understanding）、意志（Will）、理性（Reason）四者之间谈论各自的特征，涉及新的宗教异端和哲学异端等问题。[99]巴罗斯在这部著作里面不认为古人是知识的源泉，在他看来，哲学家所不知道的那种智慧是耶稣基督所传授的，因此，巴罗斯对基督教世界推崇古人思想感到遗憾。伊比利亚人发现了古人所不知道的新大陆这一点需要从哲学的角度重新加以认识，古人对科学的有限认知以及他们的道德欠缺，现代人能够而且应该予以纠正。尽管巴罗斯不断地指出古人的错误，但他在自己的作品中并没有提出一个新的哲学系统，而且他在自己的葡萄牙编年史中除了抨击古人以外，没有更多新的建树。

奥索里奥的神学著作比历史作品更为人所知，他对人类社会历史的发展变化完全不关心，认为一切事物都是由至善的神决定的，当人们不信仰耶稣基督时，恶就会出现。海难之所以会发生，人之所以会葬身大海，是因为神对被恶魔控制而寻求财富和荣耀的人类感到愤怒。只有在上帝的引导下，基督徒才能取得胜利，那些听信占卜者和所谓的智者的人，注定会失败。异教的信仰是邪恶的伪装，而异教徒认识到的真理都是以前的基督教圣者传授给他们的。奥索里奥经常批评葡萄牙人不合基督教的行为，即让异教领袖发表高贵的、合乎道德的演说。信仰基督教的领袖和国王之所以会做出残暴的事情，是因为有居心不良的谋士。在奥索里奥厚重的历史书里面，他从来都不认为人类或客观的世俗事务是有责任的主客体。

戈伊斯在他的著作中并不强调基督教，虽然他的书给奥索里奥提供了很大的参照。戈伊斯不关心他故事中的宗教和道德内涵，对他来说，历史就像是人类上演的一部戏剧，每个人为自己的行为负责。他描述土著人的风俗，刻画不同人物的性格，评论战争的胜负，但从不做道德上的评判。或许是因为受过人文主义思想的熏陶，戈伊斯以更加公平的眼光看待历史。可能正是因为他的这个特点，再加上与伊拉斯谟派和新教的联系，他遭到宫廷贵族和宗教裁判所的嫉恨。戈伊斯坚持历史应该基于第一手资料或写作者的个人观察，因此没有多少人与他为友，而巴罗斯的追随者更是讨厌他。他对异教徒尤其是对中国人的公开崇拜，成为攻击他不分正邪的进一步证据，甚至连那些赞美中国人和日本人的耶稣会士，也反对戈伊斯前往印度实地考察那里的生活。[100]

发现亚洲并没有激发创造出新的历史体裁或新的历史理念，不过，它确实给历史提供了新的表达主题和新的关注焦点。尽管旧的编年史体裁依然广泛采用，但历史学家们不得不对其进行调整，以适应表达东方内容的需要。为了让欧洲读者能够读懂，史学家们加上了更多的地理和民族背景介绍，结果编年史中就加入了不少描写地理和当地民族风俗的东西。为了阐释他们的观点，讲明他们的立场，史学家们在叙述中加入了比较的内涵，这种比较贯穿于字里行间。而且比较不限于欧洲和亚洲之间，还扩展到海外世界的不同民族、不同地域之间。上帝是历史的推动者这一观点依然占据主导地位，但上帝统辖的疆土比以前更加辽阔。历史是上帝赋予理性生物的礼物，它对君王来说比那些谋士的建议更具有引导价值，因为谋士受人性恶的驱使，未必对国王有利。人们公开地、不断地质疑疑古人知识的匮乏。历史著作中出现了一种世俗的、自然的倾向，这一定程度上是因为史学家们接受任何事物都有自己的历史这一人文主义观点，亚洲为人文主义者实践这一观点提供了肥沃的土壤。人们依然借助修辞来思考历史，尤其是巴罗斯强调要注重历史提供的道德教训。尽管探索了海外世界，充实了很多新知识，但和其他艺术领域一样，历史的书写依然依照欧洲的蓝本，没有发生根本的变化，只不过编年史被拉长了，加入了很多叙事性的内容，最后形成一种新的历史体裁——叙事性编年史。

第四节　史诗的综合性

当路易斯·德·卡蒙斯（1524—1580年）只有9岁时，巴罗斯就大声疾呼诗人去撰写史诗，他还明确地表示，相对于抒情诗和骑士传奇，他更喜欢史诗：

> 古时在国王和领主的圆桌旁，英雄的伟绩经常被人传唱，这样，英雄史诗就诞生了。即便是今天，土耳其人还在孜孜不倦地咏唱他们好战的领袖开进了西班牙和欧洲，我相信，这样的咏唱比失恋的情歌和抒情诗要更令人欣赏。[101]

巴罗斯的《克莱里蒙多皇帝纪事》（1520年）以八行体（ottava rima）①的形式写了一个预言，歌颂葡萄牙的伟大和海外发现，众所周知，八行体诗是英雄史诗的一种。从加西亚·德·雷森迪开始，很多文人一致呼吁写出一曲赞美葡萄

---

① 八行体诗是意大利的一种诗体，每行十或十一个音节，前六行交替押韵，后两行另成一组同脚韵。——译者注

牙的光辉成就和英雄人物的颂歌。[102]一些文人试着用诗歌创作来回应这一呼吁，这些诗既有拉丁文的，也有葡萄牙语的，不过在《卢济塔尼亚人之歌》（1572年）诞生之前，最好的英雄史诗是散文体的历史作品。因此写出一部涌动着时代脉搏、详细阐释一段历史的壮丽史诗，就落到了卡蒙斯的肩上，这首史诗既要能在他的时代引起反响，也要流芳后世。[103]

150

卡蒙斯年轻时在科英布拉的一所僧侣学校接受教育，科英布拉是葡萄牙诗人非常向往的一座城市。中学毕业后，卡蒙斯进入科英布拉大学深造。在那里，他打下了深厚的古典文学基础，特别是在拉丁语文学和神话学方面。他能用西班牙语流畅地写作，对意大利语和意大利文学也有一定的造诣。1544年，20岁的卡蒙斯随父亲来到里斯本，当时他的父亲在里斯本的印度商馆管理仓库。在这里，卡蒙斯给一个有声望的贵族的儿子当家庭教师，发生了一段国王不赞同的恋情。这期间，他继续创作诗歌和轻体诗。他的诗很快引起了宫廷的注意，包括当时著名的诗人。他还开始写作戏剧，有一些是在里斯本的沙龙里写的。他有一部戏是根据叙利亚国王塞琉古（Seleucus）和他的儿子安提古（Antiochus）的历史故事创作的，上演时连国王和王后都去观看。不过剧本的情节设计不够谨慎，和国王曼努埃尔一世的行为太相像，曼努埃尔一世是当时在位国王的父亲，他娶了已许配给儿子的公主做自己的第三位妻子。卡蒙斯的有些台词还被理解为轻慢了其他的王室祖先，因此这位有些鲁莽的年轻戏剧家1546年被赶出里斯本，第二年他作为一名普通士兵参加了在北非围困休达的战役。

卡蒙斯在北非的战斗中失去了右眼，于1550年回到里斯本，碰到了他的有点任性的伴侣——可能是世界上唯一一个愿意与他这个贫穷、独眼的退伍士兵结婚的人。后来，在1552年，他在街上与一位宫廷官员发生争吵，并打伤了他，结果被捕入狱。在监狱里待了八九个月之后，他以去印度为葡萄牙国王服务为条件，获得释放。1553年3月，他乘"圣班达"号航船前往印度，返回时遇到了海难。[104]经过六个月的艰难跋涉，他终于到达果阿的港口，接下来的十四年他一直住在葡萄牙在东方的领地。[105]

在印度服务期间，卡蒙斯有时间和精力继续写作，他认为自己在"这里要比在天主教的监狱里更安宁"。就像早年在葡萄牙那样，他不由自主地向公众发表自己的观点。关于葡萄牙人在果阿的生活，他没有多少好话可说，这一黄金之城被他说成"恶魔般的母亲和诚实人的继母"。[106] 新总督弗朗西斯科·巴雷托（Francisco Barreto）1555 年走马上任后举行了一场狂欢活动，并出版了卡蒙斯的一部戏《菲罗德莫之歌》（*Auto de Filodemo*）。葡萄牙人在狂欢活动中的放纵也带给他创作的灵感，他写下了 9 节讽刺诗，名为"Disparates na India"，批判了果阿的腐化堕落。之后，卡蒙斯又写了一首名为《这座奢华之城藏匿着世界上的一切污垢》的十四行诗，诗中他把葡萄牙比作圣城，而他则被放逐到邪恶、注定难逃厄运的果阿。如此大胆的攻击立刻引起了那些权高位重者的注意，卡蒙斯又一次蒙受官方的责难。1556 年，他不得不接受被称为"死者和失踪者的委托人"的职位，前往遥远的澳门。

151

　　在去远东的路上，卡蒙斯在科钦、马六甲、摩鹿加短暂停留，至于他是否真的到了澳门，学者们一直争论不休。[107] 不过他确实在一次航行中在湄公河附近遭遇船难，尔后向西回到马六甲，最后于 1561 年 6 月回到果阿。在监狱里度过一段时间之后，卡蒙斯又继续他在果阿的生活。由于新任总督、雷东多（Redondo）颇具影响力的弗朗西斯科·科蒂尼奥（Francisco Coutinho）在里斯本就认识卡蒙斯，又欣赏他的创作才华，视他为知识分子，卡蒙斯的境况才有所好转。为了维持生计，卡蒙斯通过科蒂尼奥谋到了一份政府职员的工作。他还结识了史学家、果阿的档案管理员迭戈·杜·科托，和他结下了友谊，并结交了内科医生、草药医生加西亚·达·奥尔塔（Garcia da Orta）。他与奥尔塔谈论《印度草药风物秘闻》，并将自己的一首诗收进了奥尔塔 1563 年出版的一本书里，这是他的创作成果第一次问世，是一首颂诗，总督读后对奥尔塔的书大加赞扬。[108] 接下来的五年时间，卡蒙斯在果阿过着相对平静、安定的生活，使他有时间写作他的史诗。1567 年，卡蒙斯离开果阿前往莫桑比克，最后回到里斯本。在科托的陪伴下，他最终于 1570 年 4 月 7 日抵达塔霍河河口。大约两年之后，《卢济塔尼亚人之歌》问世了。

　　没有人确切知道卡蒙斯是以怎样的顺序写成《卢济塔尼亚人之歌》中的十章的。现在多数人认为卡蒙斯在 1553 年离开里斯本之前，就写好了第三章和第四章，这两章以描写葡萄牙的历史为主。[109]《卢济塔尼亚人之歌》的一至四章主要描写瓦斯科·达·伽马的印度之行，其最后成型只能是作者本人去印度之后的事情。由于《卢济塔尼亚人之歌》的大部分章节都是卡蒙斯在东方时完成的，因此有人推断卡蒙斯有着惊人的记忆力，因为史诗中引用了大量的古代经典作品，尽管不是十分确切。不过也有人根据卡蒙斯对古代经典的引用，推断《卢济塔尼亚人之歌》是在里斯本时就完成的。这些结论都不太可靠，因为它们是基于这样的假设：在当时的印度还难以发现欧洲的经典作品。实际上，大家通常认为的经典作品，比如《伊利亚特》（*Iliad*）和《伊尼德》（*Aeneid*），卡蒙斯在果阿时已经能够看到，特别在他第二次（1561—1567 年）到印度的时候。在他离开东方的日子里，果阿开了一家书店。[110] 而且，奥尔塔、科托和果阿的传教士都有自己的私人图书馆，卡蒙斯很有可能从他们的图书馆里借阅过书籍。即便是在里斯本，大部分图书都收藏在私人图书馆，像卡蒙斯这样经济状况窘迫的人也需要靠好心人的出借。当时宗教裁判所四处活动，不管是在果阿还是里斯本，唯一安全可靠的书籍就是这些公认的经典作品了。这一时期西方经典作品已经广泛地传播到东方的一个证据是：《伊索寓言》1593 年已出版了日文版。[111] 因此，因为卡蒙斯在书中引用了西方经典作品，就说他是在里斯本完成的《卢济塔尼亚人之歌》是站不住脚的，这种说法缺乏足够的证据。在我们看来，他在东方写作、重写他的大部分史诗是完全有可能的。事情很可能是这样的：卡蒙斯在里斯本时就开始写作葡萄牙史，然后，在东方的时候，决定要写一部葡萄牙征服东方的史诗，并把瓦斯科·达·伽马作为他史诗中的英雄和主人公。

《卢济塔尼亚人之歌》是葡萄牙民族成就的颂歌，尤其是对葡萄牙征服东方的赞颂。标题的含义是"路索斯（Lusus）之子"，或"葡萄牙人"。路索斯是希腊神话中酒神巴克斯（Bacchus）的朋友，也是传说中葡萄牙的始创人。在卡蒙斯眼里，巴克斯（也就是狄奥尼索斯）是一位非常重要的神，也是唯一一个知道亚洲的古代神祇，据说巴克斯带领远征军来到印度，在那儿住了几年。[112] 拉丁诗人维吉尔在他的《伊尼德》中歌咏了士兵的英勇，在文艺复兴时期很受推崇，《伊尼德》也成了卡蒙斯写作自己史诗时参考的范本。像《伊尼德》一

152

样，《卢济塔尼亚人之歌》叙述一个被风浪卷入海中的水手艰难的挣扎和最终的胜利。《伊尼德》中的埃涅阿斯（Aeneas）代表罗马，达·伽马象征着葡萄牙，两位英雄都被塑造成道德的典范，而不是带有人性弱点的平凡人。他们的命运像他们国家的命运一样，是异教的神祇关心的对象，埃涅阿斯的保护神维纳斯（Venus）阻止满怀嫉妒的巴克斯给达·伽马设置的一系列磨难，她甚至还创造了一个爱情岛，给那些历尽艰险、从印度返回葡萄牙的英雄提供了一个休息、享乐的场所。

对卡蒙斯来说，《伊尼德》不仅是一个范本，还是一个挑战。卡蒙斯要在艺术上和它比肩，在真实性和声望方面超越它。卡蒙斯在结构上模仿《伊尼德》，借鉴维吉尔的艺术技巧，以便自己更好地把过去和未来交织起来；同时，卡蒙斯也要让自己的作品具有截然不同的特征，以和《伊尼德》区分开来。[113] 阿里奥斯托创造的八行体诗让卡蒙斯给他的史诗涂上了现代浪漫色彩，他的语言虽然有过多使用古典隐喻之嫌，但在当时还是非常通俗、直白、内涵丰富的。从史诗的题目来看，《卢济塔尼亚人之歌》与《伊尼德》不同，它表现出的是对国家历史的关注，而非对个人才能的兴趣。卡蒙斯描写葡萄牙历史的笔墨要比维吉尔描写罗马历史的篇幅多得多。因此，《卢济塔尼亚人之歌》既描述了葡萄牙辉煌的过去，又记录了当时葡萄牙征服东方的伟绩，同时还给人们提供了航海、远方等新颖的知识。

不管卡蒙斯从古人那里借鉴了多少东西，他的《卢济塔尼亚人之歌》都是第一部歌颂海外扩张的史诗。正如我们所知，如果没有海外发现，没有对东方的征服，根本就不会有这部史诗，诗中 3/4 的内容都是描写海外征服的，[114] 如果卡蒙斯没有到过东方的话，他也写不出这部史诗。正是由于亲身经历过，他对海洋风暴和其他航海现象的生动描述，才显得真实可信。他在《卢济塔尼亚人之歌》中表现出来的对摩尔人根深蒂固的敌意，是当时大多数葡萄牙人共同的情感，不管是在欧洲还是印度，都是如此。不过，他把葡萄牙人提升为基督教世界和文明世界的代表不是主观臆想的，而是由于他和摩尔人、亚洲的异教徒有过接触，是有一定现实依据的。他完全支持欧洲十字军远征穆斯林，这不是因为摩尔人仍在威胁他的国家，而是因为摩尔人占据着远东的圣地，威胁到

153

葡萄牙对亚洲的征服。

《卢济塔尼亚人之歌》的第七章至第十章主要描写亚洲。第七章以达·伽马抵达印度这片"富庶之地"开始，[115]紧随着，葡萄牙人就直接向摩尔人宣战了。与欧洲其他国家不同，葡萄牙人没有内部的消耗。当达·伽马的船队驶进卡利卡特港时，卡蒙斯详细描写了印度的地理面貌，说"从南端看，印度的形状像是一座金字塔"。[116]葡萄牙能顺利占领卡利卡特多亏了一个名叫蒙塞德（Moncaide）的摩尔人，他对葡萄牙人非常友好，给他们当翻译，给他们讲述马拉巴尔的历史、风俗。当达·伽马一行人获准上岸后，扎莫林（Zamorin）①的侍从前来迎接葡萄牙人，并护送他们来到印度皇宫。当葡萄牙人走过卡利卡特街头时，"围观者的脸上写满了疑惑，如果不是巴比伦塔离乱了人类的语言，围观者可能会和这些葡萄牙人攀谈起来"。[117]葡萄牙人先是被领到一个神庙，在那里他们看到了"用木块、石头做成的各种印度的塑像"，不过"在这些基督徒看来却狰狞可怖"。[118]在皇宫的墙上他们看到了壁画，画的是印度古人庆祝胜利的场面，这是卡蒙斯虚构的。达·伽马的侍从告诉他，马拉巴尔的智者预言会有一次新的外来入侵，显而易见是指葡萄牙人，而且这场征服"无人能够抵挡"。[119]随后达·伽马发表了讲话，讲话中他提出一个建议："让两国的财富和实力共同增长"。[120]在印度国王与他的大臣们商议如何应对时，其他的马拉巴尔官员则和葡萄牙人一起登上了战船，研究该如何对付这些异族人。

第八章开始就是一段很长的叙述，向马拉巴尔人讲述葡萄牙英雄的传奇事迹和葡萄牙人在历史上建立的功勋。同时，当地的预言家请示占卜官，得到的消息是：和葡萄牙人合作就是引狼入室，"最后他们会永远生活在异邦的铁蹄之下"。[121]酒神巴克斯装扮成穆斯林发出警告，这让当地的伊斯兰教徒谴责葡萄牙人勾结扎莫林王，贿赂扎莫林王的谋士。受到警告的扎莫林王不再听从达·伽马的建议，开始怀疑达·伽马所说的他带来的人都是牧师、不代表任何法律权威的话。随后，达·伽马发表了长篇演讲，谴责这些穆斯林同谋者，追溯了葡

①　扎莫林的意思是统治大海和山川的人，扎莫林王朝是13世纪建立的一个王朝，其统治者称扎莫林王。——译者注

萄牙早期历史上的远征，"一直到现在，我们来到遥远的东方，在你们的领地上插上我们最后的界标"。[122] 受到贸易带来的利润诱惑，扎莫林王允许葡萄牙人把货物运到这儿来。不过当地的统治者凯土尔（Catual）被心怀仇恨的穆斯林贿赂，千方百计地阻挠葡萄牙人的贸易。喜欢说教的卡蒙斯这样总结道："读到这儿，好奇而又明智的读者可能会想，不管对于穷人还是富人，邪恶的私利有着何等强大的力量。"[123]

第九章开始时，两个葡萄牙商人正将货物卖给当地的商人，穆斯林则想方设法从中作梗。这时，一年一度从麦加（Mecca）来的船队抵达卡利卡特，把干涉他国事务的葡萄牙人赶走。蒙塞德把穆斯林的阴谋告诉了达·伽马，达·伽马随后让他的两个代理人回到船上。代理人在岸上被扣押，作为报复，达·伽马抓了几个印度珠宝商人做人质。当岸上这些珠宝商人的家人得知达·伽马要带着这些人质启航时，一场大骚乱发生了。扎莫林王命令放了两个葡萄牙人，把他们送回去，达·伽马答应将其中几名人质送到岸上，随后带着货物和其余的人质，还有蒙塞德，向南航行，"因为摩尔人受到神的启示，希望成为基督徒"。[124] 作为对英勇的葡萄牙人的奖赏，维纳斯把达·伽马引到爱情岛上，爱情岛是维纳斯专门为他们在印度洋上建造的一座小岛。在这里，他们与乐意奉陪他们的仙女尽情享乐。对于这次历险，卡蒙斯这样评价道："没有不可能的事情，只要矢志不渝地追求，就一定能成功。最后，你的名字也会出现在英雄榜上，维纳斯的这座小岛也会对你开放。"[125]

第十章被称为"总督诗章"。与其他章节不同，这一章主要描写达·伽马进入印度之后的情形。一位仙女用歌声预言，印度的异教国王最后会被葡萄牙征服，她吟唱勇猛的杜阿尔特·帕切科（Duarte Pacheco）仅带几名无畏的勇士就能攻占卡利卡特。当把象征胜利的棕榈叶奖给比古希腊、罗马英雄还要英勇的帕切科时，卡蒙斯岔开话题，伤感地说起葡萄牙国王和葡萄牙对士兵的严厉惩罚，这种不公，卡蒙斯本人也遭受过。总督弗朗西斯科·德·阿尔梅达（Francisco de Almeida）"会带领他的船队创造奇迹，潮水般的敌人和他们的诡计都会被粉碎"。[126] "单凭葡萄牙人身体上的优势"，[127] 阿尔伯克基就能让敌人低头臣服。

155

不过塞壬①打断了仙女的歌声，愤怒地唱起阿尔伯克基惩戒士兵的恶行。特里斯坦·达·库尼亚、索亚里斯·德·阿尔伯克基（Soares de Albuquerque）和洛佩斯·德·塞奎拉"发现了充满奇迹的遥远大陆"，[128] 而且"他们还会发现更多这样的地方，为自己带来显赫的荣誉，受到不同地区人们的尊重，就像他们众多的战友一样成为军队中的战神"。[129]

塞壬的歌唱完后，仙女把达·伽马带到魔法岛的最高峰，在那里，他们看到天空中悬着一个透明的球体，也就是天体。然后仙女给达·伽马解释托勒密的天体理论以及地球在宇宙中的位置，向达·伽马指出葡萄牙的军队将来可能征服的国家，并把她的话和圣托马斯的故事及使命联系起来。仙女指着印度的东面，详细描述了阿拉干（Arakan）、勃固、暹罗、苏门答腊、柬埔寨（Cambodia）、中国的人种情况：

> 你看，在这一片广袤的土地上，遍布着一千个你从来没有听说过的国家，老挝（Lao）的数学很发达；阿瓦（Ava）人和布拉马（Brama）人居住在高山上；在朝鲜（Karen），土著部落居住在深山里，生吃敌人的肉，残酷地用烙铁文身。[130]

虽然地球上的大部分区域都不为葡萄牙所知，不过仙女预言日本"不久也会因为信仰基督教而闻名"。[131]《卢济塔尼亚人之歌》以达·伽马从爱情岛回来结束，达·伽马一行人穿过从来没有过的平静海面，抵达热烈欢迎他们的塔霍河港口。

卡蒙斯广泛的亚洲地理知识是从托勒密、巴罗斯、卡斯塔涅达和自己的游历中获得的。根据《卢济塔尼亚人之歌》绘制的一幅世界地图显示，卡蒙斯对他所写的国家、河流、城市的地理分布十分了解，描述得非常准确。[132] 当然，他的知识还不是十分全面，但比当时的宇宙志要全面、权威得多。他的描述一

---

① 塞壬是希腊神话中的女海妖或长翼怪物，其歌声会诱使丧失警惕的航海员触礁。——译者注

点也不空洞，通常反映出他个人的观察，或是从别人那儿借鉴过来的可靠的地理知识，比如，"蜿蜒的科钦河水是咸的"，"著名的恒河奔腾入海"，"新加坡的航道狭窄"，"湄公河即便在夏季也会泛滥"，"喜马拉雅山沟壑纵横"等等。他也对当地的经济作物进行了简要描述："卡利卡特到处都有渔船"，"奥莱萨（Oraisa）纺织业繁荣"，"日本以银矿著称"。在他笔下，爪哇的地域极为辽阔，其南部山区甚至还没有人勘察过，通过查阅当时的欧洲地图，我们知道这是当时的实际情形。

《卢济塔尼亚人之歌》中对植物的描述也真实可信，这可能是因为卡蒙斯与奥尔塔相熟的缘故。《卢济塔尼亚人之歌》中提到了很多种植物，[133] 描述简要、准确、资料性强："他亲自尝过的蒌叶"，"好闻的芦荟"，"肉豆蔻开出的深浅不一的花朵"，"龙脑树流下黏稠的、类似树脂的东西"，"（马尔代夫群岛）高贵的椰子树是在水下生长的"。《卢济塔尼亚人之歌》里面对热带动物的记述则不像植物那样种类繁多，也不是那么准确、明晰，但还是提到了 44 种动物，其中很多是用比喻的方式提到的，是为了说明各个地区不同的地理特征。[134] 卡蒙斯关于动物地理分布的知识是非常准确的，《卢济塔尼亚人之歌》里面提到了永不停落的天堂鸟，这是一个至少在 18 世纪林奈（Linnaeus）①之前在亚洲和欧洲都广为流传的神话传说。卡蒙斯也提到大象，在战争中和运木头时都用到大象。卡蒙斯还特别指出一个事实：马拉巴尔人从来不杀动物。

《卢济塔尼亚人之歌》里面也有十分详尽的人种学知识，其中大部分来自作者的亲身经历和别人的观察。史诗中 1/3 的内容借鉴了卡斯塔涅达和巴罗斯的史书，[135] 卡蒙斯有时几乎一字不差地照搬巴罗斯的故事。比如，缅甸人的祖先是狗和女人结合生下的孩子。[136] 再比如，蒙塞德说在达·伽马踏上印度的土地之前，卡利卡特人被视为偶像崇拜者和摩尔人。卡蒙斯仅把印度人分成两个等级："一是古老的奈尔人（Naire，即纳亚尔人 [Nāyar]），一是下等的帕利亚人（Pariah），而且规定帕利亚人不准和其他人种通婚。"[137] 卡蒙斯重复了圣托马斯来到南印度的故事以及他与婆罗门教徒的冲突，他说印度以外的地方

157

---

① 林奈是 18 世纪著名的自然学者，现代生物学分类命名的奠基人。——译者注

住着相信轮回的柬埔寨人和到亚当峰（Adam's Peak）①上朝圣脚印的僧伽罗人（Sinhalese）。[138]

《卢济塔尼亚人之歌》的出版历史证明它是用葡萄牙语创作的最成功的作品之一。该书 1572 年出版的第一版很快就被里斯本的一个出版商盯上了，盗版当年就出现了。1584 年该书在里斯本出版了第三版。两个西班牙语译本也于 1580 年出版，这一年恰逢卡蒙斯去世，菲利普二世登上葡萄牙王位。葡萄牙人本托·卡尔代拉（Bento Caldeira）在阿尔卡拉·德·埃纳雷斯（Alcalá de Henares）出版了《卢济塔尼亚人之歌》的西班牙语译本，塞维尔人路易斯·高梅兹·德·塔佩亚（Luis Gómez de Tapia）在萨拉曼卡出版了另一个西班牙语译本。十一年后的 1591 年，葡萄牙人恩里克·卡尔塞斯（Henrique Carces）在马德里又出版了一个西班牙语译本。《卢济塔尼亚人之歌》已经被译成至少 12 种语言，包括拉丁语和希伯来语。在卡蒙斯去世后的 1/4 世纪里，估计《卢济塔尼亚人之歌》印刷了12 000 多册，这在 16 世纪来说是一个天文数字。到 1624 年，据说印数已达到20 000 册。[139]《卢济塔尼亚人之歌》和其作者卡蒙斯受到米格尔·德·塞万提斯（Miguel de Cervantes）、路易斯·德·贡戈拉（Luis de Gongora）、托尔夸托·塔索（Torquato Tasso）的称赞，洛佩·德·维迦认为这部书比《伊尼德》和《伊利亚特》还要有价值。[140]林斯乔坦在准备写作《林斯乔坦葡属东印度航海记》（1595 年）的时候参考过《卢济塔尼亚人之歌》，这表明在 16 世纪末期以前，卡蒙斯已经在北欧享有盛名，是公认的权威了。[141]

《卢济塔尼亚人之歌》荟萃了葡萄牙海外扩张的种种现实和传说，它融英雄主义和受苦受难、辉煌和幻灭、葡萄牙海外扩张事业中的慷慨和贪婪于一体，作者卡蒙斯是唯一一个亲身体验了航海、战争和亚洲艰苦生活的葡萄牙重要诗人，他的史诗成功地把个人经历融会到国家发展中去，因此提供了一部明白易懂、带有个人特点的集体史诗，而各行各业的葡萄牙人都以直接或间接的方式参与其中。《卢济塔尼亚人之歌》不光赞颂了葡萄牙，还对基督徒及文艺复兴

158

----

① 亚当峰是斯里兰卡中南部的一座山峰，高 2 243 米，靠近山顶的一块大石头有凹陷，形似脚印，是宗教朝圣者的圣地。——译者注

的欧洲有着特殊的吸引力，因为它呼吁进行一场对土耳其的圣战，更多地理解其他民族和他们的风俗，而这正体现了文艺复兴复杂的思想意识。《卢济塔尼亚人之歌》呼吁热爱人类的多样性，并在第十章里告诉我们，人类和地球是如何在一个更大的空间里融为一体的。[142]

从文学方面看，《卢济塔尼亚人之歌》也可以说是前无古人的。像《诗歌总集》的作者一样，卡蒙斯看到了海外扩张内在的诗性特征，他在其中看到了幻想对深思的主导，情感对理智的凌驾。同样，卡蒙斯在一定程度上也认同早期诗人的看法，质疑海外扩张的价值，痛惜海外扩张给葡萄牙带来的经济代价和道义重负。他借诗中一位老人莱斯特罗（Restelo）之口表达他的忧虑：

> 唉，渴望权力是愚蠢的行为，明明是爱慕虚荣，却偏说是追求荣誉；明明是自欺欺人的陶醉，却说是享受荣誉，并坦然地接受普通大众的敬意……这会腐化人的灵魂和肉体，让人遗弃、背叛自己至爱的人，隐隐而又决绝地追求财产、王位、帝国……真不知道会有什么新的灾难会降临到这个国家和它的人民身上。[143]

虽然卡蒙斯和他同时代的人一样对海外扩张心存疑虑，但他并没有提出任何改进的办法。像早期的诗人那样，他赞颂人与人之间为了物欲而相互残杀的残酷行为。也像早期的诗人那样，卡蒙斯显然认为人的本质是恶的，而且是不可改变的，认为人类会一直生活在欲望和贪婪之中。他在《卢济塔尼亚人之歌》的结尾这样诉说自己的幻灭：

> 噢，缪斯，请不要再歌唱了，
> 现在我的琴弦已不成曲调
> 我的嗓子已经喑哑。
> 不是因为我厌倦了歌唱
> 而是对那些不去听的
> 和心硬如铁的人，厌倦了。[144]

　　《卢济塔尼亚人之歌》中也有对航程艰辛和海难的悲叹，但正是由于航行困难重重，他才歌颂葡萄牙人英勇无畏，克服万难，决心要"探索东方太阳升起的地方"。[145] 就像描写第乌之围的作家那样，卡蒙斯从来没有停止过歌颂葡萄牙的民族英雄如何在逆境中反败为胜，他也是穆斯林永远的敌人，并在诗中明确表达了这一点：

159

> 以无畏的勇气、强有力的利剑，
>
> 把狂妄、神出鬼没的海盗打得落花流水。
>
> 让锡兰颤抖，使葛德罗西亚（Gedrosia）畏缩，
>
> 给阿拉伯海峡染上新的颜色
>
> 让红海真正成为红色的海——
>
> 用可恨的土耳其人的鲜血染红的海。[146]

　　卡蒙斯在《卢济塔尼亚人之歌》中从很多方面实现了巴罗斯在他散文性的历史中所渴求的：忠实地记录葡萄牙人在亚洲的所作所为。两位作家都是在对现状越来越感到幻灭，对过去充满溢美之词的时代氛围下进行创作的，当葡萄牙帝国在亚洲和欧洲遇到越来越多的阻挠时，对史诗的呼吁也就越来越强烈。巴罗斯或卡蒙斯都不是史诗的创始人，在他们之前就有人写过，对他们来说，史诗就像葡萄牙绵长的历史一样，是集体完成的事业。

　　在 15 世纪末期，远航印度是葡萄牙的梦想，而 16 世纪对亚洲的征服让多数葡萄牙人认为他们的梦想成真了。所有 16 世纪回应史诗呼唤的诗人，除了卡蒙斯之外，都以葡萄牙对东方的征服为主题。[147] 1540 年至 1600 年期间，葡萄牙的出版物，除了宗教书籍和政府法案，没有什么比描写东方题材更多的了。[148] 即便是曼努埃尔国王编年史也集中在对亚洲的扩张成就上，而较少关注葡萄牙的国内事务、欧洲和非洲的事务。《卢济塔尼亚人之歌》集葡萄牙的民族情怀和文学发展于一体，是葡萄牙毋庸置疑的经典史诗，其中着墨最多的是达·伽马的海外探险和葡萄牙人在陆地和海洋上的英勇无畏。

　　当然，葡萄牙文学的繁荣和专注于亚洲征服的主要原因，是到印度的海上航道的开辟和随后对亚洲的征服。16世纪上半叶的诗人和戏剧家对此的反应一方面是庆贺葡萄牙的胜利，一方面是惋惜葡萄牙所付出的巨大代价。葡萄牙率先开辟的海难文学和围困文学等新的文学种类，都直接源自去往印度的航行和在遥远东方的抵御。编年史作为一种历史体裁形式，并不特别适合记述对遥远地域的征服史。为了适应这个新的文学和历史问题，编年史被扩展成叙事性编年史，增添了更多的细节描写、背景知识和比较的内容。最后，《卢济塔尼亚人之歌》以远航印度为主题，展现了在葡萄牙民族和葡萄牙文学发展史上，亚洲发现所起到的重要作用。

160

注释:

[1] 该诗集最好的现代版本是 A. J. Gonçalves Guimarães, *Cancioneiro Geral de Garcia de Resende*（5 vols.; Coimbra, 1910-17）。关于雷森迪的生平，参见 F. de Figueiredo, "Garcia de Resende," in *Critica do exilio*（Lisbon, 1930），pp.77-154. 对该诗集的评论，参见 A. de Crabbe Rocha, *Aspectos do Cancioneiro Geral*（Coimbra, 1950）。

[2] 意大利学者 J. 斯库迪埃里 - 鲁吉埃里（J. Scudieri-Ruggieri）用"大言不惭地夸夸其谈"来评价葡萄牙人，见 *Il Canzioniere di Resende*（Geneva, 1931），p.6。

[3] 相关讨论见 J. de Castro Osório, *O além-mar na literatura portuguêsa*（Lisbon, 1948），pp. 92-95. 亦可参见 Guimarães（ed.）, *op. cit.*（n. 1），IV, 118。

[4] 若昂三世时期，雷森迪这样写道："我们在雷诺（Reyno）看到有很多奴隶。"关于这一点和其他类似的描述，见 Scudieri-Ruggieri, *op. cit.*（n. 2），pp. 14-15。

[5] "Tres anos ha q sam fora
  quatro mil legoas daquy."
  Guimarães（ed.）, *op. cit.*（n. 1），IV, 118.

[6] "Por passar tãta tormenta,
  tempo, & vyda tam forte,
  & tam perto sser da morte,
  antes nom quero pymenta."
  Ibid., III, 344.

[7] "Que de Çeita atee as Chijs,
  no mar rroxo, & Abaxijs,
  Yndia, Malaqua, Armuz
  com a espera, & com a cruz
  durarão tee fym dos fiis."
  Ibid., III, 195.

[8] 安东尼奥·科雷亚（António Correa）1519 年在勃固时，好像拥有一本《诗歌总集》，参见 H. Cidade and M. Múrias（eds.）, *Ásia de João de Barros*（4 vols.; Lisbon, 1945-46），III, 132。

[9] 参见 Crabbe Rocha, *op. cit.*（n. 1），p. 56。

[10] "Se nam achardes contray
  vos sereys de mym seruydo
  cõ hũ rroupão verdeguay
  do mercador de Cambay,
  quee hũ bem novo vestido."
  Guimarães, *op. cit.*（n. 1），IV, 365-66. *Contray* 或 *contrai* 是来自考尔特莱（Courtrai）的一

种佛兰德（Flemish）布料。

[11] 出自弗朗西斯科·德·维韦罗斯（Francisco de Viveiros）写给迭戈·洛佩斯·德·塞奎拉（Diogo Lopes de Sequeira）的诗（*ibid.*, IV, 379），迭戈·洛佩斯·德·塞奎拉 1508 年被派往海外，担负着 "问候秦国人" 的使命。参见 *Asia,* I, 731。也可参见迭戈·布兰当（Diogo Brandão）写的 "来自中国的 mandill"（Guimarâes [ed.], *op. cit.*[n. 1], III, 39）。

[12] 参见 Guimarâes [ed.], *op. cit.*[n. 1], III, 211, 344; IV, 379。相关评论参见 Figureido, *loc. cit.*（n. 1），pp. 147-49。

[13] Guimarâes（ed.）, *op. cit.*（n. 1）, III, 102-11. 关于他想写成史诗的揣测，参见 Hernani Cidade, *A literatura portuguêsa e a expansão ultramarina*（2d ed.; 2 vols.; Coimbra, 1963-64）, I, 68-69。

[14] 原名为："Lisboa, onde toda a caça voa," 其节选收入 J. de Castro Osório（comp.）, *Cancioneiro de Lisboa*（*séculos xiii-xx*）（3 vols.; Lisbon, 1956）, I, 23-25；亦可参见 Cidade, *op. cit.*（n. 13）, I, 69-72。

[15] "Ouro, aljofar, pedraria,

　　Gomas e especiaria,

　　...

　　Onças, leõs, alifantes,

　　Monstros e aves falantes,

　　Porcelanas, diamantes

　　É já tudo mui geral."

　　出自 Castro Osório（comp.）, *op. cit.*（n. 3）, p. 24。

[16] 该长诗最初于 1522 年在里斯本出版，第二版是 1553 年在科英布拉出版的。现代的注解版是 M. Braga（ed.）, *João de Barros: Crónica do Imperador Clarimundo*（3 vols.; Lisbon, 1953）。关于这首诗中与亚洲有关的材料综述，参见 H. Y. K. Tom, "The Wonderful Voyage: Chivalric and Moral *Asia* in the Imaginations of Sixteenth-Century Italy, Spain, and Portugal"（ph. D. diss., University of Chicago, 1975）, pp. 114-17。

[17] "Champa, e a China com a cidade

　　Que perderá o povo dos Persas,

　　Passando por terras muito diversas

　　Logo virá com grã brevidade,

　　Em busca dos Lequeos, que tratam verdade

　　Levando consigo a Burnea gente,

　　E ajuntados todos farão um presente

　　De fé, e amor, e grã lealdade."

　　Braga（ed.）, *Cronica...,* III, 109. 关于《卢济塔尼亚人之歌》，参见本书原文第 151-158 页。

[18] 关于吉尔·维森特，最为大家认可的传记是 A. Braamcamp Freire, *Vidas e obras de Gil Vicente, "Trovador, mestre da Balança"*（2d rev. ed.; Lisbon, 1944）；另一部与之相补充并且进行了分析的传记是 J. H. Parker, *Gil Vicente*（New York, 1967）。

[19] 这块金子是以地方贡赋的形式送给葡萄牙宫廷的，曼努埃尔国王命令要把这块金子打造成送给"王中之王"的礼物。现在，大多数权威人士都认为戏剧家吉尔·维森特就是那位打造了圣体匣的吉尔·维森特，他们是同一个人。关于圣体匣的讨论，参见 António Manuel Gonçalves, *A custódia de Belém*（Lisbon, 1958）以及 *Asia*, II, Bk. I, 118；关于戏剧家吉尔·维森特和金匠吉尔·维森特是否是同一个人的争论，参见 Parker, *op. cit.*（n. 18）, pp. 18-19。

[20] 最好的现代版本是根据 1562 年的版本修订而成的，它就是 M. Braga（ed.）, *Gil Vicente: Obras completas*（4th ed.; 6 vols.; Lisbon, 1968）。

[21] 参见 L. Keates, *The Court Theater of Gil Vicente*（Lisbon, 1962）, pp. 25, 78-79; J. Scudieri-Ruggieri, *op. cit.*（n. 2）, p. 31; 以及 L. Stegagno Picchio, *Storia del teatro portoghese*（Rome, 1964）, pp. 16-18。

[22] 参见 Parker, *op. cit.*（n. 18）, p. 19。

[23] 参见 Braamcamp Freire, *op. cit.*（n. 18）, pp. 57-58, 81。

[24] 关于维森特"向文学而不是向生活寻求指南"的争论，参见 W. C. Atkinson, "Comedias, tragicomedias and farças in Gil Vicente, " in *Micelânea de filologia, literatura e história cultural a memória de Franciso Adolfo Coelho（1847-1919）*（2 vols.; Lisbon, 1950）, II, 271。

[25] 关于《印度之行》的脚本，参见 Braga（ed.）, *Vicente... Obras completas*（n. 20）, V, 89-166；关于该剧的法译本和相关评论，参见 C. H. Frèches, "Gil Vicente: Les Indes. Avant-propos," *Bulletin des études portugaises et de l'Institut français au Portugal*（Coimbra）, XIX（1955-56）, 141-57。

[26] 曾有研究者认为维森特剧本中的这些人物和希腊、罗马喜剧中的人物极其相似，见 G. Saviotti, "Gil Vicente poeta cómico," *Bulletin historique du théâtre portugais*, II（1951）, Pt. 2. 202。

[27] 参见 M. Castelo-Branco, "Significado do cómico do 'Auto da India.'" *Ocidente*, LXX（1966）, 129-36。

[28] 参见安东尼奥·普雷斯特斯（Antonio Prestes）的评论，见本书原文第 136-137 页。亦可参见 T. Braga, *História da literatura portugueza*（Porto, 1914）, II, 102 n., 以及 Stegagno Picchio, *op. cit.*（n. 21）, pp. 92-93。

[29] 关于这份有趣文件（Torre do Tombo, Cartas missivas, maço 3°, doc. 245）的副本，参见 F. de Figueiredo, *A épica portuguesa no século XVI*（Madrid, 1931）, pp. 42-46。

[30] T. Braga, *Gil Vicente e as origens do teatro naçional*（Porto, 1898）, p. 191。

[31] 第 195 段韵文对白，其译文收入 A. F. G. Bell, *Four Plays of Gil Vicente*（Cambridge, 1920）, pp. 27-28。

[32] 该剧本收入 M. Braga（ed.）, *Vicente... Obras completas*（n. 20）, V, 117-40。

[33] 参见 Bell, *op. cit.*（n. 31）, p. xlvii。还有一点需要指出的是，维森特在其他的戏剧中反复提到阿尔伯克基的对手特里斯坦·达·库尼亚的名字。

[34] 该剧本收入 M. Braga（ed.）, *Vicente... Obras completas*（n. 20）, IV, 225-60。

[35] 关于船难文学（shipwreck literature），参见本书原文第 131-135 页。

[36] 见贝尔的译文，收入 A. F. G. Bell, *Lyrics of Gil Vicente*（2d ed.; Oxford, 1921）, p. 83。

[37] 我的这一观点受到了 J. S. da Silva Dias 的启发，他对《琐记》做出了富有洞见的分析，参见 J. S. da Silva Dias, *A política cultural da época de D. João III*（2 vols.; Coimbra, 1969）, I, 156-57。

[38]《琐记》完整的现代版本（后来的都是节选的，或多多少少做了改动）是根据 1564 年的版本重印的，即 Mendes dos Remedios（ed.）, *Garcia de Resende: Miscellanea...*（Coimbra, 1917）。

[39] 相关讨论，参见 *Asia*, I, 153, 170。关于巴尔博萨著作 1530 年的德译本，参见本书原文第 58 页。

[40] 参见第 62 节，见 Remedios（ed.）, *op. cit.*（n. 38）, p.24。

[41] 见第 275 节，*ibid.*, p.95。

[42] 曼努埃尔二世翻译的，收入 *Livros antiquos portugueses*（3 vols.; London, 1921）, I, 328；关于大象汉诺的辗转展览，见 *Asia*, II, 136-37。

[43] 第 179 节，见 Remedios（ed.）, *op. cit.*（n. 38）, p.63；也可参见本书原文第 227 页。

[44] 参见 A. F. G. Bell, *Portuguese Literature*（Oxford, 1970）, pp. 139-45；亦可参见 A. Forjaz de Sampaio, *História da literatura portuguesa*（4 vols.; Paris, n. d.）, II, 140-47; T. Braga, *História dos quinhentistas: Vida de Sá de Miranda e sua escola*（Porto, 1871）, pp. 81, 122; C. Michaëlis de Vasconcelos（ed.）, *Sá de Miranda: Poesias*（Halle, 1885）, pp. xix-xx; 以及 Cidade, *op. cit.*（n. 13）, I, 240-45。

[45] "Não me temo de Castela
     Donde guerra inda não sôa,
     Mas temo me de Lisboa,
     Que ó cheiro d'esta canela
     O reyno nos despovôa.
     E que algum embique ou caia!
     O longe vá, mao agouro
     Fâlar por aquela praia
     Na riqueza de Cambaia,
     Narsinga, das torres de ouro."
     米兰达写给安东尼奥·佩雷拉的信，收入 Michaëlis de Vasconcelos, *op. cit.*（n. 44）, pp. 237-38。

[46] 关于对米兰达观点的正面评价，参见 R. Hooykaas, "The Impact of the Voyages of Discovery on Portuguese Humanist Literature," *Revista da universidade de Coimbra*, XXIV（1971）, 556-58。

[47] "Ouvil-o-ha o Tejo, ouvil-o-ha

O Indo, O Ganges, là serà escuitado

O som, que em ti teu pay levantara."

引自 T. Braga, *op. cit.* （n. 44），p. 124。米兰达的弟弟麦姆·德·萨（Mem de Sá）1557—1571 年任巴西总督。

[48] 关于佩罗·德·安德拉德·卡明哈的生平，参见 T. Braga, *História dos quinhentistas*（n. 44），pp. 216-44。关于他悼念康德·德·费拉（Conde da Feira）的十四行诗，参见 J. Priebisch（ed.），*Poesias inéditas de P. de Andrade Caminha*（Halle, 1898），p.508。

[49] 参见 T. Braga, *História dos quinhentistas*（n. 44），pp. 183-215。

[50] 参见 *Ibid.*, pp. 268-71。

[51] "Digão-no tantas gentes conquistadas

Barbaras de nação, de leis perversas,

Por ti vencidas, por ti doutrinadas.

Mouros, Turcos, Arabes, Indios, Persas;

Destes, e d'outros muitos triumphaste

De varias linguas, de regiões diversas."

M. Braga（ed.），*Diogo Bernardes: Obras completas*（3 vols.; Lisbon, 1945-46），III, 177.

[52] 参见十四行诗第 115 首：致康德·达·阿托吉亚（Conde da Atouguia），*ibid.*, I, 91。

[53] 参见 *ibid.*, I, 126。

[54] "...se tome hum novo assento

Nas cousas de Maluco, e sem porfio,

Se determine, sendo a causa vista

A qual dos reis pertence esta conquista."

引自 Carta XXXII, *ibid.*, II, 332。

[55] 1560 年，在科英布拉出现了另一个版本，1561 年和 1566 年在埃武拉又有两个版本，参见 E. Asensio（ed.），*Jorge Ferreira de Vasconcelos: Comedia Eufrosina*（Madrid, 1951），pp. vii-viii。

[56] "... que ganharão a India como caveleyros esforcados, e que a perderao como mercadores cobiçosos e viciosos...（*ibid.*, p. 122）."

[57] 关于这封信，参见 *ibid.*, pp. 113-24。

[58] 关于此书，最好的现代版本是：António Sérgio（ed.），*História trágico-marítima*（3 vols.; Lisbon, 1955-56）。戈麦斯·德·布里托海难故事的英文梗概收在 James Duffy, *Shipwreck and Empire*（Cambridge, Mass., 1955），一个校订的版本收录到 Tom, *op. cit.*（n. 16）的附录中，也可参照 Georges Le Gentil, *Tragiques histories du mer au XVIe siècle, récits portugais*（Paris, 1939）。

[59] 关于这些独立的海难故事的原貌，以及它们和戈麦斯·德·布里托的海难史的关系，阐释得

最详细的是 C. R. Boxer,"An Introduction to the *História Trágico-Máritima,*" 收入 *Miscelânea…em honra do… Hernâni Cidade*（Lisbon, 1957），pp. 48-99。对海难的最初记述，见 *ibid.*, pp. 49-52。戈麦斯·德·布里托海难史中对第一次海难的注解说明可在 Sérgio（ed.），*op. cit.*（n. 58），I, 14-37 中找到。南非联邦（Union of the South Africa）的德班（Durban）艺术馆中据说收藏了一些根据这次船难复原的中国瓷器碎片（见 *ibid.*, p .40）。关于"圣若昂"号沉船故事的流行程度及产生的影响，参见 Tom, *op. cit.*（n. 16），pp. 195-96，以及本书原文第 134-135 页和第 284-285 页。

[60] 达菲（Duffy, *op. cit.* [n. 58], pp. 27-28）认为佩雷斯特罗的描述是所有海难文学中最精彩的，但鲍克斯（Boxer, *loc. cit.* [n. 59], p. 91）并不认同这种说法。

[61] 详情参见 Boxer, *loc. cit.*（n. 59），p. 54，以及 Sergio, *op. cit.*（n. 58），I, 45-46。两本书都是 1564 年出版的，如今已很难见到。

[62] 详细情况以及迪亚斯 1565 年记录的海难英译本，参见 C. R. Boxer（trans. and ed.），*Further Selections from the Tragic History of the Sea,* "Hakluyt Society Publications," 2d ser., No. 132（Cambridge, 1968），pp. 4-12, 56-107。耶稣会士阿尔瓦雷斯的记述是由 J. A. A. 弗拉左奥·德·瓦斯孔塞洛斯（J. A. A. Frazão de Vasconcelos）根据收藏在梵蒂冈的阿尔瓦雷斯手稿《"圣保罗"号遇难记》（*Naufrágio da nao 'S. Paulo'*…, Lisbon, 1948）出版的，鲍克斯翻译的迪亚斯版本目前仅保存在格林威治的英国海洋博物馆。

[63] Boxer（trans and ed.），*op. cit.*（n. 62），p. 58.

[64] *Ibid.*, p. 106.

[65] 详情参见 Boxer, *loc. cit.*（n. 59），p.64。

[66] 此书被译成了英语，参见 C. R. Boxer（trans. and ed.），*The Tragic History of the Sea, 1589-1622,* "Hakluyt Society Publications," 2d ser., No. 112（Cambridge, 1959），pp. 107-86.

[67] *Ibid.*, p.126."圣若昂"号海难、"圣班托"号海难的英译本，可在 G. M. 希尔（G. M. Theal）的《东南非纪事》（*Records of South-Eastern Africa*, 9 vols.; London, 1898-1903）的第一卷中找到。"圣多美"号的遇难报告也被译成英语，见 Boxer（trans. and ed.），*The Tragic History*（n. 66），pp. 53-106。

[68] 关于船难文学作为一个文学种类的不同观点，参见 Boxer, *loc. cit.*（n. 59），pp. 91-95; Duffy, *op. cit.*（n. 58），pp. 22-23; Cidade, *op. cit.*（n. 13），pp. 311-24; J. G. Simões, *História do romance portugûes*（Lisbon, 1967），pp. 184-93。关于对北欧的影响，见本书原文第290-290页。

[69] Boxer（trans. and ed.），*Further Selections*（n.62），p. 61.

[70] 参见本书原文第21-22页。关于当代对第乌之战的评论，见第9幅插图。

[71] Silva Dias, *op. cit.*（n. 37），I, 252 中提到这一点。

[72] 参见 Luis de Matos, "O humanista Diogo de Teive," *Revista da universidade de Coimbra,* XIII（1937），241-45。

[73] 参见本书原文第131-132页。1545 年，第二次第乌之战的英雄若昂·德·卡斯特罗邀请雷森

迪到印度去，撰写一部葡萄牙东方征服的编年史，但雷森迪以生病和照顾家人为由，没有答应。1546 年，雷森迪再次受到邀请，但他同样婉言谢绝。详情参见雷森迪 1547 年 3 月 16 日写给卡斯特罗的信函，收入 J. P. Tavares（ed.），*André de Resende: Obras portuguesas*（Lisbon, 1963），pp. 189-92。

[74] 参见本书原文第 25-26 页。也可参见若昂·费尔南德斯（João Fernandes）的《祈祷》（*Orationes*，科英布拉，1548 年）第二部的结语，这本书盛赞 1546 年第乌之战的胜利。

[75] 该书的第一个版本保存在哈佛的费尔南多·帕利亚（Fernando Palha）收藏馆中，芝加哥大学图书馆收藏了一本该书的影印本。

[76] 第乌之战的另一个来源是 António Castilho, *Commentario do cêrco de Goa e Chaul no anno MDLXX*（Lisbon, 1573）。关于马六甲战役的详细叙述，参见果阿本土人 Jorge de Lemos, *Hystória dos cêrcos...de Malacca*（Lisbon, 1585）。对莱莫斯（Lemos）著作的相关讨论，参见 *Asia*, I, 197。莱莫斯的书收藏在纽约的西班牙美术馆（Hispanic Society of America），卡斯特罗著作的第一版收藏在哈佛，芝加哥大学图书馆收藏了该书的影印本，并且这本书在 1736 年重印过，亦可参见 A. Baião, *História quinhentista*（inêdita）*do segundo cêrco de Diu*（Coimbra, 1925）。

[77] "*De Dio illustre em cêrco e batalhas*"（*Lusiads*, Canto 10: 35）。卡蒙斯还在 Canto 2:50, Canto 10:60, 61, 62, 64, 67 中提到第乌。

[78] 本托·约瑟·德·苏查·法里纳（Bento Jose de Sousa Farinha）1784 年重新印刷出版了这首长诗，相关评论见 Bell, *op. cit.*（n.44），pp. 187-88。F. 德·费格雷多（F. de Figueiredo, *op. cit.* [n. 29], pp. 20-23）认为科尔特 - 雷阿尔的长诗是一首"反史诗"。对这首诗的概述和分析，见 Tom, *op. cit.*（n. 16），pp. 151-65。

[79] 该诗名为《第一次第乌之战：史诗》（*O primeiro cêrco de Diu; poema épico,* Coimbra, 1589 年），收入《葡萄牙书目》（*Biblioteca portuguêsa,* Lisbon, 1852 年）。豪尔赫·法罗（Jorge Faro）在里斯本的阿育达图书馆（Ajuda Library）发现了安德拉德没有出版的手稿，名为 *Comentários da vitoria de Chaul*。

[80] 参见 P. Teyssier（ed.），*Simão Machado: Comédia de Dio*（Rome, 1969），pp. 21-24；关于安德拉德和巴罗斯文本的比较，参见 Tom, *op. cit.*（n. 16），pp. 166-69。

[81] 参见 Bell, *op. cit.*（n. 44），p. 189 中的相关评论。

[82] 收入马查多的《葡萄牙喜剧》（*Comédias portuguesas*），由佩德罗·克兰斯贝克（Pedro Cransbeck）出版。该书的第一版收藏在梵蒂冈图书馆。克劳德 - 亨利·弗雷谢斯（Claude-Henri Frèches）出版了一个现代版本：Claude-Henri Frèches（ed.），*Introdução ao teatro de Simão Machado*（Lisbon, 1971）。Teyssier（ed.），*op. cit.*（n. 80）提供了《第乌戏剧集》的现代注释版，有关评论参见 C. H. Frèches, "Les Comédias de Simão Machado: I, Comédia do cêrco de Dio," *Bulletin d'histoire du théâtre portugais*（Lisbon），II（1951），Pt. 2, 151-80; III（1952），Pt. I, 1-42.; 以及 Stegagno Picchio, *op. cit.*（n. 21），pp. 98-100。

[83] 参见 Bell, *op. cit.*（n. 44），p. 190。

[84] 全面的介绍请参照 Bell, *op. cit.*, chap. v; J. Albrecht, *Beiträge zur Geschichte der portugiesischen Historiographie des sechszehnten Jahrhunderts*（Halle a. S., 1815）; A. E. Beau, *Die Entwicklung des portugiesischen Nationalbewusstseins*（Hamburg, 1945），chaps. i-iii; M. Cardozo, "The Idea of History in the Portuguese Chroniclers of the Age of Disovery," *Catholic Historical Review*, XLIX（1963），1-19; H. M. A. Kömmerling Fitzler, "Fünf Jahrhunderte portugiesischen Kolonialgeschichtsschreibung," *Die Welt als Geschichte*, VII（1941），101-23; and J. V. Serrão, *História breve da historiografia portuguesa*（Lisbon, 1962），chaps. i-vii.

[85] *Asia*, I, 181-98.

[86] 关于巴罗斯的写作计划，参见 M. da Camara Ficalho, "João de Barros—historiador do império," in *Congresso do mundo português*（Lisbon, 1940），V, 383-84；也可参见 C. R. Boxer, "Three Historians of Portuguese *Asia*," in *Istituto portugûes de Hongkong, Bóletim*（Macao, 1948），I, 19-20; I. A. Macgregor, "Some Aspects of Portuguese Historical Writing of the Sixteenth and Seventeenth Centuries on South East *Asia*," in D. G. A. Hall（ed.），*Historians of South East Asia*（London, 1961），p. 186; Bell, *op. cit.*（n. 44），p. 195.

[87] 大卫·洛佩斯（David Lopes）的现代版本名为 *Crónica do felicíssimo rei D. Manuel composta por Damião de Góis nova edição conforme a primeira de 1566*（4 vols.; Coimbra, 1943-55）。

[88] *De rebus Emmanuelis...*（Lisbon, 1571）；英译本分为上下两卷，由詹姆斯·吉博（James Gibb）翻译，1752 年在伦敦出版。葡萄牙文版直到 20 世纪才出现，参见 Francisco Manuel do Nascimento（trans.），*Da vida e feitos de el-rei D. Manuel*（2 vols.; Porto, 1944）。

[89] J. Gibb（trans.），*The History of the Portuguese People*（2 vols.; London, 1752），I, 345.

[90] *Ibid.*, II, 247.

[91] 巴罗斯作品最好的现代版本是 H. Cidade and M. Murias（eds.），*João de Barros: Asia*（6th ed., 4 vols.; Lisbon, 1945-46）。关于他的生平资料和当代对其著作的简要评论，参见 Manuel Severim de Faria, "Vida de João de Barros," in *Discursos varios politicos*（Évora, 1924），pp. 22-59。也可参见 Silva Dias, *op. cit.*（n. 37），I, 253-54；以及 Albrecht, *op. cit.*（n. 84），pp. 21-28, 67-69。

[92] 参见 Macgregor, *loc. cit.*（n. 86），p. 182；也可参见 Camara Ficalho, *loc. cit.*（n. 86）. pp. 385-86。

[93] Cardozo, *loc. cit.*（n. 84），p. 16.

[94] 参见 Pedro de Azevedo（ed.），*Fernão Lopes de Castanheda: História do descobrimento e conquista da India pelos portugueses*（3d ed.; 4 vols.; Coimbra, 1924-33）中的介绍，也可参见 Albrecht, *op. cit.*（n. 84），pp. 12-18。

[95] 参见 E. F. Hirsch, *Damião de Góis: The life and Thought of a Portuguese Humanist, 1502-1574*（The Hague, 1967），pp. 196-201。

[96] 参见 L. Bourdon, "Le voyage de Jerónimo Osório..., en Italie（1576-77），" *Annales... de Toulouse,* I（1951），71-85。

[97] *Essais,* ed. of 1588, I, 14; 在奥索里奥去世后 1595 年出版的版本（I, 40）中，他被视为"我们这个世纪没有偏见的历史学家"。

[98] Gibb（trans.）, *op. cit.*（n. 89），I, 2。

[99] 关于《人类精神新论》的现代版本，参见 I. S. Révah（ed.）, *Rópica Pnefma, ou Mercadoria Espiritual*（2 vols.; Lisbon, 1952）。相 关 分 析，参 见 Révah, "'Antiquité et christianisme,' 'Anciens et Modernes,' dans l'oeuvre de João de Barros," *Revue philosophique de la France et de L'étranger,* CLVII（1967），165-85。

[100] 关于宗教裁判所对戈伊斯的审判，参见 Paul Rêgo（ed.）, *O proçesso de Damião de Goes na Inquisição*（Lisbon, 1971）。

[101] 引自巴罗斯对若昂三世的赞颂，收入 M. R. Lapa（ed.）, *João de Barros: Panegíricos*（Lisbon,1943），p. 1。

[102] 参见本书原文第 118-120 页，诗人安东尼奥·费雷拉劝告安东尼奥·德·卡斯蒂洛（António de Castilho），问他：

"什么时候我能在你不朽的历史著作中
看到卢济塔尼亚人的名字
让罗马辉煌的声誉黯然失色。"

译自 F. De Figueiredo, "Camoës as an Epic Poet," *Romanic Review,* XVII（1926），218。

[103] 关于史诗这个概念和卡蒙斯在史诗方面的地位，参见 C. M. Bowra, *From Virgil to Milton*（London, 1963），chap. III, 以及 Figueiredo. *op. cit.*（n. 29），pp. 9-12。关于 16 世纪意大利对史诗理论的讨论，以及史诗在伊比利亚诗人中的接受情况，参见 Tom, *op. cit.*（n. 16），pp. 144-46。

[104] 比较本书原文第 132-133 页。

[105] 最好的卡蒙斯传记是 F. W. P. 斯托克（F. W. P. Storck）写的，译自卡罗林娜·米歇里斯·德·瓦斯康塞洛斯（Carolina Michaëlis de Vasconcelos）的德文注释版，参见 Carolina Michaëlis de Vasconcelos, *Vida e obras de Luís de Camoēs: Primeira parte*（Lisbon, 1897）。在英文资料中，最完整的卡蒙斯传记是 H. H. Hart, *Luis de Camoëns and the Epic of the Lusiads*（Norman, Okla, 1962）。

[106] 引自卡蒙斯致国内朋友的一封信，译文出自 Hart, *op. cit.*（n. 105），p. 117。关于他 1598 年发表的这封信的全文，参见 H. Cidade（ed.）, *Luís de Camoës: Obras completas*（3d ed., 5 vols.; Lisbon, 1962），III, 243-48。

[107] 卡蒙斯到过澳门的唯一证据是迭戈·杜·科托的《旬年史》第八部分，但这一部分通常认为是伪造的，参见 C. R. Boxer, "Was Camoëns Ever in Macau？" *T'ien Hsia Monthly,* X（1940），324-33。

[108] 参见 Cidade（ed.），*op. cit.*（n. 106），II, 144-47。其部分内容收入哈特（Hart）的译文，参见 Hart，*op. cit.*（n. 105），p.162，引文如下：

"看在你辉煌的岁月里，果实如何

在声名远扬的奥尔塔的果园里成熟

那里，嫩枝长出以前知识界一无所知的

新的植物和草药。

看，在他统辖的印度国土上

奥尔塔的花园里如何长出

连美狄亚和喀耳刻也没听说过的草药，

尽管她们都擅长魔法。"

关于奥尔塔书中的细节，参见 *Asia*, I, 192-95，以及原文第 433-434 页。

[109] 参见 F. W. P. Storck, *op. cit.*（n. 105），p. 13。

[110] 参见 Hart, *op. cit.*（n. 105），p. 159。

[111] 参见原文第 498 页。

[112] 卡蒙斯关于巴克斯是代表东方的异教神祇的观点可能来自 Valerius Flacius, *Argonautica*（III, 538-45 and V, 73-81），参见 H. H. Post, "Une source peu connue des 'Lusiades,'" *Boletim de filologia*, XIX（1960），84。

[113] 参见 Bowra, *op. cit.*（n. 103），pp. 89-92。

[114] *Ibid.*, p.90.

[115] 引自用散文译成的英文，参见 William C. Atkinson, *Camoëns: The Lusiads*（London, 1952），p. 161。

[116] *Ibid.*, p. 164.

[117] *Ibid.*, p. 169.

[118] *Ibid.*, p. 170.

[119] *Ibid.*, p. 171.

[120] *Ibid.*, p. 173.

[121] *Ibid.*, p. 187.

[122] *Ibid.*, p. 193.

[123] *Ibid.*, p. 197.

[124] *Ibid.*, p. 202.

[125] *Ibid.*, p. 217.

[126] *Ibid.*, p. 223.

[127] *Ibid.*, p. 226.

[128] *Ibid.*, p. 228.

[129] *Ibid.*, p. 232.

[130] *Ibid.*, p. 243.

[131] *Ibid.*, p. 244.

[132] 详细论述参见 A. C. Borges de Figueiredo, *A geografia dos Lusíadas*（Lisbon, 1883）, pp. 26-29。关于《卢济塔尼亚人之歌》中提到的所有地理名字，参见其中的第 55-61 页。

[133] 关于专业植物学家的统计和评价，参见 Conde de Ficalho, *Flora dos Lusíadas*（Lisbon, 1880）, chap. iii。也可参见 A. F. S. Ventura, "Subsidios para o estudo da flora Camoniana," *Biblos,* IX（1933）, 128-39; XI（1935）, 72-84; XII（1936）, 212-22。

[134] 关于《卢济塔尼亚人之歌》中提到的动物的完整统计，参见 E. Sequeira, "Fauna dos Lusiádas," *Boletim da sociedade de geographia de Lisboa,* VII（1887）, 65-68。

[135] 关于这个数字，参见 J. M. Rodrigues, "Fontes dos Lusíadas," *O Istituto,* LII（1905）, 637-38。

[136] 巴罗斯的相关描述，参见 *Asia,* I, 533; 关于卡蒙斯对这个故事的改编，参见 Atkinson（trans.）, *op. cit.* p. 242，以及 Cidade（ed.）, *op. cit.*（n. 106）, V, 246。

[137] Atkinson（trans.）, *op. cit.*（n. 115）, p. 168. 科托（*Décadas,* VII, Bk. x, chap. xi, p. 532）在描写纳亚尔的婚俗时引用了卡蒙斯的书。

[138] Atkinson（trans.）, *op. cit.*（n. 115）, pp. 243, 245.

[139] Bell, *op. cit.*（n. 44）, p. 282.

[140] 关于这些说法，参见 F. de Figueiredo, "Camões e Lope," *Revue de littérature comparée,* XVIII（1938）, 160-70; W. Freitas, *Camoëns and His Epic*（Stanford, 1963）, pp. 170-71; Hart, *op. cit.*（n 105）, pp. 223-25。

[141] 比较 *Asia,* I, 201 中林斯乔坦对《卢济塔尼亚人之歌》的利用。关于《卢济塔尼亚人之歌》在其他国家享有盛誉的进一步证据，参见本书原文第 180-183 页。

[142] 参见 Cidade, *op. cit.*（n. 106）, chap. v; Figueiredo, *op. cit.*（n. 29）, pp. 9-11; and J. Cortesão,*Camoẽs e o descobrimento do mundo*（Lisbon, 1944）, p. 10。

[143] Atkinson（trans.）, *op. cit.*（n. 115）, pp. 119-20.

[144] Hart, *op. cit.*（n. 105）, p. 188.

[145] 参见 Atkinson（trans.）, *op. cit.*（n. 115）, p. 43。

[146] Hart, *op. cit.*（n. 105）, p. 264.

[147] 关于用西班牙语写的46种史诗，参见 Figueiredo, *op. cit.*（n. 29）, pp. 7-8。甚至连迭戈·杜·科托也有写一部印度传奇的计划，其部分内容收入 T. Braga, *Romanceiro geral português*（3 vols.; Lisbon, 1906-9）, II, 356。

[148] 比较 *Asia,* I, 182-83。

第五章　西班牙文学

　　航海大发现以前，在地中海区域的事务方面，西班牙参与的力度要比葡萄牙大得多。公元 8 至 13 世纪，笃信基督教的西班牙再度控制了伊比利亚半岛，从而最终迫使摩尔人于 1266 年将自己龟缩在格兰纳达王国之内。随后，西班牙十字军的活动暂时停了下来，使得卡斯蒂利亚国王在西班牙北部、南部和中部巩固了自己的权力，使得阿拉贡的统治者在西班牙东部建立了自己的王国。不久，阿拉贡王国将自己的势力扩展到巴利阿里群岛（Balearic Islands）、西西里和撒丁岛（Sardinia）。1442 年，阿拉贡的统治者阿方索五世正式成为那不勒斯国王。在意大利文艺复兴鼎盛时期，整个地中海西部都在阿拉贡人的控制之下。[1]

　　卡斯蒂利亚王国和阿拉贡王国 1479 年实现统一，尽管这一统一差强人意，但最终使得整个西班牙参与到意大利的事务之中，使西欧南部的两个半岛之间建立了联系，促进了物质和文化的交流。即便是卡斯蒂利亚将重点放在征服、殖民美洲以后，西班牙的国王、僧侣和贵族依然与意大利保持着常规的联系。因此，在整个 16 世纪，西班牙在沟通伊比利亚半岛和意大利方面发挥着桥梁中介作用。随着 1516 年查理一世的就职加冕，西班牙还直接参与尼德兰的事务，间接参与德国以及查理帝国其他地区的事务。所以，不论从政治上，还是从文化上，西班牙都比葡萄牙更多地参与了欧洲其他地区的事务，大航海之前是这样，大航海之后也是这样。

162 西班牙对东方的态度受两个因素的影响，一是以征服摩尔人为核心的圣战激情，一是建立基督教统治世界的宗教精神。拉曼·鲁尔（约 1236—1315 年）是加泰罗尼亚（Catalan）哲学家，是方济各会的狂热支持者，还学习了阿拉伯的语言和文化。他在 14 世纪初期发起了一个扩大基督教信仰的运动，倡导通过理性劝说，以和平方式使犹太人和穆斯林皈依基督教，同时声称，如果这些措施失败，就通过圣战的形式摧毁基督教的敌人。[2] 他的这一运动后来为西班牙、葡萄牙在国内用武力归化、驱逐异教徒以及在非洲进攻穆斯林，提供了启发和理论依据。伊比利亚半岛的君主无疑要维护自己的民族利益和统治地位，但在一些当代学者，比如巴黎的勒菲夫·戴达波（Lefèvre d'Étaples）看来，他们的圣战运动则是其在基督教初期为建设基督世界而付出的真诚努力。

伊莎贝拉皇后是天主教徒，1504 年，据说她弥留之际还在卧榻上号召她的人民把战争打到非洲去。1506 年，费迪南国王在强有力的红衣主教弗朗西斯科·西斯内罗斯（Francisco Cisneros，1436—1517 年）的帮助下，得到了葡萄牙和英国的支持，从而去实现其消灭伊斯兰教、再次占领耶路撒冷的夙愿。[3] 曼努埃尔国王虽然在精神上秉承了这一理想，但他的资源当时已全部用到对印度的征服上了。曼努埃尔国王在姿态上把自己塑造成现代的长老约翰（Prester John），因此总是让他的信仰基督教的邻邦相信，他在忙于联合欧洲之外的力量，痛击伊斯兰世界的软肋，也就是东方。从某种意义上来说，阿尔伯克基分别于 1510 年和 1511 年攻占果阿和马六甲的胜利，可以和红衣主教西斯内罗斯指挥十字军于 1508 年攻占非洲城市奥兰（Oran）的壮举相提并论，被十字军运动的倡导者看作是基督教国家联合行动的一部分。在教皇看来，特别是在葡萄牙1514 年臣服利奥十世的时候，这一切活动毫无疑问是协助伊比利亚人，把罗马教宗拓展到非洲和东方所做出的努力。

中世纪后期的西班牙文学反映了西班牙、摩尔人以及拉丁欧洲之间的密切关系。在信奉基督教的西班牙，普通大众的热情是通过宗教剧表现出来的，这些戏剧讴歌了耶稣的生平大事。在当时上演的众多宗教神秘剧中，流传至今的只有一部，这就是《三个智者的故事》（*Auto de los Reyes Magos*），讲述的是来自东方的三位富有智慧的国王的故事。[4]13 世纪的一首名为《东方三贤王》（*Libro dels tres reys dorient*）的诗使这一内容成为西班牙文学的永恒主题，当时西班牙作家正开始根据自己的需要，翻译和改编印度故事。道德和说教故事《卡里来和笛木乃》及《七贤哲》，首次于 1250 年左右被翻译成西班牙文。[5]西班牙的著名作品之一是堂·胡安·曼努埃尔的《卢卡诺伯爵》（*Conde Lucanor*），这部故事集写于 1335 年之前，其来源有《巴卢兰与曹沙法土》、《七贤哲》及《卡里来和笛木乃》等。[6]1400 年以前，西班牙语的亚历山大传奇故事就已经面世，是从伪卡里斯提尼的阿拉伯语版本翻译过来的。故事集《海外的伟大成就》（*Gran conquista de ultramar*，14 世纪）对十字军不吝笔墨地进行讴歌，体现了西班牙文学早期喜爱传奇的特点，这一特点使得后来的读者在阅读关于东方的故事时，很难分清哪些是真的，哪些是演绎的。

163

到了 15 世纪，由于两位西班牙人的游记，西班牙文学的纪实成分得到加强。这两位西班牙人曾游历过黎凡特地区，回国后开始讲述他们听到的有关印度、中国和鞑靼的故事。鲁伊·冈萨雷斯·德·克拉维约（Ruy González de Clavijo，1412 年去世）曾出使海外三年（1403—1406 年），他在 1406 年写的出使撒马尔罕（Samarkand）、拜见帖木儿（Tamerlane）的纪行特别受欢迎。[7]克拉维约的游记出版二三十年后，佩德罗·塔富尔（Pedro Tafur）发表了名为《环游世界纪行和历险（1435—1439）》[*Andanças e viajes por diversas partes del mundo avidos*（*1435-39*）] 的游记，从顿河和亚速海（Sea of Azov）交汇的塔纳湖（Tana）这一有利位置来描述印度贸易。[8]尼科洛·德·孔蒂 1441 年从东方回来之前，这些游记的手稿就已经开始流传了。孔蒂出版的游记在 15 世纪的意大利非常流行，16 世纪初就出现了西班牙文版。[9]由于这些游记，当时崇尚游记和骑士传奇的风气开始形成，从而产生了 16 世纪风靡一时的包含游记和传奇内容的文学类别。在骑士传奇里面，不管是西班牙国内的还是国外的，东方都一直是奇珍异兽的家园，是离奇故事的发生地，是大智大慧的源泉。比如，费尔南多·德·罗哈斯（Fernando de Rojas）在《塞莱斯蒂娜》（*La Celestina*，1501 年）的序言中，把大象和阿拉伯巨鸟作为亚洲的象征。甚至在西班牙作家对亚洲的地理情况了解得越来越详细、准确之后，亚历山大传奇和印度寓言故事中的神奇东方，依然浸淫在西班牙文学里面。[10]

第一节　好奇、希望与困扰

整个 16 世纪，通过古代典籍的翻译和出版，西班牙读者能够接触到融神秘和现实于一体的新的文学作品。当位于塞维尔的商务局（Casa de Contratación）不遗余力地通过自身的活动，通过与葡萄牙的关系，收集有关东方的信息并严防外泄时，西班牙的知识界已开始忙于在饥渴的公众面前摆下一场有关东方信息的盛宴。罗德里戈·德·桑德拉（Rodrigo de Santaella，1444—1509 年）是一位多明我会教育家和古典学者，曾在博洛尼亚、西西里接受教育，他的塑像现在依然伫立在塞维尔大学的校园中。1503 年，他模仿瓦伦丁·费尔南德斯一年前在里斯本出版译作的做法，翻译出版了一部名为《马可·波罗》的书。[11] 桑德拉的《马可·波罗》[12] 收入了一篇关于宇宙学的简介，其中有些内容是借鉴费尔南德斯的材料写成的。桑德拉坦言，他用西班牙语翻译这部书的目的，是帮助促进有关东方信息的传播。他提出了"安的列斯群岛（Antilles）"在"印度对面"的观点，因此特别区分了葡萄牙的东方发现和卡斯蒂利亚人的大西洋发现之间的不同。尽管桑德拉从费尔南德斯那里借用了一些材料，但是《马可·波罗》这本书的翻译还是独立进行的，依据的版本是不久前刚刚发现的一部威尼斯手稿。与桑德拉的《马可·波罗》同时出版的，还有波吉欧的《印度见闻》（《论命运的无常》第四卷）译本，这部书的手稿费尔南德斯可能没有使用过。在波吉欧的《印度见闻》前言中，桑德拉表明他翻译这部书的目的是确认马可·波罗游记的真实性。桑德拉的这部译作先后于 1518 年、1529 年分别由胡安·维埃拉·德·萨拉曼卡（Juan Varela de Salamanca）、米格尔·德·埃吉亚（Miguel de Eguia）在塞维尔、洛格罗尼奥（Logroño）重印发行。约翰·弗兰普顿（John Frampton）根据桑德拉的译文，于 1579 年在伦敦出版了英文版。[13] 另外两个版本的马可·波罗游记，也分别于 1507 年和 1520 年在西班牙面世。[14]

　　在 16 世纪，西班牙还印刷出版了很多其他的手稿和翻译作品。1510 年，纳尔西斯·维诺莱斯（Narcis Viñoles）在格兰纳达用西班牙文出版了波吉欧的部分作品，这些内容收录在雅各布·菲利普·弗雷斯蒂·达·伯加莫的《编年史补遗》（布雷西亚 [Brescia]，1485 年）当中。[15] 瓦尔塔马的游记 1510 年首次在罗马发表，1520 年和 1523 年，塞维尔出版了其西班牙语版。西班牙还根据拉丁文版三次翻译出版了西班牙语的《曼德维尔游记》，这三个西班牙语版本分别是 1521 年（瓦伦西亚）、1540 年（瓦伦西亚）和 1547 年（阿尔卡拉·德·哈纳雷斯）出版的。[16] 1573 年，克里斯托巴尔·德·拉斯·卡萨斯（Cristobal de las Casas）在塞维尔翻译出版了索利努斯的《世界奇闻记》（*De las cosas maravaillosas del mundo*）。两年后，《卢卡诺伯爵》在塞维尔首次出版。1582 年，根据编年史学家贡萨罗·阿戈特·德·莫利纳（Gonzalo Argote de Molina）的建议，克拉维约在塞维尔首次出版了《伟大的帖木儿》（*Vida del Gran Tamerlane*）。截至此时，古代和中世纪关于亚洲最好的书籍大部分都有了西班牙语版。

　　来自萨拉曼卡的马丁·费尔南德斯·德·菲格罗阿是第一个在葡萄牙属东方领地工作，并将见闻向国内报告的西班牙人。他在亚洲停留的时间起自 1505 年，终至 1511 年年底，阿尔伯克基在这一时期取得了很多知名战役的胜利。菲格罗阿粗疏的见闻报回后，胡安·欧圭罗·德·特拉斯米拉（Juan Augüro de Trasmiera）根据波吉欧和马可·波罗的游记以及曼努埃尔的信进行核对，然后发表。他所依据的波吉欧和马可·波罗的游记这个版本很可能就是桑德拉出版的。《葡萄牙国王曼努埃尔舰队征服印度、波斯和阿拉伯记》（*Conquista de las indias de Persia e Arabie que fizo la armada del rey don Manuel de Portugal...*，萨拉曼卡，1512 年）讴歌了葡萄牙舰队征服霍尔木兹海峡、果阿以及第乌之战的胜利。菲格罗阿在文中描述了卡利卡特的情况，但没有提及"圣托马斯的信徒"（Christians of St. Thomas）这一东南亚的基督徒团体，这本书是 16 世纪在葡属领地上的外国人写的最早的著作之一。[17]

　　起初，西班牙诗人对于发现印度的反应是好奇中夹杂着焦虑和困惑。弗雷·阿姆布罗西奥·蒙特西诺（Fray Ambrosio Montesino）是信奉天主教的王后所喜欢的诗人，也是王室的清客。对于海外世界的开拓，他毫不掩饰自己的激动：

> 男人扬帆远航，发现了新的土地：
> 他们返航时，我们在岸边翘首以待
> 并问他们看到了什么；
> 如果他们说离奇古怪的事情
> 我们就彻夜无眠
> 渴望知道他们了解了什么。[18]

166   1508 年，当西斯内罗斯在非洲攻城掠地时，弗朗西斯科·德·阿维拉（Francisco de Avila）已借死神之口说出这样的诗句：

> 所有的强权和王国
> 必须吸吮我痛苦的气息，
> 他们认识卡利卡特的我
> 也认识其他不幸地区的我。[19]

赫尔南多·德尔·卡斯蒂洛 1511 年编纂的《诗歌总集》收录了一首奎罗斯（Quiros）的诗，该诗将葡萄牙攻占卡利卡特的那一天称为 "极为伤怀" 的日子。与某些葡萄牙人一样，这位诗人为占领遥远地区而付出的高昂代价感到痛惜。[20] 阿隆索·戈麦斯·德·菲格罗阿（Alonso Gomez de Figueroa）是一名来自科尔多瓦城（Cordovan）的诗人，他于 1513 年在瓦伦西亚出版了一部名为《帝国环宇志》（*Alcázar imperial...*）的诗集，讲述了诗人游历世界四大地区的所见所闻。尽管菲格罗阿的很多材料都是虚构的，但他对印度南部的描述似乎是基于其对葡萄牙人在当地活动的了解，这些情况可能就是从马丁·费尔南德斯·德·菲格罗阿那儿借鉴过来的。[21] 十年以后，当香料问题成为很多人心中最重要的问题时，[22] 西班牙诗人倾向于只把美洲作为药品和天然药物的来源地，而亚洲依旧是香料和巨额财富的来源地。[23] 只是在美洲发现贵金属和宝石后（大约 1535年），秘鲁和墨西哥才成为西班牙诗人心中遥远财富的象征。

对于葡萄牙早期在东方的征服，西班牙文学中反应最激烈的是巴托洛梅·德·托雷斯·纳哈罗（Bartolomé de Torres Naharro，约 1485 年—约 1520 年）。此人是一名职业军人，也是一名具有诗人气质的剧作家。他 1508 年到罗马游历，在当地西班牙社团中极其活跃，享有盛名，甚至可能得到过朱里奥·德·美第奇（Giulio de' Medici）的资助。[24] 当葡萄牙派往利奥十世的著名使团 1514 年到达罗马，宣告征服马六甲并向来自美第奇家族的教皇赠送大象及其他富有异国情调的礼物时，纳哈罗正在积极地潜心写作。[25] 为了这一盛大时刻，托雷斯·纳哈罗创作了戏剧《胜利的喜剧》（Comedia Trophea），他写这个剧本也可能是受葡萄牙的委托。从 1514 年 3 月到 6 月，也就是葡萄牙使团逗留罗马期间，为了给葡萄牙使团以及接待使团的主人提供娱乐，有时就上演这部戏。伊莎贝拉·德斯特（Isabella d'Este）王后当时可能观看了这部戏，因为后来她索要了一本放在自己的图书馆里。[26] 而且，此后不久，托雷斯·纳哈罗又创作了戏剧《杰辛塔》（Jacinta，1514 年或 1515 年？），这一剧本赞美的是一位来自曼图亚的女士。[27] 托雷斯·纳哈罗 1517 年在那不勒斯出版的戏剧集《帕拉斯颂》首次收录了《胜利的喜剧》，这部戏剧集的名字来源于希腊文，意思是"最初的事情"，或许这是帕拉斯早期的作品。帕拉斯是维吉尔史诗中的主人公埃涅阿斯的同伴之一。《帕拉斯颂》增订后于 1520 年、1526 年、1535 年、1545 年在塞维尔重印，1524 年在那不勒斯重印。

167

在作者自己看来，《帕拉斯颂》就是一艘将遥远、奇异的风土人情传递给渴望了解的大众的快艇。[28] 关于这一观点，表述最为明确的是前面提到过的《胜利的喜剧》，这部戏分五幕赞颂了葡萄牙在非洲和亚洲取得的成就。[29] 剧本开篇就是"声望"姑娘极力为曼努埃尔国王和葡萄牙的伟大成就高唱赞歌。她自豪地向观众吟唱道：

> 他是多么值得赞美啊，有着怎样的美德
> 发动了多么神圣的战争，

赢得和征服的土地

比托勒密记载的还要多。[30]

　　为了平息舞台上那些希腊地理学家的抗议，为了打消那些博学的、具有人文主义思想的观众的疑虑，"声望"一遍又一遍地吟诵葡萄牙所征服的地区的名字，从圭亚那到马六甲的广大区域都有葡萄牙占领的土地。[31]被吟诵的地区大都被赋予了绰号，比如科钦被称作"所有香料之花"，锡兰是国王"获得宝石的地方"，马六甲是"贡物之城"。[32]第二幕主要是喜剧元素，让观众的情绪得到舒解。在第三幕中，托雷斯·纳哈罗让最近被葡萄牙征服的国王粉墨登场，表达对葡萄牙王室的臣服之心，出场的还有一名翻译，以便让观众明白国王们冗长的陈辞，并相信这些国王都是值得尊敬的人，渴望得到洗礼，而且异口同声地支持葡萄牙使团向教皇提出的请求。这位翻译强调说："这些国王希望从你手里得到两样东西：洗礼和基督徒生活所遵守的教规。"[33]接下来又是一幕调笑和讽刺，最后一幕描写"声望"在阿波罗的邀请下，御风而飞，高颂曼努埃尔的荣光；插着翅膀的"声望"把唱词播撒到每个观众心里，预示着年轻的葡萄牙王子、伟大的海外帝国继承人若昂的美好未来。[34]

　　很难想象那些高贵的教士和他们高贵的客人对这一奇特的场景会做出何种反应，从现今看到的剧本来看，其语言毫无生气，单调乏味。但是，必须注意的一点是：当时的罗马观众可能真的融入到那令人振奋的氛围之中，正是这种令人振奋的氛围使托雷斯·纳哈罗立即动笔写下了这一剧本。不论葡萄牙人信奉什么，罗马人都把葡萄牙的征服看作是基督教对伊斯兰教的胜利。有些人无疑也看到了葡萄牙的扩张对威尼斯在东方的商业地位是个威胁，不过，在美第奇家族的引导下，佛罗伦萨的商人主要在里斯本、安特卫普及东方活动，因此，对于事态的转变，美第奇家族就未免不高兴。[35]葡萄牙人从东方带来的大象和其他无与伦比的礼物，在罗马引起了轰动，使观众身不由己地对葡萄牙人不吝赞誉之词。不过，令人奇怪的是，截至目前，依然没有发现任何有关该剧上演的资料或记述，而很多罗马的拉丁诗人却盛赞这头大象。[36]也许这反而从另一方面表明，即便是把所发现之物放在他们眼前，要让当时的人真正明白航海大

168

发现的意义也不知道需要多长时间。无论当时的真实情形如何，似乎当时在场的人中只有伊莎贝拉·德斯特一个人既受到大象的吸引，也受到戏剧的吸引。[37]

葡萄牙人战胜穆斯林在西班牙和意大利燃起了人们的希望，但这种希望很快就被土耳其帝国在黎凡特地区取得的胜利蔳为粉末。1517年，埃及被苏丹塞利姆一世（Sultan Selim I，1512—1520年在位）攻占；两年后，土耳其人占领了圣城。托雷斯·纳哈罗和另一名生活在意大利的西班牙诗人胡安·代尔·恩希纳（1469？—约1530年）开始疾呼基督教世界联合起来，解放圣城，打败土耳其人。[38]尽管如此，就西班牙自身来说，西班牙那些富有想象力的文学家们对奥斯曼土耳其带来的威胁其实是漠不关心的，他们更愿意把土耳其人看作骑士传奇中基督教英雄的强大敌人。[39]不过，其他西班牙人开始寄希望于查理一世，把他看作近东和非洲未来的征服者，而查理一世1519年加冕成为神圣罗马帝国皇帝查理五世。

尽管西班牙越来越多地参与到地中海和美洲事务之中，但并没有完全将自己关注的焦点从葡萄牙东方属地移开。巴尔波亚（Balboa）①1513年来到太平洋，声称太平洋冲刷的所有海岸都属于西班牙王国。1519年，麦哲伦率领船队向西航行，在绕过南美洲、穿越太平洋后，成功地发现了摩鹿加群岛。这一胜利宣告了环球航海于1522年9月6日成功完成，此前不久，查理五世刚刚在沃木斯会议（Diet of Worms）上宣判马丁·路德为异教徒，重新将自己的注意力转向西班牙及其海外帝国。

16世纪20年代，西班牙在国际事务中的影响力扩展到意大利、佛兰德斯、墨西哥和摩鹿加群岛，这为1580年以后再次发生矛盾冲突埋下了伏笔。早在环球航行成功以前，西班牙和葡萄牙就已经认识到了太平洋的重要性。阿尔伯克基1511年攻占马六甲两年后，巴尔波亚声称自己发现了"南海"。因此，在西班牙，认为马六甲以东的土地归属西班牙的观点开始流行起来。即便是在麦哲伦启航以前，马丁·费尔南德斯·德·恩西索（Martín Fernández de Enciso）就

169

① 巴尔波亚是西班牙探险家，1513年到达巴拿马地峡西岸，成为第一个看到太平洋的欧洲人。——译者注

在其《地理全书》（*Suma de geografia*，塞维尔，1519 年）中声称西班牙拥有对亚洲最东边地区的所有权。恩西索对西印度的了解来自他本人在那儿的经历，而对东印度的了解则来自葡萄牙人提供的信息以及阅读马可·波罗、瓦尔塔马等意大利人撰写的游记。很可能是他负责将瓦尔塔马那本影响深远的书翻译成西班牙语，并于 1520 年在塞维尔出版。1530 年，恩西索自己的书重印，并于 1541 年翻译成英语。[40]

虽然麦哲伦最终仅带一艘船于 1522 年返回，但还是大大激发了在欧洲和美洲的西班牙人的野心，这些人试图将西班牙国旗永久地插在摩鹿加群岛的土地上。1529 年以前，有五个西班牙探险队尝试着向摩鹿加群岛航行，查理五世正式声明香料群岛在西班牙的疆界之内。尽管西班牙和葡萄牙在摩鹿加群岛的冲突还在继续，但西班牙并没有一个自己的据点，这主要是因为西班牙人对太平洋航线中如何向东航行返回墨西哥缺乏足够的了解。此时西班牙还没有解决在东方建立和维持据点的失利问题，迫使查理五世不顾公众的反对，于 1529 年在萨拉戈萨与葡萄牙达成协议，收回自己关于香料问题的声明。[41] 在菲利普二世统治时期，不管是他 1580 年加冕葡萄牙国王之前还是之后，摩鹿加群岛的归属问题一直是西班牙和葡萄牙两国关系上挥之不去的阴影。

自哥伦布以来，西班牙和葡萄牙进行的海外发现一直受到彼得罗·马提雷·德安吉亚拉（Pietro Martire d'Anghiera，1457—1526 年）的关注、记载和评论，此人在英语国家被称为彼得·马特（Peter Martyr）。他是意大利人，1487 年被一名西班牙派驻罗马的大使带到西班牙，其后一直生活在西班牙，并在那里领受圣职，成为一名教廷书记官，这一职务属于西班牙的印度事务院（Council of the Indies），而这一事务院的地位最终比格拉纳达天主教堂（Cathedral of Granada）还要高。[42] 由于彼得·马特和西班牙、罗马教廷都有着密切的联系，因此他得以及时了解海外发现的最新消息，并迅速传递给西班牙在罗马的信使。他本人和哥伦布、达·伽马、韦斯普奇（Vespucci）、科尔特斯（Cortes）以及麦哲伦等航海家私交甚笃，经常接待从海外航海归来的客人。在一封写自梅迪纳·德尔·坎波的信中——可能是 1499 年写的，他把达·伽马第一次航行到卡利卡特的消息告诉给当时在罗马的尤利乌斯·旁波尼乌斯·雷图斯（Julius

170

Pomponius Laetus），并认为收信者会感到很"惊奇"。[43] 后来，他又从阿维拉（Avila）给旁波尼乌斯写信，把从葡萄牙大使那儿了解到的达·伽马 1502—1503 年航海的消息告诉他。[44] 彼得·马特的信一开始没有谈到对亚洲的发现，直到他报告 1522 年"维多利亚"号返航以及随后葡萄牙和卡斯蒂利亚就摩鹿加群岛的归属产生冲突时，他的信才涉及亚洲发现。[45]

　　彼得·马特去世四年后，也就是西班牙和葡萄牙在萨拉戈萨签署条约后的一年，他的《论新大陆》（*De orbe novo*，1530 年）出版。他的这一著作与《书信集》（*Opus epistolarum*）一样，不是一时之作，而是作者根据所了解到的特别事件撰写的报告汇编。《论新大陆》记录了彼得·马特 1526 年去世前西班牙在新大陆的进展情况，其中第七卷中的第五个十年描写的全都是麦哲伦的航海探险。[46] 这一卷根据官方报告、返航船员采访、纪实性的作品以及货物清单，对麦哲伦的航海进行了精彩的总结。[47] 彼得·马特对东方地理的描述，与那些对西班牙和葡萄牙东方属地争论不休的宇宙学者一样，既不确定，也不准确。然而，他关于世界的看法是后托勒密的。像其他早期的评论家一样，他认为摩鹿加群岛和其他东南亚内陆的一些地区，应该属于"新大陆"。[48] 很明显，从他的《论新大陆》中关于太平洋地区的结论看，他认为西班牙的疆界包括马六甲以东的所有地区，他还准确地指出了中国商人和印度商人经常在摩鹿加群岛进行贸易这一情况。[49] 充满好奇的彼得·马特还从麦哲伦的船员那里得到丁香枝，并拿给别人看，同时他自己也保存了一些，"直到我确信阁下您（Your Holiness，指教皇克莱门特七世）也有一些丁香枝"。[50] 他还亲口品尝了船员在返航途中赖以生存的西米面包，说"再也没有比那更酸或气味更坏的东西了，这种面包只能供那些没有田地、不能耕种稻米的可怜人吃"。[51] 为了引起社会对第一次环球航行的注意，彼得·马特大声疾呼："如果希腊人实现了首次环球航行，那么他们不可能围绕这一壮举不留下什么书籍！"[52]

　　也有其他一些人意识到麦哲伦航海对欧洲未来的重要性。特兰西瓦尼亚的马克西米利安以及此次航海的官方航海志人员安东尼奥·皮加费塔，在"维多利亚"号返回西班牙后不久，就通过口头和书面形式，将航行报告传回欧洲。[53] 甚至早在皮加费塔抵达威尼斯的西尼约里亚（Signoria）之前，威尼斯总督就派

171

遣威尼斯共和国最重要的两名公民，代表皮加费塔到查理五世宫廷汇报情况。后来成为总督的洛伦佐·德·普利乌里（Lorenzo de Priuli，1557 年去世）与圣马可图书馆的馆长、拉丁诗人安德里亚·纳瓦杰罗于 1523 年 10 月 10 日作为使节被派往西班牙，他们直到 1525 年 6 月 11 日才到达托莱多（Toledo），并一直在那儿逗留到 1526 年 2 月 20 日。纳瓦杰罗特别向权威人士，比如迭戈·科隆（Diego Colon）、彼得·马特、贡萨罗·费尔南德斯·德·奥维耶多（Gonzalo Férnandez de Oviedo），了解西班牙航船抵达香料群岛的情况。奥维耶多的《印度自然史总汇》（*Sumario de la natural historia de las Indias*）1526 年在托莱多面世不久，纳瓦杰罗就将该书翻译成意大利文。[54] 这本小书很可能激发了威尼斯人的兴趣，因为作者预言西班牙将会有一条路途更短的香料贸易之道。显然，奥维耶多有充分的理由相信西班牙将控制从东方经太平洋抵达巴拿马的航道，因此建议利用西班牙的大西洋舰队，经由巴拿马海峡，将香料运回欧洲。由于这一建议是在 1525 年洛艾萨（Loaisa）舰队派往摩鹿加群岛不久提出来的，因此在西班牙和威尼斯都受到了高度重视，西班牙最终会获得摩鹿加群岛控制权的希望再次显现。[55] 纳瓦杰罗翻译的书在 1534 年一出版，就在博洛尼亚和帕多瓦引起热议，因为如果走摩鹿加群岛到巴拿马的航线，那么行程将缩短近 1 600 里格。奥维耶多的建议得到著名游记文学收藏家威尼斯人赖麦锡的支持。[56]

对西班牙文学界来说，纳瓦杰罗造访托莱多以及后来游历格拉纳达和塞维尔，是一件盛事，具有重要的意义。一方面，纳瓦杰罗是皮特罗·本博的挚友，另一方面，纳瓦杰罗本人也被意大利化的伊比利亚半岛知识分子看作文艺复兴极盛时期文化的发言人。很明显，纳瓦杰罗非常乐意扮演这样的角色，因为他敦促诗人胡安·博斯坎（Juan Boscán，1474?—1542 年）放弃《谣曲集》（*Cancionero*）那样的诗歌形式，尝试用意大利韵律和格式创作诗歌。博斯坎接受了这一建议，并和他同时期的诗人加尔西拉索·德·拉·维加（Garcilaso de la Vega，1501?—1536 年）开始模仿本博推崇的模范诗人彼特拉克（Petrarch）。[57] 由于从传统的歌谣体转向具有意大利风格的诗歌创作，西班牙诗人很快就对自己的民族传统和发展包括海外活动，失去了兴趣。这一文学困境又恰逢查理国王在对摩鹿加群岛的控制权争夺中失败，查理国王也随之将自己的重点转向意

172

大利和中欧了。

争夺摩鹿加群岛的失利，使得卡斯蒂利亚人全心全意地将精力倾注到美洲方面。仅就新大陆来说，那儿发生的事，特别是 1533 年对秘鲁的征服，也将西班牙的视线转移到“西方的印度群岛”的财富上。这些变化都加速了塞维尔由一个港口城市向繁荣的国际都市转变。当纳瓦杰罗 1526 年抵达塞维尔的时候，[58] 这个地方还只是一个很小的城市，当时正竭力从一场严重的瘟疫中恢复过来。1534 年，塞维尔的人口只有大约 55 000 人，到了 1588 年，也就是西班牙无敌舰队被击败的那一年，塞维尔的人口超过了 10 万。[59] 这些年里，塞维尔的社会各阶层人员都从事商业，有些商人和贵族从农业和贸易中获得巨额利润，当地的大领主建造了富丽堂皇的宫殿，并资助艺术发展。费迪南·哥伦布（1539 年去世）是欧洲著名的藏书家之一，他将自己的寓所和图书馆向奥维耶多和戈马拉等学者开放。[60] 后来，克里斯托弗·哥伦布的曾孙阿尔瓦罗·科龙（Alvaro Colon）将他的寓所作为聚会之所，让费尔南多·德·埃雷拉（Fernando de Herrera，1534—1597 年）和一些学者、诗人在此聚会。这个聚会地点被称为“神仙会所”（el divino），在此聚会的人被称为“塞维尔学派”。[61] 在 16 世纪，塞维尔还变成了西班牙最大的书籍印刷出版中心，出版了大量的官方印刷品和一些关于海外世界的图书。[62] 纽伦堡的克罗姆伯格（Kromberger）家族 1503—1557 年期间在塞维尔开办了一家非常知名的出版社，出版了托雷斯·纳哈罗、彼得·马特的著作以及奥维耶多的《印度自然通史》等。

1532 年，奥维耶多被西班牙国王任命为“关于印度的编年史家”，与他同时代的若昂·德·巴罗斯也大约同一时期在葡萄牙担任此职。像巴罗斯和卡斯塔涅达一样，奥维耶多和戈马拉在 16 世纪中期出版了各自伟大的历史著作，并在著作中极为详尽地记述了西班牙 1519—1529 年间在太平洋的远航情况以及关于香料群岛的基本信息。[63] 奥维耶多曾在 1519 年出版了一部名为《克拉里波特》（Claribalte）的骑士传奇，但是他坚定地认为他的《印度自然通史》不能仅看作是一部西班牙传奇，因为他对骑士传奇一直抱着轻视的态度。[64] 他担心通过讲述异域的历险和厄运来书写新大陆的历史，会被广大读者仅仅当成另一种传奇。他非常清楚地知道，西班牙的道德家猛烈地抨击传奇文学，宗教裁判所后

173

来也禁止这类书籍，正是因为它们所表现的东西常常被认为是真实的存在。[65]

尽管奥维耶多的《印度自然通史》是模仿普林尼的历史著作撰写的，但是他使用的是卡斯蒂利亚语，而且他坚信，"真正的历史"既可以用拉丁文书写，也可以用本国语言来写。他反复强调他的作品的真实性和描写的准确性，说是基于自己在美洲的亲身经历和别人的亲眼所见写成的。他还对使用的材料非常挑剔，对那些听起来不合情理的离奇故事，或当时欧洲盛行的改编自传统的故事，常常加以质疑。[66]他的《印度自然通史》采用了很多叙述性的材料，这使得它像葡萄牙历史学家的作品一样，成为一种新的文体——叙事编年史的典范。[67]

奥维耶多同时代的其他学者同样关注航海和殖民问题。在塞维尔，佩德罗·德·梅迪纳（1493—1567 年）作为商务局的宇宙学家，主要撰写、出版实用航海课本以及根据天地万物探讨宇宙本质的小册子。[68]胡安·路易斯·维维斯（1429—1540 年）把自己的《论教育》（1531 年）献给葡萄牙国王若昂，这表明专心于理论研究的人也会对海外发现感到心潮澎湃。在这部关于教育理论的著作中，这位曾经被放逐的西班牙哲学家写道，葡萄牙人资助了他的研究，并说葡萄牙人已经"告诉我们世界上存在着令人难以置信的种族，还有过着传奇而又粗蛮生活的土著人，他们有着令人眩晕的财富，我们怔怔地望着他们，流露出贪婪的目光"。[69]弗雷·贝纳迪诺·德·拉雷多（Fray Bernardino de Laredo，1482—1545 年）1535 年宣称，太阳给予尤卡坦半岛（Yucatan）、佛兰德斯和长老约翰的印度以同样的热和力量。但是，佩德罗·美西亚（Pedro Mexía，约 1500—1551 年）作为一名塞维尔人和伊拉斯谟的信徒，却在他的伪历史杂记《圣者箴言》（*Silva de varia lección*，塞维尔，1540 年）中，几乎只字未提海外世界的开拓。这位博学的美西亚在讨论帖木儿时竟然不知道克拉维约，在谈论纸的发明和印刷术时，竟然丝毫没提及中国人。[70]在他的两部著作《圣者箴言》以及《论说与对话》（*Seis Coloquios y Diálogos*，塞维尔，1547 年）中，美西亚都对海外发现对于当时思想的意义几乎完全漠不关心。的确，从他的这些著作中，人们很难相信他是奥维耶多和梅迪纳的同乡。

在对海外发现及其对人类的意义的认识上，弗朗西斯科·洛佩斯·德·戈马

174

拉在他所著的《印度通史》（萨拉戈萨，1552年）[71]中显示出比大多数同时代人更多的敏感。他在致国王查理五世的献词中高呼："陛下，创世以来最伟大的事情，除了基督的降生和升天，就是印度的发现。"他的历史著作开篇就是惊叹的语句："世界如此广袤、美妙，既包罗万象，又各有不同，谁能对这个世界深思恒念，谁能对这个世界凝视默想，谁就一定会叹为观止。"他断言，所有的土地都能居住，这与传统的观念大相径庭，他视"体验为我们指导一切事物的圭臬"。尽管圣·奥古斯丁和塞维尔的圣·伊西多尔否认相对极的存在，但事实是它们的确存在着。"环绕地球并触及两极土地的'维多利亚'号在出发三年后返回西班牙，这充分证明了泥古不化的无知。"后来，他建议"维多利亚"号应该"放在塞维尔的船坞"，以纪念其伟大的成就。[72]

在戈马拉为新大陆而惊叹并抨击陈旧地理观念的同时，西班牙国内正热烈地辩论美洲印第安人的性格特征、如何对待他们以及他们的作用。[73]这一辩论围绕着亚里士多德自然奴隶制的学说展开，根据亚里士多德的理论，人类中有一部分人天生注定要依附于他人、服务他人。非洲人和印第安人是"低等民族"，就应该心甘情愿地为西班牙人服务，就应该心情愉悦地接受基督教，就应该对欧洲文明带给他们的好处心存感激。多明我会修士弗雷·巴托洛梅·德·拉斯·卡萨斯（1474—1566年）早在1519年就谴责亚里士多德的这些思想，呼吁停止通过武力强迫异教徒皈依基督教，停止对印第安人的经济掠夺。他说，上帝或教堂是不支持奴隶制的。拉斯·卡萨斯的一些主张得到著名神学家和法律理论家、来自萨拉曼卡的弗朗西斯科·德·维多利亚（1486—1546年）的认同，维多利亚认为印第安人拥有理性、社会制度和他们自己的宗教。胡安·吉尼斯·德·塞普尔维达（Juan Ginés de Sepúlveda，1490?—1573年）虽是一名具有国际声望的古典学者，却坚持传统的亚里士多德的观点，认为对印第安人的战争是正义的，是归化他们的必要前奏。

很显然，对于西班牙的征服活动是否符合道义这一问题，查理五世长久以来一直感到不安，他在1549年决定暂停在美洲的活动，直到一个由法学家和神学家组成的议会告诉他如何公正地处理海外事宜再继续进行。拉斯·卡萨斯和塞普尔维达两人都参加了1550年在巴利亚多利德举行的议会大辩论，就征服

175

美洲引起的道德和哲学问题进行辩论。当然，在最终没有达成一致的意见之后，征服活动依旧继续进行。然而，随后的立法稍微改善了一下印第安人的处境：对征服者以西班牙和上帝的名义犯下的特别恶劣的罪行进行惩戒。1580 年，西班牙在菲律宾改善皈依基督教的中国人的处境，拉斯·卡萨斯的"世界上所有的人都是人"的名言对这部分人处境的改变也发挥了一定的作用。[74]

在葡萄牙，如何对待被征服的土著居民从来没有成为一个棘手的道德和人文问题。葡萄牙的海上帝国如此分散，如此粗线条，如此松散，以至于没有形成尖锐的冲突。还有可能就是在亚洲的葡萄牙人宣称他们通过根除摩尔人来推进基督教的传播，从而证明自己的行为是合法的、正当的。的确，葡萄牙人看起来真的是征募当地人去对付摩尔人，对那些合作的本地人进行奖励，而且除了果阿之外，葡萄牙人依然保留当地大多数的组织机构。但是，可能特别需要强调的是，在亚洲的葡萄牙人对贸易的兴趣远远大于征服本身，这一点在菲利普 1580 年就任葡萄牙国王后，在东亚变得格外明显。[75]

从西班牙文学提供的证据来看，葡萄牙在 16 世纪上半叶对亚洲的开发只是海外拓展史上一个次要的主题。西班牙翻译的葡萄牙作品主要是马可·波罗的游记和一些航海发现前的学者写的关于东方的著作。彼得·马特以及其他人追踪着早期葡萄牙人的东方航海，寻找他们的关注重心。西班牙的一些诗人、谣曲作者和戏剧作家在他们的作品中注意描述葡萄牙人持续不断地打击伊斯兰教徒的战斗而给基督教世界带来的帮助，但只是在 1522 年西班牙"维多利亚"号返回、随后派遣自己的舰队航行太平洋、争夺摩鹿加群岛以后，西班牙才认真地研究葡萄牙向东方的探险进展情况，西班牙帝国的历史学家，像彼得·马特、奥维耶多、戈马拉，开始在他们的著作中研究太平洋以及遥远的东南亚海岛问题。但是，西班牙的文学界和知识界，特别是在 1525 年以后，主要感兴趣的是在西班牙主流文化中融入意大利的文艺复兴精神。即便是在塞维尔，尽管那里的每个人至少都间接地参与了海外贸易事务，以埃莱拉为典型代表的那些谦谦君子味十足的诗人们，更感兴趣的是模仿彼得拉克的十四行诗，而不是为西班牙征服美洲取得的伟大成就唱赞歌。西班牙文学界对开拓海外世界反应迟缓、犹豫不决，这可能体现了其在道义上的挣扎。至于西班牙如何关注亚洲，重申一个明显的事实可能就足够了，这就是在 16 世纪上半叶，对于宿敌葡萄牙在海外取得的胜利，西班牙简直没有什么积极的应对措施，特别是在 1529 年西班牙控制摩鹿加群岛的希望悲怆地破灭以后。

第二节　传奇和诗歌中的统一帝国

安德里亚·纳瓦杰罗是威尼斯颇有影响的人文主义者和驻外大使，曾于 1525 年在托莱多参加圣母升天节（Feast of the Assumption，8 月 15 日）。在那个场合，上演了一个特别的节目，结束时是 4 个黑肤色的蛮人和他们的国王以及 4 个亚马逊女战士和他们的王后跳的一个舞蹈。这一富有异国情调的节目可能是庆祝西班牙在非洲和美洲的的胜利，庆祝"维多利亚"号的返航，庆祝西班牙在太平洋升起的希望。六十年后，也就是 1585 年，托莱多再次欢度同样的节日，但举行的是另一种具有异国情调的表演。在这个场合，舞蹈者是 8 位穿着各种颜色塔夫绸的"印第安人"，他们披金戴银，胸前挂着镜子，手上戴着珠宝，身上插着羽毛。根据当时的文献，这些"印第安人"是在一头大象的陪伴下进入教堂的，大象可能是真的，也可能是以假乱真模仿的，大象的背上驮着一只猴子。[76]

请注意第一次节目表演和第二次节目表演中对"印第安人"描述的变化，这些人从原始变得高度老练，衣着华丽。注意 1585 年时的"印第安人"有一头大象陪伴，而大象是亚洲的象征，菲利普二世在加冕葡萄牙国王时曾得到活的大象作为礼物。[77] 大约节日之前九个月的时候，日本使团曾在托莱多逗留两周（约 1584 年 10 月 1—15 日）。后来，他们在马德里的皇家庭院受到接待，并在西班牙一直住到 1585 年 4 月 7 日。[78] 通过这几点就可以断定，第二次的"印第安人"可能是亚洲的"印第安人"，而不是美洲的"印第安人"。两次参加节日表演的"印第安人"的身份，在西班牙发生了变化，那么在这两次节日表演期间，是什么影响了这种身份的变化？

菲利普二世在位（1556—1598 年）的四十二年里，西班牙在亚洲取得了重

177

大的成就。他统治的早期，正值葡萄牙在欧洲和亚洲对香料贸易的控制呈衰败之势。签署《卡托 - 康布雷齐条约》（Cateau-Cambrésis，1559 年）带来的总体上的和平时代，使西班牙成为了欧洲的仲裁者、最大的殖民国家、复兴的天主教正教的捍卫者。接着，菲利普给自己制定的目标是强化西班牙在欧洲的霸主地位，镇压国内外的异端教徒，继续加紧海外的领土扩张。

　　1564 年，米格尔·洛佩斯·德·列格兹比（Miguel Lopez de Legazpi，1572 年去世）受命从墨西哥出发，去寻找"摩鹿加群岛西部的岛屿"。国王派遣列格兹比探险队的主要目的是把"信仰"带给"那些地方的居民"，并看看"在盛产香料的地区建立西班牙据点是否对上帝、对我们的主、对我们皇室的大业有利"。[79] 这样，西班牙根本不顾葡萄牙的声明和权益，开始了在太平洋的第二轮扩张。列格兹比本人驻扎宿务（Cebu），他派一艘船返回北美新西班牙王国，领航人弗雷·安德烈斯·德·乌尔达内塔（Fray Andres de Urdaneta）成功地发现了穿越太平洋返回的航线。这条航线坚实地建立起来以后，西班牙的势力从 1565 年到 1898 年就保持在西太平洋，主要是在以其国王的名字命名的"菲利普"群岛上。

　　1565 年以后，西班牙在东南亚诸岛的前哨周期性地受到驻摩鹿加群岛的葡萄牙舰队的攻击。当时，由于摩鹿加群岛问题，里斯本和马德里外交关系紧张，这给了法国、威尼斯和其他国家趁着西班牙和葡萄牙关系紧张，浑水摸鱼的机会。[80] 葡萄牙王室局势的不稳，再加上国王若昂三世于 1557 年驾崩，使得葡萄牙没有能力去坚决地应对法国在香料群岛的挑衅，应对其占领的亚洲地区内日益增多的商船被掠和反抗活动。塞巴斯蒂安国王 1578 年在非洲的驾崩，直接导致了 1580 年西班牙、葡萄牙两个王室的统一，这一统一是菲利普依靠其超强的军事力量觊觎葡萄牙王位的结果。通过这一行动，菲利普不仅在理论上，也是事实上成为了葡萄牙及其帝国的君主。在西班牙，两个王室的统一毫无疑问激发了分享财富的愿望，而那些财富通常认为是从香料群岛源源不断地流进葡萄牙的。另外，自勒潘多海战（battle of Lepanto，1571 年）以后，西班牙在地中海地区就基本上不再有来自土耳其的威胁了。所以，很显然，在 16 世纪 80 年代，菲利普的政策在各地都获得了成功，或者是成功在望。当然，在英国支持下起来暴动的荷兰人，几乎不再长期挑战被很多人公认为疆土无限的统治者的权威和力量了。[81]

菲利普在国外取得军事成功的同时，在国内开始加强皇室对各省、对经济以及人民的宗教和文化生活的控制。在时刻警醒的宗教裁判所和这位笃信宗教一统对于维持政治稳定至关重要的国王的推动下，西班牙开始强化推行尊崇特伦多大公会议通过的基督教正教。对知识界来说，皇室控制的增强随着新的审查制度的实施，变得更加明显。1502 年的审查法在 1558 年得到进一步加强，规定未经审查进口的外国图书要被罚款，而西班牙出版的书籍在印刷前必须得到审查批准。宗教裁判所更加严厉地执行其 1551 年制定的禁书清单，而且在 1584 年又出台了一个图书修订目录，规定这些书只有在删除有关冒犯宗教的段落后才能发行。[82] 但是，即便有这些规定和限制，不论是宗教书籍还是世俗书籍，都继续大量面世。事实上，在官方控制阅读和出版最严格的这一时期，西班牙依然迎来了其文学的黄金时代。[83]

在 16 世纪的西班牙，骑士传奇是占主导地位的文学形式，通过考察骑士传奇的发展史，可以看到皇室对图书出版的控制情况。在第一部骑士小说《高卢的阿玛迪斯》（*Amadis de Gaula*）1508 年出版后的一个世纪里，西班牙和葡萄牙有 50 部新的骑士小说面世。1550 年以前，几乎每年都有一部这样的文学作品出版；从 1550 年到 1588 年，则只有 9 部；从无敌舰队覆灭的那一年到《堂吉诃德》出版的 1605 年，又出版了 3 部。在 16 世纪后半叶，传教士和道德家谴责骑士小说，认为这类小说导致了俗众的行为不检，因此向美洲的图书出口被禁止。1555 年，巴利亚多利德议会把骑士小说从书目中单列出来，规定其在西班牙本土为禁书。[84] 尽管由于不断受到抨击而阻碍了传奇文学对新主题的开拓，旧有的传奇文学作品依然继续印刷、发行，卖到那些渴望阅读轻松读物的公众手里。有几本悄然面世的新骑士小说甚至让皇室大为愉悦，因为这些作品用散文和诗歌的形式讴歌了皇家军队在勒潘多海战和其他地方所取得的辉煌战绩。旧的骑士小说被不断地改写，以显得更加真实可信，跟上时代变化，以满足王室和大众的阅读需求。

读者特别感兴趣的是 1580 年以后问世的以安吉丽卡为主角的传奇小说。安吉丽卡是契丹公主，她的传奇故事早在博亚尔多和阿里奥斯托创作的著名意大利传奇小说中就已经初步成型。[85]阿里奥斯托的《疯狂的奥兰多》在1532年以地道的意大利文学形式出版，此后意大利的一些作家将阿里奥斯托作品中女主人公毫不忏悔的性格改编为悔罪的性格。西班牙作家从意大利人那里借鉴来这一主题，把原初的安吉丽卡重塑成一位沉静而勇敢的卡斯蒂利亚美少女。当阿里奥斯托的传奇故事于1550年翻译成卡斯蒂利亚语时，译者在作品的每一章中都增加了道德阐释。[86]到了1584年，这一译作已重印11次，不同的西班牙作家在他们的散文和诗歌中大量模仿这一文学形象。

在骑士传奇改编的同时，西班牙还开始出现赞美征服美洲的韵文体编年史和英雄史诗。关于征服美洲，最重要的诗歌作品是阿隆索·德·埃尔西利亚（Alonso de Ercilla，1533—1594年）的《阿劳加纳》（*La Araucana*），这部作品共分三部分，分别于1569年、1578年和1589年发表。[87]埃尔西利亚的英雄史诗成为后世诗人创作以征服美洲为主题的作品的范例，它的流行促进西班牙形成了喜爱富有现实主义色彩的伟大事迹而不是偏爱神秘探险活动的趣味。阿里奥斯托的西班牙模仿者，用新的辞藻将安吉丽卡这一主题进行美化，使其既真实可信，又具有原初传奇故事所缺少的虔诚恭敬的特质，从而迎合了西班牙读者越来越欣赏融现实主义和道德英雄于一体的作品的趣味。

模仿阿里奥斯托最成功的作家之一是路易斯·巴拉奥纳·德·索托（约1548—1595年），他是一名医生、诗人，曾在欧苏纳（Osuna）大学学习医学。1571年，他移居塞维尔，并在那里行医，开始与这座港口城市的文艺界建立起密切的联系。[88]他被克里斯托巴尔·德·拉斯·卡萨斯引为密友，卡萨斯曾在1573年翻译出版了索利努斯关于世界奇迹的著名古典著作。[89]路易斯·巴拉奥纳·德·索托还结识了药物学家尼古拉斯·莫纳德斯（约1512—1588年），这位药物学家在1569年出版了两部关于新大陆物品的著作，这两部书被誉为和药物一样珍贵。[90]路易斯·巴拉奥纳·德·索托和费尔南多·德·埃雷拉以及埃雷拉文学、艺术圈子的成员也很相熟。尽管巴拉奥纳非常喜欢塞维尔富有活力的生活，但他还是在1579年离开了这座城市，返回他学业开始的格拉纳达。在这儿，他经历了1580—1581年那场可怕的瘟疫，完成了《安吉丽卡的眼泪》(*Las lágrimas de Angélica*)，并在诗歌学社（Academy of Poetry）朗诵了部分章节，于1586年将其出版。[91]

　　从传统上看，巴拉奥纳的《安吉丽卡的眼泪》一直被简单地看作是阿里奥斯托作品的续作或模仿。实际上，只要读上几行，就会发现这部作品与最初的源本有着很大的不同。格雷格里奥·洛佩斯·德·贝纳文特（Gregorio López de Benavente）在该作品的前言中暗示了它的复杂性，谈到了"作家在这样一个令人愉悦、容易理解的主题背后，隐藏着想要揭示的众多秘密和谜团"，并向读者指出，该作品的争论从一开始就是为了俘获"世界上最美丽、最富饶的土地——中国"。[92]巴拉奥纳至少在名字上从阿里奥斯托那里借用了整整一半的角色，[93]然而，他的安吉丽卡并不像阿里奥斯托笔下的安吉丽卡那样聪颖、沉静、优雅，而是一个不幸的年轻女人，厄运缠身，但极具道义感，非常忠诚于自己对梅多罗（Medoro）完美的爱情。在巴拉奥纳的诗作中，安吉丽卡不时作为中心人物出现，这一重要地位是以前大多数作家笔下的契丹公主所没有的。[94]在巴拉奥纳塑造的安吉丽卡身上，几乎完全见不到骑士色彩，取而代之的是掉书袋的手法，那种学者型的博学有时真是减损了诗的特质。[95]很可能受到奥维德（Ovid）的影响，巴拉奥纳在读者面前堆砌了大量的、多余的知识，诗中描写了植物、动物以及奥维德都不知道的地名和术语。他在作品中描述了遥远的地方和人物，讲述了他自己对世界各地物产丰饶的惊叹，从这些内容可以明显地看出，巴拉奥纳写作时参照的素材是阿里奥斯托所不知道的。

　　巴拉奥纳通过从西向东的航行，从空间地理方位的角度，来组织他的诗作，即从小亚细亚到印度，从印度到塔普罗班纳（Taprobana），然后从塔普罗班纳到中国。对他来说，安吉丽卡的契丹是中国的一个港口，也可能是一座大城市。[96]由于诗作的大部分背景是在东方，因此他把自己浸淫在当时关于亚洲的书籍里就可以理解了。根据他的一份图书馆藏书目录，发现他拥有相当多的涉及亚洲的古代、中世纪和16世纪的书籍。[97]如果仔细阅读他的诗作，可以发现他在写作《安吉丽卡的眼泪》时借鉴了很多的这类书籍。一个特别有用的找到他借鉴来源的方法，是仔细研究他诗作中有关亚洲地名的拼写方式。

　　他参照的主要素材之一是卡蒙斯的《卢济塔尼亚人之歌》，版本可能是1581

181

年出版的西班牙语译本。[98] 非常清楚的是，即便仅仅比较葡萄牙语和西班牙语的《卢济塔尼亚人之歌》中的诗句，也可以看出巴拉奥纳大量借用或照葫芦画瓢般的模仿了里面的韵律、诗句和名字。巴拉奥纳诗作中舰队护送契丹公主经波斯湾抵达中国海岸的情节，主要来自卡蒙斯的史诗。如果将巴拉奥纳从《卢济塔尼亚人之歌》，特别是从著名的第十章中直接借用过来的诗句列成表，那将会是一个很长很长的罗列，《卢济塔尼亚人之歌》的第十章经常被诗人们当作创作素材和灵感来源。[99]

　　研究巴拉奥纳作品中的单词特别是地名的拼写方式可以看出，他关于东方知识的来源不仅只有卡蒙斯的作品这一个源头。比如，在提到印度的一个省份"奥里萨"（Orissa）时，他仿照卡蒙斯的拼写"Orixa"（《卢济塔尼亚人之歌》，第十章，第 120 页），把 Orissa 写成"Oriza"（《安吉丽卡的眼泪》，第八章，第 167 页）；而就在同一章的前面部分（第 165 页），他则把这个地名写成"Duria"，这个写法是卡斯塔涅达在他的《葡萄牙发现和征服印度史》（第一卷，第 242 页）中独具一格地使用过的，[100] 是"奥里萨邦"这个地名的变体写法。由于这一变体写法的发现，我们可以去比较这两个文本，特别是因为巴拉奥纳的图书馆里就有一本卡斯塔涅达的历史著作。[101] 因此，正如我们所料想的，诗人巴拉奥纳在创作《安吉丽卡的眼泪》时，非同寻常地直接借用或模仿了卡斯塔涅达的散文体历史著作。通过下面的比较，就可发现这种模仿是多么的明显：

《安吉丽卡的眼泪》，第八章，第165页：

Tras el los muchos reyes, que contiene
Narsinga, que el â todos los regia,
El de Coramandél, y Telengueyo
Y el de Duria, y el de Teanragéyo.

Y los de Vengapòr, y Talinàte,
Que manda los de Honor, y de Huberrano,
Mergêu, Baticalà, y de Caramàte,
Bracelòr, Mangalòr, Manjauerràno;
Y de Cintacorà, hasta el remate
De Lancolà, y la gran Barrauerrano !
Muy fuertes todos y seguros puerros,
Y por la larga costa Indiana abiertos.

《安吉丽卡的眼泪》，第八章，第166页：

Con tocas todos, largas y parejas,
Y sus Patolas de algodon ò seda
Sus arracadas de oro en las orejas
De peso, que sufrirse à penas pueda;

《安吉丽卡的眼泪》，第八章，第166页：

Con piedras blancas, verdes,y vermejas,
Yndignas de apreciarse por moneda,
Rubiès, Balaês, Iacintos, y Zafiròs,
Topazios, Amatistas, y Porfiros.

Iangoncas,y Crisolitos,y aquellos
Que al ojo quieren parescer del gato.

《葡萄牙发现和征服印度史》，第一卷，第242页：

"Ho reyno de Narsinga he na segunda
India···. A primeyra se chama Talinate: &
começa da fortaleza de Cintacora ... pouco
mais ou menos ate hũ lugar chamado Ancola
em que ha estes lugares: Manjauarrão,
Bracelor, Mangalor, Vdebarrão, Caramate,
Bacanor, Barrauerrão, Baticalâ, Honor, &
Mergeu que sam todos muyto grandes &
bõs portos. A segũda se chama Teãrragei &
he no sertão & tambẽ comarca cõ ho reyno
de Daquẽ."

《葡萄牙发现和征服印度史》，第一章，第261页：

Andam nuus da cinta pera cima, & pera
baixo se cobrẽ com panos de seda & dalgo-
dão que chamão patolas, trazem toucas nas
cabeças, & nas orelhas arrecadas muy ricas
douro & pedraria & aljofar grosso, de tanto
peso que fazẽ estirar as orelhas, tanto que
chegão ao pescoço.

《葡萄牙发现和征服印度史》，第一章，第259页：

Nace tambẽ nesta ilha muyta pedraria, assi
como rubis muyto finos, vermelhos &
brancos, balais, jacintos, çafiras, topazios,
jagonças, amatistas, crisolitas, & olhos de
gato, que os Indios estimão muyto.

182

《安吉丽卡的眼泪》，第十一章，第212-213 页：

Despues la rica, y varia especeria,
El malabatro, e1 clauo, la pimienta,
La nuez moxcada, y flor que encima cria,
Que limpia al seso, y su calor sustenta,
Despues la innumerable pedreria,
Las perlas del aljofar, que es sin cuenta,
Cera, ambar, y marfil, coral, y seda,
Sal, cobre, azogue, plata, oro, ye moneda.

Elb ermellon, la piedra y man, la grana,
Los cofres del oro, y cestos de oro orlados,
Y la luziente, y clara porcelana,
Do àn sido mas los Indios señalados,
La ropa de algodon ligera, y vana,
Las differentes mezclas de brocados,
Y brocadillos de oro, y seda, y plata,
Y el rico chamelote, y la escarlata.

《葡萄牙发现和征服印度史》，第一章，第35 页：

E como erão grãdes mercadores & de muy
grosso trato, veose a fazer a mayor escala
& a mais rica de toda a India, porque ne1a
de achaua toda a especiaria, droga, noz, &
maça q̃ se podia desejar todo genero de
pedraria, perlas, & aljofar, canfora, almiz-
quere, sandalos, & aguila, 1acre, porce1anas,
cestos dourados, cofres, & todalas lindezas
da China, ouro, ambar, cera, marfim, &
alaquecas, muyta roupa dalgodão delgada,
& grossa, assi branca como pintada, muyta
seda solta & retros & todo genero de panos
de seda & douro, & brocados, brocadilhos,
chamalotes, graãs, ezcarlatas, alcatifas, ta-
feciras, cobre, azogue, vermelhão, pedra
hume, coral, agoas rosadas, & todo ho
genero de cõseruas.

很清楚，巴拉奥纳在有关南亚的资料方面主要依赖卡蒙斯和卡斯塔涅达。同样，在关于中国的资料方面，他参考运用了门多萨1585 年在瓦伦西亚出版的西班牙文著作。比如，巴拉奥纳在《安吉丽卡的眼泪》中写道：

> 伟大的中华帝国从这儿（广东），
>
> 绵长无尽，疆域辽阔
>
> 从印度濒临的河南（Olan）
>
> 到太阳第一个照射的地方。[102]

"Olan" 这个地名是研究参考资料来源的关键词。几乎可以肯定的是，它是"O-lâm" 这个词的变体写法，这个地名是厦门人对中国北方省份河南的称呼，并按照厦门人的读音拼写的。马丁·德·拉达（Martin de Rada）是西班牙奥古斯丁教团的传教士，他在 1575 年写了一篇他在厦门传道的报告，而厦门所在的省份是福建，他在报告中列的中国省份目录中用的就是这个变体的拼写"Olam"。[103] 门多萨引用了拉达的拼写，但却误把"Olam"当成了"那个处在南方并最靠近马来西亚"的省份。[104] 巴拉奥纳在他的诗作中因为引用门多萨的资料，而将"Olam"安错了地方，在后面的诗歌行文中，他提供了充分的证据，说明他参考引用的是门多萨的书而不是他可能阅读过的其他文献。当然，如果更加缜密地考察巴拉奥纳的诗，就会发现巴拉奥纳对门多萨进行了大量的借用。

虽然我们这里引用的段落呆板单调，书卷气十足，但巴拉奥纳的《安吉丽卡的眼泪》整体上来讲生动活泼，而且即便是这些段落也增加了诗作的知识性、猎奇性，激发了读者对盛产最稀有、最昂贵物品的国度的神秘想象。彼特拉克的模仿者还在自己的诗文中谨慎地运用珍珠、宝石或水晶，来显示有光泽的、夺目的美丽。继巴拉奥纳之后，16 世纪 80 年代的诗人在创作资料来源方面更加多元化，他们注重物品的珍贵性、来源地和高质量。[105] 巴拉奥纳同时代的人评价他的《安吉丽卡的眼泪》时，赞赏这一作品的独创性和高水准，这从塞万提斯那里可以得到验证。在《堂吉诃德》中，塞万提斯让安吉丽卡从火焰中重生，并把她嵌入骑士传奇，同时让作品中的助理牧师说"（《安吉丽卡的眼泪》的）作者无疑是当今世界最著名的诗人之一，而不只是西班牙最著名的诗人之一"。[106] 这当然是夸张，但也说明巴拉奥纳确实对他同时代的作家产生了很大影响。

在抒情诗方面，模仿彼特拉克的作家，从博斯坎（Boscan）到埃雷拉，都不时表现出对"辉煌而富足的东方"的向往之情。[107] 但是，大多数作家在提及东方时，其目的都是文学上的，这一目的与东方航海的主要目的相比是次要的。比如米夏埃尔·德·卡尔沃加尔（Michael de Carvojal）和路易斯·乌尔塔多（Luis Hurtado）的《死亡宫廷》（*Las cortes de la muerte*，1557 年）在提到东方及东方的宝石时，主要是为了说明等级制度和共同起源的思想是多么深入地扩展到自然界的：

在东方的宝石中

任何地方的学者都说

红宝石是最漂亮的

因为它有着内在的品质。

红宝石也有着完美的外表

这么一颗宝石

有着胜于其他一切宝石的品质；

是上帝赋予它如此伟大的与众不同。[108]

184　　其他作家在作品中把东方和印度作为遥远、难以理解、不可想象的代名词。[109]弗雷·路易斯·德·莱昂（Fray Luis de Leon，1527—1591 年）和埃雷拉在其抒情诗中提及富足、神奇的东方只是为了增加作品的异国情调和读者对作品的兴趣。现存的 16 世纪西班牙抒情诗似乎没有一首在提及东方时是把海外发现作为重要主题的。[110]

尽管西班牙的抒情诗人一头扎进了意大利诗歌的海洋，但并没有湮灭西班牙民众对自己民族传统诗歌的喜爱。在整个 16 世纪，《诗歌总集》不断翻印，一些享有盛誉的西班牙诗人在 16 世纪后期也开始用古老的传统文学形式进行创作。路易斯·德·贡戈拉（1561—1627 年）是与巴拉奥纳同时代的诗人，他在文学创作初期就用传统的方法创作短诗，亦庄亦谐地对西班牙国工在 1580 年做出的关于亚洲的新承诺进行影射。在一首名为《乡村单身汉的抱怨》（*The Country-Bachelors' Complaint*）中，贡戈拉这样嘲弄：

就吹嘘西班牙多么伟大吧

世界古老的支柱崩塌了，

赫拉克勒斯一定会再回来

在日本安下他的屏障。[111]

在他 1587 年写的另一首诗中，贡戈拉粗线条地勾勒出地图上那些"菲利普统治扩张延伸的地方"。[112] 1588 年的一首十四行诗讽刺西班牙的贵族大公们比大象和犀牛还要肥壮。[113] 这是一个非常有力的比较，因为从 1584 年开始，来自亚洲的大象和犀牛就在马德里展览。[114] 在描述塞维尔为圣埃梅内吉尔德（St. Hermenegild）准备节日庆典时，贡戈拉高兴地写道：

> 有人把中国的丝绸送给清风
> 把波斯昂贵的织锦
> 挂在洒满阳光的墙上。[115]

大约在 1589 年，也就是无敌舰队惨遭覆灭后不久，贡戈拉在新的埃斯科里亚尔宫殿写下他的诗作，他在诗中这样严肃地说：

> 伟大的宗教信仰造就出这一世间建筑奇迹
> 迎接我们的君主，他无以伦比的统治力量
> 将新发现的西方和东印度收入囊中。[116]

贡戈拉还写了一首祝贺《卢济塔尼亚人之歌》翻译成西班牙文的诗，《卢济塔尼亚人之歌》于 1580 年在塞维尔出版，恰巧这一年菲利普二世成为葡萄牙的国王。[117]

和巴拉奥纳和贡戈拉一样，年轻的费利克斯·洛佩·德·维迦（Felix Lope de Vega，1562—1635 年）也受到当时海外扩张活动的感染。在经历了多次冒险之后，他于 1588 年加入无敌舰队，随舰队驶往英国。在与英国人战斗的间歇，他写出了长诗《安吉丽卡的美丽》（La hermosura de Angélica）。这一诗歌史上的叙事传奇之作是阿里奥斯托诗作的延续，也从当时的素材中吸取了一些东西增加进去。洛佩深知《安吉丽卡的眼泪》已经广为流传，因此也想写一部这样的作品，并期望获得同样的成功。[118] 但在这方面，他得到的只是失望，因为直到 1602 年他才出版他的《安吉丽卡的美丽》。

洛佩塑造的安吉丽卡与巴拉奥纳笔下的安吉丽卡一样美丽，但却过于爱

慕虚荣。当安吉丽卡还是契丹公主的时候，洛佩就让她与梅多罗一起回到西班牙。在塞维尔举行的加冕礼仪式上有来自东方的国王和王子参加。洛佩在这个传奇故事中增加的唯一一个新角色是安吉丽卡在契丹生的儿子安杰洛罗（Angeloro）。洛佩笔下的一些东方国王回到了他们自己的国家，但是洛佩对亚洲的处理要比巴拉奥纳显得骑士化、平凡化有余，现实性不足，他对东方国家和东方人种的描写有更多托勒密、普林尼以及中世纪传奇的遗风。巴拉奥纳和门多萨呈现给读者的是富庶的亚洲，与此相比，洛佩笔下的亚洲要显得荒凉和单调。对那些到国外游历过或者研究国外地理的人来说，洛佩诗作中亚洲地名、人种的混乱，一定会让他们深为恼怒。[119]

　　洛佩还读过巴拉奥纳的《安吉丽卡的眼泪》，这样说的证据是：他借用了巴拉奥纳本人所塑造的魔术师卡尼迪亚（Canidia）。[120] 他还熟知《卢济塔尼亚人之歌》，可能他还将这本书随身带到了英国。通过他写的《安吉丽卡的美丽》以及其他作品可以看出，洛佩还读过历史学家昆图斯·库尔提乌斯以及地理学家斯特拉波和托勒密等人的著作，[121] 但他对古代地理和现代地理的统一不是太清晰。在他的同一首诗中，古典地理名词"Taprobana"、"Aurea Chersoneso"和"马六甲"、"爪哇"都有出现。[122] 好像他对日本的了解比对其他地方要多，这可能是因为他见过或听说过 1584—1585 年期间在西班牙驻留的日本年轻使节。他在诗中提到日本的银子、丝绸和武器，[123] 关于提到武器这一点，可能是指日本使节在拜见国王菲利普二世时佩戴的刀。[124] 与巴拉奥纳一样，洛佩对印度的珠宝非常着迷，特别是锡兰的蓝宝石和红宝石。[125]《契丹公主安吉丽卡》（Angélica en al Cathay）是他塑造契丹美女的第二次尝试，该诗写于 1599年至 1603 年之间。在这首诗里，他用富庶的印度作为背景，把印度描写得如诗如画、色彩斑斓，而安吉丽卡和梅多罗就在这样的美景下来到恒河岸边。[126] 但是，在这儿，洛佩的地理知识又混乱了，他把佛罗里达和中国安在了"大西洋"的两边。[127]

　　随着 1588 年西班牙无敌舰队的失败，一股对海外帝国前景的幻灭情绪开始弥漫。在西班牙的一些诗作中，诗的调子阴郁而不安，比如洛佩的《德雷克海盗》（La Dragontea，1598 年）就是根据弗朗西斯·德雷克爵士最后一次航海和死亡为题材创作的。为了吸引更多的读者，洛佩在这首诗以及《耶路撒冷》（*Jerusalem*）中继续使用大量的地理名词。[128] 贡戈拉在他的《加拉特拉的神话》（*Polifemo y Galatea*，1613 年）中从巴拉奥纳那里借鉴了马来西亚人和爪哇人罪恶活动的资料，而巴拉奥纳有可能是从卡蒙斯那里得到这些材料的。[129] 但是在《孤独论》（*Soledades*，1613 年）中，贡戈拉在讴歌香料群岛美丽的同时，也暗示出贪婪激发下的海外发现最终会导致发现者的毁灭。[130]

第三节　新的历史体裁

西班牙后来的散文家和诗人一样，要比 16 世纪早期的作家对亚洲有更多的了解。继承普林尼和美西亚创作传统的安托万·德·托尔克玛达（Antonio de Torquemada，1553—1570 年是其影响最大的时期），他的《奇异花园》（*Jardin de flores curiosas*）就展示了这种变化。他的《奇异花园》首次于 1570 年在萨拉曼卡出版，汇集了从各种渠道获得的资料。[131] 在这部信息丰富、分为六章的书中，他参考的有关亚洲的权威学者有：卡斯塔涅达、伯加莫、巴罗斯、曼德维尔、马可·波罗、麦伽斯梯尼、普鲁塔赫、皮加费塔、托勒密和普林尼。[132] 他从这些作者的著作中提取了一些离奇的故事，使他的书在整个西欧受到普遍欢迎。到了 16 世纪末，这本书在西班牙重印 8 次，在安特卫普重印两次。这本书还被翻译成法语，分别于 1579 年和 1582 年在里昂发行，于 1583 年在巴黎发行。1590 年，该书的意大利文版在威尼斯面世；英文版在 1600 年发行，译者还恰如其分地给这本书命名为《西班牙的曼德维尔奇闻或奇异花园》（*The Spanish Mandevie of Miracles; Or the Garden of Curious Flowers ...*，伦敦）。

与美西亚截然相反的是，托尔克玛达对海外世界表现出了浓厚的兴趣，他向他的读者指出托勒密对世界地理是多么地无知，普林尼对世界的丰富多彩是多么地不了解。[133] 他根据所读的葡萄牙著作，对有关尼罗河和恒河的资料进行了认真思考，[134] 不过，他最感兴趣的还是从当时有关亚洲的著作中收集"稀奇古怪又令人高兴的历史故事"。[135] 从卡斯塔涅达那里，他叙述了一个 340 岁高龄的人的故事，这个人 1530 年被带到果阿总督努诺·达·库尼亚面前。[136]
他讲述了圣·托马斯在印度的传奇故事，并根据《葡萄牙编年史》，描述了这位
圣徒的遗体是如何在美勒坡（Mylapore）找到的情形。[137] 从巴罗斯那里，他
转述了一个女人和狗交配并繁衍了缅甸人的传说，这一人兽交配的故事后来被
卡蒙斯、巴拉奥纳、洛佩·德·维迦等人以这样那样的形式重述过。[138] 在读了
阿马托·卢西塔诺的著作后，他还在书中的另一处讲述了一个年轻的处于青春
期的葡萄牙姑娘在东方经历的变性故事。[139] 最令人咂舌的是他因为皮加费塔
的权威性而相信了一个古老的欧洲关于东方人的大杂烩传说：

> 皮加费塔……说，在太平洋群岛和海峡的另一边，有俾格米人生
> 活在某一个岛屿上——他们的耳朵像身体一样庞大，他们躺在一个耳
> 朵上，然后用另一个耳朵盖住全身。他们跑起来极其迅捷，但他本人
> 没有亲眼见过，因为他不能离开他搭乘的船只，不过，这是岛上人尽
> 皆知的，大多数的航海者也证明了同样的见闻。[140]

严肃历史虽然与"猎奇历史"完全不同，但也开始在 16 世纪的最后十年
对发现亚洲有所反应。在征服和安抚菲律宾的同时，关于中国的信息在 1565 年
以后开始大量涌入西班牙。此前，从 1555 年开始，在科英布拉用卡斯蒂利亚语
出版的各种耶稣会士书信集，已经提供了一些关于中国的简要信息。[141] 通过
卡斯塔涅达和巴罗斯的历史著作，西班牙人在 16 世纪 60 年代也能够了解到用
葡萄牙语记述的有关中国的材料。用葡萄牙语写的关于中国的最早单行本著作，
是加斯帕尔·达·克路士的《中国志》（*Tractado em que se côtam muito por estêso
as cousas da China...*，1569 年），但最先把所有关于中国的信息汇集整理起来的
是贝纳迪诺·德·埃斯卡兰特（Bernardino de Escalante），他撰写了《葡萄牙人
到东方各王国及省份远航记及有关中华帝国的消息》（*Discurso de la navegacion
que los Portugueses hazen à los Reinos y Provincias del Oriente, y de la notica q se
tiene de las grandezas del Reino de la China*，塞维尔，1577 年）。埃斯卡兰特是
一名西班牙牧师，自己没有到过中国，他是根据所能找到的文献资源，并通过

采访在菲律宾的葡萄牙人和为西方提供信息的中国人完成该书的。早在埃斯卡兰特的书问世之前，在菲律宾的西班牙人就曾向马德里建议，敦促向中国派遣军事探险队。埃斯卡兰特在他叙述简要而直白的书中，也鼓励他的同胞把他们的贸易和传教活动从荒蛮的菲律宾向更加富足的中国扩展。埃斯卡兰特的书也吸引了伊比利亚半岛以外的读者，因为该书 1579 年被翻译成英语，并成为奥提留斯等知识分子的参考资料。[142]

　　1580 年西班牙和葡萄牙皇室的统一，在两国以及海外领地的帝国主义者中间激发了更大的欲望，他们希望通过联合，打败北非和印度尼西亚群岛上强硬的穆斯林，并让他们臣服。[143] 由于一些传教士也坚定地支持进行军事扩张，教廷开始考虑新的伊比利亚联盟会对基督教的未来事业产生怎样的影响。到日本去的耶稣会士将传教事业进行得有声有色，但是基督教在亚洲其他地区的前途依然不可预知。澳门的耶稣会士开始慢慢地结交朋友，但中国大陆的大门直到 1583 年才向他们打开。就在这一年，当利玛窦在广东省建立了一个临时传教点的时候，教皇格里高利十三世授谕西班牙奥古斯丁会修士胡安·冈萨雷斯·德·门多萨（Juan González de Mendoza）编写一部"目前所知的关于中华帝国的历史书"。[144] 两年之后，正当日本使团在意大利访问时，门多萨的《中华大帝国史》（*Historia de las cosas mas notables, ritos y costumbres del gran Reyno de la China*）在罗马出版。1585 年，也就是罗马出版该书的那一年，瓦伦西亚也出版了此书，截至 16 世纪末，先后用西班牙语重印了 11 次之多。

　　与埃斯卡兰特一样，门多萨的书是根据所能找到的书面记载和个人访谈完成的，他在书中引用了巴罗斯和埃斯卡兰特的大量资料，但却没有向他们表示感谢。[145] 事实上，他似乎是有意遮掩他对埃斯卡兰特的借用。[146] 门多萨著作的第一部分沿用埃斯卡兰特的基本框架，综述了当时欧洲对中国的了解情况。在形式上，门多萨的书突然偏离了葡萄牙历史学家和戈马拉的叙事编年史传统，这在某种程度上让人想起是奥维耶多历史巨著中的第 20 册，奥维耶多在该册中停下他对大发现的编年史叙述，转而回顾他所知道的麦哲伦及其后来者所到过的东方地区的情况。在书的结构和表述方面，门多萨对中国的描述简直就是墨西哥的人种历史学。[147] 这些著作的写作模式是：按部就班地讨论一个国家和地区的地理

189

方位、历史、风俗和宗教。简言之，埃斯卡兰特和门多萨的著作就是关于中国的人种历史学，首开这类书籍介绍远东国家的先河，可与当时正在编纂的有关土耳其的历史著作相媲美。[148] 虽然在当时，研究土耳其的历史有助于激发对"土耳其热"的兴趣，但如果据此断言门多萨的著作有助于在当时掀起一股"中国热"时尚，无疑是很荒谬的，尽管他的这部历史著作在当时流传很广。不过，这本书的确成为西班牙、意大利、法国等国家的历史学家、社会评论者以及一些罗曼司作家的主要资料来源。[149]

门多萨同时代的人在西班牙和其他地方对门多萨进行了大量的批评，指出他书中的错误、夸大其辞和草率之处。外国读者被告诫道，这本书不顾伊比利亚半岛国家在亚洲进行征服扩张的事实，大肆吹嘘。热罗尼莫·罗曼（Jerónimo Román）是一名奥古斯丁教团教士，他指责门多萨在写作时"好像自己是什么神使"。[150] 罗曼对门多萨的愤怒可能是由于个人恩怨导致的。1575 年，罗曼出版了一部名为《世界共和》（*Republicas del mundo*，萨拉曼卡）的书，书中没有任何关于远东的材料。这部书的第二版 1594—1595 年在萨拉曼卡出版，书中收录了关于鞑靼和中国的论述。由于出版日期的缘故，人们很容易认为罗曼关于中国的叙述晚于门多萨。但事实也可能不是这样的，因为罗曼著作第二版的许可证日期是 1585 年，这表明罗曼在门多萨著作问世前就可能已经全部完成了著作的修订。[151] 但不管真实情况如何，罗曼关于中国的讨论并没有对 1595 年前就已经广为人知的中国知识增添什么新的内容。他关于鞑靼的论述来源于马可·波罗和其他更早的作者，如果把他们关于中国的论述与罗曼的并列在一起，会发现罗曼的资料来源是令人迷惑而难以确定的。他相信契丹和中国可能是同一个地方，但如何将关于中国的新信息与知识统一起来，似乎是他面临的难题。[152] 就对同时期的人的影响来说，罗曼的著作远没有门多萨的大，原因可能是其信息陈旧。

西班牙的耶稣会士也开始在他们的著述里以不同的方式介绍发现亚洲的情况。佩德罗·德·里瓦德内拉（Pedro de Ribadeneira）在其撰写的《罗耀拉传》（1583 年）和《沙勿略传》（1601 年）中，就融进了耶稣会士书信中反映的东方情况。何塞·德·阿科斯塔（1540—1600 年）被称为新大陆的普林尼，他是认识到环球航行以及在墨西哥和远东之间实现直航的意义的首批人士之一。他撰写了原创性强、文笔优美的《印度自然与道德史》(*Historia natural y moral de las Indias*，塞维尔，1590 年)，在对新世界的描述中，他从新的海外发现的视角，用大量笔墨，考察了古代和中世纪学者的知识与观点。阿科斯塔根据自己在美洲和欧洲的经历以及对远东的调查咨询，非常乐观地得出这样的结论：不管地球有多么辽阔，它依然要被人类征服，"因为人类已经用自己的脚丈量了它"。[153] 尽管他关于亚洲地理和关于日本宗教的论述是参考耶稣会士的书信做出的，但他毫不迟疑地将亚洲与美洲的宗教信仰和传道方式进行了比较，同时也将这些宗教和传道方式与基督教和伊斯兰教进行比较。他还有意识地比较了美洲和远东的图形文字，并对如何在中国科学地学习汉字发表意见。[154] 他还认为人们将在东印度而不是秘鲁找到俄斐(Ophir)①。[155] 但是，他关于自然史和人文历史最令人称道的观点是将远东放在向西扩张的背景下，因此就将远东置于了新的历史框架之中。[156] 在这种观点烛照下，这两个太平洋地区的地理和人种关系变得更加清晰，并在比较和对照的过程中融合在一起，从而为后人对宇宙、对世界和人类的起源进行思考，搭建了平台。

191

在阿科斯塔把远东置于向西征服的背景之下的时候，他的同仁耶稣会士胡安·德·马里亚纳(Juan de Mariana，1536？—1623？年)则把海外扩张写进西班牙的历史之中。马里亚纳的著作是西班牙第一部成功的统一、完整的历史著作，它以叙事的方式，从 Tubal 一直记述到 1515 年。马里亚纳开始写作这部历史的时间不早于 1579 年，因此绝大部分是在西班牙和葡萄牙两个王室 1580 年统一之后写成的。该书 1586 年就已写好等待出版，但是直到 1592 年才在托莱多面世。马里亚纳的著作尽管有《25 卷本西班牙历史》(*Historia de rebus Hispaniae libri XXV*)这样一个书名，但却只包括了马里亚纳历史巨著的前 20 卷，其他的依旧以手稿的形式放置了一段时间，原因可能是出版经费用完了。该著作的第一个西班牙语译本分上下两卷，名为《西班牙通史》(*Historia general del España*，托莱多，1601 年)。马里亚纳的著作一出版就立刻受到欢迎，

---

① 俄斐在《圣经·列王记》中是盛产黄金和宝石的地方。——译者注

在西班牙以外受欢迎的程度比在西班牙还要高，最早的完整、修订的拉丁文版是 1605 年在美因茨（Mainz）出版的，这是该著作在国外更受欢迎的一个无声的证明。[157]

马里亚纳只是简单地说，他之所以感到有使命去完成这部历史著作，是因为在国外的时候，他有一种强烈地想了解西班牙及其辉煌原因的渴望。他所受的古典知识训练，他对中世纪《哲学题解》（*Myriobiblon*，9 世纪）和塞维尔的伊西多尔（约公元 560—636 年）百科全书式著作的熟稔，使他能够完成这样一个里程碑式的任务。[158] 关于新世界那一章，他主要借鉴了戈马拉的著述。通过和耶稣会的联系，他能够定期得到在美洲和亚洲传教的情况。为了把葡萄牙及其 1515 年前对亚洲的征服写进他的西班牙历史，马里亚纳一开始主要参考奥索里奥的拉丁文历史著作。巴伯罗·费雷尔（Pablo Ferrer）是一名耶稣会士，在埃武拉大学担任教授，他注意到马里亚纳描写葡萄牙及其帝国历史的资料单薄，因此在 1598 年 6 月 17 日致信马里亚纳，建议他还应该参考拉丁文著作、戈伊斯撰写的曼努埃尔编年史，以及卡斯塔涅达、巴罗斯的历史著作。[159]

192　　马里亚纳在最后的定稿中根据奥索里奥、戈伊斯、卡斯塔涅达与巴罗斯的资料，用了三章的篇幅，论述葡萄牙人的航海和在亚洲的扩张情况。[160] 虽然他的总体叙述只写到 1515 年，但却继续评述发现日本（1543 年）和葡萄牙在澳门的情况（约 1556 年）。[161] 他还专辟一章论述了土耳其和葡萄牙争夺第乌的情况，[162] 同时，受阿尔伯克基 1515 年在果阿之围中战死的启发，他用了一章的篇幅回顾阿尔伯克基在东方征服的事迹。[163] 该书有一章描写了葡萄牙使团 1514 年去罗马，以及被征服的东方人宣誓臣服罗马教廷的情况。[164] 在该书最后所附的年度大事记中，马里亚纳记录了 1515 年以后的萨拉戈萨条约（1529 年）、第乌海战、沙勿略 1552 年在中国海岸去世以及 1580 年葡萄牙历史学家奥索里奥和安德烈·德·雷森迪的遗产转让情况。[165] 就和他参考的葡萄牙学者一样，马里亚纳根据地理距离的远近，聚焦于一个又一个的东方地区，每个地方都介绍它的地理关系、贸易条件、基督教的传播情况等。

在 17 世纪的第一个十年，西班牙关于亚洲的文献资料有了很大的增加。1601 年，耶稣会士路易斯·德·古兹曼出版了他的《传教史（阿尔卡拉·德·亨纳里斯）》，这是一部综合考察远东传教，尤其是在日本传教的史书，是最早的用民族语言创作的传教史著作之一。1588 年，乔万尼·马菲（Giovanni Maffei）用拉丁文撰写的耶稣会士东方传教史引入了这一新的历史体裁。《传教史》也是一部日本的人种学史，可以和门多萨的《中华大帝国史》相提并论。[166] 马塞洛·德·里瓦德内拉（Marcelo de Ribadeneira）是一名方济各会修士，1601年在巴塞罗那出版了一部关于方济各会修士在菲律宾、日本、中国、东南亚大陆传教与殉道的著作，引来众多的追随者。[167] 此后，佩德罗·奇里诺（Pedro Chirino）出版了《菲律宾群岛纪事》（*Relación de las Islas Filipinas*，罗马，1604 年），讲述了那儿的耶稣会士传教的历史。安东尼奥·德·莫尔加（Antonio de Morga）1595—1603 年在马尼拉做政府职员，1609 年他在墨西哥城出版了《菲律宾群岛志》（*Suceos de las Islas Filipinas*），成为第一部由普通信众撰写的西班牙在菲律宾征服情况的历史著作。[168] 这类书籍的最后一部是 1609 年在马尼拉面世的《马鲁古群岛之征服》（*Conquista de las Islas Molucas*），这是一部很有价值的论述在菲律宾和摩鹿加群岛的西班牙人的史书。[169] 西班牙在亚洲的参与情况还被皇家负责撰写卡斯蒂利亚和印度编年史的史学家安东尼奥·德·埃雷拉·托德西拉斯（Antonio de Herrera y Tordesillas，1559—1625 年），写进了为庆祝菲利普二世时代（1559—1598 年）的成就而编写的世界历史当中，在这部《世界通史》（*Historia General del mundo*，三卷本，马德里，1599—1612 年）中，埃雷拉总结了西班牙对菲律宾的征服、葡萄牙在东方的地位、日本使团出访欧洲以及基督教在亚洲的传播情况。[170]

193

在从埃斯卡兰特的《葡萄牙人到东方各王国及省份远航记及有关中华帝国的消息》（1577 年）到埃雷拉完成最后一卷《世界通史》的三十五年间，西班牙散文作家为读者提供了有关中国、日本、菲律宾和摩鹿加群岛历史的单行本著作，他们还为一般历史增添了东方传教的内容，有两部是耶稣会士写的，其中有一部是方济各会修士写的。这些历史书大多以地理方位为序，向读者提供了伊比利亚人在亚洲征服和传教的信息。只有三部书，也就是埃斯卡兰特、门多萨以及古兹曼的著作，以大量篇幅描述了亚洲的情况。如果说西班牙人没有创作出堪与《卢济塔尼亚人之歌》相媲美的史诗，那么葡萄牙人也没有写出能与门多萨的著作相抗衡的人种学史书。克鲁士根据自己的个人体验并以其他人的材料作为补充撰写的中国历史，不像西班牙人写的历史那样，以叙述的方式，利用欧洲所能找到的资料，进行批评性的综合分析。葡萄牙的历史学家在编年史中忽视了自己国家的历史，而青睐于讲述海外发现和海外征服史。马里亚纳的西班牙通史认可葡萄牙在东方的征服，并将之融合到西班牙走向辉煌的历史长河中。菲利普二世时期埃雷拉撰写的历史也是如此，把征服东方的历史作为国王取得世界性成就的一个显著特征。

与葡萄牙的历史著作不同的是，西班牙的历史著作在欧洲有着广大的读者。即便是那些仅有西班牙语版的历史书也比葡萄牙语的历史书更为人所知，因为西班牙语图书的读者总体上要比葡萄牙语图书的读者多。在西班牙，有关海外世界的历史著作被当作一种新的、信息量大的、娱乐性的文学作品。研究新世界和亚洲的历史学家撰写的生动散文，有足够的吸引力让普通民众认为他们是在阅读罗曼司和骑士传奇。或明确表达、或间接暗示出来的各地风俗、思想和信仰的不同，也给自然史增添了趣味。到了 16、17 世纪之交，很多历史学者，包括世俗的和宗教的，都已经清楚地认识到亚洲的重要性，并乐意把接受亚洲作为他们基本责任的一部分。

亚洲向西班牙人意识中的渗透是井喷式的。1520 年以前，仅有几个宫廷诗人和编年史家带着好奇和些许焦虑的心态，注视着葡萄牙在东方的进展情况。环球航海、随后派舰队出航摩鹿加群岛以及领地分界线争端，激发了西班牙对亚洲地理、太平洋航行以及通过巴拿马开辟新的香料航线的兴趣。但是这些事件主要是那些行业作家所关心的，比如恩西索关心地理，奥维耶多关心贸易，梅迪纳关心宇宙学。摩鹿加群岛问题以及西班牙在那儿的活动，还鼓舞奥维耶多和戈马拉在他们的海外发现编年史中，将目光从美洲延伸到西太平洋地区，并把香料群岛写入到他们的历史著作当中。

这种兴趣刚一勃发就突然受到失望和困惑的打击，这些失望和困惑主要来自西班牙在摩鹿加群岛的失利、寻找从太平洋返回墨西哥航线的长时间延误，以及在对待美洲印第安人问题上的分歧。在文学界，1525 年以后吸收意大利文化，以及根据本国需要改进西班牙文学的侧重，将那些富有想象力的作家特别是诗人，从歌颂民族传统和海外征服的轨道上牵引出来。1550年以前问世的新的骑士传奇，被那些负责翻译和发行马可·波罗的游记、曼德维尔的游记和其他或真实或神秘的航海图书的出版家所印刷发行。一般读者总是搞不清那些描写勇气和历险的神秘故事和真实故事之间的区别，往往将传奇和历史混淆在一起，这样使得像奥维耶多这样的严肃编年史家非常苦恼。教廷和国家政府都猛烈抨击骑士传奇小说，认为这类小说是对公众道德的威胁。在遏制传奇小说的同时，道德家们可能也在不知不觉中延迟了对激动人心而又真实的海外征服故事的积极反应。

16世纪后半期，西班牙对海外扩张有了一系列新的反应。宗教裁判所和世俗权力部门加强了对书籍的阅读、出版和进口的控制。这些控制可能促进了对新骑士传奇主题的寻找，鼓励创作韵文体编年史、道德英雄主义诗歌和具有现实主义成分的文学作品。1565年以后，西班牙帝国向菲律宾扩张以及菲利普1580年加冕葡萄牙国王，激发了对海外和亚洲发现的新兴趣。"猎奇历史"作家，比如托尔克玛达，把来自亚洲的故事融入到他们的创作当中，为公众带来了一股新奇之风。民族自豪感的复兴在严肃文学界产生的影响是：让那些最优秀的年轻作家，比如贡戈拉和洛佩，从模仿彼特拉克而转到复兴本国传统的诗歌韵律和形式上。在这一过程中，16世纪80年代的诗人开始在他们的诗篇中表现亚洲，讴歌他们的国王和国家的成就。

在这些年里，骑士小说本身也发生了变化。旧的主题被改进，从而显得更真实，更可信，更富有道德色彩，更易于为大众接受，当时的读者大众不断地被西班牙击败宿敌的真切胜利和在新土地上取得征服新进展的消息所鼓舞。巴拉奥纳·德·索托的《安吉丽卡的眼泪》就是这种对旧主题进行新阐释的努力，他不仅改变了安吉丽卡本人的性格，而且还把她历险的地点从神秘的契丹改为现实的亚洲。在这种背景的改变中，巴拉奥纳重点借鉴了《卢济塔尼亚人之歌》、卡斯塔涅达的叙事性编年史以及门多萨的人种历史学著作。洛佩·德·维迦在借鉴巴拉奥纳的基础上，在他的《安吉丽卡的美丽》中对安吉丽卡进行了某些改变。这两位诗人，就像《诗歌总集》的葡萄牙诗人一样，用关于亚洲的地理

195

知识和其他新术语来点缀他们的诗篇，使他们的作品因具有权威性而熠熠生辉，因富有异国情调而大放异彩，因语言响亮而余音绕梁。

为了适应空间视野下出现的新土地、新民族、新文化，历史的维度和形式也发生了变化。奥维耶多和戈马拉撰写的那种富有活力的、综合性的、直白的叙事性编年史，开始让位于美洲和亚洲的单个地方的特定历史或人种学史。在撰写历史和传奇著作的准备方面，16 世纪的最后一代西班牙作家毫不迟疑地借鉴葡萄牙人的创作：埃斯卡兰特借鉴克鲁士，门多萨借鉴巴罗斯，巴拉奥纳·德·索托借鉴卡蒙斯和卡斯塔涅达，马里亚纳借鉴奥索里奥，洛佩借鉴卡蒙斯。[171] 在马菲率先用拉丁文撰写的《东方传教史》（1588 年）问世以后，用民族语言撰写的外国传教史也随着 1601 年古兹曼著作的出版，成为一种新的历史体裁。在西班牙历史著作中，由于西班牙既参与了亚洲征服，又参与了美洲征服，因此关于不同地区风俗和信仰的比较研究资料特别丰富。西班牙的历史学家和西班牙的骑士传奇作家一样，很快就接受了亚洲的现实，并毫无痛苦地将亚洲融入到西班牙历史及其世界帝国之中。

注释：

[1] 关于西班牙帝国的早期发展情况，见 R. del Arco y Garay, *La idea de imperio en la política y la literatura españolas*（Madrid, 1944）, chaps. iii and iv。

[2] 关于他的观点以及对宗教运动的影响，见 W. J. Bouwsma, *Concordia Mundi: The Career and Thought of Guillaume Postel（1510-1581）*（Cambridge, Mass., 1957）, pp.80-93。

[3] 见 M. Bataillon, *Erasme et l'Espagne*（Paris, 1937）, p.56。

[4] 见 A. F. G. Bell, *Castilian Literature*（Oxford, 1938）, p.184。

[5] 关于这些故事在欧洲的传播情况，见本书原文第 105-108 页。

[6] 该书于 1575 年由安达卢西亚（Andalusian）的著名历史学家阿戈特·德·莫利纳（Argote de Molina）在塞维尔出版，见 J. M. Blecua（ed.）, *Don Juan Manuel: El Conde Lucanor...*（Madrid, 1969）, pp.25, 37。塞万提斯和洛佩·德·维迦读过该书，葛拉西安（Gracian）对该书赞赏有加。另参见 M. Ruffini, "Les sources de Don Juan Manuel," *Les lettres romanes（Louvain）*, VII（1953）, 41。

[7] 英译本见 G. Le Strange（trans.）, *Embassy to Tamerlane, 1403-1406*（London, 1928），另见本书原文第 165 页。马里亚纳后来说（引自 Bell, *op. cit.* [n. 4], p.57），克拉维约记述的"很多事情如果是真实的，那是非常神奇的"。关于航海大发现前以及以后对帖木儿的描述，见第 12 幅和第 13 幅插图。

[8] 见新编现代版（马德里，1874 年）第八卷《西班牙语珍稀趣味故事集》（*Coleccion de libros españoles, raros e curiosos*），第 163-166 页。

[9] 关于孔蒂的版本，见 *Asia*, I, 62-63。

[10] 比如蒂尔索·德·莫利纳的戏剧《不信上帝就入地狱》（*El condenado por deconfiado*）的部分内容就取材于印度史诗《摩诃婆罗多》。

[11] 见 F. M. Rogers, "Valentim Fernandes, Rodrigo de Santaella, and the Recognition of the Antilles as 'Opposite-India,'" *Boletim da sociedade de geografia de Lisboa*, LXXV（1957）, 286-88。

[12] 该书全名为：*Cosmographia breve introducturia enel libro de Marco Polo. El libro de famoso Marco paulo veneciano ... Con otro tratado de micer Pogio florentino...*

[13] 后来由 N. M. 潘泽尔（N. M. Penzer）编辑重印，名为《最高贵、著名的马可·波罗游记》，伦敦，1929 年。

[14] 见 H. Harrisse, *Bibliotheca Americana vetustissima*（reprint; Madrid, 1958）, I, 130-34。

[15] *Suma de todas las cronicas del mundo*；另见 *Asia*, I, 63。

[16] 现存的还有一本 15 世纪阿拉贡语的曼德维尔游记手稿。详情见 J. O. Marsh, Jr., "The Spanish Version of Mandeville's *Travels*,"（Ph. D. diss., University of Wisconsin, 1950）, pp. xv-xvi, xxxvi-xxxviii。

[17] 菲格罗阿的著作现今已难觅踪影，但是哈佛大学图书馆藏有一册。关于该书的翻译和评论

情 况，见 J. B. Mckenna（trans. and ed.），*A Spaniard in the Indies: The narrative of Martín Fernández de Figueroa*（Cambridge, 1967）。另见 Francis M. Rogers, *The Quest for Eastern Christians: Travels and Rumor in the Age of Discovery*（Minneapolis, 1962），pp.126-27。

[18] 这首诗可能写于 1493 年，收录在 1508 年出版的《谣曲集》里面。英文版是 O. H. 格林（O. H. Green）翻译的，见 O. H. Green, *Spain and the Western Tradition*（4 vols.; Madison, Wis., 1964-66），III, 35-36。

[19] 引自格林翻译的 *La vida y la muerte*（Salamanca,1508），译文收入 Green, *op. cit.*（n. 18），III, 36。

[20] *Cancionero general ... según la edición de 1511...*, "La sociedad de bibliofilos españoles"（2 vols.; Madrid, 1882），I,198-199.

[21] 见本书原文第 165 页；以及 Rogers, *The Quest*（n.17），pp.104-5。

[22] 见本书原文第 172 页。

[23] 比如，见 *Retrato de la Lozana andaluza*（Venice, 1528）of Francisco Delicado。有关评论，见 M. A. Morínigo, *América en el teatro de Lope de Vega*（Buenos Aires, 1946），pp.27-31。

[24] 见 Joseph E. Gillet, *Propalladia and Other Works of Bartolomé de Torres Naharro*（4 vols.; Bryn Mawr, Pa., 1943-61），IV, 401-5。第四卷是奥提斯·H. 格林（Otis H. Green）编辑的。

[25] 使团详情见 *Asia*, II, Bk. I, 135-39。

[26] 比较本书原文第 50 页。

[27] 参见 Gillet, *op. cit.*（n.24），IV, 405。

[28] 比较 *ibid*。

[29] 关于剧本及介绍，见 F. de Figueiredo（ed.），*Comedia trofeo*（São Paulo,1942）。

[30] 见 O. H. 格林的译文，*op. cit.*（n.18），III, 38。

[31] 比较吉尔·维森特在《"声望"颂》（约 1515 年）中的相关描述，见本书原文第 125 页。

[32] F. de Figueiredo（ed），*op. cit.*（n.29），pp.68-70.

[33] *Ibtd.*, p. 94.

[34] 详情见 Gillet, *op. cit.*（n.24），IV, 489-92。

[35] 参见 *Asia*, I, 168-69；另见本书原文第 197 页。

[36] 见本书原文第 198-199 页。

[37] 关于她对大象汉诺的兴趣，见 *Asia*, II, Bk. I, 141-42。关于此剧，见本书原文第 167 页。

[38] 特别参见关于恩希纳长诗的讨论，见 Encina, *Tribagia, ò via sagra de Hierusalem*（Rome, 1521），收入 Rogers, *The Quest*（n.17），p.110。

[39] 见 A. Mas, *Les turcs dans la littérature espagnole du siècle d'or*（2 vols.; Paris, 1967），I, 31-33。

[40] 关于罗杰·巴娄（Roger Barlow）对恩希索作品的翻译和补充，见 E. G. R. Taylor（ed.），*A Brief Summe of Geographie*, "Publications of Hakluyt Society", 2d ser. LXIX（London, 1932）；关于恩希索对东印度的讨论和巴娄的补充，见本书原文第 126-148 页；有关评论，参见 Zoe

Swecker, "The Early Iberian Accounts of the Far East, 1550-1600" (Ph. D. diss., University of Chicago, 1960), pp. 185-86。关于西班牙文学中的马可·波罗，见本书原文第 164 页。

[41] 关于这次条约的谈判和解释，见 Swecker, *op. cit.* (n.40), pp.177-81。

[42] 关于其生平，见 J. H. Mariéjol, *Un lettré italien à la cour d'Espagne (1488-1526): Pierre Martyr d'Anghera, sa vie et ses oeuvres* (Paris, 1887)。

[43] 参见 P. Gaffarel and F. Louvot (trans. and ed.), *Lettres de Pierre Martyr Anghiera...* (Paris, 1885), pp.9, 21-23。

[44] *Ibid.*, pp.23-25.

[45] *Ibid.*, pp.40-41. 关于他保存下来的 812 封信，当然这只是他通信的极小一部分，见 H. Heidenheimer, *Petrus Martyr Angherius und sein Opus epistolarum* (Berlin, 1881), pp.50-65。

[46] 英译本见 F. A. MacNutt (trans. and ed.), *De orbe novo ... of Peter Martyr* (2 vols.; New York and London, 1912), II, 151-71；关于麦哲伦画像，见第 24 幅插图。

[47] 参见 *ibid.*, pp.420-21。书中还包括彼得·马特探险时从西班牙带来的一份有趣的货物清单。

[48] 关于对"新大陆"的类似定义，见本书原文第 44 页、第 279 页和第 456 页。

[49] MacNutt (trans. and ed.), *op. cit.* (n.46), p.160.

[50] *Ibid.*, p.166.

[51] *Ibid.*, p.162. 1973 年 2 月，一个船员在安汶岛 (Ambon) 上吃了这种面包，马上就引起了一片唏嘘之声。

[52] *Ibid.*, p.166.

[53] *Asia*, I, 172-77.

[54] 见 A. Lopez de Meneses, "Andrea Navagero, traductor de Gonzalo Férnandez de Oviedo," *Revista de Indias*, XVIII (1958), p63-69。从格拉纳达到布尔戈斯 (Burgos)，纳瓦杰罗游历了很多西班牙大城市，最后穿越边境，进入法国，并于 1529 年在布卢瓦 (Blois) 去世。

[55] 奥维耶多的《印度自然史总汇》不管其介绍还是其摘要，都和他后来发表的更重要的编年史著作没有任何关系。参见 Swecker, *op. cit.* (n.40), p.187。另见本书原文第 200-201 页。O. H. Green, *op. cit.* (n.18), III, 28 误将《印度自然史总汇》看作《印度自然通史》一书的宣传。

[56] 见 R. Ferrando, "F. de Oviedo y el concimiento del Mar del Sur," *Revista de Indias,* XVIII (1958), 478-80。关于地理学家和制图专家争论的太平洋宽度问题，见原文第 457-458 页。

[57] 见阿瑟·特里 (Arthur Terry) 的精彩介绍，Arthur Terry, *An Anthology of Spanish Poetry, 1500-1700* (Oxford,1965), pp.XV-XVII。详情见 A. Valbuena Prat, *Historia de la literatura española* (6th ed.; 3 vols.; Barcelona,1960),Vol.II, chap.xxii。

[58] 1526 年 3 月 26 日，纳瓦杰罗从塞维尔写信，谈到有两艘从印度来的满载货物的船只，抵达里斯本和塞辛布拉 (Sesimbra)，参见 E. A. Cicogna, *Delle vita e delle opere di Andrea Navegero* (Venice,1855), p.187。另见第 43 幅插图。

[59] 统计数字来自 Ruth Pike, *Aristocrats and Traders: Sevillian Society in the Sixteenth Century*

(Ithaca, N. Y., 1972)，chap. i。

[60] 见本书原文第 46 页。

[61] 见 Pike, *op. cit.*（n. 59），pp.28-29。

[62] 关于西班牙印刷业的详细情况，见 *Asia*, I, 183-84。

[63] 关于他们著作中对亚洲材料的分析，见 *ibid.*, pp.184-85。

[64] 见 H. Thomas, *Spanish and Portuguese Romances of Chivalry*（Cambridge, 1920），pp.138-39。

[65] 见 Bell, *op. cit.*（n. 4），pp.59-60；另外比较本书原文第 47 页。在阿里亚斯·蒙塔诺的图书馆里，他的《印度自然通史》被列在"传奇书"目录之下。

[66] 见 B. Sánchez Alonso, *Historia de la historiografía española*（2 vols.; Madrid, 1941,1944），I, 451-54。

[67] 比较本书原文第 138-146 页。

[68] 关于佩德罗·德·梅迪纳的生平，见乌苏拉·兰姆（Ursula Lamb）的序言，Ursula Lamb（ed. and trans.），*A Navigator's Universe: The Libro de Cosmographia of 1538 by Pedro de Medina*（Chicago, 1972）。

[69] 见格林译文，Green, *op. cit.*（n.18），III, 39；另见 M. Bataillon, *Études sur le Portugal au temps de l'humanisme*（Coimbra, 1952），p.84。

[70] 关于美西亚著作的英译本，参见 Thomas Fortescue（trans.），*The Forest...*（London, 1576），pp.67^r -71^r, 90^r-92^r。

[71] 关于戈马拉对亚洲的讨论，见 Swecker, *op. cit.*（n. 40），pp.199-203；以及 *Asia*, I, 185。

[72] 这一段里的引文选自格林对戈马拉著作的分析，见 Green, *op. cit.*（n.18），III, 28-31。另见 Valbuena Prat, *op. cit.*（n. 57），I, 447-49。

[73] 关于这一问题，见 Lewis Hanke, *Aristotle and the American Indians*（Chicago,1959）。

[74] 见 Lewis Hanke, *The Spanish Struggle for Justice in the Conquest of America*（paperbound reprint; Boston, 1965），pp.159-61。

[75] 关于西班牙在亚洲体现的征服精神，见 *Asia*, I, 808-9；另见本书原文第 192 页。

[76] 参见 C. A. Marsden, "Entrées et fêtes espagnoles au XVIe siècle," in J. Jacquot（ed.），*Fêtes et cérémonies au temps de Charles Quint*（2 vols.; Paris, 1960），II, 392。大象背上的猴子象征着善良背后的邪恶，参见 *Asia*, II, Bk. I, 176。比较一下 1585 年和 1571 年的表演可以看出，这是在突出奥地利的安妮进入布尔戈斯的盛况。在这个场合，"印第安人"衣着华丽，头戴缀满宝石的面具，像美洲印第安人一样手里耍着橡皮球，旁边还有马车（参见 Marsden, *loc. cit.*, II, 400-401）。关于亚洲人"身插羽毛"这一点，参见 *Asia*, II, Bk. I, 18，或者比较《骶骨舞》（*Examen sacrum*）中巴西、日本、墨西哥的三个印第安人的舞蹈，《骶骨舞》是一个不知姓名的传教士剧作家于 16 世纪下半叶创作的，Morínigo, *op. cit.*（n. 23），p. 51 中有引用。

[77] 见 *Asia*, II, Bk. I, 154。

[78] 见 *ibid.*, I, 692-94。

[79] 引自 Luz Ausejo, "The Philippines in the Sixteenth Century"（ph. D. diss., University of Chicago, 1972），p. 2; 关于西班牙在宿务建立据点时面临的问题，参见其中的第 232-237 页。

[80] 见本书原文第 33-34 页。

[81] 甚至连贾斯特斯·李普修斯（Justus Lipsius, 1547—1606 年）这位佛兰德的学者，也持这样的看法，因为他在 1580 年以后给奥地利的菲利普（后来的国王菲利普三世）写信时称他为"Philippo Austriaco Hispaniarum et Indiarum Principi"，他在 1595（？）年把菲利普二世比作"亚历山大"，说他的儿子有一天将会接任他在亚洲的统治，参见 A. Ramirez（ed.）, *Epistolario de Justo Lipsio y los españoles*（*1577-1606*）（Madrid, 1966），pp. 121-23。

[82] 可与托雷斯·纳哈罗的《帕拉斯颂》的出版发行情况比较一下。1559 年的托莱多目录宣布《帕拉斯颂》和其他戏剧为禁书，此后，传奇故事作家和剧作家要更加严格地遵循宗教教义和社会规范。《帕拉斯颂》删节本于 1673 年在马德里出版，参见 E. M. Wilson and D. Moir, *The Golden Age: Drama*（London, 1971），pp.14, 18。

[83] 关于对西班牙图书审查体系的总体描述，参见 A. Sierra Corella, *La censura de libros y papeles en España, y los indices y catalogos españoles de los prohibidos y expurgados*（Madrid, 1947）。也可参见本书原文第 39 页。

[84] 参见 R. O. Jones, *The Golden Age: Prose and Poetry*（London, 1971），pp. 53-54。

[85] 参见本书原文第 204 页，以及 H. Y. K. Tom, "The Wonderful Voyage: Chivalric and Moral Asia..."（Ph. D. diss., University of Chicago, 1975），pp. 45-46。

[86] 参见 Green, *op. cit.*（n. 18），III, 434。

[87] 参见 M. Chevalier, *L'Arioste en Espagne*（*1530-1650*）...（Bordeaux, 1966），pp. 132, 144。

[88] 参见 F. Rodríguez Marín, *Luis Barahona de Soto*...（2 vols.; Madrid, 1903），I, 75-105。

[89] 参见 *ibid.*, pp. 138-39。

[90] *Ibid.*, pp. 158-63.

[91] *Ibid.*, pp. 169-225.

[92] 参见 1904 年的重印本，*Primera parte de la Angélica*（Granada, 1586）。

[93] 参见 Chevalier, *op. cit.*（n. 87），pp.221-22。

[94] *Ibid.*, p. 229.

[95] *Ibid.*, pp. 223-24.

[96] 参见 Tom, *op. cit.*（n. 85），pp. 51-52。

[97] 参见本书原文第 48 页。

[98] 我没有找到这一译本。

[99] 关于这样的一个比较清单，参见 Chevalier, *op. cit.*（n. 87），pp. 226-28。不过，这个清单并不完整。

[100] 卡斯塔涅达有时也不一致，比如，他在同一页将该地名写成"Doria"。这里独特的一点是，他用"de oriya"指称"那些讲'Oriya'语言的人"。据我所知，在 16 世纪关于印度知识

的权威当中，卡斯塔涅达是唯一一个使用这种拼法或类似拼法的人。关于卡斯塔涅达著作的参考资料，引自 P. de Azevedo（ed.），*História do descobrimento e conquista da India pelos portugueses*（4 vols.; Coimbra, 1924-33）。

[101] 见本书原文第 48 页。

[102] 译文引自 Tom, *op. cit.*（n. 85），p. 57。原诗是：

"De aqui el soberbio Imperio de la China

Se muestra, largo, y ancho, dilatado

De Olan, que con las Indias mas confina

Hasta do el Sol primero es adorado."

Primera Parte de la Angélicl, p. 173ʳ.

[103] 关于拉达及对 Olam 的使用和 Olam 就是 O-lâm 的变体，见 C. R. Boxer, *South China in the Sixteenth Century*（London, 1953），p. 267, n. 6。

[104] G. T. Staunton（ed.），*The History of the Great and Mighty Kingdom of China and the Situation Thereof Compiled by the Padre Juan Gonzalez de Mendoza*（"Hakluyt Society Publications," Old Series, Vols. XIV, XV [London, 1853-54]），XIV, 21.

[105] 比较谢瓦利埃（Chevalier）的评论，见 Chevalier, *op. cit.*（n. 87），pp. 228-29。

[106] 参见 Thomas Skelton（trans.），*Cervantes'Don Quixote*, "Harvard Classics," vol. XIV（New York, 1909），pp. 57-58。

[107] Boscán's *Leandro*（1543）begins: "En el1 umbroso y fertil Oriente."

[108] 引自 Green, *op. cit.*（n. 18），II, 17。

[109] 见 *ibid.*, III, 27.

[110] 见 H. Capote, "Las Indias en la poesia del Siglo de Oro," *Estudios americanos*, VI（1953），6。

[111] 引文是爱德华·丘顿（Edward Churton）根据 1582 年或 1585 年写的诗歌意译过来的，见 *Gongora...*（2 vols., London, 1862），II, 157。原文如下：

"Ahora que estoy despacio

y, hecho otro nuevo Alcides

trasladada sus columnas

de Gibraltar a Japon

con su segunda Plus Ultra."

参见 J. Mille y Gimenez and I. Mille Y Gimenez（eds.），*Góngora, Obras completas*（Madrid,1956），p.51。

[112] "porque parce ellas

trae cuanto de Indias

quardan en sus senos

Lisboa y Sevilla;

traeles de las huertas

regalos de Lima

y de los arroyos

jovas de la China

......

sabe que en los Alper

es la nieve fria,

y caliente el fuego

en las Filipinas.*"*

见 Mille y Gimenez（eds.）, *op. cit.*（n. 111）, pp. 90, 92。

[113] "Grandes, mas que elefantes y que abadas（*ibid.*, p. 459）."注意这儿他使用的词"abadas",
这个词当时刚刚进入伊比利亚半岛的语言。更多情况，见原文第 545 页。

[114] 见 *Asia*, II, Bk. I. 169; 也可以与本书原文第 176 页的相关内容进行比较。

[115] 见丘顿的译文，Churton, *op. cit.*（n. 111）, II, 72; 其原文见 Mille y Gimenez（eds.）, *op. cit.*
（n. 111）, p. 571。关于这一时期抒情诗人对美洲的反应，参见 Morínigo, *op. cit.*（n. 23）,
pp.53-60。

[116] 见丘顿的译文，Churton, *op. cit.*（n. 111）, I, 234; 其原文见 Mille y Gimenez（eds.）, *op. cit.*（n.
111）, p. 461。

[117] 关于这首诗，见 Mille y Gimenez（eds.）, *op. cit.*（n. III）, pp. 565-66。

[118] 见 H. A. Rennert, *The Life of Lope de Vega（1562-1635）*（New York, 1968）, pp. 146-47。

[119] 基于汤姆（Tom）的分析，见 Tom, *op. cit.*（n. 85）, pp. 69-71。

[120] 见 Chevalier, *op. cit.*（n. 87）, pp.352-53。

[121] 相关分析见 A. K. Jameson, "The Sources of Lope de Vega's Erudition," *Hispanic Review*,V（1937）,
131-34。

[122] 见 *La hermosura de Angélica*, 收入 *Coleccion de las obras sueltas...*（Madrid, 1776）, II, 104。

[123] *Ibid.*, pp. 3, 150. 洛佩后来对多明我会派往日本的传教士产生浓厚的兴趣，并深受他们的鼓
舞，参见 H. Bernard, "Lope de Vega et l'Extrême Orient," *Monumenta nipponica*, IV（1941）,
278-79。更权威、更重要的材料是：J. S. Cummins（ed.）, *Triunfo de la fee en los reynos del
Japón of Lope de Vega*（London, 1967）。

[124] 见 *Asia*, I, 692。

[125] *La hermosura de Angélica*（n.122）, pp.125,150.

[126] 见 Chevalier, *op. cit.*（n. 87）, p. 17。

[127] 引自 Morínigo, *op. cit.*（n. 23）, p. 104。

[128] 见 Jameson, *loc. cit.*（n. 121）, pp. 133-34。

[129] 见 Mille y Gimenez（eds.）, *op. cit.*（n. 111）, p. 631。也可参见 A. Vilanova, *Las fuentes y los
temas del Polifemo de Góngora*（2 vols.; Madrid, 1957）, II, 675-77。

[130] 参见 Jones, *op. cit.*（n. 84），p. 156。

[131] 关于《奇异花园》的现代版本以及对 1573 年莱里达（Lerida）版的介绍，见 A. G. de Amezúa（ed.），*A. de Torquemada-Jardín de flores curiosas*（Madrid, 1955）。

[132] 这些名字来自作者的参考文献，*ibid*。

[133] 参见 *The Spanish Mandeville*, fol. 116。

[134] *Ibid.*, fol. 49.

[135] 引自《西班牙的曼德维尔奇闻或奇异花园》，也可参见本书第八章"英国文学"部分。

[136] *Ibid.*, fol. 26ʳ.

[137] *Ibid.*, fols. 55ᵛ-56ᵛ.

[138] *Ibid.*, fol. 33. 关于传说和文学作品中的这个故事，比较 Chevalier, *op. cit.*（n. 87），pp. 352-53, n. 83, 以及 *Asia*, I, 553。

[139] *The Spanish Mandeville,* fol. 34. 关于卢西塔诺，见原文第 430-431 页。

[140] *Ibid.*, fol. 15.

[141] 见 C. Sanz（ed.），*B. Escalante, Primera historia de China*（Madrid, 1958），pp. xxv-xxvii。

[142] 关于埃斯卡兰特的更多情况，见 *Asia*, I, 742-43, 746。

[143] 见 C. R. Boxer, "Portuguese and Spanish Projects for the Conquest of Southeast *Asia,*" *Journal of Asian History,* III（1969），118-36。

[144] 引自 *Asia*, I, 743。

[145] 见 *ibid.*, pp.747, 750。

[146] 关于他们两人著作之间关系的详细分析，以及对门多萨假造文献的指控，见 J. D. Kendall, "Juan Gonza les de Mendoza and His *Historia de la China*: An Essay in Historical Bibliography"（M. A. thesis, University of Minnesota, 1965），pp. 84-86, 90-91。另见 *Asia*, I, 793-94。

[147] 对这些 16 世纪历史著作的讨论，见 Sánchez Alonso, *op. cit.*（n. 66），II, 134-53。

[148] 见 Mas, *op. cit.*（n. 39），I, 107-8。

[149] 见本书原文第 182-183 页以及第 221-223 页。

[150] *Asia,* I, 792.

[151] 这是斯维克（Swecker）的看法，参见 Swecker, *op. cit.*（n. 40），pp. 230-31。但也可参照 F. Villarroel, "The Life and Works of Fray Jerónimo Román..."（M. A. thesis, University of London, 1957），pp. 230-33。

[152] 关于罗曼的资料来源，见 Pt. III, *Repúblicas del mundo*（Salamanca, 1595）的前言，他还明确地引用了沙勿略的信函，以及克路士、埃斯卡兰特、戈马拉、海屯、马可·波罗、赖麦锡等人的著作。他讽喻门多萨是"神使"的话也是在这儿出现的，相关评论见 C. R. Boxer（ed.），*South China in the Sixteenth Century*（London, 1953），pp. lxxxii-lxxxiii。

[153] 见 Francisco Mateos（ed.），*Obras del P. José de Acosta de la Compania de Jesus*（Madrid, 1954），p. 7。《印度自然与道德史》第一版 1589 年用拉丁文出版。比较维尼格斯（Venegas）

1540 年的声明，声明中说，地球赤道地区 "在我们这个时代已经被人类用自己的双脚很顺利地穿越了"，引自 Green, *op. cit.*（n. 18），II, 108。

[154] 详细分析见 *Asia*, I, 806-8。

[155] 见 L. Kilger, "Die Peru-Relation des José de Acosta und seine Missionstheorie," *Neue Zeitschrift für Missionswissenschaft*, I,（1945），24-38。

[156] 比较将 "新大陆" 定义为涵盖古人不知道的所有地区，包括亚洲内陆，见本书原文第 170 页，以及原文第 456-457 页。

[157] 关于这部卷帙浩繁的著作的谱系图，见 G. Cirot, *Mariana historien*（Paris, 1904），pp.152, 452-69。在马里亚纳的史书出版之前，北欧出现的唯一一部西班牙历史概略是 Robertus Belus（Robert Bell）*Rerum Hispaniarum*（2 vols.; Frankfurt, 1579）。

[158] 见 Cirot, *op. cit.*（n. 157），p. 305。

[159] 见 *ibid.*, pp. 312-15。

[160] *Obras del Padre Juan de Mariana*, "the Biblioteca de autores españolas," vol. XXXI（Madrid, 1872），II, 255-65.

[161] *Ibid.*, pp. 264-65.

[162] *Ibid.*, pp. 334-35.

[163] *Ibid.*, pp. 374-75.

[164] *Ibid.*, pp. 371-72.

[165] *Ibid.*, pp. 384, 386, 391, 402.

[166] 观点综述见 *Asia*, I, 711-19。

[167] 出版的著作名为：*Historia de las islas del archipielago Filipino y reinos de la Gran China, Tartaria, Cochin-China, Malaca, Siam, Cambodge y Japon.*

[168] 见 J. S. Cummins（trans. and ed.），*Antonio de Morga: Sucesos de las islas Filipinas,* "Publications of the Hakluyt Society," 2d ser. No. 140（Cambridge, 1971）。亦参见 C. R. Boxer, "Some Aspects of Spanish Historical Writings on the Philippines," 收入 D. G. E. Hall（ed.），*Historians of South East Asia*（London, 1961），pp. 200-203, 以及 W. E. Retana, "La literatura histórica de Filipinas de los siglos XVI y XVII," *Revue hispanique*, LX（1924），293-300。

[169] 见 Miguel Mir（ed.），*Conquista de las islas Malucas... escrita por el liceniado Bartolome Leonardo de Argensola*, "Bibliotheca de escritores aragoneses, Seccion literaria," VI（Saragossa, 1891）。

[170] 见 II, 450-59; III, 712-17。

[171] 洛佩可能还借鉴了克里斯托巴尔·德·阿科斯塔的《东印度医药论》（布尔戈斯，1578 年），这本书是基于加西亚·达·奥尔塔的《印度草药风物秘闻》（果阿，1563 年）写成的。见 *Asia*, I, 192-95, 以及原文第 433—437 页。

第六章　意大利文学

　　早在通往印度的海上之路开辟以前，意大利东部的港口城市，从东北的威尼斯到东南的卡塔尼亚（Catania），都和黎凡特有着贸易往来与交流。意大利的商人和天主教会修士充分利用 13 世纪和 14 世纪的"蒙古和平"（Mongol peace）时期，通过陆路和水路一直向东，穿越亚洲。特别是威尼斯人在马可·波罗 1295 年从东方返回后，更加急迫地想获得并保持对利润丰厚的东方贸易的控制权。在威尼斯的显贵们收集宝石、奇花异草和东方地毯的时候，威尼斯的商人、学者正通过各种渠道了解关于东方贸易之路、东方地理以及东方风俗的信息。即便是在葡萄牙人开始对威尼斯东方贸易的主导地位形成威胁之后，威尼斯和它的卫星城市对亚洲的兴趣依然比意大利的其他城市浓厚。虽然佛罗伦萨人得到葡萄牙的允许，可以直接参与在印度、里斯本、安特卫普的香料贸易，但也只是到了 16 世纪佛罗伦萨人才逐渐对威尼斯人产生威胁，成为东方物品鉴赏家和亚洲信息传播者。

　　除了东方贸易的竞争，意大利人对葡萄牙人没有什么可惧怕的。对意大利的独立来说，最大的外在威胁来自法国、神圣罗马帝国和西班牙。由于这些强国的入侵和干涉，特别是在 1494 年以后，意大利出现了政治动荡、战争和混乱，以及不断蔓延的身心俱疲的绝望情绪。在列强争夺意大利控制权的角逐中，西班牙哈布斯堡王朝最终胜出，那不勒斯在 1503 年成为西班牙的一个行省，米兰 1535 年被宣布成为西班牙帝国的领地，并在 1540 年后由一名西班牙总督治理。佛罗伦萨、热那亚、罗马教廷以及它们的卫星城市越来越多地受到西班牙的影响，臣服于西班牙的统治。只有威尼斯依靠其强大的海上力量，在席卷一切的西班牙势力下相对能够独善其身。

由于西班牙对意大利政治的影响，两国的知识界和文学界有了密切的联系。从佛罗伦萨、威尼斯和教廷派往西班牙的意大利使者往往就是当时社会的精英或王室的宠臣，他们与文学界、思想界那些一言九鼎的人物有着密切的联系。在西班牙的引领下，意大利人开始走进葡萄牙，甚至走向亚洲。事实上，在 16 世纪，有 30 多名意大利人去过东方，其中 14 人来自佛罗伦萨，他们与葡萄牙人一起共事。[1] 意大利的传教士，比如范礼安（Valignano）、利玛窦等，随着葡萄牙王室和西班牙王室的统一与合作，逐步在亚洲的耶稣会传教团中获得重要职位。西班牙文学定期在意大利出版，很多伊比利亚作品，包括巴罗斯和卡斯塔涅达的部分叙事性编年史，被翻译成意大利语在威尼斯印刷出版。[2]

勒潘多海战（1571 年）的胜利解除了土耳其帝国对地中海西部的威胁，由此，威尼斯和西班牙之间的政治和军事关系变得更加密切。对威尼斯来说，在土耳其人攻占塞浦路斯（1571 年）并巩固其对地中海东部地区的控制后，这种密切关系是特别值得高兴的进展。菲利普二世 1580 年加冕葡萄牙国王，进一步强化了他对从里斯本到米兰这一广袤区域的统治，深化了西班牙在意大利东北地区的影响。尽管菲利普二世在其统治的最后二十年里在北欧迭遭挫折，但在其驾崩的那一年（1598 年）依然能够维持国家的安定，西班牙仍在意大利保持着统治地位。

第一节　传奇诗篇中的现实主义

最早对葡萄牙香料贸易感到好奇和不安的是生活在威尼斯内陆的城市人。费拉拉、帕多瓦、曼图亚、维罗那、博洛尼亚、维琴察（Vicenza）等城市，和威尼斯一样目睹了 15 世纪黎凡特商业的稳步发展，并间接地从中获得了利益。由于担心香料贸易会停止而且永远转手于葡萄牙人，威尼斯政府及其邻邦开始向伊比利亚半岛派遣商业代理和商业间谍，了解葡萄牙人掌控香料运输的真实情况。[3] 伊比利亚半岛那些曾经长期在博洛尼亚、帕多瓦接受大学教育的知识分子也伸出援手，向意大利东北部的人们提供海外世界的有关信息。[4] 但是，最受波河平原（Po Valley）和威尼托（Veneto）王公们信任的还是他们自己在伊比利亚半岛的情报人员。

和威尼斯的商业代理一样，伊比利亚半岛的佛罗伦萨人也向他们的同胞通报有关香料贸易和印度航线的详细情况。[5] 关于海外发现的材料是由亚美利哥·韦斯普奇收集的，他是佛罗伦萨商界的前辈和开拓者，参加了 16 世纪初肇始于塞维尔和里斯本的海外扩张事业。[6] 在维琴察，弗朗坎赞诺·达·蒙塔尔博多（Francanzano da Montalboddo）也收集了一批关于东方发现的第一手资料。蒙塔尔博多是一名文学教师，1507 年他把收集到的资料冠以《新发现的国度》（*Paesi novamente ritrovati*）的名字予以出版；第二年，这本书在米兰翻译出版，书名改为《葡萄牙人航海纪》（*Itinerarium Portugalensium*）。在 16 世纪，这本书在整个西欧非常流行。[7] 雅各布·卡维西欧献给露克蕾琪亚·波吉亚的流行传奇故事《佩雷格里诺之书》（帕尔马，1508 年）也可能介绍了里斯本所发生的事情。16 世纪上半叶，在出版物中最有权威性、最具影响力的关于葡萄牙东方扩张的记述，是 1510 年首次在罗马出版的卢多维科·迪·瓦尔塔马的游记。[8] 在 16 世纪的第一个十年里，意大利人通过这些意大利文和拉丁文著作，得到了相对来说较为可信的、综合性的关于葡萄牙在欧洲和印度的香料贸易情况。尤其需要指出的是，在整个 16 世纪，游记类图书广受欢迎，而《新发现的国度》和《葡萄牙人航海纪》又是其中最受欢迎的两部。瓦尔塔马的书受到高度评价的无声证据是，至今还保存着一部著名书写大师卢多维科·德戈里·阿里吉（Ludovico degli Arrighi）1510 年手抄的、作为特殊礼物献给佩斯卡拉（Pescara）侯爵年轻的妻子维多利亚·科隆纳（Vittoria Colonna，1490—1549 年）的瓦尔塔马游记，维多利亚·科隆纳后来成为意大利最具创新精神的作家和学者之一。[9]

1513 年，来自美第奇家族的利奥十世当选教皇，这位教皇温文尔雅，把意大利知识界和艺术界的目光吸引到罗马。利奥的教廷热情好客，在葡萄牙使团 1514 年 3 月抵达罗马后给予了热烈的欢迎，营造了狂欢的氛围。[10] 教廷的神职人员，无论是不苟言笑，还是性格张扬，都对那些富有异国情调的礼物，特别是那个"外交使者大象"赞叹不已。普通百姓也被允许和神职人员一起观看大象展览，参观珍贵礼物，参加招待会、演讲会、狂欢会，出席戏剧盛会，歌颂葡萄牙在遥远的东方——印度所取得的征服成就。[11] 伊莎贝拉·德斯特满怀兴致参加了 1514 年的那场狂欢，[12] 成为当时意大利举国关注的话题。每逢这些活动，那头大象都要被牵出来走上几圈，它成为欢乐的符号和智慧的象征。

教皇宫廷的文人雅士用拉丁语和意大利语撰文赋诗，赞美大象。奥雷里欧·塞雷诺（Aurelio Sereno）就写了赞美大象的诗文，还收集了其他人写的诗歌，一并收入他的《卡皮托利山剧场》（*Theatrum Capitolium*，罗马，1514 年）中。[13] 塞雷诺在给利奥十世的献词中描述了当时的情景：

> 那是早春（也就是三月），大地已经披上了繁花的盛装，到处飘散着芬芳的花香，曼努埃尔——这位最儒雅的葡萄牙国王，派遣他尊贵的宠臣和使者特里斯坦·达·库尼亚给您送来了最有智慧的动物——大象。[14]

这些诗文主要是用正统、古典的辞藻赞美大象，几乎没有对大象这种动物的认识，也没有对大象所来自国家的认识。[15] 关于葡萄牙在东方胜利更为直接的材料，可以在歌颂葡萄牙演讲家迭戈·帕切科的拉丁语散文以及意大利诗歌中找到。[16] 意大利的其他一些评论家，和西班牙、葡萄牙的道德家一样，则对海外发现中所表现出来的贪婪和掠夺进行批评。马基雅维利（Machiavelli）在其《金驴记》（*The Golden Ass*，约 1517 年）中表达了这样的不满："我们满足于吃一种食物，而你们则不然，为了满足难填的欲壑，你们就到东方的王国猎取这些东西（香料）。"[17]

"维多利亚"号是麦哲伦远洋船队中的一艘，来自维琴察的安东尼奥·皮加

199

费塔就搭乘了这艘航船，"维多利亚"号的返航给意大利的知识分子提供了一个新的焦点。[18]曼图亚派驻巴利亚多利德的使节安东尼奥·巴加罗托（Antonio Bagarotto）也报来信件，叙述了"维多利亚"号经历的磨难和成功。这些信息都被当时的曼图亚侯爵夫人送给了伊莎贝拉·德斯特·贡扎加。[19]威尼斯的当政者同时也决定向查理五世宫廷派遣使节，评估分析环球航行的成功对未来香料贸易的意义。早在1523年，皮加费塔本人就返回意大利，在曼图亚受到伊莎贝拉的隆重接见。伊莎贝拉敦促他回到家乡维琴察，在那里撰写自己的经历。皮加费塔的写作时断时续，曾因威尼斯领主（1523年11月7日）和罗马教皇（1524年春）的召见而一度中断。当他1524年完成手稿时，却没有办法将它出版。其缩略版开始在社会上流传，摘要收入赖麦锡1554年出版的《航海旅行记》（*Delle Navigationi et Viaggi*），里面附了一个马来西亚语的词汇简表。[20]

皮加费塔在维琴察的家中伏案写作的时候，威尼斯派往查理五世的使团正踏上去西班牙的旅程。威尼斯和帕多瓦的著名人文主义者安德里亚·纳瓦杰罗被选为代表团的使节，负责将他收集、了解到的关于海外活动的所有信息，传回国内。在托莱多，他与奥维耶多重叙友情。奥维耶多1498年至1502年期间曾在意大利求学，此后还去过意大利一次，他第一次去新世界是在1514年，身份是西班牙官员。纳瓦杰罗将奥维耶多的《印度自然史总汇》（1525年）翻译成意大利文，并给他在帕多瓦的朋友寄了一本。[21]和奥维耶多一样，纳瓦杰罗也是一个博物学家，他的别墅坐落在慕拉诺岛（island of Murano），有一个花园，是当时的一大景致。在西班牙期间，纳瓦杰罗收集了一些在那儿能够看到的海外动植物信息，并把样本和相关文字描述寄给他的两位挚友——皮特罗·本博和赖麦锡。

纳瓦杰罗客死他乡，但是他在意大利的花园以及寄回国内的情报信息有很大的价值，他的同道对此抱有浓厚的兴趣。他写的关于天堂鸟、土豆和香蕉的报告，以及其他一些奇闻轶事和从彼得·马特、奥维耶多及其他人那里收集来的资料，激发了他的朋友的好奇心。[22]本博、赖麦锡、弗拉卡斯托罗、贾科莫·加斯塔尔迪以及乌利塞·阿尔德罗万迪（Ulisse Aldrovandi）都与奥维耶多有着书信往来，而且他们之间就海外发现引起的话题也进行过交流。本博的兴趣是历史方面的，赖麦锡对地理感兴趣，加斯塔尔迪热心制图，阿尔德罗万迪重视生物，弗拉卡斯托罗则对医学更为关注。[23]本博撰写的威尼斯历史第四卷开篇就列了一个根据奥维耶多、纳瓦杰罗寄来的信息编制的伊比利亚人海外发现一览表。[24]加斯塔尔迪绘制的广为人知的地图以及赖麦锡撰写的著名的《航海旅行记》，尽管是在16世纪中期面世的，但也大量参考了这些早期收集的资料信息。至于阿尔德罗万迪叙述详尽的著作以及他精心收藏的动植物标本，同样也参考了这些资料。[25]

　　意大利知识界对海外发现的最初反应在吉罗拉莫·弗拉卡斯托罗（Girolamo Fracastoro，约1483—1553年）的事业和著述中充分体现出来。他是具有哲学思想的百科全书式的人物和诗人，同纳瓦杰罗、赖麦锡一样，他在知名的亚里士多德派学者皮特罗·蓬波纳齐（Pietro Pomponazzi，1462—1525年）的指导下学习哲学，这一学派强调观察和试验在研究自然中的重要性。弗拉卡斯托罗根据自己的观察，用拉丁文撰写了关于植物、动物和矿物质的论文，他尤为感兴趣的是陆地和天体之间、自然界和人之间的关系。在《同心天球体系》（*Homocentricorum*，威尼斯，1538年）中，弗拉卡斯托罗批评了托勒密的宇宙概念，指出了托勒密地理理解中的不当之处。他还根据航海发现的航行路线，将新发现的国度刻在他的木版画世界地图上。在用拉丁文写的诗歌和信函中，弗拉卡斯托罗对于他那个时代的人在征服海洋和发现新大陆方面取得的成就，表现出极大的自豪感。[26]他的主要著作是《梅毒，法国病》（*Syphilis, sive de morbo Gallico*，维罗那，1530年），他在诗歌中否定梅毒源自新世界的观点。当时，由于欧洲疾病大爆发和美洲发现恰巧在同一时期，因此，一般认为梅毒和新世界有着一定的关系。在这部诗作中，他认为哥伦布、美洲印第安人、香料岛坐落在

　　　　遥不可及的印度，那里恒河翻卷着浪涛，

　　　　树木森森，香料殷殷。[27]

　　如果翻一翻那本驳杂离奇、内容陈旧的《伊索拉里奥》（*Libro di Benedetto Bordone nel qual si ragiona de tutte l'Isole del mondo…*，威尼斯，1528年），可

以看出弗拉卡斯托罗和他的同行直接从伊比利亚半岛收集有关地理发现的最新信息实属无奈之举。这本书的作者贝内代托·博尔多纳（Benedetto Bordone，约 1450—1530 年）是帕多瓦人，他生命的最后三十年是在威尼斯度过的。在威尼斯，不论是作为微型图画画家和制图家，还是作为地理学者和古典作品出版商，他都稍有薄名。他的这本小书是关于世界岛屿的，主要记录了各地岛屿的古代和现代的称谓、历史、传说以及生活习俗等，如果要了解早期特定地区的地理知识和岛屿的传奇故事，这本书还是饶有兴趣的。[28] 博尔多纳的这本书虽然是经过利奥十世和威尼斯政府的批准同意后于 1521 年[29] 出版的，但是书中关于东方海域诸岛的资料（第 67-73 页）全部取材于海外大发现之前的著作。即便是在皮加费塔 1524 年向威尼斯领主介绍了其所见所闻后，博尔多纳依然显得对皮加费塔讲的事情一无所知。博尔多纳的资料来源是马可·波罗、波代诺内的鄂多立克以及曼德维尔，难怪他在书的最后还怀疑书中所记录的有关"哲学家"内容的真实性。关于最新发现的岛屿，博尔多纳周围的人文主义者远比他知道的多，不过博尔多纳的这本书分别于 1534 年、1547 年在威尼斯重印。

意大利的城市中对地理知识了解最多的是费拉拉，从 13 世纪到 1598 年，埃斯特家族就在这座城市繁衍生息。由于埃斯特的君王们都对世俗知识抱有浓厚的兴趣，因此，在他们金碧辉煌的王宫里，文学艺术十分繁荣。从现存的埃斯特家族图书馆的书目来看，费拉拉的君王从 15 世纪初期就对古代的地理、历史以及中世纪的游记、宇宙学产生了持久的兴趣。[30] 埃尔科莱一世（在位时间 1471—1505 年）迎娶了那不勒斯王国、来自阿拉贡的埃莉诺公主，这一联姻也促进了埃斯特家族对伊比利亚人海外活动情况的了解。埃尔科莱一世图书馆的藏书目录显示，他收藏了有关伊比利亚人海外发现的图书和地图。埃尔科莱一世和埃莉诺所生的女儿伊莎贝拉（1479—1539 年）和罗马教廷保持着联系，而 15 世纪后期，罗马对西班牙文学和海外活动的兴趣日渐增强。只要海外有什么新的发现，伊莎贝拉都要尽快地去追踪了解，即便是在嫁给弗朗西斯科·贡扎加成为曼图亚的侯爵夫人之后，她依然如此。1505 年，她根据教皇图书馆收藏的一幅世界地图，委托制作了同样的地图，上面标明了伊比利亚人在海外发现的新地方。[31] 她还鼓励皮加费塔将他在麦哲伦船队远洋航行的经历详细记录下来。[32]

早在伊莎贝拉待字闺中时，她的父王有一位侍臣名叫马泰奥·马里亚·博亚尔多（Matteo Maria Boiardo，约1434—1494年），是斯坎迪亚诺的公爵，创作了长诗《热恋的奥兰多》，取材于法国中世纪叙述骑士英雄罗兰传奇故事的史诗，不过，博亚尔多并未写完。在博亚尔多及前人笔下，这位法国英雄在15世纪已经从崇尚德行、朴实纯真、虔诚守信的骑士，演变成异教徒王后的恋人。法国中世纪的《武功歌》（*chansons de geste*）、《韵文故事》（*fabliaux*）中的人物特点被赋予这些具有个人主义色彩的英雄，这与将英国亚瑟王故事中的人物特点赋予个人英雄如出一辙。[33]除了将这个法国英雄人物世俗化和个性化外，博亚尔多还根据其他资料，加上自己丰富的想象，引进塑造了新的人物和新的主题。[34]《热恋的奥兰多》和《十日谈》一样，讲述了一系列令读者开怀大笑的故事。[35]在诗的框架结构方面，博亚尔多使用了撒拉森人（Saracen）抗击查理曼大帝（Charlemagne）的战争题材，对战争的叙述中穿插了根据各种资料编织的传奇、历险和浪漫故事。

关于博亚尔多私人图书馆的情况，我们现在一无所知，但是他肯定能够看到埃斯特家族的藏书。即便是保存下来的图书馆图书目录不完整，对藏书的描述也不甚清楚，但这位费拉拉的藏书家收藏的图书一定包括大批的法国浪漫传说、亚瑟王故事、亚历山大传奇、《七贤哲》以及中世纪的《马可·波罗游记》和《曼德维尔游记》。不过，要想准确地说出博亚尔多在创作这部伟大的传奇诗歌时到底参考了哪些资料，现在来看依然不是一件容易的事，因为与其说博亚尔多是在模仿前人，不如说他更多地是用自己的想象力进行创造。但是有一点是明确的：他认为他的读者通过那些在意大利公共广场中广为传唱或讲述的亚历山大传奇，熟悉、了解了关于印度的故事。[36]下面的一个事实有力地支持了这一结论：从1472年到1502年，意大利出版的亚历山大传奇故事至少在6部以上。[37]博亚尔多好像还认为，当时的人们都知道"契丹"和"鞑靼"的基本情况，因为马可·波罗与曼德维尔两人的游记十分流行，使得这两个地方广为人知。[38]

在法国正统严肃的传奇故事以及意大利对其的最初改编中，东方只是神奇故事的背景和欧洲人逃离封建统治与神权的想象的避难所。[39]在博亚尔多的《热恋的奥兰多》中，传统的传奇故事中模糊的东方形象变得更加清晰，他塑造了契丹公主安吉丽卡这一人物形象，还创造了很多和安吉丽卡有关的其他东方人物。[40]他把撒拉森人替换成鞑靼人，并把鞑靼人描述成基督徒的宿敌。诗中给人印象最深的形象是鞑靼国皇帝阿哥里坎（Agrican）以及他的儿子曼德里卡多（Mandricardo），一名英勇无畏的骑士。他还塑造了安吉丽卡的父亲、兄弟以及塞利卡那（Sericana）的异教徒皇帝格拉达索（Gradasso）的形象。博亚尔多在诗中对这些人物的描述以及对其他人物的提及，一再清晰地表明他是按照传统的观点把亚洲分为鞑靼、塞利卡那、契丹和印度几部分，并认为他的读者也有同样的地理知识。他诗中描写的异教徒世界是真实存在的，只是当时还没有得到充分的认识，因此依然被作为虚构的骑士故事的场景。诗人对已知的东方世界和"远方岛屿"（Isola Lontana）进行了明确的区分，在他看来，"远方岛屿"是一个纯粹想象中的地方，宁静而祥和。他笔下的东方人是有血有肉的，在任何一个方面都和欧洲人极为相似。欧洲人和东方人自由地从欧亚大陆的一端走向另一端，没有任何的不便。他们好像操着各种各样的语言，有很多共同的价值观，[41]他们之间主要的不同在于是基督徒还是异教徒。

安吉丽卡是博亚尔多诗篇中的核心人物。[42]她是最美的女人，是一个魔法师，其魅力和魔力令人无法抗拒。作为一位异教的公主，她无需去展示基督徒所崇尚的美德。她是 个自由的、没有道德约束的冒险家，利用自己的美貌去引诱那些信仰基督教的骑士，继而又背叛他们，她和年迈的查理曼大帝调情，征服奥兰多高洁的心灵。她诱惑并不情愿的里纳尔多（Rinaldo）远赴契丹，走进她豪华奢侈的东方宫殿，以无限的殷勤吸引住他，尽管对他一无所求。为了爱她，奥兰多杀死了残暴的鞑靼国王阿哥里坎，解除了对契丹首都阿尔布拉卡（Albracca）的围困。安吉丽卡让里纳尔多和奥兰多互相残杀，让信仰基督教的骑士为了得到异教徒皇后的青睐而相互争斗，鞑靼人和基督徒都成了她诡计的牺牲品，从而证明了这样一个真理：所有的男人都无法抗拒美丽和淫荡的女人。在这部未完成的诗作中，博亚尔多对安吉丽卡这一人物形象的塑造也没有完成，因而后来的作家便有了塑造自己心目中的安吉丽卡的机会，他们可以根据自己的道德观或创作目的，来改变这一形象的性格。[43]

　　最先续写博亚尔多的《热恋的奥兰多》的是卢多维科·阿里奥斯托（Luovico Ariosto，1474—1533 年）。阿里奥斯托 1486 年抵达费拉拉的时候，博亚尔多正忙于出版他当时已经写完的那部分诗作。年轻的阿里奥斯托起先在费拉拉学习法律和人文科学，不久就能用拉丁文和意大利文流畅地写诗作文。从 1495 年到 1503 年，他与当时客居在埃斯特宫廷的本博过从甚密。1503 年，阿里奥斯托成为红衣主教伊波利托·德斯特（Ippolito d'Este）的秘书。两年后，他开始写作《疯狂的奥兰多》（*Orlando furioso*）。阿里奥斯托的《疯狂的奥兰多》第一版于 1516 年出版，五年以后出版了修订版，增加了五章新内容的最终版在阿里奥斯托去世的前一年 1532 年问世。在当时的人看来，《疯狂的奥兰多》虽然从叙事技巧上来说是博亚尔多长诗的继续，但却是颂扬埃斯特家族成就的全新篇章。《疯狂的奥兰多》很快成为意大利和其他国家的文学家争论和批评的焦点，在整个 16 世纪被翻译成多种欧洲语言，为数不胜数的奥兰多诗歌模仿者和续尾者提供了灵感。

205

　　与博亚尔多不同的是，阿里奥斯托在创作中忠实于自己的资料来源。[44]如果仔细研究阿里奥斯托的诗句，就会发现他灵感而来创作的很多故事和主题，都能极其准确地在现实中找到具体的发生地，他个人的杜撰很少，其艺术功力主要体现在他使用和演绎资料的才能上。[45]在诗歌主题、故事发生地和人物形象塑造上，阿里奥斯托都模仿了博亚尔多的《热恋的奥兰多》，博亚尔多仅仅一提的一些想法在阿里奥斯托的作品里得到了进一步的丰富。阿里奥斯托参考了更多具体的资料，使人很容易辨别出资料的最终来源。就故事和主题来说，阿里奥斯托在博亚尔多使用的东方材料的基础上，又参照了其他传说，特别是根据《一千零一夜》、《五卷书》以及《摩诃婆罗多》增加了一些关于女人不贞行为的传说。[46]阿里奥斯托对资料的精选显示出他在思想认识和诗歌创作中不断扩大对世界的认识，因为在他写作这篇诗歌的过程中，也就是从 1505 年到 1532 年，关于海外发现的信息不断传来，而他有条件能够看到这些资料。

　　阿里奥斯托与前辈作家薄伽丘、安德里亚·德·马格纳博梯一样，[47]忠实于他所参考的地理资料。他对亚洲的认识清楚地显示，关于地理知识，他可能参考过带地图的托勒密著作、普林尼的《自然史》、《马可·波罗游记》或者根据《马可·波罗游记》绘制的一些地图、波尔索·德斯特（Borso d'Este）图书馆的所有藏书。他继承沿用传统作家的观点，认为尼罗河是亚洲和非洲的分界线，而顿河则将欧洲和亚洲分开。像中世纪的作家一样，他把契丹看作印度的一部分，没有完全理解印度次大陆的半岛型结构。[48]他认为契丹的东边是阿尔西那岛（[Alcina], VI, 43），一个充满欢乐的地方，它几乎是在马可·波罗描述的吉潘古（Zipangu，指日本）①的激发下想象出来的。[49]

　　阿里奥斯托对东方的基本认识来源于中世纪的资料，但又根据传播到费拉拉的新信息进行了补充。1502年下半年，埃斯特家族在里斯本的密使阿尔伯托·坎提诺（Alberto Cantino）将一个平面天体图寄到费拉拉，上面标注了所有最新发现的地方。这幅地图现收藏在位于摩德纳的埃斯腾斯图书馆（Bibliotheca Estense），可能是坎提诺委托一个能够接触到里斯本官方保存地图的制图师制作的。坎贝和卡利卡特被标注在印度半岛，关于印度和西印度的传说中有什么地方出产什么物品的信息。[50]阿里奥斯托开始写作《疯狂的奥兰多》的时候，很可能就看到过这一平面天体图以及伊莎贝拉1505年从教皇图书馆复制的那幅地图。尽管阿里奥斯托没有游历多少地方，但从别人带给他的那些新知识中，他的心灵受到很大的触动：

> 旅行者，走过千山万水
>
> 离开自己的国家，看到了光怪陆离；
>
> 平头百姓的误解，是因为
>
> 受无知的蒙蔽，认为那是虚幻；
>
> 他们拒绝这些奇迹，
>
> 除非亲眼所见；
>
> 因此我清楚地知道，因为阅历少，
>
> 就会对我讲的故事少有信任。[51]

---

① 中世纪后期西方对日本的称呼。——译者注

手术和制药，"因为好像这一学问在那个国家显得尊贵、高尚，受人敬仰。掌握
这门学问不需要读太多的书，因为这门学问是父亲传授给他的子女的"。[64] 对
阿里奥斯托来说，印度是一个充满财富、神秘和疗伤艺术的国度，是欧洲人逃
避现实生活的地方，一如博亚尔多曾经持有的观点。东方成为阿里奥斯托世界
的一部分，但他的东方只是地图上的东方。东方不论在早期作家还是未来富有
浪漫想象的作家笔下，都是一个介于真实和想象之间的地方，简而言之，是浪
漫传奇的发生地。[65]

　　16 世纪的第一代作家忧虑香料贸易的未来，恐惧和希望交织在一起。葡萄
牙在东方的扩张一直让低地国家波河平原和威尼托这两个王国忧心忡忡，因为
他们的商人被严格禁止参与香料贸易。在罗马和佛罗伦萨，情况有所不同，原
因是美第奇和罗马教皇的商人可以密切地参与到葡萄牙的海外贸易和扩张事业
当中。"维多利亚"号环球航行的成功在意大利东北部燃起了希望，认为西班牙
有可能从葡萄牙手里夺回摩鹿加群岛的控制权，从而为香料贸易开辟一条新的
航线，并允许威尼斯人参与未来的香料贸易。在威尼斯、费拉拉和罗马，皮加
费塔的报告引发了王公大臣、商人和学者的浓厚兴趣。但是查理五世 1527 年攻
陷罗马，并于 1529 年决定放弃摩鹿加群岛，将意大利人希望在伊比利亚人控制
的香料贸易中分一杯羹的愿望击得粉碎。

　　在这些商业问题的影响下，帕多瓦和罗马的学者开始对海外世界的植物和
动物萌发兴趣。罗马出现的活着的和制成标本的亚洲动物，激发起科学家和诗
人的思考，他们思考新的海外发现对欧洲的艺术和科学有着怎样的意义。当拉
丁诗人继续以传统词汇描述亚洲时，使用欧洲各民族语言创作的作家，开始把
从中世纪游记以及从伊比利亚人海外发现的图书、报告和地图中了解到的信息，
融进他们的诗歌创作当中。在意大利，比起卡斯蒂利亚人在美洲的征服，意大
利人文知识界更感兴趣的是葡萄牙人在亚洲的扩张进展情况，因为在很多人看
来，美洲只不过是亚洲的海角。[66] 对传奇作家来说，亚洲是一个被古代正统作
家、中世纪游记作家以及他们同时代的葡萄牙人所认可的真实存在。但是在他
们眼中，亚洲还不是一个具有自己历史、地理描述清晰的地区，它依然是一个
半想象中的世界，一个依旧存在着奇迹、魔法和神秘的富庶之地。

第二节 流行文学与说教文学

1530 年，查理五世的加冕礼在博洛尼亚举行，向意大利公众宣告他是意大利政治生活的主导者。在之后 16 世纪的岁月里，西班牙帝国成功地控制和影响了亚平宁半岛上的大多数国家，最终对各国都产生了深远影响。同时，特伦多大公会议（1545—1563 年）确定改革罗马天主教廷，给意大利人的生活和文学界带来了更严格的道德约束，更高的宗教要求，更多的官方控制。不过，这种压制一般限于哲学和神学领域，而艺术和流行文学则相对自由。越来越强化的国外控制和宗教控制反而促使意大利国内产生一种反弹，使得流行文学和说教文学越来越多地使用意大利语创作。当然，宗教神学家和人文主义者从来都没有完全抛却拉丁文，不过很多知名作家开始更多地用意大利语进行写作。佛罗伦萨学院于 1540 年创立，主要目的就是用托斯卡纳语出版科学类著作。斯佩罗内·斯佩罗尼（Sperone Speroni，1500—1588 年）积极倡导使用民族语言，他的这一观念引起很多学者的共鸣，他说，在日常生活、现代事务，包括"新世界游记"中，都应该优先使用民族语言。[67]

就获取东方活动的信息来说，威尼斯不论在当时还是未来的很长一段时间内，都是意大利的几个主要渠道之一。威尼斯的印刷商人定期地收集、出版游记作品。1536 年，皮加费塔航行记的缩略本在威尼斯问世。三年后，威尼斯又出版了阿尔维斯·罗辛诺托（Alvise Roncinotto）的《卡利卡特见闻录》（*El viazo de Colocut*，1539 年）。1543 年，著名的阿尔丁出版社（Aldine Press）出版了名为《前往塔纳旅行纪实》的书，包含 5 篇威尼斯人在亚洲的见闻。[68] 皮特罗·阿雷蒂诺（Pietro Aretino，1492—1556 年？）是生活在威尼斯的知识分子，他收到从印度寄来的信时就会告诉别人，以让人知道他的声望传播得有多远。[69] 西班牙的外交使节和图书收藏家迭戈·乌尔塔多·德·门多萨在威尼斯收集从东方来的情报信息人员讲述的有关葡萄牙帝国的海外情况，然后再报送给国内政府。[70] 这一期间，赖麦锡也在编撰他的巨著《航海旅行记》，该书的第一卷 1550 年由托马索·吉恩蒂（Tomasso Giunti）出版社出版。[71] 四年后，

210

威尼斯政府编制的禁书清单由加布里埃尔·乔里托（Gabriel Giolito）出版社出版，这一禁书名单是压制对国内事务、宗教秩序、公共道德有威胁的书籍的措施之一。[72]

在意大利，就像在西班牙一样，这类以各种形式发布的禁书名单并没有使出版商保持缄默，也没有阻碍通俗文学的发展。但是，在反宗教改革运动的影响下，意大利的文学变得越来越具有说教性。[73]16世纪下半叶，意大利持续不断地翻译出版西班牙的关于"帕尔梅林"（Palmerin）和"阿玛迪斯"的道德说教故事，或受这些故事的启发创作出版的骑士传奇作品。比如，威尼斯出版商米歇尔·特拉梅奇诺（Michele Tramezzino）经营着一家出版社，靠翻译、创作、出版骑士文学为生。他手下的翻译和创作干将是曼布里诺·罗塞奥·达·法布里亚诺（Mambrino Roseo da Fabriano，其成就最大的时期是1544—1571年），他翻译、续写了很多传奇文学作品，还创作了几部通俗历史作品。1558年，特拉梅奇诺出版了被称为"阿玛迪斯"系列故事《第13卷》的第1卷。事实上，这也是罗塞奥1558—1565年期间在原作12卷的西班牙浪漫传奇系列故事《高卢的阿玛迪斯》的基础上，续编的第13卷的第一部分。由于原作已有12卷，所以他续写的第1卷被称为第13卷，后来又陆续改写或扩大这个故事系列。[74]这一故事系列的主人公是希腊王子斯弗拉蒙迪（Sferamundi），他是西班牙"阿玛迪斯"系列故事第11卷中就出现的人物，参加了对东方国王及其军队的战争。[75]在根据西班牙的"阿玛迪斯"系列第3卷第5部创作的姊妹系列故事中，主人公是君士坦丁堡的皇帝斯普兰迪亚诺（Splandiano）。[76]在这个系列故事后期的版本中，中国的皇帝及其使者粉墨登场，对中国的简要描写也穿插在这些传奇故事当中。[77]特拉梅奇诺出版社后来出版的署名罗塞奥的这一系列故事续编中，也出现了类似的演变。比如，在斯普兰迪亚诺的儿子利苏尔特（Lisuarte）充当主人公的系列故事中，中国和日本的皇帝也都相继出现。[78]这些浪漫传奇故事中的"中国"主要源于耶稣会士书信集及门多萨的《中华大帝国史》。

16世纪后半期，短篇小说作家开始吸收当时游记作品中讲述的故事，在此基础上进行新的文学创作。马蒂奥·邦德罗（Matteo Bandello，约1480—1562年）继承了薄伽丘的文学传统，把瓦尔塔马的著作作为他创作有关穆罕默德

211

（Mahomet）、长老约翰故事的材料来源，对此，他在小说的开头就有交代（第一部分，《短篇故事 52 篇》）。[79] 他的其他故事的情节主要参考了彼得·阿皮安的《宇宙志》和赖麦锡的航海记述。[80] 通过波斯图（Boaistuau，1559 年）和贝勒福雷（Belleforest，1568 年）的法文翻译，邦德罗情节生动、富有现实意义的故事很快风靡欧洲各国，对欧洲后世作家产生了广泛影响，为他们提供了创作道德说教类小说的主题和情节。[81] 乔万尼·弗朗西斯科·斯特拉帕罗拉（Giovanni Francesco Straparola）的《欢乐之夜》（Piacevoli notti，共 2 卷；威尼斯，1550 年，1553 年）是另一部深受欢迎的通俗故事集，该故事集第一次汇聚了旅行者时常讲述的来自东方的零散故事。从 1550 年到 1570 年，斯特拉帕罗拉的这个故事集重印了 16 次。17 世纪初被翻译成法语，可能也被翻译成了德语。[82]

东方故事集中最引人入胜的是米歇尔·特拉梅奇诺印刷出版的名为《三个锡兰王子的故事》（Peregrinaggio di tre giovani del re di Serendippo，威尼斯，1557 年）。[83] 根据书的扉页，这本书通常被认为是由克里斯托弗罗·阿尔梅诺（Christoforo Armeno）从波斯语翻译成意大利语的。然而，很明显，事实并不如此，因为没有任何资料，不管是波斯的还是其他地方的，可以证明这部作品是从波斯语翻译过来的，而且，不论是在意大利还是亚美尼亚的资料中，都找不到任何有关译者的信息。这本书的框架沿袭了尼扎米的（Nizami）诗作《七个美人》（The Seven Beauties），但其中讲述的故事却有着更古老的渊源，来自不同的地区，特别是意大利。在这个经过改进的诗歌形式中，嵌入的是印度关于魔镜、酒商、笑面佛以及三个虚伪处女的故事。故事中的人物和地点都有着波斯渊源，或是波斯词汇的变体，或是印度语的变体。因此，得出的结论无非就是：特拉梅奇诺、他的朋友以及他手下的人，将当时波斯地区流行的故事，加上自己丰富的想象，翻译、改编成威尼斯语的。[84]

在通往印度的航线被发现后的很长一段时间里，威尼斯人一直通过陆路经波斯和印度保持着联系。[85]《三个锡兰王子的故事》是献给马克·安东尼奥·圭斯蒂尼亚尼（Marc Antonio Guistiniani）的，马克出身于威尼斯一个颇有声望的政治世家，这个家族的成员有时被作为使节派驻波斯。[86] 朱塞佩·特拉梅奇诺

（Giuseppe Tramezzino）是出版商米歇尔·特拉梅奇诺的弟弟，曾学习过东方语言，1555 年，他被作为使节派往波斯，[87] 这一年《三个锡兰王子的故事》开始编撰。大约正是在这一时期，特拉梅奇诺的出版社与贾科莫·加斯塔尔迪合作，准备制作、印刷亚洲地图。[88]1557 年《三个锡兰王子的故事》出版以后，特拉梅奇诺还开始出版从西班牙语翻译过来的耶稣会士海外传教书信集。[89] 意大利文版的耶稣会士书信集首次于 1552 年在罗马出版发行，一时洛阳纸贵，而威尼斯的出版商在出版这类书籍方面独占鳌头。耶稣会士书信集的风靡流行，部分原因是当时的社会有阅读西班牙骑士和历险传奇故事的持续需求，因此就需要通过翻译来满足读者的娱乐诉求。这一时期的意大利读者和西班牙读者一样，经常无法将遥远地区的历史真实和演绎故事区分开来。[90]

　　威尼斯那些对海外发现了解较多的人可能意识到了这类故事中"Serendippo"的国王实际上就是锡兰的统治者。波斯传统上称锡兰为"Seren-dip"，这个词是梵语和印度语词汇的变体，在梵语和印度语中，"锡兰"的意思是"金色岛屿"。[91] 波斯湾的航海家和土耳其人继续称这一地区为"Seren-dib"① 而不是"Ceylon"（锡兰），威尼斯人很有可能就是沿用的波斯和土耳其人的说法。[92] 采用这一称谓有可能与"金色岛屿"这一文学概念有联系，遥远的地方总是能给人提供一个不可企及、富庶繁荣、充满异国情调的背景。[93]

　　还有一种观点认为，之所以选用锡兰（Serendippo）作为故事的发生地，是因为要让当时已被葡萄牙人和耶稣会士征服的锡兰及其国王皈依基督教。[94] 可能还需要指出的是，通过 1541 年被带到里斯本的达马帕拉·阿斯塔纳王子（Dharmapala Astana）的金色塑像，通过 1546 年在果阿对另外两名僧伽罗王子的洗礼，通过 1551 年绑架达马帕拉王子年幼的儿子并将他劫持到果阿，葡萄牙人已经认识了锡兰的"王子"。[95] 遗憾的是，对于这些观点，至今尚没有过硬的证据来证明其正确性。如果研究当时意大利语的耶稣会士书信，就会发现这些书信仅仅提到锡兰的战争和皈依，一点儿都没提到波斯词汇"Seren-dip"。因

213

---

①　原文如此。上文是 Seren-dip，注释 92 中也是 Seren-dib，下文中这两种拼写形式都有出现。——译者注

此，即便特拉梅奇诺本人从其他来源了解到锡兰发生的这些情况，意大利公众也极不可能将"Seren-dib"和锡兰联系起来，不可能将"Serendippo"国王的儿子和僧伽罗王子联系起来。也许，关于这一点，我们只能说特拉梅奇诺和他圈子里的人可能知道有这种关联，因此就颇为执迷地做出了那种臆断，不过也只有为数不多的启蒙人士欣赏这一说法。但是，《三个锡兰王子的故事》在收集整理和传播通俗故事方面应该说居功至伟，该书 1584 年在威尼斯再版，1583 年译成德语在巴塞尔出版。[96]法文版在 1610 年面世，不过，英文版直到 1722 年才出版发行，译者是霍瑞斯·沃尔波尔（Horace Walpole），他根据故事中嗜好通过冒险寻欢取乐并有意外发现的三个王子的冒险经历，于 1754 年创造了英语词汇"serendipity"。

　　出版家特拉梅奇诺并不是威尼斯唯一享有声誉的文人，位于亚得里亚海沿岸的威尼斯还以拥有各种各样的市井文人、通俗作家而闻名，人们一般客气地称这些文人、作家为"杂家"。威尼斯的出版商愿意出版这些杂家的作品，鼓励他们撰写各种题材的书籍。有关实际生活的书籍，比如饰带制作和农业方面的，这些书籍和那些关于爱恋、礼节的著作一样对公众有强烈的吸引力。威尼斯地区这些笔耕不辍的作家大多经常在卡塔乔城堡（Castello del Catajo）聚会，这个城堡是皮奥·恩尼亚·欧比兹（Pio Enea Obizzi）1570 年在帕多瓦附近的巴塔利亚（Battaglia）建造的。斯佩罗尼在其《爱的对话》（Dialogo di Amore）中称这座美妙绝伦的城堡为"契丹"（Cathaio），由提香（Titian）的学生巴蒂斯塔·泽洛提（Battista Zelotti）和其他人共同装饰，呈现出一种奇异的风格，令人联想到遥远的东方。[97]朱塞佩·贝图斯（Giuseppe Betussi，约 1520—约 1575 年）1573 年出版的一个对话录中讨论了这个城堡的装饰情况，认为它是"中国风格"（Regnum Cathai）的典型代表。[98]贝图斯和阿莱蒂诺、多尼是好友，他早就对这种奇异的风格感兴趣，把自己写的一本关于爱的对话的著作 Il Raverta（威尼斯，1544 年）献给博马尔佐（Bomarzo）神秘花园的建造者维西诺·奥希尼（Vicino Orsini）。[99]在这部关于爱的对话中，贝图斯还对印度人将他们逝去亲人的骨灰保存在玻璃瓶里以表达爱和缅怀进行了评述。[100]

　　托马索·波卡奇（Tommaso Porcacchi，约 1530—1585 年）和弗朗西斯科·桑

214

索维诺（1521—1586 年）是威尼斯杂家中最耀眼的明星。波卡奇曾编辑过阿里奥斯托的《疯狂的奥兰多》，他主要是一位文学评论家和他人文学作品的模仿者，他撰写的关于世界著名岛屿的著作虽然比博尔多纳 1528 年出版的著作增加了新知识，但仍然是对早期作品的直接模仿。不过，该书吸收了当时威尼斯印刷出版的地图和游记中的最新数据资料。[101] 桑索维诺以翻译、编辑前人的著作以及原版的诗歌和散文而闻名，他密切追踪当时发生的事件。在一部关于威尼斯的作品中，桑索维诺认为印刷术是中国发明的，比欧洲早五百年。[102] 他还写了一本关于土耳其历史的书，歌颂威尼斯战胜土耳其的军事胜利。也许是在这部书的启发下，路易吉·格罗托（Luigi Groto，1541—1585 年）将各类作者写的关于勒潘多战役（1571 年）的抒情诗收集起来加以出版，成了当时深受喜爱的作品。[103] 格罗托是一名盲诗人，他还自己创作出版了一部名为《达丽达》（La Dalida，威尼斯，1572 年）的诗体悲剧，描写了印度女人和贝蕾尼丝王后（Queen Berenice）以及印度国王的女儿合唱的场景。[104] 就在这一时期，格罗托的同行 G. M. 波纳尔多（G. M. Bonardo）正编撰《世界矿物志》（La minera del mondo，威尼斯，1585 年），这本书按字母顺序大杂烩式地将所知的亚洲植物、动物和宝石罗列在一起。[105]

在费拉拉，博亚尔多和阿里奥斯托的史诗传统在托尔夸托·塔索（1544—1595 年）那里得到继承。塔索是索伦托（Sorrento）人，曾在 1565 年效力于埃斯特家族。十年后，他完成了《解放了的耶路撒冷》（Gerusalemme liberta，1575 年）的第一版。这一叙事长诗既是他个人的代表作，也是意大利文学中最为著名的诗作之一。塔索的这部基督教史诗，被誉为可以和博亚尔多和阿里奥斯托的异教名作相比肩，讲述的是布永公爵杰弗里（Geoffrey of Bouillon）1099 年征服耶路撒冷的故事，其中特别震撼人心的是对十字军将士与撒拉森人血战的描述。完整版的《解放了的耶路撒冷》于 1581 年首次问世，在结构上要比奥兰多的传奇故事更为讲究，但在情节的引人入胜上要逊色很多。尽管如此，该书出版以后立即风靡意大利和其他国家，到了 1600 年已有英文版出现，是由爱德华·费尔法克斯（Edward Fairfax）翻译的，书名被改为《来自布永的杰弗里》（Godfrey of Boulogne）或《光复耶路撒冷》（The Recoverie of Jerusalem）。

215

　　与其他大多数叙事诗人一样，塔索在创作上效法荷马和维吉尔。但是，由于《解放了的耶路撒冷》这部诗作出现在反对宗教改革的时代，因此所强调的是抗击穆斯林的圣战和东方世界对基督教的威胁。不过，阅读塔索的作品就会看到，他其实对来自东方的威胁并不太关心，因此也就没有描述那里发生的事情。与阿里奥斯托不同的是，塔索对伊比利亚人在亚洲的活动不感兴趣，甚至不把伊比利亚人在亚洲的事业看作是基督教十字军抗击穆斯林圣战的一部分。在《解放了的耶路撒冷》中，塔索对东方的了解一点也不比五十年前的阿里奥斯托多。总起来说，他的地理知识似乎还停留在哥伦布发现新大陆以前的托勒密时代。[106]

　　在费拉拉，以塔索的地位和身份，完全不了解海外发现是不可能的。如果看一下他的抒情诗、信函以及对话这些相对次要的作品，就会看出他对海外发现对欧洲的影响是很敏感的。他知道送给利奥十世以表明葡萄牙在亚洲取得成功的那头大象，知道那头大象和犀牛在里斯本的对决。[107] 在 1572 年写给费拉拉的一个朋友的信件中，他对法国通过与葡萄牙进行香料贸易所带来的利益以及由此而给威尼斯带来的损失进行了评述，[108] 亚洲的植物、宝石、珍珠以及贝壳等都引起了他的注意。[109] 在他关于高贵的对话中，塔索还论述了美和理智这些品质的普适性，指出在欧洲被认为是美的、合情合理的东西，在亚洲人的观念里同样如此。[110] 在献给教皇西克斯图斯五世（Sixtus V, 1585—1590 年）的诗中，塔索提到了麦哲伦的环球航行。[111] 不过，最令人惊讶的是他在向卡蒙斯表示敬意的十四行诗中，赞颂卡蒙斯"用西班牙语创作的描述瓦斯科航海的诗作"。[112]

　　尽管塔索知道卡蒙斯的史诗，但在创作《解放了的耶路撒冷》时并没有使用卡蒙斯诗中的信息。葡萄牙语的《卢济塔尼亚人之歌》首次出版是在 1572 年，此时，塔索正对自己的诗作进行最后的润色。塔索在诗中提到的《卢济塔尼亚人之歌》可能是西班牙语版的，不过这本西班牙语的《卢济塔尼亚人之歌》直到 1580 年，也就是完整版的《解放了的耶路撒冷》出版的前一年，才在塞维尔面世。因此，即便是塔索真的想把卡蒙斯作品中的材料融会到自己的诗句中，大概也是不可能的。不过，在后来的作品比如《创造的世界》（*Il mondo creato*,

216

1592 年）和《征服耶路撒冷》（*Gerusalemme conquistada*，1592 年）中，也没有任何受到《卢济塔尼亚人之歌》影响的痕迹，这一事实佐证了塔索在自己的史诗创作中对利用卡蒙斯的作品不感兴趣这桩公案。在这些作品中，塔索对亚洲和海外世界的看法一如其《解放了的耶路撒冷》，没有任何改变。

在塔索心中，已知世界的终极点是赫拉克勒斯之柱和恒河河口。美洲以及远东的那些国家和岛屿要么根本没提，要么只是间接地提到。[113] 他心目中亚洲的典型形象是下面这首诗中所描述的：

> 然后，从明亮、金色的宫殿里
>
> 走来印度伟大的国王阿德拉斯特斯（Adrastus），
>
> 他穿着黑绿相间的蛇皮外衣，
>
> 散发着浓郁的艺术气息和刚毅的品质；
>
> 他骑着一头狂怒的大象，
>
> 他的性格急如烈火，他的利剑快如疾风；
>
> 他带着辽阔疆土上众多的子民，
>
> "冲过印度河，冲过恒河，冲到死海边上"。[114]

这首史诗中的其他地方还提到阿德拉斯特斯，但只是以"印度人"称呼他，[115] 除此以外，塔索在这首史诗中再也没有提到当时葡萄牙人所知道的印度。从这两处的提及判断，塔索可能知道瓦尔塔马的《博洛尼亚人卢多维科·迪·瓦尔塔马游记》；[116] 但即便是他读过瓦尔塔马的游记，也对他关于东方的看法没有什么明显的影响。他对东方的看法基本上是传统的，维吉尔本人可能就持这种观点。[117]

16 世纪后半期意大利的知识分子并不都像塔索那样对东方发现默然无知。乌尔比诺的公爵弗朗西斯科·玛利亚·德拉·罗维尔 [118] 以及他的臣僚收到过来自葡萄牙的礼物，包括东方的书籍、瓷器、药品以及鸟的羽毛。这些珍奇物品是菲利普·泰尔齐（1520—1597 年）寄到乌尔比诺的。泰尔齐是意大利军事工程师，1577 年至 1597 年期间在葡萄牙居住。[119] 佛罗伦萨人文主义者、商人菲利普·萨塞蒂（1540—1588年）1578年至1582年期间也在西班牙，当时是卡波尼（Capponi）的商业代理人，1582年4月1日，他从西班牙启程前往印度。离开佛罗伦萨以前，萨塞蒂就已经是佛罗伦萨科学院（Accademia Fiorentina，1573年）以及阿尔特拉提学院（Accademia degli Alterati，1574年）的院士。萨塞蒂在里斯本一俟安顿下来，就在那儿积极了解关于地理和自然科学的知识。他从里斯本和印度给佛罗伦萨的巴乔·瓦洛里（Baccio Valori）以及其他朋友写来长信，讲述亚洲的物产和人种情况。他在佛罗伦萨的好友再将这些信和礼物与两个科学院的其他成员分享。[120] 同时，意大利耶稣会历史学家 G. P. 马菲1578年至1584年期间也在葡萄牙，积极为他要用拉丁文撰写的耶稣会士东方传教史收集资料。[121]1580年，菲利普荣登国王宝座时，泰尔齐、萨塞蒂和马菲都在伊比利亚半岛，菲利普的登基使得意大利和伊比利亚在东方事务上，不管是世俗的还是宗教上的，结成了更为密切的关系。[122]

日本使团1584年至1586年在葡萄牙、西班牙和意大利的成功访问，在南欧点燃了耶稣会士到亚洲传教的热情。有些意大利评论家将日本使团比作麦哲伦和他的船员，称其为世界上最伟大的旅行家。[123] 在意大利期间，年轻的日本使节访问了托斯卡纳（1585年3月1日至20日）、罗马（1585年3月22日至6月3日）、威尼斯（1585年6月25日至7月6日）、曼图亚（1585年7月13日至18日）、米兰（1585年7月25日至8月3日），并沿途访问了其他很多小地方。他们在为期五个月的意大利访问期间，与意大利人交换礼品，在意大利参加观礼，出席招待会，观看戏剧，参加特别的教堂仪式。[124] 艺术家为日本使团提笔画像，雕塑家刻字纪念日本使团的访问，诗人用拉丁文和意大利文赋诗为日本使团唱赞歌。[125] 就在同一时期，意大利读者还享受到一次新的赞誉中国的阅读盛宴，因为门多萨的《中华大帝国史》第一版于1585年在罗马发行。因此，毫不奇怪，这一时期以及以后的意大利文学对东方表现出更加浓厚的兴趣。

在16世纪的后半期，亚洲开始受到道德文学和说教文学作家的特别青睐。乌尔比诺（这个城市通过泰尔齐了解海外发现的情报）[126] 的贝纳迪诺·巴尔蒂（Bernardino Baldi，1553—1617年）是当时最早在海外发现的激发下，创作以海洋为主题的诗歌的诗人之一。他的史诗般的诗作《航海》(*La nautica*, 1585 年)共分四卷,第一卷讲述船只的建造和领航员的选拔;第二卷讲述星星、风向和海上的天气;第三卷讲述天气良好及天气恶劣情况下的航行操作;第四卷讲述为了获得珍贵物品,领航员应该驾船去哪些国家和城市。[127] 巴尔蒂学习过近东语言,曾将埃德里西(Edrissi)的《地理学》(*Geography*)从阿拉伯语翻译成意大利语,他可能就是从这本书中第一次获得有关东方地理和物产的信息。他还了解到葡萄牙航海家取得的成就,赞扬他们表现出来的优秀海员应该具备的勇气和谨慎。[128] 他可能是通过阅读一本已译成意大利语的《宇宙之书》(*Libro de Cosmographia*)获得有关海上航行以及伊比利亚扩张的知识的,这本书的作者是西班牙学者佩德罗·德·梅迪纳。[129] 巴尔蒂断言,每一个国家,由于其不同的地理位置和气候条件,会生产出自己独有的物品。气味浓郁的树胶生长在印度和阿拉伯半岛,在鞑靼地区和西亚则永远不能大面积种植。[130] 为了获得霍尔木兹的珍珠以及锡兰的黑檀木和水晶,领航员必须把船开到印度。[131] 巴尔蒂最后抨击了印度"萨提"(sati,寡妇殉夫自焚)的风俗。[132] 为了获得珍贵的丁香,领航员必须向中国的方向开船,驶向遥远的摩鹿加群岛和塔普罗班纳。[133] 在论述遥远地区不同的特点后,巴尔蒂在诗的最后盛赞意大利的卓越,在他看来,意大利胜过世界上其他任何地方。[134]

与中国和日本不同的是,印度受到道德家的批评。印度的宗教和社会习俗在很多 16 世纪的作家看来是令人厌恶的。印度人,特别是婆罗门教徒,顽固地拒绝接受基督教教义,这在耶稣会士的书信中有强烈的反映。和更加开明、更加温顺的日本人比起来,印度人几乎总是处于下风。鲁道夫·阿夸维瓦(Rudolph Acquaviva)和他的 4 个同伴 1583 年在果阿附近的撒尔塞特岛(Salsette)被杀害的消息,大约是在日本使节抵达欧洲的同时传回欧洲。意大利耶稣会士对于他们优秀的同胞阿夸维瓦的死倍感愤怒。耶稣会的拉丁语学者、《书信年报》(耶稣会士的书信,每年以书的形式编辑出版)的编辑弗朗西斯科·本兹(Francesco Benci, 1542—1594 年)[135] 写了一首诗《耶稣会印度五烈士》(*Quinque martyres e Societate Iesu in India libri sex*,威尼斯,1591 年),颂扬阿夸维瓦和他的同胞做出的英勇牺牲,把他们作为效法的榜样。耶稣会一代一代的传教士

219

读着本兹凝重的诗句，心灵都会受到很大的鼓舞。这些文字读起来，不管是有意的还是无意的，都是对印度的谴责，耶稣会士关于婆罗门教徒背信弃义的看法很可能凝聚在撒尔塞特岛烈士的画像中。[136] 不过，在 16 世纪的最后十年，印度也有了改变形象的希望，因为耶稣会向阿克巴派遣了传教士，认为印度还是可以救赎的。[137]

并不是所有的意大利知识分子都众口一词地谴责印度的风俗。蓬波尼奥·托雷利（Pomponio Torelli，1539—1608 年）是帕尔马人，曾在帕多瓦求学，他是最先把印度习俗和欧洲习俗做比较的学者之一。受帕尔马公爵法尔内塞（Farnese）的派遣，托雷利从 1584 年到 1585 年在西班牙与菲利普二世磋商法尔内塞公爵管理皮亚琴察（Piacenza）的事务。在成功完成这次任务后，托雷利返回帕尔马，继续从事他的文学事业。尽管他以悲剧创作为人所知，但他还是一个活跃的政客和帕尔马未名科学院（Academia de' Innominati）的知名院士。正是由于具有院士的才能，他才写出了堪与卡斯蒂利奥尼的名著《论绅士》（*Libro del cortegiano*，1518 年）相媲美的著作《论骑士》（*Trattato del debito del Cavalliero*，帕尔马，1596 年）。

托雷利关于骑士责任的论述清楚地显示，他从自己在西班牙的经历以及研读葡萄牙文学中了解到一些关于印度武士责任的知识。亚洲的武士就像欧洲的骑士那样，把信仰上帝、信仰宗教、过有道德的生活作为他们的基本准则，没有信仰，就没有荣誉感和过高尚生活的能力。[138] 在托雷利看来，纳亚尔人就是马拉巴尔的骑士，他们忠于战事，精通高雅的战争艺术。[139] 骑士应该阅读那些描绘遥远地区伟大历险和英勇故事的书籍，比如奥兰多系列传奇和卡蒙斯的《卢济塔尼亚人之歌》。[140] 他赞许地写道，在纳尔辛格（即维查耶纳伽尔），最美的女人会陪伴男人上战场，因为印度人相信女人的爱会使得战士更加勇敢。[141] 从这些零散的信息中可以清楚地看出，托雷利开始思考印度人和欧洲人所共有的骑士精神，这一观点当然会让葡萄牙贵族和在印度的传教士大为震惊。托雷利愿意把欧洲的骑士和印度的骑士相提并论，而且印度骑士也并不总是比欧洲骑士低下，这说明他对印度习俗持有包容的态度，这与当时流行的耶稣会士的正统观点全然不同。在耶稣会士看来，印度人是不可救赎的。

16 世纪 90 年代，耶稣会传教士的传教活动在中国正风生水起，在意大利知识分子眼里，中国的形象要比印度的好得多。明确为中国唱颂歌的是《伟大的黄帝》（*Il magno Vitei*，威尼斯，1597 年），[142] 这是卢多维科·阿里瓦贝内（Ludovico Arrivabene，约 1530—约 1597 年）的最后一部文学作品。1589 年以后，这位当时最著名的诗人和文学巨匠效力于曼图亚的贡扎加家族，以兴趣广泛而为时人称道。斯特凡诺·古阿佐（Steffano Guazzo，1530—1593 年）在 1589 年写的一封信中评论道，阿里瓦贝内对异国自然界的描述是真正的"印度宝藏"。[143] 阿里瓦贝内 1592 年写的关于圣地和黎凡特地区基督教朝圣者的对话，进一步显示出他对遥远地区发生的事情，对道德教化和普世公正这些问题越来越关注。[144]

《伟大的黄帝》是 17 世纪英雄—侠义类传奇故事的鼻祖，这部散文巨著讴歌了具有智慧和道德的英雄形象。[145] 这部作品的背景是中国及其东方邻邦，有科钦—中国、占婆、柬埔寨、暹罗、勃固、日本、苏门答腊、印度以及鞑靼。中国被描述成人类所知的最富有仁义道德的国家。古代中国的统治者神农（Ezonlom）被塑造成卓越的君主和完美统帅的典范，他的大儿子黄帝是所有骑士和国王中最勇敢、最睿智的人。这些模范人物就是在中国这样一个对欧洲人来说陌生的环境中而取得超凡脱俗的成就的。事实上，有些文学史学者认为，营造这么一个纯粹的亚洲背景，只是为了凸显一种异国的、奇幻的氛围。[146]

阿里瓦贝内在致他的"友好而体谅的"读者的前言中说，有些人会认为他的历史包含了很多令人怀疑的信息，对于这种质疑，他的回答是："我辛苦地努力，不过是为了揭示伟大中国的一些最本质的东西，它的光辉品质至今还完全埋没在未知的黑暗之中。"当时的人们认真地接受了阿里瓦贝内的观点，这有事实为据：该书两年后重印发行时更名为《中国史》（*Istoria della China*，维罗纳）。[147] 意大利文学专业的学生像骑士般那样拒绝接受阿里瓦贝内关于他认真研究过中国和其邻邦的辩解，坚持认为他的作品就是一部散文性骑士传奇，或是像博亚尔多、阿里奥斯托所普及的亚历山大传奇一样的散文故事。有些人甚至断言，除了广为人知的国家名如中国、日本和印度外，作品中的其他地名和人名都是作者虚构的。不过，如果分析一下这部作品，就会很容易地发现这样

220

221

的结论是错误的。

事实上,《伟大的黄帝》很大程度上参照了门多萨广为流行的《中华大帝国史》,同时也参照了当时欧洲的其他资料、赖麦锡收藏的游记以及耶稣会士书信集。阿里瓦贝内作品中主要人物的名字,像黄帝、神农和后稷(Hautzibon),与作品中次要人物的名字一样,都来自门多萨的《中华大帝国史》。[148] 由于门多萨的著作带有浪漫传奇色彩,我们几乎无法核实其中中国名字的真正所指。之所以有这样的困难,可能是因为西班牙在菲律宾的中国信息提供者说的是中国方言厦门话和广东话。然而,从门多萨对黄帝成就的描述中还是可以推测出,他是在用黄帝来代指中国历史上早期的皇帝和文人英雄。从门多萨提到的黄帝是"中国的第一个帝王",也是第一个建立了帝王世袭制的统治者这一线索来看,黄帝似乎指的是中国历史上夏朝(一般认为夏朝的年代是从公元前 2205 年到公元前 1766 年)的开国皇帝大禹。[149] 但是,从门多萨列举的黄帝的文化成就来看,他描述的黄帝(Vitei)似乎更像是 Huang-ti,据说其在位时间是公元前 2698 年到公元前 2598 年,或者正如门多萨著作中所描述的黄帝在位一百年那样。[150] 阿里瓦贝内还给黄帝起了一个通俗的名字"一帝"(Iddij),[151] 这个名字不是从门多萨那里借鉴过来的,不过这种给帝王起名的做法还是和中国后世的传统习俗相一致。不管黄帝的真实历史身份是什么,门多萨和阿里瓦贝内都毫无疑问地把他看作中国的第一个帝王,看作统治者的楷模。

阿里瓦贝内的故事主要是围绕神农和黄帝率军出征鞑靼、平定国内叛乱和海南岛叛乱、征伐交趾支那(Cochin-China)、在陆地上和海洋上抗击日本等展开的。书中的多数地理名称,包括河流、山峦、省份、城市、岛屿等等,都可以根据托勒密的称谓或海外发现以后资料中的名字得到确认。源自马可·波罗的"阿贡"(Argon),也就是波斯的阿鲁浑(Arghune),大概是从赖麦锡的著作中得来的。[152] "顺天"(顺天府,北平及其管辖区的官方名字)也是从门多萨那里借来的。[153] "吴"(voo,可能来自日语"O",意思是国王)这一名称很可能来自耶稣会士书信集。[154] 他还用清晰可辨的表格列举了香料岛或摩鹿加群岛中最重要的 6 个岛的名字,很显然是从赖麦锡编辑的特兰西瓦尼亚的马克西米利安·皮加费塔的记述中借用过来的。[155] 他著作中的那些印度北部地区

222

的名字，比如"木尔坦"（Moltan，也称作 Multan），大概是来自于耶稣会士书信集，那些书信集中有很多描述了 16 世纪 90 年代派驻到阿克巴的传教士的经历；也可能是来自于威尼斯商人切萨雷·费德里奇（Cesare Fedrici）和加斯帕罗·巴尔比分别于 1587 年、1590 年出版的印度记述。[156]

不论在和平时期还是战争年代，黄帝都有着高超的统治术。他发明了火炮和一种威力极大的攻城兵器，名曰"城市风暴"。他发现了治疗蛇伤的草药，发明了印刷术。他学识渊博，既精通印刷术、雕刻术，又谙熟自然科学。为了更好地养马、养鸟，他制定特殊的食谱。不管是尘世之事，还是祭祀宗庙，他都会求问甲骨，睿智地预测战争和其他事情。他敬奉他的父亲，为他举办节日庆典，并发明机器为这些节日助兴造势。他探讨日食月食、潮汐海浪、地震和东海的滔天巨浪，并预测它们何时会发生。他敬神敬人，看重友谊和忠诚，认为女人真正的美在于她优良的品德。简而言之，黄帝是帝王的楷模，他见解深刻，成就卓著，坚毅忠贞。

阿里瓦贝内笔下的亚洲镜像点缀着的各种奇迹，亦真亦幻。在他的描述中，动物尤为引人注目。他用大量的笔墨去描绘、揣测奇异动物的品质、特点和它们的思考能力。马、狗、蚂蚁、蜜蜂、青蛙、大象、犀牛、黑豹、鹦鹉、鳄鱼以及其他真实的动物，和美人鱼、亚马逊女战士、巨人、独角兽、妖怪、半人半兽的奇异动物竞相吸引读者的注意力。阿里瓦贝内对宫殿、城市、王国和国家也进行了描述，但着墨更多的是奇闻轶事、恶魔、葬礼、节日以及某些宝石具有的德行和法力。书中的神灵是亚洲和希腊神灵的结合，包括马可·波罗和门多萨两人都提到过的鞑靼"纳蒂盖"（Natigai）。[157]事实上，书中大部分篇幅描写的是人、地、物，仅有少量的传奇或骑士故事，其中最有名的是一个围绕蒂亚蒂拉（Tiatira）的田园故事。蒂亚蒂拉是国王特拉凡科尔（Travancore）和他的妻子鲁伊·巴雷托（Rui Bareto）的女儿，从这个国王名字上判断，应该是一名葡萄牙冒险家。[158]

从以上简要的综述中可以明确地看出，《伟大的黄帝》实际上是人种历史学和浪漫传奇的混合，其中夹杂着大量的对自然现象和道德品行的观察描写。从当时欧洲的知识视野来看，该书的亚洲背景是真实的，但绝大多数主要人物的

223

特征是作者个人创造的。书中很多地名真实可信，但有一些明显地来自神话传说，或者是难于辨认。在这部著作中，阿里瓦贝内希望通过描写一个真实而富有异国情调的亚洲来取悦读者，同时希望传达他关于完美君主的理念，认为中华帝国的创立者就是完美的君王，而中国一直是亚洲国家的楷模。

阿里瓦贝内把中国提升为欧洲效法的楷模这一点，可以从门多萨的《中华大帝国史》、16世纪后期耶稣会士的书信以及波西维诺（Possevino）和博特罗的书中得到印证，[159] 这些著述中透露出的信息很大程度上激发了阿里瓦贝内对中国的热情。但是，还应该注意到，阿里瓦贝内在《伟大的黄帝》中故意回避他所参考的资料中对中国的批评，那些资料中批评中国人懦弱、贪婪、不可信赖、狡猾、性堕落等等。阿里瓦贝内的《伟大的黄帝》与其说是历史或传奇故事，毋宁说是讲道。这本书还是第一部把中国描绘成模范国家的长篇说教作品。简而言之，18世纪启蒙作家所推崇的中国在这部16世纪后期的作品里就有所描述了。从这一点看，阿里瓦贝内与伏尔泰之间的共同点要多于他和阿里奥斯托的相似之处，从这一结论可以看出16世纪的欧洲作家在对亚洲的理解和欣赏方面走得有多远。

威尼斯和受其影响的意大利东北部的城市，在整个16世纪保持着通俗文学翻译、出版和传播的主导地位。对第一代作家而言，他们对亚洲感兴趣主要是因为亚洲在商业贸易上具有重要地位，有很多奇异的动植物。对于博亚尔多和阿里奥斯托来说，亚洲依然是一个半想象中的世界，依然是战争和爱情这类英雄故事的背景。16世纪中期游记文学和印刷地图的出现，对于当时的作家把亚洲特别是印度作为真实世界的一部分，产生了一定影响。各类短篇小说的作者和收藏者又从游记作品中演绎出新的故事，把富有异国情调的东方装饰和背景融进自己的创作当中。那些文学杂家定期把了解到的关于亚洲的新材料写进他们百科全书式的著作里面，并在16世纪后半期蔚为大观。

意大利反对宗教改革带来的主要影响，特别是在禁书目录（Tridentine Index）发布之后的影响，是限制有伤风化、描写风流韵事的文学作品，鼓励创作在内容上具有道德说教色彩的文学作品。由于这一禁令限制了人们在以前繁

224

荣的文学领域的活动，因此人们开始把兴趣转向遥远的国土和人民。耶稣会士书信集公开地比较亚洲人和基督徒之间的行为方式和道德规范，从而给欧洲读者以教诲和启迪。但是，有些世俗道德主义者比如塔索，在他们的著作中对亚洲及海外世界的新知识几乎完全没有反应。塔索虽然知道也喜欢《卢济塔尼亚人之歌》，但由于 16 世纪最后二十年发生的事情将人们的兴趣从印度和香料转移到在日本和中国的传教活动和商业机遇，因此，他的视阈范围就不包括葡萄牙所征服的东方世界。1585 年日本使团出访意大利，同年门多萨的《中华大帝国史》（1585 年）的问世和之后马菲用拉丁文撰写的东方传教史（1588 年）的出版，燃起了人们到东方的亚洲去建功立业的新希望，这在威尼斯出版商雇人撰写并发行的传奇故事以及其他道德说教性作品中都有反映。巴尔蒂比较了欧洲和亚洲的物产，而托雷利比较了欧洲和亚洲的社会习俗。在阿里瓦贝内的《伟大的黄帝》中，中国被升华为模范帝国，那里完美的君王在一个惬意的环境中建树自己不朽的英雄伟业。博亚尔多笔下中世纪的"契丹"在 16 世纪演化成一个光荣的帝国，是欧洲学习的榜样。

第三节　历史和宇宙志

首先将海外发现写入历史的意大利知识分子中，就有帕多瓦的著名学者本博和博纳米科（Buonamico），他们鼓励 1534—1538 年在帕多瓦求学的葡萄牙青年达米奥·德·戈伊斯继续撰写他的同胞在海外探险的历史。[160] 如前所述，本博根据他得到的报告对葡萄牙的海外发现进行了总结，并在他撰写的威尼斯历史（1551 年）的第六卷中做了摘要概述。著名历史学家弗朗西斯科·奎齐亚蒂尼在他的意大利历史中尽可能客观地讲述了 1492—1534 年席卷意大利的战争，但即便在他的讲述中也笔锋一转，岔开对意大利事件和人物的分析，进行这样的评述："很显然，在关于地球的很多问题上，古人都有误解。"[161] 他家族的其他成员也试图弥补这一缺陷，他们研究地图学、地理学，收集有关葡萄牙在东方征服的资料。[162]

225 16世纪意大利这些最优秀的历史学家的回应表现出这样一个事实：所有已知的国家和人种都应该被写进历史。如果要进行比较，如果要按照一般的原则阐述世界地理概况、人类的相同和差异以及普世性的范畴，那么将东方国家的历史纳入世界通史就显得非常必要。[163] 其中给人印象深刻的是卡尔达诺在其《我的生活之书》（*The Book of My Life*，1575年）中的评述，他认为欧洲人普遍需要了解世界其他地区的情况，以保障欧洲自身的安全和未来的发展。他这样写道：

> 我生活中令人惊奇的同时也是非常自然的事情当中，首要的、最不同寻常的是我生活在一个整个世界都被人类所认识的世纪，而我们的先人对这个世界的了解只有1/3多一点。
>
> 一方面，我们开拓了美洲……除此之外，向东，我们越过南极洲发现了南半球……还发现了日本、中国、亚马逊女战士，发现了一个比魔岛更远的地方……如果它们不是神话传说中的岛屿，所有这些发现都会导致接连发生一系列不同寻常但又带有灾难性的事件，因此必须让这些地区保持正常的秩序。[164]

人文主义历史学家对东方发现的代表性观点体现在帕奥罗·乔维奥（1483—1552年）的著作当中，他也被称为保卢斯·约维乌斯（Paulus Jovius）。与他同时代的许多人一样，约维乌斯在帕维亚获得医学学位，在罗马和其他地方从过医。他早年就开始用拉丁文编纂他那个时代的历史，这一工作得到了教皇利奥十世以及利奥十世后继者的鼓励和支持。1528年，约维乌斯被委任管理主教辖区诺切拉（Nocera），这一圣职给他带来了丰厚的收入，使他晚年能够惬意地生活在科莫（Como）湖边的别墅中。他很受美第奇家族的青睐，受邀为美第奇家族主持了很多宗教仪式。他与梵蒂冈教廷和美第奇家族的关系使他能够在很多年里一直与意大利宗教界、政界和经济界人物保持密切的联系，通过这些关系，他也能够同那些经常造访梵蒂冈或者与美第奇家族保持联系的欧洲其他地方的人，建立起联系。[165]

约维乌斯写过很多传记作品，收集了很多当时著名人物的画像。他最早出版的一部著作是西班牙军官贡萨罗·赫尔南德斯·德·科尔多瓦（Gonzalo Hernandez De Cordova）的传记，贡萨罗被誉为"伟大的统帅"。这本书的写作时间是1525—1526年，对此前发生的主要历史事件进行了简要的回顾，包括匈牙利的战争、波兰的战争、土耳其人和波斯人之间的冲突以及葡萄牙在海外取得的成就等。约维乌斯在书中写道，葡萄牙人在征服印度国王后，继续向东推进，征服了马六甲、苏门答腊和香料岛。[166] 这些信息可能是约维乌斯1516年从当时在罗马的葡萄牙使团那里了解到的，那个时候，整个罗马街谈巷议的主题都是葡萄牙使团，而约维乌斯恰恰就在这一年来到了罗马。这一结论也可以从这样一个事实中得到佐证，即约维乌斯在他的《伟人传》（*Lives of Great Men*）中有一段关于葡萄牙使团的描述，还在他的画廊里保存了一幅葡萄牙使团团长特里斯坦·达·库尼亚的画像。[167] 但这一传记最令人称道的地方在于：约维乌斯自觉地将欧洲以外地区发生的事件，按照时间顺序，与当时欧洲发生的历史事件进行了平行描述。

考察目前尚存的约维乌斯16世纪40年代的书信往来就会发现，他对土耳其在欧洲的扩张抱有莫名的恐惧，对基督教十字军在黎凡特地区的东征抱有极大的热情，对欧洲和奥斯曼土耳其之间所有有关的事件和事务都给予密切的关注。[168] 因此，他深受葡萄牙海外扩张成就的鼓舞，原因可能是他认为这一扩张可以抵御伊斯兰教徒。[169] 他对印度洋和波斯湾的地理状况极为熟悉，也知晓葡萄牙人在控制印度和地中海之间的贸易航线上所面临的海上战略问题。还有一个非常明显的事实是，约维乌斯雇佣了一个葡萄牙仆人，他在书信中称之为"我的葡萄牙人"，这个葡萄牙仆人帮助他收集葡萄牙海外扩张的信息。[170] 这位葡萄牙仆人还答应约维乌斯给他搞到一个有着珍珠母眼睛、象牙牙齿的黑檀木玩偶，这个玩偶受到坎纳诺尔国王的顶礼膜拜，据说这个玩偶几乎和阿里奥斯托的《疯狂的奥兰多》中的异教徒斗士罗达蒙特（Rodamonte）一般大。[171] 根据葡萄牙编年史作家若昂·德·巴罗斯的著述，约维乌斯似乎和他有着直接的通信联系，巴罗斯曾把一些关于亚洲的材料和亚洲的书籍寄给约维乌斯。[172] 约维乌斯1547年写的一封信中讲述了上一年葡萄牙人在第乌取得胜利的情况，这也进一步证实了他对当时亚洲发生的事件是了解的。信中他这样写道：

227

> 同时，我们为两个伟大的胜利而欢呼，一个是在印度，坎贝国王
> 被驱逐出第乌城，损失惨重，颜面尽失，坎贝的塔楼和工事已被夷为
> 平地。不过，有 600 多名葡萄牙勇士战死沙场。因此，我们为这些勇
> 士的国王堂·若昂和他的妻子高呼万岁。[173]

在 1550 年首次出版的《编年史》（*Historiarum sui temporis*）中，约维乌斯
记录了从 1494 年法国入侵意大利，到 1547 年之间世界各地发生的重大事件。
这部《编年史》分上下两卷，有 45 册之多。在 16 世纪的版本中，第一卷（9—
11 册）不知何故缺少从 1494 年，也就是瓦斯科·达·伽马首次航海的那一年，
到 1513 年，也就是利奥十世被选为教皇那一年之间的材料，因此直到讲述葡萄
牙使团 1514 年拜会利奥十世这一事件的时候，约维乌斯才第一次注意到东方。
在这里，他大量地介绍了葡萄牙人在印度的坎纳诺尔、科钦和卡利卡特以及更
远的马六甲获得胜利的情况。[174] 后来，他再一次在他的著作中提到葡萄牙人
在印度的征服情况，并把纳尔辛格（Narsingam，即维查耶纳伽尔）列入他的地
名表当中，纳尔辛格当时的国王国力富足，拥有一支强大的骑兵部队。约维乌
斯还写道，葡萄牙 1514 年将自己的统治范围从埃塞俄比亚扩张到中国海岸。[175]

约维乌斯注意到葡萄牙人在广州做生意，在他笔下，广州是一个与威尼斯
相似的城市，四面环海，楼宇之间有石桥相连。[176] 广州的高楼和威尼斯的一样，
镶着透明的窗格玻璃，外面有铁丝网护着，到处是花园，园中硕果满枝，植物
繁茂。城中的男男女女乘着带篷的船只或坐着马拉的车子出行，那些船只和马
车和“我们的”一样。当地的贵族士绅穿着彩色的长衫，留着和威尼斯人一样
的胡子。[177] 对约维乌斯来说，最令他仰慕不已的是广州的印刷工人。

> 他们采用的方法和我们一样，在一张长长的、向内折成方形的纸
> 张上印制图书，这些书有的是历史方面的，有的是礼仪方面的。利奥
> 教皇非常慷慨地让我亲眼目睹了一卷这样的书，那是葡萄牙国王送他

大象时一起送给他的礼物。所以从这个例子来看，我们有充足的理由相信，在葡萄牙人到达印度之前，就有西徐亚人和莫斯科人将其他历史书和礼仪书带给过我们，向我们提供了信件所不能比的帮助。[178]

印刷术经陆路从中国传入欧洲这一观点，是否是约维乌斯自己得出的结论我们不得而知。不过，有一点是明确的，这就是16世纪中期以前，葡萄牙已经开始讨论海外发现的问题了。[179]

约维乌斯《编年史》的第二卷记述了从1527年到1547年之间发生的事件，主要记录了土耳其帝国苏丹苏莱曼一世（Suleiman the Magnificent）从1520年到1566年之间的活动以及1526年在莫哈奇（Mohacs）击败匈牙利人的战役。土耳其人向欧洲的扩张引起了约维乌斯的焦虑和不安，焦虑不安之际，他看到了葡萄牙人对香料贸易航线的控制，看到了葡萄牙人对东方具有战略意义的沿海地区的征服，这一切极大地削弱了奥斯曼土耳其帝国的财力，分散了土耳其人的注意力。[180]约维乌斯关于霍尔木兹、亚丁和锡兰等战略要地的信息显然是从彼得·阿皮安（Peter Apian）的地理著作中得来的。[181]令他印象深刻的还有西班牙和葡萄牙在开辟海外世界方面取得的成就，哥伦布的丰功伟绩为他赢得了比赫拉克勒斯还要恒久的荣耀。约维乌斯称麦哲伦的环球航行"不可思议"，并呼吁要"像古希腊传统那样，把每一个赞美的词汇都加到塞拉诺（Serrano）、麦哲伦以及皮加费塔这些传颂千古的名字上"。[182]有充分的证据表明，约维乌斯在罗马认识了皮加费塔，当时是1524年，皮加费塔这位世界旅行者在教皇克莱门特七世的宫廷里受到款待。那个时候，约维乌斯住在梵蒂冈，从皮加费塔那里得到很多图画和书籍，这些图画和书籍刻画、描写的都是令人叹为观止的东西。可能是通过彼得·马特的著作和书信，[183]约维乌斯还了解到西班牙人正沿着麦哲伦开辟的航线，与其他探险船队一起，横跨太平洋，去征服香料岛。因此，在约维乌斯的心目中，西班牙国王和葡萄牙人将会通过争夺和控制所有的香料来源地，强化基督教世界，削弱土耳其人。但是，他和路德、伊拉斯谟一样，对香料垄断和葡萄牙人的高价香料很是不满，甚至建议从莫斯科公国那里购买质量更上乘、价格更便宜的香料。[184]

228

约维乌斯关心的主要问题是土耳其人入侵东欧带来的安全问题，与此相比，东方发现在他的心目中仅处于次要地位。当然，他也深知香料贸易和美洲金属对基督教世界的繁荣和稳定的重要性。[185]他对莫斯科公国的兴趣也使他对黎凡特地区和中亚地区的权力制衡非常敏感。截至1550年，也就是他的历史巨著出版的那一年，他能参考的有关亚洲的书籍寥寥无几，葡萄牙人依然对有关亚洲的信息实行控制，而耶稣会士还没有开始出版发行他们的书信集。出于对地理的极其热爱，约维乌斯尽可能准确地确定那些遥远地区比如广州的地名、位置，并对其进行详细的描述。后人通过分析约维乌斯的《编年史》，至少编纂了一部地名词典。[186]他对亚洲的人种仅表现出模糊的兴趣，主要记述了亚洲人生活的自然环境。但是，他对自己所知甚少的中国文明留下了深刻的印象，思想非常开放地认为印刷术是从中国通过陆路传到欧洲的。他毫不犹豫地把他那个时代的航海家和征服者放在与古代英雄一样高的地位，甚至比古代英雄还要高。尽管约维乌斯关于东方的知识支离破碎，但他还是努力把有关海外发现的活动纳入到整个历史之中，从而为知识界了解海外发现对于当时欧洲人的意义投注了一束亮光。

同样，威尼斯的杂家们也在忙着撰写当时的历史，通常以年鉴的形式出版。这些创作流行作品的历史学家和学者型的历史学家本博一样，对意大利以外发生的事件极为关注，比其他人更倾向于编撰像世界历史那样的地理编年史。[187]乔万尼·塔尔加格诺塔（Giovanni Tarcagnota，1566年去世）是摩里亚半岛（Morea）人，他可能在曾出版过赖麦锡《航海旅行记》的印刷商吉恩蒂（Giunti）的鼓励甚或雇佣下，以年鉴形式编撰了一部综合性的世界历史。塔尔加格诺塔的《世界历史》（*Delle historie del mondo*，三卷，五册，1562年在威尼斯出版）主要以古代和中世纪为中心，止于1513年。此后，曼布里诺·罗塞奥（Mambrino Roseo）1573年发表续编，涉及的时间段是从1519年到1559年。[188]罗塞奥曾于1570年出版过亚历山大大帝传以及古代文献中论述亚历山大大帝之后帝王的纲要，[189]他对亚洲当时发生的事情要比塔尔加格诺塔了解得多。1540年，他报道了沙勿略去东印度传教的消息，断定这位耶稣会士在东印度掌握了一门"叫作马来语的语言，这门语言在印度通行"。[190]他讲述了葡萄牙和土耳其在印度洋上的海战以及第乌第一次被围困的情况。[191] 他还详细评述了耶稣会士以及葡萄牙人为让那些凶悍的果阿人皈依基督教而做出的努力。[192] 罗塞奥可能就是根据耶稣会士的书信，对耶稣会士 1557 年到中国和日本传教的进展情况进行了总结。[193] 对于中国和日本在不知道"真正上帝"的情况下能够如此有秩序地生活，罗塞奥本人表现出极大的惊奇，沙勿略也深有同感。

乔万尼·洛伦佐·达纳尼亚（Giovanni Lorenzo d'Anania，约 1545—约 1607 年）是罗塞奥同时代的历史学家，他是塔韦尔纳（Taverna）人，生活在卡拉布里亚（Calabria），曾在那不勒斯度过自己的青春岁月。在大主教马里奥·卡拉法（Mario Carafa，1576 年去世）的资助下，阿纳尼亚①在那不勒斯广泛学习了自然科学、外国语言和神学。作为他学习的成果，阿纳尼亚于 1573 年出版了《世界概览》（*L'universale fabrica del mondo*…，那不勒斯），这部书共分四部分，其关于海外世界的叙述远比那些年鉴形式的历史著作里的一鳞半爪要丰富得多，综合得多。阿纳尼亚从地理上将世界分为四个区域，分别是欧洲、亚洲、非洲和美洲，书的每一部分都讲述当时人们对这四个区域中一个区域的认识。这本书在那不勒斯出版三年后，就由 I. 维达利（I. Vidali）经那不勒斯出版商 A. 圣·维托（A. San Vito）同意，在威尼斯重印。[194] 二十年后（1596 年），这本书在威尼斯再度重印，从中可以看出 16 世纪的读者对这部著作有着持久的兴趣。

阿纳尼亚著作的第二部分论述的是亚洲，将近 100 页（从 157 页到 253 页），其中一半的篇幅主要讲述了葡萄牙征服的亚洲以及鞑靼地区（第 202-233 页）。从作者在这部著作前面提供的参考文献来看，阿纳尼亚显然非常精心地梳理了从古代、中世纪一直到他那个时代有关亚洲的材料。他几乎把 1573 年前出版的权威著作全都列入了他的参考文献，或是在书中加以引用。[195] 他参考的葡萄牙学者有巴尔博萨（可能是赖麦锡翻译的版本）、戈伊斯和巴罗斯。如果进行文本比较就会发现，阿纳尼亚比较严格地沿用了 1562 年威尼斯出版的巴罗斯

---

① 此处英文为 Anania，故译为阿纳尼亚，和上文的 d'Anania（达纳尼亚）为同一人。下文中是原文为 Anania 的，统译为阿纳尼亚。——译者注

230

《亚洲旬年史》前两卷意大利文版中的很多地名。[196]在西班牙学者中，他参考的最多的是赖麦锡的《航海旅行记》中提到的学者，包括彼得·马特、奥维耶多和戈马拉。他参考的意大利作家自然是最多的，包括马可·波罗、科尔萨利、瓦尔塔马、韦斯普奇、皮加费塔、保卢斯·约维乌斯、博尔多纳以及波卡奇。他还引用了托勒密学说改进者以及加斯塔尔迪、明斯特和奥提留斯等人的地图和记述。他提到阿比尔法达·阿拉比（Abilfada Arabi）（可能是基督教历史学家阿布尔法拉基 [Aboulfaradj]），并在著作中反复提到黎凡特的作家和信息提供者，其中一位是土耳其基督徒，名叫堂·菲利普·达乌斯特里亚（Don Filippo d'Austria）。[197]他还列举了"乔斯皮·印多"（Gioscepe Indo），可能指的是约瑟夫神父，这位叙利亚—马拉巴尔派（Syro-Malabar）基督徒 1502 年曾访问意大利，他的言论在 1505 年及以后被印刷出版。[198]阿纳尼亚最新的参考资料都是从当时在意大利发行的耶稣会士的书信和书信集中获得的，他还从在那不勒斯港上岸的船员那里搜寻资料。他经常引用的一个名字"阿维亚达特"（Aviadat）可能就是一名为葡萄牙人服务的水手，这位水手成为他描述东南亚地名、事件的权威资料提供者。阿纳尼亚描述了一个从葡萄牙到那不勒斯来的中国人的相貌，这是那个时候也就是 1573 年前第一个到那不勒斯的中国人，也是唯一一次被提及的到过那不勒斯的中国人。[199]

231

　　在描述被葡萄牙征服的亚洲时，阿纳尼亚采用了巴罗斯著作的总体框架。相比之下，他的描述比巴罗斯的更为简洁，不过论述亚洲地区的次序却是一样的，即印度、东南亚、中国和日本。他还进一步补充了巴罗斯论述的细节，通过利用耶稣会士书信里的材料，丰富了巴罗斯的叙述。[200]他还指出了其参考资料中的矛盾和遗漏之处，并融进了自己的经历与观察，使他的参考资料更加鲜活。比如，在评述印度和中国的语言时，他根据自己所看到的文字描述了这两种语言的"字母表"以及书写形式。[201]在叙述奇异的风俗时，比如僧伽罗人崇奉"佛牙"、印度人喜欢嚼槟榔，阿纳尼亚字里行间透露着兴奋与快乐。[202]他的描述中自然没有漏掉大象和犀牛这两个在 16 世纪代表着亚洲形象的厚皮动物，以及阿维亚达特给他讲过很多细节的鹦鹉（他用的是马来语词汇 Nuri）。[203]他简要地介绍了葡萄牙在印度实行的政治体制，并根据耶稣会士的书信，试图分辨出日本和中国的主要官员。[204]他对椰子壳、大黄、桂皮、茶、西米、丁香这些异国物品心向往之，曾认真地观察了一些样品，并在那不勒斯的药物专家和植物、矿物、宝石收藏家弗兰特·因佩拉托（Ferrante Imperato，约1550—1631年）家里进行了品尝。[205]他对宗教信仰，特别是印度的婆罗门教和瑜伽教义以及锡兰、暹罗、日本的佛教，都有较为详细的论述。[206]

在讨论宗教、语言和物产时，阿纳尼亚一般要进行一番的比较，观察哪些习俗和"我们的"一样，或者哪些物产和"我们的"比较相像，或者日本人在勤奋方面很像佛兰德人（Fleming）。与巴罗斯一样，阿纳尼亚对专有名词和词源很感兴趣，他注意到锡兰被波斯人和土耳其人称为"萨兰迪尔"（Sarandil），亚洲把海上的大风暴称为"台风"（Tifone），"秦那"（Cina）源于希腊和拉丁文中的"西那"（Sina），阿拉伯人称桂皮为"达塞尼"（Darseni，实际上是"达奇尼"[dār-chīnī]）。[207]印度人肤色较黑，[208]中等身材、精干、狡黠、见异思迁；他曾亲眼见过的中国人则差不多和佛兰德人一样高，体型宽阔、留少许胡须、小眼睛、神情和"我们的"相似；香料岛的居民容易动摇、中等身材、多愁善感，因为他们从起源上说来自中国和印度，因此他们中有些人的肤色白得像中国人，有些人的肤色黑得像埃塞俄比亚人。[209]中国人和日本人在财富、智慧、人文和机械艺术的造诣上，要远胜于其他亚洲人，原因可能是他们的肤色较白。[210]

阿纳尼亚描述鞑靼地区时依据的是托勒密的著作和《马可·波罗游记》，他提出希伯来人称鞑靼为"玛各"（Magog），而希腊人和罗马人则称之为"西徐亚人"。他论述了蒙古人对中国、俄罗斯、东欧的入侵，认为几乎所有的亚洲人都曾在成吉思汗的统治之下。与描述被葡萄牙征服的亚洲截然不同的是，他对鞑靼地区的文学性描述中充斥着古老的传说，其叙述几乎完全不按照时间顺序。他也意识到他的资料来源有问题，因此就通过采访途经那不勒斯的俄国公司的英国人来印证自己的资料。他甚至能够接受一个表示鞑靼习俗的、混杂着英语成分的词"托马斯·库斯尼比"（Thomas Cusnibi）。[211]理查德·格雷（Richard Gray）曾于1555年至1557年在俄罗斯停留，阿纳尼亚从他那里了解到西伯利亚大草原上的毛皮动物以及中国（契丹[Cataio]）和俄国之间的贸易情况。[212]但是，尽管他做出了这些努力，他笔下的鞑靼地区（第236-252页）依然是模

232

糊的，与他对亚洲沿海地区相对清晰、准确的描述相比逊色许多。尽管有着明显的局限，阿纳尼亚对亚洲的了解已经远远胜于他的意大利先辈，他是一代宇宙学家、历史学家和政治理论家中第一个开始认真对待亚洲，并把亚洲作为已知世界中一个独立、文明的地域，写入历史著作的学者。

　　16 世纪最后十年世界通史写作的范例是切萨雷·坎帕纳（Cesare Campana，约 1540—1606 年）的两部著作，他是阿奎拉人（Aquila），成年后的大部分岁月是在维琴察度过的，他的世界通史始于罗马建立，这一点乏善可陈，对亚洲没有表现出直接的兴趣，[213] 但在后面描述 1580 年至 1595 年之间发生的事件时，则包含了很多东方信息。[214] 他注意西班牙人在菲律宾的活动情况，了解到奥古斯丁教团派遣传教士到中国的情况，这些资料可能是从门多萨的著作中获得的。[215] 他根据耶稣会士的书信，对传教士在日本的成功以及那个遥远岛国的政治冲突和战争情况，进行了详细的评述。[216] 在讨论 1583 年在撒尔塞特岛被害的传教士时，他只是简述了葡萄牙征服印度的历史以及欧洲人在那儿面临的难题。[217] 然而，他对日本使团 1585 年在意大利的活动却给予了极大的关注。在对那一年的描述中，与那不勒斯的饥馑和骚乱骤然导致反对西班牙王室的政治暴乱相比，他着墨更多的是日本和日本人。从他的记述来看，他可能真的见到了日本使节，也许就是在 1585 年 7 月日本使团逗留维琴察期间。[218] 他在著作中说，除了面包外，日本人用筷子吃所有的东西，他们和衣而睡。关于日本人的相貌，他这样说："他们身材中等偏下，脸色呈橄榄色，性情温顺随和，举止彬彬有礼，眼睛小，眼睑厚，鼻根凸出但又不是畸形。"[219] 在对随后几年历史的记述中，坎帕纳写到日本使团在返回途中经过果阿和澳门的情况。[220] 在描述西班牙人在菲律宾的活动时，他说很多对人类生活非常重要的植物种子都已被带回欧洲，尽管他不清楚如何播撒这些种子。[221]

　　正如坎帕纳及其前人的作品所显示的，在文艺复兴时期的思想家看来，任何事物都有它的历史，了解遥远时代、遥远地区的人们，并与人们所知的当今时代相比较，是历史的责任，这一认识已经深深地扎下了根。[222] 弗朗西斯科·帕特里齐（Francesco Patrizi，1529—1597 年）把西班牙人和葡萄牙人的"航海"比作普林尼的《自然史》，并把西班牙人、葡萄牙人的"航海"作为"混杂的历

233

史"纳入编年史，因为西班牙人、葡萄牙人记述了不同生活方式的某些侧面， 描述了遥远地区的自然界。[223]世俗历史学家越来越把宗教和教堂仅仅看作注定要变化的历史的发展产物，这一趋势在正统宗教那里已引起敌意，特别是那些耶稣会士，他们试图在知识界抵制这种思想的侵蚀和蔓延，因为它对教堂作为神圣机构的地位，构成了很大的威胁。

在批驳马基雅维利、博丹、帕特里齐和清教历史学家的异端思想的知名耶稣会历史学家中，有一位名叫安东尼奥·波西维诺（Antonio Possevino，1534—1611年）。他是曼图亚人，1559年加入耶稣会，在欧洲多年主导耶稣会传教事务。从1573年到1577年，他担任耶稣会的秘书长，在总会会长墨丘利安（Mercurian）的直接领导下开展工作。1581—1582年，他受教皇格里高利十三世的派遣，到波兰和俄罗斯实现那里的宗教统一。[224]1586年回到意大利后，波西维诺将自己的注意力转向教育，先后在罗马和帕多瓦教书，准备向世俗编年史家进行宗教反击。1592年，波西维诺出版了《对四位学者的批驳》（*Judicium de quatuor scriptoribus*），开始批判马基雅维利、博丹以及另外两名学者的著作。[225]波西维诺在这本书和其他著作中，抨击马基雅维利的政治非道德观，激烈地反对博丹和清教徒的危险思想。尽管他毫不留情地批驳博丹的《国家六论》，但又毫无保留地介绍了博丹将历史分为自然史、人类史和神的历史三部分的观点。波西维诺甚至创立了第四部分，即宗教历史，或者说宗教机构以及宗教思想的历史。这个第四部分是他用力最多的领域，他把耶稣会了解到的日本宗教知识以及耶稣会士海外传教取得的成就，纳入到他的历史观和耶稣会学校的课程设置当中。

1593年，波西维诺在罗马出版他的《历史、科学、救世研讨丛书选编》（*Bibliotheca selecta de ratione studiorum in Historia, In Disciplinis, in salute omnium procuranda*），这是一部学者需要阅读的书籍和文献的纲要，收录的作者有8 000位之多，简要介绍了他们的著作和观点。第四卷的最后几页论及中国，是依据1590年从中国返回罗马的耶稣会士罗明坚神父转交给他的材料和信息进行描述的。[226]波西维诺本人对中国人的描述虽然很简要，但对中国人的道德风尚大加赞赏，其称誉不亚于阿里瓦贝内和18世纪"中国热"中欧洲人对中国的偏好。

235 第 10 卷和第 11 卷收录了一篇关于日本宗教，特别是佛教的权威文章，其作者是耶稣会非常有能力的远东地区观察员、人文主义者范礼安。[227]围绕宗教信仰问题，波西维诺在书中进行了一系列的论证，目的是说服日本人相信基督教中上帝的存在，日本人必须摈弃其他的神灵，只遵循上帝十诫的第一条戒令，也就是信仰耶稣基督。

波西维诺的《历史、科学、救世研讨丛书选编》分别在 1594 年和 1603 年重印，这本书在他的《各国历史手册》（*Apparatus ad omnium gentium historiarum*，威尼斯，1597 年）中得到修正和扩充，这本《各国历史手册》是学习地理和世界不同地区的指南。波西维诺自己将它翻译成意大利文，于 1598 年在威尼斯出版，当时他正在帕多瓦耶稣学院教书。[228]他列出的关于亚洲国家的阅读书目要比他关于亚洲国家近代史的简要说明有趣得多，这个书目包括古代、中世纪和当时的书籍，能很好地把读者带到印度河以东的国家，了解那里的人民。[229]关于葡萄牙的权威作者，他列举了戈伊斯、卡斯塔涅达、巴罗斯和奥索里奥。关于意大利的学者，他列举的有瓦尔塔马、韦斯普奇和保卢斯·约维乌斯。他强调耶稣会士书信对于了解东方最新信息的重要性，特别提到马菲、何塞·德·阿科斯塔和佩鲁齐。[230]如果要了解中国和日本，他建议读者读一读他的《历史、科学、救世研讨丛书选编》。一开始，他对奥古斯丁教团教士门多萨的那本关于中国的流行书（罗马，1585 年）并没有在意，但后来在 1603 年出版的《历史、科学、救世研讨丛书选编》修订版中，他介绍了门多萨的这部著作。[231]从这些迹象来看，波西维诺对他那个时代关于亚洲的书籍，多数都是非常熟悉的，甚至可以推断，他让他的学生阅读了这些书籍。

第四节 乔万尼·博特罗的政治思想

波西维诺的同道和挚友乔万尼·博特罗（Giovanni Botero，1544—1617 年）是当时最著名的历史评论家和政治、经济理论家之一。[232]博特罗是皮德蒙特

236 （Piedmont）人，曾在巴勒莫、罗马的耶稣学院学习修辞和哲学。1565 年，他

在法国克莱蒙特附近的比永（Billom）耶稣学院开始自己的教书生涯，两年后，他离开那里来到巴黎学院，并立刻为巴黎激荡人心的文化生活和知识界的氛围所吸引。又过了两年，他返回意大利，继续他的教书和研究生涯。从1573年开始，他在帕多瓦研究了四年的神学，准备发末愿（final vows）成为一名耶稣教士。由于不满足于寂寞苦修的生活，他在1575年和1577年两次申请去印度传教。然而，从他的经历看，数年来，他的政治活动和率性而为给他带来了不良影响，因此耶稣会没有批准他发末愿，也不同意他成为一名修士。1580年，在为耶稣服务了二十二年后他被耶稣会解聘，可能是因为他争强好胜、特立独行，甚至公然在主持布道会时抨击教皇的世俗权力。

卡洛·博罗梅奥（Carlo Borromeo）是米兰大主教，他给这个被解聘的耶稣会修士找到了一个世俗教士的职位。1582年，博特罗成为大主教的秘书。博罗梅奥1584年去世后，博特罗作为著名政治学家勒内·德·伦辛格（René de Luncinge）率领的萨沃伊（Savoy）外交使团的成员，被派遣出使法国。1585年，在博特罗出使法国的那几个月里，日本使团到意大利访问，这可能是他著作中对日本着墨相对较少的原因。[233]在法国期间，他阅读了让·博丹的政治和历史著作。1586年回到意大利后，他开始为卡洛·博罗梅奥的侄子费德里克·博罗梅奥效力，并陪同着这位年轻的高级教士访问罗马。1587年，他帮助费德里克·博罗梅奥升任红衣主教，因此能够经常出入红衣主教的庭院，并与在那里聚会的罗马教廷成员和知识界名士建立了联系。[234]在罗马的那些年（1586—1595年）里，博特罗在红衣主教的资助和激励下，撰写、出版了他有关政治思想和历史的最初几部著作。

早在与费德里克建立友谊之前，博特罗就已经对人类的历史发展产生了浓厚的兴趣。还在米兰为卡洛服务的时候，他就出版了五卷本的《对世界的认识》（*Del dispregio del mondo*，米兰，1584年）。第二卷的开篇就宣称他要论述宇宙学、政治学和世俗历史。在撰写亚洲部分时，他引用了巴罗斯的著作，可能是1562年的意大利语版。与巴罗斯一样，他对中国表现出深深的敬仰，把中国称为"人类所知的最伟大、最富庶、最繁盛的国家"。[235]大约在1584年，博特罗代表卡洛用拉丁文给红衣主教安东尼奥·卡拉法（Antonio Carafa）写过一封信，报告了第一批航海家在亚洲和美洲发现的当地疑似基督教遗迹的情况。在这封长信的末尾，博特罗列举了他的信息资料来源，其中有耶稣会士书信和彼得·马特、赖麦锡、卡斯塔涅达以及奥索里奥的著作。[236] 这一时期，他还给帕多瓦的奇珍异宝兼图书收藏家吉安·文森佐·裴尼里写过一封信，从这封信可以看出，博特罗当时对历史—地理性的著作感兴趣。[237] 这样的通信联系是很自然的，因为博特罗在帕多瓦求学的时候，裴尼里也在那里，而博特罗的庇护者卡洛·博罗梅奥是当时最著名的图书收藏家之一，在整个意大利都享有盛名。

博特罗抵达罗马的前一年（1585 年），这座宗教圣城接待了日本的使团，见证了门多萨《中华大帝国史》的出版。1586 年，罗马出版商 F. 萨内蒂（F. Zanetti）开始出版小本的耶稣会士书信集，让普通读者第一次知道了罗明坚、利玛窦，这两位都是意大利耶稣会的传教士，已到中国的广东省传教去了。[238] 博特罗离开巴黎后就在 1586 年直接去了罗马，头脑中满是博丹关于气候和地理对人和国家产生影响的政治思想。[239] 但是，和当时意大利的其他学者一样，博特罗更关注的是城市，而不是国家，因为意大利的历史只不过是城邦发展、扩张和衰落的历史。尽管马基雅维利将政治和道德分离开来的思想在当时依然有一定的影响，但博特罗在早期的著述中就对这一思想进行了批评。这位前耶稣会士指出，马基雅维利对国家统治者政治活动的分析，忽略了客观因素，特别是气候和经济因素。基于这种考虑，博特罗从大约 1587 年起，开始撰写两部相互关联的理论著作《论城市伟大至尊之因由》（*Delle cause della grandezza e magnificenza delle città*，罗马，1588 年）和《国家理由论》（*Della ragion di stato*，罗马，1589 年）。[240]

他的《论城市伟大至尊之因由》这本小书提出了关于城市群的特点和发展的科学理论，强调了城市的发展与繁荣和自然环境、经济资源、人口之间的关系。他把城市定义为"人的聚集"，这些人聚集在一起目的是为了生活得"安逸、富足"。城市的伟大不在于它的规模，而在于"居住者的数量和居住者的能力"。[241] 人之所以会聚集在城市里，最主要的因素是安全、工作或文化需求。[242] 有些城市由于从其他地方吸引了优秀人才，由于为各阶层居民提供了生存发展的机会，而变得伟大。如果一个城市处于战略要地，土地肥沃，江、海、陆交通便利，那么就容易吸引外来人员。为了使居民拥有自豪感和满足感，城市还必须提供市场、自由、公共娱乐以及特色鲜明的建筑和名胜。一个城市如果能成为宗教、司法或教育中心，那么就会增强它的"影响力和荣誉感"。城市的政府必须有足够强大的力量，实现城市的正常运行，确保城市的安全无虞，吸引外地人才前来定居。[243]一个城市如果是王公或显要贵族的居住地，也有助于构建它的伟大，因为他们会维护城市的和平，带来农业、贸易、工业和艺术的繁荣。如果忽视了上述这些因素，或者如果其他地方在这些方面做得更好，吸引了更多的人口和商业贸易，那么这个城市就会衰落。[244]

博特罗的观察并不限于欧洲的城市。他认为，在亚洲，他指的是黎凡特地区，"游记中记述的那些城市都是王公的居住地"。[245]但是拥有最伟大城市的国家是中国，"在中国，可以说没有王国……中国的城市要么是更加伟大，要么是人口更加兴旺，要么是财富更加丰裕，要么是美好的物品更加数不胜数，要么是更加悠久、古老"。[246]王公居住的城市顺天（杭州？）、安庆（南京？）以及盘锦（北京？），都是"世界上最伟大的城市"。[247]最为欧洲人所知的中国城市是广州，它"比里斯本还要大，而里斯本是当时欧洲仅次于君士坦丁堡和巴黎的大城市"。[248]"Sanchieo"（常州）据说有塞维尔的三倍大，"Huchou"（湖州）比广州和常州两个城市都大。博特罗说，尽管这一切可能不可思议，但是他关于中国城市的信息都有可靠的资料来源，有的资料来源是世俗的，有的资料来源是宗教的，如果有人怀疑其真实性，那只能"让自己看起来像个傻瓜"。[249]博特罗对中国的叙述尽管极少注明来源出处，但很明显是来自巴罗斯、耶稣会士书信集，以及门多萨 1585 年首次在罗马出版的意大利文版的《中华大帝国史》。[250]

为解除读者的疑问，博特罗在著作中分析了中国城市伟大的原因。[251]他首先指出，东方"在物产方面比西方更有条件，我不知道哪里的物产能好过东方"，即便是"东西方都有的东西……一般来说，东方的要比西方的更完美"。[252]由于中国是最远东的一个国家，因此具有"东方所有的完美特质"。中国气候适宜，土地既能生产生活必需品，也能生产"人们娱乐和雅兴所需要的所有精致器皿"。[253]中国人不饮酒，这一习惯既有利于健康，也有利于修身。由于中

239

国面向大海，内陆河汉交错，因此航运和水利灌溉带来了"数不清的收入和物产"。[254] 中国人口众多，"超过 6 000 万"，在耕作和航运方面"极其勤勉，极其勤劳"。[255] 在工艺制作方面，不论是种类还是技术的精湛，世界上没有任何一个国家可以和中国相媲美。[256] 中国工艺的完美源于黄帝的法令，[257] 黄帝要求所有的人包括女人，都必须工作，而且在大多数情况下要继承父业。中国人毫不浪费，高度自足，不需要进口任何产品。他们大量出口丝绸，他们其他的物品极大丰富，价格低廉，以致于墨西哥的商人都从菲律宾的中间商那里购买中国的产品，而不是购买西班牙的产品。[258] 在博特罗看来，"中国人一部分靠大自然的馈赠，一部分靠人们的勤奋和智慧就能够丰衣足食，养活如此众多的人口"，这简直不可思议。[259] 中国的人口那样稠密，以至于整个国家看上去就只有"一群人，一个城市"。[260] 之所以会出现这样的盛世乐土，是因为中国法令规定，帝王不能进行战争征伐，人民不能向外迁移。

博特罗最后断言，"我们意大利人太偏爱自己了……竟然认为意大利和意大利的城市比其他任何地方的都好"。由于缺乏可用于航运的河流，由于远离世界大洋，意大利的城市永远不会成为世界上伟大的城市。"受此影响，我们的贸易和运输，与广州、马六甲、卡利卡特、霍尔木兹、里斯本、塞维尔以及其他濒海的城市相比，要逊色很多。"[261] 也许有人会指责博特罗的这些结论证据不足，但从分析中可以很明确地看出，博特罗关于中国城市的论述有着最可靠的资料来源：巴罗斯、门多萨以及耶稣会士书信。在大多数情况下，他列举的事例清楚，数据准确，当然他可能倾向于选择那些最有利于说明他观点的数据。他的观点是：不管是佛罗伦萨还是广州，一个城市最重要的是优越的自然条件和人的聪明才智的完美结合。

《国家理由论》是《论城市伟大至尊之因由》的姊妹篇，博特罗在该书中用了很长的篇幅论述了一个好的、强大的国家的基础。这一政治理论只是意大利 1550 年至 1600 年期间为反对马基雅维利的《君主论》而出版的诸多著述之一，[262] 只不过博特罗的著作要比其他的著作更有影响力，其原因可能是他涉猎的地理范围更加广阔。[263] 其他的很多著述和马基雅维利的著作一样，都是基于意大利一国的经验来构建政治理论的。也有一些著作借鉴了欧洲不同国家的资料并进行比较，但是博特罗的《国家理由论》是在全球视野下研究政治理论的第一部著作。

与《论城市伟大至尊之因由》不同的是，博特罗的《国家理由论》对个人，特别是君主在国家起源、安全和发展方面的作用给予了很大的认可。尽管他坚称撰写这部著作的目的是为了反对马基雅维利，但他在个人对国家创建和发展中的作用这些问题上，还是保留了马基雅维利的很多观点。当国家安全处于危险状态时，就需要动用军队，基督教作为国家宗教有助于人民臣服君主的统治。博特罗虽然认为道德和政治不能分开，但基督教伦理几乎完全没有进入他的政治观。[264] 也许是由于他论述的非基督教世界的君主和国家非常多，因而表现得非常宽容，否则，不大可能出现上述那种情况。

贯穿《国家理由论》始终的一个主题是帝国问题。博特罗生活在西班牙控制下的意大利，因此他断定："一个分散的帝国和一个集中的帝国是一样安全、持久的。"[265] 对海洋的控制可以为分散帝国的安全提供足够的凝聚力，这一点已经被西班牙和葡萄牙的实践充分证明。西班牙和葡萄牙两个王室的统一创建了一个世界帝国，疆域远至菲律宾，其国家安全是通过海上优势、海外战略要塞、藩属国以及盟友得到保障的。他认为，综观历史，伟大的帝国都是那些气候适宜条件下的人创建的，因为不管是希腊人、罗马人、中国人还是西班牙人，他们都"比其他地区的人更具有智慧和精神方面的优秀品质，最适宜于控制和治理国家"。[266] 中国的历史远比其他国家的悠久，中国人在保护自己和维持社会秩序方面所表现出来的远见卓识远胜于其他地区的人。当中国人称雄东方时，中国的统治者意识到维持对如此辽阔疆域的控制所付出的代价是巨大的，因此就决定"放弃对东方的控制，撤回自己的国土，制定法令严禁出海到东方其他国家，严禁发动侵略战争"。[267] 博特罗认为，西班牙人和葡萄牙人就没有如此的先见之明。的确，葡萄牙人在印度要比在靠近自己国家的地方表现得更加勇猛，他们"远离故土……得不到任何援助，只有抱着必死的决心"进行战斗。[268] 卡斯蒂利亚人和葡萄牙人一样从遥远的殖民地那里得不到任何援助，只能每年派遣几千名优秀的国人去提供保护。[269] 博特罗相信，实行这样一种政策必然会导致帝国衰落，特别是面对印度的"精致华美"，葡萄牙人一步步走向放纵，

241

追求奢靡，变得贪婪邪恶。这些因素叠加在一起，必然加速帝国的衰落。[270]

中国是世界上最富庶的国家，部分原因是中国人在对外扩张方面非常谨慎。"中国帝王"每年的岁贡收入有"一亿多两黄金，（这一事实）在有些人看来简直是不可思议"。[271]博特罗认可这一数字的真实性，并提醒读者注意中国土地的富饶和中国人的勤奋、节俭以及国家支出的盈余。中国帝王的巨额国家收入还佐证了博特罗关于国家岁入对国家具有核心作用并反映国家经济情况的观点。他深信，中国是当时世界上治理最好的国家之一，中国的统治者通过俸禄优厚、依据资历晋升、禁止接受礼品等方式，确保各级官吏的忠诚。中国的官员根据官位级别"过着体面、舒适的生活……因此可以全身心地、公正地治理国家，履行他们的职责"。[272]中国官员公干时要求非常严格，不能在升堂办案时吃请或饮酒。[273]为了防止具有皇族血统的王孙贵族背叛朝廷，中国的帝王"将他们禁锢在高贵、宽敞的庭院里，并给他们提供所有舒适生活和娱乐的条件"。[274]然而，这种将皇亲国戚隔离在皇权之外的办法并不能总是有效地防止叛乱和造反。历史上，曾有一些叛乱使得皇帝所分封的亲王脱离朝廷的控制，谋杀当朝皇上，将皇上其他的子嗣扶上皇帝宝座。[275]中国的法令要求子承父命、目瞽腿跛者各尽所能、女子勤于农桑，严禁懒惰乞讨。[276]对于和平时期一无所有的穷人，皇帝的办法是要么将他们流放域外，要么是在衙门里给他们提供一份差事。因此，中国社会各阶层各得其位，和谐有序，不大可能发生动乱。中国不杀战争中的俘虏，也不奴役他们，而是编入军伍，令其保卫远离国土的边疆前哨。[277]

亚洲的其他国家在国家治理上也有自己的做法，这同样也引起了博特罗的注意。印度和日本的国王为了在他们的子孙后代那里留下声名，就像查理五世国王那样，在日益老迈、精力不济的时候会从皇位上退下来。[278]暹罗的国王统治着众多民族，但是"只允许暹罗人从军，以此避免其他人掌握他的军事战略和军事秘密"。[279]这位国王还组织开展各种各样的体育活动和节日庆典，目的是进行战斗演练和演习。[280]博特罗从耶稣会士马菲的历史著作中了解到，"暹罗国王将鼓励士气的话写在一本书里，然后在战争来临之际向士兵们宣读，激励战士奋勇向前"。[281]就欧洲来说，葡萄牙人要比其他国家的人更注意记录他们国家英雄的事迹。比如，葡萄牙人记录了若昂·德·卡斯特罗在印度围困第乌时激励战士的英勇事迹，当时卡斯特罗断掉自己的后路，鼓舞士兵战斗至死。[282]葡萄牙人把在征服印度中俘获的俘虏，不管是持异端者还是异教徒，一律让他们皈依基督教，皈依者给予一定的照顾，并把他们的子女送到基督教学校接受教育，以确保他们对信仰的忠诚。[283]正如马基雅维利一样，当时的葡萄牙人认为，这些办法对在东方宣传普及基督教是非常必要的。

博特罗曾是基督教事业的热情追随者，但是自发表理论著作以后，他在著述中对基督教事业的热情就不见了。从1591年到1595年，他在罗马出版了《世界关系》（*Relazioni universali*）的前四部分。本来，博特罗写这部书的目的是想通过翔实的数据，研究基督教的传播进展情况，但后来研究的范围不断扩大，最终成为一部系统、综合性的研究世界上各个国家的著作，博特罗在书中分析了上帝、自然、物质条件和人类进步、人类文明之间的关系。第一部分描述了世界地理和已知国家的地理；第二部分讨论了主要国家的政治形式和经济、社会组织；第三和第四部分论述的是宗教特别是基督教的传教活动。[284]第五部分集中考察了某些更重要国家的内部条件，这一部分在博特罗的有生之年没有出版。[285]博特罗在撰写《世界关系》时对材料的选择是为了论证、检验他以前在《论城市伟大至尊之因由》和《国家理由论》中提出的理论原则的正确性。[286]由此看来，博特罗通过这部著作，特别是其中的第一、第二和第五部分，对当时世界上已知国家的物理条件、人口密度、经济资源、军事实力以及政治体制等，进行了系统的比较研究。《世界关系》的出版奠定了博特罗在研究国家治理领域的权威地位，这部著作出版后几乎立即就被翻译成了拉丁语（1596年）、德语（1596年）、英语（1601年）、西班牙语（1603年）和波兰语（1609年）。

博特罗的《世界关系》，特别是第二部分中关于各国情况的统计数字和观察基础上的文字描述，似乎是借鉴了出版商根据威尼斯驻外大使的报告所提出的关系综述框架，这类关系综述一般在开始的时候先对一个国家的地理边界进行界定，然后列举其海外领地（如果有的话），考察其军事和海上防御能力，介绍其政治体制、城市、人口、商业和收入。[287]这类基于事实的综述一般要对所分析的国家的人力资源、自然财富、军事力量等进行对比。阿纳尼亚和博特罗

244 在他们的著作中都采用了这个方法，并将此法应用于对世界上所有可能找到具体数据的国家的分析。[288] 由于内容全面、数据准确、观察精当，博特罗的《世界关系》比其他同类书籍受到更高的评价。在出版发行后的近一百年时间里，《世界关系》被欧洲的学生、学者和政客当作地理手册使用。

根据博特罗的评价，亚洲"是世界上最高贵、最伟大、最广袤的地区"。[289] 亚洲的"人民智慧超群，极其富有，热爱一切美好的事物"。[290] 数百年来，亚洲哺育了很多杰出的人物，孕育了很多强大、繁盛的帝国。他把当时的亚洲分为五个帝国，分别是莫斯科公国、鞑靼、土耳其、波斯和"印度或东印度"。他所说的"印度"包括"大莫格尔"（the Great Mogor，即莫卧儿帝国）、中国、暹罗、纳尔辛格（维查耶纳伽尔）、卡利卡特（Calecute，指的是马拉巴尔邦国）以及日本。博特罗理论体系中的"印度"是"亚洲比较广袤的地区"，在面积上仅次于鞑靼。[291] 由于地域辽阔，这一地区"有着各种各样的气候"。[292] 而且，"就自然条件、生存状况、土地肥沃程度"[293] 来讲，这一地区远胜于世界上其他地区。由于土地水利灌溉条件好，除了小麦和葡萄外，这一地区能够生产所有的优质粮食和水果，因此极少发生饥馑。"印度"的人民"散居在不同的地区和公国，操不同的语言，有着不同的生活习俗、行为方式和宗教信仰"。[294] 除了本地居民外，这一地区还生活着犹太人、穆斯林、阿拉伯人和圣托马斯的信徒。葡萄牙人"仰仗着军队、宗教和警察"，侵入这一地区，但是他们对果阿的占领"远不是一种征服。就像法国王室拥有英国一样，当时，法国人占领的只是皮卡第（Picardie）地区的加来（Calais）"。[295] 博特罗笔下的"印度"不仅仅是葡萄牙帝国的一部分，还包括很多具有自己历史、习俗和体制的独立国家。

根据巴罗斯和马菲的著作，博特罗对莫卧儿帝国的历史、疆域和特点进行了论述。[296] 在他看来，印度恒河平原上的这一庞大帝国足以和"大土耳其"

245 帝国相比。[297] 莫卧儿帝国的君主自称是帖木儿的子孙，从中亚迁徙而来，并在1500年前后开始有计划地向南征服，占领了印度斯坦和印度邦国，一直推进到维查耶纳伽尔的北部疆域。和对其他地区的论述一样，博特罗对莫卧儿帝国的论述依旧强调亚洲规模庞大的军队，并注意到这些军人不事农活、不做工，因此得出结论"军人一心一意只管打仗"。[298] 莫卧儿帝国的统治者是专制暴君，通过奴隶、士兵和诸侯等进行统治，"牢牢地控制着普通百姓"，平定平民百姓不时爆发的反抗领主的叛乱，[299] 其信念是："不信任不会带来安全，其统治也更难持久。因此，这些暴君完全信赖他们的士兵。"[300] 由于意识到那些受统治的人痛恨他们，这些暴君对那些效力于他们的人恩宠有加，从而防止国内动乱，抵御外来侵略。这样一个政策就意味着，这些暴君必须不停地谋划对外征伐，从而为其手下表现出来的忠诚掠取奖赏。

一些大的王国，比如坎贝（古吉拉特）和孟加拉等，实际上都被莫卧儿帝国掳掠过，这些印度的国家任何一个都比法国和其他欧洲国家的地盘大，人口多。[301] 莫卧儿帝国尽管在征服印度诸国方面取得了很大的成功，但却不能够建立起对印度东部诸国的统治，因为不论是从国内还是从国外看，莫卧儿帝国都面临着重重的困难和难以克服的障碍。帝国的征伐就像海水一样，涨潮以后必然不可避免地出现落潮。帝国越大，其内部的惰性、运转和变革的难度就越大。在战场上攻无不克的庞大军团"最有可能被饥馑灾荒和继之而来的瘟疫所击垮"。[302] 自然障碍，比如高山、沙漠、海洋，再加上缅甸的国力，使得莫卧儿帝国的扩张征服止步于恒河东岸，甚至连葡萄牙人也能以极少的人数，有效地抵御莫卧儿的大军，迫使他们消耗大量的财力，而且葡萄牙人依然控制着战略要地和制海权。[303]

博特罗对中国的了解，以前全部来自巴罗斯、门多萨和耶稣会士的书信。在《世界关系》中，他对中国的认识更具有现实色彩，也不再是一味地赞赏，这可能是因为他从耶稣会士，特别是马菲以及罗明坚那里了解了更多关于中国的信息，有了新的见解。[304] 博特罗像早期一样，认为根据中国的编年史资料，过去的中国"远比现在疆域辽阔"。[305] 中国向印度洋征伐的遗迹在很多地方依然清晰可见，从东南亚诸国一直广泛使用的中国历法以及星象体系就可看出中国早期统治的痕迹。他认为，中国对这一辽阔疆域的统治一直延续到晚近，因为那些地方的藩属国依然定期向中国纳贡。只是在遭受几次重大损失以后，中国才慎重地决定采取回撤战略，"生活在自己的疆域之内"。[306] 中国以前的藩属国获得了自由，但朝鲜、琉球、交趾支那以及暹罗的国王依旧自愿选择做中国的臣属国。中国人生活在尘世天堂，统治这一天堂的皇上被称为"世界的君

246

主"或"天子"。皇上住在北京（Paquin），这个城市有长城保护，抵御陆路来的外敌入侵。除非发生战争，皇上是从来不出城的。除了"鞑靼大汗"（蒙古人）外，皇上对邻邦没有任何担忧。对于蒙古人，中国皇帝可以凭借长城要塞和庞大的军队，将他们拒之帝国疆域之外。

博特罗虽然在《世界关系》中依旧称中国是"最伟大的帝国之一"，[307]但他在这部书里比早期的著作介绍了很多新情况，也提出了一些批评。中国朝廷禁止出国的规定意味着中国的人口增长过快，以致"到处人满为患"。[308]虽然中国还没出现大范围的流行病，但"地震对中国的危害要比瘟疫对我们的危害大得多"。[309]中国的皇帝虽然热爱和平，勤政高效，但是独裁专制，"他的臣僚必须服从他，不仅要把他当作帝王，还要把他当作上帝"。[310]印刷、绘画和火药在中国历史悠久，也很普及，但中国的印刷术"只不过是盖图章"，中国的绘画"只不过是涂鸦"，中国的火药枪支非常低级。[311]中国的城市很大，这并不奇怪，因为中国的房子"低矮，只有一层楼高（因为害怕地震），因此占地面积要比楼房大"。[312]中国人对文学、史学所知甚少，你可以说他们技术娴熟，有点小聪明，但难说富有智慧。从行为举止和道德规范来看，中国人"不重视道德"，中国人的偶像崇拜"求利实用"，中国人的咒语"比较狠毒"。[313]从这些例子可清楚地看出，耶稣会士的书信已经改变了博特罗早期对中国形象的认知，早期那个美好的中国形象主要来自奥古斯丁教团的教士门多萨。阅读博特罗此时的著述，给人的感觉好像是他依然以早期描述中国的资料为基础，然后增加了耶稣会士的评述等一些新东西。[314]此时的他依然经验性地认为，中国比欧洲任何一个国家都要人口众多，也更繁荣昌盛。[315]

247　　在《世界关系》中，博特罗首次对东方大陆三个最强大的帝国之一暹罗进行了系统的阐述。[316]关于暹罗及其卫星城市的信息，博特罗大部分是从巴罗斯的著作和耶稣会士的书信里获得的。[317]暹罗虽然土地肥沃富饶，但暹罗的人民"不乐于从事生产劳动，使得这一王国依然物质匮乏"。[318]从老挝运到暹罗的银子增加了暹罗城市的财富，使得这些伟大的城市更加金碧辉煌。暹罗的国王统治着9个诸侯国，是"王国内绝对的君主"。[319]如遇战事，他只依靠自己的暹罗军队。阿拉伯人和葡萄牙人从暹罗国王手里夺走了沿海控制权和海上贸易，但依然与这位国王保持着良好的关系，而且没有继续向暹罗内地入侵。暹罗国王子民众多，财富充足，因此能够建立、维护一支庞大的军队。在亚洲，募集巨额财税要比欧洲容易得多，因为热带地区的人们在饮食和衣着方面的需求，要比欧洲人简单，而且他们去战场也不需要穿戴那么多的盔甲，不需要携带其他重武器装备。最后，与欧洲统治者明显不同的是，东方的统治者注重节俭，未雨绸缪，在"战事来临之前就准备了大量的钱财、粮草等诸如此类的战备品"。[320]

在讲述了暹罗之后，博特罗接着介绍了印度南部各邦国的情况，这些邦国完全独立于莫卧儿帝国。在谈到维查耶纳伽尔的时候，博特罗再一次引用了巴罗斯的资料，而且最关注的是这个邦国军队的规模和军费情况。与其他东方国家一样，维查耶纳伽尔的国王对和平、公正或他治下臣民的福利不感兴趣，他实行独裁统治，掌握"全部的土地、森林和矿产的收入"。[321] 如果法国国王拥有对国家资源的控制权，而且能够将所有收入都用于建设军队，那么他也许能建立并维持一支东方君主所拥有的庞大军队。博特罗对此进行比较，不是因为他赞赏东方的做法，而是向感到不可思议的欧洲人解释东方君主拥有如此庞大的军队的原因。即便在"卡利卡特"，那里的军队并没有骑兵，只有"船夫和脚夫"，[322] 但葡萄牙人依然在那里遭遇了众多的士兵。不过，"东方蛮人的自信主要来自军队的数量，而不是士气，他们总是缺乏那种能够令军队强大无比、给军队带来好运气的优秀品质，这个品质就是良好的秩序和纪律"。[323]

博特罗论述的最后一个帝国是日本，这是一个岛国，"岛上的居民在生活方式和风俗习惯上与东方其他国家的人都大不相同"。[324] 这些生活在相对贫瘠岛国上的居民富有才智，充满野心，沉着稳重，行为坚定，彬彬有礼，毫无畏惧，为人正直，坚贞忍让。他们吃的很简单，茶是唯一的饮品，房屋是木结构的，"部分原因是这个国家经常发生地震"。[325] 过去至少在一千六百年的时间里，日本人都是服从内里（Dairi，国王）的统治，但是后来国王的两个将军（织田信长 [Oda Nobunaga] 和丰臣秀吉 [Toyotomi Hideyoshi]）举兵叛乱，"因此当时的日本国王看起来只是一个影子国王"。[326] 此后不久，日本领主之间的战乱几乎成了日本社会的常态，土地的所有收入都落入大领主之手，而这些大领主也

248

越来越暴虐，成为暴君。日本的人民不得不辛苦劳作，建造宫殿、庙宇、城镇和堡垒，"这种景象无处不见"。[327] 这些工程一旦完工，最高的领主（丰臣秀吉）就开始命令他们建造船舰，要征服中国。和希腊、罗马的统治者一样，日本的统治者笃信神灵，因此下决心（1587 年发布驱逐令）将耶稣会士驱逐出境，并宣布信仰基督教者在日本处以死刑。这位最高领主迫害"真正的宗教"，妄图"给自己加上上帝的桂冠"。[328] 显而易见，博特罗在这里表达的是耶稣会士的观点，因为他对日本的认识几乎全部来自耶稣会士的材料。博特罗根据耶稣会士在日本的经历，用理论化的术语揭示了上帝对政治变革的影响。比如，他断言："面对这些自大而狂妄的举动，上帝起而反对他（丰臣秀吉），反对来自东方日本的新敌人（德川 [Tokugawa]），正如我们所料想的，这个敌人可能会向上帝伸出自己的手，伸出满是想法的头颅。"[329]

《世界关系》未出版的第五部分大约写于 1610 年，也就是博特罗从西班牙返回家乡的四年之后，这一部分的很多内容重述了第二部分关于东方的资料。从所引用的事例的变化和更多的评述来看，博特罗一直关注着东方发生的事情。关于印度，他引用了威尼斯人加斯帕罗·巴尔比（Gasparo Balbi）的游记。[330] 关于中国，他提供了更多对南京和北京的具体描述。他还根据耶稣会士的书信，讲述了日本不同家族之间的冲突，认为日本这个岛国比不上欧洲，因为日本根本不可能出亚里士多德或柏拉图那样的人物。[331] 第五部分的最后一节讲的是世界各国基督徒的数量。最后他说，他见到了迭戈·杜·科托根据皇家敕令在果阿撰写的印度历史巨著前四部的手稿。[332]

249　　博特罗与同时代的大多数政治理论学者不同，[333] 他对海外发现及海外发现对欧洲的影响高度敏感，一直认为气候和地域对人的特征、城市以及国家有着深刻的影响，围绕亚洲，他发现了很多这样的例证，也发现了前人所没有采用的丰富数据。当听到耶稣会士进入中国的消息时，他正在撰写他的理论著作，巴罗斯的书、卡斯塔涅达的书以及门多萨的书就在他的案头，这些书中都把中国描述为一个典范国家。对博特罗来说，中国是一个道德楷模，因为这个国家自觉地放弃扩张，退守到自己的疆域之内，中国人所乐享的繁荣就是这种慎重撤回海外势力的结果。与马基雅维利所推崇的"品德"不同，博特罗最为钦佩的是统治者和国家所具有的"慎重"。[334]

热爱和平的中国人与其他民族不同，他们自由地在自己肥沃的土地上春种秋收，享受着大自然的馈赠。因此，中国的城市是世界上最大的，中国的政治结构是最有序的，中国的人民是世界上最勤劳、最智慧的。即便在《世界关系》中这一鲜亮的中国图画稍显黯淡，博特罗依然深信，中国比世界上任何一个国家都更加有序，更加繁荣。中国的统治者可能是独裁者，但他们不是扩张者，而亚洲地区其他的独裁者拥有庞大的军队，他们既不是基督徒，行为也不慎重，他们发动的战争彰显了这些"蛮人"的所作所为。印度人、暹罗人、日本人各有其特点，这些特点有的是好的，有的是坏的，但他们都不能和堪为楷模、爱好和平的中国人相比。不论是从历史上还是从现实中来看，中国都树立了一个独一无二的楷模：放弃征伐，致力于和平，从而取得了辉煌的成就。

航海大发现时代的新"亚洲"开始慢慢地进入意大利的通俗文学、历史和政治理论之中。博亚尔多塑造了契丹公主安吉丽卡这一文学形象，而阿里奥斯托是第一个将葡萄牙的海外发现写进文学作品的著名诗人。威尼斯的市井文人和通俗作家很快群起效仿，在他们创作的浪漫传奇故事、编写的百科全书、编年史以及历史故事里面，加入了有关亚洲的信息。历史学家——从保卢斯·约维乌斯到坎帕尼亚，都毫不犹豫地把亚洲过去和当时的历史事件纳入到他们的编年体和叙事体的历史著作之中。阿纳尼亚等宇宙学家以及博特罗等政治哲学家，很快都强调对从东方传到欧洲的新资料进行比较和归纳的重要性。门多萨的《中华大帝国史》是16世纪意大利出版的第一部关于亚洲一个国家的民族学历史；阿里瓦贝内的《伟大的黄帝》是唯一一部用东亚做背景，集中展示了亚洲的人物、传统、信仰和资源的说教性作品；[335] 就对中国的看法来说，与其说阿里瓦贝内、博特罗和博亚尔多、阿里奥斯托接近，不如说他们与18世纪的"中国热"更接近。

在16世纪的前三十年，对葡萄牙在亚洲扩张活动感兴趣的意大利人只有教皇、从事香料贸易的佛罗伦萨投资者和威尼斯城邦。在印度发现基督徒以及葡萄牙在东方轻松取得军事胜利的消息，在罗马激起了希望，欧洲人认为基督

250

教在东方对穆斯林的压力会减弱土耳其人对欧洲自身的压力。但是在威尼斯人看来，葡萄牙早期的胜利带来了更多的惊恐，而不是希望。"维多利亚"号环球航行的成功证明香料岛可以取道墨西哥抵达，从而为卡斯蒂利亚人开辟新的香料贸易航线带来了曙光，而这又会影响葡萄牙对香料的垄断地位，使得威尼斯收回对香料贸易的部分控制权。这一时期的意大利文学，特别是游记、历史以及阿里奥斯托的《疯狂的奥兰多》，普遍关注香料贸易的未来、潜在的土耳其威胁、意大利摆脱法国和哈布斯堡王朝控制所面临的威胁等问题。意大利知识界对自己在世界上的领先地位非常自信，一开始只是对海外世界的人种、植物和动物感到些微好奇，不过随着对已接受的教谕的质疑，随着意大利人越来越感到来自外部的政治压力，一种不安和困惑的情绪开始在意大利蔓延。对于正统的基督教徒来说，意大利正受到上帝的惩罚；对于那些不是很传统的基督徒来说，在1530年前后事态已经十分明朗：意大利如果要维护自身的独立，保存自己引以为豪的文化，就必须找出新的解决办法。

1545年特伦多大公会议以后，意大利开始出现反宗教改革运动，各地开始实行图书审查制度，发布禁书目录，并逐渐形成制度。由于强调正统基督教，意大利的文人开始从以前繁荣发展的文学领域，转向探索与宗教冲突无关联的新题材。大众文学，比如浪漫传奇、短篇小说、游记和编年史等，开始在意大利作家笔下和出版商那里如雨后春笋般涌现出来，在所有这些文学类型中，不管在创作风格还是创作内容上，都越来越充满说教性。继博亚尔多和阿里奥斯托的世俗浪漫传奇之后，塔索创作了基督教史诗，阿里瓦贝内创作了更富有启发意义的传奇作品。16世纪薄伽丘的模仿者——短篇小说作家，开始热衷于从口头和书面的异教徒故事中汲取情节，并以基督教和欧洲的方式重写这些故事。即便是那些本来只是用来传递信息同时也给人带来娱乐的耶稣会士书信集，也开始明显地带有说教性，用来启发基督教读者。

由于意大利人越来越内省，越来越具有自我批评意识，他们变得更能接受其他人。博特罗在书中很多地方对意大利人的自我优越感进行自嘲，指出意大利经济和国家治理中的弱点，提出了中国在城市和管理上的优势。意大利人通过葡萄牙人了解了亚洲，逐渐对亚洲国家本身产生兴趣，到了后来甚至比葡萄

251

牙帝国对这些国家的兴趣还要浓厚。编年史家、杂家以及历史学家开始利用有限的已知信息，尽可能地把亚洲写进他们的著述之中。约维乌斯赞美海外发现者，歌颂葡萄牙在亚洲与土耳其人作战取得的胜利，认为广州要比威尼斯更好，感谢中国发明印刷术并将这项技术传到欧洲，当时亚洲发生的事件越来越多地记录到年鉴、编年史和世界历史之中。阿纳尼亚的宇宙学著作（1573年）和博特罗的《世界关系》（1595年）都力图对所知的亚洲进行全景式的描述，做出清晰的比较。波西维诺广泛阅读了在欧洲所能找到的关于亚洲的资料，编辑了一个文献目录和一个工具性手册，把亚洲研究列入耶稣会士的《研究计划》（ratio studiorum）。

总的来说，意大利的知识分子接受了葡萄牙编年体历史、叙事体历史以及游记中所持的对亚洲的看法。他们通常对印度怀有敌意，但又欣赏印度人既反对伊斯兰教也反对基督教的做法。和许多葡萄牙人一样，意大利人谴责印度的"寻欢取乐"和"精致华美"，因为这些东西销蚀了葡萄牙的民族气概和品格，他们毫不掩饰自己对盛产香料的香料岛的好奇。到了16世纪末期，在阿里奥斯托时代还只不过是一个想象中岛屿的日本，开始变得真实可感。到了1587年，欧洲人怀抱热切的希望，认为日本将要接受基督教，但是丰臣秀吉态度的转变几乎立刻给这个岛国招来了欧洲潮水般的批评。16世纪90年代，耶稣会士在阿克巴王朝宫廷传教的成功再度给耶稣会士的印度传教事业点燃了希望。不过，在耶稣会士和欧洲知识界看来，和欧洲国家一样，亚洲所有的国家都把太多的资源和精力耗费在无用的战争上了。

在16世纪的最后二十年里，未来的希望是中国。意大利人通过阅读巴罗斯、卡斯塔涅达的著作以及耶稣会士的书信，了解到无论是政治上还是文化上，中国都特别发达，是亚洲最受敬仰的国家。门多萨盛赞中国的著作1585年在罗马面世，那一年，日本使团出访罗马，意大利耶稣会士首次成功进入中国内陆的消息也传到意大利。中国在欧洲声誉鹊起，被欧洲人认为是依然存在的最古老的国家，是先进高超工艺的中心，是重要技术发明的故乡。当沙勿略踏入中国土地传教，功不成而身先退、饮恨离开人世的时候，中国似乎也在对外开放自己的港口，欧洲人越来越强烈地感受到，上帝正在用自己神秘的方式推进世界

252

上两大文明的直接交流，使得两大文明最终受惠于相互间的接触。

中国最缺乏的就是庄严的基督教，这份主的礼物终将由热情而急切的耶稣会士送到中国。而欧洲所需要的——正如博特罗和其他人指出的，是中国在处理国际事务中的审慎、建立和控制社会机构的有效性以及致力于和平的执着。欧洲要从中国学习这些东西，仅有宽容是不够的，他们需要做的是深深地敬仰、遵循中国的做法，把中国作为一个楷模。巴罗斯、门多萨和耶稣会士一致认为，中国的很多做法都非常值得效仿。其他人特别是像罗明坚那样的基督教传教士，则高度评价中国的文化和统治者。但是在阿里瓦贝内看来，中国古代的帝王才是应该效法的楷模，因为这些帝王自己研究完善了和平与战争之术，成功地建立了世界上最悠久、最先进的社会。如果欧洲国家愿意并且有远见的话，它们还有很多需要向中国学习的地方。

1. 曹沙法土的第一次出行。这是第一部德语印刷版《巴卢兰与曹沙法土》中的一幅插图（奥格斯堡，1476 年）。选自 T. 博威（T. Bowie）等人的《艺术中的东方和西方》（*East-West in Art*，印度布卢明顿，1966 年）中的第 237 幅插图。

2. 马可·波罗的肖像，这是《马可·波罗游记》（纽伦堡，1477 年）首次印刷版的封二插图，选自穆勒 - 伯希和（Moule-Pelliot）的注释本《马可·波罗游记》（伦敦，1938 年）封二插图。

3. 印度掘金蚁的木刻画，选自明斯特的《宇宙志》（巴塞尔，1550 年），p. mclix。

4. 印度马型动物木刻画，令人想到阿里奥斯托的鹰头马身有翅怪兽，选自明斯特的《宇宙志》（巴塞尔，1550 年），p. mclix。

5. 传说中的女人岛，被称为"伊懋姑乐"（Imaugle），图中表现的是岛上的一个仪式，卡蒙斯的《卢济塔尼亚人之歌》中维纳斯创造的爱情岛就是对其的模仿。选自 A. 赛弗特的《宇宙学通论》（巴黎，1575 年）第 444ᵣ 页。

L'HISTOIRE
DV NOVVEAV
MONDE DESCOV-
uert par les Portu-
galois,
ESCRITE PAR LE SEIGNEVR
PIERRE BEMBO.

A PARIS,

Par Estienne Denyse, en la rue sainct
Iacque, deuant les Ma-
thurins.

— • —

1556.
Auec Priuilege pour deux ans.

---

6. 在巴黎出版的皮特罗·本博历史著作第六卷（威尼斯，1552 年）的法语改写本扉页，
承蒙亨利·E.亨廷根图书馆提供。

7. 皮埃尔·波斯图（Pierre Boaistuau）《奇闻异事集》的扉页（巴黎，1561年）。

8.《奇闻异事集》中典型的天堂鸟（巴黎，1561年，p.157ᵛ）。根据波斯图的说明（p.158ʳ），这一木刻画来自格斯纳探讨鸟的拉丁文著作。

9. 第乌要塞图，选自 A. 科尔特桑（A.Cortesão）和 A. 特谢拉·达·莫塔（A.Teixeira de Mota）的著作。

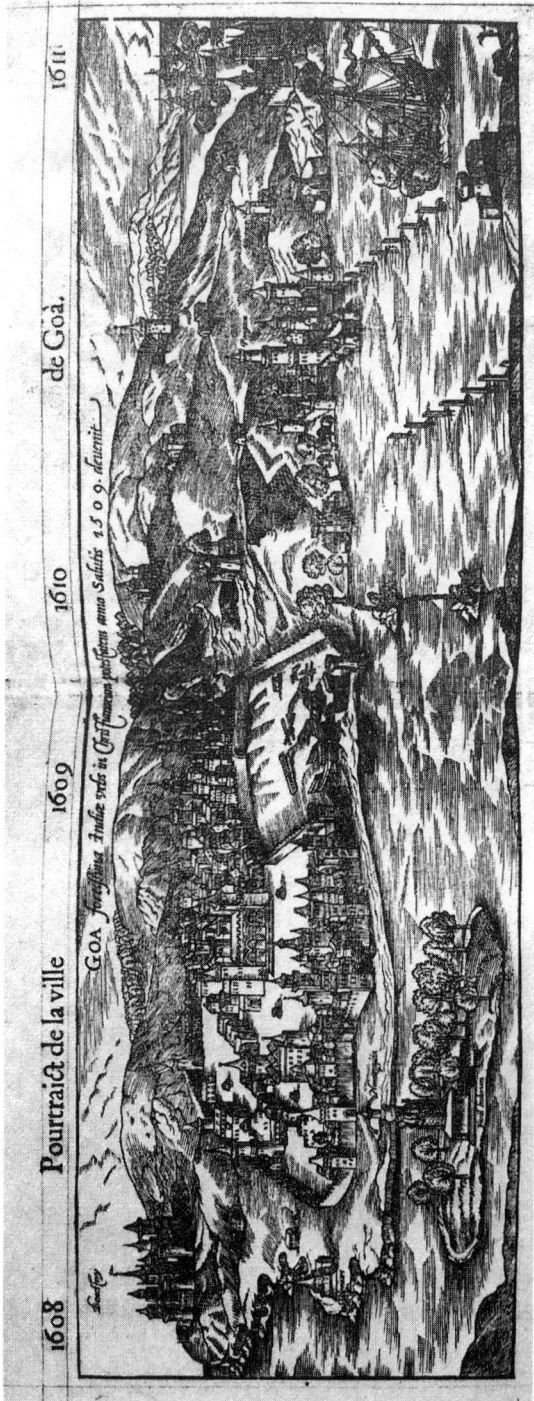

10. 明斯特的法文版《宇宙志》（巴黎，1575年）中的果阿，由贝勒福雷绘制。图中有位于岛上的印度寺院，有船坞，有封锁河口的木桩。承蒙纽贝里图书馆提供。

11. 塞维尔雕刻画，上面有费迪南·哥伦布的住所和图书馆。选自 H. 哈里斯的《哥伦布和克莱芒·马罗》（*La Colombine et Clément Marot*，巴黎，1886 年）的封二插图。承蒙纽贝里图书馆提供。

12. 1493 年版的《纽伦堡纪年史》中的帖木儿（印第安纳大学李利珍本图书馆）。选自 T. 博威等人的《艺术中的东方和西方》。

13. 帖木儿，选自 A. 赛弗特的《知名人物图谱和生平》（*Les vrais pourtraits...*，巴黎，1584 年，第 630ʳ页）。承蒙纽贝里图书馆提供。

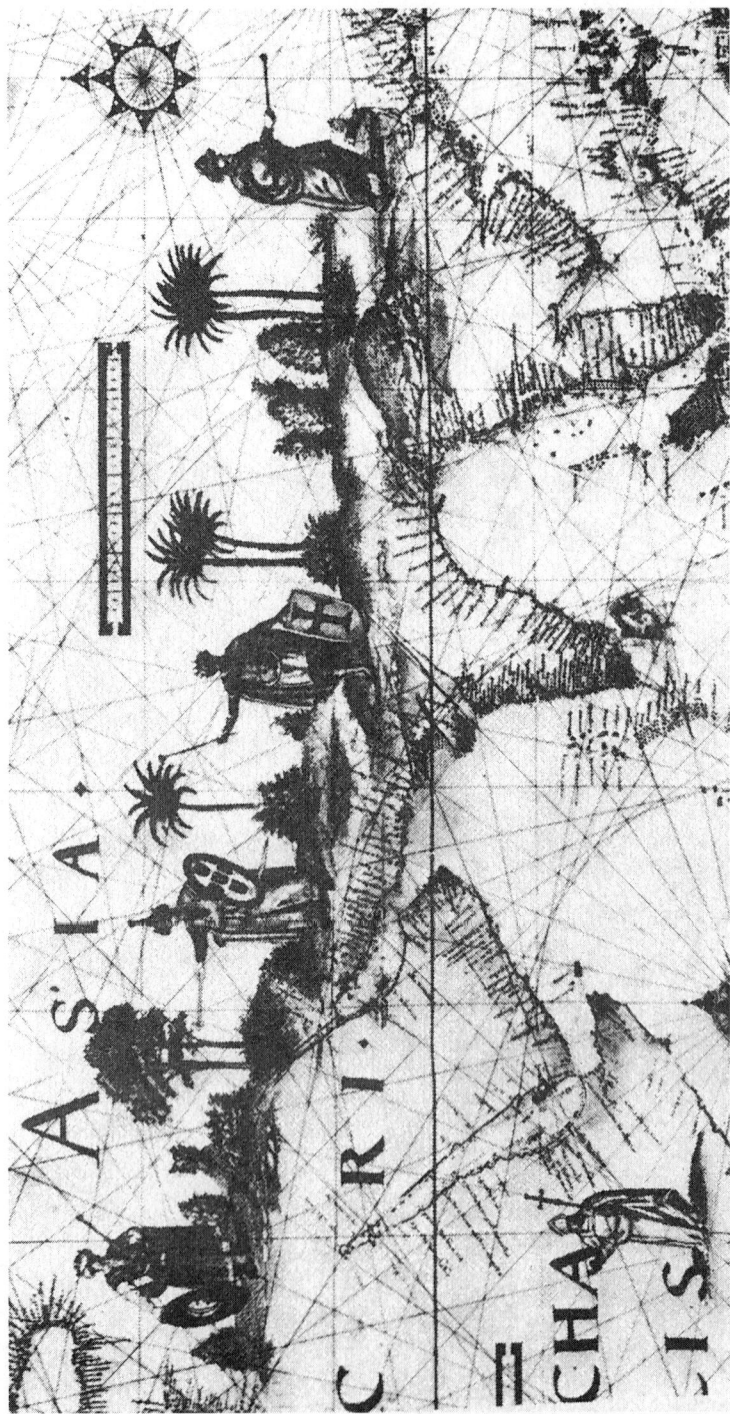

14. 1545 年前后一幅佚名平面天体图上的亚洲统治者和埃塞俄比亚的长老约翰，收藏于奥地利国家图书馆（Österreichische Nationalbibliothek，维也纳）。选自 A. 科尔特桑和 A. 特谢拉·达·莫塔的《葡萄牙图表总汇》（*Portugaliae monumenta cartographica*，六卷本，里斯本，1960—1962 年），第一卷，图 55。

15. 塔普罗班纳国王曼德拉夫，选自 A. 赛弗特的《宇宙学通论》（巴黎，1575 年）第 442^v 页。承蒙纽贝里图书馆提供。①

---

① 此处和插图目录说明不符，原文如此。——译者注

IL MAGNO VITEI

DI

LODOVICO ARRIVABENE

MANTOANO.

IN QVESTO LIBRO, OLTRE AL PIACERE,
che porge la narratione delle alte cauallerie del glorioso
VITEI primo Rè della China, & del valoroso IOLAO, si
hà nella persona di EZONLOM, vno ritratto di ottimo Prenci-
pe, & di Capitano perfetto.

*Appresso si acquista notitia di molti paesi, di varij costumi di popo-
li, di animali, sì da terra, & sì da acqua, di alberi, di frutti, &
di simiglianti cose moltissime.*

Vi si trattano ancora innumerabili quistioni quasi di tutte le scienze più nobili,
Fatti di arme naualí, da terra, assedij, & assalti di varij luoghi, molte giostre,
razze di cauallí, & loro maneggi. Funerali, trionfi, ragionamenti di sog-
getti diuersi, auenimenti marauigliosi ; & altre cose non punto discare a' Let-
tori intendenti.

IN VERONA,
Appresso Girolamo Discepolo. 1597.

16. 卢多维科·阿里瓦贝内《伟大的黄帝》第一版（维罗纳，1597 年）的扉页。

	Northern people are	Middle are	Southern are
1 In their bodies.	High and great, phlegmaticke, sanguine, white, and yeallow, sociable the voice strong, the skin soft and hairy, great eaters and drinkers, puissant,	Indifferent and temperate in all those things, as neuters or partakers a little of those two extremities, and participating most of that region to which they are nearest neighbours.	Little, melancholick, cold, and drie, blacke, Solitarie, the voice shrill, the skin hard, with little hair, and curled, abstinent, feeble.
2 Spirit-	Heavy, obtuse, stupid sottish, facill, light, inconstant.		Ingenious, wise, subtile, opinative.
3 Religion.	Little religious and devout.		Superstitious, contemplative.
4 Manners.	Warriers valiant, painfull, chaste, free from jealousie, cruell and inhumane.		No warriours, idle, unchaste, jealous, cruell, and inhumane.

Nothern.	Midlers.	Southern,	
The common sense, Force, as of Beares and other beasts.	discourse and reasoning, Reason and justice of men.	Vnderstanding. Subtility of force, and religion of divines.	Qualities of the soul.
Mars {Warre The moon {hunting	Mercury {Emperors, Iupiter. {Oratours,	Saturn {contemplation, Venus {love.	Planets.
Art and handicrafts.	Prudence, knowledg of good and evill.	Knowledg of truth and falshood.	Actions and parts of the Common-weal.
Labourers, Artificers, Souldiers, to execute and obey.	Magistrates, provident to judge, command.	Prelates, Philosophers, to contemplate.	
Yong men, unapt.	Perfect men, managers of affaires.	Grave old men, Wise, pensive.	

17. 地理决定论一览表，选自皮埃尔·沙朗的《智慧论》（伦敦，1612 年？），由萨姆森·伦纳德（Samson Lennard）翻译。

BREVE RELACION DEL

recibimiento que en toda ytalia, y España
fue hecho a tres embaxadores de los Rey
nos de Bungo, y Arima, y Omura, de Iapõ
de nueuo conuertidos a la fee Catolica q̃
fuerõ embiados a dar la deuida obediencia
al summo pontifice y se la dieron
co mo conuenia.

¶ Impresso en Seuilla por Fernardo Malderado

18. 一部用西班牙语写的、关于日本使团在意大利活动情况的著作扉页，根据大量的
意大利语资料编写而成，该书在日本使团离开葡萄牙之前的 1586 年（？）在塞维尔出
版。选自 A. 波斯卡罗（A. Boscaro）的《关于 16 世纪日本使团首次出访欧洲的书籍》（莱
顿，1973 年）图 52。

ACTA CONSISTORII
PVBLICE EXHIBITI

A S.D.N. GREGORIO PAPA XIII.
REGVM IAPONIORVM LEGATIS
ROMAE, DIE XXIII. MARTII.
M. D. LXXXV.

EX AVCTORITATE SVPERIORVM.

ROMAE,
Apud Franciscum Zannettum.
M. D. L XXXV.

ACTA
CONSISTORII
PVBLICE EX-
HIBITI
A. S. D. N. GREGORIO PA-
PA XIII. REGVM IAPONIO-
RVM LEGATIS ROMAE,
DIE XXIII. MARTII.
M. D. LXXXV.

EX ARCHETYPO ROMANO.
DILINGÆ,
Apud IOANNEM MAYER.
M. D. LXXXV.

IAPONIORVM
REGVM LEGATIO,

Romæ coram summo Pontifice,
GREGORIO XIII. 23. Martij
habita: Anno: 1585.

Addita etiam est breuis in calce descriptio
Insulæ Iaponicæ.

ROMAE, apud Franciscum Zannetum,
Et BONONIAE, apud Alexandrum Benatium,
Et CRACOVIAE, in Officina Lazari,
Anno Domini: 1585.

ACTA CONSISTORII
PVPLICE EXHIBITI

A S.D.N. GREGORIO PAPA
XIII. REGVM IAPONIORVM LEGATIS
ROMAE, DIE XXIII. MARTII.
M. D. LXXXV.

Cum consensu Reuerendissimj Archiepiscopj Pragensis.
PRAGAE.
Apud Michaelem Peterle,
M. D. LXXXV.

19，20，21，22. 这四张图片都是描写日本使团 1585 年访问欧洲的书籍的扉页，这些书籍包括《红衣主教通谕》（*Acta Consistorii Publice Exhibiti*）以及其他图书。这些书籍显示出日本使团出访欧洲的消息在信奉天主教的欧洲国家传播得多么广泛，它们于同一年在罗马、迪林根（Dillingen）、布拉格、博洛尼亚和克拉科夫出版发行。选自 A. 波斯卡罗的著作。

& twentie meetres, & the longest furnisheth the middle angle, the rest passe vpward and downward, still abating their lengthes by one or two sillables till they come to the point: the Fuzie is of the same nature but that he is sharper and slenderer. I will giue you an example or two of those which my Italian friend bestowed vpon me, which as neare as I could I translated into the same figure obseruing the phrase of the Orientall speach word for word.

A great Emperor in Tartary whō they cal Can, for his good fortune in the wars & many notable conquests he had made, was furnamed Temir Cutzclewe, this mā loued the Lady Kermesine, who presented him returning frō the coquest of Corason (a great kingdom adioyning) with this Lozange made in letters of rubies & diamants entermingled thus

O Harpe

To which Can Temir answerd in Fuzie, with letters of Emeralds and Amethysts, mixt albyne and intermingled thus.

nothing pleasant to an English eare, but time and vsage wil make them acceptable inough, as it doth in all other new guises, be it for wearing of apparell or otherwise. The formes of your Geometricall figures be hereunder represented.

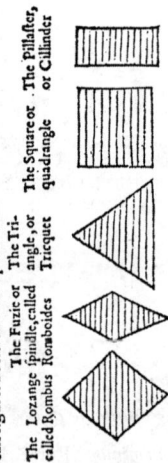

The Lozange spindle, called Rombus, Romboides

The Fuzie or Triangle, called Tricquet

The Triangle, or Tricquet

The Squere or quadrangle

The Pillaster or Cillinder

The Spire or taper, called piramis

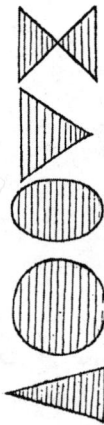

The Rondel or Sphere

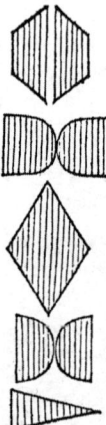

The egge or figure ouall

The Tricquet reuerst

The Tricquet displayed

The Taper reuersed

The Rodel displayed

The egge displayed

The Lozange reuersed

The Lozange rabbated

Of the Lozange.

The Lozange is a most beautifull figure, & fit for this purpose, being in his kind a quadrangle reuerst, with his point vpward like to a quarrell of glasse the Greckes and Latines both call it Rombus which may be bicause as I suppose why they also gaue that name to the fish commonly called the Turbot, who beareth iustly that figure, it ought not to containe aboue thirteene or fifteene or one and

23. 这两幅图显示了乔治·普坦汉姆的《英国的诗歌艺术》(伦敦, 1589 年) 中探讨的图案诗。

注释：

[1] 在我统计的 31 个人当中，只有 5 人来自威尼斯，而且他们与葡萄牙人没有正式的联系。

[2] 见 O. H. Green, *Spain and the Western Tradition*（4 vols.; Madison,Wis., 1966），III, 55 n. 8。仅在 16 世纪后半叶，威尼斯就出版了 71 部西班牙语图书，翻译出版的西班牙语图书达 724 部之多。

[3] 详情见 *Asia*, I, 104-7。

[4] 见本书原文第 8-10 页。

[5] 关于奎齐亚蒂尼以及其他在伊比利亚半岛的佛罗伦萨人，见本书原文第 27 页。

[6] 见 German Arcinegas, *Amerigo and the New World*（New York, 1955），chaps. xiii-xx。

[7] 见 *Asia*, I, 163-64, 以及本书原文第 76 页。

[8] 其生平详情见 *Asia*, I, 164-65。在后来引用卢多维科·迪·瓦尔塔马的知名学者中，有地理学者奥提留斯、墨卡托、利维奥·萨努托（Livio Sanuto）。巴罗斯和卡斯塔涅达可能也参考过瓦尔塔马的著作，戈伊斯在描述葡萄牙人早期的第乌之围和在他们印度的战役时，可能参考过瓦尔塔马的游记。见 Paolo Giudici, *Itinerario di Ludovico De Varthema*（Milan, 1928），pp.63-65。

[9] 这部手抄本原作现藏于佛罗伦萨的国家图书馆（Landa Finaly 9），见 E. Casamassima, "Ludovico degli Arrighi ... copista dell' Itinerario' del Varthema," *La bibliofilia*, LXIV（1962），122, 136。

[10] 见 *Asia*, II, Bk.I, 136-39。

[11] 关于托雷斯·纳哈罗的《胜利的喜剧》，见本书原文第 166-168 页。

[12] 见 A. Luzio, *Isabella d'Este nei primordi del papato di Leone X il suo viaggio a Roma nel 1514-1515*（Milan 1906），p. 41。

[13] 关于奥雷里欧·塞雷诺的详细生平，见 G. Mercati, "Un indice de libri offerti a Leone X," *Il libro e la stampa*, n. s. II（1908），43。

[14] 此段引文翻译自 L. Matos, "Natura' intelleto, e costumi dell' elefanta," *Boletim internacional de bibliografia Luso- Brasileira*, I（1960），46。

[15] 关于赞美大象的拉丁文诗歌，见 W. Roscoe, *The Life and Pontificate of Leo X*（4 vols.; London, 1805-1827），II, App. C, 103-5。另见 Filippo Beroaldo, *Carminum*（Rome, 1530）。

[16] 比如，*La victoria de lo serenissimo ed invictissimo Emanuele Re de Portugallo...*（Rome, 1515），评论见 Matos, *loc. cit.*（n. 14）p.47。

[17] 见 Allan Gilbert（trans.），*Machiavelli: The Chief Works and Others*（3 Vols.; Durham, N. C., 1965），II, 771-72。

[18] 关于皮加费塔，见 *Asia*, I, 173-76。

[19] 见 G. Berchet（ed.），"*Fonti italiani per la storia della scoperta del nuovo mundo.*" In *Raccolta di documenti e studi publicati della R. Commissione Colombiana...*Pt. III,Vol. I, pp.172-73. Rome, 1892。

[20] 参见原文第 492-493 页。关于《航海旅行记》的写作出版及编撰情况，见 *Asia*, I, 204-8。

[21] 见本书原文第 171-172 页。另外值得注意的一点是：纳瓦杰罗的兄弟 1530 年在威尼斯申请过该书的版权，这一译本最终于 1534 年作为《西印度历史概要》(*Summario della historia delle Indie Occidentali*) 的第二卷出版发行，印制此书的可能是尼科洛·佐皮诺 (Nicolo Zoppino)，见 H. F. Brown, *The Venetian Printing Press* (London, 1896)，p. 103。

[22] 见 M. Cermenati, "Un diplomatico naturalista del Rinascimento Andrea Navagero," *Nuovo archivio veneto*, N. S. XXIV (1912)，200-201; 以及 Georgina Masson, *Italian Gardens* (New York, 1961)，pp. 202-3。另见原文第 428-431 页以及第 43 幅插图。

[23] 关于他们"百科全书式"的兴趣，见 S. Grande, *Le relazioni geografiche fra P. Bembo, G. Fracastoro, G. B. Ramusio, G. Gastaldi* (Rome, 1906)，pp. 5-18。这是从《意大利社会面貌》中抽取出来的重印本，见 *Memorie della Società italiana*, Vol.XII (1905)。

[24] *Della historia viniziana de Monsignor M. Pietro Bembo, volgarmente scritta* (Venice, 1552)，pp.72-74。另见 C. Lagomaggiore, "L'Istoria viniziana di M. Pietro Bembo," *Nuovo archivio veneto*, 3d ser., IX (1905)，40-43。

[25] 见 M. Cermenati, *U. Aldrovandi e l'America* (Rome, 1906), pp. 18-19; 另见原文第 438-439 页。

[26] 见 E. di Leo, *Scienza umanesimo in Girolamo Fracastoro* (Salerno, 1937)，pp. 40, 71-75。费拉拉的天文学家兼诗人西里欧·卡尔卡格尼尼 (Celio Calcagnini) 在他的《卡尔卡格尼尼作品集》(*Opera aliquot*, 巴塞尔，1544 年) 中的《论海洋》(*De re nautica*) 一文里（见第 305 页），也表达了类似的观点。

[27] 译自 Roscoe, *op. cit.* (n.15)，II, 159-60。

[28] "岛屿传奇主义"体现了人们对遥远的、未涉足的海洋岛屿的神话、寓言以及灵异故事的一种态度，这一主义既促进了文艺复兴时期创作出浪漫想象的作品，也促进创作了很多声称是更具现实主义色彩的作品。关于这方面的讨论，见 L. Olschki, *Storia letteraria delle scoperte geografiche* (Florence, 1937)，pp. 39-41，另见第 5 幅插图。

[29] 教皇的批准函是"维多利亚"号返回前发出的，这就意味着博尔多纳的这本书在皮加费塔返回意大利并带来大量关于海外岛屿的信息之前已经完成，尽管还没有出版。在皮加费塔返回意大利之前，那些岛屿的信息不为人所知。不过，在 1521 年以前，意大利还流传着其他未出版的手稿。比如，佛罗伦萨人皮特罗·迪·蒂诺 (Pietro di Dino) 1519 年从科钦写来一份《关于在非洲和印度游历的报告》(*Relazione dei suoi viaggi nelle Costi dell'Africa e dell'India*)，现藏于佛罗伦萨的国家图书馆手稿收藏室，见 P. Peregallo, *Cenni intorna alla colonia italiana in Portogallo...* (Genoa, 1907)，p. 144。

[30] 见 G. Bertoni, *La biblioteca Estense e la coltura ferrarese ai tempi del duca Ercole I (1471-1505)* (Turin, 1903)，pp. 18-19, 213-52。对于这些收藏图书的分析，见本书原文第 48-50 页。

[31] 见 A. Luzio and R. Renier, "La coltura e le relazioni letterarie di Isabella d'Este Gonzaga," *Giornale storico della letteratura italiana*, XXXIII (1899)，pp. 37-38。

[32] 见本书原文第 50 页及第 452 页。

[33] 见 H. Hauvette, *L'Arioste et la poésie chevalresque à Ferrar au début du XVIe siècle*（Paris 1927）, pp. 60-64; 以及 C. Searles, "The Leodilla Episode in Bojardo's *Orlando Innamorato,*" *Modern Language Notes*, XVII,（1902）, 328-42, 406-11。

[34] 见 G. Reichenbach, *L'Orlando innamorato di M. M. Boiardo*（Florence, 1936）, pp.12-15, 64-65, 84-85。

[35] 关于薄伽丘，见本书原文第 112 页。

[36] 见 C. Searles, "Some Notes on Boiardo's Version of the Alexandersagas," *Modern Language Notes*, XV（1900）, 58。

[37] 见本书原文第 98 页。

[38] 比较 R. A. Pettinelli, "Di alcune fonti del Boiardo," in G. Anceschi（ed）, *Il Boiardo e la critica contemporanea*（Florence, 1970）, p. 7。

[39] 见 R. R. Bezzola, "L'Oriente nel poema cavalleresco del primo Rinascimento," *Lettere italiane*, XV（1963）, 387-91, 396-97。

[40] 关于博亚尔多塑造的亚洲人物形象的详细列表，见 H. Y. K. Tom, "The Wonderful Voyage: Chivalric and Moral Asia in the Imagination of Sixteenth-Century Italy, Spain, and Portugal"（Ph. D. diss., University of Chicago,1975）, pp. 21-22。

[41] 阿里奥斯托笔下的奥兰多据说能流畅地说多种语言，特别是阿拉伯语。

[42] 见 Hauvette, *op. cit.*（n.33）, p. 308。

[43] 关于西班牙文学中的安吉丽卡，见本书原文第 179-185 页。

[44] 对阿里奥斯托创作资料来源研究最全面的是 P. Rajna, *Le fonti dell' Orlando Furioso*（2d rev. ed.; Florence, 1900）。更多情况见 R. Barilli, "Il Boiardo e l'Ariosto nel giudizio del Rajna," in G. Anceschi（ed.）, *Il Boiardo e la critica contemporanea*（Florence, 1970）, pp. 61-72。

[45] 见 Hauvette, *op. cit.*（n. 33）, p. 214。

[46] 详 情 见 F. L. Pullé, "Originali indiani della novella Ariostea nel XXVIII canto del Furioso," *Giornale della società asiatica italiana*, IV（1890）, 129-64, and P. E. Pavolini, "Di alcuni altri paralleli orientali alla novella del Canto XXVIII del *Furioso*," *ibid*., XI（1897-98）, 165-73。关于两部作品中诗句的比较，见 E. Lévêque, *Les mythes et les legendes de l'Inde et de la Perse dans Aristophane, Platon... Arioste, Rabelais, etc.*（Paris, 1880）, pp. 531-42。

[47] 见本书原文第 114-115 页。

[48] 见 A. Strauch, *Die Kosmographie in Ariosts Orlando Furioso*（Bonn, 1921）, pp. 8, 22, 36; 另见 M. Vernero, *Studi critici sopra la geografia nell' Orlando Furioso*（Turin, 1913）, p. 129。

[49] 佛罗伦萨文学批评家 S. 佛纳里（S. Fornari）在 1549 年已经有了这样的结论，见 S. Fornari, *La spositione sopra l'Orlando Furioso di M. Lodovico Ariosto*（2 vols.; Florence, 1549）, I, 197-98。另见 *Asia*, I, 652-53，以及第 58 幅插图。

[50] 见 A. Cortesão and A. Teixeira da Mota, *Portugaliae monumenta cartographica*（5 vols.; Lisbon 1960-62）, I, 7-9; 另见原文第 451 页。

[51] 译文转自 S. A. Baker & A. B. Giamatti（eds.），*Ludovico Ariosto, Orlando Furioso,Translated by William Stewart Rose*（Indianapolis, Ind., 1968），Canto VII, verse, 1, p. 54。

[52] 见 J. W. Bennett, *The Rediscovery of Sir John Mandeville*（New York, 1954），pp. 232, 235。

[53] G. 玛佐尼的推测，见 G. Mazzoni, "Ludovico Ariosto e Magellano," *L'Ape*（Ferrara），Nos. 3-4（March-April, 1939），pp. 2-3。

[54] 译自 A. Gilbert（trans.），*Ariosto's Orlando furioso*（2 vols.; New York,1954），Canto X, verses 70-71。

[55] 见 Vernero, *op. cit.*（n. 48），p. 107; 对早期地图上美洲及美洲与亚洲地理关系的讨论，见原文第 456-458 页。

[56] 摩鹿加群岛清晰地标注在 1525—1527 年萨尔维亚蒂（Salviati）家族制作的地图上（原作收藏于佛罗伦萨的美第奇老楞佐图书馆（Biblioteca Mediceo Laurenziana）以及 1527 年西班牙文的魏玛地图上。另见第 67 幅插图。

[57] 译文选自 Baker & Giamatti（eds.），*op. cit.*（n. 51），Canto XV, verse 17。黄金半岛可能就是苏门答腊岛，塔普罗班纳可能是锡兰，"科里"指的是阿丹尼斯海峡（Adanis Strait）中的一个小岛或者是克默林角（Cape Comorin）。科钦是马拉巴尔的胡椒贸易中心，香料船都停靠在那儿，等待季风到来以后，踏上返回欧洲的第一段航程——启航穿越印度洋。

[58] 译文选自 Gilbert（trans.），*op. cit.*（n.54），Canto XV, verse 18。

[59] 比较卡蒙斯的《卢济塔尼亚人之歌》中维纳斯的预言，见本书原文第 155-166 页。很明显，查理五世统治下的西班牙取得的成就，特别是麦哲伦航海成功，使得阿里奥斯托将注意力从葡萄牙转向了加泰罗尼亚。在 1516 年版的《疯狂的奥兰多》中，我们看到这样的诗句："卢济塔尼亚的船队驶向印度"（XXXVIII, 35）。1521 年版的《疯狂的奥兰多》也保持了这一行文方式。在 1532 年出版的最终版中，他把这一句诗调整到第 43 章第 38 节，将"卢济塔尼亚"改成了"加泰罗尼亚"。关于对这一点的详细讨论，见 Vernero, *op. cit.*（n. 48），p.103。

[60] 译文转自 Baker & Giamatti（eds.），*op. cit.*（n. 51），Canto XV, verse 23。

[61] 关于这一看法，见 Vernero, *op. cit.*（n. 48），p.129。关于地图，见第 64 幅插图。

[62] 见 Gilbert（trans.），*op. cit.*（n. 54），Canto XXII, verse 16。

[63] *Ibid.*, Canto III, verse 69.

[64] *Ibid.*, Canto XIX, verse 21.

[65] 关于阿里奥斯托诗作中魔法的详细情况，见 Tom, *op. cit.*（n. 40），pp. 26-27, 34-35。

[66] 关于美洲的总体讨论，见 R. Romeo, *Le scoperte americane nella coscienza italiana del Cinquecento*（Milan and Naples, 1954）。弗朗西斯科·贝卡蒂（Francesco Becutti, 1509—1553 年），也被人称作伊尔·科佩托（Il Coppetto），曾创作了一些赞美葡萄牙国王若昂三世海外成就的抒情诗，这些诗歌最先收入他的诗集《白霜》（*Rime*, 威尼斯，1580 年）里面，见第 4-5 页，另见 A. Belloni, *Il poema epico e mitologico*（Milan, 1912），pp. 290-93。

[67] 见 N. della Laste and M. Forcellini（eds.），*Opere...*（5 vols.; Venice, 1740），V, 445。

[68] 见 *Asia*, I, 180-81。

[69] 1542 年 5 月 4 日致弗朗西斯科·法罗皮亚（Francesco Faloppia）的信函，见 F. Nicolini（ed.），*Pietro Aretino: Il secondo libro delle lettere*,（1 vol. in 2 parts; Bari, 1916），Pt. 2, p. 165。

[70] 比如，见 1541 年 5 月 19 日致利昂·弗朗西斯科·德·罗斯·科博斯（Leon Francisco de los Cobos）的信函，见 A. Vasquez and R. S. Rose（eds.），*Algunas cartas de Don Diego Hurtado de Mendoza, escritas 1538-1552*（New Haven, 1935），pp.71-72。

[71] 详情见 *Asia*, I, 204-5。

[72] 见 A. F. Johnson, *Periods of Typography: The Italian Sixteenth Century*（London, 1926），p. 19。

[73] 见 F. Flamini, *Il cinquecento*（Milan, 1898-1902），p. 428。

[74] 见 H. Thomas, *Spanish and Portuguese Romances of Chivalry*（Cambridge, 1920），pp. 184, 189。

[75] 我参考的是 *La prima parte del terzodecimo libro di Amadis di Gaula...*（Venice, 1584），*passim*。另见 *Della historia del principe Sferamundi...*（Venice, 1610）。这两卷现藏于芝加哥的纽贝里图书馆（Newberry Library）。

[76] 有关讨论，见 H. Vaganay, "Les romans de chevalerie italiens d'inspiration espagnole," *La bibliofilia*, XII（1910-11），287, 291, 298, 299。

[77] M. Roseo, *Il secundo libro delle prodezze di Splandiano, imperator di Costantinopoli aggiunto al quinto libro di Amadis di Gaula...*（Venice, 1600），chaps. lxxxiii-lxxxvii, cxxviii-cxxix, cxl, cxlv, clviii.

[78] 见 M. Roseo, *Lisuarte di Grecia*（2 vols.; Venice, 1630），II, 86^r。

[79] "Scrive nel suo Itinerario Lodovico Varomanno romano." 见 G. Brognoligo（ed.），*Matteo Bandello: Le novelle*（5 vols.; Bari, 1910-12），II, 234。他同时代的 A. F. 多尼（A. F. Doni）的私人图书馆里藏有一本瓦尔塔马的书，见本书原文第 52 页和第 371 页。

[80] 见 T. G. Griffith, *Bandello's Fiction*（Oxford, 1955），pp. 55, 101, 119。

[81] 见本书原文第 287-288 页，邦德罗在很多作品中谴责西班牙人主导的米兰社区大量消费来自东方的药膏、软膏和香水，见 A. Divrengues, "La société milanese d'après Bandello au temps de la Renaissance," *Revue du seizième siècle*, XVIII（1931），225。另见第 7 幅和第 8 幅插图。

[82] 见 W. G. Waters（trans.），*The Nights of Straparola*（London,1894），I, xi-xvi。

[83] 关于此书的翻译及评论，见 T. Benfey（trans. and ed.），*Die Reise der drei Söhne des Königs von Serendippo*（Helsinki, 1932）；以及 T. G. Remer（ed.），*Serendpiity and The Three Princes*（Norman, Okla., 1965）。

[84] 见 Remer（ed.），*op. cit.*（n. 83），pp. 47-49, 179。

[85] 见 *Viaggi fatti alla Tana*（Venice, 1543），and M. Longhena（ed.），*Viaggi in Persia...*（Milan, 1929）。

[86] Benfey（ed.），*op. cit.*（n. 83），pp. 11-12。

[87] 见 A. Tinto, *Annali tipografici dei Tramezzino*（Venice,1966），p. x。

[88] 见 R. Almagià, *Monumenta cartographica Vaticana*（4 vols.; Vatican City, 1944-55），II, 35-37；另见 Brown, *op. cit.*（n. 21），p. 102, 以及原文第 462 页。

[89] 这些译著的头两部名字是《新见闻录》（*Nuovi avisi*, 1557 年）和《轶闻录》（*Diversi avisii*, 1559 年）。

[90] 见本书原文第 46-47 页。

[91] 详情见 L. A. Goodman, "Notes on the Etymology of Serendipity and Some Related Philological Observations," *Modern Language Notes*, LXXVI（1961），455-56. 另见 Benfey, *op. cit.*（n. 83），p. 31, n. 1。

[92] 1554 年编纂的土耳其语著作《海洋》（*Mohît*）就用了"Seren-dib"这个名字，见 M. Bittner and W. Tomaschek, *Die topographischen Capitel des indischen Seespiegels Mohît*（Vienna, 1897），pl. XVII. 另见本书原文第 343 页。

[93] 比较塞巴斯蒂安诺·埃里佐（Sebastiano Erizzo, 1525—1585 年）《六日谈》（*Le sei giornate*, 威尼斯，1567 年）中的故事，这些故事发生在西班牙、葡萄牙和秘鲁，见 G. Gigli and F. Nicolini, *Novellieri minore del cinquecento, G. Barabosco - S. Erizzo*（Bari, 1912）。

[94] 见 Remer, *op. cit.*（n. 83），pp. 41, 47。

[95] 见 *Asia*, I, 272-73。

[96] 译者是约翰·韦特泽尔（Johann Wetzel），书名是《迦弗斯之子游记》（*Die Reise der Söhne Giaffers*）。

[97] 据称，这座城堡的名字来自其所处的地区名"Veneto"，但是很难将这个地区名和威尼斯旅行家马可·波罗的契丹城堡联系在一起，见 G. Mazzotti, *Ville venete*（Rome, 1963），pp. 52, 66, 68。

[98] *Ragionamento...sopra il Cathaio*（Padua, 1573），p. liii. 贝图斯 1559 年至 1560 年在吉安·鲁吉·维特里（Gian Luigi Vitelli）的陪伴下，游历了西班牙。

[99] 见 *Asia*, II, Bk. I, 148-49。关于多尼，见本书原文第 52 页。

[100] *Il Raverta*, "Bibliotheca rara," Vol. XXX（Milan, 1864），p. 159.

[101] 见 *Asia*, II, Bk. I, 87。关于博尔多纳的书，见本书原文第 201 页。我参考的是波卡奇的《世界著名岛屿》（*L'isole piu famose del mondo...*，威尼斯，1576 年）。该书的第一版于 1572 年发行，此后在 1590 年、1620 年、1686 年多次重印。

[102] *Venezia città nobilissima et singolare*（Venice, 1581），p. 245. 对此观点和他其他历史著作的评论，见 P. F. Grendler, "Francesco Sansovino and Italian Popular History," *Studies in the Renaissance*, XVI（1969），139-80。

[103] *Trofeo della victoria sagra ottenuta della cristianissima lega contro i Turchi*（Venice, 1571）.

[104] Pp. 10, 18. 历史上有几个名为贝蕾尼丝的王后嫁入埃及托勒密王朝。

[105] 该书 1589 年和 1600 年在威尼斯重印，1591 年在曼图亚重印。

[106] 见 P. Maffi, *La cosmografia nelle opere di Tasso*（Milan, 1898），pp. 153-54。另见 G. Getto, *Nel mondo della "Gerusalemme"*（Florence, 1968），pp. 222, 227。

[107] 见 B. Maier（ed.），*Torquato Tasso: Opere*（5 vols.; Milan, 1963），V, 566-70。对这些事件的评论，见塔索关于海外扩张的对话。另见 *Asia*, II, Bk. I, 86 n., 150, 167n。

[108] 塔索从 1570 年 11 月到 1571 年 3 月陪同红衣主教路易吉·德斯特（Luigi d'Este）在法国访问。关于致埃尔科莱·德·康特拉里伯爵（Count Ercole de' Contrari）的信函，见 Maier（ed.），*op. cit.*（n. 107），V, 738-39。

[109] 见 *ibid.*, IV, 30-31, 214; V, 595, 619。

[110] 见 *ibid.*, IV, 846-47。

[111] *Ibid.*, II, 109.

[112] *Ibid.*, I, 1012-13.

[113] "Catai" 只在一封信中提到一次，见 Maffi, *op. cit.*（n. 106），pp. 171-72。

[114] 引自 16 世纪爱德华·费尔法克斯的译文第 17 章第 28 节，见 R. Weiss（ed.），*Torquato Tasso: Jerusalem Delivered*（London, 1962），p. 422。这一章可能是模仿维吉尔的《农事诗》（*Giorgicas*）创作的（Bk. III, vv. 26-27）。

[115] 见 Maier（ed.），*op. cit.*（n. 107），III, 660, 698。在希腊传说中，阿德拉斯特斯是底比斯（Thebes）的国王。

[116] 见 *ibid.*, III, 561。

[117] 见 S. Multineddu, *Le fonti della Gerusalemme Liberata*（Turin, 1895），pp. 169, 211。

[118] 公爵年轻时在马德里住过三十个月，而且从 1566 年到 1568 年，他住在菲利普二世宫廷，见 F. Cavalli, *La scienza politica in Italia*（New York, 1968），II, 161。

[119] 见 H. Trindade Coelho and G. Matelli（eds.），*Documentos para o estudo das relações culturaes entre Portugal e Italia*（4 vols.; Florence, 1934-35），III, xii-xiii。

[120] 见 M. Rossi, *Un letterato e mercante fiorentino del secolo XVI, Filippo Sassetti*（Città di Castello, 1899），pp. 22-23, 35-36。另见 *Asia*, I, 475-77。关于萨塞蒂在佛罗伦萨的情况，见 E. Cochrane, *Florence in the Forgotten Centuries, 1527-1800*（Chicago, 1973），pp. 108, 114, 128-29。

[121] 见 *Asia*, I, 694-700。

[122] 关于一位意大利人根据自己的亲眼目睹，记述西班牙接管葡萄牙的经过，见 G. F. di Conestaggio, *The Historie of the Uniting of the Kingdom of Portugall to the Crown of Castille...*（London, 1600）。作者描述了葡萄牙，讨论了通往印度的海上之路的发现（第 7-8 页），并得出结论，"帝国（葡萄牙）的腐败和衰弱是沉溺于东方引起的"（第 9 页），这部意大利文原作是 1585 年在热那亚出版发行的。

[123] 比如，见 G. A. Corazzino（ed.），*Diario Fiorentino di Agostini Lapini*（Florence, 1900），pp. 240-43。

[124] 日本使团送给教皇格里高利十六世很多礼物，其中有一件是一幅欧洲人从来没有见过的鹦鹉画像。关于这只鹦鹉在罗马的故事，见 H. Diener, "Die 'Camera Papagalli' im Palast des Papstes," *Archiv für Kulturgeschichte*, XLIX（1967），66-67。

[125] 希罗·阿里多斯（Ciro Alidosi, 约 1520—1589 年）从 1577 年到 1597 年在里斯本和马德里为美第奇家族服务，写了《火》（*Carmine*）一诗，称颂日本使团在罗马的成功。见 G. Aleandro, *Vitae et res gestae pontificum romanorum*（2 vols.; Rome, 1630），Vol. II, col. 1782,

另见 Marc' Antonio Ciappi, *Compendio delle heroiche et gloriose attioni, et santa vita di Papa Greg. XIII*（Rome, 1591），pp. 61-64，他还对日本使团"所穿的漂亮的印度服饰"进行了评论。意大利出版的记述日本使团访问的图书封面，见第 19 幅和第 21 幅插图。

[126] 见本书原文第 36 页。

[127] 见 G. Romeo（ed.），*B. Baldi: La nautica（1585）e le egloghe*（Lanciano, 1913）的《前言》，这是 1590 年版（威尼斯）的重印本。

[128] *Ibid.*, Bk. III, lines 283-310, p. 61.

[129] 此观点出自 A. González Palencia（ed.），*Obras de Pedro de Medina*（2 vols.；Madrid, 1944），I, xix。

[130] G. Romeo（ed.），*op. cit.*（n.127），Bk, IV, summary, p. 72.

[131] *Ibid.*, Bk. IV, lines 222-35, p. 79; lines 259-65, p. 80.

[132] *Ibid.*, Bk. IV, lines 236-58, pp. 79-80.

[133] *Ibid.*, Bk. IV, lines 265-76, p. 80.

[134] 关于航行和探险成为一个史诗性主题的论述，见 L. Bradner, "Columbus in Sixteenth-Century Poetry," in *Essays Honoring Lawrence C. Wroth*（Portland, Me., 1951），pp. 16-17。

[135] 本兹编了 5 卷，1589—1594 年期间出版。

[136] 见 E. Mâle, *L'Art religieux après le Concile de Trente*（Paris, 1932），pp.119-20。

[137] 见 *Asia*, I, 446-60。

[138] P. Torelli, *Trattato...*（Parma, 1596），pp. 27^r-27^v.

[139] *Ibid.*, p. 15^v.

[140] *Ibid.*, p. 99^v.

[141] *Ibid.*, pp. 174^v -175^r. 他是从曼努埃尔国王编年史中演绎出这个故事的，可能参考的是奥索里奥的拉丁文版。

[142] 关于该书的封面，见第 16 幅插图。这是一部皇皇巨著，有 578 页之多，还有 12 页前言、11 页索引没有标明页码。这本书是献给东方珍品收藏家乌尔比诺的公爵弗朗西斯科·玛利亚·德拉·罗维尔（参见本书原文第 36 页）的，用阿里瓦贝内的话说，这位公爵是一个"文学修养极高的人"。

[143] *Lettere del Signor Steffano Guazzo...*（Turin, 1591），pp. 383-84.

[144] *Dialogo delle cose più illustri di Terra Santa...*（Verona, 1592）.

[145] 关于卡斯蒂利奥尼和阿里瓦贝内笔下完美国王的比较，见 Tom, *op. cit.*（n. 40），pp.85-88。

[146] 见 S. 卡兰多（S. Carando）的文章，收入《意大利传记辞典》（*Dizionario biografico italiano*）。关于更加合情合理的讨论，见 A. Albertazzi, *Romanizieri e romanzi del cinquecento e del seicento*（Bologna, 1891），pp. 126-33; G. Passano, *I novellieri italiani in prosa*（Turin, 1878），Pt. I, pp. 29-30；另见 A. Albertazzi, *Storia dei generi letterari italiani: Il romanzo*（Milan, 1902），p.73。

[147] 帕萨诺（Passano, *op. cit.* [n. 146], p. 30）第一个指出 1599 年出版的《中国史》之所以更

名并改变封面，可能只是为了出售第一版库存没有销售完的书。他还指出，这两版的页码一样多，错误出现的位置也是一样的，只是在新版的封面上，出版商的名字从迪谢波罗（Discepolo）变成了塔莫（Tamo）。

[148] 见 G. T. Staunton（ed.）, *The History of the Great and Mighty Kingdom of China... compiled by the Padre Iuna González de Mendoza*, "Publications of Hakluyt Society," O. S. XIV, XV（2 vols.; London, 1853-54）, I, 52, 69-71。关于次要人物，比如中国王子 Usao, Huntzui, and Ochieutei，见第 51-52 页，其他的见第 73 页和第 75 页。

[149] 马丁·德·拉达了解中国的信息源几乎和门多萨的一样，马丁·德·拉达的著作中只是简单提及 "黄帝"。尽管拉达明确表述黄帝 "统治了一百年"，尽管传统历史资料中没有任何大禹在位那样长的记载，C. R. 博克舍依然认为 "黄帝" 就是大禹，见 C. R. Boxer（ed.）, *South China in the Sixteenth Century*, "Publications of the Hakluyt Society," 2d ser. CVI（London, 1953）, p. 297, n.4。

[150] 见 H. A. Giles, *A Chinese Biographical Dictionary*（reprint: Taipei, 1964）, p.338。

[151] *Il magno Vitei*, p. 3. 有可能是指（但可能性不大）这样一个情况：黄帝姓 "蚩"（chi），因此，一般称他为 "蚩一代"，这是根据家族顺序起的，就像对始皇帝的称呼一样，始皇帝可以称为 "帝一代" 或 "第一代帝王"。

[152] *Il magno Vitei*, p. 12.

[153] *Ibid*. 比较 Staunton（ed.）, *op. cit.*（n. 148）, p.56。

[154] *Il magno Vitei*, p.70. 另见 *Asia*, I, 661。

[155] *Il magno Vitei*, p. 530.

[156] 见 *Asia*, I, 452-56, 468-75。

[157] *Il magno Vitei*, p.43.

[158] *Il magno Vitei*, p. 145. 关于《伟大的黄帝》中对这一故事的详细综述，见 Tom, *op. cit.*（n. 40）, pp. 87-98。

[159] 见本书原文第 235 页和第 237 页。

[160] 见本书原文第 20-21 页。

[161] 引自英文版的《意大利历史》（*The History of Italy*，伦敦，1753 年），第 3 卷第 6 册，第 311 页。

[162] M. Battistini（ed.）, *Lettere di Giovan Battista Guicciardini a Cosimo e Francesco de' Medici: scritte dal 1559 al 1577*（Brussels and Rome, 1949）, p. 71.

[163] 见 F. Gilbert, "The Renaissance Interest in History," in C. S. Singleton（ed.）, *Art, Science, and History in the Renaissance*（Baltimore, 1968）, p. 386.

[164] 见 G. Cardano, *The Book of My Life*（New York, 1930）, p.189.

[165] 关于他的生平，见 G. Sanesi, "Alcuni osservazioni e notizie intorno a tre storici minori del cinquecento," *Archivio storico italiano*, 5th ser. XXIII（1899）, pp. 260-88; 另见 F. Chabod, "Paulo Giovio," in *Scritti sul Rinascimento*（Turin, 1967）, pp. 243-67。这些著作的最新版本是国家出版办公室（*Istituto Poligrafico dello Stato*）发行的，见 G. G. Ferrero and D.

Visconti, *Opera...*（4 vols.; Rome, 1956-64）。关于他和佛罗伦萨的关系，见 Cochrane, *op. cit.*（n.120），pp. 71-72, 81-82。

[166] 见 C. Panigada（ed.），*Le vite del Gran Capitano e del Marchese di Pescara*。由卢多维科·多梅尼西（Ludovico Domenichi）1931 年从拉丁文翻译成意大利文，在巴里（Bari）出版，见第 189-190 页。

[167] 见 Paulo Giovio, *Illustrium virorum vitae*（Florence, 1551），p. 263。关于他画廊的画像，见 C. Müntz, "Le Musée de portraits de Paul Jove," *Mémoires de l'institut national de France, Académie des inscriptions et belles lettres*, XXXVI（1901），249-343。

[168] 比较他的 *Turcicarum rerum commentarius*（Paris, 1538）。在这本书中，他谈到阿尔巴尼亚英雄，同时也是土耳其死敌的斯堪德贝格（Scanderbeg）的生平，并盛赞他取得的胜利。

[169] 约维乌斯可能读过一本意大利文的小书《土耳其人与葡萄牙人海上和陆上交战记》（*Impresa del gran turco per mare e per terra contra Portoghesi*, Rome, 1531）。关于这本书的重印和讨论，见 Francisco Leite de Faria, "Un impresso de 1531 sobre as empressas dos Portugueses no Oriente," *Boletim internacional da bibliografia Luso-Brasileira*, VII（1966），90-109。

[170] 有关例子，见 Ferrero and Visconti（eds.），*op. cit.*（n.165），I, 263; II, 160-61。

[171] 根据的是约维乌斯给他的资助人亚历山德罗·法尔内塞（Alessandro Farnese）红衣主教的一封信（1544 年 9 月 8 日，罗马），这封信后来重印，见 *ibid.*, I, 342，另见 *ibid.*, p. 350。

[172] 见 *Asia*, I, 410 n., 777。

[173] 引自从罗马写给红衣主教尼科洛·德·加迪（Nicolò de' Gaddi）的信函（1547 年 10 月 1 日），这封信后来收入费雷罗（Ferrero）和威斯康提（Visconti）编的著作，见 Ferrero and Visconti（ed.），*op. cit.*（n. 165），II, 113。就在这一年，葡萄牙人迭戈·皮罗（Diego Pirro, 也被称为迪达科 [Didaco]）从费拉拉给约维乌斯写了一封很长的自我介绍性信函，进一步证明了约维乌斯和葡萄牙知识分子之间的联系。见 G. Bertoni, "Umanisti portoghesi a Ferrara（Hermico e Didaco），" *Giorale storico della letteratura italiana*, CXIV（1939），50。

[174] 见 Ferrero and Visconti（eds.），*op. cit.*（n. 165），III, 233-34。

[175] *Ibid.*, pp. 317-18.

[176] *Ibid.*, p. 320. 这里还需要注意的是：波代诺内的鄂多立克在 14 世纪曾说，广州有"威尼斯的三倍大"（*Asia*, I, 41）。

[177] 从广州和威尼斯的对比中可以看到，约维乌斯的这些信息是从威尼斯人那里得到的，可能是赖麦锡。关于约维乌斯对威尼斯的仰慕以及与威尼斯人的关系，见 C. Volpati, "Paolo Giovio e Venezia," *Archivio veneto*, 5th ser, XV（1934），132-56。不过，还有一种可能是，这些信息是从他的葡萄牙仆人那里或者是直接从巴罗斯那里了解到的。

[178] Ferrero and Visconti（eds.），*op. cit.*（n. 165），320。见 *Asia,* I, 777。

[179] 见本书原文第 127 页以及第 404-405 页。

[180] Ferrero and Visconti（eds.），*op. cit.*（n. 165），IV, 302, 336, 434。

[181] *Ibid.*, p. 300.

[182] *Ibid.*, p. 349.

[183] *Ibid.*, p. 346.

[184] 见本书原文第 22 页。

[185] 关于约维乌斯对美洲的看法，见 Romeo（ed.），*op. cit.*（n.127），pp. 30-31。

[186] 见 Carlo Passi, *Tavola della provincie, citta, castella, popoli, monti, mari, fiume, et laghi de quali il Giovio ha fatto nelle sue istorie mentione...*（Venice, 1570）。令人奇怪的是，他没有提到果阿和日本。

[187] 见 O. Logan, *Culture and society in Venice, 1470-1790*（London, 1972），pp. 115-16。另见 W. T. Elwert, *Studi di letteratura veneziana*（Venice, 1958），pp. 36-37。

[188] *Delle historie del mondo...parte terza. Aggiunta alla...Historia de M. Giovanni Tarchagnota*（3 vols. in 5; Venice, 1598）. 塔尔加格诺塔的历史著作后来又被其他人续编到 1606 年。

[189] M. Roseo, *Vita di Alessandro Magno*（Venice, 1570）and *Historia de' successore di Alessandro Magno. Raccolata da diversi Auttori, et in gran parte da Diodoro Siculo...*（Venice, 1570）.

[190] M. Roseo, *Delle historie del mondo*（n. 188），pp. 125^r-125^v.

[191] Under 1539, *ibid.*, pp.146^r-146^v.

[192] Under 1537, *ibid.*, pp. 325^r-326^v.

[193] *Ibid.*, pp. 335^r-336^v.

[194] 我用的就是在威尼斯出版的这个版本。这本书出版时是献给波兰公主，后来成为瑞典王后的凯瑟琳·迦吉伦·斯福尔扎（Catherine Jagellon Sforza）的，她是波兰国王西吉斯蒙德二世（Sigismund II）的妹妹，嫁给了瑞典国王约翰三世，从而将迦吉伦王朝（Jagellon dynasty）和瓦萨王朝（Vasa dynasty）合并在一起。

[195] 他显然不知道或者没有参考卡斯塔涅达的著作，尽管卡斯塔涅达的第一卷历史著作 1556 年在罗马有了意大利文版，见 *Asia*, I, 189。乌路亚（Ulloa）翻译的卡斯塔涅达的历史著作前其第七卷直到 1577—1578 年才出版发行。

[196] 阿方索·乌路亚翻译后将其更名为《乔万尼·德·巴罗斯亚洲史》（*L'Asia del S. Giovanni de Barros*，威尼斯，1562 年），由文森佐·瓦尔戈里西奥（Vincenzo Valgrisio）出版。阿纳尼亚的印度地名常常遵循意大利版的巴罗斯著作中的次序和拼写，但有的也没有遵循。

[197] Anania, *L'universale fabrica del mondo...*（Naples, 1573），p. 215.

[198] 见 *Asia*, I, 157-58。

[199] Anania, *op. cit.*（n. 197），p.225. 关于中国旅行者从伊比利亚半岛去往欧洲其他地区的说法后来被比多萨证实，他说："1585 年，来了三名中国商人，带来很多奇特的商品，他们在到达比西班牙更远的其他国家之前，没有在其他地方停留过。"（Staunton [ed.], *op. cit.* [n. 148], I, 95）

[200] 在阿纳尼亚列出的参考文献中，他提到了耶稣会士书信（*Lettere de' Iesuiti*）以及两个标题（*Commentarij della Cina, e quelli dell' India Orientali and Somario delle cose Oriêntali*），我认为那就是耶稣会士书信集。

[201] *Ibid.*, pp. 204, 235. 另见本书原文第 205 页。他提到在耶稣会士书信中看到过汉语的书写形式。

[202] *Ibid.*, pp. 211, 213.

[203] *Ibid.*, pp. 210-11, 214, 228.

[204] *Ibid.*, pp. 207, 225, 234-35.

[205] *Ibid.*, p. 230. 因佩拉托根据自己的收藏和在自己植物园里的试验，撰写出版了《自然的历史》（*Dell' historia naturale libri XXVIII*，那不勒斯，1599 年）。1610 年和 1672 年，该书在威尼斯重印发行，并在 1695 年翻译成拉丁文在科隆出版。另见原文第 439 页。

[206] Anania, *op. cit.*（n. 197），pp. 209, 211, 213, 215, 228, 234-35.

[207] *Ibid.*, pp. 210, 220, 222, 228, 230. 关于土耳其人称呼锡兰的用词，另见本书原文第 212 页的注释。关于"台风"这个词，见原文第 533 页。阿纳尼亚还注意到中国人称自己是"大明"人，或者是"大明"朝的人。

[208] 关于当时学者对人种多样化原因的猜测，见 G. C. Maffei, *Scala naturala*（Venice, 1564），pp. 52-57。

[209] Anania, *op. cit.*（n. 197），pp. 204, 225, 226.

[210] *Ibid.*, p. 235.

[211] *Ibid.*, p. 247.

[212] *Ibid.*, p. 249.

[213] *Delle historie del mondo...libri 4*（Venice, 1591）.

[214] *Delle historie del mondo...libri sedici; ne' quali diffusamente si narrano le cose avvenute dall' Anno 1580 fino al 1596...*（Turin, 1598）. 关于他和当时的一部著作对亚洲描述的比较，见 G. N. Doglioni, *Compendio historico universale...*（Venice, 1605）。多廖尼（Doglioni）除了说赖麦锡的著作在权威上已经取代托勒密、斯特拉波和普林尼的著作外，几乎没有谈到任何关于海外世界的情况。

[215] *Ibid.*, p. 13.

[216] *Ibid.*, pp. 89-90, 247-48, 272-76.

[217] *Ibid.*, p. 115.

[218] 出版商佩里姆和昂戈里埃利（Perim and Angelieri）1585 年在维琴察出版了《日本使团纪略》（*Descrittione*），见 Maria *Cristofari*, "La tipografia vicentina nel secolo XVI," in *Miscellanea ... in memoria di Luigi Ferrari*（Florence, 1952），p. 199。

[219] *Ibid.*, p.164.

[220] *Ibid.*, pp. 276, 321.

[221] *Ibid.*, pp. 392-93.

[222] 见 G. Spini, "Historiography: The Art of History in the Italian Counter-Reformation," in E. Cochrane（ed.），*The Late Italian Renaissance*（London, 1970），pp. 102-3; 以及 Peter Burke, *The Renaissance Sense of the Past*（New York, 1970），pp. 39-49。

[223] *Della Historia diece dialoghi...*（Venice,1560）, p. 8ᵛ. 作为新柏拉图主义哲学家，帕特里齐也对中国文字和日本文字具有指代事物形象的功能，或具有象征意义这一点感兴趣。显然，他见过中国的书籍和文字（*ibid.*, p. 12ᵛ）。他是在谈到"灵异"或人类过去遗留下来的可视遗迹时，提到这一点的。

[224] 波西维诺认为，拉丁天主教和希腊天主教的统一不仅对天主教自身来说十分重要，而且罗马和莫斯科之间的合作也会让基督教世界征服整个亚洲，见 S. Polein, "Une tentative d'Union au XVIᵉ siècle: la mission religieuse du Père Antoine Possevin, S. J., en Moscovie（1581-82），" *Orientalia Christiana analecta*, No.150（1957）, pp. 25, 39, 90-91。

[225] *Judicium de quatuor scriptoribus（la Nove, Bodin, Philip de Morney et Machiavelli）*（Rome, 1592）.

[226] 关于罗明坚神父，见 *Asia*, I, 820-21, 以及原文第 515 页。

[227] 关于范礼安，见 *ibid.*, pp. 255-57, 293-94, 685-86。这篇文章可能是罗明坚带到罗马的。另见 Possevino, *Bibliotheca selecta*（Rome, 1593）, pp. 452-57. 相关评论见 H. de Lubac and H. Bernard-Maitre, "La découverte du bouddhisme," *Bulletin de l'association Guillaume Budé*, 3d ser., No. 3（October, 1953）, pp. 106-7。

[228] 意大利语书名为 *Apparato all'historia di tutte le nationi. Et il modo di studiari la geografia*，我参考的就是这本意大利文版。

[229] *Ibid.*, pp. 207ʳ-208ᵛ. 该书大多数篇幅都是介绍希腊和罗马的历史地理的，但是最后一章介绍的是研究近代史的资料来源问题，所有关于亚洲和美洲的讨论在他的分类中都属于"印度"。

[230] 关于这些学者以及他们著作的详细情况，见 *Asia*, I, 323-26, 452-53, 806-8。

[231] 在第 450 页，他介绍了 1587 年版的门多萨的《中华大帝国史》。

[232] 关于乔万尼·博特罗的出生日期，见 L. Firpo, *Dizionario biografico degli italiani*. 研究他的学术思想发展和著述的学者中，最著名的是 F. 查波德(F. Chabod)的《乔万尼·博特罗》(罗马，1934 年)，这本书后来收录查波德的文集《文艺复兴论集》(*Scritti sul Rinascimento*, n.165)，见第 377-458 页。

[233] 见本书原文第 54 页对日本使团的论述。

[234] 见 Chanbod, *op. cit.*（n. 232）, pp. 38-39。

[235] 引文出自 *ibid.*, pp. 31-32。

[236] 博特罗 1586 年在巴黎的时候，发表了他的《博特罗谨遵博罗梅奥之命致红衣主教卡洛里阁下信函》(*Ioann Boteri ... Epistolarum ... D. Caroli Cardinalis Borromaei nomine scriptarum, Libri II*)。这封信刊行（pp. 122ʳ-140ᵛ）的时候用的题目是《论皈依天主教》(*De Catholicae religionis vestigiis*)。1588 年，安吉利科·福图尼奥（Angelico Fortuneo）将之翻译成意大利语并在罗马以单行本出版。

[237] 关于裴尼里的收藏以及他的图书后来被博罗梅奥购买、由安布罗西亚那收藏的情况，见本书原文第 53-54 页。

[238] Jesuits, Letters from Missions, *Avvisi del Giapone de gli anni M. D. LXXXII. LXXXIII. Et*

LXXXIV. Con alcuni altri della Cina dell' LXXXIII. Et LXXXIV. Cavati dalle Lettere della Compagnia de Giesù. Ricevute il mese di Dicembre M. D. LXXXV (Rome, 1586)。后来出版的耶稣会士书信集在标题中都注明里面含有关于中国的信息，比如 *Avvisi della Cina, et Giappone... ricevute il mese d'Ottobre, 1588* (Venice, 1588)。和这本书信集完全一样的书同时由吉奥里蒂（Gioliti）在威尼斯出版发行。

[239] 关于博丹，见本书原文第 306-309 页。

[240] 关于这两部著作的关系，见 Chabod, *op. cit.*（n. 232），pp. 42-45。

[241] 引文出自罗伯特·皮特森（Robert Peterson）1606 年的英译本，后来收录到 P. J. 和 D. P. 瓦雷（D. P. Waley）编著的《乔万尼·博特罗：国家理由论》（伦敦，1956 年），见第 227 页。

[242] *Ibid.*, pp. 230-31.

[243] *Ibid.*, pp. 246-47, 258.

[244] *Ibid.*, pp. 252, 261, 278, 280.

[245] *Ibid.*, p. 270. 他在这类城市中列举的一个例子是元朝都城汗八里（Cambaluc）（*ibid.*, pp. 263-64）。

[246] *Ibid.*, pp. 264-65.

[247] *Ibid.*, p. 265. "顺天"指的是"顺天府"，也就是"对天恭顺的城市"。这些地名可能来自厦门方言，对于另外两个地名，我在游记文学中没有找到相关出处，不知作者从哪里引用的资料。关于顺天，见门多萨的《中华大帝国史》（Staunton [ed.], *op. cit.* [n. 148], I, 25）。Anchin 可能就是门多萨所指的 Ancheo（Foochow [福州]）或 "Nanquino"，Panchin 肯定指的是北京。见 Boxer, *South China*（n. 149），App. II。

[248] Waley and Waley（eds.），*op. cit.*（n. 241），p. 266.

[249] 这些信息以及城市的名字直接取自门多萨的著作（Staunton[ed.], *op. cit.* [n. 148], pp. 278-79）。不管这些城市的真实性如何，可以肯定的是，它们都是来自菲律宾的奥古斯丁教团教士曾经造访过的福建港口城市。

[250] 1589 年，佛罗伦萨还用意大利文出版了门多萨著作的简缩本。关于门多萨著作出版的综述，见 *Asia*, I, 744。截至 1600 年，门多萨的著作用意大利文出版发行了 19 个版本。

[251] Waley and Waley（eds.），*op. cit.*（n. 241），p. 266.

[252] *Ibid.*, p. 266. 为证明这一论断的正确性，他指出，东方出产香料，而西方没有，并断言："西方出产的珍珠如果和东方的比，就像把铅和银子拿来相比一样。"

[253] *Ibid.*, p. 267.

[254] *Ibid.*

[255] *Ibid.*, pp. 267-68. 6 000 多万人口这一数字非常接近于马丁·德·拉达在介绍中国时所说的数字 60 187 047（见 *Asia*, I, 769, n. 208）以及利玛窦在 1584 年的信件中提到"六千多万"（*ibid.*, p. 802）。由于拉达的著作此时尚未出版，因此毫无疑问，博特罗的这一数字来源于利玛窦。

[256] Waley and Waley（eds.），*op. cit.*（n. 241），p. 268. 另见 *ibid.*, p. 256. 他还注意到（*ibid.*, p. 236）："葡萄牙人在著述中记载，中国人在辽阔、空旷的平原上使用带帆的马车，而西班

使用带帆的马车还没有多少年。"关于"带帆的马车",见原文第402-403页。

[257] 黄帝这一名字以及关于女人必须工作的观点,是博特罗直接从门多萨那里引用的(Staunton [ed.], *op. cit.* [n. 148], I, 70-71)。现代的英国编辑(Waley and Waley [eds.], *op. cit.* [n. 241], p. 368)错误地把"黄帝"改成了"五帝"。关于"黄帝"身份的确认,见本书原文第221页。

[258] Waley and Waley(eds.), *op. cit.*(n. 241), pp. 268-69。比较 Apollinare Calderini, *Discorsi sopra la ragione di stato del Signor Giovanni Botero*(Milan, 1609), p. 64。

[259] *Ibid.*, p. 269.

[260] *Ibid.*

[261] *Ibid.* 另外比较博特罗早期关于"商品"和商业垄断对于城市伟大的重要性的论述(第255页)。他认为(第271页),里斯本之所以比伦敦或那不勒斯大,是因为里斯本控制了香料的运输。

[262] 从1550年到1600年,这类著述至少发表/出版了66篇(部),见 T. Bozza, *Scrittori politici Italiani dal 1550 al 1650*(Rome, 1949)。

[263] 其后十年,该书的意大利文版多次重印,并很快翻译成西班牙文(1593年)、法文(1599年)和拉丁文(1602年)。

[264] 参见 F. Chabod, *op. cit.*(n. 232), pp. 57, 65。

[265] Waley and Waley(eds.), *op. cit.*(n. 241), pp. 11-12。

[266] *Ibid.*, p.38.

[267] *Ibid.*, p. 142. 这是一个博特罗背离参考资料率性做出结论的范例。巴罗斯、门多萨和其他学者都谈到了蒙古和明朝的扩张活动以及明朝禁海的决定,但他们从来没有说疆域广阔的中华帝国统治过整个东方。不过他们的确暗示除了印度以外,大部分东方国家都向中国纳贡称臣。博特罗所谓的"法令禁止发动侵略战争"的论断也有过分之嫌,因为他的参考资料主要介绍了明朝的非侵略性特点。

[268] *Ibid.*, p. 183.

[269] *Ibid.*, p. 157.

[270] *Ibid.*, p. 70. 但是他也深知,葡萄牙人从印度那里汲取了有价值的东西,比如"印度的生姜(在葡萄牙)很受欢迎,的确,我记得我曾吃过巴黎种植的生姜"(*ibid.*, p. 149)。关于生姜贸易情况,见原文第432页。

[271] *Ibid.*, p. 143. 门多萨(Staunton[ed.], *op. cit.* [n. 148], I, 82-84)考察了中国帝王的岁贡收入,结果好像是远远多于一个亿。因此,博特罗的数字还是相当保守的。

[272] Waley and Waley(eds.), *op. cit.*(n. 241), p. 25. 另见第22页。

[273] 比较门多萨,见 Staunton(ed.), *op. cit.*(n.148), I, 107-8。

[274] Waley and Waley(eds.), *op. cit.*(n.241), pp.82-83。博特罗认为,从这一点上看,中国皇帝要比霍尔木兹的统治者仁慈得多,因为霍尔木兹的统治者要将其亲属的眼睛弄瞎。

[275] *Ibid.*, p. 84.

[276] *Ibid.*, pp. 92-93.

[277] *Ibid.*, p. 166.

[278] *Ibid.*, p. 58.

[279] *Ibid.*, p. 171n.

[280] *Ibid.*, p. 187.

[281] *Ibid.*, pp. 190-91.

[282] *Ibid.*, pp. 198-99.

[283] *Ibid.*, p. 99.

[284] 第四部分 1596 年出版时献给时任米兰总督西班牙人胡安·费尔南德斯·德·维拉斯科（Juan Fernandez de Velasco），他曾对门多萨的《中华大帝国史》给予批评，见 *Asia*, I, 790-91。

[285] 第五部分在 1610 年前可能还没有动笔，于 1895 年首次出版，见 C. Gioda, *La vita e le opere di Giovanni Botero*（3 vols.; Milan, 1895），Vol. III。

[286] 见 Chabod, *op. cit.*（n. 232），pp. 70-71。

[287] 此处依据的是《葡萄牙对外关系》（*Relatione di Portugallo*），见 *Thesoro politici*（Venice, 1612），另见 Chabod, *op. cit.*（n. 232），pp. 192-93。

[288] 关于这种方法的扩大使用，见 Alberto Magnaghi, *D'Anania e Botero*（Ciriè, 1914）。当博特罗讨论交趾支那时，他的数据不充分，但依然简单地使用了这种方法。

[289] 引自约翰·哈维兰（John Haviland）出版的罗伯特·约翰逊《游历家概说》译本修订版，见 *Relations of the Most Famous Kingdomes and Common-wealths thorowout the World: Discoursing of Their Situations, Religions, Languages, Manners, Customes, Strengths, Greatnesse and Policies*...（London, 1630），p. 198。

[290] *Ibid.*, p. 199.

[291] *Ibid.*, p. 574.

[292] *Ibid.*, p. 575.

[293] *Ibid.*

[294] *Ibid.*

[295] *Ibid.*, p. 576.

[296] 关于博特罗在其《世界关系》中参考的马菲的段落，见 Chabod, *op. cit.*（n. 232），pp. 151-65。

[297] Botero, *Relations*（n. 289），p. 579.

[298] *Ibid.*, p. 581.

[299] *Ibid.*

[300] *Ibid.*

[301] *Ibid.*, pp. 583-84. 博特罗使用的关于欧洲的统计数据，尼德兰的数据来自奎齐亚蒂尼的著作，法国的数据来自博丹的著作。

[302] *Ibid.*, p. 586.

[303] *Ibid.*, p. 588.

[304] 关于他参考的罗明坚的著作，见 *ibid.*, p. 601。

[305] *Ibid.*, p. 589.

[306] *Ibid.*, p. 590.

[307] *Ibid.*, p. 586.

[308] *Ibid.*, p. 594.

[309] *Ibid.*

[310] *Ibid.*, p. 596.

[311] *Ibid.*, p. 598.

[312] *Ibid.*

[313] *Ibid.*, p. 592.

[314] 比如，他对经济的描述（特别是，*ibid.*, pp. 592-93）依然参考了门多萨的著作。

[315] *Ibid.*, pp. 595-96.

[316] *Ibid.*, pp. 602-12.

[317] 参见 *Asia*, I, 522-25。他曾提到参考了一名耶稣会士的书信，这可能指的是 1554 年费尔南·门德斯·平托（Fernão Mendez Pinto）写的信（见 *ibid.*, pp. 530-35），信中写到中世纪暹罗和缅甸发生战争的情况。

[318] Botero, *Relations*（n. 289），p. 603.

[319] *Ibid.*, p. 604.

[320] *Ibid.*, p. 612.

[321] *Ibid.*, p. 614.

[322] *Ibid.*, p. 618.

[323] *Ibid.*, p. 620.

[324] *Ibid.*, p. 621.

[325] *Ibid.*, p. 622.

[326] *Ibid.*

[327] *Ibid.*, p. 624.

[328] *Ibid.*, p. 625.

[329] *Ibid.*

[330] Gioda, *op. cit.*（n. 285），III, 212.

[331] *Ibid.*, pp. 237-41.

[332] *Ibid.*, p. 306.

[333] 比如，帕奥罗·帕鲁塔（Paolo Paruta, 1540—1598 年）、斯皮翁·阿米雷托（Scipione Ammirato）、吉罗拉莫·弗拉奇塔（Girolamo Frachetta, 1560—1620 年）在他们的政治理论著作中完全忽视了海外世界。曾修订托勒密《地理学》（*Geografia*，威尼斯，1599 年）的内科医生、地理学家 G. 罗萨西奥（G. Rosaccio，约 1530—1620 年）对亚洲的了解远远比不上博特罗，如果和加斯塔尔迪（Gastaldi）及其他人早期的地图比起来，罗萨西奥的地图

和图例也显得简略得多。另外，罗萨西奥对经济地理几乎没有任何兴趣，而这一点是博特罗的强项。

[334] 见 Chabod, *op. cit.*（n. 232），pp. 60-61。

[335] 比较有关锡兰王子的故事，见本书原文第 211-212 页。

第七章　法国文学

在 16 世纪，法国和伊比利亚、意大利不一样的是，它和发现东方很少有直接或间接的联系。当跨越太平洋的航行告诉法国人世界上存在着新的大陆和新的人种时，法国最初的反应是既不感到突然，也不感到激动。直到 16 世纪中期，法国人对外部世界的印象还是从中世纪的游记、百科全书以及一些真实与幻想难以分辨的现代记述中获得的，法国社会中只有少数受过教育的人和知识分子通过阅读拉丁语、西班牙语和意大利语的作品，或是通过法译本，逐渐意识到海外发现对于欧洲人认识自我和整个世界，将会带来一场革命性的变化。

16 世纪的前二十年，法国贵族主要关注意大利的战争。在国内，法国人过着相对安宁的生活，享受着从灾难性的英法百年战争（1337—1453 年）和黑死病中慢慢恢复过来的经济好转。在当时，意大利在政治、知识上都居于领先地位，法国通过和意大利的交流，开始将文艺复兴的丰硕成果引入法国。法国国王弗朗西斯一世（1515—1547 年在位）在和教皇成功签订博洛尼亚协定（Concordat of Bologna，1516 年）后，实施了引进意大利艺术和知识分子的政策，弗朗西斯一世和他的姐姐玛格丽特·纳瓦尔（Margaret of Navarre）也鼓励、资助法国的文人和人文主义者，尽管他们由于在尚博德（Chambord）和枫丹白露修建皇家宫院耗费了巨资。

弗朗西斯一世虽然顽强地向神圣罗马帝国皇帝查理五世发起一系列破坏性的战争，但他力图在自己的宫廷和法国的一些主要城市维持一种富足、欣欣向荣的生活，为了阻止查理五世的进攻，他想方设法和英国建立友好关系，但未能成功。不过，在 1535 年，弗朗西斯一世成功地与土耳其建立了联盟，同神圣罗马帝国和西班牙相抗衡。弗朗西斯一世还想让法国，或指使法国在诺曼底、布列塔尼（Brittany）的臣服者，与伊比利亚争夺大西洋渔场和大西洋航道。尽管法国直接参与海外航行和海外贸易比较迟缓，但在弗朗西斯一世统治时期，法国开始和异教的土耳其结成遥远而又具有革命性的联盟，并参加了一个打击伊比利亚的航海活动组织，因为伊比利亚宣称要垄断海外世界。[1]

里昂、巴黎和波尔多是法国的大城市，战略位置十分重要。里昂是法国、瑞士和意大利的陆路交通枢纽，在 16 世纪早期深深地卷入了香料贸易之中。远近的工匠蜂拥来到里昂，特别是意大利的丝织工人和德国的印刷工人。在里昂有佛罗伦萨人（Florentine）和热那亚人（Genoese）开办的银行分行，他们在这里过着奢华的生活，里昂的意大利商业贵族接待来自意大利的学者和传教士。1523 年，在里昂的意大利商人组成一个财团，资助次年由他们的同乡乔万尼·达·韦拉札诺（Giovanni da Verrazzano）领航的跨越大西洋的航行，打算通过向西航行，从北部找到一条通往契丹的航道，但未能如愿。[2] 意大利的艺术家、知识分子同样在里昂受到资助，特别是在伊波利托·德斯特 1539 年成为大主教之后。在文学方面，里昂派包括以下几位名人：让·马洛特（Jean Marot）、拉伯雷、莫里斯·塞夫（Maurice Scève）以及朋图斯·德·蒂亚尔。[3] 在里昂的 8 家印刷厂中，最重要的一家是塞巴斯蒂安·格吕菲乌斯（Sebastien Gryphius）开的，在这些年里，塞巴斯蒂安·格吕菲乌斯的印刷厂忙于出版法国翻译和改编的拉丁文经典和意大利游记及流行文学作品。[4]

费拉拉是一座对地理大发现反应非常迅速的意大利城市，法国宫廷和它在经济、外交、文学方面有非常密切的联系。勒妮（Renée）是弗朗西斯一世的姐姐，1528 年嫁给了埃尔科莱·德斯特，以勒妮为核心，在费拉拉很快形成了一个法国文学圈子，这个文学圈子一直存在到 1536 年勒妮的丈夫将其解散。[5] 德斯特家族的其他成员也访问巴黎，很可能鼓励巴黎的印刷商出版游记和地理方面的图书。1480—1530 年间，法国的印刷商出版了 45 种地理书，几乎平均每年一本。这 45 本地理书中，28 本是在巴黎出版的，6 本在里昂出版，其余的是在安特卫普和鲁昂出版的。[6] 到 1536 年，巴黎的印刷商和书商西蒙·德·科林尼斯（Simone de Colines）、盖利奥·德·普雷（Galliot de Pré）已印刷出版了彼得·马特的作品、弗雷斯蒂·达·伯加莫的《编年史补遗》和《新世界》以及庇乌二世的《亚洲和欧洲简述》（*Asiae Europae de elegantissima descriptio*）。[7]

从印刷业兴起之初，法国教会和法国政府就试图控制图书出版。巴黎的印刷商和书商成立了一个联合会，接受索邦神学院的直接管理，弗朗西斯一世于 1521 年颁布了一个条例，委托索邦神学院负责图书出版的审查和颁发出版许可证工作。图书出版前的审查主要是为了防止一些异教的、煽动性的、诽谤性的图书出版，1543 年，索邦神学院编了一个《禁书目录》，禁止宣传新教的图书出版、流通。1563 年，弗朗西斯一世又颁布了一道法令，禁止出版一切没有得到"国王许可"的图书。法国的图书审查制度和意大利、西班牙的一样，总体上抑制思想性的文学作品，倡导世俗性的文学主题。这种文学风尚的转变大大削减了对基督教研究者的资助，根据政府新的意愿，转而资助那些在清闲的政府部门和法律部门工作的文人学者。[8]

关于海外发现，较早、影响较大的书籍都是用拉丁文写的，一些用民族语言写的也很快译成拉丁文，因为拉丁语在当时是世界性语言。[9] 比如，瓦尔塔马的书 1511 年从意大利语译成拉丁语，特兰西瓦尼亚的马克西米利安 1523 年在科隆（Cologne）和罗马出版了他用拉丁文记述的麦哲伦航海情况。[10] 名为《世界新大陆》（*Novus obris regionum*）的既往游记文学汇编先是于 1532 年在巴塞尔出版，塞巴斯蒂安·明斯特作了序，[11] 但由于这本书在法国产生了很大影响，弗朗西斯一世统治初期，就被翻译、改编成法语，在法国出版发行。1515 年，《新发现的国度》出版了法文版，次年，马图林·德·雷多埃尔（Mathurin de Redoer）将亚美利哥·韦斯普奇的著作译成法语。皮加费塔的麦哲伦航行记被缩略、翻译成法语，于 1525 年在巴黎出版；1532 年，彼得·马特的作品也被部分地译成法语。[12] 1544 年，彼得·阿皮安的《宇宙志》（*Cosmographius*）（最初于 1524 年在兰茨胡特 [Landshut] 出版）法译本出版，又分别于 1553 年、1581 年、

1584 年重印。

这一时期，其他间接和海外发现有关的书籍也被翻译成法语，其中很多和亚洲有关的古典书籍被全部或部分地译成法语。卡维西欧的《佩雷格里诺之书》是第一部译成法语的意大利游历传奇，于 1528 年出版。阿里奥斯托的《疯狂的奥兰多》被译成法语散文，于 1543 年出版。紧接着，薄伽丘的《十日谈》（1545年）又出现了一个更新、更好的法译本，博亚尔多的《热恋的奥兰多》（1549—1550 年）也首次译成法语。[13]西班牙歌颂阿玛迪斯的第一部作品于 1540 年译成法语，以阿玛迪斯为主人公的其他书籍，包括意大利语的扩充本，也被翻译、改编成法语，在 16 世纪末出版。也许是因为法国翻译了太多的欧洲骑士文学，这个世纪法国自己的诗人创作的浪漫传奇故事反而减少了。[14]

与文学翻译热相联系的，是文学汇编的盛行，其目的是把过去伟大作家对一本书的重要评论和看法汇聚起来。为了把知识普及到普通民众，无所不包的百科全书式书籍开始慢慢让位于材料汇编，特别是关于某一主题，比如关于礼仪和道德的材料汇编。那些最早描述"奇观"的文学作品汇编，被从拉丁语译成欧洲各民族语言，特别是法语，而且在翻译的过程中不断进行扩充。[15]众所周知的一本关于礼仪和习俗的拉丁文汇编，是约翰·博埃姆斯（Johann Boemus）根据古典作家和中世纪作家的创作编纂而成的，最初于 1520 年出版，1539 年首次译成法语，名为《故事汇编》（*Recueil de diverses histoires*），由盖利奥·德·普雷在巴黎出版，[16]翌年在安特卫普出版，此后又不断地在巴黎和其他地方出版。博埃姆斯的书之所以在讲法语的国家和其他地区受到欢迎，也许是因为它让有理解力的读者接触到一种讲述奇闻的文学类型，使读者迅速认识到人类行为的多样性。与此同时，来自国外的通讯也被译成法语，让普通民众了解到葡萄牙在东方扩张的一些细节。[17]正如雅克·佩莱提尔（Jacques Peletier）在他的《诗的艺术》（*Art poétique*，1555 年）中所说的："正是通过翻译，法国才开始欣赏到文学佳作。"

第一节　亚洲的挑战

　　法国诗人中最早对海外世界表现出兴趣的是弗朗索瓦·比弗罗，也就是《世界宝鉴》（日内瓦，1517 年）的作者，这是一部长篇叙事诗，分三部分。虽然弗朗索瓦·比弗罗创作时依据的材料完全来自地理大发现之前的文学作品，但相对于世界上的其他地区，他用更多的篇幅描写了"印度"，对印度的物品、人种、地形特征都给予了大量的笔墨。他没有提及中国或东南亚，不过他对"印度"不厌其详的描述，让现代读者清晰地感受到他极为深刻地认识到东方对于他那个时代的欧洲日益增长的重要性。

　　其他有魄力的人同样认识到了法国要了解亚洲、参与海外探险的需求。1520 年前后，法国对海外探险最感兴趣的是迪耶普的诺曼镇。[18]1524 年，商业巨子让·安格（Jean Ango）资助韦拉札诺率领船队从这儿出发，寻找一条从西北部进入契丹的航线。这次尝试失败后，安格开始派他的船队经好望角航线去印度，公开对抗葡萄牙对东方的航运垄断。1529 年，在安格的资助下，两艘帆船向东方驶去，领航的是让·帕尔芒捷和拉乌尔·帕尔芒捷。虽然帕尔芒捷兄弟两人在苏门答腊不幸死去，但安格的一艘船在天文学家皮埃尔·克里尼翁（Pierre Crignon）的指引下，于 1530 年安全返回迪耶普。第二年，克里尼翁在巴黎编辑出版了让·帕尔芒捷（1494—1530 年）的诗体作品，名为《奇迹与风尚素描》（*Description nouvelle des merveilles de ce môde*），以示纪念，[19]里面包含了让·帕尔芒捷的《劝勉辞》（*Traicté en forme d'exhortation*），这是一首长诗，意在鼓励那些在去苏门答腊的长途航程中胆小害怕的水手。

　　在文学史上，帕尔芒捷和让·马洛特一样，属于修辞派（rhétoriqueurs），他的许多诗都是赞颂圣母玛利亚的宫廷诗（chants royaux）。从 1518 年到 1528 年，帕尔芒捷效力于让·安格，和海洋图、地球仪打交道，在这十年期间，他的诗清晰地反映出他对海洋、航海、探险和贸易越来越感兴趣。在一首讽喻诗中，圣母玛利亚被比作一只装备齐全的帆船，载着船员平安地驶过洋面。帕尔芒捷的其他诗作表达了水手们在海洋中航行的忧伤和回家时的欢乐，这些诗歌名篇中夹杂着航海、图纸等专业术语。 在《劝勉辞》中，他呼吁他的同胞为了国王和国家的荣誉，投身于航海事业。[20] 在一首宫廷诗中，帕尔芒捷讲述了一位宇宙学家是如何寻找印度的金子的：

Du chef de Caulx, provide nation

Ung cosmographe, expert en la marine,

Emprint la Routte et navigation

Du Caillicou [Calicut] por trouver l'or en myne.[21]

帕尔芒捷虽然英年早逝，但却赢得了同时代人，特别是让·安格和迪耶普民众的最高敬意，他对海外发现的热情和热忱受到国王的姐姐玛格丽特·纳瓦尔（1492—1549 年）的欣赏，玛格丽特热衷于阅读描写宇宙和地理的文学作品。[22] 帕尔芒捷以玛格丽特的名字命名他到过的一个岛，纳瓦尔王后在她后来创作的诗篇中表现出和帕尔芒捷这位诺曼诗人共同的兴趣，即都对海洋和遥远的地区充满好奇。[23]

在弗朗西斯一世的领航员和航海探险家当中，最为人所知、最有影响的是让·丰特诺（Jean Fonteneau），也叫作让·阿方斯·德·圣东日（Jean Alfonse de Saintonge，约 1544 年或 1545 年去世）。让·阿方斯的祖籍可能是西班牙，[24] 但 1531 年前后他的确在法国供职，之后，他基于自己的海外经历，写了两部作品。他的《游历冒险记》（*Voyages aventureux*）大概写于 1536 年左右，1559 年印刷出版之前一直以手稿的形式被人传阅。[25] 他的《宇宙志》（*Cosmographie*）稍晚一点，也是先以手稿的形式流传，但直到 1904 年才得以出版。[26] 后者主要是描写东方的，从西班牙宇宙学家马丁·费尔南德斯·德·恩西索的《地理全书》（塞维尔，1519 年）中借鉴颇多，但也有其他的材料来源，还可能有他本人早年在葡萄牙工作的经历。[27]

《宇宙志》呼吁法国人更积极地参与到海外发现中去，书中让·阿方斯对他那个时代不吝赞美，称其为"主宰一切的时代"，是文明世界诞生以来最好的时代。让·阿方斯对东方沿海国家和地区的描写，似乎是基于自己的经历或是根据同时代人的记述。[28]他对印度国内情况的描写偶尔引用了古代和中世纪的一些材料，不过，他对寡妇随葬、母牛崇拜、马拉巴尔派（Malabar Christians）①、圣托马斯坟冢的描写，似乎是参照了后来的材料。他对印度以东地区的描写依然沿用了很多古代的资料，尽管他声称参照了一个游历了马六甲、爪哇、中国、契丹的人的报告。让·阿方斯对契丹的描写借鉴了《马可·波罗游记》和《曼德维尔游记》中的一些材料，将契丹描述为"比我们生活得好"，也比"我们管理得好"的民族。他相信新的西班牙帝国离契丹不远，而且如果有太平洋的话，它也只是一片狭长的海域。让·阿方斯还在《宇宙志》中加入了一些未经证实的材料，包括认为契丹是独角兽的故乡，而且说自己亲眼见过这种野兽。[29]尽管让·阿方斯的作品在他有生之年没能出版，但却影响了他同时代的人。1546年前后，诺曼的一位不甚出名的诗人和宫廷书吏让·马拉特（Jean Mallart），根据《游历冒险记》编写了一首关于海外港口的诗歌，这首诗很大程度上是对《游历冒险记》的转述。[30]

　　弗朗西斯一世时期最著名的作家是弗朗索瓦·拉伯雷（François Rabelais，约1490—1553年），他是一位穿着道袍的俗世医生，创作出了不朽的《卡冈都亚和庞大固埃》（*Gargantua and Pantagruel*）"传"②，这部充满幽默、蕴含哲理而又不乏讽刺的巨著，是拉伯雷对流行的古代传说的个人化诠释，小说的中心人物是慷慨乐施的巨人卡冈都亚和庞大固埃，在拉伯雷的小说中，庞大固埃是卡冈都亚的儿子。1532年，拉伯雷出版了《巨人传》的第一部，几年以后又出版了《巨人传》的第二部。两部小说都在审查时遇到麻烦，因此拉伯雷一直等到1546年才出版了他的《巨人传》第三部。在他去世的前一年（1552年），拉伯雷又出版了他的《巨人传》第四部。《巨人传》的第五部也是他的最后一部，是在他去世后的1562年出版的，关于这一部的作者问题，至今仍有争议。五卷本的《巨人传》于1567年首次出版，在这个版本里面，卡冈都亚的故事是第一卷

260

---

① 马拉巴尔派是东方一个古老的基督教教会，流传于印度西南沿海马拉巴尔一带，因此得名。传说是耶稣的十二使徒之一多马传过来的，他先是在印度东海岸马德里传教，后来又到西海岸的马拉巴尔传教，故又称"圣多马派"。——译者注

② 中文译名为《巨人传》，以下统称为《巨人传》。——译者注

（尽管实际上最初列为第二卷）。到了 16 世纪末，拉伯雷的《巨人传》至少出版了 60 个版本。[31]

任何读过拉伯雷的这部讽刺巨著的读者，都会立刻感受到拉伯雷对他那个时代法国五光十色的生活、知识分子论争、道德风尚和社会价值观的敏锐观察，同时，读者也会感受到拉伯雷对当时正不断发现新的国家这一事实反应迅速。像阿里奥斯托一样，拉伯雷将海外发现及时地写进了他的小说；同时像意大利的诗人一样，他的地理知识也是不确定的、模糊的，在描述海外游历和遥远的国家时，他不可避免地将事实、虚构混淆起来，将新材料和旧知识料搅在一起。这对一个写小说的作家来说也情有可原，因为即便是当时的地理权威人士在将关于世界的新知识融会到传统的观念和材料中去时，也感到困惑。尽管如此，拉伯雷对外部世界的认识随着流传到法国的新材料、航海和海外发现的进展，而不断更新和变化。

在《巨人传》的第一部（1532 年）庞大固埃的故事中，拉伯雷在序言中提到了很多作品，其中将《疯狂的奥兰多》（1532 年的定本）和《曼德维尔游记》说成是流行的"欲望膨胀"的作品，认为这两部作品中的人物和卡冈都亚有相似之处，即都具有"某些奇特的品质"。[32] 庞大固埃是乌托邦国亚马乌罗提（Amaurots）公主的亲生儿子，在巴黎学习时听到迪普索德（Dipsodes）入侵他父母的乌托邦国，马上赶来救援。他在洪夫勒尔（Honfleur）坐上船，经好望角来到东方的乌托邦国。乌托邦是托马斯·莫尔爵士创造的一个神秘的地方，拉伯雷借用过来，并把它放在印度东边的某个地方。[33] 在拉伯雷笔下，前来进犯的迪普索德人可能是中亚的西徐亚人（Scythian），在古代民族中，西徐亚人有着酗酒的名声。[34] 庞大固埃从洪夫勒尔到乌托邦港口的行程很大程度上是拉伯雷从塞巴斯蒂安·明斯特的《世界新大陆》（1532 年）中借鉴过来的，[35] 其中有些地名是虚构的，另外一些不是对实有地名的误拼，就是将真实地名颠倒字母顺序组成的新词。拉伯雷的"Meden"和"Udem"对应的是"Medina"（麦地那）和"Aden"（亚丁），而他的"Gelasim"可能是对"Zeilam"或"Seyla"颠倒字母顺序后的误拼，"Zeilam"或"Seyla"都是当时对"Ceylon"（锡兰）的常用拼写方式。[36] 尽管庞大固埃的旅程是根据葡萄牙人的东方航线这一确凿

261

的地理知识设计出来的，但拉伯雷把乌托邦国放在了中世纪的游历家和传奇作家创造出来的神秘东方，这里妖怪、巨人穿行，奇迹也随时会发生。[37] 在《巨人传》第一卷的最后一章中，拉伯雷许诺说，庞大固埃的其他故事会在"下一个法兰克福书展上和读者见面"，他会讲述庞大固埃如何"穿过里海附近的群山，如何乘船横渡大西洋，如何打败食人族、征服波拉斯群岛（Perlas Islands）（指安的列斯群岛），如何迎娶印度国王长老约翰的女儿"。[38] 但是拉伯雷没能实现自己将在六个月后（法兰克福书展每年举办两次）完成一部关于庞大固埃海外历险的新作品的诺言，他的食言可能是由于他的《巨人传》第一部 1533 年被索邦神学院视为淫秽作品。尽管如此，庞大固埃的故事取得了巨大成功，这让他开始构思卡冈都亚的故事，并以此作为攻击索邦神学院那些反对他的人的武器，也以此诠释他的教育理念。在 1534 年出版的《巨人传》第二卷卡冈都亚的故事中，拉伯雷没有直接谈到海外航行和远方的国家，他对印度的提及仅涉及酒神巴克斯在那里的行踪、印度的宝石和奇异的动物、印度的智者婆罗门等等。在第 33 章中，拉伯雷罗列了当时法国的地理知识概况，不过没有提到土耳其以东的地区。在这里，拉伯雷像其他同时代的诗人一样，津津乐道于地理名称的奇特与悦耳的读音。[39] 在他构想的著名的"德来美修道院"（Abbey of Thélème）中，拉伯雷描述了一种欧洲人全然陌生的机构和生活方式，也令人想起中世纪游记和拉伯雷时代的书籍中对亚洲奢华宫殿的描述。[40] "德来美修道院"的走廊里挂着"世界的视野"（指地图？）和"鹿角、独角兽、犀牛、长着象牙的河马"的图画，这一切都增添了《巨人传》的异域情调。[41]

262

《巨人传》第三部继续讲述庞大固埃的故事，但这一部直到 1546 年才得以出版。此时距第二部的出版已经过去了十一年的时间。第三部的主题是巴奴日（Panurge）是否结婚，以及他怎样才能预先知道他的妻子是否忠诚于他，妻子会不会打他，抢他的财产。在请教了预言家、星相家、哲学家和其他许多人之后，巴奴日决定去寻找神瓶中的神谕，庞大固埃同意陪他前往。巴奴日很大程度上是拉伯雷的代言人，他有一个朋友克塞诺芬尼（Xenomanes），"这位朋友知道神瓶的所在地，即在哪个国家哪个地区的哪座寺院"。[42] 现代学者认为克塞诺芬尼就是让·阿方斯·德·圣东日这位航海家和宇宙学家。[43] 尽管在第三部中许多关于印度的知识都来自古代文献资料，[44] 但从拉伯雷把硬币叫作"赛拉弗"（seraph）这一点，可以看出他依然关注着他那个时代的游记情况。"赛拉弗"是黎凡特、北非和葡萄牙东部常用的钱币，在瓦尔塔马的游记《新世界》中反复提及，拉伯雷正好参考了瓦尔塔马的这本书。[45] 在为旅行做准备的时候，庞大固埃采集了一种植物"庞大固埃草"（Pantagruelion），通俗地讲就是能出纤维的大麻，他对这种植物不吝赞美，说用它织出来的麻布，比用赛里丝（Seres）国树上长出来的棉花织成的布还要高级。[46] 这种能生产麻布的植物和船帆有不可分割的关系，让塔普罗班纳看到了拉普兰，让爪哇出现了离风山（Riphaean mountains）。[47] 在第三部的结尾，拉伯雷奉劝"阿拉伯人、印度人、塞巴人"不要夸耀"熏香、没药、乌木"这些东西，建议他们从法国进口"庞大固埃草"这种神奇的植物，在他们的国家栽种。[48]

　　《巨人传》的第四部先是在 1548 年出版了一个不完整的版本，1552 年又出版了最后的定本。第四部和拉伯雷去世后出版的第五部（1563 年）① 的主题，是 12 艘船沿着虚构的西北航线去寻找神瓶的航行，契丹在小说中被视为神瓶的所在地。[49] 这支船队的舵手是克塞诺芬尼（指让·阿方斯），船长是贾米特·布莱伊埃（Jamet Brahier），贾米特·布莱伊埃被认为就是布莱顿（Breton）的水手雅克·卡蒂埃（Jacques Cartier），在 1541—1543 年的美洲航行中，让·阿方斯曾给他做舵手。[50] 卡蒂埃是第一个穿越大西洋这一重大航行的法国人，他对从西北部进入契丹深信不疑，并说服他的法国同胞支持他寻找这条航线，于 1534 年至 1544 年的十年间，进行了三次航行。一位匿名作者在 1545 年记录了卡蒂埃的第二次航行，拉伯雷可能读了这本书。此书可能是为了配合卡蒂埃的航海宣传而出版的，而《巨人传》中庞大固埃的第二次远航也被描写成支持国王资助卡蒂埃航行的决定。显然，拉伯雷在宣传法国国王的政策、支持国王的计划方面，做得非常出色。[51] 在《巨人传》第二部（1532 年）② 的结尾，拉伯雷本打算让庞大固埃向东南方向航行，到印度去，但他后来改变了想法，让庞大固

---

① 前面说是 1562 年出版的。——译者注
② 上文说第二部是 1534 年出版的。——译者注

埃沿西北航线去契丹，这和法国国王的航海政策在时间、航线和目的地等方面的改变，十分吻合。

拉伯雷自己的话给出了最好的解释。他说克塞诺芬尼和布莱伊埃都认为"既然神瓶在上印度（Upper India）的契丹附近，那么，他们就不应该沿葡萄牙人的航线航行"，因为这条路线太漫长、太危险。拉伯雷还认为西北航线"是在梅特卢斯·凯莱尔（Metellus Celer）做高卢（Gaul）总督时……印度人到德国去走的航线"。[52] 因此，他用古代作家（科尼利斯、尼波斯 [Nepos]、旁波尼乌斯·梅拉、普林尼）的权威性，来印证自己改变航线的决定，因为古代作家曾描述过这样一条航线。也可以根据拉伯雷如此安排航行来做这样的推测：作为一次虚构的航行的作者，他决定走一条当时不为人所知的航线，而不是 16 世纪的文献资料中已经记载确凿的航线。[53]

在航行途中，巴奴日、庞大固埃和他们的朋友登上很多神奇的小岛勘察，264而每一座小岛在他们看来都"很淳朴"，拉伯雷借这种文学手法来讽刺欧洲当时令他烦恼和痛苦的丑恶现象。海上航行给了拉伯雷以扣人心弦而又戏剧性的方式，描写海上风暴的机会，让他尽情地展现鲸鱼的庞大和滑稽动作，显示他关于造船、航海等与船只有关的术语知识。[54] 在乌有岛（Medamothy）登陆后，庞大固埃"看到海港旁边的港口集市上摆满了各种画、挂毯、各种动物、鱼、鸟和其他富有异国情调的物品，这是每年一度的大集市的第三天，非洲、亚洲的商人每年的这个时候都把最珍贵、最知名的商品拿到来这儿来卖"。[55] 庞大固埃在这个岛上买的最具"异域色彩"的画，悬挂在他那与众不同的"德来美修道院""右边的墙上，你走进高大的门廊时就能看到"。[56] 庞大固埃也给父亲卡冈都亚买了一个西徐亚的塔兰德，这是一种变色龙，另外还有三只独角兽，并对父亲发誓说："我在这次航行中看到和收集的任何奇特的动物、植物、鸟类或宝石，都会在上帝的保佑下，给你带回来。"[57]

在《巨人传》的第五部中，庞大固埃一行人来到丝绸国（Satinland），在这里，庞大固埃看到"道听途说"（Hearsay）在向一群围观者解释一幅航海图，庞大固埃这样说道：

在那儿，我看到了希罗多德、普林尼、索利努斯、贝罗索斯（Berosus）、菲洛斯特拉图斯、梅拉、斯特拉博和其他许多古代的伟人，还有多明我会修士阿尔伯图斯·马格努斯、彼得·马特、教皇庇乌二世、拉斐尔·德·沃尔特拉（Rafael de Volterra）、勇敢的保卢斯·约维乌斯、佩德罗·阿尔瓦雷斯（Pedro Alvarez）。我不知道有多少现代的历史学家躲在幕幔后面，偷偷地在那里书写美丽的故事，其实全都是从"道听途说"那儿听来的。[58]

不管这一段描写是拉伯雷自己写的，还是没有留下姓名的后人续写的，对上面引文中提到的后五位作者来说都不公平，因为他们都是游历家，是亲历的观察者。上面提到的 12 位作家中有 7 位出现在《新世界》里面，拉伯雷在写《巨人传》的时候肯定参考过该书。[59] 不管这段话揭示了什么，有一点是很明显的，那就是拉伯雷在展示他的地理知识。[60] 他不加解释就随意向读者罗列出来，说明这些人在 16 世纪中期的法国十分闻名。

印度和契丹之所以吸引了拉伯雷的想象力，是因为它们是他参考的材料中出现最多的亚洲地区。对古人和拉伯雷来说，印度的婆罗门是哲人的代表，他从马可·波罗、曼德维尔、阿里奥斯托那里知道印度和契丹是财富遍地、高度发达的国家，各种各样的奇迹会在那里发生。他对印度动植物的精雕细绘，既来自古代和中世纪作家写的故事，也有从他那个时代的游历家那儿听来的。[61] 他对大象的描写是直接从凯达莫斯托（Cadamosto）、瓦尔塔马的作品中借鉴过来的，他们两人都在《新世界》里出现过。[62] 根据拉伯雷自己的证据，定居里昂的纽伦堡商人汉斯·克莱伯格（Hans Kleberger）给他看过一幅犀牛画，这幅画有可能是阿尔布雷特·丢勒的木刻画副本。[63] 1536 年，拉伯雷参观了斯特洛奇在佛罗伦萨的野生动物园，在那儿，他像半个世纪后的蒙田一样，看到了很多稀有的野兽和鸟类。[64] 除了提到真实存在的动物外，拉伯雷还多次提到传统上认为出自印度的奇异动物。

对《巨人传》稍加分析，就可以清楚地看出拉伯雷对他那个时代的地理探索和航海发现比较关注。不过，和他同时代的许多人一样，拉伯雷对东方

265

了解得不多，他关于东方的知识基本上是从马可·波罗、曼德维尔、瓦尔塔马、皮加费塔、彼得·马特和《新世界》中得来的，换句话说，他查阅了当时所能找到的古代的、中世纪的和他那个时代的所有资料。由于葡萄牙禁止新获取的东方知识外泄，这对拉伯雷构思、写作《巨人传》都带来了一定影响。拉伯雷的同胞不像意大利人那样直接参与了香料贸易，因而他所能得到的关于东方世界的口头报告并不多。另外，法国没能找到从西北方向通往契丹的航线，这也在一段时间内减缓了法国人获取东方信息的速度。由于不得不依赖其他国家的信息材料，拉伯雷对"道听途说"所说的话存有怀疑也就毫不奇怪了，因为他可参考的资料非常有限。除了描写海洋中的风暴和船员的恐惧外，我们找不到拉伯雷读过让·帕尔芒捷的诗歌的任何证据。毫无疑问，拉伯雷从印度故事和当时他所能接触到的资料中借鉴了一些东西，[65] 但他显然对这些故事的印度出处缺乏兴趣。拉伯雷尽管在掌握东方的材料方面受限，但他无疑意识到了东方的重要性，因为他把乌托邦放在印度，让庞大固埃游历契丹。但除了东方的国家、民族和动物外，他受条件的限制，只能参考一些旧资料，因此，他对亚洲的认识主要是基于曼德维尔和马可·波罗的游记，很少有新的材料，这和他对航海路线的新颖看法形成鲜明对比。拉伯雷材料来源的匮乏在《巨人传》第五部的结尾表现得最为明显，在这里，他说马赛克是在"契丹，在神瓶所在的寺庙里"，并说它昭示着酒神巴克斯征服印度的胜利！[66]

拉伯雷对葡萄牙1543年左右"发现"日本，对沙勿略带领的耶稣会士在亚洲的传教活动（1543—1552年），对耶稣会士的报告和书信集，都没有太大的热情，尽管在他去世前二十年，这些报告和书信集就开始在欧洲流传。[67] 但其他人，特别是同时代比他年轻的纪尧姆·波斯特尔（1501—1581年），却深受触动。波斯特尔曾说自己是"高卢的世界公民"，是一个众所周知的超常人，集人文主义者、语言学家、游历家、东方学家、神秘主义者、宗教改革者和民族主义者于一身。在他的大量作品、公众演讲和对许多问题的回应中，他所涉及、探讨的都是他那个时代盘根错节的问题，而且他还经常支持、鼓励一些激进的想法和解决问题之道，让正统人士感到震惊，最后成了令宗教界和政界头疼的

266

人物。尽管如此，作为一个狂热的改革者和热情洋溢的宣传家，波斯特尔对后世的知识分子和文学人士产生了重要的影响，在他去世很长时间以后，人们仍在怀念他。[68]

1530 年以前，波斯特尔在巴黎的圣巴贝学院接受正规教育，在这里，他接触到亚里士多德和伊拉斯谟的思想，而且还很快就向老师和同学显示出其学习语言的超常天分。由于圣巴贝学院和葡萄牙王室有着特殊的关系，波斯特尔在那儿学习期间，该学院的老师和学生大部分来自伊比利亚。[69] 在他们的影响下，波斯特尔开始了解葡萄牙在东方的扩张情况，和他们一样对海外世界充满了热情。热衷于成立耶稣会的知识分子在圣巴贝学院集会，无疑，是他们开启了波斯特尔对耶稣会士东方传教的关注，而且他将这种兴趣一直保持下来。1536 年，可能是因为有着出色的语言天赋，波斯特尔随法国传教团来到君士坦丁堡。在那儿，他开始学习阿拉伯语，对在黎凡特的伊斯兰教徒中间宣传基督福音产生了兴趣。1537 年，在回国途中经过威尼斯时，波斯特尔结识了丹尼尔·邦伯格（Daniel Bomberg），以丹尼尔·邦伯格为中心形成了一个小团体，他们热衷于资助出版和东方有关的书籍以及用东方语言写的书。[70] 从 1538 年到 1542 年，波斯特尔受皇家委派，在巴黎发表数学和哲学演讲。由于他过分热衷于宣传他的个人主张，即要培养阿拉伯语学生，然后把他们派到土耳其传教，结果惹恼了国王，此后不再让他演讲了。1544 年，波斯特尔又有了追求自己兴趣的自由，于是出版了他的第一部重要著作，这是一本手册，也是一份给人以启迪的传教士指南，名为《关于地球和谐》（*De orbis terrae concordia*，巴塞尔）。

波斯特尔的书出版后，他又寻找机会去罗马宣传自己的传教计划，在这方面，他争取到新成立的耶稣会的支持。[71] 一开始，耶稣会士很欢迎他，但不久就出现了明显的分歧：当波斯特尔的主张和耶稣会的计划有冲突时，他坚持自己的主张。在这些年里，他还越来越坚定地认为，只有法国国王才会让世界和谐统一。由于不愿意承认教皇至高无上的地位，或者说由于不接受耶稣会是传播福音的最高权威，波斯特尔受到罗耀拉的指责，并在 1545 年年底将他驱逐出耶稣会。尽管这对他是一个沉痛的打击，波斯特尔依然以巨大的热情，继续推进耶稣会的事业。之后不久，他接受了犹太神秘哲学，成为卡巴拉秘法（cabala）

的狂热信徒。1547—1549 年在威尼斯期间，他游说邦伯格的小团体资助他去黎凡特，以加强他的近东语言知识，购买东方宗教书籍，在欧洲印刷出版。

　　波斯特尔于 1551 年返回法国。接下来的四年里，为了宣传他的思想，波斯特尔出版了 23 本书、大量的小册子和书信，其中最重要、影响最大的一本书是《世界奇观》（*Des merveilles du monde*，巴黎），这本书于 1552 年出版，1553年（？）、1560 年、1562 年、1575 年多次重印。[72] 这本书比他的其他书都更强调在物质繁荣、人种质量、文明程度、智力水平、宗教信仰诸方面，东方都要比西方先进、高超。他尤其推崇日本，将其作为基督教国家不愿意信奉耶稣基督的活生生的例子，一个给人以启迪的典范。

　　波斯特尔非常喜欢游记作品和探讨宇宙的书，[73] 他的朋友和钦慕者中有皇家宇宙学家安德烈·赛弗特、维也纳大学的东方学家和名誉校长约翰·魏德曼斯泰特。在准备写作《世界奇观》的时候，波斯特尔参考了亚美尼亚王子海屯和马可·波罗对鞑靼的描写，海屯和马可·波罗都是 13 世纪的人。其他材料来源可能有收入《新世界》的一些材料，比如有瓦尔塔马、皮加费塔（法语版，1525 年）、奥维耶多·瓦尔德斯、彼得·马特等人的。波斯特尔还引用了约萨发特·巴巴罗（Josafat Barbaro）的《前往塔纳旅行纪实》（威尼斯，1543 年），他对当时材料的引用主要是耶稣会士书简，包括沙勿略、弗朗西斯科·佩雷斯（Francisco Perez）的，还有"很多其他人的"。[74] 他宣称引用这些材料的目的是想让世人看看"神圣的上帝是如何眷顾人类的……是如何通过奇迹来引导人类的"。同时，他也想通过这些材料彰显"连上帝都感到愉悦的游历和珍稀物品，并对出产珍奇物品的国度和世界上不同的地区表达敬意"。[75]

　　通过游历和阅读，波斯特尔找到了真正的宗教以及世界上不同地区的人们能够互相沟通的证据。他认为，在通天塔将人类的语言离乱之前，基督教是世界性的宗教，其原始性、普世性的遗迹在东方尤其明显。亚洲比欧洲在地域上更辽阔，人口也更稠密。[76] 亚洲是最初的尘世天堂，是智慧的发源地，亚洲保留着早期文明的遗迹。[77] 根据上帝的安排，东方和西方是互补的，东方是男性化的、精神的、上升的、神圣的、永恒的；西方则是女性化的、下降的、俗世的、变化的。[78] 日本是世界最东端的民族，也是世界上最好的国家。法国正好在欧亚大陆的最西端，因此也是一个杰出的民族。耶稣会正在沙勿略的带领下，致力于促进世界各民族融合的工作，而沙勿略是在巴黎学习时获得这一神圣使命的。[79]波斯特尔指出，当土耳其人信奉基督教时，当这个世界通过接受高卢国王的统一管理而最终认识到它的神圣命运时，上帝统一全世界的愿望就会变成现实。

在指出东方人的文明、理解力和理性都比西方人优越的同时，波斯特尔也阐明亚洲的宗教信仰和道德生活同样要比欧洲的好。东方人仅凭借自然理性就能直接触摸到宗教的本质。[80]在亚洲的所有宗教中，波斯特尔对日本宗教的理解最为深入，他认为日本就是马可·波罗所说的吉潘古。[81]他当时关于日本的最新信息是从沙勿略1548年1月20日写自科钦的信中了解到的，[82]波斯特尔将这封信翻译成法语，同时加上自己的评论，并把它作为自己评价日本政治和宗教生活的依据。[83]沙勿略这封信中的信息大部分是从弥次郎（Yajirō）的一篇概述中摘引出来的，弥次郎是皈依基督教的日本人，受洗并获教名"保罗"（Paul of the Holy Faith）。弥次郎是九州（Kyūshū）人，他给印度的耶稣会士提供了关于日本政府和佛教的深刻见解，而耶稣会士当时对这些东西还一知半解。[84]波斯特尔使用这些新材料描绘出一个乌托邦式的日本，一个在政治和宗教上都依赖自然理性来管理的典范国家，它的行政管理仅次于宗教生活："在世界上任何其他地方都找不到这样一个完美的原始教堂样板。"[85]波斯特尔把释迦牟尼与耶稣基督、佛教与倡导谦卑的基督教等量齐观，说日本人因为在近代皈依了基督教，因而过着一种有秩序的社会生活，西方社会常见的丑闻和腐败在日本却消失得无影无踪。[86]

在波斯特尔看来，发现东方，特别是当时对日本的发现，是活生生的证据，证明这是上帝的直接旨意，是造物主创造奇迹的继续，是上帝给人类设计的神圣蓝图。显然，上帝让那些自私的人，在"贪婪、好奇、荣誉感、享受欲，一句话，渴望尘世肉体享乐的"驱使下，去发现东方世界。[87]但上帝同样惠赐波斯特尔时代的人，让他们在亚洲看到了原始文明的遗迹，看到了世界和谐统一的新希望。毋庸置疑的是，上帝曾一度眷顾东方，他把尘世天堂、奇异的动植物、点缀着座座城池的富庶而不朽的帝国，安置在东方。但是现在，很明显，

269

上帝把他的眷顾转向了西方，因为他让耶稣会的高卢传教士向难以胜数的东方人布道，使其皈依耶稣基督。耶稣会士作为上帝特别选中的人，会继续他们传播福音的工作，同时，"最虔诚的基督徒"法国国王，会像日本的天皇一样，统领政教合一的世界。法国的君主制改革者最终会秉承神的旨意，让世界恢复统一的宗教信仰和文化融合。[88]

波斯特尔思想激进，再加上他又满腔热忱地传播这些思想，不可避免地会给他带来麻烦。他早年与耶稣会士的冲突，他对伊斯兰教、卡巴拉秘法以及新教教义毫不掩饰的兴趣，引起了传教士的愤怒。1555年，他受到威尼斯宗教裁判所的审判，指控他宣扬异端邪说，判他四年监禁。他从一个地方流浪到另一个地方，试图恢复自己的名誉，但没有成功。1563年，他被当作疯子关进了巴黎附近的圣马丁修道院。波斯特尔的监禁后来慢慢变成保护性的监护，他又恢复了通信、教书、接待朋友和崇拜者的自由。波斯特尔的弟子中有许多杰出的学者和作家，比如有让·布拉埃雷（Jean Boulaere）、盖伊、尼古拉·勒·菲弗雷·德·拉·博德里（Nicholas Le Fèvre de la Boderie）、布莱思·德·维热内尔（Blaise de Vigenére）、克劳德·迪雷（Claude Duret）。波斯特尔在晚年最令人感兴趣的是他和安特卫普的著名印刷商克里斯托弗·普兰汀的通信，以及他与安特卫普的地理学家奥提留斯的信函往来。他在晚年依然对亚洲怀有浓厚的兴趣，这可以从1567年他写给奥提留斯的一封信看出来，信中他感谢这位地理学家寄给他一幅亚洲地图，并抱怨说巴罗斯不发表自己所知道的关于非洲和亚洲的信息。[89] 波斯特尔1581年9月6日在圣马丁修道院走完了自己的人生旅程。[90]

尽管波斯特尔是一个以十分严肃的态度倡导世界统一的人，但他的《世界奇观》（1552年）在当时却催生了一部嘲笑宗教正统、讽刺读者轻信的著作。让·梅瑟（Jean Macer，可能是让·勒·朋[Jean Le Bon]的笔名）是奥克索瓦（[Auxois]，勃艮第）桑蒂尼（Santigny）人，是巴黎教会法规方面的教授，他于1555年（在巴黎）出版了一部拉丁文的印度历史，[91]分上、中、下三卷，并很快将它译成法文。这部印度历史的名字是《印度史三卷》（*Les trois livres de l'histoire des Indes*，巴黎，1555年），[92]第一卷用10章描写了日本，但篇幅并不长；第二卷用24章的篇幅介绍了亚洲概况；第三卷用26章的篇幅描述了印度、契丹和东方的奇观。其法译本是献给米歇尔·贝布里安（Michele Bebrien）和安妮·贝布里安（Anne Bebrien）姐妹俩的，因为她们启发了梅瑟去探讨日本这个在当时既时髦又吸引人的主题。波斯特尔在书中把日本作为一个讽刺的工具，因为具有讽刺意味的是，它"既是一片未知的国土，又出产世界上最奇妙的物品"。通过考察这个未知但又具有典范性的社会，波斯特尔想告诉读者："我们和日本人有哪些相似之处，又有哪些不同之点。"[93]

《印度史三卷》的第一卷显然是根据波斯特尔《世界奇观》中的确凿事实写成的，[94] 尽管梅瑟声称他借鉴的是一个在印度生活了三十年的旅行者的材料，说他们在阿维尼翁（Avignon）相识，这位旅者给他讲了很多新奇的东西。[95] 梅瑟说，虽然日本天皇是精神领域和现实世界的最高权威，但他从来不参与战争，而是明智地让俗世的领主去带兵打仗。梅瑟认为，在这一点上，日本显然比欧洲的基督徒君主更有智慧，因为欧洲君主宣称圣战，把战争和宗教搅在一起。梅瑟敏锐地指出："奇妙的是，上帝仅通过自然本性就教会了他们该怎样做，而我们则通过上帝的恩典和自然本性的结合才知道该怎样做。"[96] 日本天皇的权威如此至高无上，甚至于一个人说了句令他不高兴的话，也会被处死。日本人都乐于服从这样的法则，因为他们认为所有的犯罪都是一样严重的。日本人的这种信念和基督教信仰有相似之处，基督教训诫认为，那些在小事上耍花招的人，在大事上也容易不诚实；在一件事情上出问题的人，在其他事情上也会犯错。[97] 梅瑟还指出，日本人已经从法律上解决了通奸及其引发的问题，尽管在基督教社会没有通奸问题，因为大家普遍认为，夫妻是上帝的天作之合，没有人能将其分开。[98] 日本人和基督徒一样信仰一神论，但对于崇拜的偶像，他们却让一个身体上长出三个头，因为他们认为，头越多，这个人就越仁慈，越有德行。[99] 日本人用佛祖和耶稣来驱赶妖魔，[100] 像正统的天主教徒一样，日本人反对魔法师和占卜者，反对那些用魔法蛊惑人心的人，尤其是教皇反对的人。[101] 日本人也有禁食的习俗，但他们严格遵守，不像欧洲人那样经常会有松懈。[102] 日本天皇也是大主教，有继承人，这种宗教上的世袭制在西方是不允许的，但它有利于防止宗教分裂。[103] 最后，日本人在司法方面也很高明，从不无限期地推迟审判。而无限期地推迟审判这一痼疾在"今天依然盛行，依然可耻，而且以法国为最"。[104]

梅瑟的《印度史三卷》中的第二卷、第三卷描述了亚洲其他地区，这两卷的资料来源非常繁杂，古代、中世纪和 16 世纪描写印度、契丹、东南亚岛屿的书籍无不为他所用。对于 16 世纪的材料，他主要参考了《新世界》，特兰西瓦尼亚的马克西米利安和波斯特尔的著作。在描述亚洲的宗教、习俗和动植物时，他不像在第一卷中那样将其作为讽刺法国社会的武器。他对于亚洲人的行为偶尔也会刻薄几句，但总体上认为亚洲是优越的，因为那是尘世的天堂所在，这一点波斯特尔已经不吝溢美之词地大谈特谈过了。不过总的来看，在这两卷里面，梅瑟不再过分关注外在的相似，也不再进行令人觉得是厚此薄彼的对比。他变成了一个理性的评论者，对他所引用的材料大胆质疑，有时是公开地批评，说这些材料在理论或实践上太离谱了。

272

对亚洲的发现动摇了欧洲以往对宇宙一成不变的、不可动摇的认识，因为亚洲有季风，亚洲冬季时欧洲却是夏季。[105] 在欧洲人看来，亚洲人顽固地坚持错误的信仰，印度人崇拜可怕的偶像，抗拒皈依耶稣基督，因此，魔鬼用毁灭性的飓风来惩罚他们的不忠。如果印度人和新教徒足够明智的话，他们就会接受弥撒创造的奇迹，因为圣餐会让恶魔飓风平息下来，失去威力。[106] 非犹太文化和基督徒都认为尘世天堂在东印度群岛，那儿气候宜人，水果丰沛、养人，香料种类繁多。在亚洲有一个广为流传的故事：天堂鸟（Manucodiata）如果离开了它生长的那片土地上适宜的气候，就会死去，正是由于这个原因，天堂鸟的羽毛在整个东方被作为神圣的东西，受到人们的膜拜。[107]

印度以东地区的人们同样从当地适宜的气候中受益良多，他们身体健康，精力充沛，品德高尚。他们的手工艺品证明他们有着出色的想象力，能很好地协调身体各部分的功能。塔尔苏斯（Tarsus）、土耳其斯坦、契丹的"三国王"通过他们高超的占星术，知晓、洞察了犹太人从来不知道的事情：这就是耶稣基督是一位国王。[108] 即便是在婆罗门享有最高权威的印度，有德行、有智慧的下等人依然受到尊重。这一点与法国截然不同，在法国，穷人要负担沉重的劳役、赋税，终至他们无力承受，揭竿而起。[109] 从东方回来的水手说，东方有很多魔法师、巫师，他们能召来可怕的水怪。[110] 梅瑟并不相信这些故事，但他却愿意相信曼德维尔和其他人对亚洲奇特树木、植物的记述，说这些树木、植物看起来有点儿像动物，像鱼类。亚洲城市的数量、庞大和富庶程度，给梅瑟留下了深刻的印象，像波斯特尔一样，他也提到除伊斯兰教徒外，世界上到处都是信奉耶稣基督的人，或者看起来像是基督徒的人。[111]

就他那个时代来说，梅瑟的批评意识和批评口吻都是非同寻常地尖锐和严厉的，他是 16 世纪一位真正的哲学家。可以说梅瑟是一个有着 18 世纪精神的人，同样，波斯特尔也是如此。像后来的许多作家一样，波斯特尔选择直面欧洲的东方发现，并大胆地将东方融进自己关于世界和谐和世界秩序的构想之中。由于对自己的设想过于执着，甚至是有些偏执，波斯特尔被世俗学者和宗教权威视为传播危险思想的人。如果说梅瑟是一个政治上的反叛者，波斯特尔则是一位革新者。而同样有着自由精神的拉伯雷，被海外发现深深地迷住了，他深信海外发现对法国来说具有不可估量的重要意义。但作为一位小说家，拉伯雷将东方作为一个充满奇迹和寓言的遥远而又真实的存在。像阿里奥斯托一样，拉伯雷让他的英雄踏上去往遥远地方的奇异旅程，在那个遥远的地方，他们能够建立在法国不可能建立的伟业，表现他们在法国不能表现的超凡勇敢。梅瑟、波斯特尔、拉伯雷这三位法国文人学者，每个人都以自己独特的方式，在海外扩张的背景下构建自己心目中的东方。他们都将东方视为对法国现有体制、传统方式和正统思想的挑战，他们研究东方的目的都是让他们的同胞找出自身的缺点和不足，法国要比欧洲其他国家更早地从文学角度对海外发现做出了反应，这或许是因为法国人较少直接参与到亚洲开发之中。对那些直接参与了亚洲开发的欧洲国家来说，贸易和战争是首要关心的问题；而在法国，没有置身其中反而让法国人更超脱、更客观地看待这一事件。在这种温和的氛围当中，法国的评论家能够自由地、没有顾虑地审视来自遥远亚洲的挑战，他们将关于亚洲的新材料和旧知识进行比较，将亚洲的人种、亚洲人的行为与法国人、法国人的做派加以对照。

第二节　诗人笔下的"新世界"

16 世纪后半叶，关于亚洲的文献资料迅速增长，在诗歌、历史、科幻小说、教诲类书籍和流行文学中也越来越常见。但法国公众却没有及时了解到这些变化，下面的例子可以说明这一点。当时法国最流行的地理书是雅克·西诺（Jacques Signot）的《世界指南》（*La division du monde*），从 1539 年到 1560 年，这本书印了 5 版，全书 160 页，描写亚洲的只占 12 页，而且没有提到当时的最新进展，[112] "中国"、"日本"、"果阿"这些名字甚至都没有提到。对印度的论述也是陈词滥调，给人的印象似乎是 16 世纪欧洲对东方的认识没有什么变化。考虑到当时沙勿略从印度写来的书信早在 1545 年就有了法语版，[113] 葡萄牙国王若昂三世关于印度的一封信也于 1546 年译成了法文，[114] 另外，波斯特尔的《世界奇观》1552 年和 1553 年的版本也能见到，《世界指南》中对东方的认识如此滞后就特别令人难以理解。从这个例子中得到的唯一结论就是：西诺的书没有修订，而不了解情况的公众一直在买他的书。

法国人是借助翻译了解东方的。虽然七星诗社的诗人经常对翻译嗤之以鼻，呼吁他们的诗人用法语创作自己的诗歌，但这些七星诗社的诗人本身却都是译者，几乎完全依赖翻译。16 世纪 50 年代，法国翻译了很多关于海外发现的作品，以供后代阅读。这些翻译有译自拉丁文的乔维奥的《当代史》（*History of His Own Times*）、明斯特的《宇宙志》，奥维耶多的印度史一至十卷也由让·波勒（Jean Poleur）于 1555 年译成法语。1556 年，马可·波罗、瓦尔塔马、赖麦锡的书，以及耶稣会士书简，都从意大利文翻译过来，[115] 同年出版了一位匿名作者的《耶稣会东方教团传教：中国信札》（*L'institution...du royaume de la Chine*，巴黎），这本书实际上是译成法文的耶稣会士书信集，里面对中国政府良好的管理体制和中国人宽容的宗教信仰颇多赞誉之词。[116]

翻译成法语的作品中影响最大的是尼古拉·德·格鲁奇翻译的卡斯塔涅达的《葡萄牙发现和征服印度史》第一卷。[117] 1548—1550 年在科英布拉的时候，格鲁奇就认识了卡斯塔涅达，并学会了葡萄牙语。[118] 回到法国后，格鲁奇在

274

迪耶普附近的诺曼定居下来。在这儿，他接到了卡斯塔涅达给他寄来的印度史第一卷，1551 年出版后不久就给他寄来了，希望他能将其翻译成法语。尽管格鲁奇一开始不愿意翻译，但在诺曼的朋友的劝说和资助下，他还是接下了这个任务。诺曼人对航海探险非常热衷，自然想尽可能多地了解葡萄牙海外探险初期的情况，这些他们都能从卡斯塔涅达的书中了解到，因为这本书讲的就是葡萄牙早期（1497—1505 年）对印度航线的探索。[119]

翻译卡斯塔涅达的书特别困难，因为格鲁奇没有葡萄牙语字典，也没有其他的工具书。而且，卡斯塔涅达的书里面有很多航海术语和陌生的名字，这些在法语中都难以找到对应的词。尽管如此，作为第一部从葡萄牙语译成法语的书，格鲁奇的译本引起了语言史家的极大兴趣。格鲁奇的翻译同样受到同时代人的重视，因为它第一次系统地将葡萄牙早期对东方的发现带给了法国人。格鲁奇的译本先是由米歇尔·德·瓦斯科坎（Michael de Vascocan）于 1553 年在巴黎出版，1554 年和 1576 年在安特卫普重印，并分别于 1556 年、1565 年从法语译成意大利语和德语。而且，由于卡斯塔涅达被迫收回他的第一版重新进行修订，格鲁奇译本的各种版本却在不断发行，当然内容是没有经过审查的葡萄牙海外发现史。[120]

苏格兰人文主义者乔治·布坎南（1506—1582 年）和格鲁奇一样，是科英布拉和葡萄牙宗教裁判所的避难者，[121]布坎南在苏格兰稍做停留之后，就于 1552 年回到巴黎，其后八年一直生活在巴黎。起初，布坎南在邦库尔学院（Collège de Boncourt）讲授古典文学，并在邦库尔学院认识了龙沙（Ronsard）。布坎南以前在圣巴贝学院求过学，现在他和这里的老朋友及巴黎文学圈里的其他重要朋友重新建立了联系。还在吉耶讷学院任教的时候，他就写了 4 部拉丁文戏剧，在科英布拉时，他给迭戈·德·特维的《1546 年以来葡萄牙征服印度史》（1548 年）写了一首拉丁文诗放在卷首。[122]在巴黎居住期间，他根据自己在葡萄牙的短暂经历写了几首诗，这些诗以手稿的形式在朋友中间传阅。布坎南和若阿西姆·杜·贝莱（Joachim du Bellay）以及七星诗社的其他成员的关系尤为密切，但他们更多地是把他作为一个希腊语学者而非拉丁文诗人。布坎南还认识路易·勒·罗伊（Louis Le Roy），罗伊是一位古典学者，他在后来撰写的书中对布坎南这位苏格兰学者给予了高度的赞誉。[123]

也许是因为在葡萄牙待过，并和特维相熟的缘故，布坎南一直对地理、航海、科学诗怀有浓厚的兴趣。还在巴黎的时候，他就开始构思他的长篇教诲诗《天球论》(*De sphaera*)，诗中描述了伊比利亚人的航行。[124]在第一卷里面，他叙述葡萄牙人在"贪婪"这个恶魔的诱惑下，在他们贫瘠的土地上梦想到海外去寻找财富，来满足他们贪得无厌的欲望："埃塞俄比亚没什么好捞的……真正令他们内心狂喜的只有印度，印度资源丰富，似乎只有印度才能满足他们贪得无厌的胃口，才能暂时节制他们疯狂的欲望。"[125]尽管是出于寻找黄金的目的让他们踏上了异域的土地和危险的旅程，但他们令人敬佩的航行"确凿地证明……地球、海洋和天空都是圆的"。法国诗人伊安·埃杜阿德·杜·莫茵（Ian Edouard du Mouin）后来翻译了一些布坎南的诗篇，并在他的《天空》(*L'uranologie*，1583年)中模仿布坎南的拉丁文诗歌，尤其是那些描写热带气候和亚洲人种、习俗的诗篇。[126]

布坎南在巴黎停留期间认识了让·尼科（1530—1600年），让·尼科是尼姆（Nîmes）人，于1554年来到巴黎。盖伊·德·布鲁埃斯（Guy de Bruès）在他的《对话录》(*Dialogues*，1556年)中将其作为四个对话者之一，让他和龙沙对谈。[127]龙沙写给尼科的一首诗1554年发表在《灌木集》(*Bocage*)上，该诗主要从精神上探讨了大自然赋予人和动物的本领。1556年，尼科成为法国宫廷的审理长（Maître des Requêtes），显然与统治阶层建立了密切的关系，可能是在宫廷里，他认识了杰出的人文主义者皮埃尔·达内斯（Pierre Danès，1497—1577年），之后又认识了弗朗西斯王子。[128]1559年，尼科以皇家大使的身份，被派往葡萄牙，一方面安排一桩婚事，另一方面解决葡萄牙和法国的商船在海上发生的一些争执。他在里斯本停留了两年（从1559年9月到1561年10月），不过，他和葡萄牙的文人接触并不多。可以肯定的是，达米奥·德·戈伊斯在当时陪同过他，并且很可能给他看了烟草的标本。尼科把大部分业余时间都用来学习葡萄牙语，收集葡萄牙帝国和葡萄牙航海的资料。[129]尼科还把很多奇异的物品寄给在法国的朋友，包括佩德罗·努涅斯的《天体论》(*Tractado da sphera*)以及1508年曼努埃尔国王致教皇尤利乌斯二世信函的法译本。[130]

276

277

当尼科回到巴黎见到朋友们的时候，他的行李箱里装了很多书，包括巴罗斯的《亚洲旬年史》。[131]

1561 年尼科回到法国时，法国的内战正一触即发。1562 年，巴黎被胡格诺（Huguenot）派围困起来，龙沙和尼科这样的法国宫廷同情者，被迫把视线从诗歌创作和学术研究上移开，去关心法国当时的政治混乱。但年轻的文人圈子仍然在宗教战争爆发前夕，挤出时间来彰显法语的魅力，创造出一种新的诗歌类型。

法国诗人从帕尔芒捷（1520 年）到龙沙（1550 年），都关注自然主题的发展，注重对自然景色和海洋风景从某些方面进行描述，喜欢创造一些必要的词汇。[132] 在描述性的诗篇《法国的衣食住行》（*Les Blasons Domestiques*）中，七星诗社的先驱者们把诗情挥洒在用大量的修饰语来描写他们的主题上。比如，吉尔斯·考罗埃（Giles Corrozet，1510?—1568 年）1539 年写的一首诗中，事无巨细地描写了一个具有异国情调的陈列柜，从金线织就的覆盖布，到里面陈列的东方珍珠、琥珀和红宝石。[133] 让·杜·蒂尔斯（Jean du Thiers，1559 年去世）1541 年翻译、改编了《出自印度的疯狂》（*La Pazzia stampata in India*），引进了一个在后来的诗歌创作中越来越重要的主题，他把"新世界"的人比作黄金时代的人，并探索了欧洲人对"新世界"的造访给他们带来的破坏。[134] 龙沙总是在寻找最佳的表达词语，他在 1547 年把少女的呼吸比作"印度芳香的凝聚"。三年之后，他又把"印度"改为"阿拉伯"，[135] 这可能是为了韵律的和谐，而不是要传播新的或令人疑惑的知识。与此同时，若阿西姆·杜·贝莱在他的革新性的《捍卫发扬法兰西语言》（*Defence...of the French Language*，1549 年）中，以最雄辩的语言说道："从印度运来的香料和其他东方奢侈品，在我们这儿比在耕种、采集这些东西的印度，更为人知晓，更受到重视，价格也更昂贵。"[136]

从 1550 年到 1560 年的十年，不管是从理论还是从实践来看，都是法国诗歌史上极富创造性的时期。七星诗社的诗人们自由地探索诗歌的语言、形式和意象。在诗歌改革方面，龙沙和七星诗社的诗人们得到瓦罗亚—美第奇宫廷（Valois-Medici court）的庇护和支持，尽管龙沙呼吁他的诗人朋友要怀有宽阔的、世界性的胸怀，但他本人在接受非同寻常的思想时却非常慎重。1553 年，

278

波斯特尔出版了他的《世界奇观》和《黄金时代的信条》(*La doctrine du siècle doré*),后者是探讨黄金时代的,引起了龙沙的兴趣。龙沙 1553 年发表的《幸运岛》(*Les Isles Fortunées*)和波斯特尔针锋相对,并猛烈抨击波斯特尔的影响。[137] 让·梅瑟欣赏波斯特尔的作品,他后来谴责七星诗社不讲道德,是异教徒。[138] 也许是由于敌视波斯特尔和他的观点,以龙沙为首的七星诗社没去关注发现日本和东方开发。

为了更好地了解七星诗社对世界的看法,我们最好来看一看 16 世纪被称为"科学诗"或宇宙诗的诗篇。[139] 当时,旨在将异教世界和基督世界、将旧哲学和新知识融合起来的努力,催生了这一特别的诗歌类型。后来,这类诗还融入了新柏拉图主义、神秘主义和加尔文主义的因子。彼拉蒂埃(Peletier)的《爱之爱》(*L'Amour des amours*,1555 年)、龙沙的《颂诗集》(*Hymnes*,1555—1556 年)、赛夫(Scève)的《小宇宙》(*Microcosme*,1562 年)都是试图建立一个和谐宇宙的有意识尝试,将文艺复兴时期的一切知识或当时哲学、科学领域里的思想,编织进长长的诗篇里面。尤其是赛夫,被各种地理名字的发音迷住了,将海外发现作为人性的展示而主动关注。[140]

随着 1557 年安德烈·赛弗特的宇宙学著作《法国、南极洲的特点》(*Singularites de la France Antarctique*)的出版,法国人更注重引进海外发现的书籍。[141] 艾蒂安·若代尔(Etienne Jodelle,1532—1573 年)是七星诗社的成员之一,他给《法国、南极洲的特点》写了一首颂诗,指出法国人并不比赛弗特笔下的巴西人文明,法国人之间也是互不真诚,亵渎神灵,滥用上帝赋予的才能。[142] 由于去过美洲,再加上写出了《法国、南极洲的特点》,赛弗特被尊奉为新杰森(Jason),受到杜·贝莱、龙沙、安托万·德·巴伊夫(Antoine de Baif)的称赞。[143] 在这些诗人看来,"新世界"不仅仅指美洲。像塞巴斯蒂安·明斯特一样,龙沙的"旅"①中的另一位诗人蓬蒂斯·德·蒂亚尔(1521—1605 年)对"新世界"的界定非常宽泛,认为古人所不知道的地域、古代的地理学家认

279

---

① 七星诗社原名"旅",是从意大利语移植过来的一个词,后来龙沙用北斗七星来称呼自己和他的同伴,遂有七星诗社之称。——译者注

为不存在的地方，都属于"新世界"的范畴。蒂亚尔在他的散文对话《宇宙》（*L'Univers*，1557 年）中，将"新亚洲"、麦哲伦到过的东南亚诸岛，都作为"新世界"的组成部分。[144] 这一说法的依据是：在欧洲人眼里，东南亚人和美洲人一样，是原始不开化的。[145] 但中国和印度依旧被视为古老、文明、富庶的国度，彼拉蒂埃和其他人把这两个国家的物产视为充满异国情调的、昂贵的商品。[146]

1562 年，法国宗教战争的爆发使得诗歌创作锐减，诗歌内容也发生了急剧的变化。面对棘手的宗教问题，一些诗人转向玄学和世俗科学，以寻找安慰和确定性。结果，这个时代的诗歌变得较少抒情性，带上了更多的描述性，有时甚至故意写得让人费解。巴伊夫在他的《第一颗流星》（*Le premier des meteores*，1567 年）中转向描述行星和大气现象，莱米·贝洛（Remy Belleau，1528—1577 年）在他的《宝石的新变化》（*Les nouveaux eschanges des pierres precieuses*，1576 年）中转向雕刻学，由龙沙、波斯特尔创立的文学传统最终融会到盖伊·勒菲弗·德·拉·博德里（1510—1598 年）、赛夫、彼拉蒂埃和蒂亚尔的艰深、玄奥的诗歌当中。[147] 拉·博德里的《教皇通谕》（*L'Encyclie*，1571 年）详细地介绍了一种心理理论，用以分析动物本能和人类理性之间的深层差异，以揭示情感的多样性。不过博德里的书中也有少量抒情和异国情调的内容，比方说下面这一段描写海洋美景的段落就是如此。

Puis voyez comme elle est de vaisseaus decorée

Chargés d'Or, de Joyaus, et parfums precieus;

Comme la Terre on void reluire en villes belles,

La Mer on void aussi reluire en caravelles.[148]

作为皮科·德拉·米朗多拉和波斯特尔的亲密弟子，拉·博德里在他后期的创作中融入了新柏拉图主义的抽象理论，目的是想发现一个新的讲法语的基督教宇宙。他歌颂天堂鸟的《颂诗》（*hymn*，1578 年）和歌颂婆罗门的《盖利亚德》（*La Galliade*，1578 年），都有借鉴波斯特尔和他的宇宙和谐思想的痕迹。波斯特尔的创作思想在布莱思·德·维热内尔和克劳德·迪雷的创作及语言学研究中

280

得以传承。[149]

从 1568 年到 1578 年的十年，法国继续翻译、改编有关海外发现的图书。戈马拉用西班牙语写的新世界史于 1568 年译成法语出版。两年后，尼科的朋友兼同事弗朗索瓦·德·贝勒福雷（François de Belleforest）开始出版他的宇宙史。1575 年，贝勒福雷出版了明斯特的《宇宙志》增订本。1571 年，耶稣会士书信集再次被翻译成法文，同年，耶稣会士爱德蒙·奥格（Edmond Auger）在里昂出版了马菲的《耶稣会东方传教记事》（*Rerum a Societate Jesu in Oriente gestarum commentarius*, 迪林根，1571 年）法文版。[150]1575 年，赛弗特出版了他的《宇宙学通论》（*Cosmographie universelle*），这是一部关于世界各地的原始材料和衍生材料的大型纲要汇编。由于是一个通俗读物，这部书很快就引起了普通读者和文人学士的极大兴趣。[151]

旨在详细介绍宇宙学知识的描述诗，最后达到顶点的是纪尧姆·德·撒路斯特（Guillaume de Salluste），即西厄尔·杜·巴塔斯（Sieur du Bartas, 1554—1590 年）的《第一天》（*Première Sepmaine*，1578 年）和《第二天》（*Seconde Sepmaine*，1584 年）。[152]具有加斯科涅人（Gascon）绅士风度的杜·巴塔斯，既是亨利·纳瓦尔（Henry of Navarre）的外交使臣，也是 16 世纪最重要的新教诗人，他用亚历山大诗体（Alexandrine couplet）写就的长篇叙事诗，用上帝创世的前两周作为框架，记述了科学百科知识和人类早期的历史，他的宗教和诗学目标都是为了显示上帝创造的这个世界的丰富性和多样性。在杜·巴塔斯的长诗中，世界本身就是一个布满各种奇妙事物的展示柜，上帝把奇妙的东西聚合在一起，以激发人类的好奇心和思考能力，诗中有这样的祈祷："我用诗来歌颂上帝的恩惠，歌颂这世间最罕见的美丽。"[153]

杜·巴塔斯听从龙沙和杜·贝莱的劝告，学习各种门类的知识。[154]他的《第一天》虽然只是其众多诗篇中的一首，但他借用上帝创世的故事，并反其意而用之，尝试着写成一部法国史诗，而杜·贝莱一直呼吁这样的史诗出现。虽然杜·巴塔斯满腔热情地支持龙沙提出的创造新词的主张，但他喜欢奇异和异乎寻常的事物，这一点与七星诗社的诗人不同。杜·巴塔斯也和天主教诗人不同，他既要表现旧约中上帝的全能，同时作为一名清教徒，他又不接受在上帝和人类之间需要有中保这一观点。杜·巴塔斯的上帝在世界的任何一个角落，在任何一个历史时代，都是奇迹的创造者。杜·巴塔斯罗列了上帝在第一周的第三天创造的奇迹，包括东方的香料：

> 这里，上好的香料一簇簇挂在树枝上，
>
> 那里，肉桂和其他香料正茁壮生长，
>
> 这里，豆蔻沉甸甸地挂满枝头，
>
> 年年岁岁给文诞（Bandan）① 带来好收成。[155]

从法文原文的单词拼写可以清晰地看出，杜·巴塔斯关于香料的材料来源是戈马拉的著作法译本，而他对"文诞"的使用则来自赛弗特。[156]

杜·巴塔斯诗中的第五天读起来就像一首关于动物的诗性论文，特别是遥远地区奇异的、带有神秘色彩的鱼类和鸟类。关于神秘的天堂鸟，他这样写道：

> 但是注意，现在到了富庶的马鲁古群岛（Moluques），
>
> 那些陌生而又奇异的天堂鸟来回穿梭，[157]
>
> （这是真正的神奇之物，是海里游的、
>
> 陆上跑的、空中飞的最奇妙的生物）
>
> 我们无从知晓它们的巢穴，无从知晓哺育它们的堤坝，
>
> 它们很少进食，仅靠空气就足以裹腹，
>
> 没有翅膀却能飞翔，而且是高高地飞翔，
>
> 一直飞到无法知晓的时间尽头。[158]

杜·巴塔斯诗中的第六天描写的是大型动物以及它们与人类的关系。他对大象的描述既参考了古代的材料，也参考了现代的资料，尤其令人联想到宇宙志中记录的大象。诗中的第七天是上帝的休息日，上帝巡视他创造的万物。在

---

① 文诞，历史地名，在印度尼西亚。——译者注

这一天，杜·巴塔斯建议他的读者坐在家里，凝神静思生与死的问题，但读者常常不遵从他的建议：

> 但（读者）我们就像一个辗转游历了
> 赛伯伊（Saba）①、文诞和富庶印度的人，
> （跨过凶险的海洋，历经重重的磨难）
> 去寻找薰香、香料和金子。[159]

在自己构想的世界里，杜·巴塔斯的确游历了遥远的地方，分析《第一天》可以看出，他很可能熟悉描写过"新世界"的马可·波罗、韦斯普奇、戈马拉和赛弗特。[160]

282

这时，在杜·巴塔斯的生涯中出现了一个新的人物，他就是西蒙·戈拉特（1534—1628年）。戈拉特是桑利斯（Senlis）人，曾在巴黎学习法律，后来在那儿转而信仰加尔文教。1566年年初，他移居日内瓦，成为一名牧师。从1571年开始，他在圣热尔韦（Saint-Gervais）长期任牧师，同时也是一个多产的作家。他写的作品有75部之多，其中很多是通俗读物。他的创作中数量最多、影响最大的，是他翻译、编纂的现代资料。1574—1576年，戈拉特受家事所累，将自己的注意力转移到研究、翻译奥索里奥用拉丁文撰写的葡萄牙历史上，奥索里奥的著作是1571年在里斯本出版的。在他的日内瓦朋友的一再催促下，戈拉特最终同意出版他翻译的奥索里奥的著作，并借鉴格鲁奇翻译的卡斯塔涅达的著作和其他材料，增添了一些关于葡萄牙帝国的资料。[161]

戈拉特的《葡萄牙历史》（日内瓦，1581年）是一部翻译材料汇编：前12卷是对奥索里奥著作的翻译，后8卷是对卡斯塔涅达和其他历史学家著作的改编。戈拉特的《葡萄牙历史》开始于1496年，终结于1578年，并且和其材料来源一样，主要关注的是葡萄牙在东方的扩张。[162]该书出版时，戈拉特还为杜·巴塔斯的《第一天》准备了一份按字母顺序排列的索引，这实际上是一

---

① 赛伯伊：阿拉伯西南部的一个古代王国，以黄金和香料的买卖而闻名。——译者注

篇学术性的评论，其目的是让"没有多少这方面背景知识的人更容易接受该作品"。戈拉特的评论最先收入 1581 年在日内瓦出版的舒埃（Chouët）版的《第一天》，之后杜·巴塔斯在巴黎的编辑将这篇评论分散开，插入文中适当的位置，这个方法杜·巴塔斯后来在写评论的时候也多次采用。[163]

与此同时，杜·巴塔斯写作他的《第二天》，描绘的是人类的童年时期。前八个场景在 1584 年一起出版，其中包括讲述"新世界"、名为"殖民地"的那部分内容。[164] 在这里，他采用《圣经》中对世界的划分，即东方是挪亚的儿子闪（Shem）的领地，其面积从北方的裴罗斯特（Perosite）海岸，一直延伸到南方传说中的安尼安海峡（Anian Strait），一路上游历者会经过

> 盛产丁香、肉桂的
> 马六甲海峡、马鲁古群岛
> 气候温和的苏门答腊
> 昼夜平分线（sub-quinoctial）：以及比斯纳加尔（Bisnagar）
> 盛产金子的河流，盛产宝石的西兰（Zeilan）①。[165]

他看到土生土长的亚洲人和移民到欧洲、美洲的人，这些居住在"中国、汗八里的契丹"和其他东方地区的人，可能就是闪的子孙。[166]

> 他们的后代繁衍生息
> 遍布比斯纳加尔、纳尔辛格
> 以及著名的恒河两岸，阿瓦、哆啰满（Toloman）②，
> 缅甸（Mein）王国、莫斯科公国和查拉赞（Charazan）。[167]

和同时代的其他诗人一样，杜·巴塔斯详细列举了这些地名，仿佛是被它

---

① 即锡兰。——译者注
② 哆啰满是 17 世纪以来，东方传说中产黄金的地方。——译者注

们悦耳的发音所吸引。同样，杜·巴塔斯也注意到去往东方的航线，或者说注意到了 15 世纪中国人到印度的航程：

> 有人可能会怀疑行在（Quinzay）的存在
> 但从安尼安海峡
> 会发现一条从东印度到托尔古阿吉（Tolguage）海湾
> 的便捷通道
> 亚洲的商船通常跨过赫勒斯滂海峡（Hellespont）①
> 来到希腊。[168]

大自然的神奇在于它千姿百态，人类在长相、行为方式和脾性上千差万别，[169] 每一个地方的气候也同样只能生产出和它适应的产品。

> 简而言之，每个国家（正如上帝分配的那样）
> 都向世界贡献出自己与众不同的那份财富。[170]

杜·巴塔斯的《第二天》尚未完成，就于 1590 年去世了，其他人迅速地出版了他留下的未经修饰的文稿。[171]1601 年，戈拉特出版了经过修订的杜·巴塔斯作品，其中包括他自己对《第二天》前八首诗的注解。戈拉特的这些注解以及其他人，像克劳德·迪雷的评价，都比诗篇本身要深奥、复杂，戈拉特对《第二天》中奇异事物的注解，参照了古代和文艺复兴时期的大量资料，他对闪的后代（"殖民地"中的 22 行）遍布亚洲，而成为亚洲人的注解，多达密密麻麻的 4 大页纸，他给每一个地名都加上注解，列出诗人可能参考的资料，让读者了解这些国家和地区的情况。此外还加上了许多评价亚洲物品、动植物的评论，如：

284

---

① 赫勒斯滂海峡是达达尼尔海峡的古称。——译者注

　　维查耶纳伽尔是一个介于德干（Decan）和纳尔辛格（Narsingue，16世纪的许多地图上都是这么叫的）之间的王国，它坐落在卡利卡特群山和我们称为孟加拉（Bengala）湾的大洋之间。这个地方盛产金子，河水里能滤出金子。相关资料记录在关于东印度群岛的论述中，《欧洲形成中的亚洲》中对奥提留斯大剧院以及对 D. 塞拉琉斯（D. Cellarius）的论述中，也提到相关内容。[172]

　　戈拉特的引用暗示出他对亚洲的研究有多么的广泛和全面，除了众多古代学者外，他提到的现代学者有波斯图、布莱思·德·维热内尔、布坎南、德·拉斯·卡萨斯、库希乌斯（Clusius）、戈马拉、格斯纳、莫纳德斯、奥索里奥、奥提留斯、奥维耶多、奥尔塔、保卢斯·约维乌斯、彼得·马特、皮加费塔、波斯特尔、托勒密、波卡奇（Porcacchi）、赛弗特、瓦萨尤斯，此外还提到了他自己关于葡萄牙的书。[173] 这个名单上明显没有出现的是马可·波罗、曼德维尔、巴罗斯、赖麦锡和门多萨。

　　16世纪末，法国其他诗人也对海外发现和亚洲感兴趣这一点，还有其他零散的材料提供佐证。在古人笔下，印度的婆罗门富有智慧和美德，这一印度形象在16世纪的宫廷娱乐诗中依然存在。在为芭蕾舞配乐的颂诗中，印度是一个酒神巴克斯跳舞的地方。[174] 在拉丁语和法语诗人那里，特别是信奉新教的诗人那里，"新世界"是躲避法国动荡生活的避难地。[175] 这一时期最令人感兴趣的诗剧是在鲁昂出版的尼古拉·克雷蒂安·德斯·克鲁瓦（Nicolas Chrétien des Croix，其影响较大的时期是1608—1613年）的《葡萄牙的不幸》（*Les Portugaiz infortunés*，1608年），[176] 这个剧本是根据曼努埃尔·德·苏查·德·塞普尔维达和他妻子莱昂诺尔·德·萨从印度返回时遭遇海难的故事写成的，众所周知，他们夫妻二人的不幸遭遇是葡萄牙早期航海史上较早的、影响较大的海难悲剧。这个故事先是在1555年前后以小册子的形式在里斯本出版，启发了杰罗尼莫·科尔特—雷阿尔创作了他的长篇叙事诗《塞普尔维达海难》（1594年）。[177] 克雷蒂安很可能是从马菲或其他人对这个事件的记述中受到启发，将塞普尔维达夫妇的故事搬上了法国的戏剧舞台。[178]

285

总的来说，16世纪的法国诗人更感兴趣的是神话、希腊和罗马英雄以及纯粹民族性的事件。但爱好科学和宇宙学的诗人对海外发现表现出越来越大的兴趣，他们的绝大多数材料和看法来自翻译过来的材料，或是传统的宇宙学著作，特别是赛弗特的著作。还有一些人对东方的物品感兴趣，以此写出他们的诗篇。这些诗人尤其对"新世界"感兴趣，而且像他们看到的材料一样，他们也给东南亚的一些岛屿命名，进行解释。他们几乎完全忽视了当时在法国流传的关于中国、日本开发的新知识，他们对中国的阐释，像对印度的暗示一样，参照的是古代和中世纪的材料。蒂尔斯、龙沙和其他许多人谴责欧洲探险者的贪婪和对待东方人的不公，[179]其他人赞扬赛弗特是文人游历家的典范。这一时期的法国诗人常常把"新世界"原始民族的快乐生活，同虚构的黄金时代的天真未凿联系起来。[180]

即便没有东方大发现，龙沙也会成为16世纪法国最伟大的诗人，但杜·巴塔斯和戈拉特却很大程度上得益于发现"新世界"。对许多诗人来说，印度是神秘、魔力的象征，任何新材料的增加都没有影响他们的这一传统看法。摩鹿加群岛作为尘世的天堂，其象征物是仅靠空气就能活着的天堂鸟，这让追求玄奥的诗人着迷。追求形而上学的诗人，特别是塞夫和杜·巴塔斯，在东方大发现中看到了上帝继续他的神启工作的范例。和其他欧洲诗人一样，法国诗人也非常迷恋新的地理名词的发音，尽管杜·巴塔斯没有写出法国的史诗，但他的《第一天》、《第二天》将海外世界直接带进了法国诗歌主流，而戈拉特撰写的评论也为后人提供了一个异国情调资料库，供他们自由地引用。[181]

第三节 通俗文学及说教散文中的文化相对主义

286

16世纪的翻译活动为通俗文学，尤其是描写"奇观"的书籍或怪诞故事集的发展，做出了极大的贡献。特别是在1562—1594年的内战期间，这些娱乐性的书籍不断地大量出版。总的来说，这些娱乐性的书都是对学术性或文学性书籍的摘要或改编，它们继承、发扬了薄伽丘、博埃姆斯的文学传统。薄伽丘、博埃姆斯的作品被翻译成其他语种，成为在 16 世纪上半期文学创作的主题来源。对一个不断受到战争和苦难打击的时代来说，怪诞和奇妙的故事，不管是遥远地域的，还是异国他乡的，不管是虚构的还是真实的，都给法国那些每天生活在恐怖现实中的普通读者，提供了一种逃避的方式。[182]

法国 16 世纪翻译过来的第一部文学作品集是西班牙人佩德罗·美西亚的《圣者箴言》（1540 年），[183] 译者是克劳德·格吕热（Claude Gruget），译成法文的名字是《教训集》（*Les diverses leçons*），1552 年在巴黎出版。16 世纪的后半叶，这本书不断地重版，不断地增订、修订。[184] 虽然格吕热本人对来自海外世界的“教训”很少或根本没去关注，但他的法国后继者却不断地从后来的游记或宇宙志中提取故事，丰富这本书的内容。最好的增订本是洛伊斯·居永（Loys Guyon）整理的《教训集》（里昂，1604 年），里面增加了很多关于东方器物和东方奇迹的新材料。[185]

皮埃尔·波斯图（Pierre Boaistuau，1520—1566 年）出版了玛格丽特·纳瓦尔的《七日谈》（*Heptameron*），[186] 他本人也是一个“奇物”收藏家。1560 年，他的《奇闻异事集》出版，共 41 章，有 49 幅木版画插图。[187] 这本书中的故事主要是关于幽灵、鬼怪、恶魔、魔鬼和狼人的，波斯图常常用这些恐怖故事来说明一种道德寓意。他声称自己没有使用荒诞不经的寓言故事，而是借鉴希腊语、拉丁语作品中宗教性或世俗性的真实故事。他的引用很多是写在书边角的注解，也有的是在文中，其中多数是《圣经》或古典资料，也有一些是中世纪和当时描写东方的书籍。在他之前出版的《世界戏剧》（*Le théatre du monde*，巴黎，1558 年）中，当谈到怪物的生长地时，他说自己参照了“那些描写印度历史的作家的作品”。[188] 他在《奇闻异事集》中讲述的鬼怪和魔法的故事，可能是从亚美尼亚的海屯或马可·波罗的书中提取的情节。他关于撒旦的一章借用了明斯特的《宇宙志》中“卡利卡特的魔鬼”木版画，[189] 他在第 34 章中对天堂鸟的描写，同样借鉴了明斯特对鸟儿的描写。显然，对波斯图来说，东方主要是奇形怪兽、邪恶精灵、可怕妖魔的栖息地。他的后继者从后来的游记中提取了一些新奇的故事，添加到他的《奇闻异事集》当中。绝大多数的改编本进一步丰富了波斯图的道德寓意，也有的改编者对其道德寓意进行了修正。[190]

1554 年，马蒂奥·邦德罗（约 1485—1561 年）的意大利语道德寓意故事开始在卢卡（Lucca）出版，其中有些故事源自印度。[191]五年后，其中的 6 个故事由波斯图译成法语。其后，宇宙学家和历史学家弗朗索瓦·德·贝勒福雷继续翻译邦德罗的作品，[192]到了 1568 年，邦德罗的故事已有 18 篇被译成法语出版。贝勒福雷还在翻译中加进了自己的评价与认识，比如他加进了葡萄牙所征服的东方民族的历史和习俗。四年后（1572 年），G. B. 盖利（G. B. Gelli）的《瑟茜》（*Circe*，1549 年）①法文版面世，是献给凯瑟琳·德·美第奇（Catharine de' Medici）的，在其中的哲理对话中，印度的一头大象被说成前世是一位哲学家。接下来（1577—1581 年），法国翻译的意大利通俗文学作品是"阿玛迪斯"系列故事（Bks. 15-21），这些故事注重刻画东方的人物形象。[193]

1582 年，翻译意大利语"阿玛迪斯"系列故事的加布里埃尔·沙皮（Gabriel Chappuys），出版了他的《六日书》（*Hexameron*），这是对西班牙人安托万·德·托尔克玛达的《奇异花园》（1570 年）的改编。托尔克玛达的《奇异花园》比之前编辑的奇异故事集突出的地方在于，它从葡萄牙历史学家，像卡斯塔涅达和巴罗斯的著作中引用了大量事例，借鉴了他们著作中对东方的描述。[194]这种经常引用东方游历者材料的做法被贝勒福雷继承下来，他的《奇闻异事集》（*Histoires prodigieuses*，安特卫普，1594 年）就是使用这种方法的一个例子。[195]四年之后，里昂的一位出版商让·皮雷霍特（Jean Pillehotte）出版了一部厚厚的奇异故事集，收入了波斯图、贝勒福雷和其他模仿者的故事。[196]1600 年，日内瓦的多产作家西蒙·戈拉特开始在巴黎出版他的两卷本的《令人钦佩的历史》（*Histories admirables*），据他自己说，这部书中包含了一个半世纪以前所有值得关注的故事。自然，和托尔克玛达、贝勒福雷一样，戈拉特也根据自己对葡萄牙历史学家的研读，将葡萄牙航海和葡萄牙对东方的扩张，都涵盖了进去。[197]

所有这些故事集出版时都非常受欢迎，也任由别的作家大量引用。喜好描写城市和服饰的作家，像安托万·杜·皮奈（Antoine du Pinet）和弗朗索瓦·德塞

288

---

①　瑟茜是希腊神话中的一位女巫，能把人变成猪。——译者注

普兹（François Deserpz），转而从这些描写异域奇物奇事的故事中寻找他们的主题。[198] 甚至连蒙田也非常喜欢阅读这种类型的文学作品，他的《随笔集》(*Essais*)中不时引用他生前出版的这类故事。[199] 但最热衷于运用异域奇异文学故事的是纪尧姆·布歇（Guillaume Bouchet，1513—1593 年），他是普瓦蒂埃（Poitiers）的书商，也是诗人雅克·塔胡罗（Jacques Tahureau）、让·德·拉·佩卢斯（Jean de la Péruse）的朋友。[200]

布歇流传下来的唯一一部作品是《闲话集》(*Les serées*)，这是一部逗人发笑而又不无讽刺意味的短篇故事集。[201] 1584 年，《闲话集》的第一部出版，第二部、第三部分别于 1597 年、1598 年出版，全本的《闲话集》包括三部，在篇幅上比第一部增加了很多，于 1608 年出版。《闲话集》的三部在风格上前后统一、协调，人物是一组关系亲密的人，晚上聚在一起讲故事。参加聚会的每个人，包括组织聚会的主人和女士，舒适惬意围坐在一个圆桌旁，就一个具体的话题发表看法。这些故事加起来约有 800 个，短小精悍而又充满智慧。《闲话集》在当时是人们喜闻乐见的消遣，今天读来能让我们了解 16 世纪的思想、礼俗和道德。

《闲话集》的价值还体现在它反映了 16 世纪欧洲人关于海外世界的知识水平。布歇显然非常热衷于奇闻轶事、浪漫传奇、宇宙志和历史著作。在"水的故事"中，他引用让·博丹的观点，说非洲人和亚洲人从不喝酒，因为他们的水清澈甘甜，甚至将恒河视为神河。[202] 布歇说，在印度，法律规定，寡妇在丈夫去世不满一年就结婚的话，必须放弃继承遗产。[203] 在"鱼的故事"中，布歇提到马可·波罗讲的一个故事，说印度的婆罗门给体型庞大而又危险的鱼施以魔法，以防它们伤害珍珠采集者。[204] 在"不贞的妻子的故事"中，布歇说这样的女人要带上"角"，实际上是在借用赛弗特认为犀牛角在东方是性的象征的故事。[205] 布歇还讲述了一个出自卡斯塔涅达作品的故事，说是 1536 年，印度总督和一个自称 340 岁的人会面。[206] 布歇在名为"士兵的故事"中重述了欧洲人通常持有的看法，即认为东方的兵士弱小、胆怯、懦弱，完全沉溺于感官享乐，在战争中倾向于以人多取胜，而不看重个人的勇气和武艺。[207] 讲故事的人争论东方国家的画家和雕刻家能否代表他们的民族，因为他们可能是欧洲人。其中一个讲故事的人坚定地认为，人应该根据其肤色和特征，涂上相应的颜料，他甚至指出，非洲人涂上黑色，而且越黑越好，因为他们以黑为美。[208] 这个人继续说道："我们把像埃塞俄比亚人一样黑的人、热带的印度人以及其他新发现国土上的人，统称为摩尔人。"[209] 显然，布歇用中世纪的观念来看待东方，将东方视为富庶之地，那里居住着遵循奇怪的法律、有着奇异风俗的怪异民族。[210] 但布歇也开始认识到，尽管东方人可能看起来怪异、可笑，但他们同样属于人类，可以严肃地把他们的行为与欧洲人的相比较。简而言之，在他看来，东方人的思想尽管可笑，仍需要去理解、去认识。

法国的感伤主义作家和短篇故事作家一样，在 16 世纪后期开始关注海外世界，将其视为人类整体的一部分。法国人除拉伯雷之外，在传统上不像西班牙人、意大利人那样关注海外冒险主题，[211] 他们更注重表现、分析个人的感情，尤其是爱情。也许是由于翻译了大量的意大利、西班牙传奇故事的缘故，法国人逐渐开始注意海外冒险。诚然，宗教战争使得法国人由感伤小说转向争议性、说教性和逃避性的文学，尽管内战期间法国的文学创作没有中断，但 1562—1593 年期间没有新的、真正意义上的"小说"发表。[212]

直到相对安宁（1593—1610 年）的亨利四世时期，小说在法国才成为一种主要的文学样式，[213] 这一时期有近百部小说出版。《爱情的最大满足》(*Le desespere contentement d'amour*，巴黎，1599 年）是一部匿名作者的历史感伤小说，讲述的是信奉加尔文教的两兄弟的故事。弟弟从法国逃到黎凡特，中途遇到船难，被一艘西班牙帆船搭救，船上坐的是从亚洲回来的传教士。传教士们成功地游说这位落难者改变宗教信仰，他回到法国时已经是一名天主教徒了。这个故事再一次说明当时的人们注意到了海外传教和反对新教之间的关联。[214] 这些小说中也不乏东方情调的描写。由"一位年轻的落难女子"讲述的《卡丽斯汀与安吉丽两个公主的爱情故事》(*Les pudiques amours de Calistine avec ses disgraces et celles d'Angelie*，巴黎，1605 年），里面有两个年幼的公主，她们是科钦国王和坎纳诺尔国王的女儿，住在里斯本宫廷。[215] 另外一个匿名剧本《两性同体岛》(*L'Ile des hermaphrodites*，巴黎，约 1600 年）带有"中国热"的色彩，动情地描述了中国风物展："各种各样的中国鸟类、动物摆满了橱窗。"[216]

290

弗朗索瓦·贝罗阿尔德·德·沃维尔（François Béroalde de Verville，1556—1629 年）是一位兴趣非常广泛的作家，他对东方、东方故事和东方物产特别着迷。[217] 贝罗阿尔德的作品——33 首/篇诗歌、散文——显示出他的涉猎非常广泛，从炼金术、占星术、语言学、神学、哲学、政治学，到故事集、改编、翻译等。1594 年，他出版了爱情故事集《历险记》（*Les aventures de Floride*），这本故事集由四部分组成，他用现代的地名、事件编织了一部近似《十日谈》的故事集。1597 年，他又出版了《密涅瓦的商行》（*Le cabinet de Minerve*，鲁昂），拟将其作为《历险记》的第五部分，不过，这一部分具有很大的独立性，其故事背景是一座王宫，女神密涅瓦① 在这里传授工艺品的制作过程。1600 年，贝罗阿尔德又发表了一首长诗，赞颂法国丝织业的复兴，这也是巴泰勒米·拉斐玛斯（Barthélemy Laffemas）和奥利维尔·德·塞雷斯（Olivier de Serres）非常倾心的工程。[218] 从本质上来说，这是在呼吁法国不要向东方和意大利提供丝绸原料，而要发展自己日趋衰微的独立工业。

贝罗阿尔德收集故事的热情让他接触到威尼斯的《三个锡兰王子的故事》（1557 年），[219] 贝罗阿尔德以这个故事为蓝本，出版了自己的三王子游历记，取名为《一个真实的故事，或王子游历见闻录》（*L'histoire véritable, ou le voyage des princes fortunez*，巴黎，1610 年）。贝罗阿尔德对他的蓝本进行灵活使用，他不仅重新安排了原故事的顺序，还根据自己的哲学观察，修饰、改动了一些内容和事件，将其变成一个玄妙的爱情故事。[220] 贝罗阿尔德作品中的情节和主题，尽管有这样那样的模仿和增改，但都来源于以东方故事为原型的欧洲故事。[221] 他在自己的作品中把游历分为四次，并用一张地图告诉读者王子们游历的路线。在第一次出游中，他们被南风吹到了卡利卡特港，在那里，他们监督建造了一只狮子形状的纯金船。之后王子们各自游历，他们装扮成商人，在陆地上艰苦跋涉，就像瓦尔塔马在 16 世纪初曾做过的那样。在王子们的第二次游历中，仙女、精灵纷纷现身，其中一位女预言家是卡利卡特国王的女

---

① 密涅瓦是罗马神话中主管手工艺的女神，广受膜拜，常被等同于希腊神话中的雅典娜。——译者注

儿，嫁给了"亚洲的一位国王"。王后的一位官员被派往中国，这位官员从中国回来时带回了几位印刷工人，来帮助重建法国国王的图书馆。在第三次游历中，一位来自中国的使者解释他们看到的所有奇观以及他们所经历的冒险场景。这部作品中的女王即女主角，是玛丽·德·美第奇，国王亨利四世遇刺（1610 年）后，她成为法国的摄政王。[222] 显然，贝罗阿尔德深知玛丽和她那个声名显赫的家族的其他成员一样，是个瓷器鉴赏家，也很喜欢中国的艺术，欣赏中国人的智慧。[223]

贝罗阿尔德在他的所有作品中，都一再把中国作为智慧的发源地，作为深奥知识和印刷术、图书出版业的故乡。在他的百科全书式的、神秘而又有点色情的小说《达到目的之方法》（*Le moyen de parvenir*，约 1610 年）中，他宣称他从一位中国哲人那里学会辨别少女是否是处女的方法，[224] 他在讲述这个秘密时用了很多粗俗的细节。像波斯特尔和他的其他许多文学前辈一样，贝罗阿尔德喜欢文字游戏，擅长词源追溯。在风趣地探讨"妓女"这个词的词源时，他插话说："圣巴卢兰曾在他的词源学里提到过这个词，而圣巴卢兰的书一千多年前就在中国出版了。"[225] 贝罗阿尔德在他的这部书和其他著作里描写了一些东方的东西，使其创作带上了神秘色彩和超常智慧。[226] 他还拿对东方的描写与他喜欢的两个创作主题作对比，即把东方和沉闷的欧洲知识界及天主教会相比较，尽管这种比较容易招致欧洲人的怨恨。[227]

当通俗文学和科学诗都包含比较、讽刺和说教的成分时，16 世纪后半期的一些杰出文人明确地将他们的注意力转向从"新世界"的故事中汲取教训，以利于欧洲的发展。蓬蒂斯·德·蒂亚尔是七星诗社的成员，从 1557 年起，他对自然科学和比较宗教产生了比对纯粹文学作品更大的兴趣，[228] 他从一开始就认为"新世界"不仅包括美洲，而且包括古代地理学家所不知道的整个海外世界。为了丰富、验证他的自然科学知识和对海外世界的了解，他收集了大量的现代书籍，建了一个私人图书馆。[229] 在他三十年（1557—1587 年）的文学创作生涯中，蒂亚尔强调实践知识的价值，并一再指出这样一个事实：对欧洲和"新世界"的科学观察，正在弥补欧洲传统知识体系的不足。

蒂亚尔兴趣广泛，在法国宫廷有着举足轻重的作用，是一位哲理性的理

292

论家，也是 16 世纪法国学术界的代言人。[230] 他的几篇散文对话，涉猎广泛，最后结集成一本书出版，名为《哲学对话》（*Discours philosophiques*，巴黎，1587 年）。和其他同时代的作品一样，蒂亚尔的书中引证了各种翻译过来的材料，有些注明了出处，有的没做说明。仔细阅读他的《哲学对话》和相关评论，可以清楚地看出来，蒂亚尔认为地理学研究需要勤勉地学习，同时他也感到托勒密的权威性不断受到挑战。[231] 他借鉴奥维耶多对"新世界"潮汐的描述，丰富自己早期作品中对大洋潮汐的研究。[232] 在对神性本质的研究中，他指出婆罗门认为上帝是灯塔，或者说是"让智者理解更艰深的事物、更神秘的秘密的理性"。[233] 他对西印度群岛信仰的描述直接来源于戈马拉的叙述性史诗，[234] 戈马拉除了给他提供了新的细节以进行比较研究外，还让他明白发现东方的航行证明地球是圆的，海洋潮汐在世界不同的地方是不一样的。因此，要想得出新的结论，就必须收集、整理新材料、新观点，自觉地采取比较的视野，只有将旧知识和新材料反复权衡以后，才能提出普适性的新理论。

　　16 世纪法国最有见地、影响最大的是米歇尔·德·蒙田（1533—1592 年），他是一位有才华、有魅力、有学问的散文家。[235] 蒙田出生于佩里戈尔（Périgord）的一个古堡（château）里，一生中大部分时间居住在波尔多及其附近地区，他的父亲是信奉天主教的名门望族的后裔，母亲是洛佩斯·德·维兰纽瓦（Lopez de Villanueva）的女儿，来自一个皈依天主教的伊比利亚犹太人家庭，家境富裕。孩提时代的蒙田在学法语之前先学了拉丁语，从 6 岁到 13 岁这宝贵的七年，他在波尔多的吉耶讷学院读书。在离开波尔多到科英布拉之前，蒙田的老师中有尼古拉·德·格鲁奇和乔治·布坎南。他的校长安德里亚·戈维亚（Andrea Gouvea）来自著名的葡萄牙教育之家，在蒙田眼里他是"法兰西最伟大的校长"。[236] 在这些人文主义者的指导下，蒙田喜欢上了古典文学。之后，蒙田转学法律，很可能是在巴黎和图卢兹学习法律。从 1554 年到 1570 年，他在波尔多法院担任法官，期间，他和艾蒂安·德·拉·博埃蒂（Etienne de La Boétie，1530—1563 年）成为挚友，博埃蒂是一位颇有天赋的作家，和七星诗社交往甚笃。1568 年父亲去世后，蒙田辞去法官职务，过起乡间士绅的生活，闲暇时间读书、思考、写作。

从 1570 年到 1580 年的十年是蒙田的知识贮备期，也零零碎碎地写了一些东西。这期间他最长的散文《为雷蒙·德·塞邦德辩护》（*Apology for Raymond Sebond*）是对知识分子怀疑论思想的探索和研究，他的《随笔集》第一部于 1580 年出版，主要探讨人类的局限性、易变性和多样性。在对孤独地思考人类的缺陷感到厌倦后，同时也由于健康状况不佳，蒙田于 1580—1581 年到国外游历。通过在法国、瑞士、德国、奥地利、意大利的观察，他对人类的多样性有了更加直观的认识。游历期间，在秘书的帮助下，他把自己的所思所想以及他看到的人和事都记录下来，[237]尽管这些旅行日记有很多是鸡毛蒜皮的小事，但也反映了他对不熟悉的事物的惊奇，但有时也不以为然。尤其是在意大利——他此次游历的目的地，蒙田看到许多对他来说新鲜的东西。在佛罗伦萨，他参观了公爵的宫殿，里面有很多仿造的东方宝石；[238]观赏了卡斯特罗（Castello）的花园，里面摆满了奇异动物的雕像。[239]在罗马的梵蒂冈图书馆，蒙田看到了"一本来自中国、用奇怪的文字写成的书"，[240]在拉·维拉（La Villa）的浴室里，他见到了奇妙的、能镇痛的绿宝石，据说是一位修道士从印度带回来的。[241]在比萨，蒙田买到一根竹手杖、一只小花瓶和"一杯印度坚果"。[242]实际上，他说在整个旅途中"看到了很多让他感到好奇的东西"。[243]

在罗马期间，蒙田被波尔多市政厅推选为市长，闻知这一消息，他匆忙赶回家乡，当了四年的市长，这段经历让他对自己的市民有了更多的尊重，对自己的能力也有了充分的认识。1585 年，蒙田回归自己孤寂的写作生活，这时他开始修改早年的创作，构思新的散文作品。他这一时期的创作反映出他一直在思考如何才能过一种充满智慧的幸福生活，如何才能安详、体面地死去。他把人类视为一个整体，强调不同的人种既有脆弱的一面，也有向善的本能。1588 年，新的《随笔集》修订版在巴黎出版，立刻好评如潮。在他生命的最后四年里，这位声名显赫的作家继续修改《随笔集》，不断地进行增补，蒙田的这部巨著的最终版是在他去世以后，于 1595 年在巴黎出版的。

归隐田园期间，蒙田多数时间都待在自己摆满图书的书房里，这间书房在房屋顶层，能俯瞰他的田园。他曾夸口说他书房里弧形的书架上有上千本图书，[244]其中约 100 本是意大利语的，这是他除法语之外最擅长的现代语言。现

294

如今保存下来的蒙田亲笔签名的书至少有 76 本，其中一本是 1565 年出版的《宇宙学通论》，书中很多页上都划了线，显然，他去意大利旅行时后悔没有带上的就是这本书。[245] 蒙田非常喜欢阅读亚历山大征服印度的光辉事迹，这从他在书上做了很多边注就可以看出来，他拥有的是昆图斯·库尔提乌斯的拉丁文版本（巴塞尔，1545 年）。[246] 他还拥有一本格鲁奇翻译的卡斯塔涅达的作品，这是一本被译成西班牙语、1554 年在安特卫普出版的书。很可能他没有阅读过这个西班牙语版本，因为他同时还拥有一本奥索里奥的《曼努埃尔的财富》（科隆，1574 年），该书收录了同样的内容，而且是他熟悉的拉丁语的。[247] 他所引用的卡斯塔涅达的著作，很可能是戈拉特翻译的卡斯塔涅达的第一本书。蒙田还有一本署名为让·德·席尔瓦（Jean de Silvá）的书，作者声称自己讲述的是西班牙和葡萄牙联合统一的真实故事。让·德·席尔瓦是波塔莱格雷（Portalegre）的伯爵，这可能不是作者的真实姓名。[248] 也许是由于他的母亲有伊比利亚血统这一背景，再加上他和吉耶讷学院的人文主义者有联系，蒙田才收集到有关葡萄牙和葡萄牙东方扩张的资料。[249] 除了保存下来的书以外，蒙田还藏有其他关于海外发现的书，像帕奥罗·乔维奥撰写的他那个时代的历史，戈拉特翻译的奥索里奥和卡斯塔涅达、戈马拉的著作，翻译成法语的门多萨的《中华大帝国史》、加斯帕罗·巴尔比的《东方纪行》（*Viaggio dell Indie orientali*，威尼斯，1590 年）等等。[250]

在 1588 年以前出版的《随笔集》当中，蒙田总的来说被输入到法国的有关海外发现的书籍打动了，不过他对亚洲的民族和习俗并不太感兴趣。即便如此，他对他那个时代海外发现进展的了解，远比对不断变化的天文学观念的了解多得多。这一时期，他写作《随笔集》的材料主要局限于古代相关作家的著述以及戈马拉的通史，他认为新发现的地区在面积上和托勒密所知道的世界差不多大，而且他注意到，他那个时代的地理学家像托勒密一样，坚信"现在，世界上所有的地区都被发现、看到了"。但蒙田有自己的疑问："如果托勒密曾经对世界有过错误认识的话，那么现在我相信这些人的看法，会不会是愚蠢的。"[251]蒙田对热带地区丰沛的食品做出这样的评价："这些地区告诉我们，面包不是唯一的食物，不用耕耘，我们的大自然母亲就给我们提供了各种各样的食品，足以满足我们的需求。"[252] 尽管蒙田从戈马拉那里引用了一些关于美洲风俗的事例，但他提到的贞女和印度吃死人的习俗，是来自古代的记述。[253] 当然，蒙田也认识到美在不同人眼里有不同的标准："在印度，人们涂黑自己的皮肤，印度人长着厚厚的嘴唇，鼻子又宽又扁。"[254] 尽管蒙田对海外世界的认识十分有限，但他大胆地得出这样一个相对正确的结论："每个人都被与自己不同的人视为野蛮人。"[255]

蒙田对 1588 年出版的《随笔集》做了一些零碎的修改和补充，仔细研究这些修订的内容可以看出他对当时能够看到的新材料借鉴不多，仅参考了耶稣会士书信集和贝勒福雷、赛弗特的宇宙学著作。他为东方发现所付出的代价感到痛惜，为那些在"运输珍珠和胡椒"的过程中死去的人感到悲伤，控诉欧洲对东方的征服是"赤裸裸的武力的胜利"。[256] 一方面，东方民族"据我们所知，从来没有听说过我们"；另一方面，欧洲人"发现东方人和我们的传教士十分相似……他们的文字像图画，他们相信开天辟地的故事"。[257] 蒙田给他早期的事例增添了一些细节，尤其是对世界的多样性充满了敬意。[258] 不过他又说："即便是对世界充满好奇的人，他的知识也非常有限"，因为"我们不知道的比我们知道的要多一百倍"。当欧洲人为自己发明了火药和印刷术而自豪不已时，"世界上其他的民族，像中国人，已经在千年之前就开始使用了"。蒙田的结论是："如果世界上我们不知道的东西和我们知道的一样多，那么我们会永远不断地发现新的东西。"[259]

1588 年以后，蒙田比以前更多地接触到关于东方的书籍。蒙田在晚年有机会、有时间查阅当时能够看到的各种文学作品，因而他的视野大大拓宽了。1588 年，蒙田到巴黎执行亨利·纳瓦尔交给的任务，同时顺便关照一下他的《随笔集》出版情况。在巴黎的书摊上，他看到了大量的耶稣会士书信集，而且他也一定注意到了 1585 年日本使团出使欧洲所引起的对东方的兴趣，以及记述日本使团活动情况的拉丁语、意大利语、法语书籍。甚至在他料理《随笔集》的出版过程中，门多萨的《中华大帝国史》译成法语（1588 年）出版了，译者卢克·德·拉·波特将该书献给法国的大法官和审判长菲利普·埃罗（Philippe Herault）阁下，因为这本书讲述的是"一个以智慧、谨慎著称的民族最高尚、

296

最可贵的行为"。[260]1589 年，马菲描写耶稣会士在东方传教的拉丁文历史著作在里昂出版，给蒙田和他同时代的人提供了发现中国的最新资料。

蒙田在去世前的四年里对《随笔集》的增补，主要参考的是关于葡萄牙和东方的书籍。他称奥索里奥是"我们这个时代最伟大的拉丁文历史学家"，[261]诚然，蒙田在《随笔集》中对印度和印度习俗的增补，大部分直接来自奥索里奥的著作或是戈拉特翻译成法语的奥索里奥的作品，一小部分支持其观点、丰富其细节的材料来自巴尔比，巴尔比在他眼里是"当时一个了不起的人物"。[262]蒙田增添这些材料的目的，一方面是为了支持他的观点；一方面是为了强化、扩展或提炼以前《随笔集》版本中的例证。他在《随笔集》中增加的纳尔辛格的习俗——皇家侍从在主人去世后要和主人一起火葬，是为了印证他的观点"什么是善什么是恶，很大程度上取决于我们怎么看"。[263]蒙田引用的在德那地（Ternate）不打招呼就宣战的传统，意在阐释他的"被围困的地方长官是否应该出去谈判"的观点。[264]关于自愿殉葬的问题，蒙田用印度教徒的习俗来加以说明，这些教徒为了获得一种神圣性，宁愿躺在负重的车轮底下被碾得粉碎。[265]例子可以不断地追加，但对蒙田来说，"印度"只是一个奇异习俗的宝库，用来说明人类行为方式和道德规范的无限多样性，以及他的基本看法的普遍适用性。[266]

蒙田读了《中华大帝国史》，确确实实为门多萨对中国的溢美之词感到吃惊。早年在梵蒂冈的时候，他曾仔细、专注地阅读过一本关于中国的书，[267]他也知道中国人独立地发明了火药和印刷术，门多萨的书让他看到了中国优良的管理体制和组织机构。他认为中国一定有许多可学习的东西，因为"中国政府和中国艺术在和我们没有接触、对我们完全不知道的情况下，在很多方面都比我们做得好，中国历史告诉我们，世界比我们的先人和我们所了解得要丰富多彩得多"。[268]尽管他对中国没有多少直接的评论，但可能是他对中国高度发展的文明的认知，让他在晚年得出这样的结论："世界和我们认识到的大不相同。"[269]他也毫不犹豫地进一步说道："在仔细阅读了这些新的例子之后，我们每个人都会承认，如果大家都学会独立思考，都能够清醒地将自己和他人作一比较，那是何等的明智！"[270]

蒙田用东方来证明他关于知识的不确定性、世界的无限多样性、道德规范的普适性等观点。随着时间的流逝，他越来越对相似性、共性感兴趣，而较少去关注差异性、个性。不过，为了避免夸大海外发现对他的重要性，我们需要提供几个数据。在《随笔集》第一卷的 57 章中，他有 38 章都没有提到美洲、亚洲和非洲。在接下来的两卷中，他的篇幅比重陡然扭转，对海外世界产生了浓厚的兴趣，尤其是对东方更感兴趣。[271] 但我们不能夸大这一数据的价值，在新增加的内容中，他至少有 15 次提到印度和东印度群岛，而仅有两次提到中国。尽管如此，他明显被中国迷住了，古代欧洲对中国所知甚少，而现代欧洲对中国了解颇多。他把中国视为欧洲的榜样，而其他海外国家都没有这样的资格。美洲和印度群岛的原始宗教激起了他的同情，也让他产生兴趣，但中国让他肃然起敬。

1580 年前后，蒙田认识了皮埃尔·沙朗（Pierre Charron，1541—1603 年）。沙朗是波尔多大教堂的教士，是一个雄辩的传教者，也是一位博学的神学家和人文主义者。[272] 沙朗出生在巴黎，在索邦接受教育，1571 年在蒙彼利埃（Montpelier）大学获得宗教法典和民法学位。沙朗对法律不感兴趣，于是便当了教士。他很快在布道方面展露出卓越的才华，从 1576 年到 1594 年，他成为法国西南部最知名的传教士。之后他誉满法国，并很快卷入神学论争。沙朗的第一部重要文学作品是回应菲利普·杜·普莱西 - 莫尔奈（Philippe Du Plessis-Mornay）的《基督教的真谛》（*De la vérité de la religion chrétienne*，1581 年）的，[273] 莫尔奈的作品旨在证明基督教从理性上来讲是完全不容置疑的，同时，他也用这本书来攻击对基督教持怀疑态度的人、犹太人、穆斯林和其他异教徒。作为天主教的代言人，沙朗出版了《三重真理》（*Les trois véritéz*，1593 年）[274] 来驳斥非正统的言论"胡格诺派教皇"这一说法，在论辩的过程中，沙朗不得不考虑基督徒怎样才能更好地和异教徒及其他不信仰基督教的人打交道。尽管他对那些顽固地拒绝信仰基督教的人感到很恼怒，但他更坚定地证明天主教比新教优越。因此，他强调这样一个事实：天主教与新教不同，它是一种普适性的宗教，正迅速地传播到海外世界的每个角落，传播到那些以前不信仰基督教的地区。[275] 他把日本划在已皈依了耶稣基督的名单之下，这充分说明日本使团（1584—1586 年）出使罗马在欧洲信奉天主教的地区引起了很大反响。[276]

在《三重真理》作为一个论辩性的小册子为很多人所知的时候，沙朗正忙于写作另外一部重要的哲学著作《智慧三论》（*De la sagesse livres trois*，波尔多，1601 年），这本书也被称为"文艺复兴时期关于智慧的最重要的论著"，[277] 这里的"智慧"从本质上来讲是自身具有的一种优良的道德品质。《智慧三论》也是要呼吁知识分子和基督徒将冥想化为行动，将知识转化为美德。沙朗在《智慧三论》的第一部中试图教给人们怎样通过全面的自我审视来认识自己；第二部强调自律的重要性；第三部则建立起一套规范生活的道德准则，这就是：谨慎、公正、坚强、节制。他的这本书强调个人的知识修养和情操培养，不过，沙朗也认为应该把人看作一定社会形态、一定政治语境中的人。在这方面，他完全赞同蒙田和博丹的观点，[278] 他赞同大量使用数据，并以表格的形式呈现出来。尽管他和蒙田一样是个怀疑主义者，但他不断地寻找自然道德和基督教道德的结合点，当时和以后的正统人士都认为他的寻找不会成功。

299　　　研究《智慧三论》最好的方法之一是先研究一下《智慧公约》（*Traicté de sagesse*），这是沙朗去世前几个月写的，是回敬他的批评者的总结性论著。[279] 在这本书里，他隐晦地谈到他和"伪善者"的不同观点，其中最令人感兴趣的是他关于相对主义的几点回答。在沙朗看来，智者排斥各种形式的种族优越论，尊重他所到之处的法律、习俗。"在比我优秀的人面前……我谦恭地脱帽致敬"，他说："因为我所在国家的习俗叫我这样做。"同样，"如果我在东方，我会坐在地上吃饭"。[280] 智者会勇敢地承认："我们通常认为印度人、中国人、食人族、土耳其人和其他国家的人野蛮无知，但他们的法律、体制、习俗和礼仪同我们的一样好，甚至比我们的还要好。"[281] 不管新思想多么令他震惊，他都愿意敞开胸怀接纳，以让自己不断进步。为了归化中国人，"应该让他们认识到世俗知识只是虚幻和欺骗"，"要清除他们的思想和信仰"，这样"他们才能怀着赤诚和纯洁的灵魂，谦卑地皈依上帝"。[282] 沙朗的观点似乎是：不管中国人信仰何种宗教，都应该让他们敞开胸怀，接纳基督教是唯一的信仰，这一观点显示出，在沙朗的心目中，世俗人和基督徒之间有着何等深邃的沟壑，他自己根本没有意识到他的思想前后多么地不一致。[283] 和同时代的许多人一样，沙朗的相对主义在宗教问题上不复存在了，在他看来，基督教依然是所有人最后都必须接受的真正信仰。[284]

在《智慧三论》里面，沙朗更加系统地论述了自己的观点，他借鉴了博丹的环境决定论思想，断言"人类最本质的东西是在综合世界各地情形的基础上得出的"。[285]外貌、礼节、"灵魂天赋"的多样性，源自"天空、太阳、空气、气候、国家的影响"。为了阐述他的观点，沙朗将世界分成三部分：南部、中部和北部。"阿拉伯、卡利卡特、马鲁古群岛、亚乌斯（Iaves）、塔普罗班纳"处于南部靠东的地方，中部是"中国、日本和美洲"，北部是鞑靼。他列了一张表，来形象地描述"这三种人的不同天性"，尊重每一类人所特有的"灵魂特质"、所处的地理位置和行为特征。[286]居住在北部的人，其行星是火星和月球，因此他们好战、强壮、有常识。居住在中部的人，其行星是水星和木星，因此他们理智、公正、谨慎，喜欢空谈胜于行动。居住在南部的人，其行星是土星和金星，因此他们喜欢沉思、哲学和宗教，有很强的理解力。从个体上看，北部的人又高又壮，毛发浓密；南部的人矮小、柔弱、肤色发黑；中部的人兼有南、北部人的特征，但更像"靠近他们的人"，[287]从一定程度上来说，中部的人兼有南部人和北部人的特征。从精神层面来看，北部的人笨拙、迟钝、愚笨，而南部的人灵巧、敏感、聪明。北部的人几乎不信宗教，更谈不上虔诚；南部的人则迷信、多思、虔诚。

在列举了这些特征之后，沙朗在随后的论述中只对东方人和西方人做了略微的区分。再后来，他像蒙田的《随笔集》一样，欢呼海外发现揭示了"另外一个几乎和我们一样的世界"，并发出这样的疑问："谁知道从今往后会不会发现其他不同的人种？""我们这儿所看重的"一切，"千年之前"就在使用，"而那时我们对此一无所知"。从当时已发现的一切，可以得出这样的结论："我们称为世界的这个肌体，不是我们所想象和认为的那样"，因为它的各个部分"永远不停地在改变"。[288]每个国家的法律和习俗，都在不断地变化，而且种类超乎想象地繁多。[289]通过审视、评判其他国家的习俗，聪明的人不断进步，变得越来越明智，因为有些习俗不管表面上看起来多么的野蛮或不合理，"但一定有它们存在的理由，它们一定是在维护什么东西"，即便是印度人吃掉他们死

300

去的父母这一可怕的习俗，也有其存在的理由。[290] 在沙朗这儿，宽容、比较、自我批评、文化相对主义的思想倾向，达到了顶峰。

从法国这一时期的宗教战争和内战中催生的流行文学中，出现了一种逃离文学，描写怪物、奇迹、奇异而野蛮的习俗的文学作品，受到读者的欢迎。仅仅罗列这些新与旧、熟悉与陌生的习俗，就隐含着一种种族比较意识。就像布歇的《闲话集》一样，慢慢地，出于幽默、讽刺和教诲的目的，习俗也被拿来进行有意识地比较，关于如何在绘画中更好地表现异域民族也有了争论。亚洲不管在短篇故事还是长篇小说中，依然是奇异之物的汇聚地，但就像贝罗阿尔德·德·沃维尔作品中的亚洲一样，它也是冒险故事发生的背景，是手工制品，如火药、印刷术、瓷器、丝绸无与伦比的发源地。中国不仅是一个异国情调的所在，还是古代智慧、现代先进技术的宝库。

蓬蒂斯·德·蒂亚尔像其他具有哲学思想的作家一样，认识到海外发现揭示出欧洲古典知识的不足，他呼吁他的同时代人学习新的地理知识，拓展他们自身的知识视野。他本人孜孜不倦地学习宇宙学知识，把他的宗教故事放到国外的背景上，以和国内的宗教故事进行比较。蒙田在他早年出版的《随笔集》中明显对现有知识的确定性表现出怀疑，他随意地引用奇异习俗汇编，来展示世界的多姿多彩。作为法国社会的批评家，蒙田比其他人更宽容地看待遥远国家奇异的行为和道德。在晚年，他把中国视为欧洲学习的榜样，他的相对主义思想在沙朗那儿进一步系统化为对智慧的论述，呼吁人们放弃自己的先入之见，避免对与自己不同的道德行为产生成见，进行嘲讽。蒙田认为欧洲要把中国作为学习的榜样，沙朗则把亚洲整合进他基于环境特征构筑的宇宙蓝图。蒙田和沙朗都认为宽容与对比能够提出问题，并最终让欧洲人对自身的文明和思想有更为深入的了解与认识，但他们都不愿意用相对主义的态度来看待基督教信仰问题。

第四节　从宇宙志到世界通史

1550 年至 1560 年的十年，既是法国文学蓬勃发展、法国知识分子热情高涨的时期，也是发现海外世界的时期。弗朗西斯一世派出的到黎凡特的调查团这一时期返回巴黎，开始出版他们的调查报告。我们前面已经提到，波斯特尔于 1552 年出版了《世界奇观》。[291] 第二年，皮埃尔·贝隆（Pierre Belon）出版了他的《希腊、亚洲及其他国家游历见闻》（*Les observations de de plusieurs singularitez et choses mémorables...en Grèce, Asie... et autres pays estranges*，巴黎，1553 年），这是 16 世纪可读性最强的游记之一，受到读者普遍的欢迎。安德烈·赛弗特（1504—1592 年）1549—1550 年到圣地朝圣，并游览了地中海东部地区，于 1554 年在里昂出版了《黎凡特的地理学》（*Cosmographie du Levant*）。1559 年，让·阿方斯的《游历冒险记》也终于印刷出版。[292] 这一时期，国王亨利二世正准备派杜兰·德·维莱加格农（Durand de Villegagnon，1510—1571 年）到巴西去建立一个法国殖民地，希望新教徒和天主教徒在那里能够和平相处。这样，法国在东边凝望着黎凡特，在西边注视着美洲，同时继续窥视着葡萄牙在美洲和亚洲的扩张冒险。

1556 年，巴黎书商艾斯蒂安·丹尼斯（Estienne Denyse）出版了一本仅有 32 页的小书，名为《葡萄牙新世界发现史，作者皮特罗·本博》（*L'histoire du nouveau monde descouvert par les Portugalois, escrite par le seigneur Pierre Bembo*），[293] 该书在给"渴望了解海外世界的读者"的致词中宣称：这本书中的内容是皮特罗·本博以前没有出版过的。比较一下这本书和皮特罗·本博的《威尼斯历史（十二卷）》（*Della historia vinitiana...libri XII*，威尼斯，1552 年）可以看出，这本在巴黎出版的书不是对本博第 6 卷中描写伊比利亚国家海外发现的简单翻译，[294] 它在形式上和本博的相似，内容上也有很多相似之处，但这本法语书中漏掉了本博书中描写威尼斯历史的很多内容，而对新世界的特征进行了更为详细的描写。也许是这位书商只是想借本博的名字，因为原作者名不见经传，[295] 显而易见，本博这位威尼斯人的名字在 16 世纪中期的法国具有

302

很高的知名度。这本用法语出版的小书显然是要推出系列丛书，因为在书的结尾，作者保证这个故事还会有续集。

不管这本法语小书的续集写了些什么，它本身无疑直接反映了从哥伦布第一次航行到麦哲伦环球航行成功这段时间海外发现的历史，书中对各地的自然地理、奇异风俗的描写栩栩如生，当然有些是真实的，有些则是虚构的。书中明确指出，葡萄牙控制着印度洋，埃及、威尼斯的贸易不论在数量还是价值上，都大量削减。葡萄牙在征服第乌、科钦、奎隆（Quilon）和卡利卡特之后，向"没有人进入过的"东方推进。[296] 麦哲伦环球航行到摩鹿加群岛，在与土著居民的冲突中不幸丧生。当"维多利亚"号返航后，航海日志显示的日期是前一天，这证明麦哲伦的船队穿越了国际日期变更线。这本法语小书的许多内容在本博的威尼斯历史中也有，但其他的书中没有。因此，我们可以做这样的推测：这本书模仿了本博的第 6 卷，里面有很多引人入胜甚至色情的细节描写，目的是引起读者的兴趣。和其他书籍一样，这本书把葡萄牙对亚洲的征服和麦哲伦的航行作为发现"新世界"不可分割的一部分。[297]

当这本书 1556 年在艾斯蒂安·丹尼斯的书摊上出售时，安德烈·赛弗特刚刚完成他的第二次美洲之旅。作为方济各会的传教士，赛弗特早年的大部分时间都在游历。 1540 年，他在去里斯本的途中第一次穿越了大西洋，他本打算在 1541 年前往摩鹿加群岛，却因染上热病不得不放弃这次冒险旅行。[298] 四年以后，他游历了北非的比塞大（Bizerte）。在这里，他开始了收集古币和奖章的工程，而且终生都在做这件事。他收集这些东西既是作为方便携带的艺术品，有艺术价值，也是因为上面有伟大人物的肖像。[299] 1549—1550 年在黎凡特期间，赛弗特继续他的收藏爱好，记旅行日记，将所到之地、所见之人都画下来。在欧洲时，他同样收集奇异的物品，将奇特的东西画下来，孜孜不倦地将人们告诉他的故事和他寻找的故事记录下来。后来，赛弗特被委任做维莱加格农建立的殖民地的牧师，于是他在 1555 年前往巴西。但他在巴西仅待了六个星期，就因染病而不得不返回法国。[300] 回来后他就一直待在法国，再也没到国外去过，他把余生花在建立图书馆、在枫丹白露组织他自己和国王的珍奇馆展览、编辑和撰写著作上，而编书、写书让他声名远扬。

　　赛弗特的《法国、南极洲的特点》（巴黎，1558 年）一出版就受到法国知识界，特别是七星诗社的欢迎，人们赞扬赛弗特乐于进行实地考察，把个人的观感记录下来，把别人告诉他的故事写下来，把新世界的珍奇物品收藏起来。文学界的这种反应和赛弗特本人的论调有一定关系，因为他在著作中谴责古代座椅上的旅行家和他那个时代不去进行实地考察的人，是他们将错误的事实和错误的观点长久地强加于人。他抱怨"印度群岛"这个名字给人们带来的混乱认识，因为它的本意是指印度河以东的地区，而实际上人们却用它来指称美洲。赛弗特仅在海外待了六个星期，因此他没有多少资格去批评别人，而且他不加批评地引用、讲述了一些"离奇"故事，但也许是因为他在《法国、南极洲的特点》中讲述的寓言故事使他享誉久远，他的书也被译成意大利语（威尼斯，1561 年）和英语（伦敦，1568 年）。尽管让·德·莱里（Jean de Léry）激烈地攻击赛弗特，说他对巴西的描写不真实，但应该指出的是，赛弗特从来没有打算撰写一部维莱加格农殖民巴西的历史，或者是一部描述美洲地理的著作。[301]《法国、南极洲的特点》从本质上来说只是一部打着赛弗特和其他人亲历的旗号，带给人震撼的观感和故事集，由于赛弗特一再强调他所写的这些故事都是真实的，最终使得他的《法国、南极洲的特点》声名狼藉。[302]

　　从美洲回来以后，赛弗特自己也变成了座椅上的宇宙学家。1558 年以后，他继续收藏珍稀物品、书籍和其他人的游历观感。他根据这些材料以及他早年的游历，于 1575 年编写了《宇宙学通论》，这本厚厚的书分为上下两卷，有两千多页对开纸。赛弗特的《宇宙学通论》一出版就吸引了读者的视线，尽管他在人们眼中是一个不忠实于事实的作家。赛弗特的书中有大量的木版画，还有 4 幅地图，这也增加了它对读者的吸引力。[303]这本书对学生也非常有用，因为在第二卷的末尾有一个按字母顺序编排的人名、地名索引。

　　《宇宙学通论》第一卷的第二部讨论的是亚洲，[304]赛弗特在描述了印度的地理面貌后，转而攻击古代作家的权威性，说亚历山大并不像历史著作和传奇作品中所说的那样，他对东方的涉足只是浅尝辄止。赛弗特还指出印度人是怪物这一说法不真实，即便明斯特认同这一看法也不真实。他反对普林尼认为热带气候下的人长得高这个说法，因为他的亲眼所见恰好相反。他被自己读到的

304

关于婆罗门和他们尊敬动物的故事迷住了，在他看来，印度的圣托马斯信徒都是一些成功的经营胡椒的商人，他们的信仰比欧洲的基督徒更加坚定。他把印度人在恒河中洗礼与基督教受洗联系起来，像波斯特尔和其他人一样，他把这视为基督教在久远的过去是一种普适性宗教的证据。

关于中国，赛弗特激烈地指责明斯特和贝勒福雷对中国的虚构，长期混淆着人们的视听，不能不提的是，赛弗特和明斯特、贝勒福雷有个人恩怨。赛弗特关于中国的知识来自一个他在巴勒斯坦认识的阿拉伯囚徒，[305]这位囚徒在中国生活了十五年，他强烈反对欧洲人认为中国人靠吃一种形似苹果的水果为生、中国的空气有利于人的身体健康这样的说法。他说，事实上，中国是东方最伟大、最肥沃的一片土地；中国的皇帝是亚洲的君主之一，统治着15个省，不用增加赋税就能收入大笔的黄金；皇帝的威严至高无上，只有一个人能够接近他。尽管如此，皇帝也得向契丹的大汗称臣，显然，中国只是契丹的一部分。中国人长期以来一直在船上生活，男人勇敢，女人漂亮，每个男人都可以随意娶妻纳妾，只要他能养得了。中国人吃得好，饮一种米和香料酿制的美酒。中国话粗鲁、僵硬，听起来像德语。中国人不信基督教，但相信灵魂转世，把圣人当作神。因此，他们非常注重品行道德，对祖先和父母极为孝敬。赛弗特对中国的这些认识，有些可能是那位阿拉伯囚徒提供给他的，但对于一些资料的准确性，像15个省、在船上生活、米酒、向契丹称臣等，说明赛弗特很可能也参阅了一些文学资料，像马可·波罗游记、巴罗斯翻译成意大利文的作品，以及他所能找到的耶稣会士书信集。即便是他的一些新奇言论——中国话听起来像德语，中国人很讲道德——也可以在当时的著作、作品中找到。[306]

赛弗特参考了以前的文学作品这一点可以清楚地看出来，因为他对鞑靼的描述借鉴了《马可·波罗游记》、孔蒂、波吉欧的作品。他对耶稣会士书信集和波斯特尔的观点也非常熟悉，这从他对日本（Giapon）的描述中可以看出来。和他引用的材料一样，赛弗特最感兴趣的是日本的宗教观念和信仰行为。日本人认为他们的启迪者和救赎者是佛陀（Xaqua），赛弗特对这一点持有怀疑，因为他认为佛陀的所作所为进一步证明了他的观点：日本人曾经信仰基督教，是基督徒。他说日本有僧侣，有修道院，这足以证明他的观点是正确的。赛弗特和沙勿略一样，一样相信日本人不管是从历史上还是知识上来说，都愿意接受欧洲传教士的福音布道。

赛弗特和明斯特、贝勒福雷一样，也把早期作家笔下大量无事实根据的故事当作真实的事情，认为塔普罗班纳（Taprobane，赛弗特眼里的苏门答腊）人都是基督徒，他们不实行家长制。赛弗特从让·阿方斯那里借来这样一个故事：锡兰附近有一座女人岛，她们到离她们不远的一个岛上去会男人。对赛弗特来说，吉潘古不是日本的别称，即便他知道同时代的有些人持这样的看法，他认为日本只是印度洋中的一个岛屿，每年向大汗纳贡。其他一些故事，不管是真实的还是虚构的，都让赛弗特产生一种比较意识。可能是借鉴了皮加费塔的材料，他说摩鹿加群岛的一些岛民盟血结拜兄弟。他接着说，欧洲人不应谴责这一习俗，因为欧洲人的祖先也曾有一些现在看起来野蛮的习俗。最后，他总结道：自己游历了亚洲沿海的大部分地区，在游历的过程中了解了亚洲的地理概貌和风土人情。[307] 赛弗特收集的著名人物肖像和传记中既有亚洲人的，也有欧洲人的，他收集了阿尔伯克基、麦哲伦、蒙特苏马（Montezuma）的肖像，但却没有找到科钦国王特里乌姆帕拉（Triumpara）的任何肖像。[308] 欧洲持相对主义看法的知识分子中，他收藏了奥索里奥、波斯特尔的肖像，找到了贝勒福雷、戈马拉、曼努埃尔国王、费尔南·科雷亚（Fernão Corrêa）的传记资料。[309] 对游历甚广的赛弗特来说，海外世界和其不同人种对于他那个时代，对于他那个时代的人和信仰来说，其重要性都是毋庸置疑的。

弗朗索瓦·德·贝勒福雷（1530—1583 年）是一个堪与赛弗特相提并论的人，他是位座椅上的宇宙学家，出版了很多作品，享有很高的声誉。在玛格丽特·纳瓦尔的资助下，贝勒福雷在波尔多和图卢兹跟从布坎南、维奈学习。但他不久就嫌学习太辛苦，开始写作浅薄的小说和诗歌，跟在大人物后面阿谀奉承。16 世纪 50 年代后期，贝勒福雷在巴黎结识了七星诗社的诗人，1561 年尼科返回法国后，他和尼科成为朋友。在结识了一些宫廷诗人后，贝勒福雷开始为出版商编辑散文故事。他不是一般的虚度光阴者，而是勤勉地收集材料，对材料进行批评性的利用。和同代的历史学家相比，他更出色，更具有自己的风格。不过他的历史著作远远谈不上客观公正，在研究、整理历史作品时，他关

306

注的是那些能够证明他的新柏拉图思想的著作。

贝勒福雷的《世界通史》(*L'histoire universelle du monde*，巴黎，1570 年)是他对历史研究最富有洞见的贡献。该书的第二部探讨的是亚洲，记述了从土耳其到中国的一切事情，[310] 不过他对中国和亚洲其他国家的描写参考的可能是传统资料。和波斯特尔一样，他花了大量时间寻找亚洲信仰基督教的原始痕迹：土耳其的聂斯脱利 ① 教徒 (Nestorian)、印度的圣托马斯派教徒、日本的佛陀信徒等等。他还认为，契丹人肤色较浅，文雅、高贵，很可能是欧洲人的后裔。由于基督教已在印度深深地扎下了根，因此，传教士应该致力于让更多的印度人皈依耶稣基督，即便是冒着献出生命的危险也在所不惜。贝勒福雷在《世界通史》的第四部中探讨了日本，欧洲对日本的发现要比对美洲的发现晚，日本是最近加入"新世界"的国家。由于日本不盛产黄金，因此直到 1550 年才被发现（原文如此）。日本人和欧洲人有些相像，品德高尚、谨慎、博学、高贵。像沙勿略一样，贝勒福雷认为日本是古代以来发现的最好的国家。贝勒福雷在翻译、增订明斯特的《宇宙志》(1575 年) 时，增加了有关"新大陆"的内容，这是他认识到新发现的土地的重要性的无声见证。此外，他用了大量篇幅描写德国。不过，在对中国的认识上，贝勒福雷无法和赛弗特相比。对贝勒福雷来说，传统印度基本上是奇异事物和奇异故事的汇聚地，这可以从他的《奇闻异事集》(1594 年) 中看出来。[311]

从宇宙志到世界通史的转变是从让·博丹 (1530—1596 年) 开始的，巴黎人博丹是律师和政治理论家。宗教战争早期 (1561—1566 年)，博丹已经认识到宗教宽容、允许不同宗教存在是获得和平的先决条件。他还进一步谈到人类之间的相互理解，撰写一部世界性的世俗历史。他的第一部世界通史是《简易通读历史之方法》(*Method for the Easy Comprehension of History*)，1566 年首次在巴黎出版。[312] 博丹与他同时代的宇宙学家、传统的地理学家不一样，他的《简易通读历史之方法》严格地将自然发展史和宗教历史都排除在外，他认为历史研究的是过去的人类社会。为了做到这一点，他清醒地认识到地理学和

---

307

① 聂斯脱利教在中国又称景教。——译者注

宇宙志方面的原始资料对于他的分析是多么的重要。他说:"因为宇宙志和历史有着密切的关系,二者你中有我、我中有你。"[313]

通过对宇宙志、中世纪和他那个时代游记文学的仔细研读,博丹获得了关于海外世界、海外世界的地理分布和人种学知识。在他看来,描述东方的学者中可信赖的、提供了大量信息而又不带偏见的是弗朗西斯科·阿尔瓦雷斯(Francisco Alvarez)对埃塞俄比亚的记述和瓦尔塔马对亚洲的描绘。[314]他认为博埃姆斯对各地不同习俗的汇编不乏价值,但有些粗疏,主要帮助人们将不同的人种区分开来。[315]他批评帕奥罗·乔维奥对其他国家和人种的描述是杜撰的,这一点有失公允。[316]关于鞑靼人,他认为除了海屯和马可·波罗的第一手资料外,其他人的都不可信,但他又不全部接受海屯和马可·波罗的描述,认为要摒弃那些过度倚重理性和想象色彩太浓的故事,他努力从马可·波罗的叙述中获得关于鞑靼人的习俗、法律和社会体制的真实信息。[317]

在《简易通读历史之方法》中,博丹对亚洲的认识受到他所使用的材料的限制,他只是顺便提了一下印度,对中国或日本则一点也没有提及,他重点探讨的是鞑靼、埃塞俄比亚和黎凡特。博丹对这些地区和印度的讨论来自马可·波罗、阿尔瓦雷斯、达米奥·德·戈伊斯以及一些宇宙志中的有关描述。[318]关于世界的地理分布,博丹将美洲作为东、西方的分界线,"因为这个地区距离印度和非洲都很遥远",[319]而赤道是南、北半球的分界线。人类和人类居住其中的社会受到地理位置和气候的影响,[320]热带地区的人们是典型的黑皮肤,固执地坚持使用他们的语言、信仰他们的宗教;有日历的地区把秋天作为一年的开始。[321]现代历史学家对人类社会的多样性和统一性的认识,要比古人强多了,也进步多了,这主要是因为他们的地理知识更丰富,对地理现象的认识更深刻。[322]

在博丹看来,古人由于对世界其他地区不了解,他们对政体的认识也不准确。柏拉图、波里比乌斯(Polybius)、西塞罗所认为的必须把君主制变成平民政府是错误的,因为西徐亚人、亚洲人、美洲人据说从来没有过贵族政体或平民政体。[323]亚里士多德将君主世袭制和不文明的社会等同起来是不对的,不可能因为印度和其他许多国家实行朝代制,就说它们是不文明的社会。[324]文

308

明是普世化的，世界上不同地区、不同时代有不同形式的文明。土耳其、波斯、印度、鞑靼在其历史分期不十分清晰的情况下，已经建立了伟大的帝国，并且运行良好。[325]博丹鄙视神圣罗马帝国是罗马帝国的延续这样的观点，也不认为神圣罗马帝国是世界历史上四个君主制国家的最后一个，尽管他那个时代的人一般都持这样的看法。[326]他更倾向于认为鞑靼帝国是世界历史上四个君主制国家的最后一个，因为它推翻了巴比伦。[327]判定一个国家和其文明是否古老，首先要看它的语言，从这一点上来看，东方国家显然要比西方国家古老。[328]从遥远的古代起，亚洲的各个部落就一直在迁徙、殖民和融合。博丹认为迁徙和殖民的动机有四个：被敌人击败、人口过剩、为保护领地向外扩张和向海外世界渗透。在他看来，西班牙和葡萄牙的殖民活动属于一种新的类型，不过他又断言，将来有一天伊比利亚的殖民者会和当地居民融合起来。[329]

《简易通读历史之方法》呼吁人们要以世界的而不是国家的视野来研究历史，集中关注不同民族交往中产生的普遍问题，包括生活的方方面面。[330]人类融合是博丹的根本出发点，由于是从世俗意义而不是宗教意义上来研究变化和种类的，因而他认为历史研究和地理密不可分。他把一些共同的因素，如宗教和疾病，放在世界范围内，因此他采用的是比较研究的视角。[331]为了进行比较，必须要研究各种社会形态的历史、它们之间的相互联系和相互渗透。博丹还自觉地采用一种新的研究方法，从研究内容的完整性来看，他的研究不仅包括古代和文艺复兴，还把非欧洲世界视为世界历史不可缺少的组成部分。他认为欧洲历史研究中的问题、变革和原动力等，非欧洲世界同样存在。

路易·勒·罗伊（1510—1577年）是博丹同时代的学者，是一位人文主义者、翻译家和著名的历史学家。勒·罗伊出生在诺曼底的库唐斯（Coutances），1530年第一次来到巴黎。在巴黎听了一些演讲后，他于1535年到图卢兹学习法律。他1540年返回巴黎时正赶上纪尧姆·比代的葬礼，勒·罗伊十分尊敬这位伟大的古典学者，用优美的拉丁文写了一部比代传，此书的成功为他赢得了一份宫廷的清闲工作。此后二十五年，他致力于将伟大的希腊散文作品翻译成法语。1572年，他在巴黎成为皇家希腊语教授，五年之后与世长辞。勒·罗伊虽然游历了德国、意大利、英国，但他主要还是一位学者、作家，因此，他可能觉得地理大发现对他思想、历史创作的影响，要比对他同时代的游历家更大。他用法文写的散文作品格调优雅，为法语成为一种令人尊敬的学术研究语言做出了重要贡献。

尽管勒·罗伊热爱古典文学和希腊文明，但综观其研究生涯，他主要还是一个现代学者。在他的比代传中，他突出现代人的独特性，强调现代人比古代人优越。像维维斯（Vives）一样，勒·罗伊用在海外发现的古希腊、罗马人不知道的陆地、海洋、人种、植物、动物等，来支持他的观点。[332]尤其是在1567—1572年出版的历史著作中，他清晰地暗示出海外发现对欧洲人产生的巨大影响。在一部论述政治理论的历史著作中，他指出欧洲人既要向新发现的文明社会学习，也要向新发现的蒙昧社会取经。比如，研究、了解印度就是考察哲学是如何发展的。[333]他在一部关于宗教的小册子中指出，宗教的多样性是敌视和战争的根源，但他又希望传教士能把基督福音传遍整个世界，带来宗教统一与和平。[334]从这些零碎的论述中已经能够清楚地看出来，勒·罗伊像他之前的波斯特尔一样，把历史视为不断上升和前进的。[335]

勒·罗伊著名的《关于法国史的思考以及同时代的世界……》（*Considerations par l'histoire française, et l'universelle de ce temps...*，巴黎，1567 年）集中体现了他关于历史进程的观点。[336]这部著作虽然主要论述的是法国 1559 年发生的事件，但已经孕育着勒·罗伊关于世界历史思想观点的萌芽，这些思想观点勒·罗伊后来曾进行了详细的阐述。困扰着法国的问题是很多国家可能都会面临的，说明世界的各个部分是相互关联依存的。在最遥远的地区发生的事情会在欧洲引起反应，比方说，摩鹿加群岛的冲突破坏了西班牙和葡萄牙两国之间的关系，[337]因而，历史学家必须要关注随着时间的变化，世界上各个不同地区之间相互关系的发展。毫无疑问，现代人继承了古人的知识，同时对这个广袤的、丰富的世界有了更加深刻的认识。为了从各个层面认识世界，历史学家必须站在高处，拥有广阔的知识视野。历史学家必须认识到契丹和罗马都是古代的伟大帝国，他还必须认识到，现代的亚洲人比他们的祖先更富有智慧。为了撰写一部真实的历史，历史学家必须掌握过去和现在的一切事情，把历史的相互作用和发展变化带来的复杂性传递给读者。他要认

310

识到一个帝国衰落了，另一个帝国会崛起，这是经常发生的现象，不过历史的发展模式是螺旋式上升的。[338]

勒·罗伊在通史方面的重要著作是《宇宙万物的种类与变迁》(*De la vicissitude ou varieté des choses en l'univers*，巴黎，1575 年)，[339] 这本书主要探讨了两个基本问题，一是提出一个并不复杂的观点：变化是永恒的，一个帝国衰落了，另一个帝国会崛起并取而代之。二是指出这样一种现象：在任何一个国家，军事上的胜利和文学上的成就都是相伴相生。他认为，任何地方的人都有共同的本质，而且像博丹一样，勒·罗伊用气候对地理、人种、制度的影响，来说明世界的无限多样性。人从本性上来讲是不安于现状的，喜欢征服和变化。古时候在东方和其他地区不存在的城市现在变得越来越发展壮大，成了大城市。

不光是物质文明在不断变化，艺术和科学同样也在更新、进步，文艺复兴文学就是对古希腊、罗马文学的复兴。语言也在发展变化，比如拉丁语变得越来越陈腐，最终衰落下去，被充满活力的民族语言所取代，而这些民族语言既能反映出一个民族的性格，又能回应它的特殊需求。新的发明，像印刷术，提出独立发展与渗透、接受与不接受之类的问题。比如：

> 这就是我们对印刷术的理解，古希腊、罗马时代还没有这项发明，是阿尔曼人（Almain，即德国人）发明了印刷术。葡萄牙人的足迹遍及远东，往北到达了中国和契丹，并把用葡萄牙语印刷的书籍、葡萄牙文学作品带到那里，但他们回来后说中国和契丹早就在使用印刷术了，这不由得使人产生这样的联想：印刷术是从中国经鞑靼和莫斯科公国（Moscovia）带到德国的，之后又从德国传到其他信仰基督教的国家，但穆罕默德（Mahometiste）没有接受印刷术，因为他迷信地认为，不用手写而是将《可兰经》（Alcoran）印出来是莫大的罪过。[340]

勒·罗伊也许还注意到了其他到中国旅行的人同样没有把中国的印刷术带回欧洲，但他在书中没有提及。

16 世纪的海外航行也让人重新审视罗马帝国，不管罗马帝国曾经如何强大，它拥有的土地面积从来没有超过世界领土的 1/12，罗马帝国对广袤的美洲大陆一无所知，对亚洲各个强大的国家也没有染指。鞑靼帝国的崛起令人震惊，它有那么多的诸侯国，而且这些诸侯国最初只是一些粗鲁野蛮的游牧部落。

> 契丹的可汗（Cham）也是个鞑靼人，是成吉思（成吉思汗）的后代……他在政治管理、权威、智慧、赋税收入、威严方面超过了所有的欧洲、亚洲、非洲甚至土耳其的国王，不是没有原因的，即便所有的基督教国家和"撒拉森"国家统一、联合起来，也不能与契丹相提并论。[341]

土地辽阔、美丽富庶的契丹国拥有一大批才华横溢的文人、艺术家。在这里，勒·罗伊仍然把契丹和中国混为一谈，他注意到契丹人学识渊博，科学知识丰富，公职既不是继承也不是买卖，"他们选拔官员时不注重门第、财富，而只看重学识和品德"。[342]契丹国王和纳尔辛格（维查耶纳伽尔）的国王、长老约翰一样，既崇尚文采，也看重武略。[343]

勒·罗伊在他的最后三部著作中探讨了他那个时代存在的问题和取得的成就。在这些著作中，他不是一个国家一个国家地来探讨，而是以当时发生的运动和引发的论题为讨论框架，把世界作为一个独立的政治共同体，指出这个多姿多彩而又充满生机的共同体内部的相似性及不同之处。世界上不同民族都受到战争的困扰，勒·罗伊特别提到卡斯蒂利亚和葡萄牙的国王，因为他们进行了海外扩张和海外发现活动。像赛弗特一样，勒·罗伊尤其赞叹阿尔伯克基和麦哲伦的伟大成就，将他们视为他那个时代最杰出的两位英雄。同样，描写海外扩张的历史学家，像彼得·马特、帕奥罗·乔维奥、弗朗西斯科·阿尔瓦雷斯、达米奥·德·戈伊斯、奥维耶多、明斯特等，也受到特别的关注。16 世纪三项最伟大的发明——印刷术、指南针和火药，都是中国人最先发明的，这些发明在探索、征服海外世界的过程中发挥了重要作用。在勒·罗伊看来，中国的工匠是世界上最好的工匠，他们一方面继承了古人的成就，另一方面又超越了古人，因此勒·罗伊劝告他那个时代的欧洲人要对人类知识的发展做出自己的贡

312

献。虽然勒·罗伊清楚地认识到知识是不断发展变化的，但他对人类的未来并不感到绝望，如果上帝看到人类在地球上勤勤恳恳地奋斗以改变自己的命运，而不是恣情狂欢，挥霍财富，那么，他可能会仁慈地阻止帝国及伟大时代的衰落与沉降。[344]

这一时期，博丹和勒·罗伊一样，也对普适性的问题及比较历史产生了兴趣。博丹对圣巴托罗缪日大屠杀（St. Bartholomew Day，1572 年）的激进行动深感不安，于 1576 年出版了《国家六书》（*Les six livres de la république*，巴黎），全面、详细地论述了君权的绝对性和不可分割性。他认为君主只能服从上帝意志和自然法则，[345] 宣称君主制是最适合的政体形式，所有的国家在初期都有国王。[346] 他举的主要例子是鞑靼帝国，称其是世界上迄今为止"最伟大、最繁荣的君主制国家和王国之一"。[347] 鞑靼国王被推举出来之后，他告诉他的臣民必须"随时准备着按我说的去做"。[348] 而且，如果国王不称职，罢免他的不是他的臣民，而是上帝。不管这些说法的真实性如何，博丹都把鞑靼帝国的政治体制视为绝对君权的典范。与此相反，埃塞俄比亚的皇帝则是宣称绝对君权行不通的代表，因为他向葡萄牙宣誓效忠。[349] 但不管往哪里寻找例子，博丹都没有发现像法国这样古老、这样连续实行统治的国家，[350] 因此，法国国王有足够的理由反对所有限制王权的依据和主张。

博丹声称，很多亚洲与非洲的君主对其人民的身体和财产拥有绝对的权威。[351] 专制政体，像奴隶制，最初源于征服，而且与自然律背道而驰。博丹尽管承认专制制度是合法的政权形式，但他认为这主要是东方实行的制度，并警告说，多数专制君主滥用权力，残暴地对待其人民。在东方的一些国家包括印度，被压迫到一定程度的人们会揭竿而起，建立一种新的政府形式，而不是拥戴一个新的暴君。[352] 在几乎所有的亚洲国家，人民起来反抗一个合法的政体都是不允许的，[353] 在一些国家，不管出于什么原因，都禁止人口流动。[354] 中国的统治者甚至要求他的臣民不许留宿外人，而鞑靼国王一旦发现陌生人死亡，会立刻没收其财产。[355] 东方的君主期望臣民像奴隶一般驯服，甚至鞭笞他们的贵族。[356] 作为统治者，不能像婆罗洲的国王那样躲避着人民，最好像鞑靼帝国的统治者那样偶尔现身一下，以盛大的仪式昭示自己的威权和不可侵犯。[357] 为了

313

防止出现宗派斗争，欧洲的国王应该学习亚洲的统治者，收缴百姓的武器，销其锋镝，禁止他们修建城堡、要塞，也不允许他们聚众起来反抗。[358]

像其他人一样，统治者必须认识到不同的地域有不同的行为方式，这是环境决定的。虽然总的来说丈夫决定妻子的社会地位，但卡利卡特的纳亚尔人的社会地位则取决于他们的母亲是否高贵。[359] 鞑靼人允许父亲卖儿子4次，"之后如果儿子自己赎身，他就终身自由了"。[360] 在东方，父亲承认所有的孩子，不管是婚生的还是私生的，他们都有财产继承权。[361] 在整个东方（博丹这里指的是伊斯兰地区），为活着的植物或动物画像是死罪。[362] 地理位置和气候也影响人的"文明礼仪"，这一点在东方人和西方人之间表现得极为明显。

> 因为尽管我们不能画一条明确的界线，把东方和西方分割开来，就像赤道将南半球和北半球分开那样，但所有的古人都认为东方人比西方人更温和，更讲礼仪，更温顺，更富有创造性，更不喜欢战争……西班牙人认为秦那人（Sina，即远东人）是世界上最富有智慧、最讲究礼仪的人。[363]

博丹认识到去过东方的伊比利亚人给国际法提出了新的不容忽视的问题。他列举出很多向葡萄牙宣誓效忠、向葡萄牙纳贡的国家，并强调指出，亚洲所有被征服的国家都要向里斯本纳贡。[364] 博丹注意到葡萄牙通过和东方国王的联姻结成联盟，在平等的前提下与东方其他国家达成共识。[365] 在谈论了奴隶在东方的可悲处境之后，博丹哀叹道，葡萄牙在重新向欧洲引进奴隶制度。[366] 在讨论国家财富以及国家财富和世界贸易的关系问题时，他说葡萄牙"百年（1475—1575年）来的贸易没有受到任何国家的干预，极大地丰富了葡萄牙的财富"，[367] 结果是葡萄牙"把东方的各种珍宝带到了欧洲"，[368] 削弱了土耳其、埃及、威尼斯的贸易。他说意大利从路易十二发动战争开始，就日渐损失其东方贸易的份额。十多年之后，在其另一部探讨经济理论的重要著作中，博丹将法国财富的增长归结于法国和东方贸易份额的增加。[369]

显而易见，东方在博丹的历史、政治和经济思想中起着举足轻重的作用，

314

他对当时文献的使用是有选择性的，而不是全面地进行分析，关于东方世界的材料既给他提供了世界丰富性和进行比较的例证，也为他提供了分析专制主义和世界贸易的案例。比如，在共 739 页的《国家六书》中，就有 146 处提到非欧洲民族，[370] 他当然清楚他是在论述亚洲发达的文明，而且尤其清楚他是在不带任何责难地论述亚洲的传统习俗和道德。他甚至知道亚洲人有不同的历法，而且后来他还知道埃及和中国的纪年要比基督教国家早。[371] 每次他谈到亚洲和欧洲在宗教上的不同时，都显得克制、宽容。[372] 博丹和蒙田一样，相对于那些他只晓得一鳞半爪以及借助他人的报告了解到的国家，他更容易以批评的眼光来看待自己的国家。

在法国，对东方感兴趣的人不只局限于天主教学者，而是普遍地对东方感兴趣，这从胡格诺教徒亨利·兰斯洛特·伏瓦辛·德·拉·波普利尼埃尔（Henri Lancelot Voisin de la Popelinière，1541?—1608 年）阁下的作品中能充分地看出来。拉·波普利尼埃尔出生在波亚图（Poitou），分别在巴黎和图卢兹接受古典文学和法律教育，一度在胡格诺派的海军和陆军中供职。但 1571 年，也就是博丹的《国家六书》出版一年之后，他从军队退役，余下的生涯致力于写作、出版他的作品。他写的第一本书是长篇历史著作，记述了 1555—1581 年的法兰西内战。[373] 之后，他主要探讨一些较少争议性的问题，不久就赢得了不带偏见、客观、富有创造性的历史学家的声誉。

拉·波普利尼埃尔的《三个世界》（Les trois mondes，巴黎，1582 年）呼吁他的同胞更加热情地参与到海外扩张、海外征服和海外殖民活动中去。[374] 像四十年前的让·阿方斯一样，他也希望能给子孙后代记录下游历者的海外探险，他认为海外发现和海外探险本身对人类知识的进展有十分重要的意义。他主张向南半球扩展，特别是向美洲扩张，因为这里有未开发的资源，有发现殖民地种植园的可能性。他通过撰写扩张史来强化他的观点，对当时流行的认为新发现的国家都是古人完全不知道的观点提出质疑。他指出，地中海国家在过去和远方的民族有大量的贸易往来，他们很可能知道大西洋群岛，甚至知道西印度群岛。毫无疑问，希罗多德和普林尼的作品中就有大量关于亚洲、亚洲物产、亚洲人种的描述。拉·波普利尼埃尔认为古人对外部世界的了解，比他同时代的人所认为的要多得多，在遥远的国家，像印度和日本，早期有基督徒活动的痕迹这一点印证、强化了他的这一观点。

拉·波普利尼埃尔对亚洲的评论主要是在《三个世界》的第一部里面，这一部探讨的是葡萄牙的扩张活动。在这里，他得出这样的结论：古代的地理学家对东南亚群岛和日本一无所知，尽管这些地区在墨卡托和赛弗特的地图上出现过。[375] 与西班牙对美洲的征服不同，葡萄牙在东方遇到了顽强的抵抗，因而没有完全征服东方，东方的民族有军队，纪律严明，骁勇善战，能够抵御葡萄牙人的进攻。东方在气候和地理上与欧洲的隔离，也使得东方国家独立地发展起自己相当成熟的文明。像波斯特尔一样，拉·波普利尼埃尔坚信亚洲是文化的源头，提出西方知识的根基可能是在东方。面对东方诸国强大的威力和高度发达的文明，葡萄牙人明智地决定支持耶稣会士和他们的和平渗透政策，规劝东方人信仰基督教。[376]

《三个世界》在 1582 年出版以后，关于亚洲的新信息像潮水般涌入法国，拉·波普利尼埃尔敏锐地继续阅读、摘录、考量这些新信息，因为他想要写一部世界通史。[377] 他认为，现代人在很多方面超过了古人，特别是印刷术的发明大大推动了人类文明的进展，因而现代人在撰写历史方面也一定会超过希罗多德。在他的《历史的相关性》（*L'idée d'histoire accomplie*，巴黎，1599 年）中，拉·波普利尼埃尔详细阐释了他对地理范畴的看法，强调撰写一部世界通史的必要性，这部世界通史应该尽可能地涵盖更多的地区，把古代人和现代人同等看待。海外世界的"珍奇物品"本身并不重要，重要的是它们揭示了新的国家和这些国家的历史演变。一部好的历史书应该不仅仅罗列事件，还应该解释某些特殊的现象是怎样发生的，为何会发生，包括欧洲向海外扩张的原因。研究东方国家的独特性应该有助于我们了解高度文明的国家的起源和发展，详细地分析关于美洲社会的资料应该能揭示出人类是如何从蒙昧走向文明的。他后来（1604 年）曾给 J. J. 斯卡利杰尔写信，请教去美洲的路线，他想亲自到美洲去，搜集关于美洲社会的第一手资料。[378] 拉·波普利尼埃尔在他所有的作品中都强调人类的共性、人类社会共同具有的本质。他和博丹都认为世界通史的开端是有组织的生命出现的地方，而不管它们的形态如何。为了表述自己关于动物起

316

源的观点，为了提炼出社会演变的基本要素，他是最先给"文明"下定义的人之一，倡导从发展演化的角度来研究历史。[379]他说，借助历史来研究文明的起源和发展能够揭示出演化的过程，让我们看到人类是如何从蒙昧走向文明的，文明自身又是怎样向更高级别、更复杂形态迈进的。[380]

317　　现代史和现代编年史，或者说"某一个时代的历史"，涵盖面越来越大，而不只局限于国别史或欧洲史。传统的编年史几乎都是数据汇编，看起来似乎涵盖面很广，实际上谈的都是欧洲，这些编年史颂扬的是贵族、基督徒、法国和其邻国的爱国传统。描述 16 世纪早期的编年史忠实地记录了发生在欧洲的战役和冲突，里面既没有提及土耳其，也没有谈论海外发现。1535 年法国和奥斯曼土耳其结成联盟后，地中海东部地区发生的事件开始零星出现在编年史中，而到了 16 世纪中期以后，特别是《当代史》（Histoires de notre temps）广为关注之后，一些总体编年史中开始提到海外活动情况。回顾性的编年史同样扩大了其视野，将早期的地理发现纳入讨论范围。例如，尼古拉·维尼耶（Nicolas Vignier）的《历史文库》（Bibliothèque historiale，巴黎，1588 年）探讨的是1095—1519 年期间的历史，里面多次提到 1492 年之后的征服史料，结尾时谈到麦哲伦的环球旅行。[381]到了 16 世纪末，帕尔玛·葛耶（Palma Gayet）开始系统收集一切有价值的海外活动资料，他的《七年史》（Chronologie septenaire，巴黎，1605 年）五年之内出了 6 个版本，探讨了 1593—1604 年期间发生在非洲、亚洲和美洲的重大事件。[382]与此同时，耶稣会士书信集以及记录他们在东方传教活动和世俗事务的图书的法译本，继续在巴黎的书店出售，受到广大读者的喜爱。[383]

　　16 世纪末描写近代和现代的世界通史中最值得一提的是雅克·奥古斯特·德·图的拉丁文著作《当代史》。[384]德·图是一位朝臣、外交家、重要的藏书家，他参与并记录了 16 世纪后半期轰动法国的重大事件。德·图在欧洲游历甚广，但没有到过东方。蒙田做波尔多市市长的时候，他在波尔多，两位热心于公共事务的大学者很快认识到他们有诸多共同之处。像蒙田一样，德·图是亨利四世的同情者，积极支持他登上王位。亨利四世当上国王后，德·图成为皇家图书馆的负责人，并接受了一些特殊的使命，包括起草《南特敕令》（Edict

of Nantes，1598 年），该敕令宣布胡格诺派是合法的存在。同时，从 1591 年开始，他整理搜集到的资料，着手撰写《当代史》，这是一部煌煌巨著，将近 5 000 页的对开纸。

德·图按时间顺序描述了六十多年（1545—1607 年）的现代历史。在前言中，他提供了一份 1494—1545 年的背景资料概述。在这本书里，他简单地介绍了葡萄牙在东方的进展，指出亚洲的政府"温和、仁慈，从不巧取豪夺、掠夺民众、发动战争"。[385] 关于 1545—1607 年期间发生的事件，他以编年史的形式，按时间顺序梳理材料。在 1585 年日本的年轻使团出使罗马之前，他几乎没有提到日本。而后，德·图却不吝笔墨，详细地记录了日本使团出访欧洲这个非同寻常的事件，并以此为契机，将笔触转向日本，描写了日本的气候和地理。但突然又转移话题，说他不想让那些"希望从他这儿读到其他内容的读者感到厌倦，因为如果愿意的话，读者可以从别处获得关于日本的信息"。[386] 德·图这里所说的"别人"，其中之一就是若昂·德·巴罗斯，[387] 德·图后来引用过巴罗斯的著作，而且在他藏书丰富的个人图书馆里也收藏了巴罗斯的书。[388] 德·图尤其为荷兰人在 16 世纪末到东印度群岛的航行所打动，在叙述荷兰人的活动时，他顺便谈到东南亚群岛的地理、历史、习俗、植物和动物等等，以及 1596 年荷兰人到达之前葡萄牙人在这里的活动。在他看来，万丹（Bantam，即 Java）的领土面积和阿姆斯特丹大小相当，并详细描述了万丹的集市、房屋、寺庙和贸易，他甚至详细描写了荷兰人带回来的鸸鹋。[389] 之后，他又记录了荷兰人到东方的其他航行，包括林斯乔坦对东方人行为方式的评述、对欧洲宗教战争的看法。另外，他还用很长的篇幅描写了锡兰、摩鹿加群岛、马来西亚和暹罗，[390] 但他几乎没有提到中国，这可能是因为当时欧洲的历史事件没有牵扯到耶稣会士在中国的传教情况。[391]

编年史虽然是法国历史的最初表现形式之一，但直到这时才拓宽其范围，承认东方是世界历史不可分割的一部分。比如，德·图认为东南亚和日本是 16 世纪才发现的，因而是"新世界"的一部分，他赞同法国宇宙学家的观点，在描述"新世界"时强调地理和物质层面的东西。[392] 当时的很多历史著作在谈到印度和中国时不太注重地形地貌的描写，而把重点放在习俗、服饰、宗教信

319　仰、技术进步和政府管理上。在细节描述方面，宇宙志书籍更多的参照是传统的资料、地理书、游记、人种学史，而相对忽视了世界通史和编年史，尤其是拉·波普利尼埃尔，他强调游记应当受到重视，将其作为真实的知识来源，应当把游记放到传统知识和现代知识的参照中，审视其真实性，并用历史学家的亲身游历来对其进行印证和补充。

宇宙学家、编年史家、历史学家都强烈地认为现代人要高于古代人，因为现代人对世界的了解更丰富，而且发明了印刷术和火药，他们都乐于接受新知识，就像卡冈都亚对庞大固埃所说的那样：

> 你要对历史烂熟于心，在这方面你可以阅读宇宙学家和历史学家的著作……你要知道天空中飞行的鸟儿、森林中的灌木和树丛、地上长出来的所有植物、埋藏在地下的所有金属、东方和南半球的宝石。[393]

人们越来越认识到世界的无限多样性，也越来越承认一个多样化的世界，甚至认为宗教也是多元的。有遗迹表明亚洲人一度像欧洲人那样信仰基督教，而且，传教士会成功地在世界范围内重建基督教信仰，使之成为一种世界性的宗教。即便是在涵盖面最广、非推论性的历史著作中，也隐含着欧洲和海外世界的比较、非欧洲国家之间的比较。

历史学家和宇宙学家及编年史家不一样的地方在于：他们自觉地考察海外发现给历史观念带来的变化。博丹的《简易通读历史之方法》将历史视为一门学科，历史应该是世俗的而非宗教的，而且应当研究所有的人类社会和所有的国家制度。他用气候和地理来说明世界的多样性，但在多样性中，他又从人类社会都具有的层面，如政府机构、宗教信仰、人口迁移、殖民地等，寻求统一性。在他的思想中有这样的萌芽：所有民族的历史都有着相同的原动力。勒·罗伊和拉·波普利尼埃尔对世界现象之间的关联性以及遥远地区发生的事件会对欧洲产生影响，发生了浓厚的兴趣，两人都认为欧洲应该向更文明的亚洲学习理论知识和实践经验。

历史学家也开始思考一些理论问题。博丹强调用比较的视角来研究带有普遍性的问题的重要性，就像他的《国家六书》中用比较的方法探讨君主制一样。
古典文化的复兴和东方大发现恰好在同一时期出现，这给勒·罗伊留下了深刻
的印象；中国发明印刷术让他思考文化传播问题；对帝国的研究让他发现了兴
衰交替的规律，得出变化是永恒的结论。他认为，帝国的强盛必然带来艺术的
繁荣，而人类的历史尽管记载着帝国的兴衰，但总体上来说是螺旋式上升的。
对勒·罗伊和拉·波普利尼埃尔来说，海外发现非常重要，因为它们凸显出历史
演化问题，给人们提供了研究普遍性运动及一般性理念的新视角。拉·波普利
尼埃尔和波斯特尔都清楚地认识到，宗教归化比战争更能带来世界统一。既然
归化涉及理解"他者"问题，那么就需要研究"他者"文明的根基、演化和先见。
拉·波普利尼埃尔指出，实际上，研究历史和研究文明的进程密切相关。

320

  　　法国关于亚洲的知识主要是从翻译过来的古代典籍、地理著作、传奇故事、
讽刺作品、宇宙志、人种学史和叙事性编年史中获得的。当然，也有一些文人，
像蒙田，既懂拉丁语，也懂法语，因而他们阅读了一些没有翻译成法语的拉丁
文资料。在 16 世纪上半叶，翻译成法语的主要是一些拉丁文书籍，包括古典的
和现代的。1550 年以前，也有一些意大利文和德文传奇与讽刺故事翻译成法语。
在 16 世纪后半期，大部分译成法语的著作都是用民族语言写成的，如西班牙语、
葡萄牙语等。
  　　由于是通过翻译了解东方的，因而 16 世纪上半叶的法国作家对东方的地理
方位和地理概貌十分模糊，他们对海外的新进展缺乏反应或反应迟缓，比如拉
伯雷对发现日本的反应。由于参考的是传统的地理知识，法国人倾向于按照古
人的观点，或根据获得的最新知识划分世界，因而，他们比别人更容易将日本
和东南亚群岛划归到"新世界"里面。对很多法国作家来说，印度像古代典籍
中描写的一样，是具有魔幻、神奇色彩的地方，是传奇故事发生的背景。鞑靼
受到法国人，特别是博丹更多的关注，因为法国人依赖的是中世纪的资料。中
国受到尊敬是因为其发明了印刷术和火药，这深深地震撼了欧洲上流社会的正
统人士。到了 16 世纪末，沙朗和其他法国人认为，中国在发明创造方面的领先
地位，不会让欧洲人感到丢脸，而是让欧洲人感受到新技术的长久价值。总的

来说，中国在法国人眼里是一个世俗的、和平的社会，是欧洲效法的榜样。[394]

321 　　很多基本的文学样式，历史除外，在反映海外世界的新知识时，没有太大的变化。发现东方和美洲主要给文学提供了一种新的、富有异国情调的主题，促进了文学创作从宗教性主题向世俗性主题转变。航海故事和海外地名既令人难以置信，又是真实的存在，在诗歌和小说中比以前得到更多的反映，一些法国作家呼吁法国更加积极主动地参与到海外扩张和海外发现的活动中去。不过，从根本上来说，18世纪盛行的"中国热"这时在法国文学中已经开始出现了。尽管法国的文人仍然采取传统的视野，将亚洲视为传播基督福音、带有魔幻和玄奥色彩的地方，但他们也把亚洲视为真实的存在，拿来和欧洲进行比较。梅瑟和布歇采用比较方法，用他们所知的印度、中国、日本的风俗习惯，来讽刺欧洲自身的体制结构和行为方式。一种百科全书式的倾向，突出地表现在编纂奇珍异物集和宇宙志方面，暗中推动了比较方法的采用，比如，将欧洲和遥远地区的礼仪、道德、习俗进行比较探讨。如果说百科全书式的知识造就了狄德罗（Diderot），那么，蒙田在伏尔泰之前就提出了怀疑主义，而博丹比蒙田更早提出了地理决定论。这种类比还可以推衍下去，但18、19世纪的排华活动将这种推衍带向了终点。

　　16世纪的法国诗人是文人中对海外发现反应最迟缓的群体，除了16世纪初的帕尔芒捷外，法国诗人只是隐隐约约地知道海外发现。七星诗社的诗人对赛弗特的宇宙学著作和戈拉特翻译的海外发现作品感兴趣，但总的来说他们像布坎南一样，悲叹葡萄牙人的贪婪，对在香料贸易和漫长而又时有危险的海上航行中失去的生命慨叹不已。另外，他们指出欧洲人和巴西人一样野蛮，龙沙和其他诗人把欧洲人到来之前新大陆上的土著人，比作神秘的黄金时代幸福的人民。在对"新世界"的界定上，法国诗人和宇宙学家一样，都把古人所不知道的亚洲和美洲地区划归进去。杜·巴塔斯在他的《第一天》、《第二天》中，把宇宙学家笔下的亚洲搬进了法国主流诗歌当中；戈拉特对杜·巴塔斯作品的评论就像一个新知识的宝库，为后来的诗人创作异国情调的诗歌提供了取之不尽的素材。所有的法国诗人，不管是写抒情诗的、玄奥诗的，还是表现宇宙主题的，都被展现在他们眼前的这个无限丰富的世界深深打动了，被遥远地区、陌生民族那悦耳的名字所吸引。

流行文学作家对航海和海外探险的反应要比诗人积极得多，特别是拉伯雷，他痴迷于航海，被大海深深吸引，对开发亚洲给欧洲带来的潜在挑战极为敏感。对博埃姆斯作品的翻译和模仿，"记述奇异事物的历史"以及传奇故事，引起了人们广泛的兴趣，这从此类书每年都在大量地印刷出版，描写不同地区礼仪、道德、思想的各种书籍不断面世上，就可以看出来。外国的、"野蛮的"东西一方面给普通人提供了茶余饭后的谈资，另一方面也给那些善于思考的读者提供了精神食粮。尽管梅瑟和布歇都对某些陌生的行为不屑一顾，但他们都承认这些行为的相对价值，他们都对不同的宗教信仰表现出惊人的宽容，这可能是法国自身宗教分裂状况的反映。一般来说，他们并不试图探究奇风异俗背后的深层含义，但布歇主张人们根据自己的肤色涂抹颜色。到了16世纪后期，法国小说家和剧作家开始在他们的作品中采用海外的场景、人物、陌生的名字和行为，但在所有的流行文学作品中，欧洲和其他地方的对比都是隐性的，而非显在的。

写说教性作品的作家，从波斯特尔到沙朗，明显地认识到发现东方和发现美洲给欧洲带来的挑战。作为拉伯雷的同时代人，波斯特尔将这种挑战强有力地推进到16世纪中期的一代欧洲人那里，他直言不讳地宣称，东方在宗教、智慧和语言方面，都比欧洲要优越。他认为刚刚发现的、处于远东尽头的日本，是欧洲的榜样。他还是主张在巴比伦塔离乱之前，基督教是普世性宗教的最坚定的鼓吹者之一。他同时代的人完全没有想到他会提出如此激进的主张，大都认为波斯特尔缺乏清醒的理智，但他以他的狂怒和对犹太教、新教的公开挑战，让越来越多的人认可他的观点。其他一些思想不那么正统的人，特别是诗人、术士、语言学家，依然尊敬波斯特尔，继续把他作为榜样。剩下的人要么对波斯特尔不予理睬，要么攻击他的著作，并且有意无意地开始小心翼翼地审视波斯特尔对欧洲信仰体系的看法，波斯特尔并不认为欧洲在知识和成就上比东方优越。

蓬蒂斯·德·蒂亚尔和蒙田对欧洲的知识体系，不管是古代的还是他们那个时代的，持一种健康的怀疑主义态度，他们两人都为人类理解力的有限性，特

322

别是对陌生地区、陌生民族了解太少，而深感不安。两人都强烈地认为，不管是新知识还是旧知识，都要用毫无偏见的眼光，以相同的标准，进行严格的审视，两人的观点是：现代人在地理知识和技术进步方面，明显要优于古人。蒙田谴责欧洲人那种把一切外来的东西都视为"野蛮"的做法，认为其他民族的思想和行为，必须用这一民族的而非欧洲的标准来衡量。蒙田宣称，即便是好、坏这样的划分，很大程度上也是由"我们对它们的看法决定的"，蒙田也不认为他那个时代的人已经完全了解了整个世界的无限多样性。沙朗同样认为还有发现新的大陆的可能，因此，他认为人类要想不断进步，必须保持开放的心态。沙朗与蒙田不同，他倡导行要多于思。在沙朗看来，既然所有的习俗，不管多么奇特，都有自己存在的理由，那么，欧洲就应该积极地学习其他国家的经验。他和蒙田一样，认为欧洲应该更多地向中国学习。

323

历史学家也被世界的无限丰富性，被时间、空间上或隐性或显在的诸多比较，被要想对不同国家和不同时代的礼仪、道德、信仰做出客观的评价，必须采取相对主义的态度，所深深吸引了。但在基督教信仰上，他们从来不采用这种客观、相对的态度。为了解决撰写世界通史问题，他们尝试过多种方法。德·图像葡萄牙历史学家那样，在写现代史的时候，将传统的编年史方法转化成更宏阔的叙事性编年史，将16世纪发现的新国家、新民族全都涵盖进去。博丹由于对多样性尤其敏感，因此通过聚焦所有时代、所有民族都会面临的共同问题，比如经济、君权、迁移、城市化等等，来寻求历史的统一性。[395]勒·罗伊通过世界各国在时空上的相互关联、帝国的兴衰、历史的进步等，来分析、研究历史。拉·波普利尼埃尔将历史研究指向文明研究，分析从原始社会向文明社会的演化、文明社会自身演变过程中和其他国家的关系等问题。尽管事实上16世纪没能写出一部真正意义上的世界通史，但已经有历史学家严肃地思考如何才能写出这样一部世界通史，他们深切地认识到，要想写一部通史，现有的历史方法和历史形式，不能把世界上所有国家的过去和现在，全都包括进去。[396]

东方发现对法国比对欧洲其他国家，产生了更为深远的影响，这可能是因为法国人没有像其他欧洲人那样，直接卷入亚洲扩张活动，因此，像拉伯雷所说的那样，法国人不得不依赖"道听途说"的材料。法国人意识到世界上正在发生里程碑式的事件，但置身其外让法国的思想家能够远距离地、更平静、更超然地思考东方发现给欧洲文明带来的影响。同样不容忽视的是，法国的宗教战争极大地动摇了法国人对传统宗教、政治和思想的认识，由于为本国的困境所扰，法国人比其他欧洲人更容易从世界上其他国家寻求解决困扰着他们的问题的方法。不管我们举出什么样的例证来阐明这一点，一个简单的事实是，关于 16 世纪的海外发现对欧洲文明的最终意义，法国作家比其他欧洲作家更为敏感。

注释：

[1] 近期关于法国航海和殖民活动最权威的资料是 C. A. Julien, *Les voyages de découverte et les premiers établissements（XVᵉ-XVIᵉ siècles）*（Paris, 1948）；关于与土耳其结盟对法国社会和文化的意义，参见 C. D. Rouillard, *The Turk in French History, Thought and Literature, 1520-1660*（Paris, 1938）, chap. ii。

[2] 参见 L. Romier, "Lyon et le cosmopolitisme au début de la renaissance française," *Bibliothèque d'humanisme et renaissance*, XI（1949）, 32-33。韦拉札诺虽然称自己是佛罗伦萨人，但他可能出生在里昂，他的航行是由一些住在法国的佛罗伦萨富商资助的，这一点毫无疑问，参见 L. C. Wroth, *The Voyages of Giovanni da Verrazzano, 1524-28*（New Haven and London, 1970）, *passim*。

[3] 参见 H. Gambier, *Italie et renaissance poétique en France…*（Padua, 1936）, pp. 56-57。

[4] 关于里昂作为香料市场和图书市场的情况，参见 R. Gascon, *Grand commerce et vie urbaine au seizième siècle: Lyon et ses marchands（environs de 1520-environs de 1580）*（2 vols.; Paris, 1971）, I, 86-95, 104-6, 203-33。

[5] 参见 A. Cameron, *The Influence of Aristo's Epic… on Ronsard and His Group*（Baltimore, 1930）, pp. xiii-xiv。

[6] 相关分析见 G. Atkinson, *Les nouveaux horizons de la Renaissance française*（Paris, 1935）, pp. 10-12。V. L. Saulnier, *La litérature française de la Renaissance（1500-1610）*（8th rev. ed.; Paris, 1967）, pp.20-21 中有新的说法和新的阐释。

[7] 详情参见 J. Guignard, "Imprimeurs et libraires parisiens, 1525-36," *Bulletin de l'association Guillaume Budé*, 3d ser., No.2（1953）, pp.62, 65。

[8] 见 S. Kinter, "Ideas of Temporal Change and Cultural Process in France, 1470-1535," 收入 A. Molho and J. A. Tedeschi（eds.）, *Renaissance Studies in Honor of Hans Baron*（Florence, 1971）, pp.734-35。

[9] 参见 *Asia*, I, 164。

[10] *Ibid.*, p. 172。

[11] *Ibid.*, pp. 179-80。

[12] 参见 J. Denizet, "Le livre imprimé en France aux XVᵉ et XVIᵉ siècles," 收入 M. Mollat and P. Adam（ed.）, *Les aspects internationaux de la découverte océanique aux XVᵉ et XVIᵉ siècles*（Paris, 1966）, pp. 32-33。

[13] 参见 A. Tilley, *The Literature of the French Renaissance*（2 vols.; Cambridge, 1904）, I, 49-51。

[14] 参见本书原文第 284-285 页。

[15] 参见 R. Schenda, *Die französische Prodigienliteratur in der zweiten Hälfte des 16. Jahrhunderts*（Munich, 1961）, pp. 9-10, 12, 13。

[16] 原名是：*Omnium gentium mores…*。1536 年，在里昂出现了该书拉丁文版的修改、扩充本，

法译本就是根据这个版本翻译过来的。关于博埃姆斯，见本书原文第 336-337 页。

[17] 比如，从印度写往葡萄牙的书信集被译成法语，讲述了 1538 年的第乌海战。1539 年，该法译本以小册子的形式在鲁昂出版，长达 80 页。参见 Jean-Pierre Séguin, *L'Information en France de Luis XII à Henri II*（Geneva, 1961），p. 107。

[18] 见 *Asia*, I, 177-78。

[19] 1531 年的珍版收入 Charles Schefer（ed.），*Le discours de la navigation de Jean et Raoul Parmentier*（Paris, 1883），pp. 117-37。

[20] 参见 K. von Posadowsky-Wehner, *Jean Parmentier: Leben und Werk*（Munich, 1937），pp. 27-41；也可参见 J. C. Lapp, "An Explorer-Poet: Jean Parmentier," *Modem Language Quarterly*, VI（1945），83-89。

[21] Schefer（ed.），*op. cit.*（n. 19），p. 94.

[22] 她写道：

"Je m'envoloys par Ja philosophie

Par tous les cyeulx, puis la cosmographie

Que me monstroit la terre et sa grandeur,

Faisant mon cueur courir de grand ardeur

Parmy l'Europe et L'Afrique et L'Asie,

Où sans cesser couroys par fantaisie."

A. Lefranc（ed.），*Les dernières poésies de Marguerite de Navarre*（Paris, 1896），p. 197.

[23] 对他们诗歌创作的比较，参见 Lapp, *loc. cit.*（n. 20），pp. 90-92。

[24] 关于这一问题颇有争议，但现在倾向于认为他出生在葡萄牙的阿尔加维（Algarve），而不是法国的圣东日。详细情况参见路易·德·马托斯（Luis de Matos）的精彩分析，见 Luis de Matos, *Les portugais en France au XVIe siècle*（Coimbra, 1952），chap. i。

[25]《游历冒险记》首次在普瓦蒂埃出版，之后在 16 世纪重印了 5 次。

[26] Jean Alfonse, *La cosmographie*, "Recueil de voyages et de documents pour servir à l'histoire de la géographie," edited by C. Schefer and H. Cordier, Vol. XX（Paris, 1904）; also see Georges Musset（ed.），*La cosmographie... par Jean Fonteneau dit Alfonse de Saintonge*（Paris, 1914），pp. 7, 9.

[27] 皮埃尔·马格里（Pierre Margry, *Les navigations françaises et la révolution maritime du XIVe au XVIe siècle* [Paris, 1867], pp. 229-30）是第一个提出让·阿方斯以恩西索为榜样的学者。L. 塞内安（L. Sainéan）（"La cosmographie de Jean-Alfonse Saintongeais," *Revue des études rabelaisiennes*, X [1912], 19-67）指责让·阿方斯剽窃了恩西索的成果，马托斯（*op. cit.* [n. 24]. p. 45）则认为让·阿方斯的著作尽管有对恩西索的明显借鉴，但他增加了许多关于大发现和海外征服的细节，这是恩西索的书或当时法语文献中所没有的。关于恩西索，参见本书原文第 169-170 页。让·阿方斯可能从他的同胞那儿得到一些葡萄牙语的书籍或地图。参见

Amy Gordon, "The Impact of the Discoveries on Sixteenth-Century French Cosmographical and Historical Thought" (Ph. D. diss., Dept. of History, University of Chicago, 1974), pp. 32-33。

[28] 参见 Musset (ed.), *op. cit.* (n. 26), p. 21。

[29] 详细情况，见 Gordon, *op. cit.* (n. 27), pp. 38-41。

[30] 马拉特这首没有发表的诗名为：*Premier livre de la description de tous les portz de mer del'univers....* (Bibl. Nat., MSS fran., 1382, 25375, and 13371)。也可参见 Matos, *op. cit.* (n. 24), pp. 62-64, 72-76。

[31] 关于拉伯雷和其小说的研究成果非常丰硕，其中大部分是 20 世纪做出的。从现实主义层面对拉伯雷作品进行研究的，是 1903 年创办的拉伯雷研究会（Société des études rabelaisiennes），阿贝尔·勒弗朗（Abel Lefranc）是第一任会长。最好的拉伯雷传是 J. 普拉塔尔（J. Plattard，巴黎，1928 年）和 G. 洛特（G. Lote，普罗旺斯地区艾克斯，1938 年）写的，拉伯雷的英语传记中最好的是阿瑟·提雷（Arthur Tilley，伦敦，1907 年）写的和普拉塔尔的英译本，最标准的拉伯雷著作版本是阿尔·勒弗朗、R. 马里沙尔（R. Marichal）等人的《拉伯雷作品集》（*Oeuvres de Rabelais*，共 7 卷，巴黎和日内瓦，1912—1965 年），最近出版的英译本是企鹅经典丛书 J. M. Cohen (trans.), *The Histories of Gargantua and Pantagruel by François Rabelais* (London, 1957)，此译本是根据普拉塔尔的 *Les texts français* (5 vols.; Paris, 1929) 翻译的，里面有普拉塔尔的评论。关于最近的拉伯雷研究综述，参见 V. L. Saulnier, "Position actuelle des problèmes rabelaisiens," *Actes du congrès de Tours et Poitiers* (Paris, 1954), pp. 83-104, and L. Schrader, "Die Rabelais-Forschung der Jahre 1950-1960: Tendenzen und Ergebnisse," *Romanstiisches Jahrbuch*, XI (1960), 161-201。

[32] Cohen (trans.), *op. cit.* (n. 31), p. 168. 关于拉伯雷的 "Monteville" 是否是 Mandeville 的问题，参见 L. Sainéan, "Rabelaisiana—Le Monteville de Rabelais," *Revue des études rabelaisiennes*, IX (1911), 265-75. 关于曼德维尔，参见 *Asia*, I, 77-80。

[33] 莫尔将乌托邦放在美洲和锡兰之间，而拉伯雷则把它放在马可·波罗笔下的中国或契丹北部，参见 A. Lefranc, *Les navigations de Pantagruel: Étude sur la géographie rabelaisienne* (Paris, 1905), pp. 9-17. 关于乌托邦是一个想象而非真实存在的地方，试图在地图上找到它只能是徒劳的观点，参见 H. de Bouillane de Lacoste, "La première navigation de Pantagruel," *Mercure de France*, CCCXX (1954), 604-29。

[34] 参见 Lefranc, *Les navigations* (n. 33), pp. 21-23, 也可参见普拉塔尔对提雷的《拉伯雷传》的评价，见 *Revue des études rabelaisiennes*, V (1901), 430-35。

[35] 关于这两段描写的对比，参见 A. Tilley, *Studies in the French Renaissance* (Cambridge, 1922), pp. 31-33。

[36] 参见 Lefranc, *Les navigations* (n. 33), pp. 18-19. 也可参见 Tilley, *Studies* (n. 35), p.32. 勒弗朗甚至认为仙女岛可能是巽他群岛（Sunda archipelago）。拉伯雷这里很可能是指他在瓦尔塔马的《新世界》，或者是在皮加费塔的麦哲伦环游世界记法语版简略本中读到的岛屿，后

者于 1525 年在巴黎出版。

[37] 参见 G. Chinard, *L'éxotisme:américain dans la littérature française au XVIe siècle*（Paris, 1911），pp. 51-52。

[38] Cohen（trans.），*op. cit.*（n. 31），p. 277. 勒弗朗和提雷都认为拉伯雷在这儿是在描述一条从西南方向进入印度的航线，但我倾向于赞同普拉塔尔的观点，即拉伯雷只是列出了一系列庞大固埃打算游历的国家和地区，他说长老约翰是印度的国王而不说是埃塞俄比亚的国王——这通常出现在 16 世纪早期的地图和作品中，很可能是出自曼德维尔游记（见 Sainéan, "Le Monteville de Rabelais," *loc. cit.* [n. 32], p. 272），让·阿方斯在他的《宇宙志》中似乎也倾向于接受曼德维尔的描述（参见 Sainéan, "Cosmographie" [n. 27], p.59）。关于认为拉伯雷的长老约翰是指埃塞俄比亚的尼格斯（negus）皇帝而不是一个神秘的统治者的观点，见 M. Françon, "Pantagruel et le Prestre Jehan," *Studi francesi*, IX（1965），86-88。

[39] 见 L. Sainéan, *La langue de Rabelais*（2 vols.; Paris, 1922-23），II, 517。

[40] 这是秦纳德（Chinard）的说法，见 Chinard, *op. cit.*（n. 37），pp. 54-56。也可参见 Lote, *op. cit.*（n. 31），pp. 115-28。

[41] Cohen（trans.），*op. cit.*（n. 31），pp. 152, 155. 走廊里挂着地图的说法出自 Charles Lenormant, *Rabelais et l'architecture de la Renaissance*（Paris, 1840），引自 Tilley, *Rabelais*（n. 35），pp. 154-55。

[42] Cohen（trans.），*op. cit.*（n. 31），p. 416.

[43] 认为克塞诺芬尼就是让·阿方斯·德·圣东日这种说法是 Margry, *op. cit.*（n. 27），pp. 339-41 提出来的，也可参见 Lefranc, *Navigations*（n. 33），pp. 65-78。多数研究拉伯雷的学生都认可这一说法，但知名学者塞内安除外，见 Sainéan（"Cosmographie de Jean-Alfonse Saintongeais" [n. 27], pp.63-65。也可参见本书原文第 258-259 页。

[44] 详情参见 Cohen（trans.），*op. cit.*（n. 31），pp. 285, 286, 332, 365。

[45] 比如，拉伯雷在探讨巴奴日在迪普索蒂亚（Dipsodia）当代理国王所得薪俸时提到"赛拉弗"（*Ibid.*, p. 292），关于拉伯雷将"赛拉弗"作为一个带有异域情调的词加以使用的相关评论，见 Sainéan, *langue*（n. 39），I, 195。这个词来自于一个阿拉伯—波斯词汇。

[46] Cohen（trans.），*op. cit.*（n. 31），p. 428. 赛里丝在这里很可能是指印度北部，很多中世纪的游记都谈到东方有一种"棉花树"，拉伯雷这里可能是从《曼德维尔游记》中引用的，相关评论见 H. Yule and H. Cordier（ed.），*The Book of Ser Marco Polo*（2 vols.; London, 1938），II, 394n。

[47] Cohen（trans.），*op. cit.*（n. 31），p. 428. 欧洲文学中第一次使用"爪哇"这个名字是在《马可·波罗游记》中（见 *Asia*, I, 587），但瓦尔塔马也提到过。

[48] Cohen（trans.），*op. cit.*（n. 31），p. 432.

[49] 关于神瓶可能在秘鲁的说法，见 E. von Telle, "La situation géographique（？）de la Dive Bouteille," *Bibliothèque d'humanisme et renaissance*, XIV（1952），329-30。

[50] 关于认为贾米特·布莱伊埃就是雅克·卡蒂埃的说法，参见 Margry, *op. cit.*（n. 27），p. 388；Lefranc, *Navigations*（n. 33），pp. 55-64；以及 Tilley, *Studies*（n. 35），pp. 61-65。

[51] 参见 Lote, *op. cit.*（n. 31），p. 100。

[52] 引自 Cohen（trans.），*op. cit.*（n. 31），p. 453。比较波伊廷格对这个问题的看法（见本书原文第 333 页）。

[53] 见 Lefranc, *Navigations*（n. 33），p. 51。

[54] 参见 L. Denoix, "Les connaissances nautiques de Rabelais," in "François Rabelais, ouvrage publié pour le quatrième centenaire de sa mort（1553-1953），" *Travaux d'humanisme et renaissance*, VII（1953），171-80。

[55] Cohen（trans.），*op. cit.*（n. 31），p. 454. 在我看来，这是欧洲语言中第一次用"异国情调"这个词来指称亚洲的产品，参见原文第 531 页的注释。

[56] *Ibid.*，参见本书原文第 262 页对"德来美修道院"和异国情调的描述。

[57] *Ibid.*, p. 459. 拉伯雷把亚洲物品和亚洲商人说成是美洲的不能说完全是可笑的，因为他和他同时代的人都认为加拿大是一个岛屿，和契丹仅隔一条狭长的海峡，参见 Chinard, *op. cit.*（n. 37），p. 60。也可参见原文第 456-457 页。

[58] Cohen（trans.），*op. cit.*（n. 31），p. 678.

[59] 参见 Tilley, *Studies*（n. 35），pp. 36-39。

[60] 参见 Sainéan, *Langue*（n. 39），II, 518-20。有趣的是，曼德维尔没有出现在"道听途说"罗列的名单中，这可能是因为拉伯雷认为曼德维尔确实到过东方。

[61] 参见 L. Sainéan, "L'histoire naturelle dans l'oeuvre de Rabelais," *Revue du seizième siècle,* III（1915），210-11。

[62] 参见 Cohen（trans.），*op. cit.*（n. 31），p. 675。类似的描述见 Tilley, *Studies*（n. 35），pp. 35-36。

[63] 参见 Cohen（trans.），*op. cit.*（n. 31），p. 675。相关评论见 R. Salomon, "A Trace of Dürer in Rabelais," *Modern Language Notes*, LVIII（1943），498-500；以及 *Asia*, II, Bk. I, 158-72. "德来美修道院"还挂有一幅犀牛画。

[64] 见 Sainéan, "L'histoire naturelle"（n. 61），pp. 223-24。也可参见本书原文第 293 页。

[65] 拉伯雷《巨人传》中的教育计划和《罗摩衍那》中婆罗多的有相似之处。《蠢人与烤肉器》（*The Fool and the Meat-Roaster* [III, 37]）的动人故事可能来自《譬喻经》（*Avadanas*，第 25 个寓言），参见 E. Levêque, *Les mythes et Légendes de l'Inde et de la Perse...*（Paris, 1880），pp. 547-49。

[66] 见 Cohen（trans.），*op. cit.*（n. 31），pp. 691-94。

[67] 关于耶稣会士的传教情况，参见 *Asia*, I, chap. v。

[68] 研究波斯特尔生平和思想最全面、分析最深入的作品是 W. J. Bouwsma, *Concordia mundi: The Career and Thought of Guillaunme Postel（1510-81）*（Cambridge, Mass., 1957）。关于波斯特尔的生平，见其中的第一章，关于波斯特尔的肖像画，见第 93 幅插图。

[69] 详情见本书原文第 11-12 页。

[70] 比较原文第 509-510 页。关于波斯特尔的游历，见 E. Vogel, "Ueber W. Postels Reisen in den Orient," *Serapeum*, XIV（1853），51-53。

[71] 关于波斯特尔在耶稣会的见习情况以及与罗耀拉的关系，参见 H. Bernard-Maitre, "Le passage de Guillaume Postel chez les premiers Jésuites de Rome（mars 1544-decembre 1545），" in *Mélanges... offerts à Henri Chamard*（Paris, 1951），pp. 227-43。

[72] 《世界奇观》第一版的出版日期并不确定，但可能是 1552 年在巴黎出版的。保存下来的几本中有一本收藏在国家图书馆（Rés. D. 2. 5267），这个版本没写具体出版日期，但可能是 1553 年出版的，共有 28 章，96 页，这个版本上有作者手动校改的痕迹。我参阅的是这本书的微缩胶卷，是好心的卡罗尔·弗罗曼哈夫特（Carol Flaumenhaft）太太提供给我的。关于《世界奇观》的其他版本，参见 G. Atkinson, ... *Repértoire bibliographique*（Paris, 1927），pp.84-85。

[73] 见 Bouwsma, *op. cit.*（n. 68），p. 58。

[74] Postel, *Des merveilles du monde*（Paris, 1553?），p. 83^r。

[75] *Ibid.*, p. 4^r。

[76] *Ibid.*, pp. 7^v -8^r。

[77] *Ibid.*, pp. 45^v-60^r。

[78] *Ibid.*, p. 92^r。

[79] *Ibid.*, p. 80^r。

[80] 参见 Bouwsma, *op. cit.*（n. 68），p. 210。

[81] Postel, *op. cit.*（n. 74），p. 9^r。

[82] 关于这封信，参见 G. Schurhammer and J. Wicki（ed.），*Epitolae S. Francisci Xaverii...*（Rome, 1944），I, 390-92。

[83] 关于波斯特尔摘自沙勿略书信的内容，见 Henri Bernard-Maitre, "L'orientaliste Guillaume Postel et la découverte spirituelle du Japon en 1552," *Monumenta nipponica*, IX（1953），83-108。

[84] 关于沙勿略后来的一封信中对弥次郎的介绍，见 *Asia*, I, 660-63。

[85] Postel, *op. cit.*（n. 74），p. 82^v。

[86] *Ibid.*, pp. 38^v -39^r。

[87] *Ibid.*, p. 93^v。

[88] *Ibid.*, pp. 39^v, 82r-84^v。

[89] 参见 J. H. Hessels（ed.），*Abraham Ortelii...epistulae*（Cambridge, 1887），pp. 43-44。

[90] 关于波斯特尔晚年的情况，参见 Bouwsma, *op. cit.*（n. 68），pp. 19-29。

[91] 今天可以在法国国家图书馆和大英博物馆找到 *Indicarum historiarum...libri tres* 的原版。

[92] 我参考的是该书收藏在亨廷顿图书馆（加利福尼亚州的圣马力诺）原版的影印本，该影印本

收藏在纽贝里图书馆(芝加哥)。该书的第一版是纪尧姆·纪拉德(Guillaume Guillard)出版的。

[93] *Les trois livres*（Paris, 1555），pp.7^v-8^r.

[94] 相似的几段描写，参见 Atkinson, *Repértoire*（n.72），pp.173, 267。像波斯特尔一样，梅瑟采用沙勿略的拼法来拼写"Vous"（王 [Voo]）、"Coxio"（株式会社 [Go-sho]）、"Deniche"（大日 [Dainichi]）和其他的日本名字。

[95] 波斯特尔在拉丁文版的谢辞中提到这件事，但法译本中没有翻译出来。

[96] Macer, *Les trois livres*（n. 92），pp. 8^v-9^v. 相关评论见 F. Secret, "Jean Macer, François Xavier et Guillaume Postel, ou un épisode de l'histoire comparée des religions au XVIe siècle," *Revue de l'histoire des religions*, CLXX（1966），47-60; 亦可参见 Atkinson, *Les nouveaux horizons*（n. 6），pp.237-40。

[97] Macer, *op. cit.*（n. 92），pp. 10^v-11^r.

[98] *Ibid.*, pp. 11^r-12^v.

[99] *Ibid.*, p.15^v.

[100] *Ibid.*, p. 20^v.

[101] *Ibid.*, pp. 21^v-22^r.

[102] *Ibid.*, p.25^r.

[103] *Ibid.*, pp.26^v-27^v.

[104] *Ibid.*, pp.28r^v.

[105] *Ibid.*, pp.32^v-35^r.

[106] *Ibid.*, pp.29^r-31^r.

[107] *Ibid.*, pp.41^v-43^v. 从梅瑟使用的马来西亚语的天堂鸟我们可以推断出，他最终使用的材料是特兰西瓦尼亚的马克西米利安的，参见 *Asia*, I, 589 n. 545。波斯特尔也把尘世天堂放在摩鹿加群岛，并对天堂鸟的羽毛大为惊叹，他从君士坦丁堡给弗朗西斯一世带了一根这样的羽毛。他的弟子盖伊·勒菲弗·德·拉·博德里写了一首关于天堂鸟的歌谣，歌谣中认为天堂鸟的羽毛的颜色是神圣精神的代表，也可参见本书原文第 281 页。阿特金森（Atkinson, *Les nouveaux horizons* [n.6], pp.239-40）认为这种说法是一种幽默，也许带有一点玩笑色彩。但也不一定就是如此，这个时期的欧洲人深信这样的鸟是一种精灵：它没有腿，或没有翅膀，靠吸吮天堂的露水活着。参见 *Asia*, II, Bk. I, 181-82，以及第 8 幅插图。

[108] Macer, *op. cit.*（n. 92），pp. 47^r-50^r.

[109] *Ibid.*, pp.54^r-55^v.

[110] *Ibid.*, pp. 67^r-69^r.

[111] *Ibid.*, pp.95^v-96^r.

[112] J. Signot, *La division du monde, contenant la déclaration des provinces et regions d'Asie, Europe, et Affrique...*（Lyons, 1555），pp. 17-29. 这本书里甚至没有提到美洲。

[113] *Copie d'une letter... des Indes*（Paris）.

[114] 参见 Atkinson, *Les nouveaux horizons*（n. 6），p. 439。若昂三世的书信是 1545 年左右写给教皇保罗三世的。大英博物馆里的目录（3901.2.1）错误地说成是曼努埃尔国王写的。相关讨论见 F. 雷特·德·法利亚（F. Leite de Faria）的观点，见 *Asia.*（Vol. I），收入 *Studia*（Lisbon），No. 23（April, 1968），p. 301。

[115] 马可·波罗的游记是 F. G. L. 翻译的，在巴黎出版；瓦尔塔马的著作收录在 J. 莱昂（J. Léon）翻译的《非洲史》（*Historiale description de L'Afrique* [2 vols.; Lyons, 1556]）第二卷，该卷翻译的是赖麦锡著作的第一卷，尽管书名中是非洲，实际上论述的主要是亚洲。关于其内容综述，见 Le Président Baudrier, *Bibliographie lyonnaise... quatrième série*（Lyons, 1899），pp. 385-87。出版商是让·坦波拉尔（Jean Temporal），耶稣会士书简几乎就是法文版的《葡属东印度轶闻录》（*Avisi particolari delle Indie di Portugallo*）之一。

[116] 这本珍贵的《耶稣会东方教团传教：中国信札》如今仅有的一本收藏在大英博物馆（4767.2.4），我本人并没有看到这本书，因此我这儿参考的是 Atkinson, *Les nouveaux horizons*（n. 6），pp. 143, 174, 241, 441。这很可能是 M. N. 巴雷托神父（Father M. N. Barreto）1555 年 11 月 23 日信中写的话，*Asia*, I, 第 796 页探讨过，或是探讨 1555 年科英布拉收藏的西班牙语作品时提到过，见 *ibid.*, p.317。

[117] 关于卡斯塔涅达，参见 *Asia*, I, 187-89。格鲁奇翻译过来的题目是 *Le premier livre de l'histoire de l'Inde...faict par Fernand Lopes de Castabheda...*（Paris, 1553）。关于将其作为一种参考资料的重要性，参见 P. Villey-Desmeserets, *Les sources d'idées au XVIe siécle*（Paris, 1912）。

[118] 关于格鲁奇在葡萄牙的情况，见本书原文第 31-32 页。关于他翻译卡斯塔涅达著作的情况，见 Georges Le Gentil, "Nicolas de Grouchy, traducteur de Castanheda," *Bulletin des études portugaises et de l'Institut français au Portugal*, N. S. IV（1937），31-46。关于格鲁奇的翻译对法语词汇产生的影响，见原文 536-537 页。

[119] 要知道，当时法国人唯一能看到的关于海外航行的系统阐述是瓦尔塔马的著作，这本书于 1510 年出版，作者是一个干涉他人事务的意大利人，而非有过航海经历的葡萄牙人，让·阿方斯的《游历冒险记》直到 1559 年才出版。

[120] 关于翻译卡斯塔涅达著作的详细情况，见 *Asia*, I, 189，以及 Le Vicomte de Grouchy and E. Travers, *Étude sur Nicolas de Grouchy et son fils Timothée de Grouchy*（Paris, 1878），pp. 90-91, 106。这儿需要提一下 1578 年出版的据说是若阿西姆·德·森特拉斯写的印度简史，参见 Atkinson, *Les nouveaux horizons*（n. 6），p. 452。

[121] 关于布坎南在葡萄牙的经历，见本书原文第 31-32 页。

[122] 相关讨论见 I. D. McFarlane, "George Buchanan's Latin Poems from Script to Print," *Library*, 5th ser, XXIV（1969），283。

[123] 参见 I. D. McFarlane, "George Buchanan and French Humanism," in A. H. T. Levi（ed.），*Humaism in France at the End of the Middle Ages and in the Early Renaissance*（New York, 1970），pp. 299, 302-3。关于路易·勒·罗伊，见本书原文第 309-312 页。

[124] 比较埃里·维奈（1519—1587 年）的生平，他和格鲁奇、布坎南都是科英布拉大学的教授。埃里·维奈于 1549 年回到波尔多，在那儿编辑、翻译了很多古代和中世纪的典籍。在给萨克罗博斯科关于天体方面的著作写的序言（1556 年）中，维奈也描述了伊比利亚人的航行。

[125] 引自 J. R. Naiden（trans. and ed.），*The "Sphera" of George Buchanan（1506-82），a Literary Opponent of Copernicus and Tyco Brache*（Seattle, 1952），pp. 98-99。该书的前两卷是 1585 年在巴黎出版的，第一个完整的版本是 1586 年在丹麦出版的。布坎南在从巴黎回来后，做了苏格兰詹姆斯六世的私人教师，并帮助筹建国王的图书馆，参见本书原文第 69 页。

[126] 比如：

Ore le mol Indois leur montre ses barrieres

Les tirane è l' odeur des friandes poiurieres

Et du Zezembre sec ...

关于这个例子和其他的例子，参见 A. M. Schmidt, *La poésie scientifique en France au XVIe siècle*（Paris, 1938），pp. 337-39 中的类似描述，此书是 1970 年版的复印本。

[127] 关于尼科和龙沙及其他人的接触，见 P. Laumonier, *Ronsard, poète lyrique*（3d ed.; Paris, 1932），pp. 130, 137, 138。

[128] 见 Matos, *op. cit.*（n.24），pp. 134-35。对尼科人际交往的有关评论，见 E. Falgairolle（ed.），*Jean Nicot, ambassadeur de France en Portugal au XVIe siècle: Sa correspondance diplomatique inédited ...*（Paris, 1897），pp. cv-cvi。

[129] 尼科特别擅长研究诗歌的语言，他最为人称道的学术著作是 *Thresor de la langue française*（1606）。在这本著作里面，他反复展示他的葡萄牙语辞源学知识。

[130] 参见 Matos, *op. cit.*（n. 24），pp. 115-34。

[131] 关于尼科的藏书情况，见本书原文第 67 页。

[132] 见 D. B. Wilson, *Ronsard, Poet of Nature*（Manchester, 1961），p. 17。

[133] 见 G. Corrozet, *Blasons domestiques*（Paris, 1865）。

[134] 这部意大利语作品本身是对伊拉斯谟的《愚人颂》（*In Praise of Folly*）的改编，相关评论见 R. Armstrong, *Ronsard and the Age of Gold*（New York, 1968），pp. 139-40。

[135] 是卡梅伦（Cameron）指出来的，见 Cameron, *op. cit.*（n. 5），p. 4。

[136] G. M. Turquet（trans.），*The Defence and Illustration of the French Language by Joachim du Bellay*（London, 1939），pp. 46-47。

[137] 见 Armstrong, *op. cit.*（n. 134），pp. 152-63。

[138] 见 M. Raymond, *L'influence de Ronsard sur la poésie français（1550-85）*（Geneva, 1965），I, 350-51。

[139] 关于"科学诗"的一般界定，参见 H. Weber, *La création poétique au XVIe siècle en France, de Maurice Scève à Agrippa d'Aubigne*（Paris, 1956），chap. vii; O. de Mourgues, *Metaphysical, Baroque and Précieux Poetry*（Oxford, 1953），pp; 31-41。

[140] 参见 V. L. Saulnier, *Maurice Scève*（*ca, 1500-1560*）（2 vols.; Paris, 1948-49），I, 459-63; 以及 Schmidt, *op. cit.*（n. 126），p. 170。

[141] 关于赛弗特和他的宇宙学著作，参见本书原文第 302-305 页。

[142] 也可参见 Armstrong, *op. cit.*（n. 134），pp. 138-39。

[143] 参见 J. C. Lapp, "The New World in French Poetry of the Sixteenth Century," *Studies in Philology*, XLV（1948），154。

[144] *L'Universe, ou discours des parties de la nature du monde*（Lyons, 1557），pp. 102-3. 关于明斯特，参见本书原文第 339-341 页。

[145] 关于西班牙文学中对太平洋地区的描述，特别是奥维耶多的描述，参见本书原文第 168-170 页。

[146] 彼拉蒂埃大约在 1563 年这样写道：

"j'e vu le siège ou le marchand étale

Sa soie fine e perle orientale."

引文出自 C. Jugé, *Jacques Peletier du Mans*（*1517-82*）: *Essai sur sa vie, son oeuvre, son influence*（Paris, 1907），p. 75。

[147] 见 F. Secret, *L'ésotérisme de Guy Le Frèvre de la Boderie*（Geneva, 1969），p. 11, 以及 Schmidt, *op. cit.*（n. 126），pp. 237-38。

[148] 引自 Wilson, *op. cit.*（n. 132），p. 86。

[149] 见原文第 521-523 页。

[150] 关于马菲著作的详细情况，见 *Asia*, I, 324。

[151] 参见本书原文第 304-305 页。

[152] 关于西厄尔·杜·巴塔斯的传记，见 Urban T. Holmes *et al.*（ed.），*The Works of Guillaume de Salluste, Sieur du Bartas*（3 vols.; Chapel Hill, N. C., 1935），I, 3-37。

[153] 引自约书亚·西尔维斯特（Joshua Sylvester）的 1605 年译本的复印本，见 Francis C. Haber, *Bartas His Devine Weeks and Works*（Gainesville, Fla., 1965）。

[154] 见 Raymond, *op. cit.*（n. 138），II, 281-83。

[155] Sylvester（trans.），*Bartas His Divine Weekes*（n. 153），p. 93.

[156] 见 K. Reichenberger, *Die Schöpfungswoche des Du Bartas. Themen und Quellen der Sepmaine*（2 vols.; Tübingen, 1963），I, 120。

[157] 关于天堂鸟这个词的词源，见 C. P. G. Scott, "The Malayan Words in English," *Journal of the American Oriental Society*, XVIII, Pt. I（1897），74-80。杜·巴塔斯可能是从戈马拉那儿借鉴了这个拼写法，参见 Reichenberger, *op. cit.*（n. 156），p. 217。亦参见第 8 幅插图。

[158] Sylvester（trans.），*Baras, His Devine Weekes*（n. 153），p. 180.

[159] *Ibid.*, p. 254. 莱森伯格（Reichenberger, *op. cit.* [n. 156], p. 274）认为诗人在这儿试图将赛伯伊、文诞、印度和它们所代表的财富联系起来，即熏香对应阿拉伯，香料对应马鲁古群岛，金子则对应西班牙占领的美洲。关于新柏拉图主义中名字和其所代表的事物之间的关系，见

原文第 502-503 页。

[160] 见 Holmes *et al.*（ed.）, *op. cit.*（n. 152）, I, 121, 里面也有这儿所提到的材料。关于杜·巴塔斯其他诗篇中对东方的描写，见 Lapp, "The New World"（n. 143）, p. 159. 也可参见 H. Perrochon, "Simon Goulart, commentateur de la première semaine de Du Bartas," *Revue d'histoire littéraire de la France,* " XXXII（1925）, 397-401, 以及 Mary Paschal, "The New World in *Les Sepmaines* of Du Bartas," *Romance Notes*, XI（1969-70）, 619-22。

[161] 见 L. C. Jones, *Simon Goulart, 1543-1628, étude biographique et bibliographique*（Geneva, 1917）, 特别是第 2-29 页、572-574 页。

[162] 关于这本书的全名，参见后面的参考书目。该书 1587 年在巴黎重印，1607 年译成英文。其修改的增订版将书中描写的历史终结点推迟到 1610 年，由塞缪尔·克雷斯平（Samuel Crespin）于 1587 年在日内瓦出版。关于奥索里奥和卡斯塔涅达的历史书，参见本书原文第 139-141 页。

[163] 见 Holmes *et al.*（ed.）, *op. cit.*（n. 152）, I, 25。

[164] 关于其出版情况及没有完成的部分，见 *ibid.*, pp. 83-93。

[165] Sylvester（trans.）, *Bartas Devine Weekes*（n. 153）, p. 439.

[166] *Ibid.*, p. 445.

[167] *Ibid.*, p. 448. 从他这儿列出的地名，以及这一段中没有引用的其他地名，可以明显看出，他指的是印度和东南亚那些重要的和不重要的地名，戈拉特加注解的奥索里奥和卡斯塔涅达的著作中也提到过。其他的亚洲地名，特别是那些还没有探索过的地区的地名，杜·巴塔斯是从地图和地图集中得来的，这些地图和地图集在没有其他资料可参考的情况下，通常沿用托勒密的命名。戈拉特在他的评论中将哆啰满放在暹罗北部，将缅甸（Mien）放在恒河河谷，查拉赞是亚洲北部的一个地区，以大象闻名。

[168] *Ibid.*, p.452.

[169] *Ibid.*, p.456.

[170] *Ibid.*, p.460.

[171] Holmes *et al.*（ed.）, *op. cit.*（n. 152）, I, 26.

[172] 引自译成英文的 *A Learned Summary upon the Famous Poems of William of Saluste Lord of Du Bartas... trans. out of French by T. L. D. M. P.*（London, 1621）, p. 206.

[173] 戈拉特在他的评论中共列举了 300 多位权威人士，参见 Holmes *et al.*（ed.）, *op. cit.*（n. 152）, I, 122-25。

[174] 参见 F. A. Yates, *The French Academies of the Sixteenth Century*（London, 1947）, pp. 269-70。

[175] 参见蒙田的朋友艾蒂安·德·拉·博埃蒂（Estienne de la Boëtie, 1530—1563 年）的文章 "Providisse novum populis fugientibus orbem," 见 L. Feugère（ed.）, *Oeuvres complètes d'Estienne de la Boëtie*（Paris, 1846）, p.395。也可参见法语的例子，见 Lapp, "The New World"（n. 143）, p. 156。

[176] 比较 Jacques du Hamel, *Acoubar ou la Loyauté trahie*（Rouen, 1603）。故事的蓝本是 Anthoine du Perier, *Les amours de Pistion*（Paris, 1602），故事本身是一个发生在加拿大的散文传奇，传奇和戏剧中的某些名字（比如"Acoubar"令人想起"Akbar"[阿克巴]）来源于亚洲。关于剧本，参见 M. A. Adams（ed.）, *The Earliest French Play about America ...*（New York, 1931）。

[177] 参见本书原文第 131-132 页。

[178] 关于这个剧本的梗概，见 Lapp, "The New World"（n. 143）, pp. 161-64。莱普（Lapp）显然没有意识到葡萄牙文学中这个故事的重要性，见本书原文第 134 页。克雷蒂安的剧本 1608 年首次在鲁昂出版，《不幸的葡萄牙》的微缩胶卷现保存在明尼苏达大学图书馆。塞普尔维达的故事在马菲的著作（Bk. II）中有记述，并从马菲的作品传播到其他的著作当中，比如，参见 P. 卡莫拉里乌斯（P. Camerarius）的概述，见 P. Camerarius, *The Living Librarie, or, Meditations and Observations Historical...*（London, 1621）, pp. 38-39。这本书的拉丁文原版是 1602 年出版的，克雷蒂安很可能参考了这本书。关于对克雷蒂安可能参考的资料的进一步讨论，见 F. Parfaict, *Histoire du théâtre françois, depuis son origine jusqu'à présent*（15 vols.; Paris, 1735-49）, IV, 116-17。里面的"Massée"可能是"Maffei"的误拼。

[179] 法国诗人在水手身上看到的只是文学史家一再强调的商人的贪婪，最近的一个不严谨、没有收进文献资料的说法可以在 J. 道金斯（J. Dawkins）的一篇论文中看到，见 J. Dawkins, "The Sea in Sixteenth-Century French Poetry," *Nottingham French Studies*, IX（1970）, 10。

[180] 见 R. Gonnard, *La légende du bon sauvage*（Paris, 1946）, pp. 52-53。

[181] 关于史诗性诗篇作为异国情调来源所起的作用，见 R. C. Williams, *The Merveilleux in the Epic*（Paris, 1925）, pp. 131-39。

[182] 参见 Schenda, *op. cit.*（n. 15）, pp.137-39。

[183] 见本书原文第 173 页。

[184] 到今天，这本书至少有 20 个版本，见 Schenda, *op. cit.*（n. 15）, pp.14-15。

[185] 比如，参照第三章中他对中国瓷器的描述。

[186] 波斯图以《爱情故事》（*Histoires des amans fortunez*, 巴黎, 1558 年）之名出版了玛格丽特·纳瓦尔的作品。

[187] 我使用的是 1561 年的巴黎版本，该版本是第一版的影印本，见第 7 幅、第 8 幅插图。

[188] Fol. 24^v。

[189] 见 Schenda, *op. cit.*（n. 15）, p. 44。

[190] 关于这本书的众多法文版和 10 个译本，参见 Schenda, *op. cit.*（n. 15）, p. 34。

[191] 见本书原文第 112-113 页、第 211 页对薄伽丘和邦德罗的讨论。

[192] 比较本书原文第 306 页。

[193] 关于接下来曼布里诺·罗塞奥的翻译，见本书原文第 210 页。对这位法国译者的评价，见 Pierre Geneste, "Gabriel Chappuys, traducteur de Jerónimo de Urrea," in *Mélanges efferts à*

Marcel Bataillon...（Bordeaux, 1962），pp. 448-49。

[194] 见本书原文第 187 页。

[195] 尤其参见本书原文第 229 页、第 246 页。

[196] 这本书的名字是 *Histoires prodigieuses...*（Lyons, 1598），共六卷，包括波斯图、蒂沙兰德（Tisserant）、贝勒福雷、霍耶（Hoyer）、桑宾（Sorbin）等人以及很多匿名作者的故事。

[197] 见本书原文第 138-148 页。

[198] 见 A. du Pinet, *Plans... villes...Europe, Asie, Afrique*（Lyons, 1564），and F. Deserpz, *Recueil de la diversité des habits qui sont de present en usage, tant es pays d'Europe, Asia, Affique et Isles sauvages*（Paris, 1567）。

[199] 见 Schenda, *op. cit.*（n. 15），pp. 102-7。

[200] 关于纪尧姆·布歇的传记，参见 Sally Rabinowitz, *Guillaume Bouchet: Ein Beitrag zur Geschichte der französischen Novelle*（diss., University of Leipzig, Weida, 1910），pp. 9-15。

[201]《闲话集》的标准版本是 C. E. Roybet（ed.）, *Les Serées de Guillaume Bouchet, sieur de Brocourt*（6 vols.; Paris, 1873-82）。

[202] *Ibid.*, I, 63-64, 66.

[203] *Ibid.*, p. 220.

[204] *Ibid.*, II, 27-28. 关于马可·波罗对印度南部采集珍珠的叙述，参见 Yule and Cordier, *op. cit.*（n. 46），II, 331-32。

[205] Roybet（ed.）, *op. cit.*（n. 201），II, 84-85.

[206] *Ibid.*, III, 262.

[207] *Ibid.*, IV, 140-41.

[208] *Ibid.*, pp. 215-16.

[209] *Ibid.*, p.256.

[210] 关于布歇对宝石和其象征意义的探讨，见 "传教士的故事"，*ibid.*, V, 18-19, 24。

[211] 见 G. Reynier, *Le roman sentimental avant l'Astrée*（Paris, 1908），p. vii。

[212] *Ibid.*, p. 155.

[213] *Ibid.*, p. 176.

[214] *Ibid.*, pp. 281-83.

[215] *Ibid.*, pp. 268-69, n. 5.

[216] 引自 H. Honour, *Chinoiserie*（London, 1961），p. 44。

[217] 关于其生平资料，见 V. L. Saulnier, "Étude sur Béroalde de Verville," *Bibliothèque d'humanisme et renaissance*, V（1944），209-326。

[218] 这首诗的名字是：*L'histoire des vers qui filent la soye. En cette Serodokimasie ou recherche de ces vers est discourse de leur natures, gouvernement, utilité, plaisir et profit qu'ils rapportent*（Tours）。相关评论见 H. Clouzot, "La sériculture dans Béroalde de Verville," *Revue du XVIe*

siècle, III（1915），218-86。关于法国丝织业的发展，见 H. Vaschalde, *Olivier de Serres..., sa vie et ses travaux*（Paris, 1886），chaps. vii-viii。

[219] 对这部作品的讨论，见本书原文第212-213页。

[220] 见 E. Vordemann, *Quellenstudien zu dem Roman,"Le Voyage des Princes Fortunez" von Béroalde de Verville*（Göttingen, 1933），p. 21。

[221] *Ibid.*, pp.56-110.

[222] *Ibid.*, p.54.

[223] 关于玛丽对珍奇物品的兴趣，见 *Asia*, II, Bk. I, 33。关于美第奇对瓷器的喜爱，见 *ibid.*, pp. 107-8。

[224] 见 C. Royer（ed.）, *Le moyen de parvenir*（reprint of Paris ed. of 1896, 2 vols. in one; Geneva, 1970），I, 90。

[225] *Ibid.*, p. 286.

[226] 见 J. L. Pallister, *The World View of Béroalde de Verville*（Paris, 1971），pp. 79, 89。

[227] *Ibid.*, pp. 136, 143.

[228] 见本书原文第 279 页，也可参见 K. M. Hall, *Pontus de Tyard and His "Discours philosophiques"*（Oxford, 1963），p.110, and S. Baridon, *Pontus de Tyard*（Milan, [1950]），chap. iii。

[229] 见 S. F. Baridon, *Inventaire de la bibliothèque de Pontus de Tyard*（Geneva, 1950），特别是其中的第 34 页、35 页、40 页，也可参见本书原文第 67 页。

[230] 见 Yates, *op. cit.*（n. 174），p.77。

[231] 参见 J. C. Lapp, "Pontus de Tyard and the Science of His Age," *Romantic Review,* XXXVIII（1947），17-18。

[232] 参见 J. C. Lapp, *The Universe of Pontus de Tyard: A Critical Edition of "L'Univers"*（Ithaca, N.Y., 1950），pp. xl-xli。

[233] 引自 Yates, *op. cit.*（n. 174），p. 90。这是一种传统的观点，可能出自吉拉尔迪（Giraldi），他提出了与新柏拉图主义相反的观点。不过，请比较一下瑞士新教徒皮埃尔·维瑞（Pierre Viret，1511—1571 年）1560 年关于加罗林群岛土著人宗教活动的观点，该观点出自 Atkinson, *Les nouveaux horizons*（n. 6），pp. 399-400。

[234] 见 Hall, *op. cit.*（n. 228），p. 110。

[235] 蒙田的传记有多种，最好、最现代的英文版蒙田传记是 Donald M. Frame, *Montaigne: A Biography*（New York, 1965）；蒙田的法语传记中最有用的是 A. Thibaudet, *Montaigne*（Paris, 1963）。

[236] 关于这些教育家，参见本书原文第 11-13 页。

[237] 蒙田的旅行日记一直到 18 世纪才印刷出版，该游记最好的英文版本收入 Donald M. Frame（trans.）, *The Complete Works of Montaigne*（Stanford, 1958），pp. 861-1039。关于蒙田的阅读和游历如何扩大了他对世界的认识，参见 J. Barrère, "A propos d'un épisode du voyage de

Montaigne,*" Revue historique de Bordeaux*, XXVIII（1930），145。

[238] *Ibid.*, p. 930.

[239] *Ibid.*, p. 932，亦参见 *Asia*, II, Bk. I, 166。

[240] 见 Frame（trans.），*op. cit.*（n. 237），p. 950。

[241] *Ibid.*, p. 997.

[242] *Ibid.*, p. 1011.

[243] *Ibid.*, p.1014.

[244] 见 P. Boonefon, "La bibliothèque de Montaigne,*" Revue d'histoire littéraire de la France*, II（1895），327-33。

[245] *Ibid.*, p. 353. 关于蒙田在《旅行日记》中提到的这件事，参见 Frame（trans.），*op. cit.*（n. 237），p. 892。

[246] 见 Bonnefon, *loc. cit.*（n. 244），p. 341。目前收藏在布海德城堡（Château de la Brède）图书馆的这本书上有蒙田亲手做的 168 条边注，最后一条是 1587 年 7 月 3 日做的，概述了他的总体印象。

[247] 参见 *ibid.*, pp. 340, 355-56。

[248] 这本书的名字是 *Dell'unione del regno di Portugallo alla corona di Castiglia, istoria del Sig. Ieronimo de Franchi Conestaggio, gentilhuomo genovese*（Genoa, 1585）。对这本书的讨论，见 Bonnefon,*loc. cit.*（n. 244），pp. 344-45，以及本书原文第 36 页。也可比较一下 G. Norton, *Studies in Montaigne*（New York,1904），pp. 234-36。

[249] 见 P. Villey-Desmeserets, *Les soureces et l'évolution des Essais de Montaigne*（Paris, 1908），pp.269-70。

[250] 比较一下本书原文第 282-283 页。

[251] 引自 "Apology for Raymond Sebond," in Frame（trans.），*op. cit.*（n. 237），p. 430。

[252] *Ibid.*, pp. 334-35.

[253] 见 "Of Custom," *ibid.*, p. 84, 以及 "Of Virtue," *ibid.*, p. 534。

[254] 引自 "Apology for Raymomd Sebond,*" ibid.*, p. 355。

[255] 见 "Of Cannibals," *ibid.*, p. 152. 相关评论见 B. Weinberg, "Montaigne's Readings for *Des cannibals*," in G. B. Dauiel, Jr.（ed.），*Renaissance and Other Studies in Honor of William Leon Wiley*（Chapel Hill, N.C., 1968），pp.261-79。也可参见 P. Vivier, *Montaigne, auteur, auteur scientifique*（Paris, 1920），pp. 11-12。

[256] 见 "Of Coaches" in Frame（trans.），*op. cit.*（n. 237），p.695。

[257] 见 "Apology for Raymond Sebond,*" ibid.*, pp. 431-32。

[258] 相关例证见 *ibid.*, pp. 80, 355, 432, 654, 666。

[259] 见 "Of Coaches," *ibid.*, pp. 692-93。

[260] 引自《中华大帝国史》（巴黎，1588 年）的献辞。

[261] 见 Frame（trans.），*op. cit.*（n. 237），p. 36。

[262] *Ibid.*, p. 355.

[263] *Ibid.*, pp. 34-35. 另见 "Of Virtue," *ibid.*, pp. 534-35。

[264] *Ibid.*, pp. 16-17.

[265] *Ibid.*, p. 261，比较第 30 幅插图。

[266] 关于其他相关的例子，见 *ibid.*, pp. 168, 258, 419, 513, 626, 647, 654, 740。

[267] 有关蒙田对这本书的全部描述，参见 *ibid.*, p. 930。

[268] 见 "Of Experience," *ibid.*, p. 820。也可比较门多萨的《中华大帝国史》法译本，*op. cit.*（n. 260），pp. 70-72。

[269] Frame（trans.），*op. cit.*（n. 237），p. 430。

[270] 见 "Of Custom," *ibid.*, p. 80。

[271] 见 Atkinson, *Les nouveaux horizons*（n. 6），p. 325。奇怪的是，他一句也没提到日本。

[272] 关于沙朗的传记，参见 J. D. Charron, *The "Wisdom" of Pierre Charron*（Chapel Hill, N. C., 1960），chap. iv。

[273] 其副标题是 *Contre les Athées, Epicuriens, Payens, Juifs, Mahumedistes et autres Infideles*。

[274] 其副标题是 *Contre les Athées, Idolatres, Juifs, Mahumetans Hérétiques, et Schismatiques*（Bordeaux）。

[275] 见 *Les trios véritéz*, p.351。

[276] 见 Atkinson, *Les nouveaux horizons*（n. 6），p. 339。关于日本使团的使命，见 *Asia,* I, 668-706。

[277] 关于这一评价，见 E. F. Rice. Jr., *The Renaissance Idea of Wisdom*（Cambridge, Mass., 1958），p.178。

[278] 本书原文第 306-309 页有关于博丹的评论。

[279] 我这里谈的这一观点是沙朗提出来的，见 Charron, *op. cit.*（n. 272），pp. 101-2。

[280] Charron, *Traicté de sagesse*（Bordeaux, 1606），pp. 27^r-27^v. 这是他对《智慧三论》的概述，是他去世前驳斥他的批评者的。

[281] *Ibid.*, p. 78^v.

[282] 关于沙朗对怀疑论的探讨，见 *ibid.*, pp.73^r-74^r。

[283] 关于他思想的前后不一致，参见 Tilley, *Literature of French Renaissance*（n.13），I, 277-78。

[284] 博特罗（见本书原文第 248-249 页）是 16 世纪唯一一个不强调基督启示更高级的哲学家，他把自己的评论局限在世俗问题上，以此来回避这个问题。

[285] 我使用的是萨姆森·伦纳德（Samson Lennard）翻译成英文的《智慧论》（*Of Wisdom*，伦敦，1651 年），引文出自第 153-154 页。

[286] 见 *ibid.*, p.157，以及第 17 幅插图。

[287] 关于这一点，见 *ibid.*, p. 164，以及第 17 幅插图。

[288] 这一段中有关此论点的引文，来自 *ibid.*, p. 257。

[289] 见 *ibid.*, p. 325。

[290] *Ibid.*, p. 327.

[291] 见本书原文第 267-270 页。

[292] 见本书原文第 258-259 页。

[293] 这本稀有图书有一本收藏在亨廷顿图书馆，其封面参见第 6 幅插图。

[294] 关于本博，参见第 200-201 页。

[295] 这是阿特金森的看法，见 Atkinson, *Les nouveaux horizons*（n.6），p.44。虽然阿特金森把这本书列在了他的地理文学作品的参考文献中，但他在书中并没有谈到它。

[296] 第 30 页。

[297] 比较蓬蒂斯·德·蒂亚尔对新世界的定义，见本书原文第 279 页。

[298] 见 J. Adhémar, *Frère André Thevet: Grand voyageur et cosmographe des rois de France au XVIe siècle*（Paris, 1947），pp. 14-15。

[299] *Ibid.*, p.16.

[300] 见 *ibid.*, pp. 31-44。

[301] 见 Chinard, *op. cit.*（n. 37），pp. 84-85。应该注意到莱里一直等了十八年才出版了他的 *Histoire d'un voyage fait en la terre du Brésel*（1578）。

[302] 赛弗特甚至将他亲眼看到的动物用中世纪的传奇表述出来，见 R. Wittkower, "Marvels of the East: A Study in the History of Monsters," *Journal of the Warburg and Courtauld Institutes*, V（1942），195。

[303] 赛弗特关于亚洲场景和亚洲人活动的木版画，见 *Aisa*, II, Bk. I, 88, 以及第 5 幅、第 38 幅、第 39 幅插图。

[304] 下面的综述借鉴了戈登的精彩分析，见 Gordon, *op. cit.*（n. 27），pp.74-93。

[305] 见 Adhémar, *op. cit.*（n. 298），p. 68。

[306] 关于 1575 年以前欧洲的中国形象，参见 *Asia*, I, 731-41。也可比较 Anania's *Cosmographia*, 见本书原文第 231-233 页。

[307] P.466^v.

[308] *Les vrais portraits et vies des hommes illustres, grecz, Latins, et payens*（2 vols. in 1; Paris, 1584），pp.420^a-422^a, 528^a-529^b, 以及第 13 幅、第 15 幅、第 68 幅、第 93 幅插图。

[309] *Ibid.*, pp. 420^b, 469^b, 560^a, 643^a, 588^a-590^b.

[310] 这里我又一次引用了戈登的作品，见 Gordon, *op. cit.*（n. 27），pp. 117-28。

[311] 见本书原文第 287 页。

[312] *Methodus ad facilem historiarum cognitionem.* 其现代英译本是 B. Reynolds（trans.）, *Jean Bodin, Method for the Easy Comprehension of History*（New York, 1945）。对于本书的评论，最好的是 J. L. Brown, *The Methodus... of Jean Bodin*（Washington, D. C., 1939），and J. H. Franklin, *Jean Bodin and the Sixteenth Century Revolution in the Methodology of Law and*

History（New York, 1963）。关于博丹在 16 世纪法国历史思想中的地位，参见 G. Huppert, *The Idea of Perfect History*（Urbana, 1970），pp. 99-105。

[313] Reynolds（trans.），*op. cit.*（n. 312），p. 25.

[314] *Ibid.*, p. 47.

[315] *Ibid.*, pp. 54, 85.

[316] *Ibid.*, pp. 60-61.

[317] *Ibid.*, p.78.

[318] 见参考书目，*ibid.*, pp.367, 377-79。

[319] *Ibid.*, p.87.

[320] 相关评论参见 A. Meuton, *Bodins Theorie von der Beeinflüssung des politischen Lebens der Staaten durch ihre geographische Lage*（Bonn, 1904），pp. 29-30, 55-56。

[321] 见 Reynolds（trans.），*op. cit.*（n. 312），pp.87, 127, 325, 340。关于博丹在描述世界气候和历史时借鉴了大量的中世纪材料这一观点，见 M. J. Tooley, "Bodin and the Medieval Theory of Climate," *Speculum,* XXVIII（1953），64-83。

[322] 见 Reynolds（trans.），*op. cit.*（n. 312），p. 302。

[323] 见 *ibid.*, p. 216。

[324] *Ibid.*, p. 283.

[325] *Ibid.*, pp. 266-67, 273.

[326] 关于这种传统的划分世界的方法以及它对 16 世纪法国历史学家的意义，参见 G. Huppert, "The Renaissance Background of Historicism," *History and Theory,* V（1966），55-57。

[327] Reynolds（trans.），*op. cit.*（n. 312），p. 292-93.

[328] *Ibid.*, p.340.

[329] *Ibid.*, pp.361-62.

[330] 关于博丹在"收藏珍奇物品运动"中的地位，见 J. Moreau-Reibel, *Jean Bodin et le droit comparé dans ses rapports avec la philosophie de l'historie*（Paris, 1933），pp. 85-87。这个运动很可能是源于德国。关于莫洛 - 雷贝尔（Moreau-Reibel）的相关评论，可参见 L. Febvre, "L'universalisme de Jean Bodin," *Revue de synthèse*, XXXVII（1934），165-68。

[331] 比如，他对麻风病的起源和传播的论述，见 Reynolds（trans.），*op. cit.*（n. 312），p. 107。

[332] Kinser, *loc. cit.*（n. 8），pp. 744-45 中指出了这一点，关于维维斯，见本书原文第 173 页。

[333] *De l'origin, antiquité, progres, excellence et utilité de l'art politique*（Paris, I567），p. 10^r; 与此形成对照的作品是纪尧姆·德·拉·佩里埃（Guillaume de la Perrière）于同一年出版的一本书，名为《政治之镜》（*Le miroir politique...*，巴黎）。在谈到印度时，他引用索利努斯、塔普罗班纳的著作，几乎没有提及卡利卡特和欧洲之间的香料贸易。

[334] *Des troubles et differens advenans entre les hommes par la diversité des religions*（Lyons, 1568），p. 6^v. 有关评论见 B. L. O. Richter, "The Thought of Louis Le Roy According to His

Early Pamphlets," *Studies in the Renaissance*, VIII（1961），173-96。

[335] 关于波斯特尔的历史发展观，见 Bouwsma, *op. cit.*（n. 68），pp. 286-87。

[336] 该书在 1567—1588 年间重版了 7 次，见 Atkinson, *Les nouveaux horizons*（n. 6），p. 22。

[337] 关于 16 世纪 60 年代摩鹿加群岛的冲突问题，参见本书原文第 33-34 页。

[338] 这一分析参照了 Gordon, *op. cit.*（n. 27），pp.152-56。

[339] 该书 1575—1583 年间重印了 4 次，见 Atkinson, *Les nouveaux horizons*（n. 6），p. 22。

[340] 引自英文版的 *Of the Interchangeable Course, or Variety of Things in the Whole World*（London, 1594），p.22。

[341] *Ibid.*, p.104ᵛ.

[342] *Ibid.*

[343] 关于这一点，参见 Gordon, *op. cit.*（n. 27），pp.167-69。

[344] 关于对这一时期某些作家的乐观主义的总体探讨，参见 H. Baron, "The *Querelle* as a Problem for Renaissance Scholarship," *Journal of the History of Ideas*, XX（1959），3-32。

[345] 对博丹君权理论的分析，见 J. H. Franklin, *Jean Bodin and the Rise of Absolutist Theory*（Cambridge. 1973），pp. 23, 41。

[346] 见 K. D. McRae（ed.）, *Jean Bodin: The Six Books of a Commonweale*（该书是 1606 年英译本的影印本，马萨诸塞，剑桥，1962 年），p.719。

[347] *Ibid.*, p. 485.

[348] *Ibid.*, p. 89.

[349] *Ibid.*, p. 147.

[350] *Ibid.*, p. 150. 显然，这时的博丹对中华帝国的历史一无所知。

[351] *Ibid.*, p. 201. 见相关评论：F. Venturi, "Oriental Despotism," *Journal of the History of Ideas*, XXIV（1963），134-35. R. Koebner, "Despot and Despotism, Vicissitudes of a Political Term," *Journal of the Warburg and Courtauld Institutes*, XIV（1951），275-302。

[352] McRae（ed.）, *op. cit.*（n. 346），p. 206.

[353] *Ibid.*, p. 222.

[354] *Ibid.*, p. 60.

[355] *Ibid.*, pp. 66-67.

[356] *Ibid.*, pp. 121, 202.

[357] *Ibid.*, pp. 506-7.

[358] *Ibid.*, pp. 541-42, 605.

[359] *Ibid.*, p. 20.

[360] *Ibid.*, p. 23.

[361] *Ibid.*, p. 29.

[362] *Ibid.*, p. 400.

[363] *Ibid.*, p. 562.

[364] *Ibid.*, pp.147-48.

[365] *Ibid.*, p. 631. 关于对这个问题以及对葡萄牙向亚洲扩张所带来的国际法理论问题的探讨，见 C. H. Alexandrowicz, *An Introduction to the History of the Law of Nations in the East Indies* (Oxford, 1967)，pp. 30-31。

[366] McRae（ed.）, *op. cit.*（n. 346），pp. 36, 44.

[367] *Ibid.*, p. 660.

[368] *Ibid.*

[369] 博丹在驳斥铸币厂的会计马里斯特洛伊（Malestroit）的小册子中的说法，这个小册子名为《驳马里斯特洛伊的矛盾论》（*Responses aux paradoxes de M. de Malestroict*, Paris，1588 年），他用当时的流动资金、总体价格的波动以及货币、价格和工资之间的关系，来阐释 16 世纪的价格改革。

[370] 阿特金森的统计，见 Atkinson, *Les nouveaux horizons*（n. 6），p. 322。

[371] J. Bodin, *Universae naturae theatrum...*（Lyons, 1596），p. 560. 该书第一版是 1590 年出版的。

[372] 博丹关于宗教宽容最有趣的论述是《七智者谈崇高事物之奥秘》（*Colloquium Heptaplomeres de abditis rerum sublimium arcanis*），该书写于 1588 年，但直到 19 世纪中期才出版。他写这本书主要参考了纪尧姆·波斯特尔没有发表的论文。关于博丹对亚洲宗教信仰、宗教行为和宗教仪式的详尽描写，参见 R. Chauviré（trans. and ed.）, *Coloque de Jean Bodin...*（Paris, 1914），pp. 2, 55, 56, 67, 89, 106。

[373] *Histoire des troubles et guerres civiles en France pour le fait de la religion, depuis 1555 jusqu'en 1581*（2 vols.; La Rochelle, 1581）.

[374] 该书同一年出了两个版本，这两个版本在结构和内容上都有不同，见 Atkinson, *Répertoire bibliographique*（n. 94），items, 291-92. 我使用的是奥利维尔·德·彼埃尔·吕利耶（Olivier de Pierre L'Huillier）出版的版本，现收藏在纽贝里图书馆（芝加哥）。

[375] *Les trois mondes*（Paris, 1582），p. 47ᵛ. 其中拉·波普利埃尔对美洲的中国商品的描述，见 p. 24ᵛ. 他对麦哲伦航行的概述（Book III, pp. 37ʳ-37ᵛ）强调航海志的重要性，可能他当时想到了皮加费塔的日记。这本书里面还有一幅世界地图，可能是根据奥提留斯的地图绘制出来的。

[376] 对这本书的内容概括和相关章节的分析，见 Gordon, *op. cit.*（n. 27），pp. 184-98。

[377] 他在《历史故事》（*L'histoire des histoires*）中收录了一篇介绍相关文献的简短论文，并对海外发现历史书中的材料来源提出质疑，见 *L'histoire des histories*（Paris, 1599），pp.487-490。在这里，他批评贝勒福雷和赛弗特著作中材料的不可靠性。

[378] 关于斯卡利杰尔对亚洲的兴趣，见本书原文第 358-359 页。

[379] 他在《法国舰队》（*L'Amiral de France*，巴黎，1585 年）一书的第 14 页第一次给出了他对"文明"的定义，他对这一定义的修正见 C. Vivanti, "Alla origini dell'idea di civiltà: le scoperte

geografiche e gli scritti di Henri de la Popelinière," *Revista storica italiana*, LXXIV（1962），225-49; 关于他的看法和同时代人的相似性，见 F. Papi, *Antropologia e civiltà nel pensiero di Giordano Bruno*（Florence, 1968），pp. 334-35。

[380]16 世纪并没有"civilisation"这个词，关于将"civilité"作为"civilisation"同义词的词汇演变史和相关阐释，见 G. Huppert, "The Idea of Civilization in the Sixteenth Century," in A. Molho and J. A. Tedeschi（ed.），*op. cit.*（n. 8），pp. 757-69。

[381] 见 Huppert, *loc. cit.*（n. 380），pp. 131-32。

[382] 见 Atkinson, *Les nouveaux horizons*（n. 6），p. 23。

[383] 比如，在 1608 年，皮埃尔·德·莱斯图瓦勒（Pierre de L'Estoile）买了一本雅克·德·庞托埃（Jacques de Pantoie）的书信集，记述了耶稣会士在中国传教的成功，见 G. Brunet *et al.*（eds.），*Mémoires-journaux de Pierre de L'Estoile*（12 vols.; Paris, 1875-96），IX, 179。

[384] *Historiarum sui temporis*（Paris, 1604-17）。这本书在德·图的有生之年再版时，他一直在不断地进行修改，增加新内容。在他去世之后再版时，他的文学受益者们进行了修订和增补。他的《当代史》一直没有完整地得以出版，相对来说比较完整的版本，也是现在广为征引的版本，是一个法译本，名为 *Histoire universelle de Jacques-Auguste de Thou, depuis 1543 [sic] jusqu'en 1607*（16 vols.; London [Paris], 1734）。对德·图的《当代史》以及其诸多版本、译本的详细、全面的分析，见 S. Kinser, *The Works of Jaques-Auguste de Thou*（The Hague, 1966），*passim*。

[385] *Histoire universelle*（n. 384），I, 72。

[386] *Ibid.*, IX, 342。

[387] *Ibid.*, p. 344。

[388] 关于德·图的图书馆，见本书原文第 68 页。

[389] 见 *Histoire universelle*（n. 384），XIII, 57-61。关于鸸鹋，见 *Asia*, II, Bk. I, 182-83。

[390] *Histoire universelle*（n. 384），XIV, 222-43。

[391] 德·图只记述了沙勿略带着福音书来到中国，不幸在中国沿海死去，见 *ibid.*, IX, 342-43。

[392] 见 B. W. Bates, *Literary Portraiture in the Historical Narrative of the French Renaissance*（New York, 1945），pp. 102, 116-17。

[393] Cohen（trans.），*op. cit.*（n. 31），p. 195。

[394] 比较 A. Du Pront, "Espace et humanisme," *Bibliothèque d'humanisme et renaissance*, VIII（1946），40-50。

[395] 博特罗赞同博丹的建议，研究不同社会形态中的城市问题，见本书原文第 237-240 页。

[396] 比较 Gordon, *op. cit.*（n. 27），pp. 302-4。

第八章 日耳曼文学

　　北欧和欧洲日耳曼人主要是通过参与香料贸易卷入海外扩张活动的。在初期，德国南部和尼德兰的商业城市在提供经费资助和远洋舰队、从事香料贸易方面发挥了重要作用，而英国在很长一段时间内做壁上观，听凭其他国家筚路蓝缕，为打开海外世界付出金钱损失和生命代价。从16世纪20年代开始的宗教改革运动逐渐蔓延到北欧，使得北欧国家不得不把精力转移到各国内部更为严峻、更加危险的宗教斗争上。因而，从1530年到1570年，北欧国家几乎没有关注伊比利亚半岛国家及其传教士在遥远的东方所取得的成功；另一方面，天主教国家和新教国家严格的图书审查制度也阻碍了信息的交流。直到宗教斗争缓和以后，北欧国家才重新把贪婪的目光投向西班牙和葡萄牙在海外攫取的财富。而在此时，新教国家面临着国王菲利普二世统治的新的、强大的联合王国的挑战，1580年，西班牙和葡萄牙两个王国实现统一。由于在征服荷兰时受挫，菲利普国王决定建立无敌舰队，希望通过成为海上霸主、打击英国和荷兰海盗，重建在北欧的地位。但菲利普国王的海上行动惨遭失败，无敌舰队在1588年灰飞烟灭，这直接打破了伊比利亚半岛国家的海上垄断，此后，英国和荷兰开始直接参与东方贸易。

　　在很长一段时间内，日耳曼欧洲的知识界和文学界对于16世纪席卷意大利和法国的人文主义运动漠不关心。虽然北欧的人文主义运动也孕育出伊拉斯谟、勒赫林（Reuchlin）、莫尔等杰出人物，但在 16 世纪末期以前，北欧在民族文学创作方面却没能孕育出具有同样影响的文学巨匠。塞巴斯蒂安的《愚人船》（*Ship of Fools*，1494 年）、汉斯·萨克斯创作的大量民谣和诗歌，极大地推动了德国通俗文学的发展。英国却一直没有能与塞巴斯蒂安和汉斯·萨克斯比肩的作家，直到 16 世纪后期，西德尼（Sidney）和斯宾塞（Spenser）才阔步登上英国文坛。在尼德兰，一直到 16 世纪末期，才出现一批用佛兰芒语和荷兰语创作的文学作品。低地国家的世界主义思想阻碍了民族语言和民族文学的发展，佛兰芒语一直受到西班牙语、法语的冲击，低地国家的大学学者依然将拉丁语视为最重要的语言。在德国，16 世纪后半期出版的图书中，2/3 是用拉丁文撰写的。[1] 英国由于是个岛国，其语言英语相对来说与欧洲大陆隔绝，再加上宗教改革如火如荼，因此英国的民族文学较少受到拉丁语的限制，英国的政治统一也极大地促进了伊丽沙白女王时期文学的繁荣。英国世俗文学的兴盛在日耳曼欧洲独树一帜，英国莎士比亚的戏剧在欧洲只有西班牙的戏剧家洛佩·德·维迦和其同仁才能与其匹敌。

　　日耳曼欧洲对发现东方的反应最初是时断时续的，而且和香料贸易活动密切相关。《曼德维尔游记》作为一本故事书的广泛流行，使得欧洲各国将东方视为财富和奇珍异宝最主要的来源地。16 世纪的日耳曼文人从来没有彻底否认过这种传统的东方形象，但是在欧洲各国，总有人质疑《曼德维尔游记》的真实性，同时也有人用最新出版的游记，来印证曼德维尔对东方的描绘。与 16 世纪中后期相比，16 世纪初期的文学作品对亚洲的描写更丰富，也更真实。《曼德维尔游记》像《圣经》一样，给文学创作提供了极为丰富的源泉，因此很难将它弃置一旁。何况还有一些人，甚至是尖刻的游记文学收藏家和持怀疑主义的历史学家，依然认为后来的游记作品印证而不是反证了《曼德维尔游记》对亚洲的描写。在北欧，直到 16 世纪末，中世纪的亚洲观念依然牢固地融入到各种形式的文学作品中，这与南欧形成了鲜明的对照。

第一节　德国文学

与英国、法国不一样，神圣罗马帝国到了 16 世纪还没有一个清晰的政治宪
章，神圣罗马帝国包括多个公国、侯国，约束这一帝国的是延续千年的法律和
历史传统，而没有一个体制化的核心机构。正是由于这一传统，神圣罗马帝国
虽然是一个政治实体，但一直没有建立层级分明的统治体系。16 世纪初期，神
圣罗马帝国从哈布斯堡王室选举产生了一个皇帝，作为其名义上的统治者，这
个皇帝和 30 个世俗领主、50 个基督教君主、3 000 个城镇、庞大的骑士军团、
为数众多的伯爵、高级教士共同行使权力，承担责任。虽然神圣罗马帝国在形
式上统治着几个国家，但其统治机构由人口占多数的德国人掌控。16 世纪时，
神圣罗马帝国曾试图在整个版图内改革形成统一的宪章，但受到一些特殊利益
集团的抵制和阻碍，这些集团充满着对传统特权的不满和对中央集权的质疑。
宗教改革的兴起进一步强化了地方主义和地域主义，使得建立德意志国家的最
后希望破灭了。

尽管其政体纠结混乱，但神圣罗马帝国从很多方面来说仍是欧洲的主导力
量，它拥有其他国家所没有的传统权力和普遍的政治权威。从地理面积和人口
来看，即便在查理五世成为神圣罗马帝国的皇帝之前，它就是欧洲最大的国家。
神圣罗马帝国的农业产量相对来说较高，矿藏在欧洲是最丰富的，特别是银、
铜的储量很大。在采矿、金属制造、纺织品生产等工业领域，德国和波希米亚
都在欧洲大陆居于领先地位。神圣罗马帝国的大多数重要城市都建在东西和南
北贸易的交通要道上，西部和南部的城镇，特别是那些坐落在莱茵河畔和多瑙
河畔的城镇，是神圣罗马帝国最耀眼的商埠，因为它们在 16 世纪的大部分时间
里，都主导着欧洲的商业、工业、金融和艺术。

神圣罗马帝国的城市通常来说在政治上比较独立，在经济上自给自足，它
们与意大利的城邦迥然不同，因为这些城市是由商业贵族家庭而不是国王统
治的，维也纳、布拉格、雷根斯堡（Regensburg）这些城市和王室、帝国管理
部门联系非常密切，神圣罗马帝国的商业和艺术中心是乌尔姆、科隆、纽伦

堡、斯特拉斯堡、奥格斯堡、巴塞尔和法兰克福，欧洲北部的城市只有汉堡（Hamburg）和吕北克这两个港口城市才能和它们相提并论。但德国的大部分人口，将近85%，依然居住在城外，德国最大的城市科隆只有3万人，而同一时期，欧洲最大的城市那不勒斯却拥有居民23万。

尽管如此，德国南部城镇在国际贸易、工业和金融方面，具有重要的地位，这在很大程度上归功于地理位置的战略性和对昂贵矿藏以及冶金、纺织、印刷等先进技术的控制。奥格斯堡、纽伦堡这两个城市在香料贸易上扮演着尤其重要的角色，[2] 整个16世纪，它们的商人和金融家族在威尼斯、里昂、塞维尔、里斯本、安特卫普都设有办事处，并随香料贸易中心的转移而转移。当商业活动的中心从地中海地区转移到大西洋海岸时，这些商业城市也迅速地调整进出口数量，德国北部的港口城市直接从向伊比利亚半岛国家提供木材、货运船只和谷物中获利。

神圣罗马帝国的农村人口却因为海外发现而蒙受损失，因为海外发现带来了物价的上涨，而且农村不像城市那样能从商业扩展中获利。这种经济发展的差异使人们对海外发现意义的认识产生了很大分歧，德国逐渐退出葡萄牙的海外冒险事业，这浇灭了德国城镇对海外贸易的热情，同时德国剑拔弩张、充满硝烟味的宗教改革，最终迫使德国各行各业的人把注意力集中到国内事务上，而不再关心遥远国家发生的事件。

纽伦堡对海外发现的反应很好地说明了时间和条件如何改变了德国人的观点。[3] 纽伦堡位于莱茵河与多瑙河之间，人口约两万，1500年成为一个航运中转站，12条重要的航线在这里交汇，各家公司的代理商在从西班牙到波兰的集市上进行商品交易。纽伦堡的商人从伦贝格（Lemberg）和威尼斯购买东方的商品，比里斯本和安特卫普先行一步。通往印度的航线开辟以后，纽伦堡开始向伦贝格出售它从安特卫普或伊比利亚购买的香料。[4] 纽伦堡的工匠和艺人制造帆船上使用的全套金属用品，打造船坞，储存葡萄牙舰队从东方运来的货物。纽伦堡的银行家为一些远洋航船提供资金，其造炮专家和炮手会随舰队出海。纽伦堡的学者和工匠给葡萄牙人提供航海仪器、天体图表、钟表、地球仪和高质量的地图。[5] 纽伦堡像奥格斯堡一样，是重要的印刷中心，尤其印刷地理和天体方面的书籍、书信集以及其他关于海外发现的资料。

纽伦堡人通过他们的旅行和书信，让彼此之间，同时也让他们在德国其他地方的信使，了解到葡萄牙的海外成就。马丁·贝海姆（Matin Behaim）出身于贵族家庭，1477 年作为希尔斯克富格尔（Hirschvogel）公司的代理，前往葡萄牙。他和葡萄牙人一起去了亚速尔群岛（Azores），并于 1483 年到非洲海岸做了短期旅行。当 1490 年回到纽伦堡的时候，他受纽伦堡政府的委托，完成了他的世界地图和著名的地球仪，这个地球仪让纽伦堡的市民开始研究这个世界。据说，贝海姆的地球仪安放在市政厅的一个基座上。在纽伦堡时，贝海姆可能还寻求资金和其他支持，要到更远的地方旅行。[6]毫无疑问，贝海姆引起了纽伦堡市民对伊比利亚半岛的兴趣，因为在 1494 年，内科医生和地理学家希罗尼默斯·闵采尔（1437—1508 年）在三个富商之子的陪伴下，到西班牙游历。[7]纽伦堡的商人在印刷商瓦伦丁·费尔南德斯 1495 年到达里斯本后，和他保持着联系，英霍夫（Imhof）和希尔斯克富格尔公司参加了 16 世纪早期在里斯本形成的德国胡椒财团。

不只是纽伦堡的商人观望、关心着葡萄牙的经济发展。1506 年，人文主义者、律师克里斯托夫·舒伊尔（Christoph Scheurl，1481—1542 年）从博洛尼亚写信至纽伦堡，说葡萄牙给纽伦堡的经济带来了重创，因为东欧不久就会从莱比锡（通过安特卫普）购进香料，因为这要比从纽伦堡（通过威尼斯）购买便宜。舒伊尔敏锐地指出，为了防止纽伦堡蒙受太严重的损失，纽伦堡要到新的香料市场上出售自己的产品。[8]1519 年，舒伊尔被纽伦堡地方议会派往西班牙，代表纽伦堡市政府郑重地祝贺查理五世加冕神圣罗马帝国的皇帝，并正式地向皇帝表示忠诚。[9]查理五世对舒伊尔表示热烈的欢迎，这使他成为查理五世的热情崇拜者。1520 年返回纽伦堡后，舒伊尔开始热衷于遵循神圣罗马帝国皇帝的旨意，此后十年的时间里，舒伊尔成为一个中介信使，为那些想知道皇帝在其他地方活动情况的德国人提供信息。舒伊尔有一次曾这样宣称：他得到的信息最后会传到 600 个人那里，[10]除了其他的事情外，舒伊尔还向他的信使传递海外贸易的情况以及葡萄牙在亚洲的胜利。[11]

纽伦堡人在整个 16 世纪 20 年代一直对海外世界怀有浓厚的兴趣，1520 年

328

至 1521 年，阿尔布雷特·丢勒到低地国家游历，在那里收集关于东方的资料和东方珍奇。[12] 麦哲伦舰队中"维多利亚"号船上的部分货物被一个德国财团买去，香料在纽伦堡出售。[13] 约翰·舍那（Johann Schöner，1477—1547 年）1523 年绘制的地图和地球仪，参照了麦哲伦远洋舰队的幸存者带回来的最新地理信息。1518 年，里斯本爆发瘟疫，多数德国人离开了里斯本，不过，尤格·波克（Jörg Pock）一直留在葡萄牙，并于 1520 年踏上了前往印度的航程。1522 年 1 月 1 日，他从科钦写信到纽伦堡，信中提到维查耶纳伽尔的钻石。他声称克利须那·德瓦·拉亚（Krishna Deva Raya）收藏的宝石，在数量和价值上远远超过了神圣罗马帝国皇帝或任何一位欧洲统治者，[14] 此后，里斯本和其他地方的德国人开始大量从印度购买宝石，学习葡萄牙人的宝石切割技术。赫沃特的奥格斯堡家族在一年之内购进了 600 多砝码的珍珠，而这个家族在里斯本的代理人拥有一颗价值 160 000 达克特的钻石。1530 年，里斯本再次爆发瘟疫，翌年又发生地震，使得德国人在里斯本的活动戛然而止。珠宝交易反映在文学作品中是尤格·维克拉姆（Jörg Wickram）的《好邻居坏邻居》（*Von güten und bösen Nachbaurn*，斯特拉斯堡，1556 年），在这部小说里，珠宝是重要的主题。[15]

从 1530 年到 1579 年，仅有为数不多的德国人和为数更少的纽伦堡人参与了亚洲的香料贸易，奥地利名门望族的后裔巴托洛梅乌斯·克芬许勒（Bartholomaeus Khevenhüller，1539—1613 年）1557 年来到里斯本，这位充满朝气的年轻人在里斯本的港口看到船舶（nãus）后说，如果他有足够的盘缠的话，他一定会到印度去。[16] 葡萄牙王室的衰微以及 16 世纪后半期葡萄牙经济的衰退，为德国直接参与香料贸易提供了第二次机会。德国南部公司的代表，比如奥格斯堡的费迪南·科隆（Ferdinand Kron，1559—1637 年）被派往印度，考察商人家族香料贸易的利润情况。1589—1591 年，格奥尔格·克里斯托弗·费恩伯格（Georg Christoph Fernberger，1594 年去世）游历了葡萄牙征服的亚洲地区，并远行至马六甲海峡。[17] 撒克逊游历家伯恩哈德·冯·米尔提兹（Bernhard von Miltitz，1570—1626 年）1595 年到达果阿，但没能到达马六甲。[18] 在整个 16 世纪，数以千计的德国人参与了香料贸易，他们有的是商人、投资者，有的是海外航行的海员、炮手和领航员，但由于没有记录下来，我们无从知晓

329

这些人的名字和活动情况。即便是留下了一星半点的记载或书信及其他文字资料，也都成为历史的尘埃。尽管德国也有人到东方游历，参与了东方贸易，但却没有写出堪与意大利的瓦尔塔马或荷兰的林斯乔坦相比的东方书籍，国内的德国人主要是通过译成德语、定期印刷出版的古代典籍、中世纪和现代的文献资料，或德国旅游者写给黎凡特的报告，来了解亚洲的。[19]

330

一、初期的反应

大发现之前的德国文学中提到东方和其民族的，是编年史、传奇故事和宫廷诗，罗马人所说的赛里丝人（Seres）出现在诺特克（Notker）10 世纪时用德语撰写的博埃修斯（Boethius）评论和鲁道夫·冯·埃姆斯的《世界编年史》（*Weltchronik*，约 1240 年）之中。[20] 诗歌和散文故事中对亚历山大事迹各种各样的吟诵，将一个神话般的印度留在了德国人的记忆里，[21] 十字军东征期间和十字军东征以后，德国诗人当中出现了一种采用东方背景、引进亚洲人物和物品的创作倾向，[22] 但一直到蒙古人进入欧洲，以及由此导致的 1240—1241 年西里西亚（Silesia）和摩拉维亚（Moravia）的惨败，亚洲的地名、人名对德国人来说仅仅是作为名字而存在。之后，关于东方的知识主要通过《马可·波罗游记》和其他中世纪游历家而传到德国的知识界。1400 年前后，梅斯（Metz）的传教士奥托·冯·迪默兰根（Otto von Diemeringen）将拉丁文和法文版的《曼德维尔游记》翻译成活泼的德文。[23] 印刷术发明之前，《曼德维尔游记》可能在德国比在其他国家更受欢迎，因为现存的 300 个手抄本中，有 65 个是德语的。[24] 通俗文学越来越青睐东方题材和人物，比如，在《恩斯特公爵》（*Herzog Ernst*，14 世纪）中，很多事件发生在"神奇的印度"，并且频繁地提到印度的王子和公主以及他们神奇的戒指、宝石和用金线织成的衣服。"契丹"这个名字像《马可·波罗游记》和《曼德维尔游记》中的其他名词一样，在 15 世纪广为人知，经常出现在韵文故事中。[25]

德文版的《马可·波罗游记》中影响最大的，是印刷商弗里茨·克罗塞（Fritz Creusser）1477 年（见第 2 幅插图）在纽伦堡出版的，根据其方言特征和拼写

331 偏好，这个匿名译本可能是在纽伦堡翻译的。1481 年，安东·索尔格（Anton Sorg）在纽伦堡出版了一个新的、独立的译本，[26]《马可·波罗游记》通行的皮皮诺（Pipino）拉丁文版收入《新世界》（1532 年）里面。《新世界》是西蒙·格里诺伊斯根据约翰·胡提（Johann Huttich）收集的资料，在巴塞尔编辑出版的。两年之后，内科医生兼作家迈克尔·赫尔（Michael Herr）用德文意译了《马可·波罗游记》，[27]1574—1582 年期间，巴伐利亚施特劳宾（Schraubing）市的秘书长西蒙·施瓦兹（Simon Schwartz）根据皮皮诺版本，精心翻译了一个新的译本，该译本最初虽是受巴伐利亚的威廉公爵委托翻译的，但一直没有出版。[28]后来，辞典编纂家希罗尼默斯·梅吉塞尔（Hieronymous Megiser，约 1553—1618 年）根据皮皮诺版的《马可·波罗游记》将其译成德语，收入自己的《鞑靼史》（Chorographia Tartariae，莱比锡，1610 年）当中。[29]通过对《马可·波罗游记》德译本的简单梳理，可以清晰地看出，整个 16 世纪，《马可·波罗游记》在德国一直占有十分突出的地位。

与此同时，印刷版的《曼德维尔游记》也非常流行，几乎可以和《德国民间故事集》（Volksbuch）相提并论，[30]《德国民间故事集》是供人娱乐的传统小说、诗歌汇编。《德国民间故事集》一开始是为贵族准备的精装本，到了 16 世纪，德国的印刷商开始面向大众，印刷带有插图的漂亮版本。[31]《曼德维尔游记》的第一个插图本是奥格斯堡的安东·索尔格于 1481 年出版的，我们知道，安东·索尔格是曾经印刷过《马可·波罗游记》的出版商。从 1481 年到 1507 年，《曼德维尔游记》在德国又出版了其他的 8 个版本。[32]此后，《曼德维尔游记》的德文版出现断裂，原因可能是新教徒认为曼德维尔对朝圣者和东方奇迹的描写太"天主教化"了。1560 年出版了一本民间故事集，对《曼德维尔游记》进行嘲讽。[33]1580 年以后，《曼德维尔游记》又开始以新的插图本面世，这可能是为了弥补以前被销毁的旧版本。[34]

根据 1509 年的奥格斯堡版本，游历家福图内特斯（Fortunatus）为了寻找财富来到曼德维尔所说的印度，并在那儿做了短暂的逗留，他解释说，亚洲人从来没有想过到欧洲来，因为他们认为离开自己温暖、富庶的家乡，到一个寒冷、不适于居住的大陆，是愚蠢的行为。[35] 16 世纪初，《曼德维尔游记》还因

332

为当时出现了简报这种文体形式而在德国赢得了新的可信度，因为简报里面记述了葡萄牙人和西班牙人在印度、美洲看到的很多神奇的东西。这些简报中记述的事情很快就被翻译成德文的长篇游记进一步充实、佐证了。[36]纽伦堡的内科医生、皮克海默的朋友约布斯特·路凯默尔（Jobst Ruchamer）将蒙塔尔博多的《新发现的国度》（*Paesi novamente retrovati*，1507 年）译成德语，名为 *Neue unbekanthe Landte*，并于 1508 年出版。翌年，巴尔塔萨·斯普林格（Balthasar Springer）在奥格斯堡出版了他的《印度纪行》，这是巴尔塔萨往返印度的个人游记，汉斯·伯格迈尔（Hans Burgkmair）为其绘制了大量的插图。[37]瓦尔塔马（德语中通常称其为 Barthema，甚至 Vartomann）的《博洛尼亚人卢多维科·迪·瓦尔塔马游记》1515 年由迈克尔·赫尔译成德语，由于该书当时非常受欢迎，很快便在 1516 年、1518 年重印出版，1556 年这个德语版本出版了第九版，也是最后一版。对德国读者来说，瓦尔塔马很快成为旅游者中的标志人物，他的肖像出现在了世界地图上。[38]他是近代的曼德维尔，他的书比 16 世纪的其他游记更多地出现在当代的书店和图书馆里。[39]

对于 1492—1515 年间海外发现中的重大事件，德国、捷克文学界和人文主义者的最初反应是怀疑和犹疑，[40]塞巴斯蒂安·布兰特（Sebastian Brant，1457—1521 年）的故事说明了这一点。布兰特是斯特拉斯堡人，1475—1501年期间居住在巴塞尔。[41]尽管学的是法律专业，布兰特对拉丁语文学非常感兴趣，热衷于将其翻译成其他语种。1493 年，约翰·伯格曼·冯·奥尔珀（Johann Bergmann von Olpe）在巴塞尔开了一家印刷厂，布兰特便做了他的文学顾问。这是布兰特喜欢的工作，因为他一直渴望用德语写一部宏大的著作，让公众了解他对德国和天主教未来发展的深切关注。1493 年，伯格曼用拉丁文出版了图画版的哥伦布宣布发现美洲的信函。第二年，布兰特为伯格曼编写了一本西班牙征服格拉纳达的拉丁文著作，该书重印时增加了哥伦布的信函以及布兰特写的一首拉丁文诗，诗中颂扬了资助哥伦布航行、信奉天主教的费迪南国王，表达了他希望德国也能出现这样的国王的热切愿望。他说："如果真能出现这样一位国王的话，那么德国很快就会征服整个世界。"[42]

布兰特像他的德国同仁一样，是文化民族主义的强劲鼓吹者，他在用民族

333

语言创作的作品中极力宣传这一观点。他最重要的作品《愚人船》1494年由伯格曼出版，这是一部讽刺韵文集，嘲讽了人类的各种愚蠢行为。布兰特创作这些道德诗的目的是要表明，只要德国人沉陷在罪孽之中，他们就永远无法完成他们神圣的使命——采取罗马的政权统治形式。为了德国的安全，为了继续对威胁德国的土耳其人进行圣战，必须要推进道德改革。面对信仰衰落的情况，布兰特这样写道：

> 我们的信仰曾在东方坚不可摧
>
> 它折服了整个亚洲
>
> 信仰之花在摩尔人和非洲的大地上盛开
>
> 但这一切现在都离我们远去了
>
> 甚至最坚硬的岩石也为此悲痛。[43]

考虑到布兰特对德国国内的事务充满忧虑，我们不难理解尽管他认识到了哥伦布航海发现的重要意义，却对海外探险没有表现出太大的热情。在《周游世界》（*of experience of all lands*）中他这样总结道：

> 有些人到国外去探险
>
> 但他们并不理解其意义，
>
> ……
>
> 因为那些渴望海外冒险的人
>
> 不能全心全意地献身于上帝。[44]

康拉德·波伊廷格（1465—1547年）是奥格斯堡的人文主义者，他是布兰特的朋友，两人有信函往来，波伊廷格从另外一个方面说明了德国人早期对航海发现的反应。波伊廷格是韦尔泽家族（Welsers）的成员，能直接从葡萄牙搜集海外发现的信息，收藏海外的奇珍物品。1505年，第一批到印度去的德国人中就有奥格斯堡人，这令他感到非常自豪。[45]但是，尽管波伊廷格对收藏海外珍稀物品兴趣浓厚，也热衷于收集海外航行和印度的有关资料，但从理性上来说，他并不认为他那个时代的人比他热爱的古人对世界了解得更多。1506年，波伊廷格在斯特拉斯堡出版了他的《杂谈集》（*Table-Talks*），书中深入地思考了葡萄牙人发现的印度海上航线，[46] 他在讨论时提出这样一个问题：古人是否知道经由非洲到达印度的航线？他认为科尼利斯·尼波斯（Cornelius Nepos）、普林尼、旁波尼乌斯·梅拉有可能知道这条航线。为了得出自己的结论，他不加批评地接受了尼波斯的故事，尼波斯认为从印度来的航海家有一次被风暴吹到了德国的海岸上。

在德国知识分子当中，历史学家、宇宙学家和地理学家比其他人更乐于接受海外发现的知识，但也只是从表面上看到了其价值。纽伦堡的内科医生、藏书家哈特曼·谢德尔（1440—1514年）出版了《世界历史》（*Weltchronik: Nachdruck [der] kolorierten Gesamtausgabe von 1493*，纽伦堡，1493年）一书，这本书和传统的编年史有很大不同，它依据的主要是现代资料。在帕多瓦接受教育的谢德尔敏锐地认识到意大利人文主义者的巨大成就，谙熟他们的历史方法。在写作《世界历史》的时候，谢德尔以奥古斯丁会修士（Augustinian Eremite）弗雷斯蒂·达·伯加莫的《编年史补遗》（威尼斯，1483年；第二版，1485年）为榜样，采用伯加莫的世界历史分期，将其划分为六个阶段，最后一个时期从耶稣诞生算起。[47] 选择伯加莫做榜样让谢德尔的《世界历史》囊括了更多的印度知识，因为伯加莫的《编年史补遗》，特别是其第二版中有大量的传统印度故事，以及波吉欧对孔蒂东方之旅的记述。谢德尔丰富了伯加莫对印度的描述，因为他提到埃涅阿斯·西尔维乌斯·比科罗米尼（教皇庇乌二世）的《亚洲》（*Asia*，威尼斯，1477年），而在所有的外国宇宙学家和人文主义者当中，埃涅阿斯·西尔维乌斯·比科罗米尼是最有影响、最受尊敬的一位。[48] 由于谢德尔的《世界历史》的拉丁文版和德文版都附有大量的插图，很快就受到专家学者和普通大众的喜爱。

阿尔萨斯-洛林大区（Alsace-Lorraine）的地理学家和宇宙学家对从伊比利亚，经巴黎、安特卫普，传播过来的海外发现信息反应迅速，他们张开双臂，毫无偏见地接受这些信息。1505年，年轻的诗人和地理学家马蒂亚斯·林曼

（Matthias Ringmann，1482—1511年）在斯特拉斯堡出版了亚美利哥·韦斯普奇1503年写给洛伦佐·德·美第奇（Lorenzo de'Medici）的信函，信中报告了他的第三次美洲之行的情况。[49]两年后（1507年），林曼迁居洛林大区的圣迪耶（St. Dié）。在这儿，耶路撒冷名义上的国王勒内二世（René II）曾资助几位地理学家和印刷商修订托勒密的著作。在圣迪耶，林曼和马丁·瓦尔德泽米勒（约1470—约1522年）及其他人合作，编写了著名的《宇宙志导论》（*Cosmographiae introductio*，1507年），在这本书中，西半球第一次被命名为"美洲"。[50]在书中涉及地理的部分，瓦尔德泽米勒罗列了托勒密不知道的岛屿，包括当时坐落在"西部大洋中"的爪哇和吉潘古（Zipangri，日本）。[51]此时的瓦尔德泽米勒正为亚美利哥·韦斯普奇的成就所深深吸引——尽管他后来又改变了看法，因此在他的《宇宙志导论》第二部分收入了译成拉丁文的佛罗伦萨人韦斯普奇四次航行时写的信函。韦斯普奇的第四次航行是1503年出航马六甲，马六甲是"所有来自恒河、印度洋的船只停泊地，就像加的斯（Cadiz）是所有从东方到西方来的船只停靠港一样"。[52]韦斯普奇虽然没有完成他的东方之旅，但他的确在葡萄牙占领马六甲之前，就让德国人知道了马六甲的重要战略位置。韦斯普奇的书信很快便和另外一个名为《世界概述》（*Der welt kugel Beschrybung*，1509年）的小册子一起译成了德语，出版这本书的是斯特拉斯堡的约翰·格里恩宁格（Johann Grieninger），他显然看出了出版德语的地理书和宇宙学著作的商机。这一时期，约翰·格里恩宁格在纽伦堡和奥格斯堡的同行投资翻译，将从意大利传播过来的书籍译成德语出版，或重印出版。[53]

　　不是所有的早期宇宙学家都欢迎新的地理发现。康拉德·塞尔提斯（1459—1508年）是一位喜爱漫游的人文主义者，也是一位爱国的地理学家，他太偏爱希腊文化和德国了，因此对海外发现反应冷淡，他对中欧以外的地理轻描淡写，而且秉承传统的看法。对他来说，印度是一个被热浪侵袭的遥远国家，中国只是丝绸之乡。[54]但圣加伦（St. Gall）的若阿西姆·瓦蒂安（Joachim Vadian，1481—1551年）却认为要挑战古人的权威，乐于接受那些到更远的地方游历、见多识广的现代人的思想。在他的拉丁文版（1518年）、探讨旁波尼乌斯·梅拉的地理知识的书中，瓦蒂安丰富了原有的内容，将当时西班牙人、葡萄牙人的地理发现包括进去。[55] 威利巴尔德·皮克海默将托勒密的地理著作翻译成拉丁文，于 1525 年在斯特拉斯堡出版，但书中只字未提当时流行的新知识。不过他的图书馆里收藏了很多关于海外发现的图书，[56] 并在他的《德国》（*Germaniae*，1530 年）中增加了一个附录，试图把托勒密的地理名称和当时葡萄牙人使用的地理名称对应起来。或许是受到波伊廷格的影响，皮克海默在第二个附录中试图证明古代的航海家曾经到过非洲，但他没说在麦哲伦之前有人进行过环球航行。[57]

在试图将新的地理知识融进旧的地理知识的同时，知识界也致力于汇编世界各地的礼仪与习俗书籍。乌尔姆的贵族约翰内斯·斯塔姆勒（Johannes Stammler，1525 年去世）出版了一本比较宗教方面的著作，名为《世界各国宗教对话录》（*Dialogus de diversarum gentium sectis*，1508 年），里面较为公正地提到了鞑靼人的宗教信仰和宗教仪式。[58] 可能正是这本书启发约翰内斯·博姆（Johannes Böhm，1485—1535 年）编写了他备受欢迎的民间故事和民风民俗集《世界各国道德》（*Omnium gentium mores*，兰茨胡特，1520 年），约翰内斯·博姆通常被称为博埃姆斯。[59] 博埃姆斯是乌尔姆大教堂的教士，也是一位希伯来语学者，他把古代的、中世纪的、15 世纪的材料按时间顺序编成一个人种学纲要，用自己对人类行为多样性、对异域国家法律和政府的评价，将之贯穿起来。博埃姆斯希望通过汇聚这些当时可以得到的资料，让他的读者做出明智的判断，判断什么样的风俗习惯最有利于他们国家总体上的和平发展。该书对距欧洲最遥远的国家描述得最详细，对其人种、风俗都进行了详尽的描述。博埃姆斯对印度的描述几乎涵盖了古人对印度次大陆的一切记录，在描述蒙古人和契丹人时，他主要参考了 13 世纪的游历家柏朗嘉宾的约翰（John de Plano Carpini）的记述，但不论是最初的版本还是 1536 年的增订本，都没有包括西班牙和葡萄牙关于东方大发现的报道，[60] 而且令人奇怪的是，博埃姆斯的这本书在 16 世纪也没有译成德语。

但这并不是说德国人就没有受到博埃姆斯著作的影响。德国著名的文体学家、历史学家、宗教论辩者塞巴斯蒂安·弗兰克（1499—1542 年）就对这本书很感兴趣。弗兰克是多瑙沃特（Donauwörth）人，1524 年被任命为天主教堂的

336

神父，此后很快成为路德教派的教长。1528 年，他在纽伦堡娶了奥蒂利娅·贝海姆（Ottilia Behaim），该市一个名门望族的女儿。也就在这一时期，弗兰克收到了瑞士路德教派的安德里亚斯·阿瑟曼（Andreas Althamer）给他寄来的博埃姆斯的书。在这本书的启发下，再加上纽伦堡的图书馆资料任他使用，弗兰克开始郑重地设计他的重要历史著作《重大事件编年史》（*Hauptchronik*），显然，他打算撰写一部宏大的著作，包括三到四部：截至 1529 年或 1530 年的世俗编年史；宗教或教会编年史；涵盖世界上所有重要国家和民族的《世界书，全球景观和图像》。但这部巨著的第四部没能完成，里面打算探讨世界各民族的习俗和信仰。[61]

弗兰克的《世界书，全球景观和图像》最初是 1534 年在图宾根以单行本出版的，[62] 在总体框架和基本的篇章结构上模仿了博埃姆斯的著作。弗兰克毫不隐讳地承认这本书既是资料汇编，也有自己的评价和看法，他对博埃姆斯的编译在文体上更为活泼，而他增添的新材料更富有宗教蕴含。他不是从世俗的角度，不带偏见地对待非基督徒的，而是把他们都视为耶稣基督的孩子，像对待基督徒一样，一视同仁。在描述海外民族时，弗兰克增加了很多当时能够找到的最新资料，大大地丰富了博埃姆斯的描述。他非常排斥《曼德维尔游记》，认为里面的说法太离谱。在《世界书，全球景观和图像》的前言中，弗兰克解释说要了解遥远的异域是多么的不容易：因为"100 个地名中有 99 个和托勒密的叫法不一样"。当参考的资料有不一致的地方时，他直截了当地宣称，他相信现代游历家的看法，而不相信古代或中世纪的描述。他告诫他的读者，不要仇视其他民族，也不要指责他们的习俗。他要他的读者记住："没有建立法律体制的异教徒实际上一切都是按照法律要求去做的，尽管他们没有法律，但他们知道如何约束自己，法律存在于他们的心灵深处"（"罗马人"，第二部，第 14-15 页）。

弗兰克的《世界书，全球景观和图像》像博埃姆斯的礼仪、习俗汇编一样，按地理分布划分成非洲、欧洲、亚洲、美洲四个部分，不过对美洲的描述比较简略。弗兰克对亚洲的描述比对非洲和美洲的描述加在一起还多，在描述埃塞俄比亚时，弗兰克承认他借鉴了瓦尔塔马的游记；[63] 在描写印度时，尽管没有说明，他同样参照了瓦尔塔马对沿海城市的记述和对香料产地的描述。将两部作品进行比较，可以看出弗兰克完全沿用了瓦尔塔马对印度地名的拼写方式，并将葡萄牙人在印度活动的时间截止到 1506 年，而瓦尔塔马正是在这一年离开印度的。弗兰克对契丹的描述依赖的是中世纪的游记，但又指出大黄出自"秦尼"（Kini），马六甲向"秦国"（Cini）国王纳贡。[64] 在描写马六甲的时候，弗兰克引用了曼努埃尔国王致教皇利奥十世的信函，该信函当时已收入《新世界》（1532 年），并指出马六甲的商人中有"中国人"的身影。[65] 在亚洲部分的结尾，弗兰克称赞异教徒禁欲的美德，说亚洲人勇敢地忍受疾病，蔑视死亡。在对亚洲的认识上，弗兰克增加了大量的新材料，这些关于亚洲的新知识第一次进入了德国人的历史思考和历史书写。在这方面，没有其他人比他对德国的影响更大的了，因为时至今日，弗兰克依然被视为德国散文大师和世界史先驱。[66]

　　《世界书，全球景观和图像》出版不久，德语散文著作《教义问答录》（*Lucidarius*）在内容上就有了很大改变。《教义问答录》是 12 世纪末以来的《世界书，全球景观和图像》，其初衷是为普通信徒准备的简易教义手册，记载的是当时流行的宗教信仰和知识界用拉丁文流传下来的关于世界的知识。[67] 传统的《教义问答录》分成三卷，象征着圣父、圣子、圣灵三位一体，并在第一卷中将已知的世界分成三部分。这部类似中世纪知识大杂烩的书把亚洲作为世界的第一部分，将其描述为一个财富遍地、居住着奇异的人民和动物的地方。印刷术发明以后，《教义问答录》的宗教内容逐渐减少，世俗材料特别是地理知识和自然史成分日益增加。1534—1535 年前后，在雅各布·卡默兰德（Jacob Kammerlander）的建议下，斯特拉斯堡出现了一个专门为新教徒准备的"改良版"的《教义问答录》，[68] 这也是融会了现代材料的第一个版本，书中对亚洲和非洲的记述参照的是《世界书，全球景观和图像》，而不是《教义问答录》早期的手抄本和印刷本。

　　法兰克福版的《教义问答录》很快流行起来，这个版本根据卡默兰德的建议，增加了地理方面的知识，印刷商还在他们印刷的版本上加上了宇宙结构图，旨在说明他们以及公众对海外发现的关注。[69]1549 年，该书的扉页上出现了一幅风向频率图版画，1566 年至 16 世纪末的版本上增加了"农夫的罗盘"，而 1580 年以后的版本中，世界地图成为标志性的图画。[70] 散文性的德语《教

338

义问答录》流传到临近的国家，有了丹麦语、捷克语、荷兰语版本。在德国，《教义问答录》中简易的地理知识经常出现在印刷商为普通大众准备的日历和编年史上。1587 年出版的《浮士德书》（*Faustbuch*）就有《教义问答录》的某些内容。[71]

在斯特拉斯堡，与"改良版"的《教义问答录》同时出现的，还有迈克尔·赫尔翻译成德文的《新世界》（1532 年），德文为 *Die New Welt*（1534 年）。[72] 巴塞尔的西蒙·格里诺伊斯（1541 年去世）在准备撰写拉丁文版的《新世界》时，得到约翰·胡提（1480—1544 年）和塞巴斯蒂安·明斯特的帮助。明斯特为《新世界》作了序，三人都对宇宙学感兴趣，热衷于收集世界各地的地理、历史资料。在他们那个时代，巴塞尔是商业、宗教和学术中心，是位于尼德兰和意大利之间的莱茵河的贸易中心，也是宗教避难所，缺乏宗教宽容的地区的人们往往到这里避难。明斯特很可能从格里诺伊斯那儿受到许多启发，得到很多材料，并于 1524 年开始撰写他的《宇宙志》（*Kosmographie*），该书最终在二十年后出版。在编著这本书的过程中，明斯特得到了很多对宇宙学感兴趣的学者的帮助，像波伊廷格、贝亚图斯·雷纳努斯、博尼法兹·阿默巴赫（Bonifaz Amerbach）、康拉德·格斯纳等。[73]

明斯特在他的著作中一开始对地理学花费精力最多，他很明显受到洛林版的托勒密著作和瓦尔德泽米勒的地图册及编年史的影响，打算将他的《宇宙志》写成一部地图集，里面既要有地图，也要有简洁的文字说明。有一段时期（1527—1529 年），他把主要精力放在对希伯来人的研究上，但很快就设计了一个雄心勃勃的计划，要详细地描述整个世界。他的计划纲要在《宇宙万象》（*Typi Cosmographici*，1532 年）中第一次清晰明了地表露出来，后来他在《宇宙万象》的基础上写出了《新世界》。在《宇宙万象》里面，明斯特明确表示他对同时代人的地理和人种发现感到自豪，这些都是托勒密和普林尼完全不知道的。明斯特以世界地图为核心，以游记为材料，大谈特谈他的"新世界"。他所说的"新世界"包括古人不知道的所有地区，这个名词像他的著作一样，产生了广泛的影响。明斯特和他同时代的其他人一样，将新发现的亚洲和美洲视为"新世界"的重要组成部分。[74]

有一段时间，明斯特和法兰克福的印刷商克里斯蒂安·埃格诺尔夫（Christian Egenolf，1502—1555 年）一起合作，埃格诺尔夫印刷了多种流行的德文书籍。1535 年前后，埃格诺尔夫自己出版了一部编年史，描述了世界上的各个地区。[75] 他的编年史止于 1525 年，记述了他所知道的卡利卡特和葡萄牙人早期在印度的征服活动。[76] 尽管埃格诺尔夫把美洲视为世界的"第四个组成部分"，但奇怪的是他没有提到麦哲伦的环球航行。这本书中有很多木版画，其中一幅表现的是葡萄牙人在卡利卡特与印度人战斗的场景。从这本书的叙述中可以明显地看出来，明斯特与之合作的这个印刷商对亚洲发现了解很多。

340

1536 年，埃格诺尔夫出版了明斯特的《欧洲地图》（*Mappa Europae*），这是他早期德文版《德国概述》（*Germaniae descriptio*，1530 年）的扩充本。尤为可贵的是，埃格诺尔夫根据收入《新世界》的海屯的著作和马可·波罗的游记，在这幅"欧洲地图"上加入了鞑靼和鞑靼人。德文版的《欧洲地图》大受欢迎可能让明斯特产生了要用拉丁文和德文出版他的《宇宙志》的想法，但首先要用德语出版。在致力于出版他一生的重要著作《宇宙志》之前，他于 1538 年至 1540 年期间，用拉丁文编辑出版了旁波尼乌斯·梅拉、卡尤斯·尤利乌斯·索利努斯以及托勒密的地理著作。[77]

从 1540 年开始，明斯特终于开始将收集来的大量资料进行分析研究，写成他的《宇宙志》第一版，该书 1544 年在法兰克福秋季书展上销售。明斯特和印刷商有着长期的友好合作关系，再加上他本人在版画方面非常有造诣，因此他手头积攒了大量的木版画地图和其他图片资料。像以前一样，他在这本书中插入了地图、图片和文字说明。该书的第一版由于急于参加法兰克福书展，因此出现了很多错误和遗漏，不过很快就售罄了。在此后五年的 7 个版本中，明斯特不断地进行修订和丰富，增加了很多新内容和高质量的木版画。其他人也在帮他寻找更好的插图，版画家汉斯·鲁道夫·曼努埃尔·多伊奇（Hans Rudolf Manuel Deutsch）对于提高该书的版画水平做出了重要贡献，当然，在个人木版画上他也是一个举足轻重的人物。明斯特和他的巴塞尔出版商海因里希·彼特里（Heinrich Petri）都认为插图本会增加图书的销售量，他们的判断是正确的，明斯特的定本《宇宙志》于 1550 年出版了德文版和拉丁文版，到 1638 年已经出版了 35 个版本，明斯特去世后又用德语、拉丁语、法语、意大利语、捷克语出版了一些增订本、扩充本，还出版了一些英文的精华本。[78]

仔细研究《宇宙志》可以看出，相对于古典资料和现代资料哪个更可靠，明斯特更关心如何将有关亚洲的所有资料都保存下来。[79] 和他同时代的许多人一样，明斯特对因原始文本的丢失而导致的既往知识的流失深感震惊，同时也为古代和中世纪的知识在百科全书式的著作中保存下来而感到庆幸。[80] 因而，相对于选集，他更看重全集。他很少以编年史或权威与否来区分作者，而是更关注作者探讨的主题。关于印度，斯特拉博、普林尼的著作和海屯、瓦尔塔马的著作一样为他引用，有关印度的传统故事和当时获得的印度信息一样重要，他描写亚洲的材料来源主要是《新世界》里面的游记和从其他地方获得的零碎知识。[81] 他把自己所知道的一切都写进了他的百科全书式的《宇宙志》，这一点从他在有生之年不断地修改《宇宙志》可以看出来。比如，1545 年出版《宇宙志》德文版第二版时，他就增加了关于苏门答腊和中国的内容。[82]

对明斯特来说，没有什么材料是无用的，不管是真实的还是虚构的。在他看来，苏门答腊是一个盛产紫胶的国家，从紫胶中提炼出漂亮的红颜料；爪哇是一个将老人和无用的人吃掉的岛国；[83] 而东方对明斯特来说几乎不是一个真实的存在。很多后来对他的《宇宙志》进行编纂的人，特别是弗朗索瓦·德·贝勒福雷，增加了很多真实的材料，引用了一些古老的神话传说，指出其材料来源上的矛盾之处。[84] 但对明斯特和他的出版商来说，《宇宙志》的德文版尽管风格上有欠缺，材料有局限性，有些甚至完全不真实，但它带来了巨大的经济效益，这也许是因为它百科全书式的、不加批判的精神，以及大量使用插图，吸引了众多的德国读者，他们立即将其视为《家庭读物》(Hausbuch)，作为茶余饭后的谈资。另外，《宇宙志》中也很少有让读者不满意的地方。明斯特对历史的认识从本质上来说带有神学色彩，语气上也没有引发争议的地方。很多天主教国家都允许《宇宙志》自由流通，有的要求做少量的删节。尽管明斯特是一位历史学家，但他不关心神学问题，在描述或叙述时不做道德判断。[85] 总的来看，他不关心遥远国家历史变化的可能性，不过他向他的德国读者指出，自古罗马时代以来，北欧有了极大的发展，文明进步了许多。简而言之，他为他的读者写作，并向读者证明自己对他们的阅读趣味有着敏锐的把握，是一个有鉴别力的作者。

16 世纪中期，其他通俗文学作家采取和明斯特相似的策略，纽伦堡"工匠诗歌"（Meistersinger）的代表诗人汉斯·萨克斯（1494—1576 年）是古往今来最多产的。同时，他也是游记文学的热心读者，拥有布雷登巴赫（Breydenbach，美因茨，1486 年）的《博洛尼亚人卢多维科·迪·瓦尔塔马游记》（*Ludovicus Vartomanus [Varthema] der lant farer*）以及希尔特贝格（Schiltberger，纽伦堡，1542 年）的游记。[86]但在汉斯·萨克斯的歌谣、寓言、故事和剧本中，又没有游记的踪影，这也许是因为新教徒敌视天主教的朝圣和海外扩展活动。"印度"在萨克斯笔下是古代和中世纪作家作品中的奇异之地，由于经常在诗中引用这些材料，他似乎很在意他那为数众多的新教读者的观点和感受。他从《罗马故事集》、《七贤哲》中引用了大量故事，[87]在描绘动物和鱼类的诗篇中，他从自然史中汲取了大量的知识。[88]萨克斯在其戏剧《东方的威廉》（*Wilhelm von Orlientz*）中，从歌谣作家鲁道夫·冯·埃姆斯的作品中提取了一个情节，讲述的是英国国王将女儿嫁给印度国王海尔莫（Helmo）的长篇故事，[89]但萨克斯没有使用现代资料，尽管他的个人图书馆里藏有很多关于东方的书籍。

二、新教和天主教在亚洲认识上的分歧

施马尔卡尔登战争（Schmalkaldic wars，1555 年）的结束、查理五世的退位（1556 年）、法国和西班牙之间《卡托—康布雷齐和约》（1559 年）的签订、苏莱曼一世（1566 年）的去世，缓解了国内和国际的紧张局势，为德国人谋求和平提供了一个新的机会。由于德国是一个宗教上分裂的国家，信仰天主教的波希米亚、奥地利、巴伐利亚和西班牙的关系，德国西南部宫廷和法国的关系，这时都大为密切。以前，德国人只到意大利旅行，现在，德国西部和南部城镇的爵士、市民、学生越来越多地被吸引到法国和瑞士，加尔文教教义的传播对这一转向起到了很大作用。[90]1568 年，当荷兰人争取自己的民族独立时，很多德国的加尔文教徒支持他们，同荷兰的知识分子建立起密切的联系。荷兰的印

342

343

刷商、地理学家、作家也从他们备受战争折磨的家乡移居到法兰克福和其他德国城镇。德国在16世纪后四十年享受到了难得的和平，而战争的硝烟在欧洲外围——从地中海到北大西洋地区弥漫。

到这些地区去的德国人带回来关于海外发现和欧洲邻国文学发展的各种资料。1555年，维尔斯贝格（Wirsberg）的弗雷德里克（后来成为维尔茨堡 [Würzburg] 的主教）在罗马见到了皈依基督教的日本人伯纳多。伯纳多给了他一些日语书籍，当耶稣会士热罗尼莫·纳达尔（Jeronimo Nadal）1568年造访维尔茨堡时，这些书还在那儿的教堂里陈设着。[91]德国的图书市场也开始复苏，1564年，格奥尔格·维勒制作了法兰克福书展的第一批目录。[92]第二年，格鲁奇翻译成法语的卡斯塔涅达的第一本书，被译成德语在法兰克福附近出版。[93]1573年，一位不知姓名的译者将昆图斯·库尔提乌斯的亚历山大的传记译成德语出版。同一时期，法兰克福的出版商、收藏家西吉斯蒙德·费耶拉本德（约1527—1590年）开始出版各种译成德语的海外发现图书，其中最全面的是《编年史全集》（*General chronicon...*，1576年），[94]这是一部游记和地理书纲要汇编，收入了很多人的著作，像佛罗伦萨的安德里亚·科尔萨利（Andrea Corsali）的印度游记（1515年）、特兰西瓦尼亚的马克西米利安的麦哲伦航行记，以及奥索里奥的葡萄牙编年史。[95]几年之后，约翰·韦特泽尔将"亚美尼亚人"克里斯托弗的意大利传奇翻译成德语，讲述了三个锡兰王子游历的故事。[96]

法兰克福印刷商约翰·斯派斯（Johann Spies）在1587年第一次出版了《浮士德书》，讲述的是学识渊博的约翰·浮士德博士（Dr. Johann Faust，1541年去世）的事迹，浮士德的故事在他去世前就在德国流传。一位不知姓名的作者对之加以编辑，写下了这些故事，并在编辑的过程中加入了一些从古代学者、《教义问答录》、明斯特的《宇宙志》中借鉴过来的真实材料。魔法师浮士德有很多神奇的举动，其中最著名的是他为了寻找尘世天堂，飞越了很多地方，包括印度。这位匿名作者对印度的总体描述参照的是索利努斯的虚构作品，而在评价印度的城池时依据的是明斯特的著作。[97]在1597年出版的德国第一部喜剧小说《吕内堡》（*Lalebuch*）中，吕内堡被安置在"卡利卡特后面"强大的乌托

344

邦国家！1598 年的希尔特贝格版本中有一篇前言——致读者，前言中解释说，吕内堡人的故事之所以这么长时间才得以出版，是由于吕内堡这座城市太偏远，其语言太独特。整个 16 世纪，"卡利卡特"、"印度"在德国文学作品中成了人们所能想象到的最偏远地区的代名词。[98]

　　来自外部的刺激无疑激发了德国人对东方的兴趣，比如，乌腾堡的公爵克里斯托弗资助翻译法国流行的阿玛迪斯风格的作品，最终于 1569—1595 年间出版了 24 本这样的译作，里面涉及亚洲的地名、国王和人民。[99] 参加这项翻译工作的人中有当时德国最著名的讽刺文学作家约翰·菲沙尔特（Johann Fischart，约 1545—约 1590 年）。菲沙尔特在锡耶纳（Siena）和巴塞尔接受法学教育，1570—1572 年在佛兰德斯、英国、法国游历。除了拉丁文外，他还精通法语、意大利语、荷兰语，虽然菲沙尔特也到德国其他城镇游历、居住过，但他人生的辉煌时期是在斯特拉斯堡度过的。他是一个热心于新教特别是加尔文教的社会活动家，对耶稣会士、西班牙人和德国的同盟者收起他的批判锋芒，但他对所有的德国人持毫不容情的批评态度，批评他们对其他国家和其他民族的行为过分肯定，批评他们热衷于到国外旅行。他说，乌腾堡人频繁地到世界上其他地方游历，以至于当一个斯瓦比亚人（Swabian）① 来到亚洲时，他总是会问他从伯布林根（Beblingen）来的好朋友是否也在这儿。[100]

　　1572 年，当《巨人传》的第二部（1534 年）流传到德国时，菲沙尔特就读了这本小说，此后立志成为"德国的拉伯雷"。三年之后，他出版了他的重要作品《卡冈都亚》（*Geschichtklitterung*）第一版，是对卡冈都亚事迹的德文编译，[101] 1582 年和 1585 年出版了这部著作的修订本。虽然他希望"翻译"拉伯雷的其他作品，但这个目标一直没有实现，因此也就没有接触到庞大固埃的奇妙旅行。显然，他感到巨人卡冈都亚的事迹足够他用来讽刺他那个时代的德国人了，他只是用这个法国故事框架来编织故事，评判德国人的过去与现在。他对亚洲的提及只是附带性的，仅提到印度香料的美妙、印度戴鼻环的风俗，以及卡利卡特对魔鬼的崇拜。[102] 匹克罗霍尔（Picrohol，通常称呼他为

345

---

① 斯瓦比亚是中世纪德国的一个公爵领地，现在分属于德国西南部、瑞士和法国。——译者注

"Buttergroll")的计划比菲沙尔特翻译拉伯雷《巨人传》的计划更为宏大，他不想像赫拉克勒斯那样仅在直布罗陀海峡（Gibraltar）立两个庄严的柱子，而是试图更"实际"一点儿。他要填平直布罗陀海峡，开辟一条从欧洲到非洲到亚洲的陆路通道。为了将一个个国家连接起来，他要在海上架起桥梁，如果大海阻挡他这样做的话，他就会轻蔑地将它们排空，利用古老的运河把海洋中的水引到月球上去！[103]

从菲沙尔特的诗中可以看出，他对 16 世纪 70 年代在德国流行的耶稣会士书信比较熟悉，在《纳奇特拉波》（*Nachtrab*，1570—1580 年）中，他激烈地抨击耶稣会士在欧洲和亚洲的行为。对于那些怀疑他们在亚洲取得成功的人，耶稣会士的回应是让那些怀疑者到亚洲去，亲眼看一看那里的情况。菲沙尔特的回答是，既然耶稣会士对离自己国家较近的事务都会撒谎，那么对遥远地区的说法更不可信。[104]菲沙尔特尤其不相信沙勿略创造的奇迹和取得的成功，他预言，耶稣会团体和他们在亚洲强迫人们信仰基督教的做法，就像是用草木砖建造大厦，总有一天会轰然倒塌。[105]他讥笑耶稣会士到亚洲去弥补他们在欧洲的教徒流失，他嘲弄所有的德国人会心甘情愿地与"食人者"沆瀣一气。[106]在其他诗篇里，菲沙尔特大讲乡村生活的好处，赞美农夫，他们对从东方运到葡萄牙的大宗货物不感兴趣，而只满足于修剪自己的花园。[107]他在后期的诗歌中警告说，西班牙和葡萄牙王室的联合会给北欧带来灾难性的后果，他毫不掩饰地对西班牙无敌舰队的失败欢呼雀跃，声称英国击败西班牙的无敌舰队证明，西班牙人无法像征服海外世界那样，轻易地击垮北欧人：

> 在这里，他们不能像在印度那样，
> 把你们的舰队视为一只只小鸟。[108]

一些拉丁诗人也对海外发现做出了积极的反应，他们是从出版商印刷的世界概略中了解到这些信息的。这时，一种新的人文主义文学形式——被称为"旅行故事"（Hodoeporicon）的旅行与地貌文学，开始更多地涉及葡萄牙人在亚洲的情况。纳坦·齐特莱乌斯（Nathan Chytraeus，1543—1598 年）是罗斯托克

346

（Rostock）的古典文学教授，也是一位诗人，他在《欧洲游记》（*Hodoeporica...*，法兰克福，1575 年）中指出莱比锡作为香料市场的重要性。为了向读者说明香料的运输路线，他还创作了关于卡利卡特和里斯本的拉丁文诗歌。[109] 还在莱比锡学法律的时候，马丁·开姆尼茨（1561—1627 年）就在一首长篇叙事诗中称颂葡萄牙征服亚洲的壮举，并将这些成就归功于麦哲伦的环球航行。[110] 像卡蒙斯一样，他关注的是瓦斯科·达·伽马的航海。和其他地方的诗人一样，马丁·开姆尼茨对葡萄牙征服的国家名字津津乐道。纳坦·齐特莱乌斯和马丁·开姆尼茨这两位拉丁诗人都在其诗作中对亚洲进行了描述，因为莱比锡在香料贸易中短暂的战略地位，使得德国北部和中部对亚洲产生了新的兴趣。[111]

拉丁诗人不是德国新教徒中唯一对海外发现感兴趣的人，路德教派教师、马格德堡（Magdeburg）的牧师格奥尔格·罗伦哈根（Georg Rollenhagen，1542—1609 年）写了一些带有教诲性而又不乏趣味的诗剧，让他的学生演出，这些诗剧多数是根据古代和现代世俗作品中的主题和场景写出来的。在名为《托比阿斯》（*Tobias*，1576 年）的诗剧中，罗伦哈根写了一个最终源自瓦尔塔马作品的故事，瓦尔塔马这位意大利游历家讲述了这样一个故事，这个故事属于"带毒少女"（Giftmädchen）的传统文学系列，说是印度坎贝的苏丹呼出的气息有毒，能致人以死命。对罗伦哈根来说，这个故事既有娱乐性，也是一种警告，警告观众特别是那些天主教徒，不要和外国人有太密切的联系，不要太多地受异域思想的影响。[112]

还在威登堡求学的时候，罗伦哈根就听说了伪荷马史诗中青蛙和老鼠的故事，这个故事是 1549 年从希腊文的《蛙鼠之战》（*Batrachomyomachia*）译成拉丁文的，并且很快在学术圈里流行开来。[113] 作为一种借动物反映人类生活的形式，这个故事很快成为讽刺的工具，从 1565 年到 1595 年，罗伦哈根根据这个希腊故事写出了自己的诗歌，名为 *Froschmeuseler*（1595 年）。作为一个动物寓言，这首道德讽喻诗在德国一直流行到 18 世纪。诗的前两部分采用的是《五卷书》的框架，而《五卷书》中的故事通过安东·冯·普福尔出版的德文版的《七贤哲》（乌尔姆，1483 年）得以传承下来。[114] 诗中有很多章节或者说其道德寓意，参照了关于印度的传统寓言或信仰，罗伦哈根与众不同的是，他敏锐地认识到

347

这些古老故事的虚构性，因此，他是在讽刺和教诲层面上利用这些故事的。比如，在印度掘金蚁的故事中他追问蚁洞通向哪里，是不是通向萨克森。[115]同时，他还让他的儿子加布里埃尔以练习拉丁文为名，收集了35个"真实的谎言"或迷信故事，知识分子都把这些"真实的谎言"或迷信故事同遥远地域的奇异动物联系起来。[116]

信奉新教的历史学家像菲沙尔特一样，不愿相信天主教徒、世俗学者或耶稣会士的说法，这些人大讲他们在亚洲取得的成功，看到的亚洲国家和人民。菲利普·米兰希顿（Philip Melanchthon，1497—1560年）在从1555年到他去世所做的有关世界史的演讲中，没有谈到或提到美洲与亚洲。[117]历史学家大卫·齐特莱乌斯（David Chytraeus，1531—1600年）是威登堡米兰希顿圈子里的成员，他在自己撰写的撒克逊编年史中加入了有关鞑靼的内容，并根据达米奥·德·戈伊斯的著作，讲述了埃塞俄比亚的基督教信仰情况。[118]不过他的编年史中没有任何地方谈到葡萄牙和耶稣会士在亚洲的活动，尽管1580年前后莱比锡很有希望成为香料贸易的重要支柱。但这一事件在信奉新教的历史学家那里没有留下多少文字记载，反而是日本使团出使南欧（1584—1586年）这个事件，最终让心存疑虑的新教徒相信耶稣会士的说法总体上来看是正确的。1580年的"小册子文学"（Flugschrift Literature）①反对西班牙的统一君主观点，很多小册子中都不愿承认菲利普是唯一拥有海外控制权的欧洲君主，[119]1585年的一个匿名小册子甚至呼吁路德教派将自己的传教团派往日本。[120]四年后，法兰克福出现了门多萨《中华大帝国史》的德文和拉丁文译本，其中拉丁文译本是献给安东·富格尔（Anton Fugger）的，但是，尽管有这么多的书籍传播，远在萨克森的新教教徒对东方发现的反应却只有疑虑和迟迟不愿接受。

348　　莱比锡著名古典文学和历史学教授马蒂亚斯·德莱塞（1536—1607年）1581年之后的情况很好地说明了新教徒的反应，德莱塞教授的生平和创作在

---

① Flugschrift 的意思是"能够迅速散布的文章、读物"。当印刷术在德国普及的时候，呼吁宗教改革的人们把印刷品作为轻便的传教手段加以广泛利用。Flugschrift 主要以政治、思想、宗教等问题的争论、说教、叙述和讽刺等内容为主。——译者注

他那个时代正统的路德派人文主义者中很有代表性。到 1590 年的时候，他的所有作品都列入了教皇书目索引。作为一名历史学家，他有义务讲授《但以理书》（*Book of Daniel*）中划分的传统的"四个君主制国家"之后的全部历史，可能是由于他认识到了这种划分的不妥之处，突然在 1598 年出版了门多萨的《中华大帝国史》的第一部，并撰写了《前言》。[121] 在《前言》中，德莱塞说他一开始对当时流行的中国知识表示怀疑，因为这个国家不为托勒密或斯特拉博所知。但他很快又抛开了这些怀疑，心想古人可能用的是另外一个名字称呼中国，就像信奉《旧约》的国王称美洲为"俄斐"一样。[122] 他想起古代的历史学家尤其是希罗多德，提到了亚洲特别是西徐亚人，而他很可能指的是中国人。他认为，这类重要的信息很可能很长时间以来都不为人所知，就像日本那样。马可·波罗就知道日本，但欧洲人一直到 1543 年葡萄牙商人到达日本后，才知道这个岛国的存在。马蒂亚斯·德莱塞承认，耶稣会士书信中也有很多地方谈到日本。中国人不为欧洲所知，因为中国的法律禁止中国人离开他们自己的国家。他还承认，中国人可能在几个世纪以前就使用印刷术了。他观察到，马丁·路德 1483 年出生前后，欧洲已经开始有计划地探索海外世界了，到马丁·路德 1546 年去世时，对海外世界的发现已接近完成，他认为，这暗示出上帝同时从两个方面来传达他的启示。马蒂亚斯·德莱塞说，从实际意义上来看，他之所以重新出版门多萨的《中华大帝国史》，是因为尽管有大量的需求，这本书在法兰克福或莱比锡已经缺货。尽管马蒂亚斯·德莱塞在《前言》中显得相当胸襟宽广，但有一点需要注意，门多萨的名字没有在这本书里出现。而且他自己三年后出版的历史著作只字未提海外发现，甚至在讨论葡萄牙时也没有提及。[123]

16 世纪后半叶，在德国信仰天主教的地区，特别是在维也纳、慕尼黑和因戈尔施塔特（Ingolstadt），教士控制着教育、印刷和宫廷生活，当时图书审查非常严格，特别是巴伐利亚，对未经许可或有疑问的书籍审查很严。从迪林根、科隆、美因茨、因戈尔施塔特、慕尼黑的出版社来看，耶稣会士在 16 世纪最后十年定期用德语、拉丁语出版他们的书信集。[124] 1585 年，卢塞恩（Lucerne）的市政秘书伦瓦德·齐扎特（Renward Cysat）把自己从耶稣会士书信中了解到

349

的日本，写成一个调查报告，用德语出版。[125] 到了 16 世纪末，耶稣会士自己开始编纂他们的书信选集，将他们在东方取得的成就，包括当时欧洲关于中国和日本的知识，收进他们的"历史著作"。[126] 在天主教国家，从西班牙传来的一切信息都会很快流行起来，而在新教国家和地区，法语和荷兰语书籍占主导地位，[127] 天主教国家经常从西班牙进口图书，供王子和高级教士收藏。由于北欧对西班牙所知甚少，因此，17 世纪初，印刷商开始编辑、出版 16 世纪出版的关于西班牙（和葡萄牙）的书籍，[128] 科隆的业余历史学家康拉德·洛（Conrad Löw）甚至希望将海外发现者的传记和事迹，原封不动地保存下来。1598 年纪念瓦斯科·达·伽马发现印度一百周年时，康拉德·洛出版了伊比利亚人和荷兰人游记选集，他将这些游历者称为"航海英雄"。[129]

耶稣会士不是唯一向德国天主教地区传递亚洲信息的人，1588 年，方济各会修士、奥地利马蒂亚斯大公（Archduke Matthias）的忏悔神父瓦伦廷·弗里西乌斯（Valentin Fricius）将弗朗西斯科·贡扎加的拉丁文历史著作译成德语出版，并加上了自己的评论，该书是方济各会修士在美洲和亚洲传教的记录。[130] 在谈到方济各会修士在马六甲的活动时，弗里西乌斯特意指出："你们不知道这些崇拜偶像的异教徒中有多少人在我们同胞的规劝下成为了基督徒。"[131] 第二年，奥古斯丁·门多萨的《中华大帝国史》德文版在法兰克福出版，1599 年，慕尼黑的方济各会修士出版了德文版的弗朗西斯科·泰罗（Francisco Tello）的游记，该书的意大利文版 1598 年在罗马出版，讲述的是方济各会修士 1597 年在日本殉道的事。[132] 尽管其他教派也努力让人们认可他们在亚洲的艰辛和付出的牺牲，但在天主教德国，其他教派根本无法遮掩耶稣会的光芒。

350　　耶稣会士在教学生时倾向于使用他们的书信集作为教材，[133] 从 1555 年开始，他们还用戏剧做教育之用。在让学生演出的拉丁文道德剧中，他们赞扬罗耀拉在罗马、沙勿略在东方的事迹，剧中说印度和日本为沙勿略感到悲伤，他死时连海浪都不忍吞没他乘坐的船只。这些剧本还展示了沙勿略在东方游历时和当地人的接触。[134] 雅各布·比德尔曼（Jakob Bidermann，1578—1639 年）的剧本和故事使用了《马可·波罗游记》中的一些主题，[135] 比德尔曼还非常喜欢曹沙法土的故事，他根据曹沙法土的故事写了一个剧本。这个剧本后来成为耶稣会士的保留剧目，[136]16世纪末期之前在维也纳（1571年）、慕尼黑（1573年）、格拉茨（[Graz]，1599年），以及其他许多耶稣会士中心上演。[137]但直到17世纪，描写方济各会修士在日本殉道的剧本才开始出现在耶稣会士的戏剧舞台上。

巴伐利亚马克西米利安公爵的秘书及图书管理员埃吉迪乌斯·阿尔伯蒂纳斯（Aegidius Albertinus，1560—1620年）和耶稣会士及西班牙人关系甚笃，他在德国天主教地区的文化生活中具有举足轻重的地位。在慕尼黑，他和约翰·巴蒂斯特·斐科勒（Johann Baptist Fickler，1533—1610年）有交往，后者是公爵的法定继承人的家庭教师，也是公爵收藏的硬币和其他珍稀物品的管理人。[138]两人像公爵家族一样，对耶稣会士在东方的活动极为关注。但德国的耶稣会士专注于传播新教教义，没有直接参与亚洲的传教活动。阿尔伯蒂纳斯将一些耶稣会士书信，特别是那些提到中国和日本的耶稣会士书信，翻译成德文。1611年，他翻译了乔万尼·博特罗的《世界关系》，这是第一部将东方纳入主流历史的编年史。[139]与此同时，在阿尔伯蒂纳斯的鼓励支持下，约翰内斯·梅耶（Johannes Mayer）出版了一部礼仪和道德编年史纲要，令人想起博埃姆斯1520年出版的礼仪、习俗汇编，但梅耶引用了更多的现代资料。[140]尽管德国的天主教徒像他们的新教徒同胞一样努力不懈，但他们没有自己的新作问世，他们完全依赖翻译作品和资料汇编，结果没有创作出堪与博特罗或路易·勒·罗伊相媲美的综合性历史著作。

德国仅在16世纪的头十年和最后十年直接参与了香料贸易，在这之间的四十年（1530—1570年）中，德国人忙于国内事务，特别是宗教冲突。尽管德国的文人学士在早期意识到了东方发现，但他们无法将这些新信息和复兴的古代旧知识调和起来。宗教改革加重了德国对海外世界的怀疑，因为关于东方的报告都出自天主教徒之手，他们津津乐道的是天主教国家和天主教传教士在东方取得的成功。香料的高昂价格使得乡民们反对香料商人，反对他们在国外的合伙人。德国在1530年左右和里斯本断绝往来，再加上1549年安特卫普失去了香料贸易的垄断地位，使得德国人对伊比利亚和天主教传教团在海外的活动产生了更大的怀疑，海外世界对他们来说也显得更加遥远。德国1570年以后重

351

新参与香料贸易，法兰克福开始出版新的游记文学作品，西班牙和葡萄牙王室的联合（1580年），日本使节在南欧的出现（1584—1586年），这一切逐渐让德国认识到什么对他们来说是有利的，认识到他们直接或间接参与东方扩张的可能性。

宇宙学家、地理学家、历史学家以及印刷商是德国文人学士中最关注亚洲新知识的人，他们在著作中将亚洲作为探讨的对象。但他们完全依赖国外的报道，仅有一小部分参与香料贸易的德国人到过东方，而且只有巴尔塔萨·斯普林格一人将他到亚洲的游历写成游记出版（1508年）。尽管如此，德国的地理学家尝试用新的知识修正托勒密和其他古代宇宙学家的观点，而一些历史学家，尤其是塞巴斯蒂安·弗兰克，力图扩大世界历史的范围，对新发现的地区做了更为详细的描述。但总的来说，是宇宙学家出于保存所有知识的愿望，将新材料完整地收进他们宏大的宇宙概要里面。而且宇宙志书籍，像博埃姆斯和其他人的资料汇编，从比较的视角来结构作品，对物产、来源进行比较探讨。这些百科全书式的著作在当时的德国和西欧大多数地区，都是最受欢迎的作品。

与意大利和法国相比，德国的文人既不准备也没有能力从海外发现中为自己的国家汲取营养，德国的诗人，尤其是布兰特和菲沙尔特，对天主教宣称他们成功地打开了东方世界，为耶稣基督赢得了荣誉的说法，持怀疑甚至敌视的态度。汉斯·萨克斯在他的许多作品中为了避免他的读者对海外发现产生敌意，有意不去涉猎关于东方的新知识。像其他人一样，萨克斯接受欧洲对亚洲的传统认识，这些知识散见于流行的地理书、游记作品和从中世纪继承下来的寓言故事集中。对新教徒来说，甚至一些民间流行的文学作品，比如《曼德维尔游记》，都包含着太多的朝圣内容和离奇的东西，难以说得上是安全的读物。在天主教地区，审查非常严格，导致很多文人称颂那些没有争议的航海英雄，或创作一些公开辩论的小册子。在这样的情况下，很少有德国人去关注海外发现，也不把海外发现作为他们那个时代取得的巨大成就而在作品中加以歌颂，就不足为奇了。

352

第二节　荷兰文学

初看起来，荷兰和佛兰德的文人对海外发现的反应，比德国、法国的文人更为敏感，更为强烈。在整个 16 世纪上半期，安特卫普一直是北欧香料贸易的前哨，接待来自世界各地的商人。这个繁华的大都市还是印刷、雕刻艺术的中心，对学者、艺术家、作家具有磁石般的吸引力。和这一时期的其他城市相比，安特卫普更繁荣，更有吸引力，更具有世界性，是充满活力的荷兰南部地区的中心，政界、商界、教育界、印刷界的名人雅士全都汇聚于此。查理五世在布鲁塞尔设立了皇宫，定期到那里活动，一同前往的有查理五世宫廷和法国各地的杰出人士。[141] 卢万在 16 世纪初期（1517—1550 年）成为"三语学院"（Collegium Trilingue）的所在地，"三语学院"是一所享有世界声誉、影响久远的大学。布鲁日、根特（Ghent）等城市虽然正日益走向衰落，但比起阿姆斯特丹和荷兰北部的其他城市更为人所知。从文化层面来说，荷兰南部的城镇也比北部分散的中心更发达，1550 年之前的林堡（Limburg）、佛兰德斯、布拉班特（Brabant），在促进民族文学的发展方面，做得比荷兰省（Holland）要好得多。但是，即便荷兰南部的情形非常有利于文学的发展繁荣，但文学上的创新却不多见，佛兰德和荷兰的文人对于人文主义的挑战没有做出积极的回应，而是在很长的时间里将注意力集中到改革、完善传统的文学形式上。

12 世纪时，独立的荷兰语文学作品开始出现，[142] 这些早期的作品中，最流行的是宗教文学作品和借鉴法国故事写成的骑士传奇。雅各布·凡·玛尔兰兹（约 1235—1291 年）被称为荷兰诗歌之父，他的第一部传奇故事是《亚历山大的英雄事迹》（*Alexanders Geesten*），其他一些作家或翻译或改编法语、拉丁语的东方故事。玛尔兰兹和其他作家都在他们的作品中呼吁再次发起对土耳其的十字军东征，不过，较之骑士传奇，大多数早期的作家和诗人更喜欢传入荷兰的宗教道德故事。印刷术的发明和识字人数的增加引起了人们对传奇故事的热忱，首先引起人们强烈兴趣的传奇故事中，有一部是《曼德维尔游记》（*De Reis van Jan van Mandeville*），该书 1470 年之前就有了印刷本。在此后的一个

353

世纪里,《曼德维尔游记》一直广受欢迎,并出版了至少 6 个单行本。[143] 但奇怪的是,《马可·波罗游记》似乎直到 17 世纪才被译成荷兰语。

15 世纪末 16 世纪初的航海类书籍,很快就被译成佛兰芒语,安特卫普的印刷商,特别是扬·范·德斯博尔奇(Jan van Doesborch),开始出版描述到东方的航海报道,其中一些有木版画插图。第一本是 1504 年出版的《卡利卡特》(Calcoen, 即 Calicut),作者是一位参加了瓦斯科·达·伽马第二次印度之行的荷兰水手;[144] 之后是 1506 年前后出版的德斯博尔奇的长老约翰的资料汇编;[145] 两年之后,德斯博尔奇出版了一本德语通讯的荷兰文版,这本德语通讯首次于 1505 年在纽伦堡出版,描述的是从里斯本到卡利卡特的航线。[146] 德斯博尔奇还熟悉描述 1505 年印度舰队的德文著作,因为他在自己的《葡萄牙国王曼努埃尔的信使讲述新发现的国家及其人民》(Of the newe landes and of ye people founde by the messagers of the kynge of portugale named Emanuel) 中利用了这些材料,《葡萄牙国王曼努埃尔的信使讲述新发现的国家及其人民》于 1511 年左右出版,有拉丁语、英语、佛兰芒语等不同版本。在该书的拉丁文版和英文版中,德斯博尔奇插入了 7 幅木版画,这些木版画是根据汉斯·伯格迈尔为巴尔塔萨·斯普林格的《印度纪行》(Die Merfart) 准备的木版画刻制出来的,《印度纪行》第一次出版的时间是 1509 年。[147] 这里需要特别指出的是,德斯博尔奇在文字和插图方面都参考了德语材料。另外不容忽视的一点是,他和安特卫普的其他印刷商一样,为当时印刷业不甚发达的荷兰印刷了大量廉价、广受欢迎的英语书籍。[148]

但用民族语言出版书籍只是个别现象,不是常规做法。1500 年至 1540 年期间在安特卫普出版的 1 200 多本图书中,只有少数是民族语言的,超过一半的书籍是拉丁语的,约 500 本是佛兰芒语的,65 部是法语的。[149] 用拉丁文出版的图书中多数是供牧师使用的祈祷书或神学书籍,其他的是为人文主义者和学生印制的古典作品及其译本、评论。这一时期在荷兰出现了大批外国人,而他们中多数人不熟悉佛兰芒语和其他北欧国家的语言,这也有助于解释为什么拉丁语书籍占主导地位。[150] 为了控制新教教义在荷兰的传播,查理五世从 1521 年开始实行的严格图书审查制度,也使得印刷商不愿意用民族语言出版现

354

代书籍。1521 年之后，用佛兰芒语出版的书籍多是官方出版物、天主教小册子和民间文学作品，1530 年以后，关于海外发现的书籍几乎都是用拉丁文出版的，只有少数宇宙学著作，比如阿皮安的《宇宙志》，出现了佛兰芒语译本，1544 年和 1563 年，瓦尔塔马的书被译成荷兰语出版。16 世纪中期前后，随着葡萄牙在安特卫普的工厂出现不景气，一些关于亚洲的书籍，比如戈马拉的（1552 年）、卡斯塔涅达的（1554 年），开始在安特卫普用西班牙语出版。[151]

　　显然，关于亚洲的书籍的出版几乎没有给荷兰的流行文学作家带来影响，如果说有影响的话，也是微乎其微。15 世纪繁荣起来的修辞社（Chambers of Rhetoric，荷兰语为 *Rederijkerkamers*）是按城市商业行会组织起来的，受命在节庆场合盛装游行，表演戏剧。[152]16 世纪的时候，荷兰市镇中有相当数量的文学家、戏剧家和音乐家为修辞社的活动和比赛创作诗歌，编写剧本，他们主要是为重大事件的盛装表演创作作品，歌颂统治者的丰功伟绩，也创作一些粗浅的神秘剧、奇迹剧、道德剧，以开化那些对戏剧知之不多的大众。这些为修辞社创作的作品一开始多数都没有出版，直到像扬·范·德斯博尔奇这样的商人将之搜集整理，才得以出版。在一首赞颂查理五世的诗歌中，这位国王被比作中国的大汗，读过《曼德维尔游记》的读者对大汗都不陌生。但仔细研读其他为修辞社创作的诗歌，会发现里面没有提到亚洲，对安特卫普从中获得丰厚利润的香料贸易也很少提及，[153]这种情况到 1566 年前后流行诗歌变得越来越世俗化、越来越注重反映现代主题的时候，也没有多少改变。[154]这一现象部分与扩大图书审查范围，将用民族语言出版的民间文学作品也加以严格审查有关。从为修辞社创作的诗歌来看，荷兰南部的人们完全没有意识到亚洲的存在。

　　人文主义者的论争，特别是对于伊拉斯谟思想的论争，让大多数荷兰知识分子关注欧洲内部的事务，"同生活弟兄会"（Brethren of the Common Life）、伊拉斯谟和路易斯·维维斯激发起了教育理论和教育实践活动，拉丁诗人在将戏剧作为一种教育手段方面起到了重要作用，高等教育的中心逐渐集中到卢万的"三语学院"，欧洲各地包括伊比利亚的学生，都被吸引到卢万。其中就有葡萄牙人安德烈·德·雷森迪和达米奥·德·戈伊斯，这两位葡萄牙人文主义者在这里出版了他们描写葡萄牙在东方取得胜利的拉丁文作品。[155]一大批荷兰学者，包括

355

克莱纳德斯和瓦萨尤斯，正是从卢万来到伊比利亚，进一步发展他们的事业。[156] 另一位荷兰人加斯帕尔·巴扎乌斯（Gaspar Barzaeus，也叫 Barzée），于 1546 年前往葡萄牙，参加耶稣会，两年后，他来到印度，和沙勿略一起传教。荷兰的耶稣会士像他们德国的同道一样，总的来说太专注于欧洲内部的问题，而没有关注亚洲发生的一切。

从 1566 年到 1609 年，宗教战争和内战使荷兰四分五裂，菲利普二世 1555 年登上王位后，西班牙就用武力镇压新教的崛起和低地国家的反抗运动。当时荷兰最富庶、最具有国际性的大都市安特卫普成为宗教斗争和政治纷争的漩涡，随着安特卫普的控制权不断易手，居住在那里的知名人士开始逃离这个恐怖和血腥的城市。1576 年"西班牙人的愤怒"（Spanish fury）事件之后，安特卫普迅速衰落，其贸易的下滑和人口的流失让阿姆斯特丹从中获益。在 1576 年之后难得的和平时期，荷兰的南部和北部省份加强联盟，西班牙一直到 1585 年之后才重新控制了安特卫普。此后，荷兰省和泽兰省（Zeeland）的城市在商业和其他很多相关事务上慢慢地取代安特卫普，而商业和其他与商业有关的活动首先为斯海尔德河（Scheldt）上的这座城市带来声誉。[157] 在文学方面，阿姆斯特丹的修辞社成为诗歌的重镇，而莱顿和它的新教大学也成为人文主义研究的中心。[158]

在 16 世纪下半叶的宗教冲突和政治纷争中，安特卫普的印刷业是受影响最大的行业之一，菲利普二世的印刷商克里斯托弗·普兰汀（1520—1589 年）是一个很好的例子。[159] 普兰汀是法国都兰（Touraine）人，在里昂、巴黎、安特卫普跟最好的印刷工匠学习过印刷技术。1550 年，他在安特卫普开了一家印刷厂，五年后开始印刷带有自己徽章的图书，他在图书销售方面的成功给他早期规模不大的印刷厂提供了资金支持。尽管从表面看来普兰汀是一个虔诚的天主教徒，和很多高级教士交往甚笃，但早在 1562 年他就被怀疑为异端，因为他对神秘教派感兴趣，而且印刷了一些在审查者看来非常危险的书。尽管碰到了这些困难，普兰汀在安特卫普的事业还是蒸蒸日上，最终比那些印刷不存争议、更正统图书的印刷厂维持得还要长久。当地信仰加尔文教的商人在普兰汀开设印刷厂初期就向他投资，维持了他的资金运转。在印刷带有自己印刷厂标

356

记的系列图书和祈祷书受到欢迎后，普兰汀开始印刷精装的科学、技术和学术著作。他还开始印刷用外国语言写作、带有外国特点的图书，而他最伟大的成就是1572年印制了著名的安特卫普的多语《圣经》。八年后，到印度传教的耶稣会士向阿克巴展示了一本安特卫普出版的《圣经》。尽管为天主教和西班牙做出了如此杰出的贡献，普兰汀像荷兰的其他书商和印刷商一样，仍然受到教会和政府的严格审查。1570年，菲利普二世给了普兰汀一个荣誉职位，任命他为低地国家印刷界的首席印刷商，但普兰汀只是十分勉强地接受了这一任命，因为这意味着他要担起皇家图书审查的使命。[160]

享有国际声誉的艺术家、语言学家、植物学家、地理学家都和普兰汀有良好的交往，和他共过事。在从事印刷业的初期，普兰汀这位书商就以地图专家而为人所知，杰马·弗里西乌斯、格哈德·墨卡托、亚伯拉罕·奥提留斯给他提供地图和地球仪，在他的商店里出售，为他出版的书提供木版画插图。[161]1576年"西班牙人的愤怒"让普兰汀的印刷业辉煌不再，他蒸蒸日上的事业陷入了一片混乱。此后，安特卫普和反抗西班牙的人结成联盟，而为了弥补自己的损失，普兰汀在宗教战争和国内战争中谨慎地转舵，随战局的潮起潮落而转来转去，他甚至出版了一些加尔文主义者攻击教皇和西班牙帝国的图书。从1583年到1585年，可能是在他的朋友贾斯特斯·李普修斯——一位拉丁语学者的建议下，他一度移居莱顿，为大学印刷书籍。当西班牙重新控制了安特卫普以后，普兰汀于1585年返回安特卫普，度过他人生中最后三四年的时光，这期间他致力于将他支离破碎的印刷厂重建起来，并为它的未来殚精竭虑。在安特卫普三十四年的印刷生涯中，普兰汀出版了1 500多部图书，考虑到他遇到的种种困难，的确是取得了非同寻常的成就。

普兰汀忙碌而充实的一生说明荷兰的印刷商和他们的合伙人为了发展自己创造性的事业，是何等的艰辛。荷兰的印刷商出版的多数图书为宗教类和既能安全出版又能吸引广大读者的通俗读物。那些享有声誉的图书，像安特卫普的多语《圣经》、奥提留斯的地图集《环宇大观》（1570年），都是科学性的、没有争议的书籍。奥提留斯的书由于不会触动官方审查者敏感的神经，被翻译成各国不同的语言，以低廉、精华本满足大众的需求。比如，安特卫普的仪器制

357

造商和数学家米夏埃尔·克瓦涅（Michel Coignet）于 1601 年出版了奥提留斯的《环宇大观》拉丁文精华本，结果很快就被译成了法语和英语。克瓦涅根据耶稣会士的书信集，增加了一幅日本地图，并附上了一些文字说明。[162] 奥提留斯本人还向他的读者推荐"平民让·梅瑟"的通俗读物，说"这个普通平民写了很多关于印度历史的书，里面对爪哇有详细的描写"。[163] 普兰汀在这一时期还出版了《环宇大观》（1585 年）的修订版，里面有菲利普·加勒的小幅木版画地图，以及许霍·法沃利乌斯（Hugo Favolius）收集的拉丁韵文说明材料。[164]

人文主义者是荷兰人当中最先认识到亚洲对欧洲文明重要性的群体，这可能是因为他们和伊比利亚的同行有着密切的联系，或是到过西班牙。库希乌斯（约 1570 年）、安德里亚斯·斯科特（Andreas Schott，1552—1629 年）在瓦萨尤斯、克莱纳德斯之后去了西班牙和葡萄牙。安特卫普人斯科特既是一名耶稣会士，也是一位哲学家，1579 年至 1594 年在西班牙生活。像其他的荷兰知识分子一样，斯科特最初到国外去是为了逃避国内的战乱。在西班牙期间，斯科特研究古代的地理学家，撰写自己心目中的旁波尼乌斯·梅拉，并于 1582 年由普兰汀出版。在西班牙讲授、研究古典哲学期间，斯科特和李普修斯、许霍·格劳秀斯（Hugo Grotius）、奥提留斯、J. J. 斯卡利杰尔以及其他很多知名耶稣会士建立了联系。[165] 他在西班牙的十五年中，最值得提及的是他搜集了关于伊比利亚人的资料，编纂出版了他的《西班牙图解》（*Hispania illustrata*...[4 vols.; Frankfurt, 1603-1608]），[166] 此外，他还出版了一部姊妹篇《西班牙文献目录》（*Hispania bibliotheca* [3 vols. in 1; Frankfurt, 1608]），这是一部具有重要价值的百科全书式文献目录。七年之后，斯科特在安特卫普将耶稣会士书信集从拉丁语翻译成意大利语，里面包括耶稣会士 1609—1610 年从日本写给克劳德·阿夸维瓦的大量信函。[167]

358　　荷兰的人文主义者和艺术家、博物学家不同，他们对从东方引进到欧洲的动植物小说不感兴趣。研究罗马的著名历史学家贾斯特斯·李普修斯（1547—1606 年）公开嘲笑印度大象，尽管 1563 年安特卫普人非常高兴大象的到来。[168] 莱顿的新加尔文大学为了增强其人文主义方面的师资力量，聘请李普修斯做该大学的教师，他的研究兴趣主要是历史、神学论争和政治理论。甚至在李普修斯 1592 年离开莱顿，重新回归天主教并回到卢万大学以后，他还被视为圣贤。李普修斯对海外发现引起的学术论争唯一重要的贡献，是他认为新世界并不是柏拉图所说的"亚特兰蒂斯"（Atlantis）。[169] 菲利普王子 1598 年成为菲利普三世之前，李普修斯在给这位法定继承人的信中称他是"西班牙和印度的王子"，希望他能成为征服亚洲的新亚历山大。[170]

在莱顿，取代李普修斯的是约瑟夫·贾斯特斯·斯卡利杰尔（Joseph Justus Scaliger，1540—1609 年），斯卡利杰尔是法国新教学者，当时的人称他为"知识极其渊博的人"。斯卡利杰尔年轻时在博尔多的吉耶讷学院学习，那里的葡萄牙语老师非常出色。后来，他和纪尧姆·波斯特尔一同到巴黎学习，后者是语言学家、东方学家。[171] 回到低地国家后，他和那里的知名学者包括博物学家，建立了密切的联系。他帮助库希乌斯准备他的博物学著作，这部著作是根据奥尔塔关于印度草药的书撰写的；[172] 他搜集地理资料，努力学习亚洲的语言。丹尼尔·海因修斯（Daniel Heinsius）在斯卡利杰尔的悼词中这样写道：

> 在一个时期，这座城市（莱顿）里有一个人的屋子成了世界博物馆，这个人知晓遥远的马龙派教徒（Maronites），借助翻译了解了阿拉伯人、叙利亚人、埃塞俄比亚人、波斯人和一些印度人的思想。[173]

这些充满溢美之词的话不是为这个场合特意写出来的，斯卡利杰尔在自己的遗嘱中将两只天堂鸟的羽毛留给了库希乌斯；将一叠中国纸张留给了正统加尔文教领袖弗朗西斯库斯·霍马勒斯（Franciscus Gomarus，1563—1641 年）；将两个大地球仪赠送给大学图书馆，另外两个送给了朋友。[174] 斯卡利杰尔关于东方语言的书籍与手稿赠送给了大学图书馆，其中有 5 本中文书，1 本耶稣会士在日本天草（Amakusa）印刷的日语书，1 本在果阿印刷的"马拉巴尔语的"《基督要理》（Doctrina Christiana）。[175] 他的其他书籍，加起来有 1 382 册之多，在路易·埃尔于塞维尔举行的拍卖会上售出，出售书单上有地球仪、地图、中文书、戈马拉的西班牙语的印度史等。[176]

低地国家的人文主义者尽管收集了这些资料，也对这样的资料感兴趣，但

359

很少有人从学术层面严肃地对待这些海外发现，也没有考虑海外发现对欧洲的生活、历史、思想的影响，但安特卫普的宗教人文主义者马丁·安托万·德尔·里奥（Martin Antoine del Rio，1551—1608 年）却是个例外。[177] 德尔·里奥是荷兰一位受人尊敬的西班牙官员之子，在巴黎、卢万、萨拉曼卡接受教育。从 1575 年到 1580 年，他在布拉班特政府任职，此后回到西班牙，在巴利亚多利德加入了耶稣会。1585—1586 年在波尔多期间，他开始写作他的《拉丁语悲剧论》（*Syntagma tragoediae Latinae*），最终由普兰汀于 1593 年出版。尽管作为一位信奉正统基督教的教徒，德尔·里奥努力向 16 世纪的善男信女们解释什么是拉丁悲剧，但这本书同时也是一部道德批判、抨击古人无知的书。德尔·里奥对古人不知道的自然奇观和外国风俗习惯很好奇，他以当时的宇宙志和耶稣会士书信为依据，纠正古人的知识错误。他扬弃古人著作中奇特的地理描写和令人难以置信的动物叙述，主张用自然的方式来描述奇特的现象。通过阅读耶稣会士书信集，他确信世界上的人们普遍相信灵魂不朽，世界各国的上帝（Deus）都令人不可思议地由四个字母组成。[178]

　　1580 年西班牙和葡萄牙王室的联合对联合省①的影响要比对讲西班牙语的荷兰地区大得多。[179] 1585 年西班牙重新占领安特卫普之后，就把它晾在一旁，任其衰落、枯萎下去，航海事业的主动权很快就落到了"海盗"（Beggars of the Sea）手里，这些"海盗"在阿姆斯特丹及米德尔堡（Middleburg）、恩克赫伊曾（Enkhuizen）等一些小港口活动，除阿姆斯特丹以外，这些小城尽管商业很发达，但都不是学术或印刷中心。[180] 尽管如此，小城的居民对大量的传奇故事和历史书十分感兴趣，也能理解其内涵，而这些书是大印刷商为公众准备的精神食粮的一部分。扬·范·林斯乔坦是恩克赫伊曾人，也是到过东方的荷兰最伟大的游历家，他在晚年这样写道：

　　　　年轻时我在自己的国家过着悠闲的生活（一直到 1576 年），因而有时会读一些历史书和奇特的冒险故事，对它们产生了浓厚的兴趣。

---

① 联合省是 1579 年组成的七省联盟，是荷兰的核心部分。——译者注

我发现自己非常迷恋到奇异的国度去旅行，体验某种冒险。[181]

虽然这一时期文学对人们的行为产生影响的证据不多，但林斯乔坦不是唯一一个欣赏东方故事的文人。《曼德维尔游记》和《博洛尼亚人卢多维科·迪·瓦尔塔马游记》在允许印刷发行的时候，继续引起人们普遍的兴趣。那些懂拉丁语、法语或西班牙语的人能阅读到戈马拉、卡斯塔涅达的历史著作，以及明斯特、赛弗特、贝勒福雷的宇宙学著作。马丁·邓肯（Martin Duncan，1505—1590 年）是代尔夫特（Delft）的圣希波吕托斯的牧师，也是加尔文派的宿敌，他将 13 封耶稣会士书信翻译成荷兰语，于 1567 年在莱顿出版。书信讲述了耶稣会在美洲和亚洲取得的巨大成功，让大批异教徒皈依了耶稣基督。[182]拉丁语、法语、意大利语的耶稣会士书信，包括记述日本使团的小册子，定期在安特卫普出版。[183]1594—1595 年用荷兰语首次出版的《林斯乔坦葡属东印度航海记》给读者提供了新的阅读经验；1595 年，门多萨的《中华大帝国史》用荷兰语出了两个版本，一个在霍恩（Hoorn），另一个在阿姆斯特丹。[184]第二年，在安特卫普出版了新的西班牙语版的《中华大帝国史》。1598 年，威廉·罗德维克兹（Willem Lodewijcksz）用荷兰语、拉丁语、法语出版了他的荷兰人东方游记。[185]传奇故事也不比真实的游记文学逊色。从 1596 年开始，《高卢的阿玛迪斯》被从法语译成荷兰语，这项工程花费了二十五年的时间才得以完成。尽管这些出版物表明荷兰人很快就对描写东方的世俗文学感兴趣，但 16 世纪没有任何迹象表明下一个世纪荷兰会怎样深入地和亚洲进行贸易往来及文化交流，这个故事和其所衍生的故事，将在 17 世纪以卷帙浩繁的系列作品出现。

361

第三节　英国文学

与欧洲大陆的其他国家不同，英国在 16 世纪上半叶没有涉足东方发现和香料贸易。为了寻找亚洲，约翰·卡波特（John Cabot）在国王亨利七世的资助下，于 1497 年向西航行，但这次初次尝试没有续篇，海外扩张很快被国内更迫切的经济、商业发展搁置了。当德国人、荷兰人参与葡萄牙航海和香料贸易时，英国只是旁观者。和法国不同，英国在亨利八世漫长的统治时期（1509—1547年），谨慎地避免挑战伊比利亚国家在海外世界探索方面的绝对领先地位，在很长一段时间里依然不关注新发现的国家，满足于让别的国家去承担海外发现和海外征服的昂贵代价和危险。[186] 一些英国商人在安特卫普和塞维尔合法、平静地经商，另外一些在波罗的海（Baltic）和地中海地区扩大他们重要的羊毛和布料生意。亨利八世忙于和法国进行消耗巨大、时断时续的战争，忙于在欧洲大陆建立野心勃勃的外交关系，1534年亨利八世和罗马决裂导致英国开始宗教改革，随后陷入了宗教论争和叛乱之中。

虽然英国忙于国内和欧洲大陆的事务，但亨利八世不时地了解东方扩张的最新情况，他命人制作地图，和航海家谈话，听取从西北和东北航线去契丹、摩鹿加群岛的建议。1541年，当葡萄牙粮食短缺想从英国购买时，亨利八世附加了一个条件（尽管没有成功），即葡萄牙下次从里斯本去卡利卡特时，派英国人随同前往，[187] 但显然英国对这些行动的扶持力度不大。一直到亨利八世统治的末期，英国商人依然首先关心为英国布匹寻找新的市场，其次才是想办法取代葡萄牙对香料贸易的垄断。[188]

一、从人文主义到宇宙志

在整个亨利八世时期，英国人关于东方的知识一直是传统的、从其他国家传入的，很多这方面的知识来自于中世纪的宇宙志、朝圣文学和游记作品。[189] 威廉·卡克斯顿1481年出版了一部百科全书式的著作——《世界镜像》（*The myrrour of the worlde*），这是从1464年法国出版的一部散文手稿翻译过来的，作者可能是戈苏因（Gossouin）。这部书和其他现代英语书籍一样，完全使用古代和中世纪的材料来描绘世界和亚洲。即便是航海大发现将新的知识带到欧洲，这些早期的著作依然原样出版，没有任何变化，也没有认识到一场地理革命正在悄然发生。[190]

《曼德维尔游记》重新流行起来，这很可能是由于人们对遥远的异域产生了兴趣，从 1496 年到 1510 年，《曼德维尔游记》至少出现了 4 个英语版本，其中两个带有木版画插图。[191]1503 年，在安特卫普用英语出版了一部资料汇编，名叫《理查德·阿诺德编年史》（*Richard Arnold's Chronicle*）。1521 年前后，该书在伦敦重版，并宣称这是一本商人和航海家手册，但显然缺乏说服力。[192]1511 年，安特卫普印刷商扬·范·德斯博尔奇终于用英语出版了一些在欧洲大陆流行的游记，[193]《葡萄牙国王曼努埃尔的信使讲述新发现的国家及其人民》中的 10 篇故事中有 9 篇讲述的是葡萄牙对印度的开发，但该书对印度和印度人的描述并不多，而且后来也没有再版。1550 年之前，用英语出版的描述亚洲地理和人种的书中最有价值的，是为一本书的英译本撰写的《前言》，这本书是关于中世纪亚美尼亚海屯王子（Prince Hayton）的，出版于 1521 年。[194]

尽管如此，在英国文学中还是可以看到英国人对海外世界越来越感兴趣。苏格兰外交家和诗人威廉·顿巴（William Dunbar，约 1460 年—约 1522 年）曾向英国国王詹姆斯四世抱怨他一直渴望的圣职一事：

363

> 远洋的船只很快就要回来
> 从卡利卡特和新发现的大陆，
> 跨越南大洋；
> 想啊，什么是我心中的痛。
>
> 此时，如果有可能
> 船只已驶离印度的荒原，
> 航行在茫茫的大海上；
> 想啊，什么是我心中的痛。[195]

在后来名为《论满足》（*Of Content*，约 1511 年）的一首诗中，顿巴说贪婪的人生活在贫穷之中，这样的人即便

> 拥有印度所有的财富，

心中依然不能满足。[196]

1509 年，亨利·沃森（Henry Watson）和亚历山大·巴克利（Alexander Barclay）将塞巴斯蒂安·布兰特的《愚人船》译成英语，根据的是这首德语诗的拉丁文本和法文本。像当时的很多译者一样，巴克利在翻译时根据需要，随意添加内容，其中有一处添加反映了巴克利个人对海外世界的兴趣，文字非常活泼：

> 现在，大片的土地
>
> 被航海家和睿智的总督发现
>
> 还有新的土地
>
> 我们的先人不知道，也没有发现；
>
> 但终将会被我们的后人找到
>
> 恐怕还会找到更多人类栖息的地方
>
> 这些栖息者是谁，我们以前一点也不知道。[197]

英国文学界的正统人士也很快对海外发现做出了反应，特别是托马斯·莫尔（1478—1535 年），莫尔是英国最伟大的人文主义者，1515 年被任命为外交官，和其他人一起致力于在英国国王和卡斯蒂利亚的查理（后来成为查理五世）之间，就英国羊毛和佛兰德的布料贸易，达成协议。[198] 在荷兰的六个月里，莫尔详细观察了安特卫普的香料贸易，有意识地扩大自己的地理知识，并认识了安特卫普的职员、著名的文人学士彼得·吉尔斯（Peter Giles [Aegidius]）。在荷兰期间，莫尔写出了他的《乌托邦》，并在吉尔斯和伊拉斯谟的一再鼓励下，于1516 年在卢万出版。莫尔用拉丁语描绘的关于理想化的大同世界的经典图画，在欧洲大陆很快受到推崇。接下来的两年中，《乌托邦》出版了 4 个版本，被译成法语、意大利语和佛兰芒语。但直到 1551 年才译成英语，这可能是由于莫尔本人涉足政治，又因不同意亨利八世与罗马天主教会决裂而于 1535 年被处死的缘故。

364

　　显然，吉尔斯将一个知识渊博的葡萄牙人介绍给了莫尔，这个人在《乌托邦》里名叫拉斐尔·希斯罗德（Raphael Hythlodaeus），[199] 他给莫尔讲了很多海外见闻。根据莫尔的叙述，在亚美利哥·韦斯普奇的四次海外航行中，拉斐尔参加了后面的三次，在韦斯普奇的最后一次航行中，拉斐尔和其他 23 人留在了美洲的一个城堡里，而他们的领头人则返回欧洲。在和土著人交上朋友以后，拉斐尔和 5 个伙伴离开城堡，到陆地和海洋上游历。莫尔说："由于一个奇特的机会，他被带到锡兰，又从那里来到卡利卡特（Caliquit）。"[200] 在卡利卡特，拉斐尔很方便地找到一条西班牙帆船将他带回了欧洲。 拉斐尔在麦哲伦环球航行之前是否真的进行过环球航行这个问题，学术界一直争论不休，[201] 不过至少在莫尔看来，拉斐尔毫无疑问有过这样的壮举。当曼德维尔和其他人确信环球航行的可行性时，莫尔已经创造出了一个实地践行这一设想的文学人物。[202] 莫尔之所以能够塑造出这样一个人物，是因为他了解到韦斯普奇的第四次航行打算直接驶向东方。[203] 尽管现实生活中韦斯普奇的这次航行蒙遭厄运，只航行到巴西就无功而返，但莫尔在自己的作品中让拉斐尔到达了东方，因为东方是乌托邦可能出现的地方。

　　拉斐尔在乌托邦国住了五年，这是一个世界地图上和宇宙志中都没有标记、记载的地方，莫尔和他同时代的人都宣称他们从不知道"乌托邦国在新世界的哪个地方"，[204] 但他们又的确相信乌托邦在新世界里，在一个和欧洲遥遥相对的地方，在古人所不知道的地域中。尽管乌托邦的具体地理位置依然不得而知，但在《乌托邦》出版前写的两首诗里，莫尔已在心里重构了印度天衣派信徒的理想国，这个理想国在中世纪和现代的著述中都出现过，而且在莫尔那个时代依然非常盛行，说是亚历山大在公元 326 年到塔克西拉拜访婆罗门教徒，这些婆罗门教徒生活在一个道德高尚的国度里。[205] 从这个角度看，《乌托邦》是在努力重塑古代、中世纪和现代的理想国，这个理想国比天衣派信徒的宁静、纯洁的理想国更为可信。

　　乌托邦国存在的想法一度言之凿凿，说印度有着永不枯竭的财富，其社会和平、宁静、宽容，其人民视金银、珠宝为粪土，他们收集、开采这些东西只是必要时在他们贪婪的敌人之间制造不和。乌托邦靠近其他文明发达的国家，

365

这些国家是"我们的城市、公国、民族、王国效法的榜样"。[206] 如果存在着一个乌托邦原型的话，那么它一定是在文明、和平的亚洲，而非美洲，因为所有的证据都表明美洲是一个原始的地方。[207]

了解莫尔的同仁的思想可以进一步说明莫尔将亚洲视为拥有高级社会制度的社会。像莫尔一样，约翰·斯凯尔顿（John Skelton，1460?—1529 年）也被他那个时代伟大的航海事业所吸引，但他对东方的看法还是持传统的观点。他提到现代的航海仪器，但没有注意到新发现的地方，[208] 他的讽喻诗《会说话的鹦鹉》大约写于 1521 年，诗的开头提到印度时，使用的完全是奥维德和亚历山大传奇中的材料。[209] 诗中说鹦鹉像人类一样，出现在尘世的天堂，啄食"细小的香料"。鹦鹉是被幼发拉底河（Euphrates）——天堂的四大河流之一，带到印度的，被"印度人"发现、抓住之后带往希腊，斯凯尔顿根据阿里安的故事和伪卡里斯提尼书，认为鹦鹉是印度王后坎迪斯送给亚历山大的，而亚历山大又把它带到希腊。斯凯尔顿在他的著作中没有只言片语提到航海大发现，也没有提到他同时代人的东方活动。对斯凯尔顿和莫尔来说，亚洲依然是个理想之地。[210]

366　莫尔和约翰·拉斯特尔（John Rastell，1536 年去世）关系极为密切，后者是著名的印刷商、戏剧监制人和剧作家。[211] 拉斯特尔娶了莫尔的妹妹，因此对大舅哥在荷兰的经历了解颇多。1517 年年初，在莫尔的鼓励和经济支持下，拉斯特尔全副装备了一艘去美洲的远洋航船，也许拉斯特尔对莫尔《乌托邦》中希斯罗德的冒险经历印象颇深，希望能像这个文学人物一样，在美洲建立一个立足点，再从那里找到一条通往亚洲的航线，攫取亚洲的财富。[212] 不管拉斯特尔的愿望如何，当他的船员叛乱时一切都成了泡影，拉斯特尔被耽搁在爱尔兰，一直到 1519 年才回到英国。[213]

可以确定的是，在爱尔兰期间，拉斯特尔开始写一部诗剧，名为《宇宙四元素的本质》（*The Nature of the Four Elements*），拉斯特尔在这个诗剧里表达了他个人对海外探索的热情，并感谢那个时代提供了这样的机会：

好学的欲望：

　　　　先生，我知道您到过

　　　　很多陌生的国度，

　　　　收获了很大的幸福，

　　　　一定也会搜寻和发现奇特的见闻。

　　实践者：

　　　　截至目前，我已经出门远行，

　　　　看到了很多奇特的事物，

　　　　那是在非洲、欧洲和印度。[214]

　　仔细阅读拉斯特尔后期的作品，可以明显看出他对当时欧洲大陆上描写世界地理及宇宙志的著作非常熟悉。对于海外世界的描绘，他可能像莫尔一样，从瓦尔德泽米勒的《宇宙志导论》（1507 年）中借鉴了大量的数据，其对世界地图的基本构想也来自该书。[215] 他对亚洲所知甚少，对当时流行的关于亚洲的传统知识也不太了解，他明显不知道东印度群岛的存在，也不知道葡萄牙在东印度群岛的活动。他关于亚洲的知识似乎来自中世纪的文献资料，比如《曼德维尔游记》，而不是来自当时的世界地图和宇宙志著作。[216] 不过，他知道美洲在欧洲和亚洲之间，而且令人惊奇的是，他推想美洲和契丹隔着 1 000 英里的距离：

367

　　实践者：

　　　　但是，再往东就是海边，

　　　　有一个国王统治着广袤的国土，

　　　　他就是契丹的大汗。

　　　　这就是伟大的东方海路，

　　　　一直绵延向前

　　　　直到再次出现新的陆地；

　　　　但是，这片海是否能直通那里，

　　　　或者是否有横亘其间的荒原，

这，没有人能知道：

但是，根据所有的宇宙知识，

这些新陆地距离契丹大汗的国土，

不会超过一千英里，

不过，从那些新的陆地开始

船员们可以一直顺利东行，

回到我们出发的英国。[217]

　　拉斯特尔也许是想用《宇宙四元素的本质》引起宫廷和公众的注意，认真对待莫尔的思想和他周围那些积极参与海外发现与海外贸易的人，尽管 16 世纪 20 年代莫尔在英国宫廷的影响不断增强，但国王和伦敦的商人反对一切吸引他们关注海外事业的努力。1521 年，当沃尔西（Wolsey）建议寻找一条西北航线通往契丹时，得到的是否定的回答。1530 年前后，英国商人罗伯特·桑恩（Robert Throne）从塞维尔给英国国王发来一封请愿书，提议寻找一条从北部进入摩鹿加群岛的航线，结果没有引起注意。[218] 为了反拨这种消极的反应，拉斯特尔写出了他的《炼狱新篇章》（New Boke of Purgatory，1529 年？），强调英国商人会从到遥远地区的旅行中学到很多东西。拉斯特尔将阅读对象定为商人，是因为他希望 1529 年成为大法官的莫尔能够从宫廷中赢得更积极的支持。[219]

　　几年后，莫尔辞去公职，在家里接待那些来自欧洲大陆并且和他一样对海外扩张抱有浓厚兴趣的访客。巴塞尔的印刷商西蒙·格里诺伊斯 1531 年拜访莫尔，[220] 1532 年从英国回去后不久就出版了他的《新世界》，这是到那时为止出版的影响最大的游记。在该书的献辞中，格里诺伊斯回应莫尔的思想，希望他的书能打开那些对科学、语文学上的发现充耳不闻的人的视野。葡萄牙的政论家达米奥·德·戈伊斯可能在 1528 年拜访了莫尔，不管是不是拜访过，年轻的约翰·莫尔——托马斯·莫尔唯一的儿子，开始将戈伊斯的著作从拉丁语译成英语，而戈伊斯的这本书对阿比西尼亚的社会制度、宗教制度给予了极高的评价。[221] 第二年，亨利八世与罗马天主教会决裂，莫尔和拉斯特尔反对国王的决定，结果是双双丢掉了性命，莫尔规划的海外航行也随之灰飞烟灭。此后虽然也有人主张海外贸易，但声音太微弱，淹没在亨利八世时期的教会分裂和宗教论争之中。

在英国像在其他国家一样，图书出版业和异端思想、煽动性言论的发起与传播密切相关。1410 年前后出台的针对罗拉德派（Lollardy）[①]的法规，1525 年重又生效，用来审查路德教派的著作。[222] 路德及其追随者的著作被德国商人带到伦敦，但这些宣传异端思想的书在 16 世纪 20 年代有很多被没收、焚毁，书商不准销售、印刷商不准印刷此类书籍。与此同时，英国刚刚兴起的印刷业慢慢地从外国人手里转到英国人那儿，因为出于经济和宗教考虑，英国不许外国人从事印刷业。1557 年之前，约有 6 000 册英语书印刷出版，这个数字本身证明在英国还有相当大的读者群。[223] 出版的这些书中多数是宗教类或祈祷书籍，因为印刷商要依赖对这类图书和小册子的稳定需求存活下来。[224] 从 1538 年开始，图书出版前要先获得许可证，天主教书籍受到日益严格的审查，而其中关于天主教在海外世界传播的书受到的审查更为严格。[225] 从 1533 年约翰·莫尔翻译戈伊斯的著作，到 1551 年拉尔夫·鲁宾逊（Ralph Robinson）翻译莫尔的《乌托邦》，关于海外世界的译作没有出版一部，《曼德维尔游记》虽然在 16 世纪初期非常流行，但 1510—1568 年期间显然一次也没有重印。

英国本土作家撰写的地理学和宇宙学方面的著作在 16 世纪中期以前同样也没有出版，但这并不是说英国政府和读者大众一样，接触不到这方面的著作。1540—1541 年，塞巴斯蒂安·卡波特（Sebastian Cabot）的同仁罗杰·巴娄写出了献给国王的《地理学》（Geographia）。这是地理大发现之后出现的第一部英语地理著作，但在 16 世纪时只是以手稿的形式存在着。[226] 该书的大部分是对恩西索的《地理全书》第一版（1519 年）的直译，[227] 巴娄对亚洲的描述仅限于探讨了麦哲伦的航行，对卡利卡特的描述是从瓦尔塔马的书中摘录出来的，但它让英国国王考虑从北部寻找通往契丹的航线。

1550 年至 1560 年的十年为英国认识海外世界开辟了一个新纪元，其重要

369

[①] 罗拉德派是约翰·威克里夫的追随者，他们相信教堂应帮助人们效法耶稣，过福音书中所述的贫苦生活，约翰·胡斯受他们思想的影响，后来胡斯又影响了马丁·路德。——译者注

标志是随着英国政府及英国商人对海外事业的兴趣,一大批相关图书翻译成英语出版。由于越来越相信从北部能找到一条通往亚洲的航线,于是便派出探险队去寻找一条从欧洲北部通往中国和东印度的航线。为了配合穿越俄罗斯和亚洲大陆到达中国的行动,一系列古典的和现代的描写亚洲大陆的作品开始被译成英语出版。昆图斯·库尔提乌斯描写亚历山大在印度的作品 1553 年被翻译成英语,四年之后,中世纪的《罗马故事集》及其与东方有关的故事第二次用英语印刷出版。[228] 威廉·沃特曼 1555 年将博埃姆斯的非洲、亚洲故事汇编、翻译成英语,名为《异域风情》(*The fardle of facions*),[229] 书中对鞑靼的描绘借鉴了博韦的文森特的著作。沃特曼步博埃姆斯的后尘,将印度和东方其他地区描绘成好像葡萄牙人从来没有到过那儿一样。沃特曼的著作同博埃姆斯的一样,给读者大众提供了丰富的人种学资料,这让那些好思考的人将自己的习俗、道德和遥远地区、不同种族的习俗、道德,进行详细的比较。

玛丽女王统治时期(1553—1558 年),英国各地天主教复兴,英国同西班牙的关系密切了许多,对西班牙的海外活动也更为关注。拉尔夫·鲁宾逊 1551 年首次将托马斯·莫尔的《乌托邦》译成英语,这可能是因为摄政王诺森伯兰郡(Northumberland)① 的公爵重新燃起了对海外事业的热情。理查德·伊登在国王爱德华 1553 年去世前不久,出版了他翻译的塞巴斯蒂安·明斯特宇宙学的部分内容,并将它献给诺森伯兰郡的公爵。伊登将他的译作命名为《新印度论》(*A treatyse of the newe India*),描述了东、西印度群岛的情况,但在他笔下东印度群岛比西印度群岛更富庶,气候更宜人,这一观点深得塞巴斯蒂安·卡波特和其他支持从北部寻找一条东方航线的人的欢心。[230] 作为海外拓展的宣传家,伊登的影响在玛丽统治时期达到顶峰,为了庆贺 1554 年玛丽和西班牙王室菲利普的结婚大典,伊登翻译了彼得·马特的《新世界旬年史》的前三十年,[231] 在这部著作里,伊登敦促他的同胞摒弃新教,在西班牙的带领下进行海外扩张。

到了玛丽统治末期,一些英国知识分子开始将新的关于东方的知识融进他们的材料汇编和文学创作当中。1556 年,萨里郡罗塞比(Loseby)的威廉·莫

---

① 诺森伯兰郡是英格兰东北部的一个郡,与苏格兰相邻。——译者注

尔拥有两幅世界地图、一个地球仪、明斯特的《宇宙志》、莫尔的《乌托邦》以及伊登的《新印度论》。[232] 罗伯特·雷科德（Robert Recorde，1510?—1558 年）在《知识城堡》（*The Castle of Knowledge*, 伦敦，1556 年）中设计了"大师"和"学者"之间的问答（第 65 页），"大师"说："有谁还没有听说过摩鹿加群岛、苏门答腊？葡萄牙人从那里获得了大批各种各样的草药和上等的香料。"他还在书中插入了一幅相当复杂的东半球的地图，对卡利卡特的描述也显得得心应手。对东方不太熟悉的是威廉·甘宁汉（William Cunningham），他在《宇宙之镜》（*The cosmographical glasse...*, 伦敦，1559 年）中显然对地理大发现混淆不清，因为他把去卡利卡特的航行安在韦斯普奇和哥伦布身上。尽管甘宁汉对亚洲的地名、种族模糊不清，但他毫不犹豫地指责曼德维尔遗产中的亚洲原型。关于东方的新知识就这样开始渗入英国的知识界，但数量并不多，而且其影响也仅仅局限在那些一开始对地理、宇宙志和航海感兴趣的学者之中。

二、诗的艺术

伊丽莎白统治的前二十年（1558—1577 年），英国关于东方的知识几乎没有增加，这部分是由于这些年里图书出版相对减少，历史、地理和新信息方面的图书仅占新书出版的 10%。[233] 尽管如此，1566 年仍有人抱怨说，在乡村市场有流动书商兜售"来自印度的消息"，有可能是耶稣会士书信集。[234] 这些年里，关于亚洲的书籍出版得不多，其中的新材料大多来自对欧洲大陆书籍的翻译，旧知识和新信息兼而有之。普林尼对世界奇观的描述 1566 年开始有了英文缩略本，1568 年，《曼德维尔游记》自 1510 年后首次重新出版，关于美洲的最新资料有赛弗特的《法国、南极洲的特点》英译本（1568 年）。从大约 1569 年开始，译成英语的希腊作家赫利奥多罗斯（Heliodorus）的散文传奇《埃塞俄比亚人的故事》（*Aethiopica*），为那些喜欢骑士传奇和热衷于把浪漫的东方背景嵌入其故事的英国作家，提供了古老的典范，[235] E. 芬顿（E. Fenton）将皮埃尔·波斯图的法语故事集《大自然的神奇奥秘》（*Certaine Secrete Wonders of Nature*，伦敦，1569 年）译成英语，托马斯·诺斯爵士 1570 年将《多尼的道德哲学》

翻译成英语，这是一部收入了很多印度故事的教诲性作品。[236]1571年，托马斯·福蒂斯丘（Thomas Fortescue）将佩德罗·美西亚"有趣的历史书"《圣者箴言》译成英语，该书很快流行开来。[237]托马斯·马什（Thomas Marshe）从明斯特的《宇宙志》中挑出一些新奇的、令人难忘的故事，组成一本书于1572年和1574年出版。虽然这些书单个看起来都没有对英国文学的发展产生过重大的影响，但它们汇聚起来形成了一个异域材料库，为16世纪最后二十年的英国文学巨匠提供了灵感来源。

理查德·威尔斯（Richard Willes，1546—1591年？）被视为伊登的思想继承人，他对英国的地理和文学发展做出了重要的贡献。[238]在伊丽莎白时代因信仰天主教而被流放到国外期间，威尔斯在卢万和美因茨学习语言。1565年，他加入耶稣会，在特里尔（Trier）教了一段时间的希腊语，然后于1570年来到意大利。在佩鲁贾（Perugia）稍做停留后，威尔斯于1572年来到罗马，在这里，由于无法言明的原因，他被赶出耶稣会，可能是由于他对耶稣会和耶稣会使命的看法令耶稣会士难以接受。[239]在意大利期间，他结识了乔万尼·皮特罗·马菲，后者是官方认可的耶稣会亚洲传教团的历史学家。威尔斯还结识了纪尧姆·波斯特尔、皮耶罗·瓦莱利亚诺（Piero Valeriano）以及弗朗索瓦·德·贝勒福雷。1573年或1574年返回英国后，他出版了自己的《希腊诗选》（*Poematum liber*），这是从他在欧洲大陆期间创作的拉丁文诗歌中挑选出来的。这本诗集是献给温彻斯特派（Winchester school）学者的，目的是引起他们注意"一种新出现的、更微妙的诗歌形式"。[240]

372　　在威尔斯的这100多首拉丁文诗歌中，有伊丽莎白时代的诗人所不知道的各种各样的韵律形式。威尔斯加入的欧洲大陆文学圈子致力于诗歌改革，让诗人更多地展示其智慧才华和创造性，这些别出心裁的诗歌形式都是那些热衷于文学风尚的人创造出来的，其中最值得一提、最具有创新性的是图案诗（pattern poem）和用多种语言写成或嵌入书写符号的诗。[241]对于这类诗歌，现代人显然更看重它们的象征内涵而非文学价值。虽然图案诗在西方可追溯到古希腊时代，但传统上认为这类在形式上构成一幅图画，或改变其诗行长短组成一种图案的诗歌，是过去某个时候从亚洲传过来的。威尔斯为将这种传统延续下来做出了自己的贡献，他明确指出，他在欧洲大陆上的许多同仁，特别是波斯特尔、马菲，都对亚洲和亚洲的神秘事物很有研究。[242] 他说诗歌"以其丰富的内涵陶冶人的情操，强化人的理解力，丰富人的知识领域"。[243] 对威尔斯和后来的普坦汉姆（Puttenham）来说，[244] 图案诗含义蕴藉，神秘难解，不过其外在形式和构成外在形式的词语，形成一个和谐的整体。但这些蕴含神秘的诗对于读者理解东方几乎没有帮助，是航海成就本身更直接地引起了英国人对东方的兴趣。

乔治·盖斯科因（George Gascoigne，1542?—1577 年）是伊丽莎白时代第一个把东方和东方物品写进诗歌的诗人，从 1572 年到 1575 年，他在荷兰汉弗莱·吉尔伯特爵士的军队服兵役，有一段时间被西班牙人俘虏。[245] 可能是由于他的欧洲大陆经历和他与吉尔伯特的联系，东方才进入他的视野。1575 年，也就是返回英国后不久，盖斯科因在伍德斯托克（Woodstocke）当着女王的面朗读了《隐士的故事》，这是发生在"坎贝的故事，坎贝靠近富庶的印度河河口"。[246] 盖斯科因在名为《贝思的堂·巴托罗缪》（*Don Bartholomew of Bathe*）的诗中宣称：

> 我要蔗糖，我要肉桂，
>
> 我要生姜、蚕种和每一味香料，
>
> 我把它们和高贵的酒快速地搅在一起。[247]

当盖斯科因 1576 年在莱姆豪斯（Limehouse）拜访汉弗莱爵士时，他在汉弗莱爵士的书房里看到一封十年前写的信，信中谈到发现了一条去往契丹的新路线。盖斯科因借出这封信，将信中的内容与奥提留斯的地图资料以及其他宇宙志、图表进行了仔细的比较，然后未经作者允许就公开发表了这封信，名为《通往契丹的新航线之发现》（*A Discourse of a discoverie for a New Passage to Cataia*，1576 年）。在《前言》中，盖斯科因说他和探险家、冒险家马丁·弗洛比谢尔爵士有亲戚关系，并说约翰·迪在给 H. 比林斯利（H. Billingsley）的《欧几里得》（*Euclid*，1570 年）写的《前言》中赞扬汉弗莱爵士的地理观点站得住脚。盖斯科因在先于吉尔伯特写的预言性十四行诗中称汉弗莱爵士是"第五大海王星",将他与哥伦布、韦斯普奇、麦哲伦相提并论。[248]第二年,盖斯科因发表了《钢玻璃》(*The Steele Glas*,1576 年),这是早期用英语写的无韵诗之一,盖斯科因将这首诗献给威尔顿的格雷阁下(Lord Gray of Wilton),在献辞中他把"宽宏"、"勤劳"这两种品质描述为"两种珍贵的香料",[249]但他对香料的敬重并没有扩大到"对异域的每一件商品都要独享垄断的"商人身上,商人到东方去不是为了国家的利益,而是出于积累个人财富的愿望:

> 那些在海上经历狂风巨浪的商人,
> 从波斯运来紫色,
> 从印度运来鲜艳的红色:
> 从赛里丝运来柔软的丝绸,
> 这些昂贵的东西来自遥远的海岸。[250]

　　盖斯科因未经吉尔伯特同意就出版了他的信函,而且立刻对海外贸易产生了很大影响,这种影响比对他个人创作的影响大得多。吉尔伯特的《通往契丹的新航线之发现》以及迪对它的肯定,让弗洛比谢尔和他的经济赞助者"契丹公司"相信从北部能够找到一条通往中国的道路,但弗洛比谢尔不成功的尝试(1576—1578 年)让其他人重又回到以前的行动,即从西南部打开一条通往亚洲的通道,获取麦哲伦勘察过的财富。这条线路是西班牙人率先开拓的,为了配合这种认识上的转向,塞维尔的英国商人开始将西班牙语的东方书籍,特别是和中国有关的书籍,翻译成英语。从 1577 年到 1579 年,出版了一些全新的关于东方的文献书籍,像托马斯·尼古拉斯的《来自中国的最新信息》(*Newes Lately Come from... China*,1577 年)、约翰·弗兰普顿翻译的《马可·波罗游记》(1579 年)、埃斯卡兰特的《葡萄牙人到东方各王国及省份远航记及有关中华帝国的消息》(1579 年)等。[251]理查德·威尔斯对伊登的《新世界旬年史》进行了修订,这进一步丰富了英国对东方的认识,该书于 1577 年出版,书中收入了瓦尔塔马的游记和耶稣会士书信中对日本的描述。[252]

374

弗朗西斯·德雷克爵士的环球航行（1577—1580 年）让英国出台了一项新政策，大胆反抗菲利普二世要垄断整个海外世界的宣言。文学创作上对德雷克爵士环球航行返回的反应较慢，态度也不明朗，斯托克认为印度是一个富庶之地，主要存在于剧作家的诗剧当中。[253] 约翰·李利（John Lyly，1554 ？—1606 年）教诲性的叙事作品《尤弗伊斯和他的英格兰之行》（*Euphues and His England*，1580 年）是德雷克时代为数不多的强调游历重要性的作品，李利借作品中隐居的修士卡里马科斯（Callimachus）之口说道：

> 尤利西斯知识渊博，熟知其他国家，他因此得到的敬重一点儿不比他因为财富得到的敬重少。你似乎要我看着那些地图，但我不知道你到底希望我去哪里？我从没有想过在木匠店里打造我的航船，这就像那些制造木质地球仪的高手一样，他们永远也不会拥有天空。那些通过看地图就想成为航海家的人，那些通过玩转地球仪就想成为天文学专家的人，可能有资格成为阿佩勒斯（Apelles，此人是希腊最著名的画家，堪称与亚历山大大帝齐名）的学徒，但根本无法和尤利西斯相提并论。[254]

从这部作品开始，英国文学界也出现了一种独特的、过分夸饰的文风，人们名之为"绮丽体"（Euphuism），这种文体在 16 世纪的最后十年广为流行。"绮丽体"作家将最不可思议的事情放在亚洲，因为人们盼望在这里发生奇迹。[255] 甚至连尼古拉·布莱顿（Nicholas Breton）的小书《赞弗朗西斯·德雷克的幸福冒险旅程》（*A Discourse in Commendation of ... Master Francis Drake, with rejoysing of his happy adventures*，1581 年）也似乎是一部绮丽体的散文传奇。[256]

16 世纪 80 年代，英国与西班牙、葡萄牙之间的战争不可避免地爆发了，伴随着战争的爆发，伦敦书店里出现了新一轮的翻译作品热卖，这些都是翻译成英语的古典和现代作品中的经典之作。1573 年，出版了 12 卷本的《伊尼德》，1584 年又在新版本中增加了假冒的第 13 卷。托马斯·诺斯爵士将普卢塔赫的《希腊罗马名人传》从法语译成英语，于 1579 年出版，两年后又出版了译本质量不是很好的《伊利亚特》。弗兰普顿、尼古拉斯分别从西班牙语翻译了塔玛拉（Thamara）寻找从东北部通往契丹的路线的作品（1580 年）和卡斯塔涅达描述东南部大发现、葡萄牙航海征服的权威历史著作。收藏游记文学的先驱理查德·哈克路特（Richard Hakluyt）在 16 世纪最后十年也非常活跃，他和欧洲大陆的地理学家保持联系，探访流放到法国的葡萄牙人，[257] 鼓励他的同胞到海外游历，并写下他们的观感。托马斯·卡文迪什（Thomas Cavendish）在德雷克的带领下，于 1586—1588 年环球航行成功。

在哈克路特的鼓励和卡文迪什成功环球航行的激励下，罗伯特·帕克（Robert Parke）将门多萨的《中华大帝国史》译成英语，于 1588 年出版。他把这本书献给卡文迪什，希望他在将来能找到一条从北部到达中国的路线。[258] 针对那些反对西班牙和天主教的敏感读者，他告诉他们，描写传教士在东方取得的成功是作者的责任，而不应该"归结为作者本人的错误"。1588 年，托马斯·希科克（Thomas Hickock）将威尼斯人切萨雷·费德里奇的东方游记翻译成英语。第二年（1589—1590 年）出版了哈克路特的《英国航海、旅行和地理发现全书》（*The Principall Navigations, Voyages, Traffiques and Discoveries of the English*）。英国读者在 16 世纪第一次能够阅读到大量关于东方的资料，当时还没有译成英语的最重要的文献是耶稣会士书信集，这些书信在当时以各种民族语言流传，当然也有拉丁文本。托马斯·史蒂文斯（Thomas Stevens）是唯一一个到亚洲传教的英国耶稣会士，他从果阿给哈克路特和其他人写信，但谈的主要是语言。[259]

根据英国作家的说法，英国人对中国知识的增加很快给语言、文学提供了许多新奇的思想。现代速记之父白来德（Timothy Bright）很可能是受到中国书写方式的启发，写出了他的《用符号简单、快速、秘密书写术》（*Characterie: an Arte of Shorte, Swifte, and Secrete Writing by Character*，1588 年）。[260] 英国第一位伟大的文学评论家乔治·普坦汉姆（George Puttenham，1590 年去世）在其《英国的诗歌艺术》（*The Arte of English Poesie*，1589 年）中表现出对海外世界的兴趣。在这本书里，他利用自己关于异域、异族人民的知识，来证实他的论断：世界上各个民族都有用自己的民族语言写成的通俗诗歌，这些诗比希腊诗人、拉丁诗人创作的诗篇还要古老。尽管普坦汉姆谙熟欧洲诗歌的各个方面，但他意识到亚洲的高等文明有自己的诗歌传统，在复杂程度上不逊于欧洲，而且他比威尔斯更明确地指出是亚洲人发明了图案诗。

在名为"图案的比例"一章中，普坦汉姆探讨了诗的形式，认为诗是"视觉的再现"，通常会简化为"几种几何图形"。[261] 他说，除了椭圆形的诗以外，这些图案诗都不是希腊诗人、拉丁诗人或欧洲各民族语言的诗人创作的，[262] 这多少有点不太准确。然后他说出了自己的发现：

　　我在意大利和一位绅士有过交谈，他到东方做过长时间的游历，见到了伟大的中国皇帝和鞑靼统治者的宫廷。我很想知道这些国家的一些详细情形，特别是知识界的情况和通俗诗。他告诉我他们在这方面非常富有创造性，有很高的创作技巧或韵律形式，但不像我们这样写单调的长篇叙事诗，他们写颂诗的时候运用格律，以菱形、正方形或其他类似的图案构形，将诗刻在金、银或象牙制品上，有的刻在水晶、红宝石、绿宝石、黄宝石上面，并将它们奇妙地串起来，以链子、手镯、项圈、腰带等形式送给女主人做纪念。这位绅士送给我几首这样的诗，我逐字逐句地尽可能地按句式和排列形式翻译过来，这相当困难，因为你可能会不接受这种形式上的束缚。[263]

在评价说"菱形诗"是最美的图案诗之后，普坦汉姆给出了两个例子，他说这两首诗"是他仔细观察了东方诗的结构，以同样的菱形图案，逐字逐句地翻译过来的"。[264] 他说第一首菱形诗是科麦赛恩王妃（Lady Kermesine）敬呈给大汗（Can, Khan）的，欢迎他"征服考拉松（Corasoon）胜利归来"，大汗的姓氏是"帖木儿·库兹克莱夫"（Temir Cutzclewe）。[265] 第二首图案诗是大汗的和答。普坦汉姆还举了另外两首诗，是三角形图案诗，描述的是波斯苏丹和他的爱人"赛拉莫尔姑娘"（Lady Selamoour）。尽管普坦汉姆并没有确切地说出他翻译的这首诗是用何种东方语言写成的，但从某些模糊的方面来看，很有可能是中文或波斯文。普坦汉姆翻译的图案诗和中国传统诗歌中的"文字游戏

377　诗"以及当时波斯存在的诗歌形式有着相似之处。[266] 他对东方诗其他特征的描述，特别是认为东方诗歌富于暗示联想、短小精悍，非常准确。

普坦汉姆将图案诗看作一种方法技巧，认为诗的形式和内容之间有一种必要的、神秘的联系，他在探讨世界各国统治者所使用的王室图案时举了这样一个例子。他对"中华帝国的皇室图案"特别感兴趣，而且印象深刻："两条怪异的蛇（龙？）亲昵地缠绕在一起，小一点的龙把头伸进那条大一点的嘴里，上面刻着字，意思是爱戴和畏惧。"普坦汉姆推测："这一图案富于哲理内涵，暗示出每个臣民都要畏惧国王，而每一位国王又要爱戴臣民……因为没有畏惧和爱戴，国家就不可能保持统治权威。"最令普坦汉姆难忘的是，这一图案被中国统治者作为帝国权威的象征，甚至被绣在官员的官服上，中华帝国的官员们如果"不穿官服，就不能抛头露面"。最后，普坦汉姆坦言道：

> 我禁不住将这个外国的例子加进我对诗歌技巧的探讨之中，因为它所代表的美丽和勇敢，除了微妙的自负和皇帝用来下诏书外，还可以成为所有欧洲君王的榜样。[267]

不管普坦汉姆对图案诗和中国诗歌技巧的理解是否正确，有一点非常明确，这就是他被中国诗歌的成就深深地吸引住了，试图在中华文明中寻找值得英国模仿的文学技巧和文学思想。整个 16 世纪，欧洲文人都在寻找象征意义，特别是在遥远的异域文学中寻找象征意义。

378　### 三、戏剧与讽刺作品

传统的东方和海外发现对年轻的戏剧家克里斯托弗·马洛（Christopher Marlowe，1564—1593 年）产生了重要影响，在大约写于 1587 年的《帖木儿大帝》（*Tamburlaine the Great*）中，他既对鞑靼历史上的人物帖木儿大汗（1336—1405 年）十分着迷，也对他那个时期的海外发现非常感兴趣。马洛关于帖木儿和其活动的材料主要是从乔治·维特斯通（George Whetstone）1586 年翻译的佩德罗·美西亚的《圣者箴言》（1543 年）、1553 年出版的彼得鲁斯·派隆蒂努斯（Petrus Perondinus）的拉丁文传记以及 1521 年翻译的海屯的作品中得来的。[268] 在整部《帖木儿大帝》中，特别是在第二部分，他还参照了贝勒福雷的《宇宙通志》（La Cosmographie universelle de tout le monde，1575 年）和奥提留斯的地图集《环宇大观》（1570 年）。[269]《帖木儿大帝》的前两部分于 1590 年首次出版，既有历史事实，也有想象虚构，讲述了一个统治者征服世界的故事，这个征服者就像古代的亚历山大大帝一样。马洛写这个剧本可能是受到领土扩张思想的启发，这一思想激发了马洛和那些研究沃尔特·罗利爵士的学者对东方的热情。[270]

《帖木儿大帝》的场景是亚洲，特别是奥提留斯和马洛时代其他地理学家描述的西徐亚和鞑靼西部，人物全是亚洲人，其中多数是统治者和他们各自王室的贵族，有波斯的、土耳其的和埃及的，等等。从第一幕开始，马洛就不遵从历史事实和编年史原貌，将现在和过去混杂在一起。他把与帖木儿同时期的波斯王子考斯洛（Cosroe）视为"东方的君主"，这个东方甚至包括"东印度和后来发现的岛屿"。[271] 马洛还在这部戏里像他的同时代人在欧洲文学作品中所做的那样，罗列了东方地名在欧洲产生的回响和唤起的美感，[272] 他在剧中让考斯洛抱怨道：

> 从最遥远的赤道来的人，
> 蜂拥进入东印度：
> 船上塞满了黄金、宝石
> 而且践踏我们的家园。[273]

后来，马洛让考斯洛使帖木儿坚信：

379

> 那么我们还要保护印度的宝藏吗？
> 我那愚笨的兄弟败给了基督徒；
> 我们要讨伐他们，赢得更多的荣誉和财富。[274]

马洛剧本中帖木儿吹嘘他要征服的领土，是历史上的帖木儿所没有听说过的。作为一个征服世界的统治者，马洛的帖木儿沿着与麦哲伦、德雷克、卡文迪什相反的方向，环绕地球，甚至将其统治扩张到美洲：

> 波斯的战舰和士兵，
>
> 沿着东方的海域航行，
>
> 驶过印度大陆
>
> 一直从波斯首都波斯波利斯（Persepolis）抵达墨西哥，
>
> 然后再开往直布罗陀海峡。[275]

为了平息自己的愤怒，帖木儿发誓要占领印度的金矿，让印度国王为他效力。那多里亚（Natolia）国王欧肯斯（Orcanes）通过讲述帖木儿血腥的征服，印证了他吹嘘要征服的国家：

> 他把千千万万的人
>
> 从西徐亚到东方海滨
>
> 带到印度，气势汹汹，
>
> 南大洋为之怒吼，巨浪滔天
>
> 水手见所未见：
>
> 整个亚洲在帖木儿领导下全副武装起来。[276]

最后，帖木儿叫喊着"给我地图"，他要看看世界上还有哪些国家没有被他征服，好"让我的子孙完成我未了的心愿"。马洛可能听说了当时威尼斯挖掘运河的计划，因此他让帖木儿说要开挖一条苏伊士运河，"以便人们能够快捷地到达印度"。[277]

380　　在马洛短暂而又积极行动的一生中，他一直有意识地从熟人那里了解亚洲的信息和亚洲的物产，并在自己的作品中呈现出来。他的一位朋友罗伯特·休斯（Robert Hues）以数学家和地理学家的身份，随同卡文迪什周游了世界，而且马洛还有可能和霍金斯（Hawkins）、哈克路特有交往。[278]和他同时代的许多人一样，马洛被"黄金国印度"的财富迷住了。[279]马洛笔下的浮士德博士决心要对自己的灵魂负责，他这样宣称：

> 我让灵魂飞到印度去寻找金子，
> 在海洋里打捞东方的珍珠，
> 我要搜遍新发现的每一寸土地
> 寻找甘甜的果子和优雅高贵的东西。[280]

"富有的摩尔人"在印度找到了宝石，出售

> 一袋又一袋耀眼的猫眼石、蓝宝石、紫水晶、
> 红锆石、硬质黄玉、泛着草青的祖母绿，
> 还有美丽的红宝石和夺目的钻石。[281]

1593年，也就是在他去世前不久，马洛受到指控，说他对宗教持有"可怕的看法"。马洛让伊丽莎白时代的正统人士和审查机构感到震惊，因为他宣称："印度人和很多古代学者16 000年前就会书写，而亚当自诞生至今还不到6 000年。"[282]

尽管马洛不为统治者悦纳，但伊丽莎白时代英国的宗教氛围并不压制世俗文学，1580—1603年期间，图书出版数量增长迅速，宗教文学的比例减少到图书出版总量的40%，世俗文学占25%，历史、地理、游记约占10%。[283]从马洛的《帖木儿大帝》（1590年出版）开始，优秀剧本的创作和出版数量大增，东方场景、东方人物在伊丽莎白时代的戏剧中成为常见的现象。不过，东方场景的剧本无一例外都是悲剧结局，东方人在剧本中都是好战、相互残杀、贪得无厌的角色，[284]对东方的这种认识可能来自当时在欧洲广为流传的东方故事，故事中鞑靼人、蒙古人、土耳其人都是破坏性极强的人。实际上，"鞑靼"经常被用作"魔鬼"的代名词。但这只是欧洲大陆传统中与欧洲相邻的东方，因

为传统上东方是基督教欧洲最大的敌人，而不是与欧洲相距遥远的、新发现的东方。

伊丽莎白时代英国人对东印度的认识，很大程度上是基于对亚历山大传奇、《马可·波罗游记》和《曼德维尔游记》的阅读。在这些作品中，东方是怪物穿行的场所，是奇迹发生的地方，东方人住在大城市里，过着富足的生活。英国在 16 世纪几乎没有出版对传统上的亚洲进行公开质疑的作品，事实上，很多流行的书籍，像《异域风情》以及伊登、威尔斯的游记等，似乎是在证明并固化早期对亚洲的认识，即将亚洲视为一个有着令人难以置信的财富，充满各种诡秘的奇迹和邪恶魔力的地方，与东方的贸易证明了那的确是个财富遍地的地方；对亚洲地理和人种的夸张被亲自到过亚洲的人进一步证实、丰富了，这些人喜欢给待在国内的人以某种刺激。[285] 菲利普·西德尼爵士（Sir Philip Sidney）始终关注着海外世界的情况，像其他人一样被印度的财富深深地吸引住了，他这样说道：

你是说你把印度商品

这么便宜地卖给我吗？[286]

一个名为《约翰·曼德维尔爵士》（*Sir John Mandeville*）的剧本一直到 1592 年还在上演，[287] 八年后，安东尼奥·德·托尔克玛达的西班牙语作品被翻译成英语，名为《西班牙的曼德维尔》（*The Spanish Mandevile*）。[288] 在流行的戏剧里面，东方的特征和东方人一直到 1616 年莎士比亚去世，基本上没有改变。

莎士比亚极好地说明了伊丽莎白时代戏剧中的印度和东方。莎士比亚的戏剧中有 24 处提到印度群岛（Indies）、印度人（Indian）、印度（Ind）和印度（India），[289] 其中 6 处明确地是指美洲，3 处无疑是指东方，其他的模棱两可。[290] 莎士比亚像他同时代的人一样，用东、西印度群岛来隐喻财富，但在他早期的戏剧中，提到印度时几乎毫无例外地指的是亚洲意义上的印度。他有 12 次提到 spice（香料）和 spicery（香料），但基本上没有具体说香料是哪个岛上出产的。莎士比亚有几次提到 Tartar（鞑靼人），提到他们的弓、箭，称赞他们是出色的弓箭手，但他又把鞑靼人视为残暴、未开化的人。莎士比亚有两次提到 Cataian（契丹人），但明显是不诚实、欺诈的代名词。[291] 莎士比亚有很多次提到宝石，但他无疑是在指印度，特别是提到钻石和红宝石的时候。莎士比亚的戏剧中只有一次提到专门的印度知识，这就是《威尼斯商人》（*The Merchant of Venice*, III, ii, 99）中巴萨尼奥（Bassanio）提到"印度少女用美丽的面纱遮面"，这很可能是指印度的深闺习俗①。[292] 在《一报还一报》（*Measure for Measure*, II, i, 92-94）中，莎士比亚揭示出瓷器在他那个时代极为常见，他让庞培（Pompey）这样评价一个 3 便士的水果盘："阁下见过这样的盘子，它们不是中国的盘子，但质地相当不错。"

莎士比亚和 16 世纪末的其他剧作家一样，面对他们同时代的人对东方知识的巨大贡献他基本上没有反应，尽管环球剧场在入口处写着一句拉丁名言："世界是个大舞台"（*Totus mundus agit histrionem*），但实际上在戏剧演出中很少有表现东方的内容，这种遗漏一定程度上可以用当时的剧作家持亚里士多德的宇宙整体观，或者舞台本身的局限性来解释。

> 还有，如果他们知道讲述和再现之间有差别的话，那么就会明白有很多事情可以说出来，但无法在舞台上表现出来。比如，我在这儿可以说秘鲁，可以用语言描述卡利卡特，但不借助帕科利特（Pacolets）马，我无法将它们在舞台上表现出来。[293]

莎士比亚像哈克路特在其《英国航海、旅行和地理发现全书》第一版中一样，对海洋、航海、贸易和国家扩张的兴趣，超过对亚洲知识的兴趣，莎士比亚在剧作中提到帆船、帆船的构成部分以及航海的地方，要比提到印度的地方多得多。[294] 尽管莎士比亚对哈克路特《英国航海、旅行和地理发现全书》的增订本（1598—1600 年）的关注明显不够，但他注意到了 1600 年出版的爱德

---

① 深闺习俗指穆斯林或印度教社会的妇女为了避开男人或陌生人的视线，而生活在单独的房间或帷幕后面，或身着全裹服饰。——译者注

华·赖特（Edward Wright）的世界地图，在《第十二夜》（*Twelfth Night*, III, ii, 82）中，玛丽亚这样说马伏里奥（Malvolio）："他笑出的皱纹比增加了印度的新地图上的线条还要多。"

16 世纪末，英国关于东方的知识迅速增长，这是因为在哈克路特的启发和帮助下，一大批翻译作品印刷出版。托马斯·希科克翻译的切萨雷·费德里奇的东方游记（1588 年）收入哈克路特的《英国航海、旅行和地理发现全书》第二版，林斯乔坦的《林斯乔坦葡属东印度航海记》由约翰·沃尔夫（John Wolfe）翻译成英语，1598 年以单行本出版。哈克路特的《英国航海、旅行和地理发现全书》第二版里面还收入了耶稣会士在澳门撰写的关于中国的"精彩专题论文"，以及拉尔夫·费奇（Ralph Fitch）的亚洲游记。1601 年，哈克路特出版了安东尼奥·加尔旺（Antonio Galvão [Galvano]）的葡萄牙语著作英译本《发现世界》（*The Discoveries of the World*），这是一部编年史性的、1555 年之前重要游记的精华本。同年，罗伯特·约翰逊（Robert Johnson）出版了《游历家概说》（*The Travellers Breviat*），这是乔万尼·博特罗将世界各个国家涵盖在内的、著名的《世界关系》的精要本。[295] 与此同时，英国出现了很多记述新东印度公司（1600年）早期航行的游记作品，迅速而又有效地扩大了英国人对于亚洲和亚洲人民的知识视野。[296]

英国非戏剧文学作家对同时代人取得的海外成就，反应要比戏剧家强烈。有些诗人歌颂德雷克世界航行的成就，有些则谴责西班牙人对英国人尖酸刻薄，"就像葡萄牙人刚到印度时对待印度人那样"。[297] 爱德蒙·斯宾塞（Edmund Spenser，1552?—1599 年）在《仙后》（*The Faerie Queene*）中描绘了征服美洲的梦想，但对亚洲却完全持传统的看法。[298] 在他的十四行组诗第 15 首《小爱神》（*Amoretti*，1595 年）中，斯宾塞通过对待商人和印度罕见宝石的态度，表现出他对亚洲的兴趣：

> 奔波的商人啊，你们不辞辛劳，
> 为谋利，去把金银珠宝寻探，
> 去掠夺两个印度群岛的财宝

何必徒然去寻觅，跑得那么远？

看吧，我的爱人身上就包含

在远方才能找到的全世界的奇珍，

要说蓝宝石，那是她纯蓝的双眼，

要说红宝石，那是她无瑕的朱唇，

说珍珠，她的皓齿纯净而圆浑，

说象牙，她的额角如象牙般美丽。[299]①

斯宾塞时代的其他诗人从哈克路特那里汲取了关于亚洲的资料和灵感，托马斯·维克斯（Thomas Weelkes）在他写于 1600 年左右的谣曲中吟唱道：

安达卢西亚商人归来时

满载胭脂红和中国瓷盘，

西班牙的报道说火如何在满是

飞鱼的海洋上不可思议地燃烧。[300]

这一时期，追求华丽辞藻、热衷于使用明喻和对偶的作家，在《曼德维尔游记》中找到了极有价值的材料。比如，托马斯·戴伦尼（Thomas Deloney）在《纽贝里的杰克》（*Jack of Newberry*，写于 1597 年）中这样描述贝尼迪克先生（Master Benedicke）："他一句话也不说，好像科罗曼德人（Coromandae）一样，"而他的女友对他的悄悄话充耳不闻："似乎（像塔普罗班纳（Tarprobana）②的女人）天生没有耳朵一样。"[301] 当菲利普·西德尼爵士责备那些动不动就用比较法的作家时，他明显地意识到了亚洲对追求华丽辞藻的作家的吸引力：

384

---

① 诗文采用胡家峦的译文，见埃德蒙·斯宾塞著：《斯宾塞诗选》，胡家峦译，桂林：漓江出版社，1997 年版，第 60 页。

② 有人认为塔普罗班纳就是今天的斯里兰卡。——译者注

字里行间布满了明喻

或者只有印度或非洲才有的药草、野兽。[302]

在托马斯·洛奇（Thomas Lodge，1558?—1625年）早期的创作中，特别是他的《尤弗伊斯的影子》（*Euphues his Shadowe*，1592年），对偶手法的使用依然是从关于亚洲的流行故事中获得的灵感，[303]这部作品出版时洛奇正随卡文迪什在海上航行，想从西南航线到达中国。洛奇还没有到过比巴西更远的地方，可能是在返回之后，他写出了他的《美洲的珍珠云母》（*A Margarite of America*，1596年），[304]这部诗性传奇中的场景实际上是在莫斯科公国（Muscovia），和美洲没有任何关系。[305]关于珍珠云母（小珍珠），洛奇这样写道：

高贵的珍珠云母是大自然何处的神奇造化？

是否能在印度海岸瞥见它栖息的身影？

抑或是在香料遍地的地方：

如果我能摸清你的秘密

把自己变成我希望的形状

我和我的爱人伊威尔（Iewell）将会何等高兴！[306]

洛奇和他的许多同时代人还对发现东方对于欧洲的意义，有着更加现实的认识。新的地理名称，特别是中国，开始取代或者和旧称谓一起出现在他们的作品中。在诗歌和散文中日益出现人类价值相等的认识，洛奇说："在美洲和在亚洲一样，都有很多健壮的农夫。"[307]在《吹毛求疵者的无花果》（*A Fig for Momus*，1595年）中他富有哲理地说道：

385

我们年轻时记住的东西

随着年龄的增长也不会忘掉：

懒散的摩尔人、土耳其人和撒拉辛人（*Saracine*），

富足的中国人和阿比西尼亚人；

观察他们的习俗和偶像崇拜

最初是怎样形成的。[308]

同样的文化相对主义思想也出现在塞缪尔·丹尼尔（Samuel Daniel，1562—1619 年）的《韵律之辩》（*Defence of Ryme*，约 1602 年）中，他写道：

我们在谈到中国时，如果因为中国没有抑扬格、长短格、三短节音步，就认为他们粗鲁、野蛮和无礼，那么事实不会驳倒我们吗？[309]

由于对中国越来越关注，再加上筹建东印度公司，英国人开始公开质疑曼德维尔和他的东方故事。菲利普·西德尼爵士在给其弟罗伯特的信中说，要从中国"学习好的法律、习俗，但了解他们的财富和权力对我们来说没有用处，因为这既不能给我们带来好处，也不会阻碍我们的发展"。[310] 塞缪尔·罗兰（Samuel Rowland，1570?—1630 年）在他讽刺伦敦人行为举止的作品《自负头脑幽默血液之出租》（*The Letting of Humours Blood in the Head-Vaine*，1600 年）中，把《曼德维尔游记》作为讲述吹牛故事的主要例子。[311] 约瑟夫·霍尔（Joseph Hall，1574—1656 年）公然反对游历者，尽管他自己从 16 世纪末还在剑桥大学读书时就非常热爱游记作品，因此，他在《讽刺诗》（*Virgidemiarum: Satires*，1579—1598 年出版）中对游记文学的抨击至少部分来说是自我谴责：

那个愚笨的青年津津有味地听着

一个虚伪旅行家甜蜜的谎言

他曾读过一点西班牙人写的海外见闻

或者那个老曼德维尔编造的游记

他听着这些吹嘘，半夜无法入眠

那个人说他的印度历险

讲着他看到的无边的金矿

或者巴勒斯坦的古墓

或者大马士革的魔幻玻璃墙

······

还有能载着大象飞翔的大鸟；

在大海里游弋的美人鱼；

无头的人；野蛮的食人者。[312]

386　　在差不多同一时期，霍尔还写出了他那才华横溢的《旧世界与新世界》（*Mundus alter et idem*），这是一部用来讽刺地理学家哈克路特、《乌托邦》作者托马斯·莫尔爵士的滑稽模仿作品。希利（Healey）将其翻译成英语，名为《发现新世界》（*A Discovery of the New World*，1609 年），它是一部巧妙的讽刺作品，讽刺像拉伯雷的《巨人传》中庞大固埃那样愚蠢的人和他们的行为习惯。[313]

但这些讽刺诗人的锋芒很轻易地从曼德维尔和其他旅行家身上移开了，塞缪尔·珀切斯（Samuel Purchas）是哈克路特在 17 世纪的继承者，他从一开始就喜欢游记文学，称赞曼德维尔是"世界上最伟大的游历亚洲的旅行家"。圣经故事依然受到重视，特别是关于俄斐的所在地，所罗门王的提尔人（Tyrian）海员从那里带回金子，装饰耶路撒冷的神殿。贝尼托·阿里亚斯·蒙塔诺在他 1574 年出版的拉丁文圣经附录中，认为俄斐就是秘鲁，因为《圣经》（2 Chron. 3: 6）中提到"巴瓦因（Parvaim）的金子"。伊丽莎白时代的很多作家，包括林斯乔坦和加尔旺（Galvano），都认为俄斐的确切地理位置在东印度群岛。[314] 英国著名的殖民地规划者沃尔特·罗利爵士在写作《世界历史》（*The History of the World*，1614 年）时关注过俄斐问题，虽然罗利的《世界历史》与古人的相比没有多少进步，但他用自己关于航海和海外发现的新知识来佐证他对遥远过去的分析，关于俄斐，他这样说道：

现在虽然也在阿拉伯本土（靠近波斯的地方）······和东印度海岸发现了金子，但金子储量最大的是菲律宾群岛，东印度的西班牙人已经占领了菲律宾群岛上的一些岛屿。[315] 所罗门的船队从红海启航，在海上航行很长时间（来回一趟需要三年时间），由此看，他们到达了最遥远的地方，可能到达了摩鹿加群岛或者菲律宾群岛。的确，现在从葡萄牙或是从红海出发的船只来回只需两年时间，有时不到两年……但我们必须考虑的是，那时船只要始终沿着海岸线航行，时不时地要靠岸，这使得航程显得非常漫长。因为在指南针发明之前，航船无法横跨海洋航行，因此，所罗门的船队不会发现位于美洲的秘鲁。如果不是东印度群岛有大量的金子，而且储量比美洲的任何一个地方都大的话，西班牙人也不需要每年从美洲西部启航，在印度最富裕的岛上安营扎寨，尽心经营，甚至建了一座叫马尼里亚（Manilia）的城市。[316]

16 世纪末的罗利就像 16 世纪初的托马斯·莫尔爵士一样，仍然试图将关于东方的旧知识和新信息融会起来，他们都是知识界的重要人物，都鼓励、扩大英国参与海外发现。莫尔通过吉尔斯、戈伊斯、格里诺伊斯，保持与欧洲大陆的联系，希望及时了解别的国家在海外发现方面的最新进展。莫尔和拉斯特尔都非常清楚美洲阻碍了到达亚洲的西部航线，但两人在麦哲伦环球航行成功之前就认为能够进行环球航行。尽管莫尔和他那个圈子里的人尽了最大努力，亨利八世和伦敦的商人依然对香料贸易不感兴趣，将注意力集中到羊毛制品和欧洲大陆的政策上，因此，早期英国人对东方知识的了解局限在《曼德维尔游记》的翻译情况、其他更现代的欧洲大陆宇宙志和游记作品上。1534 年亨利八世与罗马天主教会的决裂甚至连这一渠道也给割断了，因为《曼德维尔游记》和伊比利亚的游记在宗教改革时期的英国受到质疑。

英国与欧洲大陆的隔绝和英国暂时摆脱欧洲大陆干扰的局面在 16 世纪中期结束了，英国商人对从西北部寻找一条通往契丹航线的可能性越来越感兴趣，结果英国人对关于鞑靼和莫斯科公国的资料，不管是旧的还是新的，都非常关注。玛丽一世时期（1553—1558 年）英国信奉天主教，再加上这一时期英国和西班牙的关系，使得以前没有翻译过来的伊比利亚半岛海外征服的书籍，得以出版，特别是伊登收集、整理了相关作品。在伊丽莎白统治的前二十年，和海外发现直接相关的新材料出版得很少，一些"有趣的历史书"，比如《曼德维尔

387

游记》、美西亚的著作，或重版，或首次翻译成英语出版。对 16 世纪最后十年的文学巨匠来说，这些"有趣的历史书"像原始文献一样重要。

1575 年左右，由于从西北部找到一条通往契丹的航线的愿望落空了，英国人决心抗击西班牙人，从西南部找到一条通往亚洲的航线。为了配合英国人对东方的这股新热情，塞维尔的英国商人开始将新的西班牙语材料，特别是和中国有关的材料，翻译成英语。德雷克、卡文迪什和其他英国人的成功航行，以及荷兰海盗的袭击，让西班牙建立了一支无敌舰队，直接攻击英国。在英国，环球航行的成功激发起了英国人的民族自豪感，并决意将这种自豪感一直保持下去。1588 年，英国击败西班牙无敌舰队给英国提供了直接把自己的舰队，通过任何一条航线开往东方的机会。与此同时，门多萨的《中华大帝国史》（1588 年）和费德里奇的亚洲游记（1589 年）被译成英语出版，这极大地增加了英国人的东方知识。

英国诗人的文学想象对英国的这种新转向迅速做出了反应，很多诗人，像盖斯科因、洛奇等人，以这种或那种方式直接参与了航海活动，或是其好朋友"有过航海经历"。绮丽体风格之父约翰·李利和同时代的许多人一样，积极倡导航海体验，李利和后来的绮丽体诗人喜欢运用曼德维尔和其他"有趣的历史书"中不可思议的故事作为材料，写出他们充满对偶句的作品。游记作品和资料汇编似乎清晰地证明了曼德维尔故事的真实性，而霍尔甚至指责他那个时代的作家抄袭中世纪的著作。游记作品无疑帮助将曼德维尔游记中关于亚洲的神奇故事保存下来，当霍尔和其他讽刺作家攻击曼德维尔、哈克路特和其他"游历家"时，他们也在间接地嘲笑绮丽体诗人的轻信。

击败无敌舰队之后的那几年是文学上的重要创新时期。普坦汉姆和白来德一样，明显地认识到中国有许多值得欧洲文学界效仿的地方，他把中国视为图案诗的故乡，图案诗是他极力想模仿的一种诗歌形式。在阅读门多萨的《中华大帝国史》的基础上，普坦汉姆认为中国皇室的图案要比欧洲国王的高级，因为它非常实际地象征着"爱戴和畏惧"，这是彰显皇帝威权、维持一国稳定的必要质素。马洛根据前人的材料写出了他的《帖木儿大帝》，他同样创造性地借鉴了海外发现的新材料。他和罗利一样，都借用新材料去阐明欧洲过去对东方的

388

认识。马洛创作关于东方的作品时参照了奥提留斯的世界地图，通过仔细研究这幅地图，他提出苏伊士运河和巴拿马运河会推动航海事业的想法。

马洛在戏剧领域的后继者对海外扩张的反应不像马洛那样富有想象力。莎士比亚和他同时代的剧作家对东方持传统的观点，将其作为富庶、神奇、神秘的所在，虽然他们都意识到了大洋的存在和航海活动，但他们只把航海事业用作简要的文学暗示，印度和东方都是如此。尽管如此，我们不能认为他们没有认识到海外发现正引起英国人越来越大的热情这一新事实，也许菲利普·西德尼爵士的说法更合理：他们受到时空统一性理论的局限，受到舞台表演对话的限制。

16世纪最后二十年，戏剧文学以外的作家对亚洲的反应更灵敏。比如，哈克路特扩充了他的《英国航海、旅行和地理发现全书》第一版（1589年），在第二版（1598—1600年）中增加了很多关于东方的新内容，特别是随着对中国认识的加深，英国作家开始让中国脱去东方的神秘性，诗人、传奇作家都在更现实的层面上表现中国。这时虽然中国人依然被视为与欧洲人不同的种族，但不再像鞑靼人那样被污蔑为恶魔。很长时间以来，英国人一直在寻求一条通往契丹或中国的航线，以猎取其财富，因而，英国人显然已不可能再把中国人视为野蛮人或不开化的人。到了16世纪末期，英国人眼里的中国人已经是一个发展程度较高而且真实存在的民族，他们第一次要和这个民族直接接触了，许多作家都怀着毫不掩饰的兴趣，期望能以某种方式和中国相会。

16世纪，整个北欧的图书出版整体上稳步增长，用民族语言印刷的书籍也有了相当的增长。在16世纪的最后二十五年，宗教和神学论争方面的书籍和小册子出版减少，世俗学术、世俗文学图书所占的比例大幅增加。北欧的图书审查主要是针对那些直接或间接挑战新教或天主教教义的书籍，很多北欧国家视异端为煽动叛乱，结果在新教国家，赞扬伊比利亚和天主教国家的海外成就，被视为是对政治秩序的威胁。所幸的是，在一些相对独立的城市，比如巴塞尔、法兰克福以及后来的伦敦，宽容措施使印刷商能够以其原有语言，或是以译本、资料汇编的形式，出版关于海外发现的新作品。不过，游记文学的命运则随时代的变化而有所不同。新教徒常常质疑《曼德维尔游记》、《马可·波罗游记》、

389

《博洛尼亚人卢多维科·迪·瓦尔塔马游记》，指责这些游记传播"天主教"思想，[317] 但由于16世纪没有出版任何新教徒的游记，天主教没有反对的对象。在16世纪末林斯乔坦的游记出版以前，日耳曼文学中没有堪与瓦尔塔马游记相媲美的游记作品。

也许是由于他们自己撰写的重要或可信的游记作品不多，因此，北欧人才成为他人游记作品的伟大汇编者和出版者。16世纪的所有重要游记，赖麦锡具有开拓意义的重要作品除外，都在北欧加以汇编和出版，特别是安特卫普、巴塞尔、法兰克福的书商，出版了带插图的游记、百科全书和地图册，这些书在北欧显然卖得非常不错，北欧人将其作为"谈资"或奇闻轶事的来源。哈克路特的编辑、出版活动不单出于个人目的，更重要的是要激发英国效法他们南部邻国的成功做法，出资参与海外事业，为英国人谋利益。在英国与在欧洲大陆不一样的是，记载了丰富的亚洲资料的耶稣会士书信，没有得到大范围的传播，只有一部分翻译成了英语。实际上只有两位北欧的耶稣会士，一位是荷兰的加斯帕尔·巴扎乌斯，另一位是英国的托马斯·史蒂文斯，1600年前积极参与到葡萄牙征服东方的活动当中。

在德国，对大发现首先感兴趣的重要文人是地理学家、宇宙学家和历史学家，瓦尔德泽米勒、瓦蒂安具有开拓意义的作品很快在荷兰、英国和德国传播开来。人文主义者像波伊廷格、莫尔、皮克海默，根据个人的兴趣爱好，对东方发现做出自己的回应。波伊廷格决意在他钟爱的古代寻找海外发现的先驱者；莫尔在他的《乌托邦》中将关于东方的新知识和旧知识毫无偏见地并置在一起；皮克海默尽管更看重古代关于东方的知识，但在著作中真诚地想把旧的地理名称和新的地理名称统一起来。一些用民族语言创作的作家，像约翰·拉斯特尔和塞巴斯蒂安·弗兰克，更看重关于东方的新知识，而且理直气壮地如此认为。

巴塞尔伟大的宇宙学家，特别是格里诺伊斯和明斯特，认为他们的主要任务是将所有的材料分类，然后编纂成百科全书式的宇宙志，以此将它们保存下来。他们毫不迟疑地、不加鉴别地将古代和现代的材料罗列在一起，不做任何评论或批评，他们通常连里面自相矛盾的地方都不指出来。正是这个巴塞尔圈子将"新世界"界定为涵盖所有最近发现的、古人所不知道的地区，包括东方、东南亚诸岛在内。比如，从这个意义上来说，锡兰在被确认是托勒密所说的塔普罗班纳之前，一直被视为"新世界"的一部分。由于明斯特在当时的宗教或政治论争中没有明确的立场，因而他的宇宙志获允在欧洲大陆自由流通，从而成为 16 世纪最有影响的著作之一。

　　在德国，随着地理和宇宙知识的增长，人们对世界历史产生了兴趣。在意大利历史学家的影响下，谢德尔第一个将亚洲纳入了世界历史，其他德国人随即从各种能够获得的材料中收集遥远民族的民间故事和礼仪习俗，对它们进行比较、对比，也把它们同欧洲的信仰、行为进行比较。博埃姆斯的《故事汇编》，特别是它的众多改编本和译本，在 16 世纪中期以前令欧洲人爱不释手。博埃姆斯尤其在世界历史的划分和阐释重点方面，给了弗兰克深刻的影响。作为虔诚的新教徒和德国知名的文体学家，弗兰克没有把《曼德维尔游记》作为自己的材料来源，认为它太离奇，而且可能太具有天主教色彩，他用那些令人联想起西班牙描写新世界的人种学材料，来让他的历史书更富有趣味，更吸引人，他特别告诫他的读者在评价异域民族的礼仪习俗时要胸怀宽广。弗兰克撰写世界历史的努力没有被后人继承下来，罗利的雄心勃勃但最后没有完成的世界史著作，是北欧唯一直接继承了他的世界史书写的人。

　　诗人，特别是德国的诗人，是北欧文学界首先对海外扩张做出反应的人。布兰特和他的英语改编者在认识上有分歧：这位创作了《愚人船》的德国作家认为海外探险会导致不希望出现的国力分散，而英国人显然注意到了海外探险的重要性。不过大多数诗人忽视了最新的资料，像汉斯·萨克斯那样，局限于传统上对亚洲的认识，津津乐道它的财富、神秘和魔力。他们像其他国家的同行一样，在作品中一串一串地使用亚洲的地名和宝石名，以制造出一种异域情调。在提到香料贸易时，他们有时会抛开异域情调，义愤填膺地谴责那些香料垄断者和他们对别国的掠夺。欧洲大陆课堂上上演的诗剧在提到亚洲时，几乎清一色地引用曼德维尔和瓦尔塔马的游记。英国绮丽体风格的诗人还通过大量引用曼德维尔的故事，使他的影响持续下来；但瓦尔塔马的游记在英国从来没有像在欧洲大陆那样流行。

　　英国人还通过其他一系列的做法，将自己从欧洲大陆的同时代人中凸显出

391

来，其中最突出的一点就是对环球航行十分感兴趣，不仅文学作品中有诸多这方面的描述，在实践中也不遗余力地去追求。曼德维尔如果可以称之为英国人的话，是第一个提出环球航行是一个可以实现的目标的人；莫尔在《乌托邦》里面塑造了一个在麦哲伦环球航行成功之前就完成了这一伟业的人物；拉斯特尔也相信环球航行的可行性；德雷克和卡文迪什是仅有的两个在麦哲伦的影响下，跨越太平洋到达东方的英国文人；马洛的《帖木儿大帝》中的人物声称跟随波斯舰队，从相反的方向环游了世界。马洛在这部伟大的剧作中一点都没意识到他犯了一个时代错误，他让他的帖木儿评论二百年之后发生的事情，特别是葡萄牙对印度的征服事件，这种运用关于亚洲的现代资料来阐释过去关于亚洲的知识的做法，被罗利在撰写他的世界史时继承了下来。

马洛无疑是最具创造性的回应海外世界探索的文人之一，像阿里奥斯托一样，他在创作时很容易地找到了一幅世界地图作为参照。马洛的同胞普坦汉姆研究了门多萨的作品，并在自己的文学评论中认为图案诗最初源于东方。普坦汉姆还对中国的皇家图案发生了浓厚兴趣，认为上面缠绕的龙是社会地位的象征，这比欧洲王室的图案要高级。德国传统的民间故事《教义问答录》为了和新教教义、海外发现保持一致，在整个16世纪不断修订；北欧各国的历法、历书在更宏大的世界主义思想的映照下，同样不断地修改、修订。路德派的代言人马蒂亚斯·德莱塞为了让更多的信徒认同海外发现，说海外发现主要发生在路德生活的年代，这些海外发现就像宗教改革家路德一样，全是上帝一直彰显的启示。天主教文学批评家马丁·安托万·德尔·里奥用耶稣会士书信中类似的材料，批驳古人的地理观念，从自然而非超自然的层面，来解释奇异的现象。

到了16世纪末，日耳曼文学中还出现了从现实层面看待亚洲的新趋向，尽管有一些拉丁诗人赞颂葡萄牙人海外征服的成就，但菲沙尔特谴责耶稣会士在海外传教问题上撒谎，反对菲利普二世认为他能像征服印度群岛那样，轻易地征服北欧人。英国讽刺文学作家，特别是霍尔和罗兰，否定曼德维尔的游记，嘲笑哈克路特和其他人把游记作品信以为真，甚至指出现代游记作家在抄袭曼德维尔游记里的故事。这些攻击和英国各地指责商人及其他与香料贸易有关的人，交织在了一起，罗伦哈根父子以自己的方式指出，知识界执拗地继续相信

392

亚历山大故事的"真实谎言"。

讽刺作家的怀疑思想和敌意被对中国新的、越来越浓厚的兴趣减弱了，门多萨受到高度赞誉的《中华大帝国史》被翻译成德语、英语、荷兰语，让北欧人第一次深切地认识到中华帝国灿烂的文明和悠久的历史。门多萨的《中华大帝国史》受到林斯乔坦的倾力支持，《中华大帝国史》讲述的是毋庸置疑的事实，因为林斯乔坦这位荷兰旅行家明确地将门多萨的书作为他主要的文学素材之一。诗人、文学评论家、历史学家都认为欧洲有很多东西要向中国学习，但中国在北欧的影响也仅此而已，关于中国的城池和政府机构，北欧没有出现堪与路易·勒·罗伊的历史著作、杜·巴塔斯的《第一天》和《第二天》、博特罗的神学著作相比肩的重要作品。[318] 荷兰人、英国人由于卷入了和西班牙在经济、军事上的直接竞争，需要有关东方航海和东方贸易的数据资料，而不关心欧洲应该向中国学习什么；德国人同样更关心贸易或繁荣贸易的前景，而不关注怎样更好地把中国和欧洲做对比，怎样将东方写入世界历史，这些问题留待不迫切希望直接加入猎取亚洲财富的意大利人和法国人去思考。

注释:

[1] 见 K. O. Conrady, *Lateinische Dichtungstradition und deutsche Lyrik des 17. Jahrhunderts*（Bonn, 1962）, p.29, n. 72a。

[2] 相关讨论见 *Asia*, I, 107-12。

[3] 参见杰拉尔德·斯特劳斯精彩的研究，Gerald Strauss, *Nuremberg in the Sixteenth Century* （Bloomington, Ind., 1967）。

[4] 见 F. Lütge, "Der Handel Nürnbergs nach dem Osten im 15/16 Jahrhundert," in *Beiträge zur Wirtschaftsgeschichte Nürnbergs*（2 vols.; Nuremberg, 1967）, I, 344-49。

[5] 见 T. G. Werner, "Die Beteiligung der Nürnberger Welser und Augsburger Fugger in der Eroberung des Rio de la Plata...," *ibid.*, I, 506-8。

[6] 见 H. Kellenbenz, "Die Beziehungen Nürnbergs zur iberischen Halbinel...," *ibid.*, I, 468-71。

[7] 见本书原文第 27 页。

[8] 舒伊尔这封信是 1506 年 12 月 1 日写给赛克特·塔切（Sext Tucher）的，用的是拉丁文，收入 J. K. F. Knaacke（ed.）, *Christoph Scheurls Briefbuch*（2 vols. in 1; Potsdam, 1867, 1872）, I, 41。

[9] 见 W. Graf, *Doktor Christoph Scheurl von Nürnberg*（Leipzig and Berlin, 1930）, pp. 73-74。

[10] *Ibid.*, pp. 107-8.

[11] 比如，舒伊尔 1536 年致信萨克森公爵乔治，信中谈到葡萄牙人第乌保卫战的胜利，见 Soden and Knaacke（eds.）, *op. cit.*（n. 8）, II, 154。

[12] 详情见 *Asia,* II, Bk. I, 17-18。

[13] H. Kellenbenz, "Os mercadores alemães de Lisboa por volta de 1530," *Revista portuguesa dehisória*, IX（1960）, 127-28.

[14] 见 H. Kömmerling-Fitzler, "Der Nürnberger Georg Pock（d. 1528-29）in Portugiesisch-Indienund im Edelsteinland Vijayanagara," *Mitteilungen des Vereins für Geschichte der Stadt Nürnberg*, LV （1967-68）, 139-68。

[15] 关于这部小说，见 Hans-Gert Roloff（ed.）, *Georg Wickrams sämtliche Werke*（Berlin, 1969）, IV, esp. 28, 540, 143。

[16] 引自巴托洛梅乌斯·克芬许勒的日记，见 V. Hantsch, *Deutsche Reisende des sechzehnten Jahrhunderts*（Leipzig, 1895）, p. 93。

[17] *Ibid.*, pp. 118-19.

[18] *Ibid.*, pp. 122-23.

[19] 一个到过黎凡特的游历者同样听说了更遥远的东方的事物，关于此例，参见 K. H. Dannenfeldt, *Leonhard Rauwolf, Sixteenth –Century Physician, Botanist, and Traveler* （Cambridge, Mass., 1968）。

[20] 见 E. H. von Tscharner, *China in der deutsthen Dichtung bis zur Klassik*（Munich, 1939）, p. 8。

[21] 见本书原文第 93-96 页，另见 K. Bertau, *Deutsche Literatur im europäischen Mittelalter*（2 vols.; Munich, 1972），I, 352-60。

[22] 见 A. F. Remy, *The Influence of India and Persia on the Poetry of Germany*（New York, 1901），p.6。

[23] 尽管还有其他两个译本，分别是汉斯·巴特（Hans Bart）和迈克尔·维尔瑟（Michael Velser）译的，但这个版本一版再版，见 W. Stammler, *Von der Mystik zum Barock*（*1400-1600*）（Stuttgart, 1950），p. 267。

[24] 见 *Asia*, I, 80。

[25] 比如，汉斯·罗森布吕特（Hans Rosenplüt）的《酒颂》中的片段，引自 Berlin, Ausstellung... im schloss Charlottenburg, *China und Europa*（Berlin, 1973），p. 118。

[26] 关于这两个古版本与德语手抄本之间的关系，见 A. Hoffmann, *Untersuchungen zu den altdeutschen Marco-Polo Texten*（Ohlau in Silesia, 1936），pp. 2-7。关于手抄本和印刷本清单，见 Moule-Pelliot, *Description of the World*（London. 1938），pp. 509-16。关于古版本之间的比较，参见 L. Benedetto, *Marco Polo: Il Milione*（Florence, 1928），pp. cxiv-cxvii。

[27] 详情见 M. Böhme, *Die grossen Reisesammlungen des 16. Jahrhunderts und ihre Bedeutung*（Strassburg, 1904），pp. 60-64。

[28] 见 Hoffmann, *op. cit.*（n. 36），pp. 7-10。

[29] 更多关于梅吉塞尔《鞑靼史》的讨论，见原文第 516-517 页。

[30] 关于《德国民间故事集》在德国图书馆的馆藏情况，见本书原文第 61-62 页。

[31] 关于《德国民间故事集》的演变情况，见 H. Rupprich, *Das Zeitalter der Reformation*, Pt. 2 of *Die deutsche Literatur vom späten Mittelalter bis zum* Barock, Vol. IV in H. de Boor and R. Newald（eds.）,*Geschichte der deutschen Literatur von den Anfängen bis zur* Gegenwart（Munich, 1973），pp. 184-85。

[32] 关于《曼德维尔游记》在德国的出版情况，见 J. W. Bennett, *The Rediscovery of Sir John Mandeville*（New York, 1954），pp. 364-70，附录二。

[33] 见 Rupprich. *op. cit.*（n. 31），p. 187。

[34] 见 *ibid.*, p.243。

[35] 参见 H. Günther（ed.）, *Fortunatus: Nach dem Augsburger Druck von 1509*（Halle, 1914），pp. 82-83。托马斯·德克（Thomas Dekker）的喜剧《老福图内特斯》（*Old Fortunatus*, 1600）就是根据这本民间故事集创作的。

[36] 关于这些早期简报的详细内容，见 *Asia*, I, 161-63。也可参见 P. Roth, *Die neuen Zeitungen in Deutschland im 15. und 16. Jahrhundert*（Leipzig, 1914），p. 17。

[37] 关于伯格迈尔在撰写《马克西米利安一世的凯旋》（*The Triumph of Maximilian I*（1519））时所起的作用，见 *Asia*, II, Bk. I, 79-80。关于和这些木版画插图相配的诗文英译，见 Stanley Appelbaum（trans. and ed.）, *The Triumph of Maximilian I*（New York, 1964）。

[38] L. D. 哈蒙德的看法，见 L. D. Hammond（ed.）, *Traveler in Disguise*（Cambridge, Mass., 1963），p.

xx。

[39] 见本书原文第 61-62 页。

[40] 关于捷克人的反应，见 B. Horák, "Ohlas zámořských objevů v české literatuře"（"Responses to Overseas Discoveries in Czech Literature"），in his *Historie o plaveni se do Ameriky kteráž i Brasilia slave*（Prague, 1957），pp. 27-28。

[41] 见 E. H. Zeydel, *Sebastian Brant*（New York, 1967）。也可参见 E. H. Zeydel, "Sebastian Brant and the Discovery of America," *Journal of English and Germanic Philology*, XLII（1943），410-11。

[42] 引自 Zeydel, *op. cit.*（n. 41），p. 71。

[43] E. H. Zeydel（trans.），*The Ship of Fools*（New York, 1944），pp. 316-17. 关于早期认为基督教是普适性宗教的观点，见本书原文第 268-270 页。

[44] *Ibid.*, p. 225.

[45] 见 *Asia*, I, 159, 162。

[46] 书名为 "De Lusitania nautis que in Indiam navigant"（pp. biiv-biiir）。相关评论见 M. Weyrauther, *Konrad Peutinger und Wilibald Pirckheimer in ihren Beziehungen zur Geographie: Eine geschichtliche Parallele*（Munich, 1907），pp.7-9。

[47] 关于对谢德尔材料来源的分析，见 M. Haitz, *Schedel's Weltchronik*（Munich, 1899），pp.11-37；关于伯加莫的《编年史补遗》，见 Francis M. Rogers, *The Quest for Eastern Christians: Travel and Rumor in the Age of Discovery*（Minneapolis, 1962），pp. 74-78。关于孔蒂和波吉欧，见 *Asia*, I, 59-63。

[48] 关于埃涅阿斯·西尔维乌斯在德国的权威性，参见 G. Strauss, *Sixteenth-Century Germany:Its Topography and Topographers*（Madison, Wis., 1959），pp. 12-13。亦参见 *Asia*, I, 70-71。

[49] 由马蒂亚斯·哈普夫夫（Matthias Hupfuff）印刷，该信函的致谢部分清楚地表明林曼对此感到很惊讶，里面有一幅版画，画上是 4 个野蛮人和 5 艘船，见 C. G. A. Schmidt, *Histoire littéraire de l'Alsace...*（2 vols.; Paris, 1879），II, 87-89, 398n。

[50] 关于《宇宙志导论》的拉丁文版和英译本，见 C. G. Herbermann（ed.），*The Cosmographiae introductio of Martin Waldseemüller in Facsimile...*（New York, 1907）。关于对瓦尔德泽米勒的地图和地球仪的讨论，见原文第 454-455 页，也可参见第 56 幅和第 57 幅插图。

[51] *Ibid.*, pp.75-76.

[52] *Ibid.*, p.145.

[53] 关于圣迪耶的制图学，见原文第 453-454 页。

[54] 见 L. Geiger, *Conrad Celtis in seinen Beziehungen zur Geographie*（Munich, 1896），p.5。

[55] *Pomponii Melae Hispani. Libri de situ orbis tres...*（Vienna, 1518），pp. 3^r-7^v, 以及致鲁道夫·阿格里柯拉（Rudolf Agricola）的信函，第 124^v 页。相关评论见 W. Näf, *Vadian und seine Stadt St. Gallen*（St. Gall, 1944），p. 268, and Stauss, *Sixteenth-Century Germany*（n. 48），pp. 5, 33。

雅各布斯·斯托贝尔（Jacobus Stoppell）的《环宇知识备览》（*Reportorium...*, 1519）中提供了另外一个例子，说明当时的地理评论家是如何丰富旧有的地理知识的。关于瓦蒂安在地理方面的权威性，见本书原文第 389 页。

[56] 见本书原文第 57 页。

[57] 相关评论见 Weyrauther, *op. cit.* (n. 46). pp. 20-28, 36-37。关于波伊廷格，见本书原文第 333 页。

[58] 该书很快由马蒂亚斯·哥根斯（Mathias Gurgense）译成意大利语在威尼斯出版，现存的还有斯塔姆勒的一部手稿，名为"De Tartarorum sectis"（Cod. 806, Stiftsbibliothek, St. Gall），见 W. Stammler, *op. cit.* (n. 23), pp. 76, 546。

[59] 该书修订、扩充的三个拉丁语版本都是 1536 年出版的，从 1536 年到 1611 年，有不下于 23 个版本用拉丁语、意大利语、法语、英语和西班牙语出版。1555 年，威廉·沃特曼（William Waterman）将之译成英语，名为《异域风情》，见 M. T. Hodgen, *Early Anthropology in the Sixteenth and Seventeenth Centuries*（Philadelphia, 1964），pp. 132-33。关于它在早期此类文学中的地位，见 R. Schenda, *Die französische Prodigienliteratur in der zweiten Hälfte des 16. Jahrhunderts*（Munich, 1961），pp. 9-11。

[60] Hodgen, *op. cit.* (n. 59), pp. 137-38.

[61] 见 W. E. Peuckert, *Sebastian Franck, ein deutscher Sucher*（Munich, 1943），pp. 153-59。

[62] 我查阅了名为 *Warhafftige beschreibungen aller theil der welt...*（Frankfurt-am-Main, 1567）的版本，这个版本和第一个版本完全一样，《世界书，全球景观和图像》在 16 世纪共有 4 个版本。

[63] *Ibid.*, p.3^r.

[64] *Ibid.*, pp.207^v, 211^r.

[65] *Ibid.*, p.240^v. 关于曼努埃尔的信函，见 *Asia*, I, 167n。

[66] 关于弗兰克在德国编年史上的地位，见 H. Oncken, "Sebastian Franck als Geschichtsschreiber," *Historisch-politische Aufsätze und Reden*（2 vols.; Munich, 1914），1, 273-319, 以及 F. Gundolf, *Anfänge deutscher Geschichtsschreibung*（Amsterdam, 1938），pp. 49-52。

[67] 见 K. Schorbach, *Studien über das deutsche Volksbuch Lucidarius*（Strassburg, 1894），pp.2-5。

[68] 见 *ibid.*, pp. 140-48。该书最早的一个版本是 1479 年安东·索尔格在奥格斯堡出版的，安东·索尔格也出版过《马可·波罗游记》和《曼德维尔游记》。

[69] 奥波林（Oporin）1568 年在巴塞尔出版的版本首次把美洲包括进去。

[70] 从 1655 年开始，《教义问答录》更名为 *Kleine Kosmographia*，这是这类书籍中从 1655 年到 1806 年通用的书名，见 Schorbach, *op. cit.* (n. 67), p. 124。

[71] 见本书原文第 343-344 页。

[72] 关于《新世界》的内容详情，参见 *Asia*, I, 179-80。

[73] 见 K. H. Burmeister, *Sebastian Münster: Versuch eines biographischen Gesamtbides*（Basel and Stuttgart, 1963），pp. 135-40。

[74] *Ibid.*, pp. 111-14. 比较本书原文第 279-280 页以及第 456-457 页。

[75] 这部著作有几个不同的版本，我参考的是：*Chronica von an uñ abgang aller Welt wesenn. Ausz den glaubwirdigsten Historien beschriben...*（Frankfurt, [1533?]）；经常为人引用的一个版本是：*Chronica, Beschreibung und gemeyne Anzeyge, vonn aller Welt herkommen...*（Frankfurt, [1535]）。

[76] *Chronica von an uñ abgang aller Welt*, pp. xxxi^r and^v。

[77] 见 Burmeister, *op. cit.*（n. 73），pp. 115-18, 138。明斯特在编辑这些学者的作品时，把弗兰克的《世界书，全球景观和图像》作为重要的参考资料，但《宇宙志》中几乎没提《世界书，全球景观和图像》。

[78] 见 G. Strauss, "A Sixteenth-Century Encyclopedia: Sebastian Münster's Cosmography and Its Editions," in C. H. Carter（ed.），*From the Renaissance to the Counter-Reformation: Essays in Hornor of Garrett Mattingly*（London, 1966），pp. 145-46。对贝塞夫的齐克蒙德（Zikmund of Puchov）1554 年出版的捷克语版本的分析，见 Horák, *loc. cit.*（n. 40），p. 29。

[79] 很多以前的评论家不理解明斯特为何没有引用葡萄牙语资料，特别是考虑到他和格里诺伊斯保持着密切的联系，对《新世界》也非常熟悉。关于这点尤其参见 C. Kollarz, "Die beiden Indien im deutschen Schriftum des 16. und 17. Jahrhunderts"（Ph. D. diss., University of Vienna, 1966），pp. 61-62。仔细研读早期的版本，能更明显地发现这些问题，因为明斯特在后来的版本中的确使用了一些葡萄牙语资料。

[80] 接下来的讨论参考的是德语版定本第五卷，名为 *Cosmographei oder Beschreibung aller Länder-Herschafften...*（Basel, 1550）。其扉页见第 70 幅插图，也可参见 Burmeister, *op. cit.*（n. 73），pp. 159-63。第一个德语版本（1544 年）有对开本 650 多页，到了 1598 年则达到了 1 461 页。

[81] 显然，明斯特使用的是波吉欧的孔蒂游记，该书于 1538 年在巴塞尔出版。

[82] 见 Strauss, *loc. cit.*（n. 78），p. 154。关于他的插图范例，见第 3 幅、第 4 幅、第 7 幅插图。

[83] *Cosmographei*（1550），pp. 1, 178-79。

[84] 见 Burmeister, *op. cit.*（n. 73），pp. 159-63。尽管明斯特和他的助手到处搜集木版画，但显然他们从法兰克福的西奥多·德·布莱（Theodor de Bry）、纽伦堡的勒维纳斯·胡尔修斯（Levinus Hulsius）的艺术收藏品中找到的并不多，见 V. Hantsch, *Sebastian Münsrter*（Leipzig, 1898），p. 68。

[85] 关于明斯特在德国编年史中的地位，见 Gundolf, *op. cit.*, chap. vi。

[86] 见 R. Genée, *Hans Sachs und seine Zeit*（Leipzig, 1902），pp. 464-68。

[87] 比如，1559 年的一首诗中有这样的诗句：

"Gesta Romanorum genant

Das buch macht unnns noch leng bekant."

A. Keller and E. Goetze（ed.），*Hans Sachs: Gesamtausgabe*（26 vols.; Stuttgart, 1870-1908），VII, 302。

[88] 萨克斯对犀牛、大象和其他亚洲动物的描绘，主要参照的是古代及中世纪的东方故事，见 *ibid*., pp. 450-51, 456-63。

[89] *Ibid*., XVI, 77-78.

[90] 见 W. Stammler, *op. cit.*（n. 23），pp. 469-70。

[91] 见 P. d' EIia, "Bernardo," *La civiltà cattolica*, CII（1951），No. III, 531-33。亦参见 *Asia*, I, 637.

[92] 关于维勒的活动，见本书原文第 59-60 页，以及第 476-477 页。

[93] 从排版印刷上来说，卡斯塔涅达著作的德译本与格鲁奇的法译本完全一样，该德译本可能是由法兰克福附近奥伯乌尔泽尔（Ober-Ursel）的尼古拉·海因里希（Nicolas Heinrich）印制的，书上没注明出版地和译者，译者在前言中吐露，最初他翻译这本书是为了练习法语，但朋友劝说他将其出版，尽管里面还有不尽如人意的地方，翻译成德语的书名为 *Wahraftige und volkomene Historia von erfindung Calecut und anderer Königreich, Landen, und Inseln... Auss Frantzoesischen Sprach jetzt newlich ins Teutsch gebracht, Anno 1565*。详情见 Vicomte de Grouchy and E. Travers, *Étude sur Nicolas de Grouchy*（Paris, 1878），pp. 106-8。

[94] 西吉斯蒙德·费耶拉本德印刷的《世界书，全球景观和图像》（第一部）是重印的弗兰克的早期版本，《编年史全集》通常认为是费耶拉本德印刷的《世界书，全球景观和图像》的第二部，见 Kollarz, *op. cit.*（n.79），pp. 51-52。

[95] 关于费耶拉本德的经商生涯，见 H. Pallmann, *Sigmund Feyerabend, sein Leben und seine geschäftlichen Verbindungen*（Frankfurt, 1881），该书是 *Archiv für frankfurts Geschichte und Kunst* 新系列的第七卷。

[96] 关于对这本书的讨论，见本书原文第 212 页，关于其德译本，见 H. Fischer and J. Bolte（eds.）, *Die Reise der Söhne Giaffers, aus dem italienischen des Christoforo Armeno ubersetzt durch Johann Wetzel 1583*（Stuttgart, 1896）。

[97] 见 A. Kühne（ed.）, *Das älteste Faustbuch: Wortgetreuer Abdruck der editio princeps des Spies' schen Faustbuches vom Jahre 1587*（Zerbst, 1868; reprint of 1970），pp. 75-77; 以及 G. Ellinger, "Zu den Quellen des Fauscbchs von 1587," *Zeitschrift für vergleichende Literaturgeschichte*, I（1888），158-62。

[98] 见 K. von Bahder（ed.）, *Das Lalebuch（1597）mit den Abweichungen und Erweiterungen der Schiltbürger（1598）und des Grillenvertreibers（1603）*（Halle, 1914），pp. 8, 147-48。

[99] 关于阿玛迪斯风格作品中对东方的提及，见本书原文第 210-211 页。

[100] 关于菲沙尔特的讽刺，参见 H. Schneegans, *Geschichte der grotesken Satire*（Strassburg, 1892），p. 382。

[101] 关于《巨人传》第二部，参见本书原文第 260-266 页，关于对菲沙尔特的《卡冈都亚》的分析，见 H. Sommerhalder, *Johann Fischarts Werk: Eine Einführung*（Berlin, 1960），pp.52-80。

[102] 参见 A. Alsleben（ed.）, *Johann Fischarts Geschichtklitterung（Gargantua）*（Halle, 1891），

1575 年、1582 年、1590 年版本简写本的第 19-20 页、第 393 页、第 412 页。

[103] 相关评论见 Schneegans, *op. cit.*（n. 100），p. 383。

[104] 见 H. Kurz（ed.），*Johann Fischart's sämmtliche Dichtungen*（3 vols.; Leipzig, 1866-67），I, 63-64。

[105] *Ibid.*, pp. 83-84.

[106] *Ibid.*, p. 93.

[107] *Ibid.* 见 *Aus XV. Bücher vom Feldbau, ibid.*, III, 308-9。

[108] Hie gings nit wie in India

Da man jhr Schiff für Vögel ansah.

见 *ibid.*, III, 375。

[109] *Hodoeporica; sive Itineraria...*, pp. 290-91, 298-99, 304. 关于 "旅行故事" 这类文学的后来作品，参见科隆的多产作家、木版画家马蒂亚斯·奎德（Matthias Quad, 1557—约 1610 年）的作品，比较第 81 幅插图。

[110] *Navigatio Lusitanorum in Indiam Orientalem, heroico carmine descripta...*（Leipzig, 1580）. 我在《国家图书馆目录》（*Bibliothèque nationale*, YC. 2526）中查到了这首珍贵的诗。

[111] 关于图林根公司（Thuringian Company）的建立情况，见 *Asia*, I, 134。

[112] 罗伦哈根让 "麦米亚"（Memia）在第二幕第二场中讲述了这个故事，见 J. Bolte（ed.），*Georg Rollenhagens Spiel von Tobias 1576*（Halle, 1930），p. 20。罗伦哈根参照的可能是弗兰克的《世界书，全球景观和图像》，但不管怎么说，弗兰克的故事来自于瓦尔塔马，见 J. Bolte, "Quellenstudien zu Georg Rollenhagen," *Sitzungsberichte der preussichen Akademie der Wissenchaften*（Berlin），philosophisch-historische Klasse, 1929, p. 675。关于这个故事和 "带毒少女" 故事的关系，见 W. Hertz, *Gesammelte Abhandlungen*（Stuttgart and Berlin, 1905），pp. 261-66。

[113] W. Stammler, *op. cit.*（n.23），pp. 445-46.

[114] Bolte, *loc. cit.*（n. 112），p. 481，亦参见本书原文第 99 页。

[115] 参见 "山蚁怎样出卖了雷内克（Reinecke）" 一章，见 K. Goedeke（ed.），*Froschmeuseler von Georg Rollenhagen*（Leipzig, 1876），Pt. I, Bk. I, chap. 14, p. 111。

[116] 这种拉丁练习名为 "Wahrhaffte Lügen"，收入加布里埃尔·罗伦哈根关于印度的古老传说，见 Gabriel Rollenhagen, *Vier Bücher wunderbarlicher indianischer Reisen*（Leipzig, 1717）。

[117] 见 Samuel Berger, "Melanchthon's Vorlesungen über Weltgeschichte," *Theologische Studien und Kritiken*, LXX（1897），781-84。考察米兰希顿的书信还可以看出，尽管戈伊斯曾和米兰希顿聊过美洲和亚洲（见本书原文第 17 页），但他显然更关心其他的事情。

[118] 见齐特莱乌斯关于长老约翰的国土的演讲，收入 *Was zu dieser Zeit in Griechenland, Asien, Africa unter des Türcken und Priester Johans Herrschaften ... der Christlichen Kirchen zustand sey ...*（Frankfurt [?], 1581）。关于他对口头资料和文字资料的使用，见 D. Klatt, *David

Chytraeus als Geschichtslehrer und Geschichtsschreiber（Rostock, 1908），p. 87。

[119] 见 H. Tiemann, *Das spanische Schrifttum in Deutschland von der Renaissance bis zur Romantik*（Hamburg, 1936），pp. 35-36。

[120] 详情见 *Asia*, I, 702。

[121] *Historien und Bericht von dem newlicher Zeit erfundenen Königreich China...*（Leipzig, 1598），《前言》的日期是 1597 年，我把德莱塞的译本与门多萨的《中华大帝国史》进行了比较，发现德莱塞是逐字逐句翻译的，只漏掉了结尾部分的四页，其内容是门多萨以第一人称写的他被派往中国的背景。根据门多萨的《中华大帝国史》绘制的中国地图，见第 78 幅插图。

[122] 关于"俄斐"的地理位置，见本书原文第 386 页。

[123] 德莱塞对印度的描述完全是传统的，他还记述了鞑靼人对欧洲的远征，见 *Isagoge historica, Historische Erzehlung der denkwürdigsten Geschichten von Anfang der Welt, hiss auff unsere Zeit...*（Leipzig, 1601），pp. 134, 137-38, 717-19, 774。

[124] 关于德文版的耶稣会士书信集的代表性标题，见 *Bibliotheca exotica*（2 parts; Frankfurt, 1610-11），II, 458, 487。

[125] 详情见 *Asia*, I, 702-5。

[126] 比如，Gotthard Arthus, *Historia Indiae Orientalis, ex variis auctoribus collecta...*（Cologne, 1608）。

[127] 见 W. Stammler, *op. cit.*（n. 23），pp. 473-74。

[128] 相关例子，见本书原文第 23-24 页。

[129] 康拉德·洛的书名是: *Meer oder Seehanen Buch*，其中一本收藏在大英博物馆（British Museum），相关评论见 Kollarz, *op. cit.*（n. 79），pp. 54-55, 174。

[130] 曼图亚的主教贡扎加（1546—1620 年）1587 年在罗马出版了他的 *De origine seraphicae religioniis Frāciscanae*。

[131] *Indianischer Religionstandt der gantzen newen Welt, beider Indien gegen Auff und Niedergang der Sonnen...*（Ingolstadt, 1588），pp. 151-52。

[132] 弗朗西斯科·泰罗的游记题目很长，见 *Bibliographischer Alt-Japan Katalog*（Kyoto, 1940），p.358, no. 1479。关于方济各会修士在日本殉道的事，见 *Asia*, I, 717。

[133] 关于法国耶稣会学院使用耶稣会士书信集作为教材的情况，见原文第 480-481 页。

[134] 这类耶稣会剧本中只有少数在 16 世纪上演过，见 K. Adel, *Das Wiener Jesuitentheater und die europäische Barockdramatik*（Vienna, 1906），pp. 6-7。

[135] 见 J. Müller, *Das Jesuitentheater in den Ländern deutscher Zunge vom Anfang bis zum Hochbarock*（2 vols.; Augsburg, 1930），I, 44-45。

[136] 关于曹沙法土的故事，见本书原文第 101-103 页。

[137] 见 Müller, *op. cit.*（n. 135），I, 46, 54。

[138] 详情参见 *Asia,* II, Bk. I, 24-25。

[139] 见本书原文第 243-248 页。

[140] 约翰内斯·梅耶的著作名为 *Compendium cronologicum...; Das ist: Summarischer Inhalt aller gedruck und glaubwirdigen Sachen... mit kurtzer Beschreibung etlicher Völcker und Länder mancherley sittin und gebräuchen ausz ansehelichen authoribus zusamb getragen und in dise formb verfasset*（Munich, 1598）。

[141] 关于新世界对查理五世的影响，见 M. Bataillon, "La cour découvre le nouveau monde," in J. Jacquot（ed.）, *Fêtes et cérémonies au temps de Charles Quint*（Paris, 1960）, pp. 13-27。

[142] 见 R. P. Meijer, *Literature of the Low Countries...*（Asseu, 1971）, chap. i。

[143] 关于早期用荷兰语出版的书籍目录，见 J. W. Bennett, *op. cit.*（n. 32）, pp. 371-73。其中最重要的书籍是 1550 年在布鲁塞尔，1564 年、1578 年、1586 年、1592 年在安特卫普出版的。

[144] 详细情况见 *Asia*, I, 160。

[145] *Pape Ians landen*（约 1506 年），这本书的复制本是弗雷德里克·穆勒 1873 年在阿姆斯特丹出版的。

[146] 名为 *Die Reyse van Lissebone*，对该书德文版的讨论，见 *Asia*, I, 161-62。

[147] 对斯普林格《印度纪行》的讨论，见 *Asia*, I, 162-63；对德斯博尔奇一书的分析，见 M. E. Kronenberg（ed. and trans.）, *De novo mondo, Antwerp, Jan van Doesborch [about 1520]*（The Hague, 1927）, pp. 10-14。

[148] 见 R. Proctor, *Jan van Doesborgh, Printer at Antwerp: An Essay in Bibliorgraphy*（London, 1894）, p. 4。

[149] 这里的统计参照的是 W. Nijhoff and M. E. Kronenberg, *Nederlandsche bibliorgraphie van 1500 tot 1540*（3 vols.; The Hague, 1919-61）。这一时期，在安特卫普出版的书籍占到荷兰出版总数的 56%。

[150] 见 F. Prims, *Geschiedenis van Antwerpen*（13 vols.; Antwerp, 1941-43）, VII, Bk. iii, 316-17。

[151] 见 J. Peeters-Fontainas, *Bibliographie des impressions espagnoles des pays-bas méridionaux*（Louvain, 1933）, p. 82。也可参见 1556 年安特卫普出版的 Francisco Tamara's *De las costumbres de todas las gentes*。

[152] 关于修辞社与文学发展的总体关系，见 G. Kalff, *Geschiedenis van nederlandsche Letterkunde in de 16de Eeuw*（2 vols.; Leyden, 1889）, I, 86-186。

[153] 见 A. H. Hoffmann von Fallersleben, *Antwerpener Liederbuch vom Jahre 1544*（Hanover, 1855）, pp.163-69。

[154] 见 Prims, *op. cit.*（n. 150）, VIII, Bk. iv, 11。

[155] 详细情况参见本书原文第 19-20 页。

[156] 关于安德烈·德·雷森迪、达米奥·德·戈伊斯和其他文人，见 Henry de Vocht, *History of the Foundation and Rise of the Collegium Trilingue Louvaniense, 1517-1550*（4 vols.; Louvain, 1951-55）, II, 220-24,474-76。也可参见 A. Roersch, *L'Humanisme belge à l'époque de la Renaissance*（Louvain, 1933）, pp. 87-93。

[157] 有关研究综述，见 J. J. Murray, *Antwerp in the Age of Plantin and Brueghel*（Norman, Okla.,

1970）, pp. 37-42。

[158] 见 Meijer, *op. cit.*（n. 142）, p. 100。

[159] 关于他的生平和生活的时代，见 Colin Clair, *Christopher Plantin*（London, 1960）。

[160] 见 *ibid.*, chap. vi。

[161] 见原文第 466 页。

[162] 见 *Abraham Ortelius His Epitome. Supplement Added by Michel Coignet*（Antwerp, 1603）, pp. 11-12。这本翻译成英文的《环宇大观》是献给沃尔特·罗利爵士（Sir Walter Raleigh）的。

[163] 见 *The Theatre of the Whole World*（London, 1606）, p. 105。这里的伊安·梅瑟很可能就是让·梅瑟，见本书原文第 270-273 页。

[164] *Theatri orbis terrarium enchiridion, minoribus tabulis per Philippum Gallaeum exaratum: et carmine Heroico, ex variis Geographis et Poëtis collecto, per Hugonem Favolium illustratum*（Antwerp, 1585）.

[165] 见 Léon Maes, "Lettres inédites d'André Schott," *Le Muséon*, N. S. VII（1906）, 67-102, 325-61; IX（1908）, 368-41[①]; XI（1910）, 239-70, 以及 L. Maes, "Une letter d'A. Schott à Abr. Ortelius," *Musée belge*, IX（1905）, 315-18。

[166] 书的全名为 *Hispania illustrata: Hispania illustratae seu rerum urbiumque Hispaniae Lusitaniae, Aethiopiae, et Indiae scriptores varii. Partim editi nunc primum, partim aucti et emmendati*。对其内容的讨论见本书原文第 24 页的注释。

[167] 书名为 *Rodriguez Giram literae japonica ex italicis lat. factae*（Antwerp, 1615）。这个译本是献给他的外甥们的，其中一位是大卫·哈伊科斯（David Haex, 约 1595 年出生），大卫后来成为辞典编纂家，编纂了马来语—拉丁语辞典，该辞典 1631 年在罗马首次出版。

[168] 见 *Asia*, II, Bk. I, 151。

[169] 见其 *Physiologa*, II, 19。收入 *Opera*（4 vols.; Antwerp, 1603）, IV, 946-50。

[170] 见 A. Ramirez（ed.）, *Epistolario de Justo Lipsio y los Españoles*（St. Louis, Mo., 1966）, pp. 123, 125。

[171] 关于波斯特尔，见本书原文第 265-268 页。

[172] 见 J. Bernays, *Joseph Justus Scaliger*（Berlin, 1855）, p. 291。其肖像见第 36 幅插图。

[173] 引自 G. W. Robinson（trans.）, *Autobiography of Joseph Justus Scaliger*（Cambridge, Mass., 1927）, p. 85。

[174] *Ibid.*, pp. 66-67, 69.

[175] 列在施潘海姆（Spanheim [1674]）的图书馆《文献目录》（*Catalogus*）里面，莱顿的希腊语教授伯纳德斯·伍尔坎努斯（Bernardus Vulcanus），向图书馆赠送了 3 本中文书，见 E. Hulshoff Pol, "The Library," in Th. H. Lunsingh Scheurleer and G. H. M. Posthumus Meyjes

---

① 原文如此，应该是作者的笔误，但译者无法推测正确的页码范围。——译者注

(eds.), *Leiden University in the Seventeenth Century: An Exchange of Learning*（Leyden, 1975），p. 429。另见第 37 幅插图。

[176] 见 Baron de Reiffenberg, "Bibliothèque de Joseph Scaliger," *Le bibliophile belge*, IV（1847），229-33。关于斯卡利杰尔在自己的科学著作中对这些材料的使用，见原文第 414-415 页。

[177] 关于德尔·里奥的传记，见巴黎大学的硕士论文：M. Dréano, *Humanisme chrétien: L a tragédie latine commentée pour les chrétiens du XVIᵉ siècle par Martin Antonie del Rio*（Paris, 1936）。

[178] 请参考 *Syntagma*, III, 43, 193, 379, 445。

[179] 见 *Asia,* I, 198-203。

[180] 关于恩克赫伊曾，见 G. Brandt, *Historie der vermaerde zee-en koop-stadt Enkhuizen...*（2 vols.; Hoorn, 1747），尤其是其中卢卡斯·杨松·瓦赫纳尔和帕鲁达努斯（Lucas Janszoon Waghenaer and Paludanus, I, 310-17)的论述，见第 312 页的插图，画面上帕鲁达努斯手里拿着一株胡椒（？）。关于帕鲁达努斯和林斯乔坦的关系，见 *Asia*, I, 201，以及 C. M. Parr, *Jan van Linschoten: The Dutch Marco Polo*（New York, 1964），pp. 190-205。

[181] 引自 John Wolf（publ.），*Iohn Huighen van Linschoten, His Discourse of Voyages into ye Easte and West Indies*（London, 1598）第 1 页中的英语引文。

[182] 关于邓肯的生平，见 *Nieuw nederlandsch biografisch Woordenboek,* III, 310-11。他那没编页码的译本，名为 *Die vruchten der ecclesie Christi. Van wõderlicke Wonderheyden dwelcken geũ onden eñ gedaen wordẽ met Godts gratie in veel eñ grootelanden van Indien...*（Leyden, 1567），很可能是译自 *Epistolae Indicae...*（Louvain, 1566）。关于卢万拉丁文版的内容目录，见 R. Streit, *Bbliotheca missionum*（21 vols.; Aachen, 1916-55），IV, 915；斯特赖特（Streit）显然没有注意到邓肯的译本，这个罕见的荷兰版本收藏在加州大学班克罗夫特（Bancroft）图书馆。

[183] 这本关于日本使团的小册子名为 *De trium regum Japoniorum legatis...*（Antwerp, 1593）。需要提及的是（见 *Asia*, II, Bk. I, 89），卢万的菲利普斯·范·温赫 1585—1592 年期间在罗马，看到了日本使团觐见罗马教皇的场面。

[184] 该荷兰语版的《中华大帝国史》名为 *D'Historie ofte Beschrijvinghe van het groote Rijck van China*，是从意大利语版本翻译过来的，见 G. J. Geers, "Invloed van de Spaansche Literatur," in G. S. Overdiep *et al.*（eds.），*De letterkunde van de Renaissance*（Antwerp, 1947），p. 66。

[185] 威廉·罗德维克兹经常被称为 G. M. A. W. L. [odewijcksz]，他的游记名为 *D'Eerste Boeck. Historie van Indien, waerinne verhaelt is de avonturen die de Hollandtsche Schepen bejeghuet zijn*（Amsterdam）。法语版的第二版是 1601 年在加来出版的（Paris, Bibliothèque nationale, o²k. 20）。

[186] 见 D. B. Quinn, *Englan and the Discovery of America, 1481-1620*（New York, 1974），pp. 160-61。

[187] 见 V. M. Shillington and A. B. W. Chapman, *The Commercial Relations of England and Portugal*

（London, 1907），p. 136。

[188] 见 W. Foster, *England's Quest of Eastern Trade*（London, 1933），pp.5-6。

[189] 关于乔叟对亚洲的提及，见 *Asia*, I, 77。

[190] 关于 1481—1620 年期间用英语出版的海外发现书籍顺序列表，见 John Parker, *Books to Build an Empire*（Amsterdam, 1965），pp. 243-65。卡克斯顿的译本在 1490—1527 年期间不断重印，而且没有任何变化。

[191] 见 J. W. Bennett, *op. cit.*（n. 32），pp. 346-47。

[192] 见 Parker, *op. cit.*（n. 190），pp. 17-18，以及 H. S. Bennett, *English Books and Readers, 1475 to 1557*（2nd ed.; Cambridge, 1969），p. 121。

[193] 德斯博尔奇出版的所有书籍当中，1/3 是用英语写的，另参见 *Asia*, I, 164，以及本书原文第 353 页。关于正文中提到的这本书，见 E. G. R. Taylor, *Tudor Geography*（London, 1930），p. 7，以及 Parker, *op. cit.*（n. 190），pp. 21-22。

[194] 这本翻译成英语的书是理查·平森（Richard Pynson）的，也可参见 *Asia*, I, 42, 60；以及 Parker, *op. cit.*（n. 190），p. 26。

[195] 引自 "Of the Worldis Instabilitie," in W. Mackay Mackenzie（ed.）, *The Poems of William Dunbar*（Edinburgh, 1932），p. 30。这很可能是英语文学中第一次出现 "卡利卡特"。

[196] 见 *ibid.*, p. 144。相关评论参见 J. W. Baxter, *William Dunbar: A Biographical Study*（Edinburgh, 1952），p. 197。

[197] 沃森和巴克利的英译本是根据雅各布·洛谢（Jacob Locher）、皮埃尔·德·里维埃（Pierre de Riviere）的法译本——*Stultifera navis*（Basel, 1497）翻译的。关于巴克利的引文，见 A. Pompen, *The English Versions of the Ship of Fools: A Contribution to the History of the Early French Renaissance in England*（London, 1925），pp. 225-26。关于对布兰特原诗的分析，见本书原文第 332-333 页。

[198] 详细情况见 R. W. Chambers, *Thomas More*（New York, 1935），pp. 122-25。

[199] Hythlodaeus 在希腊语中有 "琐事专家" 之意，见 E. Surtz and J. H. Hexter（eds.）, *The Complete Works of St. Thomas More*（New Haven, 1965），IV, 301。

[200] *Ibid.*, p.51. 这个拼写（Calliquit）接近瓦尔德泽米勒世界地图中的拼法。瓦尔德泽米勒的世界地图很可能是莫尔命名新地方的材料来源，比较第 56 幅插图。瓦尔德泽米勒对这个单词的拼写是从卡内里奥·查特（Canerio Chart）那里借鉴过来的（见原文第 452 页），莫尔的精确拼写出现在托勒密的《地理学》（斯特拉斯堡，1522 年）中《印度的现代版图》（*Indiae tabula moderna*）里面。

[201] 认为拉斐尔首先进行了环球航行的有 G. B. 帕克斯（G. B. Parks），见 G. B. Parks, "More's *Utopia* and Geography," *Journal of English and Germanic Philology*, XXXVII（1938），224-36. 也可参见 A. R. Heiserman, "Satire in the *Utopia*," *PMLA*, LXXVIII（1963），170。

[202] 关于曼德维尔对环球航行的看法，见 J. W. Bennett, *op. cit.*（n. 32），pp. 231-33。

[203] 见韦斯普奇第四次航行中的信函，收入 C. G. Herberman（ed.），*op. cit.*（n. 50），pp. 141-51。

[204] Surtz and Hexter（eds.），*op. cit.*（n. 199），IV, 43. 关于亚洲是新世界的一部分，见本书原文第 279 页，原文第 456-457 页。

[205] 见 Surtz and Hexter（eds.），*op. cit.*（n. 199），IV, 585。对于这一问题的论争，见 J. D. M. Derrett, "Thomas More and Joseph the Indian," *Journal of the Royal Asiatic Society,*" April, 1962, pp. 20-22。

[206] Surtz and Hexter（eds.），*op. cit.*（n. 199），IV, 55.

[207] 对于乌托邦国的字母表以及其与马拉雅拉姆语的关系，见原文第 530-531 页。

[208] 见 M. Pollet, *John Skelton, Poet of Tudor England*（London, 1971），p. 184。

[209] 这首诗收入珍藏版 R. S. Kinsman（ed.），*John Skelton, Poems*（Oxford, 1969），pp.77-95。

[210] 见 Pollet, *op. cit.*（n. 208），pp. 182-83。也可参见 H. L. R. Edwards, *Skelton: The Life and Times of an Early Tudor Poet*（London, 1949），p. 185；以及 F. W. Brownlow, "The Boke Compiled by Maister Skelton, Called Speake Parrot," *English Literary Renaissance*, I（1971），8-10。关于亚历山大传奇，见本书原文第 91-94 页。

[211] 见 E. M. G. Routh, *Sir Thomas More and His Friends, 1477-1535*（London, 1934），pp. 43-45。

[212] 这是 A. W. 里德的看法，见 A. W. Reed, *Early Tudor Drama*（London, 1926），pp. 11-12；也可参见 Quinn, *op. cit.*（n. 186），p. 63。

[213] 关于拉斯特尔这次航行的详细情况，见 Reed, *op. cit.*（n. 212），pp. 187-201 的附录。

[214] 引自 J. S. Farmer（ed.），*The Tudor Facsimile Texts: The Nature of the Four Elements*（London,1908），没有标明页码。这首诗有时被看作地貌诗，或是英语文学中对人文主义"旅行故事"诗的模仿，见 H. Taylor, "Topographical Poetry in England during the Renaissance"（Ph. D. diss., Department of English, University of Chicago, 1926），p. 129。关于德国文学中的这类文学，见本书原文第 346 页。

[215] M. E. 博里什（M. E. Borish）（"Sources and Intentions of the *Four Elements*," *Studies in Philology*, XXXV [1938], 151）反对这种说法，而是认为拉斯特尔从格里高尔·雷斯奇（Gregor Reisch）更为人所知的、百科全书式的《哲学珠玑》（*Margarita philosophica*）中借鉴了很多。但通过把这两部著作进行仔细的文本比较，可以看出拉斯特尔从瓦尔德泽米勒的《宇宙志导论》和世界地图中借鉴了大量的东西，见第 56 幅、第 57 幅插图，参见 E. M. Nugent, "Sources of John Rastell's *The Nature of the Four Elements*," *PMLA*, LVII（1942），especially pp. 80-81。关于认为拉斯特尔从其他更适合的现代著作中借鉴了大量细节的说法，参见 J. Parr, "More Sources of Rastell's *Interlude of the Four Elements*," *PMLA, LX*（1945），48-58。

[216] G. B. 帕克斯（"The Geography of the *Interlude of the Four Elements*," *Philological Quarterly*, XVIII [1938], 261-62）认为拉斯特尔的地理知识不像莫尔那样丰富，J. 帕尔（J. Parr）（"John Rastell's Geographical Knowledge of America," *Philological Quarterly*, XXVII [1948]239-40）

不同意这种看法，认为拉斯特尔的地理知识特别是他关于新世界的知识，和宇宙学著作中的一样渊博。

[217] Farmer（ed.）, *op. cit.*（n. 214），关于这一时期地图上亚洲和美洲之间的距离，见原文第456 页，关于第一幅英语的世界地图，见第 60 幅插图。

[218] 关于查理五世利用了亨利八世对香料贸易的兴趣这个复杂的问题以及桑恩在其中所起的作用，见 Taylor, *op. cit.*（n. 193），pp. 46-51。

[219] 见 A. W. Reed, *op. cit.*（n. 212），pp. 217-19。

[220] 关于格里诺伊斯，见本书原文第 339-340 页。

[221] 关于戈伊斯，见本书原文第 17 页。约翰·莫尔翻译的戈伊斯的著作，是由约翰·拉斯特尔的儿子威廉·拉斯特尔印刷出版的。1536 年，约翰·拉斯特尔的弟弟参加了一个到拉布拉多（Labrador）的、带有科学考察性质的航行，关于约翰·莫尔翻译戈伊斯的著作与莫尔的《乌托邦》之间有可能存在一定关系的猜测，见 Reed, *op. cit.*（n. 212），pp.79-80。莫尔翻译过来的戈伊斯的著作名为《长老约翰的使者觐见葡萄牙国王曼努埃尔》（*The legacy or embassate of prester John unto Emanuel Kynge of Portyngale*）。

[222] 见 Reed, *op. cit.*（n. 212），pp.161-65。

[223] 统计数字出自 H. S. Bennett, *op. cit.*（n. 192），p.20; 对欧洲 16 世纪文学的总体讨论,见 C. M. Cipolla, *Literacy and Development in the West*（London, 1969），pp. 52-60。

[224] 见 H. S. Bennett, *op. cit.*（n. 192），p. 65。

[225] 见 Sir Paul Harvey（ed.）, *The Oxford Companion to English Literature*（4th rev. ed.; Oxford, 1969），p. 911（App. 1）。

[226] 见 Taylor, *op. cit.*（n. 193），pp.45-54。其现代版本见 E. G. R. Taylor（ed.）, *Roger Barlow: A brief summe of geographie*（London: Hakluyt Society, 1932）。

[227] 关于恩西索和其《地理全书》，见本书原文第 169 页。

[228] 关于这两部传统著作，见本书原文第 96 页，第 110 页。第一个英语版本是 1510 年前后为温金·德·沃德（Wynkyn de Worde）出版的。

[229] 关于博埃姆斯，见本书原文第 336 页。

[230] 见 Parker, *op. cit.*（n. 190），p. 40。

[231] 详细分析见 *Asia*, I, 209-10。伊登是根据 Martyr's *De rebus oceanis et orbe novo decadas tres*（Basel, 1533）翻译的，该书扉页上有伊登的签名，书中页边上有他做的笔记，见 E. Baer, "Richard Eden's Copy of the 1533 *Decades* of Peter Martyr," in *Essays Honoring Lawrence C. Worth*（Portland, Me., 1965），p.3。

[232] 见 John Evans, "Extracts from the Private Account Book of Sir W. More," *Archaeologia*, XXXVI（1885），288-92。

[233] 见 H. S. Bennett, *English Books and Readers, 1558-1603*（Cambridge, 1965），p. 269。

[234] *Ibid.*, p. 267.

[235] 见 D. B. J. Randall, *The Golden Tapestry: A Critical Survey of Non-Chivalric Spanish Fiction in English Translation, 1543-1657*（Durham. N. C, 1963）, p. 95。

[236] 全名是 *The moral philosophie of Doni: drawne out of the ancient writers, first compiled in the Indian tongue, and now eglished out of the Italian*。

[237] 关于该书的西班牙文版, 见本书原文第 173 页, 英译本的题目是: *The Forest, or Collection of Historyes No Lesse Profitable Then Pleasant and Necessary, Done out of French into English.*

[238] 关于理查德·威尔斯的地理活动, 见原文第 482 页。

[239] 关于威尔斯的传记, 见 A. D. S. Fowler（ed. and trans.）, *"De re poetica" by Richard Wills [Willes]*（Oxford, 1958）。

[240] 转引自 J. W. H. Atkins, *English Literary Criticism: The Renascence*（London, 1951）, p.103。

[241] 第 57 首诗名为《埃及来信》（*Litteris Aegyptiacis*）, 该诗在形式上是五种不同的动物图画分两行平行排列, 见 R. Willes, *Poematum liber*（London, 1573）, p. 43。

[242] 见第 32 首、第 3 首、第 7 首诗, 这些诗都是赞颂波斯特尔和马菲的, *ibid.*, pp. 26-27。

[243] Fowler（ed. and trans.）, *op. cit.*（n. 239）, p.85。

[244] 见本书原文第 375-377 页。

[245] 见 R. R. Cawley, *The Voyagers and Elizabethan Drama*（Boston, 1938）, p. 123; and C. C. T. Prouty, *George Gascoigne, Elizabethan Courtier, Soldier, and Poet*（New York, 1942）, pp. 49-55。

[246] 见 J. W. Cunliffe（ed.）, *The Complete Works of George Gascoigne*（2 vols.; Cambridge, 1907-10）, I, 479-80。另见 J. W. Cunliffe, "The Queenes Majesties Entertainment at Woodstocke," *PMLA*, N. S. XIX（1911）, 92-141, and Prouty, *op. cit.*（n. 245）, pp. 227-28。

[247] *The Poesies*（London, 1575）, p.113.

[248] 见 Cunliffe（ed.）, *op. cit.*（n. 246）, II, pp.562-567, and Prouty, *op. cit.*（n. 245）, p.13。关于约翰·迪, 见原文第 471 页。

[249] Cunliffe（ed.）, *op. cit.*（n. 246）, II, 135.

[250] *Ibid.*, pp. 162-63. 后来, 诗人继续抨击商人贪婪和掠夺的本性, 相关例子见 Joseph Hall's "The King's Prophecie: or Weeping Joy（1603）," in A. Davenport（ed.）, *The Collected Poems of Joseph Hall, Bishop of Exeter and Norwich*（Liverpool, 1949）, p. 117.

[251] 关于尼古拉斯的《来自中国的最新信息》增加了评论性的《前言》和注释后的再版本, 见 R. McLachlan, "A Sixteenth-Century Account of China ... ," *Papers on Far Eastern History*（Canberra）, No. 12（1975）, 71-86。

[252] 有关这些翻译作品的详细情况, 见 *Asia*, I, 211-212, and Parker, *op. cit.*（n. 190）, pp. 76-81。

[253] 见 Cawley, *op. cit.*（n.245）, p. 113。

[254] 见 R. W. Bond（ed.）, *The Complete Works of John Lyly*（3 vols.; Oxford, 1967 reprint of 1902 edition）, II, 28。

[255] 见 Cawley, *op. cit.*（n. 245），p. 100。

[256] 见 H. P. Kraus, *Sir Francis Drake: A Pictorial Biography*（Amsterdam, 1970），p. 82。1587 年，托马斯·格林（Thomas Green）写了一首赞美德雷克的地貌诗，但这是为数不多的赞美德雷克伟大事迹的诗篇之一，见 H. Taylor, *op. cit.*（n. 214），p. 129。

[257] 关于葡萄牙人在法国的情况，见本书原文第 10-14 页。

[258] 见 George T. Staunton（ed.），*The History of the Great and Mighty Kingdom of China and the Situation Thereof. Compiled by the Padre Juan Gonzalez and Now Reprinted from the Early Translation of R. Parke,* "Publications of the Hakluyt Society," Nos XIV and XV（2 vols.; New York, 1970 reprint）。另见第 78 幅插图。

[259] 关于托马斯·史蒂文斯的信函，见原文第 529 页。

[260] 相关评论见原文第 523 页。

[261] 见 G. D. Willcock and A. Walker（eds.），*George Puttenham, The Arte of English Poesie*（Cambridge, 1936），p. 91。

[262] George Puttenham, *The Arte of English Poesie*（London, 1589），p. 75. 在西方，图案诗第一次出现在公元前 300 年左右的希腊田园诗中，可能是从东方引进过来的，普拉努迪安（Planudean）的《希腊文集》（*The Greek Anthology*）是把图案诗从古希腊引进到文艺复兴的主要载体，《希腊文集》在欧洲大陆广为流传，16 世纪的诗人对其进行了修订和扩充。英国文学中的第一首图案诗收入斯蒂·霍斯（Stephen Hawes）的《起誓者的归化》（*The Convercyon Swerers*, 1509 年），见 M. Church, "The First English Pattern Poems," *PMLA*, LXI（1946），636-39. 也可参见威尔斯的讨论，见本书原文第 372 页。

[263] Willcock and Walker（eds.），*op. cit.*（n. 261），pp. 91-93.

[264] *Ibid.*, p. 93，见第 23 幅插图。

[265] *Ibid.*, pp. 93-94。关于大汗的名字，马可·波罗和曼德维尔将之写成 "Caan" 或 "Can"，曼德维尔（1588 edition, ed. John Ashton, p. 177）这样写道："在呼罗珊（Corosayan），位于契丹北部。" 呼罗珊（Khorosan）是亚洲北部的一个地区，那里出产大象。

[266] 参见钱钟书的《17 世纪英国文学中的中国》（China in the English Literature of the Seventeenth Century），载《中国书目季度报告》（*Quarterly Bulletin of Chinese Bibliography*），第 1 卷，第 4 期（1940 年 12 月），第 355-356 页。对这两种说法的评述，见 A. L. Korn, "Puttenham and the Oriental Pattern Poem," *Comparative Literature*, VI（1954），289-303. 周策纵（Chow Tse-tung）教授 1974 年 12 月 12 日给我的信中说："我认为中国的图案诗可能起源于公元 2 世纪……西汉（公元 23—220 年）时期苏伯玉的妻子（Mrs. Su Po-yü）写的一首图案诗保存至今……11 世纪的王安石和苏轼（苏东坡）也写过这样的诗。" 中国的佛教徒创作图画诗，相关例子见 S. W. Williams, *The Middle Kingdom*（2 vols.; London, 1883），I, 708。

[267] 引自 Willcock and Walker（eds.），*op. cit.*（n. 261），pp. 106-7。门多萨（Staunton [ed.], *op. cit.* [n. 258], I, 97; II, 62, 168-69）认为皇帝的象征图案是蛟龙缠绕，但我至今没有找到普坦汉姆

所说的图案和他的解释的出处，门多萨的《中华大帝国史》中有很多例子（*ibid.*, I, 103; II, 45）能证明普坦汉姆所说的这种官位标志绣在中华帝国官员的官袍和其他官服上，这实际上就是明朝官员所穿的"龙袍"，这些官袍也可以作为礼物送给外国使者，甚至传到了欧洲。加斯帕尔·达·克路士1569年这样写道，中国的官员"的确穿着带有补子的官服，胸前或后背上的补子是皇室图案，上面用金线刺绣的蛟龙互相缠绕，其中有些带补子的官服流传到葡萄牙，送进教堂做装饰"。见 C. R. Boxer（ed.）, *South China in the Sixteenth Century*, "Publications of the Hakluyt Society," 2d ser., No. CVI（London, 1953）, p. 156。对这些"龙袍"的阐释和更恰切的评论，见 S. Camman, *China's Dragon Robes*（New York. 1952）, pp. 13, 16, 78-79, l12, 157。

[268] 派隆蒂努斯的著作名为 *Magni Scytharum Imperatori Vita*（Florence）；关于《圣者箴言》，见本书原文第173-174页，关于海屯，见本书原文第307页。对维特斯通译自法语的作品的讨论，见 T. C. Izard, "The Principal Source for Marlowe's Tamburlaine," *Modern language Notes*, LVIII（1943）, 411-17, 也可参见第12幅、第13幅插图。

[269] 见 E. Seaton, "Marlowe's Map," *Essays and Studies by Members of the English Association*, X（1924）, 13-25, and U. M. Ellis-Fermor, *Tamburlane the Great in Two Parts*（London, 1930）, pp. 34-48。

[270] 进一步的讨论见 E. G. Clark, *Raleigh and Marlowe: A Study in Elizabethan Fustian*（New York, 1941）, pp. 396-97, 407-8。关于伊丽莎白时代戏剧的兴起与衰落同海外发现的关系，见 W. Holzhausen, "Übersee ub den Darstellungsformen des Elisabethanischen Dramas," in W. Horn（ed.）, *Beiträge zur Erforschung der Sprache und Kultur Englands und Nordamerikas*（Breslau, 1928）, pp. 156-65。

[271] 见 Fredson Bowers（ed.）, *The Complete Works of Christopher Marlowe*（2 vols.; Cambridge, 1973）, *Tamburlaine*, Pt. I, Act 1, scence 1（vol. I, p. 84）。关于东方的统治者，比较第14幅插图。

[272] 见本书原文第120-121页、第283页。

[273] Bowers（ed.）, *op. cit.*（n. 271）, Pt. I, Act 1, scene 1（Vol. I, p. 83）.

[274] *Ibid.*, Pt. I, Act 2, scene 5（Vol. I, p. 101）. 注意他不是指（as suggested by Ellis-Fermor, *op. cit.* [n. 269], p.106, n. 41）基督教征服之前的印度，他这里的"基督徒"指的是到印度的葡萄牙人，不管这种说法多么不合情理。

[275] Bowers（ed.）, *op. cit.*（n. 271）, Pt. I, Act 3, scene 3（Vol. I, p. 120）.

[276] *Ibid.*, Pt. II, Act 1, scene 1（Vol. I, p. 154）. 在奥提留斯的《环宇大观》里面，"南大洋"（Lantchidol Mare）和一个无人探索过的海角毗邻，见 E. Seaton, *loc. cit.*（n. 269）, p. 31。伊登在翻译皮加费塔的著作时提到"南大洋"是一大片海域，1525年巴黎出版的皮加费塔著作缩略版中拼写为"Lant chidol"，见 P. S. Paige（trans.）, *The Voyage of Magellan: The Journal of Antonio Pigafetta*（Englewood Cliffs, N. J., 1969）, p. 146。在赖麦锡的地图（1554年）上，"南大洋"在苏门答腊和西里伯斯岛（Celebes）之间，在爪哇北部。关于奥提留斯的地

图，见《欧洲形成中的亚洲》第 1 卷中的环衬，关于赖麦锡的地图，见《欧洲形成中的亚洲》第 1 卷第 528 页后面的一页。可能大家都误读了皮加费塔的 "Lant chidol"，关于这一点，见 C. E. Nowell（ed.），*Magellan's Voyage around the World: Three Contemporary Accounts* (Evanston, III., 1962)，p. 254. "Laut" 在马来西亚语中指海洋，在望加锡海峡（Makassar Strait）的南入口处还有一个劳特岛（island of Laut），在劳特岛南面的爪哇海中有一个小劳特岛。

[277] Bowers（ed.），*op. cit.*（n. 271），Pt. III, Act 5, scene 3（Vol I, p. 48）.

[278] 见 A. D. Atkinson, "Marlowe and the Voyagers," *Notes and Queries*, CXCIV（1949），247-49。

[279] 见 "Dido Queen of Carthage" in Bowers（ed.），*op. cit.*（n. 271），I, 49。

[280] *Ibid.*, II, 164.

[281] 引自 "The Jew of Malta," *ibid.*, I, 264。这里罗列这些名字同样是为了突出强调。

[282] 转引自 J. E. Bakeless, *The Tragical History of Christopher Marlowe*（2 vols.; Cambridge, Mass., 1942），I, iii。

[283] 见 Bennett, *op. cit.*（n. 233），p. 269。

[284] 见 Louis Wann, "The Oriental in Elizabethan Drama," *Modern Philology*, XII（1912），423-47。

[285] 见 Cawley, *op. cit.*（n. 245），pp. 1, 107, 112。

[286] 引自 "Astropbil and Stella"（XCII, 1-2），约写于 1584 年，收入 W. A. Ringler, Jr.（ed.），*The Poems of Sir Philip Sidney*（Oxford, 1962），p. 225。

[287] 见 F. E. Schelling, *Elizabethan Drama,1558-1642*（2 vols.; London, 1911），I, 291。

[288] *The Spanish Mandevile of Miracles. Or the Garden of Curious Flowers Wherein Are Handled Sundry Points of Humanity, Philosophy, Divinitie, and Georgraphy. Beautified with Many Strange and Pleasant Histories*（London, 1600）.

[289] 见 J. W. Draper, "Indian and Indies in Shakespeare," *Neuphilologische Mitteilungen*, LVI（1955），103, 111。

[290] 关于对莎士比亚提到的这些地方的概述，见 C. Clark, *Shakespeare and National Character*（New York, 1932），pp. 293-94。

[291] 见 Chan [Ch'en] Shou-yi, "Influence of China in English Culture"（ph. D. diss., Department Of English, University of Chichago, 1928），p. 8。

[292] 见 Draper, *loc. cit.*（n. 289），p. 105。但也应该注意，对于这句话的理解，学术界有争议，见 H. H. Furness（ed.），*A New Variorum Edition of Shakespeare*（Philadelphia, 1871-1919）VII, 145-46。

[293] 这是西德尼的话，是他在《为诗一辩》中评论戈博达克（Gorboducke）的，见 *Defense of Poesie.*（London, 1595），sig. H^{yv}-I1。

[294] 关于这些提及，见 A. F. Falconer, *Shakespeare and the Sea*（London, 1964），*passim*。

[295] 关于博特罗的原作，见本书原文第 245-249 页。

[296] 关于 17 世纪初相关的游记列表，见 B. Penrose, *Travel and Discovery in the Renaissance, 1420-1620*（Cambridge, Mass., 1955），p. 322。

[297] 关于温彻斯特派学者赞颂德雷克航行的诗篇，见 J. E. Gillespie, *The Influence of Overseas Expansion on England to 1700*（New York, 1920），p. 278；关于表现西班牙无敌舰队残酷的新芭蕾舞，见 F. O. Mann（ed.），*The Works of Thomas Deloney*（Oxford, 1912），p. 481；也可参见 A. Esler, "Robert Greene and the Spanish Armada," *Journal of English Literary History*, XXXII（1965），314-32。

[298] 斯宾塞对东方的描写完全依赖中世纪的游历家以及亚里士多德和塔索对东方的认识。

[299] E. Greenlaw *et al*（eds.），*The Works of Edmund Spenser: A Variorum Edition*（8 vols.; Baltimore, 1932-47），VIII, 201.

[300] *Madrigals of 5 and 6 parts apt for the Viola and voices*（London, 1600），Pt. II（six-part madrigals），pp. vii-viii. 根据的是德雷克 1579 年的游历记述，里面记录了英国人对火山岛的报道（ial del fogo）以及截获"一艘满载亚麻布、上等中国白瓷盘和大宗中国丝绸的帆船"。见 D. B. Quinn and R. A. Skelton（eds.），*The Principall Navigations ... by Richard Hakluyt Imprinted at London, 1589*（2 vols.; Cambridge, 1965），II, 643B, 643F.

[301] 见 Mann（ed.），*op. cit.*（n. 297），p. 47。

[302] 引自 "Astrophil and Stella"（III, 7-8）（n. 286），p. 166。

[303] 相关例子，见 The Hunterian Club edition of *The Complete Works og Thomas Lodge*（4 vols.; Glasgow, 1883），II, 13, 64, 70,75.

[304] 见 C. J. Sisson, *Thomas Lodge and Other Elizabethans*（Cambridge, Mass., 1933），pp. 106-8。也可参见 D. B. Quinn（ed.），*The Last Voyage of Thomas Cavendish, 1591-92*（Chicago, 1975），p. 23。

[305] 相关评论见 N. B. Paradise, *Thomas Lodge: The History of Elizabethan*（New Haven,1931），pp. 122-31。

[306] 见 The Hunterian Club, *op. cit.*（n. 303），III, 16. 比较关于珍珠云母的描写："珍珠云母寄生在贝类，特别是牡蛎里面，有些有洞，有些没有，最好的珍珠云母是从印度带来的，不过在我们英国海岸也可以见到。"见 H. Platt, *The Jewell House of Art and Nature*（Loudon, 1594），p. 221。

[307] 见 The Hunterian Club, *op. cit.*（n. 303），II, 102。

[308] *Ibid.*, III, 37.

[309] A. C. Sprague（ed.），*Poems and a Defense of Ryme*（Cambridge, Mass., 1930），p. 140. 这可能是针对乔治·艾博特（George Abbot）在《世界概览》（*A Brief Description of the Whole Worlde*, London, 1599, fol. B2）中所说的："中国人没有多少学问，但比鞑靼人更文明。"

[310] Albert Feuillerat（ed.），*The Prose Works of Sir Philip Sidney*（4 vols.; Cambridge, 1963, reprint of edition of 1912），III, 126.

[311] The Hunterian Club, *The Complete Works of Samuel Rowlands*（2 vols.; Glasgow, 1880）, I, 48.

[312] Book IV, Satire 6, in A. Davenport（ed.）, *The Collected Poems of Joseph Hall, Bishop of Exeter and Norwich*（Liverpool, 1949）, p. 71. 关于 "Ruc" 或 "ruch"，见 *Asia*, II, Bk. I, 92。

[313] 见 H. Brown（ed.）, *The Discovery of a New World*（*Mundus alter et idem*）（Cambridge, Mass.,1937）。与此相对的是威廉·华纳（William Warner）对哈克路特和其他人的高度赞扬，见 William Warner, *Albion's England*（1602）。

[314] 见 R. R. Cawley, *Unpathed Waters: Studies in the Influence of the Voyagers on Elizabethan Literature*（Princeton, 1940）, pp. 32-33。关于耶稣会士认为俄斐是在东印度群岛的看法，见 L. Kilger, "Die Peru-Relation des José de Acosta 1576 und seine Missiontheorie," *Neue Zeitschrift für Missionswissenschaft,* I（1945）, 24-38.

[315] 皮加费塔和早期伊比利亚作家已报道菲律宾的吕宋岛（Luzon）和棉兰老岛（Mindanao）出产金子，见 *Asia*, I, 626, 628, 642。

[316] *History of the World in Works*（8 vols.; Oxford, 1829）, II, 334-35.

[317] 人们对《曼德维尔游记》的兴趣远远大于对《马可·波罗游记》的兴趣，《马可·波罗游记》到了 16 世纪还没有翻译成荷兰语，而在 1579 年才首次翻译成英语。

[318] 博特罗的《世界关系》从 1603 年起才被断断续续地译成英语，杜·巴塔斯的诗歌全集 1605 年由约书亚·西尔维斯特译成英语。关于勒·罗伊作品的英译情况，见本书原文第 311 页。

译名对照表

人 名

A

Abbot, George	乔治·艾博特
Abelard	阿伯拉尔
Abenner	阿本纳
Aboulfaradj	阿布尔法拉基
Acosta, Cristobal de	克里斯托巴尔·德·阿科斯塔
Acosta, José de	何塞·德·阿科斯塔
Acquaviva, Claude	克劳德·阿夸维瓦
Acquaviva, Rudolph	鲁道夫·阿夸维瓦
Adrastus	阿德拉斯特斯
Adrian	艾德里安
Aelian	伊良
Aeneas	埃涅阿斯
Aeschylus	埃斯库罗斯
Aesop	伊索
Agnese, Battista	巴蒂斯塔·埃格尼斯
Agrican	阿哥里坎
Agricola, Rudolf	鲁道夫·阿格里柯拉
Aicardo, Paolo	帕奥罗·艾卡多
Albertinus, Aegidius	埃吉迪乌斯·阿尔伯蒂纳斯
Albrecht, Duke	阿尔布莱希特公爵
Albuquerque	阿尔伯克基
Albuquerque, Soares de	索亚里斯·德·阿尔伯克基
Aldrovandi, Ulisse	乌利塞·阿尔德罗万迪
Aleandro, Girolamo	吉罗拉莫·阿莱安德罗
Alexander the Great	亚历山大大帝
Alexander VI	亚历山大六世
Alexandre	亚历山大
Alexandrino	亚历山大里诺
Alfonso	阿方索
Alidosi, Ciro	希罗·阿里多斯
Almada, Rui Fernandes de	鲁伊·费尔南德斯·德·阿尔马达
Almeida	阿尔梅达
Almeida, Francisco de	弗朗西斯科·德·阿尔梅达
Althamer, Andreas	安德里亚斯·阿瑟曼
Álvares, Manuel	曼努埃尔·阿尔瓦斯
Alvarez, Pedro	佩德罗·阿尔瓦雷斯
Alvarez, Francisco	弗朗西斯科·阿尔瓦雷斯
Amaurots	亚马乌罗提

Amerbach, Bonifacius　博尼法丘斯·阿默巴赫
Amerbach, Bonifaz　博尼法兹·阿默巴赫
Ammirato, Scipione　斯皮翁·阿米雷托
Andrade, Francisco de　弗朗西斯科·德·安德拉德
Andreopulo, Michele　米歇尔·安德罗普洛
Andronica　安德罗尼卡
Angelica　安吉丽卡
Angeloro　安杰洛罗
Ango, Jean　让·安格
Anhalt　安哈尔特
Anlau, Jorg Albrich von　豪尔赫·阿尔布里奇·冯·安劳
Antiochus　安提古
António, Francino　弗朗西诺·安东尼奥
Apian, Peter　彼得·阿皮安
Apollonius　阿波罗尼乌斯
Appianus, Petrus　彼得鲁斯·阿皮安
Arcimboldo, Giuseppe　朱塞佩·阿钦博多
Aretino　阿莱蒂诺
Aretino, Pietro　皮特罗·阿雷蒂诺
Ariosto　阿里奥斯托
Ariosto, Luovico　卢多维科·阿里奥斯托
Aristophanes　阿里斯托芬
Arlenius, Arnold Peraxyles　阿诺德·皮拉斯勒斯·阿里尼乌斯
Armeno, Christoforo　克里斯托弗罗·阿尔梅诺
Arrian　阿里安
Arrighi, Ludovico degli　卢多维科·德戈里·阿里吉
Arrivabene, Ludovico　卢多维科·阿里瓦贝内
Arundel　阿伦德尔
Asoka　阿育王
Astana, Dharmapala　达马帕拉·阿斯塔纳
Astolfo　阿斯托尔夫
Atouguia, Conde da　康德·达·阿托吉亚
Auger, Edmond　爱德蒙·奥格
Avellar, André de　安德烈·德·阿维拉尔
Aviadat　阿维亚达特
Avila, Francisco de　弗朗西斯科·德·阿维拉
Azambuja, Diogo de　迭戈·德·阿赞布雅
Azpilcueta, Martin de　马丁·德·阿斯皮利奎塔

B

Bacchus　巴克斯
Bacon, Roger　罗杰·培根
Bagarotto, Antonio　安东尼奥·巴加罗托
Baif, Antoine de　安托万·德·巴伊夫
Balbi, Gasparo　加斯帕罗·巴尔比
Balboa　巴尔波亚

Berlinghieri, Francisco   弗朗西斯科·伯林吉耶里
Bernard   伯纳德
Bernardes, Diogo   迭戈·伯纳蒂斯
Beroaldo, Filipo   菲利普·博尔多
Berosus   贝罗索斯
Betussi, Giuseppe   朱塞佩·贝图斯
Bidermann, Jakob   雅各布·比德尔曼
Billingsley, H.   H. 比林斯利
Billius, Abbot Jacobus   艾博特·雅各布·比利乌斯
Billy, Jean de   让·德·比利
Blotius, Hugo   乌戈·布劳修斯
Boaistuau   波斯图
Boaistuau, Pierre   皮埃尔·波斯图
Boccaccio   薄伽丘
Boccaccio, Giovanni   乔万尼·薄伽丘
Boderie, Guy Le Fèvre de la   盖伊·勒·菲弗雷·德·拉·博德里
Boderie, Nicholas Le Fèvre de la   尼古拉·勒·菲弗雷·德·拉·博德里
Bodin, Jean   让·博丹
Boemus, Johann   约翰·博埃姆斯
Boethius   博埃修斯
Boëtie, Estienne de la   艾蒂安·德·拉·博埃蒂
Böhm, Johannes   约翰内斯·博姆
Boiardo   博亚尔多
Boiardo, M. M.   M. M. 博亚尔多
Boiardo, Matteo Maria   马泰奥·马里亚·博亚尔多
Bolon, Sara Bobroff   萨拉·鲍伯罗夫·伯隆
Bomarzo   博马尔佐
Bon, Jean Le   让·勒·朋
Bonardo, G. M.   G. M. 波纳尔多
Bordone, Benedetto   贝内代托·博尔多纳
Borgia   波吉亚
Borgia, Lucrezia   露克蕾琪亚·波吉亚
Borromeo, Carlo   卡洛·博罗梅奥
Borromeo, Federico   费德里克·博罗梅奥
Borromeo, St. Charles   圣嘉禄·鲍荣茂
Borso   博索
Boscán, Juan   胡安·博斯坎
Boscaro, A.   A. 波斯卡罗
Botero, Giovanni   乔万尼·博特罗
Bouchet, Guillaume   纪尧姆·布歇
Boulaere, Jean   让·布拉埃雷
Bourdeille, Pierre de   皮埃尔·德·堡岱尔
Bowie, T.   T. 博威
Bracciolini, Poggio   波吉奥·布拉乔奥里尼
Bragança, Teotónio de   特奥托尼奥·德·布兰干萨
Brahier, Jamet   贾米特·布莱伊埃

Brandão, Diogo　　　　迭戈·布兰当
Brandão, João　　　　若昂·布兰当
Brant, Sebastian　　　塞巴斯蒂安·布兰特
Braun, Georg　　　　　格奥尔格·布劳恩
Bréderode, Henri de　　亨利·德·布雷得罗德
Breton, Nicholas　　　尼古拉·布莱顿
Breydenbach　　　　　布雷登巴赫
Bright, Timothy　　　　白来德
Brissot, Pierre　　　　皮埃尔·布里索
Brito, Bernardo Gomes de　伯纳多·戈麦斯·德·布里托
Bruès, Guy de　　　　盖伊·德·布鲁埃斯
Brunfels, Otto　　　　　奥托·布隆非尔
Bry, Theodor de　　　　西奥多·德·布莱
Bucer, Martin　　　　　马丁·布瑟
Buchanan, George　　　乔治·布坎南
Budé, Guillaume　　　　纪尧姆·比代
Buffereau, François　　　弗朗索瓦·比弗罗
Bugenhagen, Johann　　约翰·布根哈根
Buitenen, J. A. B. van　　J. A. B. 范·布伊特南
Buonamico　　　　　　博纳米科
Buonamico, Lazzaro　　拉扎罗·博纳米科
Burgkmair, Hans　　　汉斯·伯格迈尔
Busbecq　　　　　　　布斯贝克

C

Ca' Masser, Leonardo da　　列奥纳多·达·卡马塞尔
Cabat, Pierre　　　　　皮埃尔·卡巴特
Cabot, John　　　　　　约翰·卡波特
Cabot, Sebastian　　　塞巴斯蒂安·卡波特
Cadamosto　　　　　　凯达莫斯托
Caiado, Hermico　　　赫米克·卡亚多
Caix, Honoré de　　　　奥诺雷·德·蔡斯
Calcagnini, Celio　　　西里欧·卡尔卡格尼尼
Caldeira, Bento　　　　本托·卡尔代拉
Callimachus　　　　　卡里马科斯
Câmara　　　　　　　卡马拉
Câmara, Luís Gonçalves da　路易斯·贡萨尔维斯·达·卡马拉
Camer, Pücher Kunst　　布切·昆斯特·卡莫
Camerarius, Joachim　　若阿西姆·卡莫拉里乌斯
Camerarius, P.　　　　P. 卡莫拉里乌斯
Camerino, Giovanni　　乔万尼·卡梅里诺
Cameron　　　　　　　卡梅伦
Caminha, Pêro de Andrade　佩罗·德·安德拉德·卡明哈
Camoëns　　　　　　　卡蒙斯
Campana, Cesare　　　切萨雷·坎帕纳
Campo, Medina del　　梅迪纳·德尔·坎波

Candace	坎迪斯
Canidia	卡尼迪亚
Canisius, Peter	彼得·卡尼修斯
Cantino, Alberto	阿尔伯托·坎提诺
Capponi	卡波尼
Carafa, Antonio	安东尼奥·卡拉法
Carafa, Mario	马里奥·卡拉法
Carando, S.	S. 卡兰多
Caravaial, Mármol	马莫尔·卡拉瓦伊阿尔
Carces, Henrique	恩里克·卡尔塞斯
Cardano	卡尔达诺
Cardano, Girolamo	吉罗拉莫·卡尔达诺
Carneiro, Pêro de Alcaçova	佩罗·德·埃尔卡索瓦·卡内里奥
Carpi, Rodolfo Pio di	罗多尔佛·皮奥·迪·卡皮
Carpini, John de Plano	柏朗嘉宾的约翰
Cartier, Jacques	雅克·卡蒂埃
Carvojal, Michael de	米夏埃尔·德·卡尔沃加尔
Casas, Bartolomé de las	巴托洛梅·德·拉斯·卡萨斯
Casas, Cristobal de las	克里斯托巴尔·德·拉斯·卡萨斯
Casas, Las	拉斯·卡萨斯
Casaubon, Isaac	艾萨克·卡索邦
Castanheda	卡斯塔涅达
Castanheda, Fernão Lopes de	费尔南·洛佩斯·德·卡斯塔涅达
Castello	卡斯特罗
Castilho, António de	安东尼奥·德·卡斯蒂洛
Castillo, Hernando del	赫尔南多·德尔·卡斯蒂洛
Castro, João de	若昂·德·卡斯特罗
Catherine, Queen	凯瑟琳女王
Cavelli, Marino	马利诺·卡维里
Cavendish, Thomas	托马斯·卡文迪什
Caviceo, Jacobo	雅各布·卡维西欧
Caxton	卡克斯顿
Celer, Metellus	梅特卢斯·凯莱尔
Cellarius, D.	D. 塞拉琉斯
Celtis, Conrad	康拉德·塞尔提斯
Centellas, Joachim de	若阿西姆·德·森特拉斯
Cervantes, Miguel de	米格尔·德·塞万提斯
Chabod, F.	F. 查波德
Chancelaria, Diogo Velho da	迭戈·维利乌·达·昌塞拉里亚
Chappuys, Gabriel	加布里埃尔·沙皮
Charlemagne	查理曼大帝
Charron, Pierre	皮埃尔·沙朗
Chart, Canerio	卡内里奥·查特
Châtillon, Gautier de	高提耶·德·沙蒂隆
Chemnitz, Martin	马丁·开姆尼茨
Cherchi, Paolo A.	帕奥罗·A. 谢奇

Chevalier	谢瓦利埃
Chirino, Pedro	佩德罗·奇里诺
Chow Tse-tung	周策纵
Churton, Edward	爱德华·丘顿
Chytraeus, David	大卫·齐特莱乌斯
Chytraeus, Nathan	纳坦·齐特莱乌斯
Cicero	基凯罗
Cisneros, Francisco	弗朗西斯科·西斯内罗斯
Clavijo, Ruy González de	鲁伊·冈萨雷斯·德·克拉维约
Cleitarchus	克来塔卡斯
Clement VII	克莱门特七世
Clénard, Nicolas	尼古拉斯·克莱纳
Clenardus	克莱纳德斯
Clusius	库希乌斯
Cobos, Leon Francisco de los	利昂·弗朗西斯科·德·罗斯·科博斯
Cochrane, Eric	埃里克·科奇兰
Coelho, Jorge	豪尔赫·科埃略
Coignet, Michel	米夏埃尔·克瓦涅
Colbert	科尔伯特
Colines, Simone de	西蒙·德·科林尼斯
Colon, Diego	迭戈·科隆
Colonna, Vittoria	维多利亚·科隆纳
Columbus, Christopher	克里斯托弗·哥伦布
Columbus, Ferdinand	费迪南·哥伦布
Conti, Nicolò de	尼科洛·德·孔蒂
Contrari, Ercole de'	埃尔科莱·德·康特拉里
Copernicus	哥白尼
Coppetto, Il	伊尔·科佩托
Cordier, Mathurin	马蒂兰·科尔迪耶
Cordova, Gonzalo Hernandez De	贡萨罗·赫尔南德斯·德·科尔多瓦
Correa, António	安东尼奥·科雷亚
Corrêa, Fernão	费尔南·科雷亚
Corrozet, Giles	吉尔斯·考罗埃
Côrte-Real, Jerónimo	杰罗尼莫·科尔特-雷阿尔
Cortes	科尔特斯
Corvinus, Laurentius	劳伦蒂乌斯·科维努斯
Cosimo I	科希莫一世
Cosquin, Emmanuel	伊曼纽尔·考司昆
Cosroe	考斯洛
Costa, Bras de	布拉斯·德·科斯塔
Costa, João da	若昂·达·科斯塔
Cottier, Gabriel	加布里埃尔·柯蒂尔
Coutinho, Francisco	弗朗西斯科·科蒂尼奥
Coutinho, Lope de Sousa	洛卜·德·苏查·科蒂尼奥
Couto, Diogo de	迭戈·德·科托
Cranmer, Thomas	托马斯·克兰麦

Crespin, Samuel	塞缪尔·克雷斯平
Cretico, Il	艾尔·克里蒂克
Creusser, Fritz	弗里茨·克罗塞
Crignon, Pierre	皮埃尔·克里尼翁
Criminale, Antonio	安东尼奥·克里米纳尔
Cristofari, Maria	玛丽亚·克里斯托法里
Croix, Nicolas Chrétien des	尼古拉·克雷蒂安·德斯·克鲁瓦
Cromwell, Thomas	托马斯·克伦威尔
Cruz, Gaspar da	加斯帕尔·达·克路士
Cruz, João da	若昂·达·克路士
Ctesias of Cnidus	尼多斯的克特西亚斯
Cunha, Nuno da	努诺·达·库尼亚
Cunha, Tristão da	特里斯坦·达·库尼亚
Cunningham	甘宁汉
Cunningham, William	威廉·甘宁汉
Curlo, Giacomo	贾科莫·柯罗
Curtius, Quintus	昆图斯·库尔提乌斯
Cusnibi, Thomas	托马斯·库斯尼比
Cutzclewe, Temir	帖木尔·库兹克莱夫
Cyriac	西里亚克
Cysat, Renward	伦瓦德·齐扎特

D

d' Anania, Giovanni Lorenzo	乔万尼·洛伦佐·达纳尼亚
d' Anghiera, Pietro Martire	彼得罗·马提雷·德安吉亚拉
d' Austria, Don Filippo	堂·菲利普·达乌斯特里亚
d' Este, Borso	波尔索·德斯特
d' Este, Ercole I	埃尔科莱·德斯特一世
d' Este, Ippolito	伊波利托·德斯特
d' Este, Isabella	伊莎贝拉·德斯特
d' Este, Luigi	路易吉·德斯特
d' Étaples, Lefèvre	勒菲夫·戴达波
d' Ollanda, Francisco	弗朗西斯科·德·奥兰达
Dandamis	丹达米斯
Danès, Pierre	皮埃尔·达内斯
Daniel, Samuel	塞缪尔·丹尼尔
Dantas, João Pereira	若昂·佩雷拉·丹塔斯
Danti, Ignatio	伊格纳西奥·丹提
Darius the Great	大流士
Dati, Giuliano	朱里安诺·达蒂
Debus, Allen G.	艾伦·G. 德布斯
Decembrio, Pier Candido	皮埃尔·坎迪多·德辛布里奥
Dee, John	约翰·迪
Dekker, Thomas	托马斯·德克
Deloney, Thomas	托马斯·戴伦尼
Dengel, Lebna	勒卜纳·丹格尔

Denyse, Estienne	艾斯蒂安·丹尼斯
Deserpz, François	弗朗索瓦·德塞普兹
Deutsch, Hans Rudolf Manuel	汉斯·鲁道夫·曼努埃尔·多伊奇
Dias, Henrique	恩里克·迪亚斯
Didaco	迪达科
Diderot	狄德罗
Diemeringen, Otto von	奥托·冯·迪默兰根
Dindimus	丁第玛斯
Dino, Pietro di	皮特罗·迪·蒂诺
Dioscorides	狄奥斯科里季斯
Dipsodes	迪普索德
Discepolo	迪谢波罗
Doesborch, Jan van	扬·范·德斯博尔奇
Doglioni	多廖尼
Domenichi, Ludovico	卢多维科·多梅尼西
Doni, A. F.	A. F. 多尼
Doni, Anton Francesco	安东·弗朗西斯科·多尼
Drake	德雷克
Drake, Francis	弗朗西斯·德雷克
Dresser, Matthias	马蒂亚斯·德莱塞
Drummond, William	威廉·德鲁蒙德
Dunbar, William	威廉·顿巴
Duncan, Martin	马丁·邓肯
Duncan, T. Bentley	T. 本特利·邓肯
Dupuy, Jacques	雅克·杜普
Dürer, Albrecht	阿尔布雷特·丢勒
Duret, Claude	克劳德·迪雷

E

Eberhart	埃伯哈特
Eck, Oswald	奥斯瓦尔德·艾克
Eden, Richard	理查德·伊登
Edgerton, Franklin	富兰克林·艾德格顿
Edrissi	埃德里西
Egenolf, Christian	克里斯蒂安·埃格诺尔夫
Eguia, Miguel de	米格尔·德·埃吉亚
Elagabalus	埃拉伽巴路斯
Eleanor	埃莉诺
Elzevir, Louis	路易·埃尔塞维尔
Ems, Rudolf von	鲁道夫·冯·埃姆斯
Encina, Juan del	胡安·代尔·恩希纳
Enciso, Martín Fernández de	马丁·费尔南德斯·德·恩西索
Erasmus	伊拉斯谟
Erbard, Jean	让·鄂巴德
Ercilla, Alonso de	阿隆索·德·埃尔西利亚
Ercole I	埃尔科莱一世

Erizzo, Sebastiano	塞巴斯蒂安诺·埃里佐
Ernst, Duke	恩斯特公爵
Escalante, Bernardino de	贝纳迪诺·德·埃斯卡兰特
Estaço, Aquilas	阿奎拉斯·艾斯塔克
Ezonlom	神农

F

Fabriano, Mambrino Roseo da	曼布里诺·罗塞奥·达·法布里亚诺
Fabrice, Arnauld	阿诺德·法布莱斯
Facio, Bartolomeo	巴托洛梅奥·法齐奥
Fairfax, Edward	爱德华·费尔法克斯
Faloppia, Francesco	弗朗西斯科·法罗皮亚
Falugio, Domenico	多美尼科·法鲁吉奥
Farel, Guillaume	纪尧姆·法热勒
Faria, F. Leite de	F. 雷特·德·法利亚
Farinha, Bento Jose de Sousa	本托·约瑟·德·苏查·法里纳
Farnese	法尔内塞
Farnese, Alessandro	亚历山德罗·法尔内塞
Faro, Jorge	豪尔赫·法罗
Faust, Johann	约翰·浮士德
Favolius, Hugo	许霍·法沃利乌斯
Federico	费德里克
Fedrici, Cesare	切萨雷·费德里奇
Feira, Conde da	康德·德·费拉
Fenton, E.	E. 芬顿
Ferdinand	费迪南
Ferdinand I	费迪南一世
Ferdinand, Archduke	费迪南大公
Fernandes, João	若昂·费尔南德斯
Fernandes, Valentim	瓦伦丁·费尔南德斯
Fernandez, Vasco	瓦斯科·费尔南德斯
Fernberger, Georg Christoph	格奥尔格·克里斯托弗·费恩伯格
Fernel, Jean	让·费内尔
Ferreira, António	安东尼奥·费雷拉
Ferrero	费雷罗
Feyerabend, Sigismund	西吉斯蒙德·费耶拉本德
Fickler	斐科勒
Fickler, Johann Baptist	约翰·巴蒂斯特·斐科勒
Figueiredo, F. de	F. 德·费格雷多
Figueroa, Alonso Gomez de	阿隆索·戈麦斯·德·菲格罗阿
Figueroa, Martin Fernández de	马丁·费尔南德斯·德·菲格罗阿
Firenzuola, Agnolo	安哥诺罗·费伦佐拉
Fischart, Johann	约翰·菲沙尔特
Fischer, Kaspar	卡斯帕·菲舍尔
Flaumenhaft, Carol	卡罗尔·弗罗曼哈夫特
Fontaine, La	拉·封丹

Fonteneau, Jean　　让·丰特诺

Fornari, S.　　S. 佛纳里

Fortescue, Thomas　　托马斯·福蒂斯丘

Fortunatus　　福图内特斯

Foss, Theodore N.　　西奥多·N. 弗斯

Fourquevaux, M. de　　M. 德·弗克斯

Fracastoro, Girolamo　　吉罗拉莫·弗拉卡斯托罗

Frachetta, Girolamo　　吉罗拉莫·弗拉奇塔

Francesco I　　弗朗西斯科一世

Francis I　　弗朗西斯一世

Franck, Sebastian　　塞巴斯蒂安·弗兰克

Frèches, Claude-Henri　　克劳德 - 亨利·弗雷谢斯

Frederick　　弗雷德里克

Fricius, Valentin　　瓦伦廷·弗里西乌斯

Frisius, Gemma　　杰马·弗里西乌斯

Frobisher, Martin　　马丁·弗洛比谢尔

Fuchs, Leonhard　　莱昂哈德·福克斯

Fugger　　富格尔

Fugger, Anton　　安东·富格尔

Fugger, Jakob　　雅各布·富格尔

Fugger, Johann Jakob　　约翰·雅各布·富格尔

Fugger, Ulrich　　乌尔里奇·富格尔

Fulcher　　弗切尔

G

Gaddi, Nicolò de'　　尼科洛·德·加迪

Gaillhard　　盖拉德

Galle, Philippe　　菲利普·加勒

Galle, Philipe de　　菲利普·德·加勒

Galvano　　加尔旺

Galvão, Antonio　　安东尼奥·加尔旺

Galvão, Duarte　　杜阿尔特·加尔旺

Gama, Vasco da　　瓦斯科·达·伽马

Garfield, Denise Le Cocq　　丹尼斯·勒·考克·加菲尔德

Gascoigne, George　　乔治·盖斯科因

Gastaldi　　加斯塔尔迪

Gastaldi, Giacomo　　贾科莫·加斯塔尔迪

Gautama Buddha　　释迦牟尼

Gayet, Palma　　帕尔玛·葛耶

Gelden, Sigismund　　西吉斯蒙德·戈尔登

Geldres, Rutgeste　　鲁特格斯特·基尔德雷斯

Gelenius, Sigismund　　西吉斯蒙德·戈勒尼乌斯

Gelli, G. B.　　G. B. 盖利

Geoffrey　　杰弗里

George, prince　　乔治王子

Gesner, Konrad　　康拉德·格斯纳

Gibb, James	詹姆斯·吉博
Gibbs, Gloria	格洛里亚·吉布斯
Giese, Tiedemann	提德曼·吉赛
Gilbert, Humphrey	汉弗莱·吉尔伯特
Giles, Peter	彼得·吉尔斯
Ginés, Juan	胡安·吉尼斯
Gioliti	吉奥里蒂
Giolito, Gabriel	加布里埃尔·乔里托
Giovio, Paolo	帕奥罗·乔维奥
Giraldi	吉拉尔迪
Giunti	吉恩蒂
Giunti, Tomasso	托马索·吉恩蒂
Glareanus, Heinrich	海因里希·格拉雷努斯
Goclenius, Conrad	康拉德·郭克兰纽
Godinho, Nicolau	尼古劳·戈迪尼奥
Góis, Damião de	达米奥·德·戈伊斯
Gomara	戈马拉
Gomara, Francisco Lopez de	弗朗西斯科·洛佩斯·德·戈马拉
Gomarus, Franciscus	弗朗西斯库斯·霍马勒斯
Gongora, Luis de	路易斯·德·贡戈拉
Gonzaga, Francesco	弗朗西斯科·贡扎加
Gorboducke	戈博达克
Gordon, Amy	艾米·戈登
Gossouin	戈苏因
Goulart, Simon	西蒙·戈拉特
Gouvea, Andrea	安德里亚·戈维亚
Gouveia, André de	安德烈·德·戈维亚
Gouveia, António de	何大化
Gouveia, Diogo de	迭戈·德·戈维亚
Gracian	葛拉西安
Gradasso	格拉达索
Granada, Luis de	路易斯·德·格拉纳达
Granvelle, Antoine Perrenot de	安托万·贝诺特·德·格朗维尔
Grapheus, Cornelius	科内利乌斯·格拉菲乌斯
Gravius, Henricus	亨里克斯·格拉维乌斯
Gray	格雷
Gray, Richard	理查德·格雷
Graz	格拉茨
Green, O. H.	O. H. 格林
Green, Otis H.	奥提斯·H. 格林
Green, Thomas	托马斯·格林
Grieninger, Johann	约翰·格里恩宁格
Grolier, Jean	让·格罗里埃
Gross, Henning	海宁·格罗斯
Grotius, Hugo	许霍·格劳秀斯
Groto, Luigi	路易吉·格罗托

Herault, Philippe	菲利普·埃罗
Herberstein, Sigismund von	西吉斯蒙德·冯·赫贝施坦
Herbert	赫伯特
Herodotus	希罗多德
Herr, Michael	迈克尔·赫尔
Herrera, Fernando de	费尔南多·德·埃雷拉
Herwart, Anton	安东·赫沃特
Hickock, Thomas	托马斯·希科克
Hideyoshi	丰臣秀吉
Hippolytus	希波吕托斯
Hirschvogel	希尔斯克富格尔
Hoefnagel, Georg	格奥尔格·赫夫纳格尔
Holywood, John	约翰·霍利伍德
Homem, André	安德烈·欧蒙
Houtman	豪特曼
Hoyer	霍耶
Huarte	华特
Hues, Robert	罗伯特·休斯
Huet	于埃
Huguenot	胡格诺
Hulsius, Levinus	勒维纳斯·胡尔修斯
Hupfuff, Matthias	马蒂亚斯·哈普夫夫
Hurtado, Luis	路易斯·乌尔塔多
Huttich, Johann	约翰·胡提
Hythlodaeus, Raphael	拉斐尔·希斯罗德

I

Iddij	一帝
Iewell	伊威尔
Imperato, Ferrante	弗兰特·因佩拉托
Indo, Gioscepe	乔斯皮·印多
Innocent VIII, Pope	教皇英诺森特八世
Isabella	伊莎贝拉
Isidore	伊西多尔

J

Jacobius, Petrus	彼得鲁斯·雅克比乌斯
Jaffe, Samuel P.	塞缪尔·P.杰夫
Jakob, Hans	汉斯·雅各布
James VI	詹姆斯六世
Jason	杰森
João, Domingos	多明戈斯·若昂
Jode, Gerhard de	杰哈德·德·裘德
Jodelle, Etienne	艾蒂安·若代尔
Joel, Rabbi	拉比·乔尔
John	约翰

John III	若昂三世
John, Prince	若昂王子
Johnson, Harold B.	哈罗德·B.约翰逊
Johnson, Robert	罗伯特·约翰逊
Jovius, Paulus	保卢斯·约维乌斯
Julius II	尤利乌斯二世
Justin	贾斯廷

K

Kammerlander, Jacob	雅各布·卡默兰德
Kermesine	科麦赛恩
Khevenhüller, Bartholomaeus	巴托洛梅乌斯·克芬许勒
Khevenhüller, Hans	汉斯·克芬许勒
Kleberger, Hans	汉斯·克莱伯格
Kley, Edwin Van	埃德温·范·克雷
Kollauer, Johann	约翰·克勒尔
Konac, Nikolaus	尼古劳斯·柯纳克
Kromberger	克罗姆伯格
Kron, Ferdinand	费迪南·科隆
Kunala	鸠那罗
Kurush	库拉什

L

L'écluse [Clusius], Charles de	查尔斯·德·勒克鲁斯
L'Estoile, Pierre de	皮埃尔·德·莱斯图瓦勒
L'Huillier, Olivier de Pierre	奥利维尔·德·彼埃尔·吕利耶
Laboulaye	拉布莱伊
Laboulaye, Eduoard de	埃都阿德·德·拉布莱伊
Lach, Alma S.	阿尔玛·S.拉赫
Laetus, Julius Pomponius	尤利乌斯·旁波尼乌斯·雷图斯
Laffemas, Barthélemy	巴泰勒米·拉斐玛斯
Lafreri, Antonio	安托尼奥·拉弗瑞利
Lamb, Ursula	乌苏拉·兰姆
Lambeck, Peter	彼得·兰贝克
Lamprecht, Pfaffe	普法夫·拉姆普雷希特
Lancillotto, Nicolo	尼科洛·兰西洛特
Lapp	莱普
Laredo, Fray Bernardino de	弗雷·贝纳迪诺·德·拉雷多
Lavanha, João Baptista	若昂·巴蒂斯塔·拉文哈
Ledesma, Martin de	马丁·德·莱德斯马
Lefevre, Pierre	皮埃尔·勒菲弗
Lefranc, Abel	阿贝尔·勒弗朗
Legazpi, Miguel Lopez de	米格尔·洛佩斯·德·列格兹比
Lemos	莱莫斯
Lennard, Samson	萨姆森·伦纳德
Lenorment, Geoffroi	杰弗罗·勒诺芒

Leo X	利奥十世
Leo, Archpriest	大祭司利奥
Leon, Fray Luis de	弗雷·路易斯·德·莱昂
Leonor	莱昂诺尔
Leopold I	利奥波德一世
Lerida	莱里达
Léry, Jean de	让·德·莱里
Liebrecht, Felix	费利克斯·利布莱希特
Linnaeus	林奈
Linschoten	林斯乔坦
Lionello	莱奥内罗
Lippomani	利波马尼
Lipsius, Justus	贾斯特斯·李普修斯
Livy	李维
Lloyd, Humphrey	汉弗莱·劳埃德
Loaisa	洛艾萨
Locher, Jacob	雅各布·洛谢
Lodewijcksz, Willem	威廉·罗德维克兹
Lodge, Thomas	托马斯·洛奇
Logistilla	罗基斯提拉
Lopes, David	大卫·洛佩斯
Lote, G.	G. 洛特
Löw, Conrad	康拉德·洛
Loyola, Ignatius	依纳爵·罗耀拉
Lucena, João de	若昂·德·卢塞纳
Lucena, Vasco de	瓦斯科·德·卢塞纳
Ludo	鲁多
Lull, Ramon	拉蒙·鲁尔
Luncinge, René de	勒内·德·伦辛格
Lusitano, Amato	阿马托·卢西塔诺
Lusus	路索斯
Lyly, John	约翰·李利

M

Macer, Jean	让·梅瑟
Machado, Simão	西芒·马查多
Machiavelli	马基雅维利
Madrignano, Arcangelo	阿尔坎杰罗·马德里戈纳诺
Madruzzo, Christopher	克里斯托弗·马诸罗
Maerlantz, Jacob van	雅各布·凡·玛尔兰兹
Maffei, G. P.	G. P. 马菲
Maffei, Giovanni	乔万尼·马菲
Magellan	麦哲伦
Magnabotti, Andrea de'	安德里亚·德·马格纳博梯
Magnus, Albertus	阿尔伯图斯·马格努斯
Magnus, John	约翰·马格努斯

Mendoza, Juan González de	胡安·冈萨雷斯·德·门多萨
Meneses, João de	若昂·德·梅内塞斯
Meneses, João Rodrigues de Sá e	若昂·罗德里格斯·德·萨·伊·梅内塞斯
Mercator	墨卡托
Mercator, Gerhard	格哈德·墨卡托
Mercurian	墨丘利安
Metellus, Johannes	约翰内斯·梅特路斯
Mexía, Pedro	佩德罗·美西亚
Michelangelo	米开朗基罗
Miltitz, Bernhard von	伯恩哈德·冯·米尔提兹
Miranda, Sá de	萨·德·米兰达
Mirandola, Pico della	皮科·德拉·米朗多拉
Mirão, Diogo	迭戈·米昂
Molina, Argote de	阿戈特·德·莫利纳
Molina, Gonzalo Argote de	贡萨罗·阿戈特·德·莫利纳
Molina, Luis de	路易斯·德·莫利纳
Molina, Tirso de	蒂尔索·德·莫利纳
Monardes, Nicolas	尼古拉斯·莫纳德斯
Moncaide	蒙塞德
Montaigne	蒙田
Montaigne, Michel de	米歇尔·德·蒙田
Montalboddo	蒙塔尔博多
Montalboddo, Francanzano da	弗朗坎赞诺·达·蒙塔尔博多
Montano, Benito Arias	贝尼托·阿里亚斯·蒙塔诺
Montecroix, Ricole de	里克尔·德·蒙特克罗克斯
Montepulciano, Giovanni Ricci de	乔万尼·利奇·德·蒙蒂普尔查诺
Montezuma	蒙特苏马
Monzón, Francisco de	弗朗西斯科·德·蒙松
Moqaffa, Abdallah ibn al	阿布杜拉·伊本·阿里·穆加发
More	莫尔
More, Thomas	托马斯·莫尔
Morga, Antonio de	安东尼奥·德·莫尔加
Mouin, Ian Edouard du	伊安·埃杜阿德·杜·莫茵
Moule-Pelliot	穆勒-伯希和
Münster, Sebastian	塞巴斯蒂安·明斯特
Münzer, Hieronymus	希罗尼默斯·闵采尔
Murça, Diogo de	迭戈·德·穆尔萨
Muziano, Girolamo	吉罗拉莫·穆齐亚诺

N

Nadal, Jeronimo	热罗尼莫·纳达尔
Naharro, Bartolomé de Torres	巴托洛梅·德·托雷斯·纳哈罗
Naharro, Torres	托雷斯·纳哈罗
Nannius, Peter	彼得·南尼乌斯
Navagero, Andrea	安德里亚·纳瓦杰罗
Navarre, Henry	亨利·纳瓦尔

Palha, Fernando	费尔南多·帕利亚
Palladius	帕拉第乌斯
Palmerin	帕尔梅林
Paludanus	帕鲁达努斯
Pantoie, Jacques de	雅克·德·庞托埃
Panurge	巴奴日
Paracelsus	帕拉切尔苏斯
Parke, Robert	罗伯特·帕克
Parks, G. B.	G. B. 帕克斯
Parmentier, Jean	让·帕尔芒捷
Parmentier, Raoul	拉乌尔·帕尔芒捷
Parr, J.	J. 帕尔
Paruta, Paolo	帕奥罗·帕鲁塔
Passano	帕萨诺
Patrick	帕特里克
Patrizi, Francesco	弗朗西斯科·帕特里齐
Paul IV	保罗四世
Peletier	彼拉蒂埃
Peletier, Jacques	雅克·佩莱提尔
Pelicier, Guillaume	纪尧姆·佩里西埃
Pelikan, Konrad	康拉德·帕里坎
Penzer, N. M.	N. M. 潘泽尔
Pereira, Nuno Velho	努诺·维利乌·佩雷拉
Perestrelo, Manuel de Mesquita	曼努埃尔·德·梅斯基塔·佩雷斯特罗
Perez, Francisco	弗朗西斯科·佩雷斯
Perondinus, Petrus	彼得鲁斯·派隆蒂努斯
Perrière, Guillaume de la	纪尧姆·德·拉·佩里埃
Peruschi, G. B.	G. B. 佩鲁齐
Péruse, Jean de la	让·德·拉·佩卢斯
Pescara	佩斯卡拉
Peterson, Robert	罗伯特·皮特森
Petr	皮特
Petrarch	彼特拉克
Petri, Heinrich	海因里希·彼特里
Peutinger, Konrad	康拉德·波伊廷格
Pforr, Anton von	安东·冯·普福尔
Philostratus	菲洛斯特拉图斯
Photius	弗提乌斯
Piccolomini, Aeneas Sylvius	埃涅阿斯·西尔维乌斯·比科罗米尼
Picrohol	匹克罗霍尔
Pigafetta, Antonio	安东尼奥·皮加费塔
Pignoria, Lorenzo	洛伦佐·皮格诺利亚
Pillehotte, Jean	让·皮雷霍特
Pinelli, Gian Vincenzo	吉安·文森佐·裴尼里
Pinet, Antoine du	安托万·杜·皮奈
Pinto, Fernão Mendez	费尔南·门德斯·平托

Q

Quad, Matthias	马蒂亚斯·奎德
Quiros	奎罗斯

R

Rabelais	拉伯雷
Rabelais, François	弗朗索瓦·拉伯雷
Rada, Martin de	马丁·德·拉达
Raimund the Elder	老莱蒙德
Ramée, Pierre de la	皮埃尔·德·拉·拉梅
Ramusio, Giovanni Battista	乔万尼·巴蒂斯塔·赖麦锡
Rastell, John	约翰·拉斯特尔
Raya, Krishna Deva	克利须那·德瓦·拉亚
Recorde	雷科德
Recorde, Robert	罗伯特·雷科德
Redoer, Mathurin de	马图林·德·雷多埃尔
Reichenberger	莱森伯格
Reisch, Gregor	格里高尔·雷斯奇
Renée	勒妮
Rescius	里斯希斯
Rescius, Rutger	鲁特格·里斯西斯
Resende, André de	安德烈·德·雷森迪
Resende, Garcia de	加西亚·德·雷森迪
Restelo	莱斯特罗
Reuchlin	勒赫林
Rheanus, Beatus	贝亚图斯·雷纳努斯
Ribadeneira, Marcelo de	马塞洛·德·里瓦德内拉
Ribadeneira, Pedro de	佩德罗·德·里瓦德内拉
Ricci, Matteo	利玛窦
Rich, Jakob	雅各布·里奇
Ridolfi, Niccolo	尼科罗·里多尔菲
Rinaldo	里纳尔多
Ringler, William A.	威廉·A. 林格莱
Ringmann, Matthias	马蒂亚斯·林曼
Rio, Martin Antoine del	马丁·安托万·德尔·里奥
Rivers	里弗斯
Rivey, Pierre de la	皮埃尔·德·拉·里维
Riviere, Pierre de	皮埃尔·德·里维埃
Robinson, Ralph	拉尔夫·鲁宾逊
Rocher, Rosanne	罗赞·罗彻
Rodamonte	罗达蒙特
Rodrigues, Miguel	米格尔·罗德里格斯
Rodrigues, Simão	陆若汉
Rojas, Fernando de	费尔南多·德·罗哈斯
Rolland, John	约翰·罗兰德
Rollenhagen, Gabriel	加布里埃尔·罗伦哈根

Rollenhagen, Georg　格奥尔格·罗伦哈根
Roman, Hieronymus　希尔奥尼莫斯·罗曼
Román, Jerónimo　热罗尼莫·罗曼
Roncinotto, Alvise　阿尔维斯·罗辛诺托
Rondelet　宏德莱
Rondelet, Guillaume　纪尧姆·宏德莱
Ronsard　龙沙
Roo, Gerard van　杰尔拉德·范·鲁
Rosenplüt, Hans　汉斯·罗森布吕特
Rosenthal, Robert　罗伯特·罗森塔尔
Roseo, Mambrino　曼布里诺·罗塞奥
Rovere, Francisco Maria della　弗朗西斯科·玛利亚·德拉·罗维尔
Rowland, Samuel　塞缪尔·罗兰
Roy, Louis Le　路易·勒·罗伊
Ruchamer, Jobst　约布斯特·路凯默尔
Rudolf II　鲁道夫二世
Ruggiero, Michele　罗明坚
Rui Bareto　鲁伊·巴雷托
Ruiz　鲁伊斯
Rustichello　鲁斯蒂谦

S

Sá, Mem de　麦姆·德·萨
Sachs, Hans　汉斯·萨克斯
Sacrobosco　萨克罗博斯科
Saintonge, Jean Alfonse de　让·阿方斯·德·圣东日
Salamanca, Antonio　安东尼奥·萨拉曼卡
Salamanca, Juan Varela de　胡安·维埃拉·德·萨拉曼卡
Salluste, Guillaume de　纪尧姆·德·撒路斯特
Salviati　萨尔维亚蒂
Sampaio, Estevão de　埃斯特旺·德·桑帕约
Sandanes　桑丹尼斯
Sansovino　桑索维诺
Sansovino, Francesco　弗朗西斯科·桑索维诺
Santaella, Rodrigo de　罗德里戈·德·桑德拉
Santos, Aires dos　艾里斯·多斯·桑托斯
Sanudo, Marino　马里诺·萨努多
Sanuto, Livio　利维奥·萨努托
Sarandil　萨兰迪尔
Sassetti, Filippo　菲利普·萨塞蒂
Scanderbeg　斯堪德贝格
Scève　赛夫
Scève, Maurice　莫里斯·塞夫
Schede, Hartmann　哈特曼·谢德尔
Schedel　谢德尔
Schets, Erasmus　伊拉斯谟·斯格兹

Scheurl, Christoph	克里斯托夫·舒伊尔
Schiltberger	希尔特贝格
Schmidel,Ulrich	乌尔里奇·斯米德尔
Schmitt, Bernadotte E.	伯纳多特·E. 施密特
Schott, Andreas	安德里亚斯·斯科特
Schraubing	施特劳宾
Schurhammer, Georg	格奥尔格·舒尔哈默
Schwartz, Simon	西蒙·施瓦兹
Scrope, Stephen	斯蒂芬·斯考普
Scudieri-Ruggieri, J.	J. 斯库迪埃里—鲁吉埃里
Scylax	西拉科斯
Sebastian	塞巴斯蒂安
Sebastian, Dom	堂·塞巴斯蒂安
Seitz, Hieronymus	希罗尼默斯·赛兹
Seleucus	塞琉古
Selim I, Sultan	苏丹塞利姆一世
Sepulveda	塞普尔维达
Sepúlveda, Juan Ginés de	胡安·吉尼斯·德·塞普尔维达
Sepúlveda, Manuel de Sousa de	曼努埃尔·德·苏查·德·塞普尔维达
Sequeira	塞奎拉
Sequeira, Diogo Lopes de	迭戈·洛佩斯·德·塞奎拉
Sereno, Aurelio	奥雷里欧·塞雷诺
Seripando	赛里潘多
Serrano	塞拉诺
Serres, Olivier de	奥利维尔·德·塞雷斯
Servet [Servetus] , Miguel	米格尔·塞尔维特
Seth	塞特
Seth, Symeon	西门·塞特
Seure, Michel de	米歇尔·德·苏里
Seyssel, Claude de	克劳德·德·塞瑟尔
Sferamundi	斯弗拉蒙迪
Sforza, Catherine Jagellon	凯瑟琳·迦吉伦·斯福尔扎
Shem	闪
Siculus, Diodorus	狄奥多罗斯·西库鲁斯
Sidney	西德尼
Sidney, Sir Philip	菲利普·西德尼爵士
Sigismund	西吉斯蒙德
Sigismund II	西吉斯蒙德二世
Signot, Jacques	雅克·西诺
Silvá, Jean de	让·德·席尔瓦
Silva, Miguel da	米基尔·达·席尔瓦
Silveira, João da	若昂·达·席尔维拉
Silvia	西尔维亚
Simmler, Josias	约西亚斯·西姆勒
Skelton, John	约翰·斯凯尔顿
Smith, Thomas	托马斯·史密斯

Solinus	索利努斯
Solinus, Caius Julius	卡尤斯·尤利乌斯·索利努斯
Somadeva	索玛德瓦
Sorbin	桑宾
Sorg, Anton	安东·索尔格
Soto, Barahona de	巴拉奥纳·德·索托
Soto, Luis Barahona de	路易斯·巴拉奥纳·德·索托
Sousa, Francisco de	弗朗西斯科·德·苏查
Spenser	斯宾塞
Spenser, Edmund	爱德蒙·斯宾塞
Speratus, Paul	保罗·史佩拉特斯
Speroni, Sperone	斯佩罗内·斯佩罗尼
Spies, Johann	约翰·斯派斯
Splandiano	斯普兰迪亚诺
Spoleto, Qualichius di	奎里奇乌斯·第·斯波莱托
Springer, Balthasar	巴尔塔萨·斯普林格
St. Ambrose	圣安布罗斯
St. Augustine	圣奥古斯丁
St. Euthynius	圣尤塞尼乌斯
St. Hermenegild	圣埃梅内吉尔德
St. Jerome	圣热罗姆
St. John	圣约翰
Stabaeus, Joannes	约翰尼斯·斯苔比亚斯
Stammler, Johannes	约翰内斯·斯塔姆勒
Statius	斯塔提乌斯
Stefanutius, Bernardius	伯纳第乌斯·斯德法努迪斯
Steiger, Johannes	约翰内斯·斯泰格尔
Stevens, Thomas	托马斯·史蒂文斯
Stoppell, Jacobus	雅各布斯·斯托贝尔
Storck, F. W. P.	F. W. P. 斯托克
Straparola	斯特拉帕罗拉
Straparola, Giovanni Francesco	乔万尼·弗朗西斯科·斯特拉帕罗拉
Streit	斯特赖特
Strozzi, Ercole	埃尔科莱·斯特洛奇
Su Po-yü	苏伯玉
Suarez, Francisco	弗朗西斯科·苏亚雷斯
Suetonius	苏维托纽斯
Suleiman the Magnificent	苏莱曼一世
Swecker	斯维克
Swerdlow, Noel M.	诺埃尔·M.斯瓦洛
Sylvester, Joshua	约书亚·西尔维斯特
Sylvius, Aeneas	埃涅阿斯·西尔维乌斯
Symeon	西门
Syntipas	辛提帕斯
Szydlowiecki, Christopher	克里斯托弗·塞德洛维基

T

Tacitus	塔西陀
Tafur, Pedro	佩德罗·塔富尔
Tahureau, Jacques	雅克·塔胡罗
Tamerlane	帖木儿
Tamo	塔莫
Tapia, Luis Gómez de	路易斯·高梅兹·德·塔佩亚
Tarcagnota, Giovanni	乔万尼·塔尔加格诺塔
Tarnowski, John	约翰·塔诺夫斯基
Tasso, Torquato	托尔夸托·塔索
Tavora, Lourenço Pires de	塔沃拉的罗伦索·皮雷斯
Teive [Tevius], Diogo de	迭戈·德·特维
Teixeira, Luís	路易斯·特谢拉
Tello, Francisco	弗朗西斯科·泰罗
Terry, Arthur	阿瑟·特里
Tertullian	德尔图良
Terzi, Filippo	菲利普·泰尔齐
Thamara	塔玛拉
Theal, G. M.	G. M. 希尔
Thebes	底比斯
Thiers, Jean du	让·杜·蒂尔斯
Thomas	托马斯
Thou, Jacques de	雅克·德·图
Thou, Jacques-Auguste de	雅克·奥古斯特·德·图
Throne, Robert	罗伯特·桑恩
Thucydides	修昔底德
Tiatira	蒂亚蒂拉
Tilley, Arthur	阿瑟·提雷
Tisserant	蒂沙兰德
Tito	蒂托
Tokugawa	德川
Tom, Henry Y. K.	亨利·Y. K. 汤姆
Tordesillas, Antonio de Herrera y	安东尼奥·德·埃雷拉·托德西拉斯
Torelli, Pomponio	蓬波尼奥·托雷利
Torquemada, Antonio de	安托万·德·托尔克玛达
Tort, Lambert Le	朗贝尔·勒·托特
Toyotomi Hideyoshi	丰臣秀吉
Tramezzino, Giuseppe	朱塞佩·特拉梅奇诺
Tramezzino, Michele	米歇尔·特拉梅奇诺
Trapezientius, Giorgius	吉奥吉乌斯·特莱佩桢提乌斯
Trasmiera, Juan Augüro de	胡安·欧圭罗·德·特拉斯米拉
Travancore	特拉凡科尔
Triumpara	特里乌姆帕拉
Trogus, Pompeius	庞培·特罗古斯
Tron	特朗
Tucher, Sext	赛克特·塔切

Tyard, Pontus de　　朋图斯·德·蒂亚尔

U

Ulloa　　乌路亚
Urbino　　乌尔比诺
Urdaneta, Fray Andres de　　弗雷·安德烈斯·德·乌尔达内塔

V

Vadian, Joachim　　若阿西姆·瓦蒂安
Vadianus　　瓦迪亚努斯
Valeriano, Piero　　皮耶罗·瓦莱利亚诺
Valerius, Julius　　尤利乌斯·瓦勒里乌斯
Valgrisio, Vincenzo　　文森佐·瓦尔戈里西奥
Valignano　　范礼安
Valori, Baccio　　巴乔·瓦洛里
Varthema　　瓦尔塔马
Varthema, Ludovico di　　卢多维科·迪·瓦尔塔马
Vasaeus　　瓦萨尤斯
Vasaeus, Jean　　让·瓦萨尤斯
Vascocan, Michael de　　米歇尔·德·瓦斯科坎
Vasconcelos, António de　　安东尼奥·德·瓦斯康塞洛斯
Vasconcelos, Carolina Michaëlis de　　卡罗林娜·米歇里斯·德·瓦斯康塞洛斯
Vasconcelos, Diogo Mendes de　　迭戈·门德斯·德·瓦斯康塞洛斯
Vasconcelos, Jorge Ferreira de　　豪尔赫·费雷拉·德·瓦斯康塞洛斯
Vega, Felix Lope de　　费利克斯·洛佩·德·维迦
Vega, Garcilaso de la　　加尔西拉索·德·拉·维加
Vega, Lope de　　洛佩·德·维迦
Velasco, Juan Fernandez de　　胡安·费尔南德斯·德·维拉斯科
Velho, Bartolomeu　　巴托洛梅乌·维利乌
Vellori, Piero　　皮耶罗·韦尔洛里
Velser, Michael　　迈克尔·维尔瑟
Venegas　　维尼格斯
Venturino, Giovanni Battista　　乔万尼·巴蒂斯塔·温丘里诺
Vergeri, Pier Paolo　　皮埃尔·帕奥罗·维格里
Vergil　　维吉尔
Vergil, Polydor　　波利多尔·维吉尔
Verona, Guarino da　　瓜里诺·达·韦洛纳
Verrazzano, Giovanni da　　乔万尼·达·韦拉札诺
Verville, François Béroalde de　　弗朗索瓦·贝罗阿尔德·德·沃维尔
Vesalius　　维萨留斯
Vespucci　　韦斯普奇
Vespucci, Amerigo　　亚美利哥·韦斯普奇
Vidali, I.　　I. 维达利
Vigenére, Blaise de　　布莱思·德·维热内尔
Vignay, Jean de　　让·德·维奈
Vignier, Nicolas　　尼古拉·维尼耶

Villa, La	拉·维拉
Villamont, Seigneur de	塞尼厄尔·德·维拉蒙特
Villanueva, Lopez de	洛佩斯·德·维兰纽瓦
Villegagnon, Durand de	杜兰·德·维莱加格农
Vincent	文森特
Vinci, Leonardo da	列奥纳多·达·芬奇
Vinet, Élie	埃里·维奈
Viret, Pierre	皮埃尔·维瑞
Visconti	威斯康提
Vitei	黄帝
Vitelli, Gian Luigi	吉安·鲁吉·维特里
Vito, A. San	A.圣·维托
Vitoria, Francisco de	弗朗西斯科·德·维多利亚
Vitry, Jacques de	雅克·德·维特里
Viveiros, Francisco de	弗朗西斯科·德·维韦罗斯
Vok, Vilem	维勒姆·沃克
Volterra, Rafael de	拉斐尔·德·沃尔泰拉
Voragine, Jacobus de	雅各布斯·德·沃拉吉
Vulcanus, Bernardus	伯纳德斯·伍尔坎努斯

W

Waghenaer, Lucas J.	卢卡斯·J.瓦赫纳尔
Waghenaer, Lucas Janszoon	卢卡斯·杨松·瓦赫纳尔
Waldseemüller	瓦尔德泽米勒
Walpole, Horace	霍瑞斯·沃尔波尔
Walter	沃尔特
Warner, William	威廉·华纳
Was, Joannes	约翰尼斯·沃斯
Waterman, William	威廉·沃特曼
Watson, Henry	亨利·沃森
Watt, Joachim de	若阿西姆·德·瓦特
Weelkes, Thomas	托马斯·维克斯
Wellman, Kathleen	凯思琳·韦尔曼
Welser, Philippine	费利宾·韦尔泽
Welsers	韦尔泽家族
Wetzel, Johann	约翰·韦特泽尔
Wickram, Jörg	尤格·维克拉姆
Widmanstetter, Johann Albrecht	约翰·阿尔布莱希特·魏德曼斯泰特
Willer, Georg	格奥尔格·维勒
Willes, Richard	理查德·威尔斯
Winger, Howard W.	霍华德·W.温格
Winghe, Philips van	菲利普斯·范·温赫
Wolkenstein, Nikolaus	尼古劳斯·沃尔肯施泰因
Wolsey	沃尔西
Woodstocke	伍德斯托克
Woodward, David	大卫·伍德沃德

地 名

Argon	阿贡
Asia Minor	小亚细亚
Athos	阿陀斯山
Augsburg	奥格斯堡
Auxois	奥克索瓦
Ava	阿瓦
Aveiro	阿威罗
Averanches	艾夫兰治斯
Avignon	阿维尼翁
Avila	阿维拉
Azores	亚速尔群岛

B

Badajoz-Elvas	巴达霍斯—艾尔瓦斯
Balearic Islands	巴利阿里群岛
Bamberg	班贝格
Bancroft	班克罗夫特
Bandan	文诞
Bantam	万丹
Barcelona	巴塞罗那
Battaglia	巴塔利亚
Bavaria	巴伐利亚
Beauvais	博韦
Beblingen	伯布林根
Beja	贝雅
Belém	贝伦港
Bengala	孟加拉
Besançon	贝桑松
Billom	比永
Bisnagar	比斯纳加尔
Bizerte	比塞大
Blois	布卢瓦
Bologna	博洛尼亚
Bordeaux	波尔多
Borneo	婆罗洲
Boscan	博斯坎
Bouillon	布永
Brabant	布拉班特
Braga	布拉加
Braganza	布拉干萨
Brama	布拉马
Brantôme	布兰多默
Brazil	巴西
Brescia	布雷西亚
Burgos	布尔戈斯
Byzantine	拜占庭

C

Cadiz	加的斯
Calabria	卡拉布里亚
Calais	加来
Calecute	卡利卡特
Calicut	卡利卡特
Caliquit	卡利卡特
Cambaluc	汗八里
Cambay	坎贝
Cambodia	柬埔寨
Campania	坎帕尼亚
Cannanore	坎纳诺尔
Capua	卡普亚
Caryandra	卡彦德拉
Castile	卡斯蒂利亚
Catalan	加泰罗尼亚
Catania	卡塔尼亚
Cathaio	契丹
Cathay	契丹
Cebu	宿务
Ceuta	休达
Ceylon	锡兰
Champa	占婆
Charazan	查拉赞
Chartres	沙特尔
Chateaudun	查特顿
Chouët	舒埃
Cina	秦那
Clermont	克莱蒙特
Cochin	科钦
Cochin-China	交趾支那
Coimbra	科英布拉
Cologne	科隆
Colophon	科罗丰
Como	科莫
Constantinople	君士坦丁堡
Corasoon	考拉松
Cordovan	科尔多瓦城
Cori	科里
Coromandel	科罗曼德尔
Corosayan	呼罗珊
Courtrai	考尔特莱
Coutances	库唐斯
Cracow	克拉科夫
Cremóna	克雷莫纳
Crerar	克瑞尔

D

Dabul	达布尔
Damascus	大马士革
Danzig	但泽
Decan	德干
Dessau	德绍
Dieppe	迪耶普
Dillingen	迪林根
Dipsodia	迪普索蒂亚
Diu	第乌
Donauwörth	多瑙沃特
Dordrecht	多德雷赫特
Dresden	德累斯顿
Duisburg	杜伊斯堡
Durban	德班

E

Eck	艾克
Edessa	艾德萨
Enkhuizen	恩克赫伊曾
Ethiopia	埃塞俄比亚
Évora	埃武拉

F

Ferrara	费拉拉
Flanders	佛兰德斯
Fontainebleau	枫丹白露
Frauenburg	费琅堡
Freiburg	弗莱堡
Freising	弗莱辛

G

Garça	加尔萨
Gaul	高卢
Gedrosia	葛德罗西亚
Geneva	日内瓦
Genoa	热那亚
Georgian	格鲁吉亚
Gibraltar	直布罗陀
Goa	果阿
Granada	格拉纳达
Gubbio	古比奥
Gujarat	古吉拉特

H

Hamburg	汉堡
Hellespont	赫勒斯滂
Holland	荷兰省
Honfleur	洪夫勒尔
Hoorn	霍恩

I

Ingolstadt	因戈尔施塔特
Innsbruck	因斯布鲁克
Laut	劳特

J

Jerónimos	热罗尼莫斯
Jerusalem	耶路撒冷

K

Karen	朝鲜
Kent	肯特
Kilwa	基尔瓦
Kyūshū	九州

L

Labrador	拉布拉多
Laleburg	吕内堡
Landshut	兰茨胡特
Lao	老挝
Leipzig	莱比锡
Leiria	莱里亚
Lemberg	伦贝格
Levant	黎凡特
Leyden	莱顿
Limburg	林堡
Limehouse	莱姆豪斯
Logroño	洛格罗尼奥
Lorraine	洛林大区
Loseby	郡罗塞比
Louvain	卢万
Lübeck	吕北克
Lucca	卢卡
Lucerne	卢塞恩
Luzon	吕宋岛
Lydia	吕底亚

M

Madeira	马德拉群岛
Madrid	马德里
Magdeburg	马格德堡
Mainz	美因茨
Malabar	马拉巴尔
Malacca	马六甲
Manilia	马尼里亚
Mantua	曼图亚
Marienwerder	马林韦尔德
Medamothy	乌有岛
Mein	缅甸
Metz	梅斯
Mexico	墨西哥
Middleburg	米德尔堡
Miletus	米利都
Mindanao	棉兰老岛
Minho	米尼奥
Modena	摩德纳
Mohacs	莫哈奇
Moluccas	摩鹿加群岛
Moluques	马鲁古群岛
Mombasa	蒙巴萨
Mondego	蒙德古
Montpellier	蒙彼利埃
Montserrat	蒙塞拉特
Moravia	摩拉维亚
Morea	摩里亚半岛
Mortlake	莫特莱克
Mozambique	莫桑比克
Munich	慕尼黑
Mylapore	美勒坡

N

Nantes	南特市
Naples	那不勒斯
Narsinga	纳尔辛格
Narsingam	纳尔辛格
Narsingo	纳尔辛格
Narsingue	纳尔辛格
Natal	纳塔尔
Natolia	那多里亚
Netherlands	尼德兰
Nîmes	尼姆
Nocera	诺切拉
Nuremberg	纽伦堡

O

Ober-Ursel	奥伯乌尔泽尔
Olan	河南
Ophir	俄斐
Oran	奥兰
Orissa	奥里萨
Ormuz	霍尔木兹
Osnabrück	奥斯纳布吕克
Osuna	欧苏纳

P

Padua	帕多瓦
Palermo	巴勒莫
Parma	帕尔马
Parvaim	巴瓦因
Pegu	勃固
Périgord	佩里戈尔
Perosite	裴罗斯特
Perugia	佩鲁贾
Piacenza	皮亚琴察
Picardie	皮卡第
Piedmont	皮德蒙特
Pilsen	比尔森
Poitiers	普瓦蒂埃
Poitou	波亚图
Pomerania	波美拉尼亚
Portalegre	波塔莱格雷
Posen	坡森
Puchov	贝塞夫

Q

Quinzay	行在

R

Redondo	雷东多
Regenstein	雷根斯坦
Reyno	雷诺
Riphaean mountains	离风山
Rosselli	罗塞利
Rostock	罗斯托克
Rottenburg	罗腾堡
Rotterdam	鹿特丹
Rouen	鲁昂
Rua Nova	新街
Ryukus	琉球

S

Saba	赛伯伊
Saint-Gervais	圣热尔韦
Salamanca	萨拉曼卡
Salsette	撒尔塞特岛
Samarkand	撒马尔罕
Santa Cruz	圣克罗什
Santigny	桑蒂尼
São Roque	圣罗克
Saragossa	萨拉戈萨
Sardinia	撒丁岛
Savoy	萨沃伊
Saxon	撒克逊
Saxony	萨克森
Schleswig	石勒苏益格
Segovia	塞哥维亚
Senlis	桑利斯
Serendippo	锡兰
Sericana	塞利卡那
Sesimbra	塞辛布拉
Seville	塞维尔
Siam	暹罗
Siena	锡耶纳
Signoria	西尼约里亚
Silesia	西里西亚
Sina	西那
Sorrento	索伦托
Spanheim	施潘海姆
Spice Islands	香料群岛
St. Gall	圣加伦
Strassburg	斯特拉斯堡
Sumatra	苏门答腊
Sunda archipelago	巽他群岛
Surrey	萨里郡

T

Taprobana	塔普罗班纳
Taprobane	塔普罗班纳
Tarragona	塔拉戈纳
Tartary	鞑靼
Taverna	塔韦尔纳
Taxila	塔克西拉
Ternate	德那地
Titian	提香
Toledo	托莱多

Tolguage　托尔古阿吉
Toloman　哆啰满
Transylvania　特兰西瓦尼亚
Třebǒn　特热邦
Trier　特里尔
Tübingen　图宾根
Tudela　图德拉
Tuscany　托斯卡纳
Tyana　台阿纳

U

Ulm　乌尔姆
Upper India　上印度
Upsala　乌普萨拉
Utrecht　乌得勒支

V

Valladolid　巴利亚多利德
Valois　瓦罗亚
Veneto　威尼托
Vianen　菲亚嫩
Vicenza　维琴察
Vijayanagar　维查耶纳伽尔

W

Wilton　威尔顿
Wirsberg　维尔斯贝格
Wolffenbüttel　沃尔芬巴特尔
Würtemberg　乌腾堡
Würzburg　维尔茨堡

Y

Yucatan　尤卡坦半岛

Z

Zeeland　泽兰省
Zeilan　西兰
Zipangu　吉潘古
Zurich　苏黎世

著作名

A

A Brief Description of the Whole Worlde	《世界概览》
A Discourse in Commendation of ... Master Francis Drake, with rejoysing of his happy adventures	《赞弗朗西斯·德雷克的幸福冒险旅程》
A Discourse of a discoverie for a New Passage to Cataia	《通往契丹的新航线之发现》
A Discovery of the New World	《发现新世界》
A Fig for Momus	《吹毛求疵者的无花果》
A Margarite of America	《美洲的珍珠云母》
A treatyse of the newe India	《新印度论》
Acta Consistorii Publice Exhibiti	《红衣主教通谕》
Aeneid	《伊尼德》
Aethiopica	《埃塞俄比亚人的故事》
Alcázar imperial...	《帝国环宇志》
Alcoran	《可兰经》
Alessandreida in rima	《亚历山大韵文传奇》
Alexander	《亚历山大》
Alexandereid	《亚历山大》
Alexanderlied	《亚历山大之歌》
Alexanders Geesten	《亚历山大的英雄事迹》
Alexandre on Orient	《亚历山大东征》
Amadis de Gaula	《高卢的阿玛迪斯》
Amoretti	《小爱神》
Andanças e viajes por diversas partes del mundo avidos (1435-39)	《环游世界纪行和历险（1435—1439）》
Angélica en al Cathay	《契丹公主安吉丽卡》
Apology for Raymond Sebond	《为雷蒙·德·塞邦德辩护》
Apparatus ad omnium gentium historiarum	《各国历史手册》
Appendix	《附录》
Art poétique	《诗的艺术》
Arte de navega	《航海艺术》
The Arte of English Poesie	《英国的诗歌艺术》
Asia	《亚洲》
Asiae Europae de elegantissima description	《亚洲和欧洲简述》
Auto da Fama	《声望赞》
Auto da India	《印度之行》
Auto de Filodemo	《菲罗德莫之歌》
Auto de los Reyes Magos	《三个智者的故事》
Avadanas	《譬喻经》
Avisi della Cina e Giappone dell' anno 1586	《1586年底看中国和日本》
Avvisi	《通告》
Avvisi della Cina et Giappone	《中国和日本通讯》

B

Barlaam	《巴卢兰》
Barlaam and Josaphat	《巴卢兰与曹沙法士》
Batrachomyomachia	《蛙鼠之战》
Biblioteca portuguêsa	《葡萄牙书目》
Bibliotheca historica	《历史文库》
Bibliotheca selecta de ratione studiorum in Historia, In Disciplinis, in salute omnium procuranda	《历史、科学、救世研讨丛书选编》
Bibliotheca universalis	《目录学导论》
Bibliothèque historiale	《历史文库》
Bibliothèque nationale	《国家图书馆目录》
The Birds	《鸟》
Bocage	《灌木集》
Book of Daniel	《但以理书》
The Book of Duarte Barbosa	《杜阿尔特·巴尔博萨著作》
The Book of My Life	《我的生活之书》
Book of Sindibad	《信德诗人之书》

C

Calcagnini Opera aliquot	《卡尔卡格尼尼作品集》
Calcoen	《卡利卡特》
Cancioneiro general	《诗歌总集》
Cancioneiro geral	《诗歌总集》
Cancionero	《谣曲集》
Carmine	《火》
The Castle of Knowledge	《知识城堡》
Catalogus	《文献目录》
Certaine Secrete Wonders of Nature	《大自然的神奇奥秘》
chansons de geste	《武功歌》
Characterie: an Arte of Shorte, Swifte, and Secrete Writing by Character	《用符号简单、快速、秘密书写术》
China in the English Literature of the Seventeenth Century	《17 世纪英国文学中的中国》
Chorographia Tartariae	《鞑靼史》
Chronicle of Manuel	《曼努埃尔编年史》
Chronologie septenaire	《七年史》
Chrysostomii lucubrationes	《教义论》
Circe	《瑟茜》
Civitates orbis terrarium	《环宇之城》
Claribalte	《克拉里波特》
Coleccion de libros españoles, raros e curiosos	《西班牙语珍稀趣味故事集》
Collatio Alexandri cum Dindimo per letteras facta	《亚历山大与丁第玛斯书信集》
Collectanea rerum memorabilum	《世界博览》
Colloquies on the Simples and Drugs of India	《印度草药风物秘闻》

Colloquium Heptaplomeres de abditis rerum sublimium arcanis	《七智者谈崇高事物之奥秘》
Comédia de Dio	《第乌戏剧集》
Comedia Trophea	《胜利的喜剧》
Comédias portuguesas	《葡萄牙喜剧》
Comentários de Afonso de Albuquerque	《阿方索·德·阿尔伯克基评传》
Commentarii rerum gestarum in India 1538 citra Gangem	《葡萄牙人 1538 年在印度恒河流域征服纪事》
Commentarios de Afonso Dalboquerque	《阿方索·阿尔伯克基评论集》
Commentarius de rebus in India apud Dium gestis anno salutis nostri MDXLVI	《1546 年以来葡萄牙征服印度史》
Commonitorium Palladi	《帕拉第乌斯评论》
Concordia mundi	《世界的和谐》
Conde Lucanor	《卢卡诺伯爵》
Conquista de las indias de Persia e Arabie que fizo la armada del rey don Manuel de Portugal...	《葡萄牙国王曼努埃尔舰队征服印度、波斯和阿拉伯记》
Conquista de las Islas Molucas	《马鲁古群岛之征服》
Considerations par l'histoire française, et l'universelle de ce temps...	《关于法国史的思考以及同时代的世界……》
The Convercyon Swerers	《起誓者的归化》
Cortes de Jupiter	《朱庇特的宫殿》
Cosmographei	《宇宙志》
Cosmographia	《宇宙志》
Cosmographia universalis	《宇宙学通论》
Cosmographiae introduction	《宇宙志导论》
The cosmographical glasse...	《宇宙之镜》
Cosmographicus liber ... Petrus Appianus	《宇宙结构学图册》
Cosmographie	《宇宙志》
Cosmographie du Levant	《黎凡特的地理学》
Cosmographie universelle	《宇宙学通论》
Cosmographius	《宇宙志》
The Country-Bachelor's Complaint	《乡村单身汉的抱怨》
Crónica do Imperador Clarimundo	《克莱里蒙多皇帝纪事》

D

Dal governo dè regni	《国王的行政管理》
De bello Cambaico ultimo commentarii tres	《最后的战争》
De Catholicae religionis vestigiis	《论皈依天主教》
De disciplina	《论教育》
De insulis et peregrinationibus Lusitanorum	《卢西塔尼亚群岛记》
De la sagesse livres trios	《智慧三论》
De la vérité de la religion chrétienne	《基督教的真谛》
De la vicissitude ou varieté des choses en l'univers	《宇宙万物的种类与变迁》
De las cosas maravaillosas del mundo	《世界奇闻记》
De moribus Brachmanorum	《婆罗门教教规》
De Moschovitarum legatione	《莫斯朝维塔拉姆外交记》

De orbe novo	《论新大陆》
De orbis terrae concordia	《关于地球和谐》
De re nautica	《论海洋》
De rebus Emanuelis	《曼努埃尔的财富》
De rebus Emmanuelis	《曼努埃尔国王传》
De rebus Turcis commentarii	《土耳其风物志》
De Reis van Jan van Mandeville	《曼德维尔游记》
De situ orbis	《世界概况》
De sphaera	《天球论》
De varietate fortunae	《论命运的无常》
Decades of the New World	《新世界旬年史》
Decameron	《十日谈》
Defence of Ryme	《韵律之辩》
Defence…of the French Language	《捍卫发扬法兰西语言》
Defense of Spain against Münster	《为西班牙驳明斯特》
Del dispregio del mondo	《对世界的认识》
Dell' historia naturale libri XXVIII	《自然的历史》
Della historia vinitiana…libri XII	《威尼斯历史（十二卷）》
Della ragion di stato	《国家理由论》
Delle cause della grandezza e magnificenza delle città	《论城市伟大至尊之因由》
Delle historie del mondo	《世界历史》
Delle Navigationi et Viaggi	《航海旅行记》
Der welt kugel Beschrybung	《世界概述》
Des merveilles du monde	《世界奇观》
Descriptio elephantis terrestris et marini	《陆地上和海洋里的大象》
Descriptio novi orbis	《新世界》
Description de Linde orientale	《东印度见闻》
Description nouvelle des merveilles de ce mode	《奇迹与风尚素描》
Description of the World	《马可·波罗游记》
Descrittione	《日本使团纪略》
Dialogo di Amore	《爱的对话》
Dialogues	《对话录》
Dialogus de diversarum gentium sectis	《世界各国宗教对话录》
The Dicts and Sayings of the Philosophers	《哲学家词典和语录》
Die Merfart	《印度纪行》
Die Reise der Söhne Giaffers	《迦弗斯之子游记》
Dindimus on the Brahmans	《婆罗门教主丁第玛斯》
Directorium vitae humanae	《人类生活指南》
Discorsi degli animali ragionanti tra loro	《动物故事集》
Discours philosophiques	《哲学对话》
The Discoveries of the World	《发现世界》
Discurso de la navegacion que los Portugueses hazen à los Reinos y Provincias del Oriente, y de la notica q se tiene de las grandezas del Reino de la China	《葡萄牙人到东方各国及省份远航记及有关中华帝国的消息》

Diversi avisii	《轶闻录》
Dizionario biografico italiano	《意大利传记辞典》
Doctrina Christiana	《基督要理》
Dolopathos; sive, de rege et septem sapientibus	《多罗帕托斯，或国王与七个贤人的故事》
Don Bartholomew of Bathe	《贝思的堂·巴托罗缪》

E

East-West in Art	《艺术中的东方和西方》
Edict of Nantes	《南特敕令》
El condenado por deconfiado	《不信上帝就入地狱》
El viazo de Colocut	《卡利卡特见闻录》
Epistola Alexandri ad Aristotelem	《亚历山大致亚里士多德信函》
Epitome of Pompeius Trogusm	《〈腓利史〉概要》
Epitome Rerum Gestarum	《历史概要》
Epitome trium terrae partium Asiae, Africae et Europae	《亚洲、非洲和欧洲概要》
Essais	《随笔集》
Euclid	《欧几里得》
Eufrosina	《欧弗罗西娜》
Euphues and His England	《尤弗伊斯和他的英格兰之行》
Euphues his Shadowe	《尤弗伊斯的影子》
Examen sacrum	《骷骨舞》
Exampla	《楷模》
The exempla or illustrative stories from the Sermones Vulgares of Jacques de Vitry	《雅克·德·维特里讲道和醒世故事集》
Exemplario contra los engaños y peligros del mundo	《防欺诈危险之术》
Exortação da guerra	《战争颂》

F

Fabliau	《寓言诗》
fabliaux	《韵文故事》
The Faerie Queene	《仙后》
The fardle of facions	《异域风情》
Faustbuch	《浮士德书》
Fides, Religio, Moresque Aethiopum sub Imperio Preciosi Joannis degentium Damiano a Goes ac Paulo Jovio interpretibus	《埃塞俄比亚的信仰、宗教和仪式》
Filocolo	《菲洛可洛》
Filostrato	《菲洛斯特拉托》
Fiore de historie doriente	《东方故事之花》
The Fool and the Meat-Roaster	《蠢人与烤肉器》
Fürstenspiegel	《王子之镜》

G

H

Historia dell'Indie Orientali in libri vii ... composto dal S.Fernando Lopetz dé Castagnela	《东印度史》
História do descobrimento e conquista da India pelos Portuguezes	《葡萄牙发现和征服印度史》
Historia general de las Indias	《印度通史》
Historia general del España	《西班牙通史》
Historia General del mundo	《世界通史》
Historia general y natural de las Indias	《印度自然通史》
Historia natural y moral de las Indias	《印度自然与道德史》
Historia orientalis	《东方史》
Historia psychopheles	《心灵史》
Historia rerum in Oriente	《东方历史》
História trágico-máritima	《海难史》
Historia von Calecut und andern Königreichen, Landen und Insulen in India und dem Indianischen Meer	《卡利卡特及其他王国历史：印度的土地和印度洋的岛屿》
Historiae Philippicae	《腓利史》
Historiale description de L'Afrique	《非洲史》
Historiarum Indicarum	《印度史》
Historiarum sui temporis	《编年史》
Histories admirables	《令人钦佩的历史》
History of Alexander the Great	《亚历山大大帝史》
History of His Own Times	《当代史》
The History of Italy	《意大利历史》
The History of the Seven Wise Masters	《七贤哲》
Hodoeporica...	《欧洲游记》
Homocentricorum	《同心天球体系》
Hymn	《颂诗》
Hymnes	《颂诗集》

I

Il magno Vitei	《伟大的黄帝》
Il mondo creato	《创造的世界》
Iliad	《伊利亚特》
Impresa del gran turco per mare e per terra contra Portoghesi	《土耳其人与葡萄牙人海上和陆上交战记》
In Praise of Folly	《愚人颂》
India recognita	《印度见闻》
Indiae tabula moderna	《印度的现代版图》
Indica	《印度》
Informatione del regno et stato del Gran Re di Mogor...	《莫卧儿大帝国志》
Ioann Boteri ... Epistolarum ... D. Caroli Cardinalis Borromaei nomine scriptarum, Libri II	《博特罗谨遵博罗梅奥之命致红衣主教卡洛里阁下信函》
Istoria della China	《中国史》
Itinerario de Ludouico de Varthema Bolognese	《博洛尼亚人卢多维科·迪·瓦尔塔马游记》

Itinerario di Marc' Antonio Pigafetta ... Londra, appresso Giovanni Wolfio in 4° 《安东尼奥·皮加费塔游记》

Itinerario: Voyage ofte schipvaert van Jan Huyghen van Linschoten naer Oost ofte Portugaels Indien 《林斯乔坦葡属东印度航海记》

Itinerarium portugalense... 《葡萄牙人航海记》

Itinerarium Portugalensium 《葡萄牙人航海纪》

Itinerarium Portugallensium e Lusitania in Indiam et inde in occidentem et demum ad Aquilone 《葡萄牙人印度及印度以西、以北纪行》

Itineriŭ Portugallensiŭ e Lusitania in India 《印度的葡萄牙人及卢济塔尼亚人游记》

J

Jacinta 《杰辛塔》

Jack of Newberry 《纽贝里的杰克》

Jardín de flores curiosas 《奇异花园》

Jātaka 《本生经》

Jerusalem 《耶路撒冷》

Jubileu de amores 《爱神颂》

Judicium de quatuor scriptoribus 《对四位学者的批驳》

K

Kalilah and Dimnah 《卡里来和笛木乃》

Kalilah wa-Dimnah 《卡里莱和笛木乃》

Kathā Sarit Sāgara 《故事汇》

King Alexander 《亚历山大王》

Kosmographie 《宇宙志》

L

L'histoire des histories 《历史故事》

L'Amiral de France 《法国舰队》

L'Amour des amours 《爱之爱》

L'Asia del S. Giovanni de Barros 《乔万尼·德·巴罗斯亚洲史》

L'Encyclie 《教皇通谕》

L'histoire des successeurs d'Alexandre le Grand 《亚历山大大帝的丰功伟绩》

L'histoire du nouveau monde descouvert par les Portugalois, escrite par le seigneur Pierre Bembo 《葡萄牙新世界发现史，作者皮特罗·本博》

L'histoire universelle du monde 《世界通史》

L'histoire véritable, ou le voyage des princes fortunez 《一个真实的故事，或王子游历见闻录》

L'idée d'histoire accomplice 《历史的相关性》

L'Ile des hermaphrodites 《两性同体岛》

L'institution...du royaume de la Chine 《耶稣会东方教团传教：中国信札》

L'isole piu famose del mondo... 《世界著名岛屿》

L'Univers 《宇宙》

L'universale fabrica del mondo... 《世界概览》

L'uranologie 《天空》

La Araucana	《阿劳加纳》
La Celestina	《塞莱斯蒂娜》
La Colombine et Clément Marot	《哥伦布和克莱芒·马罗》
La Cosmographie universelle de tout le monde	《宇宙通志》
La Dalida	《达丽达》
La division du monde	《世界指南》
La doctrine du siècle doré	《黄金时代的信条》
La Dragontea	《德雷克海盗》
La Galliade	《盖利亚德》
La hermosura de Angélica	《安吉丽卡的美丽》
La minera del mondo	《世界矿物志》
La moral filosophia del Doni	《多尼的道德哲学》
La nautical	《航海》
La Pazzia stampata in India	《出自印度的疯狂》
Lalebuch	《吕内堡》
Las cortes de la muerte	《死亡宫廷》
Las lágrimas de Angélica	《安吉丽卡的眼泪》
Last Will and Testament of the Elephant Hanno	《大象汉诺的最后希望和遗嘱》
Le cabinet de Minerve	《密涅瓦的商行》
Le desespere contentement d'amour	《爱情的最大满足》
Le miroir politique...	《政治之镜》
Le mirouer du monde	《世界宝鉴》
Le moyen de parvenir	《达到目的之方法》
Le premier des meteors	《第一颗流星》
Le Roman de toute Chevalerie	《骑士传奇》
Le sei giornate	《六日谈》
Le théatre du monde	《世界戏剧》
The legacy or embassate of prester John unto Emanuel Kynge of Portyngale	《长老约翰的使者觐见葡萄牙国王曼努埃尔》
Legatio Magni Indorum Imperatoris Presbyteri Joannis, ad Emmanuelem Lusitaniae Regem in 1513	《印度国王使节1513年谒见葡萄牙国王曼努埃尔》
Legenda aurea	《黄金草原》
Les aventures de Floride	《历险记》
Les Blasons Domestiques	《法国的衣食住行》
Les diverses leçons	《教训集》
Les Histrores de Indies et Portigale	《葡萄牙属印度史》
Les Isles Fortunées	《幸运岛》
Les nouveaux eschanges des pierres precieuses	《宝石的新变化》
Les observations de de plusieurs singularitez et choses mémorables...en Grèce, Asie... et autres pays estranges	《希腊、亚洲及其他国家游历见闻》
Les Portugaiz infortunés	《葡萄牙的不幸》
Les pudiques amours de Calistine avec ses disgraces et celles d'Angelie	《卡丽斯汀与安吉丽两个公主的爱情故事》

Les quatres premiers livres de navigations ê
perégrinations orientales 《东方航海与旅行》

Spieghel der Zeevaerdt... 《水手的镜子》

Les serées 《闲话集》

Les six livres de la république 《国家六书》

Les trois livres de l'histoire des Indes 《印度史三卷》

Les trois mondes 《三个世界》

Les trois véritéz 《三重真理》

Les voyages aventurex 《游历冒险记》

Les voyages du Seigneur de Villamont 《塞尼厄尔·德·维拉蒙特航海行纪》

Les vrais pourtraits... 《知名人物图谱和生平》

The Letting of Humours Blood in the Head-Vaine 《自负头脑幽默血液之出租》

Libellus gnomologicus 《箴言录》

Liber chronicarum 《编年史之书》

Libro de Cosmographia 《宇宙之书》

Libro del cortegiano 《论绅士》

Libro del Peregrino 《佩雷格里诺之书》

Libro dels tres reys dorient 《东方三贤王》

Libro di Benedetto Bordone nel qual si ragiona de
tutte l'Isole del mondo... 《伊索拉里奥》

Libro primero del espejo del principe christiano 《基督王子之书》

Life of Francis Xavier 《沙勿略传》

Litteris Aegyptiacis 《埃及来信》

Lives of Great Men 《伟人传》

Lives of the Caesars 《帝王传》

Livro das obras de Garcia de Resende 《加西亚·德·雷森迪选集》

Livro primeiro do cêrco de Diu 《第一次第乌海战》

Lucidarius 《教义问答录》

Ludovicus Vartomanus [Varthema] der lant farer 《博洛尼亚人卢多维科·迪·瓦尔塔马游记》

The Lusiads 《卢济塔尼亚人之歌》

Lusitanorum navigatio in Indiam orientalem 《东印度航海记》

M

Mahābhārata 《摩诃婆罗多》

Mappa Europae 《欧洲地图》

[Marcus Antoninus] De rebus et imperio
Lusitanorum ad Paulum Jovium disceptatiuncula 《马尔库斯·安托尼努斯皇帝就保罗诘难葡萄牙人致朱庇特》

Margarita philosophica 《哲学珠玑》

Martyrologium Romanum 《罗马殉道史》

Measure for Measure 《一报还一报》

The Merchant of Venice 《威尼斯商人》

Method for the Easy Comprehension of History 《简易通读历史之方法》

Methodus 《国家六论》

Microcosme 《小宇宙》

Miroir de la navigation de la mer Occidentale et   《在卢卡斯观察东西航线》
Orientale pratiqué et assemblé par Lucas fils de
Ian Chartier...

Miscellanea	《琐记》
Mohît	《海洋》
The Morall Philosophie of Doni	《多尼的道德哲学》
Morganti Maggiore	《伟大的莫尔甘特》
Mundus alter et idem	《旧世界与新世界》
Myriobiblon	《哲学题解》
The myrrour of the worlde	《世界镜像》
Mystère du Roi Avenir	《神秘的国王阿本纳》

N

Nachtrab	《纳奇特拉波》
Nativitas et victoria Alexandri Magni Regis	《亚历山大大帝的远征》
Natural History	《自然史》
The Naturalist	《自然主义者》
The Nature of the Four Elements	《宇宙四元素的本质》
Naufrágio da nao 'S. Paulo'...	《"圣保罗"号遇难记》
Naufragio de Sepúlveda	《塞普尔维达海难》
Navigations and Travels	《航海旅行记》
New Boke of Purgatory	《炼狱新篇章》
Newes Lately Come from... China	《来自中国的最新信息》
Noctes Atticae	《阿提卡笔记》
Nove delle Indie nove	《新印度新闻》
Novus obris regionum	《世界新大陆》
Novus orbis	《新世界》
Nuovi avisi	《新见闻录》

O

O primeiro cêrco de Diu; poema épico	《第一次第乌之战：史诗》
Oeuvres de Rabelais	《拉伯雷作品集》
Of Content	《论满足》
Of experience of all lands	《周游世界》
Of the newe landes and of ye people founde by the messagers of the kynge of portugale named Emanuel	《葡萄牙国王曼努埃尔的信使讲述新发现的国家及其人民》
Of Wisdom	《智慧论》
Old Fortunatus	《老福图内特斯》
Omnium gentium mores	《世界各国道德》
On Abstinence from Animal Food	《论戒食动物性食物》
On the Peculiarities of Animals	《动物的特性》
On the Races of India and the Brahmans	《印度人和婆罗门教徒》
Opus epistolarum	《书信集》
Orationes	《祈祷》
Orlando furioso	《疯狂的奥兰多》

Orlando Furioso en Toscano	《托斯卡纳疯狂的奥兰多》
Orlando Innamorato	《热恋的奥兰多》

P

Paesi novamente retrovati	《新发现的国度》
Panchatantra	《五卷书》
Parallel Lives	《希腊罗马名人传》
Peregrinaggio di tre giovani del re di Serendippo	《三个锡兰王子的故事》
Peregrinatio	《朝圣行纪》
Persica	《波斯》
Philosophoumena	《哲学》
Physiologus	《生理论》
Piacevoli notti	《欢乐之夜》
Poematum liber	《希腊诗选》
Polifemo y Galatea	《加拉特拉的神话》
Portugaliae monumenta cartographica	《葡萄牙图表总汇》
Première Sepmaine	《第一天》
The Principall Navigations, Voyages, Traffiques and Discoveries of the English	《英国航海、旅行和地理发现全书》
Propalladia	《帕拉斯颂》
Ptolemy	《托勒密》

Q

Quarterly Bulletin of Chinese Bibliography	《中国书目季度报告》
Quinque martyres e Societate Iesu in India libri sex	《耶稣会印度五烈士》

R

Raguaglio d'un naufragio del Indie	《印度历险记》
Rāmāyana	《罗摩衍那》
ratio studiorum	《研究计划》
Records of South-Eastern Africa	《东南非纪事》
The Recoverie of Jerusalem	《光复耶路撒冷》
Recueil de diverses histories	《故事汇编》
Relación de las Islas Filipinas	《菲律宾群岛纪事》
Relation of the Discovery and Conquest of the Kingdoms of Peru	《发现秘鲁与征服秘鲁之间的关系》
Relatione di Portugallo	《葡萄牙对外关系》
Relationi della venuta degli Ambasciatori Giaponesi a Roma sino alla partita di Lisbona	《日本使节出使罗马记》
Relazione dei suoi viaggi nelle Costi dell' Africa e dell' India	《关于在非洲和印度游历的报告》
Relazioni universali	《世界关系》
Reportorium...	《环宇知识备览》
Republic	《理想国》

Republicas 《共和国》
Republicas del mundo 《世界共和》
Rerum a Societate Jesu in Oriente gestarum 《耶稣会东方传教记事》
commentaries
Res gestae Alexander Macedonis 《亚历山大大帝远征记》
Res gestae Emmanuelis 《曼努埃尔征服记》
Responses aux paradoxes de M. de Malestroict 《驳马里斯特洛伊的矛盾论》
Richard Arnold's Chronicle 《理查德·阿诺德编年史》
Rime 《白霜》
Rol dos libros da livraria 《图书馆藏书目录》
Romam d'Alexandre: Alberic 《亚历山大传奇》
Ropica pfnema 《心灵的营造》
Rópica Pnefma 《人类精神新论》

S

Scritti sul Rinascimento 《文艺复兴论集》
Second Song of India 《印度之歌（二）》
Seconde Sepmaine 《第二天》
Secretum Secretorum 《秘密中的秘密》
Seis Coloquios y Diálogos 《论说与对话》
The Seuin Seages 《七贤哲》
The Seven Beauties 《七个美人》
Seven Books of Histories Directed against the 《反异教史七卷》
Pagan
Seven Sages of Rome 《罗马七贤》
The Seven Wise Masters 《七贤哲》
Ship of Fools 《愚人船》
Silva de varia lección 《圣者箴言》
Singularites de la France Antarctique 《法国、南极洲的特点》
Sir John Mandeville 《约翰·曼德维尔爵士》
Soledades 《孤独论》
The Spanish Mandevie of Miracles; Or the Garden 《西班牙的曼德维尔奇闻或奇异花园》
of Curious Flowers ...
Speculum historiale 《历史通鉴》
speculum princes 《王子之镜》
The Steele Glas 《钢玻璃》
Suceos de las Islas Filipinas 《菲律宾群岛志》
Sucesso do Segundo cêrco de Diu 《第二次第乌海战大捷》
Suma de geografia 《地理全书》
Sumario de la natural historia de las Indias 《印度自然史总汇》
Summario della historia delle Indie Occidentali 《西印度历史概要》
Supplementum chronicarum 《编年史补遗》
Suppliants 《祈援人》
Syntagma tragoediae Latinae 《拉丁语悲剧论》
Syntipas 《辛提帕斯》
Syphilis, sive de morbo Gallico 《梅毒，法国病》

T

Table-Talks	《杂谈集》
Tamburlaine the Great	《帖木儿大帝》
textus ornatior	《五卷书详解》
Thanisdoro	《泰尼斯多罗》
Theatrum Capitolium	《卡皮托利山剧场》
Theatrum orbis terrarium	《环宇大观》
Thesaurus of the Refugees	《避难大全》
Tobias	《托比阿斯》
Tractado da sphera	《天体论》
Tractado de las drogas y medicinas de las Indias orientales	《东印度医药学论》
Tractado em que se cõtam muito por estêso as cousas da China...	《中国志》
Tractatus de sphaera mundi	《天体论》
Traicté de sagesse	《智慧公约》
Traicté en forme d'exhortation	《劝勉辞》
Traité de l'origine des Romans	《传奇故事溯源》
Tratado das Cousas da China	《中国概说》
Trattati diversi di Sendebar Indiano filosopho morale	《印度哲学家的各色药方》
Trattato del debito del Cavalliero	《论骑士》
The Travellers Breviat	《游历家概说》
Treatise on the Sphere	《天体论》
Treatise on the Supreme Prester John, Pope and Emperor of India and of Ethiopia	《至尊的长老约翰、罗马教皇和印度及埃塞俄比亚的皇帝专论》
Trionfo Magno	《伟大的胜利》
The Triumph of Maximilian I (1519)	《马克西米利安一世的凯旋（1519）》
Triunfo do inverno	《冬日的凯旋》
Twelfth Night	《第十二夜》
Typi Cosmographici	《宇宙万象》

U

Urbis Olisiponis description	《文艺复兴时期的里斯本》
Utopia	《乌托邦》

V

Viaggi fatti alla Tana ...	《前往塔纳旅行纪实》
Viaggio dell'Indie orientali	《东方纪行》
Vida del Gran Tamerlane	《伟大的帖木儿》
Virgidemiarum：Satires	《讽刺诗》
Vita Barlaam et Josaphat	《巴卢兰与曹沙法土传》
Volksbuch	《德国民间故事集》
Von güten und bösen Nachbaurn	《好邻居坏邻居》
Voyages aventureux	《游历冒险记》

W

Wahrhaffte Lügen	《真实的谎言》
Weltbuch, Spiegel und Bildnis des ganzen Erdglobus	《世界书，全球景观和图像》
Weltchronik	《世界编年史》
Weltchronik: Nachdruck [der] kolorierten Gesamtausgabe von 1493	《世界历史》
Wilhelm von Orlientz	《东方的威廉》
Wonders of the East	《东方奇观》

专有名词

A

A version	A 版
Abbey of Thélème	德来美修道院
Academia de' Innominati	未名科学院
Academy of Poetry	诗歌学社
Accademia degli Alterati	阿尔特拉提学院
Accademia Fiorentina	佛罗伦萨科学院
Adam's Peak	亚当峰
Adanis Strait	阿丹尼斯海峡
Aegyptus	埃古普托斯人
Aethiops	埃塞奥普斯人
Ajuda Library	阿育达图书馆
Albigensian	阿尔比派教徒
Aldine Press	阿尔丁出版社
Alexandrine couplet	亚历山大诗体
Almain	阿尔曼人
Amadis	阿玛迪斯
Amazons	亚马逊女战士
Ambras	阿姆布拉斯宫
Anian Strait	安尼安海峡
Armada	无敌舰队
Augustinian Eremite	奥古斯丁会修士
auto	颂歌体

B

Baltic	波罗的海
battle of Alcacer Kebir	阿尔卡塞尔·克比尔战役
battle of Lepanto	勒潘多海战
Beggars of the Sea	海盗
Biblioteca Mediceo Laurenziana	美第奇老楞佐图书馆
Bibliotheca Colombina	哥伦布图书馆

Dominican　　多明我会修士
Don River　　顿河

E

el divino　　神仙会所
Este family　　埃斯特家族
Euphrates　　幼发拉底河
Euphuism　　绮丽体

F

Feast of the Assumption　　托莱多参加圣母升天节
final vows　　发末愿
Fleming　　佛兰芒人
Florentine　　佛罗伦萨人
Flugschrift Literature　　小册子文学
Franciscan　　方济各会

G

Galleria delle carte geografiche　　地图展厅
Ganges　　恒河
Gascon　　加斯科涅人
Genoese　　热那亚人
Giapon　　日本
Giftmädchen　　带毒少女
Gnostic　　诺斯替教徒
Golden Chersonese　　黄金半岛
the Great Mogor　　大莫格尔
Gymnosophists　　天衣派信徒

H

Habsburg family　　哈布斯堡家族
Hanno　　大象汉诺
Hermon Dunlap Smith Cartographic Center　　赫尔蒙·邓拉普·史密斯制图中心
Hispani　　西班牙人
Hispanic Society of America　　西班牙美术馆
Hodoeporicon　　旅行故事
Hofbibliothek　　皇家图书馆
Hofburg　　霍夫堡皇宫

I

Imaugle　　伊懋姑乐
Imperial College　　帝国学院
Indus　　印度河
Isola Lontana　　远方岛屿

J

Jagellon dynasty　　迦吉伦王朝

K

Kini　　秦尼

L

La Pléiade　　七星诗社
Land of Thomas　　托马斯乐土
Laplander　　拉普兰人
littérature courtoise　　宫廷文学
Lollardy　　罗拉德派
Lumley library　　拉姆利图书馆
Lycèe Louis-le-Grand　　路易勒格朗中学

M

Macedonian　　马其顿人
Madre de Dios　　"圣母号"
Magog　　玛各
Maître des Requêtes　　审理长
Malabar Christians　　马拉巴尔派
Malayālam　　马拉雅拉姆语
Manichean　　摩尼教
Manucodiata　　天堂鸟
Maronites　　马龙派教徒
Marranos　　新基督教徒
Mars　　战神
Martaban　　马达班人
Meistersinger　　工匠诗歌
Middle High German verse　　古高地德语诗节
Mien　　缅甸
momos　　哑剧
Mongol peace　　蒙古和平
Moscovia　　莫斯科公国
Mughul　　莫卧儿人
Muscovy　　莫斯科公国

N

Naire　　奈尔人
nãus　　船舶
Nãyar　　纳亚尔人
Neckar　　纳卡河
Nestorian　　聂斯脱利教徒
Niger　　尼日尔人
Nonesuch Catstle　　农萨奇城堡

Norman Wait Harris Memorial Foundation	诺曼·维特·哈里斯纪念基金会
Northumberland	诺森伯兰郡

O

Österreichische Nationalbibliothek	奥地利国家图书馆
ottava rima	八行体

P

Pahlavī	古波斯语
Paracelsian thought	帕拉塞尔苏斯学派
Pariah	帕利亚人
Parlement of Paris	巴黎最高法院
party of Italianos	意大利派
pattern poem	图案诗
Pillars of Hercules	赫拉克勒斯之柱
pléiade mirandina	米兰达精英
Po Valley	波河平原
Portuguese Inquisition	葡萄牙宗教裁判所
Prester John	长老约翰
Privy Council of Louvain	卢万枢密院议长
Proto-Fuggerana	富格尔图书馆之基
the Provençal taste	普罗旺斯风格
pseudo-Callisthenes	伪卡里斯提尼

R

Redondilhas	回旋诗
Regnum Cathai	中国风格
Rhétoriqueurs	修辞派
the river of Lourenço Marques	洛伦索·马贵斯河
Romance languages	罗曼斯语

S

Santiago	"圣地亚哥"号
Santo Alberto	"圣阿尔伯托"号
São Bento	"圣班托"号
São Thomé	"圣多美"号
Saracen	撒拉森人
Satinland	丝绸国
Scheldt	斯海尔德河
Schmalkaldic wars	施马尔卡尔登战争
Scythian	西徐亚人
Sea of Azov	亚速海
Sebastianismo	塞巴斯蒂安主义
Seraph	赛拉弗
Seres	赛里丝人

shipwreck literature	船难文学
siege literature	围困文学
Sina	秦那人
Sinhalese	僧伽罗人
Société des études rabelaisiennes	拉伯雷研究会
Sorbonne	索邦神学院
Spanish fury	西班牙人的愤怒
Sramana	沙门
St. Bartholomew Day	圣巴托罗缪日大屠杀
sub-quinoctial	昼夜平分线
Swabian	斯瓦比亚人
Syrian	叙利亚人
Syro-Malabar	叙利亚—马拉巴尔派

T

Tagus	塔霍河
Tamil	泰米尔语
Tana	塔纳湖
Tarsus	塔尔苏斯
Thuringian Company	图林根公司
Tifone	台风
Tirol	洛尔大公国
Torre do Tombo	东波塔档案馆
treaty of Badajoz-Elvas	《巴达霍斯—艾尔瓦斯条约》
Treaty of Lyons	《里昂合约》
Treaty of Tordesillas	《托德西拉斯条约》
Tridentine	特伦托主教会议
Tridentine Index	禁书目录
Tyrian	提尔人

U

Union of the South Africa	南非联邦
University of Cahors	卡奥尔大学
University of Toulouse	图卢兹大学

V

Valencian	瓦伦西亚语
Valois-Medici court	瓦罗亚—美第奇宫廷
Vasa dynasty	瓦萨王朝

W

Winchester school	温彻斯特派
Wolffenbüttel library	沃尔芬布特尔图书馆

X

Xaqua　佛陀

Z

Zamorin　扎莫林
Zipangri　日本

索 引 ①

A

---

① 索引所标页码为原书页码，见本书边页码。——译者注

B

C

D

G

134；果阿的葡萄牙人，244。**亦参见**印度；葡萄牙

H

N

Q

《七贤哲》 *Seven Wise Masters (Book of Sindibad)*，107-8，111，162，342，347

七星诗社 *Pléiade*，278，280；七星诗社和尼科，33

齐特莱乌斯，大卫 Chytraeus，David，347

齐特莱乌斯，纳坦 Chytraeus，Nathan，346

齐扎特，伦瓦德 Cysat，Renward，349

奇里诺，佩德罗 Chirino，Pedro，192

契丹 Cathay，180，203，204，205，337；让·阿方斯作品中的契丹，259；博埃姆斯笔下的契丹，336；契丹被视为中国，190，224，311；从东北部通往契丹的航线，375，387；从北部通往契丹的航线，254，361，369，373；从西北部进入契丹的航线，257，263，367；韵文故事中的契丹，330；拉伯雷作品中的契丹，263，265；拉斯特尔作品中的契丹，367。**亦参见**中国；英国；鞑靼的"契丹公司"，373

乔尔，拉比 Joel，Rabbi，105

乔里托，加布里埃尔 Giolito，Gabriel，210

乔叟，杰弗里 Chaucer，Geoffrey，112；乔叟笔下的亚历山大，98-99

乔维奥，帕奥罗，**参见**约维乌斯，保卢斯 Giovio，Paolo. See Jovius，Paulus

乔治，安哈尔特王子 Georg，prince of Anhalt，62

犬儒主义哲学 Cynics，90，95

R

人文主义：巴罗斯的人文主义 Humanism：of Barros，143，147；博丹的人文主义，308；布坎南的人文主义，275；人文主义和卡蒙斯，152-53；德莱塞的人文主义，348；人文主义和优秀王子，220；戈伊斯的人文主义，144，148；人文主义和历史，21-22，225，233-34，334；旅行故事中的人文主义；346，366 n.；勒·罗伊的人文主义，309；北欧的人文主义，324，359，389-90；波伊廷格的人文主义，333-34；葡萄牙人的人文主义，141；西班牙的人文主义，171-72，175

人文主义者：人文主义者对亚历山大大帝的描述 Humanists：on Alexander the Great，97-98；安特卫普的人文主义者，6，15，64；364；巴塞尔的人文主义者，60；科英布拉的人文主义者，30-31；人文主义者和地理大发现，21-22；法国的人文主义者，66-67；佛罗伦萨的人文主义者，52；荷兰（尼德兰）的人文主义者，6，15，64，52，354-55，57-58，364；在法国的葡萄牙人，11-12

日本 Japan，35，298，306；博特罗对日本的描述，247-48；日本的佛教，269；日本的内战，233，248；克瓦涅对日本的描述，357；日本与欧洲的比较，271；德·图对日本的描述，318；德莱塞对日本的描述，348；古兹曼对日本的描述，192；日本和耶稣会士，48，233，

T

W

X

Y

Z

译 后 记

  坐在桌前写译后记的时候，华盛顿的春天已悄然来临，拂面的春风唤醒了花蕾，不久就会迎来樱花烂漫。记得两年前，也是在华盛顿，我接到厦门大学周宁教授翻译本书的邀约，因为有过多次愉快的合作，又是我感兴趣的领域，便欣然答应了。如今两年过去了，看着厚厚的译稿，虽然自知不是一份完美的答卷，心中依然有一种重担放下的轻松感。翻译时遇到的一个个难题和挑战，多方查找、反复琢磨终于解决的愉悦，都会成为今后值得珍惜的回忆。

  本书是唐纳德·F. 拉赫卷帙浩繁的《欧洲形成中的亚洲》的第二卷第二册。关于本书的内容，作者已在该书的前言中做了简明扼要且切中肯綮的介绍，这里无需赘述。在研究方法上，作者唐纳德·F. 拉赫力图借助大量翔实的资料，通过严谨的考证，说明西方精神的形成同样有着外部的因素，这个外部因素就是亚洲，正如作者在本书前言中所说："在现代的第一个阶段，亚洲对欧洲的生活和思想产生了十分重要的影响。"虽然欧洲历来对异族渗透抱有敌意，但在16 世纪，亚洲对欧洲却有着独特的吸引力。

  《欧洲形成中的亚洲》被称为"20 世纪后半期最重要的学术成果之一"（霍顿·弗伯 [Holden Furber] 语）。本书将引领你探寻16 世纪葡萄牙、西班牙、意大利、法国、德国、荷兰、英国文学中的亚洲主题，体验亚洲在思想、艺术上对欧洲的卓越影响，感受欧洲人对这些影响的不同反应。本书是第二卷《奇迹的世纪》的重要组成部分，不仅16世纪的亚洲对欧洲展现出种种令人惊叹的奇迹，唐纳德·F. 拉赫倾几十年心血，完成这样一项浩大的研究工程，也着实令人惊叹。

虽然有过多次翻译的经历，但翻译这本书遇到了别样的困难，用一个词来说就是太"磨人"。"磨人"的主要原因是书中有太多的人名、地名、书名和专有名词，而且其中好些是其他语种的，比如拉丁语、西班牙语、葡萄牙语、意大利语、法语、德语的等，甚至还有个别句子是用上述这些非英语语言表述的。此外，书中对人名、书名的简称和略写也给翻译带来了一定困难，因为要保持它们前后统一，要不时地前后翻阅查询。这虽然影响了翻译的进度，但也磨炼了我的耐心和意志，因此凡事都要两面看，往积极的一面看。

关于这本书的翻译，有几个问题需要简单地交代一下。一、书中原有注释根据主编和出版社的要求，放在了每章的后面。正文中译者认为有必要稍作解释的地方，加了译者注，为脚注。章后注释中的原文页码指的是译文中的边角页码。由于本书和第三册《学术研究》在英文原文编排上是连续的，本书注释中的参见或见原文（没有"本书"字样）指的是第三册的原文，这一点请读者诸君注意。二、本书后面的译名对照表按主编要求分为人名、地名、著作名、专有名词四部分，在翻译时兼顾了和其他卷册的统一。三、本书中有不少诗句，由于译者缺乏诗的才情和天分，翻译时主要将其意思翻译出来，离诗性语言可能尚有很大的距离。四、本书作者唐纳德·F. 拉赫参考、引用了大量的文献资料，书中排版错误或笔误的地方，译者发现的都已纠正过来，可能还有没发现的，还请专家、学者慧眼识辨。

本书是"山东省高等学校优秀中青年骨干教师国际合作培养项目"的成果之一。本书的翻译得到了厦门大学周宁教授、张长虹博士和其他译友的诸多帮助，他们的支持、关心、鼓励和友谊是我终生的财富。周宁教授在学术选题方面独具慧眼，不论是著作还是翻译，总能选择重大的、学术价值高、现实性强的研究课题，令人肃然起敬。人民出版社的林敏女士为本书的编辑出版付出了大量心血，她的智慧、才华和眼界都是我深为钦佩的。能有机会和他们合作是人生的一大幸事，我珍惜这样的机会，珍视这样的友情。我的研究生王寅生帮助对译文进行了最后的核对，在此谨表谢意。对于本书翻译中可能存在的一些问题，我自己负有责任，并敬请专家学者和广大读者赐教。

　　浓浓的春意很快就会扑面而来，小草会破土而出，树叶会迎风招展，花儿会摇曳生姿，人的心情会变得明丽轻快。愿每一个人都沐浴在春光里，开心地走过春夏秋冬，一年又一年！

姜智芹
2012 年 2 月 26 日